MW00719057

MICHAELIS

PEQUENO DICIONÁRIO

ITALIANO-PORTUGUÊS
PORTUGUÊS-ITALIANO

André Guilherme Polito

MICHAELIS

PEQUENO DICIONÁRIO

ITALIANO-PORTUGUÊS
PORTUGUÊS-ITALIANO

MELHORAMENTOS

Dados Internacionais de Catalogação na Publicação (CIP)
(Câmara Brasileira do Livro, SP, Brasil)

Polito, André Guilherme
    MICHAELIS pequeno dicionário italiano-português, português-italiano / André Guilherme Polito. — São Paulo : Melhoramentos, 1993.

    ISBN 85-06-01621-5

    1. Italiano — Dicionários — Português 2. Português — Dicionários — Italiano I. Título.

93-1370   CDD-453.69

Índices para catálogo sistemático:
1. Italiano : Dicionários : Português 453.69
2. Italiano-Português : Dicionários 453.69

© 1993 André Guilherme Polito

© 1993 Cia. Melhoramentos de São Paulo
Atendimento ao consumidor:
Caixa Postal 2547 – CEP 01065-970 – São Paulo – SP – Brasil

Edição: 22 21 20 19 18 17
Ano: 2004 03 02 01 00

IAx-VII

ISBN: 85-06-01621-5

Impresso no Brasil

DO PINHEIRO AO LIVRO, UMA REALIZAÇÃO MELHORAMENTOS

Sumário

ORGANIZAÇÃO DO DICIONÁRIO

1. **A entrada**
   a) A entrada, as expressões e locuções são impressas em negrito:
      ac.cia.io [attʃ′ajo] *sm* aço. ≃ **inossidabile** aço inoxidável.

   b) A divisão silábica obedece às regras gramaticais. Mas por razões estéticas, não se deixa uma vogal isolada em início ou final de linha:
      a.bo.li.re [abol′ire] *vt* abolir.

   c) As palavras estrangeiras seguem a divisão silábica da língua original:
      hard.ware [h′ardwer] *sm Inform.* hardware.

   d) Os substantivos e adjetivos são apresentados no masculino singular:
      a.biet.to [ab′jɛtto] *adj* abjeto, vil, imundo.

   e) Os femininos formam-se, em geral, mudando a vogal final do masculino para **a**. Quando o feminino é formado de outra forma, aparece como verbete:
      av.vo.ca.tes.sa [avvokat′essa] *sf* advogada.
      av.vo.ca.to [avvok′ato] *sm* advogado. *Fig.* protetor, defensor.

   f) Adjetivos utilizados apenas no masculino ou no feminino são indicados com as abreviaturas *adj m* ou *adj f*:
      pre.gno [pr′eño] *adj Fig.* cheio, impregnado. ≃ **a** *adj f* prenhe.

   g) São indicados entre parênteses, em negrito, o artigo definido e as abreviaturas *pl m* ou *pl f*:
      — plurais irregulares:
         uo.mo [′wɔmo] *sm* (*pl m* **gli uomini**) homem; amante, companheiro.
      — plurais duplos com significados diferentes:
         mu.ro [m′uro] *sm* (*pl m* **i muri**) muro; parede; abrigo, defesa. *Fig.* obstáculo, impedimento. (*pl f* **le mura**) muralha, muralhas, muro externo de cidade.
      — plurais com mudança de gênero:
         lab.bro [l′abbro] *sm* (*pl f* **le labbra**) *Anat.* lábio.

h) O sinal → (vide), após um verbete, indica que o mesmo é uma
variante menos utilizada, e remete para o verbete principal, onde constam todas as variantes, ligadas por **ou**, com transcrição
fonética e separação silábica:
ulivo → olivo.
o.li.vo [ol'ivo] ou **u.li.vo** [ul'ivo] *sm* oliveira.

i) As variantes muito próximas na ordem alfabética são indicadas num só verbete:
ba.be.le [bab'ele] ou **ba.bi.lo.nia** [babil'onja] *sf Fig.* babel; caos,
confusão, desordem.

j) As variantes com radical em comum, que remetem para verbetes de mesmo radical, estão agrupadas com um só →:
danaro, danaroso → denaro, denaroso.
(Significa: para **danaro**, veja **denaro**, e para **danaroso, denaroso**).

l) As variantes apenas ortográficas, que têm a mesma pronúncia,
são indicadas assim:
frac ou **frack** [fr'ak] *sm* fraque.

m) Verbetes com a mesma grafia, mas que devam ser diferencia-
dos, são numerados com algarismos romanos:
coc.co [k'ɔkko] I *sm Gír.* queridinho, preferido, pupilo.
coc.co [k'okko] II *sm* coco, coqueiro.

n) Quando um verbete possui uma variante composta de duas ou
mais palavras, a pronúncia e divisão silábica destas encontra-
se em verbetes próprios:
dav.ve.ro [davv'ero] ou **da vero** *adv* na verdade; a sério; sem dúvida, indubitavelmente.
(Veja os verbetes **da** e **vero**)

2. A transcrição fonética

a) A pronúncia figurada do italiano, representada entre colchetes,
segue as normas do Alfabeto Fonético Internacional. Foram utilizados símbolos mais apropriados aos falantes do português do
Brasil.

b) O acento tônico é indicado pelo sinal ('), que precede a vogal
tônica:
ab.ba.i.no [abba'ino] *sm* clarabóia.
ab.bel.li.re [abbell'ire] *vt* embelezar, enfeitar.

3. **A categoria gramatical**

A categoria gramatical vem após a transcrição fonética, em itálico, indicando o gênero dos substantivos, artigos e pronomes, e a regência dos verbos, de acordo com a classificação gramatical italiana.

4. **A tradução**

a) A tradução fornece os sinônimos em português e, quando estes não existem, define ou explica o verbete:
ab.bac.chia.re [abbakk′jare] *vt* colher frutas com bastão. *Fig.* deprimir, abater; vender barato.

b) Os sinônimos são separados por vírgula e as acepções por ponto-e-vírgula:
an.neb.bia.re [annebb′jare] *vt* enevoar, nublar; ofuscar, velar.

c) O símbolo ≃, nas locuções e expressões, substitui a entrada:
a.glio [′αλο] *sm* alho. **testa di** ≃ cabeça de alho. **spicchio di** ≃ dente de alho.

— As alterações do verbete (flexões de gênero ou número, elisão dos artigos, uso de inicial maiúscula, etc.), nas locuções e expressões, aparecem junto com o símbolo ≃, conforme abaixo:
verbete **affogato: voce** ≃**a** = voce affogata.
verbete **ago: l'** ≃ = l'ago.
verbete **forza: le F**≃**e Armate** = le Forze Armate.

— Tais alterações podem, porventura, vir acompanhadas de indicações gramaticais (plural, por exemplo):
verbete **amicizia:** ≃**e** *pl Fig.* pessoas influentes.

— Algumas partículas que se ligam ao verbo no infinitivo, sem hífen (como **si**, dos verbos pronominais), apresentam-se conforme abaixo. (Retira-se o final **e**. Em verbos como **porre**, retira-se o final **re**).
verbete **abusare:** ≃**si** = abusarsi.
verbete **avere:** ≃**cela** = avercela.

d) Palavras utilizadas apenas em expressões, e que não tenham tradução ou acepção relevante aparecem assim:
bar.col.lo.ni [barkoll′oni] *adv* na expressão **andare** ≃ cambalear.

NOTAS GRAMATICAIS

1. O alfabeto italiano

O alfabeto italiano compõe-se de 21 letras:

a - a ['a]	h - acca ['akka]	q - cu [k'u]
b - bi [b'i]	i - i ['i]	r - erre ['ɛr̃e]
c - ci [tʃ'i]	l - elle ['ɛlle]	s - esse ['ɛsse]
d - di [d'i]	m - emme ['ɛmme]	t - ti [t'i]
e - e ['e]	n - enne ['ɛnne]	u - u ['u]
f - effe ['ɛffe]	o - o ['ɔ]	v - vu [v'u]
g - gi [dʒ'i]	p - pi [p'i]	z - zeta [dz'eta]

a) O **j** - i lunga [i l'unga] consta de textos antigos (equivale a **i**), e palavras estrangeiras. Exemplos: **judò** [jud'ɔ], **jeep** [dʒ'ip].

b) O **x** - ics ['iks] aparece em abreviaturas, algarismos romanos, expressões com **ex**, como incógnita, em raros sobrenomes italianos e palavras estrangeiras.

c) As letras **k** - cappa [k'appa], **w** - vu doppia [v'u d'oppja] e **y** - ipsilon ['ipsilon] são utilizadas apenas em abreviaturas e palavras estrangeiras.

d) O **h** é sempre mudo, exceto em algumas palavras estrangeiras.

2. A divisão silábica

A divisão silábica em italiano é quase igual à do português. Deve-se destacar, porém:

a) São hiatos, e portanto se separam:
— **AE, AO, EA, EO, OA, OE**: a.e.re.o   po.e.ta
— **I** ou **U** tônico + outra vogal: mi.o   pa.u.ra
— **IU** e **UI**, quando o **I** for tônico: flu.i.re

Por razões estéticas, em italiano também não se deve isolar uma vogal em início ou final de linha.

b) As consoantes duplas se dividem, como no português. O encontro **CQ** é considerado duplo **C**:
tut.to - cap.pel.lo - mac.chi.na - ac.que.dot.to

c) O **S** seguido de outra consoante é chamado **s impura**, e forma sílaba **sempre** com a consoante seguinte:
e.sta.te - a.spet.ta.re - a.stro - u.sci.ta - a.sbe.sto

d) Não se dividem os grupos consonantais com os quais pode se iniciar uma palavra italiana, e aqueles em que o **N** segue uma outra consoante. Portanto, não devem ser divididos os grupos seguintes: **PS, PN, TM, PT, GN** e **TN**.

ra.pso.di.a   i.pno.si   ri.tmo
ma.gni.fi.co   ca.pta.re   e.tni.co

Obs.: Alguns gramáticos discordam do item *d* acima.

3. A pronúncia e a transcrição fonética

a) As vogais são sempre orais, mesmo seguidas de **m** e **n**.

A - [a] sempre como em **pai**, mesmo se for átono.

E - [e] fechado como em **vejo**, pode ser átono ou tônico.
   - [ɛ] aberto como em **fé**, é sempre tônico.

I - [i] sempre como em **vi**.
   - [j] **i semivogal**, como em **lei**.

O - [o] fechado como em **hoje**, pode ser átono ou tônico.
   - [ɔ] aberto como em **nó**, é sempre tônico.

U - [u] sempre como em **nu**.
   - [w] **u semivogal**, como em **mau, quando**.

b) As consoantes **b, d, f, m, n, p, t** e **v** pronunciam-se como em português. As consoantes e dígrafos abaixo diferem da pronúncia portuguesa.

C   - [k]   como **c** em **cal**, antes de **a, o, u** ou consoante.
      - [tʃ]   como **tch** em **tcheco**, antes de **e, i**.

CH - [k]   como **c** em **cal**, antes de **e, i**.

G   - [g]   como **g** em **gato**, antes de **a, o, u**.
      - [dʒ]   como **dj** em **adjetivo**, antes de **e, i**.

GH - [g]   como **g** em **gato** ou **gu** em **gueto**, antes de **e, i**.

GL - [λ]   como **lh** em **palha**, antes de **i, ia, ie, io, iu**.
      - [gl]   como **gl** em **globo**, antes de **a, e, o, u**.

Obs.: **GLI** pronuncia-se [gli] em pouquíssimas exceções.

GN - [ñ] como **nh** em banha.

GU - [gw] sempre como **gu** em **água** ou **gü** em **agüentar**.

H - é mudo. Forma também os dígrafos: **ch**, **gh**.

L - [l] como **l** em **lápis**, em início de sílaba. Em final de sílaba, pronunciado à gaúcha.

QU - [kw] sempre como **qu** em **qual** ou **qü** em **líqüido**.

R - [r] inicial ou entre duas vogais, como **r** em **caro**, porém com mais vibração da língua.

RR - [r̃] é um **r** forte duplo (ver item *e* abaixo), sem semelhante em português.

S - [s] como **s** em **sopa**, inicial antes de vogal ou quando seguido de **ca**, **co**, **cu**, **f**, **p**, **q**, **t**.

    - [z] como **s** em **frase** ou **z** em **azul**, entre duas vogais ou quando seguido de **b**, **d**, **g**, **l**, **m**, **n**, **r**, **v**.

    - para duplo **s**, ver item *e* abaixo.

Obs.: O **s** entre duas vogais, em algumas palavras, pronuncia-se como **s** de **sopa**: [s]. Ver também item *f* abaixo.

SC - [ʃ] como **ch** em **chave**, apenas antes de **e**, **i**.

    - [sk] como **sc** em **casco**, antes de **a**, **o**, **u** ou consoante.

SCH - [sk] como **sc** em casco, antes de **e**, **i**.

X - [ks] sempre como **x** em **fixar**.

Z - [ts] como **ts** em **tsé-tsé**, em algumas palavras.

    - [dz] como **dz**, sem semelhante em português, em algumas palavras.

c) As consoantes e dígrafos abaixo aparecem em palavras estrangeiras:

CH - [ʃ] como **ch** em **chave**.

H - [h] como **h** em inglês **have**.

J - [j] como **i** em **lei**, ou

    - [dʒ] como **j** em inglês **jeans**.

K - [k] como **c** em **cal**.

SH - [ʃ] como **ch** em **chave**.

W - [w] como **u** em **quase**.

Y - [j] como **i** em **lei**.

d) Resumo dos símbolos fonéticos e exemplos

[a]	casa [k'aza], amare [am'are], banda [b'anda]
[b]	badare [bad'are]
[k]	capo [k'apo], chiesa [k'jeza], kimono [kim'ono]
[tʃ]	certo [tʃ'erto], ciondolo [tʃ'ɔndolo]
[d]	data [d'ata]
[e]	perché [perk'e], bellezza [bell'ettsa], dello [d'ello]
[ɛ]	benda [b'ɛnda], bello [b'ɛllo], lei [l'ɛj]
[f]	fiume [f'jume]
[g]	gola [g'ola], ghetto [g'eto]
[dʒ]	girare [dʒir'are], già [dʒ'a]
[gl]	globo [gl'ɔbo]
[λ]	gli [λ'i], aglio ['aλo]
[h]	hall [h'ɔl]
[i]	ti [t'i], simile [s'imile], qui [k'wi]
[j]	aia ['aja], yoga ['joga]
[l]	lento [l'ɛnto], il ['il]
[m]	marco [m'arko]
[n]	nave [n'ave]
[ñ]	bagno [b'año]
[o]	ora ['ora], molto [m'olto], scrittore [skritt'ore]
[ɔ]	eroe [er'ɔe], fuori [f'wɔri], botta [b'ɔtta]
[p]	parte [p'arte]
[kw]	quasi [k'wazi], questo [k'westo]
[r]	rapido [r'apido], gara [g'ara]
[ř]	butirro [but'iřo]
[s]	sempre [s'ɛmpre], dinosauro [dinos'awro], stare [st'are]
[ʃ]	sci [ʃ'i], sciame [ʃ'ame], choc [ʃ'ɔk]
[z]	caso [k'azo], sbavare [zbav'are], smentire [zment'ire]
[t]	tardi [t'ardi]
[u]	tu [t'u], uva ['uva], truculento [trukul'ɛnto]
[w]	rauco [r'awko], watt [w'ɔtt]
[v]	vano [v'ano]
[ks]	xilofono [ksil'ɔfonu]
[ts]	zinco [ts'inko]
[dz]	zodiaco [dzod'iako]

e) As consoantes duplas devem ser pronunciadas distinta e separadamente, como se houvesse um hífen entre elas:

bello [b'εl-lo]   nonno [n'ɔn-no]   patto [p'at-to]

pacco [p'ak-ko]   somma [s'ɔm-ma]   sasso [s'as-so]

— O **R** duplo foi transcrito como [r̄], devendo ser pronunciado
como [r̄-r̄], ou seja, dois **R** fortes com um hífen entre eles.

f) Divergências de pronúncia em italiano:

A influência regional na Itália ainda é forte, causando divergências na pronúncia. Na Toscana, o **S** entre vogais, em certas terminações e algumas palavras, é pronunciado como [s] e não [z],
como está em nossa transcrição. Essa pronúncia não foi indicada porque procuramos adotar um padrão razoavelmente ''neutro'', que não fosse identificado como de uma região específica,
e cujo uso fosse mais generalizado.

Exemplos	Toscano	Nossa transcrição
così	[kos'i]	[koz'i]
famoso	[fam'oso]	[fam'ozo]
francese	[frantʃ'ese]	[frantʃ'eze]

4. Elisão e truncamento

a) Elisão: supressão da vogal final átona de uma palavra, antes de
outra palavra iniciada por vogal. Indicada pelo apóstrofo:

l'amico - un'aquila - c'è - d'onore - quell'uomo

b) Truncamento: supressão de vogal ou sílaba final átona precedi-
da de **l**, **m**, **n** ou **r**. Ocorre geralmente com **uno**, pronomes, substantivos, adjetivos, infinitivo dos verbos, etc.:

bel tempo - quel cane - mal di testa - esser da tanto

5. Artigos definidos e indefinidos

Os artigos variam de acordo com a inicial da palavra à qual se re-
ferem. Não há artigos indefinidos no plural.

Artigos masculinos

Antes de consoante simples: **il** (plural **i**), **un**: il cane, i gatti, un luogo.

Antes de *s impura*, **z**, **ps**, **gn**, **x**: **lo** (plural **gli**), **uno**: lo specchio,
gli gnomi, uno psicologo.

Antes das vogais *a*, *e*, *o*, *u*: **l'** (plural **gli**), **un**: l'uomo, gli uomini, un aereo.

Antes da vogal *i*: **l'** (plural **gl'**), **un**: l'inglese, gl'inglesi, un italiano.

Artigos femininos

Antes de consoante simples, *s impura*, *z*, *ps*, *gn*, *x*: **la** (plural **le**), **una**: la casa, le stelle, una spada.

Antes de vogal: **l'** (plural **le**), **un'**: l'anima, le aquile, un'ora. Antes da letra *e*, o artigo definido feminino pode ser **l'**, desde que o plural não possa ser confundido com o singular: le erbaccie ou l'erbaccie.

6. **Contrações e combinações**

   a) As preposições *a*, *con*, *da*, *di*, *in*, *per* e *su* ligam-se aos artigos definidos, formando **preposizioni articolate**, que seguem as mesmas regras de uso dos artigos.

	il	**l'**	**lo**	**i**	**gli**	**gl'**	**la**	**le**
a	al	all'	allo	ai	agli	agl'	alla	alle
con	col	(*)	(*)	coi	(*)	(*)	(*)	(*)
da	dal	dall'	dallo	dai	dagli	dagl'	dalla	dalle
di	del	dell'	dello	dei	degli	degl'	della	delle
in	nel	nell'	nello	nei	negli	negl'	nella	nelle
per	pel	(*)	(*)	pei	(*)	(*)	(*)	(*)
su	sul	sull'	sullo	sul	sugli	sugl'	sulla	sulle

   (*) As contrações de **con** e **per** não são mais utilizadas, apenas *col*, *coi*, *pel* e *pei* ainda são toleradas. Ainda assim, é preferível utilizar *con il*, *con i*, *per il* e *per i*.

   b) O pronome *gli* liga-se aos pronomes *la, le, li, lo, ne*, formando as **combinações** *gliela, gliele, glieli, glielo, gliene*.

7. **Numerais**

cardinais	ordinais
0 zero	-
1 uno (*f* una)	primo
2 due	secondo
3 tre	terzo
4 quattro	quarto

5	cinque	quinto
6	sei	sesto
7	sette	settimo
8	otto	ottavo
9	nove	nono
10	dieci	decimo
11	undici	undicesimo, undecimo
12	dodici	dodicesimo, duodecimo
13	tredici	tredicesimo, decimoterzo
14	quattordici	quattordicesimo, decimoquarto
15	quindici	quindicesimo, decimoquinto
16	sedici	sedicesimo, decimosesto
17	diciassette	diciassettesimo, decimosettimo
18	diciotto	diciottesimo, decimottavo
19	diciannove	diciannovesimo, decimonono
20	venti	ventesimo, vigesimo
21	ventuno	ventunesimo, ventesimoprimo
22	ventidue	ventiduesimo, ventesimosecondo
30	trenta	trentesimo, trigesimo
40	quaranta	quarantesimo, quadragesimo
50	cinquanta	cinquantesimo, quinquagesimo
60	sessanta	sessantesimo, sessagesimo
70	settanta	settantesimo
80	ottanta	ottantesimo
90	novanta	novantesimo
100	cento	centesimo
101	centuno	centesimoprimo
102	centodue	centesimosecondo
200	duecento	duecentesimo
300	trecento	trecentesimo
400	quattrocento	quattrocentesimo
500	cinquecento	cinquecentesimo
600	seicento	seicentesimo
700	settecento	settecentesimo
800	ottocento	ottocentesimo
900	novecento	novecentesimo
1.000	mille	millesimo
1.001	milleuno	millesimoprimo

2.000 duemila	duemillesimo
100.000 centomila	centomillesimo
1.000.000 un milione	un milionesimo

Obs. 1: Os numerais compostos de **tre** recebem acento: **ventitré**.

Obs. 2: As dezenas e centenas perdem a vogal final quando se unem aos numerais **uno** e **otto**:
trenta + uno = **trentuno**, novanta + otto = **novantotto**.

Obs. 3: Os numerais compostos de **uno** sofrem truncamento: **ventun quaderni**.

Obs. 4: Os milhares formam-se com **mila** (plural de **mille**):
due + mille = **duemila**, trenta + mille = **trentamila**.

Obs. 5: Costuma-se escrever os numerais numa só palavra, principalmente datas e valores. Assim, 1993 escreve-se:
millenovecentonovantatré.

XVIII

ABREVIATURAS

Aer.	Aeronáutica	*Jorn.*	Jornalismo
Anat.	Anatomia	*Ling.*	Lingüística
Arqueol.	Arqueologia	*Lit.*	Literatura; Linguagem
Arquit.	Arquitetura		Literária
Arte	Artes em geral	*Mat.*	Matemática
Astrol.	Astrologia	*Mec.*	Mecânica
Astron.	Astronomia	*Med.*	Medicina
Autom.	Automobilismo	*Met.*	Meteorologia
Biol.	Biologia	*Mil.*	Militar
Bot.	Botânica	*Min.*	Mineralogia
Bras.	Brasileirismo	*Mit.*	Mitologia
Com.	Linguagem Comercial	*Mús.*	Música
Contab.	Contabilidade	*Náut.*	Náutica
Dir.	Direito	*Pint.*	Pintura
Econ.	Economia	*Poét.*	Poesia; Linguagem
Elet.	Eletrônica, Eletri-		Poética
	cidade	*Pol.*	Política
Equit.	Equitação	*Pop.*	Linguagem Popular
Escult.	Escultura	*Port.*	Portuguesismo
Esp.	Esporte	*Psic.*	Psicologia
Espirit.	Espiritismo	*Quím.*	Química
Fam.	Linguagem Familiar	*Rel.*	Religião
Fig.	Linguagem Figurada	*Sider.*	Siderurgia
Fil.	Filosofia	*Teat.*	Teatro
Fís.	Física	*Téc.*	Linguagem Técnica
Fisiol.	Fisiologia	*TV*	Televisão
Fot.	Fotografia	*Vulg.*	Linguagem Vulgar
Fut.	Futebol	*Zool.*	Zoologia
Geogr.	Geografia	*abrev de*	abreviação de
Geol.	Geologia	*adj*	adjetivo
Geom.	Geometria	*adv*	advérbio; locução ad-
Gír.	Gíria		verbial
Gram.	Gramática	*afet*	afetivo
Hist.	História	*art*	artigo
Inform.	Informática	*aum*	aumentativo
Irôn.	Linguagem Irônica	*compar*	comparativo

conj	conjunção; locução conjuntiva	*prep*	preposição; locução prepositiva
def	definido	*pron*	pronome
dep	depreciativo	*s*	substantivo comum de dois
dim	diminutivo		
etc	et cetera	*s+adj*	substantivo comum de dois e adjetivo
fpl	feminino plural		
fsg	feminino singular	sf	substantivo feminino
indef	indefinido	*sm*	substantivo masculino
interj	interjeição	*superl*	superlativo
mpl	masculino plural	*tb*	também
msg	masculino singular	*vaux*	verbo auxiliar
np	nome próprio	*vi*	verbo intransitivo
num	numeral	*vi+vpr*	verbo intransitivo e pronominal
p ex	por exemplo		
part	particípio	*vpr*	verbo pronominal
pes	pessoal	*vt*	verbo transitivo
pl	plural	*vt+vi*	verbo transitivo e intransitivo
pref	prefixo		

ORGANIZZAZIONE DEL DIZIONARIO

1. **La voce**

   a) La voce, le espressioni e locuzioni sono impresse in neretto:
   a.ban.do.no [abǎd′onu] *sm* abbandono. ao ≃, in abbandono.

   b) La divisione sillabica ubbidisce alle regole grammaticali. Però, non si deve lasciare una vocale sola in fine o inizio di riga, per mantenere l'estetica del testo.
   a.ba.di.a [abad′iə] *sf Rel.* badia, abbazia.

   c) Le parole straniere seguono la divisione della lingua originale:
   hard.ware [h′ardwer] *sm Inform.* hardware.

   d) I sostantivi e aggettivi sono presentati al maschile singolare:
   ab.je.to [abʒ′ɛtu] *agg* abietto.

   e) I sostantivi si fanno femminili cambiando la vocale finale in *a*. I femminili che si fanno in modo diverso si presentano come voce:
   du.que [d′uki] *sm* duca.
   du.que.sa [duk′ezə] *sf* duchessa.

   f) Aggettivi utilizzati soltanto al maschile o femminile sono indicati con le abbreviature *agg m* o *agg f*:
   pre.nhe [pr′eñi] *agg f* pregna, gravida.

   g) La variazione meno comune rimette alla forma più utilizzata per mezzo del segno → (vedi). Insieme con questa, si trovano tutte le variazioni, con trascrizione e divisione sillabica.
   enchova → **anchova**.
   an.cho.va [ãʃ′ovə] o **en.cho.va** [ëʃ′ovə] *sf Zool.* acciuga, alice.

   h) Le variazioni molto prossime secondo l'ordine alfabetico vengono insieme, senza l'indicazione del segno :
   ab.dô.men [abd′omẽj] o **ab.do.me** [abd′omi] *sm Anat.* addome, ventre.

   i) Le variazioni con lo stesso radicale, che rimettono a voci con lo stesso radicale, vengono insieme, con un solo :
   neuralgia, neurálgico nevralgia, nevrálgico.
   (Significa: **neuralgia** → **nevralgia**, e **neurálgico** → **nevrálgico**).

j) Le voci con la stessa scrittura, ma che richiedono distinzione, sono numerati alla romana

es.se [' ɛsi] **I** *sm* esse, il nome della lettera S.

es.se ['esi] *pron msg* codesto, cotesto.

l) Quando una voce ha una variazione composta di due o più parole, si può trovare la pronuncia e divisione sillabbica di queste in voci proprie:

pê.nal.ti [p'enawti] *sm Calc.* o **penalidade máxima** *sf Calc.* calcio di rigore.

(Vedi le voci **penalidade** e **máximo**)

2. La trascrizione fonetica

a) La pronuncia figurata del portoghese, rappresentata in parentesi quadra, ubbidisce alle norme dell'Alfabeto Fonetico Internazionale. Abbiamo adottato i simboli più adeguati agl'Italiani.

b) L'accento tonico è indicato dal segno ('), che precede la vocale tonica:

a.ba.ca.xi [abakaʃ'i] *sm Bot.* ananasso, ananas.

va.ga [v'agə] *sf* fiotto, flutto.

3. Le parti del discorso

Le parti del discorso vengono dopo la trascrizione fonetica, in corsivo, indicando il genere (dei sostantivi, articoli e pronomi), e la specie del verbo, secondo la classificazione grammaticale portoghese.

4. La traduzione

a) La traduzione dà i sinonimi in italiano e, se questo non sarà possibile, definisce o spiega la voce:

ci.ran.da [sir'ãdə] *sf* danza infantile, fatta in circolo; cola, vaglio.

b) I sinonimi sono separati dalla virgola ed i significati dal punto e virgola:

a.cer.bo [as'erbu] *agg* acerbo, acido; arduo, difficile.

c) Il simbolo ≃, nelle locuzioni ed espressioni, sostituisce la voce:

a.bó.ba.da [ab'ɔbadə] *sf Archit.* volta, concamerazione. ≃ **celeste** volta celeste.

— I cambiamenti della voce (flessioni di genere o numero, l'impiego di maiuscola, ecc.), nelle locuzioni ed espressioni, si presentano insieme con il simbolo ≃, così:
voce **cardeal**: ≃ais = cardeais.
voce **apalpar**: ≃ando = apalpando.
voce **continente**: C≃ = Continente.

— **A** volte, queste alterazioni hanno indicazioni grammaticali (plurale, per esempio):
voce **massa**: as ≃s *pl* le masse.

— Il pronome **se**, che forma i verbi riflessivi (o pronominali) si unisce al verbo per mezzo della lineetta (-).
voce **agitar**: ≃-se = agitar-se.

d) Parole utilizzate soltanto in espressioni, e che non hanno traduzione (o significato importante) si presentano come voci, solo con la trascrizione e la parte del discorso. In seguito, l'espressione (o espressioni), con il segno ≃:
a.pon.ta.dor [apõtad'or] *sm* ≃ **de lápis** temperamatite, temperalapis.

OSSERVAZIONI GRAMMATICALI

1. L'alfabeto portoghese
L'alfabeto portoghese ha 23 lettere:

a - a ['a]
b - bê [b'e]
c - cê [s'e]
d - dê [d'e]
e - e ['e]
f - efe ['εfi]
g - gê [ʒ'e]
h - agá [ag'a]

i - i ['i]
j - jota [ʒ'ɔtə]
l - ele ['εli]
m - eme ['emi]
n - ene ['eni]
o - o ['o]
p - pê [p'e]

q - quê [k'e]
r - erre ['eři]
s - esse ['εsi]
t - tê [t'e]
u - u ['u]
v - vê [v'e]
x - xis [ʃ'is]
z - zê [z'e]

a) Le lettere **k** - cá [k'a], **w** - dábliu [d'abljɯ] e **y** - ípsilon ['ipsilõ] sono utilizzate soltanto in abbreviature e parole straniere.

b) L'**h** è sempre muto, eccetto in parole straniere.

c) La **c** riceve un segno speciale, formando il **ç** - cê cedilha [sesid'iʎə]. Vedi la pronuncia.

2. **La divisione sillabica**
La divisione sillabica in portoghese è quasi la stessa dell'italiano. Dobbiamo osservare, però:

a) L'*s* davanti ad altra consonante forma sillaba con la vocale precedente (l'inverso dall'italiano):
es.co.la - es.tá.tua - es.tre.mi.da.de - es.mo.la

b) Due consonanti uguali si dividono:
car.ro - pas.so - oc.ci.pi.tal

c) Non si dividono i digrammi **CH - LH - NH**:
ca.cho - ba.ra.lho - a.com.pa.nhar

d) Si dividono i digrammi **CÇ - SC - SÇ - XC**:
fac.ção - des.cer - cres.ça - ex.ce.ção

e) Due consonanti diversi all'interno di una parola si dividono. Se la seconda consonante è *l* o *r*, non si divide, come in italiano:
ap.to - dig.no - rit.mo - lap.so - a.cre - a.tle.ta

f) Formano iato, dunque si dividono:
 — **AE, AO, EA, EO, OA, OE** tonici: po.e.ta a.or.ta
 — due vocali uguali: ve.e.men.te vô.o
 — **UI**, quando l'**I** è tonica: fu.i.nha ju.iz
 — **I** o **U** tonica + altra vocale: ba.i.nha di.a

g) I dittonghi non si dividono. Formano anche dittongo gl'incontri:
 — **EA, EO, OA** atoni: á.rea ró.seo má.goa
 — **ÃE, ÃO, ÕE**: mãe ma.mão põe
 — **UI**, quando l'**U** è tonica: mui.to rui.vo
 — **IU**, quando l'**I** è tonica: viu par.tiu

Per mantenere l'estetica del testo, in portoghese non si lascia una vocale isolata in fine e inizio di riga.

3. **La pronuncia e la trascrizione fonetica**
a) Le vocali sono orali o nasali (quando hanno il tilde o precedono **m** e **n**).
 A - [a] aperto come in **ape**.
 - [ə] finale neutro, quasi come nell'inglese **about**.
 - [ʌ] chiuso, quasi come nell'inglese **love**, ma nasale. Sempre tonico, davanti a **m**, **n** e **nh**.

Ã - [ã] nasale, quasi come nel francese **champ**.

E - [e] chiuso come in **sé**, può essere atono o tonico.
  - [ɛ] aperto come in **idea**, è sempre tonico.
  - [ẽ] **e** nasale chiuso, senza esempio in italiano.
  - [i] **e** finale atono, come in **si**.

I - [i] sempre come in **si**.
  - [ĩ] **i** nasale, senza esempio in italiano.
  - [j] **i** semivocale, come in **lui**.

O - [o] chiuso come in **molto**, può essere atono o tonico.
  - [ɔ] aperto come in **eroe**, è sempre tonico.
  - [u] **o** finale atono, come in **tu**.

Õ - [õ] **o** nasale chiuso, quasi come nel francese **rond**.

U - [u] sempre come in **tu**.
  - [ũ] **u** nasale, senza esempio in italiano. Anche nell'avverbio *muito*.
  - [w] **u** semivocale, come in **fauna**.

b) Le consonanti **b, d, f, m, n, p, t** e **v** sono come in italiano. Le consonanti e digrammi sotto differiscono dalla pronuncia italiana.

C - [k] come **c** in **cosa**, davanti a consonante, **a, o, u**.
  - [s] come **s** in **sempre**, davanti a **e, i**.

Ç - [s] come **s** in **sud**, scritta sempre davanti a **a, o, u**.

CC - [ks] come **x** in **xilofono**, sempre davanti a **e, i**.

CÇ - [ks] come **x** in **xilofono**, sempre davanti a **ã, õ**.

CH - [ʃ] come **sc** in **sciame**.

G - [g] come **g** in **gatto**, davanti a consonante, **a, o, u**.
  - [ʒ] come **j** nel francese **jour**, davanti a **e, i**.

GL - [gl] sempre come **gl** in **globo**.

GN - [gn] sempre si pronuncia la **g**.

GU - [gw] come **gu** in **guanto**, davanti a **a, o**.
  - [g] come **gh** in **ghetto**, davanti a **e, i**.

GÜ - [gw] sempre come **gu** in **guerra**.

H - è muto. Forma anche i digrammi: **ch, lh, nh**.

J - [ʒ] sempre come **j** nel francese **jour**.

L - [l] come **l** in **lume**, quando è iniziale di sillaba.
  - [w] come **u** in **rauco**, quando è finale di sillaba.

LH - [λ] sempre come **gl** in **foglio**.

NH - [ñ] sempre come **gn** in **ogni**.

QU - [kw] come **qu** in **quasi**, davanti a **a, o, u**.
- [k] come **ch** in **chimica**, davanti a **e, i**.

QÜ - [kw] come **qu** in **quercia**, davanti a **e, i**.

R - [r̃] iniziale, quasi come **h** nell'inglese **hall**.
- [r] fra due vocali, o fra consonante e vocale, come in **ricco**, però si vibra meno la lingua.

RR - [r̃] quasi come **h** nell'inglese **hall**, viene sempre fra due vocali.

S - [s] iniziale di sillaba o davanti a **f, p, q, t** come **s** in **sud**.
- [z] come **s** in **frase**, fra due vocali o davanti a **b, d, g, m, n, v**.

Oss.: In portoghese non esistono sillabe comincianti per *s impura*.

SC - [sk] come **sc** in **bosco**, davanti a consonante, **a, o, u**.
- [s] come **s** in **sud**, davanti a **e, i**.

SÇ - [s] come **s** in **sud**, sempre davanti a **a, o, u**.

SS - [s] come **s** in **sud**, viene sempre fra due vocali.

TCH - [tʃ] sempre come **c** in **certo**.

X - Ha quattro suoni, o può essere muta:
[ks] come **x** in **xilofono**; [s] come **s** in **sud**; [ʃ] come **sc** in **sciame**; [z] come **s** in **frase**; muta negl'incontri: **xce, xci**.

Z - [z] sempre come **s** in **frase**.

c) Le consonanti sotto sono di parole straniere:

H - [h] come **h** nell'inglese **hall**.
W - [v] come **v** in **vano**.
Y - [j] come **i** in **lui**.

d) **Riassunto dei simboli fonetici ed esempi**

[a] p**a**to [p'atu], **a**m**a**r [am'ar]
[ə] b**o**l**a** [b'ɔlə]
[Λ] ba**nh**o [b'Λñu], ra**m**o [r̃'Λmu]
[ã] l**ã** [l'ã], ba**n**do [b'ãdu], gra**m**po [gr'ãpu]
[b] **b**ote [b'ɔti]
[k] **c**alor [kal'or], **qu**eijo [k'ejʒu], **cl**aro [kl'aru]

[d] dado [d'adu]

[e] você [vos'e], beleza [bel'ezə]

[ɛ] fé [f'ɛ], belo [b'ɛlu]

[ẽ] mente [m'ẽti], também [tãb'ẽj]

[f] fogo [f'ogu]

[g] gola [g'ɔlə], gueto [g'etu], grave [gr'avi]

[gn] diagnóstico [djagn'ɔstiku]

[gw] água ['agwə], agüentar [agwẽt'ar]

[h] hardware [h'ardwer]

[i] ti [t'i], similar [simil'ar], corte [k'orti]

[ĩ] mim [m'ĩ], cinco [s'ĩku]

[j] bóia [b'ɔjə], yeti ['jɛti]

[ʒ] gelo [ʒ'elu], já [ʒ'a]

[l] louro [l'owru]

[λ] alho ['aλu]

[m] marco [m'arku]

[n] nave [n'avi]

[ñ] amanhecer [amañes'er]

[o] mosca [m'oskə], chocolate [ʃokol'ati], vovô [vov'o]

[ɔ] herói [er'ɔj], fora [f'ɔrə]

[õ] bom [b'õw], bronquite [brõk'iti]

[p] parte [p'arti]

[kw] quase [k'wazi], quota [k'wɔtə], líqüido [l'ikwidu]

[ř] rápido [ř'apidu], carro [k'ařu]

[r] ouro ['owru], fraco [fr'aku]

[s] cego [s'ɛgu], caça [k'asə], sala [s'alə], hostil [ost'iw], descer [des'er], dinossauro [dinos'awru], próximo [pr'ɔsimu]

[sk] casca [k'askə], excursão [eskurs'ãw]

[ʃ] chá [ʃ'a], xícara [ʃ'ikarə]

[t] tarde [t'arde]

[tʃ] tcheco [tʃ'ɛku]

[u] uva ['uvə], rato [ř'atu]

[ũ] um ['ũ], fundo [f'ũdu]

[w] mau [m'aw], falso [f'awsu]

[v] verbo [v'ɛrbu], watt [v'ati]

[ks] fixo [f'iksu], occipital [oksipit'aw], facção [faks'ãw]

[z] caso [k'azu], rasgar [ř'azgar], exame [ez'ʌmi], azul [az'uw]

e) Le consonanti doppie sono soltanto tre: **C, R** e **S**. Per la pronuncia, vedi sopra.

4. **Articoli determinativi   Articoli indeterminativi**
   maschile: **o** (*pl* **os**)   maschile: **um** (*pl* **uns**)
   femminile: **a** (*pl* **as**)   femminile: **uma** (*pl* **umas**)

5. **Contrazioni e combinazioni**
   a) La preposizione *a* si unisce con:
      — o, a, os, as: **ao, à, aos, às**;
      — aquele, aquela, aqueles, aquelas, aquilo: **àquele, àquela, àque-les, àquelas, àquilo**;
      — onde: **aonde**.
   b) La preposizione *de* si unisce con:
      — o, a, os, as: **do, da, dos, das**;
      — ele, ela, eles, elas: **dele, dela, deles, delas**;
      — aquele, aquela, aqueles, aquelas, aquilo: **daquele, daquela, daqueles, daquelas, daquilo**;
      — este, esta, estes, estas, isto: **deste, desta, destes, destas, disto**;
      — esse, essa, esses, essas, isso: **desse, dessa, desses, dessas, disso**;
      — aqui, ali, aí: **daqui, dali, daí**.
   c) La preposizione *em* si unisce con:
      — o, a, os, as: **no, na, nos, nas**;
      — ele, ela, eles, elas: **nele, nela, neles, nelas**;
      — aquele, aquela, aqueles, aquelas, aquilo: **naquele, naquela, naqueles, naquelas, naquilo**;
      — este, esta, estes, estas, isto: **neste, nesta, nestes, nestas, nisto**;
      — esse, essa, esses, essas, isso: **nesse, nessa, nesses, nessas, nisso**.
   d) La preposizione *por* si unisce con:
      — o, a, os, as: **pelo, pela, pelos, pelas**.

6. **Numerali**
   cardinali   **ordinali**
   0 zero   -
   1 um (*f* uma)   primeiro
   2 dois (*f* duas)   segundo
   3 três   terceiro

4	quatro	quarto
5	cinco	quinto
6	seis	sexto
7	sete	sétimo
8	oito	oitavo
9	nove	nono
10	dez	décimo
11	onze	décimo primeiro, undécimo
12	doze	décimo segundo, duodécimo
13	treze	décimo terceiro
14	quatorze, catorze	décimo quarto
15	quinze	décimo quinto
16	dezesseis	décimo sexto
17	dezessete	décimo sétimo
18	dezoito	décimo oitavo
19	dezenove	décimo nono
20	vinte	vigésimo
21	vinte e um	vigésimo primeiro
22	vinte e dois	vigésimo segundo
30	trinta	trigésimo
40	quarenta	quadragésimo
50	cinqüenta	qüinquagésimo
60	sessenta	sexagésimo
70	setenta	setuagésimo
80	oitenta	octogésimo
90	noventa	nonagésimo
100	cem	centésimo
101	cento e um	centésimo primeiro
102	cento e dois	centésimo segundo
200	duzentos	ducentésimo
300	trezentos	trecentésimo
400	quatrocentos	quadringentésimo
500	quinhentos	qüingentésimo
600	seiscentos	seiscentésimo, sexcentésimo
700	setecentos	setingentésimo
800	oitocentos	octingentésimo
900	novecentos	nongentésimo

1.000 mil	milésimo
1.001 mil e um	millésimo primeiro
2.000 dois mil	dois milésimos
100.000 cem mil	cem milésimos
1.000.000 um milhão	milionésimo

Oss. 1: I numerali non si scrivono mai come una sola parola, come a volte si fa in italiano. Così, 1993 si scrive: **mil novecentos e noventa e três**.

ABBREVIATURE

Aer.	Aeronautica	*Ling.*	Linguistica
Anat.	Anatomia	*Mat.*	Matematica
Archeol.	Archeologia	*Mecc.*	Meccanica
Archit.	Architetura	*Med.*	Medicina
Arte	Arti in genere	*Met.*	Meteorologia
Astrol.	Astrologia	*Mil.*	Militare
Astron.	Astronomia	*Min.*	Mineralogia
Autom.	Automobilismo	*Mit.*	Mitologia
Biol.	Biologia	*Mus.*	Musica
Bot.	Botanica	*Naut.*	Nautica
Bras.	Brasilianesimo	*Pitt.*	Pittura
Calc.	Calcio	*Poet.*	Poesia; Linguaggio Poetico
Chim.	Chimica		
Comm.	Linguaggio Commerciale	*Pol.*	Política
		Pop.	Linguaggio Popolare
Contab.	Contabilità	*Port.*	Portoghesismo
Econ.	Economia	*Psic.*	Psicologia
Elett.	Elettricità	*Rel.*	Religione
Equit.	Equitazione	*Scult.*	Scultura
Fam.	Linguaggio Familiare	*Sider.*	Siderurgia
Fig.	Linguaggio Figurato	*Sp.*	Sport
Fil.	Filosofia	*Spirit.*	Spiritismo
Fis.	Fisica	*St.*	Storia
Fisiol.	Fisiologia	*Teat.*	Teatro
Fot.	Fotografia	*Tec.*	Linguaggio Tecnico
Geogr.	Geografia	*TV*	Televisione
Geol.	Geologia	*Volg.*	Linguaggio Volgare
Geom.	Geometria	*Zool.*	Zoologia
Ger.	Gergo	*abbrev de*	abbreviazione di
Giur.	Giurisprudenza	*agg*	aggettivo
Giorn.	Giornalismo	*an*	anche
Gramm.	Grammatica	*art*	articolo
Inform.	Informatica	*aum*	aumentativo
Iron.	Linguaggio Ironico	*avv*	avverbio; locuzione avverbiale
Lett.	Letteratura; Linguaggio Letterario	*compar*	comparativo

cong	congiunzione	*prep*	preposizione
det	determinativo	*pron*	pronome
dim	diminutivo	*s*	sostantivo di due
disp	dispregiativo		generi
ecc	eccetera	*s+agg*	sostantivo di due ge-
fpl	femminile plurale		neri e aggettivo
fsg	femminile singolare	*sf*	sostantivo femminile
indet	indeterminativo	*sm*	sostantivo maschile
int	interiezione	*superl*	superlativo
mpl	maschile plurale	*vaus*	verbo ausiliare
msg	maschile singolare	*vezz*	vezzeggiativo
np	nome proprio	*vi*	verbo intransitivo
num	numerale	*vi+vpr*	verbo intransitivo e
p es	per esempio		pronominale
part	participio	*vpr*	verbo pronominale
pers	personale	*vt*	verbo transitivo
pl	plurale	*vt+vi*	verbo transitivo e in-
pref	prefisso		transitivo

ITALIANO-PORTUGUÊS
ITALIANO-PORTOGHESE

A

a [´a] I *sf* a primeira letra do alfabeto italiano; a, o nome da letra A. *Fig.* princípio, início. **dall´** ≃ **alla zeta** do princípio ao fim.

a [´a] II *prep* com diversas acepções: a, de, com, em, para, etc., exprimindo várias relações: **vado** ≃ **Roma** vou para Roma. **sono** ≃ **Milano** estou em Milão. ≃ **mezzodì** ao meio-dia. ≃ **sei soldi** por seis vinténs. ≃ **occhi chiusi** de olhos fechados.

a.ba.te [ab´ate] *sm* abade. **stare come un padre** ≃ ter todo o conforto.

ab.ba.ca.re [abbak´are] *vi* calcular, fazer contas. *Fig.* fantasiar, imaginar.

ab.bac.chia.re [abbak´jare] *vt* colher frutas com bastão. *Fig.* deprimir, abater; vender barato.

ab.ba.ci.na.re [abbatʃin´are] *vt* deslumbrar; ofuscar, cegar.

ab.ba.co [´abbako] ou **a.ba.co** [´abako] *sm Mat.* ábaco.

abbadessa, abadessa → **badessa**.

ab.ba.glia.men.to [abbaλam´ento] *sm* ofuscação; deslumbramento.

ab.ba.glia.re [abbaλ´are] *vt* deslumbrar; cegar, turvar a vista. *Fig.* iludir, fascinar.

ab.ba.glio [abb´aλo] *sm Fig.* erro, engano, equívoco. **prendere** ≃ errar.

ab.ba.ia.re [abba´jare] *vi* latir, ladrar. *Fig.* gritar com voz esganiçada. ≃ **alla luna** latir para a lua, reclamar inutilmente.

ab.ba.i.no [abba´ino] *sm* clarabóia.

ab.ba.io [abb´ajio] *sm* latido, ladrado.

ab.bal.la.re [abball´are] *vt* embalar, embrulhar.

ab.ban.do.na.re [abbandon´are] *vt* abandonar; deixar, largar; deixar cair (braços, cabeça). *vpr* desanimar, esmorecer; entregar-se. ≃ **si a uno** confiar totalmente em alguém.

ab.ban.do.na.to [abbandon´ato] *part* + *adj* abandonado; deixado; largado. ≃ **dai medici** desenganado pelos médicos.

ab.ban.do.no [abband´ono] *sm* abandono. **in** ≃ ao abandono.

ab.bar.bi.car.si [abbarbik´arsi] *vpr tb Fig.* arraigar-se, enraizar-se, criar raízes.

ab.bar.ca.re [abbark´are] *vt* juntar, amontoar, acumular.

ab.ba.ruf.fa.re [abbaruff´are] *vt* bagunçar; criar confusão. *vpr* brigar, pegar-se.

ab.bas.sa.men.to [abbassam´ento] *sm* abaixamento, rebaixamento; baixa, redução (de preços); depressão (de terreno); humilhação.

ab.bas.sa.re [abbass´are] *vt* abaixar, baixar; diminuir, reduzir. *Fig.* deprimir, humilhar, rebaixar. *vpr* abaixar-se. *Fig.* rebaixar-se. ≃ **un ordine** baixar uma ordem. ≃ **un colpo** desferir um golpe. ≃ **la testa** humilhar-se.

ab.bas.so [abb´asso] *adv* abaixo. ≃ **!** *interj* abaixo!

ab.ba.stan.za [abbast´antsa] *adv* bastante, suficientemente.

ab.bat.te.re [abb´attere] *vt* abater, derrubar; combater, refutar. *Fig.* desanimar, humilhar, debilitar. *vpr* esmorecer, abater-se; acontecer.

ab.bat.ti.men.to [abbattim´ento] *sm* abatimento; prostração, enfraquecimento. *Fig.* humilhação.

ab.ba.zi.a [abbats´ia] *sf* abadia.

ab.be.ce.da.rio [abbetʃed´arjo] *sm* á-bê-cê, abecedário, alfabeto.

ab.bel.li.men.to [abbellim´ento] *sm* embelezamento, adorno. ≃ **i** *pl* enfeites.

ab.bel.li.re [abbell´ire] *vt* embelezar, enfeitar.

ab.be.ve.ra.re [abbever´are] *vt* dar de beber aos animais. *vpr Fig.* inspirar-se em.

ab.be.ve.ra.to.io [abbeverat´ojo] *sm* bebedouro para animais.

ab.bi.cì [abbitt´ʃi] *sm* á-bê-cê, abecedário; fundamentos (de uma ciência).

ab.bi.glia.men.to [abbiλam´ento] *sm* adorno, enfeite.

ab.bi.glia.re [abbiλ´are] *vt* vestir com elegância, enfeitar, ornar. *vpr* enfeitar-se.

ab.bin.do.la.re [abbindol´are] *vt* enganar. *Pop.* enrolar, tapear. *vpr* enganar-se.

ab.bi.so.gna.re [abbizoɲ´are] *vi* precisar, necessitar.

ab.boc.ca.men.to [abbokkam´ento] *sm* encontro, conversa, entrevista.

ab.boc.ca.re [abbokk´are] *vt* + *vi* abocanhar, morder; embocar, encaixar (canos, tubos). *Fig.* morder a isca. *vpr* conversar.

ab.boc.ca.to [abbokk'ato] *adj* adocicado, suave (vinho); cheio até a boca.

ab.boc.co.na.re [abbokkon'are] *vt* cortar em bocados.

ab.bo.nac.cia.men.to [abbonatʃam'ento] *sm* bonança, calmaria.

ab.bo.nac.cia.re [abbonattʃ'are] *vt* acalmar, aplacar. *vpr* acalmar-se, sossegar.

ab.bo.na.men.to [abbonam'ento] *sm* assinatura, subscrição; associação.

ab.bo.na.re [abbon'are] *vt* assinar (publicação); abonar, aceitar como bom, validar (conta, documento). *vpr* associar-se, conveniar-se.

ab.bo.na.to [abbon'ato] *sm* assinante; associado.

ab.bon.dan.te [abbond'ante] *adj* abundante, copioso.

ab.bon.dan.za [abbond'antsa] *sf* abundância, opulência, fartura.

ab.bon.da.re [abbond'are] *vi* abundar.

ab.bo.ni.re [abbon'ire] *vt* melhorar, fazer melhor; acalmar, aplacar.

ab.bor.da.re [abbord'are] *vt Náut.* abordar. *Fig.* abordar; aproximar-se da; tratar de.

ab.bor.do [abb'ordo] *sm tb Náut.* abordagem. **a primo** ≃ à primeira vista. **di facile** ≃ acessível (pessoa).

ab.bor.rac.cia.re [abboŗattʃ'are] *vt* fazer malfeito.

ab.bot.to.na.re [abbotton'are] *vt* abotoar. *vpr* abotoar-se. *Fig.* fechar-se; guardar segredo.

ab.bot.to.na.tu.ra [abbottonat'ura] *sf* abotoadura; ato de abotoar.

ab.boz.za.re [abbotts'are] *vt* esboçar, rascunhar.

ab.boz.za.ta [abbotts'ata] *sf* esboço (feito às pressas).

ab.boz.zo [abb'ottso] *sm* esboço, rascunho.

ab.brac.cia.bo.schi [abbrattʃab'oski] *sm Bot.* madressilva; hera.

ab.brac.cia.re [abbrattʃ'are] *vt* abraçar; abranger, cingir. *Fig.* adotar, seguir (causa). *vpr* abraçar-se. **da qui si abbraccia tutta Roma** daqui se vê toda a cidade de Roma.

ab.brac.cio [abbr'attʃo] *sm* abraço.

ab.bre.via.re [abbrev'jare] *vt* abreviar, encurtar.

ab.bre.via.tu.ra [abbrevjat'ura] *sf* abreviatura.

ab.bre.via.zio.ne [abbrevjats'jone] *sf* abreviação; encurtamento.

ab.bron.za.re [abbrondz'are] *vt* bronzear; queimar, chamuscar, tostar. *vpr* bronzear-se, queimar-se.

ab.bron.za.to [abbrondz'ato] *part + adj* bronzeado. *Fig.* trigueiro.

ab.bron.za.tu.ra [abbrondzat'ura] *sf* bronzeamento; bronzeado.

ab.bru.na.re [abbrun'are] *vt* escurecer; enlutar. *vpr* escurecer; vestir luto.

ab.bru.ni.re [abbrun'ire] *vt* escurecer; bronzear. *vi + vpr* escurecer; bronzear-se.

ab.bru.sto.li.re [abbrustol'ire] *vt* torrar, tostar.

ab.bru.ti.re [abbrut'ire] *vt + vi* embrutecer.

ab.bu.ia.re [abbu'jare] *vt* escurecer, obscurecer. *Fig.* esconder, ocultar. *vi + vpr* escurecer, anoitecer. *Fig.* entristecer-se.

ab.bu.ia.to [abbu'jato] *adj* escurecido, apagado. *Fig.* oculto, escondido; triste.

ab.buo.no [abb'wono] *sm* abono; desconto, abatimento; perdão, anistia.

ab.bu.rat.ta.men.to [abburattam'ento] *sm* peneiragem. *Fig.* debate, discussão.

ab.bu.rat.ta.re [abburatt'are] *vt* peneirar. *Fig.* debater, discutir; sacudir de um lado para outro.

ab.di.ca.re [abdik'are] *vi* abdicar, renunciar.

ab.du.zio.ne [abduts'jone] *sf Med.* abdução, deslocamento.

a.ber.ra.zio.ne [abeŗats'jone] *sf* aberração.

a.be.ta.ia [abet'aja] *sf Bot.* bosque de abetos.

a.be.te [ab'ete] *sm Bot.* abeto.

a.biet.to [ab'jetto] *adj* abjeto, vil, imundo.

a.bie.zio.ne [abjets'jone] *sf* abjeção, baixeza, vileza.

a.bi.le ['abile] *adj* hábil, capaz, apto; habilidoso.

a.bi.li.tà [abilit'a] *sf* habilidade, capacidade, aptidão.

a.bi.li.ta.re [abilit'are] *vt* habilitar, tornar apto. *vpr* habilitar-se.

a.bi.li.ta.zio.ne [abilitats'jone] *sf* habilitação; diploma, título (profissional).

a.bis.so [ab'isso] *sm* abismo. **essere sull'orlo dell'** ≃ estar à beira do abismo.

a.bi.ta.re [abit'are] *vt + vi* habitar, morar, residir. ≃ **a Firenze** residir em Florença.

a.bi.ta.zio.ne [abitats'jone] *sf* habitação, moradia; domicílio.

a.bi.to ['abito] *sm* traje, roupa; vestido. *Rel.* hábito, batina, traje de padre ou freira. *Fig.* hábito, costume. ≃ **completo** terno. ≃ **intero** vestido de uma só peça. ≃ **a giacca** saia e casaco, *tailleur*. ≃ **da sera** vestido de baile. ≃ **lungo** longo, vestido comprido. **vestire l'** ≃ seguir carreira religiosa. **spogliare l'** ≃ largar a batina. **cambiarsi d'** ≃ trocar de roupa, trocar-se. **l'** ≃ **non fa il monaco** o hábito não faz o monge.

a.bi.tu.a.le [abitu'ale] *adj* habitual, costumeiro.

a.bi.tu.a.re [abitu′are] *vt* acostumar, habituar. *vpr* habituar-se, acostumar-se.

a.bi.tu.di.ne [abit′udine] *sf* hábito, costume.

a.biu.ra [ab′jura] *sf* renúncia, desistência, abjuração.

a.biu.ra.re [abjur′are] *vt* renunciar, desistir, abjurar.

a.bla.ti.vo [ablat′ivo] *sm Gram.* ablativo.

a.blu.zio.ne [abluts′jone] *sf* ablução, lavagem.

ab.ne.ga.re [abneg′are] *vt* abnegar, renunciar.

a.bo.li.re [abol′ire] *vt* abolir.

a.bo.li.zio.ni.sta [abolitsjon′ista] *s+adj* abolicionista.

a.bo.mi.na.bi.le [abomin′abile] ou **a.bo.mi.ne.vo.le** [abomin′evole] *adj* abominável, detestável, abominoso.

a.bo.mi.na.re [abomin′are] *vt* abominar, detestar.

a.bo.mi.na.zio.ne [abominats′jone] *sf* ou **a.bo.mi.nio** [abom′injo] *sm* abominação, abomínio; ódio; vergonha, desonra.

a.bo.ri.ge.no [abor′idʒeno] *sm+adj* aborígine.

a.bor.ri.men.to [aborrim′ento] *sm* aborrecimento, aversão, ódio.

a.bor.ri.re [aborr′ire] *vt* aborrecer. *vi* ter horror a, ter aversão a.

a.bor.ti.re [abort′ire] *vi* abortar.

a.bor.ti.vo [abort′ivo] *sm+adj* abortivo.

a.bor.to [ab′ɔrto] *sm* aborto. *Fig.* insucesso, fiasco; obra incompleta.

a.bro.ga.re [abrog′are] *vt Dir.* ab-rogar, revogar.

ab.si.de [′abside] *sf Arquit.* abside.

a.bu.sa.re [abuz′are] *vi* abusar, exagerar. *vpr Fam.* abusar de. ≃ **si della bontà di** abusar da bondade de.

a.bu.si.vo [abuz′ivo] *adj* abusivo, excessivo.

a.bu.so [ab′uzo] *sm* abuso, excesso.

a.ca.cia [ak′atʃa] *sf Bot.* acácia.

a.ca.giù [akadʒ′u] *sm Bot.* acaju, mogno.

a.ca.ro [′akaro] *sm* ácaro.

ac.ca [′akka] *sf* agá, o nome da letra H. *Fig.* nada. **non vale un'** ≃ não vale nada.

ac.ca.de.mia [akkad′emja] *sf* academia. **fare** ≃ conversar à toa, jogar conversa fora.

ac.ca.de.mi.co [akkad′emiko] *sm+adj* acadêmico.

ac.ca.de.re [akkad′ere] *vi* acontecer, realizar-se, suceder.

ac.ca.gio.na.re [akkadʒon′are] *vt* culpar, acusar, imputar.

ac.ca.glia.re [akkaλ′are] *vt* coagular, coalhar. *vpr* coagular-se, coalhar-se.

accalappiacani → **acchiappacani**.

ac.ca.lap.pia.re [akkalapp′jare] *vt* laçar, enlaçar, agarrar. *Fig.* enganar, lograr.

ac.cal.da.to [akkald′ato] *part+adj* esquentado, aquecido. *Fig.* excitado.

ac.ca.lo.ra.re [akkalor′are] ou **ac.ca.lo.ri.re** [akkalor′ire] *vt* aquecer, esquentar. *vpr* aquecer-se, esquentar-se. *Fig.* excitar-se.

ac.cam.pa.men.to [akkampam′ento] *sm* acampamento.

ac.cam.pa.re [akkamp′are] *vt* alegar, apresentar (pretensão, motivo). *vi+vpr* acampar.

ac.ca.ni.men.to [akkanim′ento] *sm* fúria, ferocidade; tenacidade, afinco; obstinação.

ac.ca.nir.si [akkan′irsi] *vpr* enfurecer-se, irritar-se, irar-se. *Fig.* aplicar-se a, dedicar-se a.

ac.ca.ni.to [akkan′ito] *part+adj* furioso, irritado, irado; obstinado, insistente, incansável.

ac.can.to [akk′anto] *adv* ao lado, perto, junto. ≃ **a** *prep* ao lado de, perto de, junto de.

ac.ca.pi.gliar.si [akkapiλ′arsi] *vpr* pegar-se, brigar. *Pop.* sair no braço.

ac.cap.pa.to.io [akkappat′ojo] *sm* roupão, chambre; penteador.

ac.cap.pia.re [akkapp′jare] *vt* enlaçar, ligar, atar. *Fig.* enganar.

ac.cap.po.na.re [akkappon′are] *vt* capar, castrar. *vpr Fig.* na expressão ≃ **si la pelle** ficar todo arrepiado (de medo).

ac.ca.rez.za.re [akkaretts′are] *vt* acariciar, afagar. *Fig.* adular, bajular.

ac.car.pio.na.re [akkarpjon′are] *vt* conservar peixe ou carne em escabeche.

ac.ca.scia.re [akkaʃ′are] *vt* enfraquecer. *Fig.* desanimar, desencorajar. *vpr* debilitar-se, enfraquecer. *Fig.* desanimar-se, esmorecer.

ac.ca.ta.sta.re [akkatast′are] *vt* empilhar, amontoar.

ac.cat.ta.bri.ghe [akkattabr′ige] *s* brigão, valentão.

ac.cat.ta.re [akkatt′are] *vt* mendigar, pedir esmolas. *Fig.* pedir emprestado.

ac.cat.to [akk′atto] *sm* mendicância, esmola. *Fig.* empréstimo.

ac.cat.to.ne [akkatt′one] ou **ac.cat.ta.pa.ne** [akkattap′ane] *sm* mendigo, pedinte.

ac.ca.val.ca.re [akkavalk′are] *vt* montar, subir em; encavalar (na escrita). *Fig.* superar, sobrepujar.

ac.ca.val.la.re [akkavall′are] *vt* acavalar, sobrepor. *vpr* sobrepor-se. *Fig.* amontoar-se.

ac.ce.ca.men.to [attʃekam′ento] *sm* cegueira. *Fig.* confusão, perplexidade.

ac.ce.ca.re [attʃek′are] *vt* cegar; tapar, fechar; escurecer (cor). *Fig.* confundir, ofuscar, *vi+vpr* ficar cego; desbotar, esmaecer (cor).

ac.ce.de.re [akˈt∫edere] *vi* entrar em; aproximar-se de. *Fig.* concordar com, consentir em.

ac.ce.le.ra.re [att∫eleˈrare] *vt* acelerar; apressar. *vpr* acelerar-se; apressar-se.

ac.ce.le.ra.to.re [att∫eleraˈtore] *sm Autom.* acelerador.

ac.cen.dere [attˈ∫endere] *vt+vi* acender, inflamar, incendiar, pôr fogo; ligar (aparelhos). *Fig.* excitar, estimular. *vpr* pegar fogo, arder. *Fig.* enamorar-se; irar-se.

ac.cen.de.vo.le [att∫endˈevole] ou **ac.cen.di.bi.le** [att∫endˈibile] *adj* inflamável.

ac.cen.di.si.ga.ri [att∫endisˈigari] *sm* isqueiro.

ac.cen.na.re [att∫ennˈare] *vt+vi* acenar, indicar, mostrar; subentender; esboçar, delinear. ≃ **coppe e dar denari** dizer uma coisa e fazer outra.

ac.cen.no [attˈ∫enno] *sm* aceno; aviso; esboço; sinal, indício.

ac.cen.sio.ne [att∫ensˈjone] *sf* acendimento, inflamação; ligação, ignição (aparelhos).

ac.cen.to [attˈ∫ento] *sm* acento; tom de voz; pronúncia.

ac.cen.tra.re [att∫entrˈare] *vt* concentrar; centralizar. *vpr* concentrar-se.

ac.cen.tu.a.re [att∫entuˈare] *vt* acentuar; evidenciar; agravar.

ac.cen.tua.zio.ne [att∫entwatsˈjone] *sf Gram.* acentuação. *Fig.* ênfase.

ac.cer.ta.men.to [att∫ertamˈento] *sm* verificação, averiguação; investigação.

ac.cer.ta.re [att∫ertˈare] *vt* certificar, verificar; investigar, apurar; reconhecer, constatar. *vpr* certificar-se, averiguar.

ac.ce.so [attˈ∫ezo] *part+adj* aceso. *Fig.* excitado; avermelhado, rubro; ligado (motor).

ac.ces.si.bi.le [att∫esˈibile] *adj tb Fig.* acessível.

ac.ces.so [attˈ∫esso] *sm* acesso; entrada. *Med.* ataque, crise. *Dir.* averiguação, inquérito. *Fig.* acesso (sentimentos). **uomo di facile** ≃ homem acessível. ≃ **d'ira** acesso de raiva.

ac.ces.so.rio [att∫esˈɔrjo] *sm* acessório. *adj* acessório, secundário, complementar.

ac.cet.ta [attˈ∫etta] *sf* machado.

ac.cet.ta.bi.le [att∫ettˈabile] ou **ac.cet.te.vo.le** [att∫ettˈevole] *adj* aceitável.

ac.cet.tan.te [att∫ettˈante] *s+adj Com.* aceitante.

ac.cet.ta.re [att∫ettˈare] *vt* aceitar, aprovar; receber, acolher, admitir; assumir (encargo). ≃ **una cambiale** *Com.* assinar uma letra.

ac.cet.to [attˈ∫etto] *adj* aceito; estimado, benquisto.

ac.che.ta.re [akketˈare] *vt* aquietar, tranqüilizar, acalmar, sossegar. *vpr* aquietar-se, acalmar-se, sossegar.

ac.chiap.pa.ca.ni [akkjappakˈani] ou **ac.ca.lap.pia.ca.ni** [akkalappjakˈani] *sm* laçador de cachorro.

ac.chiap.pa.re [akkjappˈare] *vt* pegar; apanhar, agarrar, capturar; tomar. *vpr* pegar-se, brigar. **acchiappalo!** pega! pega ladrão!

ac.chioc.cio.la.re [akkjott∫olˈare] *vt* encaracolar. *vpr* acocorar-se, agachar-se.

ac.cia [ˈatt∫a] *sf* meada.

ac.cia.bat.ta.re [att∫abattˈare] *vt* remendar; fazer às pressas. *Fig.* fazer malfeito.

ac.ciac.ca.re [att∫akkˈare] *vt* achatar, esmagar, amassar. *Fig.* enfermar, deixar doente.

ac.ciac.co [attˈ∫akko] *sm* achaque, mal-estar, distúrbio.

ac.cia.io [attˈ∫ajo] *sm* aço. ≃ **inossidabile** aço inoxidável.

ac.ci.den.ta.le [att∫identˈale] *adj* acidental; casual. *Fig.* supérfluo.

ac.ci.den.te [att∫idˈente] *sm* acidente. *Med.* apoplexia. *Fig.* pessoa feia ou ruim. **per** ≃ por acaso. ≃**i!** *interj* caramba!

ac.ci.dia [attˈ∫idja] *sf* preguiça, indolência.

ac.ci.dio.so [att∫idˈjozo] *adj* preguiçoso, indolente.

ac.ci.glia.men.to [att∫iʎamˈento] *sm* carranca, cara feia.

ac.ci.gliar.si [att∫iʎˈarsi] *vpr* franzir a testa.

ac.ci.glia.to [att∫iʎˈato] *part+adj* carrancudo. *Pop.* com cara de poucos amigos.

ac.cin.ci.gna.re [att∫int∫iɲˈare] *vt* amarrotar, enrugar.

ac.cin.ger.si [att∫indʒersi] *vpr* preparar-se.

ac.cioc.ché [att∫okkˈe] *conj* a fim de, para que.

ac.ciot.to.la.re [att∫ottolˈare] *vt* calçar, ladrilhar.

ac.ciuf.fa.re [att∫uffˈare] *vt* pegar pelos cabelos; agarrar, pegar.

ac.ciu.ga [attˈ∫uga] *sf* anchova, enchova. *Fig.* magrela, mulher magra. **stretti come** ≃**ghe** *Fig.* apertados como sardinhas em lata.

ac.ci.vet.ta.to [att∫ivettˈato] *adj Fig.* astuto, esperto.

ac.cla.ma.re [akklamˈare] *vt* aclamar; aplaudir; celebrar; eleger.

ac.cli.ma.re [akklimˈare] ou **ac.cli.ma.ta.re** [akklimatˈare] *vt* aclimatar. *Fig.* acostumar, habituar. *vpr* aclimatar-se. *Fig.* acostumar-se, habituar-se.

ac.cli.ve [akklˈive] *adj* aclive, íngreme.

ac.clu.de.re [akklˈudere] *vt* anexar, incluir (carta, papéis).

ac.clu.so [akkl'uzo] *part+adj* incluído, incluso.

ac.coc.ca.re [akkokk'are] *vt* colocar a flecha no arco; pregar, pendurar. *Fam.* desfechar, desferir (golpe). =**la a** *Fig.* pregar uma peça em.

ac.co.co.lar.si [akkokkol'arsi] *vpr* agachar-se, acocorar-se.

ac.co.glien.za [akkoλ'entsa] *sf* ou **ac.co.gli.men.to** [akkoλim'ento] *sm* acolhida, acolhimento, recepção.

ac.co.glie.re [akk'ɔλere] *vt* acolher, receber; aceitar, aprovar; incluir, admitir.

ac.co.li.to [akk'ɔlito] *sm Rel.* acólito. *Pol.* adepto, afiliado, militante.

ac.co.man.da.ta.rio [akkomandat'arjo] *sm Com.* comanditário, sócio.

ac.co.man.di.ta [akkom'andita] *sf Com.* comandita.

ac.co.mia.ta.re [akkomjat'are] *vt* despedir, licenciar. *vpr* despedir-se, partir, retirar-se.

ac.co.mo.da.men.to [akkomodam'ento] *sm* acomodação; transação. *Fig.* conciliação.

ac.co.mo.da.re [akkomod'are] *vt* acomodar, arrumar, arranjar; reparar, consertar. *Fig.* conciliar, pôr fim a (disputa). *vpr* acomodar-se, arranjar-se; sentar-se. *Fig.* conciliar-se, concordar. **accomodatevi!** sentem-se!

ac.co.mo.da.tu.ra [akkomodat'ura] *sf* acomodação, ajuste, arranjo; correção, conserto.

ac.com.pa.gna.men.to [akkompañam'ento] *sm* acompanhamento; cortejo, comitiva. *Mús.* acompanhamento.

ac.com.pa.gna.re [akkompañ'are] *vt* acompanhar; conduzir, guiar; unir, aliar. *Fig.* emparelhar, casar (uma coisa com outra). ≃ **con l'occhio** observar alguém.

ac.com.pa.gna.to.re [akkompañat'ore] *sm* acompanhante.

ac.co.mu.na.re [akkomun'are] *vt* tornar comum; juntar, combinar. *vpr* confraternizar; misturar-se.

ac.con.cez.za [akkontʃ'ettsa] *sf* vantagem, comodidade.

ac.con.cia.men.to [akkontʃam'ento] *sm* acomodação; acordo, ajuste; enfeite, adorno.

ac.con.cia.re [akkontʃ'are] *vt* acomodar, arrumar; enfeitar, adornar; preparar conserva de (alimentos). *Fig.* dar surra em. *vpr* acomodar-se, arranjar-se; enfeitar-se; pentear-se; arrumar-se, recompor-se.

ac.con.cia.tu.ra [akkontʃat'ura] *sf* penteado; vestimenta.

ac.con.cio [akk'ontʃo] *adj* oportuno, adequado, apropriado; enfeitado. **venire in** ≃ vir a propósito, ser oportuno.

ac.con.sen.ti.re [akkonsent'ire] *vt* consentir, permitir. *vi* concordar.

ac.con.to [akk'onto] *sm Com.* adiantamento, antecipação.

ac.cop.pia.men.to [akkoppjam'ento] *sm* ou **ac.cop.pia.tu.ra** [akkoppjat'ura] *sf* emparelhamento; ligação, união. *Zool.* cópula. *Mec.* acoplamento, engate.

ac.cop.pia.re [akkopp'jare] *vt* emparelhar; ligar, unir, juntar (duas coisas ou pessoas). *vpr* copular (animais); namorar, flertar; casar-se. *Fig.* harmonizar-se. *Vulg.* fazer amor, transar.

ac.co.ra.men.to [akkoram'ento] *sm* aflição, tristeza, amargura.

ac.co.ra.re [akkor'are] *vt* afligir, amargurar, entristecer. *vpr* afligir-se, entristecer-se.

ac.cor.cia.men.to [akkortʃam'ento] *sm* ou **ac.cor.cia.tu.ra** [akkortʃat'ura] *sf* encurtamento, diminuição. *Gram.* abreviação.

ac.cor.cia.re [akkortʃ'are] *vt* encurtar, diminuir; abreviar. *vpr* diminuir, encolher.

ac.cor.da.re [akkord'are] *vt* afinar (instrumento); conciliar, pacificar; concordar; conceder; permitir. *vpr* concordar, entrar em acordo, pactuar. ≃ **il verbo con il soggetto** *Gram.* concordar o verbo com o sujeito.

ac.cor.da.tu.ra [akkordat'ura] *sf Mús.* afinação.

ac.cor.do [akk'ɔrdo] *sm* acordo, pacto, trato; cumplicidade (ilegal); respeito (a regras); harmonia. *Mús.* acorde. **d'** ≃ de acordo. **essere d'** ≃ estar de acordo. **di comune** ≃ de comum acordo.

ac.cor.ger.si [akk'ɔrdʒersi] *vpr* reparar, compreender, perceber; pressentir.

ac.cor.gi.men.to [akkordʒim'ento] *sm* astúcia, sagacidade; estratagema, truque.

ac.cor.re.re [akk'oŕere] *vi* acorrer, acudir.

ac.cor.tez.za [akkort'ettsa] *sf* atenção, cautela, prudência; perspicácia, sagacidade.

ac.cor.to [akk'orto] *part* percebido. *adj* atento, prudente, sensato; perspicaz, sagaz.

ac.co.sta.re [akkost'are] *vt* aproximar, avizinhar; encostar (porta). *vpr* aproximar-se de, avizinhar-se a, abordar. ≃**si a un partito** afiliar-se a um partido.

ac.co.sto [akk'ɔsto] *adv* perto, próximo, junto. ≃ **a** *prep* perto de, próximo de, junto de.

ac.co.stu.ma.re [akkostum'are] *vt* acostumar, habituar.

ac.coz.za.glia [akkotts'aλa] *sf* multidão, massa; amontoado, confusão.

ac.coz.za.men.to [akkottsam'ento] ou **ac.coz.zo** [akk'ɔttso] *sm* amontoado, mistura.

ac.coz.za.re [akkotts'are] *vt* juntar, amontoar; misturar; embaralhar (cartas). *vpr* juntar-se, reunir-se; pegar-se.

ac.cre.di.ta.re [akkredit'are] *vt* creditar. *Fig.* confirmar, garantir. **vi posso** ≃ **di mille lire** posso creditar-lhes mil liras.

ac.cre.sce.re [akkr'eʃere] *vt* acrescentar, aumentar. *vpr* crescer, aumentar.

ac.cu.di.re [akkud'ire] *vi* acudir, atender; dedicar-se a, cuidar de.

ac.cu.la.re [akkul'are] *vt* fazer recuar (veículo, animal de carga).

ac.cu.mu.la.re [akkumul'are] *vt* acumular; amontoar. *Fig.* capitalizar; economizar.

ac.cu.mu.la.to.re [akkumulat'ore] *sm Mec.* acumulador.

ac.cu.ra.tez.za [akkurat'ettsa] *sf* precisão, cuidado, esmero.

ac.cu.ra.to [akkur'ato] *adj* acurado, atento, meticuloso, preciso, esmerado, exato.

ac.cu.sa [akk'uza] *sf* acusação.

ac.cu.sa.re [akkuz'are] *vt* acusar; culpar, incriminar; indicar.

ac.cu.sa.ti.vo [akkuzat'ivo] *sm Gram.* acusativo.

ac.cu.sa.to [akkuz'ato] *sm* réu, acusado.

ac.cu.sa.to.re [akkuzat'ore] *sm* acusador.

a.ce.fa.lo [atʃ'efalo] *adj* acéfalo, sem cabeça.

acerbare → **esacerbare**.

acerbire → **inacerbire**.

a.cer.bi.tà [atʃerbit'a] ou **a.cer.bez.za** [atʃerb'ettsa] *sf* acidez; aspereza, amargo. *Fig.* imaturidade; dureza, severidade.

a.cer.bo [atʃ'erbo] *adj* azedo, ácido, acerbo; áspero, amargo; verde (fruta). *Fig.* imaturo; duro, severo.

a.ce.ta.re [atʃet'are] *vt* avinagrar.

a.ce.ta.to [atʃet'ato] *sm* acetato.

a.ce.ti.re [atʃet'ire] *vi* avinagrar-se.

a.ce.to [atʃ'eto] *sm* vinagre. **sott'** ≃ em conserva (alimentos).

a.ce.to.sel.la [atʃetoz'ella] *sf Bot.* azedinha.

a.ce.to.si.tà [atʃetozit'a] *sf* azedume, amargor.

a.ce.to.so [atʃet'ozo] *adj* azedo, avinagrado.

A.chil.le [ak'ille] *np* Aquiles. **tallone d'** ≃ calcanhar-de-aquiles, ponto fraco. **tendine d'** ≃ tendão de Aquiles.

a.ci.dez.za [atʃid'ettsa] ou **a.ci.di.tà** [atʃidit'a] *sf* acidez, azedume. ≃ **di stomaco** acidez estomacal.

a.ci.di.fi.ca.re [atʃidifik'are] ou **a.ci.du.la.re** [atʃidul'are] *vt* acidificar, acidular.

a.ci.do [atʃ'ido] *sm Quím.* ácido. *adj* ácido, azedo, áspero. *Fig.* mordaz; rancoroso.

a.ci.no [atʃ'ino] *sm* bago, grão (uva).

ac.ne [akne] *sf Med.* acne.

ac.qua [akkwa] *sf* água. *Min.* transparência, coloração (pedras preciosas). *Fig.* chuva; rio; mar; urina; líquido, fluido. ≃ **benedetta**, ou **santa** água benta. ≃ **corrente** água corrente. ≃ **dentifricia** loção dental. ≃ **di Colonia** água-de-colônia, colônia. ≃ **distillata** água destilada. ≃ **dolce** ou **fresca** água doce. ≃ **minerale** água mineral. ≃ **cheta** ou **ferma** água estagnada, água parada. ≃ **ossigenata** água oxigenada. ≃ **potabile** água potável. ≃ **termale** água termal. ≃ **in bocca!** cale-se! silêncio! **filo d'** ≃ filete de água. **rovèscio d'** ≃ ou **scossa d'** ≃ temporal. **andare in** ≃ estragar, ficar aguado (leite). **avere l'** ≃ **alla gola** estar em maus lençóis, correr perigo. **fare un buco nell'** ≃ dar com os burros n'água. **fare** ≃ *Náut.* fazer água. **pestare l'** ≃ **nel mortaio** perder tempo, fazer alguma coisa inútil. **stare tra due** ≃ **e** estar em dúvida. **tirare l'** ≃ **al suo mulino** puxar a brasa para a sua sardinha. **l'** ≃ **cheta rovina i ponti** as águas paradas são as mais profundas. ≃ **passata non macina più** águas passadas não movem moinhos.

ac.qua.for.te [akkwaf'ɔrte] *sf* água-forte.

ac.qua.io [akk'wajo] *sm* escoadouro, cano de despejo, esgotadouro.

ac.qua.iuo.lo [akkwa'jwɔlo] ou **ac.qua.io.lo** [akkwa'jɔlo] *sm* aguadeiro.

ac.qua.ma.ri.na [akkwamar'ina] *sf Min.* água-marinha.

ac.qua.ra.gia [akkwar'adʒa] *sf* aguarrás.

ac.qua.rio [akk'warjo] ou **a.qua.rio** [ak'warjo] *sm* aquário. **A** ≃ *Astron.* e *Astrol.* Aquário.

ac.quar.tie.ra.re [akkwartier'are] *vt* aquartelar. *vpr* aquartelar-se.

ac.qua.san.tie.ra [akkwasant'jera] *sf* pia (de água benta).

ac.qua.ta [akk'wata] *sf* aguaceiro; reservatório de água potável.

ac.qua.ti.co [akk'watiko], **a.qua.ti.co** [ak'watiko] ou **ac.qua.ti.le** [akk'watile] *adj* aquático.

ac.qua.vi.te [akkwav'ite] *sf* aguardente.

ac.quaz.zo.ne [akkwatts'one] *sm* aguaceiro. *Pop.* pé-d'água, toró.

ac.que.dot.to [akkwed'otto] *sm* aqueduto.

ac.queo [akkweo] *adj* aquoso, aguacento.

ac.que.rec.cia [akkwer'ettʃa] *sf* ou **ac.que.rec.cio** [akkwer'ettʃo] *sm* jarro, vaso de água.

ac.que.rel.la [akkwer'ella] ou **ac.qui.cel.la** [akkwitʃ'ella] *sf* chuvisco, chuva miúda.

ac.que.rel.lo [akkwer'ello] ou **ac.qua.rel.lo** [akkwar'ello] *sm Pint.* aquarela. *Fig.* vinho fraco, aguapé.

ac.quie.scen.za [akkwjeʃentsa] *sf* consentimento, aquiescência.

ac.quie.ta.re [akkwjet'are] *vt* aquietar, acalmar. *vpr* aquietar-se, acalmar-se.

ac.qui.ren.te [akkwir'ente] *s+adj Dir.* adquirente; comprador.

ac.qui.si.re [akkwiz'ire] *vt Dir.* adquirir; ganhar, obter.

ac.qui.sta.re [akkwist'are] *vt+vpr* adquirir, comprar; ganhar; obter, conseguir.

ac.qui.sto [akk'wisto] *sm* aquisição; posse; compra.

ac.qui.tri.no [akkwitr'ino] *sm* pântano, charco, brejo, atoleiro, lamaçal.

ac.quo.li.na [akkwol'ina] *sf* chuvisco. **far venire l' ≈ in bocca** dar água na boca.

ac.quo.so [akk'wozo] *adj* aquoso; aguado.

a.cre ['akre] *adj* acre, azedo, picante. *Fig.* mordaz, venenoso; rancoroso.

a.cre.di.ne [akr'edine] *sf* acidez, azedume; aspereza. *Fig.* maldade; rancor.

a.cro.ba.ta [akr'ɔbata] *s* acrobata.

a.cro.ba.zi.a [akrobats'ia] *sf* ou **a.cro.ba.ti.smo** [akrobat'izmo] *sm* acrobacia. *Fig.* manobra política; estratagema.

a.cro.me.ga.li.a [akromegal'ia] *sf Med.* acromegalia.

a.cro.po.li [akr'ɔpoli] *sf* acrópole.

a.cro.sti.co [akr'ɔstiko] *sm Lit.* acróstico.

a.cu.i.re [aku'ire] *vt tb Fig.* aguçar, afiar. ≈ **la mente** *Fig.* aguçar a mente.

a.cu.le.o [ak'uleo] *sm* ponta (de espora). *Bot.* acúleo, espinho de roseira. *Zool.* ferrão. *Fig.* estímulo, incentivo; zombaria.

a.cu.me [ak'ume] *sm* cume. *Fig.* esperteza, perspicácia.

a.cu.sti.ca [ak'ustika] *sf Fís.* acústica.

a.cu.sti.co [ak'ustiko] *adj* acústico.

a.cu.tez.za [akut'ettsa] *sf* agudeza. *Fig.* perspicácia, astúcia.

a.cu.to [ak'uto] *adj* agudo; pontudo. *Fig.* forte, lancinante (dor); decisivo (momento); grave (doença); sagaz, perspicaz (mente).

a.dac.qua.men.to [adakkwam'ento] *sm* rega, aguagem, regadura.

a.dac.qua.re [adakk'ware] *vt* aguar, regar.

a.da.gia.re [adadʒ'are] *vt* colocar com cuidado; estender, deitar, descansar (um objeto). *vpr* acomodar-se, deitar-se.

a.da.gio [ad'adʒo] *sm* adágio, provérbio. *Mús.* adágio. *adv* devagar, lentamente; com cuidado.

a.dat.ta.men.to [adattam'ento] *sm* adaptação.

a.dat.ta.re [adatt'are] *vt* adaptar, ajustar, adequar. *vpr* adaptar-se, arranjar-se; convir. *Fig.* acostumar-se, conformar-se.

a.dat.to [ad'atto] *adj* adaptado, adequado, conveniente, apropriado; apto, idôneo.

ad.da.zia.re [addats'jare] *vt* cobrar impostos.

ad.de.bi.ta.re [addebit'are] *vt Com.* debitar. *Fig.* culpar, responsabilizar, acusar.

ad.den.ta.re [addent'are] *vt* morder, mordiscar; pegar com os dentes. *Téc.* encaixar. *Fig.* censurar, reprovar.

ad.den.tra.re [addentr'are] *vt* colocar dentro, enfiar, fincar. *vpr* penetrar em, entrar em. *Fig.* aprofundar-se em, estudar a fundo.

ad.den.tro [add'entro] *adv* dentro, no fundo, para dentro, interiormente.

ad.de.stra.men.to [addestram'ento] *sm* adestramento; treinamento.

ad.de.stra.re [addestr'are] *vt* adestrar; treinar, exercitar. *vpr* adestrar-se, treinar, exercitar-se.

ad.det.to [add'etto] *sm* adido. ≈ **militare** adido militar. *adj* destinado; encarregado.

ad.die.tro [add'jetro] *adv* atrás. ≈ ! para trás! **un giorno** ≈ um dia antes. **non tornare** ≈ não voltar atrás, não arredar pé. **dare** ≈ recuar. *Fig.* mudar de idéia. **essere** ≈ estar atrasado. **lasciare** ≈ abandonar, deixar. **volgersi** ≈ rememorar, pensar no passado. **per l'** ≈ no passado.

ad.di.o [add'io] *sm* adeus, despedida. ≈ ! *interj* adeus! **fare gli** ≈ **ii** dar as despedidas. **serata d'** ≈ espetáculo de despedida.

ad.di.rit.tu.ra [addiritt'ura] *adv* francamente; realmente, mesmo, exatamente; logo; de uma vez por todas.

ad.di.riz.za.re [addiritts'are] ou **ad.driz.za.re** [addritts'are] *vt* endireitar. *vpr* endireitar-se.

ad.dir.si [add'irsi] *vpr* convir, ser conveniente.

ad.di.ta.re [addit'are] *vt* apontar, indicar; propor. *Fig.* acusar.

ad.di.zio.na.re [additsjon'are] *vt* adicionar, somar; acrescentar.

ad.di.zio.ne [addits'jone] *sf* adição, soma; ajuntamento.

ad.dob.ba.re [addobb'are] *vt* mobiliar; adornar, decorar, enfeitar; curtir (peles).

ad.dob.ba.to.re [addobbat'ore] *sm* decorador; estofador; tapeceiro.

ad.dob.bo [add'ɔbbo] *sm* mobília; adorno, enfeite; curtimento (de peles).

ad.dol.ci.men.to [addoltʃim'ento] *sm* adoçamento. *Fig.* alívio, consolação.

ad.dol.ci.re [addoltʃ'ire] *vt* adoçar, adocicar. *Fig.* aliviar; suavizar, abrandar. *vpr* adoçar, ficar doce. *Fig.* suavizar-se.

ad.do.lo.ra.re [addolor'are] *vt* magoar; preocupar, angustiar; entristecer. *vpr* magoar-se; preocupar-se, angustiar-se; entristecer-se.

Ad.do.lo.ra.ta [addolor'ata] *sf Rel.* Nossa Senhora das Dores.

ad.do.me [add'ɔme] *sm* abdome.

ad.do.me.sti.ca.re [addomestik'are] ou **ad.di.me.sti.ca.re** [addimestik'are] *vt* domesticar, domar, amansar. *Fig.* educar; acalmar. *vpr* amansar-se, familiarizar-se.

ad.do.me.sti.ca.to.re [addomestikat'ore] *sm* domador.

ad.do.mi.na.le [addomin'ale] *adj* abdominal.

ad.dor.men.ta.men.to [addormentam'ento] *sm* adormecimento. *Fig.* entorpecimento.

ad.dor.men.ta.re [addorment'are] *vt* adormecer. *Fig.* entorpecer; desanimar, esmorecer. *vpr* adormecer. *Fig.* entorpecer-se; ficar preguiçoso. ≈ **si sugli allori** *Fig.* dormir sobre os louros da vitória.

ad.dos.sa.re [addoss'are] *vt* colocar em cima; vestir (roupa); empilhar, amontoar; imputar, incriminar; incumbir, encarregar. *vpr* encostar, apoiar-se; acotovelar-se (multidão). *Fig.* assumir, encarregar-se de.

ad.dos.sa.ta [addoss'ata] *sf* prova (de roupa).

ad.dos.so [add'ɔsso] *adv* em cima, acima; ao lado, próximo; às costas, nos ombros. ≈ **a** *prep* em cima de, sobre; ao lado de, próximo a; às costas, nos ombros de.

ad.dot.to.ra.re [addottor'are] *vt* doutorar. *vpr* doutorar-se, diplomar-se.

ad.dot.tri.na.re [addottrin'are] *vt* doutrinar; instruir, ensinar.

ad.dur.re [add'uře] *vt* alegar, citar; apresentar (provas); trazer.

ad.du.zio.ne [adduts'jone] *sf Dir.* alegação, citação; apresentação de provas.

a.de.gua.re [adeg'ware] *vt* adequar, adaptar; igualar. *vpr* adequar-se, adaptar-se; igualar-se. ≈ **al suolo** demolir.

a.de.gua.to [adeg'wato] *part+adj* adequado, apropriado, conveniente.

a.dem.pi.re [ademp'ire] ou **a.dem.pie.re** [ad'empjere] *vt* cumprir; executar. *vpr* realizar-se, acontecer, cumprir-se.

a.de.noi.di [aden'ɔjdi] *sf pl Anat.* adenóides.

a.dep.to [ad'epto] *sm* adepto; partidário, membro, afiliado.

a.de.ren.te [ader'ente] *sm* adepto, associado, afiliado. *adj* aderente; estreito, apertado (roupa).

a.de.ren.za [ader'entsa] *sf* aderência. *Fig.* adesão, participação. ≈**e** *sf pl Fig.* relações sociais, amizades.

a.de.ri.re [ader'ire] *vi* aderir; aprovar, concordar; associar-se, participar.

a.de.sio.ne [adez'jone] *sf* adesão; apoio, aprovação; participação.

a.de.si.vo [adez'ivo] *sm+adj* adesivo.

a.des.so [ad'esso] *adv* agora, neste momento, já. ≈ ≈ *adv* agora mesmo. **in** ≈ *adv* nos dias de hoje, hoje em dia.

a.dia.cen.te [adjatʃ'ente] *adj* adjacente, contíguo.

a.dia.cen.za [adjatʃ'entsa] *sf* adjacência, proximidade. **le** ≈**e** *sf pl* as adjacências.

a.di.po.so [adip'ozo] *adj* adiposo, gorduroso.

a.di.ra.re [adir'are] *vt* irar, enfurecer. *vpr* enfurecer-se, irritar-se, zangar-se.

a.di.re [ad'ire] *vt Dir.* adir. Usado nas expressões: ≈ **il tribunale** recorrer ao tribunal. ≈ **un'eredità** receber uma herança.

a.doc.chia.re [adokk'jare] *vt* fitar, olhar fixamente; olhar de soslaio. *Fig.* ansiar por, desejar.

a.do.le.scen.te [adoleʃ'ente] *s+adj* adolescente.

a.do.le.scen.za [adoleʃ'entsa] *sf* adolescência.

a.dom.bra.re [adombr'are] *vt* sombrear, assombrear; escurecer; esboçar. *Fig.* esconder, ocultar, dissimular, mascarar; simbolizar. *vi* escurecer (tempo). *vpr* ofender-se, magoar-se, assustar-se (animais).

a.do.pe.ra.re [adoper'are] *vt* usar, empregar; valer-se de, servir-se de; gastar. *vpr* esforçar-se, empenhar-se.

a.do.ra.bi.le [ador'abile] *adj* adorável, encantador.

a.do.ra.re [ador'are] *vt* adorar, venerar, reverenciar.

a.dor.na.men.to [adornam'ento] *sm* adorno, enfeite, ornamento.

a.dor.na.re [adorn'are] *vt* adornar, enfeitar, embelezar. *vpr* enfeitar-se.

a.dor.no [ad'orno] *adj* adornado, enfeitado.

a.dot.ta.re [adott'are] *vt* adotar; usar, empregar, escolher, preferir. *Fig.* aceitar, reconhecer.

a.dot.ti.vo [adott'ivo] *adj* adotivo.

a.do.zio.ne [adots'jone] *sf* adoção; emprego, utilização; escolha. *Fig.* aceitação, reconhecimento.

a.dre.na.li.na [adrenal'ina] *sf* adrenalina.

a.dug.gia.re [adudʒ'are] *vt* assombrar, fazer sombra. *Fig.* irritar.

a.du.la.re [adul′are] *vt* adular, bajular. *Pop.* lamber. *Vulg.* puxar o saco.

a.du.la.zio.ne [adulats′jone] *sf* adulação, lisonja, bajulação. *Vulg.* puxação de saco.

a.dul.te.ra.re [adulter′are] *vt* adulterar, falsificar. *Fig.* corromper, estragar.

a.dul.te.ri.no [adulter′ino] *adj* adulterino, ilegítimo, bastardo. *Fig.* falso, falsificado.

a.dul.te.rio [adult′erjo] *sm* adultério.

a.dul.te.ro [ad′ultero] *sm* + *adj* adúltero, infiel.

a.dul.to [ad′ulto] *sm* + *adj* adulto.

a.du.nan.za [adun′antsa] *sf* ou **a.du.na.men.to** [adunam′ento] *sm* reunião, assembléia, conselho.

a.du.na.re [adun′are] *vt* reunir, juntar; convocar (pessoas). *vpr* reunir-se.

a.dun.co [ad′unko] *adj* adunco; aquilino.

a.du.sta.re [adust′are] *vt* queimar; secar, ressecar.

a.du.stio.ne [adust′jone] *sf* ressecamento (por falta de umidade).

a.du.sto [ad′usto] *adj* queimado; seco, ressecado.

a.e.ra.re [aer′are] *vt* arejar, ventilar.

a.e.ra.zio.ne [aerats′jone] *sf* ventilação, arejamento, arejo.

a.e.re [′aere] *sm Poét.* ar.

a.e.re.mo.to [aerem′ɔto] *sm* aeromoto, turbilhão, tempestade.

a.e.re.o [a′ereo] *sm* avião. *Elet.* antena externa de rádio. ≈ **a reazione** avião a jato. **per** ≈ de avião. *adj* aéreo. *Fig.* inconsistente, infundado, vão; sublime, elevado.

a.e.ro.di.na.mi.co [aerodin′amiko] *adj* aerodinâmico, afuselado.

a.e.ro.dro.mo [aer′ɔdromo] *sm* aeroporto; aeródromo.

a.e.ro.fi.te [aer′ɔfite] *sf* + *adj Bot.* aerófito.

a.e.ro.gra.fi.a [aerograf′ia] *sf* aerografia.

a.e.ro.gram.ma [aerogr′amma] *sm* aerograma, radiograma.

a.e.ro.li.ne.a [aerol′inea] *sf* linha aérea.

a.e.ro.li.to [aer′ɔlito] *sm* meteorito, aerólito.

a.e.ro.me.tro [aer′ɔmetro] *sm* aerômetro.

a.e.ro.nau.ta [aeron′auta] *s* aeronauta, aviador.

a.e.ro.pla.no [aeropl′ano] *sm* avião, aeroplano.

a.e.ro.por.to [aerop′ɔrto] *sm*, **a.e.ro.sca.lo** [aerosk′alo] *sm* ou **a.e.ro.sta.zio.ne** [aerostats′jone] *sf* aeroporto.

a.e.ro.sol [aeros′ɔl] *sm* aerossol, inalação (de medicamentos), vaporização de líquidos.

a.e.ro.sta.ti.ca [aerost′atika] *sf* aerostática.

a.e.ro.sta.to [aer′ɔstato] *sm* aeróstato, balão de ar.

a.fa [′afa] *sf* mormaço; calor sufocante. *Fig.* tédio, aborrecimento.

a.fa.si.a [afaz′ia] *sf Med.* afasia.

a.fa.si.co [af′aziko] *adj* afásico.

a.fa.to [af′ato] *adj* seco (frutos). *Fig.* doentio, magro; malnutrido, raquítico.

a.fe.re.si [af′erezi] *sf Gram.* aférese.

af.fa.bi.le [aff′abile] *adj* afável, cortês; bondoso.

af.fac.cen.dar.si [affattʃend′arsi] *vpr* trabalhar com afinco, estar sempre ocupado.

af.fac.cen.da.to [affattʃend′ato] *part* + *adj* ocupado, atarefado; apressado.

af.fac.chi.nar.si [affakkin′arsi] *vpr* estar atarefado, trabalhar em exagero.

af.fac.cia.re [affattʃ′are] *vt* mostrar (à janela); apresentar; declarar (intenções, motivos). *vpr* mostrar-se. *Fig.* manifestar-se.

af.fa.ma.re [affam′are] *vt* esfomear, deixar faminto. *vi* ficar faminto.

af.fan.na.re [affann′are] *vt* causar afã; fazer trabalhar. *Fig.* afligir, atormentar. *vpr Fig.* afligir-se, atormentar-se.

af.fan.no [aff′anno] *sm* ou **af.fan.na.men.to** [affannam′ento] *sm* arquejo; afã, ânsia.

af.fa.re [aff′are] *sm* negócio, serviço, assunto, coisa. ≈ **i** *pl.* afazeres. **essere al corrente dell'** ≈ estar por dentro do assunto. ≈ **di Stato** negócio de Estado. *Irôn.* coisa insignificante. ≈ **imbrogliato** bicho-de-sete-cabeças, enguiço, complicação. **non è** ≈ **mio** não é da minha conta. **è un bell'** ≈ ! *Irôn.* que chateação! **non è** ≈ não é bom negócio; não convém. **che** ≈ **è questo?** o que é isso? ≈ **da nulla** nada. **qui sta l'** ≈ esse é o ponto! **uomini di male** ≈ homens maus. **è un altro** ≈ é outra coisa.

af.fa.ri.no [affar′ino] *sm dim Irôn.* coisinha de nada. **è un** ≈ **che va a giorno!** não acaba nunca!

af.fa.ro.ne [affar′one] *sm aum* pechincha, negócio da China. *Pop.* negocião.

af.far.si [aff′arsi] *vpr* convir, ser conveniente. *Fig.* saciar. **nulla gli s'affà** nada lhe satisfaz.

af.fa.scia.re [affaʃ′are] *vt* enfeixar.

af.fa.sci.na.re [affaʃin′are] *vt* fascinar; encantar; enfeitiçar. *Fig.* deslumbrar.

af.fa.sci.na.zio.ne [affaʃinats′jone] *sf* ou **af.fa.sci.na.men.to** [affaʃinam′ento] *sm* fascinação, fascínio; encantamento, magia.

af.fa.ti.ca.men.to [affatikam′ento] *sm* cansaço, fadiga.

af.fa.ti.ca.re [affatik′are] *vt* cansar. *vpr* cansar-se.

af.fat.to [aff'atto] *adv* totalmente, completamente. **niente** ≃! absolutamente! de jeito nenhum!

af.faz.zo.na.men.to [affattsonam'ento] *sm* embelezamento, enfeite, adorno.

af.faz.zo.na.re [affattson'are] *vt* embelezar, adornar.

af.fé [aff'e] *interj. Irôn.* é claro! é verdade!

af.fer.ma.re [afferm'are] *vt* afirmar, confirmar. *vpr* afirmar-se, fortalecer-se.

af.fer.ma.ti.vo [affermat'ivo] *adj* afirmativo.

af.fer.ma.zio.ne [affermats'jone] *sf* afirmação.

af.fer.ra.re [affer̃'are] *vt* agarrar, pegar, prender, segurar, apanhar. *vpr* apegar-se, agarrar-se, entregar-se. ≃ **l'occasione** *Fig.* aproveitar a oportunidade.

af.fet.ta.re [affett'are] *vt* afatiar, cortar em fatias; afetar, simular, posar de, fingir; exibir, ostentar. *Fig.* cortar, matar. *vpr* afetar-se. *Pop.* embonecar-se.

af.fet.ta.to [affett'ato] *adj* afetado, pretensioso.

af.fet.ta.zio.ne [affettats'jone] *sf* afetação, pretensão; fingimento, falsidade.

af.fet.ti.vo [affett'ivo] *adj* afetivo.

af.fet.to [aff'etto] *sm* afeto, amor, afeição, carinho. ≃ **di madre** amor materno. *adj* carregado. *Med.* acometido, atacado.

af.fet.tu.o.so [affettu'ozo] *adj* afetuoso, amoroso, carinhoso.

af.fe.zio.na.men.to [affetsjonam'ento] *sm* afeição, afeto.

af.fe.zio.na.re [affetsjon'are] *vt* afeiçoar. *vpr* afeiçoar-se, gostar de.

af.fe.zio.ne [affets'jone] *sf* afeição, amor, benevolência. *Med.* afecção.

af.fib.bia.re [affibb'jare] *vt* afivelar, prender com fivela. ≃ **un colpo** *Fig.* dar um golpe.

af.fi.da.re [affid'are] *vt* confiar, entregar. *vpr* ter confiança, fiar-se.

af.fie.vo.li.re [affjevol'ire] *vi* enfraquecer, atenuar, perder a energia. *vpr* debilitar-se.

af.fig.ge.re [aff'iddʒere] *vt* afixar, pregar.

af.fi.la.re [affil'are] *vt* enfileirar; afiar, amolar, apontar.

af.fi.la.to [affil'ato] *adj* afilado; afiado, amolado; delgado, magro. **lingua** ≃**a** a língua ferina.

af.fi.la.tu.ra [affilat'ura] *sf* fio, corte; afiação, aguçamento.

af.fi.lia.re [affil'jare] *vt* afiliar, filiar. *vpr* afiliar-se, filiar-se.

af.fi.lia.zio.ne [affiljats'jone] *sf* afiliação; filiação.

af.fi.na.men.to [affinam'ento] *sf* afinação, afinamento, aguçamento. *Fig.* aperfeiçoamento, refinamento.

af.fi.na.re [affin'are] *vt* afinar. *Fig.* melhorar, aperfeiçoar, purificar, refinar.

af.fin.ché [affink'e] *conj* para que, a fim de que, a fim que.

af.fi.ne [aff'ine] I *s*+*adj* afim, semelhante.

af.fi.ne [aff'ine] II ou **a fine** *conj* a fim de que, para que. ≃ **di** *conj* a fim de, para.

af.fi.ni.tà [affinit'a] *sf* afinidade, semelhança, analogia.

af.fio.chi.men.to [affjokim'ento] ou **af.fio.ca.men.to** [affjokam'ento] *sm* enfraquecimento. *Fig.* rouquidão.

af.fio.chi.re [affjok'ire] ou **af.fio.ca.re** [affjok'are] *vi* enfraquecer, debilitar. *Fig.* emudecer, perder a voz.

af.fis.sa.men.to [affissam'ento] *sm* olhar fixo, atenção; fixação. *Fig.* obstinação.

af.fis.sa.re [affiss'are] *vt* fixar, pregar; fitar, olhar fixamente. *Fig.* teimar.

af.fis.so [aff'isso] *sm* cartaz, edital. *Gram.* afixo.

affittaiolo → **fittaiolo**.

af.fit.ta.re [affitt'are] *vt* alugar. **affittasi** aluga-se.

af.fit.to [aff'itto] ou **fit.to** [f'itto] *sm* aluguel. **in** ≃ alugado.

af.fit.tu.a.rio [affittu'arjo] ou **fit.tu.a.rio** [fittu'arjo] *sm* inquilino, locatário. *adj* de aluguel, de locação.

af.flig.ge.re [affl'iddʒere] *vt* afligir, angustiar; fazer sofrer, torturar. *vpr* sofrer, preocupar-se.

af.flit.ti.vo [afflitt'ivo] *adj* aflitivo.

af.flit.to [affl'itto] *adj* angustiado, aflito, atormentado.

af.fli.zio.ne [afflits'jone] *sf* aflição, angústia, ânsia, sofrimento.

af.fluen.za [affl'wentsa] *sf* afluência, convergência; multidão.

af.flu.i.re [afflu'ire] *vt* afluir, convergir.

af.flus.so [affl'usso] *sm Med.* afluxo, fluxo.

af.fo.ga.men.to [affogam'ento] *sm* afogamento, sufocação.

af.fo.ga.re [affog'are] *vt* afogar, sufocar; ensopar, mergulhar (alimentos). *Fig.* abafar, esquecer. *vi* morrer afogado, sufocar. *Fig.* sentir-se oprimido.

af.fo.ga.to [affog'ato] *sm*+*part* afogado. **casa** ≃**a** casa escura, **voce** ≃**a** voz abafada.

af.fo.ga.to.io [affogat'ojo] *sm* lugar quente e abafado.

af.fol.la.men.to [affollam'ento] *sm* multidão, afluência, aglomeração.

af.fol.la.re [affoll'are] *vt* apinhar, aglomerar, encher. *vpr* apinhar-se, aglomerar-se.

af.fol.la.ta.men.te [affollatam'ente] *adv* aos montões, de tropel.

af.fon.da.men.to [affondam'ento] *sm* ou **af.fon.da.tu.ra** [affondat'ura] *sf* submersão, afundamento, naufrágio.

af.fon.da.re [affond'are] *vt* afundar, submergir, ir a pique (navio); enterrar. *Fig.* arruinar. *vi* afundar; submergir; naufragar; aprofundar-se.

af.fon.do [aff'ondo] *adv* a fundo.

af.for.za.re [afforts'are] *vt* fortalecer, fortificar. *vpr* fortalecer-se, robustecer-se; munir-se.

af.fos.sa.men.to [affossam'ento] *sm* vala, escavação.

af.fos.sa.re [affoss'are] *vt* encovar, escavar; afundar, enterrar. *Fig.* levar à falência.

af.fos.sa.to [affoss'ato] *adj* encovado, côncavo.

af.fran.ca.re [affrank'are] *vt* libertar; resgatar; selar (carta). *Fig.* eximir, isentar. *vpr* libertar-se; criar coragem.

af.fran.to [affr'anto] *adj* abatido, desesperado, triste.

af.fra.tel.la.re [affratell'are] *vt* confraternizar, irmanar. *vpr* confraternizar-se, unir-se

af.fre.sca.re [affresk'are] *vt* pintar a fresco.

af.fre.sco [affr'esko] *sm Pint.* afresco.

af.fret.ta.men.to [affrettam'ento] *sm* pressa.

af.fret.ta.re [affrett'are] *vt* apressar, acelerar. *vpr* apressar-se, fazer às pressas.

af.frit.tel.la.re [affrittell'are] *vt* fritar (ovos).

af.fron.ta.men.to [affrontam'ento] *sm* agressão, ataque.

af.fron.ta.re [affront'are] *vt* atacar, investir; enfrentar (perigo); examinar, abordar (assunto).

af.fron.to [affr'onto] *sm* afronta; ataque, ofensa, insulto.

af.fu.mi.ca.men.to [affumikam'ento] *sm* ou **af.fu.mi.ca.ta** [affumik'ata] *sf* fumigação.

af.fu.mi.ca.re [affumik'are] *vt* defumar; esfumaçar.

af.fu.so.la.re [affuzol'are] ou **af.fu.sa.re** [affuz'are] *vt* afusar, dar forma de fuso.

af.fu.sto [aff'usto] *sm Mil.* carreta (onde se apóia o canhão).

a.fo.ni.a [afon'ia] *sf Med.* afonia.

a.fo.no [af'ono] *adj Med.* afônico.

a.fo.ri.sma [afor'izma] ou **a.fo.ri.smo** [afor'izmo] *sm* aforismo, máxima.

a.fri.ca.no [afrik'ano] *sm+adj* africano.

a.fro ['afro] *sm+adj* afro, africano. *adj* áspero, azedo (frutas).

a.fro.di.si.a.co [afrodiz'iako] *sm+adj* afrodisíaco.

af.ta ['afta] *sf Med.* afta.

a.ga.ta ['agata] *sf Min.* ágata.

a.gen.da [adʒ'enda] *sf* agenda, caderneta de anotações. *Fig.* calendário, diário.

a.ge.ne.si.a [adʒenez'ia] *sf Med.* agenesia, esterilidade.

a.gen.te [adʒ'ente] *sm* agente; causa, fator. *Fig.* encarregado; representante; mediador; intermediário; vendedor. ≃ **segreto** agente secreto. ≃ **investigativo** investigador de polícia. ≃ **di polizia** policial. ≃ **di cambio** agente de câmbio, cambista. *adj* agente.

a.gen.zi.a [adʒents'ia] *sf* agência, filial.

a.ge.vo.la.re [adʒevol'are] *vt* favorecer, facilitar; auxiliar, ajudar, apoiar.

a.ge.vo.le [adʒ'evole] *adj* fácil, simples, cômodo. **all'** ≃ discretamente; com facilidade.

a.ge.vo.lez.za [adʒevol'ettsa] *sf* facilidade, prontidão, facilitação.

ag.gan.cia.re [aggantʃ'are] *vt* enganchar, prender. *Fig.* bloquear, deter; contatar (alguém).

ag.get.ti.vo [addʒett'ivo] *sm Gram.* adjetivo.

ag.get.to [addʒ'etto] *sm* relevo, ressalto.

ag.ghiac.cia.men.to [aggjattʃam'ento] *sm* congelamento.

ag.ghiac.cia.re [aggjattʃ'are] *vt* congelar, gelar. *Fig.* espantar, aterrorizar. *vi* congelar. *vpr* congelar-se. *Fig.* espantar-se, aterrorizar-se.

ag.ghia.da.re [aggjad'are] *vt* transpassar. *vi+vpr* sentir muito frio; sentir horror.

ag.gio ['addʒo] *sm* ágio.

ag.gior.na.men.to [addʒornam'ento] *sm* adiamento; demora, atualização.

ag.gior.na.re [addʒorn'are] *vt* adiar, procrastinar; atualizar, modernizar. *vpr* atualizar-se, manter-se informado.

ag.gio.tag.gio [addʒot'addʒo] *sm* agiotagem.

ag.gio.ta.to.re [addʒotat'ore] *sm* agiota.

ag.gi.ra.men.to [addʒiram'ento] *sm* rodeio, volta, giro. *Fig.* embuste, engano.

ag.gi.ra.re [addʒir'are] *vt* rodear, circundar, circunavegar. *Fig.* evitar, esquivar-se; enganar; tratar de (discurso). *Mil.* cercar. *vpr* vagar, vagabundear; aproximar-se (valor).

ag.giu.di.ca.re [addʒudik'are] *vt* adjudicar, conceder, atribuir. *vpr* conseguir, obter para si.

ag.giun.ge.re [addʒ'undʒere] *vt* acrescentar, agregar, juntar; misturar; inserir; aumentar.

ag.giun.ta [addʒ'unta] *sf* aumento, adição, acréscimo; complemento, suplemento.

ag.giu.sta.men.to [addʒustam'ento] *sm* ajuste. *tb Fig.* acordo, reparação.

ag.giu.sta.re [addʒust'are] *vt* ajustar, corrigir, retificar, acertar; adaptar; colocar ordem, arrumar. *vpr* acomodar-se, arranjar-se. ≃ **i conti** ajustar as contas.

ag.glo.me.ra.re [agglomer'are] *vt* aglomerar, reunir. *vpr* amontoar-se, apinhar-se

ag.glu.ti.na.re [agglutin'are] *vt* aglutinar.

ag.gra.da.re [aggrad'are] *vi* aprazer (apenas terceiras pessoas). **mi aggrada** apraz-me.

ag.gra.de.vo.le [aggrad'evole] *adj* agradável.

ag.gra.di.men.to [aggradim'ento] *sm* agrado, prazer.

ag.gra.di.re [aggrad'ire] *vt* aceitar com prazer; acolher; agradar.

ag.gran.di.men.to [aggrandim'ento] *sm* engrandecimento.

ag.gran.di.re [aggrand'ire] *vt* engrandecer, aumentar. *vpr* engrandecer-se, pavonear-se.

ag.gra.va.men.to [aggravam'ento] *sm* agravamento, piora.

ag.gra.van.te [aggrav'ante] *sf+adj* agravante.

ag.gra.va.re [aggrav'are] *vt* agravar, piorar; carregar, sobrecarregar; culpar, imputar. *vpr* agravar-se, piorar (estado de saúde).

ag.gra.vio [aggr'avjo] *sm* acréscimo, sobrecarga, gravame (de impostos); imposto, tributo, taxa; agravo; dano; injúria.

ag.gra.zia.re [aggrats'jare] *vt* embelezar, ornamentar.

ag.gre.di.re [aggred'ire] *vt* agredir, atacar, provocar. *Fig.* ofender.

ag.gre.ga.re [aggreg'are] *vt* agregar.

ag.gre.ga.to [aggreg'ato] *sm* conglomerado, aglomerado, conjunto.

ag.gres.sio.ne [aggress'jone] *sf* agressão, ataque, ofensa; assalto.

ag.gres.si.vo [aggress'ivo] *adj* agressivo, violento. *Quím.* ácido, corrosivo.

ag.gres.so.re [aggress'ore] *sm* agressor; assaltante; atacante.

ag.grin.za.re [aggrindz'are] ou **ag.grin.zi.re** [aggrindz'ire] *vt+vi* enrugar, preguear, franzir, encarquilhar.

ag.grop.pa.re [aggropp'are] *vt* envolver, enrolar; fazer nós.

ag.grot.ta.re [aggrott'are] *vt* enrugar, franzir.

ag.gro.vi.glia.re [aggroviλ'are] *vt* emaranhar. *Fig.* atrapalhar, confundir. *vpr* emaranhar-se. *Fig.* atrapalhar-se, ficar confuso.

ag.gru.mar.si [aggrum'arsi] *vpr* coalhar, coagular.

ag.grup.pa.men.to [aggruppam'ento] *sm* grupo, agrupamento.

ag.grup.pa.re [aggrupp'are] *vt* agrupar, juntar. *vpr* agrupar-se.

ag.gua.glia.re [aggwaλ'are] *vt* igualar, emparelhar, comparar, nivelar.

ag.gua.glio [agg'waλo] *sm* igualdade, comparação, emparelhamento.

ag.guan.ta.re [aggwant'are] *vt* apanhar, pegar, tomar, agarrar. *Fig.* furtar, afanar, surrupiar.

ag.gua.to [aggw'ato] *sm* emboscada, cilada. *Fig.* traição, engano, armadilha.

ag.guer.ri.re [aggweř'ire] *vt* aguerrir. *Fig.* preparar, aprontar.

a.gia.tez.za [adʒat'ettsa] *sf* bem-estar, riqueza, conforto, luxo.

a.gia.to [adʒ'ato] *adj* rico, abastado, opulento.

a.gi.bi.le [adʒ'ibile] *adj* utilizável, praticável; habitável.

a.gi.le ['adʒile] *adj* ágil, leve; flexível (corpo); vivaz, inteligente (mente); despachado, ativo (personalidade); vivo, solto (estilo).

a.gio ['adʒo] *sm* tempo disponível; comodidade. ≃ **i** *pl* riquezas, conforto.

a.gi.re [adʒ'ire] *vi* agir, atuar; comportar-se, conduzir-se. ≃ **da** atuar como; trabalhar de.

a.gi.ta.re [adʒit'are] *vt* agitar, sacudir, abalar. *Fig.* comover, excitar, perturbar. *vpr* agitarse, mover-se. *Fig.* contorcer-se, debater-se; inflamar-se, alterar-se, enfurecer-se.

a.gi.ta.to.re [adʒitat'ore] *sm* agitador, subversivo.

a.gi.ta.zio.ne [adʒitats'jone] *sf* agitação; abalo; inquietação, excitação; confusão.

a.glio ['aλo] *sm* alho. **testa di** ≃ cabeça de alho. **spicchio di** ≃ dente de alho.

a.gnel.lo [añ'ello] *sm* cordeiro.

a.go ['ago] *sm* agulha; ferrão; indicador (instrumentos); ponteiro (relógio). *Min.* cristal longo e fino. ≃ **da iniezione** agulha hipodérmica. ≃ **da rammendo** agulha para serzir. ≃ **da ricamo** agulha para bordado. ≃ **da calza** agulha de tricô. ≃ **della bussola** bússola. *Náut.* agulha de marear. ≃ **magnetico** agulha magnética. ≃ **della bilancia** fiel da balança. **essere l'** ≃ **della bilancia** ser regra geral. **infilare l'** ≃ passar a linha pelo buraco da agulha. **ha sempre** ≃ **e fili** tem de tudo.

a.go.gna.re [agoñ'are] *vt* cobiçar, desejar, invejar.

a.go.ni.a [agon'ia] *sf* agonia. *Fig.* angústia, ânsia, sofrimento, tortura.

a.go.niz.za.re [agoniddz´are] *vi* agonizar.

a.go.pun.tu.ra [agopunt´ura] *sf Med.* acupuntura.

a.go.ra.io [agor´ajo] *sm* agulheiro, fabricante ou vendedor de agulhas.

a.go.sti.nia.no [agostin´jano] *sm+adj* agostiniano.

a.go.sto [ag´osto] *sm* agosto.

a.gra.rio [agr´arjo] *adj* agrário.

a.gre.ste [agr´este] *adj* agreste, agrícola, campestre, rústico, rural. *Fig.* bucólico, pastoral.

a.grez.za [agr´ettsa] *sf* acidez, azedume.

a.gri.co.lo [agr´ikolo] *adj* agrícola.

a.gri.col.to.re [agrikolt´ore] *sm* agricultor, camponês; fazendeiro.

a.gri.col.tu.ra [agrikolt´ura] *sf* agricultura, cultivo.

a.gri.men.so.re [agrimens´ore] *sm* agrimensor.

a.gri.men.su.ra [agrimens´ura] *sf* agrimensura.

a.gro [´agro] *sm* campo; sumo (frutas cítricas). *Fig.* tristeza, pesar. *adj* ácido, azedo, áspero; inoportuno; severo, pungente; cortante, sarcástico (tom de voz).

a.gro.dol.ce [agrod´oltʃe] *sm* molho de açúcar, limão e vinagre. *adj* agridoce, agro-doce.

a.gro.no.mi.a [agronom´ia] *sf* agronomia.

a.gro.no.mo [agr´onomo] *sm* agrônomo.

a.gru.me [agr´ume] *sm* acidez. *Fig.* aborrecimento, coisa tediosa. **gli ≃ i** frutas cítricas.

a.guz.za.re [agutts´are] *vt* aguçar, apontar, afiar. *Fig.* estimular, excitar.

a.guz.zo [ag´uttso] *adj* aguçado, agudo, pontudo.

ah [´a] *interj* ah! (exprime dor, espanto, desdém, ameaça, etc.) ≃ ≃! ah ah! (exprime riso, sarcasmo).

a.hi [´ai] *interj* ai! ui!

a.hi.mè [aim´ɛ] *interj* ai de mim!

a.ia [´aja] *sf* aia, preceptora, camareira; eira, campo, terreiro.

AIDS [ajdi´ese] *sf* AIDS.

a.io [´ajo] *sm* camareiro, preceptor.

ai.tan.te [ajt´ante] *adj* robusto, imponente, forte, atlético.

a.iuo.la [a´jwɔla] *sf* canteiro (de flores).

a.iuo.lo [a´jwɔlo] *sm* rede (para caçar passarinhos).

a.iu.tan.te [ajut´ante] *sm+adj* ajudante. ≃ **di campo** ajudante-de-campo.

a.iu.ta.re [ajut´are] *vt* auxiliar, ajudar, assistir, colaborar com; apoiar, sustentar; facilitar, favorecer. *vpr* valer-se de, servir-se de. ≃ **la barca** *Fig.* cooperar. **Dio mi aiuti!** valha-me Deus! **che Dio ti aiuti!** Deus te ajude! **chi si aiuta, Dio l'aiuta** Deus ajuda a quem se ajuda.

a.iu.ta.to.re [ajut´ore] *sm+adj* ajudante.

a.iu.to [a´juto] *sm* ajuda, auxílio. ≃! socorro!

aiz.za.re [ajddz´are] *vt* instigar; incitar, provocar.

a.la [´ala] *sf* asa; parte; fileira, flanco (exército); ala (edifício); facção (partido); aba (chapéu). ≃ **destra** *Fut.* meia-direita. ≃ **sinistra** *Fut.* meia-esquerda. **fare** ≃ perfilar-se (tropas); dar passagem; abrir alas. **abbassare le** ≃ **i di** cortar as asinhas de. **avere le** ≃ **i ai piedi** correr muito. **sotto le** ≃ **i di** com a proteção de. *Fam.* debaixo da saia de.

a.la.bar.da [alab´arda] *sf* alabarda.

a.la.ba.stro [alab´astro] *sm* alabastro; vaso de alabastro.

a.la.cre [´alakre] *adj* jovial, animado, ativo, vigoroso; incansável; cuidadoso, diligente.

a.la.cri.tà [alakrit´a] *sf* vigor, entusiasmo.

a.la.no [al´ano] *sm* alão, cão de fila, alano.

a.la.to [al´ato] *adj* alado, voador. *Fig.* lírico, poético, sublime.

al.ba [´alba] *sf* alvorada, aurora. *Fig.* início, primórdios, origem.

al.ba.gi.a [albadʒ´ia] *sf* orgulho, presunção, altivez, arrogância.

al.ba.tro [alb´atro] *sm* albatroz.

al.beg.gia.men.to [albeddʒam´ento] *sm* alvorecer, alvorada; branqueamento, alvejamento.

al.beg.gia.re [albeddʒ´are] *vi* alvorecer; alvejar.

al.be.ra.re [alber´are] *vt* arborizar; colocar mastros (navio); hastear (bandeira).

al.be.re.ta [alber´eta] *sf* ou **al.be.re.to** [alber´eto] *sm* arvoredo.

al.ber.ga.re [alberg´are] *vt* hospedar, alojar; agasalhar; asilar. *Fig.* acolher; nutrir. *vpr* morar, residir, alojar-se.

al.ber.ga.to.re [albergat´ore] *sm* hoteleiro; hospedeiro; proprietário.

al.ber.go [alb´ergo] *sm* hotel, pousada, albergue. *Fig.* hospitalidade, abrigo, refúgio.

al.be.ro [´albero] *sm* árvore. *Náut.* mastro. ≃ **di Natale** árvore de Natal. ≃ **genealogico** ou ≃ **di famiglia** árvore genealógica. **dal frutto si conosce l'** ≃ um homem se conhece por suas obras.

al.bic.cio [alb´ittʃo] *adj* esbranquiçado.

al.bi.coc.ca [albik´ɔkka] *sf* damasco, abricó.

al.bi.coc.co [albik´ɔkko] *sm* damasqueiro, abricoteiro.

al.bi.ni.smo [albin´izmo] *sm Med.* albinismo.

al.bi.no [alb´ino] *sm+adj* albino.

al.bo [´albo] *sm* quadro de avisos; lista, relação de pessoas; álbum. *adj* branco, alvo.

al.bo.re [alb´ore] *sm* alvor, alvura, brancura.

al.bum [´album] *sm* álbum, livro.

al.bu.me [alb'ume] *sm* clara (ovo), albume.
al.bu.mi.na [album'ina] *sf* albumina.
al.ca.de ['alkade] *sm* alcaide.
al.ca.li ['alkali] *sm* Quím. álcali.
al.ca.li.no [alkal'ino] *adj* Quím. alcalino.
al.ca.loi.de [alkal'ɔjde] *sm* Quím. alcalóide.
al.ce ['altʃe] *sm* alce.
al.chi.mi.a [alkim'ia] *sf* alquimia. *Fig.* artifício, manobra.
al.chi.mi.sta [alkim'ista] *sm* alquimista.
al.cio.ne [altʃ'one] *sm* Zool. maçarico, alcíone (ave aquática).
al.co.li.co [alk'ɔliko] *adj* alcoólico. *Fig.* inebriante.
al.co.liz.za.re [alkoliddz'are] *vt* alcoolizar, embriagar, embebedar.
al.co.liz.za.to [alkoliddz'ato] *sm+adj* alcoolizado, bêbado, embriagado. *Pop.* esponja.
al.co.ol ['alkool] ou **al.co.le** ['alkole] *sm* álcool.
al.co.ra.no [alkor'ano] *sm* alcorão.
al.co.va [alk'ova] *sf* alcova, leito. *Fig.* vida sexual, vida privada.
al.cu.no [alk'uno] *adj* algum, um. ≃i *pl* alguns, uns. *pron* alguém. **ad** ≃ para alguém. Com **senza** e **non**, significa nenhum, ninguém: **non c'è** ≃ não há ninguém. **senza alcun mistero** sem nenhum mistério.
al.di.là [aldil'a] *sm* além-túmulo, descanso eterno. *adv* além, do outro lado.
a.le.a ['alea] *sf* risco, probabilidade, incógnita. **correre l'** ≃ correr o risco.
a.le.a.to.rio [aleat'ɔrjo] *adj* aleatório; imprevisível; incerto, vago; arriscado.
a.leg.gia.re [aleddʒ'are] *vi* esvoaçar. *Fig.* pairar, estar no ar.
a.les.san.dri.no [alessandr'ino] *adj* alexandrino, verso de doze sílabas.
a.let.ta [al'etta] *sf* dim asinha. ≃e dei pesci barbatanas.
a.let.to.ne [alett'one] *sm* Aer. aleta (dos aviões).
al.fa ['alfa] *sf* alfa.
al.fa.be.ti.co [alfab'etiko] *adj* alfabético.
al.fa.be.to [alfab'eto] *sm* alfabeto, á.bê.cê, abecedário. *Fig.* rudimentos, base.
al.fie.re [alf'jere] *sm* Mil. alferes, porta-estandarte. *Fig.* precursor, apóstolo.
al.fi.ne [alf'ine] *adv* afinal, finalmente, enfim.
al.ga ['alga] *sf* alga.
al.ge.bra ['aldʒebra] *sf* álgebra.
al.ge.bri.co [aldʒ'ebriko] *adj* algébrico.
al.go.ri.smo [algor'izmo] ou **al.go.rit.mo** [algor'itmo] *sm* Mat. algorismo, algoritmo.
a.lian.te [al'jante] *sm* Aer. planador.

a.lias ['aljas] *adv* vulgo, conhecido como, dito.
a.li.bi ['alibi] *sm* Dir. álibi.
a.li.ce [al'itʃe] *sf* Zool. anchova.
a.lie.na.re [aljen'are] *vt* alienar, ceder, transferir; apartar, desviar. *vpr* alienar-se.
a.lie.no [al'jeno] *sm* extraterrestre. *adj* alheio, diferente, estranho; distante; contrário.
a.li.men.ta.re [aliment'are] *adj* alimentar, alimentício. *vt* alimentar, nutrir; fazer funcionar. *Fig.* sustentar, subsidiar; fomentar, manter. *vpr* alimentar-se.
a.li.men.ti.zio [aliment'itsjo] *adj* alimentício, nutritivo.
a.li.men.to [alim'ento] *sm* alimento, comida; prato. ≃i *pl* Fig. provisões, mantimentos.
a.li.ne.a [al'inea] *sf* Dir. alínea, linha de artigo.
a.li.quo.ta [al'ikwota] *sf* Com. alíquota. *tb* Fig. percentual, quota.
a.li.ta.re [alit'are] *vi* soprar (vento); respirar.
a.li.to ['alito] *sm* hálito, bafo; sopro. *Fig.* murmúrio, sussurro; brisa; respiração.
al.lac.cia.men.to [allattʃam'ento] *sm* laço; ligação, união.
al.lac.cia.re [allattʃ'are] *vt* afivelar, enganchar; enlaçar, atar; unir (partes); estabelecer (relacionamentos). *vpr* vestir.
al.la.ga.men.to [allagam'ento] *sm* alagamento, inundação.
al.la.ga.re [allag'are] *vt* alagar, inundar, submergir.
al.lar.ga.men.to [allargam'ento] *sm* alargamento, dilatação.
al.lar.ga.re [allarg'are] *vt* alargar, difundir, propagar, prolongar, estender. *Fig.* desenvolver, abrir (mentalidade). *vpr* alargar-se, propagar-se. ≃ il freno afrouxar o freio. ≃ il cuore confortar o coração. ≃si con abrir-se com, fazer confidências a.
al.lar.ma.re [allarm'are] *vt* alarmar; surpreender, assustar. *vpr* alarmar-se, assustar-se.
al.lar.me [all'arme] *sm* alarme, rebate. **falso** ≃ alarme falso.
al.la.to [all'ato] *adv* ao lado, perto. *prep* ao lado de, junto de, em companhia de, perto de.
al.lat.ta.men.to [allattam'ento] *sm* amamentação, aleitamento. *Fig.* criação.
al.lat.ta.re [allatt'are] *vt* amamentar, aleitar.
al.lat.ta.tri.ce [allattatr'itʃe] *sf* ama-de-leite.
al.le.an.za [alle'antsa] *sf* aliança; tratado, acordo; coalizão.
al.le.a.re [alle'are] *vt* aliar. *vpr* aliar-se.
al.le.a.to [alle'ato] *sm+adj* aliado.
al.le.ga.re [alleg'are] *vt* alegar; desculpar-se com; incluir (num maço de papéis); unir. *Quím.* amalgamar, ligar (metais).

al.le.ga.zio.ne [allegats'jone] *sf* ou **al.le.ga.men.to** [allegam'ento] *sm* alegação, argumento. *Quím.* amalgamação, ligação.

al.leg.ge.ri.men.to [alleddʒerim'ento] *sm* alívio, conforto.

al.leg.ge.ri.re [alleddʒer'ire] *vt* aliviar, atenuar. *Fig.* simplificar, abrandar. *vpr* aliviar-se, livrar-se; vestir roupas leves.

al.leg.ge.ri.to [alleddʒer'ito] *part+adj* aliviado, atenuado. ≃ **di mente** louco.

al.leg.gio [all'eddʒo] *sm Náut.* saveiro, barcaça.

al.le.go.ri.a [allegor'ia] *sf* alegoria; imagem, metáfora.

al.le.go.ri.co [alleg'ɔriko] *adj* alegórico; simbólico, metafórico.

al.le.gra.re [allegr'are] *vt* alegrar.

al.le.gri.a [allegr'ia] ou **al.le.grez.za** [allegr'ettsa] *sf* alegria, felicidade, contentamento, satisfação, júbilo, regozijo.

al.le.gro [all'egro] *sm Mús.* allegro. *adj* alegre, feliz; vivaz; risonho. **tavola** ≃ **a** mesa farta. **donna** ≃ **a** mulher da vida.

al.le.lu.ia [allel'uja] *sm+interj* aleluia.

al.le.na.men.to [allenam'ento] *sm* treinamento, preparação, instrução.

al.le.na.re [allen'are] *vt tb Fig.* instruir, treinar, exercitar; revigorar.

al.len.ta.re [allent'are] *vt* afrouxar, despertar; acalmar; alargar. *Fig.* relaxar. *vpr* tornar-se frouxo, alargar-se; despertar a roupa.

al.ler.gi.a [allerdʒ'ia] *sf* alergia, aversão.

allesso ≃ **lesso.**

al.le.sti.re [allest'ire] *vt* aprontar, preparar, armar. *Teat.* representar.

al.let.ta.men.to [allettam'ento] *sm* ou **al.let.ta.ti.va** [allettat'iva] *sf* tentação; atração, sedução.

al.let.ta.re [allett'are] *vt* tentar; despertar a cobiça; atrair, seduzir.

al.let.tan.te [allett'ante] *adj* atraente, atrativo; sedutor.

al.le.va.men.to [allevam'ento] *sm* ou **al.le.va.tu.ra** [allevat'ura] *sf* criadouro, criação; aleitamento; educação.

al.le.va.re [allev'are] *vt* alimentar, nutrir; educar, instruir; criar (filhos ou animais).

al.le.va.to [allev'ato] *adj* criado; alimentado; instruído. **male** ≃ malcriado.

al.le.va.to.re [allevat'ore] *sm* criador (de animais).

al.le.via.re [allev'jare] *vt* aliviar, atenuar. *Fig.* simplificar.

al.li.bi.re [allib'ire] *vi* empalidecer, ficar pálido. *Pop.* ficar branco de susto.

al.li.bra.re [allibr'are] *vt Contab.* registrar, lançar registros nas contas.

al.lie.ta.re [alljet'are] *vt* alegrar, animar. *Fig.* embelezar.

al.lie.vo [all'jevo] *sm* aluno, estudante; discípulo; cria.

al.li.ga.to.re [allig'atore] *sm Zool.* aligátor, caimão.

al.li.gna.re [alliñ'are] *vi* arraigar, desenvolver-se, crescer (vegetação). *Fig.* difundir-se, proliferar.

al.li.ne.a.re [alline'are] *vt* alinhar, enfileirar. *vpr* alinhar-se, dispor-se em fileiras.

al.lit.te.ra.zio.ne [allitterats'jone] *sf Gram.* aliteração.

al.loc.che.ri.a [allokker'ia] *sf* ingenuidade; estupidez.

al.loc.co [all'ɔkko] *sm Zool.* mocho. *Fig.* homem desajeitado e tolo.

al.lo.cu.zio.ne [allokuts'jone] *sf* alocução, discurso.

al.lo.do.la [all'ɔdola] *sf Zool.* cotovia.

al.lo.ga.re [allog'are] *vt* dar lugar; hospedar; utilizar os serviços de alguém; alugar.

al.log.gia.men.to [alloddʒam'ento] ou **al.log.gio** [all'ɔddʒo] *sm* alojamento. *Mil.* acampamento.

al.log.gia.re [alloddʒ'are] *vt* hospedar; alojar, acolher, agasalhar. *vi* residir.

al.lon.ta.na.re [allontan'are] *vt* afastar; mandar embora; despedir, destituir; distanciar, separar, apartar. *vpr* afastar-se, partir. *Fig.* isolar-se.

al.lo.pa.ti.a [allopat'ia] *sf* alopatia.

al.lo.pa.ti.co [allop'atiko] *adj* alopático.

al.lop.pio [all'ɔppjo] *sm* ópio.

al.lo.ra [all'ora] *adv* então, naquele tempo. ≃ ≃ agora há pouco. **d'** ≃ **in poi** ou **d'** ≃ **innanzi** desde então. **fin d'** ≃ até então. *conj* consequentemente; portanto, por isso.

al.lor.ché [allork'e] *conj* quando.

al.lo.ro [all'ɔro] *sm Bot.* loureiro, louro. ≃ **i** *pl Fig.* louros, glórias, triunfos.

al.lor.quan.do [allork'wando] *conj* quando.

al.lu.ce [all'utʃe] *sm* dedo grande do pé. *Pop.* dedão.

al.lu.ci.na.re [allutʃin'are] *vt* alucinar. *vpr* enganar-se.

al.lu.ci.no.ge.no [allutʃin'ɔdʒeno] *sm* alucinógeno, entorpecente.

al.lu.de.re [all'udere] *vt* aludir; subentender; referir-se a.

al.lu.mi.nio [allum'injo] *sm* alumínio.

al.lun.ga.men.to [allungam′ento] *sm* alongamento, prolongamento; demora; aguagem, diluição (de líquidos).

al.lun.ga.re [allung′are] *vt* alongar, prolongar; dar, entregar, passar algo; bater (golpe); diluir, aguar (líquido); prorrogar, demorar (prazos, tempo). *vpr* alongar-se; crescer (altura); arrastar-se, demorar-se (tempo). ≃ **il passo** acelerar o passo. ≃ **il collo** *Fig.* esperar muito tempo por alguma coisa. ≃ **le orecchie** prestar atenção. *Pop.* ficar de antena ligada. ≃ **il muso** emagrecer. *Fig.* amuar-se.

al.lu.sio.ne [alluz′jone] *sf* alusão; referência; indício.

al.lu.si.vo [alluz′ivo] *adj* alusivo.

al.lu.vio.ne [alluv′jone] *sf* aluvião; alagamento, inundação; enxurrada. **terreni di** ≃ terrenos aluvianos.

al.ma.nac.ca.re [almanakk′are] *vi* meditar, refletir. *Pop.* matutar. *Fig.* fantasiar.

al.ma.nac.co [alman′akko] *sm* almanaque.

al.me.no [alm′eno] ou **al.man.co** [alm′anko] *adv* ao menos, pelo menos, no mínimo.

a.lo.ne [al′one] *sm Astron.* halo.

a.lo.pe.ci.a [alopetʃ′ia] *sf Med.* alopecia.

al.pa.ca [alp′aka] *sf Zool.* alpaca.

al.pi.gia.no [alpidʒ′ano] *sm* morador dos Alpes.

al.pi.ni.smo [alpin′izmo] *sm* alpinismo.

al.pi.no [alp′ino] *adj* alpino.

al.quan.to [alk′wanto] *adj* algum; um pouco de. *adv* um tanto; um pouco.

alt [′alt] *interj* pare! (*tb* sinal de trânsito).

al.ta.le.na [altal′ena] *sf* balanço. *Fig.* revés.

al.ta.men.te [altam′ente] *adv* em lugar alto, no alto; profundamente; em voz alta; muito; magnificamente; nobremente.

al.ta.na [alt′ana] *sf* mirante.

al.ta.re [alt′are] *sm* altar. ≃ **maggiore** altar-mor. **porre sugli** ≃**i** venerar, exaltar.

al.te.ra.re [alter′are] *vt* alterar, modificar, mudar; adulterar, falsificar. *Fig.* enervar, perturbar. *vpr* alterar-se; deteriorar-se, arruinar-se; perturbar-se. *Fig.* irritar-se.

al.ter.ca.re [alterk′are] *vi* questionar, discutir, debater.

al.ter.co [alt′erko] *sm* desacordo; discussão, controvérsia; disputa, litígio.

al.ter.ego [alter′ego] *sm Psic.* alter ego.

al.te.rez.za [alter′ettsa] *sf* altivez; dignidade; amor-próprio.

al.ter.nan.za [altern′antsa] *sf* alternância, revezamento. *Fig.* altos e baixos.

al.ter.na.re [altern′are] *vt* alternar. *tb Fig.* espaçar, intercalar. *vpr* alternar-se, revezar-se.

al.ter.na.ti.va [alternat′iva] *sf* alternativa, possibilidade.

al.ter.na.ti.vo [alternat′ivo] *adj* alternativo.

al.ter.na.to.re [alternat′ore] *sm Mec.* alternador.

al.ter.no [alt′erno] *adj* alternado.

al.te.ro [alt′ero] ou **al.tie.ro** [alt′jero] *adj* altivo, orgulhoso; majestoso, altaneiro.

al.tez.za [alt′ettsa] *sf* altura; largura (tecidos); Alteza (título de nobreza). *Fig.* grandeza (moral), nobreza. *Geog.* altitude.

al.tez.zo.so [altetts′ozo] *adj* presunçoso, orgulhoso.

al.tic.cio [alt′ittʃo] *adj* um pouco bêbado, alterado.

al.ti.me.tro [alt′imetro] *sm* altímetro.

al.ti.pia.no [altip′jano] *sm* altiplano, planalto.

al.ti.so.nan.te [altison′ante] *adj* altissonante, sonoro, retumbante. *Fig.* de efeito, pomposo.

al.ti.tu.di.ne [altit′udine] *sf* altitude.

al.to [′alto] *sm* alto, altura; cume, topo; **dall'** ≃ **in basso** de cima para baixo. **guardare dall'** ≃ **in basso** olhar com desdém. **fare degli** ≃ **i e bassi** ter altos e baixos. *adj* alto, elevado; profundo (lago, silêncio, sono); ilustre, nobre; caro (preço); largo (tecidos); difícil (leitura); superior. **toni** ≃**i** *Mús.* tons agudos. **mare** ≃ mar agitado. **a testa** ≃**a** de cabeça erguida. ≃ **dal vino** bêbado. *adv* alto, altamente; em lugar elevado. **al più** ≃ quando muito, no máximo. *interj* alto! ≃ **là**! alto lá!

al.to.ma.re [altom′are] *sm* alto-mar, mar aberto.

al.to.par.lan.te [altoparl′ante] *sm* alto-falante.

al.to.ri.lie.vo [altoril′jevo] *sm* alto-relevo.

al.tre.si [altres′i] *adv* ainda, igualmente, também, da mesma forma.

al.tret.ta.le [altrett′ale] *adj* semelhante, parecido.

al.tret.tan.to [altrett′anto] *adj+adv* o mesmo, tanto quanto.

al.tri [′altri] *pron* outra pessoa, outrem. ≃ **che lei** só ela. **roba d'** ≃ o alheio.

al.trie.ri [altr′jeri] *adv* antes de ontem, anteontem.

al.tri.men.ti [altrim′enti] *adv* de outra forma, senão. **non ne parlerò** ≃ não falarei mais disso. **no,** ≃**!** absolutamente não! de jeito nenhum!

al.tro [′altro] *adj* outro; diferente, novo; restante; anterior; seguinte. **senz'** ≃ **avviso** sem mais avisos. **verrò un'** ≃**a volta** virei outra vez. **l'altr'anno** o ano passado. **l'** ≃ **giorno**

outro dia. **l'** ≃**a settimana** na semana que vem. *pron* outra pessoa, outra coisa. **gli** ≃**i** os outros. **è tutt'** ≃ **da quello che credevo** é bem diferente do que eu pensava. **qualcos'** ≃ algo mais. **ha** ≃ **a dire?** tem mais alguma coisa a dizer? **se non** ≃ pelo menos, no mínimo. **tra le** ≃**e** entre outras coisas. **senz'** ≃ certamente, sem dúvida. **nient'** ≃ nada mais. **più che** ≃ mais do que tudo. *adv* ainda, ainda mais, nada mais. ≃ **che!** com certeza! **non mancherebbe** ≃! era só o que faltava!

al.tron.de [altr'onde] *adv* por outro lado; aliás; de outro lugar.

al.tro.ve [altr'ove] *adv* em outro lugar, alhures.

al.trui [altr'uj] *sm* o alheio, propriedade dos outros. *adj*+*pron* dos outros, de outrem, alheio. **la casa** ≃ a casa de outra pessoa.

al.tru.i.smo [altru'izmo] *sm* altruísmo, filantropia.

al.tu.ra [alt'ura] *sf* colina, elevação; ondulação. *tb Fig.* proeminência, elevação.

a.lun.no [al'unno] *sm* aluno, estudante; discípulo.

al.ve.a.re [alve'are] *sm* colméia.

al.ve.o ['alveo] *sm* leito de rio.

al.ve.o.la.re [alveol'are] *adj* alveolar.

al.ve.o.lo [alv'ɛolo] *sm* alvéolo.

al.za.re [alts'are] *vt* elevar, erguer, levantar; hastear (bandeira); aumentar (som, preços); construir (muros); erigir (monumento). ≃ **la voce** gritar. ≃ **le spalle** dar de ombros. ≃ **il cane del fucile** engatilhar. ≃ **le mani** render-se; bater. ≃ **il tacco** fugir. ≃ **volo** levantar vôo. ≃ **le carte** cortar o baralho. ≃ **le corna** ficar orgulhoso. *vpr* levantar-se, erguer-se; nascer (sol).

al.za.ta [alts'ata] *sf* levantamento; elevação.

a.ma.bi.le [am'abile] *adj* amável; agradável; cordial, simpático; doce (vinho).

a.ma.ca [am'aka] *sf* rede para dormir. *Náut.* maca, cama suspensa dos marinheiros.

a.mal.ga.ma [am'algama] *sm* amálgama, mistura.

a.mal.ga.ma.re [amalgam'are] *vt* amalgamar, fundir, misturar; incorporar.

a.man.te [am'ante] *s* amante; companheiro, parceiro; amásio. *Pop.* o outro, companheira, parceira; concubina, amásia. *Pop.* a outra. *adj* amante, apaixonado.

amarasca → **marasca.**

amaraschino → **maraschino.**

a.ma.re [am'are] *vt* amar; gostar de, querer bem a. *vi* amar; estar apaixonado. *vpr* amar-se.

a.ma.reg.gia.re [amareddʒ'are] *vt* amargurar, amargar, afligir, entristecer, fazer sofrer.

a.ma.rez.za [amar'ettsa] *sf* amargor. *Fig.* amargura, tristeza, angústia, desilusão.

a.ma.ri.co [am'ariko] *sm Ling.* amárico.

a.ma.ro [am'aro] *sm* licor digestivo. *Fig.* amargura, desilusão. *adj* amargo. *Fig.* doloroso, penoso, triste.

a.mar.ra [am'aʀa] *sf Náut.* amarra.

a.ma.sio [am'azjo] *sm* amante, amásio. ≃**a** *sf* amante, concubina, amásia.

a.ma.to.re [amat'ore] *sm* amante, apaixonado.

a.maz.zo.ne [am'addzone] *sf Mit.* amazona. *Esp.* amazona, cavaleira. *Fig.* mulher forte.

am.ba.scia [amb'aʃa] *sf* falta de ar. *Fig.* dor, aflição.

am.ba.scia.re [ambaʃ'are] *vt*+*vi* sufocar.

am.ba.scia.ta [ambaʃ'ata] *sf* embaixada. *tb Fig.* delegação, representação; mensagem.

am.ba.scia.to.re [ambaʃat'ore] *sm* embaixador. *tb Fig.* encarregado, mensageiro.

am.be.du.e [ambed'ue] *pron fpl* ambas, as duas, uma e outra.

am.bi.de.stro [ambid'estro] *adj* ambidestro.

am.bi.du.e [ambid'ue] *pron m pl* ambos, os dois, um e outro.

am.bien.ta.re [ambjent'are] *vt* ambientar, adaptar, harmonizar; situar (história). *vpr* ambientar-se, adaptar-se, habituar-se.

am.bien.te [amb'jente] *sm* ambiente; nicho ecológico; cômodo, quarto (casa); território, hábitat (animais). *Fig.* território; círculo, grupo.

am.bi.gui.tà [ambigwit'a] *sf* ambigüidade.

am.bi.guo [amb'igwo] *adj* ambíguo, dúbio; suspeito; enigmático, misterioso.

am.bi.re [amb'ire] *vt* ambicionar, aspirar a.

am.bi.to ['ambito] *sm* âmbito. *tb Fig.* ambiente, setor, região; campo, esfera.

am.bi.zio.ne [ambits'jone] *sf* ambição. *tb Fig.* objetivo; desejo, fome, sede, vontade.

am.bi.zio.so [ambits'jozo] *adj* ambicioso. *Fig.* pretensioso, grandioso (plano, desejo).

am.bra ['ambra] *sf* âmbar.

am.bra.re [ambr'are] *vt* ambrear, perfumar com âmbar.

am.bro.sia [ambr'ɔzja] *sf* ambrosia. *Fig.* néctar, delícia.

am.bro.sia.no [ambroz'jano] *sm*+*adj Rel.* ambrosiano. *Geog.* milanês.

am.bu.lan.za [ambul'antsa] *sf* ambulância.

am.bu.la.to.rio [ambulat'ɔrjo] *sm*+*adj* ambulatório.

a.men ['amen] *interj* amém.

a.me.ni.tà [amenit′a] *sf* amenidade. *Fig.* brincadeira, graça.

a.me.no [am′eno] *adj* ameno, agradável; alegre, cômico, curioso, divertido; aprazível, acolhedor, sereno (local).

A.me.ri.ca [am′erika] *np* América. *sf Fig.* eldorado, mina de ouro, fartura.

a.me.ri.ca.no [amerik′ano] *s + adj* americano.

a.me.ti.sta [amet′ista] ou **a.ma.ti.sta** [amat′ista] *sf Min.* ametista.

a.mian.to [am′janto] *sm Min.* amianto.

a.mi.che.vo.le [amik′evole] *adj* amigável; benévolo, benigno; amistoso (jogo).

a.mi.ci.zia [amitʃ′itsja] *sf* amizade. *Fig.* cordialidade, simpatia; camaradagem, familiaridade; afeto; afinidade; atração; consideração; estima. ≈e *pl Fig.* pessoas influentes. *Pop.* pistolão. **fare** ≈ **con** fazer amizade com.

a.mi.co [am′iko] *sm* amigo, companheiro, aliado. *Fig.* amante.

a.mi.do [′amido] *sm* amido; goma (para roupas). **dare l'** ≈ engomar.

a.mig.da.la [am′igdala] *sf* amígdala.

a.mi.stà [amist′a] *sf* amizade; união.

am.le.ti.co [aml′etiko] *adj Fig.* árduo, difícil; hesitante, indeciso (pessoa).

am.mac.ca.re [ammakk′are] *vt* achatar; deformar; pisotear.

am.mac.chiar.si [ammakk′jarsi] *vpr Fig.* embrenhar-se, esconder-se (nas matas).

am.ma.e.stra.re [ammaestr′are] *vt* amestrar, instruir, ensinar, adestrar, doutrinar.

am.mai.na.re [ammajn′are] *vt* recolher, descer (velas, bandeiras). ≈ **la bandiera** *Fig.* jogar a toalha, dar-se por vencido.

am.ma.lar.si [ammal′arsi] *vpr* adoecer.

am.ma.la.tic.cio [ammalat′ittʃo] *adj* meio doente, adoentado. *Fam.* doentinho.

am.ma.la.to [ammal′ato] *sm + adj* doente, enfermo.

am.ma.lia.men.to [ammaljam′ento] *sm* encantamento, feitiço.

am.ma.lia.re [ammal′jare] *vt* enfeitiçar. *Fig.* encantar, conquistar, seduzir, fascinar.

am.ma.lia.to.re [ammaljat′ore] *sm* feiticeiro, encantador.

am.man.co [amm′anko] *sm* déficit. *Pop.* buraco, falta, vazio.

am.man.dor.la.to [ammandorl′ato] *adj* amendoado.

am.ma.net.ta.re [ammanett′are] *vt* algemar. *tb Fig.* agarrar, prender, aprisionar.

am.ma.nie.ra.to [ammanjer′ato] *adj* afetado, fingido, presunçoso.

am.man.ni.re [ammann′ire] *vt* aparelhar, aprontar, preparar.

am.man.sa.re [ammans′are] *vt* amansar, domesticar. *tb Fig.* abrandar, acalmar, aplacar.

am.man.ta.re [ammant′are] *vt* cobrir, encobrir. *Fig.* dissimular, velar, ofuscar.

am.man.tel.la.re [ammantell′are] *vt* encapotar, cobrir; disfarçar, esconder.

am.ma.rag.gio [ammar′addʒo] *sf* amaragem (pouso de hidroavião na água).

am.ma.ra.re [ammar′are] *vi* amarar (pousar hidroavião).

am.mas.sa.re [ammass′are] *vt* amontoar, acumular, juntar. *vpr* reunir-se, juntar-se.

am.mas.so [amm′asso] *sm* acúmulo, amontoado, pilha; confusão; multidão, tropel.

am.mat.ti.men.to [ammattim′ento] *sm* enlouquecimento.

am.mat.ti.re [ammatt′ire] *vi* enlouquecer.

am.mat.to.na.re [ammatton′are] *vt* ladrilhar.

am.maz.za.men.to [ammattsam′ento] *sm* matança; assassinato; abate (animais).

am.maz.za.re [ammatts′are] *vt* assassinar, matar, trucidar (pessoas); abater (animais). *Fig.* destruir, arruinar. *vpr* matar-se, suicidar-se.

am.maz.za.to.io [ammattsat′ojo] *sm* matadouro.

am.mel.ma.re [ammelm′are] *vi* atolar, empantanar.

am.men.da [amm′enda] *sf* multa, pena pecuniária; reparação, ressarcimento.

am.men.da.men.to [ammendam′ento] *sm* correção, reparo, conserto; melhoramento.

am.men.da.re [ammend′are] *vt* corrigir, consertar, reparar.

am.mes.so [amm′esso] *part + adj* admitido, permitido. ≈ **che** supondo que.

am.met.te.re [amm′ettere] *vt* admitir, aceitar, aprovar, consentir, receber, deixar entrar; confessar, reconhecer. *Fig.* supor, imaginar.

am.mez.za.men.to [ammeddzam′ento] *sm* meação, divisão em duas partes.

am.mez.za.re [ammeddz′are] *vt* mear, dividir pelo meio, chegar ao meio.

am.mez.za.to [ammeddz′ato] *sm* mezanino. *adj* de meia-idade.

am.mic.ca.re [ammikk′are] *vi* acenar, dar um sinal; piscar os olhos. ≈ **le carte** piscar para o parceiro de jogo.

am.mic.co [amm′ikko] *sm* piscar de olhos.

am.mi.ni.stra.re [amministr′are] *vt* administrar, gerir; ministrar (sacramentos); aplicar (medicamentos). *Fig.* dirigir, governar.

am.mi.ni.stra.to.re [amministrat'ore] *sm* amministrador. *Fig.* diretor, gerente.
am.mi.ni.stra.zio.ne [amministrats'jone] *sf* administração.
am.mi.ra.glia.to [ammiraλ'ato] *sm* almirantado.
am.mi.ra.glio [ammir'aλo] *sm* almirante.
am.mi.ra.re [ammir'are] *vt* admirar. *tb Fig.* contemplar; apreciar, venerar.
am.mis.si.bi.le [ammiss'ibile] *adj* admissível, aceitável.
am.mis.sio.ne [ammiss'jone] *sf* admissão, aceitação, aprovação, consenso.
am.mo.bi.lia.re [ammobil'jare] *vt* mobiliar.
am.mo.do [amm'ɔdo] *adj* correto, conveniente, educado, honesto, de bem. *adv* adequadamente, com cuidado, convenientemente.
am.mo.glia.re [ammoλ'are] *vt* casar. *Fig.* unir, ligar. *vpr* casar-se.
am.moi.na.re [ammojn'are] *vt* acariciar, fazer carinho, mimar; adular.
am.mol.la.re [ammoll'are] *vt* amaciar, deixar amolecer (na água); banhar.
am.mol.lien.te [ammoll'jente] *s + adj* emoliente, amolecedor.
am.mol.li.men.to [ammollim'ento] *sm* amolecimento.
am.mol.li.re [ammoll'ire] *vt* amolecer, amaciar; facilitar; umedecer.
am.mo.ni.a.ca [ammon'iaka] *sf* amônia, amoníaco.
am.mo.ni.re [ammon'ire] *vt* repreender, chamar a atenção, advertir; avisar.
am.mo.ni.zio.ne [ammonits'jone] *sf* repreensão, advertência; aviso. *Pop.* chamada.
am.mon.ta.men.to [ammontam'ento] *sm* amontoamento, acúmulo.
am.mon.ta.re [ammont'are] *sm* soma, total, montante. *vt* amontoar, acumular. *vi* totalizar, somar.
am.mon.to [amm'onto] *sm* montante, total.
am.mor.ba.men.to [ammorbam'ento] *sm* contaminação, infecção.
am.mor.ba.re [ammorb'are] *vt tb Fig.* contaminar, infectar; empestar; envenenar.
am.mor.bi.da.re [ammorbid'are] ou **am.mor.bi.di.re** [ammorbid'ire] *vt tb Fig.* amaciar, amolecer, abrandar.
am.mor.ta.men.to [ammortam'ento] *sm* extinção. *Com.* amortização.
am.mor.ta.re [ammort'are] *vt* extinguir; diminuir. *Com.* amortizar.
am.mor.ti.men.to [ammortim'ento] *sm* amortecimento, abafamento.

am.mor.ti.re [ammort'ire] *vt* amortecer, abafar; evitar. *Fig.* enfraquecer, paralisar. *vi* desfalecer, desmaiar; cair morto.
am.mor.tiz.za.re [ammortiddz'are] *vt* amortizar; amortecer, absorver (ruídos, impacto). *tb Fig.* extinguir.
am.mor.tiz.za.to.re [ammortiddzat'ore] *sm Autom.* amortecedor.
am.mor.za.re [ammorts'are] *vt* extinguir, apagar; diminuir. *vpr* extinguir-se, apagar-se.
am.mo.scia.re [ammoʃ'are] *vi* murchar.
am.mot.ta.re [ammott'are] *vi* desmoronar, desabar.
am.muf.fi.re [ammuff'ire] ou **am.muf.fa.re** [ammuff'are] *vi* mofar. *Fig.* estragar-se, arruinar-se.
am.mu.sar.si [ammuz'arsi] *vpr* chocar-se (cara a cara).
am.mu.ti.na.men.to [ammutinam'ento] *sm* motim, insurreição, sublevação.
am.mu.ti.na.re [ammutin'are] *vt* amotinar, insurgir. *vpr* amotinar-se, insurgir-se.
am.mu.ti.re [ammut'ire] ou **am.mu.to.li.re** [ammutol'ire] *vt tb Fig.* emudecer, calar-se. *Pop.* ficar de boca fechada, não dar um pio.
am.ne.si.a [amnez'ia] *sf* amnésia, perda de memória; lapso (temporário).
am.ni.sti.a [amnist'ia] *sf* anistia. *tb Fig.* indulgência, perdão.
a.mo ['amo] *sm* anzol. *Fig.* isca; engano, embuste. **mordere all'** ≃ *Fig.* morder a isca.
a.mo.ra.le [amor'ale] *adj* amoral.
a.mo.raz.zo [amor'attso] *sm* namoro.
a.mo.re [am'ore] *sm* amor; afeto, afeição; carinho, ternura; atração, desejo; cuidado, zelo; relacionamento, namoro; pessoa amada, amante. *Fig.* coisa muito bela, obra de arte. **per** ≃ **del cielo!** pelo amor de Deus!
a.mo.reg.gia.re [amoreddʒ'are] *vi* namorar, namoricar.
a.mo.re.vo.le [amor'evole] *adj* afetuoso, carinhoso, meigo, delicado, terno.
a.mo.re.vo.lez.za [amorevol'ettsa] *sf* amor; carinho; afeto.
a.mor.fo [am'ɔrfo] *adj* amorfo, sem forma definida. *Fig.* insosso, insípido.
a.mo.ri.no [amor'ino] *sm* cupido.
a.mo.ro.so [amor'ozo] *adj* amoroso. *Fig.* suave; agradável.
a.mo.sci.na [amoʃ'ina] *sf* ameixa.
am.piez.za [amp'jettsa] *sf* amplitude, amplidão, extensão.
am.pio ['ampjo] *adj (pl m* **ampi, ampli)** amplo, largo, extenso; lato (significado).

am.pli.a.re [ampli′are] *vt tb Fig.* ampliar, alargar, aumentar.

am.pli.fi.ca.re [amplifik′are] *vt* amplificar, aumentar.

am.pol.la [amp′olla] *sf* ampola; bolha; galheta (de óleo, vinagre). *Elet.* bulbo de lâmpada.

am.pol.lie.ra [ampoll′jera] *sf* galheteiro, suporte para as galhetas de óleo e vinagre.

am.pol.lo.so [ampoll′ozo] *adj* pomposo, empolado, solene, grandiloqüente, redundante.

am.pu.ta.re [amput′are] *vt tb Fig.* amputar, mutilar.

a.mu.le.to [amul′eto] *sm* amuleto, talismã.

a.na.co.lu.to [anakol′uto] *sm Gram.* anacoluto.

a.na.cro.ni.smo [anakron′izmo] *sm* anacronismo.

a.na.cro.ni.sti.co [anakron′istiko] *adj* anacrônico, antiquado. *Pop.* fora de moda.

a.na.gra.fe [an′agrafe] *sf* registro civil. **ufficio** ≃ cartório.

a.na.gram.ma [anagr′amma] *sm* anagrama.

a.nal.co.li.co [analk′ɔliko] *sm* refrigerante.

a.na.le [an′ale] *adj* anal.

a.nal.fa.be.ta [analfab′eta] *s+adj* analfabeto.

a.nal.fa.be.ti.smo [analfabet′izmo] *sm* analfabetismo.

a.nal.ge.si.co [analdʒ′eziko] *sm+adj* analgésico, calmante.

a.na.li.si [an′alizi] *sf* análise, decomposição, exame; psicanálise, psicoterapia.

a.na.li.ti.co [anal′itiko] *adj* analítico. *Fig.* minucioso, aprofundado.

a.na.liz.za.re [analiddz′are] *vt* analisar, decompor, examinar, estudar.

a.na.lo.gi.a [analodʒ′ia] *sf* analogia.

a.na.lo.gi.co [anal′ɔdʒiko] *adj* analógico.

a.na.lo.go [an′alogo] *adj* análogo, semelhante, equivalente.

a.na.nas.so [anan′asso] ou **a.na.nas** [anan′as] *sm* abacaxi, ananás.

a.nar.chi.a [anark′ia] *sf* anarquia. *Fig.* confusão.

a.nar.chi.co [an′arkiko] *sm+adj* anarquista. *adj Fig.* anárquico; confuso, caótico.

a.nar.chi.sta [anark′ista] *s* anarquista.

a.na.te.ma [anat′ema] *sm* anátema, excomunhão, condenação, maldição.

a.na.to.mi.a [anatom′ia] *sf* anatomia. *Fig.* forma, estrutura, natureza.

a.na.to.mi.co [anat′ɔmiko] *adj* anatômico.

a.na.tra [′anatra] ou **a.ni.tra** [′anitra] *sf* pato.

an.ca [′anka] *sf Anat.* quadril, ancas.

an.cac.ciu.to [ankattʃ′uto] *adj* ancudo, com as ancas grandes.

an.cel.la [antʃ′ella] *sf Poét.* criada, serva.

an.ce.stra.le [antʃestr′ale] *adj* ancestral. *Fig.* antiqüíssimo, primitivo; hereditário.

an.che [′anke] *adv* também, ainda, até. **ma** ≃ mas também. ≃ **se** ainda que.

an.cheg.gia.re [ankeddʒ′are] *vi* saracotear, menear-se. *Pop.* rebolar, requebrar.

an.ci.pi.te [antʃ′ipite] *adj* incerto. **animale** ≃ anfíbio.

an.co.ra [′ankora] I *sf* âncora. **gettare l'** ≃ lançar âncora. **levare l'** ≃ levantar âncora.

an.co.ra [ank′ora] II *adv* ainda; de novo, novamente, mais uma vez.

an.co.ra.ché [ankorak′e] ou **an.cor.ché** [ankork′e] *conj* ainda que.

an.co.rag.gio [ankor′addʒo] *sf* ancoradouro; ancoragem.

an.co.ra.re [ankor′are] *vt* ancorar, atracar. *Náut.* fundear. *Fig.* segurar, prender.

an.da.men.to [andam′ento] *sm* andamento, movimento; procedimento; direção, curso; evolução, desenvolvimento; caminho.

an.dan.te [and′ante] *sm Mús.* andante. *adj* fácil; simples; natural, não artificial.

an.dan.te.men.te [andantem′ente] *adv* sem interrupção, continuamente; sem pensar.

an.dan.ti.no [andant′ino] *sm Mús.* andantino.

an.da.re [and′are] *vi ir*; encaminhar-se, dirigir-se; mover-se; partir, ir embora; ir bem (negócio). ≃ **a cuore** ou **a grado** agradar. ≃ **a male** estragar-se. ≃ **a piedi** ir a pé. ≃ **bene** estar certo (relógio); calçar bem (luvas, calçados). ≃ **in bicicletta** ir de bicicleta. ≃ **in fumo** desaparecer, sumir. *Fig.* virar fumaça. ≃ **in macchina** ir de carro. ≃ **in tram** ir de bonde. ≃ **per ou** ≃ **da** ir chamar, ir procurar alguém. ≃ **per una cosa** ir pegar, ir buscar. ≃ **via** ir embora. ≃**sene** ir embora, partir. ≃**sene a ragionamenti** divagar. **a peggio** ≃ na pior das hipóteses. **lasciar** ≃ deixar escapar, **va da sé che** é natural que. **va a finire male** vai acabar mal. **come va che** como foi que. **ne va dell'onore** é uma questão de honra. **di questo** ≃ desse jeito. **vattene!** vá embora! *Pop.* cai fora! **và là!** veja lá! (chamando a atenção). **dimmi con chi vai; ti dirò chi sei** dize-me com quem andas, dir-te-ei quem és. **chi va piano, va sano e va lontano** devagar se vai ao longe.

an.da.ta [and′ata] *sf* ida.

an.da.to [and′ato] *part+adj* ido. *Fig.* arruinado, estragado; falecido.

an.da.tu.ra [andat′ura] *sf* porte; movimento. *Fig.* velocidade, ritmo, cadência.

an.daz.zo [and'attso] *sm* hábito, tendência, costume, uso, sistema.

an.di.ri.vie.ni [andiriv'jeni] *sm* vaivém, movimentação.

an.dro.gi.no [andr'ɔdʒino] *sm+adj* andrógino, hermafrodita.

an.droi.de [andr'ɔjde] *sm* andróide.

a.ned.do.to [an'eddotto] *sm* anedota, piada.

a.ne.la.re [anel'are] *vi* aspirar; ofegar. ≃ **ad una cosa** *Fig.* desejar, ansiar, aspirar a.

a.ne.li.to [an'elito] *sm* arquejo, ofego. *Fig.* aspiração, desejo, sonho.

a.nel.la.re [anell'are] *vt* anelar, colocar anéis.

a.nel.li.de [anell'ide] *sm Zool.* anelídeo.

a.nel.lo [an'ello] *sm* anel, argola. ≃ **di capelli** cachos.

a.ne.mi.a [anem'ia] *sf Med.* anemia.

a.ne.mi.co [an'emiko] *adj* anêmico. *Fig.* fraco, debilitado, débil.

a.ne.mo.me.tro [anem'ɔmetro] *sm* anemômetro.

a.ne.mo.ne [an'emone] *sm Bot.* anêmona. ≃ **marino** *Zool.* anêmona-do-mar, actínia.

a.ne.ste.si.a [anestez'ia] *sf* anestesia. ≃ **locale** anestesia local. ≃ **generale** anestesia geral.

a.ne.ste.ti.co [anest'etiko] *sm+adj* anestésico, narcótico.

a.ne.ste.tiz.za.re [anestetiddz'are] *vt* anestesiar, adormecer, narcotizar.

a.neu.ri.sma [anewr'izma] *sm Med.* aneurisma.

an.fi.bio [anf'ibjo] *sm+adj* anfíbio, batráquio.

an.fi.te.a.tro [anfite'atro] *sm* anfiteatro.

an.fi.trio.ne [anfitr'jone] *sm tb Fig.* anfitrião.

an.fo.ra ['anfora] *sf* ânfora, vaso antigo.

an.frat.to [anfr'atto] *sm* rodeio, caminho tortuoso.

an.frat.tu.o.so [anfrattu'ozo] *adj* sinuoso.

an.ga.ria.re [angar'jare] *vt* oprimir, atormentar, maltratar, humilhar.

an.ge.li.co [andʒ'eliko] *adj* angélico, angelical. *Fig.* delicado, suave; espiritual.

an.ge.lo ['andʒelo] *sm Rel.* anjo.

an.ge.re [andʒ'ere] *vt* afligir, angustiar, atormentar. *vpr* afligir-se.

an.ghe.ri.a [anger'ia] ou **an.ga.ri.a** [angar'ia] *sf* opressão, prepotência, tirania.

an.gi.na [andʒ'ina] *sf Med.* angina. ≃ **pectoris** angina do peito.

an.gio.sper.me [andʒosp'erme] *sf pl Bot.* angiosperma.

an.gi.por.to [andʒip'ɔrto] *sm* beco, viela.

an.gli.ca.no [anglik'ano] *sm+adj* anglicano.

an.gli.ciz.za.re [anglitʃiddz'are] *vt* anglicizar.

an.go.la.re [angol'are] *adj* angular. **pietra** ≃ *Arquit.* pedra angular. *Fig.* base.

an.go.la.zio.ne [angolats'jone] *sf Téc.* angulação. *Fig.* perspectiva, ponto de vista, ótica.

an.go.lo ['angolo] *sm* ângulo; canto (casa); esquina (rua). **all'** ≃ **di** na esquina de. **in ogni** ≃ em toda parte, em todos os cantos.

an.go.lo.so [angol'ozo] *adj* anguloso. *Fig.* esquivo.

an.go.ra ['angora] *adj* angorá.

an.go.re [ang'ore] *sm Poét.* aflição, agonia.

an.go.scia [ang'oʃa] *sf tb Fig.* angústia, aflição, preocupação, ânsia.

an.go.scia.re [angoʃ'are] *vt* angustiar, afligir.

an.go.scio.so [angoʃ'ozo] *adj* angustiante, doloroso, preocupante.

an.guil.la [ang'willa] *sf Zool.* enguia.

an.gui.na.ia [angwin'aja] ou **in.gui.ne** ['ingwine] *sf* virilha.

an.gu.ria [ang'urja] *sf Bot.* melancia.

an.gu.stia [ang'ustja] *sf* angústia, ansiedade, aflição; estreiteza; brevidade (de tempo).

an.gu.stia.re [angust'jare] *vt* angustiar, atormentar, afligir. *vpr* angustiar-se.

an.gu.sto [ang'usto] *adj* estreito, apertado.

a.ni.ce ['anitʃe] ou **a.na.ce** [an'atʃe] *sm* anis.

a.ni.ma ['anima] *sf* alma, espírito; psique; essência, núcleo. *Fig.* energia, sopro vital, vida; ser vivo, indivíduo; habitante; armação; causador, agente (pessoa). **girare l'** ≃ estar mal-humorado. **buon'** ≃ defunto, falecido.

a.ni.ma.le [anim'ale] *sm* animal; bicho. *Fig.* pessoa ignorante ou violenta.

a.ni.ma.le.ri.a [animaler'ia] *sf* bestialidade, brutalidade.

a.ni.ma.le.sco [animal'esko] *adj tb Fig.* animalesco, bestial, brutal; impulsivo, instintivo.

a.ni.ma.re [anim'are] *vt* animar; caracterizar; personalizar; encorajar, incitar. *vpr* animar-se, excitar-se.

a.ni.ma.zio.ne [animats'jone] *sf* animação, entusiasmo, excitação, vivacidade.

a.ni.mo ['animo] *sm* ânimo; essência, índole. *Fig.* coragem, audácia. ≃ ! ânimo! coragem! **perdersi d'** ≃ desanimar-se. **avere in** ≃ pretender. **prendere** ≃ **di fare qualcosa** ansiar por alguma coisa. **volgere l'** ≃ **ad una cosa** ocupar-se com alguma coisa. **di** ≃ de coração. **mettere l'** ≃ **in pace** conformar-se.

a.ni.mo.si.tà [animozit'a] *sf* animosidade, hostilidade, rancor.

a.ni.mo.so [anim'ozo] *adj* animoso, corajoso; irado, colérico.

a.ni.set.ta [aniz'etta] *sf* anisete, licor de anis.

anitra → **anatra**.

an.naf.fia.re [annaff'jare] *vt* regar, banhar, dar de beber. *Fig.* espirrar, borrifar.

an.naf.fia.to.io [annaffjat'ojo] *sm* regador.

an.naf.fia.tu.ra [annaffjat'ura] *sf* ou **an.naf.fia.men.to** [annaffjam'ento] *sm* irrigação, rega.

an.na.li [ann'ali] *sm pl* anais.

an.na.spa.re [annasp'are] *vi* gesticular. *Fig.* agitar-se; confundir-se.

an.na.spo.ne [annasp'one] *sm+adj* trapalhão.

an.na.ta [ann'ata] *sf* ano, período de um ano; pagamento anual.

an.neb.bia.re [annebb'jare] *vt* enevoar, nublar; ofuscar, velar.

an.ne.ga.re [anneg'are] *vt* afogar. *Fig.* sufocar, reprimir. *vpr* afogar-se.

an.ne.ghit.ti.re [annegitt'ire] *vi* ficar preguiçoso.

an.ne.ri.men.to [annerim'ento] *sm* ou **an.ne.ri.tu.ra** [annerit'ura] *sf* enegrecimento, escurecimento.

an.ne.ri.re [anner'ire] ou **an.ne.ra.re** [anner'are] *vt* enegrecer, escurecer.

an.nes.sio.ne [anness'jone] *sf* anexação.

an.nes.so [ann'esso] *sm+part+adj* anexo.

an.ne.sta.men.to [annestam'ento] *sm* enxerto; junção, união.

an.net.te.re [ann'ettere] *vt* anexar, juntar, reunir. *Fig.* atribuir.

an.net.to [ann'etto] *sm dim Fam.* idade. **ha i suoi** ≈i tem lá seus aninhos, já é velho.

an.ni.chi.la.re [annikil'are] ou **an.ni.chi.li.re** [annikil'ire] *vt* aniquilar, eliminar; destruir. *Fig.* humilhar.

an.ni.da.re [annid'are] *vt* aninhar. *Fig.* acolher, esconder. *vpr* aninhar-se, esconder-se.

an.ni.tri.re [annitr'ire] *vi* relinchar.

an.ni.ver.sa.rio [annivers'arjo] *sm* aniversário (de acontecimento); cerimônia fúnebre.

an.no [ann'o] *sm* ano. *Fig.* idade, época, era, fase, período. ≈ **civile** ano civil. ≈ **scolastico** ano letivo. ≈ **bisestile** ano bissexto. **quest'** ≈ este ano. **l'** ≈ **scorso** o ano passado. **due** ≈i **fa** faz dois anos. **da quattro** ≈i há quatro anos. **l'** ≈ **venturo** o ano que vem. **fra tre** ≈i daqui a três anos.

an.no.bi.li.re [annobil'ire] *vt* enobrecer.

an.no.da.re [annod'are] *vt* atar, amarrar.

an.no.ia.re [anno'jare] *vt* aborrecer, chatear, entediar. *Pop.* encher.

an.no.ta.re [annot'are] *vt* anotar, tomar nota, apontar; comentar.

an.no.ta.zio.ne [annotats'jone] *sf* anotação, nota; comentário.

an.not.ta.re [annott'are] *vi* anoitecer. *Fig.* escurecer.

an.no.ve.ra.men.to [annoveram'ento] *sm* numeração, cálculo; inclusão.

an.no.ve.ra.re [annover'are] *vt* calcular, enumerar; incluir, compreender.

an.nu.a.le [annu'ale] *adj* anual.

an.nu.a.rio [annu'arjo] *sm* anuário, publicação anual. *adj* anual.

an.nu.en.za [annu'entsa] *sf* consentimento, permissão.

an.nu.i.re [annu'ire] *vi* anuir, permitir.

an.nul.la.men.to [annullam'ento] *sm* anulação.

an.nul.la.re [annull'are] *vt* anular, eliminar, cancelar, abolir.

an.nun.cia.men.to [annuntʃam'ento] ou **an.nun.zia.men.to** [annuntsjam'ento] *sm* anúncio, comunicado.

an.nun.cia.re [annuntʃ'are] ou **an.nun.zia.re** [annuntsj'are] *vt* anunciar, comunicar, declarar; noticiar, difundir, divulgar.

an.nun.cio [ann'untʃo] ou **an.nun.zio** [ann'untsjo] *sm* anúncio, comunicado, declaração; propaganda, publicidade; aviso, informação; predição, indicação.

an.nuo ['annwo] *adj* anual.

an.nu.sa.re [annuz'are] ou **an.na.sa.re** [annaz'are] *vt* cheirar, farejar. *Fig.* perceber, adivinhar, captar. *Fam.* pegar.

an.nu.so [ann'uzo] *sm* faro.

an.nu.vo.la.re [annuvol'are] *vt* enevoar, nublar.

a.no ['ano] *sm Anat.* ânus.

a.no.di.no [an'ɔdino] *adj* anódino, inofensivo.

a.no.fe.le [an'ɔfele] *sm Zool.* anófeles.

a.no.ma.li.a [anomal'ia] *sf* anomalia, anormalidade.

a.no.ma.lo [an'ɔmalo] *adj* anômalo, anormal; irregular; atípico, singular.

a.no.ni.ma.to [anonim'ato] *sm* anonimato, obscuridade.

a.no.ni.mo [an'ɔnimo] *adj* anônimo, desconhecido. *Fig.* obscuro.

a.no.res.si.a [anoress'ia] *sf Med.* anorexia.

a.nor.ma.le [anorm'ale] *adj* anormal, estranho.

an.sa ['ansa] *sf* cabo (de objetos); curva, meandro (de rio).

an.sa.men.to [ansam'ento] *sm* ofego, respiração difícil.

an.sa.pla.sto [ansapl'asto] *sm Med.* emplasto, emplastro, ungüento.

an.sa.re [ans'are] *vi* ofegar. *tb Fig.* agonizar; bufar.

an.se.a.ti.co [anse'atiko] *adj* hanseático.

an.sia ['ansja] *sf* ânsia, angústia, apreensão. *Fig.* avidez, fome, sede.

an.sie.tà [ansjet'a] *sf* ansiedade, ânsia; tormento, aflição.

an.si.man.te [ansim'ante] *adj* ofegante. *Fig.* angustiado, aflito.

an.si.ma.re [ansim'are] *vt* ofegar.

an.sio.so [ans'jozo] *adj* ansioso, angustiado, preocupado, apreensivo.

an.ta ['anta] *sf* portinhola; batente, caixilho (janela). *Náut.* portaló.

an.ta.go.ni.smo [antagon'izmo] *sm* antagonismo; competição, concorrência, rivalidade.

an.tar.ti.co [ant'artiko] *adj* antártico. *Fig.* meridional, austral.

an.te.ce.den.za [antetʃed'entsa] *sf* antecedência, precedência.

an.te.ces.so.re [antetʃess'ore] *sm* antecessor, precursor. **gli** ≃ i os avós, os antepassados.

an.te.fat.to [antef'atto] *sm Dir.* antecedentes. *Fig.* situação, cena.

an.te.na.to [anten'ato] *sm* antepassado, ascendente. **gli** ≃ i os antepassados.

an.ten.na [ant'enna] *sf* antena.

an.te.por.re [antep'oʀe] *vt* antepor. *Fig.* preferir, privilegiar.

an.te.rio.re [anter'jore] *adj* anterior, antecedente; frontal.

an.ti.a.ci.do [anti'atʃido] *sm + adj* antiácido.

an.ti.al.ler.gi.co [antiall'erdʒiko] *sm + adj* antialérgico.

an.ti.bio.ti.co [antib'jɔtiko] *sm + adj* antibiótico.

an.ti.ca.me.ra [antik'amera] *sf* antecâmara, entrada, vestíbulo. *Fig.* início, premissa.

an.ti.chi.tà [antikit'a] *sf* antiguidade (período histórico, objeto antigo). ≃ *pl* relíquias.

an.ti.ci.pa.re [antitʃip'are] *vt* antecipar, adiantar; preceder; avisar, prever.

an.ti.ci.pa.zio.ne [antitʃipats'jone] *sf* antecipação, adiantamento. *Fig.* aviso, prenúncio.

an.ti.ci.po [ant'itʃipo] *sm Com.* adiantamento, sinal.

an.ti.co [ant'iko] *adj* antigo, velho. *Fig.* antiquado, obsoleto. **gli** ≃ **chi** *pl* os antepassados. **all'** ≃ a à moda antiga.

an.ti.con.ce.zio.na.le [antikontʃetsjon'ale] *sm + adj* anticoncepcional, contraceptivo.

an.ti.con.ge.lan.te [antikondʒel'ante] ou **an.ti.ge.lo** [antidʒ'elo] *sm + adj Autom.* anticongelante.

an.ti.co.sti.tu.zio.na.le [antikostitutsjon'ale] *adj* anticonstitucional.

an.ti.cri.sto [antikr'isto] *sm Rel.* anticristo.

an.ti.di.lu.via.no [antidiluv'jano] *adj* antediluviano. *Fig.* velho, ultrapassado, obsoleto.

an.ti.do.to [ant'idoto] *sm* antídoto. *Fig.* remédio, alívio.

an.ti.feb.bri.le [antifebbr'ile] *sm + adj* antifebril.

an.ti.fe.con.da.ti.vo [antifekondat'ivo] *sm + adj* anticoncepcional.

an.ti.flo.gi.sti.co [antiflodʒ'istiko] *sm + adj* antiflogístico.

an.ti.fra.si [ant'ifrazi] *sf Gram.* antífrase.

an.ti.fur.to [antif'urto] *sm + adj* anti-roubo, alarme.

an.ti.lo.pe [ant'ilope] *sm Zool.* antílope.

an.ti.me.ri.dia.no [antimerid'jano] *adj* matutino.

an.ti.mo.nio [antim'onjo] *sm Quím.* antimônio, estíbio.

an.ti.mu.ro [antim'uro] *sm* antemuro; parapeito.

an.ti.pa.pa [antip'apa] *sm Rel.* antipapa.

an.ti.pa.ras.si.ta.rio [antiparassit'arjo] *sm + adj* pesticida.

an.ti.pas.sa.re [antipass'are] *vt* ultrapassar, superar; exceder.

an.ti.pa.sto [antip'asto] *sm* entrada, antepasto.

an.ti.pa.ti.a [antipat'ia] *sf* antipatia, aversão.

an.ti.pa.ti.co [antip'atiko] *adj* antipático.

an.ti.pe.nul.ti.mo [antipen'ultimo] *sm + adj* antepenúltimo.

an.ti.pi.re.ti.co [antipir'etiko] *sm + adj* antitérmico, antipirético.

an.ti.po.de [ant'ipode] *sm* antípoda.

an.ti.qua.rio [antik'warjo] *sm* antiquário, colecionador de antiguidades.

an.ti.qua.to [antik'wato] *adj* antiquado, obsoleto, ultrapassado; arcaico.

an.ti.sa.la [antis'ala] *sf* ante-sala.

an.ti.sa.pe.re [antisap'ere] *vt* prever.

an.ti.se.psi [antis'epsi] *sf Med.* anti-sepsia.

an.ti.set.ti.co [antis'ettiko] *sm + adj* anti-séptico, desinfetante.

an.ti.so.cia.le [antisotʃ'ale] *adj* anti-social.

an.ti.spa.smo.di.co [antispazm'ɔdiko] *sm + adj* antiespasmódico; calmante, sedativo.

an.ti.te.si [ant'itezi] *sf* antítese. *Fig.* contraste, contradição.

an.ti.te.ti.co [antit'etiko] *adj* contraditório, contrastante.

an.ti.ve.de.re [antived'ere] *vt* antever, predizer.

an.ti.veg.gen.za [antiveddʒ'entsa] *sf* antevisão.

an.ti.ve.le.no [antivel'eno] *sm* antídoto.

an.ti.ve.ne.re.o [antiven'ereo] *sm + adj* antivenéreo.

an.ti.ve.ni.re [antiven'ire] *vi* vir antes, anteceder.
an.ti.vi.gi.lia [antividʒ'ilja] *sf* antevéspera.
an.to.lo.gi.a [antolodʒ'ia] *sf* antologia.
an.to.no.ma.sia [antonom'azja] *sf* antonomásia.
an.tra.ce [antr'atʃe] *sm Med.* antraz, carbúnculo, furúnculo no pescoço.
an.tra.ci.te [antratʃ'ite] *sf Min.* antracite, carvão fóssil.
an.tro ['antro] *sm* antro, caverna, cova. *Fig.* casebre, choupana.
an.tro.po.fa.gi.a [antropofadʒ'ia] *sf* antropofagia, canibalismo.
an.tro.po.fa.go [antrop'ɔfago] *sm+adj* antropófago, canibal.
an.tro.po.lo.gi.a [antropolodʒ'ia] *sf* antropologia.
an.tro.po.lo.go [antrop'ɔlogo] *sm* antropólogo.
an.tro.po.me.tri.a [antropometr'ia] *sf* antropometria.
an.tro.po.mor.fo [antropom'ɔrfo] *adj* antropomorfo.
a.nu.la.re [anul'are] *sm* dedo anular. *adj* anular.
a.nu.lo.so [anul'ozo] *adj* anuloso.
an.zi ['antsi] *adv* pelo contrário, ao invés disso. *prep* antes de. *conj* antes, senão.
an.zia.no [ants'jano] *sm+adj* ancião, idoso.
an.zia.not.to [antsjan'ɔtto] *sm+adj* velhote, velhinho.
an.zi.ché [antsik'e] *conj* ao invés de, em lugar de, antes que, mais que.
an.zi.det.to [antsid'etto] *adj* referido, dito antes, acima mencionado, predito.
an.zi.tem.po [antsit'empo] *adv* antecipadamente, antes da hora.
an.zi.tut.to [antsit'utto] *adv* antes de tudo, antes de mais nada, em primeiro lugar, principalmente.
a.o.ri.sto [aor'isto] *sm Gram.* aoristo.
a.or.ta [a'ɔrta] *sf Anat.* aorta.
a.pa.ti.a [apat'ia] *sf tb Fig.* apatia, inércia.
a.pa.ti.co [ap'atiko] *adj* apático, desmotivado, passivo, indiferente.
a.pe ['ape] *sf* abelha.
a.pe.rien.te [aper'jente] *adj Med.* aperiente.
a.pe.ri.ti.vo [aperit'ivo] *sm* aperitivo.
a.per.to [ap'erto] *part+adj* aberto. *tb Fig.* amplo, vasto; cordial, franco (caráter); vivaz; alto, profundo (mar). **all'** ≃ ao ar livre.
a.per.tu.ra [apert'ura] *sf* abertura; grandeza (alma); agilidade (mente); prelúdio (música). *tb Fig.* início, inauguração; brecha, entrada.
a.pia.rio [ap'jarjo] *sm* colméia.

a.pi.ce ['apitʃe] *sm* ápice, apogeu.
a.pi.cul.to.re [apikult'ore] *sm* apicultor.
a.po.ca.lis.se [apokal'isse] *sm* Apocalipse. *Fig.* desgraça, catástrofe.
a.po.ca.lit.ti.co [apokal'ittiko] *adj* apocalíptico. *Fig.* catastrófico, desastroso.
a.po.co.pe [ap'ɔkope] *sf Gram.* apócope.
a.po.cri.fo [ap'ɔkrifo] *adj* apócrifo, falso.
a.po.ge.o [apodʒ'ɛo] *sm* apogeu. *Fig.* ápice, máximo.
a.po.li.ti.co [apol'itiko] *adj* apolítico.
a.po.lo.gi.a [apolodʒ'ia] *sf* apologia, defesa, elogio.
a.po.lo.gi.sta [apolodʒ'ista] *s* apologista, defensor.
a.po.lo.giz.za.re [apolodʒiddz'are] *vi* fazer apologia, defender.
a.po.ples.si.a [apopless'ia] *sf Med.* apoplexia.
a.po.plet.ti.co [apopl'ettiko] *adj* apoplético.
a.po.sta.si.a [apostaz'ia] *sf* apostasia, deserção.
a.po.sta.ta [ap'ɔstata] *s+adj* apóstata, infiel, traidor.
a.po.sto.la.to [apostol'ato] *sm* apostolado.
a.po.sto.li.co [apost'ɔliko] *adj* apostólico.
a.po.sto.lo [ap'ɔstolo] *sm* apóstolo, defensor, missionário. *Fig.* seguidor, fiel.
a.po.stro.fa.re [apostrof'are] *vt* apostrofar; agredir, atacar (verbalmente).
a.po.stro.fe [ap'ɔstrofe] *sf* apóstrofe, ataque verbal, crítica.
a.po.stro.fo [ap'ɔstrofo] *sm Gram.* apóstrofo.
a.po.te.o.si [apote'ozi] *sf* apoteose. *Fig.* celebração, exaltação; glória, triunfo.
ap.pac.chet.ta.re [appakkett'are] *vt* empacotar.
ap.pa.cia.re [appatʃ'are] *vt* pacificar, apaziguar.
ap.pa.ga.men.to [appagam'ento] *sm* satisfação, contentamento.
ap.pa.ga.re [appag'are] *vt* satisfazer, contentar.
ap.pa.ia.re [appa'jare] *vt* emparelhar; acompanhar, juntar, acoplar.
ap.pal.lot.to.la.re [appallottol'are] *vt* coagular, formar grumos em. *vpr* coagular-se.
ap.pal.ta.re [appalt'are] *vt* empreitar.
ap.pal.ta.to.re [appaltat'ore] *sm* empreiteiro.
ap.pal.to [app'alto] *sm* empreitada.
ap.pan.nag.gio [appann'addʒo] *sm* atributo; propriedade. *Fig.* privilégio, prerrogativa.
ap.pan.na.re [appann'are] *vt* cobrir com panos. *Fig.* embaçar, ofuscar; obscurecer.
ap.pa.ra.to [appar'ato] *sm* equipamento, aparato, dispositivo. *Fig.* enfeite, adorno.
ap.pa.rec.chia.men.to [apparekkjam'ento] *sm* aparelho, mecanismo.

ap.pa.rec.chia.re [apparekk'jare] *vt* aparelhar; preparar, aprontar. *vi* pôr a mesa. *vpr* aparelhar-se; preparar-se.

ap.pa.rec.chio [appar'ekkjo] *sm* aparelho, dispositivo, engenho; avião. ≃ **radio** aparelho de rádio. ≃ **televisivo**, aparelho de televisão.

ap.pa.reg.gia.re [appareddʒ'are] *vt* emparelhar, igualar; comparar.

ap.pa.ren.ta.re [apparent'are] *vt Fig.* aparentar, parecer; comparar. *vpr* aparentar-se.

ap.pa.ren.te [appar'ente] *adj tb Fig.* aparente, exterior, superficial, ilusório.

ap.pa.ren.za [appar'entsa] *sf* aparência, aspecto, imagem, figura, semblante.

ap.pa.ri.re [appar'ire] *vi* aparecer; apresentar-se, mostrar-se, manifestar-se; parecer.

ap.pa.ri.scen.te [appariʃ'ente] *adj* aparente, claro, evidente; vistoso, pomposo, pretensioso.

ap.pa.ri.scen.za [appariʃ'entsa] *sf* boa presença, boa aparência.

ap.pa.ri.zio.ne [apparits'jone] *sf* aparição; aparecimento, nascimento; espectro, fantasma.

ap.par.so [app'arso] *part* aparecido.

ap.par.ta.men.to [appartam'ento] *sm* apartamento. *Fig.* casa, abrigo.

ap.par.ta.re [appart'are] *vt* apartar, separar; segregar, isolar. *vpr* afastar-se, isolar-se.

ap.par.te.nen.za [apparten'entsa] *sf* atribuição, competência.

ap.par.te.ne.re [apparten'ere] *vi* pertencer, ser de; competir, tocar, caber (obrigações). **non mi appartiene** não cabe a mim. *Pop.* não é da minha conta.

ap.pas.sio.na.men.to [appassjonam'ento] *sm* paixão, encanto; interesse.

ap.pas.sio.na.re [appassjon'are] *vt tb Fig.* apaixonar, encantar, enamorar; comover, interessar. *vpr* apaixonar-se, interessar-se.

ap.pas.sio.na.to [appassjon'ato] *adj* apaixonado; aflito, triste.

ap.pas.si.re [appass'ire] *vi* + *vpr* murchar, morrer (flor). *Fig.* declinar; decair.

ap.pas.si.to [appass'ito] *part* + *adj* murcho.

ap.pel.la.re [appell'are] *vt* chamar. *vpr Dir.* apelar, fazer um apelo, recorrer.

ap.pel.la.ti.vo [appellat'ivo] *sm* nome, denominação, sobrenome. *adj* apelativo.

ap.pel.la.zio.ne [appellats'jone] *sf* denominação. *Dir.* apelação.

ap.pel.lo [app'ello] *sm* apelo; chamado; chamada (escolar). *tb Fig.* invocação. *Dir.* instância, apelação. **fare** ≃ **a** apelar para. **corte di** ≃ *Dir.* corte de apelação.

ap.pe.na [app'ena] *adv* com dificuldade, penosamente; sozinho; um pouquinho, só um pouco; agora mesmo, há pouco tempo. *conj* logo depois, assim que; imediatamente, instantaneamente. **sono** ≃ **arrivato** acabei de chegar.

ap.pen.de.re [app'endere] *vt* pendurar, suspender.

ap.pen.di.ce [append'itʃe] *sf* apêndice. *Fig.* suplemento, atualização.

ap.pen.di.ci.te [appenditʃ'ite] *sf Med.* apendicite.

ap.pen.di.zie [append'itsie] *sf pl* vantagens.

ap.pen.ni.ni.co [appenn'inico] *adj Geogr.* apenínico.

ap.pen.sa.re [appens'are] *vi* premeditar.

ap.pe.san.ti.re [appezant'ire] *vt tb Fig.* carregar, sobrecarregar.

ap.pe.so [app'ezo] *part* pendurado, suspenso.

ap.pe.sta.re [appest'are] *vt* contaminar, envenenar, infectar. *Fig.* corromper, apodrecer.

ap.pe.ten.za [appet'entsa] *sf* desejo, apetite.

ap.pe.ti.bi.le [appet'ibile] *adj* atraente, desejável.

ap.pe.ti.re [appet'ire] *vt* desejar, ambicionar, sonhar com, aspirar a.

ap.pe.ti.to [appet'ito] *sm* apetite, fome. *Fig.* desejo, vontade; inclinação, impulso.

ap.pe.ti.to.so [appetit'ozo] *adj* apetitoso, gostoso. *Fig.* atraente, desejável, convidativo.

ap.pet.to [app'etto] *adv* + *prep* em comparação, em face, defronte.

ap.pez.za.men.to [appettsam'ento] *sm* lote de terreno.

ap.pez.za.re [appetts'are] *vt* despedaçar; juntar pedaços ou retalhos.

ap.pia.na.re [appjan'are] *vt* aplanar, nivelar. *Fig.* resolver, dirimir.

ap.pia.na.to.ia [appjanat'oja] *sf* colher de pedreiro.

ap.pia.stra.re [appjastr'are] ou **ap.pia.stric.cia.re** [appjastrittʃ'are] *vt* emplastrar, emplastar.

ap.piat.ta.men.to [appjattam'ento] *sm* escondimento.

ap.piat.ta.re [appjatt'are] *vt* esconder, encobrir.

ap.piat.ti.re [appjatt'ire] *vt* achatar, nivelar.

ap.pic.ca.re [appikk'are] *vt* pendurar, suspender; enforcar; começar, empreender. *vpr* dependurar-se, suspender-se; enforcar-se.

ap.pic.ci.ca.re [appittʃik'are] *vt* colar, pregar. *Fig.* atribuir, imputar.

ap.pic.ci.co.so [appittʃik'ozo] ou **ap.pic.ci.ca.tic.cio** [appittʃikat'ittʃo] *adj* pegajoso, adesivo. *Fig.* entediante, tedioso; enganador.

ap.pic.cio.li.re [appittʃol'ire] *vt* diminuir, reduzir, minimizar.

ap.piè [app'jɛ] ou **ap.pie.de** [app'jɛde] *adv* debaixo, no fim. *prep* ao pé de, embaixo de.

ap.pie.no [app'jeno] *adv* realmente, absolutamente, totalmente, completamente.

ap.pi.gio.na.men.to [appidʒonam'ento] *sm* aluguel, locação.

ap.pi.gio.na.re [appidʒon'are] *vt* alugar.

ap.pin.za.tu.ra [appintsat'ura] *sf* picada (de inseto).

ap.pio ['appjo] *sm Bot.* aipo.

ap.piom.bo [app'jombo] *sm* prumo, aprumo. *adv* a prumo, perpendicularmente.

ap.pi.so.lar.si [appizol'arsi] *vpr* cochilar.

ap.plau.di.re [applawd'ire] *vt* aplaudir. *tb Fig.* aprovar, aclamar, elogiar, ovacionar, louvar.

ap.plau.so [appl'awzo] *sm tb Fig.* aplauso; aprovação, aclamação, ovação.

ap.pli.ca.re [applik'are] *vt* aplicar, pregar, colar. *Fig.* adaptar; referir-se; empregar, utilizar. *vpr* dedicar-se, empenhar-se.

ap.pli.ca.zio.ne [applikats'jone] *sf* aplicação. *Fig.* atenção, empenho, concentração; ornamento, decoração.

ap.po ['appo] *prep* perto, junto; depois.

ap.pog.gia.re [appoddʒ'are] *vt* apoiar, encostar; colocar. *Fig.* auxiliar, ajudar, sustentar, favorecer. *vpr* basear-se, fundamentar-se.

ap.pog.gia.to.io [appoddʒat'ojo] *sm* apoio, encosto, amparo.

ap.pog.gia.tu.ra [appoddʒat'ura] *sf* apoio. *Mús.* apojatura.

ap.pog.gio [app'ɔddʒo] *sm* apoio, base, sustentação. *Fig.* ajuda, favor, suporte.

ap.pol.la.iar.si [appolla'jarsi] *vpr* empoleirar-se. *Fig.* agarrar-se; trepar, subir.

ap.por.re [app'ore] *vt* acrer, pôr; acrescentar.

ap.por.ta.re [apport'are] *vt* trazer; levar, conduzir.

ap.por.to [app'ɔrto] *sm* contribuição, ajuda.

ap.po.si.ta.men.te [appozitam'ente] *adv* de propósito, propositalmente.

ap.po.si.ti.vo [appozit'ivo] ou **ap.po.si.ti.zio** [appozit'itsjo] *adj* postiço, não natural, falso.

ap.po.si.to [app'ɔzito] *adj* oportuno, apropriado, conveniente.

ap.po.sta [app'ɔsta] *adv* de propósito, deliberadamente, intencionalmente. **fatto** ≃ *adj* proposital.

ap.po.sta.men.to [appostam'ento] *sm tb Fig.* armadilha, emboscada, cilada.

ap.po.sta.re [appost'are] *vt* emboscar, preparar cilada. *vpr* esconder-se, camuflar-se.

ap.poz.za.re [appotts'are] *vt* empoçar; mergulhar em poça.

ap.pren.de.re [appr'endere] *vt* apreender, compreender; vir a saber; conhecer; aprender.

ap.pren.di.men.to [apprendim'ento] *sm* aprendizado, aprendizagem; conhecimento.

ap.pren.di.sta [apprend'ista] ou **ap.pren.den.te** [apprend'ente] *s* aluno, aprendiz.

ap.pren.sio.ne [apprens'jone] *sf* apreensão, agitação, ansiedade, preocupação, receio.

ap.pren.si.vo [apprens'ivo] *adj* apreensivo, preocupado; ansioso; agitado; receoso.

ap.pre.sen.ta.re [apprezent'are] *vt* apresentar, mostrar; presentear, oferecer.

ap.pres.sa.men.to [appressam'ento] *sm* aproximação.

ap.pres.sa.re [appress'are] *vt* aproximar, encostar. *vi+vpr* aproximar-se, avizinhar-se.

ap.pres.so [appr'esso] *adv* em seguida, depois. *prep* junto de; ao lado de, próximo a, atrás.

ap.pre.sta.re [apprest'are] *vt* preparar, aprontar. *vpr* estar prestes a, preparar-se para.

ap.prez.za.bi.le [appretts'abile] *adj* apreciável, admirável, respeitável, notável, louvável.

ap.prez.za.men.to [apprettsam'ento] *sm tb Fig.* apreciação, opinião, ponto de vista.

ap.prez.za.re [appretts'are] *vt* apreciar, estimar. *Fig.* amar, gostar de.

ap.proc.cia.re [approttʃ'are] *vi+vpr* aproximar-se.

ap.proc.cio [appr'ɔttʃo] *sm* aproximação; oferta, proposta.

ap.pro.da.re [approd'are] *vi tb Fig.* aproar, ancorar, atracar, chegar.

ap.pro.do [appr'ɔdo] *sm Náut.* atracadouro, ancoradouro, cala, porto.

ap.pro.fit.ta.re [approfitt'are] *vi* aproveitar, valer-se, levar vantagem, desfrutar.

ap.pro.fon.di.men.to [approfondim'ento] ou **ap.pro.fon.da.men.to** [approfondam'ento] *sm* aprofundamento, investigação.

ap.pro.fon.dire [approfond'ire] ou **ap.pro.fon.da.re** [approfond'are] *vt* aprofundar; acentuar. *vpr* aprofundar-se. *Fig.* estudar a fundo.

ap.pron.ta.re [appront'are] *vt* aprontar, preparar, predispor.

ap.pro.pria.re [appropr'jare] *vt* adaptar, apropriar, acomodar. *vpr* apropriar-se, tomar posse, pegar para si; adquirir, conquistar.

ap.pro.pria.to [appropr'jato] *part + adj* apropriado, adequado, conveniente.

ap.pros.si.ma.re [approssim'are] *vt* aproximar, encostar, chegar perto. *vpr* aproximar-se.

ap.pro.va.re [approv'are] *vt* aprovar, aceitar, consentir, admitir; admirar, elogiar.

ap.pro.vi.gio.na.men.to [approvidʒonam'ento] *sm tb Fig.* abastecimento; provisões.

ap.pro.vi.gio.na.re [approvidʒon'are] *vt tb Fig.* abastecer, prover, guarnecer, equipar.

ap.pun.ta.men.to [appuntam'ento] *sm* encontro, hora marcada; conversa; reunião.

ap.pun.ta.re [appunt'are] *vt* determinar, assinalar, marcar; repreender, criticar; anotar; aguçar. *vpr* parar, deter-se; ligar-se, apegar-se; chegar a um acordo. ≃ **gli occhi** fitar, observar. ≃ **alcuno di** acusar alguém de.

ap.pun.ta.to [appunt'ato] *part + adj* aguçado, pontudo.

ap.pun.ta.tu.ra [appunta'ura] *sf* apontamento; anotação; crítica, repreensão, advertência.

ap.pun.ti.no [appunt'ino] *adv* exatamente, precisamente.

ap.pun.to [app'unto] *sm* nota, lembrete, anotação. *Fig.* crítica, censura. *adv* exatamente, precisamente; de fato; mesmo. ≃! isso!

ap.pu.ra.re [appur'are] *vt* apurar, esclarecer, verificar; purificar.

ap.puz.za.re [apputts'are] *vt* empestar, feder.

a.pri.le [apr'ile] *sm* abril.

a.prio.ri.sti.co [aprjor'istiko] *adj* abstrato, hipotético, suposto.

a.pri.re [apr'ire] *vt* abrir; rachar, fender; alargar, ampliar (abertura); dar início. ≃ **a forza** rasgar, escancarar, romper. ≃ **una bottiglia** destampar uma garrafa. ≃ **la casa** recepcionar. ≃ **il cuore a** abrir o coração para. *vpr* abrir-se, dividir-se, separar-se; alargar-se, expandir-se; desabrochar (flor).

aquario → **acquario.**

aquatico → **acquatico.**

a.qui.la ['akwila] *sf* águia. *Fig.* gênio.

a.qui.li.no [akwil'ino] *adj* aquilino, adunco (nariz).

a.qui.lo.ne [akwil'one] *sm* papagaio, pipa (brinquedo).

a.ra ['ara] *sf tb Fig.* altar.

a.ra.be.sco [arab'esko] *sm* arabesco. *Fig.* rabisco.

a.ra.bi.co [ar'abiko] *adj* arábico. **scritto** ≃ letra difícil de se ler. *Pop.* letra de médico.

a.ra.bo ['arabo] *sm + adj* árabe. *Fig.* incompreensível, indecifrável. **è** ≃ **per me!** isso é grego para mim!

a.ra.chi.de [ar'akide] *sf Bot.* amendoim.

a.rac.ni.di [ar'aknidi] *sm pl Zool.* aracnídeos.

a.ra.go.sta [arag'osta] *sf* lagosta.

a.ral.di.ca [ar'aldika] *sf* heráldica.

a.ral.do [ar'aldo] *sm* arauto. *Fig.* porta-voz, embaixador, enviado.

a.ran.ce.to [arant∫'eto] *sm* laranjal.

a.ran.cia [ar'ant∫a] *sf* laranja.

a.ran.cia.ta [arant∫'ata] *sf* laranjada.

a.ran.cia.to [arant∫'ato] *adj* alaranjado.

a.ran.cio [ar'ant∫o] *sm* laranjeira.

a.ran.cio.ne [arant∫'one] *s + adj* cor de laranja.

a.ra.re [ar'are] *vt* arar. *Fig.* cultivar; sulcar.

a.ra.to.re [arat'ore] *sm + adj* lavrador, arador.

a.ra.tro [ar'atro] *sm* arado.

a.ra.tu.ra [arat'ura] *sf* aração, trabalho com o arado.

a.raz.ze.ri.a [arattser'ia] *sf* tapeçaria (loja).

a.raz.zie.re [aratts'jere] *sm* tapeceiro.

a.raz.zo [ar'attso] *sm* tapete, peça de tapeçaria.

ar.bi.tra.re [arbitr'are] *vt* arbitrar. *tb Fig.* decidir, julgar.

ar.bi.tra.rio [arbitr'arjo] *adj* arbitrário. *tb Fig.* abusivo, injusto, parcial.

ar.bi.trio [arb'itrjo] *sm* arbítrio, decisão, julgamento; capricho, desejo.

ar.bi.tro [ar'bitro] *sm* árbitro, juiz.

ar.bo.re.o [arb'ɔreo] *adj* arbóreo.

ar.bo.re.to [arbor'eto] *sm* arvoredo.

ar.bu.sto [arb'usto] *sm* arbusto.

ar.ca ['arka] *sf* arca, cofre; tumba, cripta.

ar.cai.co [ark'ajko] *adj* arcaico, antigo, primitivo. *tb Fig.* antiquado, obsoleto.

ar.ca.i.smo [arka'izmo] *sm Gram.* arcaísmo.

ar.can.ge.lo [ark'andʒelo] *sm* arcanjo.

ar.ca.no [ark'ano] *sm* arcano, mistério, segredo. *adj* arcano, oculto, misterioso.

ar.ca.ta [ark'ata] *sf* arcada, arco.

ar.ca.to [ark'ato] *adj* arqueado, encurvado.

ar.ca.tu.ra [arkat'ura] *sf* curvatura, arcadura.

ar.ca.vo.lo [ark'avolo] *sm* trisavô. ≃ **a** *sf* trisavó.

ar.cheg.gia.re [arkeddʒ'are] *vt* arquear, curvar; tocar instrumentos de corda com arco.

ar.che.o.lo.gi.a [arkeolodʒ'ia] *sf* arqueologia.

ar.che.o.lo.go [arke'ɔlogo] *sm* arqueólogo.

ar.che.ti.po [ark'etipo] *sm* arquétipo, modelo.

ar.chet.to [ark'etto] *sm dim Mús.* arco.

ar.chi.bu.gio [arkib'udʒo] *sm Mil.* arcabuz.

ar.chi.pen.zo.lo [arkip'endzolo] *sm* prumo.

ar.chi.tet.ta.re [arkitett'are] *vt* arquitetar. *Fig.* fantasiar, imaginar; tramar, tecer intrigas.

ar.chi.tet.to [arkit'etto] *sm* arquiteto. *Fig.* criador, idealizador.

ar.chi.tet.tu.ra [arkitett'ura] *sf* arquitetura, estrutura. *Fig.* construção, edifício.

ar.chi.tra.ve [arkitr'ave] *sf Arquit.* arquitrave.

ar.chi.via.re [arkiv'jare] *vt* arquivar. *Fig.* esquecer.

ar.chi.vio [ark'ivjo] *sm tb Inform.* arquivo.

ar.chi.vi.sta [arkiv'ista] *s* arquivista.

ar.ci.be.a.to [artʃibe'ato] *adj* felizardo.

ar.ci.dia.co.no [artʃid'jakono] *sm Rel.* arcediago.

ar.ci.dio.ce.si [artʃidjotʃ'ezi] *sf Rel.* arquidiocese.

ar.ci.du.ca [artʃid'uka] *sm* arquiduque.

ar.ci.du.ches.sa [artʃiduk'essa] *sf* arquiduquesa.

ar.ci.gno [artʃ'iño] *adj* carrancudo, de cara fechada, severo.

ar.ci.pe.la.go [artʃip'ɛlago] *sm Geogr.* arquipélago.

ar.ci.pre.te [artʃipr'ete] *sm Rel.* arcipreste.

ar.ci.ve.sco.va.to [artʃiveskov'ato] *sm Rel.* arcebispado.

ar.ci.ve.sco.vi.le [artʃiveskov'ile] *adj Rel.* arcebispal, arquiepiscopal.

ar.ci.ve.sco.vo [artʃiv'eskovo] *sm* arcebispo.

ar.co ['arko] *sm* arco, curva, curvatura; arcada. ≃ **celeste** arco-íris.

ar.co.ba.le.no [arkobal'eno] *sm* arco-íris.

ar.cu.a.re [arku'are] *vt* arquear, curvar.

ar.cu.a.to [arku'ato] *part+adj* arqueado, curvado.

ar.den.te [ard'ente] *adj* ardente, ardoroso; apaixonado, fervoroso; febril; avermelhado (rosto).

ar.den.za [ard'entsa] *sf* ardência, ardor.

ar.de.re ['ardere] *vt+vi* arder, queimar.

ar.de.sia [ard'ezja] *sf Min.* ardósia.

ar.di.men.to [ardim'ento] *sm* audácia, coragem.

ar.di.men.to.so [ardiment'ozo] *adj* audaz, corajoso, temerário.

ar.di.re [ard'ire] *sm* ousadia, audácia, heroísmo; insolência, impertinência. *vi* ousar, atrever-se, arriscar-se.

ar.di.tez.za [ardit'ettsa] *sf* audácia, ousadia, atrevimento.

ar.di.to [ard'ito] *adj* audaz, ousado, corajoso; atrevido.

ar.do.re [ard'ore] *sm* ardor. *Fig.* fervor, fé, entusiasmo; ímpeto, violência.

ar.duo ['ardwo] *adj* árduo, difícil.

a.re.a ['area] *sf* área, superfície. *Fig.* região.

a.rem ou **ha.rem** ['arem] *sm* harém.

a.re.na [ar'ena] *sf* areia; arena. *Esp.* campo, estádio.

a.re.na.re [aren'are] *vt* encalhar. *vpr* encalhar; embaraçar-se.

a.re.ni.le [aren'ile] *sm* areal, praia, litoral.

a.re.no.so [aren'ozo] *adj* arenoso, areento.

ar.gen.ta.re [ardʒent'are] *vt* pratear, folhear com prata.

ar.gen.te.ri.a [ardʒenter'ia] *sf* argentaria, guarnição ou baixela de prata.

ar.gen.tie.ra [ardʒent'jera] *sf* mina de prata.

ar.gen.ti.no [ardʒent'ino] *sm+adj* argentino. *adj* prateado. *Fig.* claro, cristalino.

ar.gen.to [ardʒ'ento] *sm Min.* prata; argentaria; moeda de prata. *Fig.* dinheiro; cabelos grisalhos. ≃ **vivo** mercúrio.

ar.gil.la [ardʒ'illa] *sf* argila, barro.

ar.gil.lo.so [ardʒill'ozo] *adj* argiloso, argiláceo.

ar.gi.na.re [ardʒin'are] *vt* fazer dique. *Fig.* fechar, circunscrever; bloquear, impedir.

ar.gi.ne ['ardʒine] *sm* dique, barreira. *Fig.* obstáculo.

ar.go.men.ta.re [argoment'are] *vi* argumentar, discutir; concluir. *vpr* preparar-se; esforçar-se.

ar.go.men.to [argom'ento] *sm* argumento, assunto, tema. *Fig.* justificativa, desculpa, pretexto. **toccare un** ≃ tocar num assunto.

ar.gu.i.re [argu'ire] *vt* concluir, deduzir.

ar.gu.tez.za [argut'ettsa] *sf* sutileza, inteligência.

ar.gu.to [arg'uto] *adj tb Fig.* engenhoso, brilhante; malicioso.

ar.gu.zia [arg'utsja] *sf* inteligência, sutileza; chiste, gracejo. *Pop.* gracinha.

a.ria ['arja] *sf* ar; espaço, céu; aspecto, comportamento. *tb Fig.* atmosfera. *Mús.* ária. *Fam.* gases. ≃ **condizionata** ar condicionado. **buttare tutto all'** ≃ atirar tudo pelos ares. **darsi delle** ≃ e dar-se ares, demonstrar orgulho. **andare per** ≃ andar distraído.

a.ri.di.tà [aridit'a] ou **a.ri.dez.za** [arid'ettsa] *sf* aridez, secura. *Fig.* pobreza; esterilidade.

a.ri.do ['arido] *adj* árido, seco (clima); desolado, triste (paisagem); frio, insensível (pessoa); improdutivo, estéril (solo).

a.rieg.gia.re [arjeddʒ'are] *vt* arejar, ventilar; imitar, assemelhar-se.

a.rie.te [ar'iete] *sm Zool.* carneiro. *Mil.* aríete. **A** ≃ *Astron.* e *Astrol.* Áries.

a.rin.ga [ar'inga] *sf* arenque.

a.rio.so [ar'jozo] *adj* arejado, ventilado.

a.ri.sta [ar'ista] *sf* lombo de porco.

a.ri.sto.cra.ti.co [aristokr'atiko] *sm* aristocrata. *adj* aristocrático, nobre.

a.ri.sto.cra.zi.a [aristokrats'ia] *sf* aristocracia, nobreza.

a.ri.sto.te.li.co [aristot′eliko] *adj* aristotélico.

a.rit.me.ti.ca [aritm′etika] *sf* aritmética.

ar.lec.chi.na.ta [arlekkin′ata] *sf* arlequinada, farsa, palhaçada.

ar.lec.chi.no [arlekk′ino] *sm* arlequim. *Fig.* homem sem dignidade e firmeza.

ar.ma [′arma] *sf* (*pl* **armi**) arma; utensílio, instrumento. ≃ **bianca** arma branca, espada. ≃ **da fuoco** arma de fogo. ≃ **subacquea** arma submarina, torpedo. ≃ **i** *pl* armas; arte militar, guerra; exército. **muovere le** ≃**i** guerrear. **prendere le** ≃**i** pegar em armas, **deporre le** ≃**i** cessar as hostilidades. **stare sotto le** ≃**i** prestar serviço militar. **seguire la carriera delle** ≃**i** seguir carreira militar.

ar.ma.col.lo [armak′ɔllo] *adv* na expressão **ad** ≃ a tiracolo.

ar.ma.dil.lo [armad′illo] *sm* tatu.

ar.ma.dio [arm′adjo] *sm* armário.

ar.ma.men.ta.rio [armament′arjo] *sm* instrumental, conjunto de instrumentos cirúrgicos.

ar.ma.re [arm′are] *vt* armar, militarizar. *vpr* armar-se; preparar-se, aprontar-se.

ar.ma.ta [arm′ata] *sf* armada, exército. ≃ **di terra** exército. ≃ **di mare** marinha, frota.

ar.ma.to [arm′ato] *part* + *adj* armado, munido. **a mano** ≃**a** à mão armada.

ar.ma.to.re [armat′ore] *sm* armador.

ar.ma.tu.ra [armat′ura] *sf Mil.* armadura. *Arquit.* armação, esqueleto. *Fig.* revestimento, cobertura.

ar.meg.gia.men.to [armeddʒam′ento] *sm* torneio, justa, duelo.

ar.meg.gia.re [armeddʒ′are] *vi* lutar, brigar; manejar, manobrar.

ar.meg.gio [arm′eddʒo] *sm* armamento.

ar.mel.li.no [armell′ino] *sm Zool.* arminho.

ar.men.to [arm′ento] *sm* gado.

ar.mi.sti.zio [armist′itsjo] *sm tb Fig.* armistício, trégua.

ar.mo.ni.a [armon′ia] *sf* harmonia. *Fig.* coerência, equilíbrio, simetria; amizade, acordo.

ar.mo.ni.ca [arm′ɔnika] *sf Mús.* harmônica. ≃ **a bocca** gaita-de-boca.

ar.mo.ni.co [arm′ɔniko] *adj* harmônico, harmonioso.

ar.mo.nio.so [armon′jozo] *adj* harmonioso, equilibrado.

ar.mo.niz.za.re [armoniddz′are] *vt* harmonizar. *vi Fig.* concordar; unir-se, casar-se.

ar.ne.se [arn′eze] *sm* utensílio, instrumento, ferramenta. *Fig.* aparelho, mecanismo, dispositivo. *Irôn.* sujeito, tipo, indivíduo.

ar.nia [′arnja] *sf* colméia.

ar.ni.ca [′arnika] *sf Bot.* arnica.

ar.nio.ne [arn′jone] *sm* rim (de animais).

a.ro.ma [ar′ɔma] *sm* aroma, fragrância, perfume. ≃**i** *pl* especiarias.

a.ro.ma.ti.co [arom′atiko] *adj* aromático, perfumado.

a.ro.ma.tiz.za.re [aromatiddz′are] *vt* aromatizar, perfumar.

ar.pa [′arpa] *sf Mús.* harpa.

ar.peg.gia.re [arpeddʒ′are] *vt* + *vi Mús.* arpejar.

ar.peg.gio [arp′eddʒo] *sm Mús.* arpejo.

ar.pi.a [arp′ia] *sf Mit.* harpia. *Fig.* bruxa.

ar.ra [′ařa] *sf* penhor, garantia, sinal.

ar.ra.bat.tar.si [ařabatt′arsi] *vpr* esforçar-se, cansar-se, afadigar-se.

ar.rab.bia.re [ařabb′jare] *vi* + *vpr* enraivecer, enfurecer-se, irritar-se.

ar.rab.bia.to [ařabb′jato] *part* + *adj* enfurecido, furioso, irritado; hidrófobo, raivoso (animal).

ar.raf.fa.re [ařaff′are] *vt* apropriar-se, tomar. *tb Fig.* furtar, afanar.

ar.ram.pi.car.si [ařampik′arsi] *vpr* trepar, escalar, subir.

ar.ran.ca.re [ařank′are] *vi* mancar, coxear. *Fig.* apressar-se, angustiar-se, cansar-se.

ar.ran.gia.men.to [ařandʒam′ento] *sm* acordo, pacto; acomodação. *Mús.* arranjo.

ar.ran.gia.re [ařandʒ′are] *vt* arranjar, acomodar. *vpr* arranjar-se; concordar, chegar a um acordo. *tb Fig.* adaptar-se. *Pop.* virar-se.

ar.ran.to.la.to [ařantol′ato] *adj* agonizante.

ar.re.ca.re [ařek′are] *vt* levar, carregar. *Fig.* causar, provocar.

ar.re.da.men.to [aředam′ento] *sm Pop.* móveis, mobília.

ar.re.da.re [ařed′are] *vt* mobiliar; equipar.

ar.re.do [ař′edo] *sm* enfeite, adorno; móvel.

ar.ren.der.si [ař′endersi] *vpr* render-se, entregar-se, capitular.

ar.ren.de.vo.le [ařend′evole] *adj* condescendente, maleável.

ar.ren.de.vo.lez.za [ařendevol′ettsa] *sf* condescendência, maleabilidade.

ar.re.sta.re [ařest′are] *vt* deter, impedir; bloquear, interceptar. *Fig.* prender, capturar.

ar.re.sto [ař′esto] ou **ar.re.sta.men.to** [ařestam′ento] *sm* prisão, captura; detenção.

ar.re.ta.re [ařet′are] *vt* enredar, prender com rede.

ar.re.tra.re [ařetr′are] *vi* recuar, retroceder.

ar.re.tra.to [ařetr′ato] *part* + *adj* atrasado; antiquado, obsoleto; vencido (dívidas).

ar.ri [′aři] *interj* eia! (incentivando animais).

ar.ric.chi.men.to [ařikkim'ento] *sm* enriquecimento.

ar.ric.chi.re [ařikk'ire] *vt* enriquecer. *tb Fig.* acrescentar; embelezar; melhorar.

ar.ric.cia.re [ařitt∫'are] *vt* encrespar, encaracolar, ondular. ≃ **il naso** torcer o nariz.

ar.ric.cio.la.re [ařitt∫ol'are] *vt* encaracolar, enrolar.

ar.ri.de.re [ař'idere] *vi* sorrir; ajudar, favorecer.

ar.ri.schia.re [ařisk'jare] *vt* arriscar, ousar.

ar.ri.schia.to [ařisk'jato] *part + adj* arriscado, perigoso; destemido, corajoso.

ar.ri.va.re [ařiv'are] *vt + vi* chegar; aportar, atracar (navio). *Fig.* alcançar, conseguir; igualar, equiparar; bastar; aproximar-se (temporal).

ar.ri.va.ta [ařiv'ata] *sf* chegada.

ar.ri.ve.der.ci [ařived'ert∫i] *interj* até a vista! até logo! até a próxima!

ar.ri.vi.sta [ařiv'ista] *s* carreirista, ambicioso.

ar.ri.vo [ař'ivo] *sm* chegada; destino, local de chegada; carregamento (que chega).

ar.ro.chi.re [ařok'ire] *vt + vi* enrouquecer.

ar.ro.gan.te [ařog'ante] *adj* arrogante, presunçoso.

ar.ro.gan.za [ařog'antsa] *sf* arrogância, presunção, insolência.

ar.ro.ga.re [ařog'are] *vt Dir.* adotar (criança). *vpr* apropriar-se de; reivindicar.

ar.ron.ci.glia.re [ařont∫iλ'are] *vt* enganchar; enrolar-se sobre si mesma (cobra).

ar.ros.sa.re [ařoss'are] *vt* avermelhar, arroxear.

ar.ros.si.re [ařoss'ire] *vi* corar, ficar vermelho, enrubescer. *Fig.* envergonhar-se.

ar.ros.si.men.to [ařossim'ento] *sm* enrubescimento. *Fig.* vergonha.

ar.ro.sti.re [ařost'ire] *vt* assar, tostar.

ar.ro.sto [ař'ɔsto] *sm* assado. *adv* em assado. **carne** ≃ carne assada. **cuocere** ≃ assar.

ar.ro.ta.re [ařot'are] *vt* afiar, amolar; abalroar, atropelar (veículo); ranger (dentes). *vpr* agitar-se, inquietar-se.

ar.ro.ti.no [ařot'ino] *sm* amolador (de instrumentos cortantes). *Fig.* pessoa interesseira.

ar.ro.to.la.re [ařotol'are] *vt* enrolar; envolver.

ar.ro.ton.da.re [ařotond'are] *vt* arredondar.

ar.ro.vel.la.re [ařovell'are] *vt* enfurecer. *vpr* enfurecer-se, angustiar-se, preocupar-se.

ar.ro.ven.ta.re [ařovent'are] *vt* ou **ar.ro.ven.ti.re** [ařovent'ire] *vi + vpr* aquecer, escaldar, arder.

ar.ro.ve.scia.re [ařove∫'are] *vt* virar do avesso; derrubar, fazer cair.

ar.ro.ve.scio [ařov'e∫o] *adv* do avesso, ao contrário, às avessas. **andare** ≃ ir mal.

ar.ruf.fa.po.po.li [ařuffap'ɔpoli] *sm* demagogo.

ar.ruf.fa.re [ařuff'are] *vt* despentear, desgrenhar; confundir, atrapalhar, desordenar.

ar.ruf.fi.o [ařuff'io] *sm* desordem, baderna.

ar.ru.ga.re [ařug'are] *vi* enrugar.

ar.rug.gi.ni.re [ařudʒin'ire] *vt* enferrujar, oxidar. *vi + vpr* enferrujar-se oxidar-se. *Fig.* deteriorar-se.

ar.ruo.la.re [ařwol'are] *vt* recrutar, alistar, chamar às armas. *vpr* alistar-se.

ar.sel.la [ars'ella] *sf Zool.* marisco, mexilhão.

ar.se.na.le [arsen'ale] *sm* arsenal. *Fig.* instrumental, aparelhagem.

ar.se.ni.co [ars'eniko] *sm* arsênico.

ar.so [a'rso] *part + adj* ardido, queimado.

ar.su.ra [ars'ura] *sf* aridez, secura. *Fig.* sede.

ar.te [a'rte] *sf* arte. *Fig.* truque, artifício; trabalho, profissão; habilidade, gênio, maestria; experiência, técnica. ≃ **moderna** arte moderna. **belle** ≃ **i** belas-artes. ≃ **i e mestieri** artes e ofícios. **ad** ≃, **per** ≃ ou **con** ≃ artificiosamente, com habilidade.

ar.te.fat.to [artef'atto] *adj* artificial, falso, falsificado, adulterado.

ar.te.fi.ce [art'efit∫e] *sm* artífice, artista; inventor; mestre.

ar.te.ria [art'erja] *sf Med.* artéria. *Fig.* estrada; percurso; rua.

ar.te.rio.scle.ro.si [arterjoskler'ɔzi] *sf Med.* arteriosclerose.

ar.te.sia.no [artez'jano] *adj* artesiano.

ar.ti.co [a'rtiko] *adj* ártico, boreal, setentrional. *Fig.* gelado (clima).

ar.ti.co.la.re [artikol'are] *vt* articular, pronunciar, dizer. *tb Fig.* fracionar, subdividir.

ar.ti.co.la.to [artikol'ato] *part + adj* articulado, flexível. *Fig.* complexo, elaborado.

ar.ti.co.li.sta [artikol'ista] *s* articulista, jornalista.

ar.ti.co.lo [art'ikolo] *sm* artigo (de jornal, de lei ou mercadoria).

ar.tie.re [art'jere] *sm* operário, trabalhador.

ar.ti.fi.cia.le [artifit∫'ale] ou **ar.ti.fi.zia.le** [artifits'jale] *adj* artificial; falso, falsificado; sintético.

ar.ti.fi.cio [artif'it∫o] ou **ar.ti.fi.zio** [artif'itsjo] *sm* artifício, truque, estratagema.

ar.ti.fi.cio.so [artifit∫'ozo] ou **ar.ti.fi.zio.so** [artifits'jozo] *adj* artificioso, artificial; falso, falsificado.

ar.ti.fi.cie.re [artifit∫'ere] ou **ar.ti.fi.zie.re** [artifits'jere] *sm* fogueteiro.

ar.ti.gia.na.le [artidʒan'ale] *adj* artesanal, manual; caseiro.

ar.ti.gia.no [artidʒ'ano] *sm* artesão.

ar.ti.glie.re [artiλ´ere] *sm Mil.* artilheiro.
ar.ti.glie.ri.a [artiλer´ia] *sf Mil.* artilharia.
ar.ti.glio [art´iλo] *sm* garra, unha.
ar.ti.sta [art´ista] *s* artista. *Fig.* mestre, virtuoso.
ar.ti.sti.co [art´istiko] *adj* artístico.
ar.to [´arto] *sm* o norte. *Med.* junta, articulação; membro articulado. *adj* estreito.
ar.tri.te [artr´ite] *sf Med.* artrite.
ar.zi.go.go.la.re [ardzigogol´are] *vi* divagar, fantasiar; enganar, rodear, usar subterfúgios.
ar.zi.go.go.lo [ardzig´ɔgolo] *sm* rodeio, evasiva, subterfúgio.
ar.zil.lo [arts´illo] *adj* esperto, vivo, vivaz.
ar.zin.ga [arts´inga] *sf* tenaz.
a.sbe.sto [azb´esto] *sm Min.* asbesto.
a.sca.ri.de [ask´aride] *sm* ascáride, ascárida. ≃ **lombricoide** lombriga.
a.scel.la [aʃ´ella] *sf* axila. *Pop.* sovaco.
a.scen.den.te [aʃend´ente] *s* ascendente, antepassado. *Fig.* ascendência, predomínio. *adj* ascendente, que sobe.
a.scen.den.za [aʃend´entsa] *sf* ascendência, progenitores.
a.scen.de.re [aʃ´endere] *vi* ascender, subir, elevar-se; chegar a, atingir (valor, despesa).
a.scen.sio.ne [aʃens´jone] *sf* ascensão, subida. **l'A** ≃ *Rel.* Ascensão de Cristo.
a.scen.so.re [aʃens´ore] *sm* elevador.
a.sce.sa [aʃ´eza] *sf* elevação, ascensão, subida.
a.sces.so [aʃ´esso] *sm Med.* abscesso.
a.sce.ta [aʃ´eta] *sm* asceta, penitente.
a.sce.ti.co [aʃ´etiko] *adj* ascético, devoto.
a.scia [´aʃa] *sf* machado.
a.scia.re [aʃ´are] *vt* desbastar, afinar.
a.scis.sa [aʃ´issa] *sf Mat.* abcissa, abscissa.
a.sci.te [aʃ´ite] *sf Med.* ascite, barriga-d'água.
a.sciu.ga.ma.no [aʃugam´ano] *sm* toalha de mão ou rosto.
a.sciu.ga.re [aʃug´are] *vt* enxugar, secar. *vpr* enxugar-se, secar-se.
a.sciu.ga.to.io [aʃugat´ojo] *sm* pano de prato.
a.sciut.to [aʃ´utto] *adj* enxuto; magro, macilento (pessoas); áspero, duro, seco (tom de voz); sem dinheiro. *Pop.* duro.
a.sciut.to.re [aʃutt´ore] *sm* seca, aridez.
a.scol.ta.re [askolt´are] *vt* + *vi* escutar, ouvir. *Fig.* espionar, espreitar.
a.scol.ta.to.re [askoltat´ore] *sm* ouvinte; espectador.
a.scol.ta.zio.ne [askoltats´jone] *sf Med.* auscultação.
a.scol.to [ask´olto] *sm* escuta. **in** ≃ à escuta.
a.scon.de.re [ask´ondere] *vt* esconder, ocultar.
a.sco.so [ask´ozo] *part* + *adj* escondido, oculto.

a.scrit.to [askr´itto] *part* + *adj* alistado, matriculado.
a.scri.ve.re [askr´ivere] *vt* inscrever, matricular. *vpr* inscrever-se, matricular-se.
a.se.psi.a [aseps´ia] *sf Med.* assepsia.
a.ses.sua.le [asess´wale] *adj* assexual.
a.set.ti.co [as´ettiko] *adj* asséptico, desinfetado, esterilizado.
a.sfal.ta.re [asfalt´are] *vt* asfaltar.
a.sfal.ti.co [asf´altiko] *adj* asfáltico.
a.sfal.to [asf´alto] *sm* asfalto.
a.sfis.si.a [asfiss´ia] *sf Med.* asfixia.
a.sfis.si.a.re [asfissi´are] *vt* asfixiar, sufocar. *Fig.* perturbar, atormentar, molestar.
a.si.a.ti.co [azi´atiko] *sm* + *adj* asiático.
a.si.lo [az´ilo] *sm* asilo, casa de repouso; asilo político; jardim de infância, escola maternal. *Fig.* proteção, refúgio, abrigo.
a.sim.me.tri.a [asimmetr´ia] *sf* assimetria.
a.si.ne.ri.a [aziner´ia] ou **a.si.ni.tà** [azinit´a] *sf* asneira, tolice. *Fig.* grosseria, estupidez.
a.si.no [´azino] *sm* asno, burro. *Fig.* ignorante, burro. **lavare il capo all'** ≃ jogar pérolas aos porcos.
a.sma [´azma] *sf Med.* asma.
a.sma.ti.co [azm´atiko] *adj* asmático. *Fig.* cansado, ofegante.
a.so.la [´azola] *sf* casa (de botão).
a.so.lo [az´olo] *sm* brisa; sopro. *Fig.* divertimento; alívio.
a.spa.ra.go [asp´arago] *sm* aspargo.
a.spe.rar.te.ria [asperart´erja] *sf* traquéia.
a.sper.ge.re [asp´erdʒere] *vt* borrifar, espirrar. *Fig.* regar, polvilhar.
a.spe.ri.tà [asperit´a] *sf* aspereza. *Fig.* rigidez, austeridade; dificuldade, obstáculo.
a.spet.ta.re [aspett´are] *vt* esperar, aguardar; ganhar tempo, adiar.
a.spet.ta.ti.va [aspettat´iva] *sf* expectativa; espera. *Fig.* desejo, esperança, intenção.
a.spet.to [asp´etto] *sm* aspecto, aparência, físico, compleição; espera. **in** ≃ à espera.
a.spi.de [´aspide] *sm* serpente, áspide.
a.spi.ran.te [aspir´ante] *s* + *adj* aspirante, candidato.
a.spi.ra.pol.ve.re [aspirap´olvere] *sm* aspirador de pó.
a.spi.ra.re [aspir´are] *vt* aspirar, inspirar. *vi* aspirar, desejar, ambicionar, cobiçar.
a.spi.ra.zio.ne [aspirats´jone] *sf* aspiração. *Fig.* desejo, sonho, ideal.
a.spi.ri.na [aspir´ina] *sf* aspirina.
a.spor.ta.re [asport´are] *vt* carregar, levar; amputar, cortar; roubar, furtar.

a.spreg.gia.re [aspredd3'are] *vt Lit.* azedar, deixar gosto azedo na boca. *Fig.* tratar com rudeza.

a.sprez.za [aspr'ettsa] *sf* aspereza, acidez. *Fig.* dificuldade, rigor, dureza.

a.spro ['aspro] *adj* áspero, azedo, amargo; rude (caráter); frio, inclemente (tempo); irregular (superfície); acidentado (terreno).

as.sa.et.ta.re [assaett'are] *vi* ser fulminado por um raio. **c'è un caldo che assaetta** faz um calor de rachar. **che tu assaetti!** o raio que te parta!

as.sa.et.ta.to [assaett'ato] *part+adj* usado em composições como: **magro** ≃ extremamente magro.

as.sag.gia.re [assadd3'are] *vt* provar, experimentar, degustar (alimentos).

as.sag.gio [ass'add3o] *sm* degustação. *Fig.* amostra; pedacinho, um pouquinho.

as.sai [ass'aj] *adj* muitos, muitas, muito. *adv* muito; bastante, suficientemente. **mi pare** ≃! não acredito! **a fare** ≃ quando muito.

as.sa.le [ass'ale] *sm* eixo (de automóvel).

as.sa.li.re [assal'ire] *vt* assaltar; atacar, agredir; ocupar, tomar posse. *Fig.* insultar, provocar.

as.sa.li.to.re [assalit'ore] *sm* atacante, agressor.

as.sal.ta.re [assalt'are] *vt* assaltar; tomar de assalto, invadir fortaleza escalando os muros.

as.sal.to [ass'alto] *sm* assalto, ataque. ≃ **a mano armata** assalto à mão armada.

as.sa.po.ra.re [assapor'are] *vt* saborear, degustar.

as.sa.po.ri.re [assapor'ire] *vt* dar sabor.

as.sas.si.na.re [assassin'are] *vt* assassinar, matar, trucidar. *Fig.* arruinar; estragar.

as.sas.si.nio [assass'injo] *sm* assassinato, homicídio.

as.sas.si.no [assass'ino] *sm* assassino, homicida. *adj* assassino. *Fig.* sedutor, irresistível (olhar).

as.se ['asse] *sf* tábua, prancha. *sm Mec.* eixo. *Geogr.* eixo terrestre. *Fig.* centro.

as.sec.chi.re [asekk'ire] *vt* secar, ressecar.

assecondare → **secondare**.

as.se.dia.re [assed'jare] *vt* sitiar, assediar, cercar, isolar.

as.se.dio [ass'edjo] *sm* sítio, assédio, cerco.

as.se.gna.men.to [asseñam'ento] *sm* consignação. *Fig.* confiança; expectativa, esperança. **fare** ≃ **su alcuno** contar com alguém.

as.se.gna.re [asseñ'are] *vt* consignar, entregar; destinar; encarregar; manter; determinar.

as.se.gna.tez.za [asseñat'ettsa] *sf* economia, parcimônia. *Pop.* aperto (financeiro).

as.se.gna.to [asseñ'ato] *part+adj* moderado, econômico.

as.se.gno [ass'eño] *sm* consignação; renda. ≃ **bancario** cheque. ≃ **sbarrato** cheque cruzado.

as.sem.ble.a [assembl'ɛa] *sf* assembléia, reunião.

as.sem.bra.men.to [assembram'ento] *sm tb Fig.* multidão, aglomeração, tropel.

as.sem.bra.re [assembr'are] *vt* reunir, juntar.

as.sen.na.tez.za [assennat'ettsa] *sf* sensatez, juízo.

as.sen.na.to [assenn'ato] *adj* sensato, ajuizado, cuidadoso, prudente.

as.sen.so [ass'enso] *sm* aprovação, consenso, acordo, assenso, assentimento.

as.sen.tar.si [assent'arsi] *vpr* ausentar-se, afastar-se, partir.

as.sen.te [ass'ente] *adj* ausente, faltante; afastado, longínquo.

as.sen.ti.re [assent'ire] *vi* aprovar, estar de acordo, anuir, assentir; consentir, permitir.

as.sen.za [ass'entsa] *sf* ausência; falta; distanciamento, separação.

as.sen.zio [ass'entsjo] *sm Bot.* absinto, absíntio. *Fig.* desgosto; aflição.

as.se.rel.la [asser'ella] *sf dim* ripa, sarrafo.

as.se.ri.re [asser'ire] *vt* afirmar, declarar, atestar.

as.ser.ti.vo [assert'ivo] *adj* afirmativo.

as.ser.zio.ne [asserts'jone] *sf* afirmação, declaração, testemunho.

as.ses.so.re [assess'ore] *sm* assessor.

as.se.sta.men.to [assestam'ento] *sm* ajuste, arranjo, adaptação.

as.se.sta.re [assest'are] *vt* consertar, corrigir, reparar. *Fig.* acertar, dar (pancada).

as.se.sto [ass'esto] *sm* conserto, correção, ajuste, regulagem.

as.se.ta.re [asset'are] *vt* deixar sedento. *vi* ter sede.

as.se.ta.to [asset'ato] *part+adj* sedento; árido, seco. *Fig.* ambicioso, ávido.

as.set.ta.re [assett'are] *vt* colocar em ordem, arrumar. *vpr* acomodar-se, sentar-se.

as.set.to [ass'etto] *sm* ordem, arrumação, disposição, arranjo; estabilidade. *Fig.* equipamento; vestimenta; farda, uniforme.

as.se.ve.ran.za [assever'antsa] *sf* afirmação, confirmação, asseveração.

as.se.ve.ra.re [assever'are] *vt* afirmar, assegurar. ≃ **la bandiera** jurar fidelidade à bandeira.

as.si.cu.ra.men.to [assikuram'ento] *sm* segurança, certeza, confiança.

as.si.cu.ra.re [assikur'are] *vt* assegurar, garantir; prender, afixar; afirmar, declarar. *vpr* assegurar-se, certificar-se, precaver-se.

as.si.cu.ra.to.re [assikurat'ore] *sm* agente de seguros, segurador. *adj* segurador.

as.si.cu.ra.zio.ne [assikurats'jone] *sf tb* Fig. segurança, garantia; afirmação, testemunho; verificação, apuração. *Com.* seguro. ≃ **sulla vita** seguro de vida. ≃ **contro furti** seguro contra roubo.

as.si.de.ra.re [assider'are] *vt* + *vi* congelar, gelar. *vpr* congelar-se.

as.si.de.ra.men.to [assideram'ento] *sm* congelamento, regelo.

as.si.dui.tà [assidujt'a] *sf* assiduidade, constância; fidelidade.

as.si.duo [ass'idwo] *adj* assíduo, constante; fiel; contínuo; diligente.

as.sie.me [ass'jeme] *sm* conjunto, complexo. *adv* conjuntamente, junto. *prep* junto com, na companhia de.

as.sie.pa.re [assjep'are] *vt* cercar. *vpr* aglomerar-se, amontoar-se, formar multidão.

as.sil.la.re [assill'are] *vt* importunar, atormentar. *vi* enfurecer-se. *adj* axilar.

as.sil.la.to [assill'ato] *adj* picado por moscardo. Fig. enfurecido, furioso, irado.

as.sil.lo [ass'illo] *sm* Zool. moscardo. Fig. preocupação; obsessão, idéia fixa.

as.si.mi.la.re [assimil'are] *vt* assimilar, absorver. Fig. compreender; comparar, confrontar.

as.sio.ma [ass'joma] *sm* máxima, sentença. Mat. axioma.

as.si.sa [ass'iza] *sf* divisa, insígnia (em uniformes); uniforme, farda; imposto, tributo.

as.si.sten.te [assist'ente] *s* + *adj* assistente, auxiliar, ajudante.

as.si.sten.za [assist'entsa] *sf* assistência, apoio; controle, vigilância; caridade, beneficência.

as.si.ste.re [ass'istere] *vt* assistir, ajudar, auxiliar, apoiar, socorrer, coadjuvar. Fig. beneficiar, favorecer. *vi* assistir, presenciar.

as.si.to [ass'ito] *sm* divisória, tabique; assoalho de madeira, tablado.

as.so ['asso] *sm* ás. Fig. ás, campeão, recordista (pessoa); coisa única no gênero.

as.so.cia.re [assotʃ'are] *vt* associar, ligar; acompanhar. *vpr* associar-se, assinar (publicação); aderir, afiliar-se.

as.so.cia.to.re [assotʃat'ore] *sm* vendedor de assinaturas.

as.so.cia.zio.ne [assotʃats'jone] *sf* associação, aliança, liga; sociedade; consórcio, corporação; círculo, grupo; comunidade.

as.so.da.men.to [assodam'ento] *sm* endurecimento, coágulo.

as.so.da.re [assod'are] *vt* esclarecer, apurar, verificar; endurecer, compactar, solidificar. *vpr* endurecer-se, solidificar-se.

as.sog.get.ta.re [assoddʒett'are] *vt* sujeitar, subjugar, submeter. *vpr* sujeitar-se, submeter-se.

as.so.la.re [assol'are] *vt* dispor em camadas; expor ao sol.

as.sol.da.re [assold'are] *vt* alistar, recrutar, engajar; pagar, assalariar.

as.so.lo [ass'olo] *sm* Mús. solo.

as.sol.to [ass'ɔlto] *part* absolvido; isento, livre.

as.so.lu.ti.smo [assolut'izmo] *sm* absolutismo; despotismo, totalitarismo, ditadura.

as.so.lu.to [assol'uto] *adj* absoluto, independente; pleno, total, ilimitado, indiscriminado, incondicional; máximo, supremo.

as.so.lu.zio.ne [assoluts'jone] *sf* absolvição; anistia, perdão, indulgência.

as.sol.ve.re [ass'ɔlvere] *vt* absolver, perdoar; executar, cumprir (dever); honrar (obrigação).

as.so.mi.glia.men.to [assomiʎam'ento] *sm* ou **as.so.mi.glian.za** [assomiʎ'antsa] *sf* semelhança, similitude.

as.so.mi.glia.re [assomiʎ'are] *vi* assemelhar-se, parecer, lembrar.

as.so.nan.za [asson'antsa] *sf* assonância.

as.son.na.re [assonn'are] *vt* + *vi* adormecer.

as.so.pi.men.to [assopim'ento] *sm* sono, sonolência.

as.so.pi.re [assop'ire] *vt* adormecer. *vpr* adormecer, pegar no sono.

as.sor.ben.te [assorb'ente] *sm* + *adj* absorvente. ≃ **igienico** absorvente higiênico.

as.sor.bi.re [assorb'ire] *vt* absorver, impregnarse de. Fig. assimilar, compreender.

as.sor.da.re [assord'are] *vt tb* Fig. ensurdecer, atordoar, estontear, transtornar.

as.sor.di.re [assord'ire] *vi* ensurdecer. Fig. ficar atordoado, transtornar-se.

as.sor.ti.men.to [assortim'ento] *sm* sortimento, gama, série.

as.sor.ti.re [assort'ire] *vt* sortir, abastecer; escolher, separar, repartir.

as.sor.ti.to [assort'ito] *part* + *adj* sortido, variado.

as.sor.to [as'sɔrto] *adj* concentrado, imerso, absorto (em pensamentos).

as.sot.ti.glia.re [assottiʎ'are] *vt* afinar, afiar, aguçar. *vpr* afinar-se, afiar-se. Fig. emagrecer.

as.sue.fa.re [assweff'are] *vt* acostumar, habituar, condicionar, avezar.

as.sue.fa.zio.ne [asswefats'jone] *sf* costume, hábito, condicionamento. *tb Fig.* dependência.

as.su.me.re [ass'umere] *vt* assumir, encarregar-se de; empregar, recrutar, dar trabalho a. *vpr* assumir, encarregar-se de.

as.sun.ta [ass'unta] *sf Rel.* festa de Nossa Senhora da Assunção.

as.sun.to [ass'unto] *sm* tese, suposição; afirmação; tarefa.

as.sun.zio.ne [assunts'jone] *sf* assunção, elevação. l'**A** ≃ *Rel.* Assunção (de Maria).

as.sur.di.tà [assurdit'a] *sf tb Fig.* absurdo, incoerência. *Pop.* besteira, asneira.

as.sur.do [ass'urdo] *sm* absurdo. *adj* absurdo, contraditório, incoerente.

a.sta ['asta] *sf* leilão, licitação; haste, bastão, barra; dardo, lança. ≃ **pubblica** leilão. ≃ **e degli occhiali** hastes dos óculos.

a.stan.te [ast'ante] *sm* espectador, presente.

a.sta.ti.co [ast'atiko] *adj Fís.* astático, instável.

a.ste.mio [ast'emjo] *adj* abstêmio; sóbrio.

a.ste.ner.si [asten'ersi] *vpr* abster-se, evitar, renunciar, desistir; deixar de votar.

a.ste.ni.a [asten'ia] *sf Med.* astenia.

a.ster.ge.re [ast'erdʒere] *vt* limpar, lavar (feridas); purificar.

a.ste.ria [ast'eria] *sf Zool.* estrela-do-mar, astéria.

a.ste.ri.sco [aster'isko] *sm* asterisco. *Fig.* anotação, nota, observação, lembrete.

a.ste.roi.de [aster'ɔjde] *sm Astron.* asteróide.

a.ste.ro.me.tro [aster'ɔmetro] *sm Astron.* astereômetro.

a.stig.ma.ti.co [astigm'atiko] *adj* astigmático.

a.stig.ma.ti.smo [astigmat'izmo] *sm* astigmatismo.

a.sti.nen.za [astin'entsa] *sf* abstinência, privação. *tb Fig.* jejum; renúncia.

a.stio ['astio] *sm* ódio, aversão; inveja.

a.sto.re [ast'ore] *sm Zool.* açor.

a.stra.can [astrak'an] *sm* astracã.

a.stra.le [astr'ale] *adj* astral, cósmico, estelar, sideral. *Fig.* louco, doido.

a.strar.re [astr'are] *vt* separar, manter separado, distanciar, isolar. *vi* abandonar, esquecer, prescindir de. *vpr* distrair-se.

a.strat.to [astr'atto] *part + adj* abstrato, imaterial. *Fig.* fantasioso, imaginário, ideal, utópico.

a.stra.zio.ne [astrats'jone] *sf* abstração, hipótese, utopia.

a.strin.gen.za [astrindʒ'entsa] *sf* adstringência.

a.strin.ge.re [astr'indʒere] *vt* adstringir (remédio); obrigar, constranger, forçar a fazer algo.

a.stro ['astro] *sm* astro, estrela. *Fig.* astro, vedete.

a.stro.la.bio [astrol'abjo] *sm* astrolábio.

a.stro.lo.gi.a [astrolodʒ'ia] *sf* astrologia.

a.stro.lo.go [astr'ɔlogo] *sm* astrólogo.

a.stro.na.ve [astron'ave] *sf* astronave, nave espacial.

a.stro.no.mi.a [astronom'ia] *sf* astronomia.

a.stro.no.mi.co [astron'ɔmiko] *adj* astronômico, cósmico, estelar. *Fig.* astronômico, exagerado (número, preço).

a.stro.no.mo [astr'ɔnomo] *sm* astrônomo.

a.stru.so [astr'uzo] *adj* difícil, complicado, confuso, obscuro.

a.stuc.cio [ast'uttʃo] *sm* estojo; caixa, caixinha.

a.stu.to [ast'uto] *adj* astuto, astucioso, malicioso, esperto, matreiro.

a.stu.zia [ast'utsja] *sf* astúcia, esperteza, malícia.

a.ta.vi.co [at'aviko] *adj* atávico, hereditário, inato, instintivo

a.ta.vi.smo [atav'izmo] *sm* atavismo.

a.te.lier [atel'jer] *sm* atelier; alfaiataria; estúdio (de artista plástico).

a.te.ne.o [aten'eo] *sm* ateneu.

a.te.o ['ateo] *sm + adj* ou **a.te.i.sta** [ate'ista] *sm* ateu.

a.tlan.te [atl'ante] *sm* atlas.

a.tlan.ti.co [atl'antiko] *np* **A** ≃ oceano Atlântico. *adj* atlântico.

a.tle.ta [atl'eta] *sm* atleta, esportista, ginasta.

a.tle.ti.co [atl'etiko] *adj* atlético, esportivo. *Fig.* forte, robusto, vigoroso.

at.mo.sfe.ra [atmosf'era] *sf* atmosfera. *Fig.* clima, ambiente.

at.mo.sfe.ri.co [atmosf'eriko] *adj* atmosférico.

a.to.mi.co [at'ɔmiko] *adj* atômico, nuclear.

a.to.mo ['atomo] *sm Fís.* e *Quím.* átomo.

a.to.no ['atono] *adj* átono, não acentuado; flácido (corpo); monótona, uniforme (voz).

a.trio ['atrjo] *sm* átrio, pátio; antecâmara, vestíbulo.

a.tro ['atro] *adj* negro, obscuro. *Fig.* horrendo, medonho.

a.tro.ce [atr'otʃe] *adj* atroz, cruel, desumano, impiedoso; terrível, horrível.

a.tro.fi.a [atrof'ia] *sf Med.* atrofia.

a.tro.fiz.za.re [atrofiddz'are] *vt* atrofiar. *vpr* atrofiar-se.

a.tro.pi.na [atrop'ina] *sf Quím.* atropina.

at.tac.ca.bri.ghe [attakkabr'ige] *s + adj* briguento, brigão.

at.tac.ca.gno.lo [attakk'añolo] *sm* pretexto.

at.tac.ca.men.to [attakkam'ento] *sm* apego, afeto, dedicação.

at.tac.ca.pan.ni [attakkap'anni] *sm* cabide.

at.tac.ca.re [attakk'are] *vt* unir, ligar, prender; atrelar (animais); começar (ação); atacar, agredir; contagiar, infectar; pregar (botões, etc.). *vi* viver, crescer (plantas). *vpr* arrumar um pretexto; agarrar-se, apegar-se.

at.tac.co [att'akko] *sm* ataque, agressão; juntura, ligação; parelha (animais de carga); início, princípio. *Esp.* gancho (de esqui). *Med.* ataque, acesso. *Fig.* crítica, reprovação.

at.ta.gliar.si [attaλ'arsi] *vpr* adaptar-se, ajeitar-se.

at.ta.na.glia.re [attanaλ'are] *vt* apertar, fechar. *Fig.* atormentar, perturbar, afligir.

at.tar.dar.si [attard'arsi] *vpr* atrasar-se; perder tempo.

at.tec.chi.re [attekk'ire] *vi* crescer, vingar, criar raízes, desenvolver-se.

at.teg.gia.men.to [atteddʒam'ento] *sm* movimento, porte. *Fig.* atitude, postura.

at.teg.giar.si [atteddʒ'arsi] *vpr* simular, fingir-se de; fazer papel de.

at.tem.pa.to [attemp'ato] *adj* idoso, velho.

at.ten.dar.si [attend'arsi] *vpr* acampar.

at.ten.de.re [att'endere] *vt* esperar, ficar à espera, aguardar; observar; manter (promessa). *vi* executar, dedicar-se a; prestar atenção.

at.te.ne.re [atten'ere] *vi* ter relação, concernir, dizer respeito. *vpr* ater-se a, obedecer.

at.ten.ta.re [attent'are] *vi* atentar, ameaçar.

at.ten.ta.to [attent'ato] *sm* atentado.

at.ten.to [att'ento] *adj* atento, concentrado. *Fig.* vigilante, cuidadoso, prudente. ≃ i al cane cuidado com o cachorro.

at.te.nu.a.re [attenu'are] *vt* atenuar, diminuir; acalmar, suavizar, abrandar; clarear, esfumaçar (cor); abaixar (som).

at.ten.zio.ne [attents'jone] *sf* atenção, dedicação, interesse; cuidado, cautela. *Fig.* gentileza, cortesia.

at.ter.rag.gio [atteř'addʒo] *sf* pouso, aterragem.

at.ter.ra.re [atteř'are] *vi* pousar, aterrar.

at.ter.ri.men.to [atteřim'ento] *sm* terror, horror.

at.ter.ri.re [atteř'ire] *vt* aterrorizar, assustar.

at.te.sa [att'eza] *sf* espera. *Fig.* expectativa, esperança; pausa, suspensão, parada. in ≃ di à espera de.

at.te.so [att'ezo] *part + adj* esperado. *Fig.* previsto, calculado; desejado, ansiado.

at.te.sta.re [attest'are] *vt* atestar; afirmar, assegurar, garantir, testemunhar.

at.te.sta.to [attest'ato] *sm* atestado, certificado, declaração. *Fig.* aval, garantia.

at.tic.cia.to [attittʃ'ato] *adj* robusto, maciço.

at.ti.co [ʼattiko] *adj* ático. *Fig.* elegante, limpo (estilo).

at.ti.guo [att'igwo] *adj* contíguo, limítrofe.

at.ti.la.tez.za [attilat'ettsa] ou at.ti.la.tu.ra [attilat'ura] *sf* elegância, discrição (no vestir).

at.til.la.re [attill'are] *vt* vestir-se com elegância e discrição.

at.til.la.to [attill'ato] *part + adj* elegante, bem-vestido, de boa aparência.

at.ti.mo [ʼattimo] *sm* instante, momento, átimo. in un ≃ num átimo.

at.ti.nen.za [attin'entsa] *sf* afinidade, ligação, conexão.

at.tin.ge.re [att'indʒere] *vt* puxar, tirar; conseguir, obter; atingir, alcançar, tocar.

at.ti.nia [att'inja] *sf* *Zool.* actínia, anêmona-do-mar.

at.ti.nio [att'injo] *sm* *Quím.* actínio.

at.ti.ra.re [attir'are] *vt tb* *Fig.* atrair, seduzir, enfeitiçar.

at.ti.tu.di.ne [attit'udine] *sf* atitude, comportamento; tendência, predisposição, inclinação, propensão.

at.ti.va.re [attiv'are] *vt* ativar, fazer funcionar.

at.ti.vi.sta [attiv'ista] *s* ativista, militante.

at.ti.vi.tà [attivit'a] *sf* atividade, função, emprego, trabalho, ocupação; energia, fervor.

at.ti.vo [att'ivo] *sm* *Com.* ativo. *adj* ativo, eficaz, eficiente.

at.tiz.za.re [attitts'are] *vt* atiçar, provocar.

at.tiz.za.to.io [attittsat'ojo] *sm* atiçador.

at.to [ʼatto] *sm* ato; ação, gesto; quadro, parte de uma peça; documento, atestado, contrato. *Fig.* episódio, fase. ≃ i autos, processo, conjunto de documentos legais. porre in ≃ colocar em prática. *adj* apto, pronto.

at.to.ni.to [attʼɔnito] *adj tb* *Fig.* surpreso, maravilhado, desnorteado, atônito.

at.tor.ci.glia.re [attortfiλ'are] *vt* torcer, retorcer; enrolar, envolver.

at.to.re [att'ore] *sm* ator, artista. *Fig.* hipócrita.

at.tor.nia.re [attorn'jare] *vt* rodear, circundar.

at.tor.no [att'orno] *adv* em torno, ao redor, nas vizinhanças, próximo. ≃ a *prep* em volta de, ao redor de, perto de.

at.tor.ra.re [attoř'are] *vt* empilhar lenha.

at.tor.to [attʼɔrto] *part + adj* torto, retorcido; enrolado, envolto.

at.tos.si.ca.men.to [attossikam'ento] *sm* intoxicação, envenenamento.

at.tos.si.ca.re [attossik'are] *vt* intoxicar, envenenar.

at.tra.en.te [attra'ente] *adj* atraente, sedutor, convidativo; belo, gracioso.

at.trar.re [attr'aɾe] *vt* atrair. *Fig.* fascinar, seduzir, tentar, convidar.

at.trat.ti.va [attratt'iva] *sf* atrativo. *tb Fig.* atração, sedução, fascínio; beleza, graça.

at.tra.ver.sa.re [attravers'are] *vt* atravessar, transpassar. *Fig.* passar por, experimentar.

at.tra.ver.so [attrav'erso] *adv* transversalmente, de lado a lado. *prep* através de, por meio de.

at.tra.zio.ne [attrats'jone] *sf tb Fig.* atração, magnetismo; fascínio, sedução. *Teat.* número, atração.

at.trez.zo [attr'ettso] *sm* utensílio, instrumento. ≃ i adereços, decoração.

at.tri.bu.i.re [attribu'ire] *vt* atribuir, conferir; encarregar de. *vpr* atribuir-se, arrogar-se.

at.tri.bu.to [attrib'uto] *sm* atributo, atribuição. *tb Fig.* título, qualificação.

at.tri.ce [attr'itʃe] *sf* atriz.

at.tri.sta.re [attrist'are] *vt* entristecer, afligir, penalizar. *vpr* ficar triste, afligir-se.

at.tri.to [attr'ito] *sm* atrito. *Fig.* rivalidade.

at.trup.par.si [attrupp'arsi] *vpr* juntar-se a um grupo.

at.tu.a.le [attu'ale] *adj* atual, presente. *Fig.* de hoje, moderno, da moda.

at.tua.li.tà [attwalit'a] *sf* atualidade. *Fig.* moda.

at.tu.a.re [attu'are] *vt* atuar, efetuar, realizar.

at.tu.a.ria [attu'arja] *sf Mat.* atuária.

at.tu.a.rio [attu'arjo] *sm* atuário, funcionário público.

at.tua.zio.ne [attwats'jone] *sf* atuação, realização, execução, concretização.

at.tu.ti.re [attut'ire] *vt* atenuar, acalmar; abaixar, diminuir.

au.da.ce [awd'atʃe] *adj* audaz, audacioso; ousado, atrevido; corajoso, intrépido; petulante, insolente.

au.da.cia [awd'atʃa] *sf* audácia; ousadia, atrevimento; coragem; insolência.

au.di.to.re [awdit'ore] *sm* ouvinte, quem ouve. *Rel.* auditor.

auditorio → **uditorio**.

au.ge ['awdʒe] *sm Astron.* apogeu. *Fig.* auge, ponto culminante. **in** ≃ no auge.

au.gu.ra.re [awgur'are] *vt* predizer, profetizar; desejar (para outra pessoa), fazer votos de.

au.gu.re ['awgure] *sm* áugure, adivinho.

au.gu.rio [awg'urjo] *sm* voto, desejo; presságio, agouro. **tanti** ≃ i! boa sorte! parabéns!

au.gu.sto [awg'usto] *sm* augusto, título romano. *adj* alto, elevado, nobre, augusto.

au.la ['awla] *sf* auditório, salão; classe (escola); corte, salão real.

au.li.co ['awliko] *adj* cortesão, palaciano. *tb Fig.* nobre, solene, elevado.

au.men.ta.re [awment'are] *vt + vi* aumentar, crescer; elevar (altura); acelerar; alastrar-se (epidemia); subir (temperatura); expandir, alargar; majorar (intensidade); acumular (riqueza); amplificar, aumentar (som).

au.men.ta.ti.vo [awmentat'ivo] *adj* aumentativo.

au.men.to [awm'ento] *sm* aumento, crescimento.

au.ra ['awra] *sf* aura. *Poét.* brisa. *Fig.* aplauso, popularidade.

au.re.o ['awreo] *adj* áureo, de ouro. *Fig.* feliz, esplendoroso.

au.re.o.la [awr'eola] *sf* auréola.

au.ri.co.la [awr'ikola] *sf Anat.* aurícula.

au.ro.ra [awr'ɔra] *sf* aurora, alvorada. *Fig.* início, origem.

au.scul.ta.re [awskult'are] *vt Med.* auscultar.

au.si.lia.re [awzil'jare] *s + adj* ou **au.si.lia.rio** [auzil'jarjo] *sm + adj* auxiliar, assistente.

au.si.lio [awz'iljo] *sm* auxílio, ajuda, apoio.

au.spi.cio [awsp'itʃo] *sm* agouro, presságio, augúrio. ≃ i apoio, favores, auspícios.

au.ste.ro [awst'ero] *adj* austero, severo; sério, solene; espartano, rígido.

au.stra.le [awstr'ale] *adj* austral, antártico.

au.stra.lia.no [awstral'jano] *sm + adj* australiano.

au.stri.a.co [awstr'iako] *sm + adj* austríaco.

au.tar.chi.a [awtark'ia] *sf* autarquia, entidade autônoma; autonomia, auto-suficiência.

au.ten.ti.ca.re [awtentik'are] *vt* autenticar, legalizar, reconhecer como verdadeiro.

au.ten.ti.co [awt'entiko] *adj* autêntico, verídico, verdadeiro, real; original.

au.ti.sta [awt'ista] *s* motorista. ≃ **di piazza** motorista de táxi, chofer de praça.

auto → **automobile**.

au.to.bio.gra.fi.a [awtobjograf'ia] *sf* autobiografia.

au.to.bus ['awtobus] *sm* ônibus.

au.to.car.ro [awtok'aɾo] *sm* caminhão.

au.to.cra.te [awt'ɔkrate] ou **au.to.cra.ta** [awt'ɔkrata] *s* autocrata. *Fig.* tirano, déspota.

au.to.cra.zi.a [awtokrats'ia] *sf* autocracia.

au.toc.to.no [awtˈɔktono] *sm* + *adj* autóctone, aborígine, indígena, nativo.

au.to.di.dat.ta [awtodidˈatta] *s* + *adj* autodidata.

au.to.dro.mo [awtˈɔdromo] *sm* autódromo, circuito, pista.

au.to.gra.fo [awtˈɔgrafo] *sm* autógrafo. *adj* assinado, autêntico, original.

au.to.ip.no.si [awtoipnˈɔzi] *sf* auto-hipnose.

au.to.let.ti.ga [awtolettˈiga] *sf* ambulância.

au.to.ma [awtˈɔma] *sm* autômato, robô. *Fig.* fantoche, pessoa sem vontade própria.

au.to.ma.ti.co [awtomˈatiko] *adj* automático, automatizado.

au.to.mo.bi.le [awtomˈɔbile] ou *abrev* **au.to** [ˈawto] *sf* automóvel, carro. ≃ **da corsa** carro de corrida. ≃ **di serie** carro de série.

au.to.mo.bi.li.smo [awtomobilˈizmo] *sm* automobilismo.

au.to.mo.to.re [awtomotˈore] *adj* automotor.

au.to.no.mi.a [awtonomˈia] *sf* autonomia, auto-suficiência.

au.to.no.mo [awtˈɔnomo] *adj* autônomo, independente, livre, auto-suficiente.

au.to.psi.a [awtopsˈia] *sf Med.* autópsia, necropsia.

au.to.pub.bli.ca [awtopˈubblika] *sf* táxi.

au.to.re [awtˈore] *sm* autor. *Fig.* criador, inventor, pai; artista, escritor.

au.to.re.vo.le [awtorˈevole] *adj* importante, influente; competente.

au.to.ri.mes.sa [awtorimˈessa] *sf* garagem.

au.to.ri.tà [awtoritˈa] *sf* autoridade. *tb Fig.* domínio, influência; poder, prestígio; tirania.

au.to.ri.ta.rio [awtoritˈarjo] *adj* autoritário. *Fig.* prepotente, tirânico, ditatorial.

au.to.riz.za.re [awtoriddzˈare] *vt* autorizar, permitir, consentir, aprovar.

au.to.stra.da [awtostrˈada] *sf* rodovia, estrada de rodagem.

au.to.tre.no [awtotrˈeno] *sm* caminhão com reboque.

au.tri.ce [awtrˈitʃe] *sf* autora.

au.tun.no [awtˈunno] *sm* outono. **in** ≃ no outono.

a.val.la.re [avallˈare] *vt* avalizar, endossar. *Fig.* garantir.

a.val.lo [avˈallo] *sm* aval. *Fig.* garantia, aprovação, confirmação.

a.vam.brac.cio [avambrˈattʃo] *sm Anat.* antebraço.

a.vam.po.sto [avampˈɔsto] *sm Mil.* posto avançado.

a.van.guar.dia [avangwˈardja] ou **van.guar.dia** [vangwˈardja] *sf Arte* vanguarda. *Mil.* vanguarda, dianteira, cabeça-de-ponte.

a.van.ti [avˈanti] *adv* avante, antes, adiante, anterior, em frente, defronte. *prep* antes de, em frente de, diante de, defronte a. **andare** ≃ avançar. **farsi** ≃ apresentar-se. ≃ ! *interj* avante! ≃ **che** *conj* antes que, primeiro que.

a.van.tie.ri [avantjˈeri] *adv* anteontem, antes de ontem.

a.van.za.men.to [avantsamˈento] *sm* avanço, progresso.

a.van.za.re [avantsˈare] *vt* ter crédito com, ser credor de; ter um pedido a fazer, alegar. *vi* avançar, progredir; sobrar, restar.

a.van.za.tic.cio [avantsatˈittʃo] *sm* resto, sobra. *adj* abundante; supérfluo.

a.van.za.to [avantsˈato] *part* + *adj* idoso, ancião; excedente, residual; avançado na idade; de ponta (tecnologia). *tb Fig.* avançado, inovador. **tempo** ≃ tempo livre.

a.van.zo [avˈantso] *sm* resto, sobra; resíduo; excedente. ≃ **i** *Arqueol.* ruínas, vestígios. ≃ **i mortali** restos mortais. **d'** ≃ de sobra.

a.va.ri.a [avarˈia] *sf* avaria, defeito, dano.

a.va.ria.re [avarjˈare] *vt* avariar, danificar. *vpr* estragar, deteriorar-se.

a.va.ri.zia [avarˈitsja] *sf* avareza. *Fig.* mesquinharia.

a.va.ro [avˈaro] *sm* + *adj* avaro, sovina. *Fig.* egoísta, mesquinho.

a.ve [ˈave] *interj* ave! salve!

a.vel.la.na [avellˈana] *sf* avelã.

a.vel.lo [avˈello] *sm* sepulcro, tumba.

a.ve.na [avˈena] *sf Bot.* aveia.

a.ve.re [avˈere] *sm* ≃ **i** bens, patrimônio, posses, capital. *vt* + *vaux* ter, possuir; conseguir, obter; ganhar, receber; haver, dever, ter de. ≃ **da fare** ter o que fazer; haver de fazer. ≃ **a schifo** ter nojo de. ≃ **in stima** estimar. ≃ **abbastanza** estar farto de. ≃ **per** achar, considerar. ≃ **con sé** trazer consigo. ≃ **cela con** ter ódio de, estar zangado com.

a.via.rio [avjˈarjo] *sm* aviário, viveiro de aves.

a.via.to.re [avjatˈore] *sm* aviador, piloto.

a.via.zio.ne [avjatsjˈone] *sf* aviação.

a.vi.di.tà [aviditˈa] *sf* avidez. *Fig.* cobiça, ânsia; fome, gula, sede.

a.vi.do [ˈavido] *adj* ávido, ambicioso, ansioso.

a.vio.get.to [avjodʒˈetto] *sm* avião a jato, jato.

a.vo [ˈavo] *sm* avô. ≃ **a** *sf* avó.

a.vo.ca.re [avokˈare] *vt* chamar a si, arrogar.

a.vo.lo [ˈavolo] *sm* avô. ≃ **a** *sf* avó.

avoltoio → **avvoltoio**.

a.vo.rio [av'ɔrjo] *sm* marfim.

a.vul.so [av'ulso] *adj* avulso. *Fig.* separado.

av.val.la.men.to [avvallam'ento] *sm* vala, depressão, fosso, cavidade, concavidade.

av.va.lo.ra.re [avvalor'are] *vt* dar valor a, creditar, confirmar, autenticar.

av.vam.pa.re [avvamp'are] *vi* acender, pegar fogo, arder. *Fig.* brilhar, corar, inflamar-se.

av.van.tag.gia.re [avvantadʒ'are] *vt* dar vantagem, favorecer. *vpr* tirar vantagem, aproveitar, servir-se de, usufruir de.

av.van.tag.gio [avvant'addʒo] *sm* vantagem.

av.ve.der.si [avved'ersi] *vpr* perceber, reparar, notar, dar-se conta; compreender.

av.ve.du.to [avve'd'uto] *part+adj* esperto, atento, prudente, sagaz.

av.ve.le.na.re [avvelen'are] *vt* envenenar, intoxicar. *Fig.* empestar; contagiar; corromper.

av.ve.nen.te [avven'ente] *adj* belo, gracioso.

av.ve.ni.men.to [avvenim'ento] *sm* acontecimento, ocorrência, caso, episódio; incidente, acidente. **l'A ≃** *Rel.* Advento.

av.ve.ni.re [avven'ire] *sm* o futuro, o amanhã. *vi* acontecer, ocorrer, ter lugar.

av.ven.ta.re [avvent'are] *vt* lançar, jogar; arriscar. *vpr* lançar-se, jogar-se; agredir, atacar.

av.ven.ta.tag.gine [avventat'addʒine] ou av.ven.ta.tez.za [avventat'ettsa] *sf* precipitação, pressa; imprudência; ousadia.

av.ven.ta.to [avvent'ato] *part+adj* impensado, apressado; imprudente; ousado, arrojado.

av.ven.ti.zio [avvent'itsjo] *sm* temporário, empregado temporário. *adj* temporário, provisório, momentâneo; casual.

Av.ven.to [avv'ento] *sm Rel.* o Advento.

av.ven.to.re [avvent'ore] *sm* cliente, freguês, freqüentador.

av.ven.tu.ra [avvent'ura] *sf* aventura, episódio, caso, evento; imprevisto, vicissitude. **per ≃** por acaso; eventualmente.

av.ven.tu.rar.si [avventur'arsi] *vpr* aventurar-se, arriscar-se, ousar. *Fig.* avançar, ir adiante.

av.ven.tu.rie.re [avventur'jere] *sm* aventureiro.

av.ven.tu.ro.so [avventur'ozo] *adj* venturoso, afortunado; movimentado, rico; difícil, trabalhoso; aventurado, perigoso, arriscado.

av.ver.bio [avv'erbjo] *sm Gram.* advérbio.

av.ver.sa.re [avvers'are] *vt* detestar, odiar, sentir aversão; combater, perseguir.

av.ver.sa.rio [avvers'arjo] *sm+adj* adversário, inimigo, opositor; rival, competidor.

av.ver.sio.ne [avvers'jone] *sf* aversão, antipatia.

av.ver.si.tà [avversit'a] *sf* adversidade, azar, infortúnio. *tb Fig.* desastre, calamidade.

av.ver.so [avv'erso] *adj* adverso, contrário, hostil.

av.ver.ten.za [avvert'entsa] *sf* advertência, instrução, conselho; cuidado, atenção, cautela.

av.ver.ti.men.to [avvertim'ento] *sm* advertência, aviso, instrução, recomendação, conselho, sugestão. *Fig.* sinal, presságio.

av.ver.ti.re [avvert'ire] *vt* advertir, avisar; repreender; ameaçar; informar, fazer saber; aconselhar, sugerir. *Fig.* perceber, aperceber-se, pressentir; compreender, entender.

av.vez.za.re [avvetts'are] *vt* habituar, acostumar; viciar.

av.vez.zo [avv'ettso] *adj* habituado, acostumado; viciado.

av.via.men.to [avvjam'ento] *sm* começo, princípio; treinamento, instrução, adestramento; partida, ligação (motor).

av.vi.a.re [avvi'are] *vt* ligar, fazer funcionar; treinar, instruir; concretizar, criar, dar início. *Fig.* encaminhar, endereçar; começar, iniciar.

av.vi.cen.da.men.to [avvitʃendam'ento] *sm* revezamento, turno; rodízio. *tb Fig.* ciclo.

av.vi.cen.da.re [avvitʃend'are] *vt* revezar, substituir. *vpr* revezar-se, alternar-se, suceder-se.

av.vi.ci.na.re [avvitʃin'are] *vt* aproximar. *Fig.* fazer amizade com; comparar. *vpr* aproximar-se, avizinhar-se. *Fig.* chegar, vir; parecer, lembrar.

av.vi.li.men.to [avvilim'ento] *sm* desmoralização, humilhação, depressão, abatimento.

av.vi.li.re [avvil'ire] *vt* desmoralizar, humilhar, deprimir, abater.

av.vi.li.ti.vo [avvilit'ivo] *adj* humilhante, deprimente, desanimador, desencorajador.

av.vi.lup.pa.men.to [avviluppam'ento] *sm* envolvimento. *Fig.* confusão. *Pop.* embrulhada.

av.vi.lup.pa.re [avvilupp'are] *vt* envolver, enrolar; pôr em perigo; confundir. *Pop.* embrulhar.

av.vi.naz.za.re [avvinatts'are] *vt* embriagar, embebedar. *vpr* encher-se de vinho.

av.vi.naz.za.to [avvinatts'ato] *sm* bêbado. *part+adj* bêbado, embriagado, alcoolizado.

av.vin.ce.re [avv'intʃere] *vt* ligar, prender; abranger, cingir. *Fig.* apaixonar, interessar.

av.vin.ghia.re [avving'jare] *vt* abraçar, apertar com os braços. *vpr* agarrar-se, segurar-se.

av.vi.o [avv'io] *sm* começo, início.

av.vi.sa.glia [avviz'aʎa] *sf* presságio, aviso, sinal; escaramuça, briga.

av.vi.sa.re [avviz'are] *vt* avisar, advertir, prevenir; anunciar, comunicar, informar; ameaçar.

av.vi.so [avv′izo] *sm* aviso, anúncio, comunicado; opinião, julgamento; repreensão, censura; ameaça; indicação, sinal.
av.vi.sta.re [avvist′are] *vt* avistar, ver; avaliar.
av.vi.ta.re [avvit′are] *vt* aparafusar; apertar.
av.vi.ti.re [avvit′ire] *vt* plantar videiras.
av.vi.va.re [avviv′are] *vt* animar, avivar.
av.viz.zi.re [avvitts′ire] *vi* murchar, ficar murcho. *Fig.* envelhecer.
av.vo.ca.tes.sa [avvokat′essa] *sf* advogada.
av.vo.ca.to [avvok′ato] *sm* advogado. *Fig.* protetor, defensor.
av.vo.ca.tu.ra [avvokat′ura] *sf* advocacia.
av.vol.ge.re [avv′ɔldʒere] ou **av.vol.ta.re** [avvolt′are] *vt* envolver, enrolar; enfaixar, embrulhar, empacotar. *tb Fig.* cobrir, encobrir; cercar, rodear. *vpr* envolver-se, meter-se.
av.vol.gi.men.to [avvoldʒim′ento] *sm* envolvimento; evasiva, rodeio; intriga, ardil.
av.vol.to.io [avvolt′ojo] ou **a.vol.to.io** [avolt′ojo] *sm* abutre. *Fig.* agiota, explorador.
a.za.le.a [adzal′ea] *sf Bot.* azaléia.
a.zien.da [adz′jenda] *sf* negócio, empresa, firma.

a.zi.mut [′adzimut] *sm Astron.* azimute.
a.zio.na.re [atsjon′are] *vt* acionar, ligar.
a.zio.ne [ats′jone] *sf* ação, ato, movimento. *Com.* ação.
a.zio.ni.sta [atsjon′ista] *s + adj* acionista.
a.zo.to [adz′ɔto] *sm Quím.* azoto, nitrogênio.
az.zan.na.re [attsann′are] *vt* morder (animal).
az.zar.da.re [addzard′are] *vt* arriscar, tentar a sorte. *vpr* arriscar-se, aventurar-se.
az.zar.do [addz′ardo] *sm* risco, perigo.
az.zar.do.so [addzard′ozo] *adj* arriscado, perigoso.
az.zec.ca.re [attsekk′are] *vt* picar (inseto); adivinhar; dar certo (empreendimento).
az.zi.ma.re [addzim′are] *vt* embelezar, enfeitar.
az.zi.mo [′addzimo] *adj* ázimo, sem fermento.
az.zit.ti.re [attsitt′ire] *vt* calar, fazer calar. *vpr* calar-se, ficar mudo, emudecer.
az.zop.pi.re [attsopp′ire] *vt* aleijar. *vi + vpr* ficar aleijado.
az.zur.reg.gia.re [addzuředdʒ′are] *vi* azular.
az.zur.ro [addz′uřo] *sm + adj* azul, azul-claro.

B

b [b´i] *sf* a segunda letra do alfabeto italiano.
ba.bau [bab´aw] *sm* bicho-papão. *Fig.* espantalho.
bab.be.o [babb´eo] ou **bab.bio.ne** [babb´jone] *sm*+*adj* tolo, bobo, idiota; simplório, ingênuo.
bab.bi.no [babb´ino] *sm dim Fam.* paizinho, papaizinho.
bab.bo [b´abbo] *sm Fam.* papai. **B** ≃ **Natale** Papai Noel.
bab.buc.cia [babb´uttʃa] *sf* chinelo, pantufa.
bab.bu.i.no [babbu´ino] *sm Zool.* babuíno.
ba.be.le [bab´ele] ou **ba.bi.lo.nia** [babil´ɔnja] *sf Fig.* babel; caos, confusão, desordem.
ba.bor.do [bab´ordo] *sm Náut.* bombordo. **a** ≃ a bombordo.
ba.ca.re [bak´are] *vi* apodrecer, bichar. *Fig.* corromper-se.
bac.ca [b´akka] *sf Bot.* baga.
bac.ca.là [bakkal´a] *sm* bacalhau (seco e salgado). *Fig.* tolo, tonto, idiota, imbecil.
bac.ca.na.le [bakkan´ale] *sm* bacanal, orgia.
bac.ca.no [bakk´ano] *sm* balbúrdia, vozerio. *Pop.* mercado de peixe.
bac.can.te [bakk´ante] *sf* bacante. *Fig.* mulher libidinosa.
bac.ca.rà [bakkar´a] *sm* bacará, jogo de cartas.
bac.cel.lie.ra.to [battʃelljer´ato] *sm* bacharelado.
bac.cel.lie.re [battʃell´jere] *sm* bacharel.
bac.cel.lo [battʃ´ello] *sm* legume, vagem de leguminosa, fava. **chi ha mangiato i** ≃ **i spazzi i gusci** quem semeia ventos, colhe tempestades.
bac.cheg.gia.re [bakkeddʒ´are] *vi* viver na boêmia, participar de orgias.
bac.chet.ta [bakk´etta] *sf* vara, varinha; cabo (chicote). *Mús.* baqueta. ≃ **direttoriale** *Mús.* batuta de maestro. ≃ **magica** varinha de condão, varinha mágica.
bac.chet.to.ne [bakkett´one] *sm dep* carola, beato.
bac.chio [b´akkjo] *sm* vara, pau.
Bac.co [b´akko] *np* Baco, deus do vinho. **per** ≃ **!** puxa vida!

ba.che.roz.zo [baker´ɔttso] *sm* bichinho; lagarta; verme.
ba.cia.ma.no [batʃam´ano] *sm* beija-mão, saudação.
ba.cia.pi.le [batʃap´ile] *s dep* beato, carola.
ba.cia.re [batʃ´are] *vt* beijar. *vpr* beijar-se. ≃ **la terra** cair de cara, beijar o chão.
ba.cil.lo [batʃ´illo] *sm* bacilo.
ba.ci.no [batʃ´ino] *sm tb Geogr.* e *Anat.* bacia ≃ **idrico** bacia hidrográfica.
ba.cio [b´atʃo] *sm* beijo.
ba.ciuc.chia.re [batʃukk´jare] *vt* beijocar.
ba.co [b´ako] *sm Zool.* lagarta, larva; verme. ≃ **da seta** bicho-da-seda.
ba.cuc.co [bak´ukko] *sm* capuz. *adj Gír.* gagá, esclerosado, decrépito.
ba.da.re [bad´are] *vt* vigiar; vigiar, guardar. *vi* ter cuidado, tomar cuidado; cuidar de, ser responsável por, responder por. *Fig.* prestar atenção, considerar, levar em conta. ≃ **ai fatti propri** cuidar da própria vida. **badate!** atenção! cuidado! ≃ **a** preocupar-se com.
ba.des.sa [bad´essa], **ab.ba.des.sa** [abbad´essa] ou **a.ba.des.sa** [abad´essa] *sf* abadessa.
ba.di.a [bad´ia] *sf* abadia.
ba.dia.le [bad´jale] *adj* grande, espaçoso.
baf.fo [b´affo] *sm* (mais usado no *pl*) bigode. **ridere sotto i** ≃ **i** rir consigo mesmo.
ba.ga.glia.io [bagaʎ´ajo] *sm* bagageiro, carro do trem para bagagens. *Autom.* porta-malas, mala do carro.
ba.ga.glio [bag´aʎo] *sm* bagagem, malas; conhecimentos, cultura. *Fig.* carga, fardo, peso.
ba.ga.scia [bag´aʃa] *sf* prostituta, meretriz. *Gír.* galinha, vagabunda. *Vulg.* puta.
ba.gat.tel.la [bagatt´ella] *sf* bagatela, ninharia, mixaria.
ba.glio.re [baʎ´ore] *sm* brilho, clarão, fulgor.
ba.gna.re [baɲ´are] *vt* banhar; molhar; inundar; embeber, ensopar. *vpr* banhar-se; molhar-se. ≃ **si le labbra** beber, matar a sede.
ba.gna.ta [baɲ´ata] *sf* banho, mergulho.
ba.gna.to [baɲ´ato] *part*+*adj* molhado; banhado; ensopado. **piovere sul** ≃ *Pop.* chover no molhado. ≃ **fradicio** encharcado.

ba.gno [b´año] *sm* banho (de mar ou higiene corporal); banheiro; banheira. ≃ **al mare** banho de mar. **fare** ≃ ou **prendere un** ≃ tomar banho.

ba.gno.ma.ri.a [bañomar´ia] *sm* banho-maria.

ba.go.la [b´agola] *sf Bot.* baga.

ba.gor.do [bag´ordo] *sm* (mais usado no *pl*) orgia, bacanal. *Fig.* depravação, devassidão.

ba.ia [b´aja] *sf* zombaria, gozação, brincadeira. *Geog.* baía, golfo.

ba.ia.ta [ba´jata] *sf* zombaria.

bai.lam.me [bajl´amme] *sm* confusão, bagunça, desordem, balbúrdia.

ba.io [b´ajo] *sm* + *adj* baio.

ba.io.net.ta [bajon´etta] *sf Mil.* baioneta.

bai.ta [b´ajta] *sf* cabana, chalé. *Fig.* refúgio, esconderijo.

ba.la.u.stra [bala´ustra] *sf Arquit.* balaústre, balaustrada.

bal.bet.ta.re [balbett´are] *vt* balbuciar. *vi* gaguejar.

bal.bet.ti.o [balbett´io] *sm* balbucio.

bal.bo [b´albo] *adj* gago, balbuciante.

bal.bu.zien.te [balbuts´jente] *s* + *adj* gago, tartamudo.

bal.co.na.ta [balkon´ata] *sf* varanda. *Teat.* galeria, torrinha, poleiro.

bal.co.ne [balk´one] *sm Arquit.* balcão, terraço, sacada, varanda.

bal.dan.za [bald´antsa] *sf* audácia, coragem, imprudência.

bal.dan.zo.so [baldants´ozo] *adj* audacioso, cheio de si, imprudente.

bal.do [b´aldo] *adj* audacioso, corajoso, ousado, bravo; forte, potente.

bal.do.ria [bald´ɔrja] *sf* bagunça, confusão, vozerio. *Fig.* bacanal, orgia.

bal.drac.ca [baldr´akka] *sf* prostituta. *Vulg.* puta.

ba.le.na [bal´ena] *sf* baleia.

ba.le.na.re [balen´are] *vi* relampejar, lampejar; brilhar, resplandecer. *Fig.* aparecer.

ba.le.nie.ra [balen´jera] *sf* baleeira (navio).

ba.le.nie.re [balenj´ere] *sm* baleeiro, pescador de baleias.

ba.le.no [bal´eno] *sm* relâmpago. *Fig.* instante, piscar de olhos.

ba.le.stra [bal´estra] *sf Mil.* besta (arma antiga); estilingue.

ba.le.strie.ra [balestr´jera] *sf* balestreira, seteira.

ba.li.a [bal´ia] *sf* autoridade, poder, domínio.

ba.lia [´bˈalja] *sf* ama-de-leite. ≃ **asciutta** babá, ama-seca.

ba.lí..sti.ca [bal´istika] *sf* balística.

bal.la [b´alla] *sf* fardo, trouxa.

bal.la.bi.le [ball´abile] *sm* bailado. *adj* próprio para a dança. **canto** ≃ canto para balé.

bal.la.re [ball´are] *vi* dançar, bailar; ser muito largo, ficar folgado (calçado ou roupa). *Fig.* agitar-se, saltar.

bal.la.ta [ball´ata] *sf* dança; balada, canção.

bal.la.to.io [ballat´ojo] *sm* passadiço; passagem ligando edifícios; ponte (em navios). **i** ≃ **toi** *sm pl* os poleiros (de gaiolas).

bal.le.ri.na [baller´ina] *sf* bailarina, dançarina.

bal.le.ri.no [baller´ino] *sm* bailarino, dançarino; professor de bailado. *adj* instável, vacilante. *Fig.* influenciável.

bal.let.to [ball´etto] *sm* balé, bailado.

bal.li.sta [ball´ista] *s* + *adj Gír.* mentiroso, fanfarrão.

bal.lo [b´allo] *sm* dança, baile. ≃ **in maschera** baile à fantasia. ≃ **di San Vito** *Med.* dança de São Vito.

bal.lot.tag.gio [ballott´addʒo] *sm* desempate. *Pol.* segundo turno (eleição).

bal.lot.ta.re [ballott´are] *vt* desempatar.

bal.ne.a.re [balne´are] *adj* balneário.

ba.loc.car.si [balokk´arsi] *vpr tb Fig.* divertir-se, brincar, perder tempo.

ba.loc.co [bal´ɔkko] *sm tb Fig.* brinquedo, brincadeira, divertimento, diversão.

ba.lor.dag.gine [balord´addʒine] *sf* asneira, tolice.

ba.lor.do [bal´ordo] *sm* + *adj* bobo, tolo, desmiolado. *adj Fig.* doido, instável (tempo).

bal.sa.mo [b´alsamo] *sm* bálsamo. *Fig.* conforto, alívio, consolação.

bal.ta [b´alta] *sf* impulso, empurrão. **dare** ≃ capotar (veículo); regredir (doença).

ba.lu.ar.do [balu´ardo] *sm* baluarte, bastião, fortaleza. *Fig.* defesa, proteção.

ba.lu.gi.na.re [baludʒin´are] *vi* relampejar; brilhar, resplandecer.

bal.za [b´altsa] *sf* barranco, declive; precipício; enfeite, adorno de tecido, véu de chapéu.

bal.za.re [balts´are] *vi* saltar; pular; desmontar, descer. ≃ **dal letto** pular da cama, levantar. ≃ **fuori** aparecer, surgir repentinamente. ≃ **addosso** agredir, atacar.

bal.zel.la.re [baltsell´are] *vi* saltitar, andar aos pulinhos.

bal.zel.lo [balts´ello] *sm* pedágio, imposto, tributo, taxa.

bal.zel.lo.ne [baltsell´one] *sm* salto, pulo. **cam-minare a** ≃ **i** andar aos pulos.

bal.zo [b´altso] *sm* salto, pulo.

bam.ba.gia [bamb'adʒa] *sf* algodão em rama, algodão bruto. **di** ≃ *Fig.* delicado, fraco.

bam.ba.gi.no [bambadʒ'ino] *sm* tecido de algodão. *adj* feito de algodão.

bam.bi.na.ia [bambin'aja] *sf* babá, ama-seca.

bam.bi.na.ta [bambin'ata] *sf* criancice, infantilidade.

bam.bi.neg.gia.re [bambinedʒ'are] *vi* comportar-se como criança, fazer criancices.

bam.bi.ne.sco [bambin'esko] *adj* infantil, pueril.

bam.bi.no [bamb'ino] *sm* menino, criança do sexo masculino; bebê, nenê. **Gesù** ≃ Menino Jesus. ≃ **a** *sf* menina, criança do sexo feminino.

bam.boc.cio [bamb'ɔttʃo] *sm Gír.* otário, simplório.

bam.bo.la [b'ambola] *sf* boneca. *Fig.* moça bonita. *Pop.* gatinha.

bam.bù [bamb'u] *sm* bambu.

ba.na.le [ban'ale] *adj* banal, comum, trivial; insosso, sem graça.

ba.na.li.tà [banalit'a] *sf* banalidade; tolice, besteira; criancice; ninharia. *Pop.* coisinha de nada, quinquilharia.

ba.na.na [ban'ana] *sf* banana.

ba.na.no [ban'ano] *sm* bananeira.

ban.ca [b'anka] *sf* banco (comercial); banco, banqueta, assento.

ban.ca.rio [bank'arjo] *sm+adj* bancário.

ban.ca.rot.ta [bankar'otta] *sf Com.* bancarrota, falência. *Fig.* desastre, ruína.

ban.chet.ta.re [bankett'are] *vi* banquetear-se, viver em banquetes.

ban.chet.to [bank'etto] *sm* banquinha; banquete, festim.

ban.chie.re [bank'jere] *sm* banqueiro.

ban.chi.na [bank'ina] *sf* calçada; acostamento (estrada); cais; borda, margem.

ban.co [b'anko] *sm* banca de jogo; banca, mesa (deputados, juízes); banco (para sentar); banco de areia; balcão (de loja).

ban.co.gi.ro [bankodʒ'iro] *sm* compensação bancária.

ban.co.no.ta [bankon'ota] *sf* nota, papel-moeda. ≃ **di taglio grosso** nota de valor alto.

ban.da [b'anda] *sf* lado, parte lateral; banda, conjunto musical; bando, quadrilha; faixa (tecido); companhia (soldados). *Fig.* ambiente; grupo. **da** ≃ à parte, de lado.

ban.de.ru.o.la [bander'wɔla] *sf* bandeirola. *Fig. Gír.* vira-casaca, oportunista.

ban.die.ra [band'jera] *sf* bandeira, estandarte. *Fig.* ideal, símbolo, lema.

ban.di.nel.la [bandin'ella] *sf* toalha de banho; cortina.

ban.di.re [band'ire] *vt* banir, exilar, confinar; anunciar, convocar.

ban.di.ta [band'ita] *sf* reserva de caça.

ban.di.to [band'ito] *sm* bandido, malfeitor. *part+adj* banido, expatriado.

ban.do [b'ando] *sm* decreto, édito; banimento, exílio.

ban.do.lie.ra [bandol'jera] *sf* tiracolo, bandoleira. **a** ≃ a tiracolo.

ban.do.ne [band'one] *sm* lata, latão.

ba.o.bab [baob'ab] *sm Bot.* baobá.

bar [b'ar] *sm* bar, botequim.

ba.ra [b'ara] *sf* caixão, ataúde.

barabuffa → **baruffa.**

ba.rac.ca [bar'akka] *sf* barraca, cabana; casebre. *Fig. Gír.* loja, negócio, trabalho.

ba.ra.on.da [bara'onda] *sf* confusão, bagunça, caos.

ba.ra.re [bar'are] *vi* trapacear.

ba.ra.tro [b'aratro] *sm* abismo, precipício, despenhadeiro.

ba.rat.ta.men.to [barattam'ento] ou **ba.rat.to** [bar'atto] *sm* troca, permuta.

ba.rat.ta.re [baratt'are] *vt* trocar, permutar.

ba.rat.tie.re [baratt'jere] *sm* vendedor ambulante; trapaceiro, larápio.

ba.rat.to.lo [bar'attolo] *sm* vidrinho, vidro; vasilha; latinha.

bar.ba [b'arba] *sf* barba. *Gír.* chateação, aborrecimento. **alla** ≃ **di** a despeito de.

bar.ba.bie.to.la [barbab'jetola] *sf* beterraba.

bar.ba.gian.ni [barbadʒ'anni] *sm Zool.* mocho, corujão. *Fig.* tolo.

bar.ba.glio [barb'aʎo] *sm* deslumbramento; *Fig.* multidão, abundância.

bar.ba.re.sco [barbar'esko] *adj* bárbaro, barbaresco.

bar.ba.rie [barb'arje] *sf* barbárie. *Fig.* crueldade, perversidade.

bar.ba.ri.smo [barbar'izmo] *sm* barbarismo.

bar.ba.ro [b'arbaro] *sm+adj* bárbaro; selvagem, inculto. *Fig.* cruel, desumano, bestial.

bar.bi.ca.re [barbik'are] ou **bar.ba.re** [barb'are] *vi* criar raízes; tomar pé; ganhar força.

bar.bie.re [barb'jere] *sm* barbeiro.

bar.bie.ri.a [barbjer'ia] *sf* barbearia, salão de barbeiro.

bar.bo.ne [barb'one] *sm* barbudo. *Gír.* brega, cafona, caipira. *Fig.* mendigo, pedinte.

bar.bu.glia.re [barbuʎ'are] *vt* balbuciar. *vi* gaguejar.

bar.ca [b'arka] *sf* barco, barca, embarcação. *Fig.* negócio, loja, atividade, trabalho. *Gír.* um monte. ≃ **a remi** barco a remo. ≃ **a vela** barco a vela.

bar.ca.iuo.lo [barka'jwɔlo] ou **bar.ca.io.lo** [barka'jɔlo] *sm* barqueiro.

bar.ca.me.nar.si [barkamen'arsi] *vpr* manobrar, equilibrar-se. *Pop.* virar-se, dar um jeitinho.

bar.chet.to [bark'etto] *sm dim* ou **bar.chet.ta** [bark'etta] *sf dim* barca, canoa, barquinho.

bar.col.la.men.to [barkollam'ento] *sm* cambaleio, balanço; vacilação, hesitação.

bar.col.la.re [barkoll'are] *vi* balançar, ondular, oscilar, tremer; vacilar.

bar.col.lo.ni [barkoll'oni] *adv* na expressão **andare** ≃ cambalear.

bar.da.re [bard'are] *vt* arrear, atrelar, selar (montaria). *Fig.* enfeitar, adornar.

bar.da.tu.ra [bardat'ura] *sf* arreio.

bar.do [b'ardo] *sm* bardo, poeta.

bar.dos.so [bard'ɔsso] ou **bi.sdos.so** [bizd'ɔsso] *adv* sem selar, em pêlo (montaria), apenas na expressão **cavalcare a** ≃ montar em pêlo.

ba.rel.la [bar'ella] *sf* padiola, maca; andor.

ba.rel.la.re [barell'are] *vt* transportar em padiola ou andor.

ba.ri.cen.tro [barits'entro] *sm Fís.* baricentro.

ba.ri.le [bar'ile] *sm* barril, barrica, pipa, tonel, barrilete.

ba.ri.sta [bar'ista] *s* balconista de bar, garçom.

ba.ri.to.no [bar'itono] *sm Mús.* barítono.

bar.lac.cio [barl'attʃo] *adj* podre, choco (ovo).

bar.lu.me [barl'ume] *sm* claridade, resplendor, brilho; fagulha. *Fig.* vislumbre.

ba.ro [b'aro] *sm* trapaceiro, embrulhão.

ba.roc.chi.smo [barokk'izmo] *sm* arte barroca, estilo barroco.

ba.roc.cio [bar'ɔttʃo] *sm* carrinho, carreta.

Ba.roc.co [bar'ɔkko] *sm* Barroco. **b** ≃ *adj* barroco. *Fig.* pesado, extravagante; pomposo, empolado, prolixo (estilo).

ba.ro.me.tro [bar'ɔmetro] *sm* barômetro.

ba.ro.ne [bar'one] *sm* barão. *Fig.* patife, velhaco.

ba.ro.nes.sa [baron'essa] *sf* baronesa.

bar.ra [b'ařa] *sf* barra; tranca; estaca, travessão (de madeira); lingote (de metal).

bar.ra.re [bař'are] *vt* barrar; cancelar; cortar.

bar.ri.ca.re [bařik'are] *vt* erguer (barricadas). *Fig.* bloquear, barrar; defender, fortificar. *vpr* entrincheirar-se, proteger-se.

bar.rie.ra [bař'jera] *sf* barreira, paliçada; posto de fronteira, alfândega.

bar.ri.re [bař'ire] *vi* bramir, barrir (elefante).

bar.ri.to [bař'ito] *sm* bramido, barrido.

ba.ruf.fa [bar'uffa] ou **ba.ra.buf.fa** [barab'uffa] *sf* briga, discussão, rixa. *Pop.* bate-boca, quebra-pau.

bar.zel.let.ta [bardzell'etta] *sf* gracejo, graça, chiste; piada.

ba.sal.to [baz'alto] *sm Min.* basalto.

ba.sa.men.to [bazam'ento] *sm* embasamento, base, apoio; pedestal; perna, pé (de objetos).

ba.sa.re [baz'are] *vt* basear; firmar, apoiar, construir. *vpr* basear-se, apoiar-se.

ba.se [b'aze] *sf* base, apoio, suporte; perna, pé (de objetos); base militar; as bases, as massas (de grupo ou movimento). *Fig.* fonte, origem, início; fundamento.

ba.set.te [baz'ette] *sf* costeletas.

ba.si.co [b'aziko] *adj* básico; fundamental.

ba.si.la.re [bazil'are] *adj* básico, fundamental, principal; imprescindível.

ba.si.li.ca [baz'ilika] *sf Rel.* basílica.

ba.si.li.co [baz'iliko] *sm Bot.* manjericão.

ba.si.li.sco [bazil'isko] *sm Zool.* e *Mit.* basilisco.

ba.si.re [baz'ire] *vi* desmaiar, desfalecer.

bas.si.fon.di [basif'ondi] *sm pl* ralé. *Fig.* cortiço, favela.

bas.so [b'asso] *sm* baixo, parte mais baixa. *Mús.* baixo (cantor e instrumento). *adj* baixo, pequeno; mais recente, último (período de tempo); vil, indecente (moral); barato (preço); grave, profundo (som). **gente** ≃ **a** plebe. *adv* baixo.

bas.so.ri.lie.vo [bassoril'jevo] *sm Arte* baixo-relevo.

bas.sot.to [bass'ɔtto] *sm* bassê (raça canina). *adj* baixinho, baixote.

ba.sta [b'asta] *sf* alinhavo.

ba.star.dag.gine [bastard'addʒine] *sf* bastardia. *Fig.* degeneração.

ba.star.do [bast'ardo] *sm* + *adj* bastardo, ilegítimo (filho). *Fig.* híbrido, cruzado (animais).

ba.sta.re [bast'are] *vi* bastar, ser suficiente; manter-se, durar. **basta!** *interj* chega!

ba.sti.glia [bast'iλa] *sf* bastilha.

ba.sti.men.to [bastim'ento] *sm* embarcação, navio, barco.

ba.stio.ne [bast'jone] *sm* bastião, anteparo para defesa.

ba.sto.na.re [baston'are] *vt tb Fig.* bater, espancar.

ba.sto.na.ta [baston'ata] *sf tb Fig.* pancada, batida, paulada.

ba.sto.ne [bast'one] *sm* bastão; pau, clava (arma); cabo (de vassoura). *Fig.* amparo, arri-

mo. ≃ **da passeggio** bengala. ≃ **di pane** filão de pão. ≃ **da pollaio** poleiro. ≃**i** *pl* paus
(naipe de cartas).
ba.tac.chio [bat′akkjo] *sm* aldrava (de porta);
badalo (de sino).
ba.ta.ta [bat′ata] *sf* batata-doce.
ba.ti.sta [bat′ista] *sf* cambraia.
ba.to.sta [bat′ɔsta] *sf* briga, rixa. *Fig.* golpe,
fracasso.
ba.tra.ce [batr′atʃe] *sm Zool.* batráquio,
anfíbio.
bat.ta.glia [batt′aʎa] *sf* batalha, combate, luta; empenho, esforço para conseguir algo.
Fig. conflito, confronto, rixa; controvérsia.
bat.ta.glio [batt′aʎo] *sm* badalo.
bat.ta.glio.ne [battaʎ′one] *sm Mil.* batalhão.
bat.tel.lo [batt′ello] *sm* barquinho, balsa
pequena.
bat.ten.te [batt′ente] *sm* batente; caixilho (de
janela); aldrava.
bat.te.re [b′attere] *vt* bater, golpear; vencer; freqüentar um local; explorar, inspecionar; cunhar (moeda). *vi* bater, dar um golpe; soar,
tocar (relógio); pulsar, bater (ritmo); insistir
numa idéia. *vpr* bater-se, lutar, duelar. ≃ **a**
macchina bater à máquina, datilografar. **in**
ritirata bater em retirada, fugir. **in un** ≃
d'occhio num piscar de olhos. **non sapere do-**
ve ≃ **il capo** não saber a quem recorrer. ≃
le mani aplaudir. ≃ **ai punti** vencer por pontos. ≃ **alla porta** bater à porta. ≃ **le gazzet-**
te tiritar de frio. ≃**si la fronte** quebrar a cara. ≃**sela** *Fam.* dar no pé, fugir.
bat.te.ri.a [batter′ia] *sf Elet.* bateria, pilha, gerador. *Mil.* bateria, unidade de tiro. *Mús.* bateria, percussão. *Fig.* conjunto de objetos. ≃
di cucina utensílios de cozinha. **caricare la** ≃
carregar a bateria.
bat.te.ri.ci.da [batteritʃ′ida] *sm+adj* bacte-
ricida.
bat.te.rio [batt′erjo] ou **bat.te.ri.de** [batter′ide]
sm Biol. bactéria; germe.
bat.te.si.mo [batt′ezimo] *sm* batismo.
bat.tez.za.re [batteddz′are] *vt* batizar, chamar;
iniciar, começar; diluir, aguar (vinho).
bat.ti.bec.co [battib′ekko] *sm* discussão, debate; disputa, litígio. *Pop.* bate-boca.
bat.ti.cuo.re [battik′wore] *sm* palpitação, taquicardia. *tb Fig.* ansiedade, emoção; agitação,
excitação.
bat.ti.ma.no [battim′ano] *sm* aplauso, palmas.
bat.ti.ste.ro [battist′ero] *sm* batistério.
bat.ti.stra.da [battistr′ada] *sm* batedor, explorador. *Fig.* precursor.

bat.ti.to [b′attito] *sm Fisiol.* batimento, palpitação, pulsação (cardíaca).
bat.ti.to.io [battit′ojo] *sm* batente (de porta);
caixilho (de janela).
bat.ti.to.re [battit′ore] *sm* batedor; jogador que
inicia a partida.
bat.ti.tu.ra [battit′ura] *sf Inform.* digitação.
battocchio → **battaglio.**
bat.tu.ta [batt′uta] *sf* batida; fala (de um ator);
batida policial, patrulhamento. *Mús.* compasso. *Fig.* piada, brincadeira; gracejo, chiste; ritmo, cadência. ≃ **di aspetto** compasso
de espera. **in due** ≃ **e** em três tempos, num
instante.
ba.u.le [ba′ule] *sm* baú, cofre, arca.
bau.xi.te [bawks′ite] *sf Min.* bauxita.
ba.va [b′ava] *sf* baba; anafaia (primeira seda
tecida pelo bicho-da-seda).
ba.va.glio [bav′aʎo] *sm* babador; mordaça.
ba.ve.ro [b′avero] *sm* gola.
ba.vet.ti.ne [bavett′ine] *sf pl* massa em forma
de fitas finas.
ba.zar [badz′ar] *sm* bazar, mercado.
baz.za [b′addza] *sf* sorte, felicidade.
baz.ze.co.la [baddz′ekola] *sf* bagatela, ninharia, quinquilharia.
baz.zi.ca.re [battsik′are] *vt+vi* freqüentar, ser
da casa.
be.a.re [be′are] *vt* fazer feliz, beatificar. *vpr*
deliciar-se, extasiar-se.
be.a.ti.fi.ca.re [beatifik′are] *vt Rel.* beatificar.
be.a.to [be′ato] *sm Rel.* beato. *part+adj* beato; feliz, abençoado, afortunado; contente,
satisfeito, sereno. ≃ **te!** sorte tua! ≃ **chi ti**
vede! bons olhos o vejam!
be.bè [beb′ɛ] *s* bebê, nenê.
bec.cac.cia [bekk′attʃa] *sf Zool.* narceja, ga-
linhola.
bec.ca.io [bekk′ajo] *sm* açougueiro.
bec.ca.mor.ti [bekkam′ɔrti] *sm* coveiro.
bec.ca.pe.sci [bekkap′eʃi] *sm Zool.* mergulhão.
bec.ca.re [bekk′are] *vt* bicar; picar; flagrar, pegar em flagrante; receber. *Fig.* beliscar, mordiscar.
bec.ca.to.io [bekkat′ojo] *sm* comedouro (onde
comem os pássaros).
bec.ca.tura [bekkat′ura] *sf* bicada; picada.
bec.cheg.gia.re [bekkeddʒ′are] *vi Náut.* balançar, ondear.
bec.cheg.gio [bekk′eddʒo] *sm* balanceio, ondulação.
bec.che.ri.a [bekker′ia] *sf* açougue. *Fig.* carnificina.
bec.chi.no [bekk′ino] *sm* coveiro.

bec.co [b´ekko] *sm* bico (de aves); bode, macho da cabra. *Fig.* boca.

be.du.i.no [bedu´ino] *sm* beduíno.

be.fa.na [bef´ana] *sf Rel.* **B** ≃ Epifania, Dia de Reis. *Fig.* bruxa, megera, mulher má.

bef.fa [b´effa] *sf* zombaria, gozação, escárnio.

bef.far.do [beff´ardo] *adj* gozador, zombeteiro, sarcástico.

bef.fa.re [beff´are] *vt* gozar de, zombar. *vpr* zombar de; não ligar, não se importar. *Pop.* não dar a mínima.

be.la.re [bel´are] *vi* balir (ovelhas). *Fig.* choramingar, gemer.

bel.la [b´ella] *sf* mulher bonita; prova final, apresentação definitiva de um trabalho. *Fam.* querida. *Fig.* anjo, fada; namorada, noiva.

bel.la.don.na [bellad´ɔnna] *sf Bot.* beladona.

bel.let.to [bell´etto] *sm* cosmético, maquiagem.

bel.lez.za [bell´ettsa] *sf* beleza, formosura. *Fig.* graça, leveza; harmonia, equilíbrio.

bel.li.co [b´elliko] *adj* bélico, guerreiro, militar.

bel.li.co [bell´iko] *sm Anat.* umbigo.

bel.li.co.so [bellik´ozo] *adj* belicoso. *Fig.* agressivo, briguento, violento.

bel.li.ge.ran.te [bellidʒer´ante] *adj* beligerante, belicoso, que está em guerra. **le due parti** ≃ **i** os dois lados em guerra.

bel.lim.bu.sto [bellimb´usto] *sm* almofadinha, janota.

bel.lo [b´ello] *sm* homem bonito. *Fam.* querido. *adj* belo, bonito, lindo; gracioso, harmônico; claro, bom (tempo). ≃! *Irôn.* muito bonito! **ma il** ≃ **è venuto dopo** *Irôn.* mas o melhor veio depois. **cosa hai fatto di** ≃? o que tem feito de bom?

bel.lu.i.no [bellu´ino] *adj* cruel, sanguinário, impiedoso; pavoroso, lancinante (grito).

bel.tà [belt´a] *sf Poét.* beleza; beldade, mulher bonita.

bel.va [b´elva] *sf* fera. *Fig.* selvagem, animal, pessoa cruel.

bel.ve.de.re [belv´edere] *sm* mirante, terraço.

bel.ze.bù [beldzeb´u] *sm* o diabo, satanás.

be.mol.le [bem´ɔlle] *sm Mús.* bemol.

be.nac.cet.to [benatt∫´etto] *adj* benquisto, bem-aceito, querido, caro.

be.nal.le.va.to [benallev´ato] *adj* bem-criado, bem-educado.

be.na.ma.to [benam´ato] *adj* bem-amado, querido.

be.nan.da.ta [benand´ata] *sf* gorjeta, propina. *Pop.* caixinha.

be.nar.ri.va.to [benarriv´ato] *adj* bem-vindo. **dare il** ≃ **ad uno** dar as boas-vindas a alguém.

ben.ché [benk´e] *conj* se bem que, apesar de que, a despeito de, ainda que.

ben.da [b´enda] *sf* tira, faixa. *Med.* atadura, gaze.

ben.dag.gio [bend´addʒo] *sm* bandagem, atadura.

ben.da.re [bend´are] *vt* enfaixar, pôr atadura.

be.ne [b´ene] *sm* o bem. ≃**i** *pl* bens, posses, propriedades. *adv* bem, corretamente, perfeitamente; muito. ≃, ≃! muito bem! e então?

be.ne.det.ti.no [benedett´ino] *sm* + *adj Rel.* beneditino.

be.ne.det.to [bened´etto] *part* + *adj* bendito, bento, abençoado, santo, consagrado, sacro; feliz, afortunado. *Fig.* desejado, providencial.

be.ne.di.re [bened´ire] *vt* benzer, abençoar, dar a bênção; bendizer; consagrar.

be.ne.di.zio.ne [benedits´jone] *sf* bênção. *Fig.* salvação, sorte; presente; graça.

be.ne.fat.to.re [benefatt´ore] *sm* benfeitor, filantropo.

be.ne.fi.ca.re [benefik´are] *vt* beneficiar, favorecer; ajudar, auxiliar. *Pop.* dar uma mão.

be.ne.fi.cen.za [benefit∫´entsa] *sf* beneficência, assistência, caridade.

be.ne.fi.cia.re [benefit∫´are] *vi* levar vantagem, usufruir.

be.ne.fi.cio [benef´it∫o] *sm* benefício, favor. *Fig.* ganho, vantagem, interesse, conveniência.

be.ne.fi.co [ben´efiko] *adj* benéfico, benfazejo; benigno, positivo, vantajoso. *Fig.* generoso, caridoso.

be.ne.me.ri.to [benem´erito] *adj* benemérito, merecedor.

be.ne.pla.ci.to [benepl´at∫ito] *sm* beneplácito, consentimento, aprovação.

be.nes.se.re [ben´essere] *sm* bem-estar, saúde; conforto; alegria, satisfação; riqueza.

be.ne.stan.te [benest´ante] *s* + *adj* abastado; rico, próspero.

be.ne.vo.len.za [benevol´entsa] *sf* benevolência, inclinação ao bem; compreensão; estima, simpatia.

be.ne.vo.lo [ben´evolo] *adj* benévolo, bondoso; amigável, disposto.

ben.fat.to [benf´atto] *adj* bem-feito. *Fig.* bom.

ben.go.di [beng´ɔdi] *sm Fig.* eldorado, lugar de riquezas e delícias.

be.ni.gno [ben´iño] *adj* benigno, benévolo, bom; leve, suave (doença).

ben.na.to [benn´ato] *adj* bem-nascido, de boa família.

ben.pen.san.te [benpens´ante] *s* + *adj* conformista, tradicionalista. *Fig.* burguês.

ben.sì [bens′i] *conj* mas, porém, ao contrário.

ben.ve.nu.to [benven′uto] *sm* boas-vindas. *Fig.* acolhida, saudação. *adj* bem-vindo. ≃ **a Roma!** bem-vindo a Roma!

ben.vo.le.re [benvol′ere] *sm* benevolência.

ben.zi.na [bendz′ina] *sf* benzina; gasolina.

be.o.ne [be′one] *sm* beberrão, bêbado; alcoólatra.

be.o.ta [be′ɔta] *sm* ignorante, simplório, beócio.

ber.cia.re [bertʃ′are] *vi* gritar, berrar, urrar; falar demais.

ber.cio [b′ertʃo] *sm* grito, berro.

be.re [b′ere] *vt* beber, tomar; queimar, consumir (motor). *Fig.* escutar, acreditar; absorver.

ber.ga.mot.ta [bergam′ɔtta] *sf* mexerica, tangerina, bergamota. *adj* espécie de pêra.

ber.ga.mot.to [bergam′otto] *sm* pé de tangerina, mexerica, bergamota.

be.ril.lo [ber′illo] *sm Min.* berilo.

be.ri.o.lo [beri′ɔlo] *sm* bebedouro (de gaiola).

ber.li.na [berl′ina] *sf* berlinda. *Fig.* difamação; zombaria.

ber.noc.co.lo [bern′ɔkkolo] *sm* hematoma, inchaço; galo (na cabeça). *Fig.* gênio, inclinação, talento.

ber.ret.to [beř′etto] *sm* chapéu, boné.

ber.sa.glia.re [bersaλ′are] *vt* alvejar, mirar. *Fig.* perseguir, perturbar.

ber.sa.glio [bers′aλo] *sm* alvo. *Fig.* meta, objetivo.

be.stem.mia [best′emmja] *sf* blasfêmia, heresia; asneira, absurdo. *Pop.* burrada. *Fig.* maldição, imprecação.

be.stem.mia.re [bestemm′jare] *vt* amaldiçoar, maldizer. *vi* blasfemar; praguejar, imprecar. *Fig.* dizer besteiras, dizer asneiras.

be.stia [b′estja] *sf* besta, animal, fera. *Fig.* asno, ignorante.

be.stia.le [best′jale] *adj* bestial, animalesco. *Fig.* brutal, bárbaro, desumano; excitante, interessante. **forza** ≃ força sobre-humana.

be.stia.me [best′jame] *sm* gado.

be.stia.rio [best′jarjo] *sm* domador (de animais); bestiário (livro sobre animais reais ou imaginários, na Idade Média).

be.to.ne [bet′one] *sm* concreto.

bet.to.la [b′ettola] *sf* bar; taverna; botequim.

bet.to.lie.re [bettol′jere] *sm* dono de bar, taverneiro; botequineiro.

be.tul.la [bet′ulla] *sf Bot.* bétula, vidoeiro.

be.va [b′eva] *sf Lit.* bebida. **essere nella sua** ≃ *Fig.* estar no seu elemento.

be.van.da [bev′anda] *sf* bebida, drinque.

be.ve.rag.gio [bever′addʒo] *sm* bebida (artificial); beberagem, poção. *Fig.* gorjeta.

be.ve.ra.to.io [beverat′ojo] *sm* bebedouro para animais.

bevero → **castoro**

be.ve.ro.ne [bever′one] *sm* beberagem, poção; papa para cavalos.

be.vic.chia.re [bevikk′jare] *vt* bebericar.

be.vu.ta [bev′uta] *sf* gole, trago, sorvo.

bi [b′i] *sf* bê, o nome da letra B.

bia.da [b′jada] *sf* aveia. ≃e *pl* cereais.

bian.ca.stro [bjank′astro] *adj* esbranquiçado.

bian.cheg.gia.re [bjankeddʒ′are] *vt* branquear, alvejar. *Fig.* clarear.

bian.che.ri.a [bjanker′ia] *sf* roupa-branca para uso pessoal e caseiro; roupa íntima em geral. ≃ **da tavola** roupa de mesa. ≃ **da letto** roupa de cama.

bian.co [b′janko] *adj* branco, alvo; pálido, claro.

bia.sci.ca.re [bjaʃik′are] ou **bia.scia.re** [bjaʃ′are] *vt* mascar, mastigar. *Fig.* resmungar. ≃ **le parole** falar com dificuldade.

bia.si.ma.re [bjazim′are] *vt* condenar, criticar, repreender, desaprovar.

bia.si.mo [b′jazimo] *sm* crítica, censura, reprovação, desaprovação.

Bib.bia [b′ibbja] *sf* Bíblia.

bi.be.ron [biber′ɔn] *sm* mamadeira.

bi.bi.ta [b′ibita] *sf* bebida (alcoólica ou não); beberagem, poção.

bi.bli.co [b′ibliko] *adj* bíblico. *Fig.* apocalíptico, dramático; inspirado, solene.

bi.blio.gra.fi.a [bibljograf′ia] *sf* bibliografia.

bi.blio.gra.fi.co [bibljogr′afiko] *adj* bibliográfico.

bi.blio.te.ca [bibljot′eka] *sf* biblioteca.

bi.blio.te.ca.rio [bibljotek′arjo] *sm* bibliotecário.

bi.car.bo.na.to [bikarbon′ato] *sm Quím.* bicarbonato. ≃ **di sodio** bicarbonato de sódio.

bic.chie.re [bikk′jere] *sm* copo, cálice.

bi.ci.clet.ta [bitʃikl′etta] *sf* bicicleta.

bi.coc.ca [bik′ɔkka] *sf* casebre, lugar sujo e feio.

bi.co.lo.re [bikol′ore] *adj* bicolor.

bi.dé [bid′e] *sm* bidê.

bi.del.lo [bid′ello] *sm* bedel.

bi.do.na.re [bidon′are] *vt Gír.* enganar, embromar.

bi.do.na.ta [bidon′ata] *sf Gír.* engano, embuste, fraude.

bi.do.ne [bid′one] *sm* barril, pipa; lata. *Gír.* fraude, truque, engano.

bie.co [b′jeko] *adj* oblíquo, enviesado. *Fig.* ruim, maléfico; ameaçador; duvidoso, torpe.

biel.la [bj´ella] *sf Mec.* alavanca, barra de máquina.

bien.na.le [bjenn´ale] *adj* bienal.

bien.ne [b´jɛnne] *s+adj* de dois anos (de idade).

bi.en.nio [bi´ennjo] *sm* biênio.

bie.to.la [b´jetola] *sf* acelga.

biet.ta [b´jetta] *sf* cunha.

bi.fi.do [b´ifido] *adj* bifurcado, bífido.

bi.fol.co [bif´olko] *sm* camponês, lavrador. *sm+adj Fig.* grosseiro, malcriado, rústico; caipira, cafona.

bi.for.car.si [bifork´arsi] *vpr* bifurcar-se.

big [b´ig] *s Fig.* figurão, VIP, pessoa importante; prodígio. *Teat.* astro, monstro sagrado.

bi.ga [b´iga] *sf* biga.

bi.ga.mi.a [bigam´ia] *sf* bigamia.

bi.ga.mo [b´igamo] *sm+adj* bígamo.

bi.ghel.lo.na.re [bigellon´are] *vi* vagabundear, vadiar. *Pop.* andar por aí.

bi.ghel.lo.ne [bigell´one] *sm* vagabundo, preguiçoso. **stare ≃ i** ficar matando tempo, vagabundear.

bi.gio [b´idʒo] *adj* cinzento, pardo, esfumaçado.

bi.giot.te.ri.a [bidʒotter´ia] *sf* bijuteria.

biglia, bigliardo → bilia, biliardo.

bi.gliet.ta.io [biλett´ajo] ou bi.gliet.ta.rio [biλett´arjo] *sm* bilheteiro, cobrador.

bi.gliet.te.ri.a [biλetter´ia] *sf* bilheteria.

bi.gliet.to [biλ´etto] *sm* bilhete; mensagem; passagem; recibo, comprovante. **≃ d'andata** passagem só de ida. **≃ d'andata e ritorno** passagem de ida e volta. **mezzo ≃** meia passagem. **≃ d'ingresso** entrada, ingresso (para espetáculo). **≃ da visita** cartão de visita. **≃ i di banca** notas, papel-moeda.

bi.got.to [big´ɔtto] *sm dep* beato, carola.

bi.ki.ni [bik´ini] *sm* biquíni, maiô de duas peças.

bi.lan.cia [bil´antʃa] *sf* balança. **B ≃ → Libra.**

bi.lan.cia.re [bilantʃ´are] *vt* pesar com balança; balancear, equilibrar; adequar, contrabalançar.

bi.lan.cio [bil´antʃo] *sm Com.* balanço, prestação de contas.

bi.la.te.ra.le [bilater´ale] *adj* bilateral. *Fig.* recíproco, duplo.

bi.le [b´ile] *sf Fisiol.* bile, bílis. *Fig.* ódio, raiva, rancor.

bi.lia [b´ilja] ou bi.glia [b´iλa] *sf* bola de bilhar; caçapa.

bi.liar.do [bil´jardo] ou bi.gliar.do [biλ´ardo] *sm* bilhar, sinuca (jogo e mesa); salão de bilhar.

bi.lia.re [bil´jare] *adj* biliar, da bílis.

bi.li.co [b´iliko] *sm* eixo, amparo, fulcro. *Fig.* precariedade; equilíbrio, balanceamento.

bi.lin.gue [bil´ingwe] *adj* bilíngüe.

bi.lio.ne [bil´jone] *sm+num* bilhão.

bi.lio.ne.si.mo [biljon´ɛzimo] *sm+num* bilionésimo.

bi.lio.so [bil´jozo] *adj* bilioso. *Fig.* irado, raivoso, colérico.

bim.bo [b´imbo] *sm Fam.* menino, criança (do sexo masculino); bebê.

bi.men.si.le [bimens´ile] *adj* bimensal, que acontece ou é publicado duas vezes por mês.

bi.me.stra.le [bimestr´ale] *adj* bimestral, que dura um bimestre ou acontece a cada dois meses.

bi.me.stre [bim´estre] *sm* bimestre.

bi.mo.to.re [bimot´ore] *sm* bimotor.

bi.na.rio [bin´arjo] *sm* trilho, binário (de ferrovia). *Fig.* hábito, costume; direção, guia, método. *adj* binário.

bi.no.co.lo [bin´ɔkolo] *sm* binóculo.

bi.no.mio [bin´ɔmjo] *sm* binômio. *Fig.* combinação, par, dupla.

bio.do [b´jɔdo] *sm Bot.* junco.

bio.gra.fi.a [bjograf´ia] *sf* biografia.

bio.lo.gi.a [bjolodʒ´ia] *sf* biologia.

bion.do [b´jondo] *sm+adj* loiro, louro.

bi.par.ti.re [bipart´ire] *vt* bipartir.

bi.pe.de [b´ipede] *s+adj* bípede.

bi.pla.no [bipl´ano] *sm* biplano.

bi.rac.chio [bir´akkjo] *sm* trapo, farrapo; trecho. **non sa ≃** não sabe de nada. *Pop.* não sabe patavina.

bir.ban.te [birb´ante] *s+adj* travesso, malandro, maroto, molecote.

bir.ban.te.ri.a [birbanter´ia] *sf* molecagem, travessura, brincadeira. *Fig.* brincadeira de mau gosto, peça.

bir.bo [b´irbo] ou bir.bo.ne [birb´one] *sm* malandro, trapaceiro.

bir.cio [b´irtʃo] *adj* vesgo, estrábico.

bi.ri.chi.no [birik´ino] *sm* moleque travesso. *adj* travesso, levado.

bi.ro [b´iro] *sm* caneta esferográfica.

bir.ra [b´iʃa] *sf* cerveja.

bir.ra.io [bir´ajo] *sm* cervejeiro.

bir.re.ri.a [biʃer´ia] *sf* cervejaria.

bis [b´is] *sm* bis, repetição. *adv* duas vezes. **≃!** *interj* bis! de novo!

bi.sar.ca.vo.lo [bizark´avolo] *sm* tataravô. **≃ a** *sf* tataravó.

bi.sa.vo [biz´avo] ou bi.sa.vo.lo [biz´avolo] *sm* bisavô. **≃ a** *sf* bisavó. **≃ i** *pl Fig.* antepassados, avós.

bi.sbe.ti.co [bizb´etiko] *adj* caprichoso. *Fig.* excêntrico, lunático; intratável, esquivo.
bi.sbi.glia.re [bizbiʎ´are] *vt+vi* sussurrar,
murmurar.
bi.sbi.glio [bizb´iʎo] *sm* murmúrio, sussurro,
cicio.
bi.sca [b´iska] *sf* casa de jogo, espelunca.
bi.sca.iuo.lo [biska´jwɔlo] *sm* jogador.
bi.scia [b´iʃa] *sf* cobra, serpente.
bi.scot.to [bisk´otto] *sm* biscoito; bolacha.
bi.scu.gi.no [biskudʒ´ino] *sm* primo em segundo grau.
bisdosso → **bardosso.**
bi.ses.su.a.le [bisessu´ale] *s+adj* bissexual.
bi.se.sti.le [bizest´ile] *adj* bissexto.
bi.se.sto [biz´esto] *sm* o dia vinte e nove de fevereiro.
bi.sil.la.bo [bis´illabo] *adj* bissílabo.
bi.slac.co [bizl´akko] *adj* extravagante, estranho, esquisito, bizarro; insensato, maluco.
bi.slun.go [bizl´ungo] *adj* alongado, elíptico,
oblongo.
bi.smu.to [bizm´uto] *sm Quím.* bismuto.
bi.sni.po.te [biznip´ote] *s* bisneto, bisneta; filho ou filha do sobrinho ou sobrinha.
bi.snon.no [bizn´ɔnno] *sm* bisavô. ≃ **a** *sf*
bisavó.
bi.so.gna [biz´oɲa] *sf* negócio; necessidade.
bi.so.gna.re [bizoɲ´are] *vi* precisar, necessitar;
ser preciso, ser necessário. **bisogna aver pazienza** é preciso ter paciência.
bi.so.gne.vo.le [bizoɲ´evole] *sm+adj* necessário, útil.
bi.so.gno [biz´oɲo] *sm* necessidade; dever, obrigação; miséria, penúria; desejo, vontade.
bi.so.gno.so [bizoɲ´ozo] *sm+adj* necessitado,
carente; miserável, pobre.
bi.son.te [biz´onte] *sm Zool.* bisão.
bis.sa.re [biss´are] *vt Teat.* bisar, repetir.
bi.stec.ca [bist´ekka] *sf* bife, bisteca.
bi.stec.chie.ra [bistekk´jera] *sf* grelha, chapa.
bi.stic.cia.re [bistittʃ´are] *vi* discutir, brigar.
bi.stic.cio [bist´ittʃo] *sm* discussão, briga, rixa;
trocadilho, jogo de palavras.
bi.strat.ta.re [bistratt´are] *vt* maltratar. *Pop.*
judiar.
bi.stu.ri [b´isturi] *sm Med.* bisturi.
bi.sun.to [biz´unto] *adj* besuntado.
bi.tor.zo.lo [bit´ortsolo] *sm* verruga; galo, inchação; furúnculo.
bi.tu.me [bit´ume] *sm* betume.
bi.vac.co [biv´akko] *sm* acampamento; pernoite, descanso.
bi.val.ve [biv´alve] *adj* bivalve.

bi.vio [b´ivjo] *sm* bifurcação, cruzamento. *Fig.*
dilema, dúvida.
bi.zan.ti.no [bidzant´ino] *adj* bizantino. *Fig.*
complicado, rebuscado, sofisticado.
biz.za [b´iddza] *sf* raiva, zanga; manha, birra,
capricho. **far le** ≃**e** fazer manha (criança).
biz.zar.ri.a [biddzař´ia] *sf* esquisitice, extravagância; capricho.
biz.zar.ro [biddz´ařo] *adj* bizarro, esquisito, extravagante, estranho; caprichoso, manhoso.
biz.zef.fe [biddz´effe] *adv* grande quantidade.
a ≃ em grande quantidade.
blan.di.re [bland´ire] *vt* agradar, acariciar, lisonjear; abrandar, amaciar, acalmar, aplacar.
blan.di.zie [bland´itsje] *sf pl* lisonjas, agrados.
blan.do [bl´ando] *adj* brando, moderado, leve. *Fig.* doce, gentil, paciente.
bla.sfe.ma [blasf´ema] *s* blasfêmia.
bla.so.ne [blaz´one] *sm* brasão.
blat.ta [bl´atta] *sf* barata.
ble.nor.ra.gi.a [blenořadʒ´ia] *sf Med.* blenorragia, gonorréia.
blin.dag.gio [blind´addʒo] *sm* blindagem.
blin.da.re [blind´are] *vt* blindar, encouraçar.
bloc.ca.re [blokk´are] *vt* bloquear, imobilizar;
estabilizar, fixar. *Fig.* confinar, isolar; interromper, parar; prender, aprisionar.
bloc.co [bl´ɔkko] *sm* bloqueio; bloco, massa
compacta. *Fig.* interrupção, limitação; obstáculo, dificuldade; grupo, união. ≃ **di merce**
carregamento, estoque de mercadorias.
blu [bl´u] *sm+adj* azul, azul-escuro.
blu.sa [bl´uza] *sf* blusa (de mulher e criança);
camisa de operário.
bo.a [b´ɔa] *sm Zool.* boa, jibóia.
bo.a.to [bo´ato] *sm* mugido; ribombo, estrondo.
bo.bi.na [bob´ina] *sf* bobina, carretel.
boc.ca [b´okka] *sf* boca; abertura, embocadura; paladar; pessoa que come muito. ≃**che**
pl bocas, pessoas. ≃ **di fiume** foz, estuário.
≃ **da incendio** hidrante. **di** ≃ **in** ≃ boca a
boca, de pessoa a pessoa. **con il cuore in** ≃
Pop. com o coração na boca. **a** ≃ verbalmente. **a** ≃ **asciutta** de mãos abanando. **restare**
a ≃ **aperta.** *Pop.* ficar de boca aberta. **in** ≃
al lupo! boa sorte! **aprire** ≃ começar a falar. **ha sempre musica in** ≃ ele sempre fala
de música. **cavare di** ≃ obrigar a falar. **levare**
la parola di ≃ **altrui** *Pop.* tirar as palavras
da boca de alguém. **levarsi il pane di** ≃
privar-se de algo por amor a alguém. **mette-**
re ≃ **in una cosa** intrometer-se em algo. **di-**
co ciò che viene alla ≃ digo o que me vem
à cabeça.

boc.cac.ce.sco [bokkattʃ'esko] *adj* à maneira de Boccaccio. *Fig.* vulgar, obsceno, licencioso.
boc.ca.le [bokk'ale] *sm* jarro de argila.
boc.ca.por.to [bokkap'ɔrto] *sm* escotilha.
boc.ca.ta [bokk'ata] *sf* bocado; trago; tragada (cigarro).
boc.cet.ta [bott∫'etta] *sf* garrafa, vidro, frasco.
boc.cheg.gia.re [bokkeddʒ'are] *vi* ofegar, arfar.
boc.chi.no [bokk'ino] *sm* piteira.
boc.cia [b'ɔttʃa] *sf* botão (de flor); garrafa. *Esp.* bocha, bola de madeira. *Med.* furúnculo.
boc.cia.re [bott∫'are] *vt Esp.* bater (uma bola em outra). *Fig.* reprovar (em exame); rejeitar (candidato). *vi Fig.* ser reprovado, repetir. *Pop.* levar bomba, levar pau (na escola).
boc.cio.lo [bottʃ'ɔlo] *sm* castiçal; botão de flor; tubo de caneta.
boc.co.la [b'okkola] *sf* fivela (de sapato).
boc.con.ci.no [bokkontʃ'ino] *sm dim* bocadinho, pedacinho; petisco.
boc.co.ne [bokk'one] *sm* bocado, pedaço. ≃i *adv* de bruços, de barriga para baixo.
bo.cia.re [botʃ'are] *vi* gritar.
bodino → budino.
bof.fi.ce [b'ɔffitʃe] *adj* macio, mole.
bo.ia [b'ɔja] *sm* carrasco. *Fig.* torturador; carcereiro.
boi.cot.tag.gio [bojkott'addʒo] *sm* boicote.
boi.cot.ta.re [bojkott'are] *vt* boicotar, criar obstáculos.
bo.le.ro [bol'ero] *sm Mús.* bolero; casaquinho, bolero (vestimenta).
bo.le.to [bol'eto] *sm Bot.* boleto (cogumelo).
bol.gia [b'ɔldʒa] *sf* sacola, bolsa. *Fig.* confusão, bagunça, caos. *Pop.* saco de gatos.
bo.li.de [b'ɔlide] *sm* bólido, meteoro. *Fig.* raio.
bol.la [b'olla] *sf* bolha (de água); bolha (na pele), pústula. *Rel.* bula. ≃ **di sapone** bola de sabão. *Fig.* promessa que não é cumprida.
bol.la.re [boll'are] *vt* selar, carimbar; marcar, assinalar. *Fig.* acusar.
bol.let.ta [boll'etta] *sf* tacha. *Com.* recibo, guia, comprovante.
bol.let.ta.rio [bollett'arjo] *sm* bloco de recibos.
bol.let.ti.no [bollett'ino] *sm* boletim, relatório, prestação de contas; jornal, noticiário.
bol.li.re [boll'ire] *vt* ferver, cozinhar. *vi* ficar fervendo, estar em ebulição. *Fig.* ficar nervoso, ferver de raiva, agitar-se; suar, ficar com calor. **far** ≃ **e mal cuocere** *Pop.* ter muito trabalho e não conseguir nada.
bol.li.to [boll'ito] *part+adj* cozido, fervido.
bol.lo [b'ollo] *sm* selo, carimbo, timbre, sinete.

bol.lo.re [boll'ore] *sm* fervura; borbulha.
bol.so [b'olso] *adj* asmático. *Fig.* mole, flácido; fraco, débil.
bom.ba [b'omba] *sf Mil.* bomba, explosivo. *Fig.* acontecimento inesperado, notícia sensacional. ≃ **atomica** bomba atômica. ≃ **all'idrogeno** bomba de hidrogênio. ≃ **a gas** bomba de gás. ≃ **a mano** granada. ≃ **a orologeria** bomba-relógio. ≃ **incendiaria** bomba incendiária. **tornare a** ≃ *Fig.* voltar ao assunto. **a prova di** ≃ à prova de bombas. *Fig.* indestrutível, invencível.
bom.bar.da.men.to [bombardam'ento] *sm Mil.* bombardeio.
bom.bar.da.re [bombard'are] *vt Mil.* bombardear. *Fig.* atormentar, perturbar, perseguir.
bom.bar.di.no [bombard'ino] *sm Mús.* bombardão.
bom.bar.do.ne [bombard'one] *sm Mús.* bombardão.
bom.bo.nie.ra [bombon'jera] *sf* confeiteira, vasilha para doces.
bo.nac.cia [bon'att∫a] *sf Náut.* bonança, calmaria. *Fig.* paz, tranqüilidade.
bo.nac.cio.ne [bonatt∫'one] *sm+adj* bonachão, tranqüilo, pacífico, pacato.
bon.bon [bomb'ɔn] *sm* bombom, chocolate, confeito.
bon.dio.la [bond'jɔla] *sf* salame em forma de bola.
bo.ni.fi.ca.re [bonifik'are] *vt* bonificar, creditar; abonar, perdoar dívida; drenar um terreno alagado para torná-lo utilizável. *Fig.* purificar, depurar.
bo.no.mi.a [bonom'ia] *sf* bondade, cordialidade, bonomia.
bon.tà [bont'a] *sf* bondade; boa índole; benevolência.
boom.er.ang [bumer'ang] *sm Esp.* bumerangue.
bor.bot.ta.re [borbott'are] *vt+vi* resmungar, reclamar.
bor.da.glia [bord'aʎa] *sf* gentalha, ralé.
bor.da.re [bord'are] *vt* bater, espancar. *Náut.* costear, cabotar.
bor.da.tu.ra [bordat'ura] *sf* fita, debrum; bainha, orla (de tecido).
bor.del.lo [bord'ello] *sm* bordéu, casa suspeita, casa de tolerância. *Fig.* bagunça, confusão, desordem.
bor.de.rò [border'ɔ] *sm Com.* borderô.
bor.do [b'ordo] *sm* borda, margem, limite, orla; debrum, bainha (de tecido). *Náut.* bordo, lado do navio. **a** ≃ a bordo.

bor.do.ne [bord'one] *sm* bordão, cajado. *Zool.* penugem.

bo.re.a [b'ɔrea] *sm* vento norte.

bo.re.a.le [bore'ale] *adj* boreal, setentrional.

bor.ga.ta [borg'ata] *sf* aldeia, povoado, vila.

bor.ghe.se [borg'eze] *s+adj* burguês. *Fig.* conformista, tradicionalista.

bor.ghe.si.a [borgez'ia] *sf* burguesia; classe média.

bor.go [b'orgo] *sm* aldeia, vila, povoado, burgo.

bor.go.ma.stro [borgom'astro] *sm* burgomestre.

bo.ria [b'ɔrja] *sf* arrogância, presunção, orgulho, vaidade, pretensão.

bo.rio.so [bor'jozo] *adj* vaidoso, orgulhoso, presunçoso, pretensioso. *Pop.* metido.

bo.ro [b'ɔro] *sm* Quím. boro.

bor.rac.cia [boɾ'attʃa] *sf* borracha (bolsa de couro para líquidos). *Mil.* cantil.

bor.ro [b'oɾo] *sm* vala, rego, fosso; torrente.

bor.sa [b'orsa] *sf* bolsa. *Fig.* carteira, portaníqueis. *Com.* bolsa de valores.

bor.sa.iuo.lo [borsa'jwɔlo] ou **bor.sa.io.lo** [borsa'jɔlo] *sm* batedor de carteira, ladrão.

bor.seg.gia.re [borseddʒ'are] *vt* furtar, roubar.

bor.sel.li.no [borsell'ino] *sm* carteira, portaníqueis.

bo.sca.glia [bosk'aʎa] *sf* matagal, mato.

bo.sca.iuo.lo [boska'jwɔlo] ou **bo.sca.io.lo** [boska'jɔlo] *sm* lenhador.

bo.sco [b'ɔsko] *sm* bosque, mata, floresta.

bo.ta.ni.ca [bot'anika] *sf* botânica.

bo.ta.ni.co [bot'aniko] *sm+adj* botânico.

bo.to.la [b'ɔtola] *sm* alçapão (no assoalho).

bo.to.lo [b'ɔtolo] *sm* cãozinho, cachorrinho. *Fig.* homem briguento mas sem força.

bo.tro [b'otro] *sm* vala, rego, fosso.

bot.ta [b'ɔtta] *sf* batida; pancada, golpe; marca, hematoma; choque, abalo, golpe (emocional). *Zool.* sapo.

bot.te [b'ɔtte] *sf* tonel, barril, barrica, pipa. **la** ≃ **dà il vino che ha** cada um dá o que tem.

bot.te.ga [bott'ega] *sf* loja, oficina, comércio; atividade, empresa; negócios.

bot.te.ga.io [botteg'ajo] *sm* lojista.

bot.te.ghi.no [botteg'ino] *sm* banca de jogo.

bot.ti.glia [bott'iʎa] *sf* garrafa.

bot.ti.glie.ria [bottiʎer'ia] *sf* adega, taberna.

bot.ti.no [bott'ino] *sm* economias; despojo dos vencidos. *Fig.* lucro, rendimento, resultado, produto.

bot.to.ne [bott'one] *sm* botão (de flor, de roupa). **premere il** ≃ apertar o botão. ≃ **i gemelli** abotoaduras.

bot.to.nie.ra [botton'jera] *sf* abotoadura, conjunto de botões de uma vestimenta.

bo.va.ro [bov'aro] *sm* vaqueiro, boiadeiro.

bo.ve [b'ɔve] *sm* (*pl m* **buoi**) boi.

bo.vi.le [bov'ile] *sm* curral.

bo.vi.na [bov'ina] *sf* estrume de bovinos.

bo.vin.do [bov'indo] *sm* varanda, terraço, sacada.

bo.vi.no [bov'ino] *adj* bovino.

boz.za [b'ɔttsa] *sf* esboço, rascunho; projeto, esquema; prova tipográfica.

boz.zo [b'ɔttso] *sm* poça. *Fig.* mar.

boz.zo.lo [b'ɔttsolo] *sm* casulo. *Fig.* isolamento; refúgio, covil.

bra.ca [br'aka] *sf* (mais usado no *pl*) braga, tipo de calça usada antigamente.

bra.ca.re [brak'are] *vi* bisbilhotar, mexericar.

brac.ca.re [brakk'are] *vt tb Fig.* perseguir, seguir. *Pop.* ficar de cima.

brac.cheg.gia.re [brakkeddʒ'are] *vt+vi* espreitar, espionar.

brac.cia.le [brattʃ'ale] *sm* bracelete; braçadeira, faixa no braço.

brac.cia.let.to [brattʃal'etto] *sm* bracelete.

brac.cian.te [brattʃ'ante] *sm* trabalhador braçal, operário, ajudante.

brac.cio [br'attʃo] *sm* braço. *Fig.* ajuda, energia, proteção; capacidade, trabalho. ≃ **di un edificio** ala, pavilhão. ≃ **di un fiume** braço de um rio. ≃ **di un meccanismo** eixo, barra. **ha quattro persone sulle** ≃**cia** precisa sustentar quatro pessoas. **a** ≃**cia aperte** de braços abertos. **con le** ≃**cia in croce** de braços cruzados. **avere le** ≃**cia lunghe** ter influência.

brac.co [br'akko] *sm* braco, perdigueiro.

bra.ce [br'atʃe] *sf* brasa, tição; carvão.

bra.chet.ta [brak'etta] *sf* braguilha.

bra.cie.re [bratʃ'ere] *sm* braseiro.

bra.ci.no [bratʃ'ino] *sm* carvãozinho.

bra.cio.la [bratʃ'ɔla] *sf* costeleta (de animal), bife. *Fig.* navalhada, corte (ao fazer a barba).

bra.di.po [br'adipo] *sm Zool.* bicho-preguiça, preguiça.

bra.do [br'ado] *adj* bravio, selvagem, não domesticado (só para animais).

bra.go [br'ago] ou **bra.co** [br'ako] *sm* lamaçal, lodo, lama; charco, pântano.

bra.ma [br'ama] ou **bra.mo.si.a** [bramoz'ia] *sf* desejo; ansiedade, avidez, cobiça. *Fig.* fome, sede; lascívia, luxúria.

bra.ma.no [br'amano] *sm* brâmane.

bra.ma.re [bram'are] *vt* ansiar, desejar, cobiçar. *Pop.* morrer de vontade de, dar tudo para.

bran.ca [br'anka] *sf* especialidade, especialização, campo de trabalho, ramo de atividade; lance de escadas. *Zool.* garra, unha. *Mec.* pinça, tenaz. *Fig.* mão.

bran.ca.ta [brank'ata] *sf* punhado, mão-cheia.

bran.chia [br'ankja] *sf* (mais usado no *pl*) *Zool.* guelra, brânquia.

bran.ci.ca.re [brantʃik'are] *vt* apalpar, tatear; explorar.

bran.co [br'anko] *sm* bando, manada, rebanho. *Fig. dep* turba, multidão.

bran.co.la.re [brankol'are] *vi tb Fig.* andar às cegas, tatear, ficar perdido; tentar, confiar na sorte, experimentar; agitar-se, debater-se.

bran.co.lo.ni [brankol'oni] *adv* apalpando. **andare a** ≃ ir apalpando, ir tateando.

bran.da [br'anda] *sf Mil.* cama de campanha. *Náut.* maca, cama suspensa dos marinheiros.

bran.del.lo [brand'ello] *sm dim* pedacinho, bocadinho; retalho, pedaço de pano.

bran.do [br'ando] *sm Poét.* espada.

bra.no [br'ano] *sm* trecho, passagem (de texto); fragmento, pedaço.

bra.si.le [braz'ile] *sm Bot.* pau-brasil.

bra.va.re [brav'are] *vt+vi* ameaçar, desafiar.

bra.va.ta [brav'ata] *sf* ameaça; exibição, vanglória.

bra.vo [br'avo] *sm* capanga, matador de aluguel. *Bras.* jagunço. *adj* hábil, competente, capaz; inteligente (aluno); corajoso, valente, audaz; correto, honesto, de bem, sério (moral). **è un** ≃ **ladro!** *Irôn.* é um belo de um ladrão! ≃ ! bravo! muito bem!

bra.vu.ra [brav'ura] *sf* sabedoria, perícia, habilidade; bravura, valentia, coragem, valor.

brec.cia [br'ettʃa] *sf* brecha, fenda, abertura, fissura; saibro, cascalho, pedregulhos do leito dos rios. *Fig.* ponto fraco.

bre.tel.la [bret'ella] *sf* suspensório. *Fig.* ligação, coligação, união.

bre.ve [br'eve] *adj* breve; curto, pequeno; conciso, sintético (discurso); passageiro, transitório. **in** ≃ em breve, brevemente.

bre.vet.ta.re [brevett'are] *vt* patentear; conceder título.

bre.vet.to [brev'etto] *sm* patente; título.

bre.vi.tà [brevit'a] *sf* brevidade; concisão.

brez.za [br'ettsa] *sf* brisa, vento fraco.

bria.co [br'jako] *adj* bêbado, alcoolizado.

bric.ci.ca [br'ittʃika] *sf* ninharia, mixaria.

bric.co [br'ikko] *sm* chaleira. *Zool.* asno.

bric.co.ne [brikk'one] *sm* patife, malandro, trapaceiro, desonesto.

bri.cio.la [br'itʃola] *sf* ou **bri.cio.lo** [br'itʃolo] *sm* fragmento, partícula, migalha.

bri.ga [br'iga] *sf* incômodo, dor de cabeça, preocupação, problema; atrito, briga, divergência, dissabor, desacordo.

bri.ga.die.re [brigad'jere] *sm Mil.* brigadeiro.

bri.gan.te [brig'ante] *sm* bandido, ladrão, assaltante; travesso, arteiro (criança).

bri.ga.re [brig'are] *vi* manobrar, tramar; trabalhar, lidar.

bri.ga.ta [brig'ata] *sf* turma (de amigos); reunião de família. *Mil.* brigada.

bri.gi.di.no [bridʒid'ino] *sm* bolinho doce feito com ovos, farinha e açúcar.

bri.glia [br'iʎa] *sf* rédea. *Fig.* guia, comando.

bril.la [br'illa] *sf* descascador, debulhador de grãos.

bril.lan.te [brill'ante] *sm* brilhante, diamante. *adj* brilhante, reluzente, cintilante. *Fig.* alegre, radiante. **carattere** ≃ caráter extrovertido. **idea** ≃ idéia genial. **sorriso** ≃ sorriso espontâneo. **futuro** ≃ futuro promissor.

bril.lan.ti.na [brillant'ina] *sf* brilhantina.

bril.la.re [brill'are] *vi* brilhar, resplandecer, cintilar. *Fig.* sobressair, distinguir-se.

bril.lo [br'illo] *sm Min.* diamante falso. *adj* bêbado, ébrio. *Fig.* alto, alterado.

bri.na [br'ina] *sf* geada.

brin.cel.lo [brintʃ'ello] *sm* pedacinho, bocado.

brin.di.si [br'indizi] *sm* brinde (ao beber).

bri.o [br'io] *sm* alegria, vivacidade.

bri.o.so [bri'ozo] *adj* alegre, extrovertido, vivaz.

bri.sco.la [br'iskola] *sf* bisca (jogo de cartas).

bri.tan.ni.co [brit'anniko] *sm+adj* britânico, inglês.

bri.vi.do [br'ivido] *sm* calafrio, arrepio. *Fig.* horror, terror.

briz.zo.la.to [brittsol'ato] *adj* grisalho; mesclado.

broc.ca [br'okka] *sf* jarro, cântaro.

broc.ca.to [brokk'ato] *sm* brocado, vestimenta de brocado.

broc.co.lo [br'okkolo] *sm Bot.* brócolos.

bro.do [br'ɔdo] *sm* caldo; sopa.

bro.do.lo.ne [brodol'one] *sm* porcalhão, pessoa que se suja ao comer.

bro.glio [br'ɔʎo] *sm* trama, intriga, ardil.

bro.mo [br'ɔmo] *sm Quím.* bromo.

bron.chi [br'onki] *sm pl* brônquios.

bron.chi.te [bronk'ite] *sf Med.* bronquite.

bron.cio [br'ontʃo] *sm* mau humor, aborrecimento, amuo, enfado. *Pop.* lua virada.

bron.co [br'onko] *sm* tronco, ramo grosso.

bron.to.la.re [brontol´are] *vt* resmungar. *vi* reclamar, lamentar-se, protestar.

bron.zo [br´ondzo] *sm* bronze.

bru.ca.re [bruk´are] *vt* desfolhar, roer as folhas (larvas de insetos).

bru.cia.pe.lo [brutʃap´elo] *s* apenas na expressão **a** ≃ *adv* à queima-roupa.

bru.cia.re [brutʃ´are] *vt* queimar, incendiar, incinerar; chamuscar; arder. *vi* queimar-se, incendiar-se, pegar fogo. *Fig.* importunar, irritar. **l'acido brucia** o ácido corrói.

bru.cia.tic.cio [brutʃat´ittʃo] *sm* chamusco, cheiro de queimado; cinzas.

bru.cia.tu.ra [brutʃat´ura] *sf* queimadura.

bru.cio.lo [br´utʃolo] *sm* apara, lasca (de madeira).

bru.ciore [brutʃ´ore] *sm* ardor, queimação. ≃ **di stomaco** dor de estômago.

bru.co [br´uko] *sm* *Zool.* lagarta, broca.

bru.li.ca.re [brulik´are] *vi* fervilhar; formigar.

brul.lo [br´ullo] *adj* árido, desolado, nu (terreno).

bru.ma [br´uma] *sf* bruma, névoa, neblina, cerração.

bru.ni.re [brun´ire] *vt* polir, dar brilho, lustrar (metais).

bru.no [br´uno] *adj* moreno; escuro; bronzeado.

bru.sco [br´usko] *adj* brusco; áspero, ácido; imprevisto, inesperado (acontecimento); rude, duro, frio (voz, pessoa).

bru.si.o [bruz´io] *sm* ruído; murmúrio, sussurro.

bru.ta.le [brut´ale] *adj* brutal, bestial, cruel, desumano.

bru.to [br´uto] *sm* bruto, animal, mal-educado. *adj* bruto, brutal, animalesco, rude.

brut.to [br´utto] *adj* feio; pálido, cansado (aspecto); escuro, nublado (céu); mortal, incurável (doença). *Fig.* mau, ruim.

brut.tu.ra [brutt´ura] *sf* coisa feia; sujeira, nojeira.

bruz.za.glia [brutts´aλa] *sf* populacho, gentalha.

bu.ag.gi.ne [bu´addʒine] *sf* tolice, besteira.

bub.bo.la [b´ubbola] *sf* *Zool.* poupa, espécie de pássaro. *Gír.* história, lorota, mentira. *Fig.* fantasia, ilusão; idiotice, besteira.

bub.bo.lo [b´ubbolo] *sm* guizo, sininho.

bub.bo.ne [bubb´one] *sm* *Med.* inchaço, tumefação, pústula. *Fig.* mal, problema; câncer, praga.

bu.ca [b´uka] *sf* buraco, abertura, cova, toca. *Esp.* buraco (golfe). ≃ **delle lettere** caixa do correio.

bu.ca.nie.re [bukan´jere] *sm* pirata, bucaneiro, corsário.

bu.ca.re [buk´are] *vt* esburacar, furar, perfurar.

buc.cia [b´uttʃa] *sf* casca, cortiça. *Fig.* pele, película; alma, vida.

bu.co [b´uko] *sm* buraco, abertura, furo, orifício. *Fig.* esconderijo; casebre.

bu.co.li.co [buk´ɔliko] *adj* bucólico, campestre, pastoril. *Fig.* tranqüilo, calmo.

bud.di.smo [budd´izmo] *sm* budismo.

bu.del.lo [bud´ello] *sm* (*pl f* **le budella**, *pl m* *Fig.* **i budelli**) intestino, víscera. *Fig.* caminho, corredor, túnel.

bu.di.no [bud´ino] ou **bo.di.no** [bod´ino] *sm* pudim.

bu.e [b´ue] *sm* (*pl m* **i buoi**) boi. *Fig.* ingênuo.

bues.sa [b´wessa] *sf* *Fig.* mulher tola, ingênua.

bu.fa.lo [b´ufalo] *sm* búfalo.

bu.fa.re [buf´are] *vi* cair uma tempestade de neve, nevar e ventar (ao mesmo tempo).

bu.fe.ra [buf´era] *sf* tempestade, temporal (com chuva e neve ou granizo).

buf.fa [b´uffa] *sf* rajada de vento. *Hist.* viseira (da armadura).

buf.fa.re [buff´are] *vi* soprar; gracejar.

buf.fet ou **buf.fè** [buff´ɛ] *sm* bufê (serviço); restaurante de estação.

buf.fo [b´uffo] *adj* cômico, divertido; ridículo. **opera** ≃ **a** *Mús.* ópera-bufa.

buf.fo.ne [buff´one] *sm* bufão, palhaço, bobo da corte. *Fig.* brincalhão, fanfarrão, palhaço.

bu.gi.a [budʒ´ia] *sf* mentira; invenção, história; castiçal.

bu.giar.do [budʒ´ardo] *sm* + *adj* mentiroso, falso.

bu.gno [b´uño] *sm* colméia, ninho de vespas; protuberância, saliência arredondada.

bu.io [b´ujo] *sm* o escuro, escuridão; trevas. *Fig.* barbárie, ignorância. *adj* escuro, tenebroso, sombrio. *Fig.* lúgubre, triste; difícil (momento); primitivo, obscuro, bárbaro (período histórico).

bul.bo [b´ulbo] *sm* bulbo.

bul.ga.ro [b´ulgaro] *sm* + *adj* búlgaro.

bu.li.mi.a [bulim´ia] *sf* *Med.* bulimia.

bul.let.ta [bull´etta] *sf* documento para transporte de mercadorias; tacha.

bul.lo [b´ullo] *sm* *Gír.* valentão, briguento.

bul.lo.ne [bull´one] *sm* parafuso.

buo.na.ma.no [bwonam´ano] *sf* *Pop.* gorjeta.

buon.gu.sta.io [bwongust´ajo] *sm* gastrônomo. *Pop.* bom garfo.

buo.no [b´wɔno] *sm* o bem, o que é bom. *Com.* bônus, prêmio. *adj* bom; benévolo; obediente (criança); limpo, puro (ar); bem-feito (trabalho).

buo.no.ra [bwon´ora] *sf* apenas na expressão **di** ≃ *adv* bem cedo, cedinho.

buon.sen.so [bwons´ɛnso] *sm* bom senso, sensatez.

buon.tem.po.ne [bwontemp´one] *sm* brincalhão, gozador.

buo.nuo.mo [bwon´wɔmo] *sm* bom homem. *Fam.* ingênuo, tolo.

bu.rat.ti.no [buratt´ino] *sm* fantoche, marionete.

bu.rat.to [bur´atto] *sm* peneira.

bur.ban.za [burb´antsa] *sf* arrogância, soberbia, soberba.

bur.be.ro [b´urbero] *adj* fechado, carrancudo, introvertido.

bur.la [b´urla] *sf* brincadeira, gracejo; zombaria, escárnio.

bur.la.re [burl´are] *vt* burlar, enganar, pregar uma peça. *Fig.* brincar, gracejar.

bur.le.sco [burl´esko] *adj* burlesco, caricato, ridículo, cômico.

bur.lo.ne [burl´one] *sm* brincalhão, gozador.

bu.ro.cra.te [bur´ɔkrate] *s* burocrata.

bu.ro.cra.ti.co [burokr´atiko] *adj* burocrático.

bu.ro.cra.zi.a [burokrats´ia] *sf* burocracia.

bur.ra.sca [buř´aska] *sf* borrasca, tempestade, tormenta.

bur.ra.sco.so [buřask´ozo] *adj* tempestuoso, agitado. *Fig.* movimentado, tumultuado.

bur.ro [b´uřo] ou **bu.tir.ro** [but´iřo] *sm* manteiga.

bur.ro.ne [buř´one] *sm* abismo, despenhadeiro, precipício; barranco.

bur.ro.so [buř´ozo] ou **bu.tir.ro.so** [butiř´ozo] *adj* amanteigado.

bu.sca [b´uska] *sf* procura, busca.

bu.sca.re [busk´are] *vt* buscar, procurar; obter.

vpr arrumar (problemas, coisas ruins); pegar, contrair (doença).

bu.sche.ra.ta [busker´ata] *sf* despropósito; asneira; lorota.

bu.sche.ri.o [busker´io] *sm* porção, montão, grande quantidade; vozerio, confusão.

bu.sche.ro.ne [busker´one] *adj* exagerado. *Pop.* dos diabos. **un freddo** ≃ um frio dos diabos.

bu.sec.chia [buz´ekkja] *sf* dobradinha; tripa.

bu.sil.li [buz´illi] *sm* dificuldade, problema. **qui sta il** ≃ aqui está o problema.

bus.sa.re [buss´are] *vi* bater à porta, tocar.

bus.se [b´usse] *sf pl* pancadas, batidas; surra.

bus.so.la [b´ussola] *sf* bússola. *Fig.* orientação, direção; controle.

bus.so.lot.to [bussol´ɔtto] *sm* copinho onde se põem os dados.

bu.sta [b´usta] *sf* envelope; estojo para talheres, facas, etc.

bu.sta.rel.la [bustar´ella] *sf Gír.* gorjeta. *Pop.* caixinha.

bu.sto [b´usto] *sm* busto; cinta, corpete, corpinho, espartilho.

but.ta.fuo.ri [buttaf´wɔri] *sm Teat.* contra-regra.

but.ta.re [butt´are] *vt* jogar, lançar, atirar. *Fig.* livrar-se de, desvencilhar-se de. *vi* germinar, crescer (planta); jorrar (poço). *vpr* ir acabar, dar em; jogar-se, mergulhar (na água); desaguar (rio). ≃ **giù** derrubar, demolir; deprimir. ≃ **via** jogar fora. ≃ **in faccia** falar às claras. *Pop.* jogar na cara. ≃ **si addosso** agredir, atacar. ≃ **si giù** jogar-se debaixo de algo; deitar-se; desanimar, abater-se.

but.te.ro [b´uttero] *sf* pastor de gado. *Med.* bexiga (marca de varíola).

buz.zo [b´uddzo] *sm* bucho, miúdos de animais. *Pop.* barriga. *Fig.* aborrecimento, amuo. *adj* chateado, amuado; ruim (tempo).

buz.zur.ro [butts´uřo] *sm+adj Fig.* caipira, cafona, ignorante.

byte [b´ajt] *sm Inform.* byte.

C

c [tʃ'i] *sf* a terceira letra do alfabeto italiano.

ca.ba.la [kab'ala] *sf* cabala. *Fig.* trama, trapaça, engano, tramóia.

ca.ba.li.sti.co [kabal'istiko] *adj* cabalístico. *Fig.* misterioso, secreto; complicado, complexo.

ca.bi.na [kab'ina] *sf* cabina; camarote (navio). ≃ **telefonica** cabina telefônica.

ca.blo.gram.ma [kablogr'amma] *sm* cabograma, telegrama.

ca.bo.tag.gio [kabot'addʒo] *sm Náut.* cabotagem.

ca.brio.let [kabrjol'ɛ] *sm Autom.* conversível. *Com. Fig.* cheque sem fundos.

ca.ca.io.la [kaka'jɔla] *sf Vulg.* caganeira.

ca.ca.o [kak'ao] *sm Bot.* cacau.

ca.ca.re [kak'are] *vt+vi Vulg.* cagar.

cac.ca [k'akka] *sf Vulg.* merda. *Pop.* cocô. *Fig.* excremento, estrume; sujeira, porcaria.

cac.cia [k'attʃa] *sf* caça. *Pop.* presa (de caça). *Fig.* procura; ganho, resultado. *sm Aer.* caça, avião de caça. ≃ **riservata** caça reservada. ≃ **subacquea** pesca submarina.

cac.cia.re [kattʃ'are] *vt* caçar; empurrar; enfiar, inserir. *Fig.* perseguir, seguir. *vpr* acabar, meter-se, enfiar-se. ≃ **un urlo** dar um berro. ≃ **via** expulsar, mandar embora.

cac.cia.ta [kattʃ'ata] *sf* caçada; expulsão, banimento.

cac.cia.tor.pe.di.nie.re [kattʃatorpedin'jere] *sm Náut.* caça-torpedeiros, contratorpedeiro, destróier.

cac.cia.vi.te [kattʃav'ite] *sm* chave de fenda, chave de parafusos.

ca.ches.si.a [kakess'ia] *sf Med.* caquexia.

ca.chet [kaʃ'e] *sm* tinta para cabelos; comprimido, pílula; cachê, pagamento de artistas.

ca.chet.ti.co [kak'ettiko] *adj* caquético.

ca.chi [k'aki] ou **ka.ki** [k'aki] *sm* caqui; caquizeiro; cor cáqui.

ca.cio [k'atʃo] *sm* queijo.

ca.co.fo.ni.a [kakofon'ia] *sf Gram.* cacofonia.

ca.co.ne [kak'one] *sm Vulg.* cagão.

cac.to [k'akto] *sm Bot.* cacto.

ca.da.ve.re [kad'avere] *sm* cadáver, carcaça.

ca.da.ve.ri.co [kadav'eriko] *adj* cadavérico, esquelético; pálido, lívido.

ca.den.za [kad'entsa] *sf Mús.* cadência, ritmo. *Gram.* entonação, inflexão, tom.

ca.de.re [kad'ere] *vi* cair; tombar, levar um tombo; desmoronar, desabar (construção); diminuir (febre). *Mil.* render-se, capitular. ≃ **in errore** falhar, enganar-se.

ca.det.to [kad'etto] *sm* cadete.

cad.mio [k'admjo] *sm Quím.* cádmio.

ca.du.co [kad'uko] *adj* caduco, que cai ou vai cair. *Fig.* temporário, passageiro, efêmero.

ca.du.ta [kad'uta] *sf* queda, tombo. *Fig.* abalo, ruína.

caf.fè [kaff'ɛ] *sm* café (bebida); café, bar, botequim (local). ≃ **espresso** café expresso. ≃ **al filtro** café de coador. ≃ **in grani** café em grãos. ≃ **macinato** café moído, café em pó.

caf.fe.i.na [kaffe'ina] *sf Quím.* cafeína.

caf.fet.tie.ra [kaffett'jera] *sf* cafeteira. *Fig. Gír.* peça de museu, equipamento velho que funciona mal.

ca.fo.ne [kaf'one] *sm+adj* camponês, provinciano. *Bras.* caipira, matuto. *Fig.* cafona. *Gír.* brega.

ca.gio.na.re [kadʒon'are] *vt* causar, provocar; suscitar; induzir.

ca.gio.ne [kadʒ'one] *sf* causa, motivo, razão; origem.

ca.gio.ne.vo.le [kadʒon'evole] *adj* fraco, delicado, frágil, doentio.

ca.glia.re [kaʎ'are] *vi* coagular, coalhar.

ca.glio [k'aʎo] *sm* coalho, coágulo.

ca.gna [k'aña] *sf* cadela.

ca.gno.li.no [kañol'ino] *sm dim* cãozinho, cachorrinho.

ca.gnot.to [kañ'otto] *sm.* capanga, segurança pessoal. *Bras.* jagunço.

cai.ma.no [kajm'ano] *sm Zool.* caimão.

ca.i.no [ka'ino] *sm Fig.* traidor.

ca.la [k'ala] *sf Geog.* baía, enseada, golfo.

ca.la.bre.se [kalabr'eze] *s+adj* calabrês.

ca.la.bro.ne [kalabr'one] *sm Zool.* zangão, vespão.

ca.la.fa.ta.re [kalafat′are] *vt Náut.* calafetar, impermeabilizar.

ca.la.ma.io [kalam′ajo] sm tinteiro; olheira. *Zool.* lula.

ca.la.ma.ro [kalam′aro] *sm* ou ca.la.ma.ret.to [kalamar′etto] *sm dim Zool.* lula.

ca.la.mi.tà [kalamit′a] *sf* calamidade, desgraça, desastre, desventura.

ca.lan.dra [kal′andra] *sf* calandra, prensa. *Zool.* calandra, espécie de pássaro.

ca.lap.pio [kal′appjo] *sm* laço, armadilha. *Fig.* estratagema, ardil.

ca.la.re [kal′are] *vt* abaixar, baixar, inclinar. *vi* descer; pôr-se (sol). *Fig.* decair, declinar, degradar-se; retroceder, perder terreno; contrair-se, diminuir.

ca.la.ta [kal′ata] *sf* descida; declive, inclinação.

cal.ca [k′alka] *sf* multidão, massa, tropel.

cal.ca.fo.gli [kalkaf′ɔʎi] ou cal.ca.let.te.re [kalkal′ettere] *sm* peso para papéis.

cal.ca.gno [kalk′año] *sm* (*pl m* i calcagni; *pl f* Fig. em expressões le calcagna) calcanhar. stare alle ≃ a di *Fig.* estar no encalço de.

cal.ca.re [kalk′are] *sm* calcário. *vt* calcar, apertar, comprimir; prensar, esmagar, achatar.

cal.ce [k′altʃe] *sf Min.* cal. in ≃ *adv* ao pé da página, no rodapé.

cal.ci.na [kaltʃ′ina] *sf Min.* cal.

cal.ci.na.re [kaltʃin′are] *vt* calcinar.

cal.cio [k′altʃo] *sm* pontapé, chute. *Quím.* cálcio. *Esp.* futebol. ≃ d′angolo *Esp.* escanteio.

cal.co [k′alko] *sm* decalque; molde, modelo.

cal.co.la.re [kalkol′are] *vt* calcular; avaliar; contar com, ter plena confiança em alguém. *Fig.* medir, pesar; pensar, ponderar.

cal.co.la.to.re [kalkolat′ore] *sm* calculadora, máquina de calcular; computador. *sm+adj* calculista, interesseiro.

cal.co.la.tri.ce [kalkolatr′itʃe] *sf* calculadora, máquina de calcular; computador.

cal.co.lo [k′alkolo] *sm* cálculo, conta, cômputo. *Fig.* hipótese, previsão, conjectura; interesse, vantagem própria. *Med.* cálculo, pedra.

cal.da.ia [kald′aja] *sf* caldeira.

cal.da.no [kald′ano] *sm* braseiro, fogareiro.

cal.deg.gia.re [kaldeddʒ′are] *vt* apoiar; recomendar.

cal.de.ra.io [kalder′ajo] *sm* caldeireiro, operador de caldeira.

cal.do [k′aldo] *sm* calor. *Fig.* fervor, ímpeto. *adj* quente; afetuoso, caloroso; apaixonado, sensual; vivaz; vivo (matiz, cor).

ca.lei.do.sco.pio [kalejdosk′ɔpjo] *sm* caleidoscópio.

ca.len.da.rio [kalend′arjo] *sm* calendário; folhinha. *Fig.* agenda, diário, programa.

ca.len.zuo.lo [kalents′wolo] *sm Zool.* tentilhão.

ca.les.se [kal′esse] *sm* carruagem, coche, carroça.

ca.li.bra.re [kalibr′are] *vt* calibrar. *Fig.* medir, pesar.

ca.li.bro [kal′ibro] *sm* calibre. *Fig.* caráter.

ca.li.ce [k′alitʃe] *sm* cálice, copinho para licor. *Rel.* e *Bot.* cálice.

ca.li.di.tà [kalidit′a] *sf* calor.

ca.lif.fo [kal′iffo] *sm* califa.

ca.li.gi.ne [kal′idʒine] *sf* escuridão, trevas, névoa, caligem.

cal.le [k′alle] *sf* atalho, vereda.

cal.li.gra.fi.a [kalligraf′ia] *sf* caligrafia.

cal.li.sta [kall′ista] *s* calista, pedicuro.

cal.lo [k′allo] *sm* calo (dos pés).

cal.lot.ta [kall′ɔtta] *sf* calota, tampa.

cal.ma [k′alma] *sf* calma, paz, tranqüilidade, serenidade; calmaria (mar).

cal.man.te [kalm′ante] *s+adj* calmante.

cal.ma.re [kalm′are] *vt* acalmar, pacificar, sossegar; sedar, tranqüilizar.

cal.me.ri.a [kalmer′ia] *sf Náut.* calmaria.

cal.mo [k′almo] *adj* calmo, tranqüilo, pacífico, sereno, sossegado.

ca.lo [k′alo] *sm* abaixamento, diminuição, redução; queda; contração.

ca.lo.me.la.no [kalomel′ano] *sm* calomelano.

ca.lo.re [kal′ore] *sm* calor. *Fig.* fervor, entusiasmo, paixão, ímpeto.

ca.lo.ri.a [kalor′ia] *sf* caloria.

ca.lo.ri.fe.ro [kalor′ifero] *sm* aquecedor de ambiente. *adj* calorífero.

ca.lo.ro.so [kalor′ozo] *adj* caloroso; afetuoso, cordial, afável.

ca.lo.scia [kal′ɔʃa] *sf* galocha.

cal.pe.sta.re [kalpest′are] *vt* pisar; esmagar, achatar com os pés. *Fig.* humilhar, insultar.

cal.pe.sti.o [kalpest′io] *sm* pisão, pisadela.

ca.lun.nia [kal′unnja] *sf* calúnia, difamação.

ca.lun.nia.re [kalunn′jare] *vt* caluniar, denegrir, difamar.

cal.va.rio [kalv′arjo] *sm* calvário. *Fig.* cruz, sofrimento, provação.

cal.vi.ni.smo [kalvin′izmo] *sm* calvinismo.

cal.vi.zie [kalv′itsje] *sf* calvície.

cal.vo [k′alvo] *sm+adj* calvo, careca.

cal.za [k′altsa] *sf* meia.

cal.zan.te [kalts′ante] *sm* calçadeira.

cal.za.re [kalts′are] *vt* calçar (meias, sapatos, luvas), colocar (chapéus). *vi* assentar, aderir. *Fig.* adaptar-se, acostumar-se.

cal.za.scar.pe [kaltsask'arpe] *sm* calçadeira.
cal.za.tu.ra [kaltsat'ura] *sf* calçado, sapato.
cal.ze.rot.to [kaltser'ɔtto] *sm* meia grossa de lã.
cal.zet.to.ne [kaltsett'one] *sm* meia comprida para criança.
cal.zi.no [kalts'ino] *sm* meia masculina.
cal.zo [k'altso] *sm* calço.
cal.zo.la.io [kaltsol'ajo] *sm* sapateiro.
cal.zo.le.ria [kaltsoler'ia] *sf* sapataria.
cal.zo.ne [kalts'one] *sm* (mais usado no *pl*) calças. farsela nei ≃i *Pop.* morrer de medo.
ca.ma.le.on.te [kamale'onte] *sm Zool.* camaleão. *Fig.* oportunista, vira-casaca.
ca.ma.ril.la [kamar'illa] *sf* cama•ilha.
ca.mar.lin.go [kamarl'ingo] *sm Rel.* camerlengo.
cam.bia.le [kamb'jale] *sf Com.* letra de câmbio. ≃ pagabile a vista letra pagável à vista. ≃ pagabile a scadenza letra pagável no vencimento.
cam.bia.men.to [kambjam'ento] *sm tb Fig.* troca, mudança, transformação, alteração.
cam.bia.re [kamb'jare] *vt* trocar, substituir, alterar, modificar, transformar.
cam.bia.va.lu.te [kambjaval'ute] *s* cambista.
cam.bio [k'ambjo] *sm* troca, substituição. *Com.* e *Mec.* câmbio.
ca.me.lia [kam'elja] *sf Bot.* camélia.
ca.me.ra [k'amera] *sf* cômodo, aposento; quarto; câmara, conselho; parlamento, câmara. ≃ a un letto quarto de solteiro. ≃ d'aria câmara de ar. ≃ da letto dormitório, quarto. ≃ dei deputati câmara dos deputados.
ca.me.ra.ta [kamer'ata] *sf* alojamento, dormitório coletivo; camarada, companheiro.
ca.me.ra.ti.smo [kamerat'izmo] *sm* camaradagem, companheirismo.
ca.me.rie.ra [kamer'jera] *sf* camareira, criada, arrumadeira; garçonete, copeira (restaurante).
ca.me.rie.re [kamer'jere] *sm* camareiro, criado; garçom (restaurante).
ca.me.ri.no [kamer'ino] *sm* camarim.
ca.mi.cet.ta [kamitʃ'etta] *sf* blusa (feminina).
ca.mi.cia [kam'itʃa] *sf* camisa (masculina). ≃ da giorno camiseta (feminina). ≃ da notte camisola.
ca.mi.cio.la [kamitʃ'ɔla] *sf* camiseta.
ca.mi.no [kamer'ino] *sm* chaminé, lareira.
ca.mion [k'amjon] *sm* caminhão.
ca.mio.net.ta [kammjon'etta] *sf dim* jipe.
cam.mel.lo [kam'ello] *sm Zool.* camelo.
cam.me.o [kamm'eo] *sm* camafeu.
cam.mi.na.re [kammin'are] *vi* caminhar.

cam.mi.na.ta [kammin'ata] *sf* caminhada, passeio; jeito de andar.
cam.mi.no [kamm'ino] *sm* caminho. *Fig.* trajeto, percurso, rota, itinerário; desenvolvimento, evolução.
ca.mo.mil.la [kamom'illa] *sf* camomila.
ca.mor.ra [kam'oɾa] *sf* camorra, máfia.
ca.mo.scio [kam'ɔʃo] *sm* camurça (pele). *Zool.* camurça, corça (macho).
ca.moz.za [kam'ɔttsa] *sf Zool.* camurça, corça (fêmea).
cam.pa.gna [kamp'aɲa] *sf* campo, terreno plano e extenso. *Fig.* propriedade rural. *Mil.* e *Com.* campanha.
cam.pa.gnuo.lo [kampaɲ'wɔlo] *sm*+*adj* camponês, agricultor.
cam.pa.na [kamp'ana] *sf* sino; sineta.
cam.pa.nel.la [kampan'ella] *sf dim* campainha, sineta. *Bot.* campânula. ≃e brincos de argola.
cam.pa.ni.le [kampan'ile] *sm* campanário.
cam.pa.ni.li.smo [kampanil'izmo] *sm Fig.* bairrismo.
cam.pa.nu.la [kamp'anula] *sf Bot.* campânula.
cam.pa.re [kamp'are] *vi* viver, sobreviver, sustentar-se.
cam.pa.ta [kamp'ata] *sf Arquit.* arcada.
cam.peg.gia.re [kampeddʒ'are] *vi* acampar. *Fig.* dominar, destacar-se, sobressair-se.
cam.peg.gio [kamp'eddʒo] *sm* acampamento.
cam.pe.stre [kamp'estre] *adj* campestre, agrário, rural. *Fig.* bucólico, sereno, tranqüilo. fiore ≃ flor-do-campo.
Cam.pi.do.glio [kampid'ɔlo] *np* Capitólio, uma das colinas de Roma.
cam.pio.na.rio [kampjon'arjo] *sm* catálogo, mostruário. *Fig.* coleção.
cam.pio.na.to [kampjon'ato] *sm* campeonato, competição.
cam.pio.ne [kamp'jone] *sm* campeão, ás. *Com.* amostra. *Fig.* norma, regra.
cam.po [k'ampo] *sm* campo; área, setor, zona; raio de ação, especialização. *Esp.* campo, gramado.
cam.po.san.to [kampos'anto] *sm* cemitério.
ca.muf.fa.re [kamuff'are] *vt* mascarar, disfarçar, camuflar.
ca.mu.so [kam'uzo] *adj* chato, achatado.
can [k'an] ou khan [k'an] *sm* cã (título).
ca.na.glia [kan'aʎa] *sf* gentinha. *sm* canalha, patife, velhaco.
ca.na.glia.ta [kanaʎ'ata] *sf* baixeza, maldade, patifaria.

ca.na.le [kan′ale] sm canal. ≃ di radio estação de rádio. ≃ di TV estação de TV, canal de TV.

ca.na.liz.za.re [kanaliddz′are] vt canalizar.

ca.na.pa [k′anapa] sf Bot. cânhamo.

ca.na.po [k′anapo] sm corda, cabo.

ca.na.ri.no [kanar′ino] sm Zool. canário. Fig. Gír. informante, espião.

ca.na.sta [kan′asta] sf canasta (jogo).

ca.na.ta [kan′ata] sf repreensão, sermão.

can.cel.la.re [kantʃell′are] vt cancelar, anular; eliminar, cortar; apagar. Fig. abolir.

can.cel.la.tu.ra [kantʃellat′ura] sf risco, traço; rasura.

can.cel.le.ria [kantʃeller′ia] sf chancelaria.

can.cel.lie.re [kantʃell′jere] sm chanceler.

can.cel.lo [kantʃ′ello] sm cancela, porteira.

can.ce.ro.so [kantʃer′ozo] adj canceroso.

can.che.ro [k′ankero] sm Med. câncer, tumor. Fig. chato, pessoa que perturba.

can.cre.na [kankr′ena] sf Med. gangrena.

can.cro [k′ankro] sm Med. cancro, câncer, necrose. C≃ Astron. e Astrol. Câncer, Caranguejo.

can.deg.gio [kand′eddʒo] sm descoloração, branqueamento.

can.de.la [kand′ela] sf vela, círio. Autom. vela.

can.de.la.bro [kandel′abro] sm candelabro, lustre.

can.de.lic.re [kandel′jere] sm castiçal.

can.di.da.to [kandid′ato] sm candidato.

can.di.do [k′andido] adj cândido, branco, alvo. Fig. puro, ingênuo.

can.di.re [kand′ire] vt branquear; confeitar.

can.di.to [kand′ito] sm confeito, docinho.

can.do.re [kand′ore] sm ou can.di.dez.za [kandid′ettsa] sf candura, brancura. Fig. pureza, ingenuidade.

ca.ne [k′ane] sm Zool. cão, cachorro; boticão, tenaz para arrancar dentes; cão (de arma). Fig. homem mau. ≃ levriero lebréu, galgo. ≃ di guardia cão de guarda. ≃ da punta perdigueiro. essere come ≃ e gatto ser como cão e gato, brigar constantemente. chi non possiede un ≃ va a caccia col gatto quem não tem cão, caça com gato. ≃ che abbaia non morde cão que muito ladra não morde.

ca.ne.stra [kan′estra] sf ou ca.ne.stro [kan′estro] sm cesto, cesta.

can.fo.ra [k′anfora] sf cânfora.

ca.ni.le [kan′ile] sm canil; toca, covil (de cachorro). Fig. quartinho escuro.

can.na [k′anna] sf cana, bambu. Fig. bengala; vara, vareta. ≃ da pesca vara de pescar.

can.na.io [kann′ajo] sm caniço.

can.nel.la [kann′ella] sf canela (casca); caneleiro, caneleira, pau-canela (árvore).

can.nel.lo os.si.dri.co [kann′ello oss′idriko] sm maçarico (aparelho).

can.nel.lo.ni [kannell′oni] sm pl canelone.

can.ne.to [kann′eto] sm canavial.

can.ni.ba.le [kann′ibale] s+adj canibal, antropófago.

can.noc.chia.le [kannokk′jale] sm telescópio.

can.no.ne [kann′one] sm canhão. Fig. campeão, ás.

can.no.neg.gia.men.to [kannonedd3am′ento] sm bombardeio.

can.no.neg.gia.re [kannonedd3′are] vt bombardear.

can.no.nie.re [kannon′jere] sm canhoneiro.

ca.no.ne [k′anone] sm Rel. cânon, preceito; relação de nomes; aluguel, taxa.

ca.no.ni.co [kan′ɔniko] adj Rel. canônico, eclesiástico; ortodoxo.

ca.no.niz.za.re [kanoniddz′are] vt Rel. canonizar.

ca.no.ro [kan′ɔro] adj canoro; harmonioso.

ca.not.tag.gio [kanott′addʒo] sm canoagem.

ca.not.tie.re [kanott′jere] sm remador.

ca.not.to [kan′ɔtto] sm bote, canoa. ≃ di salvataggio bote salva-vidas.

ca.no.vac.cio [kanov′attʃo] sm pano de prato, toalha; esboço, projeto.

can.sa.re [kans′are] vt afastar, distanciar. vpr afastar-se.

can.tan.te [kant′ante] s cantor. adj cantador, cantante.

can.ta.re [kant′are] vt cantar. Fig. compor poesia. Gír. soprar (resposta), revelar, trair.

can.ta.ro [k′antaro] sm cântaro, jarra.

can.ta.sto.rie [kantast′ɔrje] s trovador, bardo.

can.ta.ta [kant′ata] sf Mús. cantata.

can.te.rel.la.re [kanterell′are] vt+vi cantarolar.

can.ti.ca [k′antika] sf poema; canto (parte de um poema longo).

can.ti.co [k′antiko] sm cântico, hino em louvor; canção.

can.tie.re [kant′jere] sm Náut. estaleiro.

can.ti.le.na [kantil′ena] sf cantilena, composição musical. Fig. palavrório, ladainha.

can.ti.na [kant′ina] sf adega; taberna, bar.

can.to [k′anto] sm canto, lado, ângulo; canto, canção; poema, poesia. da ≃ di da parte de, no que diz respeito a.

can.to.na.ta [kanton′ata] sf Fig. erro, engano.

can.to.ne [kant′one] sm canto, lado; cantão.

can.to.nie.ra [kanton′jera] sf cantoneira.

ca.nu.to [kan'uto] *adj* branco, grisalho.
can.zo.na.re [kantson'are] *vt* zombar de, brincar com, gozar de, rir-se de.
can.zo.na.tu.ra [kantsonat'ura] *sf* zombaria, gozação; peça, golpe.
can.zo.ne [kants'one] *sf* canção, canto; cantiga, trova.
can.zo.nie.re [kantson'jere] *sm* cancioneiro.
ca.o.li.no [kaol'ino] *sm* caulim, argila.
ca.os [k'aos] *sm* caos, desordem, confusão.
ca.o.ti.co [ka'ɔtiko] *adj tb* Fig. caótico, desordenado, confuso; frenético, vertiginoso.
ca.pa.ce [kap'atʃe] *adj* capaz, apto, hábil.
ca.pa.ci.ta.re [kapatʃit'are] *vt* capacitar; persuadir; compreender. *vpr* compreender; convencer-se, aceitar, conformar-se.
ca.pan.na [kap'anna] *sf* cabana, barraca; casebre, moradia miserável. *Fig.* buraco, tapera.
ca.pan.nel.lo [kapann'ello] *sm* pequeno grupo, ajuntamento, roda de amigos.
ca.pan.no [kap'anno] *sm* aranhol (armadilha para pássaros); cabina para troca de roupa (em balneário).
ca.pan.no.ne [kapann'one] *sm* oficina, galpão; depósito, armazém.
ca.par.bie.ri.a [kaparbjer'ia] ou **ca.par.biag.gi.ne** [kaparb'jaddʒine] *sf* teimosia, obstinação, teima.
ca.par.bio [kap'arbjo] *adj* teimoso, obstinado, persistente, cabeça-dura, turrão.
ca.par.ra [kap'aɾa] *sf Com.* sinal; penhor.
ca.peg.gia.re [kapeddʒ'are] *vt* chefiar, comandar, governar, reger; conduzir, guiar, dirigir.
ca.pel.lie.ra [kapell'jera] *sf* cabeleira.
ca.pel.li.ni [kapell'ini] *sm pl* tipo de macarrão para sopa.
ca.pel.lo [kap'ello] *sm* cabelo; pêlo.
ca.pel.lu.to [kapell'uto] *adj* cabeludo.
ca.pe.stro [kap'estro] *sm* cabresto. *Fig.* enforcamento, forca, pena capital.
ca.pez.za.le [kapetts'ale] *sm* travesseiro. *Fig.* cabeceira.
ca.pez.zo.lo [kap'ettsolo] *sm* mamilo, bico do seio.
ca.pi.do.glio [kapid'ɔlo] *sm Zool.* cachalote.
ca.pien.za [kap'jentsa] *sf* capacidade, conteúdo.
ca.pi.glia.tu.ra [kapiʎat'ura] *sf Pop.* cabeleira.
ca.pil.la.re [kapill'are] *adj* capilar. *Fig.* finíssimo; minucioso, completo, aprofundado.
ca.pi.ne.ra [kapin'era] *sf Zool.* toutinegra.
ca.pi.re [kap'ire] *vt* compreender, entender; assimilar, perceber. *Fig.* sentir, captar. *vi* caber.
ca.pi.ta.le [kapit'ale] *sm* capital; bens, patrimô-

nio, fortuna. *sf* capital (sede de governo). *adj* capital, essencial, fundamental, indispensável. **pena** ≃ pena capital, pena de morte. **peccato** ≃ pecado capital.
ca.pi.ta.li.smo [kapital'izmo] *sm* capitalismo.
ca.pi.ta.li.sta [kapital'ista] *s* capitalista. *Fig.* rico.
ca.pi.ta.liz.za.re [kapitaliddz'are] *vt* capitalizar, acumular; economizar, poupar.
ca.pi.ta.na [kapit'ana] *sf* capitã. **nave** ≃ nau capitânia.
ca.pi.ta.na.re [kapitan'are] *vt* capitanear, chefiar, comandar; conduzir, guiar, dirigir.
ca.pi.ta.ne.ri.a [kapitaner'ia] *sf* capitania.
ca.pi.ta.no [kapit'ano] *sm* capitão. *tb* Fig. chefe, comandante, guia.
ca.pi.ta.re [kapit'are] *vi* chegar por acaso, ir acabar em, encontrar-se; acontecer, ocorrer, suceder, sobrevir. *Fig.* chegar, aparecer.
ca.pi.tel.lo [kapit'ello] *sm Arquit.* capitel.
ca.pi.to.la.re [kapitol'are] *vi* capitular, sucumbir. *tb* Fig. render-se, entregar-se, dar-se por vencido.
ca.pi.to.la.to [kapitol'ato] *sm* convenção, negociação (entre partes em guerra).
ca.pi.to.lo [kap'itolo] *sm* capítulo. *Rel.* capítulo; capítula.
ca.pi.tom.bo.lo [kapit'ombolo] *sm* cambalhota. *Fig.* tombo, queda, escorregão; falência.
ca.po [k'apo] *sm* início, princípio; chefe, comandante, líder; cume, parte superior; cabeça (de rebanho); tópico, item; artigo fabricado, peça. *Mil.* cabo. *Anat.* cabeça. *Geogr.* cabo, ponta. **lavata di** ≃ *Pop.* bronca, repreensão. **a** ≃ **basso** cabisbaixo. ≃ **di casa** chefe de família. **venire a** ≃ concluir, deduzir. **grattarsi il** ≃ ficar confuso. **mettersi in** ≃ cismar, teimar. **togliere qualcosa dal** ≃ tirar algo da cabeça. **battere il** ≃ recorrer, buscar auxílio. **andare a** ≃ começar um outro parágrafo. ≃ **ameno** pessoa alegre, brincalhona. **a** ≃ **all'ingiù** de cabeça para baixo. **a** ≃ **fitto** → **capofitto**. **andare a** ≃ **alto** andar de cabeça erguida (com orgulho ou seguro de si). **da** ≃ desde o princípio, novamente. **a** ≃ **alla scala** no alto da escada. **da** ≃ **a piedi** da cabeça aos pés.
ca.po.ban.da [kapob'anda] *sm* chefe de um grupo musical; chefe de quadrilha.
ca.po.ca.me.rie.re [kapokamer'jere] *sm* chefe dos garçons.
ca.poc.chia [kap'ɔkkja] *sf* cabeça (de alfinete, prego).

ca.poc.chio [kap'ɔkkjo] *sm* tolo, bobo, pateta, desmiolado.

ca.poc.cia [kap'ɔttʃa] *sm* chefe, chefão.

ca.po.cuo.co [kapok'wɔko] *sm* chefe de cozinha.

Ca.po.dan.no [kapod'anno] *sm* Dia de Ano-Novo, Primeiro do Ano.

ca.po.di.vi.sio.ne [kapodiviz'jone] *sm* chefe de repartição.

ca.po.fab.bri.ca [kapof'abbrika] *sm* capitão de fábrica.

ca.po.fit.to [kapof'itto] *adj* apenas na expressão a ≃ *adv* de ponta-cabeça, de cabeça para baixo.

ca.po.gi.ro [kapodʒ'iro] *sm* tontura, vertigem.

ca.po.guar.dia [kapog'wardja] *sm* guarda-mor.

ca.po.la.vo.ro [kapolav'oro] *sm* obra-prima.

ca.po.li.ne.a [kapol'inea] *sm* ponto final (de ônibus).

ca.po.li.no [kapol'ino] *sm dim* cabecinha. **far** ≃ ficar à espreita, escondido.

ca.po.luo.go [kapol'wɔgo] *sm* capital de região italiana.

ca.po.ma.e.stro [kapoma'estro] ou **ca.po.ma.stro** [kapom'astro] *sm* mestre-de-obras.

ca.po.nag.gi.ne [kapon'addʒine] *sf* teimosia, obstinação.

ca.po.ne [kap'one] *sm* teimoso, cabeçudo, obstinado.

ca.po.pa.gi.na [kapop'adʒina] *sm* cabeçalho.

ca.po.po.po.lo [kapop'ɔpolo] *sm* demagogo.

ca.po.ra.le [kapor'ale] *sm Mil.* cabo.

ca.po.sal.do [kapos'aldo] *sm* fundamento, base; fortificação, fortaleza.

ca.po.sca.la [kapask'ala] *sm* patamar.

ca.po.scuo.la [kapask'wɔla] *sm* mestre, criador de um movimento artístico.

ca.po.se.zio.ne [kaposets'jone] *sm* chefe de seção.

ca.po.squa.dra [kapask'wadra] *sm Mil.* comandante.

ca.po.sta.zio.ne [kapostats'jone] *sm* chefe de estação.

ca.po.sti.pi.te [kapostip'ite] *sm* antepassado, ancestral, avô. *Fig.* autor, criador, pai, fundador, iniciador; pensador, teórico.

ca.po.ver.so [kapov'erso] *sm* parágrafo, início de linha ou verso.

ca.po.vol.ge.re [kapov'ɔldʒere] *vt* inverter, pôr de cabeça para baixo. *Fig.* modificar.

cap.pa [k'appa] *sf* cá, o nome da letra K; capa; manto; capote. ≃ **e spada** *Lit.* e *Cin.* capa e espada, romance de aventuras.

cap.pel.la [kapp'ella] *sf* capela, igrejinha; capela, parte de templo com altar próprio. *Fig.* erro, engano, passo em falso. *Pop.* burrada.

cap.pel.la.io [kappell'ajo] *sm* chapeleiro.

cap.pel.la.no [kappell'ano] *sm* capelão.

cap.pel.le.ri.a [kappeller'ia] *sf* chapelaria.

cap.pel.le.ti [kappell'etti] *sm pl* massa recheada.

cap.pel.lie.ra [kappell'jera] *sf* chapeleira, caixa para guardar chapéus.

cap.pel.lo [kapp'ello] *sm* chapéu. *Fig.* introdução, apresentação, título (de textos). ≃ **duro** ou ≃ **a cilindro** cartola.

cap.pio [k'appjo] *sm* laço, laçada. *Fig.* ligação, vínculo.

cap.po.ne [kapp'one] *sm* capão, galo castrado.

cap.pot.ta [kapp'ɔtta] *sf* capote, casaco feminino.

cap.pot.to [kapp'ɔtto] *sm* capote, sobretudo; guarda-pó.

cap.puc.ci.no [kapputtʃ'ino] *sm* café com leite. *Rel.* capuchinho, frade franciscano.

cap.puc.cio [kapp'uttʃo] *sm* capuz.

ca.pra [k'apra] *sf Zool.* cabra.

ca.pret.to [kapr'etto] *sm* cabrito.

ca.pric.cio [kapr'ittʃo] *sm* capricho, birra, manha; extravagância, fantasia, vontade.

Ca.pri.cor.no [kaprik'ɔrno] *sm Astron.* e *Astrol.* Capricórnio.

ca.pri.fo.glio [kaprif'ɔljo] *sm* madressilva.

ca.pri.no [kapr'ino] *adj* caprino, de cabra.

ca.pri.o.la [kapri'ɔla] *sf* cambalhota, salto. *Zool.* corça, fêmea do veado.

ca.pri.o.lo [kapri'ɔlo] *sm Zool.* veado. *Bot.* gavinha de videira.

ca.pro [k'apro] *sm Zool.* bode.

ca.psu.la [k'apsula] *sf* estojo; cápsula, módulo (astronave); comprimido, pílula (remédio).

ca.pta.re [kapt'are] *vt* captar; receber (rádio); capturar, prender.

ca.puf.fi.cio [kapuff'itʃo] *sm* chefe.

cap.zio.so [kapts'jozo] *adj* capcioso, enganador, insidioso, tendencioso.

ca.ra.bat.to.la [karab'attola] *sf* (mais usado no *pl*) bugiganga; bagatela, ninharia.

ca.ra.bi.na [karab'ina] *sf* carabina.

ca.ra.bi.nie.re [karabin'jere] *sm* policial. *Fig.* militar; guardião; intrometido, abelhudo.

ca.ra.chi.ri [karak'iri] ou **ka.ra.ki.ri** [karak'iri] *sm* haraquiri.

ca.raf.fa [kar'affa] *sf* jarro, moringa.

ca.ra.mel.la [karam'ella] *sf* bala; confeito, docinho; monóculo.

ca.ra.mel.la.re [karamell'are] *vt* caramelar.

ca.ra.mel.la.to [karamell'ato] *sm* caramelo, bombom.

ca.ra.men.te [karam'ente] *adv* de coração, afetuosamente.

ca.ram.pa.na [karamp'ana] *sf Gír.* megera, bruxa.

ca.ra.tè [karat'ɛ] *sm Esp.* caratê.

ca.ra.to [kar'ato] *sm* quilate.

ca.rat.te.re [kar'attere] *sm* caráter; letra; característica. *Fig.* índole.

ca.rat.te.ri.sta [karatter'ista] *s* cômico.

ca.rat.te.ri.sti.ca [karatter'istika] *sf* característica.

ca.rat.te.riz.za.re [karatteriddz'are] *vt* caracterizar, qualificar; declarar solenemente.

ca.ra.vel.la [karav'ella] *sf* caravela.

car.bo.na.io [karbon'ajo] *sm* carvoeiro.

car.bo.na.to [karbon'ato] *sm Quím.* carbonato.

car.bo.ne [karb'one] *sm* carvão.

car.bo.nio [karb'ɔnjo] *sm Quím.* carbono.

car.bo.niz.za.re [karboniddz'are] *vt* carbonizar, queimar, incinerar.

car.bu.ra.to.re [karburat'ore] *sm Autom.* carburador.

car.bu.ro [karb'uro] *sm* carbureto.

car.ca.me [kark'ame] *sm* ossada, esqueleto.

car.cas.sa [kark'assa] *sf* carcaça. *Fig.* resto.

car.ce.ra.to [kartʃer'ato] *sm, part + adj* preso, condenado, prisioneiro, recluso, encarcerado.

car.ce.ra.zio.ne [kartʃerats'jone] *sf* prisão, detenção, reclusão, aprisionamento.

car.ce.re [k'artʃere] *sm* cárcere, cadeia, penitenciária, casa de detenção.

car.ce.rie.re [kartʃer'jere] *sm* carcereiro, guarda carcerário.

car.cio.fo [kartʃ'ofo] *sm* alcachofra.

car.del.li.no [kardell'ino] *sm Zool.* pintassilgo.

car.de.nia [kard'ɛnja] *sf* gardênia.

car.di.a.co [kard'iako] *sm + adj* cardíaco.

car.di.gan [k'ardigan] *sm* cardigã.

car.di.na.le [kardin'ale] *sm* cardeal. *Zool.* cardeal, espécie de pássaro. *adj* cardinal, principal. **punti** ≃**i** pontos cardeais.

car.dio.lo.go [kard'jɔlogo] *sm* cardiologista.

car.do [k'ardo] *sm Bot.* cardo.

ca.re.na [kar'ɛna] *sf Náut.* quilha, querena.

ca.ren.te [kar'ente] *adj* carente, necessitado. *Fig.* incompleto, insuficiente.

ca.re.sti.a [karest'ia] *sf* carestia. *Fig.* pobreza, penúria, necessidade (financeira).

ca.rez.za [kar'ettsa] *sf* carícia, carinho, afago; agrado, mimo. *Irôn.* surra.

ca.rez.ze.vo.le [karetts'evole] *adj* carinhoso. *Fig.* afetuoso, amável, terno; cativante, sedutor.

ca.ria.re [kar'jare] *vt + vpr* cariar.

ca.ria.ti.de [kar'jatide] *sf Arquit.* cariátide.

ca.ri.ca [k'arika] *sf* cargo, função. *Mil.* carga, ataque.

ca.ri.ca.re [karik'are] *vt* carregar; transportar; colocar carga em; exagerar.

ca.ri.ca.tu.ra [karikat'ura] *sf* caricatura. *Fig.* exagero, ressalto.

ca.ri.ca.tu.ri.sta [karikatur'ista] *s* caricaturista.

ca.ri.co [k'ariko] *sm* carga, carregamento. *Fig.* encargo, ônus, peso. **è a mio** ≃ *Pop.* fica por minha conta. *adj* carregado; cheio; pesado.

ca.rie [k'arje] *sf Med.* cárie.

ca.ri.no [kar'ino] *adj* gracioso, bonitinho, atraente; gentil, cortês, amável.

ca.ri.tà [karit'a] *sf* caridade, piedade, compaixão; esmola, ajuda. *Fig.* generosidade. **per** ≃**!** pelo amor de Deus! por favor!

ca.ri.ta.te.vo.le [karitat'evole] *adj* caridoso, piedoso, generoso, misericordioso.

car.lin.ga [karl'inga] *sf Aer.* carlinga, cabina. *Náut.* carlinga, sobrequilha.

car.me.li.ta.no [karmelit'ano] *sm + adj Rel.* carmelita.

car.mi.nio [karm'injo] *sm* carmim.

car.na.le [karn'ale] *adj* carnal, sensual, luxurioso, lascivo; baixo, bestial.

car.na.me [karn'ame] *sm* carniça.

car.ne [k'arne] *sf* carne. **in** ≃ **e ossa** em carne e osso. ≃ **macinata** carne moída.

car.ne.fi.ce [karn'efitʃe] *sm* carrasco, algoz.

car.ne.fi.ci.na [karnefitʃ'ina] *sf* carnificina, massacre, matança, extermínio.

car.ne.o [k'arneo] *adj* cárneo, de carne.

car.ne.va.la.ta [karneval'ata] *sf* brincadeira, palhaçada.

car.ne.va.le [karnev'ale] *sm* Carnaval.

car.ne.va.le.sco [karneval'esko] *adj* carnavalesco.

car.nie.ra [karn'jera] *sf* ou **car.nie.re** [karnj'ere] bolsa (de caçador).

car.ni.vo.ro [karn'ivoro] *adj* carnívoro.

car.no.so [karn'ozo] *adj* carnudo. *Fig.* musculoso, maciço, torneado.

ca.ro [k'aro] *adj* caro, querido, amado; amável, terno, gentil, afável; caro, dispendioso.

ca.ro.gna [kar'oña] *sf* carcaça, ossada.

ca.ro.sel.lo [karoz'ello] *sm* carrossel. *Fig.* vai-e-vem; turbilhão.

ca.ro.ta [kar'ɔta] *sf* cenoura. *Fig.* mentira.

ca.ro.ti.de [kar'ɔtide] *sf Anat.* carótida.

ca.ro.va.na [karov'ana] *sf* caravana. *Mil.* e *Náut.* comboio. *Fig.* comitiva.

ca.ro.va.nie.re [karovan'jere] *sm* caravaneiro.

car.pen.tie.re [karpent'jere] *sm* carpinteiro.
car.pio [k'arpjo] *sm Zool.* carpa.
car.pi.re [karp'ire] *vt* extorquir, surrupiar, tomar, apossar-se de.
car.po [k'arpo] *sm Anat.* carpo.
car.po.ni [karp'oni] ou car.po.ne [karp'one] *adv* de gatinhas, engatinhando. andare ≃ engatinhar, andar de gatinhas.
car.ret.ta [kařett'a] *sf* carroça (de duas rodas).
car.ret.ta.ta [kařett'ata] *sf* amontoado, multidão, enormidade. *Pop.* monte, montão.
car.ret.tie.re [kařett'jere] *sm* carroceiro.
car.ret.to [kař'etto] *sm* carrinho de mão.
car.rie.ra [kař'jera] *sf* carreira; corrida; profissão. *Fig.* progresso, sucesso.
car.rie.ri.sta [kařjer'ista] *s+adj* carreirista, oportunista, ambicioso.
car.ro [k'ařo] *sm* carruagem, carro (não motorizado); vagão de trem.
car.roz.za [kař'ottsa] *sf* carruagem; vagão de trem.
car.roz.ze.ri.a [kařottser'ia] *sf Autom.* carroceria.
car.ru.co.la [kař'ukola] *sf Mec.* roldana, polia.
car.ta [k'arta] *sf* papel; atestado, certificado; documento pessoal; planta, mapa. ≃ d'identità carteira de identidade. ≃ da lettere papel de carta. ≃ da parato papel de parede. ≃ assorbente papel mata-borrão. ≃ igienica papel higiênico. ≃ moneta papel-moeda. ≃ moschicida papel pega-moscas. ≃ intestata papel timbrado. ≃ geografica mapa. mandare uno a ≃ e quarantotto mandar alguém para o inferno. dare ≃ bianca *Fig.* dar total liberdade. giocare a ≃ e scoperte ou mettere le ≃ e in tavola *Pop.* abrir o jogo. giocare l'ultima ≃ fazer uma última tentativa.
car.ta.car.bo.ne [kartakarb'one] *sm* papel-carbono.
car.ta.io [kart'ajo] *sm* fabricante ou vendedor de papel.
car.ta.pe.co.ra [kartap'ɛkora] *sf* pergaminho.
car.ta.pe.sta [kartap'esta] *sf* papel machê.
car.ta.ve.tra.ta [kartavetr'ata] *sf* lixa.
car.teg.gia.re [karteddʒ'are] *vi* corresponder-se por carta.
car.teg.gio [kart'eddʒo] *sm* dossiê, conjunto de documentos; correspondência.
car.tel.la [kart'ella] *sf* cartela, bilhete (de jogo); estojo, pasta. *Com.* título, bônus.
car.tel.li.no [kartell'ino] *sm* etiqueta, ficha; talão, recibo.

car.tel.lo [kart'ello] *sm* cartaz, aviso; sinal; tabela. ≃ indicatore placa ou sinal de trânsito.
car.te.sia.no [kartez'jano] *sm+adj* cartesiano.
car.ti.la.gi.ne [kartil'adʒine] *sf* cartilagem.
car.ti.la.gi.no.so [kartiladʒin'ozo] *adj* cartilaginoso.
car.ti.na [kart'ina] *sf* ≃ di aghi pacotinho de agulhas de costura.
car.toc.cio [kart'ɔttʃo] *sm* cartucho, carga (de arma); pacote, embrulho.
car.to.la.io [kartol'ajo] *sm* papeleiro.
car.to.le.ri.a [kartoler'ia] *sf* papelaria.
car.to.li.na [kartol'ina] *sf* cartão. ≃ illustrata ou ≃ postale cartão-postal.
car.to.man.te [kartom'ante] *sf* cartomante.
car.to.ne [kart'one] *sm* papelão, cartão. ≃ animato desenho animado.
ca.sa [k'aza] *sf* casa, habitação. *Fig.* lar, teto; pátria, terra; família, dinastia. ≃ di commercio ou ≃ commerciale empresa, firma. ≃ editrice editora. ≃ di rieducazione reformatório. ≃ di riposo casa de repouso. ≃ di pena penitenciária, casa de detenção. ≃ di piacere prostíbulo. di ≃ *Pop.* de casa, íntimo. a ≃ mia em minha casa. *Fig.* em minha opinião. ehi di ≃! ó de casa!
ca.sac.ca [kaz'akka] *sf* casaco, jaquetão.
ca.sa.lin.go [kazal'ingo] *adj* caseiro, doméstico. *Fig.* tranqüilo. ≃ghi artigos domésticos.
ca.sa.mat.ta [kazam'atta] *sf Mil.* casamata.
ca.sa.ta [kaz'ata] *sf* família; descendência, estirpe, clã.
ca.sa.to [kaz'ato] *sm* sobrenome; família, descendência.
ca.scag.gi.ne [kask'addʒine] *sf* sonolência. *Fig.* fraqueza, preguiça.
ca.sca.mor.to [kaskam'ɔrto] *sm* galanteador.
ca.sca.re [kask'are] *vi* cair, desabar, ruir.
ca.sca.ta [kask'ata] *sf* cascata, cachoeira, catarata.
ca.sco [k'asko] *sm Mil.* capacete.
ca.sel.la [kaz'ɛlla] *sf* divisão, compartimento; quadriculado. ≃ postale caixa postal.
ca.sel.la.rio [kazell'arjo] *sm* arquivo, fichário.
ca.ser.ma [kaz'erma] *sf Mil.* caserna, alojamento.
ca.sie.re [kaz'jere] *sm* caseiro.
ca.si.mi.ra [kazim'ira] *sf*, ca.si.mir.ra [kazim'iřa] *sf* ou ca.si.mi.ro [kazim'iro] *sm* casimira, tecido de lã.
ca.si.nò [kazin'ɔ] *sm* cassino, casa de jogo.
ca.si.no [kaz'ino] *sm* casa de campo. *Gír.* bagunça, confusão, desordem.
ca.si.po.la [kaz'ipola] *sf* casebre, casinha.

ca.si.sta [kaz'ista] sm casuísta.
ca.so [k'azo] sm acaso, destino; incidente, fatalidade; caso, acontecimento, episódio.
ca.so.la.re [kazol'are] sm casebre, casa velha.
ca.sot.to [kaz'ɔtto] sm banca, quiosque, barraca. Mil. guarita. Fig. confusão, desordem.
ca.spi.ta [k'aspita] interj caramba! puxa!
cas.sa [k'assa] sf caixa, bilheteria, guichê. ≃ di risparmio caixa econômica.
cas.sa.for.te [kassaf'ɔrte] sf caixa-forte, cofre.
cas.sa.pan.ca [kassap'anka] sf banco, assento.
cas.sa.re [kass'are] vt riscar, rasurar, apagar. Dir. cassar, anular. tb Fig. eliminar, abolir.
cas.sa.ta [kass'ata] sf cassata, sorvete.
cas.sa.zio.ne [kassats'jone] sf Dir. cassação, anulação.
cas.se.ruo.la [kasser'wɔla] ou caz.ze.ruo.la [kattser'wɔla] sf caçarola.
cas.set.ta [kass'etta] sf caixinha. ≃ delle lettere caixa do correio. ≃ di sicurezza cofre de aluguel (em banco).
cas.set.to [kass'etto] sm gaveta. ≃ del cruscotto Autom. porta-luvas.
cas.set.to.ne [kassett'one] sm cômoda, gaveteiro.
cas.sie.re [kass'jere] sm caixa, tesoureiro.
cas.si.no [kass'ino] sm carrocinha de cachorro; caminhão de lixo.
ca.sta [k'asta] sf casta, classe social.
ca.sta.gna [kast'aɲa] sf castanha.
ca.sta.gno [kast'aɲo] sm castanheiro.
ca.stel.lo [kast'ello] sm castelo, palácio; estrado, armação. fare ≃ i in aria fazer castelos no ar, fantasiar.
ca.sti.ga.re [kastig'are] vt castigar, punir.
ca.sti.ga.tez.za [kastigat'ettsa] sf correção, repreensão.
ca.sti.go [kast'igo] sm castigo, punição, pena. Fig. sofrimento, cruz.
ca.sto [k'asto] adj casto, virgem; inocente, puro; virtuoso.
ca.sto.ne [kast'one] sm engaste.
ca.sto.ro [kast'oro] ou be.ve.ro [b'evero] sm Zool. castor.
ca.stra.re [kastr'are] vt castrar. Fig. frustrar, impedir, destruir.
ca.su.a.le [kazu'ale] adj casual, acidental, ocasional.
ca.sua.li.tà [kazwalit'a] sf casualidade, acaso.
ca.ta.cli.sma [katakl'izma] sm cataclismo.
ca.ta.com.ba [katak'omba] sf catacumba.
ca.ta.fa.scio [kataf'aʃo] adv na expressão a ≃ desordenadamente.
ca.ta.les.si [katal'essi] ou ca.ta.les.si.a [kataless'ia] sf Med. catalepsia. Fig. apatia, desânimo.

ca.ta.let.ti.co [katal'ettiko] sm+adj cataléptico.
ca.ta.let.to [katal'etto] sm féretro, esquife.
ca.ta.li.si [kat'alizi] sf Quím. catálise.
ca.ta.liz.za.re [kataliddz'are] vt catalisar. Fig. acelerar, incentivar, intensificar.
ca.ta.lo.ga.re [katalog'are] vt catalogar, classificar; arquivar, registrar.
ca.ta.lo.go [kat'alogo] sm catálogo, lista. Com. cotação, lista de preços.
ca.ta.pec.chia [katap'ekkja] sf casebre; lugar miserável.
ca.ta.pla.sma [katapl'azma] sm cataplasma, emplastro.
ca.ta.pul.ta [katap'ulta] sf Mil. catapulta.
ca.tar.ro [kat'aɾo] sm Med. catarro.
ca.tar.si [kat'arsi] sf Med. catarse, purgação.
ca.ta.sta [kat'asta] sf amontoado, ajuntamento, acúmulo.
ca.ta.sta.le [katast'ale] adj cadastral.
ca.ta.sto [kat'asto] sm cadastro.
ca.ta.stro.fe [kat'astrofe] sf catástrofe, desastre, desgraça.
ca.te.che.si [katek'ezi] sf catequese.
ca.te.chiz.za.re [katekiddz'are] vt catequizar, converter. Fig. doutrinar, instruir.
ca.te.go.ri.a [kategor'ia] sf categoria, classe, tipo.
ca.te.go.ri.co [kateg'ɔriko] adj categórico, absoluto; imperativo, inevitável; resoluto.
ca.te.na [kat'ena] sf corrente; cadeia; grilhão. Fig. sucessão, série, seqüência; ligação, encadeamento. ≃ di montagne cadeia de montanhas, cordilheira. Fig. escravidão.
ca.te.nel.la [katen'ella] sf correntinha, gargantilha.
ca.te.rat.ta [kater'atta] sf catarata, queda-d'água. Med. catarata.
ca.ter.va [kat'erva] sf amontoado, multidão. Pop. monte, montão.
ca.te.te.re [kat'etere] sm Med. cateter.
ca.te.to [kat'eto] sm Geom. cateto.
ca.ti.no [kat'ino] sm bacia (objeto).
ca.to.do [k'atodo] sm Fís. cátodo.
ca.tra.me [katr'ame] sm alcatrão.
cat.te.dra [k'attedra] sf cátedra.
cat.te.dra.le [kattedr'ale] sf catedral.
cat.te.dra.ti.co [kattedr'atiko] adj catedrático. Fig. convencido, presunçoso.
cat.ti.var.si [kattiv'arsi] vpr cativar, atrair, conquistar, ganhar.
cat.ti.ve.ri.a [kattiv'erja] sf maldade, ruindade. Fig. baixeza, mesquinhez. Gír. baixaria.
cat.ti.vi.tà [kattivit'a] sf cativeiro, servidão.

cat.ti.vo [katt'ivo] *adj* mau, ruim; malvado; pesado (ar); desobediente (criança); mesquinho, vil. ≃ **a parola** ofensa, desaforo.

cat.to.li.ce.si.mo [kattolitʃ'ezimo] ou **cat.to.li.ci.smo** [kattolitʃ'izmo] *sm* catolicismo.

cat.to.li.co [katt'ɔliko] *sm* + *adj* católico.

cat.tu.ra [katt'ura] *sf* captura, prisão, aprisionamento.

cat.tu.ra.re [kattur'are] *vt* capturar, prender, aprisionar. *Fig.* pegar em flagrante.

cauc.ciù [kawttʃ'u] *sm* caucho; borracha.

cau.le [k'awle] *sm Bot.* caule.

cau.sa [k'awza] *sf* causa; origem, motivo. *Dir.* causa, acusação, processo. **a** ≃ **di** ou **a** ≃ **che** por causa de. **parlare con cognizione di** ≃ falar com conhecimento de causa.

cau.sa.le [kawz'ale] *sf Dir.* causal, causa, origem. *adj* causal.

cau.sa.re [kawz'are] *vt* causar, motivar; originar.

cau.sti.co [k'awstiko] *adj* cáustico, corrosivo. *Fig.* irônico, sarcástico, mordaz.

cau.te.la [kawt'ela] *sf* cautela, cuidado, prudência, precaução.

cau.te.rio [kawt'erjo] *sm Med.* cautério.

cau.te.riz.za.re [kawteriddz'are] *vt Med.* cauterizar.

cau.to [k'awto] *adj* cuidadoso, atento, prudente, cauto. *Fig.* cético, desconfiado.

cau.zio.ne [kawts'jone] *sf* cautela, prudência, segurança. *Dir.* caução.

ca.va [k'ava] *sf* mina; cova, buraco, fossa.

ca.va.den.ti [kavad'enti] *sm dep* dentista.

ca.va.fan.go [kavaf'ango] *sm* draga.

ca.va.gno [kav'aɲo] *sm* cesto, cesta de pão.

ca.val.ca.re [kavalk'are] *vt + vi* cavalgar, andar a cavalo, montar.

ca.val.ca.ta [kavalk'ata] *sf* cavalgada.

ca.val.ca.vi.a [kavalkav'ia] *sf* viaduto.

ca.val.cio.ni [kavaltʃ'oni] *adv* na expressão **a** ≃ a cavalo.

ca.va.lie.re [kaval'jere] *sm* cavaleiro.

ca.val.la [kav'alla] *sf* égua.

ca.val.leg.gie.re [kavalledʒ'ere] *sm Mil.* soldado de cavalaria.

ca.val.le.re.sco [kavaller'esko] *adj* cavalheiresco, galante, cortês; elevado, nobre, senhoril.

ca.val.le.ri.a [kavaller'ia] *sf* cavalaria; cavalheirismo.

ca.val.le.riz.za [kavaller'ittsa] *sf* cavalariça, estrebaria, cocheira.

ca.val.le.riz.zo [kavaller'ittso] *sm* cavalariço.

ca.val.let.ta [kavall'etta] *sf* gafanhoto.

ca.val.let.to [kavall'etto] *sm* cavalete; cavalo (para ginástica).

ca.val.li.no [kavall'ino] *sm* cavalinho, potro. *adj* cavalar, de cavalo.

ca.val.lo [kav'allo] *sm* cavalo. ≃ **vapore** ou ≃ **dinamico** cavalo-vapor, cavalo de força. ≃ **da corsa** cavalo de corrida. **a** ≃ **donato non si guarda in bocca** a cavalo dado não se olham os dentes.

ca.val.lo.ne [kavall'one] *sm* vagalhão.

ca.va.loc.chio [kaval'ɔkkjo] *sm Zool.* libélula.

ca.va.re [kav'are] *vt* cavar, escavar; tirar, extrair; cortar. ≃ **sela** *Pop.* virar-se, arranjar-se.

ca.va.ta [kav'ata] *sf* escavação.

ca.va.tap.pi [kavat'appi] *sm* saca-rolhas.

ca.ver.na [kav'erna] *sf* caverna, gruta.

ca.ver.no.so [kavern'ozo] *adj* cavernoso; profundo. **voce** ≃ **a** voz cavernosa.

ca.vez.za [kav'ettsa] *sf* cabresto.

ca.via.le [kav'jale] *sm* caviar.

ca.vic.chio [kav'ikkjo] *sm* cavilha.

ca.vi.glia [kav'iʎa] *sf* cavilha; tornozelo.

ca.vil.la.re [kavill'are] *vi* cavilar, sofismar; brigar, discutir (por uma ninharia).

ca.vi.tà [kavit'a] *sf* cavidade, buraco.

ca.vo [k'avo] *sm* cavidade, buraco; molde oco; cabo, corda. *adj* oco, vazio, cavo; côncavo.

ca.vol.fio.re [kavolf'jore] *sm* couve-flor.

ca.vo.li.no [kavol'ino] *sm* ≃ **di Bruxelles** couve-de-bruxelas.

ca.vo.lo [k'avolo] *sm* repolho, couve. **non me ne importa un** ≃ não me importo nem um pouco com isso. **andare a ingrassare i** ≃ **i** *Vulg.* bater as botas, morrer.

caz.za.ta [katts'ata] *sf Vulg.* cagada, burrada.

cazzeruola → **casseruola**.

caz.zo [k'attso] *sm Vulg.* pinto, pênis.

caz.zot.to [katts'ɔtto] *sm* murro, soco.

caz.zuo.la [katts'wola] *sf* colher de pedreiro.

ce [tʃ'e] *pron* nos, a nós, para nós. *adv* aqui, ali, etc. ≃ **lo trovai** achei-o ali.

ce.ce [tʃ'etʃe] *sm* grão-de-bico.

ceco → **cieco**.

ce.ci.tà [tʃetʃit'a] *sf* cegueira. *Fig.* limitação, burrice.

ce.de.re [tʃ'edere] *vt* ceder, conceder. *vi* ceder, desabar, romper-se, quebrar-se; desistir, entregar-se, renunciar, conformar-se.

ce.de.vo.le [tʃed'evole] *adj* maleável, flexível; mole, tenro.

ce.de.vo.lez.za [tʃedevol'ettsa] *sf* maleabilidade, flexibilidade; moleza; condescendência.

ce.di.men.to [tʃedim'ento] *sm* desabamento, rompimento; renúncia, desistência.

ce.do.la [tʃ'ɛdola] *sf* cédula, cupom.

ce.dro [tʃ'edro] *sm Bot.* cedro; cidreira, cidra.

ce.dro.nel.la [tʃedron'ella] *sf Bot.* erva-cidreira, melissa.

ce.fa.le.a [tʃefal'ɛa] ou ce.fa.lal.gi.a [tʃefalaldʒ'ia] *sf Med.* cefaléia.

ce.fa.li.co [tʃef'aliko] *adj* cefálico.

cef.fo [tʃ'effo] *sm* focinho. *Irôn.* rosto, cara.

cef.fo.ne [tʃeff'one] *sm* bofetada, bofetão, tapa.

ce.la.men.to [tʃelam'ento] *sm* ocultação, segredo.

ce.la.re [tʃel'are] *vt* esconder, ocultar; encobrir.

ce.la.ta [tʃel'ata] *sf Mil.* capacete, elmo.

ce.le.bra.re [tʃelebr'are] *vt* elogiar, glorificar, exaltar (pessoas). *Rel.* celebrar (a missa). *Fig.* celebrar, comemorar, recordar, festejar.

ce.le.bre [tʃ'elebre] *adj* célebre, famoso, renomado, ilustre, conhecido.

ce.le.bri.tà [tʃelebrit'a] *sf* celebridade, fama, glória, renome. *Fig.* astro, estrela.

ce.le.re [tʃ'elere] *adj* rápido, veloz, célere.

ce.le.ste [tʃel'este] *sm* azul-celeste, cor do céu. *adj* celeste, divino. *Fig.* angelical, suave.

ce.le.stia.le [tʃelest'jale] *adj* celestial, divino, sublime, paradisíaco.

ce.lia [tʃ'elja] *sf* brincadeira, divertimento; graça, gracejo; zombaria.

ce.lia.re [tʃeli'are] *vi* brincar, gracejar.

ce.li.ba.ta.rio [tʃelibat'arjo] *sm + adj* celibatário. *Pop.* solteirão.

ce.li.ba.to [tʃelib'ato] *sm* celibato.

ce.li.be [tʃ'elibe] *sm + adj* solteiro. *Fig.* livre.

ce.lio.ne [tʃeli'one] *sm* brincalhão, gracejador.

cel.la [tʃ'ella] *sf* cela (de religiosos); adega.

cel.lu.la [tʃ'ellula] *sf* célula. *Fig.* núcleo, germe.

cel.lu.la.re [tʃellul'are] *adj* celular.

cel.lu.loi.de [tʃellul'ɔjde] *sm* celulóide.

cel.lu.lo.sa [tʃellul'ɔza] *sf* celulose.

cem.ba.lo [tʃ'embalo] *sm Mús.* cravo.

ce.men.ta.re [tʃement'are] *vt* cimentar. *Fig.* consolidar, reforçar, fortalecer, firmar.

ce.men.to [tʃem'ento] *sm* cimento, argamassa. ≈ armato cimento armado.

ce.na [tʃ'ena] *sf* ceia; jantar.

ce.na.re [tʃen'are] *vt + vi* cear; jantar.

cen.cio [tʃentʃo] *sm* trapo, farrapo. *tb Fig.* pedaço, retalho.

cen.cio.so [tʃentʃ'ozo] *adj* esfarrapado, maltrapilho; rasgado, gasto, roto (tecido).

ce.ne.re [tʃ'enere] *sf* cinza (mais usado no *pl*). dì delle ≈ i ou le ≈ i quarta-feira de cinzas.

ce.ne.ren.to.la [tʃener'entola] *sf* borralheira, empregada. La C ≈ Gata Borralheira, Cinderela.

ce.ne.ri.no [tʃener'ino] *adj* cinzento, cinza, acinzentado.

ce.ne.ru.me [tʃener'ume] *sm* cinzas.

cen.no [tʃ'enno] *sm* aceno, gesto; sinal, aviso, indicação; notícia.

cen.si.re [tʃens'ire] *vt* recensear.

cen.so [tʃ'enso] *sm* censo; patrimônio, bens; renda, rendimento.

cen.so.re [tʃens'ore] *sm* censor, recenseador.

cen.su.ra [tʃens'ura] *sf* censura, crítica, repreensão.

cen.su.ra.re [tʃensur'are] *vt* censurar; proibir, vetar; repreender, criticar, reprovar.

cen.tau.ro [tʃent'awro] *sm Mit.* centauro.

cen.tel.li.na.re [tʃentellin'are] *vt* saborear, bebericar.

cen.tel.li.no [tʃentell'ino] *sm dim* golinho.

cen.te.na.rio [tʃenten'arjo] *adj* centenário. *Fig.* antiqüíssimo, secular, longevo.

cen.ten.ne [tʃent'enne] *s + adj* centenário, de cem anos (de idade).

cen.te.si.ma.le [tʃentezim'ale] *adj* centesimal.

cen.te.si.mo [tʃent'ezimo] *sm + num* centésimo.

cen.ti.gram.mo [tʃentigr'ammo] *sm* centigrama.

cen.ti.na.io [tʃentin'ajo] *sm (pl f* centinaia) centena; uns cem, umas cem.

cen.to [tʃ'ento] *sm* cem; centena, cento. *num* cem.

cen.to.gam.be [tʃentog'ambe] *sm* centopéia.

cen.tra.le [tʃentr'ale] *adj* central. *Fig.* principal.

cen.tra.liz.za.re [tʃentraliddz'are] *vt* centralizar, centrar, concentrar.

cen.tri.fu.go [tʃentr'ifugo] *adj* centrífugo.

cen.tri.na [tʃentr'ina] *sf Zool.* peixe-porco.

cen.tri.pe.to [tʃentr'ipeto] *adj* centrípeto.

cen.tro [tʃ'entro] *sm* centro. *Fig.* coração, núcleo; sumo, essência. ≈ avanti *Esp.* centro-avante.

cen.tu.pli.ca.re [tʃentuplik'are] *vt* centuplicar, multiplicar por cem.

cen.tu.plo [tʃ'entuplo] *sm + num* cêntuplo.

cen.tu.ria [tʃent'urja] *sf* centúria, companhia de três soldados; grupo de cem coisas.

cen.tu.rio.ne [tʃentur'jone] *sm* centurião.

cep.pa [tʃ'eppa] *sf Bot.* cepa.

cep.po [tʃ'eppo] *sm* cepo, tora; estirpe, origem (de família).

ce.ra [tʃ'era] *sf* cera; vela. *Fig.* aspecto do rosto, semblante. ≈ da scarpe graxa de sapatos.

ce.ra.lac.ca [tʃeral'akka] *sf* lacre (de cera).

ce.ra.mi.ca [tʃer'amika] *sf* cerâmica.

Cer.be.ro [tʃ'erbero] *np Mit.* Cérbero. c ≈ *Fig.* guardião, guarda, vigia.

cer.biat.to [tʃerb'jatto] *sm Zool.* cervo ou veado jovem.

cer.bot.ta.na [tʃerbott'ana] *sf* zarabatana.

cer.ca [tʃ'erka] *sf* busca, procura, investigação.

cer.ca.re [tʃerk'are] *vt* procurar; investigar, pesquisar. ≃ **di** tentar.

cer.chia [tʃ'erkja] *sf* muralhas (de cidade). *Fig.* grupo, roda, círculo.

cer.chio [tʃ'erkjo] *sm* círculo, circunferência; circuito; anel.

ce.re.a.le [tʃere'ale] *sm* cereal.

ce.re.bra.le [tʃerebr'ale] *adj* cerebral. *Fig.* sofisticado; complicado.

ce.re.bro [tʃ'erebro] *sm Anat.* cérebro.

ce.re.o [tʃ'ereo] *adj* de cera. *Fig.* branco, pálido, cadavérico, lívido.

ce.ri.mo.nia [tʃerim'ɔnja] *sf* cerimônia, celebração, ritual; formalidade, etiqueta, cerimonial, praxe. ≃ **ne** cortesia exagerada, afetação.

ce.ri.mo.nia.re [tʃerimon'jare] *vi* cerimoniar, dirigir o cerimonial; tratar com cerimônia.

ce.ri.mo.nie.re [tʃerimon'jere] *sm* mestre-de-cerimônias.

ce.ri.mo.nio.so [tʃerimon'jozo] *adj* cerimonioso.

ce.ri.no [tʃer'ino] *sm dim* fósforo de cera; pavio, mecha.

cer.ne.re [tʃ'ernere] *vt* escolher; distinguir, discernir, separar; peneirar.

cer.nie.ra [tʃern'jera] *sf* fecho; dobradiça.

cer.ni.ta [tʃ'ernita] *sf* escolha, seleção.

ce.ro [tʃ'ero] *sm* círio, vela grande de cera.

ce.ro.so [tʃer'ozo] *adj* ceráceo, céreo, de cera.

cer.ra [tʃ'eřa] *sf Bot.* azinha (fruto).

cer.ro [tʃ'eřo] *sm Bot.* azinheira, azinheiro.

cer.ta.me [tʃert'ame] *sm* concorrência, disputa; luta, combate.

cer.tez.za [tʃert'ettsa] *sf* certeza, convicção, segurança.

cer.ti.fi.ca.re [tʃertifik'are] *vt* certificar, autenticar, legalizar; afirmar, confirmar, assegurar; atestar, testemunhar, provar, demonstrar.

cer.ti.fi.ca.to [tʃertifik'ato] *sm* certificado, atestado, declaração, documento.

cer.to [tʃ'erto] *sm* o que é certo, certeza. *adj* certo, verdadeiro; seguro, assegurado. *adv* certamente, com certeza.

cer.to.sa [tʃert'oza] *sf Rel.* cartuxa.

cer.tu.no [tʃert'uno] *pron* alguém, um tal.

ce.ru.le.o [tʃer'uleo] *adj* celeste, cerúleo.

ce.ru.me [tʃer'ume] *sm* resto de cera; cera dos ouvidos.

cer.vel.lag.gi.ne [tʃervell'addʒine] *sf* capricho, extravagância, excentricidade.

cer.vel.let.to [tʃervell'etto] *sm Anat.* cerebelo.

cer.vel.lie.ra [tʃervell'jera] *sf Hist.* elmo.

cer.vel.lo [tʃerv'ello] *sm* cérebro. *Fig.* inteligência, mente; bom senso, juízo, razão, discernimento. ≃ **a** *pl* miolos (de animais).

cer.vel.lo.ti.co [tʃervell'ɔtiko] *adj* extravagante, complicado, distorcido, sofisticado.

cer.vi.ce [tʃerv'itʃe] *sf* cerviz, nuca. *Fig.* cabeça.

cer.vie.ro [tʃerv'jero] *sm Zool.* lobo-cerval.

cer.vo [tʃ'ervo] *sm* veado, cervo. ≃ **volante** *Fig.* papagaio, pipa. *Zool.* besouro. ≃ **a** *sf* corça, fêmea do veado.

cer.zio.ra.re [tʃertsjor'are] *vt* averiguar, certificar, investigar. *vpr* certificar-se.

ce.sa.re [tʃ'ezare] *sm* césar. *Fig.* imperador. **avere un cuore di** ≃ ser generoso. **a C** ≃ **quello che è di C** ≃ a César o que é de César.

ce.sa.re.o [tʃez'areo] *adj* cesariano.

ce.sel.la.re [tʃezell'are] *vt* gravar, entalhar, cinzelar. *Fig.* aprimorar, elaborar, polir.

ce.sel.lo [tʃez'ello] *sm* cinzel.

ce.sio [tʃ'ezjo] *sm Quím.* césio. *adj* azul-celeste, azulado.

ce.so.ie [tʃez'oje] *sf pl* tesoura.

ce.spi.te [tʃ'espite] *sm* ganho, provento.

ce.spu.glio [tʃesp'uʎo] ou **ce.spo** [tʃ'espo] *sm* moita.

ces.sa.re [tʃess'are] *vi* cessar, acabar, parar, terminar. ≃ **un negozio** fechar um negócio.

ces.sa.zio.ne [tʃessats'jone] *sf* interrupção, fim.

ces.sio.na.rio [tʃessjon'arjo] *sm Dir.* cessionário.

ces.sio.ne [tʃess'jone] *sf* cessão, transferência.

ces.so [tʃ'esso] *sm Gír.* latrina, privada. *Fig.* porcaria, imundície.

ce.sta [tʃ'esta] *sf* cesta, cesto.

ce.sta.io [tʃest'ajo] *sm* cesteiro.

ce.sti.no [tʃest'ino] *sm dim* cestinho, cesto para bebê; lixeira para papéis.

ce.sto [tʃ'esto] *sm* cesto, cesta.

ce.ta.ce.o [tʃet'atʃeo] *s+adj Zool.* cetáceo.

ce.te.ra [tʃ'etera] *sf Mús.* cítara.

ce.te.reg.gia.re [tʃetereddʒ'are] *vi* tocar cítara.

ce.to [tʃ'eto] *sm* classe social, casta. *Zool.* baleia. ≃ **medio** classe média.

ce.tri.o.lo [tʃetri'ɔlo] *sm Bot.* pepino. *Fig.* bobo, tolo.

che [k'e] I *pron* que, o qual, a qual, os quais, as quais; que, quanto, quanta. *conj* que. ≃ **cosa?** o quê?

che [k'e] II *interj* quê! o quê! nunca! ≃ **! non è possibile!** o quê! não é possível!

ché [k'e] *conj* porque, a fim de que.

chec.ches.si.a [kekkess'ia] ou **chec.ché** [kekk'e] *pron* o que quer que, qualquer coisa.

che.le [k'ɛle] *sf pl* Zool. pinças, garras (de caranguejo, escorpião, etc.).

che.pì [kep'i] *sm* Mil. quepe.

cher.mes [k'ɛrmes] *sm* Zool. cochonilha-do-carmim; quermes, substância vermelha.

cher.mi.si [k'ɛrmizi] *sm* carmim, carmesim. *adj* carmesim.

cher.mi.si.no [kermiz'ino] *adj* carmesim.

che.ru.bi.no [kerub'ino] *sm* Rel. querubim.

che.ta.re [ket'are] *vt* acalmar, apaziguar, sossegar, aquietar.

che.ti.chel.la [ketik'ella] *adv* na expressão **alla** ≃ de mansinho, sorrateiramente.

che.to [k'eto] *adj* quieto, silencioso; calmo, tranqüilo; secreto.

che.viot [tʃ'evjot] *sm* cheviote, tecido de lã.

chi [k'i] *pron* quem. ≃? quem?

chiac.chie.ra [k'jakkjera] *sf* Pop. conversa fiada, papo furado; fofoca, mexerico.

chiac.chie.ra.re [kjakkjer'are] *vi* Pop. conversar; tagarelar; fofocar, caluniar.

chiac.chie.ra.ta [kjakkjer'ata] *sf* Pop. batepapo, papo, papinho; conversa fiada.

chiac.chie.ri.o [kjakkjer'io] *sm* Pop. conversa fiada, papo furado, tagarelice.

chiac.chie.ro.ne [kjakkjer'one] *sm* Pop. falador, tagarela; fofoqueiro, mexeriqueiro.

chia.ma.re [kjam'are] *vt* chamar, batizar, denominar; chamar (alguém), convidar; despertar, acordar; pedir ajuda; designar, eleger. *vpr* chamar-se.

chia.ma.ta [kjam'ata] *sf* chamada; convocação.

chian.ti [k'janti] *sm* chianti, tipo de vinho.

chiap.pa [k'jappa] *sf* Pop. nádega (mais usado no *pl*).

chiap.pa.nu.vo.li [kjappan'uvoli] *s* pessoa fútil e vaidosa.

chiap.pa.re [kjapp'are] *vt* agarrar, pegar; encontrar, achar.

chiap.pe.rel.lo [kjapper'ello] *sm* armadilha, cilada, tramóia.

chia.ra [k'jara] *sf* clara (do ovo).

chia.reg.gia.re [kjareddʒ'are] *vt* clarear.

chia.rez.za [kjar'ettsa] ou **chia.ri.tà** [kjarit'a] *sf* clareza; precisão; simplicidade. *Fig.* honestidade, honradez, retidão.

chia.ri.re [kjar'ire] *vt* clarear; esclarecer, explicar; verificar, apurar, averiguar.

chia.ro [k'jaro] *adj* claro; luminoso, brilhante; limpo, límpido (céu); transparente, cristalino, nítido; distinto, evidente, óbvio, patente; ilustre, famoso.

chia.ro.re [kjar'ore] *sm* clarão, brilho intenso, resplandecência.

chia.ro.scu.ro [kjarosk'uro] *sm* Pint. claroescuro.

chia.ro.veg.gen.te [kjaroveddʒ'ente] *s + adj* clarividente, sensitivo, vidente, adivinho.

chias.sa.re [kjass'are] *vi* fazer barulho.

chias.so [k'jasso] *sm* ruído, barulheira, rumor, balbúrdia.

chias.so.so [kjass'ozo] *adj* barulhento, ruidoso, tumultuado. *Fig.* clamoroso, sensacional; alegre, extrovertido; vistoso, vivo (colorido).

chiat.ta [k'jatta] *sf* chata, barcaça.

chiat.to [kj'atto] *adj* achatado, chato.

chia.ve [k'jave] *sf* chave. *Fig.* sistema, método, modo. *Mús.* clave (de instrumento).

chia.vi.ca [k'javika] *sf* esgoto, cloaca.

chia.vi.stel.lo [kjavist'ello] *sm* ferrolho, tranca, trancação, barra.

chiaz.za [kj'attsa] *sf* mancha, nódoa, mácula.

chiaz.za.to [kjatts'ato] *adj* manchado, maculado, malhado.

chiaz.za.tu.ra [kjattsat'ura] *sf* mancha, nódoa.

chic [ʃ'ik] *s + adj* elegante.

chic.ca [k'ikka] *sf* Fam. doce.

chic.che.ra [k'ikkera] *sf* xícara.

chic.ches.si.a [kikkess'ia] *pron* quem quer que seja, qualquer pessoa.

chic.chi.ri.chì [kikkirik'i] *sm* canto do galo.

chic.co [k'ikko] *sm* grão, bago, grânulo. **chicchi di grandine** granizo, pedra de gelo.

chie.de.re [k'jedere] *vt* perguntar, pedir; implorar, pedir esmolas.

chie.ri.co [kj'eriko] *sm* clérigo, religioso.

chie.sa [k'jeza] *sf* igreja; templo, santuário. *Fig.* religião, clero, eclesiásticos.

chie.sta [k'jesta] *sf* pedido, pergunta.

chie.sto [k'jesto] *part* pedido, perguntado.

chi.glia [k'iʎa] *sf* Náut. quilha.

chi.lo.gram.ma [kilogr'amma] ou **chi.lo** [k'ilo] *sm* quilograma, quilo.

chi.lo.li.tro [kilol'itro] *sm* quilolitro.

chi.lo.me.tro [kil'ɔmetro] *sm* quilômetro.

chi.me.ra [kim'era] *sf* quimera. *Fig.* ilusão, sonho; fantasia, imaginação; miragem, alucinação.

chi.me.ri.co [kim'eriko] *adj* quimérico. *Fig.* ilusório, onírico; fantástico, imaginário, irreal.

chi.mi.ca [k'imika] *sf* química.

chi.mi.co [k'imiko] *sm + adj* químico.

chi.mo.no [kim'ono] ou **ki.mo.no** [kim'ono] *sm* quimono.

chi.na [k'ina] *sf* descida, declive, inclinação.

chi.na.re [kin'are] *vt* abaixar, curvar, inclinar, reclinar. *vpr* abaixar-se, inclinar-se, curvar-se.

chin.ca.glie [kink'aλe] *sf pl* ou **chin.ca.glie.ri.a** [kinkaλer'ia] *sf* quinquilharia, miudezas.

chinesiterapia → **cinesiterapia.**

chi.ni.no [kin'ino] *sm* quinino.

chi.no [k'ino] *sm* inclinação, declive; cumprimento, mesura. *adj* inclinado, reclinado.

chioc.cia [k'jɔttʃa] *sf* galinha choca.

chioc.cia.re [kjottʃ'are] *vi* cacarejar. *Fig.* lamentar-se, reclamar.

chioc.cia.ta [kjottʃ'ata] *sf* ninhada.

chioc.cio.la [k'jɔttʃola] *sf* caracol, caramujo; porca (de parafuso). **scala a** ≃ caracol, escada em caracol.

chioc.co.la.re [kjokkol'are] *vi* assobiar, cantar (voz dos melros e outros pássaros).

chio.do [k'jodo] *sm* prego. *Fig.* dor de cabeça.

chio.ma [k'joma] *sf* cabeleira. *Astron.* cabeleira (de cometa). *Bot.* copa, folhagem, fronde.

chio.sa [k'joza] *sf* nota, anotação, comentário.

chio.sco [k'josko] *sm* banca, quiosque, barraquinha.

chio.stra [k'jostra] *sf* lugar fechado.

chio.stro [k'jostro] *sm* claustro, clausura. *Fig.* convento, mosteiro.

chi.ro.man.te [kirom'ante] *sf* quiromante.

chi.ro.man.zi.a [kiromants'ia] *sf* quiromancia.

chi.rur.gi.a [kirurdʒ'ia] *sf* cirurgia, operação.

chi.rur.go [kir'urgo] *sm* cirurgião.

chi.tar.ra [kit'aʀa] *sf Mús.* violão, viola; guitarra.

chi.tar.ri.sta [kitaʀ'ista] *s* guitarrista; violonista.

chiu.den.da [kjud'enda] *sf* tapume; divisória; lugar fechado.

chiu.de.re [k'judere] *vt* fechar, cerrar; cobrir, esconder; extinguir, frear, estagnar; bloquear, impedir (passagem); cercar, delimitar (região). *vpr* fechar-se. *Fig.* isolar-se.

chi.un.que [ki'unkwe] *pron* qualquer um, qualquer pessoa.

chiu.sa [k'juza] *sf* dique, barragem, eclusa; encerramento, fim, final, fechamento.

chiu.so [k'juzo] *part+adj* fechado, cerrado. *Fig.* reservado, privado; proibido; inacessível, introvertido.

chiu.su.ra [kjuz'ura] *sf* fechamento. *Rel.* clausura (de mosteiro). ≃ **lampo** zíper.

chi.vi [kiv'i] ou **ki.wi** [ki'wi] *sm Zool.* quivi.

choc → **shock.**

ci [tʃ'i] *sf* cê, o nome da letra C. *pron pl* a nós, nos. *adv* aí, ali, lá, aqui, daqui, dali, etc.

cia.ba.re [tʃab'are] *vi* tagarelar, falar muito.

cia.bat.ta [tʃab'atta] *sf* chinelo, pantufa.

cia.bat.ti.no [tʃabatt'ino] *sm* sapateiro.

cia.bat.to.ne [tʃabatt'one] *sm* mau artista, mau profissional.

cial.tro.ne [tʃaltr'one] *sm* preguiçoso, indolente. *Fig.* canalha, malandro, velhaco, tratante.

ciam.bel.la [tʃamb'ella] *sf* rosca (pão).

ciam.bel.la.no [tʃambell'ano] ou **ciam.ber.la.no** [tʃamberl'ano] *sm* nobre, cavalheiro a serviço da corte.

ciam.pi.ca.re [tʃampik'are] *vi* tropeçar.

cia.na.io [tʃan'ajo] *sm* ralé, gentinha, povinho.

cian.ce.rel.la [tʃantʃer'ella] *sf* ninharia, bagatela, coisa insignificante.

cian.cia [tʃ'antʃa] *sf* mentira, conversa fiada, boato.

cian.cia.fru.sco.le [tʃantʃafr'uskole] *sf pl* bugigangas, quinquilharias.

cian.cia.re [tʃantʃ'are] *vi* tagarelar, dizer besteiras.

cian.ciu.glia.re [tʃantʃuλ'are] ou **cian.ci.ca.re** [tʃantʃik'are] *vi Fam.* gaguejar.

cian.go.la [tʃ'angola] *sf* futilidade, banalidade, frivolidade.

cian.go.la.re [tʃangol'are] *vi* tagarelar, falar demais.

cian.got.ta.re [tʃangott'are] *vi* pronunciar mal, falar mal um idioma.

cia.o [tʃ'ao] *interj* oi! adeus! tchau!

ciap.po.la [tʃ'appola] *sf* cinzel.

ciar.la [tʃ'arla] *sf* conversa à-toa; mexerico, fofoca.

ciar.la.re [tʃarl'are] *vi* papear, tagarelar; fofocar.

ciar.la.ta.no [tʃarlat'ano] *sm* charlatão; embrulhão; impostor, enganador.

ciar.lie.ro [tʃarl'jero], **ciar.lie.re** [tʃarl'jere] ou **ciar.lo.ne** [tʃarl'one] *sm* tagarela, falador.

ciar.pa [tʃ'arpa] *sf* charpa, faixa de tecido; tipóia; bugiganga.

cia.scu.no [tʃask'uno] ou **cia.sche.du.no** [tʃasked'uno] *pron* cada um, cada.

ci.ba.re [tʃib'are] *vt* alimentar, nutrir.

ci.ba.ria [tʃib'arja] *sf* (mais usado no *pl*) alimentos, comida, provisões, víveres.

ci.bo [tʃ'ibo] *sm Pop.* comida, alimento; nutrição; prato, iguaria.

ci.bre.o [tʃibr'eo] *sm* manjar, iguaria; bagunça, mistura de muitas coisas.

ci.ca [tʃ'ika] *sf Bot.* membrana interna da romã. *sm Fam.* nada.

ci.ca.la [tʃik'ala] *sf* cigarra.

ci.ca.la.re [tʃikal'are] *vi Fig.* tagarelar, falar muito; fofocar.

ci.ca.tri.ce [tʃikatr'itʃe] *sf* cicatriz.

ci.ca.triz.za.re [tʃikatriddz'are] *vt* cicatrizar, regenerar. *vpr* cicatrizar-se, fechar-se, regenerar-se; sarar.

cic.ca [tʃ'ikka] *sf Fam.* ponta de cigarro. *Fig.* ninharia.

cic.chet.to [tʃikk'etto] *sm* cálice (para licor), copinho. *Gír.* bronca, lavada.

cic.cia [tʃ'ittʃa] *sf Fam.* carne. *Fig.* gordura, banha.

cic.cio.lo [tʃ'ittʃolo] *sm* torresmo.

cic.cio.so [tʃittʃ'ozo] *adj* gorducho, carnoso.

ci.ce.ro.ne [tʃitʃer'one] *sm* cicerone, guia.

ci.cla.mi.no [tʃiklam'ino] *sm Bot.* ciclâmen.

ci.cli.co [tʃ'ikliko] *adj* cíclico, periódico.

ci.cli.smo [tʃikl'izmo] *sm* ciclismo.

ci.cli.sta [tʃikl'ista] *s+adj* ciclista.

ci.clo [tʃ'iklo] *sm* ciclo, período.

ci.clo.ne [tʃikl'one] *sm* ciclone, furacão, tufão.

ci.clo.pe [tʃ'iklope] *sm Mit.* ciclope.

ci.co.gna [tʃik'oɲa] *sf Zool.* cegonha.

ci.co.ria [tʃik'ɔrja] *sf* chicória.

ci.cu.ta [tʃik'uta] *sf* cicuta.

cie.co [tʃ'eko] ou **ce.co** [tʃ'eko] *sm* cego. *adj* cego. *Fig.* transtornado, alucinado; sem saída, fechado (caminho, rua).

cie.lo [tʃ'elo] *sm* céu, firmamento. *Fig.* paraíso.

cie.ra [tʃ'era] *sf* rosto, face; aspecto do rosto, semblante.

ci.fra [tʃ'ifra] *sf* cifra, número. *Fig.* iniciais, sigla, sinal; código, escrita.

ci.fra.re [tʃifr'are] *vt* cifrar; codificar, escrever em código; colocar as iniciais.

ci.fra.rio [tʃifr'arjo] *sm* cifrário, chave de código.

ci.glio [tʃ'iʎo] *sm* borda, margem, extremidade. *Anat.* cílio, pestana.

ci.gno [tʃ'iɲo] *sm* cisne.

ci.go.la.re [tʃigol'are] *vi* chiar, ranger.

ci.go.li.o [tʃigol'io] *sm* chiado, rangido.

ci.lia.re [tʃil'jare] *adj* ciliar.

ci.li.cio [tʃil'itʃo] ou **ci.li.zio** [tʃil'itsjo] *sm* cilício, instrumento de tortura. *Fig.* tormento, sofrimento, tortura.

ci.lie.gia [tʃil'jedʒa] *sf* cereja.

ci.lie.gio [tʃil'jedʒo] *sm* cerejeira.

ci.lin.dri.co [tʃil'indriko] *adj* cilíndrico.

ci.lin.dro [tʃil'indro] *sm* cilindro; cartola (chapéu). *Fig.* rolo, tubo, carretel.

ci.ma [tʃ'ima] *sf* cima, cume, parte superior, ápice, cúmulo; extremidade, ponta.

ci.ma.re [tʃim'are] *vt* podar, aparar.

cim.ba.lo [tʃ'imbalo] *sm Mús.* címbalo. ≃**i** *Mús.* pratos.

ci.men.ta.re [tʃiment'are] *vt* arriscar, pôr em risco, pôr à prova. *vi* experimentar, tentar. *vpr* arriscar-se, aventurar-se, expor-se ao perigo.

ci.men.to [tʃim'ento] *sm* perigo, risco; provocação, desafio; batalha, combate, duelo, luta. *Fig.* exame, prova, teste.

ci.mi.ce [tʃ'imitʃe] *sm Zool.* percevejo.

ci.mie.ro [tʃim'jero] *sm* penacho; chifre.

ci.mi.nie.ra [tʃimin'jera] *sf* chaminé.

ci.mi.te.ro [tʃimit'ero] *sm* cemitério; catacumba, necrópole, campo-santo.

ci.mo.lo [tʃ'imolo] *sm Bot.* rebento, talo, grelo.

ci.mur.ro [tʃim'uɾo] *sm Zool.* mormo.

ci.na.bro [tʃin'abro] *sm* cinabre; vermelho-claro. *Quím.* cinabre.

cin.cia [tʃ'intʃa] *sf Zool.* toutinegra.

cin.ci.glia [tʃintʃ'iʎa] *sf Zool.* chinchila.

cin.ci.schia.re [tʃintʃisk'jare] *vt* despedaçar, trinchar, cortar mal. *vi Fig.* atrasar-se, retardar-se, perder tempo.

cin.ci.schio [tʃintʃ'iskjo] *sm* corte mal feito.

ci.ne.ma [tʃ'inema] *sm* cinema. **andare al** ≃ ir ao cinema.

ci.ne.ma.sco.pe [tʃinemask'ope] *sm* cinemascope.

ci.ne.ma.ti.ca [tʃinem'atika] *sf Fís.* cinemática.

ci.ne.ma.to.gra.fo [tʃinemat'ɔgrafo] *sm* cinematógrafo.

ci.ne.re.o [tʃin'ereo] *adj* cinzento, cinza; cadavérico, pálido, lívido.

ci.ne.se [tʃin'eze] *s+adj* chinês.

ci.ne.si.te.ra.pi.a [tʃineziterap'ia] ou **chi.ne.si.te.ra.pi.a** [kineziterap'ia] *sf* cinesioterapia.

ci.ne.te.ca [tʃinet'eka] *sf* cinemateca.

ci.ne.ti.ca [tʃin'etika] *sf Fís.* cinética.

cin.ge.re [tʃ'indʒere] *vt* cingir, rodear, cercar.

cin.ghia [tʃ'ingja] *sf* cilha (cinta para selas); cinto, cinta, faixa.

cin.ghia.le [tʃ'ingjale] *sm* javali, porco-do-mato.

cin.ghia.re [tʃ'ing'jare] *vt* cilhar, encilhar, prender com cilha.

cin.guet.ta.re [tʃingwett'are] *vi* cantar, gorjear. *Fig.* tagarelar.

ci.ni.co [tʃ'iniko] *adj* cínico, indiferente, insensível. *Pop.* descarado, cara-de-pau.

ci.ni.smo [tʃin'izmo] *sf* cinismo; descaramento.

ci.no [tʃ'ino] *sf Bot.* roseira-brava.

ci.no.fi.li.a [tʃinofil'ia] *sf* cinofilia.

ci.no.fi.lo [tʃin'ɔfilo] *sm* cinófilo.

cin.quan.ta [tʃinkw'anta] *sm+num* cinqüenta.

cinquantenne → **quinquagenario.**

cin.quan.te.si.mo [tʃinkwant'ezimo] ou **quin.qua.ge.si.mo** [kwinkwadʒ'ɛzimo] *sm+num* qüinquagésimo; cinqüenta avos.

cin.quan.ti.na [tʃinkwant′ina] *sf* uns cinqüenta, umas cinqüenta.
cin.que [tʃinkwe] *sm*+*num* cinco.
cin.que.cen.te.si.mo [tʃinkwetʃent′ezimo] *sm*+*num* qüingentésimo.
cin.que.cen.to [tʃinkwetʃ′ento] *sm*+*num* quinhentos. **il C** ≃ *sm* o século XVI.
cin.que.mi.la [tʃinkwem′ila] *sm*+*num* cinco mil.
cin.quen.ne [tʃink′wenne] *s*+*adj* de cinco anos (de idade).
cin.qui.na [tʃink′wina] ou **quin.ti.na** [kwint′ina] *sf* quina, cinco números em série.
cin.ta [tʃ′inta] *sf* muralha, muro; cinta, cinto, cinturão, faixa.
cin.ta.re [tʃint′are] *vt* delimitar; cercar, contornar, circundar.
cin.to [tʃ′into] *sm* cinto.
cin.to.la [tʃ′intola] *sf Anat.* cintura; cinto.
cin.tu.ra [tʃint′ura] *sf* cintura, cinto, cinta. ≃ **di salvataggio** *Náut.* cinto salva-vidas. ≃ **di sicurezza** *Autom.* cinto de segurança.
cin.tu.ro.ne [tʃintur′one] *sm* cinturão.
ciò [tʃ′ɔ] *pron* isto, aquilo, o que, tudo o que.
cioc.ca [tʃ′ɔkka] *sf* cacho (frutas ou cabelos); tufo (folhagem); ramalhete; madeixa.
cioc.co [tʃ′ɔkko] *sm* lenha (para fogueira). *Fig.* tolo, estúpido.
cioc.co.la.ta [tʃokkol′ata] *sf* ou **cioc.co.la.to** [tʃokkol′ato] *sm* chocolate (doce e bebida). **tavoletta di** ≃ barra de chocolate.
cioc.co.la.ti.no [tʃokkolat′ino] *sm* bombom.
cio.cia [tʃ′ɔtʃa] *sf* tamanco.
cio.è [tʃo′e] *adv* isto é, ou seja, a saber.
cion.ca.re [tʃonk′are] *vt*+*vi* beber, tragar.
cion.co [tʃ′ɔnko] *adj* quebrado, roto; cansado.
cion.do.la.re [tʃondol′are] *vi* bambolear, balançar; pender.
cion.do.lo [tʃ′ondolo] *sm* brinco; pingente, penduricalho.
cion.do.lo.ni [tʃondol′oni] *adv* balançando; pendurado, dependurado.
cio.to.la [tʃ′otola] *sf* taça, xícara.
ciot.to.la.to [tʃottol′ato] *sm* pavimentação, calçamento.
ciot.to.lo [tʃ′ottolo] *sm* pedra, pedregulho.
ci.pi.glio [tʃip′iʎo] *sm* carranca, cara feia.
ci.pol.la [tʃip′olla] *sf* cebola; bulbo, raiz (de plantas ou cabelos). *Fig.* cabeça.
ci.pol.la.io [tʃipoll′ajo] *sm* plantação de cebolas; vendedor de cebolas.
ci.pres.so [tʃipr′esso] *sm Bot.* cipreste.
ci.pria [tʃ′iprja] *sf* pó-de-arroz.
cir.ca [tʃ′irka] *prep* quase, por volta de; sobre,

com relação a, a propósito de. *adv* aproximadamente, mais ou menos, quase.
cir.cen.se [tʃirtʃ′ense] *adj* circense, de circo.
cir.co [tʃ′irko] *sm* circo.
cir.co.la.re [tʃirkol′are] *vi* circular. *Fig.* transitar, passear, caminhar. *adj* circular.
cir.co.la.zio.ne [tʃirkolats′jone] *sf* circulação; difusão, propagação; movimento, passagem, tráfego. ≃ **stradale** trânsito, tráfego.
cir.co.lo [tʃ′irkolo] *sm* círculo, circunferência; clube; associação, sociedade; ambiente.
cir.con.ci.de.re [tʃirkontʃ′idere] *vt* circuncidar.
cir.con.ci.sio.ne [tʃirkontʃiz′jone] *sf* circuncisão.
cir.con.ci.so [tʃirkontʃ′izo] *part*+*adj* circunciso, circuncidado.
cir.con.da.re [tʃirkond′are] *vt* circundar, contornar, cercar, circunscrever. *vpr* cercar-se.
cir.con.fe.ren.za [tʃirkonfer′entsa] *sf Geom.* circunferência, círculo.
cir.con.fles.so [tʃirkonfl′esso] *adj* circunflexo.
cir.con.lo.cu.zio.ne [tʃirkonlokuts′jone] *sf* circunlocução, perífrase.
cir.con.vi.ci.no [tʃirkonvitʃ′ino] *adj* circunvizinho, confinante.
cir.con.vo.lu.zio.ne [tʃirkonvoluts′jone] *sf* circunvolução, volteio.
cir.co.scri.ve.re [tʃirkoskr′ivere] *vt* circunscrever; bloquear; conter; delimitar, restringir.
cir.co.spet.to [tʃirkosp′etto] *adj* cuidadoso, prudente, ajuizado, circunspecto.
cir.co.spe.zio.ne [tʃirkospets′jone] *sf* circunspecção, prudência.
cir.co.stan.te [tʃirkost′ante] *adj* adjacente, limítrofe, contíguo, próximo.
cir.co.stan.za [tʃirkost′antsa] *sf* circunstância, situação, caso, contingência, momento; acontecimento, acidente.
cir.co.stan.zia.le [tʃirkostants′jale] *adj* circunstancial.
cir.cu.i.re [tʃirku′ire] *vt* circundar, dar a volta. *Fig.* enganar, ludibriar, embrulhar.
cir.cui.to [tʃirk′ujto] *sm* circuito, giro, volta. **corto** ≃ curto-circuito.
cir.cum.na.vi.ga.zio.ne [tʃirkumnavigats′jone] *sf* circunavegação, périplo.
cir.ro [tʃ′iřo] *sm Met.* cirro. *Bot.* gavinha.
ci.sal.pi.no [tʃizalp′ino] *adj* cisalpino.
ci.scran.na [tʃiskr′anna] *sf* cadeira com braços; móvel velho. *Pop. Fig.* mulher acabada (feia).
ci.spa [tʃ′ispa] *sf* remela, ramela.
ci.ste [tʃ′iste] ou **ci.sti** [tʃ′isti] *sm Med.* cisto, quisto.

ci.ster.cen.se [tʃistertʃ'ense] *s+adj Rel.* cisterciense, da ordem de São Bernardo.

ci.ster.na [tʃist'erna] *sf* cisterna, poço.

ci.sti.fel.le.a [tʃistif'ellea] *sf Med.* vesícula biliar.

ci.sti.te [tʃist'ite] *sf Med.* cistite.

ci.ta.re [tʃit'are] *vt* citar, mencionar, referir; indicar, assinalar. *Dir.* citar, chamar a juízo.

ci.ta.zio.ne [tʃitats'jone] *sf* citação, menção; indicação, sinal. *Dir.* citação, intimação.

ci.tra.to [tʃitr'ato] *sm Quím.* citrato.

ci.tri.co [tʃ'itriko] *adj* cítrico.

ci.trul.lo [tʃitr'ullo] *sm* bobo, tolo, idiota.

cit.tà [tʃitt'a] *sf* cidade. *Fig.* centro, capital, metrópole; coletividade, comunidade.

cit.ta.del.la [tʃittad'ella] *sf* cidadela, fortaleza, fortificação.

cit.ta.di.nan.za [tʃittadin'antsa] *sf* cidadania; população, cidadãos.

cit.ta.di.no [tʃittad'ino] *sm* cidadão. *adj* urbano, municipal.

ciuc.cio [tʃ'uttʃo] *sm Zool.* burro, asno. *Fam.* tonto, bobo.

ciu.cia.re [tʃutʃ'are] *vi* assobiar; vaiar.

ciu.cia.ta [tʃutʃ'ata] *sf* assobio; vaia.

ciu.co [tʃ'uko] *sm Zool.* asno, burro.

ciuf.fo [tʃ'uffo] *sm* topete (cabelos). *Fig.* maço, ramalhete; moita, arbusto.

ciur.lo [tʃ'urlo] *sm* pirueta.

ciur.lo.ne [tʃurl'one] *sm* bofetada, tapa.

ciur.ma [tʃ'urma] *sf Pop.* tripulação. *Fig.* gentalha, gentinha.

ciur.ma.re [tʃurm'are] *vt* enganar, iludir, embrulhar, ludibriar. *vpr* embriagar-se.

ci.va.ia [tʃiv'aja] *sf* legume, vagem de leguminosa.

ci.van.zo [tʃiv'antso] *sm* utilidade, vantagem; ganho; resto.

ci.vet.ta [tʃiv'etta] *sf Zool.* coruja. *Fig. Pop.* namoradeira, assanhada, perua.

ci.vet.ta.re [tʃivett'are] *vi* atrair, seduzir. *Fig.* namoricar. *Pop.* paquerar, saçaricar.

ci.vet.te.ri.a [tʃivetter'ia] *sf Fig.* namorico. *Pop.* paquera.

ci.vet.to.ne [tʃivett'one] *sm* corujão. *Fig.* namorador. *Pop.* paquerador.

ci.vet.tuo.la [tʃivett'wola] *sf* namoradeira.

ci.vi.co [tʃ'iviko] *adj* cívico; urbano, municipal. *Fig.* comunitário, social.

ci.vi.le [tʃiv'ile] *sm* civil, paisano. *adj* civil; civilizado, moderno, progressivo; bem-educado, educado, cortês, gentil.

ci.vi.liz.za.re [tʃiviliddz'are] *vt* civilizar; educar.

ci.vi.liz.za.zio.ne [tʃiviliddzats'jone] *sf* civilização.

ci.vil.tà [tʃivilt'a] *sf* civilização, cultura; progresso, modernidade; educação, boas-maneiras, gentileza.

ci.vi.smo [tʃiv'izmo] *sm* civismo.

clac.son [klaks'on] *sm* buzina (de automóvel).

cla.mo.re [klam'ore] *sm tb Fig.* clamor, ruído, barulho, rumor; sensação.

cla.mo.ro.so [klamor'ozo] *adj tb Fig.* clamoroso, ruidoso; sensacional.

clan.de.sti.no [klandest'ino] *sm+adj* clandestino, ilegal.

cla.que [kl'ak] *sf Teat.* claque.

cla.ri.net.to [klarin'etto] ou **cla.ri.no** [klar'ino] *sm Mús.* clarinete.

clas.se [kl'asse] *sf* classe, gênero, tipo; classe social, casta; categoria; ano, curso (escolar).

clas.si.ci.smo [klassitʃ'izmo] *sm* classicismo.

clas.si.co [kl'assiko] *adj* clássico, tradicional. *Fig.* harmonioso, exemplar.

clas.si.fi.ca.re [klassifik'are] *vt* classificar, catalogar, agrupar; julgar, avaliar.

clau.so.la [kl'awzola] *sf* cláusula, parágrafo; condição.

clau.su.ra [klawz'ura] *sf* clausura.

cla.va [kl'ava] *sf* clava, maça, porrete.

cla.vi.cem.ba.lo [klavitʃ'embalo] *sm* cravo.

cla.vi.co.la [klav'ikola] *sf Anat.* clavícula.

cle.men.te [klem'ente] *adj* clemente, piedoso, misericordioso; indulgente, benévolo.

cle.men.za [klem'entsa] *sf* clemência, piedade, misericórdia; bondade, indulgência.

clep.to.ma.ne [klept'ɔmane] *s+adj* cleptomaníaco.

cle.ri.ca.le [klerik'ale] *adj* clerical, eclesiástico. *Fig.* conservador, convencional, ortodoxo.

cle.ri.ca.li.smo [klerikal'izmo] *sm* clericalismo.

cle.ro [kl'ero] *sm Pop.* clero, Igreja, religiosos.

cles.si.dra [kless'idra] *sf* clepsidra.

cli.ché [kliʃ'e] *sm* clichê, matriz; lugar-comum, estereótipo, chavão. *Fig.* modelo, esquema.

cli.en.te [kli'ente] *s* cliente, freguês.

clien.te.la [kljent'ela] *sf* clientela, freguesia.

cli.ma [kl'ima] *sm* clima. *Fig.* ambiente, condição.

cli.ma.te.rio [klimat'erjo] *sm* climatério, menopausa, andropausa.

cli.ma.to.lo.gi.a [klimatolodʒ'ia] *sf* climatologia.

cli.ni.ca [kl'inika] *sf* clínica, hospital.

cli.ni.co [kl'iniko] *sm* clínico, médico. *adj* clínico.

clip [kl'ip] *sm* clipe para papel.

cli.zia [kl'itsja] *sf Bot.* girassol, helianto.

clo.a.ca [klo'aka] *sf* cloaca, esgoto, fossa.

clo.ra.to [klor'ato] *sm Quím.* clorato.

clo.ro [kl'ɔro] *sm Quím.* cloro.

clo.ro.fil.la [klorof'illa] *sf Bot.* clorofila.

clo.ro.for.mio [kloro f'ɔrmjo] *sm Quím.* cloro-
fórmio.

club [kl'ab] *sm* clube, associação.

co.a.bi.ta.re [koabit'are] *vi* coabitar, conviver.

co.a.diu.to.re [koadjut'ore] *sm* coadjutor, auxiliar, assistente; suplente, vice.

co.a.diu.va.re [koadjuv'are] *vt* ajudar, auxiliar,
assistir, colaborar com, cooperar com.

co.a.gu.la.men.to [koagulam'ento] *sm* coagulação, coalhadura.

co.a.gu.lan.te [koagul'ante] *sm+adj* coagulante.

co.a.gu.la.re [koagul'are] *vt* coagular, coalhar.

co.a.gu.lo [ko'agulo] *sm* coágulo, coalho.

co.a.li.zio.ne [koalits'jone] *sf* coalizão, aliança, associação, união, liga.

co.a.liz.zar.si [koaliddz'arsi] *vpr* coalizar-se, fazer coalizão, aliar-se, federar-se.

co.at.to [ko'atto] *adj* coagido, constrangido,
obrigado, restringido.

co.au.to.re [koawt'ore] *sm* co-autor.

co.a.zio.ne [koats'jone] *sf* coação, constrangimento, restrição.

co.bal.to [kob'alto] *sm Quím.* cobalto.

co.ca [k'ɔka] *sf Bot.* coca.

co.ca.i.na [koka'ina] *sf* cocaína.

coc.ca [k'ɔkka] *sf* ponta, canto (de tecido).

coc.car.da [kokk'arda] *sf* fita usada como
emblema.

coc.chie.re [kokk'jere] *sm* cocheiro.

coc.chio [k'ɔkkjo] *sm* coche, carruagem,
carroça.

coc.chiu.me [kokk'jume] *sm* tampa, tampão,
batoque.

coc.cia [k'ɔttʃa] *sf* concha (de animais mari-
nhos); cortiça, casca de árvore; guarda-mão
(de espada).

coc.ci.ge [k'ɔttʃidʒe] *sm Anat.* cóccix.

coc.ci.nel.la [kottʃin'ella] *sf Zool.* joaninha.

coc.ci.ni.glia [kottʃin'iʎa] *sf Zool.* cochonilha.

coc.cio [k'ɔttʃo] *sm* caco de vasilha de barro;
vasilha de barro; concha (de caramujo). *Fig.*
restos, fragmentos, refugo; doente.

coc.ciu.to [kottʃ'uto] *adj* teimoso, obstinado,
perseverante, cabeçudo.

coc.co [k'ɔkko] I *sm Gír.* queridinho, preferido, pupilo.

coc.co [k'ɔkko] II *sm* coco, coqueiro.

coc.co.dril.lo [kokkodr'illo] *sm* crocodilo,
jacaré.

coc.co.la [k'ɔkkola] *sf Bot.* bolota.

coc.co.la.re [kokkol'are] *vt* acariciar, afagar,
mimar; adular, bajular. *vpr* divertir-se.

coc.co.lo [k'ɔkkolo] *sm* diversão, divertimento; satisfação, prazer.

coc.co.lo.ni [kokkol'oni] *adv* sentado sobre os
calcanhares.

co.cen.te [kotʃ'ente] *adj Fig.* apaixonado, ardente, fervoroso, intenso.

co.cio.re [kotʃ'ore] *sm* queimadura; ardor,
queimação.

co.cle.a [k'ɔklea] *sf Anat.* cóclea.

coco → cuoco.

co.co.me.ro [kok'omero] *sm* melancia.

co.cuz.za [kok'uttsa] *sf* abóbora; cabeça.

co.cuz.zo.lo [kok'uttsolo] *sm* cume, ápice, cimo; cocuruto (alto da cabeça).

co.da [k'oda] *sf* cauda, rabo. *Fig.* fila, anexo,
prolongamento. piano a ≃ piano de cauda.
≃ di rondine *Fam.* casaca.

co.dar.di.a [kodard'ia] *sf* covardia, medo.

co.dar.do [kod'ardo] *sm+adj* covarde, medroso, pusilânime.

co.daz.zo [kod'attso] *sm* comitiva, corte, cortejo, séquito.

co.de.i.na [kode'ina] *sf Quím.* codeína.

co.de.sta [kod'esta] ou co.te.sta [kot'esta] *pron
fsg* essa.

co.de.ste [kod'este] ou co.te.ste [kot'este] *pron
fpl* essas.

co.de.sti [kod'esti] ou co.te.sti [kot'esti] *pron
mpl* esses.

co.de.sto [kod'esto] ou co.te.sto [kot'esto] *pron
msg* isso; esse.

co.dia.re [kod'jare] *vt* seguir, espionar.

co.di.ce [k'ɔditʃe] *sm* código; lei, legislação,
norma; texto antigo.

co.di.fi.ca.re [kodifik'are] *vt* codificar, catalogar, classificar; pôr em ordem, organizar, regulamentar; cifrar, escrever em código.

co.di.no [kod'ino] *sm dim* rabicho, rabinho.
Fig. reacionário, conservador.

co.ef.fi.cien.te [koeffitʃ'ente] *sm* coeficiente.

co.er.ci.bi.le [koertʃ'ibile] *adj* coercível.

co.er.ci.ti.vo [koertʃit'ivo] *adj* coercitivo, repres-
sor, limitativo.

co.er.ci.zio.ne [koertʃits'jone] *sf* coação, coer-
ção, imposição; prepotência, opressão.

co.e.ren.te [koer'ente] *adj* coerente, concordante, lógico, harmonioso, uniforme.

co.e.sio.ne [koez'jone] *sf* coesão, ligação das
moléculas. *Fig.* acordo, harmonia.

co.e.si.sten.za [koezist'entsa] *sf* coexistência.

co.e.si.ste.re [koez'istere] *vi* coexistir.

co.e.ta.ne.o [koet'aneo] ou co.e.vo [ko'ɛvo] *adj* coetâneo, contemporâneo.

co.fa.no [k'ɔfano] *sm* cofre, baú, caixa. *Autom.* capota, capô.

co.gi.ta.bon.do [kodʒitab'ondo] ou co.gi.ta.ti.vo [kodʒitat'ivo] *adj* pensativo, meditativo; absorto, imerso em pensamentos.

co.glia [k'ɔʎa] *sf* bolsa escrotal, escroto. *Fig.* homem frívolo e insolente.

co.glie.re [k'ɔʎere] *vt* colher, recolher; agarrar, arrancar; surpreender, pegar em flagrante; compreender, entender.

co.glio.ne [koʎ'one] *sm Vulg.* saco. *Fig.* imbecil, idiota, estúpido.

co.gli.to.re [koʎit'ore] *sm* apanhador, colhedor.

co.gli.tu.ra [koʎit'ura] *sf* colheita, apanha.

co.gnac [koɲ'ak] *sm* conhaque.

co.gna.to [koɲ'ato] *sm* cunhado.

co.gni.to [k'ɔɲito] *adj* conhecido, famoso.

co.gni.zio.ne [koɲits'jone] *sf* conhecimento, notícia, informação; compreensão, cognição. ≃ i *pl* doutrina.

co.gno.me [koɲ'ome] *sm* sobrenome; título.

coi.ben.te [kojb'ente] *adj Fís.* mau condutor de eletricidade.

co.in.ci.den.te [kointʃid'ente] *adj* coincidente, simultâneo.

co.in.ci.den.za [kointʃid'entsa] *sf* coincidência, simultaneidade. *Fig.* correspondência, correlação.

co.in.ci.de.re [kointʃ'idere] *vi* coincidir, combinar, convergir, concordar.

co.in.vol.ge.re [koinv'ɔldʒere] *vt* envolver, comprometer, tornar cúmplice.

co.in.vol.to [koinv'ɔlto] *part+adj* envolvido, comprometido.

coi.to [k'ɔjto] *sm* coito, cópula, relação sexual.

co.la [k'ɔla] *sf* ciranda, peneira grossa; coador.

co.là [kol'a] *adv* ali, lá, naquele lugar.

co.la.bro.do [kolabr'ɔdo] *sm* coador (recipiente).

co.lag.giu [kol'addʒo] *sf* coadura.

co.lag.giù [koladdʒ'u] *adv Lit.* lá embaixo.

co.la.re [kol'are] *vt* coar, filtrar. *vi* escoar, pingar, gotejar.

co.las.sù [kolass'u] *adv Lit.* lá em cima.

co.la.to.io [kolat'ojo] *sm* coador, filtro.

co.la.zio.ne [kolats'jone] *sf* almoço; café da manhã. ≃ del mattino ou prima ≃ café da manhã, desjejum.

co.lei [kol'ɛj] *pron fsg* ela, aquela; fulana.

co.le.ot.te.ro [kole'ɔttero] *sm+adj Zool.* coleóptero.

co.le.ra [kol'ɛra] *sm Med.* cólera.

co.le.ri.co [kol'ɛriko] *adj* colérico.

co.li.bri [kolibr'i] *sm* colibri, beija-flor.

co.li.ca [k'ɔlika] *sf Med.* cólica.

co.li.te [kol'ite] *sf Med.* colite.

col.la [k'ɔlla] *sf* cola.

col.la.bo.ra.re [kollabor'are] *vt* colaborar, cooperar, auxiliar, ajudar. *Pop.* dar uma mão.

col.la.na [koll'ana] *sf* colar; coleção de livros.

col.la.re [koll'are] *sm* coleira (para animais); gola; colarinho. *Rel.* colarinho de padre. ca-ne vecchio non si avvezza al ≃ papagaio velho não aprende a falar.

col.la.ret.to [kollar'etto] *sm dim* gola; colarinho (de camisa).

col.la.ri.no [kollar'ino] *sm dim* colarinho. *Rel.* colarinho de padre.

col.las.so [koll'asso] *sm Med.* colapso.

col.la.te.ra.le [kollater'ale] *s* colateral (parente). *adj* colateral, paralelo.

col.lau.da.re [kollawd'are] *vt* testar; inspecionar (máquinas).

col.lau.do [koll'awdo] *sm* teste, inspeção.

col.la.zio.na.re [kollatsjon'are] *vt* conferir, comparar, cotejar.

col.la.zio.ne [kollats'jone] *sf* conferência, cotejo.

col.le [k'ɔlle] *sm* colina, morro, outeiro.

col.le.ga [koll'ega] *s* colega, companheiro, amigo.

col.le.ga.men.to [kollegam'ento] *sm* coligação, liga, confederação, união, associação.

col.le.ga.re [kolleg'are] *vt* coligar, conectar, coordenar, ligar, unir. *vpr* ligar-se, unir-se; concordar, entrar em acordo.

col.le.gia.le [kolledʒ'ale] *s+adj* colegial.

col.le.gio [koll'edʒo] *sm* colégio, escola; reunião, assembléia.

col.le.ra [k'ɔllera] *sf* cólera, fúria, raiva, ira.

col.le.ri.co [koll'ɛriko] *adj* colérico, enfurecido, enraivecido, irado.

col.let.ta [koll'etta] *sf* coleta, recolhimento.

col.let.ti.vi.smo [kollettiv'izmo] *sm* coletivismo.

col.let.ti.vo [kollett'ivo] *adj* coletivo, comum.

col.let.to [koll'etto] *sm* colarinho (de camisa); gola. ≃ dritto colarinho reto.

col.let.to.re [kollett'ore] *sm* coletor, cobrador.

col.le.zio.ne [kollets'jone] *sf* coleção; reunião, conjunto.

col.le.zio.ni.sta [kolletsjon'ista] *s* colecionador.

col.li.ma.re [kollim'are] *vi* colimar, ter o mesmo objetivo, ter a mesma coisa em vista.

col.li.na [koll'ina] *sf* colina, morro.

col.li.rio [koll'irjo] *sm* colírio.

col.li.sio.ne [kolliz'jone] *sf* colisão, batida.

col.lo [k'ɔllo] *sm* pescoço; gargalo; colo (de osso); pacote, fardo; colarinho (de camisa).

col.lo.ca.men.to [kollokam'ento] *sm* colocação.

col.lo.ca.re [kollok'are] *vt* colocar, acomodar. *vpr* colocar-se, posicionar-se, acomodar-se.

col.lo.quio [koll'ɔkwjo] *sm* conversa, conversação, colóquio.

col.lo.so [koll'ozo] *adj* pegajoso, grudento, viscoso.

col.lot.to.la [koll'ɔttola] *sf* cachaço, nuca.

col.lu.vie [koll'uvje] *sf* fossa, esgoto; monte de sujeira.

col.ma.re [kolm'are] *vt* encher, completar; acumular.

col.ma.ta [kolm'ata] *sf* aterro, terraplano.

col.mo [k'olmo] *sm* cume, ápice, auge. *adj* cheio, completo; convexo.

co.lom.ba.ia [kolomb'aja] *sf* pombal.

co.lom.bia.no [kolomb'jano] *sm+adj* colombiano.

co.lom.bi.no [kolomb'ino] *adj* columbino.

co.lom.bo [kol'ombo] *sm Zool.* pombo. **pigliare due** ≃ **i ad una fava** matar dois coelhos com uma cajadada só.

co.lon [k'ɔlon] *sm Anat.* cólon.

co.lo.nia [kol'ɔnja] *sf* colônia.

co.lo.nia.le [kolon'jale] *adj* colonial.

co.lo.niz.za.re [koloniddz'are] *vt* colonizar, povoar.

co.lon.na [kol'onna] *sf Arquit.* coluna. ≃ **sonora** trilha sonora. ≃ **vertebrale** coluna vertebral.

co.lon.na.ta [kolonn'ata] *sf Arquit.* colunata.

co.lon.nel.lo [kolonn'ello] *sm Mil.* coronel.

co.lon.ni.no [kolonn'ino] *sm* coluna (de texto). *Arquit.* coluneta, pilar, marco.

co.lo.no [kol'ono] *sm* colono, lavrador.

co.lo.ran.te [kolor'ante] *s+adj* corante, colorante.

co.lo.ra.re [kolor'are] ou **co.lo.ri.re** [kolor'ire] *vt* colorir, pintar, tingir; simular, fingir.

co.lo.ra.to [kolor'ato] *adj* colorido, tingido, pintado.

co.lo.ra.zio.ne [kolorats'jone] *sf* coloração, cor.

co.lo.re [kol'ore] *sm* cor; tinta. *Fig.* partido, opinião política; aspecto. ≃ **ad acquarello** tinta aquarela. ≃ **a olio** tinta a óleo.

co.lo.ri.to [kolor'ito] *sm* colorido, cor; homem de rosto corado.

co.lo.ro [kol'oro] *pron pl* aqueles, eles.

co.los.sa.le [koloss'ale] *adj* colossal, gigantesco, enorme.

co.los.se.o [koloss'eo] *sm* coliseu.

co.los.so [kol'osso] *sm* colosso, estátua gigantesca. *Fig.* grandalhão.

col.pa [k'olpa] *sf* culpa; falha, pecado.

col.pe.vo.le [kolp'evole] *s+adj* culpado; réu.

col.pe.vo.lez.za [kolpevol'ettsa] *sf* culpabilidade.

col.pi.re [kolp'ire] *vt* golpear, bater; ferir.

col.po [k'olpo] *sm* golpe, batida, pancada; ferimento, hematoma. *Pint.* pincelada. *Fig.* golpe, fraude, peça; choque (emocional). ≃ **da maestro** golpe de mestre. ≃ **d'occhio** golpe de vista. ≃ **di grazia** golpe de misericórdia. ≃ **di stato** golpe de Estado.

col.po.so [kolp'ozo] *adj Dir.* culposo, involuntário (homicídio).

col.tel.lac.cio [koltell'attʃo] *sm* cutelo, faca. *Náut.* cutelo, espécie de vela.

col.tel.lie.ra [koltell'jera] *sf* faqueiro.

col.tel.lo [kolt'ello] *sm* faca.

col.ti.va.re [koltiv'are] *vt* cultivar, plantar. *Fig.* criar, educar; acostumar, habituar; promover, incitar; estudar, aplicar-se a.

col.ti.va.zio.ne [koltivats'jone] *sf* cultivo, cultura, plantação.

col.to [k'olto] *part* colhido, plantado. *adj* culto, instruído, erudito; educado.

col.tre [k'oltre] *sm* colcha, coberta.

col.tro [k'oltro] *sm* segão, peça do arado.

col.tu.ra [kolt'ura] *sf* cultura, cultivo. *Fig.* cultura, erudição.

co.lui [kol'uj] *pron msg* ele, aquele; fulano.

co.ma [k'ɔma] *sm Med.* coma.

co.man.da.men.to [komandam'ento] *sm* comando, ordem; mandamento, preceito.

co.man.dan.te [komand'ante] *sm* comandante; chefe, guia.

co.man.da.re [komand'are] *vt* comandar; chefiar; guiar, dirigir; decretar, ordenar.

co.man.do [kom'ando] *sm* comando, ordem, prescrição; decreto, preceito; autoridade, direção, domínio. *Inform.* comando.

co.ma.re [kom'are] *sf* comadre, madrinha. *Gír.* fofoqueira, mexeriqueira.

com.ba.cia.re [kombatʃ'are] *vt* encaixar, unir. *vpr* encaixar-se, ajustar-se.

com.bat.te.re [komb'attere] *vt* combater; agredir, atacar. *Fig.* contrariar, opor-se a. *vi* combater, guerrear. *Fig.* agitar-se, afligir-se.

com.bat.ti.men.to [kombattim'ento] *sm* combate, luta, batalha, conflito. *Fig.* disputa, polêmica. *Esp.* jogo, partida.

com.bi.na.re [kombin'are] *vt* combinar; conectar, ligar; organizar, pactuar.

com.bi.na.zio.ne [kombinats'jone] *sf* combinação; acaso, acidente.

com.bric.co.la [kombr'ikkola] *sf* bando, quadrilha.

com.bu.sti.bi.le [kombust'ibile] *sm + adj* combustível.

com.bu.stio.ne [kombust'jone] *sf* combustão, queima. *Fig.* labuta, trabalho intenso, afã.

co.me [k'ome] *adv* como, assim como, dessa maneira. ≃ ? *interj* como? (indica surpresa).

co.mec.ché [komekk'e] *conj Lit.* se bem que, ainda que.

co.me.ta [kom'eta] *sf* cometa.

co.mi.ca [k'ɔmika] *sf* arte cômica.

co.mi.co [k'ɔmiko] *sm* cômico, comediante. *adj* cômico, engraçado.

co.mi.gno.lo [kom'iɲolo] *sm Arquit.* espigão, cumeeira.

co.min.cia.men.to [komintʃam'ento] *sm* começo, princípio, início.

co.min.cia.re [komintʃ'are] *vt* começar, iniciar, principiar; abrir, fundar.

co.mi.no [kom'ino] *sm Bot.* cominho.

co.mi.ta.to [komit'ato] *sm* comitê, comissão, conselho, representação, delegação.

co.mi.ti.va [komit'iva] *sf* comitiva, companhia.

co.mi.zio [kom'itsjo] *sm* comício, assembléia. *Fig.* discurso, sermão.

com.ma [k'ɔmma] *sf* inciso, parágrafo (de lei). *Gram.* partícula gramatical.

com.man.di.ta [kommand'ita] *sf* comandita, sociedade.

com.me.dia [komm'edja] *sf* comédia. *Fig.* cena, teatro.

com.me.dian.te [kommed'jante] *s* comediante.

com.me.dio.gra.fo [kommed'jografo] *sm* comediógrafo, escritor de comédias.

com.me.mo.ra.re [kommemor'are] *vt* comemorar, festejar, celebrar.

com.me.mo.ra.ti.vo [kommemorat'ivo] *adj* comemorativo, celebrativo.

com.men.da [komm'enda] *sf* comenda, condecoração.

com.men.da.re [kommend'are] *vt* louvar, aprovar; recomendar.

com.men.da.ti.zia [kommendat'itsja] *sf* carta de recomendação.

com.men.da.to.re [kommendat'ore] *sm* comendador.

com.men.sa.le [kommens'ale] *s* comensal, convidado.

com.men.su.ra.re [kommensur'are] *vt* medir, comensurar; comparar.

com.men.ta.re [komment'are] *vt* comentar, interpretar. *Fig.* criticar; fofocar.

com.men.ta.rio [komment'arjo] *sm* comentário.

com.men.to [komm'ento] *sm* comentário, explicação; nota, anotação, observação.

com.mer.cia.le [kommertʃ'ale] *adj* comercial.

com.mer.cian.te [kommertʃ'ante] *s* comerciante. *Fig.* lojista, negociante, mercador.

com.mer.cia.re [kommertʃ'are] *vi* comerciar, negociar.

com.mer.cio [komm'ertʃo] *sm* comércio. *Fig.* negócio, negociação; contato, relação. ≃ **all'ingrosso** comércio por atacado. ≃ **al minuto** comércio a varejo. ≃ **esterno** comércio exterior.

com.mes.so [komm'esso] *sm* vendedor. ≃ **viaggiatore** caixeiro-viajante.

com.mes.su.ra [kommess'ura] *sf* encaixe, junta.

com.me.sti.bi.le [kommest'ibile] *sm pl* ≃ **i** gêneros alimentícios, comida, alimentos, víveres. *adj* comestível, digerível.

com.met.te.re [komm'ettere] *vt* cometer, praticar; encarregar, recomendar.

com.mia.to [komm'jato] *sm* despedida, adeus, partida.

com.mi.li.to.ne [kommilit'one] *sm* companheiro, camarada.

com.mi.se.ra.re [kommizer'are] *vt* ter pena de, ter compaixão, compadecer-se de.

com.mi.se.ra.zio.ne [kommizerats'jone] *sf* comiseração, pena, compaixão, piedade.

com.mis.sa.ria.to [kommissar'jato] *sm* comissariado.

com.mis.sa.rio [kommiss'arjo] *sm* comissário.

com.mis.sio.ne [kommiss'jone] *sf* comissão, delegação; missão, tarefa, encargo, incumbência; encomenda.

com.mi.sto [komm'isto] *adj* misturado, mesclado.

com.mi.su.ra.re [kommizur'are] *vt* medir. *vi* igualar.

com.mit.ten.te [kommitt'ente] *s + adj* comitente, constituinte.

com.mo.do.ro [kommod'ɔro] *sm Mil.* comodoro.

com.mos.so [komm'ɔsso] *adj* comovido, impressionado, enternecido; perturbado.

com.mo.ven.te [kommov'ente] *adj* comovente, tocante, enternecedor.

com.mo.vi.men.to [kommovim'ento] *sm Lit.* comoção, agitação, abalo.

com.muo.ve.re [komm'wɔvere] vt comover, sensibilizar, tocar; abalar, conturbar.

com.mu.ta.re [kommut'are] vt trocar, permutar, comutar.

com.mu.ta.to.re [kommutat'ore] sm comutador.

co.mo.da.re [komod'are] vt acomodar.

co.mo.di.no [komod'ino] sm mesa-de-cabeceira, criado-mudo.

co.mo.di.tà [komodit'a] sf comodidade, conforto.

co.mo.do [k'ɔmodo] adj cômodo, confortável; funcional, prático; conveniente, oportuno.

co.mo.do.ne [komod'one] sm comodista.

com.pa.dro.ne [kompadr'one] sm coproprietário.

com.pa.e.sa.no [kompaez'ano] sm compatriota, concidadão, paisano.

com.pa.gne.vo.le [kompañ'evole] adj sociável, amigável, amistoso.

com.pa.gni.a [kompañ'ia] sf companhia, sociedade, empresa; comitiva, grupo. ≃ di navigazione aerea companhia aérea. ≃ teatrale companhia teatral, grupo de teatro.

com.pa.gno [komp'año] sm amigo, colega; marido; acompanhante, companheiro; seguidor, discípulo.

com.pa.ra.re [kompar'are] vt comparar, confrontar, equiparar.

com.pa.re [komp'are] sm compadre, padrinho.

com.pa.ri.re [kompar'ire] vi comparecer, apresentar-se, aparecer, revelar-se.

com.par.sa [komp'arsa] sf comparecimento; aparecimento; chegada, vinda. Cin. e Teat. figurante; coadjuvante.

com.par.te.ci.pa.re [kompartetʃip'are] vt compartilhar.

com.par.ti.men.to [kompartim'ento] sm compartimento, repartição, divisão, setor.

com.par.ti.re [kompart'ire] vt compartilhar, dividir, partilhar; repartir; dar, ceder.

com.pas.sa.re [kompass'are] vt compassar, medir com compasso; fazer com muita precisão.

com.pas.sio.ne [kompass'jone] sf compaixão, piedade, pena; misericórdia, indulgência.

com.pas.so [komp'asso] sm compasso.

com.pa.ti.bi.le [kompat'ibile] adj compatível, conciliável.

com.pa.ti.men.to [kompatim'ento] sm compaixão, piedade, indulgência.

com.pa.ti.re [kompat'ire] vt compadecer, mostrar compaixão; perdoar, desculpar, tolerar.

com.pa.triot.ta [kompatr'jɔtta] s compatriota, conterrâneo, concidadão.

com.pat.tez.za [kompatt'ettsa] sf solidez, densidade.

com.pat.to [komp'atto] adj compacto, denso, sólido, maciço. Fig. unânime.

com.pen.dia.re [kompend'jare] vt compendiar, resumir, sintetizar.

com.pen.dio [komp'endjo] sm compêndio, resumo, síntese, sumário.

com.pe.ne.tra.re [kompenetr'are] vt invadir, penetrar, permear.

com.pen.sa.re [kompens'are] vt compensar, retribuir, recompensar; indenizar, ressarcir. Fig. balancear, contrabalançar.

com.pen.so [komp'enso] sm compensação, retribuição, recompensa; indenização, ressarcimento, reembolso, reparação; troca.

com.pe.ten.te [kompet'ente] s + adj competente, hábil, capaz; especialista, perito.

com.pe.ten.za [kompet'entsa] sf competência, habilidade, capacidade; conhecimento, perícia. Fig. campo, jurisdição; autoridade. ≃ e pl honorários; deveres, obrigações.

com.pe.te.re [komp'etere] vi competir, disputar, confrontar-se; concorrer, participar, tomar parte; caber, tocar, dizer respeito.

com.pia.ce.re [kompjatʃ'ere] vi agradar, comprazer. vpr alegrar-se, deleitar-se, regozijar-se. Fig. gabar-se, vangloriar-se.

com.pia.ci.men.to [kompjatʃim'ento] sm complacência, prazer, satisfação.

com.pian.ge.re [komp'jandʒere] vt compadecer, lastimar. vpr lamentar-se, reclamar.

com.pie.re [k'ɔmpjere] ou com.pi.re [komp'ire] vt cumprir, realizar; concluir, terminar; cometer (crime). vpr ter lugar, acontecer.

com.pi.la.re [kompil'are] vt compilar, reunir.

com.pi.men.to [kompim'ento] sm conclusão, fim; execução, efetuação.

com.pi.to [k'ɔmpito] sm tarefa, dever, encargo; exercício, prova, lição de casa.

com.pi.to [komp'ito] adj educado, formal.

com.ple.an.no [komple'anno] sm aniversário (de pessoa).

com.ple.men.to [komplem'ento] sm complemento.

com.ples.sio.ne [kompless'jone] sf compleição, constituição; temperamento, disposição.

com.ples.so [kompl'esso] sm complexo; conjunto, grupo; idéia fixa, fixação, mania. adj complexo, complicado, difícil, tortuoso.

com.ple.ta.re [komplet'are] vt completar, aperfeiçoar; concluir, terminar.

com.ple.to [kompl'eto] adj completo, integral, íntegro; terminado, concluído.

com.pli.ca.re [komplik´are] *vt* complicar. *Fig.* dificultar, agravar.

com.pli.ce [k´ɔmplitʃe] *sm* cúmplice, conivente.

com.pli.men.ta.re [kompliment´are] *vt* cumprimentar, elogiar, exaltar. *vpr* cumprimentar-se, felicitar-se, congratular-se.

com.pli.men.to [komplim´ento] *sm* cumprimento; elogio, lisonja; cortesia, gentileza. ≃ i *pl* parabéns.

com.po.ni.men.to [komponim´ento] *sm* composição, texto, trabalho.

com.por.re [komp´oře] *vt* compor; ordenar, combinar, unir; criar, escrever, produzir (obra literária); pacificar, reconciliar.

com.por.ta.men.to [komportam´ento] *sm* comportamento, conduta, maneiras.

com.por.ta.re [komport´are] *vt* implicar, incluir, comportar; causar, levar a. *vpr* comportar-se, agir, conduzir-se.

com.po.si.to.re [kompozit´ore] *sm* compositor.

com.po.si.zio.ne [kompozits´jone] *sf* composição, obra.

com.po.sta [komp´ɔsta] *sf* composição, mistura de coisas; compota de frutas.

com.po.stez.za [kompost´ettsa] *sf* compostura, decoro, dignidade.

com.po.stie.ra [kompost´jera] *sf* compoteira.

com.pra [k´ɔmpra] *sf* compra, aquisição.

com.pra.re [kompr´are] *vt* comprar, adquirir. *Fig.* seduzir, fascinar, conquistar, convencer.

com.pren.de.re [kompr´endere] *vt* compreender; entender, perceber; abranger, incluir.

com.pren.sio.ne [komprens´jone] *sf* compreensão, entendimento; percepção; inteligência, intuição.

com.pres.sa [kompr´essa] *sf Med.* compressa; comprimido, cápsula, pílula.

com.pri.me.re [kompr´imere] *vt* comprimir, apertar, calcar. *Fig.* reprimir, sufocar.

com.pro.mes.so [komprom´esso] *sm* compromisso, comprometimento.

com.pro.met.te.re [komprom´ettere] *vt* comprometer; arriscar, expor.

com.pro.va.men.to [komprovam´ento] *sm* comprovação.

com.pro.va.re [komprov´are] *vt* comprovar, demonstrar.

com.pul.so.rio [kompuls´ɔrjo] *adj* compulsório, obrigatório.

com.pun.zio.ne [kompunts´jone] *sf* arrependimento, contrição, compunção.

com.pu.ta.re [komput´are] *vt* computar, calcular, contar.

com.pu.ter [komp´juter] *sm Inform.* computador.

com.pu.ti.sta [komput´ista] *sm* contador, guarda-livros.

com.pu.ti.ste.ri.a [komputister´ia] *sf* contabilidade.

com.pu.to [k´ɔmputo] *sm* cômputo, cálculo, conta; nota (escola).

co.mu.nan.za [komun´antsa] *sf* comunidade; sociedade, grupo.

co.mu.ne [kom´une] *sm* município. *adj* comum; coletivo; normal, usual; banal.

co.mu.nel.la [komun´ella] *sf* grupo, sociedade.

co.mu.ni.ca.re [komunik´are] *vt* comunicar, informar, avisar; difundir, divulgar; infectar, contaminar. *Rel.* ministrar a comunhão. *vi* comunicar-se, ligar-se, unir-se. *vpr Rel.* comungar.

co.mu.ni.ca.ti.vo [komunikat´ivo] *adj* comunicativo, extrovertido, expansivo.

co.mu.ni.ca.to [komunik´ato] *sm* comunicado, aviso, anúncio. *part* + *adj* comunicado.

co.mu.ni.ca.zio.ne [komunikats´jone] *sf* comunicação; difusão; mensagem. *Rel.* comunhão.

co.mu.nio.ne [komun´jone] *sf* comunhão; grupo com as mesmas idéias. *Rel.* comunhão.

co.mu.ni.smo [komun´izmo] *sm* comunismo.

co.mu.ni.ta.ti.vo [komunitat´ivo] *adj* comunitário.

co.mu.ni.tà [komunit´a] *sf* comunidade, sociedade.

co.mun.que [kom´unkwe] *adv* seja como for, de qualquer modo.

con [k´on] *prep* com.

co.na.to [kon´ato] *sm* esforço, tentativa.

con.ca [k´onka] *sf* bacia; comporta, eclusa. *Geogr.* vale.

con.ca.me.ra.zio.ne [konkamerats´jone] *sf* abóbada, arcada.

con.ca.te.na.re [konkaten´are] *vt* concatenar, encadear, relacionar, ligar.

con.ca.vi.tà [konkavit´a] *sf* concavidade, cavidade; profundidade.

con.ca.vo [k´ɔnkavo] *adj* côncavo, cavado, escavado.

con.ce.de.re [kontʃ´edere] *vt* conceder, dar; permitir, consentir; aceitar, admitir, tolerar. *vpr* entregar-se; ceder; confessar-se.

con.cen.to [kontʃ´ento] *sm Mús.* concento, consonância, harmonia.

con.cen.tra.men.to [kontʃentram´ento] *sm* concentração.

con.cen.tra.re [kontʃentr´are] *vt* concentrar, centralizar. *vpr* concentrar-se em, dedicar-se a, aprofundar-se em.

con.cen.tri.co [kontʃ´entriko] *adj* concêntrico.

con.ce.pi.men.to [kontʃepim'ento] sm concepção, concebimento; entendimento.

con.ce.pi.re [kontʃep'ire] vt gerar, dar à luz. Fig. conceber, criar, projetar, idealizar; compreender, entender, imaginar.

con.cer.ne.re [kontʃ'ernere] vt concernir, dizer respeito a, referir-se a.

con.cer.ta.re [kontʃert'are] vt dar concerto, concertar; harmonizar (vozes e instrumentos); ensaiar. vpr entrar em acordo, combinar.

con.cer.ti.sta [kontʃert'ista] s concertista.

con.cer.to [kontʃ'erto] sm Mús. concerto; harmonia (dos sons); sala de concertos. Fig. acordo. di = de acordo.

con.ces.sio.na.rio [kontʃessjon'arjo] sm concessionário.

con.ces.sio.ne [kontʃess'jone] sf concessão, autorização, licença, permissão.

con.ces.si.vo [kontʃess'ivo] adj concessivo, concessório.

con.cet.to [kontʃ'etto] sm conceito, idéia, representação. Fig. imagem, opinião, parecer, ponto de vista.

con.ce.zio.ne [kontʃets'jone] sf concepção, geração; percepção, entendimento; conceito, pensamento. C = Rel. Conceição, Concepção de Nossa Senhora.

con.chi.glia [konk'iʎa] sf concha (de molusco).

con.cia [k'ontʃa] sf curtume; curtimento. Fig. enfeite, adorno; fragrância.

con.cia.re [kontʃ'are] vt curtir (peles); tratar (tabaco, azeitonas). Fig. sujar; estragar, danificar.

con.ci.lia.re [kontʃil'jare] vt conciliar, combinar; promover, causar. vpr reconciliar-se.

con.ci.lio [kontʃ'iljo] sm conselho, assembléia. Rel. concílio.

con.ci.ma.re [kontʃim'are] vt adubar, fertilizar.

con.ci.me [kontʃ'ime] sm adubo, fertilizante. = animale estrume.

con.cio [k'ontʃo] sm acordo, trato; conciliação, paz; adubo. adj curtido.

con.ci.si.o.ne [kontʃiz'jone] sf concisão, brevidade.

con.ci.so [kontʃ'izo] adj conciso, sucinto, resumido, breve.

con.ci.ta.re [kontʃit'are] vt estimular, instigar, incitar; comover.

con.cit.ta.di.no [kontʃittad'ino] sm compatriota, conterrâneo, concidadão.

con.cla.ve [konkl'ave] sm Rel. conclave.

con.clu.de.re [konkl'udere] vt concluir; resolver; terminar, acabar, completar.

con.clu.sio.ne [konkluz'jone] sf conclusão; final, fim, término; decisão, resolução; conseqüência, resultado, efeito.

con.clu.si.vo [konkluz'ivo] adj conclusivo, concludente.

con.clu.so [konkl'uzo] part+adj concluído; terminado, acabado.

con.co.mi.tan.te [konkomit'ante] adj concomitante, simultâneo.

con.cor.dan.za [konkord'antsa] sf acordo; obediência, respeito (à lei); coerência, correspondência. Gram. concordância.

con.cor.da.re [konkord'are] vt combinar, definir, estabelecer (regras, objetivos). vi concordar, estar de acordo.

con.cor.da.to [konkord'ato] sm concordata.

con.cor.de [konk'orde] adj de acordo, concordante, concorde; coletivo, geral; harmônico, coerente; semelhante, similar.

con.cor.dia [konk'ordja] sf acordo, concordância; harmonia, paz, tranqüilidade.

con.cor.ren.te [konkor'ente] s+adj concorrente, adversário, competidor, rival; pretendente, aspirante; candidato.

con.cor.re.re [konk' orere] vi concorrer; acorrer, afluir; competir, disputar.

con.cor.so [konk'orso] sm concurso, exame, prova, teste; convergência, afluência.

con.cre.a.re [konkre'are] vt colaborar (na criação), concriar.

con.cre.tiz.za.re [konkretiddz'are] ou con.cre.ta.re [konkret'are] vt concretizar, realizar, materializar; criar, dar vida a, executar.

con.cre.to [konkr'eto] adj concreto, palpável; autêntico, real, efetivo.

con.cu.bi.na [konkub'ina] sf amante, concubina.

con.cu.bi.to [konk'ubito] sm coito, relação sexual.

con.cul.ca.re [konkulk'are] vt pisar, calcar (com os pés). Fig. humilhar, ultrajar; submeter, sujeitar.

con.cuo.ce.re [konk'wɔtʃere] vt digerir (alimentos).

con.cu.pi.scen.za [konkupiʃ'entsa] sf desejo, vontade, ânsia. Fig. sensualidade, sexualidade.

con.cus.sio.ne [konkuss'jone] sf Dir. concussão, peculato; extorsão.

con.dan.na [kond'anna] sf condenação, castigo, punição. Fig. crítica, reprovação.

con.dan.na.bi.le [kondann'abile] adj condenável, reprovável.

con.dan.na.re [kondann'are] vt condenar, castigar, punir. Fig. criticar, reprovar.

con.de.cen.te [kondetʃˈente] *adj* conveniente.
con.de.gno [kondˈeño] *adj* digno, devido, merecido.
con.den.sa.zio.ne [kondensatsˈjone] *sf* ou **con.den.sa.men.to** [kondensamˈento] *sm* condensação.
con.den.sa.re [kondensˈare] *vt* condensar, comprimir, concentrar. *Fig.* resumir, esquematizar.
con.di.men.ta.re [kondimentˈare] *vt* temperar, condimentar.
con.di.men.to [kondimˈento] *sm* tempero, condimento.
con.di.re [kondˈire] *vt* temperar, condimentar. *Fig.* tornar agradável.
con.di.scen.den.za [kondiʃendˈentsa] *sf* condescendência, compreensão, tolerância.
con.di.scen.de.re [kondiʃˈendere] *vt* condescender; aceitar, permitir, consentir.
con.di.vi.de.re [kondivˈidere] *vt* compartilhar, partilhar.
con.di.zio.na.le [konditsjonˈale] *sm Gram.* condicional. *adj* condicional.
con.di.zio.na.re [konditsjonˈare] *vt* condicionar, subordinar; acondicionar, embalar.
con.di.zio.ne [konditsˈjone] *sf* condição; requisito, atributo; tipo, qualidade; maneira, jeito. *Fig.* acordo, pacto; cláusula; restrição; classe, posição (social). **in buone** ≃ **i** em boas condições. **a** ≃ **che** com a condição de que.
con.do.glian.ze [kondoλˈantse] *sf pl* pêsames, condolências.
con.do.ler.si [kondolˈersi] *vpr* condoer-se, apiedar-se; sentir.
con.do.mi.nio [kondomˈinjo] *sm* condomínio.
con.do.mi.no [kondˈɔmino] *sm* condômino.
con.do.na.re [kondonˈare] *vt* perdoar, anistiar (dívidas), abonar.
con.do.no [kondˈono] *sm* perdão, anistia, indulto, abono.
con.dor [kˈɔndor] ou **con.do.re** [kondˈɔre] *sm Zool.* condor.
con.dot.ta [kondˈotta] *sf* conduta, comportamento, atitude.
con.dot.tie.re [kondottˈjere] ou **con.dot.tie.ro** [kondottˈjero] *sm* chefe, comandante, líder.
con.dot.to [kondˈotto] *sm* tubulação, tubo, canal, conduto.
con.du.cen.te [kondutʃˈente] *sm* condutor, guia. *Fig.* piloto, motorista, chofer.
con.dur.re [kondˈuře] *vt* conduzir, guiar, acompanhar; levar, transportar. *Fig.* convencer, persuadir; induzir, obrigar; chefiar, comandar, dirigir. *vpr* comportar-se, conduzir-se.

con.dut.to.re [konduttˈore] *sm* gerente (de estabelecimento); condutor (de veículo). *Fís.* condutor (corpo).
con.du.zio.ne [kondutsˈjone] *sf* condução, propagação, difusão, transmissão. *Fig.* administração, gerência, governo, gestão.
con.fa.bu.la.re [konfabulˈare] *vi* conversar, confabular, prosear.
con.fa.cen.te [konfatʃˈente] ou **con.fa.ce.vo.le** [konfatʃˈevole] *adj* conveniente, oportuno; adequado, apropriado.
con.far.si [konfˈarsi] *vpr* convir, ser conveniente; condizer com, ser apropriado.
con.fe.de.ra.men.to [konfederamˈento] *sm* aliança, liga, união.
con.fe.de.rar.si [konfederˈarsi] *vpr* confederar-se, unir-se em confederação.
con.fe.de.ra.zio.ne [konfederatsˈjone] *sf* confederação, federação. *Fig.* associação, união.
con.fe.ren.te [konferˈente] *adj* conveniente, apropriado, útil; conferente, que confere.
con.fe.ren.za [konferˈentsa] *sf* conferência, assembléia, congresso, simpósio; discurso.
con.fe.ri.re [konferˈire] *vt* conceder, atribuir, conferir a alguém; comunicar. *vi* conversar, falar com; conferenciar, debater.
con.fer.ma [konfˈerma] ou **con.fer.ma.zio.ne** [konfermatsˈjone] *sf* confirmação, demonstração, comprovação; repetição; aprovação, ratificação. *Rel.* crisma.
con.fer.ma.re [konfermˈare] *vt* confirmar, demonstrar, comprovar; repetir, reafirmar; aprovar, ratificar.
con.fes.sa.re [konfessˈare] *vt* confessar, admitir, reconhecer. *vpr* confessar-se.
con.fes.sio.na.le [konfessjonˈale] *sm* confessionário. *adj* confessional.
con.fes.sio.ne [konfessjˈone] *sf Dir.* confissão, declaração de culpa. *Rel.* confissão.
con.fes.so [konfˈesso] *adj* confesso, confessado.
con.fet.ta.re [konfettˈare] *vt* confeitar. *Fig.* tornar agradável. ≃ **un discorso** fazer um discurso afetado.
con.fet.tie.ra [konfettˈjera] *sf* confeiteira, vasilhame para doces.
con.fet.to [konfˈetto] *sm* confeito, doce.
con.fe.zio.na.re [konfetsjonˈare] *vt* confeccionar, preparar, fazer; empacotar, embrulhar, embalar.
con.fe.zio.ne [konfetsˈjone] *sf* confecção, preparo; embalagem. ≃ **i** confecções, roupas.
con.fic.ca.re [konfikkˈare] ou **con.fig.ge.re** [konfˈiddʒere] *vt* fincar, cravar, enfiar.

con.fi.da.re [konfid´are] *vt* confidenciar, revelar. *vi* confiar em, ter fé em, contar com. *vpr* abrir-se para, ser franco com alguém.

con.fi.den.za [konfid´entsa] *sf* confidência; confiança; intimidade, familiaridade.

con.fi.den.zia.le [konfidents´jale] *adj* confidencial, oficioso; íntimo, amigável, familiar.

con.fi.gu.ra.re [konfigur´are] *vt* configurar, dar forma, representar.

con.fi.nan.te [konfin´ante] *adj* vizinho, próximo, adjacente, contíguo.

con.fi.na.re [konfin´are] *vt* confinar, deportar, exilar. *Fig.* aprisionar, prender.

con.fi.ne [konf´ine] *sm* confim, limite, fronteira, extremidade; alfândega.

con.fi.no [konf´ino] *sm* exilio, banimento, desterro, expatriação.

con.fi.sca [konf´iska] *sf* confisco, apreensão.

con.fi.sca.re [konfisk´are] *vt* confiscar, seqüestrar (objetos).

con.fit.to [konf´itto] *part+adj* fincado, cravado.

con.fla.gra.re [konflagr´are] *vt* incendiar-se, queimar.

con.flit.to [konfl´itto] *sm* conflito, guerra, luta; batalha, combate; rixa, rivalidade. *Fig.* desacordo, dissídio, contraste.

con.flu.en.za [konflu´entsa] *sf Geogr.* confluência, junção de dois rios.

con.flu.i.re [konflu´ire] *vi* confluir, juntar-se (rios, estradas). *Fig.* convergir, encontrar-se.

con.fon.de.re [konf´ondere] *vt* confundir, tomar (uma coisa por outra). *Fig.* humilhar, envergonhar; ofuscar, deslumbrar; surpreender; desorientar, perturbar. *vpr* confundir-se; enganar-se, errar.

con.fon.di.men.to [konfondim´ento] *sm* confusão.

con.for.ma.re [konform´are] *vt* adaptar, ajustar, amoldar; uniformizar.

con.for.me [konf´orme] *adj* conforme; semelhante; concorde. *adv* em conformidade, de maneira semelhante. *prep+conj* conforme, segundo, como.

con.for.mi.smo [konform´izmo] *sm* conformismo, passividade.

con.for.mi.tà [konformit´a] *sf* conformidade, semelhança; resignação.

con.for.ta.re [konfort´are] *vt* confortar, reconfortar, consolar. *Fig.* dar razão.

con.for.te.vo.le [konfort´evole] *adj* confortável, cômodo.

con.for.to [konf´orto] *sm* conforto, comodidade; ajuda, apoio, consolo; confirmação, demonstração.

con.fra.tel.lo [konfrat´ello] *sm* confrade.

con.fra.ter.ni.ta [konfrat´ernita] *sf* associação, congregação, sociedade.

con.fron.ta.re [konfront´are] *vt* confrontar, comparar, equiparar.

con.fron.to [konfr´onto] *sm* confronto, comparação, paralelo. *Fig.* competição, luta.

con.fu.sio.ne [konfuz´jone] *sf* confusão, desordem; anarquia, caos; agitação, tumulto.

con.fu.so [konf´uzo] *adj* confuso, desorganizado, caótico, desordenado. *Fig.* incompreensível, obscuro, indeterminado (coisa); confuso, perplexo, desconcertado (pessoa).

con.fu.ta.re [konfut´are] *vt* contestar, contrariar, opor-se a, refutar, objetar.

con.ge.da.re [kondʒed´are] *vt* despedir, demitir, dispensar; licenciar. *vi* despedir-se.

con.ge.do [kondʒ´edo] *sm* licença, despedida.

con.ge.gno [kondʒ´eño] *sm* aparelho, mecanismo, máquina, dispositivo, aparelhamento.

con.ge.la.re [kondʒel´are] *vt* congelar, gelar, resfriar. *Fig.* paralisar, bloquear, imobilizar. *vpr* congelar-se.

con.ge.ne.re [kondʒ´enere] *adj* congênere, semelhante, idêntico.

con.ge.ni.to [kondʒ´enito] *adj* hereditário, genético, instintivo, natural, congênito.

con.ge.stio.na.re [kondʒestjon´are] *vt* congestionar, dar congestão.

con.ge.stio.ne [kondʒest´jone] *sf Med.* congestão. *Fig.* aglomeração.

con.get.tu.ra [kondʒett´ura] *sf* suposição, hipótese, conjetura.

con.get.tu.ra.re [kondʒettur´are] *vt* julgar, supor, presumir, conjeturar.

con.giun.ge.re [kondʒ´undʒere] *vt* ligar, unir, conectar.

con.giun.gi.men.to [kondʒundʒim´ento] *sm* união, ligação; relação sexual.

con.giun.ti.va [kondʒunt´iva] *sf Anat.* conjuntiva.

con.giun.ti.vi.te [kondʒuntiv´ite] *sf Med.* conjuntivite.

con.giun.to [kondʒ´unto] *sm* parente, familiar. *part+adj* ligado, unido, junto, anexo. **parente** ≃ parente próximo.

con.giun.tu.ra [kondʒunt´ura] *sf* conjuntura, circunstância, momento; junta, articulação, conexão, junção. *Fig.* crise.

con.giun.zio.ne [kondʒunts´jone] *sf* união, ligação. *Gram.* conjunção.

con.giu.ra [kondʒ´ura] *sf* conspiração, intriga, trama, conjura.

con.giu.ra.re [kondʒur′are] *vi* conspirar, tramar, conjurar.

con.glo.ba.re [konglob′are] *vt* conglobar; acumular, amontoar; juntar, reunir. *vpr* conglobar-se, juntar-se.

con.glo.me.ra.re [konglomer′are] *vt* conglomerar, amontoar.

con.gra.tu.lar.si [kongratul′arsi] *vpr* congratular-se, cumprimentar-se, felicitar-se.

con.gra.tu.la.zio.ne [kongratulats′jone] *sf* congratulação, cumprimento. ≃i parabéns.

con.gre.ga.men.to [kongregam′ento] *sm* aglomeração, união, agregação.

con.gre.ga.re [kongreg′are] *vt* congregar, agrupar, reunir, juntar.

con.gre.ga.zio.ne [kongregats′jone] ou **con.gre.ga** [kongr′ega] *sf* congregação, confraria, associação religiosa.

con.gres.si.sta [kongress′ista] *s+adj* congressista, parlamentar.

con.gres.so [kongr′esso] *sm* congresso, parlamento; assembléia, convenção, reunião.

con.gru.en.za [kongru′entsa] *sf* congruência, coerência, propriedade, adequação.

con.gruo [k′ongrwo] ou **con.gru.en.te** [kongru′ente] *adj* congruente, coerente; apropriado, adequado.

co.nia.re [kon′jare] *vt* cunhar, emitir (moeda). *Fig.* criar, inventar.

co.nia.tu.ra [konjat′ura] *sf* cunhagem, emissão (de moeda).

co.ni.co [k′oniko] *adj* cônico.

co.ni.fe.ra [kon′ifera] *sf Bot.* conífera.

co.ni.glio [kon′iʎo] *sm* coelho. *Fig.* tímido, medroso.

co.nio [k′onjo] *sm* cunha (instrumento); cunho (placa para cunhar moedas).

co.niu.ga.le [konjug′ale] *adj* conjugal, matrimonial, marital.

co.niu.ga.re [konjug′are] *vt Gram.* conjugar (verbo). *vpr Gram.* conjugar-se. *Fig.* casar-se.

co.niu.ga.zio.ne [konjugats′jone] *sf* união, ligação. *Gram.* conjugação.

co.niu.ge [k′onjudʒe] *s* cônjuge; marido, esposo; mulher, esposa.

con.na.zio.na.le [konnatsjon′ale] *adj* conterrâneo, compatriota.

con.nes.sio.ne [konness′jone] *sf* conexão, junção. *Fig.* afinidade, ligação, relação.

con.net.te.re [konn′ettere] *vt* ligar, juntar.

con.net.ti.vo [konnett′ivo] *adj* conectivo.

con.ni.ven.te [konniv′ente] *adj* conivente, mancomunado.

con.no.ta.to [konnot′ato] *sm* (mais usado no

pl) traços fisionômicos, características físicas de uma pessoa.

con.nu.bio [konn′ubjo] *sm* casamento, matrimônio; concubinato. *Fig.* aliança, ligação.

co.no [k′ono] *sm* cone.

co.noc.chia [kon′ɔkkja] *sf* roca, peça do tear.

co.no.scen.za [konoʃ′entsa] *sf* conhecimento, informação; experiência, prática. *Fig.* amizade, familiaridade; amigo, conhecido.

co.no.sce.re [kon′oʃere] *vt* conhecer, saber; entender de, ter experiência em, ter prática com; reconhecer, lembrar-se de.

co.no.sci.men.to [konoʃim′ento] *sm* conhecimento, ciência, informação.

co.no.sciu.to [konoʃ′uto] *adj* conhecido, famoso, renomado, popular, célebre, notório.

con.qui.de.re [konk′widere] *vt* abater, vencer, conquistar; afligir, atormentar, angustiar.

con.qui.sta.re [konkwist′are] *vt* conquistar; invadir; subjugar; encantar, cativar, atrair.

con.sa.cra.re [konsakr′are] *vt* consagrar. *Fig.* dedicar.

con.san.gui.ne.o [konsang′wineo] *sm+adj* consangüíneo.

con.sa.pe.vo.le [konsap′evole] ou **con.scio** [k′onʃo] *adj* conhecedor, consciente, ciente.

con.sa.pe.vo.lez.za [konsapevol′ettsa] *sf* conhecimento, consciência, ciência.

con.se.cu.ti.vo [konsekut′ivo] *adj* consecutivo, seguido. **tre volte** ≃e três vezes seguidas.

con.se.gna [kons′eña] *sf* entrega, distribuição. *Mil.* ordem, comando.

con.se.gna.re [konseñ′are] *vt* entregar, distribuir; confiar alguma coisa a alguém.

con.se.guen.te [konseg′wente] *sm* conseqüência. *adj* conseqüente, conseguinte; subseqüente. *adv* depois, em seguida.

con.se.guen.za [konseg′wentsa] *sf* conseqüência, resultado, efeito.

con.se.gui.re [konseg′wire] *vt* conseguir, obter, conquistar, ganhar. *vi* resultar, derivar, originar-se, nascer de, vir de.

con.se.gui.ta.re [konsegwit′are] *vi* seguir-se, suceder, vir depois; derivar, resultar.

con.sen.so [kons′enso] ou **con.sen.ti.men.to** [konsentim′ento] *sm* consenso, acordo; consentimento, autorização, permissão.

con.sen.ti.re [konsent′ire] *vt* consentir, permitir, autorizar, deixar.

con.ser.ta.re [konsert′are] *vt* inserir; entrelaçar.

con.ser.to [kons′erto] *adj* entrelaçado, unido; inserido.

con.ser.va [kons′erva] *sf* conserva (alimentos); conservação; reservatório (de água); despensa.

con.ser.va.re [konserv´are] *vt* conservar, preservar, manter; defender, salvar; economizar, reservar.

con.ser.va.to.re [konservat´ore] *sm + adj* conservador, burguês, tradicionalista, reacionário.

con.ser.va.to.rio [konservat´ɔrjo] *sm* conservatório, escola de artes.

con.ses.so [kons´ɛsso] *sm* conselho, assembléia.

con.si.de.ra.re [konsider´are] *vt* considerar, examinar, estudar; calcular, avaliar; ter consideração por, apreciar, estimar.

con.si.de.ra.zio.ne [konsiderats´jone] *sf* consideração, comentário, observação; apreciação, estima; respeito, reverência.

con.si.de.re.vo.le [konsider´evole] *adj* considerável, significativo, respeitável, notável.

con.si.glia.re [konsiʎ´are] *vt* aconselhar; sugerir, propor. *vpr* aconselhar-se com. *tb Fig.* consultar-se com, deixar-se guiar por.

con.si.glie.re [konsiʎ´ɛre] *sm* conselheiro.

con.si.glio [kons´iʎo] *sm* conselho; parecer, ponto de vista; sugestão, advertência, aviso; conselho, assembléia.

con.si.mi.le [kons´imile] *adj* semelhante, parecido, similar, símile.

con.si.sten.za [konsist´entsa] *sf tb Fig.* consistência, solidez, densidade; dureza, resistência; fundamento, base, motivo, justificativa.

con.si.ste.re [kons´istere] *vi* consistir, compor-se de, ser formado de.

con.so.cio [kons´ɔtʃo] *sm* sócio, consócio.

con.so.la.re [konsol´are] *vt* consolar, confortar; aliviar, suavizar (sofrimento).

con.so.la.to [konsol´ato] *sm* consulado.

con.so.le [k´ɔnsole] *sf* cônsul.

con.so.li.da.re [konsolid´are] *vt* consolidar, reforçar, estabilizar, tornar sólido.

con.sol.le [kons´olle] *sf* cômoda.

con.so.nan.te [konson´ante] *sf Gram.* consoante. *adj* consonante.

con.so.na.re [konson´are] *vi* consonar, formar rima; convir, ser conveniente; corresponder.

con.so.no [k´ɔnsono] *adj* coerente, correspondente, conforme, consoante, de acordo.

con.so.rel.la [konsor´ella] *sf* confrade.

con.sor.te [kons´ɔrte] *s* consorte, cônjuge.

con.sor.zia.re [konsorts´jare] *vt* consorciar.

con.sor.zio [kons´ɔrtsjo] *sm* consórcio, associação, sociedade, cooperativa.

con.sta.re [konst´are] *vi* constar de, ser constituído de, compor-se de.

con.sta.ta.re [konstat´are] *vt* esclarecer, demonstrar, apurar, verificar.

con.su.e.to [konsu´eto] *adj* habitual, costumeiro, comum, rotineiro, normal, usual.

con.sue.tu.di.na.rio [konswetudin´arjo] *adj* consuetudinário, habitual, costumeiro.

con.sue.tu.di.ne [konswet´udine] *sf* hábito, costume, rotina, tradição, uso.

con.su.len.te [konsul´ente] *s + adj* consulente, conselheiro, especialista, perito.

con.sul.ta [kons´ulta] *sf* conferência, conselho.

con.sul.ta.re [konsult´are] *vt* consultar, informar-se, pedir conselhos.

con.sul.to [kons´ulto] *sm* consulta (médico, advogado).

con.sul.to.rio [konsult´ɔrjo] *sm* consultório.

con.su.ma [kons´uma] *sf* gasto, enfraquecimento, consumição.

con.su.ma.re [konsum´are] *vt* consumir, utilizar, empregar; cometer (crime); consumar; gastar, dissipar, dilapidar. *vpr* consumir-se, *tb Fig.* arruinar-se, degradar-se; destruir-se, desmanchar-se; sofrer, atormentar-se.

con.su.ma.to [konsum´ato] *sm* caldo de carne. *adj* consumido, gasto, usado; estragado, destruído; terminado, findo; especialista.

con.su.ma.zio.ne [konsumats´jone] *sf* consumação, finalização; gasto, enfraquecimento.

con.su.mo [kons´umo] *sm* consumo, uso, utilização; gasto, estrago.

con.sun.to [kons´unto] *part + adj* consumido, gasto, consunto.

con.ta.bi.le [kont´abile] *sm* contador, contabilista. *adj* contábil.

con.ta.bi.li.tà [kontabilit´a] *sf* contabilidade.

con.ta.chi.lo.me.tri [kontakil´ɔmetri] *sm* velocímetro.

con.ta.di.no [kontad´ino] *sm* agricultor, camponês. *Fig.* mal-educado, grosseirão, matuto. *adj* do campo, rural, agrícola.

con.ta.do [kont´ado] *sm* condado; domínio, propriedade; território.

con.ta.gia.re [kontadʒ´are] *vt* contagiar, contaminar, infectar; comunicar, transmitir. *Fig.* influenciar, convencer.

con.ta.gio [kont´adʒo] *sm Med.* contágio, contaminação, infecção. *Fig.* influência; praga.

con.ta.goc.ce [kontag´ottʃe] *sm* conta-gotas.

con.ta.mi.na.re [kontamin´are] *vt* contaminar, infectar, envenenar; corromper, viciar.

con.tan.te [kont´ante] *adj Com.* corrente (moeda). **pagamento in** ≈ **i** pagamento à vista.

con.ta.re [kont´are] *vt* contar, calcular, numerar. *Fig.* estimar, considerar (pessoas); possuir, ter. *vi* ser importante, ter peso; pretender, propor-se. ≈ **su** contar com.

con.ta.ta [kont´ata] *sf* contagem, conta, enumeração.

con.tat.ta.re [kontatt´are] *vt* contatar, ter contato com, encontrar-se com.

con.tat.to [kont´atto] *sm* contato, adjacência, proximidade. *Fig.* amizade, conhecimento, relacionamento; ligação.

con.te [k´onte] *sm* conde.

con.te.a [kont´εa] *sf* condado.

con.teg.gia.re [konteddჳ´are] *vt* calcular, contar, somar. *Contab.* escriturar (contas).

con.te.gno [kont´eño] *sm* comportamento, atitude, conduta, maneira.

con.te.gno.so [konteñ´ozo] *adj* formal, reservado, rígido, sério, altivo.

con.tem.pla.re [kontempl´are] *vt* contemplar, admirar, observar; considerar, examinar, levar em consideração (lei, regra).

con.tem.po [kont´empo] *sm* na expressão **nel** ≃ *adv* enquanto isso, ao mesmo tempo, nesse meio tempo, entretanto.

con.tem.po.ra.ne.o [kontempor´aneo] *adj* contemporâneo; simultâneo, sincronizado; atual, moderno, de hoje.

con.ten.den.te [kontend´ente] *s+adj* adversário, competidor, antagonista, contendor.

con.ten.de.re [kont´endere] *vt* negar, contestar, questionar; proibir, vetar; discutir, debater. *vi* competir; discutir, brigar.

con.te.nen.za [konten´entsa] *sf* conteúdo, capacidade; moderação, ponderação.

con.te.ne.re [konten´ere] *vt* conter, incluir, compreender; controlar, dominar, bloquear, limitar. *vpr* conter-se, controlar-se.

con.te.ni.to.re [kontenit´ore] *sm* recipiente.

con.ten.ta.re [kontent´are] *vt* contentar, satisfazer, fazer a vontade, agradar. *vpr* contentar-se, satisfazer-se.

con.ten.tez.za [kontent´ettsa] *sf* contentamento, satisfação. **mala** ≃ chateação, incômodo.

con.ten.to [kont´ento] *adj* contente, feliz, alegre, satisfeito.

con.te.nu.to [konten´uto] *sm* conteúdo; argumento, tema; conceito, idéia; índole, natureza, essência. *adj* contido; justo, normal, proporcional; controlado, educado, correto, sóbrio, moderado, comedido (pessoa).

con.ten.zio.so [kontents´jozo] *adj Dir.* contencioso, litigioso.

con.ter.ra.ne.o [konteř´aneo] *sm+adj* conterrâneo, compatriota, concidadão.

con.te.sa [kont´eza] ou **con.ten.zio.ne** [kontents´jone] *sf* desacordo, discórdia; discussão, debate; disputa, luta, contenda.

con.tes.sa [kont´essa] *sf* condessa.

con.tes.se.re [kont´essere] *vt* entrelaçar, entretecer.

con.te.sta.re [kontest´are] *vt* contestar, discutir, debater, duvidar.

con.te.sto [kont´esto] *sm* contexto, situação.

con.tez.za [kont´ettsa] *sf* notícia; conhecimento; intimidade, familiaridade.

con.ti.guo [kont´igwo] *adj* vizinho, próximo, adjacente, contíguo, limítrofe.

con.ti.nen.ta.le [kontinent´ale] *adj* continental.

con.ti.nen.te [kontin´ente] *sm Geogr.* continente, terra firme. *adj* moderado, prudente.

con.tin.gen.te [kontindჳ´ente] *sm* grupo de pessoas. *Mil.* contingente, guarnição militar. *adj* contingente, casual, imprevisto, eventual, ocasional, esporádico.

con.tin.gen.za [kontindჳ´entsa] *sf* contingência, situação, caso, fato; acidente, imprevisto; equiparação, abono, aumento (salarial).

con.ti.nu.a.re [kontinu´are] *vt* continuar, prosseguir, levar adiante, seguir. *vi* continuar; persistir, insistir; durar, prolongar-se (tempo).

con.ti.nu.a.to [kontinu´ato] *part+adj* contínuo, continuado, duradouro, ininterrupto, constante.

con.ti.nui.tà [kontinuit´a] *sf* continuidade, harmonia, lógica, sucessão.

con.ti.nuo [kont´inwo] *sm* seqüência, série, sucessão. *adj* contínuo, constante, incessante, ininterrupto, regular, eterno, prolongado.

con.to [k´onto] *sm* conta, cálculo, contagem; conta, despesa; conto, história curta. *Fig.* consideração, estima, valor. *Contab.* conta, registro; balanço, prestação de contas. ≃ **corrente** conta corrente. **a** ≃ **i fatti** ou **in fine dei** ≃ **i** no final das contas, em conclusão. **dare buon** ≃ **di sé** comportar-se devidamente. **fare i** ≃ **i** *b Fig.* prestar contas. **fare** ≃ **che** fazer de conta, imaginar, supor. **fare** ≃ **di** propor-se a. **mettere** ≃ ou **tornare** ≃ valer a pena, ser útil. **per mio** ≃ em meu nome, a meu cargo; no que me diz respeito. **per nessun** ≃ ou **in nessun** ≃ de jeito nenhum. **rendere** ≃ **di una cosa** justificar, dar satisfações sobre. **sapere il** ≃ **suo** saber o que fazer, ser especialista. **tenere di** ≃ tomar conta de, cuidar de.

con.tor.ce.re [kont´ortʃere] *vt* contorcer, torcer, retorcer. *vpr* contorcer-se (de dor).

con.tor.na.re [kontorn´are] *vt* contornar, circundar; rodear, cercar; limitar, delimitar.

con.tor.no [kont´orno] *sm* contorno; silhueta; acompanhamento (de verduras ou legumes); margem, borda.

con.tor.sio.ne [kontors'jone] *sf* ou **con.tor.ci.men.to** [kontortʃim'ento] *sm* contorção, torção; acrobacia.

con.trab.ban.die.re [kontrabband'jere] *sm* contrabandista.

con.trab.ban.do [kontrabb'ando] *sm* contrabando. **di** ≈ às escondidas, furtivamente.

con.trab.bas.so [kontrabb'asso] *sm Mús.* contrabaixo.

contrabbilanciare → **controbilanciare.**

con.trac.ca.ri.co [kontrakk'ariko] *sm Náut.* contrapeso, carga de contrapeso.

con.trac.cet.ti.vo [kontrattʃett'ivo] *sm+adj* anticoncepcional, contraceptivo.

con.trac.chia.ve [kontrakk'jave] *sf* chave falsa.

con.trac.col.po [kontrakk'olpo] *sm* contragolpe. *Fig.* repercussão, reação.

con.tra.da [kontr'ada] *sf* vizinhança, bairro; rua de vilarejo.

con.trad.dan.za [kontradd'antsa] *sf* contradança.

con.trad.di.re [kontradd'ire] *vt* contradizer, contestar, discordar. *vpr* contradizer-se.

con.trad.dit.to.rio [kontradditt'ɔrjo] *adj* contraditório, contrastante, oposto.

con.tra.en.te [kontra'ente] *s+adj* contraente. **i** ≈ **i** os noivos (ao se casarem); as partes (de um contrato).

con.traf.fa.re [kontraff'are] *vt* falsificar, adulterar; manipular; imitar, copiar, plagiar.

con.trag.ge.nio [kontraddʒ'enjo] *sm* aversão, antipatia.

con.tral.to [kontr'alto] *sm Mús.* contralto.

con.tram.ma.re.a [kontrammar'ea] *sf* contramaré.

con.tram.mi.ra.glio [kontrammir'aʎo] *sm Náut.* contra-almirante.

con.trap.pe.so [kontrapp'ezo] *sm* contrapeso (de balança).

con.trap.por.re [kontrapp'oɾe] *vt* opor, contrapor; contestar, refutar, rebater (opinião).

con.trap.pun.to [kontrapp'unto] *sm Mús.* contraponto.

con.tra.ria.re [kontrar'jare] *vt* contrariar, desagradar, indispor; contestar, opor-se.

con.tra.rie.tà [kontrarjet'a] *sf* contrariedade, oposição, diversidade; adversidade, tribulação.

con.tra.rio [kontr'arjo] *sm* contrário, inverso, oposto. *adj* contrário, oposto, contraditório; contraposto, fronteiro, frontal. *Fig.* inimigo.

con.trar.re [kontr'aɾe] *vt* contrair, encolher; entrar em acordo.

con.tras.se.gno [kontrass'eɲo] *sm* senha; marca, distintivo, sinal; palavra de ordem. *Fig.* testemunho.

con.tra.sta.re [kontrast'are] *vt* contestar, discordar, opor-se; contrastar, combater, impedir.

con.tra.sto [kontr'asto] *sm* contraste, divergência; oposição, contradição, antítese. *Fig.* conflito, luta, antagonismo, litígio.

con.trat.tac.ca.re [kontrattakk'are] *vt* contra-atacar, reagir, defender-se, revidar.

con.trat.tac.co [kontratt'akko] *sm Mil.* contra-ataque, revide.

con.trat.ta.re [kontratt'are] *vt* contratar, fazer um contrato. *vi* negociar, tratar.

con.trat.ta.zio.ne [kontrattats'jone] *sf* contratação; negociação, tratativa; ajuste, acordo.

con.trat.tem.po [kontratt'empo] *sm* contratempo, acidente, problema.

con.trat.ti.le [kontr'attile] *adj* contrátil.

con.trat.to [kontr'atto] *sm* contrato, acordo, tratado, convenção. *part+adj* contraído, encolhido, rígido, teso.

con.trav.ve.le.no [kontravvel'eno] *sm* antídoto, antitóxico, contraveneno.

con.trav.ve.ni.re [kontravven'ire] *vi* transgredir, desobedecer, violar.

con.trav.ven.zio.ne [kontravvents'jone] *sf* contravenção, transgressão; multa.

con.tra.zio.ne [kontrats'jone] *sf* contração, encolhimento, retraimento.

con.tri.bu.en.te [kontribu'ente] *s+adj* contribuinte.

con.tri.bu.i.re [kontribu'ire] *vi* contribuir, ajudar, tomar parte, cooperar.

con.tri.bu.to [kontrib'uto] *sm* contribuição, ajuda, participação; quota, parte (em dinheiro); pagamento, taxa.

con.tri.sta.re [kontrist'are] *vt* entristecer, perturbar, atormentar. *vpr* entristecer-se.

con.tri.to [kontr'ito] *adj Rel.* contrito, arrependido.

con.tri.zio.ne [kontrits'jone] *sf Rel.* contrição, arrependimento.

con.tro [k'ontro] *sm* contra, obstáculo, objeção. *prep* contra; de encontro a, defronte a. ≈ **il muro** ≈ **al muro** ou ≈ **del muro** de encontro ao muro. ≈ **di me** contra mim. *adv* contra, contrariamente. **stare** ≈ opor-se. **scommettere una lira** ≈ **cento** apostar uma lira contra cem. **andare** ≈ **corrente** *Fig.* navegar contra a corrente.

con.tro.bi.lan.cia.re [kontrobilantʃ'are] ou **con.trab.bi.lan.cia.re** [kontrabbilantʃ'are] *vt* contrabalançar, balancear, equilibrar.

con.tro.fir.ma.re [kontrofirm′are] *vt tb Fig.* aprovar, aceitar, autenticar, ratificar.

con.tro.in.di.ca.to [kontroindik′ato] *part + adj Med.* contra-indicado.

con.trol.la.re [kontroll′are] *vt* controlar, fiscalizar, supervisionar; conferir; apurar, esclarecer, verificar; vigiar, observar, tomar conta. *Fig.* dominar, governar, dirigir.

con.trol.lo [kontr′ɔllo] *sm* controle, fiscalização, supervisão; conferência; vigilância, observação; disciplina, comando; prova, verificação. *Fig.* domínio, governo, direção, gestão.

con.trol.lo.re [kontroll′ore] *sm* fiscal; conferente.

con.tro.lu.ce [kontrol′utʃe] ou **con.tro.lu.me** [kontrol′ume] *sm* contraluz. **stare** ≃ estar à contraluz.

con.tro.pro.po.sta [kontroprop′ɔsta] *sf* contraproposta.

con.tror.di.ne [kontr′ordine] *sm* contra-ordem.

con.tro.ri.vo.lu.zio.ne [kontrorivoluts′jone] *sf* contra-revolução.

con.tro.sen.so [kontros′enso] *sm* contra-senso, absurdo, incoerência, disparate.

con.tro.sto.ma.co [kontrost′omako] *adv* na expressão **a** ≃ a contragosto.

con.tro.tor.pe.di.nie.ra [kontrotorpedin′jera] *sf Náut.* contratorpedeiro.

con.tro.ver.sia [kontrov′ersja] *sf* controvérsia, desacordo, discussão, disputa, litígio.

con.tro.ver.so [kontrov′erso] *adj* controverso, controvertido, discutido, discutível, pendente.

con.tro.ver.te.re [kontrov′ertere] *vt + vi* discutir, contestar, controverter.

con.tro.vo.glia [kontrov′ɔʎa] *adv* contra a vontade, à força, forçosamente.

con.tu.ma.ce [kontum′atʃe] *adj* teimoso, obstinado. *Dir.* contumaz, revel.

con.tu.ma.cia [kontum′atʃa] *sf* teimosia, obstinação. *Dir.* contumácia, revelia, recusa a comparecer em juízo. **in** ≃ à revelia.

con.tu.me.lia [kontum′elja] *sf* insulto, ofensa; palavrão, xingamento.

con.tun.den.te [kontund′ente] *adj* contundente, que machuca.

con.tun.de.re [kont′undere] *vt* contundir, machucar; pisar.

con.tur.ba.re [konturb′are] *vt* conturbar, perturbar.

con.tu.sio.ne [kontuz′jone] *sf Med.* contusão, ferimento, pisadura.

con.tut.to.ché [kontuttok′e] *conj* embora, se bem que, conquanto, posto que, mesmo que.

con.va.le.scen.za [konvaleʃ′entsa] *sf* convalescença, recuperação (da saúde).

con.va.li.da [konv′alida] *sf* visto, autenticação, confirmação, ratificação.

con.ve.gno [konv′eño] *sm* reunião, encontro; assembléia, congresso, conselho.

con.ve.ne.vo.le [konven′evole] *sm* conveniência. ≃**i** *pl* saudações, cumprimentos; formalidades, cerimônia. *Irôn.* salamaleque. **fare i** ≃**i** dar os cumprimentos; fazer cerimônia. *adj* conveniente, oportuno.

con.ve.nien.te [konven′jente] *adj* conveniente, oportuno, adequado, apropriado.

con.ve.nien.za [konven′jentsa] *sf* conveniência, interesse, vantagem, utilidade.

con.ve.ni.re [konven′ire] *vt Dir.* intimar, chamar em juízo. *vi* convir, ser conveniente, ser apropriado; juntar-se, convergir, acorrer, afluir; entrar em acordo; unir-se, associar-se.

con.ven.to [konv′ento] *sm* convento, mosteiro.

con.ve.nu.to [konven′uto] *sm* acordo, convenção. *part + adj* combinado, concordado. *Dir.* intimado, chamado a juízo.

con.ven.zio.na.le [konventsjon′ale] *adj* convencional, normal, comum; habitual, costumeiro; aceito, de praxe.

con.ven.zio.ne [konvents′jone] *sf* convenção, acordo, tratado, ajuste. ≃**i** *pl Fig.* normas, regras, costumes, tradições.

con.ver.ge.re [konv′erdʒere] *vi* convergir, concentrar-se, cruzar-se, unir-se; dirigir-se, aproximar-se, confluir.

con.ver.sa.re [konvers′are] *vi* conversar, dialogar, falar. *Pop.* bater papo.

con.ver.sa.zio.ne [konversats′jone] *sf* conversa, conversação. *Pop.* bate-papo. **attaccare** ≃ iniciar a conversa. *Pop.* puxar assunto.

con.ver.sio.ne [konvers′jone] *sf* transformação, mudança. *Autom.* conversão, desvio, volta. *Rel.* conversão, mudança de religião.

con.ver.so [konv′erso] *sm Rel.* converso, irmão leigo. *adj* convertido.

con.ver.ti.bi.le [konvert′ibile] *adj* conversível, comerciável. *Autom.* conversível.

con.ver.ti.re [konvert′ire] *vt* converter; transformar, alterar. *vpr* converter-se; arrepender-se, reconhecer os erros.

con.ves.si.tà [konvessit′a] *sf* convexidade.

con.ves.so [konv′esso] *adj* convexo; bojudo, arredondado.

con.vin.ce.re [konv′intʃere] *vt* convencer, persuadir; demonstrar, comprovar.

con.vin.ci.men.to [konvintʃim′ento] *sm* ou **con.vin.zio.ne** [konvints′jone] *sf* convencimento, persuasão; convicção, crença, fé.

con.vit.to [konv'itto] *sm* colégio interno, internato.

con.vi.ve.re [konv'ivere] *vi* conviver, viver junto.

con.vo.ca.re [konvok'are] *vt* convocar, convidar, chamar.

con.vo.glia.re [konvoλ'are] *vt tb Fig.* canalizar, dirigir.

con.vo.glio [konv'oλo] *sm* comboio; caravana.

con.vul.sio.ne [konvuls'jone] *sf Med.* convulsão.

con.vul.so [konv'ulso] *adj* convulso, contraído.

co.o.pe.ra.re [kooper'are] *vi* cooperar, colaborar, ajudar, auxiliar.

co.o.pe.ra.ti.va [kooperat'iva] *sf* cooperativa, associação, sociedade.

co.o.pe.ra.ti.vi.smo [kooperativ'izmo] *sm* cooperativismo.

co.or.di.na.zio.ne [koordinats'jone] *sf* ou co.or.di.na.men.to [koordinam'ento] *sm* coordenação, organização, planejamento.

co.or.di.na.re [koordin'are] *vt* coordenar, organizar, ordenar; harmonizar, arranjar.

co.or.di.na.ta [koordin'ata] *sf Mat.* coordenada.

co.per.chio [kop'erkjo] *sm* tampa, cobertura.

co.per.ta [kop'erta] *sf* cobertor, coberta. *Náut.* ponte, coberta, toldo. *Fig.* pretexto, desculpa.

co.per.ti.na [kopert'ina] *sf* capa de livro.

co.per.to [kop'erto] *sm* lugar coberto. *part+adj* coberto, tampado; obscuro, ambíguo.

co.per.to.ne [kopert'one] *sm* encerado.

co.per.tu.ra [kopert'ura] *sf* cobertura; teto; glacê, cobertura de doce. *Fig.* proteção; fachada, disfarce, máscara. *Mil.* defesa, cobertura.

co.pia [k'opja] *sf* cópia, duplicata. *Fig.* imitação, reprodução, falsificação; exemplar, unidade. **brutta** ≃ esboço, rascunho. **bella** ≃ prova final. **duplice** ≃ duas vias.

co.pia.let.te.re [kopjal'ettere] *sm* copiadora.

co.pia.re [kop'jare] *vt* copiar, transcrever; imitar; falsificar; plagiar, roubar (idéias).

co.pio.ne [kop'jone] *sm Cin.* e *Teat.* copião; manuscrito.

co.pi.o.so [kopi'ozo] *adj* abundante, copioso.

cop.pa [k'oppa] *sf* taça, cálice. *Anat.* nuca. ≃e copas (naipe de cartas).

cop.pet.ta [kopp'etta] *sf* ventosa (instrumento).

cop.pia [k'oppja] *sf* par; dupla; casal.

cop.pie.re [kopp'jere] ou cop.pie.ro [kopp'jero] *sm* copeiro.

co.pri.bu.sto [koprib'usto] *sm* corpete.

co.pri.re [kopr'ire] *vt* cobrir, recobrir, revestir; proteger, amparar. *Fig.* esconder, ocultar; compensar, cobrir (despesas); abranger, compreender. *vpr* cobrir-se, proteger-se.

co.pto [k'opto] *sm* copta, cristão do Egito; língua e religião copta. *adj* cóptico.

co.pu.la [k'opula] *sf* cópula, ato sexual; ligação, união. *Gram.* cópula, conjunção aditiva.

co.pu.la.re [kopul'are] *vt* copular, acasalar (animais); ligar, unir.

co.rag.gio [kor'addʒo] *sm* coragem, bravura, valor; ousadia, audácia.

co.rag.gio.so [koraddʒ'ozo] *adj* corajoso, bravo, valoroso; ousado.

co.ral.lo [kor'allo] *sm Zool.* coral.

co.ra.me [kor'ame] *sm* courama.

co.ra.mel.la [koram'ella] *sf* tira de couro para afiar navalhas.

Co.ra.no [kor'ano] *sm Rel.* Alcorão, Corão.

co.raz.za [kor'attsa] *sf* couraça, armadura. *Fig.* carapaça, concha; casco, proteção.

co.raz.za.to [koratts'ato] *part+adj* couraçado, encouraçado, blindado. *Fig.* imunizado.

cor.ba [k'orba] *sf* cesta de vime ou palha.

cor.bel.la.re [korbell'are] *vt* enganar, burlar, lograr.

cor.bel.la.tu.ra [korbellat'ura] *sf* engano, logro.

cor.bel.le.ri.a [korbeller'ia] *sf* estupidez, idiotice, burrice, demência.

cor.bel.lo [korb'ello] *sm* cestinha, cesto pequeno. *Fig.* bobo, tolo.

cor.da [k'orda] *sf* corda, cabo. ≃ **armonica** *Mús.* corda (de instrumento). ≃e **vocali** *Anat.* cordas vocais.

cor.da.me [kord'ame] *sm* cordame.

cor.del.li.na [kordell'ina] *sf* cordel, cordão.

cor.dia.le [kord'jale] *adj* cordial, amável, afetuoso.

cor.di.cel.la [korditʃ'ella] *sf* barbante.

cor.do.ne [kord'one] *sm* cordão (do chapéu, enfeite de roupa). ≃ **ombelicale** cordão umbelical. ≃ **sottomarino** ou ≃ **elettrico** cabo submarino. ≃**i littorali** bancos de areia.

co.re.a [kor'ea] *sf Med.* coréia. *Pop.* dança de São Vito.

co.reg.gia [kor'eddʒa] ou cor.reg.gia [koř'eddʒa] *sf* correia, cinturão. *Vulg.* gases.

co.re.o.gra.fi.a [koreograf'ia] *sf* coreografia.

co.rian.do.li [kor'jandoli] *sm pl* confetes.

co.rian.do.lo [kor'jandolo] ou co.rian.do.ro [kor'jandoro] *sm Bot.* coentro.

co.ri.ca.re [korik'are] *vt* deitar, colocar, estender, estirar. *vpr* deitar-se.

co.ri.fe.o [korif'eo] *sm* corifeu. *Fig.* chefe, guia, porta-voz, líder.

co.rin.tio [kor'intjo] *sm+adj Arquit.* coríntio.

co.riz.za [kor'ittsa] *sf Med.* coriza.

cor.nac.chia [korn'akkja] *sf Zool.* gralha. *Fig.* tagarela, falador.

cor.nac.chia.re [kornakk'jare] *vi* grasnar; crocitar. *Fig.* tagarelar.

cor.nag.gi.ne [korn'addʒine] *sf* teimosia, obstinação, teima.

cor.na.mu.sa [kornam'uza] *sf Mús.* gaita de foles, cornamusa.

cor.ne.a [k'ɔrnea] *sf Med.* córnea.

cor.ne.o [k'ɔrneo] *adj* córneo.

cor.net.ta [korn'etta] *sf* receptor, fone (do telefone). *Mús.* corneta, trombeta.

cor.net.ti.no [kornett'ino] *sm Mús.* cornetim.

cor.net.to [korn'etto] *sm* ponta (da bigorna); croissant. *Mús.* cornetim. *Bot.* vagem, fava. ≈ **acustico** corneta acústica.

cor.ni.ce [korn'itʃe] *sf* moldura. *Arquit.* cornija, caixilho. *Fig.* situação, ambiente, quadro.

cor.ni.cia.re [kornitʃ'are] *vt* emoldurar, enquadrar; encaixilhar.

cor.no [k'ɔrno] *sm* chifre, corno; antena (de caracol); galo, calombo (na cabeça). *Fig.* extremidade, ponta; braço (de rio). *Mús.* corne. ≈ **per calzature** ou ≈ **da scarpe** calçadeira. ≈ **a** *pl Fig. Vulg.* cornos, chifres (no marido traído). **rompersi le** ≈ **a** levar a pior. **dire** ≈ **a di** falar mal de. **non valere un** ≈ não valer nada. **un** ≈ **!** *Vulg.* uma pinóia! não é nada disso!

cor.nu.co.pia [kornuk'ɔpja] *sf* cornucópia. *Fig.* abundância.

cor.nu.to [korn'uto] *adj* chifrudo, cornudo. *Vulg.* cornudo (marido traído).

co.ro [k'ɔro] *sm* coro, grupo de cantores. *Arquit.* coro, semicírculo.

co.ro.gra.fi.a [korograf'ia] *sf Geogr.* corografia.

co.rol.la [kor'ɔlla] *sf Bot.* corola, pétalas.

co.ro.na [kor'ona] *sf* coroa; grinalda, guirlanda, coroa de flores. *Astron.* coroa, halo. *Rel.* rosário. *Fig.* majestade; reino; glória, honras.

co.ro.na.re [koron'are] *vt* coroar; adornar; circundar.

cor.pet.to [korp'etto] *sm* corpete (roupa).

cor.po [k'ɔrpo] *sm* corpo; objeto; físico, constituição, figura (ser humano); cadáver; grupo, conjunto, coleção (de objetos); corporação, classe (de pessoas). *Fig.* consistência, solidez. ≈ **di ballo** corpo de baile. ≈ **del delitto** *Dir.* corpo de delito. **dare** ≈ **ad una cosa**, dar consistência a algo.

cor.po.ra.le [korpor'ale] *sm Rel.* corporal. *adj* corporal, do corpo.

cor.po.ra.tu.ra [korporat'ura] *sf* estatura, compleição, corpo, constituição, corporatura.

cor.po.re.o [korp'ɔreo] *adj* corpóreo, material.

cor.pu.len.to [korpul'ento] *adj* corpulento, encorpado, robusto, grande.

cor.pu.sco.lo [korp'uskolo] *sm* corpúsculo, partícula.

cor.re.da.re [korɛd'are] *vt* equipar, fornecer, prover, munir; mobiliar, enfeitar, adornar.

cor.re.do [koř'edo] *sm* enxoval; mobília. ≈ **i** *pl* preparativos.

cor.reg.ge.re [koř'ɛddʒere] *vt* corrigir, emendar; melhorar, aperfeiçoar; modificar, ajustar. *vpr* corrigir-se, redimir-se, arrepender-se.

correggia → coreggia.

cor.re.la.zio.ne [korɛlats'jone] *sf* correlação, correspondência, conexão, relação.

cor.re.li.gio.na.rio [korɛlidʒon'arjo] *sm* + *adj* correligionário, companheiro.

cor.ren.te [koř'ente] *sf* corrente, fluxo; movimento, afluxo (de pessoas); inspiração, influência, escola (de idéias). *adj* veloz, rápido; corrente, atual, presente.

cor.ren.tez.za [koř'entettsa] *sf* velocidade, rapidez; facilidade; atualidade.

cor.ren.ti.a [koř'enti'a] *sf* correnteza, corrente de água. *Fig.* disenteria, diarréia.

cor.ren.ti.na [koř'ent'ina] *sf Pop.* disenteria, diarréia.

cor.ren.ti.sta [koř'ent'ista] *s Com.* correntista.

cor.re.re [k'oř'ere] *vi* correr; escorrer, fluir (água); existir, acontecer (relacionamento); atravessar, percorrer (caminho, estrada); passar, correr, avançar (tempo). **lasciar** ≈ deixar acontecer.

cor.ret.tez.za [koř'ett'ettsa] *sf* correção, exatidão. *Fig.* honestidade; educação, gentileza.

cor.ret.to [koř'etto] *adj* correto, certo, exato. *Fig.* honesto; irrepreensível; educado, bem-educado, gentil.

cor.re.zio.ne [koř'ets'jone] *sf* correção, emenda, aperfeiçoamento.

cor.ri.do.io [koř'id'ojo] *sm* corredor.

cor.ri.do.re [koř'id'ore] *sm* corredor; piloto de corrida; passagem interna. *adj* corredor.

cor.rie.ra [koř'jera] *sf* ônibus (de excursão, etc.).

cor.rie.re [koř'jere] *sm* mensageiro, enviado; transportadora (empresa).

cor.ri.spon.den.te [koř'ispond'ente] *sm* correspondente, pessoa com quem se mantém correspondência. *adj* correspondente, apropriado.

cor.ri.spon.den.za [koř'ispond'entsa] *sf* correspondência, cartas; correlação, conformidade.

cor.ri.spon.de.re [koř'isp'ondere] *vt* corresponder, retribuir, recompensar. *vi* corresponder, equivaler, coincidir; corresponder-se com.

cor.ro.bo.ra.re [koɾoboɾˈaɾe] *vt* corroborar, validar; fortalecer, fortificar; revigorar.

cor.ro.de.re [koɾˈodeɾe] *vt* corroer; gastar, consumir.

cor.rom.pe.re [koɾˈompeɾe] *vt* corromper, estragar, perverter, degradar. *Fig.* subornar, comprar, corromper.

cor.ro.sio.ne [koɾozˈjone] *sf* ou cor.ro.di.men.to [koɾodimˈento] *sm* corrosão; desgaste.

cor.ro.si.vo [koɾozˈivo] *adj* corrosivo, ácido, cáustico; destruidor.

cor.rot.to [koɾˈotto] *part*+*adj* corrupto, corrompido; estragado, podre.

cor.ruc.cia.re [koɾuttʃˈaɾe] *vt* atormentar, afligir, perturbar. *vpr* zangar-se, irar-se.

cor.ruc.cio [koɾˈuttʃo] *sm* tormento, aflição, angústia; raiva, zanga. abito da ≃ traje de luto.

cor.ru.ga.re [koɾugˈaɾe] *vt* enrugar, encrespar.

cor.rut.te.la [koɾuttˈela] *sf* depravação, corrupção (moral).

cor.ru.zio.ne [koɾutsˈjone] *sf* ou cor.rom.pi.- men.to [koɾompimˈento] *sm* corrupção; estrago, degradação. *Fig.* perversão, depravação; suborno. ≃ di minorenni *Dir.* corrupção de menores.

cor.sa [kˈorsa] *sf* corrida; percurso, trajeto. *Fig.* velocidade, rapidez; pressa. *Pop.* visitinha, pulinho, passadinha. ≃ a ostacoli corrida com obstáculos.

cor.sa.ro [korsˈaɾo] *sm* corsário, pirata, bucaneiro.

cor.si.a [korsˈia] *sf* corredor, passagem; enfermaria (parte do hospital com vários leitos).

cor.sie.re [korsˈjeɾe] ou cor.sie.ro [korsˈjeɾo] *sm* cavalo de corrida, corcel.

cor.si.vo [korsˈivo] *sm* nota, observação, comentário (em jornal). *adj* cursivo, letra escrita à mão.

cor.so [kˈorso] I *sm* rua; corrida; corrimento (líquidos); percurso, curso, fluxo. fuori ≃ sem valor, fora de circulação (moeda).

cor.so [kˈorso] II *sm*+*adj* corso, da Córsega.

cor.te [kˈorte] *sf* corte, palácio real; pátio; corte, cortejo, séquito.

cor.tec.cia [kortˈettʃa] *sf* cortiça; casca (de árvore, pão ou fruta).

cor.teg.gia.men.to [korteddʒamˈento] *sm* namoro, galanteio.

cor.teg.gia.re [korteddʒˈaɾe] *vt* namorar, cortejar. *Fig.* bajular, lisonjear.

cor.teg.gio [kortˈeddʒo] *sm* cortejo, comitiva, séquito.

cor.te.o [kortˈeo] *sm* cortejo; banquete real. *Fig.* passeata, manifestação.

cor.te.se [kortˈeze] *adj* cortês, educado, gentil, delicado; cordial, amável.

cor.te.si.a [kortezˈia] *sf* cortesia, educação, gentileza; cordialidade, amabilidade; atenção, respeito; favor, graça, obséquio.

cor.ti.gia.no [kortidʒˈano] *sm*+*adj* cortesão, palaciano.

cor.ti.le [kortˈile] *sm* quintal, pátio interno (de edifício).

cor.ti.na [kortˈina] *sf* cortina. *Fig.* disfarce, cobertura, máscara.

cor.to [kˈorto] *adj* curto, breve. *Fig.* medíocre, limitado. essere a ≃ *Pop.* estar duro, não ter um tostão. a farla ≃ a em suma.

cor.vet.ta [korvˈetta] *sf* pinote, salto de cavalo. *Náut.* corveta.

cor.vo [kˈorvo] *sm* corvo.

co.sa [kˈoza] *sf* coisa, objeto, negócio; acontecimento, fato. ≃ vuole? o que você quer? non è da ≃ alcuna não presta para nada.

co.sca [kˈoska] *sf* bando, quadrilha, gangue.

co.scia [kˈoʃa] *sf Anat.* coxa.

co.scien.za [koʃˈentsa] *sf* consciência, percepção; honestidade, seriedade, retidão.

co.scien.zio.so [koʃentsˈjozo] *adj* consciente, honesto, sério, consciencioso, escrupuloso.

co.scrit.to [koskrˈitto] *sm Mil.* recruta.

co.se.can.te [kosekˈante] *sf Mat.* co-secante.

co.se.no [kosˈeno] *sm Mat.* co-seno.

co.sì [kozˈi] *adj* igual, semelhante. *adv* assim, desse modo, dessa maneira; igualmente, do mesmo modo; por isso, portanto, pois; se bem que, apesar de; tão, tanto (seguido de che). ≃ ≃ mais ou menos (pejorativo). ≃ è! isso mesmo! apoiado! e ≃ ? e então? e ≃ sia e assim seja. era ≃ bella che tutti la guardavano era tão bonita que todos a olhavam. ≃ non venisse oggi! gostaria que não viesse hoje!

co.sic.ché [kozikkˈe] *conj* de modo que, de forma que, que (exprime conseqüência, efeito).

co.sme.ti.co [kozmˈetiko] *sm*+*adj* cosmético.

co.smi.co [kˈozmiko] *adj* cósmico.

co.smo [kˈozmo] *sm* cosmo, cosmos.

co.smo.nau.ta [kozmonˈawta] *s* cosmonauta, astronauta.

co.smo.po.li [kozmˈɔpoli] *sm* cosmópolis, cidade cosmopolita.

co.smo.po.li.ta [kozmopolˈita] *s*+*adj* cosmopolita.

co.so [k'ɔzo] *sm Fam.* (usado quando não nos lembramos do nome do objeto ou pessoa) coisa, negócio; fulano, sujeito. *Pop.* cara (indivíduo). *Fig.* bobo, tolo, estúpido.

co.sot.to [koz'otto] *sm* murro, soco.

co.spar.ge.re [kosp'ardʒere] ou **co.sper.ge.re** [kosp'erdʒere] *vt* espargir, espalhar, borrifar, espirrar.

co.spet.to [kosp'etto] *sm* presença.

co.spi.cuo [kosp'ikwo] *adj* ilustre, notável, respeitável, considerável, relevante, substancial.

co.spi.ra.re [kospir'are] *vi* conspirar, tramar, conjurar.

co.spi.ra.zio.ne [kospirats'jone] *sf* conspiração, intriga, trama, conjuração.

co.stà [kost'a] ou **co.stì** [kost'i] *adv Lit.* aí, nesse lugar.

co.sta [k'ɔsta] *sf* costa, litoral; encosta, vertente (de montanha); costelas.

co.stag.giù [kostadʒ'u] *adv Lit.* aí embaixo.

co.stan.te [kost'ante] *adj* constante, assíduo, persistente; invariável, estável, contínuo.

co.stan.za [kost'antsa] *sf* constância, assiduidade, persistência, continuidade.

co.sta.re [kost'are] *vt* custar, implicar, exigir. *Fig.* causar, provocar, levar a. *vi tb Fig.* custar, valer. ≃ **un occhio della testa** *Pop.* custar os olhos da cara.

co.stas.sù [kostass'u] *adv Lit.* aí em cima.

co.sta.ta [kost'ata] *sf* costeleta (carne).

co.sta.ta.re [kostat'are] *vt* verificar, comprovar, averiguar.

co.steg.gia.re [kostedʒ'are] *vt Náut.* costear.

co.stei [kost'ɛj] *pron fsg* esta, esta mulher (freqüentemente *dep*).

co.stel.la.zio.ne [kostellats'jone] *sf Astron.* constelação.

co.ster.na.re [kostern'are] *vt* causar desgosto, consternar; abater, desesperar.

co.stie.ra [kost'jera] *sf* praia, litoral; região costeira; encosta.

co.stie.ro [kost'jero] *adj* costeiro, litorâneo.

co.sti.pa.re [kostip'are] *vt* constipar, resfriar; dar prisão de ventre. *vpr* constipar-se.

co.sti.pa.zio.ne [kostipats'jone] *sf Med.* gripe, constipação; prisão de ventre.

co.sti.tu.en.te [kostitu'ente] *sf+adj* constituinte.

co.sti.tu.i.re [kostitu'ire] *vt* constituir, concretizar, realizar, formar; fundar, instituir.

co.sti.tu.zio.ne [kostituts'jone] *sf* constituição, formação, criação; temperamento; constituição, lei fundamental.

co.sto [k'ɔsto] *sm* custo, preço, valor. *Fig.* condição, acordo.

co.sto.la [k'ɔstola] *sf* costela; costas (da faca); dorso (de livro). *Bot.* talo.

co.sto.la.tu.ra [kostolat'ura] *sf* ou **co.sto.la.me** [kostol'ame] *sm* costado; conjunto de costelas. **la costolatura di una nave** o costado de um navio.

co.sto.let.ta [kostol'etta] *sf* costeleta, costela (alimento).

co.sto.ro [kost'oro] *pron pl* estes, estas, estas pessoas (ambos os sexos, freqüentemente *dep*).

co.sto.so [kost'ozo] *adj* caro, custoso.

co.stret.to [kostr'etto] *part+adj* constrangido, forçado, obrigado.

co.strin.ge.re [kostr'indʒere] *vt* obrigar, forçar, constranger.

co.strin.gi.men.to [kostrindʒim'ento] *sm* ou **co.stri.zio.ne** [kostrits'jone] *sf* constrangimento, aperto, constrição.

co.stru.i.re [kostru'ire] *vt* construir, edificar; fabricar. *Fig.* organizar, colocar em ordem.

co.stru.i.to [kostru'ito] *part+adj* construído, fabricado; organizado, ordenado.

co.strut.ti.vo [kostrutt'ivo] *adj* construtivo, positivo, útil, produtivo.

co.strut.to [kostr'utto] *sm* frase, oração; sentido, senso; conclusão; utilidade.

co.stru.zio.ne [kostruts'jone] *sf* construção, fabricação. *Gram.* construção da frase.

co.stui [kost'uj] *pron msg* este, este homem (freqüentemente *dep*).

co.stu.man.za [kostum'antsa] *sf* costume, uso. *Fig.* educação; moralidade.

co.stu.ma.re [kostum'are] *vt* acostumar, adestrar, amestrar. *vi* costumar.

co.stu.ma.to [kostum'ato] *adj* educado, gentil, cortês, civilizado.

co.stu.me [kost'ume] *sm* costume, hábito, tradição, uso; traje, roupa. ≃ **da bagno** maiô.

co.stu.ra [kost'ura] *sf* costura.

co.ta.le [kot'ale] *sm dep* uma coisa, um sujeito. *pron* um tal, um certo; qual, tal (relativo).

co.tan.gen.te [kotandʒ'ente] *sf Mat.* cotangente.

co.tan.to [kot'anto] *pron* tanto. *adv* tão, tanto, de tal forma.

co.te [k'ɔte] *sf* pedra de amolar.

co.ten.na [kot'enna] *sf* pele (de porco). *dep* couro cabeludo (humano). *Fig.* superfície.

cotesta, coteste, cotesti, cotesto → **codesta, codeste, codesti, codesto.**

co.ti.chi.no [kotik'ino] ou co.te.ghi.no [koteg'ino] *sm* paio, lingüiça.

co.to.gna [kot'oña] *sf* marmelo.

co.to.gno [kot'oño] *sm* marmeleiro.

co.to.ne [kot'one] *sm* algodão (material, tecido); algodoeiro (árvore). ≃ **idrofilo** algodão hidrófilo.

co.to.ne.ri.e [kotoner'ie] *sf pl* tecidos de algodão.

co.to.nie.re [koton'jere] *sm* algodoeiro, fabricante de tecidos de algodão.

co.to.nie.ro [koton'jero] *adj* algodoeiro.

co.to.ni.fi.cio [kotonif'itʃo] *sm* cotonifício.

cot.ta [k'ɔtta] *sf* cota, veste medieval; cozimento. *Fig.* namoro. *Fam.* embriaguez.

cot.ti.mo [k'ɔttimo] *sm* empreitada, tarefa.

cot.to [k'ɔtto] *sm* cozido, cozimento. **muro di** ≃ muro de tijolos. **lavoro di** ≃ trabalho de argila, de terracota. *part+adj* cozido, cozinhado; queimado (de sol). *Fig.* bêbado; enamorado, apaixonado.

cot.tu.ra [kott'ura] *sf* cozimento, cozedura; queimadura (marca).

co.tur.ni.ce [koturn'itʃe] *sf Zool.* codorna, codorniz.

co.tur.no [kot'urno] *sm* coturno, bota de cano alto usada na Antiguidade.

co.va [k'ɔva] *sf* covil; incubação, choco; ninho.

co.vac.cio [kov'attʃo] ou co.vac.cio.lo [kov'attʃolo] *sm* toca; ninho. *Irôn.* leito.

co.va.re [kov'are] *vt* chocar, incubar; esconder, ocultar; alimentar.

co.va.ta [kov'ata] *sf* ninhada. *Fig.* intriga, trama oculta, prática secreta.

co.va.tic.cio [kovat'ittʃo] *adj* choco. **gallina** ≃ a galinha choca.

co.vi.le [kov'ile] *sm* covil. *Fig.* casebre.

co.vo [k'ɔvo] *sm* covil; ninho; caverna, buraco, furna. *Fig.* refúgio, esconderijo.

coz.za [k'ɔttsa] *sf* marisco; mexilhão.

coz.za.re [kotts'are] *vi* chocar-se, encontrar-se com; bater.

coz.zo [k'ɔttso] *sm* batida, golpe.

crack [kr'ak] *sm Com.* e *Fig.* falência, bancarrota, desastre financeiro.

cram.po [kr'ampo] *sm* cãibra.

cra.nio [kr'anjo] *sm Anat.* crânio. *Fig.* cérebro, inteligência.

cra.pu.la [kr'apula] *sf* devassidão, vício, libertinagem, orgia, excesso.

cra.pu.lo.ne [krapul'one] *sm* crápula, libertino, devasso.

cra.si [kr'azi] *sf Gram.* crase.

cras.so [kr'asso] *adj* crasso, grande.

cra.te.re [krat'ere] *sm* cratera.

cra.vat.ta [krav'atta] *sf* gravata.

cre.an.za [kre'antsa] *sf* educação, gentileza, cortesia.

cre.an.za.to [kreants'ato] *adj* bem-educado, gentil, cortês.

cre.a.re [kre'are] *vt* criar, inventar, imaginar; fundar, instituir. *Fig.* provocar, causar; eleger, nomear; produzir, forjar.

cre.a.ti.vo [kreat'ivo] *adj* criativo, criador.

cre.a.to [kre'ato] *sm* criação, universo, mundo, cosmo. *part+adj* criado, inventado, imaginado, produzido, provocado.

cre.a.to.re [kreat'ore] *sm* criador, inventor, fundador, idealizador, descobridor. **Il C**≃ o Criador, Deus.

cre.a.tu.ra [kreat'ura] *sf* criatura; feto; recémnascido; filho, filha.

cre.a.zio.ne [kreats'jone] *sf* criação, invenção, idéia; modelo (roupa). *Fig.* obra, fruto.

cre.den.te [kred'ente] *s+adj* crente, fiel.

cre.den.za [kred'entsa] *sf* crença, fé, credo, doutrina, ideologia; bufete (móvel para cozinha), dispensa. *Fig.* lenda, tradição.

cre.den.zia.le [kredents'jale] *adj* credencial. **lettera** ≃ ou apenas ≃ credencial, procuração.

cre.de.re [kr'edere] *vt* crer, acreditar; julgar, reputar. *vi* ter fé, ter certeza, ter confiança.

cre.di.to [kr'edito] *sm* crédito (financeiro). *Fig.* reputação, nome, fama. **pigliare una cosa a** ≃ comprar alguma coisa a prestação.

cre.di.to.re [kredit'ore] *sm* credor.

cre.do [kr'edo] *sm* credo, crença, fé, religião, doutrina, ideal, ideologia.

cre.du.li.tà [kredulit'a] *sf* credulidade, ingenuidade, boa-fé.

cre.du.lo [kr'edulo] *adj* crédulo, ingênuo, de boa-fé.

cre.ma [kr'ema] *sf* nata (do leite); creme.

cre.ma.re [krem'are] *vt* cremar, incinerar, queimar.

cre.o.lo [kr'eolo] *sm* crioulo.

cre.pa [kr'epa] *sf* fenda, rachadura, fissura.

cre.pa.cuo.re [krepak'wore] *sm* desgosto, mágoa, aborrecimento, dor.

cre.pa.re [krep'are] *vt* rachar, fender. *vi* morrer, expirar, perecer. ≃ **dalle risa** morrer de rir. ≃ **di voglia** morrer de vontade.

cre.pi.ta.re [krepit'are] *vi* crepitar, estalar.

cre.pi.to [kr'epito] *sm* estalo, estalido.

cre.pu.sco.lo [krep'uskolo] *sm* crepúsculo; anoitecer, entardecer.

cre.scen.do [kreʃ'endo] *sm Mús.* crescendo.

cre.sce.re [kre′ʃere] *vt Fig.* educar, criar. *vi* crescer, aumentar; amadurecer, desenvolver-se; inchar, dilatar-se (volume).

cre.scio.ne [kreʃ′one] *sm* agrião.

cre.sci.ta [kre′ʃita] ou **cre.scen.za** [kreʃ′entsa] *sf* crescimento; aumento.

cre.si.ma [kr′ezima] *sf Rel.* crisma. *Fig.* confirmação, aprovação, apoio.

cre.spo [kr′espo] *sm* crepe (tecido).

cre.sta [kr′esta] *sf* crista (de galinha); pico, cume, parte mais alta. *Fig.* orgulho.

cre.ta [kr′eta] *sf Min.* giz, greda; argila; cerâmica, terracota.

cre.ti.no [kret′ino] *sm* cretino, estúpido, imbecil, idiota.

cre.to.so [kret′ozo] ou **cre.ta.ce.o** [kret′atʃeo] *adj* argiloso.

cret.ta.re [krett′are] *vi* rachar (parede, lábios).

cric.ca [kr′ikka] *sf* quadrilha, gangue, corja.

cri.mi.na.le [krimin′ale] *s* criminoso, bandido, malfeitor, delinqüente. *adj* criminal, criminoso.

cri.mi.ne [kr′imine] *sm* crime.

cri.mi.no.si.tà [kriminozit′a] *sf* criminalidade.

cri.ne [kr′ine] *sm* crina e rabo de cavalo. *Poét.* pico, cume (de montanha). *Astron.* cabeleira (de cometa), cabeleira (de pessoa).

cri.nie.ra [krin′jera] *sf Zool.* crina; juba. *Astron.* cauda, cabeleira (de cometa).

cri.pta [kr′ipta] *sf* cripta.

cri.sa.li.de [kriz′alide] *sf Zool.* crisálida.

cri.san.te.mo [krizant′emo] *sm* crisântemo.

cri.si [kr′izi] *sf* crise, dificuldade, conjuntura. *Fig.* descontentamento, incômodo. *Med.* crise, ataque.

cri.so.li.to [kriz′ɔlito] *sm Min.* crisólito.

cri.stal.la.io [kristall′ajo] *sm* vidreiro.

cri.stal.le.ri.a [kristaller′ia] *sf* loja de cristais.

cri.stal.li.no [kristall′ino] *sm Anat.* cristalino (do olho). *adj* cristalino. *Fig.* límpido, claro; azul, limpo (céu); honesto, irrepreensível (moral); agudo, metálico (som).

cri.stal.lo [krist′allo] *sm* cristal; vidro.

cri.stia.no [krist′jano] *sm+adj* cristão.

cri.te.rio [krit′erjo] *sm* critério, juízo, discernimento; método, norma.

cri.ti.ca [kr′itika] *sf* crítica, avaliação; comentário, nota, resenha. *Fig.* censura, reprovação, condenação, maledicência.

cri.ti.ca.re [kritik′are] *vt* criticar, avaliar; comentar, resenhar. *Fig.* censurar, reprovar.

cri.ti.co [kr′itiko] *sm+adj* crítico.

crit.to.gra.fi.a [krittograf′ia] *sf* criptografia.

cri.vel.la.re [krivell′are] *vt* crivar, esburacar, encher de furos; peneirar. *Fig.* censurar, criticar.

cri.vel.lo [kriv′ello] *sm* crivo, peneira.

croc.chet.ta [krokk′etta] *sf* croquete, bolinho.

croc.chio [kr′ɔkkjo] *sm* agrupamento, ajuntamento, reunião de pessoas.

croc.co [kr′ɔkko] *sm* gancho.

cro.ce [kr′otʃe] *sf* cruz. *Fig.* sofrimento, tormento; castigo, punição, pena. **C** ≃ *Astron.* Cruzeiro do Sul. **C** ≃ **Rossa** Cruz Vermelha. **segno della** ≃ sinal-da-cruz. **gridare la** ≃ **addosso** criticar, perseguir. **ognuno ha la sua** ≃ cada um com sua cruz. ≃ **uncinata** ou **gammata** cruz gamada, suástica.

cro.ce.vi.a [krotʃev′ia] *sm* ou **cro.cic.chio** [krotʃ′ikkjo] *sm* cruzamento, encruzilhada.

cro.cia.ta [krotʃ′ata] *sf Arquit.* cruzeiro (parte da igreja em forma de cruz). *Hist.* e *Fig.* cruzada.

cro.cia.to [krotʃ′ato] *sm Hist.* cruzado.

cro.ci.da.re [krotʃid′are] ou **cro.ci.ta.re** [krotʃit′are] *vt* crocitar.

cro.cie.ra [krotʃ′era] *sf Náut.* cruzeiro.

cro.ci.fig.ge.re [krotʃif′iddʒere] *vt* crucificar.

cro.ci.fis.so [krotʃif′isso] ou **cro.ce.fis.so** [krotʃef′isso] *sm* crucifixo. *part+adj* crucificado, preso na cruz. *Fig.* atormentado.

cro.co [kr′ɔko] *sm Bot.* açafrão.

cro.giuo.lo [krodʒ′wɔlo] *sm Quím.* cadinho, depurador.

crol.la.re [kroll′are] *vt* balançar, sacudir; abalar. *vi* cair, tombar; arruinar-se, abater-se.

crol.lo [kr′ɔllo] *sm* queda, tombo; ruína; redução, queda (preços). ≃ **del mercato** *Econ.* retração do mercado, crise.

cro.ma [kr′ɔma] *sf Mús.* colcheia.

cro.ma.ti.co [krom′atiko] *adj Fís.* e *Mús.* cromático.

cro.ma.ti.smo [kromat′izmo] *sm Fís.* cromatismo.

cro.mo [kr′ɔmo] *sm Quím.* cromo.

cro.mo.te.ra.pi.a [kromoterap′ia] *sf Med.* cromoterapia.

cro.na.ca [kr′ɔnaka] *sf* crônica, narração, descrição; noticiário.

cro.ni.co [kr′ɔniko] *adj* crônico, contínuo, permanente. *Fig.* habitual, costumeiro.

cro.no.gram.ma [kronogr′amma] *sm* cronograma.

cro.no.lo.gi.a [kronolodʒ′ia] *sf* cronologia.

cro.no.me.tro [kron′ɔmetro] *sm* cronômetro.

cro.scia.re [kroʃ′are] *vi* desabar (chuva); cair violentamente; estalar, crepitar (lenha na fogueira).

cro.sta [kr'ɔsta] *sf* crosta; casca (de pão ou ferimento). *Fig.* fachada, aparência.

cro.sta.ce.o [krost'atʃeo] *sm* Zool. crustáceo.

cro.sti.no [krost'ino] *sm* torrada.

cro.ta.lo [kr'ɔtalo] *sm* Zool. cascavel.

cruc.ciar.si [kruttʃ'arsi] *vpr* zangar-se, ficar nervoso; preocupar-se, afligir-se.

cruc.cio [kr'uttʃo] *sm* raiva, ira, zanga; aflição, angústia, preocupação, tormento.

cruc.cio.so [kruttʃ'ozo] *adj* zangado, nervoso; preocupado, aflito.

cru.de.le [krud'ele] *adj* cruel, impiedoso, desumano. *Fig.* bárbaro, selvagem; bestial, animalesco.

cru.del.tà [krudelt'a] *sf* crueldade, maldade, desumanidade. *Fig.* selvageria, barbarismo; bestialidade.

cru.dez.za [krud'ettsa] ou **cru.di.tà** [krudit'a] *sf* crueza; crueldade. *Fig.* severidade, dureza.

cru.do [kr'udo] *adj* cru; verde (fruta); realístico, desumano (jeito de falar, linguagem).

cru.en.to [kru'ento] *adj* sangrento, cruento. *Fig.* sangüinário, violento, feroz.

cru.na [kr'una] *sf* buraco da agulha.

cru.sca [kr'uska] *sf* farelo; sarda.

cru.sche.vo.le [krusk'evole] *adj* pedante, afetado (texto).

cru.scot.to [krusk'ɔtto] *sm* Autom. painel.

cu [k'u] *sf* quê, o nome da letra Q.

cu.bi.co [k'ubiko] *adj* cúbico.

cu.bi.co.lo [kub'ikolo] *sm* cubículo, pequeno quarto de dormir (dos antigos romanos); lugar pequeno; cela (penitenciária).

cu.bi.to [k'ubito] *sm* Anat. cotovelo; cúbito. *Mat.* côvado (medida).

cu.bo [k'ubo] *sm* cubo. **metro** ≃ metro cúbico.

cuc.ca.gna [kukk'aɲa] *sf* paraíso, terra prometida, eldorado. *Fig.* abundância. **l'albero di** ≃ ou apenas ≃ pau-de-sebo.

cuc.cet.ta [kutʃ'etta] *sf* leito (em alojamentos, navios, trens).

cuc.chia.ia [kukk'jaja] ou **cuc.chia.ra** [kukk'jara] *sf* colher de pedreiro.

cuc.chia.i.no [kukkja'ino] *sm* colher (de café).

cuc.chia.io [kukk'jajo] *sm* colher, cafeteira.

cuc.cia [k'uttʃa] *sf* covil (do cão); casinha de cachorro; cadelinha.

cuc.cio.lo [k'uttʃolo] *sm* cachorro novo.

cuc.co [k'ukko] *sm* Zool. cuco. *Fam.* queridinho, xodó, preferido. *adj* bobo, tolo, tonto.

cuc.cu.ma [k'ukkuma] *sf* bule, cafeteira.

cu.ci.na [kutʃ'ina] *sf* cozinha (lugar); fogão.

cu.ci.na.re [kutʃin'are] *vt* cozinhar, cozer. *Fig.* preparar, aprontar; sistematizar, ordenar.

cu.ci.nie.re [kutʃin'jere] *sm* cozinheiro.

cu.ci.re [kutʃ'ire] *vt* costurar, coser. *tb Fig.* remendar. **macchina da** ≃ máquina de costura.

cu.ci.to [kutʃ'ito] *sm* costura. *part+adj* costurado.

cu.ci.tri.ce [kutʃitr'itʃe] *sf* costureira; grampeador.

cu.cu.lo [kuk'ulo] *sm* Zool. cuco.

cu.cur.bi.ta [kuk'urbita] *sf* abóbora.

cuf.fia [k'uffja] *sf* touca; véu (para cobrir o rosto); fone de ouvido (de telefonista).

cu.gi.no [kudʒ'ino] *sm* primo. ≃ **di secondo grado** primo em segundo grau. ≃ **a** *sf* prima.

cui [k'uj] *pron* o qual, a qual, ao qual, do qual, etc.

cu.lac.cio [kul'attʃo] *sm* traseiro (das reses).

cu.lat.ta [kul'atta] *sf* traseira, traseiro; culatra (de arma de fogo ou canhão).

cu.li.ce [k'ulitʃe] ou **cu.lex** [k'uleks] *sm* Zool. pernilongo, mosquito.

cu.li.na.rio [kulin'arjo] *adj* culinário, gastronômico.

cul.la [k'ulla] *sf* berço. *Fig.* origem, início.

cul.la.re [kull'are] *vt* embalar, ninar (criança). *Fig.* auxiliar, ajudar, favorecer. *vpr* iludir-se, deixar-se levar, acomodar-se.

cul.mi.ne [k'ulmine] *sm* pico, topo, cume. *Fig.* apogeu, ápice, máximo.

cul.mo [k'ulmo] *sm* Bot. colmo, caule, haste (dos cereais).

cu.lo [k'ulo] *sm* Vulg. cu, ânus. *Fig.* nádegas, traseiro; rabo, sorte. **fare in** ≃ tomar no cu.

cul.to [k'ulto] *sm tb Fig.* culto, ritual, liturgia; adoração, homenagem; amor, dedicação, esmero. *adj* culto, educado, instruído.

cul.to.re [kult'ore] *sm+adj* cultivador; amador, apaixonado, conhecedor.

cul.tu.ra [kult'ura] *sf* cultura, educação, instrução; cultura, civilização; cultivo, cultivação (agricultura).

cu.mu.la.zio.ne [kumulats'jone] *sf* acumulação, acúmulo.

cu.mu.lo [k'umulo] *sm* monte, montão, pilha, amontoamento ≃ **i** *Met.* cúmulos.

cu.nei.for.me [kunejf'orme] *adj* cuneiforme.

cu.ne.o [k'uneo] *sm* cunha; molde, cunho.

cu.net.ta [kun'etta] *sf* sarjeta, valeta.

cu.ni.co.lo [kun'ikolo] *sm* galeria, passagem subterrânea (na mina).

cuo.ce.re [k'wɔtʃere] *vt* cozinhar, cozer; queimar, ressecar (pele, terra). *Fig.* incomodar, molestar, atormentar, afligir; apaixonar. *vpr* morrer de amor; embebedar-se.

cuo.co [k'wɔko] ou **co.co** [k'ɔko] *sm* cozinheiro.

cuo.io [k'wɔjo] *sm* (*pl m* i cuoi, *pl f Fig.* le cu.oia) couro. tirar le ≃ a *Irôn.* bater as botas, esticar as canelas, morrer.

cuo.re [k'wɔre] *sm* coração. *Fig.* coragem, valentia; generosidade, bondade, piedade, sensibilidade; amor, afeto; centro, base, essência. ≃ i copas (naipe de cartas). di mal ≃ de má vontade. di tutto ≃ com prazer. di ≃ ou del ≃ de coração, afetuosamente; sinceramente. strappare il ≃ partir o coração.

cu.pè [kup'ɛ] *sm* cupê; carruagem.

cu.pez.za [kup'ettsa] *sf* escuridão. *Fig.* tristeza.

cu.pi.di.gia [kupid'idʒa] ou cu.pi.di.tà [kupidit'a] *sf* cobiça, ambição, ganância.

Cu.pi.do [kup'ido] I *sm* Cupido. *Fig.* amor.

cu.pi.do [k'upido] II *adj* cúpido, ganancioso, ávido.

cu.po [k'upo] *adj* escuro; triste, lúgubre; cavernoso (som). *Fig.* fechado, introvertido, pensativo, taciturno.

cu.po.la [k'upola] *sf* cúpula.

cu.po.ne [kup'one] *sm* cupom; cédula. ≃ internazionale cupom internacional (do correio).

cu.pre.o [k'upreo], cu.pri.co [k'upriko] ou cu.pri.no [kupr'ino] *adj* de cobre, acobreado, da cor do cobre.

cu.ra [k'ura] *sf* tratamento, terapia; cuidado, atenção, dedicação; administração, controle, vigilância; emprego, cargo; paróquia.

cu.ra.re [kur'are] *vt* tratar; cuidar de, tomar conta de, administrar, controlar, vigiar; branquear, corar ao sol (roupas). *vpr* manter-se, tratar-se; preocupar-se, ocupar-se.

cu.ra.ro [kur'aro] *sm* curare.

cu.ra.te.la [kurat'ela] *sf Dir.* curadoria.

cu.ra.ti.vo [kurat'ivo] *adj* curativo.

cu.ra.to [kur'ato] *sm Rel.* pároco, vigário, cura. *part + adj* tratado, cuidado.

cu.ra.to.re [kurat'ore] *sm* curador, administrador, tutor.

cu.ria [k'urja] *sf Rel.* cúria. *Dir.* foro.

cu.rio.sa.re [kurjoz'are] *vi* intrometer-se, meter-se. *Pop.* bisbilhotar, fuçar, xeretar. *Fig.* explorar, indagar.

cu.rio.si.tà [kurjozit'a] *sf* curiosidade; raridade. levami una ≃ mate minha curiosidade.

cu.rio.so [kuri'ozo] *adj* curioso, original. *sm + adj* curioso, intrometido, indiscreto (pessoa). *Pop.* bisbilhoteiro, xereta.

cur.ri.cu.lum [kuř'ikulum] *sm* currículo, histórico, carreira, documentação.

cur.so.re [kurs'ore] *sm Inform.* e *Mec.* cursor.

cur.va [k'urva] *sf* curva, volta, curvatura. ≃ in salita curva em aclive. ≃ in discesa curva em declive.

cur.va.re [kurv'are] *vt* curvar, encurvar, dobrar. *vi* virar, voltar, fazer uma curva. *vpr* curvarse, dobrar-se.

cur.va.tu.ra [kurvat'ura] *sf* curvatura, arco.

cur.vi.li.ne.o [kurvil'ineo] *adj* curvilíneo.

cur.vo [k'urvo] *adj* curvo, encurvado, curvado. *Fig.* servil, obediente.

cu.sci.no [kuʃ'ino] *sm* almofada, travesseiro.

cu.spi.de [k'uspide] *sf* cúspide, extremidade, ponta, vértice.

cu.sto.de [kust'ɔde] *sm* zelador (de prédio); porteiro, guarda, guardião; administrador, tutor.

cu.sto.dia [kust'ɔdja] *sf* custódia, tutela, controle; administração, conservação; estojo, caixa.

cu.sto.di.men.to [kustodim'ento] *sm* guarda, vigilância, custódia.

cu.sto.di.re [kustod'ire] *vt* guardar, proteger, tratar, vigiar.

cu.te [k'ute] *sf Anat.* cútis, pele humana.

cu.ti.co.la [kut'ikola] *sf Anat.* cutícula. *Bot.* película.

czar, czarewitch, czarina, czarismo → zar, zarevic, zarina, zarismo.

D

d [d´i] *sf* a quarta letra do alfabeto italiano.

da [d´a] *prep* de, para, por, a; desde; em casa de, no escritório de, no consultório de. **c'è molto ≃ fare** há muito o que fazer. **è stato fatto ≃ noi** foi feito por nós.

dab.bas.so [dabb´asso] *adv* abaixo, debaixo, embaixo.

dab.be.nag.gi.ne [dabben´addʒine] *sf* simplicidade, ingenuidade.

dab.be.ne [dabb´ene] *adj* bom, honesto, de bem.

dac.can.to [dakk´anto] *adv* ao lado, próximo. *prep* ao lado de, próximo de.

dac.ca.po [dakk´apo] *adv* desde o início, do começo, novamente, de novo.

dac.ché [dakk´e] *conj* desde que, desde aquele tempo; uma vez que, já que.

da.do [d´ado] *sm* dado; pedestal. **trarre il ≃** arriscar, tentar a sorte.

daf.fa.re [daff´are] *sm* necessidade; trabalho, negócio.

da.ga [d´aga] *sf* adaga, punhal, espada curta.

da.gli [d´aʎi] ou **dal.li** [d´alli] *interj* dá-lhe! bate! **e ≃!** e dá-lhe! (indica repetição).

dai [d´aj] *interj* vamos!

dai.no [d´ajno] *sm Zool.* veado, corço.

da.lia [d´alja] *sf Bot.* dália.

dal.to.ni.smo [dalton´izmo] *sm Med.* daltonismo.

da.ma [d´ama] *sf* dama, senhora; dama ou peão com valor de dama (no xadrez). **gioco della ≃** jogo de damas. **≃ di compagnia → damigella di compagnia**.

da.ma.sco [dam´asko] *sm* damasco (tecido).

da.me.ri.no [damer´ino] *sm* almofadinha, janota; galanteador.

da.mi.gel.la [damidʒ´ella] *sf* moça nobre ou fina. *Fig.* moça, mocinha. **≃ di compagnia** ou **dama di compagnia** dama de companhia.

da.mi.gia.na [damidʒ´ana] *sf* garrafão de vinho (com revestimento de palha).

dam.ma [d´amma] *sf Zool.* corça.

danaro, danaroso → denaro, denaroso.

da.ne.se [dan´eze] *s+adj* dinamarquês.

dan.na.re [dann´are] *vt Rel.* danar, condenar ao inferno. *vpr Rel.* ir para o inferno, perder-se.

dan.na.zio.ne [dannats´jone] *sf* danação, perdição. *Poét.* condenação.

dan.neg.gia.re [danneddʒ´are] *vt* danificar, estragar, prejudicar.

dan.neg.gia.to [danneddʒ´ato] *part+adj* danificado, estragado.

dan.no [d´anno] *sm* dano, estrago; prejuízo, perda; avaria, defeito.

dan.no.so [dann´ozo] *adj* danoso, nocivo, prejudicial, negativo.

dan.te.sco [dant´esko] *adj* dantesco. *Fig.* horroroso, terrível.

dan.za [d´antsa] *sf* dança.

dan.za.re [dants´are] *vi* dançar, bailar.

dan.za.to.re [dantsat´ore] *sm* dançarino, bailarino.

dan.za.tri.ce [dantsatr´itʃe] *sf* dançarina, bailarina.

dap.per.tut.to [dappert´utto] *adv* em todo lugar, em toda parte.

dap.piè [dapp´je] ou **dap.pie.de** [dapp´jede] *adv* ao pé, na parte mais baixa, embaixo.

dap.po.co [dapp´ɔko] *adj* incapaz, inábil.

dap.poi [dapp´ɔj] *adv* depois, após.

dap.poi.ché [dappojk´e] *conj* depois que.

dap.pres.so [dappr´esso] *adv* vizinho, ao lado.

dap.pri.ma [dappr´ima] *adv* primeiro; antes.

dar.do [d´ardo] *sm* dardo, flecha.

da.re [d´are] *sm Com.* débito, obrigação. *vt* dar; entregar, confiar; ceder, conceder, conferir; fornecer, doar; causar, produzir. *vpr* dar-se, dedicar-se, entregar-se. **≃ in qualcuno** *Fig.* encontrar alguém por acaso. **≃ ad intendere** dar a entender. **≃ a vedere** persuadir. **≃ del tu** tratar por você, chamar de você. **≃ addosso a** *Fam.* dar uma surra em.

dar.vi.ni.smo [darvin´izmo] *sm* darwinismo.

da.ta [d´ata] *sf* data.

da.ta.re [dat´are] *vt+vi* datar.

da.ti.vo [dat´ivo] *sm Gram.* dativo. *adj Dir.* dativo, determinado por juiz.

da.to [d´ato] *sm* dado, fato. *part+adj* dado, determinado; admitido; concedido.

da.to.re [dat´ore] *sm* concessor, doador, que dá. ≃ **di lavoro** empregador. ≃ **di leggi** legislador.
dat.te.ro [d´attero] *sm* tâmara; tamareira.
dat.ti.lo.gra.fa.re [dattilograf´are] *vt* datilografar, escrever à máquina.
dat.ti.lo.gra.fi.a [dattilograf´ia] *sf* datilografia.
dat.ti.lo.gra.fo [dattil´ɔgrafo] *sm* datilógrafo.
dat.ti.lo.sco.pi.a [dattiloskop´ia] *sf Dir.* datiloscopia.
dat.tor.no [datt´orno] *adv* em torno, ao redor.
da.van.ti [dav´anti] *sm* dianteira, frente. *adj* anterior. *adv* na frente, diante, adiante. ≃ **a** *prep* em frente a, na presença de; ante.
da.van.za.le [davants´ale] *sm* parapeito, peitoril (de janela).
dav.ve.ro [davv´ero] ou **da vero** *adv* na verdade; a sério; sem dúvida, indubitavelmente.
da.zia.re [dats´jare] *vt* tributar.
da.zie.re [dats´jere] *sm* fiscal, cobrador (de impostos).
da.zio [d´atsjo] *sm* imposto (sobre mercadorias).
de.a [d´ɛa] *sf* deusa. *Fig.* amada.
de.am.bu.la.re [deambul´are] *vi* vaguear, perambular; caminhar, passear.
deb.bia.re [debbj´are] *vt* fazer queimada, roçar.
deb.bio [d´ebbjo] *sm* queimada, roçagem.
de.bel.la.re [debell´are] *vt Lit.* debelar, vencer, derrotar (em guerra).
de.bi.li.tà [debilit´a] *sf Med.* debilidade, fraqueza.
de.bi.li.ta.re [debilit´are] *vt Med.* debilitar, enfraquecer.
de.bi.to [d´ebito] *sm Com.* débito, dívida, obrigação. *Fig.* dever. **trovarsi in** ≃ estar endividado. ≃ **pubblico** dívida pública. *adj* devido, justo, oportuno.
de.bi.to.re [debit´ore] *sm* devedor.
de.bo.le [d´ebole] *sm* fraqueza; ponto fraco; propensão. *adj* fraco, débil; leve, tênue.
de.bo.lez.za [debol´ettsa] *sf* fraqueza; debilidade; defeito, propensão.
de.but.ta.re [debutt´are] *vi* estrear.
de.but.to [deb´utto] *sm* estréia.
de.ca.de [d´ekade] *sf* década, série de dez.
de.ca.den.za [dekad´entsa] *sf* ou **de.ca.di.men.to** [dekadim´ento] *sm* decadência.
de.ca.de.re [dekad´ere] *vi* decair, declinar.
de.ca.go.no [dek´agono] *sm Geom.* decágono.
de.cal.ci.fi.ca.re [dekaltʃifik´are] *vt Med.* descalcificar, perder cálcio (ossos).
de.ca.lo.go [dek´alogo] *sm* decálogo, dez regras. *Rel.* Decálogo, os Dez Mandamentos.

de.ca.no [dek´ano] *sm* decano, deão.
de.can.ta.re [dekant´are] *vt* celebrar, louvar, exaltar. *Quím.* decantar.
de.ca.pi.ta.re [dekapit´are] *vt* decapitar.
de.ca.sil.la.bo [dekas´illabo] *sm+adj* decassílabo.
de.ce.de.re [detʃ´edere] *vi* falecer, morrer.
de.cen.ne [detʃ´enne] *s+adj* de dez anos (de idade); que dura dez anos.
de.cen.nio [detʃ´ennjo] *sm* decênio.
decentrare → **discentrare**.
de.cen.za [detʃ´entsa] *sf* decência; honestidade.
de.ces.so [detʃ´esso] *sm* falecimento, morte.
de.ci.bel [detʃib´el] *sm Fís.* decibel.
de.ci.de.re [detʃ´idere] *vt* decidir, resolver; definir; julgar. *vpr* decidir-se, resolver-se.
de.ci.duo [detʃ´idwo] *adj* decíduo, caduco.
de.ci.fra.re [detʃifr´are] *vt* decifrar.
de.ci.ma [d´etʃima] *sf* dízimo. *Mús.* décima.
de.ci.ma.le [detʃim´ale] *adj* decimal. **cifra** ≃ casa decimal. **frazione** ≃ fração decimal.
de.ci.ma.re [detʃim´are] *vt* dizimar, destruir.
de.ci.mo [d´etʃimo] *sm+num* décimo.
decimonono → **diciannovesimo**.
decimoquarto → **quattordicesimo**.
decimoquinto → **quindicesimo**.
decimosesto → **sedicesimo**.
decimosettimo → **diciassettesimo**.
decimoterzo → **tredicesimo**.
decimottavo → **diciottesimo**.
decina → **diecina**.
de.ci.sio.ne [detʃiz´jone] *sf* decisão. *Dir.* resolução, determinação, sentença.
de.ci.si.vo [detʃiz´ivo] *adj* decisivo; definitivo.
de.ci.so [detʃ´izo] *part+adj* decidido, resolvido; definido; julgado.
de.cla.ma.re [deklam´are] *vt* declamar. *Fig.* ofender, agredir verbalmente. *vi* enfatizar.
de.cla.ra.re [deklar´are] *vt Dir.* declarar, explicar, especificar.
de.cli.na.re [deklin´are] *vt* declinar, recusar. *Gram.* declinar. *vi* recusar (convite, honra); inclinar, abaixar aos poucos; afastar-se, distanciar-se; declinar; pôr-se (sol, lua).
de.cli.na.zio.ne [deklinats´jone] *sf* recusa; declínio. *Med.* melhora (de doença). *Gram.* declinação, série de casos de um substantivo.
de.cli.no [dekl´ino] *sm* declínio, abaixamento.
de.cli.ve [dekl´ive] ou **de.cli.vio** [dekl´ivjo] *sm* declive, inclinação, descida.
de.col.lag.gio [dekoll´addʒo] ou **de.col.lo** [dek´ɔllo] *sm* decolagem.
de.col.la.re [dekoll´are] *vt* degolar, decapitar. *vi* decolar (avião).

de.com.por.re [dekomp'oɽe] *vt* decompor. *vpr* decompor-se; estragar-se, apodrecer.

de.com.po.si.zio.ne [dekompozits'jone] *sf* decomposição; apodrecimento, putrefação.

de.com.pres.sio.ne [dekompress'jone] *sf* descompressão.

de.co.ra.re [dekor'are] *vt* decorar, enfeitar, adornar, embelezar.

de.co.ra.ti.vo [dekorat'ivo] *adj* decorativo.

de.co.ra.zio.ne [dekorats'jone] *sf* decoração, enfeite, adorno; condecoração, medalha.

de.co.ro [dek'oro] *sm* honra, dignidade, decoro.

de.cor.re.re [dek'oɽere] *vt* decorrer, transcorrer.

de.cor.so [dek'orso] *sm* decurso, sucessão, passagem (tempo); percurso; desenvolvimento (doença, guerra).

de.cre.pi.to [dekr'epito] *adj* decrépito, velho, caduco; arruinado, estragado.

de.cre.sce.re [dekr'eʃere] *vt* decrescer, diminuir.

de.cre.sci.men.to [dekreʃim'ento] *sm* decréscimo, diminuição.

de.cre.ta.re [dekret'are] *vt* decretar; determinar.

de.cre.to [dekr'eto] *sm* decreto; determinação, disposição, desígnio. ≃ **legge** decreto-lei.

de.cu.bi.to [dek'ubito] *sm* decúbito.

de.cu.plo [d'ekuplo] *sm+num* décuplo.

de.da.lo [d'edalo] *sm Fig.* labirinto, emaranhado (de ruas); confusão, mistura (de idéias).

de.di.ca [d'edika] *sf* dedicatória; dedicação.

de.di.ca.re [dedik'are] *vt* dedicar; consagrar. *vpr* dedicar-se, entregar-se.

de.di.ca.zio.ne [dedikats'jone] *sf* dedicação, consagração.

de.di.to [d'edito] *adj* dedicado, devotado.

de.dur.re [ded'uɽe] *vt* deduzir, concluir, perceber; deduzir, desfalcar; derivar.

de.fal.ca.re [defalk'are] *vt* desfalcar, diminuir.

de.fal.co [def'alko] *sm* desfalque; diminuição.

de.fe.ca.re [defek'are] *vt Quím.* depurar, separar sedimentos de um líquido. *vi* defecar.

de.fe.ren.za [defer'entsa] *sf* deferência, consideração, respeito, atenção.

de.fe.ri.re [defer'ire] *vt* deferir, atender.

de.fe.zio.na.re [defetsjon'are] *vi* desertar, falhar (com uma obrigação).

de.fe.zio.ne [defets'jone] *sf* deserção, descumprimento (de promessa ou obrigação).

de.fi.cien.te [defitʃ'ente] *s+adj* deficiente, insuficiente; defeituoso; raro. *Fig.* idiota.

de.fi.cien.za [defitʃ'entsa] *sf* deficiência, carência, falta. ≃ **mentale** deficiência mental.

de.fi.cit [d'efitʃit] *sm* déficit; deficiência.

de.fi.ni.re [defin'ire] *vt* definir; decidir, resolver.

de.fla.gra.re [deflagr'are] *vi* arder, incendiar-se. *Fig.* deflagrar, estourar (guerra).

de.fla.zio.ne [deflats'jone] *sf Geol.* erosão (pelo vento). *Econ.* deflação.

de.flo.ra.re [deflor'are] *vt* deflorar.

de.flus.so [defl'usso] *sm* defluxo, corrimento. *Med.* coriza.

de.for.ma.re [deform'are] ou **dif.for.ma.re** [difform'are] *vt* deformar.

de.for.me [def'orme], **dif.for.me** [diff'orme] ou **di.sfor.me** [disf'orme] *adj* disforme; feio, monstruoso.

de.for.mi.tà [deformit'a] *sf* deformidade; feiúra, monstruosidade.

de.fun.to [def'unto] *sm+adj* defunto, morto.

de.ge.ne.ra.re [dedʒener'are] *vi* degenerar, piorar, corromper-se, desvirtuar-se.

de.ge.ne.re [dedʒ'enere] *adj* degenerado, corrompido.

de.gen.te [dedʒ'ente] *adj* internado, enfermo (no hospital).

de.glu.ti.re [deglut'ire] *vt* deglutir, engolir.

de.glu.ti.zio.ne [deglutits'jone] *sf* deglutição, engolimento.

de.gna.re [deɲ'are] *vt* julgar digno. *vpr* dignar-se a, ter a bondade de.

de.gno [d'eɲo] *adj* digno, merecedor.

de.gra.da.re [degrad'are] *vt* degradar. *Geol.* desgastar (pela erosão). *vpr* degradar-se.

de.gu.sta.re [degust'are] *vt* degustar, provar.

deh [d'ɛ] *interj* oh, ó; por Deus (exprime pedido, recomendação, desejo).

de.ie.zio.ne [dejets'jone] *sf Med.* dejeção, defecação.

dei.fi.ca.re [dejfik'are] *vt* deificar; divinizar, glorificar.

dei.tà [dejt'a] *sf* deidade, divindade.

de.la.to.re [delat'ore] *sm* delator; traidor; informante, espião.

de.le.ga.re [deleg'are] *vt* delegar, encarregar.

de.le.ga.to [deleg'ato] *sm* delegado, encarregado. *part+adj* delegado, encarregado, incumbido; dado, transmitido.

del.fi.no [delf'ino] *sm Zool.* golfinho, delfim. *Hist.* delfim (título real francês).

de.li.be.ra.re [deliber'are] *vt+vi* deliberar, decidir, resolver.

de.li.ca.tez.za [delikat'ettsa] *sf* delicadeza; gentileza, cortesia.

de.li.ca.to [delik'ato] *adj* delicado, frágil, suave; gentil, cortês. *Fig.* embaraçoso (assunto).

de.li.mi.ta.re [delimit'are] *vt* delimitar, limitar, circunscrever; assinalar, marcar os limites.

de.li.ne.a.re [deline'are] *vt* delinear. *Fig.* planejar, projetar, esboçar.

de.lin.quen.te [delink'wente] *s + adj* delinqüente, infrator, criminoso.

de.lin.que.re [del'inkwere] *vi* delinqüir.

de.li.rio [del'irjo] *sm Med.* delírio, alucinação. *Fig.* loucura, insensatez, desvario.

de.lit.to [del'itto] *sm* delito, crime; infração, transgressão.

de.li.zia [del'itsja] *sf* delícia, gostosura, deleite; prazer, alegria.

de.li.zia.re [delits'jare] *vt* deliciar, deleitar, agradar. *vpr* deliciar-se, gozar.

de.li.zio.so [delits'jozo] *adj* delicioso, gostoso, deleitoso.

del.ta [d'elta] *sm Geogr.* delta (de rio).

de.lu.de.re [del'udere] *vt* enganar, iludir, trair; frustrar.

de.ma.go.gi.a [demagodʒ'ia] *sf* demagogia.

de.mar.ca.re [demark'are] *vt* demarcar, limitar.

de.men.te [dem'ente] *s + adj* demente, louco.

de.me.ri.ta.re [demerit'are] *vt* desmerecer.

de.me.ri.to [dem'erito] *sm* desmerecimento, culpa. *Fig.* vergonha, indignidade.

de.mo.cra.ti.co [demokr'atiko] *sm Pol.* democrata. *adj* democrático.

de.mo.cra.zi.a [demokrats'ia] *sf* democracia.

de.mo.cri.stia.no [demokrist'jano] *sm + adj* democrata-cristão.

de.mo.gra.fi.a [demograf'ia] *sf* demografia.

de.mo.li.re [demol'ire] *vt* demolir, derrubar. *Fig.* destruir, arruinar.

de.mo.ne [d'ɛmone] *sm* demônio; espírito.

de.mo.ni.a.co [demon'iako] ou **de.mo.ni.co** [dem'ɔniko] *adj* demoníaco, endemoninhado.

de.mo.nio [dem'ɔnjo] *sm* demônio, diabo, satanás, anjo caído. *Fig.* pessoa má.

de.mo.ra.liz.za.re [demoraliddz'are] *vt* desmoralizar; perverter, depravar. *vpr* perverter-se.

de.na.ro [den'aro] ou **da.na.ro** [dan'aro] *sm* dinheiro; moeda. *Fig.* capital, riqueza. ≃ **i** *pl* ouros (naipe de cartas). ≃ **i fanno** ≃ **i** dinheiro chama dinheiro.

de.na.ro.so [denar'ozo] ou **da.na.ro.so** [danar'ozo] *adj* rico, abastado.

de.na.tu.ra.to [denatur'ato] *adj Quím.* desnaturado (álcool).

de.ne.ga.re [deneg'are] ou **di.ne.ga.re** [dineg'are] *vt* negar, recusar, renegar, refutar.

de.ni.gra.re [denigr'are] *vt* denegrir, difamar.

de.no.mi.na.re [denomin'are] *vt* denominar, chamar; apelidar. *vpr* denominar-se, chamar-se.

de.no.ta.re [denot'are] *vt* denotar, significar, simbolizar; indicar, mostrar.

den.so [d'ɛnso] *adj* denso, espesso, cerrado.

den.ta.le [dent'ale] *sf Gram.* dental, tipo de consoante. *adj* dental.

den.ta.rio [dent'arjo] *adj* dentário.

den.ta.ta [dent'ata] *sf* dentada, mordida.

den.te [d'ente] *sm* dente (de engrenagem, serrote). *Anat.* dente (humano), presa (animal). *Fig.* rancor; maledicência. ≃ **da latte** ou **deciduo** dente de leite. ≃ **incisivo** incisivo. ≃ **canino** canino. ≃ **premolare** pré-molar. ≃ **molare** molar. ≃ **del giudizio** dente do siso. ≃ **d'oro** dente de ouro. **togliere un** ≃ ou **estrarre un** ≃ arrancar um dente.

den.tie.ra [dent'jera] *sf* dentadura.

den.ti.fri.cio [dentifr'itʃo] *sm* dentifrício, pasta de dentes, creme dental.

den.ti.sta [dent'ista] *s* dentista.

den.ti.zio.ne [dentits'jone] *sf Anat.* dentição.

den.tro [d'entro] *adv* dentro, no interior. *Fig.* na alma, no coração. *prep* em, para dentro.

de.nu.da.re [denud'are] *vt* desnudar, despir. *Fig.* descobrir, revelar. *vpr* despir-se.

de.nun.cia [den'untʃa] ou **de.nun.zia** [den'untsja] *sf* denúncia, queixa, acusação; traição, delação. **fare una** ≃ dar queixa.

de.nun.cia.re [denuntʃ'are] ou **de.nun.zia.re** [denunts'jare] *vt* denunciar, acusar; trair, delatar. *Fig.* revelar, demonstrar.

de.nu.tri.zio.ne [denutrits'jone] *sf* desnutrição.

de.o.do.ran.te [deodor'ante] *sm + adj* desodorante.

de.pau.pe.ra.re [depawper'are] *vt* empobrecer; enfraquecer, debilitar, extenuar.

de.pe.ri.re [deper'ire] *vi* enfraquecer, definhar; deteriorar-se (materiais). *Fig.* piorar.

de.pi.la.re [depil'are] ou **e.pi.la.re** [epil'are] *vt* depilar.

de.plo.ra.re [deplor'are] *vt* deplorar, lamentar, lastimar. *Fig.* condenar, censurar.

de.por.re [dep'ore] *vt* depor, pôr no chão. *Fig.* destronar, destituir, depor (governante); declarar, testemunhar (em juízo); renunciar.

de.por.ta.re [deport'are] *vt* deportar, exilar.

de.po.si.ta.re [depozit'are] *vt* depositar, fazer depósito; armazenar. *Quím.* depor, assentar (partículas de um líquido).

de.po.si.to [dep'ɔzito] *sm* depósito, armazém. *Com.* depósito. *Quím.* sedimento, deposição. ≃ **bagagli** depósito de bagagens.

de.po.si.zio.ne [depozits'jone] *sf* deposição, destituição (de governante). *Quím.* deposição de sedimento. *Dir.* depoimento, testemunho.

de.pra.va.re [deprav′are] *vt* depravar, corromper, perverter. *vpr* perverter-se, degenerar.

de.pre.da.re [depred′are] *vt* depredar, saquear.

de.pres.sio.ne [depress′jone] *sf* depressão. *Fig.* depressão, abatimento, melancolia.

de.prez.za.re [depreddz′are] *vt* depreciar, desvalorizar.

de.pri.me.re [depr′imere] *vt* deprimir; enfraquecer; humilhar, abater. *vpr* deprimir-se, abater-se.

de.pu.ra.re [depur′are] *vt* depurar, purificar, limpar, purgar. *vi* tornar-se puro, purificar-se.

de.ra.glia.re [deraλ′are] *vi* descarrilhar. *Fig.* sair da linha, perder-se.

de.rat.tiz.za.re [derattiddz′are] *vt* desratizar.

de.re.ta.no [deret′ano] *sm* traseiro. *adj* traseiro, posterior.

de.ri.de.re [der′idere] *vt* zombar, gozar de.

de.ri.va [der′iva] *sf Náut.* deriva, desvio; corrente. **andare alla** ≃ *Náut.* ficar à deriva. *Fig.* deixar-se levar, entregar-se ao destino.

de.ri.va.re [deriv′are] *vt* derivar; deduzir; desviar (do curso normal). *vi* originar; provir.

der.ma [d′erma] *ou* **der.mi.de** [d′ermide] *sf Anat.* derme, derma.

der.ma.ti.te [dermat′ite] *sf Med.* dermatite, dermatose, dermite.

der.ma.to.lo.gi.a [dermatolodʒ′ia] *sf Med.* dermatologia.

de.ru.ba.re [derub′are] *vt* privar, roubar, tomar.

de.sco [d′esko] *sm* mesa de jantar.

de.scri.ve.re [deskr′ivere] *vt* descrever, representar, retratar. *Geom.* traçar.

de.scri.zio.ne [deskrits′jone] *sf* descrição.

de.ser.to [dez′erto] *sm* deserto. *adj* deserto, desabitado, vazio, árido; solitário, ermo.

de.si.de.ra.re [dezider′are] *vt* desejar, querer, ansiar; cobiçar, ambicionar.

de.si.de.re.vo.le [dezider′evole] *adj* desejável.

de.si.de.rio [dezid′erjo] *ou* **de.si.o** [dez′io] *sm Lit.* desejo, vontade; cobiça, ambição.

de.si.gna.re [deziñ′are] *vt* designar, determinar; propor; indicar, simbolizar, denotar.

de.si.na.re [dezin′are] *sm* refeição principal do dia: jantar ou almoço. *vt* jantar, almoçar.

de.si.nen.za [dezin′entsa] *sf Gram.* desinência, terminação.

de.si.ste.re [dez′istere] *vi* desistir; renunciar.

de.so.la.re [dezol′are] *vt* desolar, causar desolação; devastar, arruinar.

de.so.la.zio.ne [dezolats′jone] *sf* ou **de.so.la.men.to** [dezolam′ento] *sm* desolação, tristeza, solidão; devastação, estrago, ruína.

de.spo.ta [d′espota] *s + adj* déspota, tirano. *Fig.* pessoa dominadora. *Pop.* mandão.

de.squa.ma.zio.ne [deskwamats′jone] *sf Med.* descamação (da pele), escamação.

de.sta.re [dest′are] *vt* acordar, despertar. *Fig.* excitar. *vpr* acordar, despertar.

de.sti.na.re [destin′are] *vt* destinar, determinar, designar; decidir, resolver, deliberar.

de.sti.no [dest′ino] *sm* destino, sorte, fatalidade; direção, destinação.

de.sti.tu.i.re [destit′uire] *vt* destituir, depor; demitir, despedir.

de.sto [d′esto] *adj* acordado, desperto. *Fig.* esperto, vivaz, ativo.

de.stra [d′estra] *sf* direita; mão direita; ala direita (do parlamento).

de.streg.gia.re [destreddʒ′are] *vi* agir com destreza, com perícia; manobrar.

de.strez.za [destr′ettsa] *sf* destreza, agilidade, perícia; esperteza.

de.strie.re [destr′jere] *ou* **de.strie.ro** [destr′jero] *sm* ginete, cavalo de montaria.

de.stro [d′estro] *sm* oportunidade; comodidade. *Esp.* direita, direito (golpe). *adj* destro, direito; hábil, ágil, rápido.

de.stroy.er [destr′ɔjer] *sm Náut.* destróier, contratorpedeiro.

de.te.ne.re [deten′ere] *vt* deter; guardar, conservar, manter; prender, deixar na prisão. *Dir.* receptar (mercadorias roubadas).

de.ter.gen.te [deterdʒ′ente] *ou* **de.ter.si.vo** [deters′ivo] *sm + adj* detergente. *Med.* depurativo.

de.te.rio.ra.re [deterjor′are] *vt* deteriorar, estragar, danificar; adulterar. *vpr* deteriorar-se, estragar-se, danificar-se.

de.ter.mi.na.re [determin′are] *vt* determinar, estabelecer; decidir, especificar; causar; motivar, originar. *vpr* determinar-se, decidir-se.

de.te.sta.re [detest′are] *vt* detestar, odiar.

de.to.na.re [deton′are] *vt* detonar, explodir.

de.trar.re [detr′are] *vt* desfalcar. *Fig.* difamar.

de.tri.men.to [detrim′ento] *sm* detrimento, dano, prejuízo.

de.tri.to [detr′ito] *sm* detrito, restos, resíduo.

de.tro.niz.za.re [detroniddz′are] *vt* destronar, destituir (rei).

det.ta.glia.re [dettaλ′are] *vt* detalhar, pormenorizar.

det.ta.glio [dett′aλo] *sm* detalhe, pormenor.

det.ta.me [dett′ame] *sm* regra, ensinamento, preceito. *Dir.* ditame.

det.ta.re [dett′are] *vt* ditar. *Fig.* impor; sugerir.

det.to [d′etto] *sm* dito, frase, sentença. *part + adj* dito, mencionado; comunicado; chamado, denominado; acima mencionado.

de.tur.pa.re [deturp'are] *vt* deturpar, desfigurar; corromper, perverter, estragar.

de.va.sta.re [devast'are] *vt* devastar, assolar, desolar; danificar, estragar.

de.vi.a.re [dev'iare] *vt* desviar, sair do caminho; descarrilhar. *Fig.* afastar-se, distanciar-se.

de.via.zio.ne [devjats'jone] *sf* desvio (ato); descarrilhamento; afastamento.

de.vo.lu.zio.ne [devoluts'jone] *sf* devolução.

de.vol.ve.re [dev'olvere] *vt Dir.* transferir.

de.vo.to [dev'ɔto] *sm Rel.* devoto, beato. *adj* devoto, beato; dedicado, afeiçoado.

de.vo.zio.ne [devots'jone] *sf* devoção, adoração, veneração; afeição, dedicação; obediência.

di [d'i] *sf* dê, o nome da letra D. *prep* de.

di [d'i] *sm* dia (usado nas divisões de tempo). *Fig.* tempo. **a ≃ ventiquattro** no dia vinte e quatro. **al ≃ d'oggi** nos dias de hoje.

dia.be.te [djab'ete] *sm Med.* diabete, diabetes. **≃ zuccherino** ou **≃ mellito** diabete sacarino ou diabete melito.

dia.bo.li.co [djab'ɔliko] ou **dia.vo.le.sco** [djavol'esko] *adj* diabólico. *Fig.* perverso.

dia.co.no [d'jakono] *sm Rel.* diácono.

dia.de.ma [djad'ema] *sm* diadema, coroa.

dia.fa.no [d'jafano] *adj* diáfano, transparente, translúcido.

dia.fram.ma [djafr'amma] ou **dia.frag.ma** [djafr'agma] *sm Anat.* e *Mús.* diafragma.

dia.gno.si [d'jañozi] *sf Med.* diagnóstico, diagnose.

dia.gno.sti.ca.re [djañostik'are] *vt Med.* diagnosticar.

dia.go.na.le [djagon'ale] *sf Geom.* diagonal, segmento de reta. *adj* diagonal, oblíquo.

dia.gram.ma [djagr'amma] *sm* diagrama, esquema, representação.

dia.let.ti.ca [djal'ettika] *sf* dialética, lógica.

dia.let.to [djal'etto] *sm* dialeto.

dia.li.si [d'jalizi] *sf Quím.* diálise, separação.

dia.lo.ga.re [djalog'are] *vt* dialogar. *vi* dialogar, conversar.

dia.lo.go [d'jalogo] *sm* diálogo, conversa.

dia.man.te [djam'ante] *sm* diamante.

dia.me.tro [d'jametro] *sm* diâmetro.

dia.mi.ne [d'jamine] *interj* diabos! (exprime admiração, surpresa).

dia.na [d'jana] *sf Poét.* a lua. *Pop.* estrela-d'alva. *Mil.* alvorada, hora de levantar-se.

dian.zi [d'jantsi] *adv* há pouco, pouco tempo atrás.

dia.pa.son [d'japazon] *sm Mús.* diapasão. **toccare il ≃** *Fig.* chegar ao êxtase.

dia.ria [d'jarja] *sf* diária, pagamento diário.

dia.rio [d'jarjo] *sm* diário, jornal.

diar.re.a [djaʀ'ea] *sf Med.* diarréia.

dia.spro [d'jaspro] *sm Min.* jaspe.

dia.sto.le [d'jastole] *sf Fisiol.* e *Gram.* diástole. *Mús.* pausa.

dia.to.ni.co [djat'ɔniko] *adj Mús.* diatônico.

diavolesco → diabolico

dia.vo.le.to [djavol'eto] *sm* confusão, bagunça.

dia.vo.lo [d'javolo] *sm* diabo, satanás, demônio. **≃!** *interj.* diabos! **≃ scatenato** moleque travesso. **buon ≃** *Pop.* bom sujeito. **povero ≃** *Pop.* pobre coitado, pé-de-chinelo. **avere il ≃ addosso, in corpo** ou **in testa** *Pop.* estar com o diabo no corpo, estar com a macaca. **va al ≃!** *Vulg.* vá para o inferno! **quando si nomina il ≃, se vede spuntare la coda** *Pop.* falou no diabo, aparece o rabo.

di.bat.te.re [dib'attere] *vt* sacudir, agitar. *Fig.* debater, discutir. *vpr* debater-se, agitar-se.

di.bat.ti.to [dib'attito] ou **di.bat.ti.men.to** [dibattim'ento] *sm* debate, discussão.

di.bo.sca.re [dibosk'are] *vt* roçar (o mato).

di.bru.ca.re [dibruk'are] ou **di.bru.sca.re** [dibrusk'are] *vt* podar (árvores).

di.cem.bre [ditʃ'embre] *sm* dezembro.

di.ce.ri.a [ditʃer'ia] *sf* boato, balela.

di.ce.vo.le [ditʃ'evole] *adj* conveniente, apropriado, que se pode dizer.

di.chia.ra.re [dikjar'are] *vt* declarar, notificar, expor, proclamar; desafiar; intimar.

di.chia.ra.zio.ne [dikjarats'jone] *sf* declaração, notificação; desafio; intimação.

di.cian.no.ve [ditʃann'ɔve] *sm + num* dezenove.

di.cian.no.ven.ne [ditʃannov'enne] *s + adj* de dezenove anos (de idade).

di.cian.no.ve.si.mo [ditʃannov'ezimo] ou **de.ci.mo.no.no** [detʃimon'ɔno] *sm + num* décimo nono; dezenove avos.

di.cias.set.te [ditʃass'ette] *sm + num* dezessete.

di.cias.set.ten.ne [ditʃassett'enne] *s + adj* de dezessete anos (de idade).

di.cias.set.te.si.mo [ditʃassett'ezimo] ou **de.ci.mo.set.ti.mo** [detʃimos'ettimo] *sm + num* décimo sétimo; dezessete avos.

di.ciot.ten.ne [ditʃott'enne] *s + adj* de dezoito anos (de idade).

di.ciot.te.si.mo [ditʃott'ezimo] ou **de.ci.mot.ta.vo** [detʃimott'avo] *sm + num* décimo oitavo; dezoito avos.

di.ciot.to [ditʃ'ɔtto] *sm + num* dezoito.

di.ci.tu.ra [ditʃit'ura] *sf* elocução; inscrição.

di.da.sca.li.a [didaskal'ia] *sf* ensinamento, lição. *Cin.* legenda, letreiro. *Teat.* didascália.

di.dat.ti.co [did'attiko] *adj* didático.

die.ci [djetʃi] *sm+num* dez.

die.ci.na [djetʃ'ina] ou **de.ci.na** [detʃ'ina] *sf* dezena; uns dez, umas dez.

die.re.si [d'jerezi] *sf Gram.* diérese.

die.ta [d'jeta] *sf Med.* dieta, regime. *Pol.* dieta, assembléia. **stare a** ≃ ficar de dieta.

die.te.ti.co [djet'etiko] *adj* dietético.

die.tro [d'jetro] *adv* atrás, depois, posteriormente. *prep* atrás de, depois de; segundo, conforme. **di** ≃ *sm* traseira, parte de trás. *Fam.* traseiro. *adj* posterior. *adv* atrás; depois. *prep* de dentro de.

di.fen.de.re [dif'endere] *vt* defender, proteger; justificar (argumento). *vpr* defender-se, proteger-se; justificar-se, explicar-se.

di.fen.so.re [difens'ore] *sm* defensor. **avvocato** ≃ advogado de defesa.

di.fe.sa [dif'eza] *sf* defesa, proteção; justificação, explicação. ≃ **personale** defesa pessoal.

di.fet.ti.vo [difett'ivo] *adj* defectivo, defeituoso, imperfeito. *Gram.* defectivo (verbo).

di.fet.to [dif'etto] *sm* defeito, falha; vício.

di.fet.to.so [difett'ozo] *adj* defeituoso, imperfeito.

dif.fa.ma.re [diffam'are] *vt* difamar, caluniar.

dif.fe.ren.te [differ'ente] *adj* diferente, diverso, distinto.

dif.fe.ren.za [differ'entsa] *sf* diferença, diversidade. *Fig.* controvérsia, divergência, desavença. *Mat.* resto, diferença.

dif.fe.ren.zia.le [differents'jale] *sm Med.* diferencial. *adj* diferencial. **calcolo** ≃ *Mat.* cálculo diferencial.

dif.fe.ren.zia.re [differents'jare] *vt* diferenciar, distinguir, diversificar. *vpr* diferenciar-se.

dif.fe.ri.men.to [differim'ento] *sm* diferenciação; adiamento, prorrogação.

dif.fe.ri.re [differ'ire] *vt* adiar, prorrogar, prolongar. *vi* diferir; discordar, divergir.

dif.fi.ci.le [diff'itʃile] *adj* difícil, trabalhoso, árduo, penoso. *Fig.* irritado, intratável (pessoa).

dif.fi.col.tà [diffikolt'a] *sf* dificuldade; obstáculo, impedimento, oposição.

dif.fi.col.to.so [diffikolt'ozo] *adj* dificultoso, cheio de dificuldades, difícil, trabalhoso.

dif.fi.da.re [diffid'are] *vt Dir.* intimar, advertir. *vi* desconfiar.

dif.fi.da.to [diffid'ato] *part+adj* intimado, advertido. ≃ **dai medici** desenganado pelos médicos, sem esperança de cura.

dif.fon.de.re [diff'ondere] *vt* difundir, propagar, espalhar, divulgar.

difformare, difforme → **deformare, deforme**.

dif.for.mi.tà [difformit'a] *sf* diversidade, diferença.

dif.fu.sio.ne [diffuz'jone] *sf* difusão, propagação; transmissão radiofônica.

dif.te.ri.te [difter'ite] *sf Med.* difteria.

di.ga [d'iga] *sf* dique, barragem. *Fig.* obstáculo, impedimento.

di.ge.ri.re [didʒer'ire] *vt* digerir, assimilar. *Fig.* examinar atenciosamente; sofrer calado.

di.ge.stio.ne [didʒest'jone] *sf* digestão.

di.ge.ren.te [didʒer'ente] ou **di.ge.sti.vo** [didʒest'ivo] *adj* digestivo.

di.ghiac.cia.re [digjattʃ'are] *vi* derreter, degelar.

di.gi.ta.le [didʒit'ale] *sf Bot.* dedaleira, digital (planta medicinal). *adj* digital, dos dedos.

di.gi.ta.re [didʒit'are] *vt* digitar. *Mús.* dedilhar.

di.giu.na.re [didʒun'are] *vi* jejuar, fazer jejum.

di.giu.no [didʒ'uno] *sm* jejum. *Anat.* jejuno. *Fig.* privação, abstinência. *adj* em jejum, jejuno. *Fig.* privado, carente.

di.gni.tà [diɲit'a] *sf* dignidade, nobreza; cargo, função importante. *Fig.* dignitário.

di.gra.da.re [digrad'are] *vt Pint.* matizar, graduar. *vi* descer, diminuir aos poucos.

di.gra.da.zio.ne [digradats'jone] *sf* descida, diminuição gradual. *Pint.* matiz, gradação.

di.gram.ma [digr'amma] *sm Gram.* dígrafo, digrama.

di.gre.di.re [digred'ire] *vi* divagar; desviar-se.

di.gres.sio.ne [digress'jone] *sf* digressão, divagação; desvio, mudança (de direção).

di.gri.gna.re [digriɲ'are] *vt+vi* arreganhar (os dentes).

di.gros.sa.re [digross'are] *vt* desengrossar, estreitar, afinar, desbastar; esboçar, ensinar os fundamentos. *Fig.* enobrecer, tornar menos rude.

di.la.ga.re [dilag'are] *vt* alagar, inundar; estender, esticar.

di.la.pi.da.re [dilapid'are] *vt* dilapidar (patrimônio), esbanjar, gastar.

di.la.ta.re [dilat'are] *vt* dilatar. *Fig.* aumentar. *vpr* dilatar-se. *Fís.* e *Fig.* expandir-se.

di.la.zio.na.re [dilatsjon'are] *vt* adiar, prorrogar.

di.la.zio.ne [dilats'jone] *sf* adiamento, prorrogação.

di.leg.gia.men.to [dileddʒam'ento] ou **di.leg.gio** [dil'edʒo] *sm* zombaria, gozação, escárnio.

di.leg.gia.re [dileddʒ'are] *vt* zombar de, gozar de.

di.le.gua.re [dileg'ware] *vt* dissipar, dispersar. *vpr* desaparecer, dissipar-se.

di.lem.ma [dil'ɛmma] *sm* dilema.

di.let.ta.re [dilett'are] *vt* deleitar, deliciar; alegrar, divertir. *vi* agradar. *vpr* deleitar-se, deliciar-se; divertir-se.

di.let.to [dil'etto] *sm* deleite, delícia; divertimento, prazer, satisfação, gozo. *sm + adj* predileto, querido, preferido.

di.let.to.so [dilett'ozo] *adj* delicioso; divertido, agradável, prazeroso.

di.li.gen.te [dilidʒ'ente] *adj* diligente; cuidadoso, bem-feito, caprichado (trabalho); atento, atencioso; organizado, meticuloso, metódico; aplicado, estudioso, disciplinado.

di.lu.ci.da.re [dilutʃid'are] *vt* elucidar, explicar, esclarecer, desvendar.

di.lu.i.re [dil'uire] *vt* diluir.

di.lun.ga.re [dilung'are] *vt* alongar, estender; prorrogar, adiar; afastar, remover. *vpr* afastar-se; prolongar-se (discurso). *Fig.* estender-se; divagar.

di.lun.go [dil'ungo] *adv* na expressão **a ≃** continuamente, por muito tempo; diretamente, direto, sem demora; ao longo.

di.lu.via.re [diluv'jare] *vt* inundar, alagar. *Fam.* devorar. *vi* chover torrencialmente.

di.lu.vio [dil'uvjo] *sm* dilúvio; inundação; chuva torrencial; rede (de caça e pesca). *Fig.* montão. **D ≃ Universale** *Rel.* o Dilúvio.

di.ma.gra.re [dimagr'are] *vt* emagrecer, tornar magro. *vi* emagrecer, ficar magro; desgastarse, ressecar (terreno). *vpr* emagrecer.

di.ma.gri.re [dimagr'ire] *vi* emagrecer.

di.me.na.re [dimen'are] *vt* balançar, sacudir, agitar, menear. *vi* cambalear, vacilar. *vpr* menear-se; balançar-se, agitar-se.

di.men.sio.ne [dimens'jone] *sf* dimensão, tamanho. *Mat.* grau (de potência, equação).

di.men.ti.cag.gi.ne [dimentik'addʒine] ou **di.men.ti.can.za** [dimentik'antsa] *sf* esquecimento.

di.men.ti.ca.re [dimentik'are] *vt* esquecer. *vpr* esquecer-se.

di.men.ti.co [dim'entiko] *adj* esquecido; ingrato.

di.mes.so [dim'esso] *part + adj* demitido; deixado de lado; descuidado, desleixado.

di.met.te.re [dim'ettere] *vt* demitir, despedir; depor. *Rel.* perdoar. *vpr* demitir-se, renunciar.

di.mi.nu.i.re [dimin'uire] *vt* diminuir, reduzir. *vi* diminuir; baixar de preço. *vpr* diminuir, reduzir-se.

di.mi.nu.ti.vo [diminut'ivo] *sm + adj Gram.* diminutivo.

di.mi.nu.zio.ne [diminuts'jone] *sf* diminuição, redução, abaixamento.

di.mis.sio.ne [dimiss'jone] *sf* demissão, renúncia.

di.mo.ra [dim'ɔra] *sf* domicílio, residência, habitação; permanência; atraso, retardo.

di.mo.ra.re [dimor'are] *vi* residir, morar, habitar.

di.mo.stra.re [dimostr'are] *vt* demonstrar, mostrar. *vi* aparentar, parecer. *vpr* revelar-se, manifestar-se.

di.na.mi.co [din'amiko] *adj* dinâmico; ativo.

di.na.mi.smo [dinam'izmo] *sm* dinamismo, atividade, energia.

di.na.mi.te [dinam'ite] *sf* dinamite.

di.na.mo [d'inamo] *sf* dínamo. **≃ a corrente alternata** ou **alternatore** *Elet.* alternador.

di.nan.zi [din'antsi] *adv* diante, em frente, de frente. **≃ a** diante de, em frente de, de frente para; na presença de.

di.na.sti.a [dinast'ia] *sf* dinastia.

dinegare → denegare.

di.noc.co.la.to [dinokkol'ato] *adj* preguiçoso, desanimado, indolente, relaxado.

di.no.sau.ro [dinos'awro] *sm* dinossauro.

din.tor.no [dint'orno] *sm* perfil, contorno. **≃ i** *pl* arredores, redondezas. *adv* em torno, em volta; próximo, perto.

di.o [d'io] *sm* deus. **D ≃ dà noci a chi non ha denti** Deus dá nozes a quem não tem dentes. **D ≃ manda il freddo secondo i panni** Deus dá o frio conforme o cobertor.

di.o.ce.si [di'otʃezi] *sf Rel.* diocese.

dio.ni.si.a.co [djoniz'iako] *adj* dionisíaco, carnavalesco.

diot.tri.a [djottr'ia] *sf Fís.* e *Med.* dioptria.

di.par.ti.men.to [dipartim'ento] *sm* departamento; repartição, compartimento.

di.par.tir.si [dipart'irsi] *vpr* partir; afastar-se, distanciar-se.

di.pen.den.za [dipend'entsa] *sf* dependência; submissão, sujeição; anexo (local); sucursal, filial. **in ≃** em consequência.

di.pen.de.re [dip'endere] *vi* depender de; subordinar-se a, sujeitar-se a.

di.pin.ge.re [dip'indʒere] *vt* pintar, colorir. *Fig.* descrever, representar.

di.plo.ma [dipl'ɔma] *sm* diploma; certificado.

di.plo.ma.ti.co [diplom'atiko] *sm* diplomata. *adj* diplomático. *Fig.* hábil, perito, destro. **corpo ≃** corpo diplomático.

di.plo.ma.zi.a [diplomats'ia] *sf* diplomacia; pessoal diplomático. *Fig.* habilidade, tato.

di.pres.so [dipr'εsso] *adv* na expressão **a un** ≃ quase, aproximadamente.

di.ra.da.re [dirad'are] *vt*+*vpr* rarear.

di.raz.za.re [diratts'are] *vi* degenerar, corromper-se, estragar-se.

di.re [d'ire] *sm* dito, modo de dizer; fala. *vt* dizer; falar; responder; comandar; discursar; contar; afirmar. ≃ **bene** elogiar, louvar. ≃ **male** difamar, caluniar. ≃ **davvero** falar a sério. **dico la mia** digo o que penso.

di.ret.to [dir'etto] *sm* trem direto. *part*+*adj* direto, direito, reto. *Fig.* justo; imediato.

di.ret.to.re [dirett'ore] *sm* diretor, dirigente.

di.ret.tri.ce [direttr'itfe] *sf* diretora, dirigente. *Geom.* diretriz.

di.re.zio.ne [direts'jone] *sf* direção (ato); diretoria (local); administração; rumo, destino.

di.ri.ge.re [dir'idʒere] *vt* dirigir; enviar, mandar, endereçar; guiar. *Fig.* administrar, governar, comandar. *vpr* dirigir-se, ir.

di.rim.pet.to [dirimp'etto] *sm* frente, parte frontal. *adv* de frente, de fronte. *prep* em frente de, em face de.

di.rit.ta [dir'itta] ou **drit.ta** [dr'itta] *sf* direita; mão direita.

di.rit.to [dir'itto] ou **drit.to** [dr'itto] *sm* direito, parte direita (de objeto); direito, privilégio, prerrogativa; taxa, imposto. *Fig.* justiça. *Dir.* direito, jurisprudência. ≃ **d'autore** direito autoral. *adj* direito, reto; destro. *Fig.* esperto, astuto, sagaz. *adv* diretamente. *Fig.* com lealdade, lealmente.

di.rit.tu.ra [diritt'ura] *sf* alinhamento, linha reta. *Fig.* honestidade, retidão; esperteza, astúcia, sagacidade. **a** ≃ → **addirittura**.

di.roc.ca.men.to [dirokkam'ento] *sm* demolição, derrubada; desmoronamento.

di.roc.ca.re [dirokk'are] *vt* demolir, derrubar.

di.rom.pe.re [dir'ompere] *vt* quebrar, romper, despedaçar, partir; amolecer. *vpr* quebrar-se, romper-se, despedaçar-se, partir-se.

di.rot.to [dir'otto] *part*+*adj* quebrado, roto; amolecido, acostumado, habituado; excessivo, exagerado (choro, chuva).

di.ru.pa.re [dirup'are] *vi* desmoronar, desabar, ruir, cair.

di.ru.po [dir'upo] *sm* despenhadeiro, precipício, penhasco, barranco.

di.ru.to [dir'uto] *part*+*adj* *Poét.* arruinado; demolido, derrubado, abatido; desmoronado.

di.sa.bi.ta.to [dizabit'ato] *adj* desabitado, despovoado, deserto.

di.sa.bi.tu.a.re [dizabit'uare] *vt* desabituar, desacostumar.

di.sac.con.cio [dizak'ontfo] *adj* inoportuno, inconveniente, inapropriado.

di.sac.cor.do [dizakk'ordo] *sm* desacordo, divergência, desunião. *Mús.* dissonância.

di.sa.dat.to [dizad'atto] *adj* inoportuno, inapropriado; despreparado; inapto, inepto.

di.saf.fe.zio.ne [dizaffets'jone] *sf* desafeição, desamor; inimizade.

di.sa.ge.vo.le [dizadʒ'evole] ou **di.sa.gio.so** [dizadʒ'ozo] *adj* difícil, trabalhoso, árduo.

di.sag.gio [diz'addʒo] *sm* *Com.* e *Econ.* deságio.

di.sag.gre.ga.re [dizaggreg'are] *vt* desagregar, separar, desunir.

di.sa.gia.re [dizadʒ'are] *vt* desacomodar, desorganizar, desarranjar; incomodar. *vpr* desacomodar-se; incomodar-se.

di.sa.gio [diz'adʒo] *sm* incômodo, transtorno; necessidade, pobreza, penúria; mal-estar, indisposição. **a** ≃ mal, de forma desagradável.

di.sa.mo.re [dizam'ore] *sm* desamor, desafeição.

di.sa.ni.ma.re [dizanim'are] *vt* desanimar, desencorajar. *vpr* desanimar-se, esmorecer.

disappetenza → **inappetenza**.

disapplicato → **disattento**.

di.sap.pro.va.re [dizapprov'are] *vt* desaprovar, reprovar.

di.sap.pun.to [dizapp'unto] *sm* desapontamento, desilusão; contratempo; incômodo.

di.sar.ma.re [dizarm'are] *vt* desarmar. *Fig.* pacificar, apaziguar; saquear, espoliar (navio). *vi* *Mil.* licenciar, dispensar (os soldados).

di.sar.mo [diz'armo] *sm* desarmamento, desarme. *Mil.* desmobilização, baixa (da tropa inteira).

di.sar.mo.ni.a [dizarmon'ia] *sf tb Fig.* desarmonia, divergência, discordância.

di.sar.ti.co.la.re [dizartikol'are] *vt* desarticular, dividir (osso, membro). *vpr* desconjuntar-se, desmanchar.

disassociare → **dissociare**.

di.sa.stro [diz'astro] *sm* desastre, desgraça, acidente, fatalidade; fracasso, insucesso, fiasco.

di.sat.ten.de.re [dizatt'endere] *vt* ignorar, descuidar; violar, transgredir. *Fig.* enganar, iludir, trair.

di.sat.ten.to [dizatt'ento] ou **di.sap.pli.ca.to** [dizapplik'ato] *adj* desatento, descuidado, negligente, desatencioso.

di.sa.van.zo [dizav'antso] *sm* perda, prejuízo; falta. *Com.* déficit, passivo.

di.sav.ven.tu.ra [dizavvent'ura] *sf* desgraça, desventura; problema, dificuldade.

di.sbor.so [dizb'orso] *sm Com.* desembolso.

di.sbri.ga.re [dizbrig'are] *vt* despachar, aviar; resolver, decidir (negócios); concluir, terminar (assuntos). *vpr* livrar-se.

discagliare → **disincagliare**.

discaricare → **scaricare**.

di.sca.ri.co [disk'ariko] *sm* descarga, descarregamento. *Fig.* desencargo, justificativa.

di.scen.den.te [difend'ente] *s+adj* descendente.

di.scen.den.za [difend'entsa] *sf* descendência; geração, estirpe.

di.scen.de.re [dif'endere] *vt+vi* descender, provir; descer, baixar, abaixar. *Com.* cair (preços). *Fig.* pôr-se (sol, lua).

di.scen.tra.re [difentr'are] ou **de.cen.tra.re** [detfentr'are] *vt* descentralizar.

di.sce.po.lo [dif'epolo] *sm* discípulo, seguidor; aluno.

di.scer.ne.re [dif'ernere] *vt* discernir, diferenciar, distinguir; julgar; reconhecer.

di.scer.ni.men.to [difernim'ento] *sm* discernimento, juízo, prudência.

di.sce.sa [dif'eza] *sf* descida, declive, inclinação. *Fig.* declínio, decadência.

di.schet.to [disk'etto] *sm dim Inform.* disquete.

disciogliere → **sciogliere**.

di.sci.pli.na [difipl'ina] *sf* disciplina, ordem, organização; matéria (de estudo); flagelo (instrumento de penitência). *Fig.* castigo, pena.

di.sco [d'isko] *sm tb Esp., Mús.* e *Inform.* disco. *Pop.* LP. ≃ **volante** disco voador.

di.sco.lo [d'iskolo] *sm+adj* desobediente, rebelde, irrequieto. *Pop.* endiabrado, travesso.

di.scol.pa [disk'olpa] *sf* desculpa, justificativa, explicação.

di.scol.pa.re [diskolp'are] *vt* desculpar; perdoar; justificar. *vpr* desculpar-se, justificar-se.

disconoscere → **sconoscere**.

di.scon.ten.to [diskont'ento] *adj* descontente, desgostoso, insatisfeito.

di.scon.ti.nuo [diskont'inwo] *adj* descontínuo, interrompido.

di.scor.dan.za [diskord'antsa] *sf* discordância, diferença. *Mús.* desafinação. *Pint.* desarmonia (das cores). *Fig.* divergência, discrepância; desunião; diversidade.

di.scor.da.re [diskord'are] *vi* discordar, divergir, destoar.

di.scor.de [disk'orde] *adj* discordante, divergente, discrepante.

di.scor.dia [disk'ordja] *sf* discórdia, desunião, divergência, discordância; disputa, briga.

di.scor.re.re [disk'oɾere] *vt* percorrer, atravessar. *vi* discorrer, discutir, falar sobre.

di.scor.sa [disk'orsa] *sf* conversa fiada. *Pop.* papo furado.

di.scor.so [disk'orso] *sm* discurso; discussão, conversa; exposição, argumentação.

di.sco.sto [disk'osto] *adj* distante, longínquo, afastado. *adv* longe.

di.scre.de.re [diskr'edere] *vt* mudar de opinião; não acreditar, descrer, desacreditar.

discreditare → **screditare**.

di.scre.di.to [diskr'edito] *sm* descrédito, desonra, má reputação.

di.scre.pan.za [diskrep'antsa] *sf* discrepância, desacordo, divergência; oposição; diferença.

di.scre.tez.za [diskret'ettsa] *sf* discrição; moderação.

di.scre.to [diskr'eto] *adj* discreto; moderado, ajuizado; razoável, passável; suave, brando.

di.scre.zio.ne [diskrets'jone] *sf* discrição; discernimento; modéstia; moderação, comedimento; arbítrio; suavidade, brandura. **mangiare, bere a** ≃ comer, beber à vontade.

di.scri.mi.na.re [diskrimin'are] *vt* discriminar, distinguir, diferenciar.

di.scus.sio.ne [diskuss'jone] *sf* discussão, debate; exame, avaliação; disputa, litígio.

di.scu.te.re [disk'utere] *vt* discutir, debater; examinar, avaliar.

di.sde.gna.re [dizdeñ'are] *vt* desdenhar, desprezar.

di.sde.gno [dizd'eño] *sm* desdém, desprezo.

di.sdet.ta [dizd'etta] *sf* rescisão (de contrato); desdita, desventura (em jogo); azar.

di.sdi.ce.vo.le [dizditf'evole] *adj* inconveniente, impróprio; indecente, indiscreto.

di.sdi.re [dizd'ire] *vt* rescindir (contrato); desdizer, desmentir, negar. *vi* não condizer, ser inconveniente. *vpr* retratar-se; recusar-se.

di.sdo.ro [dizd'oro] *sm* desonra, vergonha.

di.se.gna.re [dizeñ'are] *vt* desenhar, traçar. *Fig.* planejar, projetar; imaginar, conceber.

di.se.gno [diz'eño] *sm* desenho, figura; plano, projeto; imagem, idéia, concepção.

di.se.re.da.re [dizered'are] *vt* deserdar.

di.ser.ta.re [dizert'are] *vt* tornar deserto, despovoar; devastar. *Fig.* abandonar, fugir de (posto, cargo, obrigação). *vi Mil.* desertar.

di.ser.zio.ne [dizerts'jone] *sf Mil.* deserção; traição.

di.sfa.ma.re [disfam´are] *vt* matar a fome, saciar; difamar, caluniar.

di.sfa.re [disf´are] *vt* desfazer, desmanchar; desarmar, desmontar; despedaçar. *Fig.* destruir, estragar; gastar, consumir. *vpr* desfazer-se, desmanchar-se; livrar-se, desvencilhar-se de.

di.sfat.ta [disf´atta] *sf* derrota.

di.sfat.ti.smo [disfatt´izmo] *sm* derrotismo. *Fig.* pessimismo, ceticismo; falta de fé.

disforme → **deforme**.

di.sfun.zio.ne [disfunts´jone] *sf Med.* e *Fig.* disfunção, anormalidade.

di.sgiun.ge.re [dizdʒ´undʒere] *vt* separar, desunir.

di.sgra.da.re [dizgrad´are] *vt* degradar; superar, ser superior a. *Poét.* desagradar a.

di.sgra.do [dizgr´ado] *sm* desagrado.

di.sgra.zia [dizgr´atsja] *sf* desgraça, desventura, infelicidade, infortúnio.

di.sgre.ga.re [dizgreg´are] *vt* desagregar; separar, desunir. *vpr* separar-se, desunir-se.

di.sgre.ga.zio.ne [dizgregats´jone] *sf* desagregação, separação (das partes). *Fís.* fissão; desintegração. *Fig.* desunião (política, social).

di.sgui.do [dizg´wido] *sm* extravio (de correspondência); desvio, mudança (de direção); incidente, imprevisto; equívoco, mal-entendido.

di.sgu.sta.re [dizgust´are] *vt* desgostar, desagradar; irritar, aborrecer. *vi* não gostar. *vpr* desgostar-se; irritar-se, aborrecer-se.

di.sgu.sto [dizg´usto] *sm* desgosto, desprazer; aversão, repugnância, repulsa; desconfiança.

di.sgu.sto.so [dizgust´ozo] *adj* desgostoso; repugnante, repulsivo.

di.si.dra.ta.re [dizidrat´are] *vt* desidratar.

di.sil.lu.de.re [dizill´udere] *vt* desiludir, decepcionar, desenganar.

di.sil.lu.sio.ne [dizilluz´jone] *sf* desilusão.

di.sim.ba.raz.za.re [dizimbaratts´are] *vt* desembaraçar, livrar de embaraço; desimpedir.

di.sim.pa.ra.re [dizimpar´are] *vt* desaprender.

di.sim.pe.gna.re [dizimpeñ´are] *vt* tirar do penhor; liberar (de obrigação); desempenhar, exercer. *vpr* desobrigar-se; saldar (débito); pagar (promessa); virar-se, sair-se bem.

di.sim.pe.gno [dizimp´eño] *sm* pagamento, desobrigação; desempenho.

di.sin.ca.glia.re [dizinkaʎ´are] ou **di.sca.glia.re** [diskaʎ´are] *vt Náut.* desencalhar.

di.sin.fet.tan.te [dizinfett´ante] *sm* + *adj* desinfetante.

di.sin.fet.ta.re [dizinfett´are] *vt* desinfetar.

di.sin.gan.na.re [dizingann´are] *vt* desenganar, desiludir. *vpr* desenganar-se, desiludir-se.

di.sin.te.gra.re [dizintegr´are] *vt* desintegrar, desagregar.

di.sin.te.res.sa.re [dizinteress´are] *vt* desinteressar. *vpr* desinteressar-se de.

di.sin.te.res.se [dizinter´esse] *sm* desinteresse, despreocupação; abnegação, desprendimento.

di.sin.tos.si.ca.re [dizintossik´are] *vt* desintoxicar.

di.sin.vol.to [dizinv´ɔlto] *adj* franco; desenvolto, desembaraçado, ativo; descarado, atirado.

di.sin.vol.tu.ra [dizinvolt´ura] *sf* franqueza; desenvoltura, desembaraço. *Fig.* descaramento.

di.sli.vel.lo [dizliv´ello] *sm* desnível; pendência, inclinação.

di.slo.ca.men.to [dizlokam´ento] *sm* ou **di.slo.ca.zio.ne** [dizlokats´jone] *sf* deslocamento, mudança (de lugar, de posição).

di.slo.ca.re [dizlok´are] *vt* deslocar, mudar (de lugar, de posição).

di.smi.su.ra [dizmiz´ura] *sf* excesso, demasia. **a** ≃ *adv.* excessivamente, em demasia.

di.smo.da.to [dizmod´ato] *adj* desmedido, exagerado, desregulado.

di.sob.be.di.re [dizobbed´ire] ou **di.sub.bi.di.re** [dizubbid´ire] *vt* desobedecer; desrespeitar, transgredir.

di.sob.bli.ga.re [dizobblig´are] *vt* desobrigar, dispensar, livrar, isentar; desvincular.

di.soc.cu.pa.re [dizokkup´are] *vt* desocupar.

di.soc.cu.pa.to [dizokkup´ato] *sm* + *part* + *adj* desocupado; desempregado.

di.soc.cu.pa.zio.ne [dizokkupats´jone] *sf* desocupação; desemprego.

di.so.do.ran.te [dizodor´ante] *adj* desodorante.

di.so.ne.sto [dizon´esto] *adj* desonesto, desleal; indecente, obsceno.

di.so.no.ra.re [dizonor´are] *vt* desonrar, ofender a honra de, infamar. *vpr* desonrar-se.

di.so.no.re [dizon´ore] *sm* desonra, vergonha.

di.so.pra [dis´opra] *sm* parte de cima, parte superior. *tb* **sopra**.

di.sor.di.na.re [dizordin´are] *vt* desordenar. *vi* exceder-se, ultrapassar (limites). *vpr* decompor-se, desfazer-se.

di.sor.di.ne [diz´ordine] *sf* desordem, confusão; irregularidade. ≃ **i** *pl* tumultos, distúrbios.

di.sor.ga.niz.za.re [dizorganiddz´are] *vt* desorganizar, desordenar, desarrumar, desarranjar; decompor (materiais orgânicos).

di.so.rien.ta.re [dizorjent´are] *vt* desorientar, desnortear. *Fig.* desconcertar.

di.sos.sa.re [dizoss´are] *vt* desossar.

di.sot.to [dis'otto] *sm* parte de baixo, parte inferior. *tb* sotto.

di.spac.cio [disp'attʃo] *sm* despacho, comunicação oficial.

di.spa.ra.tez.za [disparat'ettsa] *sf* diferença, variedade, diversidade.

di.spa.ra.to [dispar'ato] *adj* diferente, variado.

di.spa.ri [d'ispari] *adj* ímpar; desigual.

disparire → sparire.

di.spar.te [disp'arte] *adv* na expressão in ≃ à parte, separadamente.

di.spen.dio [disp'endjo] *sm* dispêndio, gasto, despesa.

di.spen.dio.so [dispend'jozo] *adj* dispendioso, caro, custoso.

di.spen.sa [disp'ensa] *sf* apostila, fascículo, folheto (escolar); dispensa, liberação, isenção, desobrigação (de encargo); demissão, exoneração; distribuição; despensa, copa.

di.spen.sa.re [dispens'are] *vt* dispensar, liberar, isentar, desobrigar; demitir, exonerar; distribuir. *vpr* abster-se, eximir-se.

di.spe.psi.a [dispeps'ia] *sf* Med. dispepsia.

di.spe.ra.re [disper'are] *vt + vi* desesperar, perder a esperança. *vpr* desesperar-se.

di.spe.ra.to [disper'ato] *adj* desesperado; pobre; incurável. *Fig.* cruel, malvado.

di.spe.ra.zio.ne [disperats'jone] *sf* desespero; angústia, tormento.

di.sper.de.re [disp'erdere] *vt* dispersar; desperdiçar, gastar, consumir; destroçar, despedaçar. *vpr* perder-se; dispersar-se, debandar.

di.sper.sio.ne [dispers'jone] *sf* dispersão, debandada.

di.spet.to [disp'etto] *sm* despeito, rancor.

di.spet.to.so [dispett'ozo] *adj* despeitoso, rancoroso.

di.spia.ce.re [dispjatʃ'ere] *sm* desprazer, dor, desgosto, incômodo; distúrbio, contrariedade. *vi* desagradar. **mi dispiace!** sinto muito!

di.splu.vio [displ'uvjo] *sm* vertente. **linea di** ≃ *Geogr.* divisor de águas.

di.spo.ni.bi.le [dispon'ibile] *adj* disponível. *Fig.* solteiro, livre, desimpedido.

di.spor.re [disp'oŕe] *vt* dispor; prescrever, estabelecer; declarar (em testamento); colocar em ordem, organizar; preparar; servir-se, ter à disposição. *vpr* dispor-se a, decidir-se, resolver-se a; acomodar-se, arranjar-se.

di.spo.si.ti.vo [dispozit'ivo] *sm Dir.* dispositivo. *Mec.* mecanismo, aparelho, dispositivo. ≃ **di stabilità** *Aeron.* estabilizador.

di.spo.si.zio.ne [dispozits'jone] *sf* disposição, colocação, ordem; vontade, disposição para algo; declaração (em testamento); decreto, prescrição; estado (de espírito, de saúde); inclinação, tendência; predisposição.

di.spo.sto [disp'osto] *sm* decreto, ordem; prescrição, preceito. *part + adj* disposto, organizado, preparado, acomodado, arranjado. **ben** ≃ bem-disposto; bem-intencionado, favorável a; predisposto; saudável, robusto.

di.spo.ti.co [disp'ɔtiko] *adj* despótico, tirânico.

di.spre.gia.re [dispredʒ'are] ou **spre.gia.re** [spredʒ'are] *vt* desprezar; desdenhar. *vpr* descuidar-se.

di.spre.gia.ti.vo [dispredʒat'ivo] *adj Gram.* depreciativo.

dispregio → disprezzo.

di.sprez.za.re [dispretts'are] ou **sprez.za.re** [spretts'are] *vt* desprezar; desdenhar.

di.sprez.zo [dispr'ettso] ou **di.spre.gio** [dispr'edʒo] *sm* desprezo; desdém.

di.spu.ta [disp'uta] *sf* disputa; discussão, debate; defesa de tese, argumentação.

di.spu.ta.re [disput'are] *vt* disputar. *vi* discutir, debater. *vpr* brigar, lutar, disputar.

dis.san.gua.re [dissang'ware] *vt* sangrar. *Fig.* desperdiçar, gastar (dinheiro). *vpr* esvair-se em sangue. *Fig.* perder quase tudo.

dis.sa.po.re [dissap'ore] *sm* desgosto, contratempo, dissabor; desavença, discórdia.

dis.sec.ca.re [dissekk'are] *vt* Med. dissecar.

dis.se.mi.na.re [dissemin'are] *vt Bot.* semear, espalhar sementes. *Fig.* difundir, disseminar.

dis.sen.so [diss'enso] *sm* ou **dis.sen.sio.ne** [dissens'jone] *sf* divergência, diferença de opinião; desavença, discórdia, desarmonia.

dis.sen.te.ri.a [dissenter'ia] *sf Med.* disenteria.

dis.sen.ti.re [dissent'ire] *vi* discordar, divergir; não convir, não ser conveniente.

dis.sep.pel.li.re [disseppell'ire] *vt* desenterrar; exumar. *Fig.* trazer à luz (obras, fatos).

dis.ser.ta.re [dissert'are] *vi* dissertar, discorrer; discutir.

dis.ser.vi.zio [disserv'itsjo] *sm* desserviço.

dis.se.sta.re [dissest'are] *vt* desordenar, desorganizar; desequilibrar; endividar, onerar. *vpr* desequilibrar-se; endividar-se.

dis.se.ta.re [disset'are] *vt* matar a sede (de alguém). *vpr* matar a sede (própria).

dis.se.zio.ne [dissets'jone] *sf Med.* dissecação, dissecção; autópsia.

dis.si.den.te [dissid'ente] *sm Pol.* dissidente. *adj* dissidente, divergente, discordante.

dis.si.dio [diss'idjo] *sm* dissídio, dissidência, divergência, litígio.

dis.si.mi.le [diss'imile] *adj* diferente, variado.

dis.si.mu.la.re [dissimul'are] *vt* dissimular, disfarçar. *Mil.* camuflar.

dis.si.pa.re [dissip'are] *vt* dissipar. *Fig.* destruir, estragar; gastar, esbanjar, consumir. *vpr* dissipar-se, dissolver-se; perder-se.

dis.si.pa.to.re [dissipat'ore] *adj* gastador, esbanjador, perdulário.

dis.so.cia.re [dissotʃ'are] ou **dis.sas.so.cia.re** [dizassotʃ'are] *vt* dissociar, separar, desunir.

dis.so.lu.tez.za [dissolut'ettsa] *sf* devassidão, libertinagem, vício; desonestidade.

dis.so.lu.to [dissol'uto] *adj* devasso, libertino, vicioso, dissoluto; desonesto.

dis.sol.ven.te [dissolv'ente] *sm+adj* dissolvente, solvente.

dis.sol.ve.re [diss'ɔlvere] *vt* dissolver, desmanchar; decompor, separar as partes. *vpr* dissolver-se, desmanchar-se; decompor-se.

dis.so.mi.glian.te [dissomiʎ'ante] ou **dis.si.mi.glian.te** [dissimiʎ'ante] *adj* diferente, desigual.

dis.so.nan.te [disson'ante] *adj* dissonante; discordante.

dis.so.na.re [disson'are] *vi* destoar, dissonar, produzir dissonância. *Fig.* discordar, divergir.

dis.sua.de.re [disswad'ere] *vt* dissuadir.

dis.sue.tu.di.ne [disswet'udine] *sf Lit.* desuso, perda do costume, falta de hábito.

dis.stac.ca.re [distakk'are] *vt* destacar, separar. *Fig.* alienar, afastar, desviar. *vpr* destacar-se, separar-se.

di.stac.co [dist'akko] *sm* destaque, separação. *Fig.* alienação, afastamento, desvio.

di.stan.te [dist'ante] *adj* distante, longínquo. *adv* longe.

di.stan.zia.re [distants'jare] *vt* distanciar; deixar para trás.

di.sta.re [dist'are] *vi* distar, ficar distante.

di.sten.de.re [dist'endere] *vt* distender, estender, esticar; colocar deitado; deitar, derrubar, abater. *Mil.* enfileirar, perfilar (soldados). *Fig.* desenvolver (uma idéia), ampliar (um texto). *vpr* estender-se; esticar-se; deitar-se. *Fig.* difundir-se, espalhar-se.

di.sten.di.men.to [distendim'ento] *sm* distensão, alongamento, alargamento; derrubada, abate. *Fig.* desenvolvimento (de idéia).

di.sten.sio.ne [distens'jone] *sf* estiramento, alongamento; extensão; afrouxamento (de tensão). *Fig.* distensão, apaziguamento.

di.ste.sa [dist'eza] *sf* extensão; fila, fileira.

di.stil.la.re [distill'are] *vt* destilar. *vi* gotejar, pingar. *vpr Fig.* enlouquecer, perder a cabeça.

di.stil.la.to.io [distillat'ojo] *sm* destilador, alambique.

di.stil.la.zio.ne [distillats'jone] *sf* ou **di.stil.la.men.to** [distillam'ento] *sm* destilação.

di.stil.le.ri.a [distiller'ia] *sf* destilaria.

di.stin.gue.re [dist'ingwere] *vt* distinguir; diferenciar, discernir; separar. *vpr* distinguir-se, separar-se. *Fig.* mostrar-se, exibir-se.

di.stin.ti.vo [distint'ivo] *sm* distintivo, emblema, insígnia. *adj* distintivo, que distingue.

di.stin.to [dist'into] *part+adj* distinto; separado, dividido; diferente, diverso; inconfundível, notável, que sobressai; nítido, claro (som); educado, elegante, nobre.

di.stin.zio.ne [distins'jone] *sf* distinção, diferença; educação, elegância, nobreza.

di.sto.glie.re [dist'ɔkere] *vt* desaconselhar, dissuadir; distrair. *vpr* dissuadir-se.

di.stor.sio.ne [distors'jone] *sf Fís.* distorção. *Med.* torção, contorção, luxação.

di.strar.re [distr'are] *vt* distrair, desconcentrar; desviar; divertir, recrear; furtar, surrupiar. *vpr* distrair-se, divertir-se.

di.strat.to [distr'atto] *part+adj* distraído, desatento, entretido, desconcentrado; desviado.

di.stra.zio.ne [distrats'jone] *sf* distração, divertimento; desatenção, descuido, dispersão.

di.stret.to [distr'etto] *sm* distrito. *part+adj* apertado, estreito; oprimido; angustiado.

di.stret.tua.le [distrett'wale] *adj* distrital.

di.stri.bui.re [distrib'wire] *vt* distribuir, repartir; dispor, colocar em ordem, classificar.

di.stri.bu.to.re [distribut'ore] *sm* distribuidor. ≃ **di benzina** bomba de gasolina.

di.stri.bu.zio.ne [distributs'jone] *sf* distribuição, divisão, repartição. *Mec.* distribuição.

di.strug.ge.re [distr'uddʒere] *vt* destruir; demolir, derrubar; desorganizar. *Fig.* estragar, danificar; gastar, consumir; exterminar, aniquilar. *vpr* destruir-se, consumir-se.

di.strug.gi.bi.le [distruddʒ'ibile] *adj* destrutível.

di.stur.ba.re [disturb'are] *vt* perturbar, incomodar. *Fam.* chatear, encher. *Fig.* agitar, abalar; interromper. *vpr* perturbar-se, incomodar-se. *Fig.* agitar-se, abalar-se.

di.stur.bo [dist'urbo] *sm* aborrecimento, chateação, desgosto, incômodo, desprazer; obstáculo, impedimento. *Med.* distúrbio, disfunção. *Fig.* agitação, desordem, distúrbio.

di.su.gua.le [dizug'wale] *adj* desigual, diferente, irregular.

di.su.ma.no [dizum'ano] *adj* desumano, cruel.

di.su.ni.re [dizun'ire] *vt* desunir, separar, dividir. *vpr* desunir-se, separar-se.

di.su.so [diz'uzo] *sm* desuso, falta de costume.

di.su.ti.le [diz'utile] *sm* perda; pessoa inútil. *adj* inútil, inconveniente, desvantajoso.

di.svia.re [dizv'jare] *vt* desviar, desencaminhar, tirar do caminho, afastar.

di.svi.o [dizv'io] *sm* desvio; extravio, perda.

di.ta.le [dit'ale] *sm* dedal. *Mús.* dedeira; plectro.

di.teg.gia.re [diteddʒ'are] *vi Mús.* dedilhar.

di.to [d'ito] *sm* (*pl f* **le dita**) dedo (da mão, do pé ou da luva). ≃ **grosso** polegar, dedão do pé. **non muovere un** ≃ *Fig.* não mover um músculo. **sapere sulla punta delle** ≃ **a** *Fig.* saber na ponta da língua.

dit.ta [d'itta] *sf* empresa, firma.

dit.ta.to.re [dittat'ore] *sm* ditador.

dit.ta.tu.ra [dittat'ura] *sf* ditadura. *Fig.* despotismo, tirania, poder absoluto.

dit.ton.go [ditt'ongo] *sm Gram.* ditongo.

diu.re.si [djur'ezi] *sf Med.* diurese.

diu.re.ti.co [djur'etiko] *sm* + *adj Med.* diurético.

diur.no [dj'urno] *adj* diurno, do dia.

diu.tur.no [djut'urno] *adj* diuturno, longo.

di.va [d'iva] *sf* deusa. *Fig.* estrela, vedete.

di.va.ga.re [divag'are] *vt* distrair. *vi* divagar; errar, vagar. *Fig.* afastar-se, distanciar-se. *vpr* distrair-se, divertir-se.

di.va.no [div'ano] *sm* divã, sofá.

di.ve.de.re [dived'ere] *vt* na expressão **dare a** ≃ mostrar, fazer compreender; dar a entender.

di.vel.le.re [div'ellere] *vt* arrancar; erradicar.

di.ve.ni.re [diven'ire] *vi* tornar-se, ficar, transformar-se; provir, vir de; chegar a.

di.ven.ta.re [divent'are] *vi* tornar-se, ficar, transformar-se.

di.ver.bio [div'erbjo] *sm* discussão acalorada. *Pop.* bate-boca.

di.ver.gen.za [diverdʒ'entsa] *sf* divergência, desvio, afastamento; desacordo.

di.ver.ge.re [div'erdʒere] *vi* divergir; desviar-se, afastar-se um do outro; discordar.

di.ver.si.fi.ca.re [diversifik'are] *vt* diversificar, diferenciar, variar. *vi* diferenciar-se.

di.ver.sio.ne [divers'jone] *sf* desvio, divergência; volta, curva.

di.ver.so [div'erso] *adj* diverso, diferente. ≃ **i** *adj pl* diversos, vários, muitos.

di.ver.ten.te [divert'ente] ou **di.ver.te.vo.le** [divert'evole] *adj* divertido, alegre.

di.ver.ti.men.to [divertim'ento] *sm* divertimento, distração, passatempo, entretenimento.

di.ver.ti.re [divert'ire] *vt* divertir, distrair, recrear, entreter. *vpr* divertir-se, distrair-se.

di.vez.za.men.to [divettsam'ento] ou

svez.za.men.to [svettsam'ento] *sm* desmame (do bebê).

di.vez.za.re [divetts'are] ou **svez.za.re** [svets'are] *vt* desacostumar, fazer perder o vício ou o hábito; desmamar (bebê). *vpr* desacostumar-se.

di.vi.den.do [divid'endo] *sm Com.* e *Mat.* dividendo.

di.vi.de.re [div'idere] *vt* dividir; separar; distribuir; repartir. *Fig.* desunir. *vpr* dividir-se, separar-se, repartir-se.

di.vie.to [div'jeto] *sm* proibição. *Rel.* jejum. ≃ **di affissione** proibido colocar cartazes. ≃ **di ingresso** entrada proibida.

di.vi.na.re [divin'are] *vt* adivinhar, predizer, prever o futuro; pressentir.

di.vi.na.zio.ne [divinats'jone] *sf* adivinhação, previsão; pressentimento.

di.vin.co.la.men.to [divinkolam'ento] *sm* contorção, torção.

di.vin.co.la.re [divinkol'are] *vt* torcer, contorcer. *vpr* torcer-se, contorcer-se, agitar-se.

di.vi.ni.tà [divinit'a] *sf* divindade; essência ou qualidade de Deus; Deus.

di.vi.niz.za.re [diviniddz'are] *vt* divinizar, deificar.

di.vi.no [div'ino] *adj* divino. *Fig.* perfeito, excelente, sublime.

di.vi.sa [div'iza] *sf* distintivo, emblema, insígnia; risca (dos cabelos). *Fig.* lema, mote; uniforme. *Econ.* divisa, moeda.

di.vi.sa.re [diviz'are] *vt* imaginar, idealizar, conceber, planejar; propor-se a, decidir.

di.vi.sio.ne [diviz'jone] *sf* divisão; separação; secção, repartição. *Mat.* divisão. *Mil.* divisão, unidade. *Fig.* desunião, desavença.

di.vi.so.re [diviz'ore] *sm* + *adj* divisor. **massimo comune** ≃ máximo divisor comum.

di.vo [d'ivo] *sm* astro, artista famoso. *adj Poét.* divino.

di.vo.ra.re [divor'are] *vt* devorar. *Fig.* destruir, estragar, gastar, consumir; olhar com desejo. *vpr* devorar-se. *Fig.* destruir-se, consumir-se; desejar ardentemente.

di.vor.zia.re [divorts'jare] *vi* divorciar de. *vpr* divorciar-se.

di.vor.zio [div'ortsjo] *sm* divórcio. **far** ≃ divorciar. **far** ≃ **da** *Fig.* deixar de, parar com.

di.vul.ga.re [divulg'are] *vt* divulgar.

di.zio.na.rio [ditsjon'arjo] *sm* dicionário. *Fig.* vocabulário.

di.zio.ne [dits'jone] *sf* frase, locução; dicção, modo de falar; jurisdição, domínio.

do [d'ɔ] *sm Mús.* dó, primeira nota.

doc.cia [d'ottʃa] *sf* ducha, chuveiro. *Fig.* calmante. **fare la** ≃ ou **prendere la** ≃ tomar banho. **una** ≃ **fredda** *Fig.* uma ducha de água fria, notícia desanimadora.

doc.cia.re [dottʃ'are] *vt* coar, filtrar; dar banho; jogar água. *vi* tomar banho.

do.cen.te [dotʃ'ente] *sm + adj* docente, professor, mestre. **libero** ≃ livre-docente.

do.ci.le [d'ɔtʃile] *adj* dócil, manso, calmo; obediente, submisso; flexível, maleável.

do.cu.men.ta.rio [dokument'arjo] *sm Cin.* documentário. *adj Dir.* documentário.

do.cu.men.to [dokum'ento] *sm* documento.

do.de.ca.sil.la.bo [dodekas'illabo] *sm + adj Poét.* e *Lit.* dodecassílabo.

do.di.cen.ne [dodit∫'enne] *s + adj* de doze anos (de idade).

do.di.ce.si.mo [dodit∫'ezimo] ou **duo.de.ci.mo** [duod'et∫imo] *sm + num* décimo segundo; duodécimo; doze avos.

do.di.ci [d'odit∫i] *sm + num* doze.

do.ga.na [dog'ana] *sf* alfândega; taxa alfandegária.

do.ga.nie.re [dogan'jere] *sm* alfandegueiro, guarda aduaneiro, funcionário da alfândega.

do.ga.res.sa [dogar'essa] *sf* dogesa, dogaresa.

do.ge [d'odʒe] *sm Hist.* doge.

do.glia [d'ɔʎa] *sf* dor (física ou moral). *Med.* dor do parto. *Fig.* aflição, angústia.

do.glian.za [doʎ'antsa] *sf* queixa, lamentação.

do.glio.so [doʎ'ozo] *adj* queixoso, lamuriento.

dog.ma [d'ɔgma] ou **dom.ma** [d'ɔmma] *sm Rel.* e *Fig.* dogma.

dog.ma.ti.co [dogm'atiko] ou **dom.ma.ti.co** [domm'atiko] *adj* dogmático. *Fig.* autoritário, sentencioso.

dol.ce [d'oltʃe] *sm* doce, confeito. *Fig.* doçura. ≃ **i** *pl* pastelaria, confeitaria. *adj* doce, adocicado. *Fig.* amável, afetuoso, terno; delicado, suave; agradável, gracioso, encantador; macio, mole; ameno, temperado (clima); maleável, flexível (metal). ≃ **far niente** ócio.

dol.cez.za [doltʃ'ettsa] *sf* doçura. *Fig.* encanto, graciosidade; prazer; delicadeza, suavidade; amabilidade, afetuosidade.

dol.cie.re [doltʃ'ere] *sm* doceiro.

do.len.te [dol'ente] *adj* dolorido, doloroso, doído; magoado, aflito, pesaroso.

do.le.re [dol'ere] *vi* doer; sentir dor. *Fig.* desagradar, desgostar; sentir, lamentar. *vpr* queixar-se, lamentar-se, reclamar; afligir-se.

dol.la.ro [d'ɔllaro] *sm* dólar.

dol.men [dolm'en] *sm Arqueol.* dólmen.

do.lo [d'ɔlo] *sm Dir.* dolo, má-fé, fraude.

do.lo.re [dol'ore] *sm* dor; sofrimento. *Fig.* aflição, preocupação, desgosto. ≃ **i colici** cólicas.

do.lo.ro.so [dolor'ozo] *adj* doloroso, dolorido; penoso. *Fig.* aflito, desolado; infeliz.

do.lo.so [dol'ozo] *adj Dir.* doloso, enganoso, de má-fé, fraudulento; premeditado.

do.man.da [dom'anda] *sf* pergunta, interrogação; pedido, súplica.

do.man.da.re [domand'are] *vt* perguntar, interrogar; pedir, suplicar.

do.ma.ni [dom'ani] *adv* amanhã. ≃ **l'altro** depois de amanhã. ≃ **sera** amanhã à noite. ≃ **mattina** → **domattina**.

do.ma.re [dom'are] *vt* domar, domesticar; amansar. *Fig.* submeter, dominar; moderar. *Pop.* lacear (roupa, calçado).

do.mat.ti.na [domatt'ina] ou **domani mattina** *adv* amanhã de manhã.

do.me.ni.ca [dom'enika] *sf* domingo. **D** ≃ **delle Palme** *Rel.* Domingo de Ramos.

do.me.ni.ca.no [domenik'ano] *sm + adj Geogr.* e *Rel.* dominicano.

do.me.sti.ca [dom'estika] *sf* criada, empregada, servidora, camareira.

do.me.sti.co [dom'estiko] *sm* criado, empregado. *adj* doméstico, caseiro; domesticado.

do.mi.ci.lio [domitʃ'iljo] *sm* domicílio, residência. ≃ **coatto** *Dir.* prisão domiciliar.

do.mi.na.re [domin'are] *vt* dominar. *Fig.* subjugar, submeter; guiar, conduzir; manipular. *vi* prevalecer. *vpr* dominar-se, controlar-se, conter-se.

do.mi.na.zio.ne [dominats'jone] *sf* dominação, autoridade, governo; domínio (território).

do.mi.nio [dom'injo] *sm* domínio; dominação; posse, propriedade; poder, controle; governo; território dominado; campo, esfera (de uma ciência, arte, etc.). **di pubblico** ≃ de domínio público.

do.mi.no [d'omino] *sm* dominó (jogo).

domo → **duomo**.

don [d'on] *sm* dom (título).

do.na.re [don'are] *vt* doar, presentear, dar. *vpr* dedicar-se, consagrar-se.

do.na.ti.vo [donat'ivo] *sm* donativo, doação.

don.de [d'onde] *adv* de onde, de qual lugar.

don.do.la [d'ondola] ou **sedia a dondolo** *sf* cadeira de balanço.

don.do.la.re [dondol'are] *vt* balançar. *Fig.* iludir, enganar. *vi* pender; vagabundear. *vpr* balançar-se. *Fig.* vadiar, vagabundear.

don.do.lo [d'ondolo] *sm* balanço, embalo, oscilação, balanceio; brincadeira, passatempo; balanço (brinquedo). *Pop.* pêndulo.

don.do.lo.ne [dondol'one] *sm + adj* vadio, vagabundo.

don.do.lo.ni [dondol'oni] *adv* vadiando, vagabundeando.

don.na [d'ɔnna] *sf* mulher; dama; dona (título de nobreza); rainha, dama (cartas, xadrez). ≃ **di servizio** criada, empregada.

don.no.la [d'onnola] *sf Zool.* doninha.

do.no [d'ono] *sm* presente; dádiva. *Fig.* dom (qualidade). **in** ≃ ou **a** ≃ de graça, grátis.

don.zel.la [dondz'ella] *sf Poét.* senhorita, moça solteira. *Hist.* donzela, moça nobre.

don.zel.lo [dondz'ello] *sm* servente, contínuo (de órgão municipal). *Hist.* rapaz nobre; camareiro; pajem, donzel.

do.po [d'opo] *adv* depois, após, posteriormente. *prep* depois de.

do.po.ché [dopok'e] *conj* depois que.

do.po.do.ma.ni [dopodom'ani] *adv* depois de amanhã.

do.po.tut.to [dopot'utto] *adv Pop.* depois de tudo, apesar de tudo; no fim das contas.

dop.piag.gio [dopp'jaddʒo] *sm Cin.* dublagem.

dop.pia.re [dopp'jare] *vt* dobrar, duplicar. *Náut.* dobrar (cabo, ilha). *Cin.* dublar.

dop.pio [d'oppjo] *sm* dobro, duplo; toque, dobre (de sinos); duplicata, cópia. *adj* duplo, dobrado, duplicado. *Fig.* ambíguo; fingido. ≃ **fondo** fundo falso. *num* dobro, duplo.

dop.pio.ne [dopp'jone] *sm* duplicata, cópia (de um livro); dobrão (moeda); fio duplo.

do.ra.re [dor'are] *vt* dourar, dar cor de ouro.

do.ri.co [d'ɔriko] *sm + adj* dórico.

dor.mic.chia.re [dormikk'jare] *vi* cochilar, dormitar. *Pop.* tirar uma soneca.

dor.mi.glio.ne [dormiʎ'one] *sm* dorminhoco.

dor.mi.re [dorm'ire] *vi* dormir, adormecer; deitar. *Fig.* parar, ficar parado. ≃ **con gli occhi aperti** dormir de olhos abertos, ficar de guarda. **mettere a** ≃ colocar de lado, deixar à parte.

dor.mi.to.rio [dormit'ɔrjo] *sm* dormitório; alojamento. ≃ **popolare** albergue para pobres.

dor.sa.le [dors'ale] *sf Geogr.* dorsal (de montanha). *adj* dorsal, do dorso.

dor.so [d'ɔrso] *sm* dorso, costas (de pessoa, animal ou objeto). *Geogr.* dorso (de montanha).

do.sa.re [doz'are] *vt* dosar, misturar.

do.se [d'ɔze] *sf* dose. *Fig.* medida.

dos.sa.le [doss'ale] *sm* dossel, sobrecéu.

dos.so [d'ɔsso] *sm* dorso, costas (de pessoa ou animal); cume, proeminência. *Geogr.* espinhaço (de montanha). **in** ≃ → **indosso**.

do.ta.re [dot'are] *vt* dotar, constituir dote; providenciar, prover. *Fig.* fundar; favorecer.

do.te [d'ɔte] *sf* dote, bens da noiva. *Teat.* subvenção. *Fig.* dom, graça, talento.

dot.to [d'ɔtto] *sm* sábio. *Anat.* ducto, canal. *adj* culto, sábio, erudito, douto.

dottorare → **addottorare**.

dot.to.ra.to [dottor'ato] *sm* doutorado.

dot.to.re [dott'ore] *sm* médico; doutor.

dot.to.res.sa [dottor'essa] *sf* doutora.

dot.tri.na [dottr'ina] *sf* doutrina; ciência; saber; treinamento; catequismo.

do.ve [d'ove] *sm* lugar. *pron* onde, em que, no qual, na qual. *adv* onde; aonde, para onde. *conj* enquanto, quando, se. **di** ≃ de onde. **per ogni** ≃ em todo lugar. ≃ **che sia** em qualquer lugar; em todo lugar.

do.ve.re [dov'ere] *sm* dever, obrigação; cumprimento, execução; lição de casa, trabalho escolar. *Fig.* débito, dívida. ≃ **i** *pl* cumprimentos, saudações. *vt + vi* dever.

do.ve.ro.so [dover'ozo] *adj* devido, obrigatório, necessário.

do.vi.zia [dov'itsja] *sf* riqueza, fartura, abundância, abastança.

do.vi.zio.so [dovits'jozo] *adj* riquíssimo, abundante, farto.

do.vun.que [dov'unkwe] *adv* onde quer que, em qualquer lugar que.

do.vu.to [dov'uto] *sm* dívida, débito, dever. *part + adj* devido, obrigatório, conveniente.

doz.zi.na [doddz'ina] *sf* dúzia; pensão; moradia. **di** ≃ ou **da** ≃ *Pop.* ordinário, grosseiro, de segunda. **tenere a** ≃ dar pensão, pensionar. **stare a** ≃ pagar pensão.

doz.zi.na.le [doddzin'ale] *adj* comum, ordinário, medíocre; grosseiro, vulgar.

doz.zi.nan.te [doddzin'ante] *adj* pensionista.

drac.ma [dr'akma] ou **dram.ma** [dr'amma] *sf* dracma.

dra.co.nia.no [drakon'jano] *adj* draconiano, tirânico, severo.

dra.ga [dr'aga] *sf* draga.

dra.ga.re [drag'are] *vt* dragar.

draglia → **traglia**.

dra.go.ne [drag'one] ou **dra.go** [dr'ago] *sm Zool.* e *Mit.* dragão.

dram.ma [dr'amma] I *sm Teat.* drama. *Fig.* catástrofe, tragédia.

dramma II → **dracma**.

dram.ma.ti.co [dramm'atiko] *adj* dramático; teatral. *Fig.* comovente.

dram.ma.tur.gi.a [drammaturdʒ'ia] *sf* dramaturgia.

dram.mo.ne [dramm′one] *sm dep* dramalhão.

drap.pie.re [drapp′jere] *sm* fabricante ou vendedor de tecidos.

drap.po [dr′appo] *sm* tecido, pano; vestimenta. *Med.* esparadrapo.

dra.sti.co [dr′astiko] *sm Med.* drástico, purgante enérgico. *adj* drástico, enérgico, violento.

dre.nag.gio [dren′addʒo] *sf* drenagem. **tubo di** ≃ *Med.* dreno, tubo de drenagem.

dritta, dritto → **diritta, diritto.**

driz.za.re [dritts′are] *vt* endireitar, desentortar. *Fig.* enviar. *vpr* levantar-se, erguer-se.

dro.ga [dr′ɔga] *sf* especiaria, erva aromática; droga, entorpecente, alucinógeno.

dro.ga.re [drog′are] *vt* temperar com especiarias, aromatizar; drogar. *vpr* drogar-se.

dro.ghe.ri.a [droger′ia] *sf* mercearia.

dro.ghie.re [drog′jere] *sm* merceeiro.

dro.me.da.rio [dromed′arjo] *sm Zool.* dromedário.

dro.se.ra [dr′ɔzera] *sf Bot.* drósera.

dru.da [dr′uda] *sf Lit.* amante, amásia.

dru.do [dr′udo] *sm Lit.* amante.

dru.i.da [dr′uida] ou **dru.i.do** [dr′uido] *sm* druida, sacerdote celta.

drui.des.sa [drujd′essa] ou **dru.i.da** [dr′uida] *sf* druidesa, feminino de druida.

dru.pa [dr′upa] *sf Bot.* drupa.

du.a.le [du′ale] *sm+adj Gram.* dual.

dua.li.smo [dwal′izmo] *sm* dualismo. *Fig.* contraste, oposição (de princípios, idéias).

dua.li.tà [dwalit′a] *sf* dualidade, duplicidade; contraste, oposição.

dub.bio [d′ubbjo] *sm* dúvida, incerteza, suspeita. *Fig.* medo, temor; perigo, dificuldade. *adj* dúbio, duvidoso, incerto, vago, ambíguo; hesitante. **mettere in** ≃ pôr em dúvida.

dub.bio.so [dubb′jozo] *adj* duvidoso, incerto; indeciso, perplexo, vacilante, hesitante.

du.bi.ta.re [dubit′are] *vi* duvidar; suspeitar; titubear, vacilar, hesitar; descrer; temer.

du.ca [d′uka] *sm* duque. *Fig.+Poét.* guia.

du.ca.to [duk′ato] *sm* ducado.

du.ce [d′utʃe] *sm Poét.* guia, condutor. *Hist.* duce, título usado por Mussolini.

du.ches.sa [duk′essa] *sf* duquesa.

du.e [d′ue] *sm+num* dois.

du.e.cen.te.si.mo [duetʃent′ezimo] *sm+num* ducentésimo.

du.e.cen.to [duetʃ′ento] *sm+num* duzentos. **il D** ≃ *sm* o século XIII.

duel.la.re [dwell′are] *vi* duelar, bater-se em duelo.

duel.lo [d′wello] *sm* duelo.

du.e.mi.la [duem′ila] *sm+num* dois mil.

duet.to [d′wetto] ou **du.o** [d′uo] *sm tb Mús.* dueto, duo.

du.na [d′una] *sf* duna, monte de areia.

dun.que [d′unkwe] *conj+adv* portanto, pois, logo, por isso.

duo → **duetto.**

duodecimo → **dodicesimo.**

duo.de.no [dwod′eno] *sm Anat.* duodeno.

duo.lo [d′wɔlo] *sm Poét.* dor; lamento, choro.

duo.mo [d′wɔmo] ou **do.mo** [d′ɔmo] *sm* catedral; cúpula, domo.

du.pli.ca.re [duplik′are] *vt* duplicar, dobrar.

du.pli.ca.to [duplik′ato] *sm* duplicata, cópia (de documento, livro). *Com.* duplicata. *part+adj* duplicado, dobrado.

du.pli.ca.to.re [duplikat′ore] *sm* copiadora.

du.pli.ce [d′uplitʃe] *num* dúplice.

du.plo [d′uplo] *sm* duplicata, cópia. *adj* duplo, dobrado.

du.ra.bi.le [dur′abile] ou **du.re.vo.le** [dur′evole] *adj* durável.

du.ran.te [dur′ante] *adj* durável, que dura. *prep* durante, no decorrer de, no curso de.

du.ra.re [dur′are] *vt* suportar, agüentar, sustentar. *vi* durar, continuar. *Fig.* perseverar.

du.ra.ta [dur′ata] *sf* duração, extensão de tempo; estabilidade. **di** ≃ duradouro.

du.ra.tu.ro [durat′uro] *adj* duradouro, prolongado. *Fig.* perpétuo, contínuo.

du.rez.za [dur′ettsa] *sf* dureza, solidez, robustez, rigidez, resistência; calombo, calosidade. *Fig.* severidade, rigorosidade; crueldade, rigor; dificuldade; obstinação, teimosia.

du.ro [d′uro] *sm* duro, parte dura; dureza; calosidade. *Fig.* dificuldade. *adj* duro, sólido, robusto, resistente; compacto, denso, maciço. *Fig.* teimoso, obstinado; rígido, rigoroso; cruel, insensível; brusco, rude, áspero; árduo, difícil, cansativo; doloroso, amargo; desarmonioso (estilo). *adv* duramente.

dut.ti.le [d′uttile] *adj* dúctil, flexível, elástico.

E

e [ˈe] *sf* a quinta letra do alfabeto italiano; ê, o nome da letra E.

e [ˈe] *conj* e; mas, porém, ao invés disso. Antes de vogal, em geral **ed: forza ed energia** força e energia.

e.ba.no [ˈebano] *sm* ébano.

eb.be.ne [ebbˈene] *conj* + *interj* e então? e daí?

eb.brez.za [ebbrˈettsa] *sf* embriaguez, bebedeira. *Fig.* loucura, perturbação.

eb.bro [ˈebbro] *adj* embriagado, bêbado, ébrio. *Fig.* louco, fora de si.

e.be.te [ˈebete] *s* + *adj* imbecil, burro, estúpido.

e.bol.li.zio.ne [ebollitsˈjone] *sf* ebulição, fervura.

e.brai.co [ebrˈajko] *sm* + *adj* hebraico.

e.bre.o [ebrˈeo] *sm* hebraico, a língua hebraica. *sm* + *adj* hebreu, israelita.

e.bur.ne.o [ebˈurneo] *adj* ebúrneo, de marfim. *Poét.* muito branco, branquíssimo.

e.ca.tom.be [ekatˈombe] *sf Hist.* hecatombe. *Fig.* massacre, matança, carnificina.

ec.ce.den.te [ettʃedˈente] *sm* excedente, sobra, resto. *adj* excedente, que sobra.

ec.ce.de.re [ettʃˈedere] *vt* exceder, ultrapassar, superar. *vi* exceder-se, passar dos limites.

ec.cel.len.te [ettʃellˈente] *adj* excelente, ótimo.

ec.cel.len.za [ettʃellˈentsa] *sf* excelência, perfeição. **Sua E≃ il Ministro** Sua Excelência, o Ministro. **Vostra E≃ ou l'E≃ Vostra** Vossa Excelência.

ec.cel.le.re [ettʃˈellere] *vi* ser melhor, sobressair-se, destacar-se em.

ec.cel.so [ettʃˈelso] *adj* excelso, magnífico, altíssimo, superior. *Fig.* sublime.

ec.cen.tri.co [ettʃˈentriko] *adj* excêntrico, fora de centro. *Fig.* extravagante, bizarro.

ec.ces.si.vo [ettʃessˈivo] *adj* excessivo, excedente; exagerado.

ec.ces.so [ettʃˈesso] *sm* excesso, excedente; devassidão, libertinagem; atrocidade, bestialidade. *Fig.* crime. **all'≃** excessivamente, exageradamente.

ec.ce.te.ra [ettʃˈetera] *adv* (*abrev* **ecc.**) et cetera, etc.

ec.cet.to [ettʃˈetto] *prep* exceto, à exceção de, salvo, menos.

ec.cet.tu.a.re [ettʃettuˈare] *vt* excetuar, excluir.

ec.cet.tu.a.to [ettʃettuˈato] *part* + *adj* excetuado, excluído. **nessuno ≃** todo mundo.

ec.ce.zio.na.le [ettʃetsjonˈale] *adj* excepcional.

ec.ce.zio.ne [ettʃetsˈjone] *sf* exceção. **l'≃ conferma la regola** a exceção confirma a regra.

ec.chi.mo.si [ekkˈimozi] *sf Med.* equimose.

ec.ci.ta.re [ettʃitˈare] *vt* excitar, estimular. *Fig.* provocar, causar; instigar. *vpr* excitar-se, animar-se; irar-se.

ec.cle.sia.sti.co [ekklezˈjastiko] *sm* sacerdote, padre, eclesiástico. *adj* eclesiástico, da Igreja.

ec.co [ˈekko] *adv* + *interj* eis! aqui está! **≃mi!** aqui estou!

ec.co.me [ekkˈome] *interj* e como!

e.cheg.gia.re [ekeddʒˈare] *vt* repetir, repercutir. *vi* ecoar, ressonar.

e.chid.na [ekˈidna] *sf Zool.* eqüidna.

e.clet.ti.co [eklˈettiko] *sm* + *adj* eclético.

e.clis.sa.re [eklissˈare] ou **ec.clis.sa.re** [ekklissˈare] *vt Astron.* eclipsar, escurecer. *Fig.* ultrapassar, sobrepujar. *vpr Astron.* eclipsar-se, escurecer-se. *Fig.* desaparecer, esconder-se.

e.clis.si [eklˈissi], **ec.clis.si** [ekklˈissi] ou **e.clis.se** [eklˈisse] *s Astron.* eclipse.

e.clo.ga [ˈekloga] ou **e.glo.ga** [ˈegloga] *sf* écloga, bucólica, poesia pastoril.

e.co [ˈeko] *s* (*pl m* **gli echi**) eco. *Fig.* conseqüência.

e.co.lo.gi.a [ekolodʒˈia] *sf* ecologia.

e.co.no.mi.a [ekonomˈia] *sf* economia, poupança, parcimônia. *Fig.* harmonia.

e.co.no.mi.co [ekonˈomiko] *adj* econômico; poupador, que economiza.

e.co.no.miz.za.re [ekonomiddzˈare] *vt* economizar, poupar.

e.cu.me.ni.co [ekumˈeniko] *adj Rel.* ecumênico, universal.

ec.ze.ma [ekdzˈema] *sm Med.* eczema.

e.de.ma [edˈema] *sm Med.* edema.

E.den [ˈeden] *sm Rel.* Éden. *Fig.* paraíso.

e.de.ra [ˈedera] ou **el.le.ra** [ˈellera] *sf Bot.* hera.

e.di.co.la [ed'ikola] *sf* banca de jornais. *Rel.* capela, pequeno templo; nicho (para imagem).

e.di.fi.ca.re [edifik'are] *vt* edificar, construir, erguer. *Fig.* dar bom exemplo. *vpr* seguir bons exemplos.

e.di.fi.ca.zio.ne [edifikats'jone] *sf* edificação, construção. *Fig.* bom exemplo.

e.di.fi.cio [edif'itʃo] ou e.di.fi.zio [edif'itsjo] *sm* edifício, construção. *Fig.* instituição.

e.di.to ['edito] *part+adj* editado, publicado.

e.di.to.re [edit'ore] *sm* editor.

e.di.tri.ce [editr'itʃe] *sf* editora (feminino de editor). casa ≃ editora (empresa), casa editorial.

e.dit.to [ed'itto] *sm* edito, decreto, lei.

e.di.zio.ne [edits'jone] *sf* edição, publicação.

e.du.can.da.to [edukand'ato] ou e.du.can.da.to.rio [edukandat'ɔrjo] *sm* internato, colégio interno para moças.

e.du.ca.re [eduk'are] *vt* educar, instruir, ensinar; criar. *Fig.* acostumar, habituar.

ef.fe ['effe] *sf* efe, o nome da letra F.

ef.fem.mi.na.re [effemmin'are] ou ef.fe.mi.na.re [effemin'are] *vt* efeminar. *Fig.* enfraquecer, debilitar.

ef.fe.ra.to [effer'ato] *adj* firme, fixo; cruel.

ef.fer.ve.scen.te [efferveʃ'ente] *adj* efervescente.

ef.fet.ti.vo [effett'ivo] *sm Mil.* efetivo, número de soldados. *adj* efetivo; real; eficiente.

ef.fet.to [eff'etto] *sm* efeito; resultado; fim, escopo. *Com.* cédula, letra. ≃ i *pl* vestuário, roupas; mobília. in ≃ efetivamente.

ef.fet.tua.re [effett'ware] *vt* efetuar, executar, realizar, cumprir.

ef.fi.ca.ce [effik'atʃe] *adj* eficaz; adequado; forte, ativo, enérgico, potente.

ef.fi.ca.cia [effik'atʃa] *sf* eficácia; força, energia, potência.

ef.fi.cien.te [effitʃ'ente] *adj* eficiente; útil.

ef.fi.gie [eff'idʒe] *sf* efígie, imagem; aspecto.

ef.fi.me.ro [eff'imero] ou e.fi.me.ro [ef'imero] *adj* efêmero. *Fig.* passageiro.

ef.flu.vio [effl'uvjo] *sm* eflúvio, emanação, exalação.

ef.fon.de.re [eff'ondere] *vt* derramar, verter; espalhar, expandir. *vpr* expandir-se.

e.ge.mo.ni.a [edʒemon'ia] *sf* hegemonia. *Fig.* domínio, supremacia.

e.gi.da ['edʒida] *sf Mit.* égide, escudo de Zeus e Atena. *Fig.* proteção, defesa, amparo.

e.gi.ra [edʒ'ira] *sf Rel.* hégira.

e.git.to.lo.go [edʒitt'ɔlogo] *sm* egiptólogo.

e.gi.zia.no [edʒits'jano] *sm+adj* egípcio, do Egito moderno.

e.gi.zio [edʒ'itsjo] *sm+adj* egípcio, do Egito antigo.

e.gli ['eʎi] *pron msg* ele (pessoa).

egloga → ecloga

e.go.cen.tri.co [egotʃ'entriko] *adj* egocêntrico.

e.go.i.smo [ego'izmo] *sm* egoísmo.

e.gre.gio [egr'edʒo] *adj* distinto, respeitável, egrégio, insigne; excelente, exímio.

eguaglianza, eguagliare, eguale → uguaglianza, uguagliare, uguale.

eh ['ɛ] *interj* eh! ih! oh! (indica espanto, surpresa, indignação).

ehi ['ei] *interj* ei! ó! (chamamento).

ehm ['em] *interj* olha! (ameaça, advertência). uh! hum! (em tom de zombaria).

e.ia ['ɛja] *interj* eia! vamos!

e.ia.cu.la.zio.ne [ejakulats'jone] *sf* ejaculação.

e.la.bo.ra.re [elabor'are] *vt* elaborar, preparar.

e.la.bo.ra.to.re [elaborat'ore] *sm* elaborador, preparador. ≃ di testi *Inform.* processador de textos.

e.la.sti.co [el'astiko] *sm* elástico; jarreteira, liga elástica; cama de molas. *adj* elástico.

e.le.fan.te [elef'ante] *sm Zool.* elefante.

e.le.fan.tes.sa [elefant'essa] *sf Zool.* elefanta, aliá, fêmea do elefante.

e.le.fan.ti.a.si [elefant'iazi] *sf Med.* elefantíase.

e.le.gan.te [eleg'ante] *adj* elegante, gracioso.

e.leg.ge.re [el'eddʒere] *vt* eleger; escolher, preferir; nomear.

e.le.gi.a [eled'ʒia] *sf Lit.* elegia.

e.le.men.ta.re [element'are] *adj* elementar, rudimentar. scuola ≃ escola primária.

e.le.men.to [elem'ento] *sm* elemento. *Quím.* elemento químico, corpo simples. *Fig.* fundamento, princípio; ambiente, meio.

e.le.mo.si.na [elem'ɔzina] ou li.mo.si.na [lim'ɔzina] *sf* esmola, donativo; caridade; pagamento (pela missa). fare un' ≃ dar uma esmola, fazer um donativo.

e.le.mo.si.na.re [elemozin'are] *vi* pedir esmolas, esmolar, mendigar. *Fig.* procurar.

e.len.ca.re [elenk'are] *vt* listar, relacionar.

e.len.co [el'enko] *sm* lista, relação, índice; catálogo. ≃ telefonico lista telefônica.

e.let.ta [el'etta] *sf* escolha; elite, nata, fina flor.

e.let.ti.vo [elett'ivo] *adj* eletivo.

e.let.to [el'etto] *sm Rel.* eleito (para a vida eterna). *part+adj* eleito, escolhido. *Fig.* favorito.

e.let.to.re [elett'ore] *sm* eleitor.

e.let.tri.ci.tà [elettritʃit'a] *sf* eletricidade. ≃ statica → elettrostatica. ≃ dinamica → elettrodinamica.

e.let.tri.co [el'ettriko] *adj* elétrico.

e.let.tri.fi.ca.re [elettrifik'are] *vt* eletrificar.

e.let.triz.za.re [elettriddz'are] *vt* eletrizar. *Fig.* entusiasmar, animar. *vpr* entusiasmar-se, animar-se.

e.let.tro.ca.la.mi.ta [elettrokalam'ita] *sf* ou e.let.tro.ma.gne.te [elettromañ'ete] *sm* Fís. eletroímã.

e.let.tro.car.dio.gram.ma [elettrocardiogr' amma] *sm* Med. eletrocardiograma.

e.let.tro.de [elettr'ɔde] ou e.let.tro.do [elettr'ɔdo] *sm* Fís. e Quím. eletrodo.

e.let.tro.di.na.mi.ca [elettrodin'amika] ou elet.tricità dinamica *sf* Fís. eletrodinâmica.

e.let.tro.do.me.sti.co [elettrodom'estiko] *sm* eletrodoméstico.

e.let.tro.li.si [elettr'ɔlizi] *sf* Fís. e Quím. eletrólise, eletrolisação.

elettromagnete → elettrocalamita.

e.let.tro.ma.gne.ti.co [elettromañ'etiko] *adj* Fís. eletromagnético.

e.let.tro.ne [elettr'one] *sm* Fís. e Quím. elétron.

e.let.tro.ni.co [elettr'ɔniko] *adj* eletrônico. tu.bo = tubo (da televisão).

e.let.tro.sta.ti.ca [elettrost'atika] ou elettricità statica *sf* Fís. eletrostática.

e.let.tro.tre.no [elettrotr'eno] *sm* trem elétrico.

e.le.va.re [elev'are] *vt* elevar, levantar, erguer. *Fig.* exaltar, elogiar. *vpr* elevar-se, subir.

e.le.va.to.re [elevat'ore] *sm* guindaste, grua (de portos).

e.le.va.zio.ne [elevats'jone] *sf* elevação, levantamento. *Fig.* exaltação, elogio. ≃ a potenza *Mat.* potenciação.

e.le.zio.ne [elets'jone] *sf* eleição, escolha; nomeação; vontade.

e.lian.te.mo [eljant'emo] *sm* Bot. girassol, helianto.

e.li.ca ['elika] ou e.li.ce ['elitʃe] *sf* hélice; escada em caracol.

e.li.coi.da.le [elikojd'ale] *adj* helicoidal.

e.li.cot.te.ro [elik'ɔttero] *sm* helicóptero.

e.li.de.re [el'idere] *vt* elidir, eliminar, suprimir uma letra; anular, destruir. *vpr* destruir-se.

e.li.mi.na.re [elimin'are] *vt* eliminar, excluir, retirar.

e.lio ['eljo] *sm* Quím. hélio. *Fig.* Sol.

e.lio.tro.pio [eljotr'ɔpjo] *sm* Bot. heliotrópio.

e.li.sio.ne [eliz'jone] *sf* Gram. elisão.

e.li.si.re [eliz'ire] *sm* elixir. ≃ di lunga vita elixir da longa vida.

e.li.so [el'izo] *part* + *adj* eliminado, excluído, suprimido, retirado. Campi E≃i *Mit.* Campos Elísios. *Fig.* paraíso, lugar de prazeres.

el.la ['ɛlla] *pron fsg* ela (pessoa); vossa senhoria, vossa excelência.

el.le ['ɛlle] *sf* ele, o nome da letra L.

el.le.ni.co [ell'eniko] *adj* helênico, dos gregos.

ellera → edera.

el.lis.se [ell'isse] *sf* Geom. elipse.

el.lis.si [ell'issi] *sf* Gram. elipse, omissão.

el.min.ti [elm'inti] *sm pl* Zool. helmintos.

el.mo ['elmo] *sm* capacete; elmo.

e.lo.cu.zio.ne [elokuts'jone] *sf* elocução.

e.lo.gia.re [elodʒ'are] *vt* elogiar, louvar.

e.lo.gi.o [el'ɔdʒo] *sm* elogio, louvor.

e.lo.quen.te [elok'wente] *adj* eloqüente, bem-falante, expressivo.

e.lu.ci.da.re [elutʃid'are] *vt* elucidar, explicar.

e.lu.de.re [el'udere] *vt* evitar com agilidade, eludir; acabar com, frustrar (sonhos, planos).

e.ma.cia.re [ematʃ'are] *vt* + *vpr* emagrecer.

e.ma.na.re [eman'are] *vt* emanar, exalar, emitir (gases, odores); publicar, promulgar (leis). *vi* emanar, exalar; originar-se de, nascer de.

e.man.ci.pa.re [emantʃip'are] *vt* emancipar, livrar. *vpr* livrar-se, desvincular-se.

e.ma.ti.te [emat'ite] *sf* Min. hematita.

e.ma.to.ma [emat'oma] *sm* Med. hematoma.

e.ma.zia [em'atsja] *sf* Med. hemácia.

em.bar.go [emb'argo] *sm* Dir. embargo, seqüestro (de bens). *Fig.* impedimento.

em.ble.ma [embl'ema] *sm* emblema, símbolo.

em.bo.li.a [emboli'a] *sf* Med. embolia.

em.bo.lo ['embolo] *sm* Med. êmbolo.

em.brio.ne [embri'one] *sm* Med. embrião, feto. *Bot.* feto, germe. *Fig.* plano, idéia.

em.brio.ni.co [embri'oniko] ou em.brio.na.le [embrjon'ale] *adj* embrionário.

e.men.da [em'enda] *sf* emenda, correção.

e.men.da.re [emend'are] *vt* emendar, corrigir, modificar; ressarcir (prejuízo). *Dir.* reformar. *vpr* corrigir-se, emendar-se, melhorar.

e.mer.gen.za [emerdʒ'entsa] *sf* emersão; emergência, situação, circunstância, conjuntura.

e.mer.ge.re [em'erdʒere] *vi* emergir. *Fig.* surgir; distinguir-se, destacar-se.

e.me.ri.to [em'erito] *adj* emérito, aposentado.

e.met.te.re [em'ettere] *vt* emitir, expedir, enviar; exprimir (opinião). ≃ moneta emitir moeda.

e.mi.gra.re [emigr'are] *vi* emigrar.

e.mi.nen.te [emin'ente] *adj* eminente, superior. *Fig.* alto, elevado, sublime.

e.mi.nen.za [emin'entsa] *sf* eminência, altura, elevação do terreno. E≃ Eminência.

e.mi.ro [em'iro] *sm* emir.

e.mi.sfe.ro [emisf'ero] *sm* hemisfério.

e.mis.sa.rio [emiss'arjo] *sm* emissário; esgoto, tubo para escoamento; explorador; espião, agente secreto.

e.mis.sio.ne [emiss'jone] *sf* emissão, expedição, envio. *Com.* emissão (moeda, ações).

e.mit.ten.te [emitt'ente] *sf* emissora, estação (de rádio, televisão). *adj* emitente, emissor.

em.me ['emme] *sf* eme, o nome da letra M.

e.mo.fi.li.a [emofil'ia] *sf Med.* hemofilia.

e.mo.glo.bi.na [emoglob'ina] *sf* hemoglobina.

e.mol.lien.te [emoll'jente] *sm* + *adj Med.* emoliente, amolecedor.

e.mo.lu.men.to [emolum'ento] *sm* emolumento, ganho; retribuição; salário, pagamento.

e.mor.ra.gi.a [emorað3'ia] *sf Med.* hemorragia.

e.mor.roi.di [emorr'ojdi] *sf pl Med.* hemorróidas.

e.mo.ti.vo [emot'ivo] *adj* emotivo.

e.mo.zio.ne [emots'jone] *sf* emoção, comoção, perturbação. *Fig.* agitação, entusiasmo.

empetiggine → **impetiggine**

em.pie.re ['empjere] ou **em.pi.re** [emp'ire] *vt* encher; acumular. *tb Fig.* fartar, saciar. *vpr* encher-se, fartar-se, saciar-se.

em.pi.fon.do [empif'ondo] *sm* maré-cheia, maré alta.

em.pio ['empjo] *sm* + *adj* ímpio, incrédulo, ateu. *Fig.* cruel.

em.pi.re.o [emp'ireo] *sm* empíreo, morada dos deuses.

em.pi.ri.co [emp'iriko] *adj* empírico.

em.po.rio [emp'ɔrjo] *sm* empório, mercado, centro comercial. *Fig.* abundância.

e.mu.la.re [emul'are] *vt* emular, rivalizar, disputar, competir.

e.mul.sio.ne [emuls'jone] *sf Quím.* e *Med.* emulsão.

en.ce.fa.li.te [entʃefal'ite] ou **en.ce.fa.li.ti.de** [entʃefal'itide] *sf Med.* encefalite.

en.ce.fa.lo [entʃ'efalo] *sm Anat.* encéfalo.

en.ci.cli.ca [entʃ'iklika] *sf Rel.* encíclica.

en.ci.clo.pe.di.a [entʃiklopéd'ia] *sf* enciclopédia.

en.cli.ti.ca [enkl'itika] *sf* + *adj Gram.* enclítica.

en.de.ca.sil.la.bo [endekas'illabo] *sm* + *adj* hendecassílabo, verso de onze sílabas.

en.de.mi.a [endem'ia] *sf Med.* endemia.

en.do.car.dio [endok'ardjo] *sm Anat.* endocárdio.

en.do.car.po [endok'arpo] *sm Bot.* endocarpo.

en.do.cri.no.lo.gi.a [endokrinolod3'ia] *sf Med.* endocrinologia.

en.do.sco.pi.a [endoskop'ia] *sf Med.* endoscopia.

e.ner.gi.a [enerd3'ia] *sf* energia, força, vigor;

firmeza (de caráter). ≃ **termica** energia térmica. ≃ **elettrica** energia elétrica.

e.ner.gi.co [en'erd3iko] *adj* enérgico, vigoroso.

e.ner.gu.me.no [energ'umeno] *adj* energúmeno, endemoninhado, possuído. *Fig.* furioso.

en.fa.si ['enfazi] *sf* ênfase, exagero.

en.fia.re [enf'jare] *vt* inchar, intumescer. *vi* inchar-se, intumescer-se.

en.fia.to [enf'jato] *sm Med.* tumor, inchaço, intumescimento. *part* + *adj* inchado, intumescido; vaidoso, arrogante.

en.fi.se.ma [enfiz'ema] *sm Med.* enfisema.

e.nig.ma [en'igma] ou **e.nim.ma** [en'imma] *sm* enigma, charada, adivinhação; mistério.

e.nig.ma.ti.co [enigm'atiko] ou **e.nim.ma.ti.co** [enimm'atiko] *adj* enigmático; misterioso.

en.ne ['enne] *sf* ene, o nome da letra N.

en.ne.si.mo [enn'ezimo] *adj* enésimo, infinito, inumerável, indefinido (número).

e.no.lo.gi.a [enolod3'ia] ou **e.no.tec.ni.ca** [enot'ɛknika] *sf* enologia.

e.nor.me [en'orme] *adj* enorme; gigantesco, desmedido, descomunal.

e.nor.mi.tà [enormit'a] *sf* enormidade. *Fig.* coisa extraordinária; maldade, malvadeza; gravidade; atrocidade, bestialidade.

en.te ['ente] *sm* ente, ser; coisa, objeto. l'E ≃ **supremo** ou l'E ≃ Deus, o Senhor.

en.te.ri.te [enter'ite] *sf Med.* enterite.

en.ti.tà [entit'a] *sf* entidade, ente, ser. *Fig.* importância, relevância; gravidade, seriedade.

en.to.mo.lo.gi.a [entomolod3'ia] *sf Zool.* entomologia.

en.tra.gna [entr'aña] *sf* entranha, víscera. *Fig.* interior, coração.

en.tram.be [entr'ambe] *pron fpl* ambas, uma e outra, todas as duas.

en.tram.bi [entr'ambi] *pron mpl* ambos, um e outro, todos os dois.

en.tra.re [entr'are] *vi* entrar, penetrar; intrometer-se, meter-se; ter a ver com. ≃ **ci** *Fig.* entrar na cabeça, convencer-se de.

en.tra.ta [entr'ata] *sf* entrada, abertura. *Com.* renda, entrada. *Mús.* prelúdio, introdução. ≃ **e uscita** *Contab.* ativo e passivo, receita e despesa.

en.tu.sia.sma.re [entuzjazm'are] *vt* entusiasmar.

en.tu.sia.smo [entuz'jazmo] *sm* entusiasmo, animação, excitação; inspiração.

e.nu.me.ra.re [enumer'are] *vt* enumerar, numerar, relacionar.

e.nun.cia.re [enuntʃ'are] ou **e.nun.zia.re** [enunts'jare] *vt* enunciar, declarar, exprimir, expor (idéias).

en.zi.ma [ents′ima] sf enzima.

e.pa.ti.te [epat′ite] ou e.pa.ti.ti.de [epat′itide] sf Med. hepatite.

epica → epopea.

e.pi.ce.no [epitʃ′ɛno] adj Gram. epiceno.

e.pi.cen.tro [epitʃ′entro] sm Geol. epicentro.

e.pi.co [′ɛpiko] sm + adj Lit. épico.

e.pi.de.mi.a [epidem′ia] sf epidemia.

e.pi.der.mi.de [epid′ermide] sf Anat. epiderme.

E.pi.fa.ni.a [epifan′ia] sf Rel. Epifania, Dia de Reis.

e.pi.fi.ta [ep′ifita] sf Bot. epífita.

e.pi.glot.ta [epigl′ɔtta] ou e.pi.glot.ti.de [epigl′ɔttide] sf Anat. epiglote.

e.pi.gra.fe [ep′igrafe] sf epígrafe, inscrição.

epilare → depilare.

e.pi.les.si.a [epiless′ia] sf Med. epilepsia.

e.pi.let.ti.co [epil′ettiko] sm + adj epilético.

e.pi.lo.ga.re [epilog′are] vt epilogar, resumir, recapitular.

e.pi.lo.go [ep′ilogo] sm ou e.pi.lo.ga.zio.ne [epilogats′jone] sf epílogo, conclusão; recapitulação.

e.pi.sco.pa.le [episkop′ale] ou ve.sco.vi.le [veskov′ile] adj episcopal, bispal.

e.pi.so.dio [epiz′ɔdjo] sm episódio, fato, acontecimento, caso, narração; capítulo.

e.pi.stas.si [epist′assi] sf Med. epistaxe, hemorragia nasal.

e.pi.sto.la [ep′istola] sf Lit. e Rel. epístola. Irôn. romance, carta muito longa.

e.pi.taf.fio [epit′affjo] sm epitáfio.

e.pi.te.lio [epit′ɛljo] sm Anat. epitélio.

e.pi.te.to [ep′iteto] sm epíteto, título, adjetivo.

e.po.ca [′epoka] sf época, período, tempo.

e.po.pe.a [epop′ɛa] ou e.pi.ca [′epika] sf epopéia, poesia épica.

eppure → pure.

e.pta.sil.la.bo [eptas′illabo] ou et.ta.sil.la.bo [ettas′illabo] sm + adj Lit. heptassílabo.

E.qua.to.re [ekwat′ore] sm Geogr. Equador.

e.qua.to.ria.le [ekwator′jale] adj Geogr. equatorial.

e.qua.zio.ne [ekwats′jone] sf Mat. equação.

e.que.stre [ek′westre] adj eqüestre, a cavalo, de cavaleiro. ordine ≃ ordem cavaleiresca.

e.qui.di.stan.te [ekwidist′ante] adj eqüidistante.

e.qui.la.te.ro [ekwil′atero] adj Geom. eqüilátero ou eqüilateral.

e.qui.li.bra.re [ekwilibr′are] vt equilibrar. vpr equilibrar-se.

e.qui.li.brio [ekwil′ibrjo] sm equilíbrio.

e.qui.li.bri.sta [ekwilibr′ista] s equilibrista.

e.qui.no [ek′wino] adj eqüino, eqüídeo. ≃ i ou equidi pl Zool. eqüinos, eqüídeos.

e.qui.no.zio [ekwin′ɔtsjo] sm Astron. equinócio. ≃ di primavera equinócio da primavera. ≃ d′autunno equinócio do outono.

e.qui.pag.gia.re [ekwipaddʒ′are] vt equipar.

e.qui.pag.gio [ekwip′addʒo] sm equipamento, equipagem. Mil., Aer. e Náut. tripulação.

e.qui.pa.ra.re [ekwipar′are] vt equiparar, igualar; comparar.

e.qui.tà [ekwit′a] sf eqüidade, igualdade; justiça, retidão.

e.qui.ta.zio.ne [ekwitats′jone] sf equitação.

e.qui.va.le.re [ekwival′ere] vi + vpr equivaler.

e.qui.vo.ca.re [ekwivok′are] vi equivocar, enganar-se, errar.

e.qui.vo.co [ekw′ivoko] sm equívoco, engano, erro; palavra de duplo sentido.

e.quo [′ekwo] adj justo; íntegro, honesto.

e.ra [′era] sf era. Fig. época, tempo. ≃ volgare ou ≃ cristiana era cristã.

eradicare → sradicare.

e.ra.rio [er′arjo] sm erário, tesouro público.

er.ba [′erba] sf erva; grama. essere in ≃ estar ainda verde, estar despreparado. fare di ogni ≃ fascio não saber separar o joio do trigo. ≃ mala presto cresce erva ruim geada não mata. ogni ≃ si conosce per lo seme a árvore se conhece pelos frutos.

er.bac.cia [erb′attʃa] sf dep erva daninha.

er.bi.vo.ro [erb′ivoro] sm + adj Zool. herbívoro.

er.cu.le.o [erk′uleo] adj hercúleo. Fig. robusto, muito forte, valente.

e.re.de [er′ede] s herdeiro, herdeira.

e.re.di.tà [eredit′a] sf herança. ≃ ou principio di ≃ Fisiol. lei da herança.

e.re.di.ta.re [eredit′are] vt + vi herdar.

e.re.di.ta.rie.tà [ereditarjet′a] sf hereditariedade.

e.re.di.ta.rio [eredit′arjo] adj hereditário, congênito.

e.re.mi.ta [erem′ita] s eremita. Fig. solitário.

e.re.mo [′eremo] sm ermo, lugar solitário.

e.re.si.a [erez′ia] sf heresia. Fig. erro; besteira.

e.re.ti.co [er′etiko] sm + adj herético, herege.

e.re.zio.ne [erets′jone] sf levantamento, construção; fundação. Fisiol. ereção.

er.ga.sto.lo [erg′astolo] sm cárcere, prisão, masmorra; prisão perpétua.

e.ri.ca [′erika] sf Bot. urze.

e.ri.ge.re [er′idʒere] vt erigir, erguer, levantar; construir, edificar; fundar, instituir. vpr erguer-se, levantar-se; surgir.

e.ri.si.pe.la [erizip'ela] *sf Med.* erisipela, inflamação da pele. → *tb* resipola.

er.ma.fro.di.to [ermafrod'ito] *sm + adj* hermafrodita.

er.mel.li.no [ermell'ino] *sm Zool.* arminho.

er.me.ti.co [erm'etiko] *adj* hermético. *Fig.* oculto, misterioso; obscuro.

er.mo ['ermo] *sm* ermo, deserto. *adj Poét.* ermo, solitário.

er.nia ['ɛrnja] *sf Med.* hérnia.

e.ro.e [er'ɔe] *sm* herói. *Mit.* semideus. *Fig.* o protagonista, personagem principal.

e.roi.co [er'ɔjko] *adj* heróico; corajoso, valoroso. *Fig.* legendário, épico, mítico.

e.ro.i.na [ero'ina] *sf* heroína. *Fig.* a protagonista, personagem principal. *Quím.* heroína.

e.rom.pe.re [er'ompere] *vi* irromper, brotar.

e.ro.sio.ne [eroz'jone] *sf Geol.* erosão; corrosão, desgaste.

e.ro.ti.co [er'ɔtiko] *adj* erótico; sensual.

er.pe.te ['ɛrpete] *sm Med.* herpes; dermatose.

er.ran.te [eř'ante] *adj* errante, vagabundo; distante (olhar). cavaliere ≃ cavaleiro errante.

er.ra.re [eř'are] *vi* errar, vagar; perder-se. *Fig.* enganar-se. è umano ≃ errar é humano. errando si impara errando é que se aprende.

er.ra.ta [eř'ata] *sf* errata, lista de erros.

er.re ['ɛře] *sf* erre, o nome da letra R.

er.ro.ne.o [eř'ɔrneo] *adj* errôneo, incorreto.

er.ro.re [eř'ore] *sm* erro; inadvertência; defeito, imperfeição. *Fig.* absurdo, contra-senso; excesso. ≃ tipografico erro de impressão.

er.ta ['ɛrta] *sf* ladeira, subida. all' ≃ ! em guarda! atenção! stare all' ≃ ficar alerta.

er.to ['ɛrto] *adj* íngreme, escarpado, a pique.

e.ru.di.to [erud'ito] *sm + adj* erudito, culto, literato, douto.

e.rut.ta.re [erutt'are] *vt* expelir, lançar (lava); vomitar. *vi* arrotar.

e.ru.zio.ne [eruts'jone] *sf Geol. e Med.* erupção.

e.sa.cer.ba.re [ezat∫erb'are] ou a.cer.ba.re [at∫erb'are] *vt* exacerbar, irritar, encolerizar.

e.sa.ge.ra.re [ezadʒer'are] *vt* exagerar, aumentar.

e.sa.ge.ra.zio.ne [ezadʒerats'jone] *sf* exagero.

e.sa.go.no [ez'agono] *sm Geom.* hexágono.

e.sa.la.re [ezal'are] *vt + vi* exalar, emanar. ≃ l'anima ou lo spirito *Fig.* expirar, morrer.

e.sal.ta.re [ezalt'are] *vt* exaltar, elogiar, louvar, engrandecer, glorificar. *Fig.* excitar, inebriar. *vpr* exaltar-se, enfurecer-se.

e.sa.me [ez'ame] *sm* exame; observação, investigação; prova, teste. *Dir.* interrogatório. fare l' ≃ aplicar o exame. dare l' ≃, prendere l' ≃ ou sostenere l' ≃ prestar exame, fazer prova.

e.sa.mi.na.re [ezamin'are] *vt* examinar, observar, investigar. *Dir.* interrogar. *vpr* fazer exame de consciência.

e.san.gue [ez'angwe] *adj* exangue, sem sangue; morto. *Fig.* sem vida, exausto, sem forças.

e.sa.spe.ra.re [ezasper'are] *vt* exasperar, irritar.

e.sat.tez.za [ezatt'ettsa] *sf* exatidão, correção, diligência; precisão; pontualidade.

e.sat.to [ez'atto] *adj* exato, correto, diligente; preciso, impecável; verdadeiro, real; pontual.

e.sau.ri.re [ezawr'ire] *vt* exaurir, consumir, gastar; esgotar, acabar (mercadorias). *Fig.* esgotar (um assunto). *vpr* exaurir-se, consumir-se. *Fig.* perder a autoridade.

e.sau.sto [ez'awsto] *adj* exausto, abatido, debilitado, desfalecido; gasto, consumido.

e.sa.zio.ne [ezats'jone] *sf Dir.* exação, cobrança.

e.sca ['eska] *sf tb Fig.* isca; chamariz, engodo.

e.schi.me.se [eskim'eze] ou e.squi.me.se [eskwim'eze] *s + adj* esquimó.

e.scla.ma.re [esklam'are] *vi* exclamar, gritar; bradar; enfatizar.

e.sclu.de.re [eskl'udere] *vt* excluir, excetuar, tirar; rejeitar, negar. *Dir.* privar (de um direito).

e.sclu.si.vo [eskluz'ivo] *adj* exclusivo, privativo; intransigente, intolerante.

e.sco.ria.re [eskor'jare] *vt* escoriar, esfolar.

e.scre.men.to [eskrem'ento] *sm* excremento, excreção. ≃i *pl* fezes, excrementos.

e.scre.scen.za [eskre∫'entsa] *sf Med.* excrescência, tumor ou intumecimento na pele.

e.scre.zio.ne [eskrets'jone] *sf* excreção.

e.scur.sio.ne [eskurs'jone] *sf* excursão, passeio (turístico). *Mil.* incursão, ataque inimigo.

e.se.cra.re [ezekr'are] *vt* execrar, detestar.

e.se.cu.to.re [ezekut'ore] *sm + adj* executor, realizador. ≃ di giustizia *Dir.* carrasco.

e.se.cu.zio.ne [ezekuts'jone] *sf* execução, cumprimento (de ordem, pena). *Mús.* execução, toque, canto. ≃ capitale pena de morte.

e.se.gui.re [ezeg'wire] *vt* executar, cumprir (ordem, pena). *Mús.* executar, tocar, cantar.

e.sem.pio [ez'empjo] *sm* exemplo, exemplar, modelo. ad ≃ ou per ≃ por exemplo.

e.sem.pla.re [ezempl'are] *sm* exemplar, cópia (de obra); caderno de caligrafia; espécime, indivíduo. *adj* exemplar, modelar.

e.sen.ta.re [ezent'are] *vt* isentar, dispensar, livrar. *vpr* exirmir-se, dispensar-se.

e.sen.te [ez'ɛnte] *adj* isento, livre, liberado.

e.se.quie [ez'ɛkwje] *sf pl* exéquias.

e.ser.ci.re [ezert∫'ire] *vt* exercer, administrar.

e.ser.ci.ta.re [ezertʃit'are] *vt* exercitar, praticar; treinar, adestrar. *vpr* exercitar-se, praticar.

e.ser.ci.to [ez'ertʃito] *sm* exército. *Fig.* multidão.

e.ser.ci.zio [ezertʃ'itsjo] *sm* exercício; prática, uso; treinamento, adestramento; negócio; estudo, dedicação. *Com.* exercício, ano fiscal. *Mil.* manobra, exercício.

e.si.bi.re [ezib'ire] *vt* exibir, mostrar; oferecer. *Dir.* apresentar (provas). *vpr* exibir-se; oferecer-se.

e.si.gen.za [ezidʒ'entsa] *sf* exigência; pretensão; necessidade.

e.si.ge.re [ez'idʒere] *vt* exigir, pretender; reclamar, requerer, querer.

e.si.guo [ez'igwo] *adj* exíguo, escasso; minguado, minúsculo.

e.si.la.ran.te [ezilar'ante] *adj* alegre, divertido, hilariante. **gas** ≈ gás hilariante.

e.si.la.ra.re [ezilar'are] *vt* alegrar, divertir. *vpr* alegrar-se, divertir-se.

e.si.le ['ezile] *adj* fraco, magro; fino, tênue.

e.si.lia.re [ezil'jare] *vt* exilar, expulsar, expatriar. *vpr* exilar-se, afastar-se, separar-se.

e.si.lio [ez'iljo] *sm* exílio, expulsão, degredo.

e.si.me.re [ez'imere] *vt* eximir, isentar, liberar, livrar. *vpr* eximir-se, isentar-se, livrar-se.

e.si.mio [ez'imjo] *adj* exímio, ótimo, excelente; ilustre, eminente.

e.si.tan.za [ezit'antsa] *sf* hesitação, indecisão, perplexidade, vacilação.

e.si.ta.re [ezit'are] *vi* hesitar, vacilar.

e.si.to ['ezito] *sm* êxito, sucesso, resultado; conclusão, solução, desenlace; despesa.

e.so.do ['ezodo] *sm* êxodo, saída. *Fig.* emigração.

e.so.fa.go [ez'ɔfago] *sm Anat.* esôfago.

e.so.ne.ra.re [ezoner'are] *vt* exonerar, demitir; dispensar, isentar.

e.so.ne.ro [ez'onero] *sm* exoneração.

e.sor.bi.tan.za [ezorbit'antsa] *sf* exorbitância, excesso.

e.sor.bi.ta.re [ezorbit'are] *vi* sair da órbita; exceder, passar dos limites.

e.sor.ci.smo [ezortʃ'izmo] *sm Rel.* exorcismo, esconjuro.

e.sor.ciz.za.re [ezortʃiddz'are] *vt Rel.* exorcizar, esconjurar; exortar, incitar, convencer.

e.sor.di.re [ezord'ire] *vi* iniciar, começar (discurso). *Teat.* estrear.

e.sor.ta.re [ezort'are] *vt* exortar, induzir, incitar.

e.so.so [ez'ɔzo] *adj* antipático, odioso, insuportável; mesquinho, sovina; ganancioso.

e.so.te.ri.co [ezot'eriko] ou **es.so.te.ri.co** [essot'eriko] *adj* exotérico, esotérico, secreto.

e.so.ti.co [ez'ɔtiko] *adj* exótico, extravagante. *Fig.* estrangeiro, alienígena.

e.span.de.re [esp'andere] *vt* expandir, estender, alargar. *vpr* expandir-se, estender-se. *Fig.* difundir-se; abrir-se, fazer confidências.

e.span.sio.ne [espans'jone] *sf* expansão, extensão; manifestação (de sentimentos).

e.spa.tria.re [espatr'jare] *vt* expatriar, exilar, desterrar, banir.

e.spe.dien.te [esped'jente] *sm* expediente, meios (para se conseguir algo). *adj* útil.

e.spel.le.re [esp'ellere] *vt* expelir, expulsar, enxotar. *Med.* expelir, expectorar.

e.spe.ran.to [esper'anto] *sm* esperanto.

e.spe.rien.za [esper'jentsa] *sf* experiência, sabedoria; habilidade, perícia. *Quím.* e *Fís.* experimento, experiência, ensaio.

e.spe.ri.men.to [esperim'ento] ou **spe.ri.men.to** [sperim'ento] *sm* experimento, experiência científica, ensaio, prova, teste.

e.spe.ri.re [esper'ire] *vt* experimentar, tentar.

e.sper.to [esp'erto] *sm*+*adj* especialista, prático.

e.spet.to.ra.re [espettor'are] *vt* expectorar, escarrar.

e.spia.re [esp'jare] *vt* expiar, pagar (pecados), sofrer, padecer (provas, penas, castigos).

e.spi.la.re [espil'are] *vt* roubar, espoliar, pilhar.

e.spi.ra.re [espir'are] *vt* expirar, expelir o ar.

e.sple.ta.re [esplet'are] *vt* cumprir, executar; encerrar, acabar, terminar.

e.sple.ti.vo [esplet'ivo] *adj Gram.* expletivo.

e.spli.ca.re [esplik'are] *vt* explicar, esclarecer.

e.spli.ci.to [espl'itʃito] *adj* explícito, expresso.

e.splo.de.re [espl'ɔdere] *vt*+*vi* explodir, estourar.

e.splo.ra.re [esplor'are] *vt* explorar (um local); pesquisar, estudar, examinar, analisar.

e.splo.sio.ne [esploz'jone] *sf* explosão, estouro. *Fig.* explosão sentimental, comoção.

e.splo.si.vo [esploz'ivo] ou **e.splo.den.te** [esplod'ente] *sm*+*adj* explosivo.

e.spo.nen.te [espon'ente] *sm Mat.* expoente. *Fig.* sinal, indicador; representante. *adj* expoente, expositor, postulante.

e.spor.re [esp'ore] *vt* expor, mostrar; narrar, contar, explicar; arriscar. *vpr* aventurar-se, expor-se, arriscar-se, sujeitar-se.

e.spor.ta.re [esport'are] *vt* exportar.

e.spor.ta.zio.ne [esportats'jone] *sf* exportação.

e.spo.si.zio.ne [espozits'jone] *sf* exposição; mostra, feira; narração; explanação.

e.spo.sto [esp'osto] *sm* explicação; narração, conto. *part*+*adj* exposto, mostrado, apresentado, explicado.

e.spres.sio.ne [espress'jone] sf espressão, demonstração; força, valor. ≃ **algebrica** ou **letterale** Mat. expressão algébrica. ≃ **aritmetica** Mat. expressão aritmética.

e.spres.si.vo [espress'ivo] adj expressivo.

e.spres.so [espr'εsso] sm expresso (trem, correio). part+adj expresso, explícito, claro, manifesto. **caffè** ≃ ou = café expresso.

e.spri.me.re [espr'imere] vt exprimir, manifestar; significar, demonstrar. Arte representar.

e.spro.pria.re [espropr'jare] ou **spro.pria.re** [spropr'jare] vt Dir. desapropriar, expropriar.

e.spu.gna.re [espuñ'are] vt conquistar, tomar de assalto; vencer, derrotar; abater.

e.spul.sio.ne [espuls'jone] sf expulsão; evacuação; banimento, degredo.

e.spur.ga.re [espurg'are] vt expurgar, purgar, purificar; censurar, corrigir (livros, etc.).

es.sa ['essa] pron fsg ela (coisa, animal).

es.se ['εsse] I sf esse, o nome da letra S.

es.se ['esse] II pron fpl elas.

es.sen.do.ché [essendok'e] conj uma vez que, já que, por que.

es.sen.za [ess'εntsa] sf essência, parte essencial, substância; perfume. **in** ≃ essencialmente.

es.sen.zia.le [essentsj'ale] sm essencial. adj essencial; necessário, indispensável.

es.se.re ['εssere] sm ser, vida, existência; corpo, indivíduo; condição, estado. ≃ **vivente** ser vivo. vaux ser, existir; estar, encontrar-se; compor-se de, consistir em. ≃ **per** estar prestes a. ≃ **sul punto di** estar a ponto de. **non c' è di che** não há de quê; de nada. ≃**ci** haver, existir. **c'è** há (singular). **ci sono** há (plural).

es.si ['essi] pron mpl eles.

es.sic.ca.re [essikk'are] vt dessecar, secar.

es.so ['esso] pron msg ele (coisa, animal).

essoterico → esoterico.

est ['εst] sm Geogr. leste; oriente.

e.sta.si ['εstazi] sf tb Fig. e Rel. êxtase, admiração, arrebatamento, enlevo, júbilo.

e.sta.sia.re [estaz'jare] vt extasiar, arrebatar, enlevar. vpr extasiar-se, admirar-se, enlevar-se.

e.sta.te [est'ate] sm verão. **d'** ≃ no verão.

e.stem.po.ra.ne.o [estempor'aneo] adj extemporâneo, fora de seu tempo; improvisado, impensado, intempestivo; inoportuno.

e.sten.de.re [est'endere] vt estender, alongar; aumentar, engrandecer. vpr estender-se, alongar-se; difundir-se, espalhar-se.

e.sten.sio.ne [estens'jone] sf extensão, ato de estender. Mús. alcance (de um instrumento).

e.ste.nua.re [esten'ware] vt extenuar, debilitar, enfraquecer. vpr enfraquecer; emagrecer.

e.ste.nua.to [esten'wato] part+adj extenuado, debilitado, enfraquecido, esgotado, exausto.

e.ste.rio.re [ester'jore] sm exterior, aspecto, parte externa. adj exterior, externo.

esterminare → sterminare.

e.ster.na.re [estern'are] vt externar, exprimir, manifestar, exteriorizar.

e.ster.no [est'erno] adj externo, exterior; estrangeiro.

e.ste.ro ['estero] sm o estrangeiro, o exterior, países estrangeiros. adj estrangeiro, forasteiro. **all'** = no Exterior.

e.ster.re.fat.to [esteref'atto] adj aterrorizado, estarrecido.

e.ste.so [est'ezo] adj estendido, alongado, ampliado; extenso, vasto. **per** ≃ por extenso.

e.ste.ta [est'eta] s esteta, conhecedor de estética.

e.ste.ti.ca [est'etika] sf estética.

e.sti.mo [est'imo] sm Com. avaliação, estimativa; perícia, inspeção; cadastro.

e.stin.gue.re [est'ingwere] vt extinguir. Fig. destruir, anular; matar. vpr extinguir-se. Fig. morrer. ≃ **un debito** saldar uma dívida.

e.stin.to [est'into] sm defunto, morto. adj+part extinto, acabado, morto; pago, cancelado (débito). **calce** ≃a cal extinta.

e.stin.to.re [estint'ore] sm extintor (de incêndio).

e.stin.zio.ne [estints'jone] sf extinção. Com. amortização.

e.stir.pa.re [estirp'are] vt extirpar, extrair. Fig. destruir, erradicar.

e.sti.vo [est'ivo] adj estivo, de verão.

e.stor.ce.re [est'ɔrtʃere] vt extorquir; tomar.

e.stor.sio.ne [estors'jone] sf extorsão.

e.stra.da.re [estrad'are] vt Dir. extraditar.

e.stra.di.zio.ne [estradits'jone] sf extradição.

e.stra.ne.o [estr'aneo] sm estrangeiro, estranho, forasteiro. adj estrangeiro, estranho; alheio, separado, à parte, distante.

e.strar.re [estr'are] vt extrair, retirar, tirar; exportar. ≃ **a sorte** sortear, tentar a sorte.

e.strat.to [estr'atto] sm resumo, sumário; trecho, fragmento. Quím. extrato, essência.

e.stre.mi.tà [estremit'a] sf extremidade, ponta. Fig. miséria; extremo, exagero. **le** ≃ **dell'uomo** Anat. os membros, as extremidades.

e.stre.mo [estr'emo] sm extremo, excesso, exagero. adj extremo, último, final. Fig. avançado, afastado. ≃a **unzione** Rel. extremaunção. **essere agli** ≃**i** Pop. estar nas últimas.

e.strin.se.co [estr'inseko] *adj* extrínseco, exterior, de fora.

e.stro ['estro] *sm* inspiração, fantasia (artística); capricho; entusiasmo.

e.stro.so [estr'ozo] *adj* bizarro, estranho, esquisito; caprichoso.

e.stro.ver.so [estrov'erso] *adj* extrovertido.

e.stua.rio [est'warjo] *sm Geogr.* estuário, foz, desaguadouro.

e.su.be.ran.te [ezuber'ante] *adj* exuberante, repleto, farto, cheio.

e.su.la.re [ezul'are] *vi* exilar-se. *Fig.* afastar-se.

e.su.le ['ezule] *s+adj* exilado; emigrado. **andar** ≃ exilar-se; emigrar.

e.sul.ta.re [ezult'are] *vi* exultar, regozijar-se.

e.su.ma.re [ezum'are] *vt* exumar, desenterrar (cadáver). *Fig.* tirar do esquecimento.

e.tà [et'a] *sf* idade; tempo, duração; geração; século; era. **di** ≃ idoso. **di mezza** ≃ de meia-idade. ≃ **maggiore** maioridade. ≃ **minore** menoridade. **E**≃ **Moderna** *Hist.* Idade Moderna. **E**≃ **Contemporanea** *Hist.* Idade Contemporânea.

e.te.re ['etere] *sm Quím.* éter. *Poét.* céu, ar.

e.te.re.o [et'ereo] *adj* etéreo, relativo ao éter. *Poét.* celeste, celestial.

e.ter.na.re [etern'are] *vt* eternizar. *Fig.* imortalizar. *vpr* eternizar-se. *Fig.* imortalizar-se.

e.ter.ni.tà [eternit'a] *sf* eternidade.

e.ter.no [et'erno] *adj* eterno, perpétuo, imortal. **l'E**≃ Deus.

e.te.ro.dos.so [eterod'osso] *adj* heterodoxo.

e.te.ro.ge.ne.o [eterod'ʒeneo] *adj* heterogêneo, misturado.

e.ti.ca ['etika] *sf* ética.

e.ti.chet.ta [etik'etta] *sf* etiqueta; formalidades, cerimônias; rótulo.

e.ti.co ['etiko] *sm+adj* ético. *adj Med.* héctico, tísico, tuberculoso.

e.ti.mo.lo.gi.a [etimolodʒ'ia] *sf* etimologia.

e.tio.lo.gi.a [etjolodʒ'ia] ou **e.zio.lo.gi.a** [etsjolodʒ'ia] *sf Med.* etiologia.

e.ti.o.pe [et'iope] *s+adj* etíope. *Fam.* árabe.

e.ti.si.a [etiz'ia] *sf Med.* tísica.

e.tni.co ['etniko] *adj* étnico. *s+adj Rel.* gentio, pagão.

e.tno.lo.gi.a [etnolodʒ'ia] *sf* etnologia.

e.tru.sco [etr'usko] *sm+adj* etrusco.

et.ta.ra ['ettara] ou **et.ta.ro** ['ettaro] *sm* hectare.

ettasillabo → **eptasillabo.**

et.te ['ette] *sm Fig.* nada. **in un** ≃ num instante. **senza dire un** ≃ sem dizer palavra. **non capisco un** ≃ não compreendo patavina.

eu.ca.li.pto [ewkal'ipto] *sm Bot.* eucalipto.

Eu.ca.ri.sti.a [ewkarist'ia] ou **Eu.ca.re.sti.a** [ewkarest'ia] *sf Rel.* Eucaristia, comunhão; a hóstia sagrada.

eu.fe.mi.smo [ewfem'izmo] *sm* ou **eu.fe.mi.a** [ewfem'ia] *sf Gram.* eufemismo.

eu.fo.ni.a [ewfon'ia] *sf Gram.* eufonia.

eu.fo.ri.a [ewfor'ia] *sf* euforia, alegria intensa.

eu.nu.co [ewn'uko] *sm* eunuco. *adj Fig.* fraco.

eu.ro.pe.o [ewrop'eo] *adj* europeu, da Europa.

eu.ta.na.sia [ewtan'azja] *sf Med.* eutanásia.

e.va.cua.re [evak'ware] *vt* evacuar; desocupar (local); defecar.

e.va.de.re [ev'adere] *vi* evadir-se, fugir, escapar (de prisão).

e.van.ge.liz.za.re [evandʒeliddz'are] ou **van.ge.liz.za.re** [vandʒeliddz'are] *vt Rel.* evangelizar.

Evangelo → **Vangelo.**

e.va.po.ra.re [evapor'are] *vt* evaporar. *vi* evaporar. *Fig.* desaparecer, sumir.

e.va.sio.ne [evaz'jone] *sf* evasão, fuga.

e.ven.to [ev'ento] *sm* evento, acontecimento, caso, circunstância, episódio.

e.ven.tua.le [event'wale] *adj* eventual, casual.

e.vi.den.te [evid'ente] *adj* evidente, manifesto, claro, aberto.

e.vi.den.za [evid'entsa] *sf* evidência, clareza. **mettere in** ≃ colocar em evidência.

e.vi.ra.re [evir'are] *vt* castrar. *Fig.* debilitar.

e.vi.ta.re [evit'are] *vt* evitar, fugir de.

e.vo ['evo] *sm* idade (histórica). **E**≃ **Antico** Antiguidade. **Medio E**≃ → **Medioevo.**

e.vo.ca.re [evok'are] *vt* evocar, chamar as almas; lembrar, recordar.

e.vo.lu.zio.ne [evoluts'jone] *sf* evolução, desenvolvimento. **teoria della** ≃ teoria evolucionista.

ev.vi.va [evv'iva] *interj* viva! salve! (indica aplauso ou ironia). ≃ **l'Italia!** viva a Itália!

eziologia → **etiologia.**

F

f [ˈɛffe] *sf* a sexta letra do alfabeto italiano.
fa [fˈa] *sm Mús.* fá.
fab.bri.ca [fˈabbrika] *sf* fábrica, indústria, manufatura; edifício. *Fig.* artifício.
fab.bri.ca.re [fabbrikˈare] *vt* fabricar, produzir; construir, edificar. *Fig.* inventar, fantasiar.
fab.bro [fˈabbro] *sm* artífice, operário. *Fig.* inventor. ≃ **ferraio** ferreiro.
fac.cen.da [fattʃˈɛnda] *sf* afazer, negócio.
fac.cet.ta [fattʃˈetta] *sf* faceta (de pedra preciosa). **a** ≃ **e** facetado.
fac.chi.no [fakkˈino] *sm* carregador. *Fig.* grosseirão.
fac.cia [fˈattʃa] *sf* cara, face, rosto; focinho de animal; superfície, face (de objetos). *Fig.* aspecto, aparência; coragem, audácia. *Pop.* cara-de-pau. **in** ≃ na cara. ≃ **a** ≃ cara a cara. **avere due** ≃ **cce** ter duas caras.
fac.cia.ta [fattʃˈata] *sf* fachada (de edifício); página (inteira). *Fig.* fachada, exterior.
fa.chi.ro [fakˈiro] *sm* faquir, penitente.
fa.cia.le [fatʃˈale] *adj* facial, da face.
fa.ci.be.ne [fatʃibˈene] *s* benfeitor.
fa.ci.le [fˈatʃile] *adj* fácil, simples, cômodo; natural; compreensível. *Fig.* dócil.
fa.ci.li.tà [fatʃilitˈa] *sf* facilidade, simplicidade; bondade, condescendência.
fa.ci.li.ta.re [fatʃilitˈare] *vt* facilitar.
fa.ci.no.ro.so [fatʃinorˈozo] *sm* + *adj* facínora, bandido, malfeitor.
fa.col.tà [fakoltˈa] *sf* capacidade, possibilidade; faculdade, instituto de ensino superior; direito, autoridade; bens; matéria (escolar).
fa.col.to.so [fakoltˈozo] *adj* rico, abastado.
fa.con.do [fakˈondo] *adj* eloqüente, bem-falante.
fac.si.mi.le [faksˈimile] *sm* fac-símile.
fa.en.za [faˈentsa] *sf* faiança, tipo de louça.
fag.gio [fˈaddʒo] *sm Bot.* faia (árvore).
fa.gia.no [fadʒˈano] *sm Zool.* faisão.
fa.gio.li.no [fadʒolˈino] *sm Bot.* vagem, feijão verde.
fa.gio.lo [fadʒˈolo] *sm Bot.* feijão. **andare a** ≃ *Fam.* agradar, cair no agrado de.
fa.glia [fˈaʎa] *sf Geol.* falha geológica.

fa.go.ci.to [fagotʃˈito] *sm Med.* fagócito.
fa.got.to [fagˈotto] *sm* fardo, pacote (de roupas). *Fig.* pessoa mal-vestida. *Mús.* fagote; fagotista. **fare** ≃ *Pop.* escapar. *Fam.* morrer.
fa.i.na [faˈina] *sf Zool.* fuinha.
fa.lan.ge [falˈandʒe] *sf Anat.* falange. *Hist.* falange, infantaria grega. *Fig.* tropa; multidão.
fal.ce [fˈaltʃe] *sf* foice. ≃ **messoria** foice de mão. ≃ **fienaia** segadeira, foice grande.
fal.cia.re [faltʃˈare] *vt* ceifar, cortar. *Fig.* matar; mutilar, decepar.
fal.ci.dia.re [faltʃidjˈare] *vt* desfalcar, retirar.
fal.co [fˈalko] ou **fal.co.ne** [falkˈone] *sm Zool.* falcão.
fal.co.na.re [falkonˈare] *vi* falcoar.
fal.da [fˈalda] *sf* aba (de chapéu, vestido); camada; lombo (de boi); floco de neve; falda, sopé (de montanha). *Min.* veio, filão.
fa.le.gna.me [faleɲˈame] *sm* carpinteiro.
fa.le.na [falˈena] *sf Zool.* mariposa.
fal.la.ce [fallˈatʃe] *adj* falso, enganador, enganoso.
fal.la.re [fallˈare] *vt* + *vi* falhar, errar.
fal.li.co [fˈalliko] *adj Poét.* fálico; lascivo.
fal.li.men.to [fallimˈento] *sm* fracasso, falha, insucesso. *Com.* falência.
fal.li.re [fallˈire] *vt* errar. *vi* errar, falhar; faltar, ser de menos. *Com.* falir.
fal.lo [fˈallo] *sm* falha, erro, culpa; falo, pênis. **senza** ≃ sem falta, com certeza. ≃ **i fatti** *Esp.* faltas cometidas.
fa.lò [falˈɔ] *sm* fogueira.
fal.sa [fˈalsa] *sf Mús.* dissonância.
fal.sa.re [falsˈare] ou **fal.si.fi.ca.re** [falsifikˈare] *vt* falsificar, adulterar.
fal.sa.rio [falsˈarjo] ou **fal.sa.to.re** [falsatˈore] *sm* falsário, falsificador.
fal.set.to [falsˈetto] *sm Mús.* falsete.
fal.so [fˈalso] *sm* cópia, imitação; falso, mentiroso, hipócrita. *adj* falso, mentiroso, ilusório; falsificado, adulterado; ambíguo.
fa.ma [fˈama] *sf* fama, celebridade, renome, reconhecimento; reputação (boa ou má).
fa.me [fˈame] *sf* fome, apetite. *Fig.* desejo, ânsia, avidez. **morto di** ≃ *Pop.* pobretão.

fa.me.li.co [fam'eliko] *adj* esfomeado. *Fig.* desejoso, ávido.

fa.mi.ge.ra.to [famidʒer'ato] *adj* famigerado.

fa.mi.glia [fam'iʎa] *sf* família; descendência, estirpe, linhagem. **Sacra F** ≃ *Rel.* Sagrada Família. **capo** ≃ chefe de família.

fa.mi.glia.re [famiʎ'are] *s* familiar, parente.

fa.mi.lia.re [famil'jare] *adj* familiar; habitual, conhecido; confidente, íntimo.

fa.mi.lia.ri.tà [familjari'ta] *sf* familiaridade, intimidade.

fa.mi.lia.riz.za.re [familjaridz'are] *vt* familiarizar, acostumar, habituar. *vpr* familiarizar-se, acostumar-se, habituar-se.

fa.mo.so [fam'ozo] *adj* famoso, célebre; solene. *Irôn.* infame; difamatório (texto).

fa.na.le [fan'ale] *sm* farol (torre); lampião, lanterna; sinal luminoso.

fa.na.li.no [fanal'ino] *sm Autom.* lanterna. ≃ **d'arresto** lanterna traseira.

fa.na.ti.co [fan'atiko] *sm+adj* fanático; fã.

fan.ciul.lag.gi.ne [fantʃull'addʒine] *sf* criancice, infantilidade.

fan.ciul.lo [fantʃ'ullo] *sm* menino, garoto (dos sete aos treze anos).

fan.do.nia [fand'ɔnja] *sf Pop.* lorota, vantagem.

fa.nel.lo [fan'ello] *sm Zool.* pintarroxo.

fan.fa.no [f'anfano] *sm* tagarela; embusteiro.

fan.fa.ra [fanf'ara] *sf Mús.* fanfarra, banda.

fan.fa.ro.ne [fanfar'one] *sm* fanfarrão, valentão.

fan.ga [f'anga] *sf* lama, lodo; lamaçal, lodaçal.

fan.go [f'ango] *sm* lama, lodo; pântano, charco. *Fig.* vício.

fan.nul.lo.ne [fannull'one] *sm* preguiçoso, vagabundo.

fan.ta.scien.za [fantaʃ'entsa] *sf* ficção científica.

fan.ta.si.a [fantaz'ia] *sf* fantasia, imaginação; pensamento; vontade, capricho; inspiração.

fan.ta.sio.so [fantaz'jozo] *adj* fantasioso; imaginário, fantástico.

fan.ta.sma [fant'azma] *sm* fantasma, espectro, aparição; imagem, ilusão.

fan.ta.sti.ca.re [fantastik'are] ou **fan.ta.sia.re** [fantaz'jare] *vt* fantasiar, imaginar, inventar. *vi* fantasiar, sonhar, delirar, devanear.

fan.ta.sti.che.ri.a [fantastiker'ia] *sf* capricho, extravagância.

fan.ta.sti.co [fant'astiko] *adj* fantástico, irreal; extravagante, estranho, bizarro; quimérico.

fan.te [f'ante] *sm* valete (das cartas). *Mil.* soldado de infantaria.

fan.te.ri.a [fanter'ia] *sf Mil.* infantaria.

fan.ti.no [fant'ino] *sm* jóquei.

fan.toc.cio [fant'ɔttʃo] *sm* espantalho; manequim. *tb Fig.* fantoche. *Fam.* menino.

fa.ra.but.to [farab'utto] *sm* velhaco, patife.

fa.ra.o.na [fara'ona] *sf Zool.* galinha-d'angola.

fa.ra.o.ne [fara'one] *sm* faraó.

far.del.lo [fard'ello] *sm* fardo, trouxa (de roupas). *Fig.* peso, encargo.

fa.re [f'are] *sm* jeito de ser, comportamento, conduta. *vt* fazer, criar, produzir; fabricar, construir, compor; efetuar, executar; constituir; esculpir; adquirir; eleger. *Teat.* representar. *Fig.* ajudar, favorecer; importar. *vpr* acostumar-se, habituar-se; tornar-se. *Fig.* fingir-se. ≃ **per** convir a. ≃ **il giuoco di** fazer o jogo de. ≃ **proprio** ou ≃ **suo** apropriar-se de. ≃ **si la parte del leone** *Pop.* ficar com a parte do leão. **chi fa da sé, fa per tre** quem quer, faz.

far.fal.la [farf'alla] *sf Zool.* borboleta. *Fig.* pessoa volúvel.

fa.ri.na [far'ina] *sf* farinha. ≃ **gialla** farinha di milho.

fa.ri.na.ce.o [farin'atʃeo] *adj* farináceo.

fa.rin.ge [far'indʒe] *sf Anat.* faringe.

fa.ri.se.o [fariz'eo] *sm+adj Hist.* fariseu. *Fig.* hipócrita; perseguidor.

far.ma.ci.a [farmatʃ'ia] *sf* farmácia.

far.ma.ci.sta [farmatʃ'ista] *s* farmacêutico.

far.ma.co [f'armako] *sm* medicamento, remédio.

far.ne.ti.ca.re [farnetik'are] *vi* delirar, desvairar.

far.ne.ti.co [farn'etiko] *sm* delírio (de enfermo). *Fig.* capricho. *adj* delirante.

fa.ro [f'aro] *sm Náut.* e *Autom.* farol. ≃ **ab-bagliante** farol alto. ≃ **antiabbagliante** farol baixo. ≃ **antinebbia** farol antineblina.

far.ra.gi.ne [far'adʒine] *sf* confusão, bagunça.

far.sa [f'arsa] *sf Teat.* farsa. *Fig.* ato ridículo.

fa.scet.ta [faʃ'etta] *sf* corpete, corpinho, justilho (peça de roupa); pequena faixa.

fa.scia [f'aʃa] *sf* faixa, tira.

fa.scia.re [faʃ'are] *vt tb Med.* enfaixar.

fa.scia.tu.ra [faʃat'ura] *sf* enfaixamento. *Med.* atadura.

fa.sci.co.lo [faʃ'ikolo] *sm* fascículo, apostila, folheto, brochura; maço (de papel).

fa.sci.na.zio.ne [faʃinats'jone] *sf* ou **fa.sci.no** [f'aʃino] *sm* fascinação, fascínio, atração.

fa.scio [f'aʃo] *sm* maço, molho, braçada; maço (de papel). ≃ **luminoso** feixe de luz.

fa.sci.smo [faʃ'izmo] *sm* fascismo.

fa.se [f′aze] *sf Astron.* e *Fís.* fase. *Fig.* estágio, período, época; mudança, alteração.

fa.sti.dio [fast′idjo] *sm* fastio, incômodo, tédio; náusea, repulsa. **dar** ≃ incomodar.

fa.sto [f′asto] *sm* fausto, luxo, riqueza, pompa, ostentação.

fa.sto.so [fast′ozo] *adj* luxuoso, pomposo.

fa.ta [f′ata] *sf* fada, maga. ≃ **morgana** *Fís.* fada morgana, miragem.

fa.ta.le [fat′ale] *adj* fatal, mortal, mortífero; inevitável; sinistro, funesto. **l'ora** ≃ a morte.

fa.ta.li.tà [fatalit′a] *sf* fatalidade; acaso; desventura.

fa.ta.re [fat′are] *vt* encantar, seduzir, cativar.

fa.ti.ca [fat′ika] *sf* fadiga; cansaço, trabalho, esforço. *Fig.* tédio, aborrecimento.

fa.ti.ca.re [fatik′are] *vi* trabalhar, esforçar-se.

fa.ti.co.so [fattik′ozo] *adj* trabalhoso, difícil; cansativo; pesado (texto, leitura).

fa.to [f′ato] *sm* destino, sorte, fado.

fat.ta [f′atta] *sf* forma, feitio; jeito, maneira, índole; tipo, espécie, gênero. **di ogni** ≃ de todas as maneiras, de todos os tipos.

fat.tez.za [fatt′ettsa] *sf* forma, figura. ≃**e** *pl* fisionomia, traços, feições.

fat.ti.bi.le [fatt′ibile] *adj* factível, possível.

fat.to [f′atto] *sm* fato, acontecimento, evento; negócio, serviço; experiência, fenômeno; história, narração. **in** ≃ ou **di** ≃ de fato. **sta di** ≃ **che** é fato que. *part+adj* feito; produzido; fabricado; construído.

fat.to.re [fatt′ore] *sm* procurador; feitor, capataz; criador. *Fís.* e *Mat.* fator, coeficiente.

fat.to.ri.a [fattor′ia] *sf* casa (da fazenda); sítio; feitoria, entreposto.

fat.to.ri.no [fattor′ino] *sm* aprendiz, ajudante; contínuo, mensageiro.

fat.tu.ra [fatt′ura] *sf* feitura, manufatura, trabalho; artesanato; feitio (de roupa). *Arte* obra, peça. *Com.* fatura. ≃ **pro forma** *Com.* fatura pro forma.

fat.tu.ra.re [fattur′are] *vt* tratar, alterar (alimentos); adulterar, falsificar. *Com.* faturar.

fa.tuo [f′atwo] *adj* fátuo, tolo, insensato, vão.

fau.ci [f′awtʃi] *sf pl* garganta, goela (humana ou de animal). *Fig.* abertura, buraco.

fau.na [f′awna] *sf* fauna.

fau.no [f′awno] *sm Mit.* fauno.

fau.sto [f′awsto] ou **fa.sto** [f′asto] *adj* afortunado, venturoso, feliz, próspero.

fa.va [f′ava] *sf Bot.* fava.

fa.vel.la [fav′ella] *sf* fala, o falar, linguagem. *Poét.* língua, idioma.

fa.vel.la.re [favell′are] *vt* falar; narrar, discorrer.

fa.vil.la [fav′illa] *sf* fagulha, centelha.

fa.vo [f′avo] *sm* favo (de mel).

fa.vo.la [f′avola] *sf* fábula, alegoria; lenda, mito; zombaria, gozação. *Fig.* lorota.

fa.vo.leg.gia.re [favoledd3′are] ou **fa.vo.la.re** [favol′are] *vi* contar fábulas; tagarelar.

fa.vo.lo.so [favol′ozo] ou **fa.vo.le.sco** [favol′esko] *adj* fabuloso, fantástico, incrível. *Fam.* elevado, alto, exorbitante (preço, valor).

fa.vo.re [fav′ore] *sm* favor, gentileza, cortesia, obséquio; graça; proteção, favorecimento; benefício, serviço; benevolência. *Fig.* ajuda, apoio.

fa.vo.reg.gia.re [favoredd3′are] *vt* favorecer, ajudar (más ações).

fa.vo.re.vo.le [favor′evole] *adj* favorável, propício.

fa.vo.ri.re [favor′ire] *vt* favorecer; proteger; ajudar; aceitar (oferta, presente); presentear.

fa.vo.ri.to [favor′ito] *sm, part+adj* favorito; protegido, preferido, favorecido, ajudado.

fa.zio.ne [fats′jone] *sf* facção, divisão (de partido). *Mil.* serviço militar; sentinela, guarda.

faz.zo.let.to [fattsol′etto] *sm* lenço.

feb.bra.io [febbr′ajo] *sm* fevereiro.

feb.bre [f′ebbre] *sf* febre. *Fig.* paixão, exaltação; ambição, desejo ardente. ≃ **da fieno** febre de feno. ≃ **gialla** febre amarela.

feb.bri.le [febbr′ile] *adj* febril.

fe.ca.le [fek′ale] *adj* fecal, das fezes. **materie** ≃**i** excrementos.

fec.cia [f′ettʃa] *sf* sedimento, borra (de líquido). *Fig.* ralé, populacho. ≃**e** *pl* → **feci**.

fe.ci [f′etʃi] ou **fec.cie** [f′etʃe] *sf pl* fezes.

fe.co.la [f′ekola] *sf* fécula.

fe.con.da.re [fekond′are] *vt* fecundar.

fe.condo, fecondità → **fertile, fertilità**.

fe.de [f′ede] *sf* fé, crença, confiança, crédito; lealdade; testemunho; certificado, documento, apólice. **far** ≃ a confirmar. **la** ≃ **trasporta montagne** a fé move montanhas.

fe.de.de.gno [feded′eño] *adj* fidedigno.

fe.de.le [fed′ele] *sm Rel.* fiel, seguidor. *adj* fiel, leal; verdadeiro, sincero; honesto, íntegro.

fe.de.ra [f′edera] *sf* fronha.

fe.de.ra.le [feder′ale] *adj* federal, de federação.

fe.de.ra.re [feder′are] *vt* federar, unir em federação. *vpr* federar-se, confederar-se.

fe.de.ra.zio.ne [federats′jone] *sf* federação, confederação, liga; união, associação.

fe.di.na [fed′ina] *sf Dir.* certificado, registro. ≃ **criminale** ou ≃ **penale** *Dir.* folha corrida.

fe.di.ne [fed′ine] *sf pl* suíças.

fe.ga.to [fˈegato] *sm Anat.* fígado. *Fig.* coragem, audácia,

fel.ce [fˈeltʃe] *sf Bot.* feto, samambaia.

feld.spa.to [feldspˈato] ou **fel.di.spa.to** [feldispˈato] *sm Min.* feldspato.

fe.li.ce [felˈitʃe] *adj* feliz, alegre, contente; afortunado, próspero; satisfeito.

fe.li.ci.tà [felitʃitˈa] *sf* felicidade, alegria; êxito.

fe.li.ci.ta.re [felitʃitˈare] *vt* felicitar; cumprimentar. *vpr* cumprimentar-se; felicitar-se, congratular-se. ≃ **si con uno per** congratular-se com alguém por.

fe.li.no [felˈino] *sm* + *adj Zool.* felino, felídeo.

fel.lo.ni.a [fellonˈia] *sf* traição, falsidade.

fel.lo.ne.sco [fellonˈesko] *adj* traidor, traiçoeiro, falso.

fel.pa [fˈelpa] *sf* felpa.

fel.tro [fˈeltro] *sm* feltro; chapéu de feltro.

fem.mi.na [fˈemmina] *sf* mulher; fêmea. *Irôn.* esposa. *dep* fracote, maricas.

fem.mi.ni.le [femminˈile] *sm Gram.* gênero feminino. *adj* feminino; afeminado.

fe.mo.re [fˈemore] *sm Anat.* fêmur.

fen.de.re [fˈendere] *vt* fender, rachar, rasgar. *Fig.* cortar. *vpr* partir-se, rachar-se, fender-se.

fen.di.tu.ra [fenditˈura] *sf* fenda, rachadura.

fe.ni.ce [fenˈitʃe] *sf Mit.* fênix. *Fig.* raridade.

fe.ni.cio [fenˈitʃo] *sm* + *adj* fenício, da Fenícia.

fe.no.lo [fenˈɔlo] *sm Quím.* fenol.

fe.no.me.no [fenˈɔmeno] *sm* fenômeno, maravilha. *Quím.* fenômeno, modificação.

fe.ra.ce [ferˈatʃe] *adj Poét.* fértil, fecundo.

fe.ra.ci.tà [feratʃitˈa] *sf Poét.* fertilidade, fecundidade da terra.

fe.ra.le [ferˈale] *adj Poét.* mortal, letal; funesto.

fe.re.tro [fˈeretro] *sm* féretro, caixão, esquife.

fe.ria [fˈɛrja] *sf* feriado; descanso, repouso. ≃ **e** *pl* férias.

fe.ria.le [ferˈjale] *adj* útil, de trabalho (dia).

fe.ri.men.to [ferimˈento] *sm* ferimento.

fe.ri.no [ferˈino] *adj* feroz, bestial, de fera; ferino, cruel, desumano.

fe.ri.re [ferˈire] *vt* ferir, machucar. *Fig.* ofender, magoar. *vpr* ferir-se, machucar-se.

fe.ri.ta [ferˈita] *sf* ferida, lesão. *Fig.* ofensa.

fe.ri.to.ia [feritˈoja] *sf* fenda, abertura estreita; seteira (nos castelos).

fer.ma.cra.vat.te [fermakravˈatte] *sm* prendedor, alfinete de gravata.

fer.ma.glio [fermˈaʎo] *sm* fecho (de roupas, etc.); broche.

fer.ma.re [fermˈare] *vt* parar, deter; firmar, fixar. *vpr* parar, deter-se; demorar-se.

fer.ma.ta [fermˈata] *sf* parada, pausa; ponto de ônibus, parada de trem; repouso, pernoite.

fer.men.ta.re [fermentˈare] *vi* fermentar.

fer.men.to [fermˈento] *sm* fermento, levedura; enzima. ≃ **della birra** lêvedo de cerveja.

fer.mez.za [fermˈettsa] *sf* firmeza; solidez; decisão, resolução. *Fig.* estabilidade.

fer.mo [fˈermo] *sm* coisa firme, imutável; detenção, prisão, captura. *Dir.* embargo, seqüestro, rapto. *adj* firme, fixo, seguro, imóvel, irremovível; durável; decidido, resoluto; sólido, duro. *Fig.* estável; constante. **canto** ≃ *Mús.* cantochão. **punto** ≃ *Gram.* ponto final. **cane da** ≃ cão de parada. ≃ **posta**-restante. **mettere il** ≃ **a** *Econ.* tirar de circulação (moeda, títulos, etc.).

fe.ro.ce [ferˈotʃe] *adj* feroz, selvagem. *Fig.* terrível, cruel; fogoso, impetuoso. *Irôn.* severo.

fe.ro.cia [ferˈɔtʃa] *sf* ou **fe.ro.ci.tà** [ferotʃitˈa] *sf Pop.* ferocidade. *Fig.* crueldade, brutalidade.

fer.ra.glia [ferˈaʎa] *sf* ferro velho (o material).

fer.ra.io [ferˈajo] *sm* ferreiro; serralheiro.

fer.ra.na [ferˈana] *sf* forragem.

fer.ra.re [ferˈare] *vt* ferrar.

fer.ra.tu.ra [ferratˈura] *sf* ato e modo de ferrar; armação de ferro; conjunto de ferraduras.

fer.ra.vec.chio [ferˈavˈekkjo] ou **fer.ra.vec.chi** [ferˈavˈekki] *sm* ferro-velho; velharia, coisa fora de uso. *Fig.* pessoa antiquada.

fer.re.o [fˈɛreo] *adj* férreo. *Fig.* rígido, severo; sólido, robusto. **salute** ≃ **a** saúde de ferro. **volontà** ≃ **a** vontade férrea.

fer.ro [fˈɛrˈo] *sm* ferro (metal); peça de ferro. ≃ **i** *pl* patins; instrumentos cirúrgicos; ferramentas; algemas, grilhões; grelhas. *Fig.* escravidão, dominação, jugo. ≃ **battuto** ferro batido. ≃ **da cavallo** ferradura. ≃ **da stiro** ferro de passar. ≃ **i da calza** agulhas de tricô. **ai** ≃ **i** grelhado. **stomaco di** ≃ *Fig.* estômago de avestruz. **testa di** ≃ *Fig.* cabeçadura, teimosia. **battere il** ≃ **mentre è caldo** *Pop.* malhar o ferro enquanto está quente.

fer.ro.vi.a [ferˈovˈia] *sf* ferrovia, estrada de ferro. **viaggiare per** ≃ viajar de trem.

fer.ro.vie.re [ferˈovˈjere] *sm* ferroviário.

fer.ru.gi.no.so [ferˈudʒinˈozo] *adj* ferruginoso.

fer.ti.le [fˈertile] *ou* **fe.con.do** [fekˈondo] *adj* fértil, fecundo, produtivo. *Fig.* rico, abundante.

fer.ti.li.tà [fertilitˈa] ou **fe.con.di.tà** [fekonditˈa] *sf* fertilidade, fecundidade.

fer.ti.liz.zan.te [fertilidzˈante] *sm* fertilizante, adubo. *adj* fertilizante, que fertiliza.

fer.ti.liz.za.re [fertilidzˈare] *vt* fertilizar, adubar.

fe.ru.la [f'erula] *sf* bastão, vareta. *Bot.* férula. *Fig.* açoite, chibata; palmatória. *Med.* (mais usado no *pl*) tala (para fratura).

fer.ven.te [ferv'ente] ou **fer.vi.do** [f'ervido] *adj* fervente. *Fig.* ardente, intenso, fervoroso.

fer.ve.re [f'ervere] *vi* ferver, ebulir. *Fig.* agitar-se, vibrar, pulsar.

fer.vo.re [ferv'ore] *sm* fervor, calor. *Fig.* ardor, desejo, paixão.

fer.vo.ro.so [fervor'ozo] *adj* fervoroso, ardente, apaixonado.

fes.so [f'esso] *sm* fissura, rachadura, abertura estreita. *part+adj* fendido, rachado.

fes.su.ra [fess'ura] *sf* fissura, fenda, rachadura.

fe.sta [f'esta] *sf* festa, recepção, reunião; feriado, dia santo; festival; carinho, carícia. **≃ nazionale** feriado nacional. **≃e mobili** feriados móveis.

fe.steg.gia.re [festedd3'are] *vt* festejar, comemorar, celebrar. *vi* festejar.

fe.ste.vo.le [fest'evole] ou **fe.sti.vo** [fest'ivo] *adj* festivo; alegre, divertido, agradável.

fe.sti.val [f'estival] *sm* festival.

fe.ten.te [fet'ente] ou **fe.ti.do** [f'etido] *sm* delinquente; patife, velhaco. *adj* fétido, fedido, malcheiroso. *Fig.* nojento, repugnante; vil, desprezível; indecente, indigno; desonesto.

fe.tic.cio [fet'ittfo] *sm* fetiche, amuleto; ídolo.

fe.to [f'eto] *sm Med.* e *Zool.* feto, embrião.

fe.to.re [fet'ore] *sm* fedor, mau cheiro.

fet.ta [f'etta] *sf* fatia, pedaço, porção, talhada.

fet.to.ne [fett'one] *sm* naco, pedaço, fatia.

fet.tuc.cia [fett'uttfa] *sf* cadarço, fita, cordão.

fet.tuc.ci.ne [fettuttf'ine] *sf pl* tipo de macarrão romano.

feu.da.le [fewd'ale] *adj* feudal, de feudo.

feu.do [f'ewdo] *sm* feudo (propriedade, imposto e bens). *Irôn.* propriedade pequena.

fia.ba [fj'aba] *sf* fábula, lenda, mito; conversa fiada, mentira, palavreado.

fiac.ca [f'jakka] *sf* cansaço, fadiga.

fiac.ca.re [f'jakkare] *vt* despedaçar, destroçar, romper. *Fig.* fatigar, cansar; reprimir. *vpr* romper-se. *Fig.* fatigar-se, cansar-se.

fiac.chez.za [fjakk'ettsa] *sf* fraqueza; cansaço.

fiac.co [f'jakko] *adj* fraco; cansado; apático.

fiac.co.la [f'jakkola] *sf* facho, tocha (de madeira), archote. *Fig.* chama, paixão.

fiac.co.ne [fjakk'one] *sm+adj* lento, indolente, sem energia. *Pop.* molenga.

fia.la [fj'ala] *sf* frasco (de perfume, remédio); ampola (de injeção).

fiam.ma [f'jamma] *sf* chama, labareda; rubor. *Náut.* flâmula, bandeirola. *Fig.* paixão.

fiam.ma.ta [fjamm'ata] *sf* fogueira.

fiam.meg.gia.re [fjammedd3'are] ou **fiam.ma.re** [fjamm'are] *vt* chamejar, flamejar; resplandecer, cintilar.

fiam.mi.fe.ro [fjamm'ifero] *sm* fósforo.

fiam.min.go [fjamm'ingo] *sm+adj* flamengo, de Flandres. *sm Zool.* flamingo.

fian.cheg.gia.re [fjankedd3'are] *vt* ficar de lado. *Mil.* flanquear, defender o flanco. *Náut.* costear. *Fig.* ajudar, auxiliar; acompanhar.

fian.co [f'janko] *sm Anat.* quadril, anca, ilharga; lado, lateral (de montanha, etc.). *Mil.* flanco. **≃chi** *pl Anat.* cadeiras. **di** ≃ de lado.

fia.sca [f'jaska] *sf* garrafa, garrafão pequeno. *Mil.* cantil.

fia.sco [f'jasko] *sm* garrafão. *Fig.* fiasco, fracasso, insucesso. **fare** ≃ fracassar.

fia.ta.re [fjat'are] *vi* respirar. *Fig.* falar, dizer.

fia.to [f'jato] *sm* hálito; respiração; sopro, assopro. *Fig.* força, vigor. **prendere** ≃ recobrar as forças.

fib.bia [f'ibbja] *sf* fivela. *Mús.* pestana.

fi.bra [f'ibra] *sf Anat.* e *Bot.* fibra. *Fig.* força; vontade; sensibilidade. **≃ tessile** fibra têxtil.

fi.bro.so [fibr'ozo] *adj* fibroso, de fibra.

fi.bu.la [f'ibula] *sf* fivela, fecho. *Anat.* perônio, fíbula.

fi.ca [f'ika] *sf Vulg.* boceta.

fic.ca.na.so [fikkan'azo] *sm* intrometido, metido, abelhudo.

fic.ca.re [fikk'are] *vt* fincar, cravar; enfiar, inserir, introduzir. *vpr* cravar-se. *Fig.* intrometer-se, meter-se.

fi.co [f'iko] *sm* figo; figueira. ≃ **d'India** figoda-índia. **non valere un** ≃ **secco** *Fig.* não valer nada.

fi.dan.za.re [fidants'are] *vt* prometer em casamento. *vpr* noivar.

fi.dan.za.to [fidants'ato] *sm* noivo.

fi.da.re [fid'are] *vt* fiar, confiar, entregar. *vpr* ter confiança em, fiar-se de. ≃ **è bene, ma non** ≃ **è meglio** seguro morreu de velho.

fi.do [f'ido] *sm Com.* fiado, crédito. *adj* fiel, leal. **vendere a** ≃ vender a crédito.

fi.du.cia [fid'utfa] *sf* confiança; crédito.

fie.le [fj'ele] *sm Fisiol.* bílis, fel. *Anat.* vesícula biliar. *Fig.* ódio; amargor.

fie.no [f'jeno] *sm* feno.

fie.ra [fj'era] *sf* fera, animal selvagem; feira, mercado. ≃ **campionaria** exposição.

fie.rez.za [fjer'ettsa] *sf* orgulho, altivez; impetuosidade, veemência.

fie.ro [f'jero] *adj* orgulhoso, altivo; impetuoso, veemente; feroz, indomável, indômito; austero; audaz; vivaz.

fie.vo.le [f'jɛvole] *adj Poét.* fraco, débil.

fi.fa [f'ifa] *sf* medo, temor. *Gír.* cagaço.

fig.ge.re [f'iddʒere] *vt* fincar, cravar; fixar, firmar. ≃**si in mente** teimar em, insistir em.

fi.glia [f'iλa] *sf* filha.

fi.glia.stro [fiλ'astro] *sm* enteado. *dep* baśtardo.

fi.glia.ta [fiλ'ata] *sf* ninhada.

fi.glio [f'iλo] *sm* filho. **i** ≃**i** *pl* os descendentes.

fi.glioc.cio [fiλ'ɔttʃo] *sm* afilhado.

fi.glio.lo [fiλ'ɔlo] ou **fi.gliuo.lo** [fiλ'jwɔlo] *sm* filho; menino; filhote de animal. *Fam.* rapaz, jovem. **il F**≃ *Rel.* o Filho, segunda pessoa da Trindade. ≃ **prodigo** filho pródigo.

fi.gno.lo [f'iñolo] *sm* furúnculo.

fi.gu.ra [fig'ura] *sf* figura; desenho, ilustração; imagem; aspecto, forma; face, rosto; símbolo, sinal. *Teat.* personagem, protagonista. **brutta** ≃ vexame. **fare una brutta** ≃ fazer feio, dar vexame.

fi.gu.ra.re [figur'are] *vt* figurar, delinear, descrever; desenhar, pintar, retratar, esculpir, ilustrar. *vi* comparecer; aparecer, dar boa impressão. *vpr* imaginar, pensar; supor, crer. **si figuri!** com prazer! pois não! à vontade!

fi.gu.ri.no [figur'ino] *sm* figurino, revista de moda. *Fig.* almofadinha, dândi. ≃**i** *pl Teat.* e *Cin.* figurinos.

fi.la [f'ila] *sf* fila, série. *Mil.* fileira. ≃ **indiana** fila indiana. **fare la** ≃ fazer fila.

fi.lac.ce [fil'attʃe] ou **fi.lac.ci.che** [fil'attʃike] *sf pl* ataduras, gaze.

fi.lac.cio.ne [filattʃ'one] *sm* linha de pesca.

fi.la.men.to [filam'ento] *sm Bot.* e *Anat.* filamento; fibra.

fi.lan.da.ia [filand'aja] *sf* fiandeira, tecelã.

fi.lan.tro.pi.a [filantrop'ia] *sf* filantropia; caridade, altruísmo.

fi.lan.tro.po [fil'antropo] *sm* filantropo, benfeitor.

fi.la.re [fil'are] *vt* fiar, tecer; transformar em fio (metais). *Fam.* namoricar, paquerar. *vi* escorrer, gotejar. *Fig.* correr, fugir, escapar. ≃ **dritto** *Pop. Fig.* andar na linha.

fi.la.ri.no [filar'ino] *sm* namoro, flerte; namorado.

fi.lar.mo.ni.ca [filarm'ɔnika] *sf* filarmônica.

filata ≃ **sfilata**.

fi.la.te.li.a [filatel'ia] ou **fi.la.te.li.ca** [filat'elika] *sf* filatelia.

fi.la.to.io [filat'ojo] *sm* fiação (estabelecimento); máquina de fiar.

fi.la.tu.ra [filat'ura] *sf* fiação.

fi.let.to [fil'etto] *sm dim* fiozinho, fitinha; fita, galão; filete (da escrita); espiral, rosca (de parafuso); filé. *Arquit.* filete, adorno.

fi.lia.le [fil'jale] *sf Com.* filial, sucursal, agência. *adj* filial. **banca** ≃ agência bancária.

fi.li.bu.stie.re [filibust'jere] *sm Hist.* flibusteiro. *Fig.* aventureiro.

fi.li.gra.na [filigr'ana] *sf* filigrana. *Com.* marca-d'água (de notas, cheques).

fi.lip.pi.no [filipp'ino] *sm*+*adj* filipino.

fi.li.ste.o [filist'ɛo] *sm*+*adj Hist.* filisteu. *Fig.* reacionário, burguês.

fil.los.se.ra [fill'ɔssera] *sf Zool.* filoxera, praga da videira.

film [f'ilm] *sm* filme, película (para foto e cinema); filme, fita (obra cinematográfica). **danno un buon** ≃ **al cinema X** está passando um bom filme no cinema X. ≃ **in bianco e nero** filme em branco e preto. ≃ **muto** filme mudo. ≃ **sonoro** filme falado. ≃ **a colori** filme em cores. ≃ **a tre dimensioni** filme em três dimensões. ≃ **western** banguebangue. ≃ **poliziesco** filme policial. ≃ **comico** comédia. ≃ **giallo** filme de suspense, filme de mistério.

fil.ma.re [film'are] *vt Cin.* filmar.

fi.lo [f'ilo] *sm* fio (de tecido, metal); cabo, fio (telegráfico, telefônico); barbante, linha de costura; cordão (de marionete); corte, fio (de facas, tesouras); colar (de pérolas, pedras preciosas). *Fig.* seqüência, continuidade (de idéias); migalha, ninharia. ≃ **a piombo** prumo. ≃ **di terra** *Elet.* fio terra. ≃ **spinato** arame farpado.

fi.lo.bus [filob'us] *sm* ônibus elétrico.

fi.lo.lo.gi.a [filolodʒ'ia] *sf Gram.* filologia.

fi.lon.den.te [filond'ente] *sm* lona, serapilheira (tecido).

fi.lo.ne [fil'one] *sm* filão, pão de forma afilada. *Min.* filão, veio. *Fam.* espertinho.

fi.lo.so.fa.re [filozof'are] *vi* filosofar.

fi.lo.so.fi.a [filozof'ia] *sf* filosofia; ideologia. *Fig.* frieza, calma; autocontrole.

fi.lo.so.fo [fil'ɔzofo] *sm* filósofo.

fil.tra.re [filtr'are] *vt* filtrar, coar. *Fig.* separar; escolher. *vi* gotejar, escoar.

fil.tro [f'iltro] *sm* filtro, coador, aparelho que purifica; filtro, elixir do amor; feitiçaria.

fi.lu.gel.lo [filudʒ'ello] *sm Zool.* bicho-da-seda; sua larva e casulo.

fil.za [f'iltsa] *sf* enfiada, cordão (de contas), colar (de pérolas); alinhavo. *Fig.* série.

fim.bria [f'imbrja] *sf* franja (de roupa). *Anat.* fímbria, borda (de órgãos).

fi.mo [f'imo] *sm* esterco, estrume.

fi.na.le [fin'ale] *sm* final, fim, desfecho. *Mús.* final. *sf Gram.* terminação. *Esp.* final, partida decisiva. *adj* final, último, definitivo.

fi.na.li.tà [finalit'a] *sf* intenção, intento, propósito; finalidade, objetivo, fim, meta.

fi.nan.che [fin'anke] ou **fi.nan.co** [fin'anko] *adv* também; até mesmo.

fi.nan.za [fin'antsa] *sf* (mais usado no *pl*) fazenda, finanças do Estado. **guardia di** ≃ ou **finanziere** guarda alfandegário.

fi.nan.zia.re [finants'jare] *vt* financiar; subvencionar.

fi.nan.zia.rio [finants'jarjo] *adj* financeiro.

fi.nan.zie.ra [finants'jera] *sf* casaca.

fi.nan.zie.re [finants'jere] *sm* financeiro, financista. *tb* **finanza**.

fin.ché [fink'e] *conj* até que, até quando.

fi.ne [f'ine] I *sf* fim, final. *Fig.* saída; morte. *sm* finalidade, objetivo, fim, meta. ≃ **settimana** fim de semana. **a** ≃ → **affine**.

fi.ne [f'ine] II ou **fi.no** [f'ino] *adj* fino, delgado, afilado. *Fig.* agudo, afiado, pontudo; educado, delicado, gentil, sofisticado, refinado (gosto); astuto, astucioso, perspicaz (mente); leve, miúdo, minúsculo. *Pop.* chique.

fi.ne.stra [fin'estra] *sf tb Inform.* janela.

fi.ne.stri.no [finestr'ino] *sm dim* janelinha; guichê; janela (de trem, automóvel).

fi.nez.za [fin'ettsa] *sf* finura. *Fig.* fineza, educação, gentileza, cortesia, distinção; agudeza, afiação; elegância, sofisticação; astúcia, perspicácia; miudeza.

fin.ge.re [f'indʒere] *vt* fingir, simular; imaginar, inventar; supor; representar. *vi* fingir, dissimular. *vpr* fingir-se de.

fi.ni.men.to [finim'ento] *sm* fim, conclusão, acabamento; enfeite, adorno, adereço; serviço de mesa, baixela; arreios (de montaria).

fi.ni.mon.do [finim'ondo] *sm* fim de mundo, apocalipse; destruição, ruína. *Fig.* desordem.

fi.ni.re [fin'ire] *vt* terminar, acabar, concluir; retocar, aperfeiçoar. *Fig.* matar, liquidar. *vi* parar, cessar, desistir; terminar, acabar, chegar ao fim; morrer. *Gram.* terminar em.

fin.ni.co [f'inniko] *adj* fino, finlandês.

fin.no [f'inno] *sm* finlandês.

fi.no [f'ino] *adv* ainda, também, até mesmo. *prep* até, até a.

fi.noc.chio [fin'okkjo] *sm Bot.* funcho, erva-doce. *Fig.* tolo, tonto, bobo. *Gír.* bicha, homossexual.

fi.no.ra [fin'ora] ou **fin ora** *adv* até agora. ≃ até hoje, até esta época; **fin ora** até este exato momento.

fin.ta [f'inta] *sf* fingimento, dissimulação; trança postiça (de cabelos). *Esp.* drible, finta.

fin.tan.to.ché [fintantok'e] *conj* até o momento em que.

fin.to [f'into] *part + adj* fingido, falso, simulado; fictício, irreal; postiço.

fin.zio.ne [fints'jone] *sf* fingimento, simulação; mentira, falsidade, hipocrisia; trapaça, engano. *Fig.* invenção; brincadeira, peça.

fi.o [f'io] *sm* pena, castigo, expiação.

fioc.ca.re [fjokk'are] *vi* nevar.

fioc.co [f'jɔkko] *sm* cadarço, cordão de sapato; fita, laço; floco de neve; pedaço de lã.

fio.chez.za [fjok'ettsa] ou **fio.cag.gi.ne** [fjok'addʒine] *sf* rouquidão (da voz, de sons).

fio.ci.na [f'jɔtʃina] *sf* arpão.

fio.co [f'jɔko] *adj* rouco; indistinto, apagado (som); fraco, débil (luz).

fion.da [f'jonda] ou **from.bo.la** [fr'ombola] *sf* funda; estilingue, atiradeira.

fio.ra.io [fjor'ajo] *sm* florista, vendedor de flores; floricultor; jardineiro.

fior.da.li.so [fjordal'izo] *sm Bot.* flor-de-lis, açucena, lírio-branco.

fior.do [f'jordo] *sm Geogr.* fiorde.

fio.re [f'jore] *sm Bot.* flor. *Fig.* nata, fina flor. ≃ **i** *pl* paus (naipe das cartas). **il** ≃ **all'occhiello** *Fig.* a menina dos olhos. **sul** ≃ **dell'età** à flor da idade.

fio.reg.gia.re [fjoreddʒ'are] *vi* florear, enfeitar com flores. *Fig. Mús.* fazer floreios.

fio.ren.ti.no [fjorent'ino] *sm + adj* florentino.

fio.ret.to [fjor'etto] *sm dim* florzinha; ponta (de perfuratriz). *Esp.* florete, espada de esgrima. *Mús.* e *Lit.* floreio, efeito. *Fig.* seleção. ≃ **i** *pl Lit.* trechos escolhidos.

fioricultura → **floricultura**.

fio.ri.no [fjor'ino] *sm* florim (moeda).

fio.ri.re [fjor'ire] *vi* florir, florescer; pintar flores. *Fig.* aparecer, surgir; estar em bom estado; ficar famoso; embelezar-se, enfeitar-se.

fio.ri.sta [fjor'ista] *s* florista; floricultor.

fiot.to [f'jɔtto] *sm* fluxo, corrimento; maré, enchente; onda, vaga, vagalhão. *Fig.* multidão.

fir.ma [f'irma] *sf Com.* firma, assinatura.

fir.ma.men.to [firmam'ento] *sm* firmamento.

fir.ma.re [firm'are] *vt* firmar, assinar, subscrever; confirmar, sancionar, ratificar.

fir.ma.ta.rio [firmat'arjo] *sm Com.* signatário, assinante.

fi.sar.mo.ni.ca [fizarm'ɔnika] *sf Mús.* acordeão, sanfona.

fi.sca.le [fisk'ale] *adj* fiscal, do fisco. *Fig.* rígido, severo, rigoroso, exigente; meticuloso.

fi.sca.leg.gia.re [fiskaleddʒ'are] *vi* fiscalizar.

fi.schia.re [fisk'jare] *vt* vaiar. *vi* assobiar.

fi.schia.ta [fisk'jata] *sf* vaia.

fi.schio [f'iskjo] *sm* assobio; apito (instrumento e som).

fi.schio.ne [fisk'jone] *sm* vaia; zombaria, gozação. *Zool.* ganso selvagem.

fi.sco [f'isko] *sm* fisco, fazenda pública, erário.

fi.si.ca [f'izika] *sf* física.

fi.si.co [f'iziko] *sm* físico; estudioso de física; constituição física, compleição. *adj* físico; material, corpóreo, natural. **educazione** ≃ a educação física (matéria escolar).

fi.si.ma [f'izima] *sf* extravagância, esquisitice, capricho; fixação, mania; utopia.

fi.sio.lo.gi.a [fizjolodʒ'ia] *sf* fisiologia.

fi.sio.no.mi.a [fizjonom'ia] ou **fi.so.no.mi.a** [fizonom'ia] *sf* fisionomia, semblante, feições; aspecto. *Fig.* características, caracteres.

fis.sa.re [fiss'are] *vt* fixar, estabilizar; determinar, estabelecer; fitar; marcar (hora, encontro); memorizar. *vpr* fixar-se, estabilizar-se; estabelecer-se. *Fig.* teimar, perseverar, obstinar-se.

fis.sa.zio.ne [fissats'jone] *sf* fixação, atenção. *Fig.* idéia fixa, capricho, teima, obstinação.

fis.sio.ne [fiss'jone] *sf Fís.* fissão (nuclear).

fis.so [f'isso] *adj* fixo, firme, estável; determinado, estabelecido; invariável, constante; resoluto, decidido. *Fig.* preciso; obstinado.

fi.sto.la [f'istola] I *sf* tubo, cano, sifão. *Med.* fístula, úlcera.

fi.sto.la [f'istola] II ou **fi.stu.la** [f'istula] *sf Mús.* flautinha, flauta pastoril.

fi.to.lo.gi.a [fitolodʒ'ia] *sf* fitologia; botânica; fitografia.

fi.to.zoi [fitodz'ɔj] *sm pl Zool.* fitozoários.

fit.ta [f'itta] *sf* pontada (dor); ferimento.

fit.ta.io.lo [fitta'jolo], **fit.ta.iuo.lo** [fitta'jwolo] ou **af.fit.ta.io.lo** [affitta'jolo] *sm* inquilino, locatário.

fit.ti.zio [fitt'itsjo] *adj* fictício, imaginário, irreal; fingido, falso, simulado.

fit.to [f'itto] I *sm* mata fechada. *part* fixo, fincado, cravado. *adj* denso, espesso, compactor. *Fig.* abundante, copioso. **notte** ≃ a noite escura. *adv* copiosamente, densamente.

fitto II → **affitto**.

fittuario → **affituario**.

fiu.me [fj'ume] *sm tb Fig.* rio.

fiu.ta.fat.ti [fjutaf'atti] *s dep* metido, enxerido.

fiu.ta.re [fjut'are] *vt* + *vi* cheirar; farejar. *Fig.* pressentir, sentir; investigar. *dep* bisbilhotar.

fiu.to [fj'uto] *sm* faro, cheiro, odor, aroma. *Gír.* faro (para negócios, etc). *Fig.* indício; pressentimento, intuição, instinto.

flac.ci.do [fl'attʃido] *adj* flácido, frouxo, lânguido.

fla.gel.la.re [fladʒell'are] *vt* flagelar, chicotear. *Fig.* afligir, atormentar, torturar; ofender, insultar; amaldiçoar, maldizer; arruinar.

fla.gel.lo [fladʒ'ello] *sm* chicote, chibata, flagelo. *Zool.* flagelo, filamento móvel dos protozoários. *Fig.* castigo, punição, pena; maldição, maledicência; ofensa, insulto; ruína.

fla.gran.te [flagr'ante] *adj* ardente, acalorado. *Dir.* flagrante. *Fig.* evidente, claro, manifesto. **in** ≃ *Dir.* em flagrante, no ato. **cogliere in** ≃ pegar em flagrante.

fla.nel.la [flan'ella] *sf* flanela.

flash [fl'eʃ] *sm Fig.* notícia, comunicado, flagrante jornalístico.

fla.to [fl'ato] *sm*, **fla.tu.len.za** [flatul'entsa] ou **fla.tuo.si.tà** [flatwozit'a] *sf* flatulência, flato; gases.

flau.ti.no [flawt'ino] ou **flau.tet.to** [flawt'etto] *sm* flautim.

flau.ti.sta [flawt'ista] *s* flautista.

flau.to [fl'awto] *sm* flauta. **a** ≃ obliquamente.

fle.bi.te [fleb'ite] *sf Med.* flebite.

flem.ma [fl'emma] *sf* fleuma. *Fig.* calma, tranqüilidade, paciência, lentidão, pachorra.

flem.ma.ti.co [flemm'atiko] *adj* fleumático. *Fig.* calmo, tranqüilo, paciente, pacato.

fles.si.bi.le [fless'ibile] *adj* flexível, dobrável. *Fig.* dócil, condescendente.

fles.sio.ne [fless'jone] *sf* flexão, curvatura.

flir.ta.re [flirt'are] *vi* flertar, namoricar.

flo.gi.sti.co [flodʒ'istiko] *adj Med.* flogístico.

flo.go.si [fl'ɔgozi] *sf Med.* flogose, inflamação.

flo.ra [fl'ɔra] *sf* flora.

flo.re.scen.za [floreʃ'entsa] *sf* florescência; inflorescência.

flo.ri.cul.tu.ra [florikult'ura] ou **fio.ri.cul.tu.ra** [fjorikult'ura] *sf* floricultura (cultivo).

flo.ri.do [fl'orido] *adj* florido, cheio de flores. *Fig.* próspero, florescente, vigoroso, viçoso.

flo.ri.le.gio [floril'edʒo] *sm* antologia, seleção.

flo.scio [fl'ɔʃo] *adj* frouxo, mole. *Fig.* fraco, debilitado, sem forças.

flo.scio.ne [floʃ'one] *sm dep* frouxo, moleirão.

flot.ta [fl'ɔtta] *sf Náut.* frota; armada, esquadra. *Aeron.* esquadrilha, flotilha.

flot.ti.glia [flott'iʎa] *sf dim Náut.* flotilha.

flu.i.do [fl'uido] *sm* fluido, líquido. *adj* fluido, fluente, corrente. *Fig.* espontâneo.

flu.i.re [flu'ire] *vi* fluir, correr, escorrer.

fluo.re [fl'wore] *sm Quím.* flúor. *Med.* fluxo.

fluo.re.scen.za [flworeʃ'entsa] *sf* fluorescência.

flus.sio.ne [fluss'jone] *sf Med.* fluxo, afluxo.

flus.so [fl'usso] *sm* fluxo; escorrimento; vaivém (de pessoas). *Náut.* fluxo, preamar.

flut.to [fl'utto] *sm* vagalhão, vaga.

flut.tua.re [flutt'ware] *vi* flutuar, ondular. *Fig.* hesitar; variar (população, valores).

flu.via.le [fluv'jale] ou **flu.via.ti.le** [fluv'jatile] *adj* fluvial, de rio.

fo.bi.a [fob'ia] *sf* temor, medo, terror; aversão. *Psic.* fobia, ódio irracional.

fo.ca [f'ɔka] *sf Zool.* foca. *Fam. Irôn.* canhão, mulher gorda e feia.

fo.cac.cia [fok'attʃa] *sf* fogaça.

fo.ca.to [fok'ato] *adj* cor de fogo; aceso, ardente.

fo.ce [f'otʃe] *sf Geogr.* foz, estuário; garganta (de montanha); entrada (de porto ou golfo).

fo.chi.sta [fok'ista] *s* foguista; fogueteiro.

foco → **fuoco**.

fo.co.la.io [fokol'ajo] *sm* forno, fornalha. *Med.* foco (de infecção). *Fig.* centro, foco.

fo.co.la.re [fokol'are] *sm* lareira; chaminé. *Mec.* forno, fornalha. *Fig.* lar, casa, família.

fo.co.so [fok'ozo] *adj* fogoso; impetuoso.

fo.de.ra [f'ɔdera] *sf* forro (de roupa, chapéu).

fo.de.ra.re [foder'are] *vt* forrar.

fo.de.ro [f'ɔdero] *sm* bainha (de espada).

fo.ga [f'ɔga] *sf* fúria, ímpeto; pressa.

fog.gia [f'ɔddʒa] *sf* maneira; jeito (de vestir).

fo.glia [f'ɔʎa] *sf* folha, lâmina (de metal). *Bot.* folha; pétala; membrana, película (de cebola); casca, envoltório. *Arquit.* folha.

fo.glia.me [foʎ'ame] *sm* folhagem; folheado.

fo.glia.ta [foʎ'ata] *sf* embrulho, pacote (com papel).

fo.gliet.to [foʎ'etto] *sm dim* folhinha, folha pequena; folheto, impresso.

fo.glio [f'ɔʎo] *sm* folha (de papel). *Fig.* jornal, boletim, noticiário; certificado, documento; carta; papel; papel-moeda; obrigação, débito. ≃ **elettronico** *Inform.* planilha eletrônica.

fo.gna [f'oɲa] *sf* esgoto, fossa, cloaca; furo (em fundo de vaso).

fo.gno.lo [foɲ'ɔlo] *sm* sarjeta, valeta.

fo.ia [f'ɔja] *sf Lit.* libido, excitação.

fo.la [f'ɔla] *sf* história, conto, fábula; conversa fiada, palavrório; mentira, lorota.

fo.la.ta [fol'ata] *sf* multidão; bando. ≃ **di vento** rajada de vento.

fol.clo.re [folkl'ore] ou **fol.klo.re** [folkl'ore] *sm* folclore; costumes, tradições, usos.

fol.go.ra.re [folgor'are] *vt* ofuscar, cegar. *Elet.* eletrocutar. *Fig.* criticar, repreender. *vi* fulgurar, relampejar; brilhar, resplandecer.

fol.go.re [f'olgore] *sf Poét.* raio, relâmpago. *Fig.* castigo, condenação; raio; ação rápida.

fol.la [f'ɔlla] *sf* multidão; montão; aglomeração, grande quantidade.

fol.le [f'ɔlle] *adj* louco, alienado; solto (polia, engrenagem). *Fig.* absurdo, insensato; arriscado, imprudente; agitado, exaltado.

fol.li.a [foll'ia] *sf* loucura, demência. *Fig.* exagero; capricho, fantasia.

fol.li.co.lo [foll'ikolo] *sm Bot.* e *Anat.* folículo.

fol.to [f'olto] *adj* denso, compacto, cerrado.

fo.men.ta.re [foment'are] *vt* fomentar; incitar, provocar; promover.

fon.da [f'onda] *sf* coldre, estojo de revólver.

fon.dac.cio [fond'attʃo] ou **fon.di.glio** [fond'iʎo] *sm* sedimento, excremento. ≃ **i** *pl Com.* retalhos, fim de estoque.

fon.da.men.ta.le [fondament'ale] *adj* fundamental, básico.

fon.da.men.ta.re [fondament'are] *vt* fundamentar, fundar, lançar as bases. *vpr* fundamentar-se, basear-se.

fon.da.men.to [fondam'ento] *sm (pl f* **le fondamenta)** alicerce, fundação (de construção). *Fig.* fundamento; princípio; essência.

fon.da.re [fond'are] *vt* fundar, lançar as bases; começar, implantar; estabelecer, instituir. *vpr* basear-se, apoiar-se; aprofundar-se em (estudo). *Com.* reunir fundos (capital).

fon.da.to [fond'ato] *part+adj* fundamentado, provado, comprovado. *Fig.* instruído.

fon.da.zio.ne [fondats'jone] *sf* fundação; sociedade, instituição; suporte, base (para máquinas). *Arquit.* alicerce, fundação.

fon.de.re [f'ondere] *vt* fundir, derreter, liquefazer; combinar, misturar. *Med.* dissolver. *Fig.* destruir, desfazer. *vpr* liquefazer-se, derreter-se; fundir-se, unir-se; destruir-se.

fon.de.ri.a [fonder'ia] *sf* fundição.

fon.di.na [fond'ina] *sf Pop.* prato fundo.

fon.do [f'ondo] *sm* fundo, profundidade; propriedade, terreno; sedimento, depósito, borra (de líquidos); fundo, base (de tecido ou pintura). *Fig.* extremo, parte mais distante; íntimo, interior (de uma pessoa). ≃ **i** *pl Com.* e *Econ.* fundos, capital. ≃ **di magazzino** fim de estoque. ≃ **di previdenza** fundo de pensão. ≃ **di riserva** *Com.* e *Dir.* fundo de reserva legal. **a** ≃ **perduto** *Econ.* a fundo perdido. **andare a** ≃ afundar. *Fig.* ir até o fim (numa investigação). **in** ≃ **in** ≃ no fundo. *adj* fundo, profundo; cavado, escavado. *adv* profundamente.

fo.ne.ti.ca [fon'etika] ou fo.no.lo.gi.a [fono-lodʒ'ia] *sf Gram.* fonética, fonologia.

fo.ne.ti.co [fon'etiko] *adj Gram.* fonético. **scrittura** = a transcrição fonética.

fo.ni.co [f'ɔniko] *adj* fônico, da voz. **segno** = *Gram.* símbolo fonético.

fon.ta.na [font'ana] *sf* fonte, chafariz.

fon.ta.nel.la [fontan'ella] *sf dim* fonte pequena. *Anat.* fontanela. *Pop.* moleira; bebedouro.

fon.ta.nie.re [fontan'jere] *sm Pop.* encanador.

fon.te [f'onte] *sf* fonte, nascente (de água). *Fig.* início, princípio; origem, causa, motivo; fonte, texto original.

fo.rac.chia.re [forakk'jare] *vt* esburacar.

fo.rag.gio [for'addʒo] *sm* forragem.

fo.ra.re [for'are] *vt* furar, perfurar, esburacar; penetrar, atravessar.

fo.ra.to.io [forat'ojo] *sm* furador.

for.bi.ci [f'ɔrbitʃi] *sf pl* tesoura. *Zool.* pinças (de escorpião, caranguejo).

for.bi.re [forb'ire] *vt Lit.* limpar, polir.

for.bi.tez.za [forbit'ettsa] *sf* limpeza. *Fig.* bom gosto, elegância (ao escrever).

for.ca [f'orka] *sf* forca, patíbulo; forcado, forquilha; pala (de camisa).

for.ca.io.lo [forka'jɔlo] *sm dep Pol.* reacionário, direitista, conservador.

for.cel.la [fortʃ'ella] *sf* forquilha; forcado; grampo para os cabelos.

for.chet.ta [fork'etta] *sf dim* garfo.

for.ci.pe [f'ɔrtʃipe] *sm Med.* fórceps.

for.co.ne [fork'one] *sm* tesoura de podar, podadeira.

for.cu.to [fork'uto] *adj* bifurcado.

fo.ren.se [for'ense] *adj* forense, dos tribunais.

fo.re.sta [for'esta] *sf* floresta, mata, selva.

fo.re.stie.re [forest'jere] ou fo.re.stie.ro [forest'jero] *sm* estrangeiro, forasteiro; hóspede de hotel. *adj* estrangeiro, forasteiro.

for.fo.ra [f'orfora] *sf* caspa.

forgia → fucina.

for.gia.re [fordʒ'are] *vt* forjar. *Fig.* formar.

forgone → furgone.

fo.rie.ro [for'jero] *adj* precursor, anunciador.

for.ma [f'orma] *sf* forma; figura, aspecto; aparência, imagem; semblante; formalidade, regra, praxe; modo, maneira, jeito; fôrma (de sapato); matriz (de escultura). *Lit.* estilo. *Esp.* forma. **essere in** = estar em forma.

for.mag.gio [form'addʒo] *sm* queijo.

for.ma.le [form'ale] *adj* formal; oficial, público, expresso, declarado; cerimonioso.

for.ma.li.tà [formalit'a] *sf* formalidade, praxe.

for.ma.liz.za.re [formaliddz'are] *vt* formalizar; formar. *vpr* escandalizar-se, pasmar-se.

for.ma.re [form'are] *vt* formar, fazer, construir, fabricar, modelar. *Fig.* criar, instituir, fundar; dar vida a, iniciar; compor, constituir; instruir, educar. *vpr* formar-se, delinear-se. *Fig.* instruir-se, formar-se (em escola).

for.ma.zio.ne [formats'jone] *sf* formação; constituição; educação, instrução.

for.mel.la [form'ella] *sf* cova, buraco (para plantar). *Arquit.* tijolo colorido; ladrilho.

for.me.ne [form'ene] *sm Quím.* metano.

for.mi.ca [form'ika] *sf Zool.* formiga. *Med.* cobreiro, cobrelo, doença de pele.

for.mi.ca.io [formik'ajo] *sm* formigueiro. *Fig.* multidão, série.

for.mi.co.la.re [formikol'are] *vi* formigar, fervilhar.

for.mi.co.li.o [formikol'io] *sm* formigamento, comichão, prurido.

for.mi.da.bi.le [formid'abile] *adj* formidável, fabuloso, excepcional; espantoso, assustador.

for.mo.lo [form'ɔlo] *sm Quím.* formol.

for.mo.so [form'ozo] *adj Poét.* formoso, belo, lindo, bem-feito.

for.mu.la [f'ɔrmula] ou for.mo.la [f'ɔrmola] *sf* fórmula, regra, norma; costume, moda, modelo, uso. *Mat.* e *Quím.* fórmula.

for.mu.la.re [formul'are] *vt* formular; exprimir.

for.mu.la.rio [formul'arjo] ou for.mo.la.rio [formol'arjo] *sm* coleção de fórmulas. *Fig.* receituário; formulário, ficha.

for.na.ce [forn'atʃe] *sf* forno, fornalha.

for.na.io [forn'ajo] *sm* padeiro. *Zool.* joão-de-barro.

for.nel.lo [forn'ello] *sm* fogão; fogareiro; boca (do fogão).

for.ni.ca.re [fornik'are] *vi Rel.* e *Dir.* fornicar. *Pol.* tramar, conspirar.

for.ni.men.to [fornim'ento] *sm* fornecimento; arreios (de montaria). = **da tavola** serviço de mesa, baixela.

for.ni.re [forn'ire] *vt* fornecer, prover; equipar, munir. *Fig.* dar, oferecer; cumprir (tarefa).

for.no [f'orno] *sm* forno; fornalha; panificadora, padaria. *Fig.* forno (lugar muito quente). **alto** = *Sider.* alto-forno. **al** = ao forno.

fo.ro [f'oro] I *sm* furo, buraco, abertura.

fo.ro [f'oro] II *sm* foro, praça pública; foro, fórum, tribunal, corte de justiça; jurisdição.

for.ra [f'oɾa] *sf* desfiladeiro; precipício.

for.se [f'orse] *sm* dúvida, incerteza. *adv* talvez, porventura, quiçá; cerca, aproximadamente, mais ou menos. ≃ é bem provável que. **senza** ≃ com certeza. ≃ **che** talvez.

for.sen.na.to [forsenn'ato] *adj* insensato, louco, doido, possesso.

for.te [f'ɔrte] *sm Mil.* forte, fortificação. *Fig.* o melhor, o ponto forte. *s* homem ou mulher forte. *adj* forte; robusto, possante. *Fig.* valente, valoroso; eficiente, eficaz; enérgico, severo; potente; violento; impetuoso, intenso, tempestuoso; considerável, substancioso (quantidade); resistente, sólido; trabalhoso, cansativo. *adv* com força; em voz alta. **dare mano** ≃ ajudar.

for.tez.za [fort'ettsa] *sf* força (espiritual), coragem, bravura, firmeza (de caráter). *Mil.* fortaleza, forte, fortificação. ≃ **volante** *Aeron.* fortaleza voadora, bombardeiro.

for.ti.fi.ca.re [fortifik'are] *vt* fortificar, fortalecer, reforçar. *Mil.* fortificar. *vpr* fortalecerse, fortificar-se. *Mil.* fortificar-se.

for.ti.no [fort'ino] *sm dim Mil.* fortim.

for.tu.i.to [fort'uito] *adj* fortuito.

for.tu.na [fort'una] *sf* sorte; acaso, ventura. *Náut.* borrasca. *Fig.* condição, estado; oportunidade; fortuna, riqueza; felicidade.

for.tu.na.le [fortun'ale] *sm Náut.* borrasca.

fo.run.co.lo [for'unkolo] *sm Med.* furúnculo.

forviare → **fuorviare**

for.za [f'ɔrtsa] *sf* força, robustez; virtude, valor; solidez; significado. *Fig.* violência, força bruta; energia, intensidade. *Fís.* força. *Mil.* potência. **le F ≃ e Armate** as Forças Armadas. ≃ **maggiore** *Dir.* força maior. ≃ **pubblica** polícia, força pública. **di** ≃ ou **di tutta** ≃ com força, com vigor. **per** ≃ *adv* à força. **per** ≃! *interj* que remédio!

for.za.re [forts'are] *vt* forçar; obrigar, coagir.

for.zie.re [forts'jere] *sm* cofre.

for.zo.so [forts'ozo] *adj* forçoso, inevitável; obrigatório, necessário.

for.zu.to [forts'uto] *adj* forte, robusto.

fo.schia [fosk'ia] *sf* neblina, cerração, bruma.

fo.sco [f'osko] *adj* fosco, embaçado; nebuloso, nevoento. *Fig.* triste; desconhecido.

fo.sfa.to [fosf'ato] *sm Quím.* fosfato.

fo.sfo.re.scen.za [fosforeʃ'entsa] *sf* fosforescência; fogo-fátuo.

fo.sfo.ro [f'ɔsforo] *sm Quím.* fósforo.

fos.sa [f'ɔssa] *sf* fosso, vala; sepultura, cova; cavidade, depressão. *Fig.* morte. **avere i piedi nella** ≃ *Pop.* estar com o pé na cova.

fos.si.le [f'ɔssile] *sm+adj* fóssil.

fos.si.liz.za.re [fossiliddz'are] *vt* fossilizar.

fos.so [f'ɔsso] *sm* rego, vala (para águas); fosso (de castelo).

fo.to.cel.lu.la [fototʃ'ellula] ou **cellula fotoelettrica** *sf* célula fotoelétrica.

fo.to.co.pia.re [fotokop'jare] *vt* fotocopiar.

fo.to.e.let.tri.co [fotoel'ettriko] *adj* fotoelétrico. **cellula** ≃ **a** → **fotocellula**.

fo.to.ge.ni.co [fotodʒ'eniko] *adj* fotogênico.

fo.to.gra.fa.re [fotograf'are] *vt* fotografar.

fo.to.gra.fi.a [fotograf'ia] ou **fo.to** [f'ɔto] *sf* fotografia, foto.

fo.to.in.ci.sio.ne [fotointʃiz'jone] *sf* fotogravura.

fo.to.mon.tag.gio [fotomont'addʒo] ou **fo.to.mo.sai.co** [fotomoz'ajko] *sm* fotomontagem.

fo.to.ro.man.zo [fotorom'antso] *sm* fotonovela.

fo.to.sin.te.si [fotos'intezi] *sf* fotossíntese.

fot.te.re [f'ottere] *vt Vulg.* foder, comer, trepar com. *Vulg. Fig.* ferrar, sacanear (enganar).

fra [fr'a] *prep* entre, no meio de. → *tb* **tra**.

frac ou **frack** [fr'ak] *sm* fraque.

fra.cas.sa.men.to [frakassam'ento] *sm* quebra, rompimento.

fra.cas.sa.re [frakass'are] *vt* quebrar, romper (com ruído). *vpr* romper-se, despedaçar-se.

fra.cas.so [frak'asso] *sm* ruído, barulho; vozerio, algazarra. *Fig.* monte.

fra.ci.dez.za [fratʃid'ettsa] *sf* podridão, putrefação.

fra.di.cio [fr'aditʃo] ou **fra.ci.do** [fr'atʃido] *sm* lamaçal; podridão. *adj* ensopado pela chuva; podre, apodrecido. *Fig.* gasto; doente.

fra.gi.le [fr'adʒile] *adj* frágil, delicado. *Fig.* instável, passageiro; fino, delgado; fraco, débil.

fra.go.la [fr'agola] *sf Bot.* morango; morangueiro.

fra.go.re [frag'ore] *sm Poét.* fragor, ruído, barulho, estrondo, estrépito.

fra.go.ro.so [fragor'ozo] *adj* fragoroso, ruidoso, barulhento, estrondoso.

fra.gran.za [fragr'antsa] *sf* fragrância, perfume, aroma.

fra.in.ten.de.re [fraint'endere] *vt* compreender mal, entender o contrário.

fra.le [fr'ale] *sm Poét.* o corpo humano. *adj* frágil, delicado.

fram.men.ta.re [framment'are] *vt* fragmentar.

fram.men.to [framm'ento] *sm* fragmento, pedaço; caco, resto; trecho, excerto.

fram.met.te.re [framm'ettere] *vt* interpor, intercalar; misturar, mesclar.

fram.mez.zo [framm'eddzo] *adv* no meio. *prep* no meio de; entre.

fram.mi.schia.re [frammisk'jare] ou **fram.me.sco.la.re** [frammeskol'are] *vt* misturar, mesclar.

fra.na [fr'ana] *sf* desmoronamento, desabamento de terra.

fra.na.re [fran'are] *vi* desmoronar, desabar; ruir. *vpr* desmoronar-se, desabar-se.

fran.ca.re [frank'are] *vt* franquear; selar. *Lit.* liberar, desvincular; estabilizar, fixar.

fran.ca.tu.ra [frankat'ura] ou **fran.ca.zio.ne** [frankats'jone] *sf* franquia; selagem.

fran.ce.sca.no [frantʃesk'ano] *sm+adj* franciscano.

fran.ce.se [frantʃ'eze] *s+adj* francês.

fran.chez.za [frank'ettsa] *sf* franqueza, sinceridade; liberdade, desenvoltura; descaramento, ousadia. *Pop.* cara-de-pau.

fran.chi.gia [frank'idʒa] *sf* franquia, isenção. *Pol.* imunidade, privilégio.

fran.co [fr'anko] *sm* franco (moeda). *adj* franco, sincero, espontâneo; livre, isento; desembaraçado, desimpedido; franqueado; ousado, corajoso. *Hist.* franco. *Fig.* descarado. ≃ **di spese** livre de despesas. *adv* francamente.

fran.co.bol.lo [frankob'ollo] *sm* selo.

fran.co.ti.ra.to.re [frankotirat'ore] *sm* franco-atirador, guerrilheiro.

fran.gen.te [frandʒ'ente] *sm Náut.* escolho, recife; onda, vagalhão. *Fig.* aperto, apuro.

fran.ge.re [fr'andʒere] *vt* quebrar, romper, despedaçar. *vpr* romper-se, despedaçar-se.

fran.get.ta [frandʒ'etta] ou **fran.get.ti.na** [frandʒett'ina] *sf* franjinha; franja (cabelos).

fran.gia [fr'andʒa] *sf* franja (enfeite).

fran.gia.re [frandʒ'are] *vi* franjar.

fran.gi.on.da [frandʒi'onda] *sm* quebra-mar.

fran.tu.ma.re [frantum'are] *vt* despedaçar.

fran.tu.me [frant'ume] *sm* pedaço, caco.

frap.pa [fr'appa] *sf* franja.

frap.pa.re [frapp'are] ou **frap.peg.gia.re** [frappeddʒ'are] *vi* franjar, pôr franja em roupas.

frap.por.re [frapp'oɾe] *vt* interpor, colocar no meio. *vpr* intrometer-se, interferir.

fra.sa.io.lo [fraza'jolo] *sm* falador, tagarela.

fra.sa.rio [fraz'arjo] *sm* coletânea de frases; terminologia, léxico (de uma ciência).

fra.sca [fr'aska] *sf* ramo; trocadilho. *Fig.* leviano; pessoa volúvel. ≃**che** *pl* folhagem; suporte (para trepadeiras). *Fig.* vaidade; ninharia, mixaria; capricho, extravagância.

fra.sca.to [frask'ato] *sm* caramanchão; matagal.

fra.sche.ri.a [fraskeri'a] *sf* mixaria, bagatela.

fra.schet.ta [frask'etta] *sf dim* raminho; armadilha para passarinhos. *Gír.* galinha, namoradeira.

fra.se [fr'aze] *sf Gram.* frase, locução, expressão. *Mús.* frase, fraseado. ≃ **fatta** *Irôn.* chavão, frase feita.

fra.se.o.lo.gi.a [frazeolodʒ'ia] *sf Gram.* fraseologia; construção de frases.

fras.si.no [fr'assino] *sm Bot.* freixo.

fra.sta.glia.re [frastaʎ'are] *vt* retalhar, recortar; entalhar, gravar. *Fig.* enganar. *vpr* gaguejar.

fra.sta.glio [frast'aʎo] *sm* entalhe.

fra.stor.na.re [frastorn'are] *vt* transtornar, atrapalhar, perturbar.

fra.stuo.no [frast'wɔno] *sm* estrondo, barulho.

fra.te [fr'ate] *sm* frade.

fra.tel.lan.za [fratell'antsa] *sf* fraternidade. *Fig.* amizade, harmonia; irmandade.

fra.tel.la.stro [fratell'astro] *sm* meio irmão.

fra.tel.lo [frat'ello] *sm* irmão. *Rel.* irmão, confrade. *Fig.* amigo, companheiro.

fra.ter.ni.tà [fraterni't'a] *sf* fraternidade; parentesco entre irmãos; amizade, harmonia.

fra.tri.ci.da [fratritʃ'ida] *s* fratricida.

frat.ta.glie [fratt'aʎe] *sf pl* miúdos, vísceras.

frat.tan.to [fratt'anto] ou **nel frattempo** *adv* enquanto isso, nesse meio tempo.

frat.tem.po [fratt'empo] *adv* na expressão **nel** ≃ → **frattanto.**

frat.tu.ra [fratt'ura] *sf Med.* fratura, ruptura. *Geol.* falha.

frat.tu.ra.re [frattur'are] *vt* fraturar, quebrar. *vpr* romper-se, despedaçar-se.

frau.do.len.to [frawdol'ento] ou **fro.do.len.to** [frodol'ento] *adj* fraudulento, doloso.

fra.zio.na.rio [fratsjon'arjo] *adj* fracionário.

fra.zio.ne [frats'jone] *sf* fração, parte.

frec.cia [fr'ettʃa] *sf* flecha, seta, dardo. *Fís.* agulha (da bússola).

frec.cia.re [frettʃ'are] *vt* flechar. *Fig.* pedir dinheiro emprestado a; ofender alguém.

fred.da.re [fredd'are] *vt* esfriar, resfriar. *Fig.* matar. *vi+vpr* esfriar-se; resfriar-se.

fred.dez.za [fredd'ettsa] *sf* frieza, frio. *Fig.* frieza, indiferença; calma; descuido, desatenção.

fred.do [fr'eddo] *sm* frio. *Fig.* inverno; prato frio. *adj* frio. *Fig.* frio, indiferente; calmo. **a** ≃ *Fig.* sem entusiasmo; sem motivo. **a sangue** ≃ a sangue-frio. **sudare** ≃ suar frio. **fa un** ≃ **da cani!** está um frio dos diabos!

fred.do.lo.so [freddol'ozo] *adj* friorento.

fred.du.ra [fredd'ura] *sf* gracinha, gracejo.

fre.ga [fr'ega] *sf* desejo ardente; impaciência; desespero.

fre.ga.re [freg'are] *vt* esfregar, friccionar. *Fig.* iludir, burlar, ludibriar. *vpr* esfregar-se. *Fig. Vulg.* não se importar, não dar a mínima.

fre.ga.ta [freg'ata] *sf* esfrega, esfregação. *Náut.* e *Zool.* fragata. **capitano di** ≃ *Náut.* capitão-de-fragata.

fre.ga.tu.ra [fregat'ura] *sf* esfrega, esfregação. *Gír.* sacanagem, trapaça.

fre.gia.re [fredʒ'are] *vt* frisar, decorar com friso. *Fig.* enfeitar, embelezar, adornar. *vpr* embelezar-se; ostentar, carregar (medalha).

fre.gio [fr'edʒo] *sm* friso; ornamento, enfeite.

fre.go [fr'ego] *sm* linha, traço, risco.

fre.go.la [fr'egola] *sf Fam. Fig.* desejo; impaciência. *Gír. Vulg.* tesão.

fre.me.re [fr'emere] *vi* fremir, rugir, bramir; relinchar; agitar-se, tremer, vibrar.

fre.mi.to [fr'emito] *sm* frêmito, rugido, bramido; relincho; agitação, tremor, tremedeira.

fre.na.re [fren'are] *vt* frear. *Fig.* refrear, controlar, moderar. *vpr* conter-se, controlar-se.

fre.ne.si.a [frenez'ia] *sf* frenesi. *Fig.* delírio, loucura; desejo, furor.

fre.ne.ti.co [fren'etiko] *adj* frenético. *Fig.* delirante, louco, furioso; apaixonado, desejoso.

fre.no [fr'eno] *sm* freio. *Fig.* controle, sujeição. ≃ a mano *Autom.* freio de mão. tenere a ≃ *Fig.* controlar, guiar. scuotere il ≃ *Fig.* revoltar-se; libertar-se.

fre.quen.ta.re [frekwent'are] *vt* freqüentar. *Pop.* ser da casa, ser da família. ≃ l'Università estudar na universidade.

fre.quen.ta.to.re [frekwentat'ore] *sm* freqüentador; cliente.

fre.quen.te [frek'wente] *adj* freqüente, repetido. di ≃ com freqüência, freqüentemente.

fre.quen.za [frek'wentsa] *sf* freqüência, repetição, assiduidade; multidão. *Fís.* freqüência.

fre.sco [fr'esko] *sm* frescor, frescura. *adj* fresco. *Fig.* puro, inocente; simples, natural, espontâneo; leve (tecido); alegre, vivaz, vívido; novo, recente. ≃ di studi recém-formado. faccia ≃ a cara-de-pau, descaramento.

fret.ta [fr'etta] *sf* pressa, precipitação.

fret.to.lo.so [frettol'ozo] *adj* apressado, precipitado, impaciente.

fri.cas.se.a [frikass'ea] *sf* fricassé, guisado. *Fig.* mistura.

frig.ge.re [fr'iddʒere] *vt* frigir, fritar. *vi* ferver, arder. *Fig.* agitar-se. mandare uno a farsi ≃ *Vulg.* mandar alguém para o inferno.

fri.gi.dez.za [fridʒid'ettsa] ou fri.gi.di.tà [fridʒidit'a] *sf* frigidez, frieza.

fri.gi.do [fr'idʒido] *adj* frígido, frio; refrescante; indiferente. *Fig.* estéril (terra).

fri.gna.re [friɲɲ'are] *vi* choramingar. *dep* chorar.

fri.gno.ne [friɲɲ'one] *sm* chorão.

fri.go.ri.fe.ro [frigor'ifero] *sm* geladeira, refrigerador. *adj* frigorífero. cella ≃ a câmara frigorífica.

fri.go.ri.fi.co [frigor'ifiko] *adj* frigorífico.

frin.guel.lo [fring'wello] *sm Zool.* tentilhão.

frit.ta.ta [fritt'ata] *sf* omeleta. *Fig.* erro.

frit.tel.la [fritt'ella] *sf* filhó; mancha de óleo.

frit.to [fr'itto] *sm* fritura. *part+adj* frito. essere ≃ *Fig.* estar frito, estar arruinado.

frit.tu.ra [fritt'ura] *sf* fritura; fritada.

friu.la.no [frjul'ano] *adj* friulano, do Friuli (região italiana).

fri.vo.lez.za [frivol'ettsa] *sf* frivolidade, futilidade, leviandade.

fri.vo.lo [fr'ivolo] *adj* frívolo, fútil, leviano.

fri.zio.ne [frits'jone] *sf* fricção, atrito; esfregação. *Autom.* embreagem.

friz.za.re [friddz'are] *vt* picar, ferir, beliscar, pungir. *vi* gracejar, brincar.

friz.zo [fr'iddzo] *sm* gracejo, ironia, brincadeira, sarcasmo. *Fig.* alfinetada.

friz.zo.re [friddz'ore] *sm* ardor, prurido.

fro.da.re [frod'are] *vt* fraudar; roubar; calotear, enganar; contrabandear.

fro.de [fr'ɔde] *sf* fraude, trapaça, logro.

fro.do [fr'ɔdo] *sm* contrabando.

frodolento → fraudolento.

frol.la.re [froll'are] *vt* amaciar, amolecer. *vi+vpr* amaciar, ficar macio, ficar mole.

frol.lo [fr'ɔllo] *adj* macio, mole; tenro (carne). *Fig.* enfraquecido; gasto, estragado.

frombola → fionda.

fron.da [fr'ɔnda] *sf* ramo com folhas. ≃e *pl* folhagem, fronde, todas as folhas da árvore.

fron.ta.le [front'ale] *sm Arquit.* fachada, frontão. *Anat.* frontal (osso). *adj* frontal. *Fig.* anterior; aberto, direto, decidido (pessoa).

fron.te [fr'onte] *sf* testa, fronte; rosto, cabeça; frontispício (de livro); fachada (de edifício). *Mil.* vanguarda; frente de combate. a ≃ alta de cabeça erguida. fare ≃ fazer frente.

fron.te.spi.zio [frontesp'itsjo] ou fron.ti.spi.zio [frontisp'itsjo] *sm* frontispício (de livro). *Arquit.* fachada.

fron.tie.ra [front'jera] *sf* fronteira, limite. passare la ≃ atravessar a fronteira.

fron.zu.to [fronts'uto] *adj* frondoso, espesso, copado (árvore).

frot.ta [fr'ɔtta] *sf* grupo, pequena multidão.

frot.to.la [fr'ɔttola] *sf* mentira, invenção.

fru.ga.le [frug'ale] *adj* frugal, simples, moderado, comedido.

fru.ga.men.to [frugam'ento] *sm* apalpadela, procura. *Fam.* investigação, exploração, inspeção, revista.

fru.ga.re [frug'are] *vt* apalpar, tatear, procurar. *Fam.* investigar, explorar, inspecionar, revistar. *Pop.* fuçar, xeretar. *Fig.* procurar desesperadamente. *vpr* procurar nos bolsos.

fru.gno.lo [fruñ'ɔlo] *sm* lanterna (para pesca noturna).

fru.go.lo [fr'ugolo] *sm* travesso, irrequieto (menino). *Fig.* pessoa empreendedora, ativa.

fru.go.lo.ne [frugol'one] ou **fru.go.ne** [frug'one] *sm* intrometido, metido, abelhudo. *Pop.* xereta.

frui.re [fr'wire] *vi* usufruir, desfrutar, gozar.

frul.la.re [frull'are] *vt* bater (leite, ovos). *vi* girar, rodar; esvoaçar (aves); ventar forte. *Fig.* ter caprichos, fantasiar.

frul.la.to [frull'ato] *sm* leite batido.

frul.la.to.re [frullat'ore] *sm* batedeira.

frul.li.no [frull'ino] *sm* molininho, batedeira manual.

fru.men.to [frum'ento] *sm Bot.* trigo.

fru.men.to.ne [frument'one] *sm Bot.* milho.

fru.sci.o [fruʃ'io] *sm* murmúrio, sussurro, cicio (das folhagens), rangido (de sapatos).

fru.sta [fr'usta] *sf* chicote, açoite, chibata; vara, cajado. *Fig.* crítica, censura.

fru.sta.re [frust'are] *vt* chicotear, açoitar.

fru.sto [fr'usto] *sm* retalho, pedacinho, bocado. *adj* gasto, consumido, estragado, roto. *Fig.* conhecido, comum, repetido.

fru.stra.re [frustr'are] *vt* frustrar, inutilizar.

fru.ti.ce [fr'utitʃe] *sm Bot.* arbusto, frútice.

frut.ta [fr'utta] *sf*+*sf pl* fruta, frutas.

frut.ta.io.lo [frutta'jɔlo] *sm* fruteiro.

frut.ta.re [frutt'are] *vt*+*vi* frutificar; produzir; render (juros). *Fig.* servir; causar.

frut.ta.to [frutt'ato] *sm* produção, produto agrícola; rendimento de capital.

frut.te.to [frutt'eto] *sm* pomar.

frut.tie.ra [frutt'jera] *sf* fruteira.

frut.ti.fe.ro [frutt'ifero] *adj* frutífero, fértil, fecundo. *Fig.* saudável, salutar. *Com.* lucrativo.

frut.ti.fi.ca.re [fruttifik'are] *vi Bot.* frutificar.

frut.to [fr'utto] *sm* fruto. *Com.* juros; renda, lucro. *Fig.* resultado; vantagem.

frut.tu.o.so [fruttu'ozo] *adj Fig.* frutífero, eficaz, produtivo, útil, proveitoso.

fu [f'u] *adj* defunto, falecido, finado.

fu.ci.la.re [futʃil'are] *vt* fuzilar.

fu.ci.la.zio.ne [futʃilats'jone] *sm* fuzilamento.

fu.ci.le [futʃ'ile] *sm* fuzil.

fu.ci.lie.re [futʃil'jere] *sm Mil.* fuzileiro; soldado de infantaria.

fu.ci.na [futʃ'ina] ou **for.gia** [f'ɔrdʒa] *sf* forja; oficina de artesão. *Sider.* alto-forno.

fu.ci.na.re [futʃin'are] *vt* forjar, trabalhar na forja.

fu.co [f'uko] *sm Bot.* fuco. *Zool.* zangão.

fuc.sia [f'uksja] *sf Bot.* brinco-de-princesa, fúcsia.

fu.ga [f'uga] *sf* fuga, escapada; perda de gás. *Mús.* fuga. **di** ≈ com pressa; fugindo.

fu.ga.ce [fug'atʃe] *adj* fugaz, breve, momentâneo, efêmero, transitório; rápido, veloz.

fu.ga.re [fug'are] *vt* afugentar. *Fig.* dispersar.

fug.gi.fa.ti.ca [fuddʒifat'ika] *sm* vagabundo, vadio, preguiçoso.

fug.gi fug.gi [f'uddʒi f'uddʒi] *sm* corre-corre, debandada.

fug.gi.re [fuddʒ'ire] *vt* evitar, esquivar. *vi* fugir, escapar, correr; faltar. *Fam.* dar no pé.

fug.gi.ti.vo [fuddʒit'ivo] ou **fug.gia.sco** [fuddʒ'asko] *sm* fugitivo. *Mil.* desertor. *adj* fugitivo, fugidio. *Fig.* fugaz, transitório.

ful.cro [f'ulkro] *sm* apoio, sustento, amparo. *Fís.* fulcro, ponto de apoio. *Fig.* motivo.

ful.gen.te [fuldʒ'ente] ou **ful.gi.do** [f'uldʒido] *adj* fulgente, fúlgido, fulgurante, brilhante.

ful.go.re [fulg'ore] *sm* fulgor, brilho, esplendor.

fu.lig.gi.ne [ful'iddʒine] *sf* fuligem.

ful.mi.na.re [fulmin'are] *vt* fulminar, eletrocutar; incinerar, carbonizar. *Fig.* matar, destruir, aniquilar. *vi* relampejar.

ful.mi.ne [f'ulmine] *sm* raio. *Fig.* pessoa ou coisa muito veloz; ira divina; condenação.

ful.vo [f'ulvo] *adj* fulvo, ruivo, amarelo-avermelhado.

fu.mac.chio [fum'akkjo] *sm* tição.

fu.ma.io.lo [fuma'jɔlo] ou **fu.ma.ro.lo** [fumar'ɔlo] *sm* chaminé.

fu.ma.re [fum'are] *vt* fumar. *vi* fumegar. *Fig.* perder a paciência, ferver.

fu.ma.si.ga.ri [fumas'igari] *sm* piteira, boquilha.

fu.ma.to.re [fumat'ore] *sm* fumante.

fu.met.ti [fum'etti] *sm pl dim* história em quadrinhos.

fu.mi.ca.re [fumik'are] ou **fu.mi.ga.re** [fumig'are] *vi* fumegar.

fu.mi.gan.te [fumig'ante] *adj* fumegante.

fu.mo [f'umo] *sm* fumaça, vapor. *Fig.* vaidade, orgulho, presunção; sinal, indício.

fu.nam.bo.lo [fun'ambolo] ou **fu.nam.bu.lo** [fun'ambulo] *sm* equilibrista, aramista, funâmbulo. *Fig. Pol.* oportunista, vira-casaca.

fu.ne [f'une] *sf* corda, cabo. *Náut.* amarra.

fu.ne.bre [f'unebre] *adj* fúnebre, mortuário. *Fig.* macabro, lúgubre.

fu.ne.ra.le [funer'ale] *sm* funeral.

fu.ne.ra.rio [funer'arjo] *sm* agente funerário. *adj* funerário; fúnebre.

fu.ne.sto [fun'esto] *adj* funesto, sinistro, lúgubre, desastroso, azarento, que dá azar.

fun.ge.re [f'undʒere] *vt* exercer, executar. *vi* funcionar como, representar.

fun.go [f'ungo] *sm Bot.* cogumelo; fungo. ≃ **di Levante** noz-vômica.

fu.ni.cel.la [funitʃ'ɛlla] ou **fu.ni.ci.na** [funitʃ'ina] *sf dim* barbante, cordel.

fu.ni.co.la.re [funikol'are] *sf* funicular, bondinho. *adj* funicular, de cabo de aço.

fu.ni.vi.a [funiv'ia] *sf* bondinho; teleférico.

fun.zio.na.le [funtsjon'ale] *adj* funcional, prático, racional; eficiente, válido.

fun.zio.na.re [funtsjon'are] *vi* funcionar, trabalhar; exercer função de.

fun.zio.na.rio [funtsjon'arjo] *sm* funcionário público.

fun.zio.ne [funts'jone] *sf* função, cargo, ofício. *Rel.* cerimônia, solenidade, função religiosa. *Mec.* e *Med.* ação. ≃ **i vitali** funções vitais.

fuo.co [f'wɔko] ou **fo.co** [f'ɔko] *sm* fogo, chama; incêndio; disparo. *Fís.* foco. *Fig.* raiva, ira; desentendimento, discórdia; paixão, ardor; casa, lar. ≃ **! *Mil.*** fogo! ≃ **di paglia** *Fig.* fogo de palha ≃ **chi di artifízio** ou **artificiali** fogos de artifício. ≃ **greco** *Quím.* fogo grego. *Fig.* ilusão. **mettere a** ≃ enfocar, pôr em foco. **essere a** ≃ estar em foco.

fuor.ché [fwork'e] ou **fuor che** *prep* exceto, salvo, à exceção de.

fuo.ri [f'wori] *adv* fora, exteriormente. ≃ **di mano** fora de mão, longe. ≃ **di misura** extraordinariamente. **essere** ≃ **di sé** ficar fora de si, delirar. ≃ **di tempo** fora da estação. *Fig.* inoportunamente. ≃ **uso** gasto. **di** ≃ estrangeiro, do Exterior. ≃ **! fora!** saia daqui! **il di** ≃ o exterior, a parte externa. **passare fuor** ≃ transpassar, furar de lado a lado.

fuo.ri.giu.co [fworidʒ'wɔko] *sm Esp.* impedimento.

fuo.ru.sci.to [fworuʃ'ito] *sm* exilado, desterrado, proscrito.

fuor.vi.a.re [fworvi'are] ou **for.vi.a.re** [forvi'are] *vt* desviar, desencaminhar. *Fig.* enganar; aturdir. *vi* desviar-se; descarrilhar (trem).

fur.bac.cio [furb'attʃo] ou **fur.bac.cio.ne** [furbattʃ'one] *sm dep* espertinho, espertalhão.

fur.bi.zia [furb'itsja] ou **fur.be.ri.a** [furber'ia] *sf* esperteza, astúcia.

fur.bo [f'urbo] *adj* esperto, astuto, velhaco; inteligente, atento; malicioso, maquiavélico.

fu.ret.to [fur'etto] *sm Zool.* furão.

fur.fan.te [furf'ante] *sm*+*adj* malandro, patife, velhaco, tratante. *Pop.* sem-vergonha.

fur.fan.te.ri.a [furfanter'ia] *sf* malandragem, patifaria, velhacaria. *Pop.* sem-vergonhice.

fur.go.ne [furg'one] ou **for.go.ne** [forg'one] *sm* furgão, perua.

fur.gon.ci.no [furgontʃ'ino] *sm dim* caminhonete.

fu.ria [f'urja] *sf* fúria, raiva, ira, cólera; ímpeto, furor; pressa, impaciência. *Fig.* multidão enfurecida; megera, mulher má. **essere nelle** ≃ **e** ou **sulle** ≃ **e** enfurecer-se.

fu.rio.so [fur'jozo] ou **fu.ren.te** [fur'ente] *adj* furioso, enfurecido; impetuoso, veemente.

fu.ro.re [fur'ore] *sm* furor, exaltação; ímpeto, impetuosidade; raiva, ira, cólera.

fu.ro.reg.gia.re [furoreddʒ'are] *vi* causar furor; triunfar, brilhar; fazer sucesso.

fur.ti.vo [furt'ivo] *adj* furtivo, escondido; furtado, roubado.

fur.to [f'urto] *sm* furto, roubo; plágio.

fu.sel.la.to [fuzell'ato] *part*+*adj* afuselado.

fu.sio.ne [fuz'jone] *sf* fundição (de metais). *Fís.* fusão, liquefação. *Fig.* reunião, junção.

fu.so [f'uzo] *sm* fuso; eixo. *Arquit.* fuste. ≃ **orario** fuso horário. **far le** ≃ **a** ronronar (gato). *part*+*adj* fundido, derretido.

fu.so.lie.ra [fuzol'jera] *sf Aeron.* fuselagem.

fu.so.lo [f'uzolo] *sm* eixo (do moinho). *Anat.* tíbia.

fu.sta.gno [fust'año] *sm* fustão.

fu.sti.ga.re [fustig'are] *vt Lit.* fustigar, açoitar.

fu.sto [f'usto] *sm* armação, estrutura; recipiente (para líquido). *Anat.* torso, busto. *Bot.* tronco, caule. *Náut.* mastro. *Arquit.* fuste.

fu.ti.le [f'utile] *adj* fútil, frívolo, leviano; inútil; vão.

fu.ti.li.tà [futilit'a] *sf* futilidade, frivolidade, leviandade.

fu.tu.ri.sti.co [futur'istiko] *adj Arte* futurista, avançado.

fu.tu.ro [fut'uro] *sm* futuro, porvir. **il** ≃ **dei verbi** *Gram.* o futuro dos verbos. **in** ≃ no futuro. *adj* futuro, vindouro, próximo.

G

ga.bar.di.ne [gabard'ine] *sf* gabardina.
gab.ba.nel.la [gabban'ella] *sf* bata (roupa de médico); camisola, roupão (dos doentes).
gab.ba.no [gabb'ano] *sm* capote.
gab.ba.re [gabb'are] *vt* enganar, iludir, burlar. *vpr* zombar de, fazer gozação de.
gab.bia [g'abbja] *sf* gaiola, jaula; engradado; armadilha para passarinho; cerca. *Náut.* gávea, cesto da gávea. *Fig.* prisão. ≃ **toracica** caixa torácica. ≃ **degli accusati** banco dos réus. ≃ **di matti** *Fam.* saco de gatos.
gab.bia.no [gabb'jano] *sm Zool.* gaivota.
gab.bo [g'abbo] *sm* só nas frases **farsi** ≃ zombar de. **prendere a** ≃ levar na brincadeira, não levar a sério.
ga.bel.la [gab'ella] *sf* taxa alfandegária, imposto sobre importação; alfândega.
ga.bel.la.re [gabell'are] *vt* cobrar ou pagar taxa alfandegária; *Fig.* fazer passar por.
ga.bel.lie.re [gabell'jere] *sm* fiscal alfandegário.
ga.bi.net.to [gabin'etto] *sm* gabinete; quartinho; estúdio, escritório; consultório; laboratório; congresso, ministério. *Fam.* privada, latrina. ≃ **da bagno** banheiro.
ga.e.li.co [ga'eliko] *sm+adj* gaélico, celta da Irlanda e Escócia.
ga.gà [gag'a] *sm* almofadinha.
ga.gliar.da [gaʎ'arda] *sf Mús.* galharda.
ga.gliar.dez.za [gaʎard'ettsa] ou **ga.gliar.di.a** [gaʎard'ia] *sf* vigor, robustez; valentia.
ga.gliar.do [gaʎ'ardo] *adj* vigoroso, robusto; valente, destemido; violento; intenso (vento, ataque); numeroso (exército).
ga.gliof.fo [gaʎ'ɔffo] *sm* canalha, cafajeste.
ga.gno.la.re [gaɲol'are] *vi* ganir (cão). *Fig.* choramingar, reclamar, queixar-se.
ga.io [g'ajo] *adj* alegre, feliz; jovial, vivaz; vivo, claro (cor).
ga.la [g'ala] *sf* galão (debrum), enfeite, adorno; cerimônia, recepção oficial. *Fam.* gala, luxo, pompa. **serata di** ≃ noite de gala.
ga.lan.te [gal'ante] *adj* galante, gentil, elegante, amável, cortês, gracioso, cerimonioso.

ga.lan.teg.gia.re [galanteddʒ'are] *vi* galantear.
ga.lan.tuo.mo [galant'wɔmo] *sm* homem de palavra, homem honesto. **da** ≃ seriamente.
ga.las.sia [gal'assja] *sf Astron.* galáxia.
ga.le.o.ne [gale'one] *sm Náut.* galeão.
ga.le.ot.to [gale'ɔtto] *sm* condenado, prisioneiro. *Hist.* galeote, condenado às galés.
ga.le.ra [gal'era] ou **ga.le.a** [gal'ɛa] *sf Náut.* galera, galé. *Fig.* prisão, cárcere.
gal.la [g'alla] *sf* bolha (na pele). *Bot.* galha, cecídia; bolota, fruto do carvalho. **tornare a** ≃ vir à tona, aparecer.
gal.leg.gia.re [galleddʒ'are] *vi* boiar, flutuar. *Fig.* defender-se, sobreviver, virar-se.
gal.le.ri.a [galler'ia] *sf* galeria, corredor subterrâneo; túnel. *Fig.* galeria (de arte, de lojas, de espetáculo).
gal.le.se [gall'eze] *sm+adj* galês, de Gales.
gal.let.to [gall'etto] *sm dim Zool.* galeto, frango. *Fig.* menino irritadiço.
gal.li.ci.smo [gallitʃ'izmo] *sm Gram.* galicismo, francesismo.
gal.li.ciz.za.re [gallitʃiddz'are] *vi* usar galicismos.
gal.li.co [g'alliko] *adj* gaulês. *Poét.* francês.
gal.li.na [gall'ina] *sf* galinha.
gal.li.na.cei [gallin'atʃej] ou **gal.li.for.mi** [gallif'ɔrmi] *sm pl Zool.* galináceos.
gal.li.na.io [gallin'ajo] *sm* galinheiro (lugar); ladrão ou criador de galinhas.
gal.lo [g'allo] *sm* galo; cata-vento (dos telhados). *adj* gaulês, da Gália.
gal.lo.ne [gall'one] *sm* galão (medida, enfeite para roupas, insígnia militar).
ga.lop.pa.re [galopp'are] *vi* galopar, andar a galope; caminhar rápido. *Irôn.* fugir, escapar.
ga.lop.po [gal'ɔppo] *sm* galope.
ga.lo.scia [gal'ɔʃa] *sf* galocha.
gal.va.niz.za.re [galvaniddz'are] *vt Fís.* galvanizar, eletrizar. *Fig.* reanimar por algum tempo.
gam.ba [g'amba] *sf Anat.* perna; pata (de animal). *Bot.* pedúnculo, haste. *Fig.* perna (de objeto). **di sotto** ≃ com facilidade, sem dificuldade. **essere in** ≃ estar bem das pernas,

estar com saúde. **raddrizzare le** ≃ e ai cani dar murro em ponta de faca. **le bugie hanno** ≃ e **corte** a mentira tem perna curta.

gam.ba.le [gamb'ale] *sm* cano (de botas). *Bot.* haste.

gam.be.ret.to [gamber'etto] ou **gam.be.ret.ti.no** [gamberett'ino] *sm dim Zool.* camarão.

gam.be.ro [g'ambero] *sm Zool.* lagostim. *Bras.* pitu. *Fig.* erro crasso. ≃ **di mare** lagosta. **andare come i** ≃ **i** *Fam.* andar para trás.

gam.bet.to [gamb'etto] *sm dim* rasteira. **dare il** ≃ dar uma rasteira em. *Fig.* prejudicar, tentar derrubar.

gam.bo [g'ambo] *sm Bot.* pedúnculo, haste da flor.

gamella → **gavetta.**

gam.ma [g'amma] *sf* gama, letra grega. *Mús.* escala.

ga.na.scia [gan'aʃa] *sf* queixada (de animal). ≃ e *pl* garras (de tenaz).

gan.cio [g'antʃo] *sm* gancho; fivela, colchete (para roupas).

gan.ghe.ro [g'angero] *sm* dobradiça, gonzo. **uscire dei** ≃ **i** *Fam.* sair do sério.

gan.glio [g'anglio] *sm Anat.* gânglio. *Fig.* centro (comercial, de tráfego).

gan.zo [g'antso] *sm* amante, amásio.

ga.ra [g'ara] *sf* competição, disputa, luta; rivalidade, rixa; concorrência, concurso; páreo (corrida). **entrare in** ≃ ou **essere in** ≃ disputar, estar disputando. **fare a** ≃ competir, disputar.

ga.ra.ge [gar'adʒe] *sm* garagem; oficina de automóveis.

ga.ran.te [gar'ante] *s+adj* fiador, fiadora; endossante.

ga.ran.ti.re [garant'ire] *vt* garantir, afiançar.

ga.ran.zi.a [garants'ia] *sf* garantia, fiança, caução; endosso.

gar.ba [g'arba] *sf* peneira (para farinha).

gar.ba.re [garb'are] *vi* agradar.

gar.bo [g'arbo] *sm* garbo, educação, modos, cortesia, elegância, graça.

gar.bu.glio [garb'uʎo] *sm* confusão, desordem, bagunça; intriga; trapaça, engano, embuste.

gar.bu.glio.ne [garbuʎ'one] *sm* desordeiro, bagunceiro; embusteiro, trapaceiro.

gar.de.nia [gard'enja] *sf Bot.* gardênia.

ga.reg.gia.re [gareddʒ'are] *vi* competir, disputar, lutar; rivalizar.

ga.ret.ta [gar'etta] ou **ga.rit.ta** [gar'itta] *sf Mil.* guarita.

ga.ret.to [gar'etto] ou **gar.ret.to** [gaŕ'etto] *sm* peça (de carne). *Anat.* canela (humana); jarrete (de animal).

gar.ga.nel.lo [gargan'ello] *sm Zool.* mergulhão.

gar.gan.tu.a [gargant'ua] *sm* comilão.

gar.ga.ri.smo [gargar'izmo] *sm* gargarejo.

gar.ga.riz.za.re [gargariddz'are] *vi, vt+vpr* gargarejar, fazer gargarejo.

ga.ro.fa.ni.no [garofan'ino] *sm dim Bot.* cravina.

ga.ro.fa.no [gar'ɔfano] *sm Bot.* cravo.

gar.ri.re [gaŕ'ire] *vi* chilrear; agitar-se ao vento (bandeira); gritar, berrar; brigar.

gar.rot.ta [gaŕ'ɔtta] *sf* garrote (tortura).

gar.za [g'artsa] *sf Zool.* garça. *Med.* gaze.

gar.zon.cel.lo [gartsontʃ'ello] *sm dim Lit.* rapazinho, menino.

gar.zo.ne [garts'one] *sm* garçom, copeiro, empregado; aprendiz. *Poét.* rapaz, moço, jovem.

gar.zuo.lo [garts'wɔlo] ou **gar.zo.lo** [garts'ɔlo] *sm Bot.* miolo (de alface, etc.).

gas [g'as] *sm Quím.* gás. *Med.* gases, flatulência. ≃ **lacrimogeno** gás lacrimogêneo.

ga.si.fi.ca.re [gazifik'are] *vt Quím.* gaseificar.

gas.so.me.tro [gass'ɔmetro] *sm* gasômetro.

gas.so.so [gass'ozo] *adj* gasoso.

ga.stri.co [g'astriko] *adj* gástrico, estomacal.

ga.stri.te [gastr'ite] ou **ga.stri.ti.de** [gastr'itide] *sf Med.* gastrite.

ga.stro.en.te.ri.te [gastroenter'ite] *sf Med.* gastroenterite, gastrenterite.

ga.stro.in.te.sti.na.le [gastrointestin'ale] *adj* gastrintestinal.

ga.stro.no.mi.a [gastronom'ia] *sf* gastronomia.

ga.stro.no.mo [gastr'ɔnomo] *sm* gastrônomo.

gat.ta [g'atta] *sf* gata. ≃ **morta** ou **gattamorta** santo do pau oco, fingido. ≃ **ci cova!** neste mato tem coelho! **al buio tutte le** ≃ **e sono bigie** à noite todos os gatos são pardos.

gat.ta.bu.ia [gattab'uja] *sf Gír.* cana, xadrez (cadeia).

gat.to [g'atto] *sm* gato. *Fig.* gatuno, ladrão. *Arquit.* bate-estacas. **via il** ≃, **ballano i topi** quando o gato sai, os ratos fazem a festa.

gat.to.mam.mo.ne [gattomamm'one] *sm* bichopapão. *Fig.* homem mau e feio.

gat.to.ne [gatt'one] *sm aum* gatarrão, gato grande. ≃ **i** *pl Med.* orelhão, caxumba.

gat.to.ni [gatt'oni] *adv* na expressão **gatton** ≃ engatinhando, de gatinhas.

gat.to.par.do [gattop'ardo] *sm Zool.* leopardo.

ga.vaz.za.men.to [gavattsam'ento] *sm* balbúrdia, algazarra.

ga.vaz.za.re [gavatts'are] *vi* fazer balbúrdia, fazer algazarra.

ga.vet.ta [gav'etta] ou **ga.mel.la** [gam'ella] *sf Mil.* gamela, vasilha (para comida).

ga.via.le [gav'jale] *sm* Zool. gavial.
ga.vi.tel.lo [gavit'ello] *sm* Náut. bóia de sinalização.
ga.vot.ta [gav'ɔtta] *sf* Mús. gavota.
gaz.za [g'addza] *sf* Zool. pega. *Fig.* papagaio, tagarela.
gaz.zar.ra [gaddz'aɾa] *sf* algazarra, balbúrdia, vozearia; foguetório; estampido (de armas).
gaz.zel.la [gaddz'ella] *sf* Zool. gazela.
gaz.zet.ta [gaddz'etta] *sf* jornal; gazeta, publicação. **cose da** ≃ histórias, mentiras.
ge.co [dʒ'eko] *sm* Zool. lagartixa.
ge.en.na [dʒe'enna] *sf* inferno, fogo eterno.
gei.sha [g'ejʃa] *sf* gueixa. *Fig.* cortesã; acompanhante.
ge.la.re [dʒel'are] *vt* gelar, congelar, resfriar. *Fig.* dar medo, assustar, aterrorizar. *vi* congelar, ficar gelado. *vpr* gelar-se, congelar-se.
ge.la.ta [dʒel'ata] *sf* geada.
ge.la.tie.ra [dʒelat'jera] *sf* sorveteira.
ge.la.tie.re [dʒelat'jere] *sm* sorveteiro.
ge.la.ti.na [dʒelat'ina] *sf* gelatina (substância e doce). ≃ **esplosiva** dinamite.
ge.la.to [dʒel'ato] *sm* sorvete. *part+adj* gelado, frio.
ge.li.do [dʒ'elido] *adj* Lit. gélido, gelado, frio. *Fig.* frígido, impassível.
ge.lo [dʒ'elo] *sm* frio intenso; geada.
ge.lo.ne [dʒel'one] *sm* frieira.
ge.lo.si.a [dʒeloz'ia] *sf* ciúme, possessividade. *Fig.* inveja; precisão, cuidado, meticulosidade; temor, suspeita. *Arquit.* gelosia, veneziana.
ge.lo.so [dʒel'ozo] *adj* ciumento, possessivo. *Fig.* invejoso; cuidadoso, meticuloso; temeroso, suspeitoso, receoso.
gel.sa [dʒ'elsa] *sf* Bot. amora.
gel.so [dʒ'elso] *sm* Bot. amoreira.
gel.so.mi.no [dʒelsom'ino] *sm* Bot. jasmim; jasmineiro.
ge.mel.lo [dʒem'ello] *sm* gêmeo. **G = i → Gemini.** ≃ **i da polsini** abotoaduras. *adj* gêmeo; semelhante, igual, parecido.
ge.me.re [dʒ'emere] *vi* gemer, choramingar, lamentar-se; gotejar.
ge.mi.na.re [dʒemin'are] *vt* Arquit. e Bot. geminar, emparelhar; dobrar, duplicar.
Ge.mi.ni [dʒ'emini] ou Ge.mel.li [dʒem'elli] *sm pl* Astron. e Astrol. Gêmeos.
ge.mi.no [dʒ'emino] *adj* Arquit. e Bot. geminado, emparelhado. *Lit.* dobrado, duplicado, gêmeo.
ge.mi.to [dʒ'emito] *sm* Lit. gemido, lamento, pranto, suspiro.

gem.ma [dʒ'emma] *sf* Min. gema, pedra preciosa. *Bot.* rebento, gomo. *Fig.* querido, pessoa querida; raridade, preciosidade.
gen.dar.me [dʒend'arme] *sm* policial, guarda. *Fig.* mulher mandona.
ge.ne.a.lo.gi.a [dʒenealodʒ'ia] *sf* genealogia.
ge.ne.a.lo.gi.co [dʒeneal'ɔdʒiko] *adj* genealógico.
ge.ne.ra.le [dʒener'ale] *sm* Mil. general. *Rel.* geral, chefe de ordem. **le** ≃ **i** *sf pl* idéias, princípios gerais. *adj* geral, comum, coletivo; genérico, vago. **in** ≃ em geral, geralmente.
ge.ne.ra.les.sa [dʒener'essa] *sf* generala. *Rel.* madre superiora, abadessa.
ge.ne.ra.liz.za.re [dʒeneraliddz'are] *vt* generalizar, tornar geral. *vi* fazer generalizações.
ge.ne.ra.re [dʒener'are] *vt* gerar, procriar. *Geom.* gerar. *Fig.* causar, provocar. *vpr* gerar-se.
ge.ne.ra.to.re [dʒenerat'ore] *sm* Elet. gerador.
ge.ne.ra.zio.ne [dʒenerats'jone] *sf* geração, descendência, estirpe.
ge.ne.re [dʒ'enere] *sm* gênero, tipo, classe, espécie; modo, maneira, estilo. *Com.* mercadoria, artigo. *Gram.* e *Lit.* gênero. ≃ **i alimentari** gêneros alimentícios. **in** ≃ em geral.
ge.ne.ri.co [dʒen'eriko] *adj* genérico, geral.
ge.ne.ro [dʒ'enero] *sm* genro.
ge.ne.ro.si.tà [dʒenerozit'a] *sf* generosidade, bondade; compreensão; altruísmo.
ge.ne.ro.so [dʒener'ozo] *adj* generoso, bondoso; compreensivo, indulgente; altruísta, desinteressado; nobre. *Fig.* forte (vinho); fértil (terra); vantajoso, proveitoso (acordo).
ge.ne.si [dʒ'enezi] *sf* Lit. gênese, nascimento, formação. **G** ≃ *Rel.* o Gênese.
ge.ne.ti.ca [dʒen'etika] *sf* Biol. genética.
ge.ne.ti.co [dʒen'etiko] *adj* Biol. genético, hereditário, congênito.
gen.gi.va [dʒendʒ'iva] *sf* Anat. gengiva.
ge.ni [dʒ'eni] ou ge.ni.di [dʒen'idi] *sm pl* Biol. genes.
ge.nia.le [dʒen'jale] *adj* genial, brilhante, original; agradável, simpático.
ge.nio [dʒ'enjo] *sm* gênio; inteligência rara; pessoa muito inteligente; engenho, talento extraordinário; inclinação, índole, gosto. *Rel.* anjo da guarda. *Mit.* gênio, espírito.
ge.ni.ta.le [dʒenit'ale] *sm+adj* Anat. genital.
ge.ni.ti.vo [dʒenit'ivo] *sm* Gram. genitivo.
ge.ni.to.re [dʒenit'ore] *sm* Lit. genitor, pai. **i** ≃ **i** os pais, pai e mãe.
gen.na.io [dʒenn'ajo] *sm* janeiro.

25

ge.no.ve.se [dʒenov'ese] s+adj genovês.
gen.ta.glia [dʒent'aʎa] ou gen.tac.cia [dʒent'attʃa] sf dep gentalha, ralé, plebe.
gen.te [dʒ'ente] sf gente; nação, povo; multidão; parentes. ≃ bassa dep gentinha.
gen.til.don.na [dʒentild'ɔnna] sf dama, senhora.
gen.ti.le [dʒent'ile] sm Hist. gentio, pagão. adj gentil, amável, cortês; nobre; delicado.
gen.ti.le.sco [dʒentil'esko] adj gentílico.
gen.ti.lez.za [dʒentil'ettsa] sf gentileza, cortesia, amabilidade; delicadeza, fineza; favor, bondade.
gen.ti.luo.mo [dʒentil'wɔmo] sm cavalheiro, senhor.
ge.nu.fles.so [dʒenufl'esso] part+adj ajoelhado, de joelhos.
ge.nu.flet.ter.si [dʒenuflɛ'ttersi] vpr ajoelhar-se.
ge.nui.ni.tà [dʒenuinit'a] sf genuinidade; pureza; autenticidade. Fig. simplicidade, ingenuidade, singeleza.
ge.nui.no [dʒen'wino] adj genuíno; puro, verdadeiro, autêntico. Fig. ingênuo, singelo.
ge.o.cen.tri.co [dʒeot͡ʃ'entriko] adj geocêntrico.
ge.o.de.sia [dʒeodez'ia] sf geodésia.
ge.o.fi.si.ca [dʒeof'izika] sf geofísica.
ge.o.gra.fi.a [dʒeograf'ia] sf geografia.
ge.o.gra.fi.co [dʒeogr'afiko] adj geográfico.
ge.o.gra.fo [dʒe'ɔgrafo] sm geógrafo.
ge.o.lo.gi.a [dʒeolodʒ'ia] sf geologia.
ge.o.lo.gi.co [dʒeol'ɔdʒiko] adj geológico.
ge.o.lo.go [dʒe'ɔlogo] sm geólogo.
ge.o.me.tri.a [dʒeomɛtr'ia] sf geometria.
ge.ra.nio [dʒer'anjo] sm Bot. gerânio.
ge.rar.ca [dʒer'arka] sm hierarca. Supremo G ≃ Rel. o Papa.
ge.rar.chi.a [dʒerark'ia] sf hierarquia.
ge.ren.te [dʒer'ente] sm gerente; administrador.
ge.ren.za [dʒer'entsa] sf gerência; administração.
ger.go [dʒ'ergo] sm gíria, jargão.
ger.ma.ni.co [dʒerm'aniko] sm+adj germânico, alemão, da Alemanha.
ger.ma.no [dʒerm'ano] adj germano; carnal (irmão).
ger.me [dʒ'erme] sm germe; rebento. Poét. filho, descendente. Fig. início; causa. ≃ patogeno Med. micróbio, germe patogênico.
ger.mo.glia.re [dʒermoʎ'are] ou ger.mi.na.re [dʒermin'are] vi germinar, brotar, florescer. Fig. originar-se, ter origem, nascer; crescer.
ger.mo.glio [dʒerm'ɔʎo] sm rebento, broto. Fig. início, princípio; causa, origem.
ge.ro.gli.fi.co [dʒerogl'ifiko] ou ie.ro.gli.fi.co

[jerogl'ifiko] sm hieróglifo. Fig. escrita ilegível. adj hieroglífico. Fig. indecifrável, misterioso, obscuro.
ge.ron.tro.fio [dʒerontr'ɔfjo] sm asilo de velhos.
ge.run.dio [dʒer'undjo] sm Gram. gerúndio.
gessare, gessatura → ingessare, ingessatura.
ges.set.to [dʒess'etto] sm dim giz (para escrever).
ges.so [dʒ'esso] sm gesso. Fig. obra em gesso.
ge.sta [dʒ'esta] sf Lit. gesta. tb gesto.
ge.sta.zio.ne [dʒestats'jone] sf gestação, gravidez. Fig. preparação. in ≃ em preparação.
ge.sti.co.la.re [dʒestikol'are] vi gesticular.
ge.stio.ne [dʒest'jone] sf gestão, governo.
ge.sti.re [dʒest'ire] vt gerir, governar. vi fazer gestos, gesticular.
ge.sto [dʒ'esto] sm gesto, aceno; comportamento, atitude, postura. bel ≃ boa ação. ≃ a sf pl façanhas, feitos heróicos.
Ge.sù [dʒez'u] np Rel. Jesus. ≃ Cristo Jesus Cristo. Compagnia di ≃ Companhia de Jesus.
ge.su.i.ta [dʒezu'ita] sm jesuíta. Fig. dep hipócrita, fariseu, mentiroso, fingido.
get.ta.re [dʒett'are] vt jogar, lançar, arremessar; jogar fora; jorrar, esguichar (fonte); vazar, despejar (metal fundido). Bot. brotar, germinar, florescer. Fig. desperdiçar, esbanjar; vender por menos. vpr jogar-se, lançar-se; desembocar, confluir, terminar em.
get.ta.ta [dʒett'ata] sf vazamento, despejo (de metal fundido); alcance (de tiro). Bot. rebento, broto.
get.to [dʒ'etto] sm lançamento, arremesso, lance; desperdício, esbanjamento; jorro, esguicho (fonte); vazamento, derramamento; peça moldada. Bot. rebento, broto.
get.to.ne [dʒett'one] sm ficha telefônica ou de jogo. ≃ di presenza Pol. jetom de presença.
gey.ser [dʒ'ejzer] sm Geol. gêiser.
ghe.par.do [gep'ardo] sm Zool. guepardo.
gher.mi.nel.la [germin'ella] sf ardil, truque.
gher.mi.re [germ'ire] vt agarrar, aferrar (aves de rapina). Fig. roubar, furtar, levar embora.
ghet.ta [g'etta] sf polaina.
ghet.to [g'etto] sm gueto. Fig. confusão.
ghiac.cia.io [gjattʃ'ajo] sm geleira.
ghiac.cia.re [gjattʃ'are] vt congelar, gelar. vi congelar, gelar. vpr congelar-se, gelar-se.
ghiac.cia.ta [gjattʃ'ata] sf Pop. raspadinha, bebida com gelo picado.
ghiac.cio [g'jattʃo] sm gelo; frio excessivo. Fig. insensibilidade, indiferença. ≃ secco gelo se-

co. **cuore di** ≃ *Fig.* coração de pedra. **rompere il** ≃ *Fig.* quebrar o gelo.

ghia.ia [g'jaja] ou **ghia.ra** [g'jara] *sf* pedregulho, seixo, calhau.

ghian.da [g'janda] *sf Bot.* bolota, fruto do carvalho.

ghian.do.la [g'jandola] ou **glan.do.la** [gl'andola] *sf Anat.* glândula. ≃e **lacrimali, mammarie, salivari, gastriche** glândulas lacrimais, mamárias, salivares, gástricas. ≃e **endocrine** glândulas endócrinas. ≃e **surrenali** glândulas supra-renais.

ghi.bel.li.no [gibell'ino] *sm+adj Hist.* gibelino, partidário dos imperadores.

ghi.gliot.ti.na [giʎott'ina] *sf* guilhotina.

ghi.gna [g'iɲa] *sf Fam.* cara amarrada.

ghiot.to [g'jɔtto] *sm* guloso, comilão, glutão. *adj* guloso, comilão, glutão; gostoso, saboroso, apetitoso. *Fig.* ávido, ansioso.

ghiot.to.ne.ri.a [gjottoner'ia] *sf* gulodice, guloseima. *Fig.* isca, engodo.

ghi.ri.biz.zo [girib'iddzo] *sm* capricho, extravagância.

ghi.ri.go.ro [girig'ɔro] *sm* rabisco; arabesco.

ghir.lan.da [girl'anda] *sf* guirlanda, grinalda.

ghi.sa [g'iza] *sf Quím.* gusa, ferro-gusa.

gi [dʒ'i] *sf* gê, o nome da letra G.

già [dʒ'a] *adv* já; no passado, antigamente, outrora; agora. ≃! pois é! é isso mesmo!

giac.ca [dʒ'akka] *sf* paletó, casaco masculino; jaqueta. ≃ **a vento** agasalho. ≃ **da sera** smoking.

giac.ché [dʒakk'e] *conj* já que, uma vez que.

giac.chet.ta [dʒakk'etta] *sf dim* jaqueta.

giac.chet.to [dʒakk'etto] *sm* ou **giac.chet.ti.no** [dʒakkett'ino] *sm dim* jaqueta, casaquinho feminino.

giac.chet.to.ne [dʒakkett'one] *sm aum* jaquetão.

giac.chio [dʒ'akkjo] *sm* rede de arrastão.

gia.cen.te [dʒatʃ'ente] *adj* jacente, que jaz; colocado, situado; deitado. *Fig.* restante (correspondência); não vendido (mercadoria).

gia.ce.re [dʒatʃ'ere] *vi* jazer; localizar-se, situar-se; estar doente; estar deprimido, abatido.

gia.ci.men.to [dʒatʃim'ento] *sm Min.* jazida, mina, filão, depósito; estratificação.

gia.cin.to [dʒatʃ'into] *sm Bot.* jacinto. *Min.* jacinto, jargão (zirconita).

gia.co.bi.no [dʒakob'ino] *sm Hist.* jacobino.

gia.da [dʒ'ada] *sf* ou **gia.do** [dʒ'ado] *sm Min.* jade.

gia.gua.ro [dʒag'waro] *sm Zool.* onça, jaguar.

gial.la.stro [dʒall'astro] *adj dep* amarelado.

gial.lo [dʒ'allo] *sm* amarelo. *adj* amarelo; pálido, desbotado. ≃ **d'uovo** gema de ovo.

gia.mai.ca.no [dʒamajk'ano] *sm+adj* jamaicano.

giam.mai [dʒamm'aj] *adv* jamais, nunca.

gia.niz.ze.ro [dʒann'ittsero] *sm Hist.* janízaro. *Fig.* guarda-costas; capanga, jagunço. *Gír.* gorila, leão-de-chácara.

giap.po.ne.se [dʒappon'eze] *s+adj* japonês.

gia.ra [dʒ'ara] ou **giar.ra** [dʒ'aɾa] *sf* jarra, jarro.

giar.di.nag.gio [dʒardin'addʒo] *sm* jardinagem.

giar.di.net.ta [dʒardin'etta] *sf dim* perua (automóvel de passeio).

giar.di.nie.ra [dʒardin'jera] *sf* jardineira; móvel para plantas; salada de legumes.

giar.di.nie.re [dʒardin'jere] *sm* jardineiro.

giar.di.no [dʒard'ino] *sm* jardim. ≃ **d'infanzia** jardim de infância, escola maternal. ≃ **zoologico** jardim zoológico. ≃ **botanico** jardim botânico.

giar.ret.tie.ra [dʒaɾett'jera] *sf* jarreteira. ≃ **da donna** liga.

gia.va.ne.se [dʒavan'eze] *s+adj* javanês.

gia.vaz.zo [dʒav'attso] *sm Min.* azeviche.

gib.bo [dʒ'ibbo] ou **gib.bo.ne** [dʒibb'one] *sm Zool.* gibão.

gib.bo.so [dʒibb'ozo] *adj* corcunda, encurvado.

gi.ga [dʒ'iga] *sf Mús.* giga (dança e instrumento antigo).

gi.gan.te [dʒig'ante] *sm* homenzarrão, grandalhão. *Mit.* gigante, titã. *Fig.* gênio, astro.

gi.gan.te.sco [dʒigant'esko] *adj* gigantesco, enorme, colossal; poderoso, possante.

gi.glio [dʒ'iʎo] *sm Bot.* lírio.

gil.da [dʒ'ilda] *sf Hist.* guilda.

gi.lè [dʒil'e] *sm* colete; espartilho.

gim.ca.na [dʒimk'ana] *sf* gincana.

gi.ne.ce.o [dʒinetʃ'eo] *sm Bot.* gineceu.

gi.ne.co.lo.gi.a [dʒinekolodʒ'ia] *sf* ginecologia.

gi.ne.pro [dʒin'epro] *sm Bot.* gengibre.

gi.ne.stra [dʒin'estra] *sf Bot.* giesta.

gin.gil.la.re [dʒindʒill'are] . *vi+vpr* brincar, divertir-se; perder tempo, adiar, protelar.

gin.gil.lo [dʒindʒ'illo] *sm* penduricalho, badulaque; brinquedo, passatempo; ninharia, bagatela. *Fig.* futilidade; tolice, besteira.

gin.na.sio [dʒinn'azjo] *sm* ginásio, escola secundária.

gin.na.sta [dʒinn'asta] *s* ginasta, atleta; professor de ginástica. *Fig.* acrobata, malabarista.

gin.na.sti.ca [dʒinn'astika] *sf* ginástica, educação física, atletismo. ≃ **da camera** ginástica de salão. ≃ **ritmica** ginástica rítmica.

gin.net.to [dʒinn'etto] *sm dim* ginete (cavalo).

gi.noc.chiel.lo [dʒinokkj'ello] *sm dim Esp.* joelheira.

gi.noc.chio [dʒin'ɔkkjo] *sm Anat.* joelho.

gio.ca.re [dʒok'are] *vt + vi* jogar, brincar. *Fig.* zombar, gozar, brincar; enganar, enrolar, iludir; arriscar. *vpr* enganar-se; perder, desperdiçar. ≃ **a** *Esp.* jogar. ≃ **a tennis** jogar tênis. ≃ **una persona** enganar uma pessoa.

gio.cat.to.lo [dʒok'attolo] *sm* brinquedo, passatempo.

gio.che.rel.la.re [dʒokerell'are] *vi* distrair-se jogando, passar o tempo.

gio.chet.to [dʒok'etto] *sm dim* joguinho, divertimento; brincadeira de mau gosto, peça.

gio.co [dʒ'ɔko] ou **giuo.co** [dʒ'wɔko] *sm* jogo; brincadeira, divertimento, diversão, passatempo. *Fig.* farsa, engano; truque, artifício; gracejo, graça. *Mec.* molejo. *Esp.* partida, competição. ≃ **a premio** ou **di azzardo** jogo de azar. ≃ **di parole** trocadilho, jogo de palavras. **avere buon** ≃ ter esperança. **casa di** ≃ cassino, casa de jogo.

gio.co.lie.re [dʒokol'jere] *sm* ilusionista, prestidigitador; malabarista.

gio.con.do [dʒok'ondo] *adj* alegre, contente, feliz; agradável, aprazível.

gio.co.so [dʒok'ozo] *adj* jocoso, engraçado, divertido; humorístico, burlesco. *Mús.* cômico.

gio.go [dʒ'ɔgo] *sm* canga, jugo, junta de bois. *Geogr.* cume, pico; passo, vale. *Fig.* jugo, submissão, servidão; tirania, opressão.

gio.ia [dʒ'ɔja] *sf* alegria, felicidade; jóia; pedra preciosa. *Fam.* amorzinho, querido.

gio.iel.le.ri.a [dʒojeller'ia] *sf* joalheria, ourivesaria.

gio.iel.lie.re [dʒojell'jere] *sm* joalheiro.

gio.iel.lo [dʒo'jello] *sm* jóia. *Fig.* obra de arte, obra-prima, maravilha; orgulho.

gio.i.re [dʒo'ire] *vi* alegrar-se; gozar, usufruir.

gior.na.la.io [dʒornal'ajo] *sm* jornaleiro.

gior.na.le [dʒorn'ale] *sm* jornal, noticiário, diário; redação, sede do jornal. *Com.* livro diário. ≃ **di bordo** *Náut.* diário de bordo.

gior.na.lie.ro [dʒornal'jero] *adj* diário, cotidiano; diurno; moderno, recente, atualizado.

gior.na.li.smo [dʒornal'izmo] *sm* jornalismo.

gior.na.ta [dʒorn'ata] *sf* jornada; trabalho de um dia; caminho, marcha; dia (quanto às condições meteorológicas); diária, salário de um dia. *Mil.* jornada, expedição militar.

gior.no [dʒ'orno] *sm* dia. *Fig.* tempo. **buon** ≃! bom dia! ≃ **festivo** feriado. ≃ **feriale** dia útil. ≃ **dei morti** dia de finados. **essere a** ≃ estar bem informado. **tenere a** ≃ manter-se bem informado. **che** ≃ **è oggi?** que dia é hoje? **al** ≃ **d'oggi** nos dias de hoje. **di** ≃ **in** ≃ dia após dia. ≃**i** *pl* época. **ai miei** ≃**i** no meu tempo.

gio.stra [dʒ'ɔstra] *sf Hist.* justa, duelo, torneio (medieval); carrossel. *Fig.* reviravolta.

gio.stra.re [dʒostr'are] *vi* duelar. *Fig.* competir, disputar, lutar, brigar; vagar, vagabundear.

gio.va.men.to [dʒovam'ento] *sm* benefício, proveito, vantagem, utilidade.

gio.va.ne [dʒ'ovane] ou **gio.vi.ne** [dʒ'ovine] *s* jovem; moça, mocinha; moço, rapaz; aprendiz, auxiliar. *adj* jovem, novo; solteiro. *Fig.* imaturo; ingênuo; imprudente; recente, novo, atual. *Pop.* na moda. ≃ **esploratore** *sm* escoteiro. ≃ **esploratrice** *sf* bandeirante.

gio.va.ni.le [dʒovan'ile] *adj* juvenil. *Fig.* ativo, dinâmico; forte, vigoroso; fresco, exuberante; prático, casual (roupa); inocente, ingênuo; novo (sensação); lúcido, bem-conservado (pessoa velha).

gio.va.not.to [dʒovan'ɔtto] *sm* rapaz, adolescente, jovem. *Fig.* aprendiz, auxiliar.

gio.va.re [dʒov'are] *vt* ajudar, auxiliar; favorecer; servir. *vi* ser favorável, ser útil. *vpr* ajudar-se mutuamente.

Gio.ve [dʒ'ove] *sm Astron.* e *Mit.* Júpiter.

gio.ve.dì [dʒoved'i] *sm* quinta-feira. *Pop.* quinta.

gio.ven.co [dʒov'enko] *sm* novilho, bezerro.

gio.ven.tù [dʒovent'u] *sf* juventude, adolescência. *Fig. Pop.* a juventude, os jovens em geral.

gio.ve.vo.le [dʒov'evole] *adj* útil, proveitoso.

gio.via.le [dʒov'jale] *adj* jovial, alegre; amável, cordial; agradável (caráter).

gio.vi.nez.za [dʒovin'ettsa] ou **gio.va.nez.za** [dʒovan'ettsa] *sf* juventude, adolescência. *Fig.* inocência, ingenuidade.

gi.ra.ca.po [dʒirak'apo] *sm* vertigem, tontura.

gi.ra.di.schi [dʒirad'iski] *sm* toca-discos; vitrola.

gi.raf.fa [dʒir'affa] *sf Zool.* girafa.

gi.ra.mon.do [dʒiram'ondo] *sm* viajante, turista. *Fig.* vagabundo, vadio.

gi.ran.do.la [dʒir'andola] *sf* girândola, cata-vento (brinquedo). *Fig.* pessoa volúvel.

gi.ran.do.la.re [dʒirandol'are] *vi* errar, vagar.

gi.ra.re [dʒir'are] *vt* girar, rodar; mover, deslocar, inverter; filmar. *Com.* endossar. *vi* girar, circular, passear, vaguear; desviar. ≃ **si la testa** ter vertigem. ≃ **il mondo** conhecer o mundo.

gi.ra.so.le [dʒiras'ole] *sm Bot.* girassol.

gi.ra.ta [dʒir'ata] *sf* giro; passeio, excursão; vaivém. *Com.* endosso. *Fig.* volta.

gi.ra.ta.rio [dʒirat'arjo] *sm Com.* cessionário.

gi.rel.la [dʒir'ɛlla] *sf* pião (brinquedo). *Mec.* roldana, polia. *Fig.* vira-casaca.

gi.rel.la.re [dʒirell'are] *vi* vagar, vagabundear.

gi.rel.lo.ne [dʒirell'one] *sm* vagabundo, vadio.

gi.ri.fal.co [dʒirif'alko] *sm Zool.* falcão.

gi.ri.go.go.lo [dʒirig'ɔgolo] *sm* rabisco; enfeite extravagante. *Fig.* conversa fiada.

gi.ri.no [dʒir'ino] *sm Zool.* girino.

gi.ro [dʒ'iro] *sm* giro, rotação, volta; círculo, órbita; desvio, conversão; passeio, excursão, viagem; rotação por minuto (nos discos). *Esp.* volta; circuito (corrida). *Fig.* arco, ciclo; campo, ramo, setor; ambiente; grupo. **in** ≃ em torno, ao redor; um depois do outro.

gi.ron.di.no [dʒirond'ino] *sm + adj* girondino.

gi.ro.sco.pio [dʒirosk'ɔpjo] *sm Fís.* giroscópio.

gi.ro.va.ga.re [dʒirovag'are] *vi* vagabundear, errar.

gi.ro.va.go [dʒir'ɔvago] *sm + adj* vagabundo, errante, nômade; cigano.

gi.ta [dʒ'ita] *sf* passeio, excursão; visita.

gi.ta.no [dʒit'ano] *sm + adj* cigano (da Espanha).

giù [dʒ'u] *adv* abaixo, embaixo; no fundo. **dare** ≃ ou **andare** ≃ decair. **mandare** ≃ engolir. *Fig.* tolerar. **porre** ≃ depor, colocar. **su per** ≃ aproximadamente, mais ou menos. ≃ **di lì** por ali, ali perto. **un po'** ≃ deprimido.

giub.ba [dʒ'ubba] *sf* paletó, jaqueta. *Zool.* juba (de leão).

giu.bi.la.re [dʒubil'are] *vt* aposentar, jubilar; dispensar, isentar, exonerar. *vi* alegrar-se, ficar contente, regozijar-se.

giu.bi.le.o [dʒubil'eo] *sm* jubileu; bodas.

giu.bi.lo [dʒ'ubilo] *sm* júbilo, contentamento.

giuc.co [dʒ'ukko] *sm + adj* tonto, bobo.

giu.da [dʒ'uda] *sm Fig.* traidor, judas.

giu.dai.co [dʒud'ajko] *adj* judaico.

giu.de.o [dʒud'eo] *sm + adj* judeu, hebreu, israelita; da Judéia, de Israel.

giu.di.ca.re [dʒudik'are] *vt* julgar, crer, pensar; considerar, examinar, avaliar; definir, diagnosticar; decidir, resolver, dirimir.

giu.di.ce [dʒ'uditʃe] *sm* juiz, árbitro.

giu.di.zia.le [dʒudits'jale] ou **giu.di.zia.rio** [dʒudits'jarjo] *adj* judicial, judiciário.

giu.di.zio [dʒud'itsjo] *sm* juízo; discernimento, critério; bom senso, sensatez, razão; opinião, parecer. *Dir.* veredicto, sentença. **il G** ≃ **Finale** ou **Universale** *Rel.* o Juízo Final. **Giorno del G** ≃ *Rel.* Dia do Juízo Final. **bel** ≃ **!** ou **che** ≃ **!** *Irôn.* que estupidez!, que loucura!

giug.gio.la [dʒ'udʒola] *sf Bot.* jujuba. *Fig.* ninharia, bagatela.

giu.gno [dʒ'uño] *sm* junho.

giu.go.la.re [dʒugol'are] ou **giu.gu.la.re** [dʒugul'are] *adj Anat.* jugular.

giu.li.vo [dʒul'ivo] *adj* alegre, contente, feliz; entusiasmado, vivo, vivaz, radiante.

giul.la.re [dʒull'are] *sm* menestrel, trovador; bobo da corte, bufão.

giu.men.to [dʒum'ento] *sm* jumento, besta.

giun.ca [dʒ'unka] *sf* junco (embarcação).

giun.co [dʒ'unko] *sm Bot.* junco. ≃ **d'India** ou **canna d'India** cana-da-índia.

giun.ge.re [dʒ'undʒere] *vt* alcançar; unir, juntar; pegar, agarrar; surpreender; golpear, atingir. *vi* chegar a, alcançar (um local).

giun.gla [dʒ'ungla], **iun.gla** ['jungla] ou **jun.gla** ['jungla] *sf* selva, mata indiana.

giun.ta [dʒ'unta] *sf Anat.* junta, articulação. *Com.* acréscimo. *Pol.* junta, reunião. **alla prima** ≃ num primeiro momento.

giun.ta.re [dʒunt'are] *vt* juntar, ligar, unir.

giun.to [dʒ'unto] *sm Mec.* junta, conexão (de tubos, etc.). *part + adj* alcançado; unido, junto, acrescentado; pego, agarrado; atingido.

giu.ra.men.to [dʒuram'ento] *sm* juramento, promessa solene. **dare il** ≃ obrigar a jurar.

giu.ra.re [dʒur'are] *vt* jurar. *vi* jurar. *Dir.* prestar juramento.

giu.ra.to [dʒur'ato] *sm Dir.* jurado. *part + adj* jurado, prometido; juramentado. **traduttore** ≃ tradutor juramentado.

giu.re [dʒ'ure] *sm* direito.

giu.re.con.sul.to [dʒurekons'ulto] *sm* ou **giu.ri.sta** [dʒur'ista] *s dir.* jurisconsulto, jurista, doutor em direito.

giu.ri.a [dʒur'ia] *sf tb Dir.* júri.

giu.ri.di.co [dʒur'idiko] *adj* jurídico, da lei.

giu.ri.sdi.zio.ne [dʒurizdits'jone] *sf Dir.* jurisdição, competência; âmbito, campo de ação.

giu.ri.spru.den.za [dʒurisprud'entsa] *sf Dir.* jurisprudência.

giu.ro [dʒ'uro] *sm Poét.* jura, juramento.

gius [dʒ'us] *sm Lit.* jus, direito.

giu.sta [dʒ'usta] *prep* conforme, de acordo com.

giu.sta.por.re [dʒustap'oʃe] *vt* justapor, aproximar, sobrepor; comparar, confrontar.

giu.sti.fi.ca.zio.ne [dʒustifikats'jone] *sf* justificação, justificativa; desculpa, defesa.

giu.sti.fi.ca.re [dʒustifik'are] *vt* justificar; esclarecer, explicar; defender; desculpar, relevar. *vpr* justificar-se, desculpar-se, provar a própria inocência.

giu.sti.zia [dʒust'itsja] *sf* justiça. *Fig.* tribunal, corte de justiça. ≃ **sommaria** julgamento sumário. **rendere** ≃ ministrar justiça.
giu.sti.zie.re [dʒustits'jere] *sm* carrasco, executor.
giu.sto [dʒ'usto] *sm* justiça, retidão; valor real (moralmente). *Fig.* justo. *adj* justo, imparcial, correto; exato, preciso; adequado, apropriado. *adv* justamente, exatamente.
gl' → gli.
gla.bro [gl'abro] *adj* liso, sem pêlos. *Bot.* glabro (folha). *Lit.* imberbe.
gla.cia.le [glatʃ'ale] *adj* glacial. *Fig.* excessivamente frio. **accoglienza** ≃ recepção fria.
gla.dia.to.re [gladjat'ore] *sm Hist.* gladiador.
gla.dio.lo [glad'jɔlo] ou gla.diuo.lo [glad'jwɔlo] *sm Bot.* gladíolo, palma-de-santa-rita.
glan.de [gl'ande] *sm Anat.* glande.
glandola → ghiandola.
glan.do.la.re [glandol'are] *ou* glan.du.la.re [glandul'are] *adj Anat.* glandular.
glau.co.ma [glawk'ɔma] *sm Med.* glaucoma.
gle.ba [gl'eba] *sf* gleba, terreno.
gli [ʎ'i] ou gl' *art def mpl* os. Antes de *i*, gl' *pron msg* lhe, a ele.
gli.ce.ri.na [glitʃer'ina] *sf Quím.* glicerina.
gli.ci.ne [gl'itʃine] *sm* ou gli.ci.nia [glitʃ'inja] *sf Bot.* glicínia.
gli.co.sio [glik'ɔzjo] ou glu.co.sio [gluk'ɔzjo] *sm Quím.* e *Biol.* glicose, glucose.
gli.fo [gl'ifo] *sm Arquit.* glifo.
glo.ba.le [glob'ale] *adj* global, de globo. *Fig.* universal, geral, total.
glo.bo [gl'ɔbo] *sm* globo, esfera, bola. *Aeron.* aeróstato. *Fig.* mundo, terra. ≃ **terraqueo** globo terrestre (objeto). ≃ **terrestre** o planeta Terra. ≃ **dell'occhio** globo ocular.
glo.bu.lo [gl'ɔbulo] *sm dim* globinho, globo pequeno. *Anat.* glóbulo. ≃ **rosso** glóbulo vermelho. ≃ **bianco** glóbulo branco.
glo.me.ri.de [glom'eride] *sf Zool.* tatuzinho.
glo.ria [gl'ɔrja] *sf* glória; fama, celebridade. *Fig.* glória, ação gloriosa; personagem ilustre.
glo.riar.si [glor'jarsi] *vpr* vangloriar-se, gabar-se.
glo.ri.fi.ca.re [glorifik'are] *vt* glorificar, louvar, exaltar. *Rel.* beatificar. *vpr* vangloriar-se, gabar-se; tornar-se glorioso.
glo.rio.so [glor'jozo] *adj* glorioso, honroso.
glos.sa [gl'ɔssa] *sf* comentário, nota, anotação, explicação. *Lit.* glosa. *Anat.* língua.
glos.sa.rio [gloss'arjo] *sm* glossário, dicionário, léxico; nomenclatura.
glot.ti.de [gl'ɔttide] *sf Anat.* glote.

glot.to.lo.gi.a [glottolodʒ'ia] *sf Ling.* glotologia, lingüística.
glucosio → glicosio.
glu.ma [gl'uma] *sf Bot.* folhelho.
glu.tei [gl'utej] *sm pl Anat.* glúteos.
glu.ti.ne [gl'utine] *sm Quím.* glúten, glute.
gna.o [ñ'ao] ou gnau [ñ'aw] *sm* miau.
gnau.la.re [ñawl'are] *vi* miar.
gnoc.co [ñ'ɔkko] *sm* nhoque. *Fig.* bobo, tolo.
gno.mo [ñ'ɔmo] *sm Mit.* gnomo, espírito.
gnor.ri [ñ'ɔři] *sm Fam.* apenas em **fare lo** ≃ fazer-se de miguel, fingir não compreender.
gnù [ñ'u] *sm Zool.* snu.
goal → punto e rete.
gob.ba [g'ɔbba] *sf* corcunda (humana); corcova (de animal); elevação, protuberância.
gob.bo [g'ɔbbo] *sm + adj* corcunda.
goc.cia [g'ottʃa] *sf* gota, pingo; pingente; brinco. **a** ≃ **a** ≃ pouco a pouco, aos poucos. **a** ≃ **a** ≃ **s'incava anche la pietra** água mole em pedra dura, tanto bate até que fura.
goc.cia.re [gottʃ'are] *vi* gotejar, pingar.
goc.cio.la.to.io [gottʃolat'ojo] *sm Arquit.* goteira, telha do beiral.
go.de.re [god'ere] *vt* ter, possuir (benefício, estima, etc.). *vi* gozar, ter prazer; aproveitar, beneficiar-se; divertir-se, alegrar-se. *vpr* divertir-se; saborear, provar.
go.di.bi.le [god'ibile] *adj* agradável; divertido.
go.di.men.to [godim'ento] *sm* gozo, prazer; posse, uso, usufruto.
gof.fo [g'ɔffo] *adj* grosseiro, deselegante; insosso. *Fig.* incapaz, inábil; desastrado.
go.gna [g'oña] *sf Fig.* berlinda. **mettere alla** ≃ colocar na berlinda, expor às críticas.
go.la [g'ola] *sf* tubo, cano. *Anat.* garganta. *Pop.* goela. *Rel.* gula. *Geogr.* garganta, desfiladeiro. *Fig.* cobiça, avidez; guloseima.
golf [g'ɔlf] *sm* pulôver, malha. *Esp.* golfe.
gol.fo [g'olfo] *sm Geogr.* golfo.
go.lo.se.ri.a [golozer'ia] ou go.lo.si.tà [golozit'a] *sf* gulodice, gula; guloseima.
go.lo.so [gol'ozo] *adj* guloso, comilão, glutão. *Fig.* ávido, voraz.
go.me.na [g'omena] *sf* cabo submarino. *Náut.* cabo da âncora.
go.mi.ta.ta [gomit'ata] *sf* cotovelada. **fare alle** ≃ **e** abrir caminho à força.
go.mi.to [g'omito] *sm* curva, volta (de rio, estrada); esquina; braço de mar. *Anat.* cotovelo.
go.mi.to.lo [gom'itolo] *sm* novelo, fio enrolado.

gom.ma [g'omma] *sf* borracha, goma (substância); pneu; borracha (para apagar). ≃ **arabica** goma-arábica. ≃ **elastica** goma-elástica. ≃ **lacca** goma-laca, laca. ≃ **da masticare** ou apenas ≃ chiclete, goma de mascar.

go.na.di [g'ɔnadi] *sf pl Anat.* gônadas.

gon.do.la [g'ondola] *sf* gôndola (Veneza).

gon.do.lie.re [gondol'jere] *sm* gondoleiro.

gon.fa.lo.ne [gonfal'one] *sm* bandeira, estandarte. *Fig.* símbolo; insígnia, emblema.

gon.fa.lo.nie.re [gonfalon'jere] *sm* porta-bandeira, porta-estandarte.

gon.fia.re [gonf'jare] *vt* inchar, intumescer, dilatar; encher (pneu). *Fig.* exagerar; aborrecer, importunar. *vi* inchar, intumescer, dilatar; encher (rio, maré). *vpr* inchar-se, intumescer-se. *Fig.* envaidecer-se.

gon.fio [g'onfjo] *sm* inchaço, inchação, intumescimento. *adj* inchado. *Fig.* fútil, vazio, vão; orgulhoso, arrogante.

gon.fio.re [gonf'jore] *sm* inchaço, inchação, intumescimento. *Med.* tumor.

gong [g'ɔng] *sm Mús.* gongo.

gon.go.la.re [gongol'are] *vi* alegrar-se, contentar-se, regozijar-se.

gon.na [g'ɔnna] ou **gon.nel.la** [gonn'ella] *sf* saia.

gon.nel.li.na [gonnell'ina] *sf* saiote, saia curta; vestido de bebê.

go.nor.re.a [gonoř'ea] *sf Med.* gonorréia, blenorragia.

gon.zo [g'ontso] *adj* crédulo, ingênuo, tolo.

go.ra [g'ora] *sf* canal para irrigação ou para mover moinhos; charco, pântano; poça.

gor.dia.no [gord'jano] *adj Fig.* apenas na expressão **nodo** ≃ nó górdio, questão difícil.

gor.gheg.gia.re [gorgeddʒ'are] *vi* gorjear. *Fig.* cantar.

gor.gheg.gio [gorg'eddʒo] *sm* gorjeio. *Fig.* canto.

gor.go [g'orgo] *sm Lit.* sorvedouro, voragem. ≃ *Fig.* enxurrada, grande quantidade.

gor.gon.zo.la [gorgonddz'ola] *sm* gorgonzola.

go.ril.la [gor'illa] *sf Zool.* gorila. *Fig.* guarda-costas; capanga. *Gír.* leão-de-chácara, gorila.

go.ta [g'ɔta] *sf Lit.* bochecha, face.

go.ta.ta [got'ata] *sf* tapa, bofetada.

go.ti.co [g'ɔtiko] *adj* gótico. **carattere** ≃ letra gótica.

got.ta [g'ɔtta] *sf Med.* gota (doença).

got.to [g'ɔtto] *sm* copo grande, taça.

go.ver.na.le [govern'ale] *sm Náut.* timão; timoneiro.

go.ver.nan.te [govern'ante] *s+adj* governante.

sm Náut. timoneiro. *sf* governanta.

go.ver.na.re [govern'are] *vt* governar; conduzir, guiar; dirigir, administrar; suavizar, moderar; adubar. *Náut.* dirigir o timão. *vpr* conter-se, dominar-se; regular-se.

go.ver.no [gov'erno] *sm* governo; condução, guia; direção, administração; os governantes; o Estado.

goz.zo [g'ɔttso] *sm Anat.* papo. *Zool.* papo das aves. *Pop.* goela, garganta. *Med.* papo.

goz.zo.vi.glia [gottsov'iʎa] *sf* comilança, comezaina; festança, orgia.

grac.chio [gr'akkjo] *sm* grasnada, grasnido. *Zool.* gralha macho. ≃ **a** *sf* gralha fêmea.

grac.chia.re [grakk'jare] *vi* gralhar, grasnar, crocitar.

gra.ci.da.re [gratʃid'are] *vi* coaxar. *Fig.* tagarelar, falar coisas sem importância.

gra.ci.le [gr'atʃile] *adj* delgado, magro, fino.

gra.das.so [grad'asso] *sm* valentão, exibido, fanfarrão.

gra.da.zio.ne [gradats'jone] *sf* gradação. *Pint.* esfumatura. ≃ **alcolica** teor alcoólico.

gra.de.vo.le [grad'evole] *adj* agradável, gostoso, aprazível.

gra.de.vo.lez.za [gradevol'ettsa] *sf* agrado, gosto, satisfação, afabilidade.

gra.di.na.ta [gradin'ata] *sf* escada, escadaria.

gra.di.no [grad'ino] *sm* degrau. *Fig.* etapa.

gra.di.re [grad'ire] *vt* aceitar, receber com agrado; agradar; apreciar, prezar. *vi* agradar.

gra.do [gr'ado] *sm* grau; gênero, espécie; estado, situação; cargo, encargo; agrado, prazer, satisfação. *Mil.* posto, patente. *Fís.* e *Mat.* grau. **di buon** ≃ de bom grado, de boa vontade, espontaneamente, por vontade própria. **essere in** ≃ **di** estar em condições de. **equazione di primo** ≃ equação de primeiro grau. **cugino in primo** ≃ primo em primeiro grau.

gra.du.a.re [gradu'are] *vt* graduar.

gra.dua.zio.ne [gradwats'jone] *sf* graduação; promoção (de cargo).

graf.fa [gr'affa] *sf* garra, unha (de felino); colchete, parêntese (sinal tipográfico); grampo (para papel, caixas de papelão); gancho.

graf.fia.re [graff'jare] *vt* arranhar, unhar. *Fig.* ofender levemente; roubar, afanar.

graf.fio [gr'affjo] ou **graf.fia.men.to** [graffjam'ento] *sm* arranhão, arranhadura.

gra.fi.co [gr'afiko] *sm* gráfico, diagrama, desenho. *adj* gráfico. **arti** ≃ **che** artes gráficas.

gra.fi.te [graf'ite] *sf Min.* grafite.

gra.fo.lo.gi.a [grafolodʒ'ia] *sf* grafologia.

gra.gnuo.la [grañ'wɔla] *sf* granizo, saraiva. *Pop.* chuva de pedra. *Fig.* chuva, saraivada.

gra.ma.glia [gram'aʎa] *sf Lit.* (mais usado no *pl*) luto, traje de luto. **vestire le** ≃ e usar luto.

gra.mi.gna [gram'iña] *sf Bot.* grama, capim.

gram.ma.ti.ca [gramm'atika] *sf* gramática.

gram.ma.ti.ca.le [grammatik'ale] *adj* gramatical.

gram.mo [gr'ammo] ou **gram.ma** [gr'amma] *sm* grama (medida).

gram.mo.fo.no [gramm'ɔfono] *sm* toca-discos; vitrola.

gra.na.di.glia [granad'iʎa] *sf Bot.* maracujá.

gra.na.glia [gran'aʎa] *sf* (mais usado no *pl*) grão (de alimento). *Arte* filigrana.

gra.na.io [gran'ajo] *sm* celeiro.

gra.na.ta [gran'ata] *sf* vassoura. *Mil.* granada. ≃ **a mano** granada de mão.

gra.na.tie.re [granat'jere] *sm Mil.* granadeiro. *Fig.* grandalhão, pessoa forte e alta.

gra.na.to [gran'ato] *sm Bot.* romã; romãzeira. *Min.* granada, granate. *adj* que tem grãos (planta, fruta); granadino, da cor da romã.

gran.be.stia [granb'estja] ou **gran bestia** *sf Zool.* alce.

gran.cas.sa [grank'assa] *sf Mús.* bumbo, zabumba, tambor grande. *Fig.* alarde, barulho.

gran.chio [gr'ankjo] *sm* garra (de instrumento); unha (do martelo). *Zool.* caranguejo (marinho ou de rio). *Med.* cãibra. *Fig.* erro, engano. **pigliare un** ≃ errar, enganar-se.

gran.ci.por.ro [grantʃip'ɔrro] *sm Zool.* caranguejo (marinho). *Fig.* erro crasso.

gran.dac.cio [grand'attʃo] *sm Fam. dep* grandalhão, brutamontes, pessoa grande e tola.

gran.de [gr'ande] *adj* grande, extenso, vasto; excelente; respeitável, importante; brilhante; genial (idéia); abundante, considerável (quantidade); adulto, maduro; famoso, ilustre, renomado; nobre, alto, elevado.

gran.deg.gia.re [grandeddʒ'are] *vi* sobrepujar, sobressair. *Fig.* dominar; ser generoso.

gran.dez.za [grand'ettsa] *sf* grandeza; excelência, superioridade. *Fís.* e *Mat.* grandeza, medida, extensão. ≃ **d'animo** generosidade, magnanimidade.

gran.di.na.re [grandin'are] *vt* saraivar. *vi* chover ou cair granizo, granizar, saraivar.

gran.di.ne [gr'andine] *sf* granizo, saraiva. *Fig.* chuva, saraivada, grande quantidade.

gran.dio.so [grand'jozo] *adj* grandioso, imponente, pomposo, magnífico; orgulhoso.

gran.du.ca [grand'uka] *sm* grão-duque.

gra.nel.lo [gran'ello] *sm dim* grão (de trigo, milho); semente (de fruta). *Fig.* ninharia.

gran.fia [gr'anfja] *sf* garra (de ave). *Fig.* avarento, sovina. *Pop.* pão-duro, mão-de-vaca.

gran.fia.ta [granf'jata] *sf* unhada, arranhão.

gra.ni.to [gran'ito] *sm Min.* granito. *part* + *adj* granuloso, granulado. *Fig.* desenvolvido.

gran.ma.e.stro [granma'estro] ou **gran maestro** *sm* grão-mestre.

gra.no [gr'ano] *sm* trigo; grão; semente (de aveia); pitada. *Fig.* um pouquinho, uma pequena quantia. ≃ **saraceno** trigo-sarraceno. ≃ **turco** ou **granturco** milho.

gra.nu.la.re [granul'are] *vt* + *adj* granular.

gra.nu.lo [gr'anulo] *sm* grânulo, pequeno grão.

grap.pa [gr'appa] *sf* bebida alcoólica, aguardente; colchete (sinal tipográfico). *Arquit.* grampo (em construções).

grap.po.lo [gr'appolo] *sf Bot.* cacho (de uvas, de flores).

gras.sag.gio [grass'addʒo] *sf Autom.* lubrificação.

gras.sa.zio.ne [grassats'jone] *sf Dir.* assalto à mão armada.

gras.sez.za [grass'ettsa] *sf* gordura, obesidade. *Fig.* opulência; fertilidade.

gras.si.me [grass'ime] *sm* fertilizante, adubo.

gras.so [gr'asso] *sm* gordura; obesidade; banha; mancha de gordura; alimento gordo. *Biol.* gordura, glicerídeo. *Mec.* e *Autom.* graxa, lubrificante. *Fam.* gordo. *Fig.* abundância, opulência; região mais rica (de cidade, país, etc.). *adj* gordo; adiposo; gorduroso. *Fig.* rico, opulento, abastado; fértil, abundante; denso, espesso; grosso, estúpido; desbocado, obsceno; significativo (ganho); vantajoso (negócio). **fare** ≃ **e risate** dar boas risadas, rir com gosto. **martedì** ≃ terça-feira gorda.

gras.soc.cio [grass'ɔttʃo] ou **gra.sot.to** [grass'ɔtto] *adj* gorducho, gordinho.

gra.ta [gr'ata] *sf* grade.

gra.ti.co.la [grat'ikola] *sf* gradinha, grelha; retícula (para desenho).

gra.ti.fi.ca.re [gratifik'are] *vt* gratificar; recompensar, premiar. *Pop.* dar gorjeta.

gra.ti.fi.ca.zio.ne [gratifikats'jone] *sf* gratificação. *Pop.* gorjeta, caixinha.

gra.tis [gr'atis] *adv* grátis, de graça.

gra.ti.tu.di.ne [gratit'udine] *sf* gratidão, agradecimento, reconhecimento.

gra.to [gr'ato] *adj* grato, agradecido; agradável, gostoso, aprazível; aceito; benévolo.

grat.ta.ca.po [grattak'apo] *sm Fam.* dor decabeça, preocupação; incômodo, chateação.
grat.ta.cie.lo [grattatʃ'elo] *sm* arranha-céu.
grat.ta.re [gratt'are] *vt* arranhar, raspar; coçar. *Fig.* elogiar, lisonjear; provocar, estimular. *vpr* arranhar-se. ≃ **uno strumento** arranhar um instrumento. ≃ **si in testa** *Pop.* quebrar a cabeça. ≃ **si la pancia** ficar ocioso.
grat.ta.tic.cio [grattat'ittʃo] *sm* risco, traço.
gra.tu.i.to [grat'uito] *adj* gratuito, de graça; dado; desmerecido, sem motivo.
gra.va.me [grav'ame] *sm* peso; imposto. *Dir.* gravame. *Com.* encargo, ônus.
gra.va.re [grav'are] *vt* pesar, deixar mais pesado; acusar; onerar, taxar. *vi* pesar. *Fig.* perturbar, importunar. *vpr* sobrecarregar-se.
gra.ve [gr'ave] *sm* situação grave. *Mús.* grave. *adj* pesado; grave; carregado; profundo. *Fig.* digno, nobre; importante; respeitável, fidedigno; doloroso, aflitivo; perigoso, arriscado; preguiçoso, lento. **età** ≃ idade avançada. **accento** ≃ acento grave.
gra.vez.za [grav'ettsa] *sf* peso; aborrecimento, trabalho; injúria; imposição; imposto, tributo. *Irôn.* gravidade. *Med.* fadiga; prostração.
gra.vi.dan.za [gravid'antsa] *sf* gravidez, gestação.
gra.vi.do [gr'avido] *adj* carregado, cheio. ≃ **a** *adj* grávida (mulher); prenhe (animal). **panino** ≃ sanduíche.
gra.vi.tà [gravit'a] *sf* gravidade, peso; importância. *Fís.* força da gravidade. *Fig.* dor; compostura, comedimento.
gra.vi.ta.re [gravit'are] *vi* pesar, ficar pesado. *Fís.* gravitar. *Fig.* seguir, ir na direção de.
gra.vi.ta.zio.ne [gravitatsj'one] *sf* gravitação. ≃ **universale** gravitação universal.
gra.vo.so [grav'ozo] *adj* pesado, oneroso, gravoso; cansativo. *Fig.* enfadonho; severo.
gra.zia [gr'atsja] *sf* graça, beleza, leveza, elegância; agradecimento, reconhecimento; simpatia, estima; favor, auxílio; educação, gentileza; buquê (do vinho). *Rel.* graça, benevolência divina. *Dir.* indulto, perdão, misericórdia. **colpo di** ≃ golpe de misericórdia. *Fig.* golpe decisivo. **di** ≃ de graça, grátis. ≃ **e!** obrigado! **tante** ≃ **e!** muito obrigado! ≃ **e di tutto!** obrigado por tudo! ≃ **e a** graças a, com a ajuda de, por intermédio de.
gra.zia.re [grats'jare] *vt* perdoar, desculpar, absolver (o réu); conceder, dar.
gra.zio.so [grats'jozo] *adj* gracioso, leve; simpático, amável; agradecido, grato; gratuito.
gre.co [gr'ɛko] *sm+adj* grego.

gre.ga.rio [greg'arjo] *adj* gregário. *Mil.* raso (soldado). ≃ **ri** *pl* partidários, seguidores.
greg.gia [gr'eddʒa] *sf* ou **greg.ge** [gr'eddʒe] *sm* rebanho; vara de porcos. *Fig.* a massa.
greg.gio [gr'eddʒo] ou **grez.zo** [gr'eddzo] *adj* bruto, grosseiro; virgem, cru; natural, primitivo; mal-educado, despreparado (pessoa); mascavo (açúcar). **materia** ≃ **a** matéria-prima.
gre.go.ria.no [gregor'jano] *adj* gregoriano. **calendario** ≃ calendário gregoriano. **canto** ≃ *Mús.* canto gregoriano, cantochão.
grem.biu.le [gremb'jule] ou **grem.bia.le** [gremb'jale] *sm* avental.
grem.bo [gr'embo] *sm* ou **grem.bio** [gr'embio] *sm Pop.* colo; seio, regaço. **in** ≃ **della famiglia** no seio da família.
gre.mi.re [grem'ire] *vt* encher. *vpr* encher-se.
grep.pia [gr'eppja] *sf* manjedoura. **la** ≃ **dello Stato** *Fig. Irôn.* as tetas do governo.
grep.po [gr'eppo] *sm* morro; penhasco.
grep.po.la [gr'eppola] *sf* tártaro (das tinas e pipas).
gre.to.la [gr'etola] *sf* barra (da gaiola).
gret.tez.za [grett'ettsa] *sf* mesquinharia, avareza, mesquinhez. *Fig.* baixeza (moral).
gret.to [gr'etto] *adj* mesquinho, avarento, sovina, avaro. *Fig.* miserável; estreito, apertado.
gri.dac.chia.re [gridakk'jare] *vi* ralhar.
gri.da.re [grid'are] *vt* divulgar, apregoar; publicar; celebrar, louvar; gritar. *Lit.* aclamar, eleger. *vi* gritar, bradar. *Fig.* ralhar; xingar.
gri.da.ta [grid'ata] *sf* gritaria, vozerio.
gri.do [gr'ido] *sm* grito, berro, brado (humano). *Fig.* fama, reputação. **lanciare un** ≃ dar um grito. **un pittore di** ≃ um famoso pintor.
gri.fa.gno [grif'aɲo] *adj Zool.* de rapina, rapace (ave). *Fig.* adunco, aquilino (nariz); ameaçador, sinistro (olhar).
gri.fo [gr'ifo] *sm* focinho. *Fig. dep* cara. **rompere il** ≃ *Pop.* quebrar a cara. **torcere il** ≃ *Pop.* torcer o nariz.
gri.fo.ne [grif'one] *sm Zool.* abutre africano. *Mit.* grifo, monstro alado.
gri.gia.stro [gridʒ'astro] *adj* cinzento, acinzentado.
gri.gio [gr'idʒo] *sm* cinza, a cor cinza. *adj* cinza; grisalho (cabelo). *Fig.* triste, monótono, melancólico; insosso, sem graça (pessoa).
gri.gio.re [gridʒ'ore] *sm* tédio, chateação.
gril.la.ia [grill'aja] *sf Fig.* charneca; casebre.
gril.let.ta.re [grillett'are] *vi* fervilhar.
gril.let.to [grill'etto] *sm dim* pequeno grilo; gatilho. *Fig.* capricho, frescura.

gril.lo [gr'illo] *sm* andaime. *Zool.* grilo. *Fig.* capricho.

gril.lot.ti [grill'ɔtti] *sm pl* franja (de roupa).

gri.mal.del.lo [grimald'ello] *sm* gazua.

grin.ta [gr'inta] *sf* carranca, cara amarrada.

grin.za [gr'intsa] *sf* ruga; prega.

grip.pe [gr'ippe] *sf Med.* gripe.

gri.sa.to.io [grizat'ojo] *sm* tenaz.

grom.ma [gr'omma] *sf* tártaro (de tonéis); sedimento, borra.

grom.mo [gr'ommo] *sm* grumo, coágulo, grânulo.

gron.da [gr'onda] *sf* goteira, biqueira (de telhado); canaleta, telha.

gron.da.ia [grond'aja] *sf* extremidade da goteira ou biqueira; água que escorre da goteira.

gron.da.re [grond'are] *vi* gotejar, escorrer.

grop.pa [gr'ɔppa] *sf* garupa, costas, dorso de animal. *Irôn.* costas (de pessoa).

gros.sez.za [gross'ettsa] *sf* grossura, espessura. *Fig.* grosseria, rudeza.

gros.si.sta [gross'ista] *s+adj* atacadista.

gros.so [gr'ɔsso] *sm* a maior parte. *adj* grosso; grande, volumoso; inchado; importante, notável; ordinário, grosseiro. **dirle** ≃ e dizer disparates.

gros.so.la.no [grossol'ano] *adj* grosseiro, ordinário, bruto, rude, tosco.

gros.so.mo.do [grossom'ɔdo] *adv* grosso modo, aproximadamente; vagamente.

grot.ta [gr'ɔtta] *sf* gruta, caverna. *Fig.* amparo.

grot.te.sco [grott'esko] *adj* grotesco; estranho.

gro.vi.glio [grov'iʎo] *sm* emaranhado, nó. *Lit.* enredo, complicação.

gru [gr'u] ou **gru.e** [gr'ue] *s Zool.* grou, grua. *Mec.* guindaste, grua.

gruc.cia [gr'uttʃa] *sf* muleta; cabo de bengala; maçaneta de porta; cabide de roupas.

gru.fo.la.re [grufol'are] *vi* fuçar (porcos). *Fig.* devorar. *vpr* chafurdar.

gru.ga.re [grug'are] *vi* arrulhar.

gru.gni.re [gruñ'ire] *vi* grunhir. *Fig. dep* resmungar.

gru.gno [gr'uño] *sm* focinho (de animal). *Fig. dep* cara, rosto (humano). *Irôn.* bico, careta. **fare il** ≃ fazer bico, estar amuado.

gru.gno.ne [gruñ'one] *sm* manhoso, irritadiço; soco (no rosto).

grul.lag.gi.ne [grull'addʒine] *sf* tolice, burrice, estupidez; incapacidade, inaptidão.

grul.lo [gr'ullo] *sm+adj* tolo, burro, estúpido; incapaz, inapto. *Fig.* confuso, atrapalhado.

gru.mo [gr'umo] *sm* grumo, grânulo (farinha); coágulo (sangue); leite coagulado.

gruo.go [gr'wɔgo] *sm Bot. Pop.* açafrão.

grup.po [gr'uppo] *sm* grupo, conjunto, reunião; gama, série; âmbito, ambiente; classe, categoria; pacote, embrulho.

gua.da.gna.re [gwadañ'are] *vt* ganhar, lucrar, aproveitar; conseguir, obter, conquistar. *vpr* sofrer (desgraça, acidente); levar (prejuízo). ≃ **tempo** ganhar tempo; antecipar. ≃ **terreno** ganhar terreno, progredir, avançar.

gua.da.gno [gwad'año] *sm* ganho, lucro; proveito, vantagem.

gua.do [g'wado] *sm* vau, raso (do rio).

gua.i.na [gwa'ina] *sf* bainha (para espada). **la** ≃ **di una foglia** *Bot.* a bainha de uma folha.

gua.io [g'wajo] *sm* problema, dificuldade; desastre; briga, discussão. **guai!** *interj* olha! (ameaça). **guai a te!** pobre de você!

gua.i.re [gwa'ire] *vi* ganir. *Fig.* choramingar.

gua.i.to [gwa'ito] *sm* ganido. *Fig.* lamentação.

gualcire → **sgualcire**.

gua.na.co [gwan'ako] *sm Zool.* guanaco.

guan.cia [g'wantʃa] *sf* bochecha, maçã do rosto, face.

guan.cia.le [gwantʃ'ale] *sm* travesseiro, almofada. **dormire tra due** ≃ **i** estar tranqüilo.

guan.cia.li.no [gwantʃal'ino] *sm* almofada para alfinetes, coxim.

guan.cia.ta [gwantʃ'ata] *sf* bofetão, tapa.

guan.tie.ra [gwant'jera] *sf* bandeja.

guan.to [g'wanto] *sm* luva. ≃ **di ferro** *Hist.* manopla, luva da armadura. *Fig.* mão de ferro, controle rígido. **trattare coi** ≃ **i** tratar com luvas de pelica, com muito cuidado.

gua.ra.na [gwar'ana] *sm* guaraná.

guar.da.bo.schi [gwardab'ɔski] *sm* guarda-florestal.

guar.da.co.ste [gwardak'ɔste] *sm Náut.* guarda costeira, polícia marítima; soldado da guarda costeira. *sf Náut.* guarda-costas, navio da guarda costeira.

guar.da.re [gward'are] *vt* olhar, ver; examinar; vigiar; guardar, conservar; defender, proteger; dar vista para, ficar de frente para.

guar.da.ro.ba [gwardar'ɔba] *sm* guarda-roupa, armário.

guar.da.spal.le [gwardasp'alle] *sm* guarda-costas.

guar.da.sti.va [gwardast'iva] *sm Náut.* encarregado da estiva.

guar.da.ta [gward'ata] *sf* olhar, olhada.

guar.da.vi.a [gwardav'ia] *sm* guarda-linha.

guar.dia [g'wardja] *sf* guarda, vigilância, defesa (ato); guarda, vigilante, sentinela (pessoa); turno (de soldados, enfermeiros); guar-

da, folha em branco. **in** ≃! em guarda! ≃
del corpo guarda pessoal (de governante). ≃
notturna guarda-noturno. **corpo di** ≃ corpo da guarda. **stare in** ≃ ficar em guarda.
vecchia ≃ velha guarda.

guar.dia.no [gward′jano] *sm* guardião, guarda; guardador (de animais); guarda penitenciário. *Rel.* guardião, superior (franciscano).

guar.di.na [gward′ina] *sf* prisão (da delegacia), xadrez.

guar.din.go [gward′ingo] *adj* cuidadoso, prevenido, prudente, precavido.

guar.dio.lo [gward′jɔlo] *sm* ou **guar.dio.la** [gward′jɔla] *sf* guarita; guarda-noturno.

gua.ri [g′wari] *adv* não muito, pouco, um pouco. Usado apenas com a negação. **non ha** ≃ há pouco tempo. **fra non** ≃ daqui a pouco.

gua.ri.gio.ne [gwaridʒ′one] *sf* cura, restabelecimento.

gua.ri.re [gwar′ire] *vt* curar, sanar. *vi+vpr* curar-se, restabelecer-se.

guar.ni.gio.ne [gwarnidʒ′one] *sf Mil.* guarnição.

guar.ni.re [gwarn′ire] *vt* guarnecer; enfeitar, adornar; munir. *Mil.* pôr tropas. *Fig.* enriquecer, embelezar. *vpr* armar-se, munir-se.

gua.sco.ne [gwask′one] *sm+adj* gascão, da Gasconha (França). *Fig.* valentão, fanfarrão.

gua.sta.fe.ste [gwastaf′este] *s* desmancha-prazeres.

gua.sta.re [gwast′are] *vt* estragar, danificar; desmanchar, desfazer; devastar, arruinar. *Fig.* alterar, corromper; incomodar. *vpr* estragar-se, apodrecer. ≃**si con** cortar relações com.

gua.sto [g′wasto] *sm* estrago, avaria; dano, prejuízo; deterioração; devastação, ruína. *adj* estragado, avariado; danificado; deformado, malfeito; corrompido.

guaz.za [g′wattsa] *sf* orvalho. *Fig.* mixaria.

guaz.za.bu.glio [gwattsab′uʎo] *sm* confusão, mistura.

guazzare → **sguazzare**.

guaz.zet.to [gwatts′etto] *sm* guisado.

guaz.zo [g′wattso] *sm* lugar molhado, chão molhado; compota (de frutas).

guel.fo [g′welfo] *sm+adj Hist.* guelfo.

guer.cio [g′wertʃo] *sm+adj* estrábico, vesgo.

guer.ra [g′weʳra] *sf* guerra. *Fig.* luta; fadiga; trabalho; hostilidade. ≃ **civile** guerra civil. **G** ≃ **Fredda** *Hist.* guerra fria.

guer.reg.gia.re [gweʳreddʒ′are] *vi* guerrear, combater, atacar; perseguir, perturbar. *vpr* guer-

rear um contra o outro. *Fam.* trocar insultos.

guer.re.sco [gweʳ′esko] *adj* guerreiro, belicoso.

guer.rie.ro [gweʳ′jero] *sm+adj* guerreiro.

guer.ri.glia [gweʳ′iʎa] *sf* guerrilha.

guer.ri.glie.re [gweʳiʎ′jere] ou **guer.ri.glie.ro** [gweʳiʎ′jero] *sm* guerrilheiro.

gu.fac.cio [guf′attʃo] *sm Fig. dep* solitário.

gu.fo [g′ufo] *sm Zool.* mocho. *Fig.* solitário.

gu.glia [g′uʎa] *sf Arquit.* agulha (de igreja, etc.); obelisco.

gui.da [g′wida] *sf* guia, cicerone; condução, pilotagem; guia, manual. *Fig.* comando, direção; acompanhante; batedor; chefe, líder; diretor, gerente, administrador; trilho (de janela, etc.). *Autom.* direção, volante. ≃**e** *pl* instruções, normas; sugestões, conselhos.

gui.da.re [gwid′are] *vt* guiar, ciceronear; conduzir, pilotar. *Fig.* comandar, dirigir, governar; acompanhar; chefiar, liderar.

gui.der.do.ne [gwiderd′one] *sm Lit.* recompensa, prêmio.

gui.det.to [gwid′etto] *sm dim* serrote.

guin.za.glio [gwints′aʎo] *sm* correia, corrente, trela (de cachorro, gato, etc.).

gui.sa [g′wiza] *sf* modo, maneira, jeito. **a** ≃ **di** à guisa de. **di** ≃ **che** de maneira que.

guit.to [g′witto] *sm+adj Pop.* pão-duro, unha-de-fome.

guiz.za.re [gwitts′are] *vi* fugir rápido, chispar; faiscar, aparecer como um relâmpago; vibrar.

guiz.zo [g′wittso] *sm* ou **guiz.za.ta** [gwitts′ata] *sf* disparada, escapada; aparição rápida, faísca.

gu.scio [g′uʃo] *sm* concha de animal; casca de ovo e sementes); esqueleto, armação (de carroça); prato da balança; fronha; bote, barquinho. *Pop.* vagem de leguminosa.

gu.sta.re [gust′are] *vt* saborear, provar, experimentar; degustar. *Fig.* apreciar. *vi Fam.* agradar, ser do agrado de.

gu.ste.vo.le [gust′evole] *adj* gostoso, saboroso. *Fig.* agradável; ameno.

gu.sto [g′usto] *sm* gosto, sabor; paladar; satisfação, prazer; bom gosto, discernimento; simpatia (por alguém); vontade. **di buon** ≃ de bom gosto. **di cattivo** ≃ de mau gosto.

gu.sto.si.tà [gustozit′a] *sf* gosto, sabor agradável; bom gosto.

gu.sto.so [gust′ozo] *adj* gostoso, saboroso, delicioso, apetitoso.

gut.ta.per.ca [guttap′erka] *sf Bot.* guta-percha.

gut.tu.ra.le [guttur′ale] *adj* gutural.

H

h [´akka] *sf* a oitava letra do alfabeto italiano. É inicial apenas de quatro palavras (*ho, hai, ha, hanno,* formas do verbo *avere*) em que não tem som, e de palavras estrangeiras. Serve apenas como sinal ortográfico nos dígrafos *ch* e *gh*. Usada também em algumas interjeições: *ah! oh! ahimé!*

ha.bi.tat [´abitat] *sm Biol.* hábitat. *Fig.* ambiente, região.

hall [h´ɔl] *sf* sala de estar, entrada de hotel.

hand.i.cap [h´andikap] *sm Esp.* desvantagem, obstáculo.

han.gar [ang´ar] *sm* hangar.

hard.ware [h´ardwer] *sm Inform.* hardware.

harem → **arem.**

ha.scisc [aʃ´iʃ] ou **ha.shish** [aʃ´iʃ] *sm Bot.* haxixe. *Gír.* coca, fumo, erva.

hen.né [en´e] *sm Bot.* hena, alcana.

hob.by [h´ɔbbi] *sm* passatempo, divertimento.

hock.ey [h´ɔkki] *sm Esp.* hóquei. ≃ **su ghiaccio** hóquei sobre o gelo.

hold.ing [h´olding] *sf Com.* truste, multinacional.

host.ess [h´ostes] *sf* aeromoça.

ho.tel [´ɔtel] *sm* hotel.

hu.mus [h´umus] *sm Biol.* humo, húmus.

I

i ['i] I *sf* a nona letra do alfabeto italiano; i, o nome da letra I. ≃ **lunga** jota, o nome da letra J.

i ['i] II *art def mpl* os.

ia.bo.ran.di [jabor'andi] *sm Bot.* jaborandi.

iar.da ['jarda] ou **yard** ['jard] *sf* jarda.

ia.to ['jato] *sm Gram.* hiato.

iat.tan.za [jatt'antsa] *sf Lit.* jactância, arrogância, vaidade, amor-próprio, garbo.

iat.tu.ra [jatt'ura] *sf* desgraça, ruína, perda.

i.be.ri.co [ib'eriko] ou **i.be.ro** ['ibero] *adj* ibérico, ibero.

i.ber.na.zio.ne [ibernats'jone] *sf Zool.* hibernação.

i.bis ['ibis] ou **i.bi** ['ibi] *sf Zool.* íbis.

i.bi.sco [ib'isko] *sm Bot.* hibisco.

i.bri.do ['ibrido] *adj* híbrido. *Fig.* misturado, confuso, heterogêneo.

ic.che.se [ik'kese] ou **ics** ['iks] *sf* xis, o nome da letra X.

i.co.ne [ik'ɔne] ou **i.co.na** [ik'ɔna] *sm* ícone.

i.co.no.cla.sta [ikonokl'asta] *s+adj* iconoclasta.

i.co.re [ik'ɔre; 'ikore] *sm Med.* pus, icor.

i.dal.go [id'algo] *sm* fidalgo, nobre espanhol.

Id.di.o [idd'io] *sm* Deus.

i.de.a [id'ɛa] *sf* idéia; projeto, esboço; imagem, lembrança; capricho; opinião, conceito. **nem.meno per** ≃! nem sonhando!

i.de.a.le [ide'ale] *sm* ideal, objetivo, meta. *Fig.* sonho; ideal, perfeito; imaginário.

i.de.a.li.smo [ideal'izmo] *sm* idealismo.

i.de.a.liz.za.re [idealiddz'are] *vt Lit.* idealizar.

i.de.a.re [ide'are] *vt+vpr* idealizar, imaginar, planejar.

i.den.ti.co [id'entiko] *adj* idêntico.

i.den.ti.fi.ca.re [identifik'are] *vt* identificar, reconhecer. *vpr* identificar-se.

i.den.ti.tà [identit'a] *sf* identidade.

i.de.o.lo.gi.a [ideolodʒ'ia] *sf* ideologia.

i.di ['idi] *sm pl Hist.* idos.

i.dil.lio [id'illjo] *sm Lit.* e *Fig.* idílio.

i.dio.ma [id'joma] *sm* idioma, língua.

i.dio.ma.ti.co [idjom'atiko] *adj* idiomático.

i.dio.sin.cra.si.a [idjosinkraz'ia] *sf Med.* idiossincrasia.

i.dio.ta [id'jɔta] *s+adj* idiota, estúpido, imbecil, tolo. *Med.* idiota.

i.dio.ti.smo [idjot'izmo] *sm* estupidez, imbecilidade, tolice. *Gram.* idiotismo.

i.dio.zi.a [idjots'ia] *sf Med.* idiotia.

i.do.la.tra.re [idolatr'are] *vt* idolatrar. *Fig.* adorar, venerar, amar excessivamente.

i.do.la.tri.a [idolatr'ia] *sf* idolatria. *Fig.* adoração, veneração, amor exagerado.

i.do.lo ['idolo] *sm* ídolo, estátua. *Fig.* ídolo, pessoa adorada.

i.do.nei.tà [idonejt'a] *sf* idoneidade, aptidão, competência, habilidade.

i.do.ne.o [id'ɔneo] *adj* idôneo, apto, hábil.

i.dra ['idra] *sf Zool.* e *Mit.* hidra.

i.dran.te [idr'ante] *sm* hidrante.

i.drar.gi.ro [idrardʒ'iro] *sm Quím.* mercúrio, hidrargírio.

i.dra.ta.re [idrat'are] *vt Quím.* hidratar.

i.dra.to [idr'ato] *sm Quím.* hidrato.

i.drau.li.ca [idr'awlika] *sf Fís.* hidráulica.

i.dri.co ['idriko] *adj* hídrico, aquoso.

i.dro ['idro] *sm Zool.* hidra (cobra).

i.dro.e.let.tri.co [idroel'ettriko] *adj* hidrelétrico.

i.dro.fo.bi.a [idrofob'ia] *sf Med.* hidrofobia, raiva.

i.dro.gra.fi.a [idrograf'ia] *sf Geogr.* hidrografia.

i.dro.me.tro [idr'ɔmetro] *sm* hidrômetro.

i.dro.pla.no [idropl'ano] *sm Náut.* lancha.

i.dro.sta.ti.ca [idrost'atika] *sf Fís.* hidrostática.

i.dro.vo.lan.te [idrovol'ante] *sm* hidroavião.

iel.la [jella] *sf Gír.* uruca, azar.

ie.na [j'ena] *sf* hiena. *Fig.* pessoa má.

ie.ra.ti.co [jer'atiko] *adj* hierático, sagrado.

ie.ri [j'eri] *adv* ontem. ≃ **l'altro** anteontem. **l'altro** ≃ há alguns dias.

ieroglifico → **geroglifico**

iet.ta.tu.ra [jettat'ura] *sf* mau-olhado, quebranto.

i.gie.ne [idʒ'ene] *sf* higiene.

i.gna.me [iɲ'ame] *sf Bot.* inhame.

i.gna.ro [iɲ'aro] *adj* ignorante, analfabeto, inculto; inexperiente; inconsciente.

i.gna.vo [iɲ'avo] *adj Lit.* indolente, preguiçoso.

i.gne.o [iɲ'eo] *adj Lit.* ígneo, inflamado.

i.gni.zio.ne [iñits'jone] *sf* ignição, combustão.
i.gno.bi.le [iñ'ɔbile] *adj* ignóbil, baixo, vil.
i.gno.mi.nia [iñom'inja] *sf Lit.* ignomínia, desonra, infâmia, mácula.
i.gno.ran.te [iñor'ante] *s+adj* ignorante, analfabeto, inculto; mal-educado; inexperiente.
i.gno.ran.za [iñor'antsa] *sf* ignorância, analfabetismo, falta de cultura; falta de educação; inexperiência. *Fig.* barbárie, obscurantismo.
i.gno.ra.re [iñor'are] *vt* ignorar, desconhecer.
i.gno.to [iñ'ɔto] *sm* o desconhecido. *adj* ignorado, desconhecido, incógnito.
i.gnu.do [iñ'udo] *adj* nu, despido; desembainhado (espada). *Fig.* espoliado, privado.
i.gua.na [ig'wana] *sf Zool.* iguana, lagarto.
ih ['i] *interj* ih! xi! (aborrecimento, vergonha).
il ['il] *art def msg* o.
i.la.re ['ilare] *adj* risonho, alegre, divertido.
i.lei ['ilej] *sm pl Anat.* flios, ossos da bacia; ilhargas, ilhais.
i.li.a.co [il'iako] *adj Anat.* ilíaco, dos ílios.
il.lan.gui.di.re [illangwid'ire] *vt* enfraquecer.
il.le.ci.to [ill'etʃito] *adj* ilícito, imoral.
il.le.ga.le [illeg'ale] *adj* ilegal, ilegítimo.
il.leg.gi.bi.le [illeddʒ'ibile] *adj* ilegível.
il.le.git.ti.mo [illeddʒ'ittimo] *adj* ilegítimo, ilegal; bastardo, natural; arbitrário.
il.le.so [ill'ɛzo] *adj* ileso, incólume, são e salvo, intacto, intocado.
il.let.te.ra.to [illetter'ato] ou **il.lit.te.ra.to** [illitter'ato] *adj* iletrado; analfabeto.
il.li.ba.to [illib'ato] *adj* puro, casto, imaculado.
il.li.mi.ta.to [illimit'ato] *adj* ilimitado, sem limites; absoluto, pleno.
il.lo.gi.co [ill'ɔdʒiko] *adj* ilógico, incoerente, absurdo, irracional.
il.lu.de.re [ill'udere] *vt* iludir, enganar. *Fig.* atrair, seduzir. *vpr* iludir-se.
il.lu.mi.na.re [illumin'are] *vt* iluminar, clarear. *Fig.* esclarecer, explicar, dar explicações. *vpr* iluminar-se. *Fig.* estudar, instruir-se.
il.lu.sio.ne [illuz'jone] *sf* ilusão, erro, engano; fantasia, quimera. ≈ **ottica** ilusão de óptica.
il.lu.sio.ni.sta [illuzjon'ista] *s* ilusionista, mágico.
il.lu.so.rio [illuz'ɔrjo] *adj* ilusório, enganoso, falso; vão.
il.lu.stra.re [illustr'are] *vt* ilustrar; explicar, elucidar. *Fig.* tornar ilustre; dar lustro.
il.lu.stra.zio.ne [illustrats'jone] *sf* ilustração, gravura, figura, desenho; explicação, esclarecimento.
il.lu.stre [ill'ustre] *adj* ilustre, famoso, célebre, eminente; nobre, fidalgo. ≈ **sconosciuto** *Irôn.* ilustre desconhecido.

i.ma.no [im'ano] *sm Rel.* imã, sacerdote muçulmano.
im.bal.lag.gio [imball'addʒo] *sm* ou **im.bal.la.tu.ra** [imballat'ura] *sf* embalagem; empacotagem (ação); pacote (objeto).
im.bal.la.re [imball'are] *vt* embalar, empacotar.
im.bal.sa.ma.re [imbalsam'are] *vt* embalsamar.
im.ba.raz.za.re [imbaratts'are] *vt* embaraçar, incomodar, perturbar; atrapalhar, impedir.
im.ba.raz.zo [imbar'attso] *sm* embaraço, incômodo, perturbação; impedimento, obstáculo, dificuldade. *Fam.* tédio, chateação.
im.bar.ba.ri.re [imbarbar'ire] *vt* barbarizar. *vi+vpr* barbarizar-se.
im.bar.ca.re [imbark'are] *vt* embarcar. *vi* embarcar, ir a bordo. *Fig.* fazer alguém se arriscar. *vpr* embarcar. *Fig.* arriscar-se.
im.bar.ca.to.io [imbarkat'ojo] *sm* embarcadouro.
im.bar.ca.zio.ne [imbarkats'jone] *sf* embarcação, barco, navio; ação de embarcar.
im.bar.co [imb'arko] *sm* embarque; ação de embarcar e valor pago pelo embarque; embarcadouro.
im.ba.sa.re [imbaz'are] *vt Arquit.* embasar, alicerçar, colocar sobre uma base.
im.ba.sa.tu.ra [imbazat'ura] *sf* ou **im.ba.sa.men.to** [imbazam'ento] *sm* embasamento, base.
im.ba.star.di.re [imbastard'ire] *vt* adulterar, falsificar. *vi+vpr* degenerar-se, corromper-se, abastardar-se.
im.ba.sti.re [imbast'ire] *vt* alinhavar. *Fig.* preparar, escrever (discurso).
im.ba.sti.tu.ra [imbastit'ura] *sf* alinhavo.
im.bat.ter.si [imbatt'ersi] *vpr* cruzar com, encontrar-se com alguém por acaso.
im.ba.va.glia.re [imbavaʎ'are] *vt* amordaçar. *Fig.* não deixar falar ou opinar.
im.ba.va.re [imbav'are] *vt* babar, sujar com baba.
im.be.cil.le [imbetʃ'ille] *s+adj* imbecil, estúpido, idiota. *Med.* imbecil, débil mental.
im.be.cil.li.tà [imbetʃilli't a] ou **im.be.cil.lag.gi.ne** [imbetʃill'addʒine] *sf* imbecilidade, estupidez, idiotice, burrice. *Med.* imbecilidade, debilidade intelectual.
im.be.cil.li.re [imbetʃill'ire] *vi+vpr* ficar bobo, imbecilizar-se.
im.ber.be [imb'erbe] *adj* imberbe, sem barba.
im.be.stia.li.re [imbestjal'ire] ou **im.be.stia.re** [imbest'jare] *vt* bestializar, embrutecer; enfurecer. *vi+vpr* enfurecer-se, irar-se.
im.be.ve.re [imb'evere] *vt* embeber, ensopar, umedecer, encher com um líquido. *Fig.* meter na cabeça (idéia). *vpr* ensopar-se.

im.bian.ca.re [imbjank´are] ou **im.bian.chi.re** [imbjank´ire] vt embranquecer, branquear; limpar, lavar; caiar, rebocar (paredes). vpr embranquecer. Fig. ficar grisalho (cabelo).

im.bion.di.re [imbjond´ire] vt alourar. vi+vpr alourar-se.

im.boc.ca.re [imbokk´are] vt pôr na boca (instrumento musical); dar de comer na boca. vi terminar, dar em (estrada), desembocar; encaixar, ajustar-se (peças). Fig. sugerir. vpr encaixar-se, ajustar-se.

im.boc.co [imb´okko] sm entrada (de rua, túnel), encaixe (de peça). Geogr. foz, embocadura (de rio).

im.bo.sca.re [imbosk´are] vt Gír. esconder, ocultar; levar embora, tirar; acumular, monopolizar. vpr esconder-se.

im.bo.sca.ta [imbosk´ata] sf emboscada, cilada. Fig. traição.

im.bot.ta.re [imbott´are] vt envasar (vinho).

im.bot.ti.glia.re [imbottiλ´are] vt engarrafar.

im.bot.ti.re [imbott´ire] vt estofar, rechear.

im.bran.ca.re [imbrank´are] vt arrebanhar, juntar (pessoas ou animais). vpr dep enturmar-se.

im.brat.ta.re [imbratt´are] vt emporcalhar, sujar. Fam. rabiscar, desenhar mal. Fig. estragar. vpr emporcalhar-se, sujar-se.

im.bro.glia.re [imbroλ´are] vt confundir, enganar, iludir; atrapalhar, perturbar, embaraçar. vpr confundir-se, enganar-se, iludir-se; atrapalhar-se, perturbar-se.

im.bro.glio [imbr´ολo] sm confusão, engano, ilusão; obstáculo, dificuldade, perturbação.

im.bro.glio.ne [imbroλ´one] sm trapaceiro, golpista, embusteiro.

im.bru.na.re [imbrun´are] vt Lit. ou **im.bru.ni.re** [imbru´nire] vi escurecer. vpr anoitecer, escurecer; bronzear-se.

im.bu.ca.re [imbuk´are] vt colocar num buraco, enfurnar; pôr no correio. vpr esconder-se, enfurnar-se. Fam. meter-se.

im.bu.del.la.re [imbudell´are] ou **im.bu.sec.chia.re** [imbuzekk´jare] vt embutir (frios).

im.bu.to [imb´uto] sm funil.

i.me.ne [im´ene] sm Anat. hímen.

i.mi.ta.re [imit´are] vt imitar, copiar.

i.mi.ta.zio.ne [imitats´jone] sf imitação, cópia.

Im.ma.co.la.ta [immakol´ata] sf Rel. a Virgem Maria.

im.ma.co.la.to [immakol´ato] adj imaculado.

im.ma.gaz.zi.na.re [immagaddzin´are] vt armazenar, colocar em armazém.

im.ma.gi.na.re [immadʒin´are] vt imaginar, fantasiar, inventar, idealizar, criar. vpr considerar-se, supor-se.

im.ma.gi.na.rio [immadʒin´arjo] adj imaginário, fantástico, fictício, ilusório.

im.ma.gi.ne [imm´adʒine] sf imagem, figura; semelhança; aparência, aspecto; recordação, lembrança (visual).

im.ma.lin.co.ni.re [immalinkon´ire] vi ficar melancólico, entristecer-se.

im.ma.ne [imm´ane] adj imenso, enorme, gigantesco; assustador, monstruoso.

im.ma.nen.te [imman´ente] adj Lit. imanente, permanente.

im.ma.te.ria.le [immater´jale] adj imaterial, espiritual.

im.ma.tri.co.la.re [immatrikol´are] vt matricular.

im.mat.ti.re [immatt´ire] vi enlouquecer.

im.ma.tu.ro [immat´uro] adj imaturo; verde (fruta). Fig. precoce, prematuro.

im.me.de.si.ma.re [immedezim´are] vt igualar; identificar. vpr confundir-se; igualar-se; identificar-se. Fig. personificar.

im.me.dia.to [immed´jato] adj imediato, instantâneo; próximo, contíguo.

im.me.di.ta.to [immedit´ato] adj impensado; inesperado, imprevisto.

im.me.mo.ra.bi.le [immemor´abile] adj imemorial, antiqüíssimo; imemorável, esquecido. **da tempi** ≃ **i** desde a mais remota antigüidade.

im.men.so [imm´enso] sm imensidão. adj imenso, enorme, gigantesco.

immensurabile → incommensurabile.

im.mer.ge.re [imm´erdʒere] vt imergir, mergulhar, afundar. vpr imergir, mergulhar, afundar. Fig. entregar-se (a um negócio, etc.).

im.mer.sio.ne [immers´jone] sf imersão, afundamento. **linea d'** ≃ Náut. linha-d'água.

im.met.te.re [imm´ettere] vt pôr dentro, fazer entrar. Dir. empossar.

im.mi.gra.re [immigr´are] vi imigrar.

im.mi.gra.zio.ne [immigrats´jone] sf imigração.

im.mi.nen.te [immin´ente] adj iminente, prestes a acontecer; ameaçador.

im.mi.schia.re [immisk´jare] vt misturar, mesclar. vpr misturar-se. Fig. imiscuir-se.

im.mi.se.ri.re [immizer´ire] vt empobrecer; enfraquecer, debilitar, depauperar. vpr empobrecer; enfraquecer, debilitar-se.

im.mo.bi.le [imm´obile] sm Com. imóvel, bem imóvel. adj imóvel, parado. Fig. firme, fixo.

im.mo.bi.liz.za.re [immobiliddz´are] ou **im.mo.bi.li.ta.re** [immobilit´are] vt imobilizar, deixar imóvel; parar, impedir, bloquear.

im.mo.bi.liz.za.to [immobiliddz'ato] *adj* imobilizado, imóvel, parado, inerte; inoperante.
capitale ≃ *Com.* capital imobilizado.
im.mo.la.re [immol'are] *vt* imolar, sacrificar.
vpr imolar-se, sacrificar-se.
im.mol.la.re [immoll'are] *vt* molhar, banhar, ensopar. *vpr* molhar-se, banhar-se.
im.mon.dez.za [immond'ettsa] *sf* ou **im.mon.di.zia** [immond'itsja] *sf Pop.* imundície, sujeira, porcaria; lixo. *Fig.* obscenidade.
im.mon.do [imm'ondo] *adj* imundo, sujo; sórdido, torpe. *Rel.* pecaminoso. *Fig.* impuro, indecente, obsceno. *Fam.* porco.
im.mo.ra.le [immor'ale] *adj* imoral. *Fig.* indecente, obsceno.
im.mor.ta.le [immort'ale] *s* imortal. ≃ *i pl Mit.* os imortais. *adj* imortal, eterno; perpétuo.
im.mor.ta.li.tà [immortalit'a] *sf* imortalidade, eternidade.
im.mu.ne [imm'une] *adj* imune, isento, livre.
im.mu.ni.tà [immunit'a] *sf* imunidade; isenção; privilégio, prerrogativa.
im.mu.niz.za.re [immuniddz'are] *vt Med.* imunizar, vacinar.
im.mu.ta.bi.le [immut'abile] *adj* imutável, inalterável, estável.
im.pac.cia.re [impattʃ'are] *vt* incomodar, atrapalhar, estorvar; impedir, obstruir.
im.pac.cio [imp'attʃo] *sm* incômodo, estorvo; impedimento, obstáculo, obstrução.
im.pa.dro.nir.si [impadron'irsi] *vpr* apropriar-se, apossar-se, tomar posse de. *Fig.* aprender, aprofundar-se (em trabalho, estudo).
im.pa.gi.na.re [impadʒin'are] *vt* paginar.
im.pa.glia.re [impaʎ'are] *vt* empalhar.
im.pa.la.re [impal'are] *vt* empalar; prender em estaca (planta). *vpr* ficar parado.
im.pal.li.di.re [impallid'ire] *vi* empalidecer, ficar pálido. *tb Fig.* ofuscar-se; desbotar.
im.pap.pi.na.re [impappin'are] *vt* atrapalhar, confundir. *vpr* atrapalhar-se, confundir-se (falando).
im.pa.ra.re [impar'are] *vt* aprender; estudar.
im.pa.ren.ta.re [imparent'are] *vt* aparentar, tornar parente. *vpr* aparentar-se.
im.pa.ri ['impari] *adj* ímpar; desigual, díspar.
im.par.ti.re [impart'ire] *vt* conceder, distribuir; dar (ordens).
im.par.zia.le [imparts'jale] *adj* imparcial, justo, reto.
im.pas.si.bi.le [impass'ibile] *adj* impassível, inalterável; insensível, frio, indiferente.
im.pa.sta.re [impast'are] *vt* amassar, fazer massa; misturar, mesclar; sovar. *Fig.* juntar, unir.

im.pa.sto [imp'asto] *sm* massa; mistura, mescla; amassadura, ato de fazer a massa.
im.pat.ta.re [impatt'are] *vt* + *vi* empatar, igualar.
im.pau.ri.re [impawr'ire] *vt* amedrontar, apavorar. *vi* + *vpr* amedrontar-se, apavorar-se.
im.pa.vi.do [imp'avido] *adj Lit.* impávido, impassível; intrépido, corajoso.
im.pa.zien.ta.re [impatsjent'are] *vt* impacientar, irritar. *vi* + *vpr* impacientar-se.
im.pa.zien.te [impatsj'ente] *adj* impaciente, inquieto, irrequieto; ansioso, desejoso; precipitado.
im.pa.zien.ti.re [impatsjent'ire] *vi* + *vpr* perder a paciência.
im.pa.zien.za [impats'entsa] *sf* impaciência, inquietude; ansiosidade; precipitação, pressa.
im.paz.za.re [impatts'are] ou **im.paz.zi.re** [impatts'ire] *vi* enlouquecer, endoidecer, ficar louco. *Fig.* apaixonar-se, perder a cabeça.
im.pec.ca.bi.le [impekk'abile] *adj* impecável, perfeito, correto.
im.pe.di.men.to [impedim'ento] *sm* impedimento, obstáculo, estorvo.
im.pe.di.re [imped'ire] *vt* impedir, estorvar.
im.pe.gna.re [impeɲ'are] *vt* empenhar, entregar ao penhor; prometer. *vpr* obrigar-se, vincular-se; arriscar-se, aventurar-se.
im.pe.gno [imp'eɲo] *sm* empenho; obrigação, dívida; atenção, diligência.
im.pe.gno.so [impeɲ'ozo] *adj* difícil, de muita responsabilidade, que requer muita atenção.
im.pel.le.re [imp'ellere] *vt Lit.* impelir, empurrar; incitar, provocar.
im.pe.ne.tra.bi.le [impenetr'abile] *adj* impenetrável. *Fig.* incompreensível.
im.pen.na.re [impenn'are] *vt* emplumar. *vpr* emplumar-se; levantar vôo. *Fig.* irritar-se.
im.pen.sa.to [impens'ato] *adj* impensado, imprevisto, inesperado.
im.pen.sie.ri.re [impensjer'ire] *vt* preocupar, dar o que pensar. *vpr* preocupar-se.
im.pe.pa.re [impep'are] *vt tb Fig.* apimentar.
im.pe.ra.re [imper'are] *vi* imperar. *Fig.* mandar, comandar totalmente.
im.pe.ra.ti.vo [imperat'ivo] *sm Gram.* imperativo. *adj* imperativo, que comanda.
im.pe.ra.to.re [imperat'ore] *sm* imperador.
im.per.cet.ti.bi.le [impertʃett'ibile] *adj* imperceptível.
im.per.fet.to [imperf'etto] *sm Gram.* imperfeito *adj* imperfeito, defeituoso, incompleto.
im.per.fe.zio.ne [imperfets'jone] *sf* imperfeição, defeito, incorreção, falha.

im.pe.ria.le [imper′jale] *adj* imperial.

im.pe.ria.li.smo [imperjal′izmo] *sm* imperialismo.

im.pe.rio.so [imper′jozo] *adj* imperioso, orgulhoso, arrogante, soberbo.

im.pe.ri.zia [imper′itsja] *sf* imperícia, inexperiência, incompetência.

im.per.me.a.bi.le [imperme′abile] *sm* capa de chuva. *adj* impermeável.

im.per.me.a.bi.liz.za.re [impermeabiliddz′are] *vt* impermeabilizar.

im.pe.ro [imp′ero] *sm* império; comando, autoridade, predomínio.

im.per.so.na.le [imperson′ale] *adj* impessoal.

im.per.ti.nen.te [impertin′ente] *adj* impertinente, insolente, inoportuno, atrevido.

im.per.ti.nen.za [impertin′entsa] *sf* impertinência, insolência, atrevimento.

im.per.tur.ba.bi.le [imperturb′abile] *adj* imperturbável, impassível, tranqüilo.

im.pe.sta.re [impest′are] *vt* empestar, contaminar, contagiar.

im.pe.tig.gi.ne [impet′iddʒine] ou **em.pe.tig.gi.ne** [empet′iddʒine] *sf* Med. impetigem.

im.pe.to [imp′eto] *sm* ímpeto; impetuosidade; fúria; ataque. *Fig.* entusiasmo.

im.pe.tra.re [impetr′are] *vt* suplicar, implorar, impetrar. *vi Lit.* petrificar-se, virar pedra.

im.pe.tuo.so [impet′wozo] *adj* impetuoso, impulsivo, exaltado, arrebatado.

im.pian.ta.re [impjant′are] *vt* implantar, fundar, inaugurar, abrir (empresa, etc.).

im.pian.to [imp′janto] *sm* implantação, fundação, inauguração; aparelho, aparelhagem.

im.pia.stra.re [impjastr′are] *vt* emplastrar; ungir; sujar, emporcalhar; estragar. *vpr* ungir-se; sujar-se, emporcalhar-se.

im.pia.stro [imp′jastro] *sm* emplastro. *Fam. Fig.* chato, cacete. *Gír.* pentelho.

im.pic.ca.gio.ne [impikkadʒ′one] *sf* enforcamento.

im.pic.ca.re [impikk′are] *vt* enforcar. *vpr* enforcar-se.

im.pic.cio [imp′ittʃo] *sm* incômodo, estorvo, chateação.

im.pic.cio.li.re [impittʃol′ire] *vt* + *vpr Lit.* diminuir, encolher.

im.pie.ga.re [impjeg′are] *vt* empregar, usar, aplicar; dar (emprego). *vpr* empregar-se.

im.pie.go [imp′jego] *sm* emprego, uso, utilização, aplicação; função, cargo.

im.pie.tri.re [impjetr′ire] *vt* petrificar, empedernir, empedrar. *vi* + *vpr* petrificar-se.

im.pi.glia.re [impiʎ′are] *vt* emaranhar, intricar. *vi* + *vpr* ficar preso.

im.piom.ba.re [impjomb′are] *vt* chumbar; obturar (dente).

im.piu.ma.re [impjum′are] *vt* emplumar, ornar com plumas. *vpr* enfeitar-se com plumas.

im.pla.ca.bi.le [implak′abile] *adj* implacável, insensível, inexorável.

im.pla.ci.di.re [implatʃid′ire] *vt* acalmar, apaziguar, pacificar.

im.pli.ca.re [implik′are] *vt* implicar, envolver; conter, compreender. *vpr* envolver-se, implicar-se.

im.pli.ci.to [impl′itʃito] *adj* implícito, subentendido.

im.plo.ra.re [implor′are] *vt* implorar, suplicar.

im.plu.me [impl′ume] *adj Biol.* implume, impene.

im.pol.ve.ra.re [impolver′are] *vt* empoeirar. *vpr* empoeirar-se. *Irôn.* empoar-se.

im.po.nen.za [impon′entsa] *sf* imponência, orgulho, arrogância, altivez.

im.po.po.la.re [impopol′are] *adj* impopular.

im.por.ca.re [impork′are] *vt* emporcalhar, sujar.

im.por.re [imp′oře] *vt* impor, mandar, ordenar; prescrever, atribuir; intimar; colocar (nome). *Fig.* incutir respeito. *vpr* impor-se, afirmar-se.

im.por.tan.te [import′ante] *sm* parte importante, ponto essencial. *adj* importante, relevante.

im.por.tan.za [import′antsa] *sf* importância, autoridade, consideração, valor.

im.por.ta.re [import′are] *vt* importar, trazer de outro país. *Lit.* significar. *vi* importar; interessar, pesar; atingir, somar (valor).

im.por.ta.zio.ne [importats′jone] *sf* importação.

im.por.to [imp′orto] *sm Com.* importância, soma, valor, custo.

im.por.tu.na.re [importun′are] *vt* importunar, perturbar, incomodar.

im.por.tu.no [import′uno] *adj* importuno, incômodo, maçante. *Fam.* chato, cacete.

im.po.si.zio.ne [impozits′jone] *sf* imposição, determinação.

im.pos.si.bi.le [imposs′ibile] *adj* impossível.

im.pos.si.bi.li.tà [impossibilit′a] *sf* impossibilidade.

im.pos.si.bi.li.ta.re [impossibilit′are] *vt* impossibilitar, tornar impossível.

im.po.sta [imp′osta] *sf* tributo, imposto (sobre rendas). ≃ **sul reddito** imposto de renda.

im.po.sta.re [impost′are] *vt* postar, pôr no correio. *Contab.* escriturar, registrar. *Mil.* e *Mús.* impostar. *vpr* colocar-se a postos.

im.po.sto [imp′osto] *part*+*adj* imposto, colocado (nome).

im.po.sto.re [impost′ore] *sm*+*adj* impostor, embusteiro.

im.po.ten.te [impot′ente] *adj* impotente, incapaz.

im.po.ten.za [impot′entsa] *sf* impotência, incapacidade.

im.po.ve.ri.re [impover′ire] *vt* empobrecer, tornar pobre. *vi*+*vpr* empobrecer, ficar pobre.

im.pra.ti.ca.bi.le [impratik′abile] *adj* impraticável; intratável; intransitável (rua).

im.pre.ca.re [imprek′are] *vi* praguejar, amaldiçoar, blasfemar, imprecar.

im.pre.ca.zio.ne [imprekats′jone] *sf* praga, maldição, blasfêmia, imprecação.

im.pre.ci.sio.ne [impretʃiz′jone] *sf* imprecisão, indeterminação, incerteza, ambigüidade.

im.pre.ci.so [impretʃ′izo] *adj* impreciso, indeterminado, vago, incerto, ambíguo.

im.pre.gna.re [impreñ′are] *vt* emprenhar, engravidar (animais); encher; impregnar, embeber, ensopar. *vpr* emprenhar-se (animal).

im.pren.de.re [impr′endere] *vt* empreender.

im.pren.di.to.re [imprendit′ore] *sm* empreendedor.

im.pre.sa [impr′eza] *sf* obra, empreendimento, empreitada, tarefa. *Com.* empresa.

im.pre.sa.rio [imprez′arjo] *sm* empresário, empreiteiro, empreendedor.

im.pre.scin.di.bi.le [impreʃind′ibile] *adj* imprescindível, indispensável, insubstituível.

im.pres.sio.ne [impress′jone] *sf* impressão; edição; marca. *Fig.* impressão, idéia.

im.pres.sio.na.re [impressjon′are] *vt* impressionar, causar impressão; comover, abalar.

im.pre.te.ri.bi.le [impreter′ibile] *adj* impreterível, obrigatório, inadiável.

im.pre.ve.di.bi.le [impreved′ibile] *adj* imprevisível.

im.pre.vi.den.za [imprevid′entsa] *sf* imprevidência, descuido, desleixo, descaso.

im.pre.vi.sto [imprev′isto] *sm* imprevisto, incidente, contratempo, contrariedade. *adj* imprevisto, inesperado.

im.pri.gio.na.re [impridʒon′are] *vt* aprisionar, prender, encarcerar.

im.pri.me.re [impr′imere] *vt* imprimir; estampar. *Fig.* publicar; marcar (a lembrança).

im.pro.ba.bi.le [improb′abile] *adj* improvável, duvidoso.

im.pro.bo [′improbo] *adj* árduo, fatigante; desonesto, desonrado, desacreditado.

im.pro.dut.ti.vo [improdutt′ivo] *adj* improdutivo, estéril, árido.

im.pron.ta [impr′onta] *sf* marca, sinal; impressão; rastro, pista. ≃ **digitale** impressão digital. **prendere l'** ≃ tirar o molde.

im.pron.ta.re [impront′are] *vt* imprimir; marcar, deixar sinal.

im.pron.to [impr′onto] *adj* importuno, atrevido, descarado, insolente, petulante.

im.pro.pe.rio [improp′erjo] *sm* impropério, ofensa.

im.pro.prio [impr′ɔprjo] *adj* impróprio, inconveniente, inoportuno, inadequado.

im.prov.vi.sa.re [improvviz′are] *vt* improvisar.

im.prov.vi.so [improvv′izo] *sm* improviso, improvisação. *adj* imprevisto, inesperado. **all'** ≃ de repente, repentinamente.

im.pru.den.te [imprud′ente] *adj* imprudente, desajuizado.

im.pu.den.te [impud′ente] *adj* despudorado, descarado, sem-vergonha.

im.pu.di.co [impud′iko] *adj* impudico.

im.pu.gna.re [impuñ′are] *vt* empunhar, pegar. *Fig.* refutar, contestar, opor-se a.

im.pu.li.to [impul′ito] *adj* grosseiro, rústico, rude.

im.pul.sio.ne [impuls′jone] *sf* *Fís.* impulsão, impulso.

im.pul.si.vo [impuls′ivo] *adj* impulsivo, impetuoso, irrefletido.

im.pul.so [imp′ulso] *sm* impulso, empurrão. *Elet.* impulso. *Fig.* estímulo, provocação.

im.pu.ne [imp′une] *adj* impune.

im.pun.ta.re [impunt′are] *vi* tropeçar; gaguejar. *vpr* cismar com, teimar em.

im.pu.ro [imp′uro] *adj* impuro; imundo, sujo; indecente; contaminado.

im.pu.ta.re [imput′are] *vt* acusar, imputar.

im.pu.ta.zio.ne [imputats′jone] *sf* imputação, acusação.

im.pu.tri.di.re [imputrid′ire] *vi* apodrecer.

im.puz.za.re [imputts′are] ou **im.puz.zi.re** [imputts′ire] *vi* feder, ficar fedorento.

in [′in] *prep* em, dentro de; para, na direção de. Exprime diversas circunstâncias: tempo, lugar, modo, etc. **abito** ≃ **Sicilia** moro na Sicília. **vado** ≃ **America** vou para a América. **arrivarono** ≃ **autunno** chegaram no outono.

i.na.bi.le [in′abile] *adj* inábil, incapaz, incompetente.

i.na.bis.sa.re [inabiss′are] *vt* lançar no abismo. *vpr* cair no abismo. *Fig.* imergir, afundar.

i.na.bi.ta.to [inabit'ato] *adj* desabitado, deserto, ermo.

i.nac.cet.ta.bi.le [inatt∫ett'abile] *adj* inaceitável, inadmissível.

i.na.cer.bi.re [inat∫erb'ire] ou **a.cer.bi.re** [at∫erb'ire] *vt* azedar, amargar. *vpr* azedar, ficar amargo.

i.na.dat.to [inad'atto] *adj* impróprio, inadequado, inconveniente.

i.na.dem.pi.men.to [inadempim'ento] *sm Dir.* e *Com.* inadimplência, descumprimento.

i.nag.gua.glia.bi.le [inaggwaλ'abile] *adj* incomparável, igualável.

i.na.la.re [inal'are] *vt* inalar, aspirar.

i.nal.be.ra.re [inalber'are] *vt* içar, erguer; hastear (bandeira). *Fig.* enfurecer; explicar. *vpr* empinar-se (cavalo). *Fig.* enfurecer-se.

i.na.lie.na.bi.le [inaljen'abile] *adj* inalienável.

i.nal.te.ra.bi.le [inalter'abile] *adj* inalterável, imutável, constante.

i.nal.te.ra.to [inalter'ato] *adj* inalterado, estável, estabilizado, fixo.

i.nam.men.da.bi.le [inammend'abile] *adj* incorrigível.

i.nam.mis.si.bi.le [inammiss'ibile] *adj* inadmissível, inaceitável.

i.na.nel.la.re [inanell'are] *vt* encaracolar, anelar; encrespar (cabelos); desposar, casar com. *vpr Fig.* encaracolar-se, tomar forma de anel; encrespar-se (cabelos).

i.na.ni.ma.to [inanim'ato] ou **i.na.ni.me** [in'anime] *adj* inanimado, sem vida, inânime.

i.na.ni.zio.ne [inanits'jone] *sf Med.* inanição.

i.nap.pe.ten.za [inappet'entsa] ou **di.sap.pe.ten.za** [dizappet'entsa] *sf Med.* inapetência, falta de apetite.

i.nar.ca.re [inark'are] *vt* arquear, curvar.

i.na.ri.di.re [inarid'ire] *vt* tornar árido, secar. *Fig.* diminuir a sensibilidade. *vi* + *vpr* tornar-se árido, secar.

i.na.spet.ta.to [inaspett'ato] ou **i.nat.te.so** [inatt'ezo] *adj* inesperado, imprevisto.

i.na.spri.re [inaspr'ire] *vt* tornar áspero. *Fig.* irritar, exasperar. *vpr* tornar-se áspero. *Fig.* irritar-se, exasperar-se.

i.na.sta.re [inast'are] *vt* hastear (bandeira). *Mil.* colocar a lâmina da baioneta no fuzil.

i.nat.ti.vo [inatt'ivo] *adj* inativo, inoperante, inerte.

i.nat.to [in'atto] *adj* inapto, incapaz, inábil.

i.nau.di.to [inawd'ito] *adj* inaudito, extraordinário, incrível, nunca visto.

i.nau.gu.ra.le [inawgur'ale] *adj* inaugural, inicial.

i.nau.gu.ra.re [inawgur'are] *vt* inaugurar; iniciar, começar; abrir (empresa).

i.nav.ver.ten.za [inavvert'entsa] *sf* inadvertência, descuido, imprevidência, irreflexão.

i.naz.zur.ra.re [inaddzur'are] *vt* + *vpr* azular.

in.ca.glia.re [inkaλ'are] *vi Náut.* encalhar. *Com.* parar, ficar interrompido (tráfego, comércio, etc.). *Fig.* encontrar obstáculos.

in.cal.ci.na.re [inkalt∫in'are] *vt* caiar.

in.cal.co.la.bi.le [inkalkol'abile] *adj* incalculável, inumerável, incomensurável.

in.ca.lo.ri.re [inkalor'ire] *vt* aquecer, escaldar, dar calor a. *Fig.* animar, apaixonar. *vpr* aquecer-se. *Fig.* animar-se, apaixonar-se.

in.cal.vi.re [inkalv'ire] *vi* + *vpr* ficar calvo.

in.cal.za.men.to [inkaltsam'ento] ou **in.cal.zo** [ink'altso] *sm* encalço, perseguição.

in.cal.za.re [inkalts'are] *vt* perseguir, seguir, sair no encalço. *Fig.* insistir, solicitar, requerer.

in.ca.me.ra.re [inkamer'are] *vt* confiscar, apreender, arrestar.

in.cam.mi.na.re [incammin'are] *vt* encaminhar, dirigir, guiar. *vpr* encaminhar-se, dirigir-se.

in.ca.na.la.re [inkanal'are] *vt* canalizar, encanar. *Fig.* encaminhar, guiar.

in.can.cre.ni.re [inkankren'ire] *vi Med.* gangrenar. *Fig.* corromper-se, perverter-se.

in.can.de.scen.te [inkande∫'ente] *adj* incandescente, ardente.

in.can.ta.men.to [inkantam'ento] ou **in.can.te.si.mo** [inkant'ezimo] *sm* encantamento, encanto, ação de encantar; sedução, fascinação, enlevo; magia, feitiçaria, bruxaria, sortilégio. **rompere l'** ≃ quebrar o encanto.

in.can.ta.re [inkant'are] *vt* encantar; seduzir, fascinar; maravilhar, deliciar; enfeitiçar; hipnotizar. *vpr* encantar-se, maravilhar-se, deliciar-se.

in.can.to [ink'anto] *sm* encanto, encantamento (ação e efeito); maravilha; magia, feitiçaria. *Fig.* encanto, sedução, atração, fascínio. *Com.* leilão. **d'** ≃ muito bem, maravilhosamente. **è un** ≃! que maravilha!

in.ca.pa.ce [inkap'at∫e] *adj* incapaz, incompetente. *Dir.* incapacitado.

in.ca.po.nir.si [inkapon'irsi] *vpr* teimar, insistir em.

in.cap.pa.re [inkapp'are] *vi* cair em cilada; errar; arrumar problemas; tropeçar, dar topada em. *vpr* tropeçar, topar, dar com o pé.

in.cap.pia.re [inkapp'jare] *vt* laçar, enlaçar.

in.cap.pot.ta.re [inkappott'are] *vt* encapotar, *vpr* encapotar-se.

in.cap.puc.cia.re [inkapputtʃ'are] *vt* encapuzar. *vpr* encapuzar-se. *Fig.* tornar-se frade.

in.car.ce.ra.re [inkartʃer'are] *vt* encarcerar, prender, pôr na cadeia. *Fig.* fechar, recolher.

in.car.co [ink'arko] *sm Poét.* encargo, incumbência.

in.ca.ri.ca.re [inkarik'are] *vt* encarregar, incumbir. *vpr* encarregar-se, assumir o encargo.

in.ca.ri.ca.to [inkarik'ato] *sm* encarregado. *part+adj* encarregado, incumbido.

in.ca.ri.co [ink'ariko] *sm* encargo, incumbência, obrigação; missão, tarefa; ordem.

in.car.na.re [inkarn'are] *vt* encarnar. *Fig.* representar. *vpr* cravar, encravar (dente, unha). *Fig.* fundir-se. *Rel.* encarnar-se.

in.car.na.to [inkarn'ato] *part+adj* encarnado; cor-de-carne. *Rel.* encarnado, feito homem (como Jesus).

in.car.na.zio.ne [inkarnats'jone] *sf Rel.* encarnação.

in.car.ta.men.to [inkartam'ento] ou in.car.to [ink'arto] *sm* papelada, documentação.

in.car.ta.re [inkart'are] *vt* empapelar, embrulhar, empacotar, enrolar com papel.

in.cas.sa.re [inkass'are] *vt* encaixotar, colocar em caixa. *Com.* cobrar, resgatar (dinheiro). *vi* adaptar-se, combinar, encaixar.

in.cas.so [ink'asso] *sm* receita, dinheiro arrecadado; arrecadação, cobrança.

in.ca.sto.na.re [inkaston'are] *vt* engastar.

in.ca.stra.re [inkastr'are] *vt* encaixar, colocar uma coisa dentro de outra. *Fig.* inserir.

in.ca.te.na.re [inkaten'are] *vt* acorrentar, algemar; barrar, cercar (com corrente). *Fig.* ligar, vincular; dominar, subjugar. *vpr* juntar-se, unir-se. *Fig.* encadear-se, concatenar-se.

in.cau.to [ink'awto] *adj* incauto, descuidado, imprudente.

in.ca.val.ca.re [inkavalk'are] *vt* encavalar, sobrepor.

in.ca.va.re [inkav'are] *vt* encavar, escavar, cavar, deixar côncavo ou oco.

in.ca.va.to [inkav'ato] *part+adj* cavado, encavado; côncavo, oco; encovado, fundo (olho).

in.ca.va.tu.ra [inkavat'ura] *sf* cavidade, cova, oco; escavação (ato).

in.cen.dia.re [intʃend'jare] *vt* incendiar.

in.cen.dio [intʃ'endjo] *sm* incêndio. *Fig.* fogo, paixão ardente. avvisatore d' ≃ alarme de incêndio. pompa da ≃ hidrante.

in.ce.ne.ri.re [intʃener'ire] *vt* incinerar; cremar, queimar; calcinar (ossos). *Fig.* destruir.

in.cen.sa.re [intʃens'are] *vt* incensar. *Fig.* bajular, adular. *vpr Fig.* trocar elogios.

incensiere → turibulo.

in.cen.so [intʃ'enso] *sm* incenso. *Fig.* bajulação, lisonja, adulação.

in.cen.ti.vo [intʃent'ivo] *sm* incentivo, estímulo, exortação.

in.cen.tra.re [intʃentr'are] *vt* centralizar, concentrar. *vpr* centralizar-se, concentrar-se.

in.cep.pa.re [intʃepp'are] *vt* cercar com toras. *Fig.* dificultar, atrapalhar, estorvar.

in.ce.ra.re [intʃer'are] *vt* encerar.

in.cer.tez.za [intʃert'ettsa] *sf* incerteza, indecisão, dúvida, hesitação.

in.cer.to [intʃ'erto] *adj* incerto, indeterminado, duvidoso, hesitante, irresoluto.

in.ce.sto [intʃ'esto] *sm* incesto.

in.chie.sta [ink'jesta] *sf* pesquisa, investigação.

in.chi.na.re [inkin'are] *vt* inclinar, abaixar, dobrar, reclinar. *vpr* curimprimentar, fazer reverência; conformar-se, resignar-se.

in.chi.no [ink'ino] *sm* reverência, mesura.

in.chio.da.re [inkjod'are] *vt* pregar, fixar com prego. *Fig.* deter, segurar.

in.chio.stro [ink'jostro] *sm* tinta. ≃ di China tinta nanquim.

in.ciam.pa.re [intʃamp'are] *vi* tropeçar, topar; deparar-se. *vpr* encontrar-se, topar com.

in.ci.den.ta.le [intʃident'ale] *adj* incidental, insólito, episódico.

in.ci.den.te [intʃid'ente] *sf* incidente, acidente, episódio. ≃ stradale acidente de trânsito. *adj* incidente. *Gram.* acessório.

in.ci.de.re [intʃ'idere] *vt* incidir, recair, cortar, talhar; gravar, entalhar. *Med.* cortar; pungir.

in.ci.ne.ra.zio.ne [intʃinerats'jone] *sf* incineração; cremação.

in.ci.pien.te [intʃip'jente] *adj* incipiente, principiante, inicial.

in.cir.ca [intʃ'irka] *adv* quase, mais ou menos. all' ≃ aproximadamente.

in.ci.sio.ne [intʃiz'jone] *sf* incisão, corte, abertura; gravura.

in.ci.so [intʃ'izo] *sm Gram.* inciso. *part+adj* cortado, inciso; gravado, entalhado.

in.ci.ta.re [intʃit'are] *vt* incitar, instigar.

in.ci.vi.le [intʃiv'ile] *adj* mal-educado, descortês, bruto, rude, grosseiro.

in.cle.men.te [inklem'ente] *adj* inclemente; impiedoso; rigoroso, severo; fechado (tempo).

in.cli.na.re [inklin'are] *vt* inclinar, dobrar, curvar. *vi* ter inclinação, tender.

in.cli.na.zio.ne [inklinats'jone] *sf* inclinação; declive. *Fig.* inclinação, propensão.

in.clu.de.re [inkl'udere] *vt* incluir, inserir.

in.clu.sio.ne [inkluz'jone] *sf* inclusão.

in.clu.so [inkl′uzo] *sm* incluso. *part*+*adj* incluído, incluso, compreendido.

in.co.a.re [inko′are] *vt Dir.* começar, iniciar.

in.co.e.ren.te [inkoer′ente] *adj* incoerente, ilógico, contraditório, disparatado, desconexo.

in.co.gni.ta [ink′ɔgnita] *sf tb Fig.* incógnita.

in.co.gni.to [ink′ɔgnito] *adj* incógnito, desconhecido, oculto, misterioso.

in.col.le.ri.re [inkoller′ire] *vi*+*vpr* encolerizar-se, zangar-se, irritar-se.

in.co.lo.re [inkol′ore] *adj* ou **in.co.lo.ro** [inkol′oro] *adj Lit.* incolor, sem cor.

in.col.pa.re [inkolp′are] *vt* culpar, acusar, imputar, incriminar. *vpr* acusar-se.

in.col.to [ink′olto] *adj* não cultivado. *Fig.* inculto, iletrado; desleixado, negligente.

in.co.lu.me [ink′ɔlume] *adj Lit.* incólume.

in.com.ben.za [inkomb′entsa] *sf* incumbência, encargo, missão.

in.com.be.re [ink′ombere] *vt* incumbir, caber, ser obrigação. *Poét.* ser iminente, ameaçar.

in.co.min.cia.re [inkomintʃ′are] *vt Pop.* começar, iniciar, principiar.

in.co.men.su.ra.bi.le [inkommensur′abile] ou **im.men.su.ra.bi.le** [immensur′abile] *adj* incomensurável, descomunal, imensurável.

in.co.mo.da.re [inkomod′are] ou **sco.mo.da.re** [skomod′are] *vt* incomodar, molestar, transtornar. *vpr* incomodar-se, dar-se o trabalho de, perturbar-se.

in.co.mo.do [ink′ɔmodo] ou **sco.mo.do** [sk′ɔmodo] *sm* incômodo, aborrecimento, transtorno. *Fam.* chateação. *Fig.* distúrbio. *adj* incômodo, importuno.

in.com.pa.ra.bi.le [inkompar′abile] *adj* incomparável, único, ímpar, excepcional.

in.com.pa.ti.bi.le [inkompat′ibile] *adj* incompatível, inconciliável.

in.com.pe.ten.te [inkompet′ente] *adj* incompetente, incapaz.

in.com.ple.to [inkompl′eto] *adj* incompleto, imperfeito, mutilado.

in.com.po.sto [inkomp′osto] *adj* desleixado, relaxado, desalinhado, desmazelado.

in.com.pren.si.bi.le [inkomprens′ibile] *adj* incompreensível, estranho, obscuro.

in.con.ce.pi.bi.le [inkontʃep′ibile] *adj* inconcebível, inacreditável, inimaginável.

in.con.di.zio.na.to [inkonditsjon′ato] *adj* incondicional.

in.con.se.guen.te [inkonseg′wente] *adj* inconseqüente, incoerente, contraditório.

in.con.si.sten.te [inkonsist′ente] *adj* inconsistente, frágil, infundado.

in.con.te.sta.bi.le [inkontest′abile] *adj* incontestável, indiscutível.

in.con.tra.re [inkontr′are] *vt* encontrar; topar com; ir de encontro a; deparar com. *vi* agradar; manter; acontecer. *vpr* chocar-se com.

in.con.tro [ink′ontro] *sm* encontro; oportunidade, ocasião; choque, batida; competição, disputa (entre dois atletas ou equipes). ≃ **amichevole** jogo amistoso.

in.con.ve.nien.te [inkonven′jente] *adj* inconveniente, inoportuno, impróprio, inadequado.

in.co.rag.gia.men.to [inkoraddʒam′ento] ou **in.co.rag.gi.men.to** [inkoraddʒim′ento] *sm* animação, encorajamento; coragem, alento.

in.co.rag.gia.re [inkoraddʒ′are] *vt* encorajar.

in.cor.da.men.to [inkordam′ento] *sm* ou **in.cor.da.tu.ra** [inkordat′ura] *sf Mús.* tensão (das cordas do instrumento); encordoamento (as cordas).

in.cor.da.re [inkord′are] *vt* encordoar (instrumento); amarrar, ligar com corda. *vpr* enrijecer-se, retesar-se (músculos).

in.cor.ni.cia.re [inkornitʃ′are] *vt* emoldurar, enquadrar; encaixilhar (janela).

in.co.ro.na.re [inkoron′are] *vt* coroar. *Fig.* recompensar. *vpr* coroar-se.

in.cor.po.ra.re [inkorpor′are] *vt* incorporar, fundir; anexar. *vpr* incorporar-se, fundir-se.

in.cor.po.re.o [inkorp′ɔreo] *adj* incorpóreo.

in.cor.reg.gi.bi.le [inkoreddʒ′ibile] *adj* incorrigível.

in.cor.re.re [ink′ofere] *vi* incorrer; arriscar-se.

in.cor.ret.to [inkoŕ′etto] *adj* incorreto, errado.

in.co.scien.te [inkoʃ′ente] *adj* inconsciente.

in.co.stan.te [inkost′ante] *adj* inconstante, volúvel, variável.

in.co.sti.tu.zio.na.le [inkostitutsjon′ale] *adj* inconstitucional, ilegal.

in.cre.di.bi.le [inkred′ibile] *adj* incrível, extraordinário, inacreditável.

in.cre.du.lo [inkr′ɛdulo] *adj* incrédulo, descrente; ateu.

in.cre.men.to [inkrem′ento] *sm* incremento, aumento, crescimento, desenvolvimento.

in.cre.sce.re [inkr′eʃere] *vi Lit.* desagradar, não agradar; incomodar.

in.cre.spa.re [inkresp′are] *vt* encrespar; encaracolar, enrolar (cabelos); enrugar, franzir (testa). *vpr* encrespar-se; enrolar-se; enrugar-se.

in.cri.mi.na.re [inkrimin′are] *vt* incriminar; acusar, imputar.

in.cri.na.re [inkrin′are] *vt* rachar, trincar (vidro, mármore). *vpr* rachar-se, trincar.

in.cro.cia.men.to [inkrotʃam′ento] ou **in.cro.cio** [inkr′ɔtʃo] *sm* cruzamento (de ruas).

in.cro.cia.re [inkrotʃ′are] *vt* cruzar, encruzar. *Náut.* e *Aeron.* cruzar. ≃ **le braccia** *Fig.* fazer greve, não trabalhar. *vpr* cruzar-se.

in.cro.cia.ta [inkrot∫'ata] *sf* encruzilhada.

in.cro.cia.to [inkrot∫'ato] *part+adj* cruzado, encruzado. **fuochi** ≃ i fogo cruzado.

in.cro.cia.to.re [inkrot∫at'ore] *sm Náut.* cruzador.

in.cro.cia.tu.ra [inkrot∫at'ura] *sf* cruzamento (de objetos).

in.crol.la.bi.le [inkroll'abile] *adj* inabalável. *Fig.* imutável, constante, fixo; robusto, resistente.

in.cro.sta.re [inkrost'are] *vt* incrustar, embutir.

in.cru.di.re [inkrud'ire] *vi* encruar; endurecer. *vpr* endurecer (alimentos cozidos). *Fig.* zangar-se.

in.cru.sca.re [inkrusk'are] *vt* enfarelar, cobrir de farelo.

in.cu.ba.tri.ce [inkubatr'it∫e] *sf Med.* e *Biol.* incubadora (para bebês; para ovos).

in.cu.ba.zio.ne [inkubats'jone] *sf Med.* e *Biol.* incubação (de doença; de ovos). ≃ **artifiziale** incubação artificial.

in.cu.bo ['inkubo] *sm* íncubo. *Med.* distúrbio do sono. *Mit.* fantasma, espírito masculino. *Fig.* pesadelo; angústia; pessoa importuna.

in.cu.di.ne [ink'udine] *sf tb Anat.* bigorna. **essere tra l'** ≃ **ed il martello** estar entre a cruz e a espada.

in.cul.ca.re [inkulk'are] *vt* inculcar, insinuar.

in.cu.ra.bi.le [inkur'abile] *adj* incurável, irremediável.

in.cu.ran.te [inkur'ante] *adj* negligente, descuidado.

in.cu.ria [ink'urja] *sf* negligência, descuido.

in.cu.rio.si.re [inkurjoz'ire] *vi+vpr* ficar curioso.

in.cur.sio.ne [inkurs'jone] *sf* correria. *Mil.* incursão, invasão.

in.cur.va.re [inkurv'are] *vt* encurvar, arquear, curvar. *vpr* curvar-se, arquear-se.

in.cur.va.tu.ra [inkurvat'ura] ou **in.cur.va.zio.ne** [inkurvats'jone] *sf* curvatura, encurvamento, arqueamento.

in.cu.te.re [ink'utere] *vt* incutir, inspirar, infundir (medo, respeito); impor (à força).

in.da.co ['indaco] *sm* índigo, anil (cor, tintura).

in.da.ga.re [indag'are] *vt* indagar, perguntar; investigar, averiguar. *Pol.* fazer sindicância.

in.da.gi.ne [ind'adʒine] *sf* pesquisa, investigação, averiguação; interrogatório; sindicância.

in.de.bi.ta.re [indebit'are] *vt* endividar. *vpr* endividar-se.

in.de.bi.to [ind'ebito] *sm* indébito, apropriação indébita. *adj* indevido, injusto; inoportuno.

in.de.bo.li.re [indebol'ire] *vt* enfraquecer, debilitar. *vpr* enfraquecer, debilitar-se.

in.de.cen.te [indet∫'ente] *adj* indecente, obsceno, indecoroso; desonesto.

in.de.ci.fra.bi.le [indet∫ifr'abile] *adj* indecifrável, inexplicável, ininteligível.

in.de.ci.so [indet∫'izo] *adj* indeciso, hesitante; duvidoso, indeterminado, vago.

in.de.co.ro.so [indekor'ozo] *adj* indecoroso.

in.de.fes.so [indef'esso] *adj* incansável.

in.de.fet.ti.bi.le [indefett'ibile] *adj* indefectível.

in.de.fi.ni.bi.le [indefin'ibile] *adj* indefinível, indeterminado, ambíguo.

in.de.fi.ni.to [indefin'ito] *adj* indefinido, impreciso, vago, genérico.

in.de.gno [ind'eño] *adj* indigno, desprezível, ordinário, baixo.

in.de.le.bi.le [indel'ebile] *adj* indelével.

in.de.li.ca.to [indelik'ato] *adj* indelicado, grosseiro, rude; desonesto.

in.de.ma.nia.re [indeman'jare] *vt* confiscar, apreender, incorporar ao tesouro público.

in.de.mo.nia.re [indemon'jare] *vt Fig.* endemoninhar. *vi+vpr* endemoninhar-se, ficar possuído.

in.den.niz.za.re [indenniddz'are] *vt* indenizar, compensar, ressarcir, reparar.

in.den.niz.zo [indenn'iddzo] *sm Com.* ou **in.den.niz.za.zio.ne** [indenniddzats'jone] *sf* indenização, compensação, ressarcimento.

in.de.scri.vi.bi.le [indeskriv'ibile] *adj* indescritível.

in.de.ter.mi.na.to [indetermin'ato] *part+adj* indeterminado, vago; irresoluto, indeciso.

in.det.ta.re [indett'are] *vt* insinuar, induzir, sugerir. *Pop.* soprar. *vpr* fazer acordo.

in.di ['indi] *adv Lit.* daí, a partir daí; depois.

in.dia.no [ind'jano] *sm+adj* indiano; índio. **fare l'** ≃ fazer vista grossa.

in.dia.vo.la.re [indjavol'are] *vt* endemoninhar. *vi* enfurecer-se, ficar furioso.

in.di.ca.re [indik'are] *vt* indicar, apontar, mostrar; designar.

in.di.ca.ti.vo [indikat'ivo] *sm Gram.* indicativo. *adj* indicativo, indicador, que indica.

in.di.ca.to.re [indikat'ore] *sm* indicador, mostrador. ≃ **a freccia** *Autom.* seta luminosa. ≃ **livello carburante** *Autom.* indicador do nível de gasolina.

in.di.ce ['indit∫e] *sm* indicador, mostrador; ponteiro (de relógio); índice (de livro). *Rel.* Índex. *Anat.* dedo indicador.

in.die.tro [indj'etro; indj'etro] *adv* atrás, para trás. **essere** ≃ estar atrasado.

in.di.fen.di.bi.le [indifend'ibile] *adj* indefensável.

in.di.fe.so [indif'ezo] *adj* indefeso; fraco; desarmado.

in.dif.fe.ren.te [indiffer'ente] *adj* indiferente, desinteressado, negligente, apático.

in.di.ge.no [ind'idʒeno] *sm + adj* indígena, nativo, natural do país.

in.di.gen.te [indidʒ'ente] *adj* indigente, necessitado, pobre.

in.di.ge.sto [indidʒ'esto] *adj* indigesto. *Fig.* antipático; incompreensível; pesado.

in.di.gna.re [indiɲ'are] *vt* indignar, revoltar. *vpr* indignar-se, revoltar-se.

in.di.men.ti.ca.bi.le [indimentik'abile] *adj* inesquecível.

in.di.pen.den.te [indipend'ente] *adj* independente, livre, autônomo.

in.di.re [ind'ire] *vt Lit.* intimar, convocar; impor; anunciar.

in.di.ret.to [indir'etto] *adj* indireto, oblíquo.

in.di.riz.za.men.to [indirittsam'ento] *sm* endereçamento.

in.di.riz.za.re [indiritts'are] *vt* endereçar; pôr o endereço; encaminhar, remeter, mandar; dirigir; dedicar. *vpr* dirigir-se, ir para.

in.di.riz.zo [indir'ittso] *sm* endereço; encaminhamento, remessa; dedicatória.

in.di.sci.pli.na [indiʃipl'ina] ou **in.di.sci.pli.na.tez.za** [indiʃiplinat'ettsa] *sf* indisciplina, insubordinação.

in.di.scre.to [indiskr'eto] *adj* indiscreto, imprudente, falador.

in.di.scre.zio.ne [indiskrets'jone] *sf* indiscrição, imprudência, inconveniência.

in.di.spor.re [indisp'oře] *vt* indispor, incomodar.

in.di.spo.si.zio.ne [indispozits'jone] *sf* indisposição, incômodo.

in.di.strut.ti.bi.le [indistrutt'ibile] *adj* indestrutível.

in.di.vi.du.a.le [individu'ale] *adj* individual, pessoal, característico.

in.di.vi.dua.li.sta [individwal'ista] *s + adj* individualista.

in.di.vi.dua.re [individ'ware] ou **in.di.vi.dua.liz.za.re** [individwaliddz'are] *vt* individualizar, especificar, caracterizar, particularizar.

in.di.vi.duo [indiv'idwo] *sm* indivíduo. *Fig. dep* sujeito, elemento.

in.di.zia.re [indits'jare] *vt* denunciar, dar indícios de. *Dir.* iniciar.

in.di.zio [ind'ittsjo] *sm* indício, sinal, indicação, vestígio. *Med.* sintoma.

in.do.ci.le [ind'ɔtʃile] *adj* indócil, indomável.

in.do-eu.ro.pe.o [indoewrop'eo] *adj* indoeuropeu. **lingue** ≃ **ee** línguas indo-européias.

in.dol.ci.re [indoltʃ'ire] *vt* adoçar. *Fig.* acalmar, amansar. *vi + vpr* ficar doce.

in.do.le ['indole] *sf* índole, natureza, caráter, gênio; inclinação, tendência, propensão.

in.do.len.te [indol'ente] *s + adj* indolente, preguiçoso, negligente.

in.do.len.za [indol'entsa] *sf* indolência, preguiça, negligência.

in.do.len.zi.re [indolents'ire] *vt Med.* entorpecer, adormecer. *vpr* entorpecer-se.

in.do.li.re [indol'ire] *vt* doer, causar dor (crônica). *vi + vpr* sentir dor crônica.

in.do.ma.ni [indom'ani] *sm* usado como *adv* **tornerò l'** ≃ voltarei amanhã.

in.do.ma.to [indom'ato] *part + adj* indomado, bravo, bravio.

in.do.mi.to [ind'omito] *adj Lit.* indômito, indomável; impetuoso.

in.do.ra.re [indor'are] *vt* dourar, tornar dourado. ≃ **la pillola** *Fig.* dourar a pílula.

in.dos.sa.re [indoss'are] *vt* vestir; carregar, levar às costas. *vpr* vestir-se.

in.dos.sa.ta [indoss'ata] *sf* prova (de roupa). **dare un'** ≃ provar, experimentar.

in.dos.sa.to.re [indossat'ore] *sm* ou **in.dos.sa.tri.ce** [indossatr'itʃe] *sf* modelo, manequim.

in.dos.so [ind'osso] ou **in dosso** *adv* às costas.

in.do.sta.ni.co [indost'aniko] *adj* hindustânico.

in.dot.to [ind'otto] **I** *sm Fís. e Elet.* indutor, condutor. *adj* induzido, levado, convencido.

in.dot.to [ind'otto] **II** *adj* indouto, inculto.

in.do.vi.na.re [indovin'are] *vt + vi* adivinhar; prever, predizer.

in.do.vi.nel.lo [indovin'ello] *sm* adivinha, charada, adivinhação.

in.do.vu.to [indov'uto] *adj* indevido.

in.du.gia.re [indudʒ'are] *vt* atrasar, adiar, protelar. *vi* demorar, perder tempo; hesitar.

in.du.gio [ind'udʒo] *sm* atraso, adiamento, protelação; demora, perda de tempo; hesitação.

in.dul.gen.te [induldʒ'ente] *adj* indulgente, tolerante, clemente, benigno.

in.dul.ge.re [ind'uldʒere] *vt Lit.* conceder, dar; perdoar.

in.du.men.to [indum'ento] *sm Lit.* indumento, indumentária, veste, vestimenta.

in.du.ri.re [indur'ire] *vt* endurecer, enrijecer. *Fig.* insensibilizar. *vi + vpr* endurecer.

in.dur.re [ind'uře] *vt* induzir, levar a, exortar; obrigar; decidir; causar, produzir; concluir, inferir. *Fís.* induzir. *vpr* decidir-se a.

in.du.stria [ind'ustrja] *sf* fabricação, indústria (ato); trabalho, produção; arte, ofício. **cavaliere d'** ≃ *Irôn.* ladrão de casaca.

in.du.stria.le [industr'jale] *s+adj* industrial.

in.dut.ti.vo [indutt'ivo] *adj* indutivo. **metodo** ≃ método indutivo, experimental. **ragionamento** ≃ raciocínio indutivo.

in.du.zio.ne [induts'jone] *sf* indução, conclusão.

i.ne.bria.re [inebr'jare] *vt Lit.* inebriar, embriagar. *Fig.* extasiar, entusiasmar. *vpr* inebriarse. *Fig.* extasiar-se, entusiasmar-se.

i.ne.di.to [in'edito] *adj* inédito, não publicado.

i.nef.fi.ca.ce [ineffik'atʃe] *adj* ineficaz, inútil.

i.ne.gua.le [ineg'wale] *adj* desigual, diferente.

i.ne.men.da.bi.le [inemend'abile] *adj* incorrigível.

i.ne.nar.ra.bi.le [inenaȓ'abile] *adj* inenarrável, indizível.

i.ne.ren.te [iner'ente] *adj* inerente, pertencente, intrínseco, essencial.

i.ner.te [in'erte] *adj* inerte, imóvel; morto, inanimado; inativo, preguiçoso, indolente.

i.ner.zia [in'ertsja] *sf* inatividade, preguiça, indolência. *Fís.* inércia.

i.ne.sat.tez.za [inezatt'ettsa] *sf* inexatidão, erro.

i.ne.sat.to [inez'atto] *adj* inexato, errado.

i.ne.ser.ci.ta.bi.le [inezertʃit'abile] *adj* impraticável, impossível.

i.ne.si.sten.te [inezist'ente] *adj* inexistente.

i.ne.so.ra.bi.le [inezor'abile] *adj* inexorável, implacável, inflexível; rígido, insensível.

i.ne.spe.rien.za [inesper'jentsa] *sf* inexperiência, ingenuidade, imperícia.

i.ne.spe.rien.te [inesper'jente] ou **i.ne.sper.to** [inesp'erto] *adj* inexperiente, sem experiência.

i.ne.spli.ca.bi.le [inesplik'abile] *adj* inexplicável.

i.ne.splo.ra.to [inesplor'ato] *adj* inexplorado, desconhecido, virgem.

i.ne.spu.gna.bi.le [inespuñ'abile] *adj* inexpugnável, invencível.

i.ne.sti.ma.bi.le [inestim'abile] *adj* inestimável, precioso, incalculável.

i.ne.stin.gui.bi.le [inesting'wibile] *adj* inextinguível. *Fig.* eterno, imortal.

i.net.to [in'etto] *adj* inepto, incapaz; inapto, leviano, frívolo, fútil.

i.ne.vi.ta.bi.le [inevit'abile] *adj* inevitável, fatal.

i.ne.zia [in'etsja] *sf* inépcia, tolice; ninharia.

in.fal.li.bi.le [infall'ibile] *adj* infalível, inevitável, certo; que não falha.

in.fal.li.bil.men.te [infallibilm'ente] ou **in.fal.lan.te.men.te** [infallantem'ente] *adv* sem falta, infalivelmente, sem dúvida.

in.fa.ma.re [infam'are] *vt* infamar, difamar, caluniar, desonrar. *vpr* infamar-se, desonrar-se.

in.fa.me [inf'ame] *adj* infame, de má fama; péssimo, vil; obsceno; mal freqüentado (lugar).

in.fa.mia [inf'amja] *sf* infâmia, má fama, desonra; ofensa grave. *Irôn.* coisa malfeita.

in.fan.ti.le [infant'ile] *adj* infantil, pueril.

in.fan.zia [inf'antsja] *sf* infância, meninice. *Fig.* primórdios, início (de ciência, arte, etc.).

in.far.ci.re [infartʃ'ire] *vt* rechear, encher. *Fig.* lotar, entulhar; fartar (estômago).

in.fa.ri.na.re [infarin'are] *vt* enfarinhar. *vpr* enfarinhar-se. *Fig.* estudar os rudimentos. *Fam.* empoar-se. **chi va al mulino si infarina** quem sai na chuva é para se molhar.

in.fa.ri.na.tu.ra [infarinat'ura] *sf Fig.* conhecimento superficial.

in.far.to [inf'arto] *sm Med.* infarto.

in.fa.sti.di.men.to [infastidim'ento] *sm* aborrecimento, tédio, fastio, enfado.

in.fa.sti.di.re [infastid'ire] *vt* aborrecer, entediar, enfastiar, enfadar. *vpr* aborrecer-se, entediar-se, enfastiar-se, enfadar-se.

in.fat.ti [inf'atti] *conj* de fato, realmente, na realidade, mesmo.

in.fa.tua.re [infat'ware] *vt* orgulhar, envaidecer. *vpr* orgulhar-se, envaidecer-se.

in.fe.con.do [infek'ondo] *adj* infecundo, estéril, infrutífero.

in.fe.de.le [infed'ele] *sm Rel.* infiel, pagão. *adj* infiel, traidor, desonesto, desleal.

in.fe.del.tà [infedelt'a] *sf* infidelidade, deslealdade; ateísmo, incredulidade.

in.fe.li.ce [infel'itʃe] *adj* infeliz, azarado, desventurado; ineficaz (opinião, idéia).

in.fe.li.ci.tà [infelitʃit'a] *sf* infelicidade, desventura, fracasso, infortúnio.

in.fe.rio.re [infer'jore] *sm* inferior, subalterno. *adj compar* (de **basso**) inferior. *Fig.* inadequado; indigno; insuficiente.

in.fe.rio.ri.tà [inferjorit'a] *sf* inferioridade.

in.fe.ri.re [infer'ire] *vt* inferir, deduzir; querer dizer. *Dir.* desferir (golpe).

in.fer.ma.re [inferm'are] *vt* adoecer, deixar doente. *vi+vpr* adoecer, ficar doente.

in.fer.me.ri.a [infermer'ia] *sf* enfermaria.

in.fer.mic.cio [inferm'ittʃo] *adj* meio doente. *Fam.* doentinho.

in.fer.mie.ra [inferm'jera] *sf* enfermeira.

in.fer.mie.re [inferm'jere] *sm* enfermeiro.

in.fer.mi.tà [infermit'a] *sf* enfermidade, doença. *Fig.* fraqueza, debilidade; imbecilidade.

in.fer.mo [inf'ermo] *adj* enfermo, doente.

in.fer.no [inf´ɛrno] *sm* inferno; castigo eterno. *Fig.* sofrimento, padecimento; desordem.

in.fe.ro [´infero] *sm Poét.* inferno. ≃ **i** *pl Mit.* os deuses do inferno. *adj* inferior.

in.fe.ro.ci.re [inferotʃ´ire] *vt* tornar feroz. *vi* + *vpr* ficar feroz; comportar-se ferozmente.

in.fer.ria.ta [infeř´jata] *sf* grade (de janela, prisão).

in.fer.vo.ri.re [infervor´ire] ou **in.fer.vo.ra.re** [infervor´are] *vt* afervorar, excitar, estimular. *vpr* afervorar-se, excitar-se, estimular-se.

in.fe.sta.re [infest´are] *vt* hostilizar; assolar; molestar, importunar *Med.* e *Fig.* infestar.

in.fe.sta.to [infest´ato] *part* + *adj* infestado, cheio; assolado, devastado.

in.fe.sto [inf´esto] *adj* inimigo, hostil; nocivo, prejudicial.

in.fet.ta.re [infett´are] *vt* infectar, infeccionar, contaminar. *Fig.* corromper. *vpr* infectar-se, contaminar-se. *Fig.* corromper-se.

in.fet.to [inf´etto] *adj* infeto, infeccionado; fedorento, fétido; estragado, corrompido.

in.fe.zio.ne [infets´jone] *sf* infecção, contágio.

in.fiac.chi.men.to [infjakkim´ento] *sm* enfraquecimento, debilitação.

in.fiac.chi.re [infjakk´ire] *vt* enfraquecer, debilitar. *vpr* enfraquecer.

in.fiam.ma.re [infjamm´are] *vt* inflamar, acender. *Fig.* excitar. *vpr* inflamar-se, acender-se. *Fig.* apaixonar-se; excitar-se.

in.fiam.ma.to.rio [infjammat´ɔrjo] *adj* inflamatório.

in.fiam.ma.zio.ne [infjammats´jone] *sf Med.* inflamação.

in.fian.ca.re [infjank´are] *vt* enganar, iludir, impingir. *Fig.* exagerar.

in.fia.sca.re [infjask´are] *vt* engarrafar, enfrascar.

in.fi.do [inf´ido] *adj Lit.* infiel, desleal, traidor.

in.fie.vo.li.re [infjevol´ire] *vt Lit.* enfraquecer. *vi* + *vpr* ficar fraco, enfraquecer.

in.fig.ge.re [inf´iddʒere] *vt* fincar, cravar. *vpr* fincar-se, cravar-se.

in.fi.la.re [infil´are] *vt* enfiar, passar o fio pelo buraco da agulha; atravessar, trespassar, espetar. *vpr* vestir-se.

in.fil.trar.si [infiltr´arsi] *vpr* infiltrar-se (líquido). *Fig.* introduzir-se, penetrar.

in.fil.tra.zio.ne [infiltrats´jone] *sf* infiltração (ação e efeito).

in.fil.za.re [infilts´are] *vt* enfiar, espetar em série; trespassar; vestir (roupa). *Fig.* acumular.

in.fi.mo [´infimo] *adj superl* (de **basso**) ínfimo, insignificante, o mais baixo. *Fig.* o pior.

in.fi.ne [inf´ine] *adv* enfim, finalmente.

in.fin.gar.di.re [infingard´ire] *vt* tornar preguiçoso. *vi* + *vpr* ficar preguiçoso.

in.fin.gar.do [infing´ardo] *adj* preguiçoso, vadio, vagabundo.

in.fin.ge.re [inf´indʒere] *vi* + *vpr* fingir, simular, mentir.

in.fin.gi.men.to [infindʒim´ento] *sm* fingimento, simulação.

in.fi.ni.tà [infinit´a] *sf* infinidade; multidão.

in.fi.ni.ti.vo [infinit´ivo] *sm Gram.* infinitivo.

in.fi.ni.to [infin´ito] *sm* infinito. *adj* infinito, sem fim, eterno, interminável, infindável.

in.fi.no [inf´ino] ou **in.si.no** [ins´ino] *adv* até. ≃ **a ché** até que. ≃ **ad ora** até agora.

in.fi.noc.chia.re [infinokk´jare] *vt Gír.* enganar, ludibriar, iludir, burlar.

in.fio.chi.re [infjok´ire] *vi* enfraquecer, ficar fraco; ficar rouco (som, voz).

in.fio.ra.re [infjor´are] *vt* enfeitar com flores, espalhar flores. *Fig.* embelezar. *vpr* florescer, enfeitar-se com flores. *Fig.* embelezar-se.

in.fio.re.scen.za [infjoreʃ´entsa] *sf Bot.* inflorescência.

in.fi.schiar.si [infisk´jarsi] *vpr* ignorar, não fazer caso de. *Pop.* não dar bola.

in.fis.so [inf´isso] *part* + *adj* fincado, cravado.

in.fla.zio.ne [inflats´jone] *sf Com.* inflação.

in.fles.si.bi.le [infless´ibile] *adj* inflexível, implacável, indiferente, insensível.

in.fles.sio.ne [infless´jone] *sf* inflexão, curvatura, inclinação. *Gram.* flexão, inflexão.

in.flet.te.re [infl´ettere] *vt* dobrar, curvar. *vpr* dobrar-se, curvar-se.

in.flig.ge.re [infl´iddʒere] *vt* infligir, aplicar (castigo), impor.

in.fluen.za [infl´wentsa] *sf* influência. *Med.* gripe. *Fís.* indução, influxo. *Fig.* autoridade, prestígio. **prendere un'** ≃ pegar uma gripe.

in.fluen.za.re [inflwents´are] *vt* influenciar.

in.flui.re [infl´wire] *vi* influir, inspirar, incutir.

in.fo.ca.re [infok´are] *vt* afoguear, abrasar; queimar. *vpr* afoguear-se, abrasar-se. *Fig.* queimar-se; zangar-se, irar-se.

in.fo.ca.to [infok´ato] *adj* aceso, vermelho como fogo. *Fig.* ardente; vermelho de raiva.

in.fo.gnar.si [infoñ´arsi] *vpr* atolar-se.

in.fol.ti.re [infolt´ire] *vt* adensar, tornar espesso. *vi* + *vpr* tornar-se denso, ficar espesso.

in.fon.da.to [infond´ato] *adj* infundado, sem fundamento, fictício, imaginário.

in.fon.de.re [inf´ondere] *vt* infundir, incutir.

in.fon.di.men.to [infondim´ento] *sm* inspiração, ação de infundir ou incutir.

in.for.ca.re [infork'are] *vt* enforcar; montar, ficar a cavalo (de bicicleta, etc.).

in.for.ca.tu.ra [inforkat'ura] *sf* bifurcação; forquilha.

in.for.ma.re [inform'are] *vt* formar, dar forma, enformar; informar, dar informação; advertir; moldar. *Fig.* inspirar. *vi* informar-se. *vpr* formar-se; informar-se. *Fig.* inspirar-se a. ≃ **di** *Dir.* instruir (processo, etc.).

in.for.ma.ti.vo [informat'ivo] *adj* informativo.

in.for.ma.to.re [informat'ore] *sm* informante; mensageiro. *Mil.* batedor.

in.for.ma.zio.ne [informats'jone] *sf* informação, esclarecimento; dados. *Com.* referência. **chiedere un'** ≃ pedir uma informação.

in.for.me [inf'orme] *adj* informe, deformado.

in.for.mi.co.la.re [informikol'are] ou **in.for.mi.co.li.re** [informikol'ire] *vt+vi* formigar, causar ou sentir formigamento.

in.for.na.re [inforn'are] *vt* enfornar.

in.for.ti.re [infort'ire] *vi* azedar, avinagrar.

in.for.tu.nio [infort'unjo] *sm* infortúnio, infelicidade, desventura. *Náut.* naufrágio. ≃ **sul lavoro** acidente de trabalho.

in.for.za.re [inforts'are] *vt* reforçar; agravar, piorar. *vi* azedar, ficar mais forte (vinagre).

in.fo.sca.re [infosk'are] *vt* escurecer, ofuscar, embaciar. *vi+vpr* tornar-se fosco, escurecer.

in.fra ['infra] *prep Poét.* entre, no meio de; em.

in.fra.ci.di.re [infratʃid'ire] *vi* apodrecer.

in.fra.di.cia.re [infraditʃ'are] *vt* molhar. *vpr* molhar-se; apodrecer (fruta).

in.fram.met.ten.te [inframmett'ente] *adj* intrometido, metido, abelhudo.

in.fram.met.te.re [inframm'ettere] *vt* colocar no meio. *vpr* intrometer-se, meter-se no meio.

in.fran.ge.re [infr'andʒere] *vt* quebrar, romper; infringir, violar, transgredir. *vpr* quebrar-se.

in.fran.gi.bi.le [infrandʒ'ibile] *adj* inquebrável.

in.fra.ros.so [infrar'osso] ou **ul.tra.ros.so** [ultrar'osso] *adj Fís.* e *Med.* infravermelho.

in.fra.zio.ne [infrats'jone] *sf* infração, transgressão, violação.

in.fred.da.re [infredd'are] *vt* esfriar, resfriar. *vi+vpr* resfriar-se, pegar resfriado.

in.fred.da.tu.ra [infreddat'ura] *sf* resfriado, constipação.

in.fred.do.li.re [infreddol'ire] *vi+vpr* tremer, tiritar de frio.

in.fri.gi.di.re [infridʒid'ire] *vt* esfriar. *vi+vpr* esfriar, esfriar-se.

in.frol.li.re [infroll'ire] *vt* afrouxar. *Fig.* amaciar. *vi+vpr* ficar frouxo, afrouxar.

in.frut.ti.fe.ro [infrutt'ifero] *adj* infrutífero.

in.fu.na.re [infun'are] *vt* encordoar.

in.fun.ghi.re [infung'ire] *vi* mofar, criar mofo.

in.fu.ria.re [infur'jare] *vi+vpr* enfurecer, ficar furioso, irar-se.

in.fu.ria.to [infur'jato] *part+adj* enfurecido, furioso, irado, raivoso.

in.fu.sio.ne [infuz'jone] *sf Med.* infusão, maceração.

in.gab.bia.re [ingabb'jare] *vt* engaiolar. *Fig.* prender, colocar na cadeia.

in.gag.gia.re [ingaddʒ'are] *vt* engajar; alistar, recrutar; empregar. *vpr* alistar-se.

in.ga.gliar.di.re [ingaλard'ire] *vt* fortalecer, reforçar, robustecer. *vi+vpr* ficar forte.

in.gan.cia.re [ingantʃ'are] *vt* enganchar.

in.gan.na.re [ingann'are] *vt* enganar, iludir, tapear. *vpr* errar, enganar-se, julgar mal.

in.gan.no [ing'anno] *sm* engano, embuste, logro, tapeação.

in.gar.bu.glia.re [ingarbuλ'are] *vt* desarrumar, desordenar; desgrenhar (cabelos); perturbar, atrapalhar. *Fig.* confundir; enganar.

in.ge.gne.re [indʒeñ'ere] *sm* engenheiro.

in.ge.gne.ri.a [indʒeñer'ia] *sf* engenharia.

in.ge.gno [indʒ'eño] *sm* engenho, talento, inteligência. *Lit.* artifício, estratagema.

in.ge.gno.so [indʒeñ'ozo] *adj* engenhoso, talentoso; hábil.

in.ge.lo.si.re [indʒeloz'ire] *vt* enciumar, despertar ciúme em. *vi+vpr* ficar com ciúmes de.

in.ge.ne.ra.re [indʒener'are] *vt* gerar, produzir.

in.ge.ni.to [indʒ'enito] *adj* inato, congênito.

in.gen.ti.li.re [indʒentil'ire] *vt* educar, enobrecer; desbastar. *vpr* educar-se, tornar-se nobre.

in.ge.nui.tà [indʒenwit'a] *sf* ingenuidade, inocência.

in.ge.nuo [indʒ'enwo] *adj* ingênuo, inocente.

in.ge.ren.za [indʒer'entsa] *sf* ingerência, intromissão, intervenção, influência.

in.ge.ri.re [indʒer'ire] *vt* ingerir, engolir. *vpr* ingerir-se, intrometer-se, intervir.

in.ges.sa.re [indʒess'are] ou **ges.sa.re** [dʒess'are] *vt* engessar.

in.ges.sa.tu.ra [indʒessat'ura] ou **ges.sa.tu.ra** [dʒessat'ura] *sf* engessadura.

in.ghiot.ti.re [ingjott'ire] *vt* engolir; tragar.

in.gial.li.re [indʒall'ire] *vi* amarelar.

in.gi.noc.chiar.si [indʒinokk'jarsi] *vpr* ajoelhar-se, pôr-se de joelhos, cair de joelhos.

ingiù [indʒ'u] *adv* para baixo. → *tb* giù.

in.giun.ge.re [indʒ'undʒere] *vt* impor, mandar, ordenar.

in.giun.zio.ne [indʒunts'jone] *sf* injunção, imposição, obrigação, ordem.

in.giu.ria [indʒ'urja] *sf* injúria, insulto, ofensa, ultraje; dano, perda, incômodo.

in.giu.ria.re [indʒur'jare] *vt* injuriar, insultar, ofender; causar dano ou perda, incomodar.

in.giu.sti.zia [indʒust'itsja] *sf* injustiça.

in.giu.sto [indʒ'usto] *adj* injusto, infundado.

in.gle.se [ingl'eze] *sm+adj* inglês.

in.go.ia.re [ingo'jare] *vt* devorar, tragar.

in.gol.far.si [ingolf'arsi] *vpr* formar golfo. *Fig.* entregar-se totalmente (ao trabalho); imergir, mergulhar (em débitos, vícios, etc.); atolar-se, embrenhar-se (em perigos, etc.).

in.gol.la.re [ingoll'are] *vt* engolir sem mastigar. *Fig.* devorar.

in.gom.bra.re [ingombr'are] *vt* obstruir, entupir, entulhar; atrapalhar.

in.gom.ma.re [ingomm'are] *vt* engomar, colocar goma; colar, grudar.

in.gor.di.gia [ingord'idʒa] *sf* gula insaciável, voracidade. *Fig.* cobiça, avidez.

in.gor.do [ing'ordo] *adj* glutão, guloso, voraz; insaciável. *Fig.* cobiçoso, ávido.

in.goz.za.re [ingotts'are] *vt* engolir, devorar. *Fig.* suportar, agüentar (ofensas, injustiças, etc.).

in.gra.nag.gio [ingran'addʒo] *sm* engrenagem.

in.gra.na.re [ingran'are] *vt+vi* engrenar.

in.gran.di.men.to [ingrandim'ento] *sm* engrandecimento, crescimento, aumento.

in.gran.di.re [ingrand'ire] *vt* engrandecer, aumentar.

in.gras.sa.re [ingrass'are] *vt* engordar; adubar.

in.gras.so [ingr'asso] ou **in.gras.sa.men.to** [ingrassam'ento] *sm* engorda; adubo, adubação.

in.gra.to [ingr'ato] *adj* ingrato, mal-agradecido; desagradável.

in.gra.vi.da.re [ingravid'are] *vt+vi* engravidar.

in.gra.zia.re [ingrats'jare] *vt* fazer cair nas graças de. *vpr* cair nas graças de.

in.gre.dien.te [ingred'jɛnte] *sm* ingrediente; componente, integrante.

in.gres.so [ingr'esso] *sm* entrada; posse (de cargo). *Teat.* ingresso, entrada.

in.gros.sa.re [ingross'are] *vt* engrossar; aumentar, engrandecer. *vi+vpr* aumentar, crescer; engravidar.

in.gros.so [ingr'ɔsso] *adv* **all'** ≃ em grande quantidade, no atacado; aproximadamente, mais ou menos.

in.gua.ri.bi.le [ingwar'ibile] *adj* incurável, irremediável.

inguine → **anguinaia.**

i.ni.bi.re [inib'ire] *vt* inibir; proibir, vetar. *Fig.* limitar, impedir.

i.ni.bi.zio.ne [inibits'jone] *sf* inibição; proibição.

i.niet.ta.re [injett'are] *vt* injetar. ≃ **si di sangue** injetar-se de sangue (olhos).

i.nie.zio.ne [injets'jone] *sf* injeção.

i.ni.mi.ca.re [inimik'are] ou **ne.mi.ca.re** [nemik'are] *vt* inimizar. *vpr* inimizar-se.

i.ni.mi.ci.zia [inimitʃ'itsja] *sf* inimizade, aversão, hostilidade.

i.nin.tel.li.gi.bi.le [inintellidʒ'ibile] *adj* ininteligível.

i.nin.ter.rot.to [ininteř'otto] *adj* ininterrupto, contínuo.

i.ni.quo [in'ikwo] *adj* injusto; perverso, cruel.

i.ni.zia.le [inits'jale] *sf* inicial (letra). *adj* inicial.

i.ni.zia.re [inits'jare] *vt* iniciar, começar; preparar; acolher, aceitar (num grupo, seita).

i.ni.zia.ti.va [initsjat'iva] *sf* iniciativa.

i.ni.zio [in'itsjo] *sm* início, começo, princípio. **dare** ≃ a dar início a, começar.

innaffiare → **annaffiare.**

in.nal.za.men.to [innaltsam'ento] ou **i.nal.za.men.to** [inaltsam'ento] *sm* levantamento, elevação.

in.nal.za.re [innalts'jare] ou **i.nal.za.re** [inalts'are] *vt* levantar, erguer; construir (edifício). *Fig.* exaltar. *vpr* levantar-se, erguer-se. *Fig.* impor-se, destacar-se.

in.na.mo.ra.re [innamor'are] *vt* enamorar; encantar, fascinar.

in.na.mo.ra.to [innamor'ato] *sm* namorado, amante. *part+adj* enamorado, apaixonado.

in.nan.zi [inn'antsi] *adv* em frente, à frente; antes, anteriormente; avante, em diante. *prep* antes de. ≃ **a** em frente de, frente a; na presença de. ≃ **tempo** antes da hora. ≃ **tutto** antes de mais nada. **più** ≃ de depois; a partir de. **d'oggi** ≃ de hoje em diante.

in.na.to [inn'ato] *adj* inato, congênito.

in.ne.ga.bi.le [inneg'abile] *adj* inegável, incontestável.

in.ne.sta.re [innest'are] *vt* enxertar. *Med.* vacinar. *Fig.* ligar, unir (pedaços).

in.ne.sto [inn'ɛsto] *sm* enxerto. *Med.* vacinação.

in.no [in'no] *sm* hino. ≃ **nazionale** hino nacional.

in.no.cen.te [innotʃ'ente] *adj* inocente; ingênuo; inofensivo.

in.no.cen.za [innotʃ'entsa] *sf* inocência; ingenuidade.

in.no.cuo [inn'ɔkwo] *adj* inócuo.

in.no.va.re [innov'are] *vt* inovar; mudar, reformar.

in.no.va.zio.ne [innovats'jone] *sf* inovação, novidade; mudança, reforma.

in.nu.me.re.vo.le [innumer'evole] ou in.nu.me.ra.bi.le [innumer'abile] *adj* inumerável, incontável.

i.noc.cu.pa.to [inokkup'ato] *adj* desempregado, desocupado.

i.no.cu.la.re [inokul'are] *vt* inocular, injetar.

i.no.do.ro [inod'oro] *adj* inodoro, sem cheiro.

i.nof.fen.si.vo [inoffens'ivo] *adj* inofensivo.

i.nol.tra.re [inoltr'are] *vt Com.* transmitir, enviar, encaminhar. *vpr* avançar, ir adiante.

i.nol.tre [in'oltre] *adv* além disso, além do mais.

i.non.da.re [inond'are] *vt* inundar, alagar.

i.non.da.zio.ne [inondats'jone] *sf* inundação, alagamento.

i.no.pe.ro.so [inoper'ozo] *adj* inativo; ocioso, desocupado. **capitale** ≃ *Com.* capital inativo.

i.nop.por.tu.no [inopport'uno] *adj* inoportuno, intempestivo.

i.nor.ga.ni.co [inorg'aniko] *adj* inorgânico; desarticulado, desorganizado (livro, discurso).

i.nor.go.gli.re [inorgoλ'ire] *vt* orgulhar, dar orgulho a. *vi + vpr* orgulhar-se, sentir orgulho.

i.nor.ri.di.re [inorid'ire] *vt* horrorizar, aterrorizar. *vi* horrorizar-se, ficar horrorizado.

i.no.spi.ta.le [inospit'ale] ou i.no.spi.te [in'ɔspite] *adj* inóspito, inabitável. *Fig.* selvagem.

in.qua.dra.re [inkwadr'are] *vt* emoldurar. *Fig.* ajustar, adaptar. *vpr Fig.* ajustar-se a, adaptar-se a.

in.qui.e.ta.re [inkwiet'are] *vt* inquietar. *vpr* inquietar-se, perturbar-se; aborrecer-se.

in.qui.e.to [inkwj'eto] *adj* inquieto, desassossegado; preocupado, apreensivo.

in.qui.e.tu.di.ne [inkwiet'udine] ou in.qui.e.tez.za [inkwiet'ettsa] *sf* inquietação, desassossego; preocupação, apreensão.

in.qui.li.no [inkwil'ino] *sm + adj* inquilino, locatário.

in.qui.na.men.to [inkwinam'ento] *sm* poluição. *Lit.* infecção, contaminação; degradação.

in.qui.na.re [inkwin'are] *vt* poluir. *Lit.* infectar, contaminar; degradar, corromper.

in.qui.si.re [inkwiz'ire] *vt* investigar. *Dir.* inquirir, interrogar.

in.qui.si.zio.ne [inkwizits'jone] *sf* investigação. *Dir.* inquérito. **L'I** ≃ *Hist.* a Inquisição.

in.sac.ca.re [insakk'are] *vt* ensacar. *vpr* esconder-se, ocultar-se.

in.sa.la.ta [insal'ata] *sf* salada. ≃ **russa** salada russa.

in.sa.la.tie.ra [insalat'jera] *sf* saladeira.

in.sal.da.re [insald'are] *vt* engomar.

in.sa.lu.bre [insal'ubre] *adj* insalubre.

in.sal.va.ti.chi.re [insalvatik'ire] ou in.sel.va.ti.chi.re [inselvatik'ire] *vt* tornar selvagem; embrutecer. *vi + vpr* tornar-se selvagem; embrutecer, embrutecer-se.

in.sa.na.bi.le [insan'abile] *adj* incurável.

in.san.gui.na.re [insangwin'are] *vt* ensangüentar.

in.sa.no [ins'ano] *adj Lit.* insano, louco.

in.sa.po.na.re [insapon'are] *vt* ensaboar. *Fig.* adular, bajular. *vpr* ensaboar-se.

in.sa.pu.ta [insap'uta] *sf* usado na expressão **a mia** ≃ sem que eu saiba, sem eu saber.

in.sa.zia.bi.le [insats'jabile] *adj* insaciável.

in.sce.na.re [infen'are] *vt* encenar; fingir.

inscrivere, inscrizione → iscrivere, iscrizione.

in.sec.chi.re [insekk'ire] *vt* emagrecer, definhar. *vi* emagrecer, ficar magro, definhar.

in.se.dia.men.to [insedjam'ento] *sm* posse de cargo.

in.se.dia.re [insed'jare] *vt* empossar, dar posse de um cargo a. *vpr* tomar posse.

in.se.ga.re [inseg'are] *vt* ensebar.

in.se.gna [ins'eña] *sf* insígnia, emblema; bandeira; estandarte; brasão, brasão de armas.

in.se.gna.men.to [inseñam'ento] *sm* ensino, instrução, ensinamento.

in.se.gnan.te [inseñ'ante] *s* professor; professora. *adj* docente. **corpo** ≃ corpo docente.

in.se.gna.re [inseñ'are] *vt* ensinar, instruir.

in.se.gui.re [inseg'wire] *vt* perseguir.

in.se.gui.men.to [insegwim'ento] *sm* perseguição.

in.sel.var.si [inselv'arsi] *vpr* embrenhar-se.

in.se.na.tu.ra [insenat'ura] *sf Geogr.* enseada.

in.sen.sa.tez.za [insensat'ettsa] *sf* insensatez, imprudência.

in.sen.sa.to [insens'ato] *adj* insensato, imprudente.

in.sen.si.bi.le [insens'ibile] *adj* insensível, frio.

in.se.pa.ra.bi.le [insepar'abile] *adj* inseparável.

in.se.ri.men.to [inserim'ento] *sm* ou in.ser.zio.ne [inserts'jone] *sf* inserção, introdução; enxerto de plantas; conexão, ligação de peças; publicação (em jornal).

in.se.ri.re [inser'ire] *vt* inserir, introduzir; enxertar (plantas); conectar, ligar (peças); publicar (em jornal). *vpr* intrometer-se em; infiltrar-se em.

in.ser.vien.te [inserv'jente] *s* servente, servidor.

in.set.ti.ci.da [insettitf'ida] *sm* inseticida.

in.set.to [ins'etto] *sm* inseto.

in.se.ve.ri.re [insever'ire] *vt* tornar severo. *vpr* tornar-se severo.

in.si.dia [ins'idja] *sf* emboscada, cilada.

in.si.dio.so [insid'jozo] *adj* insidioso, traiçoeiro, enganador.

in.sie.me [ins'jeme] *sm* conjunto, complexo. *adv* junto, juntamente; ao mesmo tempo.

in.si.gne [ins'iñe] *adj* insigne, célebre, eminente, notável.

in.si.gni.fi.can.te [insiñifik'ante] *adj* insignificante.

in.si.gni.re [insiñ'ire] *vt* condecorar.

in.si.gno.rir.si [insiñor'irsi] *vpr* apossar-se de, tornar-se senhor de.

in.si.nu.a.re [insinu'are] *vt* insinuar. *Fig.* dar a entender. *vpr* infiltrar-se em, penetrar em.

in.si.nua.zio.ne [insinwats'jone] *sf* insinuação; acusação; dúvida, suspeita.

in.si.pi.do [ins'ipido] *adj* insípido, insosso.

in.si.pien.te [insip'jente] *adj* insipiente, ignorante.

in.si.sten.te [insist'ente] *adj* insistente, persistente; importuno, maçante. *Pop.* chato.

in.si.ste.re [ins'istere] *vi* insistir, perseverar.

in.sod.di.sfat.to [insoddisf'atto] *adj* insatisfeito, descontente.

in.so.la.zio.ne [insolats'jone] *sf Med.* insolação.

in.so.len.te [insol'ente] *adj* insolente, atrevido.

in.so.len.za [insol'entsa] *sf* insolência, atrevimento.

in.so.li.to [ins'ɔlito] *adj* insólito, extraordinário.

in.sol.ven.te [insolv'ente] *adj Dir.* insolvente.

in.som.ma [ins'omma] *adv* em suma, em conclusão, finalmente.

in.son.nia [ins'ɔnnja] *sf* insônia.

in.son.no.li.to [insonnol'ito] *adj* sonolento.

in.sop.por.ta.bi.le [insopport'abile] *adj* insuportável.

in.sor.di.re [insord'ire] *vi* ensurdecer.

in.sor.ge.re [ins'ordʒere] *vi* surgir, nascer; insurgir-se, rebelar-se, revoltar-se.

in.soz.za.re [insotts'are] *vt* sujar. *Fig.* corromper, desonrar. *vpr* sujar-se. *Fig.* corromper-se.

in.spe.ra.to [insper'ato] *adj* inesperado.

in.spi.ra.re [inspir'are] *vt* inspirar (ar).

in.spi.ra.zio.ne [inspirats'jone] *sf* inspiração (de ar).

in.sta.bi.le [inst'abile] *adj* instável.

in.stal.la.re [install'are] *vt* instalar; empossar. *vpr* instalar-se; acomodar-se.

in.stan.ca.bi.le [instank'abile] *adj* incansável.

in.stau.ra.re [instawr'are] *vt Lit.* instaurar, instituir.

in.stil.la.re [instill'are] *vt* instilar, gotejar. *Fig.* insinuar, sugerir.

in.stra.da.re [instrad'are] *vt* encaminhar, mostrar o caminho a. *Fig.* preparar, adestrar.

in.sù [ins'u] *adv* em cima, acima; no alto.

in.su.bor.di.na.to [insubordin'ato] *adj* insubordinado, indisciplinado.

in.su.ces.so [insutʃ'esso] *sm* insucesso.

in.su.di.cia.re [insuditʃ'are] *vt* sujar. *Fig.* comprometer, manchar. *vpr* sujar-se.

in.suf.fi.cien.te [insuffitʃ'ente] *adj* insuficiente.

in.suf.fla.re [insuffl'are] *vt Med.* insuflar.

in.su.la.re [insul'are] *s* ilhéu; ilhoa. *adj* insular.

in.sul.so [ins'ulso] *adj* insosso, insulso, insípido. *Fig.* bobo, sem graça.

in.sul.ta.re [insult'are] *vt* insultar, ofender.

in.sul.to [ins'ulto] *sm* insulto, ofensa.

in.su.pe.ra.bi.le [insuper'abile] *adj* insuperável.

in.su.per.bi.re [insuperb'ire] *vt* orgulhar, envaidecer. *vi* + *vpr* orgulhar-se, envaidecer-se.

in.sur.re.zio.ne [insurets'jone] *sf* insurreição, rebelião.

in.sus.si.sten.te [insussist'ente] *adj* infundado.

in.tac.ca.re [intakk'are] *vt* entalhar; corroer; danificar; gastar, consumir. *Fig.* ofender; manchar (reputação). *vi* gaguejar.

in.ta.glia.re [intaʎ'are] *vt* entalhar.

in.ta.glio [int'aʎo] *sm* entalhe, gravura.

in.tan.to [int'anto] *adv* enquanto isso, nesse meio tempo, nesse mesmo momento; no momento, por enquanto. ≃ **che** enquanto.

in.ta.sca.re [intask'are] *vt* colocar no bolso.

in.tat.to [int'atto] *adj* intacto, inteiro.

in.ta.vo.la.re [intavol'are] *vt* entabular; abrir (negócio); começar (discurso).

in.te.gra.le [integr'ale] *adj* integral. **farina** ≃ farinha integral. **pane** ≃ pão integral. **calcolo** ≃ cálculo integral.

in.te.gran.te [integr'ante] *adj* integrante.

in.te.gra.re [integr'are] *vt* integrar; completar.

in.te.gra.zio.ne [integrats'jone] *sf* integração.

in.te.gro ['integro] *adj* íntegro; completo; honesto.

in.tel.let.to [intell'etto] *sm* intelecto, inteligência.

in.tel.let.tu.a.le [intellettu'ale] *s* + *adj* intelectual.

in.tel.li.gen.te [intellidʒ'ente] *adj* inteligente.

in.tel.li.gen.za [intellidʒ'entsa] *sf* inteligência; astúcia, esperteza; habilidade, capacidade.

in.tel.li.gi.bi.le [intellidʒ'ibile] *adj* inteligível, compreensível; legível.

in.te.me.ra.ta [intemer'ata] *sf* repreensão. *Fig.* ladainha, lengalenga.

in.tem.pe.rie [intemp'erje] *sf pl* intempérie.

in.tem.pe.sti.vo [intempest'ivo] *adj* intempestivo, inoportuno.

in.ten.den.te [intend'ente] *s* intendente, administrador.

in.ten.de.re [int'endere] *vt* entender, compreender; pretender; ouvir, escutar. *vi* pretender, tencionar; querer, exigir; estar de acordo, concordar. *vpr* entender de; entender-se, estar de acordo. ≃ **a rovescio** entender o contrário. **darla ad** ≃ dar uma idéia errada. ≃**sela** ou ≃**si con** entender-se com, entrar em acordo com; amar-se, ter relações íntimas com. **se la intendono!** eles se entendem!

in.ten.di.men.to [intendim'ento] *sm* entendimento, compreensão; intenção; objetivo.

in.te.ne.ri.re [intener'ire] *vt* amaciar, amolecer; comover. *vpr* amaciar, amolecer; comover-se.

in.ten.si.vo [intens'ivo] *adj* intensivo. **coltivazione** ≃**a** agricultura intensiva.

in.ten.so [int'enso] *adj* intenso, enérgico.

in.ten.ta.re [intent'are] *vt Dir.* intentar.

in.ten.to [int'ento] *sm* intento, intenção; fim, objetivo. *adj* disposto, pronto; atento.

in.ten.zio.na.le [intentsjon'ale] *adj* intencional; premeditado.

in.ten.zio.na.to [intentsjon'ato] *part+adj* usado nas expressões **bene** ≃ bem-intencionado e **male** ≃ mal-intencionado.

in.ten.zio.ne [intents'jone] *sf* intenção; objetivo, fim, finalidade.

in.ter.ca.la.re [interkal'are] *vt* intercalar.

in.ter.ce.de.re [intertf'edere] *vi* interceder. *vi Lit.* mediar, ficar entre. ≃ **da ... per** interceder junto a ... em favor de.

in.ter.ces.sio.ne [intertfess'jone] *sf* intercessão.

in.ter.cet.ta.men.to [intertfettam'ento] *sm* ou in.ter.cet.ta.zio.ne [intertfettats'jone] *sf* interceptação.

in.ter.cet.ta.re [intertfett'are] *vt* interceptar.

in.ter.di.re [interd'ire] *vt* interditar, proibir.

in.ter.di.zio.ne [interdits'jone] *sf* interdição, proibição.

in.te.res.san.te [interess'ante] *adj* interessante.

in.te.res.sa.re [interess'are] *vt* interessar a, provocar interesse em. *vi* dizer respeito a, concernir; ser do interesse de. *vpr* interessar-se.

in.te.res.sa.to [interess'ato] *sm Com.* interessado, associado. *part+adj* interessado; interesseiro.

in.te.res.se [inter'esse] *sm* interesse; lucro, ganho, renda. ≃**i** *pl* negócios, interesses; juros. **nell'** ≃ **di** no interesse de.

in.te.rez.za [inter'ettsa] *sf* inteireza, integridade; totalidade, plenitude.

in.ter.fe.ri.re [interfer'ire] *vt* interferir em, intrometer-se em.

in.ter.rie.zio.ne [interjets'jone] *sf Gram.* interjeição.

in.te.rim ['interim] *sm* interinidade.

in.te.ri.no [inter'ino] *adj* interino.

in.te.rio.ra [inter'jora] *sf pl* ou in.te.rio.ri [inter'jori] *sm pl* vísceras, entranhas (de animal).

in.te.rio.re [inter'jore] *sm* interior, parte interna. *Fig.* mente; alma. *adj* interior, interno.

in.ter.li.ne.a [interl'inea] *sf* entrelinha.

in.ter.lo.cu.to.re [interlokut'ore] *sm* interlocutor.

in.ter.lu.dio [interl'udjo] *sm Mús.* interlúdio.

in.ter.me.dia.rio [intermed'jarjo] *sm* intermediário, mediador. *adj* intermediário.

in.ter.me.dio [interm'edjo] *adj* interposto, colocado no meio; temporário.

in.ter.met.te.re [interm'ettere] *vt Lit.* interromper, suspender. *vi Med.* ser intermitente. *vpr* intrometer-se em.

in.ter.mez.zo [interm'eddzo] *sm Mús.* e *Teat.* intervalo.

in.ter.mi.na.bi.le [intermin'abile] *adj* interminável.

in.ter.mit.ten.te [intermitt'ente] *adj* intermitente.

in.ter.na.re [intern'are] *vt* internar; introduzir. *vpr* internar-se em; introduzir-se em. *Fig.* aprofundar-se em (ciência, arte).

in.ter.na.zio.na.le [internatsjon'ale] *adj* internacional.

in.ter.no [int'erno] *sm* interior, parte interior; interno (de colégio). *adj* interno, interior. **Ministro dell' I** ≃ Ministro do Interior.

in.te.ro [int'ero] *sm* inteiro, todo, total. *adj* inteiro; completo. **per** ≃ por inteiro.

in.ter.pel.la.re [interpell'are] *vt* interpelar.

in.ter.po.la.re [interpol'are] *vt* interpolar; alternar; inserir (num texto).

in.ter.por.re [interp'oře] *vt* interpor. *vpr* interpor-se em; mediar em; intrometer-se em.

in.ter.pre.ta.re [interpret'are] *vt* interpretar; explicar. *Mús.* e *Teat.* interpretar.

in.ter.pre.te [int'erprete] *sm* intérprete.

in.ter.ra.re [inteř'are] *vt* enterrar; encher de terra.

in.ter.ro.ga.re [inteřog'are] *vt* interrogar, perguntar. ≃ **se stesso** perguntar a si mesmo.

in.ter.ro.ga.to.rio [inteřogat'ɔrjo] *sm* interrogatório. *adj* interrogativo.

in.ter.ro.ga.zio.ne [interrogats'jone] *sf* interrogação, pergunta.

in.ter.rom.pe.re [inteř'ompere] *vt* interromper; proibir, suspender; fazer um aparte (em assembléia). *vpr* parar de falar.

in.ter.rut.to.re [inteřutt'ore] *sm* + *adj* interruptor. ≃ **elettrico** interruptor elétrico.

in.ter.ru.zio.ne [inteřuts'jone] *sf* interrupção; aparte (em assembléia).

in.te.rur.ba.no [interurb'ano] *adj* interurbano.

in.ter.val.lo [interv'allo] *sm* intervalo; distância. *Teat.* entreato.

in.ter.ve.ni.re [interven'ire] *vi* acontecer; estar presente. *Fig.* intervir, ingerir-se em.

in.ter.ven.to [interv'ento] *sm* intervenção; presença. ≃ **chirurgico** *Med.* operação, cirurgia.

in.ter.vi.sta [interv'ista] *sf Jorn.* entrevista.

in.ter.vi.sta.re [intervist'are] *vt Jorn.* entrevistar.

in.te.sa [int'eza] *sf* acordo, aliança. **darsi l'** ≃ concordar, entrar em acordo. **stare sull'** ≃ tentar saber.

in.te.sta.re [intest'are] *vt* colocar cabeçalho em. *Contab.* registrar. *Com.* cadastrar. *vpr* pôr na cabeça, teimar.

in.te.sta.zio.ne [intestats'jone] *sf* título. *Contab.* registro. *Com.* cadastro.

in.te.sti.na.le [intestin'ale] *adj* intestinal.

in.te.sti.no [intest'ino] *sm Anat.* intestino. *adj* intestino, interno.

in.tie.pi.di.re [intjepid'ire] *vt* amornar. *vpr* amornar-se; esfriar-se, abrandar-se.

in.ti.ma.re [intim'are] *vt Dir.* intimar.

in.ti.ma.zio.ne [intimats'jone] *sf Dir.* intimação.

in.ti.mi.di.re [intimid'ire] *vt* intimidar, ameaçar. *vi* + *vpr* intimidar-se.

in.ti.mo ['intimo] *sm* íntimo, âmago. *adj tb Fig.* íntimo. **indumenti** ≃ **i** roupas íntimas. **parti** ≃ **e** partes íntimas.

in.ti.mo.ri.re [intimor'ire] *vt* amedrontar, atemorizar. *vpr* amedrontar-se, ficar com medo.

in.tin.ge.re [int'indʒere] *vt* mergulhar.

in.tin.go.lo [int'ingolo] *sm* molho. *Fig.* petisco, quitute.

in.ti.riz.zi.re [intiritts'ire] *vt* enrijecer, entesar; gelar. *vpr* enrijecer-se, entesar-se; gelar-se.

in.ti.to.la.re [intitol'are] *vt* intitular; chamar. *Fig.* dedicar. *vpr* intitular-se; chamar-se.

in.tol.le.ra.bi.le [intoller'abile] *adj* ou **in.tol.le.ran.do** [intoller'ando] *adj Lit.* intolerável, insuportável; inaceitável, inadmissível.

in.tol.le.ran.te [intoller'ante] *adj* intolerante.

in.to.na.ca.re [intonak'are] *vt* rebocaɾ (parede).

in.to.na.co [int'ɔnako] *sm* reboque (de parede).

in.to.na.re [inton'are] *vt* entoar; afinar (instrumento). *vpr* harmonizar-se, combinar (cores, sons, etc.).

in.to.na.zio.ne [intonats'jone] *sf* entonação, entoação.

in.top.pa.re [intopp'are] *vt* encontrar por acaso. *vi* tropeçar. *vpr* encontrar-se por acaso.

in.top.po [int'ɔppo] *sm* encontro ao acaso; obstáculo, impedimento; topada.

in.tor.bi.da.re [intorbid'are] ou **in.tor.bi.di.re** [intorbid'ire] *vt* turvar. *Fig.* confundir; perturbar. *vpr* ficar turvo, turvar-se.

in.tor.men.ti.re [intorment'ire] *vt* entorpecer. *vpr* entorpecer-se.

in.tor.no [int'orno] *adv* em torno, ao redor; aproximadamente, mais ou menos. *prep* a respeito de, sobre. ≃ **a** *prep* em torno de, ao redor de, em volta de; aproximadamente, mais ou menos, cerca de.

in.tor.pi.di.re [intorpid'ire] *vt* entorpecer, deixar entorpecido. *vi* + *vpr* entorpecer-se.

in.tos.si.ca.re [intossik'are] *vt* intoxicar; envenenar.

in.tral.cia.re [intraltʃ'are] *vt* embaraçar, dificultar.

in.tran.si.gen.te [intranzidʒ'ente] *adj* intransigente, intolerante.

in.tran.si.ti.vo [intranzit'ivo] *adj Gram.* intransitivo.

in.trap.po.la.re [intrappol'are] *vt* prender em armadilha, aprisionar. *Fig.* ludibriar.

in.tra.pren.den.te [intraprend'ente] *adj* empreendedor. **spirito** ≃ espírito empreendedor.

in.tra.pren.de.re [intrapr'endere] *vt* empreender; começar; entregar-se a (carreira).

in.tra.pre.sa [intrapr'eza] *sf* empreendimento, empresa.

in.trat.ta.bi.le [intratt'abile] *adj* intratável, difícil; duro, rígido.

in.trat.te.ne.re [intratten'ere] *vt* entreter, divertir. *vpr* divertir-se; deter-se, parar.

in.tra.ver.sa.re [intravers'are] *vt* atravessar; cruzar.

in.trav.ve.de.re [intravved'ere] ou **in.tra.ve.de.re** [intraved'ere] *vt* entrever, vislumbrar, ver de forma confusa. *Fig.* prever, adivinhar.

in.trav.ve.ni.re [intravven'ire] *vi* acontecer.

in.trec.cia.re [intrettʃ'are] *vt* entrelaçar, entrançar. *vpr* entrelaçar-se, entrançar-se.

in.trec.cio [intr'ettʃo] *sm* entrançado, entrelaçamento; enredo, entrecho.

in.tre.pi.do [intr'epido] *adj* intrépido, corajoso.

in.tri.ca.re [intrik´are] *vt* intrincar, emaranhar; embaraçar; confundir, complicar.

in.tri.de.re [intr´idere] *vt* empastar; ensopar; sujar. *vpr* sujar-se.

in.tri.ga.re [intrig´are] *vt* dificultar, atrapalhar. *vi* fazer intriga, tramar. *vpr* intrometer-se.

in.tri.go [intr´igo] *sm* intriga, trama.

in.trin.se.co [intr´inseko] *sm* interior, parte de dentro. *adj* intrínseco, íntimo (amigo).

in.tri.so [intr´izo] *part* + *adj* empastado; ensopado; sujo. = **di sangue** sujo de sangue.

in.tri.sti.re [intrist´ire] *vi* entristecer, ficar triste; ficar mau, perverter-se.

in.tro.dur.re [introd´uře] *vt* introduzir; apresentar (pessoa, personagem); iniciar (num estudo). *vpr* introduzir-se, entrar. *Fig.* infiltrar-se, penetrar.

in.tro.du.zio.ne [introduts´jone] *sf* introdução; apresentação. *Mús.* introdução.

in.troi.to [intr´ojto] *sm* começo, princípio; introdução. *Com.* entrada, renda, provento. *Rel.* intróito.

in.tro.met.te.re [introm´ettere] *vt* intrometer, intercalar. *vpr* intrometer-se; intervir.

in.tro.mis.sio.ne [intromiss´jone] ou **in.tro.mes.sa** [introm´essa] *sf* intromissão, ingerência; intervenção; mediação.

in.tro.na.re [intron´are] *vt* atordoar, aturdir (com ruído).

in.tro.niz.za.re [introniddz´are] *vt* entronizar.

in.tro.spe.zio.ne [introspets´jone] *sf* introspecção.

in.tro.ver.sio.ne [introvers´jone] *sf* introversão.

in.tro.ver.so [introv´erso] *adj* introvertido.

in.tru.de.re [intr´udere] *vt* introduzir (com deslealdade ou às escondidas). *vpr* intrometer-se, infiltrar-se, penetrar.

in.tru.glia.re [intruʎ´are] *vt* misturar; confundir, bagunçar, embrulhar; complicar. *vpr* sujar-se (com líquido). *Fig.* intrometer-se.

in.tui.re [int´wire] *vt* intuir, perceber.

in.tui.ti.vo [intwit´ivo] *adj* intuitivo.

in.tu.i.to [int´uito] *sm* ou **in.tui.zio.ne** [intwits´jone] *sf* intuição.

i.nu.ma.no [inum´ano] *adj* não humano, inumano; desumano, cruel.

i.nu.ma.re [inum´are] *vt* inumar, enterrar; sepultar.

i.nu.mi.di.re [inumid´ire] *vt* umedecer, umectar. *vpr* umedecer, ficar úmido.

i.nur.ba.no [inurb´ano] *adj* indelicado, grosseiro. *Pop.* mal-educado, malcriado.

i.nu.si.ta.to [inuzit´ato] *adj* inusitado.

i.nu.ti.le [in´utile] *adj* inútil.

in.va.de.re [inv´adere] *vt* invadir, entrar à força em; inundar, alagar; infestar.

in.va.ghi.re [invag´ire] *vt* atrair; apaixonar. *vpr* sentir-se atraído por; apaixonar-se por.

in.va.le.re [inval´ere] *vi* ganhar força, difundir-se, espalhar-se (idéias, costumes, etc.).

in.va.li.da.re [invalid´are] *vt* invalidar.

in.va.li.do [inv´alido] *sm* inválido. *adj* inválido, inutilizado; fraco, debilitado.

in.val.so [inv´also] *part* + *adj* habitual, corrente; na moda.

in.va.ni.re [invan´ire] *vt* envaidecer; tornar vão ou fútil. *vpr* envaidecer-se; tornar-se vão ou fútil.

in.va.no [inv´ano] ou **in vano** *adv* em vão.

in.va.ria.bi.le [invar´jabile] *adj* invariável.

in.va.sa.men.to [invazam´ento] *sm* entusiasmo, arrebatamento; obsessão.

in.va.sa.re [invaz´are] *vt* entusiasmar, arrebatar; endemoninhar, possuir (uma alma). *vpr* enlouquecer; entusiasmar-se, perder a cabeça.

in.va.sio.ne [invaz´jone] *sf* invasão.

in.vec.chia.re [invekk´jare] *vt* + *vi* envelhecer.

in.vec.ce [inv´etʃe] *adv* ao invés; ao contrário, pelo contrário. = **di** ao invés de, em lugar de.

in.ve.i.re [inve´ire] *vi* maldizer, praguejar, xingar; ralhar; blasfemar.

in.ve.le.ni.re [invelen´ire] *vt* irritar; enraivecer, enfurecer. *vi* + *vpr* irritar-se; enfurecer-se.

in.ven.ta.re [invent´are] *vt* inventar; criar. *Fig.* imaginar, idealizar.

in.ven.ta.rio [invent´arjo] *sm Com.* e *Dir.* inventário. = **di libri** catálogo de livros.

in.ven.to.re [invent´ore] *sm* inventor.

in.ven.zio.ne [invents´jone] *sf* invenção. *Fig.* fingimento; mentira, história.

in.ver.di.re [inverd´ire] *vt*, *vi* + *vpr* esverdear.

in.ver.ni.cia.re [invernitʃ´are] ou **ver.ni.cia.re** [vernitʃ´are] *vt* envernizar. *vpr Fig.* enfeitar-se com exagero.

in.ver.no [inv´erno] *sm* inverno. **d'** ≃ no inverno.

in.ve.ro [inv´ero] ou **in vero** *adv* na verdade.

in.ve.ro.si.mi.le [inveros´imile] ou **in.ve.ri.si.mi.le** [inveris´imile] *adj* inverossímil.

in.ver.sio.ne [invers´jone] *sf* inversão. *Fís.* reversão. *Psic.* inversão, degeneração.

in.ver.so [inv´erso] *sm* inverso, contrário, oposto. *part* + *adj* inverso, invertido. *prep* na direção de; contra. **all'** ≃ ao contrário, às avessas.

in.ver.te.bra.to [invertebr´ato] *sm* + *adj Zool.* invertebrado.

in.ver.ti.men.to [invertim´ento] *sm* inversão.

in.ver.ti.re [invert'ire] *vt* inverter; reverter.
in.ver.ti.to [invert'ito] *part + adj* homossexual.
in.ve.sti.ga.re [investig'are] *vt* investigar.
in.ve.sti.ga.zio.ne [investigats'jone] *sf* investigação.
in.ve.sti.men.to [investim'ento] *sm* investimento; atropelamento.
in.ve.sti.re [invest'ire] *vt* investir, empossar; atropelar; ofender, insultar. *Com.* investir.
in.ve.sti.tu.ra [investit'ura] *sf Fig.* investidura, nomeação, posse.
in.ve.te.ra.to [inveter'ato] *part + adj* inveterado, viciado.
invetriata → **vetrata**.
in.vet.ti.va [invett'iva] *sf Lit.* invectiva.
in.via.re [inv'jare] *vt* enviar, mandar, expedir. *vpr* encaminhar-se, pôr-se a caminho.
in.vi.dia [inv'idja] *sf* inveja.
in.vi.dia.re [invid'jare] *vt* invejar.
in.vi.dio.so [invid'jozo] *adj* invejoso.
in.vi.gi.la.re [invidʒil'are] *vt + vi* vigiar; observar.
in.vi.go.ri.re [invigor'ire] *vt* revigorar, reforçar. *vi + vpr* revigorar-se, fortalecer-se.
in.vi.li.re [invil'ire] *vt* rebaixar, envilecer. *vi + vpr* rebaixar-se, tornar-se vil.
inviluppare → **avviluppare**.
in.vi.lup.po [invil'uppo] *sm* embrulho; cobertura; nó, emaranhado. *Fig.* embrulhada.
in.vin.ci.bi.le [invintʃ'ibile] *adj* invencível.
in.vio [inv'io] *sm* envio, expedição.
in.vio.la.bi.le [invjol'abile] *adj* inviolável.
in.vi.si.bi.le [inviz'ibile] *adj* invisível.
in.vi.so [inv'izo] *adj* odiado, detestado.
in.vi.ta.re [invit'are] *vt* convidar. *Fig.* estimular, incitar. ≃ **a pranzo** convidar para jantar.
in.vi.ta.ti.vo [invitat'ivo] *adj* convidativo.
in.vi.to [inv'ito] *sm* convite.
in.vit.to [inv'itto] *adj* invicto.
in.vo.ca.re [invok'are] *vt* invocar.
in.vo.glia.re [invoʎ'are] *vt* tentar, excitar. *vpr* desejar, ter vontade; enamorar-se de.
in.vo.la.re [invol'are] *vt Lit.* furtar, surrupiar. *vpr* desaparecer, sumir.
in.vol.ge.re [inv'oldʒere] *vt* envolver, enrolar; embrulhar. *Fig.* compreender, abranger. *vpr* envolver-se, enrolar-se. *Fig.* envolver-se em, comprometer-se com.
in.vo.lon.ta.rio [involont'arjo] *adj* involuntário.
in.vol.ta.re [involt'are] *vt* embrulhar, empacotar.
in.vol.to [inv'olto] *sm* embrulho, pacote. *part + adj* envolvido, enrolado.

in.vo.lu.cro [inv'olukro] *sm* revestimento, cobertura. *Bot.* invólucro, película.
in.vo.lu.zio.ne [involuts'jone] *sf* involução.
in.vul.ne.ra.bi.le [invulner'abile] *adj* invulnerável.
in.zac.che.ra.re [intsakker'are] *vt* enlamear.
in.zep.pa.re [intsepp'are] *vt* abarrotar. *vpr* abarrotar-se. *Fig.* fartar-se, encher-se.
in.zo.ti.chi.re [indzotik'ire] *vt + vi* embrutecer.
in.zuc.ca.re [intsukk'are] *vt Fam.* embebedar. *vpr Fam.* embebedar-se, tomar um porre. *Fig.* apaixonar-se perdidamente; teimar, insistir.
in.zuc.che.ra.re [intsukker'are] *vt* açucarar, adoçar. *Fig.* acariciar, agradar.
in.zup.pa.re [intsupp'are] *vt* ensopar; embeber. *vpr* ensopar-se; banhar-se.
i.o [i'o] *sm* o eu, ego. *pron* eu.
io.dio ['jɔdjo] ou **io.do** ['jɔdo] *sm Quím.* iodo.
io.ga ['jɔga] *sf* ioga. *s* iogue.
ioi.de ['jɔjde] *sm Anat.* hióide.
io.ne ['jone] *sm Quím.* íon.
io.ni.co ['jɔniko] *adj* jônico.
i.per.bo.le [ip'erbole] *sf Geom.* e *Gram.* hipérbole.
i.per.sen.si.bi.le [ipersens'ibile] *adj* hipersensível.
i.per.ten.sio.ne [ipertens'jone] *sf Med.* hipertensão.
i.per.ti.roi.di.smo [ipertirojd'izmo] *sm Med.* hipertireoidismo.
i.pno.si [ipn'ɔzi] *sf* hipnose.
i.pno.ti.smo [ipnot'izmo] *sm* hipnotismo. *Fig.* sugestão.
i.pno.tiz.za.re [ipnotidzz'are] *vt* hipnotizar. *Fig.* sugestionar; fascinar.
i.po.con.dri.a.co [ipokondr'iako] *sm + adj* hipocondríaco.
i.po.cri.si.a [ipokriz'ia] *sf* hipocrisia.
i.po.cri.ta [ip'ɔkrita] *s* hipócrita.
i.po.cri.to [ip'ɔkrito] *adj* hipócrita.
i.po.der.mi.co [ipod'ermiko] *adj* hipodérmico, subcutâneo.
i.po.fi.si [ip'ɔfizi] *sf Anat.* hipófise.
i.po.te.ca [ipot'eka] *sf Dir.* hipoteca.
i.po.te.ca.re [ipotek'are] *vt* hipotecar.
i.po.te.nu.sa [ipoten'uza] *sf Geom.* hipotenusa.
i.po.te.si [ip'ɔtezi] *sf Fil.* e *Mat.* hipótese.
i.po.te.ti.co [ipot'etiko] *adj* hipotético.
i.po.ti.roi.di.smo [ipotirojd'izmo] *sm Med.* hipotireoidismo.
ip.pi.ca ['ippika] *sf* hipismo, turfe.
ip.pi.co ['ippiko] *adj* hípico.

ip.po.cam.po [ippok'ampo] *sm Zool.* cavalo-marinho, hipocampo.

ip.po.dro.mo [ipp'ɔdromo] *sm* hipódromo.

ip.po.po.ta.mo [ippop'ɔtamo] *sm* hipopótamo.

i.psi.lon ['ipsilon] *sf* ipsilon, o nome da letra Y.

i.ra ['ira] *sf* ira, raiva.

i.ra.ni.co [ir'aniko] *sm* + *adj* iraniano, irânico.

i.ra.sci.bi.le [iraʃ'ibile] *adj* irascível.

ir.co ['irko] *sm Poét.* bode.

i.re ['ire] *vi Lit.* e *Poét.* ir; arruinar-se.

i.ri.de ['iride] ou **i.ri** ['iri] *sf Anat.* íris. *Met.* arco-íris. **diaframma a** = *Fot.* diafragma íris.

i.ri.dio [ir'idjo] *sm Quím.* irídio.

ir.lan.de.se [irland'eze] *s* + *adj* irlandês.

i.ro.ni.a [iron'ia] *sf* ironia. ≃ **della sorte** ironia do destino.

i.ro.ni.co [ir'ɔniko] *adj* irônico.

ir.ra.dia.re [irad'jare] ou **ir.rag.gia.re** [iradʤ'are] *vt Lit.* irradiar. *vi* + *vpr Med.* espalhar-se. *Fig.* expandir-se.

ir.ra.dia.zio.ne [iradjats'jone] *sf* irradiação. *Fís.* radiação.

ir.ra.gio.ne.vo.le [iradʒon'evole] *adj* irracional. *Fig.* absurdo, despropositado. **animali** ≃ **i** *Zool.* animais irracionais.

ir.ran.ci.di.re [irantʃid'ire] *vi* ficar rançoso.

ir.ra.zio.na.le [iratsjon'ale] *adj* irracional. **numeri** ≃ **i** *Mat.* números irracionais.

ir.re.a.le [ire'ale] *adj* irreal.

ir.re.a.liz.za.bi.le [irealiddz'abile] *adj* irrealizável, impraticável.

ir.re.con.ci.lia.bi.le [irecontʃil'jabile] *adj* irreconciliável.

ir.re.cu.pe.ra.bi.le [irekuper'abile] *adj* irrecuperável.

ir.re.cu.sa.bi.le [irekuz'abile] *adj* irrecusável.

ir.re.fu.ta.bi.le [irefut'abile] *adj* irrefutável.

ir.re.go.la.re [iregol'are] *adj* irregular. **milizia** ≃ *Mil.* corpo de voluntários.

ir.re.go.la.ri.tà [iregolarit'a] *sf* irregularidade.

ir.re.mo.vi.bi.le [iremov'ibile] *adj* irremovível. *Fig.* imutável.

ir.re.pa.ra.bi.le [irepar'abile] *adj* irreparável.

ir.re.pren.si.bi.le [ireprens'ibile] *adj* irrepreensível.

ir.re.qui.e.to [irekwi'eto] *adj* irrequieto, agitado.

ir.re.si.sti.bi.le [irezist'ibile] *adj* irresistível.

ir.re.so.lu.to [irezol'uto] *adj* irresoluto, indeciso.

ir.re.spon.sa.bi.le [irespons'abile] *adj* irresponsável.

ir.re.ver.si.bi.le [irevers'ibile] *adj* irreversível.

ir.re.vo.ca.bi.le [irevok'abile] *adj* irrevogável.

ir.ri.co.no.sci.bi.le [irikonoʃ'ibile] *adj* irreconhecível.

ir.ri.de.re [ir'idere] *vt Lit.* escarnecer, zombar de.

ir.ri.ga.re [irig'are] *vt* irrigar; banhar. *vi* escorrer, fluir.

ir.ri.ga.zio.ne [irigats'jone] *sf* irrigação.

ir.ri.gi.di.re [iridʒid'ire] *vt* enrijecer; entorpecer. *Fig.* tornar inerte. *vi* + *vpr* enrijecer-se; entorpecer. *Fig.* tornar-se insensível.

ir.ri.le.van.te [irilev'ante] *adj* irrelevante.

ir.ri.me.dia.bi.le [irimed'jabile] *adj* irremediável.

ir.ri.so.rio [iriz'orjo] *adj* zombeteiro; irrisório, insignificante, ridículo.

ir.ri.ta.bi.le [irit'abile] *adj* irritável.

ir.ri.tan.te [irit'ante] *adj* irritante.

ir.ri.ta.re [irit'are] *vt* irritar. *Med.* irritar, inflamar, produzir irritação em. *vpr* irritar-se.

ir.ri.ta.zio.ne [iritats'jone] *sf* irritação. *Med.* irritação, inflamação.

ir.ri.ve.ren.te [iriver'ente] ou **ir.re.ve.ren.te** [irever'ente] *adj* irreverente, insolente, maleducado; gozador, zombeteiro.

ir.ro.bu.sti.re [irobust'ire] *vt* robustecer. *vpr* robustecer-se.

ir.rom.pe.re [ir'ompere] *vi* irromper, entrar com violência; transbordar.

ir.rug.gi.ni.re [iruddʒin'ire] *vt* enferrujar, oxidar. *vi* + *vpr* enferrujar, oxidar-se.

ir.ru.zio.ne [iruts'jone] *sf* invasão, irrupção.

ir.su.to [irs'uto] *adj* hirsuto.

ir.to ['irto] *adj* eriçado, arrepiado; áspero. *Fig.* inculto (estilo).

i.schio ['iskjo] *sm Anat.* ísquio. *Bot.* carvalho, roble.

i.scri.ve.re [iskr'ivere] ou **in.scri.ve.re** [inskr'ivere] *vt* inscrever, registrar. *vpr* inscrever-se em, associar-se a; alistar-se em; matricular-se em.

i.scri.zio.ne [iskrits'jone] ou **in.scri.zio.ne** [inskrits'jone] *sf* inscrição; gravação; registro; matrícula. *Mil.* alistamento.

i.sla.mi.co [izl'amiko] ou **i.sla.mi.ti.co** [izlam'itiko] *adj* islâmico, do Islamismo.

I.sla.mi.smo [izlam'izmo] *sm* Islamismo.

i.slan.de.se [izland'eze] *s* + *adj* islandês.

i.slan.di.co [izl'andiko] *adj* islandês.

i.so.la ['izola] *sf* ilha. ≃ **su fiume** ilha fluvial.

i.so.la.men.to [izolam'ento] *sm* isolamento.

i.so.lan.te [izol'ante] *sm* + *adj* isolante.

i.so.la.re [izol'are] *vt* isolar; separar; segregar. *Elet.* isolar. *vpr* isolar-se, separar-se.

i.so.la.to [izol'ato] *sm* quarteirão. *part* + *adj* isolado.

i.so.sce.le [iz'ɔʃele] *adj Geom.* isósceles.
i.spa.ni.co [isp'aniko] ou **i.spa.no** [isp'ano] *adj* hispânico, espanhol.
i.spet.to.re [ispett'ore] *sm* inspetor.
i.spe.zio.na.re [ispetsjon'are] *vt* inspecionar.
i.spe.zio.ne [ispets'jone] *sf* inspeção.
i.spi.ra.re [ispir'are] *vt* inspirar (idéia); sugerir. *vpr* inspirar-se. ≃**si in** inspirar-se em.
i.spi.ra.tri.ce [ispiratr'itʃe] *sf* inspiradora, musa.
i.spi.ra.zio.ne [ispirats'jone] *sf* inspiração.
i.sra.e.li.ta [israel'ita] *s*+*adj* israelita.
is.sa.re [iss'are] *vt Náut.* içar.
i.stan.ta.ne.o [istant'aneo] *adj* instantâneo.
i.stan.te [ist'ante] *sm* instante, momento. *s Dir.* requerente. **all'** ≃ logo, no mesmo instante.
i.stan.za [ist'antsa] *sf Dir.* instância; requerimento, petição.
i.ste.ri.co [ist'eriko] *sm*+*adj* histérico.
i.sti.ga.men.to [istigam'ento] *sm* ou **i.sti.ga.zio.ne** [istigats'jone] *sf* instigação, estímulo.
i.sti.ga.re [istig'are] *vt* instigar, incitar; induzir, levar a.
i.stin.ti.vo [istint'ivo] *adj* instintivo.
i.stin.to [ist'into] *sm* instinto; inclinação, propensão.
i.sti.tui.re [istitu'ire] *vt* instituir, fundar. ≃ **erede qualcuno** constituir alguém herdeiro.
i.sti.tu.to [istit'uto] *sm* instituto. *Dir.* instituição, fato jurídico. ≃ **di bellezza** salão de beleza.

i.sti.tu.zio.ne [instituts'jone] *sf* instituição, fundação. ≃ **pubblica** instituição pública.
i.st.mo ['istmo] *sm Geogr.* istmo.
i.sto.lo.gi.a [istolodʒ'ia] *sf Biol.* histologia.
i.stra.da.re [istrad'are] *vt* encaminhar.
i.stri.ce ['istritʃe] *sf* porco-espinho. *Fig.* bicho, pessoa intratável.
i.strio.ne [istr'jone] *sm* comediante, cômico; palhaço, bufão.
i.strio.ni.co [istr'jɔniko] *adj* histriônico, cômico.
i.strui.re [istr'wire] *vt* instruir; treinar, adestrar. *Dir.* instruir. *vpr* instruir-se.
i.strut.ti.vo [istrutt'ivo] *adj* instrutivo.
i.strut.to.re [istrutt'ore] *sm*+*adj* instrutor.
i.stru.zio.ne [istruts'jone] *sf* instrução; educação.
i.ta.lia.no [ital'jano] *sm*+*adj* italiano, da Itália. **all'** ≃**a** à italiana, à moda italiana.
i.ta.li.co [it'aliko] *sm* itálico, cursivo. *adj Poét.* itálico, da Itália pré-romana.
i.ta.lio.ta [ital'jota] *sm Hist.* italiota.
i.ta.lo ['italo] *adj Lit.* e *Poét.* ítalo, da Itália.
i.ti.ne.ra.rio [itiner'arjo] *sm* itinerário, trajeto.
it.te.ri.zia [itter'itsja] *sf Med.* icterícia.
iungla → **giungla**.
iu.nio.re [jun'jore] ou **ju.nior** ['junjor] *sm*+*adj* júnior.
iu.ta ['juta] ou **ju.ta** ['juta] *sf* juta.
i.vi ['ivi] *adv* ali, lá; naquele tempo, então.

J

j [i l'unga] *sf* jota, antigamente a décima letra do alfabeto italiano. Atualmente, é utilizada apenas em palavras estrangeiras. Em geral, é substituída por **i** ou **gi**.

ja.bot [ʒab'o] *sm* galão, enfeite.

jack → yak.

jais → giavazzo.

jam.bo.ree [dʒembor'i] *sm* congresso, reunião.

jazz [dʒ'es] *sm* jazz.

jeep [dʒ'ip] *sm* jipe.

jen → yen.

jer.sey [dʒ'ɛrsej] *sm* jérsei.

jet set [dʒet s'ɛt] *sm* alta sociedade.

jiu-ji.tsu [ju'jitsu] *sm Esp.* jiu-jítsu.

jo-jo [jɔj'ɔ] *sm* ioiô.

jolly → matta.

ju.dò [jud'ɔ] *sm Esp.* judô.

ju.go.sla.vo [jugozl'avo] *sm* + *adj* iugoslavo.

jungla → giungla.

junior → iuniore.

juta → iuta.

K

k [k′appa] *sf* cá, letra que não faz parte do alfabeto italiano, utilizada apenas em palavras estrangeiras. Geralmente, é substituída por **c** ou **ch**.

kaki → **cachi**.

karakiri → **carachiri**.
khan → **can**.
kimono → **chimono**.
kiwi → **chivi**.

L

l ['elle] *sf* a décima letra do alfabeto italiano.
l' → **lo** e **la**.
la [l'a] I *sm* lá, sexta nota musical. **dare il** ≃ *Fig.* dar o tom (de uma discussão).
la [l'a] II *art def fsg* a. antes de vogal, **l'**. *pron fsg* a, la. **L**≃ ou ≃ o senhor, a senhora.
là [l'a] *adv* lá, naquele lugar; naquele tempo. **di** ≃ de lá, do outro lado. **in** ≃ distante, longe. **il mondo di** ≃ o outro mundo. **eccolo** ≃! lá está ele!
lab.bro [l'abbro] *sm (pl f le labbra) Anat.* lábio. **leccarsi le** ≃**a** *Fig.* lamber os beiços.
la.bia.le [lab'jale] *sf Gram.* labial. *adj* labial.
la.bi.le [l'abile] *adj* fraco; transitório.
la.bi.rin.to [labir'into] *sm* labirinto. *Anat.* labirinto, ouvido interno. *Fig.* confusão.
la.bo.ra.to.rio [laborat'ɔrjo] *sm* laboratório; oficina de artesão.
la.bo.rio.so [labor'jozo] *adj* trabalhoso, complicado; trabalhador.
la.bu.ri.sta [labur'ista] *s Pol.* trabalhista.
lac.ca [l'akka] *sf* laca.
lac.ca.re [lakk'are] *vt* laquear.
lac.ché [lakk'e] *sm* lacaio. *Fig.* adulador.
lac.cio [l'attʃo] *sm* liga, ligação; armadilha, cilada. **prendere** ou **cogliere al** ≃ *Fig.* fazer cair na armadilha.
la.ce.ra.re [latʃer'are] *vt* lacerar; dilacerar, despedaçar. *vpr* dilacerar-se, despedaçar-se.
la.ce.ra.zio.ne [latʃerats'jone] *sf* laceração. *Fig.* tormento, angústia.
la.ce.ro [l'atʃero] *adj* lacerado; rasgado.
la.co.ni.co [lan'ɔniko] *adj* lacônico.
la.cri.ma [l'akrima] *sf* lágrima; gota. ≃**e di coccodrillo** *Fig.* lágrimas de crocodilo.
la.cri.ma.le [lakrim'ale] *adj* lacrimal.
la.cri.ma.re [lakrim'are] *vi* lacrimejar; chorar.
la.cu.na [lak'una] *sf* lacuna, espaço; falha.
la.cu.stre [lak'ustre] *adj* lacustre. **stazioni** ≃**i** *Arqueol.* palafitas.
lad.do.ve [ladd'ove] *adv* ali, naquele lugar. *conj* enquanto.
la.di.no [lad'ino] *sm* ladino (idioma). *adj* ladino, italiano dos Alpes.
la.dro [l'adro] *sm* ladrão. *adj* ruim, detestável.

≃ **in guanti gialli** *Fig.* ladrão de casaca. ≃ **di cuori** *Fig.* ladrão de corações.
la.dro.ci.nio [ladrotʃ'injo] ou **la.tro.ci.nio** [latrotʃ'injo] *sm* latrocínio.
la.dro.ne.ri.a [ladroner'ia] *sf* roubo, ladroeira.
lag.giù [ladd3'u] *adv* lá embaixo; lá longe.
la.gnan.za [laɲ'antsa] *sf* ou **la.gno** [l'aɲo] *sm* lamento, queixa.
la.gnar.si [laɲ'arsi] *vpr* lamentar-se, queixar-se.
la.go [l'ago] *sm Geogr.* e *Fig.* lago.
la.gu.na [lag'una] *sf Geogr.* laguna.
lai.co [l'ajko] *adj* laico; leigo; secular.
lai.do [l'ajdo] *adj* sujo, imundo; obsceno, indecente; nojento, repulsivo.
la.ma [l'ama] *sf* lâmina. ≃ **da barba** lâmina de barbear. *sm Rel.* lama. *Zool.* lhama.
lam.bic.ca.re [lambikk'are] *vt* destilar. ≃**si il cervello** *vpr Fig.* quebrar a cabeça.
lam.bic.co [lamb'ikko] *sm* alambique.
lam.bi.re [lamb'ire] *vt* lamber. *Fig.* roçar, tocar de leve.
la.men.ta.re [lament'are] *vt* lamentar; lastimar; deplorar. *vpr* lamentar-se de, queixar-se de.
la.men.ta.zio.ne [lamentats'jone] *sf* lamentação, queixa.
la.men.te.vo.le [lament'evole] *adj* lamentável, deplorável.
la.men.to [lam'ento] *sm* lamento.
la.met.ta [lam'etta] *sf dim* lâmina de barbear.
la.mie.ra [lam'jera] *sf* chapa.
la.mi.na [l'amina] *sf* lâmina; chapa fina.
la.mi.na.re [lamin'are] *vt* laminar, chapear. *adj* laminar, em forma de lâmina.
lam.pa.da [l'ampada] *sf* lâmpada. ≃ **fluorescente** lâmpada fluorescente. ≃ **al neon** lâmpada de néon.
lam.pa.da.rio [lampad'arjo] *sm* lustre.
lam.pa.di.na [lampad'ina] *sf dim* lâmpada pequena.
lam.pan.te [lamp'ante] *adj* reluzente, brilhante; claro; novíssimo (moeda).
lam.peg.gia.re [lampedd3'are] *vi* relampejar. *Fig.* resplandecer, refulgir.
lam.peg.gia.to.re [lampedd3'atore] *sm Autom.* pisca-pisca.

lam.pio.ne [lamp'jone] *sm* lampião, lanterna.
lam.po [l'ampo] *sm* relâmpago. *Fig.* raio, coisa velocíssima.
lam.po.ne [lamp'one] *sm* framboesa; framboeseiro.
lam.pre.da [lampr'eda] *sf Zool.* lampreia.
la.na [l'ana] *sf* lã. ≃ **d'acciaio** palhinha de aço. **buona** ≃ *Irôn. Fig.* mau sujeito.
lan.cet.ta [lantʃ'etta] *sf dim* ponteiro. *Med. e Bot.* lanceta.
lan.cia [l'antʃa] *sf* lança; lanceiro. *Náut.* lancha. ≃ **di salvataggio** bote salva-vidas.
lan.cia.fiam.me [lantʃaf'jamme] *sm Mil.* lança-chamas.
lan.cia.re [lantʃ'are] *vt* lançar, jogar, arremessar, atirar. *vpr* lançar-se, jogar-se. ≃ **un prodotto** *Com. Fig.* lançar um produto.
lan.cio [l'antʃo] *sm* lançamento; arremesso. **di** ≃ de repente; imediatamente, logo. **di primo** ≃ num primeiro momento. ≃ **pubblicitario** lançamento publicitário.
lan.da [l'anda] *sf* charneca.
lan.dò [land'ɔ] *sm* landau, landô (carruagem).
la.ne.ri.a [laner'ia] *sf* (mais usado no *pl*) lanifício, tecidos ou produtos de lã.
lan.gui.dez.za [langwid'ettsa] *sf* languidez; fraqueza, debilidade.
lan.gui.do [l'angwido] *adj* lânguido; fraco, débil.
lan.gui.re [lang'wire] *vi* languescer, tornar-se lânguido; enfraquecer, debilitar-se.
la.ni.fi.cio [lanif'itʃo] *sm* lanifício (fábrica).
la.no.li.na [lanol'ina] *sf* lanolina.
lan.ter.na [lant'erna] *sf* lanterna, lampião. *Arquit.* clarabóia. *Náut.* farol.
la.nu.gi.ne [lan'udʒine] *sf* penugem; buço.
la.on.de [la'onde] *adv Lit.* por isso, por esse motivo.
la.pi.da.re [lapid'are] *vt* apedrejar.
la.pi.da.zio.ne [lapidats'jone] *sf* apedrejamento.
la.pi.de [l'apide] *sf* lápide.
la.pis [l'apis] *sm* lápis.
la.pi.slaz.zu.li [lapizl'addzuli] *sm Min.* lápis-lazúli.
lar.do [l'ardo] *sm* toucinho; gordura de porco.
lar.ga.re [larg'are] *vt* alargar; desfazer (nós); ser liberal.
lar.gheg.gia.re [largedʒ'are] *vi* ser generoso; ser liberal.
lar.ghez.za [larg'ettsa] *sf* largura. *Fig.* generosidade; liberalidade; abundância.
lar.gi.re [lardʒ'ire] *vt* esbanjar.

lar.go [l'argo] *sm* largura; largo, praça. *Mús.* largo. **al** ≃ *Náut.* em alto-mar. *adj* largo. *Fig.* aberto, amplo; abundante, copioso; liberal, generoso; folgado. **alla** ≃ **a!** atenção!
lar.gu.ra [larg'ura] *sf* amplidão, extensão.
la.ri [l'ari] *sm pl Mit.* lares, deuses domésticos.
la.rin.ge [lar'indʒe] *sf Anat.* laringe.
la.rin.gi.te [larindʒ'ite] *sf Med.* laringite.
lar.va [l'arva] *sf* larva. *Fig.* fantasma, espectro; esqueleto, pessoa magra.
lar.va.to [larv'ato] *part+adj* oculto, disfarçado.
la.sa.gna [laz'aɲa] *sf* (mais usado no *pl*) lasanha.
la.scia.pas.sa.re [laʃapass'are] *sm* salvo-conduto, passe.
la.scia.re [laʃ'are] *vt* deixar; abandonar; desistir de; permitir; afrouxar; largar. *vpr* deixar-se.
la.sci.to [l'aʃito] *sm Dir.* legado.
la.sci.via [laʃ'ivja] *sf* lascívia, libidinagem.
la.sci.vo [laʃ'ivo] *adj* lascivo, libidinoso.
la.sco [l'asko] *adj* frouxo, solto; vagaroso.
las.sa.ti.vo [lassat'ivo] *sm+adj Med.* laxante.
las.so [l'asso] *sm* lapso. *adj* cansado. frouxo.
las.sù [lass'u] *adv* ali em cima, lá em cima.
la.stra [l'astra] *sf* laje, lousa (pedra); lajota; chapa de metal.
la.stri.ca.re [lastrik'are] *vt* lajear, calçar com lajes. *Fig.* facilitar.
la.stri.ca.to [lastrik'ato] ou **la.stri.co** [l'astriko] *sm* lajeado. **ridursi sul** ≃ *Fig.* ficar na miséria.
la.te.bra [lat'ɛbra] *sf Lit.* esconderijo; escuridão.
la.ten.te [lat'ɛnte] *adj* latente; escondido.
la.te.ra.le [later'ale] *sm Fut.* lateral. *adj* lateral, do lado.
la.te.ri.zi [later'itsi] *sm pl* tijolos; telhas.
la.ti.ce [l'atitʃe] ou **lat.ti.ce** [l'attitʃe] *sm Bot.* látex.
la.ti.fon.di.sta [latifond'ista] *s* latifundiário.
la.ti.fon.do [latif'ondo] *sm* latifúndio.
la.ti.niz.za.re [latiniddz'are] *vt+vi* latinizar.
la.ti.no [lat'ino] *sm* o latim, língua latina. *adj* latino. ≃ **antico** ou **arcaico** latim antigo. ≃ **volgare** latim vulgar. **basso** ≃ baixo-latim.
la.ti.tan.te [latit'ante] *adj Dir.* foragido.
la.ti.tu.di.ne [latit'udine] *sf Geogr.* latitude.
la.to [l'ato] *sm* lado; flanco; parte. *adj Lit.* lato, amplo, espaçoso, largo. **a** ≃ **di** ao lado de. **da questo** ≃ desta parte. *Fig.* neste ponto de vista. **dal mio** ≃ por mim, de minha parte. **dal** ≃ **paterno** por parte de pai. **da un** ≃ **all'altro** de um lado para outro.
la.tra.re [latr'are] *vi* ladrar, latir.

la.tri.na [latr'ina] *sf* latrina, privada.

latrocinio → ladrocinio.

lat.ta [l'atta] *sf* lata; lâmina de metal.

lat.ta.io [latt'ajo] *sm+adj* leiteiro. **vacca ≃ a** vaca leiteira.

lat.ta.io.lo [latta'jɔlo] *adj* de leite (dente).

lat.tan.te [latt'ante] *s+adj* lactante.

lat.ta.re [latt'are] *vt* amamentar, aleitar. *vi* mamar.

lat.ta.zio.ne [lattats'jone] *sf* lactação; amamentação.

lat.te [l'atte] *sm* leite. ≃ **condensato** leite condensado. ≃ **pastorizzato** leite pasteurizado. **fratello di ≃ irmão de leite. ≃ di cocco** leite de coco. **fiore di** ≃ nata.

lat.te.o [l'atteo] *adj* lácteo, de leite. **Via L≃a** *Astron.* Via Láctea.

lat.te.ri.a [latter'ia] *sf* leiteria.

lat.ti.ci.nio [lattitʃ'injo] *sm* laticínio.

lat.tie.ra [latt'jera] *sf* leiteira.

lat.ti.ven.do.lo [lattiv'endolo] *sm* leiteiro.

lat.to.sio [latt'ɔzjo] *sm Quím.* lactose.

lat.tu.ga [latt'uga] *sf* alface.

lau.re.a [l'awrea] *sf* formatura. **il diploma di** ≃ ou ≃ diploma de doutor.

lau.re.an.do [lawre'ando] *sm* formando.

lau.re.a.re [lawre'are] *vt* diplomar. *vpr* diplomar-se, formar-se.

lau.ro [l'awro] *sm Bot.* louro, loureiro. **i ≃ i** *Fig.* os louros, a glória.

lau.to [l'awto] *adj* suntuoso, luxuoso; abundante.

la.va [l'ava] *sf Geol.* lava.

la.va.bo [lav'abo] *sm* pia, lavabo, lavatório.

la.va.ca.po [lavak'apo] *sm* repreensão. *Pop.* bronca.

la.vag.gio [lav'addʒo] *sm* lavagem. ≃ **del cervello** lavagem cerebral.

la.va.gna [lav'aña] *sf* lousa, quadro-negro. *Min.* ardósia.

la.van.da [lav'anda] *sf* lavagem, lavadura. *Bot.* alfazema; lavanda (essência).

la.van.da.ia [lavand'aja] *sf* lavadeira.

la.van.de.ri.a [lavander'ia] *sf* lavanderia. ≃ **automatica** lavanderia automática.

la.va.piat.ti [lavap'jatti] *s* lavador de pratos; máquina de lavar pratos.

la.va.re [lav'are] *vt* lavar. *Fig.* purificar. *vpr* lavar-se. ≃ **la testa all'asino** ajudar a quem não merece. ≃ **si le mani** lavar as mãos.

la.va.tri.ce [lavatr'itʃe] *sf* máquina de lavar.

la.va.tu.ra [lavat'ura] *sf* lavagem, lavadura. ≃ **a secco** lavagem a seco. ≃ **gastrica** *Med.* lavagem do estômago.

la.vo.ra.re [lavor'are] *vt* trabalhar; elaborar; cultivar, arar. *vi* trabalhar; agir, operar. ≃ **a vuoto** trabalhar de graça. ≃ **sott'acqua** agir às escondidas. ≃ **senza posa** trabalhar sem descanso. ≃ **a maglia** tricotar.

la.vo.ra.to.re [lavorat'ore] *sm* trabalhador.

la.vo.ra.zio.ne [lavorats'jone] *sf* trabalho; cultivo, lavra; lavoura.

la.vo.ro [lav'oro] *sm* trabalho. **malattie del** ≃ doenças do trabalho. ≃ **ai ferri** tricô. ≃ **i di casa** serviços domésticos. ≃ **i forzati** *pl* trabalhos forçados.

laz.za.ro.ne [laddzar'one] *sm* vagabundo, vadio; patife, canalha.

le [l'e] *art def fpl* as. Antes da vogal *e*, **l'**. *pron fsg* lhe, a ela. **L** ≃ ou ≃ ao senhor, à senhora. *pron fpl* as. **L** ≃ ou ≃ os senhores, as senhoras.

le.a.le [le'ale] *adj* leal; fiel.

le.al.tà [leal't'a] *sf* lealdade; fidelidade.

leb.bra [l'ebbra] ou **le.pra** [l'epra] *sf Med.* lepra.

lec.ca.piat.ti [lekkap'jatti] *sm* guloso, comilão.

lec.ca.pie.di [lekkap'jedi] ou **lec.ca.zam.pe** [lekkadz'ampe] *s dep* bajulador. *Pop.* puxasaco.

lec.ca.re [lekk'are] *vt* lamber. *Fig.* bajular. *vpr* lamber-se.

lec.ca.ta [lekk'ata] *sf* lambida.

lec.co [l'ekko] *sm* bolinha (de bocha, bilhar); marca. *Fig.* isca, engodo.

lec.cor.ni.a [lekkorn'ia] *sf* guloseima, gulodice.

le.ci.to [l'etʃito] *adj* lícito, legal; permitido.

le.de.re [l'edere] *vt Lit.* ofender; ferir, lesar.

le.ga [l'ega] *sf* liga, aliança, união; ligação; classe, tipo; légua. *Fig. dep* bando, cambada; combinação, conchavo.

le.ga.le [leg'ale] *sm* jurista, legista; advogado. *adj* legal, da lei.

le.ga.liz.za.re [legaliddz'are] *vt Dir.* autenticar, legalizar um documento.

le.ga.me [leg'ame] *sm* ligação. *Fig.* vínculo.

le.ga.men.to [legam'ento] *sm* ligação. ≃ **i** *pl Anat.* ligamentos.

le.ga.re [leg'are] *vt* ligar, unir; prender, fixar; encadernar. *Dir.* legar. *vpr* ligar-se a, unir-se a. ≃ **le mani** *Fig.* atar as mãos, impedir de agir. ≃ **amicizia** fazer amizade.

le.ga.to [leg'ato] *sm Dir.* legado, herança. *Rel.* núncio. *Pol.* embaixador, legado.

le.ga.tu.ra [legat'ura] *sf* ligação, união; encadernação. *Mús.* ligadura. *Med.* laqueadura.

le.ga.zio.ne [legats'jone] *sf Pol.* legação.

leg.ge [l'eddʒe] *sf* lei; norma. *Fig.* direito; ordem universal. **dettar** ≃ comandar. **fuori** ≃ ilegal. **di** ≃ necessariamente, forçosamente.

leg.gen.da [ledd'ʒ'ɛnda] *sf* lenda; legenda.
leg.gen.da.rio [leddʒend'arjo] *adj* lendário, legendário.
leg.ge.re [l'eddʒere] *vt+vi* ler; lecionar. *Fig.* compreender, entender.
leg.ge.rez.za [leddʒer'ettsa] *sf* leveza; agilidade; ligeireza. *Fig.* inconstância; leviandade.
leg.ge.ro [ledd'ʒ'ero] ou **leg.gie.ro** [ledd'ʒ'ero] *adj* leve; ágil; ligeiro, rápido, veloz. *Fig.* volúvel; leviano. **a cuore** ≃ despreocupadamente.
leg.gia.dri.a [leddʒadr'ia] *sf* graça, formosura.
leg.gia.dro [ledd'ʒ'adro] *adj* gracioso, formoso.
leg.gi.bi.le [ledd'ʒ'ibile] *adj* legível.
leg.gi.o [ledd'ʒ'io] *sm Mús.* e *Rel.* estante (para partituras e no coro da igreja).
le.gio.ne [ledʒ'one] *sf Mil.* legião. ≃ **straniera** legião estrangeira.
le.gi.sla.ti.vo [ledʒislat'ivo] *adj* legislativo.
le.gi.sla.to.re [ledʒislat'ore] *sm* legislador.
le.gi.sla.tu.ra [ledʒislat'ura] *sf* legislatura.
le.gi.sla.zio.ne [ledʒislats'jone] *sf* legislação.
le.gi.sta [ledʒ'ista] *sm* jurista, legista.
le.git.ti.ma.re [ledʒittim'are] *vt* legitimar.
le.git.ti.mo [ledʒ'ittimo] *adj* legítimo, legal; genuíno, verdadeiro; apropriado, conveniente.
le.gna [l'eña] *sf* (*pl* **le legna** ou **le legne**) lenha.
le.gna.iuo.lo [leña'jwɔlo] ou **le.gna.io.lo** [leña'jolo] *sm* carpinteiro.
le.gna.me [leñ'ame] *sm* madeira; lenha.
le.gna.re [leñ'are] *vt* espancar, bater.
le.gna.ta [leñ'ata] *sf* paulada, pancada.
le.gno [l'eño] *sm* madeira. *Bot.* lenho. ≃ **compensato** madeira compensada.
le.gu.me [leg'ume] *sm* legume.
le.gu.mi.no.so [legumin'ozo] *adj Bot.* leguminoso.
lei [l'ɛj] *pron fsg* ela; a, la. **L** ≃ ou ≃ o senhor, a senhora.
lem.bo [l'embo] *sm* aba de vestimenta. *Fig.* ponta, extremidade.
lem.ma [l'emma] *sm Fil.* e *Mat.* lema, premissa.
le.mu.re [l'emure] *sm Zool.* lêmure.
le.na [l'ena; l'ena] *sf* fôlego, respiração, alento. *Fig.* vigor, coragem, alento.
len.di.ne [l'endine] *sf Zool.* lêndea.
le.ni.re [len'ire] *vt Med.* lenir, abrandar, suavizar. *Fig.* aliviar.
le.ni.ti.vo [lenit'ivo] *sm+adj Med.* lenitivo, calmante. *Fig.* paliativo.
le.no.ci.nio [lenotʃ'injo] *sm Dir.* lenocínio. *Fig.* artifício; ilusão.
le.no.ne [len'one] *sm* alcoviteiro.

len.te [l'ɛnte] *sf* lente. *Bot.* lentilha. ≃**i** *pl* óculos. ≃ **da ingrandimento** lente de aumento. *tb* **lenticchia**.
len.tez.za [lent'ettsa] *sf* lentidão, vagarosidade.
len.tic.chia [lent'ikkja] *sf Bot.* lentilha.
len.tig.gi.ne [lent'iddʒine] *sf* sarda.
len.to [l'ɛnto] *adj* lento, vagaroso; preguiçoso; frouxo, solto. **cuocere a fuoco** ≃ cozinhar em fogo lento. *adv* lentamente.
len.za [l'entsa] *sf* linha de pesca.
len.zuo.lo [lents'wɔlo] *sm* lençol. **i** ≃**i** *sm pl* os lençóis (em geral). **le** ≃**a** *sf pl* o par de lençóis.
le.o.ne [le'one] *sm* leão. **L** ≃ *Astron.* e *Astrol.* Leão. ≃ **d'America** puma.
le.o.nes.sa [leon'essa] *sf* leoa.
le.o.ni.no [leon'ino] *adj* leonino.
le.o.par.do [leop'ardo] *sm* leopardo. ≃ **americano** onça.
le.pi.do [l'epido] *adj* lépido, espirituoso.
lepra → **lebbra**.
le.prac.chiot.to [leprakk'jotto] ou **le.prat.to** [lepr'atto] *sm dim Zool.* lebracho.
le.pre [l'epre] *s* lebrão; lebre.
ler.cio [l'ertʃo] *adj* imundo; asqueroso.
le.sbi.ca [l'ezbica] *sf* lésbica.
le.se.na [lez'ena] *sf Arquit.* pilar.
le.si.na [l'ezina] *sf* sovela. *Fig.* avarento, sovina. *Pop.* pão-duro.
le.si.na.re [lezin'are] *vt* economizar. *vi* ser avarento.
le.sio.na.re [lezjon'are] *vt* danificar, estragar; machucar, ferir.
le.sio.ne [lez'jone] *sf* lesão. *Fig.* ofensa.
les.sa.re [less'are] *vt* cozinhar, cozer.
les.si.co [l'essiko] *sm Gram.* léxico; vocabulário.
les.si.co.gra.fi.a [lessikograf'ia] *sf Gram.* lexicografia.
les.so [l'esso] ou **a.les.so** [al'esso] *sm+adj* cozido.
le.stez.za [lest'ettsa] *sf* presteza, prontidão; agilidade.
le.sto [l'esto] *adj* rápido, veloz; esperto, astuto. ≃ **di mano** de mão leve (ladrão).
le.ta.le [let'ale] *adj* letal, mortal, mortífero.
le.ta.me [let'ame] *sm* esterco, estrume.
le.tar.gi.a [letardʒ'ia] *sf Med.* letargia.
le.tar.go [let'argo] *sm Med.* letargia. *Zool.* hibernação. *Fig.* preguiça, torpor.
le.ti.zia [let'itsja] *sf Lit.* júbilo, regozijo.
le.ti.zia.re [letitsj'are] *vt* alegrar. *vi+vpr Lit.* alegrar-se.
let.ta [l'etta] *sf* lida, olhada, leitura superficial.

let.te.ra [l'ettera] *sf* letra; carta. *Com.* letra. ≃e *pl* letras, literatura. **alla** ≃ ao pé da letra, literalmente. ≃ **anonima** carta anônima. ≃ **capitale** inicial maiúscula. ≃ **di cambio** letra de câmbio. ≃ **morta** letra morta, escrito sem validade. ≃ **aerea** carta via aérea. ≃ **assicurata** carta registrada com valor declarado. ≃ **raccomandata** carta registrada sem valor declarado.

let.te.ra.le [letter'ale] *adj* literal, ao pé da letra.

let.te.ra.to [letter'ato] *sm* literato, letrado. *adj* letrado, culto, erudito.

let.te.ra.tu.ra [letterat'ura] *sf* literatura.

let.ti.co [l'ettiko] *adj* letão, dos letões.

let.ti.ga [lett'iga] *sf* maca, padiola, liteira.

let.to [l'etto] *sm* cama, leito. *Geogr.* leito de rio. ≃ **a una piazza** ou ≃ **singolo** cama de solteiro. ≃ **a due piazze** ou ≃ **matrimoniale** cama de casal. ≃ **a castello** beliche. ≃ **di rose** *Fig.* mar de rosas. *part*+*adj* lido.

let.to.re [lett'ore] *sm* leitor.

let.tu.ra [lett'ura] *sf* leitura.

leu.ce.mi.a [lewtʃem'ia] *sf Med.* leucemia.

leu.co.ci.to [lewkotʃ'ito] *sm Med.* leucócito.

le.va [l'eva] *sf Mec.* alavanca. *Mil.* convocação. ≃ **del cambio** *Autom.* alavanca do câmbio.

le.va.re [lev'are] *vt* levantar, erguer; tirar, retirar, remover. *vpr* erguer-se; levantar-se; retirar-se, sair; nascer. ≃ **il latte a un bambino** desmamar uma criança. ≃ **la maschera** desmascarar. ≃ **si presto** acordar cedo.

le.va.ta [lev'ata] *sf* levantamento; retirada, remoção; nascer do sol. *Com.* retirada, saque.

le.va.to.io [levat'ojo] *adj* levadiço.

le.va.tri.ce [levatr'itʃe] *sf* parteira.

le.va.tu.ra [levat'ura] *sf* importância. *Fig.* inteligência.

le.vi.ga.re [levig'are] *vt* alisar, polir. *Quím.* levigar.

le.vi.ta [lev'ita] *sm Rel.* sacerdote, diácono. *Hist.* levita, de uma tribo israelita.

le.vi.ta.re [levit'are] *vi* levitar.

le.vi.ta.zio.ne [levitats'jone] *sf* levitação.

Le.vi.ti.co [lev'itiko] *sm Rel.* Levítico, livro do Velho Testamento. **l** = *adj* levítico, dos levitas.

le.vrie.re [levr'jere] *sm* lebréu, galgo.

le.zio.ne [lets'jone] *sf* lição; ponto, tópico; ensinamento. *Fig.* repreensão.

le.zio.so [lets'jozo] *adj* dengoso, afetado.

lez.zo [l'eddzo] *sm* cheiro de corpo; mau cheiro, fedor. *Fig.* indecência, obscenidade.

lez.zo.ne [leddz'jone] *sm* porco, porcalhão.

li [l'i] *pron mpl* os, los.

lì [l'i] *adv* ali, lá; para lá. **venire di** ≃ ou **da** ≃ vir de lá. **andare per** ≃ ir para lá. **giù di** ≃ aproximadamente, mais ou menos. **esse.re** ≃ ≃ **per** estar prestes a, estar para.

li.ba.ne.se [liban'eze] *s*+*adj* libanês.

lib.bra [l'ibbra] *sf* libra (medida).

li.bel.lo [lib'ello] *sm Dir.* e *Lit.* libelo, panfleto.

li.bel.lu.la [lib'ellula] *sf Zool.* libélula.

li.be.ra.le [liber'ale] *s* liberal. *adj* liberal; generoso. **professioni** ≃ **i** profissões liberais.

li.be.ra.li.smo [liberal'izmo] *sm Pol.* liberalismo.

li.be.ra.re [liber'are] *vt* libertar, livrar; liberar. *vpr* libertar-se, livrar-se.

li.be.ra.zio.ne [liberats'jone] *sf* libertação; liberação.

li.be.ro [l'ibero] *adj* livre; independente; isento. ≃ **arbitrio** livre-arbítrio. ≃ **docente** livre-docente. **traduzione** ≃ **a** tradução livre, não literal. **professione** ≃ **a** profissão liberal.

li.ber.tà [libert'a] *sf* liberdade.

li.ber.ta.rio [libert'arjo] *adj* libertário.

li.ber.ti.nag.gio [libertin'addʒo] *sm* libertinagem, devassidão.

li.ber.ti.no [libert'ino] *sm*+*adj* libertino, devasso.

li.bi.co [l'ibiko] *adj* líbio, líbico.

li.bi.di.ne [lib'idine] *sf* libidinagem, luxúria, lascívia; libido.

li.bi.di.no.so [libidin'ozo] *sm*+*adj* libidinoso, lascivo.

Li.bra [l'ibra] ou **Bi.lan.cia** [bil'antʃa] *sf Astron.* e *Astrol.* Libra, Balança.

li.bra.io [libr'ajo] *sm* livreiro.

li.bra.re [libr'are] *vt Lit.* pesar. *Fig.* julgar. *vpr* equilibrar-se. *Fig.* pairar.

li.bre.ri.a [librer'ia] *sf* livraria; biblioteca; estante.

li.bret.to [libr'etto] *sm dim* livrinho; caderneta. *Mús.* libreto. ≃ **d'assegni** talão de cheques. ≃ **di risparmio** caderneta de poupança. ≃ **di circolazione** licença do veículo.

li.bro [l'ibro] *sm* livro. ≃ **mastro** *Com.* livro razão. ≃ **cassa** *Com.* livro caixa.

li.can.tro.pi.a [likantrop'ia] *sf Med.* licantropia.

li.cen.za [litʃ'entsa] *sf* licença, permissão; atestado de conclusão de curso; licenciosidade. *Mil.* licença, dispensa. ≃ **poetica** licença poética.

li.cen.zia.re [litʃents'are] *vt* licenciar, dispensar; despedir, demitir; diplomar. *vpr* demitir-se.

li.cen.zio.so [litʃents'jozo] *adj* licencioso, devasso; obsceno, vulgar; desbocado.

li.ce.o [litʃ'ɛo] *sm* escola secundária. ≃ **classico** colegial em humanas. ≃ **scientifico** colegial em biológicas e exatas.

li.che.ne [lik'ene] *sm Bot.* líquen.

li.ci.ta.re [litʃit'are] *vi Com.* licitar.

li.ci.ta.zio.ne [litʃitats'jone] *sf Com.* licitação.

licore → **liquore**.

li.do [l'ido] *sm* praia. *Poét.* terra, lugar.

lie.to [l'jeto] *adj* ledo, alegre, feliz, contente. **molto** ≃! muito prazer! **sono** ≃ **di fare la vostra conoscenza!** tenho muito prazer em conhecê-lo (a)!

lie.ve [l'jeve] *adj* leve; fraco, débil; insignificante.

lie.vi.ta.re [ljevit'are] *vi* levedar, fermentar; aumentar, crescer.

lie.vi.to [l'jevito] *sm* fermento, lêvedo, levedura.

li.ga.men.to [ligam'ento] *sm Anat.* ligamento.

li.gio [l'idʒo] *adj* fiel.

li.gnag.gio [liɲ'addʒo] *sf* linhagem, estirpe.

li.gni.te [liɲ'ite] *sf Min.* linhita.

li.gu.re [l'igure] *s+adj* lígure.

lil.la [l'illa] ou **lil.là** [lill'a] *sf* lilás, cor lilás. *Bot.* lilás (tipo de flor).

li.ma [l'ima] *sf* lima. *Fig.* preocupação.

li.mac.cio.so [limattʃ'ozo] *adj* lamacento.

li.ma.glia [lim'aʎa] *sf* limalha.

li.ma.re [lim'are] *vt* limar. *Fig.* retocar.

lim.bo [l'imbo] *sm Rel.* limbo.

li.met.ta [lim'etta] *sf dim* lima pequena. *Bot.* lima.

li.met.ti.na [limett'ina] *sf dim* lima de unhas.

li.mi.ta.re [limit'are] *sm Lit.* soleira. *Fig.* limiar, princípio. *vt* limitar; delimitar; restringir. *vpr* limitar-se, restringir-se; conter-se.

li.mi.ta.ti.vo [limitat'ivo] *adj* limitante, restritivo.

li.mi.ta.to [limit'ato] *adj* limitado; delimitado, restrito; confinado.

li.mi.te [l'imite] *sm* limite; fronteira. *Fig.* termo, fim. ≃ **di velocità** limite de velocidade.

li.mi.tro.fo [lim'itrofo] *adj* limítrofe.

li.mo [l'imo] *sm Lit.* limo, lama, lodo.

li.mo.na.ta [limon'ata] *sf* limonada.

li.mo.ne [lim'one] *sm* limão; limoeiro.

limosina → **elemosina**.

li.mo.si.na [limoz'ina] II *sf* limusine.

limosinare → **elemosinare**.

lim.pi.dez.za [limpid'ettsa] ou **lim.pi.di.tà** [limpidit'a] *sf* limpidez, transparência; clareza, nitidez.

lim.pi.do [l'impido] *adj* límpido, transparente; claro, nítido; limpo, sem nuvens.

lin.ce [l'intʃe] *sf* lince.

lin.ciag.gio [lintʃ'addʒo] ou **lin.cia.men.to** [lintʃam'ento] *sm* linchamento.

lin.cia.re [lintʃ'are] *vt* linchar.

lin.dez.za [lind'ettsa] ou **lin.du.ra** [lind'ura] *sf* asseio, esmero; limpeza.

lin.do [l'indo] *adj* asseado, esmerado; limpo.

li.ne.a [l'inea] *sf* linha; traço, risco; forma, figura; fila, seqüência; trajetória de projétil. *Pint.* contorno. ≃ **retta** linha reta. **aeroplano di** ≃ avião de carreira. ≃ **aerea** linha aérea. ≃ **d'autobus** linha de ônibus. ≃ **ferroviaria** linha de trem. ≃ **telefonica** linha telefônica. ≃ **tranviaria** linha de bonde.

li.ne.a.men.ti [lineam'enti] *sm pl* fisionomia, feições.

li.ne.a.re [line'are] *adj* linear. *vt* delinear.

li.ne.et.ta [line'etta] *sf dim* travessão; hífen.

lin.fa [l'infa] *sf Bot.* e *Anat.* linfa.

lin.fa.ti.co [linf'atiko] *adj* linfático. *Fig.* anêmico, fraco. **sistema** ≃ sistema linfático.

lin.got.to [ling'ɔtto] *sm dim* lingote, barra.

lin.gua [l'ingwa] *sf* língua, idioma. *Anat.* língua. *Fig.* labareda. **mala** ≃ difamador. ≃ **del sì** língua italiana. ≃ **viva** língua viva. ≃ **morta** língua morta. ≃ **e classiche** línguas clássicas. ≃ **e dotte** línguas antigas.

lin.guac.ciu.to [lingwattʃ'uto] *adj* linguarudo, tagarela.

lin.guag.gio [ling'waddʒo] *sm* linguagem.

lin.gua.ta [ling'wata] ou **lin.gua.tu.la** [ling'watula] *sf Zool.* linguado.

lin.guet.ta [ling'wetta] *sf dim* língua do sapato; lingüeta.

lin.gui.sta [ling'wista] *s* lingüista.

lin.gui.sti.ca [ling'wistika] *sf* lingüística.

li.ni.men.to [linim'ento] *sm Med.* linimento. *Fig.* remédio, medicamento.

li.no [l'ino] *sm* linho.

li.que.fa.re [likwef'are] *vt* liquefazer; derreter. *vpr* liquefazer-se; derreter. *Fig.* suar.

li.que.fat.to [likwef'atto] *part+adj* liquefeito; derretido.

li.qui.da.re [likwid'are] *vt* pagar, ajustar; liquidar; resolver. *Fig.* eliminar, matar; fechar, encerrar (negócio).

li.qui.da.zio.ne [likwidats'jone] *sf* pagamento, ajuste; resolução. *Com.* liquidação.

li.qui.do [l'ikwido] *sm* líquido. *Com.* valor líquido. *adj* líquido, liquefeito. *Com.* líquido.

li.quo.re [lik'wore] *sm* ou **li.co.re** [lik'ore] *sm Poét.* licor.

li.ra [l'ira] *sf* lira, moeda italiana. *Mús.* lira. *Gír.* grana. ≃ **sterlina** libra esterlina.

li.ri.co [l'iriko] *adj* lírico.

li.sca [l'iska] *sf* espinha de peixe.

li.scez.za [liʃ'ettsa] *sf* lisura.

li.scia.re [liʃ'are] *vt* alisar; pentear. *Fig.* bajular. *Pop.* lamber.

li.scio [l'iʃo] *adj* alisado, liso; puro; fácil; simples. **passarla** ≃ **a** a não castigar.

li.sci.va [liʃ'iva] ou **li.sci.via** [liʃ'ivja] *sf* lixívia, barrela.

li.so [l'izo] *adj* gasto, consumido.

li.sta [l'ista] *sf* lista; listra, risca; catálogo, relação; cardápio, menu. ≃ **elettorale** registro eleitoral. ≃ **dei vini** carta de vinhos. ≃ **delle vivande** cardápio. **fatto a** ≃ **e** listado.

li.sta.re [list'are] *vt* listrar.

li.sti.no [list'ino] *sm Com.* cotação. ≃ **di prezzi** lista de preços.

li.ta.ni.a [litan'ia] *sf* (mais usado no *pl*) *Rel.* litania, ladainha. *Fig.* lengalenga.

li.te [l'ite] *sf* divergência, controvérsia; discussão, briga. *Dir.* litígio, demanda.

li.ti.ga.re [litig'are] ou **li.ti.ca.re** [litik'are] *vi* divergir; discutir, brigar. *Dir.* ter litígio, litigiar.

li.ti.gio [lit'idʒo] *sf Dir.* litígio.

li.tio [l'itjo] *sm Quím.* lítio.

li.to.gra.fi.a [litograf'ia] *sf* litografia.

li.to.ra.le [litor'ale] ou **lit.to.ra.le** [littor'ale] *sm* litoral, costa. *adj* litorâneo.

li.to.ra.neo [litor'aneo] ou **lit.to.ra.neo** [littor'aneo] *adj* litorâneo.

li.tro [l'itro] *sm* litro. **mezzo** ≃ meio litro.

li.tua.no [lit'wano] *sm* + *adj* lituano.

li.vel.la [liv'ella] *sf* nível (instrumento).

li.vel.la.re [livell'are] *vt* nivelar; aplainar; igualar. *Dir.* aforar, ceder (um imóvel) mediante pagamento anual. *vpr* nivelar-se; igualar-se.

li.vel.lo [liv'ello] *sm* nível. *Fig.* situação, estado. ≃ **di vita** nível de vida. ≃ **sociale** nível social. **passaggio a** ≃ passagem de nível.

li.vi.do [l'ivido] *sm* contusão, marca. *adj* lívido, pálido.

li.vo.re [liv'ore] *sm* inveja; ódio, rancor.

li.vor.ne.se [livorn'eze] *s* + *adj* livornês, de Livorno.

li.vre.a [livr'ɛa] *sf* uniforme (de empregados).

liz.za [l'ittsa] *sf Hist.* liça.

lo [l'o] I *pron* o, lo. **nessuno** ≃ **conosce** ninguém o conhece. **voleva veder** ≃ queria vê-lo.

lo [l'o] II *art def msg* o. Antes de vogal, **l'**. *tb* **il.** *pron msg* o, lo.

lo.bo [l'ɔbo] *sm Anat.* lobo. ≃ **dell'orecchio** ou **lobulo** lóbulo da orelha.

lo.bu.lo [l'ɔbulo] *sm Anat. dim* pequeno lobo. *tb* **lobo.**

lo.ca.le [lok'ale] *sm* nativo; quarto, aposento; trem local. ≃ **notturno** boate. *adj* local.

lo.ca.li.tà [lokalit'a] *sf* localidade; vilarejo.

lo.ca.liz.za.re [lokaliddz'are] *vt* localizar, situar; isolar, limitar.

lo.can.da [lok'anda] *sf* estalagem, pousada.

lo.can.die.re [lokand'jere] *sm* estalajadeiro.

lo.ca.ta.rio [lokat'arjo] *sm* locatário, inquilino.

lo.ca.ti.vo [lokat'ivo] *sm Gram.* locativo.

lo.ca.to.re [lokat'ore] *sm* locador, proprietário.

lo.ca.zio.ne [lokats'jone] *sf Com.* locação, arrendamento.

lo.co.mo.ti.va [lokomot'iva] *sf* locomotiva.

lo.co.mo.zio.ne [lokomots'jone] *sf Fisiol.* locomoção. **mezzi di** ≃ meios de transporte.

lo.cu.sta [lok'usta] *sf Zool.* gafanhoto.

lo.cu.zio.ne [lokuts'jone] *sf Gram.* locução, frase.

lo.da.re [lod'are] *vt* elogiar, louvar. *vpr* gabar-se, vangloriar-se.

lo.de [l'ode] *sf* elogio, louvor. *Fig.* mérito.

lo.do [l'odo] *sm Dir.* laudo.

lo.ga.ri.tmo [logar'itmo] *sm Mat.* logaritmo.

log.gia [l'oddʒa] *sf* loja maçônica. *Arquit.* galeria, peristilo.

log.gia.to [loddʒ'ato] *sf Arquit.* pórtico.

log.gio.ne [loddʒ'one] ou **lub.bio.ne** [lubb'jone] *sm Teat.* geral, galeria.

lo.ghic.cio.lo [logittʃ'olo] *sm dim* lugarejo.

lo.gi.ca [l'ɔdʒika] *sf* lógica, raciocínio.

lo.gi.co [l'ɔdʒiko] *sm* lógico. *adj* lógico; racional, sensato.

lo.gi.sti.ca [lodʒ'istika] *sf* logística.

lo.glio [l'ɔλo] *sm Bot.* joio. **distinguere il grano dal** ≃ *Fig.* separar o joio do trigo.

lo.go.ra.re [logor'are] *vt* gastar, cosumir; estragar. *Fig.* enfraquecer. *vpr* gastar-se, consumir-se; estragar-se.

lo.go.ro [l'ogoro] *sm* gasto, consumo. *adj* gasto, consumido. *Fig.* estragado; enfraquecido.

lo.go.ti.po [logot'ipo] *sm* logotipo.

lom.bag.gi.ne [lomb'addʒine] *sf* lumbago.

lom.bar.do [lomb'ardo] *sm* + *adj* lombardo.

lom.ba.re [lomb'are] ou **lom.ba.le** [lomb'ale] *adj* lombar.

lom.bo [l'ombo] *sm Anat.* lombo, costas. **avere buoni** ≃ **i** ser robusto.

lom.bri.co [lombr'iko] *sm* minhoca; lombriga.

lon.di.ne.se [londin'eze] *s* + *adj* londrino.

lon.ga.ni.me [long'anime] *adj* clemente, indulgente.

lon.ge.vi.tà [londʒevit'a] *sf* longevidade.

lon.ge.vo [londʒ'evo] *adj Lit.* longevo, dura-douro.

lon.gin.quo [londʒ'inkwo] *adj* longínquo, re-moto.

lon.gi.tu.di.na.le [londʒitudin'ale] *adj* longi-tudinal.

lon.gi.tu.di.ne [londʒit'udine] *sf* longitude.

lon.ta.nan.za [lontan'antsa] *sf* distância. *Fig.* ausência; afastamento, separação.

lon.ta.no [lont'ano] *adj* longe, distante, afas-tado; remoto; ausente. *Fig.* diverso, diferen-te. *adv* longe, distante. ≃ **da** longe de. **pa-rente** ≃ parente distante. **luogo** ≃ lugar re-moto. **tenersi** ≃ **da** manter-se afastado de.

lon.tra [l'ontra] *sf Zool.* lontra.

lo.qua.ce [lok'watʃe] *adj* loquaz, falador. *Fig.* eloqüente, expressivo.

lord [l'ɔrd] *sm* lorde.

lor.da.re [lord'are] *vt* sujar. *vpr* sujar-se.

lor.do [l'ordo] *adj* sujo, imundo. *Contab.* bru-to, sem desconto. *Com.* bruto (peso). **ricavo** ≃ ou **rendita** ≃**a** rendimento bruto.

lor.du.ra [lord'ura] *sf* sujeira, imundície; fezes, excrementos. *Fig.* libertinagem, indecência.

lo.ro [l'oro] *pron pl* eles, elas; os, as; lhes, a eles, a elas. **L**≃ ou ≃ os senhores, as senho-ras; aos senhores, às senhoras. *pron* seu, sua, seus, suas, deles, delas. **L**≃ ou ≃ dos senho-res, das senhoras. **il** ≃ *Fig.* os seus bens, os bens deles (delas). **i** ≃ *Fig.* os seus (paren-tes), os parentes deles (delas).

lo.san.ga [loz'anga] *sf Geom.* losango.

lo.sco [l'osko] *adj* caolho, zarolho. *Fig.* suspei-to, duvidoso; desonesto. *tb* **lusco**.

lo.to [l'ɔto] *sm Bot.* lótus. *Lit.* lodo, lama.

lo.to.so [lot'ozo] *adj Lit.* lodoso, lamacento.

lot.ta [l'ɔtta] *sf* luta; combate; conflito, dispu-ta. ≃ **greco-romana** luta greco-romana. ≃ **libera** luta livre. ≃ **giapponese** jiu-jítsu. ≃ **di classe** luta de classes.

lot.ta.re [lott'are] *vi* lutar, combater.

lot.te.ri.a [lotter'ia] *sf* loteria.

lot.to [l'ɔtto] *sm* loto; lote. **polizza del** ≃ car-tela de loto. **vincere un terno al** ≃ *Fig.* ter um golpe de sorte.

lo.zio.ne [lots'jone] *sf* loção.

lubbione ~ loggione.

lu.bri.co [l'ubriko] *adj* escorregadio. *Fig.* inde-cente, imoral, lascivo.

lu.bri.fi.ca.re [lubrifik'are] ou **lu.bri.ca.re** [lubrik'are] *vt* lubrificar.

lu.bri.fi.ca.zio.ne [lubrifikats'jone] *sf Autom.* lubrificação.

luc.che.se [lukk'eze] *s+adj* de Lucca (cidade italiana).

luc.chet.to [lukk'etto] *sm dim* cadeado.

luc.ci.ca.re [luttʃik'are] *vi* brilhar, reluzir.

luc.ci.chio [luttʃ'ikjo] *sm* brilho, clarão.

luc.cio [l'uttʃo] *sm Zool.* lúcio (peixe).

luc.cio.la [l'uttʃola] *sf Zool.* vaga-lume, piri-lampo. **far vedere** ≃**e per lanterne** *Fig.* ven-der gato por lebre.

lu.co [l'ukko] *sm* toga.

lu.ce [l'utʃe] *sf* luz; claridade. *Anat.* pupila. *Fig.* verdade; explicação, esclarecimento; dia. ≃ **i della ribalta** luzes da ribalta. **anno** ≃ ano-luz. **dare alla** ≃ dar à luz. **mettere in** ≃ co-locar em evidência. **accendere la** ≃ acender a luz. **spegnere la** ≃ apagar a luz.

lu.cen.te [lutʃ'ente] *adj* reluzente, resplan-decente.

lu.cer.na [lutʃ'erna] *sf* lamparina, lampião, candeeiro.

lu.cer.na.rio [lutʃern'arjo] *sm* clarabóia.

lu.cer.to.la [lutʃ'ertola] *sf Zool.* lagarto; la-gartixa.

lu.che.ri.no [luker'ino] *sm Zool.* pintassilgo.

lu.ci.da.re [lutʃid'are] *vt* lustrar, polir; engra-xar; encerar.

lu.ci.da.tri.ce [lutʃidatr'itʃe] *sf* enceradeira.

lu.ci.dez.za [lutʃid'ettsa] ou **lu.ci.di.tà** [lutʃidit'a] *sf* brilho, clareza. *Fig.* lucidez.

lu.ci.do [l'utʃido] *sm* brilho, lustro; graxa de sapatos, cera (para o assoalho). *adj* brilhan-te, lustroso. *Fig.* lúcido.

lu.ci.gno.lo [lutʃ'iñolo] *sm* pavio.

lu.cra.re [lukr'are] *vt* ganhar. *vi* lucrar.

lu.cra.ti.vo [lukrat'ivo] *adj* lucrativo.

lu.cro [l'ukro] *sm* lucro, ganho.

lu.di.brio [lud'ibrjo] *sm Lit.* escárnio.

lu.do [l'udo] *sm Poét.* jogo; competição. ≃**i** *pl Hist.* jogos públicos (na Roma antiga).

lu.e [l'ue] *sf Med.* peste; sífilis, lues.

lu.glio [l'uλo] *sm* julho.

lu.gu.bre [l'ugubre] *adj* lúgubre, tétrico.

lui [l'uj] *pron msg* ele; o, lo.

lu.ma.ca [lum'aka] *sf Zool.* e *Fig.* lesma.

lu.me [l'ume] *sm* lâmpada, lampião, candeei-ro; luminosidade, luz, brilho. *Fig.* conselho, sugestão. **perdere il** ≃ **della ragione** enlou-quecer. *Fig.* ficar fora de si. **a questi** ≃**i di luna** em momentos difíceis como este.

lu.meg.gia.men.to [lumeddʒam'ento] *sm* ou **lu.meg.gia.tu.ra** [lumeddʒat'ura] *sf* ilu-minação.

lu.meg.gia.re [lumeddʒ'are] *vt* iluminar.

lu.mi.no.so [lumin'ozo] *adj* luminoso, brilhan-te; exemplar. *Fig.* admirável, exemplar.

lu.na [l'una] *sf* lua. ≃ **piena** lua cheia. ≃ **nuova** lua nova. ≃ **crescente** ou **primo quarto** quarto crescente. ≃ **calante** ou **ultimo quarto** quarto minguante. **essere in buona** ≃ estar de bom humor. **avere la** ≃ *Pop.* ser malhumorado. **chiaro di** ≃ luar. ≃ **di miele** lua-de-mel.

lu.na.re [lun'are] *adj* lunar.

lu.na.rio [lun'arjo] *sm* lunário, almanaque. **fare dei** ≃ **i** *Fig.* fazer castelos no ar.

lu.na.ti.co [lun'atiko] *adj* lunático, excêntrico. *Fig.* instável, volúvel, inconstante.

lu.ne.di [luned'i] *sm* segunda-feira. *Pop.* segunda.

lun.gag.gi.ne [lung'addʒine] ou **lun.ghe.ri.a** [lunger'ia] *sf* lentidão.

lun.ghez.za [lung'ettsa] *sf* comprimento, extensão; estatura, altura; demora, prolixidade.

lun.gi [l'undʒi] *adv* longe.

lun.gi.mi.ran.te [lundʒimir'ante] *adj* perspicaz; prudente, precavido, previdente.

lun.go [l'ungo] *sm* comprimento. *adj* longo, comprido; demorado, lento; alto; aguado, fraco (vinho, etc.). *prep* ao longo de. *adv* longamente. **fune** ≃ **un metro** cabo com um metro de comprimento. **a** ≃ **andare** com o passar do tempo. **a** ≃ demoradamente. **alla** ≃ **a** por muito tempo. **avere le braccia** ≃ **ghe** ter muito poder. **andare per le** ≃ **ghe** ficar adiando. **mandare in** ≃ adiar.

lu.not.to [lun'ɔtto] *sm dim Autom.* janela traseira.

luo.go [l'wɔgo] *sm* lugar, local; vila, aldeia; oportunidade, ensejo. ≃ **comodo** latrina. ≃ **comune** *Fig.* lugar-comum, chavão. **aver** ≃ ter lugar, acontecer. **a tempo e** ≃ no momento oportuno. **fuori di** ≃ em hora inoportuna. **in** ≃ **di** ao invés de.

luo.go.te.nen.te [lwogoten'ente] *sm* lugar-tenente.

lu.pa [l'upa] *sf* loba. **mal della** ≃ *Med.* bulimia.

lu.pac.chiot.to [lupakk'jotto] *sm* lobinho.

lu.pa.na.re [lupan'are] *sm* prostíbulo, lupanar.

lu.pa.ra [lup'ara] *sf* metralhadora de cano curto.

lu.pi.no [lup'ino] *sm Bot.* tremoço; tremoceiro. *adj* lupino, de lobo.

lu.po [l'upo] *sm* lobo. *Med.* lupo, lúpus. ≃ **di mare** *Zool.* foca, lobo-marinho. *Fig.* lobo-do-mar, marinheiro experiente. ≃ **mannaro** *Mit.* lobisomem. ≃ **cerviero** *Zool.* lince. **fame da** ≃ fome insaciável. **chi va col** ≃ **impara a urlare** quem anda com coxo aprende a coxear. **il** ≃ **perde il pelo ma non il vizio** um leopardo nunca perde as suas manchas.

lup.po.lo [l'uppolo] *sm Bot.* lúpulo.

lu.ri.dez.za [lurid'ettsa] *sf* sujeira, imundície. *Fig.* maldade, malvadeza, sordidez; nojo.

lu.ri.do [l'urido] *adj* sujo, imundo. *Fig.* mau, malvado, sórdido; nojento, abjeto.

lu.sco [l'usko] *adj* na expressão **tra il** ≃ **ed il brusco** no crepúsculo, ao lusco-fusco.

lu.sin.ga [uz'inga] *sf* lisonja, bajulação; ilusão. ≃ **ghe** *pl* carícias, carinhos.

lu.sin.ga.re [luzing'are] *vt* lisonjear, bajular. *vpr* iludir-se.

lu.sin.ghie.ro [luzing'jero] *adj* lisonjeiro, bajulador; encorajador, animador; suave, doce.

lus.sa.re [luss'are] *vt Med.* luxar, deslocar. *vpr Med.* deslocar-se (osso).

lus.sa.zio.ne [lussats'jone] *sf Med.* luxação.

lus.so [l'usso] *sm* luxo; ostentação, pompa; capricho.

lus.suo.so [luss'wozo] *adj* luxuoso; pomposo.

lus.su.reg.gian.te [lussureddʒ'ante] *adj* luxuriante, exuberante, viçoso.

lus.su.ria [luss'urja] *sf* luxúria, sensualidade.

lus.su.rio.so [lussur'jozo] *adj* luxurioso, sensual.

lu.stra [l'ustra] *sf* fingimento, simulação.

lu.stra.men.to [lustram'ento] *sm* lustro, polimento, ação de polir.

lu.stra.re [lustr'are] *vt* lustrar, polir; engraxar. *Fam.* lisonjear, bajular. *vi* reluzir, luzir.

lu.stra.scar.pe [lustrask'arpe] *sm* engraxate.

lu.stri.no [lustr'ino] *sm* lantejoula; ouropel; engraxate. *Fig.* afetação, aparência enganosa.

lu.stro [l'ustro] *sm* lustro, brilho; cera, polimento; lustro, período de cinco anos. *Fig.* honra. *adj* lustroso, brilhante.

lu.te.ra.no [luter'ano] *sm* + *adj Rel.* luterano.

lut.to [l'utto] *sm* luto. ≃ **chiuso** ou **stretto** luto profundo. **mettere a** ≃ enlutar. **portare il** ≃ vestir luto.

M

m [′emme] *sf* a décima primeira letra do alfabeto italiano.

ma [m′a] *sm* dúvida, senão, objeção. *conj* mas. ≈ **come?** mas como? ≈ **che fai?** mas que diabos você está fazendo? ≈, **figlio mio!** oh, meu filho! ≈ **tuttavia** mas, porém.

ma.ca.bro [m′akabro] *adj* macabro, fúnebre.

ma.ca.co [mak′ako] *sm* macaco.

mac.che.ro.na.ta [makkeron′ata] *sf* macarronada.

mac.che.ro.ne [makker′one] *sm* macarrão. *Fam. Fig.* tolo, bobo. **cascare come il cacio sui** ≈ **i** vir bem a calhar.

mac.chia [m′akkja] *sf* mancha; pinta, sinal na pele; mato, matagal. *Fig.* defeito, mácula. **andare alla** ≈ ou **vivere alla** ≈ roubar, assaltar. **fare alla** ≈ fazer por baixo dos panos.

mac.chia.re [makk′jare] *vt* manchar; sujar. *Fig.* macular, denegrir, manchar (reputação). *vpr* manchar-se; sujar-se. *Fig.* desonrar-se.

mac.chie.to [makk′jeto] *sm* bosque, mata.

mac.chi.na [m′akkina] *sf* máquina; carro, automóvel. *Fig.* trama, intriga, maquinação. ≈ **a vapore** máquina a vapor. ≈ **operatrice** máquina operatriz. ≈ **da cucire** máquina de costura. ≈ **da scrivere** máquina de escrever. ≈ **fotografica** máquina fotográfica. ≈ **targata Genova** carro com placa de Gênova. **fatto a** ≈ feito à máquina.

mac.chi.na.re [makkin′are] *vt* maquinar, tramar, urdir.

mac.chi.na.rio [makkin′arjo] *sm* maquinário, maquinaria.

mac.chi.na.zio.ne [makkinats′jone] *sf* maquinação, trama, intriga.

mac.chi.ni.sta [makkin′ista] *sm* maquinista.

ma.cel.la.io [matʃell′ajo] *sm* açougueiro.

ma.cel.la.re [matʃell′are] *vt* abater (animais). *Fig.* massacrar, chacinar.

ma.cel.la.zio.ne [matʃellats′jone] *sf* matança.

ma.cel.le.ri.a [matʃeller′ia] *sf* açougue.

ma.cel.lo [matʃ′ello] *sm* matadouro, abatedouro. *Fig.* massacre, matança.

ma.ce.ra.re [matʃer′are] *vt* macerar; machucar; torturar. *Fig.* dilacerar, lacerar. *vpr* peniten-

ciar-se com açoite. *Fig.* morder-se de. ≈ **si dall'invidia** morder-se de inveja.

ma.ce.rie [matʃ′erje] *sf pl* ruínas, escombros.

ma.chia.vel.li.co [makjav′elliko] ou **ma.chia.vel.le.sco** [makjavell′esko] *adj* maquiavélico. *Fig.* astuto.

ma.ci.gno [matʃ′iño] *sm* pedra; rochedo, penedo. *Fig.* cabeça-dura; chateação.

ma.ci.len.to [matʃil′ento] *adj* macilento.

ma.ci.na [m′atʃina] *sf* mó, pedra de moinho. *Irôn.* dor forte; ladainha, lengalenga.

ma.ci.na.caf.fè [matʃinakaff′ɛ] *sm* moedor de café.

ma.ci.na.pe.pe [matʃinap′epe] *sm* moedor de pimenta.

ma.ci.na.re [matʃin′are] *vt* moer, triturar. *Irôn.* devorar. *Fig.* tramar, arquitetar.

ma.ci.ni.no [matʃin′ino] *sm* moedor. *Fig.* calhambeque, ferro-velho.

ma.ci.ste [matʃ′iste] *sm Fig.* brutamontes, grandalhão.

ma.ciul.la.re [matʃull′are] *vt* triturar, esmigalhar (com máquina).

ma.co.la.re [makol′are] ou **ma.cu.la.re** [makul′are] *vt* manchar, macular. *Fig.* infamar, sujar (reputação).

ma.cro.co.smo [makrok′ɔzmo] *sm Fil.* macrocosmo, universo.

ma.da.ma [mad′ama] *sf* madame, senhora.

mad.da.le.na [maddal′ena] *sf Fig.* madalena arrependida.

ma.don.na [mad′ɔnna] *sf* dama (medieval). **La M** ≈ *np* Nossa Senhora. **M** ≈ **mia!** minha Nossa Senhora!

ma.dor.na.le [madorn′ale] *adj* gigantesco, colossal.

ma.dre [m′adre] *sf* mãe; madre; molde, matriz. *Fig.* causa, origem. ≈ **artificiale** incubadora.

ma.dre.per.la [madrep′erla] *sf* madrepérola.

ma.dre.sel.va [madres′elva] *sf Bot.* madressilva.

ma.dre.vi.te [madrev′ite] *sf Mec.* porca, fêmea (do parafuso).

ma.dri.ga.le [madrig′ale] *sm Lit.* madrigal.

ma.dri.na [madr′ina] *sf* madrinha.

ma.e.stà [maest'a] *sf* majestade. **Vostra M** ≃ Vossa Majestade. **Sua M** ≃ Sua Majestade.
ma.e.sto.so [maest'ozo] *adj* majestoso. *Mús.* solene.
ma.e.stra [ma'ɛstra] *sf* professora primária; mestra. *Mús.* maestrina. *Náut.* vela mestra. *Zool.* abelha-rainha. *Fig.* ensinamento. **albero di** ≃ *Náut.* mastro principal. **strada** ≃ rua principal.
ma.e.stra.to [maestr'ato] *sm* mestrado.
ma.e.stri.a [maestr'ia] *sf* maestria, perícia.
ma.e.stri.na [maestr'ina] *sf* professorinha.
ma.e.stro [ma'ɛstro] *sm* professor primário; mestre. *Mús.* maestro, regente; grande compositor. **gran** ≃ grão-mestre. ≃ **di cappella** *Mús.* mestre-de-capela. ≃ **di cerimonie** mestre-de-cerimônias. **il dolore è un gran** ≃ a dor é uma grande mestra. *adj* magistral, de mestre; principal, mestre.
ma.fia [m'afja] ou **maf.fia** [m'affja] *sf tb Fig.* máfia.
ma.ga [m'aga] *sf* maga, feiticeira. *Fig.* sedutora.
ma.ga.gna [mag'aña] *sf* defeito, imperfeição; apodrecimento, estrago. *Fig.* mal-estar; vício.
ma.ga.ri [mag'ari] *adv* talvez, é possível, pode ser que; até, até mesmo. *interj* queira Deus! ≃ **fosse così!** quisera Deus que fosse assim!
ma.gaz.zi.no [magaddz'ino] *sm* armazém, depósito; loja, magazine; supermercado.
mag.gio [m'addʒo] *sm* maio. **Primo M** ≃ Dia do Trabalho, Primeiro de Maio.
mag.gio.ra.na [maddʒor'ana] *sf Bot.* manjerona.
mag.gio.ran.za [maddʒor'antsa] *sf* superioridade; maioria. ≃ **assoluta** maioria absoluta.
mag.gio.ra.re [maddʒor'are] *vt* majorar, aumentar.
mag.gior.do.mo [maddʒord'omo] *sm* mordomo.
mag.gio.re [maddʒ'ore] *sm* sênior, membro mais velho. *Mil.* major. **i** ≃**i** *pl* os antepassados. *adj compar* (de **grande**) maior; mais velho.
mag.gio.ren.ne [maddʒor'ɛnne] *s+adj* maior de idade.
mag.gio.ren.te [maddʒor'ɛnte] *s* figurão, pessoa importante. *Pop.* mandachuva, chefão.
mag.gio.ri.tà [maddʒorit'a] *sf* maioridade; maioria.
mag.gior.men.te [maddʒorm'ente] *adv* principalmente, mormente.
ma.gi.a [madʒ'ia] *sf* magia. *Fig.* fascínio, encanto. ≃ **bianca** magia branca. ≃ **nera** magia negra.
ma.gi.co [m'adʒiko] *adj* mágico. *Fig.* fascinante, encantador. **bacchetta** ≃**a** varinha mágica, varinha de condão.
ma.gi.ste.ro [madʒist'ɛro] *sm* magistério. *Fig.* influência, poder.
ma.gi.stra.le [madʒistr'ale] *adj* magistral, de mestre; principal.
ma.gi.stra.to [madʒistr'ato] *sm* magistrado, juiz.
ma.glia [m'aʎa] *sf* malha (material, vestimenta); camiseta. ≃ **di lana** malha de lã, jérsei. ≃ **di seta** malha de seda, jérsei de seda.
ma.glie.ri.a [maʎer'ia] *sf* malharia.
ma.glio [m'aʎo] *sm* malho.
ma.glio.ne [maʎ'one] *sm* pulôver, malha grossa.
mag.ma [m'agma] *sm* magma.
ma.gna.ni.mo [mañ'animo] *adj* magnânimo, generoso.
ma.gna.no [mañ'ano] *sm* serralheiro.
ma.gna.te [mañ'ate] *sm* magnata. *Fig.* milionário.
ma.gne.sia [mañ'ɛzja] *sf Quím.* magnésia.
ma.gne.sio [mañ'ɛzjo] *sm Quím.* magnésio.
ma.gne.te [mañ'ɛte] *sm* ímã. *Mec.* magneto, máquina magnetelétrica. ≃ **naturale** ímã natural, magnetita. ≃ **artificiale** ímã artificial.
ma.gne.ti.co [mañ'ɛtiko] *adj* magnético. **polo** ≃ pólo magnético, o Norte. **campo** ≃ campo magnético. **poli** ≃**ci** pólos do ímã.
ma.gne.ti.smo [mañet'izmo] *sm* magnetismo.
ma.gne.tiz.za.re [mañetiddz'are] *vt* magnetizar, imantar. *Fig.* hipnotizar; encantar, enfeitiçar.
ma.gne.to.fo.no [mañet'ɔfono] *sm* gravador (de som).
ma.gni.fi.ca.re [mañifik'are] *vt* magnificar, glorificar.
ma.gni.fi.cen.za [mañifitʃ'ɛntsa] *sf* magnificência, generosidade; luxo, pompa, ostentação.
ma.gni.fi.co [mañ'ifiko] *adj* magnífico, esplêndido; luxuoso, pomposo; generoso, magnânimo.
ma.gno [m'año] *adj Lit.* magno, grande.
ma.gno.lia [mañ'ɔlja] *sf Bot.* magnólia.
ma.go [m'ago] *sm* mago, feiticeiro.
ma.go.na [mag'ona] *sf* ferraria, fábrica de ferragens. *Fig.* abundância.
ma.gra [m'agra] *sf* seca, estiagem. *Fig.* crise, recessão.
ma.grez.za [magr'ettsa] *sf* magreza. *Fig.* infertilidade, esterilidade.
ma.gro [m'agro] *adj* magro; árido. *Fig.* infértil, estéril; insignificante, irrisório; escasso.
mai [m'aj] *adv* nunca, jamais. **non è** ≃ **venu-**

to qui nunca veio aqui. ≃ da Dio nem uma
só vez. più che ≃ mais do que nunca. se ≃
ou caso ≃ se, no caso de. come ≃? como?
peggio che ≃! pior do que nunca.

ma.ia.la [ma'jala] sf Vulg. porca.

ma.ia.le [ma'jale] sm porco castrado; carne de
porco. Fig. porco, porcalhão.

ma.io.li.ca [ma'jɔlika] sf faiança.

ma.io.ne.se [majon'eze] sf maionese.

mais [m'ajs] sm milho.

ma.iu.sco.la [ma'juskola] ou lettera maiuscola sf letra maiúscula.

ma.iu.sco.lo [ma'juskolo] adj maiúsculo. Irôn.
grande.

ma.lac.cet.to [malattʃ'etto] adj mal visto, malquisto.

ma.lac.cor.to [malakk'ɔrto] adj descuidado,
imprudente.

ma.la.cre.an.za [malakre'antsa] sf malcriação,
grosseria, indelicadeza.

ma.la.fe.de [malaf'ede] sf má-fé, deslealdade.

ma.la.ge.vo.le [maladʒ'evole] adj difícil, trabalhoso.

ma.la.gra.zia [malagr'atsja] sf maus modos,
deselegância.

ma.la.lin.gua [malal'ingwa] s fofoqueiro.

ma.lan.dri.no [malandr'ino] sm salteador.

ma.la.ni.mo [mal'animo] sm aversão, animosidade.

ma.lan.no [mal'anno] sf desgraça, tragédia.
Fig. doença, enfermidade.

ma.la.pe.na [malap'ena] adv na expressão a ≃
com dificuldade.

ma.la.ria [mal'arja] sf Med. malária.

ma.la.tic.cio [malat'ittʃo] adj adoentado, meio
doente.

ma.la.to [mal'ato] sm+adj doente, enfermo.

ma.lat.ti.a [malatt'ia] sf doença, enfermidade.
≃ contagiosa doença contagiosa. ≃ infettiva doença infecciosa.

ma.lau.gu.rio [malawg'urjo] sm mau agouro.

ma.la.ven.tu.ra [malavent'ura] sf má sorte, desventura, infortúnio.

ma.la.vi.ta [malav'ita] sf marginalidade, sub-
mundo.

ma.la.vo.glia [malav'ɔʎa] sf má vontade. di ≃
de má vontade, contra a vontade.

ma.lav.vi.sa.to [malavviz'ato] adj imprudente,
incauto.

mal.ca.du.co [malkad'uko] sm Med. epilepsia.

mal.cer.to [maltʃ'erto] adj incerto.

mal.com.po.sto [malkomp'osto] adj desordenado.

mal.con.cio [malk'ontʃo] adj estragado, danificado; maltratado.

mal.con.ten.to [malkont'ento] sm descontentamento, insatisfação. adj descontente.

mal.co.stu.me [malkost'ume] sm mau costume,
mau hábito. Fig. imoralidade; corrupção.

mal.cre.a.to [malkre'ato] ou mal.cre.an.za.to
[malkreants'ato] adj malcriado.

mal.de.stro [mald'ɛstro] adj desajeitado, desastrado.

mal.di.cen.te [maldiʃ'ente] adj maledicente,
caluniador.

ma.le [m'ale] sm mal; doença; delito, infração.
Fig. dano, estrago; dor, tormento; desgraça,
calamidade. adv mal; incorretamente, erro-
neamente; injustamente, desonestamente.
non c'è ≃! não faz mal! mal di mare enjôo
de navio. mal d'aria enjôo de avião. mal di
montagna ou degli aviatori mal de aviador.
mal di gola dor de garganta. mal di testa dor
de cabeça. mal di ventre dor de barriga. mal
di paese saudade da terra natal. mal di dor
de. ≃ a dor em.

ma.le.det.to [maled'etto] adj maldito, condenado. Fig. terrível, horrível; odiado.

ma.le.di.re [maled'ire] vt amaldiçoar, maldizer;
detestar, odiar.

ma.le.di.zio.ne [maledits'jone] sf maldição.

ma.le.du.ca.to [maleduk'ato] adj mal-educado.

ma.le.fi.cio [malef'itʃo] sm malefício; encanto, feitiço. Fig. mal, dano.

ma.le.fi.co [mal'efiko] adj maléfico, maligno;
nocivo, danoso; venenoso.

ma.les.se.re [mal'essere] sm indisposição, mal-
estar. Fig. inquietação, insatisfação; penúria.

ma.le.stro [mal'ɛstro] sm estrago, dano; travessura.

ma.le.vo.lo [mal'evolo] adj malévolo, male-
volente.

mal.fat.to [malf'atto] adj malfeito; disforme.

mal.fat.to.re [malfatt'ore] sm malfeitor, bandido.

mal.fi.da.to [malfid'ato] adj desconfiado.

mal.fi.do [malf'ido] adj Lit. infiel; desleal.

mal.gra.do [malgr'ado] prep malgrado, apesar
de, não obstante. conj ainda que, se bem que.
mio ≃ contra a minha vontade.

mal.gu.sto [malg'usto] sm mau gosto.

ma.li.a [mal'ia] sf feitiço, encantamento. Fig.
fascínio, atração.

ma.liar.da [mal'jarda] sf feiticeira. Fig. sedutora, mulher fatal.

ma.liar.do [mal'jardo] adj encantador, sedutor.

ma.li.gno [mal'íño] *adj* maligno; nocivo, danoso. **spirito** ≃ diabo.

ma.lin.co.ni.a [malinkon'ia] *sf* melancolia.

ma.lin.co.ni.co [malink'ɔniko] *adj* melancólico.

ma.lin.cuo.re [malink'wore] *adv* na expressão **a** ≃ contra a vontade; com pesar.

ma.lin.ten.zio.na.to [malintentsjon'ato] *adj* mal-intencionado.

ma.lin.te.so [malint'ezo] *sm* equívoco, mal-entendido. *adj* mal-interpretado, distorcido.

ma.li.zia [mal'itsja] *sf* malícia; astúcia, esperteza; truque, estratagema.

ma.li.zio.so [malits'jozo] *adj* malicioso; astuto, esperto.

mal.le.a.bi.le [malle'abile] *adj* maleável. *Fig.* compreensivo, condescendente.

mal.le.o.lo [mall'eolo] *sm Anat.* maléolo. *Pop.* tornozelo.

mal.le.va.do.re [mallevad'ore] *sm Com.* fiador.

mal.me.na.re [malmen'are] *vt* estragar, gastar; maltratar, ultrajar.

mal.no.to [maln'oto] *adj* pouco conhecido.

ma.lo [m'alo] *adj* mau, ruim; malvado; feio.

ma.loc.chio [mal'ɔkkjo] *sm* mau-olhado, quebranto. **vedere in** ≃ não ver com bons olhos.

ma.lo.ra [mal'ora] *sf* perdição; ruína. **andare in** ≃ ou **alla** ≃ arruinar-se. **mandare in** ≃ arruinar, desgraçar. **alla** ≃! ou **in** ≃! *Vulg.* vá para o inferno!

ma.lo.re [mal'ore] *sm* indisposição, mal súbito.

mal.prò [malpr'ɔ] *sm Fam.* usado na expressão **fare** ≃ fazer mal.

mal.sa.no [mals'ano] *adj* doente, enfermo; insalubre.

mal.si.cu.ro [malsik'uro] *adj* inseguro.

mal.ta [m'alta] *sf* argamassa; malta.

mal.tem.po [malt'empo] *sm* mau tempo, intempérie.

mal.te.se [malt'eze] *s+adj* maltês. *sm Zool.* cão maltês.

mal.to [m'alto] *sm* malte.

mal.trat.ta.re [maltratt'are] *vt* maltratar; usar mal.

ma.lu.mo.re [malum'ore] *sm* mau humor.

ma.lu.san.za [maluz'antsa] *sf* mau hábito, mau costume.

mal.va [m'alva] *sf Bot.* malva. *Fig.* conservador, reacionário.

mal.va.gio [malv'adʒo] *adj* malvado, mau, perverso.

mal.va.gi.tà [malvadʒit'a] *sf* malvadeza, maldade, perversidade.

mal.ver.sa.to [malvers'ato] *adj* mal-administrado.

mal.ve.sti.to [malvest'ito] *adj* mal-vestido, maltrapilho.

mal.vi.sto [malv'isto] *adj* malvisto, malquisto.

mal.vi.ven.te [malviv'ente] *s+adj* bandido, marginal.

mal.vo.len.tie.ri [malvolent'jeri] *adv* de má vontade, contra a vontade.

mal.vo.le.re [malvol'ere] *vt* querer mal a, odiar.

mam.ma [m'amma] *sf Fam.* mamãe. *Lit.* e *Poét.* mama, glândula mamária.

mam.ma.luc.co [mammal'ukko] ou **ma.me.luc.co** [mamel'ukko] *sm Mil.* mameluco, soldado egípcio. *Fig.* bobo, tolo.

mam.mel.la [mamm'ella] *sf Anat.* mama.

mam.mi.fe.ro [mamm'ifero] *sm+adj* mamífero.

mam.mi.na [mamm'ina] *sf dim Fam.* mamãezinha, mãezinha.

mam.mo.la [m'ammola] *sf* violeta.

mam.mo.ne [mamm'one] *sm Zool.* mandril.

mam.mut [mamm'ut] *sm Zool.* mamute. **albero del** ≃ *Bot.* sequóia.

man.ca.men.to [mankam'ento] *sm* defeito, imperfeição; falta, erro, falha; mal súbito, indisposição.

man.can.za [mank'antsa] *sf* falta; carência; defeito, imperfeição; erro, falha; delito, infração; desmaio.

man.ca.re [mank'are] *vi* faltar, ser insuficiente; desmaiar; errar, cometer um erro; estar ausente; morrer, falecer. *Fig.* sentir falta. ≃ **di parola** faltar com a palavra. ≃**ci** faltar (tempo). **ci manca poco alle otto** falta pouco para as oito horas.

man.cia [m'antʃa] *sf* gorjeta. **vietate le** ≃**ce** proibido dar gorjetas.

man.cia.ta [mantʃ'ata] *sf* mão-cheia, punhado.

man.ci.no [mantʃ'ino] *sm* canhoto; canhota, mão esquerda; pé esquerdo. *Fig.* maroto, malandro. *adj* canhoto; esquerdo (mão, pé).

man.co [m'anko] *sm* falta, carência. *adj* canhoto; esquerdo. *adv* menos; nem, nem mesmo. ≃ **per sogno** nem sonhando.

man.dan.te [mand'ante] *s Dir.* mandante. *adj* mandante, que manda.

man.da.re [mand'are] *vt* mandar, enviar; dar (grito); emitir (som). ≃ **a morte** condenar à morte. ≃ **al diavolo** mandar para o inferno. ≃ **a spasso** dispensar, deixar ir. ≃ **giù** engolir; suportar. ≃ **via** mandar embora.

man.da.ri.no [mandar'ino] *sm Bot.* mexerica. *Hist.* mandarim, magistrado chinês.

man.da.to [mand'ato] *sm* mandato; encargo; ordem, comando. *Dir.* procuração, mandado. ≃ **di pagamento** *Com.* ordem de pagamento. ≃ **di cattura** *Dir.* mandado de prisão. ≃ **di comparizione** *Dir.* intimação.

man.di.bo.la [mand'ibola] *sf Anat.* mandíbula.

man.do.li.no [mandol'ino] *sm Mús.* bandolim.

man.dor.la [m'andorla] *sf Bot.* amêndoa. **occhi a** ≃ olhos amendoados.

man.dor.la.to [mandorl'ato] *adj* amendoado.

man.dor.lo [m'andorlo] *sm Bot.* amendoeira.

man.dra [m'andra] *sf* rebanho, manada; estábulo, estrebaria; redil, curral de ovinos.

man.dra.go.la [mandr'agola] ou **man.dra.go.ra** [mandr'agora] *sf Bot.* mandrágora.

man.dril.lo [mandr'illo] *sm Zool.* mandril.

man.dri.no [mandr'ino] *sm Mec.* mandril.

man.drit.ta [mandr'itta] ou **man.rit.ta** [manr'itta] *sf* mão direita.

ma.ne [m'ane] *sf Lit.* manhã. **da** ≃ **a sera** de manhã à noite.

ma.neg.gia.re [maneddʒ'are] *vt* manejar, operar; controlar (cavalos). *vpr* exercitar-se.

ma.neg.gio [man'eddʒo] *sm* manejo, operação; trama, intriga; escola de equitação; conspiração. *Mil.* e *Náut.* manobra, evolução.

ma.ne.sco [man'esko] *adj* briguento, agressivo.

ma.net.ta [man'etta] *sf* pouquinho, punhado. ≃ e *pl* algemas.

man.ga.nel.lo [mangan'ello] *sm dim* cassete; bastão, cajado.

man.ga.ne.se [mangan'eze] *sm Min.* manganês.

man.ga.no [m'angano] *sm Mec.* guindaste; calandra. *Mil.* catapulta.

man.ge.rec.cio [mandʒer'ettʃo] ou **man.gia.bi.le** [mandʒ'abile] *adj* comestível.

man.gia.pa.ne [mandʒap'ane] *sm* funcionário público vadio; parasita, aproveitador.

man.gia.re [mandʒ'are] *sm* comida, alimento; refeição. *vt* comer. *Fam.* roubar, afanar. *Fig.* estragar, gastar; ganhar ilegalmente. *vi* comer, alimentar-se. ≃ **con gli occhi** *Fig.* comer com os olhos. ≃ **vivo uno** *Fig.* comer alguém vivo, repreender severamente.

man.gia.to.re [mandʒat'ore] *sm* ou **man.gio.ne** [mandʒ'one] *sm Fam.* guloso, comilão.

man.go [m'ango] *sm Bot.* manga; mangueira.

ma.ni.a [man'ia] *sf Med.* mania. *Fig.* mania, obsessão.

ma.ni.a.co [man'iako] *sm*+*adj* maníaco.

ma.ni.ca [m'anika] *sf* manga (de roupa). *Fig.* quadrilha. ≃ **a vento** *Aeron.* biruta. **rimboccare le** ≃**che** arregaçar as mangas.

ma.ni.ca.ret.to [manikar'etto] *sm* petisco, quitute.

ma.ni.chi.no [manik'ino] *sm* manequim; modelo de roupas.

ma.ni.co [m'aniko] *sm* cabo; asa (de vaso, xícara). *Mús.* braço (de instrumento).

ma.ni.co.mio [manik'ɔmjo] *sm* manicômio, hospício. *Fig.* confusão, bagunça.

ma.ni.cu.re [man'ikure] *s* manicuro, manicura.

ma.nie.ra [man'jera] *sf* maneira, modo; uso, costume, hábito; estilo artístico. **alla** ≃ **di Giotto** à maneira de Giotto.

ma.nie.ra.to [manjer'ato] *adj* formal; afetado, forçado.

ma.ni.fat.tu.ra [manifatt'ura] *sf* manufatura.

ma.ni.fe.sta.re [manifest'are] *vt* manifestar, mostrar. *vpr* manifestar-se, mostrar-se.

ma.ni.fe.sto [manif'esto] *sm* cartaz, anúncio; manifesto. *adj* manifestado, mostrado; conhecido, notório.

ma.ni.glia [man'iʎa] *sf* maçaneta; alça.

ma.ni.gol.do [manig'ɔldo] *sm* bandido, marginal.

ma.nio.ca [man'jɔka] *sf* mandioca.

ma.ni.po.la.re [manipol'are] *vt* manipular; preparar. *Med.* massagear. *Fam.* alterar.

man.na [m'anna] *sf Rel.* maná. *Fig.* manjar, delícia; bênção, graça.

man.na.ia [mann'aja] *sf* machado; cutelo, machadinha; lâmina da guilhotina.

ma.no [m'ano] *sf* mão; lado; demão, mão de pintura; trabalho, obra. *Fig.* ajuda, auxílio; autoridade. ≃ **forte** ajuda, auxílio. **ultima** ≃ último retoque, fim de uma obra. ≃ **d'opera** mão-de-obra. **mettere** ≃ **a** ou **porre** ≃ **a** colocar as mãos em, apossar-se de. **tenere a** ≃ ter à mão, ter à disposição. **dare la** ≃ **a** ou **stringere la** ≃ **a** apertar a mão de. **chiedere la** ≃ pedir a mão. **lavarsi le** ≃ **i di** lavar as mãos de. **fuori di** ≃ fora de mão (caminho). **fatto a** ≃ feito à mão. **sotto** ≃ às escondidas.

ma.no.met.te.re [manom'ettere] *vt* alterar, adulterar; arruinar, destruir.

ma.no.mis.sio.ne [manomiss'jone] *sf* alteração, adulteração; ruína, destruição.

ma.no.scrit.to [manoskr'itto] *sm* manuscrito. *adj* escrito à mão.

ma.no.va.le [manov'ale] *sm* servente de pedreiro.

ma.no.vel.la [manov'ella] *sf* manivela; alavanca.

ma.no.vra [man'ɔvra] *sf* manobra. *Mil.* manobra, evolução.

ma.no.vra.re [manovr'are] *vt* manobrar, dirigir. *Fig.* tramar, arquitetar. *vi Mil.* manobrar.
ma.no.vra.to.re [manovrat'ore] *sm* motorista, condutor. **vietato parlare al** ≃ proibido falar com o motorista.
manritta → **manritta.**
man.ro.ve.scio [manrov'eʃo] *sm* tapa (com as costas da mão).
man.sio.ne [mans'jone] *sf* atribuição, dever; ofício, cargo.
man.sue.fa.re [manswef'are] *vt* amansar, domar. *Fig.* acalmar. *vpr* amansar-se.
man.sue.to [mans'weto] *adj* manso, domesticado. *Fig.* calmo, doce, pacífico.
man.te.ca [mant'eka] *sf* brilhantina.
man.tel.lo [mant'ello] *sm* mantô; casaco. *Zool.* pelagem, cor dos pêlos.
man.te.ne.re [manten'ere] *vt* manter; conservar; sustentar. *vpr* manter-se; conservar-se; sustentar-se.
man.te.ni.men.to [mantenim'ento] *sm* manutenção, conservação; mantimento, provisão.
man.te.nu.ta [manten'uta] *sf* concubina.
man.ti.de [m'antide] ou **mantide religiosa** *sf Zool.* louva-a-deus.
man.ti.glia [mant'iʎa] *sf* mantilha.
man.ti.le [mant'ile] *sm* toalha.
man.to [m'anto] *sm* manto. *Fig.* véu, coberta.
man.tò [mant'ɔ] *sm* mantô.
man.to.va.no [mantov'ano] *sm+adj* mantuano, de Mântua.
ma.nu.a.le [manu'ale] *sm+adj* manual.
ma.nu.brio [manu'ubrjo] *sm* cabo; peso para ginástica; guidão.
ma.nu.fat.to [manuf'atto] *sm* artefato, produto feito à mão. *adj* manufaturado, feito à mão.
man.zo [m'andzo] *sm* novilho; bife. ≃ **allo spiedo** churrasco.
ma.o.met.ta.no [maomett'ano] *sm+adj* maometano.
map.pa [m'appa] *sf* mapa.
map.pa.mon.do [mappam'ondo] *sm* mapa-múndi.
ma.ra.chel.la [marak'ɛlla] *sf Irôn.* travessura.
ma.ra.gia [mar'adʒa] ou **ma.ra.già** [maradʒ'a] *sm* marajá.
ma.ra.me [mar'ame] *sm* refugo, restos (de mercadoria); ralé.
ma.ran.go.ne [marang'one] *sm Zool.* mergulhão. *Náut.* mergulhador.
ma.ra.sca [mar'aska] ou **a.ma.ra.sca** [amar'aska] *sf Bot.* cereja marasca.
ma.ra.schi.no [marask'ino] ou **a.ma.ra.schi.no** [amarask'ino] *sm* marasquino (licor).

ma.ra.sma [mar'azma] ou **ma.ra.smo** [mar'azmo] *sm Med.* marasmo, enfraquecimento. *Fig.* decadência; desorganização.
ma.ra.to.na [marat'ona] *sm* maratona. *Fig.* corrida; maratona, esforço, luta.
ma.raz.zo [mar'attso] *sm* pântano, lamaçal.
mar.ca [m'arka] *sf* carimbo, sinal impresso. *Com.* marca de mercadoria; canhoto, comprovante. ≃ **da bollo** estampilha, selo para documentos. ≃ **di fabbrica** marca comercial.
mar.ca.re [mark'are] *vt* marcar; colocar em evidência, ressaltar.
mar.cas.si.te [markass'ite] *sf Min.* marcassita.
mar.che.sa [mark'eza] *sf* marquesa.
mar.che.se [mark'eze] *sm* marquês.
mar.chia.re [mark'jare] *vt* colocar a marca do produto.
mar.chio [m'arkjo] ou **mar.co** [m'arko] *sm* marca comercial. *Fig.* fama, renome.
mar.cia [m'artʃa] *sf tb Mús., Autom.* e *Mil.* marcha. ≃ **funebre** marcha fúnebre. ≃ **indietro** marcha a ré. ≃ **in folle** ponto morto. **fare** ≃ **indietro** *Autom.* dar marcha a ré. *Fig.* arrepender-se *Pop.* dar para trás.
mar.cia.pie.de [martʃap'jede] *sm* calçada.
mar.cia.re [martʃ'are] *vi* marchar. *Fig.* avançar.
mar.ci.do [m'artʃido] *adj Lit.* pútrido.
mar.ci.me [martʃ'ime] *sm* estrume.
mar.cio [m'artʃo] *sm* parte podre, podridão. *Fig.* corrupção. *adj* podre. *Fig.* tísico, tuberculoso; estragado, deteriorado; corrupto, desonesto; depravado, imoral.
mar.ci.re [martʃ'ire] *vi* apodrecer, estragar. *Fig.* degenerar, corromper-se.
mar.co [m'arko] I *sm* marco (moeda).
marco II → **marchio.**
ma.re [m'are] *sm* mar. *Fig.* mar, monte, grande de quantidade. **per** ≃ por mar. **alto** ≃ alto-mar. **in alto** ≃ em alto-mar. **un** ≃ **di guai** um monte de problemas. **cercare per** ≃ **e per terra** procurar por todos os lados. **promettere** ≃ **i e monti** prometer mundos e fundos.
ma.re.a [mar'ɛa] *sf* maré. **alta** ≃ maré alta. **bassa** ≃ maré baixa.
ma.reg.gia.ta [mareddʒ'ata] *sf* tempestade, borrasca.
ma.rem.ma [mar'emma] *sf Geogr.* marema, pântano.
ma.re.mo.to [marem'oto] *sm* maremoto.
ma.re.scial.lo [mareʃ'allo] *sm Mil.* marechal.
mar.ga.ri.na [margar'ina] *sf* margarina.
mar.ghe.ri.ta [marger'ita] *sf Bot.* margarida. *Lit.* pérola; gema, pedra preciosa.

mar.gi.na.le [mardʒin'ale] *adj* marginal, das margens. *Fig.* secundário, supérfluo.

mar.gi.ne [m'ardʒine] *sf* margem; borda, orla. *Fig.* ganho, lucro.

ma.ri.na [mar'ina] *sf* litoral, praia. *Mil.* marinha. ≃ **da guerra** marinha de guerra. ≃ **mercantile** marinha mercantil.

ma.ri.na.io [marin'ajo] *sm* ou **ma.ri.na.ro** [marin'aro] *sm Pop.* marinheiro.

ma.ri.no [mar'ino] *sm* marujo, marinheiro. *adj* marinho. **acqua** ≃ **a** água do mar. **vento** ≃ vento marítimo.

ma.ri.o.lo [mari'ɔlo] *sm* gatuno, malandro.

ma.rio.net.ta [marjon'etta] *sf* marionete, títere. *Fig.* testa-de-ferro.

ma.ri.ta.re [marit'are] *vt* casar. *Fig.* unir, juntar. *vpr* casar-se. *Fig.* unir-se, juntar-se.

ma.ri.to [mar'ito] *sm* marido. **ragazza da** ≃ moça casadoura.

ma.rit.ti.mo [mar'ittimo] *sm* marinheiro, marítimo (trabalhador). *adj* marítimo, marinho.

mar.mel.la.ta [marmell'ata] *sf* geléia.

mar.mit.ta [marm'itta] *sf* marmita.

mar.mo [m'armo] *sm* mármore.

mar.mo.riz.za.re [marmoridzz'are] *vt* marmorizar.

mar.mot.ta [marm'ɔtta] *sf Zool.* marmota. *Fig.* preguiçoso.

ma.ro.ni.ta [maron'ita] *s* + *adj Rel.* maronita.

mar.ra [m'aṝa] *sf* enxada, sacho.

mar.ra.no [maṝ'ano] *sm* marrano, mouro. *Fig.* grosso, malcriado.

ma.roc.chi.no [marokk'ino] *sm* + *adj* marroquino.

mar.ro.ne [maṝ'one] *sm* marrom. *Fig.* erro.

mar.si.na [mars'ina] *sf* fraque.

mar.su.pia.li [marsup'jali] *sm pl Zool.* marsupiais.

Mar.te [m'arte] *sm Astron.* e *Mit.* Marte. *Fig.* guerreiro valoroso. **popolo di** ≃ os romanos.

mar.te.dì [marted'i] *sm* terça-feira. *Pop.* terça.

mar.tel.la.re [martell'are] *vt* martelar; malhar, trabalhar. *Fig.* atormentar, perturbar. *vi* disparar (as batidas do coração).

mar.tel.lo [mart'ello] *sm* martelo. *Fig.* tormento. ≃ **dell'orecchio** *Anat.* martelo do ouvido. ≃ **del pianoforte** *Mús.* martelo do piano.

mar.ti.net.to [martin'etto] *sm* macaco (instrumento); guindaste; malho.

mar.ti.re [m'artire] *sm tb Fig.* mártir.

mar.ti.rio [mart'irjo] *sm* martírio. *Fig.* tormento.

mar.ti.riz.za.re [martiriddz'are] *vt* martirizar. *Fig.* atormentar. *vpr* atormentar-se.

mar.to.ra [m'artora] *sf Zool.* marta.

mar.xi.smo [marks'izmo] *sm Pol.* marxismo.

mar.za.pa.ne [martsap'ane] *sm* marzipã, maçapão.

mar.zia.le [marts'jale] *adj Lit.* marcial, de Marte. *Fig.* marcial, militar, bélico. **corte** ≃ corte marcial. **legge** ≃ lei marcial.

mar.zo [m'artso] *sm* março.

ma.scal.zo.ne [maskalts'one] *sm* patife, velhaco.

ma.sca.va.to [maskav'ato] *sm* açúcar mascavo.

ma.scel.la [maʃ'ella] *sf Anat.* maxila; maxilar. *Fam.* bochecha.

ma.scel.la.re [maʃell'are] *adj* maxilar.

ma.sche.ra [m'askera] *sf* máscara; lanterninha (do cinema). *Teat.* máscara. *Fig.* fingimento, disfarce. ≃ **antigas** máscara antigases. **ballo in** ≃ baile de máscaras.

ma.sche.ra.re [masker'are] *vt* mascarar. *Fig.* esconder, ocultar. *vpr* mascarar-se. ≃ **si da colombina** fantasiar-se de colombina.

ma.schiez.za [mask'jettsa] *sf* masculinidade. *Fig.* virilidade.

ma.schi.le [mask'ile] *adj* masculino. *Fig.* másculo, viril. **scuola** ≃ escola para rapazes.

ma.schio [m'askjo] *sm* macho; menino, filho. **il** ≃ **di uno strumento** *Mec.* o macho de um instrumento. *adj* macho. *Fig.* viril, másculo.

ma.sco.li.ni.tà [maskolinit'a] *sf* masculinidade.

ma.sco.li.no [maskol'ino] *adj* masculino.

ma.sna.da [mazn'ada] *sf* bando, quadrilha. *Fig. Pop.* ralé, gentalha.

ma.sna.die.re [maznad'jere] ou **ma.sna.die.ro** [maznad'jero] *sm* bandoleiro, salteador.

ma.so.chi.smo [mazok'izmo] *sm* masoquismo.

mas.sa [m'assa] *sf* massa. *Fís.* massa. *Elet.* terra. **in** ≃ em massa. ≃ **del fallimento** *Com.* massa falida. ≃ **di rispetto** *Com.* fundo de reserva. **le** ≃ **e** *pl* as massas.

mas.sa.cra.re [massakr'are] *vt* massacrar, trucidar.

mas.sa.cro [mass'akro] *sm* massacre, carnificina.

mas.sag.gia.re [massaddʒ'are] *vt Med.* massagear.

mas.sag.gio [mass'addʒo] *sm Med.* massagem.

mas.se.ri.zia [masser'itsja] *sf* móveis, mobília; utensílios; mercadorias, produtos.

mas.sic.cio [mass'ittʃo] *sm Geogr.* maciço. *adj* maciço, sólido; forte, robusto. *Fig.* crasso, grave (erro).

mas.si.ma [m′assima] *sf* máxima, axioma; preceito, princípio; norma de vida.

mas.si.mo [m′assimo] *adj superl* (de **grande**) máximo.

mas.so [m′asso] *sm* rocha.

mas.so.ne [mass′one] *sm* maçom.

mas.so.ne.ri.a [massoner′ia] *sf* maçonaria.

mas.so.ni.co [mass′oniko] *adj* maçônico.

ma.sti.ca.re [mastik′are] *vt* mastigar. *Fig.* pensar em, meditar; resmungar. ≃ **le parole** pronunciar mal as palavras. ≃ **una lingua** *Fam.* arranhar uma língua.

ma.sti.ca.zio.ne [mastikats′jone] *sf* mastigação.

ma.sti.no [mast′ino] *sm* mastim. *Fig.* tirano.

ma.sti.te [mast′ite] *sf Med.* mastite.

ma.sto.don.te [mastod′onte] *sm Zool.* mastodonte.

ma.stro [m′astro] *adj* principal, mestre. **libro** ≃ livro mestre, livro razão. **capo** ≃ → **capomastro**.

ma.stur.bar.si [masturb′arsi] *vpr* masturbar-se.

ma.stur.ba.zio.ne [masturbats′jone] *sf* masturbação.

ma.tas.sa [mat′assa] *sf* novelo; meada. *Fig.* confusão, embrulhada. **trovare il bandolo della** ≃ encontrar o fio da meada.

ma.te [m′ate] ou **ma.tè** [mat′ɛ] *sm* mate, erva-mate.

ma.te.ma.ti.ca [matem′atika] *sf* matemática.

ma.te.ma.ti.co [matem′atiko] *sm* matemático. *adj* matemático. *Fig.* preciso; evidente.

ma.te.ras.sa [mater′assa] *sf* ou **ma.te.ras.so** [mater′asso] *sm* colchão.

ma.te.ria [mat′erja] *sf* matéria; material; matéria (de estudo), disciplina; assunto, tema. *Med.* fezes, excrementos. *Fig.* causa, motivo. ≃ **prima** matéria-prima.

ma.te.ria.le [mater′jale] *sm* material. *adj* material; concreto, corpóreo. *Fig.* efetivo, real. ≃**i da costruzione** materiais de construção.

ma.te.ria.li.smo [materjal′izmo] *sm* materialismo.

ma.te.ria.liz.za.re [materjaliddz′are] *vt* materializar.

ma.ter.ni.tà [maternit′a] *sf* maternidade (estado). **casa di** ≃ maternidade (hospital).

ma.ter.no [mat′erno] *adj* materno, da mãe; nativo (país, idioma).

ma.ti.ta [mat′ita] *sf* lápis; grafite para lapiseira. ≃ **copiativa** lápis indelével. ≃ **nera** lápis preto. ≃ **colorata** lápis de cor. ≃ **per gli occhi** lápis para os olhos.

ma.ti.ta.to.io [matitat′ojo] *sm* lapiseira.

ma.triar.ca.to [matrjark′ato] *sm* matriarcado.

ma.tri.ce [matr′itʃe] *sf* matriz, molde. *Med.* útero. *Com.* talão. *Fig.* origem; instrução.

ma.tri.ci.dio [matritʃ′idjo] *sm* matricídio.

ma.tri.ci.no [matritʃ′ino] *adj* matriz, reprodutor. **pecora** ≃**a** ovelha reprodutora.

ma.tri.co.la [matr′ikola] *sf* matrícula (registro de aluno e de diploma); calouro, primeiranista (universitário).

ma.tri.co.la.re [matrikol′are] *vt* matricular. *vpr* matricular-se.

ma.tri.co.la.zio.ne [matrikolats′jone] *sf* matrícula (ação).

ma.tri.co.li.no [matrikol′ino] *sm* calouro, primeirinista (universitário).

ma.tri.gna [matr′iɲa] *sf* madrasta. *Fig.* mãe desnaturada. *adj Fig.* ingrata, malvada.

ma.tri.mo.nio [matrim′onjo] *sm* matrimônio. ≃ **civile** casamento civil. ≃ **religioso** casamento religioso.

ma.tro.na [matr′ona] *sf* matrona.

mat.ta [m′atta] *sf* ou **jol.ly** [dʒ′olli] *sm* curinga.

mat.ta.na [matt′ana] *sf* irritação; capricho.

mat.ta.re [matt′are] *vt* dar xeque-mate. *Fig.* vencer; superar.

mat.ta.to.io [mattat′ojo] *sm* matadouro.

mat.te.rel.lo [matter′ello] ou **mat.ta.rel.lo** [mattar′ello] *sm dim* rolo de macarrão.

mat.tez.za [matt′ettsa] ou **mat.ti.a** [matt′ia] *sf* loucura, maluquice.

mat.ti.na [matt′ina] *sf* manhã; de manhã. **domani** ≃ amanhã de manhã.

mat.ti.na.le [mattin′ale] *adj* matinal, matutino.

mat.ti.na.ta [mattin′ata] *sf* manhã inteira; matinê.

mat.ti.no [matt′ino] *sm* manhã. *Fig.* princípio.

mat.to [m′atto] *sm*+*adj* louco, doido. *Fam.* maluco. *Pop.* pirado. *adj Fig.* opaco; estranho, esquisito; intenso, extremo. **testa** ≃**a** pessoa sem juízo. **fare il** ≃ *Fam.* fazer loucuras. **andare** ≃ enlouquecer.

mat.to.na.ia [matton′aja] *sf* olaria.

mat.to.ne [matt′one] *sm* tijolo. *Fig. Pop.* chatice. ≃**i** *pl* ouros (naipe).

mat.to.nel.la [matton′ella] *sf* ladrilho.

mat.tu.ti.no [mattut′ino] *sm* manhã. *adj* matutino, matinal.

ma.tu.ra.re [matur′are] *vt* amadurecer. *Fig.* examinar, analisar; terminar, acabar. *vi* amadurecer. *Med.* supurar. *vpr* amadurecer.

ma.tu.ra.zio.ne [maturats′jone] *sf* amadurecimento, maturação. *Med.* supuração.

ma.tu.ri.tà [maturit′a] *sf* maturidade, idade madura. *Fig.* sabedoria, prudência.

ma.tu.ro [mat'uro] *adj* maduro. *Fig.* sábio, prudente. **età** ≃ a idade adulta.
mau.so.le.o [mawzol'ɛo] *sm* mausoléu.
ma.zur.ca [madz'urka] *sf Mús.* mazurca.
maz.za [m'attsa] *sf* maça, clava; vara, bastão; baliza; marreta; rebento.
maz.za.ca.val.lo [mattsacav'allo] *sm* nora de poço; bate-estacas.
maz.za.ta [matts'ata] *sf* cacetada, bordoada. *Fig.* golpe, choque; desgraça, calamidade.
maz.zo [m'attso] *sm* maço; ramo, ramalhete; buquê de flores; baralho, maço de cartas; molho de chaves.
me [m'e] *pron sg* me. **a** ≃ a mim. **con** ≃ comigo. **per** ≃ quanto a mim. **secondo** ≃ para mim, no meu entender. **di** ≃ de mim. **senza di** ≃ sem mim. **fra** ≃ **e** ≃ no meu íntimo.
me.an.dro [me'andro] *sm* meandro, sinuosidade. *Fig.* labirinto.
me.a.to [me'ato] *sf* abertura; orifício, furo. *Anat.* ducto, canal.
mec.ca.ni.ca [mekk'anika] *sf* mecânica.
mec.ca.ni.co [mekk'aniko] *sm* mecânico; engenheiro mecânico. *adj* mecânico, da mecânica. *Fig.* mecânico, inconsciente.
mec.ca.ni.smo [mekkan'izmo] *sm* mecanismo; organização, sistema.
me.ce.na.te [metʃen'ate] *s* mecenas.
me.da.glia [med'aʎa] *sf* medalha. ≃ **commemorativa** medalha comemorativa.
me.da.glio.ne [medaʎ'one] *sm aum* medalhão.
me.de.si.mo [med'ezimo] *sm* o mesmo, mesma coisa. *adj* mesmo, idêntico. *pron* mesmo.
me.dia [m'edja] *sf* média. **in** ≃ em média.
me.dia.ni.co [med'janiko] *adj* mediúnico.
me.dia.ni.tà [medjanit'a] *sf* mediunidade.
me.dia.no [med'jano] *sm Fut.* médio. *adj* mediano, médio; intermediário.
me.dian.te [med'jante] *prep* mediante, por meio de; com a ajuda de, graças a.
me.dia.to [med'jato] *adj* interposto, indireto.
me.dia.to.re [medjat'ore] *sm* mediador, intermediário. *Com.* corretor.
me.dia.zio.ne [medjats'jone] *sf* mediação, intermediação. *Com.* corretagem.
me.di.ca.men.to [medikam'ento] *sm* medicamento; medicação.
me.di.ca.re [medik'are] *vt* medicar, tratar. *Fig.* corrigir, consertar. *vpr* medicar-se.
me.di.ca.tu.ra [medikat'ura] ou me.di.ca.zio.ne [medikats'jone] *sf* medicação.
me.di.ches.sa [medik'essa] ou me.di.ca [m'edika] *sf* médica, doutora.

me.di.ci.na [meditʃ'ina] *sf* medicina; remédio, medicamento. *Fig.* terapia. ≃ **allopatica** medicina alopática. ≃ **omeopatica** medicina homeopática. ≃ **legale** medicina legal. **prendere una** ≃ tomar um remédio.
me.di.ci.na.le [meditʃin'ale] *sm* remédio, medicamento. *adj* medicinal.
me.di.co [m'ediko] *sm* médico, doutor. ≃ **chirurgo** cirurgião. ≃ **primario** médico-chefe. *adj* médico. **clinica** ≃ a clínica médica.
me.dio [m'edjo] *sm Anat.* médio, dedo médio. *adj* médio; razoável, mediano. **orecchio** ≃ ouvido médio. **ceto** ≃ classe média.
me.dio.cre [med'jokre] *adj* mediocre.
me.dio.e.va.le [medjoev'ale] *adj* medieval.
Me.dio.e.vo [medjo'evo] *sm* Idade Média.
me.di.ta.re [medit'are] *vi* meditar, pensar, refletir.
me.di.ta.zio.ne [meditats'jone] *sf* meditação.
Me.di.ter.ra.ne.o [mediter'aneo] *np* Mediterrâneo. **m** ≃ *adj* mediterrâneo.
me.dium [m'edjum] *sm* médium.
me.du.sa [med'uza] *sf Zool.* medusa.
me.ga.lo.ma.ni.a [megaloman'ia] *sf* megalomania, mania de grandeza.
me.ge.ra [medʒ'era] *sf Fig.* megera, bruxa, mulher má.
me.glio [m'eʎo] *sm* o melhor, a melhor parte. *sf* a melhor, vitória. **avere la** ≃ levar a melhor. *adj compar* (de **buono**) melhor. *adv compar* (de **bene**) melhor. **di bene in** ≃ de bem para melhor. *Irôn.* cada vez pior. ≃ **tardi che mai** antes tarde do que nunca.
me.la [m'ela] *sf* maçã. ≃ **cotogna** marmelo.
me.la.gra.na [melagr'ana] *sf* romã.
me.la.gra.no [melagr'ano] ou me.lo.gra.no [melogr'ano] *sm* romãzeira.
me.lan.za.na [melandz'ana] *sf* berinjela.
me.las.sa [mel'assa] *sf* melaço.
mele → miele
me.len.so [mel'enso] *adj* tolo, pateta.
me.lia.ca [mel'jaka] *sf* abricó.
me.lia.co [mel'jako] *sm* abricoteiro.
me.lis.sa [mel'issa] *sf Bot.* melissa.
mel.let.ta [mell'etta] *sf* lama, barro; lodo.
mel.ma [m'elma] *sf* lodo (no fundo de rio). *Fig.* indecência, libertinagem.
me.lo [m'elo] *sm* macieira. ≃ **cotogno** marmeleiro.
me.lo.de [mel'ɔde] *sf Poét.* melodia.
me.lo.di.a [melod'ia] *sf* melodia. *Fig.* prazer.
me.lo.di.co [mel'ɔdiko] *adj* melódico.
me.lo.dram.ma [melodr'amma] *sm* melodrama.

me.lo.dram.ma.ti.co [melodramm'atiko] *adj* melodramático.

me.lo.ne [mel'one] ou **mel.lo.ne** [mell'one] *sm* melão; meloeiro. *Fig.* tolo, bobo.

mem.bra.na [membr'ana] *sf Anat.* membrana.

mem.bro [m'embro] *sm Anat.* e *Gram.* membro. *Fig.* membro, associado. *Anat. Fig.* pênis, membro, órgão sexual masculino. **le** ≃ **a umane** *sf pl* o corpo humano.

mem.bru.to [membr'uto] *adj* membrudo. *Fig.* forte, vigoroso.

me.mo.ra.bi.le [memor'abile] *adj* memorável, inesquecível.

me.mo.ran.dum [memor'andum] *sm* memorando. *Pol.* nota diplomática.

me.mo.ria [mem'ɔrja] *sf* memória; lembrete, anotação; vestígio, reminiscência. *Inform.* memória. ≃ e *pl* memórias, biografia. **imparare a** ≃ decorar.

me.mo.ria.le [memor'jale] *sm* memorial; dissertação, estudo.

me.na [m'ena] *sf* manobra, artimanha; intriga, enredo.

me.na.di.to [menad'ito] *adv* na expressão **a** ≃ muito bem, perfeitamente. **sapere a** ≃ saber de cor e salteado.

me.na.re [men'are] *vt* conduzir, levar; induzir, levar a; bater, golpear; agitar, balançar; administrar; governar. ≃ **il cieco** guiar o cego.

me.na.ro.la [menar'ɔla] ou **me.na.ruo.la** [menar'wɔla] *sf* verruma; verrumão, trado.

men.da [m'enda] *sf Lit.* defeito, imperfeição.

men.da.ce [mend'atʃe] *adj Lit.* mentiroso; falso.

men.da.cio [mend'atʃo] *sm Lit.* mentira; falsidade.

men.di.can.te [mendik'ante] *s* mendigo. *adj* mendicante.

men.di.ca.re [mendik'are] *vt* mendigar. *Fig.* procurar em vão. **vi** mendigar.

men.di.co [mend'iko] *sm* mendigo. *adj* mendicante.

me.ne.strel.lo [menestr'ello] *sm* menestrel.

me.nin.gi.te [meninʤ'ite] *sf Med.* meningite.

men.no [m'enno] *adj* imberbe; eunuco.

me.no [m'eno] *sm* a menor parte. *Mat.* sinal de subtração. *adv compar* (de **poco**) menos. ≃ **male** menos mal. **né più, né** ≃ nem mais nem menos. **venire** ≃ faltar.

me.no.pau.sa [menop'awza] *sf Med.* menopausa.

men.sa [m'ensa] *sf* mesa para refeições. *Fig.* comida; refeição. ≃ **studentesca** refeitório es-

tudantil. ≃ **eucaristica** ou **sacra** ≃ *Rel.* comunhão.

men.si.le [mens'ile] *sm* salário mensal. *adj* mensal.

men.su.a.le [mensu'ale] *adj Pop.* mensal.

men.ta [m'enta] *sf* menta, hortelã.

men.ta.le [ment'ale] *adj* mental. **alienazione** ≃ alienação, loucura.

men.ta.li.tà [mentalit'a] *sf* mentalidade.

men.te [m'ente] *sf* mente; inteligência, intelecto; meta, objetivo; lembrança, memória.

men.te.cat.to [mentek'atto] *sm* + *adj* mentecapto, alienado, idiota, louco.

men.ti.re [ment'ire] *vi* mentir, dizer mentiras.

men.to [m'ento] *sm Anat.* queixo.

men.to.re [ment'ore] *sm Lit.* mentor, guia.

men.tre [m'entre] *sm* momento, instante. *conj* enquanto; ao passo que. **in quel** ≃ naquele momento.

me.nù [men'u] *sm tb Inform.* menu.

men.zio.na.re [mentsjon'are] ou **men.to.va.re** [mentov'are] *vt* mencionar, fazer menção.

men.zio.ne [ments'jone] *sf* menção, citação. **far** ≃ **di** fazer menção a, citar. ≃ **d'onore** ou **onorevole** menção honrosa.

men.zo.gna [ments'oña] *sf* mentira.

men.zo.gne.re [mentsoñ'ere] *s* + *adj* ou **men.zo.gne.ro** [mentsoñ'ero] *sm* + *adj* mentiroso.

me.ra.men.te [meram'ente] *adv* meramente, simplesmente, apenas.

me.ra.vi.glia [merav'iʎa] *sf* admiração; maravilha, milagre. **le sette** ≃ **e del mondo** as sete maravilhas do mundo. **l'ottava** ≃ **del mondo** a oitava maravilha do mundo.

me.ra.vi.glia.re [meraviʎ'are] *vt* maravilhar, causar admiração a. *vpr* maravilhar-se com.

me.ra.vi.glio.so [meraviʎ'ozo] *adj* maravilhoso.

mer.can.te [merk'ante] *sm* comerciante, negociante; mercador, mercante. **far orecchi di** ≃ fazer ouvidos de mercador, fazer-se de surdo, fingir que não ouve.

mer.can.teg.gia.re [merkantedʤ'are] *vt* + *vi* comerciar, negociar; traficar, contrabandear; contratar. *Fig.* vender (a honra, o voto, etc.).

mer.can.ti.le [merkant'ile] *adj* mercantil.

mer.can.zi.a [merkants'ia] *sf* mercadoria; comércio. **far** ≃ **di** explorar ilegalmente.

mer.ca.to [merk'ato] *sm* mercado; feira. *Com.* mercado, comércio. ≃ **nero** mercado negro. **a buon** ≃ *adj* + *adv* barato. *Pop.* em conta.

mer.ce [m'ertʃe] *sf* mercadoria, produto.

mer.cé [mertʃe] *sf* arbítrio, discernimento. *Lit.* piedade, mercê. *Poét.* recompensa. *adv* graças a, com a ajuda de. ≃ **vostra** com a ajuda de vocês. **la Dio** ≃ com a graça de Deus.

mer.ce.de [mertʃede] *sf* pagamento; salário; recompensa.

mer.ce.na.rio [mertʃenˈarjo] *sm* + *adj* mercenário. **soldato** ≃ soldado mercenário.

mer.ce.ri.a [mertʃerˈia] *sf* armarinho. ≃**e** *pl* armarinhos, miudezas.

mer.cia.io [mertʃˈajo] *sm* vendedor de armarinhos, armarinheiro.

mer.co.le.di [merkoledˈi] *sm* quarta-feira. *Pop.* quarta. **di** ≃ às quartas-feiras. **M** ≃ **delle Ceneri** Quarta-Feira de Cinzas.

mer.cu.rio [merkˈurjo] *sm Quím.* mercúrio. **M** ≃ *Astron.* e *Mit.* Mercúrio.

mer.da [mˈerda] *sf Vulg.* merda.

me.ren.da [merˈenda] *sf* merenda, lanche.

me.ren.da.re [merendˈare] *vt* merendar, lanchar.

me.re.tri.ce [meretrˈitʃe] *sf* meretriz.

me.re.tri.cio [meretrˈitʃo] *sm* meretrício.

me.ri.dia.no [meridˈjano] *sm Geogr.* meridiano. *adj* meridiano, do meio-dia.

me.ri.dio.na.le [meridjonˈale] *sm* sulista. *adj* meridional.

me.rig.gio [merˈiddʒo] *sm* ou **me.rig.ge** [merˈiddʒe] *sm Poét.* meio-dia.

me.ri.ta.re [meritˈare] *vt* merecer.

me.ri.te.vo.le [meritˈevole] *adj* merecedor.

me.ri.to [mˈerito] *sm* mérito, merecimento. ≃ **della causa** *Dir.* mérito da causa. **entrare nel** ≃ di entrar no mérito de. **per** ≃ **di qualcuno** graças a alguém.

mer.let.to [merlˈetto] *sm dim* renda (tecido).

mer.lo [mˈerlo] *sm Zool.* melro. *Arquit.* ameia. *Fig.* tolo, tonto.

mer.luz.zo [merlˈuttso] *sm* bacalhau. **olio di fegato di** ≃ óleo de fígado de bacalhau.

me.ro [mˈero] *adj* mero, puro, simples.

me.sa.ta [mezˈata] *sf* mês; salário mensal.

me.sce.re [mˈeʃere] *vt* servir (bebida).

me.schi.ni.tà [meskinitˈa] *sf* miséria, pobreza. *Fig.* avareza, mesquinhez.

me.schi.no [meskˈino] *sm* miserável, pobretão. *adj* mísero, pobre. *Fig.* mesquinho, sovina.

me.sco.lan.za [meskolˈantsa] *sf* mescla, mistura. *Fam.* bagunça.

me.sco.la.re [meskolˈare] *vt* misturar, mesclar. *vpr* misturar-se. *Fig.* intrometer-se.

me.se [mˈeze] *sm* mês; salário mensal.

mes.sa [mˈessa] *sf* colocação; aposta. *Com.* entrada de capital. *Bot.* rebento. *Rel.* missa.

M ≃ **di Mezzanotte** Missa do Galo. ≃ **a punto** ou **in moto** ligação (de máquina); partida (de automóvel). ≃ **in piega** penteado.

mes.sag.ge.ro [messaddʒˈero] *sm* + *adj* mensageiro.

mes.sag.gio [messˈaddʒo] *sm* mensagem. *Fam.* recado. *Fig.* ensinamento, doutrina. **lasciare un** ≃ deixar um recado.

mes.se [mˈesse] *sf* colheita. *Lit.* messe, seara. *Fig.* conquista, obtenção.

mes.se.re [messˈere] *sm* senhor (medieval).

Mes.si.a [messˈia] *sm Rel.* Messias. *Fig.* libertador.

mes.si.a.ni.co [messˈianiko] *adj* messiânico.

mes.si.ca.no [messikˈano] *sm* + *adj* mexicano.

mes.sin.sce.na [messinʃˈena] *sf Teat.* cenografia. *Fig.* artifício, truque; fingimento.

mes.so [mˈesso] *sm* mensageiro; mensagem. *part* + *adj* colocado, posto.

me.sta.re [mestˈare] *vt* mexer, remexer (líquidos).

me.stie.re [mestˈjere] *sm* ofício, profissão. **essere del** ≃ *Fam.* ser do ramo, entender do assunto. ≃**i** *pl* necessidade. **essere** ou **fare** ≃ **di** é necessário, é preciso.

me.sti.zia [mestˈitsja] *sf* tristeza; aflição.

me.sto [mˈesto] *adj* triste, infeliz; aflito. *Fig.* melancólico, que entristece.

me.sto.la [mˈestola] *sf* escumadeira; colher de pedreiro.

me.stru.a.re [mestruˈare] *vi* menstruar.

me.strua.zio.ne [mestrwatsˈjone] *sf* menstruação.

me.struo [mˈestrwo] *sm* fluxo menstrual.

me.ta [mˈeta] *sf* meta, linha de chegada. *Fig.* meta, objetivo.

me.tà [metˈa] *sf* metade. *Fam.* a cara-metade.

me.ta.car.po [metakˈarpo] ou **me.ta.car.pio** [metakˈarpjo] *sm Anat.* metacarpo.

me.ta.fi.si.ca [metafˈizika] *sf* metafísica.

me.ta.fi.si.co [metafˈiziko] *sm* + *adj* metafísico.

me.ta.fo.ra [metˈafora] *sf Gram.* metáfora.

me.ta.fo.reg.gia.re [metaforeddʒˈare] ou **me.ta.fo.riz.za.re** [metaforiddzˈare] *vi* metaforizar, usar metáforas.

me.ta.fo.ri.co [metafˈoriko] *adj* metafórico.

me.tal.li.co [metˈalliko] *adj* metálico.

me.tal.liz.za.re [metalliddzˈare] *vt* metalizar, dar brilho metálico; purificar (um metal).

me.tal.lo [metˈallo] *sm Quím.* metal. ≃ **leggiero** metal leve. **il vil** ≃ *dep* o vil metal, o ouro. *Fig.* o dinheiro.

me.tal.lur.gi.a [metallurdʒˈia] *sf* metalurgia.

me.tal.lur.gi.co [metallˈurdʒiko] *adj* metalúrgico.

me.ta.mor.fo.sa.re [metamorfoz′are] *vt* meta-
morfosear, transformar.

me.ta.mor.fo.si [metam′orfozi] *sf* metamorfose.

me.ta.no [met′ano] ou **me.ta.ne** [met′ane] *sm*
Quím. metano (gás).

me.ta.psi.chi.ca [metaps′ikika] *sf* parapsicolo-
gia, metapsíquica.

me.ta.tar.so [metat′arso] *sm Anat.* metatarso.

me.te.o.ra [met′eora] *sf Met.* fenômeno atmosférico.

me.te.o.ri.co [mete′oriko] *adj* meteórico.

me.te.o.ri.te [meteor′ite] *sm Astron.* meteorito;
bólido.

me.te.o.ro.lo.gi.a [meteorolodʒ′ia] *sf* meteorologia.

me.tic.cio [met′ittʃo] *sm + adj* mestiço; mulato.

me.ti.co.lo.so [metikol′ozo] *adj* meticuloso.

me.to.di.co [met′odiko] *adj* metódico.

me.to.do [m′etodo] *sm* método; norma, regulamentação; maneira, costume. ≃ **induttivo**
método indutivo. ≃ **sperimentale** método experimental. ≃ **deduttivo** método dedutivo.

me.tri.ca [m′etrika] *sf Gram.* métrica.

me.tri.co [m′etriko] *adj* métrico. **sistema** ≃ **decimale** sistema métrico decimal.

me.tro [m′etro] *sm* metro (medida). *Lit.* e *Poét.*
metro do verso. *Fig.* modo, maneira.

me.tro.no.mo [metr′onomo] *sm Mús.* metrô-
nomo.

me.tro.not.te [metron′otte] *sm* guarda-noturno.

me.tro.po.li [metr′opoli] *sm* metrópole.

me.tro.po.li.ta.na [metropolit′ana] *sf Bras.* metrô, trem metropolitano.

me.tro.po.li.ta.no [metropolit′ano] *sm Rel.* metropolitano. *adj* metropolitano.

met.te.re [m′ettere] *vt* colocar, pôr; vestir, usar;
supor, imaginar; apostar; passar, empregar
(tempo). *vi* germinar; nascer (pêlos, penas);
desaguar. *vpr* colocar-se, pôr-se. ≃ **si a** pôr-
se a, começar a. ≃ **al fuoco una vivanda** cozinhar um alimento. ≃ **uno alla porta** ou **sulla strada** despedir, demitir. *Pop.* colocar no
olho da rua. ≃ **conto** ser conveniente. ≃ **i
puntini sugli i** colocar os pingos nos is. ≃
male criar discórdia. ≃ **in guardia** avisar. ≃
in vendita colocar à venda. ≃ **paura** dar medo. ≃ **il danaro a frutto** aplicar o dinheiro
a juros. ≃ **in volgare** falar claro. ≃ **in dubbio** colocar em dúvida. ≃ **in testa** colocar na
cabeça (idéia). ≃ **addosso** imputar.

met.ti.boc.ca [mettib′okka] *s* intrometido.

met.ti.ma.le [mettim′ale] *sm* mexeriqueiro,
leva-e-traz.

mez.za [m′ɛddza] *sf* meia porção; meia hora
(com **mezzogiorno** e **mezzanotte**).

mez.za.lu.na [meddzal′una] *sf* meia-lua.

mez.za.ni.no [meddzan′ino] *sm* mezanino.

mez.za.no [meddz′ano] *sm* alcoviteiro, rufião.
adj médio.

mez.za.not.te [meddzan′otte] *sf* meia-noite.
Fig. o Norte.

mez.zo [m′ɛddzo] I *sm* meio; centro; maneira, procedimento; meia hora. ≃ **i** *pl* meios,
recursos financeiros. ≃ **di trasporto** meio de
transporte. **non c'è** ≃ não há saída. *adj* meio;
central; médio; razoável; mediano. *adv* meio,
quase. ≃ **caldo** meio quente. **per** ≃ **di** *prep*
por meio de. **stare di** ≃ ficar neutro.

mez.zo [m′ɛddzo] II *adj* molhado, ensopado;
passado, quase podre.

mez.zo.dì [meddzod′i] *sm* meio-dia.

mez.zo.gior.no [meddzodʒ′orno] *sm* meio-dia.
il M ≃ *Geogr.* o Sul.

mez.zom.bra [meddz′ombra] *sf Pint.* penumbra.

mez.zo.so.pra.no [meddzosopr′ano] *sm Mús.*
meio-soprano.

mi [m′i] I *sm Mús.* mi.

mi [m′i] II *pron sg* me.

mia → mio.

mia.go.la.re [mjagol′are] *vi* miar.

mia.go.lo [m′jagolo] *sm* miado.

mi.a.sma [mi′azma] *sm* miasma, fedor.

mi.ca [m′ika] *sf* ninharia, mixaria. *Min.* mica.
adv por acaso. *Fam.* nada (usado como reforço). ≃ **male!** nada mal!

mic.cia [m′ittʃa] *sf* pavio.

mic.co [m′ikko] *sm* mico.

mi.ci.dia.le [mitʃid′jale] *adj* mortífero, mortal.

mi.cio [m′itʃo] *sm* gato.

mi.co.si [mik′ozi] *sf Med.* micose.

mi.cro.bio [mikr′objo] *sm* ou **mi.cro.bo**
[m′ikrobo]
sm Pop. micróbio. *Fig.* chato, pessoa maçante.

mi.cro.co.smo [mikrok′ozmo] *sm Fil.* microcosmo, o homem.

mi.cro.fo.no [mikr′ofono] *sm* microfone.

mi.cro.pro.ces.so.re [mikroprotʃess′ore] *sm
Inform.* microprocessador.

mi.cror.ga.ni.smo [mikrorgan′izmo] *sm* microrganismo.

mi.cro.sco.pio [mikrosk′opjo] *sm* microscópio.

mi.cro.sol.co [mikros′olko] *sm* disco (LP).

mi.dol.la [mid′olla] *sf* miolo de pão; polpa de
fruta.

mi.dol.la.re [midoll′are] *adj Anat.* medular.

mi.dol.lo [mid'ollo] *sm* (*pl f* **le midolla**) medula, tutano. *Fig.* força, energia; idéia central. ≃ **spinale** ou **vertebrale** medula espinhal.

mie → **mio**.

miei → **mio**.

mie.le [m'jɛle] *sm* ou **me.le** [m'ɛle] *sm Poét.* mel. ≃ **rosato** *Med.* mel-rosado.

mie.te.re [m'jɛtere] *vt* ceifar, segar. *Fig.* matar.

mi.glia.io [miʎ'ajo] *sm* (*pl f* **migliaia**) milhar. *Fig.* milhares. **un** ≃ **di persone** milhares de pessoas.

mi.glio [m'iʎo] I *sm* milho.

mi.glio [m'iʎo] II *sm* (*pl f* **le miglia**) milha. ≃ **inglese** milha inglesa. ≃ **marino** milha marítima. **mille** ≃ **a** muito longe.

mi.glio.ra.men.to [miʎoram'ento] *sm* melhoramento, melhoria; melhora.

mi.glio.ra.re [miʎor'are] *vt* + *vi* melhorar. *vpr* melhorar-se.

mi.glio.re [miʎ'ore] *sm* o melhor, a melhor parte. *adj compar* (de **buono**) melhor.

mi.glio.ri.a [miʎor'ia] *sf* melhoria; melhora de saúde; benfeitoria, melhoramento agrícola.

mi.gnat.ta [miñ'atta] *sf* sanguessuga. *Fig.* explorador, usurário; chato, importuno.

mi.gno.lo [miñ'olo] *sm Anat.* dedo mínimo. *Pop.* mindinho.

mi.gra.re [migr'are] *vi* migrar.

mi.gra.zio.ne [migrats'jone] *sf* migração.

mi.la.ne.se [milan'eze] *s* + *adj* milanês.

mi.liar.do [mil'jardo] *sm* + *num* bilhão.

mi.lio.na.rio [miljon'arjo] *sm* + *adj* milionário.

mi.lio.ne [mil'jone] *sm* + *num* milhão.

mi.lio.ne.si.mo [miljon'ezimo] *sm* + *num* milionésimo.

mi.li.tan.te [milit'ante] *s Pol.* militante.

mi.li.ta.re [milit'are] *sm* militar. *vi* servir, seguir carreira militar. *Fig.* participar de, aderir a. *adj* militar.

mi.li.te [m'ilite] *sm* soldado, militar; voluntário da Cruz Vermelha. ≃ **ignoto** soldado desconhecido. ≃ **i del fuoco** soldados do fogo.

mi.li.zia [mil'itsja] *sf* milícia.

mil.lan.ta.re [millant'are] *vt* gabar, vangloriar. *vpr* gabar-se, vangloriar-se.

mil.lan.te.ri.a [millanter'ia] *sf* exibição, ostentação.

mil.le [m'ille] *sm* + *num* (*pl* **mila**) mil. O *pl* é utilizado nos compostos: **duemila**, etc.

mil.le.na.rio [millen'arjo] *adj* milenar.

mil.len.nio [mill'ennjo] *sm* milênio.

mil.le.si.mo [mill'ezimo] *sm* + *num* milésimo; milênio, mil anos.

mil.li.gram.mo [milligr'ammo] *sm* miligrama.

mil.li.li.tro [millil'itro] *sm* mililitro.

mil.li.me.tro [mill'imetro] *sm* milímetro.

mil.za [m'iltsa] *sf Anat.* baço.

mi.ma [m'ima] *sf* mímica (pessoa); atriz.

mi.me.ti.smo [mimet'izmo] *sm* mimetismo.

mi.mi.ca [m'imika] *sf* mímica (arte).

mi.mi.co [m'imiko] *adj* mímico; cômico.

mi.mo [m'imo] *sm* mímico.

mi.na [m'ina] *sf* mina, explosivo; grafite do lápis. ≃ **di ricambio** grafite.

mi.nac.ce.vo.le [minattʃ'evole] *adj* ameaçador.

mi.nac.cia [min'attʃa] *sf* ameaça.

mi.nac.cia.re [minattʃ'are] *vt* ameaçar, fazer ameaça a. *vi* ameaçar, correr perigo de. **minaccia di cadere** ameaça cair.

mi.na.re [min'are] *vt* minar, colocar mina em, fazer mina em. *Fig.* minar, enfraquecer.

mi.na.re.to [minar'eto] *sm* minarete.

min.chio.ne [mink'jone] *sm Vulg.* babaca.

mi.ne.ra.le [miner'ale] *sm* + *adj* mineral. **regno** ≃ reino mineral. **acqua** ≃ água mineral.

mi.ne.ra.lo.gi.a [mineralodʒ'ia] *sf* mineralogia.

mi.ne.stra [min'estra] *sf* sopa.

mi.ne.stro.ne [minestr'one] *sm* minestrone, sopa italiana de arroz ou macarrão e legumes.

min.ge.re [m'indʒere] *vi Vulg.* mijar.

mi.nia.tu.ra [minjat'ura] *sf* miniatura. **in** ≃ em miniatura.

mi.nie.ra [min'jera] *sf* mina (de mineração). *Fig.* poço, abundância.

mi.ni.ma [m'inima] *sf* temperatura mínima. *Mús.* mínima.

mi.ni.mo [m'inimo] *sm* minuto. *Fís.* átomo. *adj superl* (de **piccolo**) mínimo.

mi.ni.ste.ria.le [minister'jale] *adj* ministerial.

mi.ni.ste.ro [minist'ero] *sm* ministério. **pubblico** ≃ *Dir.* ministério público.

mi.ni.stra.re [ministr'are] *vt Lit.* ministrar, fornecer, dar.

mi.ni.stres.sa [ministr'essa] *sf* ministra.

mi.ni.stro [min'istro] *sm* ministro. **primo** ≃ primeiro-ministro. ≃ **di Dio** ministro da Igreja. ≃ **degli esteri** ministro das Relações Exteriores. ≃ **degli interni** ministro do Interior.

mi.no.ran.za [minor'antsa] *sf* minoria.

mi.no.ra.re [minor'are] *vt* diminuir, reduzir. *vi* diminuir, ficar menor.

mi.no.re [min'ore] *sm* menor de idade; subalterno, subordinado. *adj compar* (de **piccolo**) menor. **ordini** ≃ **i** *Rel.* ordens menores.

mi.no.ri.tà [minorit'a] *sf* menoridade; minoria.

mi.nu.et.to [minu'etto] *sm Mús.* minueto.

mi.nu.sco.la [min'uskola] ou **lettera minuscola** sf letra minúscula.

mi.nu.sco.lo [min'uskolo] adj minúsculo. Fig. minúsculo, pequenino; exíguo, irrisório.

mi.nu.ta [min'uta] sf minuta, rascunho.

mi.nu.ta.glia [minut'aʎa] sf Pop. miudezas, quinquilharias; ralé, gentalha.

mi.nu.te.ri.a [minuter'ia] sf Pop. miudezas, quinquilharias.

mi.nu.tez.za [minut'ettsa] sf miudeza; minúcia, detalhe.

mi.nu.to [min'uto] sm minuto. Fig. instante, momento. **spaccare il** ≃ ser muito preciso (relógio); ser bastante pontual (pessoa). adj miúdo, minúsculo, diminuto; fino, delicado; insignificante; minucioso, preciso. **bestiame** ≃ gado de pequeno porte, pequenos animais.

mi.nu.zia [min'utsja] sf minúcia, detalhe.

mi.nu.zio.so [minuts'jozo] adj minucioso, detalhado; meticuloso, escrupuloso.

mi.o [m'io] pron msg meu. **mi.a** [m'ia] fsg minha. **miei** [m'jej] mpl meus. **mi.e** [m'ie] fpl minhas. **il mio** Fig. os meus bens. **i miei** Fig. os meus (parentes), a minha família. **dico la mia** digo o que penso.

mio.car.dio [mjok'ardjo] sm Anat. miocárdio.

mi.o.pe [m'iope] s míope. Fig. pessoa pouco inteligente. adj míope. Fig. pouco inteligente.

mio.pi.a [mjop'ia] sf miopia.

mio.so.ti.de [mjoz'ɔtide] sf miosótis.

mi.ra [m'ira] sf mira, pontaria. Fig. meta, objetivo; aspiração, intenção. ≃e pl fins; fixação, cobiça. **prendere la** ≃ fazer mira, mirar.

mi.ra.bi.le [mir'abile] adj admirável, extraordinário.

mi.ra.co.lo [mir'akolo] sm milagre. Fig. maravilha, prodígio. **essersela cavata per** ≃ escapar por milagre.

mi.ra.co.lo.so [mirakol'ozo] adj milagroso. Fig. sobrenatural.

mi.rag.gio [mir'addʒo] sm Fís. miragem. Fig. sonho, ilusão.

mi.ra.re [mir'are] vt fitar. Fig. considerar, analisar; aspirar, almejar. vi mirar, apontar.

mi.ri.a.de [mir'iade] sf Fig. multidão; monte.

mi.ri.a.po.di [miri'apodi] sm pl Zool. miriápodes.

mi.ri.no [mir'ino] sm mira; visor (de câmera).

mir.ra [m'irra] sf Bot. mirra.

mir.til.lo [mirt'illo] sm Bot. murtinho.

mir.to [m'irto] sm Bot. murta.

mi.san.tro.po [miz'antropo] sm misantropo.

mi.sce.la [miʃ'ela] sf mistura (de líquidos).

mi.scel.la.ne.a [miʃell'anea] sf miscelânea, mistura.

mi.schia [m'iskja] sf briga, luta, peleja.

mi.schia.re [misk'jare] vt misturar, mesclar. vpr intrometer-se.

mi.scu.glio [misk'uʎo] sm mistura desordenada. Fig. confusão, bagunça.

mi.se.ra.bi.le [mizer'abile] ou **mi.se.re.vo.le** [mizer'evole] adj miserável, digno de compaixão. dep desprezível, infame.

mi.se.ran.do [mizer'ando] adj miserável, digno de pena.

mi.se.ria [miz'erja] sf miséria; avareza, mesquinhez; ninharia, bagatela.

mi.se.ri.cor.dia [mizerik'ɔrdja] sf misericórdia; perdão. **senza** ≃ sem misericórdia.

mi.se.ri.cor.dio.so [mizerikord'jozo] adj misericordioso.

mi.se.ro [m'izero] sm miserável, pobretão. adj miserável; avarento, mesquinho; mísero.

mi.sfat.to [misf'atto] sm crime, delito grave.

mi.sle.a.le [mizle'ale] adj Lit. desleal.

mi.so.gi.no [miz'ɔdʒino] sm misógino.

mis.si.le [m'issile] sm Mil. míssil.

mis.sio.na.rio [missjon'arjo] sm Rel. missionário.

mis.sio.ne [miss'jone] sf missão, incumbência. Rel. missão.

mis.si.va [miss'iva] sf missiva, carta.

mi.ste.rio.so [mister'jozo] adj misterioso.

mi.ste.ro [mist'ero] sm mistério, enigma; segredo. Rel. mistério.

mi.sti.ci.smo [mistitʃ'izmo] sm misticismo.

mi.sti.co [m'istiko] sm+adj místico.

mi.sti.fi.ca.re [mistifik'are] vt mistificar, enganar.

mi.sto [m'isto] sm misto, mistura. adj misto, misturado.

mi.stu.ra [mist'ura] sf mistura, mescla.

mi.stu.ra.re [mistur'are] vt misturar, mesclar.

mi.su.ra [miz'ura] sf medida; medição; fita métrica; medidor. Poét. metro do verso. Fig. limite, termo; equilíbrio, moderação; providência, medida. **abito su** ≃ roupa sob medida. **oltre** ≃ demasiadamente, exageradamente.

mi.su.ra.re [mizur'are] vt medir. Fig. considerar, avaliar; comparar. vpr medir-se com, competir com. Fig. controlar-se. ≃ **le parole** falar com prudência. ≃ **i gesti** agir com cuidado.

mi.su.ra.zio.ne [mizurats'jone] sf medição. ≃ **di terreni** agrimensura.

mi.te [m'ite] adj Lit. moderado, suave; módico.

mi.tez.za [mit'ettsa] *sf* moderação, suavidade.

mi.ti.co [m'itiko] *adj* mítico, fabuloso.

mi.ti.ga.re [mitig'are] *vt Lit.* mitigar, suavizar, acalmar. *vpr* acalmar-se.

mi.to [m'ito] *sm* mito.

mi.to.lo.gi.a [mitolodʒ'ia] *sf* mitologia.

mi.tra [m'itra] *sf* mitra. *sm* metralhadora.

mi.tra.glia.re [mitraλ'are] *vt* metralhar.

mi.tra.glia.tri.ce [mitraλatr'itʃe] *sf* metralhadora.

mit.ten.te [mitt'ente] *s* remetente.

mo.bi.le [m'ɔbile] *sm* móvel, peça de mobília. *adj* móvel. *Fig.* volúvel, inconstante. **feste ≃ i** feriados móveis. **beni ≃ i** *Com.* bens móveis.

mo.bi.lia [mob'ilja] *sf* mobília.

mo.bi.lia.re [mobil'jare] *vt* mobiliar.

mo.bi.li.tà [mobilit'a] *sf* mobilidade. *Fig.* volubilidade, inconstância.

mo.bi.li.ta.re [mobilit'are] *vt Mil.* mobilizar. *vpr* movimentar-se, mover-se.

mo.cas.si.no [mokass'ino] *sm* mocassim.

moc.cio [m'ottʃo] *sm Fisiol.* muco. *Vulg.* ranho.

moc.co.lo [m'ɔkkolo] *sm* coto de vela. *Fig.* blasfêmia.

mo.da [m'ɔda] *sf* moda. **l'ultima ≃** a última moda.

mo.da.li.tà [modalit'a] *sf Lit.* modalidade.

mo.del.la [mod'ella] *sf* modelo, manequim.

mo.del.la.re [modell'are] *vt* modelar. *Fig.* conceber, criar. *vpr* modelar-se, tomar como modelo.

mo.del.lo [mod'ello] *sm* modelo; maquete; molde. ≃ fôrma. *Fig.* exemplo, pessoa a ser imitada. ≃ **fotografico** modelo fotográfico.

mo.de.ne.se [moden'eze] *s+adj* modenense.

mo.de.ra.re [moder'are] *vt* moderar, regular. *vpr* conter-se, controlar-se.

mo.de.ra.to [moder'ato] *sm Pol.* moderado. *part+adj* moderado, limitado, controlado; contido, comedido.

mo.de.ra.to.re [moderat'ore] *sm* moderador (político); regulador (de máquina).

mo.de.ra.zio.ne [moderats'jone] ou mo.de.ra.tez.za [moderat'ettsa] *sf* moderação, comedimento.

mo.der.ni.smo [modern'izmo] *sm* modernismo.

mo.der.ni.tà [modernit'a] *sf* modernidade.

mo.der.no [mod'erno] *adj* moderno, atual.

mo.de.stia [mod'estja] *sf* modéstia; pudor, decência. ≃ **a parte** modéstia à parte.

mo.de.sto [mod'esto] *adj* modesto; pudico, decente; módico; medíocre, regular.

mo.di.co [m'ɔdiko] *adj* módico, moderado.

mo.di.fi.ca.re [modifik'are] *vt* modificar, mudar.

mo.di.fi.ca.zio.ne [modifikats'jone] *sf* modificação, mudança.

mo.di.no [mod'ino] *adv* na expressão **a ≃** devagar, lentamente.

mo.di.sta [mod'ista] *sf* modista.

mo.do [m'ɔdo] *sm* modo; maneira, jeito; meio, maneira; aparência, aspecto. *Gram.* e *Mús.* modo. ≃ **i** *pl* modos, comportamento. ≃ **di dire** expressão, locução. **ad ogni ≃** de qualquer maneira. **di ≃ che** de maneira que. **in questo ≃** desta maneira.

mo.du.la.re [modul'are] *vt* modular.

mo.du.lo [m'ɔdulo] *sm* formulário, impresso; módulo de astronave.

mo.ga.no [m'ɔgano] *sm Bot.* mogno.

mo.gio [m'ɔdʒo] *adj* abatido, deprimido.

mo.glie [m'ɔλe] *sf* esposa, mulher.

mo.i.ne [mo'ine] *sf pl* carícias, agrados.

mo.la [m'ɔla] *sf* mó, pedra de moinho, pedra de amolar. ≃ **smeriglio** esmeril.

mo.la.re [mol'are] *sm* molar (dente). *adj* molar, moedor.

mo.le.co.la [mol'εkola] *sf Quím.* molécula.

mo.le.co.la.re [molekol'are] *adj* molecular.

mo.le.sta.re [molest'are] *vt* molestar, incomodar.

mo.le.stia [mol'estja] *sf* incômodo, chateação.

mo.le.sto [mol'esto] *adj* incômodo, enfadonho.

mo.li.tu.ra [molit'ura] *sf* moagem, moedura.

mol.la [m'ɔlla] *sf* mola. *Fig.* incentivo.

mol.le [m'ɔlle] *sm* molho (para amolecer coisas). *sf pl* tenaz. *adj* mole; molhado, ensopado. *Fig.* fraco, débil; delicado, fino; afeminado.

mol.leg.gia.re [molledʒ'are] *vi* vergar, curvar-se. *Fig.* ser maleável, ser condescendente.

mol.lez.za [moll'ettsa] *sf* moleza. *Fig.* fraqueza, debilidade; delicadeza, fineza; efeminação.

mol.li.ca [moll'ika] *sf* miolo de pão.

mol.lu.sco [moll'usko] *sm* molusco.

mo.lo [m'ɔlo] *sm* quebra-mar.

mol.te.pli.ce [molt'eplitʃe] ou mol.ti.pli.ce [molt'iplitʃe] *adj* complexo; numeroso.

mol.ti.pli.ca.re [moltiplik'are] *vt+vi* multiplicar. *vpr* multiplicar-se.

mol.ti.pli.ci.tà [moltiplitʃit'a] *sf* multiplicidade, grande número.

mol.to [m'olto] *sm* grande quantidade. *adj* muito. *adv* muito; muito tempo. ≃ **rispetto** muito respeito. ≃ **e donne** muitas mulheres. ≃ **piccolo** muito pequeno. **di ≃** muitíssimo.

mo.men.ta.ne.o [moment'aneo] *adj* momentâneo.

mo.men.to [mom'ento] *sm* momento, instante. *Fís.* momento. *Fig.* importância, oportunidade; situação, ocasião. ≃ **storico** momento histórico. ≃ **di agire** hora de agir. **dal** ≃ **che** desde que, desde quando. **per il** ≃ por enquanto. **a** ≃ momentaneamente, por um momento. **al** ≃ na hora.

mo.na.ca [m'ɔnaka] *sf* freira, irmã, monja.

mo.na.co [m'ɔnako] *sm* frade, irmão, monge.

mo.nar.ca [mon'arka] *sm* monarca.

mo.nar.chi.a [monark'ia] *sf* monarquia.

mo.nar.chi.co [mon'arkiko] *sm* monarquista. *adj* monárquico.

mo.na.ste.ro [monast'ero] ou **mo.na.ste.rio** [monast'erjo] *sm* mosteiro, convento.

mo.na.sti.co [mon'astiko] *adj* monástico.

mon.co [m'onko] *adj* maneta. *Fig.* mutilado, aleijado; incompleto, defeituoso.

mon.da.no [mond'ano] *adj* mundano.

mon.da.re [mond'are] *vt* limpar. *Fig.* purgar, purificar.

mon.dez.za [mond'ettsa] *sf* limpeza. *Fig.* pureza.

mon.dia.le [mond'jale] *adj* mundial.

mon.do [m'ondo] *sm* mundo; a Terra; Universo. *Fig.* mundo, grande quantidade; a humanidade. **M** ≃ **Antico** Velho Mundo. **Nuovo M** ≃ ou **M** ≃ **Nuovo** Novo Mundo. **M** ≃ **Nuovissimo** Novíssimo Continente. **il gran** ≃ ou **il bel** ≃ a alta sociedade. **cose dell'altro** ≃ coisas do outro mundo. **essere in capo al** ≃ ficar no fim do mundo, muito longe. **per nulla al** ≃ por nada neste mundo. *adj* limpo. *Fig.* puro.

mo.nel.lo [mon'ello] *sm* moleque, menino travesso.

mo.ne.ta [mon'eta] *sf* moeda; dinheiro. *Fig.* recompensa. ≃ **antica** moeda antiga. **ricambiare della stessa** ≃ pagar na mesma moeda.

mo.ne.ta.rio [monet'arjo] *sm* moedeiro, fabricante de moedas. **falso** ≃ falsário. *adj* monetário.

mon.go.li.co [mong'ɔliko] *adj* mongólico.

mo.ni.le [mon'ile] *sm* enfeite, jóia.

mo.ni.to [m'ɔnito] *sm* repreensão, admoestação.

mo.no.co.lo [mon'ɔkolo] *sm* monóculo.

mo.no.col.tu.ra [monokolt'ura] *sf* monocultura.

mo.no.cor.do [monok'ɔrdo] *sm Mús.* monocórdio.

mo.no.ga.mi.a [monogam'ia] *sf* monogamia.

mo.no.ga.mo [mon'ɔgamo] *sm+adj* monógamo.

mo.no.li.to [monol'ito] *sm* monolito.

mo.no.lo.go [mon'ɔlogo] *sm* monólogo.

mo.no.pla.no [monopl'ano] *sm* monoplano.

mo.no.po.lio [monop'ɔljo] *sm Com.* monopólio. *Fig.* privilégio.

mo.no.po.liz.za.re [monopoliddz'are] *vt Com.* monopolizar.

mo.no.sil.la.bo [monos'illabo] *sm Gram.* monossílabo. *adj* monossilábico.

mo.no.te.i.smo [monote'izmo] *sm Rel.* monoteísmo.

mo.no.to.ni.a [monoton'ia] *sf* monotonia.

mo.no.to.no [mon'ɔtono] *adj* monótono; uniforme, invariável; chato, enfadonho.

mon.si.gno.re [monsiɲ'ore] *sm* monsenhor.

mon.so.ni [mons'oni] *sm pl Geogr.* monções.

mon.ta [m'onta] *sf* cobertura, cópula (de animais).

mon.tag.gio [mont'addʒo] *sm* montagem.

mon.ta.gna [mont'aɲa] *sf Geogr.* montanha. *Fig.* monte, grande quantidade.

mon.ta.gno.so [montaɲ'ozo] *adj* montanhoso.

mon.ta.na.ro [montan'aro] ou **mon.ta.gno.lo** [montaɲ'ɔlo] *sm+adj* montanhês.

mon.ta.nel.lo [montan'ello] *sm Zool.* pintarroxo.

mon.ta.re [mont'are] *vt* subir; montar. *Fig.* exagerar; montar um cavalo, cavalgar. *vi* subir; crescer, aumentar; copular, cobrir (animal). *vpr* ficar orgulhoso; agitar-se, inflamar-se. ≃ **a chegar a**, somar (valor). ≃ **un uovo** bater um ovo. ≃ **un orologio** dar corda num relógio. ≃ **sulle furie** irritar-se.

mon.ta.ta [mont'ata] *sf* subida; ladeira.

mon.ta.to.io [montat'ojo] *sm* estribo.

mon.ta.tu.ra [montat'ura] *sf* montagem; armação de óculos. *Fig.* exagero. ≃ **di tartaruga** armação com aro de tartaruga.

mon.te [m'onte] *sm Geogr.* monte, montanha. *Fig.* montão. ≃ **di carte** monte de cartas. **a** ≃ do lado mais alto. **mandare a** ≃ interromper. **andare a** ≃ não continuar.

mon.to.ne [mont'one] *sm Zool.* carneiro. *Mil.* aríete. **M** ≃ *Astron.* e *Astrol.* Áries, Carneiro.

mon.tu.ra [mont'ura] *sf* farda, uniforme.

mo.nu.men.ta.le [monument'ale] *adj* monumental. *Fig.* grandioso, majestoso.

mo.nu.men.to [monum'ento] *sm* monumento.

mo.ra [m'ɔra] *sf Bot.* amora. *Dir.* mora, atraso.

mo.ra.le [mor'ale] *sf* a moral. **la** ≃ **della favola** a moral da história. ≃ **o** moral, espírito. *adj* moral; honesto, correto; espiritual.

mo.ra.liz.za.re [moraliddz'are] *vt* moralizar. *vi* moralizar, discutir sobre a moral.

mo.ra.to.ria [morat'ɔrja] *sf Dir.* e *Com.* moratória.

mor.bi.dez.za [morbid'ettsa] *sf* maciez; suavidade. *Fig.* delicadeza.

mor.bi.do [m'ɔrbido] *adj* macio; suave, pastoso. *Fig.* delicado; maleável, condescendente.

mor.bil.lo [morb'illo] *sm Med.* sarampo.

mor.bo [m'ɔrbo] *sm Med.* doença, enfermidade. *Fig.* peste, praga, epidemia.

mor.chia [m'ɔrkja] *sf* borra de azeite.

mor.dac.chia [mord'akkja] *sf* focinheira; mordaça. *Fig.* mordaça, repressão da liberdade de expressão.

mor.da.ce [mord'atʃe] *adj* mordaz, que morde. *Fig.* irônico, sarcástico. *Pop.* venenoso.

mor.de.re [m'ɔrdere] *vt* morder. *Fig.* criticar. *vpr* morder-se. ≃ **si le labbra** ou **la lingua** morder a língua (para não falar).

mor.di.ca.re [mordik'are] *vt* espetar; picar (inseto); bicar. *vi* arder, queimar (na pele).

mo.re.na [mor'ena] *sf Geol.* morena.

mo.re.sco [mor'esko] *adj* mourisco, mouro.

mor.fi.na [morf'ina] *sf Quím.* morfina.

mor.fo.lo.gi.a [morfolodʒ'ia] *sf Gram.* morfologia.

mor.ga.na [morg'ana] *sf* miragem.

mo.ri.a [mor'ia] *sf* mortandade.

mo.ri.bon.do [morib'ondo] *sm + adj* moribundo.

mo.ri.re [mor'ire] *vi* morrer, falecer; perecer. *Fig.* acabar, terminar. ≃ **di rabbia** morrer de raiva. ≃ **di fame** morrer de fome.

mor.mo.ne [morm'one] *s Rel.* mórmon.

mor.mo.ra.re [mormor'are] *vi* murmurar, sussurrar; rumorejar; reclamar, resmungar.

mor.mo.reg.gia.re [mormoreddʒ'are] *vi* rumorejar, murmurar (de águas).

mor.mo.ri.o [mormor'io] *sm* murmúrio; burburinho. *Fig.* lamentação, queixa.

mo.ro [m'ɔro] *sm Bot.* amoreira. *Hist.* mouro. *adj* moreno, trigueiro.

mo.ro.si.tà [morozit'a] *sf Com.* atraso, inadimplência.

mo.ro.so [mor'ozo] *adj Com.* atrasado, inadimplente (devedor).

mor.si.ca.re [morsik'are] *vt* morder.

mor.so [m'ɔrso] *sm* mordida; pedaço, bocado; morso, bocal do freio. *part + adj* mordido.

mor.ta.del.la [mortad'ella] *sf* mortadela.

mor.ta.io [mort'ajo] *sm* pilão. *Mil.* morteiro.

mor.ta.le [mort'ale] *sm* mortal. **i** ≃ **i** *pl* os mortais. *adj* mortal; mortífero.

mor.te [m'ɔrte] *sf* morte; pena de morte. *Fig.* fim, término.

mor.tic.cio [mort'ittʃo] *adj* mortiço.

mor.ti.fe.ro [mort'ifero] *adj* mortífero, mortal. *Fig.* prejudicial, nocivo.

mor.ti.fi.ca.re [mortifik'are] *vt* mortificar. *Med.* gangrenar, necrosar. *Fig.* humilhar.

mor.to [m'ɔrto] *sm* morto, cadáver. *part + adj* morto; cansado, exausto; apagado. **capitale** ≃ capital improdutivo.

mor.tu.a.rio [mortu'arjo] *adj* mortuário, fúnebre. **stanza** ≃ **a** câmara mortuária.

mo.sai.co [moz'ajko] *sm* mosaico. *adj* mosaico, de Moisés. **legge** ≃ **a** lei mosaica.

mo.sca [m'oska] *sf Zool.* mosca. *Fig.* mosca (tipo de barba, centro do alvo); importuno, chato. ≃ **cieca** cabra-cega. ≃ **tsetse** mosca tsé-tsé.

mo.sca.tel.lo [moskat'ello] ou **mo.sca.del.lo** [moskad'ello] *sm + adj* moscatel (uva).

mo.sca.to [mosk'ato] *sm* moscatel (vinho). *adj* almiscarado; mosqueado, malhado.

mo.sce.ri.no [moʃer'ino] *sm* mosquito.

mo.sche.a [mosk'ea] *sf Rel.* mesquita.

mo.schet.tie.re [moskett'jere] *sm* mosqueteiro.

mo.schet.to [mosk'etto] *sm* mosquete.

mo.scio [m'oʃo] *adj* flácido; frouxo.

mo.sco [m'osko] *sm Zool.* almiscareiro.

mos.sa [m'ossa] *sf* movimento; movimentação; gesto. *Mil.* manobra. **essere sulle** ≃ **e** estar prestes a partir. **pigliare le** ≃ **e** começar algo.

mos.so [m'osso] *part + adj* movido; movimentado; deslocado; levado. ≃ **dalla pietà** movido pela piedade. **mare** ≃ mar encrespado.

mo.star.da [most'arda] *sf* mostarda.

mo.sto [m'osto] *sm* mosto.

mo.stra [m'ostra] *sf* mostra, exposição; ostentação, exibicionismo; amostra; mostrador de relógio. *Fig.* fingimento.

mo.stra.re [mostr'are] *vt* mostrar; indicar; expor, exibir. *Fig.* ensinar; manifestar; provar, demonstrar. ≃ **i denti** mostrar os dentes, ameaçar. *vpr* mostrar-se, aparecer.

mo.stro [m'ostro] *sm tb Fig.* monstro.

mo.stru.o.so [mostru'ozo] *adj* monstruoso; disforme; cruel.

mo.ta [m'ɔta] *sf* lama, barro.

mo.ti.va.re [motiv'are] *vt* motivar, causar; explicar; justificar.

mo.ti.vo [mot'ivo] *sm* motivo, causa. *Mús.* motivo, tema. **per** ≃ **di** *prep* por causa de.

mo.to [m'ɔto] *sm* movimento; gesto; impulso, comoção. *Pol.* movimento, revolução. *sf abrev* moto, motocicleta.

mo.to.ci.clet.ta [mototʃikl'etta] *sf* ou **mo.to.ci.clo** [mototʃ'iklo] *sm* motocicleta.

mo.to.ci.cli.smo [mototʃikl'izmo] *sm Esp.* motociclismo.

mo.to.nau.ti.ca [moton'awtika] *sf* motonáutica.

mo.to.na.ve [moton'ave] *sf* barco a motor.

mo.to.pe.sche.rec.cio [motopesker'ettʃo] *sf* barco de pesca a motor.

mo.to.re [mot'ore] *sm + adj* motor. ≃ **a reazione** motor a reação. ≃ **a scoppio** motor de explosão. ≃ **a vapore** motor a vapor.

mo.to.ret.ta [motor'etta] *sf* lambreta, vespa.

mo.to.ri.sta [motor'ista] *sm Aeron.* mecânico de avião.

mo.to.sca.fo [motosk'afo] *sm* lancha.

mo.tri.ce [motr'itʃe] *sf* máquina motriz; locomotiva. *adj* motriz. **forza** ≃ força motriz.

mot.teg.gia.re [motteddʒ'are] *vt* gozar de, zombar de; imitar, copiar.

mot.teg.gio [mott'eddʒo] *sm* motejo, gracejo.

mot.to [m'ɔtto] *sm* graça, gracejo; mote, legenda (em brasão); palavra de ordem.

mouse [m'awz] *sm Inform.* mouse.

mo.ven.te [mov'ente] *sm* motivo, razão; impulso.

mo.ven.za [mov'entsa] *sf* movimento; porte.

mo.vi.men.ta.re [moviment'are] *vt* movimentar.

mo.vi.men.to [movim'ento] *sm* movimento; transferência de empregados; movimento político, rebelião. *Com.* movimento. *Fig.* mudança; tumulto; incentivo, impulso.

mo.zio.ne [mots'jone] *sf* moção, proposta.

moz.za.re [motts'are] *vt* cortar, decepar; abreviar; truncar.

moz.za.rel.la [mottsar'ella] *sf* muçarela.

moz.zi.co.ne [mottsik'one] *sm* toco, coto; ponta de cigarro.

moz.zo [m'ɔttso] *sm Náut.* grumete. *Mec.* cubo da roda. *adj* truncado; decepado.

muc.ca [m'ukka] *sf* vaca leiteira.

muc.chio [m'ukkjo] *sm* monte; multidão.

mu.co [m'uko] ou **mu.co** [m'ukko] *sm Fisiol.* muco. ≃ **nasale** muco nasal.

mu.co.sa [muk'oza] ou **muc.co.sa** [mukk'oza] *sf Anat.* mucosa.

mu.da.re [mud'are] *vi* mudar, trocar de penas ou pele.

muf.fa [m'uffa] *sf* mofo, bolor. *Fig.* raiva.

muf.fi.re [muff'ire] ou **muf.fa.re** [muff'are] *vi* mofar, ficar mofado. *Fig.* ficar ocioso.

mug.ghia.re [mugg'jare] *vi* mugir; rugir (animal, vento, mar); ribombar. *Fig.* berrar, urrar de raiva ou dor.

mug.gi.re [muddʒ'ire] *vi* mugir; ribombar, rugir (vento, mar).

mug.gi.to [muddʒ'ito] *sm* mugido; rugido (do vento, do mar).

mu.gna.io [muñ'ajo] *sm* moleiro. *Zool.* gaivota.

mu.go.la.re [mugol'are] *vi* ganir, uivar. *Fig.* choramingar, reclamar.

mu.go.li.o [mugol'io] *sm* ganido. *Fig.* reclamação, lamentação.

mu.lac.chia [mul'akkja] *sf Zool.* gralha.

mu.lat.tie.ra [mulatt'jera] *sf* vereda, caminho estreito (de montanha).

mu.lat.to [mul'atto] *sm + adj* mulato.

mu.li.nel.lo [mulin'ello] ou **mo.li.nel.lo** [molin'ello] *sm dim* molinete; redemoinho, remoinho; cata-vento.

mu.li.no [mul'ino] ou **mo.li.no** [mol'ino] *sm* moinho. ≃ **ad acqua** moinho de água. ≃ **a vento** moinho de vento. ≃ **di olio** lagar de azeite. **combattere i** ≃ **i a vento** lutar contra moinhos de vento.

mu.lo [m'ulo] *sm* mulo. ≃ **a** *sf* mula.

mul.ta [m'ulta] *sf Dir.* multa. **pagare la** ≃ pagar a multa. **prendere una** ≃ levar uma multa.

mul.ta.re [mult'are] *vt* multar.

mul.ti.co.lo.re [multikol'ore] *adj* multicolorido, multicor.

mul.ti.for.me [multif'orme] *adj* multiforme.

mul.ti.plo [m'ultiplo] *sm + adj Mat.* múltiplo. **minimo comune** ≃ mínimo múltiplo comum.

mum.mia [m'ummja] *sf* múmia. *Fig.* velho; pele e osso, pessoa muito magra.

mum.mi.fi.ca.re [mummifik'are] *vt* mumificar.

mun.ge.re [m'undʒere] *vt* ordenhar. *Fig.* explorar.

mun.gi.tu.ra [mundʒit'ura] *sf* ordenha.

mu.ni.ci.pa.le [munitʃip'ale] *adj* municipal.

mu.ni.ci.pio [munitʃ'ipjo] *sm* município.

mu.ni.re [mun'ire] *vt* munir, prover; validar. *vpr* munir-se, prover-se de; armar-se de.

mu.ni.zio.ne [munits'jone] *sf Mil.* munição; provisões. ≃ **da bocca** provisões.

muo.ve.re [m'wɔvere] ou **mo.ve.re** [m'ɔvere] *vt* mover; deslocar; transferir; empurrar, impelir; provocar, inspirar, incitar. *vi* ter origem em, nascer de. *vpr* mover-se, movimentar-se. *Fig.* gesticular. ≃ **lite** brigar.

mu.ra.glia [mur'aʎa] *sf* muralha. *Fig.* obstáculo, impedimento, barreira.

mu.ra.le [mur'ale] *adj* mural. **pittura** ≃ pintura mural.

mu.ra.re [mur'are] *vt* murar, fechar com muro; construir, edificar.

mu.ra.to.re [murat'ore] *sm* pedreiro. **franco** ≃ ou **libero** ≃ maçom.

mu.re.na [mur'ena] *sf Zool.* moréia.

mu.ret.to [mur'etto] ou **mu.ret.ti.no** [murett'ino] *sm dim* muro (de casa).

mu.ro [m'uro] *sm (pl m* **i muri)** muro; parede; abrigo, defesa. *Fig.* obstáculo, impedimento. *(pl f* **le mura)** muralha, muralhas, muro externo de cidade. ≃ **di cotto** muro de tijolos. ≃ **di tramezzo** parede divisória, divisória. **mettere con le spalle al** ≃ encostar na parede, obrigar a se decidir. **mettere al** ≃ fuzilar. **mandare al** ≃ condenar ao paredão. **parlare al** ≃ falar com as paredes.

mu.sa [m'uza] *sf Mit.* musa. *Fig.* inspiração; poesia.

mu.sa.ra.gno [muzar'año] *sm Zool.* musaranho.

mu.schia.to [musk'jato] *adj* almiscarado.

mu.schio [m'uskjo] *sm* almíscar.

mu.sco [m'usko] *sm Bot.* musgo.

mu.sco.la.re [muskol'are] *adj* muscular.

mu.sco.la.tu.ra [muskolat'ura] *sf* musculatura.

mu.sco.la.zio.ne [muskolats'jone] *sf* musculação.

mu.sco.lo [m'uskolo] *sm Anat.* músculo.

mu.sco.lo.so [muskol'ozo] ou **mu.sco.lu.to** [muskol'uto] *adj* musculoso. *Fig.* forte, robusto.

mu.sco.so [musk'ozo] *adj* musgoso.

mu.se.o [muz'εo] *sm* museu. **roba da** ≃ *Irôn.* peça de museu, velharia.

mu.se.ruo.la [muzer'wola] *sf* focinheira. *Fig.* mordaça, repressão. **mettere la** ≃ **a qualcuno** *Fam.* calar a boca de alguém.

mu.si.ca [m'uzika] *sf* música. *Fig.* som agradável. *Irôn.* ladainha, lengalenga. ≃ **da ballo** música para dançar.

mu.si.ca.le [muzik'ale] *adj* musical.

mu.si.ca.re [muzik'are] *vt* musicar.

mu.si.ci.sta [muzitʃ'ista] *s* musicista; compositor; instrumentista; professor de música; especialista em música.

mu.si.co [m'uziko] *sm* músico; compositor; instrumentista. *adj* músico, musical.

mu.so [m'uzo] *sm* focinho. *dep* cara, fuça. *Fig.* beiço, amuo. **allungare il** ≃ *Fam.* emagrecer.

mus.so.la [m'ussola] ou **mus.so.li.na** [mussol'ina] *sf* musselina.

mus.sul.ma.no [mussulm'ano] ou **mu.sul.ma.no** [musulm'ano] *sm+adj* muçulmano.

mu.stac.chio [must'akkjo] *sm* (mais usado no *pl* **mustacchi)** bigode. **i** ≃ **chi del gatto** os bigodes do gato.

mu.ta [m'uta] *sf* mudança; troca; muda (de penas, pêlos e pele); junta, parelha; muda de roupa. ≃ **della guardia** troca da guarda.

mu.ta.bi.le [mut'abile] *adj* mutável. *Fig.* volúvel, inconstante.

mu.ta.men.to [mutam'ento] *sm* mudança; troca; alteração; mutação.

mu.tan.de [mut'ande] *sf pl* cuecas; calcinhas.

mu.tan.di.ne [mutand'ine] *sf pl* calcinhas.

mu.ta.re [mut'are] *vt* mudar; trocar; alterar; despir, tirar (roupa). *vi* mudar, transformar-se. *vpr* mudar, transformar-se; mudar-se. ≃ **casa** mudar-se.

mu.ta.zio.ne [mutats'jone] *sf* mutação; transformação, metamorfose; mudança.

mu.tez.za [mut'ettsa] *sf* mudez.

mu.ti.la.re [mutil'are] *vt* mutilar; amputar. *Fig.* truncar.

mu.ti.la.to [mutil'ato] *sm* inválido. *part+adj* mutilado; amputado.

mu.to [m'uto] *sm* mudo. *adj* mudo; calado, silencioso. **consonante** ≃ **a** *Gram.* consoante muda. **film** ≃ filme mudo. **cinema** ≃ cinema mudo. ≃ **come un pesce** silenciosamente.

mu.to.lo [m'utolo] *adj Lit.* mudo.

mu.tua [m'utwa] *sf* mútua, sociedade de auxílio mútuo.

mu.tu.a.re [mutu'are] *vt Dir.* mutuar.

mu.tua.ta.rio [mutwat'arjo] *sm Dir.* mutuário.

mu.tuo [m'utwo] *sm Dir.* mútuo, empréstimo. **prendere a** ≃ fazer empréstimo. *adj* mútuo, recíproco.

N

n ['enne] *sf* a décima segunda letra do alfabeto italiano.

nac.che.re [n'akkere] *sf pl Mús.* castanholas.

na.dir [nad'ir] *sm Astron.* nadir.

naf.ta [n'afta] *sf Quím.* nafta.

naf.ta.li.na [naftal'ina] *sf Quím.* naftalina.

na.ia [n'aja] *sf Zool.* naja.

na.ia.de [n'ajade] *sf Mit.* náiade.

nai.lon [n'ajlon] *sm* náilon.

nan.dù [nand'u] *sf Zool.* ema, nhandu.

nan.na [n'anna] *sf Fam.* nana. **fare la** ≃ fazer naninha, dormir. **andare a** ≃ ir fazer naninha, ir dormir.

na.no [n'ano] *sm+adj* anão.

na.po.le.o.ni.co [napole'ɔniko] *adj* napoleônico.

na.po.le.ta.no [napolet'ano] *sm+adj* napolitano, de Nápoles.

nap.pa [n'appa] *sf* pingente de cortina, borla. *Irôn.* narigão.

nar.ci.si.smo [nartʃiz'izmo] *sm* narcisismo.

nar.ci.so [nartʃ'izo] *sm Bot.* e *Fig.* narciso.

nar.co.si [nark'ɔzi] *sf Med.* narcose.

nar.co.ti.co [nark'ɔtiko] *sm* narcótico, droga. *adj* narcótico. *Fig.* pesado, tedioso.

nar.co.tiz.za.re [narkotiddz'are] *vt* narcotizar, drogar. *Med.* anestesiar.

nar.ghi.lè [nargil'ɛ] *sf* narguilé.

na.ri.ce [nar'itʃe] *sf Anat.* narina.

nar.ra.re [naɾ'are] *vt* narrar, contar.

nar.ra.ti.va [naɾat'iva] *sf* narrativa.

nar.ra.ti.vo [naɾat'ivo] *adj* narrativo.

nar.ra.to.re [naɾat'ore] *sm* narrador.

nar.ra.zio.ne [naɾats'jone] *sf* narração. *Lit.* conto, narrativa.

nar.va.lo [narv'alo] *sm Zool.* narval.

na.sa.le [naz'ale] *adj* nasal, do nariz. **consonante** ≃ *Gram.* consoante nasal. **le fosse** ≃**i** as fossas nasais.

na.sce.re [n'aʃere] *vi* nascer, vir ao mundo; surgir, aparecer; florescer; brotar (planta, água); nascer (água). ≃ **sotto buona stella** nascer com boa estrela.

na.sci.men.to [naʃim'ento] *sm* nascimento; origem, princípio; estirpe.

na.sci.ta [n'aʃita] *sf* nascimento; estirpe, descendência. **certificato di** ≃ certidão de nascimento.

na.scon.de.re [nask'ondere] *vt* esconder, ocultar. *vpr* esconder-se.

na.scon.di.glio [naskond'iʎo] *sm* esconderijo.

na.sco.sto [nask'osto] *part+adj* escondido, oculto.

na.sel.lo [naz'ello] *sm Zool.* badejo.

na.so [n'azo] *sm* nariz; olfato. *Fig.* faro, intuição, sexto sentido. ≃ **aquilino** nariz aquilino. ≃ **affilato** nariz afilado. **avere buon** ≃ ter sexto sentido. **mennare per il** ≃ *Fam.* levar no bico, enganar. **restare con un palmo di** ≃ ficar chupando o dedo, ficar desiludido. **soffiarsi il** ≃ assoar o nariz.

na.stri.no [nastr'ino] *sm dim* fitinha; marcador de livro; fita de papel.

na.stro [n'astro] *sm* fita (de tecido). ≃ **isolante** fita isolante.

na.ta.le [nat'ale] *sm* dia do nascimento, natalício. **N** ≃ *Rel.* Natal. *adj* natal, natalício. **terra** ≃ terra natal, pátria.

na.ta.li.zio [natal'itsjo] *sm* dia do nascimento; aniversário. *adj* natalício.

na.tan.te [nat'ante] *sm* barco, embarcação. *adj* nadador.

na.ta.to.ia [natat'oja] *sf* nadadeira.

na.ti.ca [n'atika] *sf Anat.* nádega.

na.ti.vi.tà [nativit'a] *sf Rel.* natividade.

na.ti.vo [nat'ivo] ou **na.ti.o** [nat'io] *sm* (mais usado no *pl*) nativo; indígena. *adj* nativo.

na.to [n'ato] *part+adj* nascido. *tb Fig.* nato.

na.tu.ra [nat'ura] *sf* natureza; essência; índole, caráter; tipo, espécie. ≃ **morta** natureza-morta. **cose di questa** ≃ coisas desta natureza.

na.tu.ra.le [natur'ale] *sm* índole, caráter. *adj* natural; bastardo; lógico; espontâneo.

na.tu.ra.lez.za [natural'ettsa] *sf* naturalidade; simplicidade, espontaneidade.

na.tu.ra.li.smo [natural'izmo] *sm Arte* e *Fil.* naturalismo.

na.tu.ra.li.tà [naturalit'a] *sf* naturalidade; cidadania.

na.tu.ra.liz.zar.si [naturaliddz'arsi] *vpr* naturalizar-se.

na.tu.ra.liz.za.zio.ne [naturaliddzats'jone] *sf* naturalização.

na.tu.ri.smo [natur'izmo] *sm Med.* naturismo.

nau.fra.ga.re [nawfrag'are] *vi* naufragar. *Fig.* falir.

nau.fra.gio [nawfr'adʒo] *sm* naufrágio. *Fig.* fracasso, ruína. **far** ≃ *Fig.* fracassar.

nau.fra.go [n'awfrago] *sm+adj* náufrago.

nau.se.a [n'awzea] *sf Med.* náusea. *Fig.* aversão, nojo.

nau.se.an.te [nawze'ante] ou **nau.se.a.bon.do** [nawzeab'ondo] *adj* nauseante, nauseabundo.

nau.se.a.re [nawze'are] *vt* nausear.

nau.ti.ca [n'awtika] *sf* náutica, arte de navegar.

nau.ti.co [n'awtiko] *adj* náutico.

na.va.le [nav'ale] *adj* naval; marítimo.

na.va.ta [nav'ata] *sf Arquit.* nave. ≃ **centrale della chiesa** nave central da igreja.

na.ve [n'ave] *sf* navio, nau; embarcação de grande porte. ≃ **passeggeri** navio de passageiros. ≃ **da carico** navio de carga. ≃ **da guerra** navio de guerra. ≃ **mercantile** navio mercante. ≃ **a vela** navio de vela. ≃ **spaziale** nave espacial.

na.vet.ta [nav'etta] *sf* lançadeira.

na.vi.cel.la.io [navitʃell'ajo] *sm* barqueiro.

na.vi.cel.lo [navitʃ'ello] *sm dim* barquinho, bote.

na.vi.ga.bi.le [navig'abile] *adj* navegável.

na.vi.gan.te [navig'ante] *s+adj* navegante.

na.vi.ga.re [navig'are] *vt+vi* navegar. ≃ **i mari** navegar pelos mares. ≃ **contro vento** navegar contra o vento.

na.vi.ga.to [navig'ato] *part+adj Fig.* vivido, experiente.

na.vi.ga.to.re [navigat'ore] *sm* navegador.

na.vi.ga.zio.ne [navigats'jone] *sf* navegação. ≃ **aerea** navegação aérea. ≃ **maritima** navegação marítima. ≃ **fluviale** navegação fluvial.

na.vi.glio [nav'iλo] *sm Náut.* navio, embarcação; frota.

na.vo.ne [nav'one] *sm Bot.* nabo.

na.zio.na.le [natsjon'ale] *adj* nacional.

na.zio.na.li.smo [natsjonal'izmo] *sm Pol.* nacionalismo.

na.zio.na.li.tà [natsjonalit'a] *sf* nacionalidade, cidadania. *Fig.* nação.

na.zio.na.liz.za.re [natsjonaliddz'are] *vt* nacionalizar, tornar nacional.

na.zio.ne [nats'jone] *sf* nação.

na.zi.smo [nats'izmo] *sm Pol.* nazismo.

naz.za.re.no [naddzar'eno] ou **na.za.re.no** [nadzar'eno] *adj* nazareno, de Nazaré. **Gesù N** ≃ Jesus de Nazaré. **Il N** ≃ o Nazareno.

ne [n'e] *pron* deste, desta, disto, daquilo, dele, dela, etc. **non** ≃ **capisco niente** não entendo nada disso. *adv* daí, dali, de lá. **arriverò a Roma domani, e** ≃ **partirò presto** chegarei a Roma amanhã, e partirei (de lá) logo. Às vezes, expletivo: **me** ≃ **vado** vou embora.

né [n'e] *conj* nem.

ne.an.che [ne'anke] ou **ne.an.co** [ne'anko] *adv+conj* nem, nem mesmo, tampouco. ≃ **per sogno!** nem sonhando!

neb.bia [n'ebbja] *sf* neblina, névoa. *Fig.* ignorância.

neb.bio.ne [nebb'jone] *sm* nevoeiro, névoa densa.

neb.bio.so [nebb'jozo] ou **ne.bu.lo.so** [nebul'ozo] *adj* nebuloso, nevoento. *Fig.* confuso, incerto; obscuro.

ne.bu.lo.sa [nebul'oza] *sf Astron.* nebulosa. *Fig.* confusão.

ne.ces.sa.rio [netʃess'arjo] I *sm* o necessário. *adj* necessário; indispensável, essencial.

ne.ces.sa.rio [netʃess'arjo] II ou **né.ces.sai.re** [nesess'er] *sm* estojo (de maquiagem, ferramentas, etc.).

ne.ces.si.tà [netʃessit'a] *sf* necessidade; aperto, necessidade financeira.

ne.ces.si.ta.re [netʃessit'are] *vt* necessitar de, precisar de. *vi* ser necessário.

ne.cro.lo.gio [nekrol'odʒo] *sm* necrológio, obituário.

ne.cro.po.li [nekr'opoli] *sf* necrópole, cemitério antigo. *Fig.* cidade fantasma.

ne.cro.sco.pia [nekroskop'ia] ou **ne.cro.psia** [nekr'opsja] *sf Med.* necroscopia, necropsia.

ne.cro.si [nekr'ozi] *sf Med.* necrose, gangrena.

ne.fan.do [nef'ando] *adj* nefando, abominável.

ne.fa.sto [nef'asto] *adj* nefasto, funesto, de mau agouro. *Fig.* triste.

ne.fral.gi.a [nefraldʒ'ia] *sf Med.* nefralgia.

ne.fri.te [nefr'ite] *sf Med.* nefrite.

ne.ga.re [neg'are] *vt* negar; recusar, rejeitar; refutar; proibir; impedir; não reconhecer.

ne.ga.ti.va [negat'iva] *sf* negativa, negação; negativo fotográfico. *Gram.* partícula negativa.

ne.ga.ti.vo [negat'ivo] *sm* negativo fotográfico. *adj* negativo. **polo** ≃ pólo negativo.

ne.ga.zio.ne [negats'jone] *sf* negação.

ne.ghit.to.so [negitt'ozo] *adj* indolente, preguiçoso.

ne.glet.to [negl'etto] *adj* negligente, descuidado; abandonado, esquecido.

ne.gli.gen.te [neglidʒ'ente] *s+adj* negligente, descuidado.

ne.gli.gen.za [neglidʒ'entsa] *sf* negligência; desatenção; desleixo, descuido.

ne.gli.ge.re [negl'idʒere] *vt Lit.* negligenciar, descuidar-se de.

ne.go.zia.bi.le [negots'jabile] *adj* negociável.

ne.go.zian.te [negots'jante] *s* negociante, comerciante.

ne.go.zia.re [negots'jare] *vt* negociar, comerciar; pactuar. *vi* negociar, comerciar. ≃ **la pace fra due nazioni** negociar a paz entre duas nações.

ne.go.zia.ti [negots'jati] *sm pl Pol.* negociações.

ne.go.zio [neg'ɔtsjo] *sm* negócio; operação comercial; loja; trabalho.

ne.grie.re [negr'jere] *sm* negreiro, traficante de escravos. *Fig.* explorador (patrão).

ne.grie.ro [negr'jero] *adj* negreiro. **nave** ≃ **a** navio negreiro.

ne.gro [n'egro] *sm + adj Lit.* negro.

ne.gro.man.te [negrom'ante] *s* necromante.

ne.gro.man.zia [negromants'ia] *sf* necromancia.

nem.bo [n'embo] *sm* nuvem de chuva. *Met.* nimbo. *Poét.* temporal, tempestade. *Fig.* chuva (de coisas), grande quantidade. **un** ≃ **di fiori** uma chuva de flores. **a** ≃ **i** em grande quantidade.

nemicare → **inimicare**.

ne.mi.co [nem'iko] *sm + adj* inimigo.

nem.me.no [nemm'eno] ou **nem.man.co** [nemm'anko] *conj* nem, nem mesmo.

ne.nia [n'enja] *sf Hist.* nênia, canto fúnebre. *Fig.* lengalenga, ladainha.

nenufaro → **ninfea**.

ne.o [n'eo] *sm* sinal, pinta (na pele). *Fig.* ninharia, mixaria; defeito, imperfeição. ≃ **finto** pinta falsa. *tb* **neon.**

ne.o.clas.si.co [neokl'assiko] *adj* neoclássico.

ne.o.fi.ta [ne'ɔfita] ou **ne.o.fi.to** [ne'ɔfito] *sm Rel.* neófito, recém-batizado. *Fig.* neófito, iniciante.

ne.o.gre.co [neogr'ɛko] *sm + adj* grego moderno, da Grécia moderna.

ne.o.la.ti.no [neolat'ino] *adj* neolatino.

ne.o.li.ti.co [neol'itiko] *sm + adj Arqueol.* neolítico.

ne.o.lo.gi.smo [neolodʒ'izmo] *sm Gram.* neologismo.

ne.on [n'ɛon] ou **ne.o** [n'ɛo] *sm Quím.* néon.

ne.o.na.to [neon'ato] *sm* recém-nascido.

ne.o.ze.lan.de.se [neodzeland'eze] *s + adj* neozelandês.

ne.pi.tel.lo.to [nepit'ello] *sm Anat.* borda da pálpebra. *Fig.* pálpebra.

nepote → **nipote**.

ne.po.ti.smo [nepot'izmo] *sm* nepotismo.

nep.pu.re [nepp'ure] *adv + conj* nem, nem mesmo.

ner.bo [n'ɛrbo] *sm* açoite, chicote. *Anat.* tendão. *Pop.* nervo. *Fig.* força, vigor. **il** ≃ **di un esercito** o forte de um exército.

ner.bo.ro.so [nerbor'ozo] ou **ner.bo.ru.to** [nerbor'uto] *adj* de nervos fortes. *Fig.* forte, robusto.

ne.reg.gia.re [neredcʒ'are] *vi* negrejar, tender ao negro.

ne.rei.de [ner'eide] *sf Mit.* nereida.

ne.ret.to [ner'etto] *sm* negrito. *adj* negrinho, meio negro.

ne.rez.za [ner'ettsa] *sf* negridão, negrura.

ne.ro [n'ero] *sm* negro, cor negra. ≃ **animale** carvão animal. **vedere** ≃ ver com pessimismo. **mettere il** ≃ **sul bianco** pôr o preto no branco, fazer por escrito. *adj* negro, preto. *Fig.* mau, malvado; triste. **umor** ≃ humor negro.

ner.va.tu.ra [nervat'ura] *sf* o conjunto dos nervos; nervura (de folha, livro); nervo (de livro).

ner.vo [n'ervo] *sm Anat.* nervo. *Bot.* talo (de folha). *Fig.* força, vigor. ≃ **ottico** nervo óptico. **il** ≃ **di un arco** a corda de um arco. **avere i** ≃ **i** estar nervoso. **dare ai** ≃ **i a qualcuno** dar nos nervos de alguém, irritar. **avere i** ≃ **i scoperti** ter os nervos à flor da pele.

ner.vo.si.smo [nervoz'izmo] *sm* nervosismo.

ner.vo.so [nerv'ozo] *adj* nervoso, dos nervos; nervoso, irritadiço; forte, robusto. **sistema** ≃ *Anat.* sistema nervoso. **tessuto** ≃ tecido nervoso.

ne.sci [n'ɛʃi] *sm + adj* néscio. Usado apenas na expressão **fare il** ≃ fazer-se de bobo, fingir que não sabe.

ne.spo.la [n'espola] *sf Bot.* nêspera. *Fig.* golpe, batida. **col tempo e con la paglia maturano le** ≃ **e** é preciso dar tempo ao tempo.

ne.spo.lo [n'espolo] *sm Bot.* nespereira.

nes.so [n'esso] *sm* nexo, ligação.

nes.su.no [ness'uno] ou **niu.no** [n'juno] *sm* ninguém. *pron* nenhum; algum. **non c'è** ≃ não há ninguém. **non vedo** ≃ não vejo ninguém. **non ebbe** ≃ **a risposta** não teve nenhuma resposta ou não teve resposta alguma.

net.ta.re [n'ettare] I *sm Bot.* néctar. *Fig.* bebida suave. ≃ **degli dei** *Mit.* néctar dos deuses.

net.ta.re [nett'are] II *vt* limpar; purgar, purificar.

net.tez.za [nett'ettsa] *sf* limpeza, asseio. *Fig.* lealdade, fidelidade; franqueza, sinceridade. ≃ **urbana** limpeza urbana.

net.to [n'ɛtto] *adj* limpo. *Fig.* leal, fiel; franco, sincero; líquido.

Net.tu.no [nett'uno] *sm Astron.* e *Mit.* Netuno.

net.tur.bi.no [netturb'ino] *sm* gari.

neurastenia, neurastenico → **nevrastenia, nevrastenico.**

neu.ro.lo.gia [newrolodʒ'ia] *sf Med.* neurologia.

neu.ro.pa.tia [newropat'ia] ou **ne.vro.pa.ti.a** [nevropat'ia] *sf Med.* neuropatia. *Pop.* doença nervosa.

neurosi, neurotico → **nevrosi, nevrotico.**

neu.tra.le [newtr'ale] *adj tb Quím.* neutro.

neu.tra.li.tà [newtralit'a] *sf tb Quím.* neutralidade.

neu.tra.liz.za.re [newtraliddz'are] *vt* neutralizar. *Esp.* anular (ponto). *vpr* neutralizar-se.

neu.tro [n'ɛwtro] *adj* neutro. *Quím., Fís.* e *Gram.* neutro. **verbo** ≈ verbo intransitivo. **territorio** ≈ território neutro.

neu.tro.ne [newtr'one] *sm Quím.* nêutron.

ne.va.io [nev'ajo] *sm* nevada, queda de neve. *Geogr.* pico nevado.

ne.ve [n'eve] *sf* neve. *Fig.* grisalho, cabelos brancos.

ne.vi.ca.re [nevik'are] *vi* nevar. *Fig.* embranquecer, ficar grisalho.

ne.vi.ca.ta [nevik'ata] *sf* nevada, queda de neve.

ne.vi.schio [nev'iskjo] *sm* granizo.

ne.vo.so [nev'ozo] *adj* nevado, cheio de neve.

ne.vral.gi.a [nevraldʒ'ia] *sf Med.* neuralgia, nevralgia.

ne.vral.gi.co [nevr'aldʒiko] *adj Med.* neurálgico, nevrálgico. **punto** ≈ *Fig.* ponto nevrálgico, ponto muito importante.

ne.vra.ste.ni.a [nevrasten'ia] ou **neu.ra.ste.ni.a** [newrasten'ia] *sf Med.* neurastenia.

ne.vra.ste.ni.co [nevrast'eniko] ou **neu.ra.ste.ni.co** [newrast'eniko] *adj* neurastênico. *Fig.* nervoso, irritadiço.

ne.vri.te [nevr'ite] *sf Med.* neurite, nevrite.

ne.vro.si [nevr'ozi] ou **neu.ro.si** [newr'ozi] *sf Med.* neurose, nevrose.

ne.vro.ti.co [nevr'otiko] ou **neu.ro.ti.co** [newr'otiko] *adj* neurótico, nevrótico.

nib.bio [n'ibbjo] *sm Zool.* milhafre;

nic.chia [n'ikkja] *sf* buaco, abertura; nicho; concha de molusco.

nic.chia.re [nikk'jare] *vi* hesitar, vacilar.

nic.chio [n'ikkjo] *sm* concha de molusco.

ni.che.la.re [nikel'are] *vt* niquelar.

ni.che.lio [nik'eljo] ou **ni.chel** [n'ikel] *sm Quím.* níquel.

ni.chi.li.smo [nikil'izmo] *sm* niilismo.

ni.co.ti.na [nikot'ina] *sf* nicotina.

ni.dia.ta [nid'jata] *sf* ninhada. *Fig. Fam.* filharada.

ni.di.fi.ca.re [nidifik'are] *vi* nidificar.

ni.do [n'ido] *sm* ninho; covil, toca. *Fig.* ninho, lar, casa. *Fam.* cama. ≈ **d'infanzia** creche.

nien.te [n'jɛnte] *sm* o nada. *adj* nenhum, nada de. *pron* nada; de jeito nenhum. **per** ≈ de maneira nenhuma; grátis, gratuitamente, de graça. **uomo da** ≈ nulidade, joão-ninguém. ≈ **zucchero, per favore** nada de açúcar, por favor. **di** ≈ ! de nada! não há de que! **non fa** ≈ não faz mal.

nien.te.me.no [njentem'eno], **niente di meno** ou **niente di manco** *adv* nada menos. ≈ ! *interj* mas veja só!

night-club [n'ajtklab] *sm* boate.

nim.bo [n'imbo] *sm* auréola.

nin.fa [n'infa] *sf Zool.* ninfa, crisálida. *Mit.* ninfa. *Fig.* amante; ninfeta.

nin.fe.a [ninf'ɛa] *sf* ou **ne.nu.fa.ro** [nen'ufaro] *sm Bot.* ninféia, nenúfar.

nin.fet.ta [ninf'etta] *sf Gír.* ninfeta.

nin.fo.ma.ni.a [ninfoman'ia] *sf Psic.* ninfomania.

nin.na [n'inna] *sf Fam.* nana. ≈ **nanna** canção de ninar. **fare la** ≈ **nanna** ninar.

nin.na.re [ninn'are] *vt Fam.* ninar.

nin.no.lo [n'innolo] *sm* brinquedo; bagatela, ninharia.

ni.no [n'ino] *sm Fam.* filhinho, meu querido.

ni.po.te [nip'ote] ou **ne.po.te** [nep'ote] *s* sobrinho, sobrinha; neto, neta.

nip.po.ni.co [nipp'oniko] *adj* nipônico, japonês.

nir.va.na [nirv'ana] *sf Rel.* nirvana. *Fig.* êxtase, paraíso.

ni.ti.dez.za [nitid'ettsa] *sf* nitidez; precisão; limpidez; clareza.

ni.ti.do [n'itido] *adj* nítido; definido, preciso, claro; límpido, claro.

ni.tra.to [nitr'ato] *sm Quím.* nitrato.

ni.tri.co [n'itriko] *adj Quím.* nítrico.

ni.tri.re [nitr'ire] *vi* relinchar.

ni.tri.to [nitr'ito] *sm* relincho. **i** ≈ **i** *pl Quím.* nitritos.

ni.tro.ge.no [nitr'ɔdʒeno] *sm Quím.* nitrogênio.

ni.tro.gli.ce.ri.na [nitroglitʃer'ina] *sf Quím.* nitroglicerina.

niuno ≈ **nessuno.**

ni.ve.o [n'iveo] *adj* níveo, branco como a neve.

no [n'ɔ] *sm* um não, negação. **rispondere con un** ≈ responder com um não. **essere tra il sì**

ed il ≃ estar em dúvida. *adv* não (usado em resposta). **hai letto questo libro?** ≃ você leu este livro? não. **se** ≃ senão, caso contrário.

no.bil.don.na [nobild′ɔnna] *sf* dama, senhora; nobre.

no.bi.le [n′ɔbile] *s* nobre. *adj* nobre, aristocrático. *Fig.* ilustre; generoso, magnânimo.

no.bi.le.sco [nobil′esko] *adj dep* fidalguesco.

no.bi.lia.re [nobil′jare] *adj* nobiliário.

no.bil.tà [nobilt′a] *sf* nobreza, aristocracia. *Fig.* grandeza; generosidade, magnanimidade.

no.bi.luo.mo [nobil′wɔmo] *sm* cavalheiro, senhor; nobre.

noc.ca [n′ɔkka] *sf Anat.* nó, articulação dos dedos.

noc.chie.re [nokk′jere] *sm* ou **noc.chie.ro** [nokk′jero] *sm Poét.* timoneiro.

noc.chio [n′ɔkkjo] *sm Bot.* nó da madeira.

noc.cio.la [nottʃ′ɔla] ou **noc.ciuo.la** [nottʃ′wɔla] *sf Bot.* avelã.

noc.cio.lo [nottʃ′ɔlo] I *sm Bot.* aveleira, avelaneira.

noc.cio.lo [n′ɔtʃolo] II *sm Bot.* caroço. *Fig.* núcleo, centro. **il** ≃ **di una questione** o centro da questão.

no.ce [n′otʃe] *sf Bot.* noz. *sm Bot.* nogueira. ≃ **del collo** *Anat.* pomo-de-adão, nó da garganta. ≃ **del piede** *Anat.* tornozelo. ≃ **di cocco** coco. ≃ **moscata** noz-moscada. ≃ **vomica** noz-vômica.

no.cel.la [notʃ′ella] *sf Bot.* avelã. *Anat.* tornozelo. ≃ **della mano** osso do pulso.

nocere → **nuocere.**

no.ci.vo [notʃ′ivo] *adj* nocivo, danoso.

no.del.lo [nod′ello] *sm Anat.* articulação do pé e da mão.

no.do [n′ɔdo] *sm* nó; cruzamento. *Med.* tumor subcutâneo. *Náut.* nó. *Fig.* dificuldade, obstáculo; ligação, vínculo. ≃ **coniugale** matrimônio. ≃ **scorsoio** nó corredizo.

no.do.si.tà [nodozit′a] *sf* nodosidade; nó da madeira.

no.do.so [nod′ozo] *adj* nodoso.

no.du.lo [n′ɔdulo] *sm dim* nozinho. *Med.* tumor subcutâneo.

noi [n′oj] *pron pl* nós; nos. **a** ≃ a nós. **con** ≃ conosco.

no.ia [n′ɔja] *sf* tédio, aborrecimento. *Pop.* chateação.

no.io.so [no′jozo] *adj* tedioso, entediante, aborrecido. *Pop.* chato.

no.leg.gia.re [noleddʒ′are] *vt* fretar.

no.leg.gio [nol′eddʒo] *sm* fretamento; frete.

no.lo [n′ɔlo] *sm* frete. **prendere a** ≃ fretar, tomar a frete. **dare a** ≃ fretar, ceder a frete.

no.ma.de [n′ɔmade] *s+adj* nômade. *Fig.* errante.

no.me [n′ome] *sm* nome; fama, renome; sobrenome. *Gram.* substantivo. **senza** ≃ vil, desprezível. **sotto falso** ≃ com nome falso. **a** ≃ **mio** de minha parte, em meu nome. **conoscere di** ≃ conhecer de nome. ≃ **di battesimo** nome de batismo. ≃ **di famiglia** nome de família, sobrenome. ≃ **proprio** nome próprio. ≃ **d'arte** pseudônimo.

no.men.cla.tu.ra [nomenklat′ura] *sf* nomenclatura.

no.mi.gno.lo [nom′iñolo] *sm* apelido; cognome.

no.mi.na [n′ɔmina] *sf* nomeação, designação. *Fig.* encargo. *Pop.* fama.

no.mi.na.le [nomin′ale] *adj* nominal. **valore** ≃ *Com.* valor nominal.

no.mi.na.re [nomin′are] *vt* nomear; chamar de, denominar; designar; mencionar, citar pelo nome. *vpr* chamar-se, denominar-se.

no.mi.na.ti.vo [nominat′ivo] *sm* nome. *Gram.* nominativo. *adj* nominativo; nominal.

non [n′ɔn] *adv* não (usado junto com verbos). ≃ **parliamo italiano** não falamos italiano. ≃ **solo ... ma anche** não só ... mas também. ≃ **plus ultra** nonplusultra. ≃ **ti scordar di me** → **nontiscordardimè.** ≃ **so che** um não-sei quê, alguma coisa. ≃ **intervento** *Pol.* não-intervenção. ≃ **pertanto** ou **nonpertanto** *adv Lit.* ainda assim, apesar de tudo.

no.na.ge.na.rio [nonadʒen′arjo] *sm+adj* ou **no.van.ten.ne** [novant′enne] *s+adj* nonagenário.

nonagesimo → **novantesimo.**

non.cu.ran.za [nonkur′antsa] *sf* negligência, descuido; indiferença.

non.di.me.no [nondim′eno] ou **non.di.man.co** [nondim′anko] *adv* contudo, apesar de tudo, não obstante.

non.na [n′ɔnna] *sf* avó. *Fam.* vó, vovó. *Fig.* velha.

non.no [n′ɔnno] *sm* avô. *Fam.* vô, vovô. *Fig.* velho.

non.nul.la [nonn′ulla] *sm* ninharia, mixaria, bagatela.

no.no [n′ɔno] *sm+num* nono.

no.no.stan.te [nonost′ante] *prep* não obstante, apesar de, a despeito de. ≃ **che** *conj* se bem que, embora. **ciò** ≃ apesar disso.

nonpertanto → **non.**

non.plu.sul.tra [nonpluz′ultra] ou **non plus ultra** *sm* o máximo; o cúmulo. **il** ≃ **della bellezza** o máximo da beleza. **il** ≃ **della malvagità** o cúmulo da maldade.

non.sen.so [nons'ɛnso] *sm* absurdo, disparate, contra-senso.

non.ti.scor.dar.di.mè [nontiskordardim'ɛ] ou **non ti scordar di me** *sm Bot.* miosótis, não-te-esqueças-de-mim.

no.nu.plo [n'ɔnuplo] *sm + num* nônuplo.

nord [n'ɔrd] *sm Geogr.* norte.

nor.di.co [n'ɔrdiko] *adj* nórdico.

nor.ma [n'ɔrma] *sf* norma, regra, preceito.

nor.ma.le [norm'ale] *adj* normal; regular.

nor.ma.li.tà [normalit'a] *sf* normalidade.

nor.ma.liz.za.re [normaliddz'are] *vt* normalizar; regularizar.

nor.man.no [norm'anno] *sm + adj* normando.

nor.ma.ti.va [normat'iva] *sf* legislação, regulamento.

nor.ve.ge.se [norved͡ʒ'eze] *s + adj* norueguês.

no.stal.gi.a [nostald͡ʒ'ia] *sf* nostalgia; saudade da pátria.

no.stal.gi.co [nost'ald͡ʒiko] *adj* nostálgico; saudoso da pátria.

no.stra.no [nostr'ano] ou **no.stra.le** [nostr'ale] *adj* local, do país de quem fala; caseiro, feito em casa.

no.stro [n'ɔstro] *pron msg* nosso. **no.stra** [n'ɔstra] *fsg* nossa. **no.stri** [n'ɔstri] *mpl* nossos. **no.stre** [n'ɔstre] *fpl* nossas. **il nostro** *Fig.* os nossos bens. **i nostri** *Fig.* os nossos (parentes), a nossa família.

no.stro.mo [nostr'ɔmo] *sm Náut.* timoneiro.

no.ta [n'ɔta] *sf* nota; anotação; comunicação; comentário; conta, nota a pagar; lista, relação; sinal, marca. ≃ **diplomatica** nota diplomática. ≃ **musicale** nota musical. **a chiare** ≃ **e** claramente.

no.ta.bi.le [not'abile] *sm* notável, pessoa ilustre. *adj* notável, digno de nota.

no.ta.io [not'ajo] ou **no.ta.ro** [not'aro] *sm* tabelião, notário público.

no.ta.re [not'are] *vt* anotar; assinalar, marcar; notar, perceber. **farsi** ≃ fazer-se notar.

no.ta.ri.le [notar'ile] ou **no.ta.ria.le** [notar'jale] *adj* notarial, de tabelião. **diritti** ≃ **i** direitos notariais.

no.ta.to.io [notat'ojo] *sm Zool.* bexiga, vesícula natatória.

no.ta.zio.ne [notats'jone] *sf* anotação. *Mús.* notação. *Quím.* símbolo, abreviatura.

no.te.vo.le [not'evole] *adj* notável, importante, ilustre; abundante, elevado, considerável.

no.ti.fi.ca.re [notifik'are] *vt* notificar, avisar, comunicar. *Dir.* notificar.

no.ti.fi.ca.zio.ne [notifikats'jone] ou **no.ti.fi.ca** [not'ifika] *sf* notificação, aviso, comunicação. *Dir.* notificação.

no.ti.zia [not'itsja] *sf* notícia, artigo; informação, conhecimento (sobre algo).

no.ti.zia.rio [notits'jarjo] *sm* noticiário.

no.to [n'ɔto] *adj* conhecido; famoso, notório.

no.to.rie.tà [notorjet'a] *sf* notoriedade, fama.

no.to.rio [not'ɔrjo] *adj* notório, público.

not.tam.bu.lo [nott'ambulo] *sm* sonâmbulo.

not.ta.ta [nott'ata] *sf* noitada; noite.

not.te [n'ɔtte] *sf* noite. *Fig.* escuridão, trevas; ignorância. ≃ **bianca** noite em branco, noite sem dormir. **di** ≃ à noite, durante a noite. **da** ≃ para a noite. **la** ≃ **dei tempi** *Fig.* a noite dos tempos, a pré-história. **buona** ≃ ! boa noite! *Irôn.* chega! acabou! **la** ≃ **porta consiglio** a noite é boa conselheira.

not.ti.va.go [nott'ivago] *sm + adj Lit.* noctívago.

not.to.la [n'ɔttola] *sf Zool.* morcego.

not.tur.no [nott'urno] *sm Mús.* noturno. *adj* noturno, da noite.

no.van.ta [nov'anta] *sm + num* noventa.

novantenne → **nonagenario**.

no.van.te.si.mo [novant'ezimo] ou **no.na.ge.si.mo** [nonad͡ʒ'ezimo] *sm + num* nonagésimo; noventa avos.

no.van.ti.na [novant'ina] *sf* uns noventa, umas noventa.

no.ve [n'ɔve] *sm + num* nove.

no.ve.cen.te.si.mo [novet͡ʃent'ezimo] *sm + num* nongentésimo, noningentésimo.

no.ve.cen.to [novet͡ʃ'ento] *sm + num* novecentos. **il N** ≃ *sm* o século XX.

no.vel.la [nov'ella] *sf* notícia, nova. *Lit.* novela; conto.

no.vel.lie.re [novell'jere] *sm* novelista.

no.vel.li.no [novell'ino] *sm + adj* inexperiente, principiante.

no.vel.lo [nov'ello] *adj* novo; jovem.

no.vem.bre [nov'embre] *sm* novembro.

no.ve.mi.la [novem'ila] *sm + num* nove mil.

no.ve.na [nov'ena] *sf Rel.* novena.

no.ven.ne [nov'enne] *s + adj* de nove anos (de idade).

no.ve.ro [n'ɔvero] *sm Lit.* número; conta, cálculo.

no.vi.tà [novit'a] *sf* novidade; nova, notícia; inovação.

no.vi.zia.to [novits'jato] *sm* noviciado; aprendizado, estágio.

no.vi.zio [nov'itsjo] *adj* novato, principiante, inexperiente.

no.zio.ne [nots'jone] *sf* noção, idéia; significado. ≃ **i** *pl* noções, fundamentos, bases.

noz.ze [n'ottse] *sf pl* núpcias, casamento, bodas. ≃ **d'argento** bodas de prata. ≃ **d'oro** bodas de ouro. ≃ **di diamanti** bodas de diamante. **fare** ≃ **coi fichi secchi** fazer algo sem gastar muito.

nu.be [n'ube] *sf Lit.* nuvem. *Fig.* nuvem de preocupação.

nu.bi.fra.gio [nubifr'adʒo] *sm* temporal, aguaceiro.

nu.bi.le [n'ubile] *adj* casadouro.

nu.ca [n'uka] *sf Anat.* nuca.

nu.cle.a.re [nukle'are] *adj* nuclear, do núcleo. *Fís.* nuclear. **fisica** ≃ ou **atomica** física nuclear.

nu.cle.o [n'ukleo] *sm* núcleo, centro. *Fís., Quím. e Biol.* núcleo.

nu.da.re [nud'are] *vt* desnudar, despir.

nu.dez.za [nud'ettsa] ou **nu.di.tà** [nudit'a] *sf* nudez.

nu.di.smo [nud'izmo] *sm* nudismo.

nu.do [n'udo] *sm Pint.* nu. *adj* nu, despido. *Pop.* pelado. *Fig.* sincero, simples; miserável, pobre.

nul.la [n'ulla] *pron* nada. **per** ≃ de jeito nenhum.

nul.la.o.sta [nulla'ɔsta] *sf* autorização, licença.

nul.la.te.nen.te [nullaten'ente] *s* miserável, pobre.

nul.li.tà [nullit'a] *sf* nulidade. *Fig.* nada.

nul.lo [n'ullo] *adj* nulo, inválido. *Fig.* inútil, ineficaz.

nu.me.ra.le [numer'ale] *adj* numeral, de número. **aggettivi** ≃ *Gram.* numerais.

nu.me.ra.re [numer'are] *vt* numerar, colocar número em; contar, calcular.

nu.me.ra.zio.ne [numerats'jone] *sf* numeração.

nu.me.ri.co [num'eriko] *adj* numérico.

nu.me.ro [n'umero] *sm* número; numeral. *Teat.* número, quadro. ≃ **dei giri** rotação (de máquina). ≃ **interno** ramal (telefônico). ≃ **singolare e plurale** *Gram.* número singular e plural. ≃ **uno** *Fam.* número um, excelente. **senza** ≃ sem número, incontável.

nu.me.ro.so [numer'ozo] *adj* numeroso; abundante, copioso.

nun.zio [n'untsjo] *sm* mensageiro; embaixador. ≃ **apostolico, pontificio** ou apenas ≃ *Rel.* núncio apostólico.

nuo.ce.re [n'wɔtʃere] ou **no.ce.re** [n'ɔtʃere] *vi* fazer mal, prejudicar, causar dano.

nuo.ra [n'wɔra] *sf* nora.

nuo.ta.re [nwot'are] *vi* nadar. *Fig.* flutuar, boiar; nadar em, ter em abundância.

nuo.ta.to.re [nwotat'ore] *sm* nadador.

nuo.to [n'wɔto] *sm* natação.

nuo.va [n'wɔva] *sf* nova, notícia.

nuo.vo [n'wɔvo] *adj* novo; recente, moderno. *Fig.* ingênuo. **di** ≃ de novo, novamente.

nu.tri.men.to [nutrim'ento] *sm* nutrição, alimento; alimentação, sustento.

nu.tri.re [nutr'ire] *vt* nutrir, alimentar. *Fig. Lit.* criar; educar, instruir.

nu.tri.ti.vo [nutrit'ivo] ou **nu.tri.en.te** [nutri'ente] *adj* nutritivo, nutriente.

nu.tri.zio.ne [nutrits'jone] *sf* nutrição; alimentação.

nu.vo.la [n'uvola] *sf Met.* nuvem. **avere la testa nelle** ≃ **e** *Fig.* ter a cabeça nas nuvens, ser distraído. **cadere dalle** ≃ **e** *Fig.* cair das nuvens, surpreender-se.

nu.vo.lo.so [nuvol'ozo] *adj* nublado, nebuloso.

nu.zia.le [nuts'jale] *adj Lit.* nupcial. **volo** ≃ *Zool.* vôo de acasalamento.

O

o ['ɔ] I *sf* a décima terceira letra do alfabeto italiano; ô, o nome da letra O.

o ['ɔ] II *conj* ou. Antes de vogal, **od: sette od otto** sete ou oito. **abbassare od alzare** abaixar ou levantar. ≃ ... ≃ ou ... ou. *interj* ó. (vocativo). ≃ **ragazzo!** ó menino! ≃ **Dio!** ó Deus! Para diferenciar da *conj*, costuma receber um **h: oh, caro amico!** oh, caro amigo!

o.a.si ['ɔazi] *sf Geogr.* oásis. *Fig.* conforto. **un' ≃ di felicità** um oásis de felicidade.

obbediente, obbedienza, obbedire → ubbidiente, ubbidienza, ubbidire.

ob.bli.ga.re [obblig'are] *vt* obrigar, constranger. *vpr* obrigar-se, comprometer-se.

ob.bli.ga.to [obblig'ato] *part+adj* obrigado, constrangido, forçado; obrigatório; grato.

ob.bli.ga.to.rio [obbligat'ɔrjo] *adj* obrigatório, compulsório.

ob.bli.ga.zio.ne [obbligats'jone] *sf* obrigação. *Com.* obrigação, dívida.

ob.bli.go ['ɔbbligo] *sm* ebrigação; dever.

ob.bro.brio [obbr'ɔbrjo] *sm* vergonha, infâmia, desonra, opróbrio.

o.be.li.sco [obel'isko] *sm* obelisco.

o.be.ra.re [ober'are] *vt* sobrecarregar.

o.be.so [ob'ezo] *adj* obeso.

o.biet.ta.re [objett'are] ou **ob.biet.ta.re** [obbjett'are] *vt Lit.* objetar, fazer objeção.

o.biet.ti.vo [objett'ivo] *sm* objetivo, fim. *adj* objetivo.

o.biet.to [ob'jetto] *sm Fil.* e *Lit.* objeto, assunto, matéria; objetivo, fim.

o.bie.zio.ne [objets'jone] ou **ob.bie.zio.ne** [obbjets'jone] *sf* objeção; oposição.

o.bi.to ['ɔbito] *sm* óbito, falecimento.

o.bi.tu.a.rio [obitu'arjo] *sm* obituário, necrológio.

o.bla.zio.ne [oblats'jone] *sf* óbolo, doação.

o.bli.a.re [obli'are] *vt Lit.* esquecer.

o.bli.o [obl'io] *sm Lit.* esquecimento.

o.bli.o.so [obli'ozo] ou **o.bli.vio.so** [obliv'jozo] *adj Lit.* esquecido.

o.bli.quo [obl'ikwo] ou **ob.bli.quo** [obbl'ikwo] *adj* oblíquo. *Gram.* indireto, oblíquo. *Fig.* ambíguo, duvidoso.

o.bli.te.ra.re [obliter'are] *vt Lit.* obliterar, apagar.

o.blun.go [obl'ungo] *adj* oblongo; alongado; oval, elíptico.

o.bo.e ['ɔboe] *sm Mús.* oboé.

ob.so.le.to [obsol'eto] *adj* obsoleto, ultrapassado.

o.ca ['ɔka] *sf* ganso. *Fig.* tonto, tolo. ≃ **selvatica** ganso selvagem, ganso bravo. **fare il becco all' ≃** *Fam.* dar o último retoque. **far venire la pelle d'≃** arrepiar os cabelos.

o.ca.ri.na [okar'ina] *sf Mús.* ocarina.

oc.ca.sio.na.le [okkazjon'ale] *adj* ocasional, casual, fortuito.

oc.ca.sio.ne [okkaz'jone] *sf* ocasião, oportunidade; circunstância; situação; pretexto, desculpa. *Com.* oferta, pechincha. **l' ≃ fa l'uomo ladro** a ocasião faz o ladrão.

oc.ca.so [okk'azo] *sm Lit.* e *Poét.* ocaso, pôr-do-sol.

oc.chia.ia [okk'jaja] *sf* olheira. *Anat.* órbita ocular.

oc.chia.let.to [okkjal'etto] ou **oc.chia.li.no** [okkjal'ino] *sm dim* monóculo.

oc.chia.li [okk'jali] *sm pl* óculos. **mettersi gli ≃** colocar os óculos. ≃ **a stanghetta** óculos comuns (com pernas). ≃ **da sole** óculos de sol. ≃ **di metallo** óculos de soldador.

oc.chia.ta [okk'jata] *sf* olhada.

oc.chiel.lo [okk'jello] *sm* casa (de botão).

oc.chio ['ɔkkjo] *sm Anat.* olho. *Zool.* olho (da cauda de pavão). *Mec.* olho de um instrumento. *Fig.* olhar; controle. ≃ **di gatto** *Min.* olho-de-gato. ≃ **d'aquila** ou **di lince** olhos de lince, olhos aguçados. ≃ **di pernice** olho-de-peixe. ≃ **elettrico** célula fotoelétrica. **globo dell' ≃** globo ocular. **ad ≃chi chiusi** de olhos fechados. **chiudere un ≃** *Fig.* fazer vista grossa, fingir que não vê. **chiudere gli ≃chi** morrer. **in un batter d'≃** num piscar de olhos. **a chius' ≃** às cegas. **ad ≃ nudo** a olho nu. ≃ **per ≃, dente per dente** olho por olho, dente por dente. ≃**!** atenção! em guarda! **mettere gli ≃chi addosso ad uno** escolher alguém.

oc.ci.den.ta.le [ottʃident'ale] *s+adj* ocidental.

oc.ci.den.te [ottʃid'ente] *sm* ocidente.

oc.ci.pi.ta.le [ottʃipit'ale] *adj* occipital.

oc.ci.pi.te [ottʃ'ipite] *sm Anat.* nuca.

oc.ci.ta.ni.co [ottʃit'aniko] *adj Lit.* ocitânico. **letteratura** ≃ a literatura provençal.

oc.clu.sio.ne [okkluz'jone] *sf* oclusão, obstrução.

oc.cor.ren.te [okkoř'ente] *sm+adj* necessário.

oc.cor.ren.za [okkoř'entsa] *sf* ocorrência, ocasião; necessidade.

oc.cor.re.re [okk'ořere] *vi* ocorrer, acontecer; precisar, ser necessário.

oc.cul.ta.re [okkult'are] *vt* ocultar, esconder. *vpr* ocultar-se, esconder-se.

oc.cul.ti.smo [okkult'izmo] *sm* ocultismo.

oc.cul.to [okk'ulto] *adj* oculto, escondido; misterioso; desconhecido.

oc.cu.pa.re [okkup'are] *vt* ocupar; invadir, conquistar; usurpar. *vpr* entregar-se a, dedicar-se a.

oc.cu.pa.zio.ne [okkupats'jone] *sf* ocupação; invasão, conquista; trabalho.

o.ce.a.no [otʃ'eano] *sm Geogr.* oceano. *Fig.* oceano, imensidão.

o.cra ['ɔkra] *sf* ocra, ocre.

o.cu.la.re [okul'are] *adj* ocular, do olho. **testimonio** ≃ testemunha ocular.

o.cu.la.tez.za [okulat'ettsa] *sf* cautela, cuidado.

o.cu.la.to [okul'ato] *adj* cauteloso, cuidadoso.

o.cu.li.sta [okul'ista] *s* oculista.

o.da.li.sca [odal'iska] *sf* odalisca.

o.de ['ɔde] *sf Lit.* ode.

o.dia.re [od'jare] *vt* odiar, detestar. *vpr* odiar-se (um ao outro).

o.dier.no [od'jerno] *adj* hodierno, moderno.

o.dio ['ɔdjo] *sm* ódio; rancor, ressentimento; antipatia, aversão. **in** ≃ **alla legge** contra a lei.

o.di.o.so [odi'ozo] *adj* odioso; detestável; repulsivo, repelente.

o.dis.se.a [odiss'ea] *sf Fig.* odisséia, aventura.

o.do.me.tro [od'ɔmetro] *sm Mec.* hodômetro.

o.don.to.lo.gi.a [odontolodʒ'ia] ou **o.don.to.ia.tri.a** [odontojatr'ia] *sf* odontologia.

o.do.ra.re [odor'are] *vt* cheirar, sentir o cheiro de. *Fig.* sentir, pressentir. *vi* exalar cheiro. ≃ **di** *tb Fig.* cheirar a, ter cheiro de.

o.do.ra.to [odor'ato] *sm* olfato. *adj* cheiroso.

o.do.re [od'ore] *sm* odor, cheiro; perfume; fedor. *Fig.* indício, sinal.

o.do.ri.fe.ro [odor'ifero] ou **o.do.ran.te** [odor'ante] *adj* odorífero, cheiroso.

of.fa ['ɔffa] *sf* fogaça; pedaço, bocado. *Fig.* ganho. **dare l'** ≃ subornar. **prendere l'** ≃ aceitar suborno.

of.fen.de.re [off'endere] *vt* ofender, insultar; ferir, machucar; violar, profanar. *vpr* ofenderse, sentir-se ofendido. ≃ **Dio** cometer um pecado.

of.fen.si.va [offens'iva] *sf* ofensiva, ataque. **prendere l'** ≃ atacar primeiro.

of.fen.si.vo [offens'ivo] *adj* ofensivo.

of.fer.ta [off'erta] *sf* oferta; oferenda; doação, esmola.

of.fe.sa [off'eza] *sf* ofensa, afronta; palavrão; dano, prejuízo.

of.fe.so [off'ezo] *part+adj* ofendido, insultado; lesado.

of.fi.cia.re [offitʃ'are] *vt* oficiar, celebrar (missa).

of.fi.ci.na [offitʃ'ina] *sf* oficina. ≃ **riparazioni** oficina mecânica.

of.fri.re [offr'ire] *vt* oferecer; sacrificar a Deus; mostrar, apresentar; presentear. *vpr* oferecer-se, propor-se; apresentar-se, mostrar-se. ≃ **si in olocausto** *Fig.* sacrificar-se por causa nobre.

of.fu.sca.re [offusk'are] *vt* ofuscar, obscurecer. *Fig.* manchar. *vpr* ofuscar-se, obscurecer-se. *Fig.* depreciar-se.

o.fi.dio [of'idjo] *sm Zool.* ofídio.

of.tal.mo.lo.gi.a [oftalmolodʒ'ia] *sf Med.* oftalmologia.

of.tal.mo.lo.go [oftalm'ɔlogo] *sm Med.* oftalmologista.

og.get.ti.vo [oddʒett'ivo] *adj Lit.* objetivo.

og.get.to [oddʒ'etto] *sm* objeto; tema, assunto. *Gram.* objeto. *Pop.* coisa. *Fig.* objetivo, fim, propósito. **complemento** ≃ *Gram.* objeto direto.

og.gi ['ɔddʒi] *sm* o dia de hoje. *adv* hoje; nesta época, no tempo atual. ≃ **a otto** daqui a oito dias. **da** ≃ **in poi** de hoje em diante.

og.gi.gior.no [oddʒidʒ'orno] ou **og.gi.dì** [oddʒid'i] *adv* hoje em dia, nos dias de hoje.

og.gi.mai [oddʒim'aj] *adv Lit.* e *Poét.* agora, já; desde já, de agora em diante.

o.gi.va [odʒ'iva] *sf* ogiva.

o.gni ['oñi] *pron* cada; todos. ≃ **tanto** ou ≃ **poco** de vez em quando, de quando em quando. ≃ **qualvolta** → **ogniqualvolta**. ≃ **due giorni** a cada dois dias; dia sim, dia não. ≃ **tre giorni** a cada três dias. ≃ **cosa** tudo, todas as coisas. **a** ≃ **modo** ou **in** ≃ **modo** de qualquer maneira.

o.gni.qual.vol.ta [oñikwalv'olta] ou **ogni qual volta** *conj* sempre que, todas as vezes que.

O.gnis.san.ti [oñiss'anti] *sm Rel.* Dia de Todos os Santos.

o.gno.ra [oñ'ora] *adv* a toda hora, sempre.

o.gnu.no [oñ'uno] *pron* cada um, todos.

oh ['ɔ] *interj* oh! (dor, espanto, surpresa, etc.).

o.he ['ɔe] *interj* oi! ei! (para chamar).

o.hi ['ɔi] *interj* ui! ai! (dor).

o.hi.bò [oib'ɔ] *interj* oh! (maravilha); não! nunca! (negação, reprovação, etc.).

o.hi.mè [oim'ɛ] *interj* ai de mim! piedade!

o.là [ol'a] *interj* olá! oi!

o.lan.de.se [oland'eze] *s+adj* holandês.

o.le.a.gi.no.so [oleadʒin'ozo] *adj Lit.* oleaginoso, oleoso.

o.len.te [ol'ɛnte] *adj Poét.* perfumado, cheiroso.

o.le.o.so [ole'ozo] *adj* oleoso.

o.lez.za.re [oleddz'are] *vi Lit.* recender, ter cheiro agradável.

o.lez.zo [ol'eddzo] *sm Lit.* perfume, fragrância.

ol.fat.to [olf'atto] *sm* olfato.

o.li.gar.chi.a [oligark'ia] *sf Pol.* oligarquia.

O.lim.pi.a.de [olimp'iade] *sf pl* Olimpíadas.

o.lim.pi.co [ol'impiko] *adj* olímpico. **i dei = ci** os deuses olímpicos.

o.lio ['ɔljo] *sm* azeite; óleo. *Quím.* óleo. = **d'oliva** azeite de oliva. **oli minerali** *pl* óleos minerais. **oli leggieri** *pl* óleos leves. **oli pesanti** *pl* óleos pesados. **pittura a** = pintura a óleo. **sott'** = ao azeite.

o.li.va [ol'iva] ou **u.li.va** [ul'iva] *sf* azeitona, oliva. **colore** = verde-oliva.

o.li.va.stro [oliv'astro] ou **u.li.va.stro** [uliv'astro] *adj* cor de azeitona.

o.li.vo [ol'ivo] ou **u.li.vo** [ul'ivo] *sm* oliveira.

ol.mo ['olmo] *sm Bot.* olmo.

o.lo.cau.sto [olok'awsto] *sm Hist.* holocausto. *Fig.* holocausto, massacre.

ol.trag.gia.re [oltraddʒ'are] *vt* ultrajar; violar.

ol.trag.gio [oltr'addʒo] *sm* ultraje, afronta, ofensa grave. *Dir.* estupro. = **al pudore** *Dir.* atentado ao pudor.

ol.trag.gio.so [oltraddʒ'ozo] *adj* ultrajante.

ol.tran.za [oltr'antsa] *adv* na expressão **a** = ou **a tutta** = até o fim, até às últimas.

ol.tre ['oltre] *prep* além de; depois de. = **a** além de. = **a ciò** além disso. = **a che** além do que. **parliamo il tedesco ed il francese,** = **all'italiano** falamos alemão e francês, além do italiano. *adv* além; avante; depois, em seguida.

ol.tre.ma.re [oltrem'are] *sm* ultramar, azul ultramarino. *adv* além-mar.

ol.tre.ma.ri.no [oltremar'ino] *adj* ultramarino. **azzurro** = azul ultramarino.

ol.tre.mi.su.ra [oltremiz'ura] *adv* desmesuradamente, além da conta.

ol.tre.mo.do [oltrem'ɔdo] *adv* sem moderação.

ol.tre.pas.sa.re [oltrepass'are] *vt* ultrapassar, superar; exceder, passar de.

o.mag.gio [om'addʒo] *sm* homenagem.

o.ma.ro ['ɔmaro] *sm Zool.* lagosta.

ombelicale → **umbilicale**.

ombelico → **umbilico**.

om.bra ['ombra] *sf* sombra. *Fig.* noite, visão, fantasma, aparição; defeito, imperfeição. **all'** = à sombra. **nell'** = às escondidas. **nemmeno per** = nem sombra, de jeito nenhum. **dare corpo alle** = **e** *Fig.* preocupar-se com coisas imaginárias. **essere un'** = ser uma sombra, ser esquelético. = **e cinesi** *pl* sombras chinesas.

om.breg.gia.re [ombreddʒ'are] *vt* sombrear, fazer sombra em. *Pint.* sombrear, dar sombreado. *Fig.* esconder, mascarar.

om.breg.gio [ombr'eddʒo] *sm* sombreado.

om.brel.lo [ombr'ello] *sm* guarda-chuva.

om.brel.lo.ne [ombrell'one] *sm aum* guarda-sol.

o.me.ga [om'ɛga] *sm* ômega, última letra do alfabeto grego. *Fig.* fim, término.

o.me.o.pa.ti.a [omeopat'ia] *sf* homeopatia.

o.me.o.pa.ti.co [omeop'atiko] *sm* homeopata. *adj* homeopático.

o.me.ri.co [om'eriko] *adj* homérico. *Fig.* grandioso, colossal.

o.me.ro ['ɔmero] *sm Anat.* úmero. *Lit.* ombro.

o.met.te.re [om'ettere] *vt* omitir.

o.met.to [om'etto] *sm dim tb Fig.* homenzinho.

o.mi.ci.dio [omitʃ'idjo] *sm* homicídio.

o.mis.sio.ne [omiss'jone] *sf* omissão; esquecimento.

o.mo.fo.no [om'ɔfono] *adj* homófono.

o.mo.ge.ne.o [omodʒ'eneo] *adj* homogêneo.

o.mo.ge.ni.a [omodʒen'ia] *sf* homogenia.

o.mo.lo.ga.re [omolog'are] *vt Lit.* homologar, ratificar.

o.mo.ni.mo [om'ɔnimo] *sm+adj* homônimo.

o.mo.pla.ta [omopl'ata] *sf Anat.* omoplata.

o.mo.ses.su.a.le [omosessu'ale] *s* homossexual.

o.mun.co.lo [om'uncolo] *sm dim* homenzinho, homúnculo. *Fig. dep* sujeitinho.

o.na.gro [on'agro] *sm Zool.* onagro, burro selvagem.

o.na.ni.smo [onan'izmo] *sm Med.* onanismo, masturbação.

on.cia ['ontʃa] *sf* onça (medida).

on.da ['onda] *sf* onda. **le** ≃ **e del mare** as ondas do mar. ≃**e acustiche** ou **sonore** ondas acústicas ou sonoras. ≃**e corte e medie** ondas curtas e médias.

on.de ['onde] *pron* pelo qual, com o qual, por meio do qual. *adv* de onde. *conj* a fim de que, para que.

on.deg.gia.men.to [ondeddʒam'ento] *sm* ondulação. *Fig.* hesitação, vacilação.

on.deg.gia.re [ondeddʒ'are] *vi* ondear; encrespar-se, agitar-se. *Fig.* hesitar, vacilar.

on.du.la.re [ondul'are] *vt* ondular, fazer ondas em. *vi* ondular.

on.du.la.zio.ne [ondulats'jone] *sf* ondulação. ≃ **dei capelli** permanente.

o.ne.ra.re [oner'are] *vt Dir.* onerar, agravar.

o.ne.ra.rio [oner'arjo] *adj* de carga, de transporte. **nave** ≃**a** navio de carga.

o.ne.re ['onere] *sm* encargo, incumbência. *Dir.* e *Com.* ônus, gravame.

o.ne.ro.so [oner'ozo] *adj* oneroso.

o.ne.stà [onest'a] *sf* honestidade.

o.ne.sto [on'esto] *sm* honesto, pessoa honesta. *adj* honesto; justo; lícito, legal.

o.ni.ce ['ɔnitʃe] *sm Min.* ônix.

o.ni.ri.co [on'iriko] *adj* onírico, de sonho.

on.ni.po.ten.te [onnipot'ente] ou **on.ni.pos.sen.te** [onnipos'sente] *s+adj* onipotente. **l'O**≃ *Rel.* o Todo-Poderoso, Deus.

on.ni.scien.te [onniʃ'ente] *adj* onisciente.

on.ni.veg.gen.te [onniveddʒ'ente] *adj* onividente.

on.ni.vo.ro [onn'ivoro] *adj Biol.* onívoro.

o.no.ma.sti.co [onom'astiko] *adj* onomástico. **giorno** ≃ *Rel.* dia do santo. **lessico** ≃ dicionário de nomes próprios.

o.no.ma.to.pe.ia [onomatop'eja] ou **o.no.ma.to.pe.a** [onomatop'ea] *sf* onomatopéia.

o.no.ran.ze [onor'antse] *sf pl* honras, honrarias; funerais.

o.no.ra.re [onor'are] *vt* honrar; adorar, venerar. *vpr* honrar-se; vangloriar-se de, orgulhar-se de.

o.no.ra.rio [onor'arjo] *sm Com.* honorários, pagamento. *adj* honorário, de honra.

o.no.ra.to [onor'ato] *part+adj* honrado.

o.no.ra.tez.za [onorat'ettsa] *sf* honradez, honra.

o.no.re [on'ore] *sm* honra; consideração, estima; adoração, veneração; funerais. **campo dell'** ≃ campo de batalha. **fare** ≃ fazer jus. **debito d'** ≃ dívida de honra. **parola d'** ≃ palavra de honra. **posto d'** ≃ lugar de honra. **punto d'** ≃ questão de honra. **fare gli** ≃**i di**

casa fazer as honras da casa. **avere l'** ≃ **di** ter a honra de.

o.no.re.vo.le [onor'evole] *adj* honrado, digno.

on.ta ['onta] *sf* vergonha; ofensa, injúria.

on.ta.no [ont'ano] *sm Bot.* amieiro.

o.pa.co [op'ako] *adj* opaco; turvo, fosco. *Fig.* apagado, sem vida; abafado, velado (som).

o.pa.le [op'ale] *sf Min.* opala.

o.pe.ra ['ɔpera] *sf* obra; ação; trabalho, serviço; construção. *Mús.* ópera. ≃ **comica** ópera-cômica. ≃ **buffa** ópera-bufa. **compire l'** ≃ terminar a obra. *Irôn.* prejudicar mais ainda. ≃**e pie** instituições de caridade.

o.pe.ra.io [oper'ajo] *sm* operário.

o.pe.ra.re [oper'are] *vt* operar, executar, realizar. *Med.* operar. *vi* operar; agir, obrar.

o.pe.ra.to.re [operat'ore] *sm* operador. **chirurgo** ≃ médico-cirurgião. ≃ **cinematografico** ou apenas ≃ câmera (pessoa).

o.pe.ra.to.rio [operat'ɔrjo] *adj* operatório, de operação. **sala** ≃**a** sala de operação.

o.pe.ra.zio.ne [operats'jone] *sf* operação; plano, projeto. *Med.* operação, cirurgia. ≃ **plastica** operação plástica.

o.pe.ret.ta [oper'etta] *sf dim* trabalhinho. *Mús.* opereta.

o.pe.ro.si.tà [operozit'a] *sf* operosidade.

o.pe.ro.so [oper'ozo] *adj* operoso, ativo, trabalhador.

o.pi.fi.cio [opif'itʃo] *sm* fábrica, indústria.

o.pi.na.re [opin'are] *vt+vi Lit.* opinar.

o.pi.nio.ne [opin'jone] *sf* opinião, idéia, modo de ver; parecer, avaliação, julgamento. *Fig.* reputação, conceito. **essere d'** ≃ **che** achar que. **esprimere un'** ≃ dar uma opinião.

op.pi.la.re [oppil'are] *vt Med.* opilar, obstruir.

op.pio ['ɔppjo] *sm* ópio.

op.por.re [opp'ore] *vt* opor, contrapor; contestar, discordar, objetar. *vpr* opor-se, ficar contra; contestar, discordar de, objetar.

op.por.tu.ni.tà [opportunit'a] *sf* oportunidade; ensejo.

op.por.tu.no [opport'uno] *sm* oportuno, conveniente.

op.po.sto [opp'osto] *sm* o oposto, o contrário. *adj* oposto, contrário.

op.pres.sio.ne [oppress'jone] *sf* opressão, tirania; preocupação, angústia; sufoco.

op.pres.so [oppr'esso] *part+adj* oprimido; preocupado, angustiado; sufocado.

op.pri.men.te [opprim'ente] *adj* opressor. *Fig.* tedioso, aborrecido.

op.pri.me.re [oppr'imere] *vt* oprimir, tiranizar. *Fig.* preocupar, angustiar; sufocar.

op.pu.re [opp'ure] *conj* ou.

o.pta.re [opt'are] *vi Dir.* optar, escolher.

o.pu.len.to [opul'ento] *adj* opulento, rico.

o.pu.sco.lo [op'uskolo] *sm* opúsculo, folheto, livreto.

op.zio.ne [opts'jone] *sf Dir.* opção, escolha. *Com.* opção.

o.ra ['ora] *sf* hora; momento. ≃ **di punta** horário de pico. ≃ **legale** ou **estiva** → **orario**. **mezz'** ≃ meia hora. **un quarto d'** ≃ um quarto de hora. **di buon'** ≃ de madrugada. **suonare le** ≃ e dar as horas (o relógio). **che** ≃ **è?** que horas são? *adv* já, agora, neste momento. **or** ≃ há pouco tempo, pouco tempo faz. *conj* ora, portanto, consequentemente.

o.ra.co.lo [or'akolo] *sm Mit.* oráculo. *Fig.* previsão, profecia. *Irôn.* sabe-tudo.

o.ra.fo ['orafo] *sm Lit.* ourives.

o.ra.le [or'ale] *adj* oral. **esame** ≃ exame oral.

oramai → **ormai**.

o.ran.go [or'ango], **o.ran.gu.tan** [orangut'an] ou **u.ran.go** [ur'ango] *sm Zool.* orangotango.

o.ra.rio [or'arjo] *sm* horário. ≃ **estivo**, **ora legale** ou **ora estiva** horário de verão. ≃ **invernale** horário de inverno. **in** ≃ na hora (trem, avião).

o.ra.to.ria [orat'orja] *sf* oratória.

o.ra.to.rio [orat'orjo] *sm Rel.* e *Mús.* oratório. *adj* oratório, da oratória.

o.ra.zio.ne [orats'jone] *sf Lit.* discurso. *Rel.* oração, prece.

or.be ['orbe] *sm Astron.* orbe, mundo. **O** ≃ **Terracqueo** ou **Terrestre** o planeta Terra. ≃ **cattolico** mundo católico.

or.be.ne [orb'ene] *conj* ora, bem.

or.bi.ta ['orbita] *sf Anat.* e *Astron.* órbita.

or.bo ['orbo] *sm* cego. *adj* cego; vesgo, zarolho. *Lit.* desprovido, privado.

or.ca ['orka] *sf Zool.* orca.

or.che.stra [ork'estra] *sf* orquestra.

or.che.stra.le [orkestr'ale] *sm Mús.* músico de orquestra. *adj* orquestral.

or.chi.de.a [orkid'ea] *sf Bot.* orquídea.

or.cio ['ortʃo] *sm* ânfora, jarro.

or.co ['orko] *sm* ogro. *Mit.* orco, inferno. *Fig.* monstro, pessoa feia.

or.da ['orda] *sf Hist.* horda. *Fig.* multidão, turba.

or.di.na.le [ordin'ale] *adj* ordinal.

or.di.na.men.to [ordinam'ento] *sm* ordem, ordenação; regulamento, norma, regra.

or.di.nan.za [ordin'antsa] *sf* decreto. **ufficiale d'** ≃ ou apenas ≃ *Mil.* ordenança.

or.di.na.re [ordin'are] *vt tb Fig.* ordenar; comandar; dispor, colocar em ordem. *Com.* encomendar *Rel.* ordenar. *vpr* ordenar-se, colocar-se em ordem. *Rel.* ordenar-se, receber as ordens.

or.di.na.rio [ordin'arjo] *sm* ordinário, habitual. *Rel.* ordinário, superior eclesiástico. *adj* ordinário; habitual, comum; medíocre, reles.

or.di.na.zio.ne [ordinats'jone] *sf Com.* encomenda, pedido.

or.di.ne ['ordine] *sm* ordem; regra; classe, categoria; comando; decreto, lei. *Zool.* ordem. *Com.* pedido. ≃ **religioso** ordem religiosa. ≃ **degli avvocati** ordem dos advogados. ≃ **del giorno** ordem do dia. ≃ **di battaglia** ordem de batalha. ≃ **i sacri** ordens sacras. ≃ **i architettonici** ordens arquitetônicas. ≃ **dorico, corinzio** e **attico** ordem dórica, coríntia e ática. **essere di primo** ≃ ser de primeira classe. **all'** ≃ **di** à ordem de. **in** ≃ em ordem.

or.di.re [ord'ire] *vt* urdir. *Fig.* tramar, conspirar.

or.di.to [ord'ito] *sm* urdidura, trama de tecido. *Fig.* trama, conspiração; disposição, arranjo. *part+adj* urdido. *Fig.* tramado.

o.rec.chiet.ta [orekk'jetta] *sf dim Anat.* aurícula do coração.

o.rec.chio [or'ekkjo] *sm* ou **o.rec.chia** [or'ekkja] *sf* orelha, ouvido. *Fig.* atenção. **avere** ≃ **per la musica** ter ouvido para a música. **dire una parolina in un** ≃ dizer alguma coisa no ouvido. **tendere gli** ≃ **i** ou **stare a** ≃ **i tesi** ficar de orelha ligada. **essere tutt'** ≃ **i** ser todo ouvidos. **venire agli** ≃ **i** di chegar aos ouvidos de, chegar ao conhecimento de. **abassare gli** ≃ **i** humilhar-se. **tirata d'** ≃ **i** puxão de orelhas.

o.rec.chio.ni [orekk'joni] *sm pl Med.* parotidite. *Pop.* caxumba.

o.re.fi.ce [or'efitʃe] *sm* ourives.

o.re.fi.ce.ri.a [orefitʃer'ia] *sf* ourivesaria.

or.fa.no ['orfano] *sm+adj* órfão.

or.fa.no.tro.fio [orfanotr'ofjo] *sm* orfanato.

or.ga.net.to [organ'etto] ou **or.ga.ni.no** [organ'ino] *sm Mús.* realejo; acordeão.

or.ga.ni.smo [organ'izmo] *sm* organismo. *Fig.* organização, sistema; instituição, entidade.

or.ga.niz.za.re [organiddz'are] *vt* organizar. *vpr* organizar-se.

or.ga.no ['organo] *sm Fisiol.* órgão. *Mús.* órgão. *Fig.* jornal, órgão de imprensa.

or.ga.smo [org'azmo] *sm Fisiol.* orgasmo. *Fig.* entusiasmo, excitação.

or.gia ['ordʒa] *sf* orgia, bacanal.

or.go.glio [orgˈoλo] *sm* orgulho; soberba; honra.

or.go.glio.so [orgoλˈozo] *adj* orgulhoso.

o.rien.ta.re [orjentˈare] *vt+vi* orientar, encaminhar. *vpr* orientar-se.

o.rien.te [orˈjente] *sm* oriente. **Estremo O** ≃ Extremo Oriente.

o.ri.fi.zio [orifˈitsjo] *sm* orifício, furo. *Anat.* canal, conduto.

o.ri.ga.no [orˈigano] *sm Bot.* orégano.

o.ri.gi.na.le [oridʒinˈale] *sm* original; manuscrito. *Fig.* excêntrico. *adj* original. *Fig.* singular, estranho.

o.ri.gi.na.re [oridʒinˈare] *vt Lit.* originar, dar origem a. *vi* originar-se de.

o.ri.gi.na.rio [oridʒinˈarjo] *adj* originário.

o.ri.gi.ne [orˈidʒine] *sf* origem, princípio, início; origem, procedência; nascimento.

o.ri.na [orˈina] ou **u.ri.na** [urˈina] *sf Fisiol.* urina.

o.ri.na.le [orinˈale] *sm* urinol. *Pop.* penico.

o.ri.na.re [orinˈre] *vt* urinar. *Vulg.* mijar.

o.ri.na.rio [orinˈarjo] ou **u.ri.na.rio** [urinˈarjo] *adj Fisiol.* urinário.

o.riun.do [orˈjundo] *adj* oriundo.

o.riz.zon.ta.le [oriddzontˈale] *adj* horizontal.

o.riz.zon.te [oriddzˈonte] *sm* horizonte. *Fig.* âmbito, campo.

or.la.re [orlˈare] *vt* orlar; fazer bainha em.

or.lo [ˈorlo] *sm* bainha de roupa; borda, margem. *Fig.* extremidade, ponta.

or.ma [ˈorma] *sf* pegada, rastro; pisada; pista. *Fig.* marca, recordação; exemplo.

or.mai [ormˈaj] ou **o.ra.mai** [oramˈaj] *adv* agora, já; desde já, de agora em diante.

or.ma.re [ormˈare] *vt* rastrear.

or.meg.gia.re [ormeddʒˈare] *vt* rastrear. *Náut.* fundear, ancorar. *Fig.* seguir o exemplo de.

or.meg.gio [ormˈeddʒo] *sm Náut.* ancoragem; amarra.

or.mo.ne [ormˈone] *sm Fisiol.* hormônio.

or.na.men.ta.le [ornamentˈale] *adj* ornamental, decorativo.

or.na.men.to [ornamˈento] *sm* ornamento, adorno, enfeite.

or.na.re [ornˈare] *vt tb Fig.* ornar, adornar. *vpr* ornar-se, adornar-se.

or.na.to [ornˈato] *sm* ornamento, adorno. *part+adj* ornado, adornado.

or.nel.lo [ornˈello] ou **or.niel.lo** [ornˈjello] *sm Bot.* freixo.

or.ni.to.lo.gi.a [ornitolodʒˈia] *sf* ornitologia.

or.ni.to.rin.co [ornitorˈinko] *sm Zool.* ornitorrinco.

o.ro [ˈoro] *sm* ouro. *Fig.* riqueza; dinheiro; moeda de ouro. ≃ **bianco** ouro branco. **cuor d'** ≃ coração de ouro. **valere tanto** ≃ **quanto pesa** valer tanto quanto pesa. **per tutto l'** ≃ **del mondo** por todo o ouro do mundo. **non è tutt'** ≃ **quel che riluce** nem tudo o que reluz é ouro.

o.ro.lo.ge.ri.a [orolodʒerˈia] *sf* relojoaria.

o.ro.lo.gia.io [orolodʒˈajo] *sm* relojoeiro.

o.ro.lo.gio [orolˈodʒo] *sm* relógio. ≃ **solare** relógio solar. ≃ **ad acqua** relógio de água. ≃ **a sabbia** relógio de areia, ampulheta. ≃ **da polso** relógio de pulso. ≃ **da tasca** relógio de bolso. ≃ **da muro** relógio de parede. ≃ **a sveglia** despertador. **l'** ≃ **è fermo** o relógio parou. **caricare l'** ≃ dar corda no relógio. **l'** ≃ **corre di un'ora al giorno** o relógio adianta uma hora por dia. **l'** ≃ **ritarda** o relógio atrasa. **essere un** ≃ funcionar como um relógio; ser pontual.

o.ro.sco.po [orˈoskopo] *sm* horóscopo. **tirare l'** ≃ fazer o horóscopo.

or.pel.lo [orpˈello] *sm* ouropel. *Fig.* aparência enganosa.

or.ren.do [orˈendo] *adj* horrendo, horroroso; assustador.

or.ri.bi.le [orˈibile] *sm* horror, coisa horrorosa. *adj* horrível, assustador; abominável.

or.ri.do [orˈrido] *sm* precipício, despenhadeiro. *adj* hórrido, pavoroso, horripilante.

or.ri.pi.lan.te [orˈripilante] *adj* horripilante.

or.ro.re [orˈore] *sm* horror, terror; monstruosidade.

or.sa [ˈorsa] *sf Zool.* ursa. **O** ≃ **Minore** e **O** ≃ **Maggiore** *Astron.* Ursa Menor e Ursa Maior.

or.so [ˈorso] *sm Zool.* urso. *Fig.* pessoa anti-social. ≃ **bianco** urso-branco. **grazioso come un** ≃ *Irôn.* desajeitado, desastrado.

or.sù [orsˈu] *interj* vamos! vamos lá!

or.tag.gio [ortˈaddʒo] *sm* hortaliça.

or.ten.sia [ortˈensja] *sf Bot.* hortênsia.

or.ti.ca [ortˈika] ou **ur.ti.ca** [urtˈika] *sf Bot.* urtiga.

or.ti.ca.ria [ortikˈarja] ou **ur.ti.ca.ria** [urtikˈarja] *sf Med.* urticária.

or.ti.cul.tu.ra [ortikultˈura] *sf* horticultura.

or.to [ˈorto] *sm* horta; horto. ≃ **botanico** jardim botânico.

or.to.dos.so [ortodˈosso] *sm Rel.* ortodoxo. **gli** ≃ **i** *Rel.* os gregos ortodoxos. *adj* ortodoxo.

or.to.e.pi.a [ortoepˈia] *sf Gram.* ortoepia.

or.to.gra.fi.a [ortografˈia] *sf Gram.* ortografia.

or.to.la.no [ortolˈano] *sm* hortelão.

or.to.pe.di.a [ortopedˈia] *sf Med.* ortopedia.

or.to.pe.di.co [ortop'ediko] *sm Med.* ortopedista. *adj Med.* ortopédico.

or.za ['ɔrtsa] *sf Náut.* barlavento.

or.za.io.lo [ortsa'jɔlo] *sm Med.* terçol.

or.zo ['ɔrtso] *sm Bot.* cevada.

o.san.na [oz'anna] *sf Rel.* hosana.

o.sa.re [oz'are] *vt* ousar, atrever-se a.

o.sce.no [oʃ'eno] *adj* obsceno, imoral, impudico.

o.scil.la.re [oʃill'are] *vi* oscilar. *Fig.* hesitar, vacilar; variar (preços, valores).

o.scil.la.to.re [oʃillat'ore] *sm Elet.* oscilador.

o.sco ['osko] *sm + adj Hist.* osco.

o.scu.ran.ti.smo [oskurant'izmo] *sm* obscurantismo.

o.scu.ra.re [oskur'are] *vt* obscurecer; escurecer. *Fig.* esconder, ocultar. *vpr* obscurecer-se.

o.scu.ri.tà [oskurit'a] *sf* obscuridade, escuridão. *Fig.* ignorância; anonimato, obscuridade.

o.scu.ro [osk'uro] *adj* escuro. *Fig.* obscuro; incompreensível, ininteligível; desconhecido, anônimo.

o.smio ['ozmjo] *sm Quím.* ósmio.

o.smo.si [ozm'ɔzi] *sf Fís.* osmose.

o.smo.ti.co [ozm'ɔtiko] *adj* osmótico.

o.spe.da.le [osped'ale] *sm* hospital.

o.spi.ta.le [ospit'ale] *adj* hospitaleiro, acolhedor.

o.spi.ta.li.tà [ospitalit'a] *sf* hospitalidade.

o.spi.ta.re [ospit'are] *vt* hospedar.

o.spi.te ['ospite] *s* anfitrião; hóspede. **l' ≈ è come il pesce, fra tre giorni rincresce** hóspede é como peixe, com três dias fede.

o.spi.zio [osp'itsjo] *sm* asilo (para pobres, idosos, órfãos).

os.sa.tu.ra [ossat'ura] *sf* ossatura. *Fig.* estrutura.

os.se.o ['ɔsseo] *adj* ósseo.

os.se.quio [os'ɛkwjo] *sm* homenagem, reverência; saudação. **in ≈ a** em obediência a.

os.ser.van.za [osserv'antsa] *sf* observância, obediência, cumprimento.

os.ser.va.re [osserv'are] *vt* observar; examinar, considerar; manter; respeitar (lei, regra).

os.ser.va.to.rio [osservat'ɔrjo] *sm* observatório. **≈ astronomico** observatório astronômico.

os.ser.va.zio.ne [osservats'jone] *sf* observação, análise, exame; conclusão; repreensão, crítica.

os.ses.sio.na.to [ossessjon'ato] *sm + adj* possuído, possesso; exaltado, furioso.

os.ses.sio.ne [ossess'jone] *sf* obsessão, possessão; idéia fixa, fixação, mania. *Psic.* obsessão.

os.ses.so [oss'esso] *sm + adj* endemoninhado, possuído.

os.si.a [oss'ia] *conj* ou seja.

os.si.da.re [ossid'are] *vt* oxidar, enferrujar. *vpr* oxidar-se, enferrujar-se.

os.si.do ['ɔssido] *sm Quím.* óxido.

os.si.ge.na.re [ossidʒen'are] *vt* oxigenar. **≈ i capelli** oxigenar os cabelos.

os.si.ge.no [oss'idʒeno] *sm Quím.* oxigênio. *Fig.* ajuda, amparo.

os.si.to.no [oss'itono] *adj Gram.* oxítono.

os.so ['ɔsso] *sm* (*pl m* **gli ossi**, os ossos considerados separadamente; *pl f* **le ossa**, o conjunto dos ossos de um animal) *Anat.* osso. *Bot.* caroço. **≈ sacro** *Anat.* osso sacro. **≈ duro** osso duro de roer. **≈ buco → ossobuco.** **bagnarsi fino alle ≈ a** encharcar-se. **essere pelle ed ≈ a** ser pele e osso. **avere l' ≈ di qualcosa** ser alguma coisa por natureza.

os.so.bu.co [ossob'uko] ou **osso buco** *sm* ossobuco.

o.sta.co.la.re [ostakol'are] *vt* colocar obstáculos.

o.sta.co.lo [ost'akolo] *sm* obstáculo; impedimento. **corsa ad ≈ i** corrida de obstáculos.

o.stag.gio [ost'addʒo] *sm* refém.

o.ste ['ɔste] *sm* taberneiro; estalajadeiro. *sf Lit.* e *Poét.* hoste, exército inimigo.

o.steg.gia.re [ostedʒ'are] *vt* hostilizar.

o.sten.si.vo [ostens'ivo] ou **o.sten.si.bi.le** [ostens'ibile] *adj* ostensivo.

o.sten.ta.re [ostent'are] *vt* ostentar, exibir.

o.ste.o.ma.la.ci.a [osteomalatʃ'ia] *sf Med.* osteomalacia.

o.ste.ri.a [oster'ia] *sf* taverna, taberna; estalagem.

o.ste.tri.cia [ostetr'itʃa] *sf Med.* obstetrícia, obstétrica.

o.ste.tri.co [ost'etriko] *sm Med.* médico obstetra. *adj* obstétrico.

o.stia ['ɔstja] *sf Rel.* e *Med.* hóstia.

o.sti.co ['ɔstiko] *adj Lit.* difícil, árduo, duro; incompreensível, indecifrável; desagradável, repugnante.

o.sti.le [ost'ile] *adj* hostil, adverso.

o.sti.nar.si [ostin'arsi] *vpr* obstinar-se, persistir.

o.stra.ci.smo [ostratʃ'izmo] *sm Hist.* ostracismo. **dare l' ≈ a qualcuno** expulsar ou exilar alguém. **dare l' ≈ a qualcosa** banir a utilização de algo.

o.stri.ca ['ostrika] *sf* ostra. **≈ perlifera** ostra perlífera.

o.stro.go.to [ostrog'ɔto] sm+adj Hist. ostrogodo. Fig. ignorante, grosseirão; fala incompreensível.

o.stru.i.re [ostru'ire] vt obstruir.

o.ti.te [ot'ite] sf Med. otite.

o.to.ri.no.la.rin.go.ia.tra [otorinolaringo'jatra] s Med. otorrinolaringologista.

o.tre ['ɔtre] sm odre. Fig. dep pança, barriga. pieno come un ≃ adj Fig. empanturrado (de comida). ≃ gonfio di vento sm Lit. orgulhoso, pessoa orgulhosa.

ot.ta.e.dro [otta'edro] sm Geom. octaedro.

ot.ta.go.no [ott'agono] sm Geom. octógono.

ot.tan.ta [ott'anta] sm+num oitenta.

ottantenne → ottuagenario.

ot.tan.te.si.mo [ottant'ezimo] sm+num octogésimo; oitenta avos.

ot.tan.ti.na [ottant'ina] sf uns oitenta, umas oitenta.

ot.ta.re [ott'are] vt optar por, escolher.

ot.ta.ti.vo [ottat'ivo] adj optativo.

ot.ta.va [ott'ava] sf Mús. oitava.

ot.ta.vi.no [ottav'ino] sm Mús. flautim.

ot.ta.vo [ott'avo] sm+num oitavo.

ot.te.ne.bra.re [ottenebr'are] vt obscurecer; ofuscar.

ot.te.ne.re [otten'ere] vt obter, conseguir.

ot.ten.ne [ott'enne] s+adj de oito anos (de idade).

ot.ten.tot.to [ottent'ɔtto] sm+adj hotentote.

ot.ti.ca [ɔtt'ika] sf Fís. óptica, ótica.

ot.ti.co [ɔtt'iko] sm óptico, ótico. adj óptico, ótico, do olho.

ot.ti.mi.smo [ottim'izmo] sm otimismo.

ot.ti.mo [ɔtt'imo] adj superl (de buono) ótimo, excelente.

ot.to ['ɔtto] sm+num oito. in quattro e quattr' ≃ adv Fam. rapidinho.

ot.to.bre [ott'obre] sm outubro.

ot.to.cen.te.si.mo [ottotʃent'ezimo] sm+num octingentésimo.

ot.to.cen.to [ottotʃ'ento] sm+num oitocentos. l'O ≃ sm o século XIX.

ot.to.ma.no [ottom'ano] ou ot.to.man.no [ottom'anno] sm+adj otomano, turco.

ot.to.mi.la [ottom'ila] sm+num oito mil.

ot.to.ne [ott'one] sm latão. ≃i pl Mús. metais.

ot.tua.ge.na.rio [ottwadʒen'arjo] sm+adj ou ot.tan.ten.ne [ottant'enne] s+adj octogenário.

ot.tu.plo [ɔtt'uplo] sm+num óctuplo.

ot.tu.ra.re [ottur'are] vt fechar, obstruir; obturar.

ot.tu.ra.to.re [otturat'ore] sm Fot. e Mec. obturador.

ot.tu.ra.zio.ne [otturats'jone] sf fechamento, obstrução; obturação.

ot.tu.so [ott'uzo] adj obtuso, arredondado. Geom. obtuso. Fig. estúpido, bronco.

o.va.ia [ov'aja] sf Anat. ovário.

o.va.le [ov'ale] sm forma oval. adj oval.

o.va.rio [ov'arjo] sm Anat. e Bot. ovário.

o.vat.ta [ov'atta] sf algodão em rama. Fig. proteção, segurança.

o.vat.ta.re [ovatt'are] vt forrar (com algodão em rama). Fig. atenuar, abrandar.

o.va.zio.ne [ovats'jone] sf ovação, aclamação.

o.ve ['ove] adv onde; quando. conj no caso de, se; contanto que, desde que.

o.vest ['ɔvest] sm Geogr. oeste; ocidente.

o.vi.no [ov'ino] adj ovino.

o.vi.pa.ro [ov'iparo] sm+adj Zool. ovíparo.

ovo → uovo.

o.voi.de [ov'ɔjde] adj ovóide, em forma de ovo.

o.vu.lo ['ɔvulo] sm Fisiol. e Bot. óvulo.

o.vun.que [ov'unkwe] adv Lit. onde quer que seja, em qualquer lugar, em toda parte.

ov.ve.ro [ovv'ero] conj ou ov.ve.ra.men.te [ovveram'ente] conj Pop. isto é, ou seja.

ov.vi.a.re [ovvi'are] vt+vi opor-se; ir de encontro a.

ov.vio ['ɔvvjo] adj óbvio, evidente. è ≃! é óbvio!

o.zia.re [ots'jare] ou o.zieg.gia.re [otsjeddʒ'are] vi ficar ocioso, vagabundear.

o.zio ['ɔtsjo] sf ócio, ociosidade; lazer.

o.zio.so [ots'jozo] sm vadio, vagabundo. adj ocioso; vadio, vagabundo; inútil, vão (ato).

o.zo.niz.za.re [odzoniddz'are] vt ozonizar.

o.zo.no [odz'ono] sm Quím. ozônio.

P

p [p′i] *sf* a décima quarta letra do alfabeto italiano.

pa.ca [p′aka] *sf* Zool. paca.

pa.ca.re [pak′are] *vt* pacificar, aplacar; acalmar.

pa.ca.to [pak′ato] *adj* pacato, pacífico; tranqüilo, calmo.

pac.ca [p′akka] *sf* bofetada, palmada.

pac.chet.to [pakk′etto] ou **pac.chet.ti.no** [pakkett′ino] *sm dim* pacotinho.

pac.chia [p′akkja] *sf* fartura; riqueza.

pac.chia.no [pakk′jano] *adj* grosseiro, vulgar. *Gír.* brega.

pac.ciu.li [pattʃul′i] *sm Bot.* patchuli.

pac.co [p′akko] *sm* pacote. ≃ **postale** encomenda postal.

pa.ce [p′atʃe] *sf* paz; sossego, tranqüilidade. **lasciare in** ≃ deixar em paz. **darsi** ≃ tranqüilizar-se. ≃ **eterna** paz eterna.

pa.chi.der.ma [pakid′erma] *sm Zool.* paquiderme. *Fig.* grandalhão.

pa.ci.fi.ca.re [patʃifik′are] *vt* pacificar. *vpr* reconciliar-se, fazer as pazes.

pa.ci.fi.co [patʃ′ifiko] *adj* pacífico; tranqüilo, calmo. *Fig.* indiscutível, incontestável.

pa.ci.fi.smo [patʃif′izmo] *sm Pol.* pacifismo.

pa.del.la [pad′ella] *sf* frigideira; comadre (para doentes), urinol. *Anat.* rótula. **cadere dalla** ≃ **nella brace** cair da frigideira para o fogo.

pa.di.glio.ne [padiλ′one] *sm* pavilhão; quiosque; barraca, tenda. ≃ **dell'orecchio** ou apenas ≃ *Anat.* pavilhão auditivo.

pa.dre [p′adre] *sm* pai; genitor. *Rel.* padre. *Fig.* origem, causa. ≃ **adottivo** pai adotivo. **Eterno P** ≃ ou **P** ≃ **Eterno** Pai Eterno. **Santo P** ≃ Santo Padre, o Papa. ≃ **famiglia** pai de família. **i** ≃ **i** *pl* os antepassados.

padrigno → **patrigno**.

pa.dri.no [padr′ino] *sm* padrinho.

pa.dro.na [padr′ona] *sf* dona; patroa. ≃ **di casa** proprietária, senhoria.

pa.dro.na.le [padron′ale] *adj* patronal. **casa** ≃ casa-grande (de fazenda).

pa.dro.nan.za [padron′antsa] *sf* propriedade, posse; domínio. *Fig.* autocontrole.

pa.dro.ne [padr′one] *sm* dono; patrão; conhecedor, especialista. ≃ **di casa** proprietário, senhorio. **farla da** ≃ mandar e desmandar. **legare l'asino dove vuole il** ≃ amarrar o burro onde o patrão manda.

pa.dro.neg.gia.re [padronedʒ′are] *vt* dominar, saber tudo de (arte, ciência). *vi* mandar e desmandar. *vpr* controlar-se, conter-se.

pa.du.le [pad′ule] *sm* pântano, charco, paul.

pa.e.sag.gio [paez′addʒo] *sm* paisagem.

pa.e.sa.no [paez′ano] *sm* camponês, aldeão. *adj* compatriota, patrício; paisano; campestre, camponês. *Fig.* grosseiro, tosco.

pa.e.se [pa′eze] *sm* aldeia, vilarejo; país; região, território. *Pint.* paisagem. **il Bel P** ≃ a Itália. **mandare a quel** ≃ *Fam.* mandar para aquele lugar, mandar para o inferno.

pa.e.si.sta [paez′ista] ou **pa.e.sag.gi.sta** [paezaddʒ′ista] *s* paisagista.

paf.fu.to [paff′uto] *adj* gorducho.

pa.ga [p′aga] *sf* salário, ordenado.

pa.ga.men.to [pagam′ento] *sm Com.* pagamento; depósito. ≃ **in contanti** pagamento à vista. ≃ **in assegno** pagamento em cheque.

pa.ga.ne.si.mo [pagan′ezimo] *sm* paganismo.

pa.ga.no [pag′ano] *sm+adj* pagão.

pa.ga.re [pag′are] *vt* pagar; subornar, corromper. *Fig.* recompensar. *vpr* cobrar indenização. ≃ **il fio** ter o castigo que merece.

pa.gel.la [padʒ′ella] *sf* caderneta, boletim escolar.

pag.gio [p′addʒo] *sm Hist.* pajem.

pa.ghe.rò [pager′ɔ] *sm Com.* vale.

pa.gi.na [p′adʒina] *sf* página. **le sacre** ≃ **e as** páginas sagradas, a Bíblia.

pa.gi.na.tu.ra [padʒinat′ura] *sf* paginação.

pa.glia [p′aλa] *sf* palha; chapéu de palha. ≃ **di ferro** palhinha de aço. **avere la coda di** ≃ *Fig. Pop.* ter culpa no cartório.

pa.gliac.cia.ta [paλattʃ′ata] *sf* palhaçada; farsa.

pa.gliac.cio [paλ′attʃo] *sm tb Fig.* palhaço.

pa.gnot.ta [pañ′ɔtta] *sf* pão sovado. *Fig.* pagamento, salário; pão de cada dia, sustento.

pa.go.da [pag′ɔda] *sf* pagode, templo budista.

pa.io [p'ajo] *sm* par. *Fig.* um pouco de, alguns. **un** ≃ **di scarpe** um par de sapatos. **un** ≃ **di jeans** uma calça jeans. **un** ≃ **di giorni** alguns dias. **è un altro** ≃ **di maniche** são outros quinhentos.

pa.la [p'ala] *sf* pá (*tb* pá do remo, do moinho e da hélice).

pa.la.di.no [palad'ino] *sm Hist.* paladino. *Fig.* herói, defensor.

pa.la.fit.ta [palaf'itta] *sf* palafita.

pa.la.fre.nie.re [palafren'jere] *sm* cavalariço; escudeiro.

pa.lan.ca [pal'anka] *sf* estaca.

pa.lan.chi.no [palank'ino] *sm* palanquim.

pa.la.to [pal'ato] *sm Anat.* palato. *Fisiol.* paladar.

pa.laz.zo [pal'attso] *sm* palácio; edifício, prédio. ≃ **reale** palácio real.

pal.co [p'alko] *sm* palco; camarote; tablado; andaime; patíbulo. ≃ **di prima fila** camarote de primeira. ≃ **scenico** → **palcoscenico**.

pal.co.sce.ni.co [palkoʃ'eniko] ou **palco scenico** *sm Teat.* palco.

pa.le.o.gra.fi.a [paleograf'ia] *sf* paleografia.

pa.le.on.to.lo.gi.a [paleontolodʒ'ia] *sf* paleontologia.

pa.le.sa.re [palez'are] *vt* revelar, manifestar. *vpr* revelar-se, mostrar-se.

pa.le.se [pal'eze] *adj* patente, evidente; público.

pa.le.stra [pal'estra] *sf* ginásio esportivo; ginástica.

pa.let.ta [pal'etta] *sf dim* pá para lareira. *Pop. Anat.* omoplata; rótula.

pa.let.to [pal'etto] *sm* estaca; ferrolho.

pa.lio [p'aljo] *sm Esp.* páreo, corrida de cavalos. *Fig.* prêmio, recompensa; competição.

pa.liz.za.ta [palitts'ata] *sf* paliçada.

pal.la [p'alla] *sf* bola. *Mil.* bala. *Hist.* palla, veste grega. ≃ **e** *sf pl Vulg.* bolas, testículos. ≃ **a nuoto** → **pallanuoto. prendere la** ≃ **al balzo** aproveitar a oportunidade.

pal.la.ca.ne.stro [pallakan'estro] *sf Esp.* basquete.

pal.la.nuo.to [pallan'wɔto] ou **palla a nuotto** *sf Esp.* pólo aquático.

pal.leg.gia.re [palleddʒ'are] *vt Esp.* driblar. *Fig.* enganar, iludir. *vpr* acusar-se mutuamente.

pal.lia.re [pall'jare] *vt Lit.* paliar, disfarçar.

pal.lia.ti.vo [palljat'ivo] *sm+adj* paliativo.

pal.li.dez.za [pallid'ettsa] ou **pal.li.di.tà** [pallidit'a] *sf* palidez.

pal.li.do [p'allido] *adj* pálido. *Fig.* fraco; vago, incerto, confuso.

pal.li.na [pall'ina] *sf* bolinha (de pingue-pongue); bolinha de gude.

pal.li.no [pall'ino] *sm* bolinha (de bilhar, bocha); chumbinho (de arma). *Fig.* mania.

pal.lo.ne [pall'one] *sm* balão. *Esp.* futebol. ≃ **dirigibile** ou apenas ≃ dirigível.

pal.lot.to.la [pall'ɔttola] ou **pal.lot.ta** [pall'ɔtta] *sf dim* bolinha (para jogos, sorteios). *Mil.* bala.

pal.ma [p'alma] *sf Anat.* palma (da mão). *Bot.* palmeira. *Fig.* vitória, triunfo.

pal.ma.ta [palm'ata] *sf* palmada.

pal.mo [p'almo] *sm* palmo.

pa.lo [p'alo] *sm* estaca; poste. *Fig.* sentinela, guarda. **fare il** ≃ *Pop.* ficar de guarda (ladrão, em assalto). **saltare di** ≃ **in frasca** ficar mudando de assunto.

pa.lom.ba.ro [palomb'aro] *sm* mergulhador.

pal.pa.re [palp'are] *vt* apalpar.

pal.pe.bra [p'alpebra] *sf Anat.* pálpebra.

pal.pi.ta.re [palpit'are] *vi Med.* palpitar, bater (coração). *Fig.* agitar-se, excitar-se.

pal.pi.ta.zio.ne [palpitats'jone] *sf Med.* palpitação, taquicardia.

pal.pi.to [p'alpito] *sm Med.* batimento cardíaco, palpitação. *Fig.* momento, átimo; vibração, estremecimento; agitação, comoção.

pal.tò [palt'ɔ] *sm* sobretudo.

pal.to.nie.re [palton'jere] *sm* mendigo, pedinte; malandro, patife.

pa.lu.de [pal'ude] *sf* pântano, charco, brejo. *Fig.* inércia, estagnação.

pam.pa [p'ampa] *sf* pampa.

pa.na.ce.a [panatʃ'ea] *sf* panacéia, remédio universal. *Fig.* consolo, alívio.

pa.na.ma [p'anama] *sm* panamá (chapéu).

pa.na.me.ri.ca.no [panamerik'ano] *adj* panamericano.

pan.ca [p'anka] *sf* banco (para sentar).

pan.cia [p'antʃa] *sf* barriga; bojo. *Pop.* pança. **grattarsi la** ≃ matar o tempo.

pan.ciot.to [pantʃ'ɔtto] *sm* colete.

pan.cre.as [p'ankreas] *sm Anat.* pâncreas.

pan.de.mo.nio [pandem'ɔnjo] *sm Poét.* pandemônio, tumulto.

pa.ne [p'ane] *sm* pão. *Fig.* alimento; sustento; rosca de parafuso. **P** ≃ *Mit.* Pã. ≃ **bianco** pão branco. ≃ **giallo** pão de fubá. ≃ **fresco** pão fresco. ≃ **raffermo** pão duro. **non è** ≃ **per i miei denti** não serve para mim. **rendere** ≃ **per focaccia** vingar-se.

pa.net.te.ri.a [panetter'ia] *sf* padaria.

pa.net.tie.re [panett'jere] *sm* padeiro.

pa.net.to.ne [panett'one] *sm* panetone.

pan.fi.lo [p'anfilo] ou **yacht** ['jɔt] *sm Náut.* iate.

pa.ni.co [p'aniko] I *sm* pânico, terror. *adj* pânico.

pa.ni.co [pan'iko] II *sm Bot.* painço.

pa.nie.re [pan'jere] *sm* cesto, cesta.

pa.ni.fi.cio [panif'itʃo] *sm* padaria, panificadora.

pa.ni.no [pan'ino] *sm dim* pãozinho. ≃ **imbottito** sanduíche.

pan.na [p'anna] *sf* nata. *Náut.* e *Aeron.* pane, defeito. ≃ **montata** creme chantilly.

pan.no [p'anno] *sm* pano, tecido; fazenda, corte de tecido. ≃ i *pl* roupas. **tagliare i** ≃ i **addosso a** criticar. **essere** ou **trovarsi nei** ≃ i di **uno** estar na pele de alguém.

pa.no.ra.ma [panor'ama] *sf* panorama; panorâmica.

pan.sla.vi.smo [panzlav'izmo] *sm* pan-eslavismo.

pan.ta.lo.ni [pantal'oni] *sm pl* calças.

pan.ta.no [pant'ano] *sm* pântano, charco. *Fig.* intriga, trama.

pan.ta.no.so [pantan'ozo] *adj* pantanoso. *Fig.* sujo.

pan.te.i.smo [pante'izmo] *sm* panteísmo.

pan.te.ra [pant'era] *sf* pantera. ≃ **nera** pantera negra.

pan.to.fo.la [pant'ɔfola] *sf* chinelo, chinela.

pan.to.mi.ma [pantom'ima] *sf* pantomima. *Fig.* farsa, mentira.

pa.o.naz.zo [paon'attso] *sm*+*adj* roxo, violeta.

pa.pa [p'apa] *sm Rel.* papa.

pa.pà [pap'a] *sm* papai. **figlio di** ≃ filhinho de papai.

pa.pa.le [pap'ale] *adj Rel.* papal.

pa.pa.to [pap'ato] *sm Rel.* papado.

pa.pa.ve.ro [pap'avero] *sm Bot.* papoula. *Fig.* tolo, bobo. **gli alti** ≃ i *Fig.* as autoridades.

pa.pe.ra [pap'era] *sf* gansa nova. *Fig.* erro.

pa.pe.ro [p'apero] *sm* ganso novo. *Fig.* tonto.

pa.pes.sa [pap'essa] *sf* papisa.

pa.pi.ro [pap'iro] *sm tb Bot.* papiro.

pap.pa [p'appa] *sf* papa. *Fam.* papinha.

pap.pa.gal.li.no ver.de [pappagall'ino v'erde] *sm dim Zool.* periquito.

pap.pa.gal.lo [pappag'allo] *sm* papagaio. *Fig.* papagaio, tagarela.

pap.pa.gor.gia [pappag'ɔrdʒa] *sf* queixo duplo, papada.

pap.pa.re [papp'are] *vt Fam.* papar, comer demais. *Fig.* especular, lucrar ilegalmente.

pap.pi.no [papp'ino] *sm* auxiliar de enfermagem.

pa.pri.ca [p'aprika] *sf Bot.* pimenta vermelha.

pa.ra.bo.la [par'abola] *sf Geom.* parábola. *Lit.* parábola, alegoria.

pa.ra.bo.li.co [parab'ɔliko] *adj* parabólico.

pa.ra.brez.za [parabr'ettsa] *sm Autom.* e *Aeron.* pára-brisa.

pa.ra.ca.du.te [parakad'ute] *sm Aeron.* pára-quedas.

pa.ra.ca.du.ti.sta [parakadut'ista] *s* pára-quedista.

pa.ra.car.ro [parak'aɾo] *sm* guia (da calçada).

pa.ra.dig.ma [parad'igma] *sm Gram.* paradigma. *Fig.* tabela, diagrama, quadro.

pa.ra.di.se.a [paradiz'ea] *sf* ou **uccello del paradiso** *sm Zool.* ave-do-paraíso.

pa.ra.di.so [parad'izo] *sm tb Fig.* paraíso.

pa.ra.dos.so [parad'ɔsso] *sm* paradoxo, contrasenso.

pa.ra.fan.go [paraf'ango] *sm Autom.* pára-lama.

pa.raf.fi.na [paraff'ina] *sf Quím.* parafina.

pa.ra.fra.sa.re [parafraz'are] *vt* parafrasear; imitar, copiar.

pa.ra.fra.si [par'afrazi] *sf Lit.* paráfrase.

pa.ra.ful.mi.ne [paraf'ulmine] *sm* pára-raios.

pa.ra.go.na.re [paragon'are] *vt* comparar, cotejar. *vpr* comparar-se.

pa.ra.go.ne [parag'one] *sm* comparação, cotejo.

pa.ra.gra.fo [par'agrafo] *sm* parágrafo.

pa.ra.li.si [par'alizi] ou **pa.ra.li.si.a** [paraliz'ia] *sf Med.* paralisia. *Fig.* inatividade, imobilidade; interrupção, pausa. ≃ **infantile** paralisia infantil.

pa.ra.li.ti.co [paral'itiko] *adj* paralítico.

pa.ra.liz.za.re [paraliddz'are] *vt* paralisar.

pa.ral.le.la [parall'ela] *sf Geom.* paralela. ≃ **e** *pl Esp.* barras paralelas.

pa.ral.le.le.pi.pe.do [parallelep'ipedo] *sm Geom.* paralelepípedo.

pa.ral.le.lo [parall'elo] *adj* paralelo. **circuiti in** ≃ *Elet.* circuitos paralelos.

pa.ra.lu.me [paral'ume] *sm* abajur, quebra-luz.

pa.ra.men.to [param'ento] *sm Rel.* paramentos.

pa.ra.me.tro [par'ametro] *sm* parâmetro, convenção.

pa.ra.nin.fo [paran'info] *sm* paraninfo.

pa.ra.no.ia [paran'ɔja] *sf Psíc.* paranóia.

pa.ra.noi.co [paran'ɔjko] *adj* paranóico.

pa.ra.oc.chi [para'ɔkki] *sm* antolhos (para cavalo).

pa.ra.pet.to [parap'etto] *sm* parapeito, peitoril.

pa.ra.ple.gi.a [parapledʒ'ia] ou **pa.ra.ples.si.a** [parapless'ia] *sf Med.* paraplegia.

pa.ra.re [par'are] *vt* enfeitar, decorar, paramentar; evitar, impedir; proteger, defender. *vpr* proteger-se, defender-se.

pa.ra.so.le [paras'ole] *sm* guarda-sol.

pa.ras.si.ta [parass'ita] *sf Zool.* e *Bot.* parasita. *Fig.* parasita, sanguessuga, aproveitador.

pa.ra.ta [par'ata] *sf* parada; cancela. *Mil.* parada.

pa.ra.to [par'ato] *sm* cortina, reposteiro. *Rel.* paramentos. *part+adj* enfeitado.

pa.ra.to.ia [parat'oja] *sm* comporta.

pa.ra.ur.ti [para'urti] *sm Autom.* pára-choque.

pa.ra.ven.to [parav'ento] *sm* biombo, páravento. *Fig.* defesa, proteção.

par.cel.la [part∫'ella] *sf* conta, nota (de prestação de serviços).

par.cheg.gia.re [parkeddʒ'are] *vt* estacionar.

par.cheg.gio [park'eddʒo] *sm* estacionamento.

par.co [p'arko] *sm* parque. ≃ **nazionale** parque nacional. *adj* parco, frugal.

pa.rec.chio [par'ekkjo] *adj* abundante, numeroso. *adv* muito, bastante (em quantidade). ≃**cchi** *pron pl* alguns..

pa.reg.gia.re [pareddʒ'are] *vt* emparelhar; igualar, equiparar; nivelar; equilibrar. *vpr* emparelhar-se; igualar-se, equiparar-se.

pa.reg.gio [par'eddʒo] ou **pa.reg.gia.men.to** [pareddʒam'ento] *sm Esp.* empate. *Com.* ajuste das contas.

pa.ren.te [par'ente] *s* parente, familiar.

pa.ren.te.la [parent'ela] *sf* ou **pa.ren.ta.do** [parent'ado] *sm Lit.* parentesco, consangüinidade; parentes, parentela. *Fig.* ligação.

pa.ren.te.si [par'entezi] *sf* parêntese, explicação. *Fig.* pausa, intervalo. ≃ **tonda** *Gram.* parênteses. ≃ **quadra** *Gram.* colchetes.

pa.re.re [par'ere] *sm* parecer, opinião de especialista; conselho, aviso. *vi* parecer, assemelhar-se a. *Fig.* julgar, crer, pensar. **pare di sì** parece que sim.

pa.re.te [par'ete] *sf Arquit.* e *Anat.* parede. *Fig.* defesa, proteção.

pa.ri [p'ari] *sm* igual, semelhante. *Hist.* e *Pol.* par, lorde. *adj* par; igual, equivalente. **essere** ≃ **con alcuno** estar quite com alguém. **andare alla** ≃ **con** equiparar-se a. **fare a** ≃ **e caffo** tirar no par ou ímpar. **senza** ≃ maravilhoso, excelente. **al** ≃ **di** como (comparação). **alla** ≃ de igual para igual.

pa.ria [p'arja] *s* pária. *Fig.* miserável, desamparado.

pa.ri.gi.no [paridʒ'ino] *sm+adj* parisiense.

pa.ri.glia [par'iλa] *sf* parelha; restituição.

pa.ri.men.te [parim'ente] ou **pa.ri.men.ti** [parim'enti] *adv* igualmente, da mesma forma.

pa.ri.tà [parit'a] *sf* paridade; igualdade.

par.la.men.ta.re [parlament'are] *s* parlamentar; embaixador, representante. *vi* parlamentar, negociar (em guerra). *adj* parlamentar.

par.la.men.ta.ri.smo [parlamentar'izmo] *sm Pol.* parlamentarismo.

par.la.men.to [parlam'ento] *sm* parlamento, assembléia legislativa. *Mil.* negociação.

par.lan.te [parl'ante] *adj* falante. *Fig.* expressivo, vivo.

par.la.re [parl'are] *sm* fala; linguagem; discurso. *vt* falar, dizer, pronunciar. *vi* falar. ≃ **grasso** dizer palavrões. ≃ **di** falar de, falar sobre. ≃ **del più e del meno** falar sobre tudo.

par.la.ta [parl'ata] *sf* fala; discurso; pronúncia.

par.mi.gia.no [parmidʒ'ano] *sm+adj* parmesão, de Parma. *sm* queijo parmesão.

pa.ro.di.a [parod'ia] *sf Lit.* paródia.

pa.ro.dia.re [parod'jare] *vt* parodiar.

pa.ro.la [par'ɔla] *sf* palavra; afirmação; fala. *Fig.* promessa. ≃ **e** *pl* suposições, hipóteses. **chiedere la** ≃ pedir a palavra (em reunião). **avere la** ≃ conseguir a palavra (em reunião). **dare la** ≃ dar a palavra (em reunião). ≃ **d'ordine** palavra de ordem. **uomo di** ≃ homem de palavra. ≃**e incrociate** palavras cruzadas. **la** ≃ **è d'argento, il silenzio è d'oro** a palavra é de prata, o silêncio é de ouro. **a buon intenditore mezza** ≃ para bom entendedor meia palavra basta.

pa.ro.lac.cia [parol'att∫a] *sf* palavrão.

pa.ro.la.io [parol'ajo] *sm+adj* falador, fanfarrão.

pa.ros.si.to.no [paross'itono] *sm+adj Gram.* paroxítono.

pa.ro.ti.de [par'ɔtide] *sf Anat.* parótide.

par.ri.ci.da [parit∫'ida] *s* parricida.

par.roc.chet.to [paɾokk'etto] *sm dim Zool.* periquito australiano.

par.roc.chia [paɾ'ɔkkja] *sf Rel.* paróquia.

par.roc.chia.le [paɾokk'jale] *adj Rel.* paroquial.

par.ro.co [p'aɾoko] *sm Rel.* pároco.

par.ruc.ca [paɾ'ukka] *sf* peruca. *Fam.* esfrega, sermão.

par.ruc.chie.re [paɾukk'jere] *sm* cabeleireiro.

par.si.mo.nia [parsim'ɔnja] *sf* parcimônia, economia. *Fig.* moderação, temperança.

par.so [p'arso] *part+adj* parecido; aparecido.

par.te [p'arte] *sf* parte; porção, pedaço; trecho; facção. *Teat.* e *Cin.* papel (do ator). ≃**i** *pl* bandas, lados. **per** ≃ **mia** de minha parte, quanto a mim. **per** ≃ **di madre** por parte de mãe. **da** ≃ **di** da parte de, por ordem de. **mettere da** ≃ economizar, guardar. **d'altra** ≃ por outro lado, pelo contrário. **la maggior** ≃ a maior parte.

par.te.ci.pa.re [partetʃip'are] vt comunicar, informar, participar. vi participar de, tomar parte em.

par.te.ci.pa.zio.ne [partetʃipats'jone] sf participação; comunicação, aviso.

par.teg.gia.re [parteddʒ'are] vi participar de.

par.ten.za [part'entsa] sf partida. **punto di** ≃ ponto de partida.

par.ti.ci.pio [partitʃ'ipjo] sm Gram. particípio.

par.ti.co.la [part'ikola] ou **par.ti.cel.la** [partitʃ'ella] sf dim partícula.

par.ti.co.la.re [partikol'are] sm particular; indivíduo; circunstância. **in** ≃ em particular. adj particular; individual, privativo; singular.

par.ti.co.la.ri.tà [partikolarit'a] sf particularidade, singularidade.

par.ti.gia.no [partidʒ'ano] sm partidário. Mil. guerrilheiro, franco-atirador. adj partidário; parcial; injusto.

par.ti.re [part'ire] vt partir, repartir, dividir. Fig. desunir (pessoas). vi partir; ir embora; começar. vpr afastar-se, distanciar-se. ≃ **un numero per** dividir um número por.

par.ti.ta [part'ita] sf partida; parte, porção. Esp. partida, jogo. Com. partida de mercadorias. Contab. registro, lançamento contábil. **una** ≃ **di caffè** uma partida de café. ≃ **d'onore** duelo.

par.ti.ti.vo [partit'ivo] adj Gram. partitivo, que reparte. **bilancio** ≃ Com. balanço parcial.

par.ti.to [part'ito] sm escolha, decisão; partido, vantagem. Pol. partido. ≃**i estremi** Pol. partidos de esquerda.

par.ti.tu.ra [partit'ura] sf Mús. partitura.

par.ti.zio.ne [partits'jone] sf partição, repartição, divisão.

par.to [p'arto] sm parto. Fig. criação, obra, invenção.

par.to.rien.te [partor'jente] sf+adj parturiente.

par.to.ri.re [partor'ire] vt dar à luz a; parir. Fig. criar, inventar.

par.zia.le [parts'jale] adj parcial; injusto, faccioso.

pa.sce.re [p'aʃere] ou **pa.sco.la.re** [paskol'are] vt pastar; pastorear. vi pastar, ruminar. Fig. alimentar. vpr alimentar-se.

pa.scià [paʃ'a] sm paxá.

pa.sco.lo [p'askolo] sm pasto.

Pa.squa [p'askwa] sf Páscoa. ≃ **di Ceppo** Natal. ≃ **Rosata** Pentecostes. **p** ≃ Fig. festa.

pa.squi.na.ta [paskwin'ata] sf pasquim, pasquinada, sátira.

pas.sag.gio [pass'addʒo] sm passagem; bilhete; trânsito; carona; passo, desfiladeiro. ≃ **pedonale** faixa de pedestres. ≃ **a livello** passagem de nível. **chiedere un** ≃ pedir carona. **essere di** ≃ **a** estar de passagem por.

pas.sa.ma.ne.ri.a [passamaner'ia] sf passamanaria.

pas.sa.ma.no [passam'ano] sm passamanes, fitas, galões.

pas.san.te [pass'ante] s passante, transeunte. sm passador (em cinta). adj passante, que passa; digestivo, leve (alimento).

pas.sa.por.to [passap'orto] sm passaporte.

pas.sa.re [pass'are] vt+vi passar; transitar; decorrer, transcorrer; acabar; passar por, atravessar. ≃ **la classe** passar de ano (na escola). ≃ **oltre** ultrapassar. ≃ **di vita** passar desta para melhor, morrer. ≃ **al nemico** passar para o lado inimigo. ≃**sela bene** viver bem. ≃ **da innocente** passar por inocente. ≃ **da qualcuno** passar na casa de alguém. ≃ **la notte in bianco** passar a noite em branco. ≃ **un brutto momento** passar maus bocados.

pas.sa.ta [pass'ata] sf passagem; trecho, passagem de um texto; chuva de verão, temporal passageiro. Equit. passo (do cavalo).

pas.sa.tem.po [passat'empo] sm passatempo.

pas.sa.ti.sta [passat'ista] s+adj passadista.

pas.sa.to [pass'ato] sm, part+adj passado.

pas.seg.ge.ro [passeddʒ'ero] ou **pas.seg.gie.ro** [passeddʒ'ero; passeddʒ'ero] sm passageiro, viajante. adj passageiro, transitório.

pas.seg.gia.re [passeddʒ'are] vi passear.

pas.seg.gia.ta [passeddʒ'ata] sf passeio. **fare una** ≃ dar um passeio.

pas.seg.gio [pass'eddʒo] sm passeio. **andare a** ≃ ir passear.

pas.se.rel.la [passer'ella] sf passarela.

pas.se.ro [p'assero] sm Zool. pardal.

pas.si.bi.le [pass'ibile] adj passível, sujeito. ≃ **di** sujeito a.

pas.sio.na.le [passjon'ale] adj passional.

pas.sio.ne [pass'jone] sf paixão; ardor; sofrimento, padecimento. **la P** ≃ **di Gesù Cristo** Rel. a Paixão de Jesus Cristo.

pas.si.vi.tà [passivit'a] sf passividade; aceitação, resignação. Com. débito.

pas.si.vo [pass'ivo] sm Com. passivo; débito. adj passivo; inativo; fraco. Gram. e Com. passivo.

pas.so [p'asso] *sm* passo; passagem, trecho. *Geogr.* passo, passagem estreita. *Fig.* passo, ato, procedimento; passagem (de pássaros, em algumas estações do ano). **cedere il** ≃ *tb Fig.* ficar para trás. **fare quattro** ≃ **i** dar uma voltinha. **a** ≃ **svelto** com passadas rápidas. *adj* passado, seco (fruta).

pa.sta [p'asta] *sf* massa; macarrão; pasta (mistura). ≃ **asciutta** macarronada. ≃ **dentifricia** pasta de dente. ≃ **e** *pl* doces.

pa.stel.lo [past'ello] *sm Pint.* pastel.

pa.stic.ce.ri.a [pastittʃer'ia] *sf* doceria; doces.

pa.stic.cie.re [pastittʃ'ere] *sm* doceiro.

pa.stic.ci.no [pastittʃ'ino] *sm* docinho.

pa.stic.cio [past'ittʃo] *sm* pastel, empada. *Arte* pasticho. *Fig.* confusão, desordem; problema. *Pop.* bagunça.

pa.sti.glia [past'iʎa] ou **pa.stic.ca** [past'ikka] *sf* pastilha. *Med.* pastilha (remédio).

pa.sti.na [past'ina] *sf* macarrão miúdo para sopa; docinho.

pa.sto [p'asto] *sm* alimento, comida; refeição. ≃ **a bordo** refeição a bordo.

pa.sto.ra.le [pastor'ale] *sm Rel.* e *Lit.* pastoral. *adj* pastoral.

pa.sto.re [past'ore] *sm* pastor. *Rel.* pastor, sacerdote protestante. *Fig.* pároco, padre.

pa.sto.riz.za.re [pastoriddz'are] ou **pa.steu.riz.za.re** [pasteuriddz'are] *vt* pasteurizar.

pa.sto.so [past'ozo] *adj* pastoso; vivo, quente; encorpado (vinho); agradável (voz).

pa.stra.no [pastr'ano] *sm* sobretudo, capote.

pa.stu.ra [past'ura] *sf* pastagem, pasto.

pa.ta.ta [pat'ata] *sf* batata. ≃ **dolce** batata-doce. ≃ **e fritte** batatas fritas.

pa.ta.trac [patatr'ak] *sm Com. Fig.* falência, bancarrota.

pa.tè [pat'ɛ] *sm* patê.

pa.tel.la [pat'ella] *sf Zool.* lapa (molusco). *Anat.* rótula.

pa.te.ma [pat'ema] *sm* angústia, apreensão.

pa.ten.te [pat'ente] *sf* diploma, certificado; patente de invento; licença. ≃ **di guida** carteira de motorista. *adj* patente, evidente.

pa.ter.na.le [patern'ale] *sf* repreensão, reprovação, pito. *Pop.* bronca, lavada.

pa.ter.ni.tà [paternit'a] *sf* paternidade.

pa.ter.no [pat'erno] *adj* paterno, paternal. *Fig.* amoroso, afetuoso.

pa.te.ti.co [pat'etiko] *sm Anat.* patético. *adj* patético, comovente.

pa.thos [p'atos] *sm* emoção, comoção.

pa.ti.bo.lo [pat'ibolo] *sm* patíbulo. *Fig.* pena de morte.

pa.ti.men.to [patim'ento] *sm* sofrimento, padecimento; dor; aflição.

pa.ti.na [p'atina] *sf* verniz; cera; graxa de sapatos; pátina.

pa.ti.na.re [patin'are] *vt* envernizar; encerar; engraxar.

pa.ti.re [pat'ire] *vt* padecer, sofrer; tolerar. *vi* sofrer, sentir dor.

pa.to.lo.gi.a [patolodʒ'ia] *sf Med.* patologia.

pa.to.lo.gi.co [patol'ɔdʒiko] *adj Med.* patológico. **stato** ≃ estado patológico.

pa.tria [p'atrja] *sf tb Fig.* pátria.

pa.tri.ar.ca [patri'arka] *sm Hist.* patriarca. *Fig.* patriarca, chefe de família; sábio.

pa.triar.ca.le [patrjark'ale] *adj* patriarcal.

pa.tri.gno [patr'iño] ou **pa.dri.gno** [padr'iño] *sm* padrasto.

pa.tri.mo.nia.le [patrimon'jale] *adj* patrimonial.

pa.tri.mo.nio [patrim'ɔnjo] *sm tb Fig.* patrimônio, bens. ≃ **culturale** patrimônio cultural.

pa.trio [p'atrjo] *adj* pátrio (do pai, da pátria); paterno. ≃ **a potestà** pátrio poder.

pa.tri.o.ta [patri'ɔta] *s* patriota.

pa.trio.ti.co [patr'jɔtiko] *adj* patriótico.

pa.trio.ti.smo [patrjot'izmo] *sm* patriotismo.

pa.tri.zio [patr'itsjo] *sm* + *adj* patrício.

pa.tro.ci.na.re [patrotʃin'are] *vt Dir.* patrocinar, defender. *Com.* patrocinar, promover, subvencionar.

pa.tro.ci.nio [patrotʃ'injo] *sm Dir.* patrocínio, defesa. *Com.* patrocínio, custeio.

pa.tro.na [patr'ona] ou **pa.tro.nes.sa** [patron'essa] *sf* patrona. *Rel.* padroeira.

pa.tro.ni.mi.co [patron'imiko] *sm* + *adj Lit.* patronímico.

pa.tro.no [patr'ono] *sm* patrono. *Rel.* padroeiro.

pat.ta [p'atta] *sf* empate. **fare** ≃ empatar. **pa.ri e** ≃ *adj* quite.

pat.teg.gia.re [patteddʒ'are] *vt* + *vi* pactuar.

pat.ti.nag.gio [pattin'addʒo] *sm* patinação.

pat.ti.na.re [pattin'are] *vi* patinar.

pat.ti.no [p'attino] *sm* patim. *Aeron.* deslizador. ≃ **a rotelle** patim com rodas.

pat.to [p'atto] *sm* pacto, acordo, trato; cláusula, condição. **a niun** ≃ de maneira nenhuma. **a** ≃ **che** contanto que.

pat.tu.glia [patt'uʎa] *sf Mil.* patrulha.

pat.tu.i.re [pattu'ire] *vi vt* negociar; pactuar.

pat.tu.mie.ra [pattum'jera] *sf* lata de lixo.

pa.u.ra [pa'ura] *sf* medo, temor; dúvida, incerteza; receio.

pau.ro.so [pawr'ozo] *adj* medroso, covarde; aterrorizante, assustador; hesitante, indeciso.

pau.sa [p'awza] *sf tb Mús.* pausa, interrupção.

pa.va.na [pav'ana] *sf Mús.* pavana.

pa.ve.se [pav'eze] *s+adj* de Pavia.

pa.vi.do [p'avido] *adj Lit.* medroso, covarde.

pa.vi.men.ta.re [paviment'are] *vt* pavimentar.

pa.vi.men.to [pavim'ento] *sm* pavimento, piso; pavimento, andar. ≃ **di legno** assoalho. ≃ **a piastrelle** piso de ladrilhos.

pa.vo.na [pav'ona] ou **pa.vo.nes.sa** [pavon'essa] *sf Zool.* pavoa. *Fig.* perua, mulher vaidosa.

pa.vo.ne [pav'one] *sm Zool.* pavão.

pa.vo.neg.giar.si [pavonedd'Zarsi] *vpr* exibir-se, mostrar-se.

pa.zien.te [patsj'ente] *s Med.* paciente. *adj* paciente; calmo. *Gram.* paciente.

pa.zien.za [pats'jentsa] *sf* paciência. **gioco di** ≃ jogo de paciência. **perdere la** ≃ perder a paciência.

paz.zi.a [patts'ia] *sf Med.* loucura, demência. *Fig.* loucura, extravagância, exagero.

paz.zo [p'attso] *sm Med.* louco, demente. ≃ **da legare** doido varrido. *adj Med.* louco, demente. *Fig.* arriscado, perigoso; insensato, irracional. **andare** ≃ **per** estar louco por.

pec.ca [p'ekka] *sf* falha, deficiência; vício, tara.

pec.ca.re [pekk'are] *vi* pecar. *Fig.* errar, falhar.

pec.ca.to [pekk'ato] *sm Rel.* pecado. *Fig.* erro, falha; defeito. ≃ **mortale** pecado mortal. ≃ **originale** ou **di Adamo** pecado original. **essere un** ≃ ser uma pena. ≃! ou **che** ≃! *interj* que pena!

pe.ce [p'etʃe] *sf* piche, pez. *Fig.* vício, mania.

pe.co.ra [p'ekora] *sf* ovelha. *Fig.* moleirão.

pe.co.rag.gi.ne [pekor'addʒine] *sf* tolice, estupidez; submissão.

pe.co.ra.me [pekor'ame] *sm* rebanho de ovelhas. *Fig.* massa, rebanho.

pe.co.ri.le [pekor'ile] *sm* curral de ovelhas, ovil. *adj* ovino.

pe.co.ri.no [pekor'ino] *sm* cordeirinho; queijo de ovelha. *adj* ovino. *Fig.* tolo, bobo.

pe.co.ro [p'ekoro] *sm* carneiro. *Fig.* tolo, bobo.

pe.cu.la.to [pekul'ato] *sm Dir.* peculato.

pe.cu.lia.re [pekul'jare] *adj* peculiar, particular.

pe.cu.lia.ri.tà [pekuljarit'a] *sf* peculiaridade.

pe.cu.lio [pek'uljo] *sm* pecúlio, reserva.

pe.cu.nia.rio [pekun'jarjo] *adj Com.* e *Dir.* pecuniário. **pena** ≃**a** pena pecuniária.

pe.dag.gio [ped'addʒo] *sm* pedágio.

pe.da.go.gi.a [pedagodʒ'ia] *sf* pedagogia.

pe.da.go.go [pedag'ɔgo] *sm* pedagogo.

pe.da.la.re [pedal'are] *vi* pedalar.

pe.da.le [ped'ale] *sm* pedal. *Bot.* tronco.

pe.da.lie.ra [pedal'jera] *sf Mús.* pedaleira.

pe.da.na [ped'ana] *sf* apoio ou encosto para os pés. *Esp.* trampolim. *Equit.* estribo. *Autom.* degrau, estribo. *Fig.* trampolim, impulso.

pe.dan.te [ped'ante] *s+adj* pedante, presunçoso, pernóstico.

pe.dan.te.ri.a [pedanter'ia] ou **pe.dan.tag.gi.ne** [pedant'addʒine] *sf* pedantismo, presunção.

pe.da.ta [ped'ata] *sf* pegada; pisada; pisão.

pe.de.ra.sta [peder'asta] *sm* pederasta, homossexual. *Vulg.* bicha.

pe.de.stre [ped'estre] *adj* pedestre, que vai a pé. *Fig.* banal, comum; pobre, fraco.

pe.dia.tra [ped'jatra] *s Med.* pediatra.

pe.dia.tri.a [pedjatr'ia] *sf Med.* pediatria.

pe.di.cu.re [pedik'ure] *s* pedicuro, pedicura.

pe.di.gno.ne [pediñ'one] *sm* frieira nos pés.

pe.di.lu.vio [pedil'uvjo] *sm Med.* pedilúvio. *Pop.* escalda-pés.

pe.di.na [ped'ina] *sf* peão (do xadrez); pedra, peça (no jogo de damas). *Fig.* mulher do povo.

pe.do.ne [ped'one] *sm* pedestre; peão (do xadrez).

pe.du.le [ped'ule] *sm* palmilha (da meia).

peg.gio [p'eddʒo] *sm* o pior, a pior parte. *sf* a pior, derrota. **avere la** ≃ levar a pior, perder. *adj compar* (de **cattivo**) pior. *adv compar* (de **male**) pior. **di male in** ≃ de mal a pior.

peg.gio.ra.men.to [peddʒoram'ento] *sm* piora.

peg.gio.ra.re [peddʒor'are] *vt+vi* piorar.

peg.gio.ra.ti.vo [peddʒorat'ivo] *adj* pejorativo.

peg.gio.re [peddʒ'ore] *sm* o pior, a pior parte. *adj compar* (de **cattivo**) pior.

pe.gno [p'eño] *sm* penhor; garantia, fiança; sinal. *Fig.* testemunho, prova.

pe.la.me [pel'ame] *sm Zool.* pelame, pelagem.

pe.la.re [pel'are] *vt* pelar, tirar os pêlos; depenar. *Fig.* depenar (de bens materiais), limpar.

pel.la.gra [pell'agra] *sf Med.* pelagra.

pel.la.me [pell'ame] *sf* pelame, pelaria.

pel.le [p'elle] *sf* pele. *Anat.* pele, cútis. *Fig.* vida. **salvare la** ≃ salvar a pele.

pel.le.gri.na.re [pellegrin'are] ou **pe.re.gri.na.re** [peregrin'are] *vi* peregrinar.

pel.le.gri.no [pellegr'ino] ou **pe.re.gri.no** [peregr'ino] *sm* peregrino.

pel.li.ca.no [pellik'ano] *sm Zool.* pelicano.

pel.lic.ce.ri.a [pellittʃer'ia] *sf* pelaria (loja).

pel.lic.cia [pell'ittʃa] *sf* pele; casaco de peles, peliça.

pel.li.co.la [pell'ikola] *sf* película. *Cin.* e *Fot.* filme. ≃ **a colori** filme colorido.

pel.li.ros.sa [pellir'ossa] *s* pele-vermelha.

pel.lu.ci.do [pell'utʃido] *adj Lit.* transparente.

pe.lo [p'elo] *sm* pêlo; pelagem de cavalo. *Bot.* pêlo, cotão. *Fig.* quase nada, um fio; rachadura, fenda. **foderato di** ≃ forrado de pêlos. **per un** ≃ por um triz, por um fio. **a** ≃ exatamente. **essere a un** ≃ faltar pouco. **cercare il** ≃ **nell'uovo** procurar pêlo em ovo.

pe.lo.so [pel'ozo] *adj* peludo. **carità** ≃ **a** caridade por interesse.

pel.tro [p'eltro] *sm* estanho refinado.

pel.vi [p'elvi] *sf Anat.* pélvis.

pe.na [p'ena] *sf* pena; dor, aflição; castigo, punição. **a mala** ≃ **a duras penas.** ≃ **capitale** pena capital. **fare** ≃ dar dó. ≃ **la vita** ou **la testa** sujeito à pena de morte.

pe.na.le [pen'ale] *sf Dir.* multa. *adj* penal.

pe.na.li.tà [penalit'a] *sf* penalidade.

pe.na.re [pen'are] *vi* penar, sofrer; custar.

pen.da.glio [pend'aʎo] *sm* pingente. ≃ **da forca** *Fig.* bandido, malfeitor.

pen.den.te [pend'ente] *sm* pingente. *adj* pendente; pendurado, dependurado; indefinido; iminente; inclinado.

pen.den.za [pend'entsa] *sf* pendência, controvérsia; inclinação, pendor; declive.

pen.de.re [p'endere] *vi* pender, estar dependurado; inclinar; estar pendente.

pen.di.ce [pend'itʃe] *sf Geogr.* encosta.

pen.di.o [pend'io] *sm* inclinação, declive.

pen.do.lo [p'endolo] *sm* pêndulo. *adj* pendente.

pe.ne [p'ene] *sm Anat.* pênis.

pe.ne.tra.re [penetr'are] *vt* penetrar, atravessar. *Fig.* compreender, assimilar. *vi* penetrar, entrar. *Fig.* invadir.

pe.ne.tra.zio.ne [penetrats'jone] *sf* penetração.

pe.ni.cil.li.na [penitʃill'ina] *sf Med.* penicilina.

pe.nin.su.la.re [peninsul'are] *adj Geogr.* peninsular.

pe.ni.so.la [pen'izola] *sf Geogr.* península.

pe.ni.ten.za [penit'entsa] *sf* penitência, castigo. *Rel.* penitência, expiação. *Fig.* tédio; incômodo. **fare** ≃ fazer penitência, jejuar.

pe.ni.ten.zia.rio [penitents'jarjo] *sm* penitenciária, prisão. *adj* penitenciário.

pen.na [p'enna] *sf* pena de ave; caneta; pena para escrever. *Mús.* palheta. *Geogr.* cume, pico. ≃ **a sfera** caneta esferográfica. ≃ **stilografica** caneta-tinteiro.

pen.nac.chio [penn'akkjo] *sm* ou **pen.nac.chie.ra** [pennakkj'era] *sf* penacho.

pen.nel.la.re [pennell'are] ou **pen.nel.leg.gia.re** [pennelleddʒ'are] *vt+vi* pincelar.

pen.nel.la.ta [pennell'ata] *sf* pincelada.

pen.nel.lo [penn'ello] *sm* pincel. **a** ≃ perfeitamente. ≃ **per barba** pincel de barba. **stare a** ≃ *Fam.* cair bem (roupa).

pe.nom.bra [pen'ombra] *sf* penumbra.

pe.no.so [pen'ozo] *adj* penoso, doloroso.

pen.sa.men.to [pensam'ento] *sm* pensamento.

pen.sa.re [pens'are] *vt+vi* pensar; acreditar; inventar. **ci penso io!** deixe comigo!

pen.sie.ro [pens'jero] *sm* pensamento, raciocínio; doutrina, filosofia; preocupação, apreensão. **mettere** ≃ inspirar cuidados.

pen.sie.ro.so [pensjer'ozo] *adj* pensativo; preocupado.

pen.si.le [p'ensile] *adj Lit.* pênsil.

pen.sio.nan.te [pensjon'ante] *s* pensionista; aposentado; aposentada.

pen.sio.na.to [pensjon'ato] *sm* bolsa de estudos. *adj* aposentado.

pen.sio.ne [pens'jone] *sf* pensão; aposentadoria. **andare in** ≃ aposentar-se.

pen.ta.cor.do [pentak'ordo] *sm Mús.* pentacordo.

pen.ta.go.no [pent'agono] *sm Geom.* pentágono.

pen.ta.gram.ma [pentagr'amma] *sm Mús.* e *Geom.* pentagrama.

pen.ta.sil.la.bo [pentas'illabo] *sm+adj Lit.* e *Gram.* pentassílabo.

pen.ta.teu.co [pentat'ewko] *sm Rel.* Pentateuco.

pen.ta.tlo [p'entatlo] *sm Esp.* pentatlo.

Pen.te.co.ste [pentek'oste] *sm Rel.* Pentecostes.

pen.ti.men.to [pentim'ento] *sm* arrependimento; remorso. *Rel.* arrependimento, contrição.

pen.tir.si [pent'irsi] *vpr* arrepender-se.

pen.to.la [p'entola] *sf* panela, caçarola. ≃ **a pressione** panela de pressão.

pe.nul.ti.mo [pen'ultimo] *adj* penúltimo.

pe.nu.ria [pen'urja] *sf* penúria, escassez; necessidade.

pen.zo.la.re [pendzol'are] *vi* pender.

pen.zo.lo.ni [pendzol'oni] ou **pen.zo.lo.ne** [pendzol'one] *adv* dependurado, pendurado.

pe.pa.to [pep'ato] *adj* apimentado. *Fig.* irônico, mordaz.

pe.pe [p'epe] *sm* pimenteira; pimenta. **essere tutto** ≃ ser muito vivo. **rispondere con sale e** ≃ responder mal, responder com grosseria.

pe.pe.ro.ne [peper'one] *sm* pimentão. **rosso come un** ≃ vermelho como um pimentão.

pe.pi.ta [pep'ita] *sf* Min. pepita.

per [p'er] *prep* por; para, na direção de; através de; por volta de (tempo); por causa de, graças a; durante.

pe.ra [p'era] *sf* pêra. *Irôn.* cabeça. *Gír.* dose de droga. *Fig.* mentira.

pe.ral.tro [per'altro] *conj* não obstante, contudo. *adv* apesar disso, a despeito disso.

per.be.ne [perb'εne] *adj* honesto, de bem, correto. *adv* bem, inteiramente.

per.cen.to [pertʃ'ento] *sm* porcentagem.

per.cen.tu.a.le [pertʃentu'ale] *sf+adj* percentual.

per.ce.pi.re [pertʃep'ire] *vt* perceber; compreender. *Com.* resgatar, receber (dinheiro).

per.cet.ti.bi.le [pertʃett'ibile] *adj* Lit. perceptível; compreensível.

per.cet.ti.vo [pertʃett'ivo] *adj* perceptivo.

per.ce.zio.ne [pertʃets'jone] *sf* percepção.

per.ché [perk'e] *sm* o porquê, causa, motivo. *conj* por quê? por que razão? porque, visto que; para que, a fim de que.

per.ciò [pertʃ'ɔ] *conj* por isso, por essa razão; então, portanto.

per.cor.re.re [perk'orere] *vt* percorrer; atravessar. *Fig.* folhear, ler rapidamente.

per.cor.so [perk'orso] *sm* percurso. *part+adj* percorrido; atravessado.

per.cos.sa [perk'ɔssa] *sf* golpe, batida.

per.cuo.te.re [perk'wɔtere] *vt* golpear, bater. *Fig.* impressionar, repercutir.

per.cus.sio.ne [perkuss'jone] *sf* golpe, batida. *Mús.* percussão.

per.de.re [p'erdere] *vt* perder. *vi* perder, ser derrotado. *vpr* perder-se, ficar desorientado. *Fig.* desgraçar-se, arruinar-se; confundir-se. ≃ **tempo** perder tempo. ≃ **la testa** perder a cabeça, descontrolar-se.

per.di.men.to [perdim'ento] *sm* perda. **andare a** ≃ desgraçar-se, perder-se.

per.di.ta [p'erdita] *sf* perda. **a** ≃ **d'occhio** a perder de vista.

per.di.zio.ne [perdits'jone] *sf* perdição, desgraça; depravação, vício.

per.do.na.re [perdon'are] *vt+vi* perdoar, desculpar. *Dir.* absolver. **non** ≃ **ad alcuno** *Fig.* não perdoar, não respeitar ninguém.

per.do.no [perd'ono] *sm* perdão, desculpa. *Dir.* perdão, indulto. *Rel.* perdão, remissão.

per.du.ra.re [perdur'are] *vi* Lit. perdurar.

peregrinare; peregrino → **pellegrinare, pellegrino.**

pe.ren.ne [per'εnne] *adj* perene, perpétuo. **pianta** ≃ planta perene.

pe.ren.to.rio [perent'ɔrjo] *adj* peremptório.

per.fet.to [perf'etto] *sm* Gram. perfeito. **più che** ≃ mais-que-perfeito. *adj* perfeito, impecável; completo, terminado. **numero** ≃ Mat. número perfeito.

per.fe.zio.na.men.to [perfetsjonam'ento] *sm* aperfeiçoamento.

per.fe.zio.na.re [perfetsjon'are] *vt* aperfeiçoar; acabar, concluir. *vpr* aperfeiçoar-se, melhorar.

per.fe.zio.ne [perfets'jone] *sf* perfeição; acabamento, conclusão.

per.fi.dia [perf'idja] *sf* perfídia, infidelidade, deslealdade; maldade, perversão.

per.fi.do [p'erfido] *adj* pérfido, infiel, desleal; mau, perverso.

per.fi.ne [perf'ine] *adv* na expressão **alla** ≃ finalmente.

per.fi.no [perf'ino] ou **per.si.no** [pers'ino] *prep* até, até mesmo.

per.fo.ra.re [perfor'are] *vt* perfurar, furar; atravessar, transpassar.

per.fo.ra.tri.ce [perforatr'itʃe] *sf* perfuratriz. ≃ **ad aria compressa** perfuratriz a ar comprimido.

per.fo.ra.zio.ne [perforats'jone] *sf* perfuração; picote (em formulários, papel higiênico).

per.ga.me.na [pergam'ena] *sf* pergaminho.

per.go.la [p'ergola] *sf* pérgula, suporte para trepadeiras.

pe.ri.car.dio [perik'ardjo] *sm* Anat. pericárdio.

pe.ri.co.la.re [perikol'are] *vi* correr perigo.

pe.ri.co.lo [per'ikolo] *sm* perigo; risco. **correre** ≃ correr perigo.

pe.ri.co.lo.so [perikol'ozo] *adj* perigoso, arriscado.

pe.ri.fe.ri.a [perifer'ia] *sf* periferia, subúrbio.

pe.ri.fe.ri.co [perif'eriko] *adj* periférico.

pe.ri.fra.si [per'ifrazi] *sf* perífrase.

pe.ri.fra.sti.co [perifr'astiko] *adj* perifrástico.

pe.ri.ge.o [perid'ʒeo] *sm* Astron. perigeu.

pe.ri.me.tro [per'imetro] *sm* perímetro.

pe.rio.di.co [per'jodiko] *sm* periódico, jornal não diário. *adj* periódico. **corrente** ≃ **a** Elet. corrente alternada.

pe.ri.o.do [per'iodo] *sm tb* Gram., Astron. e Fís. período.

pe.ri.pe.zi.a [peripets'ia] *sf* peripécia, aventura; acidente, desventura.

pe.ri.plo [p'eriplo] *sm Náut.* périplo, circunavegação.

pe.ri.re [per'ire] *vi* perecer, morrer. *Fig.* arruinar-se, sucumbir.

pe.ri.sco.pio [perisk'ɔpjo] *sm* periscópio.

pe.ri.tar.si [perit'arsi] *vpr* hesitar, ficar em dúvida. **non** ≃ **di** não hesitar em.

pe.ri.to [per'ito] *sm Dir.* perito. *adj* perito, especialista. ≃ **agronomo** agrônomo. ≃ **contabile** técnico contábil.

pe.ri.zia [per'itsja] *sf* perícia, destreza. *Dir.* perícia, vistoria.

per.la [p'erla] *sf* pérola. ≃ **barocca** pérola barroca. ≃ **orientale** ou **giapponese** pérola artificial. ≃ **coltivata** pérola cultivada. *Fig.* menina dos olhos.

per.lu.stra.re [perlustr'are] *vt* patrulhar, explorar.

per.ma.lo.so [permal'ozo] *adj* sensível, irritadiço.

per.ma.nen.te [perman'ente] *sf* permanente (nos cabelos). *adj* permanente, duradouro, durável. **esercito** ≃ exército permanente.

per.ma.nen.za [perman'entsa] *sf* permanência; durabilidade.

per.ma.ne.re [perman'ere] *vi* permanecer, ficar.

per.me.a.re [perme'are] *vt* banhar, ensopar. *Fig.* penetrar, infiltrar-se.

per.mes.so [perm'esso] *sm* permissão, licença, autorização. ≃ **d'ingresso** permissão para entrar. ≃ **d'uscita** permissão para sair. ≃ **di caccia** licença de caça. **con** ≃ ! com licença!

per.met.te.re [perm'ettere] *vt* permitir, deixar. **permettete?** com licença? posso entrar?

per.mis.sio.ne [permiss'jone] *sf* permissão; licença.

per.mu.ta [p'ermuta] *sf Dir.* permuta; comutação de pena.

per.mu.ta.re [permut'are] *vt* permutar, trocar.

per.ni.ce [pern'itʃe] *sf* perdigão; perdiz.

per.ni.cio.so [pernitʃ'ozo] *adj* pernicioso, danoso. **febbre** ≃ **a** febre perniciosa.

per.no [p'erno] ou **per.nio** [p'ernjo] *sm Mec.* perno, eixo; fiel da balança. *Fig.* apoio, suporte; fundamento, base, princípio.

per.not.ta.men.to [pernottam'ento] *sm* pernoite.

per.not.ta.re [pernott'are] *vi* pernoitar.

pe.ro [p'ero] *sm* pereira.

pe.rò [per'ɔ] *conj* porém, todavia, mas.

pe.ro.ne.o [peron'ɛo] *sm Anat.* perônio, fíbula.

per.pen.di.co.la.re [perpendikol'are] *adj* perpendicular. **linea** ≃ ou ≃ perpendicular.

per.pe.tra.re [perpetr'are] *vt* perpetrar; cometer (crime).

per.pe.tu.a.re [perpetu'are] *vt* perpetuar. *vpr* perpetuar-se, eternizar-se.

per.pe.tuo [perp'etwo] *adj* perpétuo, contínuo.

per.ples.so [perpl'esso] *adj* perplexo, atônito; hesitante, indeciso.

per.scru.ta.re [perskrut'are] *vt* perscrutar.

per.se.cu.zio.ne [persekuts'jone] *sf* perseguição.

per.se.gui.re [perseg'wire] *vt Lit.* perseguir, seguir; almejar, aspirar a.

per.se.gui.ta.re [persegwit'are] *vt* perseguir, seguir. *Fig.* atormentar, não dar sossego a.

per.se.ve.ran.za [persever'antsa] *sf* perseverança, persistência.

per.se.ve.ra.re [persever'are] *vi* perseverar, persistir, insistir.

per.sia.na [pers'jana] *sf* persiana.

per.sia.no [pers'jano] *sm+adj* persa.

per.si.co [p'ersiko] *adj* pérsico.

per.si.sten.za [persist'entsa] *sf* persistência, insistência; continuidade.

per.si.ste.re [pers'istere] *vi* persistir; perseverar; perdurar, continuar.

per.so.na [pers'ona] *sf tb Gram.* pessoa. **di** ≃ pessoalmente.

per.so.nag.gio [person'addʒo] *sm* personagem. *Fig.* figurão, personagem ilustre.

per.so.na.le [person'ale] *sm* compleição, figura. *Pop.* pessoal, funcionários. *adj* pessoal.

per.so.na.li.tà [personalit'a] *sf* personalidade.

per.so.ni.fi.ca.re [personifik'are] *vt* personificar.

per.spi.ca.ce [perspik'atʃe] *adj* perspicaz. *Fig.* inteligente, sagaz.

per.sua.de.re [perswad'ere] *vt* persuadir, convencer. *vpr* persuadir-se, convencer-se.

per.sua.sio.ne [perswaz'jone] *sf* persuasão.

per.tan.to [pert'anto] *conj* por isto, por isso; portanto. **non** ≃ não obstante, todavia.

per.tem.po [pert'empo] *adv* cedo.

per.ti.ca [p'ertika] *sf* vara. *Fig.* varapau, pessoa magra e alta. ≃ **per il salto** *Esp.* vara para salto em altura.

per.ti.na.ce [pertin'atʃe] *adj* pertinaz, obstinado, teimoso.

per.ti.na.cia [pertin'atʃa] ou **per.ti.na.ci.tà** [pertinatʃit'a] *sf* pertinácia, obstinação, teimosia.

per.ti.nen.te [pertin'ente] *adj* pertinente, concernente, relativo.

per.tos.se [pert'osse] *sf Med.* coqueluche, tosse comprida.

per.tu.gio [pert'udʒo] *sm Lit.* buraco, furo.

per.tur.ba.re [perturb'are] *vt* perturbar. *vpr* perturbar-se, ficar perturbado.

per.tur.ba.zio.ne [perturbats'jone] *sf* ou **per.tur.ba.men.to** [perturbam'ento] *sm* perturbação; desordem, confusão.

pe.ru.via.no [peruv'jano] *sm+adj* peruano.

per.ve.ni.re [perven'ire] *vi* chegar a. *Fig.* conseguir, obter.

per.ver.sio.ne [pervers'jone] *sf* perversão, perversidade; depravação.

per.ver.so [perv'erso] *adj* perverso, malvado.

per.ver.ti.men.to [pervertim'ento] *sm* perversão.

per.ver.ti.re [pervert'ire] *vt* perverter, depravar, corromper. *vpr* perverter-se, depravar-se, corromper-se.

pe.sag.gio [pez'addʒo] *sm* pesagem.

pe.san.te [pez'ante] *adj* pesado; deselegante (roupa); lento, vagaroso (movimento); de difícil digestão (alimento). *Fig.* tedioso, aborrecido. **aria** ≃ ar pesado, abafado. **giornata** ≃ dia cansativo. **lavoro** ≃ trabalho pesado.

pe.san.tez.za [pezant'ettsa] *sf tb Fig.* peso.

pe.sa.re [pez'are] *vt* pesar. *Fig.* analisar, avaliar; considerar, ponderar. *vi* pesar, ter peso. *Fig.* pesar, importar, ter importância.

pe.sca [p'eska] I *sf* pêssego.

pe.sca [p'eska] II *sf* pesca; pescado.

pe.scag.gio [pesk'addʒo] *sm Náut.* calado.

pe.sca.re [pesk'are] *vt* pescar; sortear um número. *Fig.* procurar. ≃ **perle** pescar pérolas. ≃ **coralli** pescar corais.

pe.sca.to.re [peskat'ore] *sm* pescador.

pe.sce [p'eʃe] *sm* peixe. *Fig.* pato, trouxa. **P** ≃ **i** *sm pl Astron.* e *Astrol.* Peixes. ≃ **cane** → **pescecane**. ≃ **spada** peixe-espada. ≃ **martello** tubarão-martelo. ≃ **volante** peixe-voador. **essere un** ≃ **fuori dell'acqua** ser um peixe fora da água. **non essere né carne né** ≃ não ser nem uma coisa nem outra. **non sapere che** ≃ **i pigliare** não saber o que fazer.

pe.sce.ca.ne [peʃek'ane] ou **pesce cane** *sm* tubarão.

pe.sche.rec.cio [pesker'ettʃo] *sm Náut.* barco de pesca.

pe.sche.ri.a [pesker'ia] *sf* mercado de peixe.

pe.sco [p'esko] *sm* pessegueiro.

pe.sco.so [pesk'ozo] *adj* piscoso.

pe.se.ta [pez'eta] *sf* peseta.

pe.so [p'ezo] *sm* peso. *Dir.* e *Com.* ônus, gravame. *Fig.* peso, importância, valor; incômodo. ≃ **netto** peso líquido. ≃ **lordo** peso bruto. ≃ **della bilancia** peso da balança. ≃ **atomico** *Quím.* peso atômico. ≃ **morto** *Fig.* peso morto, empecilho. ≃ **massimo, medio, leggiero, gallo, piuma** *Esp.* peso pesado, médio, leve, galo, pluma (do boxe). **essere di** ≃ *Fig.* incomodar, importunar. **a** ≃ **d'oro** a peso de ouro.

pes.si.mi.smo [pessim'izmo] *sm* pessimismo.

pes.si.mo [p'essimo] *adj superl* (de **cattivo**) péssimo.

pe.sta [p'esta] *sf* rastro, pegada.

pe.sta.re [pest'are] *vt* moer, triturar; pisar; bater. *Fam.* espancar. *Irôn.* tocar mal (piano, órgão). ≃ **i piedi** bater os pés (de raiva). ≃ **i calli ad uno** pisar no calo de alguém, incomodar.

pe.sta.ta [pest'ata] *sf* pisada. *Fam.* surra, sova.

pe.ste [p'este] *sf* peste, pestilência, praga; doença contagiosa; sífilis; fedor. *Fig.* peste, pessoa má; pestinha, moleque levado. ≃ **americana** ou **gialla** febre amarela. ≃ **bubbonica** peste bubônica. ≃ **suina** peste suína.

pe.sti.ci.da [pestitʃ'ida] *sm* pesticida.

pe.sti.len.te [pestil'ente] *adj* pestilento. *Fig.* maléfico, maligno.

pe.sti.len.za [pestil'entsa] *sf* pestilência. *Fig.* fedor.

pe.sto [p'esto] *sm* pesto, molho de ervas e alho. *part*+*adj* moído, triturado; pisado. **buio** ≃ breu, escuridão. **occhio** ≃ olho roxo.

pe.ta.lo [p'etalo] *sm* pétala.

pe.tar.do [pet'ardo] *sm* fogo de artifício. *Mil.* petardo, bomba.

pe.ten.te [pet'ente] *s*+*adj Dir.* requerente.

pe.ti.zio.ne [petits'jone] *sf* petição.

pe.to [p'eto] *sm Vulg.* peido.

pe.tra.ia [petr'aja] *sf* pedreira.

pe.tro.lie.ra [petrol'jera] *sf Náut.* petroleiro, navio-petroleiro.

pe.tro.lio [petr'ɔljo] *sm* petróleo.

pe.tron.cia.no [petrontʃ'ano] *sm* ou **pe.tron.cia.na** [petrontʃ'ana] *sf* berinjela.

petroso → **pietroso**.

pet.te.go.leg.gia.re [pettegoleddʒ'are] *vi* fofocar, mexericar.

pet.te.go.lez.zo [pettegol'ettso] *sm* fofoca, mexerico.

pet.te.go.lo [pett'egolo] *sm*+*adj* fofoqueiro, mexeriqueiro.

pet.ti.na.re [pettin'are] *vt* pentear. *vpr* pentear-se.

pet.ti.na.tu.ra [pettinat'ura] *sf* penteado.

pet.ti.ne [p'ettine] *sm* pente.

pet.ti.ros.so [pettir'osso] *sm Zool.* pintarroxo.

pet.to [p'etto] *sm* peito; seio, mamas; peitilho da camisa. *Fig.* coração, alma; coragem; força. **a** ≃ em comparação. **a** ≃ **a** ≃ frente a frente. ≃ **carenato** peito de pombo.

pet.to.ra.le [pettor'ale] *sm* peitoral (do arreio). *adj* peitoral.

pe.tu.lan.te [petul'ante] *adj* petulante, arrogante.

pe.tu.nia [pet'unja] *sf Bot.* petúnia.

pez.za [p'ettsa] *sf* peça de tecido, fazenda; remendo; fralda de pano; rolo de fita.

pez.zen.te [petts'ente] *adj* pedinte, mendigo.

pez.zet.to [petts'etto] ou **pez.zet.ti.no** [pettsett'ino] *sm dim* pedacinho.

pez.zo [p'ettso] *sm* pedaço; fragmento. *Mec.* peça (de máquina). *Mús.* peça musical. **due** ≃ **i** biquíni, maiô de duas peças. ≃ **di ricambio** peça de reposição. ≃ **di asino** *Irôn.* pedaço de asno. ≃ **grosso** *Fam.* figurão. **fare a** ≃ **i** despedaçar, fazer em pedaços (com raiva).

pez.zo.la [petts'ɔla] ou **pez.zuo.la** [petts'wɔla] *sf* lenço.

pi [p'i] *sf* pê, o nome da letra P.

piac.ci.co.ne [pjattʃik'one] *sm* moleirão.

piac.ci.co.so [pjattʃik'ozo] *adj* pegajoso, grudento.

pia.cen.te [pjatʃ'ente] *adj* agradável; afável.

pia.ce.re [pjatʃ'ere] *sm* prazer, gentileza, favor; divertimento, passatempo; desejo, capricho. **viaggio di** ≃ viagem de turismo. **per** ≃! por favor! **a mio** ≃ segundo a minha vontade. **a** ≃ à vontade. **fare un** ≃ fazer um favor. *vi* agradar; satisfazer. **questo mi piace un mondo** ou **un sacco** gosto muito disso.

pia.ce.vo.le [pjatʃ'evole] *adj* agradável; gentil, afável, simpático; alegre, jovial.

pia.ce.vo.lez.za [pjatʃevol'ettsa] *sf* gentileza, afabilidade, simpatia; alegria, jovialidade.

pia.ci.men.to [pjatʃim'ento] *sm* prazer; divertimento, passatempo; desejo, vontade.

pia.ga [p'jaga] *sf* chaga. *Fig.* dor; aflição.

piag.gia [p'jaddʒa] *sf* praia; declive, barranco.

pia.gni.ste.o [pjaɲist'eo] *sm* choradeira, lamúria, lamentação.

pia.gnu.co.la.re [pjaɲukol'are] ou **pian.go.la.re** [pjangol'are] *vi* choramingar.

pial.la [p'jalla] *sf* plaina.

pial.la.re [pjall'are] *vt* aplainar.

pia.na [p'jana] *sf* estrada plana. *Geogr.* planície.

pia.ne.rot.to.lo [pjaner'ottolo] *sm* patamar (de escada).

pia.ne.ta [pjan'eta] *sm Astron.* planeta.

pia.ne.ti.no [pjanet'ino] *sm dim Astron.* asteróide.

pian.ge.re [pjandʒere] *vt* lamentar, chorar. *vi* chorar. ≃ **miseria** *Fam.* reclamar de barriga cheia, fazer-se de coitado.

piangolare → piagnucolare.

pia.ni.no [pjan'ino] *adv* devagarinho, aos poucos.

pia.ni.sta [pjan'ista] *s* pianista.

pia.no [p'jano] *sm* plano; parte plana; projeto; degrau; andar, pavimento. *Geom.* plano. *Mús.* piano. *adj* plano. *Fig.* claro, compreensível; lento, vagaroso. *adv* lentamente, devagar; em silêncio, sem ruído. ≃ ≃ **si va lontano** devagar se vai ao longe.

pia.no.for.te [pjanof'ɔrte] *sm Mús.* piano. ≃ **a coda** piano de cauda.

pia.no.la [pjan'ɔla] *sf Mús.* pianola.

pian.ta [p'janta] *sf Bot.* planta. *Anat.* planta do pé. *Arquit.* planta, traçado.

pian.ta.gio.ne [pjantadʒ'one] *sf* plantação.

pian.ta.re [pjant'are] *vt* plantar; cravar, fincar. *Fig.* abandonar, deixar; interromper, largar. *vpr* plantar-se em, fixar-se em. ≃ **chiodi** *Pop.* contrair dívidas. ≃ **occhi addosso a** cravar o olhar em, olhar fixamente para.

pian.ter.re.no [pjanteř'eno] *sm* térreo, andar térreo.

pian.to [p'janto] *sm* pranto, choro. *Fig.* dor, sofrimento; lamento.

pia.nu.ra [pjan'ura] *sf Geogr.* planície.

pi.a.re [pi'are] *vi Poét.* piar.

pia.stra [p'jastra] *sf* lâmina, chapa (de ferro); piastra (moeda turca).

pia.strel.la [pjastr'ella] *sf dim* ladrilho; lajota; azulejo.

piat.ta.for.ma [pjattaf'orma] *sf* plataforma.

piat.ta.ia [pjatt'aja] *sf* escorredor de pratos.

piat.ti.no [pjatt'ino] *sm* pires.

piat.to [p'jatto] *sm* prato. **i** ≃ **i della bilancia** os pratos da balança. **il** ≃ **del giradischi** o prato do toca-discos. ≃ **i** *pl Mús.* pratos. ≃ **volante → disco volante. il primo** ≃ o primeiro prato. ≃ **da portata** travessa. *adj* chato, achatado. *Fig.* vulgar.

piat.to.la [pjatt'ola] *sf Zool.* barata; chato. *Fig. Fam.* chato, pessoa inoportuna.

piaz.za [p'jattsa] *sf* praça. *Com.* praça, mercado. *Fig. dep* massa, multidão. ≃ **forte** ou **di guerra → piazzaforte. fare la** ≃ *Com.* visitar os clientes de uma praça. **fare** ≃ **pulita** dispersar, evacuar (multidão).

piaz.za.for.te [pjattsaf'ɔrte], **piazza forte** ou **piazza di guerra** *sf Mil.* praça-forte, cidade fortificada.

pi.ca [p'ika] *sf Zool.* pega.

pic.ca [p'ikka] *sf Hist.* lança, zagaia. *Fig.* despeito; birra, capricho. ≃ **cche** *pl* espadas (naipe de cartas). **fante di** ≃ **cche** valete de espadas. *Fig.* presunçoso, metido.

pic.can.te [pikk'ante] *adj* picante. *Fig.* malicioso. **storia** ≃ história picante.

pic.car.si [pikk'arsi] *vpr* ressentir-se, magoar-se; considerar-se, presumir-se.

pic.ché [pikk'e] sm piquê.

pic.chet.ta.re [pikkett'are] vt pontilhar; fazer piquete.

pic.chet.to [pikk'etto] sm dim baliza; estaca; piquete de grevistas. Mil. piquete (de soldados).

pic.chia.men.to [pikkjam'ento] sm batedura; surra, sova.

pic.chia.re [pikk'jare] vt bater; surrar, espancar. vi bater à porta. Aeron. mergulhar de nariz. vpr bater-se; brigar, lutar.

pic.chiet.ta.re [pikkjett'are] vt bater rapidamente; pontilhar, mosquear.

pic.chio [p'ikkjo] sm pancada; batida (à porta). Zool. pica-pau. **in** ≃ de uma só vez.

pic.chiot.to [pikk'jotto] ou **pic.chiot.to.lo** [pikkj'ottolo] sm dim aldrava.

pic.ci.no [pitt∫'ino] sm menino. adj baixo; novo, pequeno. Fig. avarento, mesquinho.

pic.cio.lo [pitt∫'olo] sm Bot. pecíolo.

pic.cio.na.ia [pitt∫on'aja] sf pombal. Fig. Teat. geral, galeria.

pic.cio.ne [pitt∫'one] sm pombo. ≃ **torraiolo** pombo doméstico. ≃ **viaggiatore** pombo-correio.

pic.co [p'ikko] sm Geogr. pico. **a** ≃ perpendicularmente. **andare a** ≃ Náut. ir a pique, naufragar. **mandare a** ≃ Náut. submergir.

pic.co.li.no [pikkol'ino] adj afet pequenino, pequerrucho.

pic.co.lo [p'ikkolo] sm menino; filhote. adj pequeno; novo, jovem; breve, curto (tempo); mísero; baixo, pequeno; limitado, restrito.

pic.co.ne [pikk'one] sm picareta.

pic.coz.za [pikk'ottsa] sf picareta de alpinismo.

pick up [pik'ap] sm pick-up (da vitrola).

picnic [pikn'ik] sm piquenique.

pi.doc.chio [pid'okkjo] sm piolho.

pi.doc.chio.so [pidokk'jozo] adj piolhento. Fig. miserável; avaro, sovina.

piè [p'je] sm Poét. pé. ≃ **di pagina** rodapé. **a** ≃ **pari** de pés juntos. Fig. sem dificuldade. **a** ≃ **di pagina** no rodapé, ao pé da página.

pie.de [p'jede] sm Anat. pé. Bot. tronco; pé (de plantas). Geogr. sopé, pé de montanha. Mat. pé (medida). Poét. pé de um verso. **andare a** ≃ **i** ir a pé. **in** ≃ **i** em pé. **mettere** ≃ **in un luogo** colocar os pés num lugar, entrar. **pigliare** ≃ **i** tomar pé, ganhar força. **andare coi** ≃ **i di piombo** agir com cautela. **restare a** ≃ **i** ficar a pé, perder o ônibus, trem, etc. Fig. ficar desiludido. **non reggersi in** ≃ **i** não se agüentar de pé; não ter fundamento. **in** ≃ **di guerra** Mil. em pé de guerra.

pie.di.piat.ti [pjedip'jatti] sm Gír. tira, policial.

pie.di.stal.lo [pjedist'allo] sm pedestal. **mettere sul** ≃ colocar num pedestal, exaltar.

pie.ga [p'jega] sf prega, dobra. ≃ **ghe** pl Geogr. dobramentos.

pie.ga.men.to [pjegam'ento] sm dobradura. Mús. inflexão de voz.

pie.ga.re [pjeg'are] vt dobrar; curvar, arquear. Fig. dominar, reprimir; obrigar, constranger. vi dobrar; desviar; fugir. vpr inclinar-se, curvar-se. Fig. render-se, curvar-se.

pie.ga.tu.ra [pjegat'ura] sf dobradura; dobra.

pie.ghet.ta.re [pjegett'are] vt preguear.

pie.ghe.vo.le [pjeg'evole] adj dobrável; flexível.

pie.ghe.vo.lez.za [pjegevol'ettsa] sf flexibilidade.

pie.mon.te.se [pjemont'eze] s+adj piemontês.

pie.na [p'jena] sf cheia, inundação; abundância, fartura; multidão.

pie.nez.za [pjen'ettsa] sf plenitude.

pie.no [p'jeno] sm plenitude; auge, ápice. **nel** ≃ **delle forze** no auge das forças. **fare il** ≃ Autom. encher (tanque). adj cheio; pleno; satisfeito (com a comida). ≃ **zeppo** lotado. **a** ≃ plenamente. **a** ≃ **a voce** a plenos pulmões. **in** ≃ **giorno** em plena luz do dia.

pie.tà [pjet'a] sf piedade; devoção. **fare** ≃ dar pena.

pie.tan.za [pjet'antsa] sf prato (comida); petisco, quitute.

pie.to.so [pjet'ozo] adj piedoso.

pie.tra [p'jetra] sf Min. pedra. Med. cálculo, pedra. ≃ **preziosa** pedra preciosa. ≃ **dello scandalo** semente da discórdia. **Età della P** ≃ Idade da Pedra. ≃ **miliare** pedra miliar. Fig. ponto de referência. **metterci una** ≃ **sopra** Fig. colocar uma pedra em cima de algo, não pensar mais num assunto.

pie.tra.ta [pjetr'ata] sf pedrada.

pie.tri.fi.ca.re [pjetrifik'are] vt petrificar. Fig. aturdir, maravilhar. vpr petrificar-se, virar pedra. Fig. ficar aturdido, maravilhado.

pie.tro.so [pjetr'ozo] ou **pe.tro.so** [petr'ozo] adj pedroso, de pedra; pedregoso.

pie.va.no [pjev'ano] sm Rel. pároco.

pie.ve [p'jeve] sf Rel. paróquia; igreja paroquial.

pif.fe.ro [p'iffero] sm Mús. pífaro.

pi.gia.ma [pid3'ama] sf pijama.

pi.gia.re [pid3'are] vt pisar; apertar, premer. vi Fig. persistir, insistir. ≃ **le uve** pisar as uvas.

pi.gio.ne [pid3'one] sm Com. aluguel. **dare a** ≃ alugar (diz-se do proprietário). **prendere a** ≃ alugar (diz-se do inquilino).

pi.glia.re [piλ'are] vt pegar, apanhar; prender; compreender, entender; comprar, adquirir; tomar. vpr agarrar-se; brigar.

pig.men.to [pigm'ento] *sm Fisiol.* pigmento.

pig.me.o [pigm'εo] ou **pim.me.o** [pimm'εo] *sm* pigmeu. *Fig.* ingênuo.

pigna → **pina**.

pi.gnat.ta [piñ'atta] *sf* caçarola; panela.

pi.gno.le.ri.a [piñoler'ia] *sf* perfeccionismo, meticulosidade.

pignolo → **pinocchio**.

pi.gno.ra.re [piñor'are] *vt Dir.* confiscar, seqüestrar bens; penhorar.

pi.gno.ra.zio.ne [piñorats'jone] *sf Dir.* confisco, seqüestro; penhora.

pi.go.la.re [pigol'are] *vi* piar. *Fig.* reclamar.

pi.go.li.o [pigol'io] *sm* piado.

pi.gri.zia [pigr'itsja] *sf* preguiça, indolência.

pi.gro [p'igro] *adj* preguiçoso, indolente.

pi.la [p'ila] *sf* pilar, pilastra; pia de água benta; pilão. *Fís.* pilha. *Fam.* monte, montão. ≃ **atomica** ou **reattore nucleare** reator nuclear.

pi.la.stro [pil'astro] *sm Arquit.* pilastra.

pil.lo.la [p'illola] *sf Med.* pílula.

pi.lo.ta [pil'ɔta] ou **pi.lo.to** [pil'ɔto] *sm* piloto. *Fig.* governante; guia, orientador.

pi.lo.tag.gio [pilot'adðʒo] *sm* pilotagem.

pi.lo.ta.re [pilot'are] *vt* pilotar.

pi.men.to [pim'ento] *sm Bot.* pimenta.

pimmeo → **pigmeo**.

pi.na [p'ina] ou **pi.gna** [p'iña] *sf Bot.* pinha.

pi.na.co.te.ca [pinakot'εka] *sf* pinacoteca.

pi.ne.ta [pin'eta] *sf* ou **pi.ne.to** [pin'eto] *sm* pinheiral.

ping-pong [pingp'ɔng] *sm Esp.* pingue-pongue.

pin.gue [p'ingwe] *adj* gordo. *Pop.* balofo, gordão. *Fig.* lucrativo, rendoso; fértil, frutífero.

pin.gui.no [ping'wino] *sm Zool.* pingüim.

pin.na [p'inna] *sf Zool.* barbatana, nadadeira. *Esp.* pé-de-pato, nadadeira. *Anat.* venta.

pi.no [p'ino] *sm Bot.* pinheiro, pinho.

pi.noc.chio [pin'ɔkkjo] *sm* **pi.gno.lo** [piñ'ɔlo] *sm Bot.* pinhão. *Fig.* perfeccionista, pedante.

pin.za [p'intsa] *sf* alicate. ≃ **el** *pl Zool.* pinças, garras (de caranguejo).

pin.zet.ta [pints'etta] *sf* ou **pin.zet.te** [pints'ette] *sf pl* pinça.

pi.o [p'io] *sm* pio, piado. *adj* pio, devoto, religioso; compreensivo, humano.

piog.gia [p'jɔddʒa] *sf tb Fig.* chuva.

piom.ba.re [pjomb'are] *vt* chumbar, soldar com chumbo; obturar. *vi* cair, desabar.

piom.ba.tu.ra [pjombat'ura] *sf* solda; soldadura.

piom.bi.no [pjomb'ino] *sm Arquit.* prumo. *adj* de chumbo.

piom.bo [p'jombo] *sm Quím.* chumbo. *Arquit.* prumo. *Mil.* munição. **a** ≃ *adv* a prumo.

piop.po [p'jɔppo] *sm Bot.* choupo.

pio.va.no [pjov'ano] *sm Rel.* pároco. *adj* pluvial, de chuva.

pio.ve.re [p'jovere] *vi tb Fig.* chover.

pio.vo.so [pjov'ozo] *adj* chuvoso.

pio.vra [p'jɔvra] *sf Zool.* polvo. *Fig.* aproveitador, parasita, sanguessuga.

pi.pa [p'ipa] *sf* cachimbo. **caricare la** ≃ encher o cachimbo.

pi.pi.strel.lo [pipistr'ello] *sm* morcego.

pi.ra [p'ira] *sf* pira.

pi.ra.mi.da.le [piramid'ale] *adj* piramidal. *Fig.* imenso, gigantesco.

pi.ra.mi.de [pir'amide] *sf Geom.* e *Arquit.* pirâmide.

pi.ra.ta [pir'ata] *sm* pirata. *Fig.* aproveitador.

pi.ra.teg.gia.re [piratedðʒ'are] *vt+vi* piratear. *Fig. Com.* piratear, copiar.

pi.ro.et.ta [piro'etta] ou **pi.ro.let.ta** [pirol'etta] *sf* pirueta.

pi.ro.fi.lo [pir'ɔfilo] *adj* resistente ao calor.

pi.ro.ga [pir'ɔga] *sf* piroga, canoa indígena.

pi.ro.ne [pir'one] *sm Mec.* alavanca, barra. *Mús.* cravelha.

pi.ro.sca.fo [pir'ɔskafo] *sm Náut.* navio a vapor, paquete. ≃ **di linea** transatlântico.

pi.ro.tec.ni.co [pirot'ekniko] *sm* fabricante de fogos. *adj* pirotécnico.

pi.sa.no [piz'ano] *sm+adj* pisano, de Pisa.

pi.scia.re [piʃ'are] *vt Vulg.* mijar.

pi.sci.col.tu.ra [piʃikolt'ura] *sf* piscicultura.

pi.sci.na [piʃ'ina] *sf* piscina.

pi.sel.lo [piz'ello] *sm* ervilha. *Vulg.* pau, pênis.

pi.so.la.re [pizol'are] *vi* cochilar, tirar uma soneca.

pi.so.li.no [pizol'ino] *sm dim* cochilo, soneca. **fare un** ≃ tirar uma soneca, dar um cochilo.

pi.spi.glia.re [pispiʎ'are] *vi Lit.* sussurrar, murmurar.

pi.sta [p'ista] *sf* pista; pegada, rastro, pista de corridas. ≃ **di atterraggio** pista de aterragem. ≃ **di decollo** pista de decolagem. ≃ **da ballo** pista de dança. **essere sulle** ≃ **e di uno** estar no encalço de alguém.

pi.stac.chio [pist'akkjo] *sm* pistache.

pi.sta.gna [pist'aña] *sf* gola.

pi.stil.lo [pist'illo] *sm Bot.* pistilo.

pi.sto.la [pist'ɔla] *sf* pistola (arma de fogo).

pi.sto.ne [pist'one] *sm Mús.* e *Mec.* pistão.

pi.toc.ca.re [pitokk'are] *vi* mendigar.

pi.toc.co [pit'ɔkko] *sm* mendigo.
pi.to.nes.sa [piton'essa] ou **pi.zia** [p'itsja] *sf* pitonisa. *Fig.* maga, adivinha.
pit.to.re [pitt'ore] *sm* pintor.
pit.to.re.sco [pittor'esko] *adj* pitoresco. *Fig.* original, exótico.
pit.to.ri.co [pitt'ɔriko] *adj* pictórico.
pit.tu.ra [pitt'ura] *sf* pintura. *Fig.* pintura, descrição minuciosa. ≃ **a olio** pintura a óleo. ≃ **ad acquarello** pintura a aquarela. ≃ **a guazzo** pintura a guache.
più [p'ju] *sm* a maioria, a maior parte. **il** ≃ **è già fatto** a maior parte já foi feita. *adj compar* maior. **i** ≃ **grandi** os maiores. *adv* mais. **non ne posso** ≃ não agüento mais. **mai** ≃ nunca mais. **non gioco di** ≃ não jogo mais. **né** ≃ **né meno** nem mais nem menos. **per lo** ≃ na maior parte das vezes. ≃ **o meno** mais ou menos.
piu.ma [p'juma] *sf* (mais usado no *pl*) pluma. *Fig.* pessoa indecisa, volúvel.
piu.mag.gio [pjum'addʒo] *sm* plumagem.
piu.mi.no [pjum'ino] *sm dim* acolchoado, edredom; penugem de pássaro; jaqueta acolchoada; esponja para pó-de-arroz.
piut.to.sto [pjutt'ɔsto] *adv* antes, melhor; ao invés, ao contrário. ≃ **bene** razoavelmente. ≃ **male** não muito bem.
pi.va [p'iva] *sf Mús.* gaita de foles; pífaro.
pizia → **pitonessa**
piz.za [p'ittsa] *sf* pizza.
piz.za.io.lo [pittsa'jɔlo] *sm* pizzaiolo.
piz.ze.ri.a [pittser'ia] *sf* pizzaria.
piz.zi.ca.gno.lo [pittsik'aɲolo] *sm* vendedor de frios.
piz.zi.ca.re [pittsik'are] *vt* picar, bicar; beliscar. *Mús.* dedilhar. *Fig.* surpreender, pegar em flagrante. *vi* ser picante; coçar, dar comichão.
piz.zi.co [p'ittsiko] *sm* picada, bicada; beliscão; pitada; pouco, pouquinho.
piz.zi.co.re [pittsik'ore] *sm* comichão, prurido. *Fig.* desejo, vontade, capricho.
piz.zi.cot.to [pittsik'ɔtto] *sm aum* um pouco; beliscão.
piz.zo [p'ittso] *sm* cavanhaque; renda (tecido). *Geogr.* pico. ≃ **i** *pl* bigodes.
pla.ca.re [plak'are] *vt* acalmar, aplacar. *vpr* acalmar-se, ficar calmo.
plac.ca [pl'akka] *sf Autom.* chapa, placa. *Med.* placa, mancha.
plac.ca.re [plakk'are] *vt* laminar (com ouro ou prata). ≃ **in oro** laminar a ouro.
pla.cen.ta [platʃ'enta] *sf Anat.* placenta.

pla.ci.dez.za [platʃid'ettsa] ou **pla.ci.di.tà** [platʃidit'a] *sf* placidez, calma, tranqüilidade.
pla.ci.do [pl'atʃido] *adj* plácido, calmo.
pla.ci.to [pl'atʃito] *sm* sentença, decreto; arbítrio, vontade; beneplácito, aprovação.
pla.ga [pl'aga] *sf Lit.* plaga, região.
pla.gia.re [pladʒ'are] *vt* plagiar.
pla.gio [pl'adʒo] *sm* plágio.
pla.na.re [plan'are] *vi* planar.
plan.cia [pl'antʃa] *sf Náut.* ponte de comando.
planc.ton ou **plank.ton** [pl'ankton] *sm Biol.* plâncton.
pla.ne.ta.rio [planet'arjo] *sm + adj* planetário.
pla.ni.sfe.ro [planisf'ero] *sm Geogr.* planisfério.
plan.ta.re [plant'are] *adj Anat.* plantar.
pla.sma [pl'azma] *sm* plasma.
pla.sma.re [plazm'are] *vt* plasmar, modelar. *Fig.* formar, educar.
pla.sti.ca [pl'astika] *sf* artes plásticas; plástico. *Med.* plástica, operação plástica.
pla.sti.co [pl'astiko] *sm* modelo, maquete. *adj* plástico.
pla.ta.no [pl'atano] *sm Bot.* plátano.
pla.te.a [plat'ea] *sf* platéia, auditório. ≃ **continentale** plataforma continental.
pla.ti.na.re [platin'are] *vt* platinar.
pla.ti.no [pl'atino] *sm Quím.* e *Min.* platina.
pla.to.ni.co [plat'ɔniko] *adj* platônico. *Fig.* ideal, casto.
plaudire → **applaudire**.
plau.si.bi.le [plauz'ibile] *adj* plausível, aceitável, admissível; possível, provável.
plauso → **applauso**.
ple.ba.glia [pleb'aʎa] *sf dep* ralé, gentalha.
ple.be [pl'ebe] *sf* plebe. *Fig.* plebe, proletariado. *Pop.* povão.
ple.be.o [pleb'eo] *sm* plebeu. *Fig. dep* plebeu. **i** ≃ **i** *pl* o povo. *adj* plebeu, da plebe. *Fig.* ordinário, grosseiro; vulgar.
ple.bi.sci.to [plebiʃ'ito] *sm Pol.* plebiscito.
Ple.ia.di [pl'ejadi] *sf pl Astron.* Plêiades.
ple.na.rio [plen'arjo] *adj* pleno, completo.
ple.ni.lu.nio [plenil'unjo] *sm Astron.* lua cheia.
ple.o.na.smo [pleon'azmo] *sm Gram.* pleonasmo.
ples.so [pl'esso] *sm Anat.* plexo.
plet.tro [pl'ettro] *sm* palheta (para instrumento de corda).
pleu.ra [pl'ewra] *sf Anat.* pleura.
pli.co [pl'iko] *sm* maço, pacote (de papéis). *Fig.* dossiê, documentação.
plo.to.ne [plot'one] *sm Mil.* pelotão.
plum.be.o [pl'umbeo] *adj* plúmbeo. *Fig.* opaco, fosco; sufocante, oprimente.

plu.ra.le [plur'ale] *sm + adj Gram.* plural.
plu.ra.li.tà [pluralit'a] *sf Lit.* pluralidade, multiplicidade; maior parte, maioria.
Plu.to [pl'uto] *sm Mit.* e *Astron.* Plutão.
plu.via.le [pluv'jale] *adj Lit.* pluvial, da chuva.
plu.vio.me.tro [pluv'jometro] *sm Met.* pluviômetro.
pneu.ma.ti.co [pnewm'atiko] *sm Autom.* pneu. *adj* pneumático.
pneu.mo.coc.co [pnewmok'ɔkko] *sm Med.* pneumococo.
pneu.mo.ni.a [pnewmon'ia], **pneu.mo.ni.te** [pnewmon'ite] *sf Med.* ou **pol.mo.ni.te** [polmon'ite] *sf Pop.* pneumonia.
po' → **poco.**
po.c'an.zi [pok'antsi] *adv* há pouco, há pouco tempo, pouco tempo atrás.
po.chez.za [pok'ettsa] *sf* insignificância, pequenez.
po.co [p'ɔko] *sm* pouco, pequena quantidade. ≃**chi** *pl* poucas pessoas. *adj* pouco, escasso, insuficiente; breve, curto, exíguo. *adv* pouco, em pequena quantidade. ≃ **fa** há pouco, pouco tempo atrás. **a** ≃ **a** ≃ pouco a pouco. **fra** ≃ daqui a pouco, logo. **a ogni** ≃ freqüentemente. **per** ≃ barato; por pouco, quase. Às vezes abreviado para *po':* **un po'** di um pouco de. **un bel po'** bastante, muito.
po.de.re [pod'ere] *sm* fazenda. ≃ **modello** fazenda-modelo.
po.de.ro.so [poder'ozo] *adj Lit.* poderoso, forte; numeroso.
po.dio [p'ɔdjo] *sm* pódio, púlpito, tribuna.
po.e.ma [po'ɛma] *sm* poema. ≃ **sinfonico** poema sinfônico. **è un bel** ≃ ! *Fam.* é uma beleza!
po.e.si.a [poez'ia] *sf* poesia; poema. *Fig.* beleza, graça.
po.e.ta [po'ɛta] *sm* poeta.
po.e.ta.re [poet'are] *vi* escrever versos, fazer poesia.
po.e.tes.sa [poet'essa] *sf* poetisa.
po.e.ti.co [po'ɛtiko] *adj* poético. *Fam.* estranho, fantástico. **vena** ≃ a *Fig.* veia poética, inspiração. **licenza** ≃ a *Lit.* licença poética.
pog.gia.ca.po [poddʒak'apo] *sm* apoio, encosto para a cabeça.
pog.gia.re [poddʒ'are] *vi* apoiar-se em.
pog.gio [p'ɔddʒo] *sm* colina, morro.
poi [p'ɔj] *sm* o futuro. *adv* depois, em seguida. **da ora in** ≃ de agora em diante.
poi.ché [pojk'e] *conj* depois que; já que, uma vez que.
pok.er [p'oker] *sm* pôquer.
po.lac.co [pol'akko] *sm + adj* polonês, polaco.

po.la.re [pol'are] *adj* polar. *Fig.* gelado.
po.la.ri.tà [polarit'a] *sf Fís.* polaridade.
pol.ca [p'ɔlka] *sf Mús.* polca.
po.le.dro → **puledro.**
po.le.mi.ca [pol'emika] *sf* polêmica.
po.le.mi.co [pol'emiko] *adj* polêmico. *Fig.* combativo, batalhador.
po.le.miz.za.re [polemiddz'are] *vi* polemizar, fazer polêmica; discutir, debater.
po.len.ta [pol'enta] *sf* polenta. *Fig.* lesma.
po.li.cro.mo [pol'ikromo] ou **po.li.cro.ma.ti.co** [polikrom'atiko] *adj* policromático, multicor.
po.lie.dro [pol'jedro] *sm Geom.* poliedro.
po.li.fo.ni.a [polifon'ia] *sf Mús.* polifonia.
po.li.ga.mi.a [poligam'ia] *sf* poligamia.
po.li.ga.mo [pol'igamo] *sm + adj* polígamo.
po.li.go.no [pol'igono] *sm Geom.* polígono.
po.lio.mie.li.te [poljomjel'ite] *sf Med.* poliomielite, pólio.
po.li.re [pol'ire] I *vt* aperfeiçoar, refinar (uma obra).
polire II → **pulire.**
po.li.sil.la.bo [polis'illabo] *sm + adj Gram.* polissílabo.
po.li.tec.ni.co [polit'ɛkniko] *sm* escola politécnica. *adj* politécnico.
po.li.te.i.smo [polite'izmo] *sm Rel.* politeísmo.
po.li.ti.ca [pol'itika] *sf* política. *Fig.* lábia.
po.li.ti.co [pol'itiko] *sm* político. *Fig.* raposa. *adj* político. **delitto** ≃ crime político.
po.li.zi.a [polits'ia] *sf* polícia. ≃ **sanitaria** polícia sanitária. ≃ **scientifica** polícia científica.
po.li.ziot.to [polits'jɔtto] *sm* policial, guarda. **cane** ≃ cão policial.
po.liz.za [pol'ittsa] *sf Com.* apólice. ≃ **d'assicurazione** apólice de seguros.
pol.la.io [poll'ajo] *sm* galinheiro.
pol.la.stro [poll'astro] *sm* frango. *Fig. Pop.* frangote.
pol.le.ri.a [poller'ia] *sf* aviário.
pol.li.ce [p'ɔllitʃe] *sm* polegar; polegada.
pol.li.ne [p'ɔlline] *sm Bot.* pólen.
pol.lo [p'ollo] *sm* galináceo. *Gír.* boboca.
pol.lo.ne [poll'one] *sm Bot.* rebento, broto (de árvore).
pol.lu.to [poll'uto] *adj Lit.* poluto, manchado; corrompido.
pol.lu.zio.ne [pollutss'jone] *sf Med.* poluição.
pol.mo.na.le [polmon'ale] ou **pol.mo.na.re** [polmon'are] *adj* pulmonar.
pol.mo.ne [polm'one] *sm Anat.* pulmão. ≃ **d'acciaio** pulmão artificial.
polmonite → **pneumonia.**
po.lo [p'ɔlo] *sm Geogr.* e *Esp.* pólo. *Fig.* extremidade, ponta. ≃ **i** *pl Fís.* e *Geogr.* pólos. ≃ **i magnetici** pólos magnéticos. ≃ **i della**

calamita pólos do ímã. ≃ **positivo e negativo** pólo positivo e negativo.

po.lo.nio [pol´ɔnjo] *sm Quím.* polônio.

pol.pa [p´olpa] *sf* polpa. *Fig.* ponto central. ≃ **dentaria** polpa dos dentes.

pol.pac.cio [polp´attʃo] *sm Anat.* barriga da perna, panturrilha.

pol.pet.ta [polp´etta] *sf* almôndega.

pol.pet.to.ne [polpett´one] *sm* bolo de carne moída. *Fig.* pasticho.

pol.po [p´olpo] *sm Zool.* polvo.

pol.po.so [polp´ozo] ou **pol.pu.to** [polp´uto] *adj* polpudo.

pol.si.no [pols´ino] *sm* punho (de roupa).

pol.so [p´olso] *sm* pulso; punho. *Fig.* força, vigor. *Fisiol.* pulso, batimento. **con** ≃ **fermo** com pulso firme, com rigor.

pol.tri.re [poltr´ire] *vi* ficar ocioso, vagabundear. *Pop.* ficar de papo para o ar.

pol.tro.na [poltr´ona] *sf* poltrona.

pol.tro.ne [poltr´one] *sm+adj* vadio, vagabundo.

pol.ve.re [p´olvere] *sf* pó; poeira. ≃ **di riso** pó-de-arroz. *tb* **cipria**. **orologio a** ≃ clepsidra. **dare la** ≃ **negli occhi** enganar, iludir. **mordere la** ≃ beijar o chão, cair vencido. **ridurre in** ≃ reduzir a cinzas.

pol.ve.ri.o [polver´io] *sm* nuvem de poeira.

pol.ve.riz.za.re [polveriddz´are] *vt* pulverizar.

pol.ve.ro.so [polver´ozo] *adj* poeirento.

pomario ≃ **pometo**

po.ma.ta [pom´ata] *sf* pomada; brilhantina.

po.mel.lo [pom´ello] *sm dim Anat.* pômulo, maçã do rosto.

po.me.ri.dia.no [pomerid´jano] *adj* da tarde.

po.me.rig.gio [pomer´iddʒo] *sm* tarde.

po.me.to [pom´eto] *sm* ou **po.ma.rio** [pom´arjo] *sm Lit.* pomar.

po.mi.ce [p´omitʃe] *sm Min.* pedra-pomes.

po.mo [p´omo] *sm* pomo, fruta; macieira; punho da espada. ≃ **d'Adamo** pomo-de-adão. ≃ **di terra** batata. ≃ **della discordia** *Mit.* e *Fig.* pomo da discórdia.

po.mo.do.ro [pomod´ɔro] *sm* ou **po.mi.do.ro** [pomid´ɔro] *sm Pop.* tomate; tomateiro.

pom.pa [p´ompa] *sf* bomba (de água, para encher pneus, etc.); pompa, luxo, ostentação.

pom.pa.re [pomp´are] *vt* bombear (água).

pom.pel.mo [pomp´elmo] *sm Bot.* toranja.

pom.pie.re [pomp´jere] *sm* bombeiro (que combate incêndios).

pom.po.so [pomp´ozo] *adj* pomposo, luxuoso.

pon.ce [p´ontʃe] *sm* ponche (bebida).

pon.cio [p´ontʃo] *sm* poncho (veste).

pon.de.ra.re [ponder´are] *vt* ponderar.

pon.de.ro.so [ponder´ozo] *adj* pesado. *Fig.* cansativo; de peso, importante.

po.nen.te [pon´ente] *sm Geogr.* poente, oeste.

pon.te [p´onte] *sm* ponte; andaime. *Náut.* convés. ≃ **levatoio** ponte levadiça. ≃ **pensile** ponte pênsil. ≃ **di comando** *Náut.* ponte de comando. **testa di** ≃ *Mil.* cabeça-de-ponte.

pon.te.fi.ce [pont´efitʃe] *sm Rel.* pontífice. **Sommo P** ≃ Sumo Pontífice.

pon.ti.le [pont´ile] *sm Náut.* cais, embarcadouro.

po.pe [p´ope] *sm Rel.* pope, sacerdote ortodoxo.

po.pe.li.ne [popel´ine] *sf* popelina.

po.po.lac.cio [popol´attʃo] *sm* populacho, ralé.

po.po.la.re [popol´are] *sm Pol.* democrata. *adj* popular. *vt* povoar. *Fig.* encher, cobrir. *vpr* encher-se.

po.po.la.ri.tà [popolarit´a] *sf* popularidade.

po.po.la.zio.ne [popolats´jone] *sf* população. ≃ **relativa** densidade populacional.

po.po.lo [p´ɔpolo] *sm* povo; nação; multidão. *Rel.* rebanho, paroquianos. **uomo del** ≃ homem do povo. **venire dal** ≃ vir do povo.

po.po.lo.so [popol´ozo] *adj* populoso.

po.po.ne [pop´one] *sm Bot.* meloeiro; melão.

pop.pa [p´oppa] *sf Náut.* popa. *Zool.* mama, teta. *Fig.* leite. **dare la** ≃ amamentar.

pop.pa.re [popp´are] *vt* mamar.

pop.pa.ta [popp´ata] *sf* mamada.

pop.pa.to.io [poppat´ojo] *sm* ou **pop.pa.iuo.la** [poppa´jwola] *sf* mamadeira.

por.ca [p´ɔrka] *sf* porca, fêmea do porco.

por.cac.cio.ne [porkattʃ´one] *sm* porcalhão.

por.ca.io [pork´ajo] ou **por.ca.ro** [pork´aro] *sm* porqueiro, guardador de porcos. *tb Fig.* chiqueiro, pocilga.

por.cel.la.na [portʃell´ana] *sf* porcelana.

por.che.ri.a [porker´ia] *sf* porcaria, imundície, sujeira. *Fig.* obscenidade, vulgaridade; porcaria, coisa malfeita.

por.ci.le [portʃ´ile] *sm tb Fig.* chiqueiro, pocilga.

por.ci.no [portʃ´ino] *adj* porcino, suíno.

por.co [p´ɔrko] *sm* porco; carne de porco. *Fig.* porco, porcalhão. ≃ **selvatico** javali. *adj* sujo, indecente.

por.co.spi.no [porkosp´ino] *sm Zool.* porco-espinho. *Fig.* bicho, pessoa intratável.

por.fi.do [p´ɔrfido] *sm Min.* pórfiro.

por.ge.re [p´ɔrdʒere] *vt* alongar, estender. *Fig.* dar; oferecer. *vi* expor, exprimir (idéias, opiniões). ≃ **la mano** estender a mão, ajudar.

por.no.gra.fi.a [pornograf´ia] *sf* pornografia.

po.ro [p'ɔro] *sm* poro.

po.ro.so [por'ozo] *adj* poroso. *Fig.* absorvente, esponjoso.

por.po.ra [p'ɔrpora] *sf* púrpura. *Zool.* púrpura (molusco).

por.po.ri.na [porpor'ina] *sf* purpurina.

por.re [p'oɾe] *vt+vi* pôr, colocar; erigir; estabelecer; impor; supor. *vpr* pôr-se, colocar-se. ≃ **termine** pôr fim. **poniamo che** suponhamos que. ≃ **si a** pôr-se a, começar a.

por.ro [p'oɾo] *sm Bot.* alho-porro.

por.ta [p'ɔrta] *sf* porta; portão. *Esp.* gol. ≃ **d'ingresso** portão. **andare di** ≃ **in** ≃ esmolar de porta em porta. **a** ≃ **e chiuse** *Dir.* a portas fechadas (sentença).

por.ta.ba.ga.gli [portabag'aʎi] *sm* carregador. *Autom.* bagageiro; porta-malas.

por.ta.ban.die.ra [portaband'jera] *sm Mil.* porta-bandeira. *Fig.* divulgador, apóstolo.

por.ta.bi.le [port'abile] *adj* portátil.

por.ta.cap.pel.li [portakapp'elli] *sm* porta-chapéus.

por.ta.ce.ne.re [portatʃ'enere] *sm* cinzeiro.

por.ta.chia.vi [portak'javi] *sm* chaveiro.

por.ta.ci.pria [portatʃ'iprja] *sm* estojo para pó-de-arroz.

por.ta.e.rei [porta'erej] *sm Náut.* porta-aviões.

por.ta.fo.glio [portaf'ɔʎo] ou **por.ta.fo.glio** [portaf'ɔʎo] *sm* pasta (para papéis).

por.ta.for.tu.na [portafort'una] *sm* amuleto, talismã.

por.ta.gio.ie [portadʒ'ɔje] ou **por.ta.gio.iel.li** [portadʒo'jelli] *sm* porta-jóias.

por.ta.lam.pa.da [portal'ampada] *sf Elet.* soquete.

por.ta.la.pis [portal'apis] *sm* lapiseira.

por.ta.le [port'ale] *sm Arquit.* portal.

por.ta.let.te.re [portal'ettere] *sm* carteiro.

por.ta.men.to [portam'ento] *sm* porte, modo de andar; comportamento, conduta.

por.ta.mo.ne.te [portamon'ete] *sm* porta-moedas.

por.tan.ti.na [portant'ina] *sf* liteira.

por.ta.pac.chi [portap'akki] *sm* entregador (de encomendas). *Autom.* bagageiro.

por.ta.re [port'are] *vt* portar, carregar, transportar; vestir, usar; conduzir, levar; causar, provocar; comunicar, transmitir; suportar. *vpr* portar-se, comportar-se. ≃ **via** mandar embora. ≃ **in palmo di mano** *Fig.* proteger. ≃ **in tavola** servir (comida, bebida).

por.ta.ri.trat.ti [portaritr'atti] *sm* porta-retratos.

por.ta.si.ga.ret.te [portasigar'ette] *sm* cigarreira.

por.ta.spil.li [portasp'illi] *sm* almofada de alfinetes.

por.ta.to [port'ato] *sm Fig.* resultado; conquista. *Poét.* parto; filho. *part+adj* levado; transportado. **essere** ≃ **per** *Fig.* ter jeito para.

por.ta.vo.ce [portav'otʃe] *sm* megafone; altofalante. *Fig.* porta-voz.

por.tel.lo [port'ello] *sm dim* portinhola.

por.ten.to [port'ento] *sm* portento, prodígio.

por.ti.co [p'ɔrtiko] *sm Arquit.* pórtico.

por.tie.ra [port'jera] *sf* porta de carro; porteira.

por.tie.re [port'jere] *sm* porteiro.

por.ti.na.io [portin'ajo] *sm* porteiro. *Fut.* goleiro.

por.ti.ne.ri.a [portiner'ia] ou **por.te.ri.a** [porter'ia] *sf* portaria, entrada de edifício.

por.to [p'ɔrto] *sm Náut.* porto. *Com.* porte; licença. *Fig.* abrigo, refúgio; fim, término. ≃ **d'armi** porte de arma. ≃ **pagato** porte pago.

por.to.ghe.se [portog'eze] *s+adj* português.

por.tu.a.rio [portu'arjo] ou **por.tu.a.le** [portu'ale] *adj* portuário.

por.zio.ne [ports'jone] *sf* porção, pedaço, parte. ≃ **di patate** porção de batatas.

po.sa [p'ɔza] *sf* parada; repouso, descanso. *Arte* pose. *Fig.* pose, afetação. **teatro di** ≃ *Cin.* estúdio.

po.sa.ce.ne.re [pozatʃ'enere] *sm* cinzeiro.

po.sa.re [poz'are] *vt* colocar, depor. *vi* sedimentar; comportar-se como, fingir ser. *Arte* posar. *vpr* colocar-se; repousar.

po.sa.ta [poz'ata] *sf* talher. *Mil.* pousada.

po.sa.tez.za [pozat'ettsa] *sf* prudência, cautela; calma, tranqüilidade.

po.scia [p'ɔʃa] *adv Lit.* depois.

po.scrit.to [poskr'itto] *sm* pós-escrito.

po.si.ti.va [pozit'iva] *sf Fot.* positivo.

po.si.ti.vo [pozit'ivo] *adj* positivo; real; efetivo; prático.

po.si.zio.ne [pozits'jone] *sf* posição; situação, condição; postura. ≃ **delicata** situação delicada, embaraçosa.

po.spor.re [posp'oɾe] ou **po.spo.ne.re** [pospon'ere] *vt* pospor, adiar, deixar para depois. *Fig.* desprezar, menosprezar.

po.spo.sto [posp'osto] *part+adj* posposto, adiado. *Fig.* desprezado, menosprezado.

pos.sa [p'ɔssa] *sf Lit.* ou **pos.san.za** [poss'antsa] *sf Poét.* pujança; força; poder, domínio.

pos.se.de.re [possed'ere] *vt* possuir, ter. *Fig.* conhecer a fundo, dominar. *vi* ter posses, ser rico. *vpr* dominar-se, controlar-se.

pos.se.di.men.to [possedim'ento] *sm* possessão, posse. *Pol.* possessão, colônia. *Fig.* domínio.

pos.sen.te [poss'ente] *adj* *Poét.* possante, potente.

pos.ses.sio.ne [possess'jone] *sf* possessão; domínio.

pos.ses.si.vo [possess'ivo] *adj* *Gram.* possessivo. *Fig.* possessivo, dominador, prepotente.

pos.ses.so [poss'esso] *sm* posse; propriedade, possessão. *Fig.* domínio, controle.

pos.ses.so.re [possess'ore] *sm* possessor, possuidor.

pos.si.bi.le [poss'ibile] *sm+adj* possível. **fare il** ≃ **e l'impossibile** fazer o possível e o impossível, fazer de tudo.

po.sta [p'osta] *sf* posto, lugar determinado; correio; aposta; cilada. *Contab.* registro, lançamento. ≃ **aerea** correio aéreo.

po.sta.le [post'ale] *adj* postal.

po.sta.re [post'are] *vt* colocar. *vpr* postar-se.

po.steg.gia.re [posteddʒ'are] *vt* estacionar.

po.steg.gio [post'eddʒo] *sm* estacionamento.

po.ster.ga.re [posterg'are] *vt* postergar.

po.ste.rio.re [poster'jore] *adj* posterior.

po.stic.cio [post'ittʃo] *adj* postiço, artificial.

po.sti.ci.pa.re [postitʃip'are] *vt* adiar; pospor.

po.stil.la [post'illa] *sf* nota, observação (em texto).

po.sti.no [post'ino] *sm* carteiro.

po.sto [p'osto] *sm* lugar; poltrona, lugar em auditório, etc. *Mil.* posto. *Fig.* cargo, posto, emprego. ≃ **di pronto soccorso** posto de pronto-socorro. ≃ **di tassì** ponto de táxi. ≃ **riservato** lugar reservado. ≃ **di colonnello** posto de coronel. ≃ **in piedi** lugar em pé (em ônibus). ≃ **a sedere** lugar sentado (em ônibus). ≃ **di guardia** posto de guarda. ≃ **avanzato** posto avançado. ≃ **telefonico pubblico** telefone público. **occupare un buon** ≃ ter um bom emprego. **tenere la lingua** ≃ não falar sem pensar. **avere la testa a** ≃ ter a cabeça no lugar. **ognuno stia al suo** ≃ cada macaco no seu galho. **a** ≃ **!** a postos! **fuori** ≃ fora do lugar. *part+adj* posto, colocado; situado; suposto. ≃ **ciò** isso posto. ≃ **che** posto que, uma vez que.

po.stri.bo.lo [postr'ibolo] *sm* prostíbulo.

po.stu.la.re [postul'are] *vt* postular, requerer, requisitar; supor, fazer hipóteses.

po.stu.mo [p'ɔstumo] *sm* *Med.* (mais usado no *pl*) seqüela. *Fig.* resto, resíduo. *adj* póstumo.

po.ta.bi.le [pot'abile] *adj* potável.

po.ta.re [pot'are] *vt* podar (árvores).

po.tas.sio [pot'assjo] *sm* *Quím.* potássio.

po.ten.te [pot'ente] *adj* potente; forte, vigoroso; eficaz, eficiente; viril.

po.ten.za [pot'entsa] *sf* potência; força, vigor; eficácia, eficiência; virilidade.

po.ten.zia.le [potents'jale] *sm+adj* potencial.

po.te.re [pot'ere] *sm* poder; autoridade. ≃ **calorifico** poder calórico (dos alimentos). **i** ≃ **i dello Stato** *Pol.* os poderes do Estado. **quarto** ≃ quarto poder, imprensa. ≃ **legislativo, esecutivo e giudiziario** poder legislativo, executivo e judiciário. **pieni** ≃ **i** plenos poderes. ≃ **d'acquisto** *Econ.* poder de compra. *vi* poder. **può darsi (che)** pode ser (que), talvez.

po.te.stà [potest'a] *sf* poder; autoridade.

po.ve.ro [p'ɔvero] *sm* pobre. *adj* pobre; fraco; estéril. ≃ **me!** pobre de mim!

po.ver.tà [povert'a] *sf* pobreza.

po.zio.ne [pots'jone] *sf* poção.

poz.za [p'ottsa] *sf* poça.

poz.zan.ghe.ra [potts'angera] *sf* poça; lamaçal.

poz.zo [p'ottso] *sm* poço, cisterna. ≃ **artesiano** poço artesiano. ≃ **nero** fossa negra. ≃ **petrolifero** poço de petróleo. ≃ **di sapere** poço de sabedoria.

pram.ma.ti.ca [pramm'atika] ou **prag.ma.ti.ca** [pragm'atika] *sf* pragmática. *Fig.* costume, hábito; etiqueta, protocolo.

pran.za.re [prandz'are] *vi* almoçar; jantar.

pran.zo [pr'andzo] *sm* almoço; jantar. ≃ **di gala** jantar de gala. **dopo** ≃ à tarde.

pras.si [pr'assi] *sf* praxe, prática.

pra.te.ri.a [prater'ia] *sf* pradaria.

pra.ti.ca [pr'atika] *sf* prática, experiência; amizade; prática, exercício; documentação, papelada; perícia, destreza.

pra.ti.can.te [pratik'ante] *s+adj* praticante.

pra.ti.ca.re [pratik'are] *vt* praticar, exercitar; ter amizade, conhecer; fazer, executar.

pra.ti.co [pr'atiko] *sm* prático, perito. *adj* prático, funcional; experiente. **essere** ≃ **di** ter prática em, experiência com.

pra.to [pr'ato] *sm* prado.

pra.vo [pr'avo] *adj* *Lit.* malvado, perverso.

pre.am.bo.lo [pre'ambolo] *sm* preâmbulo; prefácio. *Fig.* divagação, palavreado.

pre.an.nun.cia.re [preannuntʃ'are] ou **pre.an.nun.zia.re** [preannunts'jare] *vt* preanunciar, prenunciar, prognosticar.

pre.av.vi.sa.re [preavviz'are] *vt* advertir, avisar.

pre.ca.rio [prek'arjo] *adj* precário, instável; momentâneo, passageiro.

pre.cau.zio.ne [prekawts'jone] *sf* precaução.
pre.ce [pr'etʃe] *sf Lit.* e *Poét.* prece.
pre.ce.den.te [pretʃed'ente] *sm* precedente, premissa. *adj* precedente, antecedente, anterior.
pre.ce.de.re [pretʃ'edere] *vt* preceder, anteceder. *vi* preceder, ser precedente.
pre.cet.to [pretʃ'etto] *sm* preceito, norma.
pre.ci.pi.ta.re [pretʃipit'are] *vt* precipitar; despenhar; acelerar. *vi* precipitar-se, cair. *vpr* precipitar-se; despencar, cair; antecipar-se.
pre.ci.pi.ta.zio.ne [pretʃipitats'jone] *sf* precipitação; pressa.
pre.ci.pi.zio [pretʃip'itsjo] *sm* precipício, despenhadeiro, abismo. **a** ≃ impetuosamente.
pre.ci.puo [pretʃ'ipwo] *adj* precípuo, principal, fundamental; característico, específico.
pre.ci.sa.re [pretʃiz'are] *vt* precisar, especificar.
pre.ci.sio.ne [pretʃiz'jone] *sf* precisão, exatidão. **bilancia di** ≃ balança de precisão. **strumenti di** ≃ instrumentos de precisão.
pre.ci.so [pretʃ'izo] *adj* preciso, exato.
pre.cla.ro [prekl'aro] *adj Lit.* preclaro, ilustre, famoso.
pre.clu.de.re [prekl'udere] *vt* bloquear, barrar.
pre.co.ce [prek'ɔtʃe] *adj* precoce, prematuro; temporão.
pre.con.cet.to [prekontʃ'etto] *sm* preconceito. *adj* preconcebido.
pre.co.niz.za.re [prekonidz'are] *vt Lit.* preconizar, prever.
pre.cor.re.re [prek'oЯere] *vt Fig.* preceder, anteceder. *vi* ir à frente.
pre.cur.so.re [prekurs'ore] *sm + adj* precursor.
pre.da [pr'ɛda] *sf* presa, caça. *Mil.* presa de guerra, despojo, espólio.
pre.da.re [pred'are] *vt* tomar à força, apreender; saquear; roubar.
pre.da.to.re [predat'ore] *sm* predador.
pre.de.ces.so.re [predetʃess'ore] *adj* predecessor, antecessor.
pre.del.la [pred'ella] *sf* plataforma (do altar, da mesa do professor).
pre.de.sti.na.re [predestin'are] *vt* predestinar.
pre.de.ter.mi.na.re [predetermin'are] *vt* predeterminar.
pre.di.ca [pr'edika] *sf Rel.* pregação, sermão. *Fam.* pito, lavada. **da che pulpito viene la** ≃ ! olha só quem fala!
pre.di.ca.re [predik'are] *vt* apregoar, divulgar. *Rel.* pregar. *Fig.* exortar a, convidar a. ≃ **al deserto** *Fig.* pregar no deserto.
pre.di.ca.to [predik'ato] *sm Gram.* predicado. *part + adj* pregado, apregoado.

pre.di.ca.to.re [predikat'ore] *sm Rel.* pregador. *Fig.* divulgador, difusor.
pre.di.let.to [predil'etto] *part + adj* predileto, preferido.
pre.di.le.zio.ne [predilets'jone] *sf* predileção, preferência.
pre.di.li.ge.re [predil'idʒere] *vt* preferir.
pre.di.re [pred'ire] *vt* predizer, profetizar.
pre.di.spor.re [predisp'oЯe] *vt* predispor, dispor previamente. *vpr* predispor-se, preparar-se.
pre.di.spo.si.zio.ne [predispozits'jone] *sf* predisposição, tendência.
pre.di.zio.ne [predits'jone] *sf* profecia, predição.
pre.do.mi.na.re [predomin'are] *vt* dominar, subjugar; superar. *vi* predominar, prevalecer.
pre.do.mi.nio [predom'injo] *sm* ou **pre.do.mi.nan.za** [predomin'antsa] *sf* predomínio, predominância.
pre.do.ne [pred'one] *sm* bandido, ladrão. *Fig.* parasita, aproveitador.
pre.fa.zio.ne [prefats'jone] *sf* prefácio, apresentação.
pre.fe.ren.za [prefer'entsa] *sf* preferência, predileção.
pre.fe.ri.re [prefer'ire] *vt* preferir.
pre.fet.to [pref'etto] *sm* prefeito.
pre.fet.tu.ra [prefett'ura] *sf* prefeitura.
pre.fig.ge.re [pref'iddʒere] *vt* prefixar, predeterminar. *vpr* propor-se a, decidir-se a.
pre.fi.gu.ra.re [prefigur'are] *vt* prefigurar, imaginar, pressupor.
pre.fis.so [pref'isso] *sm Gram.* prefixo. *part + adj* prefixado, prescrito.
pre.ga.re [preg'are] *vt* rezar; pedir; suplicar. *vi* rezar, orar. **prego!** de nada! não há de quê!
pre.ghie.ra [preg'jera] *sf* oração, prece; pedido; súplica.
pre.gia.re [predʒ'are] *vt* prezar, apreciar. *vpr* orgulhar-se de, vangloriar-se de.
pre.gio [pr'edʒo] *sm* prestígio, estima, consideração; valor, mérito.
pre.giu.di.ca.re [predʒudik'are] *vt* prejudicar, lesar. *vi* causar prejuízo. *vpr* prejudicar-se.
pre.giu.di.zia.le [predʒudits'jale] *adj* prejudicial.
pre.giu.di.zio [predʒud'itsjo] *sm* prejuízo, dano; preconceito.
pre.gno [pr'eño] *adj Fig.* cheio, impregnado. ≃ **a** *adj f* prenhe.
prei.sto.ria [prejst'ɔrja] *sf* pré-história.
prei.sto.ri.co [prejst'ɔriko] *adj* pré-histórico.
pre.la.to [prel'ato] *sm Rel.* prelado.

pre.li.mi.na.re [prelimin'are] *sm* + *adj* preliminar.

pre.lu.dio [prel'udjo] *sm* prelúdio, início, princípio. *Mús.* prelúdio.

pre.ma.tu.ro [premat'uro] *adj* prematuro, precoce; inoportuno.

pre.me.di.ta.re [premedit'are] *vt Dir.* premeditar.

pre.me.re [pr'emere] *vt* premer, comprimir, apertar; espremer. *vi* importar.

pre.mes.sa [prem'essa] *sf* premissa.

pre.mia.re [prem'jare] *vt* premiar.

pre.mi.nen.te [premin'ente] *adj* preeminente, importante, significativo.

pre.mio [pr'emjo] *sm* prêmio, recompensa. *Esp.* prêmio, competição. *Com.* prêmio, dividendo. ≃ **di assicurazione** prêmio de seguro. ≃ **di consolazione** prêmio de consolação.

pre.mo.la.re [premol'are] *sm* + *adj* pré-molar.

pre.mo.ni.zio.ne [premonits'jone] *sf* premonição, pressentimento.

pre.mu.ni.re [premun'ire] *vt* prevenir, precaver. *vpr* prevenir-se, precaver-se.

pre.mu.ra [prem'ura] *sf* atenção, cortesia, solicitude; pressa, precipitação.

pre.mu.ro.so [premur'ozo] *adj* atento, cortês, solícito.

pren.de.re [pr'endere] *vt* pegar, apanhar; tomar; receber; roubar; prender; ocupar, invadir; atacar. *vi* criar raízes, arraigar-se. ≃ **il toro per le corna** pegar o touro à unha. ≃ **tempo** demorar, perder tempo. ≃ **sul serio** levar a sério.

pre.no.me [pren'ome] *sm* prenome, nome de batismo.

pre.no.ta.re [prenot'are] *vt* reservar; marcar. *vpr* inscrever-se.

pre.nun.zia.re [prenunts'jare] *vt* prenunciar; predizer, prever.

pre.nun.zio [pren'untsjo] *sm Lit.* prenúncio, aviso.

pre.oc.cu.pa.re [preokkup'are] *vt* preocupar. *vpr* preocupar-se.

pre.oc.cu.pa.zio.ne [preokkupats'jone] *sf* preocupação; apreensão.

pre.pa.ra.re [prepar'are] *vt* preparar, aprontar. *vpr* preparar-se.

pre.pa.ra.ti.vi [preparat'ivi] *sm pl* preparativos.

pre.pa.ra.to.rio [preparat'ɔrjo] *adj* preparatório.

pre.pa.ra.zio.ne [preparats'jone] *sf* preparação. *Fig.* treinamento, aprendizado; preparado.

pre.pon.de.ran.za [preponder'antsa] e **pre.pon.de.ra.zio.ne** [preponderats'jone] *sf* preponderância, supremacia.

pre.pon.de.ra.re [preponder'are] *vi* preponderar, prevalecer.

pre.por.re [prep'oře] *vt* prepor, antepor; colocar no início. *Fig.* preferir.

pre.po.si.zio.ne [prepozits'jone] *sf Lit.* e *Gram.* preposição.

pre.po.ten.te [prepot'ente] *sm* prepotente, tirano. *adj* prepotente; autoritário, dominador; forte, irresistível (sentimento).

pre.pu.zio [prep'utsjo] *sm Anat.* prepúcio.

pre.ro.ga.ti.va [prerogat'iva] *sf* prerrogativa, privilégio. *Fig.* característica, particularidade.

pre.sa [pr'eza] *sf* pitada; asa, cabo; conduto, condutor (de ar, água). *Mil.* captura, conquista. *Fig.* ocasião, oportunidade; pretexto, desculpa. = **dell'acqua** nascente de água. ≃ **di corrente** *Elet.* tomada. **venire alle** ≃ **e** pegar-se, brigar.

pre.sa.gio [prez'adʒo] *sm* presságio, agouro; previsão; pressentimento; prognóstico.

pre.sa.gi.re [prezadʒ'ire] *vt* pressagiar, profetizar; pressentir.

pre.sbio.pi.a [prezbjop'ia] *sf Med.* ou **pre.sbi.ti.smo** [prezbit'izmo] *sm Med.* presbiopia, presbitismo.

pre.sbi.te [pr'ezbite] *adj* presbita.

pre.sbi.te.ria.no [prezbiter'jano] *sm* + *adj* presbiteriano.

pre.sce.glie.re [preʃ'eʎere] *vt* escolher.

pre.scien.za [preʃ'entsa] *sf* presciência, intuição.

pre.scin.de.re [preʃ'indere] *vi* prescindir de, dispensar, deixar de lado.

pre.scri.ve.re [preskr'ivere] *vt* prescrever. *Fig.* ordenar, comandar; sugerir, aconselhar.

pre.scri.zio.ne [preskrits'jone] *sf* prescrição, norma, preceito. *Med.* receita, prescrição médica. ≃ **del delitto** *Dir.* prescrição do crime.

pre.sen.ta.re [prezent'are] *vt* apresentar; presentear; dar, entregar; oferecer. *vpr* apresentar-se; vir à presença de. *Fig.* sobrevir, acontecer. ≃ **le armi** *Mil.* apresentar armas.

pre.sen.ta.zio.ne [prezentats'jone] *sf* apresentação; prefácio.

pre.sen.te [prez'ente] *sm* + *adj Gram.* presente. *sm* o presente, tempo presente. ≃ **!** presente! **al** ≃ no presente, atualmente. **i** ≃ **i** os presentes; os espectadores. *adj* presente; atual.

pre.sen.ti.re [present'ire] *vt* pressentir.

pre.sen.za [prez'entsa] *sf* presença. ≃ **di spirito** presença de espírito. **in** ≃ **di** na presença de. **bella** ≃ boa aparência.

pre.sen.zia.re [prezents'jare] *vi* presenciar, assistir.

pre.se.pio [prez′epjo] ou **pre.se.pe** [prez′epe] *sm* Rel. presépio.

pre.ser.va.re [prezerv′are] *vt* preservar, conservar. *vpr* preservar-se, defender-se.

pre.ser.va.ti.vo [prezervat′ivo] *sm* preservativo, anticoncepcional. *adj* preservativo.

pre.ser.va.zio.ne [prezervats′jone] *sf* preservação, conservação; defesa.

pre.si.den.te [prezid′ente] *sm* + *adj* presidente.

pre.si.den.za [prezid′entsa] *sf* presidência; residência presidencial.

pre.si.dio [prez′idjo] *sm* Mil. guarnição, destacamento; posto avançado. Fig. defesa, proteção.

pre.sie.de.re [prez′jedere] *vt* + *vi* presidir. Fig. dirigir, conduzir.

pre.so [pr′ezo] *part* + *adj* pego, apanhado; ocupado, invadido; aprisionado, preso; atacado, afetado (por doença); tomado.

pres.sa [pr′essa] *sf* multidão. Mec. prensa. ≈ **idraulica** prensa hidráulica.

pres.sa.re [press′are] *vt* prensar, imprensar.

pres.sio.ne [press′jone] *sf* pressão. ≈ **sanguigna** ou **arteriosa** pressão sangüínea ou arterial. **fare** ≈ pressionar.

pres.so [pr′esso] *sm* (usado no *pl*) proximidades, arredores. *adv* próximo, perto; ao redor, em volta. *prep* próximo a, perto de; ao redor de, em volta de; junto a.

pre.sta.bi.li.re [prestabil′ire] *vt* preestabelecer.

pre.sta.men.to [prestam′ento] *sm* Lit. empréstimo.

pre.sta.re [prest′are] *vt* prestar, dar; emprestar. *vpr* prestar-se a, servir para. ≈ **aiuto** prestar ajuda. ≈ **omaggio** prestar homenagem.

pre.stez.za [prest′ettsa] *sf* presteza, prontidão; rapidez, ligeireza.

pre.sti.gia.to.re [prestidʒat′ore] *sm* prestidigitador.

pre.sti.gio [prest′idʒo] *sm* prestígio; influência; prestidigitação. Fig. encanto, fascínio.

pre.sti.to [pr′estito] *sm* empréstimo.

pre.sto [pr′esto] *adj* rápido, ligeiro; solícito, diligente. *adv* cedo; logo, daqui a pouco; rapidamente, rápido. ≈ **e bene non si conviene** a pressa é inimiga da perfeição.

pre.su.me.re [prez′umere] *vt* Lit. presumir, supor. *vi* ser presunçoso.

pre.sun.tuo.si.tà [prezuntwozit′a] *sf* presunção, arrogância.

pre.sun.tu.o.so [prezuntu′ozo] *adj* presunçoso, arrogante.

pre.sun.zio.ne [prezunts′jone] *sf* presunção, arrogância; pressuposto, suposição.

pre.sup.por.re [presupp′oře] *vt* pressupor, conjecturar.

pre.te [pr′ete] *sm* Rel. padre; pároco.

pre.ten.den.te [pretend′ente] *s* + *adj* pretendente; candidato.

pre.ten.de.re [pret′endere] *vt* + *vi* pretender (direito), pleitear; exigir; aspirar a.

pre.ten.sio.ne [pretens′jone] *sf* pretensão (a algo), exigência; presunção, arrogância.

pre.ten.zio.so [pretents′jozo] *adj* pretensioso, presunçoso, arrogante.

pre.te.ri.re [preter′ire] *vt* preterir; omitir.

pre.te.ri.to [pret′erito] *sm* Gram. pretérito. Fam. traseiro.

pre.te.sa [pret′eza] *sf* pretensão (a algo), exigência. Fig. presunção, arrogância.

pre.te.sto [pret′esto] *sm* pretexto, desculpa; oportunidade.

pret.to [pr′etto] *adj* puro. **linguaggio** ≈ língua vernácula.

pre.to.re [pret′ore] *sm* Hist. pretor.

pre.va.le.re [preval′ere] *vi* prevalecer, preponderar.

pre.va.ri.ca.re [prevarik′are] *vi* prevaricar.

pre.ve.de.re [preved′ere] *vt* prever, antever.

pre.ve.di.bi.le [preved′ibile] *adj* previsível.

pre.ve.ni.re [preven′ire] *vt* prevenir, precaver; evitar; preceder.

pre.ven.ti.vo [prevent′ivo] *sm* estimativa, avaliação. *adj* preventivo. **carcere** ≈ prisão preventiva.

pre.ven.zio.ne [prevents′jone] *sf* prevenção; precaução; preconceito.

pre.vi.den.za [previd′entsa] *sf* ou **pre.veg.gen.za** [preveddʒ′entsa] *sf* Lit. previdência, precaução, prudência. ≈ **sociale** previdência social.

pre.vio [pr′evjo] *adj* prévio, precedente. ≈ **avviso** aviso prévio.

pre.vi.sio.ne [previz′jone] *sf* previsão.

pre.zio.so [prets′jozo] *adj* precioso, muito caro; raro. Fig. pretensioso, afetado.

pre.zio.si [prets′jozi] *sm pl* metais preciosos. Pop. jóias.

prez.ze.mo.lo [pretts′emolo] *sm* Bot. salsa.

prez.zo [pr′ettso] *sm* preço; valor, importância. Fig. estima, apreço, consideração; castigo, punição. ≈ **di costo** preço de custo. ≈ **di vendita** preço de venda.

pri.gio.ne [pridʒ′one] *sf* prisão, cárcere. ≈ **di rigore** solitária.

pri.gio.nie.ro [pridʒon′jero] *sm* prisioneiro; preso, detento. ≈ **di** Fig. escravo de.

pri.ma [pr'ima] *adv* antes, primeiramente; certa vez, uma vez; mais cedo. ≃ **o poi** mais cedo ou mais tarde. **quanto** ≃ o quanto antes, o mais cedo possível. ≃ **di** *prep* antes de.

pri.ma.rio [prim'arjo] *adj* primário; primitivo; principal, fundamental.

pri.ma.te [prim'ate] *sm Rel.* primaz.

pri.ma.ti [prim'ati] *sm pl Zool.* primatas.

pri.ma.ti.sta [primat'ista] *s* recordista.

pri.ma.to [prim'ato] *sm* recorde.

pri.ma.ve.ra [primav'era] *sf* primavera. *Bot.* primavera, prímula. *Fig.* adolescência, primavera da vida. ≃**e pl** *Fig.* anos. **avere molte** ≃ **e sulle spalle** ter muitos anos de vida. **in** ≃ na primavera. **una rondine non fa** ≃ uma só andorinha não faz verão.

pri.ma.ve.ri.le [primaver'ile] *adj* primaveril.

pri.meg.gia.re [primedd3'are] *vi* primar, sobressair-se.

pri.mi.ti.vo [primit'ivo] *adj* primitivo; antiquíssimo. *Fig.* rústico, simples, rudimentar.

pri.mo [pr'imo] *sm* primeiro dia. *num* primeiro. *adj Fig.* fundamental, primário. *Teat.* e *Cin.* primeiro, principal (ator, cantor, etc.). **numero** ≃ número primo. **per** ≃ em primeiro lugar, antes dos outros.

pri.mo.ge.ni.to [primod3'enito] ou **pri.mo.na.to** [primon'ato] *sm*+*adj* primogênito.

pri.mor.dia.le [primord'jale] *adj* primordial, primitivo, ancestral.

pri.mor.dio [prim'ordjo] *sm* primórdio, princípio. ≃ **i** *pl* primórdios, origens.

pri.mu.la [pr'imula] ou **pri.mo.la** [pr'imola] *sf Bot.* prímula, primavera.

prin.ci.pa.le [printʃip'ale] *sm* patrão, dono; chefe. *adj* principal; essencial.

prin.ci.pa.to [printʃip'ato] *sm* principado. *Fig.* superioridade.

prin.ci.pe [pr'intʃipe] *sm* príncipe; soberano. *Fig.* rei (de uma arte, ciência, etc.). ≃ **ereditario** príncipe hereditário. ≃ **consorte** príncipe consorte.

prin.ci.pe.sco [printʃip'esko] *adj* principesco; opulento, pomposo.

prin.ci.pes.sa [printʃip'essa] *sf* princesa.

prin.ci.pian.te [printʃip'jante] *s*+*adj* principiante, iniciante.

prin.ci.pia.re [printʃip'jare] *vt*+*vi* principiar, começar.

prin.ci.pio [printʃ'ipjo] *sm* princípio; início; convicção. *Fís.* lei, princípio. ≃ **i** *pl* fundamentos, princípios. **in** ≃ ou **da** ≃ no início. **dal** ≃ **alla fine** do princípio ao fim.

pri.o.re [pri'ore] *sm Rel.* prior.

prio.ri.tà [prjorit'a] *sf* prioridade.

pri.sco [pr'isko] *adj Lit.* antigo, velho.

pri.sma [pr'izma] *sm* prisma. ≃ **ottico** prisma óptico.

pri.va.re [priv'are] *vt* privar. *vpr* privar-se, renunciar.

pri.va.ti.vo [privat'ivo] *adj* privativo.

pri.va.to [priv'ato] *sm* cidadão. *part*+*adj* privado, particular.

pri.va.zio.ne [privats'jone] *sf* privação, falta; sofrimento, necessidade material.

pri.vi.le.gia.re [priviled3'are] *vt* privilegiar.

pri.vi.le.gio [privil'ed3o] *sm* privilégio, prerrogativa.

pri.vo [pr'ivo] *adj* privado, desprovido.

pro [pr'ɔ] *sm* pró, vantagem, interesse. **valutare il** ≃ **ed il contro** avaliar os prós e os contras. *prep* para, em favor de.

pro.a.vo [pro'avo] *sm* bisavô. ≃ **a** *sf* bisavó.

pro.ba.bi.le [prob'abile] *adj* provável, possível.

pro.ba.bi.li.tà [probabilit'a] *sf* probabilidade, possibilidade.

pro.ble.ma [probl'ema] *sm* problema, questão; dificuldade, obstáculo.

pro.ble.ma.ti.co [problem'atiko] *adj* problemático. *Fam.* indeciso, inseguro; delicado, preocupante (situação).

pro.bo [pr'ɔbo] *adj* probo, honesto, digno.

pro.bo.sci.de [prob'ɔʃide] *sf Zool.* tromba (de elefante, inseto).

pro.cac.cia.re [prokattʃ'are] *vt* procurar; conseguir, obter. *vpr* procurar para si.

pro.ca.ce [prok'atʃe] *adj* formoso, vistoso; excitante, sedutor.

pro.ce.den.za [protʃed'entsa] *sf* procedência.

pro.ce.de.re [protʃ'edere] *vi* prosseguir, ir avante; proceder, derivar, nascer de.

pro.ce.di.men.to [protʃedim'ento] *sm* procedimento; comportamento, conduta; desenvolvimento, desenrolar (dos acontecimentos).

pro.ces.sa.re [protʃess'are] *vt* processar.

pro.ces.sio.ne [protʃess'jone] *sf* desenvolvimento, desenrolar (de fatos). *Rel.* procissão.

pro.ces.so [protʃ'esso] *sm* processo; procedimento, método, técnica; desenvolvimento, evolução. *Dir.* processo, litígio.

pro.cla.ma [prokl'ama] *sm* proclamação, anúncio; decreto.

pro.cla.ma.re [proklam'are] *vt* proclamar, anunciar; decretar. *Fig.* declarar; divulgar.

pro.cli.ti.co [prokl'itiko] *adj Gram.* proclítico.

pro.con.so.le [prok'onsole] *sm* procônsul.

pro.cra.sti.na.re [prokrastin'are] *vt* procrastinar, adiar.

pro.cre.a.re [prokre'are] *vt* procriar, gerar.
pro.cu.ra [prok'ura] *sf Dir.* procuração; procuradoria. **per** ≃ por procuração.
pro.cu.ra.re [prokur'are] *vt* tentar; obter, conseguir. *Fig.* causar, originar, provocar.
pro.cu.ra.to.re [prokurat'ore] *sm Dir.* procurador. **P** ≃ **della Repubblica** Procurador da República.
pro.de [pr'ɔde] *sm* bravo. *adj* valente, heróico, corajoso.
pro.di.gio [prod'idʒo] *sm* prodígio, maravilha; milagre.
pro.di.gio.so [prodidʒ'ozo] *adj* prodigioso, maravilhoso; milagroso.
pro.di.go [pr'ɔdigo] *adj* pródigo; generoso.
pro.dot.to [prod'otto] *sm* produto, artigo. *Mat.* produto. *Fig.* resultado, conseqüência. *part+adj* produzido, fabricado; criado, gerado; apresentado, exposto publicamente.
pro.dur.re [prod'uɾe] *vt* produzir; fabricar; frutificar. *Fig.* causar, originar; exibir, mostrar. *vpr* exibir-se, mostrar-se.
pro.dut.ti.vo [produtt'ivo] *adj* produtivo.
pro.du.zio.ne [produts'jone] *sf* produção, fabricação. *Dir.* apresentação (de documentos, provas). *Teat.* produção.
pro.fa.na.re [profan'are] *vt* profanar. *Fig.* desonrar, violar.
pro.fa.no [prof'ano] *sm* profano, sacrílego. *Fig.* amador, inexperiente. *adj* profano, mundano; amador, inexperiente; incompetente.
pro.fe.ri.re [profer'ire] *vt* proferir; declarar, proclamar. ≃ **una sentenza** proferir uma sentença.
pro.fes.sa.re [profess'are] *vt* professar, seguir (ideologia); afirmar, declarar; exercer (profissão). *vi Rel.* fazer votos, professar. *vpr* declarar-se. ≃ **i voti** *Rel.* fazer os votos.
pro.fes.sio.ne [profess'jone] *sf* profissão, ofício; confissão, declaração. ≃ **di fede** *Rel.* e *Pol.* profissão de fé.
pro.fes.sio.ni.sta [professjon'ista] *s* profissional, especialista.
pro.fes.so.re [profess'ore] *sm* professor. *Fig.* doutor, estudioso.
pro.fes.so.res.sa [professor'essa] *sf* professora. *Fig.* doutora, estudiosa.
pro.fe.ta [prof'eta] *sm* profeta; adivinho, clarividente.
pro.fe.tes.sa [profet'essa] *sf* profetisa; adivinha, clarividente.
pro.fe.ti.co [prof'etiko] *adj* profético, adivinhatório.

pro.fe.tiz.za.re [profetiddz'are] *vt* profetizar, predizer. *vi* profetizar.
pro.fe.zi.a [profets'ia] *sf* profecia; previsão, predição.
pro.fi.cuo [prof'ikwo] *adj* profícuo, produtivo; útil, vantajoso.
pro.fi.la.re [profil'are] *vt* perfilar. *vpr* perfilar-se.
pro.fi.las.si [profil'assi] *sf Med.* profilaxia.
pro.fi.lo [prof'ilo] *sm* perfil; ponto de vista, óptica. ≃ **letterario** perfil literário.
profittare → **approfittare**.
pro.fit.te.vo.le [profitt'evole] *adj* proveitoso, vantajoso.
pro.fit.to [prof'itto] *sm* proveito, vantagem. *Fig.* lucro, renda, ganho; progresso, evolução.
profondare → **sprofondare**.
pro.fon.de.re [prof'ondere] *vt* desperdiçar, esbanjar. *vpr* cansar-se, desgastar-se.
pro.fon.di.tà [profondit'a] *sf* profundidade; profundeza, abismo. *Fig.* importância, intensidade; sabedoria.
pro.fon.do [prof'ondo] *sm* fundo, profundidade. *adj* profundo, fundo. *Fig.* íntimo, pessoal; intenso, apaixonado; baixo, cavernoso. *adv* profundamente.
pro.fu.ma.re [profum'are] *vt* perfumar. *vi* ter perfume.
pro.fu.me.ri.a [profumer'ia] *sf* perfumaria.
pro.fu.mie.re [profum'jere] *sm* perfumista.
pro.fu.mo [prof'umo] *sm* perfume; aroma.
pro.fu.sio.ne [profuz'jone] *sf* profusão; abundância.
pro.ge.nie [prodʒ'enje] *sf* estirpe, geração. *Fig. dep* ralé, gentalha.
pro.ge.ni.to.re [prodʒenit'ore] *sm* progenitor.
pro.get.ta.re [prodʒett'are] *vt* projetar. *Fig.* arquitetar, tramar.
pro.get.to [prodʒ'etto] *sm* projeto, plano; tenção.
prognosticare → **pronosticare**.
prognostico → **pronostico**.
pro.gram.ma [progr'amma] *sm* programa, plano, projeto. *Teat.* e *Inform.* programa.
pro.gram.ma.re [programm'are] *vt tb Inform.* programar.
pro.gre.di.re [progred'ire] *vi* progredir.
pro.gres.sio.ne [progress'jone] *sf* progressão. ≃ **aritmetica** progressão aritmética. ≃ **geometrica** progressão geométrica.
pro.gres.si.vo [progress'ivo] *adj* progressivo.
pro.gres.so [progr'esso] *sm* progresso, avanço, evolução. **fare** ≃ **in** fazer progresso em.
proi.bi.re [projb'ire] *vt* proibir, vetar.

proi.bi.ti.vo [projbit´ivo] *adj* proibitivo.
proi.bi.zio.ne [projbits´jone] *sf* proibição. *Fig.* obstáculo, impedimento.
pro.iet.ta.re [projett´are] *vt* jogar, lançar; projetar, planejar. ≃ **un film** projetar um filme.
pro.iet.ti.le [pro´jettile] *sm* projétil.
pro.iet.to.re [projett´ore] *sm* projetor.
pro.ie.zio.ne [projets´jone] *sf* projeção, arremesso, lançamento. ≃ **cartografica** *Geogr.* projeção cartográfica.
pro.le [pr´ɔle] *sf Lit.* prole, descendência.
pro.le.ta.ria.to [proletar´jato] *sm* proletariado.
pro.le.ta.rio [prolet´arjo] *sm* proletário.
pro.li.fe.ra.re [prolifer´are] *vi* proliferar, multiplicar-se, aumentar.
pro.lis.so [prol´isso] *adj* prolixo. *Fig.* tedioso.
pro.lo.go [pr´ɔlogo] *sm Lit.* prólogo.
pro.lun.ga.men.to [prolungam´ento] *sm* prolongamento. *Fig.* prorrogação; adiamento.
pro.lun.ga.re [prolung´are] *vt* prolongar. *Fig.* prorrogar; adiar.
pro.mes.sa [prom´essa] *sf* promessa. ≃ **di marinaio** promessa vã.
pro.met.te.re [prom´ettere] *vt* prometer; ameaçar. *Fig.* prometer, ser promissor. *vpr* dedicar-se, empenhar-se; prometer a si mesmo.
pro.mi.nen.te [promin´ente] *adj* proeminente, elevado.
pro.mi.scuo [prom´iskwo] *adj* heterogêneo, misturado. **scuola** ≃ a escola mista. **matrimonio** ≃ casamento de pessoas de religião diferente. **genere** ≃ *Gram.* gênero epiceno.
pro.mon.to.rio [promont´ɔrjo] *sm Geogr.* promontório.
pro.mo.to.re [promot´ore] *sm* promotor.
pro.mo.zio.ne [promots´jone] *sf* promoção.
pro.mul.ga.re [promulg´are] *vt Dir.* promulgar.
pro.muo.ve.re [prom´wovere] *vt* promover; incentivar; causar, provocar.
pro.ni.po.te [pronip´ote] *s* bisneto, bisneta. **i** ≃ **i** os descendentes.
pro.no.me [pron´ome] *sm Gram.* pronome.
pro.no.sti.ca.re [pronostik´are] ou **pro.gno.sti.ca.re** [proñostik´are] *vt* prognosticar, prever.
pro.no.sti.co [pron´ɔstiko] ou **pro.gno.sti.co** [proñ´ɔstiko] *sm* prognóstico, previsão; conjectura, hipótese.
pron.tez.za [pront´ettsa] *sf* prontidão, presteza; rapidez, esperteza.
pron.to [pr´onto] *adj* pronto, preparado; rápido, esperto; veloz, rápido, ligeiro. ≃**!** alô! **a** ≃**i** *Com.* à vista.
pron.tu.a.rio [prontu´arjo] *sm* prontuário.

pro.nun.zia [pron´untsja] ou **pro.nun.cia** [pron´untʃa] *sf* pronúncia.
pro.nun.zia.re [pronunts´jare] ou **pro.nun.cia.re** [pronuntʃ´are] *vt* pronunciar. *Fig.* declarar, enunciar; anunciar; decretar, sentenciar. *vpr* pronunciar-se, manifestar-se.
pro.pa.gan.da [propag´anda] *sf* propaganda.
pro.pa.ga.re [propag´are] *vt* propagar, difundir. *Fig.* divulgar. *vpr* propagar-se, difundir-se.
pro.pa.la.re [propal´are] *vt* propalar, divulgar; difundir. *vpr* difundir-se.
pro.pen.de.re [prop´endere] *vi* tender para, ter tendência para.
pro.pi.na [prop´ina] *sf* propina, gorjeta.
pro.pi.zia.re [propits´jare] *vt* propiciar.
pro.pi.zio [prop´itsjo] *adj* propício, favorável.
pro.po.li [pr´ɔpoli] *sf* própolis.
pro.po.ni.men.to [proponim´ento] *sm* propósito, intenção.
pro.por.re [prop´oɾe] *vt* propor, sugerir; oferecer; apresentar, indicar (a um cargo). *vpr* propor-se, oferecer-se.
pro.por.zio.na.le [proportsjon´ale] *adj* proporcional. **medio** ≃ *Mat.* média proporcional. **tassa** ≃ *Com.* e *Dir.* imposto proporcional.
pro.por.zio.na.re [proportsjon´are] *vt* tornar proporcional.
pro.por.zio.ne [proports´jone] *sf* proporção. **in** ≃ proporcionalmente.
pro.po.si.to [prop´ɔzito] *sm* propósito, resolução, deliberação; intenção, intento. **a** ≃ **a** propósito, oportunamente. **di** ≃ seriamente. **male a** ≃ em má hora. **persona di** ≃ pessoa equilibrada. **venire a** ≃ vir a calhar.
pro.po.sta [prop´osta] *sf* proposta, oferta.
pro.prie.tà [proprjet´a] *sf* propriedade; adequação.
pro.prie.ta.rio [proprjet´arjo] *sm*+*adj* proprietário, dono.
pro.prio [pr´ɔprjo] *adj* próprio, particular; adequado, apropriado; preciso, exato. **in** ≃ por conta própria. *pron* (seguido pelo *art def*) próprio. *adv* propriamente.
pro.pul.sio.ne [propuls´jone] *sf Fís.* propulsão.
pro.ra [pr´ɔra] ou **pru.a** [pr´ua] *sf Náut.* proa.
pro.ro.ga [pr´ɔroga] ou **pro.ro.ga.zio.ne** [prorogats´jone] *sf* prorrogação.
pro.ro.ga.re [proro´gare] *vt* prorrogar.
pro.rom.pe.re [proɾ´ompere] *vi* irromper. *Fig.* explodir, não se conter. ≃ **in pianto** explodir em pranto.
pro.sa [pr´ɔza] *sf Lit.* prosa. ≃ **narrativa** ficção.

pro.sai.co [proz'ajko] *adj* prosaico, trivial.

pro.sce.nio [proʃ'enjo] *sm Teat.* proscênio; palco.

pro.sciu.ga.re [proʃug'are] *vt* enxugar, secar; beneficiar. *vpr* enxugar-se, secar-se.

pro.sciut.to [proʃ'utto] *sm* presunto.

pro.scrit.to [proskr'itto] *sm, part + adj* proscrito, exilado, banido.

pro.scri.ve.re [proskr'ivere] *vt* proscrever, exilar, banir; extinguir, abolir.

pro.se.gui.men.to [prosegwim'ento] *sm* prosseguimento, continuação.

pro.se.gui.re [proseg'wire] *vt + vi* prosseguir, continuar.

pro.se.li.ti.smo [prozelit'izmo] *sm* proselitismo.

pro.so.di.a [prozod'ia] *sf Gram.* prosódia.

pro.spe.ra.re [prosper'are] *vi* prosperar, progredir; florescer.

pro.spe.ro [pr'ɔspero] *adj* próspero, afortunado; propício, favorável; florescente.

pro.spet.ti.va [prospett'iva] *sf Arte* perspectiva. *Fig.* perspectiva; ponto de vista, aspecto; expectativa, previsão.

pro.spet.to [prosp'etto] *sm* fachada, frente; prospecto, projeto, plano.

pros.si.mi.tà [prossimit'a] *sf* proximidade.

pros.si.mo [pr'ɔssimo] *sm* próximo. *adj* próximo; vizinho, adjacente; seguinte.

pro.sta.ta [pr'ɔstata] *sf Anat.* próstata.

pro.sti.tu.i.re [prostitu'ire] *vt* prostituir; desmoralizar, degradar. *vpr* prostituir-se; rebaixar-se.

pro.sti.tu.ta [prostit'uta] *sf* prostituta.

pro.stra.re [prostr'are] *vt* prostrar; cansar. *Fig.* humilhar. *vpr* prostrar-se, ajoelhar-se.

pro.ta.go.ni.sta [protagon'ista] *s tb Fig.* protagonista.

pro.teg.ge.re [prot'eddʒere] *vt* proteger; defender; favorecer, beneficiar.

pro.te.i.na [prote'ina] *sf* proteína.

pro.ten.de.re [prot'endere] *vt* estender, alongar. *vpr* espreguiçar-se; estender-se, alongar-se.

pro.te.si [pr'ɔtezi] *sf Med.* prótese. ≃ **dentaria** prótese dentária.

pro.te.sta [prot'esta] *sf* ou **pro.te.sto** [prot'esto] *sm Dir.* protesto.

pro.te.stan.te [protest'ante] *s + adj Rel.* protestante.

pro.te.stan.te.si.mo [protestant'ezimo] *sm Rel.* protestantismo.

pro.te.sta.re [protest'are] *vt + vi* protestar. *vpr* declarar-se. ≃ **una cambiale** *Com.* protestar uma nota.

pro.tet.to.ra.to [protettor'ato] *sm* protetorado.

pro.tet.to.re [protett'ore] *sm* protetor.

pro.te.zio.ne [protets'jone] *sf* proteção, defesa; apoio, amparo; privilégio, favor.

pro.to.col.lo [protok'ɔllo] *sm* protocolo. **carta** ≃ ou **di formato** ≃ papel ofício.

pro.to.ti.po [prot'ɔtipo] *sm* protótipo, original.

pro.to.zoi [protodz'ɔj] *sm pl Zool.* protozoários.

pro.trar.re [protr'are] *vt* prolongar, alongar; prorrogar.

pro.tu.be.ran.za [protuber'antsa] *sf* protuberância, saliência.

pro.va [pr'ɔva] *sf* prova, exame; experiência. *Teat.* ensaio. *Dir.* prova, indício. **a tutta** ≃ a toda prova. **la** ≃ **del nove** *Mat.* a prova dos nove. **mettere alla** ≃ colocar à prova. **banco di** ≃ *Mec.* banco de provas.

pro.va.bi.le [prov'abile] *adj* provável, comprovável.

pro.va.re [prov'are] *vt* provar; comprovar; experimentar, testar. *vi* sofrer, padecer. *vpr* arriscar-se, aventurar-se; exercitar-se. ≃ **con alcuno** competir com alguém.

pro.ve.nien.za [proven'jentsa] *sf* proveniência.

pro.ve.ni.re [proven'ire] *vi* provir de, proceder de, vir de; derivar de.

pro.ven.to [prov'ento] *sm* provento, renda, rendimento; ganho, lucro.

pro.ven.za.le [provents'ale] *s + adj* provençal.

pro.ver.bio [prov'erbjo] *sm* provérbio.

pro.vin.cia [prov'intʃa] *sf* província.

pro.vin.cia.le [provintʃ'ale] *sm + adj* provincial, da província. *Fig.* provinciano.

pro.vo.can.te [provok'ante] *adj* provocante, sedutor, atraente.

pro.vo.ca.re [provok'are] *vt* provocar; causar; estimular, incitar; irritar. *Fig.* excitar, atrair.

pro.vo.ca.zio.ne [provokats'jone] *sf* provocação, desafio.

pro.vo.lo.ne [provol'one] *sm* provolone.

prov.ve.de.re [provved'ere] *vt* prover, dotar de; aparelhar, equipar. *vi* prover, cuidar de.

prov.ve.di.men.to [provvedim'ento] *sm* providência, medida. *Fig.* ato, gesto.

prov.vi.den.za [provvid'entsa] *sf* previdência; providência, medida. **la Divina P** ≃ *Rel.* a Divina Providência. ≃ **sociale** previdência social.

prov.vi.den.zia.le [provvidents'jale] *adj* providencial, oportuno.

prov.vi.gio.ne [provvidʒ'one] *sf* comissão, porcentagem.

prov.vi.sio.ne [provviz'jone] *sf Mil.* provisão.

prov.vi.so.rio [provviz'ɔrjo] *sm* empregado temporário. *adj* provisório, transitório.

prov.vi.sta [provv'ista] *sf* provisão, mantimento (para casa).

prua → **prora**.

pru.den.te [prud'ente] *adj* prudente, cauteloso, cuidadoso.

pru.den.za [prud'entsa] *sf* prudência, cautela.

pru.de.re [pr'udere] *vi* coçar.

pru.gna [pr'uña] *sf Bot.* ameixa. ≃**e secche** ameixas secas.

pru.gno [pr'uño] *sm Bot.* ameixeira.

pru.ri.gi.no.so [pruridʒin'ozo] *adj* pruriginoso. *Fig.* irritante.

pru.ri.to [prur'ito] ou **pru.do.re** [prud'ore] *sm* prurido, comichão. *Fig.* desejo, vontade.

pseu.do.ni.mo [psewd'ɔnimo] *sm* pseudônimo.

psi.ca.na.li.si [psikan'alizi] *sf* psicanálise.

psi.che [ps'ike] *sf Lit.* psique, alma.

psi.chia.tra [psik'jatra] ou **psi.chia.tro** [psik'jatro] *sm Med.* psiquiatra.

psi.chi.co [ps'ikiko] *adj* psíquico.

psi.co.lo.gi.a [psikolodʒ'ia] *sf* psicologia.

psi.co.lo.go [psik'ɔlogo] *sm* psicólogo.

psi.co.si [psik'ɔzi] *sf* psicose.

psi.co.te.ra.pi.a [psikoterap'ia] *sf* psicoterapia.

pte.ro.dat.ti.lo [pterod'attilo] *sm Zool.* pterodáctilo.

pub.bli.ca.re [pubblik'are] *vt* publicar, editar; divulgar, anunciar.

pub.bli.ca.zio.ne [pubblikats'jone] *sf* publicação; edital; proclamas.

pub.bli.ci.tà [pubblicit'a] *sf* publicidade; propaganda, anúncio. **fare** ≃ **fazer propaganda**.

pub.bli.co [p'ubbliko] *sm* público, platéia, espectadores; povo. *adj* público. **forza** ≃ **a força pública**. ≃ **ufficiale** funcionário público.

pu.be [p'ube] *sm Anat.* púbis.

pu.ber.tà [pubert'a] *sf* puberdade.

pu.bi.co [p'ubiko] *adj* púbico.

pu.di.co [pud'iko] *adj* pudico, casto; discreto, reservado. *Fig.* tímido, envergonhado.

pu.do.re [pud'ore] *sm* pudor, castidade; discrição, reserva. *Fig.* timidez, vergonha.

pue.ri.le [pwer'ile] *adj* pueril. *Fig.* bobo, inocente.

pu.gi.la.to [pudʒil'ato] *sm Esp.* boxe.

pu.gi.le [p'udʒile] ou **pu.gi.la.to.re** [pudʒilat'ore] *sm Esp.* pugilista.

pu.gna [p'uña] *sf Poét.* peleja, combate.

pu.gna.la.re [puñal'are] *vt* apunhalar. *Fig.* trair.

pu.gna.le [puñ'ale] *sm* punhal.

pu.gna.re [puñ'are] *vi Poét.* pelejar, combater.

pu.gno [p'uño] *sm* punho (mão fechada); soco, murro; punhado. **restare con un** ≃ **di mosche** ficar de mãos abanando. **tenere alcuno in** ≃ ter alguém nas mãos. **lettera di proprio** ≃ carta de próprio punho.

puh [p'u] *interj* ui! credo! (repulsa, desprezo).

pul.ce [p'ultʃe] *s* pulga. **mettere una** ≃ **nell'orecchio** deixar com a pulga atrás da orelha.

pul.ci.nel.la [pultʃin'ella] *sm* polichinelo. *Fig.* bobo, tonto; palhaço.

pul.ci.no [pultʃ'ino] *sm Zool.* pinto, pintinho.

pu.le.dro [pul'edro] ou **po.le.dro** [pol'edro] *sm* potro.

pu.leg.gia [pul'eddʒa] *sf Mec.* polia, roldana.

pu.li.men.to [pulim'ento] *sm* polimento; limpeza.

pu.li.re [pul'ire] *vt* ou **po.li.re** [pol'ire] *vt Lit.* limpar; polir.

pu.li.to [pul'ito] *part* + *adj* limpo; polido. *Fig.* educado, gentil, cortês; honesto.

pu.li.zi.a [pulits'ia] *sf* limpeza; dignidade, honestidade.

pull.man [p'ulman] *sm* vagão de passageiros; ônibus leito.

pul.lu.la.re [pullul'are] *vi* brotar, florescer. *Fig.* abundar, pulular.

pul.pi.to [p'ulpito] *sm Rel.* púlpito.

pul.sa.re [puls'are] *vi* pulsar, palpitar, bater. *Fig.* agitar-se, vibrar.

pu.ma [p'uma] *sm Zool.* puma.

pun.gen.te [pundʒ'ente] *adj* pungente.

pun.ge.re [p'undʒere] *vt* pungir, picar. *Fig.* afligir; irritar; ofender.

pun.gi.glio.ne [pundʒiʎ'one] *sm* ferrão.

pu.ni.re [pun'ire] *vt* punir, castigar.

pu.ni.zio.ne [punits'jone] *sf* punição, castigo.

pun.ta [p'unta] *sf* ponta, extremidade; pico, cume; ferrão. **fare la** ≃ apontar (lápis). **uscire in** ≃ **di piedi** sair na ponta dos pés.

pun.ta.re [punt'are] *vt* apontar, mirar; apoiar, assentar; apostar; fitar. *vi* fazer força.

pun.ta.ta [punt'ata] *sf* pontada; aposta; capítulo (de obra literária).

pun.teg.gia.re [puntedʒ'are] *vt* pontuar; pontilhar.

pun.teg.gia.tu.ra [puntedʒat'ura] *sf Gram.* pontuação.

pun.teg.gio [punt'eddʒo] *sm Esp.* pontuação, contagem.

pun.te.ri.a [punter'ia] *sf* pontaria.

pun.ti.na [punt'ina] *sf* agulha; tacha. *Bot.* rebento.

pun.ti.no [punt′ino] *sm* pontinho. ≃ **i sospensivi** reticências. **a** ≃ com precisão.

pun.to [p′unto] *sm* furo, orifício; ponto (em papel, tecido); nota (na escola). *Geogr.* ponto. *Esp.* ponto (em jogo). *Gram.* ponto final. *Fig.* momento, instante; ponto (no tempo, no espaço); tema, assunto. ≃ **e virgola** *Gram.* ponto e vírgula. ≃ **esclamativo** *Gram.* ponto de exclamação. ≃ **interrogativo** *Gram.* ponto de interrogação. **due** ≃ **i** *Gram.* dois pontos. ≃ **cardinale** *Geogr.* ponto cardeal. ≃ **di fusione** *Fís.* ponto de fusão. ≃ **di vista** ponto de vista. ≃ **di riferimento** ponto de referência. ≃ **morto** *Autom.* ponto morto. **di** ≃ **in bianco** inesperadamente. **essere in** ≃ **di** estar a ponto de, estar prestes a. **fare il** ≃ *Com.* suspender o pagamento. **mettere al** ≃ provocar. **in** ≃ em ponto. *part+adj* picado. *Fig.* ofendido; estimulado. *adv* nada, nem um pouco. **non è** ≃ **bene** não está nada bem. ≃ **e basta!** e não se fala mais nisso! assunto encerrado!

pun.tu.a.le [puntu′ale] *adj* pontual.

pun.tu.ra [puntu′ura] *sf* picada; injeção. *Fig.* pontada. ≃ **lombare** injeção lombar.

pun.zec.chia.re [puntsekk′jare] *vt* picar. *Fig.* ofender, insultar.

pun.zo.ne [punts′one] *sm* punção. *Fig.* marca, sinal.

pu.pa [p′upa] *sf* boneca; menina linda, bonequinha. *Biol.* pupa, crisálida.

pu.paz.zo [pup′attso] *sm* marionete, fantoche.

pu.pil.la [pup′illa] *sf Anat.* pupila. *Dir.* pupila, menor. *Fig.* protegida, queridinha. *Fam. Fig.* menina dos olhos, xodó.

pu.pil.lo [pup′illo] *sm Dir.* pupilo, menor. *Fig.* protegido, queridinho.

pu.po [p′upo] *sm* marionete, fantoche. *Fig.* menino, moleque.

pur.ché [purk′e] *conj* contanto que, desde que (condição).

pur.ches.si.a [purkess′ia] *adj+adv* qualquer um, qualquer que seja. **un lavoro** ≃ um trabalho qualquer.

pu.re [p′ure] ou **ep.pu.re** [epp′ure] *adv* apenas, somente; também; além disso; pois não, por favor (dando permissão). **dica** ≃ **!** diga, por favor! pois não, diga! *conj* mas, porém, todavia. **se** ≃ se for o caso. **pur troppo** → **purtroppo**.

pu.re.a [pur′ea] *sf* purê.

pu.rez.za [pur′ettsa] *sf* pureza. *Fig.* virgindade; inocência; honestidade.

pur.ga [p′urga] *sf Med.* purgação; purgante.

pur.gan.te [purg′ante] *sm Med.* purgante, purgativo. *adj* purgante, purgativo, purgatório.

pur.ga.re [purg′are] *vt* purgar, purificar; limpar. *Med.* purgar, tratar com purgante. *Fig.* expiar. *vpr* tomar purgante. *Fig.* purificar-se.

pur.ga.to.rio [purgat′orjo] *sm Rel.* Purgatório. **p** ≃ *sm Fig.* purgatório, sofrimento; pena, castigo, punição. *adj* purgante, purgatório.

pu.ri.fi.ca.re [purifik′are] *vt* purificar. *vpr* purificar-se.

pu.ri.ta.no [purit′ano] *sm+adj Rel.* puritano. *Fig. dep* moralista, puritano.

pu.ro [p′uro] *adj* puro, limpo; simples. *Fig.* honesto, íntegro; casto, virgem. ≃ **sangue** puro-sangue, cavalo de raça.

pur.pu.re.o [purp′ureo] *adj* purpúreo, purpurino, vermelho-vivo.

pur.trop.po [purtr′oppo] ou **pur troppo** *adv+interj* infelizmente.

pu.ru.len.to [purul′ento] *adj Med.* purulento. *Fig.* podre.

pus [p′us] *sm Med.* pus.

pu.sil.la.ni.me [puzill′anime] *adj* muito tímido; covarde, pusilânime.

pu.sto.la [p′ustola] *sf Med.* pústula.

pu.ta.ti.vo [putat′ivo] *adj Lit.* putativo, suposto.

pu.tre.fa.re [putref′are] *vi* apodrecer. *vpr* putrefazer-se.

pu.tre.fat.to [putref′atto] *part+adj* putrefato, podre.

pu.tri.do [p′utrido] *adj* pútrido.

put.ta.na [putt′ana] *sf Vulg.* puta.

put.ti.no [puttino] *sm dim* menino; cupido, anjinho.

put.to [p′utto] *sm* cupido, anjinho.

puz.za.re [putts′are] *vi* feder. ≃ **di** *Fig.* cheirar a (alguma má qualidade).

puz.zo [p′uttso] *sm* fedor, mau cheiro.

puz.zo.la [p′uttsola] *sf Zool.* doninha.

puz.zo.len.te [puttsol′ente] ou **puz.zo.len.to** [puttsol′ento] *adj* fedorento, fétido.

puz.zo.ne [putts′one] *sm* fedorento. *Gír. Fig.* verme, nojento.

Q

q [k′u] *sf* a décima quinta letra do alfabeto italiano.

qua [k′wa] *adv* aqui, cá. **di** ≃ aqui, neste lugar; daqui, de cá. **in** ≃ para cá, nesta direção. ≃ **e là** aqui e acolá, cá e lá. **più di là che di** ≃ *Fig.* mais morto do que vivo.

quac.que.ro [k′wakkwero] ou **quac.che.ro** [k′wakkero] *sm Rel.* quacre.

quadernario → **quaternario**.

qua.der.net.to [kwadern′etto] ou **qua.der.ni.no** [kwadern′ino] *sm dim* caderninho; caderneta.

qua.der.no [kwad′erno] *sm* caderno; canteiro. ≃ **di cassa** livro caixa. ≃ **a righe** caderno pautado. ≃ **quadrettato** caderno quadriculado.

qua.dra.ge.na.rio [kwadradʒen′arjo] *sm+adj* ou **qua.ran.ten.ne** [kwarant′enne] *s+adj* quadragenário.

quadragesimo → **quarantesimo**.

qua.dran.go.la.re [kwadrangol′are] *adj* quadrangular.

qua.dran.go.lo [kwadr′angolo] *sm Geom.* quadrângulo, quadrilátero. *adj* quadrangular.

qua.dran.te [kwadr′ante] *sm* quadrante; mostrador. ≃ **dell'orologio** mostrador do relógio. ≃ **della bussola** mostrador da bússola.

qua.dra.re [kwadr′are] *vt Mat.* elevar ao quadrado. *Fig.* equilibrar, equiparar. *vi* convir, ser adequado.

qua.dra.to [kwadr′ato] *sm+adj* quadrado. ≃ **di un numero** *Mat.* quadrado de um número. **radice** ≃ **a** *Mat.* raiz quadrada. **spalle** ≃ **e** ombros largos.

qua.dra.tu.ra [kwadrat′ura] *sf* quadratura.

qua.drel.lo [kwadr′ello] *sm* tijolo. *Poét.* (pl f **le quadrella**) quadrelo, seta, flecha.

qua.dret.to [kwadr′etto] *sm dim* quadrinho; casa de xadrez. **a** ≃ **i** xadrez, quadriculado.

qua.dri.en.nio [kwadri′ennjo] *sm* quadriênio, quatriênio.

qua.dri.fo.glio [kwadrif′ɔλo] *sm Bot.* trevo de quatro folhas.

qua.dri.ge.mi.no [kwadridʒ′emino] *adj* quadrigêmeo.

qua.dri.glia [kwadr′iλa] *sf Mús.* quadrilha.

qua.dri.la.te.ro [kwadril′atero] *sm Geom.* quadrilátero, quadrângulo. *adj* quadrilátero.

qua.dri.lio.ne [kwadril′jone] *sm+num* quatrilhão.

qua.dri.me.stre [kwadrim′estre] *sm* quadrimestre. *adj* quadrimestral.

qua.dri.mo.to.re [kwadrimot′ore] *sm+adj Aeron.* quadrimotor.

qua.dri.no.mio [kwadrin′ɔmjo] *sm Mat.* quadrinômio.

qua.dri.par.ti.to [kwadripart′ito] *adj* quadripartido, quadripartito.

qua.dri.re.me [kwadrir′eme] *sf Náut.* quadrirreme.

qua.dri.sil.la.bo [kwadris′illabo] *sm Gram.* quadrissílabo. *adj* quadrissílabo, quadrissilábico.

qua.dri.vio [kwadr′ivjo] *sm* encruzilhada, cruzamento. *Hist.* quadrívio.

qua.dro [k′wadro] *sm* quadro, quadrado. *Pint.* quadro, pintura. *Elet.* painel. *Fig.* situação, quadro. ≃ **i** *pl* ouros (naipe). ≃ **di soldati in un battaglione** quadro de soldados num batalhão. *adj* quadrado. **una testa** ≃ **a** *Fig.* um gênio.

qua.dru.pe.de [kwadr′upede] *sm+adj* quadrúpede.

qua.dru.pli.ca.re [kwadruplik′are] *vt* quadruplicar.

qua.dru.pli.ce [kwadr′uplitʃe] *adj+num* quádruplo.

qua.dru.plo [k′wadruplo] *sm+num* quádruplo.

quag.giù [kwaddʒ′u] *adv* aqui embaixo, cá embaixo.

qua.glia [k′waλa] *sf Zool.* codorniz.

qua.glia.men.to [kwaλam′ento] *sm* coagulação.

qua.glia.re [kwaλ′jare] *vt, vi+vpr* coalhar, coagular.

qua.glio [k′waλo] *sm* coalho, coágulo.

qual.che [k′walke] *pron* algum, alguma. ≃ **cosa** → **qualcosa**.

qual.co.sa [kwalk′oza] ou **qualche cosa** *pron* alguma coisa, algo.

qual.cu.no [kwalk'uno] ou **qual.che.du.no** [kwalked'uno] *pron* alguém.
qua.le [k'wale] *adj+pron* qual, que. **il** ≃ **, la** ≃ o qual, a qual. **i** ≃**i, le** ≃**i** os quais, as quais. Perde o *e* final em certos casos. **qual era il tuo libro?** qual era o seu livro? **qual casa hai comprato?** que casa você comprou?
qua.li.fi.ca.re [kwalifik'are] *vt* qualificar.
qua.li.fi.ca.to [kwalifik'ato] *part+adj* qualificado. **operaio** ≃ operário especializado. **delitto** ≃ *Dir.* crime qualificado.
qua.li.fi.ca.zio.ne [kwalifikats'jone] ou **qua.li.fi.ca** [kwal'ifika] *sf* qualificação.
qua.li.tà [kwalit'a] *sf* qualidade; característica; tipo, espécie.
qua.li.ta.ti.vo [kwalitat'ivo] *adj* qualitativo.
qua.lo.ra [kwal'ora] *adv* quando. *conj* se, no caso de, supondo que.
qual.si.a.si [kwals'iasi], **qual.si.si.a** [kwalsis'ia] ou **qual.si.vo.glia** [kwalsiv'oʎa] *adj+pron* qualquer; qualquer que seja.
qua.lun.que [kwal'unkwe] *adj+pron* qualquer; qualquer que seja; quem quer que.
qua.lun.qui.sta [kwalunk'wista] *s+adj Fig.* indiferente, ausente.
qual.vol.ta [kwalv'ɔlta] *adv* usado sempre com *ogni*: **ogni** ≃ sempre que, toda vez que.
quan.do [k'wando] *adv* quando. *conj* quando, se. **di** ≃ **in** ≃ de quando em quando, às vezes. ≃ **che sia** mais cedo ou mais tarde. ≃ **pure** ou **quand'anche** ainda que.
quan.ti.tà [kwantit'a] *sf* quantidade. **in** ≃ em quantidade, em grande quantidade, em grande número.
quan.ti.ta.ti.vo [kwantitat'ivo] *adj* quantitativo.
quan.to [k'wanto] *sm* quanto, quantidade. *Fís.* quantum. **teoria dei** ≃**i** *Fís.* teoria quântica. *adj+adv* quanto. ≃ **prima** o quanto antes, o mais rápido possível. **tanto** ≃ tanto quanto. ≃ **a** ou **in** ≃ **a** com relação a, a respeito de. ≃ **costa?** quanto custa? ≃ **più ...**, **tanto più** quanto mais ..., tanto mais. ≃**i, ≃a, ≃e** quantos, quanta, quantas.
quan.to.me.no [kwantom'eno] *adv* no mínimo, pelo menos.
quan.tun.que [kwant'unkwe] *conj* se bem que, ainda que.
qua.ran.ta [kwar'anta] *sm+num* quarenta.
qua.ran.te.na [kwarant'ena] *sf* quarentena.
quarantenne → **quadragenario**.
qua.ran.te.si.mo [kwarant'ezimo] ou **qua.dra.ge.si.mo** [kwadradʒ'ezimo] *sm+num* quadragésimo; quarenta avos.

qua.ran.ti.na [kwarant'ina] *sf* uns quarenta, umas quarenta.
qua.ran.tot.ta.ta [kwarantott'ata] *sf* patriotada.
qua.ran.tot.to [kwarant'ɔtto] *sm Fig.* caos, confusão.
Qua.re.si.ma [kwar'ezima] *sf Rel.* Quaresma. **far** ≃ jejuar. **lungo come la** ≃ *Fig.* tedioso, maçante.
quar.ta [k'warta] *sf Mús.* quarta. ≃ ou ≃ **velocità** *Autom.* quarta, quarta marcha.
quar.ta.buo.no [kwartab'wono] *sm* esquadria, esquadro.
quar.ta.to [kwart'ato] *adj* robusto, forte.
quar.ta.vo.lo [kwart'avolo] *sm* tataravô, tetravô. ≃ **a** *sf* tataravó, tetravó.
quar.tet.to [kwart'etto] *sm tb Mús.* quarteto.
quar.tie.re [kwart'jere] *sm* bairro. *Mil.* quartel. ≃ **generale** quartel-general.
quar.ti.na [kwart'ina] *sf Lit.* quadra, quarteto.
quar.to [k'warto] *sm+num* quarto. ≃ **a dimensione** quarta dimensão. ≃ **a velocità** → **quarta**.
quar.zo [k'wartso] *sm Min.* quartzo.
qua.si [k'wazi] *adv* quase, próximo de. ≃ **che** ou ≃ **come** *conj* como se.
quas.sù [kwass'u] *adv* aqui em cima, cá em cima.
qua.ter.na.rio [kwatern'arjo] ou **qua.der.na.rio** [kwadern'arjo] *sm Lit.* quadra, quarteto de versos. *adj* quaternário.
quat.to [k'watto] *adj* inclinado, abaixado; silencioso, furtivo. ≃ ≃ quietinho, em absoluto silêncio.
quat.to.ne [kwatt'one] ou **quat.to.ni** [kwatt'oni] *adv* em silêncio.
quat.tor.di.cen.ne [kwattorditʃ'enne] *s+adj* de quatorze anos (de idade).
quat.tor.di.ce.si.mo [kwattorditʃ'ezimo] ou **de.ci.mo.quar.to** [detʃimok'warto] *sm+num* décimo quarto; quatorze avos.
quat.tor.di.ci [kwatt'orditʃi] *sm+num* quatorze, catorze.
quat.tren.ne [kwattr'enne] *s+adj* de quatro anos (de idade).
quat.tri.na.io [kwattrin'ajo] *sm* rico, milionário.
quat.tri.no [kwattr'ino] *sm* (mais usado no *pl*) dinheiro. **non vale un** ≃ não vale um centavo.
quat.tro [k'wattro] *sm+num* quatro. **parlare a** ≃ **occhi** falar cara a cara. **dirne** ≃ **a uno** falar às claras. **farsi in** ≃ fazer de tudo (para conseguir algo).
quat.troc.chi [kwattr'ɔkki] *sm Pop.* quatro-olhos, quem usa óculos.

quat.tro.cen.te.si.mo [kwattrotʃent'ezimo] *sm*+*num* quadringentésimo.

quat.tro.cen.ti.sta [kwattrotʃent'ista] *sm* quatrocentista.

quat.tro.cen.to [kwattrotʃ'ento] *sm*+*num* quatrocentos. **il Q** ≃ *sm* o século XV.

quat.tro.mi.la [kwattrom'ila] *sm*+*num* quatro mil.

quegl' → **quelli.**

quegli → **quelli.**

quei → **quelli.**

quel → **quello.**

quell' → **quello** e **quella.**

quel.la [k'wella] *adj*+*pron fsg* aquela. Antes de vogal, **quell'.**

quel.le [k'welle] *adj*+*pron fpl* aquelas.

quel.li [k'welli] *adj*+*pron* aqueles. Varia como o *art def mpl* **quei, quegli, quegl'.**

quel.lo [k'wello] *adj*+*pron msg* aquilo; aquele. Varia como o *art def msg:* **quel, quell'.**

quer.ce.to [kwertʃ'eto] *sm* ou **quer.ce.ta** [kwertʃ'eta] *sf* carvalhal.

quer.cia [k'wertʃa] *sf* (*pl f* **le querce**) carvalho. **forte come una** ≃ *Fig.* forte como um touro.

quer.ci.tro.ne [kwertʃitr'one] *sm* carvalho americano.

que.re.la [kwer'ela] *sf* querela, acusação, queixa. **dar** ≃ → **querelare.**

que.re.lan.te [kwerel'ante] *s*+*adj Dir.* querelante, queixoso.

que.re.la.re [kwerel'are] ou **dar querela** *vt* acusar. *Dir.* querelar. *vpr* queixar-se, lamentar-se. *Dir.* querelar, prestar queixa.

que.re.la.to [kwerel'ato] *part*+*adj Dir.* querelado.

que.ri.mo.nia [kwerim'ɔnja] *sf Lit.* lamentação, queixume.

que.ru.lo [kw'erulo] *adj Lit.* queixoso, plangente. *Pop.* resmungão.

que.si.to [kwez'ito] *sm* quesito; questão, pergunta. *adj Dir.* procurado.

quest' → **questo** e **questa.**

que.sta [k'westa] *adj*+*pron fsg* esta. Antes de vogal, **quest'.**

que.ste [k'weste] *adj*+*pron fpl* estas.

que.sti [k'westi] *pron msg* este (pessoa). *adj*+*pron mpl* estes.

que.stio.na.re [kwestjon'are] *vi* questionar.

que.stio.na.rio [kwestjon'arjo] *sm* questionário.

que.stion.cel.la [kwestjontʃ'ella] ou **que.stion.ci.na** [kwestjontʃ'ina] *sf dim* briguinha, discussão à-toa.

que.stio.ne [kwest'jone] *sf* questão, problema; briga, rixa; discussão. ≃ **di lana caprina** discussão inútil.

que.sto [k'westo] *adj*+*pron msg* isto; este. ≃ **cane** este cão. Antes de vogal, **quest'.** ≃ **mi piace** isto me agrada. ≃ **e quello** isto e aquilo, um e outro. **con** ≃ **che** desde que, com a condição de que. **per** ≃ por isto.

que.sto.re [kwest'ore] *sm* chefe de polícia. *Hist.* questor.

que.stua [k'westwa] *sf* mendicância.

que.stu.a.re [kwestu'are] *vi* esmolar, pedir esmolas.

que.stu.ra [kwest'ura] *sf* chefatura de polícia. *Hist.* questura.

que.stu.ri.no [kwestur'ino] *sm Pop.* guarda, policial.

queto → **quieto.**

qui [k'wi] *adv* aqui, neste lugar; neste caso. **di** ≃ **a un anno** daqui a um ano.

quidsimile → **quissimile.**

quie.scen.te [kwjeʃ'ente] *adj Lit.* quiescente, inerte.

quie.scen.za [kwjeʃ'entsa] *sf Lit.* inércia, imobilidade; letargia; aquiescência, consentimento; aposentadoria. *Mil.* reforma.

quie.tan.za [kwjet'antsa] ou **qui.tan.za** [kwit'antsa] *sf* quitação; recibo de quitação.

quie.tan.za.re [kwjetants'are] ou **qui.tan.za.re** [kwitants'are] *vt* quitar, saldar, pagar uma dívida.

quie.ta.re [kwjet'are] *vt Lit.* aquietar, acalmar. *Fig.* contentar, satisfazer.

quie.te [k'wjete] *sf* imobilidade, repouso; calma, tranqüilidade.

quie.to [k'wjeto] ou **que.to** [k'weto] *adj Lit.* quieto, parado; calmo, tranqüilo.

qui.na.rio [kwin'arjo] *sm*+*adj Poét.* quinário, pentassílabo (verso).

quin.di [k'windi] *adv* daqui, de cá, deste lugar; depois, em seguida. *conj* portanto, conseqüentemente; por isto, por esta razão.

quin.di.cen.ne [kwinditʃ'enne] *s*+*adj* de quinze anos (de idade).

quin.di.cen.nio [kwinditʃ'ennjo] *sm* qüindênio.

quin.di.ce.si.mo [kwinditʃ'ezimo] ou **de.ci.mo.quin.to** [detʃimok'winto] *sm*+*num* décimo quinto; quinze avos.

quin.di.ci [k'winditʃi] *sm*+*num* quinze.

quin.di.ci.na [kwinditʃ'ina] *sf* quinzena.

quin.di.ci.na.le [kwinditʃin'ale] *adj* quinzenal.

quin.qua.ge.na.rio [kwinkwadʒen'arjo] *sm*+*adj* ou **cin.quan.ten.ne** [tʃinkwant'enne] *s*+*adj* qüinquagenário.

quinquagesimo → cinquantesimo.
quin.quen.na.le [kwinkwenn'ale] adj Lit. qüin-
quenal.
quin.quen.nio [kwink'wennjo] sm qüinqüênio.
quin.ta [k'winta] sf Mús. quinta. Teat. bastidor. dietro le ≃ e nos bastidores.
quin.ta.le [kwint'ale] sm quintal, cem quilos.
quin.ter.no [kwint'erno] sm mão de papel.
quin.tes.sen.za [kwintess'entsa] sf Quím. quin-
tesssência. Fig. essência, máximo.
quin.tet.to [kwint'etto] sm tb Mús. quinteto.
quintina → cinquina.
quin.to [k'winto] sm + num quinto.
quin.tu.pli.ca.re [kwintuplik'are] vt quintu-
plicar.
quin.tu.pli.ce [kwint'uplitʃe] adj + num
quíntuplo.
quin.tu.plo [k'wintuplo] sm + num quíntuplo.
qui.pro.quo [kwiprok'wɔ] sm qüiprocó, equívoco, engano, mal-entendido.
qui.squi.lia [kwisk'wilja] sf bagatela, mixaria,
ninharia.

quis.si.mi.le [kwiss'imile] ou quid.si.mi.le
[kwids'imile] sm algo parecido.
quitanza, quietanza, quitanzare → quietanzare.
qui.vi [k'wivi] adv ali, naquele lugar. ≃ entro
ali dentro.
quo.ta [k'wɔta] sf quota, cota, parte; prestação. Aeron. e Geogr. altitude. Esp. probabilidade. ≃ di ammortamento quota de amortização. prender ≃ ganhar altitude.
quo.ta.re [kwot'are] vt cotar; avaliar, estimar.
quo.ta.to [kwot'ato] part + adj cotado. Fig.
eminente, importante.
quo.ta.zio.ne [kwotats'jone] sf cotação. Fig.
avaliação.
quo.ti.dia.na.men.te [kwotidjanam'ente] adv
quotidianamente, diariamente, todos os dias.
quo.ti.dia.no [kwotid'jano] sm diário, jornal
diário. adj quotidiano, diário.
quo.zien.te [kwots'jente] ou quo.to [k'wɔto] sm
Mat. quociente. Pol. quórum. ≃ elettorale
quociente eleitoral.

R

r [´eːˈre] *sf* a décima sexta letra do alfabeto italiano.

ra.bar.ba.ro [rab´arbaro] *sm Bot.* ruibarbo.

rab.bi [r´abbi] *sm Rel.* rabi.

rab.bia [r´abbja] *sf* raiva, ira, cólera. *Med.* raiva, hidrofobia. *Fig.* cobiça; obstinação.

rab.bi.no [rabb´ino] *sm Rel.* rabino.

rab.bio.so [rabb´jozo] *adj Med.* raivoso, hidrófobo. *Fig.* enraivecido, furioso, irado.

rab.boc.ca.re [rabbokk´are] *vt* encher até a boca.

rab.bo.ni.re [rabbon´ire] *vt* pacificar; acalmar, aquietar. *vpr* acalmar-se, aquietar-se.

rab.bri.vi.di.re [rabbrivid´ire] *vi* tremer, estremecer. *tb Fig.* arrepiar-se, ter calafrios.

rab.buf.fa.re [rabbuff´are] *vt* desgrenhar, desarrumar (cabelos). *Fig.* repreender.

rab.buf.fo [rabb´uffo] *sm* repreensão. *Pop.* bronca, esfrega.

ra.be.sco [rab´esko] *sm* arabesco. *Fig. dep* rabisco.

rac.ca.pez.za.re [rakkapetts´are] *vt* juntar, agrupar. *vpr* compreender, entender.

rac.ca.pric.cio [rakkapr´ittʃo] *sm* horror, arrepio, calafrio.

rac.cat.ta.re [rakkatt´are] *vt* pegar, apanhar no chão; colher.

rac.cer.ta.re [rattʃert´are] *vt* certificar, assegurar. *vpr* certificar-se, assegurar-se; tranqüilizar-se.

rac.chet.ta [rakk´etta] *sf Esp.* raqueta, raquete.

rac.chiu.de.re [rakk´judere] *vt* fechar, cerrar; conter, incluir.

rac.co.glie.re [rakk´ɔʎere] *vt* recolher, receber (pessoas); colher; pegar, apanhar; reunir, juntar, unir; colecionar. *vpr* reunir-se, encontrar-se, juntar-se; concentrar-se, meditar. ≃ **le idee** ordenar as idéias.

rac.co.gli.men.to [rakkoʎim´ento] *sm* recolhimento; concentração, meditação.

rac.co.gli.to.re [rakkoʎit´ore] *sm* colecionador; pasta para documentos.

rac.col.ta [rakk´ɔlta] *sf* colheita; coleção; antologia. **sonare a** ≃ *Mil.* dar toque de recolher.

rac.co.man.da.bi.le [rakkomand´abile] *adj* recomendável.

rac.co.man.da.re [rakkomand´are] *vt* recomendar; aconselhar, sugerir. *vpr* implorar por proteção. ≃ **una lettera** registrar uma carta.

rac.co.man.da.zio.ne [rakkomandats´jone] *sf* recomendação. **lettera di** ≃ carta de recomendação.

rac.co.mo.da.re [rakkomod´are] *vt* consertar, reparar, restaurar; concertar, arrumar.

rac.con.cia.men.to [rakkontʃam´ento] *sm* ou **rac.con.cia.tu.ra** [rakkontʃat´ura] *sf* conserto, reparo; concerto, ajuste, arrumação.

rac.con.cia.re [rakkontʃ´are] *vt* consertar, reparar. *Fig.* reconciliar.

rac.con.so.la.re [rakkonsol´are] *vt* consolar.

rac.con.ta.re [rakkont´are] *vt* contar, narrar. ≃ **per filo e per segno** contar tudo nos mínimos detalhes.

rac.con.to [rakk´onto] *sm* conto.

rac.cor.da.re [rakkord´are] *vt* reconciliar; juntar, ligar, unir, conectar. *vpr* reconciliar-se.

rac.cor.do [rakk´ordo] *sm* conexão (de trem, tubos, etc.).

ra.chi.ti.co [rak´itiko] *adj* raquítico.

ra.chi.ti.de [rak´itide] *sf* ou **ra.chi.ti.smo** [rakit´izmo] *sm Med.* raquitismo.

ra.da [r´ada] *sf Geogr.* baía, enseada; porto, ancoradouro.

ra.dar [r´adar] *sm Mil.* radar.

rad.den.sa.re [raddens´are] *vt* adensar, condensar. *vpr* adensar-se, condensar-se.

rad.dol.ci.re [raddoltʃ´ire] *vt* adoçar. *Fig.* suavizar. *vpr* ficar doce. *Fig.* suavizar-se.

rad.dop.pia.re [raddopp´jare] *vt* dobrar, duplicar. *vi+vpr* dobrar, redobrar; aumentar.

rad.dop.pio [radd´oppjo] *sm* dobramento, duplicação.

rad.driz.za.re [raddritts´are] *vt* ou **rad.di.riz.za.re** [raddiritts´are] *vt* endireitar. *Fig.* corrigir.

ra.de.re [r´adere] *vt* raspar, rapar; barbear; depilar. *Fig.* roçar, passar rente a; derrubar, demolir. *vpr* barbear-se; depilar-se.

ra.dian.te [rad´jante] *adj* radiante, fulgurante.

ra.dia.re [rad´jare] *vt* cancelar, riscar de uma lista. *vi* radiar. *Fig.* resplandecer, luzir.

ra.dia.to.re [radjat´ore] *sm* radiador.

ra.dia.zio.ne [radjats´jone] *sf* radiação; radioatividade. ≃ **cosmica** *Fís.* radiação cósmica.

ra.di.ca.le [radik´ale] *sm Quím., Mat., Gram.* e *Pol.* radical. *adj* radical. *Fig.* drástico.

ra.di.ca.re [radik´are] *vi* + *vpr tb Fig.* criar raízes, radicar-se, fixar-se, arraigar-se.

ra.dic.chio [rad´ikkjo] *sm Bot.* chicória.

ra.di.ce [rad´itʃe] *sf Bot.* e *Gram.* raiz. *Fig.* causa, origem.

ra.dio [r´adjo] *sm Anat.* e *Quím.* rádio. *sf* rádio, aparelho de rádio. ≃ **ricevente** rádio receptor. ≃ **trasmittente** rádio transmissor.

ra.dio.a.ma.to.re [radjoamat´ore] *sm* radioamador.

ra.dio.at.ti.vi.tà [radjoattivit´a] *sf Fís.* radioatividade.

ra.dio.at.ti.vo [radjoatt´ivo] *adj Fís.* radioativo.

ra.dio.gra.fi.a [radjograf´ia] *sf Med.* radiografia.

ra.dio.gram.ma [radjogr´amma] *sm* radiograma.

ra.dio.sco.pi.a [radjoskop´ia] *sf Med.* radioscopia.

ra.dio.te.ra.pi.a [radjoterap´ia] *sf Med.* radioterapia.

ra.do [r´ado] *adj* raro; ralo. **di** ≃ raramente. **non di** ≃ amiúde, freqüentemente.

ra.du.na.re [radun´are] *vt* reunir, juntar. *vpr* reunir-se, juntar-se.

ra.du.no [rad´uno] *sm* congresso, ´encontro.

ra.fa.no [r´afano] *sm Bot.* rábano.

raf.faz.zo.na.re [raffattson´are] ou **af.faz.zo.na.re** [affattson´are] *vt* consertar, reparar; concertar, arrumar, ajustar.

raf.fer.ma.re [rafferm´are] *vt* reafirmar, confirmar; endurecer; estabilizar. *vpr* endurecer (massa); estabilizar-se.

raf.fer.mo [raff´ermo] *adj* duro, velho (pão).

raf.fi.ca [r´affika] *sf* rajada.

raf.fi.gu.ra.re [raffigur´are] *vt* figurar, representar; simbolizar.

raf.fi.la.re [raffil´are] *vt* afiar, amolar.

raf.fi.na.men.to [raffinam´ento] *sm* refinamento. *Fig.* apuro, aperfeiçoamento.

raf.fi.na.re [raffin´are] *vt* refinar. *Fig.* apurar, aperfeiçoar; educar. *vpr* refinar-se.

raf.fi.na.tez.za [raffinat´ettsa] *sf* refinamento, requinte, elegância, bom gosto.

raf.for.za.men.to [raffortsam´ento] *sm* reforço; fortalecimento.

raf.for.za.re [rafforts´are] *vt* reforçar. *vpr* fortalecer-se, revigorar-se.

raf.fred.da.men.to [raffreddam´ento] *sm* resfriamento, refrigeração. ≃ **ad acqua o ad aria** *Autom.* refrigeração a água ou a ar.

raf.fred.da.re [raffredd´are] *vt* resfriar, refrigerar. *vpr* resfriar-se, esfriar.

raf.fred.do.re [raffredd´ore] *sm Med.* resfriado.

raf.fre.na.re [raffren´are] *vt* frear, refrear. *Fig.* reprimir; moderar. *vpr* refrear-se, conter-se.

raf.fron.ta.re [raffront´are] *vt* comparar, confrontar.

ra.fia [r´afja] *sf Bot.* ráfia.

ra.ga.nel.la [ragan´ella] *sf Zool.* pererera.

ra.gaz.zo [rag´attso] *sm* moço, rapaz; menino. *Fig.* namorado; ajudante, aprendiz.

rag.gia.re [raddʒ´are] *vi* radiar. *Fig.* resplandecer, refulgir.

rag.gie.ra [raddʒ´era; raddʒ´era] *sf Rel.* auréola.

rag.gio [r´addʒo] *sm Geom.* e *Fís.* raio. ≃ **X** raio X. ≃ **di orologio** ponteiro de relógio.

rag.gi.ra.re [raddʒir´are] *vt* enganar, iludir.

rag.gi.ro [raddʒ´iro] *sm* engano, embuste.

rag.giun.ge.re [raddʒ´undʒere] *vt* alcançar. *Fig.* conseguir, obter. *vpr* unir-se.

rag.giu.sta.re [raddʒust´are] *vt* reajustar; reparar. *Fig.* reconciliar. *vpr* reconciliar-se.

rag.grin.za.re [raggrints´are] ou **rag.grin.zi.re** [raggrints´ire] *vt* enrugar, encrespar. *vi* + *vpr* enrugar-se, encrespar-se.

rag.grup.pa.re [raggrupp´are] *vt* agrupar, reunir, juntar.

rag.gua.glia.re [raggwaʎ´are] *vt* igualar, equiparar; nivelar; comparar; informar.

rag.gua.glio [ragg´waʎo] *sm* comparação; informação.

ra.gia [r´adʒa] *sf Bot.* terebintina.

ra.gio.na.men.to [radʒonam´ento] *sm* raciocínio; debate, discussão, argumentação.

ra.gio.na.re [radʒon´are] *vt* raciocinar; debater, discutir, argumentar.

ra.gio.ne [radʒ´one] *sf* razão; lógica, raciocínio; causa, motivo; prova, fundamento. ≃ **aritmetica** e **geometrica** *Mat.* razão aritmética e geométrica. ≃ **sociale** *Com.* razão social. **render** ≃ fazer justiça; justificar-se. **aver** ≃ ter razão, estar certo.

ra.gio.ne.ri.a [radʒoner´ia] *sf Com.* contabilidade.

ra.gio.ne.vo.le [radʒon´evole] *adj* razoável; racional, lógico; conveniente; moderado.

ra.gio.nie.re [radʒon´jere] *sm Com.* contador, contabilista; guarda-livros.

ra.glia.re [raʎ´are] *vi* zurrar. *Fig.* desafinar.

ra.gna [r'aña] *sf* teia de aranha; aranhol, rede para caçar passarinhos. *Fig.* cilada.

ra.gna.te.la [rañat'ela] *sf* teia de aranha. *Fig.* armadilha.

ra.gna.to [rañ'ato] *part*+*adj* puído, gasto (tecido).

ra.gno [r'año] *sm* aranha.

ra.gù [rag'u] *sm* ensopado, guisado; molho.

ra.ia [r'aja] ou **raz.za** [r'attsa] *sf Zool.* raia, arraia.

ra.iá [ra'ja] *sm* rajá.

ral.le.gra.men.to [rallegram'ento] *sm* alegria, diversão. ≃ i *sm pl* parabéns, felicitações.

ral.le.gra.re [rallegr'are] *vt* alegrar, divertir. *vpr* alegrar-se, divertir-se; congratular-se.

ral.len.ta.re [rallent'are] *vt* desacelerar; atrapalhar. *Fig.* afrouxar. *vpr* desacelerar-se.

ra.ma.dan [ramad'an] *sm Rel.* ramadã.

ra.man.zi.na [ramants'ina] *sf* repreensão, censura, pito. *Pop.* bronca.

ra.me [r'ame] *sm Quím.* cobre. ≃ i *sm pl* utensílios de cozinha.

ra.mi.fi.ca.re [ramifik'are] *vi*+*vpr* ramificar-se.

ra.min.ga.re [raming'are] *vi* vagar, vagabundear.

ra.min.go [ram'ingo] *sm*+*adj* errante, nômade, vagabundo.

ram.ma.ri.ca.re [rammarik'are] *vt* afligir; magoar. *vpr* lamentar-se; arrepender-se.

ram.ma.ri.co [ramm'ariko] *sm* aflição; amargura; arrependimento, remorso.

ram.men.da.re [rammend'are] *vt* remendar.

ram.men.do [ramm'endo] *sm* remendo.

ram.men.ta.re [ramment'are] *vt* lembrar, recordar. *vpr* lembrar-se, recordar-se.

ram.mol.li.re [rammoll'ire] *vt*+*vi* amolecer. *vpr* amolecer. *Fig.* comover-se; caducar.

ram.mor.bi.di.re [rammorbid'ire] *vt* amaciar. *Fig.* enternecer, sensibilizar. *vi*+*vpr* amaciar. *Fig.* enternecer-se, sensibilizar-se.

ra.mo [r'amo] *sm Bot.* ramo. *Geogr.* braço de rio. *Fig.* linhagem, estirpe, ramo familiar; ramificação, divisão; ramal de estrada. **avere un ≃ di pazzia** ter um parafuso a menos.

ra.mo.lac.cio [ramol'attʃo] *sm Bot.* rábano.

ra.mo.scel.lo [ramoʃ'ello] *sm Bot.* raminho.

ram.pa [r'ampa] *sf* rampa, declive, ladeira; lance de escadas; garra.

ram.pi.can.te [rampik'ante] *sm Zool.* ave trepadora. *Bot.* trepadeira.

rampicarsi → **arrampicarsi**.

ram.pi.no [ramp'ino] *sm* gancho; dente do garfo. *Fig.* pretexto, desculpa.

ram.pol.lo [ramp'ollo] *sm Bot.* rebento, broto. *Fig.* descendente, filho.

ram.po.ne [ramp'one] *sm Náut.* arpão.

ra.na [r'ana] *sf Zool.* rã.

ran.ci.do [r'antʃido] *sm* ranço. *adj* rançoso; mofado, estragado. *Fig.* antiquado, velho.

ran.cio [r'antʃo] *sm Mil.* rancho, refeição. *adj* laranja, alaranjado.

ran.co [r'anko] *adj* manco, coxo.

ran.co.re [rank'ore] *sm* rancor, ressentimento.

ran.da.gio [rand'adʒo] *adj* errante, vagabundo; sem dono, vira-lata (animal).

ran.del.lo [rand'ello] *sm* bastão, porrete.

ran.go [r'ango] *sm* classe, nível; grau, condição. *Mil.* fileira.

ran.nic.chiar.si [rannikk'jarsi] *vpr* agachar-se, acocorar-se.

ran.nu.vo.lar.si [rannuvol'arsi] *vpr* ficar nublado, anuviar-se. *Fig.* fazer cara feia.

ra.noc.chia [ran'okkja] *sf* ou **ra.noc.chio** [ran'okkjo] *sm* rã.

ran.to.lo [r'antolo] *sm* estertor.

ra.pa [r'apa] *sf* nabo. *Fig.* estúpido, burro.

ra.pa.ce [rap'atʃe] *sm Zool.* ave de rapina. *adj* rapace, de rapina. *Fig.* ávido, insaciável.

ra.pa.re [rap'are] *vt* raspar, rapar; tosquiar, tosar. *vpr* barbear-se.

ra.pè [rap'ɛ] *sm* rapé.

ra.pi.da [r'apida] *sf Geogr.* rápido, corredeira.

ra.pi.di.tà [rapidit'a] *sf* rapidez.

ra.pi.do [r'apido] *sm* trem expresso. *adj* rápido, veloz. *Fig.* decidido, resoluto; fácil.

ra.pi.men.to [rapim'ento] *sm* rapto, seqüestro; êxtase, arrebatamento.

ra.pi.na [rap'ina] *sf* assalto, furto, latrocínio. *Fig.* roubo, ladroeira, exploração. ≃ **a mano armata** assalto à mão armada.

ra.pi.na.re [rapin'are] *vt* assaltar; roubar; pilhar, saquear.

ra.pi.na.to.re [rapinat'ore] *sm* assaltante, ladrão.

ra.pi.re [rap'ire] *vt* raptar, seqüestrar; arrebatar, tomar. *Fig.* extasiar, enlevar.

rap.pa.cia.re [rappatʃ'are] ou **rap.pa.ci.fi.ca.re** [rappatʃifik'are] *vt* reconciliar, pacificar. *vpr* reconciliar-se, fazer as pazes.

rap.pez.za.re [rappetts'are] *vt* remendar; reparar, consertar.

rap.pez.zo [rapp'ettso] *sm* remendo; reparo, conserto. *Fig.* desculpa, pretexto.

rap.por.ta.re [rapport'are] *vt* relatar, contar; copiar (desenho). *vpr* referir-se, reportar-se.

rap.por.to [rapp'orto] *sm* relatório; relação; conexão; relacionamento. *Mat.* razão, proporção. ≃ **i** *pl* relações, conhecidos. ≃ **sessuale** relação sexual. **per** ≃ relativamente.

rap.pre.sa.glia [rapprez'aλa] *sf* represália.

rap.pre.sen.tan.te [rapprezent'ante] *s + adj* representante.

rap.pre.sen.tan.za [rapprezent'antsa] *sf Com.* e *Pol.* representação.

rap.pre.sen.ta.re [rapprezent'are] *vt* representar; reproduzir, retratar; simbolizar, significar. *Teat.* representar, interpretar.

rap.pre.sen.ta.zio.ne [rapprezentats'jone] *sf* representação (imagem). *Teat.* representação, espetáculo.

ra.pso.di.a [rapsod'ia] *sf* rapsódia.

ra.re.fa.re [raref'are] *vt Fís.* rarefazer, dilatar. *vi + vpr* expandir-se, dilatar-se, rarefazer-se.

ra.ri.tà [rarit'a] *sf* raridade.

ra.ro [r'aro] *adj* raro; escasso; especial, único; extraordinário, excepcional.

ra.sa.re [raz'are] *vt* barbear; aparar, podar (árvores). *vpr* barbear-se.

ra.schia.re [rask'jare] *vt* raspar, arranhar; limpar (a garganta).

ra.schia.tu.ra [raskjat'ura] *sf* raspagem; raspadura.

ra.schi.no [rask'ino] *sm* raspadeira.

ra.sen.ta.re [razent'are] *vt* roçar, tocar levemente. *Fig.* estar prestes a, estar a ponto de.

ra.sen.te [raz'ente] *prep* rente a, muito perto de; ao longo de. *adv* rente, muito perto.

ra.so [r'azo] *sm* cetim. *part + adj* raso; raspado; rente. **un cucchiaio** ≃ uma colher rasa. *adv* rente a. ≃ **terra** rente à terra.

ra.so.io [raz'ojo] *sm* navalha. ≃ **di sicurezza** aparelho de barba, gilete. ≃ **elettrico** barbeador elétrico. **camminare sul filo di un** ≃ *Fig.* caminhar no fio de uma navalha, arriscar-se.

ra.spa [r'aspa] *sf* lima, grosa.

ra.spa.re [rasp'are] *vt* raspar. *Fig.* roubar. *vi* ciscar, escavar o chão.

ras.se.gna [rass'eña] *sf Mil.* revista. *Fig.* exame; resenha (de jornal).

ras.se.gna.re [rasseñ'are] *vt* resenhar; consignar, entregar. *vpr* conformar-se, resignar-se.

ras.se.re.na.re [rasseren'are] *vt, vi + vpr* serenar, tranqüilizar, acalmar.

ras.si.cu.ra.re [rassikur'are] *vt* acalmar; encorajar. *vpr* acalmar-se; tomar coragem.

ras.so.da.re [rassod'are] *vt* endurecer. *Fig.* consolidar, fortalecer.

ras.so.mi.glia.re [rassomiλ'are] *vt* parecer, assemelhar-se a.

ra.strel.lie.ra [rastrell'jera] *sf* prateleira; escorredor de pratos.

ra.strel.lo [rastr'ello] *sm* ancinho.

ra.su.ra [raz'ura] *sf* rasura.

ra.ta [r'ata] *sf Com.* prestação; quota, parte, fração. **vendere e pagare a** ≃ e vender e pagar a prazo. **per** ≃ ou **pro** ≃ *Com.* pro rata.

ra.te.a.re [rate'are] ou **ra.tiz.za.re** [ratiddz'are] *vt Com.* ratear, dividir proporcionalmente.

ra.ti.fi.ca.re [ratifik'are] *vt* ratificar, confirmar.

ra.ti.fi.ca.zio.ne [ratifikats'jone] ou **ra.ti.fi.ca** [rat'ifika] *sf* ratificação, confirmação.

rat.te.ne.re [ratten'ere] *vt* reter, deter, conter. *vpr* conter-se, controlar-se.

rat.to [r'atto] *sm Dir.* rapto, seqüestro. *Rel.* êxtase. *Zool.* rato. *adj Lit.* rápido, veloz.

rat.top.pa.re [rattopp'are] *vt* remendar. *Fig.* reparar, consertar.

rat.top.po [ratt'oppo] *sm* remendo. *Fig.* reparo, conserto.

rat.trap.pi.re [rattrapp'ire] *vt* entesar, retesar (os membros). *vi + vpr* entesar-se, retesar-se.

rat.tri.sta.re [rattrist'are] *vt* entristecer. *vi* entristecer-se, ficar triste.

rau.ce.di.ne [rawtʃ'edine] *sf* rouquidão.

rau.co [r'awko] *adj* rouco.

ra.va.nel.lo [ravan'ello] *sm* rabanete.

ra.vi.o.li [ravi'ɔli] *sm pl* ravióli.

rav.ve.der.si [ravved'ersi] *vpr* emendar-se, corrigir-se, reconhecer os erros.

rav.ve.di.men.to [ravvedim'ento] *sm* regeneração, arrependimento.

rav.vi.a.re [ravvi'are] *vt* pentear, escovar (cabelos); arrumar. *vpr* pentear-se; arrumar-se.

rav.vi.ci.na.re [ravvitʃin'are] *vt* avizinhar. *vpr* avizinhar-se.

rav.vi.sa.re [ravviz'are] *vt* reconhecer, distinguir.

rav.vi.va.re [ravviv'are] *vt* reviver, ressuscitar; animar. *vpr* reviver.

rav.vol.ge.re [ravv'ɔldʒere] *vt* envolver; embrulhar. *vpr* envolver-se; enrolar-se.

ra.zio.ci.na.re [ratsjotʃin'are] *vi* raciocinar.

ra.zio.ci.nio [ratsjotʃ'injo] *sm* raciocínio; bom senso, discernimento.

ra.zio.na.le [ratsjon'ale] *adj* racional; lógico; apropriado, adequado.

ra.zio.ne [rats'jone] *sf* ração.

raz.za [r'attsa] I *sf* raça; tipo, gênero. *Fig.* povo, gente; família, linhagem.

razza II → **raia**.

raz.za.re [ratts'are] *vt* travar (roda). *vi* reproduzir-se (animais).

raz.zi.a [ratts'ia] *sf Mil.* ataque, assalto, incursão; saque.

raz.zia.le [ratts'jale] *adj* racial.

raz.zia.re [ratts′jare] *vt* atacar, assaltar; saquear.

raz.zi.smo [ratts′izmo] *sm* racismo.

raz.zo [r′addzo] *sm* foguete. *Fig.* espertinho. **propulsione a** ≃ propulsão a jato.

re [r′e] *sm tb Fig.* rei. *Mús.* ré, segunda nota musical. ≃ **di picche** *Fig.* joão-ninguém.

re.a.gi.re [read′ʒire] *vi* reagir; opor-se, rebelar-se. *Quím.* e *Med.* reagir.

re.a.le [re′ale] *sm* realidade; real (moeda antiga). **i R** ≃ **i** *pl* os Reis, a família real. *adj* real; régio, do rei; verdadeiro; de raça (animal).

re.a.li.smo [real′izmo] *sm* realismo.

re.a.li.sta [real′ista] *s+adj* realista.

re.a.li.sti.co [real′istiko] *adj* realístico; realista; prático, concreto.

re.a.liz.za.re [realiddz′are] *vt* realizar, concretizar, efetuar. *vpr* realizar-se. ≃ **un patrimonio** *Com.* realizar um patrimônio.

re.al.tà [realt′a] *sf* realidade. **in** ≃ na realidade, realmente.

re.a.to [re′ato] *sm Dir.* crime, delito.

re.at.to.re [reatt′ore] *sm Aeron.* jato de avião. *Fís.* e *Quím.* reator. ≃ **nucleare** reator nuclear.

re.a.zio.na.rio [reatsjon′arjo] *sm+adj* reacionário, conservador.

re.a.zio.ne [reats′jone] *sf* reação.

reb.bio [r′ebbjo] *sm* dente de garfo.

re.ca.pi.ta.re [rekapit′are] *vt* entregar, dar.

re.ca.pi.to [rek′apito] *sm* endereço; domicílio; entrega, distribuição.

re.ca.re [rek′are] *vt* levar, conduzir; induzir, levar a. *vpr* dirigir-se, ir. ≃ **ad effetto** levar a cabo, efetuar. ≃ **in altra lingua** traduzir.

re.ce.de.re [retʃ′edere] *vi* retroceder; desistir.

re.cen.sio.ne [retʃens′jone] *sf* recensão, crítica, resenha; revisão de texto.

re.cen.si.re [retʃens′ire] *vt* criticar, resenhar; revisar.

re.cen.so.re [retʃens′ore] *sm* crítico; revisor.

re.cen.te [retʃ′ente] *adj* recente, novo. **di** ≃ recentemente.

re.ces.sio.ne [retʃess′jone] *sf* retrocesso, recuo; desistência. *Econ.* recessão, crise econômica.

re.ces.so [retʃ′esso] *sm* recesso, intervalo. *Lit.* recanto, esconderijo.

re.ci.de.re [retʃ′idere] *vt* cortar. *vpr* quebrar-se.

re.ci.di.vo [retʃid′ivo] *adj* recidivo, reincidente.

re.cin.to [retʃ′into] *sm* recinto, local, espaço; cerca, muro; cercado de bebê.

re.ci.pien.te [retʃip′jente] *sm* recipiente.

re.ci.pro.ci.tà [retʃiprotʃit′a] *sf* reciprocidade.

re.ci.pro.co [retʃ′iproko] *adj* recíproco, mútuo.

re.ci.sio.ne [retʃiz′jone] *sf Med.* rescisão, corte.

re.ci.so [retʃ′izo] *part+adj* cortado. *Fig.* breve, curto; resoluto, decidido. récita.

re.ci.ta [r′etʃita] *sf Cin.* e *Teat.* récita, espetáculo, representação. *Fig.* fingimento, afetação.

re.ci.ta.re [retʃit′are] *vt* recitar, declamar. *Cin.* e *Teat.* representar, atuar. *Fig.* fingir.

re.cla.ma.re [reklam′are] *vt* reclamar, reivindicar. *vi* reclamar, protestar.

ré.cla.me [rekl′ame] *sf* reclame, propaganda, publicidade; anúncio.

re.cla.miz.za.re [reklamiddz′are] *vt* fazer publicidade de, divulgar.

re.cla.mo [rekl′amo] *sm* reclamação, queixa, protesto; lamentação.

re.cli.na.re [reklin′are] *vt Lit.* reclinar; apoiar, inclinar (a cabeça). *vi* inclinar-se, curvar-se.

re.clu.sio.ne [rekluz′jone] *sf Dir.* reclusão, prisão.

re.clu.so [rekl′uzo] *sm* recluso, preso, prisioneiro. *part+adj* recluso, encarcerado.

re.clu.ta [r′ekluta] *sf Mil.* recruta. *Fig.* principiante.

re.clu.ta.men.to [reklutam′ento] *sm Mil.* e *Com.* recrutamento.

re.clu.ta.re [reklut′are] *vt Mil.* recrutar.

re.con.di.to [rek′ondito] *adj* recôndito; escondido; misterioso; ignorado, esquecido.

re.cord [r′ɛkord] *sm Esp.* recorde.

re.cri.mi.na.re [rekrimin′are] *vt* recriminar.

recuperare → ricuperare.

recusare → ricusare.

re.dar.gui.re [redarg′wire] *vt* repreender, reprovar.

re.dat.to.re [redatt′ore] *sm* redator.

re.da.zio.ne [redats′jone] *sf* redação, composição. *Jorn.* redação de um jornal.

red.di.to [r′eddito] *sm* renda, rendimento, ganho. ≃ **per abitante** renda per capita.

re.den.to.re [redent′ore] *sm* redentor; salvador.

re.den.zio.ne [redents′jone] *sf* redenção, salvação.

re.di.ge.re [red′idʒere] *vt* redigir, escrever.

re.di.me.re [red′imere] *vt* redimir, resgatar, salvar. *Dir.* remir, liberar de ônus.

re.di.ne [r′edine] *sf* rédea. *Fig.* controle.

re.du.ce [r′edutʃe] *s* sobrevivente; veterano de guerra.

re.fe.ren.dum [refer′endum] *sm Pol.* plebiscito.

re.fe.ren.za [refer′entsa] *sf* (mais usado no *pl*) referência, informação.

re.fet.to.rio [refett′orjo] *sm* refeitório.

re.fe.zio.ne [refets′jone] *sf* refeição.

re.frat.ta.rio [refratt′arjo] *sm+adj* refratário.

re.fri.ge.ra.re [refridʒer'are] vt refrigerar, resfriar.

re.fri.ge.rio [refridʒ'erjo] sm refrigério, alívio, conforto.

re.fu.so [ref'uzo] sm erro de impressão.

re.ga.la.re [regal'are] vt presentear; oferecer.

re.ga.le [reg'ale] adj real, régio; majestoso.

re.ga.li.a [regal'ia] sf regalia, privilégio, prerrogativa; gorjeta.

re.ga.lo [reg'alo] sm presente; brinde. Fig. cortesia, favor. fare un ≃ dar um presente.

re.ga.ta [reg'ata] sf Esp. regata.

reg.gen.te [reddʒ'ente] s+adj regente.

reg.gen.za [reddʒ'entsa] sf regência.

reg.ge.re [r'eddʒere] vt reger, governar; segurar; sustentar, manter; deter, impedir; suportar, tolerar. Gram. reger. vi resistir; durar. vpr sustentar-se; manter-se; conter-se.

reg.gia [r'eddʒa] sf palácio real, paço.

reg.gi.cal.ze [reddʒik'altse] sm suspensórios.

reg.gi.men.to [reddʒim'ento] sm governo, regime. Gram. regência. Mil. regimento.

reg.gi.pet.to [reddʒip'etto] ou reg.gi.se.no [reddʒis'eno] sm sutiã.

reg.gi.te.sta [reddʒit'esta] sm encosto para a cabeça.

re.gi.a [redʒ'ia] sf Cin. e Teat. direção. Fig. comando, coordenação.

re.gi.me [redʒ'ime] sm Pol. regime político, forma de governo. Med. regime, dieta.

re.gi.na [redʒ'ina] sf rainha; rainha, dama (no jogo de xadrez). Zool. abelha-rainha.

re.gio.na.li.smo [redʒonal'izmo] sm regionalismo.

re.gio.ne [redʒ'one] sf região.

re.gi.sta [redʒ'ista] s Cin. e Teat. diretor.

re.gi.stra.re [redʒistr'are] vt registrar; gravar (fita, disco). Gír. entender, compreender.

re.gi.stra.to.re [redʒistrat'ore] sm gravador; toca-fitas.

re.gi.stra.zio.ne [redʒistrats'jone] sf registro, ação de registrar; gravação.

re.gi.stro [redʒ'istro] sm registro (livro, escritório). Mús. registro. Fig. comportamento.

re.gna.re [reñ'are] vi reinar. Fig. dominar; predominar, prevalecer.

re.gno [r'eño] sm reino; reinado. Fig. autoridade, domínio; âmbito, setor.

re.go.la [r'egola] sf regra, norma, regulamento; método, metodologia. Fig. moderação, controle de si. ≃ del tre Mat. regra de três. ≃ d'interesse Com. regra de juros.

re.go.la.men.ta.re [regolament'are] vt regulamentar; normalizar, regular. adj regulamentar.

re.go.la.men.to [regolam'ento] sm ou re.go.la.men.ta.zio.ne [regolamentats'jone] sf regulamento, regulamentação, regras.

re.go.la.re [regol'are] vt regular; ajustar (instrumento); regulamentar; definir, estabelecer. Com. pagar, liquidar uma dívida. vpr regular-se, orientar-se. adj regular; regulamentar; uniforme, constante; harmonioso.

re.go.la.riz.za.re [regolariddz'are] vt regularizar.

re.go.lo [r'egolo] sm régua. ≃ a corsoio Mec. calibre. ≃ calcolatore Mat. régua de cálculo.

re.gre.di.re [regred'ire] vi regredir, retroceder; retornar.

re.gres.sio.ne [regress'jone] sf ou re.gres.so [regr'esso] sm regressão, retrocesso, regresso, volta, retorno.

re.gres.si.vo [regress'ivo] adj regressivo.

re.in.te.gra.re [reintegr'are] vt reintegrar; indenizar, ressarcir.

re.i.te.ra.re [reiter'are] vt reiterar, repetir.

re.la.ti.vi.tà [relativit'a] sf relatividade.

re.la.ti.vo [relat'ivo] adj relativo, referente, concernente. ≃ a relativo a. pronome ≃ Gram. pronome relativo.

re.la.to.re [relat'ore] sm relator.

re.la.zio.ne [relats'jone] sf relação, relacionamento; relatório; estudo, tratado. Fig. amizade. essere in buone ≃i con ter boas relações com. stringere ≃i con estabelecer relações com. rompere ≃i con romper relações com.

re.le.ga.re [releg'are] vt relegar, exilar, banir.

re.li.gio.ne [relidʒ'one] sf religião. Fig. crença, fé, convicção.

re.li.gio.so [relidʒ'ozo] sm religioso, sacerdote. adj religioso; devoto, crente. Fig. escrupuloso.

re.li.quia [rel'ikwja] sf resto, ruína. Rel. relíquia.

re.lit.to [rel'itto] sm resto, resíduo. ≃i sm pl Náut. e Aeron. destroços. part+adj abandonado, deixado.

re.ma.re [rem'are] vi remar.

re.mi.ni.scen.za [reminiʃ'entsa] sf reminiscência, lembrança, recordação.

re.mis.sio.ne [remiss'jone] sf remissão, tolerância, condescendência; perdão.

re.mis.si.vo [remiss'ivo] adj tolerante, condescendente; dócil, submisso.

re.mo [r'emo] sm remo.

re.mo.lo [r'emolo] ou re.mo.li.no [remol'ino] sm redemoinho, remoinho.

re.mo.ra [r'emora] *sf Zool.* rêmora. *Dir.* mora, atraso. *Fig.* hesitação, incerteza.
re.mo.to [rem'ɔto] *adj* remoto, distante. **passato** ≃ *Gram.* passado remoto.
remunerare, remunerazione → **rimunerare, rimunerazione**.
re.na [r'ena] *sf* areia.
ren.de.re [r'endere] *vt* render, produzir; devolver, restituir; interpretar, traduzir; descrever, exprimir. *vpr* render-se, entregar-se; tornar-se. ≃ **l'anima a Dio** entregar a alma a Deus. ≃ **onore** prestar as honras. ≃ **si conto di** perceber.
rendiconto → **resoconto**.
ren.di.men.to [rendim'ento] *sm Com.* rendimento, renda. *Mec.* rendimento, produtividade.
ren.di.ta [r'endita] *sf Com.* renda, rendimento. *Fig.* ganho; vantagem, utilidade. ≃ **pubblica** receita pública.
re.ne [r'ene] *sm Anat.* rim. **i** ≃ **i** *sm pl* os rins. **le** ≃ **i** *sf pl* as costas.
re.ni.ten.te [renit'ente] *adj* renitente, obstinado.
ren.na [r'enna] *sf Zool.* rena.
re.no.so [ren'ozo] *adj* arenoso.
re.o [r'ɛo] *sm+adj* réu, acusado; culpado.
re.par.to [rep'arto] *sm* repartição, seção, setor.
re.pel.len.te [repell'ente] *adj* repelente, repugnante.
re.pen.ti.no [repent'ino] *adj* repentino, inesperado; instantâneo.
re.pe.ri.bi.le [reper'ibile] *adj* comum, habitual.
re.per.to [rep'erto] *sm* resto, resíduo; prova, testemunho. ≃ **medico** perícia médica.
re.per.to.rio [repert'ɔrjo] *sm* repertório; coleção; índice, relação.
re.ple.to [repl'eto] *adj* repleto, cheio.
re.pli.ca [r'eplika] *sf* réplica, resposta; repetição; cópia.
re.pli.ca.re [replik'are] *vt* replicar, responder, rebater; repetir, reiterar.
re.por.ter [rep'ɔrter] *sm* repórter.
reprensione → **riprensione**.
re.pres.sio.ne [repress'jone] *sf* repressão, contenção; opressão, sufocação (de movimento).
re.pres.si.vo [repress'ivo] *adj* repressivo. *Fig.* opressivo, prepotente.
re.pri.me.re [repr'imere] *vt* reprimir, conter; controlar, limitar. *Fig.* oprimir, dominar.
re.pub.bli.ca [rep'ubblika] *sf* república.
re.pul.si.vo [repuls'ivo] *adj* repulsivo, nojento.
re.pu.ta.re [reput'are] *vt* reputar, considerar.
re.pu.ta.zio.ne [reputats'jone] *sf* reputação, fama.

re.quie [r'ɛkwje] *sf* descanso, repouso.
re.quiem [r'ɛkwjem] *sm Lit.* réquiem.
re.qui.si.re [rekwiz'ire] *vt* confiscar, seqüestrar (bens).
re.qui.si.to [rekwiz'ito] *sm* requisito.
re.sa [r'eza] *sf* rendição; restituição, devolução; renda, rendimento, ganho.
re.scin.de.re [reʃ'indere] *vt* cortar. *Dir.* rescindir, romper.
re.si.den.te [rezid'ente] *s+adj* residente, habitante, morador, moradora.
re.si.den.za [rezid'entsa] *sf* residência, moradia, casa, domicílio. **certificato di** ≃ comprovante de residência.
re.si.duo [rez'idwo] *sm* resíduo, resto. *adj* residual; restante.
re.si.na [r'ezina] *sf Bot.* resina.
re.si.no.so [rezin'ozo] *adj* resinoso. *Fig.* perfumado, aromático.
re.si.po.la [rez'ipola] *sf Pop.* erisipela.
re.si.sten.te [rezist'ente] *sm Mil.* membro da resistência. *adj* resistente, sólido, robusto.
re.si.sten.za [rezist'entsa] *sf* resistência. *Dir.* oposição. ≃ **elettrica** *Fís.* resistência elétrica.
re.si.ste.re [rez'istere] *vi* resistir; agüentar, suportar; persistir, continuar.
re.so.con.to [rezok'onto] ou **ren.di.con.to** [rendik'onto] *sm* prestação de contas.
re.spin.ge.re [resp'indʒere] *vt* repelir, rechaçar; defender-se, resistir; rejeitar, refutar, recusar.
re.spi.ra.re [respir'are] *vt+vi* respirar. *Fig.* viver.
re.spi.ra.to.rio [respirat'ɔrjo] *adj* respiratório.
re.spi.ra.zio.ne [respirats'jone] *sf* respiração.
re.spi.ro [resp'iro] *sm* respiração; repouso, pausa. **trattenere il** ≃ prender a respiração.
re.spon.sa.bi.le [respons'abile] *s* responsável, encarregado, encarregada. *adj* responsável.
re.spon.sa.bi.li.tà [responsabilit'a] *sf* responsabilidade; obrigação, dever.
res.sa [r'essa] *sf* multidão. *Fig.* insistência.
re.sta.re [rest'are] *vi* restar, sobrar; ficar, permanecer.
re.stau.ra.re [restawr'are] *vt* restaurar; reparar; restabelecer.
re.stau.ra.zio.ne [restawrats'jone] *sf* restauração; restabelecimento.
re.sti.tu.i.re [restitu'ire] *vt* restituir, devolver; restabelecer.
re.sti.tu.zio.ne [restituts'jone] *sf* restituição, devolução.
re.sto [r'esto] *sm* resto; saldo; troco, diferença.
re.strin.ge.re [restr'indʒere] ou **ri.strin.ge.re** [ristr'indʒere] *vt* restringir, limitar. *vpr* restringir-se, limitar-se.

re.stri.zio.ne [restrits'jone] *sf* restrição, limitação.

resurrezione → **risurrezione**.

resuscitare → **risuscitare**.

re.te [r'ete] *sf* rede. *Fut.* gol (ponto). *Fig.* armadilha, cilada. ≃ **telefonica** rede telefônica.

re.ti.cel.la [retitʃ'ella] *sf Autom.* bagageiro.

re.ti.cen.te [retitʃ'ente] *adj* reticente, reservado, calado.

re.ti.na [r'etina] *sf Anat.* retina.

re.to.ri.ca [ret'ɔrika] *sf* retórica, eloquência, oratória. *Fig.* prolixidade.

re.to.ri.co [ret'ɔriko] *sm* retórico. *adj* retórico. *Fig.* prolixo, pomposo, redundante.

re.trat.ti.le [retr'attile] *adj* retrátil.

re.tra.zio.ne [retrats'jone] *sf* retração.

re.tri.bu.i.re [retribu'ire] *vt* retribuir, recompensar, compensar.

re.tri.bu.zio.ne [retributs'jonε] *sf* retribuição, recompensa, compensação.

re.tro [r'etro] *sm* verso, costas, parte de trás. **vedi** ≃ vide verso.

re.tro.at.ti.vo [retroatt'ivo] *adj* retroativo.

re.tro.ce.de.re [retrotʃ'edere] *vt Dir.* devolver. *Mil.* rebaixar. *vi* retroceder, recuar, voltar; regredir, piorar.

re.tro.ces.sio.ne [retrotʃess'jone] *sf* retrocesso. *Dir.* retrocessão, devolução. *Mil.* rebaixamento.

re.tro.gra.do [retr'ɔgrado] *adj* retrógrado. *Fig.* nostálgico, passadista.

re.tro.sce.na [retroʃ'ena] *sf Teat.* bastidor. *Fig.* conspiração, tramóia.

re.tro.spet.ti.vo [retrospett'ivo] *adj* retrospectivo.

ret.ta [r'etta] *sf Geom.* reta. *Com.* mensalidade, pensão. **dar** ≃ prestar atenção.

ret.tan.go.lo [rett'angolo] *sm + adj Geom.* retângulo.

ret.ti.fi.ca [rett'ifika] ou **ret.ti.fi.ca.zio.ne** [rettifikats'jone] *sf* retificação; correção.

ret.ti.fi.ca.re [rettifik'are] *vt* retificar, endireitar. *Fig.* remediar, corrigir; purificar.

ret.ti.le [r'ettile] *sm Zool.* réptil. *Fig.* víbora, verme, sujeito vil.

ret.ti.li.ne.o [rettil'ineo] *sm* reta (em estrada). *adj Geom.* retilíneo.

ret.ti.tu.di.ne [rettit'udine] *sf* retidão.

ret.to [r'etto] *sm* anverso. *Anat.* reto. *adj* reto; direito. *Fig.* honesto, justo. **angolo** ≃ *Geom.* ângulo reto. **caso** ≃ *Gram.* caso reto.

ret.to.re [rett'ore] *sm* reitor.

ret.to.ri.a [rettor'ia] *sf* reitoria.

reu.ma.ti.co [rewm'atiko] *sm + adj* reumático.

reu.ma.ti.smo [rewmat'izmo] ou **reu.ma** [r'ewma] *sm Med.* reumatismo.

re.ve.ren.do [rever'endo] *sm Rel.* reverendo, padre, pastor. *adj* reverendo.

reverenza, reverire → **riverenza, riverire**.

reversibile → **riversibile**.

re.vi.sio.ne [reviz'jone] *sf* revisão.

re.vi.so.re [reviz'ore] *sm* revisor. *Com.* e *Contab.* auditor.

re.vo.ca [r'evoka] *sf* revogação, anulação.

re.vo.ca.re [revok'are] *vt* revogar, anular.

re.vol.ver [rev'ɔlver] *sm* revólver.

ri.a.bi.li.ta.re [riabilit'are] *vt Dir.* reabilitar.

ri.ac.cen.de.re [riatʃ'endere] *vt* reacender; reanimar, reviver, ressuscitar.

ri.al.to [ri.alto] *sm* elevação do terreno; base, pedestal.

ri.al.za.re [rialts'are] *vt* elevar, levantar. *Com.* aumentar (preço).

ri.al.zo [ri'altso] *sm* elevação, local alto. *Com.* alta, aumento.

ri.a.ni.ma.re [rianim'are] *vt* reanimar. *Fig.* revigorar; encorajar. *vpr* reanimar-se.

ri.ap.pa.ri.re [riappar'ire] *vi* reaparecer, ressurgir.

ri.a.pri.re [riapr'ire] *vt* reabrir. *Fig.* recomeçar.

ri.as.su.me.re [riass'umere] *vt* reassumir; resumir, recapitular.

ri.as.sun.to [riass'unto] *sm* resumo, recapitulação. *part + adj* resumido.

ri.at.tac.ca.re [riattakk'are] *vt* reatar; pregar novamente. *Fig.* recomeçar, reiniciar (discurso).

ri.at.ta.re [riatt'are] *vt* restaurar, reconstituir.

ri.at.ti.va.re [riattiv'are] *vt* reativar.

ri.a.ve.re [riav'ere] *vt* haver, recuperar, reconquistar. *vpr* recuperar-se, revigorar-se.

ri.ba.di.re [ribad'ire] *vt* martelar, bater um prego. *Fig.* insistir, persistir; repetir.

ri.bal.do [rib'aldo] *sm + adj* patife, canalha.

ri.bal.ta [rib'alta] *sf* portinhola. *Teat.* ribalta.

ri.bal.ta.re [ribalt'are] *vt* virar. *vi Autom.* capotar. *Náut.* afundar, naufragar, soçobrar.

ri.bas.sa.re [ribass'are] *vt + vi* abaixar, diminuir (valor, preço).

ri.bas.so [rib'asso] *sm* baixa, diminuição de preço; crise, recessão.

ri.bat.te.re [rib'attere] *vt* rebater; bater de novo. *Fig.* refutar, contestar; afiar (faca, etc.). *vi Fig.* replicar, retrucar; insistir, teimar.

ri.bel.lar.si [ribell'arsi] *vpr* rebelar-se, insurgir-se; contestar, protestar.

ri.bel.le [rib'elle] *s* rebelde; dissidente. *adj* rebelde; desobediente, indisciplinado; teimoso.

ri.bel.lio.ne [ribell'jone] *sf* rebelião, revolta.

ri.bes [rˈibes] *sm Bot.* groselha; groselheira.

ri.bol.li.men.to [ribollimˈento] *sm* fervura; fermentação.

ri.bol.li.re [ribollˈire] *vi* ferver; fermentar. *Fig.* agitar-se.

ri.brez.zo [ribrˈettso] *sm* arrepio, calafrio; náusea, nojo, repulsa, repugnância.

ri.but.tan.te [ributtˈante] *adj* nojento, repulsivo, repugnante.

ri.ca.de.re [rikadˈere] *vi* cair novamente; recair, reincidir (em erro); pender, estar dependurado. *Med.* ter uma recaída.

ri.ca.du.ta [rikadˈuta] *sf Med.* recaída.

ri.cal.ca.re [rikalkˈare] *vt* decalcar, copiar (desenho); imitar, seguir o exemplo de.

ri.ca.ma.re [rikamˈare] *vt* bordar. *Fig.* enfeitar, florear um discurso.

ri.ca.mo [rikˈamo] *sm* bordado. *Fig.* enfeite, floreio.

ri.cam.bia.re [rikambˈjare] *vt* devolver, restituir; retribuir. *Com.* recambiar.

ri.cam.bio [rikˈambjo] *sm* devolução, restituição; carga, recarga. *Com.* recâmbio.

ri.ca.pi.to.la.re [rikapitolˈare] *vt* recapitular, resumir.

ri.ca.pi.to.la.zio.ne [rikapitolatsˈjone] *sf* recapitulação, resumo.

ri.ca.ri.ca.re [rikarikˈare] *vt* recarregar.

ri.cat.ta.re [rikattˈare] *vt Dir.* chantagear.

ri.cat.to [rikˈatto] *sm Dir.* chantagem; resgate.

ri.ca.va.re [rikavˈare] *vt* extrair, tirar; obter lucro; concluir, deduzir; provar, demonstrar.

ri.ca.vo [rikˈavo] *sm* resultado, produto; lucro.

ric.chez.za [rikkˈettsa] *sf* riqueza; fortuna; abundância, fartura. *Fig.* luxo, pompa; capital, patrimônio. ≃ e *sf pl* riquezas, bens.

ric.cio [rˈittʃo] *sm* cacho, caracol (cabelos). *Zool.* ouriço, porco-espinho. ≃ **di mare** *Zool.* ouriço-do-mar. *adj* crespo, encaracolado.

ric.cio.lo [rˈittʃolo] *sm* ou **ric.cio.li.no** [rittʃolˈino] *sm dim* cacho, caracol (cabelos).

ric.co [rˈikko] *sm* rico. *adj* rico; abundante, copioso. *Fig.* fértil, produtivo (terreno); luxuoso, pomposo; valioso, caro; substancioso, nutritivo (alimento). ≃ **sfondato** podre de rico.

ri.cer.ca [ritʃˈerka] *sf* procura; pesquisa; investigação. *Quím.* análise.

ri.cer.ca.re [ritʃerkˈare] *vt* procurar; pesquisar; investigar, indagar.

ri.cer.ca.tez.za [ritʃerkatˈettsa] *sf* classe, elegância, sofisticação; afetação.

ri.cer.ca.to [ritʃerkˈato] *part* + *adj* procurado, pesquisado, investigado. *Fig.* elegante, fino, sofisticado; afetado, exibicionista.

ri.cet.ta [ritʃˈetta] *sf* receita; prescrição médica. *Fig.* fórmula.

ri.cet.ta.re [ritʃettˈare] *vt* recolher, abrigar. *Dir.* receptar. *Med.* receitar.

ri.cet.ta.rio [ritʃettˈarjo] *sm* receituário.

ri.cet.ti.vo [ritʃettˈivo] *adj* receptivo.

ri.ce.tra.smit.ten.te [ritʃetrazmittˈente] ou **walkie-talkie** [ˈwɔlki-tˈɔlki] *sm* rádio transmissor e receptor portátil.

ri.ce.ve.re [ritʃˈevere] *vt* receber; acolher; aceitar, admitir (numa organização).

ri.ce.vi.men.to [ritʃevimˈento] *sm* recebimento, recepção.

ri.ce.vi.to.re [ritʃevitˈore] *sm* receptor (pessoa, aparelho).

ri.ce.vu.ta [ritʃevˈuta] *sf Com.* recibo, quitação.

ri.ce.zio.ne [ritʃetsˈjone] *sf Fís.* recepção.

ri.chia.ma.re [rikjamˈare] *vt* chamar novamente; recordar, lembrar; repreender. *Cin.* e *Teat.* atrair (público). *vpr* referir-se a, mencionar. ≃ **l'attenzione** chamar a atenção.

ri.chia.mo [rikˈjamo] *sm* chamado; atração; repreensão, advertência; nota, observação num texto; isca, engodo; reclame, propaganda.

ri.chie.de.re [rikˈjedere] *vt* requerer, requisitar; exigir, reclamar. *Fig.* requerer, necessitar de.

ri.chie.sta [rikˈjesta] *sf* pedido. *Com.* demanda, procura.

ri.chiu.de.re [rikˈjudere] *vt* fechar novamente. *vpr* cicatrizar, fechar-se (ferida).

ri.ci.cla.re [ritʃiklˈare] *vt* reciclar, reutilizar.

ri.ci.no [rˈitʃino] *sm Bot.* mamona, rícino. **olio di** ≃ óleo de rícino.

ri.co.gni.zio.ne [rikoñitsˈjone] *sf* reconhecimento; mérito, recompensa. *Mil.* reconhecimento, exploração.

ri.col.ma.re [rikolmˈare] *vt* encher até a boca.

ri.col.mo [rikˈolmo] *adj* cheio, transbordante.

ri.co.min.cia.re [rikomintʃˈare] *vt* + *vi* recomeçar, reiniciar.

ri.com.pa.ri.re [rikompˈarire] *vi* reaparecer, ressurgir.

ri.com.pen.sa [rikompˈensa] *sf* recompensa, prêmio; remuneração, pagamento; compensação, retribuição.

ri.com.pen.sa.re [rikompensˈare] *vt* recompensar, premiar; remunerar, pagar; retribuir.

ri.com.por.re [rikompˈoře] *vt* recompor; refazer, reconstruir.

ri.com.po.si.zio.ne [rikompozitsˈjone] *sf* recomposição.

ri.con.ci.lia.re [rikontfilˈjare] *vt* reconciliar. *vpr* reconciliar-se.

ri.con.ci.lia.zio.ne [rikontʃiljatsˈjone] *sf* reconciliação.

ri.con.dur.re [rikondˈuʃe] *vt* reconduzir. *vpr* retornar, voltar.

ri.co.no.scen.za [rikonoʃˈentsa] *sf* reconhecimento, gratidão.

ri.co.no.sce.re [rikonˈoʃere] *vt* reconhecer; identificar; admitir, aceitar; distinguir. *vi* reconhecer, ser grato. *Mil.* reconhecer, explorar.

ri.co.no.sci.men.to [rikonoʃimˈento] *sm* reconhecimento.

ri.con.qui.sta [rikonkˈwista] *sf* reconquista.

ri.con.qui.sta.re [rikonkwistˈare] *vt* reconquistar; recuperar, retomar.

ri.co.pri.re [rikoprˈire] *vt* recobrir. *Fig.* esconder, ocultar. *vpr* cobrir-se; garantir-se.

ri.cor.da.re [rikordˈare] *vt* recordar, lembrar. *vpr* recordar-se, lembrar-se.

ri.cor.do [rikˈordo] *sm* recordação, lembrança.

ri.cor.ren.te [rikoʃˈente] *sm Dir.* recorrente, postulante. *adj* recorrente, periódico. **febbre** ≃ febre intermitente.

ri.cor.ren.za [rikoʃˈentsa] *sf* aniversário de um acontecimento, festividade, comemoração.

ri.cor.re.re [rikˈoʃere] *vi* recorrer; correr de novo; pedir auxílio; valer-se; cair em, ser celebrado em (feriado, etc.). *Dir.* recorrer.

ri.cor.so [rikˈorso] *sm* recurso, meio; apelo; reclamação. *Dir.* recurso, apelação.

ri.co.sti.tuen.te [rikostitˈwente] *sm Med.* fortificante, tônico.

ri.co.sti.tu.i.re [rikostituˈire] *vt* reconstituir, recompor, restabelecer. *Fig.* revigorar.

ri.co.sti.tu.zio.ne [rikostitutsˈjone] *sf* reconstituição.

ri.co.stru.i.re [rikostruˈire] *vt* reconstruir; recriar, reproduzir. *Fig.* reformar, reestruturar.

ri.cot.ta [rikˈotta] *sf* ricota.

ri.co.ve.ra.re [rikoverˈare] *vt* abrigar, refugiar. *vpr* abrigar-se, refugiar-se.

ri.co.ve.ro [rikˈovero] *sm* abrigo, refúgio; asilo. ≃ **antiaereo** abrigo anti-aéreo. ≃ **di mendicità** asilo para os pobres.

ri.cre.a.re [rikreˈare] *vt* recriar, reconstituir; recrear, divertir, alegrar.

ri.cre.a.zio.ne [rikreatsˈjone] *sf* recriação, reconstituição; recreação, divertimento, passatempo; recreio (escolar).

ri.cre.der.si [rikrˈedersi] *vpr* mudar de idéia; corrigir-se, emendar-se.

ri.cu.pe.ra.re [rikuperˈare] ou **re.cu.pe.ra.re** [rekuperˈare] *vt* recuperar, reconquistar, reaver; reutilizar, reciclar.

ri.cur.vo [rikˈurvo] *adj* recurvado, encurvado.

ri.cu.sa [rikˈuza] *sf* recusa.

ri.cu.sa.re [rikuzˈare] ou **re.cu.sa.re** [rekuzˈare] *vt* recusar, rejeitar, negar. *vi* recusar, não aceitar. *vpr* recusar-se, negar-se.

ri.den.te [ridˈente] *adj* risonho, alegre; calmo, agradável (lugar); favorável (sorte).

ri.de.re [rˈidere] *vi* rir. *vpr* rir-se de, zombar; desprezar, fazer pouco-caso de. ≃ **sene** rir-se de alguma coisa. ≃ **di** zombar de. **far** ≃ **i polli** dizer asneiras, expor-se ao ridículo. ≃ **a crepapelle** morrer de rir. **ride bene chi ride ultimo** ri melhor quem ri por último.

ri.de.sta.re [ridestˈare] *vt* acordar, despertar.

ri.di.co.lo [ridˈikolo] *sm* ridículo. *adj* ridículo; absurdo, ilógico. *Fam.* insignificante.

ri.di.re [ridˈire] *vt* repetir; reprovar; contestar.

ri.don.dan.te [ridondˈante] *adj* redundante; excessivo, supérfluo.

ri.don.da.re [ridondˈare] *vt Lit.* redundar; resultar; acontecer.

ri.dot.to [ridˈotto] *sm Teat.* saguão, sala de espera. *part+adj* reduzido, diminuto; mudado, modificado; adaptado, resumido (texto).

ri.dur.re [ridˈuʃe] *vt* reduzir, diminuir; mudar, modificar; adaptar, resumir (texto). *vpr* reduzir-se, chegar a.

ri.du.zio.ne [ridutsˈjone] *sf* redução, diminuição; adaptação de um texto.

ri.em.pi.re [riempˈire] ou **ri.em.pie.re** [riˈempjere] *vt* encher; preencher (formulário). *vpr* encher-se. *Fig.* saciar-se, fartar-se.

ri.en.tran.za [rientrˈantsa] *sf* reentrância, cavidade.

ri.en.tra.re [rientrˈare] *vi* entrar de novo; regressar; retrair-se. *Med.* desinchar (tumor).

ri.en.tro [riˈentro] *sm* entrada, ganho de dinheiro; retorno, reentrada de nave espacial.

ri.e.pi.lo.ga.re [riepilogˈare] *vt* recapitular, resumir, sintetizar.

ri.e.pi.lo.go [riepˈilogo] *sm* recapitulação, resumo.

ri.fa.re [rifˈare] *vt* refazer; reconstruir; repetir, reiterar; imitar; consertar, corrigir. *vpr* refazer-se, revigorar-se; vingar-se. ≃ **il letto** fazer a cama.

ri.fe.ri.men.to [riferimˈento] *sm* referência.

ri.fe.ri.re [riferˈire] *vt* referir, contar, relatar; acusar, culpar. *vpr* referir-se, aludir a.

rif.fa [rˈiffa] *sf* rifa; violência. ou **o di** ≃ **o di raffa** a todo o custo, por bem ou por mal.

ri.fi.ni.re [rifinˈire] *vt* acabar; retocar. *Fig.* consumir, desgastar (a saúde). *vi* desistir. *vpr* acabar-se, consumir-se, desgastar-se.

ri.fi.ni.tu.ra [rifinit'ura] *sf* acabamento, retoque, última demão.

ri.fio.ri.re [rifjor'ire] *vi* reflorescer. *Fig.* ressurgir, renascer.

ri.fiu.ta.re [rifjut'are] *vt* recusar, rejeitar, negar. *vpr* negar-se, recusar-se; opor-se.

ri.fiu.to [rif'juto] *sm* recusa, negação; refugo, resto. ≃ **i** *sm pl* lixo, sujeira. **vietato gettare** ≃ **i** proibido jogar lixo. **i** ≃ **i della società** os desamparados.

ri.fles.sio.ne [rifless'jone] *sf* reflexão, meditação; sensatez, prudência.

ri.fles.si.vo [rifless'ivo] *adj tb Gram.* reflexivo.

ri.fles.so [rifl'esso] *sm* reflexo. *Fig.* conseqüência, efeito. *part+adj* refletido, reflexo.

ri.flet.te.re [rifl'ettere] *vt* refletir, espelhar. *Fig.* indicar, mostrar. *vi* refletir, meditar, pensar, ponderar. *vpr* refletir-se, repercutir.

ri.flui.re [rifl'wire] *vi* refluir.

ri.flus.so [rifl'usso] *sm* refluxo; vazante. *Fig.* regressão, retrocesso; diminuição.

ri.fo.cil.la.re [rifotʃill'are] *vt* restaurar; saciar, fartar. *vpr* restaurar-se; saciar-se, fartar-se.

ri.fon.de.re [rif'ondere] *vt* reescrever, refazer um texto. *Fig.* indenizar, ressarcir.

ri.for.ma [rif'orma] *sf* reforma; reestruturação; modificação, mudança, renovação. *Mil.* reforma. *Fig.* melhora, aperfeiçoamento.

ri.for.ma.re [riform'are] *vt* reformar; reestruturar; modificar, mudar, renovar. *Fig.* melhorar, aperfeiçoar. *Mil.* reformar.

ri.for.ma.to.rio [riformat'ɔrjo] *sm* reformatório.

ri.for.ni.men.to [rifornim'ento] *sm* suprimento, fornecimento; provisões, víveres. **stazione di** ≃ posto de gasolina.

ri.for.ni.re [riforn'ire] *vt* fornecer, prover.

ri.fran.ge.re [rifr'andʒere] *vt* refranger, refratar. *vpr Fís.* refratar-se, desviar-se.

ri.fra.zio.ne [rifrats'jone] *sf Fís.* refração.

ri.fug.gi.re [rifuddʒ'ire] *vi* fugir de novo. ≃ **da** *Fig.* evitar, afastar-se de; detestar, odiar.

ri.fu.gia.re [rifudʒ'are] *vt* refugiar, abrigar. *vpr* refugiar-se, abrigar-se.

ri.fu.gia.to [rifudʒ'ato] *sm, part+adj* refugiado, exilado.

ri.fu.gio [rif'udʒo] *sm* refúgio, abrigo. *Fig.* ajuda, auxílio; conforto, alívio.

ri.ful.ge.re [riful'dʒere] *vi Lit.* refulgir, resplandecer.

ri.ga [r'iga] *sf* linha; fila, fileira; régua; risca (nos cabelos); listra, lista. *Poét.* verso. ≃ **a T** régua-tê. **leggere tra le** ≃ **ghe** *Fig.* ler nas entrelinhas.

ri.ga.gno.lo [rig'aɲolo] *sm Geogr.* regato, córrego.

ri.ga.re [rig'are] *vt* pautar, fazer linhas num papel; listrar. *vi Fig.* comportar-se bem.

ri.gat.tie.re [rigatt'jere] *sm* vendedor de ferro velho.

ri.ge.ne.ra.re [ridʒener'are] *vt* regenerar; corrigir (moralmente). *vpr* reproduzir-se; regenerar-se, corrigir-se.

ri.ge.ne.ra.zio.ne [ridʒenerats'jone] *sf* regeneração.

ri.get.ta.re [ridʒett'are] *vt* jogar de novo; vomitar; rejeitar, recusar.

ri.get.to [ridʒ'etto] *sm* rejeição, recusa, repúdio. *Fig.* nojo, repulsa.

ri.gi.di.tà [ridʒidit'a] *sf* rigidez. *Fig.* rigor, severidade. ≃ **cadaverica** rigidez cadavérica.

ri.gi.do [r'idʒido] *adj* rígido; duro, rijo. *Fig.* rigoroso, severo.

ri.gi.ra.re [ridʒir'are] *vt* girar de novo; circular, circundar. *Com.* empregar, girar (capital). *Fig.* enganar, iludir.

ri.gi.ro [ridʒ'iro] *sm* giro. *Fig.* trapaça.

ri.go [r'igo] *sm* linha, traço; nota, mensagem. *Mús.* pentagrama.

ri.go.glio [rig'ɔʎo] *sm* viço. *Fig.* vigor, energia.

ri.go.glio.so [rigoʎ'ozo] *adj* viçoso, florescente, exuberante.

ri.go.re [rig'ore] *sm* rigor, rigidez; severidade, dureza. **a** ≃ a rigor. **di** ≃ obrigatório. **calcio di** ≃ *Fut.* pênalti, penalidade máxima.

ri.go.ro.so [rigor'ozo] *adj* rigoroso; rígido, severo, duro; meticuloso, minucioso.

ri.guar.da.re [rigward'are] *vt* olhar de novo; considerar, reputar; observar, olhar atentamente; pertencer, concernir, referir-se. *vpr* resguardar-se, abster-se.

ri.guar.do [rig'wardo] *sm* atenção; prudência, cautela, precaução; respeito, consideração. **mancare di** ≃ faltar com o respeito.

ri.gur.gi.ta.re [rigurdʒit'are] *vt* regurgitar, vomitar; lançar, expelir. *Fig.* transbordar.

ri.la.scia.re [rilaʃ'are] *vt* soltar, liberar; expedir, emitir (documento); ceder, conceder.

ri.la.scio [ril'aʃo] *sm* soltura, liberação; expedição, emissão; cessão, concessão.

ri.las.sa.men.to [rilassam'ento] *sm Med.* relaxamento.

ri.las.sa.re [rilass'are] *vt* relaxar; afrouxar. *Fig.* enfraquecer. *vpr* descansar, repousar. *Fig.* relaxar-se, descuidar-se, tornar-se negligente.

ri.las.sa.tez.za [rilassat'ettsa] *sf* relaxamento. *Fig.* corrupção, permissividade.

ri.le.ga.re [rileg´are] *vt* encadernar. ≃ **in** encadernar com.

ri.le.ga.to.re [rilegat´ore] *sm* encadernador.

ri.le.gat.tu.ra [rilegat´ura] *sf* encadernação.

ri.len.to [ril´ento] *adv* na expressão **a** ≃ devagar, lentamente; aos poucos, pouco a pouco.

ri.le.van.te [rilev´ante] *adj* relevante, importante, considerável.

ri.le.va.men.to [rilevam´ento] *sm* levantamento.

ri.le.va.re [rilev´are] *vt* adquirir; perceber; revezar, substituir. *vi* importar, relevar; ressaltar. *vpr* levantar-se. *Fig.* recuperar-se.

ri.lie.vo [ril´jevo] *sm* relevo; elevação, saliência. *Fig.* evidência; valor; observação. **alto e basso** ≃ *Arquit.* alto-relevo e baixo-relevo.

ri.lu.ce.re [ril´utʃere] *vi Lit.* reluzir, brilhar.

ri.lut.tan.te [rilutt´ante] *adj* relutante; perplexo, hesitante.

ri.lut.tan.za [rilutt´antsa] *sf* relutância, dúvida, hesitação; resistência.

ri.ma [r´ima] *sf Poét.* rima. *Fig.* poema.

ri.man.da.re [rimand´are] *vt* mandar novamente; devolver, restituir; adiar, prorrogar, protelar; reprovar num exame.

ri.man.do [rim´ando] *sm* devolução, restituição; adiamento, prorrogação; reprovação (em exame); nota, referência (num texto).

ri.ma.neg.gia.men.to [rimaneddʒam´ento] *sm* remanejamento; recomposição.

ri.ma.neg.gia.re [rimaneddʒ´are] *vt* remanejar; recompor.

ri.ma.nen.te [riman´ente] *sm* resto, restante, resíduo. *adj* restante.

ri.ma.ne.re [riman´ere] *vi* restar, sobrar; permanecer; sobreviver. ≃ **addietro** ficar para trás; atrasar-se. ≃ **di stucco** ficar surpreso.

ri.mar.che.vo.le [rimark´evole] *adj* notável, considerável.

ri.ma.re [rim´are] *vi* rimar, fazer versos.

ri.ma.su.glio [rimaz´uλo] *sm* resto, restinho.

rim.bal.za.re [rimbalts´are] *vi* ricochetear.

rim.bal.zo [rimb´altso] *sm* ricochete.

rim.bam.bi.re [rimbamb´ire] *vi* caducar.

rim.boc.ca.re [rimbokk´are] *vt* emborcar, virar para baixo (vasilha); arregaçar (manga); dobrar (lençol). ≃ **la terra** revolver a terra.

rim.bom.ba.re [rimbomb´are] *vi* ribombar, retumbar, ressoar.

rim.bor.sa.re [rimbors´are] *vt* reembolsar; restituir, devolver dinheiro; indenizar, ressarcir.

rim.bor.so [rimb´orso] *sm* reembolso; indenização, ressarcimento.

rim.bo.sca.men.to [rimboskam´ento] ou **rim.bo.schi.men.to** [rimboskim´ento] *sm* reflorestamento.

rim.bo.sca.re [rimbosk´are] ou **rim.bo.schi.re** [rimbosk´ire] *vt* reflorestar.

rim.brot.ta.re [rimbrott´are] *vt* repreender, reprovar, censurar.

ri.me.dia.re [rimed´jare] *vt+vi* remediar; medicar; emendar, corrigir.

ri.me.dio [rim´edjo] *sm Med.* remédio, medicamento. *Fig.* solução, correção; auxílio.

ri.me.na.re [rimen´are] *vt* reconduzir, levar novamente; manejar, mexer. *Fig.* restabelecer.

ri.me.ri.ta.re [rimerit´are] *vt* recompensar.

ri.me.ri.to [rim´erito] *sm* recompensa.

ri.me.sco.la.men.to [rimeskolam´ento] *sm* mistura. *Fig.* susto.

ri.me.sco.la.re [rimeskol´are] *vt* remexer, revolver. *Fig.* perturbar; emocionar, agitar.

ri.mes.sa [rim´essa] *sf* remessa, envio; garagem; hangar. *Bot.* broto, rebento.

ri.me.sta.re [rimest´are] *vt* remexer, revolver; mexer, manusear.

ri.met.te.re [rim´ettere] *vt* repor, recolocar; devolver, restituir; remeter, enviar; confiar, entregar; vomitar; perdoar; perder; adiar. *vi Bot.* renascer, brotar. *vpr* recomeçar, retomar; recuperar-se, curar-se; remeter-se, referir-se; acalmar-se; clarear (tempo).

ri.mon.ta.re [rimont´are] *vt* remontar; subir o curso de um rio. *vi* remontar a.

ri.mor.chia.re [rimork´jare] *vt* rebocar. *Fig.* induzir a.

ri.mor.chia.to.re [rimorkjat´ore] *sm Náut.* rebocador.

ri.mor.chio [rim´ɔrkjo] *sm* reboque.

ri.mor.so [rim´orso] *sm* remorso, arrependimento.

ri.mo.zio.ne [rimots´jone] *sf* remoção; demissão, exoneração.

rim.pa.gi.na.re [rimpadʒin´are] *vt* repaginar.

rim.pa.sta.re [rimpast´are] *vt Pol.* reformar.

rim.pa.sto [rimp´asto] *sm Pol.* reforma, reorganização.

rim.pa.tria.re [rimpatr´jare] *vt* repatriar. *vi* voltar à pátria, voltar à terra natal.

rim.pa.trio [rimp´atrjo] *sm* repatriação.

rim.pian.ge.re [rimp´jandʒere] *vt* lamentar, lastimar, arrepender-se de.

rim.pian.to [rimp´janto] *sm* remorso, arrependimento. *Fig.* saudade.

rim.piat.ta.re [rimpjatt´are] *vt* esconder, ocultar. *vpr* esconder-se, ocultar-se.

rim.pin.za.re [rimpints´are] *vt* empanturrar, fartar. *vpr* empanturrar-se, fartar-se.

rim.pro.ve.ra.re [rimprover´are] *vt* repreender, criticar. *Pop.* dar uma bronca.

rim.pro.ve.ro [rimpr'ɔvero] *sm* repreensão, crítica. *Pop.* bronca, esfrega.

ri.mu.gi.na.re [rimudʒin'are] *vt* revolver, remexer. *Fig.* meditar, refletir. *Pop.* ruminar.

ri.mu.ne.ra.re [rimuner'are] ou **re.mu.ne.ra.re** [remuner'are] *vt* remunerar, premiar, recompensar.

ri.mu.ne.ra.zio.ne [rimunerats'jone] ou **re.mu.ne.ra.zio.ne** [remunerats'jone] *sf* remuneração, prêmio, recompensa.

ri.muo.ve.re [rim'wɔvere] ou **ri.mo.ve.re** [rim'ɔvere] *vt* remover, tirar, eliminar; afastar; demitir, exonerar; destituir, depor.

ri.na.scen.za [rinaʃ'entsa] *sf* ou **ri.na.sci.men.to** [rinaʃim'ento] *sm* renascimento. **la R** ≃ ou **il R** ≃ *Hist.* a Renascença ou o Renascimento.

ri.na.sce.re [rin'aʃere] *vi* renascer. *Fig.* ressurgir, reaparecer; reflorecer.

ri.na.sci.ta [rin'aʃita] *sf* renascimento.

rin.ca.ra.re [rinkar'are] *vt* + *vi* encarecer.

rin.ca.ro [rink'aro] *sm* encarecimento (preço).

rin.ca.sa.re [rinkaz'are] *vi* voltar para casa.

rin.cor.re.re [rink'ɔrere] *vt* perseguir.

rin.cor.sa [rink'orsa] *sf* corrida (para saltar).

rin.cre.sce.re [rinkr'eʃere] *vi* aborrecer, desagradar, perturbar.

rin.cre.sci.men.to [rinkreʃim'ento] *sm* aborrecimento, desprazer; arrependimento.

rin.cu.la.re [rinkul'are] *vi* recuar, retroceder.

rin.cu.lo [rink'ulo] *sm* recuo.

rin.cuo.ra.re [rinkwor'are] *vt* consolar, confortar; encorajar.

rin.fo.co.la.re [rinfokol'are] *vt* inflamar. *Fig.* atiçar, incitar; acentuar, reforçar. *vpr Fig.* inflamar-se, irar-se.

rin.for.za.re [rinforts'are] *vt* reforçar; fortalecer, fortificar; revigorar.

rin.for.zo [rinf'ɔrtso] *sm* reforço.

rin.fran.ca.re [rinfrank'are] *vt* revigorar. *Fig.* encorajar. *vpr* revigorar-se. *Fig.* encorajar-se.

rin.fran.co [rinfr'anko] *sm* ânimo, alento; reforço.

rin.fre.scan.te [rinfresk'ante] *adj* refrescante.

rin.fre.sca.re [rinfresk'are] *vt* refrescar; refrigerar; restaurar. *Fig.* recriar; renovar. ≃ **la memoria** refrescar a memória, lembrar-se. ≃ **il suo inglese** melhorar o inglês. *vpr* refrescar-se. *Fig.* banhar-se; matar a fome ou a sede.

rin.fre.sco [rinfr'esko] *sm* refresco, refrescamento.

rin.fu.sa [rinf'uza] *adv* na expressão **alla** ≃ desordenadamente.

ring [r'ing] *sm Esp.* ringue.

rin.ghia.re [ring'jare] *vi* rosnar. *Fig.* resmungar.

rin.ghie.ra [ring'jera] *sf Arquit.* parapeito, balaustrada. *Hist.* tribuna.

rin.ghio [r'ingjo] *sm* rosnado.

rin.ghio.so [ring'jozo] *adj* rosnador. *Fig.* enraivecido, irado.

rin.gio.va.ni.re [rindʒovan'ire] *vt* rejuvenescer, remoçar. *vi* + *vpr* rejuvenescer.

rin.gran.di.re [ringrand'ire] *vt* + *vi* engrandecer, aumentar.

rin.gra.zia.men.to [ringratsjam'ento] *sm* agradecimento.

rin.gra.zia.re [ringrats'jare] *vt* agradecer.

rin.ne.ga.re [rinneg'are] *vt* renegar; desmentir, negar; trair, desertar.

rin.ne.ga.to [rinneg'ato] *sm* + *adj* renegado, desertor, traidor.

rin.no.va.re [rinnov'are] *vt* renovar; refazer; mudar; repetir. *vpr* renovar-se; repetir-se.

rin.no.va.zio.ne [rinnovats'jone] *sf* ou **rin.no.va.men.to** [rinnovam'ento] *sm* renovação; reforma; restauração.

rin.no.vo [rinn'ɔvo] ou **rin.nuo.vo** [rinn'wɔvo] *sm* renovação; reforma de roupa.

ri.no.ce.ron.te [rinotʃer'onte] *sm Zool.* rinoceronte.

ri.no.man.za [rinom'antsa] *sf* renome, fama.

ri.no.ma.to [rinom'ato] *adj* renomado, famoso, popular, célebre.

rin.sa.ni.re [rinsan'ire] *vi* curar-se, recuperar-se.

rin.sa.vi.re [rinsav'ire] *vi* recuperar o juízo.

rin.ser.ra.re [rinseř'are] *vt* fechar, cerrar.

rin.ta.nar.si [rintan'arsi] *vpr* esconder-se; refugiar-se; afastar-se, retirar-se.

rin.ter.ra.re [rinteř'are] *vt* enterrar de novo; aterrar, terraplenar.

rin.ter.ro [rint'eřo] *sm* aterro.

rin.toc.ca.re [rintokk'are] *vi* dobrar, tocar (sino).

rin.toc.co [rint'ɔkko] *sm* dobre, toque do sino.

rin.trac.cia.re [rintrattʃ'are] *vt* + *vi* seguir o rastro, ir no encalço de.

rin.tro.na.re [rintron'are] *vt* atordoar. *vi* retumbar, ribombar.

rin.tuz.za.re [rintutts'are] *vt* cegar, tirar o fio (de faca, etc.); achatar. *Fig.* reprimir, controlar; abrandar, atenuar; moderar; retrucar.

ri.nun.cia [rin'untʃa] ou **ri.nun.zia** [rin'untsja] *sf* renúncia; abdicação.

ri.nun.cia.re [rinuntʃ'are] ou **ri.nun.zia.re** [rinunts'jare] *vi* renunciar; abdicar; desistir.

rin.ve.ni.men.to [rinvenim'ento] *sm* descoberta, descobrimento; reanimação, recuperação dos sentidos.

rin.ve.ni.re [rinven'ire] *vt* reencontrar. *vi* voltar a si, recobrar os sentidos.

rin.vi.a.re [rinvi′are] *vt* mandar de novo; devolver, mandar de volta; adiar.

rin.vi.go.ri.re [rinvigor′ire] *vt* revigorar, fortalecer, fortificar. *vpr* revigorar-se.

rin.vi.o [rinv′io] *sm* reenvio; adiamento, prorrogação; devolução.

ri.o [r′io] *sm Poét.* córrego. **un** ≃ **di pianto** *Fig.* um rio de lágrimas. *adj* mau, perverso.

ri.o.ne [ri′one] *sm* bairro, distrito.

ri.or.di.na.re [riordin′are] *vt* reordenar; concertar, restaurar.

ri.or.ga.niz.za.re [riorganidzz′are] *vt* reorganizar, reestruturar; modificar, mudar.

ri.ot.to.so [riott′ozo] *adj* briguento. *Dir.* litigioso. *Fig.* indócil, rebelde.

ri.pa [r′ipa] *sf* margem, beira; penhasco.

ri.pa.ga.re [ripag′are] *vt* repagar, pagar de novo; reembolsar, ressarcir. *Fig.* recompensar.

ri.pa.ra.re [ripar′are] *vt* amparar, proteger, defender; reparar, consertar, remediar. *vi+vpr* amparar-se, proteger-se.

ri.pa.ra.zio.ne [riparats′jone] *sf* amparo, proteção; reparo, conserto. *Dir.* reparação. ≃ **i di guerra** *Mil.* reparação de guerra.

ri.pa.ro [rip′aro] *sm* abrigo, defesa; amparo, proteção; refúgio. *Fig.* remédio, solução.

ri.par.ti.men.to [ripartim′ento] *sm* repartimento; repartição, partilha; compartimento.

ri.par.ti.re [ripart′ire] *vt* repartir, dividir, distribuir. *vi* partir novamente.

ri.par.ti.zio.ne [ripartits′jone] *sf* divisão, subdivisão; parte, porção; repartição, setor, seção.

ri.par.to [rip′arto] *sm* divisão, subdivisão. *Com.* quota, parte.

ri.pas.sa.re [ripass′are] *vt* repassar. *Fig.* reler, repassar um texto; corrigir, retocar, aperfeiçoar. *vi* passar de novo por um lugar.

ri.pen.sa.re [ripens′are] *vi* pensar de novo; mudar de idéia.

ri.per.co.te.re [riperk′otere] ou **ri.per.cuo.te.re** [riperk′wotere] *vt* bater novamente. *vi+vpr* repercutir, refletir; ecoar.

ri.per.cus.sio.ne [riperkuss′jone] *sf* repercussão; contragolpe; eco, reverberação.

ri.pe.te.re [rip′etere] *vt* repetir; imitar, copiar. *vpr* repetir-se; insistir, persistir; continuar.

ri.pe.ti.to.re [ripetit′ore] *sm* professor particular.

ri.pe.ti.zio.ne [ripetits′jone] *sf* repetição; revisão, recapitulação; repasse das lições; aula particular. **arma a** ≃ arma de repetição.

ri.pia.no [rip′jano] *sm* prateleira. *Geogr.* terraço, planalto.

ri.pic.co [rip′ikko] *sf* despeito; represália.

ri.pi.do [r′ipido] *adj* íngreme, escarpado.

ri.pie.ga.re [ripjeg′are] *vt* dobrar. *vi Mil.* recuar, retirar-se. *vpr* curvar-se, dobrar-se.

ri.pie.go [rip′jego] *sm* expediente, artifício; saída, solução.

ri.pie.nez.za [ripjen′ettsa] *sf* abarrotamento, excesso. *Med.* embaraço estomacal.

ri.pie.no [rip′jeno] *sm* recheio; enchimento. *adj* repleto, muito cheio, abarrotado; recheado.

ri.pi.glia.re [ripiʎ′are] *vt* pegar novamente; recomeçar, retomar, reiniciar. *vpr* prosseguir, continuar; recuperar-se, refazer-se.

ri.por.re [rip′ofe] *vt* repor; reservar, guardar. *vpr* recolocar-se; afastar-se; esconder-se.

ri.por.ta.re [riport′are] *vt* tornar a trazer; citar; relatar, contar; obter, conseguir; sofrer (ferimento). *vpr* reportar-se, aludir a.

ri.por.to [rip′orto] *sm Contab.* transporte de valor.

ri.po.sa.re [ripoz′are] *vt* repousar, descansar. *vi+vpr* repousar, descansar. *Fig.* jazer (defunto).

ri.po.si.zio.ne [ripozits′jone] *sf* reposição.

ri.po.so [rip′ozo] *sm* repouso, descanso. *Fig.* paz. *Mús.* intervalo, pausa. **eterno** ≃ descanso eterno. **a** ≃ *Mil.* reformado.

ri.po.sti.glio [ripost′iʎo] *sm* esconderijo.

ri.pren.de.re [ripr′endere] *vt* repreender; pegar de novo; recuperar; reconquistar; retomar; filmar; encolher (roupa). *vpr* corrigir-se.

ri.pren.sio.ne [riprens′jone] ou **re.pren.sio.ne** [reprens′jone] *sf* repreensão, advertência.

ri.pre.sa [ripr′eza] *sf* retomada, recomeço, reinício. *Autom.* arranco. *Cin.* tomada. *Esp.* tempo de um jogo. *Mús.* e *Poét.* refrão, estribilho. *Fot.* exposição.

ri.pri.sti.na.re [ripristin′are] *vt* repristinar, restaurar, renovar; reconstruir, reconstituir; reutilizar.

ri.pro.dur.re [riprod′uɾe] *vt* reproduzir; copiar, duplicar; publicar, editar. *vpr* reproduzir-se.

ri.pro.dut.to.re [riprodutt′ore] *sm+adj* reprodutor.

ri.pro.du.zio.ne [riproduts′jone] *sf* reprodução; cópia, imitação, duplicata.

ri.pro.va [ripr′ova] *sf* prova, testemunho; demonstração. *Dir.* acareação. *Mat.* prova.

ri.pro.va.re [riprov′are] *vt* reprovar; tentar novamente; desaprovar, rejeitar.

ri.pro.va.zio.ne [riprovats′jone] *sf* reprovação; censura, crítica. *Pop.* bomba (em exame).

ri.pro.ve.vo.le [riprov′evole] *adj* reprovável, condenável, deplorável.

ri.pu.dia.re [ripud′jare] *vt* repudiar, rejeitar.

ri.pu.dio [rip'udjo] *sm* repúdio, rejeição.
ri.pu.gnan.te [ripuñ'ante] *adj* repugnante, nojento, asqueroso.
ri.pu.gnan.za [ripuñ'antsa] *sf* repugnância, repulsa, nojo.
ri.pu.gna.re [ripuñ'are] *vi* repugnar, enojar.
ri.pu.li.re [ripul'ire] *vt* limpar. *Fig.* retocar.
ri.pu.li.tu.ra [ripulit'ura] *sf* limpeza. *Fig.* retoque.
ri.pul.sa [rip'ulsa] *sf* repulsa, aversão. *Fís.* repulsão.
ri.sac.ca [riz'akka] *sf Náut.* ressaca.
ri.sa.ia [riz'aja] *sf* arrozal.
ri.sa.li.re [rizal'ire] *vt* navegar contra a corrente. *vi* subir de novo. ≃ **a** remontar a
ri.sal.ta.re [risalt'are] *vi* ressaltar, sobressair.
ri.sal.to [ris'alto] *sm* ressalto, relevo, saliência. *Fig.* realce, evidência.
ri.sa.na.re [risan'are] *vt* curar, sanar. *Fig.* ganhar, recuperar.
ri.sa.pe.re [risap'ere] *vt* vir a saber.
ri.sar.ci.men.to [risartʃim'ento] *sm* ressarcimento, indenização, reparação.
ri.sar.ci.re [risartʃ'ire] *vt* ressarcir, indenizar.
ri.sa.ta [riz'ata] *sf* risada. **fare una** ≃ dar uma risada.
ri.scal.da.men.to [riskaldam'ento] *sm* aquecimento. *Fig.* excitação.
ri.scal.da.re [riskald'are] *vt* aquecer, esquentar; estragar, apodrecer (fruta). *vpr* aquecer-se, esquentar. *Fig.* ficar nervoso, irar-se.
ri.scat.ta.re [riskatt'are] *vt* resgatar (refém); readquirir; recuperar, reaver. *Fig.* redimir, libertar. *vpr* redimir-se, libertar-se.
ri.scat.to [risk'atto] *sm* resgate. *Rel.* redenção, expiação.
ri.schia.ra.re [riskjar'are] *vt* clarear; iluminar. *vi+vpr* clarear (céu, tempo).
ri.schia.re [risk'jare] *vt* arriscar. *vi* arriscar-se.
ri.schio [r'iskjo] *sm* risco, perigo. **mettere ou porre a** ≃ colocar em risco. **correre il** ≃ correr o risco.
ri.schio.so [risk'jozo] *adj* arriscado, perigoso; ousado.
ri.sciac.qua.re [riʃakk'ware] ou **sciac.qua.re** [ʃakka'ware] *vt* enxaguar. *vpr* enxaguar-se.
ri.sciac.quo [riʃ'akkwo] ou **sciac.quo** [ʃ'akkwo]
ri.scon.tra.re [riskontr'are] *vt* encontrar; comparar; verificar. *vi* combinar, calhar. *vpr* encontrar-se; combinar, entrar em acordo.
ri.scon.tro [risk'ontro] *sm* encontro casual; comparação, cotejo; verificação, averiguação. *Com.* recibo, canhoto.
ri.scos.sa [risk'ɔssa] *sf* cobrança, arrecadação; revolta, insurreição. *Mil.* reconquista.

ri.scos.sio.ne [riskoss'jone] *sm* cobrança, arrecadação.
ri.scuo.te.re [risk'wɔtere] *vt* sacudir; acordar, despertar (sacudindo); cobrar, arrecadar. *Fig.* receber. *vpr* sacudir-se; livrar-se.
ri.se.ca.re [risek'are] *vt* amputar, cortar.
ri.se.ca.zio.ne [risekats'jone] *sf* amputação, corte.
ri.sec.chi.re [risekk'ire] *vi* ressecar, secar. *Fig.* emagrecer.
ri.sen.ti.men.to [risentim'ento] *sm* ressentimento, rancor.
ri.sen.ti.re [risent'ire] *vt* ouvir, ouvir de novo. *vpr* ressentir-se, magoar-se; reanimar-se, recuperar os sentidos. ≃ **di** sentir o efeito de.
ri.sen.ti.to [risent'ito] *part+adj* ressentido. *Fig.* forte, eficaz.
riserbo → **riservatezza**
ri.ser.va [riz'erva] *sf* reserva; provisão, estoque; resto; substituto. *Dir.* ressalva, exceção. *Com.* fundo. *Esp.* jogador reserva. *Fig.* recato, retraimento; dúvida, suspeita.
ri.ser.va.re [rizerv'are] ou **ri.ser.ba.re** [rizerb'are] *vt* reservar, guardar; conservar; marcar (hora, encontro).
ri.ser.va.tez.za [rizervat'ettsa] *sf* ou **ri.ser.bo** [riz'erbo] *sm* reserva, discrição.
ri.ser.va.to [rizerv'ato] *part+adj* reservado; marcado (horário). *Fig.* reservado, discreto; privado, confidencial; secreto.
ri.si.bi.le [riz'ibile] *adj* risível, ridículo.
ri.sie.de.re [riz'jedere] *vi* residir, morar.
ri.si.po.la [riz'ipola] *sf Med. Pop.* erisipela.
ri.sma [r'izma] *sf* resma; baralho, maço de cartas. *Fig.* tipo, espécie. **ragazzacci della stessa** ≃ *Irôn. dep* todos farinha do mesmo saco.
ri.so [r'izo] *sm* (*pl f* **le risa**) riso, risada. *Bot.* arroz. *Fig.* alegria, felicidade; zombaria.
ri.so.lu.tez.za [risolut'ettsa] *sf* determinação, decisão.
ri.so.lu.ti.vo [risolut'ivo] *sm Quím.* solvente. *adj* decisivo, definitivo, determinante.
ri.so.lu.to [risol'uto] *part+adj* dissolvido, desmanchado. *Fig.* resoluto, decidido; corajoso.
ri.so.lu.zio.ne [risoluts'jone] *sf* resolução; solução; decisão, deliberação. *Quím.* dissolvimento. *Dir.* rescisão, dissolução. *Fig.* coragem, bravura.
ri.sol.ve.re [ris'ɔlvere] *vt* resolver; decidir; explicar, esclarecer. *Quím.* dissolver. *vpr* resolver-se, decidir-se; dissolver-se. *Med.* melhorar.

ri.so.nan.za [rison'antsa] *sf* Fís. ressonância. *Fig.* repercussão. **aver** ≃ *Fig.* repercutir.

risonare → **risuonare**.

ri.so.ne [riz'one] *sm* Bot. arroz integral.

ri.sor.ge.re [ris'ordʒere] *vi* ressurgir, reaparecer. *Fig.* ressuscitar, renascer; prosperar, florescer.

ri.sor.gi.men.to [risordʒim'ento] *sm* ressurgimento, reaparecimento; renascimento. **il R** ≃ *Hist.* a Unificação da Itália.

ri.sor.sa [ris'orsa] *sf* recurso, meio. *Fig.* capacidade. ≃**e** *sf pl* recursos, dinheiro.

ri.sot.to [riz'ɔtto] *sm* risoto.

ri.spar.mia.re [risparm'jare] *vt* economizar, poupar; evitar fazer algo. *vpr* poupar-se, descansar; cuidar-se.

ri.spar.mio [risp'armjo] *sm* economia, poupança. ≃**mi** *sm pl* economias, reservas.

ri.spec.chia.re [rispekk'jare] *vt* espelhar, refletir.

ri.spet.ta.bi.le [rispett'abile] *adj* respeitável, honesto, honrado. *Fig.* considerável, notável.

ri.spet.ta.re [rispett'are] *vt* respeitar; honrar, reverenciar; obedecer, acatar. *vpr* respeitar-se. ≃ **la propria firma** cumprir com a palavra. **farsi** ≃ impor respeito.

ri.spet.to [risp'etto] *sm* respeito; estima, consideração; reverência, devoção. ≃ **a** com respeito a, com relação a. **a** ≃ **di** em comparação a.

ri.spet.to.so [rispett'ozo] *adj* respeitoso; educado, reverente.

ri.splen.de.re [rispl'endere] *vi* resplandecer. brilhar.

ri.spon.den.te [rispond'ente] *adj* correspondente; adequado, apropriado; proporcional.

ri.spon.den.za [rispond'entsa] *sf* correspondência; adequação, conformidade.

ri.spon.de.re [risp'ondere] *vi* responder; contestar, retrucar; corresponder. ≃ **di** responder por. ≃ **a traverso** responder mal. ≃ **a** responder para.

ri.spo.sta [risp'osta] *sf* resposta; réplica, contestação.

ris.sa [r'issa] *sf* rixa, briga, discussão.

ris.so.so [riss'ozo] *adj* briguento, brigão.

ri.sta.bi.li.re [ristabil'ire] *vt* restabelecer, reinstituir. *vpr* restabelecer-se, melhorar.

ri.sta.gna.re [ristañ'are] *vt* estagnar; coagular. *Com. Fig.* estar em crise. *vi+vpr* estagnar-se; coagular-se. *Com. Fig.* entrar em crise.

ri.sta.gno [rist'año] *sm* estagnação; coagulação. *Com. Fig.* crise, recessão.

ri.stam.pa [rist'ampa] *sf* reimpressão, reedição.

ri.stam.pa.re [ristamp'are] *vt* reimprimir, reeditar.

ri.sta.re [rist'are] *vi* parar, deter-se; cessar. *vpr* abster-se; parar.

ri.sto.ran.te [ristor'ante] *sm* restaurante. *adj* restaurador.

ri.sto.ra.re [ristor'are] *vt* dar descanso. *vpr* descansar, restabelecer-se.

ri.sto.ro [rist'ɔro] *sm* descanso. *Fig.* conforto.

ri.stret.tez.za [ristrett'ettsa] *sf* restrição, limitação; estreiteza; aperto (econômico). *Fig.* escassez. ≃**e** *sf pl* pobreza, miséria.

ri.stret.to [ristr'etto] *sm* resumo. *part+adj* restrito, limitado; estreito, apertado; reduzido, exíguo; resumido; concentrado, condensado.

ristringere → **restringere**.

ri.suc.chio [ris'ukkjo] *sm* redemoinho, sorvedouro.

ri.sul.tan.te [rizult'ante] *adj* resultante, conseqüente.

ri.sul.ta.re [rizult'are] *vi* resultar, provir; aparecer; importar. *Mat.* dar como resultado.

ri.sul.ta.to [rizult'ato] *sm* resultado; efeito, conseqüência. *Mat.* resultado.

ri.suo.na.re [riswon'are] ou **ri.so.na.re** [rison'are] *vi* ressoar; ecoar. *Fig.* repercutir.

ri.sur.re.zio.ne [risuřets'jone] ou **re.sur.re.zio.ne** [resuřets'jone] *sf* ressurreição.

ri.su.sci.ta.re [risuʃit'are] ou **re.su.sci.ta.re** [resuʃit'are] *vt+vi* ressuscitar. *Fig.* reviver.

ri.sve.glia.re [rizveʎ'are] *vt* acordar, despertar. *Fig.* provocar. *vpr* acordar, despertar.

ri.sve.glio [rizv'eʎo] *sm* o despertar. *Fig.* renascimento, retorno, renovação.

ri.svol.to [rizv'olto] *sm* lapela; bainha de calça; punho de manga; aba de bolso. *Fig.* resultado, conseqüência, repercussão.

ri.ta.glia.re [ritaʎ'are] *vt* retalhar (um tecido); recortar (uma figura).

ri.ta.glio [rit'aʎo] *sm* retalho; resto (de tecido, papel).

ri.tar.da.re [ritard'are] *vt* retardar, atrasar. *vi* demorar, atrasar-se; atrasar (relógio).

ri.tar.da.ta.rio [ritardat'arjo] *sm* retardatário. *Fig.* retrógrado, antiquado.

ri.tar.da.to [ritard'ato] *sm* deficiente mental. *Fig.* idiota. *part+adj* retardado; atrasado.

ri.tar.do [rit'ardo] *sm* atraso. Fís. retardamento. **essere in** ≃ estar atrasado.

ri.te.gno [rit'eño] ou **ri.te.ni.men.to** [ritenim'ento] *sm* retenção, detenção. *Fig.* freio, impedimento, obstáculo.

ri.te.ne.re [riten'ere] *vt* reter; manter, conservar; deter, parar; deduzir, subtrair (valor); decorar, aprender de cor; considerar, julgar; acreditar, crer. *vpr* julgar-se; acreditar-se; deter-se, parar.

ri.te.nu.ta [riten´uta] *sf* dedução de salário.

ri.ten.zio.ne [ritents´jone] *sf* Med. retenção, acúmulo.

ri.ti.ra.re [ritir´are] *vt* retirar, remover; negar, desmentir; encolher (roupa); reimprimir. *vpr* retirar-se, afastar-se; demitir-se; aposentar-se; voltar para casa. *Fig.* desistir de, abandonar (concurso); refugiar-se. *Mil.* recuar, bater em retirada. ≃ **si in buon ordine** desistir a tempo.

ri.ti.ra.ta [ritir´ata] *sf* banheiro, latrina. *Mil.* retirada. ≃ **strategica** retirada estratégica.

ri.ti.ro [rit´iro] *sm* retirada, afastamento; retiro; aposentadoria.

ri.tma.re [ritm´are] *vt* ritmar, cadenciar.

ri.tmi.co [r´itmiko] *adj Lit.* rítmico. **ginnastica** ≃ **a** *Esp.* ginástica rítmica.

ri.tmo [r´itmo] *sm Mús.* e *Poét.* ritmo, cadência. *Med.* batimento cardíaco. *Mec.* rendimento (de máquina). *Fig.* ciclo.

ri.to [r´ito] *sm Rel.* rito, ritual, cerimônia. *Fig.* cerimonial, etiqueta. **di** ≃ de hábito, como de costume. *Dir.* conforme a lei.

ri.toc.ca.re [ritokk´are] *vt* retocar; tocar de novo; corrigir, importunar (com perguntas).

ri.toc.co [rit´okko] *sm* retoque; correção.

ri.tor.ce.re [rit´ɔrtʃere] *vt* retorcer. *Fig.* replicar, retrucar.

ri.tor.na.re [ritorn´are] *vi* retornar, voltar, regressar; voltar ao que era antes. ≃ **in sé** voltar a si, recuperar os sentidos.

ri.tor.nel.lo [ritorn´ello] *sm Poét.* e *Mús.* refrão, estribilho.

ri.tor.no [rit´orno] *sm* retorno, volta; reaparecimento.

ri.tor.sio.ne [ritors´jone] *sf* retorsão; represália; desforra, vingança.

ri.trar.re [ritr´aře] *vt* tirar; puxar, arrastar; representar; retratar; imitar. *Pop.* fotografar. ≃ **vantaggi** obter vantagens. *vi* parecer, assemelhar-se. *vpr* retirar-se, afastar-se. *Fig.* retrair-se, encolher-se.

ri.trat.ta.zio.ne [ritrattats´jone] *sf* retratação; desmentido.

ri.trat.ta.re [ritratt´are] *vt* retratar; negar, desmentir. *vpr* retratar-se, desdizer-se.

ri.trat.to [ritr´atto] *sm* retrato. *Pop.* fotografia. *Fig.* semelhança; modelo.

ri.tra.zio.ne [ritrats´jone] *sf* retração; diminuição.

ri.tro.so [ritr´ozo] *adj* inverso, oposto, contrário; esquivo, tímido. **a** ≃ ao contrário; às avessas; em direção contrária. ≃ **a** avesso a.

ri.tro.va.men.to [ritrovam´ento] *sm* reencontro; descoberta.

ri.tro.va.re [ritrov´are] *vt* reencontrar; descobrir. *Fig.* reconhecer. *vpr* reencontrar-se, reunir-se; encontrar-se, estar presente; compreender.

ri.tro.va.to [ritrov´ato] *sm* descoberta, invenção; expediente, artifício.

ri.tro.vo [ritr´ovo] *sm* ponto de encontro; boate; bar.

rit.to [r´itto] *sm* estaca, suporte; direito de um tecido. *adj* ereto, reto. *adv* em pé.

ri.tu.a.le [ritu´ale] *sm* ritual, cerimônia. *Fig.* cerimonial, etiqueta. *adj* ritual, cerimonial.

riu.nio.ne [rjun´jone] *sf* reunião; união; congresso, assembléia.

riu.ni.re [rjun´ire] *vt* reunir, juntar; convocar; reconciliar. *vpr* reunir-se, juntar-se; encontrar-se.

riu.sci.re [rjuʃ´ire] *vi* sair de novo; conseguir; ter efeito, resultar. ≃ **a** conseguir (fazer). ≃ **bene** ter sucesso. ≃ **male** fracassar.

riu.sci.ta [rjuʃ´ita] *sf* êxito, sucesso.

ri.va [r´iva] *sf* praia; margem, beira de rio.

ri.va.le [riv´ale] *s+adj* rival, adversário.

ri.va.leg.gia.re [rivaleddʒ´are] *vi* rivalizar, competir, concorrer.

ri.va.ler.si [rival´ersi] *vpr* utilizar-se de novo; vingar-se.

ri.va.li.tà [rivalit´a] *sf* rivalidade, antagonismo.

ri.val.sa [riv´alsa] *sf* vingança, desforra. *Com.* recâmbio.

ri.van.ga.re [rivang´are] *vt* cavar de novo. *Fig.* desenterrar assuntos desagradáveis.

ri.ve.de.re [rived´ere] *vt* rever; reestudar; revisar; reencontrar.

ri.ve.la.re [rivel´are] *vt* revelar; descobrir; mostrar; divulgar. *vpr* revelar-se, mostrar-se.

ri.ve.la.to.re [rivelat´ore] *sm Elet.* detector. *Fot.* revelador.

ri.ve.la.zio.ne [rivelats´jone] *sf* revelação.

ri.ven.de.re [riv´endere] *vt* revender; vender no varejo. **aver ragioni da** ≃ *Fig.* ter razões de sobra.

ri.ven.di.ca.re [rivendik´are] *vt Dir.* reivindicar, reclamar.

ri.ven.di.ca.zio.ne [rivendikats´jone] *sf Dir.* reivindicação, reclamação.

ri.ven.di.ta [riv´endita] *sf* revenda; loja.

ri.ven.di.to.re [rivendit´ore] *sm Com.* revendedor; varejista.

ri.ver.be.ra.re [riverber'are] *vt, vi+vpr* reverberar, refletir; repercutir.

ri.ver.be.ro [riv'erbero] *sm* reverberação; reflexo. *Fig.* clarão.

ri.ve.ren.za [river'entsa] ou **re.ve.ren.za** [rever'entsa] *sf* reverência; veneração, respeito; mesura, cumprimento.

ri.ve.ri.re [river'ire] ou **re.ve.ri.re** [rever'ire] *vt* reverenciar; venerar; cumprimentar.

ri.ver.sa.re [rivers'are] *vt* verter, derramar, despejar. *vpr* jogar-se sobre. ≃ **una colpa su altri** jogar a culpa nos outros.

ri.ver.si.bi.le [rivers'ibile] ou **re.ver.si.bi.le** [revers'ibile] *adj* reversível.

ri.ve.sti.men.to [rivestim'ento] *sm* revestimento, cobertura.

ri.ve.sti.re [rivest'ire] *vt* vestir de novo; revestir, cobrir. *vpr* trocar-se, trocar de roupa.

ri.vie.ra [riv'jera] *sf* costa.

ri.vie.ra.sco [rivjer'asko] *sm+adj* litorâneo, costeiro.

ri.vin.ci.ta [riv'intʃita] *sf Esp.* desforra, revanche. **prendersi una** ≃ vingar-se, desforrar-se.

ri.vi.sta [riv'ista] *sf* revista; revisão de texto. *Mil.* revista, inspeção. *Teat.* revista teatral.

ri.vi.ve.re [riv'ivere] *vt* reviver. *vi* reviver; ressurgir, renascer.

ri.vo [r'ivo] *sm Lit.* riacho, córrego.

ri.vo.ca.re [rivok'are] *vt Dir.* revogar, anular.

ri.vo.le.re [rivol'ere] *vt* reclamar, requerer.

ri.vol.ge.re [riv'oldʒere] *vt* revirar, virar; dirigir; endereçar. *vpr* dirigir-se a, interpelar; dedicar-se. ≃ **la parola a** dirigir a palavra a. ≃ **da** afastar de, tirar de. ≃ **si a** ir para.

ri.vol.ta [riv'olta] *sf* revolta, rebelião, insurreição; dobra, prega. *Mil.* motim.

ri.vol.ta.re [rivolt'are] *vt* revirar, virar. *Fig.* virar do avesso; revoltar, enojar. *vpr* voltar atrás. *Fig.* revoltar-se, rebelar-se.

ri.vol.tel.la [rivolt'ella] *sf* revólver, pistola.

ri.vol.tel.la.ta [rivoltell'ata] *sf* tiro, disparo.

ri.vol.to.so [rivolt'ozo] *sm+adj* revoltoso, rebelde, revolucionário.

ri.vo.lu.zio.na.re [rivolutsjon'are] *vt* revolucionar, mudar, modificar.

ri.vo.lu.zio.na.rio [rivolutsjon'arjo] *sm* revolucionário. *adj* revolucionário; inovador.

ri.vo.lu.zio.ne [rivoluts'jone] *sf* revolução, insurreição. *Fig.* transformação; confusão.

riz.za.re [ritts'are] *vt* levantar, erguer; construir, erigir; arrepiar, eriçar os cabelos; hastear bandeira. *vpr* levantar-se, ficar de pé; eriçar-se. ≃ **gli orecchi** aguçar os ouvidos.

ro.ba [r'ɔba] *sf* coisa; artigo; bem; tecido, pano; roupa, vestimenta. ≃ **da nulla** coisa insignificante. ≃ **da matti** coisa de louco.

ro.bot [rob'ot] *sm* robô, autômato.

ro.bu.stez.za [robust'ettsa] *sf* robustez; vigor.

ro.bu.sto [rob'usto] *adj* robusto; vigoroso.

roc.ca [r'ɔkka] I *sf* fortaleza; cidadela; torre de castelo.

roc.ca [r'ɔkka] II *sf* roca de fiar.

roc.ca.for.te [rokkaf'orte] *sf* fortaleza. *Fig.* abrigo, lugar seguro.

roc.chet.to [rokk'etto] *sm* carretel. *Elet.* e *Fís.* bobina.

roc.cia [r'ɔttʃa] *sf* rocha. *Fig.* montanha, monte; pico, cume. *Náut.* recife. *Fam.* cascão.

roc.cia.to.re [rottʃat'ore] *sm Esp.* alpinista.

roc.cio.so [rottʃ'ozo] *adj* rochoso. *Fam.* encardido, sujo.

ro.chez.za [rok'ettsa] *sf* rouquidão.

ro.co [r'ɔko] *adj* rouco. *Fig.* quente, sensual.

ro.de.re [r'odere] *vt* roer; corroer, consumir. *vpr* sofrer, torturar-se.

ro.di.to.re [rodit'ore] *sm+adj Zool.* roedor.

ro.do.den.dro [rodod'endro] *sm Bot.* rododendro.

ro.ga.re [rog'are] *vt Dir.* lavrar, exarar.

rog.gia [r'ɔddʒa] *sf* canal, fosso.

ro.gna [r'oɲa] *sf Med.* sarna. *Fig.* azar.

ro.gno.ne [roɲ'one] *sm Anat.* rim de animal.

ro.go [r'ogo] *sm* pira; fogueira (suplício). *Fig.* incêndio; fogo.

rol.la.re [roll'are] *vt Náut.* balançar, oscilar.

Ro.ma [r'oma] *np Geogr.* Roma. **promettter** ≃ **e toma** *Fam.* prometer mundos e fundos. **far** ≃ **e toma** *Fam.* fazer de tudo (para conseguir algo).

ro.ma.gno.lo [romaɲ'olo] *sm Ling.* romanhês, dialeto da Romanha. *sm+adj* romanhês, da Romanha.

ro.man.cio [rom'antʃo] *sm Ling.* romanche, rético.

ro.ma.ne.sco [roman'esko] *sm Ling.* romanesco, dialeto de Roma. *adj* romano.

ro.ma.no [rom'ano] *sm+adj* romano, de Roma. **carattere** ≃ caráter (tipo) romano. **numeri** ≃ **i** *Mat.* algarismos romanos.

ro.man.ti.ci.smo [romantitʃ'izmo] *sm* romantismo.

ro.man.ti.co [rom'antiko] *adj* romântico.

ro.man.za.re [romants'are] *vt* romancear. *Fig.* embelezar, enfeitar.

ro.man.ze.sco [romants'esko] *adj* romanesco. *Fig.* fantástico, extravagante.

ro.man.zie.re [romants'jere] *sm* romancista; escritor.

ro.man.zo [rom'antso] *sm Lit.* romance. ≃ **giallo** romance de suspense. ≃ **a puntate** folhetim. *adj Ling.* românico.

rom.bo [r′ombo] *sm* zunido, zumbido (de asas); estrondo. *Geom.* rombo. *Zool.* rodovalho.

ro.me.no [rom′eno] *sm+adj* romeno.

ro.me.o [rom′eo] *sm* romeiro, peregrino.

rom.pe.re [r′ompere] *vt* romper, quebrar, despedaçar; estragar, arruinar; fraturar. *Fig.* irritar, aborrecer; interromper; violar, transgredir. *vi* irromper, despontar, surgir. *vpr* romper-se, quebrar-se; brigar. ≃ **rapporti** romper relações. ≃**si il collo.** *Pop.* quebrar a cara.

rom.pi.ca.po [rompik′apo] *sm* quebra-cabeça. *Fig.* mistério, charada; problema, incômodo.

rom.pi.ghiac.cio [rompig′jattʃo] *sm* quebra-gelo. **nave** ≃ navio quebra-gelo.

rom.pi.men.to [rompim′ento] *sm* rompimento, quebra. ≃ **di tasche** *Fam.* chatice.

rom.pi.sca.to.le [rompisk′atole] ou **rom.pi.ta.sche** [rompit′aske] *s Fam.* chato, impertinente. *Gír.* mala, pentelho.

ron.ca [r′onka] *sf* ou **ron.co.la** [r′onkola] *sf dim* podão, foice.

ron.da [r′onda] *sf Mil.* ronda.

ron.del.la [rond′ella] *sf Mec.* arruela.

ron.di.ne [r′ondine] *sf Zool.* andorinha. ≃ **di mare** ou **pesce** ≃ peixe-voador.

ron.do.ne [rond′one] *sm Zool.* andorinhão.

ron.za.re [ronds′are] *vi* zumbir, zunir.

ron.zi.o [ronds′io] *sm* zumbido, zunido.

ro.sa [r′oza] I *sf* coceira, comichão.

ro.sa [r′oza] II *sf Bot.* rosa; roseira. *sm* rosa, cor-de-rosa. *adj* rosa, cor-de-rosa, rosado. ≃ **dei venti** rosa-dos-ventos. **non c'è** ≃ **senza spine** toda rosa tem espinhos.

ro.sa.io [roz′ajo] *sm Bot.* roseira.

ro.sa.rio [roz′arjo] *sm Rel.* rosário.

ro.sbif.fe [rozb′iffe] *sm* rosbife.

ro.se.o [r′ozeo] *adj* róseo, rosado. *Fig.* feliz.

ro.set.ta [roz′etta] *sf* roseta. *Mec.* arruela.

ro.si.can.te [rozik′ante] *sm+adj* roedor.

ro.si.ca.re [rozik′are] ou **ro.sic.chia.re** [rozikk′jare] *vt* roer; mordiscar.

ro.si.gno.lo [roziɲ′ɔlo] *sm Zool.* rouxinol.

ro.sma.ri.no [rozmar′ino] *sm Bot.* rosmaninho.

ro.so.la.re [rozol′are] *vt* dourar a carne.

ro.so.li.a [rozol′ia] *sf Med.* rubéola, sarampo alemão.

ro.spo [r′ɔspo] *sm Zool.* sapo. *Fig.* monstro, monstrengo, pessoa feia. **ingoiare un** ≃ *Fig.* engolir um sapo, agüentar algo desagradável.

ros.seg.gia.re [rosseddʒ′are] *vi* avermelhar.

ros.set.to [ross′etto] *sm* batom.

ros.so [r′osso] *sm* vermelho, cor vermelha; ruivo, pessoa ruiva. *Fig.* comunista. ≃ **per guance** ruge. ≃ **d'uovo** gema de ovo. *adj* vermelho; ruivo (cabelo). **esser** ≃ **di vergogna** ficar vermelho de vergonha.

ros.so.re [ross′ore] *sm* vermelhidão; rubor.

ro.stic.ce.ri.a [rostittʃer′ia] *sf* churrascaria.

ro.stro [r′ɔstro] *sm* bico das aves. *Fig.* ponta, bico de objeto.

ro.ta.ia [rot′aja] *sf* trilho de trem; carril, marca de roda no chão.

ro.ta.re [rot′are] ou **ruo.ta.re** [rwot′are] *vt+vi* rodar, girar.

ro.ta.zio.ne [rotats′jone] *sf* rotação. ≃ **agraria** rotação de culturas.

ro.te.a.re [rote′are] *vt+vi* rodar, girar.

ro.tel.la [rot′ella] *sf dim* rodinha; rodízio (de um móvel). *Anat.* rótula.

ro.to.la.re [rotol′are] *vt, vi+vpr* rolar.

ro.to.lo [r′ɔtolo] *sm* rolo (de papel, tecido). **andare a** ≃ *Fig.* arruinar-se.

ro.to.lo.ne [rotol′one] *sm* tombo. ≃ **ou** ≃ **i** *adv* rolando.

ro.ton.da [rot′onda] *sf Arquit.* rotunda; varanda, terraço.

ro.ton.do [rot′ondo] *adj* redondo; circular; esférico. *Fig.* grande, volumoso.

rot.ta [r′otta] I *sf* derrota; quebra. **essere in** ≃ **con uno** estar de relações cortadas com alguém. **a** ≃ **di collo** em altíssima velocidade.

rot.ta [r′ɔtta] II *sf Aeron.* e *Náut.* rota, itinerário. **dare la** ≃ marcar a rota.

rot.ta.me [rott′ame] *sm* caco, fragmento; resto. ≃ **i** *sm pl Aeron.* e *Náut.* destroços.

rot.to [r′otto] *sm* ruptura, quebra. ≃ **i** *sm pl* troco. **part+adj** roto, quebrado; fraturado. *Fig.* cansado; emocionado (tom de voz). ≃ **a** habituado a (mau hábito).

rot.tu.ra [rott′ura] *sf* ruptura, quebra; interrupção. *Fig.* rompimento (diplomático); aborrecimento, incômodo.

ro.tu.la [r′ɔtula] *sf Anat.* rótula.

ro.vel.lo [rov′ello] *sm* raiva, fúria; ódio, zanga.

ro.ve.re [r′overe] *sm Bot.* carvalho.

ro.ve.scia.re [roveʃ′are] *vt* inverter; virar do avesso ou de ponta-cabeça; derrubar, abater; depor, destituir; derramar (líquido). *vpr* revirar-se, virar-se.

ro.ve.scio [rov′eʃo] *sm* avesso; verso, reverso; contrário, oposto; temporal, aguaceiro. *Fig.* revés, fatalidade, desgraça. **il** ≃ **della medaglia** *Fig.* o reverso da medalha. *adj* avesso; contrário, oposto. **alla** ≃ **a** do avesso, ao contrário. **prendere a** ≃ *Fig.* levar a mal.

ro.vi.na [rov′ina] *sf* ruína; desastre, destruição. *Com.* falência, bancarrota. ≈e *sf pl* ruínas. *Fig.* vestígios, traços.

ro.vi.na.re [rovin′are] *vt* arruinar; destruir; corromper, viciar. *Fig.* estragar, danificar. *vi* cair, desabar; falir. *Fig.* corromper-se. *vpr* arruinar-se; ficar na miséria.

ro.vi.no.so [rovin′ozo] *adj* desastroso, destrutivo, catastrófico; perigoso, arriscado.

ro.vi.sta.re [rovist′are] *vt* remexer; revistar.

roz.zez.za [rotts′ettsa] *sf* rudeza; descortesia.

roz.zo [r′ottso] *adj* grosseiro, rude; tosco.

ru.ba [r′uba] *sf* roubo, furto. **andare a** ≈ *Com.* vender rapidamente.

ru.ba.cuo.ri [rubak′wori] *s* sedutor, sedutora.

ru.ba.re [rub′are] *vt* roubar, furtar. ≈ **i cuori** roubar os corações, conquistar.

ru.be.ri.a [ruber′ia] *sf* roubo, latrocínio. *Pop.* ladroeira, roubalheira.

ru.bi.con.do [rubik′ondo] *adj* vermelho. *Fig.* colorido; gorducho, bem alimentado.

ru.bi.net.to [rubin′etto] *sm* torneira.

ru.bi.no [rub′ino] *sm Min.* rubi.

ru.blo [r′ublo] *sm* rublo.

ru.bri.ca [rubr′ika] *sf* rubrica, título, cabeçalho em tinta vermelha; caderno de endereços. *Jorn.* coluna.

ru.de [r′ude] *adj Lit.* áspero (tecido); rude, grosso, descortês; pesado (trabalho).

ru.di.men.ta.le [rudiment′ale] *adj* rudimentar; elementar; primitivo; fundamental.

ru.di.men.ti [rudim′enti] *sm pl* rudimentos, fundamentos, princípios.

ruf.fia.no [ruff′jano] *sm* rufião, alcoviteiro. *Bras.* cafetão. ≈a *sf* alcoviteira. *Bras.* cafetina.

ru.ga [r′uga] *sf* ruga.

rug.gi.ne [r′uddʒine] *sf* ferrugem. *Fig.* ódio, inimizade.

rug.gi.re [ruddʒ′ire] ou **rug.ghia.re** [rugg′jare] *vi* rugir, urrar. *Fig.* bramir, retumbar.

rug.gi.to [ruddʒ′ito] *sm* rugido, urro. *Fig.* bramido, estrondo.

ru.gia.da [rudʒ′ada] *sf* orvalho, sereno.

ru.go.so [rug′ozo] *adj* rugoso, enrugado.

rul.la.re [rull′are] *vi* rufar. *Náut.* balançar.

rul.lo [r′ullo] *sm* rufo (de tambor); rolo, cilindro. ≈ **compressore** rolo compressor.

rum [r′um] *sm* rum.

ru.mi.nan.te [rumin′ante] *sm+adj* ruminante.

ru.mi.na.re [rumin′are] *vt+vi* ruminar. *Fig.* maquinar, pensar muito.

ru.mo.re [rum′ore] *sm* rumor, ruído, barulho; boato; cochicho, murmúrio de vozes.

ru.mo.reg.gia.re [rumoreddʒ′are] *vi* rumorejar; cochichar, murmurar; protestar, reclamar.

ru.mo.ro.so [rumor′ozo] *adj* rumoroso, ruidoso, barulhento.

ruo.lo [r′wolo] *sm* rol, lista; pessoal (funcionário); posto, cargo. *Cin.* e *Teat.* papel.

ruo.ta [r′wota] *sf* ou **ro.ta** [r′ota] *sf Poét.* roda. ≈ **di ricambio** ou **di scorta** pneu sobressalente, estepe. ≈ **della fortuna** a roda da fortuna. ≈ **dentata** *Mec.* roda dentada. **far la** ≈ voar em círculos. *Irôn.* paquerar. **mettere i bastoni fra le** ≈e *Fig.* criar obstáculos.

ruotare ≈ **rotare**.

ru.pe [r′upe] *sf Geogr.* rochedo, penhasco.

ru.ra.le [rur′ale] *sm* camponês. *adj* rural.

ru.scel.lo [ruʃ′ello] *sm dim* córrego, regato.

rus.sa.re [russ′are] *vi* roncar, ressonar.

rus.so [r′usso] *sm+adj* russo.

ru.sti.co [r′ustiko] *sm* rústico, camponês; casa de campo. *adj* rústico, tosco; camponês, agrícola; rude, grosseiro.

ru.ta [r′uta] *sf Bot.* arruda.

rut.ta.re [rutt′are] *vt+vi Vulg.* arrotar. ≈ **improperi** xingar.

rut.to [r′utto] *sm Vulg.* arroto.

ru.vi.dez.za [ruvid′ettsa] ou **ru.vi.di.tà** [ruvidit′a] *sf* aspereza. *Fig.* rudez, grosseria, descortesia.

ru.vi.do [r′uvido] *adj* áspero. *Fig.* rude, grosseiro, descortês.

ruz.zo.la.re [ruttsol′are] *vi+vpr* rolar.

ruz.zo.lo.ne [ruttsol′one] *sm* tombo, queda. *Fig.* falência, bancarrota. **a** ≈**i** *adv* rolando.

S

s ['esse] *sf* esse, a décima sétima letra do alfabeto italiano.

sa.ba.to [s'abato] *sm* sábado. **S ≃ di Alleluia** *Rel.* Sábado de Aleluia. **di** ≃ aos sábados.

sab.bia [s'abbja] *sf* areia. ≃**e** *sf pl Med.* cálculos, pedras. ≃**e mobili** areias movediças.

sab.bio.so [sabb'jozo] *adj* arenoso.

sa.bo.tag.gio [sabot'addʒo] *sm* sabotagem.

sa.bo.ta.re [sabot'are] *vt* sabotar.

sac.ca [s'akka] *sf* sacola, bolsa; vala, buraco.

sac.ca.ri.na [sakkar'ina] *sf Quím.* sacarina.

sac.cen.te [sattʃ'ente] *s+adj* sabichão; exibicionista, presunçoso.

sac.cheg.gia.re [sakkeddʒ'are] *vt* saquear, pilhar, roubar. ≃ **un autore** *Fig.* plagiar um autor.

sac.cheg.gio [sakk'eddʒo] *sm* saque, pilhagem.

sac.co [s'akko] *sm* saco. *Fig.* barriga; monte, grande quantidade; saque, roubo. ≃ **da montagna** mochila. **mettere a** ≃ saquear. **cogliere con le mani nel** ≃ *Fig.* pegar com a boca na botija. **tornare con le pive nel** ≃ *Fig.* voltar de mãos abanando.

sa.cer.do.ta.le [satʃerdot'ale] *adj* sacerdotal.

sa.cer.do.te [satʃerd'ote] *sm Rel.* sacerdote; padre. **sommo** ≃ sumo sacerdote.

sa.cer.do.tes.sa [satʃerdot'essa] *sf Rel.* sacerdotisa.

sa.cer.do.zio [satʃerd'ɔtsjo] *sm Rel.* sacerdócio. *Fig.* apostolado, missão importante.

sa.cra.men.ta.re [sakrament'are] *vt Rel.* sacramentar. *vi Gír.* blasfemar, praguejar.

sa.cra.men.to [sakram'ento] *sm Rel.* sacramento. *Lit.* juramento.

sa.cra.re [sakr'are] *vt* sagrar, consagrar.

sacrestano, sacrestia → sagrestano, sagrestia.

sa.cri.fi.ca.re [sakrifik'are] *vt* sacrificar, imolar, oferecer em sacrifício. *vpr* sacrificar-se.

sa.cri.fi.cio [sakrif'itʃo] *sm* sacrifício. *Fig.* privação, renúncia.

sa.cri.le.gio [sakril'ɛdʒo] *sm Rel.* sacrilégio; profanação.

sa.cri.le.go [sakr'ilego] *adj* sacrílego.

sa.cro [s'akro] *adj* sacro, sagrado. *Anat.* sacro.

sa.cro.san.to [sakros'anto] *adj* sacrossanto; inviolável, intocável.

sa.di.co [s'adiko] *sm+adj* sádico. *Fig.* cruel.

sa.di.smo [sad'izmo] *sm Psic.* sadismo.

sa.et.ta [sa'etta] *sf Lit.* seta, flecha; raio; ponteiro de relógio. *Fig.* moleque travesso.

sa.et.ta.re [saett'are] *vt* flechar, dardejar; arremessar, lançar. *Fig.* atormentar, torturar. *vi* relampejar; correr como um relâmpago.

sa.fa.ri [saf'ari] *sm* safári.

sa.fe.na [saf'ena] *sf Anat.* safena.

sa.ga [s'aga] *sf* bruxa, feiticeira. *Poét.* saga.

sa.ga.ce [sag'atʃe] *adj* sagaz, perspicaz, astuto.

sa.ga.ci.tà [sagatʃit'a] *sf* sagacidade, perspicácia, astúcia.

saggezza → saviezza.

sag.gia.re [saddʒ'are] *vt* experimentar, provar.

sag.gio [s'addʒo] *sm* sábio; ensaio, dissertação; amostra; experiência, experimento. *adj* sábio; prudente, cauteloso.

sa.git.ta.rio [sadʒitt'arjo] *sm* arqueiro. **S** ≃ *Astron.* e *Astrol.* Sagitário.

sa.gù [sag'u] ou **sa.go** [s'ago] *sm* sagu.

sa.go.ma [s'agoma] *sf* molde, modelo; esboço, rascunho. *Mil.* alvo de treino.

sa.gra [s'agra] *sf* festa, feira, festival.

sa.gre.sta.no [sagrest'ano] ou **sa.cre.sta.no** [sakrest'ano] *sm Rel.* sacristão.

sa.gre.sti.a [sagrest'ia] ou **sa.cre.sti.a** [sacrest'ia] *sf Rel.* sacristia.

sa.la [s'ala] *sf* sala. ≃ **da pranzo** sala de jantar. ≃ **da soggiorno** sala de estar. ≃ **da ballo** salão de baile. ≃ **di aspetto** sala de espera. ≃ **di udienza** *Dir.* sala do tribunal.

sa.la.ce [sal'atʃe] *adj Lit.* lascivo, impudico.

sa.la.man.dra [salam'andra] *sf Zool.* salamandra.

sa.la.me [sal'ame] *sm* salame. *Fig.* tonto, bobo.

sa.la.me.lec.co [salamel'ekko] *sm* salamaleque. *Fig.* saudação exagerada.

sa.la.mo.ia [salam'ɔja] *sf* salmoura.

sa.la.re [sal'are] *vt* salgar. ≃ **la scuola** *Fig.* cabular, matar aula.

sa.la.rio [sal'arjo] *sm* salário.

sa.las.sa.re [salass'are] *vt Med.* sangrar. *Fig.* explorar, extorquir.

sa.las.so [sal'asso] *sm Med.* sangria. *Fig.* roubo. **fare un** ≃ tirar muito dinheiro.

sa.la.to [sal'ato] *part+adj* salgado. *Fig.* caro; picante, mordaz, irônico.

sal.cio [s'altʃo] *sm Bot.* salgueiro. ≃ **piangente** *Bot.* chorão.

sal.da.re [sald'are] *vt* soldar. *Med.* cicatrizar. *Com.* saldar, pagar.

sal.da.tu.ra [saldat'ura] *sf* solda; soldadura. *Med.* cicatrização; sutura.

sal.dez.za [sald'ettsa] *sf* firmeza, estabilidade. *Fig.* determinação, convicção.

sal.do [s'aldo] *sm Com.* saldo. *adj* compacto. *Fig.* constante, estável; são, robusto.

sa.le [s'ale] *sm* sal. *Fig.* astúcia, inteligência. **restare di** ≃ ficar surpreso. **avere poco** ≃ **in zucca** *Fig.* ter um parafuso a menos.

sal.gem.ma [sald3'emma] *sf Min.* sal-gema.

sa.lien.te [sal'jente] *adj* saliente. *Fig.* fundamental, importante.

sa.lie.ra [sal'jera] *sf* saleiro.

sa.li.na [sal'ina] *sf* salina.

sa.li.no [sal'ino] *adj* salino.

sa.li.re [sal'ire] *vt+vi* subir. *Fig.* crescer.

sa.li.scen.di [saliʃ'endi] *sm* tranqueta de janela.

sa.li.ta [sal'ita] *sf* subida; ladeira; rampa.

sa.li.va [sal'iva] *sf Fisiol.* saliva.

sa.li.va.re [saliv'are] I *vi* salivar, produzir saliva.

sa.li.va.re [saliv'are] II *ou* **sa.li.va.le** [saliv'ale] *adj Anat.* salivar, da saliva.

sal.ma [s'alma] *sf* despojos, cadáver.

sal.ma.stro [salm'astro] *adj* salobre.

sal.mo [s'almo] *sm Rel.* salmo.

sal.mo.ne [salm'one] *sm Zool.* salmão.

sal.ni.tro [salm'itro] *sm Quím.* salitre.

sa.lot.to [sal'ɔtto] *sm* sala de visitas.

sal.pa.re [salp'are] *vt+vi Náut.* zarpar. ≃ **l'ancora** levantar âncora.

sal.sa [s'alsa] *sf* molho. ≃ **bianca** molho branco. ≃ **di pomodoro** molho de tomate.

sal.sa.pa.ri.glia [salsapar'iλa] *sf Bot.* salsaparrilha.

sal.sic.cia [sals'ittʃa] *sf* salsicha.

sal.so [s'also] *adj* salgado; salino.

sal.ta.re [salt'are] *vt* saltar, pular; omitir. *vi* saltar, pular. ≃ **la mosca al naso** ficar irritado. ≃ **agli occhi** saltar aos olhos, ser evidente.

sal.tel.la.re [saltell'are] *vi* saltitar.

sal.tel.lo.ni [saltell'oni] *ou* **sal.tel.lo.ne** [saltell'one] *adv* aos saltos, aos pulos.

sal.tim.ban.co [saltimb'anko] *sm Teat.* saltimbanco. *Fig.* fanfarrão, bagunceiro.

sal.to [s'alto] *sm* salto, pulo. *Geogr.* salto, cascata. ≃ **con l'asta** *Esp.* salto com vara. ≃ **mortale** salto-mortal. **far quattro** ≃ **i** *Fig.* dançar um pouco. **in un** ≃ de um salto, num átimo. ≃ **nel buio** *Fam.* tiro no escuro.

sa.lu.bre [sal'ubre] *adj* salubre, saudável, sadio.

sa.lu.me [sal'ume] *sm* carnes salgadas.

sa.lu.me.ri.a [salumer'ia] *sf* loja de frios.

sa.lu.ta.re [salut'are] *vt* saudar, cumprimentar. *Mil.* bater continência. *Fig.* aclamar; acolher, receber alguém. *vpr* cumprimentar-se. *adj* salutar, saudável.

sa.lu.te [sal'ute] *sf* saúde; sanidade; salvação, redenção. ≃ **!** saúde! **alla** ≃ **!** à saúde!

sa.lu.to [sal'uto] *sm* saudação; cumprimento. *Fig.* aclamação; acolhida, recebimento. *Mil.* continência. **tanti** ≃ **i!** minhas lembranças!

sal.va [s'alva] *sf Mil.* salva. **una** ≃ **di applausi** *Fig.* uma salva de aplausos.

sal.va.con.dot.to [salvakond'otto] *sm* salvoconduto.

sal.va.gen.te [salvad3'ente] *sm* salva-vidas, colete salva-vidas.

sal.va.guar.da.re [salvagward'are] *vt* salvaguardar; defender, proteger.

sal.va.re [salv'are] *vt* salvar; redimir; guardar, economizar; proteger, defender. *vpr* salvarse; redimir-se. ≃ **capra e cavoli** agradar a gregos e troianos.

salvatichezza, salvatico → **selvatichezza, selvatico**.

sal.ve [s'alve] *interj* salve!

sal.vez.za [salv'ettsa] *sf* salvamento, salvação; saúde. *Fig.* redenção; defesa, proteção.

sal.via [s'alvja] *sf Bot.* sálvia.

sal.viet.ta [salv'jetta] *sf* guardanapo.

sal.vo [s'alvo] *sm* lugar seguro. **mettersi in** ≃ colocar-se a salvo. *adj* salvo; ileso, imune. *prep* salvo, exceto, com exceção de.

san → **santo**.

sa.na.re [san'are] *vt* sanar, curar. *Fig.* reparar, remediar.

sa.na.to.rio [sanat'ɔrjo] *sm Med.* sanatório.

san.ci.re [santʃ'ire] *vt Dir.* decretar; sancionar, ratificar.

san.da.lo [s'andalo] *sm* sandália. *Bot.* sândalo.

san.gue [s'angwe] *sf* sangue. *Fig.* família, estirpe; coragem, energia, fibra. **donatore di** ≃ doador de sangue. ≃ **blu** sangue azul, nobreza. **trasfusione di** ≃ transfusão de sangue.

san.gui.gno [sang'wiño] *adj* sangüíneo; sangrento.

san.gui.na.re [sangwin'are] *vt* ensangüentar. *vi* sangrar.

san.gui.na.rio [sangwin'arjo] *adj* sangüinário; sádico, cruel.
san.gui.su.ga [sangwis'uga] *sf Zool.* sanguessuga. *Fig.* parasita, aproveitador.
sa.ni.tà [sanit'a] *sf* sanidade, saúde.
sa.ni.ta.rio [sanit'arjo] *sm* médico. *adj* sanitário. **ufficio** ≃ posto de saúde.
sa.no [s'ano] *adj* são, sadio, saudável. *Fig.* ileso, incólume; honesto, íntegro.
san.scri.to [s'anskrito] *sm Lit.* sânscrito.
san.ta [s'anta] *sf+adj Rel.* santa.
san.ti.fi.ca.re [santifik'are] *vt* santificar, canonizar.
San.tis.si.mo [sant'issimo] *sm Rel.* o Santíssimo, Deus.
san.ti.tà [santit'a] *sf* santidade.
san.to [s'anto] *sm Rel.* santo. **avere qualche** ≃ **in Paradiso** *Fig.* ter alguém lá em cima ajudando. *adj* santo; sagrado, sacro; divino, celestial. *Fig.* honesto, íntegro. **S** ≃ **Padre** Santo Padre, o Papa. Antes de nomes iniciados por consoante, usa-se *san*: **San Pietro**.
san.tu.a.rio [santu'arjo] *sm* santuário.
san.zio.na.re [santsjon'are] *vt Dir.* sancionar, ratificar.
san.zio.ne [sants'jone] *sf Dir.* sanção; aprovação; pena, multa.
sa.pe.re [sap'ere] *sm* saber; ciência; erudição. *vt* saber; conhecer; saber fazer. *vi* ter gosto de; cheirar a; ser especialista.
sa.pien.te [sap'jente] *sm* sábio. *adj* sapiente, sabedor, conhecedor; amestrado, adestrado (animal).
sa.pien.za [sap'jentsa] *sf* sapiência, sabedoria; cultura, erudição.
sa.po.na.ce.o [sapon'atʃeo] *adj* saponáceo.
sa.po.ne [sap'one] *sm* sabão. ≃ **da toilette** sabonete. ≃ **per barba** creme de barbear. ≃ **da bucato** sabão para roupa.
sa.po.net.ta [sapon'etta] *sf* sabonete.
sa.po.nie.ra [sapon'jera] *sf* saboneteira.
sa.po.re [sap'ore] *sm* sabor, gosto. *Fig.* gosto bom, delícia.
sa.po.ri.to [sapor'ito] ou **sa.po.ro.so** [sapor'ozo] *adj* saboroso, gostoso, delicioso. *Fig.* picante, mordaz.
sa.po.ti.glia [sapot'iʎa] *sf Bot.* sapoti.
sa.pu.to [sap'uto] *part* sabido, conhecido. *adj* sábio; conhecedor. **essere** ≃ **di** ou **in una cosa** ser especialista em alguma coisa.
sa.rac.co [sar'akko] *sm* serrote.
sa.ra.ce.no [saratʃ'eno] *sm+adj* sarraceno.
sa.ra.ci.ne.sca [saratʃin'eska] *sf* porta metálica de loja.

sar.ca.smo [sark'azmo] *sm* sarcasmo.
sar.ca.sti.co [sark'astiko] *adj* sarcástico, irônico.
sar.co.fa.go [sark'ɔfago] *sm Hist.* sarcófago.
sar.co.ma [sark'oma] *sm Med.* sarcoma.
sar.crau.ti [sarkr'awti] *sm pl* chucrute.
sar.di.na [sard'ina] ou **sar.del.la** [sard'ella] *sf Zool.* sardinha.
sar.gas.so [sarg'asso] *sm Bot.* sargaço.
sar.ta [s'arta] *sf* costureira.
sar.to [s'arto] *sm* alfaiate.
sas.sa.fras.so [sassafr'asso] *sm Bot.* sassafrás.
sas.so [s'asso] *sm* rocha, pedra; seixo, pedregulho, calhau; pico, cume. **rimanere di** ≃ ficar petrificado, ficar apavorado. **cuore di** ≃ coração de pedra.
sas.so.fo.no [sass'ɔfono] *sm Mús.* saxofone.
sas.so.so [sass'ozo] *adj* pedregoso; rochoso.
sa.ta.na [s'atana] *sm Rel.* satanás, satã, diabo.
sa.ta.ni.co [sat'aniko] *adj* satânico, diabólico.
sa.tel.li.te [sat'ellite] *sm Astron.* satélite.
sa.ti.ra [s'atira] *sf Lit.* e *Fig.* sátira.
sa.ti.reg.gia.re [satireddʒ'are] *vt+vi* satirizar.
sa.ti.ri.co [sat'iriko] *sm* satírico, satirista. *adj* satírico; irônico, mordaz.
sa.ti.ro [s'atiro] *sm Mit.* sátiro. *Fig.* pervertido, devasso. *Pop.* tarado.
sa.tol.la.re [satoll'are] *vt* saciar. *vpr* saciar-se.
sa.tu.ra.re [satur'are] *vt* saturar.
Sa.tur.no [sat'urno] *sm Astron.* e *Mit.* Saturno.
sau.na [s'awna] *sf* sauna.
sa.va.na [sav'ana] *sf Geogr.* savana.
sa.viez.za [sav'jettsa] ou **sag.gez.za** [saddʒ'ettsa] *sf* sabedoria. *Fig.* prudência, cautela.
sa.vio [s'avjo] *sm* sábio. *adj* sábio; prudente, cauteloso.
sa.zia.re [sats'jare] *vt* saciar, fartar, matar a fome de; satisfazer. *Fig.* nausear, enojar; fartar, encher, cansar.
sa.zio [s'atsjo] *adj* satisfeito, farto. *Fig.* cansado, cheio, entediado. ≃ **di** cansado de.
sba.da.tag.gi.ne [zbadat'addʒine] *sf* desatenção, distração; descuido.
sba.da.to [zbad'ato] *adj* desatento, distraído; descuidado, desleixado.
sba.di.glia.men.to [zbadiʎam'ento] ou **sba.di.glio** [zbad'iʎo] *sm* bocejo.
sba.di.glia.re [zbadiʎ'are] *vi* bocejar.
sba.glia.re [zbaʎ'are] *vt* errar, trocar. *vi* errar, enganar-se. ≃ **il passo** errar o passo. ≃ **strada** pegar a estrada errada. *Fig.* não saber se comportar. ≃ **i conti** ou **i calcoli** julgar mal alguém. **se non sbaglio** se não me engano.

sba.glio [zb'aʌo] *sm* erro, engano; descuido.

sba.le.stra.re [zbalestr'are] *vt* atirar, lançar. *Fig.* confundir, desequilibrar. *vi* errar o alvo. *Fig.* divagar. *vpr* desequilibrar-se.

sbal.la.re [zball'are] *vt* desembrulhar, desembalar. *Fig.* mentir. *vi* exceder-se, passar dos limites.

sbal.lo.ta.re [zballot'are] *vt* sacudir, balançar.

sba.lor.di.men.to [zbalordim'ento] *sm* assombro, espanto, maravilha.

sba.lor.di.re [zbalord'ire] *vt* assombrar, maravilhar, aturdir.

sbal.za.re [zbalts'are] *vt* lançar, jogar para longe. *vi* pular, saltar.

sbal.zo [zb'altso] *sm* salto, pulo. **di** ≃ de um salto, repentinamente.

sban.ca.re [zbank'are] *vt* desbancar (no jogo).

sban.da.re [zband'are] *vt* debandar, dispersar. *vi Autom.* derrapar. *Náut.* inclinar-se. *vpr* dispersar-se.

sba.ra.glia.re [zbaraʌ'are] *vt Mil.* desbaratar, derrotar um exército.

sba.ra.glio [zbar'aʌo] *sm Mil.* derrota, desbarate. **porre allo** ≃ colocar em perigo. **pronto a ogni** ≃ pronto para o que der e vier. **mettersi allo** ≃ aventurar-se, arriscar-se.

sba.raz.za.re [zbaratts'are] *vt* desembaraçar, desimpedir. *vpr* desembaraçar-se, livrar-se.

sbar.ba.re [zbarb'are] *vt* barbear.

sbar.ca.re [zbark'are] *vt* descarregar. *vi* desembarcar.

sbar.ca.to.io [zbarkat'ojo] *sm* desembarcadouro.

sbar.co [zb'arko] *sm* desembarque. *Fig.* chegada; cais, porto.

sbar.ra [zb'ařa] *sf* barra, trave. ≃ **per ginnastica** barra para ginástica.

sbar.ra.re [zbař'are] *vt* barrar, impedir. ≃ **gli occhi** arregalar os olhos.

sbar.ra.to [zbař'ato] *part+adj* barrado, impedido; arregalado, esbugalhado. *Com.* cruzado (cheque).

sbat.te.re [zb'attere] *vt* bater; agitar, sacudir; jogar, arremessar. *vi* bater (porta, janela, asa). *vpr* debater-se, agitar-se. ≃ **la porta in faccia** bater a porta na cara.

sbat.tu.to [zbatt'uto] *part+adj* batido; agitado. *Fig.* abatido; deprimido, desmotivado.

sba.va.re [zbav'are] *vi* babar. *Fig.* desejar.

sbel.li.car.si [zbellik'arsi] *vpr* usado apenas na expressão ≃ **dalle risa** rachar de rir.

sbia.di.re [zbjad'ire] *vi* desbotar; empalidecer.

sbian.ca.re [zbjank'are] *vi* embranquecer.

sbie.co [zb'jeko] *adj* oblíquo, enviesado; inclinado; torto. **di** ≃ de soslaio, obliquamente.

sbi.got.ti.men.to [zbigottim'ento] *sm* desânimo, esmorecimento.

sbi.got.ti.re [zbigott'ire] *vt* amedrontar, aterrorizar. *vpr* desanimar-se, esmorecer.

sbi.lan.cia.re [zbilantʃ'are] *vt* desequilibrar. *Fig.* confundir. *vpr Fig.* comprometer-se.

sbi.lan.cio [zbil'antʃo] *sm* desequilíbrio. *Com.* falência; déficit.

sbir.ro [zb'iřo] *sm Gír.* tira, policial.

sbiz.zar.rir.si [zbiddzař'irsi] *vpr* satisfazer-se.

sbloc.ca.re [zblokk'are] *vt* desbloquear. *Fig.* autorizar, permitir.

sboc.ca.re [zbokk'are] *vi* desembocar, desaguar; dar em, sair em (rua); transbordar.

sboc.ca.to [zbokk'ato] *part+adj* desbeiçado, com a boca quebrada. *Fig.* desbocado.

sboc.cia.re [zbottʃ'are] *vi* desabrochar, abrir-se.

sboc.co [zb'okko] *sm* saída de uma rua. *Geogr.* foz, estuário, desembocadura de rio. *Com.* saída, venda de mercadorias.

sbor.nia [zb'ɔrnja] *sf* bebedeira, porre. **prendere una** ≃ embebedar-se, tomar um porre.

sbor.niar.si [zborn'jarsi] *vpr* embebedar-se.

sbor.sa.re [zbors'are] *vt* desembolsar; pagar.

sbor.so [zb'ɔrso] *sm* desembolso; pagamento.

sbot.ta.re [zbott'are] *vi* explodir, estourar. *Fig.* perder a calma, descontrolar-se.

sbot.to.na.re [zbotton'are] *vt* desabotoar. *vpr* despir-se. *Fig.* abrir-se, fazer confidências.

sboz.za.re [zbotts'are] *vt* esboçar, delinear.

sboz.zo [zb'ottso] *sm* esboço, rascunho.

sbrac.cia.re [zbrattʃ'are] *vt* agitar os braços (falando). *vpr* arregaçar as mangas. *Fig.* empenhar-se, dedicar-se.

sbrai.ta.re [zbrajt'are] *vi* gritar, berrar.

sbra.na.re [zbran'are] *vt* despedaçar, dilacerar.

sbrandellare → **sbrindellare**.

sbri.cio [zbr'itʃo] *adj* maltrapilho, esfarrapado.

sbri.cio.la.re [zbritʃol'are] *vt* esmigalhar, triturar, pulverizar.

sbri.ga.re [zbrig'are] *vt* apressar; concluir, terminar. *vpr* apressar-se.

sbri.ga.ti.vo [zbrigat'ivo] *adj* apressado, precipitado; rápido, ligeiro; ativo, esperto.

sbrin.del.la.re [zbrindell'are] ou **sbran.del.la.re** [zbrandell'are] *vt* esfarrapar, rasgar.

sbu.ca.re [zbuk'are] *vt* tirar do buraco, desencovar. *vi* sair do buraco. *Fig.* aparecer, surgir.

sbuc.cia.re [zbuttʃ'are] *vt* descascar.

sbuc.cia.tu.ra [zbuttʃat'ura] *sf* descascamento; esfolado, escoriação, arranhão.

sbu.del.la.re [zbudell'are] *vt* estripar, destripar. *Fig.* matar. *vpr* usado na expressão ≃ **si dalle risa** rachar de rir.
sbuf.fa.re [zbuff'are] *vi* bufar, refolegar; enfurecer-se.
sbuf.fo [zb'uffo] *sm* sopro; rajada de vento.
sbu.giar.da.re [zbudʒard'are] *vt* desmascarar, desmentir.
scab.bia [sk'abbja] *sf Med.* sarna.
scab.bio.so [skabb'jozo] *adj* sarnento.
sca.bro [sk'abro] ou **sca.bro.so** [zkabr'ozo] *adj* escabroso, áspero. *Fig.* difícil, árduo.
scac.chie.ra [skakk'jera] *sf* tabuleiro de xadrez.
scac.cia.re [skattʃ'are] *vt* expulsar, enxotar.
scac.co [sk'akko] *sm* xadrez (em tecido); xeque (no jogo de xadrez). *Fig.* dano, prejuízo; fracasso, insucesso. ≃ **matto** xeque-mate. **dare** ≃ **matto** dar xeque-mate. *Fig.* vencer, derrotar. **gli** ≃ **chi** *sm pl* o xadrez (jogo); as peças do jogo. **vedere il sole a** ≃ **chi** *Fig.* ver o sol nascer quadrado, estar preso.
sca.den.za [skad'entsa] *sf Com.* vencimento; prazo, termo. **a breve** ≃ a curto prazo. **a lunga** ≃ a longo prazo.
sca.de.re [skad'ere] *vi* decair, deteriorar-se; perder o valor. *Com.* vencer.
sca.di.men.to [skadim'ento] *sm* decadência, declínio. *Com.* depreciação, desvalorização.
sca.fan.dro [skaf'andro] *sf Náut.* escafandro. *Astron.* traje espacial.
scaf.fa.le [skaff'ale] *sm* prateleira.
sca.fo [sk'afo] *sm Náut.* casco de navio.
sca.gio.na.re [skadʒon'are] *vt* desculpar. *vpr* desculpar-se.
sca.glia [sk'aʎa] *sf Zool.* escama. *Min.* lasca.
sca.glia.re [skaʎ'are] *vt* jogar, atirar, arremessar; descamar (peixe). *vpr* jogar-se, atirar-se.
sca.glio.la [skaʎ'ɔla] ou **sca.gliuo.la** [skaʎ'wɔla] *sf Bot.* alpiste.
sca.glio.ne [skaʎ'one] *sm* degrau. *Geogr.* planalto. *Mil.* escalão.
sca.glio.so [skaʎ'ozo] *adj* escamoso.
sca.la [sk'ala] *sf* escada; escala, graduação. ≃ **mobile** escada rolante. ≃ **a chiocciola** ou **elicoidale** escada em caracol.
sca.lan.dro.ne [skalandr'one] *sm Aeron.* e *Náut.* escada de passageiros.
sca.la.re [skal'are] *vt* escalar, subir; graduar, ordenar; descontar.
sca.la.ta [skal'ata] *sf* escalada, subida.
scal.cia.re [skaltʃ'are] *vi* escoicear, dar coices.
scal.da.ba.gno [skaldab'aɲo] *sm* aquecedor de água. ≃ **a gas** aquecedor a gás. ≃ **elettrico** aquecedor elétrico.

scal.da.re [skald'are] *vt* aquecer, esquentar. *Fig.* animar. *vpr* aquecer-se, esquentar-se. *Fig.* animar-se; enfurecer-se, irritar-se.
sca.le.no [skal'eno] *adj Geom.* escaleno.
scal.fi.re [skalf'ire] *vt* arranhar.
scal.fi.tu.ra [skalfit'ura] *sf* arranhão.
sca.li.na.ta [skalin'ata] *sf* lanço de escadas; escadaria.
sca.li.no [skal'ino] *sm* degrau.
sca.lo [sk'alo] *sm Náut.* porto, cais, embarcadouro. *Aeron.* aeroporto. *Com.* redução de preço. *Fig.* escala, etapa.
sca.lo.gna [skal'oɲa] *sf Fig. Pop.* uruca, azar.
sca.lo.gno [skal'oɲo] *sm Bot.* cebolinha.
sca.lop.pa [skal'ɔppa] ou **sca.lop.pi.na** [skalopp'ina] *sf* escalope.
scal.pel.lo [skalp'ello] *sm* formão; cinzel. *Fig.* escultor.
scal.po.re [skalp'ore] *sm* gritaria, barulho, discussão em voz alta. *Fig.* escândalo, escarcéu, alvoroço. **fare** ≃ causar sensação.
scal.trez.za [skaltr'ettsa] *sf* esperteza, astúcia.
scal.tro [sk'altro] *adj* esperto, astuto.
scal.za.re [skalts'are] *vt* descalçar. *Fig.* expulsar; depor, destituir. *vpr* tirar os sapatos.
scal.zo [sk'altso] *adj* descalço. *Fig.* nu, despido.
scam.bia.re [skamb'jare] *vt* trocar; confundir (uma pessoa com outra); inverter; desviar (trem).
scam.bie.vo.le [skamb'jevole] *adj* recíproco, mútuo.
scam.bio [sk'ambjo] *sm* troca; desvio de ferrovia. *Com.* comércio. **libero** ≃ livre comércio (internacional).
scam.mo.scia.to [skamoʃ'ato] *adj* de camurça.
scam.pa.gna.ta [skampañ'ata] *sf* passeio no campo.
scam.pa.na.re [skampan'are] *vi* repicar.
scam.pa.na.ta [skampan'ata] *sf* repique, toque dos sinos.
scam.pa.re [skamp'are] *vt* livrar, salvar. *vi* fugir; livrar-se, salvar-se. **Dio ci scampi!** Deus nos livre!
scam.po [sk'ampo] *sm* salvação, libertação; fuga, escapada.
scam.po.lo [sk'ampolo] *sm Com.* retalho de tecido. *Fig.* resto, sobra.
sca.na.la.tu.ra [skanalat'ura] *sf* sulco.
scan.da.glia.re [skandaʎ'are] *vt* sondar. *Fig.* examinar; investigar.
scan.da.glio [skand'aʎo] *sm* sonda. *Fig.* tentativa.
scan.da.liz.za.re [skandalidz'are] *vt* escandalizar. *vpr* escandalizar-se.

scan.da.lo [sk'andalo] *sm* escândalo, mau exemplo; indignação; tumulto, escarcéu.

scan.da.lo.so [skandal'ozo] *adj* escandaloso, vergonhoso, imoral.

scan.di.na.vo [skand'inavo] *sm+adj* escandinavo.

scan.di.re [skand'ire] *vt Lit.* escandir, dividir os versos; pronunciar bem as palavras.

scan.na.re [skann'are] *vt* degolar. *Fig.* matar, assassinar. *vpr* pegar-se, brigar.

scan.sa.fa.ti.che [skansafat'ike] *s* preguiçoso, vagabundo.

scan.sa.re [skans'are] *vt* afastar; evitar, esquivar-se de. *vpr* afastar-se, distanciar-se.

scan.si.a [skans'ia] *sf* estante.

scan.to.na.re [skanton'are] *vi* virar a esquina; evitar, fugir de alguém.

sca.pi.glia.re [skapiλ'are] *vt* emaranhar, desgrenhar (cabelos).

sca.pi.ta.re [skapit'are] *vi* descapitalizar-se, perder capital; sofrer prejuízo.

sca.pi.to [sk'apito] *sm* dano, prejuízo. **a** ≃ **di** em detrimento de, com o prejuízo de.

sca.po.la [sk'apola] *sf Anat.* omoplata.

sca.po.la.re [skapol'are] *sm Rel.* escapulário. *vt+vi Fam.* escapulir.

sca.po.lo [sk'apolo] *sm+adj* solteiro.

scap.pa.re [skapp'are] *vi* escapar, sumir-se.

scap.pa.ta [skapp'ata] *sf* escapada; passeio. *Pop.* visitinha.

scap.pa.to.ia [skappat'oja] *sf* escapatória, pretexto, desculpa, subterfúgio.

scap.pel.la.re [skappell'are] *vt+vpr* tirar o chapéu, cumprimentar.

sca.pric.ciar.si [skaprittʃ'arsi] *vpr* satisfazer-se.

sca.ra.be.o [skarab'eo] *sm Zool.* escaravelho.

sca.ra.boc.chia.re [skarabokk'jare] *vt* rabiscar. *Fig. dep* escrevinhar.

sca.ra.boc.chio [skarab'ɔkkjo] *sm* garrancho, rabisco. *Fig. dep* monstrengo, pessoa feia.

sca.rac.chia.re [skarakk'jare] *vi* escarrar, expectorar.

sca.rac.chio [skar'akkjo] *sm* escarro, expectoração.

sca.ra.fag.gio [skaraf'addʒo] *sm* barata.

sca.ra.muc.cia [skaram'uttʃa] *sf Mil.* escaramuça. *Fig.* rixa, briguinha.

scar.ce.ra.re [skartʃer'are] *vt* soltar, libertar (da cadeia).

sca.ri.ca [sk'arika] *sf* descarga. ≃ **di ventre** ou apenas ≃ diarréia.

sca.ri.ca.re [skarik'are] ou **di.sca.ri.ca.re** [diskarik'are] *vt* descarregar; evacuar, defecar. *Fig.* liberar, aliviar. *vpr* descarregar-se, perder a carga. *Fig.* livrar-se, aliviar-se.

sca.ri.co [sk'ariko] *sm* descarga; alívio. *Com.* saída de dinheiro, mercadorias. *Fig.* desculpa, justificativa. *adj* descarregado. *Fig.* alegre, despreocupado.

scar.lat.ti.na [skarlatt'ina] *sf Med.* escarlatina.

scar.lat.to [skarl'atto] *sm+adj* escarlate.

scar.na.re [skarn'are] *vt* descarnar. *vpr* emagrecer.

scar.no [sk'arno] *adj* descarnado, magro. *Fig.* pobre, miserável.

scar.pa [sk'arpa] *sf* sapato. ≃ **alta** sapato alto. ≃ **da montagna** bota de alpinismo.

scar.pa.ta [skarp'ata] *sf* escarpa; sapatada.

scar.po.ne [skarp'one] *sm* botina, bota de camponês. ≃**i da sci** botas para esqui.

scar.seg.gia.re [skarsedds'are] *vi* escassear, rarear.

scar.sez.za [skars'ettsa] ou **scar.si.tà** [skarsit'a] *sf* escassez, raridade; miséria, penúria.

scar.so [sk'arso] *adj* escasso, raro; insuficiente; curto (roupa). *Fig.* avarento, sovina.

scar.ta.men.to [skartam'ento] *sm* descarte; recusa, rejeição.

scar.ta.re [skart'are] *vt* descartar; eliminar; recusar, rejeitar. *Mil.* dispensar.

scas.sa.re [skass'are] *vt* desencaixotar; arrombar.

scas.so [sk'asso] *sm* arrombamento.

sca.te.na.re [skaten'are] *vt* soltar, libertar (das correntes). *Fig.* desencadear, provocar. *vpr* soltar-se, libertar-se. *Fig.* perder a cabeça.

sca.to.la [sk'atola] *sf* caixa; lata, latinha. **rompere le** ≃ **e** *Fam.* encher a paciência.

scat.ta.re [skatt'are] *vi* saltar, pular; disparar. *Fig.* perder o controle, enfurecer-se.

scat.to [sk'atto] *sm* salto, pulo; impulso, ímpeto; explosão de raiva; disparo. **di** ≃ de repente, repentinamente. **a** ≃**i** aos saltos.

sca.tu.ri.re [skatur'ire] *vi* manar, brotar. *Fig.* nascer, surgir.

sca.val.ca.re [skavalk'are] *vt* pular por cima. *Fig.* vencer, superar. *vi* apear, desmontar do cavalo.

sca.va.re [skav'are] *vt* escavar, cavar. *Fig.* remexer, tocar em assuntos passados.

sca.va.tri.ce [skavatr'itʃe] ou **macchina scava- trice** *sf* escavadeira, draga.

sca.va.tu.ra [skavat'ura] ou **sca.va.zio.ne** [skavats'jone] *sf* escavação.

sca.vo [sk'avo] *sm* escavação; fossa, cavidade. ≃ **archeologico** sítio arqueológico.

sce.glie.re [ʃ'eλere] *vt* escolher; selecionar; eleger; preferir.

sce.ic.co [ʃeˈikko] *sm* xeque (chefe árabe).

scel.le.rag.gi.ne [ʃellerˈaddʒine] ou **scel.le.ra.tez.za** [ʃelleratˈettsa] *sf* maldade, malvadeza.

scel.le.ra.to [ʃellerˈato] *adj* malvado, perverso.

scel.ta [ʃˈelta] *sf* escolha; seleção; eleição, nomeação. *Fig.* elite, nata. **a** ≃ à escolha.

sce.ma.re [ʃemˈare] *vt* diminuir, reduzir; enfraquecer. *vi* faltar. *vpr* diminuir, reduzir-se.

sce.mo [ʃˈemo] *sm* imbecil, idiota. *adj* minguado, reduzido, diminuto. *Fig.* imbecil, idiota.

scem.piag.gi.ne [ʃempˈjaddʒine] *sf* simplicidade, singeleza. *Fig.* inocência.

scem.pio [ʃˈempjo] *adj* simples, singelo. *Fig.* simplório, tolo, inocente.

sce.na [ʃˈena] *sf* cena, quadro; palco; cenário. *Fig.* fato; escândalo. **mettere in** ≃ encenar. **entrare in** ≃ entrar em cena.

sce.na.rio [ʃenˈarjo] *sm Teat.* cenário.

scen.de.re [ʃˈendere] *vt* descer, abaixar. *vi* descer; cair, diminuir (preço, temperatura). ≃ **ad un albergo** hospedar-se num hotel.

scen.di.let.to [ʃendilˈetto] *sm* tapete de beira de cama.

sce.neg.gia.re [ʃeneddʒˈare] *vt Teat.* encenar, dramatizar.

sce.ni.co [ʃˈeniko] *adj Teat.* cênico.

sce.no.gra.fi.a [ʃenografˈia] *sf Teat.* cenografia.

sce.no.gra.fo [ʃenˈɔgrafo] *sm Teat.* cenógrafo.

sce.rif.fo [ʃerˈiffo] *sm* xerife.

scer.vel.la.re [ʃervellˈare] *vt* tirar o cérebro. *Fig.* enlouquecer, desnortear, desorientar; fazer o cérebro trabalhar, quebrar a cabeça. *vpr Fig.* enlouquecer.

sce.sa [ʃˈeza] *sf* descida; ladeira, declive.

scet.ti.co [ʃˈettiko] *adj* cético; incrédulo.

scet.tro [ʃˈettro] *sm* cetro. *Fig.* reino; domínio.

sche.da [skˈeda] *sf* ficha; cartão; formulário. ≃ **elettorale** cédula eleitoral.

sche.da.rio [skedˈarjo] *sm* fichário, catálogo.

sche.di.na [skedˈina] *sf* volante de loteria.

scheg.gia [skˈeddʒa] *sf* lasca; estilhaço. *Fig.* amostra.

scheg.gia.re [skeddʒˈare] *vt* lascar; estilhaçar.

sche.le.tri.co [skelˈetriko] *adj* esquelético. *Fig.* seco, magérrimo; inconsistente (texto).

sche.le.tro [skˈeletro] *sm Anat.* esqueleto. *Náut.* e *Aeron.* armação, carcaça. *Fig.* esquema, esboço; pessoa muito magra.

sche.ma [skˈema] *sm* esquema, esboço, modelo; plano, projeto.

sche.ma.ti.co [skemˈatiko] *adj* esquemático, esquematizado, sintetizado.

scher.ma [skˈerma] *sf Esp.* esgrima.

scher.ma.re [skermˈare] *vt* amparar, proteger.

scher.mi.re [skermˈire] *vi Esp.* esgrimir. *vpr* esgrimir-se; defender-se, proteger-se.

scher.mi.to.re [skermitˈore] *sm Esp.* esgrimista, espadachim.

scher.mo [skˈermo] *sm Lit.* amparo, proteção. *Cin.* e *TV* tela. ≃ **televisivo** tela de televisão.

scher.ni.re [skernˈire] *vt* zombar de, gozar de.

scher.no [skˈerno] *sm* escárnio, zombaria.

scher.za.re [skertsˈare] *vi* brincar, contar piadas. ≃ **col fuoco** brincar com fogo. ≃ **con la morte** brincar com a morte.

scher.zo [skˈertso] *sm* brincadeira; gracejo; gozação, zombaria. *Fig.* besteira, ninharia. **da** ou **per** ≃ por brincadeira, de gozação. **senza** ≃ i? sem brincadeira? está falando sério?

scher.zo.so [skertsˈozo] *adj* brincalhão; alegre, divertido.

schiac.cia.no.ci [skjattʃanˈotʃi] *sm* quebra-nozes.

schiac.cia.re [skjattʃˈare] *vt* quebrar, romper; achatar, amassar, esmagar. *Fig.* derrotar.

schiaf.fo [skjˈaffo] *sm* tapa, bofetada. *Fig.* ofensa, insulto.

schia.maz.za.re [skjamattsˈare] *vi* cacarejar; fazer barulho, falar alto.

schia.maz.zo [skjamˈattso] *sm* cacarejo; barulheira, vozerio.

schian.ta.re [skjantˈare] *vt* romper, quebrar; destroçar, dilacerar. *vpr* romper-se, quebrar-se; rachar; explodir, estourar. *Fig.* ruir, desabar. ≃ **si il cuore** ficar de coração partido.

schia.ri.re [skjarˈire] *vt* clarear. *vi* clarear; abrir, limpar (tempo); acalmar-se (humor).

schia.vi.tù [skjavitˈu] *sf* escravidão. *Fig.* submissão, dependência; coação, constrangimento.

schia.vo [skjˈavo] *sm* + *adj* escravo. *Fig.* prisioneiro, submisso; coagido, constrangido.

schie.na [skjˈena] *sf Anat.* dorso, costas.

schie.na.le [skjenˈale] *sm Anat.* dorso, costas. *Fig.* costas (de objetos). **lo** ≃ **di una sedia** as costas de uma cadeira, espaldar. **lo** ≃ **di un libro** o dorso, a lombada de um livro.

schie.ra [skjˈera] *sf Mil.* fileira. *Fig.* multidão, turma. **a** ≃ em grupo.

schie.ra.men.to [skjeramˈento] *sm* enfileiramento.

schie.ra.re [skjerˈare] *vt* enfileirar. *vpr* enfileirar-se. ≃ **si dalla parte di uno** juntar-se às fileiras de alguém, unir-se a uma pessoa.

schiet.tez.za [skjettˈettsa] *sf* pureza, simplicidade. *Fig.* sinceridade, franqueza.

schiet.to [skjˈetto] *adj* puro, simples. *Fig.* sincero, franco. **caffè** ≃ café puro.

schi.fa.re [skif'are] *vt* enojar, nausear; desdenhar, desprezar.

schi.fo [sk'ifo] *sm* nojo, náusea, repulsa; vergonha, indecência. **fazer** ≃ enojar.

schi.fo.so [skif'ozo] *adj* nojento, repugnante, repulsivo; vergonhoso, indecente.

schioc.ca.re [skjokk'are] *vt+vi* estalar.

schioc.co [sk'jokko] *sm* estalo, estalido.

schio.ma.re [skjom'are] *vt* descabelar, arrancar os cabelos; despentear.

schiop.po [sk'joppo] *sm* espingarda, carabina.

schiu.de.re [sk'judere] *vt* entreabrir. *vpr* abrir, desabrochar (flor).

schiu.ma [sk'juma] *sf* espuma. *Fig.* escória; ralé, gentalha; impureza, imundície.

schiu.ma.re [skjum'are] *vt* tirar a espuma. *vi* espumar, formar espuma. *Fig.* enfurecer-se.

schi.va.re [skiv'are] *vt* esquivar, evitar. *vpr* esquivar-se, afastar-se, fugir.

schi.vo [sk'ivo] *adj* esquivo; tímido; modesto.

schi.zo.fre.ni.co [skidzofr'eniko] *sm+adj Psic.* esquizofrênico. *Fig.* louco; nervoso, agitado.

schiz.za.re [skitts'are] *vt+vi* esguichar, espirrar, jorrar; esboçar; manchar. ≃ **fuoco** ou **veleno** *Fig.* soltar fumaça de raiva.

schiz.zo [sk'ittso] *sm* esguicho; esboço, rascunho; mancha.

sci [∫'i] *sm Esp.* esqui. ≃ **d'acqua** esqui aquático.

scià [∫'a] *sm* xá, soberano persa.

scia.bo.la [∫'abola] *sf Mil.* sabre.

scia.cal.lo [∫ak'allo] *sm Zool.* chacal.

sciacquare, sciacquo → risciacquare, risciacquo.

scia.gu.ra [∫ag'ura] *sf* desgraça, infortúnio; calamidade, catástrofe.

scia.gu.ra.to [∫agur'ato] *adj* malvado, perverso; infeliz, miserável.

scia.lac.qua.re [∫alakk'ware] *vt* esbanjar, desperdiçar.

scia.lac.quo [∫al'akkwo] *sm* desperdício, esbanjamento.

scia.lac.quo.ne [∫alakk'wone] *sm* esbanjador, gastador.

scia.la.re [∫al'are] *vi* viver com fartura, esbanjar, desperdiçar.

scial.bo [∫'albo] *adj* pálido, apagado. *Fig.* banal, sem graça, insignificante.

scial.le [∫'alle] *sm* xale.

scia.lo [∫'alo] *sm* desperdício; luxo, ostentação.

scia.lup.pa [∫al'uppa] *sf Náut.* lancha, chalupa. ≃ **di salvataggio** bote salva-vidas.

scia.me [∫'ame] *sm tb Fig.* enxame.

sciam.pa.gna [∫amp'aña] *sf* champanha.

scian.ca.re [∫ank'are] *vt* desancar. *vi* ficar manco.

scia.po [∫'apo] ou **scia.pi.do** [∫'apido] *adj* insípido, insosso, sem gosto.

scia.ra.da [∫ar'ada] *sf* charada. *Fig.* enigma.

sci.a.re [∫i'are] *vi* esquiar.

sciar.pa [∫'arpa] *sf* cachecol.

scia.ti.ca [∫'atika] *sf Med.* ciática.

scia.ti.co [∫'atiko] *adj Anat.* ciático.

sci.a.to.re [∫iat'ore] *sm* esquiador.

sciat.tag.gi.ne [∫att'addʒine] *sf* desleixo, desmazelo, negligência.

sciat.to [∫'atto] *adj* desleixado, desmazelado.

scien.te [∫'ente] *adj* ciente, consciente, sabedor.

scien.ti.fi.co [∫ent'ifiko] *adj* científico.

scien.za [∫'entsa] *sf* ciência; conhecimento. *Fig.* matéria, disciplina. **arca** ou **pozzo di** ≃ poço de conhecimento, pessoa muito culta.

scien.zia.to [∫ents'jato] *sm* cientista, estudioso.

sci.lin.gua.re [∫iling'ware] *vi* gaguejar.

sci.mi.tar.ra [∫imit'aɾa] *sf* cimitarra.

scim.mia [∫'immja] ou **sci.mia** [∫'imja] *sf* macaco.

scim.pan.zé [∫impandz'e] *sm* chimpanzé.

sci.mu.ni.to [∫imun'ito] *sm+adj* idiota, bobo.

scin.de.re [∫'indere] *vt Lit.* cindir, dividir; discernir, distinguir. *vpr* dividir-se.

scin.til.la [∫int'illa] *sf* centelha, faísca, fagulha. *Fig.* inspiração.

scin.til.la.re [∫intill'are] *vi* cintilar; faiscar.

scioc.chez.za [∫okk'ettsa] ou **scioc.cag.gi.ne** [∫okk'addʒine] *sf* bobeira, tolice; ninharia.

scioc.co [∫'ɔkko] *sm* bobo, tolo. *adj* insípido, sem gosto; bobo, tolo, simplório.

scio.glie.re [∫'ɔlere] ou **di.scio.glie.re** [di∫'ɔlere] *vt* soltar, desatar, desligar; liberar, absolver, isentar; dissolver, desmanchar, diluir; fundir, derreter, liquefazer; desvendar (mistério) *vpr* soltar-se, libertar-se, livrar-se; fundir-se; dissolver-se, desmanchar-se. ≃ **i muscoli** relaxar os músculos. ≃ **una bandiera** desfraldar uma bandeira. ≃ **si in pianto** derramar-se em prantos.

scio.gli.lin.gua [∫oʎil'ingwa] *sf* trava-língua.

scio.gli.men.to [∫oʎim'ento] *sm* dissolução; derretimento, liquefação; desfecho, desenlace de um romance. *Med.* diarréia.

sciol.ta [∫'ɔlta] *sf Pop.* disenteria, diarréia.

sciol.tez.za [∫olt'ettsa] *sf* franqueza; agilidade, destreza. *Fig.* desenvoltura.

sciol.to [∫'ɔlto] *adj* solto, livre; ágil, destro. *Fig.* desenvolto.

scio.pe.ra.re [∫oper'are] *vi* fazer greve.

scio.pe.ro [∫'ɔpero] *sm* greve. ≃ **della fame** greve de fome.

scio.ri.na.re [ʃorin'are] *vt* estender, distender. *Fig.* exibir, mostrar; listar, enumerar.

sci.pi.to [ʃip'ito] *adj* insípido. *Fig.* bobo.

scip.po [ʃ'ippo] *sm Gír.* assalto, roubo.

sci.roc.co [ʃir'ɔkko] *sm Geogr.* siroco.

sci.rop.po [ʃir'ɔppo] *sm Med.* xarope.

sci.sma [ʃ'izma] *sm Rel.* cisma. *Fig.* separação.

scis.sio.ne [ʃiss'jone] *sf* cisão, divisão.

scis.so [ʃ'isso] *adj* separado, dividido; avulso.

sciu.pa.re [ʃup'are] *vt* estragar, danificar; esbanjar. *vpr* estragar-se, danificar-se.

sciu.po [ʃ'upo] *sm* estrago, dano; desperdício.

sci.vo.la.re [ʃivol'are] *vi* deslizar, escorregar. *Fig.* escapar, fugir; mudar de assunto.

sci.vo.lo.so [ʃivol'ozo] *adj* escorregadio; liso; viscoso.

scle.ro.si [skler'ozi] *sf Med.* esclerose.

scoc.ca.re [skokk'are] *vt* atirar, disparar (flecha). *vi* atirar, disparar. *Fig.* bater, dar (horas); tocar, soar (som); começar.

sco.del.la [skod'ella] *sf* tigela, terrina.

sco.glio [sk'ɔʎo] *sm Geogr.* recife, escolho. *Fig.* obstáculo, impedimento.

sco.iat.to.lo [sko'jattolo] *sm Zool.* esquilo.

sco.la.re [skol'are] I *vt* coar. *vi* escoar, escorrer, pingar.

sco.la.ro [skol'aro] ou **sco.la.re** [skol'are] II *sm* aluno, estudante; discípulo.

sco.la.sti.co [skol'astiko] *sm Fil.* escolástico. *adj* escolar, da escola.

sco.la.to.io [skolat'ojo] *sm* escoadouro.

sco.lio.si [skol'jozi] *sf Med.* escoliose.

scol.lac.cia.re [skollattʃ'are] *vt* decotar. *vpr* usar decote.

scol.la.re [skoll'are] *vt* descolar, desgrudar; decotar. *vpr* descolar-se, desprender-se; usar decote.

scol.la.to [skoll'ato] *sm* decote. *adj* descolado, despregado; decotado.

sco.lo [sk'olo] *sm* escoamento. *Gír.* gonorréia.

sco.lo.ra.men.to [skoloram'ento] ou **sco.lo.ri.men.to** [skolorim'ento] *sm* descoloração, descolorimento.

sco.lo.ra.re [skolor'are] ou **sco.lo.ri.re** [skolor'ire] *vt* descolorir, descorar. *vi* desbotar. *Fig.* empalidecer.

scol.pa.re [skolp'are] *vt* desculpar. *vpr* desculpar-se, justificar-se.

scol.pi.re [skolp'ire] *vt* esculpir; gravar, entalhar. *Fig.* impressionar; destacar, realçar.

scol.ta [sk'olta] *sf Poét.* escolta, guarda. **fare la** ≃ escoltar.

scol.tel.la.re [skoltell'are] *vt* esfaquear. *vpr* cortar-se com faca.

scom.bi.na.re [skombin'are] *vt* confundir, desordenar; desmentir, anular.

scom.bus.so.la.re [skombussol'are] *vt* confundir, desordenar.

scom.bus.so.li.o [skombussol'io] *sm* confusão, desordem.

scom.mes.sa [skomm'essa] *sf* aposta.

scom.met.te.re [skomm'ettere] *vt* apostar; desconjuntar, desconectar. *vpr* desconjuntar-se, desconectar-se.

scomodare, scomodo → incomodare, incomodo.

scom.pa.ri.re [skompar'ire] *vi* desaparecer. *Fig.* morrer, falecer.

scom.par.sa [skomp'arsa] *sf* desaparecimento. *Fig.* morte, falecimento.

scom.par.ti.men.to [skompartim'ento] *sm* compartimento; partilha; seção, repartição. ≃ **per fumatori** sala reservada para fumantes.

scom.par.ti.re [skompart'ire] *vt* repartir, partilhar; separar, dividir.

scom.pi.glia.re [skompiʎ'are] *vt* desorganizar, desordenar; confundir.

scom.pi.glio [skomp'iʎo] *sm* confusão, desordem, bagunça; perturbação, distúrbio.

scom.po.si.zio.ne [skompozits'jone] *sf* ou **scom.po.ni.men.to** [skomponim'ento] *sm* decomposição.

scom.por.re [skomp'oʔe] *vt* decompor, desfazer. *vpr* decompor-se, desfazer-se. *Fig.* enfurecer-se, perder a calma.

scom.po.sto [skomp'osto] *part+adj* decomposto. *Fig.* desalinhado; indecente.

sco.mu.ni.ca [skom'unika] *sf Rel.* excomunhão.

sco.mu.ni.ca.re [skomunik'are] *vt Rel.* excomungar.

scon.cer.ta.re [skontʃert'are] *vt* desconcertar, perturbar, desnortear; bagunçar, desordenar. *vpr* desconcertar-se, desarranjar-se.

scon.cer.to [skontʃ'erto] *sm* desarranjo; desordem, perturbação. *Med.* desarranjo.

scon.cez.za [skontʃ'ettsa] *sf* indecência, vergonha, obscenidade; feiúra, repugnância.

scon.cia.re [skontʃ'are] *vt* estragar, danificar; desordenar, desarranjar. *vpr* estragar-se, danificar-se. ≃ **si un piede** torcer um pé.

scon.cio [sk'ontʃo] *adj* inconveniente, impróprio; nojento, repugnante, disforme; feio, vergonhoso; luxado (pé).

scon.clu.sio.na.to [skonkluzjon'ato] *adj* incoerente, ilógico, insensato, inconcludente.

scon.cor.dan.za [skonkord'antsa] *sf* discordância, discrepância.

scon.fes.sa.re [skonfess'are] *vt* desmentir, negar; desaprovar, invalidar, repudiar.

scon.fig.ge.re [skonf'iddʒere] *vt* vencer, derrotar.

scon.fi.na.re [skonfin'are] *vi* passar a fronteira. *Fig.* passar dos limites, exceder-se.

scon.fi.na.to [skonfin'ato] *part+adj* ilimitado, infinito; enorme, imenso.

scon.fit.ta [skonf'itta] *sf* derrota. *Fig.* fracasso, insucesso; falência, ruína.

scon.for.to [skonf'ɔrto] *sm* desânimo, desolação.

scon.giu.ra.re [skondʒur'are] *vt* suplicar, implorar; evitar, superar um perigo. *Rel.* exorcizar, esconjurar.

scon.giu.ro [skondʒ'uro] *sm* súplica, pedido. *Rel.* exorcismo, esconjuro.

scon.nes.so [skonn'esso] *adj* desconexo, desconjuntado. *Fig.* incoerente; confuso, caótico.

scon.net.te.re [skonn'ettere] *vt* desconectar, desconjuntar; desunir. *vi Fig.* falar ou escrever coisas sem nexo.

sco.no.scen.za [skonoʃ'entsa] *sf* ingratidão.

sco.no.sce.re [skon'oʃere] ou **di.sco.no.sce.re** [diskon'oʃere] *vt* desconhecer; ignorar. *vi* desconhecer, ser ingrato.

sco.no.sciu.to [skonoʃ'uto] *sm* desconhecido. *adj* desconhecido. *Fig.* anônimo, obscuro; inexplorado, virgem (território).

scon.si.de.ra.tez.za [skonsiderat'ettsa] *sf* imprudência, insensatez.

scon.si.de.ra.to [skonsider'ato] *part+adj* imprudente, insensato, incauto.

scon.si.glia.re [skonsiʎ'are] *vt* desaconselhar; desencorajar, dissuadir.

scon.so.la.re [skonsol'are] *vt* desconsolar, entristecer, afligir.

scon.ta.re [skont'are] *vt Com.* descontar; deduzir. ≈ **la pena** cumprir a pena.

scon.ten.ta.re [skontent'are] *vt* descontentar, desagradar, desgostar.

scon.ten.tez.za [skontent'ettsa] *sf* descontentamento, desgosto.

scon.ten.to [skont'ento] *sm* descontentamento, desgosto. *adj* descontente, desgostoso, insatisfeito, frustrado.

scon.to [sk'onto] *sm Com.* desconto.

scon.tra.re [skontr'are] *vt* bater, colidir com, chocar-se com. *Com.* bater, verificar as contas. *vpr* encontrar, encontrar-se com. *Fig.* confrontar-se, combater; discutir, discordar.

scon.tri.no [skontr'ino] *sm dim Com.* recibo, canhoto.

scon.tro [sk'ontro] *sm* batida, colisão. *Fig.* combate, batalha; discussão, bate-boca.

scon.ve.nien.te [skonven'jente] ou **scon.ve.ne.vo.le** [skonven'evole] *adj* inconveniente, inoportuno; descortês, mal-educado.

scon.ve.nien.za [skonven'jentsa] *sf* inconveniência; descortesia, grosseria.

scon.ve.ni.re [skonven'ire] *vi* não convir.

scon.vol.ge.re [skonv'ɔldʒere] *vt* remexer, agitar; desorganizar, bagunçar; subverter.

scon.vol.gi.men.to [skonvoldʒim'ento] *sm* agitação; desorganização, desordem, bagunça.

sco.pa [sk'opa] *sf* vassoura; escopa (jogo).

sco.pa.re [skop'are] *vt* varrer. *Gír.* transar com.

sco.per.ta [skop'erta] *sf* descoberta, descobrimento.

sco.per.to [skop'erto] *part+adj* descoberto. *Fig.* indefeso, desprotegido; evidente, patente. **allo** ≈ *Com.* sem cobertura.

sco.po [sk'ɔpo] *sm* escopo, fim, propósito, intento. *Mil.* alvo; mira. **a tale** ≈ para este fim.

scop.pia.re [skopp'jare] *vi* explodir, estourar. *Fig.* descontrolar-se, perder o controle.

scop.piet.ta.re [skoppjett'are] *vi* crepitar, estalar.

scop.pio [sk'ɔppjo] *sm* crepitação, estalido.

sco.pri.men.to [skoprim'ento] *sm* descobrimento.

sco.pri.re [skopr'ire] *vt* descobrir; tirar a cobertura de; vir a saber de. *Fig.* deixar indefeso. *vpr* revelar-se, expor-se; ficar indefeso; tirar o chapéu.

sco.rag.gia.re [skoraddʒ'are] ou **sco.rag.gi.re** [skoraddʒ'ire] *vt* desencorajar, desanimar. *vpr* perder a coragem, desanimar-se, esmorecer.

scor.bu.to [sk'orbuto] *sm Med.* escorbuto.

scor.cia.men.to [skortʃam'ento] *sm* encurtamento, diminuição; encolhimento.

scor.cia.re [skortʃ'are] *vt* encurtar, diminuir; cortar (cabelos). *vpr* encurtar, diminuir.

scor.cio [sk'ortʃo] *sm* tempo que resta. *Fig.* ponto de vista. **di** ≈ de lado; de esguelha.

scor.da.re [skord'are] *vt* esquecer. *Fig.* perdoar. *vi Mús.* desafinar. *vpr* esquecer-se.

sco.reg.gia [sk'or'eddʒa] *sf Vulg.* peido.

scor.ge.re [sk'ɔrdʒere] *vt* avistar, ver de longe; entrever; discernir, distinguir.

sco.ria [sk'ɔrja] *sf* escória (dos metais). ≈**e** *sf pl* restos, sobras.

scor.pio.ne [skorp'jone] *sf* escorpião. **S**≈ *Astron.* e *Astrol.* Escorpião.

scor.raz.za.re [skoratts'are] *vi* correr por aí, vagar.

scor.re.re [sk'oɾeɾe] *vt* saquear, devastar; percorrer; ler rapidamente. *vi* deslizar, correr; escorrer, fluir; passar, transcorrer.

scor.re.ri.a [skoɾeɾ'ia] *sf Mil.* incursão, ataque.

scor.ret.to [skoɾ'etto] *adj* incorreto, errado, inexato. *Fig.* mal-educado, indelicado, descortês.

scor.re.vo.le [skoɾ'evole] *adj* corrente, fluente, fluido; ágil, desenvolto.

scor.ri.men.to [skoɾim'ento] *sm* escorrimento.

scor.sa [sk'orsa] *sf* olhada; passeio rápido.

scor.ta [sk'ɔrta] *sf* escolta; guarda-costas; provisão, reserva.

scor.ta.re [skort'are] *vt* escoltar.

scor.te.se [skort'eze] *adj* descortês, indelicado.

scor.te.si.a [skortez'ia] *sf* descortesia, indelicadeza, grosseria.

scor.ti.ca.re [skortik'are] *vt* esfolar; tirar a pele de; escoriar, arranhar; descascar. *vpr* esfolar-se, arranhar-se.

scor.za [sk'ɔrtsa] *sf* cortiça, casca de árvore; casca de fruta; pele de cobra; cascão, sujeira. *Fig.* aparência, fachada.

scos.sa [sk'ɔssa] *sf* sacudida, sacudidela; solavanco. *Fig.* susto, choque, sobressalto. ≃ **elettrica** choque elétrico.

scos.so [sk'ɔsso] *part+adj* sacudido. *Fig.* assustado, chocado; impressionado.

sco.sta.re [skost'are] *vt* afastar, separar; remover, tirar. *vpr* afastar-se, retirar-se.

sco.stu.ma.tez.za [skostumat'ettsa] *sf* desregramento, devassidão, libertinagem.

sco.stu.ma.to [skostum'ato] *adj* desregrado, devasso, imoral, libertino; malcriado, grosso.

scot.ta.re [skott'are] *vt* queimar; escaldar. *Fig.* ofender, agredir. *vi* queimar, estar muito quente. *vpr* queimar-se. *Fig.* ofender-se.

scot.ta.tu.ra [skottat'ura] *sf* queimadura. ≃ **di primo grado** queimadura de primeiro grau.

scoz.za.re [skotts'are] *vt* embaralhar (cartas).

scoz.ze.se [skotts'eze] *s+adj* escocês.

scre.an.za.to [skreants'ato] *adj* malcriado, maleducado, indelicado.

scre.di.ta.re [skredit'are] ou **di.scre.di.ta.re** [diskredit'are] *vt* desacreditar, difamar.

scre.di.to [skr'edito] *sm* descrédito, má fama.

scre.po.lar.si [skrepol'arsi] *vpr* rachar-se, fender-se.

scri.ba [skr'iba] *sm* escriba.

scric.chia.re [skrikk'jare] ou **scric.chio.la.re** [skrikkjol'are] *vi* ranger.

scric.chio.li.o [skrikkjol'io] *sm* rangido. *Med.* chiadeira (dos pulmões).

scri.gno [skr'iɲo] *sm* arca, cofre.

scri.mi.na.tu.ra [skriminat'ura] *sf* risca dos cabelos.

scrit.ta [skr'itta] *sf* escrita; inscrição; cartaz. *Com.* contrato.

scrit.to [skr'itto] *sm* escrito. *Fig.* carta; livro, texto, composição; anotação; documento. *part+adj* escrito.

scrit.to.io [skritt'ojo] *sm* escrivaninha.

scrit.to.re [skritt'ore] *sm* escritor.

scrit.tu.ra [skritt'ura] *sf* escrita, grafia, modo de escrever. *Dir.* escritura, contrato. *Com.* registro; escrituração, escrita contábil.

scrit.tu.ra.re [skrittur'are] *vt Contab.* escriturar.

scri.va.ni.a [skrivan'ia] *sf* escrivaninha.

scri.va.no [skriv'ano] *sm* escrivão.

scri.ven.te [skriv'ente] *s* escrevente.

scri.ve.re [skr'ivere] *vt* escrever; anotar, registrar. *vpr* inscrever-se.

scroc.co.ne [skrokk'one] *sm* aproveitador.

scro.fa [skr'ɔfa] *sf* porca.

scrol.la.re [skroll'are] *vt* sacudir, agitar. *Fig.* acordar. *vpr* sacudir-se. *Fig.* acordar.

scrol.la.ta [skroll'ata] *sf* sacudida, sacudidela.

scro.scia.re [skroʃ'are] *vi* rumorejar (água); chover torrencialmente; borbulhar, ferver; ranger (sapatos).

scro.scio [skr'ɔʃo] *sm* rumor, rumorejo (de água); aguaceiro, chuvarada.

scro.to [skr'ɔto] *sm Anat.* escroto.

scru.po.lo [skr'upolo] *sm* escrúpulo; hesitação, dúvida; honestidade. *Fig.* meticulosidade.

scru.po.lo.so [skrupol'ozo] *adj* escrupuloso; honesto. *Fig.* conscencioso, meticuloso.

scru.ta.re [skrut'are] *vt* escrutar, investigar.

scru.ti.na.re [skrutin'are] *vt* escrutinar, apurar.

scru.ti.na.to.re [skrutinat'ore] *sm* escrutinador.

scru.ti.nio [skrut'injo] *sm* escrutínio, apuração.

scu.ci.re [skutʃ'ire] *vt* descosturar. *Fig.* pagar, desembolsar; extorquir.

scu.de.ri.a [skuder'ia] *sf Hist.* e *Esp.* escuderia.

scu.die.re [skud'jere] ou **scu.die.ro** [skud'jero] *sm Hist.* escudeiro, pajem.

scu.di.scio [skud'iʃo] *sm* chicote, chibata.

scu.do [sk'udo] *sm* escudo. *Fig.* proteção.

scu.gniz.zo [skuɲ'ittso] *sm Gír.* moleque, menino travesso.

scul.to.re [skult'ore] *sm* escultor.

scul.tu.ra [skult'ura] *sf* escultura.

scuo.la [sk'wɔla] *sf* escola. *Fig.* ensinamento. ≃ **elementare** escola primária. ≃ **media** ou **secondaria** escola secundária.

scuo.te.re [sk'wɔtere] *vt* sacudir, agitar. *Fig.* impressionar, emocionar, abalar, chocar.

scu.re [sk'ure] *sf* machado.

scu.ri.re [skur'ire] *vt, vi+vpr* escurecer.

scu.ri.tà [skurit'a] *sf* escuridão; trevas.

scu.ro [sk'uro] *sm* escuro, escuridão; veneziana. *adj* escuro; obscuro; negro (futuro).

scur.ri.le [skur'ile] *adj Lit.* obsceno, vulgar.

scu.sa [sk'uza] *sf* desculpa; pretexto, evasiva.

scu.sa.re [skuz'are] *vt* desculpar, perdoar. *vpr* desculpar-se.

sde.gna.re [zdeñ'are] *vt* desdenhar, desprezar. *vpr* irritar-se, enfurecer-se.

sde.gno [zd'eño] *sm* desdém, desprezo; indignação; raiva, ira.

sde.gno.so [zdeñ'ozo] *adj* desdenhoso; arrogante, orgulhoso.

sden.ta.re [zdent'are] *vt* desdentar. *vpr* perder os dentes.

sdo.ga.na.re [zdogan'are] *vt Com.* desembaraçar (na alfândega).

sdop.pia.men.to [zdoppjam'ento] *sm* desdobramento.

sdop.pia.re [zdopp'jare] *vt* desdobrar.

sdra.ia.re [zdra'jare] *vt* deitar. *vpr* deitar-se; espreguiçar-se.

sdra.io [zdr'ajo] *sm* usado apenas nas expressões **mettersi a** ≃ deitar-se. **stare a** ≃ estar deitado. **a** ≃ deitado. **sedia a** ≃ → **sedia**.

sdruc.cio.la.re [zdruttʃol'are] *vi* escorregar; vir abaixo, ruir.

sdruc.cio.le.vo.le [zdruttʃol'evole] *adj* escorregadio. *Fig.* perigoso.

sdruc.cio.lo [zdr'uttʃolo] *sm* escorregadela, escorregão; declive, rampa. *adj Gram.* e *Poét.* esdrúxulo.

sdruc.cio.lo.ne [zdruttʃol'one] *sm aum* escorregão, tombo. ≃**i** *adv* escorregando.

se [s'e] *sm Fam.* dúvida. *conj* se, caso. ≃ **mai** se for o caso. ≃ **non altro** pelo menos.

sé [s'e] *pron sg* e *pl* si. **con** ≃ consigo. **da** ≃ sozinho, por si só. **fra** ≃ consigo mesmo. **essere pieno di** ≃ estar cheio de si. Com *stesso*, perde o acento: **se stesso** si mesmo.

se.ba.ce.o [seb'atʃeo] *adj* sebáceo.

seb.be.ne [sebb'ene] *conj* se bem que, embora.

se.bor.re.a [seborr'ea] *sf Med.* seborréia.

se.can.te [sek'ante] *sf Geom.* e *Mat.* secante.

sec.can.te [sekk'ante] *s+adj* maçante, aborrecido. *Pop.* chato.

sec.ca.re [sekk'are] *vt* secar, enxugar; esvaziar; esgotar, exaurir. *Fig.* aborrecer, importunar. *Pop.* encher. *vpr* secar-se, enxugar-se. *Fig.* aborrecer-se, importunar-se. *Pop.* encher-se.

sec.chez.za [sekk'ettsa] *sf* secura. *Fig.* fraqueza, magreza.

sec.chia [s'ekkja] *sf* balde de poço. **piovere a** ≃ **e** chover a cântaros.

sec.chio [s'ekkjo] *sm* balde comum.

sec.co [s'ekko] *sm* seca, aridez. **dare in** ≃ *Náut.* encalhar. **essere al** ≃ não ter recursos. *adj* seco; enxuto; magro, ressecado. *Fig.* duro, frio, severo. **carne** ≃ **a** carne-seca. **risposta** ≃ **a** resposta definitiva. **tosse** ≃ **a** tosse seca.

secentesimo, secento → **seicentesimo, seicento**.

se.ces.sio.ne [setʃess'jone] *sf Pol.* secessão.

se.co.la.re [sekol'are] *adj* secular; mundano, temporal, laico. *Fig.* milenar, centenário.

se.co.lo [s'ekolo] *sm* século. *Fig.* época, era.

se.con.da [sek'onda] *sf Anat.* placenta. *Mús.* segunda. *Com.* segunda via de uma letra. *Autom.* segunda marcha.

se.con.da.re [sekond'are] ou **as.se.con.da.re** [assekond'are] *vt* ajudar, auxiliar.

se.con.da.rio [skond'arjo] *adj* secundário; auxiliar, complementar.

se.con.do [sek'ondo] *sm* segundo (de tempo, grau); ajudante, assistente; padrinho num duelo. *Náut.* segundo em comando. *Fig.* instante, minutinho. **di** ≃ em segundo lugar; como segundo prato. *num* segundo. *adj Fig.* secundário, complementar; inferior, menor. *prep* segundo, conforme, de acordo com.

se.cre.zio.ne [sekrets'jone] *sf Fisiol.* secreção.

se.da.no [s'edano] *sm Bot.* aipo.

se.da.re [sed'are] *vt Lit.* sedar, acalmar.

se.da.ti.vo [sedat'ivo] *sm+adj Med.* sedativo.

se.de [s'ede] *sf* sede, matriz; residência, domicílio; encaixe de uma peça. *Med.* foco. *Rel.* sé. **la Santa S** ≃ a Santa Sé.

se.den.ta.rio [sedent'arjo] *adj* sedentário. *Fig.* firme, estável; calmo, pacífico.

se.de.re [sed'ere] *sm Anat.* traseiro, nádegas. *Pop.* bunda. *vi* sentar, estar sentado. *vpr* sentar-se. *Fig.* localizar-se, ficar (cidade). ≃ **in Parlamento** ser um parlamentar.

se.dia [s'edja] *sf* cadeira. ≃ **a sdraio** espreguiçadeira. ≃ **elettrica** cadeira elétrica.

se.di.cen.ne [seditʃ'enne] *s+adj* de dezesseis anos (de idade).

se.di.ce.si.mo [seditʃ'ezimo] ou **de.ci.mo.se.sto** [detʃimos'esto] *sm+num* décimo sexto; dezesseis avos.

se.di.ci [s'editʃi] *sm+num* dezesseis.

se.di.le [sed'ile] *sm* assento; banco.

se.di.men.to [sedim'ento] *sm* sedimento, depósito, borra. *Fig.* resíduo, restos.

se.du.cen.te [sedutʃ'ente] *adj* sedutor; atraente.

se.dur.re [sed'uʃe] *vt* seduzir. *Fig.* corromper, depravar; atrair, fascinar, conquistar.

se.dut.to.re [sedutt'ore] *sm* sedutor.
se.du.zio.ne [seduts'jone] *sf* sedução. *Fig.* atração, fascínio.
se.en.ne [se'ɛnne] *s*+*adj* de seis anos (de idade).
se.ga [s'ega] *sf* serra; sega, parte do arado. ≃ **circolare** serra circular. **pesce** ≃ peixe-serra.
se.ga.le [seg'ale] ou **se.ga.la** [seg'ala] *sf Bot.* centeio.
se.ga.re [seg'are] *vt* serrar; ceifar, segar.
se.ga.tu.ra [segat'ura] *sf* serragem, pó da madeira; ceifa, segadura; colheita.
seg.gio [s'ɛddʒo] *sm* assento. *Fig.* poltrona; trono; cargo, posto. ≃ **elettorale** seção eleitoral.
seg.gio.la [s'ɛddʒola] *sf* cadeira.
seg.gio.lo.ne [seddʒol'one] *sm aum* cadeirão, cadeira para bebê.
seg.gio.vi.a [seddʒov'ia] *sf* teleférico.
se.ghe.ri.a [seger'ia] *sf* serraria.
seg.men.to [segm'ento] *sm Geom.* segmento.
se.gna.la.re [señal'are] *vt* assinalar; indicar, apontar, mostrar; tornar famoso; colocar em evidência. *vpr* ficar famoso.
se.gna.le [señ'ale] *sm* sinal; gesto; aviso, sinalização; indício. *Med.* sintoma. *Náut.* bóia. ≃ **stradale** sinalização das estradas.
se.gna.li.bro [señal'ibro] *sm* marcador de livros.
se.gna.re [señ'are] *vt* marcar, assinalar; anotar, registrar; assinar, firmar; indicar, mostrar. *vpr Rel.* fazer o sinal-da-cruz.
se.gna.tu.ra [señat'ura] *sf* marcação, marca, sinal; timbre, selo; símbolo, sigla. *Fig.* assinatura.
se.gno [s'eño] *sm* sinal; gesto; indício; cicatriz, marca; pegada, rastro; alvo. *Astrol.* signo. ≃ **della croce** *Rel.* sinal-da-cruz. **passare il** ≃ *Fig.* passar dos limites.
se.go [s'ego] *sm* sebo.
se.go.so [seg'ozo] *adj* seboso.
se.gre.ga.re [segreg'are] *vt* segregar, isolar, separar. *vpr* segregar-se, isolar-se.
se.gre.ga.zio.ne [segregats'jone] *sf* segregação. ≃ **cellulare** prisão celular.
se.gre.ta [segr'eta] *sf* masmorra; calabouço.
se.gre.ta.rio [segret'arjo] *sm* secretário. *Zool.* secretário, serpentário. ≃ **di Stato** secretário de Estado.
se.gre.te.ri.a [segreter'ia] *sf* secretaria.
se.gre.to [segr'eto] *sm* segredo; mistério, enigma; confidência. ≃ **della confessione** *Rel.* segredo da confissão. ≃ **epistolare** sigilo da correspondência. ≃ **professionale** segredo profissional. *adj* secreto; escondido, oculto; misterioso; confidencial, particular.

se.gua.ce [seg'watʃe] *s*+*adj Lit.* seguidor, adepto, partidário.
se.guen.te [seg'wɛnte] *adj* seguinte; posterior, futuro.
se.guen.za [seg'wentsa] *sf* seqüência, sucessão.
se.gu.gio [seg'udʒo] *sm* sabujo. *Fig.* detetive, investigador.
se.gui.re [seg'wire] *vt* seguir; continuar, prosseguir; acompanhar; imitar. *vi* seguir-se; continuar, persistir.
se.gui.to [s'ɛgwito] *sm* seguimento, continuação; séquito, comitiva, cortejo; seqüência, série. **al** ≃ *adv* em seguida.
sei [s'ɛj] *sm*+*num* seis.
sei.cen.te.si.mo [sejtʃent'ezimo] ou **se.cen.te.si.mo** [setʃent'ezimo] *sm*+*num* sexcentésimo.
sei.cen.to [sejtʃ'ento] ou **se.cen.to** [setʃ'ento] *sm*+*num* seiscentos. **il S** ≃ *sm* o século XVII.
sei.mi.la [sejm'ila] *sm*+*num* seis mil.
selce → **silice**.
sel.cia.to [seltʃ'ato] *sm* calçamento, pavimentação.
se.let.ti.vo [selett'ivo] *adj* seletivo, selecionador. *Fig.* rigoroso, difícil (exame).
se.let.to [sel'etto] *part*+*adj* seleto, selecionado.
se.le.zio.na.re [seletsjon'are] *vt* selecionar, escolher.
se.le.zio.ne [selets'jone] *sf* seleção, escolha.
sel.la [s'ɛlla] *sf* sela.
sel.la.re [sell'are] *vt* selar, colocar a sela.
sel.li.no [sell'ino] *sm* selim de bicicleta.
sel.va [s'elva] *sf* selva; floresta; bosque, mata.
sel.vag.gi.na [selvaddʒ'ina] *sf* caça; veação, caça.
sel.vag.gio [selv'addʒo] *sm* selvagem. *adj* selvagem. *Fig.* inóspito; agreste; duro, frio; cruel, desumano; grosseiro, rude.
sel.va.ti.chez.za [selvatik'ettsa] ou **sal.va.ti.chez.za** [salvatik'ettsa] *sf* selvageria. *Fig.* rudeza, grosseria.
sel.va.ti.co [selv'atiko] ou **sal.va.ti.co** [salv'atiko] *sm* animal de caça. *adj* selvático, silvestre, selvagem. *Fig.* malcriado, grosseiro; rústico, rude; intratável, pouco sociável.
se.ma.fo.ro [sem'aforo] *sm* semáforo.
se.man.ti.ca [sem'antika] *sf Gram.* semântica.
sem.bian.te [semb'jante] *sm Poét.* semblante, rosto, face; aspecto, aparência. **fare** ≃ fingir.
sem.bian.za [semb'jantsa] *sf* rosto, face; semblante, feição; semelhança; aparência. ≃**e** *sf pl* aparências.
sem.bra.re [sembr'are] *vi* parecer; assemelhar-se. **sembra di sì** parece que sim.

se.me [s'eme] *sm Bot.* semente. *Fisiol.* sêmen. *Fig.* início, princípio, origem; filhos, prole.

se.men.te [sem'ente] ou **se.men.ta** [sem'enta] *sf* semeadura; semente.

se.me.stra.le [semestr'ale] *adj* semestral.

se.me.stre [sem'estre] *sm* semestre.

se.mi.cir.co.lo [semitʃ'irkolo] *sm Geom.* semicírculo.

se.mi.di.o [semid'io] *sm Mit.* semideus.

se.mi.na.re [semin'are] *vt* semear, plantar sementes. *Fig.* divulgar, difundir.

se.mi.na.rio [semin'arjo] *sm* seminário, congresso, simpósio. *Rel.* seminário.

se.mi.na.to [semin'ato] *sm* semeada, sementeira, terreno semeado. *part+adj* semeado. *Fig.* difundido, divulgado, disseminado.

se.mi.nu.do [semin'udo] *adj* seminu.

se.mi.ta [sem'ita] *s* semita. *Fig.* judeu, israelita.

se.mi.ti.co [sem'itiko] *adj* semítico, semita. *Fig.* judeu, judaico, israelita.

se.mi.to.no [semit'ɔno] *sm Mús.* semitom.

se.mi.vo.ca.le [semivok'ale] *sf Gram.* semivogal.

se.mo.la [s'emola] *sf* farelo. *Fig.* sarda.

sem.pli.ce [s'emplitʃe] *sm* pessoa simples. *adj* simples; puro. *Fig.* inocente, ingênuo; fácil, elementar; modesto, pobre.

sem.pli.ciot.to [semplitʃ'ɔtto] *sm+adj* simplório.

sem.pli.ci.tà [semplitʃit'a] *sf* simplicidade; pureza. *Fig.* inocência; facilidade; modéstia.

sem.pli.fi.ca.re [semplifik'are] *vt* simplificar.

sem.pre [s'empre] *adv* sempre, todas as vezes.

sem.pre.ver.de [semprev'erde] *s+adj* árvore de folhas perenes.

sem.pre.vi.va [semprev'iva] *sf Bot.* sempre-viva.

sem.pro.nio [sempr'ɔnjo] *sm+pron* beltrano.

se.na.pe [s'enape] *sf Bot.* mostarda.

se.na.to [sen'ato] *sm Pol.* senado.

se.na.to.re [senat'ore] *sm Pol.* senador.

se.na.to.res.sa [senator'essa] *sf Pol.* senadora.

se.ni.le [sen'ile] *adj* senil; decrépito.

se.ni.li.tà [senilit'a] *sf* senilidade; decrepitude.

se.nio.re [sen'jore] *sm+adj* sênior.

sen.no [s'enno] *sm* bom senso, juízo, critério; prudência. **da** ≃ realmente.

se.no [s'eno] *sm Anat.* seio, peito. *Geogr.* meandro, sinuosidade (de rio); baía, enseada. *Mat.* seno. *Fig.* íntimo, alma, coração. **nel** ≃ **della società** *Fig.* no seio da sociedade.

se.no.fi.li.a [senofil'ia] ou **xe.no.fi.li.a** [ksenofil'ia] *sf* xenofilia.

se.no.fo.bi.a [senofob'ia] ou **xe.no.fo.bi.a** [ksenofob'ia] *sf* xenofobia.

sen.sa.le [sens'ale] *sm Com.* corretor, intermediário.

sen.sa.tez.za [sensat'ettsa] *sf* sensatez, juízo; prudência, cuidado.

sen.sa.to [sens'ato] *adj* sensato, ajuizado; prudente, cuidadoso.

sen.sa.zio.na.le [sensatsjon'ale] *adj* sensacional, fantástico, impressionante.

sen.sa.zio.ne [sensats'jone] *sf* sensação, impressão. *Fig.* emoção; suspeita.

sen.se.ri.a [senser'ia] *sf Com.* corretagem.

sen.si.bi.le [sens'ibile] *adj* sensível; emotivo; preciso (instrumento); significativo.

sen.si.bi.li.tà [sensibilit'a] *sf* sensibilidade; emotividade; precisão de um instrumento.

sen.si.ti.vi.tà [sensitivit'a] *sf* sensitividade.

sen.si.ti.vo [sensit'ivo] *sm+adj* sensitivo. *Fig.* telepata, médium.

sen.so [s'enso] *sm* sentido; senso; significado, acepção; opinião, ponto de vista; direção; essência, substância. ≃ **unico** *Autom.* mão única. **avere** ≃ ter sentido. ≃ **comune** senso comum. **buon** ≃ bom senso. **doppio** ≃ duplo sentido. **sesto** ≃ sexto sentido. **i cinque** ≃ **i** os cinco sentidos.

sen.su.a.le [sensu'ale] *adj* sensual. *Fig.* erótico; libidinoso, lascivo.

sen.sua.li.tà [senswalit'a] *sf* sensualidade. *Fig.* licenciosidade, lascívia.

sen.ten.za [sent'entsa] *sf Dir.* sentença, veredicto. *Fig.* provérbio, dito.

sen.ten.zia.re [sentents'jare] *vi Dir.* sentenciar, julgar. *Fig.* pregar, fazer sermão.

sen.ten.zio.so [sentents'jozo] *adj* sentencioso. *Fig.* catedrático, dogmático.

sen.tie.ro [sent'jero] *sm* caminho estreito, vereda. *Fig.* rumo, caminho (moral); fé.

sen.ti.men.ta.le [sentiment'ale] *adj* sentimental; emotivo; patético.

sen.ti.men.to [sentim'ento] *sm* sentimento; sensibilidade, emotividade; paixão, atração.

sen.ti.nel.la [sentin'ella] *sf Mil.* sentinela, guarda. **stare di** ≃ ficar de guarda.

sen.ti.re [sent'ire] *vt* sentir; ouvir, escutar. *Fig.* compreender, entender; pressentir. *vi* acreditar, achar; sentir. *Fig.* comover-se; ter gosto, ter cheiro. *vpr* sentir-se.

sen.ti.to [sent'ito] *part+adj* expressivo, eficaz.

sen.za [s'entsa] *prep* sem. **senz'altro** ≃ **più** de uma vez; sem demora. ≃ **di me** sem mim.

se.pa.ra.re [separ'are] *vt* separar, desunir; dividir; apartar. *vpr* separar-se, desligar-se.

se.pa.ra.zio.ne [separats'jone] *sf* separação; desligamento; afastamento, distanciamento. *Dir.* separação dos cônjuges.

se.pol.cro [sep′olkro] *sm* sepolcro, sepultura.

se.pol.tu.ra [sepolt′ura] *sf* sepultamento, enterro; funeral; sepultura, túmulo. **avere un piede nella** ≃ *Pop.* estar com o pé na cova.

sep.pel.li.men.to [seppellim′ento] *sm* sepultamento, enterro.

sep.pel.li.re [seppell′ire] *vt* sepultar, enterrar. *Fig.* esquecer, abandonar; esconder, ocultar. ≃**si in** *Fig.* dedicar-se, entregar-se.

sep.pel.li.to [seppell′ito] ou **se.pol.to** [sep′olto] *part* + *adj* sepultado, enterrado. *Fig.* esquecido, abandonado; escondido, oculto.

sep.pia [s′eppja] *sf* sépia. *Zool.* siba.

se.que.la [sek′wela] *sf Lit.* série, seqüência.

se.quen.za [sek′wentsa] *sf* seqüência, série, sucessão. *Cin.* seqüência cinematográfica.

se.que.stra.re [sekwestr′are] *vt* segregar, isolar. *Dir.* seqüestrar; raptar; embargar.

se.que.stro [sek′westro] *sm Dir.* seqüestro; rapto; embargo.

se.ra [s′era] *sf* tarde. *Fig.* velhice. **di** ≃ à tarde. **buona** ≃ boa noite.

se.ra.ta [ser′ata] *sf* tarde, período da tarde. *Fig.* recepção, festa; sarau.

ser.ba.re [serb′are] *vt* guardar, conservar. *Fig.* manter. *vpr* conservar-se, ficar, permanecer.

ser.ba.to.io [serbat′ojo] *sm* reservatório. *Autom.* tanque de gasolina.

ser.bo [s′erbo] *sm* sérvio. *Lit.* usado apenas nas expressões dare a ≃ dar para guardar. **tenere in** ≃ guardar. *adj* sérvio, da Sérvia.

se.re.na.re [seren′are] *vt* serenar, acalmar, tranqüilizar. *vi* clarear, limpar (céu). *vpr* serenarse, acalmar-se, tranqüilizar-se; clarear, limpar (céu).

se.re.na.ta [seren′ata] *sf* serenata.

se.re.ni.tà [serenit′a] *sf* serenidade, calma, tranqüilidade; clareza do céu.

se.re.no [ser′eno] *adj* sereno, calmo, tranqüilo; limpo, claro (céu).

ser.gen.te [serdʒ′ente] *sm Mil.* sargento.

se.rie [s′erje] *sf* série; seqüência, sucessão; coleção (de livros).

se.rie.tà [serjet′a] *sf* seriedade; sisudez; gravidade.

se.rio [s′erjo] *sf* seriedade. *adj* sério; severo, sisudo; grave; importante.

ser.mo.ne [serm′one] *sm Rel.* sermão, pregação. *Fig.* repreensão, censura.

ser.pen.ta.rio [serpent′arjo] *sm Zool.* serpentário.

ser.pe [s′erpe] ou **ser.pen.te** [serp′ente] *s* serpente, cobra, víbora. *Fig.* traidor.

ser.pen.ti.na [serpent′ina] *sf* serpentina.

ser.ra [s′eřa] *sf* estufa para plantas. *Geogr.* serra, cadeia de montanhas.

ser.ra.re [seř′are] *vt* fechar, cerrar; apertar, comprimir. *Fig.* prender, aprisionar. *vpr* fechar-se; apertar-se. ≃**si a** apertar (roupa).

ser.ra.ta [seř′ata] *sf* barragem, açude. *Econ.* greve patronal, lockout.

ser.ra.tu.ra [seřat′ura] *sf* fechadura.

ser.to [s′erto] *sm Poét.* grinalda. *Fig.* auréola.

ser.va [s′erva] *sf* serva, criada; escrava. *Pop.* fofoqueira.

ser.ven.te [serv′ente] *s* servente.

ser.vi.le [serv′ile] *adj* servil. *Fig.* bajulador; medroso, covarde.

ser.vi.re [serv′ire] *vt* servir; pôr à mesa (comida). *vi* servir, prestar, ser útil. *vpr* servir-se, valer-se de.

ser.vi.to.re [servit′ore] *sm* servidor, serviçal.

ser.vi.tù [servit′u] *sf* servidão; escravidão; criadagem, empregados.

ser.vi.zio [serv′itsjo] ou **ser.vi.gio** [serv′idʒo] *sm* serviço; emprego, trabalho; função; aparelho, jogo (de jantar, etc.). ≃ **funebre** serviço fúnebre. ≃ **divino** serviço divino, missa.

ser.vo [s′ervo] *sm* servo, criado; escravo. *Pop.* puxa-saco.

ses.sa.ge.na.rio [sessadʒen′arjo] *sm* + *adj* ou **ses.san.ten.ne** [sessant′enne] *s* + *adj* sexagenário.

ses.san.ta [sess′anta] *sm* + *num* sessenta.

ses.san.te.si.mo [sessant′ezimo] ou **ses.sa.ge.si.mo** [sessadʒ′ezimo] *sm* + *num* sexagésimo; sessenta avos.

ses.san.ti.na [sessant′ina] *sf* uns sessenta, umas sessenta.

ses.sio.ne [sess′jone] *sf* sessão; assembléia.

ses.so [s′esso] *sm* sexo. *Anat.* órgão sexual.

ses.su.a.le [sesu′ale] *adj* sexual. *Fig.* erótico.

ses.sua.li.tà [sessualit′a] *sf* sexualidade.

se.sta [s′esta] *sf* (mais usado no *pl*) compasso. *Irôn.* perna comprida.

se.stet.to [sest′etto] *sm tb Mús.* sexteto.

se.sto [s′esto] *sm* + *num* sexto.

se.stu.pli.ce [sest′uplitʃe] *num* sêxtuplo.

se.stu.plo [s′estuplo] *sm* + *num* sêxtuplo.

se.ta [s′eta] *sf* seda. ≃ **artificiale** seda artificial.

setaccio → **staccio.**

se.te [s′ete] *sf* sede. *Fig.* desejo, ambição.

se.to.la [s′etola] *sf* cerdas (do porco); crina.

set.ta [s′etta] *sf* seita. *Fig.* partido, facção.

set.tan.ta [sett′anta] *sm* + *num* setenta.

settantenne → **settuagenario.**

set.tan.te.si.mo [settant′ezimo] ou **set.tua.ge.si.mo** [settwadʒ′ezimo] *sm* + *num* setuagésimo; setenta avos.

set.tan.ti.na [settant'ina] *sf* uns setenta, umas setenta.

set.ta.rio [sett'arjo] *sm* sectário, seguidor fanático. *Fig.* dissidente; herege. *adj* sectário, faccioso. *Fig.* dissidente; herético.

set.te [s'ette] *sm* + *num* sete.

set.te.cen.te.si.mo [settetʃent'ezimo] *sm* + *num* setingentésimo.

set.te.cen.to [settetʃ'ento] *sm* + *num* setecentos. **il S** ≃ *sm* o século XVIII.

set.tem.bre [sett'embre] *sm* setembro.

set.te.mi.la [settem'ila] *sm* + *num* sete mil.

set.ten.ne [sett'enne] *s* + *adj* de sete anos (de idade).

set.ten.trio.na.le [settentrjon'ale] *adj Geogr.* setentrional, do norte.

set.ten.trio.ne [settentr'jone] *sm Geogr.* pólo Norte, setentrião; região Norte.

set.ti.co [s'ettiko] *adj Med.* séptico.

set.ti.ma.na [settim'ana] *sf* semana. **S** ≃ **Santa** Semana Santa.

set.ti.ma.na.le [settiman'ale] *sm* pagamento semanal; semanário. *adj* semanal.

set.ti.mo [s'ettimo] *sm* + *num* sétimo.

set.to [s'etto] *sm Anat.* septo. ≃ **nasale** septo nasal.

set.to.re [sett'ore] *sm* setor, seção. *Pol.* bancada.

set.tua.ge.na.rio [settwadʒen'arjo] *sm* + *adj* ou **set.tan.ten.ne** [settant'enne] *s* + *adj* setuagenário.

settuagesimo → **settantesimo**.

set.tu.plo [s'ettuplo] *sm* + *num* sétuplo.

se.ve.ri.tà [severit'a] *sf* severidade, rigorosidade; dureza, frieza; seriedade, austeridade.

se.ve.ro [sev'ero] *adj* severo, rígido, rigoroso; duro, impassível; sério, austero.

se.vi.zia [sev'itsja] *sf* sevícia, maus-tratos.

se.vi.zia.re [sevits'jare] *vt* seviciar, torturar.

se.zio.na.re [setsjon'are] *vt* secionar, dividir, decompor. *Med.* dissecar.

se.zio.ne [sets'jone] *sf* seção; segmento, divisão; repartição, departamento. *Med.* dissecação.

sfac.cen.da.re [sfattʃend'are] *vi Fam.* camelar, trabalhar muito.

sfac.cen.da.to [sfattʃend'ato] *part* + *adj* preguiçoso, vadio, vagabundo.

sfac.cet.ta.re [sfattʃett'are] *vt* facetar, lapidar (pedras preciosas).

sfac.cet.ta.tu.ra [sfattʃettat'ura] *sf tb Fig.* faceta.

sfac.cia.tag.gi.ne [sfattʃat'addʒine] ou **sfac.cia.tez.za** [sfattʃat'ettsa] *sf* descaramento, atrevimento. *Gír.* cara-de-pau.

sfac.cia.to [sfattʃ'áto] *adj* descarado, atrevido. *Gír.* cara-de-pau.

sfa.ma.re [sfam'are] *vt* saciar, matar a fome de.

sfar.zo [sf'artso] *sm* fausto, pompa.

sfar.zo.so [sfarts'ozo] *adj* faustoso, pomposo.

sfa.scia.re [sfaʃ'are] *vt* desenfaixar; despedaçar. *vpr* esfacelar-se, desmanchar-se.

sfa.scio [sf'aʃo] *sm* destruição; ruína, falência; decadência.

sfa.ta.re [sfat'are] *vt* desmistificar, desprestigiar, desacreditar.

sfat.to [sf'atto] *part* + *adj* desfeito, desmanchado, destruído. *Fig.* cansado, esgotado.

sfa.vil.la.re [sfavill'are] *vi* faiscar; cintilar; brilhar, resplandecer, reluzir.

sfa.vil.li.o [sfavill'io] *sm* brilho, cintilação, resplendor.

sfa.vo.re.vo.le [sfavor'evole] *adj* desfavorável, contrário, adverso.

sfe.ra [sf'era] *sf Geom.* esfera; globo. *Fig.* ambiente, âmbito, círculo social.

sfe.ri.co [sf'eriko] *adj* esférico.

sfer.za [sf'ertsa] *sf* chicote, açoite, chibata. *Fig.* castigo, punição; estímulo, incentivo.

sfer.za.re [sferts'are] *vt* chicotear, açoitar. *Fig.* castigar, punir; estimular, incentivar.

sfer.za.ta [sferts'ata] *sf* chicotada, chibatada. *Fig.* castigo, punição; estímulo, incentivo.

sfian.ca.re [sfjank'are] *vt* desancar; cansar, extenuar; prostrar, enfraquecer.

sfi.bra.re [sfibr'are] *vt* desfibrar. *Fig.* enfraquecer, debilitar. *vpr Fig.* enfraquecer.

sfi.da [sf'ida] *sf* desafio; duelo, confronto.

sfi.da.re [sfid'are] *vt* desafiar; duelar, competir. *vpr* desafiar-se; duelar, competir entre si.

sfi.du.cia [sfid'utʃa] *sf* desconfiança, suspeita; desânimo, abatimento.

sfi.du.cia.to [sfidutʃ'ato] *adj* desconfiado; desanimado, abatido.

sfi.gu.ra.re [sfigur'are] *vt* desfigurar. *vi* fazer feio. *vpr* desfigurar-se.

sfi.la.re [sfil'are] *vt* desfiar; cegar (faca, etc.). *vi* desfilar. *Mil.* marchar. *vpr* desfiar-se.

sfi.la.ta [sfil'ata] ou **fi.la.ta** [fil'ata] *sf* desfile; parada; série, seqüência.

sfil.za [sf'iltsa] *sf* série, seqüência.

sfin.ge [sf'indʒe] *sf Hist.* e *Mit.* esfinge.

sfi.ni.re [sfin'ire] *vi* enfraquecer; desmaiar.

sfin.te.re [sfint'ere] *sm Anat.* esfíncter.

sfio.ra.re [sfjor'are] *vt* desflorar. *Fig.* passar rente a; tocar em, mencionar; desnatar.

sfio.ri.re [sfjor'ire] *vi* murchar, mirrar, secar, perder o viço; envelhecer.

sfit.to [sf'itto] *adj* vago, não alugado (imóvel).

sfo.ca.re [sfok'are] *vt Fot.* desfocar.

sfo.ca.to [sfok'ato] *adj Fot.* desfocado.

sfo.cia.re [sfot∫'are] *vi* desembocar, desaguar. *Fig.* terminar em, dar em (rua); causar.

sfo.de.ra.re [sfoder'are] *vt* desembainhar. *Fig.* mostrar, exibir.

sfo.ga.re [sfog'are] *vt* desafogar, deixar sair. *Fig.* desabafar. *vi* exalar, jorrar. *vpr* desabafar, abrir-se, fazer confidências.

sfog.gia.re [sfoddʒ'are] *vt* exibir, ostentar.

sfog.gio [sf'ɔddʒo] *sm* exibição; luxo, fausto.

sfo.glia [sf'ɔʎa] *sf* lâmina; folha de lasanha, etc. **pasta** ≃ ou **sfogliata** massa folhada.

sfo.glia.re [sfoʎ'are] *vt* desfolhar; folhear (livro). *vpr* desfolhar-se, perder as folhas.

sfo.go [sf'ogo] *sm* saída, abertura. *Com.* venda. *Fig.* desabafo, alívio.

sfol.go.ra.men.to [sfolgoram'ento] ou sfol.go.ri.o [sfolgor'io] *sm Lit.* fulgor, brilho.

sfol.go.ra.re [sfolgor'are] *vi* fulgurar, brilhar.

sfol.la.gen.te [sfolladʒ'ente] *sm* cassetete.

sfon.da.re [sfond'are] *vt* quebrar, romper; arrombar. *vi* afundar; vencer, subir na vida.

sfon.da.to [sfond'ato] *part+adj* sem fundo; arrombado. *Fig.* insaciável. Com outro *adj*, tem sentido *superl:* **ricco** ≃ riquíssimo.

sfon.do [sf'ondo] *sm* fundo; horizonte, perspectiva. *Pint.* fundo (de quadro).

sfo.rac.chia.re [sforakk'jare] *vt* esburacar.

sfor.ma.re [sform'are] *vt* deformar, desfigurar. *vpr* perder a forma, engordar.

sfor.ma.to [sform'ato] *sm* torta salgada, suflê. *adj* deformado, disforme, desfigurado.

sfor.ni.re [sforn'ire] *vt* desprover. *vpr* privar-se.

sfor.ni.to [sforn'ito] *adj* desprovido, carente.

sfor.tu.na [sfort'una] *sf* azar, má sorte, infelicidade; desgraça, desventura, infortúnio.

sfor.tu.na.to [sfortun'ato] *adj* azarado, desafortunado; desventurado.

sfor.za.re [sforts'are] *vt* forçar, obrigar; arrombar. *vpr* esforçar-se, empenhar-se.

sfor.zo [sf'ortso] *sm* esforço. *Fig.* tentativa.

sfra.cel.la.re [sfrat∫ell'are] *vt* ou sfra.gel.la.re [sfradʒell'are] *vt Pop.* esfacelar, esmigalhar.

sfrat.ta.re [sfratt'are] *vt* expulsar, mandar embora; banir, degredar.

sfrat.to [sfr'atto] *sm* expulsão; degredo.

sfre.gac.cio.lo [sfreg'att∫olo] *sm* risco, rabisco; trapo, pano.

sfre.ga.re [sfreg'are] *vt* esfregar; riscar; raspar.

sfre.gia.re [sfredʒ'are] *vt* ferir, cortar, desfigurar (o rosto). *Fig.* insultar, ofender.

sfre.gio [sfr'edʒo] *sm* corte, talho; cicatriz. *Fig.* insulto, ofensa.

sfre.na.tez.za [sfrenat'ettsa] *sf* descomedimento, descontrole; libertinagem, licenciosidade.

sfre.na.to [sfren'ato] *part+adj* desenfreado, livre; libertino, licencioso.

sfron.da.re [sfrond'are] *vt* desfolhar. *Fig.* limpar; simplificar. *vpr* desfolhar-se.

sfron.ta.tez.za [sfrontat'ettsa] *sf* descaramento, insolência, impertinência.

sfron.ta.to [sfront'ato] *adj* descarado, impertinente, despudorado. *Pop.* cara-de-pau.

sfrut.ta.men.to [sfruttam'ento] *sm* exploração; desfrute, uso, utilização; proveito, abuso.

sfrut.ta.re [sfrutt'are] *vt* explorar; desfrutar de, usar, utilizar; aproveitar-se de, abusar de.

sfrut.ta.to.re [sfruttat'ore] *sm* aproveitador. *Fig.* parasita. ≃ **di donne** cafetão.

sfug.ge.vo.le [sfuddʒ'evole] *adj* fugitivo, fugidio; passageiro, temporário, transitório.

sfug.gi.re [sfuddʒ'ire] *vt* fugir de, evitar, escapar de. *vi* fugir, escapar; passar despercebido.

sfu.ma.re [sfum'are] *vt Pint.* esfumar. *vi* evaporar; empalidecer, descolorir. *Fig.* sumir.

sfu.ma.to [sfum'ato] *part+adj Fig.* impreciso, indefinido, vago; pálido, tênue (cor); fraco, velado, distante (som).

sfu.ma.tu.ra [sfumat'ura] *sf* esfumatura, matiz, tom. *Fig.* sutileza, nuança (de significado). **dare una** ≃ dar uma vaga idéia.

sga.bel.lo [zgab'ello] *sm* banquinho.

sgam.bet.ta.re [zgambett'are] *vi* espernear.

sga.na.sciar.si [zganaʃ'arsi] *vpr* morrer de rir.

sgan.ghe.ra.re [zganger'are] *vt* desengonçar, desconjuntar.

sgan.ghe.ra.to [zganger'ato] *part+adj* desengonçado, desconjuntado, deselegante; inconcludente (discurso); exagerado, descomedido.

sgan.na.re [zgann'are] *vt* desenganar, desiludir. *vpr* desenganar-se, desiludir-se.

sgar.ba.tag.gi.ne [zgarbat'addʒine] ou sgar.ba.tez.za [zgarbat'ettsa] *sf* falta de educação, grosseria, descortesia (qualidade).

sgar.ba.to [zgarb'ato] *adj* malcriado, maleducado, grosseiro, descortês.

sgar.bo [zg'arbo] *sm* malcriação, descortesia.

sgar.gian.te [zgardʒ'ante] *adj* vistoso, chamativo.

sgar.ra.re [zgaʀ'are] *vt+vi* errar, falhar.

sgar.ro [zg'aʀo] *sm* erro, falha. *Fig.* insulto.

sgar.za [zg'artsa] *sf Zool.* garça-real.

sgat.ta.io.la.re [zgattajol'are] *vi* escapulir, fugir. *Pop.* dar no pé.

sghem.bo [zg'embo] *adj* torto, enviesado.

sgher.ro [zg'ɛɽo] *sm* capanga. *Gír. dep* tira.

sghi.gnaz.za.re [zgiñatts'are] *vi* dar gargalhadas, rachar de rir; caçoar, zombar.

sgob.ba.re [zgobb'are] *vi* trabalhar muito, dar duro; esforçar-se nos estudos.

sgob.bo.ne [zgobb'one] *sm* trabalhador esforçado; estudante aplicado. *Gír.* caxias, cê-dê-fe.

sgoc.cio.la.re [zgottʃol'are] *vi* gotejar, pingar.

sgo.lar.si [zgol'arsi] *vpr* esgoelar-se, berrar.

sgom.be.ra.re [zgomber'are] ou **sgom.bra.re** [zgombr'are] *vt* levar, remover; desimpedir, liberar; mandar embora, expulsar. *Mil.* desocupar uma posição. *vi* afastar-se, ir embora; mudar-se.

sgom.bra.to [zgombr'ato] *part+adj* ou **sgom.bro** [zg'ombro] *adj* desimpedido, livre.

sgo.men.ta.re [zgoment'are] *vt* aterrórizar, atemorizar; desconcertar, perturbar. *vpr* aterrorizar-se, atemorizar-se.

sgo.men.to [zgom'ento] *sm* terror, medo, temor; desorientação; desânimo, abatimento.

sgo.mi.na.re [zgomin'are] *vt* transtornar, perturbar; derrotar, desbaratar, vencer.

sgon.fia.re [zgonf'jare] *vt* desinchar. *Vulg.* encher o saco. *vpr* desinchar-se. *Fig.* esmorecer, desanimar-se, abater-se.

sgor.bia.re [zgorb'jare] *vt* rabiscar.

sgor.bio [zg'ɔrbjo] *sm* rabisco. *Fig.* livreco, obra sem valor; monstrengo, pessoa feia.

sgor.ga.re [zgorg'are] *vi* brotar, jorrar, fluir; nascer, surgir.

sgor.go [zg'orgo] *sm* jorro, jato de líquido.

sgo.ver.na.re [zgovern'are] *vt+vi* desgovernar.

sgo.ver.no [zgov'ɛrno] *sm* desgoverno.

sgoz.za.re [zgotts'are] *vt* degolar. *Fig.* trucidar.

sgra.de.vo.le [zgrad'evole] *adj* desagradável.

sgra.di.re [zgrad'ire] *vi* desagradar, descontentar.

sgra.di.to [zgrad'ito] *part+adj* indesejado, importuno, malvisto.

sgraf.fia.re [zgraff'jare] *vt* arranhar.

sgraf.fi.gna.re [zgraffiñ'are] *vt Pop.* surrupiar.

sgra.na.re [zgran'are] *vt* debulhar. *Fig.* devorar, comer com apetite; esbugalhar, arregalar (os olhos). *vpr* sangrar (ao se barbear). ≃ **il rosario** debulhar o rosário, rezar.

sgra.va.re [zgrav'are] *vt* aliviar, tirar um peso de; descarregar. *Com.* minorar (encargos, impostos). *vpr* aliviar-se, desobrigar-se, livrar-se de um peso; gerar, dar à luz, parir.

sgra.vio [zgr'avjo] *sm* alívio. *Fisiol.* evacuação, dejeção. *Com.* desencargo. *Fig.* justificativa.

sgra.zia.to [zgrats'jato] *adj* desajeitado, deselegante, pesado, sem graça.

sgre.to.la.re [zgretol'are] *vt* esmigalhar, triturar. *vpr* esfacelar-se. *Fig.* desmanchar-se.

sgri.da.re [zgrid'are] *vt* gritar com, ralhar com, repreender. *Gír.* dar uma bronca em.

sgri.da.ta [zgrid'ata] *sf* repreensão, censura. *Pop.* bronca, sabão, esfrega, corretivo.

sgua.ia.to [zgwa'jato] *adj* desajeitado, deselegante; vulgar, inconveniente.

sgual.ci.re [zgwaltʃ'ire] ou **gual.ci.re** [gwaltʃ'ire] *vt* amarrotar, amassar.

sgual.dri.na [zgwald'ina] *sf* prostituta, meretriz. *Gír.* vaca, rameira. *Vulg.* puta.

sguar.do [zg'wardo] *sm* olhar; olhada. **gettare uno** ≃ dar uma olhada.

sguaz.za.re [zgwatts'are] ou **guaz.za.re** [gwatts'are] *vi* chafurdar, remexer-se na lama. *Fig.* nadar em, ter fartura de.

sgu.scia.re [zguʃ'are] *vt* descascar. *vi* fugir, escapar, escorregar por entre as mãos.

sham.poo [ʃamp'u] *sm* xampu.

shock ou **choc** [ʃ'ɔk] *sm* choque; golpe, batida; trauma.

si [s'i] *sm Mús.* si. *adv* sim. **ma** ≃ mas sim. **fare di** ≃ afirmar com a cabeça. *adv Lit.* (*abrev* de **così**) assim, dessa maneira.

si [s'i] *pron sg* e *pl* se. Forma os verbos reflexivos **veder** ≃ ver-se. **trovar** ≃ encontrar-se.

si.a [s'ia] *conj* seja, quer.

sia.me.se [sjam'eze] *s+adj* siamês, do Sião. **gatto** ≃ gato siamês. **fratelli** ≃ **i** irmãos siameses. *Fig.* companheiros inseparáveis.

si.bi.la.re [sibil'are] *vi* sibilar, silvar, assobiar.

si.bil.la [sib'illa] *sf Hist.* sibila. *Fig.* adivinha.

si.bi.lo [sib'ilo] *sm* sibilo, silvo, assobio.

si.ca.rio [sik'arjo] *sm* capanga, matador de aluguel.

sic.ché [sikk'e] *conj* de modo que, de maneira que; então.

sic.ci.tà [sittʃit'a] *sf* seca; aridez; estiagem.

sic.co.me [sikk'ome] *conj* uma vez que, já que, considerando que, dado que.

si.ci.lia.no [sitʃil'jano] *sm+adj* siciliano.

si.cu.rez.za [sikur'ettsa] *sf* segurança; certeza; confiança. **Pubblica S** ≃ Segurança Pública.

si.cu.ro [sik'uro] *adj* seguro; certo; confiante; firme, sólido. *Fig.* decidido, determinado. *adv* sem dúvida, certamente. **di** ≃ **!** com certeza! **mettersi al** ≃ colocar-se a salvo.

si.de.ra.le [sider'ale] *adj Lit.* sideral.

si.de.rur.gi.a [siderurdʒ'ia] *sf* siderurgia.

si.de.rur.gi.co [sider'urdʒiko] *adj* siderúrgico.

si.dro [s'idro] *sm* sidra, vinho de maçã.

sie.pe [s'jepe] *sf* sebe, cerca de arbustos. *Fig.* obstáculo.

sie.ro [s'jεro] *sm Fisiol.* e *Med.* soro.

sie.ro.so [sjer'ozo] *adj* seroso.

si.fi.li.de [sif'ilide] *sf Med.* sífilis.

si.fi.li.ti.co [sifil'itiko] *adj* sifilítico.

si.fo.ne [sif'one] *sm* sifão.

si.ga.ret.ta [sigar'etta] *sf* cigarro.

si.ga.ro [s'igaro] *sm* charuto. ≃ **avana** charuto havana.

si.gil.la.re [sidʒill'are] *vt* selar; lacrar. *Fig.* fechar.

si.gil.lo [sidʒ'illo] *sm* selo, timbre; sinete; sigilo, segredo. *Rel.* segredo da confissão.

si.gla [s'igla] *sf* sigla; selo, timbre; iniciais, monograma.

si.gni.fi.can.te [siɲifik'ante] *sm Ling.* significante. *adj* significante, expressivo.

si.gni.fi.ca.re [siɲifik'are] *vt* significar, denotar. *Dir.* notificar. *Fig.* importar, pesar.

si.gni.fi.ca.ti.vo [siɲifikat'ivo] *adj* significativo, expressivo, importante.

si.gni.fi.ca.to [siɲifik'ato] *sm* significado; sentido, significação, acepção; peso, importância. *part+adj Dir.* notificado.

si.gni.fi.ca.zio.ne [siɲifikats'jone] *sf* significação, significado. *Dir.* notificação.

si.gno.ra [siɲ'ora] *sf* senhora. *Fig.* patroa, dona; dama, nobre, fidalga; esposa. **Nostra S**≃ *Rel.* Nossa Senhora.

si.gno.re [siɲ'ore] *sm* senhor. *Fig.* patrão, dono; cavalheiro, nobre, fidalgo. **Nostro S**≃ *Rel.* Nosso Senhor.

si.gno.reg.gia.re [siɲoreddʒ'are] *vt* senhorear, dominar, vi senhorear; impor-se, brilhar.

si.gno.ri.a [siɲor'ia] *sf Hist.* senhoria, domínio de um príncipe. *Fig.* posse, poder, dominação; âmbito, alçada, campo de ação; reino.

si.gno.ri.le [siɲor'ile] *adj* ou **si.gno.re.sco** [siɲor'esko] *adj dep* senhoril; elegante, refinado, educado.

si.gno.ri.na [siɲor'ina] *sf* senhorita; moça.

si.len.te [sil'ente] ou **si.len.zio.so** [silents'jozo] *adj* silencioso; calmo, tranqüilo; calado, introvertido.

si.len.zio [sil'entsjo] *sm* silêncio. *Fig.* calma, tranqüilidade. ≃ **di tomba** *tb Fig.* silêncio de morte. **soffrire in** ≃ sofrer calado.

si.li.ce [s'ilitʃe] ou **sel.ce** [s'eltʃe] *sf Min.* sílex.

si.li.cio [sil'itʃo] *sm Quím.* silício.

sil.la.ba [s'illaba] *sf Gram.* sílaba. **non dire** ≃ *Fam.* não dizer uma só palavra.

sil.la.ba.rio [sillab'arjo] *sm Gram.* silabário.

sil.la.bi.co [sill'abiko] *adj Gram.* silábico.

si.lo [s'ilo] *sm* silo.

si.lo.fo.no [sil'ɔfono] ou **xi.lo.fo.no** [ksil'ɔfono] *sm Mús.* xilofone.

si.lo.gra.fi.a [silograf'ia] ou **xi.lo.gra.fi.a** [ksilograf'ia] *sf* xilografia.

si.lu.et.ta [silu'etta] *sf* silhueta.

si.lu.ra.re [silur'are] *vt Náut.* torpedear.

si.lu.ro [sil'uro] *sm Náut.* torpedo. *Aeron.* míssil.

sil.ve.stre [silv'εstre] *adj Lit.* ou **sil.va.no** [silv'ano] *adj Poét.* silvestre, selvático.

sil.vi.col.to.re [silvikult'ore] *sm* silvicultor.

sil.vi.col.tu.ra [silvikult'ura] *sf* silvicultura.

sim.bio.si [simb'jozi] *sf Biol.* simbiose. *Fig.* acordo, associação.

sim.bo.li.co [simb'ɔliko] *adj* simbólico.

sim.bo.li.smo [simbol'izmo] *sm Lit.* e *Fil.* simbolismo.

sim.bo.liz.za.re [simboliddz'are] *vt* ou **sim.bo.leg.gia.re** [simboleddʒ'are] *vt Lit.* simbolizar.

sim.bo.lo [s'imbolo] *sm* símbolo; emblema; representação, alegoria.

sim.bo.lo.gi.a [simbolodʒ'ia] *sf* simbologia.

simigliante, simiglianza → somigliante, somiglianza.

si.mi.la.re [simil'are] *adj* similar, semelhante.

si.mi.le [s'imile] *sm* similar. *Fig.* sósia. *adj* similar, semelhante.

si.mi.li.tu.di.ne [similit'udine] *sf* similitude, semelhança.

si.mi.lo.ro [simil'ɔro] *sm* ouropel.

sim.me.tri.a [simmetr'ia] *sf* simetria; harmonia, equilíbrio.

sim.me.tri.co [simm'etriko] *adj* simétrico; harmonioso, equilibrado.

sim.pa.ti.a [simpat'ia] *sf* simpatia; atração, inclinação.

sim.pa.ti.co [simp'atiko] *adj* simpático; atraente; gentil, amável.

sim.pa.tiz.za.re [simpatiddz'are] *vt* simpatizar com.

sim.po.sio [simp'ɔzjo] *sm* simpósio, seminário.

si.mu.la.cro [simul'akro] *sm Lit.* simulacro; imagem, estátua. *Fig.* imitação; fingimento; fantasma, espectro.

si.mu.la.re [simul'are] *vt* simular, fingir; representar, recriar (uma cena).

si.mu.la.zio.ne [simulats'jone] *sf* simulação, fingimento; representação, recriação de uma cena.

si.mul.ta.ne.o [simult'aneo] *adj* simultâneo; contemporâneo, concomitante.

si.na.go.ga [sinag'ɔga] *sf Rel.* sinagoga.

sin.ce.ri.tà [sintʃerit'a] *sf* sinceridade, franqueza.

sin.ce.ro [sint∫′ero] *adj* sincero, franco, aberto, direto. *Fig.* verdadeiro, autêntico, genuíno.

sin.co.pe [s′inkope] *sf Med., Gram.* e *Mús.* síncope.

sin.cre.ti.smo [sinkret′izmo] *sm* sincretismo.

sin.cro.no [s′inkrono] ou **sin.cro.ni.co** [sinkr′ɔniko] *adj* sincrônico, contemporâneo.

sin.da.ca.li.sta [sindakal′ista] *s* sindicalista.

sin.da.ca.to [sindak′ato] *sm* sindicato.

sin.da.co [s′indako] *sm* prefeito; síndico. *Com.* e *Contab.* auditor.

sin.do.ne [s′indone] *sf* sudário, mortalha. **la Santa S** = *Rel.* o Santo Sudário.

sin.dro.me [s′indrome] *sf Med.* síndrome.

sin.fo.ni.a [sinfon′ia] *sf Mús.* sinfonia.

sin.fo.ni.co [sinf′ɔniko] *adj Mús.* sinfônico.

sin.ghioz.za.re [singjotts′are] ou **sin.gul.ta.re** [singult′are] *vi* soluçar. *Fig.* chorar, gemer.

sin.ghioz.zo [sing′jottso] ou **sin.gul.to** [sing′ulto] *sm* soluço. *Fig.* choro, gemido.

sin.go.la.re [singol′are] *sm Gram.* singular. *adj* singular, raro; curioso, original.

sin.go.lo [s′ingolo] *sm* indivíduo, pessoa. *Esp.* partida de simples. *adj* só, sozinho, desacompanhado; singular, único; individual.

si.ni.stra [sin′istra] *sf* esquerda; mão esquerda. *Náut.* bombordo. *Pol.* a esquerda. **a** = à esquerda. **voltare a** = virar à esquerda.

si.ni.stro [sin′istro] *sm* sinistro, acidente, desastre. *adj* esquerdo. *Fig.* sinistro, maligno.

si.no [s′ino] *adv* ainda, também, até mesmo. *prep* até, até a.

si.no.ni.mo [sin′ɔnimo] *sm*+*adj Gram.* sinônimo.

si.no.ra [sin′ora] *adv* até agora, até hoje.

si.nos.si [sin′ɔssi] *sf* sinopse, resumo, síntese.

si.not.ti.co [sin′ɔttiko] *adj* sinóptico, resumido.

sin.tas.si [sint′assi] *sf Gram.* sintaxe.

sin.tat.ti.co [sint′attiko] *adj Gram.* sintático.

sin.te.si [s′intezi] *sf* síntese, resumo, sinopse; quadro, esquema. *Fil.* e *Quím.* síntese.

sin.te.ti.co [sint′etiko] *adj* sintético; resumido; artificial, de laboratório; sucinto, conciso.

sin.te.tiz.za.re [sintetidz′are] *vt* sintetizar; resumir, esquematizar.

sin.to.ma.ti.co [sintom′atiko] *adj Med.* sintomático.

sin.to.mo [s′intomo] *sm Med.* sintoma. *Fig.* indício, sinal, aviso.

si.nuo.si.tà [sinwozit′a] *sf* sinuosidade, meandro.

si.nu.o.so [sinu′ozo] *adj* sinuoso, tortuoso, ondulado. *Fig.* harmonioso, gracioso.

si.nu.si.te [sinuz′ite] *sf Med.* sinusite.

sio.ni.smo [sjon′izmo] *sm Pol.* sionismo.

si.pa.rio [sip′arjo] *sm Teat.* pano de boca. = **di ferro** *Pol.* Cortina de Ferro.

si.re.na [sir′ena] *sf* sirene, sirena. *Mit.* sereia. = **d'allarme** *Mil.* alarme antiaéreo.

si.rin.ga [sir′inga] *sf Med.* seringa. *Mús.* siringe, flauta de Pã.

si.rio [s′irjo] ou **si.ri.a.co** [sir′iako] *sm*+*adj* sírio.

si.sal [siz′al] *sm Bot.* sisal.

si.smi.co [s′izmiko] *adj* sísmico.

si.smo.gra.fo [sizm′ografo] *sm* sismógrafo.

si.ste.ma [sist′ema] *sm* sistema; método; doutrina, teoria; equipamento. *Inform.* sistema. = **nervoso** *Anat.* sistema nervoso. = **di equazioni** *Mat.* sistema de equações.

si.ste.ma.re [sistem′are] *vt* organizar; arrumar. *Fig.* castigar, punir. *vpr* acomodar-se.

si.ste.ma.ti.co [sistem′atiko] *adj* sistemático; metódico; organizado, ordenado.

si.sto.le [s′istole] *sf Fisiol.* sístole.

si.to [s′ito] *sm Lit.* sítio, local, lugar. *adj* sito, situado, localizado.

si.tu.a.re [situ′are] *vt* situar, colocar.

si.tua.zio.ne [sitwats′jone] *sf* situação; local, lugar; estado, condição, circunstâncias.

slac.cia.re [zlatt∫′are] *vt* desamarrar, desatar. *Fig.* liberar; soltar, libertar. *vpr* desamarrar-se. *Fig.* soltar-se, libertar-se.

slan.cia.re [zlant∫′are] *vt* lançar, jogar (uma pessoa). *vpr* lançar-se, jogar-se.

slan.cio [zl′ant∫o] *sm* lançamento, arremesso; salto. *Fig.* entusiasmo, ímpeto, ardor.

sla.va.to [zlav′ato] *adj* desbotado, descolorido. *Fig.* pálido, apagado; inexpressivo (rosto).

sla.vo [zl′avo] *sm*+*adj* eslavo.

sle.a.le [zle′ale] *adj* desleal, infiel, traidor.

sle.al.tà [zlealt′a] *sf* deslealdade.

sle.ga.re [zleg′are] *vt* desamarrar, desatar; soltar. *vpr* desamarrar-se; soltar-se. *Fig.* separar-se, desligar-se.

slit.ta [zl′itta] *sf* trenó.

slit.ta.re [zlitt′are] *vi* andar de trenó; escorregar, deslizar. *Fig.* inflacionar (dinheiro).

slo.ga.men.to [zlogam′ento] *sm* ou **slo.ga.tu.ra** [zlogat′ura] *sf* deslocamento. *Med.* luxação.

slo.ga.re [zlog′are] *vt* deslocar. *Med.* luxar.

slog.gia.re [zloddʒ′are] *vt* desalojar, expulsar. *vi* mudar-se, partir, ir embora.

smal.ta.re [zmalt′are] *vt* esmaltar.

smal.ti.re [zmalt′ire] *vi* eliminar, expelir; digerir, assimilar. *Com.* liquidar.

smal.to [zm′alto] *sm tb Anat.* esmalte. = **per unghie** esmalte para unhas.

sman.ce.ri.a [zmantʃerʹia] *sf* dengo, denguice; afetação.

sma.nia [zmʹanja] *sf* impaciência, inquietação; afetação. *Fig.* obsessão; cobiça, avidez.

sma.nia.re [zmanʹjare] *vi* impacientar-se, inquietar-se; desejar, ansiar. ≃ **di** ansiar por.

sma.nio.so [zmanʹjozo] *adj* impaciente, inquieto; afetado. *Fig.* desejoso, ávido.

smar.ri.men.to [zmarʹimʹento] *sm* extravio, perda. *Fig.* desorientação.

smar.ri.re [zmarʹire] *vt* perder, extraviar. *vpr* perder-se, extraviar-se. *Fig.* desanimar.

smar.ri.to [zmarʹito] *part+adj* perdido, extraviado. *Fig.* desorientado; confuso.

sma.sche.ra.re [zmaskerʹare] *vt* desmascarar; desacreditar. *vpr* desmascarar-se. *Fig.* revelar-se, expor-se, mostrar-se; trair-se.

smem.bra.re [zmembrʹare] *vt* desmembrar, desarticular; desagregar, decompor.

smen.ti.re [zmentʹire] *vt* desmentir, negar; desacreditar. *vpr* desmentir-se; trair-se.

smen.ti.ta [zmentʹita] *sf* desmentido; negação; correção, retificação.

sme.ral.do [zmerʹaldo] *sm Min.* esmeralda.

smer.cia.re [zmertʃʹare] *vt* vender, comerciar.

smer.cio [zmʹertʃo] *sm* venda, comércio.

sme.ri.glia.re [zmerikʹare] *vt* esmerilhar, polir.

sme.ri.glio [zmerʹiλo] *sm* esmeril.

smes.so [zmʹesso] *part+adj* deixado, abandonado; desusado, fora de uso (roupa).

smet.te.re [zmʹettere] *vt* deixar, abandonar, colocar à parte; interromper. *vi* parar, cessar, deixar de. ≃ **di fumare** deixar de fumar. **smettila!** pare com isso!

smi.dol.la.to [zmidollʹato] *part+adj* desmiolado, imbecil.

smil.zo [zmʹiltso] *adj* fino, delgado; magro.

smi.nu.i.re [zminuʹire] *vt* diminuir. *vpr* diminuir; menosprezar-se, depreciar-se.

smi.nuz.za.re [zminuttsʹare] *vt* esmiuçar.

smi.sta.re [zmistʹare] *vt* classificar, separar em classes; postar, pôr no correio. *Mil.* postar.

smi.su.ra.to [zmizurʹato] *part+adj* desmedido, excessivo; enorme, gigantesco; imenso.

smo.bi.li.ta.re [zmobilitʹare] *vt Mil.* desmobilizar.

smo.da.to [zmodʹato] *adj* excessivo, exagerado.

smok.ing [zmʹɔking] *sm* smoking.

smon.ta.re [zmontʹare] *vt* desmontar, desarmar; concluir (turno de trabalho). *Aeron.* abater, derrubar o inimigo. *Fig.* deprimir. *vi* apear, desmontar; descer, saltar (de veículo). *Náut.* e *Aeron.* desembarcar. *Com.* diminuir, abaixar (preços). *vpr* desistir, ceder.

smor.fia [zmʹɔrfja] *sf* careta, trejeito; denguice, afetação.

smor.fio.so [zmorfʹjozo] *adj* dengoso, afetado.

smor.to [zmʹɔrto] *adj* pálido, desbotado.

smor.za.re [zmortsʹare] *vt* apagar, extinguir; abafar (ruído); diminuir (luz).

smot.ta.re [zmottʹare] *vi* desmoronar, desabar.

smoz.zi.ca.re [zmottsikʹare] *vt* cortar em pedaços; encurtar, abreviar.

smun.to [zmʹunto] *part+adj* descarnado, macilento, esquelético; pálido, exangue. *Fig.* gasto, esgotado.

smuo.ve.re [zmʹwɔvere] ou **smo.ve.re** [zmʹɔvere] *vt* remover, arrancar, extirpar; mover, deslocar. *Fig.* comover, sensibilizar.

smus.sa.re [zmussʹare] *vt* cortar, aplainar (pontas). *Fig.* atenuar, minimizar. ≃ **gli angoli** aparar as arestas, conciliar as diferenças.

sna.tu.ra.re [znaturʹare] *vt* desnaturar, desvirtuar, corromper; mudar, modificar.

snel.li.re [znellʹire] *vt* emagrecer. *Fig.* acelerar, apressar (um processo). *vpr* emagrecer.

snel.lo [znʹello] *adj* ágil; veloz, ligeiro; esbelto, magro.

sner.va.re [znervʹare] *vt* enervar, debilitar. *vpr* enervar-se, debilitar-se.

sner.va.to [znervʹato] *part+adj* fraco, debilitado.

sni.da.re [znidʹare] *vt* desaninhar; tirar do esconderijo.

sno.da.re [znodʹare] *vt* desatar, desamarrar; soltar. *vpr* ziguezaguear (estrada, rio).

snu.da.re [znudʹare] *vt* desnudar, despir; desembainhar.

so.a.ve [soʹave] *adj* suave; doce, amável; agradável; tranqüilo, calmo.

so.a.vi.tà [soavitʹa] *sf* suavidade. *Fig.* amabilidade, cortesia.

sob.bal.za.re [sobbaltsʹare] *vi* saltar, pular; estremecer.

sob.bal.zo [sobbʹaltso] *sm* salto, pulo; estremecimento. **di** ≃ aos saltos, aos pulos.

sob.bor.go [sobbʹorgo] *sm* ou **su.bur.bio** [subʹurbjo] *sm Lit.* subúrbio, periferia.

so.brie.tà [sobrjetʹa] *sf* sobriedade; moderação; simplicidade, parcimônia.

so.brio [sʹɔbrjo] *adj* sóbrio, lúcido; moderado; simples, parco.

soc.chiu.de.re [sokkʹjudere] *vt* entreabrir.

soc.com.be.re [sokkʹombere] *vi Lit.* sucumbir, perder, ser derrotado. *Fig.* morrer, perecer.

soc.cor.re.re [sokkʹoʹfere] *vt* socorrer; ajudar. *vpr* ajudar-se mutuamente.

soc.cor.so [sokk'orso] *sm* socorro; ajuda, auxílio. **pronto** ≃ primeiros socorros.

so.cia.bi.le [sotʃ'abile] ou **so.cie.vo.le** [sotʃ'evole] *adj* sociável, extrovertido.

so.cia.le [sotʃ'ale] *adj* social. **assicurazioni** ≃ **i** seguro social.

so.cia.li.smo [sotʃal'izmo] *sm* *Pol.* socialismo.

so.cia.liz.za.re [sotʃaliddz'are] *vt* socializar, sociabilizar, coletivizar. *vi* confraternizar.

so.cie.tà [sotʃet'a] *sf* sociedade; coletividade; associação, organização, união; empresa, companhia; comunhão. ≃ **anonima** sociedade anônima. ≃ **a responsabilità limitata** sociedade por responsabilidade limitada.

so.cio [s'ɔtʃo] *sm* sócio; associado, membro; assinante. *Fig.* cúmplice.

so.cio.lo.gi.a [sotʃolodʒ'ia] *sf* sociologia.

so.cio.lo.go [sotʃ'ɔlogo] *sm* sociólogo.

so.da [s'ɔda] *sf* *Quím.* soda. ≃ **caustica** soda cáustica.

sod.di.sfa.cen.te [soddisfatʃ'ente] ou **sod.dis.fat.to.rio** [soddisfatt'ɔrjo] *adj* satisfatório.

sod.di.sfa.re [soddisf'are] *vt* satisfazer; cumprir; pagar (dívida). *vi* satisfazer; agradar. *vpr* satisfazer-se.

sod.di.sfa.zio.ne [soddisfats'jone] *sf* satisfação, prazer; cumprimento; pagamento.

so.dio [s'ɔdjo] *sm* *Quím.* sódio.

so.do [s'ɔdo] *sm* solidez, dureza; charneca. *Arquit.* base, fundação. *adj* denso, compacto; sólido; duro, maciço; inculto. *Fig.* firme, estável. **dormire** ≃ dormir como uma pedra. *adv* duramente, com força.

so.do.mi.a [sodom'ia] *sf* sodomia.

so.fà [sof'a] *sm* sofá, divã.

sof.fe.ren.za [soffer'entsa] *sf* sofrimento, padecimento; paciência, tolerância.

sof.fer.ma.re [sofferm'are] *vt+vpr* parar um pouco.

sof.fia.re [soff'jare] *vt* soprar, assoprar. *Fig.* revelar; denunciar. *vi* soprar, assoprar; ofegar; bufar de raiva. *vpr* assoar o nariz.

sof.fi.ce [s'ɔffitʃe] *adj* macio, fofo.

sof.fiet.to [soff'etto] *sm* fole; capota dobrável. *Fig.* publicidade exagerada.

sof.fio [s'ɔffjo] *sm* sopro, assopro; vento; respiração. *Med.* sopro. **in un** ≃ num instante.

sof.fit.ta [soff'itta] *sf* sótão.

sof.fit.to [soff'itto] *sm* teto.

sof.fo.ca.re [soffok'are] *vt* sufocar, asfixiar; afogar; abafar, extinguir (fogo); reprimir. *vi* sufocar, respirar com dificuldade. ≃ **uno scandalo** abafar um escândalo.

sof.fri.re [soffr'ire] *vt+vi* sofrer, padecer; suportar, tolerar, agüentar, aturar.

sof.fu.so [soff'uzo] *adj* espalhado, esparramado.

so.fi.sti.ca.re [sofistik'are] *vt* sofisticar; adulterar, alterar; falsificar.

soft.ware [s'ɔftwer] *sm* *Inform.* software.

sog.get.ti.vo [soddʒett'ivo] *adj* subjetivo.

sog.get.to [soddʒ'etto] *sm* assunto, tema; sujeito, indivíduo, pessoa. *Gram.* sujeito. *adj* sujeito; exposto; dependente.

sog.ge.zio.ne [soddʒets'jone] *sf* sujeição, submissão; dependência.

sog.gia.ce.re [soddʒatʃ'ere] *vi* sujeitar-se, submeter-se; estar sujeito, expor-se a.

sog.gia.ci.men.to [soddʒatʃim'ento] *sm* sujeição, submissão.

sog.gio.ga.re [soddʒog'are] *vt* subjugar; vencer, dominar.

sog.gior.na.re [soddʒorn'are] *vi* parar em, passar um tempo em.

sog.gior.no [soddʒ'orno] *sm* estadia, visita, parada; sala de visitas.

sog.giun.ge.re [soddʒ'undʒere] *vt* acrescentar, juntar (palavras).

so.glia [s'ɔʎa] *sf* soleira. *Fig.* limiar, início.

so.glio.la [s'ɔʎola] *sf* *Zool.* solha.

so.gna.re [soɲ'are] *vt+vi* sonhar. *Fig.* imaginar, fantasiar; desejar, almejar.

so.gno [s'oɲo] *sm* sonho. *Fig.* imaginação, ilusão; desejo, meta. **nemmeno per** ≃! de jeito nenhum!

so.ia [s'ɔja] *sf* *Bot.* soja.

so.le [s'ɔl] *sm* *Mús.* sol.

so.la.io [sol'ajo] *sm* soalho; forro do teto.

so.la.re [sol'are] *adj* solar, do Sol. *Fig.* brilhante, luminoso; maravilhoso, divino.

sol.ca.re [solk'are] *vt* sulcar; cortar (águas). *Fig.* atravessar, percorrer.

sol.co [s'olko] *sm* sulco. *Náut.* esteira. *Fig.* ruga, prega; rastro.

sol.da.to [sold'ato] *sm* *Mil.* soldado.

sol.do [s'ɔldo] *sm* *Mil.* soldo. *Fig.* moeda, dinheiro; pagamento, salário. ≃ **i** *sm pl* dinheiro. **avere i** ≃ **i** ter dinheiro.

so.le [s'ole] *sm* *Astron.* sol. *Poét.* dia. *Fig.* luz. **colpo di** ≃ insolação. **prendere** ≃ tomar sol.

so.leg.gia.re [soledʒ'are] *vt* secar ao sol.

so.leg.gia.to [soledʒ'ato] *part+adj* ensolarado.

so.len.ne [sol'enne] *adj* solene, pomposo; imponente, majestoso; austero.

so.len.ni.tà [solennit'a] *sf* solenidade; pompa; imponência. *Dir.* formalidade.

so.le.re [sol'ere] *vi Lit.* soer, costumar.
so.let.ta [sol'etta] *sf* palmilha, soleta.
solfanello, solfo → zolfanello, zolfo.
sol.fa.ta.ra [solfat'ara] ou **zol.fa.ta.ra** [dzolfat'ara] *sf* sulfureira, solfatara; mina de enxofre.
sol.fa.to [solf'ato] *sm Quím.* sulfato.
sol.fo.ri.co [solf'ɔriko] *adj Quím.* sulfúrico.
so.li.da.le [solid'ale] ou **so.li.da.rio** [solid'arjo] *adj Dir.* solidário.
so.li.dez.za [solid'ettsa] ou **so.li.di.tà** [solidit'a] *sf tb Fig.* solidez; dureza, consistência.
so.li.do [s'ɔlido] *sm Fís.* e *Geom.* sólido. *adj tb Fig.* sólido; duro, maciço, consistente.
so.li.no [sol'ino] *sm* colarinho (de camisa).
so.li.sta [sol'ista] *s Mús.* solista.
so.li.ta.rio [solit'arjo] *sm* solitário. *adj* solitário, sozinho; deserto, desabitado, ermo.
so.li.to [s'ɔlito] *sm* costume, hábito. *adj* costumeiro, habitual. **di** ≃ de costume.
so.li.tu.di.ne [solit'udine] *sf* solidão; ermo.
sol.laz.za.re [sollatts'are] *vt* divertir, entreter. *vpr* divertir-se, entreter-se.
sol.laz.zo [soll'attso] *sm* diversão, recreio.
sol.le.ci.ta.re [solletʃit'are] *vt* solicitar, pedir; apressar; incitar, estimular. *vpr* apressar-se.
sol.le.ci.ta.zio.ne [solletʃitats'jone] *sf* solicitação.
sol.le.ci.to [soll'etʃito] *adj* solícito, zeloso, cuidadoso; atencioso, prestativo.
sol.le.ci.tu.di.ne [solletʃit'udine] *sf* solicitude; presteza; cuidado, zelo; atenção.
sol.le.va.re [sollev'are] *vt* levantar, erguer. *Fig.* liberar, aliviar; consolar, confortar; sublevar, amotinar. *vpr* levantar-se, erguer-se. *Fig.* consolar-se, confortar-se; sublevar-se, rebelar-se.
sol.le.va.zio.ne [sollevats'jone] *sf* rebelião, insurreição, revolta.
sol.lie.vo [soll'jevo] *sm* alívio; consolo, conforto, consolação; descanso, trégua.
so.lo [s'olo] *sm Mús.* solo. *adj* só, sozinho, solitário; simples, puro. *adv* só, somente.
sol.sti.zio [solst'itsjo] *sm Astron.* solstício. ≃ **boreale** ou **estivo** solstício de verão. ≃ **meridionale** ou **invernale** solstício de inverno.
sol.tan.to [solt'anto] *adv* apenas, somente.
so.lu.bi.le [sol'ubile] *adj* solúvel.
so.lu.zio.ne [solutts'jone] *sf* solução; diluição; decisão, resolução.
sol.ven.te [solv'ente] *sm + adj* solvente, dissolvente. *Fig.* pagador.
so.ma [s'ɔma] *sf* carga, peso. *Com. Fig.* encargo, gravame. **bestia da** ≃ animal de carga. *Fig.* burro de carga, quem trabalha pesado.

so.ma.ro [som'aro] *sm* asno, burro. *Fig.* ignorante, estúpido.
so.ma.ti.co [som'atiko] *adj Med.* somático.
so.mi.glian.te [somiʎ'ante] ou **si.mi.glian.te** [simiʎ'ante] *sm* semelhante. *adj* semelhante, parecido; similar.
so.mi.glian.za [somiʎ'antsa] ou **si.mi.glian.za** [simiʎ'antsa] *sf* semelhança, similaridade. *Fig.* afinidade, analogia. **a** ≃ **di** da mesma forma que.
so.mi.glia.re [somiʎ'are] *vi + vpr* assemelhar-se a, parecer com.
som.ma [s'ɔmma] *sf Mat.* soma; total; adição. *Com.* soma, montante, quantia. *Fig.* conjunto; sumário, resumo. ≃ **e** *sf pl* conclusões. **in** ≃ em suma, concluindo.
som.ma.re [somm'are] *vt Mat.* somar, adicionar.
som.ma.rio [somm'arjo] *sm* sumário, índice; resumo, sinopse. *adj* sumário; breve.
som.mer.ge.re [somm'erdʒere] *vt* submergir, mergulhar. *vpr* submergir-se, mergulhar.
som.mer.gi.bi.le [sommerdʒ'ibile] *sm Náut.* submarino.
som.mer.gi.men.to [sommerdʒim'ento] *sm* ou **som.mer.sio.ne** [sommers'jone] *sf* submersão.
sommettere, sommissione → sottomettere, sottomissione.
som.mi.tà [summit'a] *sf* cúmulo, ápice, apogeu; cume, topo. *Fig.* celebridade, sumidade.
som.mo [s'ommo] *sm* cúmulo, ápice, apogeu. *adj superl* (de **alto**) sumo, supremo.
som.mos.sa [somm'ɔssa] *sf* confusão, desordem; rebelião, revolta.
so.na.glio [son'aʎo] *sm* guizo; chocalho.
sonare → suonare.
so.na.ta [son'ata] *sf Mús.* sonata.
son.da [s'onda] *sf Med.* e *Mec.* sonda.
son.da.re [sond'are] *vt Med.* e *Mec.* sondar. *Fig.* investigar, tentar saber.
so.net.to [son'etto] *sm Lit.* soneto.
son.nam.bu.lo [sonn'ambulo] *sm Med.* sonâmbulo.
son.nec.chia.re [sonnekk'jare] *vi* cochilar.
son.ni.fe.ro [sonn'ifero] *sm + adj Med.* sonífero, tranqüilizante, narcótico.
son.no [s'onno] *sm* sono; sonolência, torpor. **perdere il** ≃ perder o sono (de preocupação). **il** ≃ **eterno** *Fig.* o sono eterno.
son.no.len.to [sonnol'ento] *adj* sonolento.
son.no.len.za [sonnol'entsa] *sf* sonolência; torpor.
so.no.ro [son'ɔro] *adj* sonoro; ruidoso, rumoroso, ressonante.

son.tuo.si.tà [sontwozit'a] *sf* suntuosidade, luxo, pompa.

son.tu.o.so [sontu'ozo] *adj* suntuoso, luxuoso,
pomposo; caro, custoso.

so.po.ri.fe.ro [sopor'ifero] *adj* soporífero, sonífero. *Fig.* tedioso, monótono. *Pop.* chato.

sop.pan.no [sopp'anno] *sm* forro de roupa.

sop.pe.ri.re [sopper'ire] *vt* suprir, fornecer, prover. *vi* bastar, chegar para.

sop.pe.sa.re [soppez'are] *vt* pesar, ver o peso
de. *Fig.* considerar, avaliar, ponderar sobre.

sop.pian.ta.re [soppjant'are] *vt* suplantar, substituir.

sop.piat.to [sopp'jatto] *adj* escondido, coberto. **di** ≃ sorrateiramente, às escondidas.

sop.por.ta.re [sopport'are] *vt* suportar; sustentar; sofrer, agüentar, tolerar.

supporto → supporto.

sop.pres.sio.ne [soppress'jone] *sf* supressão,
abolição, eliminação.

sop.pri.me.re [soppr'imere] *vt* suprimir, abolir, eliminar. *Fig.* exterminar, liquidar.

so.pra [s'opra] *prep* ou so.vra [s'ovra] *prep
Poét.* sobre, acima de; ao norte de. *adv* em
cima, acima; ao norte; na parte de cima, no
andar de cima. **di** ≃ ou **disopra** da parte de
cima.

so.pra.bi.to [sopr'abito] *sm* sobretudo.

so.prac.ci.glio [soprattʃ'iʎo] *sm Anat.* (*pl f* le
sopracciglia) sobrancelha.

so.prac.co.per.ta [soprakkop'erta] *sf* colcha,
acolchoado; sobrecapa de livro.

sopraddetto → suddetto.

so.pra.e.spo.sta [sopraesp'osta] *sf Fot.* superex-
posição.

so.praf.fa.re [sopraff'are] *vt* subjugar, oprimir,
esmagar. *Fig.* vencer; superar, sobrepujar.

so.praf.fa.zio.ne [sopraffats'jone] *sf* opressão,
repressão, esmagamento.

so.praf.fi.lo [sopraff'ilo] *sm* chuleio.

so.praf.fi.no [sopraff'ino] ou so.praf.fi.ne
[sopraff'ine] *adj* finíssimo, refinado.

so.prag.giun.ge.re [sopraddʒ'undʒere] ou
so.prav.ve.ni.re [sopravven'ire] *vi* chegar inesperadamente; sobrevir, acontecer.

so.pram.mi.su.ra [soprammiz'ura] ou
so.pram.mo.do [sopramm'ɔdo] *adv* sobremo-
do, sobremaneira, desmesuradamente.

so.pram.mo.bi.le [sopramm'ɔbile] *sm* enfeite,
bibelô.

so.pran.na.tu.ra.le [soprannatur'ale] *sm* sobrenatural. *adj* sobrenatural, sobre-humano; milagroso, divino. *Fig.* misterioso, inexplicável.

so.pran.no.me [soprann'ome] *sm* apelido, al-
cunha.

so.pran.nu.me.ro [soprann'umero] *adv* usado
na expressão **in** ≃ a mais, sobrando.

so.pra.no [sopr'ano] *sm Mús.* soprano.

so.prap.pen.sie.ro [soprappens'jero] perdido
em pensamentos, preocupado.

soprappeso → sovrappeso.

soprappiù → sovrappiù.

soprapporre → sovrapporre.

so.pra.scar.pa [soprask'arpa] *sf* galocha.

so.pra.scrit.ta [sopraskr'itta] *sf* sobrescrito, endereço (de carta); epígrafe, inscrição.

so.pras.sal.to [soprass'alto] *sm* sobressalto; susto. **di** ≃ repentinamente.

so.pras.se.de.re [soprassed'ere] *vi* adiar, protelar, deixar para depois. ≃ **a** adiar para.

soprastante → sovrastante.

soprastare → sovrastare.

so.prat.tas.sa [sopratt'assa] *sf Com.* sobretaxa,
acréscimo, adicional.

so.prat.tut.to [sopratt'utto] *adv* sobretudo, acima de tudo, principalmente.

so.pra.van.za.re [sopravants'are] *vt* exceder, superar. *vi* sobressair-se; sobrar, restar.

so.pra.van.zo [sopravv'antso] *sm* excedente, excesso; sobra, resto.

sopravvenire → sopraggiungere.

so.prav.ven.to [sopravv'ento] *sm Fig.* vantagem,
superioridade; predomínio, supremacia.

so.prav.vi.ven.te [sopravviv'ente] *s+adj* ou
so.prav.vis.su.to [sopravviss'uto] *sm+adj* sobrevivente.

so.prav.vi.ven.za [sopravviv'entsa] *sf* sobrevivência.

so.prav.vi.ve.re [sopravv'ivere] *vi* sobreviver.
Fig. salvar-se, escapar, fugir.

soprintendente; soprintendenza, soprintendere → sovrintendente, sovrintendenza, sovrintendere.

so.pru.so [sopr'uzo] *sm* opressão; injustiça.

soq.qua.dro [sokk'wadro] *sm* ruína, estrago;
confusão, desordem, bagunça.

sor.bet.tie.ra [sorbett'jera] *sf* sorveteira.

sor.bet.tie.re [sorbett'jere] *sm* sorveteiro.

sor.bet.to [sorb'etto] *sm* sorvete.

sor.bi.re [sorb'ire] *vt* sorver, beber.

sor.cio [s'ortʃo] *sm* rato.

sor.di.do [s'ordido] *adj* sórdido, asqueroso, nojento; imundo.

sor.di.na [sord'ina] *sf Mús.* surdina. **alla** ≃ na
surdina, às escondidas.

sor.di.tà [sordit'a] *sf* surdez.

sor.do [s'ordo] *sm* surdo. *adj* surdo. *Fig.* indiferente, frio; surdo, baixo (som). **non è peggior** ≃ **di chi non vuol udire** pior cego é aquele que não quer ver.

sor.do.mu.to [sordom'uto] *sm+adj* surdomudo.

so.rel.la [sor'ella] *sf* irmã.

sor.gen.te [sordʒ'ente] *sf* nascente, fonte, manancial. *Min.* poço. *Fig.* origem, causa.

sor.ge.re [s'ordʒere] *vi* surgir, aparecer. *Fig.* nascer, originar-se, derivar.

sor.go [s'orgo] *sm Bot.* sorgo.

so.ria.no [sor'jano] *sm+adj* sírio. *adj Zool.* pardo. **gatto** ≃ gato pardo.

sor.mon.ta.re [sormont'are] *vt* superar, vencer. *vi* elevar-se, subir; sobrar, restar.

sor.nio.ne [sorn'jone] *sm+adj* soturno, fechado, introvertido. *Pop.* fingido, falso.

sor.pas.sa.re [sorpass'are] *vt* superar, exceder, ultrapassar; sobrepujar.

sor.pren.den.te [sorprend'ente] *adj* surpreendente, admirável, extraordinário.

sor.pren.de.re [sorpr'endere] *vt* surpreender; maravilhar.

sor.pre.sa [sorpr'eza] *sf* surpresa, pasmo. **di** ≃ de surpresa, inesperadamente. **fare una** ≃ fazer uma surpresa.

sor.reg.ge.re [soʃ'eddʒere] *vt* segurar, sustentar, suster. *Fig.* ajudar, apoiar.

sor.ri.de.re [soʃ'idere] *vi* sorrir. *Fig.* ajudar.

sor.ri.so [soʃ'izo] *sm* sorriso.

sor.so [s'orso] *sm* ou **sor.sa.ta** [sors'ata] *sf* gole, trago.

sor.ta [s'orta] ou **sor.te** [s'orte] I *sf* tipo, classe; modo, maneira. **in** ≃ *Com.* sortido.

sor.te [s'orte] II *sf* sorte; destino; acaso.

sor.teg.gia.re [sorteddʒ'are] *vt* sortear.

sor.teg.gio [sort'eddʒo] *sm* sorteio.

sor.ti.le.gio [sortil'edʒo] *sm* sortilégio, encantamento, feitiçaria.

sor.ti.re [sort'ire] *vt* sortear. *vi* ser sorteado; surtir, conseguir. ≃ **effetto** surtir efeito.

sor.ve.glian.te [sorveʎ'ante] *sm* vigia, vigilante; guarda, policial. *adj* vigilante; atento.

sor.ve.glia.re [sorveʎ'are] *vt* vigiar; espreitar.

sor.vo.la.re [sorvol'are] *vt Lit.* sobrevoar, voar por cima. *Fig.* omitir, pular.

so.sia [s'ozja] *sm* sósia.

so.spen.de.re [sosp'endere] *vt* suspender; pendurar. *Fig.* interromper, parar; adiar. *vpr* suspender-se, pendurar-se; enforcar-se.

so.spen.sio.ne [sospens'jone] *sf* suspensão; interrupção; adiamento.

so.spe.so [sosp'ezo] *part+adj* suspenso; interrompido; adiado. *Fig.* indeciso, incerto.

so.spet.ta.re [sospett'are] *vt+vi* suspeitar; supor, julgar; desconfiar.

so.spet.to [sosp'etto] *sm* suspeita, desconfiança; dúvida. *adj* suspeito; duvidoso.

so.spet.to.so [sospett'ozo] *adj* suspeitoso; desconfiado.

so.spin.ge.re [sosp'indʒere] *vt* impelir, empurrar. *Fig.* provocar, incitar, instigar.

so.spi.ra.re [sospir'are] *vt Fig.* desejar, ansiar. *vi* suspirar. *Fig.* lamentar-se, gemer.

so.spi.ro [sosp'iro] *sm* suspiro. *Fig.* lamento.

so.sta [s'ɔsta] *sf* parada; interrupção, pausa. *Autom.* estacionamento.

so.stan.ti.vo [sostant'ivo] *sm Gram.* substantivo.

so.stan.za [sost'antsa] *sf* substância. *Fig.* essência. ≃ **e** *sf pl* bens. **in** ≃ em suma.

so.stan.zia.le [sostants'jale] *adj* substancial; essencial, importante.

so.stan.zio.so [sostants'jozo] *adj* substancioso; nutritivo.

so.sta.re [sost'are] *vi* sustar; parar, estacionar.

so.ste.gno [sost'eño] *sm* sustento, suporte. *Mec.* eixo. *Fig.* ajuda, apoio.

so.ste.ne.re [sosten'ere] *vt* sustentar, segurar; manter; suportar. *Fut.* torcer (para um time). *Teat.* representar. *vpr* sustentar-se, manter-se.

so.sten.ta.men.to [sostentam'ento] *sm* sustento, alimentação; manutenção, sobrevivência.

so.sten.ta.re [sostent'are] *vt* sustentar, manter, alimentar. *vpr* sustentar-se, manter-se.

so.ste.nu.to [sosten'uto] *part+adj* sustentado. *Fig.* austero, reservado (pessoa); alto, elevado (estilo); firme, forte. *Mús.* sustenido.

so.sti.tu.i.re [sostitu'ire] *vt* substituir.

so.sti.tu.to [sostit'uto] *sm* substituto.

so.sti.tu.zio.ne [sostituts'jone] *sf* substituição. **in** ≃ **di** em substituição a, ao invés de.

sostrato → **sustrato**.

sot.ta.ce.ti [sottatʃ'eti] *sm pl* picles.

sot.ta.na [sott'ana] *sf* saia. *Rel.* batina, sotaina. *Fig.* mulher.

sot.ta.nie.re [sottan'jere] *sm* mulherengo.

sot.ter.fu.gio [sotterf'udʒo] *sm* subterfúgio, ardil, truque; desculpa, pretexto.

sot.ter.ra.ne.a [sotteʃ'anea] *sf Bras.* metrô.

sot.ter.ra.ne.o [sotteʃ'aneo] *sm* subterrâneo, subsolo, local subterrâneo. *adj* subterrâneo.

sot.ter.ra.re [sotteʃ'are] *vt* enterrar; soterrar; sepultar.

sot.ti.gliez.za [sottiʎ'ettsa] *sf* sutileza; fineza; delicadeza.

sot.ti.le [sott´ile] *adj* sutil; fino, estreito; delicado; perspicaz. **mal** ≃ tuberculose.

sot.tin.ten.de.re [sottint´endere] *vt* subentender, dar a entender; supor.

sot.tin.te.so [sottint´ezo] *sm* insinuação, alusão. *part + adj* subentendido.

sot.to [s´otto] *adv* abaixo, embaixo. *prep* sob, embaixo de, abaixo de; no governo de. **di** ≃ ou **disotto** *adv* embaixo. **andare** ≃ pôr-se.

sot.to.cop.pa [sottok´ɔppa] *sf* pires.

sot.to.cu.ta.ne.o [sottokut´aneo] ou **soc.cu.ta.ne.o** [sokkut´aneo] *adj* subcutâneo.

sot.to.e.spo.sta [sottoesp´ɔsta] *sf Fot.* subesposição.

sot.to.li.ne.a.re [sottoline´are] *vt* sublinhar, grifar. *Fig.* salientar, acentuar.

sot.to.li.ne.a.tu.ra [sottolineat´ura] *sf* sublinhado, grifo.

sot.to.ma.ri.no [sottomar´ino] *sm Náut.* submarino. *adj* submarino, subaquático.

sot.to.mes.so [sottom´esso] *part + adj* submisso, servil, humilde.

sot.to.met.te.re [sottom´ettere] ou **som.met.te.re** [somm´ettere] *vt* submeter. *vpr* submeter-se.

sot.to.mis.sio.ne [sottomiss´jone] ou **som.mis.sio.ne** [sommiss´jone] *sf* submissão.

sot.to.pas.sag.gio [sottopass´addʒo] *sm* passagem subterrânea, túnel.

sot.to.pie.de [sottop´jede] *sm* palmilha, soleta.

sot.to.por.re [sottop´oře] *vt* colocar debaixo; submeter; obrigar, constranger. *vpr* submeter-se, sujeitar-se; conformar-se.

sot.to.pre.fet.to [sottopref´etto] *sm* subprefeito.

sot.to.pre.fet.tu.ra [sottoprefett´ura] *sf* subprefeitura.

sot.to.scrit.to [sottoskr´itto] *sm* o abaixo assinado (pessoa). *adj* subscrito.

sot.to.scri.ve.re [sottoskr´ivere] *vt* subscrever, assinar. *Fig.* aceitar, aprovar; aderir a.

sot.to.scri.zio.ne [sottoskrits´jone] *sf* subscrição, assinatura.

sot.to.so.pra [sottos´ɔpra] *adv* de cabeça para baixo, de pernas para o ar, em desordem.

sot.to.spe.cie [sottosp´etʃe] *sf Biol.* subespécie.

sot.to.stan.te [sottost´ante] *adj* inferior.

sot.to.suo.lo [sottos´wolo] *sm Geogr.* subsolo.

sot.to.ve.ste [sottov´este] *sf* combinação (roupa íntima).

sot.trar.re [sottr´aře] *vt* subtrair; cortar; ocultar; furtar. *vpr* isentar-se; esquivar-se.

sot.tra.zio.ne [sottrats´jone] *sf* subtração. *Dir.* furto, roubo.

so.ven.te [sov´ente] *adv* freqüentemente.

so.ver.chia.re [soverk´jare] *vt* superar, vencer.

so.ver.chio [sov´erkjo] *adj* excessivo, demasiado, exagerado.

sovra → sopra.

so.vrac.ca.ri.co [sovrakk´ariko] *sm* sobrecarga, excesso de peso. *adj* sobrecarregado.

so.vra.ni.tà [sovranit´a] *sf* soberania. *Fig.* autoridade, governo, domínio.

so.vra.no [sovr´ano] *sm* soberano; rei. *adj* soberano; suano, superior. *Fig.* senhor de si.

so.vrap.pe.so [sovrapp´ezo] ou **so.prap.pe.so** [soprapp´ezo] *sm* sobrecarga, excedente.

so.vrap.più [sovrapp´ju] ou **so.prap.più** [soprapp´ju] *sm* excesso, sobra. *adv* além disso, ainda por cima.

so.vrap.por.re [sovrapp´oře] ou **so.prap.por.re** [soprapp´oře] *vt* sobrepor; acrescentar, adicionar. *Fig.* preferir. *vpr* sobrepor-se.

so.vra.stan.te [sovrast´ante] ou **so.pra.stan.te** [soprast´ante] *adj* iminente, próximo.

so.vra.sta.re [sovrast´are] ou **so.pra.sta.re** [soprast´are] *vt* dominar, impor-se, prevalecer sobre. *vi* ser iminente.

so.vrin.ten.den.te [sovrintend´ente] ou **so.prin.ten.den.te** [soprintend´ente] *s + adj* superintendente; supervisor, supervisora.

so.vrin.ten.den.za [sovrintend´entsa] ou **so.prin.ten.den.za** [soprintend´entsa] *sf* superintendência; supervisão.

so.vrin.ten.de.re [sovrint´endere] ou **so.prin.ten.de.re** [soprint´endere] *vt* superintender; supervisar.

sov.ven.zio.na.re [sovventsjon´are] *vt Econ.* subvencionar, subsidiar.

sov.ven.zio.ne [sovvents´jone] *sf Econ.* subvenção, subsídio.

sov.ver.sio.ne [sovvers´jone] *sf* subversão. *Med.* enjôo, distúrbio estomacal.

sov.ver.si.vo [sovvers´ivo] *sm + adj* subversivo, agitador, revolucionário.

sov.ver.ti.re [sovvert´ire] *vt* subverter; revolver.

soz.zo [s´ottso] *adj* sujo, imundo; obsceno.

soz.zu.ra [sotts´ura] *sf* sujeira, imundície; baixeza, obscenidade, vulgaridade.

spac.ca.re [spakk´are] *vt* partir, rachar, fender.

spac.ca.tu.ra [spakkat´ura] *sf* rachadura, fenda.

spac.cia.re [spattʃ´are] *vt* vender; expedir, enviar. *vpr* fingir-se de, passar por.

spac.cio [sp´attʃo] *sm* venda; expedição, envio.

spa.da [sp´ada] *sf* espada. ≃ **e** *sf pl* espadas (naipe). **chi di ≃ ferisce, di ≃ perisce** quem com ferro fere, com ferro será ferido.

spa.dac.ci.no [spadattʃ´ino] *sm* espadachim.

spa.ghet.to [spag´etto] *sm* barbante. *Pop.* medo. ≃ **i** *sm pl* espaguete.

spa.gno.lo [spaɲ´ɔlo] *sm + adj* espanhol.

spa.go [sp'ago] *sm* barbante; cordão, cordel.

spa.lan.ca.re [spalank'are] *vt* escancarar; arregalar, esbugalhar (olhos).

spal.la [sp'alla] *sf Anat.* ombro, espádua. *Fig.* flanco (de exército); lado. ≃ **e** *sf pl Anat.* costas, dorso. **dare le** ≃ **e fugir. alzare le** ≃ **e** ou **stringersi alle** ≃ **e** encolher os ombros (em sinal de indiferença). **avere le** ≃ **e grosse** ter as costas largas. **ridere alle** ≃ **e di** rir pelas costas de.

spal.leg.gia.re [spalleddʒ'are] *vt* ajudar, auxiliar. *vpr* defender-se.

spal.ma.re [spalm'are] *vt* espalmar, estender.

span.de.re [sp'andere] *vt* espalhar, espargir; derramar. *Fig.* expandir; propagar, divulgar. *vpr* espalhar-se. *Fig.* expandir-se, difundir-se.

spa.ra.drap.po [sparadr'appo] *sm Med.* esparadrapo.

spa.ra.gio [sp'aradʒo] *sm Bot. Pop.* aspargo.

spa.ra.re [spar'are] *vt* disparar (arma); chutar.

spa.ra.to [spar'ato] *sm* peitilho da camisa.

spa.ra.to.ria [sparat'ɔrja] *sf* tiroteio.

spar.ge.re [sp'ardʒere] *vt* espalhar, espargir. *Fig.* divulgar. *vpr* espalhar-se; divulgar-se.

spa.ri.re [spar'ire] ou **di.spa.ri.re** [dispar'ire] *vi* desaparecer, sumir. *Fig.* morrer.

spa.ri.zio.ne [sparits'jone] *sf* desaparecimento, sumiço. *Fig.* morte.

spa.ro [sp'aro] *sm* disparo, tiro de arma.

spar.pa.glia.re [sparpaʎ'are] *vt* dispersar, disseminar. *vpr* dispersar-se, disseminar-se.

spar.so [sp'arso] *part + adj* disperso, disseminado.

spar.ta.no [spart'ano] *sm + adj* espartano, de Esparta. *adj Fig.* rigoroso, austero.

spar.ti.ac.que [sparti'akkwe] *sm Geogr.* divisor de águas. *Fig.* limite, confim.

spar.ti.re [spart'ire] *vt* partir, dividir; repartir, distribuir. *vpr* dividir-se; afastar-se.

spa.ru.to [spar'uto] *adj* macilento, esquelético, mirrado; insignificante, reduzido.

spa.si.man.te [spazim'ante] *s + adj* amante, enamorado; admirador, adorador.

spa.si.ma.re [spazim'are] *vi Med.* ter espasmos. *Fig.* apaixonar-se, enamorar-se; cobiçar.

spa.si.mo [sp'azimo] ou **spa.smo** [sp'azmo] *sm Med.* espasmo. *Fig.* cobiça; dor, aflição.

spas.sa.re [spass'are] *vt* divertir, alegrar. *vpr* divertir-se.

spas.sio.nar.si [spassjon'arsi] *vpr* desabafar.

spas.so [sp'aso] *sm* divertimento, diversão, passatempo; passeio. **mandare a** ≃ mandar passear, mandar embora. **prendersi** ≃ **di** divertir-se às custas de.

spau.rac.chio [spawr'akkjo] *sm* espantalho.

spau.ri.re [spawr'ire] *vt* espantar, amedrontar. *vpr* amedrontar-se, ter medo.

spa.val.do [spav'aldo] *adj* ousado, atrevido. *Fig.* arrogante, presunçoso.

spa.ven.ta.re [spavent'are] *vt* espantar, assustar. *vpr* espantar-se, assustar-se.

spa.ven.to [spav'ento] *sm* espanto, susto.

spa.ven.to.so [spavent'ozo] ou **spa.ven.te.vo.le** [spavent'evole] *adj* espantoso, assustador.

spa.zia.le [spats'jale] *sm* astronauta. *adj* espacial, sideral.

spa.zia.re [spats'jare] *vt* espaçar, espacejar. *vi* vagar, mover-se no espaço. *Fig.* divagar.

spa.zieg.gia.re [spatsjeddʒ'are] *vt* espaçar, espacejar.

spa.zien.ti.re [spatsjent'ire] *vt* impacientar, irritar. *vpr* impacientar-se, perder a paciência.

spa.zio [sp'atsjo] *sm* espaço.

spa.zio.so [spats'jozo] *adj* espaçoso, amplo.

spaz.za.re [spatts'are] *vt* varrer. *Fig.* retirar.

spaz.za.tu.ra [spattsat'ura] *sf* sujeira, imundície.

spaz.zo.la [sp'attsola] *sf* escova.

spaz.zo.la.re [spattsol'are] *vt* escovar.

spaz.zo.li.no [spattsol'ino] *sm dim* escovinha. ≃ **da denti** escova de dentes.

spec.chiar.si [spekk'jarsi] *vpr* espelhar-se; refletir-se. *Fig.* seguir, imitar.

spec.chiet.to [spekk'jetto] *sm dim* espelhinho. *Fig.* resumo, esquema. ≃ **retrovisivo** *Autom.* espelho retrovisor.

spec.chio [sp'ekkjo] *sm* espelho. *Fig.* exemplo.

spe.cia.le [spetʃ'ale] *adj* especial; particular.

spe.cia.li.sta [spetʃal'ista] *s* especialista, perito, técnico.

spe.cia.liz.za.re [spetʃalidzz'are] *vt* especificar. *vpr* especializar-se.

spe.cie [sp'ɛtʃe] *sm* espécie, tipo, classe. *Zool.* espécie. *Fig.* surpresa, maravilha. **fare** ≃ **a** surpreender, maravilhar.

spe.ci.fi.ca.re [spetʃifik'are] *vt* especificar.

spe.ci.fi.co [spetʃ'ifiko] *adj* específico, particular, peculiar.

spe.cio.so [spetʃ'ozo] *adj* enganador, ilusório.

spe.cu.la.re [spekul'are] *vt + vi Fil.* e *Com.* especular.

spediente → espediente.

spe.di.re [sped'ire] *vt* expedir, remeter, enviar, despachar. *Med.* aviar. *vpr* apressar-se.

spe.di.to [sped'ito] *adj* ligeiro, rápido; ágil; ativo, desembaraçado.

spe.di.zio.ne [spedits'jone] *sf* expedição; remessa, envio.

spe.gne.re [spe'ɲere] *vt* apagar, extinguir (fogo). *Fig.* satisfazer; matar; pagar (débito). *vpr* apagar-se, extinguir-se. *Fig.* morrer, falecer; perder-se; acabar.

spe.la.re [spel'are] *vt* pelar, tirar o pêlo de. *vpr* perder os pêlos.

spel.la.re [spell'are] *vt* esfolar, pelar, tirar a pele de. *Fig.* extorquir. *vpr* perder a pele.

spe.lon.ca [spel'onka] *sf* espelunca, caverna, gruta. *Fig.* casebre.

spen.dac.cio.ne [spendatt∫'one] *sm Fam. dep* mão-aberta, gastador, esbanjador.

spen.de.re [sp'endere] *vt* gastar; empregar, utilizar; passar (tempo). **chi più spende, meno spende** o barato sai caro.

spen.na.re [spenn'are] *vt* depenar. *Fig.* extorquir, tirar dinheiro.

spen.sie.ra.to [spensjer'ato] *adj* descuidado, imprudente; impensado, irrefletido.

spen.to [sp'ento] *part* + *adj* apagado, extinto. *Fig.* pálido; apático. *Lit.* morto.

spe.ran.za [sper'antsa] *sf* esperança; fé; aspiração, anseio. **finché v'è fiato, v'è** ≈ a esperança é a última que morre.

spe.ran.zo.so [sperants'ozo] *adj* esperançoso; confiante.

spe.ra.re [sper'are] *vt* esperar; confiar; desejar. *vi* ter esperança.

sper.giu.ra.re [sperdʒur'are] *vt Dir.* e *Rel.* perjurar.

sper.giu.ro [sperdʒ'uro] *sm Dir.* e *Rel.* perjúrio.

spe.ri.men.ta.le [speriment'ale] *adj* experimental.

spe.ri.men.ta.re [speriment'are] *vt* experimentar, testar. *Fig.* tentar, arriscar.

sperimento → **esperimento**.

sper.ma [sp'erma] *sm Fisiol.* esperma, sêmen.

sper.ma.to.zoi [spermatodz'ɔj] *sm pl Fisiol.* espermatozóides.

sperone → **sprone**.

sper.pe.ra.re [sperper'are] *vt* desperdiçar, esbanjar. *Fig.* estragar; jogar fora.

sper.pe.ro [sp'erpero] *sm* desperdício, esbanjamento.

spe.sa [sp'eza] *sf* despesa, gasto, dispêndio; compra. **a proprie** = **e** por conta própria.

spes.so [sp'esso] *adj* espesso, grosso, denso, compacto; freqüente. *adv* freqüentemente.

spes.so.re [spess'ore] *sm* espessura, grossura. *Fig.* densidade.

spet.ta.co.lo [spett'akolo] *sm* espetáculo, apresentação. *Fig.* quadro, panorama, vista.

spet.ta.co.lo.so [spettakol'ozo] ou **spet.ta.co.la.re** [spettakol'are] *adj* espetacular, grandioso, extraordinário.

spet.tan.za [spett'antsa] *sf* alçada, competência, atribuição.

spet.ta.re [spett'are] *vi* caber a, competir a.

spet.ta.to.re [spettat'ore] *sm* espectador. *Fig.* testemunha.

spet.ti.na.re [spettin'are] *vt* despentear, descabelar. *vpr* despentear-se, descabelar-se.

spet.tra.le [spettr'ale] *adj* espectral.

spet.tro [sp'ettro] *sm* espectro, fantasma, assombração. *Fig.* ameaça, perigo.

spe.zia.le [spets'jale] *sm* farmacêutico; boticário.

spe.zie [sp'etsje] *sf pl* especiarias. *Med.* drogas, produtos farmacêuticos.

spez.za.re [spetts'are] *vt* quebrar, romper; trocar (dinheiro); despedaçar. *vpr* quebrar-se, romper-se, partir-se; despedaçar-se.

spez.zet.ta.re [spettsett'are] *vt* esmigalhar.

spi.a [sp'ia] *sf* espião; informante (da polícia); olho mágico. ≈ **doppia** agente duplo.

spia.cen.te [spjat∫'ente] ou **spia.ce.vo.le** [spjat∫'evole] *adj* desagradável; incômodo.

spia.ce.re [spjat∫'ere] *sm* desprazer. *vi* desagradar; incomodar.

spiag.gia [sp'jaddʒa] *sf* praia; litoral, costa.

spia.na.re [spjan'are] *vt* aplainar, aplanar; alisar. *Fig.* explicar; facilitar; apontar, mirar.

spia.na.ta [spjan'ata] *sf* esplanada.

spian.ta.to [spjant'ato] *sm* + *adj* pobre, miserável, indigente.

spi.a.re [spi'are] *vt* espiar, espreitar; espionar.

spic.ca.re [spikk'are] *vt* arrancar, destacar, separar; despachar (ordem); colher (fruto, flor). *vi* destacar-se, ressaltar-se. *vpr* brilhar, destacar-se, fazer sucesso. ≈ **il volo** levantar vôo.

spic.chio [sp'ikkjo] *sm* dente de alho; gomo de fruta.

spic.cia.re [spitt∫'are] *vt* expedir, despachar, enviar. *vi* jorrar, brotar. *vpr* apressar-se.

spic.cio [sp'itt∫o] *adj* rápido, veloz; eficaz, eficiente. *Fig.* rude, brusco.

spic.cio.li [sp'itt∫oli] *sm pl* troco.

spic.co [sp'ikko] *sm* evidência, destaque, relevo.

spie.do [sp'jedo] ou **spie.de** [sp'jede] *sm* espeto.

spie.ga.re [spjeg'are] *vt* desdobrar, estender; explicar, esclarecer; desfraldar (bandeira). *vpr* desdobrar-se, estender-se; explicar-se, fazer-se entender; tremular (bandeira).

spie.ga.zio.ne [spjegats'jone] *sf* explicação, esclarecimento.

spie.ta.to [spjet'ato] *adj* impiedoso, desumano.

spif.fe.ra.re [spiffer'are] *vt Fam.* desembuchar.

spif.fe.ro [sp'iffero] *sm* corrente de ar.

spi.ga [sp'iga] *sf* espiga.
spi.glia.to [spiλ'ato] *adj* desembaraçado, atirado, desenvolto.
spi.go [sp'igo] *sm Bot.* alfazema.
spil.la [sp'illa] *sf* broche.
spil.la.re [spill'are] *vt* tirar vinho do tonel.
spil.lo [sp'illo] *sm* alfinete. ≈ **di sicurezza** alfinete de segurança.
spil.lo.ne [spill'one] *sm* broche.
spi.lor.cio [spil'ortʃo] *sm*+*adj* avarento, sovina. *Pop.* pão-duro, mão-de-vaca.
spi.na [sp'ina] *sf Bot.* espinho. *Zool.* espinha de peixe; ferrão de abelha ou vespa. *Anat.* espinha. *Elet.* pino de tomada. *Fig.* dor, aflição, tormento. ≈ **dorsale** espinha dorsal.
spi.na.cio [spin'atʃo] *sm* espinafre.
spi.na.le [spin'ale] *adj Anat.* espinhal.
spin.gar.da [sping'arda] *sf* espingarda.
spin.ge.re [sp'indʒere] *vt* impelir, empurrar. *Fig.* instigar, incitar, provocar. *vpr* avançar, adiantar-se. *Fig.* aventurar-se, arriscar.
spi.no.so [spin'ozo] *adj* espinhoso. *Fig.* árduo.
spin.ta [sp'inta] *sf* empurrão; impulso. *Fig.* estímulo, encorajamento.
spin.to [sp'into] *part*+*adj* empurrado, impelido; instigado, induzido. *Fig.* avançado, ousado, audacioso (pensamento, idéia).
spin.to.ne [spint'one] *sm* empurrão.
spio.nag.gio [spjon'addʒo] *sm* espionagem.
spio.ve.re [sp'jovere] *vi* estiar, parar de chover; escorrer; cair sobre os ombros (cabelos).
spi.ra.glio [spir'aλo] *sm* fenda, fresta, rachadura. *Fig.* abertura, passagem.
spi.ra.le [spir'ale] *sf*+*adj* espiral.
spi.ra.re [spir'are] *vt* exalar, emanar. *Fig.* exprimir, manifestar. *vi* expirar; respirar; soprar, assoprar; morrer, falecer.
spi.ri.ti.smo [spirit'izmo] *sm* espiritismo.
spi.ri.ti.sta [spirit'ista] *s* espírita.
spi.ri.to [sp'irito] *sm* espírito; alma; entidade, ser sobrenatural; fantasma, aparição. *Fig.* inteligência; imaginação, criatividade; coragem, ânimo; graça, humor. *Quím.* espírito, álcool. **lo S≈ Santo** o Espírito Santo. ≈ **di corpo** *Mil.* espírito de corporação.
spi.ri.to.sag.gi.ne [spiritoz'addʒine] *sf* gracinha, brincadeira, gracejo.
spi.ri.to.so [spirit'ozo] *adj* espirituoso, divertido, alegre.
spi.ri.tu.a.le [spiritu'ale] *adj* espiritual. *Fig.* imaterial, incorpóreo; místico; religioso.
splen.de.re [spl'endere] *vi* resplandecer; reluzir.
splen.di.do [spl'endido] *adj* esplêndido, brilhante. *Fig.* grandioso, fabuloso.

splen.do.re [splend'ore] *sm* esplendor, resplendor, fulgor. *Fig.* grandiosidade, luxo, pompa.
spo.de.sta.re [spodest'are] *vt* depor, destituir; destronar. *vpr* abdicar, renunciar.
spo.glia [sp'ɔλa] *sf Lit.* pele (de animal); vestes; invólucro, revestimento. ≈**e** *sf pl* despojos; restos mortais; saque.
spo.glia.re [spoλ'are] *vt* espoliar; despir; despojar; roubar, saquear. *vpr* despir-se. *Fig.* despojar-se, privar-se.
spo.glia.rel.lo [spoλar'ello] *sm* strip-tease.
spo.glia.to.io [spoλat'ojo] *sm* provador.
spo.glio [sp'ɔλo] *sm* apuração de votos. *part*+*adj* despido; desnudo, nu; despojado, simples, austero. ≈ **di** livre de.
spol.mo.nar.si [spolmon'arsi] *vpr* esgoelar-se.
spol.pa.re [spolp'are] *vt* descarnar. *Fig.* privar; empobrecer. *vpr* emagrecer.
spol.ve.ra.re [spolver'are] *vt* tirar o pó de, limpar; escovar; polvilhar, empoar. *Fig.* devorar.
spon.da [sp'onda] *sf* praia; parapeito; beira, borda, orla. *Fam.* proteção, apoio.
spon.ta.ne.o [spont'aneo] *adj* espontâneo; voluntário; natural (vegetação). **combustione** ≈**a** combustão espontânea.
spo.po.la.re [spopol'are] *vt* despovoar, desabitar. *vpr* despovoar-se.
spo.ra [sp'ɔra] *sf Bot.* e *Zool.* esporo.
spo.ra.di.co [spor'adiko] *adj* esporádico, raro.
spor.cac.cio.ne [sporkattʃ'one] *sm Pop.* porcalhão, porco, pessoa suja.
spor.ca.re [spork'are] *vt* sujar; manchar. *Fig.* desonrar, envergonhar. *vpr* sujar-se.
spor.ci.zia [sportʃ'itsja] ou **spor.chez.za** [spork'ettsa] *sf* sujeira, imundície. *Fig.* indecência, baixeza.
spor.co [sp'ɔrko] *adj* porco, sujo, imundo. *Fig.* desonesto; sórdido; imoral, vulgar.
spor.gen.te [spordʒ'ente] *adj* saliente.
spor.gen.za [spordʒ'entsa] *sf* saliência, protuberância, proeminência.
spor.ge.re [sp'ordʒere] *vt* estender, distender. *vpr* esticar-se, estender-se; erguer-se.
sport [sp'ɔrt] *sm* esporte.
spor.tel.lo [sport'ello] *sm dim* portinhola; guichê.
spor.ti.sta [sport'ista] *s* esportista.
spor.ti.vo [sport'ivo] *adj* esportivo.
spo.sa [sp'ɔza] *sf* mulher, esposa. *Dir.* cônjuge. **promessa** ≈ noiva.
spo.sa.li.zio [spozal'itsjo] *sm* casamento, matrimônio.
spo.sa.re [spoz'are] *vt* desposar, casar. *Fig.* juntar, unir. *vpr* casar-se.

spo.so [sp'ɔzo] *sm* marido, esposo. *Dir.* cônjuge. **promesso** ≃ noivo.

spos.sa.re [sposs'are] *vt* enfraquecer; cansar.

spos.sa.tez.za [spossat'ettsa] *sf* fraqueza; cansaço.

spo.sta.re [spost'are] *vt* deslocar; adiar. *vpr* deslocar-se; mudar-se, transferir-se.

spran.ga [spr'anga] *sf* tranca, ferrolho; barra.

spraz.zo [spr'attso] *sm* clarão, lampejo. *Fig.* vislumbre.

spre.ca.re [sprek'are] *vt* desperdiçar; estragar.

spre.co [spr'ɛko] *sm* desperdício; estrago.

spregiare → **dispregiare.**

spre.me.re [spr'ɛmere] *vt* espremer, apertar. *Fig.* extorquir, arrancar (dinheiro).

spre.mi.to.io [spremit'ojo] *sm* espremedor.

sprezzare → **disprezzare.**

sprez.zo [spr'ettso] ou **spre.gio** [spr'edʒo] *sm* desprezo; desdém.

spro.fon.da.re [sprofond'are] ou **pro.fon.da.re** [profond'are] *vi* aprofundar-se. *Fig.* afogar-se em dívidas. *vpr* aprofundar-se, afundar. *Fig.* entregar-se, dedicar-se.

spro.na.re [spron'are] *vt* esporar. *Fig.* estimular, encorajar, incitar.

spro.ne [spr'one] ou **spe.ro.ne** [sper'one] *sm* espora; pala da camisa. *Fig.* estímulo.

spro.por.zio.na.le [sproportsjon'ale] ou **spro.por.zio.na.to** [sproportsjon'ato] *adj* desproporcional, desproporcionado, assimétrico, desigual.

spro.por.zio.ne [sproports'jone] *sf* desproporção, assimetria.

spro.po.si.ta.to [spropozit'ato] *adj* despropositado, inoportuno. *Fig.* excessivo, desmedido.

spro.po.si.to [sprop'ɔzito] *sm* despropósito, disparate.

spropriare → **espropriare.**

spruz.za.re [sprutts'are] *vt* borrifar, aspergir. *vi* chuviscar.

spruz.za.ta [sprutts'ata] *sf* ou **spruz.zo** [spr'uttso] *sm* borrifo, borrifada.

spu.do.ra.to [spudor'ato] *adj* despudorado, desavergonhado. *Pop.* sem-vergonha.

spu.gna [sp'uɲa] *sf* esponja. *Fig.* beberrão. **be.re come una** ≃ beber como uma esponja.

spu.gno.so [spuɲ'ozo] *adj* esponjoso.

spu.ma [sp'uma] *sf* espuma.

spu.ma.re [spum'are] *vi* espumar.

spu.mo.so [spum'ozo] *adj* espumoso; espumante.

spun.ta.re [spunt'are] *vt* embotar; verificar, conferir (contas). *Fig.* vencer, superar; aparar (cabelo). *vi* despontar. *vpr* embotar-se.

spun.ti.no [spunt'ino] *sm* refeição rápida. *Pop.* boquinha.

spun.to [sp'unto] *sm* início, princípio. *Fig.* ponto de partida; idéia; argumento.

spur.ga.re [spurg'are] *vt* expurgar, purgar, purificar, limpar. *vpr Med.* expectorar, escarrar.

spur.go [sp'urgo] *sm* expurgo, depuração, limpeza. *Com.* restos de mercadoria.

spu.rio [sp'urjo] *adj* espúrio, ilegítimo, bastardo. *Fig.* falso, falsificado, adulterado.

spu.ta.re [sput'are] *vt* cuspir. *Fig.* jogar, lançar. *vi* cuspir. ≃ **veleno** *Fig.* xingar.

spu.ta.sen.ten.ze [sputasent'entse] *sm dep* sabichão, presunçoso, pedante.

spu.to [sp'uto] *sm* cuspe.

squa.dra [sk'wadra] *sf* esquadro; esquadrão de polícia; turma (de operários). *Mil.*, *Náut.* e *Aeron.* esquadra. *Esp.* time.

squa.dra.re [skwadr'are] *vt* esquadrar, colocar em ângulo reto. *Fig.* esquadrinhar.

squa.dri.glia [skwadr'iʎa] *sf Mil.* e *Aeron.* esquadrilha.

squa.dro.ne [skwadr'one] *sm Mil.* esquadrão.

squa.glia.re [skwaʎ'are] *vt* derreter, fundir. *vpr* derreter-se. *Fam.* evaporar, desaparecer.

squa.li.fi.ca [skwal'ifika] *sf Esp.* desqualificação.

squa.li.fi.ca.re [skwalifik'are] *vt Esp.* desqualificar. *Fig.* desacreditar.

squal.li.do [skwall'ido] *adj* esquálido, pálido. *Fig.* miserável; desalinhado; árido, desolado.

squal.lo.re [skwall'ore] *sm* esqualidez, palidez. *Fig.* miséria; desalinho, desasseio; aridez, desolação.

squa.lo [sk'walo] *sm* tubarão. *Fig.* aproveitador, parasita.

squa.ma [sk'wama] *sf* escama.

squa.mo.so [skwam'ozo] *adj* escamoso. *Fig.* áspero.

squar.cia.re [skwartʃ'are] *vt* rasgar, dilacerar. *Fig.* abrir, escancarar; arrancar, tirar. *vpr* rasgar-se, dilacerar-se.

squar.cio [sk'wartʃo] *sm* rasgão, rasgo; laceração; fissura. *Fig.* trecho, parte, pedaço.

squar.ta.re [skwart'are] *vt* esquartejar; rachar.

squas.sa.re [skwass'are] *vt* sacudir, abalar.

squas.so [sk'wasso] *sm* abalo, sacudida.

squat.tri.na.to [skwattrin'ato] *sm + adj* pobre, miserável, indigente.

squi.li.bra.re [skwilibr'are] *vt* desequilibrar. *Fig.* desarrumar. *vpr* desequilibrar-se. *Fig.* desarrumar-se.

squi.li.brio [skwil'ibrjo] *sm* desequilíbrio. *Fig.* loucura. ≃ **mentale** desequilíbrio mental.

squil.la [sk′willa] *sf* sineta; chocalho (usado no pescoço de animais).

squil.la.re [skwill′are] *vi* ressoar, ressonar; repicar; tocar (telefone).

squil.lo [sk′willo] *sm* toque, som; repique.

squi.si.tez.za [skwizit′ettsa] *sf* delícia, iguaria, petisco; excelência, perfeição; fineza, delicadeza; educação, elegância, classe.

squi.si.to [skwiz′ito] *adj* excelente. *Fig.* delicioso, gostoso; fino, delicado (gosto); elegante, refinado; maravilhoso, admirável.

squit.ti.re [skwitt′ire] *vi* ganir (cão); gritar (papagaio).

sra.di.ca.re [zradik′are] ou **e.ra.di.ca.re** [eradik′are] *vt* erradicar; extirpar.

sra.gio.na.re [zradʒon′are] *vi* delirar, devanear.

sre.go.la.tez.za [zregolat′ettsa] *sf* desregramento, devassidão, libertinagem; desordem.

sre.go.la.to [zregol′ato] *adj* desregrado, devasso, libertino; desordenado, desregulado.

sta.bi.le [st′abile] *adj* estável, equilibrado; firme; duradouro. *Dir.* imóvel (bem).

sta.bi.li.men.to [stabilim′ento] *sm* estabelecimento; fábrica, indústria; instituto.

sta.bi.li.re [stabil′ire] *vt* estabelecer; decidir, resolver; fundar, instituir; colocar, assentar; firmar, fixar; decretar. *vpr* estabelecer-se.

sta.bi.li.tà [stabilit′a] *sf* estabilidade; firmeza.

sta.bi.liz.za.re [stabiliddz′are] *vt* estabilizar, consolidar, reforçar. *vpr* estabilizar-se.

stac.ca.re [stakk′are] *vt* separar, desligar; arrancar, destacar; desatrelar. *vi* destacar, ressaltar. *vpr* abandonar, ir embora; separar-se, desligar-se; afastar-se.

stac.cia.re [statt∫′are] *vt* peneirar. *Fig.* examinar, analisar minuciosamente.

stac.cio [st′att∫o] ou **se.tac.cio** [set′att∫o] *sm* peneira.

stac.co [st′akko] *sm* destaque, evidência; diferença, contraste. ≃ **d'àbito** corte de tecido.

sta.dio [st′adjo] *sm* estádio; etapa; época.

staf.fa [st′affa] *sf Equit.* e *Anat.* estribo. **perdere le** ≃ **e** perder as estribeiras.

staf.fet.ta [staff′etta] *sf* estafeta.

staf.fi.le [staff′ile] *sm* açoite, chicote.

sta.gio.na.re [stadʒon′are] *vt* amadurecer (fruta); conservar (queijo). *vpr* amadurecer.

sta.gio.ne [stadʒ′one] *sf* estação do ano. **mezza** ≃ meia-estação. ≃ **teatrale** temporada teatral. **fuori di** ≃ fora de hora, em momento inoportuno. **alla** ≃ oportunamente.

sta.gna [st′aña] ou **sta.gno.la** [stañ′ɔla] *sf* lata (de óleo, etc.).

sta.gna.re [stañ′are] *vt* estanhar; estagnar; estancar (sangue). *vi* estagnar-se. *Fig.* parar.

sta.gni.no [stañ′ino] *sm* funileiro.

sta.gno [st′año] *sm* pântano, charco. *Min.* estanho. *adj* impermeável, à prova d'água; hermeticamente fechado.

sta.lag.mi.te [stalagm′ite] *sf Geol.* estalagmite.

sta.lat.ti.te [stalatt′ite] *sf Geol.* estalactite.

stal.la [st′alla] *sf* estábulo, estrebaria. *Fig.* chiqueiro, lugar imundo.

stal.lie.re [stall′jere] *sm* cavalariço.

stal.lo [st′allo] *sm* cadeira, assento.

stal.lo.ne [stall′one] *sm* garanhão.

sta.mat.ti.na [stamatt′ina] ou **sta.ma.ni** [stam′ani] *adv* esta manhã, hoje pela manhã.

stam.bec.co [stamb′ekko] *sm* cabrito montês.

stam.ber.ga [stamb′erga] *sf* casebre, choupana.

sta.me [st′ame] *sm Bot.* estame.

stam.pa [st′ampa] *sf* estampa, figura; gravura; impressão; imprensa; folheto, impresso; volume, edição. *Fig.* modelo; tipo. ≃ **sottofascia** cinta com endereço para impressos.

stam.pa.re [stamp′are] *vt* estampar, imprimir; gravar. *Fig.* inventar.

stam.pa.tel.lo [stampat′ello] *sm* letra de fôrma.

stam.pa.to.re [stampat′ore] *sm* impressor; tipógrafo.

stam.pel.la [stamp′ella] *sf* muleta; cabide.

stam.pi.glia [stamp′iλa] *sf* carimbo; cartaz; formulário.

stam.po [st′ampo] *sm* molde vazado; fôrma para bolo, etc. *Fig.* natureza, tipo; modelo.

stan.ca.re [stank′are] *vt* cansar, fatigar. *vi*+*vpr* cansar-se, fatigar-se.

stan.chez.za [stank′ettsa] *sf* cansaço, canseira, fadiga.

stan.co [st′anko] *adj* cansado, exausto, fatigado. ≃ **morto** morto de cansaço.

stan.ga [st′anga] *sf* tranca, barra.

stan.ga.re [stang′are] *vt* trancar, barrar.

stan.ghet.ta [stang′etta] *sf dim* haste dos óculos.

sta.not.te [stan′ɔtte] *adv* esta noite, hoje à noite.

stan.ti.o [stant′io] *adj* rançoso, passado (alimento); pesado, viciado (ar).

stan.tuf.fo [stant′uffo] *sm Mec.* êmbolo, pistão.

stan.za [st′antsa] *sf* cômodo, aposento, quarto. *Lit.* e *Poét.* estrofe, estância. *Fig.* acampamento, alojamento. ≃ **da bagno** banheiro. **fare** ≃ permanecer.

stan.zia.re [stants′jare] *vt Com.* destinar, reservar (verba). *vpr* estabelecer-se, residir.

stap.pa.re [stapp′are] *vt* destampar (garrafa).

sta.re [sta′are] *vi* estar; permanecer, ficar; sentir-se; encontrar-se, localizar-se; deter-se, parar; residir, morar. ≃ **a** dizer respeito a. ≃ **dietro a** seguir; vigiar. ≃ **per** estar prestes a. **lasciar** ≃ deixar como está. ≃ **a occhi aperti** ficar de olhos abertos. ≃**ci** caber; concordar. **come state?** como vão?

star.nu.ti.re [starnut′ire] ou **ster.nu.ti.re** [sternut′ire] *vi* espirrar.

star.nu.to [starn′uto] ou **ster.nu.to** [stern′uto] *sm* espirro.

sta.se.ra [stas′era] *adv* esta noite, hoje à noite.

sta.ta.le [stat′ale] *sm* funcionário público. *adj* estatal, do Estado.

sta.ti.ca [st′atika] *sf Fís.* estática.

sta.ti.co [st′atiko] *adj* estático, imóvel, estável.

sta.ti.sta [stat′ista] *s* estadista, governante.

sta.ti.sti.ca [stat′istika] *sf* estatística.

sta.tiz.za.re [statiddz′are] ou **sta.ta.liz.za.re** [stataliddz′are] *vt Econ.* estatizar, nacionalizar.

sta.to [st′ato] *sm* estado; condição, situação; posição social. **lo S** ≃ *Pol.* o Estado, o governo. ≃ **d'animo** estado de espírito. ≃ **civile** estado civil. ≃ **d'assedio** estado de sítio. ≃ **maggiore** *Mil.* estado-maior. ≃ **di grazia** estado de graça.

sta.tua [st′atwa] *sf* estátua. **restare come una** ≃ ficar como uma estátua, ficar impassível.

sta.tu.et.ta [statu′etta] *sf dim* estatueta.

sta.tu.ni.ten.se [statunit′ense] *s+adj* estadunidense, norte-americano.

sta.tu.ra [stat′ura] *sf* estatura, altura. *Fig.* personalidade, valor.

sta.tu.to [stat′uto] *sm* estatuto, regulamento.

sta.zio.na.re [statsjon′are] *vi* estacionar, parar.

sta.zio.ne [stats′jone] *sf* estação; parada. ≃ **di testa** estação inicial. ≃ **balneare** balneário. ≃ **radiofonica** estação de rádio. ≃ **T.V.** estação de televisão, emissora.

stec.ca [st′ekka] *sf* vareta; taco de bilhar; tira de madeira para cestas. *Med.* tala. ≃**che dell'ombrello** varetas do guarda-chuva.

stec.ca.re [stekk′are] *vt* construir (cerca). *Med.* entalar, colocar tala.

stec.ca.to [stekk′ato] *sm* cerca, cercado.

stec.chi.re [stekk′ire] *vt* matar, assassinar. *vi* secar, ressecar.

stec.chi.to [stekk′ito] *part+adj* morto, assassinado; cadavérico, esquelético, macilento.

stec.co [st′ekko] *sm* graveto, ramo seco; palito de dente. *Fig.* palito, pessoa muito magra.

stel.la [st′ella] *sf* estrela; roseta da espora. *Mec.* roda dentada. *Cin.* e *Teat.* estrela, vedete. *Fig.*

destino, sorte. ≃ **alpina** *Bot.* edelvais. ≃ **cadente** ou **decidua** estrela cadente. ≃ **di mare** *Zool.* estrela-do-mar. ≃**e filanti** serpentina. **portare uno alle** ≃**e** colocar alguém nas alturas. **vedere le** ≃**e** ver estrelas.

stel.la.re [stell′are] *adj* estelar.

stel.la.to [stell′ato] *adj* estrelado.

stel.lio.na.to [stelljon′ato] *sm Dir.* estelionato.

ste.lo [st′elo] *sm Bot.* haste; pedúnculo. *Fig.* suporte, sustentação.

stem.ma [st′emma] *sf* brasão de armas.

sten.dar.do [stend′ardo] *sm* estandarte, pavilhão. *Fig.* insígnia, símbolo.

sten.de.re [st′endere] *vt* estender, distender; redigir, escrever; derrubar, abater. *vpr* estender-se; alongar-se, prolongar-se.

ste.no.dat.ti.lo.gra.fi.a [stenodattilograf′ia] *sf* estenodatilografia.

ste.no.gra.fa.re [stenograf′are] *vt* estenografar.

ste.no.gra.fi.a [stenograf′ia] *sf* estenografia.

sten.ta.re [stent′are] *vi* sofrer, penar; viver com dificuldade. ≃ **a** ter trabalho para.

sten.to [st′ento; st′ento] *sm* dificuldade, custo; esforço; necessidade. **a** ≃ ou **a grande** ≃ com dificuldade, a muito custo.

ster.co [st′erko] *sm* esterco, fezes de animais.

ste.re.o [st′ereo] *sm Gír.* toca-discos, estéreo. *adj* estéreo, estereofônico.

ste.re.o.fo.ni.co [stereof′oniko] *adj* estereofônico, estéreo.

ste.re.o.ti.pa.to [stereotip′ato] *part+adj Fig.* estereotipado, convencional.

ste.re.o.ti.po [stere′otipo] *sm* estereótipo.

ste.ri.le [st′erile] *adj* estéril, infecundo; infrutífero, improdutivo. *Med.* esterilizado, asséptico. *Fig.* inútil, ineficiente.

ste.ri.li.tà [sterilit′a] *sf* esterilidade; improdutividade.

ste.ri.liz.za.re [steriliddz′are] *vt* esterilizar; desinfetar, descontaminar; exaurir (solo).

ster.li.na [sterl′ina] *sf* libra esterlina.

ster.mi.na.re [stermin′are] ou **es.ter.mi.na.re** [estermin′are] *vt* exterminar, destruir, massacrar. *Fig.* derrotar, vencer.

ster.mi.na.to [stermin′ato] *part+adj* exterminado, destruído; ilimitado, interminável.

ster.mi.nio [sterm′injo] *sm* extermínio, massacre, carnificina.

ster.no [st′erno] *sm Anat.* esterno.

sternutire, sternuto → starnutire, starnuto.

ster.za.re [sterts′are] *vi* virar, voltar, desviar.

ster.zo [st′ertso] *sm* guidão da bicicleta. *Autom.* volante, direção.

stes.so [stesso] *adj* mesmo; igual, semelhante. **io** ≃ eu mesmo. **fa lo** ≃ tanto faz; dá na mesma. **essere alle** ≃ e *Fam.* estar na mesma.

ste.su.ra [stez'ura] *sf* redação, dissertação, composição; rascunho, esboço.

ste.to.sco.pio [stetosk'ɔpjo] *sm Med.* estetoscópio.

stig.ma [st'igma] *sm Bot.* estigma. *Lit.* selo, timbre. *Med.* cicatriz, marca.

sti.la.re [sti'lare] *vt* redigir, escrever (documentos).

sti.le [st'ile] *sm* estilo; modo, maneira; comportamento; índole, natureza; classe, educação. **in grande** ≃ em grande estilo.

stiletto → **stilo**.

sti.li.sta [stil'ista] *s* estilista, modista; artista.

sti.liz.za.re [stiliddz'are] *vt* estilizar.

stil.la.re [still'are] *vt* estilar, destilar. *vt + vi* gotejar, pingar. *vpr* em ≃ **si il cervello** meditar.

sti.lo [st'ilo] *sm* ou **sti.let.to** [stil'etto] *sm dim* punhal, estilete; pena de escrever.

sti.lo.gra.fi.co [stilogr'afiko] *adj* em **penna** ≃ **a** caneta-tinteiro.

sti.ma [st'ima] *sf* estima, apreço. *Com.* avaliação.

sti.ma.re [stim'are] *vt* estimar, apreciar, prezar; julgar, considerar. *Com.* avaliar. *vpr* acreditar-se, julgar-se.

sti.mo.lan.te [stimol'ante] *sm Med.* estimulante. *Fig.* estímulo, incentivo. *adj Med.* estimulante. *Fig.* excitante, incentivador.

sti.mo.la.re [stimol'are] *vt* picar. *Fig.* estimular, excitar, instigar, incitar, encorajar.

sti.mo.lo [st'imolo] *sm* aguilhão. *Fig.* estímulo, incentivo, encorajamento.

stin.co [st'inko] *sm Anat.* canela; tíbia.

stin.ge.re [st'indʒere] *vt + vi* desbotar, descolorir.

stin.to [st'into] *part + adj* desbotado, descolorido. *Fig.* pálido.

sti.pa.re [stip'are] *vt* amontoar, acumular, apinhar; aglomerar, juntar, encher (de gente).

sti.pen.dio [stip'endjo] *sm* salário, ordenado. **prendere uno** ≃ ganhar um salário.

sti.pi.te [st'ipite] *sm Arquit.* umbral. *Bot.* estipe, estípite. *Fig.* família, raça, estirpe.

sti.pu.la [st'ipula] ou **sti.pu.la.zio.ne** [stipulats'jone] *sf* estipulação; acordo, trato; contrato.

sti.pu.la.re [stipul'are] *vt* estipular, convencionar.

sti.ra.re [stir'are] *vt* estirar, esticar; passar roupa. *vpr* espreguiçar-se.

sti.ro [st'iro] *sm* trabalho de passar.

stir.pe [st'irpe] *sf* estirpe, descendência, linhagem; raça, povo; tipo, gênero; origem.

sti.ti.chez.za [stitik'ettsa] *sf Med.* constipação, prisão de ventre.

sti.ti.co [st'itiko] *adj Med.* constipado.

sti.va [st'iva] *sf Náut.* estiva.

sti.va.le [stiv'ale] *sm* bota. **lustrare gli** ≃ **i ad uno** lamber os pés de alguém, bajular uma pessoa. **rompere gli** ≃ **i** *Vulg.* encher o saco.

sti.va.let.to [stival'etto] *sm dim* botina.

stiz.za [st'ittsa] *sf* raiva, ira, cólera, zanga.

stiz.zi.re [stitts'ire] *vt* enfurecer, zangar. *vpr* enfurecer-se, zangar-se.

stiz.zo.so [stitts'ozo] *adj* mal-humorado, rabugento, irritadiço.

stoc.ca.fis.so [stokkaf'isso] *sm Zool.* bacalhau (seco e sem sal). *Fig.* palito, esqueleto, pessoa muito magra.

stoc.ca.ta [stokk'ata] *sf* estocada. *Fig.* zombaria, chacota; facada, pedido de dinheiro.

stof.fa [st'ɔffa] *sf* fazenda, tecido. *Fig.* tipo, laia, condição; matéria, assunto de um texto.

sto.la [st'ɔla] *sf* estola.

stol.to [st'olto] *adj* tolo, bobo; insensato.

sto.ma.co [st'ɔmako] *sm Anat.* estômago. *Fig.* ânimo, coragem. **essere a** ≃ **vuoto** estar de estômago vazio. **avere uno** ≃ **di struzzo** ter estômago de avestruz.

sto.na.re [ston'are] *vi* desafinar. *Fig.* destoar.

stop.pa [st'ɔppa] *sf* estopa. *Fig.* bebedeira.

stop.pi.no [stopp'ino] *sm* pavio; estopim, mecha.

stor.ce.re [st'ɔrtʃere] *vt* torcer; retorcer; distorcer (um sentido). *Med.* deslocar, luxar. ≃ **il viso** ou **il naso** torcer o nariz.

stor.di.re [stord'ire] *vt* aturdir, atordoar, maravilhar. *vpr* atordoar-se; maravilhar-se.

stor.di.to [stord'ito] *part + adj* aturdido, atordoado; atônito, pasmo, maravilhado.

sto.ria [st'ɔrja] *sf* história; conto. *Fig.* lorota. ≃ **e** *pl Pop.* rodeios, evasivas.

sto.ri.co [st'ɔriko] *sm* historiador, historiógrafo. *adj* histórico. *Fig.* verdadeiro, real; notório.

sto.rio.ne [stor'jone] *sm Zool.* esturjão.

stor.mi.re [storm'ire] *vi* sussurrar, murmurar (de folhas).

stor.mo [st'ormo] *sm* multidão; revoada.

stor.na.re [storn'are] *vt* dissuadir, demover; desviar. *Com.* estornar. *Dir.* anular, cancelar um contrato. *vpr* voltar atrás, mudar de opinião; afastar-se, distanciar-se.

stor.no [st'orno] *sm Com.* estorno. *Dir.* anulação, cancelamento. *Zool.* estorninho; tordilho (cavalo).

stor.pia.re [storp′jare] *vt* estropiar, aleijar. *Fig.* deturpar, alterar. *vpr* estropiar-se, aleijar-se.

stor.pio [st′ɔrpjo] *sm + adj* estropiado, aleijado; disforme, deformado.

stor.ta [st′ɔrta] *sf* torcedura, torção. *Med.* luxação.

stor.to [st′ɔrto] *part + adj* torto, oblíquo, transversal; retorcido, recurvado. *Fig.* errado, inexato; hostil, ameaçador (olhar).

sto.vi.glie [stov′iλe] *sf pl* louça.

stra.bi.co [str′abiko] *sm + adj* estrábico. *Pop.* vesgo.

stra.bi.lian.te [strabil′jante] *adj* espantoso, surpreendente, inacreditável, incrível.

stra.bi.smo [strab′izmo] *sm Med.* estrabismo.

stra.ca.ri.co [strak′ariko] *adj* sobrecarregado.

strac.cia.re [strattʃ′are] *vt* rasgar, dilacerar.

strac.cia.to [strattʃ′ato] *part + adj* rasgado, dilacerado; maltrapilho, esfarrapado.

strac.cio [str′attʃo] *sm* trapo, farrapo, andrajo; retalho, resto, sobra.

strac.cio.ne [strattʃ′one] *sm* maltrapilho, esfarrapado. *Fig.* miserável, indigente.

stra.cot.to [strak′otto] *sm* guisado. *adj* passado, cozido demais.

stra.da [str′ada] *sf* estrada; rodovia; rua. *Fig.* caminho, direção. ≃ **maestra** rua preferencial. ≃ **senza uscita** rua sem saída. ≃ **a senso unico** rua de mão única. ≃ **ferrata** ferrovia. **fare** ou **farsi** ≃ subir na vida, fazer carreira. **ragazzo di** ≃ menino de rua.

stra.fal.cio.ne [strafaltʃ′one] *sm* asneira, erro crasso. *Pop.* burrada.

stra.fa.re [straf′are] *vt + vi* exagerar.

stra.fo.ro [straf′ɔro] *adv* usado na expressão **di** ≃ às escondidas.

stra.fot.ten.te [strafott′ente] *s + adj* arrogante, insolente.

stra.ge [str′adʒe] *sf* matança, carnificina; ruína, devastação.

stra.lu.na.re [stralun′are] *vt* arregalar, esbugalhar (os olhos).

stra.lu.na.to [stralun′ato] *part + adj* arregalado, esbugalhado; desesperado.

stra.maz.za.re [stramatts′are] *vi* tombar, cair por terra.

stram.be.ri.a [stramber′ia] *sf* excentricidade; esquisitice, extravagância.

stram.bo [str′ambo] *adj* torto (pé, perna); estrábico, vesgo. *Pop. dep* excêntrico; esquisito, extravagante.

stram.pa.la.to [strampal′ato] *adj* excêntrico; esquisito, extravagante.

stra.nez.za [stran′ettsa] *sf* estranheza, esquisitice, extravagância.

stran.go.la.re [strangol′are] *vt* estrangular, esganar. *Fig.* sufocar. *vpr* estrangular-se.

stra.nie.ro [stran′jero] *sm + adj* estrangeiro; forasteiro.

stra.no [str′ano] *adj* estranho; esquisito; insólito, original; estrangeiro; misterioso.

stra.or.di.na.rio [straordin′arjo] *sm* extra, empregado temporário; hora extra. *adj* extraordinário, excepcional; surpreendente.

stra.paz.za.re [strapatts′are] *vt* maltratar; cansar, fatigar; estragar, não ter cuidado com. *vpr* cansar-se; descuidar-se.

stra.paz.zo [strap′attso] *sm* maus-tratos; cansaço, fadiga. *Fig.* repreensão, advertência. **cosa da** ≃ coisa insignificante.

stra.pon.ti.no [strapont′ino] ou **stra.pun.ti.no** [strapunt′ino] *sm dim* banco dobrável.

strap.pa.re [strapp′are] *vt* arrebatar, arrancar; rasgar, dilacerar. *Fig.* extorquir; conseguir com astúcia. ≃ **il cuore** cortar o coração.

strap.po [str′appo] *sm* puxão, arranque; rasgo, rasgão. *Med.* luxação, deslocamento. *Dir.* infração.

stra.ri.pa.re [strarip′are] *vi* transbordar.

stra.sci.ca.re [straʃik′are] *vt* arrastar. *vpr* arrastar-se, caminhar com dificuldade.

stra.sci.co [str′aʃiko] *sm* arrastamento; cauda de vestido. *Fig.* consequência, resultado.

stra.ta.gem.ma [stratadʒ′emma] *sm Mil.* estratagema. *Fig.* astúcia; truque, artimanha.

stra.te.gi.a [strated′ʒia] *sf* estratégia.

stra.te.gi.co [strat′edʒiko] *sm* estrategista. *adj* estratégico. *Fig.* engenhoso, esperto, astuto.

stra.to [str′ato] *sm Geol.* estrato, camada. ≃ **funebre** mortalha. ≃ **sociale** classe social.

stra.to.sfe.ra [stratosf′era] *sf* estratosfera.

stra.va.gan.te [stravag′ante] *adj* extravagante, esquisito, estranho.

stra.va.gan.za [stravag′antsa] *sf* extravagância, esquisitice, estranheza.

stra.ve.de.re [straved′ere] *vt + vi* ver bem; sonhar, delirar; idolatrar, venerar.

stra.vi.zio [strav′itsjo] *sm* comilança; intemperança, destemperança.

stra.vol.ge.re [strav′ɔldʒere] *vt* torcer com violência; perturbar, traumatizar. *Fig.* distorcer o sentido de. *vpr* torcer-se, contorcer-se.

stra.zian.te [stratsj′ante] *adj* dilacerante, atroz (dor); doloroso, penoso, angustiante.

stra.zia.re [strats′jare] *vt* dilacerar, ferir; estragar, executar mal. *Fig.* afligir, angustiar.

stra.zio [str'atsjo] *sm* massacre, carnificina; destruição, ruína; porcaria, lixo, coisa malfeita. *Fig.* aflição, angústia; dor, sofrimento.

stre.ga [str'ega] *sf* bruxa, feiticeira. *Fig.* mulher feia.

stre.ga.re [streg'are] *vt* enfeitiçar. *Fig.* fascinar.

stre.go.ne [streg'one] *sm* bruxo, feiticeiro; xamã. *Bras.* pajé. *Fig.* astrólogo, adivinho.

stre.gua [str'egwa] *sf* medida; comparação, confronto. *Com.* parte (numa despesa). **alla ≃ di** na mesma situação de, no mesmo pé de.

stre.ma.re [strem'are] *vt* cansar, fatigar.

stren.na [str'enna] *sf* presente (de Natal ou Ano-Novo).

stre.nuo [str'enwo] *adj Lit.* valoroso, corajoso, intrépido. *Fig.* incansável, obstinado.

stre.pi.ta.re [strepit'are] *vi* estrepitar, fazer barulho; gritar, berrar.

stre.pi.to [str'epito] *sm* estrépito, barulho, ruído; gritaria.

stre.pi.to.so [strepit'ozo] *adj* estrepitoso, barulhento, ruidoso.

stret.ta [str'etta] *sf* aperto, apertão. *Geogr.* passo, garganta, desfiladeiro. *Fig.* aperto, dor, aflição. **≃ di mano** aperto de mão. **≃ al cuore** *Fig.* aperto no coração. **venire alle ≃ e** chegar a uma conclusão.

stret.tez.za [strett'ettsa] *sf* estreiteza; limitação; restrição. **≃ e** *sf pl* miséria, pobreza, dificuldades econômicas. *Pop.* dureza.

stret.to [str'etto] *sm Geogr.* estreito; canal. *Mil.* desfiladeiro, garganta. *adj* estreito; restrito, limitado; apertado; comprimido; estrito, rigoroso (sentido). *Fig.* íntimo, chegado; avarento, sovina. *Gram.* fechado (som de vogal).

stret.to.ia [strett'oja] *sf Fig.* problema, dificuldade, crise; garganta, despenhadeiro; estreitamento de pista.

stri.a [stri'a] *sf* estria; sulco; listra, traço, risca.

stri.a.re [stri'are] *vt* listrar, riscar.

stri.a.to [stri'ato] *part+adj* estriado; listrado, riscado (tecido). **muscolo ≃** *Anat.* músculo estriado.

stri.den.te [strid'ente] ou **stri.du.lo** [str'idulo] *adj* estridente, agudo; chiante. *Fig.* desarmônico, discordante, destoante.

stri.de.re [str'idere] *vi* gritar; chiar; ranger. *Fig.* não combinar, destoar, discordar.

stri.do.re [strid'ore] *sm* rangido; chiado. *Fig.* frio intenso.

stri.glia.ta [striʎ'ata] *sf Fig. Fam.* lavada, puxão de orelhas.

stril.la.re [strill'are] *vi* gritar, berrar; lamentar-se, chorar; protestar, reclamar.

stril.lo [str'illo] *sm* grito, berro; protesto.

stri.min.zi.to [strimints'ito] *part+adj* insuficiente, escasso, exíguo; magro, desnutrido.

strim.pel.la.re [strimpell'are] *vt Fam.* arranhar, tocar mal um instrumento.

strin.ga [str'inga] *sf* cordão de sapato.

strin.ga.to [string'ato] *part+adj* sintetizado, condensado; conciso, sucinto, breve.

strin.ge.re [str'indʒere] *vt* apertar; espremer; estreitar; restringir, diminuir; segurar, empunhar; sintetizar, resumir. *Fig.* contrair, fazer (amizade); ratificar, subscrever (contrato). *vpr* aproximar-se; unir-se, juntar-se. **≃ il cuore** apertar o coração, angustiar, comover. **≃ la mano a** apertar a mão de.

stri.scia [str'iʃa] *sf* tira, fita; listra, linha; faixa (em uniforme); rastro, vestígio, raio de luz. **≃ e pedonali** faixa de pedestres.

stri.scia.re [striʃ'are] *vt* arrastar; arranhar, riscar; esfregar. *vi* arrastar-se, engatinhar; bajular, adular; humilhar-se. *Fig.* difundir-se.

stri.scio [str'iʃo] *sm* arranhão, arranhadura.

stri.to.la.re [stritol'are] *vt* triturar, esmigalhar; esmagar, amassar. *Fig.* derrotar, desbaratar.

striz.za.re [stritts'are] *vt* espremer. **≃ gli occhi** piscar os olhos (como sinal).

stro.fa [str'ɔfa] *sf* ou **stro.fe** [str'ɔfe] *sf Lit.* estrofe.

stro.fi.nac.cio [strofin'attʃo] *sm* trapo, pano para limpeza.

stro.fi.na.re [strofin'are] *vt* esfregar com pano. *vpr* esfregar-se. *Fig.* bajular, adular.

stron.ca.re [stronk'are] *vt* truncar, cortar, decepar. *Fig.* criticar impiedosamente; frustrar, reprimir; derrubar, demolir.

stron.zo [str'ontso] ou **stron.zo.lo** [str'ontsolo] *sm Vulg.* cagão, medroso; cachorro, verme.

stro.pic.cia.re [stropitt'are] *vt* esfregar; amarrotar, amassar (roupa).

stroz.za.re [strotts'are] *vt* estrangular, esganar. *Fig.* cortar pela metade; usurar. *vpr* estrangular-se; cansar-se, fatigar-se.

stroz.za.tu.ra [strottsat'ura] *sf* estrangulamento; estreitamento de pista. *Fig.* usura, agiotagem, exploração.

stroz.zi.no [strotts'ino] *sm* usurário, agiota; atravessador, aproveitador, parasita.

strug.gen.te [strudd'ʒente] *adj* patético, tocante; apaixonado, ardente, fervoroso.

strug.ge.re [str'uddʒere] *vt* derreter, fundir. *Fig.* consumir, torturar. *vpr* derreter-se, fundir-se. *Fig.* consumir-se, torturar-se; cobiçar, ansiar.

stru.men.ta.le [strument'ale] *adj* instrumental.

stru.men.ta.zio.ne [strumentats'jone] *sf Mús.* instrumentação.

stru.men.to [strum'ento] *sm* instrumento; ferramenta, apetrecho, utensílio; mecanismo; dispositivo. *Fig.* bode expiatório. ≃ **a corda** *Mús.* instrumento de cordas. ≃ **a fiato** *Mús.* instrumento de sopro. ≃ **a percussione** *Mús.* instrumento de percussão.

stru.scia.re [struʃ'are] *vt* gastar, consumir (por fricção). *Pop.* beijar os pés. *Vulg.* puxar o saco. *Fig.* adular, bajular.

strut.to [str'utto] *sm* gordura, banha de porco. *part+adj* derretido, fundido.

strut.tu.ra [strutt'ura] *sf* estrutura; armação, esqueleto; conformação. *Fig.* construção.

struz.zo [str'utto] *sm* Zool. avestruz.

stuc.ca.re [stukk'are] *vt* estucar, rebocar com estuque. *Fig.* saciar, fartar. *vpr* Fig. saciar-se; fartar-se; enfeitar-se, embelezar-se.

stuc.ca.to.re [stukkat'ore] *sm* estucador, rebocador (operário).

stuc.che.vo.le [stukk'evole] *adj* tedioso, entediante, maçante. *Pop.* chato, cacete.

stuc.co [st'ukko] *sm* estuque. **persona di** ≃ coração de pedra. *adj* farto, cheio.

stu.den.te [stud'ente] *sm+adj* estudante, aluno (de curso superior).

stu.den.te.sco [student'esko] *adj* estudantil.

stu.den.tes.sa [student'essa] *sf* estudante, aluna (de curso superior).

stu.dia.re [stud'jare] *vt* estudar; examinar, analisar. *vpr* empenhar-se em, esforçar-se para. ≃ **la parola** pensar antes de falar.

stu.dio [st'udjo] *sm* estudo; projeto, monografia; ateliê de artista; escritório, gabinete; estúdio de televisão.

stu.dio.so [stud'jozo] *sm* estudioso, cientista, pensador. *adj* estudioso. *Fig.* cuidadoso.

stu.fa [st'ufa] *sf* estufa; aquecedor.

stu.fa.re [stuf'are] *vt* guisar. *Fig.* encher, fartar. *vpr Fig.* encher-se, fartar-se.

stu.fa.to [stuf'ato] *sm* guisado.

stu.fo [st'ufo] *adj* aborrecido, entediado; cheio, farto. ≃ **di** cheio de.

stuo.ia [st'woja] *sf* esteira (de palha, etc.).

stu.pe.fa.cen.te [stupefatʃ'ente] *sm* entorpecente, narcótico, droga. *adj* assombroso, espantoso. *Med.* estupefaciente, entorpecente.

stu.pen.do [stup'endo] *adj* estupendo, admirável, extraordinário.

stu.pi.dag.gi.ne [stupid'addʒine] *sf* estupidez; asneira, burrice; ninharia, mixaria, bagatela.

stu.pi.do [st'upido] *sm* estúpido, imbecil. *Pop.* asno, burro, cavalgadura. *adj* estúpido, imbecil. *Fig.* ridículo, irrisório.

stu.pi.re [stup'ire] *vt* pasmar, assombrar. *vi+vpr* pasmar-se, assombrar-se.

stu.po.re [stup'ore] *sm* pasmo, assombro, estupor.

stu.pra.re [stupr'are] *vt* estuprar, violentar.

stu.pro [st'upro] *sm* estupro.

stu.ra.re [stur'are] *vt* destapar, destampar.

stuz.zi.ca.den.ti [stuttsikad'enti] *sm* palito de dentes.

stuz.zi.can.te [stuttsik'ante] *adj* estimulante, convidativo; atraente, excitante; apetitoso.

stuz.zi.ca.re [stuttsik'are] *vt* picar, cutucar; estimular; atiçar o fogo. *Fig.* irritar; provocar; excitar.

su [s'u] *adv* acima, em cima. *prep* sobre; em cima de; a respeito de. ≃ **per giù** cerca de, mais ou menos. *interj* vamos!

sua → suo.

su.bac.que.o [sub'akkweo] *adj* subaquático, submarino.

su.bal.ter.no [subalt'erno] *sm+adj* subalterno, subordinado.

sub.bu.glio [subb'uʎo] *sm* agitação, desordem.

sub.co.scien.te [subkoʃ'ente] *sm Psic.* subconsciente.

sub.do.lo [s'ubdolo] *adj* desleal, enganador.

su.ben.tra.re [subentr'are] *vi* suceder, substituir.

su.bi.re [sub'ire] *vt* suportar, sofrer, padecer; sujeitar-se, submeter-se a; tolerar, aturar.

su.bis.sa.re [subiss'are] *vt* lançar num abismo; arruinar, destruir. *Fig.* encher; cobrir, encobrir, recobrir; submergir. *vi* arruinar-se.

su.bis.so [sub'isso] *sm* abismo; ruína, destruição. *Fig.* monte, abundância; multidão.

su.bi.ta.ne.o [subit'aneo] *adj* súbito, repentino, inesperado. *Fig.* impulsivo.

su.bi.to [s'ubito] *adj* veloz, rápido; súbito, repentino. *adv* logo, imediatamente; subitamente, de repente, inesperadamente.

su.bli.me [subl'ime] *adj* sublime, excelso. *Fig.* excelente; perfeito; magnífico, majestoso.

su.bor.di.na.re [subordin'are] *vt* subordinar, sujeitar; condicionar.

su.bor.di.na.to [subordin'ato] *sm+adj* subordinado, subalterno. **proposizione** ≃ **a** *Gram.* oração subordinada.

su.bor.na.re [suborn'are] *vt* subornar, corromper.

suburbio → sobborgo.

su.bur.ba.no [suburb'ano] *adj* suburbano.

suc.ce.de.re [suttʃ'edere] *vi* suceder; seguir-se; acontecer, ocorrer. *vpr* suceder-se, seguir-se.

suc.ces.sio.ne [suttʃess'jone] *sf* sucessão; série, seqüência; herança.

suc.ces.si.vo [suttʃess'ivo] *adj* sucessivo, seguinte, consecutivo, posterior.
suc.ces.so [suttʃ'esso] *sm* resultado, efeito, conseqüência; sucesso, êxito; ocorrido, acontecimento. *part* + *adj* acontecido; sucedido.
suc.ces.so.re [suttʃess'ore] *sm* sucessor; herdeiro; substituto.
suc.chia.re [sukk'jare] *vt* sugar, chupar. ≃ **il sangue a** *Fig.* sugar o sangue de.
suc.chiel.lo [sukk'jello] *sm* verruma.
suc.chiot.to [sukk'jɔtto] *sm* chupeta.
suc.cin.to [suttʃ'into] *adj* sucinto, conciso, resumido, breve.
suc.co [s'ukko] *sm* suco (de frutas). ≃ **di frutta** suco de frutas. ≃ **gastrico** suco gástrico. ≃ **intestinale** suco intestinal.
suc.co.so [sukk'ozo] *adj* suculento; gostoso, delicioso; sumarento. *Fig.* presunçoso.
suc.cu.bo [s'ukkubo] *sm Mit.* súcubo, mau espírito, demônio. *Fig.* oprimido, vítima.
suc.cu.len.to [sukkul'ento] *adj* suculento; substancioso.
suc.cur.sa.le [sukkurs'ale] *sf* + *adj* sucursal.
sud [s'ud] *sm Geogr.* sul.
su.da.re [sud'are] *vt* suar. *Fig.* conseguir com esforço. *vi* suar. *Fig.* fatigar-se, trabalhar pesado. ≃ **freddo** suar frio.
su.da.to [sud'ato] *part* + *adj* suado. *Fig.* conquistado, ganho com suor.
sud.det.to [sudd'etto] ou **so.prad.det.to** [sopradd'etto] *adj* acima mencionado.
sud.di.to [s'uddito] *sm* súdito. *adj* submetido, submisso, dominado.
sud.di.vi.de.re [sudd'ividere] *vt* subdividir.
sud-est [sud'ɛst] *sm* sudeste.
su.di.cio [s'uditʃo] *adj* sujo, imundo, obsceno, vulgar (linguagem); sórdido, vil; depravado.
su.di.ciu.me [sudit∫'ume] *sm* sujeira, imundície; lixo, porcaria.
su.do.re [sud'ore] *sm* suor. *Fig.* trabalho.
sud-ovest [sudov'ɛst] *sm* sudoeste.
sue → **suo.**
suf.fi.cien.te [suffitʃ'ente] *sm* o suficiente. *adj* suficiente, bastante; apto, capaz.
suf.fi.cien.za [suffitʃ'entsa] *sf* suficiência; capacidade, aptidão. *Fig.* idoneidade; arrogância, presunção, orgulho. **a** ≃ suficientemente.
suf.fis.so [suff'isso] *sm Gram.* sufixo.
suf.fra.gio [suffr'adʒo] *sm* sufrágio, voto. ≃ **universale** sufrágio universal.
suf.fu.mi.ca.re [suffumik'are] *vt* fumigar.
sug.ge.ri.men.to [suddʒerim'ento] *sm* sugestão, conselho; idéia, inspiração.

sug.ge.ri.re [suddʒer'ire] *vt* sugerir, aconselhar; lembrar, recordar; insinuar.
sug.ge.ri.to.re [suddʒerit'ore] *sm Teat.* ponto.
sug.ge.stio.na.bi.le [suddʒestjon'abile] *adj* sugestionável, impressionável, influenciável.
sug.ge.stio.na.re [suddʒestjon'are] *vt* sugestionar, impressionar, influenciar.
sug.ge.stio.ne [suddʒest'jone] *sf Psic.* sugestão (por hipnose). *Fig.* fascínio, encanto, magia.
sug.ge.sti.vo [suddʒest'ivo] *adj* sugestivo. *Fig.* fascinante, encantador, atraente.
su.ghe.ro [s'ugero] *sm Bot.* sobreiro.
su.gna [s'uña] *sf* gordura, banha de porco.
su.go [s'ugo] *sm* suco, caldo, sumo (de carne, frutas); molho. *Bot.* seiva. *Fig.* essência.
sui.ci.da [switʃ'ida] *s* suicida.
sui.ci.dar.si [switʃid'arsi] *vpr* suicidar-se.
sui.ci.dio [switʃ'idjo] *sm* suicídio.
su.i.no [su'ino] *sm* suíno, porco. *adj* suíno.
sul.ta.ni.na [sultan'ina] *sf* sultana (passa).
sul.ta.no [sult'ano] *sm* sultão.
sun.to [s'unto] *sm* resumo, síntese, sinopse.
su.o [s'uo] *pron msg* seu, dele, dela; **su.a** [s'ua] *fsg* sua, dele, dela; **suoi** [s'wɔj] *mpl* seus, dele, dela; **su.e** [s'ue] *fpl* suas, dele, dela. **il suo** *Fig.* os seus bens, os bens dele (dela). **i suoi** *Fig.* os seus (parentes), a família dele (dela). **dire la sua** dizer o que pensa. **farne una delle sue** fazer uma das suas, aprontar alguma. Apenas para a terceira pessoa singular.
suo.ce.ro [s'wɔtʃero] *sm* sogro. ≃ **a** *sf* sogra.
suo.la [s'wɔla] *sf* sola de sapato.
suo.lo [s'wɔlo] *sm* solo; terreno; pavimento, calçamento; camada.
suo.na.re [swon'are] ou **so.na.re** [son'are] *vt* tocar (instrumento, música). *vi* soar. *Fig.* significar, querer dizer; bater, soar (horas).
suo.na.to.re [swonat'ore] *sm* músico. ≃ **di** tocador de.
suo.no [s'wɔno] *sm* som; ruído, voz; canção.
suo.ra [s'wɔra] *sf Rel.* irmã, freira, sóror.
su.pe.ra.re [super'are] *vt* superar; exceder, sobrepujar; vencer, dominar; passar (em exame). ≃ **se stesso** superar a si mesmo.
su.per.bia [sup'erbja] *sf* arrogância, presunção, altivez, soberba.
su.per.bo [sup'erbo] *adj* soberbo; arrogante, presunçoso, altivo; grandioso, magnífico.
su.per.fi.cia.le [superfitʃ'ale] *adj* superficial. *Fig.* leve, despreocupado; fútil, frívolo.
su.per.fi.cie [superf'itʃe] *sf* superfície; área, espaço. *Fig.* aparência, aspecto, apresentação.
su.per.fluo [sup'erflwo] *sm* o supérfluo, luxo. *adj* supérfluo, dispensável, secundário.

su.pe.rio.ra [super'jora] *sf Rel.* superiora, madre superiora.

su.pe.rio.re [super'jore] *sm* superior, chefe. *adj compar* (de **alto**) superior; mais elevado, mais alto; melhor. *Fig.* distinto.

su.pe.rio.ri.tà [superjorit'a] *sf* superioridade.

su.per.la.ti.vo [superlat'ivo] *sm + adj Gram.* superlativo.

su.per.mer.ca.to [supermerk'ato] *sm* supermercado.

su.per.so.ni.co [supers'ɔniko] *adj* supersônico, ultra-sônico. **aereo** ≃ avião supersônico.

su.per.sti.te [sup'erstite] *sm + adj* sobrevivente; veterano (de guerra).

su.per.sti.zio.ne [superstits'jone] *sf* superstição.

su.per.sti.zio.so [superstits'jozo] *adj* supersticioso.

su.pe.ruo.mo [super'wɔmo] *sm Fil.* superhomem. *Fig.* presunçoso.

su.pi.no [sup'ino] *sm Gram.* supino. *adj* deitado de costas; passivo, servil.

sup.pel.let.ti.le [suppell'ettile] *sf* (comum no *pl*) mobília; enfeite, bibelô. *Fig.* conhecimento.

sup.per.giù [supperdʒ'u] *adv* aproximadamente, cerca de, mais ou menos, por volta de.

sup.ple.men.ta.re [supplement'are] *adj* suplementar; adicional.

sup.ple.men.to [supplem'ento] *sm* suplemento; acréscimo, aumento.

sup.plen.te [suppl'ente] *s + adj* suplente, substituto.

sup.pli.ca [s'upplika] *sf* súplica. *Dir.* petição, requerimento.

sup.pli.ca.re [supplik'are] *vt* suplicar, implorar, rogar. *Dir.* requerer.

sup.pli.re [suppl'ire] *vt* suprir, completar; substituir. *vi* substituir. ≃ **a un obbligo** *Fam.* cumprir uma obrigação.

sup.pli.zio [suppl'itsjo] *sm* suplício. *Fig.* agonia, sofrimento. ≃ **estremo** pena capital.

sup.por.re [supp'ore] *vt* supor, presumir, conjeturar. *Fig.* imaginar.

sup.por.to [supp'orto] ou **sop.por.to** [sopp'orto] *sm Mec.* suporte, sustentação; base, pé, pedestal.

sup.po.si.zio.ne [suppozits'jone] *sf* suposição, hipótese, conjetura.

sup.po.sta [supp'ɔsta] *sf* ou **sup.po.si.to.rio** [suppozit'ɔrjo] *sm Med.* supositório.

sup.pu.ra.re [suppur'are] *vi Med.* supurar.

su.pre.ma.zi.a [supremats'ia] *sf* supremacia, superioridade, predomínio.

su.pre.mo [supr'emo] *adj superl* (de **alto**) supremo, sumo. *Fig.* último, extremo.

sur.ge.la.re [surdʒel'are] *vt* congelar, gelar.

sur.re.a.le [sure'ale] *adj* surreal. *Fig.* insólito.

sur.ro.ga.to [suɾog'ato] *sm Econ.* substitutivo, produto substituto. *Fig.* compensação, troca.

su.scet.ti.bi.le [sufett'ibile] *adj* suscetível, exposto, sujeito. *Fig.* melindroso, irascível.

su.sci.ta.re [sufit'are] *vt* suscitar, provocar, originar. *Fig.* estimular, incitar, incutir, inspirar.

su.si.na [suz'ina] *sf* ameixa.

su.si.no [suz'ino] *sm* ameixeira.

sus.se.guen.te [susseg'wente] *adj* subseqüente, seguinte, imediato.

sus.se.gui.re [susseg'wire] *vi* subseguir, seguir-se. *vpr* seguir-se, suceder-se.

sus.si.dia.re [sussid'jare] *vt* subsidiar, subvencionar, financiar; ajudar, auxiliar, apoiar.

sus.si.dia.rio [sussid'jarjo] *adj* subsidiário, auxiliar, suplementar.

sus.si.dio [suss'idjo] *sm* subsídio, subvenção, financiamento; auxílio, ajuda, apoio.

sus.sie.go [suss'jego] *sm* afetação, presunção; superioridade, vaidade, orgulho.

sus.si.sten.za [sussist'entsa] *sf* subsistência, sobrevivência. *Fig.* sustento, alimentação.

sus.si.ste.re [suss'istere] *vi* subsistir, existir.

sus.sul.ta.re [sussult'are] *vi* estremecer, tremer. *Fig.* assustar-se, sobressaltar-se.

sus.sul.to [suss'ulto] *sm* tremor, estremecimento.

sus.sur.ra.re [sussuɾ'are] *vt + vi* sussurrar, murmurar. *Fig.* difamar, caluniar.

sus.sur.ro [suss'uɾo] *sm* sussurro, murmúrio.

su.stra.to [sustr'ato] ou **so.stra.to** [sostr'ato] *sm* substrato. *Fig.* essência.

su.tu.ra [sut'ura] *sf Med.* sutura.

su.tu.ra.re [sutur'are] *vt Med.* suturar.

sva.ga.re [zvag'are] *vt* divertir; distrair. *vpr* divertir-se; distrair-se, desconcentrar-se.

sva.go [zv'ago] *sm* divertimento, distração, passatempo, recreação.

sva.li.gia.re [zvalidʒ'are] *vt* roubar, furtar.

sva.lu.ta.re [zvalut'are] *vt* desvalorizar; depreciar; inflacionar. *Fig.* subestimar.

sva.lu.ta.zio.ne [zvalutats'jone] *sf* desvalorização; depreciação; inflação.

sva.ni.re [zvan'ire] *vi* esvair-se, dissipar-se; desaparecer, sumir. *Fig.* fugir, esconder-se.

svan.tag.gio [zvant'addʒo] *sm* desvantagem; prejuízo, detrimento.

sva.po.ra.re [zvapor'are] *vi* evaporar-se. *Fig.* esvair-se, dissipar-se.

sva.ria.to [zvar'jato] *adj* variado, diferenciado; múltiplo, numeroso.

sva.sti.ca [zv'astika] *sf* suástica. *Fig.* nazismo.

sve.de.se [zved'eze] *s+adj* sueco, da Suécia.

sve.glia [zv'eʎa] *sf* despertador. *Mil.* toque de levantar. *Fig.* estímulo; aviso, advertência.

sve.glia.re [zveʎ'are] *vt* acordar, despertar. *Fig.* estimular, excitar. *vpr* acordar, despertar.

sve.glio [zv'eʎo] *adj* acordado, desperto. *Fig.* esperto, vivo.

sve.la.re [zvel'are] *vt* desvelar, tirar o véu. *Fig.* revelar; declarar, manifestar; descobrir.

svel.ti.re [zvelt'ire] *vt* acelerar, apressar. *vpr* apressar-se.

svel.to [zv'elto] *adj* rápido, veloz, ligeiro; vivo, esperto, vivaz; esbelto.

sven.de.re [zv'endere] *vt Com.* liquidar.

sven.di.ta [zv'endita] *sf Com.* liquidação.

sve.ni.men.to [zvenim'ento] *sm* desmaio, colapso, desfalecimento.

sve.ni.re [zven'ire] *vi* desmaiar, desfalecer.

sven.ta.re [zvent'are] *vt* desvendar, descobrir, desmascarar; frustrar, impedir.

sven.ta.to [zvent'ato] *part+adj* imprudente, descuidado, desajuizado.

sven.to.la.re [zventol'are] *vt* desfraldar; abanar, ventilar. *vi* tremular. *vpr* abanar-se.

sven.tra.re [zventr'are] *vt* eviscerar, estripar.

sven.tu.ra [zvent'ura] *sf* desventura; calamidade, desgraça. ≃ **e** *pl* aventuras, peripécias.

sven.tu.ra.to [zventur'ato] *part+adj* desventurado, infeliz, desafortunado.

sver.gi.na.re [zverdʒin'are] *vt* desvirginar.

sver.go.gna.to [zvergoñ'ato] *adj* desavergonhado, descarado. *Pop.* sem-vergonha.

sver.na.re [zvern'are] *vt* invernar.

sve.sti.re [zvest'ire] *vt* despir, desnudar. *vpr* despir-se, desnudar-se.

svez.za.re [zvetts'are] ou **di.sav.vez.za.re** [dizavvetts'are] *vt* desacostumar; desmamar. *vpr* desacostumar-se; desmamar.

svi.a.re [zv'iare] *vt* desviar; desencaminhar. *vpr* desviar; desencaminhar-se.

svi.gna.re [zviñ'are] *vi+vpr Fam.* na expressão ≃ **sela** dar no pé, fugir.

svi.lup.pa.re [zvilupp'are] *vt* desenvolver; desenrolar, desembrulhar. *Fot.* revelar. *vpr* desenvolver-se, crescer; progredir (mentalmente); formar-se, amadurecer (idéia).

svi.lup.po [zvil'uppo] *sm* desenvolvimento; incremento. *Fot.* revelação.

svin.co.la.re [zvinkol'are] *vt* soltar, desatar. *Com.* liberar uma mercadoria. *Dir.* desvincular. *vpr* soltar-se; libertar-se.

svin.co.lo [zv'inkolo] *sm Com.* liberação.

svi.sa.re [zviz'are] *vt Fig.* distorcer, deturpar.

svi.sce.ra.re [zviʃer'are] *vt* eviscerar, estripar. *Fig.* estudar, examinar, analisar a fundo.

svi.sce.ra.to [zviʃer'ato] *part+adj Fig.* apaixonado, ardente; íntimo (amigo); visceral.

svi.sta [zv'ista] *sf* descuido, erro, engano.

sviz.ze.ro [zv'ittsero] *sm+adj* suíço.

svo.glia.re [zvoʎ'are] *vt* dissuadir, desaconselhar. *vpr* perder a vontade.

svo.glia.to [zvoʎ'ato] *part+adj* apático, desanimado. *Fig.* preguiçoso, indolente.

svo.laz.za.re [zvolatts'are] *vi* esvoaçar; flutuar, pairar. *Fig.* vagar, perambular. *Pop.* zanzar.

svol.ge.re [zv'oldʒere] *vt* desembrulhar, desenrolar; folhear um livro. *Fig.* esmiuçar. *vpr* desenvolver-se, crescer; acontecer.

svol.gi.men.to [zvoldʒim'ento] *sm* desenvolvimento, progresso.

svol.ta [zv'olta] *sf* volta; curva; desvio. *Fig.* reviravolta; momento de decisão.

svol.ta.re [zvolt'are] *vt* desembrulhar, desenrolar. *vi* voltar-se, dar volta, fazer uma curva; desviar. *Fig.* mudar de assunto.

svuo.ta.re [zvwot'are] *vt* esvaziar. *vi+vpr* evacuar, defecar. *Fig.* desabafar.

T

t [t'i] *sf* tê, a décima oitava letra do alfabeto italiano.

ta.bac.ca.io [tabakk'ajo] *sm* charuteiro.

ta.bac.che.ri.a [tabakker'ia] *sf* tabacaria, charutaria.

ta.bac.co [tab'akko] *sm* tabaco; fumo. ≃ **da pipa** fumo para cachimbo. ≃ **da fiuto** rapé. ≃ **da masticare** tabaco para mascar.

ta.bar.ro [tab'aro] *sm* capote, capa masculina.

ta.be [t'abe] *sf Med.* tabe; marasmo, fraqueza; pus, purulência. *Fig.* decadência.

ta.bel.la [tab'ella] *sf* tabela, quadro; lista, catálogo.

ta.ber.na.co.lo [tabern'akolo] *sm Rel.* tabernáculo. *Fig.* capela.

ta.bù [tab'u] *sm + adj* tabu.

tac.ca [t'akka] *sf* corte, incisão, talho; entalhe; marca, sinal. *Fig.* defeito, imperfeição.

tac.ca.gno [takk'año] *adj* tacanho, sovina, avarento.

tac.chi.no [takk'ino] *sm Zool.* peru.

tac.cia [t'attʃa] *sf* tacha, acusação; má fama.

tac.cia.re [tattʃ'are] *vt* tachar, acusar, culpar.

tac.co [t'akko] *sm* salto de sapato. **alzare col battere il** ≃ dar no pé, fugir.

tac.cui.no [takk'wino] *sm* caderneta, livrinho de notas; calendário de bolso.

ta.cen.te [tatʃ'ente] *adj* calado, mudo.

ta.ce.re [tatʃ'ere] *vt* não dizer; manter em segredo. *vi* calar, silenciar; não responder. *Fig.* ser silencioso, não fazer ruído. **far** ≃ silenciar, fazer calar. **taci!** cala a boca!

ta.chi.car.di.a [takikard'ia] *sf Med.* taquicardia.

ta.chi.gra.fa.re [takigraf'are] *vt* taquigrafar.

ta.chi.gra.fi.a [takigraf'ia] *sf* taquigrafia.

ta.ci.to [t'atʃito] *adj* tácito; silencioso, calado. *Fig.* implícito, subentendido.

ta.ci.tur.no [tatʃit'urno] *adj* taciturno, reservado. *Fig.* introvertido, fechado.

taf.fe.ru.glio [tafferʊ'ʎo] *sm* tumulto, desordem, confusão; briga, rixa.

taf.fe.tà [taffet'a] *sm* tafetá. *Med.* esparadrapo.

ta.glia [t'aʎa] *sf* tamanho, dimensão; estatura, compleição; resgate; prêmio, recompensa; número (de roupas).

ta.glia.bor.se [taʎab'orse] *sm* batedor de carteira, punguista, ladrão.

ta.glia.bo.schi [taʎab'ɔski] *sm* lenhador.

ta.glian.do [taʎ'ando] *sm Com.* cédula; cupom, cupão.

ta.glia.re [taʎ'are] *vt* cortar, talhar; amputar; atravessar, cruzar; interromper, parar. *vpr* cortar-se, ferir-se. ≃ **i capelli** cortar os cabelos. ≃ **la strada** bloquear o caminho. ≃ **i panni addosso ad uno** falar mal de alguém.

ta.glia.ri.na [taʎar'ina] *sf* guilhotina para papéis.

ta.glia.tel.le [taʎat'elle] *sf pl* ou **ta.glie.ri.ni** [taʎer'ini] *sm pl* talharim.

ta.glio [t'aʎo] *sm* corte, talho; fio de lâmina; fatia, pedaço. ≃ **cesareo** operação cesariana. ≃ **d'abito** corte de tecido. ≃ **di capelli** corte de cabelo. **arma a doppio** ≃ *tb Fig.* faca de dois gumes. **strumento da** ≃ instrumento cortante.

ta.glio.la [taʎ'ola] *sf* armadilha.

ta.glio.ne [taʎ'one] *sm* talião. *Fig.* punição, represália; vingança.

ta.gliuz.za.re [taʎutts'are] *vt* picotar, cortar em pedacinhos.

tal.ché [talk'e] *conj* de modo que, de maneira que.

tal.co [t'alko] *sm* talco.

ta.le [t'ale] *sm* fulano, sujeito, indivíduo. *adj* tal; tão grande. *pron* alguém, certa pessoa. **il** ≃ **dei** ≃ **i** fulano de tal. **a** ≃ **a tal** ponto.

ta.len.to [tal'ento] *sm* talento, engenho; tendência, aptidão, inclinação. **mal** ≃ má vontade.

ta.li.sma.no [talizm'ano] *sm* talismã.

tal.lo [t'allo] *sm Bot.* talo de cogumelo, etc.

tal.lon.ci.no [tallontʃ'ino] *sm Com.* talão; recibo.

tal.lo.ne [tall'one] *sm Anat.* talão, calcanhar.

tal.men.te [talm'ente] *adv* assim, de tal forma.

tal.mud [talm'ud] *sm Rel.* talmude.

ta.lo.ra [tal'ora] ou **tal.vol.ta** [talv'ɔlta] *adv* às vezes, de vez em quando.

tal.pa [t'alpa] *sf Zool.* toupeira. *Fig.* bobo.

ta.lu.no [tal'uno] *adj* algum.

ta.ma.rin.do [tamar'indo] *sm Bot.* tamarindo.

tam.bu.ri.no [tambur'ino] *sm Mús.* tamborim.

tam.bu.ro [tamb'uro] *sm Mús.* tambor.

tam.bu.ro.ne [tambur'one] *sm Mús.* bumbo, zabumba.

tam.pi.na.re [tampin'are] *vt Gír.* encher o saco.

tam.po.na.re [tampon'are] *vt Med.* tamponar. *Autom.* bater. *Fig.* reparar, remediar.

tam.po.ne [tamp'one] *sm Med.* tampão.

tam tam [t'am t'am] ou **tan tan** [t'an t'an] *sm Mús.* tantã, tambor africano; gongo.

ta.na [t'ana] *sf* covil, toca de animal. *Fig.* casebre.

ta.na.glia [tan'aλa] ou **te.na.glia** [ten'aλa] *sf* tenaz, torquês. ≃ *e sf pl Fig.* pinças (de caranguejo, escorpião).

tan.fo [t'anfo] *sm* fedor, mau cheiro.

tan.gen.te [tandʒ'ente] *sf Geom.* tangente.

tan.gi.bi.le [tandʒ'ibile] *adj* tangível, palpável; concreto, real.

tan.go [t'ango] *sm Mús.* tango.

tan.to [t'anto] *sm* tanto, quantidade indeterminada; soma, valor. **esser da** ≃ ser suficiente, bastar. *adj* tanto, tão; muito. *pron* tanto. *adv* tanto, de tal maneira. ≃ **... quanto tão** ... quanto, tanto ... quanto. ≃ **... come tão** ... como, tanto ... como. **di** ≃ **in** ≃ ou **ogni** ≃ de quando em quando, de vez em quando. **una volta** ≃ apenas uma vez.

ta.pi.no [tap'ino] *sm + adj* miserável; infeliz.

ta.pio.ca [tap'jɔka] *sf* tapioca.

ta.pi.ro [tap'iro] *sm Zool.* tapir, anta.

tap.pa [t'appa] *sf* parada, intervalo, repouso; etapa, fase.

tap.pa.re [tapp'are] *vt* tampar, fechar. *vpr* fechar-se. ≃ **la bocca** calar a boca. ≃ **si in casa** ficar fechado em casa.

tap.pe.to [tapp'eto] *sm* tapete. **mettere una cosa sul** ≃ propor uma coisa. ≃ **verde** pano verde (de mesa de jogo).

tap.pez.ze.ri.a [tappettser'ia] *sf* tapeçaria; papel de parede.

tap.pez.zie.re [tappetts'jere] *sm* tapeceiro.

tap.po [t'appo] *sm* rolha; tampa de garrafa. *Fig.* tampinha, baixinho. ≃ **fusibile** *Elet.* fusível.

ta.ra [t'ara] *sf Med.* e *Com.* tara. *Fig.* desconto.

ta.ran.tel.la [tarant'ella] *sf Zool.* tarântula italiana. *Mús.* tarantela.

ta.ran.to.la [tar'antola] *sf Zool.* tarântula.

tar.chia.to [tark'jato] *adj* robusto, forte.

tar.da.re [tard'are] *vt* retardar, adiar. *vi* tardar, demorar.

tar.di [t'ardi] *adv* tarde; devagar, lentamente. **a più** ≃! até mais tarde!

tar.di.vo [tard'ivo] *adj* atrasado, retardatário; retardado (mental).

tar.do [t'ardo] *adj* lento, preguiçoso; atrasado, retardatário. *Fig.* distante; avançado, adiantado (tempo).

tar.ga [t'arga] *sf* chapa, placa. **la** ≃ **delle automobili** a chapa dos automóveis.

ta.rif.fa [tar'iffa] *sf* tarifa.

ta.rif.fa.re [tariff'are] *vt* tarifar.

tar.lo [t'arlo] *sm Zool.* caruncho. *Fig.* angústia, preocupação.

tar.ma [t'arma] *sf Zool.* traça.

ta.roc.co [tar'ɔkko] *sm* tarô.

tar.so [t'arso] *sm Anat.* tarso.

tar.ta.glia.re [tartaλ'are] *vt* balbuciar. *vi* gaguejar.

tar.ta.glio.ne [tartaλ'one] *sm* gago.

tar.ta.ro [t'artaro] *sm* tártaro (dos dentes, garrafas). *sm + adj* tártaro, da Tartária.

tar.ta.ru.ga [tartar'uga] *sf Zool.* tartaruga; casco de tartaruga. *Fig.* lesma, tartaruga, pessoa lenta.

tar.ti.na [tart'ina] *sf* canapé; sanduíche.

tar.tu.fo [tart'ufo] *sm Bot.* trufa. *Fig.* tartufo, hipócrita; beato, falso devoto.

ta.sca [t'aska] *sf* bolso. **star con le mani in** ≃ ficar de braços cruzados, não mover um dedo. **romper le** ≃ **che** *Vulg.* encher o saco.

ta.sca.bi.le [task'abile] *sm* livro de bolso. *adj* de bolso. **dizionario** ≃ dicionário de bolso.

tas.sa [t'assa] *sf* taxa; imposto, tributo. ≃ **di dogana** taxa alfandegária.

tas.sa.me.tro [tass'ametro] *sm* taxímetro.

tas.sa.re [tass'are] *vt* taxar, estabelecer taxa.

tas.sa.ti.vo [tassat'ivo] *adj Dir.* taxativo, peremptório.

tas.sel.lo [tass'ello] *sm* cunha.

ta.sì [tass'i] ou **ta.xi** [taks'i] *sm* táxi, carro de praça. **prendere un** ≃ tomar um táxi.

tas.so [t'asso] *sm Zool.* texugo. *Bot.* teixo. **dormire come un** ≃ dormir como uma pedra. ≃ **d'interesse** *Com.* juro.

ta.sta.re [tast'are] *vt* tatear, tocar; apalpar. *Fig.* explorar, investigar; experimentar, provar um alimento; indagar, sondar uma pessoa.

ta.stie.ra [tast'jera] *sf tb Inform.* teclado.

ta.sto [t'asto] *sm* toque; tato. *Mús., Mec.* e *Inform.* tecla.

ta.sto.ni [tast'oni] *adv* na expressão **andar** ≃ ir às cegas, ir tateando.

tat.ti.ca [t'attika] *sf* tática, estratégia. *Fig.* astúcia, esperteza; manobra, truque.

tat.to [t'atto] *sm* tato (sentido). *Fig.* diplomacia, delicadeza; bom senso, discernimento.

ta.tù [tat'u] *sm Zool.* tatu.

ta.tu.ag.gio [tatu'addʒo] *sm* tatuagem.

ta.tu.a.re [tatu'adare] *vt* tatuar. *vpr* tatuar-se.

tau.ri.no [tawr'ino] *adj* taurino, de touro. *Fig.* forte, robusto, vigoroso.

tau.ro [t'awro] *sm Poét.* touro. **T ≃ → Toro.**

ta.ver.na [tav'erna] *sf* taverna, taberna. *dep* botequim, bodega.

ta.ver.na.io [tavern'ajo] ou **ta.ver.nie.re** [tavern'jere] *sm* taverneiro, taberneiro.

ta.vo.la [t'avola] *sf* mesa; tábua, prancha de madeira; tabela, quadro; índice; tela para pintura. *Fig.* gastronomia, culinária; diagrama, esquema; mapa, planta. **≃ da stirare** tábua de passar. **≃ da giuoco** mesa de jogo. **≃ operatoria** ou **tavolo operatorio** *Med.* mesa de operação. **≃ di salvamento** *Fig.* tábua de salvação. **le T ≃e della Legge** *Rel.* as Tábuas da Lei.

ta.vo.la.to [tavol'ato] *sm* tablado, assoalho; divisória.

ta.vo.let.ta [tavol'etta] *sf dim* tabuleta; tablete de medicamento; barra de chocolate.

ta.vo.lie.re [tavol'jere] *sm* tabuleiro de jogo. *Geogr.* tabuleiro, chapada.

ta.vo.li.no [tavol'ino] *sm dim* mesinha. **≃ parlante** *Espirit.* mesa girante. **≃ da notte** criado-mudo, mesinha-de-cabeceira.

ta.vo.loz.za [tavol'ɔttsa] *sf Pint.* palheta.

taxi → tassì.

taz.za [t'attsa] *sf* xícara, taça. **≃ da tè** xícara para chá. **≃ da caffè** xícara para café.

te [t'e] *pron sg* te, a ti, para ti; a você, para você, lhe. **secondo ≃** para ti, no teu entender; para você, no seu entender. **a ≃** a ti; a você. **di ≃** de ti; seu. **senza di ≃** sem ti; sem você. **con ≃** contigo; com você.

tè [t'ɛ] *sm* chá.

te.a.tra.le [teatr'ale] *adj* teatral. *Fig.* exagerado.

te.a.tro [te'atro] *sm* teatro. *Fig.* espetáculo. **≃ lirico** teatro lírico. **≃ d'avanguardia** teatro de vanguarda.

tec.ni.ca [t'eknika] *sf* técnica. *Fig.* perícia, habilidade. **≃ di laboratorio** técnica de laboratório, pesquisadora.

tec.ni.co [t'ekniko] *sm* técnico, especialista. **≃ della TV** técnico de TV. *adj* técnico.

tec.no.lo.gi.a [teknolodʒ'ia] *sf* tecnologia.

te.de.sco [ted'esko] *sm+adj* alemão.

te.dia.re [ted'jare] *vt* entediar, aborrecer.

te.dio [t'edjo] *sm* tédio, aborrecimento. *Fig.* tristeza, melancolia.

te.ga.me [teg'ame] *sm* caçarola, panela.

te.glia [t'eʎa] *sf* assadeira.

te.go.la [t'egola] *sf* ou **te.go.lo** [t'egolo] *sm* telha. *Fig.* desgraça, adversidade.

te.go.la.to [tegol'ato] *sm* telhado.

te.ie.ra [te'jera] *sf* bule.

te.la [t'ela] *sf* tela. *Pint.* quadro, pintura, tela. *Lit.* trama, enredo de romance. *Náut.* velas. *Zool.* teia. *Teat.* cortina, pano de boca. *Fig.* teia, trama, intriga.

te.la.io [tel'ajo] *sm* tear; armação, estrutura; caixilho da janela. *Autom.* chassi.

te.le.ca.me.ra [telek'amera] *sf* câmera de televisão.

te.le.com.man.do [telekomm'ando] *sm* controle-remoto.

te.le.fe.ri.ca [telef'erika] *sf* teleférico.

te.le.fo.na.re [telefon'are] *vt* telefonar.

te.le.fo.na.ta [telefon'ata] *sf* telefonema, chamada.

te.le.fo.ni.co [telef'ɔniko] *adj* telefônico. **centrale ≃ a** central telefônica.

te.le.fo.ni.sta [telefon'ista] *s* telefonista.

te.le.fo.no [tel'efono] *sm* telefone. **≃ pubblico** telefone público. *Bras.* orelhão.

te.le.gior.na.le [teledʒorn'ale] *sm* telejornal.

te.le.gra.fa.re [telegraf'are] *vt* telegrafar.

te.le.gra.fo [tel'egrafo] *sm* telégrafo.

te.le.gram.ma [telegr'amma] *sm* telegrama. **≃ ordinario** telegrama comum. **≃ urgente** telegrama urgente.

te.le.o.biet.ti.vo [teleobjett'ivo] *sm Fot.* teleobjetiva.

te.le.pa.ti.a [telepat'ia] *sf* telepatia.

te.le.ro.man.zo [telerom'antso] *sm* novela, telenovela.

te.le.sco.pio [telesk'ɔpjo] *sm* telescópio.

te.le.se.le.zio.ne [teleselets'jone] *sf* discagem direta à distância, DDD; código DDD.

te.le.spet.ta.to.re [telespettat'ore] *sm* telespectador.

te.le.vi.sio.ne [televiz'jone] *sf* televisão.

te.le.vi.so.re [televiz'ore] *sm* televisor, aparelho de TV. **≃ a colori** televisor em cores.

tel.lu.ri.co [tell'uriko] *adj* telúrico, terrestre.

te.ma [t'ema] **I** *sf* temor, medo.

te.ma [t'ema] **II** *sm* tema, assunto, composição, dissertação. *Gram.* e *Mús.* tema.

te.me.ra.rio [temer'arjo] *adj* temerário, imprudente; ousado, audaz.

te.me.re [tem'ere] *vt+vi* temer, ter medo; duvidar, desconfiar, suspeitar; recear.

te.me.ri.tà [temerit'a] *sf* temeridade, imprudência; ousadia, audácia.

te.mi.bi.le [tem'ibile] *adj* temível.

tem.pe.ra [t'empera] ou **tem.pra** [t'empra] *sf* *Téc.* e *Pint.* têmpera. *Fig.* temperamento, caráter; força, fibra.

tem.pe.ra.ma.ti.te [temperamat'ite] ou **tem.pe.ra.la.pis** [temperal'apis] *sm* apontador de lápis.

tem.pe.ra.men.to [temperam'ento] *sm* temperamento, personalidade, índole, caráter.

tem.pe.ran.za [temper'antsa] *sf* temperança, moderação.

tem.pe.ra.re [temper'are] *vt* apontar, fazer a ponta em; temperar metais. *Fig.* moderar, regular, atenuar, acalmar. *vpr* controlar-se.

tem.pe.ra.to [temper'ato] *part+adj* apontado, com ponta. *Geogr.* temperado (clima).

tem.pe.ra.tu.ra [temperat'ura] *sf* temperatura. ≃ **di fusione** temperatura de fusão. ≃ **di ebollizione** temperatura de ebulição.

tem.pe.ri.no [temper'ino] *sm* canivete.

tem.pe.sta [temp'esta] *sf* tempestade, temporal, borrasca. *Fig.* furor, explosão emocional. **far** ≃ **in un bichier d'acqua** fazer tempestade num copo de água.

tem.pe.sti.vo [tempest'ivo] *adj* tempestivo, oportuno.

tem.pe.sto.so [tempest'ozo] *adj* tempestuoso. *Fig.* impetuoso; violento; agitado.

tem.pia [t'empja] *sf Anat.* têmpora.

tem.pio [t'empjo] *sm* (*pl m* **i tempi** ou **i templi**) templo.

tem.po [t'empo] *sm* tempo; época; tempo atmosférico. *Teat.* ato, quadro. *Gram., Mús.* e *Esp.* tempo. *Fig.* oportunidade. ≃ **brutto** *Met.* mau tempo. **bel** ≃ *Met.* tempo bom. **a suo** ≃ a seu tempo, no tempo devido. ≃ **fa** faz pouco tempo. **un** ≃ certa vez. **a miglior** ≃ na ocasião mais oportuna. **darsi buon** ≃ divertir-se. **ammazzare il** ≃ matar o tempo. **acquistare** ≃ ganhar tempo. **dar** ≃ **al** ≃ dar tempo ao tempo, ter paciência. **in** ≃ **utile** em tempo útil. **il** ≃ **è denaro** tempo é dinheiro.

tem.po.ra.le [tempor'ale] *sm* temporal, tempestade. *Anat.* osso temporal. **scoppiare un** ≃ cair um temporal. *adj* temporário; temporal, secular. *Anat.* temporal, das têmporas.

tem.po.ra.ne.o [tempor'aneo] *adj* temporário, temporâneo.

tempra → **tempera**.

te.na.ce [ten'atʃe] *adj* tenaz. *Fig.* obstinado, perseverante; duro, resistente; firme, estável.

te.na.cia [ten'atʃa] *sf* tenacidade. *Fig.* obstinação, perseverança; dureza, resistência; firmeza, estabilidade.

tenaglia → **tanaglia**.

ten.da [t'enda] *sf* tenda, barraca; toldo. *Teat.* cortina, pano de boca. ≃ **da campo** ou **da campeggio** barraca de acampar. *Mil.* barraca de campanha. **piantar le** ≃**e** acampar.

ten.den.za [tend'entsa] *sf* tendência, inclinação, propensão.

ten.de.re [t'endere] *vt* estender, esticar; desdobrar. *Fig.* tramar. *vi* tender a; dirigir-se a. *Fig.* desejar, aspirar a. ≃ **gli orecchi** aguçar os ouvidos. ≃ **la mano** pedir esmolas.

ten.di.ne [t'endine] *sm Anat.* tendão.

te.ne.bra [t'enebra] *sf* (mais usado no *pl*) treva. *Fig.* ignorância.

te.ne.bro.so [tenebr'ozo] *adj* tenebroso; escuro. *Fig.* misterioso, obscuro; pavoroso, lúgubre.

te.nen.te [ten'ente] *sm Mil.* tenente. ≃ **colonnello** tenente-coronel.

te.ne.re [ten'ere] *vt* segurar; pegar; manter, conservar; ter, possuir; administrar, governar. *Fig.* julgar, considerar. *vpr* segurar-se; manter-se; conter-se; julgar-se, considerar-se. ≃**si insieme** ficar junto. ≃ **la destra** manter a direita. **tieni!** aqui está!

te.ne.rez.za [tener'ettsa] *sf* maciez. *Fig.* ternura, meiguice. ≃**e** carícias, carinhos.

te.ne.ro [t'enero] *adj* tenro, macio. *Fig.* terno, meigo, afetuoso; sensível.

te.nia [t'enja] *sf Med.* tênia, solitária.

ten.nis [t'ennis] *sm Esp.* tênis.

te.no.re [ten'ore] *sm* teor, nível, porcentagem. *Fig.* conteúdo, significado. *Mús.* tenor. ≃ **di vita** *Econ.* nível de vida. ≃ **alcolico** teor alcoólico.

ten.sio.ne [tens'jone] *sf* tensão. ≃ **arteriosa** *Med.* tensão arterial. ≃ **nervosa** tensão nervosa. ≃ **elettrica** tensão elétrica.

ten.ta.co.lo [tent'akolo] *sm Zool.* tentáculo. *Fig.* ramificação.

ten.ta.re [tent'are] *vt* tentar, experimentar; sondar, explorar. *Fig.* tocar levemente; tentar, instigar, provocar, causar desejo. ≃ **la sorte** tentar a sorte, arriscar.

ten.ta.ti.vo [tentat'ivo] *sm* tentativa; esforço, intento; experiência, experimento.

ten.ta.zio.ne [tentats'jone] *sf* tentação.

ten.ten.na.men.to [tentennam'ento] *sm* balanço, oscilação. *Fig.* hesitação, dúvida, indecisão.

ten.ten.na.re [tentenn'are] *vt* balançar, oscilar; sacudir. *vi* balançar, oscilar; sacudir-se. *Fig.* hesitar, vacilar, ficar em dúvida.

te.nue [t'enwe] *adj* tênue, fino. *Fig.* frágil, fraco. **intestino** ≃ *Anat.* intestino delgado.

te.nu.ta [ten'uta] *sf* terreno, propriedade; capacidade de um recipiente; roupa, vestimenta. *Mil.* uniforme, farda. *Fig.* firmeza, solidez. *Mús.* duração de uma nota.

te.o.lo.gi.a [teolodʒ'ia] *sf Rel.* teologia.

te.o.lo.gi.co [teol'ɔdʒiko] *adj Rel.* teológico.

te.o.lo.go [te'ɔlogo] *sm Rel.* teólogo.

te.o.re.ma [teor'ema] *sm* teorema.

te.o.ri.a [teor'ia] *sf* teoria. *Fig.* dedução, suposição. **t** ≃ **della Relatività** *Fís.* teoria da relatividade.

te.o.ri.co [te'ɔriko] *sm* teórico; filósofo. *adj* teórico, especulativo.

tepido → **tiepido.**

tep.pa [t'eppa] *sf Gír.* gentalha, ralé.

te.ra.peu.ta [terap'ewta] *s* terapeuta.

te.ra.peu.ti.ca [terap'ewtika] ou **te.ra.pi.a** [terap'ia] *sf Med.* terapêutica, terapia.

te.ra.peu.ti.co [terap'ewtiko] *adj Med.* terapêutico.

ter.ge.re [t'erdʒere] *vt* enxugar; limpar, polir.

ter.gi.cri.stal.lo [terdʒikrist'allo] *sm Autom.* limpador de pára-brisa.

ter.gi.ver.sa.re [terdʒivers'are] *vi* usar evasivas, procurar rodeios.

ter.go [t'ergo] *sm* (*pl f* **le terga**) dorso, costas; verso, parte traseira. **volger le** ≃ **a** fugir.

ter.ma.le [term'ale] *adj* termal.

ter.me [t'erme] *sf pl* termas.

ter.mi.co [t'ermiko] *adj* térmico.

ter.mi.na.le [termin'ale] *adj* terminal; final.

ter.mi.na.re [termin'are] *vt* terminar, concluir, acabar. *vi*+*vpr* terminar, acabar.

ter.mi.na.zio.ne [terminats'jone] *sf* término, final, fim. *Gram.* terminação, desinência.

ter.mi.ne [t'ermine] *sm* termo; término, final; prazo, limite de tempo; extremidade, confim; resultado. *Mat.* termo, fator. *Gram.* termo, vocábulo. **a rigor di** ≃ ao pé da letra. **in altri** ≃ **i** em outras palavras, em outros termos.

ter.mi.no.lo.gi.a [terminolodʒ'ia] *sf* terminologia, nomenclatura.

ter.mo.me.tro [term'ometro] *sm* termômetro. **un** ≃ **della situazione politica** *Fig.* um termômetro da situação política.

ter.mos [t'ermos] *sm* garrafa térmica.

ter.mo.si.fo.ne [termosif'one] *sm* aquecedor; aquecimento central.

ter.mo.sta.to [term'ɔstato] *sm* termostato.

ter.na.rio [tern'arjo] *adj* ternário. **versi** ≃ **ri** terceto. **periodo** ≃ *Geol.* era terciária.

ter.no [t'erno] *sm* terno (em jogo); trio, conjunto de três. **vincere un** ≃ **al lotto** *Fig.* ter sorte inesperada. *adj* tríplice.

ter.ra [t'eʀa] *sf* terra; solo; chão; terreno; barro, argila; região, lugar. **T** ≃ *Astron.* Terra. ≃ **cotta** → **terracotta.** ≃ **ferma** → **terraferma. pigliar** ≃ *Náut.* atracar. **essere a** ≃ estar arrasado.

ter.ra.cot.ta [teʀak'ɔtta] ou **terra cotta** *sf* terracota.

ter.rac.que.o [teʀ'akkweo] ou **ter.ra.que.o** [teʀ'akweo] *adj* terráqueo.

ter.ra.fer.ma [teʀaf'erma] ou **terra ferma** *sf* terra firme.

ter.ra.glia [teʀ'aʎa] *sf* cerâmica; louça.

ter.ra.pie.na.re [teʀapjen'are] *vt*+*vi* terraplenar, aterrar.

ter.ra.pie.no [teʀap'jeno] *sm* terrapleno, aterro; dique, barreira. *Fig.* obstáculo.

ter.raz.za [teʀ'attsa] *sf* ou **ter.raz.zo** [teʀ'attso] *sm* terraço.

ter.re.mo.to [teʀem'ɔto] *sm* terremoto.

ter.re.no [teʀ'eno] *sm* terreno, propriedade; solo, terra cultivável; lote de terra. *Mil.* campo de batalha. **acquistare** ≃ ganhar terreno, progredir. **perdere** ≃ perder terreno, regredir. **preparare il** ≃ *Fig.* preparar o terreno. **tastar il** ≃ sondar as intenções de outra pessoa. *adj* terreno; terrestre. *Fig.* mundano.

ter.re.o [teʀ'eo] *adj* térreo, da terra; terroso, embaçado, pálido.

ter.re.stre [teʀ'estre] *adj* terrestre.

ter.ri.bi.le [teʀ'ibile] *adj* terrível, horrível; desumano, impiedoso; excessivo.

ter.ri.fi.ca.re [teʀifik'are] *vt* terrificar, estarrecer, amedrontar.

ter.ri.na [teʀ'ina] *sf* terrina, sopeira.

ter.ri.to.ria.le [teʀitor'jale] *adj* territorial.

ter.ri.to.rio [teʀit'ɔrjo] *sm* território.

ter.ro.re [teʀ'ore] *sm* terror, horror.

ter.ro.ri.sta [teʀor'ista] *s* terrorista.

ter.so [t'erso] *adj* limpo, claro.

ter.za [t'ertsa] *sf Mús.* terça. ≃ ou ≃ **velocità** *Autom.* terceira, terceira marcha.

ter.za.vo [terts'avo] ou **ter.za.vo.lo** [terts'avolo] *sm* trisavô. ≃ **a** *sf* trisavó.

ter.zet.to [terts'etto] *sm* trio. *Mús.* e *Poét.* terceto.

ter.zia.rio [terts'jarjo] *adj* terciário.

ter.zi.no [terts'ino] *sm Fut.* zagueiro.

ter.zo [t'ertso] *sm Esp.* árbitro, juiz. *sm*+*num* terço; terceiro. **una** ≃ **a persona** um terceiro.

te.sa [t'eza] *sf* pala, aba de chapéu.

te.schio [t'eskjo] *sm Anat.* caveira; crânio.

te.si [t'ezi] *sf* tese; dissertação. ≃ **di laurea** tese de graduação.

te.so [t′ezo] *part+adj* teso, esticado; tenso, nervoso, agitado. **situazione** ≃a situação problemática. **rapporti** ≃i relações hostis.

te.so.re.ri.a [tezorer′ia] *sf* tesouraria.

te.so.rie.re [tezor′jere] *sm* tesoureiro.

te.so.ro [tez′ɔro] *sm* tesouro; riqueza, fortuna. *Fig.* tesouro, querido, pessoa amada. ≃ **pubblico** tesouro público.

tes.se.ra [t′essera] *sf* carteirinha, carteira, cartão.

tes.se.re [t′essere] *vt* tecer. *Fig.* compor, criar, construir; tramar, maquinar.

tes.si.le [t′essile] *adj* têxtil. **fibra** ≃ fibra têxtil.

tes.si.to.re [tessit′ore] *sm* tecelão.

tes.si.tu.ra [tessit′ura] ou **te.stu.ra** [test′ura] *sf* textura, contextura. *Lit.* enredo, intriga.

tes.su.to [tess′uto] *sm* tecido, pano. *Anat.* e *Bot.* tecido. *Fig.* apoio, base, fundamento; temperamento, caráter, índole.

te.sta [t′esta] *sf* cabeça. *Fig.* inteligência, intelecto; chefe, guia. **che** ≃! que grande homem! *Irôn.* que estúpido! ≃ **di cavolo** ou **di rapa** cabeça de melão, imbecil. ≃ **coronata** cabeça coroada, rei. ≃ **quadra** gênio. **domandar la** ≃ **di uno** pedir a cabeça de alguém. **perder la** ≃ perder a cabeça, confundir-se. **lavata di** ≃ puxão de orelhas, repreensão. **colpo di** ≃ capricho; decisão precipitada. **mettersi alla** ≃ ficar à frente de todos. **piegare** ou **chinare la** ≃ curvar-se, humilhar-se. **grattarsi la** ≃ quebrar a cabeça, estar preocupado.

te.sta.men.to [testam′ento] *sm* testamento. **il Vecchio T** ≃ *Rel.* o Velho Testamento. **il Nuovo T** ≃ o Novo Testamento.

te.star.dag.gi.ne [testard′addʒine] *sf* teimosia, obstinação.

te.star.do [test′ardo] *adj* teimoso, obstinado.

te.sta.ta [test′ata] *sf* extremidade, cabeça de objeto; cabeçada; cabeçalho, título.

te.sté [test′e] *adv* há pouco tempo, pouco tempo atrás, recentemente.

te.sti.co.lo [test′ikolo] *sm Anat.* testículo.

te.sti.mo.nian.za [testimon′jantsa] *sf* testemunho, depoimento. *Fig.* prova, indício.

te.sti.mo.nia.re [testimon′jare] ou **te.sti.fi.ca.re** [testifik′are] *vt* testemunhar; afirmar, declarar; atestar, comprovar.

te.sti.mo.nio [testim′ɔnjo], **te.sti.mo.ne** [testim′one] ou **te.ste** [t′este] *sm* testemunha.

te.sto [t′esto] *sm* texto, escrito. **far** ≃ ter autoridade. **i T** ≃ **i Sacri** os textos sagrados.

te.sto.ne [test′one] *sm+adj* cabeçudo; teimoso, obstinado; burro, estúpido.

te.stu.a.le [testu′ale] *adj* textual; literal; exato, preciso.

te.stug.gi.ne [test′uddʒine] *sf Zool.* tartaruga.

testura → **tessitura**.

te.ta.no [t′etano] *sm Med.* tétano.

te.tra.e.dro [tetra′edro] *sm Geom.* tetraedro.

te.tra.go.no [tetr′agono] *sm Geom.* tetrágono. *adj* tetrágono. *Fig.* teimoso, obstinado; impassível, imperturbável.

te.tro [t′etro] *adj* tétrico, fúnebre, sinistro; assustador, horrível, tenebroso; escuro.

tet.ta [t′etta] *sf Gír.* teta, peito, mama.

tet.ta.rel.la [tettar′ella] *sf dim* chupeta; bico de mamadeira.

tet.to [t′etto] *sm* teto, telhado. *Fig.* casa, lar; refúgio; máximo, ápice. **chi ha il** ≃ **di vetro non lancia pietre** quem tem telhado de vidro não joga pedras no do vizinho.

ti [t′i] I *sf* tê, o nome da letra T.

ti [t′i] II *pron sg* te, a ti; a você, para você, lhe.

tia.ra [t′jara] *sf* tiara, mitra.

ti.be.ta.no [tibet′ano] *sm+adj* tibetano.

ti.bia [t′ibja] *sf Anat.* tíbia.

tic [t′ik] *sm Med.* tique.

tic.chio [t′ikkjo] *sm* capricho, desejo, extravagância. *Pop.* frescura. *Med.* tique.

tic-tac [tikt′ak] ou **tic.chet.ti.o** [tikkett′io] *sm* tique-taque.

tie.pi.do [t′jepido] ou **te.pi.do** [t′epido] *adj* tépido, morno. *Fig.* preguiçoso.

ti.fo [t′ifo] *sm Med.* tifo. *Esp.* fanatismo.

ti.foi.de [tif′ɔjde] *sf Med.* febre tifóide.

ti.foi.de.o [tifojd′ɛo] *adj Med.* tifóide.

ti.fo.ne [tif′one] *sm* tufão, furacão, ciclone.

ti.fo.so [tif′ozo] *sm Pop.* fã, fanático. *Esp.* torcedor. *adj Med.* tifoso.

ti.glio [t′iʎo] *sm* fibra, filamento (de carne, tecido, etc.). *Bot.* tília.

ti.gna [t′iña] *sf Med.* tinha. *Fig.* avarento, sovina; azar no jogo.

ti.gre [t′igre] *s* tigre. *Fig.* fera, pessoa cruel.

til.de [t′ilde] *sm* til.

tim.bal.lo [timb′allo] *sm* torta, empadão. *Mús.* tímbale.

tim.bra.re [timbr′are] *vt* timbrar, carimbar, selar.

tim.bro [t′imbro] *sm* timbre, carimbo, selo. *Mús.* timbre.

ti.mi.dez.za [timid′ettsa] *sf* timidez, acanhamento; indecisão, insegurança.

ti.mi.do [t′imido] *adj* tímido, acanhado; indeciso, temeroso.

ti.mo.ne [tim′one] *sm Náut.* e *Aeron.* timão, leme. *Fig.* direção, comando.

ti.mo.nie.re [timon′jere] *sm* timoneiro.

ti.mo.re [tim′ore] *sm* temor, medo; receio; preocupação; dúvida, incerteza.

ti.mo.ro.so [timor′ozo] *adj* temeroso, medroso; tímido; indeciso, hesitante; receoso.

tim.pa.no [t′impano] *sm Anat.* e *Mús.* tímpano. **rompere i** ≃ **i** ensurdecer; perturbar.

tin.ge.re [t′indʒere] *vt* tingir, pintar. *Fig.* sujar, manchar. *vpr* tingir-se, pintar-se. *Fig.* sujar-se, manchar-se.

ti.no [t′ino] *sm* tina.

ti.noz.za [tin′ɔttsa] *sf* banheira; tina.

tin.ta [t′inta] *sf* tinta, tintura; cor, coloração. *Fig.* noção superficial, rudimento.

tin.tin.na.re [tintinn′are] ou **tin.tin.ni.re** [tintinn′ire] *vi* tinir.

tin.to.re [tint′ore] *sm* tintureiro.

tin.to.ri.a [tintor′ia] *sf* tinturaria. *Bras.* lavanderia.

tin.tu.ra [tint′ura] *sf* tintura, tinta, colorante; tingimento. *Fig.* noção superficial, rudimento. ≃ **per capelli** tintura para os cabelos.

ti.pi.co [t′ipiko] *adj* típico, característico.

ti.po [t′ipo] *sm* tipo, categoria; original, modelo; tipo para impressão; sujeito, indivíduo. *Pop.* cara. *Fam.* tipo, figura, pessoa esquisita.

ti.po.gra.fi.a [tipograf′ia] *sf* tipografia.

ti.ran.neg.gia.re [tiranneddʒ′are] *vt* tiranizar.

ti.ran.ni.a [tirann′ia] *sf* tirania, ditadura, despotismo. *Fig.* opressão, prepotência.

ti.ran.ni.co [tir′anniko] *adj* tirânico, despótico.

ti.ran.no [tir′anno] *sm* tirano, ditador, déspota. *Fig.* prepotente, dominador.

ti.ra.pie.di [tirap′jedi] *sm Fig. dep* bajulador. *Pop.* puxa-saco.

ti.ra.re [tir′are] *vt* puxar; lançar, jogar; tirar, extrair; imprimir. *Fig.* atrair, aliciar. *vi* puxar; disparar, atirar com arma de fogo; soprar (vento). *vpr* afastar-se, distanciar-se; suicidar-se com tiro. ≃ **ou estrarre a sorte** sortear. ≃ **gli orecchi** dar um puxão de orelhas, repreender. ≃ **su** criar, educar. ≃ **avanti** viver com dificuldade, viver às duras penas. ≃ **via** ir adiante, seguir. ≃ **al bersaglio** atirar no alvo. ≃ **di scherma** esgrimir.

tir.chie.ri.a [tirkjer′ia] *sf* avareza.

tir.chio [t′irkjo] *adj* avarento.

ti.ret.to [tir′etto] *sm* gaveta.

ti.ri.te.ra [tirit′era] *sf* lengalenga.

ti.ro [t′iro] *sm* tiro, disparo; arremesso, lançamento; tração, tracionamento; parelha. *Esp.* chute. *Fig.* brincadeira, peça; golpe, ação desonesta; tentativa. ≃ **a segno** tiro ao alvo. ≃ **al piccione** tiro ao pombo. ≃ **cieco** tiro às cegas. **esser a** ≃ estar ao alcance. **esser fuori** ≃ estar fora de alcance.

ti.ro.ci.nio [tirotʃ′injo] *sm* aprendizado.

ti.roi.de [tir′ɔjde] *sf Anat.* tireóide.

ti.sa.na [tiz′ana] *sf* chá, infusão.

ti.si [t′izi] *sf Med.* tísica, tuberculose.

ti.si.co [t′iziko] *sm + adj* tísico, tuberculoso.

ti.ta.ni.co [tit′aniko] *adj Fig.* titânico, enorme.

ti.ta.nio [tit′anjo] *sm Quím.* titânio.

ti.to.la.re [titol′are] *sm + adj* titular.

ti.to.lo [t′itolo] *sm* título; cabeçalho; nome, denominação; palavrão, xingamento, ofensa. *Com.* título, bônus. ≃ **accademico** título acadêmico. ≃ **nobiliare** título nobiliárquico.

ti.tu.ban.za [titub′antsa] *sf* titubeação, hesitação, vacilação, indecisão.

ti.tu.ba.re [titub′are] *vi* titubear, hesitar, vacilar.

ti.zio [t′itsjo] *sm* fulano.

tiz.zo [t′ittso] ou **tiz.zo.ne** [titts′one] *sm* tição.

to.bo.ga [tob′ɔga] *sf* tobogã.

toc.ca.re [tokk′are] *vt* tocar, apalpar; tocar num assunto, mencionar; alterar, modificar. *Fig.* comover, impressionar. ≃ **un porto** *Náut.* fazer escala num porto. ≃ **sul vivo** *Fig.* meter o dedo na ferida. ≃ **uno strumento** tocar um instrumento. ≃ **il cuore** tocar o coração, comover. ≃ **a** caber a, competir a.

toc.ca.ta [tokk′ata] *sf* toque. *Mús.* tocata.

toc.co [t′okko] *sm* toque, tato. *Fig.* modo, maneira, estilo. **il** ≃ **del campanello** o toque da campainha.

to.ga [t′ɔga] *sf* toga. **gente di** ≃ a magistratura.

to.glie.re [t′ɔkere] *vt* tirar, remover, retirar, tomar, roubar; tolher, impedir. *vpr* afastar-se, livrar-se; tirar (roupa).

to.let.ta [tol′etta] ou **toi.let.te** [twal′et] *sf* toalete; banheiro, sanitário; toucador, penteadeira. ≃ **uomini** toalete masculino. ≃ **donne** toalete feminino.

tol.le.ran.za [toller′antsa] *sf* tolerância.

tol.le.ra.re [toller′are] *vt* tolerar, suportar.

tom.ba [t′omba] *sf* tumba, sepultura.

tom.bo.la [t′ombola] *sf* tômbola, loto; tombo, queda; erro, engano.

tom.bo.lo [t′ombolo] *sm* tombo, queda.

to.mo [t′ɔmo] *sm* tomo, volume. *Fig.* tipo, figura, pessoa diferente.

to.na.ca [t′ɔnaka] ou **tu.ni.ca** [t′unika] *sf* hábito, traje religioso; túnica. *Anat.* membrana. **vestir la** ≃ abraçar o sacerdócio, entrar para ordem religiosa.

to.na.li.tà [tonalit′a] *sf* tonalidade, tom (de cor e som).

tonare → **tuonare**.

ton.deg.gian.te [tondeddʒ'ante] *adj* arredonda-do, quase redondo.

ton.deg.gia.re [tondeddʒ'are] *vt* arredondar.

ton.do [t'ondo] *sm* círculo, circunferência. *adj* redondo, circular; esférico; arredondado. *Fig.* simples, rústico. **conto** ≃ conta exata.

ton.fa.re [tonf'are] *vi* mergulhar; cair, levar um tombo.

ton.fo [t'onfo] *sm* mergulho; queda, tombo.

to.ni.co [t'ɔniko] *sm Gram.* acento tônico. *Med.* tônico, fortificante. *adj* tônico.

to.ni.fi.ca.re [tonifik'are] *vt* tonificar, fortificar, fortalecer.

ton.nel.lag.gio [tonnell'addʒo] *sm Náut.* tone-lagem, capacidade do navio.

ton.nel.la.ta [tonnell'ata] *sf* tonelada.

ton.no [t'onno] *sm* atum.

to.no [t'ɔno] *sm* tom de voz, entonação, inflexão. *Mús.* tom. *Pint.* tom, matiz. *Fig.* vigor, força. **rispondere al** ≃ responder à altura.

ton.sil.la [tons'illa] *sf Anat.* amígdala, tonsila.

ton.sil.li.te [tonsill'ite] *sf Med.* amigdalite, ton-silite.

ton.to [t'onto] *sm+adj Fam.* tonto, bocó.

to.pa.zio [top'atsjo] *sm Min.* topázio.

to.po [t'ɔpo] *sm* rato. *Bras.* camundongo. ≃ **di biblioteca** *Fig.* rato de biblioteca, estudioso. **molto sa il** ≃ **ma di più ne sa il gatto** muito sabe o rato, mas mais o gato.

to.po.gra.fi.a [topografi'a] *sf* topografia; mapa, planta.

to.po.gra.fo [top'ɔgrafo] *sm* topógrafo.

to.po.li.no [topol'ino] ou **to.pi.no** [top'ino] *sm dim* ratinho.

top.pa [t'ɔppa] *sf* remendo (pano); fechadura. *Fig.* emenda, paliativo.

top.po [t'oppo] *sm* toco, cepo.

to.ra.ce [tor'atʃe] *sm Anat.* tórax.

tor.ba [t'orba] *sf Min.* turfa.

tor.bi.da.re [torbid'are] *vt* turvar.

tor.bi.do [t'orbido] *sm Fig.* vício, podridão. ≃ **i** *sm pl* distúrbios, tumultos, agitação política. *adj* turvo. *Fig.* escuro, apagado; obscuro, misterioso; conturbado, perturbado.

tor.ce.re [t'ɔrtʃere] *vt* torcer, retorcer; dobrar, virar. *vpr* torcer-se; contorcer-se, debater-se, retorcer-se. **dar filo da** ≃ *Fig.* procurar encrenca. ≃ **il collo** torcer o pescoço, esganar. **non** ≃ **un capello** *Fig.* não tocar num fio de cabelo, não fazer mal nenhum.

tor.chio [t'orkjo] *sm* prensa; espremedor.

tor.cia [t'ortʃa] *sf* tocha, archote.

tor.ci.col.lo [tortʃik'ɔllo] *sm Med.* torcicolo.

tor.di.no [tord'ino] *adj* tordilho (cavalo).

tor.do [t'ordo] *sm Zool.* tordo.

tor.ma [t'orma] *sf Lit.* turma, multidão.

tor.ma.li.na [tormal'ina] *sf Min.* turmalina.

tor.men.ta [torm'enta] *sf* tormenta, tempestade; nevasca, tempestade de neve.

tor.men.ta.re [torment'are] *vt* torturar. *Fig.* atormentar, afligir. *vpr Fig.* atormentar-se, torturar-se, afligir-se.

tor.men.to [torm'ento] *sm* tortura. *Fig.* tormento, aflição; sofrimento, padecimento; pena, castigo.

tor.na.con.to [tornak'onto] *sm* lucro, ganho; vantagem, proveito, benefício.

tor.na.re [torn'are] *vi* voltar, retornar, regressar; voltar a, recomeçar a, retomar. ≃ **indietro** voltar atrás, mudar de opinião. ≃ **a galla** voltar à baila. ≃ **a sé** voltar a si, recobrar os sentidos.

tor.ne.o [torn'ɛo] *sm* torneio.

tor.nio [t'ornjo] *sm* torno.

tor.ni.re [torn'ire] *vt* tornear, trabalhar no torno. *Fig.* retocar, aperfeiçoar.

to.ro [t'ɔro] *sm Zool.* touro. **T** ≃ ou **Tauro** *Astron.* e *Astrol.* Touro.

tor.pe.di.na.re [torpedin'are] *vt Náut.* torpedear.

tor.pe.di.ne [torp'edine] *sm Náut.* torpedo.

tor.pe.di.nie.ra [torpedin'jera] *sf Náut.* torpedeiro.

tor.pe.do.ne [torped'one] *sm* ônibus de excursão.

tor.pi.do [t'orpido] *adj* entorpecido; sonolento. *Fig.* preguiçoso, indolente.

tor.po.re [torp'ore] *sm* torpor, entorpecimento; sonolência. *Fig.* preguiça, indolência.

tor.re [t'oře] *sf* torre. ≃ **di comando** *Náut.* torre de comando. ≃ **di controllo del traffico** *Aeron.* torre de controle de tráfego.

tor.re.fa.re [tořef'are] *vt* torrar, torrefazer.

tor.ren.te [toř'ente] *sf tb Fig.* torrente. **a** ≃ aos montes, em grande quantidade.

tor.ren.zia.le [tořents'jale] *adj* torrencial. *Fig.* impetuoso, violento.

tor.ri.do [t'ořido] *adj* tórrido; ardente.

tor.ro.ne [toř'one] *sm* torrão, doce de açúcar e amendoim.

tor.sio.ne [tors'jone] *sf* torção.

tor.so [t'orso] *sm Anat.* torso. *Bot.* caroço.

tor.so.lo [t'orsolo] *sm Bot.* caroço.

tor.ta [t'orta] *sf* torta; bolo.

tor.tie.ra [tort'jera] *sf* assadeira.

tor.to [t'ɔrto] *sm* erro, engano; injustiça; culpa. **aver** ≃ não ter razão. **esser dalla parte del** ≃ ser do contra. **a** ≃ **o a ragione** quer queira quer não, de qualquer maneira. *part+adj* torcido, retorcido.

tor.to.ra [t'ortora] *sf* Zool. rola.

tor.tu.o.so [tortu'ozo] *adj* tortuoso, sinuoso. *Fig.* complicado, complexo.

tor.tu.ra [tort'ura] *sf* tortura. *Fig.* tormento, aflição.

tor.tu.ra.re [tortur'are] *vt* torturar. *Fig.* atormentar, afligir. *vpr Fig.* torturar-se, atormentar-se, afligir-se.

tor.vo [t'orvo] *adj Lit.* severo, rígido; feroz, ameaçador; sinistro, tenebroso.

to.sa.re [toz'are] *vt* tosar, tosquiar.

to.sca.no [tosk'ano] *sm + adj* toscano.

tos.se [t'osse] *sf Med.* tosse. ≃ **convulsa** coqueluche.

tos.si.co [t'ɔssiko] *sm* tóxico, toxina, veneno. *adj* tóxico, venenoso.

tos.si.na [toss'ina] *sf* toxina.

tos.si.re [toss'ire] *vi* tossir.

to.sta.re [tost'are] *vt* tostar, torrar (café, etc.).

to.sto [t'ɔsto] *adj* tostado, torrado. *Fig.* ousado, despudorado; duro, sólido. **faccia** ≃ **a** s *Fig.* cara-de-pau, caradura, cínico, descarado. *adv* logo, imediatamente; rapidamente.

to.ta.le [tot'ale] *sm* total. *adj* total, global; pleno, integral.

to.ta.li.tà [totalit'a] *sf* totalidade, soma.

to.ta.li.ta.rio [totalit'arjo] *adj* totalitário, ditatorial. **regime** ≃ *Pol.* regime totalitário. **stato** ≃ *Pol.* Estado totalitário.

to.ta.liz.za.re [totalidzz'are] *vt* totalizar, somar.

to.tem [t'otem] *sm* totem.

to.to.cal.cio [totok'altʃo] *sm* loteria esportiva.

to.va.glia [tov'aʎa] *sf* toalha de mesa.

to.va.glio.lo [tovaʎ'olo] *sm* guardanapo.

toz.zo [t'ottso] *sm* pedaço de pão. *adj* atarracado. *Fig.* grande, robusto.

tra [tr'a] *prep* entre, no meio de. *tb* **fra**.

tra.bal.la.re [traball'are] *vt* balançar, sacudir. *Fig.* hesitar, vacilar.

tra.boc.ca.re [trabokk'are] *vi* transbordar, extravasar; estar cheio de gente, estar abarrotado.

tra.boc.chet.to [trabokk'etto] *sm* alçapão. *Fig.* armadilha, cilada, tramóia.

tra.boc.co [trab'okko] *sm* transbordamento, extravasamento. *Mil.* trabuco.

trac.cia [tr'attʃa] *sf* rastro, pegada, pista. *Fig.* sinal, marca; resto, resíduo; esboço. **andare in** ≃ **di** ir no encalço de, seguir.

trac.cia.re [trattʃ'are] *vt* seguir, perseguir; traçar, esboçar, projetar.

trac.cia.to [trattʃ'ato] *sm* traçado, caminho, percurso. *adj* traçado; esboçado, planejado.

tra.che.a [trak'ɛa] *sf Anat.* traquéia.

tra.col.la [trak'ɔlla] *sf* bandoleira, correia para arma. **a** ≃ a tiracolo.

tra.col.lo [trak'ɔllo] *sm* queda, descida. *Fig.* colapso, ruína; bancarrota, falência.

tra.co.ma [trak'ɔma] *sm Med.* tracoma.

tra.co.tan.za [trakot'antsa] *sf* arrogância, orgulho; insolência.

tra.di.men.to [tradim'ento] *sm* traição. **alto** ≃ alta traição.

tra.di.re [trad'ire] *vt* trair; ser infiel. *Fig.* falhar, faltar; revelar (segredo).

tra.di.to.re [tradit'ore] *sm* traidor; infiel.

tra.di.zio.na.le [traditsjon'ale] *adj* tradicional.

tra.di.zio.ne [tradits'jone] *sf* tradição. *Fig.* lenda, mito.

tra.dur.re [trad'uῘe] *vt* traduzir; trasladar, transferir. *Fig.* explicar, interpretar.

tra.dut.to.re [tradutt'ore] *sm* tradutor.

tra.du.zio.ne [traduts'jone] *sf* tradução; traslado, transferência.

tra.en.te [tra'ente] *sm Com.* sacador.

tra.fe.la.to [trafel'ato] *adj* ofegante, exausto.

traf.fi.can.te [traffik'ante] *sm* comerciante, negociante. *Fig.* traficante.

traf.fi.ca.re [traffik'are] *vt* comerciar, vender; traficar. *Fig.* ocupar-se de, lidar com.

traf.fi.co [tr'affiko] *sm* comércio; trânsito, tráfego; tráfico.

tra.fig.ge.re [traf'iddʒere] *vt* transpassar, trespassar; ferir. *vpr* ferir-se.

tra.fit.tu.ra [trafitt'ura] ou **tra.fit.ta** [traf'itta] *sf* ferida, ferimento. *Fig.* pontada, dor aguda.

tra.fo.ra.re [trafor'are] *vt* furar, perfurar; entalhar, gravar.

tra.fo.ro [traf'oro] *sm* túnel; perfuração, escavação.

tra.ge.dia [tradʒ'edja] *sf* tragédia. *Irôn.* escândalo, drama, exagero.

tra.ghet.ta.re [tragett'are] *vt Náut.* transportar em balsa.

tra.ghet.to [trag'etto] *sm Náut.* balsa, barca; transporte de balsa.

tra.gi.co [tr'adʒiko] *sm Lit.* trágico. *adj* trágico, dramático; doloroso, triste; sinistro.

tra.git.to [tradʒ'itto] *sm* trajeto, caminho, percurso.

tra.glia [tr'aʎa] ou **dra.glia** [dr'aʎa] *sf Náut.* cabo.

tra.iet.to.ria [trajett'ɔrja] *sf* trajetória, trajeto. *Fig.* caminho, estrada.

trai.na.re [trajn'are] *vt* arrastar, puxar; rebocar.

tra.la.scia.re [tralaʃ'are] *vt* deixar de lado, esquecer; interromper, suspender.

tra.li.gna.re [traliɲ'are] *vt* sair da linha, desviar-se, desgarrar-se. *Fig.* degenerar.

tram [tr'am], **tran.vai** [tranv'aj] *sm* ou **tran.vi.a** [tranv'ia] *sf* bonde.

tra.ma [tr'ama] *sf* trama. *Fig.* intriga, trapaça, tramóia. *Lit.* enredo.

tra.man.da.re [tramand'are] *vt* transmitir, deixar como herança; exalar, emanar (cheiro).

tra.ma.re [tram'are] *vt* tramar, tecer. *Fig.* conspirar, maquinar.

tram.bu.sto [tramb'usto] *sm* confusão, desordem, bagunça; tumulto, motim.

tra.mez.zi.no [trameddz'ino] *sm* sanduíche.

tra.mez.zo [tram'eddzo] I *sm* ou **tra.mez.za** [tram'eddza] *sf* divisória.

tra.mez.zo [tram'eddzo] II *prep* entre.

tra.mi.te [tr'amite] *sm* caminho, via. *Dir.* trâmite. *Fig.* intervenção, mediação.

tra.mon.ta.na [tramont'ana] *sf Geogr.* tramontana; vento norte; o norte. *Astron.* estrela polar. **perdere la** ≃ *Fig.* perder o rumo, desnortear-se, não saber o que fazer.

tra.mon.ta.re [tramont'are] *vi* pôr-se, tramontar.

tra.mon.to [tram'onto] *sm* pôr-do-sol, ocaso; poente. *Fig.* declínio, decadência; fim.

tram.po.li.no [trampol'ino] *sm* trampolim. **far da** ≃ **a uno** *Fig.* servir de trampolim para alguém, ajudar alguém.

tra.mu.ta.re [tramut'are] ou **tra.smu.ta.re** [trazmut'are] *vt* transmutar, transformar.

tra.nel.lo [tran'ello] *sm* emboscada, cilada.

tran.ne [tr'anne] *prep* exceto, salvo.

tran.quil.lan.te [trankwill'ante] *sm Med.* tranqüilizante.

tran.quil.la.re [trankwill'are] ou **tran.quil.liz.za.re** [trankwilliddz'are] *vt* tranqüilizar. *vpr* tranqüilizar-se.

tran.quil.lo [trank'willo] *adj* tranqüilo, calmo, quieto.

tran.sa.tlan.ti.co [transatl'antiko] *sm+adj Náut.* transatlântico.

tran.sa.zio.ne [transats'jone] *sf Dir.* e *Com.* transação. *Fig.* compromisso.

tran.se.un.te [transe'unte] *adj Dir.* e *Lit.* transeunte, transitório, passageiro.

tran.si.ge.re [trans'idʒere] *vt Dir.* transigir, condescender.

tran.si.ti.vo [transit'ivo] *sm+adj Gram.* transitivo.

tran.si.to [tr'ansito] *sm* passagem; trânsito, tráfego.

tran.si.to.rio [transit'orjo] *adj* transitório, passageiro, temporário.

tran.slu.ci.do [tranzl'utʃido] ou **tra.slu.ci.do** [trazl'utʃido] *adj* translúcido, diáfano.

tranvai, tranvia → **tram.**

tran.vie.re [tranv'jere] *sm* condutor de bonde.

tra.pa.na.re [trapan'are] *vt* perfurar, furar. *Med.* trepanar. *Fig.* irritar, perturbar.

tra.pa.no [tr'apano] *sm* broca, pua. *Med.* trépano; broca de dentista.

tra.pas.sa.re [trapass'are] *vt* transpassar, atravessar; furar, penetrar. *Dir.* ceder (direito, propriedade). *vi Fig.* morrer, falecer.

tra.pas.sa.to [trapass'ato] *sm* morto, falecido. *Gram.* mais-que-perfeito. *part+adj* transpassado, atravessado; furado.

tra.pe.zio [trap'etsjo] *sm tb Geom.* e *Anat.* trapézio.

trap.po.la [tr'appola] *sf* armadilha; ratoeira. *Fig.* ardil, engano; mentira.

trar.re [tr'aře] *vt* puxar, arrastar; trazer, levar; obter, conseguir. *Com.* sacar. ≃ **in inganno** enganar. ≃ **a fine** levar a cabo, terminar. ≃ **una cambiale** emitir uma letra de câmbio.

tra.san.da.to [trazand'ato] *part+adj* relaxado, desleixado; desalinhado.

tra.sbor.da.re [trazbord'are] *vt+vi* baldear, passar de um veículo para outro.

tra.sbor.do [trazb'ordo] *sm* baldeação.

tra.scen.den.te [traʃend'ente] *sm+adj* transcendente, sobrenatural, místico.

tra.scen.de.re [traʃ'endere] *vt Lit.* transcender, exceder, ultrapassar. *vi* transcender, passar dos limites.

tra.sci.na.re [traʃin'are] *vt* arrastar, puxar. *Fig.* atrair; convencer, persuadir. *vpr* arrastar-se, rastejar; prolongar-se, perdurar (tempo). ≃ **una misera vita** levar uma vida miserável.

tra.scor.re.re [trask'ořere] *vt* ultrapassar; passar, gastar (tempo). *vi* transcorrer, decorrer. ≃ **un libro** folhear um livro.

tra.scor.so [trask'orso] *sm* erro, falha; decurso, curso (do tempo). *part+adj* transcorrido, passado.

tra.scri.ve.re [traskr'ivere] *vt* transcrever.

tra.scri.zio.ne [traskrits'jone] *sf* transcrição.

tra.scu.rag.gi.ne [traskur'addʒine] ou **tra.scu.ran.za** [traskur'antsa] *sf* negligência, descuido.

tra.scu.ra.re [traskur'are] *vt* negligenciar, descuidar-se de; ignorar, não dar importância a.

tra.sfe.ri.men.to [trasferim'ento] *sm* transferência.

tra.sfe.ri.re [trasfer'ire] *vt* transferir. *vpr* transferir-se, mudar de casa.

tra.sfi.gu.ra.re [trasfigur'are] *vt* transfigurar; transformar, mudar.

tra.sfor.ma.re [trasform'are] *vt* transformar, mudar. *vpr* transformar-se, virar.

tra.sfor.ma.to.re [trasformat'ore] *sm Elet.* transformador.

tra.sfor.ma.zio.ne [trasformats'jone] *sf* transformação, mudança.

tra.sgre.di.re [trazgred'ire] *vt* transgredir, infringir.

tra.sgres.sio.ne [trazgress'jone] *sf* transgressão, infração.

tra.sla.zio.ne [trazlats'jone] *sf* transferência, transporte. *Astron.* translação.

tra.slo.ca.re [trazlok'are] *vt* transferir, transportar. *vpr* mudar-se, mudar de residência.

tra.slo.co [trazl'ɔko] *sm* mudança (de casa); transferência, transporte.

traslucido → translucido.

tra.smet.te.re [trazm'ettere] *vt* transmitir; anunciar, comunicar; transferir.

tra.smet.ti.to.re [trazmettit'ore] *sm tb Elet.* transmissor.

tra.smis.sio.ne [trazmiss'jone] *sf tb Autom.* e *Med.* transmissão. ≃ **del pensiero** transmissão de pensamento. ≃ **radiofonica** transmissão de rádio. ≃ **radiovisiva** transmissão de TV.

trasmutare → tramutare.

tra.spa.ren.te [traspar'ente] *adj* transparente, diáfano. *Fig.* evidente, claro; honesto.

tra.spa.ren.za [traspar'entsa] *sf* transparência. *Fig.* clareza.

tra.spa.ri.re [traspar'ire] *vi* transparecer. *Fig.* revelar-se, manifestar-se.

tra.spi.ra.re [traspir'are] *vi* transpirar, suar, perspirar. *Fig.* revelar-se, vir à tona.

tra.spi.ra.zio.ne [traspirats'jone] *sf* transpiração, suor.

tra.spor.re [trasp'oře] *vt* transpor, inverter; transportar. *Lit.* traduzir. *Mús.* transpor, transportar, mudar de tom.

tra.spor.ta.re [trasport'are] *vt* transportar, levar. *Lit.* traduzir. *Mús.* transportar, transpor, mudar de tom. *vpr* transportar-se.

tra.spor.to [trasp'ɔrto] *sm* transporte. *Lit.* tradução. *Mús.* transporte, mudança de tom. *Fig.* êxtase, entusiasmo, ardor.

tra.stul.la.re [trastull'are] *vt* divertir. *Fig.* iludir, enganar. *vpr* divertir-se, brincar.

tra.stul.lo [trast'ullo] *sm* brinquedo, brincadeira; divertimento, distração, passatempo.

tra.sver.sa.le [trazvers'ale] *sf* travessa, via lateral. *Geom.* transversal. *adj* transversal.

trat.ta [tr'atta] *sf* espaço, distância. *Com.* tráfico, comércio ilegal; duplicata. ≃ **dei negri** *Hist.* tráfico de escravos.

trat.ta.men.to [trattam'ento] *sm* tratamento, procedimento; acolhida, acolhimento.

trat.ta.re [tratt'are] *vt + vi* tratar, manusear, manipular; tratar de, cuidar de. *Fig.* negociar, discutir. *vpr* tratar-se de.

trat.ta.ti.va [trattat'iva] *sf* (mais usado no *pl*) tratativa, negociação.

trat.ta.to [tratt'ato] *sm* tratado. ≃ **di pace** tratado de paz. ≃ **di biologia** tratado de biologia.

trat.te.ne.re [tratten'ere] *vt* deter, reter; prender, aprisionar; entreter. *Fig.* conter, impedir. *vpr* deter-se, demorar-se; entreter-se. *Fig.* conter-se, controlar-se.

trat.te.ni.men.to [trattenim'ento] *sm* entretenimento, diversão; demora, retenção; detenção.

trat.ti.no [tratt'ino] *sm dim* tracinho. *Gram.* travessão; hífen.

trat.to [tr'atto] *sm* traço, linha; momento, instante; período, intervalo de tempo; trecho, passagem de texto; espaço, distância. ≃ **i** *pl* modos, comportamento; aspectos, características. **un** ≃ **di buon cuore** um ato de bondade. **a** ≃ **i** em intervalos. **ad un** ≃ ou **d'un** ≃ de repente; imediatamente. **di** ≃ **in** ≃ de vez em quando. **a ogni** ≃ com muita freqüência. **di primo** ≃ no princípio. *part + adj* trazido, levado; incitado.

trat.to.ri.a [trattor'ia] *sf* restaurante; taberna, taverna; estalagem.

trau.ma [tr'awma] *sm Med.* trauma; contusão, lesão. ≃ **psichico** trauma psicológico.

trau.ma.ti.co [trawm'atiko] *adj Med.* traumático. *Fig.* traumatizante.

tra.va.glia.re [travaλ'are] *vt* atormentar, angustiar, afligir. *vi* sofrer, padecer; afligir-se. *vpr* afligir-se.

tra.va.glio [trav'aλo] *sm* trabalho pesado, labuta. *Fig.* tormento, angústia, aflição. ≃ **del parto** trabalho de parto.

tra.ve [tr'ave] *sf* trave, viga.

tra.ver.sa [trav'ersa] *sf* travessa, rua transversal; barra, trave.

tra.ver.sa.ta [travers'ata] *sf Náut.* travessia, viagem.

tra.ver.si.a [travers'ia] *sf Náut.* travessia, vento forte. *Fig.* infortúnio, desgraça, desventura.

tra.ver.so [trav'erso] *sm* bofetão, sopapo. **di** ≃ lateralmente. **andare a** ≃ naufragar. **guardare di** ≃ olhar atravessado, fazer cara feia. *adj* transversal, oblíquo, atravessado.

tra.ve.sti.re [travest'ire] *vt* disfarçar, mascarar. *vpr* disfarçar-se, mascarar-se.

tra.ve.sti.to [travest'ito] *sm* travesti. *part+adj* disfarçado, mascarado.

tra.vi.a.re [travi'are] *vt* desviar, desencaminhar. *Fig.* corromper, perverter, desvirtuar. *vpr* desviar-se. *Fig.* corromper-se, perverter-se.

tra.zio.ne [trats'jone] *sf* tração.

tre [tr'e] *sm+num* três.

trec.cia [tr'ettʃa] *sf* trança.

tre.cen.te.si.mo [tretʃent'ezimo] *sm+num* trecentésimo.

trecento [tretʃ'ento] *sm+num* trezentos. **il T** ≃ *sm* o século XIV.

tre.di.cen.ne [treditʃ'enne] *s+adj* de treze anos (de idade).

tre.di.ce.si.mo [treditʃ'ezimo] ou **de.ci.mo.ter.zo** [detʃimot'ertso] *sm+num* décimo terceiro; treze avos.

tre.di.ci [tr'editʃi] *sm+num* treze.

treenne → **trienne.**

tre.gua [tr'egwa; tr'ɛgwa] *sf* trégua, armistício. *Fig.* descanso, repouso, calma.

tre.ma.re [trem'are] *vi* tremer; estremecer, sacudir; ter medo; hesitar, vacilar.

tre.ma.rel.la [tremar'ella] *sf Fam.* tremedeira, medo. *Vulg.* cagaço.

tre.men.do [trem'endo] *adj* horripilante, horroroso, assustador, terrível.

tre.men.ti.na [trement'ina] *sf Quím.* terebintina.

tre.mi.la [trem'ila] *sm+num* três mil.

tre.mi.to [tr'emito] *sm* tremor; estremecimento, vibração.

tre.mo.la.re [tremol'are] *vi* tremular; bruxulear, tremeluzir.

tre.mo.re [trem'ore] *sm* tremor; estremecimento, vibração. *Fig.* inquietação; temor, medo.

tre.mu.lo [tr'emulo] ou **tre.mo.lo** [tr'emolo] *adj* trêmulo; bruxuleante (luz).

tre.no [tr'eno] *sm* trem. ≃ **locale** trem local. ≃ **diretto** trem direto. ≃ **espresso** ou **direttissimo** trem expresso. ≃ **rapido** trem rápido. ≃ **a vapore** trem a vapor. ≃ **elettrico** trem elétrico. ≃ **merci** trem de carga. **viaggio in** ≃ viagem de trem.

tren.ta [tr'enta] *sm+num* trinta.

tren.ten.ne [trent'enne] *s+adj* trintenário, de trinta anos (de idade).

tren.te.si.mo [trent'ezimo] ou **tri.ge.si.mo** [tridʒ'ezimo] *sm+num* trigésimo; trinta avos.

tren.ti.na [trent'ina] *sf* uns trinta, umas trinta.

tre.pi.da.re [trepid'are] *vi* trepidar; tremer; preocupar-se, angustiar-se.

tri.a.de [tr'iade] *sf* tríade.

tri.an.go.la.re [triangol'are] *vt+adj* triangular.

tri.an.go.lo [tri'angolo] *sm Geom.* e *Mús.* triângulo. **a** ≃ triangular, em forma de triângulo.

tri.bo.la.re [tribol'are] *vt* atribular, inquietar, afligir. *vpr* inquietar-se, afligir-se; sofrer.

tri.bor.do [trib'ordo] *sm Náut.* estibordo.

tri.bù [trib'u] *sf* tribo.

tri.bu.na [trib'una] *sf* tribuna.

tri.bu.na.le [tribun'ale] *sm* tribunal.

tri.bu.ta.re [tribut'are] *vt* tributar.

tri.bu.ta.rio [tribut'arjo] *adj* tributário. **fiume** ≃ *Geogr.* afluente, tributário.

tri.bu.to [trib'uto] *sm* tributo, imposto, taxa. *Fig.* contribuição, ajuda; homenagem.

tri.ci.clo [tritʃ'iklo] *sm* triciclo.

tri.co.lo.re [trikol'ore] *sm* bandeira tricolor. *adj* tricolor.

tri.den.te [trid'ente] *sm* tridente.

tri.en.ne [tri'enne] ou **tre.en.ne** [tre'enne] *s+adj* de três anos (de idade).

tri.en.nio [tri'ennjo] *sm* triênio.

tri.fo.glio [trif'ɔʎo] *sm Bot.* trevo, trifólio.

tri.ge.mi.no [tridʒ'emino] *sm+adj* trigêmeo. **parto** ≃ parto de trigêmeos.

trigesimo → **trentesimo.**

tri.go.no.me.tri.a [trigonometr'ia] *sf* trigonometria.

tri.lin.gue [tril'ingwe] *s+adj* trilíngüe.

tri.lio.ne [tril'jone] *sm* trilhão.

tril.la.re [trill'are] *vi* trilar, trinar, gorjear.

tril.lo [tr'illo] *sm* gorjeio, trinado. *Mús.* trilo.

tri.lo.gi.a [trilodʒ'ia] *sf* trilogia.

tri.me.stra.le [trimestr'ale] *adj* trimestral.

tri.me.stre [trim'estre] *sm* trimestre.

tri.mo.to.re [trimot'ore] *sm Aeron.* trimotor.

trin.ce.a [trintʃ'ea] *sf* ou **trin.ce.ra** [trintʃ'era] *sf Lit.* trincheira; barricada.

trin.ce.ra.re [trintʃer'are] *vt* entrincheirar. *vpr* entrincheirar-se.

trin.cia.re [trintʃ'are] *vt* trinchar, destrinchar, cortar. *vpr* desmanchar-se, desfazer-se (roupas).

tri.ni.tà [trinit'a] *sf* trindade. **la T** ≃ *Rel.* a Santíssima Trindade.

tri.o [tr'io] *sm tb Mús.* trio.

trion.fa.le [trjonf'ale] *adj* triunfal.

trion.fa.re [trjonf'are] *vi* triunfar, vencer; exultar, ficar radiante.

trion.fo [tr'jonfo] *sm* triunfo, vitória. *Fig.* aplauso, aclamação, ovação. **portare uno in** ≃ carregar alguém em triunfo.

tri.pa.no.so.mo [tripanos'ɔmo] *sm Zool.* tripanossomo.

tri.pli.ca.re [triplik'are] *vt* triplicar, multiplicar por três.

tri.pli.ce [tri'iplitʃe] *num* tríplice.

tri.plo [tri'iplo] *sm* + *num* triplo.

tripp.pa [tri'ippa] *sf* miúdos de animal. *Fig. Irôn.* pança, barriga.

tri.pu.dia.re [tripud'jare] *vt* festejar, exultar, entrar em êxtase.

tri.sil.la.bo [tris'illabo] *sm Gram.* trissílabo. *adj Gram.* trissílabo, trissilábico.

tri.ste [tr'iste] *adj* triste, infeliz; deprimido, melancólico. *Fig.* sombrio; funesto.

tri.stez.za [trist'ettsa] *sf* tristeza, infelicidade; depressão, melancolia.

tri.sto [tr'isto] *adj* mau, malvado, perverso; mesquinho, vil.

tri.ta.car.ne [tritak'arne] *sm* moedor de carne.

tri.ta.re [trit'are] ou **tri.tu.ra.re** [tritur'are] *vt* triturar, moer.

tri.to [tr'ito] *part* + *adj* triturado, moído. *Fig.* gasto, consumido; comum, banal (idéia, assunto).

trit.ton.go [tritt'ongo] *sm Gram.* tritongo.

tri.vel.la [triv'ella] *sf* verrumão. *Min.* sonda, perfuratriz.

tri.vel.lo [triv'ello] *sm* verrumão, trado.

tri.via.le [triv'jale] *adj* trivial, comum; vulgar, ordinário.

tro.fe.o [trof'eo] *sm Esp.* troféu. *Mil.* despojo, saque.

tro.glo.di.ta [troglod'ita] *s* troglodita, habitante das cavernas. *Fig.* bárbaro, selvagem; rude.

tro.ia [tr'ɔja] *sf* porca. *Fig.* vaca, galinha, prostituta. *Vulg.* puta.

trom.ba [tr'omba] *sf Zool.* tromba. *Autom.* buzina. *Mús.* e *Anat.* trompa. *Mec.* bomba de água. *Náut.* tromba-d'água.

trom.bet.ta [tromb'etta] *sf Mús.* trombeta.

trom.bo.ne [tromb'one] *sm Mús.* trombone. *Mil.* bacamarte.

tron.ca.re [tronk'are] *vt* truncar, mutilar. *Fig.* interromper, suspender.

tron.co [tr'onko] *sm Anat.* e *Bot.* tronco. *Náut.* mastro. *Fig.* ramal, trecho de estrada; linhagem, estirpe. *adj* truncado, mutilado. *Gram.* oxítono. *Fig.* interrompido, suspenso.

tro.no [tr'ɔno] *sm* trono. *Fig.* governo, controle, dominação; império, reino.

tro.pi.ca.le [tropik'ale] *adj* tropical.

Tro.pi.co [tr'ɔpiko] *sm* Trópico. ≃ **del Capricorno** Trópico de Capricórnio. ≃ **del Cancro** Trópico de Câncer.

trop.po [tr'ɔppo] *sm* excesso, demasia; muita gente, muita coisa. *adj* demasiado, excessivo. *adv* demais, excessivamente.

tro.ta [tr'ɔta] *sf Zool.* truta.

trot.ta.re [trott'are] *vi* trotar (cavalos). *Fig.* correr, apressar-se (pessoas).

trot.te.rel.la.re [trotterell'are] *vi Fam.* saltitar.

trot.to.la [tr'ɔttola] *sf* pião.

tro.va.re [trov'are] *vt* encontrar, achar; inventar, criar; descobrir. *Fig.* achar, considerar. *vpr* encontrar-se, achar-se; localizar-se, situar-se; sentir-se. ≃ **bella una ragazza** achar uma moça bonita. **andare a** ≃ **qualcuno** ir encontrar-se com alguém.

tro.va.ta [trov'ata] *sf* achado, idéia brilhante; artifício, artimanha.

tro.va.tel.lo [trovat'ello] *sm* criança abandonada, enjeitado.

tro.va.to.re [trovat'ore] *sm* trovador.

truc.ca.re [trukk'are] *vt* disfarçar, mascarar. *Fig.* falsificar, adulterar. *vpr* disfarçar-se, mascarar-se; maquiar-se.

truc.co [tr'ukko] *sm* disfarce, máscara; maquiagem, cosmético; truque, artimanha, expediente; fraude, engano.

tru.ce [tr'utʃe] *adj* cruel, sangüinário.

tru.ci.da.re [trutʃid'are] *vt* trucidar, massacrar.

tru.cu.len.to [trukul'ento] ou **tru.co.len.to** [trukol'ento] *adj Lit.* truculento, cruel.

truf.fa [tr'uffa] *sf* trapaça, golpe, engano.

truf.fa.re [truff'are] *vt* trapacear, enganar.

trup.pa [tr'uppa] *sf Mil.* tropa, regimento.

tu [t'u] *pron sg* tu; você. **darsi del** ≃ tratar por você, ser íntimo de alguém.

tua → **tuo**.

tu.ba [t'uba] *sf* cartola. *Anat.* canal, conduto. *Mús.* trompa, tuba.

tu.ba.re [tub'are] *vi* arrulhar (pombos). *Fig.* namoricar, ficar de namoricos.

tu.ba.zio.ne [tubats'jone] *sf* tubulação.

tu.ber.co.lo [tub'erkolo] *sm Anat.* e *Med.* tubérculo, tuberosidade.

tu.ber.co.lo.si [tuberkol'ɔzi] *sf Med.* tuberculose.

tu.ber.co.lo.so [tuberkol'ozo] *sm* + *adj Med.* tuberculoso.

tu.be.ro [t'ubero] *sm Bot.* tubérculo (de batata, etc.).

tu.bet.to [tub'etto] *sm dim* tubinho, bisnaga.

tu.bo [t'ubo] *sm* tubo; canudo. ≃ **digerente** *Anat.* tubo digestivo. ≃ **di lancio** *Náut.* tubo de lançamento de torpedos. ≃ **di saggio** *Quím.* tubo de ensaio.

tu.bo.la.re [tubol'are] *adj* tubular.

tuf.fa.re [tuff'are] *vt* mergulhar; afundar, imergir; molhar. *vpr* mergulhar. *Fig.* concentrar-se, dedicar-se a.

tuf.fo [t'uffo] *sm* mergulho; imersão. *Fig.* choque, abalo, sobressalto. **fare un** ≃ dar um mergulho.

tu.gu.rio [tug′urjo] *sm* choça, tapera, casebre.

tu.li.pa.no [tulip′ano] *sm Bot.* tulipa.

tul.le [t′ulle] *sm* tule, filó.

tu.mi.do [t′umido] *adj* túmido, inchado. *Fig.* arrogante, orgulhoso.

tu.mo.re [tum′ore] *sm Med.* tumor. ≃ **maligno** tumor maligno, câncer. ≃ **benigno** tumor benigno.

tu.mu.lo [t′umulo] *sm* túmulo, sepulcro.

tu.mul.to [tum′ulto] *sm* tumulto; agitação. *Fig.* rebelião, revolta, insurreição.

tu.mul.tu.a.re [tumultu′are] *vi* tumultuar, fazer tumulto.

tung.ste.no [tungst′eno] *sm Quím.* tungstênio, volfrâmio.

tunica → **tonaca**.

tu.o [t′uo] *pron msg* teu; **tu.a** [t′ua] *fsg* tua; **tuoi** [t′wɔj] *mpl* teus; **tu.e** [t′ue] *fpl* tuas. **il tuo** *Fig.* os teus bens. **i tuoi** *Fig.* os teus (parentes), a tua família.

tuoi → **tuo**.

tuo.na.re [twon′are] ou **to.na.re** [ton′are] *vi* trovejar; ribombar, estrondear; gritar, berrar.

tuo.no [t′wono] *sm* trovão. *Fig.* estrondo, estouro.

tu.rac.cio.lo [tur′attʃolo] *sm* rolha; tampa de garrafa.

tu.ra.re [tur′are] *vt* tampar, tapar, fechar.

tur.ba [t′urba] *sf* turba, multidão. *Med.* distúrbio.

tur.ban.te [turb′ante] *sm* turbante.

tur.ba.re [turb′are] *vt* perturbar; angustiar, preocupar; transtornar, desnortear. *vpr* perturbar-se, preocupar-se; perder a calma.

tur.bi.na [turb′ina] *sf* turbina.

tur.bi.ne [t′urbine] *sm tb Fig.* turbilhão.

tur.bo.len.to [turbol′ento] *adj* turbulento, agitado; irrequieto, vivaz.

tur.che.se [turk′eze] ou **tur.chi.na** [turk′ina] *sf Min.* turquesa.

tur.co [t′urko] *sm + adj* turco, da Turquia. **fumare come un** ≃ fumar exageradamente. **parlar** ≃ *Fig.* falar grego, usar palavras incompreensíveis.

tur.gi.do [t′urdʒido] *adj Lit.* túrgido, inchado, dilatado.

tu.ri.bo.lo [tur′ibolo] ou **in.cen.sie.re** [intʃens′jere] *sm Rel.* turíbulo, incensório.

tu.ri.sta [tur′ista] *s* turista.

tu.ri.sti.co [tur′istiko] *adj* turístico.

tur.lu.pi.na.re [turlupin′are] *vt* ludibriar, enganar.

tur.no [t′urno] *sm* turno; turma (de operários); alternância, rotação. ≃ **di notte** turno da noite.

tur.pe [t′urpe] *adj* torpe, repugnante, monstruoso; infame, vil; obsceno, imoral.

tur.pi.lo.quio [turpil′ɔkwjo] *sm* palavrão, obscenidade.

tu.ta [t′uta] *sf* macacão.

tu.te.la [tut′ela] *sf Dir.* tutela, guarda. *Fig.* defesa, proteção.

tu.te.la.re [tutel′are] *vt* tutelar; proteger, defender. *vpr* proteger-se, defender-se, acautelar-se. *adj* tutelar; protetor, defensor.

tu.to.re [tut′ore] *sm* tutor; protetor, defensor.

tu.tri.ce [tutr′itʃe] ou **tu.to.ra** [tut′ora] *sf* tutora; protetora, defensora.

tut.ta.vi.a [tuttav′ia] *conj* todavia, contudo, apesar disso, entretanto.

tut.to [t′utto] *adj* inteiro, completo. **a** ≃ **a velocità** a toda a velocidade. **a** ≃ **a prova** a toda a prova. ≃ **il giorno** todo o dia, o dia inteiro. **tutt'altro che** tudo menos. *pron* tudo. ≃ **i** *pron pl* todos, todo o mundo. *adv* inteiramente, sem exceção. **del** ≃ totalmente, inteiramente. **in** ≃ **e per** ≃ em todos os sentidos. **per** ≃ em toda parte.

tzar, tzarina, tzarismo → **zar, zarina, zarismo**.

U

u ['u] *sf* a décima nona letra do alfabeto italiano; u, o nome da letra U.

ub.bi.a [ubb'ia] *sf* superstição; mania, fixação.

ub.bi.dien.te [ubbid'jɛnte] ou **ob.be.dien.te** [obbed'jɛnte] *adj* obediente; submisso, dócil.

ub.bi.die.nza [ubbid'jɛnttsa] ou **ob.be.die.nza** [obbedj'ɛnttsa] *sf* obediência; submissão, docilidade.

ub.bi.di.re [ubbid'ire] ou **ob.be.di.re** [obbed'ire] *vt + vi* obedecer. ≃ **i genitori** ou **ai genitori** obedecer aos pais.

u.bi.ca.zio.ne [ubikats'jone] *sf* localização.

u.bria.ca.re [ubrjak'are] ou **ub.bria.ca.re** [ubbrjak'are] *vt* embriagar, embebedar. *vpr* embriagar-se, embebedar-se. *Fig.* inebriar-se, exaltar-se, entusiasmar-se.

u.bria.chez.za [ubrjak'ettsa] ou **ub.bria.chez.za** [ubbrjak'ettsa] *sf* embriaguez. *Fig.* êxtase, enlevo.

u.bria.co [ubr'jako] ou **ub.bria.co** [ubbr'jako] *adj* embriagado, bêbado. *Fig.* exaltado, entusiasmado.

u.bria.co.ne [ubrjak'one] *sm* bêbado, alcoólatra.

uc.cel.lie.ra [uttʃell'jera] *sf* gaiola; aviário.

uc.cel.lo [uttʃ'ello] *sm* pássaro, ave. *Vulg.* passarinho, pinto. ≃ **di preda** ave de rapina. ≃ **del paradiso — paradisea.** ≃ **lira** pássarolira. ≃ **mosca** beija-flor, colibri. ≃ **di malaugurio** ave de mau agouro. **a volo d'** ≃ de cima para baixo. *Fig.* de relance, superficialmente.

uc.ci.de.re [uttʃ'idere] *vt* matar, assassinar. *Fig.* abater; destruir.

uc.ci.sio.ne [uttʃiz'jone] *sf* assassinato; matança, massacre.

uc.ci.so.re [uttʃiz'ore] *sm Pop.* matador, assassino.

u.die.nza [ud'jentsa] *sf* audiência; sessão. **ave-re** ≃ conseguir audiência.

u.di.re [ud'ire] *sm* audição. *vt* ouvir; escutar.

u.di.ti.vo [udit'ivo] *adj* auditivo.

u.di.to [ud'ito] *sm* audição. *part + adj* ouvido, escutado.

u.di.to.re [udit'ore] *sm* ouvinte, quem ouve; ✻**aluno** ouvinte. *Rel.* e *Dir.* auditor.

u.di.to.rio [udit'ɔrjo] ou **au.di.to.rio** [awdit'ɔrjo] *sm* auditório.

uf.fi.cia.le [uffitʃ'ale] *sm* funcionário. *Mil.* oficial. ≃ **giudiziario** oficial judiciário. **U** ≃ **di Stato Civile** tabelião. *adj* oficial.

uf.fi.cio [uff'itʃo] *sm* ofício, cargo; emprego, serviço; função, dever; escritório, agência; repartição pública. ≃ **di dogana** alfândega, repartição aduaneira. ≃ **informazioni** balcão de informações. ≃ **di cambio** agência de câmbio. ≃ **postale** agência do correio. ≃ **telegrafico** agência telegráfica. **d'** ≃ oficial; oficialmente.

uf.fi.cio.so [uffitʃ'ozo] *adj* oficioso, não oficial.

u.fo ['ufo] *sm* ufo, disco voador. *adv* de graça, às custas de outra pessoa.

ug.gia ['uddʒa] *sf* tédio, monotonia. *Pop.* chateação. *Fig.* antipatia, aversão.

ug.gio.la.re [uddʒol'are] *vi* ganir, uivar.

ug.gio.so [uddʒ'oso] *adj* tedioso, monótono; entediado, triste. *Pop.* chato, cacete.

ugna, unghia, ugnata → unghiata.

u.go.la ['ugola] *sf Anat.* úvula. *Fig.* garganta, voz para cantar. **bagnarsi l'** ≃ *Fig. Irôn.* molhar a garganta, beber.

u.go.not.to [ugon'ɔtto] *sm Hist.* huguenote.

u.gua.glian.za [ugwaʎ'antsa] ou **e.gua.glian.za** [egwaʎ'antsa] *sf* igualdade; uniformidade; equivalência, correspondência.

u.gua.glia.re [ugwaʎ'are] ou **e.gua.glia.re** [egwaʎ'are] *vt* igualar, tornar igual; comparar, confrontar; nivelar, uniformizar.

u.gua.le [ug'wale] ou **e.gua.le** [eg'wale] *adj* igual, idêntico; constante; regular, uniforme. *Fig.* monótono.

uh ['u] ou **u.hi** ['ui] *interj* ui! ai! (dor); oh! ah! (horror, maravilha).

uhm ['um] *interj* hum! (dúvida).

ul.ce.ra ['ultʃera] *sf Med.* úlcera. ≃ **gastrica** úlcera gástrica. ≃ **duodenale** úlcera duodenal.

ul.ce.ra.re [ultʃer'are] *vt* ulcerar.

uliva, ulivastro, ulivo → oliva, olivastro, olivo.

ul.na ['ulna] *sf Anat.* ulna, cúbito.

ul.te.rio.re [ulter'jore] *adj* ulterior, posterior, seguinte. *Fig.* complementar, secundário.

ul.ti.ma.re [ultim'are] *vt* terminar, concluir; completar.

ul.ti.ma.to [ultim'ato] *sm Pol.* ultimato. *adj* terminado, concluído; completo.

ul.ti.mo ['ultimo] *sm* + *adj* último. **l'** ≃ **a ora** as últimas, a morte. **l'** ≃ **a parola** a palavra final, decisiva. **le** ≃ **e volontà** a última vontade (no testamento). **essere l'** ≃ **a ruota del carro** ser deixado de lado, não ter valor nenhum. **da** ≃ por fim. **in** ≃ no final.

ultrarosso → **infrarosso.**

ul.tra.so.ni.co [ultras'ɔnico] *adj* ultra-sônico.

ul.tra.suo.no [ultras'wɔno] *sm Fís.* ultra-som.

ul.tra.vio.let.to [ultravjol'etto] *adj Fís.* e *Med.* ultravioleta.

u.lu.la.re [ulul'are] *vi Lit.* uivar.

u.lu.lo [ululo] *sm Lit.* uivo.

u.ma.na.re [uman'are] ou **u.ma.niz.za.re** [umaniddz'are] *vt* humanizar. *vpr* humanizar-se.

u.ma.ne.si.mo [uman'ezimo] ou **u.ma.ni.smo** [uman'izmo] *sm Lit.* e *Hist.* humanismo.

u.ma.ni.tà [umanit'a] *sf* humanidade, raça humana. *Fig.* caridade, piedade, benevolência. **le** ≃ as humanidades, as ciências humanas.

u.ma.ni.ta.rio [umanit'arjo] *adj* humanitário.

u.ma.no [um'ano] *adj* humano. *Fig.* caridoso, piedoso, benevolente.

um.bi.li.ca.le [umbilik'ale] ou **om.be.li.ca.le** [ombelik'ale] *adj* umbilical. **cordone** ≃ cordão umbilical.

um.bi.li.co [umbil'iko] ou **om.be.li.co** [ombel'iko] *sm Anat.* umbigo. *Fig.* centro.

u.met.ta.re [umett'are] *vt Lit.* umectar, umedecer.

u.mi.di.re [umid'ire] *vt* umedecer.

u.mi.di.tà [umidit'a] ou **u.mi.dez.za** [umid'ettsa] *sf* umidade.

u.mi.do ['umido] *sm* umidade. *adj* úmido; molhado, banhado. **aver gli occhi** ≃ **i** estar com os olhos cheios d'água. **in** ≃ guisado.

u.mi.le ['umile] *adj* humilde; modesto; submisso, servil; pobre, plebeu.

u.mi.lian.te [umil'jante] *adj* humilhante; vergonhoso.

u.mi.lia.re [umil'jare] *vt* humilhar; envergonhar, vexar. *vpr* humilhar-se, rebaixar-se.

u.mi.lia.zio.ne [umiljats'jone] *sf* humilhação.

u.mil.tà [umilt'a] *sf* humildade; modéstia, simplicidade; submissão, passividade.

u.mo.re [um'ore] *sm Anat.* humor, secreção. *Fig.* humor, estado de espírito. ≃ **acqueo** humor aquoso.

u.mo.ri.sta [umor'ista] *s* + *adj* humorista.

u.mo.ri.sti.co [umor'istiko] *adj* humorístico, cômico.

un ['un] *art indef msg* um.

u.na ['una] *art indef fsg* uma. Antes de vogal, **un'.**

u.na.ni.me [un'anime] *adj* unânime.

u.na.ni.mi.tà [unanimit'a] *sf* unanimidade; consenso, concordância.

un.ci.na.re [untʃin'are] *vt* enganchar.

un.ci.na.to [untʃin'ato] *part* + *adj* adunco, encurvado.

un.ci.net.to [untʃin'etto] *sm dim* agulha de crochê.

un.ci.no [untʃ'ino] *sm* gancho. *Fam.* garrancho, letra ruim. *Fig.* pretexto, desculpa.

undecimo → **undicesimo.**

un.di.cen.ne [unditʃ'enne] *s* + *adj* de onze anos (de idade).

un.di.ce.si.mo [unditʃ'ezimo] ou **un.de.ci.mo** [und'etʃimo] *sm* + *num* décimo primeiro; undécimo; onze anos.

un.di.ci ['unditʃi] *sm* + *num* onze.

un.ge.re ['undʒere] *vt* ungir, untar; lubrificar. *Fig.* bajular, adular; subornar, corromper.

un.ghe.re.se [unger'eze] *s* + *adj* húngaro, magiar, da Hungria.

un.ga.ro ['ungaro] ou **un.ga.ri.co** [ung'ariko] *adj* húngaro, magiar.

un.ghia ['ungja] *sf* ou **u.gna** [uña] *sf Poét.* unha; garra. ≃ **incarnata** unha encravada. **l'** ≃ **del cavallo** o casco do cavalo. **mostrare** ou **metter fuori le** ≃ **e** mostrar as garras, ameaçar. **mordersi le** ≃ **e** roer as unhas. **metter le** ≃ **e addosso a** pôr as garras em.

un.ghia.ta [ung'jata] *sf* ou **u.gna.ta** [uñ'ata] *sf Poét.* unhada, arranhão.

un.gi.tu.ra [undʒit'ura] *sf* unção, untura.

un.guen.ta.re [ungwent'are] *vt* colocar ungüento em, untar com ungüento.

un.guen.to [ung'wento] *sm* ungüento.

u.ni.co ['uniko] *adj* único, singular. *Fig.* superior, ótimo, inigualável.

u.ni.cor.no [unik'ɔrno] *sm Zool.* e *Mit.* unicórnio.

u.ni.fi.ca.re [unifik'are] *vt* unificar; englobar, fundir; uniformizar, padronizar.

u.ni.for.ma.re [uniform'are] *vt* uniformizar, padronizar. *vpr* conformar-se, adequar-se, adaptar-se.

u.ni.for.me [unif'orme] *sm* uniforme, farda. *adj* uniforme, homogêneo; constante, invariável. **moto** ≃ *Fís.* movimento uniforme.

u.ni.la.te.ra.le [unilater'ale] *adj* unilateral. *Fig.* parcial, subjetivo.

u.nio.ne [un'jone] *sf* união, ligação; acordo, aliança; concórdia. *Fig.* casamento, matrimônio.

u.ni.re [un'ire] *vt* unir, ligar. *Fig.* casar. *vpr* unir-se, ligar-se; combinar-se. ≃ **si in matrimonio** unir-se em matrimônio, casar-se.

u.ni.so.no [un'isono] *sm+adj* uníssono. **all'** ≃ em uníssono, de acordo.

u.ni.tà [unit'a] *sf* unidade; unificação. *Mil.* unidade, regimento. *Fig.* união; harmonia, concórdia. **le** ≃ **di misura** *Fís.* e *Quím.* as unidades de medida.

u.ni.ta.rio [unit'arjo] *adj* unitário. **prezzo** ≃ preço unitário.

u.ni.ver.sa.le [univers'ale] *sm+adj* universal. **Diluvio U** ≃ *Rel.* Dilúvio Universal. **erede** ≃ *Dir.* herdeiro universal. **Giudizio U** ≃ *Rel.* Juízo Final.

u.ni.ver.si.tà [universit'a] *sf* universidade.

u.ni.ver.si.ta.rio [universit'arjo] *sm+adj* universitário.

u.ni.ver.so [univ'erso] *sm* universo, cosmo; mundo, globo terrestre. *adj* universal.

u.ni.vo.co [un'ivoko] *adj* unívoco.

u.no ['uno] *sm+num* um. **a** ≃ **a** ≃ um a um. ≃ **alla volta** um por vez. *pron* alguém, alguma pessoa. *art indef msg* um. *tb* **un**.

un.ta.re [unt'are] *vt Pop.* untar. *Fig.* bajular, adular; subornar, corromper.

un.to ['unto] *sm* unto, unguento. *Fig.* bajulação, adulação. *part+adj* ungido.

uo.mo ['womo] *sm* (*pl m* **gli uomini**) homem; amante, companheiro. **l'U** ≃ o Homem, a humanidade. ≃ **d'affari** homem de negócios. ≃ **d'arme** homem de armas, militar. ≃ **d'azione** homem de ação, ativo. ≃ **di pensiero** pensador. ≃ **di stoppa** marionete, homem submisso. ≃ **di lettere** homem de letras. ≃ **fatto** homem feito. ≃ **rana** homem-rã. **abominevole** ≃ **delle nevi** ≃ yeti. **a tutt'** ≃ *Fig.* com toda a força. **come un sol** ≃ com unanimidade. **gli** ≃ **ini** a humanidade, todo o mundo. ≃ **allegro il cielo l'aiuta** quem canta, seus males espanta. **all'** ≃ **sazio il dolce pare amaro** barriga cheia goiaba tem bicho.

uo.po ['wopo] *sm* necessidade. **esser d'** ≃ ser mister, ser necessário.

uo.vo ['wovo] ou **o.vo** ['ovo] *sm* (*pl f* **le uova** ou **le ova**) ovo. ≃ **da bere** ovo quente. ≃ **sodo** ovo duro. ≃ **al tegame** ovo estrelado. ≃ **fritto** ovo frito. ≃ **strapazzato** ovo mexido. **meglio un** ≃ **oggi che una gallina domani** é melhor um pássaro na mão do que dois voando.

u.ra.ga.no [urag'ano] *sm* furacão; tempestade, temporal. *Fig.* ruína, desgraça.

urango → **orango**.

u.ra.nio [ur'anjo] *sm Quím.* urânio.

U.ra.no [ur'ano] *sm Astron.* e *Mit.* Urano.

ur.ba.ne.si.mo [urban'ezimo] ou **ur.ba.ni.smo** [urban'izmo] *sm* urbanismo.

ur.ba.no [urb'ano] *adj* urbano, da cidade; educado, gentil, cortês.

u.re.a [ur'ɛa] *sf Fisiol.* uréia.

u.re.te.re [uret'ere] *sm Anat.* ureter.

u.re.tra [ur'ɛtra] *sf Anat.* uretra.

ur.gen.te [urdʒ'ente] *adj* urgente; iminente.

ur.ge.nza [urdʒ'entsa] *sf* urgência; iminência.

ur.ge.re ['urdʒere] *vt+vi* urgir, ser necessário. *Fig.* incitar, induzir; obrigar, forçar.

urina, urinario → **orina, orinario**.

ur.la.re [url'are] *vi* uivar; gritar, berrar.

ur.lo ['urlo] *sm* uivo; grito, berro.

ur.na ['urna] *sf* urna. *Hist.* urna, vaso para água.

ur.rà [ur'a] *interj* viva!

ur.ta.re [urt'are] *vt* colidir, bater. *Fig.* contradizer; contrastar; incomodar, irritar. *vi* colidir, bater. *vpr* chocar-se; opor-se; irritar-se, incomodar-se.

ur.ta.ta [urt'ata] *sf* colisão, batida, choque; empurrão.

urtica, urticaria → **ortica, orticaria**.

ur.to ['urto] *sm* colisão, batida, choque; golpe; encontrão. *Fig.* contraste; divergência, discrepância.

u.sa.nza [uz'antsa] *sf* uso, costume, tradição; hábito; norma, regra.

u.sa.re [uz'are] *vt* usar, utilizar, empregar; consumir, gastar. *vi* costumar, ter o hábito de; usar-se, ser costume; estar na moda.

u.sa.to [uz'ato] *sm* uso, hábito, costume. *part+adj* usado, consumido, gasto; costumeiro, habitual.

u.scie.re [uʃ'ere; uʃ'ere] *sm* oficial de justiça, meirinho; porteiro.

u.scio ['uʃo] *sm* porta. **essere a** ≃ **a** ≃ **con qualcuno** estar próximo de alguém. **mettere all'** ≃ mandar embora. **prendere l'** ≃ ir embora, sair. **il peggior passo è quello dell'** ≃ *Fig.* todo começo é difícil.

u.sci.re [uʃ'ire] *vi* sair; partir, ir embora; deixar, abandonar (cargo); ser sorteado; ser publicado (jornal, revista). ≃ **in** sair em, levar a (rua, estrada). *Gram.* terminar em, ter desinência em (palavra). ≃ **da** nascer de, vir de. ≃ **di sé** ou **di senno** perder os sentidos, desmaiar; ficar fora de si, enlouquecer. ≃ **dal seminato** *Fig.* mudar de assunto. ≃ **di squadra** sair de esquadro, ficar torto. *Fig.* passar dos limites; levar vida desregrada.

u.sci.ta [uʃ'ita] *sf* saída. *Com.* despesa, saída. *Mil.* surtida. *Gram.* terminação. *Fig.* abertura, passagem. **l'** ≃ **di un attore** a entrada em cena de um ator. ≃ **di sicurezza** saída de emergência, saída de incêndio.

u.si.gno.lo [uziñ'ɔlo] ou **u.si.gnuo.lo** [uziñ'wɔlo] *sm Zool.* rouxinol.

u.so ['uzo] *sm* uso, emprego, utilização; gasto, consumo; hábito, costume; moda. **fare** ≃ **di** usufruir de.

u.stio.na.re [ustjon'are] *vt Med.* queimar.

u.stio.ne [ust'jone] *sf Med.* queimadura.

u.su.a.le [uzu'ale] *adj* usual, habitual, comum.

u.su.ca.pio.ne [uzukap'jone] *sf Dir.* usucapião.

u.su.fru.i.re [uzufru'ire] *vt + vi* usufruir, beneficiar-se, fazer uso de.

u.su.frut.to [uzufr'utto] *sm* usufruto.

u.su.ra [uz'ura] *sf* usura, agiotagem. **a** ≃ ou **con** ≃ em medida excessiva.

u.su.ra.io [uzur'ajo] *sm + adj* usurário, agiota.

u.sur.pa.re [uzurp'are] *vt* usurpar; tomar, apropriar-se de.

u.sur.pa.to.re [uzurpat'ore] *sm* usurpador.

u.ten.si.le [utens'ile] *sm* utensílio; ferramenta.

u.te.ri.no [uter'ino] *adj* uterino. *Fig.* impulsivo, instintivo; irracional.

u.te.ro ['utero] *sm Anat.* útero. *Fig.* ventre, seio materno.

u.ti.le ['utile] *sm Com.* lucro, ganho; renda, rendimento. ≃ **lordo** lucro bruto. ≃ **netto** lucro líquido. **l'** ≃ **ed il dilettevole** o útil e o agradável. *adj* útil, aproveitável.

u.ti.li.tà [utilit'a] *sf* utilidade, serventia; vantagem.

u.ti.liz.za.re [utilidzz'are] *vt* utilizar, usar, empregar.

u.to.pi.a [utop'ia] *sf* utopia. *Fig.* fantasia, sonho, ideal.

u.to.pi.sti.co [utop'istiko] *adj* utópico. *Fig.* fantasioso, ilusório; impossível.

u.va ['uva] *sf* uva. ≃ **passa** uva passa. ≃ **di mare** sargaço. **un grappolo d'** ≃ um cacho de uva.

uz.za.to [utts'ato] *adj* bojudo.

V

v [v'u] *sf* vê, a vigésima letra do alfabeto italiano.

va.can.za [vak'antsa] *sf* feriado; folga do trabalho; vacância de um cargo. ≃**e** *pl* férias. **fare** ≃ **e** tirar férias.

va.ca.re [vak'are] *vi* estar vago, vagar.

vac.ca [v'akka] *sf Zool.* vaca; carne ou couro de vaca. *Vulg.* vaca, galinha, prostituta.

vac.ca.ro [vakk'aro] ou **vac.ca.io** [vakk'ajo] *sm* vaqueiro.

vac.ci.na.re [vattʃin'are] *vt* vacinar.

vac.ci.na.zio.ne [vattʃinats'jone] *sf Med.* vacina; vacinação. ≃ **antitetanica** vacina antitetânica. ≃ **antirabbica** vacina anti-rábica.

vac.ci.no [vatt'ʃino] *sm Med.* vacina. *adj Zool.* vacum, de vaca. **bestiame** ≃ gado vacum.

va.cil.la.men.to [vatʃillam'ento] *sm* ou **va.cil.la.zio.ne** [vatʃillats'jone] *sf* vacilação, hesitação.

va.cil.la.re [vatʃill'are] *vi* cambalear. *Fig.* vacilar, hesitar.

va.cuo [v'akwo] *sm* vácuo, vazio. *adj Lit.* vácuo, vazio. *Fig.* fútil, frívolo, tolo.

va.ga.bon.dag.gio [vagabond'addʒo] *sm* vagabundagem.

va.ga.bon.da.re [vagabond'are] *vi* vagabundear, vadiar; vagar, errar; distrair-se, divagar.

va.ga.bon.do [vagab'ondo] *sm+adj* vagabundo, vadio; errante, nômade.

va.ga.re [vag'are] *vi* vagar, errar. *Fig. Lit.* divagar, perder-se.

va.gel.la.re [vadʒell'are] *vi* delirar, devanear.

va.gheg.gia.re [vageddʒ'are] *vt* desejar, almejar, aspirar a; admirar; namorar, cortejar. *vpr* admirar-se, envaidecer-se.

va.ghez.za [vag'ettsa] *sf* desejo, aspiração, anseio; deleite, prazer; beleza, formosura; vagueza, indeterminação.

va.gi.na [vadʒ'ina] *sf Anat.* vagina.

va.gi.na.le [vadʒin'ale] *adj Anat.* vaginal.

va.glia [v'aʎa] *sf* valor; prestígio. **uomo di** ≃ homem de valor. *Com.* ordem de pagamento; vale. ≃ **postale** vale postal.

va.glio [v'aʎo] *sm* peneira, crivo. *Fig.* exame, teste, prova, avaliação.

va.go [v'ago] *adj* vago, incerto, indeterminado; desejoso, ávido; abstrato, impalpável.

va.go.ne [vag'one] *sm* vagão, carro de trem. ≃ **ristorante** carro-restaurante. ≃ **letto** carro-dormitório. *tb* vettura.

vai.ni.glia [vajn'iʎa] ou **va.ni.glia** [van'iʎa] *sf* baunilha.

vaiolato → **variegato**.

va.io.lo [va'jɔlo] ou **va.iuo.lo** [va'jwɔlo] *sm Med.* varíola.

va.lan.ga [val'anga] *sf tb Fig.* avalancha.

val.chi.rie [valk'irje] *sf pl Mit.* valquírias.

va.len.te [val'ente] *adj* talentoso, hábil, exímio; perito, experiente. *Fig.* valente, corajoso.

va.len.ti.a [valent'ia] *sf* talento, habilidade; perícia, experiência. *Fig.* valentia, coragem..

va.len.tuo.mo [valent'wɔmo] *sm* homem de bem; perito, especialista.

va.le.re [val'ere] *vt* valer, render. *vi* valer, ter valor; custar. *Fig.* contar, influir; corresponder, equivaler a; significar. *vpr* valer-se de. ≃ **la pena** valer a pena. **farsi** ≃ impor respeito.

va.le.vo.le [val'evole] *adj* válido; útil; eficaz.

va.li.ca.re [valik'are] *vt* passar, atravessar (rio, montanhas). *Fig.* superar, vencer.

va.li.co [v'aliko] *sm* passagem. ≃ **stradale** ou apenas ≃ passo (em montanha).

va.li.di.tà [validit'a] *sf* validade; utilidade, eficiência; valor, bravura.

va.li.do [v'alido] *adj* válido; útil, eficaz; valoroso, bravo.

va.li.gia [val'idʒa] *sf* mala. **fare le** ≃ **e** fazer as malas. ≃ **diplomatica** mala diplomática.

val.le [v'alle] *sf Geogr.* vale; laguna. **a** ≃ descendo.

val.let.to [vall'etto] *sm Hist.* valete, pajem.

va.lo.re [val'ore] *sm* valor; custo; preço de mercadoria; virtude, mérito; bravura, coragem. ≃**i** *pl* objetos de valor. *Com.* títulos, cédulas. **di** ≃ valioso. **mettere in** ≃ valorizar.

va.lo.riz.za.re [valoriddz'are] *vt* valorizar. *Fig.* melhorar, aperfeiçoar.

va.lo.ro.so [valor'ozo] *adj* valoroso, valente, bravo, corajoso, destemido.

va.lu.ta [val'uta] *sm Com.* moeda, dinheiro, divisa; valor de uma letra. ≃ **intesa** valor combinado. **franco** ≃ sem cobertura cambial.

va.lu.ta.re [valut'are] *vt Com.* avaliar; estimar. *Fig.* considerar, julgar.

va.lu.ta.zio.ne [valutats'jone] *sf Com.* avaliação; estimativa; cálculo, previsão.

val.va [v'alva] *sf Zool.* valva.

val.vo.la [v'alvola] *sf Anat., Mec.* e *Elet.* válvula. ≃ **di sicurezza** válvula de segurança.

val.zer [v'altser] *sm Mús.* valsa.

vam.pa [v'ampa] ou **vam.pa.ta** [vamp'ata] *sf* chama, labareda; ar quente. *Fig.* rubor; paixão.

vam.peg.gia.re [vampeddʒ'are] *vi* chamejar.

vam.pi.ro [vamp'iro] *sm* vampiro. *Fig.* aproveitador, sanguessuga.

va.na.glo.ria [vanagl'ɔrja] *sf* vanglória, vaidade, presunção, ostentação.

va.na.glo.riar.si [vanaglor'jarsi] *vpr* vangloriar-se.

va.na.glo.rio.so [vanaglor'jozo] *sm+adj* vaidoso.

van.da.li.smo [vandal'izmo] *sm* vandalismo, destruição.

van.da.lo [v'andalo] *sm* vândalo, destruidor.

va.neg.gia.re [vaneddʒ'are] *vi* delirar, divagar.

van.ga [v'anga] *sf* pá.

van.ga.re [vang'are] *vt* cavar com pá.

vangelizzare → **evangelizzare**.

Van.ge.lo [vandʒ'elo] ou **E.van.ge.lo** [evandʒ'elo] *sm Rel.* Evangelho. **v** ≃ *Fig.* crença, fé, doutrina.

vanguardia → **avanguardia**.

vaniglia → **vainiglia**.

va.ni.tà [vanit'a] *sf* vaidade, presunção; inconsistência. *Fig.* futilidade, inutilidade.

va.ni.to.so [vanit'ozo] *adj* vaidoso, presunçoso.

va.no [v'ano] *sm* vão; vazio, oco; cômodo de uma casa. *adj* vão; vazio; inútil. *Fig.* vaidoso. **in vano** → **invano**.

van.tag.gia.re [vantaddʒ'are] *vt* superar, ser em maior número. *vpr* aperfeiçoar-se.

van.tag.gio [vant'addʒo] *sm* vantagem; ganho, proveito; favor, benefício. *Esp.* liderança, vantagem; dianteira. **ritrarrre** ≃**ggi** obter vantagens.

van.tag.gio.so [vantaddʒ'ozo] *adj* vantajoso, proveitoso; conveniente.

van.ta.re [vant'are] *vt* louvar, exaltar; orgulhar-se de. *vpr* contar vantagem, exibir-se, mostrar-se.

van.to [v'anto] *sm* orgulho, presunção, ostentação. *Fig.* menina dos olhos.

van.ve.ra [v'anvera] *adv* **a** ≃ à toa, a esmo; ao acaso. **parlare a** ≃ falar sem pensar.

va.po.ra.re [vapor'are] *vi* exalar vapor; evaporar, evaporar-se.

va.po.re [vap'ore] *sm* vapor; locomotiva a vapor. *Náut.* vapor, navio a vapor. **a** ≃ cozido ao vapor. **a tutto** ≃ a todo o vapor.

va.po.ret.to [vapor'etto] ou **va.po.ri.no** [vapor'ino] *sm dim Náut.* barco a vapor.

va.po.ro.so [vapor'ozo] *adj* vaporoso. *Fig.* indeterminado, vago; vaporoso, transparente (roupa).

var.ca.re [vark'are] *vt* passar, atravessar. *Fig.* ultrapassar, exceder os limites.

var.co [v'arko] *sm* passagem, abertura; passo nas montanhas. **aspettare al** ≃ *tb Fig.* emboscar, ficar de tocaia.

va.rian.te [var'jante] *sf* variante, variação, modificação. *adj* variante.

va.ria.re [var'jare] *vt* variar, mudar, alterar. *vi* diferir, ser diferente; mudar, transformar-se.

va.ria.zio.ne [varjats'jone] *sf* variação, mudança, alteração; diferença. *Mús.* variação.

va.ri.ce [var'itʃe] *sf Med.* variz.

va.ri.cel.la [varitʃ'ella] *sf Med.* varicela.

va.rie.ga.to [varjeg'ato] ou **va.io.la.to** [vajol'ato] *part+adj* variegado (pedra, etc.).

va.rie.tà [varjet'a] *sf* variedade, diversidade, multiplicidade; gênero, tipo. *sm* espetáculo de variedades, revista. **teatro di** ≃ teatro de variedades.

va.rio [v'arjo] *adj* variado, diferente, diverso; instável, volúvel. ≃**ri** *adj pl* vários, diversos, muitos.

va.sa.io [vaz'ajo] ou **va.sa.ro** [vaz'aro] *sm* oleiro.

va.sca [v'aska] *sf* tanque, reservatório de água; piscina. ≃ **da bagno** banheira.

va.scel.lo [vaʃ'ello] *sm Náut.* nau, vaso. ≃ **da guerra** vaso de guerra.

va.sco.la.re [vaskol'are] *adj Anat.* vascular. **sistema** ≃ sistema vascular.

va.se.li.na [vazel'ina] *sf* vaselina.

va.sel.la.me [vazell'ame] *sm Pop.* vasilhame, louça.

va.so [v'azo] *sm* vaso, vasilha. ≃ **di cantina** tonel, barrica. ≃ **da fiori** vaso de flores. ≃ **da notte** urinol. ≃ **da gabinetto** privada, latrina. ≃**i** *sm pl Anat.* vasos. ≃**i sanguigni** vasos sangüíneos. ≃**i linfatici** vasos linfáticos.

vas.sal.lag.gio [vassall'addʒo] *sm Hist.* vassalagem. *Fig.* servidão, submissão.

vas.sal.lo [vass'allo] *sm Hist.* vassalo. *Fig.* súdito, servo.

vas.so.io [vass'ojo] *sm* bandeja.

va.stez.za [vast'ettsa] ou **va.sti.tà** [vastit'a] *sf* vastidão.

va.sto [v'asto] *adj* vasto, amplo.

va.te [v'ate] *sm Lit.* e *Poét.* vate, profeta; poeta.

va.ti.ci.na.re [vatitʃin'are] *vt Lit.* vaticinar, profetizar.

va.ti.ci.nio [vatitʃ'injo] *sm Lit.* vaticínio, profecia.

ve [v'e] *pron* vos, a vós, para vós. *adv* aqui, ali, etc.

vec.chia.ia [vekk'jaja] *sf* velhice.

vec.chio [v'ekkjo] *sm* velho. **i nostri** ≃ **chi** os nossos ancestrais. ≃ **scapolo** solteirão. *adj* velho; antigo; envelhecido (vinho); antiquado, fora de moda.

ve.ce [v'etʃe] *sf vez*; alternativa; ocasião. ≃ **i** *pl Fig.* posição, lugar (de alguém). **in** ≃ **di** em vez de, ao invés de. **fare le** ≃ **i di** substituir.

ve.de.re [ved'ere] *sm* visão; ver, opinião, julgamento. *vt* ver. *Fig.* compreender, entender; observar, notar, perceber; examinar, avaliar; encontrar, visitar. *vi* ver. *vpr* ver-se, ver a si mesmo; encontrar-se. *Fig.* considerar-se, acreditar ser; sentir-se. ≃ **di (fare qualcosa)** tentar (ou procurar) fazer algo. ≃ **bene** ou **male una persona** julgar bem ou mal uma pessoa. ≃ **doppio** ver dobrado (bêbado). ≃ **le stelle** ver estrelas, sentir muita dor. ≃ **nero** ser pessimista. ≃ **rosa** ser otimista. **non** ≃ **più in là del naso** não enxergar um palmo diante do nariz, ter vista curta. **non** ≃ **l'ora di** não ver a hora de. **aver che** ≃ **con** ter a ver com. **star a** ≃ assistir, ser espectador de.

ve.det.ta [ved'etta] *sf* torre de vigia, atalaia; vigilância, guarda. *Mil.* vigia, sentinela. *Náut.* barco-patrulha.

ve.do.va.nza [vedov'antsa] *sf* viuvez.

ve.do.vo [v'edovo] *sm* + *adj* viúvo.

ve.du.ta [ved'uta] *sf* olhar, olhada; vista, perspectiva; quadro, imagem; idéia, concepção.

ve.e.men.za [veem'entsa] *sf tb Fig.* veemência, intensidade, ênfase.

ve.e.men.te [veem'ente] *adj tb Fig.* veemente, intenso; enérgico.

ve.ge.ta.le [vedʒet'ale] *sm* + *adj* vegetal. **regno** ≃ reino vegetal. **terra** ≃ terra vegetal.

ve.ge.ta.re [vedʒet'are] *vi* vegetar, florescer, crescer (planta). *Fig.* vegetar, viver como vegetal.

ve.ge.ta.ria.no [vedʒetar'jano] *sm* + *adj* vegetariano.

ve.ge.ta.ti.vo [vedʒetat'ivo] *adj* vegetativo. **vita** ≃ **a** vida vegetativa.

ve.ge.ta.zio.ne [vedʒetats'jone] *sf* vegetação. *Geogr.* flora, vegetação nativa.

veg.gen.te [veddʒ'ente] *sm Poét.* vidente, profeta.

ve.glia [v'eʎa] *sf* vigília; sarau.

ve.glia.re [veʎ'are] *vt* guardar; assistir um doente. *vi* velar; vigiar, ficar de vigia; fazer serão.

ve.i.co.lo [ve'ikolo] *sm tb Fig.* veículo.

ve.la [v'ela] *sf Náut.* vela. *Fig.* navio a vela. ≃ **andare a** ≃ navegar à vela. **a gonfie** ≃ **e** com vento favorável. *Fig.* com condições favoráveis. **volo a** ≃ *Esp.* vôo com planador.

ve.la.re [vel'are] *vt* velar, cobrir com véu. *Fig.* esconder, encobrir, ocultar. *vpr* cobrir-se com véu. *Fig.* virar freira. ≃ **una negativa** *Fot.* velar um negativo.

ve.leg.gia.re [veleddʒ'are] *vi* velejar.

ve.le.no [vel'eno] *sm* veneno. *Fig.* ódio.

ve.le.no.so [velen'ozo] *adj* venenoso. *Fig.* mau, ruim; maligno; nocivo.

ve.let.ta [vel'etta] *sf* véu de chapéu.

ve.lie.ro [vel'jero] *sm Náut.* veleiro.

ve.li.vo.lo [vel'ivolo] *sm Aeron.* avião, aeronave.

ve.lu.to [vell'uto] *sm* veludo.

ve.lo [v'elo] *sm* véu; película. *Fig.* névoa; sombra; desculpa, pretexto. ≃ **palatino** *Anat.* palato mole. **un** ≃ **di polvere** um véu de poeira. **prendere il** ≃ tornar-se freira.

ve.lo.ce [vel'otʃe] *adj* veloz, rápido.

ve.lo.ci.tà [velotʃit'a] *sf* velocidade, rapidez.

ve.lo.dro.mo [vel'ɔdromo] *sm* velódromo.

ve.na [v'ena] *sf Anat.* veia. *Min.* veio, filão. *Fig.* disposição, inclinação, inspiração. ≃ **poetica** *Fig.* veia poética, inspiração.

ve.na.le [ven'ale] *adj* venal. *Fig. dep* corrupto, mercenário.

ven.dem.mia [vend'emmja] *sf* vindima. *Fig.* colheita.

ven.dem.mia.re [vendemm'jare] *vt* + *vi* vindimar, colher uvas.

ven.de.re [v'endere] *vt* vender. *Fig.* trair. *vpr* vender-se, deixar-se corromper. **da** ≃ à venda, vende-se. ≃ **l'anima al diavolo** estar desesperado. **averne da** ≃ ter (algo) para dar e vender. **ha salute da** ≃ ! está vendendo saúde! ≃ **la pelle dell'orso prima di averlo ucciso** contar com o que ainda não possui.

ven.det.ta [vend'etta] *sf* vingança, desforra.

ven.di.ta [v'endita] *sf* venda; loja, negócio; comércio, compra e venda. ≃ **all'asta** venda em leilão. ≃ **di liquidazione** liquidação. ≃ **al minuto** varejo. ≃ **all'ingrosso** atacado.

ven.di.to.re [vendit'ore] *sm* vendedor; negociante; lojista.

ve.ne.ra.bi.le [vener'abile] ou **ve.ne.ran.do** [vener'ando] *adj* venerável, venerando.

ve.ne.ra.re [vener'are] *vt* venerar, reverenciar.

ve.ne.ra.zio.ne [venerats'jone] *sf* veneração, reverência.

ve.ner.dì [venerd'i] *sm* sexta-feira. *Pop.* sexta. **di** ≃ às sextas-feiras. **V** ≃ Santo Sexta-Feira Santa, Sexta-Feira da Paixão. **gli manca un** ≃ *Fam.* ele tem um parafuso a menos, é maluco.

Ve.ne.re [v'enere] *sf Astron.* e *Mit.* Vênus. **v** ≃ *Fig.* deusa, mulher muito bonita.

ve.ne.re.o [ven'ereo] *adj* erótico, sensual; libidinoso, lascivo. *Med.* venéreo. **morbo** ≃ sífilis.

ve.ne.zia.na [venets'jana] *sf* veneziana.

ve.ne.zia.no [venets'jano] *sm + adj* veneziano, de Veneza.

ve.nia [v'enja] *sf Lit.* perdão, remissão dos pecados.

ve.nia.le [ven'jale] *adj Lit.* venial, perdoável, leve (pecado).

ve.ni.re [ven'ire] *vi* vir; chegar; aparecer, surgir; acontecer; derivar de, ter origem em. *Fig.* ejacular. **quanto viene?** quanto custa? ≃ **giù** cair do alto. ≃ **su** crescer, prosperar. ≃ **addosso** acontecer (coisa ruim). ≃ **al mondo** vir ao mundo, nascer. **un andare e un** ≃ **di gente** um vai-e-vem de pessoas. ≃ **a sapere** vir a saber. ≃ **in taglio** vir a calhar, ser apropriado. ≃ **alle mani** pegar-se, lutar. ≃ **a capo di** terminar, concluir.

ven.ta.glio [vent'aλo] *sm* leque. **aprirsi a** ≃ abrir-se em leque.

ven.ta.re [vent'are] *vi* ventar, soprar (vento).

ven.ten.ne [vent'enne] *s + adj* de vinte anos (de idade).

ven.te.si.mo [vent'ezimo] ou **vi.ge.si.mo** [vidʒ'ezimo] *sm + num* vigésimo; vinte avos.

ven.ti [v'enti] *sm + num* vinte.

ven.ti.la.re [ventil'are] *vt* ventilar. ≃ **una proposta** *Fig.* discutir uma proposta.

ven.ti.la.to.re [ventilat'ore] *sm* ventilador.

ven.ti.na [vent'ina] *sf* uns vinte, umas vinte.

ven.to [v'ento] *sm* vento. *Fig.* vaidade. **nodo di** ≃ turbilhão. **avere il** ≃ **in poppa** *Náut.* navegar com vento favorável. *Fig.* ir de vento em popa. **esser sotto** ≃ *Náut.* navegar contra o vento. *Fig.* remar contra a maré, lutar contra condições desfavoráveis. **tirar** ≃ ventar. **navigare secondo** ≃ *Náut.* navegar com vento favorável. *Fig.* dançar conforme a música, mudar conforme a situação.

ven.to.sa [vent'oza] *sf* ventosa.

ven.tre [v'entre] *sm Anat.* ventre, abdômen. *Fig.* seio, regaço; bojo (de barrica).

ven.tri.co.lo [ventr'ikolo] *sm Anat.* ventrículo do coração.

ven.tri.lo.quo [ventr'ilokwo] *sm* ventríloquo.

ven.tu.ra [vent'ura] *sf* ventura, sorte. **alla** ≃ ao acaso. **predire la** ≃ prever o futuro.

ven.tu.ro [vent'uro] *adj* venturo, vindouro.

ven.tu.ro.so [ventur'ozo] *adj* venturoso, afortunado, feliz.

ve.nu.ta [ven'uta] *sf* vinda; chegada; aparecimento, surgimento; retorno, volta.

ve.ra.ce [ver'atʃe] *adj Lit.* veraz, verídico, verdadeiro, autêntico.

ve.ra.ci.tà [veratʃit'a] *sf Lit.* veracidade.

ve.ra.men.te [veram'ente] *adv* realmente, na verdade.

ve.ran.da [ver'anda] *sf* varanda, terraço.

ver.ba.le [verb'ale] *sm* ata, minuta de reunião. *adj* verbal, oral.

ver.ba.liz.za.re [verbaliddz'are] *vt* declarar, testemunhar; redigir.

ver.bo [v'erbo] *sm* verbo, palavra. *Gram.* verbo. ≃ **regolare** verbo regular. **V** ≃ **Divino** *Rel.* Verbo Divino. **V** ≃ **Incarnato** *Rel.* Verbo Encarnado, Jesus Cristo.

ver.de [v'erde] *sm* verde, cor verde; vegetal, planta. *Fig.* vigor. **essere al** ≃ estar duro, sem dinheiro. *adj* verde. *Fig.* jovem; florescente; vivo. **frutto** ≃ fruta verde. **legume** ≃ legume fresco. **anni** ≃ **i** verdes anos, juventude.

ver.deg.gia.re [verdedd'ʒare] *vi* verdejar.

ver.det.to [verd'etto] *sm Dir.* veredicto. *adj* um pouco verde.

ver.du.ra [verd'ura] *sf* verdura; legume, hortaliça. *Pop.* salada.

ver.ga [v'erga] *sf* vara, ramo fino, vareta; barra de metal; listra de tecido. *Vulg.* pica, pau, genital masculino. *Fig.* punição, castigo. **tremare a** ≃ **a** ≃ ou **come una** ≃ tremer como vara verde.

ver.gi.na.le [verdʒin'ale] *adj* virginal.

ver.gi.ne [v'erdʒine] *sf* virgem, donzela. **V** ≃ *Astron.* e *Astrol.* Virgem. *adj* virgem, casto; puro, inocente; imaculado, intato. **foresta** ≃ floresta virgem, inexplorada. **terra** ≃ terra virgem, não cultivada.

ver.gi.ni.tà [verdʒinit'a] *sf* virgindade, castidade; pureza.

ver.go.gna [verg'oɲa] *sf* vergonha; vexame; desonra. ≃ **e** *sf pl* vergonhas, partes pudendas.

ver.go.gnar.si [vergoɲ'arsi] *vpr* envergonhar-se, sentir vergonha.

ver.go.gno.so [vergoɲ'ozo] *adj* vergonhoso; tímido, envergonhado.

ve.ri.di.co [ver'idiko] *adj* verídico.

ve.ri.fi.ca.re [verifik'are] *vt* verificar, averiguar, apurar. *vpr* realizar-se, acontecer, verificar-se.

ve.ri.fi.ca.zio.ne [verifikats'jone] ou **ve.ri.fi.ca** [ver'ifika] *sf* verificação, averiguação.

verisimigliante, verisimile → verosimigliante, verosimile.

verisimile verosimile.

ve.ri.tà [verit'a] *sf* verdade; veracidade; sinceridade. **in** ≈ ou **per** ≈ na verdade, realmente.

ver.me [v'erme] *sm* verme. *Fig.* verme, desprezível, nojento. ≈ **solitario** solitária, tênia.

ver.mi.fu.go [verm'ifugo] *sm* + *adj* vermífugo, vermicida.

ver.mi.na.zio.ne [verminats'jone] *sf Med.* verminose.

ver.mut [v'ermut] *sm* vermute.

ver.na.co.lo [vern'akolo] *sm* vernáculo, língua nacional. *adj* dialetal. **poesia** ≈ **a** poesia dialetal.

ver.ni.ce [vern'itʃe] *sf* verniz; tinta. *Pint.* vernissagem. *Fig.* verniz, enfeite superficial, aparência agradável. ≈ **fresca** tinta fresca.

verniciare → inverniciare.

ve.ro [v'ero] *sm* verdade. *adj* vero, verdadeiro; real, efetivo; genuíno, legítimo. **in** ≈ → **invero. da** ≈ → **davvero. per** ≈ na verdade, realmente. ≈ **è ou è ben** ≈ **che** todavia, porém.

ve.ro.ne [ver'one] *sm* varanda, terraço.

ve.ro.si.mi.glian.te [verosimiʎ'ante] ou **ve.ri.si.mi.glian.te** [verisimiʎ'ante] *adj* verossímil, verossimilhante.

ve.ro.si.mi.le [veros'imile] ou **ve.ri.si.mi.le** [veris'imile] *sm* verossimilhança. *adj* verossímil, verossimilhante.

ver.ri.cel.lo [verʧ'ello] *sm* cabrestante, sarilho.

ver.ru.ca [veř'uka] *sf* verruga.

ver.ru.co.so [veřuk'ozo] *adj* verrugoso.

ver.sa.men.to [versam'ento] *sm* vazamento. *Com.* depósito; pagamento.

ver.sa.re [vers'are] *vt* verter, derramar; despejar. *Com.* depositar; pagar. *vi* derramar, transbordar, vazar. *vpr* desembocar, afluir (rio).

ver.sa.ti.le [vers'atile] *adj* versátil; flexível, elástico. *Fig.* inconstante, mutável.

ver.set.to [vers'etto] ou **ver.si.co.lo** [vers'ikolo] *sm Rel.* versículo.

ver.si.fi.ca.re [versifik'are] *vt Lit.* versificar. *vi* fazer versos.

ver.sio.ne [vers'jone] *sf* versão, interpretação, explicação. *Gram.* versão.

ver.so [v'erso] *sm* verso, parte de trás. *Zool.* voz de animal; canto de pássaro. *Lit.* e *Poét.* verso de um poema. *Fig.* gesto; direção, sentido. ≈ **sciolto** *Lit.* verso livre. **pigliar le pa-**

role per il loro ≈ levar ao pé da letra. **per ogni** ≈ por todos os motivos. *prep* para, na direção de; aproximadamente, cerca de; contra; com respeito a, com relação a.

ver.te.bra [v'ertebra] *sf Anat.* vértebra.

ver.te.bra.le [vertebr'ale] *adj Anat.* vertebral.

ver.te.bra.to [vertebr'ato] *sm* + *adj Zool.* vertebrado.

ver.ti.ca.le [vertik'ale] *sf* + *adj* vertical.

ver.ti.ce [v'ertitʃe] *sm* vértice, cume. *Fig.* máximo, apogeu, ápice. *Astron.* zênite.

ver.ti.gi.ne [vert'idʒine] *sf Med.* vertigem, tontura.

ver.ti.gi.no.so [vertidʒin'ozo] *adj* vertiginoso. *Fig.* frenético, impetuoso.

ver.zi.no [verts'ino] *sm Bot.* pau-brasil.

ve.sci.ca [veʃ'ika] *sf Anat.* e *Zool.* bexiga; vesícula. *Med.* bolha de queimadura. *Fig.* conversa fiada; pessoa fútil. ≈ **natatoria** bexiga natatória. ≈ **gonfia** ou ≈ **piena di vento** *Fig.* presunçoso, metido.

ve.sci.co.la [veʃ'ikola] ou **ve.sci.chet.ta** [veʃik'etta] *sf Anat.* vesícula. *Med.* bolha. ≈ **biliare** vesícula biliar.

ve.sco.va.to [veskov'ato] *sm Rel.* bispado.

ve.sco.vi.le [veskov'ile] ou **e.pi.sco.pa.le** [episkop'ale] *adj Rel.* episcopal.

ve.sco.vo [v'eskovo] *sm Rel.* bispo.

ve.spa [v'espa] *sf Zool.* vespa.

ve.spa.io [vesp'ajo] *sm* vespeiro. *Fig.* confusão, intriga. **sollevare un** ≈ ou **stuzzicare un** ≈ *Fig.* provocar discórdia.

ve.spro [v'espro] *sm* tarde; anoitecer. *Rel.* vésperas, orações da tarde. *tb* **vigilia.**

ves.sa.re [ves'are] *vt* vexar, maltratar, atormentar.

ves.sa.to.rio [vessat'ɔrjo] *adj* vexatório, atormentador.

ve.sta.glia [vest'aʎa] *sf* roupão, chambre.

ve.ste [v'este] *sf* vestido; aparência, aspecto; capa, cobertura. *Fig.* autoridade, comando. **aver** ≈ ter autoridade.

ve.stia.rio [vest'jarjo] *sm* vestuário, roupas.

ve.sti.bo.lo [vest'ibolo] *sm* vestíbulo, átrio, entrada de edifício. *Anat.* vestíbulo.

ve.sti.gio [vest'idʒo] *sm* (*pl m* **i vestigi** ou *pl f* **le vestigia**) vestígio, pegada, rastro. *Fig.* indício, sinal. ≈ **gi** *sm pl* ou ≈ **gia** *sf pl* vestígios, restos, ruínas.

ve.sti.re [vest'ire] *vt* vestir; usar (roupa). *Fig.* cobrir, revestir. *vpr* vestir-se. *Fig.* enfeitar-se, embelezar-se.

ve.sti.to [vest'ito] *sm* terno; vestido. ≈ **da don-**

na vestido. ≃ **da uomo** terno. *part*+*adj* vestido; coberto, revestido. **riso** ≃ arroz integral.

ve.te.ra.no [veter'ano] *sm*+*adj* veterano. ≃ **di guerra** veterano de guerra.

ve.te.ri.na.rio [veterin'arjo] *sm* veterinário. *Fig.* açougueiro, médico incompetente. *adj* veterinário.

ve.to [v'eto] *sm* veto; proibição; oposição.

ve.tra.io [vetr'ajo] *sm* vidraceiro.

ve.tra.ta [vetr'ata] ou **in.ve.tria.ta** [invetr'jata] *sf* vidraça; vitral. ≃**e a colori** vitrais coloridos. ≃ **e artistiche** vitrais artísticos.

ve.tre.ri.a [vetrer'ia] *sf* vidraçaria, vidraria.

ve.tri.fi.ca.re [vetrifik'are] *vt* vitrificar.

ve.tri.na [vetr'ina] *sf* vitrina.

ve.tro [v'etro] *sm* vidro; lente; vidraça, vidro para janela. ≃ **i** *sm pl* vidros, frascos. ≃ **infrangibile** vidro inquebrável. ≃ **smerigliato** vidro esmerilhado.

vet.ta [v'etta] *sf* cume, cimo. *Fig.* máximo, apogeu, ápice.

vet.to.re [vett'ore] *sm* portador, condutor. *Geom.* e *Fís.* vetor.

vet.to.va.glie [vettov'aλe] *sf pl* provisões, víveres.

vet.tu.ra [vett'ura] *sf* carro, automóvel; vagão; carruagem, coche. ≃ **di piazza** carro de praça, táxi. ≃ **sport** carro esporte. ≃ **letto** carro-leito. ≃ **ristorante** carro-restaurante.

vet.tu.ri.no [vettur'ino] *sm* motorista; cocheiro.

ve.tu.sto [vet'usto] *adj Lit.* vetusto, antigo, centenário.

vez.zeg.gia.re [vettseddʒ'are] *vt* acariciar, afagar; agradar, mimar; lisonjear, bajular.

vez.zeg.gia.ti.vo [vettseddʒat'ivo] *adj* carinhoso. **suffisso** ≃ *Gram.* sufixo afetivo.

vez.zo [v'ettso] *sm* hábito, costume; carícia, afago, agrado; gargantilha, cordão.

vez.zo.so [vetts'ozo] *adj* gracioso, mimoso, engraçadinho.

vi [v'i] *pron pl* vos, a vós. *adv* aí, ali, lá, aqui, daqui, dali, etc. ≃ **sarò domattina** estarei ali amanhã de manhã.

vi.a [v'ia] *sf* rua; via, modo, maneira, método. *Dir.* trâmite, via legal. *Med.* canal, conduto, via. *Fig.* trajeto, percurso; passagem, entrada. **cinque** ≃ **due, dieci** *Mat.* cinco vezes dois, dez. **essere in** ≃ **di guarigione** *Pop.* estar quase curado. **per** ≃ **di terra, di mare, d'aria** via terrestre, marítima, aérea. ≃ **traversa** atalho. **dare il** ≃ dar o sinal de partida. *adv* embora. **andar** ≃ ir embora; desaparecer. **venir** ≃ vir embora. **e così** ≃ ou ≃

≃ e assim por diante. **va'** ≃, **non ti credo!** pare com isso! *interj* vamos! avante! ou fora! vá embora! *Esp.* já! foi dada a largada!

via.dot.to [vjad'otto] *sm* viaduto.

viag.gia.re [vjaddʒ'are] *vi* viajar. ≃ **in aereo** viajar de avião.

viag.gia.to.re [vjaddʒat'ore] *sm* viajante.

vi.ag.gio [vi'addʒo] *sm* viagem. *Fig.* caminho, percurso. **buon** ≃! boa viagem! ≃ **di nozze** viagem de lua-de-mel. **l'ultimo** ou **l'estremo** ≃ a morte.

vi.a.le [vi'ale] *sm* avenida.

vian.dan.te [vjand'ante] *s* viajante; transeunte, passante.

vi.bra.re [vibr'are] *vt* vibrar. *vi* vibrar, estremecer; zumbir, zunir. *Fig.* excitar-se, agitar-se.

vi.bra.to.rio [vibrat'ɔrjo] *adj* vibratório.

vi.bra.zio.ne [vibrats'jone] *sf* vibração; tremor, estremecimento; zumbido.

vi.ca.rio [vik'arjo] *sm Rel.* vigário.

vi.ce [v'itʃe] *sm* vice, substituto.

vi.cen.da [vitʃ'enda] *sf* acontecimento, episódio, evento, fato. **a** ≃ alternadamente.

vi.cen.de.vo.le [vitʃend'evole] *adj* recíproco, mútuo.

vi.ce.ré [vitʃer'e] *sm* vice-rei.

vi.ce.ver.sa [vitʃev'ersa] *adv* vice-versa, reciprocamente.

vi.ci.na.le [vitʃin'ale] *adj* vicinal. **strada** ≃ estrada vicinal.

vi.ci.nan.za [vitʃin'antsa] *sf* vizinhança, proximidade. **le** ≃ **e** os arredores, as vizinhanças. **in** ≃ vizinho, próximo, perto.

vi.ci.no [vitʃ'ino] *sm* vizinho. *adj* vizinho, próximo. *adv* perto, próximo; na vizinhança, nos arredores. ≃ **a** *prep* perto de, próximo a.

vi.cis.si.tu.di.ne [vitʃissit'udine] *sf Lit.* vicissitude, revés.

vi.co [v'iko] *sm Lit.* beco; vila, vilarejo, aldeia.

vi.co.lo [v'ikolo] *sm* beco. ≃ **cieco** *tb Fig.* beco sem saída.

vi.deo [v'ideo] *sm Inform.* monitor.

vie.ta.re [vjet'are] *vt* vetar, proibir.

vie.ta.to [vjet'ato] *part*+*adj* vetado, proibido. ≃ **fumare** proibido fumar.

vi.ge.re [v'idʒere] *vi Lit.* vigorar, estar em vigor.

vi.gen.te [vidʒ'ente] *adj* vigente, em vigor.

vigesimo → **ventesimo.**

vi.gi.lan.te [vidʒil'ante] *adj* vigilante; cuidadoso, atento.

vi.gi.lan.za [vidʒil'antsa] *sf* vigilância; cuidado, atenção.

vi.gi.la.re [vidʒil'are] *vt* vigiar. *vi* vigiar, ficar de vigia, montar guarda.

vi.gi.le [v'idʒile] *sm* guarda municipal. ≃ **urbano** guarda municipal. ≃ **i del fuoco** soldados do fogo, bombeiros. *adj* vigilante.

vi.gi.lia [vidʒ'ilja] *sf* véspera; velório. *Rel.* vigília, jejum. ≃ **di Natale** véspera de Natal.

vi.gliac.che.ri.a [viλakker'ia] *sf* velhacaria, patifaria; covardia.

vi.gliac.co [viλ'akko] *sm+adj* velhaco, patife; covarde.

vi.gna [v'iɲa] *sf* vinha. *Fig.* atividade lucrativa. *Pop.* pechincha. **questo non è terreno da piantar** ≃ *Fig.* não se pode contar com isso.

vi.gne.to [viɲ'eto] *sm* vinhedo.

vi.gnet.ta [viɲ'etta] *sf dim* vinheta, ilustração.

vi.go.gna [vig'oɲa] *sf Zool.* vicunha.

vi.go.re [vig'ore] *sm* vigor, força; firmeza, coragem. **essere in** ≃ ser vigente, vigorar. **entrare in** ≃ entrar em vigor.

vi.go.ro.so [vigor'ozo] *adj* vigoroso, forte; corajoso; enérgico, decidido.

vi.le [v'ile] *sm+adj* vil, desprezível.

vil.la [v'illa] *sf* vila, casa de campo. *Port.* quinta.

vil.lag.gio [vill'addʒo] *sm* vila, vilarejo, aldeia.

vil.la.ni.a [villan'ia] *sf* ofensa, insulto, injúria; grosseria, falta de educação.

vil.la.no [vill'ano] *sm* aldeão, camponês. *adj* grosso, mal-educado, malcriado.

vil.leg.gia.tu.ra [villeddʒat'ura] *sf* férias, descanso.

vil.tà [vilt'a] *sf* vileza; covardia.

vi.mi.ne [v'imine] *sm* vime.

vin.cen.te [vintʃ'ente] *s+adj* vencedor, vencedora.

vin.ce.re [v'intʃere] *vt* vencer, derrotar; dominar; ganhar (prêmio). *vi* vencer, derrotar. *vpr* controlar-se, dominar-se.

vin.ci.ta [v'intʃita] *sf* vitória; ganho, lucro.

vin.ci.to.re [vintʃit'ore] *sm+adj* vencedor, ganhador, vitorioso.

vin.co.la.re [vinkol'are] *vt* vincular. *vpr* vincular-se, obrigar-se.

vin.co.lo [v'inkolo] *sm* vínculo, ligação. *Fig.* obrigação, peso.

vi.no [v'ino] *sm* vinho. ≃ **bianco** vinho branco. ≃ **caldo** vinho quente. ≃ **dolce** vinho doce. ≃ **moscato** vinho moscatel. ≃ **rosso** vinho tinto. ≃ **secco** vinho seco. ≃ **spumante** vinho espumante, champanha. ≃ **di mele** vinho de maçã, sidra. ≃ **da pasto** vinho de mesa. **dir pane al pane e** ≃ **al** ≃ falar claramente. **la botte dà il** ≃ **che ha** cada um dá o que tem.

vin.to [v'into] *part+adj* vencido, derrotado; ganho, conquistado; convencido, persuadido. **darla** ≃ a ceder. **non darsi per** ≃ não se dar por vencido, não dar o braço a torcer.

vio.la [v'jɔla] *sf Bot.* violeta. *Mús.* viola (de orquestra, tocada com arco). *sm* violeta, roxo.

vio.la.ce.o [vjol'atʃeo] *adj* violáceo, arroxeado.

vio.la.re [vjol'are] *vt* violar; infringir, transgredir. *Fig.* profanar.

vio.la.zio.ne [vjolats'jone] *sf* violação; infração, transgressão. *Fig.* profanação.

vio.len.ta.re [vjolent'are] *vt* violentar, estuprar. *Fig.* forçar, constranger, obrigar.

vio.len.to [vjol'ento] *adj* violento. *Fig.* impetuoso; intenso.

vio.len.za [vjol'entsa] *sf* violência. *Fig.* paixão, furor; ímpeto.

vio.let.ta [vjol'etta] *sf Bot.* violeta.

vio.let.to [vjol'etto] *sm+adj* violeta (cor).

vio.li.ni.sta [vjolin'ista] *s* violinista.

vio.li.no [vjol'ino] *sm* violino, rabeca. ≃ **di spalla** *Mús.* primeiro-violino; braço direito, pessoa de confiança.

vio.lon.cel.li.sta [vjolontʃell'ista] *s* violoncelista.

vio.lon.cel.lo [vjolontʃ'ello] *sm* violoncelo.

vio.lo.ne [vjol'one] *sm* contrabaixo, rabecão.

vi.ot.to.la [vi'ɔttola] *sf* ou **viot.to.lo** [vi'ɔttolo] *sm* atalho, vereda.

vip [v'ip] *sm* VIP, pessoa importante.

vi.pe.ra [v'ipera] *sf* víbora. ≃ **dagli occhiali** cobra naja. **lingua di** ≃ *Fig.* fofoqueiro.

vi.ra.re [vir'are] *vt+vi Náut.* e *Aeron.* virar, mudar de direção.

vir.go.la [v'irgola] *sf* vírgula. **non levare nemmeno una** ≃ não mudar uma vírgula, não alterar um texto. **badare a tutte le** ≃ **e** prestar atenção aos mínimos detalhes. **stare a** ≃ obedecer às normas rigorosamente.

vir.go.let.te [virgol'ette] *sf pl* aspas.

vi.ri.le [vir'ile] *adj* viril. *Fig.* forte, másculo.

vi.ri.li.tà [virilit'a] *sf* virilidade. *Fig.* força, robustez.

vir.tù [virt'u] *sf* virtude. *Fig.* eficácia; valor, força. **in** ≃ **di** em virtude de, por causa de.

vir.tu.a.le [virtu'ale] *adj* virtual.

vir.tu.o.so [virt'uoso] *sm Mús.* virtuoso, virtuose. *adj* virtuoso. *Fig.* eficaz, eficiente.

vi.ru.len.to [virul'ento] *adj Med.* virulento. *Fig.* violento, agressivo.

vi.rus [v'irus] *sm Med.* vírus.

vi.sce.ra.le [viʃer'ale] *adj Anat.* visceral, das vísceras.

vi.sce.re [viˈ∫ere] *sm Anat.* víscera. *Fig.* íntimo, âmago. **le** ≃ *sf pl tb Fig.* vísceras, entranhas. **le** ≃ **della Terra** as entranhas da Terra. **i** ≃ **i** *sm pl* intestinos; miúdos de animal.

vi.schio [viˈiskjo] *sm Bot.* visco. *Fig.* armadilha, isca.

vi.scon.te [viskˈonte] *sm* visconde.

vi.scon.tes.sa [viskontˈessa] *sf* viscondessa.

vi.sco.sa [viskˈoza] *sf Quím.* viscose.

vi.sco.so [viskˈozo] ou **vi.schio.so** [viskˈjozo] *adj* viscoso, pegajoso.

vi.si.bi.le [vizˈibile] *adj* visível. *Fig.* evidente, claro; acessível.

vi.sie.ra [vizˈjera] *sf* viseira; pala de chapéu.

vi.sio.na.rio [vizjonˈarjo] *sm + adj* visionário, sonhador.

vi.sio.ne [vizˈjone] *sf* visão; aparição, alucinação, miragem; sonho, fantasia. ≃ **cinematografica** projeção cinematográfica. **prima** ≃ primeira exibição. **seconda** ≃ reprise.

vi.sir [vizˈir] *sm* vizir.

vi.si.ta [vˈizita] *sf* visita; visitante. **fare una** ≃ fazer uma visita. ≃ **di dogana** inspeção aduaneira. ≃ **medica** visita médica.

vi.si.ta.re [vizitˈare] *vt* visitar lugar ou pessoa; vistoriar, inspecionar.

vi.si.ta.to.re [vizitatˈore] *sm* visitante de museu, galeria, etc.

vi.so [vˈizo] *sm* rosto, face. *Fig.* aparência, aspecto, figura. **a** ≃ **a** ≃ cara a cara, face a face. **a** ≃ **aperto** de coração aberto, sem medo. **far buon** ≃ **a cattivo giuoco** fingir que está gostando. **sul** ≃ pessoalmente, na cara de alguém.

vi.spo [vˈispo] *adj* vivo, vivaz, esperto.

vi.sta [vˈista] *sf* vista. perspectiva, paisagem; visão (sentido). *Fig.* aspecto, aparência; intenção, pretensão. ≃ **sul mare** vista para o mar. **perder di** ≃ não ver mais, não saber mais nada sobre alguém. **non perder di** ≃ não perder de vista. **aver corta** ≃ *Fig.* ter vista curta, não compreender bem as coisas. **pagabile a** ≃ *Com.* pagável à vista. **mettere in** ≃ colocar à vista, **far bella** ≃ causar boa impressão. **a prima** ≃ à primeira vista. **in** ≃ **di** em vista de, considerando-se.

vi.sto [vˈisto] *sm Com.* visto. *part + adj* considerado, examinado. ≃ **che** visto que.

vi.sto.so [vistˈozo] *adj* vistoso; afetado, ostentoso.

vi.su.a.le [vizuˈale] *sf* parecer, opinião. *adj* visual.

vi.ta [vˈita] *sf* vida; existência; biografia. *Anat.* cintura. *Fig.* energia, saúde, vitalidade; amor.

pessoa muito querida. **l'altra** ≃ ou **la** ≃ **eterna** a vida eterna. **passare a miglior** ≃ passar desta para melhor, morrer.

vi.ta.le [vitˈale] *adj* vital. *Fig.* essencial, necessário, indispensável.

vi.ta.li.tà [vitalitˈa] *sf* vitalidade; energia, força, vigor.

vi.ta.li.zio [vitalˈitsjo] *sm Dir.* pensão vitalícia. *adj* vitalício.

vi.ta.mi.na [vitamˈina] *sf Med.* vitamina.

vi.te [vˈite] *sf Bot.* videira. *Mec.* parafuso. ≃ **perpetua** ou ≃ **senza fine** parafuso sem fim. **scendere** ou **cadere in** ≃ *Aeron.* mergulhar em parafuso.

vi.tel.lo [vitˈello] *sm* vitelo, novilho, bezerro; carne de vitela. ≃ **marino** *Zool.* foca.

vi.ti.col.tu.ra [vitikoltˈura] ou **vi.ti.cul.tu.ra** [vitikultˈura] *sf* viticultura.

vi.ti.li.gi.ne [vitilˈidʒine] *sf Med.* vitiligo.

vi.tre.o [vˈitreo] *adj* vítreo, de vidro. **occhi** ≃ **ei** olhos vidrados, imóveis.

vit.ti.ma [vˈittima] *sf Dir.* vítima. *Irôn.* coitadinho, vítima. *Fig.* bode expiatório.

vit.to [vˈitto] *sm* alimento, comida; refeição diária.

vit.to.ria [vittˈɔrja] *sf* vitória. *Fig.* sucesso, êxito. ≃ **regia** *Bot.* vitória-régia.

vit.to.rio.so [vittorˈjozo] *sm + adj* vitorioso, vencedor.

vi.va [vˈiva] *interj* viva!

vi.va.ce [vivˈat∫e] *adj* vivaz, vivo; esperto. **bambino** ≃ menino travesso. **intelligenza** ≃ inteligência aguda. **colore** ≃ cor viva.

vi.va.ci.tà [vivat∫itˈa] *sf* vivacidade; esperteza.

vi.va.io [vivˈajo] *sm* viveiro.

vi.van.da [vivˈanda] *sf* prato, iguaria.

vi.ve.re [vˈivere] *sm* modo de vida. **i** ≃ **i** *sm pl* víveres, alimentos. *vt* viver. *vi* viver; morar, residir. ≃ **alla giornata** viver ao deus-dará. **chi vivrà, vedrà** quem viver, verá.

vi.vi.do [vˈivido] *adj Lit.* vívido, vivaz, vivo.

vi.vi.pa.ro [vivˈiparo] *sm + adj Zool.* vivíparo.

vi.vo [vˈivo] *sm* essência, íntimo, fundo. *adj* vivo. *Fig.* forte, vigoroso. **farsi** ≃ dar sinal de vida. **calce** ≃ **a** cal viva. **avere addosso l'argento** ≃ *Fig.* ser do chifre furado, ser muito travesso (criança). **non esserci anima** ≃ **a** não haver nem uma só alma. **trasmissione dal** ≃ transmissão ao vivo.

vi.zia.re [vits'jare] *vt* viciar. *Fig.* corromper, depravar. *vpr* viciar-se. *Fig.* corromper-se, depravar-se.

vi.zio [vˈitsjo] *sm* vício, mau hábito; defeito.

vi.zio.so [vits′jozo] *adj* vicioso; defeituoso; corrompido. **circolo** ≃ círculo vicioso.

viz.zo [v′ittso] *adj* murcho; passado (fruto).

vo.ca.bo.la.rio [vokabol′arjo] *sm* vocabulário, dicionário.

vo.ca.bo.lo [vok′abolo] *sm* vocábulo.

vo.ca.le [vok′ale] *sf* Gram. vogal. *adj* vocal.

vo.ca.liz.za.re [vokaliddz′are] *vi* Mús. vocalizar.

vo.ca.ti.vo [vokat′ivo] *sm+adj* Gram. vocativo.

vo.ca.zio.ne [vokats′jone] *sf* vocação; inclinação, predisposição.

vo.ce [v′otʃe] *sf* voz; boato; item, artigo. Gram. vocábulo, palavra. Mús. voz; som de instrumento. **ad alta** ≃ em voz alta. **sotto** ≃ em voz baixa. **a viva** ≃ de viva voz, pessoalmente. ≃ **di tenore** voz de tenor. **coro a cinque** ≃**i** coro a cinco vozes. **aver** ≃ **in capitolo** Fig. ter voz ativa, ter autoridade num assunto. **corre** ≃ **che** diz-se que. ≃ **della coscienza** voz da consciência. ≃ **infondata** boatos infundados. ≃ **di popolo**, ≃ **di Dio** a voz do povo é a voz de Deus.

vo.ci.fe.ra.re [votʃifer′are] *vt* na expressão **si vocifera che** diz-se que, correm boatos de que. *vi* vociferar, gritar.

vod.ca [v′ɔdka] *sf* vodca.

vo.ga [v′oga] *sf* voga, moda, onda. Fig. ímpeto, ardor. **essere in** ≃ estar em moda, estar em voga. **essere** ≃ **di fare qualcosa** estar muito disposto a fazer algo. **mettersi in** ≃ **a** dedicar-se com ardor a.

vo.ga.re [vog′are] *vi* vogar, remar.

vo.glia [v′ɔʎa] *sf* vontade, querer; desejo; capricho. Fig. intenção, disposição. **di buona** ≃ de boa vontade. **esser di buona** ≃ estar bem disposto.

voi [v′oj] *pron pl* vós; vos; vocês, a vocês; o senhor, a senhora. **per** ≃ por vós; por vocês. **con** ≃ convosco; com vocês. ≃ **stessi** vós mesmos; vocês mesmos.

vo.la.no [vol′ano] *sm* Esp. peteca. Mec. volante, roda de máquina.

vo.lan.te [vol′ante] *sm* Autom. volante, direção. *adj* voador.

vo.la.re [vol′are] *vi tb* Fig. voar. **il tempo vola** o tempo voa.

vo.la.ta [vol′ata] *sf* vôo. Mil. trajetória de um projétil. Mús. volata, progressão de notas executadas velozmente.

vo.la.ti.le [vol′atile] *sm* Zool. ave, pássaro. *adj* volátil.

vo.len.tie.ri [volent′jeri] *adv* com prazer, de boa vontade, com muito gosto.

vo.le.re [vol′ere] *sm* querer, vontade. **a mio** ≃ como eu quero. **di mio** ≃ por minha livre e espontânea vontade. **di buon** ≃ de boa vontade. *vt+vi* querer; desejar; comandar, mandar; ser necessário, ser preciso. ≃ **bene** querer bem, amar. ≃ **male** querer mal, odiar. ≃ **dire** querer dizer, significar. ≃ **o volare** a todo custo. **che ci vorrebbe a fare questo?** o que custa fazer isto? **chi troppo vuole, niente ha** quem tudo quer, tudo perde.

vol.ga.re [volg′are] *sm* Lit. e Gram. vulgar, língua vernácula. *adj* vulgar; comum, ordinário; obsceno, grosseiro.

vol.ga.riz.za.re [volgariddz′are] *vt* vulgarizar; popularizar, divulgar.

vol.ge.re [v′ɔldʒere] *vt+vi* volver, virar; traduzir; mudar (o tempo). *vpr* virar-se, voltar-se; dirigir-se para. Fig. entregar-se a, ocupar-se de. ≃**si al tramonto** Astron. pôr-se, desaparecer no ocaso. Fig. estar em decadência.

vol.go [v′olgo] *sm* vulgo, plebe.

vo.lo [v′olo] *sm* vôo. Fig. sonho, divagação. ≃ **radente** Mil. vôo rasante. **di** ≃ ou **a** ≃ instantaneamente, num átimo. **prendere il** ≃ levantar vôo. Fig. fugir, escapar. Pop. dar no pé.

vo.lon.tà [volont′a] *sf* vontade, desejo; disposição, inspiração; determinação, força de vontade. **a** ≃ à vontade. **ultima** ≃ Dir. última vontade, disposição testamentária.

vo.lon.ta.rio [volont′arjo] *sm+adj* voluntário.

vol.pe [v′olpe] *sf* raposa. Med. alopecia. Fig. raposa velha, espertalhão. **la** ≃ **perde il pelo, non il vizio** pau que nasce torto morre torto.

vol.pi.no [volp′ino] ou **vol.pi.gno** [volp′iño] *adj* vulpino, de raposa. Fig. astuto, esperto.

vol.ta [v′ɔlta] I *sm* ou **volt** [v′ɔlt] *sf* Elet. volt.

vol.ta [v′ɔlta] II *sf* volta; vez; verso de uma folha. Arquit. arco, abóbada. ≃ **palatina** palato. Pop. céu da boca. ≃ **celeste** abóbada celeste. **a** ≃**e** ou **alle** ≃**e** às vezes. **rare** ≃ poucas vezes. **c′era una** ≃ era uma vez. **dar di** ≃ **al cervello** Fig. enlouquecer.

vol.ta.gab.ba.na [voltagabb′ana] *s* vira-casaca.

vol.tag.gio [volt′addʒo] *sm* Elet. voltagem.

vol.ta.re [volt′are] *vt* virar, girar; mudar, converter; traduzir. *vi* virar; voltar. *vpr* voltar-se, virar-se; mudar de opinião. ≃ **la giubba** ou **la casacca** virar casaca, trair. ≃**si contro** revoltar-se contra, odiar.

vol.ta.ta [volt′ata] *sf* volta, virada; esquina.

vol.teg.gia.re [volteddʒ′are] *vi* girar, voltear. Esp. dar piruetas. Fig. usar evasivas, fazer rodeios.

vol.teg.gio [volt′eddʒo] *sm Esp.* volteio, pirueta.

vol.to [v′ɔlto] I *sm Arquit.* arco. *part+adj* voltado, virado.

vol.to [v′ɔlto] II *sm Poét.* rosto, face. *Fig.* aparência.

vo.lu.bi.le [vol′ubile] *adj* volúvel, instável, inconstante.

vo.lu.me [vol′ume] *sm* volume; tomo; capacidade de um recipiente; quantidade (de água, etc.).

vo.lu.mi.no.so [volumin′ozo] *adj* volumoso, grande; com muitos volumes.

vo.lu.ta [vol′uta] *sf* espiral, volta. *Arquit.* voluta.

vo.lut.tà [volutt′a] *sf* volúpia, sensualidade.

vo.lut.tuo.so [volutt′wozo] *adj* voluptuoso, sensual.

vo.mi.ta.re [vomit′are] *vt+vi* vomitar. *Fig.* expelir, jorrar; rejeitar, recusar. ≃ **improperi contro** dizer impropérios para.

vo.mi.ti.vo [vomit′ivo] ou **vo.mi.ta.ti.vo** [vomitat′ivo] *adj* vomitivo, vomitório.

vo.mi.to [v′ɔmito] *sm Med.* vômito.

vo.ra.ce [vor′atʃe] *adj* voraz. *Fig.* destruidor.

vo.ra.gi.ne [vor′adʒine] *sf tb Fig.* voragem, abismo, sorvedouro.

vor.ti.ce [v′ɔrtitʃe] *sm* vórtice, redemoinho, turbilhão. *Fig.* tumulto, confusão; força, ímpeto.

vo.stro [v′ɔstro] *pron msg* vosso; de vocês, seu; **vo.stra** [v′ɔstra] *fsg* vossa; de vocês, sua; **vo.stri** [v′ɔstri] *mpl* vossos; de vocês, seus.

vo.stre [v′ɔstre] *fpl* vossas; de vocês, suas. **il vostro** *Fig.* os vossos bens. **i vostri** *Fig.* os vossos (parentes), a vossa família.

vo.ta.re [vot′are] *vt* votar. *Fig.* eleger, nomear; escolher. *vpr* devotar-se, consagrar-se; dedicar-se, entregar-se.

vo.to [v′oto] I *sm* voto; nota (na escola). *Rel.* votos, juramento. *Fig.* sonho, desejo. **prendere un buon** ≃ tirar uma boa nota. ≃ **di fiducia** voto de fé. **far** ≃ **di castità** fazer votos de castidade.

voto II → **vuoto**.

vu [v′u] *sf* vê, o nome da letra V. ≃ **doppia** dáblio, o nome da letra W.

vul.ca.ni.co [vulk′aniko] *adj* vulcânico. *Fig.* impetuoso, ardente; dinâmico.

vul.ca.no [vulk′ano] *sm Geogr.* vulcão. **V** ≃ *Mit.* Vulcano.

vul.go [v′ulgo] *sm Poét.* vulgo, plebe. *adv* comumente, vulgarmente.

vul.ne.ra.bi.le [vulner′abile] *adj* vulnerável.

vul.va [v′ulva] *sf Anat.* vulva.

vuo.ta.re [vwot′are] *vt* esvaziar.

vuo.to [v′wɔto] ou **vo.to** [v′ɔto] *sm* vazio; falta, ausência. *Fís.* vácuo. *Fig.* superficialidade, frivolidade. **a** ≃ em vão, inutilmente. **mandare a** ≃ impedir. **andare a** ≃ não conseguir. **assegno a** ≃ cheque sem fundos. ≃ **d'aria** *Aeron.* vácuo. *adj* vazio; oco; vago, livre (posto). *Fig.* vão, vazio. **a mani** ≃ **e** de mãos vazias. **restare a mani** ≃ **e** ficar de mãos abanando, ficar sem nada. **testa** ≃ **a** cabeça oca.

X

x ['iks; 'ikkeze] *sm* xis, incógnita. *sf* xis, letra que não faz parte do alfabeto italiano, utilizada apenas em palavras estrangeiras. É substituída por **s**.
xenofilia → **senofilia**.
xenofobia → **senofobia**.

xe.res [ks'ɛres] *sm* xerez.
xilofono → **silofono**
xilografia → **silografia**
xerocopia [kserok'ɔpja] *sf* xerocópia, xérox, fotocópia.

W

w [v′u d′oppja] *sf* dáblio, letra que não faz parte do alfabeto italiano, utilizada apenas em
palavras estrangeiras. É substituída por **v**.

walkie-talkie → **ricetrasmittente**.

wa.ter [′wɔtar], **wa.ter-clos.et** [′wɔtar kl′ozit] ou
abrev **W.C.** [′wɔtar kl′ozit] *sm* banheiro,
toalete.

wa.ter.loo [wɔtarl′u] *sf Fig.* derrota, fracasso,
fiasco.

wa.ter-po.lo [′wɔtar p′ɔlo] *sm* pólo aquático.

wa.ter.proof [wɔtarpr′uf] *sm* capa impermeável. *adj* impermeável, impermeabilizado.

watt [′wɔt] *sm* watt.

W.C. → **water-closet**.

whis.ky [′wiski] *sm* uísque.

Y

y ['ipsilon] *sf* ípsilon, letra que não faz parte do alfabeto italiano, utilizada apenas em palavras estrangeiras. É substituída por **i**.

yacht → **panfilo**.

yak ['jak] ou **jack** ['jak] *sm Zool.* iaque.

yan.kee ['janki] *sm+adj* ianque, norte-americano.

yard → **iarda**.

yen ['jɛn] ou **jen** ['jɛn] *sm* iene.

yeti ['jeti] ou **abominevole uomo delle nevi** *sm* yeti, abominável homem das neves.

yo.ga ['joga] *sm* ioga; iogue.

yo.ghurt ['jɔgurt] *sm* iogurte.

Z

z [dz´eta] *sf* a vigésima primeira letra do alfabeto italiano.

za.ba.io.ne [dzaba´jone] *sm* zabaione.

zaf.fe.ra.no [dzaffer´ano] *sm Bot.* açafrão.

zaf.fi.ro [dzaff´iro] *sm* safira.

zaf.fo [ts´affo] *sm* rolha, batoque.

za.ga.glia [dzag´aʎa] *sf* azagaia, zagaia; lança.

za.ga.ra [dz´agara] *sf* flor de laranjeira.

zai.no [dz´ajno] *sm* mochila; surrão, bolsa de pastor. *adj* zaino (cavalo).

zam.pa [ts´ampa] *sf* pata. *Irôn.* mão. ≃**e di gallina** *pl Fam.* pés-de-galinha; garrancho, letra ruim. ≃ ou **piede di porco** pé-de-cabra. **cavar la castagna dal fuoco con la ≃ del gatto** tirar a castanha do fogo com a mão do gato.

zam.pa.ta [tsamp´ata] *sf* patada, coice; pegada, rastro. *Fig.* grosseria, indelicadeza.

zam.pet.ta.re [tsampett´are] *vi* mover as patas. *Irôn.* espernear.

zam.pil.la.re [tsampill´are] *vi* esguichar.

zam.pil.lo [tsamp´illo] *sm* esguicho, jato.

zam.pi.no [tsamp´ino] *sm dim* patinha. *Fig.* intromissão. **metter lo ≃ in una faccenda** meter o bedelho num assunto, intrometer-se. **tanto va la gatta al lardo, che ci lascia lo ≃** o jarro tanto vai à fonte que um dia se quebra; tanto vai o cão ao moinho que um dia lá deixa o focinho.

zam.po.gna [tsamp´oɲa] *sf Mús.* gaita de foles, cornamusa.

za.na [ts´ana] *sf* berço; cesta de madeira. *Arquit.* nicho.

zan.na [ts´anna] *sf* presa de animal. **mostrar le ≃e** mostrar as garras, arreganhar os dentes.

zan.za.ra [dzandz´ara] *sf* mosquito, pernilongo. *Fig.* abelhudo, intrometido. *Pop.* chato.

zan.za.rie.ra [dzandzar´jera] *sf* ou **zan.za.rie.re** [dzandzar´jere] *sm* mosquiteiro.

zap.pa [ts´appa] *sf* enxada, sacho. **darsi la ≃ sui piedi** *Pop.* prejudicar a si mesmo.

zar [ts´ar], **czar** [ts´ar] ou **tzar** [ts´ar] *sm* czar, tzar.

za.re.vic [ts´arevik] ou **cza.re.witch** [ts´arevitʃ] *sm* czaréviche, tzaréviche.

za.ri.na [tsar´ina], **cza.ri.na** [tsar´ina] ou **tza.ri.na** [tsar´ina] *sf* czarina, tzarina.

za.ri.smo [tsar´izmo], **cza.ri.smo** [tsar´izmo] ou **tza.ri.smo** [tsar´izmo] *sm* czarismo, tzarismo.

zat.te.ra [ts´attera] *sf* jangada.

za.vor.ra [dzav´oʃa] *sf* lastro de navio, balão. *Fig.* impedimento, estorvo.

zaz.ze.ra [ts´attsera] *sf* cabeleira.

ze.bra [dz´ebra] *sf* zebra.

ze.bù [dzeb´u] *sm* zebu.

zec.ca [ts´ɛkka] *sf* casa da moeda. *Zool.* carrapato. **nuovo di ≃** novinho em folha.

ze.fi.ro [dz´efiro] ou **zef.fi.ro** [dz´effiro] *sm* brisa, aragem.

ze.lan.te [dzel´ante] ou **ze.lo.so** [dzel´oso] *adj* zeloso, dedicado, diligente.

ze.lo [dz´elo] *sm* zelo, dedicação, diligência.

ze.nit [dz´enit] *sm Astron.* zênite. *Fig.* auge, clímax.

zen.ze.ro [dz´endzero] *sm* gengibre.

zep.pa [dz´eppa] *sf* cunha; calço. *Fig.* redundância, supérfluo.

zep.po [ts´eppo] *adj* cheio. **pieno ≃** abarrotado, entulhado, apinhado.

zer.bi.no [dzerb´ino] I *sm* capacho.

zer.bi.no [dzerb´ino] II ou **zer.bi.not.to** [dzerbin´ɔtto] *sm* almofadinha, janota.

ze.ro [dz´ɛro] *sm*+*num* zero. *Fig.* nada; incapaz, joão-ninguém. **sopra ≃** acima de zero. **sotto ≃** abaixo de zero. **≃ assoluto** *Fís.* zero absoluto. **non vale uno ≃** não vale nada.

ze.ta [dz´eta] *sf* ze, o nome da letra Z.

zez.zio [dz´eddzjo] *sm* assobio, sibilo do vento. *Fig.* repreensão.

zi.a [ts´ia] *sf* tia. *Fam.* tia, senhora idosa.

zi.bel.li.no [dzibell´ino] *sm Zool.* zibelina.

zigano → **zingaro**.

zi.go.mo [dz´igomo] ou **zi.go.ma** [dz´igoma] *sm Anat.* zigoma.

zig.zag [dzigdz´ag] *sm* ziguezague, sinuosidade. **andare a ≃** ziguezaguear.

zim.bel.la.re [tsimbell´are] *vt* atrair aves para armadilha. *Fig.* seduzir, atrair, engodar.

zim.bel.lo [tsimb´ello] *sm* chamariz, ave usada como isca. *Fig.* chamariz, engodo; palhaço, objeto de riso.

zi.na.le [tsin'ale] *sm* avental.

zin.co [ts'inko] *sm* zinco.

zin.ga.ro [ts'ingaro] ou **zi.ga.no** [tsig'ano] *sm* cigano. *Fig.* nômade, errante.

zin.nia [ts'innja] *sf Bot.* zínia.

zin.zi.no [tsints'ino] *sm* pitada, bocadinho; amostra; golinho.

zi.o [ts'io] *sm* tio. *Fam.* tio, senhor idoso.

zip [dz'ip] *sm* zíper.

zir.co.nio [dzirk'ɔnjo] *sm Quím.* zircônio.

zit.tel.la [tsitt'ella] *sf* senhorita, moça solteira.

zit.tel.lo.na [tsittell'ona] *sf Irôn.* solteirona, titia.

zit.ti.re [tsitt'ire] *vt* fazer calar-se. *Teat.* desaprovar. *vi* pedir silêncio, mandar calar. *vpr* calar-se, fazer silêncio.

zit.to [ts'itto] *adj* quieto, silencioso. ≈! silêncio! **star** ≈ calar-se, ficar calado. **alla** ≈ a às escondidas.

ziz.za.nia [dzidz'anja] *sf Bot.* cizânia, joio. *Fig.* discórdia, desentendimento.

zoc.co.lo [ts'ɔkkolo] *sm* tamanco. *Zool.* casco de cavalo, boi. *Arquit.* rodapé. *Fig.* joãoninguém.

zo.dia.ca.le [dzodjak'ale] *adj* zodiacal.

zo.di.a.co [dzod'iako] *sm Astron.* e *Astrol.* zodíaco.

zol.fa.nel.lo [tsolfan'ello] ou **sol.fa.nel.lo** [solfan'ello] *sm* fósforo.

zol.fa.ra [tsolf'ara] ou **sol.fa.ra** [solf'ara] *sf* mina de enxofre.

zolfatara → **solfatara**.

zol.fo [ts'olfo] ou **sol.fo** [s'olfo] *sm* enxofre.

zol.la [ts'ɔlla] *sf* torrão de terra; gleba; pedaço, bocado. **una** ≈ **di zucchero** um torrão de açúcar.

zom.pa.re [dzomp'are] *vi Gír.* saltar, pular.

zo.na [dz'ɔna] *sf* zona, faixa; região; área; território. *Med.* herpes-zoster, zona zoster. ≈ **verde** cinturão verde.

zon.zo [dz'ondzo] *sm Fig.* usado na expressão **andare a** ≈ vagar, andar para lá e para cá.

zo.o [dz'ɔo] *sm* zôo, jardim zoológico.

zo.o.lo.gi.a [dzoolodʒ'ia] *sf* zoologia.

zo.o.lo.gi.co [dzool'ɔdʒiko] *adj* zoológico.

zo.o.lo.gi.sta [dzoolodʒ'ista] ou **zo.o.lo.go** [dzo'ologo] *sm* zoólogo.

zo.o.tec.ni.a [dzootekn'ia] ou **zo.o.tec.ni.ca** [dzoot'eknika] *sf* zootecnia.

zop.pi.ca.re [tsoppik'are] *vi* mancar, coxear. *Fig.* ter um vício; funcionar mal.

zop.po [ts'ɔppo] *sm*+*adj* manco, coxo. *Fig.* defeituoso, faltante. **chi pratica lo** ≈ **impara a zoppicare** quem anda com coxo aprende a coxear.

zo.ste.re [dzost'ere] *sm Med.* herpes-zoster, zona zoster.

zo.ti.cag.gi.ne [dzotik'addʒine] ou **zo.ti.chez.za** [dzotik'ettsa] *sf* grosseria, rudeza.

zo.ti.co [dz'ɔtiko] *sm*+*adj* grosseiro, rude.

zuc.ca [ts'ukka] *sf* abóbora, aboboreira. *Fig. dep* cuca, cachola, cabeça; careca. **aver la** ≈ **vuota** *Fig.* ter cabeça-de-vento.

zuc.ca.ta [tsukk'ata] *sf Irôn.* cabeçada.

zuc.che.ra.re [tsukker'are] *vt* açucarar.

zuc.che.rie.ra [tsukker'jera] *sf* açucareiro.

zuc.che.ri.fi.cio [tsukkerif'itʃo] *sm* engenho de açúcar.

zuc.che.ri.no [tsukker'ino] *sm* torrão de açúcar. *Fig.* isca, chamariz; prêmio, recompensa. *adj* açucarado; muito doce (fruta).

zuc.che.ro [ts'ukkero] *sm* açúcar. *Fig.* doçura.

zuc.chi.na [tsukk'ina] *sf* ou **zuc.chi.no** [tsukk'ino] *sm dim* abobrinha.

zuf.fa [ts'uffa] *sf* briga, rixa; luta corporal.

zu.fo.la.re [tsufol'are] *vt Fig.* sussurrar. *vi* tocar flauta; apitar; assobiar. ≈ **qualcosa negli orecchi a qualcuno** insinuar algo para alguém.

zu.fo.lo [ts'ufolo] ou **zuf.fo.lo** [ts'uffolo] *sm Mús.* flauta, pífaro; apito; assobio.

zup.pa [ts'uppa] *sf* sopa (com fatias de pão). *Fig.* ladainha, lengalenga; confusão, mistura. ≈ **inglese** doce feito de massa, coberto com creme e frutas. **se non è** ≈ **è pan bagnato** *Fig.* é tudo a mesma coisa.

zup.pie.ra [tsupp'jera] *sf* sopeira, terrina.

zup.po [ts'uppo] *adj* ensopado, molhado.

zuz.zu.rel.lo.ne [dzudzurell'one] *sm*+*adj Fam.* fanfarrão, brincalhão.

PORTOGHESE-ITALIANO
PORTUGUÊS-ITALIANO

A

a ['a] I *sm* la prima lettera dell'alfabeto portoghese; a, il nome della lettera A.

a ['a] II *art det fsg* la (l'). *pron fsg* la; lei.

a ['a] III *prep* con diversi significati: a, di, con, in, verso, da, per, ecc., indicando movimento, direzione, tempo, maniera, ed altre relazioni: **vou ≃ Roma** vado a Roma. **opor-se ≃ uma idéia** opporsi ad un'idea. **≃ poucos metros de** a pochi metri da. **pertencer ≃** appartenere a. **muito ≃ fazer** molto da fare.

a.ba ['abə] *sf* falda; ala; lembo; tesa; risvolto.

a.ba.ca.te [abak'ati] *sm Bot.* avocado, pera avocado.

a.ba.ca.tei.ro [abakat'eǰru] *sm Bot.* pero avocado.

a.ba.ca.xi [abaka∫'i] *sm Bot.* ananasso, ananas.

á.ba.co ['abaku] *sm* abbaco, abaco.

a.ba.de [ab'adi] *sm Rel.* abate.

a.ba.des.sa [abad'esə] *sf Rel.* badessa, generalessa, abadessa.

a.ba.di.a [abad'iə] *sf Rel.* badia, abbazia.

a.ba.fa.do [abaf'adu] *part + agg* soffocante (aria); affogato (suono).

a.ba.fa.men.to [abafam'ẽtu] *sm* soffocazione; ammortimento.

a.ba.far [abaf'ar] *vt* soffocare (fuoco, scandalo); affogare (suono); ammortire.

a.bai.xa.do [abaj∫'adu] *part + agg* quatto, chino.

a.bai.xa.men.to [abaj∫am'ẽtu] *sm* abbassamento; calo; diminuzione; declino.

a.bai.xar [abaj∫'ar] *vt* abbassare; calare; chinare; attenuare. *vi* discendere; smontare, ribassare (prezzi). *vpr* abbassarsi; chinarsi.

a.bai.xo [ab'aj∫u] *avv* abbasso, dabbasso, giù, sotto. **≃! int** abbasso! **≃ de** *prep* sotto.

a.bai.xo-as.si.na.do [abaj∫uasin'adu] **o ≃** *sm* il sottoscritto.

a.ba.jur [aba3'ur] *sm* paralume.

a.ba.lar [abal'ar] *vt* scuotere, crollare, squassare; agitare; commuovere. *Fig.* disturbare. *vpr* commuoversi. *Fig.* disturbarsi.

a.ba.lo [ab'alu] *sm* squasso; agitazione; botta. *Lett.* commovimento. *Fig.* caduta.

a.bal.ro.ar [abawro'ar] *vt* arrotare.

a.ba.nar [aban'ar] *vt* sventolare. *vpr* sventolarsi.

a.ban.do.na.do [abãdon'adu] *part + agg* smesso; relitto, negletto. *Fig.* seppellito.

a.ban.do.nar [abãdon'ar] *vt* abbandonare; lasciare; smettere; lasciare addietro. *Fig.* ritirarsi da. *vpr* abbandonarsi, lasciarsi.

a.ban.do.no [abãd'onu] *sm* abbandono. **ao ≃** in abbandono.

a.bar.ro.ta.do [abaʀot'adu] *part + agg* pieno zeppo, ripieno. **estar ≃** traboccare.

a.bar.ro.ta.men.to [abaʀotam'ẽtu] *sm* ripienezza.

a.bar.ro.tar [abaʀot'ar] *vt* inzeppare. *vpr* inzepparsi.

a.bas.ta.do [abast'adu] *sm* benestante. *agg* benestante, denaroso, agiato.

a.bas.tan.ça [abast'ãsə] *sf* agiatezza, dovizia.

a.bas.tar.dar-se [abastard'arsi] *vpr* imbastardire, imbastardirsi.

a.bas.te.cer [abastes'er] *vt* approvvigionare, assortire.

a.bas.te.ci.men.to [abastesim'ẽtu] *sm* approvvigionamento.

a.ba.te [ab'ati] *sm* ammazzamento.

a.ba.te.dou.ro [abated'owru] *sm* macello.

a.ba.ter [abat'er] *vt* abbattere; uccidere, ammazzare; macellare (animali); avvilire, deprimere, abbacchiare; debilitare; stendere. *Comm.* scontare. *Aer.* smontare. *vpr* abbattersi; crollare; deprimersi. *Fig.* sgonfiarsi.

a.ba.ti.do [abat'idu] *part + agg* esausto; affranto; sbattuto, mogio; sfiduciato. *Poet.* diruto. **estar ≃** esser avvilito, giacere.

a.ba.ti.men.to [abatim'ẽtu] *sm* abbattimento, depressione. *Comm.* sconto, abbuono.

abcesso → abscesso.

abcissa → abscissa.

ab.di.ca.ção [abdikas'ãw] *sf* rinuncia.

ab.di.car [abdik'ar] *vt* abdicare, rinunciare a. *vi* abdicare, rinunciarsi.

ab.dô.men [abd'omẽj] o ab.do.me [abd'omi] *sm Anat.* addome, ventre.

ab.do.mi.nal [abdomin'aw] *agg* addominale.

ab.du.ção [abdus'ãw] *sf Med.* abduzione.

a.be.ce.dá.rio [abesed'arju] o á.bê.cê [abes'e] *sm* abbecedario, abbici, alfabeto.

a.be.lha [ab'eʎə] *sf Zool.* ape.

a.be.lha-ra.i.nha [abeʎařa´iɲə] *sf Zool.* regina, maestra.

a.be.lhu.do [abeʎ´udu] *sm* ficcanaso, frugolone. *agg* inframmettente, indiscreto.

a.ben.ço.a.do [abẽso´adu] *part+agg* benedetto, beato.

a.ben.ço.ar [abẽso´ar] *vt* benedire.

a.ber.ra.ção [abeřas´ãw] *sf* aberrazione.

a.ber.to [ab´ertu] *part+agg* aperto; sincero; evidente, chiaro. *Fig.* largo, ampio.

a.ber.tu.ra [abert´urə] *sf* apertura; buco, buca, foro, bocca; breccia, entrata, varco; sfogo; feritoia. *Fig.* spiraglio; uscita.

a.be.to [ab´etu] *sm Bot.* abete.

a.bis.mo [ab´izmu] *sm* abisso; baratro, precipizio. *Fig.* abisso, voragine. **cair num** ≃ inabissarsi. **estar à beira do** ≃ essere sull'orlo dell'abisso. **lançar num** ≃ inabissare, subissare.

ab.je.ção [abʒes´ãw] *sf* abiezione.

ab.je.to [abʒ´etu] *agg* abietto.

ab.ju.ra.ção [abʒuras´ãw] *sf* abiura.

ab.ju.rar [abʒur´ar] *vt* abiurare.

a.bla.ti.vo [ablat´ivu] *sm Gramm.* ablativo.

a.blu.ção [ablus´ãw] *sf* abluzione.

ab.ne.ga.ção [abnegas´ãw] *sf* abnegazione, disinteresse.

ab.ne.gar [abneg´ar] *vt* abnegare.

a.bó.ba.da [ab´ɔbədə] *sf Archit.* volta, concamerazione. ≃ **celeste** volta celeste.

a.bó.bo.ra [ab´ɔborə] *sf Bot.* zucca, cucurbita, cocuzza.

a.bo.bo.rei.ra [abobor´ejrə] *sf Bot.* zucca.

a.bo.bri.nha [abɔbr´iɲə] *sf dim* zucchino.

a.bo.ca.nhar [abokañ´ar] *vt* abboccare.

a.bo.li.ção [abolis´ãw] *sf* abolizione, soppressione.

a.bo.li.ci.o.nis.ta [abolisjon´istə] *s* abolizionista.

a.bo.lir [abol´ir] *vt* abolire; sopprimere; proscrivere; annullare, cancellare.

a.bo.mi.na.ção [abominas´ãw] *sf* abominazione, abominio.

a.bo.mi.nar [abomin´ar] *vt* abominare, detestare.

a.bo.mi.ná.vel [abomin´avew] o a.bo.mi.no.so [abomin´ozu] *agg* abominabile, abominevole, orribile, nefando.

a.bo.nar [abon´ar] *vt* abbonare, bonificare, condonare.

a.bo.no [ab´onu] *sm* abbuono, condono.

a.bor.da.gem [abord´aʒẽj] *sf an Naut.* abbordo.

a.bor.dar [abord´ar] *vt* abbordare; affrontare, trattare di (un argomento); accostarsi a (una persona). *Naut.* abbordare.

a.bo.rí.gi.ne [abor´iʒini] *s+agg* aborigeno, autoctono.

a.bor.re.cer [abořes´er] *vt* aborrire; annoiare, tediare, infastidire; disgustare, rincrescere a. *Fig.* seccare, gonfiare. *vi* rincrescere. *vpr* disgustarsi, inquietarsi, infastidirsi. *Fig.* stufarsi.

a.bor.re.ci.do [abořes´idu] *part+agg* annoiato; stufo; noioso, seccante. *Fig.* pesante.

a.bor.re.ci.men.to [abořesim´ẽtu] *sm* aborrimento; noia, tedio; incomodo. *Ger.* barba. *Fig.* fatica, afa, rottura.

a.bor.tar [abort´ar] *vi* abortire.

a.bor.ti.vo [abort´ivu] *sm+agg* abortivo.

a.bor.to [ab´ortu] *sm* aborto.

a.bo.to.a.du.ra [abotoad´urə] *sf* abbottonatura; bottoniera. ≃s *pl* gemelli da polsini.

a.bo.to.ar [aboto´ar] *vt* abbottonare. *vpr* abbottonarsi.

a.bra.çar [abras´ar] *vt* abbracciare. *vpr* abbracciarsi.

a.bra.ço [abr´asu] *sm* abbraccio.

a.bran.dar [abrãd´ar] *vt* blandire; attenuare. *Fig.* ammorbidire. *Med.* lenire. *vpr* intiepidirsi. *Fig.* ammorbidirsi.

a.bran.ger [abrãʒ´er] *vt* comprendere, abbracciare. *Fig.* coprire, involgere.

a.bra.sar [abraz´ar] *vt* infocare. *vpr* infocarsi.

a.bre.vi.a.ção [abrevjas´ãw] *sf* abbreviazione, accorciamento.

a.bre.vi.ar [abrevi´ar] *vt* abbreviare, accorciare, mozzare.

a.bre.via.tu.ra [abrevjat´urə] *sf* abbreviatura. *Chim.* notazione.

a.bri.có [abrik´ɔ] *sm* albicocca, meliaca.

a.bri.co.tei.ro [abrikot´ejru] *sm* albicocco, meliaco.

a.bri.gar [abrig´ar] *vt* ricoverare; ricettare; rifugiare. *vpr* ricoverarsi; rifugiarsi.

a.bri.go [abr´igu] *sm* ricovero; riparo; rifugio. *Fig.* albergo, asilo, ospizio. ≃ **antiaéreo** ricovero antiaereo.

a.bril [abr´iw] *sm* aprile.

a.brir [abr´ir] *vt* aprire; inaugurare; cominciare; impiantare. *vi* sbocciare, schiudersi; schiarire. *vpr* aprirsi. *Fig.* sbottonarsi, confidarsi con.

ab-ro.gar [abřog´ar] *vt Giur.* abrogare,

abs.ces.so [abs´esu] o ab.ces.so [abs´esu] *sm Med.* ascesso.

abs.cis.sa [abs´isə] o ab.cis.sa [abs´isə] *sf Mat.* ascissa.

ab.si.de [abs´idi] *sf Archit.* abside.

ab.sin.to [abs´ĩtu] o ab.sín.tio [abs´ĩtju] *sm Bot.* assenzio.

absolutamente 347 acender

ab.so.lu.ta.men.te [absolutam'ẽti] avv assolutamente, appieno. ≃! niente affatto!
ab.so.lu.tis.mo [absolut'izmu] sm assolutismo.
ab.so.lu.to [absol'utu] agg assoluto, categorico, illimitato.
ab.sol.ver [absowv'er] vt assolvere, sciogliere. Giur. assolvere, perdonare.
ab.sol.vi.ção [absowvis'ãw] sf assoluzione.
ab.sol.vi.do [absowv'idu] part+agg assolto.
ab.sor.to [abs'ortu] agg assorto, cogitabondo.
ab.sor.ven.te [absorv'ẽti] sm+agg assorbente. ≃ higiênico assorbente igienico.
ab.sor.ver [absorv'er] vt assorbire; assimilare; ammortizzare. Fig. bere.
abs.ter.se [abst'ersi] vpr astenersi, riguardarsi, ristarsi.
abs.tê.mio [abst'emju] agg astemio.
abs.ti.nên.cia [abstin'ẽsjə] sf astinenza. Fig. digiuno.
abs.tra.ção [abstras'ãw] sf astrazione.
abs.tra.to [abstr'atu] agg astratto, vago, aprioristico.
ab.sur.do [abs'urdu] sm assurdo, assurdità, controsenso, nonsenso. Fig. errore. agg assurdo, illogico. Fig. folle, irragionevole.
a.bun.dân.cia [abũd'ãsjə] sf abbondanza; dovizia; ricchezza. Fig. cornucopia, subisso, cuccagna, emporio.
a.bun.dan.te [abũd'ãti] agg abbondante; copioso; dovizioso; lauto; ricco; numeroso, parecchio. Fig. grasso; fertile, fecondo.
a.bun.dar [abũd'ar] vi abbondare. Fig. pullulare.
a.bu.sar [abuz'ar] vt abusare, sfruttare di. ≃ da bondade de Fam. abusarsi della bontà di.
a.bu.si.vo [abuz'ivu] agg abusivo. Fig. arbitrario.
a.bu.so [ab'uzu] sm abuso, sfruttamento.
a.bu.tre [ab'utri] sm avvoltoio. ≃ africano grifone.
a.ca.ba.do [akab'adu] part+agg finito; concluso; estinto.
a.ca.ba.men.to [akabam'ẽtu] sm rifinitura, finimento, perfezione.
a.ca.bar [akab'ar] vt finire; terminare; concludere; rifinire. Fig. maturare. vi finire; cessare; terminare. Fig. morire. vpr terminarsi; esaurirsi; rifinirsi. ≃ de avere (o essere) appena. acabei de chegar sono appena arrivato. acabou! Iron. buona notte! não acaba nunca! è un affarino che va a giorno! vai ≃ mal va a finire male.
a.cá.cia [ak'asjə] sf Bot. acacia.
a.ca.de.mi.a [akadem'iə] sf accademia.

a.ca.dê.mi.co [akad'emiku] sm+agg accademico.
a.ça.frão [asafr'ãw] sm Bot. zafferano. Pop. gruogo.
a.ca.ju [akaʒ'u] sm Bot. acagiù.
a.cal.mar [akawm'ar] vt calmare; placare; rasserenare; blandire. Fig. ammansare. vi+vpr calmarsi; placarsi; rasserenarsi.
a.ca.lo.ra.do [akalor'adu] agg accalorato, ardente, flagrante.
a.cam.pa.men.to [akãpam'ẽtu] sm accampamento, campeggio, bivacco. Mil. alloggiamento, alloggio.
a.cam.par [akãp'ar] vt+vi accampare, campeggiare, attendarsi, piantar le tende.
a.ca.nha.do [akaɲ'adu] agg timido.
a.ca.nha.men.to [akaɲam'ẽtu] sm timidezza.
a.ção [as'ãw] sf azione, atto, opera. Comm. azione. boa ≃ bel gesto.
a.ca.re.a.ção [akareas'ãw] sf Giur. riprova.
a.ca.ri.ci.ar [akarisi'ar] vt accarezzare, coccolare, ammoinare. Fig. inzuccherare.
á.ca.ro ['akaru] sm acaro.
a.ca.sa.la.men.to [akazalam'ẽtu] sm Zool. copula. vôo de ≃ volo nuziale.
a.ca.sa.lar [akazal'ar] vt Zool. copulare.
a.ca.so [ak'azu] sm caso; casualità, fatalità; fortuna, sorte. ao ≃ avv a vanvera, alla ventura. por ≃ avv mica; per accidente, per avventura.
a.ca.tar [akat'ar] vt rispettare (consiglio, ordine).
a.cau.te.lar-se [akawtel'arsi] vpr tutelarsi.
a.ca.va.lar [akaval'ar] vt accavallare.
a.cé.fa.lo [as'efalu] agg acefalo, senza capo.
a.cei.ta.ção [asejtas'ãw] sf ammissione. Fig. adozione.
a.cei.tan.te [asejt'ãti] sm+agg Comm. accettante.
a.cei.tar [asejt'ar] vt accettare; accogliere; ammettere; ricevere, iniziare; approvare; riconoscere; favorire. Fig. sottoscrivere.
a.cei.tá.vel [asejt'avew] agg accettevole, ammissibile, plausibile.
a.cei.to [as'ejtu] part+agg accetto, convenzionale. bem ≃ ben affetto.
a.ce.le.ra.dor [aselerad'or] sm Autom. acceleratore.
a.ce.le.rar [aseler'ar] vt accelerare, affrettare, sveltire. Fig. catalizzare. vi+vpr accelerarsi.
a.cel.ga [as'ewgə] sf bietola.
a.ce.nar [asen'ar] vi accennare, additare, ammiccare.
a.cen.der [asẽd'er] vt accendere; infiammare. vi+vpr accendersi; infiammarsi.

a.cen.di.men.to [asẽdim'ẽtu] *sm* accensione.

a.ce.no [as'enu] *sm* accenno, cenno, gesto.

a.cen.to [as'ẽtu] *sm Gramm.* accento. ≈ **tônico** accento tonico.

a.cen.tua.ção [as'ẽtwas'ãw] *sf Gramm.* accentuazione.

a.cen.tu.ar [asẽtu'ar] *vt* accentuare. *Fig.* sottolineare, approfondire.

a.cep.ção [aseps'ãw] *sf* senso, significato.

a.cer.bo [as'erbu] *agg* acerbo, acido; arduo.

a.cer.tar [asert'ar] *vt* azzeccare; regolare, aggiustare; assestare; affibbiarsi (un colpo).

a.cer.to [as'ertu] *sm* correzione.

a.ce.so [as'ezu] *part* + *agg* acceso; infocato, focato.

a.ces.sí.vel [ases'ivew] *agg an Fig.* accessibile.
uma pessoa ≈ una persona di facile abbordo.

a.ces.so [as'esu] *sm* accesso, entrata, uscio. *Med.* e *Fig.* accesso, attacco. ≈ **de raiva** accesso d'ira.

a.ces.só.rio [ases'ɔrju] *sm* accessorio. *agg an Gramm.* accessorio.

a.ce.ta.to [aset'atu] *sm* acetato.

a.cha.do [aʃ'adu] *sm* trovata.

a.cha.que [aʃ'aki] *sm* acciacco, malessere.

a.char [aʃ'ar] *vt* trovare; notare; pensare; avere per. *vpr* trovarsi. ≈ **uma moça bonita** trovare bella una ragazza. ≈ **que** essere d'opinione che.

a.cha.ta.do [aʃat'adu] *part* + *agg* piatto, chiatto, camuso.

a.cha.tar [aʃat'ar] *vt* appiattire, schiacciare; ammaccare, acciaccare; calcare. ≈ **com os pés** calpestare.

a.che.gar-se [aʃeg'arsi] *vpr* approssimarsi di, abbordare (una persona).

a.ci.den.ta.do [asidẽt'adu] *agg* irregolare, aspro (terreno).

a.ci.den.tal [asidẽt'aw] *agg* accidentale, casuale, contingente.

a.ci.den.te [asid'ẽti] *sm* accidente; avvenimento; incidente, sinistro, disastro; contrattempo. ≈ **de trabalho** infortunio sul lavoro. ≈ **de trânsito** incidente stradale.

a.ci.dez [asid'es] *sf* acidezza, agrezza, acerbità. ≈ **estomacal** acidezza di stomaco.

á.ci.do ['asidu] *sm Chim.* acido. *agg* acido, agro, acerbo; corrosivo.

a.ci.du.lar [asidul'ar] o **a.ci.di.fi.car** [asidifik'ar] *vt* acidulare, acidificare.

a.ci.ma [as'imə] *avv* sopra, su, insù. ≈ **de** *prep* sopra. *Poet.* sovra. ≈ **de tudo** soprattutto. ≈ **mencionado** anzidetto.

a.cin.zen.ta.do [asĩzẽt'adu] *agg* grigiastro, cenerino.

a.cio.nar [asjon'ar] *vt* azionare.

a.cio.nis.ta [asjon'istə] *s* + *agg* azionista.

a.cla.ma.ção [aklamas'ãw] *sf* acclamazione, ovazione, applauso. *Fig.* saluto.

a.cla.mar [aklam'ar] *vt* acclamare, applaudire. *Lett.* gridare. *Fig.* salutare.

a.cli.ma.tar [aklimat'ar] *vt* acclimare. *vpr* acclimarsi.

a.cli.ve [akl'ivi] *sm* erta, salita. *agg* acclive.

ac.ne ['akni] *s Med.* acne.

a.ço ['asu] *sm* acciaio. ≈ **inoxidável** acciaio inossidabile.

a.co.bre.a.do [akobre'adu] *agg* cupreo, cuprico, cuprino, di rame.

a.co.co.rar-se [akokor'arsi] *vpr* accoccolarsi, acchiocciolarsi.

a.çoi.tar [asojt'ar] *vt* sferzare, frustare. *Lett.* fustigare.

a.çoi.te [as'ojti] *sm* sferza, frusta, staffile.

a.col.cho.a.do [akowʃo'adu] *sm* sopraccoperta, piumino.

a.co.lhe.dor [akoʎed'or] *agg* accogliente, ameno.

a.co.lher [akoʎ'er] *vt* accogliere; ricevere; accettare; iniziare; alloggiare. *Fig.* albergare.

a.co.lhi.da [akoʎ'idə] *sf* o **a.co.lhi.men.to** [akoʎim'ẽtu] *sm* accoglienza, accoglimento, trattamento. *Fig.* saluto, benvenuto.

a.có.li.to [ak'ɔlitu] *sm Rel.* accolito.

a.co.me.ti.do [akomet'idu] *part* + *agg Med.* affetto.

a.co.mo.da.ção [akomodas'ãw] *sf* accomodamento, acconciamento, arrangiamento.

a.co.mo.da.do [akomod'adu] *part* + *agg* accomodato, disposto.

a.co.mo.dar [akomod'ar] *vt* accomodare; arrangiare, acconciare. *vpr* accomodarsi, sistemarsi, adagiarsi; cullarsi.

a.com.pa.nha.men.to [akõpañam'ẽtu] *sm an Mus.* accompagnamento. ≈ **de verduras ou legumes** contorno.

a.com.pa.nhan.te [akõpañ'ãti] *s* accompagnatore, compagno. *Fig.* guida.

a.com.pa.nhar [akõpañ'ar] *vt* accompagnare; condurre; seguire; appaiare. *Fig.* guidare; fiancheggiare.

a.con.di.cio.nar [akõdisjon'ar] *vt* condizionare.

a.con.se.lhar [akõseʎ'ar] *vt* consigliare; avvertire; raccomandare; suggerire. *Fig.* prescrivere. *vpr* consigliarsi con.

a.con.te.cer [akõtes'er] *vi* succedere, avvenire, accadere, capitare; aver luogo, sopraggiungere; abbattersi. **deixar** ≈ lasciar correre.

a.con.te.ci.do [akōtes'idu] *part* + *agg* successo.

a.con.te.ci.men.to [akōtesim'ētu] *sm* avvenimento, fatto, episodio, evento.

a.co.pla.men.to [akoplam'ētu] *sm Mecc.* accoppiamento.

a.co.plar [akopl'ar] *vt Mecc.* accoppiare, appaiare.

a.çor [as'or] *sm Zool.* astore.

a.cor.da.do [akord'adu] *part* + *agg* sveglio, desto.

a.cor.dar [akord'ar] *vt* svegliare, destare, chiamare. *vi* svegliarsi, destarsi. ≃ **cedo** levarsi presto.

a.cor.de [ak'ɔrdi] *sm Mus.* accordo.

a.cor.de.ão [akorde'ãw] *sm Mus.* fisarmonica, organetto.

a.cor.do [ak'ordu] *sm* accordo; concordia, consenso; contratto, patto. *Fig.* armonia, simbiosi. **de** ≃ *agg* concorde, consono. *avv* d'accordo, di concerto. **de** ≃ **com** *prep* secondo. **de comum** ≃ di comune accordo. **estar de** ≃ essere d'accordo.

a.cor.ren.tar [akorēt'ar] *vt* incatenare.

a.cor.rer [akoř'er] *vi* accorrere, concorrere.

a.cos.ta.men.to [akostam'ētu] *sm* banchina (di una strada).

a.cos.tu.ma.do [akostum'adu] *part* + *agg* abituato, avvezzo.

a.cos.tu.mar [akostum'ar] *vt* abituare, avvezzare, assuefare. *vpr* abituarsi, familiarizzarsi.

a.co.to.ve.lar-se [akotovel'arsi] *vpr* addossarsi.

a.çou.gue [as'owgi] *sm* macelleria, beccheria.

a.çou.guei.ro [asowg'ejru] *sm* macellaio, beccaio. *Fig.* veterinario, medico incompetente.

ac.quies.cên.cia [akjes'ēsjə] *sf Lett.* quiescenza.

a.cre ['akri] *agg* acre; acido; aspro.

a.cre.di.tar [akredit'ar] *vt* credere. *vpr* ritenersi. **não acredito!** mi pare assai!

acre-doce → **agridoce**.

a.cres.cen.tar [akresēt'ar] *vt* accrescere; addizionare; aggiungere; sovrapporre.

a.crés.ci.mo [akr'esimu] *sm* aumento; addizione; supplemento; aggiunta. *Comm.* giunta, soprattassa.

a.cro.ba.ci.a [akrobas'iə] *sf* acrobazia.

a.cro.ba.ta [akrob'atə] *s* acrobata.

a.cro.me.ga.li.a [akromegal'iə] *sf Med.* acromegalia.

a.cró.po.le [akr'ɔpoli] *sf* acropoli.

a.crós.ti.co [akr'ɔstiku] *sm Lett.* acrostico.

ac.tí.nia [akt'injə] *sf Zool.* attinia, anemone, anemone marino.

ac.tí.nio [akt'inju] *sm Chim.* attinio.

a.çú.car [as'ukar] *sm* zucchero. ≃ **mascavo** mascavato.

a.çu.ca.ra.do [asukar'adu] *part* + *agg* zuccherino.

a.çu.ca.rar [asukar'ar] *vt* zuccherare, inzuccherare.

a.çu.ca.rei.ro [asukar'ejru] *sm* zuccheriera.

a.çu.ce.na [asus'enə] *sf Bot.* fiordaliso.

a.çu.de [as'udi] *sm* serrata.

a.cu.dir [akud'ir] *vt* accudire, accorrere.

a.cú.leo [ak'ulju] *sm Bot.* aculeo.

a.cu.mu.la.dor [akumulad'or] *sm Mecc.* accumulatore.

a.cu.mu.lar [akumul'ar] *vt* accumulare, ammassare. *Ger.* imboscare. *Fig.* infilzare.

a.cú.mu.lo [ak'umulu] *sm* o **a.cu.mu.la.ção** [akumulas'ãw] *sf* cumulazione, ammasso, ammontamento, catasta. *Med.* ritenzione.

a.cu.pun.tu.ra [akupūt'urə] *sf Med.* agopuntura.

a.cu.ra.do [akur'adu] *agg* accurato.

a.cu.sa.ção [akuzas'ãw] *sf* accusa, denuncia, imputazione; insinuazione; taccia. *Giur.* querela, causa.

a.cu.sa.do [akuz'adu] *sm* + *agg* accusato, reo.

a.cu.sa.dor [akuzad'or] *sm* + *agg* accusante.

a.cu.sar [akuz'ar] *vt* accusare, denunciare, imputare, incriminare. *vpr* incolparsi.

a.cu.sa.ti.vo [akuzat'ivu] *sm Gramm.* accusativo.

a.cús.ti.ca [ak'ustikə] *sf Fis.* acustica.

a.cús.ti.co [ak'ustiku] *agg* acustico.

a.da.ga [ad'agə] *sf* daga.

a.dá.gio [ad'aʒju] *sm an Mus.* adagio.

a.dap.ta.ção [adaptas'ãw] *sf* adattamento, assestamento. ≃ **de um texto** riduzione.

a.dap.ta.do [adapt'adu] *part* + *agg* adatto; ridotto (testo).

a.dap.tar [adapt'ar] *vt* adattare; ambientare; appropriare, adeguare; ridurre (testo). *Fig.* inquadrare. *vpr* adattarsi; ambientarsi; adeguarsi. *Fig.* inquadrarsi in.

a.de.ga [ad'egə] *sf* cantina, cella.

a.de.nói.des [aden'ɔjdis] *sf pl Anat.* adenoidi.

a.den.sar [adēs'ar] *vt* raddensare, infoltire. *vpr* raddensarsi, infoltirsi.

a.dep.to [ad'eptu] *sm* adepto, aderente. *Lett.* seguace.

a.de.qua.ção [adekwas'ãw] *sf* adattamento; proprietà, rispondenza.

a.de.qua.da.men.te [adekwadam'ēti] *avv* adeguatamente, ammodo.

a.de.qua.do [adek'wadu] *part* + *agg* adeguato, adatto, acconcio, appropriato, conveniente.

a.de.quar [adek'war] *vt* adeguare, adattare, bilanciare. *vpr* adeguarsi, uniformarsi.

a.de.re.ço [ader'esu] *sm* finimento. ≃s *pl* attrezzi.

a.de.rên.cia [ader'ẽsjǝ] *sf* aderenza.

a.de.ren.te [ader'ẽti] *agg* aderente.

a.de.rir [ader'ir] *vt* aderire, associarsi a. ≃ **a um partido** accostarsi a un partito.

a.de.são [adez'ãw] *sf* adesione. *Fig.* aderenza.

a.de.si.vo [adez'ivu] *sm* adesivo. *agg* adesivo, appiccicoso.

a.des.tra.do [adestr'adu] *part + agg* addestrato.

a.des.tra.men.to [adestram'ẽtu] *sm* addestramento; avviamento; esercizio.

a.des.trar [adestr'ar] *vt* addestrare; istruire; esercitare. *Fig.* instradare.

a.deus [ad'ews] *sm* addio, commiato. *int* addio! ciao!

a.di.a.do [adi'adu] *part + agg* posposto, ritardato, sospeso.

a.dia.men.to [adjam'ẽtu] *sm* differimento, aggiornamento, rinvio, dilazione.

a.dian.ta.do [adjãt'adu] *part + agg* anticipato; accelerato. *Fig.* tardo.

a.dian.ta.men.to [adjãtam'ẽtu] *sm* anticipazione. *Comm.* anticipo; acconto.

a.dian.tar [adjãt'ar] *vt* anticipare; accelerare. *vpr* avanzare, spingersi.

a.di.an.te [adi'ãti] *avv* avanti. **ir** ≃ inoltrarsi.

a.di.ar [adi'ar] *vt* differire, aggiornare, rimandare; procrastinare, mandare in lungo. *Fig.* sospendere.

a.di.ção [adis'ãw] *sf* addizione; somma; aggiunta.

a.di.cio.nal [adisjon'aw] *sm* Comm. soprattassa. *agg* addizionale, supplementare.

a.di.cio.nar [adisjon'ar] *vt* addizionare; sommare; sovrapporre.

a.di.do [ad'idu] *sm* addetto. ≃ **militar** addetto militare.

a.di.po.so [adip'ozu] *agg* adiposo, grasso.

a.dir [ad'ir] *vt* Giur. adire.

a.di.vi.nha [adiv'iɲǝ] *sf* indovinello; profetessa. *Fig.* pitonessa, sibilla.

a.di.vi.nha.ção [adiviɲas'ãw] *sf* divinazione, indovinello, enigma.

a.di.vi.nhar [adiviɲ'ar] *vt* indovinare, divinare, azzeccare. *Fig.* annusare, intravvedere.

a.di.vi.nha.tó.rio [adiviɲat'ɔrju] *agg* divinatorio, profetico.

a.di.vi.nho [adiv'iɲu] *sm* chiaroveggente, profeta, augure. *Fig.* stregone.

ad.ja.cên.cia [adʒas'ẽsjǝ] *sf* adiacenza, contatto. **as** ≃ s *pl* le adiacenze.

ad.ja.cen.te [adʒas'ẽti] *agg* adiacente, contiguo, prossimo, confinante.

ad.je.ti.vo [adʒet'ivu] *sm* Gramm. aggettivo.

ad.ju.di.car [adʒudik'ar] *vt* aggiudicare.

ad.jun.to [adʒ'ũtu] *sm* aggiunto.

ad.mi.nis.tra.ção [administras'ãw] *sf* amministrazione; gerenza; direzione, governo; custodia. *Fig.* conduzione.

ad.mi.nis.tra.dor [administrad'or] *sm* amministratore; gerente; custode; intendente; curatore. *Fig.* guida.

ad.mi.nis.trar [administr'ar] *vt* amministrare; dirigere, governare; ministrare.

ad.mi.ra.ção [admiras'ãw] *sf* ammirazione, meraviglia. *Fig.* estasi.

ad.mi.ra.do [admir'adu] *part + agg* ammirato, meravigliato.

ad.mi.ra.dor [admirad'or] *sm + agg* ammiratore, spasimante.

ad.mi.rar [admir'ar] *vt* ammirare; contemplare; approvare. *vpr* meravigliarsi.

ad.mi.rá.vel [admir'avew] *agg* ammirabile, sorprendente, stupendo. *Fig.* squisito.

ad.mis.são [admis'ãw] *sf* ammissione.

ad.mis.sí.vel [admis'ivew] *agg* ammissibile, plausibile.

ad.mi.ti.do [admit'idu] *part + agg* ammesso.

ad.mi.tir [admit'ir] *vt* ammettere; accettare; approvare; ricevere, accogliere; confessare, riconoscere.

ad.mo.es.ta.ção [admoestas'ãw] *sf* monito.

ad.mo.es.tar [admoest'ar] *vt* ammonire.

a.do.ça.men.to [adosam'ẽtu] *sm* addolcimento.

a.do.ção [ados'ãw] *sf* adozione.

a.do.çar [ados'ar] *vt* addolcire, indolcire, raddolcire.

a.do.ci.ca.do [adosik'adu] *agg* dolce; abboccato (vino).

a.do.ci.car [adosik'ar] *vt* addolcire.

a.do.e.cer [adoes'er] *vi* ammalarsi; infermare, infermarsi.

a.do.en.ta.do [adoẽt'adu] *agg* malaticcio, ammalaticcio.

a.do.en.tar [adoẽt'ar] *vt* infermare.

a.do.les.cen.te [adoles'ẽti] *sm + agg* adolescente, giovane.

a.do.les.cên.cia [adoles'ẽsjǝ] *sf* adolescenza, gioventù, giovinezza. *Fig.* primavera.

a.do.ra.ção [adoras'ãw] *sf* adorazione, devozione. *Fig.* culto, idolatria.

a.do.ra.dor [adorad'or] *sm + agg* adoratore, spasimante.

a.do.rar [ador'ar] *vt* adorare, venerare. *Fig.* idolatrare.

adorável 351 afatiar

a.do.rá.vel [ador'avew] *agg* adorabile.

a.dor.me.cer [adormes'er] *vt* addormentare, assopire; anestetizzare. *vi* addormentarsi, assonnare, assopirsi.

a.dor.me.ci.do [adormes'idu] *part + agg* addormentato.

a.dor.me.ci.men.to [adormesim'ẽtu] *sm* addormentamento.

a.dor.na.do [adorn'adu] *part + agg* ornato, adorno.

a.dor.nar [adorn'ar] *vt* adornare, ornare. *Fig.* fregiare. *vpr* adornarsi, ornarsi.

a.dor.no [ad'ornu] *sm* arredo, finimento; adornamento, ornamento, ornato, abbigliamento. *Archit.* filetto. *Fig.* apparato, concia.

a.do.tar [adot'ar] *vt* adottare. *Giur.* arrogare (un bambino). *Fig.* abbracciare.

a.do.ti.vo [adot'ivu] *agg* adottivo.

ad.qui.ren.te [adkir'ẽti] *s + agg Giur.* acquirente.

ad.qui.rir [adkir'ir] *vt* acquistare; appropriarsi di; comprare; contrarre. *Giur.* acquisire.

a.dre.na.li.na [adrenal'ina] *sf* adrenalina.

ads.trin.gên.cia [adstrĩʒ'ẽsjə] *sf* astringenza.

ads.trin.gir [adstrĩʒ'ir] *vt* astringere.

a.du.ba.ção [adubas'ãw] *sf* ingrasso, ingrassamento.

a.du.bar [adub'ar] *vt* concimare, ingrassare, fertilizzare.

a.du.bo [ad'ubu] *sm* concime, concio, grassime, fertilizzante.

a.du.la.ção [adulas'ãw] *sf* adulazione. *Fig.* incenso, unto.

a.du.la.dor [adulad'or] *sm* adulatore. *Fig.* lacché.

a.du.lar [adul'ar] *vt* adulare, lusingare, ammoinare, coccolare. *Fig.* incensare, insaponare.

a.dul.te.ra.ção [aduwteras'ãw] *sf* adulterazione, manomissione.

a.dul.te.ra.do [aduwter'adu] *part + agg* adulterato, artefatto. *Fig.* spurio.

a.dul.te.rar [aduwter'ar] *vt* adulterare, contraffare, manomettere. *Fig.* truccare.

a.dul.té.rio [aduwt'erju] *sm* adulterio.

a.dúl.te.ro [ad'uwteru] *sm + agg* adultero.

a.dul.to [ad'uwtu] *sm + agg* adulto.

a.dun.co [ad'ũku] *agg* adunco, uncinato; aquilino. *Fig.* grifagno.

ad.ven.to [adv'ẽtu] *sm* venuta, arrivo. **o A≃** *Rel.* l'Avvento, l'Avvenimento di Gesù.

ad.vér.bio [adv'erbju] *sm Gramm.* avverbio.

ad.ver.sá.rio [advers'arju] *sm + agg* avversario; rivale; concorrente, contenente.

ad.ver.si.da.de [adversid'adi] *sf* avversità, contrarietà. *Fig.* tegola.

ad.ver.so [adv'ersu] *agg* avverso; ostile, sfavorevole.

ad.ver.tên.cia [advert'ẽsjə] *sf* avvertimento; avvertenza; ammonizione; consiglio. *Fig.* sveglia.

ad.ver.tir [advert'ir] *vt* avvertire; avvisare; informare; preavvisare; ammonire, riprendere.

ad.vir [adv'ir] *vi* avvenire, sopraggiungere.

ad.vo.ca.ci.a [advokas'iə] *sf* avvocatura.

ad.vo.ga.da [advog'adə] *sf* avvocatessa.

ad.vo.ga.do [advog'adu] *sm* avvocato, legale. ≃ **de defesa** avvocato difensore.

a.é.reo [a'erju] *agg* aereo.

a.e.ro.di.nâ.mi.co [aerodin'ʌmiku] *agg* aerodinamico.

a.e.ró.dro.mo [aer'ɔdromu] *sm* aerodromo.

a.e.ró.fi.to [aer'ɔfitu] *sm + agg Bot.* aerofite.

a.e.ro.gra.fi.a [aerograf'iə] *sf* aerografia.

a.e.ro.gra.ma [aerogr'ʌmə] *sm* aerogramma.

a.e.ró.li.to [aer'ɔlitu] *sm* aerolito.

a.e.rô.me.tro [aer'ometru] *sm* aerometro.

a.e.ro.mo.ça [aerom'osə] *sf* hostess.

a.e.ro.mo.to [aerom'ɔtu] *sm* aeremoto.

a.e.ro.nau.ta [aeron'awtə] *s* aeronauta.

a.e.ro.na.ve [aeron'avi] *sf* velivolo.

a.e.ro.pla.no [aeropl'ʌnu] *sm* aeroplano.

a.e.ro.por.to [aerop'ortu] *sm* aeroporto, aeroscalo, aerodromo, aerostazione.

a.e.ros.sol [aeros'ɔw] *sm* aerosol.

a.e.ros.tá.ti.ca [aerost'atikə] *sf* aerostatica.

a.e.rós.ta.to [aer'ɔstatu] *sm* aerostato, globo.

a.fã [af'ã] *sm* affanno, affannamento. *Fig.* combustione.

a.fa.bi.li.da.de [afabilid'adi] *sf* affabilità, piacevolezza.

a.fa.di.gar [afadig'ar] *vt* stancare. *vpr* stancarsi, arrabattarsi.

a.fa.gar [afag'ar] *vt* accarezzare, coccolare, vezzeggiare.

a.fa.go [af'agu] *sm* carezza, vezzo.

a.fa.nar [afan'ar] *vt* graffiare, arraffare. *Fam.* mangiare. *Fig.* agguantare.

a.fa.si.a [afaz'iə] *sf Med.* afasia.

a.fá.si.co [af'aziku] *agg* afasico.

a.fas.ta.do [afast'adu] *agg* lontano, discosto, assente. **manter-se ≃** da tenersi lontano da.

a.fas.ta.men.to [afastam'ẽtu] *sm* separazione; ritiro; deviazione. *Fig.* lontananza; distacco.

a.fas.tar [afast'ar] *vt* allontanare; scostare, scansare. *vpr* allontanarsi; scostarsi, scansarsi; appartarsi; assentarsi; ritirarsi.

a.fa.ti.ar [afati'ar] *vt* affettare.

a.fá.vel [af'avew] *agg* affabile; piacevole, piacente; caloroso.

a.fa.ze.res [afaz'eris] *sm pl* affari, faccende.

a.fec.ção [afeks'ãw] *sf Med.* affezione.

a.fei.ção [afejs'ãw] *sf* affezione, affetto, affezionamento, amore, devozione.

a.fei.ço.a.do [afejso'adu] *agg* affezionato, devoto.

a.fei.ço.ar [afejso'ar] *vt* affezionare. *vpr* affezionarsi.

a.fe.mi.na.do [afemin'adu] *part + agg* effeminato, femminile. *Fig.* molle.

a.fé.re.se [af'erezi] *sf Gramm.* aferesi.

a.fer.rar [afeř'ar] *vt* afferrare, acchiappare, ghermire.

a.fer.vo.rar [afervor'ar] *vt* infervorare, infervorire. *vpr* infervorarsi, infervorirsi.

a.fe.ta.ção [afetas'ãw] *sf* affettazione, ostentazione, smanceria, smorfia. *Fig.* posa.

a.fe.ta.do [afet'adu] *part + agg* affettato; manierato; smorfioso, lezioso; preso, attaccato da una malattia. *Fig.* prezioso, ricercato.

a.fe.tar [afet'ar] *vt* affettare; ostentare, fingere. *vpr* affettarsi.

a.fe.ti.vo [afet'ivu] *agg* affettivo.

a.fe.to [af'ɛtu] *sm* affetto, amore, amorevolezza, attaccamento. *Fig.* cuore; amicizia.

a.fe.tuo.sa.men.te [afetwozam'ẽti] *avv* affettuosamente, caramente.

a.fe.tuo.si.da.de [afetwozid'adi] *sf* affettuosità. *Fig.* dolcezza.

a.fe.tuo.o.so [afetu'ozu] *agg* affettuoso, amorevole, caloroso, cordiale. *Fig.* dolce, tenero.

a.fia.ção [afjas'ãw] *sf* affilatura. *Fig.* finezza.

a.fi.a.do [afi'adu] *part + agg* affilato. *Fig.* fine.

a.fian.çar [afjãs'ar] *vt* garantire.

a.fi.ar [afi'ar] *vt* affilare, arrotare; aguzzare, assottigliare, acuire. *vpr* assottigliarsi.

a.fi.la.do [afil'adu] *part + agg* affilato, fine.

a.fi.lha.do [afiλ'adu] *sm* figlioccio.

a.fi.lia.ção [afiljas'ãw] *sf* affiliazione.

a.fi.li.a.do [afili'adu] *sm* affiliato, adepto.

a.fi.li.ar [afili'ar] *vt* affiliare. *vpr* affiliarsi, associarsi, accostarsi.

a.fim [af'ĩ] *s + agg* affine.

a.fi.na.ção [afinas'ãw] *sf* affinamento. *Mus.* accordatura.

a.fi.nal [afin'aw] *avv* finalmente, alfine.

a.fi.na.men.to [afinam'ẽtu] *sm* affinamento.

a.fi.nar [afin'ar] *vt* affinare, assottigliare, digrossare. *Mus.* accordare, intonare. *vpr* assottigliarsi.

a.fin.co [af'ĩku] *sm* accanimento, tenacia.

a.fi.ni.da.de [afinid'adi] *sf* affinità; attinenza. *Fig.* amicizia; connessione; somiglianza.

a.fir.ma.ção [afirmas'ãw] *sf* affermazione, asserzione, assunto; asseveranza.

a.fir.mar [afirm'ar] *vt* affermare, asserire, asseverare, attestare, certificare, dire. *vpr* affermarsi, imporsi. ≃ **com a cabeça** fare di sì.

a.fir.ma.ti.vo [afirmat'ivu] *agg* affermativo, assertivo.

a.fi.ve.lar [afivel'ar] *vt* affibbiare, allacciare.

a.fi.xar [afiks'ar] *vt* affiggere, assicurare.

a.fi.xo [af'iksu] *sm Gramm.* affisso.

a.fli.ção [aflis'ãw] *sf* afflizione; ansietà, angoscia, cruccio; patimento, pena. *Fig.* dolore; tormento, tortura; travaglio.

a.fli.gir [afliʒ'ir] *vt* affliggere; angosciare; travagliare. *Fig.* tormentare, torturare. *vpr* affliggersi; crucciarsi; travagliarsi; dolersi. *Fig.* tormentarsi, torturarsi.

a.fli.ti.vo [aflit'ivu] *agg* afflittivo. *Fig.* grave.

a.fli.to [afl'itu] *agg* afflitto, cruccioso, dolente, mesto.

a.flu.ên.cia [aflu'ẽsjə] *sf* affluenza; concorso; affollamento.

a.flu.en.te [aflu'ẽti] *sm Geogr.* affluente, fiume tributario.

a.flu.ir [aflu'ir] *vt* affluire; versarsi in; convenire.

a.flu.xo [afl'uksu] *sm Med.* afflusso, flussione. ≃ **de pessoas** corrente.

a.fo.ba.ção [afobas'ãw] *sf* fuggi fuggi.

a.fo.ga.do [afog'adu] *sm + part* affogato. **morrer** ≃ affogare.

a.fo.ga.men.to [afogam'ẽtu] *sm* affogamento.

a.fo.gar [afog'ar] *vt* affogare; soffocare; annegare. *vpr* affogarsi, annegarsi.

a.fo.gue.ar [afoge'ar] *vt* infocare. *vpr* infocarsi.

a.fo.ni.a [afon'iə] *sf Med.* afonia.

a.fô.ni.co [af'oniku] *agg Med.* afono.

a.fo.rar [afor'ar] *vt Giur.* livellare, cedere un edifizio verso pagamento annuo.

a.fo.ris.mo [afor'izmu] *sm* aforisma.

a.for.tu.na.do [afortun'adu] *agg* venturoso, beato, benedetto, felice, fausto, prospero.

a.fres.co [afr'esku] *sm Pitt.* affresco.

a.fri.ca.no [afrik'Anu] *sm + agg* africano.

a.fro ['afru] *sm + agg* afro.

a.fro.di.sí.a.co [afrodiz'iaku] *sm + agg* afrodisiaco.

a.fron.ta [afr'õtə] *sf* affronto, offesa, oltraggio.

a.frou.xa.men.to [afrowʃam'ẽtu] *sm* distensione.

a.frou.xar [afrowʃ'ar] *vt* allentare, rilassare, infrollire. *vi + vpr* infrollirsi. ≃ **o freio** allargare il freno.

af.ta ['aftə] *sf Med.* afta.
a.fu.gen.tar [afuʒẽt'ar] *vt* fugare.
a.fun.da.men.to [afũdam'ẽtu] *sm* affondamento, affondatura, immersione.
a.fun.dar [afũd'ar] *vt* affondare; immergere. *Naut.* mandare a picco. *vi* affondare; immergersi; andare a fondo. *Fig.* inabissarsi.
a.fu.sar [afuz'ar] *vt* affusollare, affusare.
a.fu.se.la.do [afuzel'adu] *part*+*agg* fusellato; aerodinamico.
a.gá [ag'a] *sm* acca, nome della lettera H.
a.ga.char-se [agaʃ'arsi] *vpr* accoccolarsi, acchiocciolarsi, rannicchiarsi.
a.gar.ra.do [agaŘ'adu] *part*+*agg* afferrato, acchiappato, giunto.
a.gar.rar [agaŘ'ar] *vt* afferrare, ghermire, agguantare. *Fig.* abboccare. *vpr* afferrarsi, attaccarsi, avvinghiarsi. *Fig.* appollaiarsi.
a.ga.sa.lhar [agazaʎ'ar] *vt* vestire, ammantare; albergare, alloggiare.
a.ga.sa.lho [agaz'aʎu] *sm* giacca a vento; riparo, protezione.
á.ga.ta ['agatə] *sf Min.* agata.
a.gên.cia [aʒ'ẽsjə] *sf* agenzia; ufficio; filiale. ≃ bancária banca filiale. ≃ de câmbio ufficio di cambio. ≃ do correio ufficio postale. ≃ telegráfica ufficio telegrafico.
a.gen.da [aʒ'ẽdə] *sf* calendario.
a.ge.ne.si.a [aʒenez'iə] *sf Med.* agenesia.
a.gen.te [aʒ'ẽti] *sm* agente. ≃ de câmbio agente di cambio. ≃ de seguros assicuratore. ≃ duplo spia doppia. ≃ funerário funerario. ≃ secreto agente segreto. *agg* agente.
á.gil ['aʒiw] *agg* agile; destro; leggero, sciolto; snello, scorrevole; spedito; vivace (mente).
a.gi.li.da.de [aʒilid'adi] *sf* agilità; destrezza, lestezza; leggerezza; vivacità (della mente).
á.gio ['aʒju] *sm* aggio.
a.gi.o.ta [aʒi'ɔtə] *s* aggiotatore, usuraio. *Fig.* strozzino, avvoltoio.
a.gio.ta.gem [aʒjot'aʒẽj] *sf* aggiotaggio, usura. *Fig.* strozzatura.
a.gir [aʒ'ir] *vi* agire; operare; comportarsi; lavorare. ≃ às escondidas *Fig.* lavorare sott'acqua. ≃ com destreza destreggiare.
a.gi.ta.ção [aʒitas'ãw] *sf* agitazione; apprensione, batticuore; tumulto, torbidi *pl*; confusione, subbuglio. *Fig.* palpito; disturbo.
a.gi.ta.do [aʒit'adu] *part*+*agg* agitato; apprensivo; irrequieto; turbolento; burrascoso. *Fig.* tempestoso; folle.
a.gi.ta.dor [aʒitad'or] *sm Pol.* agitatore, sovversivo.

a.gi.tar [aʒit'ar] *vt* agitare; dimenare, scuotere; sconvolgere, disturbare. *vpr* agitarsi; dibattersi, dimenarsi; sbattersi; disturbarsi. ≃-se ao vento (bandeira) garrire.
a.glo.me.ra.ção [aglomeras'ãw] *sf* agglomerazione; folla, affollamento. *Fig.* congestione.
a.glo.me.ra.do [aglomer'adu] *sm* aggregato.
a.glo.me.rar [aglomer'ar] *vt* agglomerare; affollare, stipare. *vpr* agglomerarsi; affollarsi.
a.glu.ti.nar [aglutin'ar] *vt* agglutinare.
a.go.ni.a [agon'iə] *sf* agonia; sofferenza. *Poet.* angore. *Fig.* supplizio.
a.go.ni.zan.te [agoniz'ãti] *agg* agonizzante, moribondo.
a.go.ni.zar [agoniz'ar] *vi* agonizzare. *an Fig.* ansare.
a.go.ra [ag'ɔrə] *avv* adesso, ora; già; ormai. *Lett.* e *Poet.* oggimai. ≃ há pouco allora allora. ≃ mesmo appena, adesso adesso. de ≃ em diante d'ora innanzi, da ora in poi.
a.gos.ti.ni.a.no [agostini'Λnu] *sm*+*agg* agostiniano.
a.gos.to [ag'ostu] *sm* agosto.
a.gou.ro [ag'owru] *sm* augurio, auspicio, presagio. mau ≃ malaugurio.
a.gra.dar [agrad'ar] *vt* piacere; gradire; soddisfare, contentare; vezzeggiare, blandire; deliziare, dilettare. *Fam.* andare a fagiolo. *Fig.* andare a cuore. ≃ a gregos e troianos salvare capra e cavoli.
a.gra.dá.vel [agrad'avew] *agg* piacevole; gradevole, godibile; amabile, gioviale; piacente; ameno, ridente; soave; dilettoso.
a.gra.de.cer [agrades'er] *vt* ringraziare.
a.gra.de.ci.do [agrades'idu] *part*+*agg* grato.
a.gra.de.ci.men.to [agradesim'ẽtu] *sm* ringraziamento, gratitudine.
a.gra.do [agr'adu] *sm* carezza, vezzo, moina, blandizie *pl*. ser do ≃ de. *Fam.* gustare.
a.grá.rio [agr'arju] *agg* agrario, campestre.
a.gra.va.men.to [agravam'ẽtu] *sm* aggravamento.
a.gra.van.te [agrav'ãti] *sf*+*agg* aggravante.
a.gra.var [agrav'ar] *vt* aggravare, accentuare, inforzare. *Giur.* onerare. *Fig.* complicare. *vpr* aggravarsi.
a.gra.vo [agr'avu] *sm* aggravio, ingiuria.
a.gre.dir [agred'ir] *vt* aggredire; attaccare; assalire; apostrofare.
a.gre.ga.ção [agregas'ãw] *sf* aggregazione, congregamento.
a.gre.gar [agreg'ar] *vt* aggregare, aggiungere.
a.gres.são [agres'ãw] *sf* aggressione, affrontamento, attacco.

a.gres.si.vo [agres'ivu] *agg* aggressivo, manesco. *Fig.* bellicoso, virulento.

a.gres.sor [agres'or] *sm* aggressore, assalitore.

a.gres.te [agr'ɛsti] *agg* agreste. *Fig.* selvaggio.

a.gri.ão [agri'ãw] *sm* crescione.

a.grí.co.la [agr'ikɔlə] *agg* agricolo, agreste, contadino, rustico.

a.gri.cul.tor [agrikuwt'or] *sm* agricoltore, contadino, campagnuolo.

a.gri.cul.tu.ra [agrikuwt'urə] *sf* agricoltura.

a.gri.do.ce [agrid'osi], **a.gro-do.ce** [agrod'osi] o **a.cre-do.ce** [akred'osi] *agg* agrodolce.

a.gri.men.sor [agrimẽs'or] *sm* agrimensore.

a.gri.men.su.ra [agrimẽs'urə] *sf* agrimensura.

a.gro.no.mi.a [agronom'iə] *sf* agronomia.

a.grô.no.mo [agr'onomu] *sm* agronomo, perito agronomo.

a.gru.pa.men.to [agrupam'ẽtu] *sm* aggruppamento, crocchio.

a.gru.par [agrup'ar] *vt* aggruppare, raggruppare, congregare; classificare. *vpr* aggrupparsi.

á.gua ['agwə] *sf* acqua. ≃ **benta** acqua benedetta (o santa). ≃ **corrente** acqua corrente. ≃ **destilada** acqua distillata. ≃ **doce** acqua dolce, acqua fresca. ≃ **estagnada**, ≃ **parada** acqua morta (o ferma). ≃ **mineral** acqua minerale. ≃ **oxigenada** acqua ossigenata. ≃ **potável** acqua potabile. ≃ **termal** acqua termale. dar ≃ **na boca** far venire l'acquolina in bocca. **fazer** ≃ *Naut.* fare acqua. **filete de** ≃ filo d'acqua. **movido a** ≃ *Tec.* ad acqua. ≃ **mole em pedra dura, tanto bate até que fura** a goccia a goccia s'incava anche la pietra. ≃ **s passadas não movem moinhos** acqua passata non macina più. **as** ≃ **s paradas são as mais profundas** l'acqua cheta rovina i ponti.

a.gua.cei.ro [agwas'ejru] *sm* acquazzone, acquata, nubifragio.

á.gua-de-co.lô.nia [agwadikol'onjə] *sf* acqua di Colonia.

a.gua.dei.ro [agwad'ejru] *sm* acquaiuolo.

a.gua.do [ag'wadu] *part+agg* acquoso; lungo. **ficar** ≃ **(leite)** andare in acqua.

á.gua-for.te [agwaf'ɔrti] *sf* acquaforte.

a.gua.gem [ag'waʒẽj] *sf* adacquamento, allungamento.

á.gua-ma.ri.nha [agwamar'iñə] *sf Min.* acquamarina.

a.gua.pé [agwap'ɛ] *sm* acquerello.

a.guar [ag'war] *vt* adacquare; allungare.

a.guar.dar [agward'ar] *vt* aspettare, attendere.

a.guar.den.te [agward'ẽti] *sf* acquavite, grappa.

a.guar.rás [agwaʀ'as] *sf* acquaragia.

a.gu.ça.do [agus'adu] *part+agg* aguzzo; appuntato.

a.gu.ça.men.to [agusam'ẽtu] *sm* affinamento, affilatura.

a.gu.çar [agus'ar] *vt* aguzzare; appuntare, assottigliare; acuire. ≃ **a mente** *Fig.* acuire la mente. ≃ **os ouvidos** rizzare gli orecchi.

a.gu.de.za [agud'ezə] *sf* acutezza. *Fig.* finezza.

a.gu.do [ag'udu] *agg* acuto; aguzzo; stridente. *Fig.* cristallino. **inteligência** ≃ **a** intelligenza vivace. **tons** ≃ **s** *Mus.* toni acuti (o alti).

a.güen.tar [agwẽt'ar] *vt* sopportare; soffrire; durare; resistere a. *Fig.* ingozzare.

a.guer.rir [ageʀ'ir] *vt* agguerrire.

á.guia ['agjə] *sf* aquila.

a.gui.lhão [agiʎ'ãw] *sm* stimolo.

a.gu.lha [ag'uʎə] *sm* ago. ≃ **de crochê** uncinetto. ≃ **de igreja**, etc. *Archit.* guglia. ≃ **de marear** *Naut.* ago della bussola. ≃ **de toca-discos** puntina. ≃ **de tricô** ago da calza. ≃ **hipodérmica** ago da iniezione. ≃ **magnética** ago magnetico. ≃ **para bordado** ago da ricamo. ≃ **para serzir** ago da rammendo. **fabricante ou vendedor de** ≃ **s** agoraio. **paco-tinho de** ≃ **s de costura** cartina di aghi. **passar a linha pelo buraco da** ≃ infilare l'ago.

a.gu.lhei.ro [aguʎ'ejru] *sm* agoraio.

ah ['a] *int* ah! (dolore, spavento, disdegno, minaccia, ecc.). uh! uh! (orrore, meraviglia). ≃ **!** ah ah! (riso, ironia).

ai ['aj] *int* ahi! uhi! uhi! uhi! ohi! (indica dolore). ≃ **de mim!** ahimè! ohimè!

a.í [a'i] *avv* cì, vi. *Lett.* costà, costì. ≃ **embaixo** *Lett.* costaggiù. ≃ **em cima** *Lett.* costassù.

ai.a ['ajə] *sf* aia.

a.in.da [a'idə] *avv* ancora; anche; altresì. ≃ **que** *cong* anche se, benché, quantunque.

ai.po ['ajpu] *sm Bot.* appio, sedano.

a.jei.tar-se [aʒejt'arsi] *vpr* attagliarsi.

a.jo.e.lha.do [aʒoeʎ'adu] *part+agg* inginocchiato, in ginocchi, genuflesso.

a.jo.e.lhar-se [aʒoeʎ'arsi] *vpr* inginocchiarsi; genuflettersi; cadere sui ginocchi.

a.ju.da [aʒ'udə] *sf* aiuto; ausilio; soccorso; contributo; sussidio; carità. *Fig.* braccio; mano; sostegno, appoggio; favore. **com a** ≃ **de** grazie a, mediante, mercé. **com a** ≃ **de vocês** grazie a voi, mercé vostra.

a.ju.dan.te [aʒud'ãti] *s* aiutante, assistente; secondo; fattorino. *Fig.* ragazzo.

a.ju.dan.te-de-cam.po [aʒudãtidik'ãpu] *sm Mil.* aiutante di campo.

a.ju.dar [aʒud'ar] *vt* aiutare; assistere, coadiuvare; spalleggiare, dare mano forte; agevolare, giovare, assecondare, favorire; sussidiare. *Fig.* appoggiare; fiancheggiare. ≈-se mutamente giovarsi, soccorrersi.

a.ju.i.za.do [aʒuiz'adu] *agg* sensato, discreto, assennato.

a.jun.ta.men.to [aʒũtam'ẽtu] *sm* catasta, crocchio.

a.jus.tar [aʒust'ar] *vt* aggiustare, adattare, conformare; correggere, regolare, raffazzonare. *vpr* imboccare (pezzi); aggiustarsi. *Fig.* inquadrarsi. ≈ **as contas** aggiustare i conti.

a.jus.te [aʒ'usti] *sm* aggiustamento, convenzione, assestamento, assetto. ≈ **das contas** *Comm.* pareggio, pareggiamento.

a.la [′alɐ] *sf* ala. **abrir** ≈s fare ala. ≈ **direita (do parlamento)** destra.

a.la.bar.da [alab'ardɐ] *sf* alabarda.

a.la.bas.tro [alab'astru] *sm* alabastro.

a.la.do [al'adu] *agg* alato.

a.la.ga.men.to [alagam'ẽtu] *sm* allagamento, inondazione, alluvione.

a.la.gar [alag'ar] *vt* allagare, inondare, dilagare, diluviare.

a.lam.bi.que [alãb'iki] *sm* lambicco, distillatoio.

a.la.no [al'ʌnu] o **a.lão** [al'ãw] *sm* alano.

a.la.ran.ja.do [alarãʒ'adu] *agg* aranciato, rancio.

a.lar.de [al'ardi] *sm* iattanza. *Fig.* grancassa.

a.lar.ga.men.to [alargam'ẽtu] *sm* allargamento, distendimento.

a.lar.gar [alarg'ar] *vt* allargare; aprire; ampliare; espandere; aumentare. *vpr* allargarsi; aprirsi.

a.lar.mar [alarm'ar] *vt* allarmare. *vpr* allarmarsi.

a.lar.me [al'armi] *sm* allarme; antifurto. ≈ **antiaéreo** *Mil.* sirena d'allarme. ≈ **de incêndio** avvisatore d'incendio. ≈ **falso** falso allarme.

a.las.trar-se [alastr'arsi] *vpr* propagarsi, diffondersi, aumentare.

a.la.ú.de [ala'udi] *sm Mus.* liuto.

a.la.van.ca [alav'ãkɐ] *sf Mecc.* leva. ≈ **do câmbio** *Autom.* leva del cambio.

al.ba.troz [awbatr'ɔs] *sm Zool.* albatro.

al.ber.gue [awb'ɛrgi] *sm* albergo. ≈ **para os pobres** dormitorio popolare.

al.bi.nis.mo [awbin'izmu] *sm Med.* albinismo.

al.bi.no [awb'inu] *sm+agg* albino.

ál.bum [′awbũ] *sm* album, albo.

al.bu.me [awb'umi] *sm* albume.

al.bu.mi.na [awbum'inɐ] *sf* albumina.

al.ça [′awsɐ] *sf* maniglia.

al.ca.cho.fra [awkaʃ'ofrɐ] *sm Bot.* carciofo.

al.ça.da [aws'adɐ] *sf* spettanza. *Fig.* signoria.

al.cai.de [awk'ajdi] *sm* alcade.

ál.ca.li [′awkali] *sm Chim.* alcali.

al.ca.li.no [awkal'inu] *agg Chim.* alcalino.

al.ca.lói.de [awkal'ɔjdi] *sm Chim.* alcaloide.

al.ca.na [awk'ʌnɐ] *sf Bot.* henné.

al.can.ça.do [awkãs'adu] *part+agg* raggiunto; giunto.

al.can.çar [awkãs'ar] *vt* raggiungere; attingere; giungere a. *Fig.* arrivare a.

al.can.ce [awk'ãsi] *sm* gettata. *Mus.* estensione di uno strumento. **estar ao** ≈ esser a tiro. **estar fora de** ≈ esser fuori tiro.

al.ça.pão [awsap'ãw] *sm* botola; trabocchetto.

al.ca.trão [awkatr'ãw] *sm* catrame.

al.ce [′awsi] *sm Zool.* alce, granbestia.

al.cí.o.ne [aws'ioni] *sm Zool.* alcione.

ál.co.ol [′awkoow] *sm* alcool, spirito.

al.co.ó.la.tra [awko'ɔlatrɐ] *s* alcolizzato, ubriacone.

al.co.ó.li.co [awko'ɔliku] *agg* alcolico.

al.co.o.li.za.do [awkooliz'adu] *part+agg* alcolizzato, avvinazzato, briaco.

al.co.o.li.zar [awkooliz'ar] *vt* alcolizzare.

Al.co.rão [awkor'ãw] o **Co.rão** [kor'ãw] *sm Rel.* Alcorano, Corano.

al.co.va [awk'ɔvɐ] *sf* alcova.

al.co.vi.tei.ro [awkovit'ejru] *sm* ruffiano, lenone, mezzano. ≈**a** *sf* ruffiana.

al.cu.nha [awk'uɲɐ] *sf* soprannome.

al.de.ão [alde'ãw] *sm* villano, paesano.

al.dei.a [awd'ejɐ] *sf* villaggio, paese, borgo, borgata. *Lett.* vico.

al.dra.va [awdr'avɐ] *sf* picchiotto, batacchio.

a.le.a.tó.rio [aleat'ɔrju] *agg* aleatorio.

a.le.ga.ção [alegas'ãw] *sf* allegazione, allegamento, adduzione.

a.le.gar [aleg'ar] *vt* allegare, avanzare, addurre.

a.le.go.ri.a [alegor'iɐ] *sf* allegoria, simbolo. *Lett.* parabola.

a.le.gó.ri.co [aleg'ɔriku] *agg* allegorico.

a.le.grar [aleg'rar] *vt* rallegrare, allegrare; allietare; ricreare, spassare. *vpr* rallegrarsi, compiacersi, gioire. *Lett.* letiziarsi.

a.le.gre [al'egri] *agg* allegro; brioso, gaio; contento, felice, lieto; ilare, scherzoso, spiritoso; ameno, esilarante; piacevole, ridente.

a.le.gri.a [aleg'riɐ] *sf* allegria, allegrezza; brio; felicità; gioia; delizia. *Fig.* riso.

a.lei.ja.do [alejʒ'adu] *sm* zoppo, storpio. *part+agg* storpio. *Fig.* monco. **ficar** ≈ azzoppirsi.

a.lei.jar [alejʒ'ar] *vt* azzoppire, storpiare. *vpr* storpiarsi.

a.lei.ta.men.to [alejtam'etu] *sm* allattamento, allevamento, allevatura.

a.lei.tar [alejt'ar] *vt* allattare, lattare.

a.le.lui.a [alel'ujə] *sf+int* alleluia.

a.le.mão [alem'ãw] *sm+agg* tedesco, germanico.

a.len.to [al'ẽtu] *sm* lena, incoraggiamento, rinfranco.

a.ler.gi.a [alerʒ'iə] *sf* allergia.

a.ler.ta [al'ɛrtə] *agg* attento. **ficar** ≃ stare all'erta.

a.le.ta [al'etə] *sf Aer.* alettone.

a.le.xan.dri.no [aleʃãdr'inu] *agg* alessandrino, verso di dodici sillabe.

al.fa ['awfə] *sf* alfa.

al.fa.bé.ti.co [awfab'ɛtiku] *agg* alfabetico.

al.fa.be.to [awfab'etu] *sm* alfabeto, abbecedario.

al.fa.ce [awf'asi] *sf* lattuga.

al.fai.a.ta.ri.a [awfajatar'iə] *sf* sartoria.

al.fai.a.te [awfa'jati] *sm* sarto.

al.fân.de.ga [awf'ãdegə] *sf* dogana, gabella.

al.fan.de.gá.rio [awfãdeg'arju] *sm* doganiere, gabelliere.

al.fa.ze.ma [awfaz'emə] *sf Bot.* lavanda, spigo.

al.fe.res [awf'eris] *sm Mil.* alfiere.

al.fi.ne.ta.da [awfinet'adə] *sf Fig.* frizzo.

al.fi.ne.te [awfin'eti] *sm* spillo. ≃ **de gravata** fermacravatte. ≃ **de segurança** spillo di sicurezza.

a.lém [al'ẽj] *sm* l'aldilà. *avv* oltre; aldilà. ≃ **da conta** *avv* oltremisura. ≃ **de** *prep* oltre, oltre a. ≃ **do que** oltre a che. ≃ **disso** o ≃ **do mais** *avv* inoltre, pure, oltre a ciò. **falamos alemão e francês**, ≃ **do italiano** parliamo il tedesco ed il francese, oltre all'italiano.

a.lém-mar [alẽjm'ar] *avv* oltremare.

a.lém-tú.mu.lo [alẽjt'umulu] *sm* aldilà.

al.ga ['awgə] *sf* alga.

al.ga.ris.mo [awgar'izmu] *sm* numero, cifra.

al.ga.zar.ra [awgaz'aɾə] *sf* gazzarra, gavazzamento, fracasso. **fazer** ≃ gavazzare.

ál.ge.bra ['awʒebrə] *sf* algebra.

al.gé.bri.co [awʒ'ebriku] *agg* algebrico.

al.ge.mar [awʒem'ar] *vt* incatenare, ammanettare.

al.ge.mas [awʒ'eməs] *sf pl* manette, ferri.

al.go ['awgu] *pron* qualcosa, qualche cosa. ≃ **mais** qualcos'altro. ≃ **parecido** quissimile. **fazer** ≃ **sem gastar muito** fare nozze coi fichi secchi.

al.go.dão [awgod'ãw] *sm* cotone. ≃ **em rama** ovatta, bambagia. ≃ **hidrófilo** cotone idrofilo. **fabricante de tecidos de** ≃ cotoniere. **feito de** ≃ bambagino. **tecidos de** ≃ cotonerie.

al.go.do.ei.ro [awgodo'ejru] *sm* cotone; cotoniere.

al.go.ris.mo [awgor'izmu] o **al.go.rit.mo** [awgor'itmu] *sm Mat.* algorismo, algoritmo.

al.goz [awg'ɔs] *sm* carnefice.

al.guém [awg'ẽj] *pron* alcuno, qualcuno, certuno, uno. **para** ≃ ad alcuno. **ter** ≃ **lá em cima ajudando** *Fig.* avere qualche santo in Paradiso.

al.gum [awg'ũ] *pron msg* alcuno, qualche; nessuno (con negazioni).

al.gu.ma [awg'umə] *pron fsg* alcuna, qualche; nessuna (con negazioni). **tem mais** ≃ **coisa a dizer?** ha altro a dire? **não teve resposta** ≃ a non ebbe nessuna risposta.

al.gu.mas [awg'uməs] *pron fpl* alcune, qualche.

al.guns [awg'ũs] *pron mpl* alcuni, qualche, parecchi.

a.lhei.o [aʎ'eju] *sm* l'altrui, roba d'altri. *agg* altrui; alieno; estraneo.

a.lho ['aʎu] *sm* aglio. **cabeça de** ≃ testa di aglio. **dente de** ≃ spicchio di aglio.

a.lho-por.ro [aʎup'oʀu] *sm Bot.* porro.

a.lhu.res [aʎ'uris] *avv* altrove.

a.li [al'i] *avv* lì, colà; ce, ci, ve, vi; ivi, laddove, quivi. **por** ≃ giù di lì. **estarei** ≃ **amanhã de manhã** vi sarò domattina. ≃ **dentro** quivi entro. ≃ **embaixo** laggiù. ≃ **em cima** lassù.

a.li.á [ali'a] *sf Zool.* elefantessa.

a.li.a.do [ali'adu] *sm+agg* alleato.

a.li.an.ça [ali'ãsə] *sf* alleanza; intesa; associazione; coalizione, lega. *Fig.* connubio.

a.li.ar [ali'ar] *vt* alleare. *vpr* allearsi, legarsi, coalizzarsi.

a.li.ás [ali'as] *avv* altrimenti; altronde; ossia; a proposito.

á.li.bi ['alibi] *sm Giur.* alibi.

a.li.ca.te [alik'ati] *sm* pinza.

a.li.cer.çar [alisers'ar] *vt Archit.* imbasare.

a.li.cer.ce [alis'ersi] *sm Archit.* fondazione, fondamento.

a.li.ci.ar [alisi'ar] *vt* tirare, attrarre.

a.li.e.na.ção [aljenas'ãw] *sf* alienazione mentale. *Fig.* distacco.

a.li.e.na.do [aljen'adu] *agg* alienato, folle.

a.li.e.nar [aljen'ar] *vt* alienare. *Fig.* distaccare. *vpr* alienarsi.

a.lie.ní.ge.na [aljen'iȝenə] *agg* estraneo, straniero. *Fig.* esotico.

a.li.gá.tor [alig'ator] *sm Zool.* alligatore.

a.li.men.ta.ção [alimẽtas'ãw] *sf* alimentazione, nutrizione, nutrimento. *Fig.* sussistenza.

a.li.men.ta.do [alimẽt'adu] *part+agg* alimentato, allevato.

a.li.men.tar [alimẽt'ar] *vt* alimentare; allevare, cibare, nutrire; covare; sostentare. *vpr* alimentarsi, mangiare. *agg* alimentare.

a.li.men.tí.cio [alimẽt'isju] *agg* alimentizio, alimentare.

a.li.men.to [alim'ẽtu] *sm* alimento, nutrimento, pasto, vitto. *Pop.* cibo. *Fig.* pane. ≈s *pl* alimenti, viveri. ≃ **gordo** alimento grasso.

a.lí.nea [al'injə] *sf Giur.* alinea, capoverso di un articolo.

a.li.nha.men.to [aliñam'ẽtu] *sm* allineamento, dirittura.

a.li.nhar [aliñ'ar] *vt* allineare. *vpr* allinearsi.

a.li.nha.var [aliñav'ar] *vt* imbastire.

a.li.nha.vo [aliñ'avu] *sm* imbastitura, basta.

a.lí.quo.ta [al'ikwotə] *sf Comm.* aliquota.

a.li.sa.do [aliz'adu] *part+agg* liscio.

a.li.sar [aliz'ar] *vt* lisciare, levigare.

a.lis.ta.do [alist'adu] *part+agg* arruolato, ascritto.

a.lis.ta.men.to [alistam'ẽtu] *sm* arruolamento, iscrizione.

a.lis.tar [alist'ar] *vt* arruolare; assoldare, ingaggiare. *vpr* arruolarsi, iscriversi a.

a.li.te.ra.ção [aliteras'ãw] *sf Gramm.* allitterazione.

a.li.vi.a.do [alivi'adu] *part+agg* alleggerito.

a.li.vi.ar [alivi'ar] *vt* alleviare, alleggerire. *Fig.* lenire. *vpr* alleggerirsi. *Fig.* scaricarsi.

a.lí.vio [al'ivju] *sm* alleggerimento, sollievo, sgravio, scarico. *Fig.* balsamo; sfogo.

al.le.gro [al'egro] *sm Mus.* allegro.

al.ma ['almə] *sf* anima; spirito. *Lett.* psiche. *Fig.* interiore, petto, seno. **não haver nem uma só** ≃ non esserci anima viva.

al.ma.na.que [awman'aki] *sm* almanacco, lunario.

al.me.jar [awmeȝ'ar] *vt* desiderare, vagheggiare. *Lett.* perseguire. *Fig.* mirare a, sognare.

al.mi.ran.ta.do [awmirãt'adu] *sm* ammiragliato.

al.mi.ran.te [awmir'ãti] *sm* ammiraglio.

al.mís.car [awm'iskar] *sm* muschio.

al.mis.ca.ra.do [awmiskar'adu] *agg* muschiato, moscato.

al.mis.ca.rei.ro [awmiskar'ejru] *sm Zool.* mosco.

al.mo.çar [awmos'ar] *vi* pranzare, desinare.

al.mo.ço [awm'osu] *sm* pranzo, desinare.

al.mo.fa.da [awmof'adə] *sf* cuscino, guanciale. ≃ **para alfinetes** portaspilli, guancialino.

al.mo.fa.di.nha [awmofad'iñə] *sm disp* damerino, zerbinotto, bellimbusto, gagà.

al.môn.de.ga [awm'ondegə] *sf* polpetta.

a.lô [al'o] *int* pronto!.

a.lo.cu.ção [alokus'ãw] *sf* allocuzione.

a.lo.ja.men.to [aloȝam'ẽtu] *sm* alloggiamento, alloggio; camerata, dormitorio; caserma.

a.lo.jar [aloȝ'ar] *vt* alloggiare. *vpr* alloggiarsi.

a.lon.ga.do [alõg'adu] *part+agg* allungato, esteso, oblungo, bislungo.

a.lon.ga.men.to [alõgam'ẽtu] *sm* allungamento, distendimento, distensione.

a.lon.gar [alõg'ar] *vt* allungare; estendere; porgere. *vpr* allungarsi; estendersi.

a.lo.pa.ti.a [alopat'iə] *sf* allopatia.

a.lo.pá.ti.co [alop'atiku] *agg* allopatico.

a.lo.pe.ci.a [alopes'iə] *sf Med.* alopecia, volpe.

a.lou.rar [alowr'ar] *vt* imbiondire. *vpr* imbiondirsi.

al.pa.ca [awp'akə] *sf Zool.* alpaca.

al.pi.nis.mo [awpin'izmu] *sm* alpinismo.

al.pi.nis.ta [awpin'istə] *s* alpinista, rocciatore.

al.pi.no [awp'inu] *agg* alpino.

al.pis.te [awp'isti] *sm Bot.* scagliuola.

al.qui.mi.a [awkim'iə] *sf* alchimia.

al.qui.mis.ta [awkim'istə] *s* alchimista.

al.ta ['awtə] *sf Comm.* rialzo.

al.ta.men.te [awtam'ẽti] *avv* altamente, alto.

al.ta.nei.ro [awtan'ejru] *agg* altero, altiero.

al.tar [awt'ar] *sm* altare, ara.

al.tar-mor [awtarm'ɔr] *sm* altare maggiore.

al.te.ra.ção [awteras'ãw] *sf* alterazione; cambiamento, mutamento; manomissione.

al.te.ra.do [awter'adu] *part+agg* alterato. *Fig.* alticcio, brillo, un po' briaco.

al.te.rar [awter'ar] *vt* alterare; cambiare, mutare; manomettere, sofisticare, fatturare. *Fam.* manipolare. *vpr* alterarsi. *Fig.* agitarsi.

al.ter e.go [awter'egu] *sm Psic.* alter ego.

al.ter.na.do [awtern'adu] *part+agg* alternato, alterno.

al.ter.na.dor [awternad'or] *sm Mecc.* alternatore. *Elett.* alternatore, dinamo a corrente alternata.

al.ter.nân.cia [awtern'ãsjə] *sf* alternanza, turno.

al.ter.nar [awtern'ar] *vt* alternare, interpolare. *vpr* alternarsi, avvicendarsi.

al.ter.na.ti.va [awternat'ivə] *sf* alternativa, vece.

al.ter.na.ti.vo [awternat'ivu] *agg* alternativo.

al.te.za [awt'ezə] *sf* altezza, titolo dei principi.

al.tí.me.tro [awt'imetru] *sm* altimetro.

al.ti.pla.no [awtipl'∧nu] *sm* altipiano.

al.tís.si.mo [awt'isimu] *agg superl* altissimo; eccelso.

al.tis.so.nan.te [awtison'ãti] *agg* altisonante.

al.ti.tu.de [awtit'udi] *sf Geogr.* e *Aer.* altitudine, quota. **ganhar** ≃ prender quota.

al.ti.vez [awtiv'es] *sf* alterezza, fierezza, imponenza, superbia.

al.ti.vo [awt'ivu] *agg* altero, fiero, superbo.

al.to ['awtu] *sm* alto. **ter** ≃ **s e baixos** fare degli alti e bassi. **no** ≃ *avv* insù, altamente. **no** ≃ **da escada** a capo alla scala. *agg* alto; lungo; grande, augusto; aperto (mare); sostenuto (stile). *Fam.* favolesco. *Fig.* eminente. *avv* alto. *int* alto! ≃ **lá!** alto là!

al.to-fa.lan.te [awtufal'ãti] *sm* altoparlante, portavoce.

al.to-for.no [awtuf'ornu] *sm Sider.* alto forno.

al.to-mar [awtum'ar] o **mar alto** *sm Naut.* alto mare. **em** ≃ in alto mare.

al.to-re.le.vo [awtuřel'evu] *sm* altorilievo.

al.tru.ís.mo [awtru'izmu] *sm* altruismo, filantropia, generosità.

al.tru.ís.ta [awtru'ista] *agg* altruista, generoso.

al.tu.ra [awt'ura] *sf* altezza; statura; elevazione, colocar alguém nas ≃ s portare uno alle stelle. **responder à** ≃ rispondere al tono.

a.lu.ci.na.ção [alusinas'ãw] *sf* allucinazione, visione, delirio. *Fig.* chimera.

a.lu.ci.na.do [alusin'adu] *part*+*agg* allucinato. *Fig.* cieco.

a.lu.ci.nar [alusin'ar] *vt* allucinare.

a.lu.ci.nó.ge.no [alusin'ɔʒenu] *sm* allucinogeno, droga.

a.lu.dir [alud'ir] *vt* alludere, riferirsi, a.

a.lu.ga.do [alug'adu] *part*+*agg* in affitto, in fitto. **não** ≃ sfitto.

a.lu.gar [alug'ar] *vt* affittare, appigionare; dare a pigione; prendere a pigione. **aluga-se** affittasi.

a.lu.guel [alug'ew] *sm* affitto, fitto, pigione.

a.lu.mí.nio [alum'inju] *sm Chim.* alluminio.

a.lu.na [al'unə] *sf* allieva, alunna; studentessa.

a.lu.no [al'unu] *sm* allievo, alunno, discepolo, scolaro. ≃ **ouvinte** uditore. ≃ **de curso superior** studente.

a.lu.são [aluz'ãw] *sf* allusione, sottinteso.

a.lu.si.vo [aluz'ivu] *agg* allusivo.

a.lu.vi.a.no [aluvi'∧nu] *agg* di alluvione. **terrenos** ≃ s terreni di alluvione.

a.lu.vi.ão [aluvi'ãw] *sf* alluvione.

al.ve.ja.men.to [awveʒam'ẽtu] *sm* albeggiamento.

al.ve.jar [awveʒ'ar] *vt* biancheggiare; bersagliare. *vi* albeggiare.

al.ve.o.lar [awveol'ar] *agg* alveolare.

al.vé.o.lo [awv'ɛolu] *sm* alveolo.

al.vo ['awvu] *sm* bersaglio, segno, scopo. ≃ **de treino** *Mil.* sagoma. **atirar no** ≃ tirare al bersaglio. **errar o** ≃ sbalestrare. *agg* albo, bianco, candido.

al.vor [awv'or] *sm* albore.

al.vo.ra.da [awvor'adə] *sf* alba, aurora. *Mil.* diana.

al.vo.re.cer [awvores'er] *sm* albeggiamento. *vi* albeggiare.

al.vo.ro.ço [awvor'osu] *sm* agitazione; confusione; tumulto; baccano.

al.vu.ra [awv'urə] *sf* albore.

a.ma.bi.li.da.de [amabilid'adi] *sf* amabilità, cortesia, gentilezza. *Fig.* dolcezza.

a.ma.ci.ar [amasi'ar] *vt* ammollire, rammorbidire, ammorbidire. *vi* rammorbidirsi.

a.ma-de-lei.te [∧mədil'ejti] *sf* balia, allattatrice.

a.ma.do [am'adu] *sm, part*+*agg* amato, caro.

a.ma.dor [amad'or] *sm*+*agg* amatore, cultore.

a.ma.du.re.cer [amadures'er] *vt* maturare; stagionare. *vi* maturarsi; stagionarsi; svilupparsi (idea).

a.ma.du.re.ci.men.to [amaduresim'ẽtu] *sm* maturazione.

â.ma.go ['ãmagu] *sm* intimo. *Fig.* viscere.

a.mal.di.ço.ar [amawdiso'ar] *vt* maledire, bestemmiare.

a.mál.ga.ma [am'awgamə] *s* amalgama.

a.mal.ga.ma.ção [amawgamas'ãw] *sf Chim.* allegazione, allegamento.

a.mal.ga.mar [amawgam'ar] *vt Chim.* amalgamare, allegare.

a.ma.men.ta.ção [amamẽtas'ãw] *sf* allattamento.

a.ma.men.tar [amamẽt'ar] *vt* allattare, lattare, dare la poppa.

a.ma.nhã [aman'ã] *sm* l'avvenire. *avv* domani, l'indomani. ≃ **à noite** domani sera. ≃ **de manhã** domani mattina, domattina. **depois de** ≃ domani l'altro, dopodomani.

a.man.sar [amãs'ar] *vt* ammansare, mansuefare, domare. *vpr* mansuefarsi.

a.man.te [am'ãti] *s* amante, spasimante; amasio, ganzo; amasia, concubina. *Fig.* amico; amica, ninfa. *agg* amante, spasimante.

a.man.tei.ga.do [amãtejg'adu] *part*+*agg* burroso, butirroso.

a.mar [am'ar] *vt* amare; voler bene a. *Fig.* apprezzare. *vpr* amarsi; intendersi con.

a.ma.ra.gem [amar'aʒẽj] *sf Aer.* ammaraggio.
a.ma.rar [amar'ar] *vi Aer.* ammarare.
a.ma.re.la.do [amarel'adu] *agg disp* giallastro.
a.ma.re.lar [amarel'ar] *vt + vi* ingiallire.
a.ma.re.lo [amar'ɛlu] *sm + agg* giallo.
a.ma.re.lo-a.ver.me.lha.do [amareluavermeʎ'adu] *sm + agg* fulvo.
a.mar.gar [amarg'ar] *vt* amareggiare, inacerbire.
a.mar.go [am'argu] *agg* amaro, acerbo, aspro. *Fig.* duro.
a.mar.gor [amarg'or] *sm* amarezza, acerbità, acetosità. *Fig.* fiele.
a.mar.gu.ra [amarg'urə] *sf* rammarico, accoramento. *Fig.* amarezza, amaro.
a.mar.gu.rar [amargur'ar] *vt* amareggiare, accorare.
a.má.ri.co [am'ariku] *sm Ling.* amarico.
a.mar.ra [am'aɾə] *sf Naut.* amarra, fune.
a.mar.rar [amaɾ'ar] *vt* annodare, allacciare, incordare.
a.mar.ro.tar [amaɾot'ar] *vt* stropicciare, sgualcire, gualcire.
a.ma-se.ca [ʌməs'ekə] *sf* bambinaia, balia asciutta.
a.má.sio [am'azju] *sm* amasio, amante.
a.mas.sa.du.ra [amasad'urə] *sf* impasto.
a.mas.sar [amas'ar] *vt* impastare; schiacciare; stritolare; stropicciare, sgualcire.
a.má.vel [am'avew] *agg* amabile; cordiale, simpatico, galante; gioviale. *Fig.* dolce.
a.ma.zo.na [amaz'onə] *sf Sp.* e *Mit.* amazzone.
âm.bar ['ãbar] *sm* ambra. **perfumar com** ≈ ambrare.
am.bas ['ãbəs] *pron fpl* ambedue, entrambe.
am.bi.ção [ãbis'ãw] *sf* ambizione; cupidigia, cupidità; desiderio. *Fig.* sete, bramosia.
am.bi.cio.nar [ãbisjon'ar] *vt* ambire, appetire, desiderare, aspirare a.
am.bi.ci.o.so [ãbisi'ozu] *sm* carrierista. *agg* ambizioso, avido. *Fig.* assetato.
am.bi.des.tro [ãbid'ɛstru] *agg* ambidestro.
am.bien.tar [ãbjẽt'ar] *vt* ambientare. *vpr* ambientarsi.
am.bi.en.te [ãbi'ẽti] *sm* ambiente; circolo, gruppo. *Fig.* elemento; clima; ambito, sfera.
am.bi.güi.da.de [ãbigwid'adi] *sf* ambiguità, imprecisione.
am.bí.guo [ãb'igwu] *agg* ambiguo; dubbio; indefinibile; impreciso. *Fig.* obliquo.
âm.bi.to ['ãbitu] *sm* ambito. *Giur.* giurisdizione. *Fig.* sfera; regno, signoria.
am.bos ['ãbus] *pron mpl* ambidue, entrambi.
am.bre.ar [ãbre'ar] *vt* ambrare.

am.bro.si.a [ãbroz'iə] *sf* ambrosia.
am.bro.si.a.no [ãbrozi'ʌnu] *sm + agg Rel.* ambrosiano.
am.bu.lân.cia [ãbul'ãsjə] *sf* ambulanza, autolettiga.
am.bu.la.tó.rio [ãbulat'ɔrju] *sm + agg* ambulatorio.
a.me.a.ça [ame'asə] *sf* minaccia; avviso; bravata. *Fig.* spettro.
a.me.a.ça.dor [ameasad'or] *agg* minaccevole; imminente. *Lett.* torvo. *Fig.* bieco, grifagno.
a.me.a.çar [ameas'ar] *vt* minacciare; far minacce, avvertire, avvisare; bravare; promettere; essere in pericolo di. *Poet.* incombere. ≈ **cair** minaccia di cadere.
a.me.dron.tar [amedrõt'ar] *vt* intimorire, sbigottire, impaurire. *vpr* intimorirsi.
a.mei.a [am'ejə] *sf Archit.* merlo.
a.mei.xa [am'ejʃə] *sf Bot.* prugna, susina. ≈ **s secas** prugne secche.
a.mei.xei.ra [amejʃ'ejrə] *sf Bot.* prugno, susino.
a.mém [am'ẽj] *int* amen.
a.mên.doa [am'ẽdwə] *sf Bot.* mandorla.
a.men.do.a.do [amẽdo'adu] *agg* mandorlato, ammandorlato.
a.men.do.ei.ra [amẽdo'ejrə] *sf Bot.* mandorlo.
a.men.do.im [amẽdo'ĩ] *sm Bot.* arachide.
a.me.ni.da.de [amenid'adi] *sf* amenità.
a.me.no [am'enu] *agg* ameno. *Fig.* gustevole; dolce (clima).
A.mé.ri.ca [am'erikə] *np* America.
a.me.ri.ca.no [amerik'ʌnu] *sm + agg* americano.
a.mes.tra.do [amestr'adu] *part + agg* ammaestrato, sapiente.
a.mes.trar [amestr'ar] *vt* ammaestrare, addestrare.
a.me.tis.ta [amet'istə] *sf Min.* ametista.
a.mi.an.to [ami'ãtu] *sm Min.* amianto.
a.mi.do [am'idu] *sm* amido.
a.mi.ei.ro [ami'ejru] *sm Bot.* ontano.
a.mi.ga [am'igə] *sf* amica, compagna.
a.mi.gá.vel [amig'avew] *agg* amichevole; confidenziale.
a.míg.da.la [am'idalə] *sf* amigdala, tonsilla.
a.mig.da.li.te [amidal'iti] *sf Med.* amigdalite, tonsillite.
a.mi.go [am'igu] *sm* amico, compagno, collega. *Fig.* fratello. ≈ **íntimo** amico intimo (o stretto).
a.mis.to.so [amist'ozu] *agg* amichevole. **jogo** ≈ partita amichevole.
a.mi.ú.de [ami'udi] *avv* non di rado.

a.mi.za.de [amiz′adi] *sf* amicizia; amistà; fraternità; pratica. *Fig.* conoscenza, relazione.
fazer ≃ **com** fare amicizia con.

am.né.sia [amn′ezjə] *sf Med.* amnesia.

a.mo.la.do [amol′adu] *part+agg* affilato.

a.mo.la.dor [amolad′or] *sm* arrotino.

a.mo.lar [amol′ar] *vt* affilare, raffilare, arrotare.

a.mol.dar [amowd′ar] *vt* conformare.

a.mo.le.ce.dor [amolesed′or] *sm+agg* ammolliente.

a.mo.le.cer [amoles′er] *vt* ammollire, ammorbidire, intenerire. *vi* rammollirsi. **deixar** ≃ **na água** ammollare.

a.mo.le.ci.do [amoles′idu] *part+agg* ammollito, dirotto.

a.mo.le.ci.men.to [amolesim′ẽtu] *sm* ammollimento.

a.mô.nia [am′onjə] *sf* ammoniaca.

a.mo.ní.a.co [amon′iaku] *sm* ammoniaca.

a.mon.to.a.do [amõto′adu] *sm* accozzaglia, ammasso, catasta, carrettata.

a.mon.to.a.men.to [amõtoam′ẽtu] *sm* ammontamento, cumulo.

a.mon.to.ar [amõto′ar] *vt* ammontare, ammassare, accatastare. *vpr* agglomerarsi.

a.mor [am′or] *sm* amore; affetto, affezione; amorevolezza; desiderio. *Fig.* culto. ≃ **materno** affetto di madre. ≃ *Pop.* accoppiarsi. **morrer de** ≃ cuocersi. **pelo** ≃ **de Deus!** per amore del cielo! per carità!

a.mor-pró.prio [amorpr′ɔprju] *sm* alterezza. *Lett.* iattanza.

a.mo.ra [am′ɔrə] *sf Bot.* mora, gelsa.

a.mo.ral [amor′aw] *agg* amorale.

a.mor.da.çar [amordas′ar] *vt* imbavagliare. *Fig.* impedir di parlare.

a.mo.rei.ra [amor′ejrə] *sf Bot.* moro, gelso.

a.mor.fo [am′ɔrfu] *agg* amorfo.

a.mor.nar [amorn′ar] *vt* intiepidire. *vpr* intiepidirsi.

a.mo.ro.so [amor′ozu] *agg* amoroso; affettuoso.

a.mor.te.ce.dor [amortesed′or] *sm Autom.* ammortizzatore.

a.mor.te.cer [amortes′er] *vt* ammortire, ammortizzare.

a.mor.te.ci.men.to [amortesim′ẽtu] *sm* ammortimento.

a.mor.ti.za.ção [amortizas′ãw] *sf Comm.* ammortizzazione, estinzione, ammortamento.

a.mor.ti.zar [amortiz′ar] *vt Comm.* ammortizzare, ammortire.

a.mor.zi.nho [amorz′iñu] *sm dim Fam.* gioia.

a.mos.tra [am′ɔstrə] *sf* mostra, saggio. *Comm.* campione.

a.mo.ti.nar [amotin′ar] *vt* ammutinare. *vpr* ammutinarsi.

am.pa.rar [ãpar′ar] *vt* riparare, coprire, diffendere, proteggere; appoggiare. *vpr* ripararsi.

am.pa.ro [ãp′aru] *sm* riparo, riparazione, protezione; appoggiatoio. *Lett.* schermo. *Fig.* egida; bastone.

am.plia.ção [ãpljas′ãw] *sf* ampliazione.

am.pli.a.do [ãpli′adu] *part+agg* ampliato, esteso.

am.pli.ar [ãpli′ar] *vt* ampliare; aprire. *Fig.* distendere (un testo).

am.pli.dão [ãplid′ãw] *sf* ampiezza, largura.

am.pli.fi.car [ãplifik′ar] *vt* amplificare.

am.pli.tu.de [ãplit′udi] *sf* ampiezza.

am.plo [′ãplu] *agg* ampio; vasto; spazioso; aperto. *Lett.* lato. *Fig.* largo.

am.po.la [ãp′olə] *sf* ampolla, fiala.

am.pu.lhe.ta [ãpuʎ′etə] *sf* orologio a sabbia.

am.pu.ta.ção [ãputas′ãw] *sf* amputazione, risecazione.

am.pu.ta.do [ãput′adu] *part+agg* mutilato.

am.pu.tar [ãput′ar] *vt* amputare, risecare.

a.mu.a.do [amu′adu] *agg* buzzo. **estar** ≃ **fare** (o tenere) il grugno.

a.mu.ar-se [amu′arsi] *vpr Fig.* allungare il muso.

a.mu.le.to [amul′etu] *sm* amuleto, portafortuna, feticcio.

a.mu.o [am′uu] *sm* broncio. *Fig.* muso.

a.na.co.lu.to [anakol′utu] *sm Gramm.* anacoluto.

a.na.crô.ni.co [anakr′oniku] *agg* anacronistico.

a.na.cro.nis.mo [anakron′izmu] *sm* anacronismo.

a.na.gra.ma [anagr′ʌmə] *sm* anagramma.

a.nais [an′ajs] *sm pl* annali.

a.nal [an′aw] *agg* anale.

a.nal.fa.be.tis.mo [anawfabet′izmu] *sm* analfabetismo.

a.nal.fa.be.to [anawfab′etu] *sm+agg* analfabeta; ignorante.

a.nal.gé.si.co [anawʒ′eziku] *sm+agg* analgesico.

a.na.li.sar [analiz′ar] *vt* analizzare; osservare; studiare. *Fig.* pesare. ≃ **a fundo** *Fig.* sviscerare. ≃ **minuciosamente** *Fig.* stacciare.

a.ná.li.se [an′alizi] *sf* analisi; esamine, osservazione; ricerca, studio.

a.na.lí.ti.co [anal′itiku] *agg* analitico.

a.na.lo.gi.a [analoʒ′iə] *sf* analogia, affinità. *Fig.* somiglianza.

a.na.ló.gi.co [anal'ɔʒiku] *agg* analogico.
a.ná.lo.go [an'alogu] *agg* analogo.
a.na.nás [anan'as] *sm* ananasso, ananas.
a.não [an'ãw] *sm* + *agg* nano.
a.nar.qui.a [anark'iɐ] *sf* anarchia; confusione.
a.nár.qui.co [an'arkiku] *agg* anarchico.
a.nar.quis.ta [anark'istɐ] *s* anarchista, anarchico. *agg* anarchico.
a.ná.te.ma [an'atemɐ] *sm* anatema.
a.na.to.mi.a [anatom'iɐ] *sf* anatomia.
a.na.tô.mi.co [anat'omiku] *agg* anatomico.
an.ca [ãkɐ] *sf* *Anat.* anca, fianco.
an.ces.tral [ãsestr'aw] *sm* capostipite. **os nossos** ≃ **ais** *Fig.* i nostri vecchi. *agg* ancestrale; primordiale.
an.cho.va [ãʃ'ovɐ] o **en.cho.va** [ẽʃ'ovɐ] *sf* *Zool.* acciuga, alice.
an.ci.ão [ãsi'ãw] *sm* + *agg* anziano.
an.ci.nho [ãs'iɲu] *sm* rastrello.
ân.co.ra ['ãkorɐ] *sf* ancora. **lançar** ≃ gettare l'ancora. **levantar** ≃ levare l'ancora.
an.co.ra.dou.ro [ãkorad'owru] *sm* *Naut.* ancoraggio, approdo, rada.
an.co.ra.gem [ãkor'aʒẽj] *sf* *Naut.* ancoraggio, ormeggio.
an.co.rar [ãkor'ar] *vt* *Naut.* ancorare, ormeggiare, approdare.
an.cu.do [ãk'udu] *agg* ancacciuto.
an.dai.me [ãd'ʌjmi] *sm* ponte, palco, grillo.
an.da.men.to [ãdam'ẽtu] *sm* andamento.
an.dan.te [ãd'ãti] *sm* *Mus.* andante.
an.dan.ti.no [ãdãt'inu] *sm* *Mus.* andantino.
an.dar [ãd'ar] *sm* piano, pavimento. ≃ **térreo** pianterreno. *vi* camminare. ≃ **às cegas** *an Fig.* brancolare. ≃ **distraído** andare per aria. ≃ **para lá e para cá** *Fig.* andare a zonzo. ≃ **para trás** *Fam.* andare come i gamberi. ≃ **por aí** *Pop.* bighellonare. **dize-me com quem andas, dir-te-ei quem és** dimmi con chi vai, ti dirò chi sei.
an.dor [ãd'or] *sm* barella.
an.do.ri.nha [ãdor'iɲɐ] *sf* *Zool.* rondine. **uma só** ≃ **não faz verão** una rondine non fa primavera.
an.do.ri.nhão [ãdoriɲ'ãw] *sm* *Zool.* rondone.
an.dra.jo [ãdr'aʒu] *sm* straccio.
an.dró.gi.no [ãdr'ɔʒinu] *sm* + *agg* androgino.
an.drói.de [ãdr'ɔjdi] *sm* androide.
an.dro.pau.sa [ãdrop'awzɐ] *sm* climaterio (dell'uomo).
a.ne.do.ta [aned'ɔtɐ] *sf* aneddoto.
a.nel [an'ɛw] *sm* anello; cerchio.
a.ne.lar [anel'ar] *vt* anellare, inanellare.
a.ne.lí.deo [anel'idju] *sm* *Zool.* anellide.

a.ne.mi.a [anem'iɐ] *sf* *Med.* anemia.
a.nê.mi.co [an'emiku] *agg* anemico.
a.ne.mô.me.tro [anem'ometru] *sm* anemometro.
a.nê.mo.na [an'emonɐ] *sf* *Bot.* anemone.
a.nê.mo.na-do-mar [anemonɐdum'ar] *sf* *Zool.* anemone marino, attinia.
a.nes.te.si.a [anestez'iɐ] *sf* anestesia. ≃ **geral** anestesia generale. ≃ **local** anestesia locale.
a.nes.te.si.ar [anestezi'ar] *vt* anestetizzare, narcotizzare.
a.nes.té.si.co [anest'eziku] *sm* + *agg* anestetico.
a.neu.ris.ma [anewr'izmɐ] *sm* *Med.* aneurisma.
a.ne.xa.ção [aneksas'ãw] *sf* annessione.
a.ne.xar [aneks'ar] *vt* annettere; incorporare; includere, accludere.
a.ne.xo [an'ɛksu] *sm* annesso; dipendenza. *part* + *agg* annesso, congiunto.
an.fí.bio [ãf'ibju] *sm* *Zool.* anfibio, batrace, animale ancipite. *agg* anfibio.
an.fi.te.a.tro [ãfite'atru] *sm* anfiteatro.
an.fi.tri.ão [ãfitri'ãw] *sm* anfitrione, ospite.
ân.fo.ra ['ãforɐ] *sf* anfora, orcio.
an.gé.li.co [ãʒ'eliku] o **an.ge.li.cal** [ãʒelik'aw] *agg* angelico. *Fig.* celeste.
an.gi.na [ãʒ'inɐ] *sf* *Med.* angina. ≃ **do peito** angina pectoris.
an.gios.per.mas [ãʒjosp'ermas] *sf pl* *Bot.* angiosperme.
an.gios.per.mo [ãʒjosp'ermu] *agg* angiosperma.
an.gli.ca.no [ãglik'Anu] *sm* + *agg* anglicano.
an.gli.ci.zar [ãglisiz'ar] *vt* anglicizzare.
an.go.rá [ãgor'a] *agg* angora.
an.gra ['ãgrɐ] *sf* insenatura.
an.gu.la.ção [ãgulas'ãw] *sf* *Tec.* angolazione.
an.gu.lar [ãgul'ar] *agg* angolare.
ân.gu.lo ['ãgulu] *sm* angolo, canto.
an.gu.lo.so [ãgul'ozu] *agg* angoloso.
an.gús.tia [ãg'ustjɐ] *sf* angustia; angoscia; afflizione; patema. *Fig.* agonia; doglia.
an.gus.ti.a.do [ãgusti'adu] *part* + *agg* afflitto, ansioso, oppresso. *Fig.* ansimante.
an.gus.ti.an.te [ãgusti'ãti] *agg* angoscioso, straziante.
an.gus.ti.ar [angusti'ar] *vt* angustiare; angosciare; affliggere. *Fig.* straziare. *vpr* angustiarsi; addolorarsi.
a.nil [an'iw] *sm* indaco.
a.ni.ma.ção [animas'ãw] *sf* animazione; incoraggiamento; entusiasmo.
a.ni.ma.do [anim'adu] *part* + *agg* vivace, allegro.
a.ni.ma.dor [animad'or] *agg* lusinghiero.

a.ni.mal [anim′aw] *sm* animale, bestia. *Fig.* belva, persona crudele; ignorante. ≃ **de carga** bestia da soma. **pequenos** ≃**ais** bestiame minuto.

a.ni.ma.les.co [animal′esku] *agg* animalesco, bestiale. *Fig.* crudele.

a.ni.mar [anim′ar] *vt* animare; avvivare; allietare. *Fig.* elettrizzare. *vpr* animarsi; eccitarsi. *Fig.* elettrizzarsi.

â.ni.mo [′animu] *sm* animo; rinfranco. *Fig.* spirito. ≃! animo!

a.ni.mo.si.da.de [animozid′adi] *sf* animosità; malanimo.

a.ni.mo.so [anim′ozu] *agg* animoso.

a.ni.nhar [aniñ′ar] *vt* annidare. *vpr* annidarsi.

a.ni.qui.lar [anikil′ar] *vt* annichilare, annichilire. *Fig.* distruggere, fulminare.

a.nis [an′is] *sm* anice, anace.

a.ni.se.te [aniz′eti] *sm* anisetta.

a.nis.ti.a [anist′iə] *sf* amnistia; abbuono; condono, assoluzione.

a.nis.ti.ar [anisti′ar] *vt* amnistiare; condonare.

a.ni.ver.sá.rio [anivers′arju] *sm* compleanno, natalizio; anniversario, ricorrenza.

an.ji.nho [ãʒ′iñu] *sm dim* putto, puttino.

an.jo [′ãʒu] *sm Rel.* angelo. ≃ **caído** demonio. ≃ **da guarda** genio.

a.no [′Λnu] *sm* anno; annata; classe (di scuola). ≃ **bissexto** anno bisestile. ≃ **civil** anno civile. ≃ **fiscal** *Comm.* esercizio. ≃ **letivo** anno scolastico. **o** ≃ **passado** l'anno scorso. **o** ≃ **que vem** l'anno venturo. **daqui a três** ≃**s** fra tre anni. **este** ≃ quest'anno. **faz dois** ≃**s** due anni fa. **há quatro** ≃**s** da quattro anni. **ter muitos** ≃**s de vida** avere molte primavere sulle spalle.

a.nó.di.no [an′ɔdinu] *agg* anodino.

a.nó.fe.les [an′ɔfelis] *sm Zool.* anofele.

a.noi.te.cer [anojtes′er] *vi* crepuscolo, vespro. *vi* annottare, imbrunirsi. *Lett.* imbrunarsi.

a.no-luz [anol′us] *sm* anno luce.

a.no.ma.li.a [anomal′iə] *sf* anomalia.

a.nô.ma.lo [an′omalu] *agg* anomalo.

a.no.ni.ma.to [anonim′atu] *sm* anonimato. *Fig.* oscurità.

a.nô.ni.mo [an′onimu] *agg* anonimo. *Fig.* oscuro, sconosciuto.

a.no.re.xi.a [anoreks′iə] *sf Med.* anoressia.

a.nor.mal [anorm′aw] *agg* anormale, anomalo.

a.nor.ma.li.da.de [anormalid′adi] *sf Med.* anomalia, disfunzione.

a.no.ta.ção [anotas′ãw] *sf* annotazione; appunto, nota; commento, chiosa. *Fig.* scritto.

a.no.tar [anot′ar] *vt* annotare, appuntare, notare, segnare.

an.sei.o [ãs′eju] *sm* vaghezza, speranza.

ân.sia [′ãsjə] *sf* ansia; angoscia; avidità; affanno. *Fig.* agonia; fame.

an.si.ar [ãsi′ar] *vt* anelare a, desiderare, bramare, smaniare di. *Fig.* sospirare per.

an.sie.da.de [ãsjed′adi] *sf* ansietà; angustia, apprensione, batticuore; brama, bramosia.

an.sio.si.da.de [ãsjozid′adi] *sf* impazienza.

an.si.o.so [ãsi′ozu] *agg* ansioso, apprensivo; impaziente; avido. *Fig.* ghiotto.

an.ta [′ãtə] *sf Zool.* tapiro.

an.ta.go.nis.mo [ãtagon′izmu] *sm* antagonismo. *Fig.* contrasto.

an.ta.go.nis.ta [ãtagon′istə] *s+agg* antagonista, contenente.

an.tár.ti.co [ãt′artiku] *agg* antartico, australe.

an.te [′ãti] *prep* davanti a.

an.te.bra.ço [ãtibr′asu] *sm Anat.* avambraccio.

an.te.câ.ma.ra [ãtek′Λmarə] *sf* anticamera, atrio.

an.te.ce.dên.cia [ãtesed′ẽsjə] *sf* antecedenza.

an.te.ce.den.te [ãtesed′ẽti] *agg* antecedente, precedente, anteriore. ≃**s** *pl Giur.* antefatto.

an.te.ce.der [ãtesed′er] *vt* precedere, antivenire. *Fig.* precorrere.

an.te.ces.sor [ãteses′or] *sm* antecessore. *agg* predecessore.

an.te.ci.pa.ção [ãtesipas′ãw] *sf an Comm.* anticipazione.

an.te.ci.pa.da.men.te [ãtesipadam′ẽti] *avv* anticipatamente, anzitempo.

an.te.ci.par [ãtesip′ar] *vt* anticipare. *vpr* precipitarsi.

an.te.di.lu.vi.a.no [ãtediluvi′Λnu] *agg* antidiluviano.

an.te.mu.ro [ãtem′uru] *sm* antimuro.

an.te.na [ãt′enə] *sf* antenna. ≃ **do caracol** corno. ≃ **externa de rádio** *Elett.* aereo. **ficar de** ≃ **ligada** *Pop.* allungare le orecchie.

an.te.on.tem [ãte′õtẽj] *avv* ieri l'altro, avantieri, altrieri.

an.te.pa.ro [ãtep′aru] *sm* bastione.

an.te.pas.sa.do [ãtepas′adu] *sm* capostipite, antenato, ascendente. **os** ≃**s** *pl* gli antenati, gli antecessori. *Fig.* i bisavi.

an.te.pas.to [ãtep′astu] *sm* antipasto.

an.te.pe.núl.ti.mo [ãtepen′uwtimu] *sm+agg* antipenultimo.

an.te.por [ãtep′or] *vt* anteporre, preporre.

an.te.ri.or [ãteri′or] *agg* anteriore, precedente.

an.tes [′ãtis] *avv* prima, avanti, innanzi; anzi, piuttosto. ≃ **da hora** innanzi tempo. ≃ **de**

tudo o ≃ **de mais nada** innanzi tutto, anzitutto. ≃ **de** *prep* prima di, avanti, innanzi. ≃ **que** *cong* avanti che, anziché. **o quanto** ≃ quanto prima. **um dia** ≃ un giorno addietro.
an.te-sa.la [ãtis'alə] *sf* antisala.
an.te.ver [ãtev'er] *vt* antivedere, prevedere.
an.te.vés.pe.ra [ãtev'esperə] *sf* antivigilia.
an.te.vi.são [ãteviz'ãw] *sf* antiveggenza.
an.ti.á.ci.do [ãti'asidu] *sm*+*agg* antiacido.
an.ti.a.lér.gi.co [ãtial'erȝiku] *sm*+*agg* antiallergico.
an.ti.bi.ó.ti.co [ãtibi'ɔtiku] *sm*+*agg* antibiotico.
an.ti.con.cep.cio.nal [ãtikõsepsjon'aw] *sm*+*agg* anticoncezionale, antifecondativo.
an.ti.con.ge.lan.te [ãtikõȝel'ãti] *sm*+*agg Autom.* anticongelante, antigelo.
an.ti.cons.ti.tu.cio.nal [ãtikõstitusjon'aw] *agg* anticostituzionale.
an.ti.cris.to [ãtikr'istu] *sm Rel.* anticristo.
an.ti.do.to [ãt'idotu] *sm* antidoto, contravveleno, antiveleno.
an.ti.es.pas.mó.di.co [ãtiespasm'ɔdiku] *sm*+*agg* antispasmodico.
an.ti.fe.bril [ãtifebr'iw] *sm*+*agg* antifebbrile.
an.ti.flo.gís.ti.co [ãtifloȝ'istiku] *sm*+*agg* antiflogistico.
an.ti.fra.se [ãt'ifrazi] *sf Gramm.* antifrasi.
an.ti.go [ãt'igu] *agg* antico; vecchio; arcaico. *Lett.* vetusto, prisco.
an.ti.güi.da.de [ãtigwid'adi] *sf* antichità. **A**≃ *St.* Antichità. **desde a mais remota** ≃ da tempi immemorabili.
an.tí.lo.pe [ãt'ilopi] *sm Zool.* antilope.
an.ti.mô.nio [ãtim'onju] *sm Chim.* antimonio.
an.ti.pa.pa [ãtip'apə] *sm Rel.* antipapa.
an.ti.pa.ti.a [ãtipat'iə] *sf* antipatia; avversione; odio. *Fig.* uggia.
an.ti.pá.ti.co [ãtip'atiku] *agg* antipatico. *Fig.* indigesto.
an.ti.pi.ré.ti.co [ãtipir'etiku] *sm*+*agg* antipiretico.
an.tí.po.da [ãt'ipodə] *sm Geogr.* antipode.
an.ti.qua.do [ãtik'wadu] *sm Fig.* ferravecchio. *agg* antiquato; anacronistico; arcaico. *Fig.* rancido.
an.ti.quá.rio [ãtik'warju] *sm* antiquario.
an.ti-rou.bo [ãtiř'owbu] *sm*+*agg* antifurto.
an.ti-so.ci.al [ãtisosi'aw] *agg* antisociale.
an.ti-sep.si.a [ãtiseps'iə] *sf Med.* antisepsi.
an.ti-sép.ti.co [ãtis'ɛptiku] *sm*+*agg Med.* antisettico.
an.ti.te.se [ãt'itezi] *sf* antitesi, contrasto.
an.ti.tér.mi.co [ãtit'ermiku] *sm*+*agg Med.* antipiretico.

an.ti.tó.xi.co [ãtit'ɔksiku] *sm Med.* contravveleno.
an.ti.ve.né.reo [ãtiven'erju] *sm*+*agg Med.* antivenereo.
an.to.lhos [ãt'ɔʌus] *sm pl* paraocchi *sg*.
an.to.lo.gi.a [ãtoloȝ'iə] *sf* antologia, raccolta, florilegio.
an.to.no.má.sia [ãtonom'azjə] *sf* antonomasia.
an.tra.ci.te [ãtras'iti] *sf Min.* antracite.
an.traz [ãtr'as] *sm Med.* antrace.
an.tro [ã'tru] *sm* antro, caverna. *Fig.* luogo di perdizione.
an.tro.po.fa.gi.a [ãtropofaȝ'iə] *sf* antropofagia.
an.tro.pó.fa.go [ãtrop'ɔfagu] *sm*+*agg* antropofago, cannibale.
an.tro.po.lo.gi.a [ãtropoloȝ'iə] *sf* antropologia.
an.tro.pó.lo.go [ãtrop'ɔlogu] *sm* antropologo.
an.tro.po.me.tri.a [ãtropometr'iə] *sf* antropometria.
an.tro.po.mor.fo [ãtropom'ɔrfu] *agg* antropomorfo.
a.nu.al [anu'aw] *agg* annuale, annuo.
a.nu.á.rio [anu'arju] *sm* annuario.
a.nu.ir [anu'ir] *vt*+*vi* annuire a, assentire.
a.nu.la.ção [anulas'ãw] *sf* annullamento. *Giur.* revoca, cassazione.
a.nu.lar [anul'ar] *vt* annullare; cancellare, elidere. *Giur.* revocare, cassare. *Sp.* neutralizzare. *Fig.* estinguere. *agg* anulare.
a.nu.lo.so [anul'ozu] *agg* anuloso.
a.nun.cia.dor [anũsjad'or] *agg* annunciatore, foriero.
a.nun.ci.ar [anũsi'ar] *vt* annunciare; avvisare, trasmettere; pubblicare, bandire; proclamare. *Lett.* indire. *Fig.* pronunciare.
a.nún.cio [anũsju] *sm* annuncio; avviso; pubblicità; manifesto; proclama; indizio.
â.nus [' ʌnus] *sm Anat.* ano. *Volg.* culo.
a.nu.vi.ar-se [anuvi'arsi] *vpr* rannuvolarsi.
an.ver.so [ãv'ersu] *sm* retto.
an.zol [ãz'ɔw] *sm* amo.
a.on.de [a'õdi] *avv* dove (indica direzione).
a.o.ris.to [aor'istu] *sm Gramm.* aoristo.
a.or.ta [a'ɔrtə] *sf Anat.* aorta.
a.pa.ga.do [apag'adu] *part*+*agg* spento; morto; abbuiato; fioco. *Fig.* opaco, torbido.
a.pa.gar [apag'ar] *vt* spegnere, smorzare; cancellare, cassare; abbuiare. *vpr* spegnersi.
a.pai.xo.na.do [apajʃon'adu] *sm* cultore, amante di un'arte. *agg* appassionato, innamorato; ardente, caldo. *Fig.* cotto; profondo.
a.pai.xo.nar [apajʃon'ar] *vt* appassionare, invaghire. *Fig.* cuocere. *vpr* appassionarsi, invaghirsi di. ≃-**se perdidamente** *Fig.* inzuccarsi.

a.pal.pa.de.la [apawpad'ɛlə] *sf* frugamento.

a.pal.par [apawp'ar] *vt* palpare; tastare; frugare; brancicare. **ir** ≃ **ando** andare a brancoloni.

a.pa.nha [ap'ʌɲə] *sf* coglitura.

a.pa.nha.do [apañ'adu] *part* + *agg* preso.

a.pa.nha.dor [apañad'or] *sm* coglitore.

a.pa.nhar [apañ'ar] *vt* pigliare; raccogliere; prendere; afferrare. *vi* esser bastonato. *Sp.* perdere, esser vinto. ≃ **do chão** raccattare.

a.pa.ra [ap'arə] *sf* bruciolo.

a.pa.ra.fu.sar [apərafuz'ar] *vt* avvitare.

a.pa.rar [apər'ar] *vt* cimare; rasare; spuntare. ≃ **as arestas** smussare gli angoli.

a.pa.ra.to [apər'atu] *sm* apparato, ostentazione.

a.pa.re.cer [apəres'er] *vi* apparire; sorgere; mostrarsi. *Fig.* nascere, fiorire; sbucare.

a.pa.re.ci.do [apəres'idu] *part* + *agg* apparso, parso.

a.pa.re.ci.men.to [apəresim'ẽtu] *sm* apparizione, comparsa; inizio, principio.

a.pa.re.lha.gem [apəreʎ'aʒẽj] *sf* impianto. *Fig.* arsenale.

a.pa.re.lha.men.to [apəreʎam'ẽtu] *sm* congegno.

a.pa.re.lhar [apəreʎ'ar] *vt* apparecchiare; provvedere; ammannire. *vpr* apparecchiarsi.

a.pa.re.lho [apər'eʎu] *sm* apparecchio, congegno, impianto, dispositivo. *Fig.* arnese. ≃ **de barba** rasoio di sicurezza. ≃ **de jantar, etc.** servizio. ≃ **de rádio** apparecchio radio. ≃ **de televisão** apparecchio televisivo, televisore.

a.pa.rên.cia [apər'ẽsjə] *sf* apparenza; sembianza, aspetto; immagine, forma. *Poet.* sembiante. *Fig.* viso. ≃ **s** *pl* sembianze. ≃ **enganosa** *Fig.* lustrino. **boa** ≃ appariscenza, bella presenza. **de boa** ≃ attillato.

a.pa.ren.tar [apərẽt'ar] *vt* apparentare, dimostrare. *vpr* apparentarsi, imparentarsi.

a.pa.ren.te [apər'ẽti] *agg* apparente, appariscente.

a.pa.ri.ção [aparis'ãw] *sf* apparizione; spirito, visione, fantasma. *Fig.* ombra. ≃ **rápida** guizzo.

a.par.ta.men.to [apartam'ẽtu] *sm* appartamento.

a.par.tar [apart'ar] *vt* appartare; separare; allontanare, alienare.

a.par.te [ap'arti] *sm* interruzione (in un'assemblea). **fazer um** ≃ interrompere.

a.pa.ti.a [apat'iə] *sf Med.* apatia. *Fig.* apatia, catalessi, indifferenza.

a.pá.ti.co [ap'atiku] *agg* apatico; indifferente, svogliato. *Fig.* spento.

a.pa.vo.ra.do [apavor'adu] *part* + *agg* impaurito. **ficar** ≃ *Fig.* rimanere di sasso.

a.pa.vo.rar [apavor'ar] *vt* impaurire. *vpr* impaurirsi, aver paura.

a.pa.zi.guar [apazig'war] *vt* rappacificare, appacciare; chetare, implacidire. *Fig.* disarmare.

a.pe.ar [ape'ar] *vt* scavalcare, smontare da.

a.pe.dre.jar [apedreʒ'ar] *vt* lapidare. *Fig.* offendere.

a.pe.gar-se [apeg'arsi] *vpr* attaccarsi, afferrarsi, affezionarsi.

a.pe.go [ap'egu] *sm* attaccamento.

a.pe.la.ção [apelas'ãw] *sf Giur.* appellazione, appello, ricorso.

a.pe.lar [apel'ar] *vi Giur.* appellarsi. ≃ **para** fare appello a.

a.pe.la.ti.vo [apelat'ivu] *agg* appellativo.

a.pe.li.dar [apelid'ar] *vt* denominare, chiamare per il nomignolo.

a.pe.li.do [apel'idu] *sm* nomignolo, soprannome.

a.pe.lo [ap'elu] *sm* appello, ricorso.

a.pe.nas [ap'enas] *avv* solo, soltanto, meramente, pure.

a.pên.di.ce [ap'ẽdisi] *sm* supplemento. *an Anat.* appendice.

a.pen.di.ci.te [apẽdis'iti] *sf Med.* appendicite.

a.pe.ní.ni.co [apen'iniku] *sm* + *agg Geogr.* appenninico.

a.per.ce.ber-se [aperseb'ersi] *vpr* accorgersi.

a.per.fei.ço.a.men.to [aperfejsoam'ẽtu] *sm* perfezionamento. *Fig.* raffinamento, riforma.

a.per.fei.ço.ar [aperfejso'ar] *vt* perfezionare, correggere, polire. *Fig.* raffinare, riformare. *vpr* perfezionarsi.

a.pe.ri.en.te [aperi'ẽti] *agg Med.* aperiente.

a.pe.ri.ti.vo [aperit'ivu] *agg* aperitivo.

a.per.ta.do [apert'adu] *part* + *agg* ristretto, angusto; stretto; aderente.

a.per.tão [apert'ãw] *sm* stretta.

a.per.tar [apert'ar] *vt* stringere; premere; comprimere; serrare; spremere; calcare; avvinghiare; serrarsi a (abito). ≃ **o coração** stringere il cuore, commuovere.

a.per.to [ap'ertu] *sm* stretta; costringimento; necessità, ristrettezza. *Pop.* assegnatezza. *Fig.* stretta, affanno. ≃ **de mão** stretta di mano. ≃ **no coração** *Fig.* stretta al cuore.

a.pe.sar [apez'ar] *sf* + *prep* nonostante, malgrado. ≃ **de que** *cong* benché. ≃ **de tudo** *avv* nondimeno. *Pop.* dopotutto. ≃ **disso** *cong* tuttavia, peraltro, ciò nonostante.

a.pe.ti.te [apet'iti] *sm* appetito, appetenza, fame. *Fig.* desiderio.

a.pe.ti.to.so [apetit'ozu] *agg* appetitoso, gustoso, stuzzicante.

a.pe.tre.cho [apetr'eʃu] *sm* strumento, utensile.

á.pi.ce ['apisi] *sm* apice, sommo, colmo. *Fig.* apogeo, vertice, tetto.

a.pi.cul.tor [apikuwt'or] *sm* apicultore.

a.pie.dar-se [apjed'arsi] *vpr* condolersi.

a.pi.men.ta.do [apimẽt'adu] *agg* pepato.

a.pi.men.tar [apimẽt'ar] *vt an Fig.* impepare.

a.pi.nha.do [apiñ'adu] *agg* affollato, pieno zeppo.

a.pi.nhar [apiñ'ar] *vt* affollare, stipare. *vpr* affollarsi, agglomerarsi.

a.pi.tar [apit'ar] *vi* zufolare, fischiare.

a.pi.to [ap'itu] *sm Mus.* zufolo; fischio.

a.pla.car [aplak'ar] *vt* placare; blandire; ammansare.

a.plai.nar [aplajn'ar] *vt* piallare; spianare, livellare; smussare.

a.pla.nar [aplan'ar] *vt* appianare, spianare.

a.plau.dir [aplawd'ir] *vt* applaudire, acclamare.

a.plau.so [apl'awzu] *sm* applauso, battimano. *Fig.* trionfo.

a.pli.ca.ção [aplikas'ãw] *sf* applicazione; impiego, uso; concentramento, attenzione.

a.pli.ca.do [aplik'adu] *agg* diligente, studioso.

a.pli.car [aplik'ar] *vt* applicare; impiegare; amministrare (una medicina). *vpr* coltivare. *Fig.* accanirsi a. ≃ **o dinheiro a juros** mettere il danaro a frutto.

A.po.ca.lip.se [apokal'ipsi] *sm* Apocalisse.

a.po.ca.líp.ti.co [apokal'iptiku] *agg* apocalittico. *Fig.* biblico, drammatico.

a.pó.co.pe [ap'ɔkopi] *sf Gramm.* apocope.

a.pó.cri.fo [ap'ɔkrifu] *agg* apocrifo.

a.po.dre.cer [apodres'er] *vt* render putrido. *Fig.* appestare. *vi* imputridire, marcire, putrefare.

a.po.dre.ci.do [apodres'idu] *part* + *agg* putrido, marcio, fradicio.

a.po.dre.ci.men.to [apodresim'ẽtu] *sm* magagna.

a.po.geu [apoʒ'ew] *sm an Astron.* apogeo, auge. *Fig.* culmine, vetta.

a.poi.a.do [apoj'adu] *part* + *agg* appoggiato; basato; aiutato. ≃ ! *int* bravo! così è!

a.poi.ar [apoj'ar] *vt* appoggiare; basare; aiutare, assistere, agevolare; sussidiare. *Lett.* reclinare (il capo). *Fig.* sorreggere. *vpr* fondarsi, basarsi; poggiare su.

a.poi.o [ap'oju] *sm* appoggio; base, basamento; ausilio, assistenza, auspici *pl*; adesione. *Fam.* sponda. *Fig.* perno, sostegno; favore.

a.po.ja.tu.ra [apoʒat'urə] *sf Mus.* appoggiatura.

a.pó.li.ce [ap'ɔlisi] *sf Comm.* polizza, fede. ≃ **de seguros** polizza d'assicurazione.

a.po.lí.ti.co [apol'itiku] *agg* apolitico.

a.po.lo.gi.a [apoloʒ'iə] *sf* apologia. **fazer** ≃ apologizzare.

a.po.lo.gis.ta [apoloʒ'istə] *s* apologista.

a.pon.ta.do [apõt'adu] *part* + *agg* temperato.

a.pon.ta.dor [apõtad'or] *sm* ≃ **de lápis** temperamatite, temperalapis.

a.pon.ta.men.to [apõtam'ẽtu] *sm* appuntatura.

a.pon.tar [apõt'ar] *vt* affilare, aguzzare; annotare; segnalare, additare, indicare; mirare a, puntare. ≃ **lápis** temperare, fare la punta.

a.po.ple.xi.a [apopleks'iə] *sf Med.* apoplessia.

a.po.plé.ti.co [apopl'etiku] *agg* apoplettico.

a.por [ap'or] *vt* apporre.

a.por.tar [aport'ar] *vi Naut.* arrivare.

a.pós [ap'ɔs] *avv* dopo.

a.po.sen.ta.do [apozẽt'adu] *sm* pensionante. *agg* pensionato; emerito.

a.po.sen.ta.do.ri.a [apozẽtador'iə] *sf* pensione, ritiro. *Lett.* quiescenza.

a.po.sen.tar [apozẽt'ar] *vt* giubilare. *vpr* andare in pensione, ritirarsi.

a.po.sen.to [apoz'ẽtu] *sm* stanza, camera.

a.pos.sar-se [apos'arsi] *vpr* impadronirsi, insignorirsi di, porre mano a.

a.pos.ta [ap'ɔstə] *sf* scommessa, puntata.

a.pos.tar [apost'ar] *vt* scommettere, puntare.

a.pos.ta.si.a [apostaz'iə] *sf* apostasia.

a.pós.ta.ta [ap'ɔstatə] *s* + *agg* apostata.

a.pos.ti.la [apost'ilə] *sf* dispensa, fascicolo.

a.pos.to.la.do [apostol'adu] *sm* apostolato. *Fig.* sacerdozio.

a.pos.tó.li.co [apost'ɔliku] *agg* apostolico.

a.pós.to.lo [ap'ɔstolu] *sm* apostolo. *Fig.* alfiere, portabandiera.

a.pos.tro.far [apostrof'ar] *vt* apostrofare.

a.pós.tro.fe [ap'ɔstrofi] *sf* apostrofe.

a.pós.tro.fo [ap'ɔstrofu] *sm Gramm.* apostrofo.

a.po.te.o.se [apote'ozi] *sf* apoteosi.

a.pra.zer [apraz'er] *vt* aggradare (usato soltanto nelle terze persone). **apraz-me** mi aggrada.

a.pra.zí.vel [apraz'ivew] *agg* gradevole, ameno.

a.pre.cia.ção [apresjas'ãw] *sf* apprezzamento, valutazione.

a.pre.ci.ar [apresi'ar] *vt* apprezzare; pregiare, gradire; considerare, stimare.

a.pre.ci.á.vel [apresi'avew] *agg* apprezzabile.

a.pre.ço [apr'esu] *sm* apprezzamento, stima, considerazione.

a.pre.en.der [apreěd'er] *vt* incamerare, indemaniare, sequestrare beni; apprendere, capire.

a.pre.en.são [apreěs'ãw] *sf* apprensione, preoccupazione, inquietudine, ansia; comprensione, intendimento.

a.pre.en.si.vo [apreěs'ivu] *agg* apprensivo, inquieto, ansioso.

a.pre.go.a.do [aprego'adu] *part + agg* predicato.

a.pre.go.ar [aprego'ar] *vt* predicare, gridare.

a.pren.der [apreňd'er] *vt* imparare, apprendere. *Fig*. impadronirsi di.

a.pren.diz [apreňd'is] *s* apprendista, apprendente, giovane. *Fig*. ragazzo.

a.pren.di.za.do [apreňdiz'adu] *sm* o **a.pren.di.za.gem** [apreňdiz'aʒěj] *sf* apprendimento, tirocinio, noviziato. *Fig*. preparazione.

a.pre.sen.ta.ção [aprezětas'ãw] *sf* presentazione; introduzione; prefazione. *Teat*. spettacolo. *Giur*. produzione, adduzione di prove.

a.pre.sen.ta.do [aprezět'adu] *part + agg* presentato; prodotto; esposto.

a.pre.sen.tar [aprezět'ar] *vt* presentare; affacciare; proporre; offrire; introdurre (persona, personaggio). *Giur*. esibire, addurre prove. *vpr* presentarsi; offrirsi; apparire. ≃ **as armas** *Mil*. presentare le armi.

a.pres.sa.do [apres'adu] *agg* frettoloso; sbrigativo, avventato.

a.pres.sar [apres'ar] *vt* affrettare; sollecitare; accelerare, sveltire. *vpr* affrettarsi; sbrigarsi, spicciarsi; sollecitarsi; accelerarsi, sveltirsi.

a.pri.mo.rar [aprimor'ar] *vt* perfezionare. *Fig*. cesellare.

a.pri.sio.na.do [aprizjon'adu] *part + agg* preso.

a.pri.sio.na.men.to [aprizjonam'ětu] *sm* carcerazione, cattura.

a.pri.sio.nar [aprizjon'ar] *vt* imprigionare; catturare; intrappolare. *Fig*. confinare.

a.pro.ar [apro'ar] *vt an Fig*. approdare.

a.pro.fun.da.do [aprofůd'adu] *part + agg* approfondito. *Fig*. analitico, capillare.

a.pro.fun.dar [aprofůd'ar] *vt* approfondire. *vpr* approfondirsi; affondare. *Fig*. sprofondare, internarsi, fondarsi in (uno studio, scienza, ecc.).

a.pron.tar [aprõt'ar] *vt* approntare, allestire; apprestare, preparare. *vpr* armarsi.

a.pro.pri.a.ção [aproprjas'ãw] *sf* appropriazione.

a.pro.pri.a.do [apropri'adu] *agg* appropriato, adeguato, apposito, confacente.

a.pro.pri.ar [apropri'ar] *vt* appropriare. *vpr* appropriarsi, impadronirsi; arrogarsi.

a.pro.va.ção [aprovas'ãw] *sf* approvazione; consenso; ammissione; conferma; applauso.

a.pro.var [aprov'ar] *vt* approvare; ammettere; autorizzare; confermare; applaudire.

a.pro.vei.ta.dor [aprovejtad'or] *sm* sfruttatore, scroccone. *Fig*. parassita, sanguisuga.

a.pro.vei.tar [aprovejt'ar] *vt* approfittare, avvantaggiarsi, sfruttare.

a.pro.vei.tá.vel [aprovejt'avew] *agg* profittevole, utile.

a.pro.xi.ma.ção [aprosimas'ãw] *sf* approccio, appressamento.

a.pro.xi.ma.da.men.te [aprosimadam'ěti] *avv* circa, all'incirca, grossomodo, forse.

a.pro.xi.mar [aprosim'ar] *vt* avvicinare, approssimare, appressare, accostare. *vpr* avvicinarsi, approssimarsi, appressarsi, accostarsi a. *Fig*. abbordare (una persona).

a.pru.mo [apr'umu] *sm* appiombo.

ap.ti.dão [aptid'ãw] *sf* attitudine, talento, abilità; idoneità.

ap.to ['aptu] *agg* atto; capace, abile; idoneo.

a.pu.nha.lar [apuñal'ar] *vt* pugnalare.

a.pu.ra.ção [apuras'ãw] *sf* assicurazione. ≃ **de votos** scrutinio, spoglio.

a.pu.rar [apur'ar] *vt* appurare; accertare, verificare, controllare, assodare; scrutinare; purificare. *Fig*. raffinare.

a.pu.ro [ap'uru] *sm* raffinamento; eleganza; frangente, pericolo.

a.qua.re.la [akwar'ɛla] *sf* Pitt. acquerello.

a.quá.rio [ak'warju] *sm* acquario. **A** ≃ *Astron*. e *Astrol*. Acquario.

a.quar.te.lar [akwartel'ar] *vt* acquartierare. *vpr* acquartierarsi.

a.quá.ti.co [ak'watiku] *agg* acquatico, acquatile.

a.que.ce.dor [akesed'or] *sm* termosifone, stufa. ≃ **a gás** scaldabagno a gas. ≃ **de água** scaldabagno. ≃ **de ambiente** calorifero. ≃ **elétrico** scaldabagno elettrico.

a.que.cer [akes'er] *vt* scaldare, riscaldare. *vpr* scaldarsi, riscaldarsi.

a.que.ci.do [akes'idu] *part + agg* riscaldato, accaldato.

a.que.ci.men.to [akesim'ětu] *sm* riscaldamento. ≃ **central** termosifone.

a.que.du.to [aked'utu] *sm* acquedotto.

a.que.la [ak'ɛla] *pron fsg* quella (quell').

a.que.las [ak'ɛləs] *pron fpl* quelle.

a.que.le [ak'eli] *pron msg* quello (quel, quell').

a.que.les [ak'elis] *pron mpl* quelli (quei, quegli, quegl').

a.qui [ak'i] *avv* qui, qua; ci, vi, ce, ve. ≃ **e acolá** qua e là. ≃ **em cima** quassù. ≃ **embaixo** quaggiù. ≃ **está! ecco! tieni!** ≃ **estou! eccomi!**

a.quies.cên.cia [akjes'ẽsjə] *sf* acquiescenza, consentimento.

a.quie.tar [akjet'ar] *vt* acquietare, chetare. *Lett.* quietare. *vpr* acquietarsi.

A.qui.les [ak'ilis] *np* Achille. **calcanhar de** ≃ tallone d'Achille, punto vulnerabile. **tendão de** ≃ tendine d'Achille.

a.qui.li.no [akil'inu] *agg* aquilino, grifagno (naso).

a.qui.lo [ak'ilu] *pron* quello, ciò.

a.qui.si.ção [akizis'ãw] *sf* acquisto; compra.

a.quo.so [ak'wozu] *agg* acquoso, acqueo

ar ['ar] *sm* aria. *Poet.* aere, etere. **ao** ≃ **livre** all'aperto. ≃ **condicionado** aria condizionata. ≃ **pesado, abafado** aria pesante. **atirar tudo pelos** ≃**es** buttare tutto all'aria. **falta de** ≃ ambascia.

á.ra.be ['arabi] *sm*+*agg* arabo.

a.ra.bes.co [arab'esku] *sm* arabesco, ghirigoro.

a.rá.bi.co [ar'abiku] *agg* arabico.

a.ra.ção [aras'ãw] *sf* aratura.

a.rac.ní.deos [arakn'idjus] *sm pl Zool.* aracnidi.

a.ra.do [ar'adu] *sm* aratro.

a.ra.dor [arad'or] *sm*+*agg* aratore.

a.ra.gem [ar'aʒẽj] *sf* zefiro, brezza.

a.ra.me [ar'Ʌmi] *sm* filo di metallo. ≃ **farpado** filo spinato.

a.ra.mis.ta [aram'istə] *s* funambolo.

a.ra.nha [ar'Ʌɲə] *sf* ragna.

a.ra.nhol [araɲ'ɔw] *sm* ragna, rete da cacciare uccelli.

a.rar [ar'ar] *vt* arare, lavorare.

a.rau.to [ar'awtu] *sm* araldo.

ar.bi.trar [arbitr'ar] *vt* arbitrare.

ar.bi.trá.rio [arbitr'arju] *agg* arbitrario, parziale; illegittimo.

ar.bí.trio [arb'itrju] *sm* arbitrio; mercé, placito; discrezione.

ár.bi.tro ['arbitru] *sm* arbitro, terzo; giudice.

ar.bó.reo [arb'ɔrju] *agg* arboreo.

ar.bo.ri.zar [arboriz'ar] *vt* alberare.

ar.bus.to [arb'ustu] *sm* arbusto, cespuglio.

ar.ca ['arkə] *sf* arca, baule, scrigno.

ar.ca.buz [arkab'us] *sm Mil.* archibugio.

ar.ca.da [ark'adə] *sf Archit.* arcata, campata, concamerazione.

ar.ca.du.ra [arkad'urə] *sf* arcatura.

ar.cai.co [ark'ajku] *agg* arcaico; antiquato.

ar.ca.ís.mo [arka'izmu] *sm Gramm.* arcaismo.

ar.can.jo [ark'ãʒu] *sm Rel.* arcangelo.

ar.ca.no [ark'Ʌnu] *sm* arcano. *agg* arcano, segreto.

ar.ce.bis.pa.do [arsebisp'adu] *sm Rel.* arcivescovato.

ar.ce.bis.pal [arsebisp'aw] *agg Rel.* arcivescovile.

ar.ce.bis.po [arseb'ispu] *sm Rel.* arcivescovo.

ar.ce.dí.a.go [arsed'iagu] *sm Rel.* arcidiacono.

ar.cho.te [arʃ'ɔti] *sm* torcia, fiaccola.

ar.ci.pres.te [arsipr'esti] *sm Rel.* arciprete.

ar.co ['arku] *sm* arco, arcata, curvatura. *Mus.* archetto. *Archit.* arco, volta.

ar.co-í.ris [arko'iris] *sm* arcobaleno, arco celeste.

ar.dên.cia [ard'ẽsjə] *sf* ardenza.

ar.den.te [ard'ẽti] *agg* ardente; incandescente; torrido; struggente; fervoroso. *Fig.* cocente; vulcanico; fervido.

ar.der [ard'er] *vi* ardere; bruciare; accendersi, avvampare, friggere; mordicare.

ar.di.do [ard'idu] *part*+*agg* arso.

ar.dil [ard'iw] *sm* broglio, sotterfugio, gherminella. *Fig.* calappio, trappola.

ar.dor [ard'or] *sm* ardore; bruciore; ardenza; passione. *Fig.* fervore, fuoco, trasporto.

ar.do.ro.so [ardor'ozu] *agg* ardente.

ar.dó.sia [ard'ɔzjə] *sf Min.* ardesia, lavagna.

ár.duo ['ardwu] *agg* arduo; difficile; disagevole. *Lett.* ostico. *Fig.* duro; scabroso; spinoso.

á.rea ['arjə] *sf* area; superficie; zona; campo.

a.re.al [are'aw] *sm* arenile.

a.re.en.to [are'ẽtu] *agg* arenoso.

a.rei.a [ar'ejə] *sf* sabbia, arena. ≃**s movediças** sabbie mobili.

a.re.ja.do [areʒ'adu] *agg* arioso.

a.re.ja.men.to [areʒam'ẽtu] *sm* aerazione.

a.re.jar [areʒ'ar] *vt* arieggiare, aerare.

a.re.na [ar'enə] *sf* arena.

a.re.no.so [aren'ozu] *agg* sabbioso, arenoso.

a.ren.que [ar'ẽki] *sm Zool.* aringa.

ar.far [arf'ar] *vi* boccheggiare.

ar.ga.mas.sa [argam'asə] *sf* malta, cemento.

ar.gen.ta.ri.a [arʒẽtar'iə] *sf* argenteria, argento.

ar.gen.ti.no [arʒẽt'inu] *sm*+*agg* argentino.

ar.gi.la [arʒ'ilə] *sf* argilla, creta, caolino.

ar.gi.lo.so [arʒil'ozu] *agg* argilloso, cretoso.

ar.go.la [arg'ɔlə] *sf* anello.

ar.gu.men.ta.ção [argumẽtas'ãw] *sf* ragionamento, discorso.

ar.gu.men.tar [argumẽt'ar] *vi* argomentare, ragionare.

ar.gu.men.to [argum'ẽtu] *sm* argomento, contenuto.

á.ria ['arjə] *sf Mus.* aria.

a.ri.dez [arid'es] *sf* aridità, arsura, siccità. *Fig.* squallore.

á.ri.do ['aridu] *agg* arido; brullo; improduttivo. *Fig.* squallido.

Á.ries ['arjes] *sm Astron.* e *Astrol.* Ariete, Montone.

a.rí.e.te [ar'ieti] *sm Mil.* ariete.

a.ris.to.cra.ci.a [aristokras'iə] *sf* aristocrazia, nobiltà.

a.ris.to.cra.ta [aristokr'atə] *s* aristocratico.

a.ris.to.crá.ti.co [aristokr'atiku] *agg* aristocratico, nobile.

a.ris.to.té.li.co [aristot'eliku] *agg* aristotelico.

a.rit.mé.ti.ca [aritm'etikə] *sf* aritmetica.

ar.le.quim [arlek'ĩ] *sm* arlecchino.

ar.le.qui.na.da [arlekin'adə] *sf* arlecchinata.

ar.ma ['armə] *sf* arma. ≃ s *pl* armi. ≃ branca arma bianca. ≃ de fogo arma da fuoco. ≃ de repetição, ≃ automática arma a ripetizione. chamar às ≃ s arruolare. depor as ≃ s deporre le armi.

ar.ma.ção [armas'ãw] *sf* telaio. *Naut.* e *Aer.* scheletro. *Archit.* armatura. ≃ com aro de tartaruga montatura di tartaruga. ≃ de carroça guscio. ≃ de óculos montatura.

ar.ma.da [arm'adə] *sf Naut.* armata, flotta.

ar.ma.di.lha [armad'iʎə] *sf* trappola, tagliola. *Fig.* laccio, rete. ≃ para passarinhos fraschetta, gabbia.

ar.ma.do [arm'adu] *agg* armato.

ar.ma.dor [armad'or] *sm* armatore.

ar.ma.du.ra [armad'urə] *sf Mil.* armatura, corazza.

ar.ma.men.to [armam'ẽtu] *sm* armeggio.

ar.mar [arm'ar] *vt* armare; allestire. *vpr* armarsi; guarnirsi, munirsi di. ≃ o cão da espingarda alzare il cane del fucile.

ar.ma.ri.nhei.ro [armariñ'ejru] *sm* merciaio.

ar.ma.ri.nho [armar'iñu] *sm dim* merceria. ≃ s *pl* mercerie, prodotti di merceria. vendedor de ≃ s merciaio.

ar.má.rio [arm'arju] *sm* armadio; guardaroba.

ar.ma.zém [armaz'ẽj] *sm* magazzino, deposito, capannone.

ar.ma.ze.nar [armazen'ar] *vt* immagazzinare, depositare.

ar.mi.nho [arm'iñu] *sm Zool.* ermellino.

ar.mis.tí.cio [armist'isju] *sm an Fig.* armistizio, tregua.

ar.ni.ca [arn'ikə] *sf Bot.* arnica.

a.ro.ma [ar'omə] *sm* aroma, fragranza, fiuto.

a.ro.má.ti.co [arom'atiku] *agg* aromatico. *Fig.* resinoso.

a.ro.ma.ti.zar [aromatiz'ar] *vt* aromatizzare, drogare.

ar.pão [arp'ãw] *sm Naut.* rampone, fiocina.

ar.pe.jar [arpeʒ'ar] *vt* + *vi Mus.* arpeggiare.

ar.pe.jo [arp'eʒu] *sm Mus.* arpeggio.

ar.que.a.do [arke'adu] *part* + *agg* arcato, arcuato.

ar.que.a.men.to [arkeam'ẽtu] *sm* incurvatura, incurvazione.

ar.que.ar [arke'ar] *vt* archeggiare, arcuare, piegare. *vpr* incurvarsi.

ar.quei.ro [ark'ejru] *sm St.* sagittario.

ar.que.jo [ark'eʒu] *sm* anelito, affanno.

ar.que.o.lo.gi.a [arkeoloʒ'iə] *sf* archeologia.

ar.que.ó.lo.go [arke'ɔlogu] *sm* archeologo.

ar.qué.ti.po [ark'etipu] *sm* archetipo.

ar.qui.dio.ce.se [arkidjos'ezi] *sf Rel.* arcidiocesi.

ar.qui.du.que [arkid'uki] *sm* arciduca.

ar.qui.du.que.sa [arkiduk'ezə] *sf* arciduchessa.

ar.quie.pis.co.pal [arkjepiskop'aw] *agg Rel.* arcivescovile.

ar.qui.pé.la.go [arkip'elagu] *sm Geogr.* arcipelago.

ar.qui.te.tar [arkitet'ar] *vt* architettare. *Fig.* macinare.

ar.qui.te.to [arkit'etu] *sm* architetto.

ar.qui.te.tu.ra [arkitet'urə] *sf* architettura.

ar.qui.tra.ve [arkitr'avi] *sf Archit.* architrave.

ar.qui.var [arkiv'ar] *vt* archiviare, catalogare.

ar.qui.vis.ta [arkiv'istə] *s* archivista.

ar.qui.vo [ark'ivu] *sm an Inform.* archivio.

ar.rai.a [ař'ajə] *sf Zool.* raia, razza.

ar.rai.gar [ařajg'ar] *vi* allignare. *vpr* radicarsi; abbarbicarsi; prendere (pianta).

ar.ran.car [ařãnk'ar] *vt* strappare, divellere; spiccare, staccare. *Fig.* spremere (denaro). *vi* fuggire, scappare.

ar.ran.co [ař'ãnku] *sm Autom.* ripresa.

ar.ra.nha-céu [ařãñas'ew] *sm* grattacielo.

ar.ra.nha.du.ra [ařãñad'urə] *sf* graffiamento.

ar.ra.nhão [ařãñ'ãw] *sm* graffio, scalfitura, striscio, unghiata. *Poet.* ugnata.

ar.ra.nhar [ařãñ'ar] *vt* graffiare, sgraffiare, scalfire; grattare, raschiare. *Fam.* strimpellare, grattare uno strumento. *vpr* grattarsi.

ar.ran.ja.do [ařãʒ'adu] *part* + *agg* disposto.

ar.ran.jar [ařãʒ'ar] *vt* arrangiare; ottenere. *vpr* arrangiarsi, aggiustarsi. *Pop.* cavarsela.

ar.ran.jo [ař'ãʒu] *sm* assestamento, accomodatura. *an Mus.* arrangiamento. *Fig.* ordito.

ar.ran.que [ař'ãki] *sm* strappo.

ar.ra.sa.do [ařaz'adu] *part* + *agg* spianato; distrutto; umiliato. estar ≃ essere a terra.

ar.ra.sar [aɾaz'aɾ] *vt* spianare, livellare; distruggere; umiliare. *vpr* rovinarsi.

ar.ras.ta.men.to [aɾastam'ẽtu] *sm* strascico.

ar.ras.tar [aɾast'aɾ] *vt* strasciare, strisciare, trascinare. *vpr* strascicarsi, strisciare, trascinarsi.

ar.re.ar [aɾe'aɾ] *vt* bardare.

ar.re.ba.nhar [aɾebañ'aɾ] *vt* imbrancare.

ar.re.ba.ta.do [aɾebat'adu] *agg* impetuoso.

ar.re.ba.ta.men.to [aɾebatam'ẽtu] *sm* rapimento, invasamento. *an Fig.* e *Rel.* estasi.

ar.re.ba.tar [aɾebat'aɾ] *vt* strappare, togliere con forza; rapire, invasare, estasiare.

ar.re.ben.tar [aɾebẽt'aɾ] *vt* rompere, spezzare.

ar.re.ca.da.ção [aɾekadas'ãw] *sf* riscossione, incasso.

ar.re.ca.dar [aɾekad'aɾ] *vt* riscuotere.

ar.re.dar [aɾed'aɾ] *vt* ritirare, rimuovere; allontanare. **não** ≃ **pé** non tornare addietro.

ar.re.don.da.do [aɾedõd'adu] *part+agg* tondo, tondeggiante.

ar.re.don.dar [aɾedõd'aɾ] *vt* arrotondare, tondeggiare.

ar.re.do.res [aɾed'ɔris] *sm pl* dintorni, vicinanze, pressi. **nos** ≃ **es** *avv* vicino.

ar.re.ga.çar [aɾegas'aɾ] *vt* rimboccare (le maniche).

ar.re.ga.la.do [aɾegal'adu] *part+agg* sbarrato, stralunato.

ar.re.ga.lar [aɾegal'aɾ] *vt* stralunare, spalancare gli occhi.

ar.re.ga.nhar [aɾegañ'aɾ] *vt* digrignare i denti.

ar.rei.o [aɾ'eju] *sm* bardatura, finimento.

ar.re.mes.sar [aɾemes'aɾ] *vt* scagliare, gettare, lanciare, saettare.

ar.re.mes.so [aɾem'esu] *sm* getto, lancio, tiro.

ar.re.pen.der-se [aɾepẽd'ersi] *vpr* pentirsi, rammaricarsi; rimpiangere; convertirsi.

ar.re.pen.di.do [aɾepẽd'idu] *part+agg* pentito. *Rel.* contrito.

ar.re.pen.di.men.to [aɾepẽdim'ẽtu] *sm* pentimento, rammarico; rimpianto, rimorso; ravvedimento. *Rel.* pentimento, contrizione.

ar.re.pi.a.do [aɾepi'adu] *part+agg* irto.

ar.re.pi.ar [aɾepi'aɾ] *vt* rizzare. *vpr an Fig.* rabbrividire.

ar.re.pi.o [aɾep'iu] *sm* brivido; ribrezzo, raccapriccio.

ar.res.tar [aɾest'aɾ] *vt Giur.* incamerare.

ar.ri.mo [aɾ'imu] *sm* sostegno. *Fig.* bastone.

ar.ris.ca.do [aɾisk'adu] *part+agg* arrischiato, rischioso, azzardoso. *Fig.* pazzo, folle.

ar.ris.car [aɾisk'aɾ] *vt* arrischiare, rischiare, azzardare. *vpr* azzardarsi, cimentarsi.

ar.ro.gân.cia [aɾog'ãsjə] *sf* arroganza; pretensione, presunzione, tracotanza; superbia; boria. *Lett.* iattanza. *Fig.* sufficienza, pretesa.

ar.ro.gan.te [aɾog'ãti] *agg* arrogante; pretenzioso, petulante; superbo; orgoglioso; sdegnoso. *Fig.* gonfio, tumido.

ar.ro.gar [aɾog'aɾ] *vt* avocare. *vpr* attribuirsi.

ar.ro.ja.do [aɾoʒ'adu] *part+agg* avventato.

ar.ro.jar [aɾoʒ'aɾ] *vt* gettare. *vpr* gettarsi; arrischiarsi.

ar.rom.ba.do [aɾõb'adu] *part+agg* sfondato.

ar.rom.ba.men.to [aɾõbam'ẽtu] *sm* scasso.

ar.rom.bar [aɾõb'aɾ] *vt* sfondare, scassare.

ar.ro.tar [aɾot'aɾ] *vt Volg. Fig.* ruttare (improperi, ecc.). *vi Volg.* ruttare, eruttare.

ar.ro.to [aɾ'otu] *sm Volg.* rutto.

ar.ro.xe.a.do [aɾoʃe'adu] *agg* violaceo.

ar.ro.xe.ar [aɾoʃe'aɾ] *vt* arrossare.

ar.roz [aɾ'os] *sm Bot.* riso. ≃ **integral** riso vestito, risone.

ar.ro.zal [aɾoz'aw] *sm* risaia.

ar.ru.da [aɾ'udə] *sf Bot.* ruta.

ar.ru.e.la [aɾu'elə] *sf Mecc.* rondella, rosetta.

ar.ru.i.na.do [aɾuin'adu] *part+agg* decrepito. *Poet.* diruto. *Fig.* andato. **estar** ≃ essere fritto.

ar.ru.i.nar [aɾuin'aɾ] *vt* rovinare; guastare; demolire; mandare in malora. *Fig.* affondare. *vpr* rovinarsi; crollare; andare in malora; consumarsi. *Fig.* perire, perdersi.

ar.ru.lhar [aɾuʎ'aɾ] *vi* grugare, tubare.

ar.ru.ma.ção [aɾumas'ãw] *sf* assetto, racconciatura.

ar.ru.ma.dei.ra [aɾumad'ejrə] *sf* cameriera.

ar.ru.mar [aɾum'aɾ] *vt* assettare, acconciare, aggiustare; ottenere; buscarsi (guai). *vpr* acconciarsi; ravviarsi.

ar.se.nal [arsen'aw] *sm* arsenale.

ar.sê.ni.co [ars'eniku] *sm* arsenico.

ar.te ['arti] *sf* arte; industria. ≃ **s e ofícios** arti e mestieri. ≃ **s plásticas** arte plastica. ≃ **barroca** barocchismo. ≃ **moderna** arte moderna. **belas** ≃ **s** belle arti.

ar.te.fa.to [artef'atu] *sm* manufatto.

ar.tei.ro [art'ejru] *agg* brigante.

ar.té.ria [art'erjə] *sf Med.* arteria.

ar.te.rios.cle.ro.se [arterjoskler'ɔzi] *sf Med.* arteriosclerosi.

ar.te.sa.nal [artezan'aw] *agg* artigianale.

ar.te.sa.na.to [artezan'atu] *sm* fattura.

ar.te.são [artez'ãw] *sm* artigiano.

ar.te.si.a.no [artezi'ʌnu] *agg* artesiano.

ár.ti.co ['artiku] *agg* artico.

ar.ti.cu.la.ção [artikulasˈãw] *sf* congiuntura. *Anat.* arto, giunta. ≃ **dos dedos** *Anat.* nocca. ≃ **do pé e da mão** *Anat.* nodello.

ar.ti.cu.la.do [artikulˈadu] *part+agg* articolato.

ar.ti.cu.lar [artikulˈar] *vt* articolare.

ar.ti.cu.lis.ta [artikulˈistə] *s* articolista.

ar.tí.fi.ce [artˈifisi] *s* artefice, fabbro.

ar.ti.fi.ci.al [artifisiˈaw] *agg* artificiale; artefatto; sintetico; posticcio.

ar.ti.fí.cio [artifˈisju] *sm* artificio, trovata. *Lett.* ingegno. *Fig.* arte, messinscena.

ar.ti.fi.cio.sa.men.te [artifisjozamˈēti] *avv* ad arte, per arte, con arte.

ar.ti.fi.ci.o.so [artifisiˈozu] *agg* artificioso.

ar.ti.go [artˈigu] *sm* articolo; genere, prodotto, roba; notizia; voce. ≃**s domésticos** casalinghi.

ar.ti.lha.ri.a [artiʎarˈiə] *sf Mil.* artiglieria.

ar.ti.lhei.ro [artiʎˈejru] *sm* artigliere.

ar.ti.ma.nha [artimˈʌ̃ɲə] *sf* mena, trovata, trucco. *Fig.* stratagemma.

ar.tis.ta [artˈistə] *s* artista; artefice; attore; stilista. *Fig.* autore. **mau** ≃ ciabattone.

ar.tís.ti.co [artˈistiku] *agg* artistico.

ar.tri.te [artrˈiti] *sf Med.* artrite.

ár.vo.re [ˈarvori] *sf* albero. ≃ **de folhas perenes** sempreverde. ≃ **de Natal** albero di Natale. ≃ **genealógica** albero genealogico (o di famiglia). **a** ≃ **se conhece pelos frutos** ogni erba si conosce per lo seme.

ar.vo.re.do [arvorˈedu] *sm* arboreto, albereto.

as [əs] *art def fpl* le (l'). *pron fpl* le; loro.

ás [ˈas] *sm* asso (delle carte di giuoco). *Fig.* asso, campione (di arte, sport, ecc.).

a.sa [ˈazə] *sf* ala; manico, presa.

as.bes.to [azbestu] *sm Min.* asbesto.

as.cá.ri.de [askˈaridi] o **as.cá.ri.da** [askˈaridə] *sf* ascaride.

as.cen.dên.cia [asēdˈēsjə] *sf* ascendenza.

as.cen.den.te [asēdˈēti] *s* ascendente, antenato. *agg* ascendente.

as.cen.der [asēdˈer] *vi* ascendere.

as.cen.são [asēsˈãw] *sf* ascensione, ascesa. **A**≃ **de Cristo** *Rel.* l'Ascensione.

as.ce.ta [asˈetə] *sm* asceta.

as.cé.ti.co [asˈetiku] *agg* ascetico.

as.ci.te [asˈiti] *sf Med.* ascite.

as.fal.tar [asfawtˈar] *vt* asfaltare.

as.fál.ti.co [asfˈawtiku] *agg* asfaltico.

as.fal.to [asfˈawtu] *sm* asfalto.

as.fi.xi.a [asfiksˈiə] *sf Med.* asfissia.

as.fi.xi.ar [asfiksiˈar] *vt* asfissiare, soffocare.

a.si.á.ti.co [aziˈatiku] *sm+agg* asiatico.

as.si.lar [azilˈar] *vt* albergare.

a.si.lo [azˈilu] *sm* asilo; ospizio; ricovero. ≃ **de velhos** gerotrofio. ≃ **para os pobres** ricovero di mendicità. ≃ **político** asilo.

a.si.nha [azˈiɲə] *sf dim* aletta. **cortar as** ≃**s de** *Fig.* abbassare le ali di.

as.ma [ˈazmə] *sf Med.* asma.

as.má.ti.co [azmˈatiku] *agg* asmatico; bolso.

as.nei.ra [aznˈejrə] *sf* asineria, balordaggine, bestemmia, stupidaggine. *Pop.* assurdità. **di-zer** ≃**s** bestemmiare, far ridere i polli.

as.no [ˈaznu] *sm Zool.* asino, somaro, ciuco. *Pop.* stupido. *Fig.* bestia.

as.par.go [aspˈargu] *sm Bot.* asparago. *Pop.* sparagio.

as.pas [ˈaspəs] *sf pl* virgolette.

as.pec.to [aspˈɛktu] *sm* aspetto; apparenza, immagine, forma; figura, fisionomia. *Poet.* sembiante. *Fig.* colore, viso, faccia.

as.pe.re.za [asperˈezə] *sf* asprezza; acerbità, acredine; asperità, ruvidezza.

as.per.gir [aspersʒˈir] *vt* spruzzare.

ás.pe.ro [ˈasperu] *agg* aspro; acido, acerbo; brusco; ruvido; scabro; rude. *Fig.* duro.

ás.pi.de [ˈaspidi] *s* aspide.

as.pi.ra.ção [aspirasˈãw] *sf* aspirazione; speranza, vaghezza. *Fig.* anelito, mira.

as.pi.ra.dor [aspiradˈor] *sm* ≃ **de pó** aspirapolvere.

as.pi.ran.te [aspirˈãti] *s+agg* aspirante; concorrente.

as.pi.rar [aspirˈar] *vt* aspirare; inalare; aspirare a, anelare a, pretendere. *Fig.* mirare.

as.pi.ri.na [aspirˈinə] *sf* aspirina.

as.que.ro.so [askerˈozu] *agg* ripugnante; sordido; lercio.

as.sa.dei.ra [asadˈejrə] *sf* tortiera, teglia.

as.sa.do [asˈadu] *sm* arrosto. **carne** ≃**a** carne arrosto.

as.sa.la.ri.ar [asalariˈar] *vt* assoldare.

as.sal.tan.te [asawtˈãti] *sm* rapinatore, brigante.

as.sal.tar [asawtˈar] *vt* assaltare, assalire; rapinare, rubare; razziare.

as.sal.to [asˈawtu] *sm* assalto; aggressione; rapina. *Mil.* razzia. *Ger.* scippo. ≃ **à mão armada** assalto (o rapina) a mano armata. **to-mar de** ≃ assaltare.

as.sa.nha.da [asaɲˈadə] *sf Fig. Pop.* civetta.

as.sar [asˈar] *vt* arrostire, cuocere arrosto.

as.sas.si.nar [asasinˈar] *vt* assassinare, ammazzare, uccidere. *Fig.* scannare.

as.sas.si.na.to [asasinˈatu] *sm* assassinio, ammazzamento, uccisione.

as.sas.si.no [asas'inu] *sm* assassino. *Pop.* uccisore. *agg* assassino.

as.se.a.do [ase'adu] *agg* lindo, pulito.

as.se.di.ar [asedi'ar] *vt* assediare.

as.sé.dio [as'ɛdju] *sm* assedio.

as.se.gu.ra.do [asegur'adu] *part*+*agg* assicurato; certo.

as.se.gu.rar [asegur'ar] *vt* assicurare, asseverare, attestare, certificare, raccertare. *vpr* assicurarsi, raccertarsi.

as.sei.o [as'eju] *sm* lindezza, lindura, pulizia.

as.sel.va.jar [asewvaʒ'ar] *vt* inselvatichire. *vpr* inselvatichire, inselvatichirsi.

as.sem.bléi.a [asɛbl'ɛjə] *sf* assemblea; congresso, consiglio; riunione, adunanza; conferenza; dieta. ≃ **legislativa** parlamento.

as.se.me.lhar-se [asemeʎ'arsi] *vpr* somigliare, assomigliare, rassomigliare a, parere.

as.se.nho.re.ar-se [asɲore'arsi] *vpr* insignorirsi di.

as.sen.tar [asɛt'ar] *vt* puntare, appoggiare; stabilire; adattare. *Chim.* depositare. *vi* calzare.

as.sen.ti.men.to [asɛtim'ẽtu] o as.sen.so [as'ẽsu] *sm* assenso, consentimento.

as.sen.tir [asɛt'ir] *vt*+*vi* assentire.

as.sen.to [as'ẽtu] *sm* sedile, seggio, banca, cassapanca, stallo.

as.sep.si.a [aseps'iə] *sf Med.* asepsia.

as.sép.ti.co [as'ɛptiku] *agg Med.* asettico, sterile.

as.ses.sor [ases'or] *sm* assessore, ausiliare.

as.ses.so.rar [asesor'ar] *vt* assistere; consigliare.

as.ses.so.ri.a [asesor'iə] *sf* assistenza; consiglio.

as.se.ve.ra.ção [aseveras'ãw] *sf* asseveranza.

as.se.xu.al [aseksu'aw] *agg* asessuale.

as.si.du.i.da.de [asiduid'adi] *sf* assiduità, frequenza, costanza.

as.sí.duo [as'idwu] *agg* assiduo, costante.

as.sim [as'ĩ] *avv* così, in questo modo, talmente. ≃ ≃ *disp* così così. ≃ **como** come. ≃ **que** appena. **e** ≃ **por diante** e così via. **e** ≃ **seja** e così sia.

as.si.me.tri.a [asimetr'iə] *sf* asimmetria; sproporzione.

as.si.mé.tri.co [asim'ɛtriku] *agg* asimmetrico; sproporzionato.

as.si.mi.lar [asimil'ar] *vt* assimilare; digerire, smaltire; capire; accomunare. *Fig.* assorbire.

as.si.na.do [asin'adu] *part*+*agg* firmato, autografo.

as.si.na.lar [asinal'ar] *vt* segnalare; segnare, bollare; notare; citare; delimitare.

as.si.nan.te [asin'ãti] *sm* socio, abbonato.

as.si.nar [asin'ar] *vt* firmare, sottoscrivere; abbonare, associarsi. ≃ **uma letra** *Comm.* accettare una cambiale.

as.si.na.tu.ra [asinat'urə] *sf* firma, sottoscrizione; abbonamento.

as.sis.tên.cia [asist'ẽsjə] *sf* assistenza; beneficenza.

as.sis.ten.te [asist'ẽti] *s*+*agg* assistente, ausiliare.

as.sis.tir [asist'ir] *vt* assistere; presenziare; aiutare, coadiuvare. ≃ **um doente** vegliare.

as.so.a.lho [aso'aʎu] *sm* solaio, tavolato, assito, pavimento di legno.

as.so.bi.ar [asobi'ar] o as.so.vi.ar [asovi'ar] *vi* fischiare, sibilare, zufolare.

as.so.bi.o [asob'iu] o as.so.vi.o [asov'iu] *sm* fischio, sibilo. *Mus.* zufolo.

as.so.ci.a.ção [asosjas'ãw] *sf* associazione; società, confraternita; consorzio, federazione; circolo, club; confederazione. ≃ **religiosa** congregazione.

as.so.ci.a.do [asosi'adu] *sm* socio, membro.

as.so.ci.ar [asosi'ar] *vt* associare. *vpr* associarsi, aderire, iscriversi a.

as.so.la.do [asol'adu] *part*+*agg* devastato; infestato.

as.so.lar [asol'ar] *vt* devastare; infestare; distruggere.

as.som.bra.ção [asõbras'ãw] *sf* spettro, fantasma.

as.som.brar [asõbr'ar] *vt* sbalordire, stupire; adugghiare. *vpr* stupirsi.

as.som.bre.ar [asõbre'ar] *vt* adombrare, coprire d'ombra.

as.som.bro [as'õbru] *sm* sbalordimento, stupore.

as.som.bro.so [asõbr'ozu] *agg* stupendo, stupefacente.

as.so.nân.cia [ason'ãsjə] *sf* assonanza.

as.so.prar [asopr'ar] *vt* soffiare. *vi* soffiare, spirare.

as.so.pro [as'opru] *sm* soffio, fiato.

as.su.mir [asum'ir] *vt* assumere; accettare.

as.sun.ção [asũs'ãw] *sf* assunzione. **A**≃ *Rel.* l'Assunzione (di Maria).

as.sun.to [as'ũtu] *sm* argomento, tema, oggetto; affare. **estar por dentro do** ≃ essere al corrente dell'affare. **ficar mudando de** ≃ saltare di palo in frasca. **mudar de** ≃ *Fig.* uscire dal seminato. **puxar** ≃ *Pop.* attaccare conversazione. **tocar num** ≃ toccare un argomento. ≃ **encerrado!** punto e basta!

as.sus.ta.do [asust'adu] *part*+*agg* impaurito, spaventato. *Fig.* scosso.

as.sus.ta.dor [asustad'or] *agg* spaventoso, spaventevole, orrendo, orribile, pauroso.

as.sus.tar [asust'ar] *vt* spaventare; allarmare; atterrire. *Fig.* gelare. *vpr* spaventarsi; allarmarsi. *Fig.* sussultare.

as.tá.ti.co [ast'atiku] *agg Fís.* astatico.

as.te.ni.a [asten'iə] *sf Med.* astenia.

as.te.re.ô.me.tro [astere'ometru] *sm Astron.* asterometro.

as.té.ria [ast'ɛrjə] *sf Zool.* asteria, stella di mare.

as.te.ris.co [aster'isku] *sm* asterisco.

as.te.rói.de [aster'ɔjdi] *sm Astron.* asteroide, pianetino.

as.tig.má.ti.co [astigm'atiku] *agg* astigmatico.

as.tig.ma.tis.mo [astigmat'izmu] *sm* astigmatismo.

as.tra.cã [astrak'ã] *sm* astracan.

as.tral [astr'aw] *agg* astrale.

as.tro ['astru] *sm Astron.* astro. *Fig.* astro, divo, celebrità, gigante.

as.tro.lá.bio [astrol'abju] *sm* astrolabio.

as.tro.lo.gi.a [astroloʒ'iə] *sf* astrologia.

as.tró.lo.go [astr'ɔlogu] *sm* astrologo.

as.tro.nau.ta [astron'awtə] *s* astronauta, cosmonauta.

as.tro.na.ve [astron'avi] *sf* astronave, nave spaziale.

as.tro.no.mi.a [astronom'iə] *sf* astronomia.

as.tro.nô.mi.co [astron'omiku] *agg an Fig.* astronomico.

as.trô.no.mo [astr'onomu] *sm* astronomo.

as.tú.cia [ast'usjə] *sf* astuzia, furbizia, scaltrezza, malizia. *Fig.* stratagemma.

as.tu.to [ast'utu] o **as.tu.ci.o.so** [astusi'ozu] *agg* astuto, furbo, scaltro, malizioso. *Fig.* machiavellico, volpino; strategico.

a.ta ['atə] *sf* verbale, rapporto di riunione.

a.ta.ca.dis.ta [atakad'istə] *s+agg* grossista.

a.ta.ca.do [atak'adu] *sm Comm.* vendita all'ingrosso. **no** ≃ all'ingrosso. *part+agg* preso. *Med.* affetto.

a.ta.can.te [atak'ãti] *s* assalitore, aggressore.

a.ta.car [atak'ar] *vt* attaccare; assalire, avventarsi; aggredire, affrontare; apostrofare.

a.ta.du.ra [atad'urə] *sf Med.* fasciatura, benda, bendaggio. **pôr** ≃ bendare.

a.ta.lai.a [atal'ajə] *sf* vedetta.

a.ta.lho [at'aʎu] *sm* sentiero, viottolo.

a.ta.que [at'aki] *sm* attacco; assalto; aggressione, affronto; offensiva. *Med.* attacco, accesso, crisi. *Mil.* razzia, carica.

a.tar [at'ar] *vt* legare, allacciare, annodare. ≃ **as mãos** *Fig.* legare le mani, impedir di agire.

a.ta.re.fa.do [ataref'adu] *agg* affaccendato. **estar** ≃ affacchinarsi.

a.tar.ra.ca.do [atařak'adu] *agg* tozzo.

a.ta.ú.de [ata'udi] *sm* bara, feretro.

a.tá.vi.co [at'aviku] *agg* atavico.

a.ta.vis.mo [atav'izmu] *sm* atavismo.

a.ta.xi.a [ataks'iə] *sf Med.* atassia.

a.té [at'ɛ] *prep* fino, sino. *avv* anche; infino, insino; magari. ≃ **agora** finora, sinora. ≃ **este exato momento** fin ora. ≃ **hoje**, ≃ **esta época** finora. ≃ **mesmo** magari, perfino, persino. ≃ **que**, ≃ **quando** finché.

a.te.ís.mo [ate'izmu] *sm* ateismo.

a.te.li.er [ateli'er] *sm* studio, atelier.

a.te.mo.ri.zar [atemoriz'ar] *vt* intimorire, sgomentare. *vpr* sgomentarsi.

a.ten.ção [atẽs'ãw] *sf* attenzione; impegno; cura; vigilanza, accortezza; cortesia, sollecitudine. *Fig.* applicazione; orecchio. **chamar a** ≃ **de** ammonire. **prestar** ≃ attendere. *Fig.* allungare le orecchie, badare. *int* attenzione! badate! all'erta!

a.ten.ci.o.so [atẽsi'ozu] *agg* diligente; sollecito.

a.ten.der [atẽd'er] *vt* assistere, accudire; deferire (una richiesta).

a.te.neu [aten'ew] *sm* ateneo.

a.ten.ta.do [atẽt'adu] *sm* attentato. ≃ **ao pudor** *Giur.* oltraggio al pudore.

a.ten.tar [atẽt'ar] *vt* osservare, considerare; attentare, commettere un attentato.

a.ten.to [at'ẽtu] *agg* attento; diligente, intento; accorto, vigilante; premuroso; accurato.

a.te.nu.a.do [atenu'adu] *part+agg* attenuato, alleggerito.

a.te.nu.ar [atenu'ar] *vt* attenuare, alleggerire; alleviare. *Fig.* temperare, smussare.

a.ter-se [at'ersi] *vpr* attenersi.

a.ter.ra.gem [ateř'aʒẽj] *sf Aer.* atterraggio.

a.ter.rar [ateř'ar] *vt* atterrire; rinterrare, terrapienare. *vi Aer.* atterrare.

a.ter.ro [at'eřu] *sm* rinterro, terrapieno.

a.ter.ro.ri.za.do [ateřoriz'adu] *part+agg* atterrito, esterrefatto.

a.ter.ro.ri.zan.te [ateřoriz'ãti] *part+agg* pauroso.

a.ter.ro.ri.zar [ateřoriz'ar] *vt* atterrire, inorridire, sgomentare. *Fig.* agghiacciare. *vpr* atterrirsi, sgomentarsi. *Fig.* agghiacciarsi.

a.tes.ta.do [atest'adu] *sm* attestato, certificato; licenza. *Giur.* atto.

a.tes.tar [atest'ar] *vt* attestare, asserire, certificare, testimoniare, testificare.

a.teu [at'ew] *sm* ateo, ateista, empio. *agg* ateo, empio, incredulo.

a.ti.ça.dor [atisad'or] *sm* attizzatoio.

a.ti.çar [atis'ar] *vt* attizzare. *Fig.* rinfocolare.

á.ti.co ['atiku] *agg* attico.

á.ti.mo ['atimu] *sm* attimo. *Fig.* palpito. **num** ≃ in un attimo, in un salto.

a.tin.gi.do [atĩʒ'idu] *part + agg* toccato; colpito; giunto.

a.tin.gir [atĩʒ'ir] *vt* attingere, toccare; colpire; giungere; ascendere a (valore, spesa).

a.tí.pi.co [at'ipiku] *agg* atipico, anomalo.

a.ti.ra.dei.ra [atirad'ejrə] *sf* fionda, frombola.

a.ti.ra.do [atir'adu] *agg* disinvolto, spigliato.

a.ti.rar [atir'ar] *vt* buttare, lanciare, scagliare. *vi* sparare, scoccare. *vpr* scagliarsi. ≃ **com arma de fogo** tirare.

a.ti.tu.de [atit'udi] *sf* attitudine, gesto, condotta. *Fig.* atteggiamento.

a.ti.var [ativ'ar] *vt* attivare.

a.ti.vi.da.de [ativid'adi] *sf* attività; dinamismo; bottega. *Fig.* barca. ≃ **lucrativa** *Fig.* vigna.

a.ti.vis.ta [ativ'istə] *s + agg* attivista.

a.ti.vo [at'ivu] *sm Comm.* attivo. ≃ **e passivo** attivo e passivo, entrata e uscita. *agg* attivo; operoso, alacre; efficace; dinamico, disinvolto, spedito. *Fig.* giovanile.

a.tlân.ti.co [atl'ãtiku] *agg* atlantico.

a.tlas ['atlas] *sm* atlante.

a.tle.ta [atl'ɛta] *s* atleta, ginnasta.

a.tlé.ti.co [atl'etiku] *agg* atletico; aitante.

a.tle.tis.mo [atlet'izmu] *sm* atletismo, ginnastica.

at.mos.fe.ra [atmosf'ɛrə] *sf* atmosfera. *Fig.* aria.

at.mos.fé.ri.co [atmosf'ɛriku] *agg* atmosferico.

a.to ['atu] *sm* atto; azione; documento. *Teat.* atto, tempo. *Fig.* passo, provvedimento. **um** ≃ **de bondade** un tratto di buon cuore. **no** ≃ *Giur.* in flagrante.

a.to.lar [atol'ar] *vi + vpr* ammelmare, infognarsi.

a.to.lei.ro [atol'ejru] *sm* acquitrino, pantano.

a.tô.mi.co [at'omiku] *agg* atomico.

á.to.mo ['atomu] *sm Fis.* e *Chim.* atomo.

a.tô.ni.to [at'onitu] *agg* attonito, perplesso.

á.to.no [a'tonu] *agg Gramm.* atono.

a.tor [at'or] *sm* attore.

a.tor.do.a.do [atordo'adu] *part + agg* stordito. **ficar** ≃ *Fig.* assordire.

a.tor.do.ar [atordo'ar] *vt* stordire, rintronare. *Fig.* assordare. *vpr* stordirsi.

a.tor.men.ta.do [atormẽt'adu] *agg* afflitto. *Fig.* crocifisso, crocefisso.

a.tor.men.ta.dor [atormẽtad'or] *agg* vessatorio.

a.tor.men.tar [atormẽt'ar] *vt* tormentare; angosciare, angustiare; angariare, vessare. *Fig.* asfissiare; perseguitare; torturare. *vpr* tormentarsi, consumarsi. *Fig.* torturarsi.

a.tra.ca.dou.ro [atrakad'owru] *sm Naut.* approdo.

a.tra.ção [atras'ãw] *sf* attrazione; attrattiva, richiamo. *Teat.* attrazione, numero. *Fig.* malia.

a.tra.car [atrak'ar] *vt Naut.* approdare, ancorare, pigliar terra.

a.tra.en.te [atra'ẽti] *agg* attraente; seducente, stuzzicante; carino, provocante, simpatico. *Fig.* appetitoso; suggestivo.

a.tra.ir [atra'ir] *vt* attrarre; allettare, attirare, conquistare. *Cin.* e *Teat.* richiamare. *Fig.* sedurre, provocare, illudere.

a.tra.pa.lha.do [atrapaʎ'adu] *sm + agg Fig.* grullo.

a.tra.pa.lhar [atrapaʎ'ar] *vt* imbarazzare, impacciare; imbrogliare, ingarbugliare; arruffare; frastornare. *Fig.* aggrovigliare. *vpr* imbrogliarsi. *Fig.* aggrovigliarsi.

a.trás [atr'as] *avv* indietro, addietro, dietro, di dietro.

a.tra.sa.do [atraz'adu] *part + agg* ritardato; arretrato; tardo. **estar** ≃ essere in ritardo.

a.tra.sar [atraz'ar] *vt* ritardare; indugiare; far retrocedere. *vi* ritardare, rimanere addietro (orologio). *vpr* ritardare, attardarsi.

a.tra.so [atr'azu] *sm* ritardo, dimora; indugio. *Giur.* mora, remora.

a.tra.ti.vo [atrat'ivu] *sm* attrattiva, incanto. *agg* attraente, allettante.

a.tra.vés [atrav'es] *avv* attraverso. ≃ **de** *prep* attraverso, per.

a.tra.ves.sa.do [atraves'adu] *part + agg* traverso; trapassato; percorso.

a.tra.ves.sa.dor [atravesad'or] *sm* strozzino.

a.tra.ves.sar [atraves'ar] *vt* attraversare; passare; varcare; penetrare, perforare, trapassare.

a.tre.lar [atrel'ar] *vt* bardare, attaccare.

a.tre.ver-se [atrev'ersi] *vpr* ardire, osare.

a.tre.vi.do [atrev'idu] *agg* audace; impertinente, insolente, sfacciato; spavaldo.

a.tre.vi.men.to [atrevim'ẽtu] *sm* audacia; impertinenza, insolenza, sfacciataggine; arditezza.

a.tri.bui.ção [atribujs'ãw] *sf* attributo, appartenenza, spettanza, mansione.

a.tri.bu.ir [atribu'ir] *vt* attribuire, aggiudicare, conferire. *Fig.* annettere. *vpr* attribuirsi.

a.tri.bu.lar [atribul'ar] *vt* tribolare.

a.tri.bu.to [atrib'utu] *sm* attributo; condizione; appannaggio.

á.trio ['atrju] *sm* atrio, vestibolo.

a.tri.to [atr'itu] *sm* atrito; frizione; briga.

a.triz [atr'is] *sf* attrice.

a.tro.ci.da.de [atrosid'adi] *sf* atrocità, eccesso. *Fig.* enormità.

a.tro.fi.a [atrof'iə] *sf Med.* atrofia.

a.tro.fi.ar [atrofi'ar] *vt* atrofizzare. *vpr* atrofizzarsi.

a.tro.pe.la.men.to [atropelam'ẽtu] *sm* investimento.

a.tro.pe.lar [atropel'ar] *vt* investire, arrotare.

a.tro.pi.na [atrop'inə] *sf Chim.* atropina.

a.troz [atr'ɔs] *agg* atroce; straziante.

a.tua.ção [atwas'ãw] *sf* attuazione.

a.tu.al [atu'aw] *agg* attuale, corrente, moderno, presente. *Fig.* giovane.

a.tua.li.da.de [atwalid'adi] *sf* attualità; correntezza.

a.tua.li.za.ção [atwalizas'ãw] *sf* aggiornamento. *Fig.* appendice.

a.tua.li.za.do [atwaliz'adu] *part + agg* aggiornato, giornaliero.

a.tua.li.zar [atwaliz'ar] *vt* aggiornare. *vpr* aggiornarsi.

a.tual.men.te [atwawm'ẽti] *avv* attualmente, al presente.

a.tu.ar [atu'ar] *vi* attuare, agire. ≃ **como** agire da. *Cin.* e *Teat.* recitare.

a.tuá.ria [at'warjə] *sf Mat.* attuaria.

a.tuá.rio [at'warju] *sm* attuario.

a.tum [at'ũ] *sm Zool.* tonno.

a.tu.rar [atur'ar] *vt* subire, tollerare, soffrire.

a.tur.di.do [aturd'idu] *part + agg* stordito.

a.tur.dir [aturd'ir] *vt* stordire, sbalordire; intronare. *Fig.* pietrificare.

au.dá.cia [awd'asjə] *sf* audacia; coraggio, ardire; baldanza, temerità. *Fig.* fegato, animo.

au.da.ci.o.so [awdasi'ozu] *agg* audace, baldo, baldanzoso. *Fig.* spinto (pensiero, idea).

au.daz [awd'as] *agg* audace, fiero, ardito.

au.di.ção [awdis'ãw] *sf* udire, udito.

au.di.ên.cia [awdi'ẽsjə] *sf* udienza. **conseguir** ≃ avere udienza.

au.di.ti.vo [awdit'ivu] *agg* uditivo.

au.di.tor [awdit'or] *sm Giur.* uditore. *Comm.* e *Contab.* revisore, sindaco. *Rel.* auditore.

au.di.tó.rio [awdit'ɔrju] *sm* auditorio, platea, aula.

au.ge ['awʒi] *sm* auge, pieno. **no** ≃ in auge, nel pieno.

áu.gu.re ['awguri] *sm* augure.

au.gú.rio [awg'urju] *sm* auspicio.

au.gus.to [awg'ustu] *sm* augusto, titolo romano. *agg* augusto.

au.la ['awlə] *sf* lezione. ≃ **particular** ripetizione. **matar** ≃ *Fig.* salare la scuola.

au.men.tar [awmẽt'ar] *vt* aumentare; ingrandire, ampliare; esagerare; alzare, rialzare; accrescere, aggiungere. *Fig.* dilatare. *vi* aumentare; crescere; montare; proliferare.

au.men.ta.ti.vo [awmẽtat'ivu] *agg* aumentativo.

au.men.to [awm'ẽtu] *sm* aumento; crescita, incremento; crescenza, ingrandimento; aggiunta, addizione, supplemento; rialzo; rincaro.

au.ra ['awrə] *sf* aura.

áu.reo ['awrju] *agg* aureo.

au.ré.o.la [awr'ɛolə] *sf* aureola, raggiera, nimbo.

au.rí.cu.la [awr'ikulə] *sf Anat.* auricola, orecchietta.

au.ro.ra [awr'ɔrə] *sf* aurora, alba.

aus.cul.ta.ção [awskuwtas'ãw] *sf Med.* ascoltazione.

aus.cul.tar [awskuwt'ar] *vt Med.* auscultare.

au.sên.cia [awz'ẽsjə] *sf* assenza; lontananza; vuoto.

au.sen.tar-se [awzẽt'arsi] *vpr* assentarsi; allontanarsi; partire.

au.sen.te [awz'ẽti] *agg* assente; lontano.

aus.pí.cio [awsp'isju] *sm* auspicio, presagio. ≃ s *pl* auspici, protezione.

aus.te.ri.da.de [awsterid'adi] *sf* austerità; severità. *Fig.* asperità.

aus.te.ro [awst'ɛru] *agg* austero; solenne, severo; spoglio. *Fig.* spartano.

aus.tral [awstr'aw] *agg* australe. *Fig.* antartico.

aus.tra.li.a.no [awstrali'ʌnu] *sm + agg* australiano.

aus.trí.a.co [awstr'iaku] *sm + agg* austriaco.

au.tar.qui.a [awtark'iə] *sf* autarchia, entità autonoma.

au.ten.ti.ca.ção [awtẽtikas'ãw] *sf* legalizzazione; convalida.

au.ten.ti.car [awtẽtik'ar] *vt* autenticare, certificare, controfirmare. *Giur.* legalizzare.

au.ten.ti.ci.da.de [awtẽtisid'adi] *sf* autenticità; genuinità.

au.tên.ti.co [awt'ẽtiku] *agg* autentico; genuino; concreto; autografo. *Lett.* verace. *Fig.* sincero.

auto I → **automóvel**.

au.to ['awtu] II *sm* atto, documento. *Teat.* commedia, dramma. ≃ s *pl Giur.* atti.

au.to.bio.gra.fi.a [awtobjograf'iə] *sf* autobiografia.

au.to.con.tro.le [awtokõtr'oli] *sm* padronanza, filosofia.

au.to.cra.ci.a [awtokras'iə] *sf* autocrazia.

au.to.cra.ta [awtokr'atə] *s* autocrate, autocrata.

au.tóc.to.ne [awt'ɔktoni] *s*+*agg* autoctono.

au.to.di.da.ta [awtodid'atə] *s*+*agg* autodidatta.

au.tó.dro.mo [awt'ɔdromu] *sm* autodromo.

au.tó.gra.fo [awt'ɔgrafu] *sm* autografo.

au.to-hip.no.se [awtoipin'ɔzi] *sf* autoipnosi.

au.to.má.ti.co [awtom'atiku] *agg* automatico.

au.tô.ma.to [awt'omatu] *sm* automa, robot.

au.to.mo.bi.lis.mo [awtomobil'izmu] *sm* automobilismo.

au.to.mo.tor [awtomot'or] *agg* automotore.

au.to.mó.vel [awtom'ɔvew] *sm* o **au.to** ['awtu] *abbrev sm* automobile, auto, macchina.

au.to.no.mi.a [awtonom'iə] *sf* autonomia, autarchia.

au.tô.no.mo [awt'onomu] *agg* autonomo; indipendente.

au.tóp.sia [awt'ɔpsjə] *sf Med.* autopsia, necropsia.

au.tor [awt'or] *sm* autore. *Fig.* capostipite.

au.to.ra [awt'orə] *sf* autrice.

au.to.ri.da.de [awtorid'adi] *sf* autorità; facoltà; potere, balia; importanza; comando; dominazione. *Fig.* influenza; sovranità. **ter** ≃ **num assunto** *Fig.* aver voce in capitolo.

au.to.ri.tá.rio [awtorit'arju] *agg* autoritario, prepotente. *Fig.* dogmatico.

au.to.ri.za.ção [awtorizas'ãw] *sf* autorizzazione; permesso, concessione; consentimento.

au.to.ri.zar [awtoriz'ar] *vt* autorizzare, consentire.

au.to-su.fi.ci.ên.cia [awtosufisi'ẽsjə] *sf* autonomia, autarchia.

au.to-su.fi.ci.en.te [awtosufisi'ẽti] *agg* autonomo.

au.xi.li.ar [ausili'ar] *s*+*agg* ausiliare, assistente. *vt* aiutare, assistere, cooperare con; spalleggiare; giovare, assecondare. *Fig.* appoggiare. ≃ **de enfermagem** pappino.

au.xí.lio [aws'ilju] *sm* ausilio; aiuto; soccorso; assistenza; sussidio; grazia. *Fig.* rifugio.

a.val [av'aw] *sm* avallo. *Fig.* attestato.

a.va.lan.cha [avaljã'ʃə] *sf an Fig.* valanga.

a.va.lia.ção [avaljas'ãw] *sf* opinione, critica. *Comm.* valutazione, estimo, stima.

a.va.li.ar [avali'ar] *vt* calcolare, quotare; giudicare. *Comm.* valutare, stimare. *Fig.* misurare.

a.va.li.zar [avaliz'ar] *vt* avallare.

a.van.ça.do [avãs'adu] *agg* avanzato; futuristico. *Fig.* estremo. ≃ **na idade** avanzato.

a.van.çar [avãs'ar] *vi* avanzare; andare avanti, inoltrarsi; correre (tempo); guadagnar terreno. *Fig.* marciare; avventurarsi.

a.van.ço [av'ãsu] *sm* avanzamento; progresso.

a.van.te [av'ãti] *avv* avanti; innanzi. ≃! *inter* avanti! via!

a.va.ren.to [avar'ẽtu] o **a.va.ro** [av'aru] *sm* avaro, spilorcio. *Fig.* granfia, lesina. *agg* avaro, spilorcio, gretto, taccagno.

a.va.re.za [avar'ezə] *sf* avarizia, grettezza, tirchieria. *Fig.* meschinità.

a.va.ri.a [avar'iə] *sf* avaria, danno, guasto.

a.va.ri.a.do [avari'adu] *part*+*agg* avariato, guasto.

a.va.ri.ar [avari'ar] *vt* avariare.

a.ve ['avi] *sf* uccello, volatile. ≃ **de mau agouro** uccello di malauguro. ≃ **de rapina** rapace, uccello di preda. ≃ **trepadeira** rampicante. ≃! *int* ave!

a.ve-do-pa.ra.í.so [avidupara'izu] *sf Zool.* paradisea, uccello del paradiso.

a.vei.a [av'ejə] *sf* avena, biada.

a.ve.lã [avel'ã] *sf Bot.* avellana, nocciola.

a.ve.lei.ra [avel'ejrə] o **a.ve.la.nei.ra** [avelan'ejrə] *sf Bot.* avellano, nocciolo.

a.ve.ni.da [aven'idə] *sf* viale.

a.ven.tal [avẽt'aw] *sm* grembiule, zinale.

a.ven.tu.ra [avẽt'urə] *sf* avventura; peripezia. *Fig.* odissea. ≃ **s** *pl* sventure.

a.ven.tu.ra.do [avẽtur'adu] *agg* avventuroso.

a.ven.tu.rar-se [aventur'arsi] *vpr* avventurarsi, azzardarsi, provarsi, esporsi.

a.ven.tu.rei.ro [avẽtur'ejru] *sm* avventuriere. *Fig.* filibustiere.

a.ve.ri.gua.ção [averigwas'ãw] *sf* indagine, accertamento, verifica. *Giur.* accesso.

a.ve.ri.guar [averig'war] *vt* indagare, accertarsi, verificare, chiarire.

a.ver.me.lha.do [avermeλ'adu] *part*+*agg* arrossato; ardente. *Fig.* acceso.

a.ver.me.lhar [avermeλ'ar] *vt* arrossare. *vpr* rosseggiare.

a.ver.são [avers'ãw] *sf* avversione; antipatia, ripulsa; aborrimento; inimicizia; malanimo; odio, astio. *Fig.* nausea.

a.ves.sas [av'esəs] *avv* **às** ≃ all'inverso, a ritroso.

a.ves.so [av'esu] *sm*+*agg* rovescio. **do** ≃ *avv* a rovescio, alla rovescia. ≃ **a** *agg* ritroso a.

a.ves.truz [avestr'us] *sm* struzzo.

a.ve.zar [avez'ar] *vt* assuefare, accostumare. *vpr* assuefarsi, accostumarsi.

a.via.ção [avjas'ãw] *sf* aviazione.

a.via.dor [avjad'or] *sm* aviatore, aeronauta.

a.vi.ão [avi'ãw] *sm Aer.* aereo, aeroplano. ≃ **a jato** aviogetto, aereo a reazione. ≃ **de carreira** aeroplano di linea. **de** ≃ per aereo.

a.vi.ar [avi'ar] *vt Med.* spedire.

a.vi.á.rio [avi'arju] *sm* aviario, uccelliera.

a.vi.dez [avid'es] *sf* avidità, brama. *Fig.* fame.

á.vi.do ['avidu] *agg* avido, cupido, vago. *Fig.* ghiotto, famelico, assetato.

a.vi.na.gra.do [avinagr'adu] *agg* acetoso.

a.vi.na.grar [avinagr'ar] *vt* acetare. *vpr* acetire.

a.vi.sar [aviz'ar] *vt* avvisare; comunicare; notificare; preavvisare; avvertire; ammonire.

a.vi.so [av'izu] *sm* avviso; annuncio, comunicato; consiglio, avvertimento; ammonizione; parere; segnale, cenno; cartello. *Lett.* prenunzio. *Fig.* sintomo. **sem mais** ≃s senz'altro avviso.

a.vis.tar [avist'ar] *vt* avvistare, scorgere.

a.vi.var [aviv'ar] *vt* avvivare.

a.vi.zi.nhar [aviziñ'ar] *vt* avvicinare, ravvicinare. *vpr* avvicinarsi, ravvicinarsi a.

a.vó [av'ɔ] *sf* nonna; ava, avola.

a.vô [av'o] *sm* nonno; avo, avolo. **os avós** *pl Fig.* gli antecessori, i bisavi.

a.vul.so [av'uwsu] *agg* avulso, separato.

a.xi.la [aks'ilə] *sf Anat.* ascella.

a.xi.lar [aksil'ar] *agg Anat.* assillare.

a.xi.o.ma [aksi'ɔmə] *sm Mat.* assioma.

a.za.gai.a [azag'ajə] *sf* zagaglia.

a.za.léi.a [azal'ɛjə] *sf Bot.* azalea.

a.zar [az'ar] *sf* sfortuna, disdetta; avversità. *Ger.* iella. *Pop.* scalogna. *Fig.* rogna.

a.za.ra.do [azar'adu] *agg* sfortunato, infelice.

a.za.ren.to [azar'ẽtu] *agg* funesto.

a.ze.dar [azed'ar] *vt* inacerbire. *Lett.* aspreggiare. *vi* inacerbirsi; infortire.

a.ze.di.nha [azed'iñə] *sf dim Bot.* acetosella.

a.ze.do [az'edu] *agg* acido, agro, aspro, acerbo.

a.ze.du.me [azed'umi] *sm* acidità, agrezza.

a.zei.te [az'ejti] *sm* olio. ≃ **de oliva** olio d'oliva. **ao** ≃ sott'olio.

a.zei.to.na [azejt'onə] *sf* oliva, uliva. **cor de** ≃ *agg* olivastro, ulivastro.

a.ze.vi.che [azev'iʃi] *sm Min.* giavazzo.

á.zi.mo ['azimu] *agg* azzimo, senza lievito.

a.zi.mu.te [azim'uti] *sm Astron.* azimut.

a.zi.nha [az'iñə] *sf Bot.* cerra.

a.zi.nhei.ra [aziñ'ejrə] *sf* o **a.zi.nhei.ro** [aziñ'ejru] *sm Bot.* cerro.

a.zo.to [az'otu] *sm Chim.* azoto.

a.zul [az'uw] *sm*+*agg* azzurro, blu. *agg Fig.* cristallino (cielo). ≃ **ultramarino** oltremare, azzurro oltremarino.

a.zul-cla.ro [azuwkl'aru] *sm*+*agg* azzurro.

a.zu.la.do [azul'adu] *agg* cesio.

a.zu.lar [azul'ar] *vt* inazzurrare. *vpr* azzurreggiare, inazzurrarsi.

a.zul-ce.les.te [azuwsel'esti] *sm* celeste. *agg* cesio.

a.zu.le.jo [azul'eʒu] *sm* piastrella.

a.zul-es.cu.ro [azuwesk'uro] *sm*+*agg* blu.

B

b [b'e] *sm* la seconda lettera dell'alfabeto portoghese.

ba.ba [b'abə] *sf* bava.

ba.bá [bab'a] *sf* bambinaia, balia asciutta.

ba.ba.ca [bab'akə] *sm Volg.* minchione.

ba.ba.dor [babad'or] *sm* bavaglio.

ba.bar [bab'ar] *vt* imbavare. *vi* sbavare.

ba.bel [bab'ɛw] *sf Fig.* babele, babilonia.

ba.bu.í.no [babu'inu] *sm Zool.* babbuino.

ba.ca.lhau [bakaʎ'aw] *sm Zool.* baccalà, merluzzo, stoccafisso.

ba.ca.mar.te [bakam'arti] *sm Mil.* trombone.

ba.ca.nal [bakan'aw] *sf* baccanale, orgia.

ba.can.te [bak'ãti] *sf* baccante.

ba.ca.rá [bakar'a] *sm* baccarà.

ba.cha.rel [baʃar'ɛw] *sm* baccelliere.

ba.cha.re.la.do [baʃarel'adu] *sm* baccellierato.

ba.ci.a [bas'iə] *sf* bacino, conca, catino. *Geogr.* e *Anat.* bacino.

ba.ci.lo [bas'ilu] *sm* bacillo.

Ba.co [b'aku] *np Mit.* Bacco.

ba.ço [b'asu] *sm Anat.* milza.

bac.té.ria [bakt'ɛrjə] *sf* batterio, batteride.

bac.te.ri.ci.da [bakteris'idə] *sm+agg* battericida.

ba.da.lo [bad'alu] *sm* battaglio, batacchio.

ba.de.jo [bad'eʒu] *sm Zool.* nasello.

ba.der.na [bad'ɛrnə] *sf* arruffio.

ba.du.la.que [badul'aki] *sm* gingillo.

ba.fo [b'afu] *sm* alito.

ba.ga [b'agə] *sf Bot.* bacca, bagola.

ba.ga.gei.ro [bagaʒ'ejru] *sm* bagagliaio, carro ferroviario per i bagagli. *Autom.* portabagagli, portapacchi, reticella.

ba.ga.gem [bag'aʒẽj] *sf* bagaglio.

ba.ga.te.la [bagat'elə] *sf* bagattella, bazzecola, ciancerella, nonnulla. *Fig.* giuggiola.

ba.go [b'agu] *sm* acino, chicco.

ba.gun.ça [bag'ũsə] *sf* soqquadro, scompiglio; baraonda. *Ger.* casino. *Pop.* pasticcio. *Fam.* mescolanza. *Fig.* bordello; garbuglio.

ba.gun.çar [bagũs'ar] *vt* sconvolgere, sconcertare, intrigliare.

ba.gun.cei.ro [bagũs'ejru] *sm* garbuglione.

ba.í.a [ba'iə] *sf Geogr.* baia, seno, rada, cala.

bai.a [b'ajlə] *sf* soltanto nell'espressione **voltar à** ≃ tornare a galla.

bai.la.do [bajl'adu] *sm* balletto, ballabile.

bai.lar [bajl'ar] *vi* ballare, danzare.

bai.la.ri.no [bajlar'inu] *sm* ballerino, danzatore. ≃a **bailarina**, danzatrice.

bai.le [b'ajli] *sm* ballo. ≃ **à fantasia** ballo in maschera.

ba.i.nha [ba'iɲə] *sf* bordatura, bordo, orlo, risvolto; fodero, guaina (di spada). *Bot.* guaina (di foglia).

bai.o [b'ajlu] *sm+agg* baio.

bai.o.ne.ta [bajon'etə] *sf Mil.* baionetta.

bair.ris.mo [bajř'izmu] *sm Fig.* campanilismo.

bair.ro [b'ajřu] *sm* quartiere, rione, contrada.

bai.xa [b'ajʃə] *sf* ribasso, abbassamento (di prezzi). *Mil.* disarmo.

bai.xar [bajʃ'ar] *vt* abbassare, calare, discendere. ≃ **uma ordem** abbassare un ordine. ≃ **de preço** diminuire.

bai.xa.ri.a [bajʃar'iə] *sf Ger.* cattiveria.

bai.xe.la [bajʃ'elə] *sf* finimento, fornimento da tavola.

bai.xe.za [bajʃ'ezə] *sf* canagliata, abbiezione. *Fig.* cattiveria, sporcizia, grettezza.

bai.xi.nho [bajʃ'iɲu] o **bai.xo.te** [bajʃ'ɔti] *sm dim Fig.* tappo. *agg* bassotto.

bai.xo [b'ajʃu] *sm* basso, parte bassa. *Mus.* basso. *agg* basso, piccolo; indegno, ignobile; carnale; più recente, ultimo (periodo di tempo). *Mus.* basso, grave. *Fig.* sordo, profondo. *avv* basso.

bai.xo-la.tim [bajʃulat'ĩ] *sm* basso latino.

bai.xo-re.le.vo [bajʃuřel'evu] *sm Arte* bassorilievo.

ba.ju.la.ção [baʒulas'ãw] *sf* lusinga, adulazione. *Fig.* unto, incenso.

ba.ju.la.dor [baʒulad'or] *sm disp* leccapiedi, leccazampe. *agg* lusinghiero. *Fig.* servile.

ba.ju.lar [baʒul'ar] *vt* adulare, lusingare. *Fam.* lustrare. *Fig.* corteggiare, leccare.

ba.la [b'alə] *sf* caramella. *Mil.* palla, pallottola.

ba.la.da [bal'adə] *sf Lett.* e *Mus.* ballata.

ba.lan.ça [bal'ãsə] *sf* bilancia. ≃ **de precisão** bilancia di precisione. **B** ≃ → **Libra**.

ba.lan.çan.do [balãs'ãdu] *avv* ciondoloni.

ba.lan.çar [balãs'ar] *vt* tentennare, dondolare, dimenare. *vi* tentennare, barcollare; ciondolare. *Naut.* beccheggiare, rollare, rullare. *vpr* dondolarsi, dimenarsi.

ba.lan.ce.a.men.to [balãseam'ẽtu] *sm Fig.* bilico.

ba.lan.ce.ar [balãse'ar] *vt* bilanciare, controbilanciare. *Fig.* compensare.

ba.lan.cei.o [balãs'eju] *sm* beccheggio, dondolo.

ba.lan.ço [bal'ãsu] *sm* tentennamento, barcollamento; dondolo, altalena (giocattolo). *Comm.* e *Contab.* bilancio, conto. ≃ **parcial** *Comm.* bilancio partitivo.

ba.lão [bal'ãw] *sm* pallone.

ba.laus.tra.da [balawstr'adə] *sf Archit.* balaustra, ringhiera.

ba.la.ús.tre [bala'ustri] *sm Archit.* balaustra.

bal.bu.ci.an.te [bawbusi'ãti] *agg* balbo.

bal.bu.ci.ar [bawbusi'ar] *vt* balbettare, tartagliare.

bal.bu.ci.o [bawbus'iu] *sm* balbettio.

bal.búr.dia [bawb'urdjə] *sf* chiasso, gazzarra, baccano. **fazer** ≃ gavazzare.

bal.cão [bawk'ãw] *sm* banco (di negozio). *Archit.* balcone, terrazza. ≃ **de informações** ufficio informazioni.

bal.co.nis.ta [bawkon'istə] *s* commesso. ≃ **de bar** barista.

bal.de [b'awdi] *sm* secchio. ≃ **de poço** secchia.

bal.de.a.ção [bawdeas'ãw] *sf* trasbordo.

bal.de.ar [bawde'ar] *vt* + *vi* trasbordare.

ba.le.ei.ra [bale'ejrə] *sf* baleniera.

ba.le.ei.ro [bale'ejru] *sm* baleniere.

ba.lei.a [bal'eja] *sf Zool.* balena, ceto.

ba.le.la [bal'elə] *sf* diceria.

ba.les.trei.ra [balestr'ejrə] *sf* balestriera.

ba.lé [bal'ɛ] *sm* balletto.

ba.lir [bal'ir] *vi* belare.

ba.lís.ti.ca [bal'istikə] *sf* balistica.

ba.li.za [bal'izə] *sf* mazza, picchetto.

bal.ne.á.rio [bawne'arju] *sm* stazione balneare. *agg* balneare.

ba.lo.fo [bal'ofu] *agg Pop.* pingue.

bal.sa [b'awsə] *sf Naut.* traghetto; battello. **transportar em** ≃ traghettare.

bál.sa.mo [b'awsamu] *sm* balsamo.

ba.lu.ar.te [balu'arti] *sm* baluardo.

bam.bo.le.ar [bãbole'ar] *vi* ciondolare.

bam.bu [bãb'u] *sm* bambù, canna.

ba.nal [ban'aw] *agg* banale, comune. *Fig.* scialbo, pedestre.

ba.na.li.da.de [banalid'adi] *sf* banalità; ciangola.

ba.na.na [ban'ʌnə] *sf* banana.

ba.na.nei.ra [banan'ejrə] *sf* banano.

ban.ca [b'ãkə] *sf* chiosco, casotto, edicola; banco (di giudici, ecc.). ≃ **de jogo** banca, botteghino.

ban.ca.da [bãk'adə] *sf Pol.* settore.

ban.cá.rio [bãk'arju] *sm* + *agg* bancario.

ban.car.ro.ta [bãkaʀ'otə] *sf Comm.* bancarotta, crack. *Fig.* patatrac, ruzzolone.

ban.co [b'ãku] *sm* banca (commerciale); banco, panca, banca, sedile (da sedersi). ≃ **de areia** banco, cordone littorale. ≃ **de provas** *Mecc.* banco di prove. ≃ **dobrável** strapuntino. ≃ **dos réus** gabbia degli accusati.

ban.da [b'ãdə] *sf* banda. *Mus.* banda, fanfara. ≃ **s** *pl* parti.

ban.da.gem [bãd'aʒẽj] *sf* bendaggio.

ban.dei.ra [bãd'ejrə] *sf* bandiera, gonfalone.

ban.dei.ran.te [bãdejr'ãti] *sf* giovane esploratrice.

ban.dei.ro.la [bãdejr'ɔlə] *sf* banderuola. *Naut.* fiamma.

ban.de.ja [bãd'eʒə] *sf* vassoio, guantiera.

ban.di.do [bãd'idu] *sm* bandito, brigante, criminale, malvivente. *Fig.* pendaglio da forca.

ban.do [b'ãdu] *sm* masnada, combriccola, banda, cosca; branco. *Fig. disp* lega.

ban.do.lei.ra [bãdol'ejrə] *sf* bandoliera, tracolla, striscia da portare armi.

ban.do.lei.ro [bãdol'ejru] *sm* masnadiere.

ban.do.lim [bãdol'ĩ] *sm Mus.* mandolino.

ban.gue-ban.gue [bãgib'ãgi] *sm Cin.* film western.

ba.nha [b'ʌɲə] *sf* grasso. *Fam. Fig.* ciccia. ≃ **de porco** sugna, strutto.

ba.nha.do [baɲ'adu] *part* + *agg* bagnato, umido.

ba.nhar [baɲ'ar] *vt* bagnare, irrigare, annaffiare. *vpr* bagnarsi, inzupparsi.

ba.nhei.ra [baɲ'ejrə] *sf* bagno, tinozza, vasca da bagno.

ba.nhei.ro [baɲ'ejru] *sm* bagno, toletta, ritirata, stanza (o gabinetto) da bagno.

ba.nho [b'ʌɲu] *sm* bagno; bagnata. ≃ **de mar** bagno al mare. *dar* ≃ docciare. **tomar** ≃ fare (prendere) un bagno (la doccia), docciare.

ba.nho-ma.ri.a [bʌɲumar'iə] *sm* bagnomaria.

ba.ni.do [ban'idu] *part* + *agg* bandito, proscritto.

ba.ni.men.to [banim'ẽtu] *sm* bando, confino, cacciata, espulsione.

ba.nir [ban'ir] *vt* bandire, proscrivere, espatriare.

ban.quei.ro [bãk'ejru] *sm* banchiere.

ban.que.ta [bãk'etə] *sf dim* banca.
ban.que.te [bãk'eti] *sm* banchetto. ≃ **real** corteo.
ban.que.te.ar-se [bãkete'arsi] *vpr* banchettare.
ban.qui.nha [bãk'iñə] *sf dim* banchetto.
ban.qui.nho [bãk'iñu] *sm dim* sgabello.
ba.o.bá [baob'a] *sm Bot.* baobab.
ba.que.ta [bak'etə] *sf Mus.* bacchetta.
bar [b'ar] *sm* caffè, ritrovo, bettola, bar.
ba.ra.lho [bar'aʎu] *sm* mazzo, risma.
ba.rão [bar'ãw] *sm* barone.
ba.ra.ta [bar'atə] *sf Zool.* blatta, scarafaggio.
ba.ra.to [bar'atu] *agg* a buon mercato, basso (prezzo). *Fig.* di poco pregio. *avv* a buon mercato, per poco. **o** ≃ **sai caro** chi più spende, meno spende.
bar.ba [b'arbə] *sf* barba.
bar.ban.te [barb'ãti] *sm* spago, spaghetto, funicella.
bar.bá.rie [barb'arji] *sf* barbarie. *Fig.* ignoranza, buio.
bar.ba.ris.mo [barbar'izmu] *sm* barbarismo. *Fig.* crudeltà.
bar.ba.ri.zar [barbariz'ar] *vt* imbarbarire. *vpr* imbarbarirsi.
bár.ba.ro [b'arbaru] *sm* barbaro. *Fig.* troglodita. *agg* barbaro, barbaresco. *Fig.* crudele.
bar.ba.ta.na [barbat'ʌnə] *sf Zool.* pinna, aletta dei pesci.
bar.be.a.dor [barbead'or] *sm* rasoio di sicurezza. ≃ **elétrico** rasoio elettrico.
bar.be.ar [barbe'ar] *vt* radere, rasare. *vpr* radersi, raparsi, rasarsi.
bar.be.a.ri.a [barbear'iə] *sf* barbieria.
bar.bei.ro [barb'ejru] *sm* barbiere.
bar.bu.do [barb'udu] *sm* barbone.
bar.ca [b'arkə] *sf Naut.* barca, traghetto.
bar.ca.ça [bark'asə] *sf Naut.* chiatta, alleggio.
bar.co [b'arku] *sf* barca, bastimento, natante. ≃ **a motor** motonave. ≃ **a remo** barca a remi. ≃ **a vapor** vaporetto, vaporino. ≃ **à vela** barca a vela. ≃ **de pesca a motor** motopeschereccio. ≃ **de pesca** peschereccio.
bar.co-pa.tru.lha [barkupatr'uʎə] *sm Naut.* vedetta.
bar.do [b'ardu] *sm* bardo, cantastorie.
ba.ri.cen.tro [baris'ẽtru] *sm Fis.* baricentro.
ba.rí.to.no [bar'itonu] *sm Mus.* baritono.
bar.la.ven.to [barlav'ẽtu] *sm Naut.* orza.
ba.rô.me.tro [bar'ometru] *sm* barometro.
ba.ro.ne.sa [baron'ezə] *sf* baronessa.
bar.quei.ro [bark'ejru] *sm* barcaiuolo, navicellaio.

bar.qui.nho [bark'iñu] *sm dim* battello, barchetto, navicello, guscio.
bar.ra [b'arə] *sf* barra, sbarra; stanga; traversa; spranga. *Mecc.* biella, braccio. ≃ **da gaiola** gretola. ≃ **de chocolate** tavoletta di cioccolata. ≃ **de metal** verga. ≃ **de ouro, etc.** lingotto. ≃ **para ginástica** sbarra per ginnastica. ≃ **paralelas** *Sp.* parallele.
bar.ra.ca [baʁ'akə] *sf* baracca, tenda, capanna, padiglione. ≃ **de acampar,** ≃ **de campanha** *Mil.* tenda da campo (o campeggio).
bar.ra.do [baʁ'adu] *part + agg* sbarrato.
bar.ra.gem [baʁ'aʒẽj] *sf* diga, chiusa, serrata.
bar.ran.co [baʁ'ãku] *sm* dirupo, burrone, balza.
bar.ra.qui.nha [baʁak'iñə] *sf dim* chiosco.
bar.rar [baʁ'ar] *vt* barrare, sbarrare; precludere. *Fig.* barricare.
bar.rei.ra [baʁ'ejrə] *sf* barriera, argine, terrapieno. *Fig.* muraglia.
bar.ri.ca [baʁ'ikə] *sf* barile, botte.
bar.ri.ca.da [baʁik'adə] *sf* trincea. *Lett.* trincera.
bar.ri.do [baʁ'idu] *sm* barrito.
bar.ri.ga [baʁ'igə] *sf* pancia. *Pop.* buzzo. *Iron.* trippa. *Fig.* sacco. ≃ **cheia goiaba tem bicho** all'uomo sazio il dolce pare amaro. ≃ **da perna** *Anat.* polpaccio. **de** ≃ **para baixo** *avv* bocconi. **reclamar de** ≃ **cheia** *Fam.* piangere miseria.
bar.ri.ga-d'á.gua [baʁigəd'agwə] *sf Med.* ascite.
bar.ril [baʁ'iw] *sm* barile, botte, bidone.
bar.ri.le.te [baʁil'eti] *sm dim* barile.
bar.rir [baʁ'ir] *vi* barrire.
bar.ro [b'aʁu] *sm* argilla, terra; melletta, mota.
Bar.ro.co [baʁ'oku] *sm* Barocco. **b**≃ *agg* barocco. **arte** ≃ **a** barocchismo.
ba.ru.lhei.ra [baruʎ'ejrə] *sf* schiamazzo, chiasso.
ba.ru.lhen.to [baruʎ'ẽtu] *agg* rumoroso, chiassoso, strepitoso, fragoroso.
ba.ru.lho [bar'uʎu] *sm* rumore, strepito, fracasso. *Poet.* fragore. *Fig.* clamore, grancassa. **fazer** ≃ chiassare, schiamazzare.
ba.sal.to [baz'awtu] *sm Min.* basalto.
ba.se [b'azi] *sf* base; basamento; appoggio; imbasatura. *Mecc.* supporto, fondazione. *Fig.* cuore; perno; pietra angolare. **as** ≃ **s (de grupo ou movimento)** la base.
ba.se.ar [baze'ar] *vt* basare. *vpr* basarsi; appoggiarsi, fondarsi.
bá.si.co [b'aziku] *agg* basico, fondamentale, basilare. *Chim.* basico.
ba.sí.li.ca [baz'ilikə] *sf Rel.* basilica.

ba.si.lis.co [bazil′isku] *sm Zool.* e *Mit.* basilisco.

bas.que.te [bask′ɛti] *sm Sp.* pallacanestro.

bas.sê [bas′e] *sm* bassotto (cane).

bas.tan.te [bast′ãti] *agg* sufficiente. *avv* abbastanza, assai.

bas.tão [bast′ãw] *sm* bastone; mazza, ferula; randello, manganello.

bas.tar [bast′ar] *vt+vi* bastare, sopperire a, esser da tanto. *Fig.* arrivare.

bas.tar.di.a [bastard′iɔ] *sf* bastardaggine.

bas.tar.do [bast′ardu] *sm* bastardo, figliastro. *agg* bastardo; illeggittimo, adulterino, naturale; spurio.

bas.ti.ão [basti′ãw] *sm* bastione, baluardo.

bas.ti.dor [bastid′or] *sm Teat.* retroscena, quinta. **nos ≃ es** dietro le quinte.

bas.ti.lha [bast′iʎɔ] *sf* bastiglia.

ba.ta [b′atɔ] *sf* gabbanella.

ba.ta.lha [bat′aʎɔ] *sf* battaglia; conflitto, combattimento; cimento. *Fig.* scontro.

ba.ta.lha.dor [bataʎad′or] *agg Fig.* polemico.

ba.ta.lhão [bataʎ′ãw] *sm Mil.* battaglione.

ba.ta.ta [bat′atɔ] *sf* patata, pomo di terra. **≃ s fritas** patate fritte.

ba.ta.ta-.do.ce [batatad′oci] *sf* patata dolce.

ba.te-bo.ca [batib′okɔ] *sm Pop.* battibecco, baruffa, diverbio. *Fig.* scontro.

ba.te.dei.ra [bated′ejrɔ] *sf* frullatore. **≃ manual** frullino.

ba.te.dor [bated′or] *sm* battitore. *Mil.* battistrada, informatore. *Fig.* guida. **≃ de carteira** tagliaborse, borsaiolo.

ba.te.du.ra [bated′urɔ] *sf* picchiamento.

ba.te-es.ta.ca [batiest′akɔ] *sm Archit.* gatto, mazzacavallo.

ba.ten.te [bat′ẽti] *sm* battente, battitoio, anta.

ba.te-pa.po [batip′apu] *sm Pop.* chiacchierata, conversazione.

ba.ter [bat′er] *vt* battere; colpire, pestare, picchiare; urtare, tamponare (veicolo); frullare (latte, uova). *Comm.* scontrare. *Fig.* bastonare. *vi* battere; urtare, cozzare; pulsare; sbattere (porta, finestra, ali). *Med.* palpitare (cuore). *Fig.* battere, suonare (ore). *vpr* battersi, picchiarsi. **≃ a porta na cara** sbattere la porta in faccia. **≃ à máquina** battere a macchina. **≃ à porta** picchiare, bussare, battere alla porta. **≃ em retirada** battere in ritirata. **≃ os pés de raiva** pestare i piedi.

ba.te.ri.a [bater′iɔ] *sf Eletr.*, *Mil.* e *Mus.* batteria. **carregar a ≃** caricare la batteria.

ba.ti.da [bat′idɔ] *sf* battuta; urto, collisione; colpo, percossa; botta. *Fig.* bastonata, nespola. **≃ à porta** picchio. **≃ policial** battuta.

ba.ti.do [bat′idu] *part+agg* battuto, colpito; sbattuto.

ba.ti.men.to [batim′ẽtu] *sm Fisiol.* battito, palpito, polso, ritmo.

ba.ti.na [bat′inɔ] *sf Rel.* abito, sottana. **largar a ≃** spogliare l'abito.

ba.tis.mo [bat′izmu] *sm* battesimo.

ba.tis.té.rio [batist′ɛrju] *sm* battistero.

ba.ti.zar [batiz′ar] *vt* battezzare; chiamare.

ba.tom [bat′õ] *sm* rossetto.

ba.to.que [bat′ɔki] *sm* cocchiume, zaffo.

ba.trá.quio [batr′akju] *sm Zool.* batrace, anfibio.

ba.tu.ta [bat′utɔ] *sf Mus.* bacchetta direttoriale.

ba.ú [ba′u] *sm* baule, cofano.

bau.ni.lha [bawn′iʎɔ] *sf* vainiglia, vaniglia.

bau.xi.ta [bawʃ′itɔ] *sf Min.* bauxite.

ba.zar [baz′ar] *sm* bazar.

bê [b′e] *sm* bi, il nome della lettera B.

be.a.ti.fi.car [beatifik′ar] *vt Rel.* beatificare.

be.a.to [be′atu] *sm Rel.* beato; devoto. *disp* bacchettone, baciapile, bigotto. *Fig.* tartufo. *agg* beato; devoto.

bê.ba.do [b′ebadu] *sm* ubriacone, beone. *agg* ubriaco, ebbro, alto dal vino. *Fig.* cotto.

be.bê [beb′e] *s* bambino; bambina. *Fam.* bimbo; bimba.

be.be.dei.ra [bebed′ejrɔ] *sf* sbornia, ebbrezza.

be.be.dou.ro [bebed′owru] *sm* fontanella. **≃ para animais** beveratoio, abbeveratoio. **≃ de gaiola** beriolo.

be.ber [beb′er] *vt* bere; sorbire. *Fig.* bagnarsi le labbra.

be.be.ra.gem [beber′aʒẽj] *sf* beveraggio, beverone, bibita.

be.be.ri.car [beberik′ar] *vt* bevicchiare, centellinare.

be.ber.rão [bebeř′ãw] *sm* beone. *Fig.* spugna.

be.bi.da [beb′idɔ] *sf* bevanda, bibita; beveraggio. *Lett.* beva.

be.co [b′eku] *sm* vicolo, angiporto. *Lett.* vico. **≃ sem saída** *Fig.* vicolo cieco.

be.del [bed′ew] *sm* bidello.

be.de.lho [bed′eʎu] *sm* saliscendi. **meter o ≃ num assunto** metter lo zampino in una faccenda.

be.du.í.no [bedu′inu] *sm* beduino.

bei.ço [b′ejsu] *sm* labbro. *Fig.* muso. **lamber os ≃ s** *Fig.* leccarsi le labbra.

bei.ja-flor [bejʒɔfl′or] *sm* colibrì, uccello mosca.

bei.ja-mão [bejʒɔm′ãw] *sm* baciamano.

bei.jar [bejʒ′ar] *vt* baciare. *vpr* baciarsi. **≃ o chão** baciare la terra.

bei.jo [b'ejʒu] *sm* bacio.
bei.jo.car [bejʒok'ar] *vt* baciucchiare.
bei.ra [b'ejrə] *sf* sponda; ripa; riva. **estar à** ≃ **da morte** essere per morire.
be.la.do.na [belad'onə] *sf Bot.* belladonna.
be-las-ar-tes [belaz'artis] *sf pl* belle arti.
bel.da.de [bewd'adi] *sf Poet.* beltà.
be.le.za [bel'ezə] *sf* bellezza; grazia, vaghezza. *Poet.* beltà. *Fig.* poesia, attrattiva. **é uma** ≃ **!** *Fam.* è un bel poema!
be.li.che [bel'iʃi] *sm* letto a castello.
bé.li.co [b'eliku] *agg* bellico. *Fig.* marziale.
be.li.co.so [belik'ozu] *agg* bellicoso, guerresco.
be.li.ge.ran.te [beliʒer'ãti] *agg* belligerante.
be.lis.car [belisk'ar] *vt* pizzicare, frizzare.
be.lis.cão [belisk'ãw] *sm* pizzico, pizzicotto.
be.lo [b'ɛlu] *agg* bello; attraente, avvenente. *Poet.* formoso. **é um** ≃ **de um ladrão!** è un bravo ladro!
bel.tra.no [bewtr'ʌnu] *sm + pron* sempronio.
bem [b'ẽj] *sm* il bene, il buono; roba. ≃ **ns** *pl* beni, averi, possessioni, capitale *sg.* **por** ≃ **ou por mal** *Fig.* o di riffa o di raffa. **de** ≃ *agg* dabbene, ammodo, perbene, per bene, a modo, bravo, di buona lega. *avv* bene; orbene. **muito** ≃ **!** bravo! molto ≃ ! e **então?** bene, bene! **se** ≃ **que** *cong* benché, sebbene, nonostante che, contuttoché, malgrado. *Lett.* comecché.
bem-aceito [bẽjas'ejtu] *agg* benaccetto.
bem-a.ma.do [bẽjam'adu] *agg* benamato.
bem-cri.a.do [bẽjkri'adu] *agg* benallevato.
bem-dis.pos.to [bẽjdisp'ostu] *agg* ben disposto. **estar** ≃ esser di buona voglia. **estar muito** ≃ a essere in voga di.
bem-e.du.ca.do [bẽjeduk'adu] *agg* benallevato, civile. *Fig.* corretto.
bem-es.tar [bẽjest'ar] *sm* benessere, agiatezza.
bem-fa.lan.te [bẽjfal'ãti] *agg* eloquente.
bem-fei.to [bẽjf'ejtu] *agg* benfatto, diligente (cosa). *Poet.* formoso (persona).
bem-in.ten.cio.na.do [bẽĩtẽsjon'adu] *agg* bene intenzionato.
bem-nas.ci.do [bẽjnas'idu] *agg* bennato.
be.mol [bem'ɔw] *sm Mus* bemolle.
bem-vin.do [bẽjv'idu] *agg* benvenuto, benarrivato. ≃ **a Roma!** benvenuto a Roma!
bên.ção [b'ẽjsãw] *sf* benedizione. *Fig.* manna. **dar a** ≃ benedire.
ben.di.to [bẽd'itu] *agg* benedetto.
ben.di.zer [bẽdiz'er] *vt* benedire.
be.ne.di.ti.no [benedit'inu] *sm + agg Rel.* benedettino.
be.ne.fi.cên.cia [benefis'ẽsjə] *sf* beneficenza, assistenza.
be.ne.fi.ci.ar [benefisi'ar] *vt* beneficare; proteggere. *Fig.* assistere. *vpr* godere, usufruire.
be.ne.fí.cio [benef'isju] *sm* beneficio, tornaconto, vantaggio, giovamento.

be.né.fi.co [ben'ɛfiku] *agg* benefico.
be.ne.mé.ri.to [benem'eritu] *agg* benemerito.
be.ne.plá.ci.to [benepl'asitu] *sm* beneplacito, placito.
be.ne.vo.lên.cia [benevol'ẽsjə] *sf* benevolenza; benvolere; bontà; favore; affezione.
be.né.vo.lo [ben'ɛvolu] *agg* benevolo; benigno, buono; clemente; amichevole.
ben.fa.ze.jo [bẽfaz'eʒu] *agg* benefico.
ben.fei.tor [bẽfejt'or] *sm* benefattore, filantropo.
ben.fei.to.ri.a [bẽfejtor'iə] *sf* miglioria.
ben.ga.la [bẽg'alə] *sf* bastone da passeggio.
be.nig.no [ben'ignu] *agg* benigno; benefico; indulgente; amichevole.
ben.quis.to [bẽk'istu] *agg* benaccetto, accetto.
ben.to [b'ẽtu] *agg* benedetto.
ben.zer [bẽz'er] *vt* benedire.
ben.zi.na [bẽz'inə] *sf* benzina.
be.ó.cio [be'ɔsju] *sm* beota.
ber.ço [b'ersu] *sf* culla, zana.
ber.ga.mo.ta [bergam'ɔtə] *sf Bot.* bergamotta, specie di pera. **pé de** ≃ bergamotto.
be.ri.lo [ber'ilu] *sm Min.* berillo.
be.rin.je.la [beriʒ'ɛlə] *sf* melanzana, petronciana.
ber.lin.da [berl'idə] *sf* berlina. *Fig.* gogna. **colocar na** ≃ mettere alla gogna.
ber.rar [beř'ar] *vi* berciare, urlare, strepitare.
ber.ro [b'eřu] *sm* bercio, urlo, grido. **dar um** ≃ cacciare un urlo.
be.sou.ro [bez'owru] *sm Zool.* cervo volante.
bes.ta [b'estə] I *sf* bestia, animale; giumento.
bes.ta [b'estə] II *sf Mil.* balestra.
bes.tei.ra [best'ejrə] *sf* buaggine; banalità, gingillo. *Pop.* assurdità. *Fig.* bubbola; eresia. **dizer** ≃ **s** bestemmiare, cianciare.
bes.ti.al [besti'aw] *agg* bestiale, animalesco, ferino, brutale. *Fig.* crudele, barbaro.
bes.tia.li.da.de [bestjalid'adi] *sf* animaleria; eccesso. *Fig.* crudeltà; enormità.
bes.tia.li.zar [bestjaliz'ar] *vt* imbestialire, imbestiare.
bes.ti.á.rio [besti'arju] *sm St.* bestiario.
be.sun.ta.do [bezũt'adu] *part + agg* bisunto.
be.ter.ra.ba [beteř'abə] *sf* barbabietola.
bé.tu.la [b'etulə] *sf Bot.* betulla.
be.tu.me [bet'umi] *sm* bitume.
be.xi.ga [beʃ'igə] *sf Anat.* vescica. *Med.* buttero (del vaiolo). *Zool.* vescica, notatoio. ≃ **natatória** vescica natatoria.
be.zer.ro [bez'eřu] *sm* vitello, giovenco.
bi.be.lô [bibel'o] *sm* soprammobile, suppellettile.
Bí.blia [b'ibljə] *sf* Bibbia.
bí.bli.co [b'ibliku] *agg* biblico.

bi.blio.gra.fi.a [bibljograf'iə] *sf* bibliografia.

bi.blio.grá.fi.co [bibljogr'afiku] *agg* bibliografico.

bi.blio.te.ca [bibljot'ekə] *sf* biblioteca, libreria.

bi.blio.te.cá.rio [bibljotek'arju] *sm* bibliotecario.

bi.ca.da [bik'adə] *sf* beccatura, pizzico.

bi.car [bik'ar] *vt* beccare, pizzicare, mordicare.

bi.car.bo.na.to [bikarbon'atu] *sm Chim.* bicarbonato. = **de sódio** bicarbonato di sodio.

bi.cha [b'iʃə] *s Ger.* e *Volg.* finocchio.

bi.char [biʃ'ar] *vi* bacare.

bi.chi.nho [biʃ'iñu] *sm* bacherozzo.

bi.cho [b'iʃu] *sm* animale (terrestre). *Fig.* istrice, persona intrattabile.

bi.cho-da-se.da [biʃudas'edə] *sm Zool.* baco da seta, filugello.

bi.cho-de-se.te-ca.be.ças [biʃudisetikab'esas] *sm* affare imbrogliato.

bi.cho-pa.pão [biʃupap'ãw] *sm* gattomammone, babau.

bi.cho-pre.gui.ça [biʃupreg'isə] *sm Zool.* bradipo.

bi.ci.cle.ta [bisikl'etə] *sf* bicicletta.

bi.co [b'iku] *sm* becco, rostro. *Iron.* grugno, volto umano. = **de mamadeira** tettarella. = **do seio** capezzolo. **fazer** = fare il grugno. **levar no** = *Fam.* mennare per il naso.

bi.co.lor [bikol'or] *agg* bicolore.

bi.dê [bid'e] *sm* bidé.

bie.nal [bjen'aw] *agg* biennale.

bi.ê.nio [bi'enju] *sm* biennio.

bi.fe [b'ifi] *sf* bistecca, braciola, manzo.

bi.fur.ca.ção [bifurkas'ãw] *sf* inforcatura; bivio.

bi.fur.ca.do [bifurk'adu] *part+agg* bifido, forcuto, in forma di forca.

bi.fur.car-se [bifurk'arsi] *vpr* biforcarsi.

bi.ga [b'igə] *sf* biga.

bi.ga.mi.a [bigam'iə] *sf* bigamia.

bí.ga.mo [b'igamu] *sm+agg* bigamo.

bi.go.de [big'ɔdi] *sm* baffi *pl*, mustacchi *pl*. **os** =**s do gato** i mustacchi del gatto.

bi.gor.na [big'ɔrnə] *sf an Anat.* incudine.

bi.ju.te.ri.a [biʒuter'iə] *sf* bigiotteria.

bi.la.te.ral [bilater'aw] *agg* bilaterale.

bi.lhão [biλ'ãw] *sm+num* bilione, miliardo.

bi.lhar [biλ'ar] *sm* bigliardo (giuoco, tavola).

bi.lhe.te [biλ'eti] *sm* biglietto; passaggio. = **de jogo ou loteria** cartella.

bi.lhe.tei.ro [biλet'ejru] *sm* bigliettario.

bi.lhe.te.ri.a [biλeter'iə] *sf* biglietteria, cassa.

bi.li.ar [bili'ar] *agg* biliare, della bile.

bi.lín.güe [bil'ĩgwi] *agg* bilingue.

bi.lio.né.si.mo [biljon'ezimu] *sm+num* bilionesimo.

bi.li.o.so [bili'ozu] *agg* bilioso.

bí.lis [bilis] o **bi.le** [b'ili] *sf Fisiol.* bile, fiele.

bi.men.sal [bimẽs'aw] *agg* bimensile, che accade o è pubblicato due volte al mese.

bi.mes.tral [bimestr'aw] *agg* bimestrale, che dura un bimestre o accade ogni due mesi.

bi.mes.tre [bim'estri] *sm* bimestre.

bi.mo.tor [bimot'or] *sm* bimotore.

bi.ná.rio [bin'arju] *sm+agg* binario.

bi.nó.cu.lo [bin'ɔkulu] *sm* binocolo.

bi.nô.mio [bin'omju] *sm* binomio.

bio.gra.fi.a [bjograf'iə] *sf* biografia; vita; memorie *pl*.

bio.lo.gi.a [bjoloʒ'iə] *sf* biologia.

bi.om.bo [bi'õbu] *sm* paravento.

bi.par.tir [bipart'ir] *vt* bipartire.

bí.pe.de [b'ipedi] *s+agg* bipede.

bi.pla.no [bipl'Anu] *sm* biplano.

bi.quei.ra [bik'ejrə] *sf* gronda.

bi.quí.ni [bik'ini] *sm* due pezzi, bikini.

bir.ra [b'iɾə] *sf* bizza, capriccio. *Fig.* picca.

bi.ru.ta [bir'utə] *sf Aer.* manica a vento. *Ger.* matto, pazzo.

bis [b'is] *sm* bis. =! *int* bis.

bi.são [biz'ãw] *sm Zool.* bisonte.

bi.sar [biz'ar] *vt Teat.* bissare.

bi.sa.vó [bizav'ɔ] *sf* bisnonna, bisava.

bi.sa.vô [bizav'o] *sm* bisnonno, bisavo.

bis.bi.lho.tar [bizbiλot'ar] *vi* bracare. *Pop.* curiosare. *Fig. disp* fiutare.

bis.bi.lho.tei.ro [bizbiλot'ejru] *sm+agg Pop.* curioso.

bis.ca [b'iskə] *sf* briscola.

bis.coi.to [bisk'ojtu] *sm* biscotto.

bis.mu.to [bizm'utu] *sm Chim.* bismuto.

bis.na.ga [bizn'agə] *sm dim* tubetto.

bis.ne.to [bizn'etu] *sm* e **bis.ne.ta** [bizn'etə] *sf* bisnipote, pronipote.

bis.pa.do [bisp'adu] *sm Rel.* vescovato.

bis.pal [bisp'aw] *agg* episcopale, vescovile.

bis.po [b'ispu] *sm Rel.* vescovo.

bis.sex.to [bis'estu] *agg* bisestile.

bis.se.xu.al [biseksu'aw] *s+agg* bisessuale.

bis.sí.la.bo [bis'ilabu] *agg* bisillabo.

bis.te.ca [bist'ekə] *sf* bistecca.

bis.tu.ri [bistur'i] *sm Med.* bisturi.

bi.val.ve [biv'awve] *agg* bivalve.

bi.zan.ti.no [bizãt'inu] *agg* bizantino.

bi.zar.ro [biz'aɾu] *agg* bizzarro; eccentrico, estroso; elegante.

blas.fe.mar [blasfem'ar] *vi* bestemmiare, imprecare, inveire. *Ger.* sacramentare.

blas.fê.mia [blasf'emjə] *sf* bestemmia, imprecazione, blasfema. *Fig.* moccolo.

ble.nor.ra.gi.a [blenořaʒ'iə] *sf Med.* blenorragia, gonorrea.

blin.da.do [blĩd'adu] *part + agg* corazzato.

blin.da.gem [blĩd'aʒẽj] *sf* blindaggio.

blin.dar [blĩd'ar] *vt* blindare.

blo.co [bl'ɔku] *sm* blocco. ≃ **de recibos** bollettario.

blo.que.ar [bloke'ar] *vt* bloccare, arrestare; chiudere (passaggio). *Fig.* congelare.

blo.quei.o [blok'eju] *sm* blocco.

blu.sa [bl'uzə] *sf* blusa; camicetta.

blu.são [bluz'ãw] *sm* giacca, giubba.

bo.a [b'oə] *sf Zool.* boa.

bo.a-fé [boəf'ɛ] *sf* credulità.

bo.as-vin.das [boəzv'ĩdəs] *sf pl* benvenuto *sg.* **dar as** ≃ **a alguém** dare il benarrivato ad uno.

bo.a.te [bo'ati] *sf* ritrovo, locale notturno.

bo.a.to [bo'atu] *sm* voce, diceria, rumore, ciancia. ≃**s infundados** voce infondata. **correm** ≃**s de que** si vocifera che.

bo.bei.ra [bob'ejrə] *sf* sciocchezza, scioccaggine.

bo.bi.na [bob'inə] *sf* rocchetto; bobina.

bo.bo [b'obu] *sm* sciocco, balordo, babbeo, citrullo. *Fam.* tonto, maccherone. *Fig.* melone, salame, gnocco. *agg* sciocco, balordo, babbeo. *Fig.* insulso, pecorino. **fazer-se de** ≃ fare il nesci. **ficar** ≃ imbecillirsi. ≃ **da corte** buffone, giullare.

bo.bo.ca [bob'ɔkə] *s Ger.* pollo.

bo.ca [b'okə] *sf* bocca. *Fig.* becco. ≃ **do fogão** fornello. ≃ **a** ≃ di bocca in bocca. ≃**s** *pl* bocche, persone. **calar a** ≃ tappare la bocca. **dar de comer na** ≃ imboccare. **ficar de** ≃ **aberta** *Pop.* restare a bocca aperta. **ficar de** ≃ **fechada** *Pop.* tenere la bocca chiusa.

bo.ca.di.nho [bokad'iñu] *sm dim* bocconcino, brandello, zinzino.

bo.ca.do [bok'adu] *sm* boccone, morsetto, boccata, morso.

bo.cal [bok'aw] *sm* imboccatura. ≃ **do freio** morso.

bo.ce.jar [boseʒ'ar] *vi* sbadigliare.

bo.ce.jo [bos'eʒu] *sm* sbadiglio, sbadigliamento.

bo.ce.ta [bos'etə] *sf Volg.* fica, potta.

bo.cha [b'ɔʃə] *sf Sp.* boccia.

bo.che.cha [boʃ'eʃə] *sf* guancia. *Lett.* gota. *Fam.* mascella.

bo.có [bok'ɔ] *sm + agg Fam.* tonto.

bo.das [b'odəs] *sf pl* nozze, giubileo. ≃ **de prata** nozze d'argento. ≃ **de ouro** nozze d'oro. ≃ **de diamante** nozze di diamante.

bo.de [b'ɔdi] *sm Zool.* capro, becco. *Poet.* irco. ≃ **expiatório** capro espiatorio, vittima.

bo.de.ga [bod'ɛgə] *sf disp* taverna.

bo.ê.mia [bo'emjə] o **bo.e.mi.a** [boem'iə] *sf* vita mondana; vagabondaggio.

bo.ê.mio [bo'emju] *sm + agg* vagabondo. *Fig.* zingaro.

bo.fe.ta.da [bofet'adə] *sf* ceffone, schiaffo, gotata, ciurlone.

bo.fe.tão [bofet'ãw] *sm* ceffone, guanciata, traverso.

boi [b'oj] *sm* bue.

bói.a [b'ɔjə] *sf Naut.* segnale. ≃ **de sinalização** gavitello.

boi.a.dei.ro [bojad'ejru] *sm* bovaro.

boi.ar [boj'ar] *vi* galleggiare. *Fig.* nuotare.

boi.co.tar [bojkot'ar] *vt* boicottare.

boi.co.te [bojk'ɔti] *sm* boicottaggio.

bo.jo [b'oʒu] *sm* pancia, ventre (di botte).

bo.ju.do [boʒ'udu] *agg* uzzato, convesso.

bo.la [b'ɔlə] *sf* palla; globo. ≃ **de bilhar** bilia, biglia. **não dar** ≃ *Pop.* infischiarsi.

bo.la.cha [bol'aʃə] *sf* biscotto.

bo.le.ro [bol'ɛru] *sm* bolero (veste). *Mus.* bolero.

bo.le.tim [bolet'ĩ] *sm* bollettino. *Fig.* foglio. ≃ **escolar** pagella.

bo.le.to [bol'etu] *sm Bot.* boleto.

bo.lha [b'ʎə] *sf* bolla; ampolla; vescicola, veschetta. ≃ **de queimadura** *Med.* vescica.

bó.li.do [b'ɔlidu] *sm Astron.* bolide, meteorite.

bo.li.nha [bol'iñə] *sf dim* pallina. ≃ **de bilhar ou bocha** pallino, lecco. ≃ **de pingue-pongue** pallina. ≃ **de gude** pallina. ≃ **para sorteios** pallottola, pallotta.

bo.li.nho [bol'iñu] *sm dim* crocchetta.

bo.lo [b'olu] *sm* torta. ≃ **de carne moída** polpettone.

bo.lor [bol'or] *sm* muffa.

bo.lo.ta [bol'ɔtə] *sf Bot.* ghianda, coccola.

bol.sa [b'owsə] *sf* borsa; sacca. ≃ **de caçador** carniera. ≃ **de estudos** pensionato. ≃ **de pastor** zaino. ≃ **de valores** *Com.* borsa.

bol.so [b'owsu] *sm* tasca. **colocar no** ≃ intascare. **de** ≃ *agg* tascabile.

bom [b'õw] *agg* buono; benigno; dabbene; bello (tempo). **o que tem feito de** ≃? cosa hai fatto di bello? ≃ **senso** buonsenso.

bom.ba [b'õbə] *sf* pompa. *Mil.* bomba, petardo. *Pop.* riprovazione (in esame). *Fig.* bomba, fatto sorprendente, notizia sensazionale. ≃ **atômica** bomba atomica. ≃ **de água** *Mecc.* tromba. ≃ **de gasolina** distributore di benzina. ≃ **de gás** bomba a gas. ≃ **de hidro-gênio** bomba all'idrogeno. ≃ **incendiária** bomba incendiaria. **à prova de** ≃s a prova di bomba. **levar** ≃ *Pop.* bocciare.

bom.bar.dão [bõbard'ãw] *sm Mus.* bombardone.

bom.bar.de.ar [bõbarde'ar] *vt Mil.* bombardare, cannoneggiare.

bom.bar.dei.o [bõbard'eju] *sm Mil.* bombardamento, cannoneggiamento.

bom.bar.dei.ro [bõbard'ejru] *sm Aer.* bombardiere, fortezza volante.

bom.bar.di.no [bõbard'inu] *sm Mus.* bombardino.

bom.ba.-re.ló.gio [bõbařel'ʒju] *sf* bomba a orologeria.

bom.be.ar [bõbe'ar] *vt* pompare (acqua).

bom.bei.ro [bõb'ejru] *sm* pompiere, vigile del fuoco.

bom.bom [bõb'õw] *sm* cioccolatino, bonbon.

bom.bor.do [bõb'ɔrdu] *sm Naut.* babordo, sinistra. **a** ≃ a babordo.

bo.na.chão [bonaʃ'ãw] *sm+agg* bonaccione.

bo.nan.ça [bon'ãsə] *sf Naut.* bonaccia.

bon.da.de [bõd'adi] *sf* bontà; generosità, bonomia; clemenza; gentilezza. *Fig.* cuore. **ter a** ≃ **de** degnarsi a.

bon.de [b'õdi] *sm* tram, tranvai, tranvia. **condutor de** ≃ tranviere.

bon.di.nho [bõd'iñu] *sm dim* funicolare, funivia.

bon.do.so [bõd'ozu] *agg* benevolo, affabile; generoso.

bo.né [bon'ɛ] *sm* berretto.

bo.ne.ca [bon'ekə] *sf* bambola, pupa.

bo.ne.co [bon'eku] *sm* fantoccio.

bo.ne.qui.nha [bonek'iñə] *sf vezz* pupa, bambina molto bella.

bo.ni.fi.car [bonifik'ar] *vt* bonificare.

bo.ni.ti.nho [bonit'iñu] *agg* carino.

bo.ni.to [bon'itu] *agg* bello. **muito** ≃! *int Iron.* bello!

bo.no.mi.a [bonom'iə] *sf* bonomia.

bô.nus [b'onus] *sm Comm.* buono, titolo.

bo.qui.lha [bok'iλə] *sf* fumasigari.

bo.qui.nha [bok'iñə] *sf Pop.* spuntino, piccola refezione.

bor.bo.le.ta [borbol'etə] *sf Zool.* farfalla.

bor.bu.lha [borb'uλə] *sf* bollore.

bor.bu.lhar [borbuλ'ar] *vi* scrosciare.

bor.da [b'ɔrdə] *sf* bordo; orlo; margine; sponda; ciglio, banchina. *Anat.* fimbria. ≃ **da pálpebra** nepitello.

bor.da.do [bord'adu] *sm* ricamo.

bor.dão [bord'ãw] *sm* bordone.

bor.dar [bord'ar] *vt* ricamare.

bor.de.rô [border'o] *sm Comm.* borderò.

bor.déu [bord'ɛw] *sm* bordello.

bor.do [b'ɔrdu] *sm Naut.* bordo, lato della nave. **a** ≃ a bordo.

bo.re.al [bore'aw] *agg* boreale, artico.

bor.la [b'ɔrlə] *sf* nappa.

bo.ro [b'ɔru] *sm Chim.* boro.

bor.ra [b'ořə] *sf* feccia, sedimento, fondo. ≃ **de azeite** morchia.

bor.ra.cha [boř'aʃə] *sf* gomma, caucciù; borraccia, borsa di cuoio per liquidi. ≃ **para apagar** gomma.

bor.ra.lhei.ra [bořaλ'ejrə] *sf* cenerentola.

bor.ras.ca [boř'askə] *sf* burrasca, tempesta. *Naut.* fortuna, fortunale.

bor.ri.fa.da [bořif'adə] *sf* o **bor.ri.fo** [boř'ifu] *sm* spruzzata, spruzzo.

bor.ri.far [bořif'ar] *vt* spruzzare, aspergere, cospargere. *Fig.* annaffiare.

bos.que [b'ɔski] *sm* bosco, macchieto. ≃ **de abetos** abetaia.

bo.ta [b'ɔtə] *sf* stivale. ≃ **de alpinismo** scarpa da montagna. ≃ **para esqui** scarpone da sci. **bater as** ≃s *Iron.* tirar le cuoia. *Volg.* andare a ingrassare i cavoli.

bo.tâ.ni.ca [bot'ʌnikə] *sf* botanica; fitologia.

bo.tâ.ni.co [bot'ʌniku] *sm+agg* botanico.

bo.tão [bot'ãw] *sm* bottone. ≃ **de flor** boccia, bocciolo, bottone di un fiore. **apertar o** ≃ premere il bottone.

bo.te [b'ɔti] *sm* barchetto, barchetta, canotto. ≃ **salva-vidas** canotto di salvataggio.

bo.te.quim [botek'ĩ] *sm* bettola, caffè, taverna.

bo.te.qui.nei.ro [botekin'ejru] *sm* bettoliere.

bo.ti.cá.rio [botik'arju] *sm* speziale.

bo.ti.cão [botik'ãw] *sm* cane.

bo.ti.ja [bot'iʒa] *sf* vaso (a bocca stretta e collo corto). **pegar com a boca na** ≃ *Fig.* cogliere con le mani nel sacco.

bo.ti.na [bot'inə] *sf* scarpone, stivaletto.

bo.vi.no [bov'inu] *agg* bovino.

bo.xe [b'ɔksi] *sm Sp.* pugilato.

bra.ça.da [bras'adə] *sf* fascio.

bra.ça.dei.ra [brasad'ejrə] *sf* bracciale. ≃ **de metal** morsetto.

bra.ce.le.te [brasel'eti] *sm* bracciale, braccialetto.

bra.co [br'aku] *sm* bracco.

bra.ço [br'asu] *sm* braccio. *Mus.* manico (di strumento). ≃ **de mar** gomito. ≃ *Geogr.* braccio, corno, ramo. **agitar os** ≃s **(falando)** sbracciare. ≃ **direito** *Fig.* violino di spalla. **de** ≃s **abertos** a braccia aperte. **de** ≃s

cruzados con le braccia in croce. **ficar de** ≈ s **cruzados** star con le mani in tasca, non far nulla. **não dar o** ≈ **a torcer** non darsi per vinto. **sair no** ≈ *Pop.* accapigliarsi.

bra.dar [brad′ar] *vi* gridare, esclamare.

bra.do [br′adu] *sm* grido.

bra.ga [br′agə] *sf* braca, tipo di calzoni antichi.

bra.gui.lha [brag′iʎə] *sf* brachetta.

brâ.ma.ne [br′ʌmani] *sm* bramano.

bra.mi.do [bram′idu] *sm* barrito, fremito. *Fig.* ruggito.

bra.mir [bram′ir] *vi* barrire, fremere. *Fig.* ruggire, rugghiare.

bran.co [br′ãku] *agg* bianco, candido, albo; canuto (capelli, barba). **ficar** ≈ **de susto** *Pop.* allibire.

bran.cu.ra [brãk′urə] *sf* candore, candidezza, albore.

bran.do [br′ãdu] *agg* blando; discreto, moderato.

bran.que.a.men.to [brãkeam′ẽtu] *sm* albeggiamento, candeggio.

bran.que.ar [brãke′ar] *vt* biancheggiare, imbiancare, candire. curare (panni).

brân.quia [br′ãkjə] *sf Zool.* branchia.

bra.sa [br′azə] *sf* brace. **puxar a** ≈ **para a sua sardinha** tirare l'acqua al suo mulino.

bra.são [braz′ãw] *sm* blasone, insegna. ≈ **de armas** stemma, insegna.

bra.sei.ro [braz′ejru] *sm* braciere, caldano.

bra.vi.o [brav′iu] *agg* brado, indomato.

bra.vo [br′avu] *sm* prode. *agg* coraggioso, valoroso, baldo; indomato (animale). ≈! *int* bravo!

bra.vu.ra [brav′urə] *sf* bravura, coraggio, valore, fortezza. *Fig.* risoluzione.

bre.cha [br′ɛʃə] *sf* breccia. *Fig.* apertura.

bre.ga [br′egə] *s Ger.* barbone, cafone. *agg Pop.* pacchiano, cafone.

bre.jo [br′eʒu] *sm* acquitrino, palude.

breu [br′ew] *sm* buio pesto.

bre.ve [br′evi] *agg* breve; conciso, sommario, succinto; corto, poco; fugace. *Fig.* reciso. **em** ≈ in breve.

bre.vi.da.de [brevid′adi] *sf* brevità; concisione.

bri.ga [br′igə] *sf* lite, rissa, baruffa, zuffa; discordia, briga, questione.

bri.ga.da [brig′adə] *sf Mil.* brigata.

bri.ga.dei.ro [brigad′ejru] *sm Mil.* brigadiere.

bri.gão [brig′ãw] o **bri.guen.to** [brig′ẽtu] *sm* attaccabrighe. *Ger.* bullo. *agg* rissoso, riottoso. *Fig.* bellicoso.

bri.gar [brig′ar] *vi* litigare, contendere; bisticciare, disputarsi; picchiarsi, acchiapparsi. ≈ **por uma ninharia** cavillare.

bri.gui.nha [brig′iɲə] *sf dim* questioncella, questioncina. *Fig.* scaramuccia.

bri.lhan.te [briʎ′ãti] *sm* brillante. *agg* brillante; chiaro, luminoso, lucido; geniale, arguto; grande, splendido (idea).

bri.lhan.ti.na [briʎãt′inə] *sf* brillantina, manteca, pomata per i capelli.

bri.lhar [briʎ′ar] *vi* brillare, risplendere, sfolgorare, sfavillare. *Fig.* furoreggiare.

bri.lho [br′iʎu] *sm* lume, lustro, lucido, fulgore, sfavillio. *Lett.* sfolgoramento. ≈ **intenso** chiarore. **falso** ≈ *Fig.* lustrino. **dar** ≈ brunire. **dar** ≈ **metálico** metallizzare.

brin.ca.dei.ra [brĩkad′ejrə] *sf* giuoco, balocco, trastullo; scherzo, celia, burla. *Fig.* battuta, tiro. ≈ **de mau gosto** *Fig.* birbanteria, giochetto. **levar na** ≈ prendere a gabbo. **por** ≈ per scherzo. **sem** ≈? senza scherzi?

brin.ca.lhão [brĩkaʎ′ãw] *sm* burlone, buontempone. *Fam.* zuzzurellone. *agg* scherzoso.

brin.car [brĩk′ar] *vi* giocare, gingillare, trastullarsi; scherzare, celiare. ≈ **com fogo** scherzare col fuoco. ≈ **com a morte** scherzare coh la morte.

brin.co [brĩ′ku] *sm* orecchino, ciondolo. ≈ s **de argola** campanella.

brin.co-de-prin.ce.sa [brĩkudipriʃ′ezə] *sm Bot.* fucsia.

brin.de [br′ĩdi] *sm* brindisi; regalo.

brin.que.do [brĩk′edu] *sm* giocattolo, gingillo, trastullo, balocco.

bri.sa [br′izə] *sf* brezza. *Poet.* aura. *Fig.* alito.

bri.tâ.ni.co [brit′ʌniku] *sm*+*agg* britannico.

bro.ca [br′ɔkə] *sf Zool.* bruco. *Mecc.* trapano, menaruola. ≈ **de dentista** trapano.

bro.ca.do [brok′adu] *sm* broccato.

bro.che [br′ɔʃi] *sm* spillone, spilla, fermaglio.

bro.chu.ra [broʃ′urə] *sf* fascicolo.

bró.co.los [br′ɔkolus] *sm pl Bot.* broccolo *sg.*

bro.mo [br′omu] *sm Chim.* bromo.

bron.ca [br′õkə] *sf Ger.* cicchetto. *Pop.* lavata di capo, sgridata, rabbuffo, paternale

bron.co [br′õku] *agg Fig.* ottuso.

brôn.quios [br′õkjus] *sm pl Anat.* bronchi.

bron.qui.te [brõk′iti] *sf Med.* bronchite.

bron.ze [br′õzi] *sm* bronzo.

bron.ze.a.do [brõze′adu] *part*+*agg* abbronzato, bruno.

bron.ze.a.men.to [brõzeam′ẽtu] *sm* abbronzamento.

bron.ze.ar [brõze′ar] *vt* abbronzare. *vpr* abbronzarsi, imbrunirsi. *Lett.* imbrunarsi.

bro.tar [brot′ar] *vi* germogliare, germinare; nascere, sgorgare, scaturire (acqua).

bro.to [br′otu] *sm Bot.* germoglio, getto, rampollo; pollone (di albero).

bru.ços [br′usus] *avv* **de** ≃ bocconi.

bru.ma [br′umə] *sf* bruma, foschia.

brus.co [br′usku] *agg* brusco. *Fig.* duro, spiccio.

bru.tal [brut′aw] *agg* brutale, bruto. *Fig.* bestiale, animalesco.

bru.ta.li.da.de [brutalid′adi] *sf Fig.* animaleria, ferocia.

bru.ta.mon.tes [brutam′ōtis] *sm Fam. disp* grandaccio. *Fig.* maciste.

bru.to [br′utu] *sm* bruto. *agg* bruto; greggio, grezzo, grossolano; incivile; lordo (peso).

bru.xa [br′uʃə] *sf* strega, saga. *Ger.* carampana. *Fig.* megera, befana, arpia.

bru.xa.ri.a [bruʃar′iə] *sf* incantesimo, incantamento.

bru.xo [br′uʃu] *sm* stregone.

bru.xu.le.an.te [bruʃule′āti] *agg* tremolo.

bru.xu.le.ar [bruʃule′ar] *vi* tremolare.

bu.ca.nei.ro [bukan′ejru] *sm* bucaniere, corsaro.

bu.cho [b′uʃu] *sm* buzzo.

bu.ço [b′usu] *sm* lanugine.

bu.có.li.ca [buk′ɔlikə] *sf Lett.* ecloga.

bu.có.li.co [buk′ɔliku] *agg* bucolico. *Fig.* campestre, agreste.

bu.dis.mo [bud′izmu] *sm* buddismo.

bú.fa.lo [b′ufalu] *sm* bufalo.

bu.fão [buf′āw] o **bu.fo** [b′ufu] *sm* buffone, istrione, giullare.

bu.far [buf′ar] *vi* sbuffare, ansare. ≃ **de raiva** soffiare.

bu.fê [buf′e] *sm* buffet, buffè.

bu.fe.te [buf′eti] *sm* credenza (mobile).

bu.gi.gan.ga [buʃig′āgə] *sf* carabattola, ciarpa.

bu.la [b′ulə] *sf Rel.* bolla.

bul.bo [b′uwbu] *sm* bulbo; cipolla. ≃ **de lâmpada** *Elett.* ampolla.

bu.le [b′uli] *sm* teiera, cuccuma.

búl.ga.ro [b′uwgaru] *sm* + *agg* bulgaro.

bu.li.mi.a [bulim′iə] *sf Med.* bulimia.

bum.bo [b′ūbu] *sf Mus.* grancassa, tamburone.

bu.me.ran.gue [bumer′āgi] *sm Sp.* boomerang.

bun.da [b′ūdə] *sf Pop.* sedere.

bu.quê [buk′e] *sm* mazzo di fiori; grazia (del vino).

bu.ra.co [bur′aku] *sm* buco, buca; foro; cavo; sacca; cava, nicchia. *Lett.* pertugio. *Sp.* buca (del golf). *Fig.* capanna, tugurio. ≃ **da agulha** cruna. ≃ **para plantar** formella. **colocar num** ≃ imbucare.

bur.bu.ri.nho [burbur′iɲu] *sm* mormorio.

bur.go [b′urgu] *sm* borgo.

bur.go.mes.tre [burgom′estri] *sm* borgomastro.

bur.guês [burg′es] *s* + *agg* borghese; conservatore. *Fig.* filisteo, benpensante.

bur.gue.si.a [burgez′iə] *sf* borghesia.

bur.lar [burl′ar] *vt* burlare, gabbare. *Ger.* infinocchiare. *Fig.* fregare.

bur.les.co [burl′esku] *agg* burlesco, giocoso.

bu.ro.cra.ci.a [burokras′iə] *sf* burocrazia.

bu.ro.cra.ta [burokr′atə] *s* burocrate.

bu.ro.crá.ti.co [burokr′atiku] *agg* burocratico.

bur.ra.da [buʀ′adə] *sf Pop.* bestemmia, cappella, strafalcione. *Volg.* cazzata.

bur.ri.ce [buʀ′isi] *sf* stupidaggine, imbecillità, grullaggine, corbelleria. *Fig.* cecità.

bur.ro [b′uʀu] *sm Zool.* asino, somaro, ciuco. *Pop.* stupido, grullo, testone. *Fig.* rapa. *agg* grullo, testone. ≃ **de carga** *Fig.* bestia da soma. ≃ **selvagem** onagro. **amarrar o** ≃ **onde o patrão manda** legare l'asino dove vuole il padrone. **dar com os** ≃ **s n'água** fare un buco nell'acqua.

bus.ca [b′uskə] *sf* busca, cerca.

bus.car [busk′ar] *vt* buscare, cercare. **ir** ≃ **algo** andare per una cosa.

bús.so.la [b′usolə] *sf* bussola.

bus.to [b′ustu] *sm Anat.* busto, fusto. *Scult.* busto.

bu.zi.na [buz′inə] *sm Autom.* tromba, clacson.

byte [b′ajt] *sm Inform.* byte.

C

c [s´e] *sm* la terza lettera dell'alfabeto portoghese.

cá [k´a] *sm* kappa, il nome della lettera K. *avv* qua. ≃ **e lá** qua e là. ≃ **embaixo** quaggiù. ≃ **em cima** quassù. **de** ≃ di qua, quindi. **para** ≃ in qua.

cã [k´ã] *sm* can, khan.

ca.ba.la [kab´alə] *sf* cabala.

ca.ba.lís.ti.co [kabal´istiku] *agg* cabalistico.

ca.ba.na [kab´ʌnə] *sf* capanna, baracca, baita.

ca.be.ça [kab´esə] *sf Anat.* capo, testa, fronte. *Iron.* pera. *Fig.* testa, capo di un gruppo. *disp* zucca. ≃ **de alfinete prego** capocchia. ≃ **de rebanho** capo. **andar de** ≃ **erguida** andare a capo alto. ≃ **coroada** testa coronata, re. ≃ **de melão** testa di cavolo, imbecille. **da** ≃ **aos pés** da capo a piedi. **de** ≃ **erguida** a fronte alta. **de** ≃ **para baixo** *avv* a capofitto, a capo all'ingiù, sottosopra. **digo o que me vem à** ≃ dico ciò che viene alla bocca. **entrar na** ≃ *Fig.* entrarci una cosa. **meter na** ≃ **(uma idéia)** intestarsi un'idea. *Fig.* imbevere. **pedir a** ≃ **de alguém** domandar la testa di uno. **perder a** ≃ *Fig.* perder la testa, invasarsi, scatenarsi, distillarsi, impazzire. **pôr de** ≃ **para baixo** capovolgere, rovesciare. **quebrar a** ≃ grattarsi la testa. *Fig.* lambiccarsi il cervello. **ter a** ≃ **no lugar** avere la testa a posto. **tirar algo da** ≃ togliere qualcosa dal capo.

ca.be.ça.da [kabes´adə] *sf* testata. *Iron.* zuccata.

ca.be.ça-de-pon.te [kabesadip´õti] *sf Mil.* testa di ponte, avanguardia.

ca.be.ça-du.ra [kabesad´urə] *s Fig.* testa di ferro. *agg* carpibio.

ca.be.ça.lho [kabes´aʎu] *sm* capopagina, testata, titolo. **colocar** ≃ **em** intestare.

ca.be.cei.ra [kabes´ejrə] *sf* ≃ **da cama** capezzale.

ca.be.ci.nha [kabes´iñə] *sf dim* capolino.

ca.be.çu.do [kabes´udu] *sm* capone, testone. *agg* cocciuto

ca.be.lei.ra [kabel´ejrə] *sf* capelliera, chioma. *Pop.* capigliatura. *Astron.* chioma, criniera.

ca.be.lei.rei.ro [kabelejr´ejru] *sm* parruchiere.

ca.be.lo [kab´elu] *sm* capello. **arrancar** ≃ **s** schiomare. **arrepiar os** ≃ **s** far venire la pelle d'oca. ≃ **s brancos** o **grisalhos** *Fig.* argento, neve. **cortar os** ≃ **s** tagliare i capelli. **secador de** ≃ **s** fon.

ca.be.lu.do [kabel´udu] *agg* capelluto.

ca.ber [kab´er] *vt* capire, starci; appartenere, competere, toccare, spettare a. **não cabe a mim** non mi appartiene.

ca.bi.de [kab´idi] *sm* gruccia, stampella; attaccapanni.

ca.bi.na [kab´inə] *sf* cabina. *Aer.* carlinga. ≃ **para troca de roupa (em balneário)** capanno. ≃ **telefônica** cabina telefonica.

ca.bis.bai.xo [kabizb´ajʃu] *agg* a capo basso.

ca.bo [k´abu] *sm* cavo, fune, corda, canapo; manico, ansa, manubrio, presa; fine, termine. *Geogr.* capo. *Mil.* capo, caporale. ≃ **da âncora** *Naut.* gomena. ≃ **de bengala** gruccia. ≃ **de vassoura** bastone. ≃ **do chicote** bacchetta. ≃ **submarino** cordone sottomarino (o elettrico), gomena. ≃ **telegráfico, telefônico** filo. **levar a** ≃ trarre a fine.

ca.bo.gra.ma [kabogr´ʌmə] *sm* cablogramma.

ca.bo.ta.gem [kabot´aʒẽj] *sf Naut.* cabotaggio.

ca.bo.tar [kabot´ar] *vt Naut.* bordare.

ca.bra [k´abrə] *sf Zool.* capra.

ca.bra-ce.ga [kabrəs´egə] *sf* mosca cieca.

ca.bres.tan.te [kabrest´ãti] *sm* verricello.

ca.bres.to [kabr´estu] *sm* capestro, cavezza.

ca.bri.to [kabr´itu] *sm Zool.* capretto. ≃ **montês** stambecco.

ca.bu.lar [kabul´ar] *vt Fig.* salare (la scuola).

ca.ça [k´asə] *sf* caccia; preda, selvaggina. *sm Aer.* caccia. ≃ **reservada** caccia riservata. **presa de** ≃ *Pop.* caccia.

ca.ça.da [kas´adə] *sf* cacciata.

ca.ça.pa [kas´apə] *sf* bilia, biglia.

ca.çar [kas´ar] *vt* cacciare.

ca.ca.re.jar [kakareʒ´ar] *vi* chiocciare, schiamazzare.

ca.ca.re.jo [kakar´eʒu] *sm* schiamazzo.

ca.ça.ro.la [kasar´ɔlə] *sf* casseruola, cazzeruola, pentola, pignatta, tegame.

ca.ça-tor.pe.dei.ros [kasətorped'ejrus] *sm Naut.* cacciatorpediniere.

ca.cau [kak'aw] *sm Bot.* cacao.

ca.ce.ta.da [kaset'adə] *sf* mazzata.

ca.ce.te [kas'eti] *sm* bastone. *Fam. Fig.* impiastro. *agg Fam.* importuno. *Pop.* stucchevole.

ca.ce.te.te [kaset'eti] *sm* manganello.

ca.cha.ço [kaʃ'asu] *sm* collottola.

ca.cha.lo.te [kaʃal'ɔti] *sm Zool.* capidoglio.

ca.chê [kaʃ'e] *sm* cachet, pagamento.

ca.che.col [kaʃek'ɔw] *sm* sciarpa.

ca.chim.bo [kaʃ'ĩbu] *sm* pipa. **encher o** ≃ caricare la pipa.

ca.cho [k'aʃu] *sm* ricciolo, riccio, ciocca, anello di capelli. *Bot.* grappolo, ciocca.

ca.cho.ei.ra [kaʃo'ejrə] *sf* cascata.

ca.cho.la [kaʃ'ɔlə] *sf Fig. disp* zucca.

ca.chor.ri.nho [kaʃoř'iñu] *sm dim* cagnolino, botolo.

ca.chor.ro [kaʃ'ořu] *sm Zool.* cane. *Volg.* stronzo, stronzolo. ≃ **novo** cucciolo.

ca.co [k'aku] *sm* frammento, rottame, frantume.

ca.ço.ar [kaso'ar] *vt+vi* sghignazzare.

ca.co.fo.ni.a [kakofon'iə] *sf Gramm.* cacofonia.

cac.to [k'aktu] *sm Bot.* cacto.

ca.da [k'adə] *pron* ogni. **a** ≃ **dois dias** ogni due giorni. ≃ **um** *pron* ognuno, ciascuno. ≃ **um dá o que tem** la botte dà il vino che ha.

ca.dar.ço [kad'arsu] *sm* fettuccia, fiocco.

ca.das.tral [kadastr'aw] *agg* catastale.

ca.das.trar [kadastr'ar] *vt Comm.* intestare.

ca.das.tro [kad'astru] *sm Comm.* catasto, intestazione, estimo.

ca.dá.ver [kad'aver] *sm* cadavere, corpo, salma.

ca.da.vé.ri.co [kadav'eriku] *agg* cadaverico, stecchito. *Fig.* cereo, cinereo.

ca.de.a.do [kade'adu] *sm* lucchetto.

ca.dei.a [kad'ejə] *sf* catena; carcere, prigione. ≃ **de montanhas** *Geogr.* catena di montagne, serra. **pôr na** ≃ incarcerare. *Fig.* ingabbiare.

ca.dei.ra [kad'ejrə] *sf* sedia, seggiola; stallo. ≃ **de balanço** dondola, sedia a dondolo. ≃ **elétrica** sedia elettrica. ≃ **para bebê** seggiolone.

ca.dei.rão [kadejr'ãw] *sm aum* seggiolone, sedia per bambini.

ca.dei.ras [kad'ejras] *sf pl Anat.* fianchi.

ca.de.la [kad'ɛlə] *sf* cagna.

ca.de.li.nha [kadel'iñə] *sf dim* cuccia.

ca.dên.cia [kad'ẽsjə] *sf Mus.* e *Poet.* cadenza, ritmo. *Fig.* andatura, battuta.

ca.den.ci.ar [kadẽsi'ar] *vt* ritmare.

ca.der.ne.ta [kadern'etə] *sf dim* libretto, taccuino. ≃ **de anotações** agenda. ≃ **de poupança** libretto di risparmio.

ca.der.ni.nho [kadern'iñu] *sm dim* quadernetto, quadernino.

ca.der.no [kad'ernu] *sm* quaderno. ≃ **de caligrafia** esemplare. ≃ **de endereços** rubrica. ≃ **pautado** quaderno a righe. ≃ **quadriculado** quaderno quadrettato.

ca.de.te [kad'eti] *sm Mil.* cadetto.

ca.di.nho [kad'iñu] *sm Chim.* crogiuolo.

cád.mio [k'admju] *sm Chim.* cadmio.

ca.du.car [kaduk'ar] *vi* rimbambire. *Fig.* rammollirsi.

ca.du.co [kad'uku] *agg* caduco, deciduo; decrepito.

ca.fa.jes.te [kafaʒ'esti] *sm* gaglioffo.

ca.fé [kaf'ɛ] *sm* caffè. ≃ **com leite** cappuccino. ≃ **da manhã** colazione del mattino, prima colazione. ≃ **de coador** caffè al filtro. ≃ **em grãos** caffè in grani. ≃ **expresso** caffè espresso. ≃ **moído**, ≃ **em pó** caffè macinato. ≃ **puro** caffè schietto.

ca.fe.í.na [kafe'inə] *sf Chim.* caffeina.

ca.fe.tão [kafet'ãw] *sm Bras.* ruffiano, sfruttatore di donne.

ca.fe.tei.ra [kafet'ejrə] *sf* caffettiera, cuccuma.

ca.fe.ti.na [kafet'inə] *sf Bras.* ruffiana.

ca.fo.na [kaf'onə] *s Fig.* cafone, bifolco. *Ger.* barbone. *agg Fig.* cafone, bifolco.

ca.ga.ço [kag'asu] *sm. Volg.* tremarella. *Ger.* fifa.

ca.ga.da [kag'adə] *sf Volg.* cazzata.

ca.ga.nei.ra [kagan'ejrə] *sf Volg.* cacaiola.

ca.gão [kag'ãw] *sm Volg.* cacone, stronzo.

ca.gar [kag'ar] *vt+vi Volg.* cacare.

cai.ar [kaj'ar] *vt* imbiancare; incalcinare.

cãi.bra [k'ãjbrə] *sf Med.* crampo, granchio.

cai.mão [kajm'ãw] *sm Zool.* caimano, alligatore.

cai.pi.ra [kajp'irə] *s+agg Bras.* cafone. *Fig.* bifolco, buzzurro.

ca.ir [ka'ir] *vi* cadere; piombare, precipitare; crollare, rovinare; scendere, discendere. ≃ **bem (roupa)** *Fam.* stare a pennello. ≃ **de cara** baciare la terra. ≃ **em (feriado, etc.)** ricorrere di. ≃ **por terra** stramazzare. ≃ **sobre os ombros (cabelos)** spiovere sulle spalle. **cai fora!** *Pop.* vattene!

cais [k'ajs] *sm Naut.* banchina, scalo, pontile.

cai.xa [k'ajʃə] *sf* cassa, scatola, astuccio, custodia. ≃ **do correio** buca (o cassetta) delle lettere. ≃ **econômica** cassa di risparmio. ≃ **para guardar chapéus** cappelliera. ≃ **postal**

casella postale. ≃ **torácica** *Anat.* gabbia toracica. **colocar em** ≃ incassare. *sm Comm.* cassa; cassiere, funzionario della cassa.

cai.xa-for.te [kajʃəf'ɔrti] *sf* cassaforte.

cai.xão [kajʃ'ãw] *sm* bara, feretro, cataletto.

cai.xei.ro-vi.a.jan.te [kajʃejruviaȝ'ãti] *sm* commesso viaggiatore.

cai.xi.lho [kajʃ'iʎu] *sm Archit.* battente, anta, cornice, telaio di una finestra.

cai.xi.nha [kajʃ'iɲɐ] *sf dim* cassetta, astuccio. *Pop.* benandata, bustarella, gratificazione.

ca.ja.do [kaȝ'adu] *sm* bordone, manganello.

ca.ju.ei.ro [kaȝu'ejru] *sm Bot.* anacardio.

cal [k'aw] *sf Min.* calce, calcina. ≃ **extinta** calce estinta. ≃ **viva** calce viva.

ca.la [k'alɐ] *sf Naut.* approdo.

ca.la.bou.ço [kalab'owsu] *sm* segreta.

ca.la.brês [kalabr'es] *sm+agg* calabrese.

ca.la.do [kal'adu] *sm Naut.* pescaggio. *agg* muto, silente, tacente. **ficar** ≃ star zitto.

ca.la.fe.tar [kalafet'ar] *vt Naut.* calafatare.

ca.la.fri.o [kalafr'iu] *sm* brivido, raccapriccio, ribrezzo. **ter** ≃s *an Fig.* rabbrividire.

ca.la.mi.da.de [kalamid'adi] *sf* calamità, avversità, sventura, sciagura. *Fig.* male, mazzata.

ca.lan.dra [kal'ãdrə] *sf Mecc.* calandra, mangano. *Zool.* calandra.

ca.lar [kal'ar] *vt* azzittire. *vi+vpr* tacere, azzittirsi, zittirsi, ammutire, ammutolire. ≃ **a boca de alguém** *Fam.* mettere la museruola a qualcuno. **cala a boca!** o **cale-se!** taci! acqua in bocca!

cal.ça [k'awsə] *sf* o **cal.ças** [k'awsəs] *sf pl* pantaloni, calzoni *pl.* **uma** ≃ **jeans** un paio di jeans.

cal.ça.da [kaws'adə] *sf* marciapiede; banchina.

cal.ça.dei.ra [kawsad'ejrə] *sf* calzascarpe, calzante, corno da scarpe.

cal.ça.do [kaws'adu] *sm* calzatura.

cal.ça.men.to [kawsam'ẽtu] *sm* ciottolato, selciato, suolo.

cal.ca.nhar [kawkaɲ'ar] *sm Anat.* calcagno, tallone.

cal.ca.nhar-de-a.qui.les [kawkaɲardiak'ilis] *sm* tallone d'Achille, punto vulnerabile.

cal.car [kawk'ar] *vt* calcare, comprimere. ≃ **com os pés** conculcare.

cal.çar [kaws'ar] *vt* calzare (scarpe, guanti, calze); acciottolare. ≃ **bem** andare.

cal.cá.rio [kawk'arju] *sm Min.* calcare.

cal.ci.nar [kawsin'ar] *vt* calcinare; incenerire.

cal.ci.nhas [kaws'iɲəs] *sf pl* mutande, mutandine.

cál.cio [k'awsju] *sm Chim.* calcio.

cal.ço [k'awsu] *sm* calzo, zeppa.

cal.cu.la.do [kawkul'adu] *part+agg* calcolato. *Fig.* atteso.

cal.cu.la.do.ra [kawkulad'orə] *sf* calcolatrice, calcolatore.

cal.cu.lar [kawkul'ar] *vt* calcolare, conteggiare, numerare, computare, annoverare.

cal.cu.lis.ta [kawkul'istə] *s+agg* calcolatore.

cál.cu.lo [k'awkulu] *sm* calcolo, computo, conto. *Lett.* novero. *Med.* calcolo, pietra.

cal.dei.ra [kawd'ejrə] *sf* caldaia.

cal.dei.rei.ro [kawdejr'ejru] *sm* calderaio.

cal.do [k'awdu] *sm* brodo; sugo. ≃ **de carne** consumato.

ca.lei.dos.có.pio [kalejdosk'ɔpju] *sm* caleidoscopio.

ca.len.dá.rio [kalẽd'arju] *sm* calendario. *Fig.* agenda. ≃ **de bolso** taccuino.

ca.lham.be.que [kaʎãb'ɛki] *sm Fig.* macinino, automobile vecchia.

ca.lhar [kaʎ'ar] *vi* riscontrare. **vir bem a** ≃ *Fig.* cascare come il cacio sui maccheroni.

ca.lhau [kaʎ'aw] *sm* sasso, ghiaia, ghiara.

ca.li.brar [kalibr'ar] *vt* calibrare.

ca.li.bre [kal'ibri] *sm Mecc.* calibro, regolo a corsoio. ≃ **de arma** calibro.

cá.li.ce [k'alisi] *sm* calice, cicchetto, coppa, bicchiere. *Rel.* e *Bot.* calice.

ca.li.fa [kal'ifə] *sm* califfo.

ca.li.gem [kal'iȝẽj] *sf* caligine.

ca.li.gra.fi.a [kaligraf'iə] *sf* calligrafia.

ca.lis.ta [kal'istə] *s* callista.

cal.ma [k'awmə] *sf* calma; quiete, serenità, placidezza. *Fig.* flemma, freddezza; tregua. **perder a** ≃ turbarsi. *Fig.* scomporsi.

cal.man.te [kawm'ãti] *sm+agg* calmante, analgesico, antispasmodico, lenitivo.

cal.ma.ri.a [kawmar'iə] *sf Naut.* calmeria, calma, bonaccia, abbonacciamento.

cal.mo [k'awmu] *agg* calmo; quieto; sereno; pacifico, placido; docile. *Lett.* queto. *Fig.* bucolico; flemmatico, freddo.

ca.lo [k'alu] *sm* callo.

ca.lom.bo [kal'õbu] *sm* durezza. ≃ **na cabeça** corno.

ca.lo.me.la.no [kalomel'ʌnu] *sm* o **ca.lo.me.la.nos** [kalomel'ʌnus] *sm pl* calomelano.

ca.lor [kal'or] *sm* caldo; calore; fervore. ≃ **sufocante** *Fig.* afa. **faz um** ≃ **de rachar** c'è un caldo che assaetta.

ca.lo.ri.a [kalor'iə] *sf* caloria.

ca.lo.rí.fe.ro [kalor'iferu] *agg* calorifero.

ca.lo.ro.so [kalor'ozu] *agg* caloroso; caldo.

ca.lo.si.da.de [kalozid'adi] *sf* callo, durezza.

ca.lo.ta [kal'ɔtə] *sf* callotta.

ca.lo.te.ar [kalote'ar] *vt* frodare.

ca.lou.ro [kal'owru] *sm* matricolino, matricola.

ca.lú.nia [kal'unjə] *sf* calunnia, falsa accusa.

ca.lu.nia.dor [kalunjad'or] *agg* maldicente.

ca.lu.ni.ar [kaluni'ar] *vt* calunniare, infamare, diffamare, dir male di. *Fig.* sussurrare contro.

cal.va [k'awvə] *sf* testa calva.

cal.vá.rio [kawv'arju] *sm* calvario.

cal.ví.cie [kawv'isji] *sf* calvizie.

cal.vi.nis.mo [kawvin'izmu] *sm* calvinismo.

cal.vo [k'awvu] *sm+agg* calvo. **ficar** ≃ incalvirsi.

ca.ma [k'∧mə] *sf* letto. *Fam.* nido. ≃ **de campanha** *Mil.* branda. ≃ **de casal** letto a due piazze, letto matrimoniale. ≃ **de molas** elastico. ≃ **de solteiro** letto a una piazza, letto singolo.

ca.ma.da [kam'adə] *sf* strato, falda, suolo. **dispor em** ≃s assolare.

ca.ma.feu [kamaf'ew] *sm* cammeo.

ca.ma.le.ão [kamale'ãw] *sm Zool.* camaleonte.

câ.ma.ra [k'∧marə] *sf* camera. ≃ **dos deputados** camera dei deputati. ≃ **de ar** camera d'aria.

ca.ma.ra.da [kamar'adə] *s* camerata, commilitone.

ca.ma.ra.da.gem [kamarad'aʒēj] *sf* cameratismo. *Fig.* amicizia.

ca.ma.rão [kamar'ãw] *sm Zool.* gamberetto.

ca.ma.rei.ra [kamar'ejrə] *sf* cameriera, domestica, aia.

ca.ma.rei.ro [kamar'ejru] *sm* cameriere, aio. *St.* donzello.

ca.ma.ri.lha [kamar'iλə] *sf* camarilla.

ca.ma.rim [kamar'ĩ] *sm* camerino.

ca.ma.ro.te [kamar'ɔti] *sm Naut.* cabina. *Teat.* palco. ≃ **de primeira classe** *Teat.* palco di prima fila.

cam.ba.da [kãb'adə] *sf Fig. disp* lega.

cam.ba.le.ar [kãbale'ar] *vi* vacillare, dimenare, andare barcolloni.

cam.ba.lei.o [kãbal'eju] *sm* barcollamento.

cam.ba.lho.ta [kãbaλ'ɔtə] *sf* capriola, capitombolo.

câm.bio [k'ãbju] *sm Comm.* e *Mecc.* cambio.

cam.bis.ta [kãb'istə] *s* cambiavalute, agente di cambio.

cam.brai.a [kãbr'ajə] *sf* batista.

ca.me.lar [kamel'ar] *vi Fam.* sfaccendare.

ca.mé.lia [kam'eljə] *sf Bot.* camelia.

ca.me.lo [kam'elu] *sm Zool.* cammello.

câ.me.ra [k'∧merə] *sf* camera. *sm* operatore cinematografico, operatore. ≃ **de televisão** telecamera.

ca.mer.len.go [kamerl'ẽgu] *sm Rel.* camarlingo.

ca.mi.nha.da [kamiñ'adə] *sf* camminata.

ca.mi.nhão [kamiñ'aw] *sm* autocarro. ≃ **com reboque** autotreno. ≃ **de lixo** cassino.

ca.mi.nhar [kamiñ'ar] *vi* camminare; deambulare. *Fig.* circolare. ≃ **com dificuldade** strascicarsi. ≃ **rápido** galoppare.

ca.mi.nho [kam'iñu] *sm* cammino; tragitto, tracciato; andamento; tramite. *Fig.* strada, traiettoria; viaggio; sentiero. **abrir** ≃ **à força** fare alle gomitate. **bloquear o** ≃ tagliare la strada. ≃ **estreito** sentiero, calle. ≃ **tortuoso** anfratto. **mostrar o** ≃ a instradare. **pôr-se a** ≃ inviarsi. **sair do** ≃ deviare.

ca.mi.nho.ne.te [kamiñon'eti] *sf dim* furgoncino.

ca.mi.sa [kam'izə] *sf* camicia. ≃ **de operário** blusa.

ca.mi.se.ta [kamiz'etə] *sf* camiciola, maglia. ≃ **feminina** camicia da giorno.

ca.mi.so.la [kamiz'ɔlə] *sf* camicia da notte, gabbanella.

ca.mo.mi.la [kamom'ilə] *sf* camomilla.

ca.mor.ra [kam'oɾə] *sf* camorra.

cam.pa.i.nha [kãpa'iñə] *sf* campanella.

cam.pa.ná.rio [kãpan'arju] *sm* campanile.

cam.pa.nha [kãp'∧ñə] *sf Comm.* e *Mil.* campagna.

cam.pâ.nu.la [kãp'∧nulə] *sf Bot.* campanula, campanella.

cam.pe.ão [kãpe'ãw] *sm* campione. *Fig.* asso, cannone.

cam.pe.o.na.to [kãpeon'atu] *sm* campionato.

cam.pes.tre [kãp'estri] *agg* campestre, agreste, bucolico, paesano.

cam.po [k'ãpu] *sm* campo, campagna, agro. *Sp.* campo, arena. *Fig.* competenza, ambito, dominio. ≃ **de ação** *Giur.* giurisdizione. *Fig.* signoria. ≃ **de batalha** *Mil.* terreno, campo dell'onore. ≃ **de trabalho** branca. **C**≃**s Elísios** *Mit.* Campi Elisi. *Fig.* paradiso.

cam.po.nês [kãpon'es] *sm* campagnuolo, contadino, rurale, rustico, agricoltore, bifolco, cafone, paesano, villano. *agg* campagnuolo, cafone, paesano, rustico.

cam.po-san.to [kãpus'ãtu] *sm* camposanto, cimitero.

ca.mu.flar [kamufl'ar] *vt* camuffare, dissimulare. *vpr* appostarsi.

ca.mun.don.go [kamũd'õgu] *sm Bras.* topo.

ca.mur.ça [kam'ursə] *sf Zool.* camozza, camoscio. **de** ≃ *agg* scamosciato.

ca.na [k'∧nə] *sf Bot.* canna. *Ger.* gattabuia.

ca.na-da-ín.dia [kãnədaˈĩdjə] *sf Bot.* canna d'India, giunco d'India.

ca.nal [kanˈaw] *sm* canale, condotto, roggia. *Geogr.* canale, stretto. *Anat.* canale, meato, dotto. ≃ **de TV** canale di TV. ≃ **para irrigação ou mover moinhos** gora.

ca.na.le.ta [kanalˈetə] *sf* gronda.

ca.na.lha [kanˈaʎə] *sm* canaglia, lazzarone, glioffo, ribaldo. *Fig.* cialtrone.

ca.na.li.zar [kanalizˈar] *vt* canalizzare, incanalare, convogliare.

ca.na.pé [kanapˈɛ] *sm* tartina.

ca.ná.rio [kanˈarju] *sm Zool.* canarino.

ca.nas.tra [kanˈastrə] *sf* forziere, baule; canasta.

ca.na.vi.al [kanaviˈaw] *sm* canneto.

can.ção [kãsˈãw] *sf* canzone, cantico, canto, ballata. ≃ **de ninar** ninna nanna.

can.ce.la [kãsˈɛlə] *sf* cancello, parata.

can.ce.la.do [kãselˈadu] *part + agg* cancellato; annullato; estinto (debito).

can.ce.la.men.to [kãselamˈẽtu] *sm* annullazione. *Giur.* storno.

can.ce.lar [kãselˈar] *vt* cancellare; annullare; barrare, radiare, eliminare da una lista. ≃ **um contrato** *Giur.* stornare un contratto.

cân.cer [kˈãser] *sm Med.* cancro, canchero. *Fig.* bubbone. **C** ≃ *Astron.* e *Astrol.* Cancro.

can.ce.ro.so [kãserˈozu] *agg* canceroso.

can.cio.nei.ro [kãsjonˈejru] *sm* canzoniere.

can.cro [kˈãkru] *sm Med.* cancro.

can.de.ei.ro [kãdeˈejru] *sm* lume.

can.de.la.bro [kãdelˈabru] *sm* candelabro.

can.di.da.to [kãdidˈatu] *sm* candidato, concorrente, pretendente, aspirante.

cân.di.do [kˈãdidu] *agg* candido.

can.du.ra [kãdˈurə] *sf* candore, candezza.

ca.ne.la [kanˈɛlə] *sf Bot.* cannella. *Anat.* stinco, garretto. **esticar as** ≃ **s** *Iron.* tirar le cuoia.

ca.ne.lei.ra [kanelˈejrə] *sf* o **ca.ne.lei.ro** [kanelˈejru] *sm Bot.* cannella.

ca.ne.lo.ne [kanelˈoni] *sm* cannelloni *pl.*

ca.ne.ta [kanˈetə] *sf* penna. ≃ **esferográfica** penna a sfera, biro.

ca.ne.ta-tin.tei.ro [kanetətĩtˈejru] *sf* penna stilografica.

cân.fo.ra [kˈãforə] *sf* canfora.

can.ga [kˈãgə] *sf* giogo.

câ.nha.mo [kˈʌ̃namu] *sm Bot.* canapa.

ca.nhão [kaɲˈãw] *sm* cannone. *Iron. Fam.* foca, donna grassa e brutta.

ca.nho.nei.ro [kaɲonˈejru] *sm* cannoniere.

ca.nho.to [kaɲˈotu] *sm* mancino. *Comm.* scontrino, riscontro, marca. *agg* mancino, manco.

ca.ni.bal [kanibˈaw] *s + agg* cannibale, antropofago.

ca.ni.ba.lis.mo [kanibalˈizmu] *sm* antropofagia.

ca.ni.ço [kanˈisu] *sm* cannaio.

ca.nil [kanˈiw] *sm* canile.

ca.ni.ve.te [kanivˈeti] *sm* temperino.

ca.no [kˈʌnu] *sm* gola, fistola. ≃ **da bota** gambale, tromba dello stivale. ≃ **de despejo** acquaio.

ca.no.a [kanˈoə] *sf* canotto, barchetto. ≃ **indígena** piroga.

ca.no.a.gem [kanoˈaʒẽj] *sf Sp.* canottaggio.

câ.non [kˈʌnõ] *sm Rel.* canone.

ca.nô.ni.co [kanˈoniku] *agg Rel.* canonico.

ca.no.ni.zar [kanonizˈar] *vt Rel.* canonizzare, santificare.

ca.no.ro [kanˈoru] *agg* canoro.

can.sa.ço [kãsˈasu] *sm* stanchezza, spossatezza, fiacchezza, affaticamento, fatica.

can.sa.do [kãsˈadu] *agg* stanco, morto, fiacco. *Fig.* sazio; asmatico, rotto. ≃ **de** sazio di.

can.sar [kãsˈar] *vt* stancare, affaticare, spossare, stremare, prostrare. *Fig.* saziare. *vpr* stancarsi, affaticarsi. *Fig.* fiaccarsi.

can.sa.ti.vo [kãsatˈivu] *agg* faticoso, gravoso. *Fig.* ponderoso, duro, forte.

can.sei.ra [kãsˈejrə] *sf* stanchezza.

can.ta.dor [kãtadˈor] o **can.tan.te** [kãtˈãti] *agg* cantante.

can.tão [kãtˈãw] *sm* cantone.

can.tar [kãtˈar] *vt* cantare. *vi* cantare; cinguettare, chioccolare. **quem canta seus males espanta** uomo allegro il cielo l'aiuta.

cân.ta.ro [kˈãtaru] *sm* cantaro, brocca. **chover a** ≃ **s** piovere a secchie.

can.ta.ro.lar [kãtarolˈar] *vt + vi* canterellare.

can.ta.ta [kãtˈatə] *sf Mus.* cantata.

can.tei.ro [kãtˈejru] *sm* aiuola, quaderno.

cân.ti.co [kˈãtiku] *sm* cantico.

can.ti.ga [kãtˈigə] *sf* canzone.

can.til [kãtˈiw] *sm Mil.* fiasca, borraccia.

can.ti.le.na [kãtilˈenə] *sf Mus.* e *Fig.* cantilena.

can.to [kˈãtu] *sm* canto; angolo, cantone; canzone; cantica; verso. *Fig.* gorgheggio. ≃ **de um tecido, etc.** cocca. ≃ **do galo** chicchirichì. ≃ **para balé** canto ballabile. **em todos os** ≃ **s** in ogni angolo.

can.to.chão [kãtoʃˈãw] *sm Mus.* canto fermo, canto gregoriano.

can.to.nei.ra [kãtonˈejrə] *sf* cantoniera.

can.tor [kãtˈor] *sm* cantante.

ca.nu.do [kanˈudu] *sm* tubo.

cão [kˈãw] *sm Zool.* cane. ≃ **de arma** cane.

de fila alano. ≃ de guarda cane di guardia. ≃ de parada cane da fermo. ≃ maltês *Zool.* maltese. ≃ policial cane poliziotto. ≃ que muito ladra não morde cane che abbaia non morde. quem não tem ≃, caça com gato chi non possiede un cane va a caccia col gatto. ser como ≃ e gato essere come cane e gatto.

ca.o.lho [ka'oʎu] *agg* losco.

caos [k'aws] *sm* caos, baraonda, confusione. *Fig.* bolgia, babele, babilonia, quarantotto.

ca.ó.ti.co [ka'ɔtiku] *agg* caotico. *Fig.* anarchico, confuso, sconnesso.

cão.zi.nho [kãwz'iɲu] *sm dim* cagnolino, botolo.

ca.pa [k'apə] *sf* cappa, veste. ≃ de chuva impermeabile. ≃ de livro copertina. ≃ e espada *Lett.* e *Cin.* cappa e spada, romanzo di avventure. ≃ masculina tabarro.

ca.pa.ce.te [kapas'eti] *sm* casco, celata.

ca.pa.cho [kap'aʃu] *sm* zerbino. *Fig.* lacché.

ca.pa.ci.da.de [kapasid'adi] *sf* capacità; volume, tenuta, capienza; intelligenza, abilità, competenza. *Fig.* braccio, risorsa.

ca.pa.ci.tar [kapasit'ar] *vt* capacitare.

ca.pan.ga [kap'ãgə] *sm* bravo, sgherro, sicario. *Fig.* gorilla, giannizzero.

ca.pão [kap'ãw] *sm* cappone.

ca.par [kap'ar] *vt* accapponare.

ca.pa.taz [kapat'as] *sm* fattore.

ca.paz [kap'as] *agg* capace; abile, competente, bravo.

cap.ci.o.so [kapsi'ozu] *agg* capzioso.

ca.pe.la [kap'ɛlə] *sf* cappella, edicola. *Mus.* cappella.

ca.pe.lão [kapel'ãw] *sm* cappellano.

ca.pi.lar [kapil'ar] *agg* capillare.

ca.pim [kap'ĩ] *sm Bot.* gramigna.

ca.pi.tã [kapit'ã] *sf* capitana.

ca.pi.tal [kapit'aw] *sm* capitale, averi *pl*, fondi *pl*. *Fig.* denaro. ≃ improdutivo capitale morto. *sf* capitale; capoluogo. *agg* capitale.

ca.pi.ta.lis.mo [kapital'izmu] *sm* capitalismo.

ca.pi.ta.lis.ta [kapital'istə] *s* capitalista.

ca.pi.ta.li.zar [kapitaliz'ar] *vt* capitalizzare. *Fig.* accumulare.

ca.pi.ta.ne.ar [kapitane'ar] *vt* capitanare.

ca.pi.ta.ni.a [kapitan'iə] *sf* capitaneria.

ca.pi.tâ.nia [kapit'ʌnjə] *agg f* nau ≃ nave capitana.

ca.pi.tão [kapit'ãw] *sm* capitano. ≃ de fábrica capofabbrica.

ca.pi.tão-de-fra.ga.ta [kapitãwdifrag'atə] *sm Naut.* capitano di fregata.

ca.pi.tel [kapit'ɛw] *sm Archit.* capitello.

Ca.pi.tó.lio [kapit'ɔlju] *np* Campidoglio.

ca.pí.tu.la [kap'itulə] *sf Rel.* capitolo.

ca.pi.tu.lar [kapitul'ar] *vi* capitolare, darsi per vinto, arrendersi.

ca.pí.tu.lo [kap'itulu] *sm an Rel.* capitolo.

ca.po.ta [kap'ɔtə] *sf* o ca.pô [kap'o] *sm Autom.* cofano. ≃ dobrável soffietto.

ca.po.tar [kapot'ar] *vi Autom.* ribaltare, dare balta.

ca.po.te [kap'ɔti] *sm* cappotto, tabarro, cappa, pastrano, gabbano.

ca.pri.cha.do [kapriʃ'adu] *part*+*agg* diligente.

ca.pri.char [kapriʃ'ar] *vt* far con diligenza.

ca.pri.cho [kapr'iʃu] *sm* capriccio; bizza; estro, bizzarria, ticchio; fissazione, fantasia; lusso. *Fig.* grillo, grilletto. ter ≃ s frullare.

ca.pri.cho.so [kapriʃ'ozu] *agg* estroso, bizzarro, bisbetico.

Ca.pri.cór.nio [kaprik'ɔrnju] *sm Astron.* e *Astrol.* Capricorno.

ca.pri.no [kapr'inu] *agg* caprino, di capra.

cáp.su.la [k'apsulə] *sf* capsula. *Med.* compressa.

cap.tar [kapt'ar] *vt* captare; capire. *Fig.* annusare.

cap.tu.ra [kapt'urə] *sf* cattura, arresto, arrestamento, fermo. *Mil.* presa.

cap.tu.rar [kaptur'ar] *vt* catturare, arrestare.

ca.pu.chi.nho [kapuʃ'iɲu] *sm Rel.* cappuccino.

ca.puz [kap'us] *sm* cappuccio, bacucco.

ca.qué.ti.co [kak'ɛtiku] *agg* cachettico.

ca.que.xi.a [kakeks'iə] *sf Med.* cachessia.

ca.qui [kak'i] *sm Bot.* cachi, kaki.

cá.qui [k'aki] *sm* cachi, kaki (colore).

ca.qui.zei.ro [kakiz'ejru] *sm Bot.* cachi, kaki.

ca.ra [k'arə] *sf* faccia. *Iron.* ceffo. *Fig. disp* muso, grifo, grugno. ≃ a ≃ a faccia a faccia, a viso a viso. ≃ amarrada grinta. *Fam.* ghigna. ≃ feia cipiglio, acciglimento. com ≃ de poucos amigos *agg* accigliato. de ≃ fechada *agg* arcigno. fazer ≃ feia guardare di traverso. *Fig.* rannuvolarsi. na ≃ de in faccia, sul viso di. quebrar a ≃ *Pop.* rompere il grifo. *Fig.* rompersi il collo. ter duas ≃ s avere due facce. *s Pop.* tipo, coso.

ca.ra.bi.na [karab'inə] *sf* carabina, schioppo.

ca.ra.col [karak'ɔw] *sm* chiocciola. ≃ dos cabelos riccio, ricciolo.

ca.rac.te.rís.ti.ca [karakter'istikə] *sf* caratteristica, carattere, qualità. *Fig.* prerogativa. ≃ s *pl* tratti. *Fig.* fisionomia.

ca.rac.te.rís.ti.co [karakter'istiku] *agg* caratteristico, tipico, individuale, precipuo.

ca.rac.te.ri.zar [karakteriz'ar] vt caratterizzare, individuare, individualizzare.

ca.ra-de-pau [karadip'aw] sf Pop. faccia, franchezza. Ger. sfacciataggine. Fig. faccia tosta. agg Pop. sfrontato. Ger. sfacciato.

ca.ra.du.ra [karad'urə] s Fig. faccia tosta.

ca.ra.man.chão [karamãʃ'ãw] sm frascato.

ca.ram.ba [kar'ãbə] int accidenti! caspita!

ca.ra.me.lar [karamel'ar] vt caramellare.

ca.ra.me.lo [karam'elu] sm caramellato.

ca.ra.mu.jo [karam'uʒu] sm chiocciola.

ca.ran.gue.jo [karãg'eʒu] sm Zool. granchio; granciporro. C≈ Astron. e Astrol. Cancro.

ca.ra.pa.ça [karap'asə] sf corazza.

ca.ra.tê [karat'e] sm Sp. caratè.

ca.rá.ter [kar'ater] sm carattere; indole, temperamento, natura; tipo di stampa, lettera dell'alfabeto. Fig. tempra, calibro, tessuto.

cu.ra.va.na [karav'ʌnə] sf carovana, convoglio.

ca.ra.va.nei.ro [karavan'ejru] sm carovaniere.

ca.ra.ve.la [karav'elə] sf caravella.

car.bo.na.to [karbon'atu] sm Chim. carbonato.

car.bo.ni.zar [karboniz'ar] vt carbonizzare.

car.bo.no [karb'onu] sm Chim. carbonio.

car.bún.cu.lo [karb'ũkulu] sm Med. antrace.

car.bu.ra.dor [karburad'or] sm Autom. carburatore.

car.bu.re.to [karbur'etu] sm Chim. carburo.

car.ca.ça [kark'asə] sf carcassa, carogna, cadavere di animale. Naut. e Aer. carcassa, scheletro.

cár.ce.re [k'arseri] sm carcere, ergastolo, prigione. Fig. galera, galea.

car.ce.rei.ro [karser'ejru] sm carceriere. Fig. boia.

car.dá.pio [kard'apju] sm lista delle vivande.

car.de.al [karde'aw] sm Zool. e Rel. cardinale. agg cardinale. pontos ≈ as punti cardinali.

car.dí.a.co [kard'iaku] sm+adj cardiaco.

car.di.gã [kardig'ã] sm cardigan.

car.di.nal [kardin'aw] agg cardinale.

car.dio.lo.gis.ta [kardjoloʒ'istə] sm cardiologo.

car.do [k'ardu] sm Bot. cardo.

ca.re.ca [kar'ekə] sm calvo. sf testa calva. disp zucca. agg calvo.

ca.rên.cia [kar'ẽsjə] sf carenza; mancanza, manco; deficienza.

ca.ren.te [kar'ẽti] s bisognoso, povero. agg carente, sfornito. Fig. digiuno.

ca.res.ti.a [karest'iə] sf carestia.

ca.re.ta [kar'etə] sf smorfia. Iron. grugno.

car.ga [k'argə] sf carico, soma; ricambio. Mil. carica. Fig. bagaglio. ≈ de arma cartoccio. ≈ de contrapeso Naut. contraccarico. de ≈ agg onerario.

car.go [k'argu] sm carica, ufficio, pasto, funzione. Fig. seggio. a meu ≈ per mio conto.

ca.ri.ar [kari'ar] vt+vi cariare.

ca.ri.á.ti.de [kari'atidi] sf Archit. cariatide.

ca.ri.ca.to [karik'atu] agg burlesco.

ca.ri.ca.tu.ra [karikat'urə] sf caricatura.

ca.ri.ca.tu.ris.ta [karikatur'istə] s caricaturista.

ca.rí.cia [kar'isjə] sf carezza, vezzo, festa. ≈s pl moine, lusinghe, tenerezze.

ca.ri.da.de [karid'adi] sf carità; beneficenza, assistenza; elemosina; filantropia. Fig. umanità. ≈ por interesse carità pelosa.

ca.ri.do.so [karid'ozu] agg caritatevole. Fig. benefico, umano.

cá.rie [k'arji] sf Med. carie.

ca.rim.bar [karĩb'ar] vt bollare, timbrare.

ca.rim.bo [karĩbu] sm bollo, timbro, marca.

ca.ri.nho [kar'iñu] sm amorevolezza, affetto, carezza, festa. ≈s pl lusinghe, tenerezze. fa-zer ≈ ammoinare.

ca.ri.nho.so [kariñ'ozu] agg amorevole, affettuoso, carezzevole, vezzeggiativo.

car.lin.ga [karl'ĩgə] sf Naut. e Aer. carlinga.

car.me.li.ta [karmel'itə] sm+agg Rel. carmelitano.

car.me.sim [karmez'ĩ] sm chermisi. agg chermisi, chermisino.

car.mim [karm'ĩ] sm carminio, chermisi.

car.nal [karn'aw] agg carnale; germano (fratello).

Car.na.val [karnav'aw] sm Carnevale.

car.na.va.les.co [karnaval'esku] agg carnevalesco, dionisiaco.

car.ne [k'arni] sf carne. Fam. ciccia. ≈ moída carne macinata. da cor de ≈ agg incarnato. de ≈ agg carneo. em ≈ e osso in carne e ossa. ≈s salgadas salume sg.

car.nei.ro [karn'ejru] sm Zool. pecoro, montone, ariete. C≈ Astron. e Astrol. Montone.

cár.neo [k'arnju] agg carneo.

car.ne-se.ca [karnis'ekə] sf carne secca.

car.ni.ça [karn'isə] sf carname.

car.ni.fi.ci.na [karnifis'inə] sf carneficina, massacro, strazio. Fig. beccheria, ecatombe.

car.ní.vo.ro [karn'ivoru] agg carnivoro.

car.nu.do [karn'udu] o car.no.so [karn'ozu] agg carnoso, ciccioso.

ca.ro [k'aru] agg caro; costoso, dispendioso. Fig. salato.

ca.ro.ço [kar'osu] sm Bot. nocciolo, torso, osso.

ca.ro.la [kar'ɔlə] s baciapile, bacchettone, bigotto.

ca.ro.na [kar'onə] sf passaggio. pedir ≈ chiedere un passaggio.

ca.ró.ti.da [kar'ɔtidə] sf Anat. carotide.

car.pa [k'arpə] *sf Zool.* carpio.

car.pin.tei.ro [karpĩt'ejru] *sm* carpentiere, falegname.

car.po [k'arpu] *sm Anat.* carpo.

car.ran.ca [kař'ãkə] *sf* grinta, cipiglio, accigliamento.

car.ran.cu.do [kařãk'udu] *agg* cipigliuto, acci-gliato, arcigno, burbero.

car.ra.pa.to [kařap'atu] *sm Zool.* zecca.

car.ras.co [kař'asku] *sm* carnefice, boia, giustiziere, esecutore di giustizia.

car.re.ga.do [kařeg'adu] *part+agg* carico; grave; affetto.

car.re.ga.dor [kařegad'or] *sm* facchino, portabagagli.

car.re.ga.men.to [kařegam'ẽtu] *sm* carico, arrivo, blocco di merce.

car.re.gar [kařeg'ar] *vt* caricare; aggravare, appesantire; portare, arrecare; asportare. ≃ **às costas** indossare. ≃ **medalha** fregiarsi.

car.rei.ra [kař'ejrɐ] *sf* carriera. **fazer** ≃ **fare strada. seguir** ≃ **militar** seguire la carriera delle armi. **seguir** ≃ **religiosa** vestire l'abito.

car.rei.ris.ta [kařejr'istə] *s+agg* carrierista, arrivista.

car.re.ta [kař'etə] *sf* baroccio. *Mil.* affusto.

car.re.tel [kařet'ew] *sm* rocchetto, bobina.

car.ril [kař'iw] *sm* rotaia, solco di ruota sulla terra.

car.ri.nho [kař'iñu] *sm dim* baroccio. ≃ **de mão** carretto.

car.ro [k'ařu] *sm* macchina, automobile, auto, vettura. ≃ **com placa de Gênova** macchina targata Genova. ≃ **de corrida** auto da corsa. ≃ **de praça** vettura di piazza, tassì. ≃ **de série** auto di serie. ≃ **esporte** vettura sport. ≃ **não motorizado** carro.

car.ro.ça [kař'ɔsə] *sf* cocchio, calesse. ≃ **de duas rodas** carretta.

car.ro.cei.ro [kařos'ejru] *sm* carrettiere.

car.ro.ce.ri.a [kařoser'iə] *sf Autom.* carrozzeria.

car.ro.ci.nha [kařos'iñə] *sf dim* ≃ **de cachorro** cassino.

car.ro-dor.mi.tó.rio [kařudormit'ɔrju] *sm* vettura letto, vagone letto.

car.ro-res.tau.ran.te [kařuřestawr'ãti] *sm* vettura ristorante, vagone ristorante.

car.ros.sel [kařos'ew] *sm* carosello, giostra.

car.ru.a.gem [kařu'aʒẽj] *sf* carrozza, carro, calesse, cocchio, vettura, cupè.

car.ta [k'artə] *sf* lettera, missiva. *Fig.* foglio, scritto. ≃ **anônima** lettera anonima. ≃ **de recomendação** lettera di raccomandazione,

commendatizia. ≃ **de vinhos** lista dei vini. ≃ **registrada com valor declarado** lettera assicurata. ≃ **registrada sem valor declarado** lettera raccomandata. ≃ **via aérea** lettera aerea.

car.tão [kart'ãw] *sm* cartolina; tessera, scheda; cartone. ≃ **de visita** biglietto da visita.

car.tão-pos.tal [kartãwpost'aw] *sm* cartolina illustrata; cartolina postale.

car.taz [kart'as] *sm* cartello, affisso, manifesto.

car.tei.ra [kart'ejrɐ] *sf* borsellino, borsa; tessera. ≃ **de identidade** carta d'identità. ≃ **de motorista** patente di guida.

car.tei.ri.nha [kartejr'iñə] *sf dim* tessera.

car.tei.ro [kart'ejru] *sm* portalettere, postino.

car.te.la [kart'elə] *sf* cartella. ≃ **de loto** polizza del lotto.

car.te.si.a.no [kartezi'ʌnu] *sm+agg* cartesiano.

car.ti.la.gem [kartil'aʒẽj] *sf* cartilagine.

car.ti.la.gi.no.so [kartilaʒin'ozu] *agg* cartilaginoso.

car.to.la [kart'ɔlə] *sf* tuba, cilindro.

car.to.man.te [kartom'ãti] *sf* cartomante.

car.tó.rio [kart'ɔrju] *sm* ufficio anagrafe.

car.tu.cho [kart'uʃu] *sm* cartoccio.

car.tu.xa [kart'uʃə] *sf Rel.* certosa.

car.tu.xo [kart'uʃu] o **car.tu.si.a.no** [kartuzi'ʌnu] *sm Rel.* certosino.

ca.run.cho [kar'ũʃu] *sm Zool.* tarlo.

car.va.lhal [karvaλ'aw] *sm* querceto, querceta.

car.va.lho [karv'aλu] *sm Bot.* quercia, ischio, rovere. ≃ **americano** quercitrone.

car.vão [karv'ãw] *sm* carbone; brace. ≃ **animal** carbone animale. ≃ **fóssil** antracite.

car.vo.ei.ro [karvo'ejru] *sm* carbonaio, bracino.

ca.sa [k'aza] *sf* casa; residenza. *Fig.* appartamento; nido, tetto, focolare. ≃ **da fazenda** fattoria. ≃ **da moeda** zecca. ≃ **de botão** occhiello, asola. ≃ **de campo** villa, casino, rustico. ≃ **de detenção** casa di pena, carcere. ≃ **de jogo** casa di giuoco, bisca, casinò. ≃ **de repouso** casa di riposo, asilo. ≃ **do xadrez** quadretto. ≃ **decimal** cifra decimale. ≃ **suspeita** o **de tolerância** bordello. ≃ **velha** casolare. **de** ≃ *agg Pop.* di casa. **em minha** ≃ a casa mia. **em** ≃ **de** *prep* da. **ficar fechado em** ≃ tapparsi in casa. **mudar de** ≃ trasferirsi. **ó de** ≃! ehi di casa! **ser da** ≃ frequentare, bazzicare. **voltar para** ≃ rincasare, ritirarsi.

ca.sa.ca [kaz'akə] *sf* finanziera. *Fam.* coda di rondine.

ca.sa.co [kaz'aku] *sm* casacca, mantello, paltò. ≃ **feminino** cappotta. ≃ **masculino** giacca.

ca.sa.dou.ro [kazad'owru] *agg* nubile. **moça** ≃ **a** ragazza da marito.

ca.sa-gran.de [kazagr'ãdi] *sf* casa padronale.

ca.sal [kaz'aw] *sm* coppia.

ca.sa.ma.ta [kazam'atə] *sf Mil.* casamatta.

ca.sa.men.to [kazam'ẽtu] *sm* matrimonio, sposalizio, nozze, connubio. *Fig.* unione. ≃ **de pessoas de religião diferente** matrimonio promiscuo. ≃ **civil** matrimonio civile. ≃ **religioso** matrimonio religioso.

ca.sa.qui.nho [kazak'iñu] *sf dim* giacchetto, giacchettino di donna, bolero.

ca.sar [kaz'ar] *vt* sposare; maritare; ammogliare. *Fig.* unire. *vpr* sposarsi; maritarsi; ammogliarsi. *Fig.* coniugarsi, armonizzare.

cas.ca [k'askə] *sf* corteccia; scorza; crosta; buccia; guscio.

cas.ca.lho [kask'aʎu] *sm* breccia.

cas.cão [kask'ãw] *sm* scorza. *Fam.* roccia.

cas.ca.ta [kask'atə] *sf Geogr.* cascata, salto.

cas.ca.vel [kaskav'ew] *sf Zool.* crotalo.

cas.co [k'asku] *sm Zool.* unghia; zoccolo. ≃ **de navio** *Naut.* scafo.

ca.se.bre [kaz'ebri] *sm* tugurio, stamberga, catapecchia, antro, baracca, bicocca, capanna. *Fig.* buco, spelonca, tana.

ca.sei.ro [kaz'ejru] *sm* casiere. *agg* casalingo; nostrano, nostrale, domestico; artigianale.

ca.ser.na [kaz'ernə] *sf Mil.* caserma.

ca.si.mi.ra [kazim'irə] *sf* casimira, casimirra.

ca.si.nha [kaz'iñə] *sf dim* casipola. ≃ **de cachorro** cuccia.

ca.so [k'azu] *sm* caso, episodio, evento, avvenimento, circostanza, contingenza. **fazer pouco** ≃ **de** ridersi di. **não fazer** ≃ **de** infischiarsi di. **se for o** ≃ se mai, se pure. *cong* se. ≃ **contrário** *cong* se no. **no** ≃ **de** *cong* caso mai, se mai.

cas.pa [k'aspə] *sf* forfora.

cas.sa.ção [kasas'ãw] *sf Giur.* cassazione.

cas.sar [kas'ar] *vt Giur.* cassare.

cas.sa.ta [kas'atə] *sf* cassata.

cas.se.te.te [kaset'eti] *sm* sfollagente, manganello.

cas.si.no [kas'inu] *sm* casinò, casa di giuoco.

cas.ta [k'astə] *sf* casta, ceto, classe.

cas.ta.nha [kast'ʌ̃ñə] *sf* castagna. ≃ **de caju** anacardio, acagiù. **tirar a** ≃ **do fogo com a mão do gato** cavar la castagna dal fuoco con la zampa del gatto.

cas.ta.nhei.ro [kastañ'ejru] *sm* castagno.

cas.ta.nho.las [kastañ'ɔləs] *sf pl Mus.* nacchere.

cas.te.lo [kast'elu] *sm* castello. **fazer** ≃ **s no ar** *Fig.* fare castelli in aria, fare dei lunari.

cas.ti.çal [kastis'aw] *sm* candeliere, bugia.

cas.ti.da.de [kastid'adi] *sf* castità; verginità; pudore.

cas.ti.gar [kastig'ar] *vt* castigare, punire, condannare. *Fig.* sistemare; sferzare.

cas.ti.go [kast'igu] *sm* castigo, pena, punizione, penitenza, condanna, fio. *Fig.* purgatorio, croce, sferza, tormento, verga, flagello. ≃ **eterno** *Fig.* inferno. **ter o** ≃ **que merece** pagare il fio.

cas.to [k'astu] *agg* casto; vergine, illibato; pudico. *Fig.* puro; platonico.

cas.tor [kast'or] *sm Zool.* castoro, bevero.

cas.tra.do [kastr'adu] *part+agg* castrato, menno.

cas.trar [kastr'ar] *vt* castrare, evirare, accapponare.

ca.su.al [kazu'aw] *agg* casuale, fortuito, contingente. **roupa** ≃ abito giovanile.

ca.sua.li.da.de [kazwalid'adi] *sf* casualità.

ca.su.ís.ta [kazu'istə] *sm* casista.

ca.su.lo [kaz'ulu] *sm* bozzolo.

ca.ta.clis.mo [katakl'izmu] *sm* cataclisma.

ca.ta.cum.ba [katak'ũbə] *sf* catacomba.

ca.ta.lep.si.a [kataleps'iə] *sf Med.* catalessi.

ca.ta.lép.ti.co [katal'eptiku] *sm+agg Med.* catalettico.

ca.ta.li.sar [kataliz'ar] *vt Chim.* e *Fig.* catalizzare.

ca.tá.li.se [kat'alizi] *sf Chim.* catalisi.

ca.ta.lo.gar [katalog'ar] *vt* catalogare; classificare; codificare.

ca.tá.lo.go [kat'alogu] *sm* catalogo; lista, elenco; campionario; tabella. ≃ **de livros** inventario di libri.

ca.ta.plas.ma [katapl'azmə] *sf* cataplasma.

ca.ta.pul.ta [katap'uwtə] *sf Mil.* catapulta, mangano.

ca.ta.ra.ta [katar'atə] *sf* cateratta, cascata. *Med.* cateratta.

ca.tar.ro [kat'aʀu] *sm Med.* catarro.

ca.tar.se [kat'arsi] *sf Med.* catarsi.

ca.tás.tro.fe [kat'astrofi] *sf* catastrofe, sciagura. *Fig.* apocalisse; dramma.

ca.tas.tró.fi.co [katastr'ɔfiku] *agg* catastrofico. *Fig.* apocalittico.

ca.ta-ven.to [katəv'ẽtu] *sm* girandola, mulinello. ≃ **do telhado** gallo.

cá.te.dra [k'atedrə] *sf* cattedra.

ca.te.dral [katedr'aw] *sf* cattedrale, duomo.

ca.te.drá.ti.co [katedr'atiku] *agg* cattedratico. *Fig.* sentenzioso.

ca.te.go.ri.a [kategor'iə] *sf* categoria; classe; tipo, ordine, gruppo.

ca.te.gó.ri.co [kateg′ɔriku] *agg* categorico, tassativo.

ca.te.que.se [katek′ezi] *sf* catechesi.

ca.te.qui.sar [katekiz′ar] *vt* catechizzare.

ca.te.quis.mo [katek′izmu] *sm* catechismo.

ca.te.to [kat′etu] *sm Geom.* cateto.

ca.te.ter [katet′er] *sm Med.* catetere.

ca.ti.van.te [kativ′ãti] *agg* accattivante. *Fig.* carezzevole.

ca.ti.var [kativ′ar] *vt* cattivarsi, conquistare.

ca.ti.vei.ro [kativ′ejru] *sm* cattività.

cá.to.do [k′atodu] *sm Fís.* catodo.

ca.to.li.cis.mo [katolis′izmu] *sm* cattolicesimo.

ca.tó.li.co [kat′ɔliku] *sm+agg* cattolico.

catorze → **quatorze.**

cau.ção [kaws′ãw] *sf Giur.* cauzione, garanzia.

cau.cho [k′awʃu] o **cau.chu** [kawʃ′u] *sm* caucciù.

cau.da [k′awdə] *sf* coda. *Astron.* coda, criniera. ≃ **de vestido** strascico.

cau.le [k′awli] *sm Bot.* caule, fusto; culmo.

cau.lim [kawl′ĩ] *sm* caolino.

cau.sa [k′awzə] *sf* causa, motivo, ragione. *Giur.* causa, causale. *Fig.* germe, fonte, radice. **falar com conhecimento de** ≃ parlare con cognizione di causa. **por** ≃ **de** *prep* a causa di, a causa che, in virtù di, per motivo di.

cau.sal [kawz′aw] *sf Giur.* causale. *agg* causale.

cau.sar [kawz′ar] *vt* causare; motivare, provocare, determinare, portare a; cagionare. *Fig.* arrecare, causare, creare, generare, produrre, eccitare, fruttare, sfociare a.

cáus.ti.co [k′awstiku] *agg* caustico, corrosivo.

cau.te.la [kawt′ɛlə] *sf* cautela, attenzione, prudenza, accortezza. *Fig.* saggezza. **agir com** ≃ *Fig.* andare coi piedi di piombo.

cau.te.lo.so [kawtel′ozu] *agg* prudente, savio, saggio, oculato.

cau.té.rio [kawt′ɛrju] *sm Med.* cauterio.

cau.te.ri.zar [kawteriz′ar] *vt Med.* cauterizzare.

cau.to [k′awtu] *agg* cauto, prudente.

ca.va.do [kav′adu] *part+agg* incavato, concavo, fondo.

ca.va.lar [kaval′ar] *agg* cavallino.

ca.va.la.ri.a [kavalar′iə] *sf* cavalleria.

ca.va.la.ri.ça [kavalar′isə] *sf* cavallerizza.

ca.va.la.ri.ço [kavalar′isu] *sm* cavallerizzo, palafreniere, stalliere.

ca.va.lei.ra [kaval′ejrə] *sf Sp.* amazzone.

ca.va.lei.ro [kaval′ejru] *sm* cavaliere.

ca.va.le.te [kaval′eti] *sm* cavalletto.

ca.val.ga.da [kavawg′adə] *sf* cavalcata.

ca.val.ga.du.ra [kavawgad′urə] *sf Pop.* stupido.

ca.val.gar [kavawg′ar] *vt* cavalcare, montare. *vi* cavalcare.

ca.va.lhei.res.co [kavaʎejr′esku] *agg* cavalleresco.

ca.va.lhei.ris.mo [kavaʎejr′izmu] *sm* cavalleria.

ca.va.lhei.ro [kavaʎ′ejru] *sm* gentiluomo, nobiluomo. *Fig.* signore.

ca.va.li.nho [kaval′iɲu] *sm dim* cavallino, puledro.

ca.va.lo [kav′alu] *sm* cavallo. **a** ≃ *avv* a cavalcioni. **a** ≃ **dado não se olham os dentes** a cavallo donato non si guarda in bocca. **andar a** ≃ cavalcare. ≃ **de corrida** corsiere, corsiero, cavallo da corsa. ≃ **de montaria** destriere. ≃ **de raça** puro sangue. ≃ **para ginástica** cavalletto.

ca.va.lo-ma.ri.nho [kavalumar′iɲu] *sm Zool.* ippocampo.

ca.va.lo-va.por [kavaluvap′or] o **cavalo de força** *sm Mecc.* cavallo vapore, cavallo dinamico.

ca.va.nha.que [kavaɲ′aki] *sm* pizzo.

ca.var [kav′ar] *vt* cavare, scavare; incavare.

ca.vei.ra [kav′ejrə] *sf Anat.* teschio.

ca.ver.na [kav′ɛrnə] *sf* caverna, spelonca, grotta, antro.

ca.ver.no.so [kavern′ozu] *agg* cavernoso. *Fig.* profondo, cupo.

ca.vi.ar [kavi′ar] *sm* caviale.

ca.vi.da.de [kavid′adʒi] *sf* cavità, cavo; avvallamento, concavità, incavatura; fossa, scavo.

ca.vi.lha [kav′iʎə] *sf* caviglia, cavicchio.

ca.vo [k′avu] *agg* cavo.

ca.xi.as [kaʃ′iəs] *s Ger.* sgobbone.

ca.xum.ba [kaʃ′übə] *sf Med.* gattoni. *Pop.* orecchioni.

cê [s′e] *sm* ci, il nome della lettera C.

ce.ar [se′ar] *vt+vi* cenare.

ce.bo.la [seb′olə] *sf* cipolla. **plantação de** ≃ **s** cipollaio.

ce.bo.li.nha [sebol′iɲə] *sf dim Bot.* scalogno.

ce.cí.dia [ses′idʒə] *sf Bot.* galla.

cê-dê-e.fe [sede′efi] *s Ger.* sgobbone.

ce.der [sed′er] *vt* cedere, alienare, rilasciare, dare. *Giur.* trapassare (diritto, proprietà). *vi* cedere; concedersi, smontarsi, darla vinta.

ce.do [s′edu] *avv* presto, pertempo. **bem** ≃ di buonora. **mais** ≃ prima. **mais** ≃ **ou mais tarde** prima o poi, quando che sia. **o mais** ≃ **possível** quanto prima.

ce.dro [s′edru] *sm Bot.* cedro.

cé.du.la [s′edulə] *sf* cedola, cupone, tagliando, effetto. ≃ **s** *pl* biglietti, valori. ≃ **eleitoral** scheda elettorale.

ce.fa.léi.a [sefal′ejə] sf Med. cefalea, cefalalgia. Pop. mal di testa.

ce.fá.li.co [sef′aliku] agg cefalico.

ce.gar [seg′ar] vt accecare; folgorare; abbacinare, abbagliare; rintuzzare, sfilare.

ce.go [s′egu] sm+agg cieco, orbo. às ≃as avv a chius'occhio. ir às ≃as andar tastoni. pior ≃ é aquele que não quer ver non v'è peggior sordo di chi non vuol udire.

ce.go.nha [seg′oɲə] sf Zool. cicogna.

ce.guei.ra [seg′ejrə] sf cecità, accecamento.

cei.a [s′ejə] sf cena.

cei.fa [s′ejfə] sf segatura.

cei.far [sejf′ar] vt segare, mietere, falciare.

ce.la [s′elə] sf cella; cubicolo.

ce.le.bra.ção [selebras′ãw] sf cerimonia. Fig. apoteosi.

ce.le.brar [selebr′ar] vt celebrare; commemorare, festeggiare; acclamare, decantare. Rel. celebrare, officiare (la messa).

ce.le.bra.ti.vo [selebrat′ivu] agg commemorativo.

cé.le.bre [s′elebri] agg celebre; famoso, rinomato, insigne; illustre, conosciuto.

ce.le.bri.da.de [selebrid′adʒi] sf celebrità; fama, gloria; personaggio illustre.

ce.lei.ro [sel′ejru] sm granaio.

cé.le.re [s′eleri] agg celere, veloce.

ce.les.te [sel′esti] agg celeste; ceruleo.

ce.les.ti.al [selesti′aw] agg celestiale; santo. Poet. etereo.

ce.li.ba.tá.rio [selibat′arju] sm+agg celibatario.

ce.li.ba.to [selib′atu] sm celibato.

cé.lu.la [s′elulə] sf cellula. ≃ fotoelétrica cellula fotoelettrica, fotocellula, occhio elettrico.

ce.lu.lar [selul′ar] agg cellulare.

ce.lu.ló.i.de [selul′ɔjdʒi] sm celluloide.

ce.lu.lo.se [selul′ɔzi] sf cellulosa.

cem [s′ẽj] sm+num cento. de ≃ anos (de idade) centenne. uns ≃, umas ≃ un centinaio.

ce.mi.té.rio [semit′erju] sm cimitero, camposanto.

ce.na [s′enə] sf Teat. scena. Fig. commedia. entrar em ≃ entrare in scena.

ce.ná.rio [sen′arju] sm Teat. scenario, scena.

cê.ni.co [s′eniku] agg Teat. scenico.

ce.no.gra.fi.a [senograf′iə] sf Teat. scenografia, messinscena.

ce.nó.gra.fo [sen′ɔgrafu] sm Teat. scenografo.

ce.nou.ra [sen′owrə] sf carota.

cen.so [s′ẽsu] sm censo.

cen.sor [sẽs′or] sm censore.

cen.su.ra [sẽs′urə] sf censura; riprovazione, biasimo; ramanzina, sgridata. Fig. sermone.

cen.su.rar [sẽsur′ar] vt censurare; rimbrottare; espurgare. Fig. criticare, deplorare.

cen.tau.ro [sẽt′awru] sm Mit. centauro.

cen.ta.vo [sẽt′avu] sm centesimo. não vale um ≃ non vale un quattrino.

cen.tei.o [sẽt′eju] sm Bot. segale, segala.

cen.te.lha [sẽt′eʎə] sf scintilla, favilla.

cen.te.na [sẽt′enə] sf cento, centinaio.

cen.te.ná.rio [sẽten′arju] sm centenario. agg centenario, centenne. Fig. secolare.

cen.te.si.mal [sẽtezim′aw] agg centesimale.

cen.té.si.mo [sẽt′ezimu] sm+num centesimo.

cen.ti.gra.ma [sẽtigr′∧mə] sm centigrammo.

cen.to [s′ẽtu] sm cento.

cen.to.péi.a [sẽtop′ejə] sf centogambe.

cen.tral [sẽtr′aw] agg centrale.

cen.tra.li.zar [sẽtraliz′ar] vt centralizzare, accentrare, incentrare. vpr incentrarsi.

cen.trar [sẽtr′ar] vt centralizzare.

cen.trí.fu.go [sẽtr′ifugu] agg centrifugo.

cen.trí.pe.to [sẽtr′ipetu] agg centripeto.

cen.tro [s′ẽtru] sm centro; nucleo; mezzo. Fig. asse, cuore, nocciolo, umbilico; focolaio (di ribellione).

cen.tro.a.van.te [sẽtruav′ãti] sm Sp. centro avanti.

cen.tu.pli.car [sẽtuplik′ar] vt centuplicare.

cên.tu.plo [s′ẽtuplu] sm+num centuplo.

cen.tú.ria [sẽt′urjə] sf centuria.

cen.tu.ri.ão [sẽturi′ãw] sm centurione.

ce.pa [s′epə] sf Bot. ceppa.

ce.po [s′epu] sm ceppo, toppo.

ce.ra [s′erə] sf cera; lustro, lucido; patina. de ≃ agg cereo, ceroso. ≃ dos ouvidos cerume.

ce.rá.ceo [ser′asju] agg ceroso.

ce.râ.mi.ca [ser′∧mikə] sf ceramica, terraglia.

Cér.be.ro [s′erberu] np Mit. Cerbero.

cer.ca [s′erkə] sf steccato, recinto; siepe. ≃ de prep intorno a, suppergiù, verso.

cer.ca.do [serk′adu] sm steccato. ≃ de bebê recinto.

cer.car [serk′ar] vt circondare, cingere, chiudere; cintare; contornare. Mil. assediare, aggirare. an Fig. avvolgere. vpr circondarsi.

cer.co [s′erku] sm assedio.

cer.das [s′erdəs] sf pl setola sg.

ce.re.al [sere′aw] sm cereale, biade pl.

ce.re.be.lo [sereb′elu] sm Anat. cervelletto.

ce.re.bral [serebr′aw] agg cerebrale.

cé.re.bro [s′erebru] sm Anat. cervello, cerebro. Fig. cranio.

ce.re.ja [ser′eʒə] sf ciliegia. ≃ marasca marasca, amarasca.

ce.re.jei.ra [sereʒ'ejrə] *sf* ciliegio.
cé.reo [s'ɛrju] *agg* ceroso.
ce.ri.mô.nia [serim'onjə] *sf* cerimonia, rituale, gala. *Rel.* cerimonia, rito, funzione. **fazer** ≃ fare i convenevoli.
ce.ri.mo.ni.al [serimoni'aw] *sm* cerimoniale, cerimonia. *Fig.* rito, rituale. *agg* cerimoniale.
ce.ri.mo.ni.ar [serimoni'ar] *vi* cerimoniare.
ce.ri.mo.ni.o.so [serimoni'ozu] *agg* cerimonioso, formale.
cer.ra.ção [seʀas'ãw] *sf* foschia, bruma.
cer.ra.do [seʀ'adu] *agg* denso, folto; chiuso.
cer.rar [seʀ'ar] *vt* serrare, chiudere, racchiudere, rinserrare.
cer.ta.men.te [sertam'ẽti] *avv* certamente, certo, sicuro, senz'altro.
cer.te.za [sert'ezə] *sf* certezza; sicurezza, assicuramento. **com** ≃ *avv* certo, senza fallo, senza forse. **com** ≃! *int* sicuro! altro che! **ter** ≃ credere.
cer.ti.fi.ca.do [sertifik'adu] *sm* certificato; attestato, fede; diploma; carta, patente.
cer.ti.fi.car [sertifik'ar] *vt* certificare; accertare, raccertare; cerziorare. *vpr* assicurarsi; accertarsi, raccertarsi; cerziorarsi.
cer.to [s'ɛrtu] *agg* certo; corretto; sicuro; infallibile. **dar** ≃ **(empreendimento)** azzeccare. **estar** ≃ **(pessoa)** aver ragione; **(relógio)** andar bene. **um** ≃ *pron* cotale.
ce.rú.leo [ser'ulju] *agg* ceruleo.
cer.ve.ja [serv'eʒa] *sf* birra.
cer.ve.ja.ri.a [serveʒar'iə] *sf* birreria.
cer.ve.jei.ro [serveʒ'ejru] *sm* birraio.
cer.viz [serv'is] *sf* cervice.
cer.vo [s'ɛrvu] *sm Zool.* cervo. ≃ **jovem** cerbiatto.
cé.sar [s'ɛzar] *sm* cesare. **a C**≃ **o que é de C**≃ a Cesare quello che è di Cesare.
ce.sa.ri.a.na [sezari'ʌnə] *sf Med.* taglio cesareo. *agg* cesareo.
cé.sio [s'ɛzju] *sm Chim.* cesio.
ces.são [ses'ãw] *sf* cessione, rilascio.
ces.sar [ses'ar] *vi* cessare, finire; smettere di.
ces.sio.ná.rio [sesjon'arju] *sm Giur.* cessionario. *Comm.* giratario.
ces.ta [s'estə] *sf* cesta, canestra; paniere. ≃ **de madeira** zana. ≃ **de pão** cavagno. ≃ **de vime ou palha** corba.
ces.tei.ro [sest'ejru] *sm* cestaio.
ces.ti.nha [sest'iɲə] *sf dim* ou **ces.ti.nho** [sest'iɲu] *sm dim* cestino, corbello.
ces.to [s'estu] *sm* cesto, canestro, cavagno. ≃ **da gávea** *Naut.* gabbia. ≃ **para bebê** cestino. ≃ **pequeno** corbello.
ce.tá.ceo [set'asju] *sm*+*agg Zool.* cetaceo.

ce.ti.cis.mo [setis'izmu] *sm* scetticismo. *Fig.* disfattismo.
cé.ti.co [s'etiku] *agg* scettico. *Fig.* cauto.
ce.tim [set'ĩ] *sm* raso.
ce.tro [s'ɛtru] *sm* scettro.
céu [s'ɛw] *sm* cielo. *Poet.* etere. ≃ **da boca** *Pop.* volta palatina.
ce.va.da [sev'adə] *sf Bot.* orzo.
chá [ʃ'a] *sm* tè; tisana, infusione.
cha.cal [ʃak'aw] *sm Zool.* sciacallo.
cha.ci.na [ʃas'inə] *sf* carneficina, massacro.
cha.ci.nar [ʃasin'ar] *vt* massacrare. *Fig.* macellare.
cha.co.ta [ʃak'ɔtə] *sf* canzonatura, beffa. *Fig.* stoccata.
cha.fa.riz [ʃafar'is] *sm* fontana.
cha.fur.dar [ʃafurd'ar] *vi* sguazzare, guazzare, grufolarsi.
cha.ga [ʃ'agə] *sf* piaga.
cha.lei.ra [ʃal'ejrə] *sf* teiera.
cha.lé [ʃal'ɛ] *sm* baita.
cha.lu.pa [ʃal'upə] *sf Naut.* scialuppa.
cha.ma [ʃ'ʌmə] *sf* fiamma, vampa, vampata. *Fig.* fiaccola.
cha.ma.da [ʃam'adə] *sf* chiamata; appello; telefonata. *Pop.* ammonizione.
cha.ma.do [ʃam'adu] *sm* richiamo, appello. *part*+*agg* chiamato, detto.
cha.mar [ʃam'ar] *vt* chiamare; denominare, nominare, battezzare, intitolare; appellare, convocare. *vpr* chiamarsi, denominarsi, nominarsi, intitolarsi. ≃ **a atenção** richiamare l'attenzione. ≃ **a si** avocare. ≃ **de você** dare del tu. ≃ **público** *Cin.* e *Teat.* richiamare. **ir** ≃ andare per, andare da.
cha.ma.riz [ʃamar'is] *sm* zimbello, esca. *Fig.* zuccherino.
cha.ma.ti.vo [ʃamat'ivu] *agg* vistoso, sgargiante.
cham.bre [ʃ'ãbri] *sm* vestaglia, accappatoio.
cha.me.jar [ʃameʒ'ar] *vi* vampeggiare, fiammeggiare, fiammare.
cha.mi.né [ʃamin'ɛ] *sf* camino, focolare; ciminiera, fumaiolo, fumarolo.
cham.pa.nha [ʃãp'aɲa] *sf* sciampagna.
cha.mus.car [ʃamusk'ar] *vt* bruciare, abbronzare.
cha.mus.co [ʃam'usku] *sm* bruciaticcio.
chan.ce.la.ri.a [ʃãselar'iə] *sf* cancelleria.
chan.ce.ler [ʃãsel'ɛr] *sm* cancelliere.
chan.ta.ge.ar [ʃãtaʒe'ar] *vt Giur.* ricattare.
chan.ta.gem [ʃãt'aʒẽj] *sf Giur.* ricatto.

chan.til.ly [ʃãtil´í] o creme chantilly *sm* panna montata.

chão [ʃ´ãw] *sm* terra, suolo. beijar o ≃ mordere la polvere, cader vinto.

cha.pa [ʃ´apə] *sf* targa; lamiera; bistecchiera. *Autom.* targa, placca. ≃ de ferro piastra. ≃ de metal lastra. ≃fina lamiera.

cha.pa.da [ʃap´adə] *sf Geogr.* tavoliere.

cha.pe.ar [ʃape´ar] *vt* laminare.

cha.pe.la.ri.a [ʃapelar´iə] *sf* cappelleria.

cha.pe.lei.ra [ʃapel´ejrə] *sf* cappelliera, custodia per cappelli.

cha.pe.lei.ro [ʃapel´ejru] *sm* cappellaio.

cha.péu [ʃap´ɛw] *sm* cappello; berretto. ≃ de feltro feltro. ≃ de palha paglia. tirar o ≃ scappellarsi, scoprirsi.

cha.ra.da [ʃar´adə] *sf* sciarada, indovinello, enigma. *Fig.* rompicapo.

char.co [ʃ´arku] *sm* fango, pantano, brago, palude, acquitrino, stagno.

char.la.tão [ʃarlat´ãw] *sm* ciarlatano.

char.ne.ca [ʃarn´ɛkə] *sf* landa, sodo.

char.pa [ʃ´arpə] *sf* ciarpa.

cha.ru.ta.ri.a [ʃarutar´iə] *sf* tabaccheria.

cha.ru.tei.ro [ʃarut´ejru] *sm* tabaccaio.

cha.ru.to [ʃar´utu] *sm* sigaro. ≃ havana sigaro avana.

chas.si [ʃas´i] *sm Autom.* telaio.

cha.ta [ʃ´atə] *sf Naut.* chiatta.

cha.te.a.ção [ʃateas´ãw] *sf* molestia, disturbo, grigiore. *Ger.* barba. *Pop.* noia, uggia. *Fam.* grattacapo. *Fig.* macigno. que ≃! *Iron.* è un bell'affare!

cha.te.a.do [ʃate´adu] *part+agg* annoiato, buzzo.

cha.te.ar [ʃate´ar] *vt* annoiare. *Fam.* disturbare. *vpr* annoiarsi.

cha.ti.ce [ʃat´isi] *sf* rompimento. *Fam.* rompimento di tasche. *Fig. Pop.* mattone.

cha.to [ʃ´atu] *sm Zool.* piattola, specie di parassita. *Pop.* zanzara, seccante. *Fam.* rompiscatole, rompitasche. *Fig.* mosca, mignatta, persona noiosa. *agg* piatto, chiatto, camuso; monotono. *Pop.* noioso, uggioso, seccante, stucchevole. *Fam.* importuno.

cha.vão [ʃav´ãw] *sm aum* cliché. *Iron.* frase fatta. *Fig.* luogo comune.

cha.ve [ʃ´avi] *sf* chiave. ≃ de código cifrario. ≃ de fenda o de parafusos cacciavite. ≃ falsa contracchiave.

cha.vei.ro [ʃav´ejru] *sm* portachiavi.

che.fão [ʃef´ãw] *sm* capoccia.

che.fa.tu.ra [ʃefat´urə] *sf* ≃ de polícia questura.

che.fe [ʃ´efi] *sm* capo, comandante, condottiere, principale, capoccia, capufficio. *Fig.* guida, testa, capitano. ≃ de cozinha capocuoco. ≃ de estação capostazione. ≃ de família capo famiglia, capo di casa. ≃ de polícia questore. ≃ de quadrilha capobanda. ≃ de repartição capodivisione. ≃ de seção caposezione. ≃ de um grupo musical capobanda. ≃ dos garçons capocameriere.

che.fi.ar [ʃefi´ar] *vt* capitanare, comandare, capeggiare. *Fig.* condurre, guidare.

che.ga.da [ʃeg´adə] *sf* arrivata, arrivo, comparsa, venuta. *Fig.* sbarco.

che.ga.do [ʃeg´adu] *agg* prossimo, vicino. *Fig.* stretto.

che.gar [ʃeg´ar] *vt* arrivare. *vi* arrivare, giungere, venire. *Fig.* avvicinarsi, approdare; capitare. ≃ a montare a, ascendere a (spesa, valore); divenire, pervenire a, ridursi a. ≃ inesperadamente sopraggiungere, sopravvenire. ≃ para bastare per, sopperire a. chega! *int* basta! *Iron.* buona notte!

chei.a [ʃ´ejə] *sf* piena.

chei.o [ʃ´eju] *agg* pieno; colmo; carico; ricolmo; fitto, folto; esuberante; sazio (di cibo); zeppo; repleto, infestato. *Fig.* sazio, stufo; pregno. ≃ de si baldanzoso. ≃de stufo di. muito ≃ ripieno.

chei.rar [ʃejr´ar] *vt* odorare, fiutare. ≃ a odorare di; sapere di; puzzare di.

chei.ro [ʃ´ejru] *sm* odore, fiuto. ≃ de corpo lezzo. ≃ de queimado bruciaticcio. mau ≃ puzzo, tanfo, lezzo. sentir o ≃ de odorare. ter ≃ de odorare a, sentire di.

chei.ro.so [ʃejr´ozu] *agg* odorato, odorifero, odorante. *Poet.* olente.

che.que [ʃ´ɛki] *sm* assegno bancario. ≃ cruzado assegno sbarrato. ≃ sem fundos assegno a vuoto. *Fig.* cabriolet.

che.vi.o.te [ʃevi´ɔti] *sm* cheviot.

chi.a.dei.ra [ʃiad´ejrə] *sf* ≃ dos pulmões *Med.* scricchiolio.

chi.a.do [ʃi´adu] *sm* cigolio, stridore.

chi.an.te [ʃi´ãti] *agg* stridente, stridulo.

chi.an.ti [ki´ãti] *sm* chianti.

chi.ar [ʃi´ar] *vi* stridere, cigolare.

chi.ba.ta [ʃib´atə] *sf* sferza, frusta, flagello.

chi.ba.ta.da [ʃibat´adə] *sf* sferzata.

chi.cle.te [ʃikl´eti] *sm* gomma da masticare.

chi.có.ria [ʃik´ɔrjə] *sf Bot.* cicoria, radicchio.

chi.co.ta.da [ʃikot´adə] *sf* sferzata.

chi.co.te [ʃik´ɔti] *sm* sferza, nerbo, scudiscio, staffile, frusta.

chi.co.te.ar [ʃikote'ar] vt sferzare, frustare, flagellare. Lett. fustigare.

chi.fre [ʃ'ifri] sm corno. ≃ s (no marido traído) pl Volg. corna. ser do ≃ furado Fig. avere addosso l'argento vivo.

chi.fru.do [ʃifr'udu] agg cornuto.

chil.re.ar [ʃiwr̃e'ar] vi garrire.

chim.pan.zé [ʃĩpãz'ɛ] sm scimpanzé.

chin.chi.la [ʃĩʃ'ilə] sf Zool. cinciglia.

chi.ne.lo [ʃin'elu] sm o chi.ne.la [ʃin'elə] sf ciabatta, pantofola, babbuccia.

chi.nês [ʃin'es] s+agg cinese.

chi.que [ʃ'iki] agg Pop. fine, fino.

chi.quei.ro [ʃik'ejru] sm an Fig. porcaio, porcaro, porcile.

chis.par [ʃisp'ar] vi guizzare.

chis.te [ʃ'isti] sm barzelletta, arguzia. Fig. battuta.

cho.ça [ʃ'ɔsə] sf tugurio.

cho.ca.dei.ra [ʃokad'ejrə] sf madre artificiale.

cho.ca.do [ʃok'adu] part+agg Fig. scosso.

cho.ca.lho [ʃok'aʎu] sm sonaglio; squilla.

cho.car [ʃok'ar] vt covare (uovo). Fig. scuotere, scandalizzare. vpr urtarsi, cozzare. Fig. scuotersi, scandalizzarsi.

cho.co [ʃ'oku] sm cova. agg covaticcio; barlaccio.

cho.co.la.te [ʃokol'ati] sm cioccolata, cioccolato; bonbon.

cho.fer [ʃof'er] sm conducente, autista. ≃ de praça autista di piazza.

cho.que [ʃ'ɔki] sm urto, urtata, botta, shock. Fig. mazzata, tuffo. ≃ elétrico scossa elettrica. ≃ emocional colpo.

cho.ra.dei.ra [ʃorad'ejrə] sf piagnisteo.

cho.ra.min.gar [ʃoramĩg'ar] vi piagnucolare, gemere, frignare. Fig. belare, gagnolare.

cho.rar [ʃor'ar] vt piangere; lamentare. vi piangere. disp frignare. Fig. singhiozzare, singultare.

cho.rão [ʃor'ãw] sm frignone. Bot. salcio, salcio piangente.

cho.ro [ʃ'oru] sm pianto. Poet. duolo. Fig. singhiozzo, singulto.

chou.pa.na [ʃowp'Ãnə] sf stamberga, antro.

chou.po [ʃ'owpu] sm Bot. pioppo.

cho.ver [ʃov'er] vi an Fig. piovere. ≃ no molhado Pop. piovere sul bagnato. ≃ torrencialmente diluviare. parar de ≃ spiovere.

chu.cru.te [ʃukr'uti] sm sarcrauti pl.

chu.lei.o [ʃul'eju] sm sopraffilo.

chum.bar [ʃũb'ar] vt piombare, impiombare.

chum.bi.nho [ʃũb'iñu] sm dim pallino (di arma da fuoco).

chum.bo [ʃ'ũbu] sm Chim. piombo.

chu.par [ʃup'ar] vt succhiare.

chu.pe.ta [ʃup'etə] sf tettarella, succhiotto.

chur.ras.ca.ri.a [ʃuřaskar'iə] sf rosticceria.

chur.ras.co [ʃuř'asku] sm manzo allo spiedo.

chu.tar [ʃut'ar] vt+vi dar calci.

chu.te [ʃ'uti] sm calcio; tiro.

chu.va [ʃ'uvə] sf Met. pioggia. Fig. nembo, gran quantità. ≃ de pedra Pop. gragnuola. ≃ de verão passata. ≃ torrencial diluvio. quem sai na ≃ é para se molhar chi va al mulino si infarina.

chu.va.ra.da [ʃuvar'adə] sf scroscio.

chu.vei.ro [ʃuv'ejru] sm doccia.

chu.vis.car [ʃuvisk'ar] vi spruzzare.

chu.vis.co [ʃuv'isku] sm acquerella, acquolina.

chu.vo.so [ʃuv'ozu] agg piovoso.

ci.á.ti.ca [si'atikə] sf Med. sciatica.

ci.á.ti.co [si'atiku] agg Anat. sciatico.

ci.ca.triz [sikatr'is] sf cicatrice, stigma, segno, sfregio.

ci.ca.tri.za.ção [sikatrizas'ãw] sf cicatrizzazione, saldatura.

ci.ca.tri.zar [sikatriz'ar] vt cicatrizzare, saldare. vi+vpr cicatrizzarsi, richiudersi.

ci.ce.ro.ne [siser'oni] sm cicerone, guida.

ci.ce.ro.ne.ar [siserone'ar] vt guidare.

ci.ci.o [sis'iu] sm bisbiglio, fruscio.

ci.clâ.men [sikl'Ãmɛ] o ci.cla.me [s'iklami] sm Bot. ciclamino.

cí.cli.co [s'ikliku] agg ciclico.

ci.clis.mo [sikl'izmu] sm ciclismo.

ci.clis.ta [sikl'istə] s+agg ciclista.

ci.clo [s'iklu] sm ciclo. Fig. avvicendamento.

ci.clo.ne [sikl'oni] sm ciclone, tifone.

ci.clo.pe [sikl'ɔpi] sm Mit. ciclope.

ci.cu.ta [sik'utə] sf Bot. cicuta.

ci.da.da.ni.a [sidadan'iə] sf cittadinanza; nazionalità; naturalità.

ci.da.dão [sidad'ãw] sm cittadino, privato.

ci.da.de [sid'adi] sf città. ≃ fantasma Fig. necropoli. ≃ fortificada Mil. piazzaforte, piazza forte, piazza di guerra.

ci.da.de.la [sidad'ɛlə] sf cittadella, rocca.

ci.dra [s'idrə] sf Bot. cedro.

ci.drei.ra [sidr'ejrə] sf Bot. cedro.

ci.ên.cia [si'ẽsjə] sf scienza; sapere; conoscimento; dottrina.

ci.en.te [si'ẽti] agg sciente, consapevole, conscio.

ci.en.tí.fi.co [siẽt'ifiku] agg scientifico.

ci.en.tis.ta [siẽt'istə] sm scienziato, studioso.

ci.fra [s'ifrə] sf cifra.

ci.frar [sifr'ar] vt cifrare, codificare.

ci.frá.rio [sifr'arju] sm cifrario.

ci.ga.no [sig'∧nu] *sm* zingaro, zigano; girovago. ≃ **espanhol** gitano.

ci.gar.ra [sig'aɾə] *sf Zool.* cicala.

ci.gar.rei.ra [sigaɾ'ejɾə] *sf* portasigarette.

ci.gar.ro [sig'aɾu] *sm* sigaretta.

ci.la.da [sil'adə] *sf* imboscata, agguato, appostamento, posta; insidia; tranello. *Fam.* chiapperello. *Fig.* laccio, rete, trabocchetto. **cair em** ≃ incappare. **preparar** ≃ appostare.

ci.lha [s'iλə] *sf* cinghia.

ci.lhar [siλ'ar] *vt* cinghiare.

ci.li.ar [sili'ar] *agg* ciliare.

ci.lí.cio [sil'isju] *sm* cilicio, strumento di tortura.

ci.lín.dri.co [sil'īdriku] *agg* cilindrico.

ci.lin.dro [sil'īdru] *sm* cilindro, rullo.

cí.lio [s'ilju] *sm Anat.* ciglio.

ci.ma [s'imə] *sf* cima, vetta. **de** ≃ **para baixo** *avv* dall'alto in basso, a volo d'uccello. **em** ≃ *avv* sopra, addosso, insù, su. **em** ≃ **de** *prep* addosso a, su.

cím.ba.lo [s'ībalu] *sm Mus.* cimbalo.

ci.men.tar [simēt'ar] *vt* cementare.

ci.men.to [sim'ētu] *sm* cemento. ≃ **armado** cemento armato.

ci.mi.tar.ra [simit'aɾə] *sf* scimitarra.

ci.mo [s'imu] *sm* vetta, cocuzzolo.

ci.na.bre [sin'abri] *sm Chim.* cinabro.

cin.co [s'īku] *sm+num* cinque. ≃ **mil** cinquemila. **de** ≃ **anos (de idade)** cinquenne.

Cin.de.re.la [sīdeɾ'ɛlə] *np* La Cenerentola.

cin.dir [sīd'ir] *vt Lett.* scindere.

ci.ne.ma [sin'emə] *sm* cinema. **ir ao** ≃ andare al cinema.

ci.ne.mas.co.pe [sinemask'opi] *sm* cinemascope.

ci.ne.ma.te.ca [sinemat'ɛkə] *sf* cineteca.

ci.ne.má.ti.ca [sinem'atikə] *sf Fis.* cinematica.

ci.ne.ma.tó.gra.fo [sinemat'ɔgrafu] *sm* cinematografo.

ci.né.ti.ca [sin'etikə] *sf Fis.* cinetica.

cin.gir [sīʒ'ir] *vt* avvincere, abbracciare.

cí.ni.co [s'iniku] *sm* cinico. *Fig.* faccia tosta. *agg* cinico.

ci.nis.mo [sin'izmu] *sm* cinismo.

ci.no.fi.li.a [sinofil'iə] *sf* cinofilia.

ci.nó.fi.lo [sin'ɔfilu] *sm* cinofilo.

cin.qüen.ta [sīk'wẽtə] *sm+num* cinquanta. ≃ **avos** cinquantesimo, quinquagesimo. **uns** ≃ , **umas** ≃ una cinquantina.

cin.ti.la.ção [sītilas'ãw] *sf* sfavillio.

cin.ti.lan.te [sītil'ãti] *agg* scintillante, brillante.

cin.ti.lar [sītil'ar] *vi* scintillare, sfavillare, brillare.

cin.to [s'ītu] *sm* o **cin.ta** [s'ītə] *sf* cinto, cinta, cinghia, cintola, cintura. ≃ **de segurança** *Autom.* cintura di sicurezza. ≃ **salva-vidas** *Naut.* cintura di salvataggio.

cin.tu.ra [sīt'urə] *sf Anat.* cintura, cintola, vita.

cin.tu.rão [sītur'ãw] *sm* cinturone, cinta, correggia. ≃ **verde** zona verde.

cin.za [s'īzə] *sm* grigio. *agg* grigio, cenerino, cinereo.

cin.zas [s'īzəs] *sf pl* cenere *sg*, cenerume *sg*, bruciaticcio *sg*. **reduzir a** ≃ *Fig.* ridurre in polvere, distruggere.

cin.zei.ro [sīz'ejru] *sm* portacenere, posacenere.

cin.zel [sīz'ew] *sm* cesello, scalpello, ciappola.

cin.ze.lar [sīzel'ar] *vt* cesellare.

cin.zen.to [sīz'ẽtu] *agg* grigiastro, bigio.

ci.pres.te [sipr'esti] *sm Bot.* cipresso.

ci.ran.da [sir'ãdə] *sf* danza infantile, fatta in circolo; cola, vaglio.

cir.cen.se [sirs'ẽsi] *agg* circense, del circo.

cir.co [s'irku] *sm* circo.

cir.cui.to [sirk'ujtu] *sm* circuito; giro, cerchio; autodromo.

cir.cu.la.ção [sirkulas'ãw] *sf* circolazione. **fora de** ≃ **(moeda)** fuori corso. **tirar de** ≃ *Econ.* mettere il fermo a.

cir.cu.lar [sirkul'ar] *vt* circondare, rigirare. *vi* circolare; girare. *agg* circolare; rotondo; tondo.

cír.cu.lo [s'irkulu] *sm* circolo; circonferenza; cerchio, tondo; giro, ambiente, cerchia; associazione. ≃ **social** *Fig.* sfera. ≃ **vicioso** circolo vizioso. **voar em** ≃ *s* far la ruota.

cir.cu.na.ve.ga.ção [sirkunavegas'ãw] *sf Naut.* circumnavigazione, periplo.

cir.cu.na.ve.gar [sirkunaveg'ar] *vt* circumnavigare, aggirare.

cir.cun.ci.dar [sirkūsid'ar] *vt* circoncidere.

cir.cun.ci.so [sirkūs'izu] o **cir.cun.ci.da.do** [sirkūsid'adu] *part+agg* circonciso.

cir.cun.ci.são [sirkūsiz'ãw] *sf* circoncisione.

cir.cun.dar [sirkūd'ar] *vt* circondare, contornare, attorniare, cintare.

cir.cun.fe.rên.cia [sirkūfer'ẽsjə] *sf Geom.* circonferenza, circolo, cerchio.

cir.cun.fle.xo [sirkūfl'ɛsu] *agg* circonflesso.

cir.cun.lo.cu.ção [sirkūlokus'ãw] *sf* circonlocuzione.

cir.cuns.cre.ver [sirkūskrev'er] *vt* circoscrivere; delimitare; circondare. *Fig.* arginare.

cir.cuns.cri.ção [sirkūskris'ãw] *sf* circoscrizione.

cir.cuns.pec.ção [sirkūspeks'ãw] *sf* circospezione.

cir.cuns.pec.to [sirkūsp'ɛktu] *agg* circospetto.

cir.cuns.tân.cia [sirkŭst′äsjə] *sf* circostanza; congiuntura, occasione; evento, situazione.

cir.cuns.tan.ci.al [sirkŭstäsi′aw] *agg* circostanziale.

cir.cun.vi.zi.nho [sirkŭviz′iñu] *agg* circonvicino.

cir.cun.vo.lu.ção [sirkŭvolus′äw] *sf* circonvoluzione.

cí.rio [s′irju] *sm* cero, candela.

cir.ro [s′iřu] *sm Met.* cirro.

ci.rur.gi.a [sirurʒ′iə] *sf Med.* chirurgia, operazione, intervento.

ci.rur.gi.ão [sirurʒi′äw] *sm* chirurgo, medico chirurgo.

ci.sal.pi.no [sizawp′inu] *agg* cisalpino.

ci.são [siz′äw] *sf* scissione.

cis.car [sisk′ar] *vi* raspare.

cis.ma [s′izmə] *sm Rel.* scisma.

cis.mar [sizm′ar] *vt* mettersi in capo, impuntarsi.

cis.ne [s′izni] *sm Zool.* cigno.

cis.ter.ci.en.se [sistersi′ẽsi] *s+agg Rel.* cistercense, dell'ordine di San Benedetto.

cis.ter.na [sist′ernə] *sf* cisterna, pozzo.

cis.ti.te [sist′iti] *sf Med.* cistite.

cis.to [s′istu] *sm Med.* ciste, cisti.

ci.ta.ção [sitas′äw] *sf* citazione, menzione, adduzione. *Giur.* citazione.

ci.tar [sit′ar] *vt* citare, riportare, addurre, far menzione di. *Giur.* citare, intimare.

cí.ta.ra [s′itarə] *sf Mus.* cetera. **tocar ≃** cetereggiare.

ci.tra.to [sitr′atu] *sm Chim.* citrato.

cí.tri.co [s′itriku] *agg* citrico. **frutas ≃as** agrumi.

ci.ú.me [si′umi] *sm* gelosia.

ciu.men.to [siwm′ẽtu] *agg* geloso.

cí.vi.co [s′iviku] *agg* civico.

ci.vil [siv′iw] *sm+agg* civile.

ci.vi.li.za.ção [sivilizas′äw] *sf* civilizzazione; civiltà; cultura.

ci.vi.li.za.do [siviliz′adu] *part+agg* civilizzato, civile; costumato.

ci.vi.li.zar [siviliz′ar] *vt* civilizzare.

ci.vis.mo [siv′izmu] *sm* civismo.

ci.zâ.nia [siz′∧njə] *sf Bot.* zizzania.

clã [kl′ã] *sm* casata.

cla.mor [klam′or] *sm an Fig.* clamore.

cla.mo.ro.so [klamor′ozu] *agg* clamoroso. *Fig.* chiassoso.

clan.des.ti.no [klädest′inu] *sm+agg* clandestino.

cla.que [kl′aki] *sf Teat.* claque.

cla.ra [kl′arə] *sf* albume, chiara d'uovo.

cla.ra.bói.a [klarab′ɔjə] *sf Archit.* lucernario, lanterna.

cla.rão [klar′äw] *sm* chiarore, bagliore, sprazzo. *Fig.* riverbero.

cla.re.ar [klare′ar] *vt* chiarire, schiarire; illuminare; attenuare (un colore). *vi* schiarire; serenarsi (cielo); rimettersi (tempo).

cla.re.za [klar′ezə] *sf* chiarezza; chiarità, limpidezza, lucidezza; nitidezza, evidenza; serenità (del cielo). *Fig.* trasparenza.

cla.ri.da.de [klarid′adi] *sf* luce, barlume.

cla.ri.ne.te [klarin′eti] *sm Mus.* clarinetto, clarino.

cla.ri.vi.den.te [klarivid′ẽti] *s* chiaroveggente; profeta; profetessa.

cla.ro [kl′aru] *sm* chiaro. *agg* chiaro; limpido, nitido; sereno, terso; distinto; lampante; evidente; bello (tempo). *Fig.* cristallino, trasparente; visibile. **é ≃!** *int Iron.* affé!

cla.ro-es.cu.ro [klaruesk′uru] *sm Pitt.* chiaroscuro.

clas.se [kl′asi] *sf* classe; genere, sorta; ordine, rango; categoria; aula; ricercatezza, squisitezza. *Fig.* condizione. **≃ média** borghesia. **≃ social** classe sociale, casta, ceto. **ser de primeira ≃** essere di primo ordine.

clas.si.cis.mo [klasis′izmu] *sm* classicismo.

clás.si.co [kl′asiku] *agg* classico.

clas.si.fi.car [klasifik′ar] *vt* classificare, catalogare, codificare, smistare, distribuire.

claus.tro [kl′awstru] *sm* chiostro.

cláu.su.la [kl′awzulə] *sf* clausola, condizione.

clau.su.ra [klawz′urə] *sf* chiusura, clausura.

cla.va [kl′avə] *sf* clava, bastone, mazza.

cla.ve [kl′avi] *sf Mus.* chiave.

cla.ví.cu.la [klav′ikulə] *sf Anat.* clavicola.

cle.mên.cia [klem′ẽsjə] *sf* clemenza; misericordia.

cle.men.te [klem′ẽti] *agg* clemente, indulgente, longanime.

clep.si.dra [kleps′idrə] *sf* clessidra, orologio ad acqua.

clep.to.ma.ní.a.co [kleptoman′iaku] *sm+agg* cleptomane.

cle.ri.cal [klerik′aw] *agg* clericale.

cle.ri.ca.lis.mo [klerikal′izmu] *sm* clericalismo.

clé.ri.go [kl′erigu] *sm* chierico.

cle.ro [kl′eru] *sm* chiesa. *Pop.* clero.

cli.chê [klif′e] *sm* cliché; matrice; frase fatta.

cli.en.te [kli′ẽti] *s* cliente, avventore.

cli.en.te.la [kliẽt′elə] *sf* clientela.

cli.ma [kl′imə] *sm* clima. *Fig.* atmosfera.

cli.ma.té.rio [klimat′erju] *sm* climaterio.

cli.ma.to.lo.gi.a [klimatoloʒ′iə] *sf* climatologia.

clí.max [kl'imaks] *sm* apogeo, apice. *Fig.* zenit.

clí.ni.ca [kl'inikə] *sf* clinica, clinica medica.

clí.ni.co [kl'iniku] *sm*+*agg* clinico.

cli.pe [kl'ipi] *sm* ≃ **para papel** clip.

clo.a.ca [klo'akə] *sf* cloaca, chiavica, fogna.

clo.ra.to [klor'atu] *sm Chim.* clorato.

clo.ro [kl'ɔru] *sm Chim.* cloro.

clo.ro.fi.la [klorof'ilə] *sf Bot.* clorofilla.

clo.ro.fór.mio [klorof'ɔrmju] *sm Chim.* cloroformio.

clu.be [kl'ubi] *sm* circolo, club.

co.a.ção [koas'ãw] *sf* coazione, coercizione.

co.a.bi.tar [koabit'ar] *vt* coabitare.

co.ad.ju.tor [koadʒut'or] *sm* coadiutore.

co.ad.ju.van.te [koadʒuv'ãti] *s Cin.* e *Teat.* comparsa.

co.ad.ju.var [koadʒuv'ar] *vt* coadiuvare, assistere.

co.a.dor [koad'or] *sm* colatoio, filtro, cola; colabrodo.

co.a.du.ra [koad'urə] *sf* colaggio.

co.a.gi.do [koaʒ'idu] *part*+*agg* coatto.

co.a.gir [koaʒ'ir] *vt* costringere, forzare.

co.a.gu.la.ção [koagulas'ãw] *sf* coagulamento, quagliamento, ristagno.

co.a.gu.lan.te [koagul'ãti] *sm*+*agg* coagulante.

co.a.gu.lar [koagul'ar] *vt* coagulare, quagliare, appallottolare, ristagnare. *vi*+*vpr* quagliare, aggrumarsi, appallottolarsi, ristagnarsi.

co.á.gu.lo [ko'agulu] *sm* coagulo; caglio, quaglio; grommo, assodamento; grumo.

co.a.lha.du.ra [koalad'urə] *sf* coagulamento.

co.a.lhar [koaʎ'ar] *vt* quagliare, accagliare, cagliare. *vi*+*vpr* quagliarsi, accagliarsi, cagliare.

co.a.lho [ko'aʎu] *sm* caglio, quaglio.

co.a.li.zar-se [koaliz'arsi] *vpr* coalizzarsi.

co.a.li.zão [koaliz'ãw] *sf* coalizione, alleanza.

co.ar [ko'ar] *vt* colare, filtrare, scolare.

co-au.tor [koawt'or] *sm* coautore.

co.a.xar [koaʃ'ar] *vi* gracidare.

co.bal.to [kob'awtu] *sm Chim.* cobalto.

co.ber.ta [kob'ertə] *sf* coperta, coltre. *Naut.* coperta. *Fig.* manto.

co.ber.to [kob'ertu] *part*+*agg* coperto; soppiatto; vestito.

co.ber.tor [kobert'or] *sm* coperta.

co.ber.tu.ra [kobert'urə] *sf* copertura; rivestimento, involucro, coperchio. *Zool.* monta, copula di animali. *Mil.* copertura. *Fig.* armatura, cortina. ≃ **de doce** copertura. **sem** ≃ *Comm.* allo scoperto. **sem** ≃ **cambial** *Comm.* franco valuta.

co.bi.ça [kob'isə] *sf* avidità, brama, bramosia, cupidigia. *Fig.* gola, ingordigia, rabbia.

co.bi.çar [kobis'ar] *vt* bramare, agognare, desiderare, aspirare a. *Fig.* spasimare per.

co.bi.ço.so [kobis'ozu] *agg* avido, cupido. *Fig.* ingordo.

co.bra [k'ɔbrə] *sf Zool.* biscia, serpe, serpente. *Fig.* vipera, persona cattiva. ≃ **naja** vipera dagli occhiali.

co.bra.dor [kobrad'or] *sm* collettore; bigliettaio, bigliettario. ≃ **de impostos** daziere.

co.bran.ça [kobr'ãsə] *sf Comm.* riscossa, riscossione, esazione, incasso.

co.brar [kobr'ar] *vt Comm.* riscuotere, incassare.

co.bre [k'ɔbri] *sm Chim.* rame.

co.brei.ro [kobr'ejru] o co.bre.lo [kobr'elu] *sm Med.* formica, malattia della pelle.

co.brir [kobr'ir] *vt* coprire; rivestire; ammantare, avvolgere; montare; chiudere. *Fig.* vestire. *vpr* coprirsi, ricoprirsi. ≃ **despesas** *Fig.* coprire spese.

co.ca [k'ɔkə] *sf Bot.* coca. *Ger.* hascisc, hashish.

co.ca.í.na [koka'inə] *sf* cocaina.

co.çar [kos'ar] *vt* grattare. *vi* prudere, pizzicare.

cóc.cix [k'ɔksis] *sm Anat.* coccige.

co.cei.ra [kos'ejrə] *sf* prudore, rosa.

co.che [k'oʃi] *sm* cocchio, calesse, vettura.

co.chei.ra [koʃ'ejrə] *sf* cavallerizza.

co.chei.ro [koʃ'ejru] *sm* cocchiere, vetturino.

co.chi.char [koʃiʃ'ar] *vi* rumoreggiare.

co.chi.cho [koʃ'iʃu] *sm* rumore.

co.chi.lar [koʃil'ar] *vi* pisolare, sonnecchiare, dormicchiare.

co.chi.lo [koʃ'ilu] *sm* pisolino. **dar um** ≃ fare un pisolino.

co.cho.ni.lha [koʃon'iʎə] o co.chi.ni.lha [koʃin'iʎə] *sf Zool.* cocciniglia.

co.cho.ni.lha-do-car.mim [koʃoniʎadukarm'ĩ] *sf Zool.* chermes.

có.clea [k'ɔkljə] *sf Anat.* coclea.

co.co [k'oku] *sm* cocco, noce di cocco.

co.cô [kok'o] *sm Pop.* cacca.

co.cu.ru.to [kokur'utu] *sm* cocuzzolo.

co.de.í.na [kode'inə] *sf Chim.* codeina.

co.di.fi.car [kodifik'ar] *vt* codificare, cifrare.

có.di.go [k'ɔdigu] *sm* codice; testo antico. *Fig.* cifra.

co.dor.na [kod'ɔrnə] o co.dor.niz [kodorn'is] *sf Zool.* quaglia, coturnice.

co.e.fi.ci.en.te [koefisi'ẽti] *sm Fis.* e *Mat.* coefficiente, fattore.

co.e.lho [ko'eʎu] *sm* coniglio. **matar dois** ≃**s com uma só cajadada** prendere due colombi ad una fava. **neste mato tem** ≃! gatta ci cova!

co.en.tro [ko′ẽtru] *sm Bot.* coriandolo.

co.er.ção [koers′ãw] *sf* coercizione.

co.er.ci.ti.vo [koersit′ivu] *agg* coercitivo.

co.er.cí.vel [koers′ivew] *agg* coercibile.

co.e.rên.cia [koer′ẽsjǝ] *sf* coerenza, concordanza, congruenza. *Fig.* armonia.

co.e.ren.te [koer′ẽti] *agg* coerente, concorde, consono, congruo, congruente.

co.e.são [koez′ãw] *sf* coesione, ligazione delle molecole.

co.e.tâ.neo [koet′ʌnju] *agg* coetaneo, coevo.

co.e.xis.tên.cia [koezist′ẽsjǝ] *sf* coesistenza.

co.e.xis.tir [koezist′ir] *vi* coesistere.

co.fi.ar [kofi′ar] *vt* accarezzare. ≃ **o bigode** accarezzare i baffi.

co.fre [k′ɔfri] *sm* cassaforte, forziere; scrigno; arca, baule, cofano. ≃ **de aluguel (em banco)** cassetta di sicurezza.

cog.ni.ção [kognis′ãw] *sf* cognizione.

cog.no.me [kogn′omi] *sm* nomignolo.

co.gu.me.lo [kogum′elu] *sm* fungo.

coi.ce [k′ojsi] *sm* zampata. *Fig.* scortesia.

co.in.ci.dên.cia [koĩsid′ẽsjǝ] *sf* coincidenza.

co.in.ci.den.te [koĩsid′ẽti] *agg* coincidente.

co.in.ci.dir [koĩsid′ir] *vi* coincidere, corrispondere.

coi.sa [k′ojzǝ] *sf* cosa; affare; roba; coso. *Pop.* oggetto. **alguma** ≃ un non so che. ≃ **de louco** roba da matti. ≃ **insignificante** roba da nulla, cosa da strapazzo. *Iron.* affare di Stato. ≃ **malfeita** strazio. *Iron.* infamia. **é outra** ≃ è un altro affare. **é tudo a mesma** ≃ è tutt'uno. *Fig.* se non è zuppa è pan bagnato. **não ser nem uma** ≃ **nem outra** non essere né carne né pesce. **outra** ≃ altro.

coi.ta.di.nho [kojtad′iñu] *sm dim Iron.* vittima.

coi.ta.do [kojt′adu] *agg* misero, povero. **pobre** ≃ *Pop.* povero diavolo.

coi.to [k′ojtu] *sm* coito, concubito.

co.la [k′ɔlǝ] *sf* colla.

co.la.bo.ra.dor [kolaborad′or] *sm* collaboratore, ausiliare, ausiliario.

co.la.bo.rar [kolabor′ar] *vt* collaborare con, cooperare con, coadiuvare.

co.lap.so [kol′apsu] *sm Med.* collasso, svenimento. *Fig.* tracollo.

co.lar [kol′ar] *sm* collana, filza, filo. *vt* ingommare, appiccicare, applicare.

co.la.ri.nho [kolar′iñu] *sm* collarino, colletto, collare, colletretto, solino. ≃ **de padre** collare, collarino. ≃ **reto** colletto dritto.

co.la.te.ral [kolater′aw] *s+agg* collaterale.

col.cha [k′owʃǝ] *sf* sopraccoperta, coltre.

col.chão [kowʃ′ãw] *sm* materasso, materassa.

col.chei.a [kowʃ′ejǝ] *sf Mus.* croma.

col.che.te [kowʃ′eti] *sm Gramm.* parentesi quadra, graffa, grappa. ≃ **para roupas** gancio.

col.dre [k′owdri] *sm* fonda.

co.le.ção [koles′ãw] *sf* collezione; raccolta; repertorio; collana, serie (di libri). *Fig.* campionario.

co.le.cio.na.dor [kolesjonad′or] *sm* collezionista, raccoglitore.

co.le.cio.nar [kolesjon′ar] *vt* raccogliere.

co.le.ga [kol′egǝ] *s* collega; compagno; compagna.

co.le.gi.al [koleʒi′aw] *s+agg* collegiale. ≃ **em biológicas e exatas** liceo scientifico. ≃ **em humanas** liceo classico.

co.lé.gio [kol′ɛʒju] *sm* collegio, educandato. ≃ **interno** convitto.

co.lei.ra [kol′ejrǝ] *sf* collare (per animali).

co.le.óp.te.ro [kole′ɔpteru] *sm+agg Zool.* coleottero.

có.le.ra [k′ɔlerǝ] *sf* collera, rabbia, stizza, furia, furore. *Med.* colera.

co.lé.ri.co [kol′εriku] *agg* collerico. *Fig.* biliso. *Med.* colerico.

co.le.ta [kol′etǝ] *sf* colletta.

co.le.tâ.nea [kolet′ʌnjǝ] *sf* raccolta di testi. ≃ **de frases** frasario.

co.le.te [kol′eti] *sm* panciotto, gilè.

co.le.ti.vi.da.de [koletivid′adi] *sf* collettività, società. *Fig.* città.

co.le.ti.vis.mo [koletiv′izmu] *sm* collettivismo.

co.le.ti.vi.zar [koletiv′ar] *vt* socializzare.

co.le.ti.vo [kolet′ivu] *agg* collettivo, generale.

co.le.tor [kolet′or] *sm* collettore.

co.lhe.dor [koʎed′or] *sm* coglitore.

co.lhei.ta [koʎ′ejtǝ] *sf* messe; raccolta; segatura. *Fig.* vendemmia.

co.lher [koʎ′er] I *vt* cogliere, raccattare, raccogliere, spiccare.

co.lher [koʎ′er] II *sm* cucchiaio. ≃ **de café** cucchiaino. ≃ **de pedreiro** cazzuola, mestola, cucchiaia.

co.lhi.do [koʎ′idu] *part* colto.

co.li.bri [kolibr′i] *sm Zool.* colibrì, uccello mosca.

có.li.ca [k′ɔlikǝ] *sf Med.* colica. ≃**s** *pl* dolori colici.

co.li.dir [kolid′ir] *vt+vi* urtare.

co.li.ga.ção [koligas′ãw] *sf* collegamento. *Fig.* bretella.

co.li.gar [kolig′ar] *vt* collegare, unire.

co.li.mar [kolim′ar] *vi* collimare, coincidere.

co.li.na [kol′inǝ] *sf* collina, colle, poggio.

co.lí.rio [kol′irju] *sm* collirio.

co.li.são [koliz′ãw] *sf* collisione, urtata, urto.

co.li.seu [koliz'ew] *sm* colosseo.

co.li.te [kol'iti] *sf Med.* colite.

col.méi.a [kowm'ɛjə] *sf* arnia, alveare, apiario.

col.mo [k'owmu] *sm Bot.* culmo.

co.lo [k'ɔlu] *sm* grembo; collo. ≃ **de um osso** collo di un osso.

co.lo.ca.ção [kolokas'ãw] *sf* collocamento, messa, disposizione.

co.lo.ca.do [kolok'adu] *part + agg* messo, posto; giacente; imposto (nome).

co.lo.car [kolok'ar] *vt* collocare; mettere, porre; situare; calzare (cappello); imporre (nome). *vpr* collocarsi, mettersi. ≃ **à parte** smettere. ≃ **à venda** mettere in vendita. ≃ **com cuidado** adagiare. ≃ **debaixo** sottoporre. ≃ **em cima** addossare. ≃ **no meio** frapporre. ≃ **os pingos nos is** mettere i puntini sugli i. ≃ **uma idéia na cabeça** mettere un'idea in testa.

co.lom.bi.a.no [kolõbi'ʌnu] *sm + agg* colombiano.

có.lon [k'ɔlõw] *sm Anat.* colon.

co.lô.nia [kol'onjə] *sf* colonia, possedimento; acqua di Colonia.

co.lo.ni.al [koloni'aw] *agg* coloniale.

co.lo.ni.zar [koloniz'ar] *vt* colonizzare.

co.lo.no [kol'onu] *sm* colono; agricoltore.

co.ló.quio [kol'ɔkju] *sm* colloquio.

co.lo.ra.ção [koloras'ãw] *sf* colorazione; tinta. ≃ **de pedras preciosas** *Min.* acqua.

co.lo.ran.te [kolor'ãti] *sm* colorante, tintura. *agg* colorante.

co.lo.ri.do [kolor'idu] *sm* colorito. *agg* colorato. *Fig.* rubicondo.

co.lo.rir [kolor'ir] *vt* colorare, dipingere.

co.los.sal [kolos'aw] *agg* colossale, gigantesco, madornale. *Fig.* omerico.

co.los.so [kol'osu] *sm* colosso.

co.lum.bi.no [kolũb'inu] *agg* colombino.

co.lu.na [kol'unə] *sf Archit.* colonna. *Giorn.* rubrica. ≃ **de texto** colonnino. ≃ **vertebral** colonna vertebrale, spina dorsale.

co.lu.na.ta [kolun'atə] *sf Archit.* colonnata.

co.lu.ne.ta [kolun'etə] *sf Archit.* colonnino.

com [k'õ] *prep* con.

co.ma [k'omə] *sm Med.* coma.

co.ma.dre [kom'adri] *sf* comare; padella, specie di orinale degli ospedali.

co.man.dan.te [komãd'ãti] *sm Mil.* comandante, caposquadra. *Fig.* capitano, capo.

co.man.dar [komãd'ar] *vt* comandare; capeggiare, capitanare; ordinare, dettar legge, volere. *Fig.* condurre, guidare; dirigere; prescrivere. ≃ **totalmente** *Fig.* imperare.

co.man.di.ta [komãd'itə] *sf Comm.* accomandita, commandita.

co.man.di.tá.rio [komãdit'arju] *sm Comm.* accomandatario.

co.man.do [kom'ãdu] *sm* comando; ordine, comandamento; controllo. *Inform.* comando. *Mil.* consegna. *Fig.* briglia, regia, timone.

com.ba.te [kõb'ati] *sm* combattimento, battaglia, cimento. *Poet.* pugna. *Fig.* scontro.

com.ba.ter [kõbat'er] *vt* combattere; avversare, contrastare. *vi* combattere, guerreggiare, lottare. *Poet.* pugnare. *Fig.* scontrarsi.

com.ba.ti.vo [kõbat'ivu] *agg* combattivo. *Fig.* polemico.

com.bi.na.ção [kõbinas'ãw] *sf* combinazione; sottoveste. *Fig.* binomio. *disp* lega.

com.bi.na.do [kõbin'adu] *part + agg* combinato, convenuto.

com.bi.nar [kõbin'ar] *vt* combinare; comporre, conciliare, concordare, fondere. *vi* coincidere, concertarsi, riscontrarsi; intonarsi (colori, suoni, ecc.). **não** ≃ *Fig.* stridere.

com.boi.o [kõb'oju] *sm an Mil.* e *Naut.* convoglio.

com.bus.tão [kõbust'ãw] *sf* combustione; ignizione. ≃ **espontânea** combustione spontanea.

com.bus.tí.vel [kõbust'ivew] *sm + agg* combustibile.

co.me.çar [komes'ar] *vt* cominciare; iniziare, principiare, intraprendere, dare inizio a; intavolare (discorso, ecc.); fondare; attaccare, appiccare; inaugurare, battezzare. *Giur.* incoare. *Pop.* incominciare. *vi* principiare, partire. *Fig.* scoccare, avviare. ≃ **a porsi a, mettersi a.** ≃ **a falar** aprire bocca.

co.me.ço [kom'esu] *sm* inizio; cominciamento, avvio; introito. **do** ≃ **daccapo. todo** ≃ **é difícil** il peggior passo è quello dell'uscio.

co.mé.dia [kom'ɛdjə] *sf* commedia; film comico.

co.me.di.an.te [komedi'ãti] *s* commediante, comico, istrione.

co.me.di.do [komed'idu] *part + agg* moderato; frugale; contenuto.

co.me.di.men.to [komedim'ẽtu] *sm* moderazione, moderatezza, discrezione. *Fig.* gravità.

co.me.di.ó.gra.fo [komedi'ɔgrafu] *sm* commediografo.

co.me.dou.ro [komed'owru] *sm* ≃ **para pássaros** beccatoio.

co.me.mo.ra.ção [komemoras'ãw] *sf* commemorazione; ricorrenza.

co.me.mo.rar [komemor'ar] *vt* commemorare, festeggiare, celebrare.

co.me.mo.ra.ti.vo [komemorat'ivu] *agg* commemorativo.

co.men.da [kom'ẽdə] *sf* commenda.

co.men.da.dor [komẽdad'or] *sm* commendatore.

co.men.sal [komẽs'aw] *s* commensale.

co.men.su.rar [komẽsur'ar] *vt* commensurare.

co.men.tar [komẽt'ar] *vt* commentare; criticare; annotare.

co.men.tá.rio [komẽt'arju] *sm* commento, commentario; chiosa, nota, glossa; annotazione; critica; corsivo.

co.mer [kom'er] *vt*+*vi* mangiare; (**só para animais**) pascere, pascolare. *Volg.* fottere. ≃ **alguém vivo** mangiare vivo uno, riproverarlo con severità. ≃ **com os olhos** mangiare con gli occhi. ≃ **demais** *Fam.* papare.

co.mer.ci.al [komersi'aw] *sm* annuncio, pubblicità. *agg* commerciale.

co.mer.ci.an.te [komersi'ãti] *s* commerciante, negoziante, mercante, trafficante.

co.mer.ci.ar [komersi'ar] *vt* negoziare, mercanteggiare, trafficare, smerciare. *vi* commerciare, negoziare, mercanteggiare.

co.mér.cio [kom'ersju] *sm* commercio; bottega; traffico, scambio, mercanzia; vendita, smercio. ≃ **a varejo** commercio al minuto. ≃ **exterior** commercio esterno. ≃ **ilegal** tratta. ≃ **por atacado** commercio all'ingrosso. **livre** ≃ **(internacional)** libero scambio.

co.mes.tí.vel [komest'ivew] *agg* commestibile, mangereccio, mangiabile.

co.me.ta [kom'etə] *sm Astron.* cometa.

co.me.ter [komet'er] *vt* commettere; perpetrare, compiere, consumare (un crimine).

co.me.zai.na [komez'ãjnə] *sf* gozzoviglia.

co.mi.chão [komiʃ'ãw] *sm* pizzicore, prurito, prudore, formicolio.

co.mí.cio [kom'isju] *sm* comizio.

cô.mi.co [k'omiku] *sm* comico, caratterista, istrione. *agg* comico, buffo, burlesco, umoristico, ameno. *Mus.* buffo, giocoso.

co.mi.da [kom'idə] *sf* vitto, alimento, cibarie *pl*, commestibili *pl. Pop.* cibo.

co.mi.go [kom'igu] *pron* con me.

co.mi.lan.ça [komil'ãsə] *sf* stravizio, gozzoviglia.

co.mi.lão [komil'ãw] *sm* mangiatore, ghiotto, leccapiatti, gargantua. *agg* ghiotto, goloso.

co.mi.nho [kom'iñu] *sm Bot.* comino.

co.mi.se.ra.ção [komizeras'ãw] *sf* commiserazione.

co.mis.são [komis'ãw] *sf* commissione; comitato; provvigione.

co.mis.sa.ri.a.do [komisari'adu] *sm* commissariato.

co.mis.sá.rio [komis'arju] *sm* commissario.

co.mi.tê [komit'e] *sm* comitato.

co.mi.ten.te [komit'ẽti] *s*+*agg* committente.

co.mi.ti.va [komit'ivə] *sf* comitiva, compagnia, codazzo, seguito, corteggio. *Fig.* carovana.

co.mo [k'omu] *avv* come; quale. *prep*+*cong* come, conforme. ≃ **se** *cong* quasi che, quasi come. ≃ **se deve** *avv* ammodo. **seja** ≃ **for** comunque. ≃? *int* come? come mai? **e** ≃! *int* eccome!

co.mo.ção [komos'ãw] *sf* commozione; emozione, moto. *Lett.* commovimento. *Fig.* esplosione; palpito.

cô.mo.da [k'omodə] *sf* cassettone, consolle.

co.mo.di.da.de [komodid'adi] *sf* comodità; conforto; agio, agiamento; destro.

co.mo.dis.ta [komod'istə] *s* comodone.

cô.mo.do [k'omodu] *sm* stanza, camera, ambiente, vano di una casa. *agg* comodo; confortevole; facile, agevole.

co.mo.do.ro [komod'ɔru] *sm Mil.* commodoro.

co.mo.ven.te [komov'ẽti] *agg* commovente, patetico. *Fig.* drammatico.

co.mo.ver [komov'er] *vt* commuovere; intenerire; impressionare. *Fig.* toccare, smuovere. *vpr* commuoversi. *Fig.* rammollirsi.

co.mo.vi.do [komov'idu] *part*+*agg* commosso.

com.pac.tar [kõpakt'ar] *vt* render compatto, assodare.

com.pac.to [kõp'aktu] *agg* compatto; sodo, saldo, duro; folto, fitto.

com.pa.de.cer [kõpades'er] *vt*+*vpr* compatire, compiangere, commiserare.

com.pa.dre [kõp'adri] *sm* compare.

com.pai.xão [kõpajʃ'ãw] *sf* compassione, compatimento, commiserazione, carità.

com.pa.nhei.ris.mo [kõpañejr'izmu] *sm* cameratismo.

com.pa.nhei.ro [kõpañ'ejru] *sm* compagno; camerata, collega, amico; commilitone, correligionario; amante, uomo. *Fig.* fratello. ≃**s inseparáveis** *Fig.* fratelli siamesi.

com.pa.nhi.a [kõpañ'iə] *sf* compagnia; comitiva; banda. *Comm.* compagnia, società. ≃ **aérea** compagnia di navigazione aerea. ≃ **teatral** compagnia teatrale.

com.pa.ra.ção [kõparas'ãw] *sf* paragone, riscontro, confronto, ragguaglio, stregua.

com.pa.rar [kõpar'ar] *vt* comparare, paragonare, confrontare. *vpr* paragonarsi.

com.pa.re.cer [kõpares'er] *vi* comparire, figurare.

com.pa.re.ci.men.to [kõparesim'ẽtu] *sm* comparsa.

com.par.ti.lhar [kõpartiλ'ar] *vt* compartire, compartecipare, condividere.

com.par.ti.men.to [kõpartim'ẽtu] *sm* compartimento, scompartimento, casella.

com.pas.sar [kõpas'ar] *vt* compassare.

com.pas.so [kõp'asu] *sm* compasso, seste *pl. Mus.* compasso, battuta. ≃ **de espera** battuta di aspetto. **medir com** ≃ compassare.

com.pa.tí.vel [kõpat'ivew] *agg* compatibile.

com.pa.tri.o.ta [kõpatri'ɔtɔ] *s* compatriotta, compaesano, concittadino, conterraneo.

com.pen.di.ar [kõpẽdi'ar] *vt* compendiare.

com.pên.dio [kõp'ẽdju] *sm* compendio, sunto.

com.pe.ne.trar-se [kõpenetr'arsi] *vpr* convincersi.

com.pen.sa.ção [kõpẽsas'ãw] *sf* compenso; indennizzo, indennizzazione; ricompensa. ≃ **bancária** bancogiro.

com.pen.sar [kõpẽs'ar] *vt* compensare; indennizzare. *Fig.* coprire.

com.pe.tên.cia [kõpet'ẽsjɔ] *sf* competenza; abilità, idoneità; appartenenza, spettanza. *Giur.* giurisdizione.

com.pe.ten.te [kõpet'ẽti] *agg* competente, bravo, autorevole.

com.pe.ti.ção [kõpetis'ãw] *sf* competizione; gara, incontro, campionato; giuoco; premio; antagonismo. *Poet.* ludo. *Fig.* confronto, palio.

com.pe.ti.dor [kõpetid'or] *sm+agg* concorrente, contenente, avversario.

com.pe.tir [kõpet'ir] *vt* competere; gareggiare, misurarsi, rivaleggiare; concorrere; appartenere a, spettare a, toccare a.

com.pi.lar [kõpil'ar] *vt* compilare.

com.pla.cên.cia [kõplas'ẽsjɔ] *sf* compiacimento.

com.plei.ção [kõplejs'ãw] *sf* complessione, aspetto, corporatura, fisico, personale, taglia.

com.ple.men.tar [kõplemẽt'ar] *agg* complementare, secondario, accessorio. *Fig.* secondo, ulteriore.

com.ple.men.to [kõplem'ẽtu] *sm* complemento, aggiunta.

com.ple.ta.men.te [kõpletam'ẽti] *avv* completamente, affatto, appieno.

com.ple.tar [kõplet'ar] *vt* completare; colmare; integrare; concludere, ultimare.

com.ple.to [kõpl'etu] *agg* completo; colmo; integro, intero, tutto; ultimato, perfetto. *Fig.* capillare, minuzioso.

com.ple.xo [kõpl'eksu] *sm* complesso, insieme, assieme. *Psic.* complesso. *agg* complesso; molteplice. *Fig.* tortuoso.

com.pli.ca.ção [kõplikas'ãw] *sf* affare imbrogliato. *Lett.* groviglio.

com.pli.ca.do [kõplik'adu] *agg* astruso, complesso, laborioso. *Fig.* cerebrale, bizantino.

com.pli.car [kõplik'ar] *vt* complicare, intricare, intrugliare.

com.po.nen.te [kõpon'ẽti] *sm* componente; membro; ingrediente.

com.por [kõp'or] *vt* comporre, fare. *Mus.* comporre. *Fig.* formare, tessere. *vpr* comporsi di, consistere in.

com.por.ta [kõp'ɔrtɔ] *sf* conca, paratoia.

com.por.ta.men.to [kõportam'ẽtu] *sm* comportamento, condotta; procedimento; modi *pl*, tratti *pl. Fig.* atteggiamento.

com.por.tar [kõport'ar] *vt* comportare. *vpr* comportarsi, portarsi, agire, condursi. ≃**-se bem** *Fig.* rigare. ≃**-se devidamente** dare buon conto di sé. **não saber se** ≃ *Fig.* sbagliare strada.

com.po.si.ção [kõpozis'ãw] *sf* composizione; redazione, componimento, tema. *Fig.* scritto.

com.po.si.tor [kõpozit'or] *sm* compositore, musicista, musico. **grande** ≃ maestro.

com.pos.tu.ra [kõpost'urɔ] *sf* compostezza. *Fig.* gravità.

com.po.ta [kõp'ɔtɔ] *sf* composta, guazzo.

com.po.tei.ra [kõpot'ejrɔ] *sf* compostiera.

com.pra [k'õprɔ] *sf* compra, acquisto; spesa.

com.pra.dor [kõprad'or] *sm* acquirente.

com.prar [kõpr'ar] *vt* comprare; acquistare, *Fig.* corrompere, subornare.

com.pra.zer [kõpraz'er] *vi* compiacere.

com.pre.en.der [kõpreẽd'er] *vt* comprendere; capire, accorgersi di, capacitarsi; annoverare, contenere, coprire. *Giur.* frastare. *Fig.* assimilare; involgere. ≃ **mal** fraintendere.

com.pre.en.di.do [kõpreẽd'idu] *part+agg* compreso; incluso.

com.pre.en.são [kõpreẽs'ãw] *sf* comprensione; cognizione, intendimento; condiscendenza, benevolenza, generosità.

com.pre.en.sí.vel [kõpreẽs'ivew] *agg* comprensibile, intelligibile. *Lett.* percettibile. *Fig.* facile, piano.

com.pre.en.si.vo [kõpreẽs'ivu] *agg* comprensivo, generoso. *Fig.* malleabile.

com.pres.sa [kõpr'esɔ] *sf Med.* compressa.

com.pri.do [kõpri'idu] *agg* lungo.

com.pri.men.tar-se [kõprimẽt'arsi] *vpr* complimentarsi.

com.pri.men.to [kõprim'ẽtu] *sf* lunghezza, lungo. **cabo com um metro de** ≃ fune lungo un metro.

com.pri.mi.do [kõprim'idu] *sm Med.* compressa, capsula, cachet. *part* + *agg* stretto.

com.pri.mir [kõprim'ir] *vt* comprimere; condensare; calcare, premere. *vpr* comprimersi; serrarsi.

com.pro.me.ter [kõpromet'er] *vt* compromettere, coinvolgere. *Fig.* insudiciare. *vpr* compromettersi, sbilanciarsi; involgersi in.

com.pro.me.ti.do [kõpromet'idu] *part* + *agg* compromesso, coinvolto.

com.pro.mis.so [kõprom'isu] *sm* compromesso. *Fig.* transazione.

com.pro.va.ção [kõprovas'ãw] *sf* comprovamento, conferma, confermazione.

com.pro.va.do [kõprov'adu] *part* + *agg* provato, comprovato, fondato.

com.pro.van.te [kõprov'ãti] *sm* bolletta, biglietto, marca.

com.pro.var [kõprov'ar] *vt* provare, comprovare, confermare.

com.pro.vá.vel [kõprov'avew] *agg* provabile.

com.pul.só.rio [kõpuws'ɔrju] *agg* compulsorio, obbligatorio.

com.pun.ção [kõpũs'ãw] *sf* compunzione.

com.pu.ta.dor [kõputad'or] *sm Inform.* computer, calcolatore, calcolatrice.

com.pu.tar [kõput'ar] *vt* computare.

côm.pu.to [k'õputu] *sm* computo, calcolo.

co.mum [kom'ũ] *agg* comune; collettivo, generale; banale, triviale; consueto, convenzionale; ordinario, volgare, dozzinale. *Fig.* pedestre.

co.mun.gar [komũg'ar] *vi Rel.* comunicarsi.

co.mu.nhão [komuñ'ãw] *sf* comunione, società. *Rel.* comunione, comunicazione, Eucarestia. **ministrar a** ≃ *Rel.* comunicare.

co.mu.ni.ca.ção [komunikas'ãw] *sf* comunicazione; partecipazione; nota, notificazione. ≃ **oficial** dispaccio.

co.mu.ni.ca.do [komunik'adu] *sm* comunicato, annunciamento, annuncio, avviso. *Fig.* flash. *part* + *agg* comunicato, detto.

co.mu.ni.car [komunik'ar] *vt* comunicare; partecipare, annunciare, avvisare, notificare; trasmettere, portare. *vpr* comunicare.

co.mu.ni.ca.ti.vo [komunikat'ivu] *agg* comunicativo.

co.mu.ni.da.de [komunid'adi] *sf* comunità, associazione, comunanza.

co.mu.nis.mo [komun'izmu] *sm* comunismo.

co.mu.nis.ta [komun'istə] *s* comunista. *Fig.* rosso.

co.mu.ni.tá.rio [komunit'arju] *agg* comunitativo. *Fig.* civico.

co.mu.ta.ção [komutas'ãw] *sf Giur.* commutazione, permuta.

co.mu.ta.dor [komutad'or] *sm Elett.* commutatore.

co.mu.tar [komut'ar] *vt Giur.* commutare, permutare.

con.ca.te.nar [kõkaten'ar] *vt* concatenare. *vpr Fig.* incatenarsi.

con.ca.vi.da.de [kõkavid'adi] *sf* concavità, avvallamento.

côn.ca.vo [k'õkavu] *agg* concavo, cavo, affossato, incavato.

con.ce.ber [kõseb'er] *vt* concepire, divisare. *Fig.* modellare, disegnare.

con.ce.bi.men.to [kõsebim'ẽtu] *sm* concepimento.

con.ce.der [kõsed'er] *vt* concedere, cedere, conferire, graziare. *Lett.* indulgere.

Con.cei.ção [kõsejs'ãw] o **Concepção de Nossa Senhora** *sf Rel.* Concezione.

con.cei.to [kõs'ejtu] *sm* concetto; concezione, idea. *Fig.* opinione.

con.cen.to [kõs'ẽtu] *sm Mus.* concento.

con.cen.tra.ção [kõsẽtras'ãw] *sf* concentramento, raccoglimento. *Fig.* applicazione.

con.cen.tra.do [kõsẽtr'adu] *part* + *agg* concentrato, ristretto; attento, assorto.

con.cen.trar [kõsẽtr'ar] *vt* concentrare; condensare; incentrare. *vpr* concentrarsi; incentrarsi; convergere. *Fig.* tuffarsi in.

con.cên.tri.co [kõs'ẽtriku] *agg* concentrico.

con.cep.ção [kõseps'ãw] *sf* concezione; concepimento; veduta. **C** ≃ **de Nossa Senhora** → **Conceição**.

con.cer.nen.te [kõsern'ẽti] *agg* concernente, pertinente, relativo.

con.cer.nir [kõsern'ir] *vt* concernere, riguardare, interessare a, attenere a.

con.cer.tar [kõsert'ar] *vt* raccomodare; riordinare; raffazzonare.

con.cer.tis.ta [kõsert'istə] *s* concertista.

con.cer.to [kõs'ertu] *sm* racconciatura, aggiustamento; armonia. *Mus.* concerto. **dar** ≃ concertare. **sala de** ≃ **s** concerto.

con.ces.são [kõses'ãw] *sf* concessione, rilascio.

con.ces.sio.ná.rio [kõsesjon′arju] sm concessionario.

con.ces.si.vo [kõses′ivu] o con.ces.só.rio [kõses′ɔrju] agg concessivo.

con.ces.sor [kõses′or] sm concessore, datore.

con.cha [k′oʃɐ] sf Zool. conchiglia, guscio, coccia, nicchia. Fig. corazza.

con.cha.vo [kõʃ′avu] sm Fig. disp lega.

con.ci.da.dão [kõsidad′ɐw] sm concittadino, compatriotta, compaesano.

con.ci.li.a.ção [kõsilias′ɐw] sf conciliazione, concio, accomodamento.

con.ci.li.ar [kõsili′ar] vt conciliare, accordare, accomodare.

con.ci.li.á.vel [kõsili′avew] agg conciliabile, compatibile.

con.cí.lio [kõs′ilju] sm Rel. concilio.

con.ci.são [kõsiz′ɐw] sf concisione.

con.ci.so [kõs′izu] agg conciso, breve, succinto, sintetico.

con.cla.ve [kõkl′avi] sm Rel. conclave.

con.clu.den.te [kõklud′ẽti] agg conclusivo.

con.clu.í.do [kõklu′idu] part+agg concluso, completo, ultimato.

con.clu.ir [kõklu′ir] vt concludere; completare; finire, terminare, ultimare; dedurre, ricavare; argomentare.

con.clu.são [kõkluz′ɐw] sf conclusione; compimento; induzione; esito. chegar a uma ≃ venire alle strette. em ≃ insomma, a conti fatti, in fine dei conti.

con.clu.si.vo [kõkluz′ivu] agg conclusivo.

con.co.mi.tan.te [kõkomit′ãti] agg concomitante, simultaneo.

con.cor.dân.cia [kõkord′ãsjɐ] sf concordia, unanimità. Gramm. concordanza.

con.cor.dan.te [kõkord′ãti] agg concorde, coerente.

con.cor.dar [kõkord′ar] vt concordare con, aderire a, acconsentire, arrangiare. vi accordarsi. o verbo com o sujeito Gramm. accordare il verbo con il soggetto.

con.cor.da.ta [kõkord′atɐ] sf concordato.

con.cor.de [kõk′ɔrdi] agg concorde, conforme.

con.cór.dia [kõk′ɔrdjɐ] sf concordia. Fig. unione, unità.

con.cor.rên.cia [kõkoř′ẽsjɐ] sf concorrenza, antagonismo, gara.

con.cor.ren.te [kõkoř′ẽti] s+agg concorrente.

con.cor.rer [kõkoř′er] vt concorrere, competere, rivaleggiare.

con.cre.ti.za.ção [kõkretizas′ɐw] sf realizzazione; attuazione.

con.cre.ti.zar [kõkretiz′ar] vt concretizzare, concretare, realizzare, costituire; avviare.

con.cre.to [kõkr′etu] sm betone. agg concreto; materiale, tangibile; realistico.

con.cri.ar [kõkri′ar] vt concreare.

con.cu.bi.na [kõkub′inɐ] sf concubina, mantenuta, amante, amasia.

con.cu.bi.na.to [kõkubin′atu] sm concubinato, connubio.

con.cur.so [kõk′ursu] sm concorso, esame, gara.

con.cus.são [kõkus′ɐw] sf Giur. concussione.

con.da.do [kõd′adu] sm contado, contea.

con.de [k′õdi] sm conte.

con.de.co.ra.ção [kõdekoras′ɐw] sf decorazione, commenda.

con.de.co.rar [kõdekor′ar] vt insignire.

con.de.na.ção [kõdenas′ɐw] sf condanna. Fig. critica; folgore, fulmine.

con.de.na.do [kõden′adu] sm condannato, carcerato. part+agg condannato; maledetto.

con.de.nar [kõden′ar] vt condannare, biasimare. Fig. criticare, deplorare.

con.de.ná.vel [kõden′avew] agg condannabile, riprovevole.

con.den.sa.ção [kõdẽsas′ɐw] sf condensazione, condensamento.

con.den.sa.do [kõdẽs′adu] part+agg condensato; ristretto; stringato.

con.den.sar [kõdẽs′ar] vt condensare, raddensare. vpr condensarsi, raddensarsi.

con.des.cen.dên.cia [kõdesẽd′ẽsjɐ] sf condiscendenza, cedevolezza, remissione, facilità.

con.des.cen.den.te [kõdesẽd′ẽti] agg condiscendente, remissivo. Fig. malleabile, flessibile.

con.des.cen.der [kõdesẽd′er] vt accondiscendere, condiscendere, transigere.

con.des.sa [kõd′esɐ] sf contessa.

con.di.ção [kõdis′ɐw] sf condizione; clausola, patto; posizione, rango; situazione, stato. com a ≃ de que a condizione che, con questo che. com ≃ões favoráveis a gonfie vele. em boas ≃ões in buone condizioni. estar em ≃ões de essere in grado di.

con.di.cio.nal [kõdisjon′aw] sm Gramm. condizionale. agg condizionale.

con.di.cio.na.men.to [kõdisjonam′ẽtu] sm condizionamento, assuefazione.

con.di.cio.nar [kõdisjon′ar] vt condizionare, assuefare, subordinare.

con.di.men.tar [kõdimẽt′ar] vt condimentare, condire.

con.di.men.to [kõdim′ẽtu] sm condimento.

con.di.zer [kõdiz′er] vt confarsi a.

con.do.er-se [kõdo'ersi] *vpr* condolersi.
con.do.lên.cias [kõdol'ēsjəs] *sf pl* condoglianze.
con.do.mí.nio [kõdom'inju] *sm* condominio.
con.dô.mi.no [kõd'ominu] *sm* condomino.
con.dor [kõd'or] *sm Zool.* condor, condore.
con.du.ção [kõdus'āw] *sf* conduzione, governo, guida. *Pop.* veicolo, mezzo di trasporto.
con.du.ta [kõd'utə] *sf* condotta, comportamento, contegno, portamento, procedimento.
con.du.to [kõd'utu] *sm* condotto, presa. *Anat.* orifizio, via, tuba.
con.du.tor [kõdut'or] *sm* conduttore, manovratore, conducente (di veicolo). *Fis.* e *Elett.* conduttore, indotto. *Poet.* duca, duce. ≃ de ar, água, etc. presa. *agg Fis.* conduttore.
con.du.zir [kõduz'ir] *vt* condurre; accompagnare; guidare; portare, recare; governare; capeggiare, capitanare. *Fig.* presiedere. *vpr* condursi, comportarsi, agire.
co.ne [k'oni] *sm* cono.
co.nec.tar [konekt'ar] *vt* connettere, collegare, combinare.
co.nec.ti.vo [konekt'ivu] *agg* connettivo.
co.ne.xão [koneks'āw] *sf* connessione; raccordo; congiuntura; attinenza, correlazione, rapporto. *Mecc.* giunto.
con.fa.bu.lar [kõfabul'ar] *vi* confabulare.
con.fec.ção [kõfeks'āw] *sf* confezione. ≃ões *pl* confezioni.
con.fec.cio.nar [kõfeksjon'ar] *vt* confezionare.
con.fe.de.ra.ção [kõfederas'āw] *sf* confederazione, federazione, collegamento.
con.fe.de.rar-se [kõfeder'arsi] *vpr* confederarsi, federarsi.
con.fei.tar [kõfejt'ar] *vt* confettare, candire.
con.fei.ta.ri.a [kõfejtar'iə] *sf* pasticceria; dolci *pl.*
con.fei.tei.ra [kõfejt'ejrə] *sf* confettiera; bomboniera.
con.fei.to [kõf'ejtu] *sm* confetto, dolce, caramella, candito.
con.fe.rên.cia [kõfer'ēsjə] *sf* conferenza, consulta; controllo, collazione.
con.fe.ren.ci.ar [kõferēsi'ar] *vi* conferire.
con.fe.ren.te [kõfer'ēti] *sm* controllore. *agg* conferente.
con.fe.rir [kõfer'ir] *vt* conferire, dare, attribuire; controllare, collazionare.
con.fes.sar [kõfes'ar] *vt* confessare, ammettere. *vpr* confessarsi, concedersi.
con.fes.sio.nal [kõfesjon'aw] *agg* confessionale.
con.fes.sio.ná.rio [kõfesjon'arju] *sm* confessionale.

con.fes.so [kõf'ɛsu] o con.fes.sa.do [kõfes'adu] *part+agg* confesso.
con.fe.tes [kõf'ɛtis] *sm pl* coriandoli.
con.fi.an.ça [kõfi'āsə] *sf* fiducia; fede, confidenza; sicurezza. *Fig.* assegnamento. ter ≃ em credere a, affidarsi a, fidarsi di.
con.fi.an.te [kõfi'āti] *agg* fidente, speranzoso, sicuro.
con.fi.ar [kõfi'ar] *vt* affidare, consegnare, dare, rimettere; confidare in; fidare a; sperare in. ≃ totalmente em abbandonarsi a.
con.fi.dên.cia [kõfid'ēsjə] *sf* confidenza, segreto. fazer ≃s *Fig.* sfogarsi, aprire il cuore a qualcuno, sbottonarsi.
con.fi.den.ci.al [kõfidēsi'aw] *agg* confidenziale, segreto. *Fig.* riservato.
con.fi.den.ci.ar [kõfidēsi'ar] *vt* confidare.
con.fi.den.te [kõfid'ēti] *s+agg* confidente.
con.fi.gu.rar [kõfigur'ar] *vt* configurare.
con.fim [kõf'ī] *sm* confine, termine.
con.fi.nan.te [kõfin'āti] *agg* confinante, circonvicino.
con.fi.nar [kõfin'ar] *vt* confinare; bandire.
con.fir.ma.ção [kõfirmas'āw] *sf* conferma, convalida, ratifica. *Fig.* cresima.
con.fir.mar [kõfirm'ar] *vt* confermare; ratificare; avvalorare, confortare; affermare, certificare. *Fig.* accreditare.
con.fis.car [kõfisk'ar] *vt* confiscare, incamerare, requisire, pignorare.
con.fis.co [kõf'isku] *sm* confisca, pignorazione, apprensione di beni.
con.fis.são [kõfis'āw] *sf Giur.* confessione, dichiarazione di colpa. *Rel.* confessione, professione.
con.fla.grar [kõflagr'ar] *vt* conflagrare.
con.fli.to [kõfl'itu] *sm* conflitto; lotta, combattimento, battaglia. *Fig.* contrasto.
con.flu.ên.cia [kõflu'ēsjə] *sf Geogr.* confluenza, unione di due fiumi.
con.flu.ir [kõflu'ir] *vi* confluire; convergere; gettarsi.
con.for.mar-se [kõform'arsi] *vpr* rassegnarsi, mettere l'animo in pace; adattarsi, uniformarsi; sottoporsi.
con.for.me [kõf'ormi] *agg* conforme, consono. *prep+cong* conforme, giusta, secondo.
con.for.mi.da.de [kõformid'adi] *sf* conformità, corrispondenza. em ≃ *avv* conforme.
con.for.mis.mo [kõform'izmu] *sm* conformismo.
con.for.mis.ta [kõform'istə] *s+agg* conformista, benpensante. *Fig.* borghese.

con.for.tar [kõfort'ar] *vt* confortare, consolare, rincuorare. *Fig.* sollevare. *vpr* confortarsi. *Fig.* sollevarsi.

con.for.tá.vel [kõfort'avew] *agg* confortevole, comodo.

con.for.to [kõf'ortu] *sm* conforto; comodità, agiatezza, agi *pl*; sollievo, alleggerimento. *Fig.* oasi; balsamo, ristoro. **ter todo o** ≃ stare come un padre abate.

con.fra.de [kõfr'adi] *s* confratello; consorella.

con.fra.ri.a [kõfrar'iə] *sf* congregazione, congrega.

con.fra.ter.ni.zar [kõfraterniz'ar] *vt* affratellare, socializzare. *vpr* affratellarsi.

con.fron.tar [kõfrõt'ar] *vt* confrontare, raffrontare, giustapporre. *vpr* competere, scontrarsi.

con.fron.to [kõfr'õtu] *sm* confronto; sfida; stregua. *Fig.* battaglia.

con.fun.dir [kõfũd'ir] *vt* confondere; scombussolare, scompigliare; imbrogliare; scambiare. *Fig.* accecare, sbalestrare. *vpr* confondersi; impappinarsi. *Fig.* perdersi.

con.fu.são [kõfuz'ãw] *sf* confusione; disordine, scompiglio; caos, anarchia; bailamme; agitazione; baraonda; baldoria; accozzaglia, ammasso; turbazione, confondimento. *Ger.* casino. *Fig.* babilonia; bolgia, miscuglio; manicomio.

con.fu.so [kõf'uzu] *agg* confuso; astruso; smarrito. *Fig.* caotico; nebbioso. **ficar** ≃ *Fig.* grattarsi il capo; aggrovigliarsi.

con.ge.la.men.to [kõʒelam'ẽtu] *sm* agghiacciamento, assideramento.

con.ge.lar [kõʒel'ar] *vt* agghiacciare. *vi+vpr* agghiacciare, agghiacciarsi.

con.gê.ne.re [kõʒ'eneri] *agg* congenere.

con.gê.ni.to [kõʒ'enitu] *agg* congenito, innato, ingenito, genetico.

con.ges.tão [kõʒest'ãw] *sf Med.* congestione.

con.ges.tio.nar [kõʒestjon'ar] *vt* congestionare.

con.glo.bar [kõglob'ar] *vt* conglobare. *vpr* conglobarsi.

con.glo.me.ra.do [kõglomer'adu] *sm+part* conglomerato, aggregato.

con.glo.me.rar [kõglomer'ar] *vt* conglomerare.

con.gra.çar [kõgras'ar] *vt* conciliare.

con.gra.tu.la.ção [kõgratulas'ãw] *sf* congratulazione.

con.gra.tu.lar-se [kõgratul'arsi] *vpr* congratularsi, complimentarsi, felicitarsi con.

con.gre.ga.ção [kõgregas'ãw] *sf* congregazione, congrega, confraternita.

con.gre.gar [kõgreg'ar] *vt* congregare.

con.gres.sis.ta [kõgres'istə] *s+agg* congressista.

con.gres.so [kõgr'ɛsu] *sm* congresso, convegno, riunione; conferenza, seminario; gabinetto.

con.gru.ên.cia [kõgru'ẽsjə] *sf* congruenza.

con.gru.en.te [kõgru'ẽti] *agg* congruente, congruo.

co.nha.que [koñ'aki] *sm* cognac.

con.he.ce.dor [kõñesed'or] *sm* cultore. *agg* consapevole, conscio; sapiente; competente; cultore.

co.nhe.cer [kõñes'er] *vt* conoscere; sapere; apprendere; praticare. ≃ **a fundo** possedere. ≃ **o mundo** girare il mondo.

co.nhe.ci.do [kõñes'idu] *sm* familiare, conoscenza, persona conosciuta. *part+agg* conosciuto; celebre, noto; manifesto. ≃ **como** alias. **pouco** ≃ malnoto.

co.nhe.ci.men.to [kõñesim'ẽtu] *sm* conoscenza; cognizione, conoscimento; competenza; scienza; consapevolezza, notizia. *Fig.* contatto, amicizia; suppellettile. ≃ **superficial** *Fig.* infarinatura.

cô.ni.co [k'oniku] *agg* conico.

co.ní.fe.ra [kon'iferə] *sf Bot.* conifera.

co.ni.ven.te [koniv'ẽti] *agg* connivente.

con.je.tu.ra [kõʒet'urə] *sf* congettura; supposizione; pronostico. *Fig.* calcolo.

con.je.tu.rar [kõʒetur'ar] *vt* congetturare; supporre, presupporre.

con.ju.ga.ção [kõʒugas'ãw] *sf Gramm.* coniugazione.

con.ju.gal [kõʒug'aw] *agg* coniugale.

con.ju.gar [kõʒug'ar] *vt Gramm.* coniugare. *vpr Gramm.* coniugarsi.

côn.ju.ge [k'õʒuʒi] *s* coniuge, consorte; sposo; sposa.

con.jun.ção [kõʒũs'ãw] *sf Gramm.* congiunzione. ≃ **aditiva** *Gramm.* copula.

con.jun.ta.men.te [kõʒũtam'ẽti] *avv* congiuntamente, assieme.

con.jun.ti.va [kõʒũt'ivə] *sf Anat.* congiuntiva.

con.jun.ti.vi.te [kõʒũtiv'iti] *sf Med.* congiuntivite.

con.jun.to [kõʒ'ũtu] *sm* gruppo; insieme, complesso, assieme; collezione. *Fig.* somma; batteria. ≃ **de instrumentos cirúrgicos** armamentario. ≃ **musical** banda.

con.jun.tu.ra [kõʒũt'urə] *sf* congiuntura; crisi.

con.ju.ra [kõʒ'urə] o **con.ju.ra.ção** [kõʒuras'ãw] *sf* congiura, cospirazione.

con.ju.rar [kõʒur'ar] *vt* congiurare, cospirare.

co.nos.co [kon'osku] *pron* con noi.

con.quan.to [kõk'wãtu] *cong* contuttoché.

con.quis.ta [kŏk'istə] *sf* conquista; occupazione; presa. *Fig.* portato, messe.

con.quis.ta.do [kŏkist'adu] *part*+*agg* conquistato; vinto. *Fig.* sudato.

con.quis.ta.dor [kŏkistad'or] *sm* conquistatore. *Fig.* ladro di cuori.

con.quis.tar [kŏkist'ar] *vt* conquistare; occupare, espugnare; cattivarsi; ammaliare; appropriarsi di; conseguire. *Fig.* sedurre.

con.sa.gra.ção [kõsagras'ãw] *sf* consacrazione; dedicazione.

con.sa.gra.do [kõsagr'adu] *part*+*agg* consacrato, benedetto.

con.sa.grar [kõsagr'ar] *vt* consacrare, sacrare, benedire. *vpr* votarsi, donarsi.

con.san.güí.neo [kõsãgw'inju] *sm*+*agg* consanguineo.

con.san.güi.ni.da.de [kõsãgwinid'adi] *sf* consanguineità, parentela. *Lett.* parentado.

cons.ci.ên.cia [kõsi'ẽsjə] *sf* coscienza, consapevolezza.

cons.ci.en.ci.o.so [kõsiẽsi'ozu] *agg* coscienzioso. *Fig.* scrupoloso.

cons.ci.en.te [kõsi'ẽti] *agg* conscio, consapevole, sciente.

con.se.cu.ti.vo [kõsekut'ivu] *agg* consecutivo, successivo.

con.se.guin.te [kõseg'ĩti] *agg* conseguente. **por** ≃ *cong* quindi.

con.se.guir [kõseg'ir] *vt* conseguire; guadagnare, ottenere, acquistare; riuscire a; procurare; trarre. *Fig.* raggiungere, arrivare a. ≃ **com astúcia** strappare. ≃ **com esforço** *Fig.* sudare. **não** ≃ *Fig.* andare a vuoto.

con.se.lhei.ro [kõseλ'ejru] *sm*+*agg* consigliere, consulente.

con.se.lho [kõs'eλu] *sm* consiglio; parere; suggerimento, avvertimento; adunanza, camera, comitato, concilio, convegno. *Fig.* lume. **pedir** ≃ *s* consultare, consigliarsi.

con.sen.so [kõs'ẽsu] *sm* consenso; consentimento, assenso; concordia, unanimità.

con.sen.ti.men.to [kõsẽtim'ẽtu] *sm* consentimento, annuenza, beneplacito, consenso, acquiescenza. *Lett.* quiescenza.

con.sen.tir [kõsẽt'ir] *vt* consentire a, acconsentire a, ammettere, autorizzare, approvare. *Fig.* accedere a.

con.se.qüên.cia [kõsek'wẽsjə] *sf* conseguenza; risultato, successo, conclusione. *Fig.* eco, strascico; prodotto, riflesso.

con.se.qüen.te [kõsek'wẽti] *agg* conseguente; risultante.

con.se.qüen.te.men.te [kõsekwẽtem'ẽti] *cong* consequentemente, allora, ora

con.ser.tar [kõsert'ar] *vt* riparare; ammendare, rappezzare, raffazzonare; accomodare, assestare. *Fig.* rattoppare; medicare.

con.ser.to [kõs'ertu] *sm* riparazione; ammendamento, rappezzo; assesto. *Fig.* rattoppo.

con.ser.va [kõs'ervə] *sf* conserva (di alimenti). **em** ≃ sott'aceto.

con.ser.va.ção [kõservas'ãw] *sf* conservazione, conserva, mantenimento, preservazione.

con.ser.va.do [kõserv'adu] *part*+*agg* conservato. **idoso bem-** ≃ anziano giovanile.

con.ser.va.dor [kõservad'or] *sm* conservatore, reazionario. *Pol. disp* forcaiolo. *Fig.* malva, codino. *agg* conservatore, reazionario.

con.ser.var [kõserv'ar] *vt* conservare; preservare; detenere, ritenere; guardare, serbare. *vpr* conservarsi; mantenersi; serbarsi. ≃ **em escabeche** accarpionare. ≃ **queijo** stagionare.

con.ser.va.tó.rio [kõservat'ɔrju] *sm* conservatorio.

con.si.de.ra.ção [kõsideras'ãw] *sf* considerazione; commento; riguardo, rispetto; pregio, onore. **levar em** ≃ (**lei, regra**) contemplare. **ter** ≃ **por** considerare.

con.si.de.rar [kõsider'ar] *vt* considerare; osservare; giudicare; contemplare; stimare; reputare, ritenere. *Fig.* valutare, misurare. *vpr* tenersi, immaginarsi. *Fig.* vedersi. ≃**ando-se que** *cong* siccome, in vista di.

con.si.de.rá.vel [kõsider'avew] *agg* considerevole, notevole, cospicuo. *Fig.* rispettabile.

con.sig.na.ção [kõsignas'ãw] *sf* assegno, assegnamento.

con.sig.nar [kõsign'ar] *vt* assegnare, rassegnare.

con.si.go [kõs'igu] *pron* con sé. ≃ **mesmo** fra sé.

con.sis.tên.cia [kõsist'ẽsjə] *sf* consistenza. *an Fig.* solidezza, corpo. **dar** ≃ **a** dare corpo a.

con.sis.ten.te [kõsist'ẽti] *agg* consistente. *an Fig.* solido.

con.sis.tir [kõsist'ir] *vt* consistere di.

con.so.an.te [kõso'ãti] *sf Gramm.* consonante. *agg* consono. *prep* conforme.

con.só.cio [kõs'ɔsju] *sm* socio.

con.so.la.ção [kõsolas'ãw] *sf* consolazione, sollievo. *Fig.* balsamo, addolcimento.

con.so.lar [kõsol'ar] *vt* consolare, racconsolare, confortare, rincuorare. *vpr* consolarsi.

con.so.li.dar [kõsolid'ar] *vt* consolidare, stabilizzare. *Fig.* rassodare, cementare. *vpr* consolidarsi.

con.so.lo [kõs′olu] *sm* conforto, sollievo. *Fig.* panacea.

con.so.nân.cia [kõson′ãsjə] *sf Mus.* consonanza, concento.

con.so.nan.te [kõson′ãti] *agg* consonante.

con.so.nar [kõson′ar] *vi* consonare.

con.sor.ci.ar [kõsorsi′ar] *vt* consorziare.

con.sór.cio [kõs′ɔrsju] *sm* consorzio, associazione.

con.sor.te [kõs′ɔrti] *s* consorte.

cons.pi.ra.ção [kõspiras′ãw] *sf* cospirazione, congiura; maneggio. *Fig.* ordito, retroscena.

cons.pi.rar [kõspir′ar] *vt* cospirare, congiurare. *Pol.* fornicare. *Fig.* tramare, ordire.

cons.tân.cia [kõst′ãsjə] *sf* costanza, assiduità.

cons.tan.te [kõst′ãti] *agg* costante; continuo, regolare; inalterabile, continuato; uniforme, uguale. *Fig.* fermo, saldo, incrollabile.

cons.tar [kõst′ar] *vt* constare di.

cons.ta.tar [kõstat′ar] *vt* constatare, accertare.

cons.te.la.ção [kõstelas′ãw] *sf Astron.* costellazione.

cons.ter.nar [kõstern′ar] *vt* costernare.

cons.ti.pa.ção [kõstipas′ãw] *sf Med.* costipazione; infreddatura; stitichezza.

cons.ti.pa.do [kõstip′adu] *part+agg Med.* costipato; stitico.

cons.ti.par [kõstip′ar] *vt* costipare. *vpr* costiparsi.

cons.ti.tui.ção [kõstituj′ãw] *sf* costituzione; complessione, corporatura. *Giur.* costituzione, legge fondamentale.

cons.ti.tu.in.te [kõstitu′ĩti] *s+agg* costituente, committente.

cons.ti.tu.ir [kõstitu′ir] *vt* costituire. *Fig.* formare. ≃ **alguém herdeiro** istituire erede qualcuno.

cons.tran.ger [kõstrãʒ′er] *vt* costringere, obbligare. *Fig.* violentare, piegare.

cons.tran.gi.do [kõstrãʒ′idu] *part+agg* costretto, obbligato, coatto.

cons.tran.gi.men.to [kõstrãʒim′ẽtu] *sm* costringimento, coazione. *Fig.* schiavitù.

cons.tri.ção [kõstris′ãw] *sf* costrizione.

cons.tru.ção [kõstrus′ãw] *sf* costruzione; edificazione; edificio, opera; erezione. *Gramm.* costruzione. *Fig.* architettura, struttura.

cons.tru.í.do [kõstru′idu] *part+agg* costruito.

cons.tru.ir [kõstru′ir] *vt* costruire; edificare, erigere, fabbricare; formare, fare; murare, alzare (muri). *Fig.* tessere.

cons.tru.ti.vo [kõstrut′ivu] *agg* costruttivo.

con.sue.tu.di.ná.rio [kõswetudin′arju] *agg* consuetudinario.

côn.sul [k′osuw] *sm* console.

con.su.la.do [kõsul′adu] *sm* consolato.

con.su.len.te [kõsul′ēti] *s+agg* consulente.

con.sul.ta [kõs′uwtə] *sf* consulto (a medico, ad avvocato).

con.sul.tar [kõsuwt′ar] *vt* consultare.

con.sul.tó.rio [kõsuwt′ɔrju] *sm* consultorio, gabinetto. **no** ≃ **de** *prep* da.

con.su.ma.ção [kõsumas′ãw] *sf* consumazione.

con.su.mar [kõsum′ar] *vt* consumare, compiere.

con.su.mi.ção [kõsumis′ãw] *sf* consuma.

con.su.mi.do [kõsum′idu] *part+agg* consumato; consunto, logoro, usato. *Fig.* trito.

con.su.mir [kõsum′ir] *vt* consumare; usare; logorare, corrodere, intaccare; disperdere; bere (motore). *Fig.* disfare, distruggere; dissipare, divorare. *vpr* consumarsi; logorarsi; rifinirsi. *Fig.* distruggersi; divorarsi.

con.su.mo [kõs′umu] *sm* consumo; uso; logoro.

con.ta [k′õtə] *sf* conto; calcolo, computo; nota, parcella; grano (del rosario, di un vezzo). *Contab.* conto. *Lett.* novero. ≃ **exata** conto tondo. **dar-se** ≃ avvedersi. **em** ≃ *agg Pop.* a buon mercato. **fazer de** ≃ **que** fare conto che. **fica por minha** ≃ *Pop.* è a mio carico. **levar em** ≃ *Fig.* badare. **não é da minha** ≃ non è affare mio, non mi appartiene. **no fim das** ≃s in fine dei conti, a conti fatti, dopotutto. **por** ≃ **própria** a proprie spese, in proprio. **prestar** ≃s *an Fig.* fare i conti. **prestar** ≃s **de** rendere conto di. **tomar** ≃ **de algo** tenere di conto, curare. **verificar as** ≃s *Comm.* scontrare. ≃ **corrente** *Comm* conto corrente.

con.tá.bil [kõt′abiw] *agg* contabile.

con.ta.bi.li.da.de [kõtabilid′adi] *sf Comm.* contabilità, ragioneria, computisteria.

con.ta.bi.lis.ta [kõtabil′istə] *s Comm.* contabile.

con.ta.dor [kõtad′or] *sm Comm.* ragioniere, computista, contabile; narratore.

con.ta.gem [kõt′aʒēj] *sf* conto, contata. *Sp.* punteggio.

con.ta.gi.ar [kõtaʒi′ar] *vt* contagiare, impestare. *Fig.* avvelenare.

con.tá.gio [kõt′aʒju] *sm Med.* contagio, infezione.

con.ta-go.tas [kõtag′otəs] *sm* contagocce.

con.ta.mi.na.ção [kõtaminas′ãw] *sf Med.* contaminazione, contagio. *Lett.* inquinamento.

con.ta.mi.nar [kõtamin′ar] *vt* contaminare, contagiare, appestare, infettare, comunicare.

Fig. ammorbare. *Lett.* inquinare. *vpr* infettarsi.

con.tan.to [kõt'ãtu] ≃ *que cong* purché, a patto che, ove.

con.tar [kõt'ar] *vt* contare, computare, numerare; raccontare, narrare, rapportare. *vi* contare, essere importante. *Fig.* valere. ≃ **com alguém** contare su, confidare in qualcuno. ≃ **com o que ainda não possui** vendere la pelle dell'orso prima di averlo ucciso. ≃ **tudo nos mínimos detalhes** raccontare per filo e per segno. **não se pode** ≃ **com isso** *Fig.* questo non è terreno da piantar vigna.

con.ta.tar [kõtat'ar] *vt* contattare. *Fig.* agganciare.

con.ta.to [kõt'atu] *sm* contatto. *Fig.* commercio.

con.tem.plar [kõtẽpl'ar] *vt* contemplare, ammirare.

con.tem.po.râ.neo [kõtẽpor'ʌnju] *agg* contemporaneo; coetaneo, coevo; simultaneo, sincrono, sincronico.

con.ten.ção [kõtẽs'ãw] *sf* contesa, contenzione; repressione.

con.ten.ci.o.so [kõtẽsi'ozu] *agg Giur.* contenzioso.

con.ten.da [kõt'ẽdə] *sf* contesa, contenzione.

con.ten.dor [kõtẽd'or] *sm+agg* contenente.

con.ten.ta.men.to [kõtẽtam'ẽtu] *sm* contentezza, allegrezza, appagamento, giubilo.

con.ten.tar [kõtẽt'ar] *vt* contentare, appagare. *Fig.* quietare. *vpr* contentarsi, gongolare.

con.ten.te [kõt'ẽti] *agg* contento, felice, lieto, beato. **ficar** ≃ giubilare.

con.ter [kõt'er] *vt* contenere; racchiudere; circoscrivere; reprimere. *Fig.* trattenere. *vpr* contenersi, governarsi, dominarsi, frenarsi. **não se** ≃ *Fig.* prorompere.

con.ter.râ.neo [kõteř'ʌnju] *sm* conterraneo, compatriotta, concittadino. *agg* conterraneo, concittadino, connazionale.

con.tes.ta.ção [kõtestas'ãw] *sf* contestazione; risposta.

con.tes.tar [kõtest'ar] *vt* contestare, confutare, contraddire, contrastare, contrapporre. *Fig.* ribattere, impugnare. *vi* opporsi, ribellarsi, controvertere.

con.te.ú.do [kõte'udu] *sm* contenuto, contenenza, capienza. *Fig.* tenore.

con.tex.to [kõt'estu] *sm* contesto.

con.tex.tu.ra [kõtest'urə] *sf* tessitura, testura.

con.ti.do [kõt'idu] *part+agg* contenuto; moderato.

con.ti.go [kõt'igu] *pron* con te.

con.tí.guo [kõt'igwu] *agg* contiguo, attiguo, circostante, confinante, adiacente.

con.ti.nên.cia [kõtin'ẽsjə] *sf Mil.* saluto. **bater** ≃ *Mil.* salutare.

con.ti.nen.tal [kõtinẽt'aw] *agg* continentale.

con.ti.nen.te [kõtin'ẽti] *sm Geogr.* continente. **Novíssimo C** ≃ Mondo Nuovissimo.

con.tin.gên.cia [kõtĩʒ'ẽsjə] *sf* contingenza, circostanza.

con.tin.gen.te [kõtĩʒ'ẽti] *sm Mil.* contingente. *agg* contingente.

con.ti.nu.a.ção [kõtinuas'ãw] *sf* continuazione, proseguimento, seguito.

con.ti.nu.a.do [kõtinu'adu] *agg* continuato.

con.ti.nu.a.men.te [kõtinwam'ẽti] *avv* continuamente, andantemente, a dilungo.

con.ti.nu.ar [kõtinu'ar] *vt* continuare, proseguire, seguire. *vi* continuare; seguire, proseguire; durare; persistere; resistere.

con.ti.nu.i.da.de [kõtinuid'adi] *sf* continuità, costanza, persistenza. *Fig.* filo (d'idee).

con.tí.nuo [kõt'inwu] *sm* fattorino; donzello. *agg* continuo; costante, ininterrotto, assiduo; continuato, perpetuo; cronico. *Fig.* duraturo.

con.to [k'õtu] *sm* racconto, narrazione, storia.

con.tor.ção [kõtors'ãw] *sf* contorsione, contorcimento, divincolamento. *Med.* distorsione.

con.tor.cer [kõtors'er] *vt* contorcere, divincolare. *vpr* contorcersi, torcersi, stravolgersi. *Fig.* agitarsi.

con.tor.nar [kõtorn'ar] *vt* contornare, circondare, cintare.

con.tor.no [kõt'ornu] *sm* contorno, dintorno. *Pitt.* contorno, linea.

con.tra [k'õtrə] *sm* contro; ostacolo; obiezione. *avv* contro. *prep* contro, verso, inverso. **apostar uma lira** ≃ **cem** scommettere una lira contro cento. ≃ **mim** contro di me. **ficar** ≃ opporsi a. **ser do** ≃ esser dalla parte del torto.

con.tra-al.mi.ran.te [kõtraawmir'ãti] *sm Naut.* contrammiraglio.

con.tra-a.ta.car [kõtraatak'ar] *vt Mil.* contrattaccare.

con.tra-a.ta.que [kõtraat'aki] *sm Mil.* contrattacco.

con.tra.bai.xo [kõtrab'ajʃu] *sm Mus.* contrabbasso; violone.

con.tra.ba.lan.çar [kõtrabalãs'ar] *vt* controbilanciare, bilanciare. *Fig.* compensare.

con.tra.ban.de.ar [kõtrabãde'ar] *vt* frodare, mercanteggiare.

con.tra.ban.dis.ta [kõtrabãd'istə] *s* contrabbandiere.

con.tra.ban.do [kõtrab'ãdu] *sm* contrabbando, frodo.

con.tra.ção [kõtras'ãw] *sf* contrazione; calo.

con.tra.cep.ti.vo [kõtrasept'ivu] *sm+agg* contraccettivo, anticoncezionale.

con.tra.dan.ça [kõtrad'ãsə] *sf* contraddanza.

con.tra.di.ção [kõtradis'ãw] *sf* contraddizione, contrasto. *Fig.* antitesi. **entrar em** = contraddirsi.

con.tra.di.tó.rio [kõtradit'ɔrju] *agg* contraddittorio, incoerente, antitetico, contrario.

con.tra.di.zer [kõtradiz'er] *vt* contraddire. *Fig.* urtare. *vpr* contraddirsi.

con.tra.en.te [kõtra'ẽti] *s+agg* contraente.

con.tra.gol.pe [kõtrag'owpi] *sm* contraccolpo, ripercussione.

con.tra.gos.to [kõtrag'ostu] *avv* nell'espressione **a** = a controstomaco.

con.tra.í.do [kõtra'idu] *part+agg* contratto, convulso.

con.tra-in.di.ca.do [kõtraĩdik'adu] *agg Med.* controindicato.

con.tra.ir [kõtra'ir] *vt* contrarre; buscarsi (malattia). *Fig.* stringere (amicizia). *vpr* contrarsi.

con.tral.to [kõtr'awtu] *sm Mus.* contralto.

con.tra.luz [kõtral'us] *sf* controluce, controlume. **estar à** = star controluce (o controlume).

con.tra.ma.ré [kõtramar'ɛ] *sf* contrammarea.

con.tra-or.dem [kõtra'ɔrdẽj] *sf* contrordine.

con.tra.pe.so [kõtrap'ezu] *sm* contrappeso (della bilancia). *Naut.* contraccarico.

con.tra.pon.to [kõtrap'õtu] *sm Mus.* contrappunto.

con.tra.por [kõtrap'or] *vt* contrapporre, opporre.

con.tra.pro.pos.ta [kõtraprop'ɔstə] *sf* controproposta.

con.tra-re.gra [kõtraʀ'egrə] *sm Teat.* buttafuori.

con.tra-re.vo.lu.ção [kõtraʀevolus'ãw] *sf* controrivoluzione.

con.tra.ri.a.men.te [kõtrariam'ẽti] *avv* contrariamente, contro.

con.tra.ri.ar [kõtrari'ar] *vt* contrariare, confutare. *Fig.* combattere.

con.tra.ri.e.da.de [kõtraried'adi] *sf* contrarietà; imprevisto; dispiacere.

con.trá.rio [kõtr'arju] *sm* contrario, inverso, rovescio, l'opposto. *agg* contrario; opposto, rovescio; avverso, sfavorevole. **ao** = al contrario, all'inverso, alla rovescia, invece; piuttosto, bensì. **pelo** = anzi, invece.

con.tra-sen.so [kõtras'ẽsu] *sm* controsenso, paradosso. *Fig.* errore.

con.tras.tar [kõtrast'ar] *vt* contrastare. *Fig.* urtare.

con.tras.te [kõtr'asti] *sm* contrasto, stacco. *Fig.* urto, conflitto, antitesi, dualismo.

con.tra.ta.ção [kõtratas'ãw] *sf* contrattazione.

con.tra.tar [kõtrat'ar] *vt* contrattare.

con.tra.tem.po [kõtrat'ẽpu] *sm* contrattempo; imprevisto; disappunto, dissapore.

con.trá.til [kõtr'atiw] *agg* contrattile.

con.tra.to [kõtr'atu] *sm* contratto, atto, stipulazione, scrittura.

con.tra.tor.pe.dei.ro [kõtratorped'ejru] *sm Naut.* controtorpediniera, cacciatorpediniere.

con.tra.ven.ção [kõtravẽs'ãw] *sf* contravvenzione.

con.tra.ve.ne.no [kõtraven'enu] *sm* contravveleno.

con.tri.ção [kõtris'ãw] *sf* compunzione. *Rel.* contrizione, pentimento.

con.tri.bu.i.ção [kõtribuis'ãw] *sf* contributo, apporto. *Fig.* tributo.

con.tri.bu.in.te [kõtribu'ĩti] *s+agg* contribuente.

con.tri.bu.ir [kõtribu'ir] *vt* contribuire.

con.tri.to [kõtr'itu] *agg Rel.* contrito.

con.tro.la.do [kõtrol'adu] *part+agg* moderato, contenuto.

con.tro.lar [kõtrol'ar] *vt* controllare; contenere; curare; reprimere. *Fig.* frenare, tenere a freno. *vpr* controllarsi, moderarsi, dominarsi.

con.tro.le [kõtr'oli] *sm* controllo; dominio; cura, custodia; assistenza. *Fig.* occhio; freno, redine; possesso. **perder o** = *Fig.* scattare, scoppiare. = **remoto** telecommando.

con.tro.vér.sia [kõtrov'ɛrsjə] *sf* controversia; alterco; pendenza. *Fig.* battaglia; differenza.

con.tro.ver.so [kõtrov'ersu] o **con.tro.ver.ti.do** [kõtrovert'idu] *part+agg* controverso.

con.tro.ver.ter [kõtrovert'er] *vt+vi* controvertere.

con.tu.do [kõt'udu] *cong* tuttavia, peraltro, nondimeno.

con.tu.má.cia [kõtum'asjə] *sf Giur.* contumacia.

con.tu.maz [kõtum'as] *agg Giur.* contumace.

con.tun.den.te [kõtũd'ẽti] *agg* contundente.

con.tun.dir [kõtũd'ir] *vt* contundere.

con.tur.ba.do [kõturb'adu] *part+agg* conturbato. *Fig.* torbido.

con.tur.bar [kõturb'ar] *vt* conturbare, commuovere.

con.tu.são [kõtuz'ãw] *sf Med.* contusione, trauma, livido.

con.va.les.cen.ça [kõvales'ẽsə] *sf* convalescenza.

con.ven.ção [kõvẽs'ãw] *sf* convenzione, convenuto; parametro; congresso, assemblea.

con.ven.cer [kõvẽs'er] *vt* convincere, persuadere. *Fig.* comprare; condurre, trascinare. *vpr* convincersi, persuadersi, capacitarsi.

con.ven.ci.do [kõvẽs'idu] *part* + *agg* convinto, indotto. *Fig.* presuntuoso, cattedratico.

con.ven.ci.men.to [kõvẽsim'ẽtu] *sm* convincimento, convinzione. *Fig.* presunzione.

con.ven.cio.nal [kõvẽsjon'aw] *agg* convenzionale. *Fig.* stereotipato, clericale.

con.ven.cio.nar [kõvẽsjon'ar] *vt* stipulare.

con.ve.ni.ar-se [kõveni'arsi] *vpr* abbonarsi.

con.ve.ni.ên.cia [kõveni'ẽsjə] *sf* convenienza, convenevole. *Fig.* beneficio.

con.ve.ni.en.te [kõveni'ẽti] *agg* conveniente; adeguato, adatto; appropriato; opportuno; vantaggioso; ragionevole; confacente, apposito.

con.ve.ni.en.te.men.te [kõveniẽtem'ẽti] *avv* convenientemente, ammodo.

con.vê.nio [kõv'enju] *sm* contratto; patto, accordo.

con.ven.to [kõv'ẽtu] *sm* convento, monastero.

con.ver.gên.cia [kõverʒ'ẽsjə] *sf* convergenza; concorso; affluenza.

con.ver.gir [kõverʒ'ir] *vt* convergere; confluire, affluire; coincidere.

con.ver.sa [kõv'ersə] *sf* conversazione, colloquio, dialogo; appuntamento, abboccamento; discorso. = à-toa ciarla. = fiada ciancia, fiaba, fola. *Pop.* chiacchiera, chiacchierata. iniciar a = attaccare conversazione. jogar = fora fare accademia.

con.ver.sa.ção [kõversas'ãw] *sf* conversazione, colloquio.

con.ver.são [kõvers'ãw] *sf Autom.* conversione, giro. *Rel.* conversione.

con.ver.sar [kõvers'ar] *vi* conversare, dialogare, confabulare.

con.ver.sí.vel [kõvers'ivew] *sm Autom.* cabriolet. *agg an* convertibile.

con.ver.so [kõv'ersu] *sm Rel.* converso.

con.ver.ter [kõvert'er] *vt* convertire, catechizzare. *vpr* convertirsi.

con.ver.ti.do [kõvert'idu] *part* + *agg* converso.

con.vés [kõv'ɛs] *sm Naut.* ponte.

con.ve.xi.da.de [kõveksid'adi] *sf* convessità.

con.ve.xo [kõv'eksu] *agg* convesso, colmo.

con.vic.ção [kõviks'ãw] *sf* convinzione; convincimento, certezza; principio. *Fig.* saldezza; religione.

con.vi.da.do [kõvid'adu] *sm* commensale.

con.vi.dar [kõvid'ar] *vt* invitare; chiamare; convocare. *Fig.* attrarre. = para jantar invitare a pranzo.

con.vi.da.ti.vo [kõvidat'ivu] *agg* invitativo, attraente, stuzzicante. *Fig.* appetitoso.

con.vir [kõv'ir] *vt* convenire, addirsi, confarsi, adattarsi, fare per. não = sconvenire, dissentire. não convém non è affare.

con.vi.te [kõv'iti] *sm* invito.

con.vi.ver [kõviv'er] *vt* convivere, coabitare con.

con.vo.ca.ção [kõvokas'ãw] *sf* convocazione, chiamata. *Mil.* leva.

con.vo.car [kõvok'ar] *vt* convocare, adunare, riunire; bandire. *Lett.* indire.

con.vos.co [kõv'osku] *pron* con voi.

con.vul.são [kõvuws'ãw] *sf Med.* convulsione.

con.vul.so [kõv'uwsu] *agg* convulso.

co.o.pe.ra.dor [kooperad'or] *sm* cooperatore.

co.o.pe.ra.rar [kooper'ar] *vt* cooperare, collaborare, coadiuvare. *Fig.* aiutare la barca.

co.o.pe.ra.ti.va [kooperat'ivə] *sf* cooperativa, consorzio.

co.o.pe.ra.ti.vis.mo [kooperativ'izmu] *sm* cooperativismo.

co.or.de.na.ção [koordenas'ãw] *sf* coordinazione, coordinamento, organizzazione. *Fig.* regia.

co.or.de.na.da [koorden'adə] *sf Mat.* coordinata.

co.or.de.nar [koorden'ar] *vt* coordinare, organizzare, collegare.

co.pa [k'ɔpə] *sf* dispensa. *Bot.* chioma. = s *pl* coppe, cuori (seme delle carte).

co.pa.do [kop'adu] *agg* fronzuto (albero, ecc.).

co.pei.ro [kop'ejru] *sm* coppiere, garzone.

có.pia [k'ɔpjə] *sf* copia; riproduzione; imitazione, falso; esemplare, doppione.

co.pi.a.do.ra [kopiad'orə] *sf* copialettere, duplicatore.

co.pi.ar [kopi'ar] *vt* copiare; imitare; ricalcare; riprodurre; motteggiare; contraffare; parafrasare. *Fig. Comm.* pirateggiare.

co.pi.ão [kopi'ãw] *sm Cin. e Teat.* copione.

co.pi.nho [kop'iñu] *sm dim* cicchetto. = onde se põem os dados bussolotto.

co.pi.o.sa.men.te [kopiozam'ẽti] *avv* copiosamente, a capo fitto.

co.pi.o.so [kopi'ozu] *agg* copioso; abbondante, ricco; numeroso. *Fig.* fitto; largo.

co.po [k'ɔpu] *sm* bicchiere. = grande gotto.

co-pro.pri.e.tá.rio [kopropriet'arju] *sm* compadrone.

cop.ta [k'ɔptə] *sm* copto.

cóp.ti.co [k'ɔptiku] *agg* copto.

có.pu.la [k'ɔpulə] *sf* copula, coito. *Zool.* monta, accoppiamento. *Gramm.* copula.

co.pu.lar [kopul'ar] *vt* copulare. *Zool.* montare, accoppiarsi.

co.quei.ro [kok'ejru] *sm Bot.* cocco.

co.que.lu.che [kokel'uʃi] *sf Med.* tosse convulsa, pertosse.

cor [k'or] *sm* colore, tinta, colorazione, colorito.

co.ra.ção [koras'ãw] *sm* cuore. *Fig.* centro, entragna; seno, petto. **abrir o ≃ para** aprire il cuore a. **com o ≃ na boca** *Pop.* con il cuore in bocca. **≃ de ouro** cuor d'oro. **≃ de pedra** *Fig.* cuore di ghiaccio; persona di stucco. **de ≃ aberto** a viso aperto, senza paura. **de ≃ avv** di cuore, di animo, caramente. **ficar de ≃ partido** *Fig.* schiantarsi il cuore. **no ≃** *Fig.* dentro. **partir o ≃** *Fig.* strappare il cuore.

co.ra.gem [kor'aʒẽj] *sf* coraggio; ardimento, audacia, bravura, valore; animo, vigore. *Fig.* petto, cuore; faccia; fegato, stomaco. **criar ≃ o tomar ≃** prendere animo, affrancarsi, rassicurarsi. **perder a ≃** perdere il coraggio, scoraggiarsi. **≃!** *int* animo! curare.

co.ra.jo.so [koraʒ'ozu] *agg* coraggioso; ardimentoso, ardito, audace, bravo, valoroso; vigoroso; arrischiato; intrepido, eroico, prode. *Lett.* impavido, strenuo. *Fig.* risoluto.

co.ral [kor'aw] *sm Zool.* corallo.

co.ran.te [kor'ãti] *sm+agg* colorante.

Corão → Alcorão.

co.rar [kor'ar] *vi* arrossire. *Fig.* avvampare. **≃ ao sol (roupas)** curare.

cor.ça [k'orsə] *sf Zool.* damma, cerva, capriola, camozza.

cor.cel [kors'ɛw] *sm Zool.* corsiere, corsiero.

cor.ço [k'orsu] *sm Zool.* daino, camoscio.

cor.co.va [kork'ɔvə] *sf Zool.* gobba.

cor.cun.da [kork'ũdə] *sm* gobbo, chi ha gobba. *sf* gobba. *agg* gobbo, gibboso.

cor.da [k'ɔrdə] *sf* corda, fune, canapo, cavo; nervo (di un arco). *Mus.* corda armonica. **≃s vocais** *Anat.* corde vocali. **dar ≃ num relógio** caricare (o montare) un orologio.

cor.da.me [kord'ʌmi] *sm* cordame.

cor.dão [kord'ãw] *sm* spago, cordellina, fettuccia; cordone; vezzo; filza. **≃ de marionete** filo. **≃ de sapato** fiocco, stringa. **≃ umbilical** cordone ombelicale.

cor.dei.ri.nho [kordejr'iɲu] *sm dim* pecorino.

cor.dei.ro [kord'ejru] *sm* agnello.

cor.del [kord'ɛw] *sm* cordellina, spago, funicella. *Bras.* specie di letteratura popolare.

cor-de-ro.sa [kordir'ɔzɐ] *sm+agg* rosa.

cor.di.al [kordi'aw] *agg* cordiale, cortese, amabile, caloroso, aperto.

cor.dia.li.da.de [kordjalid'adi] *sf* cortesia, bonomia. *Fig.* amicizia.

cor.di.lhei.ra [kordiʎ'ejrɐ] *sf Geogr.* catena di montagne.

co.re.o.gra.fi.a [koreograf'iə] *sf* coreografia.

co.réi.a [kor'ɛjə] *sf Med.* corea. *Pop.* ballo di San Vito.

co.ri.feu [korif'ew] *sm* corifeo.

co.rín.tio [kor'ĩtju] *sm+agg Archit.* corintio.

co.ri.za [kor'izə] *sf Med.* corizza, deflusso.

cor.ja [k'ɔrʒə] *sf* cricca.

cor.na.mu.sa [kornam'uzɐ] *sf Mus.* cornamusa, zampogna.

cor.ne [k'ɔrni] *sm Mus.* corno.

cór.nea [k'ɔrnjɐ] *sf Med.* cornea.

cór.neo [k'ɔrnju] *agg* corneo.

cor.ne.ta [korn'etɐ] *sf Mus.* cornetta. **≃ acústica** cornetto acustico.

cor.ne.tim [kornet'ĩ] *sm Mus.* cornettino, cornetto.

cor.ni.ja [korn'iʒə] *sf Archit.* cornice.

cor.no [k'orno] *sm* corno. **≃s** *pl Volg.* corna (nel marito tradito).

cor.nu.có.pia [kornuk'ɔpjə] *sf* cornucopia.

cor.nu.do [korn'udu] *agg* cornuto. *Volg.* cornuto (marito tradito).

co.ro [k'oru] *sm an Archit.* coro.

co.ro.a [kor'oə] *sf* corona, diadema. *Astron.* corona. **≃ de flores** ghirlanda. *Poet.* serto.

co.ro.ar [koro'ar] *vt* coronare, incoronare. *vpr* incoronarsi.

co.ro.gra.fi.a [korograf'iə] *sf Geogr.* corografia.

co.ro.la [kor'ɔlə] *sf Bot.* corolla.

co.ro.nel [koron'ɛw] *sm Mil.* colonnello.

cor.pe.te [korp'eti] *sm* o **cor.pi.nho** [korp'iɲu] *sm dim* corpetto, copribusto, fascetta.

cor.po [k'orpu] *sm* corpo; corporatura, essere. **≃ de baile** corpo di ballo. **≃ de delito** *Giur.* corpo del delitto. **≃ de voluntários** *Mil.* milizia irregolare. **≃ diplomático** corpo diplomatico. **o ≃ humano** il corpo umano, le membra umane.

cor.po.ra.ção [korpora'ãw] *sf* corporazione, corpo, associazione. **≃ de artesãos** *St.* corporazione di artigiani, gilda.

cor.po.ral [korpor'aw] *sm Rel.* corporale. *agg* corporale, del corpo.

cor.po.ra.tu.ra [korporat'urə] *sf* corporatura.

cor.pó.reo [korp'ɔrju] *agg* corporeo, materiale, fisico.
cor.pu.len.to [korpul'ɛtu] *agg* corpulento.
cor.pús.cu.lo [kosp'uskulu] *sm* corpuscolo.
cor.re.ção [koɾes'ãw] *sf* correzione; correttezza; esattezza; rettifica, rettificazione, smentita; ammendamento, assesto; castigatezza. *Fig.* rimedio.
cor.re-cor.re [koɾik'oɾi] *sm* fuggi fuggi.
cor.re.dei.ra [koɾed'ejɾə] *sf Geogr.* rapida.
cor.re.dor [koɾed'or] *sm* corridoio, crosia; corridore. ≃ **subterrâneo** galleria. *agg* corridore.
cór.re.go [k'ɔɾegu] *sm* ruscello, rigagnolo. *Lett.* rivo. *Poet.* rio.
cor.rei.a [koɾ'ejə] *sf* coreggia; guinzaglio.
cor.rei.o [koɾ'eju] *sm* posta. ≃ **aéreo** posta aerea. **pôr no** ≃ imbucare, impostare.
cor.re.la.ção [koɾelas'ãw] *sf* correlazione, corrispondenza. *Fig.* coincidenza.
cor.re.li.gi.o.ná.rio [koɾeliʒion'arju] *sm + agg* correligionario.
cor.ren.te [koɾ'ẽti] *sf* corrente; catena; guinzaglio. *Naut.* deriva. ≃ **alternada** *Elett.* corrente periodica. ≃ **de água** correntia. ≃ **de ar** corrente d'aria, spiffero. *agg* corrente; attuale, invalso; fluido, scorrevole.
cor.ren.te.za [koɾẽt'ezə] *sf* correntia.
cor.ren.ti.nha [koɾẽt'iɲə] *sf* catenella.
cor.ren.tis.ta [koɾẽt'istə] *s Comm.* correntista.
cor.rer [koɾ'er] *vi* correre; fuggire; fluire, scorrere. *Fig.* filare. ≃ **muito** *Fig.* avere le ali ai piedi. ≃ **por aí** scorrazzare.
cor.re.ri.a [koɾeɾ'iə] *sf* fuggi fuggi. *Mil.* incursione, invasione.
cor.res.pon.dên.cia [koɾespõd'ẽsjə] *sf* corrispondenza; correlazione, rispondenza; concordanza; carteggio. *Fig.* coincidenza.
cor.res.pon.den.te [koɾespõd'ẽti] *sm* corrispondente. *agg* corrispondente, rispondente.
cor.res.pon.der [koɾespõd'er] *vt* corrispondere; rispondere, connaturare. *Fig.* valere. *vpr* corrispondere. ≃-**se por carta** carteggiare.
cor.re.ta.gem [koɾet'aʒẽj] *sf Comm.* senseria, mediazione.
cor.re.ta.men.te [koɾetam'ẽti] *avv* correttamente, bene.
cor.re.ti.vo [koɾet'ivu] *sm Pop.* sgridata.
cor.re.to [koɾ'ɛtu] *agg* corretto; esatto, giusto; impeccabile; ammodo, perbene, bravo.
cor.re.tor [koɾet'or] *sm Comm.* sensale, mediatore.
cor.ri.da [koɾ'idə] *sf* corsa, carriera. *Fig.* maratona. ≃ **com obstáculos** corsa a ostacoli.

cor.ri.gir [koɾiʒ'ir] *vt* correggere; aggiustare; ammendare; emendare; rifare; rimediare; rigenerare. *Fig.* rettificare; addirizzare. *vpr* correggersi; rigenerarsi, ricredersi.
cor.ri.men.to [koɾim'ẽtu] *sm* deflusso, fiotto, corso.
cor.ro.bo.rar [koɾobor'ar] *vt* corroborare.
cor.ro.er [koɾo'er] *vt* corrodere, rodere, intaccare, bruciare.
cor.rom.per [koɾõp'er] *vt* corrompere; pervertire, rovinare; subornare, pagare; adulterare, deturpare. *Lett.* inquinare. *Fig.* infettare, avvelenare; guastare; sedurre. *vpr* degenerare; pervertirsi. *Fig.* infettarsi; marcire.
cor.rom.pi.do [koɾõp'idu] *part + agg* corrotto; guasto; degenere; vizioso; infetto. *Lett.* polluto.
cor.ro.são [koɾoz'ãw] *sf* corrosione, corrodimento, erosione.
cor.ro.si.vo [koɾoz'ivu] *agg* corrosivo, caustico.
cor.rup.ção [koɾups'ãw] *sf* corruzione, corrompimento; corruttela. *Fig.* marcio, rilassatezza. ≃ **de menores** *Giur.* corruzione di minorenni.
cor.rup.to [koɾ'uptu] *agg* corrotto. *Fig. disp* venale.
cor.sá.rio [kors'arju] *sm* corsaro, bucaniere.
cor.so [k'orsu] *sm + agg* corso, della Corsica.
cor.ta.do [kort'adu] *part + agg* tagliato, inciso, reciso.
cor.tan.te [kort'ãti] *agg* agro (suono); molto freddo, gelido.
cor.tar [kort'ar] *vt* tagliare; mozzare, recidere; falciare; asportare, risecare; solcare (acque); barrare; cancellare, sottrarre; incidere, rescindere; smussare (punte). *Med.* incidere. *Fig.* affettare; fendere. *vpr* tagliarsi. ≃ **em bocados** abboccanare. ≃ **mal** cincischiare. ≃ **o coração** *Fig.* strappare il cuore.
cor.te [k'ɔrti] I *sm* taglio; tacca; incisione; sfregio; filo, affilatura. *Med.* recisione. *Fig.* braciola. ≃ **de cabelo** taglio di capelli. ≃ **de tecido** taglio (o stacco) d'abito, panno.
cor.te [k'ɔrti] II *sf* corte; aula; codazzo. ≃ **de apelação** *Giur.* corte di appello. ≃ **de justiça** foro, giustizia.
cor.te.jar [korteʒ'ar] *vt* corteggiare; vagheggiare.
cor.te.jo [kort'eʒu] *sm* corteggio, corteo, seguito, corte, codazzo.
cor.tês [kort'es] *agg* cortese; gentile, delicato; civile, urbano; affabile, carino; premuroso; galante, cavalleresco. *Fig.* pulito.

cor.te.são [kortez'ãw] *sm* cortigiano. *agg* cortigiano; aulico.

cor.te.si.a [kortez'iə] *sf* cortesia; gentilezza, finezza, creanza; attenzione, premura; favore; complimento. ≃ **exagerada** cerimonie *pl*.

cor.ti.ça [kort'isə] *sf* corteccia, scorza, buccia.

cor.ti.ço [kort'isu] *sm* bassifondi *pl*.

cor.ti.na [kort'inə] *sf* cortina, bandinella. *Teat.* tela, tenda. ≃ **de ferro** *Pol.* sipario di ferro.

co.ru.ja [kor'uʒə] *sf Zool.* civetta.

co.ru.jão [koruʒ'ãw] *sm Zool.* civettone, barbagianni.

cor.ve.ta [korv'etə] *sf Naut.* corvetta.

cor.vo [k'orvu] *sm Zool.* corvo.

co-se.can.te [kosek'ãti] *sf+agg Mat.* cosecante.

co-se.no [kos'enu] *sm Mat.* coseno.

co.ser [koz'er] *vt* cucire.

cos.mé.ti.co [kozm'etiku] *sm* cosmetico, belletto, trucco. *agg* cosmetico.

cós.mi.co [k'ɔzmiku] *agg* cosmico, astrale.

cos.mo.nau.ta [kozmon'awtə] *s* cosmonauta.

cos.mó.po.lis [kozm'ɔpolis] *sm* cosmopoli, città cosmopolita.

cos.mo.po.li.ta [kozmopol'itə] *s+agg* cosmopolita.

cos.mos [k'ɔzmus] o **cos.mo** [k'ɔzmu] *sm* cosmo, universo, creato.

cos.ta [k'ɔstə] *sf* costa, riviera, litorale.

cos.ta.do [kost'adu] *sm* costolatura, costolame. **o** ≃ **de um navio** la costolatura di una nave.

cos.tas [k'ɔstəs] *sf pl Anat.* spalle, dosso, dorso, schiena, schienale. *Iron.* groppa. ≃ **da faca** costola. ≃ **de animal** dosso, dorso, groppa. ≃ **de objeto** dorso, schienale, retro. **às** ≃ *avv* addosso, indosso. **às** ≃ **de** *prep* addosso. **rir pelas** ≃ **de** ridere alle spalle di. **ter as** ≃ **s largas** avere le spalle grosse, sopportar calunnie, ecc.

cos.te.ar [koste'ar] *vt+vi Naut.* costeggiare, fiancheggiare, navigare lungo la costa.

cos.tei.ro [kost'ejru] *agg* costiero, rivierasco.

cos.te.la [kost'ɛlə] *sf* costoletta (di animale). *Anat.* costola, costa.

cos.te.le.ta [kostel'etə] *sf* costoletta, braciola, costata.

cos.te.le.tas [kostel'etəs] *sf pl* basette.

cos.tu.mar [kostum'ar] *vt* costumare, usare. *Lett.* solere.

cos.tu.me [kost'umi] *sm* costume; abitudine, abito; usanza, uso, consuetudine, solito; maniera, metodo; assuefazione; vezzo. *Fig.* prammatica. **como de** ≃ di rito. ≃**s pl** folclore. *Fig.* convenzioni. **de** ≃ di solito. **mau** ≃ malcostume, malusanza. **ser** ≃ usare.

cos.tu.mei.ro [kostum'ejru] *agg* abituale; usato, consueto, consuetudinario, solito; convenzionale. *Fig.* cronico.

cos.tu.ra [kost'urə] *sf* costura; cucito.

cos.tu.ra.do [kostur'adu] *part+agg* cucito.

cos.tu.rar [kostur'ar] *vt* cucire.

cos.tu.rei.ra [kostur'ejrə] *sf* cucitrice, sarta.

co.ta [k'ɔtə] *sf an Comm.* quota. *St.* e *Rel.* cotta.

co.ta.ção [kotas'ãw] *sf Comm.* quotazione; catalogo, listino.

co.ta.do [kot'adu] *part+agg* quotato.

co-tan.gen.te [kotãʒ'ẽti] *sf Mat.* cotangente.

co.tão [kot'ãw] *sm Bot.* pelo.

co.tar [kot'ar] *vt* quotare.

co.te.jar [koteʒ'ar] *vt* collazionare, paragonare.

co.te.jo [kot'eʒu] *sm* collazione, paragone.

co.ti.di.a.no [kotidi'ʌnu] *agg* quotidiano, giornaliero.

co.to [k'otu] *sm* mozzicone. ≃ **de vela** moccolo.

co.to.ni.fí.cio [kotonif'isju] *sm* cotonificio.

co.to.ve.la.da [kotovel'adə] *sf* gomitata.

co.to.ve.lo [kotov'elu] *sm Anat.* gomito, cubito.

co.to.vi.a [kotov'iə] *sf Zool.* allodola.

co.tur.no [kot'urnu] *sm* coturno, stivale alto dell'Antichità.

cou.ra.ça [kowr'asə] *sf* corazza.

cou.ra.ça.do [kowras'adu] *part+agg* corazzato.

cou.ra.ma [kowr'ʌmə] *sf* corame.

cou.ro [k'owru] *sm* cuoio. ≃ **cabeludo** *disp* cotenna.

cou.ve [k'owvi] *sm* cavolo. **cou.ve-de-bru.xe.las** [kowvidibruʃ'ɛləs] *sf* cavolino di Bruxelles.

cou.ve-flor [kowvifl'or] *sm* cavolfiore.

co.va [k'ɔvə] *sf* fossa; cava, buca; antro. ≃ **para plantar** formella. **estar com o pé na** ≃ *Pop.* avere i piedi nella fossa.

cô.va.do [k'ovadu] *sm Mat.* cubito.

co.var.de [kov'ardi] *sm* codardo, vigliacco. *agg* codardo, vigliacco, pauroso, pusillanime. *Lett.* pavido. *Fig.* servile.

co.var.di.a [kovard'iə] *sf* codardia, vigliaccheria, viltà.

co.vei.ro [kov'ejru] *sm* beccamorti, becchino.

co.vil [kov'iw] *sm* covile, covo, cova, tana. *Fig.* bozzolo. ≃ **de cachorro** canile, cuccia.

co.xa [k'oʃə] *sf Anat.* coscia.

co.xe.ar [koʃe'ar] *vi* zoppicare, arrancare.

co.xim [koʃ'ĩ] *sm* guancialino.

co.xo [k'oʃu] *sm* zoppo. *agg* zoppo, ranco. **quem anda com** ≃ **aprende a coxear** chi pratica lo zoppo impara a zoppicare; chi va col lupo impara a urlare.

co.ze.du.ra [kozed'urə] *sf* cottura.

co.zer [koz'er] *vt* cuocere, lessare.

co.zi.do [koz'idu] *sm, part+agg* cotto, lesso. ≃ **demais** stracotto.

co.zi.men.to [kozim'ẽtu] *sm* cottura, cotto, cotta.

co.zi.nha [koz'iñɐ] *sf* cucina.

co.zi.nhar [koziñ'ar] *vt* cucinare, lessare, bollire, mettere al fuoco una vivanda.

co.zi.nhei.ro [koziñ'ejru] *sm* cuoco, cuciniere.

crâ.nio [kr'ʌnju] *sm Anat.* cranio, teschio.

crá.pu.la [kr'apulɐ] *sm* crapulone.

cra.se [kr'azi] *sf Gramm.* crasi.

cras.so [kr'asu] *agg* crasso. *Fig.* massiccio.

cra.te.ra [krat'ɛrɐ] *sf* cratere.

cra.va.do [krav'adu] *part+agg* fitto, confitto, infisso.

cra.var [krav'ar] *vt* ficcare, figgere, conficcare, piantare. *vpr* ficcarsi, incarnarsi. ≃ **o olhar em** piantare occhi addosso a.

cra.ve.lha [krav'eλɐ] *sf Mus.* pirone.

cra.vi.na [krav'inɐ] *sf dim Bot.* garofanino.

cra.vo [kr'avu] *sm Bot.* garofano. *Mus.* cembalo, clavicembalo.

cre.che [kr'ɛʃi] *sf* nido d'infanzia.

cre.den.ci.al [kredẽsi'aw] *sf* credenziale, lettera credenziale. *agg* credenziale.

cre.di.tar [kredit'ar] *vt* accreditare, avvalorare, bonificare. **posso** ≃ **-lhes mil liras** vi posso accreditare di mille lire.

cré.di.to [kr'ɛditu] *sm* credito; fido; fede, fiducia. **vender a** ≃ vendere a fido.

cre.do [kr'edu] *sm* credo, credenza. ≃! *int* puh! (indica schifo, disprezzo).

cre.dor [kred'or] *sm* creditore.

cre.du.li.da.de [kredulid'adi] *sf* credulità.

cré.du.lo [kr'edulu] *agg* credulo, gonzo.

cre.ma.ção [kremas'ãw] *sf* cremazione, incinerazione.

cre.mar [krem'ar] *vt* cremare, incenerire.

cre.me [kr'emi] *sm* crema. ≃ **de barbear** sapone per barba. ≃ **dental** dentifricio. ≃ **chantilly** → **chantilly**.

cren.ça [kr'ẽsɐ] *sf* credenza, credo, fede, convinzione. *Fig.* religione, vangelo.

cren.te [kr'ẽti] *s* credente. *Bras. Pop. disp* protestante. *agg* credente, religioso.

cre.pe [kr'epi] *sm* crespo.

cre.pi.ta.ção [krepitas'ãw] *sf* scoppio.

cre.pi.tar [krepit'ar] *vi* crepitare, scoppiettare, crosciare.

cre.pús.cu.lo [krep'uskulu] *sm* crepuscolo. **no** ≃ tra il lusco ed il brusco.

crer [kr'er] *vt* credere, giudicare, ritenere. *Fig.* parere.

cres.cen.do [kres'ẽdu] *sm Mus.* crescendo.

cres.cer [kres'er] *vi* crescere; aumentare, accrescersi; svilupparsi, svolgersi; allungarsi; lievitare; montare, salire; germogliare, vegetare, attaccare (pianta).

cres.ci.men.to [kresim'ẽtu] *sm* crescita, crescenza; aumento, incremento; ingrandimento.

cres.po [kr'espu] *agg* riccio.

cre.ti.no [kret'inu] *sm* cretino.

cri.a [kr'iɐ] *sf* allievo.

cri.a.ção [krias'ãw] *sf* creazione; creato; costituzione; allevamento, allevatura. *Fig.* allattamento; parto.

cri.a.da [kri'adɐ] *sf* cameriera, serva, domestica; donna di servizio. *Poet.* ancella.

cri.a.da.gem [kriad'aʒẽj] *sf* servitù.

cri.a.do [kri'adu] *sm* cameriere, servo, domestico. *part+agg* creato; allevato; prodotto.

cri.a.do-mu.do [kriadum'udu] *sm* comodino, tavolino da notte.

cri.a.dor [kriad'or] *sm* creatore; allevatore. *Fig.* autore, architetto, capostipite. ≃ **de um movimento artístico** capscuola. **o C** ≃ il Creatore. *agg* creativo.

cri.a.dou.ro [kriad'owru] *sm* allevamento, allevatura.

cri.an.ça [kri'ãsɐ] *sf* bambino, bambina. *Fam.* bimbo; bimba. **comportar-se como** ≃ bambineggiare. ≃ **abandonada** trovatello.

cri.an.ci.ce [kriãs'isi] *sf* bambinata, fanciullaggine.

cri.ar [kri'ar] *vt* creare; immaginare, inventare; allevare; impiantare; trovare, concretizzare, avviare; educare, tirare su. *Lett.* nutrire. *Fig.* concepire, partorire; modellare, coniare.

cri.a.ti.vi.da.de [kriativid'adi] *sf* creatività. *Fig.* spirito.

cri.a.ti.vo [kriat'ivu] *agg* creativo.

cri.a.tu.ra [kriat'urɐ] *sf* creatura.

cri.me [kr'imi] *sm* crimine, reato, delitto, misfatto. *Fig.* eccesso. ≃ **político** delitto politico. ≃ **qualificado** delitto qualificato.

cri.mi.nal [krimin'aw] *agg* criminale.

cri.mi.na.li.da.de [kriminalid'adi] *sf* criminosità.

cri.mi.no.so [krimin'ozu] *sm* criminale, delinquente.

cri.na [kr'inɐ] *sf Zool.* crine, criniera.

cri.ou.lo [kri'owlu] *sm* creolo.

crip.ta [kr'iptɐ] *sf* cripta, arca.

crip.to.gra.fi.a [kriptograf'iɐ] *sf* crittografia.

cri.sá.li.da [kriz'alidɐ] *sf Zool.* crisalide, pupa, ninfa.

cri.sân.te.mo [kriz'ãtemu] *sm* crisantemo.

cri.se [kr'izi] *sf* crisi, recessione, ribasso, crollo del mercato. *Med.* crisi, accesso, *Fig.* strettoia, congiuntura.

cris.ma [kr'izmə] *sf Rel.* cresima, conferma, confermazione.

cri.só.li.to [kriz'ɔlitu] *sm Min.* crisolito.

cris.ta [kr'istə] *sf Zool.* e *Geogr.* cresta.

cris.tal [krist'aw] *sm* cristallo.

cris.ta.li.no [kristal'inu] *sm Anat.* cristallino. *agg* cristallino, chiaro. *Fig.* argentino.

cris.tão [krist'ãw] *sm+agg* cristiano.

cri.té.rio [krit'ɛrju] *sm* criterio; giudizio, senno; norma, regola.

crí.ti.ca [kr'itikə] *sf* critica; osservazione; recensione; riprovazione, biasimo, censura.

cri.ti.car [kritik'ar] *vt* criticare; recensire, commentare; biasimare, censurare, rimproverare, appuntare. *Fig.* tagliare i panni addosso a. ≃ **impiedosamente** *Fig.* stroncare.

crí.ti.co [kr'itiku] *sm* critico; recensore. *agg* critico.

cri.var [kriv'ar] *vt* crivellare.

cri.vo [kr'ivu] *sm* crivo, vaglio.

cro.ci.tar [krosit'ar] *vt* crocidare, crocitare, gracchiare, cornacchiare.

cro.co.di.lo [krokod'ilu] *sm Zool.* coccodrillo.

crois.sant [kroas'ã] *sm* cornetto.

cro.má.ti.co [krom'atiku] *agg Fis.* e *Mus.* cromatico.

cro.ma.tis.mo [kromat'izmu] *sm Fis.* cromatismo.

cro.mo [kr'omu] *sm Chim.* cromo.

cro.mo.te.ra.pi.a [kromoterap'iə] *sf Med.* cromoterapia.

crô.ni.ca [kr'onikə] *sf* cronaca.

crô.ni.co [kr'oniku] *agg* cronico.

cro.no.gra.ma [kronogr'ʌmə] *sm* cronogramma.

cro.no.lo.gi.a [kronoloʒ'iə] *sf* cronologia.

cro.nô.me.tro [kron'ometru] *sm* cronometro.

cro.que.te [krok'ɛti] *sm* crocchetta.

cros.ta [kr'ostə] *sf* crosta.

cru [kr'u] *agg* crudo, greggio, grezzo.

cru.ci.fi.ca.do [krusifik'adu] *part+agg* crocifisso, crocefisso.

cru.ci.fi.car [krusifik'ar] *vt* crocifiggere.

cru.ci.fi.xo [krusif'iksu] *sm* crocifisso.

cru.el [kru'ɛw] *agg* crudele; sanguinario, efferato; disumano, inumano; brutale, mostruoso. *Lett.* truculento. *Fig.* duro, empio; barbaro, selvaggio, feroce.

cru.el.da.de [kruewd'adʒi] *sf* crudeltà; crudezza, crudità. *Fig.* durezza; barbarie, ferocia.

cru.en.to [kru'ẽtu] *agg* cruento.

cru.e.za [kru'ezə] *sf* crudezza, crudità.

crus.tá.ceo [krust'asju] *sm Zool.* crostaceo.

cruz [kr'us] *sf* croce. *Fig.* castigo, calvario. **cada um com sua** ≃ ognuno ha la sua croce. ≃ **gamada** croce uncinata (o gammata). **C ≃ Vermelha** Croce Rossa. **estar entre a ≃ e a espada** essere tra l'incudine ed il martello.

cru.za.da [kruz'adə] *sf St.* e *Fig.* crociata.

cru.za.do [kruz'adu] *sm St.* crociato, membro di una Crociata. *part+agg* incrociato. *Comm.* sbarrato (assegno bancario). **fogo ≃** fuochi incrociati.

cru.za.dor [kruzad'or] *sm Naut.* incrociatore.

cru.za.men.to [kruzam'ẽtu] *sm* incrociamento, incrocio, incrociatura; crocevia, bivio.

cru.zar [kruz'ar] *vt* incrociare; tagliare, intraversare. *Naut.* e *Aer.* incrociare. *vpr* incrociarsi; convergere. ≃ **os braços** *Fig.* incrociare le braccia.

cru.zei.ro [kruz'ejru] *sm Archit.* crociata. *Naut.* crociera. **C ≃ do Sul** *Astron.* Croce.

cu [k'u] *sm Vulg.* culo. **tomar no ≃** fare in culo.

cú.bi.co [k'ubiku] *agg* cubico. **metro ≃** metro cubo.

cu.bí.cu.lo [kub'ikulu] *sm* cubicolo.

cú.bi.to [k'ubitu] *sm Anat.* cubito, ulna.

cu.bo [k'ubu] *sm* cubo. ≃ **da roda** *Mecc.* mozzo.

cu.ca [k'ukə] *sf Fig. disp* zucca.

cu.co [k'uku] *sm Zool.* cucco, cuculo.

cu.e.cas [ku'ɛkəs] *sf pl* mutande.

cui.da.do [kujd'adu] *sm* attenzione, vigilanza; cura, sollecitudine; accuratezza; cautela, sensatezza, avvertenza. **com ≃** *avv* adagio, ammodo. ≃ **com o cachorro** attenti al cane. **inspirar ≃ s** mettere pensiero. **não tomar ≃ com** strapazzare. *Lett.* negligere. **ter ≃ o tomar ≃** badare. **ter ≃ para não errar** badare di non sbagliare. **≃ !** *int* badare!

cui.da.do.so [kujdad'ozu] *agg* attento, vigilante; sollecito, alacre; diligente, geloso; cauto, prudente, sensato, assennato; guardingo.

cui.dar [kujd'ar] *vt* badare, trattare di. *vpr* risparmiarsi. ≃ **da própria vida** badare ai fatti propri.

cu.la.tra [kul'atrə] *sf* culatta.

cu.li.ná.ria [kulin'arjə] *sf* culinaria. *Fig.* tavola.

cu.li.ná.rio [kulin'arju] *agg* culinario.

cul.pa [k'uwpə] *sf* colpa, torto, fallo. **ter ≃ no cartório** *Fig. Pop.* avere la coda di paglia.

cul.pa.bi.li.da.de [kuwpabilid'adʒi] *sf* colpevolezza.

cul.pa.do [kuwp'adu] *sm+agg* reo, colpevole.

cul.par [kuwp′ar] *vt* incolpare, aggravare, accusare, tacciare, accagionare. *Fig.* addebitare.

cul.po.so [kuwp′ozu] *agg Giur.* colposo.

cul.ti.va.ção [kuwtivas′ãw] *sf* coltivazione, coltura (di piante).

cul.ti.va.dor [kuwtivad′or] *sm* + *agg* cultore.

cul.ti.var [kuwtiv′ar] *vt* coltivare, lavorare, arare.

cul.ti.vo [kuwt′ivu] *sf an Fig.* coltivazione, coltura, cultura, lavorazione.

cul.to [k′uwtu] *sm an Fig.* culto. *agg* colto, culto, erudito, dotto, letterato.

cul.tu.ra [kuwt′urə] *sf* coltura, coltivazione; cultura, sapienza, civiltà.

cu.me [k′umi] *sm Geogr.* culmine, cima, cocuzzolo, vetta, cresta. *Fig.* apice, apogeo.

cu.me.ei.ra [kume′ejrə] *sf Archit.* comignolo.

cúm.pli.ce [k′ũplisi] *s* complice. *Fig.* socio. *agg* connivente.

cum.pri.men.tar [kũprimẽt′ar] *vt* complimentare; felicitare; salutare; riverire; scappellarsi; inchinarsi. *vpr* salutarsi, congratularsi.

cum.pri.men.to [kũprim′ẽtu] *sm* complimento; congratulazione; saluto; chino, riverenza; soddisfazione, osservanza, esecuzione. **dar os** ≃ s fare i convenevoli.

cum.prir [kũpr′ir] *vt* compiere, adempire; effettuare, eseguire, espletare; soddisfare; assolvere (un dovere). *vpr* adempirsi. ≃ **a pena** scontare la pena. ≃ **com a palavra** rispettare la propria firma. ≃ **uma obrigação** *Fam.* supplire a un obbligo.

cú.mu.lo [k′umulu] *sm* sommo, sommità, cima, nonplusultra. ≃ s *pl Met.* cumuli. **o** ≃ **da maldade** il nonplusultra della malvagità.

cu.nei.for.me [kunejf′ɔrmi] *agg* cuneiforme.

cu.nha [k′uñə] *sf* cuneo, conio, zeppa, bietta.

cu.nha.do [kuñ′adu] *sm* cognato.

cu.nha.gem [kuñ′aʒẽj] *sf* coniatura.

cu.nhar [kuñ′ar] *vt* coniare, battere una moneta.

cu.nho [k′uñu] *sm* cuneo, conio.

cu.pê [kup′e] *sm* cupè.

cu.pi.do [kup′idu] *sm* amorino, puttino, putto. **C** ≃ *Mit.* Cupido.

cú.pi.do [k′upidu] *agg* cupido.

cu.pom [kup′õ] **o cu.pão** [kup′ãw] *sm Comm.* cupone, tagliando, cedola. ≃ **internacional do correio** cupone internazionale.

cú.pu.la [k′upulə] *sf* cupola, duomo.

cu.ra [k′urə] *sf Med.* guarigione. *sm Rel.* curato.

cu.ra.dor [kurad′or] *sm* curatore.

cu.ra.do.ri.a [kurador′iə] *sf Giur.* curatela.

cu.rar [kur′ar] *vt* sanare, risanare, guarire. *vpr* guarirsi, rinsanire, rimettersi.

cu.ra.re [kur′ari] *sm* curaro.

cu.ra.ti.vo [kurat′ivu] *agg* curativo.

cú.ria [k′urjə] *sf Rel.* curia.

cu.rin.ga [kur′igə] *sm* matta.

cu.ri.o.si.da.de [kuriozid′adi] *sf* curiosità. **mateminha** ≃ levami una curiosità.

cu.ri.o.so [kuri′ozu] *agg* curioso; indiscreto, ficcanaso; singolare, ameno. **ficar** ≃ incuriosire, incuriosirsi.

cur.ral [kuř′aw] *sm* bovile. ≃ **de ovelhas** pecorile, mandra.

cur.rí.cu.lo [kuř′ikulu] *sm* curriculum.

cur.si.vo [kurs′ivu] *sm* italico. *agg* corsivo.

cur.so [k′ursu] *sm* corso; andamento; trascorso; classe. **no** ≃ **de** durante.

cur.sor [kurs′or] *sm Inform.* e *Mecc.* cursore.

cur.ti.do [kurt′idu] *agg* concio.

cur.ti.men.to [kurtim′ẽtu] *sm* concia, addobbo.

cur.tir [kurt′ir] *vt* conciare, addobbare (pelle).

cur.to [k′urtu] *agg* corto; scarso, poco; breve, piccolo (tempo).

cur.to-cir.cui.to [kurtusirk′ujtu] *sm* corto circuito.

cur.tu.me [kurt′umi] *sm* concia.

cur.va [k′urvə] *sf* curva, ansa, svolta, arco, gomito, diversione. ≃ **em aclive** curva in salita. ≃ **em declive** curva in discesa. **fazer uma** ≃ curvare, svoltare.

cur.va.do [kurv′adu] *part* + *agg* curvo, arcuato.

cur.var [kurv′ar] *vt* curvare, incurvare, piegare, arcuare, archeggiare. *vpr* curvarsi, incurvarsi, piegarsi.

cur.va.tu.ra [kurvat′urə] *sf* curvatura, incurvatura, curva, arcatura, arco, flessione.

cur.vi.lí.neo [kurvil′inju] *agg* curvilineo.

cur.vo [k′urvu] *agg* curvo, arcato.

cus.pe [k′uspi] *sm* sputo.

cús.pi.de [k′uspidi] *sf* cuspide, estremità.

cus.pir [kusp′ir] *vt* + *vi* sputare.

cus.tar [kust′ar] *vt* + *vi* costare. ≃ **os olhos da cara** *Pop.* costare un occhio della testa. **o que custa fazer isto?** che ci vorrebbe a fare questo? **quanto custa?** quanto costa? quanto viene?

cus.tas [k′ustəs] *sf pl* costo *sg.* **às** ≃ **de outra pessoa** a ufo.

cus.tei.o [kust′eju] *sm Comm.* patrocinio.

cus.to [k′usto] *sm* costo; importo, valore; stento. **a todo o** ≃ *Fig.* di raffa di raffa, volere o volare. **com muito** ≃ a stento, a grande stento.

cus.tó.dia [kust′ɔdjə] *sf* custodia, custodimento.

cus.to.so [kust´ozu] *agg* costoso, dispendioso, sontuoso.

cu.te.lo [kut´ɛlu] *sm* coltellaccio, mannaia. *Naut.* coltellaccio, specie di vela.

cu.tí.cu.la [kut´ikulə] *sf Anat.* cuticola.

cú.tis [k´utis] *sf Anat.* cute, pelle.

cu.tu.car [kutuk´ar] *vt* stuzzicare.

czar [kz´ar] o **tzar** [tz´ar] *sm* zar, czar, tzar.

cza.ré.vi.che [kzar´eviʃi] o **tza.ré.vi.che** [tzar´eviʃi] *sm* zarevic, czarewitch.

cza.ri.na [kzar´inə] o **tza.ri.na** [tzar´inə] *sf* zarina, czarina, tzarina.

cza.ris.mo [kzar´izmu] o **tza.ris.mo** [tzar´izmu] *sm* zarismo, czarismo, tzarismo.

D

d [d′e] *sm* la quarta lettera dell'alfabeto portoghese.

dá.blio [d′ablju] *sm* vu doppia, il nome della lettera W.

dá.di.va [d′adivə] *sf* dono.

da.do [d′adu] *sm* dado; dato, informazione. *part+agg* dato, delegato. ≃ **que** *cong* siccome.

da.í [da′i] *avv* ci, vi, ne. *Lett.* indi. **e ≃?** ebbene?

da.li [dal′i] *avv* ci, vi, ne.

dá.lia [d′aljə] *sf Bot.* dalia.

dal.to.nis.mo [dawton′izmu] *sm Med.* daltonismo.

da.ma [d′ʌmə] *sf* dama, gentildonna, nobildonna; dama, regina (negli scacchi). *Fig.* signora. ≃ **de companhia** dama (o damigella) di compagnia. ≃ **medieval** madonna. **jogo de** ≃ *s* gioco della dama.

da.mas.co [dam′asku] *sf* albicocca; damasco (tessuto).

da.mas.quei.ro [damask′ejru] *sm* albicocco.

da.nar [dan′ar] *vt Rel.* dannare.

dan.ça [d′ãsə] *sf* danza, ballo, ballata. ≃**de São Vito** *Pop.* ballo di San Vito, corea.

dan.çar [dãs′ar] *vi* danzare, ballare. ≃ **conforme a música** *Fig.* navigare secondo vento. ≃ **um pouco** far quattro salti.

dan.ça.ri.no [dãsar′inu] *sm* danzatore, ballerino. ≃**a** *sf* danzatrice, ballerina.

dân.di [d′ãdi] *sm* damerino, figurino.

da.ni.fi.ca.do [danifik′adu] *part+agg* danneggiato, guasto, malconcio.

da.ni.fi.car [danifik′ar] *vt* danneggiare, avariare, sciupare, sconciare, guastare. *Fig.* rovinare. *vpr* sciuparsi, sconciarsi.

da.no [d′ʌnu] *sm* danno; guasto; avaria; detrimento, pregiudizio; scapito; aggravio. *Fig.* male. **causar** ≃ nuocere.

da.no.so [dan′ozu] *agg* dannoso, nocivo, pernicioso, malefico.

dan.tes.co [dãt′esku] *agg* dantesco.

da.qui [dak′i] *avv* ci, vi, di qui, di qua, quindi. ≃ **a oito dias** oggi a otto. ≃ **a pouco** presto. ≃ **a um ano** di qui a un anno.

dar [d′ar] *vt* dare; donare, presentare; concedere, graziare; allungare, porgere; battere; suonare (ore). *Lett.* ministrare, indulgere. *Fig.* fornire. *vpr* darsi. ≃ **a entender** dare ad intendere. ≃ **com** incontrare. ≃ **de beber aos animais** abbeverare. ≃ **de mamar** dare la poppa. ≃ **de ombros** alzare le spalle. ≃ **duro** sgobbare. ≃ **em (rua)** sboccare, imboccare in. *Fig.* sfociare in. ≃ **emprego** impiegare. ≃ **para guardar** *Lett.* dare a serbo. ≃ **para trás** *Pop.* fare marcia indietro. ≃ **uma pancada** *Fig.* assestare un colpo. ≃**-se por vencido** darsi per vinto. **não** ≃ **a mínima** fregarsi. **dá na mesma** fa lo stesso. **dá-lhe!** dagli! dalli! **e dá-lhe!** e dagli! (indica ripetizione).

dar.de.jar [dardeʒ′ar] *vt* saettare.

dar.do [d′ardu] *sm* dardo, freccia, asta.

dar.wi.nis.mo [darvin′izmu] *sm* darvinismo.

da.ta [d′atə] *sf* data.

da.tar [dat′ar] *vt* datare. ≃ **de** datare da.

da.ti.lo.gra.far [datilograf′ar] *vt* dattilografare, scrivere (o battere) a macchina.

da.ti.lo.gra.fi.a [datilograf′iə] *sf* dattilografia.

da.ti.ló.gra.fo [datil′ografu] *sm* dattilografo.

da.ti.los.co.pi.a [datiloskop′iə] *sf Giur.* dattiloscopia.

da.ti.vo [dat′ivu] *sm Gramm.* dativo. *agg Giur.* dativo, dato dal giudice.

DDD [deded′e] *sm* teleselezione.

de [d′e] *prep* di; da.

dê [d′e] *sm* di, il nome della lettera D.

de.ão [de′ãw] *sm* decano.

de.bai.xo [deb′ajʃu] *avv* appiè, appiede.

de.ban.da.da [debãd′adə] *sf* dispersione, fuggi fuggi.

de.ban.dar [debãd′ar] *vi* disperdersi.

de.ba.te [deb′ati] *sm* dibattito, discussione; disputa, contesa, contenzione.

de.ba.ter [debat′er] *vt* discutere, ragionare; disputare; contestare, contendere. *vi* dibattere, altercare, conferire, polemizzare. *vpr* dibattersi; sbattersi, torcersi. *Fig.* agitarsi.

de.be.lar [debel′ar] *vt* debellare.

dé.bil [d'ɛbju] *agg* debole; languido; fioco. *Lett.* lieve. *Poet.* fievole. *Fig.* fragile, anemico, molle. ≃ **mental** *Med.* imbecille.

de.bi.li.da.de [debilid'adi] *sf* debolezza, languidezza. *Med.* debilità. *Fig.* mollezza.

de.bi.li.ta.ção [debilitas'ãw] *sf Med.* infiacchimento.

de.bi.li.ta.do [debilit'adu] *part+agg* esausto, estenuato, snervato. *Fig.* anemico, floscio.

de.bi.li.tar [debilit'ar] *vt* indebolire, estenuare, snervare. *Med.* debilitare. *Fig.* effeminare, evirare, sfibrare, abbattere. *vpr* indebolirsi, affievolirsi, snervarsi.

de.bi.tar [debit'ar] *vt Comm.* addebitare.

dé.bi.to [d'ɛbitu] *sm Comm.* debito, passivo, dovuto. *Fig.* dovere, foglio.

de.bru.ar [debru'ar] *vt* listare.

de.brum [debr'ũ] *sm* bordatura, orlo.

de.bu.lha.dor [debuʎad'or] *sm* ≃ **de grãos** brilla.

de.bu.lhar [debuʎ'ar] *vt* sgranare. ≃ **o rosário** *Fig.* sgranare il rosario, pregare.

dé.ca.da [d'ɛkadə] *sf* decade, serie di dieci.

de.ca.dên.cia [dekad'ẽsjə] *sf* decadenza, decadimento, scadimento. *Fig.* marasma, tabe. **estar em** ≃ *Fig.* volgersi al tramonto.

de.cá.go.no [dek'agonu] *sm Geom.* decagono.

de.ca.ir [deka'ir] *vi* decadere, declinare, scadere, andare giù. *Fig.* calare.

de.cal.car [dekawk'ar] *vt* ricalcare.

de.cá.lo.go [dek'alogu] *sm* decalogo, dieci regole. **D** ≃ *Rel.* Decalogo.

de.cal.que [dek'awki] *sm* calco.

de.ca.no [dek'ʌnu] *sm* decano.

de.can.tar [dekãt'ar] *vt Chim.* decantare.

de.ca.pi.tar [dekapit'ar] *vt* decapitare, decollare.

de.cas.sí.la.bo [dekas'ilabu] *sm+agg* decasillabo.

de.cên.cia [des'ẽsjə] *sf* decenza, modestia.

de.cê.nio [des'enju] *sm* decennio.

de.cen.te [des'ẽti] *agg* decente, modesto.

de.ce.par [desep'ar] *vt* mozzare, stroncare. *Fig.* falciare.

de.cep.cio.nar [desepsjon'ar] *vt* disilludere.

de.ci.bel [desib'ɛw] *sm Fis.* decibel.

de.ci.di.do [desid'idu] *part+agg* deciso; fermo; vigoroso. *Fig.* risoluto, reciso, sicuro.

de.ci.dir [desid'ir] *vt* decidere; deliberare; risolvere; determinare; arbitrare; disbrigare (affari). *vi* decidere, deliberare. *vpr* decidersi; risolversi; disporsi a; determinarsi, a.

de.cí.duo [des'idwu] *agg* deciduo.

de.ci.frar [desifr'ar] *vt* decifrare.

dé.ci.ma [d'ɛsimə] *sf Mus.* decima.

de.ci.mal [desim'aw] *agg* decimale.

dé.ci.mo [d'ɛsimu] *num* decimo. ≃ **primeiro** undicesimo, undecimo. ≃ **segundo** dodicesimo, duodecimo. ≃ **terceiro** tredicesimo, decimoterzo. ≃ **quarto** quattordicesimo, decimoquarto. ≃ **quinto** quindicesimo, decimoquinto. ≃ **sexto** sedicesimo, decimosesto. ≃ **sétimo** diciassettesimo, decimosettimo. ≃ **oitavo** diciottesimo, decimottavo. ≃ **nono** diciannovesimo, decimonono.

de.ci.são [desiz'ãw] *sf* decisione; conclusione; soluzione, risoluzione; risolutezza; arbitrio. ≃ **precipitada** colpo di testa.

de.ci.si.vo [desiz'ivu] *agg* decisivo, risolutivo.

de.cla.mar [deklam'ar] *vt* declamare, recitare.

de.cla.ra.ção [deklaras'ãw] *sf* dichiarazione; attestato, certificato; annuncio; asserzione; professione. ≃ **em testamento** disposizione.

de.cla.ra.do [deklar'adu] *part+agg* dichiarato, manifesto, formale.

de.cla.rar [deklar'ar] *vt* dichiarare; enunciare; asserire, assicurare; proferire; testimoniare, testificare. *Giur.* declarare. *Fig.* svelare. *vpr* dichiararsi; professarsi, protestarsi. ≃ **em testamento** disporre.

de.cli.na.ção [deklinas'ãw] *sf Gramm.* declinazione.

de.cli.nar [deklin'ar] *vi* declinare, decadere. *Gramm.* declinare. *Fig.* calare.

de.clí.nio [dekl'inju] *sm* declino, declinazione, scadimento. *Fig.* tramonto, discesa.

de.cli.ve [dekl'ivi] *sm* declive, declivio; pendio, inclinazione; scesa, discesa.

de.co.la.gem [dekol'aʒẽj] *sf Aer.* decollaggio, decollo.

de.co.lar [dekol'ar] *vi Aer.* decollare.

de.com.por [dekõp'or] *vt* scomporre; decomporre; analizzare; dissolvere. *vpr* scomporsi; decomporsi; dissolversi.

de.com.po.si.ção [dekõpozis'ãw] *sf* scomposizione, scomponimento; analisi.

de.com.pos.to [dekõp'ostu] *part+agg* scomposto.

de.co.ra.ção [dekoras'ãw] *sf* decorazione; applicazione, attrezzi *pl.*

de.co.ra.dor [dekorad'or] *sm* decoratore, addobbatore.

de.co.rar [dekor'ar] *vt* decorare, addobbare, parare; ritenere, imparare a memoria.

de.co.ra.ti.vo [dekorat'ivu] *agg* decorativo, ornamentale.

de.co.ro [dek'oru] *sm* decoro, compostezza.

de.cor.rer [dekoʁ'er] *vi* decorrere, trascorrere, passare. **no** ≃ **de** durante.

de.co.ta.do [dekot'adu] *part+agg* scollato.
de.co.tar [dekot'ar] *vt* scollare, scollacciare.
de.co.te [dek'ɔti] *sm* scollato. usar ≃ scollarsi, scollacciarsi.
de.cré.pi.to [dekr'ɛpitu] *agg* decrepito, senile. *Ger.* bacucco.
de.cre.pi.tu.de [dekrepit'ude] *sf* senilità.
de.cres.cer [dekres'er] *vi* decrescere.
de.crés.ci.mo [dekr'esimu] *sm* decrescimento.
de.cre.tar [dekret'ar] *vt* decretare; comandare; stabilire; proclamare. *Giur.* sancire.
de.cre.to [dekr'etu] *sm* decreto; editto, bando; disposizione, ordinanza, ordine.
de.cre.to-lei [dekretul'ej] *sm Giur.* decreto legge.
de.cú.bi.to [dek'ubitu] *sm* decubito.
dé.cu.plo [d'ekuplu] *num* decuplo.
de.cur.so [dek'ursu] *sm* decorso, trascorso.
de.dal [ded'aw] *sm* ditale.
de.da.lei.ro [dedal'ejru] *sm Bot.* digitale.
de.dão [ded'ãw] *sm aum Pop.* ≃ do pé alluce, dito grosso.
de.dei.ra [ded'ejrə] *sf Mus.* ditale.
de.di.ca.ção [dedikas'ãw] *sf* dedicazione, dedica; zelo, attenzione; devozione, culto.
de.di.ca.do [dedik'adu] *agg* dedito; devoto; zelante, zeloso.
de.di.car [dedik'ar] *vt* dedicare. *Fig.* consacrare. *vpr* dedicarsi; darsi, donarsi, votarsi; occuparsi; applicarsi, concentrarsi. *Fig.* tuffarsi, accanirsi. ≃ um livro dedicare (o indirizzare) un libro. ≃-se ao trabalho tuffarsi nel lavoro. ≃-se com ardor a mettersi in voga a.
de.di.ca.tó.ria [dedikat'ɔrjə] *sf* dedica, indirizzo.
de.di.lhar [dediʎar] *vt Mus.* diteggiare, digitare, pizzicare.
de.do [d'edu] *sm* dito (di mano, piede o guanto). ≃ anular *Anat.* anulare. ≃ indicador *Anat.* indice. ≃ médio *Anat.* medio. ≃ mínimo *Anat.* mignolo. ficar chupando o ≃ *Fig. Pop.* restare con un palmo di naso. meter o ≃ na ferida toccare sul vivo. não mover um ≃ star con le mani in tasca.
de.du.ção [dedus'ãw] *sf* deduzione. *Fig.* teoria. ≃ de salário ritenuta.
de.du.zir [deduz'ir] *vt* dedurre; ritenere, scontare (valore); ricavare, inferire, venire a capo.
de.fe.ca.ção [defekas'ãw] *sf Med.* deiezione.
de.fe.car [defek'ar] *vi* defecare, evacuare, svuotarsi.
de.fec.ti.vo [defekt'ivu] *agg an Gramm.* difettivo.
de.fei.to [def'ejtu] *sm* difetto; avaria; imperfezione; vizio, magagna. *Naut.* e *Aer.* panna. *Lett.* menda. *Fig.* macchia, tacca.

de.fei.tu.o.so [defejtu'ozu] *agg* difettoso, deficiente, imperfetto, difettivo. *Fig.* zoppo, monco.
de.fen.der [defẽd'er] *vt* difendere; proteggere; tutelare, guardare; apologizzare; giustificare. *Giur.* patrocinare. *vpr* difendersi; pararsi; tutelarsi; spalleggiarsi; preservarsi.
de.fen.sor [defẽs'or] *sm* difensore, apologista, apostolo, tutore. *Fig.* avvocato, paladino. ≃a *sf* difensora, tutrice, tutora. *agg* tutelare.
de.fe.rên.cia [defer'ẽsjə] *sf* deferenza.
de.fe.rir [defer'ir] *vi* deferire.
de.fe.sa [def'ezə] *sf* difesa; protezione, guardia; apologia; preservazione; riparo. *Mil.* copertura. *Giur.* patrocinio. *Fig.* tutela; egida, paravento. ≃ de tese disputa. ≃ pessoal difesa personale.
de.fi.ci.en.te [defisi'ẽti] *s+agg* deficiente. ≃ mental ritardato.
de.fi.ci.ên.cia [defisi'ẽsjə] *sf* deficienza, pecca.
dé.fi.cit [d'efisiti] *sm Comm.* deficit, disavanzo, sbilancio.
de.fi.nhar [defiɲ'ar] *vi* deperire, insecchire.
de.fi.ni.do [defin'idu] *part+agg* definito; nitido; deciso.
de.fi.nir [defin'ir] *vt* definire, decidere, regolare, giudicare.
de.fi.ni.ti.vo [definit'ivu] *agg* definitivo, decisivo, finale.
de.fla.ção [deflas'ãw] *sf Econ.* deflazione.
de.fla.grar [deflagr'ar] *vt* deflagrare.
de.flo.rar [deflor'ar] *vt* deflorare, sverginare.
de.for.ma.do [deform'adu] *part+agg* sformato, informe, storpio.
de.for.mar [deform'ar] *vt* deformare, sformare. *Fig.* acciaccare.
de.for.mi.da.de [deformid'adi] *sf* deformità.
de.fron.te [defr'õti] *avv* avanti, appetto. ≃ de *prep* avanti, contro.
de.fu.mar [defum'ar] *vt* affumicare.
de.fun.to [def'ũtu] *sm* defunto, estinto, buon'anima. *agg* defunto, fu.
de.ge.lar [deʒel'ar] *vi* dighiacciare.
de.ge.ne.ra.ção [deʒeneras'ãw] *sf* degenerazione. *Psic.* inversione. *Fig.* bastardaggine.
de.ge.ne.ra.do [deʒener'adu] *part+agg* degenere.
de.ge.ne.rar [deʒener'ar] *vi* degenerare, depravarsi, dirazzare. *Fig.* marcire, tralignare.
de.glu.ti.ção [deglutis'ãw] *sf* deglutizione.
de.glu.tir [deglut'ir] *vt* deglutire.
de.go.lar [degol'ar] *vt* scannare, sgozzare.
de.gra.da.ção [degradas'ãw] *sf* degradazione, corrompimento. *Lett.* inquinamento.

de.gra.dar [degrad'ar] vt degradare, disgradare; corrompere. Lett. inquinare. vpr degradarsi. Fig. consumarsi, calare.

de.grau [degr'aw] sm gradino, scalinos. Autom. pedana.

de.gre.dar [degred'ar] vt esiliare, sfrattare.

de.gre.do [degr'edu] sm esilio, sfratto.

de.gus.ta.ção [degustas'ãw] sf degustazione, assaggio.

de.gus.tar [degust'ar] vt degustare, gustare, assaggiare, assaporare.

dei.da.de [dejd'adi] sf deità.

dei.fi.car [dejfik'ar] vt deificare, divinizzare.

dei.ta.do [dejt'adu] agg giacente, a sdraio. ≈ de costas supino. estar ≈ stare a sdraio.

dei.tar [dejt'ar] vt sdraiare, coricare, distendere, adagiare. vpr sdraiarsi, coricarsi, distendersi, adagiarsi; mettersi a sdraio.

dei.xa.do [dejʃ'adu] part + agg smesso; relitto. ser ≈ de lado essere l'ultima ruota del carro.

dei.xar [dejʃ'ar] vt lasciare; permettere, consentire; abbandonare, lasciare addietro. Fig. piantare. vpr lasciarsi. ≈ como está lasciar stare. ≈ de smettere di. Fig. far divorzio da. ≈ de fumar smettere di fumare. ≈-se levar Fig. andare alla deriva. deixe comigo! ci penso io!

de.je.ção [deʒes'ãw] sf Fisiol. deiezione, sgravio.

de.la.ção [delas'ãw] sf delazione, denuncia.

de.la.tar [delat'ar] vt denunciare.

de.la.tor [delat'or] sm delatore.

de.le.ga.ção [delegas'ãw] sf delegazione, commissione, comitato.

de.le.ga.do [deleg'adu] sm, part + agg delegato.

de.le.gar [deleg'ar] vt delegare.

de.lei.tar [delejt'ar] vt dilettare, deliziare. vpr dilettarsi, compiacersi.

de.lei.te [del'ejti] sm diletto, delizia, vaghezza.

de.lei.to.so [delejt'ozu] agg dilettoso, delizioso.

del.fim [dewf'ĩ] sm Zool. e St. delfino.

del.ga.do [dewg'adu] agg gracile, affilato, smilzo. Fig. fragile.

de.li.be.ra.ção [deliberas'ãw] sf deliberazione, risoluzione.

de.li.be.ra.da.men.te [deliberadam'ẽti] avv apposta.

de.li.be.rar [deliber'ar] vt + vi deliberare.

de.li.ca.de.za [delikad'eza] sf delicatezza; gentilezza, squisitezza; sottiglezza. Fig. morbidezza, mollezza, dolcezza; tatto.

de.li.ca.do [delik'adu] agg delicato; gentile, fine; fragile, cagionevole; sottile. Fig. morbido, molle; angelico; squisito (sapore). situação ≈ a Fam. situazione problematica.

de.lí.cia [del'isjə] sf delizia; diletto; squisitezza. Fig. ambrosia, manna.

de.li.ci.ar [delisi'ar] vt deliziare, dilettare. vpr deliziarsi, dilettarsi.

de.li.ci.o.so [delisi'ozu] agg delizioso, dilettoso, saporoso, saporito. Fig. squisito.

de.li.mi.tar [delimit'ar] vt delimitare, limitare, circoscrivere, contornare.

de.li.ne.ar [deline'ar] vt delineare; lineare; sbozzare, figurare. vpr formarsi.

de.lin.qüen.te [delĩk'wẽti] s delinquente, criminale, fetente. agg delinquente.

de.lin.qüir [delĩk'wir] vi delinquere.

de.li.ran.te [delir'ãti] agg farnetico. Fig. frenetico.

de.li.rar [delir'ar] vi delirare, farneticare, vaneggiare; entusiasmarsi, stravedere.

de.lí.rio [del'irju] sm frenesia. Med. delirio, farnetico.

de.li.to [del'itu] sm Giur. delitto, reato. ≈ grave misfatto.

del.ta [d'ewtə] sm Geogr. delta (di fiume).

de.ma.go.gi.a [demagoʒ'iə] sf demagogia.

de.ma.go.go [demag'ogu] sm demagogo, arruffapopoli, capopopolo.

de.mais [dem'ajs] avv troppo, oltre misura.

de.man.da [dem'ãdə] sf Comm. richiesta. Giur. lite.

de.mão [dem'ãw] sf mano. última ≈ rifinitura.

de.mar.car [demark'ar] vt demarcare.

de.ma.si.a [demazi'ə] sf troppo.

de.ma.si.a.do [demazi'adu] agg troppo, soverchio.

de.mên.cia [dem'ẽsjə] sf Med. demenza, pazzia, follia.

de.men.te [dem'ẽti] s + agg Med. demente, pazzo.

de.mis.são [demis'ãw] sf dimissione, dispensa.

de.mi.ti.do [demit'idu] part + agg dimesso.

de.mi.tir [demit'ir] vt dimettere; licenziare, congedare; esonerare; destituire. Fig. mettere alla porta (o sulla strada). vpr dimettersi, ritirarsi, licenziarsi da. ≈ de emprego dispensare.

de.mo.cra.ci.a [demokras'iə] sf democrazia.

de.mo.cra.ta [demokr'atə] s Pol. democratico.

de.mo.cra.ta-cris.tão [demokratakrist'ãw] sm + agg democristiano.

de.mo.crá.ti.co [demokr'atiku] agg democratico.

de.mo.gra.fi.a [demograf'iə] sf demografia.

de.mo.li.ção [demolis'ãw] sf diroccamento.

de.mo.li.do [demol'idu] part + agg Poet. diruto.

de.mo.lir [demol'ir] vt demolire, diroccare, adeguare al suolo, buttare giù. Fig. radere.

de.mo.ní.a.co [demon'iaku] *agg* demoniaco, demonico.

de.mô.nio [dem'onju] *sm Rel.* demone, demonio, succubo; diavolo. *Fig.* persona cattiva.

de.mons.tra.ção [demõstras'ãw] *sf* dimostrazione, conferma, confermazione, riprova.

de.mons.trar [demõstr'ar] *vt* dimostrare; comprovare, confermare; certificare; mostrare.

de.mo.ra [dem'ɔrə] *sf* indugio, aggiornamento, lunghezza, trattenimento. **sem** ≃ senz'altro, senza più, a dilungo.

de.mo.ra.da.men.te [demoradam'ẽti] *avv* a lungo.

de.mo.ra.do [demor'adu] *agg* lungo.

de.mo.rar [demor'ar] *vt* allungare. *vi* indugiare, tardare, ritardare, prender tempo. *vpr* fermarsi, trattenersi; allungarsi (tempo).

de.mo.ver [demov'er] *vt* stornare.

de.ne.grir [denegr'ir] *vt* denigrare, calunniare. *Fig.* macchiare.

den.go [d'ẽgu] *sm* smanceria.

den.go.so [dẽg'ozu] *agg* lezioso, smorfioso.

den.gui.ce [dẽg'isi] *sf* smanceria, smorfia.

de.no.mi.na.ção [denominas'ãw] *sf* denominazione, titolo, appellativo.

de.no.mi.na.do [denomin'adu] *part+agg* denominato, detto.

de.no.mi.nar [denomin'ar] *vt* denominare, nominare. *vpr* denominarsi, nominarsi.

de.no.tar [denot'ar] *vt* denotare, significare, designare.

den.sa.men.te [dẽsam'ẽti] *avv* a capo fitto.

den.si.da.de [dẽsid'adi] *sf* densità, compattezza. *Fig.* spessore, consistenza. ≃ **populacional** densità, popolazione relativa.

den.so [d'ẽsu] *agg* denso; spesso, folto, fitto; compatto, sodo. *Fig.* grasso.

den.ta.da [dẽt'adə] *sf* dentata.

den.ta.du.ra [dẽtad'urə] *sf* dentiera.

den.tal [dẽt'aw] *sf Gramm.* dentale. *agg* dentale, dei denti.

den.tá.rio [dẽt'arju] *agg* dentario.

den.te [dẽ'ti] *sm* dente (di oggetti). *Anat.* dente (umano). ≃ **canino** canino. ≃ **de leite** dente da latte (o lattaiolo), dente deciduo. ≃ **de ouro** dente d'oro. ≃ **do siso** dente del giudizio. ≃ **incisivo** incisivo. ≃ **molar** molare. ≃ **pré-molar** premolare. **arrancar um** ≃ togliere (o estrarre) un dente. **arreganhar os** ≃ **s** mostrar le zanne. **perder os** ≃ **s** sdentarsi. ≃ **do garfo** rampino, rebbio.

den.tis.ta [dẽt'istə] *s* dentista. *disp* cavadenti.

den.tro [d'ẽtru] *avv* dentro, addentro. **de** ≃ **de** di dietro. ≃ **de** *prep* dentro, in. **para** ≃ dentro, addentro.

de.nún.cia [den'ũsjə] *sf* denuncia.

de.nun.ci.ar [denũsi'ar] *vt* denunciare; indiziare. *Fig.* soffiare.

de.pa.rar [depar'ar] *vt* incontrare, inciampare in.

de.par.ta.men.to [departam'ẽtu] *sm* dipartimento, sezione.

de.pau.pe.rar [depawper'ar] *vt* immiserire.

de.pe.nar [depen'ar] *vt* spennare, pelare. *Fig.* pelare (di beni materiali).

de.pen.dên.cia [depẽd'ẽsjə] *sf* dipendenza, soggezione. *Fig.* schiavitù, assuefazione.

de.pen.den.te [depẽd'ẽti] *agg* dipendente, soggetto.

de.pen.der [depẽd'er] *vt* dipendere da.

de.pen.du.ra.do [depẽdur'adu] *agg* pendente. *avv* penzoloni, ciondoloni.

de.pen.du.rar [depẽdur'ar] *vt* sospendere. *vpr* appiccarsi.

de.pi.lar [depil'ar] *vt* depilare, epilare, radere. *vpr* radersi.

de.plo.rar [deplor'ar] *vt* deplorare, lamentare.

de.plo.rá.vel [deplor'avew] *agg* lamentevole, riprovevole.

de.po.i.men.to [depoim'ẽtu] *sm Giur.* deposizione, testimonianza.

de.pois [dep'ojs] *avv* dopo, poi; più innanzi. *Lett.* indi, poscia. ≃ **que** dopoché, poiché. ≃ **de** dopo; dietro. ≃ **de tudo** dopotutto.

de.por [dep'or] *vt* deporre; porre giù, posare; destituire, dimettere. *Chim.* depositare. *Giur.* deporre, testimoniare. *Fig.* scalzare.

de.por.tar [deport'ar] *vt* deportare, confinare.

de.po.si.ção [depozis'ãw] *sf* deposizione, deposito. ≃ **di sedimentos** *Chim.* deposizione.

de.po.si.tar [depozit'ar] *vt Comm.* depositare, versare.

de.pó.si.to [dep'ɔzitu] *sm* deposito; magazzino, capannone; sedimento, fondo. *Comm.* deposito, versamento. *Min.* giacimento. ≃ **de bagagens** deposito bagagli.

de.pra.va.ção [depravas'ãw] *sf* depravazione, perversione, perdizione. *Fig.* corruzione.

de.pra.va.do [deprav'adu] *part+agg* depravato, sudicio. *Fig.* marcio.

de.pra.var [deprav'ar] *vt* depravare, pervertire, demoralizzare. *Fig.* viziare, sedurre. *vpr* depravarsi, pervertirsi. *Fig.* viziarsi.

de.pre.cia.ção [depresjas'ãw] *sf Comm.* svalutazione, scadimento.

de.pre.ci.ar [depresi'ar] *vt Comm.* deprezzare, svalutare. *vpr* sminuirsi. *Fig.* offuscarsi.

de.pre.cia.ti.vo [depresjat′ivu] *agg Gramm.* dispregiativo.

de.pre.dar [depred′ar] *vt* depredare.

de.pres.são [depres′ãw] *sf* depressione, fossa, avvallamento. *Fig.* tristezza, avvilimento.

de.pri.men.te [deprim′ẽti] *agg* deprimente, avvilitivo.

de.pri.mi.do [deprim′idu] *part+agg* triste, sbattuto, un po′ giù. **estar** ≃ giacere.

de.pri.mir [deprim′ir] *vt* deprimere, avvilire, buttare giù. *Fig.* abbassare, abbacchiare. *vpr* deprimersi.

de.pu.ra.ção [depuras′ãw] *sf* spurgo.

de.pu.ra.dor [depurad′or] *sm Chim.* crogiuolo.

de.pu.rar [depur′ar] *vt Chim.* depurare, defecare. *Fig.* bonificare.

de.pu.ra.ti.vo [depurat′ivu] *sm+agg Med.* detergente, detersivo.

de.ri.va [der′ivə] *sf Naut.* deriva. **ficar à** ≃ *Naut.* andare alla deriva.

de.ri.var [deriv′ar] *vt* derivare; procedere, provenire, conseguire da. *Fig.* sorgere.

der.ma.to.lo.gi.a [dermatoloʒ′iə] *sf Med.* dermatologia.

der.ma.to.se [dermat′ɔzi] *sf Med.* dermatite, erpete.

der.me [d′ɛrmi] o **der.ma** [d′ɛrmə] *sf Anat.* derma, dermide.

der.ra.ma.men.to [deȓamam′ẽtu] *sm* getto.

der.ra.mar [deȓam′ar] *vt* spargere, effondere; versare, rovesciare. *vi* versare, trasbordare. ≃ **em prantos** sciogliersi in pianto.

der.ra.par [deȓap′ar] *vi Autom.* sbandare.

der.re.ter [deȓet′er] *vt* fondere, liquefare, sciogliere. *vpr* fondersi, liquefarsi; dighiacciare.

der.re.ti.do [deȓet′idu] *part+agg* fuso, liquefatto, strutto.

der.re.ti.men.to [deȓetim′ẽtu] *sm* fusione, scioglimento.

der.ro.ta [deȓ′ɔtə] *sf* sconfitta, disfatta, rotta.

der.ro.ta.do [deȓot′adu] *part+agg* vinto.

der.ro.tar [deȓot′ar] *vt* sconfiggere, vincere, debellare. *Fig.* sterminare, dare scacco matto.

der.ro.tis.mo [deȓot′izmu] *sm* disfattismo.

der.ru.ba.da [deȓub′adə] *sf* diroccamento, distendimento.

der.ru.ba.do [deȓub′adu] *part+agg* diroccato. *Poet.* diruto.

der.ru.bar [deȓub′ar] *vt* buttar giù, diroccare, abbattere; demolire; arrovesciare; rovesciare. *Aer.* smontare (il nemico).

de.sa.ba.far [dezabaf′ar] *vt* sfogare. *vi* spassionarsi, svuotarsi, sfogarsi.

de.sa.ba.fo [dezab′afu] *sm* sfogo.

de.sa.ba.men.to [dezabam′ẽtu] *sm* cedimento. ≃ **de terra** frana.

de.sa.bar [dezab′ar] *vi* rovinare, franare, piombare; crosciare (pioggia). *Fig.* schiantarsi.

de.sa.bi.ta.do [dezabit′adu] *agg* disabitato, inabitato, deserto, solitario.

de.sa.bi.tar [dezabit′ar] *vt* spopolare.

de.sa.bi.tu.ar [dezabitu′ar] *vt* disabituare.

de.sa.bo.to.ar [dezaboto′ar] *vt* sbottonare.

de.sa.bro.char [dezabroʃ′ar] *vi* sbocciare, schiudersi, aprirsi.

de.sa.ce.le.rar [dezaseler′ar] *vt* rallentare. *vi+vpr* rallentarsi.

de.sa.co.mo.dar [dezakomod′ar] *vt* disagiare. *vpr* disagiarsi.

de.sa.com.pa.nha.do [dezakõpañ′adu] *agg* singolo.

de.sa.con.se.lhar [dezakõseʎ′ar] *vt* sconsigliare, distogliere.

de.sa.cor.do [dezak′ordu] *sm* disaccordo, discrepanza; contesa, contenzione; alterco, controversia. *Fig.* conflitto.

de.sa.cos.tu.mar [dezakostum′ar] *vt* disabituare, svezzare, divezzare. *vpr* svezzarsi, divezzarsi.

de.sa.cre.di.ta.do [dezakredit′adu] *part+agg* improbo.

de.sa.cre.di.tar [dezakredit′ar] *vt* screditare, discreditare; smentire, smascherare. *Fig.* squalificare.

de.sa.fei.ção [dezafejs′ãw] *sf* disaffezione, disamore.

de.sa.fi.ar [dezafi′ar] *vt* sfidare, bravare.

de.sa.fi.na.ção [dezafinas′ãw] *sf Mus.* discordanza.

de.sa.fi.nar [dezafin′ar] *vi Mus.* stonare, scordare. *Fig.* ragliare.

de.sa.fio [dezaf′iu] *sm* sfida, provocazione, cimento.

de.sa.fo.gar [dezafog′ar] *vt* sfogare.

de.sa.fo.ro [dezaf′oru] *sm* cattiva parola.

de.sa.for.tu.na.do [dezafortun′adu] *part+agg* sfortunato, sventurato.

de.sá.gio [dez′aʒju] *sm Comm.* e *Econ.* disaggio, differenza nel cambio.

de.sa.gra.dar [dezagrad′ar] *vt* disgustare; dispiacere, spiacere, sgradire; scontentare. *Lett.* increscere. *Fig.* dolere.

de.sa.gra.dá.vel [dezagrad′avew] *agg* sgradevole; spiacente, spiacevole; ingrato. *Lett.* ostico.

de.sa.gra.do [dezagr′adu] *sm* disgrado.

de.sa.gre.ga.ção [dezagregas′ãw] *sf* disgregazione.

de.sa.gre.gar [dezagreg'ar] vt disaggregare, disgregare, disintegrare, smembrare.

de.sa.gua.dou.ro [dezagwad'owru] sm Geogr. estuario.

de.sa.guar [dezag'war] vi sfociare, sboccare, buttarsi, mettere.

de.sa.jei.ta.do [deza3ejt'adu] agg sgraziato, sguaiato, maldestro.

de.sa.jui.za.do [deza3ujz'adu] part+agg imprudente, sventato.

de.sa.li.nha.do [dezaliñ'adu] agg negletto, trasandato, incomposto. Fig. squallido.

de.sa.li.nho [dezal'iñu] sm negligenza; disordine. Fig. squallore.

de.sa.lo.jar [dezalo3'ar] vt sloggiare.

de.sa.mar.rar [dezamař'ar] vt slacciare, slegare. vpr slacciarsi, slegarsi.

de.sa.mor [dezam'or] sm disamore, disaffezione.

de.sam.pa.ra.do [dezãpar'adu] sm Fig. paria. os ≃ s Fig. i rifiuti della società.

de.san.car [dezãk'ar] vt sciancare, sfiancare.

de.sa.ni.ma.do [dezanim'adu] part+agg svogliato, sfiduciato, dinoccolato.

de.sa.ni.ma.dor [dezanimad'or] agg avvilitivo.

de.sa.ni.mar [dezanim'ar] vt disanimare, scoraggiare. Fig. abbattere. vi+vpr disanimarsi, scoraggiarsi, sbigottirsi, buttarsi giù, perdersi d'animo. Fig. smarrirsi, sgonfiarsi.

de.sâ.ni.mo [dez'Ânimu] sm sbigottimento, sgomento, sfiducia. Fig. catalessi.

de.sa.ni.nhar [dezaniñ'ar] vt snidare.

de.sa.pa.re.cer [dezapares'er] vi sparire, svanire, scomparire, andar via. Fam. squagliarsi. Fig. eclissarsi, evaporare.

de.sa.pa.re.ci.men.to [dezaparesim'ẽtu] sm scomparsa, sparizione.

de.sa.per.tar [dezapert'ar] vt allentare.

de.sa.pon.ta.men.to [dezapõtam'ẽtu] sm disappunto.

de.sa.pren.der [dezaprẽd'er] vt disimparare.

de.sa.pro.pri.ar [dezapropri'ar] vt Giur. espropiare.

de.sa.pro.va.ção [dezaprovas'ãw] sf biasimo.

de.sa.pro.var [dezaprov'ar] vt disapprovare, riprovare, biasimare, sconfessare.

de.sar.ma.do [dezarm'adu] part+agg disarmato, indifeso.

de.sar.ma.men.to [dezarmam'ẽtu] o de.sar.me [dez'armi] sm Mil. disarmo.

de.sar.mar [dezarm'ar] vt disarmare; smontare, disfare.

de.sar.mo.ni.a [dezarmon'iə] sf disarmonia, dissenso, dissensione. Pitt. discordanza.

de.sar.mô.ni.co [dezarm'oniku] agg disarmonico. Fig. stridente, stridulo.

de.sar.ran.jar [dezařã3'ar] vt disagiare, disorganizzare, sconciare. vpr sconcertarsi.

de.sar.ran.jo [dezař'ã3u] sm an Med. sconcerto.

de.sar.ru.mar [dezařum'ar] vt disorganizzare, ingarbugliare; rabbuffare (capelli).

de.sar.ti.cu.la.do [dezartikul'adu] part+agg disarticolato, inorganico.

de.sar.ti.cu.lar [dezartikul'ar] vt disarticolare, smembrare.

de.sas.sei.o [dezas'eju] sm sporcizia. Fig. squallore.

de.sas.sos.se.ga.do [dezasoseg'adu] agg inquieto.

de.sas.sos.se.go [dezasos'egu] sm inquietudine, inquietezza.

de.sas.tra.do [dezastr'adu] agg maldestro. Fig. Iron. grazioso come un orso.

de.sas.tre [dez'astri] sm disastro; sinistro; calamità, catastrofe; bancarotta, rovina. Fig. avversità.

de.sas.tro.so [dezastr'ozu] agg funesto, rovinoso. Fig. apocalittico.

de.sa.tar [dezat'ar] vt sciogliere, slegare, snodare, svincolare.

de.sa.ten.ção [dezatẽs'ãw] sf distrazione, sbadataggine. Fig. freddezza.

de.sa.ten.ci.o.so [dezatẽsi'ozu] agg disattento, disapplicato.

de.sa.ten.to [dezat'ẽtu] agg disattento, sbadato, disapplicato, distratto.

de.sa.tre.lar [dezatrel'ar] vt staccare.

de.sa.ven.ça [dezav'ẽsə] sf dissapore, dissenso, dissensione, divisione. Fig. differenza.

de.sa.ver.go.nha.do [dezavergoñ'adu] agg svergognato, spudorato.

des.ban.car [dezbãk'ar] vt sbancare.

des.ba.ra.tar [dezbarat'ar] vt sgominare. Mil. sbaragliare (un esercito). Fig. stritolare.

des.ba.ra.te [dezbar'ati] sm Mil. sbaraglio (di un esercito).

des.bas.tar [dezbast'ar] vt digrossare, asciare, ingentilire.

des.bei.ça.do [dezbejs'adu] part+agg sboccato.

des.blo.que.ar [dezbloke'ar] vt sbloccare.

des.bo.ca.do [dezbok'adu] agg sboccato, licenzioso. Fig. grasso.

des.bo.ta.do [dezbot'adu] part+agg smorto, slavato, stinto, giallo.

des.bo.tar [dezbot'ar] vi stingere, scolorare, scolorire. an Fig. impallidire.

des.ca.be.lar [deskabel'ar] vt spettinare, schiomare. vpr spettinarsi.

des.cal.çar [deskaws'ar] *vt* scalzare.
des.cal.ço [desk'awsu] *agg* scalzo.
des.cal.ci.fi.car [deskawsifik'ar] *vt Med.* decalcificare.
des.ca.ma.ção [deskamas'ãw] o **es.ca.ma.ção** [eskamas'ãw] *sf* desquamazione della pelle.
des.ca.mar [deskam'ar] *vt* scagliare.
des.can.sar [deskãs'ar] *vt* riposare, adagiare (un oggetto). *vi* riposare, rilassarsi, ristorarsi.
des.can.so [desk'ãsu] *sm* riposo, ristoro; villeggiatura, feria; posa. *Fig.* tregua. ≃ **eterno** riposo eterno, l'aldilà. **dar** ≃ ristorare.
des.ca.pi.ta.li.zar-se [deskapitaliz'arsi] *vpr* scapitare.
des.ca.ra.do [deskar'adu] *sm Fig.* faccia tosta. *agg* sfacciato, sfrontato, svergognato. *Pop.* cinico. *Fig.* franco.
des.ca.ra.men.to [deskaram'ẽtu] *sm* sfacciataggine, sfacciatezza, sfrontatezza, faccia fresca. *Pop.* cinismo. *Fig.* franchezza.
des.car.ga [desk'argə] *sf* scarica, scarico, discarico.
des.car.na.do [deskarn'adu] *part+agg* scarno, smunto.
des.car.nar [deskarn'ar] *vt* scarnare, spolpare.
des.car.re.ga.do [deskařeg'adu] *part+agg* scarico.
des.car.re.ga.men.to [deskařegam'ẽtu] *sm* discarico.
des.car.re.gar [deskařeg'ar] *vt* scaricare, discaricare, sgravare, sbarcare. *vpr* scaricarsi, discaricarsi.
des.car.ri.lha.men.to [deskařiʎam'ẽtu] *sm* deviazione.
des.car.ri.lhar [deskařiʎ'ar] *vi* deviare, deragliare, fuorviare.
des.car.tar [deskart'ar] *vt* scartare.
des.car.te [desk'arti] *sm* scartamento.
des.cas.ca.dor [deskaskad'or] *sm* brilla.
des.cas.ca.men.to [deskaskam'ẽtu] *sm* sbucciatura.
des.cas.car [deskask'ar] *vt* scorticare, sbucciare, sgusciare.
des.ca.so [desk'azu] *sm* imprevidenza.
des.cen.dên.cia [desẽd'ẽsjə] *sf* discendenza; generazione, stirpe, casata, casato. *Lett.* prole.
des.cen.den.te [desẽd'ẽti] *s* discendente. *Poet.* germe. *Fig.* rampollo. **os** ≃ **s** i discendenti, i figli, i pronipoti, i nipoti.
des.cen.der [desẽd'er] *vt* discendere.
des.cen.tra.li.zar [desẽtraliz'ar] *vt* discentrare, decentrare.
des.cer [des'er] *vt* scendere, discendere; ammainare (vele, bandiere). *vi* scendere; calare; di-

gradare. ≃ **de veículo** smontare da un veicolo.
des.ci.da [des'idə] *sf* discesa, scesa, declive.
des.co.ber.ta [deskob'ertə] *sf* scoperta, ritrovamento, rinvenimento, ritrovato.
des.co.ber.to [deskob'ertu] *part+agg* scoperto.
des.co.bri.dor [deskobrid'or] *sm* scopritore.
des.co.bri.men.to [deskobrim'ẽtu] *sm* scoprimento, scoperta; rinvenimento.
des.co.brir [deskobr'ir] *vt* scoprire; trovare, ritrovare; rivelare. *Fig.* svelare, denudare.
des.co.la.do [deskol'adu] *part+agg* scollato.
des.co.lar [deskol'ar] *vt* scollare. *vpr* scollarsi.
des.co.lo.ra.ção [deskoloras'ãw] *sf* scoloramento, scolorimento, candeggio.
des.co.lo.ri.do [deskolor'idu] *part+agg* scolorito, stinto, slavato.
des.co.lo.ri.men.to [deskolorim'ẽtu] *sm* scoloramento, scolorimento.
des.co.lo.rir [deskolor'ir] o **des.co.lo.rar** [deskolor'ar] *vt+vi* scolorare, scolorire, sbiadire, stingere.
des.co.me.di.do [deskomed'idu] *agg* sgangherato.
des.co.me.di.men.to [deskomedim'ẽtu] *sm* sfrenatezza.
des.com.pres.são [deskõpres'ãw] *sf* decompressione.
des.co.mu.nal [deskomun'aw] *agg* incommensurabile, immensurabile, enorme.
des.con.cen.tra.do [deskõsẽtr'adu] *part+agg* distratto.
des.con.cen.trar [deskõsẽtr'ar] *vt* distrarre. *vpr* distrarsi, svagarsi.
des.con.cer.ta.do [deskõsert'adu] *part+agg* sconcertato, confuso.
des.con.cer.tar [deskõsert'ar] *vt* sconcertare, sgomentare. *Fig.* disorientare. *vpr* sconcertarsi.
des.co.nec.tar [deskonekt'ar] *vt* sconnettere, scommettere. *vpr* scommettersi.
des.co.ne.xo [deskon'eksu] *agg* sconnesso, incoerente.
des.con.fi.a.do [deskõfi'adu] *part+agg* sfiduciato, malfidato, sospettoso. *Fig.* cauto.
des.con.fi.an.ça [deskõfi'ãsə] *sf* sfiducia, sospetto.
des.con.fi.ar [deskõfi'ar] *vt* sospettare, temere. *vi* diffidare, sospettare.
des.co.nhe.cer [deskoñes'er] *vt* sconoscere, disconoscere, ignorare.
des.co.nhe.ci.do [deskoñes'idu] *sm* sconosciuto; l'ignoto. *part+agg* sconosciuto; ignoto, inesplorato; anonimo. *Fig.* oscuro.

des.con.jun.ta.do [deskõʒũt'adu] *part + agg* sgangherato, sconnesso.

des.con.jun.tar [deskõʒũt'ar] *vt* sgangherare, sconnettere, scommettere. *vpr* disarticolarsi, scommettersi.

des.con.so.lar [deskõsol'ar] *vt* sconsolare.

des.con.ta.mi.nar [deskõtamin'ar] *vt* sterilizzare.

des.con.tar [deskõt'ar] *vt Comm.* scontare, scalare.

des.con.ten.ta.men.to [deskõtẽtam'ẽtu] *sm* scontentezza, scontento, malcontento.

des.con.ten.tar [deskõtẽt'ar] *vt* scontentare, sgradire.

des.con.ten.te [deskõt'ẽti] *agg* scontento, malcontento, insoddisfatto.

des.con.tí.nuo [deskõt'inwu] *agg* discontinuo.

des.con.to [desk'õtu] *sm Comm.* sconto, abbuono. *Fig.* tara.

des.con.tro.lar-se [deskõtrol'arsi] *vpr* perdere la testa. *Fig.* scoppiare, sbottare.

des.con.tro.le [deskõtr'oli] *sm* sfrenatezza.

des.co.rar [deskor'ar] *vt* scolorare, scolorire.

des.cor.tês [deskort'es] *agg* scortese, incivile, sgarbato, rude. *Fig.* selvatico, ruvido.

des.cor.te.si.a [deskortez'iə] *sf* scortesia; sgarbatezza, rozzezza. *Fig.* ruvidezza.

des.cos.tu.rar [deskostur'ar] *vt* scucire.

des.cré.di.to [deskr'editu] *sm* discredito, scredito.

des.cren.te [deskr'ẽti] *agg* incredulo.

des.crer [deskr'er] *vt* discredere, dubitare.

des.cre.ver [deskrev'er] *vt* descrivere, figurare, rendere. *Fig.* dipingere.

des.cri.ção [deskris'ãw] *sf* descrizione, cronaca. ≃ **minuciosa** *Fig.* pittura.

des.cui.da.do [deskujd'adu] *agg* disattento, sbadato, negligente, incauto, dimesso.

des.cui.dar [deskujd'ar] *vt* trascurare, disattendere. *vpr* strapazzarsi, spregiarsi, dispregiarsi. *Fig.* rilassarsi.

des.cui.do [desk'ujdu] *sm* noncuranza, trascuranza; distrazione, inavvertenza, incuria, imprevidenza; sbaglio, svista. *Fig.* freddezza.

des.cul.pa [desk'uwpə] *sf* discolpa; scusa; pretesto; perdono; scappatoia, sotterfugio. *Fig.* argomento; uncino, rampino.

des.cul.par [deskuwp'ar] *vt* discolpare, scolpare; scusare; perdonare; graziare; giustificare; scagionare. *vpr* discolparsi, scolparsi; scusarsi; giustificarsi; scagionarsi.

des.cum.pri.men.to [deskũprim'ẽtu] *sm* defezione. *Giur.* e *Comm.* inadempimento.

des.de [d'ezdi] *prep* da. ≃ **já** oggimai. ≃ **quando** *cong* dal momento che. ≃ **que** *cong* dal momento che; purché, con questo che.

des.dém [dezd'ẽj] *sm* sdegno, disdegno, spregio, disprezzo.

des.de.nhar [dezdeñ'ar] *vt* sdegnare, disdegnare, spregiare, disprezzare.

des.de.nho.so [dezdeñ'ozu] *agg* sdegnoso.

des.den.tar [dezdẽt'ar] *vt* sdentare.

des.di.ta [dezd'itə] *sf* disdetta.

des.di.zer [dezdiz'er] *vt* disdire. *vpr* ritrattarsi.

des.do.bra.men.to [dezdobram'ẽtu] *sm* sdoppiamento.

des.do.brar [dezdobr'ar] *vt* sdoppiare, spiegare. *vpr* spiegarsi.

de.se.ja.do [dezeʒ'adu] *part + agg* desiderato. *Fig.* atteso.

de.se.jar [dezeʒ'ar] *vt* desiderare; volere; bramare, smaniare di, vagheggiare; invogliarsi di; augurare, sperare. *Fig.* aspirare a, anelare a.

de.se.já.vel [dezeʒ'avew] *agg* desiderevole, appetibile. *Fig.* appetitoso.

de.se.jo [dez'eʒu] *sm* desiderio; voglia, volontà; brama, bramosia, frega; ticchio, arbitrio; piacere; concupiscenza; augurio, voto. *Fam.* fregola. *Fig.* sete, fame; appetito; aspirazione, sogno; pizzicore.

de.se.jo.so [dezeʒ'ozu] *agg* desideroso. *Fig.* famelico, smanioso.

de.se.le.gân.cia [dezeleg'ãsjə] *sf* malagrazia.

de.se.le.gan.te [dezeleg'ãti] *agg* sgraziato, goffo, sguaiato; pesante.

de.sem.ba.i.nha.do [dezẽbaiñ'adu] *part + agg* ignudo.

de.sem.ba.i.nhar [dezẽbaiñ'ar] *vt* sfoderare, snudare.

de.sem.ba.ra.ça.do [dezẽbaras'adu] *agg* disinvolto, spedito, spigliato, franco.

de.sem.ba.ra.çar [dezẽbaras'ar] *vt* sbarazzarsi, disimbarazzare. *Comm.* sdoganare. *vpr* sbarazzarsi.

de.sem.ba.ra.ço [dezẽbar'asu] *sm* disinvoltura.

de.sem.bar.ca.dou.ro [dezẽbarkad'owru] *sm Naut.* sbarcatoio.

de.sem.bar.car [dezẽbark'ar] *vi Naut.* e *Aer.* sbarcare, smontare da.

de.sem.bar.que [dezẽb'arki] *sm Naut.* e *Aer.* sbarco.

de.sem.bo.ca.du.ra [dezẽbokad'urə] *sf* sbocco, imbocco.

de.sem.bo.car [dezẽbok'ar] *vi* sboccare, imboccare, sfociare, versarsi in.

de.sem.bol.sar [dezĕbows′ar] *vt* sborsare. *Fig.* scucire.

de.sem.bol.so [dezĕb′owsu] *sm Comm.* sborso, disborso.

de.sem.bru.lhar [dezĕbruʎ′ar] *vt* svolgere, svoltare, sviluppare.

de.sem.bu.char [dezĕbuʃ′ar] *vt Fam.* spifferare.

de.sem.pa.tar [dezĕpat′ar] *vt* ballottare.

de.sem.pa.te [dezĕp′ati] *sm* ballottaggio.

de.sem.pre.ga.do [dezĕpreg′adu] *sm, part+agg* disoccupato, inoccupato.

de.sem.pre.go [dezĕpr′egu] *sm* disoccupazione.

de.sen.ca.de.ar [dezĕkade′ar] *vt* scatenare.

de.sen.cai.xo.tar [dezĕkajʃot′ar] *vt* scassare.

de.sen.ca.lhar [dezĕkaʎ′ar] *vt* disincagliare, discagliare.

de.sen.ca.mi.nhar [dezĕkamiñ′ar] *vt* sviare, fuorviare, traviare. *vpr* sviarsi.

de.sen.car.go [dezĕk′argu] *sm Comm.* sgravio. *Fig.* discarico.

de.sen.co.ra.ja.dor [dezĕkoraʒad′or] *agg* avvilitivo.

de.sen.co.ra.jar [dezĕkoraʒ′ar] *vt* scoraggiare; disanimare; sconsigliare. *Fig.* accasciare.

de.sen.co.var [dezĕkov′ar] *vt* sbucare.

de.sen.fai.xar [dezĕfajʃ′ar] *vt* sfasciare.

de.sen.fre.a.do [dezĕfre′adu] *part+agg* sfrenato.

de.sen.ga.na.do [dezĕgan′adu] *part+agg* ≃ **pelos médicos** abbandonato (o diffidato) dai medici.

de.sen.ga.nar [dezĕgan′ar] *vt* disingannare, disilludere. *vpr* disingannarsi.

de.sen.gon.ça.do [dezĕgõs′adu] *part+agg* sgangherato.

de.sen.gon.çar [dezĕgõs′ar] *vt* sgangherare.

de.sen.gros.sar [dezĕgros′ar] *vt* digrossare.

de.se.nhar [dezeñ′ar] *vt* disegnare, figurare. ≃ **mal** *Fam.* imbrattare.

de.se.nho [dez′eñu] *sm* disegno, figura, illustrazione, grafico. ≃ **animado** cartone animato.

de.sen.la.ce [dezĕl′asi] *sm* scioglimento, esito.

de.sen.ro.lar [dezĕrol′ar] *sm* procedimento, processione (dei fatti). *vt* svolgere, svoltare, sviluppare. *vpr* svilupparsi.

de.sen.ten.di.men.to [dezĕtĕdim′ĕtu] *sm* dissenso, discordia. *Fig.* zizzania.

de.sen.ter.rar [dezĕteʃ′ar] *vt* disseppellire, esumare. *Fig.* levar dalla dimenticanza. ≃ **um assunto desagradável** *Fig.* rivangare una cosa spiacevole.

de.sen.tor.tar [dezĕtort′ar] *vt* drizzare.

de.sen.vol.to [dezĕv′owtu] *agg* disinvolto, spigliato, scorrevole. *Fig.* sciolto.

de.sen.vol.tu.ra [dezĕvowt′ura] *sf* disinvoltura, franchezza. *Fig.* scioltezza.

de.sen.vol.ver [dezĕvowv′er] *vt* sviluppare. *Fig.* distendere, allargare. *vpr* svilupparsi; svolgersi; crescere; attecchire.

de.sen.vol.vi.do [dezĕvowv′idu] *part+agg* sviluppato.

de.sen.vol.vi.men.to [dezĕvowvim′ĕtu] *sm* sviluppo; svolgimento; incremento; processo, andamento; distendimento (di un'idea); decorso (di guerra, malattia); procedimento (dei fatti).

de.se.qui.li.brar [dezekilibr′ar] *vt an Fig.* squilibrare, sbilanciare. *vpr* squilibrarsi.

de.se.qui.lí.brio [dezekil′ibrju] *sm* squilibrio, sbilancio. ≃ **mental** squilibrio mentale.

de.ser.ção [dezers′ãw] *sf Mil.* diserzione, defezione, apostasia.

de.ser.dar [dezerd′ar] *vt* diseredare.

de.ser.tar [dezert′ar] *vt Mil.* disertare, rinnegare. *vi Mil.* disertare, defezionare.

de.ser.to [dez′ertu] *sm* deserto. *agg* deserto; inabitato, disabitato; solitario. **tornar** ≃ disertare.

de.ser.tor [dezert′or] *sm Mil.* disertore, rinnegato, fuggitivo.

de.ses.pe.ra.do [dezesper′adu] *part+agg* disperato, stralunato, affranto. **estar** ≃ *Fig.* vendere l'anima al diavolo.

de.ses.pe.rar [dezesper′ar] *vt* disperare, costernare. *vi* disperare. *vpr* disperarsi.

de.ses.pe.ro [dezesp′eru] *sm* disperazione.

des.fal.car [desfawk′ar] *vt* defalcare, detrarre, falcidiare.

des.fa.le.cer [desfales′er] *vi* svenire, ammortire, basire.

des.fa.le.ci.do [desfales′idu] *part+agg* esausto.

des.fa.le.ci.men.to [desfalesim′ĕtu] *sm* svenimento.

des.fal.que [desf′awki] *sm* defalco.

des.fa.vo.rá.vel [desfavor′avew] *agg* sfavorevole.

des.fa.zer [desfaz′er] *vt* disfare; scomporre; guastare; largare (nodi). *Fig.* fondere. *vpr* disfarsi; scomporsi; disordinarsi; buttar via; trinciarsi (abiti).

des.fe.cho [desf′eʃu] *sm* scioglimento, finale.

des.fei.to [desf′ejtu] *part+agg* sfatto.

des.fe.rir [desfer′ir] o **des.fe.char** [desfeʃ′ar] *vt* abbassare. *Fam.* accoccare. *Giur.* inferire (un colpo).

des.fi.ar [desfi'ar] *vt* sfilare. *vpr* sfilarsi.

des.fi.brar [desfibr'ar] *vt* sfibrare.

des.fi.gu.ra.do [desfigur'adu] *part+agg* sfigurato; sformato.

des.fi.gu.rar [desfigur'ar] *vt* sfigurare; sformare, disformare; deturpare. *vpr* sfigurarsi.

des.fi.la.dei.ro [desfilad'ejru] *sm Geogr.* stretta, gola, forra, passaggio.

des.fi.lar [desfil'ar] *vi* sfilare.

des.fi.le [desf'ili] *sm* sfilata, filata.

des.flo.rar [desflor'ar] *vt* sfiorare.

des.fo.ca.do [desfok'adu] *part+agg Fot.* sfocato.

des.fo.car [desfok'ar] *vt Fot.* sfocare.

des.fo.lhar [desfoλ'ar] *vt* sfogliare, sfrondare. *vpr* sfogliarsi, sfrondarsi.

des.for.ra [desf'ɔʀɐ] *sf* vendetta, ritorsione, rivalsa. *Sp.* rivincita.

des.for.rar [desfoʀ'ar] *vt* vendicare. *vpr* vendicarsi, prendersi una rivincita.

des.fral.dar [desfrawd'ar] *vt* sventolare, spiegare, sciogliere (una bandiera).

des.fru.tar [desfrut'ar] *vi* sfruttare, fruire, approfittare.

des.fru.te [desfr'uti] *sm* sfruttamento.

des.gar.rar-se [dezgaʀ'arsi] *vpr* tralignare.

des.gas.tar [dezgast'ar] *vt* logorare, consumare. *Geol.* degradare (dall'erosione). *Fig.* rifinire (la salute). *vpr* logorarsi, consumarsi; dimagrare (terreno); rifinirsi.

des.gas.te [dezg'asti] *sm* logoro; erosione; corrosione.

des.gos.tar [dezgost'ar] *vt* disgustare. *Fig.* dolere. *vpr* disgustarsi.

des.gos.to [dezg'ostu] *sm* disgusto; dispiacere; crepacuore, dissapore; disturbo. *Fig.* dolore. **causar** ≃ costernare.

des.gos.to.so [dezgost'ozu] *agg* disgustoso, scontento, discontento.

des.go.ver.nar [dezgovern'ar] *vt+vi* sgovernare.

des.go.ver.no [dezgov'ernu] *sm* sgoverno.

des.gra.ça [dezgr'asɐ] *sf* disgrazia; calamità, catastrofe, disastro; sventura, sfortuna; sciagura, perdizione. *Fig.* traversia; rovescio.

des.gra.çar [dezgras'ar] *vt* mandare in malora. *vpr* perdersi, andare a perdimento.

des.gre.nhar [dezgreñ'ar] *vt* arruffare, scapigliare (i capelli).

des.gru.dar [dezgrud'ar] *vt* scollare.

de.si.dra.ta.do [dezidrat'adu] *part+agg* disidratato, assetato.

de.si.dra.tar [dezidrat'ar] *vt* disidratare.

de.sig.na.ção [dezignas'ãw] *sf* nomina.

de.sig.nar [dezign'ar] *vt* designare; nominare; indicare; destinare.

de.síg.nio [dez'ignju] *sm* intento, proposito; decreto.

de.si.gual [dezig'waw] *agg* disuguale, ineguale, dispari, dissomigliante.

de.si.lu.dir [dezilud'ir] *vt* disilludere, disingannare. *vpr* disilludersi, disingannarsi.

de.si.lu.são [deziluz'ãw] *sf* disillusione, disappunto. *Fig.* amaro.

de.sim.pe.di.do [dezĩped'idu] *part+agg* sgombro, sgombrato. *Fig.* disponibile.

de.sim.pe.dir [dezĩped'ir] *vt* sgomberare, sgombrare, sbarazzare.

de.sin.char [dezĩʃ'ar] *vt* sgonfiare. *vi Med.* rientrare (tumore). *vpr* sgonfiarsi.

de.si.nên.cia [dezin'ẽsjɐ] *sf Gramm.* desinenza, terminazione.

de.sin.fe.ta.do [dezĩfet'adu] *part+agg* disinfettato, sterilizzato, asettico.

de.sin.fe.tan.te [dezĩfet'ãti] *sm+agg* antisettico, disinfettante.

de.sin.fe.tar [dezĩfet'ar] *vt* disinfettare, sterilizzare.

de.sin.te.gra.ção [dezĩtegras'ãw] *sf Fis.* disintegrazione, disgregazione.

de.sin.te.grar [dezĩtegr'ar] *vt* disintegrare.

de.sin.te.res.sa.do [dezĩteres'adu] *part+agg* generoso; indifferente.

de.sin.te.res.sar [dezĩteres'ar] *vt* disinteressare. *vpr* disinteressarsi di.

de.sin.te.res.se [dezĩter'esi] *sm* disinteresse.

de.sin.to.xi.car [dezĩtoksik'ar] *vt* disintossicare.

de.sis.tên.cia [dezist'ẽsjɐ] *sf* desistenza, abiura.

de.sis.tir [dezist'ir] *vi* desistere da; rinunciare a, lasciare; astenersi da. *vi* desistere; rinunciare; cedere, smontarsi; astenersi. ≃ **a tempo** ritirarsi in buon ordine. ≃ **de um concurso** *Fig.* ritirarsi da un concorso.

des.je.jum [deʒeʒ'ũ] *sm* colazione del mattino, prima colazione.

des.le.al [dezle'aw] *agg* sleale; infedele, perfido; disonesto. *Lett.* misleale, malfido, infido.

des.le.al.da.de [dezleawd'adi] *sf* slealtà; infedeltà, perfidia; malafede.

des.lei.xa.do [dezlejʃ'adu] *agg* sciatto, sbadato, trasandato. *Fig.* goffo.

des.lei.xo [dezl'ejʃu] *sm* sciattaggine, imprevidenza.

des.li.ga.men.to [dezligam'ẽtu] *sm* separazione.

des.li.gar [dezlig'ar] *vt* sciogliere, staccare. *vpr* separarsi, staccarsi. *Fig.* slegarsi.

des.li.za.dor [dezlizad'or] *sm Aer.* pattino.

des.li.zar [dezliz'ar] *vi* scivolare, scorrere, slittare.

des.lo.ca.do [dezlok'adu] *part+agg* mosso.

des.lo.ca.men.to [dezlokam'ẽtu] *sm* dislocamento, slogamento. *Med.* strappo.

des.lo.car [dezlok'ar] *vt* dislocare, slogare, spostare, smuovere. *Med.* storcere, lussare. *vpr* spostarsi. *Med.* lussarsi.

des.lum.bra.men.to [dezlũbram'ẽtu] *sm* abbagliamento, barbaglio.

des.lum.brar [dezlũbr'ar] *vt* abbagliare, abbacinare. *Fig.* affascinare, confondere.

des.mai.ar [dezmaj'ar] *vi* mancare, sfinire, svenire, uscire di sé, ammortire.

des.mai.o [dezm'aju] *sm* svenimento, mancanza.

des.ma.mar [dezmam'ar] *vt* svezzare, divezzare. *vi* svezzarsi, levare il latte a un bambino.

des.ma.me [dezm'ʌmi] *sm* svezzamento, divezzamento.

des.man.cha.do [dezmãʃ'adu] *part+agg* sfatto, risoluto.

des.man.cha-pra.ze.res [dezmãʃapraz'eris] *s* guastafeste.

des.man.char [dezmãʃ'ar] *vt* sciogliere, guastare, disfare. *vpr* sciogliersi, consumarsi, disfarsi; trinciarsi. *Fig.* sgretolarsi.

des.mas.ca.rar [dezmaskar'ar] *vt* smascherare; sventare, sbugiardare. *vpr* smascherarsi.

des.ma.ze.la.do [dezmazel'adu] *part+agg* sciatto, incomposto.

des.ma.ze.lo [dezmaz'elu] *sm* sciattaggine.

des.me.di.do [dezmed'idu] *agg* smisurato, dismodato; enorme. *Fig.* spropositato.

des.mem.brar [dezmẽbr'ar] *vt* smembrare.

des.men.ti.do [dezm'ẽtidu] *sm* smentita, ritrattazione.

des.men.tir [dezmẽt'ir] *vt* smentire; rinnegare, ritrattare; sbugiardare. *vpr* smentirsi.

des.me.re.cer [dezmeres'er] *vt* demeritare.

des.me.re.ci.do [dezmeres'idu] *agg* gratuito.

des.me.re.ci.men.to [dezmeresim'ẽtu] *sm* demerito.

des.me.su.ra.da.men.te [dezmezuradam'ẽti] *avv* oltremisura, soprammisura, sovrammodo.

des.mi.o.la.do [dezmiol'adu] *sm* balordo. *agg* smidollato, balordo, capocchio.

des.mis.ti.fi.car [dezmistifik'ar] *vt* sfatare.

des.mo.bi.li.za.ção [dezmobilizas'ãw] *sf Mil.* disarmo.

des.mo.bi.li.zar [dezmobiliz'ar] *vt Mil.* smobilitare.

des.mon.tar [dezmõt'ar] *vt* smontare; scomporre, disfare. *vi* smontare, scavalcare.

des.mo.ra.li.za.ção [dezmoralizas'ãw] *sf* demoralizzazione, avvilimento.

des.mo.ra.li.zar [dezmoraliz'ar] *vt* demoralizzare, avvilire, prostituire.

des.mo.ro.na.men.to [dezmoronam'ẽtu] *sm* diroccamento, frana.

des.mo.ro.nar [dezmoron'ar] *vi* franare, smmottare, dirupare.

des.mo.ti.va.do [dezmotiv'adu] *part+agg* sbattuto, apatico.

des.na.tar [deznat'ar] *vt* sfiorare il latte.

des.na.tu.ra.do [deznatur'adu] *part+agg Chim.* denaturato (alcool). *Fig.* cattivo, crudele.

des.na.tu.rar [deznatur'ar] *vt* snaturare.

des.ní.vel [dezn'ivew] *sm* dislivello.

des.nor.te.a.do [deznorte'adu] *part+agg an Fig.* attonito.

des.nor.te.ar [deznorte'ar] *vt* disorientare; turbare, sconcertare. *Fig.* scervellare. *vpr* disorientarsi. *Fig.* perdere la tramontana.

des.nu.dar [deznud'ar] *vt* denudare, spogliare, svestire. *vpr* denudarsi, spogliarsi, svestirsi.

des.nu.do [dezn'udu] *part+agg* nudo, denudato, spoglio.

des.nu.tri.ção [deznutris'ãw] *sf* denutrizione.

des.nu.tri.do [deznutr'idu] *part+agg* denutrito, striminzito.

de.so.be.de.cer [dezobedes'er] *vt* disubbidire.

de.so.be.di.ên.cia [dezobedi'ẽsjə] *sf* disubbidienza.

de.so.be.di.en.te [dezobedi'ẽti] *agg* disubbidiente; ribelle.

de.so.bri.ga.ção [dezobrigas'ãw] *sf* dispensa, disimpegno.

de.so.bri.gar [dezobrig'ar] *vt* disobbligare, dispensare. *vpr* disimpegnarsi, sgravarsi.

de.so.cu.pa.ção [dezokupas'ãw] *sf* disoccupazione.

de.so.cu.pa.do [dezokup'adu] *sm, part+agg* disoccupato, inoccupato.

de.so.cu.par [dezokup'ar] *vt* disoccupare; evacuare.

de.so.do.ran.te [dezodor'ãti] *sm+agg* deodorante.

de.so.la.ção [dezolas'ãw] *sf* desolazione, desolamento; sconforto. *Fig.* squallore.

de.so.la.do [dezol'adu] *part+agg* desolato; arido, brullo. *Fig.* squallido; doloroso.

de.so.lar [dezol'ar] *vt* desolare, devastare.

de.so.nes.ti.da.de [dezonestid'adi] *sf* disonestà, dissolutezza.

de.so.nes.to [dezon'estu] *sm* briccone. *agg* disonesto, dissoluto. *Fig.* marcio, sporco.

de.son.ra [dez'õrə] *sf* disonore, infamia, vergogna, disdoro. *Lett.* ignominia.

de.son.ra.do [dezõr'adu] *agg* disonorato, improbo.

de.son.rar [dezõr'ar] *vt* disonorare, infamare. *Fig.* sporcare, profanare. *vpr* disonorarsi, infamarsi. *Fig.* macchiarsi.

de.sor.dei.ro [dezord'ejru] *sm* garbuglione.

de.sor.dem [dez'ɔrdẽj] *sf* disordine; confusione; scompiglio, soqquadro, trambusto; perturbazione, sconvolgimento; caos, garbuglio; sommossa, tafferuglio. *Ger.* casino. *Fig.* bordello; pasticcio. em ≃ *avv* sottosopra.

de.sor.de.na.da.men.te [dezordenadam'ẽti] *avv* alla rinfusa, a catafascio.

de.sor.de.na.do [dezorden'adu] *part+agg* disordinato, confuso. *Fig.* caotico.

de.sor.de.nar [dezorden'ar] *vt* disordinare; disorganizzare; scompigliare, ingarbugliare, arruffare; dissestare, scombussolare.

de.sor.ga.ni.za.ção [dezorganizas'ãw] *sf* disorganizzazione, sconvolgimento. *Fig.* marasma.

de.sor.ga.ni.za.do [dezorganiz'adu] *part+agg* disorganizzato, confuso, inorganico.

de.sor.ga.ni.zar [dezorganiz'ar] *vt* disorganizzare; disagiare, dissestare; scompigliare, sconvolgere.

de.so.ri.en.ta.ção [dezoriẽtas'ãw] *sf* disorientamento, sgomento. *Fig.* smarrimento.

de.so.ri.en.ta.do [dezoriẽt'adu] *part+agg* disorientato. *Fig.* smarrito.

de.so.ri.en.tar [dezoriẽt'ar] *vt* disorientare. *Fig.* confondere, scervellare.

de.sos.sar [dezos'ar] *vt* disossare.

des.pa.cha.do [despaʃ'adu] *part+agg* spedito; agile.

des.pa.char [despaʃ'ar] *vt* spicciare, spedire, spiccare.

des.pa.cho [desp'aʃu] *sm* dispaccio.

des.pe.da.ça.do [despedas'adu] *part+agg* dirotto.

des.pe.da.çar [despedas'ar] *vt* spezzare, fare a pezzi; rompere; lacerare; sbranare; sfasciare. *vpr* spezzarsi; lacerarsi; fracassarsi.

des.pe.di.da [desped'idə] *sf* addio; congedo, commiato. dar as ≃s fare gli addii. espetáculo de ≃ serata d'addio.

des.pe.dir [desped'ir] *vt* licenziare, congedare, mettere alla porta, dimettere. *vpr* congedarsi, accomiatarsi.

des.pei.to [desp'ejtu] *sm* dispetto, ripicco. *Fig.* picca. a ≃ de nonostante; benché. *Fig.* alla barba di. a ≃ disso peraltro.

des.pei.to.so [despejt'ozu] *agg* dispettoso.

des.pe.jar [despeʒ'ar] *vt* versare, riversare; gettare.

des.pen.car [despẽk'ar] *vi* precipitarsi.

des.pe.nha.dei.ro [despeñad'ejru] *sm* precipizio, orrido, baratro, dirupo, burrone.

des.pe.nhar [despeñ'ar] *vt* precipitare.

des.pen.sa [desp'ẽsə] *sf* dispensa; conserva.

des.pen.te.ar [despẽte'ar] *vt* spettinare, arruffare, schiomare. *vpr* spettinarsi.

des.per.ce.bi.do [desperseb'idu] *agg* non visto. passar ≃ sfuggire.

des.per.di.çar [desperdis'ar] *vt* sprecare, scialacquare, sperperare. *Fig.* gettare.

des.per.dí.cio [desperd'isju] *sm* spreco, sciupo, scialacquo, sperpero, getto.

des.per.ta.dor [despertad'or] *sm* sveglia, orologio a sveglia.

des.per.tar [despert'ar] *sm* risveglio. *vt* svegliare, destare; riscuotere. *Fig.* stimolare, incitare. *vi* svegliarsi, risvegliarsi, destarsi.

des.per.to [desp'ertu] *agg* sveglio, desto.

des.pe.sa [desp'ezə] *sf* spesa, dispendio; conto. *Comm.* esito, uscita.

des.pi.do [desp'idu] *part+agg* nudo, ignudo, spoglio. *Fig.* scalzo.

des.pir [desp'ir] *vt* spogliare, svestire, denudare. *vpr* spogliarsi, svestirsi, denudarsi.

des.po.ja.do [despoʒ'adu] *part+agg* spoglio.

des.po.jar [despoʒ'ar] *vt* spogliare. *vpr Fig.* spogliarsi.

des.po.jo [desp'oʒu] *sm* preda. *Mil.* bottino, trofeo. ≃s *pl* spoglie, salma.

des.pon.tar [despõt'ar] *vi* spuntare, apparire, rompere.

des.po.sar [despoz'ar] *vt* sposare.

dés.po.ta [d'ɛspotə] *s an Fig.* despota, tiranno, autocrate.

des.pó.ti.co [desp'ɔtiku] *agg* dispotico.

des.po.tis.mo [despot'izmu] *sm* dispotismo, tirannia, assolutismo.

des.po.vo.a.do [despovo'adu] *part+agg* disabitato.

des.po.vo.ar [despovo'ar] *vt* spopolare, disertare, rendere inabitato. *vpr* spopolare.

des.pra.zer [despraz'er] *sm* dispiacere, disgusto, disturbo, rincrescimento.

des.pre.ga.do [despreg'adu] *part+agg* scollato.

des.pren.der-se [desprẽd'ersi] *vt* scollare. *vpr* scollarsi.

des.pren.di.men.to [desprẽdim'ẽtu] *sm* disinteresse.

des.pre.o.cu.pa.ção [despreokupas'ãw] *sf* disinteresse.

des.pre.o.cu.pa.da.men.te [despreokupadam'ẽti] avv a cuor leggero.

des.pre.o.cu.pa.do [despreokup'adu] agg senza preoccupazioni. Fig. superficiale, scarico.

des.pre.pa.ra.do [desprepar'adu] part+agg disadatto, disaccordio; greggio, grezzo. estar ≃ essere in erba.

des.pres.ti.gi.ar [desprestiʒi'ar] vt sfatare.

des.pre.za.do [desprez'adu] part+agg dispregiato, disprezzato. Fig. posposto.

des.pre.zar [desprez'ar] vt dispregiare, sprezzare, sdegnare, ridersi di. Fig. posporre.

des.pre.zí.vel [desprez'ivew] sm vile. Fig. verme. agg disp miserabile, miserevole, vile, senza nome. Fig. fetente.

des.pre.zo [despr'ezu] sm dispregio, disprezzo, sprezzo, sdegno, disdegno.

des.pro.por.ção [despropors'ãw] sf sproporzione.

des.pro.por.cio.nal [desproporsjon'aw] o des.pro.por.cio.na.do [desproporsjon'adu] agg sproporzionale, sproporzionato.

des.pro.po.si.ta.do [despropozit'adu] agg spropositato. Fig. irragionevole.

des.pro.pó.si.to [desprop'ozitu] sm sproposito, buscherata.

des.pro.te.gi.do [desproteʒ'idu] agg indifeso. Fig. scoperto.

des.pro.ver [desprov'er] vt sfornire.

des.pro.vi.do [desprov'idu] agg sfornito, privo. Lett. orbo.

des.pu.do.ra.do [despudor'adu] agg spudorato, impudente, sfrontato. Fig. tosto.

des.qua.li.fi.ca.ção [deskwalifikas'ãw] sf Sp. squalifica.

des.qua.li.fi.car [deskwalifik'ar] vt Sp. squalificare.

des.ra.ti.zar [dezr̃atiz'ar] vt deratizzare.

des.re.gra.do [dezr̃egr'adu] agg sregolato, scostumato.

des.re.gra.men.to [dezr̃egram'ẽtu] sm sregolatezza, scostumatezza.

des.re.gu.la.do [dezr̃egul'adu] part+agg sregolato, dismodato.

des.res.pei.tar [dezr̃espejt'ar] vt disubbidire.

des.se.car [desek'ar] vt essiccare.

des.ser.vi.ço [deserv'isu] sm disservizio.

des.ta.ca.do [destak'adu] part+agg staccato. Fig. eminente.

des.ta.ca.men.to [destakam'ẽtu] sm Mil. presidio.

des.ta.car [destak'ar] vt staccare, distaccare, spiccare. vpr staccarsi, distaccarsi, spiccarsi. Fig. innalzarsi.

des.tam.par [destãp'ar] vt stappare, sturare. ≃ uma garrafa aprire una bottiglia.

des.ta.par [destap'ar] vt scoprire; sturare.

des.ta.que [dest'aki] sm distacco, stacco, spicco.

des.te.mi.do [destem'idu] agg valoroso, arrischiato, gagliardo.

des.tem.pe.ran.ça [destẽper'ãsɐ] sf stravizio.

des.ter.ra.do [desteřr'adu] sm fuoruscito.

des.ter.rar [desteřr'ar] vt bandire, espatriare.

des.ter.ro [dest'eřu] sm bando, confino.

des.ti.la.dor [destilad'or] sm distillatoio.

des.ti.lar [destil'ar] vt distillare, stillare, lambiccare.

des.ti.la.ri.a [destilar'iɐ] sf distilleria.

des.ti.na.ção [destinas'ãw] sf destinazione, destino.

des.ti.na.do [destin'adu] part+agg destinato, addetto.

des.ti.nar [destin'ar] vt destinare, assegnare. Comm. stanziare.

des.ti.no [dest'inu] sm destino; fato, sorte; direzione, arrivo. Fig. stella.

des.ti.tu.i.ção [destituis'ãw] sf destituzione, deposizione.

des.ti.tu.ir [destitu'ir] vt destituire; deporre, spodestare; detronizzare. Fig. scalzare.

des.to.an.te [desto'ãti] agg dissonante. Fig. stridente, stridulo.

des.to.ar [desto'ar] vt discordare, dissonare. Fig. stridere. vi dissonare, stonare.

des.tre.za [destr'ezɐ] sf destrezza, perizia, pratica, scioltezza.

des.trin.char [destrĩʃ'ar] vt trinciare.

des.tri.par [destrip'ar] vt sbudellare.

des.tra [d'ɛstrɐ] sf destra, diritta.

des.tro [d'ɛstru] agg destro; pratico, sciolto; diritto. Fig. diplomatico.

des.tro.çar [destros'ar] vt schiantare, fiaccare, spezzare con violenza.

des.tro.ços [destr'ɔsus] sm pl Aer. e Naut. rottami, relitti di un naufragio.

des.trói.er [destr'ɔjer] sm Naut. cacciatorpediniere, destroyer.

des.tro.nar [destron'ar] vt detronizzare, spodestare, deporre.

des.tru.i.ção [destruis'ãw] sf distruzione; rovina, manomissione; sfascio, strazio; vandalismo.

des.tru.í.do [destru'idu] part+agg distrutto, sfatto.

des.tru.i.dor [destruid'or] sm distruttore, vandalo.

des.tru.ir [destru'ir] *vt* distruggere; rovinare, manomettere. *Fig.* fulminare; decimare; estinguere, annichilire; estirpare; demolire; dissipare; divorare; fondere. *vpr* distruggersi. *Fig.* consumarsi, divorarsi.

des.tru.tí.vel [destrut'ivew] *agg* distruggibile.

des.tru.ti.vo [destrut'ivu] *agg* distruttivo, rovinoso.

de.su.ma.ni.da.de [dezumanid'adʒi] *sf* disumanità; crudeltà.

de.su.ma.no [dezum'ʌnu] *sm Fig.* barbaro. *agg* disumano, inumano; crudele, spietato; brutale, atroce. *Fig.* bestiale, barbaro.

de.su.ni.ão [dezuni'ãw] *sf* disunione, disaccordo, discordia. *Fig.* divisione; disgregazione.

de.su.nir [dezun'ir] *vt* disunire; separare, sconnettere; disgiungere, disgregare, dissociare. *Fig.* dividere. *vpr* disunirsi; disgregarsi.

de.su.sa.do [dezuz'adu] *part+agg* smesso.

de.su.so [dez'uzu] *sm* disuso. *Lett.* dissuetudine.

des.vai.ra.men.to [dezvajram'ẽtu] o **des.va.ri.o** [dezvar'iu] *sm* delirio, farneticamento.

des.vai.rar [dezvajr'ar] *vi+vpr* delirare, farneticare.

des.va.lo.ri.za.ção [dezvalorizas'ãw] *sf Comm.* svalutazione, scadimento.

des.va.lo.ri.zar [dezvaloriz'ar] *vt* svalutare, deprezzare.

des.van.ta.gem [dezvãt'aʒẽj] *sm* svantaggio. *Sp.* handicap.

des.van.ta.jo.so [dezvãtaʒ'ozu] *agg* svantaggioso, disutile.

des.ve.lar [dezvel'ar] *vt* svelare.

des.ven.ci.lhar-se [dezvẽsiʎ'arsi] *vpr* disfarsi di. *Fig.* buttare.

des.ven.dar [dezvẽd'ar] *vt* sventare, dilucidare; sciogliere (un mistero).

des.ven.tu.ra [dezvẽt'ura] *sf* sventura; sfortuna, malaventura; calamità, disgrazia, fatalità; disdetta (in gioco). *Fig.* traversia.

des.ven.tu.ra.do [dezvẽtur'adu] *part+agg* sventurato, sfortunato, infelice.

des.vi.a.do [dezvi'adu] *part+agg* distratto.

des.vi.ar [dezvi'ar] *vt* deviare, disviare; sviare, traviare; alienare, distaccare; stornare. *vi* deviare, fuorviare, sviarsi; traviare. *vpr* fuorviare; traviare; digredire.

des.vin.cu.lar [dezvĩkul'ar] *vt* disobbligare. *Giur.* svincolare. *Lett.* francare. *vpr* emanciparsi.

des.vi.o [dezv'iu] *sm* deviazione, disvio, diversione; digressione. *Autom.* conversione. *Naut.* deriva (di nave). ≃ **de ferrovia** scambio.

des.vir.gi.nar [dezvirʒin'ar] *vt* sverginare.

des.vir.tu.ar [dezvirtu'ar] *vt* snaturare. *Fig.* traviare. *vpr* degenerare.

de.ta.lha.do [detaʎ'adu] *agg* minuzioso.

de.ta.lhar [detaʎ'ar] *vt* dettagliare.

de.ta.lhe [det'aʎi] *sm* dettaglio, minutezza, minuzia. **prestar atenção aos mínimos** ≃ s badare a tutte le virgole.

de.tec.tor [detekt'or] *sm Elett.* rivelatore.

de.ten.ção [detẽs'ãw] *sf* detenzione; trattenimento; arresto; carcerazione; ritegno.

de.ten.to [detẽ'etu] *sm* prigioniero.

de.ter [det'er] *vt* detenere; trattenere; arrestare; fermare; ritenere. *Fig.* agganciare, inchiodare. *vpr* trattenersi; fermarsi, rimanere.

de.ter.gen.te [deterʒ'eti] *sm+agg* detergente, detersivo.

de.te.rio.ra.ção [deterjoras'ãw] *sf* guasto.

de.te.rio.ra.do [deterjor'adu] *part+agg* deteriorato. *Fig.* marcio.

de.te.rio.rar [deterjor'ar] *vt* deteriorare, guastare. *vpr* deteriorarsi; deperire; alterarsi. *Fig.* arrugginirsi.

de.ter.mi.na.ção [determinas'ãw] *sf* determinazione; decreto; imposizione; risolutezza.

de.ter.mi.na.do [determin'adu] *part+agg* determinato; dato; fisso. *Fig.* sicuro.

de.ter.mi.nan.te [determin'ãti] *agg* risolutivo.

de.ter.mi.nar [determin'ar] *vt* determinare; definire; decretare; designare; fissare; destinare; assegnare. *vpr* determinarsi.

de.tes.ta.do [detest'adu] *agg* detestato, inviso.

de.tes.tar [detest'ar] *vt* detestare, odiare, abominare, avversare. *Fig.* rifuggire da.

de.tes.tá.vel [detest'avew] *agg* detestabile, abominabile, abominevole.

de.te.ti.ve [detet'ivi] *sm* poliziotto. *Fig.* segugio.

de.to.nar [deton'ar] *vt* detonare.

de.tri.men.to [detrim'etu] *sm* detrimento, svantaggio. **em** ≃ **de** a scapito di.

de.tri.to [detr'itu] *sm* detrito.

de.tur.par [deturp'ar] *vt* deturpare. *Fig.* storpiare, svisare.

deus [d'ews] *sm* dio, divinità. **D** ≃ *np* Dio, Iddio, il Creatore. **D** ≃ **nos livre!** Dio ci scampi! **valha-me D** ≃ ! Dio mi aiuti! **D** ≃ **te ajude!** che Dio ti aiuti! **queira D** ≃ ! magari! **quisera D** ≃ **que fosse assim!** magari fosse così! **D** ≃ **ajuda a quem se ajuda** chi si aiuta, Dio l'aiuta. **D** ≃ **dá nozes a quem não tem dentes** Dio dà noci a chi non ha denti. **D** ≃ **dá o frio conforme o cobertor** Dio manda il freddo secondo i panni.

deu.sa [d'ewzə] *sf* dea, diva. *Fig.* venere, donna bellissima.

de.va.gar [devag'ar] *avv* piano, adagio, tardi, a modo, a rilento. ≃ **se vai ao longe** piano piano si va lontano.

de.va.ga.ri.nho [devagar'iñu] *avv* pianino.

de.va.ne.ar [devane'ar] *vi* vagellare, fantasticare, fantasiare, sragionare.

de.vas.si.dão [devasid'ãw] *sf* libertinaggio, dissolutezza; crapula, eccesso· scostumatezza.

de.vas.so [dev'asu] *sm* libertino, crapulone. *Fig.* satiro. *agg* libertino, dissoluto; scostumato.

de.vas.ta.ção [devastas'ãw] *sf* devastazione, guasto, desolazione, strage.

de.vas.tar [devast'ar] *vt* devastare, guastare, desolare, disertare.

de.ve.dor [deved'or] *sm Comm.* debitore.

de.ver [dev'er] *sm* dovere, dovuto; bisogno; compito; obbligo, mansione; responsabilità; uffici *pl. Fig.* debito. ≃**es** *pl* competenze. **cumprir o seu** ≃ *Fig.* filar dritto, rigare. *vt* dovere, avere da.

de.vi.do [dev'idu] *part*+*agg* dovuto; debito; condegno; doveroso.

de.vo.ção [devos'ãw] *sf* devozione, rispetto, pietà.

de.vo.lu.ção [devolus'ãw] *sf* devoluzione, restituzione, ricambio, rinvio, rimando. *Giur.* retrocessione.

de.vol.ver [devovv'er] *vt* restituire, ricambiare, rinviare, rimandare. *Giur.* retrocedere.

de.vo.rar [devor'ar] *vt* divorare; inghiottire, ingoiare. *Pop.* ingollare. *Iron.* macinare. *Fam.* diluviare. *Fig.* sgranare, spolverare; guardare con bramosia. *vpr* divorarsi. *Fig.* struggersi dal desiderio.

de.vo.ta.do [devot'adu] *part*+*agg* dedito.

de.vo.tar-se [devot'arsi] *vpr* votarsi.

de.vo.to [dev'ɔtu] *sm Rel.* devoto. *disp* bacchettone. **falso** ≃ *Fig.* tartufo. *agg* devoto, pio.

dez [d'es] *num* dieci. **uns** ≃, **umas** ≃ una diecina, una decina. **de** ≃ **anos (de idade)** decenne.

de.zem.bro [dez'ēbru] *sm* dicembre.

de.ze.na [dez'enə] *sf* diecina, decina.

de.ze.no.ve [dezen'ɔvi] *num* diciannove. **de** ≃ **anos (de idade)** diciannovenne. ≃ **avos** diciannovesimo, decimonono.

de.zes.seis [dezes'ejs] *num* sedici. **de** ≃ **anos (de idade)** sedicenne. ≃ **avos** sedicesimo, decimosesto.

de.zes.se.te [dezes'eti] *num* diciassette. **de** ≃ **anos (de idade)** diciassettenne. ≃ **avos** diciassettesimo, decimosettimo.

de.zoi.to [dez'ojtu] *num* diciotto. **de** ≃ **anos (de idade)** diciottenne. ≃ **avos** diciottesimo, decimottavo.

di.a [d'iə] *sm* giorno; giornata; dì. *Poet.* sole. *Fig.* luce. ≃ **após** ≃ di giorno in giorno. ≃ **cansativo** giornata pesante. **D** ≃ **de Ano Novo** Capodanno. **d** ≃ **de finados** giorno dei morti. **D** ≃ **de Reis** *Rel.* Epifania, Befana. **D** ≃ **de Todos os Santos** *Rel.* Ognissanti. ≃ **do nascimento** natale, natalizio. ≃ **do santo** *Rel.* giorno onomastico. **D** ≃ **do Trabalho** Primo Maggio. ≃ **santo** festa. ≃ **sim,** ≃ **não** ogni due giorni. ≃ **útil** giorno feriale. **há alguns** ≃ **s** l'altro ieri. **hoje em** ≃ in adesso. **no** ≃ **vinte e quatro** a dì ventiquattro. **nos** ≃ **s de hoje** oggigiorno, oggidì, al giorno d'oggi, al dì d'oggi. **o primeiro** ≃ il primo. **todos os** ≃ **s** tutti i giorni, quotidianamente. **bom** ≃ **!** buon giorno! **que** ≃ **é hoje?** che giorno è oggi?

dia.be.te [djab'ɛti] o **dia.be.tes** [djab'ɛtis] *s Med.* diabete. ≃ **sacarina** o **melita** diabete zuccherino, diabete mellito.

di.a.bo [di'abu] *sm* diavolo, demonio; satana, spirito maligno. **dos** ≃ **s** *agg* buscherone. **um frio dos** ≃ **s** un freddo buscherone. ≃ **s!** *int* diavolo! diamine! **estar com o** ≃ **no corpo** avere il diavolo addosso (o in corpo). **mas que** ≃ **s você está fazendo?** ma che fai? **falou no** ≃, **aparece o rabo** *Pop.* quando si nomina il diavolo, se ne vede spuntare la coda.

dia.bó.li.co [djab'ɔliku] *agg* diabolico, diavolesco, satanico.

di.á.co.no [di'akonu] *sm Rel.* diacono.

dia.de.ma [djad'emə] *sf* diadema.

di.á.fa.no [di'afanu] *agg* diafano, traslucido, trasparente.

dia.frag.ma [djafr'agmə] *sm Anat.* e *Mecc.* diaframma, diafragma.

diag.nos.ti.car [djagnostik'ar] *vt* giudicare. *Med.* diagnosticare.

diag.nós.ti.co [djagn'ɔstiku] *sm Med.* o **dia.gno.se** [djagn'ɔzi] *sf Med.* diagnosi.

dia.go.nal [djagon'aw] *sf Geom.* diagonale. *agg* diagonale.

dia.gra.ma [djagr'ʌmə] *sm* diagramma, grafico. *Fig.* tavola, paradigma.

dia.le.tal [djalet'aw] *agg* dialettale, vernacolo.

dia.lé.ti.ca [djal'etikə] *sf* dialettica, logica.

dia.le.to [djal'etu] *sm* dialetto.

di.á.li.se [di'alizi] *sf Chim.* dialisi.

dia.lo.gar [djalog'ar] *vt* dialogare. *vi* dialogare, conversare.

di.á.lo.go [di'alogu] *sm* dialogo.

dia.man.te [djam'ãti] *sm* diamante; brillante. ≃ **falso** brillo.

di.â.me.tro [di'Ametru] *sm* diametro.

di.an.te [di'ãti] *avv* davanti, dinanzi. ≃ **de** *prep* avanti, dinanzi a. **em** ≃ innanzi. **de hoje em** ≃ d'oggi innanzi.

di.an.tei.ra [diãt'ejrə] *sf* davanti. *Mil.* avanguardia, vanguardia. *Sp.* vantaggio.

dia.pa.são [djapaz'ãw] *sm Mus.* diapason.

di.á.ria [di'arjə] *sf* diaria, giornata, pagamento diario.

dia.ria.men.te [djarjam'ẽti] *avv* tutti i giorni, quotidianamente.

di.á.rio [di'arju] *sm* diario; giornale, quotidiano. *Fig.* calendario; agenda. ≃ **de bordo** *Naut.* giornale di bordo. *agg* giornaliero, quotidiano.

diar.réi.a [djar'ejə] *sf Med.* diarrea, scarica di ventre. *Pop.* correntina, sciolta.

di.ás.to.le [di'astoli] *sf* Fisiol. e *Gramm.* diastole.

dia.tô.ni.co [djat'oniku] *agg Mus.* diatonico.

dic.ção [diks'ãw] *sf* dizione.

di.cio.ná.ri.o [disjon'arju] *sm* dizionario; glossario, vocabolario. ≃ **de bolso** dizionario tascabile. ≃ **de nomes próprios** lessico onomastico.

di.das.cá.lia [didask'aljə] *sf Teat.* didascalia.

di.dá.ti.co [did'atiku] *agg* didattico.

di.é.re.se [di'erezi] *sf Gramm.* dieresi.

di.e.ta [di'etə] *sf Med.* dieta, regime. *Pol.* dieta. **ficar de** ≃ stare a dieta.

die.té.ti.co [djet'etiku] *agg* dietetico.

di.fa.ma.ção [difamas'ãw] *sf* diffamazione, calunnia. *Fig.* berlina.

di.fa.ma.dor [difamad'or] *sm* mala lingua.

di.fa.mar [difam'ar] *vt* diffamare, calunniare, infamare, denigrare. *Fig.* detrarre.

di.fe.ren.ça [difer'ẽsə] *sf* diferenza; discrepanza, discordanza, stacco; distinzione. *Mat.* differenza, resto.

di.fe.ren.cia.ção [diferẽsjas'ãw] *sf* differimento.

di.fe.ren.ci.a.do [diferẽsi'adu] *part* + *agg* differenziato, svariato.

di.fe.ren.ci.al [diferẽsi'aw] *sm Med.* differenziale. *agg* differenziale. **cálculo** ≃ *Mat.* calcolo differenziale.

di.fe.ren.ci.ar [diferẽsi'ar] *vt* differenziare; discernere; discriminare; distinguere; diversificare. *vpr* differenziarsi.

di.fe.ren.te [difer'ẽti] *agg* differente; distinto, diverso, vario; dissimile, disuguale, ineguale; altro. *Fig.* lontano. **é bem** ≃ **do que eu pensava** è tutt'altro da quello che credevo.

di.fe.rir [difer'ir] *vi* differire, variare.

di.fí.cil [dif'isiw] *agg* difficile; complesso; difficoltoso, malagevole; faticoso; arduo; astruso. *Fig.* scabroso; duro; alto (lettura).

di.fi.cul.da.de [difikuwd'adi] *sf* difficoltà; imbarazzo, imbroglio; guaio, problema. *Fig.* asprezza, durezza; nodo, blocco; strettoia. ≃ **s econômicas** strettezze. **com** ≃ a stento, appena, a malapena. **sem** ≃ *Fig.* a piè pari.

di.fi.cul.tar [difikuwt'ar] *vt* rendere difficile; intralciare, intrigare; complicare.

di.fi.cul.to.so [difikuwt'ozu] *agg* difficoltoso.

dif.te.ri.a [difter'iə] *sf Med.* difterite.

di.fun.di.do [difũd'idu] *part* + *agg* diffuso. *Fig.* seminato.

di.fun.dir [difũd'ir] *vt* diffondere; propagare; comunicare, propalare. *Fig.* seminare, disseminare. *vpr* propagarsi; propalarsi; estendersi. *Fig.* spandersi, distendersi.

di.fu.são [difuz'ãw] *sf* diffusione; comunicazione; circolazione.

di.fu.sor [difuz'or] *sm* predicatore.

di.ge.rir [diʒer'ir] *vt* digerire, smaltire.

di.ge.rí.vel [diʒer'ivew] *agg* digeribile, commestibile.

di.ges.tão [diʒest'ãw] *sf* digestione.

di.ges.ti.vo [diʒest'ivu] *agg* digestivo, digerente.

di.gi.ta.ção [diʒitas'ãw] *sf Inform.* battitura.

di.gi.tal [diʒit'aw] *sf Bot.* digitale (pianta medicinale). *agg* digitale, delle dita.

di.gi.tar [diʒit'ar] *vt* digitare.

dig.nar-se [dign'arsi] *vpr* degnarsi a.

dig.ni.da.de [dignid'adi] *sf* dignità, decoro, compostezza.

dig.no [d'ignu] *agg* degno; meritevole; probo, onesto. ≃ **de nota** notabile. ≃ **de pena** miserando, miserabile. **julgar** ≃ degnare.

dí.gra.fo [d'igrafu] *o* **di.gra.ma** [digr'ʌmə] *sm Gramm.* digramma.

di.gres.são [digres'ãw] *sf* digressione.

di.la.ce.ra.do [dilaser'adu] *part* + *agg* lacerato, stracciato.

di.la.ce.ran.te [dilaser'ãti] *agg* straziante (dolore).

di.la.ce.rar [dilaser'ar] *vt* lacerare, stracciare, strappare; schiantare. *vpr* lacerarsi.

di.la.pi.dar [dilapid'ar] *vt an Fig.* dilapidare, consumare.

di.la.ta.ção [dilatas'ãw] *sf* dilatazione, allargamento.

di.la.ta.do [dilat'adu] *part* + *agg* dilatato, allargato. *Lett.* turgido.

di.la.tar [dilat'ar] *vt* dilatare; gonfiare; rarefare. *vpr* dilatarsi; crescere; rarefarsi.

di.le.ma [dil'emə] *sm* dilemma. *Fig.* bivio.
di.li.gên.cia [diliʒ'ēsjə] *sf* diligenza; esattezza; impegno; zelo.
di.li.gen.te [diliʒ'ēti] *agg* diligente; esatto; zelante, zeloso.
di.lu.i.ção [diluis'ãw] *sf* diluzione, soluzione, allungamento di liquidi.
di.lu.ir [dilu'ir] *vt* diluire, allungare, sciogliere.
di.lú.vio [dil'uvju] *sm* diluvio. **o D** ≃ *Rel.* Diluvio Universale.
di.men.são [dimēs'ãw] *sf* dimensione; estensione; taglia.
di.mi.nu.i.ção [diminuis'ãw] *sf* diminuzione; calo; riduzione, decrescimento; scorciamento, accorciatura, ritrazione. ≃ **de preço** ribasso di prezzo. ≃ **gradual** digradazione.
di.mi.nu.ir [diminu'ir] *vt* diminuire; abbassare; ridurre, sminuire; defalcare; attenuare, attutire; smorzare (luce); accorciare, scorciare. *Comm.* ribassare (prezzi). *vi* diminuire; decrescere; cadere, scendere (febbre, temperatura); accorciarsi, scorciarsi; scemarsi, minorare. *Comm.* diminuire, scendere (prezzi). *Fig.* calare. ≃ **aos poucos** digradare.
di.mi.nu.ti.vo [diminut'ivu] *sm*+*agg Gramm.* diminutivo.
di.mi.nu.to [dimin'utu] *agg* minuto, ridotto, scemo.
di.na.mar.quês [dinamark'es] *sm*+*agg* danese.
di.nâ.mi.co [din'ʌmiku] *agg* dinamico. *Fig.* vulcanico, giovanile.
di.na.mis.mo [dinam'izmu] *sm* dinamismo.
di.na.mi.te [dinam'iti] *sf* dinamite.
dí.na.mo [d'inamu] *sm* dinamo.
di.nas.ti.a [dinast'iə] *sf* dinastia. *Fig.* casa.
di.nhei.ro [diñ'ejru] *sm* denaro, danaro; moneta; quattrini, soldi *pl*; risorse *pl. Comm.* valuta. *Fig.* oro, argento. ≃ **arrecadado** incasso. **pedir** ≃ a *Fig.* frecciare. **ter** ≃ avere i soldi. **tirar muito** ≃ *Fig.* fare un salasso. ≃ **chama** ≃ denari fanno denari.
di.nos.sau.ro [dinos'awru] *sm* dinosauro.
dio.ce.se [djos'ɛzi] *sf Rel.* diocesi.
dio.ni.sí.a.co [djoniz'iaku] *agg* dionisiaco.
diop.tri.a [djoptr'iə] *sf Fis.* e *Med.* diottria.
di.plo.ma [dipl'omə] *sf* diploma; patente, abilitazione. ≃ **de doutor** laurea, diploma di laurea.
di.plo.ma.ci.a [diplomas'iə] *sf* diplomazia. *Fig.* tatto.
di.plo.mar [diplom'ar] *vt* laureare, licenziare. *vpr* laurearsi, addottorarsi.
di.plo.ma.ta [diplom'atə] *sm* diplomatico.
di.plo.má.ti.co [diplom'atiku] *agg* diplomatico.

di.que [d'iki] *sm* diga, argine, chiusa. **fazer** ≃ arginare.
di.re.ção [dires'ãw] *sf* direzione; destino; senso; governo, comando. *Cin.* e *Teat.* regia. *Autom.* volante, sterzo. *Fig.* strada, binario; timone, bussola. **em** ≃ **contrária** a ritroso. **ir na** ≃ **de** *Fig.* gravitare verso. **na** ≃ **de** *prep* verso, per, in direzione di.
di.rei.ta [dir'ejtə] *sf* destra; diritta, mano diritta. *Sp.* destro (colpo). **manter a** ≃ tenere la destra.
di.rei.tis.ta [direjt'istə] *s Pol. disp* forciaiolo.
di.rei.to [dir'ejtu] *sm* diritto, facoltà; ritto (di stoffa). *Giur.* diritto. *Lett.* gius. *Sp.* destro (colpo). *Fig.* legge. ≃ **autoral** diritto d'autore. *agg* diritto; destro; retto; diretto.
di.re.ta.men.te [diretam'ēti] *avv* dirittamente, diritto.
di.re.to [dir'ɛtu] *agg* diretto; sincero. *Fig.* frontale. *avv* diritto, a dilungo.
di.re.tor [diret'or] *sm* direttore. *Cin.* e *Teat.* regista. *Fig.* amministratore, guida. ≃**a** *sf* direttrice. *Cin.* e *Teat.* regista.
di.re.to.ri.a [diretor'iə] *sf* direzione; i direttori.
di.re.triz [diretr'is] *sf Geom.* direttrice.
di.ri.gen.te [diriʒ'ēti] *s* direttore; direttrice.
di.ri.gir [diriʒ'ir] *vt* dirigere; governare, amministrare; comandare, presiedere; condurre; guidare; incamminare, indirizzare; manovrare; rivolgere. *vpr* dirigersi; andare, recarsi a; rivolgersi a; incamminarsi, indirizzarsi a. ≃ **a palavra a** rivolgere la parola a.
di.ri.mir [dirim'ir] *vt* giudicare. *Fig.* appianare.
dis.ca.gem [disk'aʒēj] *sf* usato nell'espressione ≃ **direta a distância** teleselezione.
dis.cer.ni.men.to [disernim'ētu] *sm* discernimento; criterio, giudizio; discrezione, tatto.
dis.cer.nir [disern'ir] *vt* discernere, distinguere. *Lett.* scindere.
dis.ci.pli.na [disipl'inə] *sf* disciplina; controllo; materia. *Fig.* scienza.
dis.ci.pli.na.do [disiplin'adu] *part*+*agg* diligente.
dis.cí.pu.lo [dis'ipulu] *sm* discepolo; allievo, scolaro, alunno; compagno.
dis.co [d'isku] *sm an Sp.* e *Inform.* disco. *Mus.* microsolco, disco fonografico. ≃ **voador** disco volante, ufo.
dis.cor.dân.cia [diskord'ãsjə] *sf* discordanza, sconcordanza, discordia. *Fig.* disarmonia.
dis.cor.dan.te [diskord'ãti] *agg* discorde, dissonante. *Fig.* stridente.
dis.cor.dar [diskord'ar] *vt* discordare da; dissentire da, opporsi a; contraddire. *vi* discordare, differire. *Fig.* scontrarsi.

dis.cór.dia [disk'ɔrdjə] sf discordia; dissenso; dissapore; contesa. Fig. zizzania.

dis.cor.rer [diskoř'er] vi discorrere, dissertare, favellare.

dis.cre.pân.cia [diskrep'ãsjə] sf discrepanza; discordanza. Fig. urto.

dis.cre.pan.te [diskrep'ãti] agg discorde.

dis.cre.ta.men.te [diskrɛtam'ẽti] avv discretamente, all'agevole.

dis.cre.to [diskr'ɛtu] agg discreto; pudico. Fig. riservato.

dis.cri.ção [diskris'ãw] sf discrezione, discretezza; riservatezza, riserbo, pudore; attilatezza.

dis.cri.mi.nar [diskrimin'ar] vt discriminare.

dis.cur.sar [diskurs'ar] vi far un discorso.

dis.cur.so [disk'ursu] sm discorso, conferenza, allocuzione; parlata, parlare. Lett. orazione. fazer um ≃ afetado confettare un discorso.

dis.cus.são [diskus'ãw] sf discussione; controversia, disputa; dibattito; discorso, ragionamento; alterco, battibecco. ≃ acalorada diverbio. ≃ à-toa questioncella, questioncina. ≃ inútil questione di lana caprina.

dis.cu.ti.do [diskut'idu] part+agg controverso.

dis.cu.tir [diskut'ir] vt discutere; contendere; dibattere; dissertare, ragionare. Fig. trattare. vi litigare, altercare; argomentare; disputare, polemizzare, contendere; discorrere di. Fig. scontrarsi. ≃ por uma ninharia cavillare. ≃ uma proposta ventilare una proposta.

dis.cu.tí.vel [diskut'ivew] agg discutibile, controverso.

di.sen.te.ri.a [dizĕter'iə] sf Med. dissenteria. Pop. correntina, sciolta. Fig. correntia.

dis.far.ça.do [disfars'adu] part+agg truccato; travestito; larvato.

dis.far.çar [disfars'ar] vt truccare; travestire; dissimulare, camuffare. Lett. palliare. vpr truccarsi; travestirsi.

dis.far.ce [disf'arsi] sm trucco. Fig. maschera; cortina, copertura.

dis.for.me [disf'ɔrmi] agg disforme, deforme; sformato, storpio; malfatto, mostruoso.

dis.fun.ção [disfũs'ãw] sf Med. disfunzione; disturbo. Fig. disfunzione, difetto.

dís.par [d'ispar] agg dispari, impari.

dis.pa.ra.da [dispar'adə] sf guizzo, guizzata.

dis.pa.rar [dispar'ar] vt sparare, tirare; scoccare. vi tirare; scoccare; martellare (il cuore).

dis.pa.ra.ta.do [disparat'adu] agg incoerente.

dis.pa.ra.te [dispar'ati] sm sproposito, controsenso, nonsenso. dizer ≃s dirle grosse.

dis.pa.ro [disp'aru] sm sparo, tiro; rivoltellata; fuoco.

dis.pên.dio [disp'ẽdju] sm dispendio, spesa.

dis.pen.di.o.so [dispẽdi'ozu] agg dispendioso, caro.

dis.pen.sa [disp'ẽsə] sf dispensa; credenza, di spensa per alimenti. Mil. licenza.

dis.pen.sar [dispẽs'ar] vt dispensare; congedare; esonerare; esentare; giubilare; mandare a spasso. Mil. licenziare, disarmare.

dis.pen.sá.vel [dispẽs'avew] agg dispensabile, superfluo.

dis.pep.si.a [dispeps'iə] sf Med. dispepsia.

dis.per.são [dispers'ãw] sf dispersione; distrazione. Mil. sbaraglio (di un esercito).

dis.per.sar [dispers'ar] vt disperdere; sparpagliare; dileguare; fare piazza pulita. Mil. sbaragliare, sbandare (un esercito). vpr disperdersi; sparpagliarsi.

dis.per.so [disp'ersu] part+agg disperso; sparso.

dis.po.ní.vel [dispon'ivew] agg disponibile.

dis.por [disp'or] vt disporre; organizzare, ordinare; distribuire. vpr disporsi a.

dis.po.si.ção [dispozis'ãw] sf disposizione; assetto, organizzazione; decreto, ordinanza; voglia, volontà; vocazione, vena. ≃ testamentária Giur. ultima volontà. ter à ≃ disporre di, tenere a mano.

dis.po.si.ti.vo [dispozit'ivu] sm Mecc. dispositivo, apparecchio, apparato, congegno. Giur. dispositivo legale. Fig. arnese.

dis.pos.to [disp'ostu] part+agg disposto; intento; benevolo.

dis.pu.ta [disp'utə] sf disputa; lotta; gara, incontro, certame; discussione, battibecco, contesa, controversia. Fig. combattimento.

dis.pu.tar [disput'ar] vt disputare, concorrere a. vi disputare, competere, gareggiare, essere in gara; disputarsi, litigare. Fig. giostrare.

dis.que.te [disk'ɛti] sm dim Inform. dischetto.

dis.sa.bor [disab'or] sm dissapore, briga.

dis.se.ca.ção [disekas'ãw] o dis.sec.ção [diseks'ãw] sf Med. dissezione, sezione.

dis.se.car [disek'ar] vt Med. disseccare, sezionare.

dis.se.mi.na.do [disemin'adu] part+agg disseminato, sparso. Fig. seminato.

dis.se.mi.nar [disemin'ar] vt disseminare, sparpagliare. vpr sparpagliarsi.

dis.ser.ta.ção [disertas'ãw] sf dissertazione, saggio, tesi, memoriale.

dis.ser.tar [disert'ar] vt dissertare, discorrere.

dis.si.dên.cia [disid'ẽsjə] sf dissidenza, dissidio.

dis.si.den.te [disid'ẽti] *s Pol.* dissidente, rebelle. *Fig.* settario. *agg* dissidente.

dis.si.dio [dis'idju] *sm* dissidio. *Fig.* conflitto.

dis.si.mu.la.ção [disimulas'ãw] *sf* dissimulazione, finta.

dis.si.mu.la.do [disimul'adu] *agg* dissimulato.

dis.si.mu.lar [disimul'ar] *vt* dissimulare, fingere. *Fig.* ammantare, adombrare.

dis.si.par [disip'ar] *vt* dissipare, dileguare, consumare. *vpr* dissiparsi, dileguarsi, svanire. *Fig.* svaporare.

dis.so.ci.ar [disosi'ar] *vt* dissociare, disassociare.

dis.so.lu.ção [disolus'ãw] *sf* dissoluzione, scioglimento; dissolutezza, corruzione morale. *Giur.* risoluzione.

dis.so.lu.to [disol'utu] *part+agg* dissoluto.

dis.sol.ven.te [disowv'ẽti] *sm+agg* dissolvente, solvente.

dis.sol.ver [disowv'er] *vt* dissolvere, sciogliere; risolvere. *Med.* fondere. *vpr* dissolversi, sciogliersi; dissiparsi; risolversi.

dis.so.nân.cia [dison'ãsjɐ] *sf an Mus.* dissonanza, disarmonia, disaccordo.

dis.so.nan.te [dison'ãti] *agg* dissonante.

dis.so.nar [dison'ar] *vi* dissonare.

dis.sua.dir [diswad'ir] *vt* dissuadere, svogliare, distogliere. *vpr* svogliarsi, distogliersi.

dis.tân.cia [dist'ãsjɐ] *sf* distanza; intervallo; lontananza; tratto, tratta.

dis.tan.cia.men.to [distãsjam'ẽtu] *sf* separazione, assenza.

dis.tan.ci.ar [distãsi'ar] *vt* distanziare; allontanare; astrarre. *vpr* allontanarsi, partirsi; astrarsi. *Fig.* deviare; divagare.

dis.tan.te [dist'ãti] *agg* distante, lontano, remoto, discosto; sfumato (suono). *avv* distante, lontano, in là.

dis.tar [dist'ar] *vi* distare.

dis.ten.der [distẽd'er] *vt* distendere; stendere; sciorinare; sporgere.

dis.ten.são [distẽs'ãw] *sf* distensione, distendimento.

dis.tin.ção [distĩs'ãw] *sf* distinzione; finezza, raffinatezza.

dis.tin.guir [distĩg'ir] *vt* distinguere; discernere, differenziare; riconoscere, ravvisare; discriminare; scorgere. *Lett.* scindere. *vpr* distinguersi. *Fig.* brillare, emergere.

dis.tin.ti.vo [distĩt'ivu] *sm* distintivo, divisa, contrassegno. *agg* distintivo.

dis.tin.to [dist'ĩtu] *part+agg* distinto; differente; chiaro. *Fig.* elegante.

dis.tor.ção [distors'ãw] *sf Fis.* distorsione.

dis.tor.cer [distors'er] *vt* storcere, svisare.

dis.tor.ci.do [distors'idu] *part+agg* storto; malinteso.

dis.tra.ção [distras'ãw] *sf* distrazione; sbadataggine; divertimento, svago, trastullo.

dis.tra.í.do [distra'idu] *part+agg* distratto, sbadato.

dis.tra.ir [distra'ir] *vt* distrarre; divertire, svagare. *vpr* distrarsi; divertirsi, svagarsi; astrarsi.

dis.tri.bu.i.ção [distribuis'ãw] *sf* distribuzione; dispensa, consegna. *Mecc.* distribuzione.

dis.tri.bu.i.dor [distribuid'or] *sm* distributore.

dis.tri.bu.ir [distribu'ir] *vt* distribuire; dispensare, consegnare; dividere, ripartire, spartire.

dis.tri.tal [distrit'aw] *agg* distrettuale.

dis.tri.to [distr'itu] *sm* distretto, rione.

dis.túr.bio [dist'urbju] *sm* disturbo; dispiacere, incomodo; scompiglio. *Med.* disturbo, acciacco, turba. ≈ s *pl* torbidi, tumulti. ≈ **do sono** incubo. ≈ **estomacal** sovversione.

di.ta.dor [ditad'or] *sm* dittatore, tiranno.

di.ta.du.ra [ditad'urɐ] *sf* dittatura, tirannia, assolutismo.

di.ta.me [dit'ʌmi] *sm Giur.* dettame.

di.tar [dit'ar] *vt* dettare. *Fig.* imporre.

di.ta.to.ri.al [ditatori'aw] *agg* dittatoriale, totalitario, autoritario.

di.to [d'itu] *sm* detto; parola; sentenza. *part+agg* detto.

di.ton.go [dit'õgu] *sm Gramm.* dittongo.

diu.re.se [djur'ɛzi] *sf Med.* diuresi.

diu.ré.ti.co [djur'etiku] *sm+agg Med.* diuretico.

di.ur.no [di'urnu] *agg* diurno, giornaliero.

diu.tur.no [djut'urnu] *agg* diuturno.

di.vã [div'ã] *sm* divano, sofà.

di.va.ga.ção [divagas'ãw] *sf* digressione. *Fig.* preambolo, volo.

di.va.gar [divag'ar] *vi* divagare, dilungarsi; arzigogolare, vaneggiare; andarsene a ragionamenti. *Lett.* vagare. *Fig.* spaziare.

di.ver.gên.cia [diverʒ'ẽsjɐ] *sf* divergenza; discordia, disaccordo; diversione; briga, lite. *Fig.* discrepanza, differenza; disarmonia, discordanza; urto.

di.ver.gen.te [diverʒ'ẽti] *agg* divergente, discorde, dissidente.

di.ver.gir [diverʒ'ir] *vi* divergere; discordare, dissentire; litigare. *Fig.* dissonare.

di.ver.são [divers'ãw] *sf* divertimento, spasso, trattenimento, sollazzo, giuoco.

di.ver.si.da.de [diversid'adʒi] *sf* diversità; differenza; disparatezza, discordanza.

di.ver.si.fi.car [diversifik'ar] *vt* diversificare, differenziare.

di.ver.so [div'ersu] *agg* diverso; differente, distinto, vario. *Fig.* lontano. = s *agg pl* diversi, vari.

di.ver.ti.do [divert'idu] *agg* divertente, dilettoso, giocoso, spiritoso, scherzoso.

di.ver.ti.men.to [divertim'ẽtu] *sm* divertimento; diletto, distrazione, ricreazione, svago; giuoco, trastullo; hobby. *Fig.* balocco.

di.ver.tir [divert'ir] *vt* divertire; dilettare, ricreare, sollazzare, intrattenere; trastullare. *vpr* divertirsi; dilettarsi, spassarsi, sollazzarsi, svagarsi; trastullarsi, gingillarsi. *Fig.* baloccarsi. =-se às custas de prendersi spasso di.

di.vi.da [d'ivida] *sf* dovuto, impegno. *Comm.* debito. *Fig.* dovere. = pública debito pubblico. afogar-se em =s *Fig.* sprofondare. contrair =s *Pop.* piantare chiodi. pagar (o saldar) uma = estinguere un debito. perdoar uma = bonificare.

di.vi.den.do [divid'ẽdu] *sm Mat.* dividendo. *Comm.* dividendo, premio.

di.vi.di.do [divid'idu] *part*+*agg* diviso, scisso.

di.vi.dir [divid'ir] *vt* dividere; ripartire, partire, spartire; separare, disunire; sezionare; compartire, scompartire; disarticolare. *Lett.* scindere. *vpr* dividersi; spartirsi; aprirsi; scindersi. = os versos *Lett.* scandire. = um número por partire un numero per.

di.vin.da.de [divĩd'adi] *sf* divinità, deità.

di.vi.ni.zar [diviniz'ar] *vt* divinizzare, deificare.

di.vi.no [div'inu] *agg* divino; soprannaturale; santo; celestiale, celeste.

di.vi.sa [div'iza] *sf* divisa, assisa. *Comm.* divisa, valuta.

di.vi.são [diviz'ãw] *sf* divisione; ripartizione; distribuzione; selezione; scissione; sezione; compartimento; partizione; riparto; casella; fazione. *Mat.* e *Mil.* divisione.

di.vi.sor [diviz'or] *sm*+*agg* divisore. = de águas *Geogr.* spartiacque, linea di displuvio. máximo = comum massimo comune divisore.

di.vi.só.ria [diviz'ɔrjə] *sf* tramezza, tramezzo, tavolato, assito.

di.vor.ci.ar [divorsi'ar] *vt* divorziare, far divorzio da. *vpr* divorziarsi.

di.vór.cio [div'ɔrsju] *sm* divorzio.

di.vul.ga.ção [divuwgas'ãw] *sf* divulgazione.

di.vul.ga.do [divuwg'adu] *part*+*agg* divulgato. *Fig.* seminato.

di.vul.ga.dor [divuwgad'or] *sm* divulgatore. *Fig.* portabandiera, predicatore.

di.vul.gar [divuwg'ar] *vt* divulgare; annunciare; pubblicare; comunicare; reclamizzare; volgarizzare; diffondere; predicare. *Fig.* seminare. *vpr* divulgarsi, spargersi.

di.zer [diz'er] *vt* dire; parlare; articolare. *Fig.* fiatare. = impropérios para vomitare improperi contro. = palavrões, obscenidades parlare grasso. = uma coisa e fazer outra accennar coppe e dar denari. = umas verdades a alguém servire uno di barba e parrucca. diz-se que corre voce che, si vocifera che. digo o que penso dico la mia.

di.zi.mar [dizim'ar] *vt Mil.* e *Fig.* decimare.

dí.zi.mo [d'izimu] *sm* decima.

dó [d'ɔ] *sm* pena. *Mus.* do, prima nota musicale. dar = fare pena.

do.a.ção [doas'ãw] *sf* donazione, oblazione, offerta; donativo.

do.a.dor [doad'or] *sm* donatore. = de sangue donatore di sangue.

do.ar [do'ar] *vt* donare, dare.

do.bra [d'ɔbrə] *sf* piega; rivolta.

do.bra.di.ça [dobrad'isa] *sf* ganghero, cerniera.

do.bra.di.nha [dobrad'iɲa] *sf dim* busecchia.

do.bra.do [dobr'adu] *part*+*agg* piegato; doppio, duplo, duplicato. *Lett.* gemino.

do.bra.du.ra [dobrad'urə] *sf* piegamento.

do.bra.men.tos [dobram'ẽtus] *sm pl Geogr.* pieghe.

do.brar [dobr'ar] *vt* doppiare, duplicare, raddoppiare; piegare, ripiegare; inflettere; curvare; rimboccare. *Archit.* e *Bot.* geminare. *Naut.* doppiare (un'isola, un capo). *vi* raddoppiarsi; rintoccare. *vpr* ripiegarsi; inflettersi; curvarsi.

do.brá.vel [dobr'avew] *agg* pieghevole, flessibile.

do.brão [dobr'ãw] *sm* doppione (moneta).

do.bre [d'ɔbri] *sm* doppio, rintocco.

do.bro [d'obru] *sm*+*num* doppio.

do.ce [d'osi] *sm* dolce, confetto. *Fam.* chicca. = s *pl* pasticceria, paste. *agg* dolce. *Fig.* soave, blando, mansueto; lusinghiero. ficar = addolcirsi, indolcirsi.

do.cei.ro [dos'ejru] *sm* pasticciere, dolciere.

do.cen.te [dos'ẽti] *sm* docente. *agg* docente, insegnante. corpo = corpo docente.

do.ce.ri.a [doser'ia] *sf* pasticceria.

dó.cil [d'ɔsiw] *agg* docile; ubbidiente, remissivo. *Fig.* facile, flessibile.

do.ci.li.da.de [dosilid'adi] *sf* docilità, ubbidienza.

do.ci.nho [dos′iñu] *sm dim* pasticcino, pastina, candito, caramella.

do.cu.men.ta.ção [dokumẽtas′ãw] *sf* documentazione; incartamento, pratica. *Fig.* plico.

do.cu.men.tá.rio [dokumẽt′arju] *sm* documentario. *agg Giur.* documentario, di documentazione.

do.cu.men.to [dokum′ẽtu] *sm* documento; certificato. *Fig.* foglio; scritto. ≃ **pessoal** carta. **validar um** ≃ abbonare un documento.

do.çu.ra [dos′urə] *sf* dolcezza. *Fig.* zucchero.

do.de.cas.sí.la.bo [dodekas′ilabu] *sm + agg Poet.* e *Lett.* dodecasillabo.

do.en.ça [do′ẽsə] *sf* malattia, male, infermità. *Med.* morbo. *Fig.* malanno. ≃ **contagiosa** malattia contagiosa. ≃ **crônica** malattia cronica. ≃ **infecciosa** malattia infettiva. ≃ **nervosa** *Pop.* neuropatia, nevropatia.

do.en.te [do′ẽti] *sm + agg* malato, ammalato, infermo. **estar** ≃ essere infermo, giacere. **ficar** (o **cair**) **doente** ammalarsi, infermarsi. **meio** ≃ *agg* malaticcio, infermiccio, ammalaticcio.

do.en.ti.nho [doẽt′iñu] *agg Fam.* ammalaticcio, infermiccio.

do.en.ti.o [doẽt′iu] *agg* cagionevole. *Fig.* afato; insano, anormale.

do.er [do′er] *vi* dolere.

do.ge [d′ɔʒi] *sm St.* doge.

do.ge.sa [doʒ′ezə] o **do.ga.re.sa** [dogar′ezə] *sf St.* dogaressa.

dog.ma [d′ɔgmə] *sm Rel.* e *Fig.* dogma.

dog.má.ti.co [dogm′atiku] *agg* dogmatico. *Fig.* sentenzioso.

dog.ma.tis.mo [dogmat′izmu] *sm* dogmatismo.

doi.do [d′ojdu] *sm* matto, pazzo. *agg* matto, forsennato. *Fig.* astrale; balordo (tempo). ≃ **varrido** pazzo da legare.

do.í.do [do′idu] *part + agg* dolente.

dois [d′ojs] *num* due. ≃ **mil** duemila. **de** ≃ **anos (de idade)** bienne. **os** ≃ (o **todos os** ≃) *pron mpl* ambidue. → **an duas.**

dó.lar [d′ɔlar] *sm* dollaro.

dól.men [d′ɔwmẽj] *sm Archeol.* dolmen.

do.lo [d′olu] *sm Giur.* dolo.

do.lo.ri.do [dolor′idu] *agg* doloroso, dolente.

do.lo.ro.so [dolor′ozu] *agg* doloroso; penoso; angoscioso, straziante; tragico. *Fig.* amaro; duro.

do.lo.so [dol′ozu] *agg Giur.* doloso, fraudolento.

dom [d′õw] *sm* dono, dote (qualità); don.

do.ma.dor [domad′or] *sm* addomesticatore, bestiario.

do.mar [dom′ar] *vt* domare; addomesticare; mansuefare.

do.mes.ti.ca.do [domestik′adu] *part + agg* addomesticato; mansueto; domestico.

do.mes.ti.car [domestik′ar] *vt* addomesticare, domare, ammansare.

do.més.ti.co [dom′estiku] *agg* domestico; casalingo.

do.mi.cí.lio [domis′ilju] *sm* domicilio, dimora, residenza, recapito, abitazione.

do.mi.na.ção [dominas′ãw] *sf* dominazione, dominio. *Fig.* giogo, signoria, ferri *pl.*

do.mi.na.do [domin′adu] *part + agg* dominato. *Fig.* suddito.

do.mi.na.dor [dominad′or] *sm Fig.* tiranno. *agg* prepotente. *Fig.* possessivo.

do.mi.nar [domin′ar] *vt* dominare; padroneggiare, signoreggiare; soggiogare, vincere; superare; sovrastare; possedere; contenere. *Fig.* controllare; domare; piegare; regnare; reprimere; campeggiare. *vpr* dominarsi, contenersi, governarsi.

do.min.go [dom′igu] *sm* domenica. **D** ≃ **de Ramos** Domenica delle Palme.

do.mi.ni.ca.no [dominik′ʌnu] *sm + agg Geogr.* e *Rel.* domenicano.

do.mí.nio [dom′inju] *sm* dominio; dominazione; possesso; possedimento; balia; comando; padronanza. *Fig.* regno; egemonia; controllo, autorità. ≃ **total** *Fig.* dittatura. **de** ≃ **público** di pubblico dominio.

do.mi.nó [domin′ɔ] *sm* domino.

do.mo [d′omu] *sm Archit.* duomo, domo.

do.na [d′onə] *sf* padrona; donna (titolo). *Fig.* signora.

do.na.ti.vo [donat′ivu] *sm* donativo, elemosina. **fazer um** ≃ fare un'elemosina.

do.ni.nha [don′iñə] *sf Zool.* donnola, puzzola.

do.no [d′onu] *sm* padrone, proprietario. *Fig.* signore. ≃ **de bar** bettoliere. **sem** ≃ **(animal)** randagio. *agg* proprietario.

don.zel [dõz′ew] *sm St.* donzello.

don.ze.la [dõz′elə] *sf* donzella, vergine. *St.* donzella.

dor [d′or] *sf* dolore; doglia; dispiacere; patimento; pena; crepacuore. *Poet.* duolo. *Fig.* male; piaga, spasimo; strazio; stretta. ≃ **aguda** *Fig.* trafittura, trafitta. ≃ **de barriga** mal di ventre. ≃ **de cabeça** mal di testa. *Fam.* grattacapo. *Fig.* chiodo. ≃ **de estômago** bruciore di stomaco. ≃ **de garganta** mal di gola. ≃ **de mal di.** ≃ **do parto** *Med.* doglia. ≃ **em** male a. ≃ **forte** *Iron.* macina.

dó.ri.co [d′ɔriku] *sm + agg* dorico.

dor.men.te [dorm'ēti] *agg* torpido. *Fig.* addormentato.

dor.mi.nho.co [dormiñ'oku] *sm* dormiglione.

dor.mir [dorm'ir] *vi* dormire. ≃ **de olhos abertos** dormire con gli occhi aperti. ≃ **sobre os louros da vitória** *Fig.* addormentarsi sugli allori.

dor.mi.tar [dormit'ar] *vi* dormicchiare.

dor.mi.tó.rio [dormit'ɔrju] *sm* dormitorio, camera da letto. ≃ **coletivo** camerata.

dor.sal [dors'aw] *sf Geogr.* dorsale (di una montagna). *agg* dorsale, del dorso.

dor.so [d'ɔrsu] *sm Anat.* dorso, schiena, spalle *pl. Iron.* groppa. *Zool.* dorso, groppa, schiena di animale. **o** ≃ **de um livro** lo schienale di un libro. *Geogr.* dorso (di una montagna).

do.sar [doz'ar] *vt* dosare.

do.se [d'ɔzi] *sf* dose. ≃ **de droga** *Ger.* pera.

dos.sel [dos'ew] *sm* dossale.

dos.si.ê [dosi'e] *sm* carteggio. *Fig.* plico.

do.tar [dot'ar] *vt* dotare.

do.te [d'ɔti] *sm* dote. **constituir** ≃ dotare.

dou.rar [dowr'ar] *vt* dorare, indorare. ≃ **a carne** rosolare. ≃ **a pílula** *Fig.* indorare la pillola.

dou.to [d'owtu] *agg* dotto, erudito.

dou.tor [dowt'or] *sm* dottore; medico. *Fig.* professore. ≃ **a** *sf* dottoressa; medichessa, medica. *Fig.* professoressa.

dou.to.ra.do [dowtor'adu] *sm* dottorato.

dou.to.rar [dowtor'ar] *vt* addottorare. *vpr* addottorarsi.

dou.tri.na [dowtr'ina] *sf* dottrina; cognizioni *pl*; pensiero, sistema; credo, credenza.

dou.tri.nar [dowtrin'ar] *vt* addottrinare, ammaestrare. *Fig.* catechizzare.

do.ze [d'ozi] *sm+num* dodici. **de** ≃ **anos (de idade)** dodicenne. ≃ **avos** dodicesimo, duodecimo.

drac.ma [dr'akmə] *sm* dracma.

dra.co.ni.a.no [drakoni'ʌnu] *agg* draconiano.

dra.ga [dr'agə] *sf* draga; scavatrice, cavafango, macchina scavatrice.

dra.gão [drag'ãw] *sm Zool.* e *Mit.* dragone, drago.

dra.gar [drag'ar] *vt* dragare.

dra.ma [dr'ʌmə] *sm Teat.* dramma. *Iron.* tragedia.

dra.ma.lhão [dramaʎ'ãw] *sm disp* drammone.

dra.má.ti.co [dram'atiku] *agg* drammatico, tragico. *Fig.* biblico.

dra.ma.ti.zar [dramatiz'ar] *vt Teat.* sceneggiare.

dra.ma.tur.gi.a [dramaturʒ'iə] *sf* drammaturgia.

drás.ti.co [dr'astiku] *sm Med.* drastico, purgante violento. *agg* drastico. *Fig.* radicale.

dre.na.gem [dren'aʒēj] *sf* drenaggio.

dre.nar [dren'ar] *vt* bonificare.

dre.no [dr'enu] *sm Med.* tubo di drenaggio.

dri.blar [dribl'ar] *vt Sp.* palleggiare.

dri.ble [dr'ibli] *sm Sp.* finta.

drin.que [dr'ĩki] *sm* bevanda.

dro.ga [dr'ɔgə] *sf* droga, narcotico, stupefacente. ≃ **s** *pl Med.* spezie.

dro.gar [drog'ar] *vt* drogare, narcotizzare. *vpr* drogarsi.

dro.me.dá.rio [dromed'arju] *sm Zool.* dromedario.

dró.se.ra [dr'ɔzerə] *sf Bot.* drosera.

drui.da [dr'ujdə] *sm* druida, druido.

drui.de.sa [drujd'ezə] *sf* druidessa, druida.

dru.pa [dr'upə] *sf Bot.* drupa.

du.al [du'aw] *sm+agg Gramm.* duale.

du.a.li.da.de [dualid'adi] *sf* dualità.

du.a.lis.mo [dual'izmu] *sm* dualismo.

du.as [d'uəs] *num (f* di **dois)** due. ≃ **mil** duemila. **as** ≃ (o **todas as** ≃) *pron fpl* ambedue. *an* dois.

dú.bio [d'ubju] *agg* dubbio, ambiguo.

du.bla.gem [dubl'aʒēj] *sf Cin.* doppiaggio.

du.blar [dubl'ar] *vt Cin.* doppiare.

du.ca.do [duk'adu] *sm* ducato.

du.ce [d'utʃi] *sm St.* duce.

du.cen.té.si.mo [dusēt'ɛzimu] *num* duecentesimo.

du.cha [d'uʃə] *sf* doccia. **uma** ≃ **de água fria** *Fig.* una doccia fredda, notizia spiacevole.

dúc.til [d'uktiw] *agg* duttile.

duc.to [d'uktu] *sm Anat.* dotto, meato.

due.lar [dwel'ar] *vi* duellare, battersi in duello, giostrare, sfidarsi.

du.e.lo [du'elu] *sm* duello, armeggiamento, cimento, sfida, partita d'onore. *St.* giostra.

du.e.to [du'etu] o **du.o** [d'uu] *sm an Mus.* duetto, duo.

du.na [d'unə] *sf* duna.

du.o.dé.ci.mo [duod'ɛsimu] *num* dodicesimo, duodecimo.

du.o.de.no [duod'enu] *sm Anat.* duodeno.

du.pla [d'uplə] *sf* coppia. *Fig.* binomio.

du.pli.ca.ção [duplikas'ãw] *sf* raddoppio.

du.pli.ca.do [duplik'adu] *part+agg* duplicato, doppio. *Lett.* gemino.

du.pli.car [duplik'ar] *vt* duplicare; doppiare; riprodurre. *Archit.* e *Bot.* geminare.

du.pli.ca.ta [duplik'atə] *sf* duplicato; copia, riproduzione; doppio; doppione. *Comm.* duplicato, tratta.

dú.pli.ce [d'uplisi] *num* duplice.

du.pli.ci.da.de [duplisid'adi] *sf* dualità.

du.plo [d'uplu] *sm+num* doppio. *agg* duplo, doppio. *Fig.* bilaterale.

du.que [d'uki] *sm* duca.

du.que.sa [duk'ezə] *sf* duchessa.

du.ra.ção [duras'ãw] *sf* durata; età.

du.ra.dou.ro [durad'owru] *agg* duraturo; permanente, stabile; continuato. *Lett.* longevo.

du.ra.men.te [duram'ēti] *avv* duramente, duro, sodo.

du.ran.te [dur'ãti] *prep* durante, per.

du.rão [dur'ãw] *sm aum Fig.* macigno.

du.rar [dur'ar] *vi* durare; continuare.

du.rá.vel [dur'avew] *agg* durabile, durevole; permanente.

du.re.za [dur'ezə] *sf* durezza; rigore, severità.

Pop. strettezze *pl. Fig.* solidezza, solidità; asprezza, acerbità; crudezza; tenacia.

du.ro [d'uru] *sm* duro. *agg* duro; solido. *Pop.* asciutto (senza soldi). *Lett.* ostico. *Fig.* rigido, rigoroso; brusco, secco; tosto; acerbo; tenace. **estar** ≃ essere al verde. *Pop.* essere a corto.

dú.vi.da [d'uvidə] *sf* dubbio; incertezza; riluttanza, scrupolo, riserva; paura, sospetto. *Fam.* se. **colocar em** ≃ porre in dubbio. **estar em** ≃ stare tra due acque, essere tra il sì ed il no. **pôr em** ≃ mettere in dubbio. **sem** ≃ *avv* senza dubbio, senz'altro, sicuro.

du.vi.dar [duvid'ar] *vt* dubitare di, porre in dubbio; temere; contestare. *vi* dubitare.

du.vi.do.so [duvid'ozu] *agg* dubbioso; dubbio, sospetto; incerto, indeciso; improbabile. *Fig.* losco, obliquo, bieco.

du.zen.tos [duz'ētus] *num* duecento.

dú.zia [d'uzjə] *sf* dozzina.

E

e ['e] I *sm* la quinta lettera dell'alfabeto portoghese; e, il nome della lettera E.

e ['e] II *cong* e (ed).

é.ba.no ['ɛbanu] *sm* ebano.

é.brio ['ɛbrju] *agg* ebbro, brillo.

e.bu.li.ção [ebulis'ãw] *sf* ebollizione.

e.bu.lir [ebul'ir] *vi* bollire, fervere.

e.búr.neo [eb'urnju] *agg* eburneo. *Poet.* molto bianco.

e.cle.si.ás.ti.co [eklezi'astiku] *sm* ecclesiastico. *agg* ecclesiastico, clericale.

e.clé.ti.co [ekl'ɛtiku] *sm*+*agg* eclettico.

e.clip.sar [eklips'ar] *vt Astron.* eclissare. *vpr* eclissarsi.

e.clip.se [ekl'ipsi] *sm* eclissi.

é.clo.ga ['ɛklogə] *sf Lett.* ecloga.

e.clu.sa [ekl'uzə] *sf* chiusa, conca.

e.co ['ɛku] *sm* eco; ripercussione.

e.co.ar [eko'ar] *vi* echeggiare; risuonare, ripercuotere; ripercuotersi.

e.co.lo.gi.a [ekoloʒ'iə] *sf* ecologia.

e.co.no.mi.a [ekonom'iə] *sf* economia; risparmio; parsimonia. ≈s *pl* risparmi.

e.co.nô.mi.co [ekon'omiku] *part*+*agg* economico; assegnato.

e.co.no.mi.zar [ekonomiz'ar] *vt* economizzare; lesinare, risparmiare; capitalizzare; conservare, mettere da parte. *Fig.* accumulare.

e.cu.mê.ni.co [ekum'eniku] *agg Rel.* ecumenico.

ec.ze.ma [ekz'emə] *sm Med.* eczema.

e.del.vais [edewv'ajs] *sm Bot.* stella alpina.

e.de.ma [ed'emə] *sm Med.* edema.

É.den ['edẽj] *sm Rel.* Eden, Paradiso Terrestre.

e.di.ção [edis'ãw] *sf* edizione; stampa, impressione.

e.di.fi.ca.ção [edifikas'ãw] *sf* edificazione.

e.di.fi.car [edifik'ar] *vt* edificare, costruire, erigere, fabbricare.

e.di.fí.cio [edif'isju] *sm* edificio; palazzo; fabbrica.

e.di.ta.do [edit'adu] *part*+*agg* edito.

e.di.tal [edit'aw] *sm* affisso, pubblicazione.

e.di.tar [edit'ar] *vt* pubblicare, riprodurre.

é.di.to ['editu] *sm* editto, bando.

e.di.tor [edit'or] *sm* editore.

e.di.to.ra [edit'orə] *sf* casa editrice; editrice.

e.dre.dom [edred'õ] *sm* piumino.

e.du.ca.ção [edukas'ãw] *sf* educazione; istruzione, allevamento; cortesia, civiltà, creanza. *Fig.* finezza, correttezza. ≈ **física** educazione fisica, ginnastica. **falta de** ≈ sgarbataggine, sgarbatezza.

e.du.ca.do [eduk'adu] *part*+*agg* educato; colto; cortese, civile, urbano, costumato. *Fig.* corretto, pulito.

e.du.car [eduk'ar] *vt* educare; allevare; civilizzare, ingentilire. *Lett.* nutrire. *Fig.* formare; coltivare, raffinare. *vpr* ingentilirsi.

e.fe ['ɛfi] *sm* effe, il nome della lettera F.

e.fei.to [ef'ejtu] *sm* effetto; conseguenza, risultato; successo. *Mus.* e *Lett.* fioretto. *Fig.* riflesso. **de** ≈ *Fig.* di effetto, altisonante. **sentir o** ≈ **de** risentirsi di. **ter** ≈ riuscire.

e.fê.me.ro [ef'emeru] *agg* effimero, fugace. *Fig.* caduco.

e.fe.mi.na.ção [efemina'sãw] *sf* effemminatezza, mollezza.

e.fe.mi.na.do [efemin'adu] *part*+*agg* effemminato.

e.fe.mi.nar [efemin'ar] *vt* effemminare.

e.fer.ves.cen.te [eferves'ẽti] *agg* effervescente.

e.fe.ti.va.men.te [efetivam'ẽti] *avv* effettivamente, in effetto.

e.fe.ti.vo [efet'ivu] *sm Mil.* effettivo, numero di soldati. *agg* effettivo; concreto; positivo. *Fig.* materiale.

e.fe.tua.ção [efetwas'ãw] *sf* effettuazione, compimento.

e.fe.tu.ar [efetu'ar] *vt* effettuare, realizzare, recare ad effetto.

e.fi.cá.cia [efik'asjə] *sf* efficacia; potenza.

e.fi.caz [efik'as] *agg* efficace; potente, forte; valido, valevole. *Fig.* fruttuoso.

e.fi.ci.ên.cia [efisi'ẽsjə] *sf* efficienza; potenza; validità.

e.fi.ci.en.te [efisi'ẽti] *agg* efficiente; funzionale; effettivo; attivo; potente.

e.fí.gie [ef'iʒji] *sf* effigie.

e.flú.vio [efl'uvju] *sm* effluvio.

é.gi.de ['ɛʒidi] *sf Mit.* egida.

e.gíp.cio [eʒ'ipsju] *sm* + *agg* egiziano, dell'Egitto Moderno; egizio, dell'Antico Egitto.

e.gip.tó.lo.go [eʒipt'ɔlogu] *sm* egittologo.

e.go ['egu] *sm* io.

e.go.cên.tri.co [egos'ētriku] *agg* egocentrico.

e.go.ís.mo [ego'izmu] *sm* egoismo.

e.go.ís.ta [ego'istə] *s* + *agg* egoista. *Fig.* avaro.

e.gré.gio [egr'eʒju] *agg* egregio, eminente.

é.gua ['egwə] *sf* cavalla.

eh ['e] *int* eh!

ei ['ej] *int* ehi! ohe! (per chiamare).

ei.a ['ejə] *int* eia! arri! (per incitare le bestie da soma).

ei.ra ['ejrə] *sf* aia.

eis ['ejs] *int* ecco!

ei.xo ['ejʃu] *sm Mecc.* asse, perno, sostegno, bilico. *Autom.* assale, asse. *Fig.* centro, parte principale. ≃ **do moinho** fusolo. ≃ **terrestre** *Geogr.* asse.

e.ja.cu.la.ção [eʒakulas'ãw] *sf* eiaculazione.

e.ja.cu.lar [eʒakul'ar] *vi* eiaculare. *Fig.* venire.

e.la ['ɛlə] *pron fsg* ella; essa; lei; colei. **a** ≃ le. ≃ **mesma** lei stessa.

e.la.bo.ra.do [elabor'adu] *part* + *agg* elaborato. *Fig.* articolato.

e.la.bo.ra.dor [elaborad'or] *sm* elaboratore.

e.la.bo.rar [elabor'ar] *vt* elaborare. *Fig.* cesellare.

e.las ['ɛləs] *pron fpl* loro; esse. **a** ≃ loro.

e.lás.ti.co [el'astiku] *sm* elastico. *agg* elastico; versatile; duttile.

el.do.ra.do [ewdor'adu] *sm* cuccagna, bengodi. *Fig.* America.

e.le ['eli] 1 *sm* elle, il nome della lettera L.

e.le ['eli] II *pron msg* egli; esso; lui; colui. **a** ≃ gli. ≃ **mesmo** lui stesso.

e.léc.tron [el'ɛktrõ] *sm Fis.* e *Chim.* elettrone.

e.le.fan.ta [elef'ãtə] *sf Zool.* elefantessa.

e.le.fan.te [elef'ãti] *sm Zool.* elefante.

e.le.fan.tí.a.se [elefãt'iazi] *sf Med.* elefantiasi.

e.le.gân.cia [eleg'ãsjə] *sf* eleganza; distinzione; ricercatezza, squisitezza; attillatezza; garbo, grazia. *Fig.* finezza.

e.le.gan.te [eleg'ãti] *agg* elegante; distinto, ricercato, squisito; attillato; grazioso.

e.le.ger [eleʒ'er] *vt* eleggere; scegliere; acclamare. *Lett.* gridare. *Fig.* votare.

e.le.gi.a [eleʒ'iə] *sf Lett.* elegia.

e.lei.ção [elejs'ãw] *sf* elezione; scelta.

e.lei.to [el'ejtu] *sm Rel.* eletto (al Paradiso). *part* + *agg* eletto.

e.lei.tor [elejt'or] *sm* elettore.

e.le.men.tar [elemēt'ar] *agg* elementare; rudimentale. *Fig.* semplice.

e.le.men.to [elem'ētu] *sm* elemento. *disp* individuo. *Chim.* elemento chimico. **estar no seu** ≃ essere nella sua beva.

e.les ['elis] *pron mpl* loro; essi; coloro. **a** ≃ loro.

e.le.ti.vo [elet'ivu] *agg* elettivo.

e.le.tri.ci.da.de [eletrisid'adi] *sf* elettricità. ≃ **estática** → **eletrostática**. ≃ **dinâmica** → **eletrodinâmica**.

e.lé.tri.co [el'etriku] *agg* elettrico.

e.le.tri.fi.car [eletrifik'ar] *vt* elettrizzare.

e.le.tri.zar [eletriz'ar] *vt Fis.* elettrizzare, galvanizzare. *Fig.* entusiasmare.

e.le.tro.car.dio.gra.ma [eletrokardjogr'ʌmə] *sm Med.* elettrocardiogramma.

e.le.tro.cu.tar [eletrokut'ar] *vt Elett.* fulminare, folgorare.

e.le.tro.di.nâ.mi.ca [eletrodin'ʌmikə] o **eletricidade dinâmica** *sf Fis.* elettrodinamica.

e.le.tro.do [eletr'odu] *sm Fis.* e *Chim.* elettrodo, elettrodo.

e.le.tro.do.més.ti.co [eletrodom'estiku] *sm* elettrodomestico.

e.le.tro.í.mã [eletro'imã] *sm Fis.* elettrocalamita, elettromagnete.

e.le.tró.li.se [eletr'ɔlizi] ou **e.le.tro.li.za.ção** [eletrolizas'ãw] *sf Fis.* e *Chim.* elettrolisi.

e.le.tro.mag.né.ti.co [eletromagn'etiku] *agg Fis.* elettromagnetico.

e.le.trô.ni.co [eletr'oniku] *agg* elettronico.

e.le.tros.tá.ti.ca [eletrost'atikə] o **eletricidade estática** *sf Fis.* elettrostatica.

e.le.va.ção [elevas'ãw] *sf* elevazione; innalzamento, alzata; ascesa; rialzo; altura, rilievo, gobba. ≃ **do terreno** rialto.

e.le.va.do [elev'adu] *part* + *agg* elevato; grande, notevole, eminente; augusto, alto. *Fam.* favoloso.

e.le.va.dor [elevad'or] *sm* ascensore.

e.le.var [elev'ar] *vt* elevare, alzare, innalzare; costruire, erigere. *vpr* elevarsi; innalzarsi; ascendere. ≃ **ao quadrado** *Mat.* quadrare.

e.li.dir [elid'ir] *vt* elidere.

e.li.mi.na.ção [eliminas'ãw] *sf* eliminazione; soppressione.

e.li.mi.na.do [elimin'adu] *part* + *agg* eliminato, eliso.

e.li.mi.nar [elimin'ar] *vt* eliminare; scartare; annullare, cancellare; rimuovere; smaltire; annichilire. *Fig.* cassare; liquidare.

e.lip.se [el'ipsi] *sf Geom.* ellisse. *Gramm.* ellissi, ommissione.

e.líp.ti.co [el'iptiku] *agg* ellittico; oblungo, bislungo.

e.li.são [eliz'ãw] *sf Gramm.* elisione.

e.li.te [el'iti] *sf* eletta. *Fig.* scelta.

e.li.xir [elif'ir] *sm* elisire. ≈ **da longa vida** elisir di lunga vita. ≈ **do amor** filtro.

el.mo ['ewmu] *sm* elmo, celata.

e.lo.cu.ção [elokus'ãw] *sf* elocuzione, dicitura.

e.lo.gi.ar [eloʒi'ar] *vt* elogiare; lodare, complimentare; esaltare. *Fig.* applaudire; elevare.

e.lo.gi.o [eloʒ'iu] *sm* elogio; lode, complimento; apologia. **trocar** ≈ **s** *Fig.* incensarsi.

e.lo.qüên.cia [elok'wẽsjǝ] *sf* eloquenza, retorica.

e.lo.qüen.te [elok'wẽti] *agg* eloquente, facondo. *Fig.* loquace.

e.lu.ci.dar [elusid'ar] *vt* elucidare, dilucidare.

e.lu.dir [elud'ir] *vt* eludere, evitare.

em ['ẽj] *prep* in; a; dentro. **estou** ≈ **Milão** sono a Milano.

e.ma ['emǝ] *sf Zool.* nandù.

e.ma.ci.ar [eman'ar] *vt* emaciare.

e.ma.gre.cer [emagres'er] *vt* dimagrare, snellire. *vi* dimagrire, dimagrare, snellirsi. *Fam.* allungare il muso. *Fig.* risecchire.

e.ma.na.ção [emanas'ãw] *sf* emanazione, effluvio.

e.ma.nar [eman'ar] *vt* emanare, esalare, spirare. *vpr* imbeversi.

e.man.ci.par [emãsip'ar] *vt* emancipare.

e.ma.ra.nha.do [emarañ'adu] *sm* groviglio, inviluppo. *Fig.* dedalo.

e.ma.ra.nhar [emarañ'ar] *vt* aggrovigliare, scapigliare, impigliare. *vpr* aggrovigliarsi.

em.ba.ça.do [ẽbas'adu] *part+agg* appannato, fosco.

em.ba.çar [ẽbas'ar] o **em.ba.ci.ar** [ẽbasi'ar] *vt* appannare, infoscare.

em.bai.xa.da [ẽbajʃ'adǝ] *sf* ambasciata.

em.bai.xa.dor [ẽbajʃad'or] *sm* ambasciatore; legato; emissario. *Fig.* araldo.

em.bai.xo [ẽb'ajʃu] *avv* giù, sotto, disotto. ≈ **de** *prep* sotto; appiè, appiede.

em.ba.la.gem [ẽbal'aʒẽj] *sf* imballaggio, confezione.

em.ba.lar [ẽbal'ar] *vt* imballare, confezionare, condizionare; cullare (un bimbo).

em.ba.lo [ẽb'alu] *sm* dondolo.

em.bal.sa.mar [ẽbawsam'ar] *vt* imbalsamare.

em.ba.ra.çar [ẽbaras'ar] *vt* imbarazzare, intralciare. *vpr* imbarazzarsi.

em.ba.ra.ço [ẽbar'asu] *sm* imbarazzo. ≈ **estomacal** *Med.* ripienezza.

em.ba.ra.ço.so [ẽbaras'ozu] *agg* delicato.

em.ba.ra.lhar [ẽbaraʎ'ar] *vt* scozzare, accozzare.

em.bar.ca.ção [ẽbarkas'ãw] *sf* imbarcazione, bastimento, barca, natante.

em.bar.ca.dou.ro [ẽbarkad'owru] *sm Naut.* imbarcatoio, imbarco, pontile.

em.bar.car [ẽbark'ar] *vt* imbarcare. *vi* imbarcare, imbarcarsi.

em.bar.gar [ẽbarg'ar] *vt Giur.* sequestrare.

em.bar.go [ẽb'argu] *sm Giur.* sequestro, embargo.

em.bar.que [ẽb'arki] *sm* imbarco, imbarcazione.

em.ba.sa.men.to [ẽbazam'ẽtu] *sm* imbasatura, imbasamento, basamento.

em.ba.sar [ẽbaz'ar] *vt Archit.* imbasare.

em.be.be.dar [ẽbebed'ar] *vt* ubriacare, alcolizzare, avvinazzare. *Fam.* inzuccare. *vpr* ubriacarsi, sborniarsi, prendere una sbornia. *Fam.* inzuccarsi.

em.be.ber [ẽbeb'er] *vt* imbevere, bagnare, inzuppare, impregnare. *vpr* imbeversi.

em.be.le.za.men.to [ẽbelezam'ẽtu] *sm* abbellimento, affazzonamento.

em.be.le.zar [ẽbelez'ar] *vt* abbellire, adornare, affazzonare. *Fig.* guarnire, arricchire. *vpr* abbellirsi, adornarsi. *Fig.* stuccarsi.

em.ble.ma [ẽbl'emǝ] *sm* emblema, insegna, divisa, distintivo. *Fig.* gonfalone.

em.bo.ca.du.ra [ẽbokad'urǝ] *sf* bocca.

em.bo.car [ẽbok'ar] *vt* abboccare.

em.bo.li.a [ẽbol'iǝ] *sf Med.* embolia.

êm.bo.lo ['ẽbolu] *sm Med.* embolo, coagulo sanguigno. *Mecc.* stantuffo.

em.bo.ne.car-se [ẽbonek'arsi] *vpr Pop.* affettarsi.

em.bo.ra [ẽb'ɔrǝ] *avv* via. *cong* sebbene, benché, contuttoché, nonostante che.

em.bor.car [ẽbork'ar] *vt* rimboccare.

em.bos.ca.da [ẽbosk'adǝ] *sf* imboscata; agguato, appostamento; insidia, tranello.

em.bos.car [ẽbosk'ar] *vt* appostare, aspettare al varco.

em.bo.tar [ẽbot'ar] *vt* spuntare. *vpr* spuntarsi.

em.bran.que.cer [ẽbrãkes'er] *vt* imbiancare, imbianchire. *vi* imbiancarsi, imbianchirsi.

em.bre.a.gem [ẽbre'aʒẽj] *sf Autom.* frizione.

em.bre.nhar-se [ẽbreñ'arsi] *vpr* inselvarsi; ingolfarsi (in pericoli, ecc.).

em.bri.a.ga.do [ẽbriag'adu] *part+agg* ubriaco, alcolizzato, avvinazzato, ebbro.

em.bri.a.gar [ẽbriag'ar] *vt* ubriacare, alcolizzare. *Lett.* inebriare. *vpr* ubriacarsi.

em.bri.a.guez [ẽbriag'es] *sf* ubriachezza, ebbrezza. *Fam.* cotta.

em.bri.ão [ĕbri'ãw] *sm Med.* e *Zool.* embrione, feto.

em.bri.o.ná.rio [ĕbrion'arju] *agg* embrionico, embrionale.

em.bro.mar [ĕbrom'ar] *vt Ger.* bidonare.

em.bru.lha.da [ĕbruλ'adǝ] *sf Pop.* avviluppamento. *Fig.* inviluppo, matassa.

em.bru.lhão [ĕbruλ'ãw] *sm* imbroglione, ciarlatano.

em.bru.lhar [ĕbruλ'ar] *vt* avvolgere, imballare, incartare, confezionare; nauseare. *Pop.* avviluppare. *Fig.* imbrogliare, ingannare.

em.bru.lho [ĕbr'uλu] *sm* involto, cartoccio, pacchetto, inviluppo.

em.bru.te.cer [ĕbrutes'er] *vt* abbruttire, imbestialire. *vi+vpr* abbruttire, imbestialirsi.

em.bus.te [ĕb'usti] *sm* inganno, imbroglio, raggiro. *Ger.* bidonata. *Fig.* amo.

em.bus.tei.ro [ĕbust'ejru] *sm* imbroglione, fanfano, impostore.

em.bu.tir [ĕbut'ir] *vt* incrostare; imbudellare, imbusecchiare.

e.me ['emi] *sm* emme, il nome della lettera M.

e.men.da [em'ĕdǝ] *sf* emenda; correzione. *Fig.* toppa.

e.men.dar [emĕd'ar] *vt* emendare, correggere, rimediare. *vpr* emendarsi, ravvedersi, ricredersi.

e.mer.gên.cia [emerʒ'ĕsjǝ] *sf* emergenza.

e.mer.gir [emerʒ'ir] *vi* emergere.

e.mé.ri.to [em'eritu] *agg* emerito.

e.mer.são [emers'ãw] *sf* emergenza.

e.mi.gra.ção [emigras'ãw] *sf* emigrazione. *Fig.* esodo.

e.mi.gra.do [emigr'adu] *part+agg* emigrato, esule.

e.mi.grar [emigr'ar] *vi* emigrare, andar esule.

e.mi.nên.cia [emin'ĕsjǝ] *sf* eminenza. E≃ Eminenza.

e.mi.nen.te [emin'ĕti] *agg* eminente, insigne, esimio. *Fig.* quotato.

e.mir [em'ir] *sm* emiro.

e.mis.são [emis'ãw] *sf* emissione; coniatura (di monete). *Comm.* emissione; rilascio.

e.mis.sá.rio [emis'arju] *sm* emissario.

e.mis.sor [emis'or] *agg* emittente.

e.mis.so.ra [emis'orǝ] *sf* emittente. ≃ de televisão stazione T.V.

e.mi.ten.te [emit'ĕti] *agg* emittente.

e.mi.tir [emit'ir] *vt* emettere; coniare; rilasciare. ≃ moeda emettere moneta.

e.mo.ção [emos'ãw] *sf* emozione. *Fig.* batticuore, sensazione.

e.mo.ci.o.na.do [emosjon'adu] *part+agg* commosso. *Fig.* rotto.

e.mo.ci.o.nar [emosjon'ar] *vt* emozionare. *Fig.* scuotere, rimescolare.

e.mol.du.rar [emowdur'ar] *vt* corniciare, incorniciare, inquadrare.

e.mo.li.en.te [emoli'ĕti] *sm+agg Med.* emolliente.

e.mo.lu.men.to [emolum'ĕtu] *sm* emolumento; onorario; guadagno.

e.mo.ti.vi.da.de [emotivid'adi] *sf* emotività, sensibilità.

e.mo.ti.vo [emot'ivu] *agg* emotivo, sensibile, sentimentale.

em.pa.co.ta.gem [ĕpakot'aʒĕj] *sf* imballatura, imballaggio.

em.pa.co.tar [ĕpakot'ar] *vt* appacchettare, imballare, incartare, confezionare.

em.pa.da [ĕp'adǝ] *sf* pasticcio (di carne, pesce).

em.pa.dão [ĕpad'ãw] *sm aum* timballo.

em.pa.lar [ĕpal'ar] *vt* impalare.

em.pa.lhar [ĕpaλ'ar] *vt* impagliare.

em.pa.li.de.cer [ĕpalides'er] *vi* impallidire; sbiadire, sfumare; scolorire.

em.pa.nar [ĕpan'ar] *vt* abbuiare; infoscare.

em.pan.ta.nar [ĕpãtan'ar] *vi* ammelmare.

em.pan.tur.ra.do [ĕpãtuř'adu] *part+agg* rimpinzato, sazio. *Fig.* pieno come un otre.

em.pan.tur.rar [ĕpãtuř'ar] *vt* rimpinzare, saziare. *vpr* rimpinzarsi, saziarsi.

em.pa.pe.lar [ĕpapel'ar] *vt* incartare.

em.pa.re.lha.men.to [ĕpareλam'ĕtu] *sm* aguaglio; accoppiamento.

em.pa.re.lhar [ĕpareλ'ar] *vt* aguagliare, pareggiare; appaiare, accoppiare. *vpr* pareggiarsi.

em.pas.ta.do [ĕpast'adu] *part+agg* intriso.

em.pas.tar [ĕpast'ar] *vt* intridere.

em.pa.tar [ĕpat'ar] *vt+vi Sp.* impattare, fare patta.

em.pa.te [ĕp'ati] *sm Sp.* patta, pareggio.

em.pe.ci.lho [ĕpes'iλu] *sm* impedimento, ostacolo. *Fig.* peso morto.

em.pe.der.nir [ĕpedern'ir] *vt* impietrire, petrificare.

em.pe.drar [ĕpedr'ar] *vt* pavimentare con pietre. *vi* impietrirsi.

em.pe.nhar [ĕpeñ'ar] *vt* impegnare. *vpr* adoperarsi per, sforzarsi di, studiarsi.

em.pe.nho [ĕp'eñu] *sm* impegno. *Fig.* applicazione, battaglia.

em.pes.tar [ĕpest'ar] *vt* impestare, appuzzare. *Fig.* avvelenare, ammorbare.

em.pi.lhar [ĕpiλ'ar] *vt* accatastare, addossare.

em.pi.nar [ẽpin'ar] *vt* elevare. *vpr* inalberarsi, impennarsi (cavallo).
em.pí.reo [ẽp'irju] *sm* empireo, casa degli dei.
em.pí.ri.co [ẽp'iriku] *agg* empirico.
em.plas.trar [ẽplastr'ar] o **em.plas.tar** [ẽplast'ar] *vt Med.* impiastrare, appiastrare.
em.plas.tro [ẽpl'astru] o **em.plas.to** [ẽpl'astu] *sm Med.* impiastro, ansaplasto, cataplasma.
em.plu.mar [ẽplum'ar] *vt* impiumare, impennare. *vpr* impennarsi.
em.po.ar [ẽpo'ar] *vt* spolverare. *vpr Fam.* infarinarsi.
em.po.bre.cer [ẽpobres'er] *vt* impoverire, immiserire. *Fig.* spolpare. *vi + vpr* impoverire, impoverirsi, immiserirsi.
em.po.çar [ẽpos'ar] *vt* appozzare.
em.po.ei.rar [ẽpoejr'ar] *vt* impolverare. *vpr* impolverarsi.
em.po.la.do [ẽpol'adu] *agg* ampolloso. *Fig.* barocco.
em.po.lei.rar-se [ẽpolejr'arsi] *vpr* appollaiarsi.
em.por.ca.lhar [ẽporkaʎ'ar] *vt* sporcare, imbrattare. *vpr* sporcarsi, imbrattarsi.
em.pó.rio [ẽp'orju] *sm* emporio.
em.pos.sar [ẽpos'ar] *vt* investire, installare, insediare di. *Giur.* immettere.
em.pre.en.de.dor [ẽpreẽded'or] *sm* imprenditore, impresario; frugolo. *agg* intraprendente. **espírito** ≃ spirito intraprendente.
em.pre.en.der [ẽpreẽd'er] *vt* intraprendere, imprendere.
em.pre.en.di.men.to [ẽpreẽdim'ẽtu] *sm* intrapresa, impresa.
em.pre.ga.da [ẽpreg'adɐ] *sf* donna di servizio, domestica.
em.pre.ga.do [ẽpreg'adu] *sm* impiegato, servitore; domestico. *Fig.* garzone. ≃ **temporário** provvisorio, avventizio, straordinario.
em.pre.ga.dor [ẽpregad'or] *sm* datore di lavoro.
em.pre.gar [ẽpreg'ar] *vt* impiegare; ingaggiare (lavoratore); spendere, consumare; adoperare, usare. *Comm.* impiegare, rigirare (denaro). *Fig.* applicare. *vpr* impiegarsi.
em.pre.go [ẽpr'egu] *sm* impiego; ufficio, servizio, attività; uso, adozione. *Fig.* posto. **ter um bom** ≃ occupare un buon posto.
em.prei.ta.da [ẽprejt'adɐ] *sf* appalto, impresa, cottimo.
em.prei.tar [ẽprejt'ar] *vt* appaltare.
em.prei.tei.ro [ẽprejt'ejru] *sm* appaltatore, impresario.
em.pre.nhar [ẽpreñ'ar] *vt* impregnare. *vpr* impregnarsi.

em.pre.sa [ẽpr'ezɐ] *sf* impresa; azienda, ditta, compagnia; bottega, casa di commercio; intrapresa.
em.pre.sá.rio [ẽprez'arju] *sm* impresario.
em.pres.tar [ẽprest'ar] *vt* prestare.
em.prés.ti.mo [ẽpr'estimu] *sm* prestito, mutuo. *Lett.* prestamento. **fazer** ≃ prendere a mutuo.
em.pu.nhar [ẽpuñ'ar] *vt* impugnare, stringere.
em.pur.ra.do [ẽpuʁ'adu] *part + agg* spinto.
em.pur.rão [ẽpuʁ'ãw] *sm* spinta, urtata, impulso; spintone.
em.pur.rar [ẽpuʁ'ar] *vt* spingere, sospingere. *Lett.* impellere.
e.mu.de.cer [emudes'er] *vt an Fig.* ammutire, ammutolire. *vi* azzittirsi. *Fig.* affiochire.
e.mul.são [emuws'ãw] *sf Med.* e *Chim.* emulsione.
e.na.mo.ra.do [enamor'adu] *part + agg* innamorato, spasimante. *Fig.* cotto.
e.na.mo.rar [enamor'ar] *vt* innamorare, appassionare. *vpr* invogliarsi di. *Fig.* spasimare.
en.ca.de.a.men.to [ẽkadeam'ẽtu] *sm* catena.
en.ca.de.ar [ẽkade'ar] *vt* concatenare. *vpr* incatenarsi.
en.ca.der.na.ção [ẽkadernas'ãw] *sf* rilegatura, legatura.
en.ca.der.na.dor [ẽkadernad'or] *sm* rilegatore.
en.ca.der.nar [ẽkadern'ar] *vt* rilegare, legare. ≃ **com** rilegare in.
en.cai.xar [ẽkajʃ'ar] *vt* incassare; incastrare, imboccare in (pezzi); combaciare, coincidere. *vpr* imboccarsi; combaciarsi.
en.cai.xe [ẽk'ajʃi] *sm* commessura; imbocco, sede (di un pezzo).
en.cai.xi.lhar [ẽkajʃiʎ'ar] *vt* incorniciare, corniciare.
en.cai.xo.tar [ẽkajʃot'ar] *vt* incassare.
en.cal.ço [ẽk'awsu] *sm* incalzamento, incalzo. **estar no** ≃ **de** essere sulle piste di. *Fig.* stare alle calcagna di. **ir no** ≃ **de** rintracciare, andare in traccia di. **sair no** ≃ **de** incalzare.
en.ca.lhar [ẽkaʎ'ar] *vi Naut.* incagliare, arenare, arenarsi, dare in secco.
en.ca.mi.nha.men.to [ẽkamiñam'ẽtu] *sm* indirizzo.
en.ca.mi.nhar [ẽkamiñ'ar] *vt* incamminare, indirizzare, instradare; orientare. *Comm.* inoltrare. *Fig.* avviare, incanalare. *vpr* incamminarsi, inviarsi, andare.
en.ca.na.dor [ẽkanad'or] *sm Pop.* fontaniere.
en.ca.nar [ẽkan'ar] *vt* incanalare.
en.can.ta.dor [ẽkãtad'or] *sm* ammaliatore. *agg* maliardo, adorabile. *Fig.* dolce; magico; suggestivo.

en.can.ta.men.to [ēkãtam′ẽtu] *sm* incantesimo; incantamento; malia, sortilegio.

en.can.tar [ēkãt′ar] *vt* incantare; affascinare; ammaliare; conquistare; appassionare, innamorare. *Fig.* magnetizzare. *vpr* incantarsi.

en.can.to [ēk′ãtu] *sm* incanto, incantesimo, incantamento. *Fig.* prestigio; magia, suggestione. **quebrar o** ≃ rompere l'incantamento.

en.ca.po.tar [ēkapot′ar] *vt* incappottare, ammantellare. *vpr* incappottarsi.

en.ca.pu.zar [ēkapuz′ar] *vt* incappucciare. *vpr* incappucciarsi.

en.ca.ra.co.la.do [ēkarakol′adu] *part + agg* riccio.

en.ca.ra.co.lar [ēkarakol′ar] *vt* arricciare, arricciolare, inanellare, increspare. *vpr* arricciarsi, inanellarsi.

en.car.ce.ra.do [ēkarser′adu] *sm*, *part + agg* carcerato, recluso.

en.car.ce.rar [ēkarser′ar] *vt* incarcerare, imprigionare.

en.car.di.do [ēkard′idu] *agg Fam.* roccioso.

en.ca.re.cer [ēkares′er] *vt + vi* rincarare.

en.ca.re.ci.men.to [ēkaresim′ẽtu] *sm* rincaro.

en.car.go [ēk′argu] *sm* incarico; incombenza, commissione; compito, mandato; onere. *Comm.* gravame, soma. *Poet.* incarco. *Fig.* carico, nomina.

en.car.na.ção [ēkarnas′ãw] *sf Rel.* incarnazione.

en.car.na.do [ēkarn′adu] *sm*, *part + agg Rel.* incarnato.

en.car.nar [ēkarn′ar] *vt Rel.* incarnare. *vpr Rel.* incarnarsi.

en.car.qui.lhar [ēkarkiλ′ar] *vt + vi* aggrinzare.

en.car.re.ga.do [ēkařeg′adu] *sm* incaricato, delegato, responsabile. ≃ **da estiva** *Naut.* guardastiva. *part + agg* incaricato, delegato, addetto. **se** ≃ **de** avere addosso.

en.car.re.gar [ēkařeg′ar] *vt* incaricare, delegare, addossare, assegnare, attribuire. *vpr* incaricarsi di, addossarsi, assumere, assumersi.

en.ca.va.do [ēkav′adu] *part + agg* incavato.

en.ca.va.lar [ēkaval′ar] *vt* incavalcare; accavalcare.

en.ca.var [ēkav′ar] *vt* incavare.

en.ce.fa.li.te [ēsefal′iti] *sf Med.* encefalite, encefalitide.

en.cé.fa.lo [ēs′efalu] *sm Anat.* encefalo.

en.ce.na.ção [ēsenas′ãw] *sf Teat.* messinscena.

en.ce.nar [ēsen′ar] *vt Teat.* inscenare, sceneggiare, mettere in scena.

en.ce.ra.dei.ra [ēserad′ejrə] *sf* lucidatrice.

en.ce.ra.do [ēser′adu] *sm* copertone.

en.ce.rar [ēser′ar] *vt* incerare, lucidare, patinare.

en.cer.ra.men.to [ēseřam′ẽtu] *sm* chiusa; finale, fine; conclusione.

en.cer.rar [ēseř′ar] *vt* espletare. *Fig.* liquidare (un negozio).

en.char.ca.do [ēʃark′adu] *part + agg* bagnato fradicio.

en.char.car [ēʃark′ar] *vt* inzuppare. *vpr* inzupparsi. *Fig.* bagnarsi fino alle ossa.

en.chen.te [ēʃ′ẽti] *sf* fiotto.

en.cher [ēʃ′er] *vt* riempire, colmare, empiere, gremire; affollare, stipare; impregnare. *Pop.* annoiare, seccare. *Fam.* disturbare. *Fig.* saziare, stufare. *vi* gonfiare (fiume, marea). *vpr* riempirsi, empiersi, gremirsi. *Fig.* saziarsi. ≃ **com um líquido** imbevere. ≃ **o tanque** *Autom.* fare il pieno. ≃ **pneu** gonfiare. ≃ **um formulário** riempire un modulo.

en.chi.men.to [ēʃim′ẽtu] *sm* ripieno.

enchova → anchova.

en.cí.cli.ca [ēs′iklikə] *sf Rel.* enciclica.

en.ci.clo.pé.dia [ēsiklop′edjə] *sf* enciclopedia.

en.ci.lhar [ēsiλ′ar] *vt* cinghiare.

en.ciu.mar [ēsjum′ar] *vt* ingelosire. *vpr* ingelosire, ingelosirsi.

en.clí.ti.ca [ēkl′itikə] *sf + agg Gramm.* enclitica, particella unita alla fine di una parola.

en.co.ber.to [ēkob′ertu] *part + agg* coperto; nebbioso, brutto (cielo).

en.co.brir [ēkobr′ir] *vt* velare, ammantare, avvolgere, dissimulare; celare, nascondere.

en.co.le.ri.zar [ēkoleriz′ar] *vt* stizzire, esacerbare. *vpr* incollerire, incollerirsi.

en.co.lher [ēkoλ′er] *vt* contrarre; riprendere, ritirare (abito). *Lett.* impicciolire. *vi* accorciarsi. *vpr* contrarsi. *Fig.* ritrarsi.

en.co.lhi.do [ēkoλ′idu] *part + agg* contratto.

en.co.lhi.men.to [ēkoλim′ẽtu] *sm* contrazione, scorciamento.

en.co.men.da [ēkom′ẽdə] *sf* incarico, incombenza. *Comm.* ordinazione, richiesta, commissione. ≃ **postal** pacco postale.

en.co.men.dar [ēkomẽd′ar] *vt* incaricare. *Comm.* ordinare.

en.con.trão [ēkõtr′ãw] *sm* urto.

en.con.trar [ēkõtr′ar] *vt* trovare; incontrare; riscontrare. *Fig.* vedere. *vpr* trovarsi; incontrarsi, inciamparsi; scontrarsi con; riscontrarsi; essere, stare; riunirsi, raccogliersi. *Fig.* confluire. ≃ **alguém** (o ≃ **se com alguém) por acaso** intoppparsi in, imbattersi in qualcuno. *Fig.* dare in qualcuno. ≃ **-se para conversar** abboccarsi. **ir** ≃ **-se com alguém** andare a trovare qualcuno.

en.con.tro [ĕk'õtru] *sm* incontro; appuntamento, abboccamento; convegno, raduno. **de** ≃ **a** *prep* contro, contro a, contro di. **de** ≃ **ao muro** contro il (al, del) muro. ≃ **ao acaso** intoppo, riscontro. **ir de** ≃ **a** incontrare, ovviare.

en.co.ra.ja.dor [ĕkoraʒad'or] *agg* lusinghiero.

en.co.ra.ja.men.to [ĕkoraʒam'ẽtu] *sm* incoraggiamento. *Fig.* stimolo, spinta.

en.co.ra.jar [ĕkoraʒ'ar] *vt* incoraggiare; confortare, rincuorare; rianimare, animare; rassicurare. *Fig.* stimolare, spronare.

en.cor.do.a.men.to [ĕkordoam'ẽtu] *sm* incordamento, incordatura.

en.cor.do.ar [ĕkordo'ar] *vt* infunare; incordare (strumento).

en.cor.pa.do [ĕkorp'adu] *agg* corpulento; pastoso (vino).

en.cos.ta [ĕk'ɔstə] *sf Geogr.* pendice, costa, costiera.

en.cos.tar [ĕkost'ar] *vt* appoggiare; approssimare, appressare. *vpr* addossarsi. ≃ **a porta** accostare la porta.

en.cos.to [ĕk'ostu] *sm* appoggiatoio. ≃ **para a cabeça** poggiacapo, reggitesta.

en.cou.ra.ça.do [ĕkowras'adu] *part+agg* corazzato.

en.cou.ra.çar [ĕkowras'ar] *vt* corazzare, blindare.

en.co.va.do [ĕkov'adu] *part+agg* incavato; affossato.

en.co.var [ĕkov'ar] *vt* affossare.

en.cra.var [ĕkrav'ar] *vi* incarnarsi (dente, ugna).

en.cren.ca [ĕkr'ēkə] *sf Ger.* grattacapo; guaio, problema; imbroglio, intrigo. **procurar** ≃ *Fig.* dar filo da torcere.

en.cres.pa.do [ĕkresp'adu] *part+agg* riccio. **mar** ≃ mare mosso.

en.cres.par [ĕkresp'ar] *vt* increspare; arricciare, inanellare (capelli); corrugare, raggrinzire. *vpr* incresparsi; inanellarsi; raggrinzire, raggrinzirsi; ondeggiare (mare).

en.cru.ar [ĕkru'ar] *vi* incrudire.

en.cru.za.do [ĕkruz'adu] *part+agg* incrociato.

en.cru.zar [ĕkruz'ar] *vt* incrociare.

en.cru.zi.lha.da [ĕkruziʎ'adə] *sf* crocevia, crocicchio, incrociata, quadrivio.

en.cur.ta.men.to [ĕkurtam'ẽtu] *sm* scorciamento, accorciamento, abbreviazione.

en.cur.tar [ĕkurt'ar] *vt* scorciare, accorciare, abbreviare, smozzicare. *vi* scorciarsi.

en.cur.va.do [ĕkurv'adu] *part+agg* curvo, ricurvo, arcato, uncinato; gibboso.

en.cur.va.men.to [ĕkurvam'ẽtu] *sm* incurvatura, incurvazione.

en.cur.var [ĕkurv'ar] *vt* incurvare, curvare.

en.de.cas.si.la.bo [ĕdekas'ilabu] *sm+agg* endecasillabo, verso di undici sillabe.

en.de.mi.a [ĕdem'iə] *sf Med.* endemia.

en.de.mo.ni.nha.do [ĕdemoniñ'adu] *sm* ossesso. *part+agg* ossesso, demoniaco, energumeno.

en.de.mo.ni.nhar [ĕdemoniñ'ar] *vt* indemoniare, indiavolare, invasare. *vpr* indemoniarsi.

en.de.re.ça.men.to [ĕderesam'ẽtu] *sm* indirizzamento.

en.de.re.çar [ĕderes'ar] *vt* indirizzare; dirigere, rivolgere. *Fig.* avviare.

en.de.re.ço [ĕder'esu] *sm* indirizzo; recapito; soprascritta.

en.dia.bra.do [ĕdjabr'adu] *sm+agg Pop.* discolo.

en.di.rei.tar [ĕdirejt'ar] *vt* raddrizzare, drizzare, raddrizzare, rettificare. *vpr* addirizzarsi.

en.di.vi.da.do [ĕdivid'adu] *part+agg* in debito. **estar** ≃ trovarsi in debito.

en.di.vi.dar [ĕdivid'ar] *vt* indebitare, dissestare. *vpr* indebitarsi, dissestarsi.

en.do.car.po [ĕdok'arpu] *sm Bot.* endocarpo.

en.do.cri.no.lo.gi.a [ĕdokrinoloʒ'iə] *sf Med.* endocrinologia.

en.doi.de.cer [ĕdojdes'er] *vi* impazzare, impazzire.

en.dos.co.pi.a [ĕdoskop'iə] *sf Med.* endoscopia.

en.dos.san.te [ĕdos'ãti] *s+agg Comm.* garante.

en.dos.sar [ĕdos'ar] *vt Comm.* girare, avallare.

en.dos.so [ĕd'osu] *sm Comm.* girata, garanzia.

en.du.re.cer [ĕdures'er] *vt* indurire, assodare, rassodare, raffermare. *vi+vpr* indurire, indurirsi, assodarsi; incrudire; raffermarsi (massa).

en.du.re.ci.men.to [ĕduresim'ẽtu] *sm* assodamento.

e.ne ['eni] *sm* enne, il nome della lettera N.

e.ne.gre.cer [enegres'er] *vt* annerire, annerare.

e.ne.gre.ci.men.to [enegresim'ẽtu] *sm* annerimento, anneritura.

e.ner.gi.a [enerʒ'iə] *sf* energia; vitalità; attività; dinamismo. *Fig.* anima, sangue, vita; braccio, forza. ≃ **elétrica** energia elettrica. ≃ **térmica** energia termica.

e.nér.gi.co [en'erʒiku] *agg* energico; efficace, drastico; intenso, veemente. *Fig.* forte.

e.ner.var [enerv'ar] *vt* snervare. *Fig.* alterare. *vpr* snervarsi.

e.né.si.mo [en'ezimu] *agg* ennesimo.

e.ne.vo.ar [enevo'ar] *vt* annuvolare; annebbiare.

en.fa.dar [ẽfad'ar] o en.fas.ti.ar [ẽfasti'ar] *vt* infastidire. *vpr* infastidirsi.

en.fa.do [ẽf'adu] *sm* infastidimento, broncio.

en.fa.do.nho [ẽfad'oñu] *agg* molesto, monotono. *Fig.* gravoso.

en.fai.xa.men.to [ẽfajʃam'ẽtu] *sm* fasciatura.

en.fai.xar [ẽfajʃ'ar] *vt an Med.* fasciare, bendare.

en.fa.re.lar [ẽfarel'ar] *vt* incruscare.

en.fa.ri.nhar [ẽfariñ'ar] *vt* infarinare. *vpr* infarinarsi.

ên.fa.se ['ẽfazi] *sf* enfasi; veemenza. *Fig.* accentuazione.

en.fa.ti.zar [ẽfatiz'ar] *vt* accentuare, esclamare.

en.fei.ta.do [ẽfejt'adu] *part + agg* adorno, acconcio, parato.

en.fei.tar [ẽfejt'ar] *vt* addobbare, decorare; adornare, abbellire; fregiare. *Fig.* bardare; romanzare. *vpr* adornarsi, acconciarsi. ≃ **um discurso** *Fig.* ricamare un discorso.

en.fei.te [ẽf'ejti] *sm* abbellimento, ornamento, decorazione, apparato; arredo, suppellettile, soprammobile; monile; fregio; gala, finimento. ≃ **extravagante** girigogolo.

en.fei.ti.çar [ẽfejtis'ar] *vt* stregare, ammaliare, incantare, affascinare. *Fig.* magnetizzare.

en.fei.xar [ẽfejʃ'ar] *vt* affasciare.

en.fer.mar [ẽferm'ar] *vt* infermare.

en.fer.ma.ri.a [ẽfermar'iə] *sf* infermeria; corsia.

en.fer.mei.ro [ẽferm'ejru] *sm* infermiere. ≃ **a** *sf* infermiera.

en.fer.mi.da.de [ẽfermid'adi] *sf* infermità, malattia, morbo. *Fig.* malanno.

en.fer.mo [ẽf'ermu] *sm* malato, ammalato. *agg* malato, ammalato, infermo, malsano.

en.fer.ru.jar [ẽferuʒ'ar] *vt* irrugginire, arrugginire, ossidare. *vi + vpr* irrugginirsi, arrugginirsi, ossidarsi.

en.fi.a.da [ẽfi'adə] *sf* filza.

en.fi.ar [ẽfi'ar] *vt* infilare, infilzare; ficcare, configgere, conficcare, cacciare. *vpr* cacciarsi.

en.fi.lei.ra.men.to [ẽfilejram'ẽtu] *sm* schieramento.

en.fi.lei.rar [ẽfilejr'ar] *vt* schierare, affilare, allineare. *vpr* schierarsi.

en.fim [ẽf'ĩ] *avv* infine, alfine.

en.fi.se.ma [ẽfiz'emə] *sm Med.* enfisema.

en.fo.car [ẽfok'ar] *vt* mettere a fuoco.

en.for.ca.men.to [ẽforkam'ẽtu] *sm* impiccagione. *Fig.* capestro.

en.for.car [ẽfork'ar] *vt* impiccare, appiccare. *vpr* impiccarsi, appiccarsi, sospendersi.

en.for.mar [ẽform'ar] *vt* informare.

en.for.nar [ẽforn'ar] *vt* infornare.

en.fra.que.cer [ẽfrakes'er] *vt* indebolire, infiacchire; fiaccare, estenuare, spossare; illanguidire; deprimere. *Lett.* infievolire. *Med.* debilitare. *Fig.* minare, sfibrare. *vi + vpr* indebolirsi, infiacchirsi, languire; estenuarsi, sfinire.

en.fra.que.ci.do [ẽfrakes'idu] *part + agg* estenuato. *Fig.* logoro, frollo.

en.fra.que.ci.men.to [ẽfrakesim'ẽtu] *sm* infiacchimento, affiochimento, affiocamento; consumazione, consuma, abbattimento.

en.fras.car [ẽfrask'ar] *vt* infiascare.

en.fren.tar [ẽfrẽt'ar] *vt* affrontare (un pericolo).

en.fu.re.cer [ẽfures'er] *vt* imbestialire, adirare; stizzire, esasperare. *vi + vpr* infuriarsi, imbestialirsi; arrabbiarsi, stizzirsi; esaltarsi; infuriare (mare). *Fig.* inalberarsi.

en.fu.re.ci.do [ẽfures'idu] *part + agg* infuriato, furioso, arrabbiato, collerico.

en.fur.nar [ẽfurn'ar] *vt* imbucare. *vpr* imbucarsi.

en.gai.o.lar [ẽgajol'ar] *vt* ingabbiare.

en.ga.jar [ẽgaʒ'ar] *vt* ingaggiare, assoldare.

en.ga.na.dor [ẽganad'or] *sm* ciarlatano. *agg* insidioso, fallace, capzioso. *Fig.* appiccicoso.

en.ga.nar [ẽgan'ar] *vt* ingannare, imbrogliare, raggirare, abbindolare, turlupinare, giocare, illudere, trarre in inganno. *Ger.* bidonare, infinocchiare. *Fam.* menare per il naso. *Fig.* accalappiare, intrappolare, dare la polvere negli occhi. *vpr* ingannarsi, errare, cadere in errore, sbagliare. *Fig.* prendere un granchio. **se não me engano** se non sbaglio.

en.gan.char [ẽgãʃ'ar] *vt* ingancire, uncinare, agganciare, arroncigliare.

en.ga.no [ẽg'ʌnu] *sm* inganno; imbroglio, raggiro, trucco, aggiramento; sbaglio, equivoco, torto, abbaglio; illusione. *Ger.* bidone, bidonata. *Fig.* trappola, agguato, amo; granchio, cantonata.

en.ga.no.so [ẽgan'ozu] *agg* fallace, illusorio. *Giur.* doloso.

en.gar.ra.far [ẽgaɾaf'ar] *vt* imbottigliare, infiascare.

en.gas.tar [ẽgast'ar] *vt* incastonare.

en.gas.te [ẽg'asti] *sm* castone.

en.ga.te [ẽg'ati] *sm Mecc.* accoppiamento.

en.ga.ti.lhar [ẽgatiλ'ar] *vt* alzare il cane del fucile.

en.ga.ti.nhar [ẽgatiñ'ar] *vi* andar gatton gattoni, andar carponi, strisciare.

en.ge.nha.ri.a [ẽʒeñar'iə] *sf* ingegneria.

en.ge.nhei.ro [ẽʒeñ'ejru] *sm* ingegnere.

en.ge.nho [ẽʒ'eñu] *sm* ingegno, genio, talento; apparecchio, dispositivo. ≃ **de açúcar** zuccherificio.

en.ge.nho.so [ẽʒeñ'ozu] *agg* ingegnoso; arguto. *Fig.* strategico.

en.ges.sar [ẽʒes'ar] *vt* ingessare.

en.glo.bar [ẽglob'ar] *vt* unificare.

en.go.dar [ẽgod'ar] *vt Fig.* zimbellare.

en.go.do [ẽg'odu] *sm* esca, richiamo. *Fig.* zimbello, lecco, ghiottoneria.

en.go.li.men.to [ẽgolim'ẽtu] *sm* deglutizione.

en.go.lir [ẽgol'ir] *vt* inghiottire, deglutire. *Fig.* mandare giù (offese, ingiustizie, ecc.). ≃ **sem mastigar** ingollare.

en.go.mar [ẽgom'ar] *vt* ingommare, insaldare, dare l'amido.

en.gor.da [ẽg'ɔrdə] *sf* ingrasso, ingrassamento.

en.gor.dar [ẽgord'ar] *vt* ingrassare.

en.gra.ça.di.nho [ẽgrasad'iñu] *agg* vezzoso.

en.gra.ça.do [ẽgras'adu] *agg* giocoso, comico.

en.gra.da.do [ẽgrad'adu] *sm* gabbia.

en.gran.de.cer [ẽgrãdes'er] *vt* ingrandire, aggrandire; esaltare *vpr* aggrandirsi.

en.gran.de.ci.men.to [ẽgrãdesim'ẽtu] *sm* ingrandimento, aggrandimento.

en.gra.vi.dar [ẽgravid'ar] *vt* ingravidare; impregnare (bestia). *vi* ingravidare; impregnarsi.

en.gra.xar [ẽgraʃ'ar] *vt* lustrare, lucidare, patinare.

en.gra.xa.te [ẽgraʃ'ati] *sm* lustrascarpe, lustrino.

en.gre.na.gem [ẽgren'aʒẽj] *sf* ingranaggio.

en.gre.nar [ẽgren'ar] *vt* + *vi* ingranare.

en.gros.sar [ẽgros'ar] *vt* ingrossare. *vi* ingrossarsi, ingrossarsi.

en.gui.a [ẽg'iə] *sf Zool.* anguilla.

en.gui.ço [ẽg'isu] *sm* affare imbrogliato.

e.nig.ma [en'igmə] *sm* enigma, mistero, segreto. *Fig.* sciarada.

e.nig.má.ti.co [enigm'atiku] *agg* enigmatico, ambiguo.

en.jei.ta.do [ẽʒejt'adu] *sm* trovatello.

en.jô.o [ẽʒ'ou] *sm Med.* nausea, sovversione. ≃ **de avião** male d'aria. ≃ **de navio** male di mare.

en.la.çar [ẽlas'ar] *vt* allacciare, accalappiare, accappiare.

en.la.me.ar [ẽlame'ar] *vt* inzaccherare.

en.le.var [ẽlev'ar] *vt* estasiare. *Fig.* rapire. *vpr* estasiarsi.

en.le.vo [ẽl'evu] *sm* estasi, incantamento. *Rel.* estasi. *Fig.* ubriachezza.

en.lou.que.cer [ẽlowkes'er] *vt* far impazzire. *Fig.* dar di volta al cervello. *vi* impazzire, ammattire, andare matto. *Fig.* scervellarsi, perdere il lume della ragione.

en.lou.que.ci.men.to [ẽlowkesim'ẽtu] *sm* ammattimento.

en.lu.tar [ẽlut'ar] *vt* mettere a lutto, abbrunare.

e.no.bre.cer [enobres'er] *vt* annobilire, ingentilire.

e.no.jar [enoʒ'ar] *vt* schifare, fare schifo, rivoltare, ripugnare a. *Fig.* saziare.

e.no.lo.gi.a [enoloʒ'iə] *sf* enologia, enotecnica.

e.nor.me [en'ɔrmi] *agg* enorme, gigantesco, immane, colossale, smisurato. *Fig.* titanico.

e.nor.mi.da.de [enormid'adi] *sf* enormità; carrettata.

en.qua.drar [ẽkwadr'ar] *vt* incorniciare, corniciare.

en.quan.to [ẽk'wãtu] *cong* mentre. ≃ **isso** *avv* nel frattempo, intanto, frattanto. **por** ≃ per il momento, intanto.

en.rai.ve.cer [ẽrajves'er] *vi* + *vpr* arrabbiare, invelenire.

en.rai.ve.ci.do [ẽrajves'idu] *part* + *agg* furioso, collerico. *Fig.* rabbioso, ringhioso.

en.rai.zar-se [ẽrajz'arsi] *vpr an Fig.* abbarbicarsi.

en.re.dar [ẽred'ar] *vt* arretare.

en.re.do [ẽr'edu] *sm* intreccio. *Lett.* trama, tela, tessitura, groviglio.

en.ri.je.cer [ẽriʒes'er] *vt* irrigidire, indurire, intirizzire. *vi* + *vpr* irrigidirsi, intirizzirsi.

en.ri.que.cer [ẽrikes'er] *vt* arricchire. *Fig.* guarnire. *vi* + *vpr* arricchire, arricchirsi.

en.ri.que.ci.men.to [ẽrikesim'ẽtu] *sm* arricchimento.

en.ro.la.do [ẽrol'adu] *part* + *agg* attorto; involto. *Ger.* confuso.

en.ro.lar [ẽrol'ar] *vt* arrotolare; avvolgere, avviluppare; attorcigliare; arricciolare, increspare (capelli). *Pop.* abbindolare, imbrogliare. *vpr* arrotolarsi; ravvolgersi; incresparsi.

en.rou.que.cer [ẽrowkes'er] *vt* arrochire. *vi* arrochire, infiochire (suono, voce).

en.ru.bes.cer [ẽrubes'er] *vi* arrossire.

en.ru.bes.ci.men.to [ẽrubesim'ẽtu] *sm* arrossimento.

en.ru.ga.do [ẽrug'adu] *part* + *agg* rugoso.

en.ru.gar [ẽrug'ar] *vt* raggrinzire, aggrinzire; corrugare; increspare. *vpr* raggrinzire, raggrinzirsi; incresparsi. ≃ **a testa** aggrottare.

en.sa.bo.ar [ẽsabo'ar] *vt* insaponare. *vpr* insaponarsi.

en.sa.car [ẽsak'ar] *vt* insaccare.

en.sai.ar [ẽsaj'ar] *vt* concertare.

en.sai.o [ēs'aju] *sm* saggio. *Chim.* e *Fis.* esperienza, esperimento. *Teat.* prova.

en.san.güen.tar [ēsãgwēt'ar] *vt* insanguinare, sanguinare.

en.se.a.da [ēse'adə] *sf Geogr.* insenatura, seno, rada, cala.

en.se.bar [ēseb'ar] *vt* insegare.

en.se.jo [ēs'eʒu] *sm* opportunità, luogo.

en.si.na.men.to [ēsinam'ētu] *sm* insegnamento; lezione; dettame. *Fig.* messaggio, scuola.

en.si.nar [ēsin'ar] *vt* insegnare, educare, addottrinare, ammaestrare. *Fig.* mostrare.

en.si.no [ēs'inu] *sm* insegnamento.

en.so.la.ra.do [ēsolar'adu] *part+agg* soleggiato.

en.so.pa.do [ēsop'adu] *sm* ragù. *part+agg* zuppo, bagnato fradicio. **ficar ≃** imbeversi.

en.so.par [ēsop'ar] *vt* inzuppare, bagnare, imbevere. *vpr* inzupparsi, imbeversi.

en.sur.de.cer [ēsurdes'er] *vt* assordare. *Fig.* rompere i timpani. *vi* assordire, insordire.

en.ta.bu.lar [ētabul'ar] *vt* intavolare.

en.ta.lar [ētal'ar] *vt Med.* steccare.

en.ta.lha.do [ētaʎ'adu] *part+agg* inciso.

en.ta.lhar [ētaʎ'ar] *vt* intagliare, intaccare, frastagliare, cesellare, scolpire.

en.ta.lhe [ēt'aʎi] *sm* intaglio, tacca, frastaglio.

en.tão [ēt'ãw] *avv* allora; ivi, in quel tempo; perciò, sicché. **até ≃** fin d'allora. **desde ≃** d'allora in poi, d'allora innanzi. **e ≃?** ebbene? e così?

en.tar.de.cer [ētardes'er] *sm* crepuscolo.

en.te ['ēti] *sm* ente, entità.

en.te.a.do [ēte'adu] *sm* figliastro.

en.te.di.a.do [ētedi'adu] *part+agg* stufo, uggioso. *Fig.* sazio.

en.te.di.an.te [ētedi'ãti] *agg* noioso, stucchevole. *Fig.* appicciccoso, appicccicaticcio.

en.te.di.ar [ētedi'ar] *vt* tediare, annoiare, infastidire. *vpr* infastidirsi.

en.ten.der [ētēd'er] *sm* intendimento. **no meu ≃** secondo me. *vt* capire; comprendere, intendere; cogliere, pigliare; raccapezzarsi. *Fig.* concepire, vedere. *Ger.* registrare. *vpr* intendersi. **dar a ≃** sottintendere, insinuare. **≃ de** intendersi di, conoscere. **≃ o contrário** intendere a rovescio. **≃-se com** intendersi con. **fazer-se ≃** spiegarsi. **eles se entendem!** se la intendono!

en.ten.di.men.to [ētēdim'ētu] *sm* intendimento, comprensione, concezione, concepimento.

en.te.ri.te [ēter'iti] *sf Med.* enterite.

en.ter.ne.ce.dor [ēternesed'or] *agg* commovente.

en.ter.ne.cer [ēternes'er] *vt* commuovere. *Fig.* rammorbidire. *vpr* commuoversi. *Fig.* rammorbidirsi.

en.ter.ne.ci.do [ēternes'idu] *part+agg* commosso.

en.ter.ra.do [ēteř'adu] *part+agg* seppellito, sepolto.

en.ter.rar [ēteř'ar] *vt* interrare; seppellire; inumare; sotterrare; affossare; affondare.

en.ter.ro [ēt'eřu] *sm* seppellimento, sepoltura.

en.te.sar [ētez'ar] *vt* intirizzire; rattrappire. *vpr* intirizzirsi; rattrappirsi.

en.ti.da.de [ētid'adi] *sf* entità; spirito. *Fig.* organismo.

en.to.a.ção [ētoas'ãw] *sf* intonazione.

en.to.ar [ēto'ar] *vt* intonare.

en.to.mo.lo.gi.a [ētomoloʒ'iə] *sf Zool.* entomologia.

en.to.na.ção [ētonas'ãw] *sf Gramm.* intonazione, cadenza, tono.

en.tor.pe.cen.te [ētorpes'ēti] *sm Med.* stupefacente, allucinogeno, droga. *agg Med.* stupefacente.

en.tor.pe.cer [ētorpes'er] *vt* intorpidire, intormentire, irrigidire. *Fig.* addormentare. *vi+vpr* intorpidirsi, intormentire, irrigidire, irrigidirsi, indolenzirsi. *Fig.* addormentarsi.

en.tor.pe.ci.do [ētorpes'idu] *part+agg* torpido. *Fig.* addormentato.

en.tor.pe.ci.men.to [ētorpesim'ētu] *sm* torpore. *Fig.* addormentamento.

en.tra.da [ētr'adə] *sf* entrata, accesso, ingresso; apertura; anticamera; antipasto. *Teat.* ingresso, biglietto d'ingresso. *Comm.* entrata, introito. *Fig.* via. **a ≃ em cena de um ator** l'uscita di un attore. **≃ de capital** *Comm.* messa. **≃ de edifício** portineria, porteria. **≃ de hotel** hall. **≃ de porto ou golfo** *Geogr.* foce. **≃ de rua ou túnel** imbocco.

en.tran.ça.do [ētrãs'adu] *sm* intreccio.

en.tran.çar [ētrãs'ar] *vt* intrecciare. *vpr* intrecciarsi.

en.tra.nha [ētr'ʌ̃ñə] *sf* entragna. **≃s** *pl an Fig.* viscere. **as ≃s da Terra** le viscere della Terra. **≃s de animal** interiora, interiori.

en.trar [ētr'ar] *vi* entrare; introdursi; penetrare, addentrarsi. **deixar ≃** ammettere. **fazer ≃** immettere. **posso ≃?** permettete?

en.tre ['ētri] *prep* tra, fra, tramezzo, frammezzo. *Poet.* infra.

en.tre.a.brir [ētreabr'ir] *vt* socchiudere, schiudere.

en.tre.a.to [ētre'atu] *sm Teat.* intervallo.

en.tre.cho [ētr'eʃu] *sm* intreccio.

en.tre.ga [ẽtr'egə] *sf* consegna, recapito.

en.tre.gar [ẽtreg'ar] *vt* consegnare; assegnare; dare, presentare; recapitare, rimettere; tradire, denunciare; restituire; affidare, fidare. *vpr* dedicarsi, darsi; votarsi; occuparsi di; arrendersi, capitolare, cedere; abbandonarsi. *Fig.* immergersi in, sprofondarsi in, volgersi a. ≃ **a alma a Deus** rendere l'anima a Dio. ≃**-se ao destino** *Fig.* andare alla deriva.

en.tre.la.ça.do [ẽtrelas'adu] *part+agg* conserto.

en.tre.la.ça.men.to [ẽtrelasam'ẽtu] *sm* intreccio.

en.tre.la.çar [ẽtrelas'ar] *vt* intrecciare, conservare, contessere. *vpr* intrecciarsi.

en.tre.li.nha [ẽtrel'iɲə] *sf* interlinea. **ler nas** ≃ **s** *Fig.* leggere tra le righe.

en.tre.pos.to [ẽtrep'ostu] *sm* fattoria.

en.tre.tan.to [ẽtret'ãtu] *avv* mentre, nel contempo. *cong* tuttavia.

en.tre.te.cer [ẽtretes'er] *vt* contessere.

en.tre.te.ni.men.to [ẽtretenim'ẽtu] *sm* trattenimento, divertimento.

en.tre.ter [ẽtret'er] *vt* intrattenere, trattenere, divertire, sollazzare. *vpr* trattenersi, sollazzarsi.

en.tre.ti.do [ẽtret'idu] *part+agg* distratto.

en.tre.ver [ẽtrev'er] *vt* intravvedere, scorgere.

en.tre.vis.ta [ẽtrev'istə] *sf* abboccamento. *Giorn.* intervista.

en.tre.vis.tar [ẽtrevist'ar] *vt* *Giorn.* intervistare.

en.trin.chei.rar [ẽtrĩʃejr'ar] *vt* trincerare. *vpr* trincerarsi, barricarsi.

en.tris.te.cer [ẽtristes'er] *vt* rattristare, addolorare, amareggiare, sconsolare. *vi+vpr* rattristare, immalinconire, intristire, divenire triste.

en.tro.ni.zar [ẽtroniz'ar] *vt* intronizzare.

en.tu.lha.do [ẽtuʎ'adu] *part+agg* pieno zeppo.

en.tu.lhar [ẽtuʎ'ar] *vt* ingombrare. *Fig.* infarcire.

en.tu.pir [ẽtup'ir] *vt* ostruire; ingombrare.

en.tur.mar-se [ẽturm'arsi] *vpr disp* imbrancarsi.

en.tu.si.as.ma.do [ẽtuziazm'adu] *part+agg* giulivo. *Fig.* ubriaco.

en.tu.si.as.mar [ẽtuziazm'ar] *vt* entusiasmare, invasare. *Fig.* elettrizzare. *vpr* entusiasmarsi, invasarsi. *Fig.* elettrizzarsi.

en.tu.si.as.mo [ẽtuzi'azmu] *sm* entusiasmo; animazione; estro, invasamento. *Fig.* ardore, calore; trasporto, orgasmo; impeto, slancio. **sem** ≃ *avv Fig.* a freddo.

e.nu.me.ra.ção [enumeras'ãw] *sf* contata.

e.nu.me.rar [enumer'ar] *vt* enumerare, annoverare. *Fig.* sciorinare.

e.nun.ci.ar [enũsi'ar] *vt* enunciare. *Fig.* pronunziare, pronunciare.

en.vai.de.cer [ẽvajdes'er] *vt* infatuare, insuperbire. *vpr* infatuarsi, insuperbirsi, vagheggiarsi. *Fig.* gonfiarsi.

en.va.sar [ẽvaz'ar] *vt* imbottare.

en.ve.lhe.cer [ẽveʎes'er] *vt* invecchiare. *vi* invecchiare, invecchiarsi. *Fig.* avvizzire.

en.ve.lhe.ci.do [ẽveʎes'idu] *part+agg* vecchio (vino).

en.ve.lo.pe [ẽvel'ɔpi] *sm* busta.

en.ve.ne.na.men.to [ẽvenenam'ẽtu] *sm* attossicamento.

en.ve.ne.nar [ẽvenen'ar] *vt* avvelenare; intossicare, attossicare; appestare; ammorbare; contaminare.

en.ver.go.nha.do [ẽvergoɲ'adu] *part+agg* vergognoso. *Fig.* pudico.

en.ver.go.nhar [ẽvergoɲ'ar] *vt* umiliare. *Fig.* confondere. *vpr* vergognarsi. *Fig.* arrossire.

en.ver.ni.zar [ẽverniz'ar] *vt* inverniciare, verniciare, patinare.

en.vi.a.do [ẽvi'adu] *sm* corriere. *Fig.* araldo.

en.vi.ar [ẽvi'ar] *vt* inviare, mandare, rimettere, spedire, inoltrare.

en.vie.sa.do [ẽvjez'adu] *agg* sbieco, sghembo, bieco.

en.vi.le.cer [ẽviles'er] *vt* invilire. *vi* invilirsi.

en.vi.o [ẽv'iu] *sm* invio, rimessa, spedizione.

en.vol.to [ẽv'owtu] *part+agg* involto, attorto.

en.vol.tó.rio [ẽvowt'ɔrju] *sm* foglia.

en.vol.ver [ẽvowv'er] *vt* involgere; coinvolgere, implicare; sedurre; ravvolgere, avviluppare; arrotolare, attorcigliare. *vpr* involgersi; implicarsi; ravvolgersi.

en.vol.vi.do [ẽvowv'idu] *part+agg* involto; coinvolto.

en.vol.vi.men.to [ẽvowvim'ẽtu] *sm* avviluppamento, avvolgimento.

en.xa.da [ẽʃ'adə] *sf* zappa, marra.

en.xa.guar [ẽʃag'war] *vt* risciacquare. *vpr* risciacquarsi.

en.xá.güe [ẽʃ'agwi] *sm* risciacquo.

en.xa.me [ẽʃ'ʌmi] *sm an Fig.* sciame.

en.xa.que.ca [ẽʃak'ekə] *sf Med.* cefalea.

en.xer.gar [ẽʃerg'ar] *vt* vedere. *Fig.* presentire; indovinare. **não** ≃ **um palmo diante do nariz** non vedere più in là del naso.

en.xe.ri.do [ẽʃer'idu] *sm disp* fiutafatti.

en.xer.tar [ẽʃert'ar] *vt* innestare, inserire.

en.xer.to [ẽʃ'ertu] *sm* innesto, annestamento, inserzione.

en.xo.fre [ẽʃ'ofri] *sm* zolfo, solfo.

en.xo.tar [ẽʃot'ar] *vt* scacciare, espellere.

en.xo.val [ẽʃov'aw] *sm* corredo.

en.xu.gar [ẽʃug'ar] *vt* asciugare, seccare, tergere. *vpr* prosciugarsi.

en.xur.ra.da [ẽʃuŕ'adə] *sf* alluvione. *Fig.* gorgo.
en.xu.to [ẽʃ'utu] *part*+*agg* asciutto; secco.
en.zi.ma [ẽz'imə] *sf* enzima, fermento.
e.pi.ce.no [episε'enu] *agg Gramm.* promiscuo, epiceno. **gênero** ≃ genere promiscuo.
e.pi.cen.tro [episε'ẽtru] *sm* epicentro.
é.pi.co ['εpiku] *sm*+*agg* epico. *Fig.* eroico.
e.pi.de.mi.a [epidem'iə] *sf* epidemia. *Fig.* morbo.
e.pi.der.me [epid'εrmi] *sf Anat.* epidermide.
E.pi.fa.ni.a [epifan'iə] *sf Rel.* Epifania, Befana.
e.pí.fi.ta [ep'ifitə] *sf Bot.* epifita.
e.pi.glo.te [epiglɔ'ti] *sf Anat.* epiglotta, epiglottide.
e.pí.gra.fe [ep'igrafi] *sf* epigrafe, soprascritta.
e.pi.lep.si.a [epileps'iə] *sf Med.* epilessia, malcaduco.
e.pi.lé.ti.co [epil'εtiku] o e.pi.lép.ti.co [epil'εptiku] *sm*+*agg* epilettico.
e.pí.lo.gar [epilog'ar] *vt* epilogare.
e.pí.lo.go [ep'ilogu] *sm* epilogo.
e.pis.co.pal [episkop'aw] *agg Rel.* vescovile, episcopale.
e.pi.só.di.co [epiz'ɔdiku] *agg* incidentale, casuale.
e.pi.só.dio [epiz'ɔdju] *sm* episodio, avvenimento, caso, evento, vicenda. ≃ **de uma obra** episodio di un'opera.
e.pis.ta.xe [epist'aksi] *sf Med.* epistassi.
e.pís.to.la [ep'istolə] *sf Lett.* e *Rel.* epistola.
e.pi.tá.fio [epit'afju] *sm* epitaffio.
e.pi.té.lio [epit'εlju] *sm Anat.* epitelio.
e.pí.te.to [ep'itetu] *sm* epiteto.
é.po.ca ['εpokə] *sf* epoca; tempo, giorni *pl*; stadio. *Fig.* era, fase.
e.po.péi.a [epop'ejə] *sf Lett.* epopea, epica.
e.qua.ção [ekwas'ãw] *sf Mat.* equazione.
E.qua.dor [ekwad'or] *sm Geogr.* Equatore.
e.qua.to.ri.al [ekwatori'aw] *agg* equatoriale.
e.qües.tre [ek'wεstri] *agg* equestre.
e.qüi.da.de [ekwid'adi] *sf* equità.
e.qüi.dis.tan.te [ekwidist'ãti] *agg* equidistante.
e.qüid.na [ek'idnə] *sf Zool.* echidna.
e.qüi.lá.te.ro [ekwil'ateru] o e.qüi.la.te.ral [ekwilater'aw] *agg Geom.* equilatero.
e.qui.li.bra.do [ekilibr'adu] *part*+*agg* stabile; armonioso, simmetrico.
e.qui.li.brar [ekilibr'ar] *vt* equilibrare; bilanciare, controbilanciare; pareggiare. *Fig.* quadrare. *vpr* equilibrarsi; barcamenarsi, librarsi.
e.qui.lí.brio [ekil'ibrju] *sm* equilibrio; simmetria. *Fig.* bilico; armonia, bellezza. **perder o** ≃ perdere l'equilibrio.

e.qui.li.bris.ta [ekilibr'istə] *s* equilibrista, funambolo.
e.qui.mo.se [ekim'ɔzi] *sf Med.* ecchimosi.
e.qüi.no [ek'winu] o e.qüi.deo [ek'widju] *agg* equino. **os** ≃ **s** *sm pl Zool.* gli equini.
e.qui.nó.cio [ekin'ɔsju] *sm* equinozio. ≃ **da primavera** equinozio di primavera. ≃ **do outono** equinozio d'autunno.
e.qui.pa.gem [ekip'aʒẽj] *sf* equipaggio.
e.qui.pa.men.to [ekipam'ẽtu] *sm* equipaggio, apparato. *Fig.* assetto.
e.qui.par [ekip'ar] *vt* equipaggiare, corredare, fornire, provvedere, approvvigionare.
e.qui.pa.ra.ção [ekiparas'ãw] *sf* equiparazione. ≃ **salarial** contingenza.
e.qui.pa.rar [ekipar'ar] *vt* equiparare; comparare, confrontare; pareggiare; livellare. *vpr* pareggiarsi; andare alla pari (con qualcuno).
e.qui.ta.ção [ekitas'ãw] *sf* equitazione.
e.qui.va.lên.cia [ekival'ẽsjə] o e.qüi.va.lên.cia [ekwival'ẽsjə] *sf* equivalenza, uguaglianza.
e.qui.va.len.te [ekival'ẽti] o e.qüi.va.len.te [ekwival'ẽti] *agg* equivalente, analogo, pari.
e.qui.va.ler [ekival'er] o e.qüi.va.ler [ekwival'er] *vt* equivalere a, corrispondere a, valere.
e.qui.vo.car [ekivok'ar] *vt* equivocare.
e.quí.vo.co [ek'ivoku] *sm* equivoco, malinteso, quiproquo, disguido.
e.ra ['εrə] *sf* era; età. *Fig.* anno, secolo. **E** ≃ **Cristã** Era Cristiana, Era Volgare.
e.rá.rio [er'arju] *sm* erario, fisco.
e.re.ção [eres'ãw] *sf Fisiol.* erezione.
e.re.mi.ta [erem'itə] *s* eremita.
e.re.to [er'etu] *agg* ritto.
er.guer [erg'er] *vt* alzare, innalzare, elevare; erigere; edificare; rizzare, sollevare. *vpr* alzarsi, innalzarsi; erigersi; sollevarsi; sporgersi.
er.gui.do [erg'idu] *part*+*agg* innalzato. **de cabeça** ≃ **a** a testa alta.
e.ri.ça.do [eris'adu] *part*+*agg* irto.
e.ri.çar [eris'ar] *vpr* rizzarsi.
e.ri.gir [eriʒ'ir] *vt* erigere; alzare, costruire; fondare, creare.
e.ri.si.pe.la [erizip'elə] *sf Med.* erisipela. *Pop.* risipula.
er.mo ['εrmu] *sm* ermo, eremo, solitudine. *agg* inabitato, deserto, solitario. *Poet.* ermo.
e.ro.são [eroz'ãw] *sf Geol.* erosione. ≃ **pelo vento** deflazione.
e.ró.ti.co [er'ɔtiku] *agg* erotico, venereo. *Fig.* sensuale, sessuale.
er.ra.di.car [eŕadik'ar] *vt* sradicare, eradicare, divellere. *Fig.* estirpare.

er.ra.do [eř'adu] *part*+*agg* sbagliato, incorretto, inesatto, scorretto. *Fig.* storto.

er.ran.te [eř'ãti] *agg* errante, girovago, randagio. *Fig.* nomade. **cavaleiro** ≃ cavaliere errante.

er.rar [eř'ar] *vt* sbagliare, sgarrare; fallire. *vi* errare; vagare, girovagare, vagabondare; divagare; sbagliare, ingannarsi. *Fig.* prendere un granchio. ≃ **o passo** sbagliare il passo. ≃ **é humano** è umano errare. **errando é que se aprende** errando si impara.

er.ra.ta [eř'ata] *sf* errata, lista di errori.

er.re [ɛ'ři] *sm* erre, il nome della lettera R.

er.ro ['eřu] *sm* errore; sbaglio, equivoco, mancanza; inesattezza; illusione; torto. *Fig.* granchio, cappella, papera, abbaglio. **cometer um** ≃ *Fig.* mancare, prendere un granchio. ≃ **crasso** strafalcione. *Fig.* gambero, granciporro. ≃ **de impressão** refuso.

er.rô.neo [eř'onju] *agg* erroneo, scorretto.

e.ru.di.ção [erudis'ãw] *sf* erudizione, sapienza, sapere.

e.ru.di.to [erud'itu] *sm* erudito, dotto. *agg* erudito; letterato.

e.rup.ção [erups'ãw] *sf* Geol. e Med. eruzione.

er.va ['ɛrvə] *sf* Bot. erba. *Ger.* hascisc. ≃**daninha** erbaccia. ≃ **ruim geada não mata** erba mala presto cresce.

er.va-ci.drei.ra [ɛrvasidr'ejrə] *sf* Bot. cedronella.

er.va-do.ce [ɛrvad'osi] *sf* Bot. finocchino.

er.va-ma.te [ɛrvam'ati] *sf* Bot. mate, matè.

er.vi.lha [erv'iʎə] *sf* pisello.

es.ban.ja.dor [ezbãʒad'or] *sm* dissipatore, scialacquone. *Fam.* disp spendaccione.

es.ban.ja.men.to [ezbãʒam'ẽtu] *sm* sperpero, getto, scialacquo.

es.ban.jar [ezbãʒ'ar] *vt* sperperare, scialacquare, scialare, dilapidare. *Fig.* dissipare.

es.bel.to [ezb'ewtu] *agg* svelto, snello.

es.bo.çar [ezbos'ar] *vt* sbozzare, tracciare, schizzare, abbozzare. *Fig.* delineare.

es.bo.ço [ezb'osu] *sm* sbozzo, schizzo, abbozzo; brutta copia; schema, bozza, canovaccio. *Fig.* scheletro. ≃ **feito às pressas** abbozzata.

es.bran.qui.ça.do [ezbrãkis'adu] *agg* biancastro, albiccio.

es.bu.ga.lha.do [ezbugaʎ'adu] *part*+*agg* stralunato, sbarrato.

es.bu.ga.lhar [ezbugaʎ'ar] *vt* stralunare, spalancare. *Fig.* sgranare.

es.bu.ra.car [ezburak'ar] *vt* sforacchiare, crivellare, foracchiare, bucare.

es.ca.bro.so [eskabr'ozu] *agg* scabro, scabroso.

es.ca.da [esk'adə] *sf* scala, gradinata. ≃ **de pas-**

sageiros Aer. e Naut. scalandrone. ≃ **em caracol** scala a chiocciola (o elicoidale). ≃ **rolante** scala mobile.

es.ca.da.ri.a [eskadar'iə] *sf* scalinata, gradinata.

es.ca.fan.dro [eskaf'ãdru] *sm* Naut. scafandro.

es.ca.la [esk'alə] *sf* scala, sequenza. Aer. e Naut. scalo. **fazer** ≃ **num porto** Naut. toccare un porto.

es.ca.la.da [eskal'adə] *sf* scalata.

es.ca.lão [eskal'ãw] *sm* Mil. scaglione.

es.ca.lar [eskal'ar] *vt* scalare; arrampicarsi.

es.cal.da-pés [eskawdap'ɛs] *sm* Pop. pediluvio.

es.cal.dar [eskawd'ar] *vt* scottare, arroventare, incalorire. *vi* arroventire, arroventirsi.

es.ca.le.no [eskal'enu] *agg* Geom. scaleno.

es.ca.lo.pe [eskal'ɔpi] *sm* scaloppa, scaloppina.

es.ca.ma [esk'ʌmə] *sf* Zool. squama, scaglia.

es.ca.mo.so [eskam'ozu] *agg* squamoso, scaglioso.

es.can.ca.rar [eskãkar'ar] *vt* spalancare; aprire a forza. *Fig.* squarciare.

es.can.da.li.zar [eskãdaliz'ar] *vt* scandalizzare. *vpr* scandalizzarsi, formalizzarsi.

es.cân.da.lo [esk'ãdalu] *sm* scandalo. Iron. tragedia. *Fig.* scena.

es.can.da.lo.so [eskãdal'ozu] *agg* scandaloso.

es.can.di.na.vo [eskãdin'avu] *sm*+*agg* scandinavo.

es.can.dir [eskãd'ir] *vt* Lett. scandire.

es.can.tei.o [eskãt'eju] *sm* Calc. calcio d'angolo.

es.ca.pa.da [eskap'adə] *sf* scappata, fuga, scampo.

es.ca.par [eskap'ar] *vt*+*vi* scappare; fuggire; sfuggire a; sgusciare; evadere; sopravvivere. Iron. galoppare. Pop. far fagotto. *Fig.* prendere il volo. **deixar** ≃ lasciar andare.

es.ca.pa.tó.ria [eskapat'ɔrjə] *sf* scappatoia.

es.ca.pu.lá.rio [eskapul'arju] *sm* Rel. scapolare.

es.ca.pu.lir [eskapul'ir] *vt*+*vi* sgattaiolare. *Fam.* scapolare.

es.ca.ra.mu.ça [eskaram'usə] *sf* Mil. scaramuccia, avvisaglia.

es.ca.ra.ve.lho [eskarav'eʎu] *sm* Zool. scarabeo.

es.car.céu [eskars'ɛw] *sm* schiamazzo, gridata. Naut. cavallone.

es.car.la.te [eskarl'ati] *sm*+*agg* scarlatto.

es.car.la.ti.na [eskarlat'inə] *sf* Med. scarlattina.

es.car.ne.cer [eskarnes'er] *vt* schernire. Lett. irridere.

es.cár.nio [esk'arnju] *sm* scherno, beffa, burla, dileggio. Lett. ludibrio.

es.car.pa [esk'arpə] *sf* scarpata.

es.car.pa.do [eskarp'adu] *agg* ripido, erto.

es.car.rar [eskaɾ'ar] *vi* scaracchiare, espettorare.
es.car.ro [esk'aɾu] *sm* scaracchio.
es.cas.se.ar [eskase'ar] *vi* scarseggiare.
es.cas.sez [eskas'es] *sf* scarsezza, scarsità, penuria. *Fig.* ristrettezza.
es.cas.so [esk'asu] *agg* scarso, raro, esiguo, poco. *Fig.* magro.
es.ca.va.ção [eskavas'ãw] *sf* scavazione, scavatura; incavatura; traforo, scavo.
es.ca.va.dei.ra [eskavad'ejɾɐ] *sf* scavatrice, macchina scavatrice.
es.ca.va.do [eskav'adu] *agg* concavo, fondo.
es.ca.var [eskav'ar] *vt* scavare, cavare, incavare.
es.cla.re.cer [esklares'er] *vt* chiarire, spiegare, illustrare, dilucidare; appurare, constatare, assodare. *Fig.* illuminare.
es.cla.re.ci.men.to [esklaresim'ẽtu] *sm* spiegazione, illustrazione, informazione. *Fig.* luce.
es.cle.ro.sa.do [eskleroz'adu] *agg Ger.* bacucco.
es.cle.ro.se [eskler'ɔzi] *sf Med.* sclerosi.
es.co.a.dou.ro [eskoad'owru] *sm* scolatoio, acquaio.
es.co.a.men.to [eskoam'ẽtu] *sm* scolo.
es.co.ar [esko'ar] *vi* scolare, colare, filtrare.
es.co.cês [eskos'es] *sm+agg* scozzese.
es.coi.ce.ar [eskojse'ar] *vi* scalciare.
es.co.la [esk'ɔlɐ] *sf* scuola; collegio; corrente (d'idee). ≃ **de equitação** maneggio. ≃ **maternal** giardino (o asilo) d'infanzia. ≃ **mista** scuola promiscua. ≃ **para rapazes** scuola maschile. ≃ **politécnica** politecnico. ≃ **primária** scuola elementare. ≃ **secundária** scuola media (o secondaria), liceo, ginnasio.
es.co.lar [eskol'ar] *agg* scolastico.
es.co.lás.ti.co [eskol'astiku] *sm Fil.* scolastico.
es.co.lha [esk'ɔʎɐ] *sf* scelta; cernita, selezione; elezione, adozione; partito. *Giur.* opzione. à ≃ a scelta.
es.co.lher [eskoʎ'er] *vt* scegliere; cernere, selezionare; eleggere, adottare; assortire; ottare per. *Giur.* optare per. *Fig.* votare; filtrare.
es.co.lhi.do [eskoʎ'idu] *part+agg* scelto; eletto.
es.co.lho [esk'oʎu] *sm Geogr.* scoglio, frangente.
es.co.li.o.se [eskoli'ɔzi] *sf Med.* scoliosi.
es.col.ta [esk'ɔwtɐ] *sf* scorta. *Poet.* scolta.
es.col.tar [eskowt'ar] *vt* scortare, fare la scolta.
es.com.bros [esk'õbrus] *sm pl* macerie.
es.con.der [eskõd'er] *vt* nascondere; occultare; celare; covare, chiudere. *Fig.* velare, mascherare. *Ger.* imboscare. *vpr* nascondersi; occultarsi, eclissarsi; annidarsi, rintanarsi; appostarsi, imboscarsi. *Fig.* svanire.
es.con.de.ri.jo [eskõder'iʒu] *sm* nascondiglio, ripostiglio. *Lett.* latebra. *Fig.* baita, buco.

es.con.di.do [eskõd'idu] *part+agg* nascosto; occulto, soppiatto; segreto, recondito; latente; furtivo. *Fig.* seppellito, sepolto. **às** ≃ **as** *avv* di soppiatto, sotto mano, nell'ombra, alla sordina, alla zitta. **ficar** ≃ far capolino.
es.con.ju.rar [eskõʒur'ar] *vt Rel.* scongiurare.
es.con.ju.ro [eskõʒ'uru] *sm Rel.* scongiuro.
es.co.pa [esk'opɐ] *sf* scopa.
es.co.po [esk'opu] *sm* scopo, effetto.
es.cor.bu.to [eskorb'utu] *sm Med.* scorbuto.
es.có.ria [esk'ɔrjɐ] *sf* scoria. *Fig.* gentaglia.
es.co.ri.a.ção [eskorias'ãw] *sf* escoriazione, sbucciatura.
es.co.ri.ar [eskori'ar] *vt* escoriare, scorticare.
es.cor.pi.ão [eskorpi'ãw] *sm* scorpione. E ≃ *Astron.* e *Astrol.* Scorpione.
es.cor.re.dor [eskored'or] *sm* ≃ **de pratos** rastrelliera.
es.cor.re.ga.de.la [eskoɾegad'ɛlɐ] *sf* sdrucciolo.
es.cor.re.ga.di.o [eskoɾegad'iu] *agg* scivoloso, sdrucciolevole, lubrico.
es.cor.re.gão [eskoɾeg'ãw] *sm aum* sdrucciolone, sdrucciolo. *Fig.* capitombolo.
es.cor.re.gar [eskoɾeg'ar] *vi* scivolare, sdrucciolare, slittare. ≃ **ando** *avv* sdruccioloni. ≃ **por entre as mãos** sgusciare.
es.cor.rer [eskoɾ'er] *vi* scorrere, fluire; scolare, grondare.
es.cor.ri.men.to [eskoɾim'ẽtu] *sm* scorrimento, flusso.
es.co.tei.ro [eskot'ejru] *sm* giovane esploratore.
es.co.ti.lha [eskot'iʎɐ] *sf Naut.* boccaporto.
es.co.va [esk'ovɐ] *sf* spazzola. ≃ **de dentes** spazzolino da denti.
es.co.var [eskov'ar] *vt* spazzolare, spolverare; ravviare (capelli).
es.co.vi.nha [eskov'iɲɐ] *sf dim* spazzolino.
es.cra.vi.dão [eskravid'ãw] *sf* schiavitù, servitù. *Fig.* catene *pl*, ferri *pl*.
es.cra.vo [eskr'avu] *sm+agg* schiavo, servo. *Fig.* prigioniero.
es.cre.ven.te [eskrev'ẽti] *s* scrivente.
es.cre.ver [eskrev'er] *vt* scrivere; redigere, comporre, stendere. ≃ **à máquina** scrivere a macchina. ≃ **em código** cifrare.
es.cre.vi.nhar [eskreviɲ'ar] *vt Fig. disp* scarabocchiare.
es.cri.ba [eskr'ibɐ] *sm St.* scriba.
es.cri.ta [eskr'itɐ] *sf* scritta, scrittura. *Fig.* cifra. ≃ **contábil** *Comm.* scrittura. ≃ **ilegível** *Fig.* geroglifico.
es.cri.to [eskr'itu] *sm* scritto, testo. *part+agg* scritto. **fazer por** ≃ *Fig.* mettere il nero sul bianco.

es.cri.tor [eskrit'or] *sm* scrittore, romanziere. *Fig.* autore.

es.cri.tó.rio [eskrit'ɔrju] *sm* ufficio, gabinetto, studio. **no** ≃ **de** *prep* da.

es.cri.tu.ra [eskrit'urə] *sf Giur.* scrittura.

es.cri.tu.ra.ção [eskrituras'ãw] *sf Comm.* scrittura.

es.cri.tu.rar [eskritur'ar] *vt Contab.* scritturare, conteggiare, impostare.

es.cri.va.ni.nha [eskrivan'iñə] *sf* scrivania, scrittoio.

es.cri.vão [eskriv'ãw] *sm* scrivano.

es.cro.to [eskr'otu] *sm Anat.* scroto.

es.crú.pu.lo [eskr'upulu] *sm* scrupolo.

es.cru.pu.lo.so [eskrupul'ozu] *agg* scrupoloso; coscienzioso; minuzioso. *Fig.* religioso.

es.cru.tar [eskrut'ar] *vt* scrutare.

es.cru.ti.na.dor [eskrutinad'or] *sm* scrutinatore.

es.cru.ti.nar [eskrutin'ar] *vt* scrutinare.

es.cru.tí.nio [eskrut'inju] *sm* scrutinio.

es.cu.dei.ro [eskud'ejru] *sm St.* scudiere, scudiero, palafreniere.

es.cu.de.ri.a [eskuder'iə] *sf St.* e *Sp.* scuderia.

es.cu.do [esk'udu] *sm* scudo; insegna. *Fig.* corazza.

es.cul.pir [eskuwp'ir] *vt* scolpire, figurare.

es.cul.tor [eskuwt'or] *sm* scultore. *Fig.* scalpello.

es.cul.tu.ra [eskuwt'urə] *sf* scultura.

es.cu.ma.dei.ra [eskumad'ejrə] *sf* mestola.

es.cu.re.cer [eskures'er] *vt* scurire, abbuiare; annerire, annerare; oscurare. *Astron.* eclissare. *Lett.* imbrunare. *vi* scurire, scurirsi; abbuiare, abbuiarsi (tempo); annottare, imbrunirsi (cielo). *Astron.* eclissarsi. *Lett.* imbrunarsi.

es.cu.re.ci.men.to [eskuresim'ẽtu] *sm* annerimento, anneritura, abbrunamento.

es.cu.ri.dão [eskurid'ãw] *sf* scurità, cupezza; oscurità, buio. *Lett.* latebra. *Fig.* notte.

es.cu.ro [esk'uru] *sm* scuro, buio. *agg* scuro; buio, tenebroso; cupo; tetro; torbido; oscuro. **casa** ≃ **a** casa scura (o affogata). **pele** ≃ **a** pelle scura (o bruna).

es.cu.ta [esk'utə] *sf* ascolto. **à** ≃ in ascolto.

es.cu.ta.do [eskut'adu] *part*+*agg* ascoltato, udito.

es.cu.tar [eskut'ar] *vt* ascoltare, sentire, udire. *Fig.* bere. *vi* ascoltare.

es.drú.xu.lo [ezdr'uʃulu] *agg Gramm.* e *Poet.* sdrucciolo.

es.fa.ce.lar [esfasel'ar] *vt* sfracellare. *Pop.* sfragellare. *vpr* sfasciarsi, sgretolarsi.

es.fa.que.ar [esfake'ar] *vt* scoltellare.

es.far.ra.pa.do [esfaɾap'adu] *sm* straccione. *part*+*agg* stracciato, cencioso, sbricio.

es.far.ra.par [esfaɾap'ar] *vt* sbrindellare, sbrandellare.

es.fe.ra [esf'erə] *sf Geom.* sfera, globo. *Fig.* sfera, ambito, dominio.

es.fé.ri.co [esf'eriku] *agg* sferico, tondo, rotondo.

es.fínc.ter [esf'ĩkter] *sm Anat.* sfintere.

es.fin.ge [esf'ĩʒi] *sf St.* e *Mit.* sfinge.

es.fo.la.do [esfol'adu] *sm* sbucciatura.

es.fo.lar [esfol'ar] *vt* scorticare, spellare, escoriare. *vpr* scorticarsi.

es.fo.me.a.do [esfome'adu] *part*+*agg* affamato, famelico.

es.fo.me.ar [esfome'ar] *vt* affamare.

es.for.çar-se [esfors'arsi] *vpr* sforzarsi, arrabattarsi, faticare; sforzarsi di, adoperarsi per.

es.for.ço [esf'orsu] *sm* sforzo; fatica, stento; tentativo, conato. *Fig.* maratona.

es.fre.ga [esfr'egə] *sf* fregata, fregatura. *Fam.* parrucca. *Pop.* rabbuffo, sgridata.

es.fre.ga.ção [esfregas'ãw] *sf* frizione, fregata.

es.fre.gar [esfreg'ar] *vt* sfregare, fregare, strisciare. *vpr* fregarsi, strofinarsi.

es.fri.ar [esfri'ar] *vt* freddare, infreddare, infrigidire. *vi*+*vpr* freddare, freddarsi, infrigidirsi, intiepidirsi.

es.fu.ma.ça.do [esfumas'adu] *part*+*agg* bigio.

es.fu.ma.çar [esfumas'ar] *vt* affumicare; attenuare (colore).

es.fu.mar [esfum'ar] *vt Pitt.* sfumare.

es.fu.ma.tu.ra [esfumat'urə] *sf Pitt.* sfumatura, gradazione.

es.ga.nar [ezgan'ar] *vt* strozzare, strangolare, torcere il collo.

es.go.e.lar-se [ezgoel'arsi] *vpr* sgolarsi, spolmonarsi.

es.go.ta.do [ezgot'adu] *part*+*agg* estenuato. *Fig.* sfatto, smunto.

es.go.ta.dou.ro [ezgotad'owru] *sm* acquaio.

es.go.tar [ezgot'ar] *vt* esaurire; estenuare. ≃ **um assunto** *Fig.* esaurire un argomento.

es.go.to [ezg'otu] *sm* fogna, chiavica, cloaca, emissario.

es.gri.ma [ezgr'imə] *sf Sp.* scherma.

es.gri.mir [ezgrim'ir] *vi Sp.* schermire, tirare di scherma. *vpr* schermirsi.

es.gri.mis.ta [ezgrim'istə] *s Sp.* schermitore.

es.gue.lha [ezg'eʎə] *sf* utilizzato nell'espressione **de** ≃ di scorcio.

es.gui.char [ezgiʃ'ar] *vt* schizzare, gettare. *vi* schizzare, zampillare.

es.gui.cho [ezg'iʃu] *sm* schizzo, zampillo, getto.

es.la.vo [ezl'avu] sm+agg slavo.

es.ma.e.cer [ezmaes'er] vt Pitt. digradare.

es.ma.e.ci.men.to [ezmaesim'ĕtu] sm Pitt. digradazione.

es.ma.ga.men.to [ezmagam'ĕtu] sm sopraffazione.

es.ma.gar [ezmag'ar] vt schiacciare, calpestare, calcare; sopraffare.

es.mal.tar [ezmawt'ar] vt smaltare.

es.mal.te [ezm'awti] sm an Anat. smalto. ≃ para unhas smalto per unghie.

es.me.ra.do [ezmer'adu] agg accurato, lindo.

es.me.ral.da [ezmer'awdə] sf Min. smeraldo.

es.me.ril [ezmer'iw] sm smeriglio, mola smeriglio.

es.me.ri.lhar [ezmeriλ'ar] vt smerigliare.

es.me.ro [ezm'eru] sm accuratezza, lindezza, lindura.

es.mi.ga.lhar [ezmigaλ'ar] vt sbriciolare, stritolare, maciullare. Pop. sfragellare.

es.mi.u.çar [ezmius'ar] vt sminuzzare. Fig. svolgere, spiegar minuziosamente.

es.mo ['ezmu] sm utilizzato nell'espressione a ≃ a vanvera.

es.mo.la [ezm'ɔlə] sf elemosina, accatto, carità. dar uma ≃ fare un'elemosina. pedir ≃ s elemosinare, mendicare, accattare.

es.mo.lar [ezmol'ar] vt+vi elemosinare, questuare.

es.mo.re.cer [ezmores'er] vt addormentare. vi sbigottirsi, abbattersi, abbandonarsi, disanimarsi. Fig. sgonfiarsi.

es.mo.re.ci.men.to [ezmoresim'ĕtu] sm sbigottimento.

e.sô.fa.go [ez'ofagu] sm Anat. esofago.

e.so.té.ri.co [ezot'eriku] agg esoterico.

es.pa.çar [espas'ar] vt spaziare. Fig. alternare.

es.pa.ce.jar [espaseʒ'ar] vt spazieggiare.

es.pa.ci.al [espasi'aw] agg spaziale.

es.pa.ço [esp'asu] sm spazio; superficie, tratto; lacuna; recinto.

es.pa.ço.so [espas'ozu] agg spazioso, ampio. Lett. lato.

es.pa.da [esp'adə] sf spada. Poet. brando. ≃ s pl picche, spade (seme delle carte).

es.pa.da.chim [espadaʃ'ĩ] sm St. spadaccino. Sp. schermitore.

es.pá.dua [esp'adwə] sf Anat. spalla.

es.pa.gue.te [espag'eti] sm spaghetti pl.

es.pal.dar [espawd'ar] sm schienale (di una sedia).

es.pa.lha.do [espaλ'adu] part+agg sparso; diffuso; soffuso.

es.pa.lhar [espaλ'ar] vt spargere; cospargere; diffondere (notizia); spandere. vpr spargersi; spandersi; invalere (idee, abiti, ecc.). Med. irradiarsi, irraggiarsi.

es.pal.mar [espawm'ar] vt spalmare.

es.pan.car [espãk'ar] vt bastonare, legnare, picchiare, bordare. Fam. pestare.

es.pa.nhol [españ'ɔw] sm spagnolo. agg spagnolo, ispanico, ispano.

es.pan.ta.lho [espãt'aλu] sm spauracchio, fantoccio.

es.pan.tar [espãt'ar] vt spaventare, spaurire. Fig. agghiacciare. vpr spaventarsi. Fig. agghiacciarsi.

es.pan.to [esp'ãtu] sm spavento, sbalordimento.

es.pan.to.so [espãt'ozu] agg spaventoso, spaventevole, stupefacente, strabiliante.

es.pa.ra.dra.po [esparadr'apu] sm Med. sparadrappo, drappo, taffetà.

es.par.gir [esparʒ'ir] vt spargere, cospargere, spandere.

es.par.ra.ma.do [esparãm'adu] part+agg soffuso; disperso.

es.par.ra.mar [esparãm'ar] vt sparpagliare, disseminare; disperdere.

es.par.ta.no [espart'ʌnu] sm+agg spartano, di Sparta. Fig. austero.

es.par.ti.lho [espart'iλu] sm busto, gilè.

es.pas.mo [espazm'u] sm Med. spasimo, spasmo. ter ≃ s spasimare.

es.pas.mó.di.co [espazm'ɔdiku] agg Med. spasmodico.

es.pe.ci.al [espesi'aw] agg speciale; specifico; raro, straordinario.

es.pe.cia.li.da.de [espesjalid'adi] sf specialità, branca.

es.pe.cia.lis.ta [espesjal'istə] s esperto, perito, professionista. agg esperto, perito, competente. ser ≃ em essere saputo di.

es.pe.cia.li.za.ção [espesjalizas'ãw] sf specializzazione, campo, branca.

es.pe.cia.li.zar-se [espesjaliz'arsi] vpr specializzarsi.

es.pe.cia.ri.as [espesjar'ias] sf pl spezie, aromi, droghe. temperar com ≃ s drogare.

es.pé.cie [esp'esji] sf spezie; genere, natura, qualità. Zool. specie. Fig. risma.

es.pe.ci.fi.car [espesifik'ar] vt specificare, precisare, individuare. Giur. declarare.

es.pe.cí.fi.co [espes'ifiku] agg specifico, precipuo.

es.pé.ci.me [esp'esimi] sm Zool. esemplare.

es.pec.ta.dor [espektad'or] sm spettatore, astante, ascoltatore.

es.pec.tral [espektr'aw] *agg* spettrale.

es.pec.tro [esp'ektru] *sm* spettro; fantasma, apparizione. *Fig.* larva, simulacro.

es.pe.cu.lar [espekul'ar] *vt Fil.* e *Comm.* speculare. *Fig.* pappare.

es.pe.cu.la.ti.vo [espekulat'ivu] *agg* speculativo, teorico.

es.pe.lhar [espeʎ'ar] *vt* rispecchiare, riflettere. *vpr* specchiarsi.

es.pe.lhi.nho [espeʎ'iɲu] *sm dim* specchietto.

es.pe.lho [esp'eʎu] *sm* specchio. ≃ **retrovisor** *Autom.* specchietto retrovisivo.

es.pe.lun.ca [espel'ũkə] *sf* bisca, piccola casa di gioco.

es.pe.ra [esp'erə] *sf* attesa, aspetto, aspettativa. **à** ≃ **de** in attesa di. **ficar à** ≃ attendere.

es.pe.ran.ça [esper'ãsə] *sf* speranza. *Fig.* assegnamento. **perder a** ≃ disperare. **ter** ≃ sperare. *Fig.* aver buon giuoco. **a** ≃ **é a última que morre** finché v'è fiato, v'è speranza.

es.pe.ran.ço.so [esperãs'ozu] *agg* speranzoso.

es.pe.ran.to [esper'ãtu] *sm Ling.* esperanto.

es.pe.rar [esper'ar] *vt+vi* aspettare; attendere; sperare. ≃ **muito tempo por alguma coisa** *Fig.* allungare il collo.

es.per.ma [esp'ermə] *sm Fisiol.* sperma.

es.per.ma.to.zói.des [espermatoz'ɔjdis] *sm pl Fisiol.* spermatozoi.

es.per.ne.ar [esperne'ar] *vi* sgambettare. *Iron.* zampettare.

es.per.ta.lhão [espertaʎ'ãw] *sm disp* furbaccione. *Fig.* volpe.

es.per.te.za [espert'ezə] *sf* furbizia; furberia; astuzia, malizia; destrezza, scaltrezza; vivacità. *Fig.* acume.

es.per.ti.nho [espert'iɲu] *sm disp* furbaccio. *Fam.* filone. *Fig.* razzo.

es.per.to [esp'ertu] *agg* furbo; astuto, scaltro; avveduto; malizioso; vivace, vispo; lesto, svelto, sbrigativo. *Fig.* accivettato.

es.pes.so [esp'esu] *agg* spesso, fitto, denso. *Fig.* grasso.

es.pes.su.ra [espes'urə] *sf* spessore, grossezza.

es.pe.ta.cu.lar [espetakul'ar] *agg* spettacolare, spettacoloso.

es.pe.tá.cu.lo [espet'akulu] *sm Cin.* e *Teat.* spettacolo, recita, rappresentazione. ≃ **de variedades** varietà.

es.pe.tar [espet'ar] *vt* infilare, infilzare; pizzicare, mordicare.

es.pe.to [esp'etu] *sm* spiedo, spiede.

es.pi.ão [espi'ãw] *sm* spia; emissario; delatore. *Fig. Ger.* canarino.

es.pi.ar [espi'ar] *vt* spiare.

es.pi.ga [esp'igə] *sf* spiga.

es.pi.gão [espig'ãw] *sm Archit.* comignolo.

es.pi.na.fre [espin'afri] *sm* spinacio.

es.pin.gar.da [espĩg'ardə] *sf* spingarda, schioppo.

es.pi.nha [esp'iɲə] *sf Anat.* spina. ≃ **de peixe** *Zool.* lisca, spina. ≃ **dorsal** *Anat.* spina dorsale.

es.pi.nha.ço [espiɲ'asu] *sm Geogr.* dosso.

es.pi.nhal [espiɲ'aw] *agg Anat.* spinale.

es.pi.nho [esp'iɲu] *sm Bot.* spina. ≃ **de roseira** aculeo.

es.pi.nho.so [espiɲ'ozu] *agg* spinoso.

es.pio.na.gem [espjon'aʒẽj] *sf* spionaggio.

es.pio.nar [espjon'ar] *vt* spiare, codiare, braccheggiare. *Fig.* ascoltare.

es.pi.ral [espir'aw] *sf* spirale; voluta. *agg* spirale.

es.pí.ri.ta [esp'iritə] *s* spiritista.

es.pí.ri.tis.mo [espirit'izmu] *sm* spiritismo.

es.pí.ri.to [esp'iritu] *sm* spirito; anima; demone; il morale. *Mit.* genio, gnomo. *Chim.* spirito. ≃ **de corporação** *Mil.* spirito di corpo. **mau** ≃ *Mit.* succubo. **o E** ≃ **Santo** lo Spirito Santo.

es.pi.ri.tu.al [espiritu'aw] *agg* spirituale; immateriale; angelico; morale.

es.pi.ri.tu.o.so [espiritu'ozu] *agg* spiritoso, lepido.

es.pir.rar [espiř'ar] *vt* schizzare, aspergere, cospargere. *Fig.* annaffiare. *vi* schizzare; starnutire, sternutire.

es.pir.ro [esp'iřu] *sm* starnuto, sternuto.

es.pla.na.da [esplan'adə] *sf* spianata.

es.plên.di.do [espl'ẽdidu] *agg* splendido, magnifico.

es.plen.dor [espl̃ẽd'or] *sm* splendore, fulgore.

es.plen.do.ro.so [esplẽdor'ozu] *agg* splendido. *Fig.* aureo.

es.po.li.a.do [espoli'adu] *part*+*agg* spogliato, derubato. *Fig.* ignudo.

es.po.li.ar [espoli'ar] *vt* spogliare, espilare.

es.pó.lio [esp'ɔlju] *sm* preda, spoglie *pl.*

es.pon.ja [esp'õʒə] *sf* spugna. *Pop.* alcolizzato. **beber como uma** ≃ bere come una spugna. ≃ **para pó-de-arroz** piumino.

es.pon.jo.so [espõʒ'ozu] *agg* spugnoso. *Fig.* poroso.

es.pon.ta.ne.a.men.te [espõtaneam'ẽti] *avv* spontaneamente, di buon grado.

es.pon.tâ.neo [espõt'ʌnju] *agg* spontaneo; franco. *Fig.* fluido; fresco; brillante (sorriso).

es.po.ra [esp'ɔrə] *sf* sprone, sperone.

es.po.rá.di.co [espor'adiku] *agg* sporadico, contingente.

es.po.rar [espor'ar] *vt* spronare.

es.po.ro [esp'ɔru] *sm Bot.* e *Zool.* spora.

es.por.te [esp'ɔrti] *sm* sport.

es.por.tis.ta [esport'ista] *s* sportista, atleta.

es.por.ti.vo [esport'ivu] *agg* sportivo, atletico.

es.po.sa [esp'ozɐ] *sf* sposa, moglie, coniuge. *Iron.* femmina. *Fig.* signora.

es.po.so [esp'ozu] *sm* sposo, coniuge.

es.pre.gui.ça.dei.ra [espregisad'ejrɐ] *sf* sedia a sdraio.

es.pre.gui.çar-se [espregis'arsi] *vpr* sdraiarsi, stirarsi, protendersi.

es.prei.ta [espr'ejtɐ] *sf* vigilanza. ficar à ≃ far capolino.

es.prei.tar [esprejt'ar] *vt* spiare, sorvegliare. *Fig.* ascoltare.

es.pre.me.dor [espremed'or] *sm* spremitoio; torchio.

es.pre.mer [esprem'er] *vt* spremere, premere, strizzare.

es.pu.ma [esp'umɐ] *sf* spuma, schiuma.

es.pu.man.te [espum'ãti] *agg* spumante.

es.pu.mar [espum'ar] *vi* spumare, schiumare.

es.pu.mo.so [espum'ozu] *agg* spumoso.

es.pú.rio [esp'urju] *agg* spurio.

es.qua.dra [eskw'adrɐ] *sf Mil.* e *Aer.* squadra. *Naut.* squadra, flotta.

es.qua.drão [eskwadr'ãw] *sm Mil.* squadrone. ≃ de polícia squadrone.

es.qua.drar [eskwadr'ar] *vt* squadrare, mettere in angolo retto.

es.qua.dri.a [eskwadr'iɐ] *sf* quartabuono.

es.qua.dri.lha [eskwadr'iʎɐ] *sf Mil.* squadriglia. *Aer.* squadriglia, flotta aerea.

es.qua.dri.nhar [eskwadriɲ'ar] *vt Fig.* squadrare, esaminar minuziosamente.

es.qua.dro [esk'wadru] *sm* squadra, quartabuono. sair de ≃ uscire di squadra.

es.qua.li.dez [eskwalid'es] *sf* squallore.

es.quá.li.do [esk'walidu] *agg* squallido.

es.quar.te.jar [eskwarteʒ'ar] *vt* squartare.

es.que.cer [eskes'er] *vt* dimenticare, scordare. *Lett.* obliare. *Fig.* archiviare, seppellire. *vpr* dimenticarsi, scordarsi.

es.que.ci.do [eskes'idu] *part+agg* dimentico; negletto; recondito. *Lett.* oblioso, oblivioso. *Fig.* seppellito, sepolto.

es.que.ci.men.to [eskesim'ẽtu] *sm* dimenticaggine, dimenticanza; omissione. *Lett.* oblio.

es.que.lé.ti.co [eskel'etiku] *agg* scheletrico; cadaverico, smunto, sparuto. ser ≃ *Fig.* essere un'ombra.

es.que.le.to [eskel'etu] *sm Anat.* scheletro; carcame. *Archit.* armatura. *Fig.* stoccafisso, larva, persona magra. ≃ de objeto struttura.

es.que.ma [esk'emɐ] *sm* schema; diagramma, tavola; bozza; sintesi. *Fig.* scheletro; specchietto.

es.que.má.ti.co [eskem'atiku] o es.que.ma.ti.za.do [eskematiz'adu] *agg* schematico.

es.que.ma.ti.zar [eskematiz'ar] *vt* sintetizzare. *Fig.* condensare.

es.quen.ta.do [eskẽt'adu] *part+agg* accaldato. *Fig.* stizzoso.

es.quen.tar [eskẽt'ar] *vt* riscaldare, scaldare, accalorare. *vi* riscaldarsi. *vpr* caldarsi, accalorarsi. *Fig.* stizzirsi.

es.quer.da [esk'erdɐ] *sf an Pol.* sinistra. à ≃ a sinistra. virar à ≃ voltare a sinistra.

es.quer.do [esk'erdu] *agg* sinistro; manco, mancino.

es.qui [esk'i] *sm Sp.* sci. ≃ aquático sci d'acqua.

es.qui.a.dor [eskjad'or] *sm* sciatore.

es.qui.ar [eski'ar] *vi* sciare.

es.qui.fe [esk'ifi] *sm* feretro, cataletto.

es.qui.lo [esk'ilu] *sm Zool.* scoiattolo.

es.qui.mó [eskim'ɔ] *s+agg* eschimese.

es.qui.na [esk'inɐ] *sf* angolo, voltata, gomito di una via. na ≃ de all'angolo di. virar a ≃ scantonare.

es.qui.si.ti.ce [eskizit'isi] *sf* bizzarria, stranezza, stravaganza, fisima, stramberia.

es.qui.si.to [eskiz'itu] *agg* bizzarro, strano, stravagante, strampalato, estroso. *Pop. disp* strambo. *Fig.* matto.

es.qui.var [eskiv'ar] *vt* schivare, fuggire. *vpr* schivarsi, sottrarsi. *Fig.* aggirare.

es.qui.vo [esk'ivu] *agg* schivo, ritroso. *Fig.* angoloso, bisbetico.

es.qui.zo.frê.ni.co [eskizofr'eniku] *sm+agg Psic.* schizofrenico.

es.sa ['esɐ] *pron fsg* codesta, cotesta.

es.sas ['esɐs] *pron fpl* codeste, coteste.

es.se ['esi] I *sm* esse, il nome della lettera S.

es.se ['esi] II *pron msg* codesto, cotesto.

es.sên.cia [es'ẽsjɐ] *sf* essenza; natura, contenuto; anima. *Fig.* centro, cuore; sugo.

es.sen.ci.al [esẽsi'aw] *sm* essenziale, punto principale. *agg* essenziale; capitale, principale; necessario, vitale, sostanziale.

es.ses ['esis] *pron mpl* codesti, cotesti.

es.ta ['estɐ] *pron fsg* questa (quest').

es.ta.be.le.cer [estabeles'er] *vt* stabilire; fissare; disporre; fondare; designare, determinare. *vpr* stabilirsi; fissarsi; stanziarsi.

es.ta.be.le.ci.do [estabeles'idu] *part+agg* stabilito; fisso.

es.ta.be.le.ci.men.to [estabelesim'ĕtu] *sm* stabilimento.

es.ta.bi.li.da.de [estabilid'adi] *sf* stabilità; durata; saldezza. *Fig.* tenacia.

es.ta.bi.li.za.dor [estabilizad'or] *sm Aer.* dispositivo di stabilità.

es.ta.bi.li.zar [estabiliz'ar] *vt* stabilizzare; raffermare, fissare; consolidare. *Lett.* francare. *vpr* stabilizzarsi, raffermarsi, fissarsi.

es.tá.bu.lo [est'abulu] *sm* stalla, mandra.

es.ta.ca [est'akə] *sf* palanca, palo, picchetto. **prender uma planta em** ≃ impalare una pianta.

es.ta.ção [estas'ãw] *sf* stazione; stagione. ≃ **de rádio** canale di radio, stazione radiofonica. ≃ **de televisão** canale di TV, stazione TV ≃ **inicial** stazione di testa.

es.ta.cio.na.men.to [estasjonam'ĕtu] *sm Autom.* parcheggio, posteggio, sosta.

es.ta.cio.nar [estasjon'ar] *vt* parcheggiare, posteggiare. *vi* stazionare, sostare.

es.ta.di.a [estad'iə] *sf* soggiorno.

es.tá.dio [est'adju] *sm Sp.* stadio, arena.

es.ta.dis.ta [estad'istə] *s* statista.

es.ta.do [est'adu] *sm* stato; situazione; disposizione; grado. *Fig.* livello. ≃ **civil** stato civile. ≃ **de espírito** stato d'animo. *Fig.* umore. ≃ **de graça** stato di grazia. ≃ **de sítio** stato d'assedio. o E≃ *Pol.* lo Stato.

es.ta.do-mai.or [estadumaj'or] *sm Mil.* stato maggiore.

es.ta.du.ni.den.se [estadunid'ẽsi] *s+agg* statunitense.

es.ta.fe.ta [estaf'etə] *sm* staffetta.

es.tá.gio [est'aʒju] *sm* fase; noviziato, tirocinio.

es.tag.na.ção [estagnas'ãw] *sf* ristagno. *Fig.* palude.

es.tag.nar [estagn'ar] *vt* stagnare, ristagnare. *vpr* stagnare, ristagnare, ristagnarsi.

es.ta.lac.ti.te [estalakt'iti] *sf Geol.* stalattite.

es.ta.la.gem [estal'aʒẽj] *sf* osteria, locanda.

es.ta.lag.mi.te [estalagm'iti] *sf Geol.* stalagmite.

es.ta.la.ja.dei.ro [estalaʒad'ejru] *sm* locandiere, oste.

es.ta.lar [estal'ar] *vt* schioccare. *vi* schioccare, crepitare, scoppiettare.

es.ta.lei.ro [estal'ejru] *sm Naut.* cantiere.

es.ta.lo [est'alu] o **es.ta.li.do** [estal'idu] *sm* crepito, schiocco; scoppio.

es.ta.me [est'ʌmi] *sm Bot.* stame.

es.tam.pa [est'ãpə] *sf* stampa.

es.tam.par [estãp'ar] *vt* stampare, imprimere.

es.tam.pi.do [estãp'idu] *sm* gazzarra (di arma).

es.tam.pi.lha [estãp'iʎə] *sf* marca da bollo.

es.tan.car [estãk'ar] *vt* stagnare (sangue).

es.tân.cia [est'ãsjə] *sf* stanza.

es.tan.dar.te [estãd'arti] *sm* stendardo, insegna, gonfalone. *Fig.* bandiera.

es.ta.nhar [estañ'ar] *vt* stagnare, coprire di stagno.

es.ta.nho [est'ʌñu] *sm Min.* stagno. ≃ **refinado** peltro.

es.tan.te [est'ãti] *sf* scansia; libreria. ≃ **para partituras e no coro da igreja** *Mus.* e *Rel.* leggio.

es.tar [est'ar] *vaus* essere. *vt* stare. ≃ **a ponto de** essere sul punto di. ≃ **em ótimo estado** fiorire, essere in fiore. ≃ **prestes a** essere lì lì per.

es.tar.re.cer [estařes'er] *vt* terrificare, atterrire.

es.tar.re.ci.do [estařes'idu] *part+agg* esterrefatto.

es.tas ['estəs] *pron fpl* queste.

es.tá.ti.ca [est'atikə] *sf Fis.* statica.

es.tá.ti.co [est'atiku] *agg* statico.

es.ta.tís.ti.ca [estat'istikə] *sf* statistica.

es.ta.ti.zar [estatiz'ar] *vt Econ.* statizzare, statalizzare.

es.tá.tua [est'atwə] *sf* statua; idolo. *Lett.* simulacro. **ficar como uma** ≃ restare come una statua.

es.ta.tu.e.ta [estatu'etə] *sf dim* statuetta.

es.ta.tu.ra [esta'urə] *sf* statura, corporatura, taglia.

es.ta.tu.to [estat'utu] *sm* statuto.

es.tá.vel [est'avew] *agg* stabile; immutabile, inalterato; costante; statico, fisso. *Fig.* sodo, fermo, saldo.

es.te ['esti] *pron msg* questo (quest').

es.tei.ra [est'ejrə] *sf* stuoia. *Naut.* solco.

es.te.lar [estel'ar] *agg* stellare, astrale.

es.te.lio.na.to [esteljon'atu] *sm Giur.* stellionato.

es.ten.der [estẽd'er] *vt* stendere; allargare; distendere; spiegare, coricare; porgere, protendere; estendere, espandere. *vpr* stendersi; distendersi; spiegarsi; protendersi, sporgersi; estendersi, espandersi.

es.ten.di.do [estẽd'idu] *part+agg* esteso.

es.te.no.da.ti.lo.gra.fi.a [estenodatilografi'ə] *sf* stenodattilografia.

es.te.no.gra.far [estenograf'ar] *vt* stenografare.

es.te.pe [est'epi] *sm Autom.* ruota di ricambio (o di scorta).

es.ter.co [est'erku] *sm* sterco, letame, fimo.

es.té.reo [est'erju] *sm Pop.* stereo. *agg* stereo, stereofonico.

es.te.re.o.fô.ni.co [estereof'oniku] *agg* stereofonico, stereo.

es.te.re.o.ti.pa.do [estereotip'adu] *agg Fig.* stereotipato.

es.te.re.ó.ti.po [estere'ɔtipu] *sm* stereotipo.

es.té.ril [est'eriw] *agg* sterile; improduttivo, infecondo; arido. *Fig.* magro.

es.te.ri.li.da.de [esterilid'adi] *sf* sterilità; aridezza, aridità. *Fig.* magrezza.

es.te.ri.li.za.do [esteriliz'adu] *part+agg Med.* sterilizzato, asettico, sterile.

es.te.ri.li.zar [esteriliz'ar] *vt* sterilizzare.

es.ter.no [est'ernu] *sm Anat.* sterno.

es.ter.tor [estert'or] *sm* rantolo.

es.tes ['estis] *pron mpl* questi.

es.te.ta [est'etə] *s* esteta.

es.té.ti.ca [est'etikə] *sf* estetica.

es.te.tos.có.pio [estetosk'ɔpju] *sm Med.* stetoscopio.

es.ti.a.gem [esti'aʒẽj] *sf* siccità.

es.ti.ar [esti'ar] *vi* spiovere.

es.tí.bio [est'ibju] *sm Chim.* antimonio.

es.ti.bor.do [estib'ɔrdu] *sm Naut.* tribordo.

es.ti.ca.do [estik'adu] *part+agg* teso.

es.ti.car [estik'ar] *vt* stirare, distendere, tendere. *vpr* distendersi, sporgersi.

es.tig.ma [est'igmə] *sm Bot.* stigma.

es.ti.lar [estil'ar] *vt* stillare.

es.ti.le.te [estil'eti] *sm* stilo, stiletto.

es.ti.lha.çar [estiʎas'ar] *vt* scheggiare.

es.ti.lha.ço [estiʎ'asu] *sm* scheggia.

es.ti.lin.gue [estil'igi] *sm* fionda, frombola.

es.ti.lis.ta [estil'istə] *s* stilista.

es.ti.li.zar [estiliz'ar] *vt* stilizzare.

es.ti.lo [est'ilu] *sm* stile; genere; dicitura. *Fig.* atteggiamento, tocco. **em grande** ≃ in grande stile. ≃ *artístico* maniera.

es.ti.ma [est'imə] *sf* stima; considerazione, pregio, rispetto; onore; benevolenza, grazia.

es.ti.mar [estim'ar] *vt* stimare; avere in stima, apprezzare; considerare; quotare. *Comm.* valutare.

es.ti.ma.ti.va [estimat'ivə] *sf Comm.* estimo, valutazione, preventivo.

es.ti.mu.lan.te [estimul'ãti] *sm Med.* stimolante. *agg* stuzzicante. *Med.* stimolante.

es.ti.mu.lar [estimul'ar] *vt* stimolare; eccitare; sollecitare; provocare, suscitare. *Fig.* accendere, svegliare; spronare, sferzare, stuzzicare.

es.tí.mu.lo [est'imulu] *sm* stimolo; incentivo; ʌigazione. *Fig.* stimolante, sveglia; sprone, sferza; spinta, impulso.

es.ti.pe [est'ipi] o es.tí.pi.te [est'ipiti] *sm Bot.* stipite.

es.ti.pu.la.ção [estipulas'ãw] *sf* stipula, stipulazione.

es.ti.pu.lar [estipul'ar] *vt* stipulare.

es.ti.ra.men.to [estiram'ẽtu] *sm* distensione.

es.ti.rar [estir'ar] *vt* stirare, coricare, distendere.

es.tir.pe [est'irpi] *sf* stirpe; lignaggio, progenie; casata, famiglia. *Fig.* sangue; ramo.

es.ti.va [est'ivə] *sf Naut.* stiva.

es.ti.vo [est'ivu] *agg* estivo, d'estate.

es.to.ca.da [estok'adə] *sf* stoccata.

es.to.fa.dor [estofad'or] *sm* addobbatore.

es.to.far [estof'ar] *vt* imbottire.

es.to.jo [est'oʒu] *sm* astuccio, custodia; capsula. ≃ **de maquiagem, ferramentas, etc.** necessario. ≃ **para pó-de-arroz** portacipria. ≃ **para talheres** busta.

es.to.la [est'ɔlə] *sf* stola.

es.to.ma.cal [estomak'aw] *agg* stomacale, gastrico.

es.tô.ma.go [est'omagu] *sm Anat.* stomaco. **estar de** ≃ **vazio** essere a stomaco vuoto. ≃ **de avestruz** *Fig.* stomaco di struzzo (o di ferro).

es.ton.te.ar [estõte'ar] *vt* stordire, assordare.

es.to.pa [est'opə] *sf* stoppa.

es.to.pim [estop'ĩ] *sm* stoppino.

es.to.que [est'ɔki] *sm* riserva. ≃ **de mercadorias** blocco di merce. **fim de** ≃ *Comm.* fondacci *pl*, fondigli *pl*, fondo di magazzino.

es.tor.nar [estorn'ar] *vt Comm.* stornare.

es.tor.ni.nho [estorn'iɲu] *sm Zool.* storno.

es.tor.no [est'ornu] *sm Comm.* storno.

es.tor.var [estorv'ar] *vt* impacciare, impedire.

es.tor.vo [est'orvu] *sm* impaccio, impedimento, impiccio. *Fig.* zavorra.

es.tou.rar [estowr'ar] *vt* esplodere. *vi* esplodere, scoppiare, sbottare, schiantarsi. *Fig.* deflagrare (una guerra).

es.tou.ro [est'owru] *sm* esplosione. *Fig.* tuono.

es.trá.bi.co [estr'abiku] *sm* strabico, guercio. *agg* strabico, guercio, bircio, strambo.

es.tra.bis.mo [estrab'izmu] *sm Med.* strabismo.

es.tra.ça.lhar [estrasaʎ'ar] *vt* stracciare, lacerare.

es.tra.da [estr'adə] *sf* strada. *Fig.* traiettoria. ≃ **de ferro** strada ferrata, ferrovia. ≃ **de rodagem** autostrada. ≃ **plana** piana. **pegar a** ≃ **errada** sbagliare strada.

es.tra.do [estr'adu] *sm* castello.

es.tra.ga.do [estrag'adu] *part+agg* guasto; danneggiato; logoro, consumato; corrotto; decrepito; marcio, rancido (alimento).

es.tra.gar [estrag'ar] *vt* guastare; danneggiare; logorare; rompere; sprecare, sperperare; deteriorare; corrompere, deturpare. *vi* marcire; avariarsi; andare in acqua (latte). *vpr* guastarsi; deteriorarsi; andare a male; logorarsi.

es.tra.go [estr'agu] *sm* guasto; danno; sciupo; spreco; corruzione; malestro.

es.tran.gei.ro [estrãʒ'ejru] *sm*+*agg* straniero, forestiero, estero, estraneo.

es.tran.gu.la.men.to [estrãgulam'ẽtu] *sm* strozzatura.

es.tran.gu.lar [estrãgul'ar] *vt* strangolare, strozzare. *vpr* strangolarsi, strozzarsi.

es.tra.nhe.za [estrañ'eza] *sf* stranezza; stravaganza.

es.tra.nho [estr'ʌñu] *sm* estraneo. *agg* strano; bizzarro, stravagante; anormale, bislacco; estraneo, alieno; incomprensibile. *Fam.* poetico. *Fig.* matto.

es.tra.ta.ge.ma [estrataʒ'emɐ] *sm* artificio, malizia, accorgimento. *Lett.* ingegno. *Mil.* stratagemma. *Fig.* calappio, acrobazia.

es.tra.té.gia [estrat'ɛʒɐ] *sf* strategia, tattica.

es.tra.té.gi.co [estrat'ɛʒiku] *agg* strategico.

es.tra.te.gis.ta [estrateʒ'istɐ] *s* strategico.

es.tra.ti.fi.ca.ção [estratifikas'ãw] *sf Min.* giacimento.

es.tra.tos.fe.ra [estratosf'ɛrɐ] *sf* stratosfera.

es.tre.ar [estre'ar] *vi* debuttare, esordire.

es.tre.ba.ri.a [estrebar'iɐ] *sf* cavallerizza, mandra, stalla.

es.tréi.a [estr'ejɐ] *sf* debutto.

es.trei.ta.men.to [estrejtam'ẽtu] *sm* ≃ **de pista** strettoia, strozzatura.

es.trei.tar [estrejt'ar] *vt* stringere.

es.trei.te.za [estrejt'ezɐ] *sf* strettezza, ristrettezza, angustia.

es.trei.to [estr'ejtu] *sm Geogr.* stretto. *agg* stretto, sottile; angusto, ristretto; aderente.

es.tre.la [estr'elɐ] *sf* stella, astro. *Cin.* e *Teat.* stella, diva, celebrità, attrice famosa. ≃ **cadente** *Astron.* stella cadente. ≃ **polar** *Astron.* tramontana. **ver** ≃s vedere le stelle, sentir dolore.

es.tre.la-d'al.va [estrelad'awvɐ] *sf Pop.* Diana.

es.tre.la.do [estrel'adu] *agg* stellato.

es.tre.la-do-mar [estreladum'ar] *sf Zool.* stella di mare, asteria.

es.tre.me.cer [estremes'er] *vi* tremare, sussultare; vibrare; rabbrividire; sobbalzare.

es.tre.me.ci.men.to [estremesim'ẽtu] *sm* tremore, tremito, sussulto; vibrazione; sobbalzo.

es.tré.pi.to [estr'epitu] *sm Poet.* fragore.

es.tri.a [estr'iɐ] *sf* stria.

es.tri.a.do [estri'adu] *part*+*agg* striato. **músculo** ≃ *Anat.* muscolo striato.

es.tri.bei.ra [estrib'ejrɐ] *sf* staffa. **perder as** ≃s *Fig.* perdere le staffe.

es.tri.bi.lho [estrib'iʎu] *sm Mus.* e *Poet.* ritornello, ripresa.

es.tri.bo [estr'ibu] *sm Anat.* staffa. *Autom.* pedana. *Equit.* staffa, pedana.

es.tri.den.te [estrid'ẽti] *agg* stridente, stridulo.

es.tri.par [estrip'ar] *vt* sbudellare, sviscerare, sventrare.

es.tri.to [estr'itu] *agg* stretto (senso).

es.tro.fe [estr'ɔfi] *sf Mus.* e *Poet.* strofa, stanza.

es.tron.de.ar [estrõde'ar] *vi* tuonare, tonare.

es.tron.do [estr'õdu] *sm* tuono, frastuono, boato. *Poet.* fragore. *Fig.* ruggito.

es.tron.do.so [estrõd'ozu] *agg* fragoroso.

es.tro.pi.a.do [estropi'adu] *part*+*agg* storpio.

es.tro.pi.ar [estropi'ar] *vt* storpiare. *vpr* storpiarsi.

es.tru.me [estr'umi] *sm* letame, marcime, fimo, concime animale. ≃ **de bovinos** bovina.

es.tru.tu.ra [estrut'urɐ] *sf* struttura; telaio, fusto; architettura. *Fig.* anatomia, ossatura.

es.tu.á.rio [estu'arju] *sm Geogr.* estuario, foce, sbocco, bocca di fiume.

es.tu.ca.dor [estukad'or] *sm* stuccatore.

es.tu.car [estuk'ar] *vt* stuccare.

es.tu.dan.te [estud'ãti] *s* studente, scolaro, allievo, alunno; studentessa, allieva, alunna. ≃ **aplicado** sgobbone. *agg* studente.

es.tu.dan.til [estudãt'iw] *agg* studentesco.

es.tu.dar [estud'ar] *vt* studiare; analizzare, considerare; esplorare; imparare. *Fig.* coltivare. *vi* studiare, addottrinarsi. *Fig.* illuminarsi. ≃ **a fundo** approfondirsi, addentrarsi. ≃ **na Universidade** frequentare l'Università.

es.tú.dio [est'udju] *sm* studio; gabinetto; atelier. *Cin.* e *TV* studio, teatro di posa.

es.tu.di.o.so [estudi'ozu] *sm* studioso, scienziato. *Fig.* professore. *agg* studioso, diligente.

es.tu.do [est'udu] *sm* studio; analisi; ricerca; memoriale; esercizio.

es.tu.fa [est'ufɐ] *sf* stufa. ≃ **para plantas** serra.

es.tu.pe.fa.ci.en.te [estupefasi'ẽti] *agg Med.* stupefacente.

es.tu.pen.do [estup'ẽdu] *agg* stupendo, meraviglioso.

es.tu.pi.dez [estupid'es] *sf* stupidaggine, imbecillità; corbelleria; idiotismo, grullaggine. *Fig.* asineria. **que** ≃! *Iron.* bel giudizio!

es.tú.pi.do [est'upidu] *sm* stupido, cretino, imbecille. *Fig.* coglione; somaro. *agg* stupido, imbecille. *Fig.* ottuso. **que** ≃! *Iron.* che testa!

es.tu.por [estup'or] *sm* stupore.

es.tu.prar [estupr'ar] *vt* stuprare, violentare.

es.tu.pro [est'upru] *sm Giur.* stupro, oltraggio.

es.tu.que [est'uki] *sm* stucco. **rebocar com** ≃ stuccare.

es.tur.jão [esturʒ'ãw] *sm Zool.* storione.

es.va.ir-se [ezva'irsi] *vpr* svanire; dissiparsi. *Fig.* svaporare.

es.va.zi.ar [ezvazi'ar] *vt* svuotare, vuotare.

es.ver.de.ar [ezverde'ar] *vt* inverdire. *vi* inverdire, inverdirsi.

es.vo.a.çar [ezvoas'ar] *vi* svolazzare, aleggiare, frullare.

e.ta.pa [et'apə] *sf* tappa, stadio. *Fig.* scalo, gradino.

é.ter ['ɛter] *sm Chim.* etere.

e.té.reo [et'ɛrju] *agg* etereo.

e.ter.ni.da.de [eternid'adi] *sf* eternità, immortalità.

e.ter.ni.zar [eterniz'ar] *vt* eternare, far eterno. *vpr* eternarsi, perpetuarsi, diventare eterno.

e.ter.no [et'ɛrnu] *agg* eterno; immortale; infinito; continuo. *Fig.* inestinguibile.

é.ti.ca ['ɛtikə] *sf* etica.

é.ti.co ['ɛtiku] *sm+agg* etico.

e.ti.mo.lo.gi.a [etimoloʒ'iə] *sf* etimologia.

e.tio.lo.gi.a [etjoloʒ'iə] *sf Med.* etiologia.

e.ti.o.pe [et'iopi] *s+agg* etiope.

e.ti.que.ta [etik'etə] *sf* etichetta; cerimonia; cartellino. *Fig.* rito, rituale, prammatica.

ét.ni.co ['ɛtniku] *agg* etnico.

et.no.lo.gi.a [etnoloʒ'iə] *sf* etnologia.

e.trus.co [etr'usku] *sm+agg* etrusco.

eu ['ew] *sm* io, l'ego. *pron* io.

eu.ca.lip.to [ewkal'iptu] *sm Bot.* eucalipto.

Eu.ca.ris.ti.a [ewkarist'iə] *sf Rel.* Eucaristia.

eu.fe.mis.mo [ewfem'izmu] *sm Gramm.* eufemismo, eufemia.

eu.fo.ni.a [ewfon'iə] *sf Gramm.* eufonia.

eu.fo.ri.a [ewfor'iə] *sf* euforia.

eu.nu.co [ewn'uku] *sm* eunuco.

eu.ro.peu [ewrop'ew] *sm+agg* europeo.

eu.ta.ná.sia [ewtan'azjə] *sf Med.* eutanasia.

e.va.cua.ção [evakwas'ãw] *sf Fisiol.* sgravio, espulsione.

e.va.cu.ar [evaku'ar] *vt* evacuare; scaricare. *vi* svuotare, svuotarsi. ≃ **multidão** fare piazza pulita.

e.va.dir-se [evad'irsi] *vpr* evadere.

E.van.ge.lho [evãʒ'ελu] *sm Rel.* Vangelo, Evangelo.

e.van.ge.li.zar [evãʒeliz'ar] *vt* evangelizzare, vangelizzare.

e.va.po.rar [evapor'ar] *vt* evaporare. *vi+vpr* evaporare, vaporare, svaporare, sfumare. *Fam.* squagliarsi, scappare.

e.va.são [evaz'ãw] *sf* evasione.

e.va.si.va [evaz'ivə] *sf* scusa, arzigogolo, avvolgimento. *Pop.* storie *pl.* **usar** ≃**s** tergiversare. *Fig.* volteggiare.

e.ven.to [ev'ẽtu] *sm* evento, fatto, vicenda, avventura.

e.ven.tu.al [evẽtu'aw] *agg* eventuale, contingente.

e.ven.tual.men.te [evẽtwawm'ẽti] *avv* eventualmente, per avventura.

e.vi.dên.cia [evid'ẽsjə] *sf* evidenza, stacco, spicco. *Fig.* rilievo, risalto. **colocar em** ≃ mettere in evidenza (o in luce).

e.vi.den.ci.ar [evidẽsi'ar] *vt* mettere in evidenza, accentuare. *vpr* risaltare.

e.vi.den.te [evid'ẽti] *agg* evidente; chiaro, ovvio, palese, patente. *Fig.* flagrante, visibile.

e.vis.ce.rar [eviser'ar] *vt* sviscerare, sventrare.

e.vi.tar [evit'ar] *vt* evitare; sfuggire a, schivare, scansare; prevenire, parare. *Fig.* aggirare, rifuggire da.

e.vo.car [evok'ar] *vt* evocare, chiamare le anime.

e.vo.lu.ção [evolus'ãw] *sf* evoluzione; andamento, processo; progresso. *Mil.* e *Naut.* manovra, maneggio. *Fig.* cammino; profitto.

e.vo.lu.cio.nis.mo [evolusjon'izmu] *sm* evoluzionismo, teoria dell'evoluzione.

e.xa.ção [ezas'ãw] *sf Giur.* esazione.

e.xa.cer.bar [ezaserb'ar] *vt* esacerbare.

e.xa.ge.ra.da.men.te [ezaʒeradam'ẽti] *avv* oltre misura, all'eccesso.

e.xa.ge.ra.do [ezaʒer'adu] *part+agg* esagerato, eccessivo, smodato, soverchio. *Fig.* astronomico (numero, prezzo); teatrale.

e.xa.ge.rar [ezaʒer'ar] *vt* esagerare; caricare. *Fig.* montare, gonfiare. *vi* abusare, strafare.

e.xa.ge.ro [ezaʒ'eru] *sm* esagerazione; estremo; enfasi. *Iron.* tragedia. *Fig.* caricatura; follia.

e.xa.la.ção [ezalas'ãw] *sf* esalazione, effluvio.

e.xa.lar [ezal'ar] *vt* esalare, emanare, tramandare, spirare.

e.xal.ta.ção [ezawtas'ãw] *sf* esaltazione; elevazione; furore. *Fig.* apoteosi; febbre.

e.xal.ta.do [ezawt'adu] *part+agg* esaltato; impetuoso; ossessionato. *Fig.* ubriaco, folle.

e.xal.tar [ezawt'ar] *vt* esaltare; decantare, celebrare; vantare. *Fig.* porre sugli altari; elevare, innalzare. *vpr* esaltarsi. *Fig.* ubriacarsi.

e.xa.me [ez'∧mi] *sm* esame; analisi; discussione; concorso; prova; osservazione. *Fig.* cimento; rassegna, vaglio. **aplicar o** ≃ fare l'esame. **fazer** ≃ **de consciência** esaminarsi. **passar num** ≃ superare un esame. **prestar** ≃ dare (o sostenere) l'esame.

e.xa.mi.nar [ezamin'ar] *vt* esaminare; analizzare; discutere; osservare, guardare, contemplare; esplorare; studiare, considerare. *Fig.* stacciare; sviscerare. ≃ **atenciosamente** *Fig.* digerire.

e.xan.gue [ez'ãgi] *agg* esangue, smunto.

e.xa.rar [ezar'ar] *vt Giur.* rogare.

e.xas.pe.rar [ezasper'ar] *vt* esasperare, inasprire. *vpr* esasperarsi, inasprire.

e.xa.ta.men.te [ezatam'ẽti] *avv* esattamente; appunto, appuntino, giusto.

e.xa.ti.dão [ezatid'ãw] *sf* esattezza, correttezza, precisione.

e.xa.to [ez'atu] *agg* esatto; corretto, giusto; preciso, accurato; testuale.

e.xau.rir [ezaur'ir] *vt* esaurire; sterilizzare, rendere sterile (suolo). *vpr* esaurirsi.

e.xaus.to [ez'awstu] *agg* esausto, stanco, estenuato, morto, trafelato. *Fig.* esangue.

ex.ce.ção [eses'ãw] *sf* eccezione. *Giur.* riserva. **à** ≃ **de, com** ≃ **de** *prep* salvo, ecceto, fuorché. **a** ≃ **confirma a regra** l'eccezione conferma la regola.

ex.ce.den.te [esed'ẽti] *sm* eccedente, avanzo, sopravanzo, eccesso. *agg* eccedente, avanzato.

ex.ce.der [esed'er] *vt* eccedere; oltrepassare, sorpassare, sopravanzare. *Lett.* trascendere. *vpr* eccedere, dimostrare. *Fig.* sconfinare.

ex.ce.lên.cia [esel'ẽsjɐ] *sf* eccellenza; squisitezza; grandezza. **Sua E** ≃, **o Ministro** Sua Eccellenza, il Ministro. **Vossa E** ≃ Vostra Eccellenza (o l'Eccellenza Vostra).

ex.ce.len.te [esel'ẽti] *agg* eccellente; ottimo; squisito; grande, esimio; senza pari. *Fam.* numero uno. *Fig.* sublime, divino.

ex.cel.so [es'εwsu] *agg* eccelso, sublime.

ex.cen.tri.ci.da.de [esẽtrisid'adi] *sf* eccentricità, cervellaggine, stramberia.

ex.cên.tri.co [es'ẽtriku] *sm Fig.* originale. *agg* eccentrico, fuori del centro. *Pop. disp* strambo. *Fig.* bisbetico, lunatico, strampalato.

ex.cep.cio.nal [esepsjon'aw] *agg* eccezionale; raro, straordinario; formidabile.

ex.cer.to [es'ertu] *sm* frammento (di un testo).

ex.ces.si.va.men.te [esesivam'ẽti] *avv* eccessivamente, all'eccesso, troppo, a dismisura.

ex.ces.si.vo [eses'ivu] *agg* eccessivo; smisurato; smodato, soverchio, troppo; ridondante. *Fig.* spropositato.

ex.ces.so [es'εsu] *sm* eccesso; sopravanzo, esorbitanza, sovrappiù, troppo; crapula; abuso. ≃ **de peso** sovraccarico.

ex.ce.to [es'etu] *prep* eccetto, salvo, tranne, fuorché.

ex.ce.tu.a.do [esetu'adu] *part+agg* eccettuato.

ex.ce.tu.ar [esetu'ar] *vt* eccettuare, escludere.

ex.ci.ta.ção [esitas'ãw] *sf* eccitazione; agitazione, batticuore; animazione; entusiasmo. *Lett.* foia. *Fig.* orgasmo.

ex.ci.ta.do [esit'adu] *part+agg* eccitato. *Fig.* acceso, accaldato.

ex.ci.tan.te [esit'ãti] *agg* eccitante; stuzzicante, procace; stimolante.

ex.ci.tar [esit'ar] *vt* eccitare; destare, svegliare; provocare, infiammare; invogliare, stuzzicare; agitare, infervorare; stimolare. *vpr* eccitarsi; infiammarsi; animarsi, accalorarsi; palpitare. ≃ **a curiosidade** aguzzare la curiosità.

ex.cla.mar [esklam'ar] *vi* esclamare.

ex.clu.í.do [esklu'idu] *part+agg* escluso; eccettuato; eliso.

ex.clu.ir [esklu'ir] *vt* escludere, eliminare, eccettuare.

ex.clu.si.vo [eskluz'ivu] *agg* esclusivo; privato; ristretto.

ex.co.mun.gar [eskomũg'ar] *vt Rel.* scomunicare.

ex.co.mu.nhão [eskomuñ'ãw] *sf Rel.* scomunica, anatema.

ex.cre.ção [eskres'ãw] *sf* escrezione, escremento.

ex.cre.men.to [eskrem'ẽtu] *sm* escremento, fondaccio, fondiglio. *Fig.* cacca. ≃ s *pl* escrementi, materie fecali, lordura.

ex.cres.cên.cia [eskres'ẽsjɐ] *sf* escrescenza.

ex.cur.são [eskurs'ãw] *sf* escursione, gita, giro, girata.

e.xe.crar [ezekr'ar] *vt* esecrare.

e.xe.cu.ção [ezekus'ãw] *sf* esecuzione, attuazione, compimento. *Mus.* esecuzione.

e.xe.cu.tar [ezekut'ar] *vt* eseguire; effettuare, fare; espletare, attendere a; praticare; giustiziare. *Mus.* eseguire.

e.xe.cu.tor [ezekut'or] *sm* esecutore. *Giur.* esecutore di giustizia, giustiziere.

e.xem.plar [ezẽpl'ar] *sm* esemplare, esempio, copia. *agg* esemplare. *Fig.* luminoso.

e.xem.plo [ez'ẽplu] *sm* esempio. *Fig.* modello; orma, specchio. **bom** ≃ *Fig.* edificazione. **dar bom** ≃ *Fig.* edificare. **mau** ≃ scandalo. **por** ≃ per esempio, ad esempio. **seguir bons** ≃ s *Fig.* edificarsi. **seguir o** ≃ **de** ricalcare. *Fig.* ormeggiare.

e.xé.quias [ez'εkjɐs] *sf pl* esequie.

e.xer.cer [ezers'er] *vt* esercire, professare, fungere.

e.xer.cí.cio [ezers'isju] *sm* esercizio; pratica; compito. *Comm.* esercizio, annata. *Mil.* esercizio, manovra.

e.xer.ci.tar [ezersit'ar] *vt* esercitare; allenare; addestrare; praticare. *vpr* esercitarsi; addestrarsi, maneggiarsi, provarsi.

e.xér.ci.to [ez'ersitu] *sm* esercito, armata di terra.

e.xi.bi.ção [ezibis'ãw] *sf* millanteria, ostentazione, bravata. **primeira** ≃ prima visione.

e.xi.bi.cio.nis.mo [ezibisjon'izmu] *sm* esibizionismo, mostra.

e.xi.bi.cio.nis.ta [ezibisjon'istə] *s* esibizionista, saccente. *agg* saccente. *Fig.* ricercato.

e.xi.bi.do [ezib'idu] *sm* gradasso. *part*+*agg* esibito, presentato.

e.xi.bir [ezib'ir] *vt* esibire; mostrare, produrre, sciorinare; affettare, sfoggiare, sfoderare. *vpr* esibirsi; prodursi; pavoneggiarsi, vantarsi.

e.xi.gên.cia [eziʒ'ẽsjə] *sf* esigenza, pretesa, pretensione.

e.xi.gen.te [eziʒ'ẽti] *agg* esigente. *Fig.* fiscale.

e.xi.gir [eziʒ'ir] *vt* esigere; pretendere; richiedere, costare.

e.xí.guo [ez'igwu] *agg* esiguo; ristretto. *Fig.* striminzito, minuscolo.

e.xi.la.do [ezil'adu] *sm*, *part*+*agg* fuoruscito, rifugiato, proscritto.

e.xi.lar [ezil'ar] *vt* esiliare, deportare, proscrivere, espatriare, bandire, dare l'ostracismo a. *vpr* esiliarsi.

e.xí.lio [ez'ilju] *sm* esilio, bando, confino.

e.xí.mio [ez'imju] *agg* esimio, bravo, valente.

e.xi.mir [ezim'ir] *vt* esimere. *Fig.* affrancare. *vpr* esimersi, esentarsi, dispensarsi.

e.xis.tên.cia [ezist'ẽsjə] *sf* esistenza; vita.

e.xis.tir [ezist'ir] *vi* esistere; esserci; sussistere.

ê.xi.to ['ezitu] *sm* esito, successo, riuscita. *Fig.* vittoria.

ê.xo.do ['ezodu] *sm* esodo.

e.xo.ne.ra.ção [ezoneras'ãw] *sf* esonero, dispensa, rimozione.

e.xo.ne.rar [ezoner'ar] *vt* esonerare, dispensare, giubilare.

e.xor.bi.tân.cia [ezorbit'ãsjə] *sf* esorbitanza.

e.xor.bi.tan.te [ezorbit'ãti] *agg* esorbitante. *Fam.* favoloso, favolesco.

e.xor.cis.mo [ezors'izmu] *sm Rel.* esorcismo, scongiuro.

e.xor.ci.zar [ezorsiz'ar] *vt Rel.* esorcizzare, scongiurare.

e.xor.ta.ção [ezortas'ãw] *sf* incentivo.

e.xor.tar [ezort'ar] *vt* esortare, indurre.

e.xo.té.ri.co [ezot'eriku] *agg* esoterico.

e.xó.ti.co [ez'ɔtiku] *agg* esotico. *Fig.* pittoresco.

ex.pan.dir [espãd'ir] *vt* espandere; spandere; effondere. *vpr* espandersi; spandersi; effondersi. *Fís.* rarefare, dilatarsi (gas). *Fig.* irradiarsi.

ex.pan.são [espãs'ãw] *sf* espansione.

ex.pan.si.vo [espãs'ivu] *agg* espansivo, comunicativo.

ex.pa.tria.ção [espatrjas'ãw] *sf* espatriazione, confino.

ex.pa.tri.a.do [espatri'adu] *part*+*agg* espatriato, bandito.

ex.pa.tri.ar [espatri'ar] *vt* espatriare, esiliare.

ex.pec.ta.ti.va [espektat'ivə] *sf* aspettativa, prospettiva. *Fig.* assegnamento.

ex.pec.to.rar [espektor'ar] *vt Med.* espettorare, espellere.

ex.pe.di.ção [espedis'ãw] *sf* spedizione; invio; emissione; rilascio. ≃ **militar** giornata.

ex.pe.di.en.te [espedi'ẽti] *sm* espediente, trucco, ritrovato, ripiego.

ex.pe.dir [esped'ir] *vt* spedire; inviare, spicciare; emettere; rilasciare.

ex.pe.lir [espel'ir] *vt* espellere; smaltire; rigurgitare. *Fig.* vomitare, eruttare.

ex.pe.ri.ên.cia [esperi'ẽsjə] *sf* esperienza; pratica; conoscenza; prova, saggio; fatto. *Chim.* e *Fís.* esperienza, esperimento. *Fig.* arte. **ter** ≃ **com** essere pratico di, conoscere.

ex.pe.ri.en.te [esperi'ẽti] *agg* esperto, pratico, valente. *Fig.* navigato.

ex.pe.ri.men.tal [esperimẽt'aw] *agg* sperimentale. **método** ≃ metodo induttivo.

ex.pe.ri.men.tar [esperimẽt'ar] *vt* sperimentare; provare, saggiare; tentare; assaggiare, gustare; dare un'indossata. *Fig.* tastare; attraversare.

ex.pe.ri.men.to [esperim'ẽtu] *sm Chim.* e *Fís.* esperimento, esperienza, saggio.

ex.pia.ção [espjas'ãw] *sf Rel.* espiazione, penitenza, riscatto, fio.

ex.pi.ar [espi'ar] *vt* espiare. *Fig.* purgare.

ex.pi.rar [espir'ar] *vi* spirare; espirare; crepare, morire. *Fig.* esalare l'anima.

ex.ple.ti.vo [esplet'ivu] *agg Gramm.* espletivo.

ex.pli.ca.ção [esplikas'ãw] *sf* spiegazione; commento, illustrazione; esposizione, versione; difesa; discolpa. *Fig.* luce.

ex.pli.car [esplik'ar] *vt* spiegare; chiarire, dilucidare; esporre; interpretare, illustrare; giustificare, motivare. *Giur.* declarare. *Fig.* illuminare; tradurre. *vpr* spiegarsi; difendersi.

ex.plí.ci.to [espl'isitu] *agg* esplicito, espresso.

ex.plo.dir [esplod'ir] vt esplodere. vi esplodere; detonare; scoppiare, sbottare. Fig. prorompere. ≃ em pranto prorompere in pianto.

ex.plo.ra.ção [esploras'ãw] sf esplorazione; sfruttamento. Mil. ricognizione. Fam. frugamento. Fig. rapina, strozzatura.

ex.plo.ra.dor [esplorad'or] sm esploratore; battistrada. Fig. avvoltoio, mignatta; negriere (padrone).

ex.plo.rar [esplor'ar] vt esplorare; perlustrare; tastare, brancicare; sfruttare, salassare. Mil. riconoscere, battere. Fam. frugare. Fig. curiosare. ≃ ilegalmente far mercanzia di.

ex.plo.são [esploz'ãw] sf esplosione. ≃ de raiva scatto. ≃ emocional Fig. tempesta.

ex.plo.si.vo [esploz'ivu] sm esplosivo, bomba, mina. agg esplosivo, esplodente.

ex.po.en.te [espo'ēti] sm Mat. esponente. agg esponente.

ex.por [esp'or] vt esporre; mostrare; compromettere; enunciare. vpr esporsi; scoprirsi. Fig. smascherarsi. ≃-se ao perigo cimentarsi. ≃-se ao ridículo Fig. far ridere i polli.

ex.por.ta.ção [esportas'ãw] sf esportazione.

ex.por.tar [esport'ar] vt esportare, estrarre.

ex.po.si.ção [espozis'ãw] sf esposizione; discorso; mostra, fiera campionaria. Fot. esposizione, ripresa.

ex.po.si.tor [espozit'or] sm+agg esponente.

ex.pos.to [esp'ostu] part+agg esposto; suscettibile, soggetto.

ex.pres.são [espres'ãw] sf espressione, modo di dire. Gramm. frase. ≃ algébrica Mat. espressione algebrica (o letterale). ≃ aritmética Mat. espressione aritmetica.

ex.pres.si.vo [espres'ivu] agg espressivo, significativo, significante, eloquente. Fig. parlante, loquace.

ex.pres.so [espr'esu] sm espresso (treno, corriere). agg espresso; esplicito; formale.

ex.pri.mir [esprim'ir] vt esprimere; esternare; enunciare; rendere. Fig. spirare.

ex.pro.pri.ar [espropri'ar] vt Giur. espropiare.

ex.pul.são [espuws'ãw] sf espulsione; cacciata; sfratto; esilio.

ex.pul.sar [espuws'ar] vt espellere; cacciar via, scacciare; sfrattare, sloggiare; esiliare. Fig. scalzare.

ex.pur.gar [espurg'ar] vt spurgare, espurgare.

ex.pur.go [esp'urgu] sm spurgo.

êx.ta.se ['estazi] sm estasi, rapimento. Rel. estasi, ratto. Fig. ubriachezza, trasporto; nirvana. chegar ao ≃ Fig. toccare il diapason.

ex.ta.si.ar [estazi'ar] vt estasiare. Fig. rapire, inebriare. vpr estasiarsi, bearsi. Fig. inebriarsi.

ex.tem.po.râ.neo [estēpor'ʌnju] agg estemporaneo.

ex.ten.são [estēs'ãw] sf estensione; distesa; espansione; ampiezza; lunghezza; largura.

ex.ten.so [est'ēsu] agg esteso; grande; ampio. por ≃ per esteso.

ex.te.nu.a.do [estenu'adu] part+agg estenuato.

ex.te.nu.ar [estenu'ar] vt estenuare, sfiancare, depauperare.

ex.te.ri.or [esteri'or] sm esteriore. Fig. facciata. o E≃ l'estero. no E≃ all'estero. agg esteriore; esterno, di fuori; estrinseco. an Fig. apparente.

ex.te.rio.ri.zar [esterjoriz'ar] vt esternare.

ex.te.rior.men.te [esterjorm'ēti] avv esteriormente, fuori.

ex.ter.mi.nar [estermin'ar] vt sterminare, esterminare. Fig. distruggere, sopprimere.

ex.ter.mí.nio [esterm'inju] sm sterminio, carneficina.

ex.ter.no [est'ernu] agg esterno, esteriore.

ex.tin.ção [estĩs'ãw] sf estinzione; ammortamento.

ex.tin.guir [estĩg'ir] vt estinguere; chiudere; smorzare; spegnere, soffocare (fuoco); ammortizzare, ammortare (debito). vpr estinguersi; spegnersi.

ex.tin.to [est'ĩtu] part+agg estinto, spento.

ex.tin.tor [estĩt'or] sm ≃ de incêndio estintore.

ex.tir.par [estirp'ar] vt estirpare, smuovere, sradicare, eradicare.

ex.tor.quir [estork'ir] vt estorcere, carpire, strappare. Fig. spellare, spennare; spremere.

ex.tor.são [estors'ãw] sf estorsione; concussione.

ex.tra ['estra] sm straordinario.

ex.tra.di.ção [estradis'ãw] sf Pol. estradizione.

ex.tra.di.tar [estradit'ar] vt Pol. estradare.

ex.tra.ir [estra'ir] vt estrarre; cavare, ricavare; estirpare.

ex.tra.or.di.na.ria.men.te [estraordinarjam'ēti] avv straordinariamente, fuori di misura.

ex.tra.or.di.ná.rio [estraordin'arju] agg straordinario; raro, insolito; sorprendente, incredibile, inaudito; stupendo.

ex.tra.ter.res.tre [estrateř'estri] sm alieno.

ex.tra.to [estr'atu] sm Geol. strato. Chim. estratto.

ex.tra.va.gân.cia [estravag'ãsjɐ] sf stravaganza; bizzarria, fantasticheria; stramberia, stranezza; capriccio, ticchio, fisima. Fig. pazzia.

ex.tra.va.gan.te [estravag'ãti] *agg* stravagante;
bizzarro, eccentrico, strampalato, bislacco.
Pop. disp strambo. *Fig.* barocco.

ex.tra.va.sa.men.to [estravazam'ẽtu] *sm* trabocco.

ex.tra.va.sar [estravaz'ar] *vi* traboccare.

ex.tra.vi.a.do [estravi'adu] *part + agg* smarrito.

ex.tra.vi.ar [estravi'ar] *vt* smarrire. *vpr*
smarrirsi.

ex.tra.vi.o [estrav'iu] *sm* smarrimento, disvio,
disguido.

ex.tre.ma-un.ção [estremaũs'ãw] *sf Rel.* estre-
ma unzione.

ex.tre.mi.da.de [estremid'adi] *sf* estremità; cima, punta; confine, termine; polo; ciglio. *Fig.*
orlo. ≃ **da goteira ou biqueira** grondaia.

ex.tre.mo [estr'emu] *sm* estremo; estremità.
Fig. fondo. *agg* estremo. *Fig.* supremo; matto.

ex.tro.ver.ti.do [estrovert'idu] *agg* estroverso,
comunicativo, socievole, brioso. *Fig.* chiassoso. **caráter** ≃ carattere brillante.

ex.trín.se.co [estr'ĩseku] *agg* estrinseco.

e.xu.be.ran.te [ezuber'ãti] *agg* esuberante, lussureggiante, rigoglioso. *Fig.* giovanile.

e.xul.tar [esuwt'ar] *vt* esultare, trionfare, tri-
pudiare.

e.xu.mar [ezum'ar] *vt* esumare, disseppellire.

F

f [ˈɛfi] *sm* la sesta lettera dell'alfabeto portoghese.

fá [fˈa] *sm Mus.* fa.

fã [fˈã] *sm* fanatico. *Pop.* tifoso.

fá.bri.ca [fˈabrikə] *sf* fabbrica, opificio, stabilimento. ≃ **de ferragens** magona.

fa.bri.ca.ção [fabrikasˈãw] *sf* fabbricazione, industria; costruzione; produzione.

fa.bri.ca.do [fabrikˈadu] *part+agg* fabbricato, costruito, prodotto.

fa.bri.car [fabrikˈar] *vt* fabbricare; costruire; produrre; fare, formare.

fá.bu.la [fˈabulə] *sf* favola, fiaba, fola.

fa.bu.lar [fabulˈar] *vt* favoleggiare, favolare.

fa.bu.lo.so [fabulˈozu] *agg* favoloso; favolesco; formidabile. *Fig.* splendido.

fa.ca [fˈakə] *sf* coltello, coltellaccio. ≃ **de dois gumes** arma a doppio taglio.

fa.ca.da [fakˈadə] *sf* coltellata. *Fig.* stoccata, richiesta di danaro.

fa.ça.nha [fasˈʌɲə] *sf* gesta *pl*.

fac.ção [faksˈãw] *sf* fazione, parte; ala di un partito. *Fig.* setta.

fac.ci.o.so [faksiˈozu] *agg* parziale, settario.

fa.ce [fˈasi] *sf* faccia; viso; sembianza. *Lett.* gota. *Poet.* volto. *Fig.* faccia (di oggetti). ≃ **a** ≃ a viso a viso. **em** ≃ **de** appetto.

fa.ce.ta [fasˈetə] *sf* faccetta. *an Fig.* sfaccettatura.

fa.ce.ta.do [fasetˈadu] *part+agg* a faccetta.

fa.ce.tar [fasetˈar] *vt* sfaccettare.

fa.cha.da [faʃˈadə] *sf* facciata, aspetto esterno. *Archit.* facciata, fronte. *Fig.* crosta.

fa.cho [fˈaʃu] *sm* fiaccola.

fa.ci.al [fasiˈaw] *agg* faciale, della faccia.

fá.cil [fˈasiw] *agg* facile; agevole, andante. *Fig.* rapido, semplice.

fa.ci.li.da.de [fasilidˈadi] *sf* facilità, agevolezza, correntezza. *Fig.* semplicità. **com** ≃ all'agevole, di sotto gamba.

fa.ci.li.tar [fasilitˈar] *vt* facilitare, agevolare, ammollire. *Fig.* spianare, lastricare.

fa.cí.no.ra [fasˈinorə] *sm+agg* facinoroso.

fac-sí.mi.le [faksˈimili] *sm* facsimile.

fac.tí.vel [faktˈivew] *agg* fattibile.

fa.cul.da.de [fakuwdˈadi] *sf* facoltà; competenza; capacità. ≃ **de medicina** facoltà di medicina.

fa.da [fˈadə] *sf* fata. *Fig.* bella, donna formosa. ≃ **morgana** *Fis.* fata morgana.

fa.di.ga [fadˈigə] *sf* fatica, stanchezza, affaticamento, strapazzo. *Med.* gravezza.

fa.do [fˈadu] *sm* fato, destino, sorte; canzone popolare portoghese.

fa.gó.ci.to [fagˈɔsitu] *sm Med.* fagocito, globulo bianco.

fa.go.te [fagˈɔti] *sm Mus.* fagotto.

fa.go.tis.ta [fagotˈistə] *s Mus.* fagotto.

fa.gu.lha [fagˈuʎə] *sf* favilla, scintilla, barlume.

fai.a [fˈajə] *sf Bot.* faggio.

fai.an.ça [fajˈãsə] *sf* faenza, maiolica.

fai.são [fajzˈãw] *sm Zool.* fagiano.

fa.ís.ca [faˈiskə] *sf* scintilla; fulmine.

fa.is.car [faiskˈar] *vi* scintillare, sfavillare, guizzare.

fai.xa [fˈajʃə] *sf* fascia, cinta, benda, lista. ≃ **em uniforme** striscia. ≃ **de pedestres** passaggio pedonale. ≃ **de tecido** banda, ciarpa.

fa.la [fˈalə] *sf* favella, parlata, parola. ≃ **de um ator** *Cin.* e *Teat.* battuta.

fa.la.dor [faladˈor] *sm* parolaio, frasaiolo. *Pop.* chiacchierone. *agg* parolaio, loquace.

fa.lan.ge [falˈãʒi] *sf Anat.* falange. *St.* falange, fanteria greca.

fa.lan.te [falˈãti] *agg* parlante.

fa.lar [falˈar] *sm* favella. *vt* parlare; dire. *Lett.* favellare. *vi* parlare, conversare. ≃ **alto** schiamazzare. ≃ **às claras** buttare in faccia, dirne quattro a uno. ≃ **a sério** dir davvero. ≃ **cara a cara** parlare a quattr'occhi. ≃ **claramente** mettere in volgare, dir pane al pane e vino al vino. ≃ **com dificuldade** impuntare. *Fig.* biasciare le parole. ≃ **demais** ciaramellare, berciare, ciangolare. ≃ **mal de** *Fig.* dire corna di, tagliare i panni addosso a. ≃ **mal um idionma** ciangottare. ≃ **sem pensar** parlare a vanvera. ≃ **sobre tudo** parlare del più e del meno. **não** ≃ **sem pensar** *Fig.* tenere la lingua a posto. **e não se fala mais nisso!** punto e basti! **ele sempre fala de música** ha sempre musica in bocca. **está falando sério?** senza scherzi?

fal.cão [fawk′ãw] *sm Zool.* falco, falcone.
fal.co.ar [fawko′ar] *vi* falconare.
fal.da [f′awdə] *sf Geogr.* falda.
fa.le.cer [fales′er] *vi* morire, spirare, mancare. *Fig.* scomparire, spegnersi.
fa.le.ci.do [fales′idu] *sm* trapassato, buon'anima. *part+agg* fu, andato.
fa.le.ci.men.to [falesim′ẽtu] *sm* decesso, obito. *Fig.* scomparsa.
fa.lên.cia [fal′ẽsjə] *sf Comm.* fallimento, bancarotta, sbilancio. *Fig.* tracollo, capitombolo.
fa.lha [f′aλə] *sf* fallo, colpa; peccato; mancanza, lacuna; imperfezione, pecca. *Geol.* faglia, frattura.
fa.lhar [faλ′ar] *vt* fallare, sgarrare. *vi* fallare, fallire, cadere in errore. *Fig.* peccare.
fá.li.co [f′aliku] *agg Poet.* fallico.
fa.lir [fal′ir] *vi Comm.* fallire. *Fig.* naufragare.
fa.lo [f′alu] *sm Anat.* fallo.
fal.sá.rio [faws′arju] *sm* falsario, falsatore, falso monetario.
fal.se.te [faws′eti] *sm Mus.* falsetto.
fal.si.da.de [fawsid′adi] *sf* falsità; finzione, fellonia; affettazione. *Lett.* mendacio.
fal.si.fi.ca.ção [fawsifikas′ãw] *sf* falsificazione. *Fig.* copia.
fal.si.fi.ca.do [fawsifik′adu] *part+agg* falsificato, falso, artificioso, artefatto. *Fig.* spurio.
fal.si.fi.car [fawsifik′ar] *vt* falsificare, falsare; alterare, sofisticare; copiare, contraffare. *Fig.* truccare.
fal.so [f′awsu] *sm* falso, bugiardo. *Pop.* sornione. *agg* falso; artificiale; mendace, bugiardo; finto; fittizio, illusorio. *Pop.* sornione.
fal.ta [f′awtə] *sf* mancanza, manco, vuoto; assenza; deficienza. *Pop.* ammanco. ≃ **de apetite** *Med.* inappetenza. ≃ **de dinheiro** *Fig.* malessere. ≃**s cometidas** *Sp.* falli fatti. **sem** ≃ senza fallo, infallibilmente. **sentir** ≃ *Fig.* mancare.
fal.tan.te [fawt′ãti] *agg* assente.
fal.tar [fawt′ar] *vt+vi* mancare; venir meno, fallire; non esserci; essere insufficiente; mancarci (tempo). ≃ **com a palavra** mancare di parola. **era só o que faltava!** non mancherebbe altro! **falta pouco para as oito horas** ci manca poco alle otto.
fa.ma [f′Amə] *sf* fama; gloria, celebrità, notorietà; reputazione, nome, rinomanza. *Pop.* nomina. *Fig.* marchio, marco, grido. **má** ≃ infamia, scredito, taccia.
fa.mi.ge.ra.do [famiʒer′adu] *agg* famigerato. *Iron.* famoso.

fa.mí.lia [fam′iljə] *sf* famiglia; casato. *Fig.* casa; razza, sangue. **a F** ≃ **Real** i Reali. **de boa** ≃ *agg* bennato. **Sagrada F** ≃ *Rel.* Sacra Famiglia. **ser da** ≃ frequentare.
fa.mi.li.ar [famili′ar] *sm* famigliare, parente, congiunto. *agg* familiare; confidenziale.
fa.mi.lia.ri.da.de [familjarid′adi] *sf* familiarità; confidenza. *Fig.* amicizia, conoscenza.
fa.mi.lia.ri.zar [familjariz′ar] *vt* familiarizzare. *vpr* familiarizzarsi, addomesticarsi.
fa.min.to [fam′ĩtu] *agg* affamato.
fa.mo.so [fam′ozu] *agg* famoso, celebre, illustre, noto, rinomato. *Lett.* preclaro. **um** ≃ **pintor** un pittore di grido.
fa.ná.ti.co [fan′atiku] *sm* fanatico. *Sp.* tifoso. *agg* fanatico.
fa.na.tis.mo [fanat′izmu] *sm* fanatismo. *Sp.* tifo.
fan.far.ra [fãf′arə] *sf Mus.* fanfara.
fan.far.rão [fãfaʀ′ãw] *sm* fanfarone, parolaio, gradasso. *Ger.* ballista. *Fam.* zuzzurellone. *Fig.* buffone, saltimbanco.
fan.ta.si.a [fãtaz′iə] *sf* fantasia; visione, illusione; capriccio. *Fig.* chimera, follia, utopia.
fan.ta.si.ar [fãtazi′ar] *vt* fantasticare, fantasiare. *Fig.* architettare, fabbricare. *vi* fantasticare, fantasiare, arzigogolare. *Fig.* sognare, almanaccare. *vpr* mascherarsi. ≃**-se de colombina** mascherarsi da colombina.
fan.ta.si.o.so [fãtazi′ozu] *agg* fantasioso. *Fig.* astratto, utopistico.
fan.tas.ma [fãt′azmə] *sm* fantasma, spettro, apparizione. *Mit.* incubo. *Fig.* ombra, larva.
fan.tás.ti.co [fãt′astiku] *agg* fantastico; favoloso, sensazionale; immaginario. *Fam.* poetico. *Fig.* romanzesco, chimerico.
fan.to.che [fãt′ɔʃi] *sm* fantoccio, burattino, pupazzo. *Fig.* automa.
fa.quei.ro [fak′ejru] *sm* coltelliera.
fa.quir [fak′ir] *sm* fachiro.
fa.ra.ó [fara′ɔ] *sm* faraone.
far.da [f′ardə] *sf* montura, uniforme, assisa. *Mil.* tenuta.
far.do [f′ardu] *sm* fardello, balla. *Fig.* bagaglio.
fa.re.jar [fareʒ′ar] *vt* fiutare, annusare, annasare. *vi* fiutare.
fa.re.lo [far′elu] *sm* crusca, semola. **cobrir de** ≃ incruscare.
fa.ri.ná.ceo [farin′asju] *agg* farinaceo.
fa.rin.ge [far′ĩʒi] *sf Anat.* faringe.
fa.ri.nha [far′iñə] *sf* farina. ≃ **de milho** farina gialla. **sujar-se de** ≃ infarinarsi. **todos** ≃ **do mesmo saco** *Iron. disp* ragazzacci della stessa risma.

fa.ri.seu [fariz'ew] *sm* fariseo. *Fig. disp* gesuita.
far.ma.cêu.ti.co [farmas'ewtiku] *sm* farmacista, speziale.
far.má.cia [farm'asjə] *sf* farmacia.
fa.ro [f'aru] *sm* fiuto, annuso. *Ger.* fiuto (per negozi, ecc.).
fa.rol [far'ɔw] *sm Naut.* faro, fanale, lanterna. *Autom.* faro. ≃ **alto** faro abbagliante. ≃ **baixo** faro antiabbagliante. ≃ **antineblina** faro antinebbia.
far.ra.po [faʀ'apu] *sm* straccio, cencio, biracchio.
far.sa [f'arsə] *sf* arlecchinata. *Teat.* farsa. *Fig.* pantomima, giuoco.
far.tar [fart'ar] *vt* rifocillare, empire, rimpinzare. *Fig.* stufare, stuccare. *vpr* rifocillarsi, empirsi. *Fig.* riempirsi, inzepparsi.
far.to [f'artu] *agg* sazio, stufo, stucco; dovizioso, ricco. **estar ≃ de algo** esser sazio di, avere abbastanza.
far.tu.ra [fart'urə] *sf* abbondanza, dovizia, ricchezza, piena. *Fig.* America. **ter ≃ de** *Fig.* sguazzare in. **viver com ≃** scialare.
fas.cí.cu.lo [fas'ikulu] *sm* fascicolo, dispensa.
fas.ci.na.ção [fasinas'ãw] *sf* fascinazione, fascino, affascinazione, incantesimo.
fas.ci.nan.te [fasin'ãti] *agg* affascinante. *Fig.* suggestivo, magico.
fas.ci.nar [fasin'ar] *vt* affascinare, incantare, ammaliare. *Fig.* abbagliare, sedurre.
fas.cí.nio [fas'inju] *sm* fascino, fascinazione. *Fig.* incanto, magia; seduzione, attrazione.
fas.cis.mo [fas'izmu] *sm* fascismo.
fa.se [f'azi] *sf* fase, tappa. *Astron.* e *Fis.* fase.
fas.ti.o [fast'iu] *sm* infastidimento.
fa.tal [fat'aw] *agg* fatale; inevitabile.
fa.ta.li.da.de [fatalid'adi] *sf* fatalità; caso, destino; disastro, rovescio.
fa.ti.a [fat'iə] *sf* fetta, taglio, fettone. **cortar em ≃ s** affettare.
fa.ti.ga.do [fatig'adu] *agg* stanco.
fa.ti.gan.te [fatig'ãti] *agg* faticoso, improbo.
fa.ti.gar [fatig'ar] *vt* stancare, strapazzare, stremare; fiaccare. *vpr* stancarsi, fiaccarsi.
fa.to [f'atu] *sm* fatto; episodio, vicenda, contingenza; dato. *Fig.* scena. **de ≃** infatti, appunto, in fatto. **é ≃ que** sta di fatto che.
fa.tor [fat'or] *sm Mat.* e *Fis.* fattore.
fá.tuo [f'atwu] *agg* fatuo; futile; vanitoso.
fa.tu.ra [fat'urə] *sf Comm.* fattura. ≃ **pro forma** fattura pro forma.
fa.tu.rar [fatur'ar] *vt Comm.* fatturare.
fau.na [f'awnə] *sf* fauna.
fau.no [f'awnu] *sm Mit.* fauno.

faus.to [f'awstu] *sm* fasto, sfarzo, sfoggio.
faus.to.so [fawst'ozu] *agg* sfarzoso.
fa.va [f'avə] *sf Bot.* fava, baccello, cornetto.
fa.ve.la [fav'ɛlə] *sf* bassifondi.
fa.vo [f'avu] *sm* favo di miele.
fa.vor [fav'or] *sm* favore; cortesia, gentilezza; grazia, piacere; appoggio; beneficio, protezione; vantaggio. *Fig.* regalo. **a ≃ de** *prep* pro. **≃es** *pl* auspici. **fazer um ≃** fare un piacere. **por ≃!** per piacere! per carità! **(dando permissão)** pure. **diga, por ≃!** dica pure!
fa.vo.rá.vel [favor'avew] *agg* favorevole; propizio; prospero; ridente (fortuna).
fa.vo.re.cer [favores'er] *vt* favoreggiare, favorire; aiutare, giovare, appoggiare; beneficare, proteggere; arridere a.
fa.vo.re.ci.do [favores'idu] *sm, part+agg* favorito.
fa.vo.re.ci.men.to [favoresim'ẽtu] *sm* favore.
fa.vo.ri.to [favor'itu] *sm* favorito, eletto.
fa.zen.da [faz'ẽdə] *sf* stoffa, panno, pezza; podere, proprietà rurale; finanze *pl.* ≃ **pública** fisco.
fa.zen.da-mo.de.lo [fazẽdamod'elu] *sf* podere modello.
fa.zen.dei.ro [fazẽd'ejru] *sm* agricoltore.
fa.zer [faz'er] *vt* fare; confezionare; formare; praticare. ≃ **a cama** rifare il letto. ≃ **amizade** *Fig.* stringere (o legare) amicizia. ≃ **às pressas** acciabattare, affrettarsi. ≃ **de tudo (para conseguir algo)** *Fam.* far Roma e toma. *Fig.* farsi in quattro. ≃ **malfeito** abborracciare. *Fig.* acciabattare. ≃ **passar por** *Fig.* gabellare per. **não saber o que ≃** *Fig.* perdere la tramontana. **tanto faz** fa lo stesso.
fé [f'ɛ] *sf* fede; credo, credenza; convinzione, sicurezza; speranza. *Fig.* ardore; religione; vangelo. **ter ≃** credere, confidare. **a ≃ move montanhas** la fede trasporta montagne.
fe.bre [f'ebri] *sf an Fig.* febbre. ≃ **amarela** febbre gialla, peste americana. ≃ **do feno** febbre da fieno. ≃ **tifóide** febbre tifoide.
fe.bril [febr'iw] *agg* febbrile, ardente.
fe.cal [fek'aw] *agg* fecale, delle feci.
fe.cha.do [feʃ'adu] *part+agg* chiuso. *Fig.* sornione, taciturno, cupo; inclemente (tempo). **hermeticamente ≃** *agg* stagno. **vogal ≃ a** *Gramm.* vocale stretta.
fe.cha.du.ra [feʃad'urə] *sf* serratura, toppa.
fe.cha.men.to [feʃam'ẽtu] *sm* chiusura, otturazione.
fe.char [feʃ'ar] *vt* chiudere, serrare; otturare, tappare. *Fig.* incarcerare; sigillare; liquidare (ditta). *vpr* chiudersi, serrarsi; tapparsi; cicatrizzarsi. *Fig.* abbottonarsi. ≃ **novamente** richiudere.

fe.cho [f'eʃu] *sm* fermaglio, cerniera, fibula.
fé.cu.la [f'ekulə] *sf* fecola.
fe.cun.dar [fekũd'ar] *vt* fecondare.
fe.cun.di.da.de [fekũdid'adi] *sf* fecondità, fertilità, feracità.
fe.cun.do [fek'ũdu] *agg* fecondo, fertile, fruttifero. *Poet.* ferace.
fe.der [fed'er] *vi* puzzare, impuzzare, impuzzire.
fe.de.ra.ção [federas'ãw] *sf* federazione, confederazione.
fe.de.ral [feder'aw] *agg* federale.
fe.de.rar [feder'ar] *vt* federare, unire in federazione. *vpr* federarsi, coalizzarsi.
fe.di.do [fed'idu] *agg* fetente, fetido.
fe.dor [fed'or] *sm* puzzo, fetore, tanfo, lezzo. *Fig.* pestilenza.
fe.do.ren.to [fedor'ẽtu] *agg* puzzolente, infetto.
fei.ção [fejs'ãw] *sf* sembianza. ≃ **ões** *pl* fattezze, fisionomia, lineamenti.
fei.jão [fejʒ'ãw] *sm* fagiolo. ≃ **verde** ʃagiolino.
fei.o [f'eju] *agg* brutto; sconcio, deforme. **fazer** ≃ fare una brutta figura, sfigurare.
fei.ra [f'ejrə] *sf* fiera, esposizione; mercato; sagra.
fei.ti.ça.ri.a [fejtisar'iə] *sf* incantesimo, incanto, sortilegio.
fei.ti.cei.ra [fejtis'ejrə] *sf* strega, maga, maliarda, saga.
fei.ti.cei.ro [fejtis'ejru] *sm* stregone, mago, ammaliatore.
fei.ti.ço [fejt'isu] *sm* ammaliamento, malia.
fei.ti.o [fejt'iu] *sm* fatta; fattura.
fei.to [f'ejtu] *sm* azione, atto. ≃ **s heróicos** gesta. *part + agg* fatto.
fei.tor [fejt'or] *sm* fattore.
fei.to.ri.a [fejtor'iə] *sf* fattoria.
fei.tu.ra [fejt'urə] *sf* fattura.
fei.ú.ra [fej'urə] *sf* sconcezza, deformità.
fei.xe [f'ejʃi] *sm* fascio. ≃ **de luz** fascio luminoso.
fel [f'ew] *sm* *Fisiol.* fiele.
felds.pa.to [fewdsp'atu] *sm* *Min.* feldispato.
fe.li.ci.da.de [felisid'adi] *sf* felicità, gioia, allegria, allegrezza. *Fig.* fortuna, riso.
fe.li.ci.ta.ções [felisitas'õjs] *sf pl* felicitazioni, congratulazioni, rallegramenti.
fe.li.ci.tar [felisit'ar] *vt* felicitare; beare, rendere felice; complimentare. *vpr* felicitarsi con, complimentarsi, congratularsi.
fe.lí.deo [fel'idju] *sm + agg* *Zool.* felino.
fe.li.no [fel'inu] *sm + agg* *Zool.* felino.
fe.liz [fel'is] *agg* felice; allegro, contento, gaio; venturoso, benedetto. *Fig.* aureo, roseo.
fe.li.zar.do [feliz'ardu] *agg* arcibeato.

fel.pa [f'ewpə] *sf* felpa.
fel.tro [f'ewtru] *sm* feltro.
fê.mea [f'emjə] *sf* femmina. *Mecc.* madrevite.
fe.mi.ni.no [femin'inu] *sm* *Gramm.* genere femminile. *agg* femminile.
fê.mur [f'emur] *sm* *Anat.* femore.
fen.da [f'ẽdə] *sf* fenditura, crepa, fessura, spaccatura.
fen.der [fẽd'er] *vt* fendere, crepare, spaccare. *vpr* fendersi, screpolarsi.
fen.di.do [fẽd'idu] *part + agg* fesso, crepato.
fe.ní.cio [fen'isju] *sm + agg* fenicio.
fê.nix [f'eniks] *sf* *Mit.* fenice.
fe.no [f'enu] *sm* fieno.
fe.nol [fen'ɔw] *sm* *Chim.* fenolo.
fe.nô.me.no [fen'omenu] *sm* fenomeno, fatto. *Chim.* fenomeno, modificazione della materia. ≃ **atmosférico** *Met.* meteora.
fe.ra [f'erə] *sf* fiera, belva, bestia. *Fig.* tigre, persona crudele.
fé.re.tro [f'eretru] *sm* feretro, cataletto.
fe.ri.a.do [feri'adu] *sm* festa, giorno festivo, feria. ≃ **nacional** festa nazionale. ≃ **s móveis** feste mobili.
fé.rias [f'erjəs] *sf pl* vacanze, ferie, villeggiatura. **tirar** ≃ fare vacanze.
fe.ri.da [fer'idə] *sf* ferita, trafitta.
fe.ri.do [fer'idu] *part + agg* ferito, leso.
fe.ri.men.to [ferim'ẽtu] *sm* ferimento; contusione, colpo; trafittura, fitta.
fe.ri.no [fer'inu] *agg* ferino, crudele, disumano.
fe.rir [fer'ir] *vt* ferire; lesionare; colpire; offendere. *Lett.* ledere. *vpr* ferirsi, tagliarsi.
fer.men.ta.ção [fermẽtas'ãw] *sf* fermentazione, ribollimento.
fer.men.tar [fermẽt'ar] *vi* fermentare, ribollire, lievitare.
fer.men.to [ferm'ẽtu] *sm* fermento, lievito.
fe.ro.ci.da.de [ferosid'adi] *sf* ferocia, accanimento. *Pop.* ferocità.
fe.roz [fer'ɔs] *agg* feroce, fiero. *Lett.* torvo. *Fig.* cruento.
fer.ra.du.ra [feɾad'urə] *sf* ferro da cavallo.
fer.ra.men.ta [feɾam'ẽtə] *sf* utensile, strumento.
fer.rão [fe'rãw] *sm* puntiglione, punta.
fer.rar [fe'rar] *vt* ferrare, munire di ferro. *Volg.* fottere. ≃ **o cavalo** ferrare il cavallo.
fer.ra.ri.a [feɾar'iə] *sf* magona.
fer.rei.ro [fe'rejru] *sm* ferraio, fabbro ferraio.
fér.reo [f'ɛrju] *agg* ferreo, di ferro.
fer.ro [f'ɛru] *sm* ferro (metallo); strumento o arnese di ferro. ≃ **batido** ferro battuto. ≃ **de passar** ferro da stiro, **malhar o** ≃ **enquanto está quente** *Pop.* battere il ferro mentre è

caldo. **quem com** ≈ **fere, com** ≈ **será ferido** chi di spada ferisce, di spada perisce.

fer.ro.lho [feɾˈɔʎu] *sm* chiavistello, spranga.

fer.ro-ve.lho [feɾuvˈɛʎu] *sm* ferravecchio, ferraglia. *Fig.* macinino, veicolo vecchio.

fer.ro.vi.a [feɾoˈviə] *sf* ferrovia, strada ferrata.

fer.ro.vi.á.rio [feɾoviˈarju] *sm* ferroviere, impiegato di ferrovia.

fer.ru.gem [feɾˈuʒẽj] *sf* ruggine.

fer.ru.gi.no.so [feɾuʒinˈozu] *agg* ferruginoso.

fér.til [fˈɛɾtiw] *agg* fertile, fecondo, fruttifero. *Poet.* ferace. *Fig.* generoso, grasso, ricco.

fer.ti.li.da.de [fertilidˈadi] *sf* fertilità, fecondità, feracità. *Fig.* grassezza.

fer.ti.li.zan.te [fertilizˈãti] *sm* fertilizzante, concime, grassime. *agg* fertilizzante.

fer.ti.li.zar [fertilizˈaɾ] *vt* fertilizzare, concimare.

fé.ru.la [fˈɛɾulə] *sf Bot.* ferula.

fer.ven.te [ferˈvẽti] *agg* fervente, fervido.

fer.ver [ferˈveɾ] *vt* bollire. *vi an Fig.* fervere, bollire, ribollire. ≈ **de raiva** *Fig.* bollire.

fer.vi.do [ferˈvidu] *part+agg* bollito.

fer.vi.lhar [ferviʎˈaɾ] *vi* formicolare, brulicare grillettare.

fer.vor [ferˈvoɾ] *sm* fervore; attività. *Fig.* ardore, calore, caldo.

fer.vo.ro.so [fervorˈozu] *agg* fervoroso, ardente. *Fig.* fervente, fervido.

fer.vu.ra [ferˈvurə] *sf* ebollizione, ribollimento.

fes.ta [fˈɛstə] *sf* festa; sagra. *Fig.* pasqua, serata.

fes.tan.ça [festˈãsə] *sf* gozzoviglia.

fes.te.jar [festeʒˈaɾ] *vt* festeggiare, commemorare. *Fig.* celebrare. *vi* festeggiare.

fes.tim [festˈĩ] *sm* banchetto.

fes.ti.val [festivˈaw] *sm* festival; sagra, festa.

fes.ti.vi.da.de [festividˈadi] *sf* festività, ricorrenza.

fes.ti.vo [festˈivu] *agg* festivo, festevole.

fe.ti.che [fetˈiʃi] *sm* feticcio.

fé.ti.do [fˈɛtidu] *agg* fetido, fetente, puzzolente, infetto.

fe.to [fˈɛtu] *sm Med.* e *Zool.* feto, embrione. *Bot.* felce, embrione.

feu.dal [fewdˈaw] *agg* feudale, di feudo.

feu.do [fˈewdu] *sm* feudo (proprietà, tributo e beni).

fe.ve.rei.ro [feverˈejru] *sm* febbraio. **o dia vinte e nove de** ≈ il bisesto.

fe.zes [fˈɛzis] *sf pl* feci, feccie, escrementi.

fi.a.ção [fiasˈãw] *sf* filatura; filatoio.

fi.a.do [fiˈadu] *sm Comm.* fido. **vender** ≈ vendere a fido.

fi.a.dor [fiadˈoɾ] *sm Comm.* mallevadore, garante.

fi.an.ça [fiˈãsə] *sf Comm.* garanzia, pegno.

fi.an.dei.ra [fiãdˈejrə] *sf* filandaia.

fi.ar [fiˈaɾ] *vt* filare; fidare. *vpr* fidarsi, affidarsi.

fi.as.co [fiˈasku] *sm* fiasco, disastro. *Fig.* aborto.

fi.bra [fˈibrə] *sf Anat.* e *Bot.* fibra, filamento. *Fig.* tempra, sangue. ≈ **têxtil** fibra tessile.

fi.bro.so [fibrˈozu] *agg* fibroso.

fi.bu.la [fˈibulə] *sf Anat.* fibula.

fi.car [fikˈaɾ] *vt* restare, permanere, stare; divenire, diventare; sedersi (città, luogo). ≈ **fora de si** uscire di sé, uscire di senno. *Fig.* perdere il lume della ragione. ≈ **impassível** *Fig.* restare come una statua, restare immobile. ≈ **junto** tenersi insieme. ≈ **para trás** rimanere addietro. *Fig.* cedere il passo. ≈ **sem nada** *Fig.* restare a mani vuote.

fic.ção [fiksˈãw] *sf Lett.* prosa narrativa. ≈ **científica** fantascienza.

fi.cha [fˈiʃə] *sf* scheda, cartellino, formulario. ≈ **de jogo** gettone. ≈ **telefônica** gettone.

fi.chá.rio [fiʃˈarju] *sm* schedario, casellario.

fic.tí.cio [fiktˈisju] *agg* fittizio, immaginario.

fi.dal.go [fidˈawgu] *sm* idalgo, nobile spagnuolo. *Fig.* signore. *agg* illustre (nome).

fi.dal.gues.co [fidawgˈesku] *agg disp* nobilesco.

fi.de.dig.no [fidedˈignu] *agg* fededegno, degno di fede.

fi.de.li.da.de [fidelidˈadi] *sf* lealtà; assiduità.

fi.el [fiˈew] *sm* ≈ **da balança** ago della bilancia, perno. *s Rel.* fedele, credente. *Fig.* apostolo. *agg* fedele; leale, fido, assiduo; credente.

fí.ga.do [fˈigadu] *sm Anat.* fegato.

fi.go [fˈigu] *sm* fico.

fi.go-da-ín.dia [figudaˈĩdjə] *sm* fico d'India.

fi.guei.ra [figˈejrə] *sf* fico.

fi.gu.ra [figˈurə] *sf* figura; illustrazione, disegno, immagine; fattezza, personale; apparenza; forma. *Fam.* tipo, persona originale.

fi.gu.ran.te [figurˈãti] *s Cin.* e *Teat.* comparsa.

fi.gu.rão [figurˈãw] *sm aum Fam.* pezzo grosso. *Fig.* personaggio, persona importante.

fi.gu.rar [figurˈaɾ] *vt* figurare, raffigurare.

fi.gu.ri.no [figurˈinu] *sm* figurino, rivista di moda. ≈ *s pl Cin.* e *Teat.* figurini.

fi.la [fˈilə] *sf* fila, linea, riga, coda. ≈ **indiana** fila indiana. **fazer** ≈ fare la fila.

fi.la.men.to [filamˈẽtu] *sm* tiglio (di carne, tessuto, ecc.). *Bot.* e *Anat.* filamento.

fi.lan.tro.pi.a [filãtropˈiə] *sf* filantropia, altruismo.

fi.lan.tro.po [filãtr'opu] *sm* filantropo, benefattore.

fi.lão [fil'ãw] *sm* filone, bastone di pane. *Min.* filone, vena, giacimento, falda.

fi.lar.mô.ni.ca [filarm'onikə] *sf* filarmonica.

fi.la.te.li.a [filatel'iə] *sf* filatelia, filatelica.

fi.lé [fil'ε] *sm* filetto.

fi.lei.ra [fil'ejrə] *sf* ala, riga, distesa. *Mil.* fila, schiera, rango. **juntar-se às** ≃ s de alguém schierarsi dalla parte di, unirsi ad uno.

fi.le.te [fileti] *sm an Anat.* e *Archit.* filetto.

fi.lha.ra.da [fiʎar'adə] *sf Fig. Fam.* nidiata.

fi.lhi.nho [fiʎ'iɲu] *sm Fam.* nino. ≃ **de papai** figlio di papà.

fi.lho [f'iʎu] *sm* figlio, figliolo, creatura. *Poet.* portato. *Fig.* rampollo. ≃ **pródigo** figliolo prodigo. **o F** ≃ *Rel.* il Figliolo.

fi.lhó [fiʎ'ɔ] *sm* frittella.

fi.lho.te [fiʎ'ɔti] *sm* piccolo.

fi.li.a.ção [filias'ãw] *sf* affiliazione, generazione.

fi.li.al [fili'aw] *sf Comm.* filiale, agenzia, dipendenza. *agg* filiale.

fi.li.ar [fili'ar] *vt* affiliare. *vpr* affiliarsi; accostarsi (a un partito).

fi.li.gra.na [filigr'ʌnə] *sf Arte* filigrana, granaglia.

fi.li.pi.no [filip'inu] *sm* + *agg* filippino.

fi.lis.teu [filist'ew] *sm* + *agg St.* filisteo.

fil.mar [fiwm'ar] *vt Cin.* filmare, girare, riprendere.

fil.me [f'iwmi] *sm Cin.* e *Fot.* film, pellicola. ≃ **de mistério** ou **de suspense** film giallo. ≃ **em branco e preto** film in bianco e nero. ≃ **em cores** film (o pellicola) a colori. ≃ **em três dimensões** film a tre dimensioni. ≃ **falado** film sonoro. ≃ **mudo** film muto. ≃ **policial** film poliziesco. **está passando um bom** ≃ **no cinema X** danno un buon film al cinema X.

fi.ló [fil'ɔ] *sm* tulle.

fi.lo.lo.gi.a [filoloʒ'iə] *sf Gramm.* filologia.

fi.lo.so.far [filozof'ar] *vi* filosofare.

fi.lo.so.fi.a [filozof'iə] *sf* filosofia; pensiero.

fi.lo.so.fo [fil'ɔzofu] *sm* filosofo, teorico.

fi.lo.xe.ra [filoks'erə] *sf Zool.* fillossera.

fil.trar [fiwtr'ar] *vt* filtrare, colare.

fil.tro [f'iwtru] *sm* filtro; colatoio; elisir dell'amore.

fim [f'ĩ] *sm* fine; conclusione, cessazione; finale, intento, intenzione; obiettivo, scopo; effetto, oggetto. *Fig.* tramonto. **a** ≃ **de o a** ≃ **de que** *cong* affinché, perché. **até o** ≃ **o** oltranza. **chegar ao** ≃ finire. ≃ **de mundo** finimondo. ≃ **de semana** fine settimana. **ir até**

o ≃ **numa investigação** *Fig.* andare a fondo. **no** ≃ *avv* appiè, appiede. **para este** ≃ a tale scopo. **por** ≃ *avv* alfine; da ultimo. **pôr** ≃ porre termine. **pôr** ≃ **a uma disputa** accomodare una disputa.

fím.bria [f'ĩbrjə] *sf Anat.* fimbria.

fi.nal [fin'aw] *sm* finale, conclusione, termine. *Mus.* finale. *sf Sp.* finale, partita decisiva. **no** ≃ in ultimo. *agg* finale; terminale, estremo.

fi.na.li.da.de [finalid'adi] *sf* finalità, fine.

fi.na.li.za.ção [finalizas'ãw] *sf* consumazione.

fi.nal.men.te [finawm'ẽti] *avv* finalmente, insomma, infine, alfine, alla perfine.

fi.nan.ça [fin'ãsə] *sf* finanza. ≃ s *pl* finanze dello Stato; erario.

financeiro I → **financista**.

fi.nan.cei.ro [finãs'ejru] II *agg* finanziario

fi.nan.cia.men.to [finãsjam'ẽtu] *sm* sussidio.

fi.nan.ci.ar [finãsi'ar] *vt* finanziare, sussidiare.

fi.nan.cis.ta [finãs'istə] *s* o **fi.nan.cei.ro** [finãs'ejru] *sm* finanziere.

fin.ca.do [fĩk'adu] *part* + *agg* infisso, fitto, confitto.

fin.car [fĩk'ar] *vt* ficcare, figgere, conficcare, configgere. *vpr* infiggersi.

fin.do [f'ĩdu] *part* + *agg* finito, consumato.

fi.ne.za [fin'ezə] *sf* finezza, gentilezza; sottigliezza; squisitezza. *Fig.* mollezza.

fin.gi.do [fĩʒ'idu] *sm Pop.* gattamorta, sornione. *Fig. disp* gesuita. *part* + *agg* finto, fittizio.

fin.gi.men.to [fĩʒim'ẽtu] *sm* finzione, finta; simulazione; affettazione. *Fig.* maschera, messinscena, recita; mostra; invenzione.

fin.gir [fĩʒ'ir] *vt* fingere, inscenare, simulare. *Fig.* recitare. *vi* fingere, infingere. *vpr* fingersi; farsi di, spacciarsi per. ≃ **que está gostando** far buon viso a cattivo giuoco.

fin.lan.dês [fĩlãd'es] *sm* finno. *agg* finnico.

fi.no [f'inu] *agg* fine, fino, sottile, tenue; finnico. *Fig.* ricercato, squisito.

fin.ta [f'ĩtə] *sf Sp.* finta.

fi.nu.ra [fin'urə] *sf* finezza.

fi.o [f'iu] *sm* filo (di tessuto, metallo; di telegrafo, telefonico). ≃ **de lâmina, tesoura, etc.** filo, taglio. ≃ **duplo de tecido** doppione. ≃ **terra** *Elett.* filo di terra. **encontrar o** ≃ **da meada** trovare il bandolo della matassa, risolvere una situazione difficile. **passar o** ≃ **pelo buraco da agulha** infilare. **por um** ≃ per un pelo. **transformar metais em** ≃ filare metalli.

fi.or.de [fi'ɔrdi] *sm Geogr.* fiordo.

fir.ma [f'irmə] *sf* firma, sottoscrizione. *Comm.* ditta, azienda, casa commerciale.

fir.ma.men.to [firmam'ẽtu] *sm* firmamento, cielo.

fir.mar [firm'ar] *vt* fermare, stabilire, basare; firmare, segnare. *Fig.* cementare.

fir.me [f'irmi] *agg* fermo, fisso, sicuro; stabile; immobile; tenace.

fir.me.za [firm'ezə] *sf* fermezza; tenacia, saldezza; fortezza, energia, vigore; stabilità.

fis.cal [fisk'aw] *sm* controllore, daziere, gabelliere. *agg* fiscale, del fisco.

fis.ca.li.za.ção [fiskalizas'ãw] *sf* controllo.

fis.ca.li.zar [fiskaliz'ar] *vt* controllare. *vi* fiscaleggiare, fare il fiscale.

fis.co [f'isku] *sm* fisco.

fí.si.ca [f'izikə] *sf* fisica.

fí.si.co [f'iziku] *sm* fisico; studioso di fisica; corpo, aspetto, costituzione fisica. *agg* físico. **educação** ≃a educazione fisica.

fi.sio.lo.gi.a [fizjoloʒ'iə] *sf* fisiologia.

fi.sio.no.mi.a [fizjonom'iə] *sf* fisionomia, fisonomia, fattezze *pl*, lineamenti *pl*.

fis.são [fis'ãw] *sf Fís.* fissione nucleare, disgregazione.

fis.su.ra [fis'urə] *sf* fessura, fesso, breccia; crepa, fistola.

fís.tu.la [f'istulə] *sf Med.* fistola. *Mus.* fistola, fistula, strumento pastorale.

fi.ta [f'itə] *sf* nastro, striscia; fettuccia; bordatura; filetto, fiocco. *Cin.* film. ≃ **de papel** nastrino. ≃ **isolante** nastro isolante ≃ **métrica** misura.

fi.tar [fit'ar] *vt* fissare, affissare, mirare, appuntare gli occhi.

fi.ti.nha [fit'iñə] *sf dim* nastrino.

fi.to.gra.fi.a [fitograf'iə] o **fi.to.lo.gi.a** [fitoloʒ'iə] *sf* fitografia, fitologia.

fi.to.zo.á.rios [fitozo'arjus] *sm pl Zool.* fitozoi.

fi.ve.la [fiv'elə] *sf* fibbia, fibula; boccola.

fi.xa.ção [fiksas'ãw] *sf* fissazione, affissamento; ossessione, complesso, fisima, ubbia.

fi.xar [fiks'ar] *vt* fissare, affissare; legare; stabilire. *Lett.* francare. *vpr* fissarsi; radicarsi.

fi.xo [f'iksu] *agg* fisso; fermo, fitto; inalterato. *Fig.* immobile.

flá.ci.do [fl'asidu] *agg* flaccido, moscio; atono (corpo).

fla.ge.lar [flaʒel'ar] *vt* flagellare, sferzare.

fla.ge.lo [flaʒ'elu] *sm* flagello, disciplina. *Zool.* flagello, organo di movimento dei protozoi.

fla.gran.te [flagr'ãti] *sm + agg Giur.* flagrante. **em** ≃ *Giur.* in flagrante. ≃ **jornalístico** flash. **pegar em** ≃ cogliere in flagrante.

fla.grar [flagr'ar] *vt* beccare, cogliere in flagrante.

fla.me.jar [flameʒ'ar] *vi* fiammeggiare, fiammare.

fla.men.go [flam'ẽgu] *sm + agg* fiammingo.

fla.min.go [flam'ĩgu] *sm Zool.* fiammingo.

flâ.mu.la [fl'Amulə] *sf Naut.* fiamma.

flan.co [fl'ãku] *sm* lato. *Mil.* fianco, ala, spalla (di un esercito).

fla.ne.la [flan'elə] *sf* flanella.

flan.que.ar [flãke'ar] *vt Mil.* fiancheggiare.

fla.tu.lên.cia [flatul'ẽsjə] *sf* o **fla.to** [fl'atu] *sm Med.* flatulenza, flatuosità, flato, gas.

flau.ta [fl'awtə] *sf Mus.* flauto, zufolo. ≃ **de Pã** *Mus.* siringa. **tocar** ≃ zufolare.

flau.tim [flawt'ĩ] *sm Mus.* flautino, flautetto, ottavino.

flau.tis.ta [flawt'istə] *s* flautista.

fle.bi.te [fleb'iti] *sf Med.* flebite.

fle.cha [fl'ɛʃə] *sf* freccia, dardo. *Lett.* saetta. *Poet.* quadrello.

fle.char [fleʃ'ar] *vt* frecciare, saettare.

fler.tar [flert'ar] *vi* flirtare, accoppiarsi.

fler.te [fl'erti] *sm* filarino.

fleu.ma [fl'ewmə] *sf* flemma.

fleu.má.ti.co [flewm'atiku] *agg* flemmatico.

fle.xão [fleks'ãw] *sf* flessione. inflessione.

fle.xi.bi.li.da.de [fleksibilid'adi] *sf* flessibilità, cedevolezza.

fle.xí.vel [fleks'ivew] *agg* flessibile; cedevole, pieghevole; versatile; agile (corpo); duttile, dolce (metallo).

fli.bus.tei.ro [flibust'ejru] *sm St.* filibustiere.

flo.co [fl'ɔku] *sm* ≃ **de neve** fiocco, falda.

flo.gís.ti.co [floʒ'istiku] *agg Med.* flogistico.

flo.go.se [flog'ɔzi] *sf Med.* flogosi.

flor [fl'or] *sm Bot.* fiore. **fina** ≃ *Fig.* fiore. à ≃ **da idade** sul fiore dell'età.

flo.ra [fl'ɔrə] *sf Geogr.* flora, vegetazione.

flor-de-lis [flordel'is] *sf Bot.* fiordaliso.

flor-do-cam.po [florduk'ãpu] *sf* fiore campestre.

flo.re.ar [flore'ar] *vt* fioreggiare, ornare di fiori. ≃ **um discurso** *Fig.* ricamare un discorso.

flo.rei.o [flor'eju] *sm + agg Lett.* fioretto. *Fig.* ricamo. **fazer** ≃ **s** *Mus.* e *Fig.* fioreggiare.

flo.ren.ti.no [florẽt'inu] *sm + agg* fiorentino.

flo.res.cên.cia [flores'ẽsjə] *sf* florescenza.

flo.res.cen.te [flores'ẽti] *agg* florescente, florido. *Fig.* prospero, rigoglioso.

flo.res.cer [flores'er] *vi* fiorire; germinare; in-fiorarsi. *Fig.* prosperare; risorgere.

flo.res.ta [flor'estə] *sf* foresta, selva, bosco.

flo.re.te [flor'eti] *sm Sp.* fioretto.

flo.ri.cul.tor [florikuwt'or] *sm* o **flo.ris.ta** [flor'istə] *s* fioricultore, fiorista, fioraio.

flo.ri.cul.tu.ra [florikuwt'urə] *sf* floricultura, fioricultura, arte di coltivare i fiori.

flo.ri.do [flor'idu] *part+agg* florido, pieno di fiori.

flo.rim [flor'ĩ] *sm* fiorino (moneta).

flo.rir [flor'ir] *vt+vi* fiorire.

flor.zi.nha [florz'iñɐ] *sf dim* fioretto.

flo.ti.lha [flot'iʎɐ] *sf Naut.* flottiglia. *Aer.* flotta aerea.

flu.en.te [flu'ẽti] *agg* fluente, scorrevole.

flui.do [fl'ujdu] *sm* fluido. *Fig.* acqua. *agg* fluido, scorrevole.

flu.ir [flu'ir] *vi* fluire, scorrere, sgorgare.

flú.or [fl'uor] *sm Chim.* fluore.

fluo.res.cên.cia [flwores'ẽsjɐ] *sf* fluorescenza.

flu.tua.ção [flutwas'ãw] *sf Comm.* oscillazione, variazione (di valori, prezzi).

flu.tu.ar [flutu'ar] *vi* fluttuare; svolazzare. *Fig.* nuotare.

flu.vi.al [fluvi'aw] *agg* fluviale, fluviatile.

flu.xo [fl'uksu] *sm* flusso, deflusso, corso, corrente. *Med.* afflusso, flussione. *Naut.* flusso. ≃ **menstrual** mestruo.

fo.bi.a [fob'iɐ] *sf Psic.* fobia.

fo.ca [f'ɔkə] *sf Zool.* foca, lupo di mare, vitello marino.

fo.ci.nhei.ra [fosiñ'ejrɐ] *sf* museruola, mordacchia.

fo.ci.nho [fos'iñu] *sm* muso, ceffo, grifo, grugno.

fo.co [f'ɔku] *sm Fis.* e *Fot.* foco. *Med.* focolaio, sede. *Fig.* focolaio, nucleo. **estar em** ≃ *Fot.* essere a fuoco.

fo.der [fod'er] *vt Volg.* fottere.

fo.fo [f'ofu] *agg* soffice.

fo.fo.ca [fof'ɔkə] *sf* chiacchiera, ciarla, pettegolezzo.

fo.fo.car [fofok'ar] *vi* chiacchierare, ciarlare, pettegoleggiare.

fo.fo.quei.ro [fofok'ejru] *sm* malalingua, pettegolo. *Pop.* chiacchierone. *Fig.* lingua di vipera. ≃ a *sf* pettegola, malalingua. *Ger.* comare. *Pop.* serva.

fo.ga.ça [fog'asə] *sf* focaccia, offa.

fo.gão [fog'ãw] *sm* fornello, cucina.

fo.ga.rei.ro [fogar'ejru] *sm* fornello, caldano.

fo.go [f'ogu] *sm* fuoco. *Fig.* passione; incendio. ≃ **de palha** fuoco di paglia, cosa di breve durata. ≃ **eterno** geenna. ≃ **grego** *Chim.* fuoco greco. ≃ **s o** ≃ **s de artifício** fuochi di artifizio, fuochi artificiali. **atiçar o** ≃ stuzzicare il fuoco. **cor de** ≃ *agg* focato. **pegar** ≃ incendiare, bruciare, avvampare. **pôr ≃ em** accendere. ≃! *int* fuoco!

fo.go-fá.tuo [foguf'atwu] *sm* fuoco fatuo, fosforescenza.

fo.go.so [fog'ozu] *agg* focoso. *Fig.* feroce.

fo.guei.ra [fog'ejrə] *sf* falò, rogo, fiammata.

fo.gue.te [fog'eti] *sm* razzo.

fo.gue.tei.ro [foget'ejru] *sm* artificiere, fochista.

fo.gue.tó.rio [foget'ɔrju] *sm* gazzarra.

fo.guis.ta [fog'istə] *s* fochista.

foi.ce [f'ojsi] *sf* falce, roncola. ≃ **de mão** falce messoria.

fol.clo.re [fowkl'ɔri] *sm* folclore.

fo.le [f'ɔli] *sm* soffietto.

fô.le.go [f'ɔlegu] *sm* lena.

fol.ga [f'ɔwgə] *sf* vacanza, riposo; larghezza.

fol.ga.do [fowg'adu] *part+agg* largo. *Ger.* sfacciato. **ficar** ≃ (**calçado ou roupa**) ballare.

fo.lha [f'oʎə] *sf* foglio. *Bot.* foglia. *Archit.* foglia, ornamento simile a foglia. ≃ **corrida** *Giur.* fedina criminale. ≃ **de lasanha** sfoglia. ≃ **de metal** foglia. ≃ **em branco** guardia. **novinho em** ≃ nuovo di zecca.

fo.lha.gem [foʎ'aʒẽj] *sf Bot.* fogliame, fronde, chioma.

fo.lhe.a.do [foʎe'adu] *sm* fogliame.

fo.lhe.ar [foʎe'ar] *vt* sfogliare, percorrere, trascorrere (un libro).

fo.lhe.lho [foʎ'eʎu] *sm Bot.* gluma.

fo.lhe.tim [foʎet'ĩ] *sm Lett.* romanzo a puntate.

fo.lhe.to [foʎ'etu] *sm* foglietto, fascicolo, opuscolo; dispensa.

fo.lhi.nha [foʎ'iñə] *sf dim* calendario.

fo.lí.cu.lo [fol'ikulu] *sm Bot.* e *Anat.* follicolo.

fo.me [f'omi] *sf* fame; appetito. *Fig.* ambizione, brama. **matar a** ≃ sfamare. **matar a (própria)** ≃ *Fig.* rinfrescarsi.

fo.men.tar [fomẽt'ar] *vt* fomentare. *Fig.* alimentare.

fo.ne [f'oni] *sm* cornetta del telefono. ≃ **de ouvido de telefonista** cuffia.

fo.né.ti.ca [fon'etikə] e **fo.no.lo.gi.a** [fonoloʒ'iə] *sf Gramm.* fonetica, fonologia.

fo.né.ti.co [fon'etiku] *agg Gramm.* fonético. **símbolo** ≃ segno fonetico. **transcrição** ≃ a scrittura fonetica.

fô.ni.co [f'oniku] *agg* fonico, della voce.

fon.ta.ne.la [fõtan'elə] *sf Anat.* fontanella.

fon.te [f'õti] *sf* fonte; sorgente; fontana. *Fig.* base; fonte, testo originale.

fo.ra [f'ɔrə] *avv* fuori. ≃ **da estação** fuori di tempo. ≃ **de mão** fuori di mano. ≃! *int* fuori! via!

fo.ra.gi.do [foraʒ'idu] *agg Giur.* latitante.

fo.ras.tei.ro [forast'ejru] *sm+agg* forestiere, straniero.

for.ca [f'orkə] *sf* forca. *Fig.* capestro.
for.ça [f'orsə] *sf* forza; fortezza, potenza; energia, vigore; efficacia. *Fis.* forza. *Lett.* possa. *Poet.* possanza. *Fig.* fibra, tempra; fiato. ≃ **bruta** *Fig.* forza. ≃ **de vontade** volontà. ≃ **maior** *Giur.* forza maggiore. ≃ **pública** forza pubblica. ≃ F ≃s **Armadas** le Forze Armate. **à** ≃ *avv* per forza, controvoglia. **com** ≃ *avv* forte, di forza. **com toda a** ≃ *Fig.* a tutt'uomo. **dar** ≃ a corroborare. **fazer** ≃ puntare. **ganhar** ≃ pigliare piedi, barbicare; invalere (idee, costumi, ecc.). **medir** ≃s battersi. **recobrar as** ≃s prendere fiato. **tomar à** ≃ predare.
for.ca.do [fork'adu] *sm* forca, forcella.
for.ça.do [fors'adu] *part*+*agg* costretto; manierato, affettato.
for.çar [fors'ar] *vt* forzare, sforzare; costringere; aprire con violenza. *Fig.* violentare; urgere. ≃ **a falar** *Fig.* cavar di bocca.
for.ço.so [fors'ozu] *agg* forzoso, obbligatorio.
for.ço.sa.men.te [forsozam'ẽti] *avv* forzosamente, di legge.
fór.ceps [f'ɔrseps] *sm Med.* forcipe.
fo.ren.se [for'ẽsi] *agg* forense, dei tribunali.
for.ja [f'ɔrʒə] *sf* fucina, forgia.
for.jar [forʒ'ar] *vt* fucinare, forgiare. *Fig.* creare.
for.ma [f'ɔrmə] *sf* forma; fatta, fattezza, figura. *Sp.* forma. *Fig.* anatomia. ≃ **de vontade** *Pol.* regime. **da mesma** ≃ altresì, parimenti. **da mesma** ≃ **que** a somiglianza di. **de outra** ≃ altrimenti. **de tal** ≃ talmente, cotanto. **de** ≃ **que** cosicché. **dessa** ≃ così. **estar em** ≃ essere in forma. **perder a** ≃ sformarsi, disformarsi.
fôr.ma [f'ɔrmə] *sf* modello. ≃ **de sapato** forma. ≃ **para bolo, etc.** stampo.
for.ma.ção [formas'ãw] *sf* formazione, costituzione. *Lett.* genesi.
for.mal [form'aw] *agg* formale, manierato, contegnoso, compito.
for.ma.li.da.de [formalid'adi] *sf* formalità, forma, cerimonia. *Giur.* solennità. ≃s *pl* convenevoli, etichetta *sg*.
for.ma.li.zar [formaliz'ar] *vt* formalizzare.
for.man.do [form'ãdu] *sm* laureando.
for.mão [form'ãw] *sm* scalpello.
for.mar [form'ar] *vt* formare, costituire; formalizzare. *Fig.* forgiare, plasmare. *vpr* formarsi, informarsi; svilupparsi. *Fig.* laurearsi, formarsi (in una scuola).
for.ma.tu.ra [format'urə] *sf* laurea.
for.mi.dá.vel [formid'avew] *agg* formidabile.

for.mi.ga [form'igə] *sf Zool.* formica.
for.mi.ga.men.to [formigam'ẽtu] *sm* formicolio.
for.mi.gar [formig'ar] *vi* formicolare, informicolare, brulicare.
for.mi.guei.ro [formig'ejru] *sm* formicaio.
for.mol [form'ow] *sm Chim.* formolo.
for.mo.so [form'ozu] *agg* leggiadro, procace. *Poet.* formoso.
for.mo.su.ra [formoz'urə] *sf* leggiadria, bellezza, vaghezza.
fór.mu.la [f'ɔrmulə] *sf an Mat., Chim.* e *Med.* formula. *Fig.* ricetta. **coleção de** ≃s formulario.
for.mu.lar [formul'ar] *vt* formulare, spiegare esattamente.
for.mu.lá.rio [formul'arju] *sm* formulario, scheda, stampiglia.
for.na.lha [forn'aλə] *sf* fornace, forno, focolare.
for.ne.cer [fornes'er] *vt* fornire, sopperire, corredare. *Lett.* ministrare.
for.ne.ci.men.to [fornesim'ẽtu] *sm* fornimento, rifornimento.
for.ni.car [fornik'ar] *vt* fornicare.
for.no [f'ornu] *sm* forno, fornace. *Mecc.* focolare. *Fig.* forno, luogo troppo caldo. **ao** ≃ al forno.
fo.ro [f'oru] o **fó.rum** [f'ɔrũ] *sm Giur.* foro; curia.
for.qui.lha [fork'iλə] *sf* forcella, forca.
for.ra.gem [foʀ'aʒẽj] *sf* foraggio, ferrana.
for.rar [foʀ'ar] *vt* foderare. ≃ **com algodão em rama** ovattare.
for.ro [f'oʀu] *sm* fodera, soppanno. ≃ **do teto** solaio.
for.ta.le.cer [fortales'er] *vt* fortificare, tonificare, rinvigorire. *vpr* fortificarsi, invigorirsi, rafforzarsi; affermarsi.
for.ta.le.ci.men.to [fortalesim'ẽtu] *sm* rafforzamento.
for.ta.le.za [fortal'ezə] *sf Mil.* fortezza, cittadella, roccaforte. ≃ **voadora** *Aer.* fortezza volante, bombardiere.
for.te [f'ɔrti] *sm Mil.* forte, fortezza. *s* uomo o donna forte. **o** ≃ **de um exército** il nerbo di un esercito. *agg* forte; potente, robusto, vigoroso; tarchiato, quartato. *Lett.* poderoso. *Fig.* atletico, muscoloso, taurino; efficace; acuto (dolore); generoso (vino).
for.ti.fi.ca.ção [fortifikas'ãw] *sf* rafforzamento. *Mil.* caposaldo, cittadella, fortezza.
for.ti.fi.can.te [fortifik'ãti] *sm Med.* ricostituente, tonico.

for.ti.fi.car [fortifik'ar] *vt* fortificare, tonificare, rinforzare. *Mil.* fortificare. *Fig.* barricare. *vpr an Mil.* fortificarsi.

for.tim [fort'ĩ] *sm dim Mil.* fortino.

for.tui.to [fort'ujtu] *agg* fortuito, occasionale.

for.tu.na [fort'unə] *sf* ricchezza, capitale, fortuna.

fos.co [f'osku] *agg* fosco, opaco. *Fig.* plumbeo.

fos.fa.to [fosf'atu] *sm Chim.* fosfato.

fos.fo.res.cên.cia [fosfores'ẽsjə] *sf* fosforescenza.

fós.fo.ro [f'osforu] *sm* fiammifero. *Chim.* fosforo, zolfanello, solfanello. ≃ **de cera** cerino.

fos.sa [f'osə] *sf* fogna, cloaca, colluvie. ≃ **negra** pozzo nero.

fós.sil [f'osiw] *sm*+*agg* fossile.

fos.si.li.zar [fosiliz'ar] *vt* fossilizzare.

fos.so [f'osu] *sm* fossa, botro; roggia; avvallamento. ≃ **de castelo** fosso.

fo.to.có.pia [fotok'opjə] *sf* xerocopia.

fo.to.co.pi.ar [fotokopi'ar] *vt* fotocopiare.

fo.to.e.lé.tri.co [fotoel'etriku] *agg* fotoelettrico.

fo.to.gê.ni.co [fotoʒ'eniku] *agg* fotogenico.

fo.to.gra.far [fotograf'ar] *vt* fotografare. *Pop.* ritrarre.

fo.to.gra.fi.a [fotograf'iə] o **fo.to** [f'otu] *sf* fotografia, foto. *Pop.* ritratto.

fo.to.gra.vu.ra [fotograv'urə] *sf* fotoincisione.

fo.to.mon.ta.gem [fotomõt'aʒẽj] *sf* fotomontaggio, fotomosaico.

fo.to.no.ve.la [fotonov'ɛlə] *sf* fotoromanzo.

fo.tos.sín.te.se [fotos'ĩtezi] *sf* fotosintesi.

foz [f'os] *sf Geogr.* foce, estuario, sbocco.

fra.ção [fras'ãw] *sf an Mat.* frazione. *Comm.* rata. ≃ **decimal** frazione decimale.

fra.cas.sar [frakas'ar] *vi* fare fiasco, riuscire male. *Fig.* far naufragio.

fra.cas.so [frak'asu] *sm* fiasco, fallimento; disastro, disgrazia; infelicità. *Fig.* sconfitta.

fra.cio.nar [frasjon'ar] *vt an Fig.* articolare.

fra.cio.ná.rio [frasjon'arju] *agg* frazionario.

fra.co [fr'aku] *agg* debole; fiacco; snervato, languido; sfumato, fioco (suono); lungo (vino, ecc.). *Lett.* lieve. *Poet.* fievole. *Fig.* fragile, tenue, menomo, di bambagia.

fra.co.te [frak'oti] *sm disp* femmina.

fra.de [fr'adi] *sm* frate, monaco. ≃ **franciscano** cappuccino. **tornar-se** ≃ *Fig.* incappucciarsi.

fra.ga.ta [frag'atə] *sf Naut.* e *Zool.* fregata.

frá.gil [fr'aʒiw] *agg* fragile, delicato, cagionevole; inconsistente. *Fig.* tenue.

frag.men.tar [fragmẽt'ar] *vt* frammentare.

frag.men.to [fragm'ẽtu] *sm* frammento, rottame, briciolo, brano, pezzo.

fra.gor [frag'or] *sm Poet.* fragore.

fra.go.ro.so [fragor'ozu] *agg* fragoroso.

fra.grân.cia [fragr'ãsjə] *sf* fragranza, aroma. *Lett.* olezzo. *Fig.* concia.

fral.da [fr'awdə] *sf* pezza.

fram.bo.e.sa [frãbo'ezə] *sf Bot.* lampone.

fram.bo.e.sei.ro [frãboez'ejru] *sm Bot.* lampone.

fran.ca.men.te [frãkam'ẽti] *avv* francamente, addirittura.

fran.cês [frãs'es] *sm*+*agg* francese. *Poet.* gallico.

fran.ce.sis.mo [frãsez'izmu] *sm Gramm.* gallicismo.

fran.cis.ca.no [frãsisk'ʌnu] *sm*+*agg* francescano.

fran.co [fr'ãku] *sm* franco, moneta francese. *agg* franco, sincero. *St.* franco. *Fig.* aperto, netto, schietto.

fran.co-a.ti.ra.dor [frãkuatirad'or] *sm Mil.* francotiratore, partigiano.

fran.go [fr'ãgu] *sm Zool.* galletto, pollastro.

fran.go.te [frãg'oti] *sm Fig. Pop.* pollastro.

fran.ja [fr'ãʒə] *sf* frangia, frappa, fimbria (di abiti); frangetta, frangettina (di capelli).

fran.jar [frãʒ'ar] *vt* frangiare, frappare, frappeggiare.

fran.que.a.do [frãke'adu] *part*+*agg Comm.* franco.

fran.que.ar [frãke'ar] *vt Comm.* francare.

fran.que.za [frãk'ezə] *sf* franchezza, sincerità. *Fig.* nettezza, schiettezza.

fran.qui.a [frãk'iə] *sf* franchigia, francatura.

fran.zir [frãz'ir] *vt* aggrinzire, increspare; aggrottare. ≃ **a testa** acciigliarsi.

fra.que [fr'aki] *sm* marsina, frac.

fra.que.za [frak'ezə] *sf* debolezza, fiacchezza; spossatezza, languidezza; remissione d'animo. *Med.* debilità, tabe. *Fig.* mollezza.

fras.co [fr'asku] *sm* boccetta, fiala.

fra.se [fr'azi] *sf* frase, locuzione, costrutto; detto. *Gramm.* e *Mus.* frase. ≃ **feita** frase fatta.

fra.se.a.do [fraze'adu] *sm Mus.* frase.

fra.se.o.lo.gia [frazeoloʒ'iə] *sf Gramm.* fraseologia, costruzione di frasi.

fra.ter.ni.da.de [fraternid'adi] *sf* fraternità. *an Fig.* fratellanza.

fra.tri.ci.da [fratris'idə] *s* fratricida.

fra.tu.ra [frat'urə] *sf Med.* frattura.

fra.tu.ra.do [fratur'adu] *part*+*agg* fratturato, rotto.

fra.tu.rar [fratur'ar] *vt Med.* fratturare.

frau.dar [frawd'ar] *vt* frodare.
frau.de [fr'awdi] *sf* frode, trucco. *Giur.* dolo. *Ger.* bidonata, bidone. *Fig.* colpo.
frau.du.len.to [frawdul'ẽtu] *agg* fraudolento, frodolento. *Giur.* doloso.
fre.ar [fre'ar] *vt* frenare, raffrenare.
fre.guês [freg'es] *sm* cliente, frequentatore, avventore.
fre.gue.si.a [fregez'iɔ] *sf* clientela.
frei.o [fr'eju] *sm* freno. *Fig.* ritegno, ritenimento. ≃ **de mão** *Autom.* freno a mano.
frei.ra [fr'ejrɔ] *sf* suora, monaca. **tornar-se** ≃ *Fig.* velarsi, prendere il velo.
frei.xo [fr'ejʃu] *sm Bot.* frassino, ornello.
fre.ne.si [frenez'i] *sm* frenesia.
fre.né.ti.co [fren'etiku] *agg* frenetico. *Fig.* vertiginoso, caotico.
fren.te [fr'ẽti] *sf* davanti, prospetto, dirimpetto. ≃ **de combate** *Mil.* fronte. **de** ≃ *avv* dinanzi. **de** ≃ **para** *prep* dinanzi a. **em** ≃ **de** *prep* innanzi a, avanti, dinanzi a, dirimpetto. **em** ≃ **o à** ≃ *avv* avanti, innanzi, dinanzi. **fazer** ≃ far fronte. **ficar à** ≃ **de todos** mettersi alla testa. **ficar de** ≃ **para** guardare. ≃ **a** *prep* innanzi a. ≃ **a** ≃ **a** petto a petto. **na** ≃ *avv* davanti.
fre.qüên.cia [frek'wẽsjɔ] *sf* frequenza; ripetizione; affluenza. *Fís.* frequenza. **com** ≃ *avv* spesso, di frequente.
fre.qüen.ta.dor [frekwẽtad'or] *sm* frequentatore, avventore.
fre.qüen.tar [frekwẽt'ar] *vt* frequentare, bazzicare, battere un luogo.
fre.qüen.te [frek'wẽti] *agg* frequente, spesso.
fre.qüen.te.men.te [frekwẽtem'ẽti] *avv* frequentemente, di frequente, spesso, non di rado.
fres.co [fr'esku] *agg* fresco. *Fig.* giovanile. **legume** ≃ legume verde.
fres.cor [fresk'or] *sm* fresco.
fres.cu.ra [fresk'urɔ] *sf* fresco. *Pop.* ticchio. *Fig.* grilletto.
fres.ta [fr'estɔ] *sf* spiraglio.
fre.ta.men.to [fretam'ẽtu] *sm* noleggio.
fre.tar [fret'ar] *vt* noleggiare.
fre.te [fr'eti] *sm* nolo, noleggio. **ceder a** ≃ dare a nolo. **tomar a** ≃ prendere a nolo.
fri.cas.sê [frikas'e] *sm* fricassea.
fric.ção [friks'ãw] *sf* frizione.
fric.cio.nar [friksjon'ar] *vt* fregare.
fri.el.ra [fri'ejrɔ] *sf* gelone, pedignone.
fri.e.za [fri'ezɔ] *sf* freddezza; frigidezza, frigidità; severità.
fri.gi.dei.ra [friʒid'ejrɔ] *sf* padella. **cair da** ≃ **para o fogo** cadere dalla padella nella brace.

fri.gi.dez [friʒid'es] *sf* frigidezza, frigidità.
frí.gi.do [fr'iʒidu] *agg* frigido. *Fig.* gelido.
fri.gir [friʒ'ir] *vt* friggere.
fri.go.rí.fe.ro [frigor'iferu] *agg* frigorifero.
fri.go.rí.fi.co [frigor'ifiku] *agg* frigorifico. **câmara** ≃ **a** cella frigorifera.
fri.o [fr'iu] *sm* freddo, freddezza; gelo, ghiaccio. **loja de** ≃ s salumeria. **vendedor de** ≃ s pizzicagnolo. *agg* freddo; frigido; gelato; secco, aspro; insensibile, impassibile. *Lett.* gelido. **recepção** ≃ **a** accoglienza glaciale. **suar** ≃ sudare freddo. **está um** ≃ **dos diabos!** fa un freddo da cani!
fri.o.ren.to [frior'ẽtu] *agg* freddoloso.
fri.sar [friz'ar] *vt* fregiare.
fri.so [fr'izu] *sm Archit.* fregio.
fri.ta.da [frit'adɔ] *sf* frittura.
fri.tar [frit'ar] *vt* friggere; affrittellare.
fri.to [fr'itu] *part+agg* fritto. *Fig.* fritto, senza speranza. **estar** ≃ essere fritto.
fri.tu.ra [frit'urɔ] *sf* frittura (azione); fritto, alimento fritto.
fri.u.la.no [friul'ʌnu] *sm+agg* friulano, del Friuli.
fri.vo.li.da.de [frivolid'adi] *sf* frivolezza, futilità, ciangola. *Fig.* vuoto.
frí.vo.lo [fr'ivolu] *agg* frivolo, futile, inetto. *Fig.* superficiale, vacuo.
fron.de [fr'ɔdi] *sf Bot.* fronde, chioma.
fron.do.so [frõd'ozu] *agg* fronzuto.
fro.nha [fr'oñɔ] *sf* federa, guscio.
fron.tal [frõt'aw] *sm Anat.* frontale. *agg.* frontale; anteriore; contrario.
fron.tão [frõt'ãw] *sm Archit.* frontale.
fron.te [fr'õti] *sf Anat.* fronte. **de** ≃ *avv* dirimpetto.
fron.tei.ra [frõt'ejrɔ] *sf* frontiera, confine, limite. **atravessar a** ≃ passare la frontiera.
fron.tei.ro [frõt'ejru] *agg* dirimpetto, contrario.
fron.tis.pí.cio [frõtisp'isju] *sm* frontespizio.
fro.ta [fr'ɔtɔ] *sf Naut.* flotta, naviglio; armata di mare.
frou.xo [fr'owʃu] *agg* floscio, lasco, flaccido.
fru.gal [frug'aw] *agg* frugale, parco.
frus.tra.do [frustr'adu] *part+agg* frustrato, scontento.
frus.trar [frustr'ar] *vt* frustrare, deludere, sventare. *Fig.* castrare.
fru.ta [fr'utɔ] *sf* frutta, pomo. ≃ **muito doce** frutta zuccherina. ≃ **quase podre** frutta mezza.
fru.tei.ra [frut'ejrɔ] *sf* fruttiera.
fru.tei.ro [frut'ejru] *sm* fruttaiolo.

fru.tí.fe.ro [frut'iferu] *agg* fruttifero. *Fig.* fruttuoso.

fru.ti.fi.car [frutifik'ar] *vi* fruttare, produrre. *Bot.* fruttificare.

fru.to [fr'utu] *sm* frutto. *Fig.* creazione.

fu.ça [f'usə] *sf disp* muso.

fu.çar [fus'ar] *vt* grufolare. *Pop.* curiosare, frugare. *Fig.* investigare.

fu.co [f'uku] *sm Bot.* fuco, varietà d'alga.

fúc.sia [f'uksjə] *sf Bot.* fucsia.

fu.ga [f'ugə] *sf* fuga, evasione, scampo. *Mus.* fuga.

fu.gaz [fug'as] *agg* fugace. *Fig.* fuggitivo, fuggiasco.

fu.gi.di.o [fuʒid'iu] *agg* sfuggevole, fuggiasco.

fu.gir [fuʒ'ir] *vi* fuggire; sfuggire a; evitare, evadere a; disertare da (un obbligo, ecc.); battere in ritirata. *Fam.* battersela. *Iron.* galoppare. *Fig.* alzare il tacco, prendere il volo.

fu.gi.ti.vo [fuʒit'ivu] *sm* fuggitivo. *agg* fuggitivo, fuggiasco, sfuggevole.

fu.i.nha [fu'iɲə] *sf Zool.* faina, mustela.

fu.la.no [ful'ʌnu] *sm* tizio, tale. *Fam.* coso. *pron msg* colui. ≃ **de tal** il tale dei tali.

ful.cro [f'uwkru] *sm Fís.* fulcro, bilico.

fúl.gi.do [f'uwʒidu] *o* **ful.gen.te** [fuwʒ'ẽti] *agg Lett.* fulgido, fulgente.

ful.gor [fuwg'or] *sm* fulgore, splendore, bagliore. *Lett.* folgoramento, sfolgorio.

ful.gu.ran.te [fuwgur'ãti] *agg* fulgente, radiante, fulgido.

ful.gu.rar [fuwgur'ar] *vi* folgorare, sfolgorare.

fu.li.gem [ful'iʒẽj] *sf* fuliggine.

ful.mi.nar [fuwmin'ar] *vt* fulminare; uccidere.

ful.vo [f'uwvu] *agg* fulvo.

fu.ma.ça [fum'asə] *sf* fumo. **soltar** ≃ **de raiva** *Fig.* schizzare fuoco (o veleno). **virar** ≃ *Fig.* svanire.

fu.man.te [fum'ãti] *sm* fumatore.

fu.mar [fum'ar] *vt* fumare. ≃ **exageradamente** fumare come un turco.

fu.me.gan.te [fumeg'ãti] *agg* fumigante.

fu.me.gar [fumeg'ar] *vi* fumare, fumicare, fumigare.

fu.mi.ga.ção [fumigas'ãw] *sf* affumicamento, affumicata.

fu.mi.gar [fumig'ar] *vt* suffumicare.

fu.mo [f'umu] *sm* tabacco. *Ger.* hascisc. ≃ **para cachimbo** tabacco da pipa.

fu.nâm.bu.lo [fun'ãbulu] *sm* funambolo.

fun.ção [fũs'ãw] *sf* funzione; ufficio, servizio, attività; impiego; carica. *Rel.* funzione religiosa. ≃ **ões vitais** funzioni vitali. **exercer** ≃ **de** funzionare da.

fun.cho [f'ũʃu] *sm Bot.* finocchio.

fun.cio.nal [fũsjon'aw] *agg* funzionale, pratico, comodo.

fun.cio.na.men.to [fũsjonam'ẽtu] *sm* funzionamento, operazione.

fun.cio.nar [fũsjon'ar] *vi* funzionare. ≃ **como** fungere da. ≃ **mal** *Fig.* zoppicare. **fazer** ≃ attivare, avviare.

fun.cio.ná.rio [fũsjon'arju] *sm* ufficiale. ≃ **da alfândega** doganiere. ≃ **público** pubblico ufficiale, funzionario, statale. ≃ **público vadio** mangiapane. ≃ **s** *pl Pop.* personale.

fun.da [f'ũdə] *sf* fionda, frombola.

fun.da.ção [fũdas'ãw] *sf* fondazione; istituzione; impianto. *Archit.* fondazione, sodo.

fun.da.dor [fũdad'or] *sm* creatore. *Fig.* capostipite.

fun.da.men.ta.do [fũdamẽt'adu] *part+agg* fondato.

fun.da.men.tal [fũdamẽt'aw] *agg* fondamentale; capitale, basilare; basico, primario, primo; rudimentale.

fun.da.men.tar [fũdamẽt'ar] *vt* fondamentare. *vpr* fondamentarsi, appoggiarsi.

fun.da.men.to [fũdam'ẽtu] *sm* fondamento; ragione. *Fig.* base, perno. ≃ **s** *pl* fondamenta, nozioni, rudimenti, principi. **não ter** ≃ *Fig.* non reggersi in piedi.

fun.dar [fũd'ar] *vt* fondare; fondamentare; creare, istituire, costituire; impiantare, stabilire; erigere; cominciare.

fun.de.ar [fũde'ar] *vt Naut.* ancorare, ormeggiare.

fun.di.ção [fũdis'ãw] *sf* fonderia, fusione.

fun.di.do [fũd'idu] *part+agg* fuso, strutto.

fun.dir [fũd'ir] *vt* fondere; unificare; amalgamare; incorporare; sciogliere. *vpr* fondersi; incorporarsi; sciogliersi.

fun.do [f'ũdu] *sm* fondo; sfondo. **a** ≃ *avv* affondo. **a** ≃ **perdido** *Econ.* a fondo perduto. ≃ **s** *pl Comm.* e *Econ.* fondi, riserva *sg.* **no** ≃ *avv* addentro, giù. **no** ≃, **no** ≃ in fondo in fondo. **sem** ≃ *agg* sfondato. ≃ **de pensão** fondo di previdenza. ≃ **de reserva** *Comm.* massa di rispetto. ≃ **de reserva legal** *Comm.* e *Giur.* fondo di riserva. ≃ **falso** doppio fondo. *agg* fondo; profondo; incavato (occhio).

fú.ne.bre [f'unebri] *agg* funebre; funerario, mortuario; macabro, tetro.

fu.ne.ral [funer'aw] *sm* funerale. ≃ **ais** *pl* onore, onoranze.

fu.ne.rá.rio [funer'arju] *agg* funerario.

fu.nes.to [fun'estu] *agg* funesto, nefasto. *Poet.* ferale. *Fig.* triste.

fun.go [f'ũgu] *sm* fungo.
fu.ni.cu.lar [funikul'ar] *sm + agg* funicolare.
fu.nil [fun'iw] *sm* imbuto.
fu.ni.lei.ro [funil'ejru] *sm* stagnino.
fu.ra.cão [furak'ãw] *sm* uragano, ciclone, tifone, fortuna.
fu.ra.do [fur'adu] *part + agg* trapassato.
fu.ra.dor [furad'or] *sm* foratoio.
fu.rão [fur'ãw] *sm Zool.* furetto.
fu.rar [fur'ar] *vt* forare, bucare; perforare; attraversare, traforare, trapassare. ≃ **de lado a lado** passare fuor fuori.
fur.gão [furg'ãw] *sm* furgone, forgone.
fú.ria [f'urjə] *sf* furia, collera; accanimento, foga.
fu.ri.o.so [furi'ozu] *agg* furioso, furente, arrabbiato, infuriato. *Fig.* frenetico; energumeno. **ficar** ≃ *Fig.* guastare il sangue.
fur.na [f'urnə] *sf* covo, tana.
fu.ro [f'uru] *sm* foro, buco, orifizio, punto. *Lett.* pertugio. ≃ **em fundo de vaso** fogna. **encher de** ≃ **s** crivellare.
fu.ror [fur'or] *sm* furore, furia, frenesia. *Fig.* violenza, tempesta. **causar** ≃ furoreggiare.
fur.ta.do [furt'adu] *part + agg* rubato, furtivo.
fur.tar [furt'ar] *vt* rubare, borseggiare, sottrarre. *Lett.* involare. *Fig.* agguantare.
fur.ti.va.men.te [furtivam'ẽti] *avv* furtivamente, di nascosto, di contrabbando.

fur.ti.vo [furt'ivu] *agg* furtivo, quatto.
fur.to [f'urtu] *sm* furto, rapina, ruba. *Giur.* sottrazione.
fu.rún.cu.lo [fur'ũkulu] *sm Med.* foruncolo, bitorzolo, fignolo.
fu.são [fuz'ãw] *sf Fis.* e *Fig.* fusione.
fu.se.la.gem [fuzel'aʒẽj] *sf Aer.* fusoliera.
fu.sí.vel [fuz'ivew] *sm Elett.* tappo fusibile.
fu.so [f'uzu] *sm an Geogr.* fuso. ≃ **horário** fuso orario.
fus.tão [fust'ãw] *sm* fustagno.
fus.te [f'usti] *sm Archit.* fusto, fuso.
fus.ti.gar [fustig'ar] *vt Lett.* fustigare.
fu.te.bol [futeb'ɔw] *sm Sp.* calcio, pallone.
fú.til [f'utiw] *agg* futile, frivolo, inetto. *Fig.* gonfio, superficiale.
fu.ti.li.da.de [futilid'adi] *sf* futilità, frivolezza. *Fig.* vanità; gingillo.
fu.tu.ris.ta [futur'istə] *agg Arte* futuristico.
fu.tu.ro [fut'uru] *sm* futuro, l'avvenire, il poi. **no** ≃ in futuro. **o** ≃ **dos verbos** *Gramm.* il futuro dei verbi. **prever o** ≃ predire la ventura. *agg* futuro, seguente, venturo.
fu.zil [fuz'iw] *sm* fucile.
fu.zi.la.men.to [fuzilam'ẽtu] *sm* fucilazione.
fu.zi.lar [fuzil'ar] *vt* fucilare. *Fig.* mettere al muro.
fu.zi.lei.ro [fuzil'ejru] *sm Mil.* fuciliere.

G

g [ʒ´e] *sm* la settima lettera dell'alfabeto portoghese.

ga.bar [gab´ar] *vt* millantare. *vpr* millantarsi, lodarsi, gloriarsi. *Fig.* compiacersi.

ga.bar.di.na [gabardˈinə] *sf* gabardine.

ga.bi.ne.te [gabinˈeti] *sm* gabinetto, studio.

ga.do [g´adu] *sm* bestiame, armento. ≃ **de pequeno porte** bestiame minuto. ≃ **vacum** bestiame vaccino.

ga.é.li.co [ga´eliku] *sm*+*agg* gaelico, celta dell'Irlanda e Scozia.

ga.fa.nho.to [gafañˈotu] *sm Zool.* cavalletta, locusta.

ga.gá [gag´a] *agg Ger.* bacucco.

ga.go [g´agu] *sm* tartaglione. *agg* balbo, balbuziente.

ga.gue.jar [gageʒ´ar] *vi* tartagliare, balbettare, barbugliare, scilinguare. *Fam.* cianciare.

gai.o.la [gaj´ɔlə] *sf* gabbia, uccelliera.

gai.ta [g´ajtə] *sf Ger.* lira, denaro. ≃-**de-boca** *Mus.* armonica a bocca. ≃ **de foles** *Mus.* zampogna, cornamusa, piva.

gai.vo.ta [gajv´ɔtə] *sf Zool.* gabbiano, mugnaio.

ga.la [g´alə] *sf Fam.* gala. **noite de** ≃ serata di gala.

ga.lan.te [gal´ãti] *agg* galante, cavalleresco.

ga.lan.te.a.dor [galãtead´or] *sm* cascamorto.

ga.lan.te.ar [galãte´ar] *vt* corteggiare. *vi* galanteggiare.

ga.lan.tei.o [galãt´eju] *sm* corteggiamento.

ga.lão [gal´ãw] *sm* gala, filetto; gallone.

ga.lá.xia [gal´aksjə] *sf Astron.* galassia.

ga.lé [gal´ɛ] *sf Naut.* galea. *sm* galeotto.

ga.le.ão [gale´ãw] *sm Naut.* galeone.

ga.le.o.te [gale´ɔti] *sm St.* galeotto, condannato alla galea.

ga.le.ra [gal´ɛrə] *sf Naut.* galera. *Pop.* il pubblico.

ga.le.ri.a [galer´iə] *sf* galleria. *Archit.* loggia. *Teat.* galleria, loggione, balconata. ≃ **de arte** galleria d'arte.

ga.lês [gal´es] *sm*+*agg* gallese, del Paese di Galles.

ga.le.to [gal´etu] *sm dim Zool.* galletto.

gal.go [g´awgu] *sm* levriere, cane levriero.

ga.lha [g´aʎə] *sf Bot.* galla.

ga.lhar.da [gaʎ´ardə] *sf Mus.* gagliarda.

ga.lhe.ta [gaʎ´etə] *sf* ampolla.

ga.lhe.tei.ro [gaʎet´ejru] *sm* ampolliera.

ga.li.cis.mo [galisˈizmu] *sm Gramm.* gallicismo. **usar** ≃**s** gallicizzare.

ga.li.ná.ceo [galin´asju] *sm* pollo. ≃**s** *pl Zool.* gallinacei, galliformi.

ga.li.nha [gal´iñə] *sf* gallina. *Volg.* vacca, troia. *Ger.* bagascia, fraschetta. **criador de** ≃**s** gallinaio. ≃ **choca** chioccia.

ga.li.nha-d'an.go.la [galiñadãg´ɔlə] *sf Zool.* faraona.

ga.li.nhei.ro [galiñ´ejru] *sm* pollaio; gallinaio.

ga.li.nho.la [galiñ´ɔlə] *sf Zool.* beccaccia.

ga.lo [g´alu] *sm* gallo; bernoccolo, bitorzolo (alla testa). ≃ **castrado** cappone.

ga.lo.cha [gal´ɔʃə] *sf* caloscia, soprascarpa, galoscia.

ga.lo.par [galop´ar] *vi* galoppare.

ga.lo.pe [gal´ɔpi] *sm* galoppo.

gal.pão [gawp´ãw] *sm* capannone.

gal.va.ni.zar [gawvaniz´ar] *vt Fis.* galvanizzare.

ga.ma [g´ʌmə] *sf* gamma, assortimento; gruppo.

ga.me.la [gam´elə] *sf Mil.* gavetta, gamella.

ga.nân.cia [gan´ãsjə] *sf* cupidigia, cupidità.

ga.nan.ci.o.so [ganãsi´ozu] *agg* cupido, esoso.

gan.cho [g´ãʃu] *sm* gancio, uncino, graffa, rampino. ≃ **de esqui** *Sp.* attacco.

gân.glio [g´ãgliu] *sm Anat.* ganglio.

gan.gre.na [gãgr´enə] *sf Med.* cancrena, necrosi.

gan.gre.nar [gãgren´ar] *vt Med.* mortificare. *vi Med.* incancrenire.

gan.gue [g´ãgi] *sf* cosca, cricca.

ga.nha.dor [gañad´or] *sm*+*agg* vincitore.

ga.nhar [gañ´ar] *vt* guadagnare; cattivarsi; acquistare, conseguire; lucrare. *Giur.* acquisire. *Fig.* risanare. ≃ **ilegalmente** *Fig.* mangiare. ≃ **tempo** guadagnare tempo. ≃ **um prêmio** vincere un premio.

ga.nho [g´ʌñu] *sm* guadagno; lucro, utile; tornaconto, vantaggio, beneficio; profitto, rendita; provento, emolumento. ≃ **em dinheiro** rientro. *part*+*agg* guadagnato; vinto. ≃ **com suor** *agg Fig.* sudato.

ga.ni.do [gan′idu] *sm* guaito, mugolio.
ga.nir [gan′ir] *vi* guaire, mugolare, gagnolare.
gan.so [g′ãsu] *sf* oca. ≃ **novo** papero. ≃ **selvagem** (o **bravo**) oca selvatica, fischione.
ga.ra.gem [gar′aʒẽj] *sf* autorimessa, rimessa.
ga.ra.nhão [garañ′ãw] *sm* stallone.
ga.ran.ti.a [garãt′iə] *sf* garanzia, arra, pegno. *Fig.* avallo; attestato.
ga.ran.tir [garãt′ir] *vt* garantire; assicurare; attestare. *Fig.* avallare. *vpr* ricoprirsi.
gar.bo [g′arbu] *sm* garbo, gentilezza. *Lett.* iattanza.
gar.ça [g′arsə] *sf Zool.* garza.
gar.ça-re.al [garsaɾe′aw] *sf* sgarza.
gar.çom [gars′õw] o **gar.ção** [gars′ãw] *sm* cameriere; barista.
gar.ço.ne.te [garson′eti] *sf* cameriera.
gar.dê.nia [gard′enjə] *sf Bot.* gardenia, cardenia.
gar.fo [g′arfu] *sm* forchetta. **bom** ≃ *Fig.* buona forchetta, buongustaio.
gar.ga.lha.da [gargaʎ′adə] *sf* risata.
gar.ga.lhar [gargaʎ′ar] *vi* sghignazzare.
gar.ga.lo [garg′alu] *sm* collo di una bottiglia.
gar.gan.ta [garg′ãtə] *sf Anat.* gola, fauci. *Pop.* gozzo. *Geogr.* gola, foce, stretta. *Fig.* strettoia, ugola. **molhar a** ≃ *Fig. Iron.* bagnarsi l'ugola.
gar.gan.ti.lha [gargãt′iʎə] *sf* catenella, vezzo.
gar.ga.re.jar [gargareʒ′ar] *vt+vi* gargarizzare.
gar.ga.re.jo [gargar′eʒu] *sm* gargarismo.
ga.ri [gar′i] *sm* netturbino.
ga.ro.to [gar′otu] *sm* fanciullo.
gar.ra [g′aʁə] *sf* graffa, unghia, artiglio; branca, rampa. *Poet.* ugna. ≃ **de ave** granfia. ≃ **de instrumento** granchio. ≃**s de caranguejo, escorpião** *pl Zool.* chele, pinze. ≃**s de tenaz** *pl* ganascie. **mostrar as** ≃**s** metter fuori le unghie, mostrar le zanne. **pôr as** ≃**s em** metter le unghie addosso a.
gar.ra.fa [gaʁ′afə] *sf* bottiglia, fiasca, boccetta.
gar.ra.fão [gaʁaf′ãw] *sm* fiasco. ≃ **de vinho (forrado de palha)** damigiana.
gar.ra.fa-tér.mi.ca [gaʁafat′ermikə] *sf* termos.
gar.ran.cho [gaʁ′ãʃu] *sm* scarabocchio. *Fam.* zampe di gallina, uncino. *Fig.* scritto arabico.
gar.ro.te [gaʁ′ɔti] *sf* garrotta (suplizio).
ga.ru.pa [gar′upə] *sf* groppa.
gás [g′as] *sm Chim.* gas. ≃ **lacrimogêneo** gas lacrimogeno. **gases** *pl Med.* gas, flato, flatulenza. *Fam.* aria. *Volg.* coreggia.
gas.cão [gask′ãw] *sm+agg* guascone, della Guascogna (Francia).
ga.sei.fi.car [gazejfik′ar] *vt Chim.* gasificare.
ga.so.li.na [gazol′inə] *sf* benzina.

ga.sô.me.tro [gaz′ometru] *sm* gassometro.
ga.so.so [gaz′ozu] *agg* gassoso.
gas.ta.dor [gastad′or] *sm* dissipatore, scialacquone. *Fam. disp* spendaccione.
gas.tar [gast′ar] *vt* spendere, consumare; usare; logorare; corrodere; dilapidare, disperdere. *Fig.* dissipare, divorare, distruggere; dissanguare (denaro). *vpr* logorarsi.
gas.to [g′astu] *sm* consumo, consumazione; spesa, dispendio; logoro; uso. *part+agg* consumato, consunto; usato; logoro, fradicio; cencioso, ragnato (tessuto).
gas.tren.te.ri.te [gastrẽter′iti] o **gas.tro.en.te.ri.te** [gastroẽter′iti] *sf Med.* gastroenterite.
gás.tri.co [g′astriku] *agg* gastrico.
gas.trin.tes.ti.nal [gastrĩtestin′aw] *agg Med.* gastrointestinale.
gas.tri.te [gastr′iti] *sf Med.* gastrite, gastritide.
gas.tro.no.mi.a [gastronom′iə] *sf* gastronomia. *Fig.* tavola.
gas.tro.nô.mi.co [gastron′omiku] *agg* gastronomico, culinario.
gas.trô.no.mo [gastr′onomu] *sm* gastronomo, buongustaio.
ga.ta [g′atə] *sf* gatta. **A G** ≃ **Borralheira** La Cenerentola.
ga.tar.rão [gataʁ′ãw] *sm aum* gattone.
ga.ti.lho [gat′iʎu] *sm* grilletto.
ga.ti.nha [gat′iñə] *sf dim Pop.* bambola.
ga.ti.nhas [gat′iñəs] *avv* nell'espressione **de** ≃ gatton gattoni, carponi. **andar de** ≃ andar carponi.
ga.to [g′atu] *sm* gatto, micio. **à noite todos os** ≃**s são pardos** al buio tutte le gatte sono bigie. **quando o** ≃ **sai, os ratos fazem a festa** via il gatto, ballano i topi. **vender** ≃ **por lebre** *Fig.* far vedere lucciole per lanterne.
ga.tu.no [gat′unu] *sm* mariolo, gatto.
gau.lês [gawl′es] *sm+agg* gallo, gallico, della Gallia.
gá.vea [g′avjə] *sf Naut.* gabbia.
ga.ve.ta [gav′etə] *sf* cassetto, tiretto.
ga.ve.tei.ro [gavet′ejru] *sm* cassettone.
ga.vi.al [gavi′aw] *sm Zool.* gaviale, coccodrillo indiano.
ga.vi.nha [gav′iñə] *sf Bot.* cirro, capriolo.
ga.vo.ta [gav′ɔtə] *sf Mus.* gavotta.
ga.ze [g′azi] *sf Med.* garza, benda, filacce.
ga.ze.la [gaz′elə] *sf Zool.* gazzella.
ga.ze.ta [gaz′etə] *sf* gazzetta.
ga.zu.a [gaz′uə] *sf* grimaldello.
gê [ʒ′e] *sm* gi, il nome della lettera G.
ge.a.da [ʒe′adə] *sf* brina, gelata, gelo.
gêi.ser [ʒ′ejzer] *sm Geol.* geyser.
ge.la.dei.ra [ʒelad′ejrə] *sf* frigorifero.

ge.la.do [ʒel'adu] *part+agg* gelato. *Lett.* gelido. *Fig.* polare. **ficar** ≃ gelare.

ge.lar [ʒel'ar] *vt+vi* gelare, ghiacciare. *vpr* gelarsi, ghiacciarsi, congelarsi.

ge.la.ti.na [ʒelat'ina] *sf* gelatina.

ge.léi.a [ʒel'ejɐ] *sf* marmellata.

ge.lei.ra [ʒel'ejrɐ] *sf* ghiacciaio.

gé.li.do [ʒ'elidu] *agg Lett.* gelido.

ge.lo [ʒ'elu] *sm* ghiaccio. **quebrar o** ≃ *Fig.* rompere il ghiaccio, iniziare una conversazione.

ge.lo-se.co [ʒelus'eku] *sm* ghiaccio secco.

ge.lo.si.a [ʒeloz'iɐ] *sf Archit.* gelosia.

ge.ma [ʒ'emɐ] *sf* giallo (o rosso) d'uovo. *Min.* gemma. *Lett.* margherita.

gê.meo [ʒ'emju] *sm* gemello. **G** ≃ s *pl Astron.* e *Astrol.* Gemini, Gemelli. *agg* gemello. *Lett.* gemino.

ge.mer [ʒem'er] *vi* gemere. *Fig.* singhiozzare, singultare, sospirare.

ge.mi.do [ʒem'idu] *sm* gemito. *Fig.* singhiozzo, singulto.

ge.mi.na.do [ʒemin'adu] *part+agg Archit.* e *Bot.* gemino.

ge.mi.nar [ʒemin'ar] *vt Archit.* e *Bot.* geminare.

ge.ne.a.ló.gi.ca [ʒenealoʒ'iɐ] *sf* genealogia.

ge.ne.a.ló.gi.co [ʒeneal'oʒiku] *agg* genealogico.

ge.ne.ral [ʒener'aw] *sm Mil.* generale. ≃ a *sf* generalessa, sposa di generale.

ge.ne.ra.li.zar [ʒeneraliz'ar] *vt+vi* generalizzare.

ge.né.ri.co [ʒen'eriku] *agg* generico, generale, indefinito.

gê.ne.ro [ʒ'eneru] *sm* genere; classe, fatta; stirpe, razza. *Comm.* genere, merce. *Gramm.* e *Lett.* genere. ≃ s **alimentícios** *pl* generi alimentari, commestibili.

ge.ne.ro.si.da.de [ʒenerozid'adi] *sf* generosità; magnificenza, grandezza d'animo. *Fig.* carità; nobiltà; larghezza.

ge.ne.ro.so [ʒener'ozu] *agg* generoso; magnanimo; liberale; caritatevole. *Fig.* benefico; nobile; largo. **ser** ≃ largheggiare. *Fig.* avere un cuore di cesare.

ge.nes [ʒ'enis] *sm pl Biol.* geni, genidi.

gê.ne.se [ʒ'enezi] *sf Lett.* genesi, nascimento. **G** ≃ s *Rel.* o Gênese.

ge.né.ti.ca [ʒen'etikɐ] *sf Biol.* genetica.

ge.né.ti.co [ʒen'etiku] *agg Biol.* genetico, congenito.

gen.gi.bre [ʒeʒ'ibri] *sm Bot.* ginepro, zenzero.

gen.gi.va [ʒeʒ'ivɐ] *sf Anat.* (più utilizzato nel *pl*) gengiva.

ge.ni.al [ʒeni'aw] *agg* geniale; brillante, grande (idea).

gê.nio [ʒ'enju] *sm* genio; talento; indole, temperamento. *Mit.* genio. *Fig.* arte; testa quadra, uomo di alto ingegno.

ge.ni.tal [ʒenit'aw] *sm+agg Anat.* genital.

ge.ni.ti.vo [ʒenit'ivu] *sm Gramm.* genitivo.

ge.ni.tor [ʒenit'or] *sm* padre. *Lett.* genitore.

ge.no.vês [ʒenov'es] *sm+agg* genovese.

gen.ro [ʒ'eʀu] *sm* genero.

gen.ta.lha [ʒẽt'aʎɐ] *sf disp* gentaglia, gentaccia, plebaglia, bordaglia. *Ger.* teppa. *Pop.* masnada, minutaglia. *Fig.* ciurma, schiuma.

gen.te [ʒ'eti] *sf* gente. *Fig.* razza. **estar cheio de** ≃ traboccare.

gen.til [ʒẽt'iw] *agg* gentile; cortese, civile, urbano, costumato; delicato; simpatico. *Fig.* pulito, fine.

gen.ti.le.za [ʒẽtil'ezɐ] *sf* gentilezza, cortesia, civiltà, delicatezza; complimento; favore, piacere, grazia; piacevolezza. *Fig.* finezza; attenzione.

gen.tí.li.co [ʒẽt'iliku] *agg* gentilesco.

gen.ti.nha [ʒẽt'iñɐ] *sf disp* canaglia, gente bassa, cianaio. *Fig.* ciurma.

gen.ti.o [ʒẽt'iu] *sm+agg St.* gentile, etnico.

ge.nu.i.ni.da.de [ʒenuinid'adi] *sf* genuinità.

ge.nu.í.no [ʒenu'inu] *agg* genuino, legittimo, vero. *Fig.* sincero.

ge.o.cên.tri.co [ʒeos'ẽtriku] *agg* geocentrico.

ge.o.dé.sia [ʒeod'ezjɐ] *sf Geogr.* geodesia.

ge.o.fí.si.ca [ʒeof'izikɐ] *sf Geogr.* geofisica.

ge.o.gra.fi.a [ʒeograf'iɐ] *sf* geografia.

ge.o.grá.fi.co [ʒeogr'afiku] *agg* geografico.

ge.ó.gra.fo [ʒe'ografu] *sm* geografo.

ge.o.lo.gi.a [ʒeoloʒ'iɐ] *sf* geologia.

ge.o.ló.gi.co [ʒeol'oʒiku] *agg* geologico.

ge.ó.lo.go [ʒe'ologu] *sm* geologo.

ge.o.me.tri.a [ʒeometr'iɐ] *sf* geometria.

ge.ra.ção [ʒeras'ãw] *sf* generazione; età; concezione; progenie.

ge.ra.do [ʒer'adu] *part+agg* generato, prodotto.

ge.ra.dor [ʒerad'or] *sm Elett.* generatore, batteria.

ge.ral [ʒer'aw] *sf Teat.* loggione, lubbione. *sm Rel.* generale, capo di ordine religiosa. *agg* generale, generico; concorde (opinione). *Fig.* globale. **em** ≃ in generale, in genere.

ge.râ.nio [ʒer'ʌnju] *sm Bot.* geranio.

ge.rar [ʒer'ar] *vt* generare, concepire; procreare, sgravarsi. *Geom.* generare. *vpr* generarsi.

ge.rên.cia [ʒer'ẽsjɐ] *sf* gerenza. *Fig.* conduzione.

ge.ren.ci.ar [ʒerẽsi'ar] o **ge.rir** [ʒer'ir] *vt* gestire, amministrare.

ge.ren.te [ʒer'ẽti] *sm* gerente, conduttore. *Fig.* amministratore; guida.

ger.mâ.ni.co [ʒerm'∧niku] *sm+agg* germanico.

ger.ma.no [ʒerm'∧nu] *agg* germano.

ger.me [ʒ'ermi] *sm* germe, batterio. *Bot.* embrione. *Fig.* cellula, origine. ≃ **patogênico** *Med.* germe patogeno.

ger.mi.nar [ʒermin'ar] *vi Bot.* germogliare, germinare.

ge.rún.dio [ʒer'ũdju] *sm Gramm.* gerundio.

ges.so [ʒ'esu] *sm* gesso. **obra em** ≃ *Fig.* gesso.

ges.ta [ʒ'estɐ] *sf Lett.* gesta.

ges.ta.ção [ʒestɐs'ãw] *sf* gestazione, gravidanza.

ges.tão [ʒest'ãw] *sf* gestione. *Fig.* conduzione; controllo.

ges.ti.cu.lar [ʒestikul'ar] *vi* gesticolare, gestire, annaspare.

ges.to [ʒ'estu] *sm* gesto, cenno; atto, mossa; segno, segnale. *Fig.* provvedimento.

gi.bão [ʒib'ãw] *sm Zool.* gibbo, gibbone.

gi.be.li.no [ʒibel'inu] *sm+agg St.* ghibelino.

gi.es.ta [ʒi'estɐ] *sf Bot.* ginestra.

gi.ga [ʒ'igɐ] *sf Mus.* giga.

gi.gan.te [ʒig'ãti] *sm Mit.* e *Fig.* gigante.

gi.gan.tes.co [ʒigãt'esku] *agg* gigantesco, colossale, enorme, smisurato. *Fig.* piramidale.

gi.le.te [ʒil'eti] *sf* rasoio di sicurezza.

gi.ná.sio [ʒin'azju] *sm* ginnasio. ≃ **esportivo** palestra.

gi.nas.ta [ʒin'astɐ] *s* ginnasta, atleta.

gi.nás.ti.ca [ʒin'astikɐ] *sf* ginnastica, palestra. ≃ **de salão** ginnastica da camera. ≃ **rítmica** ginnastica ritmica. **professor de** ≃ ginnasta.

gin.ca.na [ʒĩk'∧nɐ] *sf* gimcana.

gi.ne.ceu [ʒines'ew] *sm Bot.* gineceo.

gi.ne.co.lo.gi.a [ʒinekoloʒ'iɐ] *sf* ginecologia.

gi.ne.te [ʒin'eti] *sm* ginnetto, destriere.

gi.ra.fa [ʒir'afɐ] *sf Zool.* giraffa.

gi.rân.do.la [ʒir'ãdolɐ] *sf* girandola.

gi.rar [ʒir'ar] *vt* girare, ruotare, voltare. *Comm.* rigirare (danaro). *vi* girare, ruotare.

gi.ras.sol [ʒiras'ɔw] *sm Bot.* girasole, eliantemo, clizia.

gí.ria [ʒ'irjɐ] *sf* gergo.

gi.ri.no [ʒir'inu] *sm Zool.* girino.

gi.ro [ʒ'iru] *sm* giro, girata; circuito.

gi.ron.di.no [ʒirõd'inu] *sm+agg St.* girondino.

gi.ros.có.pio [ʒirosk'ɔpju] *sm Fis.* giroscopio.

giz [ʒ'is] *sm* gessetto (da scrivere). *Min.* creta.

gla.bro [gl'abru] *agg Bot.* glabro, senza peli (foglia).

gla.cê [glas'e] *sm* copertura.

gla.ci.al [glasi'aw] *agg* glaciale.

gla.dia.dor [gladjad'or] *sm St.* gladiatore.

gla.dí.o.lo [glad'iolu] *sm Bot.* gladiolo.

glan.de [gl'ãdi] *sf Anat.* glande.

glân.du.la [gl'ãdulɐ] *sf Anat.* ghiandola, glandola. *Lett.* e *Poet.* mamma. ≃**s endócrinas** ghiandole endocrine. ≃**s lacrimais, mamárias, salivares, gástricas** ghiandole lacrimali, mammarie, salivari, gastriche. ≃**s suprarenais** ghiandole surrenali.

glan.du.lar [glãdul'ar] *agg Anat.* glandolare.

glau.co.ma [glawk'omɐ] *sm Med.* glaucoma.

gle.ba [gl'ebɐ] *sf* gleba, zolla.

gli.ce.rí.deo [gliser'idju] *sm Biol.* gliceride, grasso.

gli.ce.ri.na [gliser'inɐ] *sf Chim.* glicerina.

gli.cí.nia [glis'injɐ] *sf Bot.* glicine, glicinia.

gli.co.se [glik'ɔzi] o **glu.co.se** [gluk'ɔzi] *sf Chim.* e *Biol.* glicosio, glucosio.

gli.fo [gl'ifu] *sm Archit.* glifo.

glo.bal [glob'aw] *agg* globale, totale.

glo.bo [gl'obu] *sm* globo. *Geom.* sfera. ≃ **ocular** globo dell'occhio. ≃ **terrestre (objeto)** globo terraqueo; **(o planeta)** globo terrestre.

gló.bu.lo [gl'ɔbulu] *sm Anat.* globulo. ≃ **branco** globulo bianco. ≃ **vermelho** globulo rosso.

gló.ria [gl'ɔrjɐ] *sf* gloria; celebrità. *Fig.* corona; apoteosi. ≃**s** *pl Fig.* allori.

glo.ri.fi.car [glorifik'ar] *vt* glorificare, esaltare, celebrare, magnificare.

glo.ri.o.so [glori'ozu] *agg* glorioso.

glo.sa [gl'ɔzɐ] *sf Lett.* glossa.

glos.sá.rio [glos'arju] *sm* glossario.

glo.te [gl'ɔti] *sf Anat.* glottide.

glo.to.lo.gi.a [glotoloʒ'iɐ] *sf Ling.* glottologia.

glu.tão [glut'ãw] *sm* ghiotto. *agg* ghiotto, goloso, ingordo.

glú.ten [gl'utẽj] o **glu.te** [gl'uti] *sm Chim.* glutine.

glú.teos [gl'utjus] *sm pl Anat.* glutei.

gno.mo [gn'omu] *sm Mit.* gnomo.

gnu [gn'u] *sm Zool.* gnù.

go.e.la [go'elɐ] *sf* fauci. *Pop.* gola, gozzo.

gol [g'ow] *sm Calc.* porta; rete.

go.la [g'ɔlɐ] *sf* bavero, colletto, collare, colaretto. ≃ **de casaco** pistagna.

go.le [g'ɔli] *sm* sorso, sorsata, bevuta.

go.lei.ro [gol'ejru] *sm Calc.* portinaio.

gol.fe [g'owfi] *sm Sp.* golf.

gol.fi.nho [gowf'iɲu] *sm Zool.* delfino.

gol.fo [g'owfu] *sm Geogr.* golfo, baia, cala.

go.li.nho [gɔl'iɲu] *sm dim* centellino, zinzino.

gol.pe [g'ɔwpi] *sm* colpo; percossa, pacca, cozzo; botta; shock, choc; truffa, canzonatura. *Fig.* mazzata, nespola; tiro; batosta. ≃ **decisivo** *Fig.* colpo di grazia. ≃ **de Estado** colpo di stato. ≃ **de mestre** colpo da maestro. ≃ **de misericórdia** colpo di grazia. ≃ **de vista** colpo d'occhio. **dar um** ≃ *Fig.* allungare un colpo, battere. **ter um** ≃ **de sorte** *Fig.* vincere un terno al lotto.

gol.pe.ar [gowpe′ar] *vt* colpire, battere, percuotere.

gol.pis.ta [gowp′istə] *s* imbroglione.

go.ma [g′omə] *sf* gomma. ≃ **de mascar** gomma, gomma da masticare. ≃ **elástica** gomma elastica. ≃ **para roupas** amido.

go.ma-a.rá.bi.ca [gomar′abikə] *sf* gomma arabica.

go.ma-la.ca [gomal′akə] *sf* gomma lacca.

go.mo [g′omu] *sm Bot.* gemma.

gô.na.das [g′onadəs] *sf pl Anat.* gonadi.

gon.do.la [g′ōdolə] *sf* gondola.

gon.do.lei.ro [gōdol′ejru] *sm* gondoliere.

gon.go [g′ōgu] *sm Mus.* gong, tam tam.

gon.or.réi.a [gonoř′eja] *sf Med.* gonorrea, blenorragia. *Ger.* scolo.

gon.zo [g′ōzu] *sm* ganghero.

gor.dão [gord′ãw] *agg Pop.* pingue.

gor.di.nho [gord′iñu] *agg Pop.* grassoccio, grasotto.

gór.dio [g′ordju] *agg Fig.* soltanto nell'espressione **nó** ≃ nodo gordiano, questione difficile.

gor.do [g′ordu] *sm Fam.* grasso, persona grassa. *agg* grasso.

gor.du.cho [gord′uʃu] *agg* grassoccio, grasotto, paffuto. *Fig.* rubicondo.

gor.du.ra [gord′urə] *sf* grasso; grassezza. *Biol.* grasso. ≃ **de porco** sugna, strutto.

gor.du.ro.so [gordur′ozu] *agg* adiposo, grasso.

gor.gon.zo.la [gorgōz′ɔlə] *sm* gorgonzola.

go.ri.la [gor′ilə] *sf Zool.* gorilla. *Ger.* gorilla, giannizzero.

gor.je.ar [gorʒe′ar] *vi* gorgheggiare, trillare, cinguettare.

gor.jei.o [gorʒ′eju] *sm* gorgheggio, trillo.

gor.je.ta [gorʒ′etə] *sf* mancia, propina, regalia. *Ger.* bustarella. *Pop.* buonamano. *Fig.* beveraggio. **dar** ≃ *Pop.* gratificare.

gos.tar [gost′ar] *vt* apprezzare; affezionarsi a. Utilizados con *pron:* piacere, gradire. **eu gosto mi piace. ele gosta** gli gradisce. **gosto muito disso** questo mi piace un mondo.

go.sto [g′ostu] *sm* gusto, sapore; gradevolezza; genio. **bom** ≃ gusto, raffinatezza. **com muito** ≃ *avv* volentieri. **de bom** ≃ di buon gusto. **de mau** ≃ di cattivo gusto. ≃ **agradável** gustosità. ≃ **bom** *Fig.* sapore. **mau** ≃ mal gusto. **sem** ≃ *agg* sciocco, sciapido. **ter** ≃ **de** sapere a, sentire di.

gos.to.so [gost′ozu] *agg* gustoso, delizioso, saporoso, appetitoso, saporito. *Fig.* squisito.

gos.to.su.ra [gostoz′urə] *sf* delizia.

go.ta [g′otə] *sf* goccia. *Med.* gotta. *Fig.* goccia, lacrima, piccola quantità di liquido.

go.tei.ra [got′ejrə] *sf Archit.* gronda, gocciolatoio.

go.te.jar [goteʒ′ar] *vi* gocciare, gocciolare, stillare, sgocciolare.

gó.ti.co [g′otiku] *agg* gotico. **letra** ≃ **a** carattere gotico.

go.ver.nan.ta [govern′ãtə] *sf* governante, donna che governa i servitori di una casa.

go.ver.nan.te [govern′ãti] *s* governante; statista. *Fig.* pilota. *agg* governante.

go.ver.nar [govern′ar] *vt* governare; gestire; reggere; capeggiare. *Fig.* dirigere, amministrare, controllare, guidare.

go.ver.no [gov′ernu] *sm* governo; gestione; reggimento; dominazione, dominio. *Fig.* controllo, conduzione. **o G**≃ i governanti, lo Stato. **no** ≃ **de** *prep* sotto.

go.za.ção [gozas′ãw] *sf* beffa, canzonatura, scherzo. **de** ≃ da scherzo, per scherzo.

go.za.dor [gozad′or] *sm* buontempone, burlone. *agg* beffardo, irriverente.

go.zar [goz′ar] *vt* godere, godere di, fruire di; canzonare, beffare, schernire, dileggiare, deridere. *vi* godere, deliziarsi.

go.zo [g′ozu] *sm* godimento, diletto.

gra.ça [gr′asə] *sf* grazia; cortesia, favore; celia, barzelletta; leggiadria. *Rel.* grazia. *Fig.* bellezza, attrattiva, dote; benedizione, manna; amenità, giuoco. **cair nas** ≃ **s de** ingraziarsi. **com a** ≃ **de Deus** la Dio mercé. **de** ≃ *agg* gratuito, grazioso. **de** ≃ *avv* gratis, de grazia, a ufo. **fazer cair nas** ≃ **s de** ingraziare. ≃ **s a** grazie a, per merito di, mercé. ≃ **s a Deus** grazie a Dio. **sem** ≃ *agg* banale; sgraziato; insulso.

gra.ce.ja.dor [grasejad′or] *sm* celione.

gra.ce.jar [graseʒ′ar] *vi* celiare, buffare, frizzare.

gra.ce.jo [gras′eʒu] *sm* celia, barzelletta, spiritosaggine, burla, freddura, motteggio, scherzo, frizzo. *Fig.* giuoco, battuta.

gra.ci.nha [gras′iñə] *sf dim* spiritosaggine. *Pop.* arguzia.

gra.ci.o.so [grasi′ozu] *agg* grazioso, bello, carino, leggiadro. *Fig.* dolce, sinuoso.

gra.da.ção [gradas′ãw] *sf* gradazione. *Pitt.* digradazione.

gra.de [gr′adi] *sf* grata. ≃ **de janela ou prisão** inferriata.

gra.do [gr'adu] *sm* soltanto nelle espressioni **de bom** ≃ di buon grado. **de mau** ≃ di malavoglia.

gra.dua.ção [gradwas'ãw] *sf* graduazione, scala.

gra.du.ar [gradu'ar] *vt* graduare; scalare.

gra.fi.a [graf'iə] *sf* scrittura.

grá.fi.co [gr'afiku] *sm*+*agg* grafico. **artes** ≃as *pl* arti grafiche.

gra.fi.te [graf'iti] *sm Min.* grafite. ≃ **para lapiseira** mina di ricambio, matita.

gra.fo.lo.gi.a [grafoloʒ'iə] *sf* grafologia.

gra.lha [gr'aλə] *sf Zool.* gracchia, cornacchia, mulacchia. ≃ **macho** gracchio.

gra.lhar [graλ'ar] *vi* gracchiare, cornacchiare.

gra.ma [gr'∧mə] *sf Bot.* erba, gramigna. *sm* grammo, gramma (misura).

gra.ma.do [gram'adu] *sm Sp.* campo.

gra.má.ti.ca [gram'atikə] *sf* grammatica.

gra.ma.ti.cal [gramatik'aw] *agg* grammaticale.

gram.pe.a.dor [grãpead'or] *sm* cucitrice.

gram.pe.ar [grãpe'ar] *vt* fissare con graffe.

gram.po [gr'ãpu] *sm Archit.* grampo (per costruzioni). ≃ **para o cabelo** forcina, forcella. ≃ **para papéis** graffa.

gra.na [gr'∧nə] *sf Ger.* lira.

gra.na.da [gran'adə] *sf Mil.* granata, bomba a mano. *Min.* granato.

gra.na.dei.ro [granad'ejru] *sm Mil.* granatiere.

gra.na.di.no [granad'inu] *sm Min.* granato. *agg* granato, del colore del granato.

gra.na.te [gran'ati] *sm Min.* granato.

gran.da.lhão [grãdaλ'ãw] *sm aum* gigante. *Fam. disp* grandaccio. *Fig.* maciste, colosso.

gran.de [gr'ãdi] *agg* grande, grosso; corpulento; voluminoso; crasso, badiale (errore). *Iron.* maiuscolo. *Lett.* magno. *Fig.* rotondo, tozzo.

gran.de.za [grãd'ezə] *sf* grandezza. *Fis.* e *Mat.* grandezza. *Fig.* altezza, nobiltà, apertura.

gran.di.lo.qüen.te [grãdilok'wẽti] *agg* ampolloso.

gran.di.o.so [grãdi'ozu] *agg* grandioso, spettacolare, superbo. *Fig.* monumentale.

gra.ni.to [gran'itu] *sm Min.* granito.

gra.ni.zar [graniz'ar] *vi* grandinare.

gra.ni.zo [gran'izu] *sm* grandine, nevischio, gragnuola, chicchi di grandine.

gra.nu.la.do [granul'adu] o **gra.nu.lo.so** [granul'ozu] *part*+*agg* granito.

gra.nu.lar [granul'ar] *vt*+*agg* granular.

grâ.nu.lo [gr'∧nulu] *sm* granulo, grommo, chicco. ≃ **de farinha** grumo.

grão [gr'ãw] *sm* grano, chicco. ≃**s (de trigo, milho)** granaglie, granelli. ≃ **de uva** acino.

grão-de-bi.co [grãwdib'iku] *sm* cece.

grão-du.que [grãwd'uki] o **grã-du.que** [grãd'uki] *sm* granduca.

grão-mes.tre [grãwm'estri] *sm* granmaestro, gran maestro.

gras.nar [grazn'ar] *vi* gracchiare, cornacchiare.

gras.ni.do [grazn'idu] *sm* o **gras.na.da** [grazn'adə] *sf* gracchio.

gra.ti.dão [gratid'ãw] *sf* gratitudine, riconoscenza.

gra.ti.fi.ca.ção [gratifikas'ãw] *sf* gratificazione.

gra.ti.fi.car [gratifik'ar] *vt* gratificare.

grá.tis [gr'atis] o **gra.tui.ta.men.te** [gratujtam'ẽti] *avv* gratis, in dono, di grazia.

gra.to [gr'atu] *agg* grato, grazioso.

gra.tui.to [grat'ujtu] *agg* gratuito, grazioso.

grau [gr'aw] *sm* grado; rango. *Mat.* grado (di angolo); dimensione (di una potenza o equazione). *Fis.* grado (di temperatura). *Mil.* grado, posto. **equação de primeiro** ≃ equazione di primo grado.

gra.va.ção [gravas'ãw] *sf* iscrizione, inscrizione; registrazione.

gra.va.do [grav'adu] *part*+*agg* inciso.

gra.va.dor [gravad'or] *sm* registratore, magnetofono.

gra.va.me [grav'∧mi] *sm* onere, peso. *Comm.* onere, aggravio, soma. *Giur.* gravame.

gra.var [grav'ar] *vt* incidere, intagliare, cesellare, scolpire, stampare; registrare (suono).

gra.va.ta [grav'atə] *sf* cravatta.

gra.ve [gr'avi] *sm Mus.* grave, nota grave. *agg* grave; serio; basso (suono). *Fig.* massiccio (errore). **acento** ≃ accento grave. **doença** ≃ malattia acuta.

gra.ve.to [grav'etu] *sm* stecco.

grá.vi.da [gr'avidə] *agg f* gravida (donna).

gra.vi.da.de [gravid'adi] *sf* gravità; serietà. *Fis.* gravità, forza della gravità. *Iron.* gravezza. *Fig.* entità, enormità.

gra.vi.dez [gravid'es] *sf* gravidanza, gestazione.

gra.vi.ta.ção [gravitas'ãw] *sf* gravitazione. ≃ **universal** gravitazione universale.

gra.vi.tar [gravit'ar] *vi Fis.* gravitare.

gra.xa [gr'aʃə] *sf Mecc.* e *Autom.* grasso. ≃ **de sapatos** lucido, patina, cera da scarpe.

gre.gá.rio [greg'arju] *agg* gregario.

gre.go [gr'egu] *sm*+*agg* greco, della Grecia. ≃ **moderno** neogreco, della Grecia moderna. **falar** ≃ *Fig.* parlar turco, dir cose incomprensibili. **isso é** ≃ **para mim!** è arabo per me! **os** ≃**s ortodoxos** *Rel.* gli ortodossi.

gre.go.ri.a.no [gregori'ʌnu] *agg* gregoriano. **calendário** ≃ calendario gregoriano. **canto** ≃ *Mus.* canto gregoriano.

gre.lha [gr'eλə] *sf* ferri *pl*, bistecchiera, graticola.

gre.lha.do [greλ'adu] *part+agg* ai ferri.

gre.lo [gr'elu] *sm Bot.* cimolo.

gre.ve [gr'evi] *sf* sciopero. ≃ **de fome** sciopero della fame. ≃ **patronal** *Econ.* serrata. **fazer** ≃ scioperare. *Fig.* incrociare le braccia.

gri.far [grif'ar] *vt* sottolineare.

gri.fo [gr'ifu] *sm* sottolineatura. *Mit.* grifone.

gri.lhão [griλ'ãw] *sm* catena. *Fig.* giogo, dominazione.

gri.lo [gr'ilu] *sm Zool.* grillo.

gri.nal.da [grin'awdə] *sf* ghirlanda, corona. *Poet.* serto.

gri.par [grip'ar] *vt* influenzare.

gri.pe [gr'ipi] *sf Med.* influenza, grippe. **pegar uma** ≃ prendere un'influenza.

gri.sa.lho [griz'aλu] *sm Fig.* neve. *agg* canuto, grigio, brizzolato. **ficar** ≃ imbiancarsi.

gri.tar [grit'ar] *vi* gridare, berciare, urlare, esclamare, vociferare, sbraitare. ≃ **com** sgridare.

gri.ta.ri.a [gritar'iə] *sf* gridata.

gri.to [gr'itu] *sm* grido, bercio, urlo, strillo. **dar um** ≃ lanciare (o mandare) un grido.

gro.sa [gr'ɔzə] *sf* raspa.

gro.se.lha [groz'eλə] *sf Bot.* ribes.

gro.se.lhei.ra [grozeλ'ejrə] *sf Bot.* ribes.

gros.sei.rão [grosejr'ãw] *sm aum Fig.* troglodita, facchino, contadino, ostrogoto.

gros.sei.ro [gros'ejru] *agg* grossolano; rustico, grezzo, rozzo; incivile, zotico, indelicato; volgare. *Fig.* paesano, ruvido, selvaggio.

gros.se.ri.a [groser'iə] *sf* rozzezza; scortesia, villania, sgarbatezza, zoticaggine. *Fig.* ruvidezza, selvatichezza; zampata. **responder com** ≃ rispondere con sale e pepe.

gros.so [gr'osu] *sm Fig.* marrano. **o** ≃ il grosso. *agg* grosso; spesso; rude, scostumato, villano. *Fig.* grasso.

gros.su.ra [gros'urə] *sf* grossezza, spessore.

gro.tes.co [grot'esku] *agg* grottesco.

grou [gr'ow] *sm Zool.* gru.

gru.a [gr'uə] *sf Zool.* gru. *Mecc.* gru, elevatore.

gru.dar [grud'ar] *vt* ingommare.

gru.den.to [grud'ẽtu] *agg* colloso, piacciicoso.

gru.me.te [grum'eti] *sm Naut.* mozzo.

gru.mo [gr'umu] *sm* grommo, grumo.

gru.nhir [gruñ'ir] *vi* grugnire.

gru.po [gr'upu] *sm* gruppo; ambiente, corpo; associazione, aggruppamento; comunella.

Fig. banda, blocco. ≃ **de teatro** compagnia teatrale. **em** ≃ a schiera.

gru.ta [gr'utə] *sf* grota, caverna, spelonca.

gua.na.co [gwan'aku] *sm Zool.* guanaco.

gua.ra.ná [gwaran'a] *sm Bot.* guarana.

guar.da [g'wardə] *sm* guardia; guardiano, custode, sorvegliante; poliziotto. *Pop.* questurino. *Mil.* sentinella. *Poet.* scolta. *Fig.* cerbero, palo. ≃ **aduaneiro** doganiere. ≃ **carcerário** carceriere. ≃ **alfandegário** guardia di finanza, finanziere. ≃ **municipal** vigile urbano. ≃ **penitenciário** guardiano. *sf* guardia; vedetta; custodimento, fazione. *Giur.* tutela. ≃ **costeira** *Naut.* guardacoste. ≃ **pessoal de um governante** guardia del corpo. **corpo da** ≃ corpo di guardia. **ficar de** ≃ stare in guardia (o di sentinella). *Fig.* dormire con gli occhi aperti. **montar** ≃ vigilare. **velha** ≃ vecchia guardia, gruppo dei veterani (di un partito, associazione, ecc.). **em** ≃! in guardia! all'erta! occhio!

guar.da-chu.va [gwardaʃ'uvə] *sm* ombrello.

guar.da-cos.tas [gwardak'ɔstəs] *sm* scorta, guardaspalle. *Naut.* guardacoste (nave). *Fig.* giannizzero, gorilla.

guar.da.dor [gwardad'or] *sm* ≃ **de animais** guardiano. ≃ **de porcos** porcaio.

guar.da-flo.res.tal [gwardaflorest'aw] *sm* guardaboschi.

guar.da-li.nha [gwardal'iñə] *sm* guardavia.

guar.da-li.vros [gwardal'ivrus] *sm Comm.* ragioniere, computista.

guar.da-mão [gwardam'ãw] *sm* coccia della spada.

guar.da-mor [gwardam'ɔr] *sm* capoguardia.

guar.da.na.po [gwardan'apu] *sm* salvietta, tovagliolo.

guar.da-no.tur.no [gwardanot'urnu] *sm* guardia notturna, metronotte, guardiolo.

guar.da-pó [gwardap'ɔ] *sm* cappotto.

guar.dar [gward'ar] *vt* guardare; custodire, badare a, vegliare su; riservare, salvare, serbare, metter da parte.

guar.da-rou.pa [gwardař'owpə] *sm* guardaroba.

guar.da-sol [gwardas'ɔw] *sm* ombrellone, parasole.

guar.di.ão [gwardi'ãw] *sm* guardiano, custode. *Rel.* guardiano. *Fig.* carabiniere, cerbero.

gua.ri.ta [gwar'itə] *sf Mil.* garitta, garetta, casotto, guardiola.

guar.ne.cer [gwarnes'er] *vt* guarnire. *an Fig.* approvigionare.

guar.ni.ção [gwarnis'ãw] *sf Mil.* guarnigione, presidio, contingente.

guei.xa [g'ejʃə] *sf* geisha.

guel.fo [g'ɛwfu] *sm+agg St.* guelfo.

guel.ra [g'ɛwřə] *sf Zool.* branchia.

gue.par.do [gep'ardu] *sm Zool.* ghepardo.

guer.ra [g'ɛřə] *sf* guerra; conflitto. ≃ **civile** guerra civil. **G** ≃ **Fria** *St.* Guerra Fredda. **os dois lados em** ≃ le due parti belligeranti.

guer.re.ar [geře'ar] *vi* guerreggiare, combattere. ≃ **um contra o outro** guerreggiarsi.

guer.rei.ro [geř'ejru] *sm* guerriero. *agg* guerriero, bellico.

guer.ri.lha [geř'iʎə] *sf* guerriglia.

guer.ri.lhei.ro [geřiʎ'ejru] *sm Mil.* guerrigliere, partigiano, francotiratore.

gue.to [g'etu] *sm* ghetto, quartiere per gli Ebrei.

gui.a [g'iə] *sm* guida, comandante; cicerone. *Poet.* duce, duca. *Lett.* mentore. *sf* guida, governo. *Comm.* bulletta, bolletta. *Fig.* binario, briglia; testa, capitano, pilota. ≃ **da calçada** paracarro.

gui.ar [gi'ar] *vt* guidare; condurre, incamminare; governare, dirigere. *Fig.* incanalare; dominare. ≃ **um cego** menare un cieco.

gui.chê [giʃ'e] *sm* sportello, finestrino, cassa.

gui.dão [gid'ãw] *sm* manubrio, sterzo.

guil.da [g'iwdə] *sf St.* gilda, corporazione di artigiani.

gui.lho.ti.na [giʎot'inə] *sf* ghigliottina. ≃ **para papéis** tagliarina.

guin.das.te [gĩd'asti] *sm* gru, martinetto, elevatore, mangano.

guir.lan.da [girl'ãdə] *sf* ghirlanda, corona.

gui.sa [g'izə] *sf* utilizzato nell'espressione **à** ≃ **de** a guisa di.

gui.sa.do [giz'adu] *sm* stufato, guazzetto, ragù, fricassea.

gui.sar [giz'ar] *vt* stufare.

gui.tar.ra [git'ařə] *sf* chitarra.

gui.tar.ris.ta [gitař'istə] *s* chitarrista.

gui.zo [g'izu] *sm* sonaglio, bubbolo.

gu.la [g'ulə] *sf* goloseria, golosità. *Rel.* gola. *Fig.* avidità. ≃ **insaciável** ingordigia.

gu.lo.sei.ma [guloz'ejmə] o **gu.lo.di.ce** [gulod'isi] *sf* goloseria, golosità, leccornia.

gu.lo.so [gul'ozu] *sm* ghiotto, leccapiatti, mangione. *agg* ghiotto, goloso, ingordo.

gu.sa [g'uzə] *sf Chim.* ghisa.

gu.ta-per.cha [gutap'ɛrʃə] *sf Bot.* guttaperca.

gu.tu.ral [gutur'aw] *agg* gutturale.

H

h [ag'a] *sm* l'ottava lettera dell'alfabeto portoghese.

há.bil ['abiw] *agg* abile; destro, capace; competente, bravo; idoneo. *Fig.* diplomatico.

ha.bi.li.da.de [abilid'adi] *sf* abilità; destrezza; competenza, bravura; idoneità. *Fig.* arte, tecnica; diplomazia. **com** ≃ *avv* con arte, ad arte.

ha.bi.li.do.so [abilid'ozu] *agg* abile.

ha.bi.li.ta.ção [abilitas'ãw] *sf* abilitazione.

ha.bi.li.tar [abilit'ar] *vt* abilitare. *vpr* abilitarsi.

ha.bi.ta.ção [abitas'ãw] *sf* abitazione, casa, dimora.

ha.bi.tan.te [abit'ãti] *s+agg* residente.

ha.bi.tar [abit'ar] *vt* abitare, dimorare.

há.bi.tat ['abitat] *sm Biol.* habitat, ambiente.

há.bi.tá.vel [abit'avew] *agg* abitabile, agibile.

há.bi.to ['abitu] *sm* abitudine, uso, costume, consuetudine, abito. *Rel.* abito, tonaca, veste dei religiosi. *Fig.* prammatica. **de** ≃ di rito. **falta de** ≃ *Lett.* dissuetudine. **mau** ≃ malcostume, malusanza, vizio. **ter o** ≃ **de** usare. **o** ≃ **não faz o monge** l'abito non fa il monaco.

ha.bi.tu.a.do [abitu'adu] *part+agg* avvezzo. ≃ **a (maus hábitos)** rotto a.

ha.bi.tu.al [abitu'aw] *agg* abituale, usuale, solito, usato; comune, ordinario; familiare. *Fig.* cronico.

ha.bi.tu.ar [abitu'ar] *vt* abituare, accostumare, familiarizzare. *Fig.* acclimare. *vpr* abituarsi, familiarizzarsi. *Fig.* acclimarsi.

há.li.to ['alitu] *sm* alito, fiato.

ha.lo ['alu] *sm Astron.* alone, corona.

han.gar [ãg'ar] *sm Aer.* hangar, rimessa.

han.se.á.ti.co [ãse'atiku] *agg* anseatico.

ha.ra.qui.ri [arakir'i] *sm* carachiri, karakiri.

hard.ware [h'ardwer] *sm Inform.* hardware.

ha.rém [ar'ẽj] *sm* arem, harem.

har.mo.ni.a [armon'iə] *sf* armonia; concordia, accordo; fratellanza, fraternità; simmetria. *Mus.* armonia, concerto. *Fig.* bellezza; unità, coesione.

har.mô.ni.ca [arm'onika] *sf Mus.* armonica.

har.mô.ni.co [arm'oniku] *agg* armonico. *Fig.* proporzionato.

har.mo.ni.o.so [armoni'ozu] *agg* armonioso, armonico; regolare, simmetrico; coerente; canoro. *Fig.* classico.

har.mo.ni.zar [armoniz'ar] *vt* armonizzare; coordinare. *Mus.* armonizzare, concertare. *vi+vpr* armonizzare, essere in armonia.

har.pa ['arpə] *sf Mus.* arpa.

har.pi.a [arp'iə] *sf Mit.* arpia.

has.te ['asti] *sf* asta. *Bot.* gamba, stelo. ≃ **de cereal** culmo, gambale. ≃ **dentada** *Mecc.* dentiera. ≃ **s dos óculos** stanghetta, aste degli occhiali.

has.te.ar [aste'ar] *vt* inastare, inalberare, alzare, rizzare una bandiera.

ha.ver [av'er] *vaus* avere. *v impers* esserci, esistere. **há (singolare)** c'è. **há (plurale)** ci sono. **há muito o que fazer** c'è molto da fare. **não há de quê** non c'è di che! prego! di niente! ≃ **de fazer** avere da fare.

ha.xi.xe [aʃ'iʃi] *sm Bot.* hascisc, hashish.

he.brai.co [ebr'ajku] *sm+agg* ebraico, ebreo; giudeo.

he.ca.tom.be [ekat'õbi] *sf St.* ecatombe. *Fig.* massacro, carneficina.

hec.ta.re [ekt'are] *sm* ettaro, ettara.

he.ge.mo.ni.a [eʒemon'iə] *sf* egemonia. *Fig.* comando, controllo.

hé.gi.ra ['eʒirə] *sf Rel.* egira.

he.lê.ni.co [el'eniku] *agg* ellenico, dei greci.

he.li.an.to [eli'ãtu] *sm Bot.* eliantemo, clizia.

hé.li.ce ['elisi] *sf* elica.

he.li.coi.dal [elikojd'aw] *agg* elicoidale.

he.li.cóp.te.ro [elik'opteru] *sm* elicottero.

hé.lio ['ɛlju] *sm Chim.* elio.

he.lio.tró.pio [eljotr'ɔpju] *sm Bot.* eliotropio.

hel.min.tos [ewm'ĩtus] *sm pl Zool.* elminti.

he.má.cia [em'asjə] *sf Med.* hemazia, globulo rosso.

he.ma.ti.ta [emat'itə] *sf Min.* ematite.

he.ma.to.ma [emat'omə] *sm Med.* hematoma, botta, bernoccolo, colpo.

he.mis.fé.rio [emisf'erju] *sm* emisfero.

he.mo.glo.bi.na [emoglob'inə] *sf Med.* emoglobina.

he.mor.ra.gi.a [emoʀaʒ'iə] *sf Med.* emorragia. ≈ **nasal** epistassi.

he.mor.rói.das [emoʀ'ɔjdəs] *sf pl Med.* emorroidi.

he.na ['enə] *sf Bot.* henné.

he.pa.ti.te [epat'iti] *sf Med.* epatite, epatitide.

hep.tas.sí.la.bo [eptas'ilabu] *sm+agg Lett.* eptasillabo, ettasillabo.

he.ra ['eʀə] *sf Bot.* edera, ellera, abbracciaboschi.

he.rál.di.ca [er'awdikə] *sf* araldica.

he.ran.ça [er'ãsə] *sf Fisiol.* eredità. *Giur.* eredità, legato. **lei da** ≈ *Fisiol.* eredità, principio di eredità. **deixar como** ≈ tramandare. **receber uma** ≈ adire un'eredità.

her.bí.vo.ro [erb'ivoru] *sm+agg Zool.* erbivoro.

her.cú.leo [erk'ulju] *agg* erculeo.

her.dar [erd'ar] *vt+vi* ereditare.

her.dei.ro [erd'ejru] *sm* erede; successore.

he.re.di.ta.rie.da.de [ereditarjed'adi] *sf* ereditarietà.

he.re.di.tá.rio [eredit'arju] *agg* ereditario, congenito, atavico, genetico. *Fig.* ancestrale.

he.re.ge [er'ɛʒi] *s* eretico. *Fig.* settario.

he.re.si.a [erez'iə] *sf* eresia, bestemmia.

he.ré.ti.co [er'ɛtiku] *agg* eretico.

her.ma.fro.di.ta [ermafrod'itə] *s+agg* ermafrodito, androgino.

her.mé.ti.co [erm'ɛtiku] *agg* ermetico. *Fig.* incomprensibile, enigmatico.

hér.nia ['ɛrnjə] *sf Med.* ernia.

he.rói [er'ɔj] *sm* eroe. *Fig.* paladino.

he.rói.co [er'ɔjku] *agg* eroico; coraggioso, prode, audace.

he.ro.í.na [ero'inə] *sf* eroina. *Chim.* eroina, sostanza stupefacente.

her.pes ['ɛrpis] *sm Med.* erpete.

her.pes-zos.ter [erpisz'ɔster] *sm Med.* zostere, zona.

he.si.ta.ção [ezitas'ãw] *sf* esitanza, vacillazione, riluttanza, titubanza. *Fig.* tentennamento, ondeggiamento, remora.

he.si.tan.te [ezit'ãti] *agg* esitante, riluttante, perplesso, dubbioso, indeciso.

he.si.tar [ezit'ar] *vi* esitare, titubare, vacillare, indugiare. *Fig.* tentennare, ondeggiare. **não** ≈ **em** non esitare a, non peritarsi di.

he.te.ro.do.xo [eterod'ɔksu] *agg* eterodosso.

he.te.ro.gê.neo [eteroʒ'enju] *agg* eterogeneo. *Fig.* ibrido.

he.xá.go.no [ez'agonu] *sm Geom.* esagono.

hi.a.to [i'atu] *sm Gramm.* iato.

hi.ber.na.ção [ibernas'ãw] *sf Zool.* ibernazione, letargo.

hi.bis.co [ib'isku] *sm Bot.* ibisco.

hí.bri.do [i'bridu] *agg* ibrido. *Fig.* bastardo.

hi.dra *sf Zool.* idra; idro. *Mit.* idra.

hi.dran.te [idr'ãti] *sm* idrante.

hi.dra.tar [idrat'ar] *vt Chim.* idratare.

hi.dra.to [idr'atu] *sm Chim.* idrato.

hi.dráu.li.ca [idr'awlikə] *sf Fis.* idraulica.

hi.dre.lé.tri.co [idrel'etriku] *agg* idroelettrico.

hí.dri.co ['idriku] *agg* idrico.

hi.dro.a.vi.ão [idroavi'ãw] o **hi.dra.vi.ão** [idravi'ãw] *sm* idrovolante.

hi.dro.fo.bi.a [idrofob'iə] *sf Med.* idrofobia, rabbia, lissa.

hi.dró.fo.bo [idr'ɔfobu] *agg Med.* idrofobo, rabbioso.

hi.dro.gra.fi.a [idrograf'iə] *sf Geogr.* idrografia.

hi.dro.grá.fi.co [idrogr'afiku] *agg* idrografico. **bacia** ≈ a bacino idrico.

hi.drô.me.tro [idr'ometru] *sm* idrometro.

hi.dros.tá.ti.ca [idrost'atikə] *sf Fis.* idrostatica.

hi.e.na [i'enə] *sf Zool.* iena.

hi.e.rar.ca [ier'arkə] *sm* gerarca.

hi.e.rar.qui.a [ierark'iə] *sf* gerarchia.

hi.e.rá.ti.co [ier'atiku] *agg* ieratico.

hi.e.ro.glí.fi.co [ierogl'ifiku] *agg* geroglifico.

hi.e.ró.gli.fo [ier'ɔglifu] *sm* geroglifico.

hí.fen ['ifẽj] *sm Gramm.* trattino, lineetta.

hi.gi.e.ne [iʒi'eni] *sf* igiene.

hi.la.ri.an.te [ilari'ãti] *agg* esilarante. **gás** ≈ gas esilarante.

hí.men ['imẽj] *sm Anat.* imene.

hin.dus.tâ.ni.co [idust'ʌniku] *agg* indostanico.

hi.no ['inu] *sm* inno. ≈ **em louvor** cantico. ≈ **nacional** inno nazionale.

hi.ói.de [i'ɔjdi] *sm Anat.* ioide.

hi.pér.bo.le [ip'erboli] *sf Geom.* e *Gramm.* iperbole.

hi.per.sen.sí.vel [ipersẽs'ivew] *agg* ipersensibile.

hi.per.ten.são [ipertẽs'ãw] *sf Med.* ipertensione.

hi.per.ti.re.oi.dis.mo [ipertireojd'izmu] *sm Med.* ipertiroidismo.

hí.pi.co ['ipiku] *agg* ippico.

hi.pis.mo [ip'izmu] *sm* ippica.

hip.no.se [ipn'ɔzi] *sf* ipnosi.

hip.no.tis.mo [ipnot'izmu] *sm* ipnotismo.

hip.no.ti.zar [ipnotiz'ar] *vt* ipnotizzare. *Fig.* incantare, magnetizzare.

hi.po.cam.po [ipok'ãpu] *sm Zool.* ippocampo.

hi.po.con.drí.a.co [ipokõdr'iaku] *sm+agg* ipocondriaco.

hi.po.cri.si.a [ipokriz'iə] *sf* ipocrisia; finzione.

hi.pó.cri.ta [ip'ɔkritə] *s* ipocrita. *Fig.* fariseo, gesuita, tartufo. *agg* ipocrito. *Fig.* fariseo.

hi.po.dér.mi.co [ipod'ɛrmiku] *agg* ipodermico.

hi.pó.dro.mo [ip'ɔdromu] *sm* ippodromo.

hi.pó.fi.se [ip'ɔfizi] *sf Anat.* ipofisi.

hi.po.pó.ta.mo [ipop'ɔtamu] *sm* ippopotamo.

hi.po.te.ca [ipot'ɛkə] *sf Giur.* ipoteca.

hi.po.te.car [ipotek'ar] *vt* ipotecare.

hi.po.te.nu.sa [ipoten'uzə] *sf Geom.* ipotenusa.

hi.pó.te.se [ip'ɔtezi] *sf Fil.* e *Mat.* ipotesi, congettura, astrazione, supposizione, pronostico. *Fig.* calcolo. **fazer** ≃ **s** postulare. **na pior das** ≃ **s** andare a peggio.

hi.po.té.ti.co [ipot'etiku] *agg* ipotetico, aprioristico.

hi.po.ti.re.oi.dis.mo [ipotireojd'izmu] *sm Med.* ipotiroidismo.

hir.su.to [irs'utu] *agg* irsuto, peloso.

his.pâ.ni.co [isp'ʌniku] *agg* ispanico, ispano.

his.té.ri.co [ist'ɛriku] *sm+agg* isterico.

his.to.lo.gi.a [istoloʒ'iə] *sf Biol.* istologia.

his.tó.ria [ist'ɔrjə] *sf* storia; fatto; bugia, fola. *Ger.* bubbola. *Fig.* invenzione. ≃ **em quadrinhos** fumetti *pl.* **contar** ≃ **s** novellare. *Fig.* abballare.

his.to.ri.a.dor [istoriad'or] o **his.to.ri.ó.gra.fo** [istori'ɔgrafu] *sm* storico.

his.tó.ri.co [ist'ɔriku] *sm* curriculum. *agg* storico, della storia.

his.tri.ô.ni.co [istri'oniku] *agg* istrionico.

ho.di.er.no [odi'ernu] *agg* odierno, moderno, attuale.

ho.dô.me.tro [od'ometru] *sm Mecc.* odometro.

ho.je ['oʒi] *sm* l'oggi, il tempo presente. *avv* oggi. **até** ≃ *avv* sinora. **de** ≃ **em diante** *avv* da oggi in poi. ≃ **à noite** *avv* stasera, stanotte. ≃ **pela manhã** *avv* stamattina, stamani. ≃ **em dia** *avv* oggigiorno, oggidì.

ho.lan.dês [olãd'es] *sm+agg* olandese.

ho.lo.caus.to [olok'awstu] *sm St.* e *Fig.* olocausto.

ho.mem ['omẽj] *sm* uomo. **o H** ≃ l'Uomo. **bom** ≃ buonuomo. ≃ **bonito** bello. ≃ **de ação** uomo d'azione, attivo. ≃ **de armas** uomo d'arme, militare. ≃ **de bem** valentuomo. ≃ **de letras** uomo di lettere. ≃ **de palavra** uomo di parola. ≃ **feito** uomo fatto. ≃ **honesto** galantuomo. ≃ **mau** *Fig.* cane. **que grande** ≃! che testa! **um** ≃ **se conhece por suas obras** dal frutto si conosce l'albero.

ho.mem-rã [omẽj'rã] *sm* uomo rana.

ho.me.na.gem [omen'aʒẽj] *sf* omaggio; ossequio, tributo. *Fig.* culto.

ho.men.zi.nho [omẽjz'iñu] *sm dim* omuncolo. *an Fig.* ometto.

ho.me.o.pa.ta [omeop'atə] *s* omeopatico.

ho.me.o.pa.ti.a [omeopat'iə] *sf* omeopatia.

ho.me.o.pá.ti.co [omeop'atiku] *agg* omeopatico.

ho.mé.ri.co [om'ɛriku] *agg* omerico.

ho.mi.ci.da [omis'idə] *s* omicida, assassino.

ho.mi.cí.dio [omis'idju] *sm* omicidio, assassinio.

ho.mó.fo.no [om'ɔfonu] *agg* omofono.

ho.mo.ge.ni.a [omoʒen'iə] *sf* omogenia.

ho.mo.gê.neo [omoʒ'enju] *agg* omogeneo, uniforme.

ho.mo.lo.gar [omolog'ar] *vt Lett.* omologare.

ho.mô.ni.mo [om'onimu] *sm+agg* omonimo.

ho.mos.se.xu.al [omoseksu'aw] *sm* omossessuale, pederasta, invertito. *Ger.* finocchio. *sf* omossessuale, lesbica.

ho.mún.cu.lo [om'ũkulu] *sm dim* omuncolo.

ho.nes.ti.da.de [onestid'adi] *sf* onestà; decenza; dirittura, rettitudine. *Fig.* correttezza, pulizia, chiarezza.

ho.nes.to [on'estu] *agg* onesto; integro, probo; pulito, morale; perbene; dabbene; rispettabile. *Fig.* retto, corretto, cristallino, trasparente.

ho.no.rá.rio [onor'arju] *sm Comm.* (più usato nel *pl*) onorario, competenze *pl.* agg onorario, di onore.

hon.ra ['õrə] *sf* onore; decoro; dignità; orgoglio. *Fig.* lustro. ≃ **s** *pl* onori, onoranze. **dívida de** ≃ debito d'onore. **é uma questão de** ≃ ne va dell'onore. **fazer as** ≃ **s da casa** fare gli onori di casa. **lugar de** ≃ posto d'onore. **ofender a** ≃ **de** disonorare. **palavra de** ≃ parola d'onore. **questão de** ≃ punto d'onore. **ter a** ≃ **de** avere l'onore di.

hon.ra.dez [õrad'es] *sf* onoratezza, onestà. *Fig.* chiarezza.

hon.ra.do [õr'adu] *agg* onorato, onesto, rispettabile.

hon.rar [õr'ar] *vt* onorare; rispettare. *vpr* onorarsi. ≃ **uma obrigação** assolvere un obbligo.

hon.ra.ri.as [õrar'iəs] *sf pl* onoranze.

hon.ro.so [õr'ozu] *agg* onorevole.

hó.quei ['ɔkej] *sm Sp.* hockey. ≃ **sobre o gelo** hockey su ghiaccio.

ho.ra ['ɔrə] *sf* ora. **a toda** ≃ *avv* ognora. **antes da** ≃ anzitempo. **dar as** ≃ **s (o relógio)** suonare le ore. **em má** ≃ male a proposito. **em** ≃ **inoportuna** fuori di luogo. **fora de** ≃ fuori di stagione. ≃ **de agir** momento di agire. ≃ **de levantar** *Mil.* diana. ≃ **extra** straordinario. ≃ **marcada** appuntamento. **meia** ≃

mezz'ora. **na** ≃ al momento; **(trem, avião)** in orario. **que** ≃ s **são?** che ora è? **um quarto de** ≃ un quarto d'ora, quindici minuti.

ho.rá.rio [orˈarju] *sm* orario. ≃ **de inverno** orario invernale. ≃ **de pico** ora di punta. ≃ **de verão** orario estivo, ora legale, ora estiva.

hor.da [ˈɔrdə] *sf St.* orda.

ho.ri.zon.tal [orizõˈtaw] *agg* orizzontale.

ho.ri.zon.te [orizˈõti] *sm* orizzonte; sfondo.

hor.mô.nio [orˈmonju] *sm Fisiol.* ormone.

ho.rós.co.po [orˈɔskopu] *sm* oroscopo. **fazer** ≃ tirare l'oroscopo.

hor.ren.do [oˈʀẽdu] *agg* orrendo. *Fig.* atro.

hor.ri.pi.lan.te [oʀipilˈãti] *agg* orripilante, tremendo.

hor.rí.vel [oʀˈivew] *agg* orribile; terribile, tetro; atroce. *Fig.* maledetto.

hor.ror [oˈʀor] *sm* orrore, terrore, atterrimento; raccapriccio. *Fig.* brivido. **ter** ≃ **a** aborrire.

hor.ro.ri.zar [oʀorizˈar] *vt* inorridire. *vpr* inorridire.

hor.ro.ro.so [oʀorˈozu] *agg* orrendo, tremendo. *Fig.* dantesco.

hor.ta [ˈɔrtə] *sf* orto.

hor.ta.li.ça [ortalˈisə] *sf* ortaggio, verdura.

hor.te.lã [orteˈlã] *sf Bot.* menta.

hor.te.lão [orteˈlãw] *sm* ortolano.

hor.tên.sia [orˈtẽsjə] *sf Bot.* ortensia.

hor.ti.cul.tu.ra [ortikuwtˈurə] *sf* orticultura.

ho.sa.na [ozˈʌnɐ] *sf Rel.* osanna.

hos.pe.dar [ospedˈar] *vt* albergare, alloggiare, ospitare.

hos.pe.da.ri.a [ospedarˈiə] *sf* albergo.

hós.pe.de [ˈɔspedi] *s* ospite. ≃ **de um hotel** forestiere. ≃ **é como peixe, com três dias fede** l'ospite è come il pesce, fra tre giorni rincresce.

hos.pe.dei.ro [ospedˈejru] *sm* albergatore.

hos.pí.cio [osˈpisju] *sm* manicomio.

hos.pi.tal [ospitˈaw] *sm* ospedale, clinica.

hos.pi.ta.lei.ro [ospitalˈejru] *agg* ospitale.

hos.pi.ta.li.da.de [ospitalidˈadi] *sf* ospitalità. *Fig.* albergo.

hos.te [ˈɔsti] *sf Lett.* e *Poet.* oste, esercito nemico.

hós.tia [ˈɔstjə] *sf Rel.* e *Med.* ostia. **H** ≃ **Sagrada** Eucaristia, Eucarestia.

hos.til [ostˈiw] *agg* ostile, avverso, infesto. **olhar** ≃ sguardo storto.

hos.ti.li.da.de [ostilidˈadi] *sf* ostilità, inimicizia, avversione, animosità. *Fig.* guerra.

hos.ti.li.zar [ostilizˈar] *vt* osteggiare, infestare.

ho.tel [otˈɛw] *sm* albergo, hotel.

ho.te.lei.ro [otelˈejru] *sm* albergatore.

ho.ten.to.te [otɛtˈɔti] *s+agg* ottentotto.

hu.gue.no.te [ugenˈɔti] *sm St.* ugonotto.

hum [ˈũ] *int* ehm! (indica derisione). uhm! (dubbio).

hu.ma.ni.da.de [umanidˈadi] *sf* umanità. *Fig.* mondo. **a** ≃ l'Uomo, gli uomini. **as** ≃ s le umanità, studio delle lettere classiche.

hu.ma.nis.mo [umanˈizmu] *sm Lett.* e *St.* umanesimo, umanismo.

hu.ma.ni.tá.rio [umanitˈarju] *agg* umanitario.

hu.ma.ni.zar [umanizˈar] *vt* umanare, umanizzare. *vpr* umanarsi, umanizzarsi.

hu.ma.no [umˈʌnu] *agg* umano. *Fig.* pietoso, tollerante, pio.

hu.mil.da.de [umiwdˈadi] *sf* umiltà.

hu.mil.de [umˈiwdi] *agg* umile, sottomesso.

hu.mi.lha.ção [umiʎasˈãw] *sf* umiliazione, avvilimento, abbassamento. *Fig.* abbattimento.

hu.mi.lhan.te [umiʎˈãti] *agg* umiliante, avvilitivo.

hu.mi.lhar [umiʎˈar] *vt* umiliare, avvilire, deprimere. *Fig.* abbattere, prostrare. *vpr* umiliarsi, abbassarsi. *Fig.* abbassare (o piegare) la testa.

hu.mor [umˈor] *sm Anat.* umore. *Fig.* umore, stato dello spirito. **estar de bom** ≃ essere in buona luna. ≃ **aquoso** umore acqueo. **mau** ≃ malumore, broncio.

hu.mo.ris.ta [umorˈistə] *s+agg* umorista.

hu.mo.rís.ti.co [umorˈistiku] *agg* umoristico, giocoso.

hú.mus [ˈumus] o **hu.mo** [ˈumu] *sm Biol.* humus.

hún.ga.ro [ˈũgaru] *sm* ungherese, magiaro. *agg* ungherese, magiaro, ungaro, ungarico.

I

i ['i] *sm* la nona lettera dell'alfabeto portoghese; i, il nome della lettera I.
i.an.que [i'ãki] *sm*+*agg* yankee.
i.a.que [i'aki] *sm Zool.* yak, jack.
i.a.te [i'ati] *sm Naut.* panfilo, yacht.
i.be.ro [ib'eru] o **i.bé.ri.co** [ib'ɛriku] *agg* iberico, ibero.
í.bis ['ibis] *sf Zool.* ibi, ibis.
i.çar [is'ar] *vt Naut.* issare, inalberare.
í.co.ne ['ikoni] *sm* icone, icona.
i.co.no.clas.ta [ikonokl'astə] *s*+*agg* iconoclasta.
i.cor [ik'or] *sm Med.* icore.
ic.te.rí.cia [ikter'isjə] *sf Med.* itterizia.
i.da ['idə] *sf* andata.
i.da.de [id'adi] *sf* età. *St.* evo. *Fig.* anno. ≃ **adulta** età matura, maturità. **I ≃ Antiga** Evo Antico. **I ≃ Média** Medioevo. **I ≃ Contemporânea** Età Contemporanea. **I ≃ Moderna** Età Moderna.
i.de.al [ide'aw] *sm* ideale, credo. *Fig.* aspirazione; bandiera; utopia. *agg* ideale. *Fig.* astratto; platonico.
i.de.a.lis.mo [ideal'izmu] *sm* idealismo.
i.de.a.li.za.dor [idealizad'or] *sm* creatore. *Fig.* architetto.
i.de.a.li.zar [idealiz'ar] *vt* ideare, idearsi, divisare. *Lett.* idealizzare. *Fig.* concepire.
i.déi.a [id'ejə] *sf* idea; disegno, progetto; creazione; concetto, opinione; nozione. **dar uma vaga ≃ de** dare una sfumatura di. ≃ **brilhante** trovata. ≃ **central** midollo. ≃ **fixa** fissazione, ossessione. **insistir numa ≃** battere. **mudar de ≃** mutare idea, ripensare.
i.dên.ti.co [id'ẽtiku] *agg* identico; uguale; medesimo; congenere.
i.den.ti.da.de [idẽtid'adi] *sf* identità.
i.den.ti.fi.car [idẽtifik'ar] *vt* identificare, riconoscere; immedesimare, rendere identico. *vpr* identificarsi; immedesimarsi.
i.de.o.lo.gi.a [ideoloʒ'iə] *sf* ideologia, credo, filosofia, credenza.
i.dí.lio [id'ilju] *sm Lett.* e *Fig.* idillio.
i.di.o.ma [idi'omə] *sm* idioma, lingua. *Poet.* favella.

i.dio.má.ti.co [idjom'atiku] *agg* idiomatico.
i.dios.sin.cra.si.a [idjosĩkraz'iə] *sf Med.* idiosincrasia.
i.di.o.ta [idi'ɔtə] *s*+*agg* idiota, imbecille, scemo, babbeo. *Med.* idiota. *Fig.* deficiente.
i.dio.ti.a [idjot'iə] *sf Med.* idiozia.
i.dio.ti.ce [idjot'isi] *sf* imbecillità, imbecillaggine, corbelleria. *Fig.* bubbola.
i.dio.tis.mo [idjot'izmu] *sm Gramm.* idiotismo.
i.do.la.trar [idolatr'ar] *vt* idolatrare, stravedere.
i.do.la.tri.a [idolatr'iə] *sf* idolatria.
í.do.lo ['idolu] *sm an Fig.* idolo; feticcio.
i.do.nei.da.de [idonejd'adi] *sf* idoneità. *Fig.* sufficienza.
i.dô.neo [id'onju] *agg* idoneo; adatto; atto.
i.dos ['idus] *sm pl St.* idi.
i.do.so [id'ozu] *sm* anziano. *agg* anziano, avanzato, attempato.
i.e.ne [i'eni] *sm* yen, jen.
íg.neo ['ignju] *agg Lett.* igneo.
ig.ni.ção [ignis'ãw] *sf* ignizione, accensione.
ig.nó.bil [ign'ɔbiw] *agg* ignobile.
ig.no.mí.nia [ignom'injə] *sf Lett.* ignominia.
ig.no.ra.do [ignor'adu] *part*+*agg* ignoto, recondito.
ig.no.rân.cia [ignor'ãsjə] *sf* ignoranza; mancanza di educazione. *Fig.* tenebra, oscurità.
ig.no.ran.te [ignor'ãti] *s* ignorante, imbecille, beota. *Fig.* ostrogoto, bestia, somaro, buzzurro. *agg* ignorante, ignaro.
ig.no.rar [ignor'ar] *vt* ignorare; sconoscere; trascurare; disattendere; infischiarsi.
i.gre.ja [igr'eʒə] *sf* chiesa. *Pop.* clero. ≃ **paroquial** pieve.
i.gre.ji.nha [igreʒ'iɲə] *sf dim* cappella.
i.gual [ig'waw] *sm* pari. *agg* uguale; eguale; pari; stesso. **de ≃ para ≃** alla pari.
i.gua.lar [igwal'ar] *vt* uguagliare; equiparare; adeguare; livellare, pareggiare; agguagliare. *vpr* uguagliarsi; adeguarsi; livellarsi.
i.gual.da.de [igwawd'adi] *sf* uguaglianza, eguaglianza, equità, parità, agguaglio.
i.gual.men.te [igwawm'ẽti] *avv* ugualmente, egualmente, parimente.
i.gua.na [ig'wʌnə] *sm Zool.* iguana.

i.gua.ri.a [igwar'iə] *sf* vivanda, cibreo, squisitezza. *Pop.* cibo.

ih ['i] *int* ih! eh!

i.le.gal [ileg'aw] *s* clandestino. *agg* illegale; fuori legge; illeggittimo; incostituzionale; clandestino.

i.le.gí.ti.mo [ileʒ'itimu] *agg* illegittimo; illegale; bastardo, adulterino, spurio (figlio).

i.le.gí.vel [ileʒ'ivew] *agg* illeggibile.

i.le.so [il'ezu] *agg* illeso, salvo. *Fig.* sano.

i.le.tra.do [iletr'adu] *agg* illetterato, illitterato. *Fig.* incolto.

i.lha ['iʎə] *sf* isola. ≃ **fluvial** isola su fiume.

i.lhar.ga [iʎ'argə] *sf Anat.* fianco, ilei *pl.*

i.lhéu [iʎ'ew] *sm* insulare.

i.lho.a [iʎ'oə] *sf* insulare.

i.lí.a.co [il'iaku] *agg Anat.* iliaco.

i.lí.ci.to [il'isitu] *agg* illecito.

i.li.mi.ta.do [ilimit'adu] *agg* illimitato; assoluto; sconfinato, sterminato.

í.lios ['iljus] *sm pl Anat.* ilei, ossa del bacino.

i.ló.gi.co [il'ɔʒiku] *agg* illogico, incoerente, sconclusionato.

i.lu.dir [ilud'ir] *vt* illudere; ingannare, imbrogliare, raggirare; deludere. *Ger.* infinocchiare. *Fig.* abbagliare, dare la polvere negli occhi. *vpr* illudersi, imbrogliarsi, lusingarsi.

i.lu.mi.na.ção [ilumina'sãw] *sf* illuminazione, lumeggiamento, lumeggiatura.

i.lu.mi.nar [ilumin'ar] *vt* illuminare, lumeggiare, rischiarare. *vpr* illuminarsi.

i.lu.são [iluz'ãw] *sf* illusione; imbroglio, lusinga. *Fig.* fantasma, miraggio; sogno, chimera. ≃ **de ótica** illusione ottica.

i.lu.sio.nis.ta [iluzjon'istə] *s* illusionista, giocoliere.

i.lu.só.rio [iluz'ɔrju] *agg* illusorio; falso; apparente. *Fig.* chimerico, utopistico.

i.lus.tra.ção [ilustras'ãw] *sf* illustrazione; figura; vignetta.

i.lus.trar [ilustr'ar] *vt* illustrare; figurare; decorare con disegni.

i.lus.tre [il'ustri] *agg* illustre; celebre, esimio, grande, notevole. *Lett.* preclaro. *Fig.* nobile (nome). ≃ **desconhecido** *Iron.* illustre sconosciuto. **tornar** ≃ *Fig.* illustrare.

i.mã [im'ã] *sm Rel.* imano, sacerdote musulmano.

í.mã ['imã] *sm* magnete. ≃ **artificial** magnete artificiale. ≃ **natural** magnete naturale.

i.ma.cu.la.do [imakul'adu] *agg* immacolato, illibato, vergine. **a I** ≃ *Rel.* la Vergine.

i.ma.gem [im'aʒẽj] *sf* immagine; apparenza, forma; figura, effigie; disegno; allegoria; idea, concetto. *Fig.* fantasma.

i.ma.gi.na.ção [imaʒinas'ãw] *sf* immaginazione; fantasia. *Fig.* chimera, sogno.

i.ma.gi.nar [imaʒin'ar] *vt* immaginare; creare, ideare, inventare; fantasticare; fare conto che. *Fig.* concepire, architettare; sognare, abbacare; supporre.

i.ma.gi.ná.rio [imaʒin'arju] *agg* immaginario; ideale; fittizio, astratto; infondato. *Fig.* chimerico.

i.ma.nen.te [iman'ẽti] *agg Lett.* immanente.

i.man.tar [imãt'ar] *vt* magnetizzare.

i.ma.te.ri.al [imateri'aw] *agg* immateriale, astratto. *Fig.* spirituale.

i.ma.tu.ri.da.de [imaturid'adi] *sf* immaturo. *Fig.* acerbità.

i.ma.tu.ro [imat'uru] *agg* immaturo. *Fig.* giovane, acerbo.

im.be.cil [ĩbes'iw] *s+agg* imbecille, idiota, scemo, stupido, ebete. *Med.* imbecille.

im.be.ci.li.da.de [ĩbesilid'adi] *sf* imbecillità, imbecillaggine, idiotismo. *Med.* imbecillità, debilità intelettuale. *Fig.* infermità.

im.be.ci.li.zar-se [ĩbesiliz'arsi] *vpr* imbecillire, imbecillirsi, divenire imbecille.

im.ber.be [ĩb'erbi] *agg* imberbe, menno.

i.me.dia.ta.men.te [imedjatam'ẽti] *avv* immediatamente, subito, tosto, ad un tratto.

i.me.di.a.to [imedi'atu] *agg* immediato; susseguente; diretto.

i.me.mo.rá.vel [imemor'avew] o **i.me.mo.ri.al** [imemori'aw] *agg* immemorabile.

i.men.si.dão [imẽsid'ãw] *sf* immenso. *Fig.* oceano.

i.men.so [im'ẽsu] *agg* immenso, smisurato, sconfinato, immane. *Fig.* piramidale.

i.men.su.rá.vel [imẽsur'avew] *agg* immensurabile, incommensurabile.

i.mer.gir [imerʒ'ir] *vt* immergere, tuffare. *vi* immergersi, ingolfarsi. *Fig.* inabissarsi.

i.mer.são [imers'ãw] *sf* immersione, tuffo.

i.mer.so [im'ersu] *part+agg* immerso; affondato; assorto (in pensieri, ecc.).

i.mi.gra.ção [imigras'ãw] *sf* immigrazione.

i.mi.grar [imigr'ar] *vt* immigrare.

i.mi.nên.cia [imin'ẽsjə] *sf* imminenza, urgenza.

i.mi.nen.te [imin'ẽti] *agg* imminente, urgente, pendente, sovrastante. **ser** ≃ sovrastare. *Poet.* incombere.

i.mis.cu.ir-se [imisku'irsi] *vpr* immischiarsi.

i.mi.ta.ção [imitas'ãw] *sf* imitazione, riproduzione, falso. *Fig.* copia, simulacro.

i.mi.tar [imit'ar] *vt* imitare; copiare, motteggiare; ripetere, parafrasare; contraffare; ricalcare, arieggiare; seguire. *Fig.* specchiarsi in.

i.mo.bi.li.da.de [imobilid'adi] *sf* immobilità, quiete. *Lett.* quiescenza. *Fig.* paralisi.

i.mo.bi.li.za.do [imobiliz'adu] *part*+*agg* immobilizzato. **capital** ≃ *Comm.* capitale immobilizzato.

i.mo.bi.li.zar [imobiliz'ar] *vt* immobilizzare, immobilitare, bloccare. *Fig.* congelare.

i.mo.lar [imol'ar] *vt* immolare, sacrificare. *vpr* immolarsi.

i.mo.ral [imor'aw] *agg* immorale; scandaloso; osceno; scostumato; illecito. *Fig.* lubrico.

i.mor.tal [imort'aw] *s* immortale. **os** ≃ **ais** *pl Mit.* gl'immortali. *agg* immortale, eterno. *Fig.* inestinguibile.

i.mor.ta.li.da.de [imortalid'adi] *sf* immortalità.

i.mor.ta.li.zar [imortaliz'ar] *vt* eternare. *vpr* eternarsi.

i.mó.vel [im'ɔvew] *sm Comm.* e *Giur.* immobile. *agg* immobile, statico, inerte, immobilizzato. *Comm.* e *Giur.* immobile, stabile.

im.pa.ci.ên.cia [ĩpasi'ẽsjə] *sf* impazienza, smania, frega. *Fam.* Fig. fregola.

im.pa.ci.en.tar [ĩpasjẽt'ar] *vt* impazientare, spazientire. *vpr* spazientirsi, smaniare.

im.pa.ci.en.te [ĩpasi'ẽti] *agg* impaziente, frettoloso, smanioso.

im.pal.pá.vel [ĩpawp'avew] *agg* impalpabile, vago.

ím.par [ĩpar] *agg* impari, dispari.

im.par.ci.al [ĩparsi'aw] *agg* imparziale, giusto.

im.pas.sí.vel [ĩpas'ivew] *agg* impassibile, imperturbabile, severo. *Lett.* impavido. *Fig.* gelido.

im.pá.vi.do [ĩp'avidu] *agg Lett.* impavido.

im.pe.cá.vel [ĩpek'avew] *agg* impeccabile, perfetto, esatto.

im.pe.di.do [ĩped'idu] *part*+*agg* sbarrato.

im.pe.di.men.to [ĩpedim'ẽtu] *sm* impedimento, imbarazzo, intoppo, ostacolo, difficoltà. *Sp.* fuorigiuoco. *Fig.* muro, scoglio.

im.pe.dir [ĩped'ir] *vt* impedire; chiudere, arrestare; contrastare; imbarazzare, impacciare; immobilizzare; sbarrare. *Fig.* arginare; castrare; inibire.

im.pe.li.do [ĩpel'idu] *part*+*agg* spinto.

im.pe.lir [ĩpel'ir] *vt* spingere, sospingere, muovere. *Lett.* impellere.

im.pe.ne [ĩp'eni] *agg Biol.* implume, senza penne.

im.pe.ne.trá.vel [ĩpenetr'avew] *agg* impenetrabile.

im.pen.sa.do [ĩpẽs'adu] *agg* impensato, spensierato, immeditato, avventato.

im.pe.ra.dor [ĩperad'or] *sm* imperatore. *Fig.* cesare.

im.pe.rar [ĩper'ar] *vt* imperare, regnare.

im.pe.ra.ti.vo [ĩperat'ivu] *sm Gramm.* imperativo. *agg* imperativo, categorico.

im.per.cep.tí.vel [ĩpersept'ivew] *agg* impercettibile.

im.per.fei.ção [ĩperfejs'ãw] *sf* imperfezione; magagna, mancanza; errore. *Lett.* menda. *Fig.* ombra, tacca, neo.

im.per.fei.to [ĩperf'ejtu] *sm Gramm.* imperfetto (tempo verbale). *agg* imperfetto; difettoso; incompleto, difettivo.

im.pe.ri.al [ĩperi'aw] *agg* imperiale.

im.pe.ria.lis.mo [ĩperjal'izmu] *sm* imperialismo.

im.pe.rí.cia [ĩper'isjə] *sf* imperizia, inesperienza.

im.pé.rio [ĩp'erju] *sm* impero. *Fig.* trono.

im.pe.ri.o.so [ĩperi'ozu] *agg* imperioso; tassativo; urgente.

im.per.me.a.bi.li.zar [ĩpermeabiliz'ar] *vt* impermeabilizzare. *Naut.* calafatare.

im.per.me.á.vel [ĩperme'avew] *agg* impermeabile; stagno, ermetico.

im.pers.cru.tá.vel [ĩperskrut'avew] *agg* imperscrutabile.

im.per.ti.nên.cia [ĩpertin'ẽsjə] *sf* impertinenza, sfrontatezza, ardire.

im.per.ti.nen.te [ĩpertin'ẽti] *agg* impertinente, sfrontato, petulante.

im.per.tur.bá.vel [ĩperturb'avew] *agg* imperturbabile. *Fig.* tetragono.

im.pes.so.al [ĩpeso'aw] *agg* impersonale; anonimo; imparziale.

im.pe.ti.gem [ĩpet'iʒẽj] *sf Med.* impetigine.

ím.pe.to [ĩp'etu] *sm* impeto; furia, furore, foga; scatto. *Fig.* ardore, caldo; violenza; slancio.

im.pe.trar [ĩpetr'ar] *vt* impetrare; implorare.

im.pe.tuo.sa.men.te [ĩpetwɔzam'ẽti] *avv* impetuosamente, a precipizio.

im.pe.tuo.si.da.de [ĩpetwozid'adi] *sf* impetuosità, impeto, furore, fierezza.

im.pe.tu.o.so [ĩpetu'ozu] *agg* impetuoso, impulsivo, fiero. *Lett.* indomito. *Fig.* vertiginoso, tempestoso; feroce, violento.

im.pie.do.so [ĩpjed'ozu] *agg* spietato; crudele; inclemente; terribile, belluino.

im.pin.gir [ĩpĩʒ'ir] *vt* infiancare.

ím.pio [ĩ'pju] *sm*+*agg* empio, ateo.

im.pla.cá.vel [ĩplak'awew] *agg* implacabile, inesorabile, inflessibile.

im.plan.ta.ção [ĩplãtas'ãw] *sf* impianto.

im.plan.tar [ĩplãt'ar] *vt* impiantare; fondare, istituire.

im.pli.car [ĩplik'ar] *vt* implicare, costare, comportare. *vpr* implicarsi.

im.plí.ci.to [ĩpl'isitu] *agg* implicito, sottinteso. *Fig.* tacito.

im.plo.rar [ĩplor'ar] *vt* implorare, supplicare, impetrare, scongiurare. ≃ **por proteção** raccomandarsi.

im.plu.me [ĩpl'umi] *agg Biol.* implume, senza piume.

im.po.nên.cia [ĩpon'ẽsjə] *sf* imponenza, solennità.

im.po.nen.te [ĩpon'ẽti] *agg* imponente, solenne, grandioso, aitante.

im.po.pu.lar [ĩpopul'ar] *agg* impopolare.

im.por [ĩp'or] *vt* imporre, infliggere, ingiungere, porre. *Lett.* indire. *vpr* imporsi, signoreggiare, sovrastare. *Fig.* innalzarsi.

im.por.ta.ção [ĩportas'ãw] *sf* importazione.

im.por.tân.cia [ĩport'ãsjə] *sf* importanza, gravità, significato, levatura. *Comm.* importo, prezzo. *Fig.* rilievo; peso, momento. **não dar** ≃ **a trascurare. ter** ≃ *Fig.* pesare.

im.por.tan.te [ĩport'ãti] *agg* importante; grave, serio; autorevole; grande, notevole; rilevante; sostanziale; preminente, significativo.

im.por.tar [ĩport'ar] *vt* importare; premere; pesare, significare. **não se** ≃ fregarsi, beffarsi. **não me importo nem um pouco com isso** non me ne importa un cavolo.

im.por.tu.nar [ĩportun'ar] *vt* importunare; disturbare; seccare, gonfiare. *Volg.* rompere gli stivali.

im.por.tu.no [ĩport'unu] *sm Fig.* mosca, mignatta. *agg* importuno, incomodo, sgradito.

im.po.si.ção [ĩpozis'ãw] *sf* imposizione, ingiunzione, coercizione, gravezza.

im.pos.si.bi.li.da.de [ĩposibilid'adi] *sf* impossibilità.

im.pos.si.bi.li.tar [ĩposibilit'ar] *vt* impossibilitare, rendere impossibile.

im.pos.sí.vel [ĩpos'ivew] *agg* impossibile, inesercitabile. *Fig.* indicibile.

im.pos.tar [ĩpost'ar] *vt Mus.* impostare.

im.pos.to [ĩp'ostu] *sm* imposta; tributo, tassa, balzello; diritto; gravame, aggravio. ≃ **de renda** imposta sul reddito. ≃ **proporcional** tassa proporzionale. ≃ **sobre importação** gabella. ≃ **sobre mercadorias** dazio. *part*+*agg* imposto.

im.pos.tor [ĩpost'or] *sm* impostore, ciarlatano. *agg* impostore.

im.po.tên.cia [ĩpot'ẽsjə] *sf* impotenza, incapacità.

im.po.ten.te [ĩpot'ẽti] *agg* impotente; debole, fiacco; inefficace.

im.pra.ti.cá.vel [ĩpratik'avew] *agg* impraticabile, irrealizzabile, inesercitabile.

im.pre.ca.ção [ĩprekas'ãw] *sf* imprecazione, bestemmia.

im.pre.car [ĩprek'ar] *vt*+*vi* imprecare, bestemmiare.

im.pre.ci.são [ĩpresiz'ãw] *sf* imprecisione, inesattezza.

im.pre.ci.so [ĩpres'izu] *agg* impreciso, indefinito. *Fig.* sfumato.

im.preg.na.do [ĩpregn'adu] *part*+*agg* impregnato. *Fig.* pregno.

im.preg.nar [ĩpregn'ar] *vt* impregnare, imbevere. *vpr* impregnarsi, assorbire.

im.pren.sa [ĩpr'ẽsə] *sf* stampa.

im.pren.sar [ĩprẽs'ar] *vt* pressare; imprimere (un'opera).

im.pres.cin.dí.vel [ĩpresĩd'ivew] *agg* imprescindibile; obbligatorio; basilare.

im.pres.são [ĩpres'ãw] *sf* impressione; impronta; stampa; sensazione. ≃ **digital** impronta digitale. **causar boa** ≃ far bella vista.

im.pres.sio.na.do [ĩpresjon'adu] *part*+*agg* commosso, scosso.

im.pres.sio.nan.te [ĩpresjon'ãti] *agg* impressionante, sensazionale, straordinario.

im.pres.sio.nar [ĩpresjon'ar] *vt* impressionare, suggestionare. *Fig.* percuotere, scuotere, toccare.

im.pres.sio.ná.vel [ĩpresjon'avew] *agg* impressionabile, suggestionabile.

im.pres.so [ĩpr'esu] *sm* stampa, foglietto, modulo. ≃ **com cinta endereçada** stampa sottofascia.

im.pres.sor [ĩpres'or] *sm* impressore, stampatore.

im.pre.te.rí.vel [ĩpreter'ivew] *agg* impreteribile.

im.pre.vi.dên.cia [ĩprevid'ẽsjə] *sf* imprevidenza, inavvertenza.

im.pre.vi.den.te [ĩprevid'ẽti] *agg* imprevidente, incauto, imprudente.

im.pre.vi.sí.vel [ĩpreviz'ivew] *agg* imprevedibile, aleatorio.

im.pre.vis.to [ĩprev'istu] *sm* imprevisto, incidente, disguido, avventura. *agg* imprevisto, inaspettato, inatteso, improvviso, impensato.

im.pri.mir [ĩprim'ir] *vt* imprimere, stampare, improntare, tirare.

im.pro.du.ti.vi.da.de [ĩprodutivid'adi] *sf* improduttività, sterilità.

im.pro.du.ti.vo [ĩprodut'ivu] *agg* improduttivo, sterile, arido.

im.pro.pé.rio [ĩprop'erju] *sm* improperio, bestemmia.

im.pró.prio [ĩpr'ɔprju] *agg* improprio, inconveniente, inadatto, disdicevole.

im.pro.vá.vel [ĩprov'avew] *agg* improbabile, difficile, dubbio.

im.pro.vi.sa.do [ĩproviz'adu] *part+agg* improvvisato, estemporaneo.

im.pro.vi.sar [ĩproviz'ar] *vt* improvvisare.

im.pro.vi.so [ĩprov'izu] *sm* o **im.pro.vi.sa.ção** [ĩprovizas'ãw] *sf* improvviso.

im.pru.dên.cia [ĩprud'ẽsjə] *sf* imprudenza; avventataggine; insensatezza, sconsideratezza, temerità.

im.pru.den.te [ĩprud'ẽti] *agg* imprudente; avventato; incauto; insensato, temerario.

im.pu.di.co [ĩpud'iku] *agg* impudico, osceno. *Lett.* salace.

im.pul.são [ĩpuws'ãw] *sf Fis.* impulsione.

im.pul.si.vo [ĩpuws'ivu] *agg* impulsivo, impetuoso. *Fig.* subitaneo, uterino.

im.pul.so [ĩp'uwsu] *sm* impulso; spinta, scatto, movente; moto; appetito, desiderio. *Elett.* impulso.

im.pu.ne [ĩp'uni] *agg* impune, senza punizione.

im.pu.re.za [ĩpur'ezə] *sf* impurità. *Fig.* schiuma, feccia.

im.pu.ro [ĩp'uru] *agg* impuro. *Fig.* immondo.

im.pu.ta.ção [ĩputas'ãw] *sf* imputazione, accusa.

im.pu.tar [ĩput'ar] *vt* imputare, incolpare, accagionare, incriminare, addossare. *Fig.* appiccicare. ≃ **de** imputare di.

i.mun.dí.cie [imũd'isji] *sf* immondezza, sporcizia, lordura. *Pop.* immondizia. *Fig.* cesso.

i.mun.do [im'ũdu] *agg an Fig.* immondo, sudicio, sporco, abbietto, laido, sordido, lercio, sozzo.

i.mu.ne [im'uni] *agg* immune, esente, salvo.

i.mu.ni.da.de [imunid'adi] *sf* immunità. *Pol.* franchigia.

i.mu.ni.zar [imuniz'ar] *vt Med.* immunizzare.

i.mu.tá.vel [imut'avew] *agg* immutabile, inalterabile. *Fig.* irremovibile, incrollabile.

i.na.ba.lá.vel [inabal'avew] *agg* incrollabile.

i.ná.bil [in'abiw] *agg* inabile, inatto, dappoco. *Fig.* goffo.

i.na.bi.tá.vel [inabit'avew] *agg* inabitabile, inospitale, inospite.

i.na.cei.tá.vel [inasejt'avew] *agg* inaccettabile, inammissibile.

i.na.ces.sí.vel [inases'ivew] *agg* inaccessibile. *Fig.* chiuso.

i.na.cre.di.tá.vel [inakredit'avew] *agg* incredibile, inconcepibile, strabiliante.

i.na.de.qua.do [inadek'wadu] *agg* inadatto, inconveniente, improprio. *Fig.* inferiore.

i.na.di.á.vel [inadi'avew] *agg* impreteribile.

i.na.dim.plên.cia [inadĩpl'ẽsjə] *sf Giur.* e *Comm.* inadempimento.

i.nad.mis.sí.vel [inadmis'ivew] *agg* inammissibile, intollerabile. *Lett.* intollerando.

i.nad.ver.tên.cia [inadvert'ẽsjə] *sf* inavvertenza, errore.

i.na.la.ção [inalas'ãw] *sf* inalazione. *Med.* aerosol.

i.na.lar [inal'ar] *vt* inalare, inspirare.

i.na.lie.ná.vel [inaljen'avew] *agg* inalienabile.

i.nal.te.ra.do [inawter'adu] *part+agg* inalterato, intatto.

i.nal.te.rá.vel [inawter'avew] *agg* inalterabile, immutabile, impassibile.

i.na.ni.ção [inanis'ãw] *sf Med.* inanizione.

i.na.ni.ma.do [inanim'adu] *part+agg* o **i.nâ.ni.me** [in'ʌnimi] *agg* inanimato, inanime, inerte.

i.na.pe.tên.cia [inapet'ẽsjə] *sf Med.* inappetenza, disappetenza.

i.na.pro.pri.a.do [inapropri'adu] *agg* inadatto, inadeguato.

i.nap.ti.dão [inaptid'ãw] *sf* inettitudine, grullaggine.

i.nap.to [in'aptu] *agg* inatto, inetto, grullo, disacconcio, disadatto.

i.na.ti.vi.da.de [inativid'adi] *sf* inattività; inerzia. *Fig.* paralisi.

i.na.ti.vo [inat'ivu] *agg* inattivo, inoperoso, inerte. capitale ≃ *Comm.* capitale inoperoso.

i.na.to [in'atu] *agg* innato, ingenito.

i.nau.di.to [inawd'itu] *agg* inaudito. *Fig.* straordinario, incredibile.

i.nau.dí.vel [inawd'ivew] *agg* inaudibile, fioco, fievole (suono).

i.nau.gu.ra.ção [inawguras'ãw] *sf* inaugurazione, impianto, apertura.

i.nau.gu.ral [inawgur'aw] *agg* inaugurale.

i.nau.gu.rar [inawgur'ar] *vt* inaugurare, impiantare.

in.cal.cu.lá.vel [ĩkawkul'avew] *agg* incalcolabile, inestimabile.

in.can.des.cen.te [ĩkãdes'ẽti] *agg* incandescente.

in.can.sá.vel [ĩkãs'avew] *agg* instancabile, indefesso, accanito, alacre. *Fig.* strenuo.

in.ca.pa.ci.da.de [ĩkapasid'adi] *sf* incapacità; grullaggine; impotenza.

in.ca.pa.ci.ta.do [ĩkapasit'adu] *part+agg Giur.* incapace.

in.ca.pa.ci.tar [ĩkapasit'ar] *vt* rendere incapace.

in.ca.paz [ĩkap'as] *agg* incapace; incompetente, inabile, inetto, inatto; disadatto; impotente. *Fig.* goffo.

in.cau.to [ĩk'awtu] *agg* incauto, malavvisato, sconsiderato.

in.cen.di.ar [ĩsẽdi'ar] *vt* incendiare, bruciare, accendere. *vpr* incendiarsi, bruciarsi, deflagrare.

in.cên.dio [ĩs'ẽdju] *sm* incendio, fuoco. *Fig.* rogo.

in.cen.sar [ĩsẽs'ar] *vt* incensare.

in.cen.so [ĩs'ẽsu] *sm* incenso.

in.cen.só.rio [ĩsẽs'ɔrju] *sm Rel.* turibolo.

in.cen.ti.va.dor [ĩsẽtivad'or] *agg* stimolante, che incita.

in.cen.ti.var [ĩsẽtiv'ar] *vt* promuovere. *Fig.* catalizzare.

in.cen.ti.vo [ĩsẽt'ivu] *sm* incentivo, stimolo, stimolante. *Fig.* molla, aculeo, sferza.

in.cer.te.za [ĩsert'ezɐ] *sf* incertezza; paura, timore; dubbio, forse; imprecisione.

in.cer.to [ĩs'ertu] *agg* incerto; dubbio; impreciso; vago, aleatorio; dubbioso, timoroso. *Fig.* sospeso; nebbioso, nebuloso.

in.ces.san.te [ĩses'ãti] *agg* incessante, continuo.

in.ces.to [ĩs'estu] *sm* incesto.

in.cha.ção [ĩʃas'ãw] *sf* gonfiore, gonfio; bitorzolo. *Fam.* vanità, orgoglio.

in.cha.ço [ĩʃ'asu] *sm* gonfiore, gonfio. *Med.* enfiato, bernoccolo, bubbone.

in.cha.do [ĩʃ'adu] *part+agg* gonfio, enfiato. *Lett.* turgido. *Fam.* vanitoso, orgoglioso.

in.char [ĩʃ'ar] *vt* enfiare. *vi+vpr* gonfiare, gonfiarsi, enfiarsi. *Fam.* infatuarsi, orgogliarsi.

in.ci.den.tal [ĩsidẽt'aw] *agg* incidentale.

in.ci.den.te [ĩsid'ẽti] *sm* incidente, avvenimento, imprevisto, disguido. *agg* incidente.

in.ci.dir [ĩsid'ir] *vt* incidere su.

in.ci.ne.ra.ção [ĩsineras'ãw] *sf* incinerazione.

in.ci.ne.rar [ĩsiner'ar] *vt* incenerire, bruciare, cremare, carbonizzare.

in.ci.pi.en.te [ĩsipi'ẽti] *agg* incipiente; principiante.

in.ci.são [ĩsiz'ãw] *sf* incisione, tacca.

in.ci.so [ĩs'izu] *sm* inciso, parentesi, comma. *part+agg* inciso.

in.ci.tar [ĩsit'ar] *vt* incitare; esortare, spingere; aizzare, istigare. *Lett.* impellere. *Fig.* spronare, stimolare; coltivare; animare.

in.cle.men.te [ĩklem'ẽti] *agg* inclemente; aspro (tempo).

in.cli.na.ção [ĩklinas'ãw] *sf* inclinazione; pendio, pendenza, declivio; vocazione, attitudine, tendenza; inflessione. *Fig.* bernoccolo.

in.cli.na.do [ĩklin'adu] *part+agg* chino, pendente; quatto, sbieco.

in.cli.nar [ĩklin'ar] *vt* inclinare, chinare, pendere. *Lett.* reclinare (il capo). *vpr* inclinarsi, chinarsi, piegarsi. *Naut.* sbandare.

in.clu.í.do [ĩklu'idu] *part+agg* incluso, accluso.

in.clu.ir [ĩklu'ir] *vt* includere; comprendere, contenere, comportare; accogliere; allegare, accludere (lettere, documenti, ecc.).

in.clu.são [ĩkluz'ãw] *sf* inclusione.

in.clu.so [ĩkl'uzu] *sm* incluso. *part+agg* incluso, accluso.

in.co.e.rên.cia [ĩkoer'ẽsjɐ] *sf* incoerenza, controsenso, assurdità.

in.co.e.ren.te [ĩkoer'ẽti] *agg* incoerente; illogico; assurdo, sconclusionato. *Fig.* sconnesso.

in.cóg.ni.ta [ĩk'ɔgnitɐ] *sf* alea. *an Fig.* incognita.

in.cóg.ni.to [ĩk'ɔgnitu] *agg* incognito, ignoto, sconosciuto.

in.co.lor [ĩkol'or] *agg* incolore. *Lett.* incoloro.

in.có.lu.me [ĩk'ɔlumi] *agg* illeso. *Lett.* incolume. *Fig.* sano.

in.co.men.su.rá.vel [ĩkomẽsur'avew] *agg* incommensurabile, immensurabile, incalcolabile.

in.co.mo.dar [ĩkomod'ar] *vt* incomodare; disagiare, disturbare; dare fastidio, indisporre; importunare, molestare; impacciare, imbarazzare. *Lett.* increscere a. *vpr* incomodarsi, disagiarsi, disturbarsi.

in.cô.mo.do [ĩk'omodu] *sm* incomodo, indisposizione; disturbo, fastidio; imbarazzo, impaccio. *Fam.* grattacapo. *Fig.* rompicapo. *agg* incomodo, molesto, importuno.

in.com.pa.rá.vel [ĩkõpar'avew] *agg* incomparabile, inaguagliabile.

in.com.pa.tí.vel [ĩkõpat'ivew] *agg* incompatibile.

in.com.pe.tên.cia [ĩkõpet'ẽsjɐ] *sf* incompetenza, imperizia.

in.com.pe.ten.te [ĩkõpet'ẽti] *agg* incompetente, incapace.

in.com.ple.to [ĩkõpl'etu] *agg* incompleto, imperfetto. *Fig.* carente, monco.

in.com.pre.en.sí.vel [ĩkõpreẽs'ivew] *agg* incomprensibile. *Lett.* ostico. *Fig.* confuso, oscuro.

in.co.mum [ĩkom'ũ] *agg* insolito, raro.

in.con.ce.bí.vel [ĩkõseb'ivew] *agg* inconcepibile.

in.con.ci.li.á.vel [ĩkõsili'avew] *agg* inconciliabile.

in.con.clu.den.te [ĩkõklud'ẽti] *agg* sconclusionato; sghangherato (discorso).

in.con.di.cio.nal [ĩkõdisjon'aw] *agg* senza condizioni, incondizionato, assoluto.

in.con.fun.dí.vel [ĩkõfũd'ivew] *agg* distinto, diverso.

in.cons.ci.en.te [ĩkõsi'ẽti] *agg* incosciente; ignaro. *Fig.* meccanico.

in.con.se.qüen.te [ĩkõsek'wẽti] *agg* inconseguente.

in.con.sis.tên.cia [ĩkõsist'ẽsjə] *sf* inconsistenza, vanità.

in.con.sis.ten.te [ĩkõsist'ẽti] *agg* inconsistente. *Fig.* aereo, scheletrico.

in.cons.tân.cia [ĩkõst'ãsjə] *sf* incostanza. *Fig.* leggerezza, mobilità.

in.cons.tan.te [ĩkõst'ãti] *agg* incostante, volubile. *Fig.* lunatico, mobile.

in.cons.ti.tu.cio.nal [ĩkõstitusjon'aw] *agg* incostituzionale.

in.con.tá.vel [ĩkõt'avew] *agg* innumerevole, innumerabile, senza numero.

in.con.tes.tá.vel [ĩkõtest'avew] *agg* incontestabile, innegabile. *Fig.* pacifico.

in.con.ve.ni.ên.cia [ĩkõveni'ẽsjə] *sf* sconvenienza, indiscrezione.

in.con.ve.ni.en.te [ĩkõveni'ẽti] *agg* sconveniente; inconveniente, sconvenevole; disdicevole; improprio, inadatto; sconcio, sguaiato.

in.cor.po.rar [ĩkorpor'ar] *vt* incorporare, amalgamare. *vpr* incorporarsi.

in.cor.pó.reo [ĩkorp'ɔrju] *agg* incorporeo. *Fig.* spirituale.

in.cor.re.ção [ĩkořes'ãw] *sf* imperfezione, difetto; errore, fallo.

in.cor.rer [ĩkoř'er] *vt* incorrere in.

in.cor.re.ta.men.te [ĩkořetam'ẽti] *avv* scorrettamente, male.

in.cor.re.to [ĩkoř'etu] *agg* incorretto, scorretto, erroneo.

in.cor.ri.gí.vel [ĩkořiʒ'ivew] *agg* incorreggibile, inemendabile.

in.cre.du.li.da.de [ĩkredulid'adi] *sf* incredulità, infedeltà.

in.cré.du.lo [ĩkr'ɛdulu] *sm* empio. *agg* incredulo, empio, scettico.

in.cre.men.to [ĩkrem'ẽtu] *sm* incremento, sviluppo.

in.cri.mi.nar [ĩkrimin'ar] *vt* incriminare, incolpare, accusare.

in.crí.vel [ĩkr'ivew] *agg* incredibile, favoloso, inaudito, strabiliante.

in.crus.tar [ĩkrust'ar] *vt* incrostare.

in.cu.ba.ção [ĩkubas'ãw] *sf Biol.* incubazione, cova. *Med.* incubazione. ≃ **artificial** incubazione artifiziale.

in.cu.ba.do.ra [ĩkubad'orə] *sf* incubatrice, madre artificiale (per bambini; per uova).

in.cu.bar [ĩkub'ar] *vt* covare, incubare.

ín.cu.bo [ˈĩkubu] *sm* incubo.

in.cul.car [ĩkuwk'ar] *vt* inculcare.

in.cul.to [ĩk'uwtu] *agg* incolto; non coltivato; ignorante, indotto; barbaro.

in.cum.bên.cia [ĩkũb'ẽsjə] *sf* incombenza, incarico, missione, onere. *Poet.* incarico.

in.cum.bi.do [ĩkũb'idu] *part* + *agg* incaricato, delegato.

in.cum.bir [ĩkũb'ir] *vt* incaricare.

in.cu.rá.vel [ĩkur'avew] *agg* incurabile, insanabile, inguaribile, disperato, brutto.

in.cur.são [ĩkurs'ãw] *sf Mil.* incursione, razzia, scorreria.

in.cu.tir [ĩkut'ir] *vt* incutere, infondere.

in.da.gar [ĩdag'ar] *vt* indagare, ricercare. *Fig.* tastare, curiosare.

in.dé.bi.to [ĩd'ɛbitu] *sm Giur.* indebito. *agg* indebito.

in.de.cên.cia [ĩdes'ẽsjə] *sf* indecenza; sconcezza; schifo. *Fig.* sporcizia, melma, lezzo.

in.de.cen.te [ĩdes'ẽti] *agg* indecente; immorale, disdicevole; disonesto; basso, laido, schifoso. *Fig.* immondo, fetido.

in.de.ci.frá.vel [ĩdesifr'avew] *agg* indecifrabile. *Lett.* ostico. *Fig.* geroglifico, arabo.

in.de.ci.são [ĩdesiz'ãw] *sf* indecisione, incertezza, titubanza, esitanza, timidezza.

in.de.ci.so [ĩdes'izu] *agg* indeciso; perplesso, dubbioso, irresoluto, timido; pauroso, timoroso. *Fam.* problematico. *Fig.* amletico.

in.de.co.ro.so [ĩdekor'ozu] *agg* indecoroso, indecente.

in.de.fec.tí.vel [ĩdefekt'ivew] *agg* indefettibile.

in.de.fen.sá.vel [ĩdefẽs'avew] *agg* indifendibile.

in.de.fe.so [ĩdef'ezu] *agg* indifeso. *Fig.* scoperto. **ficar** ≃ *Fig.* scoprirsi.

in.de.fi.ni.do [ĩdefin'idu] *agg* indefinito; pendente. *Fig.* sfumato.

in.de.fi.ní.vel [ĩdefin'ivew] *agg* indefinibile.

in.de.lé.vel [ĩdel'ɛvew] *agg* indelebile.

in.de.li.ca.de.za [ĩdelikad'ezə] *sf* indelicatezza, scortesia, malacreanza. *Fig.* zampata.

in.de.li.ca.do [ĩdelik'adu] *agg* indelicato, scortese, inurbano, screanzato. *Fig.* scorretto.

in.de.ni.za.ção [ĩdenizas'ãw] *sf* indennizzo, risarcimento, rimborso, compenso.

in.de.ni.zar [ĩdeniz'ar] *vt* indennizzare, risarcire, rimborsare, compensare.

in.de.pen.den.te [ĩdepẽd'ẽti] *agg* indipendente; autonomo, libero.

in.des.cri.tí.vel [ĩdeskrit'ivew] *agg* indescrivibile.

in.de.se.ja.do [ĩdeʒeʒ'adu] *agg* sgradito.

in.des.tru.tí.vel [ĩdestrut'ivew] *agg* indistruttibile. *Fig.* a prova di bomba.

in.de.ter.mi.na.ção [ĩdeterminas'ãw] *sf* imprecisione; vaghezza.

in.de.ter.mi.na.do [ĩdetermin'adu] *agg* indeterminato; impreciso, vago, incerto; indeciso. *Fig.* confuso, vaporoso.

in.de.vi.do [ĩdev'idu] *agg* indebito, indovuto.

Ín.dex [ĩdeks] *sm Rel.* Indice.

in.di.a.no [ĩdi'Anu] *sm+agg* indiano.

in.di.ca.ção [ĩdikas'ãw] *sf* indicazione; cenno, indizio; annuncio, avviso; citazione.

in.di.ca.dor [ĩdikad'or] *sm* indicatore; indice, ago (di strumenti). *Anat.* indice (dito). *Fig.* esponente. ≃ **do nível de gasolina** *Autom.* indicatore livello carburante. *agg* indicativo.

in.di.car [ĩdik'ar] *vt* indicare; additare, mostrare, accennare; citare, segnalare; designare; denotare, riflettere. ≃ **alguém a um cargo** proporre uno per un ufficio.

in.di.ca.ti.vo [ĩdikat'ivu] *sm Gramm.* indicativo. *agg* indicativo, che indica.

ín.di.ce [ĩdisi] *sm* indice; sommario; tavola; elenco, repertorio.

in.di.ci.ar [ĩdisi'ar] *vt Giur.* indiziare.

in.dí.cio [ĩd'isju] *sm* indizio, segno, accenno. *Giur.* prova. *Fig.* odore, fiuto; vestigio.

in.di.fe.ren.ça [ĩdifer'ẽsɐ] *sf* indifferenza; freddezza; noncuranza. *Fig.* ghiaccio.

in.di.fe.ren.te [ĩdifer'ẽti] *agg* indifferente; freddo; apatico, impassibile; inflessibile.

in.dí.ge.na [ĩd'iʒenɐ] *s+agg* indigeno, autoctono.

in.di.gen.te [ĩdiʒ'ẽti] *s Fig.* straccione. *agg* indigente, spiantato, squattrinato.

in.di.ges.to [ĩdiʒ'estu] *agg* indigesto.

in.dig.na.ção [ĩdignas'ãw] *sf* indignazione, sdegno.

in.dig.nar [ĩdign'ar] *vt* indignare. *vpr* indignarsi, sdegnarsi.

in.dig.ni.da.de [ĩdignid'adi] *sf* indegnità.

in.dig.no [ĩd'ignu] *agg* indegno. *Fig.* inferiore, fetente.

ín.di.go [ĩ'digu] *sm* indaco.

ín.dio [ĩ'dju] *sm+agg* indiano (d'America).

in.di.re.ta.men.te [ĩdiretam'ẽti] *avv* indirettamente. *Fig.* di rimbalzo.

in.di.re.to [ĩdir'ɛtu] *agg* indiretto; mediato. *Gramm.* obliquo.

in.dis.ci.pli.na [ĩdisipl'inɐ] *sf* indisciplina, indisciplinatezza.

in.dis.ci.pli.na.do [ĩdisiplin'adu] *agg* indisciplinato, insubordinato, ribelle.

in.dis.cre.to [ĩdiskr'ɛtu] *agg* indiscreto; disdicevole; curioso.

in.dis.cri.ção [ĩdiskris'ãw] *sf* indiscrezione.

in.dis.cu.tí.vel [ĩdiskut'ivew] *agg* indiscutibile, incontestabile. *Fig.* pacifico.

in.dis.pen.sá.vel [ĩdispẽs'avew] *agg* indispensabile, necessario, essenziale. *Fig.* vitale.

in.dis.por [ĩdisp'or] *vt* indisporre; contrariare.

in.dis.po.si.ção [ĩdispozis'ãw] *sf Med.* indisposizione, malessere, malore, mancamento.

in.dis.tin.to [ĩdist'ĩtu] *agg* indistinto; fioco (suono).

in.di.vi.du.al [ĩdividu'aw] *agg* individuale, singolo, particolare.

in.di.vi.dua.lis.ta [ĩdividwal'istɐ] *s+agg* individualista.

in.di.vi.dua.li.zar [ĩdividwaliz'ar] *vt* individuare, individualizzare.

in.di.ví.duo [ĩdiv'idwu] *sm* individuo; singolo, soggetto; tale, tipo. *Iron.* arnese. *Fig.* anima.

in.di.zí.vel [ĩdiz'ivew] *agg* inenarrabile.

in.dó.cil [ĩd'ɔsiw] *agg* indocile. *Fig.* riottoso.

in.do.eu.ro.peu [ĩdoewrop'ew] *sm+agg Ling.* indo-europeo.

ín.do.le [ĩ'dɔli] *sf* indole, carattere, natura, temperamento. *Fig.* tessuto. **boa** ≃ bontà.

in.do.lên.cia [ĩdol'ẽsjɐ] *sf* indolenza, pigrizia, inerzia, accidia. *Fig.* torpore.

in.do.len.te [ĩdol'ẽti] *s* indolente, cialtrone. *agg* indolente, pigro, svogliato. *Lett.* ignavo.

in.do.ma.do [ĩdom'adu] *part+agg* indomato.

in.do.má.vel [ĩdom'avew] *agg* indomabile, fiero, indocile.

in.dô.mi.to [ĩd'omitu] *agg Lett.* indomito.

in.dou.to [ĩd'owtu] *agg* indotto.

in.du.ção [ĩdus'ãw] *sf Fis.* induzione, influenza.

in.du.bi.ta.vel.men.te [ĩdubitavewm'ẽti] *avv* indubitabilmente, davvero, senza dubbio.

in.dul.gên.cia [ĩduwʒ'ẽsjɐ] *sf* indulgenza; clemenza, compassione, compatimento; assoluzione, amnistia.

in.dul.gen.te [ĩduwʒ'ẽti] *agg* indulgente; generoso; longanime; clemente.

in.dul.to [ĩd'uwtu] *sm Giur.* perdono, condono, grazia.

in.du.men.tá.ria [ĩdumẽt'arjɐ] *sf Lett.* o **in.du.men.to** [ĩdum'ẽtu] *sm Lett.* indumento.

in.dús.tria [īd'ustrjə] *sf* industria; fabbrica; stabilimento, opificio.

in.dus.tri.al [īdustri'aw] *s+agg* industriale.

in.du.ti.vo [īdut'ivu] *agg* induttivo. **método** ≃ metodo induttivo. **raciocínio** ≃ ragionamento induttivo.

in.du.tor [īdut'or] *sm Fis.* e *Elett.* indotto.

in.du.zi.do [īduz'idu] *part+agg* indotto, spinto.

in.du.zir [īduz'ir] *vt* indurre; istigare, urgere; cagionare, condurre, recare. *Fis.* indurre.

i.ne.bri.an.te [inebri'ãti] *agg* inebriante. *Fig.* alcolico.

i.ne.bri.ar [inebri'ar] *vt Lett.* inebriare. *Fig.* esaltare. *vpr* inebriarsi, ubriacarsi.

i.né.di.to [in'editu] *agg* inedito; non pubblicato.

i.ne.fi.caz [inefik'as] *agg* inefficace, inutile. *Fig.* nullo.

i.ne.fi.ci.en.te [inefisi'ēti] *agg* inefficiente. *Fig.* sterile.

i.ne.gá.vel [ineg'avew] *agg* innegabile.

i.ne.nar.rá.vel [inenaʀ'avew] *agg* inenarrabile.

i.nép.cia [in'epsjə] *sf* inezia.

i.nep.to [in'eptu] *agg* inetto, disacconcio, disadatto.

i.nér.cia [in'ersjə] *sf* inerzia, apatia. *Lett.* quiescenza. *Fis.* inerzia. *Fig.* palude.

i.ne.ren.te [iner'ēti] *agg* inerente.

i.ner.te [in'erti] *agg* inerte; senza vita; inattivo; immobilizzato. *Lett.* quiescente.

i.nes.pe.ra.da.men.te [inesperadam'ēti] *avv* inaspettatamente, di sorpresa, all'improvviso, subito.

i.nes.pe.ra.do [inesper'adu] *agg* inaspettato, inatteso; imprevisto, impensato, improvviso; repentino, brusco, subitaneo.

i.nes.que.cí.vel [ineskes'ivew] *agg* indimenticabile.

i.nes.ti.má.vel [inestim'avew] *agg* inestimabile.

i.ne.vi.tá.vel [inevit'avew] *agg* inevitabile; forzoso, infallibile; fatale; categorico.

i.ne.xa.ti.dão [inezatid'ãw] *sf* inesattezza.

i.ne.xa.to [inez'atu] *agg* inesatto, scorretto. *Fig.* storto.

i.ne.xis.tên.cia [inezist'ēsjə] *sf* inesistenza.

i.ne.xis.ten.te [inezist'ēti] *agg* inesistente.

i.ne.xo.rá.vel [inezor'avew] *agg* inesorabile, implacabile.

i.nex.pe.ri.ên.cia [insperi'ēsjə] *sf* inesperienza; imperizia; ignoranza.

i.nex.pe.ri.en.te [insperi'ēti] *agg* inesperiente, inesperto, ignaro, ignorante, profano.

i.nex.pli.cá.vel [inesplik'avew] *agg* inesplicabile, indecifrabile. *Fig.* soprannaturale.

i.nex.plo.ra.do [inesplor'adu] *agg* inesplorato. *Fig.* sconosciuto.

i.nex.pres.si.vo [inespres'ivu] *agg* inespressivo. *Fig.* slavato (viso).

i.nex.pug.ná.vel [inespugn'avew] *agg* inespugnabile.

i.nex.tin.guí.vel [inestĩg'ivew] *agg* inestinguibile.

in.fa.lí.vel [īfal'ivew] *agg* infallibile.

in.fa.li.vel.men.te [īfalivewm'ēti] *avv* infallibilmente, senza fallo, di sicuro.

in.fa.mar [īfam'ar] *vt* infamare, diffamare, disonorare. *Fig.* maculare. *vpr* infamarsi.

in.fa.me [if'ʌmi] *agg* infame, turpe. *Iron.* famoso. *disp* miserabile.

in.fâ.mia [if'ʌmjə] *sf* infamia. *Lett.* ignominia.

in.fân.cia [if'ãsjə] *sf* infanzia.

in.fan.ta.ri.a [īfãtar'iə] *sf Mil.* fanteria.

in.fan.til [īfãt'iw] *agg* infantile, bambinesco.

in.fan.ti.li.da.de [īfãtilid'adi] *sf* bambinata, fanciullaggine.

in.far.to [īf'artu] *sm Med.* infarto.

in.fec.ção [īfeks'ãw] *sf Med.* infezione; contagio; ammorbamento. *Lett.* inquinamento.

in.fec.cio.na.do [īfeksjon'adu] *part+agg* infetto.

in.fec.cio.nar [īfeksjon'ar] *vt* infettare.

in.fec.tar [īfekt'ar] *vt* infettare; contagiare; contaminare, ammorbare, appestare. *Lett.* inquinare. *Fig.* avvelenare. *vpr* infettarsi.

in.fec.to [īf'ektu] o **in.fe.to** [īf'etu] *agg* infetto; fetido, putrido.

in.fe.cun.do [īfek'ũdu] *agg* infecondo, sterile.

in.fe.li.ci.da.de [īfelisid'adi] *sf* infelicità; tristezza; disgrazia, sfortuna; infortunio.

in.fe.liz [īfel'is] *agg* infelice; triste, mesto; sventurato, sciagurato, tapino; doloroso; inefficace (opinione, idea).

in.fe.liz.men.te [īfelizm'ēti] *avv+int* purtroppo.

in.fe.ri.or [īferi'or] *sm* inferiore. *agg compar* (di **baixo**) inferiore; infero, sottostante, secondo.

in.fe.rio.ri.da.de [īferjorid'adi] *sf* inferiorità.

in.fe.rir [īfer'ir] *vt* inferire, indurre.

in.fer.no [īf'ernu] *sm Rel.* inferno. *Mit.* orco. *Poet.* infero. *Fig.* tormento; confusione. **condenar ao** ≃ dannare. **ir para o** ≃ dannarsi, perdere l'anima. **mandar alguém para o** ≃ mandare uno a farsi friggere (o a carte quarantotto). *Fam.* mandare a quel paese. **vá para o** ≃! *Volg.* va al diavolo! alla malora! in malora!

in.fér.til [if'ertiw] *agg* sterile. *Fig.* magro.

in.fer.ti.li.da.de [īfertilid'adi] *sf* sterilità. *Fig.* magrezza.

in.fes.ta.do [īfest'adu] *part+agg* infestato.

in.fes.tar [īfest'ar] *vt Med.* e *Fig.* infestare.

in.fi.de.li.da.de [ĩfidelid′adi] *sf* infedeltà, slealtà, perfidia.

in.fi.el [ĩfi′ew] *sm* adultero, traditore. *Rel.* infedele, apostata. *agg* infedele; sleale, perfido; adultero. *Lett.* infido, malfido.

in.fil.tra.ção [ĩfiwtras′ãw] *sf* infiltrazione.

in.fil.trar-se [ĩfiwtr′arsi] *vpr* infiltrarsi. *Fig.* introdursi, intrudersi, insinuarsi, inserirsi.

ín.fi.mo [′ĩfimu] *agg superl* (di baixo) infimo.

in.fin.dá.vel [ĩfĩd′avew] *agg* interminabile, infinito.

in.fi.ni.da.de [ĩfinid′adi] *sf* infinità.

in.fi.ni.ti.vo [ĩfinit′ivu] *sm Gramm.* infinitivo.

in.fi.ni.to [ĩfin′itu] *sm* l'infinito. *agg* infinito; sconfinato; ennesimo.

in.fla.ção [ĩflas′ãw] *sf Comm.* inflazione, svalutazione.

in.fla.cio.nar [ĩflasjon′ar] *vt Comm.* svalutare. *vi Com.* svalutarsi.

in.fla.ma.ção [ĩflamas′ãw] *sf Med.* infiammazione, irritazione, flogosi, accensione.

in.fla.ma.do [ĩflam′adu] *part + agg* infiammato. *Lett.* igneo. *Fig.* accalorato, appassionato (discorso).

in.fla.mar [ĩflam′ar] *vt* infiammare, accendere. *Med.* irritare. *Fig.* rinfocolare. *vpr* infiammarsi. *Fig.* rinfocolarsi, agitarsi.

in.fla.ma.tó.rio [ĩflamat′ɔrju] *agg* infiammatorio.

in.fla.má.vel [ĩflam′avew] *agg* infiammabile, accendevole, accendibile.

in.fle.xão [ĩfleks′ãw] *sf* inflessione. *Gramm.* inflessione, tono, cadenza. ≃ **de voz** *Mus.* piegamento.

in.fle.xi.bi.li.da.de [ĩfleksibilid′adi] *sf* inflessibilità.

in.fle.xí.vel [ĩfleks′ivew] *agg* inflessibile; inesorabile.

in.fli.gir [ĩfliʒ′ir] *vt* infliggere.

in.flo.res.cên.cia [ĩflores′ẽsjə] *sf Bot.* infiorescenza, florescenza.

in.flu.ên.cia [ĩflu′ẽsjə] *sf* influenza; autorità, prestigio; ingerenza. *Fig.* contagio; magistero. **ter** ≃ *Fig.* aver le braccia lunghe.

in.flu.en.ci.ar [ĩfluẽsi′ar] *vt* influenzare, suggestionare. *Fig.* contagiare.

in.flu.en.ci.á.vel [ĩfluẽsi′avew] *agg* suggestionabile.

in.flu.en.te [ĩflu′ẽti] *agg* influente, autorevole.

in.flu.ir [ĩflu′ir] *vt* influire su.

in.flu.xo [ĩfl′uksu] *sm Fis.* influenza.

in.for.ma.ção [ĩformas′ãw] *sf* informazione; notizia, annuncio; referenze *pl*; cognizione. **pedir uma** ≃ chiedere un'informazione.

in.for.ma.do [ĩform′adu] *part + agg* informato. **estar bem** ≃ essere a giorno. **manter-se** ≃ aggiornarsi, tenere a giorno.

in.for.man.te [ĩform′ãti] *s* informatore, spia, delatore. *Fig. Ger.* canarino.

in.for.mar [ĩform′ar] *vt* informare; comunicare, partecipare; avvisare, avvertire; ragguagliare. *vpr* informarsi; consultare.

in.for.ma.ti.vo [ĩformat′ivu] *agg* informativo.

in.for.me [ĩf′ɔrmi] *agg* informe, senza forma.

in.for.tú.nio [ĩfort′unju] *sm* infortunio, avversità, sfortuna, infelicità, disgrazia.

in.fra.ção [ĩfras′ãw] *sf* infrazione; trasgressione, violazione, mancanza; delitto, reato.

in.fra.tor [ĩfrat′or] *sm + agg* delinquente.

in.fra.ver.me.lho [ĩfraverm′eʎu] *agg Fis. e Med.* infrarosso, ultrarosso.

in.frin.gir [ĩfrĩʒ′ir] *vt* infrangere, violare, trasgredire.

in.fru.tí.fe.ro [ĩfrutt′iferu] *agg* infruttifero, infecondo, sterile.

in.fun.da.do [ĩfũd′adu] *agg* infondato; inconsistente, insussistente; ingiusto. *Fig.* aereo.

in.fun.dir [ĩfũd′ir] *vt* infondere, incutere (paura, rispetto).

in.fu.são [ĩfuz′ãw] *sf Med.* infusione, tisana.

in.ge.nu.i.da.de [ĩʒenuid′adi] *sf* ingenuità; innocenza, candezza; dabbenaggine; inesperienza; credulità.

in.gê.nuo [ĩʒ′ɛnwu] *sm* babbeo, babbione. *Fam.* buonuomo. *Fig.* bue. *agg* ingenuo; innocente, candido; semplice; credulo; gonzo.

in.ge.rên.cia [ĩʒer′ẽsjə] *sf* ingerenza, intromissione, intromessa.

in.ge.rir [ĩʒer′ir] *vt* ingerire. *vpr* ingerirsi, intervenire in.

in.glês [ĩgl′es] *sm + agg* inglese, britannico.

in.gra.ti.dão [ĩgratid′ãw] *sf* ingratitudine, sconoscenza.

in.gra.to [ĩgr′atu] *agg* ingrato, dimentico.

in.gre.di.en.te [ĩgredi′ẽti] *sm* ingrediente.

in.gre.me [ĩ′grεmi] *agg* ripido, erto, acclive.

in.gres.so [ĩgr′εsu] *sm* ingresso, entrata, accesso. *Cin. e Teat.* biglietto d'ingresso.

i.nha.me [iɲ′ʌmi] *sm Bot.* igname.

i.ni.bi.ção [inibis′ãw] *sf* inibizione.

i.ni.bir [inib′ir] *vt* inibire; vietare; impedire; imbarazzare.

i.ni.ci.al [inisi′aw] *sf* iniziale (lettera). ≃ **ais** *pl* sigla *sg*, cifra *sg*. ≃ **maiúscula** lettera capitale. **colocar as** ≃ **ais** cifrare. *agg* iniziale; inaugurale; incipiente.

i.ni.ci.an.te [inisi′ãti] *s* principiante. *Fig.* neofita.

i.ni.ci.ar [inisi'ar] *vt* iniziare; cominciare; inaugurare; introdurre (a uno studio). *Giur.* incoare. *Pop.* incominciare. *Fig.* formare.

i.ni.cia.ti.va [inisjat'ivǝ] *sf* iniziativa.

i.ní.cio [in'isju] *sm* inizio; principio; capo; origine; preludio. *Fig.* aurora; seme; germe; anticamera, apertura; fonte; infanzia (di scienza, arte, ecc.). **dar ≃ a** dare inizio a; aprire; avviare. **desde o ≃** daccapo. **no ≃** in principio, da principio.

i.ni.gua.lá.vel [inigwal'avew] *agg* inaguagliabile. *Fig.* unico.

i.ni.ma.gi.ná.vel [inimaʒin'avew] *agg* inimmaginabile, inconcepibile.

i.ni.mi.go [inim'igu] *sm* nemico, avversario. *agg* nemico, avversario, avverso.

i.ni.mi.za.de [inimiz'adi] *sf* inimicizia, disaffezione. *Fig.* ruggine.

i.ni.mi.zar [inimiz'ar] *vt* inimicare, nemicare. *vpr* inimicarsi, nemicarsi.

i.nin.te.li.gí.vel [inteliʒ'ivew] *agg* inintelligibile, incomprensibile; indecifrabile.

i.nin.ter.rup.to [initeř'uptu] *agg* ininterrotto, continuo, continuato.

in.je.ção [iʒes'ãw] *sf* iniezione, puntura. ≃ **lombar** puntura lombare.

in.je.tar [iʒet'ar] *vt* iniettare, inoculare. ≃**-se de sangue** iniettarsi di sangue (occhi).

in.jun.ção [iʒũs'ãw] *sf* ingiunzione.

in.jú.ria [iʒ'urjǝ] *sf* ingiuria, villania, offesa, onta.

in.ju.ri.ar [iʒuri'ar] *vt* ingiuriare.

in.jus.ti.ça [iʒust'isǝ] *sf* ingiustizia, sopruso, torto.

in.jus.to [iʒ'ustu] *agg* ingiusto; iniquo; parziale, arbitrario; indebito.

i.no.cên.cia [inos'ẽsjǝ] *sf* innocenza; ingenuità; semplicità. *Fig.* giovanezza.

i.no.cen.te [inos'ẽti] *agg* innocente; casto, vergine; ingenuo. *Fig.* puerile.

i.no.cu.lar [inokul'ar] *vt* inoculare.

i.nó.cuo [in'ɔkwu] *agg* innocuo.

i.no.do.ro [inod'ɔru] *agg* inodoro, senza odore.

i.no.fen.si.vo [inofẽs'ivu] *agg* inoffensivo, innocente, anodino.

i.no.pe.ran.te [inoper'ãti] *agg* inoperoso, inattivo, immobilizzato.

i.no.por.tu.na.men.te [inoportunam'ẽti] *avv* inopportunamente, fuori di tempo.

i.no.por.tu.no [inoport'unu] *agg* inopportuno; intempestivo, estemporaneo; prematuro; sconveniente, improprio, disadatto; impertinente; indebito.

i.nor.gâ.ni.co [inorg'Aniku] *agg* inorganico.

i.nós.pi.to [in'ɔspitu] *agg* inospitale, inospite. *Fig.* selvaggio.

i.no.va.ção [inovas'ãw] *sf* innovazione, novità.

i.no.va.dor [inovad'or] *agg* innovatore, avanzato, rivoluzionario.

i.no.var [inov'ar] *vt* innovare.

in.que.brá.vel [ikebr'avew] *agg* infrangibile.

in.qué.ri.to [ĩk'eritu] *sm* *Giur.* inquisizione, accesso.

in.quie.ta.ção [ĩkjetas'ãw] o in.quie.tu.de [ĩkjet'udi] *sf* inquietudine, inquietezza, smania, agitazione. *Fig.* tremore.

in.quie.tar [ĩkjet'ar] *vt* inquietare, tribolare. *vpr* inquietarsi, tribolarsi, smaniare.

in.qui.e.to [ĩki'etu] *agg* inquieto, impaziente, smanioso.

in.qui.li.no [ĩkil'inu] *sm* inquilino, affittuario, locatario, fittuario.

in.qui.rir [ĩkir'ir] *vt* *Giur.* inquisire.

In.qui.si.ção [ĩkiziz'ãw] *sf* *St.* L'Inquisizione.

in.sa.ci.á.vel [ĩsasi'avew] *agg* insaziabile. *Fig.* sfondato. **fome ≃** *Fig.* fame da lupo.

in.sa.lu.bre [ĩsal'ubri] *agg* insalubre, malsano.

in.sa.no [ĩs'Anu] *agg* *Lett.* insano.

in.sa.tis.fa.ção [ĩsatisfas'ãw] *sf* insoddisfazione, malcontento.

in.sa.tis.fei.to [ĩsatisf'ejtu] *agg* insoddisfatto, scontento, discontento.

ins.cre.ver [ĩskrev'er] *vt* iscrivere, ascrivere. *vpr* iscriversi, ascriversi, prenotarsi.

ins.cri.ção [ĩskris'ãw] *sf* iscrizione; scritta, dicitura; epigrafe.

in.se.gu.ran.ça [ĩsegur'ãsǝ] *sf* incertezza, timidezza.

in.se.gu.ro [ĩseg'uru] *agg* malsicuro. *Fam.* problematico.

in.sen.sa.tez [ĩsẽsat'es] *sf* insensatezza, sconsideratezza. *Fig.* delirio.

in.sen.sa.to [ĩsẽs'atu] *agg* insensato, sconclusionato, sconsiderato, bislacco. *Fig.* pazzo.

in.sen.si.bi.li.da.de [ĩsẽsibilid'adi] *sf* insensibilità. *Fig.* ghiaccio.

in.sen.si.bi.li.zar [ĩsẽsibiliz'ar] *vt* indurire, rendere insensibile o imune. *vpr* irrigidirsi.

in.sen.sí.vel [ĩsẽs'ivew] *agg* insensibile; impassibile; implacabile, inesorabile. *Fig.* duro.

in.se.pa.rá.vel [ĩsepar'avew] *agg* inseparabile.

in.ser.ção [ĩsers'ãw] *sf* inserimento, inserzione.

in.se.rir [ĩser'ir] *vt* inserire; aggiungere; includere; incastrare; interpolare (in un testo).

in.se.ti.ci.da [ĩsetis'idǝ] *sm* insetticida.

in.se.to [ĩs'etu] *sm* insetto.

in.si.di.o.so [ĩsidi'ozu] *agg* insidioso, capzioso.

in.sig.ne [ĩs'igni] *agg* insigne, egregio.

in.síg.nia [īs′ignjə] *sf* insegna, divisa, distintivo; assisa. *Fig.* stendardo, gonfalone.

in.sig.ni.fi.cân.cia [īsignifik′āsjə] *sf* pochezza.

in.sig.ni.fi.can.te [īsignifik′āti] *agg* insignificante; irrisorio, infimo; minuto. *Fam.* ridicolo. *Lett.* lieve. *Fig.* magro.

in.si.nua.ção [īsinwas′āw] *sf* insinuazione, sottinteso.

in.si.nu.ar [īsinu′ar] *vt* insinuare, suggerire. *Fig.* zufolare (negli orecchi a qualcuno).

in.sí.pi.do [īs′ipidu] *agg* insipido; sciapo, scipito, sciocco; insulso, scialbo (persona).

in.si.pi.en.te [īsipi′ēti] *agg* insipiente.

in.sis.ten.te [īsist′ēti] *agg* insistente, accanito.

in.sis.tên.cia [īsist′ēsjə] *sf* insistenza, persistenza. *Fig.* ressa (per ottener qualcosa).

in.sis.tir [īsist′ir] *vt* insistere; perseverare; continuare; *Fam.* inzuccarsi. *Fig.* ribattere.

in.so.la.ção [īsolas′āw] *sf Med.* insolazione, colpo di sole.

in.so.lên.cia [īsol′ēsjə] *sf* insolenza, impertinenza, sfrontatezza, audacia, tracotanza.

in.so.len.te [īsol′ēti] *agg* insolente, impertinente, irriverente, audace.

in.só.li.to [īs′olitu] *agg* insolito, incidentale, strano. *Fig.* surreale.

in.sol.ven.te [īsowv′ēti] *agg Giur.* insolvente.

in.sô.nia [īs′onjə] *sf* insonnia.

in.sos.so [īs′osu] o **in.sul.so** [īs′uwsu] *agg* insulso; insipido, sciapo; banale; goffo.

ins.pe.ção [īspes′āw] *sf* ispezione; collaudo. *Mil.* rivista. *Comm.* estimo. *Fam.* frugamento. ≃ **aduaneira** visita di dogana.

ins.pe.cio.nar [īspesjon′ar] *vt* ispezionare, visitare. *Fam.* frugare. ≃ **máquina** collaudare.

ins.pe.tor [īspet′or] *sm* ispettore.

ins.pi.ra.ção [īspiras′āw] *sf* ispirazione; estro; fantasia; suggerimento; corrente. *Med.* inspirazione. *Fig.* vena; scintilla.

ins.pi.ra.do [īspir′adu] *part+agg* ispirato. *Fig.* biblico.

ins.pi.rar [īspir′ar] *vt* ispirare; suscitare; incutere; influire su, muovere. *Med.* inspirare, aspirare aria. *vpr* ispirarsi in.

ins.ta.lar [īstal′ar] *vt* installare. *vpr* installarsi.

ins.tân.cia [īst′āsjə] *sf Giur.* istanza, appello.

ins.tan.ta.ne.a.men.te [īstātaneam′ēti] *avv* istantaneamente, appena, di volo.

ins.tan.tâ.neo [īstāt′∧nju] *agg* istantaneo, repentino, immediato.

ins.tan.te [īst′āti] *sm* istante, attimo, momento, tratto. *Fig.* secondo, minuto, baleno. **no mesmo** ≃ all'istante. **num** ≃ in un soffio, in due battute.

ins.tau.rar [īstawr′ar] *vt Lett.* instaurare.

ins.tá.vel [īst′avew] *agg* instabile; precario; volubile; ballerino. *Fig.* fragile; balordo (tempo).

ins.ti.ga.ção [īstigas′āw] *sf* istigamento, istigazione.

ins.ti.gar [īstig′ar] *vt* istigare; aizzare; incitare. *Fig.* spingere, sospingere; stimolare.

ins.ti.lar [īstil′ar] *vt* instillare. *Fig.* insinuare, suggerire.

ins.tin.ti.vo [īstīt′ivu] *agg* istintivo; atavico, congenito. *Fig.* uterino.

ins.tin.to [īst′ītu] *sm* istinto; intuizione; impulso. *Fig.* fiuto.

ins.ti.tu.i.ção [īstituis′āw] *sf* istituzione; organizzazione; fondazione. *Giur.* istituti, fatto giuridico. *Fig.* organismo. ≃ **pública** istituzione pubblica. ≃ **ões de caridade** opere pie.

ins.ti.tu.ir [īstitu′ir] *vt* istituire; fondare, creare; costituire, formare; stabilire; erigere. *Lett.* instaurare.

ins.ti.tu.to [īstit′utu] *sm* istituto, stabilimento.

ins.tru.ção [īstrus′āw] *sf* istruzione; insegnamento; allenamento, avviamento; cultura; avvertenza, guide *pl*.

ins.tru.í.do [īstru′idu] *part+agg* allevato, colto. *Fig.* fondato.

ins.tru.ir [īstru′ir] *vt* istruire; insegnare, educare; allenare, ammaestrare. *Giur.* istruire, informare di. *Lett.* nutrire. *Fig.* catechizzare. *vpr* istruirsi, addottrinarsi. *Fig.* illuminarsi.

ins.tru.men.ta.ção [īstrumētas′āw] *sf Mus.* strumentazione.

ins.tru.men.tal [īstrumēt′aw] *sm* armamentario. *Fig.* arsenale. *agg* strumentale.

ins.tru.men.to [īstrum′ētu] *sm* strumento; arnese, attrezzo. ≃ **cortante** strumento da taglio. ≃ **de cordas** *Mus.* strumento a corda. ≃ **de percussão** *Mus.* strumento a percussione. ≃ **de sopro** *Mus.* strumento a fiato. ≃ **s cirúrgicos** *pl* ferri.

ins.tru.ti.vo [īstrut′ivu] *agg* istruttivo.

ins.tru.tor [īstrut′or] *sm+agg* istruttore.

in.su.bor.di.na.ção [īsubordinas′āw] *sf* insubordinazione, indisciplina, indisciplinatezza.

in.su.bor.di.na.do [īsubordin′adu] *agg* insubordinato.

in.subs.ti.tu.í.vel [īsubstitu′ivew] *agg* imprescindibile, indispensabile.

in.su.ces.so [īsus′esu] *sm* insuccesso, disastro, fallimento. *Fig.* fiasco, sconfitta, scacco.

in.su.fi.ci.ên.cia [īsufisi′ēsja] *sf* insufficienza.

in.su.fi.ci.en.te [īsufisi′ēti] *agg* insufficiente; scarso, poco; deficiente. *Fig.* carente; inferiore. **ser** ≃ mancare.

in.su.flar [ĩsufl´ar] *vt Med.* insufflare. *Fig.* insinuare.

in.su.lar [ĩsul´ar] *agg* insulare.

insulso → **insosso.**

in.sul.tar [ĩsuwt´ar] *vt* insultare, offendere, ingiuriare, investire. *Fig.* assalire, calpestare.

in.sul.to [ĩs´uwtu] *sm* insulto, affronto, ingiuria, contumelia. *Fig.* flagello, schiaffo. **trocar** ≃ *s Fam.* guerreggiarsi.

in.su.pe.rá.vel [ĩsuper´avew] *agg* insuperabile.

in.su.por.tá.vel [ĩsuport´avew] *agg* insopportabile, intollerabile. *Lett.* intollerando.

in.sur.gir [ĩsurʒ´ir] *vt* ammutinare. *vpr* insorgere, ribellarsi.

in.sur.rei.ção [ĩsuʀejs´ãw] *sf* insurrezione, sollevazione, rivolta, rivoluzione. *Fig.* tumulto.

in.tac.to [ĩt´aktu] o **in.ta.to** [ĩt´atu] *agg* intatto, illeso, vergine.

in.te.gra.ção [ĩtegras´ãw] *sf* integrazione.

in.te.gral [ĩtegr´aw] *agg* integrale; completo; totale. **cálculo** ≃ calcolo integrale. **farinha** ≃ farina integrale. **pão** ≃ pane integrale.

in.te.gran.te [ĩtegr´ãti] *s* componente, membro; ingrediente. *agg* integrante.

in.te.grar [ĩtegr´ar] *vt* integrare.

in.te.gri.da.de [ĩtegrid´adi] *sf* integrità; interezza; onestà, serietà.

ín.te.gro [´ĩtegru] *agg* integro; intero, completo; onesto, serio; puro, santo.

in.tei.ra.men.te [ĩtejram´ẽti] *avv* interamente, perbene, del tutto.

in.tei.re.za [ĩtejr´ezɐ] *sf* interezza.

in.tei.ro [ĩt´ejru] *sm* intero, tutto. **por** ≃ per intero. *agg* intero; intatto; tutto. **o dia** ≃ tutto il giorno.

in.te.lec.to [ĩtel´ektu] *sm* intelletto, mente. *Fig.* testa.

in.te.lec.tu.al [ĩtelektu´aw] *s+agg* intellettuale.

in.te.li.gên.cia [ĩteliʒ´ẽsjɐ] *sf* intelligenza; intelletto, ingegno; arguzia, sagacia. *Fig.* cervello, testa; spirito, sale. ≃ **rara** genio.

in.te.li.gen.te [ĩteliʒ´ẽti] *agg* intelligente; bravo; furbo; perspicace; agile (mente).

in.te.li.gí.vel [ĩteliʒ´ivew] *agg* intelligibile.

in.tem.pé.rie [ĩtẽp´erji] *sf* intemperie, maltempo.

in.tem.pes.ti.vo [ĩtẽpest´ivu] *agg* intempestivo, inopportuno, estemporaneo.

in.ten.ção [ĩtẽs´ãw] *sf* intenzione; proposito, intendimento; intento, mira. *Fig.* voglia.

in.ten.cio.na.do [ĩtẽsjon´adu] *agg* utilizzato nelle espressioni **bem-** ≃ bene intenzionato, ben disposto; **mal-** ≃ male intenzionato.

in.ten.cio.nal [ĩtẽsjon´aw] *agg* intenzionale.

in.ten.cio.nal.men.te [ĩtẽsjonawm´ẽti] *avv* intenzionalmente, apposta.

in.ten.den.te [ĩtẽd´ẽti] *s* intendente.

in.ten.si.da.de [ĩtẽsid´adi] *sf* intensità; veemenza. *Fig.* profondità; forza.

in.ten.si.fi.car [ĩtẽsifik´ar] *vt* rendere intenso, catalizzare.

in.ten.si.vo [ĩtẽs´ivu] *agg* intensivo. **agricultura** ≃ a coltivazione intensiva.

in.ten.so [ĩt´ẽsu] *agg* intenso; veemente; gagliardo (vento, attacco). *Fig.* profondo; matto; violento; fervente, cocente.

in.ten.tar [ĩtẽt´ar] *vt Giur.* intentare.

in.ten.to [ĩt´ẽtu] *sm* intento, proposito, scopo.

in.ter.ca.lar [ĩterkal´ar] *vt* intercalare, alternare, frammettere, intromettere.

in.ter.ce.der [ĩtersed´er] *vt* intercedere. ≃ **junto a... em favor de** intercedere da... por.

in.ter.cep.ta.ção [ĩterseptas´ãw] *sf* intercettazione, intercettamento.

in.ter.cep.tar [ĩtersept´ar] *vt* intercettare, arrestare.

in.ter.ces.são [ĩterses´ãw] *sf* intercessione.

in.ter.di.ção [ĩterdis´ãw] *sf* interdizione.

in.te.res.sa.do [ĩteres´adu] *sm Comm.* interessato. *agg* interessato.

in.te.res.san.te [ĩteres´ãti] *agg* interessante. *Fig.* bestiale.

in.te.res.sar [ĩteres´ar] *vt* interessare, appassionare, avvincere; interessare a, importare a. *vpr* interessarsi di, appassionarsi a.

in.te.res.se [ĩter´esi] *sm* interesse; appassionamento; attenzione; convenienza. *Fig.* calcolo. ≃ *s pl* interessi. **no** ≃ **de** nell'interesse di.

in.te.res.sei.ro [ĩteres´ejru] *sm* calcolatore. *agg* interessato, calcolatore.

in.ter.fe.rir [ĩterfer´ir] *vt* interferire in, frapporsi.

in.ter.ri.ni.da.de [ĩterinid´adi] *sf Pol.* interim.

in.ter.ri.no [ĩter´inu] *agg Pol.* interino.

in.te.ri.or [ĩteri´or] *sm* interiore; interno, parte interna; fondo (di una persona). *Fig.* entragna. **ministro do I** ≃ ministro dell'Interno. *agg* interiore, interno.

in.te.rior.men.te [ĩterjorm´ẽti] *avv* interiormente, addentro.

in.ter.jei.ção [ĩterʒejs´ãw] *sf Gramm.* interiezione.

in.ter.lo.cu.tor [ĩterlokut´or] *sm* interlocutore.

in.ter.lú.dio [ĩterl´udju] *sm Mus.* interludio.

in.ter.me.dia.ção [ĩtermedjas´ãw] *sf* mediazione.

in.ter.me.di.á.rio [ĩtermedi´arju] *sm* intermediario; mediatore, agente; sensale. *agg* intermediario, mediano.

in.ter.mé.dio [īterm'ɛdju] *sm* intervento. **por** ≃ **de** grazie a.

in.ter.mi.ná.vel [ītermin'avew] *agg* interminabile, infinito, sterminato.

in.ter.mi.ten.te [ītermit'ēti] *agg* intermittente. **febre** ≃ febbre ricorrente.

in.ter.na.cio.nal [īternasjon'aw] *agg* internazionale.

in.ter.na.do [ītern'adu] *part+agg* degente (in un ospedale).

in.ter.nar [ītern'ar] *vt* internare. *vpr* internarsi in.

in.ter.na.to [ītern'atu] *sm* educandato, educandatorio; convitto.

in.ter.no [īt'ernu] *sm* interno (di un convitto). *agg* interno, interiore, intestino.

in.ter.pe.lar [īterpel'ar] *vt* interpellare, rivolgersi a.

in.ter.po.lar [īterpol'ar] *vt* interpolare.

in.ter.por [īterp'or] *vt* interporre, frammettere, frapporre. *vpr* interporsi in.

in.ter.pos.to [īterp'ostu] *agg* intermedio, mediato.

in.ter.pre.ta.ção [īterpretas'ãw] *sf* interpretazione; versione.

in.ter.pre.tar [īterpret'ar] *vt* interpretare; tradurre, rendere; commentare.

in.tér.pre.te [īt'erpreti] *sm* interprete.

in.ter.ro.ga.ção [īteɾogas'ãw] *sf* interrogazione, domanda.

in.ter.ro.gar [īteɾog'ar] *vt* interrogare, domandare. *Giur.* inquisire, esaminare.

in.ter.ro.ga.ti.vo [īteɾogat'ivu] *agg* interrogativo, interrogatorio.

in.ter.ro.ga.tó.rio [īteɾogat'ɔrju] *sm* interrogatorio; indagine. *Giur.* inchiesta, esame.

in.ter.rom.per [īteɾõp'er] *vt* interrompere; sospendere; tagliare, troncare. smettere, tralasciare. *Fig.* disturbare; rompere.

in.ter.rom.pi.do [īteɾõp'idu] *part+agg* sospeso; tronco; discontinuo.

in.ter.rup.ção [īteɾups'ãw] *sf* interruzione; sospensione; blocco; pausa, sosta; rottura; cessazione. *Fig.* paralisi. **sem** ≃ senza interruzione, andantemente.

in.ter.rup.tor [īteɾupt'or] *sm+agg* interruttore. ≃ **elétrico** interruttore elettrico.

in.te.rur.ba.no [īterurb'anu] *agg* interurbano.

in.ter.va.lo [īterv'alu] *sm* intervallo; tratto; tappa; recesso. *Mus.* intermezzo, riposo. *Teat.* intermezzo. *Fig.* parentesi. **em** ≃ **s** a tratti.

in.ter.ven.ção [ītervēs'ãw] *sf* intervento; ingerenza; intromessa. ≃ **cirúrgica** intervento chirurgico.

in.ter.vir [īterv'ir] *vt* intervenire in, ingerirsi in, intromettersi in.

in.tes.ti.nal [ītestin'aw] *agg* intestinale.

in.tes.ti.no [ītest'inu] *sm Anat.* intestino. ≃ **as** *pl* visceri. ≃ **delgado** *Anat.* intestino tenue. *agg* intestino.

in.ti.ma.ção [ītimas'ãw] *sf Giur.* intimazione, citazione, mandato di comparizione.

in.ti.ma.do [ītim'adu] *part+agg Giur.* convenuto, diffidato.

in.ti.mar [ītim'ar] *vt Giur.* intimare, convenire, diffidare, chiamare in giudizio.

in.ti.mi.da.de [ītimid'adi] *sf* intimità; confidenza, contezza.

in.ti.mi.dar [ītimid'ar] *vt* intimidire. *vpr* intimidire, intimidirsi.

ín.ti.mo ['ītimu] *sm* intimo, fondo. *Fig.* seno, viscere. *agg* intimo; familiare; confidenziale; profondo. *Pop.* di casa. **partes** ≃ **as** parti intime. **roupas** ≃ **as** indumenti intimi. **ser** ≃ **de alguém** darsi del tu.

in.ti.tu.lar [ītitul'ar] *vt* intitolare. *vpr* intitolarsi.

in.to.ca.do [ītok'adu] *agg* illeso, incolume.

in.to.cá.vel [ītok'avew] *agg* sacrosanto, inviolabile.

in.to.le.ran.te [ītoler'ãti] *agg* intollerante; intransigente.

in.to.le.rá.vel [ītoler'avew] *agg* intollerabile. *Lett.* intollerando.

in.to.xi.ca.ção [ītoksikas'ãw] *sf* attossicamento.

in.to.xi.car [ītoksik'ar] *vt* intossicare, attossicare, avvelenare.

in.tran.si.gên.cia [ītrãziʒ'ẽsja] *sf* intransigenza.

in.tran.si.gen.te [ītrãziʒ'ẽti] *agg* intransigente, esclusivo.

in.tran.si.tá.vel [ītrãzit'avew] *agg* impraticabile (strada).

in.tran.si.ti.vo [ītrãzit'ivu] *agg Gramm.* intransitivo. **verbo** ≃ verbo intransitivo (o neutro).

in.tra.tá.vel [ītrat'avew] *agg* intrattabile, impraticabile. *Fig.* selvatico, difficile, bisbetico.

in.tré.pi.do [ītr'epidu] *agg* intrepido, audace. *Lett.* impavido, strenuo.

in.tri.ga [ītr'iga] *sf* intrigo, congiura, cospirazione. *Lett.* tessitura. *Fig.* trama; pantano, vespaio. **tecer** ≃ **s** intrigare, architettare.

in.trin.ca.do [ītrīk'adu] *agg* intricato, complesso.

in.trin.car [ītrīk'ar] o **in.tri.car** [ītrik'ar] *vt* intricare, impigliare.

in.trín.se.co [ītr'īseku] *agg* intrinseco, inerente.

in.tro.du.ção [ītrodus'ãw] *sf* introduzione; serimento, inserzione. *Mus.* introduzione, entrata. *Fig.* cappello.

in.tro.du.zir [ĩtroduz'ir] *vt* introdurre; inserire; internare, ficcare. *vpr* introdursi; internarsi in. *Fig.* infiltrarsi. ≃ **com deslealdade ou às escondidas** intrudere.

in.trói.to [ĩtr'ɔjtu] *sm Rel.* introito.

in.tro.me.ter [ĩtromet'er] *vt* intromettere. *vpr* intromettersi, ingerirsi, inserirsi. *Fig.* metter lo zampino, metter bocca in.

in.tro.me.ti.do [ĩtromet'idu] *sm* ficcanaso, mettibocca, frugolone. *Fig.* zanzara, carabiniere. *agg* curioso, inframmettente.

in.tro.mis.são [ĩtromis'ãw] *sf* intromissione, intromessa, ingerenza. *Fig.* zampino.

in.tros.pec.ção [ĩtrospeks'ãw] *sf* introspezione.

in.tro.ver.são [ĩtrovers'ãw] *sf* introversione.

in.tro.ver.ti.do [ĩtrovert'idu] *part+agg* introverso, sornione, burbero. *Fig.* taciturno, chiuso.

in.tu.i.ção [ĩtuis'ãw] *sf* intuizione; intuito; prescienza, comprensione. *Fig.* naso, fiuto.

in.tu.ir [ĩtu'ir] *vt* intuire.

in.tu.i.ti.vo [ĩtuit'ivu] *agg* intuitivo.

in.tui.to [ĩt'ujtu] *sm* intento, intenzione; fine, mira.

in.tu.mes.cer [ĩtumes'er] *vt* enfiare, gonfiare. *vi* enfiarsi, gonfiarsi.

in.tu.mes.ci.do [ĩtumes'idu] *part+agg* enfiato.

in.tu.mes.ci.men.to [ĩtumesim'ẽtu] *sm Med.* enfiato, gonfio, gonfiore.

i.nu.ma.no [inum'ʌnu] *agg* inumano, non umano.

i.nu.mar [inum'ar] *vt* inumare, seppellire, sotterrare.

i.nu.me.rá.vel [inumer'avew] *agg* innumerevole, incalcolabile, innumerabile.

i.nun.da.ção [inũdas'ãw] *sf* inondazione, allagamento, alluvione, diluvio, piena.

i.nun.dar [inũd'ar] *vt* inondare; allagare, bagnare, diluviare; invadere.

i.nu.si.ta.do [inuzit'adu] *agg* inusitato.

i.nú.til [in'utiw] *agg* inutile; inefficace, vano; ozioso; futile. *Fig.* nullo, sterile.

i.nu.ti.li.da.de [inutilid'adi] *sf* inutilità; vanità.

i.nu.ti.li.zar [inutiliz'ar] *vt* frustrare.

i.nu.til.men.te [inutiwm'ẽti] *avv* inutilmente, a vuoto.

in.va.dir [ĩvad'ir] *vt* invadere; entrare a forza in; occupare, conquistare, prendere; compenetrare. *Fig.* penetrare in.

in.va.li.dar [ĩvalid'ar] *vt* invalidare; sconfessare.

in.vá.li.do [ĩv'alidu] *sm* invalido, mutilato. *agg* invalido; nullo.

in.va.ri.á.vel [ĩvari'avew] *agg* invariabile; uniforme, costante, fisso; monotono.

in.va.são [ĩvaz'ãw] *sf* invasione; irruzione. *Mil.* incursione, occupazione.

in.vec.ti.va [ĩvekt'ivə] *sf Lett.* invettiva.

in.ve.ja [ĩv'eʒə] *sf* invidia, gelosia, astio, livore.

in.ve.jar [ĩveʒ'ar] *vt* invidiare, agognare.

in.ve.jo.so [ĩveʒ'ozu] *agg* invidioso, geloso.

in.ven.ção [ĩvẽs'ãw] *sf* invenzione; creazione; ritrovato; bugia, frottola. *Fig.* parto.

in.ven.cí.vel [ĩvẽs'ivew] *agg* invincibile; inespugnabile. *Fig.* a prova di bomba.

in.ven.tar [ĩvẽt'ar] *vt* inventare; creare; trovare, pensare; fantasticare, immaginare; fingere. *Fig.* coniare, fabbricare; partorire.

in.ven.tá.rio [ĩvẽt'arju] *sm Comm.* e *Giur.* inventario.

in.ven.tor [ĩvẽt'or] *sm* inventore; creatore; autore. *Fig.* fabbro, artefice.

in.ver.nar [ĩvern'ar] *vt* svernare.

in.ver.no [ĩv'ernu] *sm* inverno. *Fig.* freddo. **no** ≃ **d'inverno.**

in.ve.ros.sí.mil [ĩveros'imiw] *agg* inverosimile.

in.ver.são [ĩvers'ãw] *sf* inversione, invertimento.

in.ver.so [ĩv'ersu] *sm* inverso, contrario. *agg* inverso, ritroso.

in.ver.te.bra.do [ĩvertebr'adu] *sm+agg Zool.* invertebrato.

in.ver.ter [ĩvert'er] *vt* invertire, capovolgere, girare, rovesciare, scambiare, trasporre.

in.ver.ti.do [ĩvert'idu] *part+agg* inverso.

in.vés [ĩv'es] *sm* il rovescio. **ao** ≃ *avv* invece, piuttosto. **ao** ≃ **de** invece di, in luogo di. anziché. **ao** ≃ **disso** cong anzi.

in.ves.ti.du.ra [ĩvestid'urə] *sf* investitura.

in.ves.ti.ga.ção [ĩvestigas'ãw] *sf* investigazione; indagine, esame, accertamento; ricerca, inchiesta. *Fam.* frugamento.

in.ves.ti.ga.dor [ĩvestigad'or] *sm Fig.* segugio. ≃ **de polícia** agente investigativo.

in.ves.ti.gar [ĩvestig'ar] *vt* investigare; indagare, inquisire; ricercare, cercare; esaminare, accertare; esplorare, scrutare. *Fam.* frugare. *Fig.* sondare, tastare.

in.ves.ti.men.to [ĩvestim'ẽtu] *sm Comm.* investimento.

in.ves.tir [ĩvest'ir] *vt* investire, attaccare, affrontare. *Comm.* investire.

in.ve.te.ra.do [ĩveter'adu] *agg* inveterato.

in.vic.to [ĩv'iktu] *agg* invitto.

in.vio.lá.vel [ĩvjol'avew] *agg* inviolabile; sacrosanto.

in.vi.sí.vel [ĩviz'ivew] *agg* invisibile.

in.vo.ca.ção [ĩvokas'ãw] *sf* invocazione; appello.

in.vo.car [ĩvok'ar] *vt* invocare, chiamare; pregare, supplicare.

in.vo.lu.ção [ĩvolus'ãw] *sf* involuzione.

in.vó.lu.cro [ĩv'ɔlukru] *sm* involucro. *Lett.* spoglia.

in.vo.lun.tá.rio [ĩvolũt'arju] *agg* involontario. *Giur.* colposo (omicidio).

in.vul.ne.rá.vel [ĩvuwner'avew] *agg* invulnerabile.

i.o.do [i'odu] *sm Chim.* iodio, iodo.

i.o.ga [i'ɔga] *sf* ioga, la dottrina.

i.o.gue [i'ɔgi] *s* ioga, chi la pratica.

i.o.gur.te [iog'urti] *sm* yoghurt.

io.iô [joj'o] *sm* jo-jo.

í.on [i'õw] *sm Chim.* ione.

íp.si.lon [ipsil'ow] *sm* ipsilon, il nome della lettera Y.

ir ['ir] *vt+vi* andare (a, in, ecc.); dirigersi a, recarsi a, rivolgersi a. *Lett.* e *Poet.* ire. ≃ **a pé** camminare, andare a piedi. ≃ **acabar em** capitare. ≃ **adiante** tirar via. *Fig.* avventurarsi. ≃ **à frente** precorrere. ≃ **bem (negócio)** andare. ≃ **de bicicleta** andare in bicicletta. ≃ **de bonde** andare in tram. ≃ **de carro** andare in macchina. ≃ **em socorro de** accorrere. ≃ **embora** andar via, andarsene, prendere l'uscio, partire, uscire, sgombrare, sloggiare. ≃ **mal** andare arrovescio. **como vão?** come state? **vá embora!** via! vattene! **devagar se vai ao longe** chi va piano, va sano e va lontano.

i.ra ['ira] *sf* ira, furia, rabbia, stizza, collera, sdegno. *Fig.* fuoco. ≃ **divina** fulmine.

i.ra.do [ir'adu] *part+agg* adirato, collerico, infuriato. *Fig.* rabbioso, bilioso.

i.ra.ni.a.no [irani'ʌnu] o **i.râ.ni.co** [ir'ʌniku] *sm+agg* iranico.

i.rar [ir'ar] *vt* adirare. *vpr* adirarsi, accanirsi, infuriarsi, corrucciarsi. *Fig.* accendersi.

i.ras.cí.vel [iras'ivew] *agg* irascibile. *Fig.* suscettibile.

i.rí.dio [ir'idju] *sm Chim.* iridio.

í.ris ['iris] *sf Anat.* iride, iri. **diafragma** ≃ *Fot.* diaframma a iride.

ir.lan.dês [irl'ad'es] *sm+agg* irlandese.

ir.ma.nar [irman'ar] *vt* affratellare. *vpr* affratellarsi.

ir.man.da.de [irmãd'adi] *sf* fratellanza, confraternita.

ir.mã [irm'ã] *sf* sorella. *Rel.* suora, monaca.

ir.mão [irm'ãw] *sm* fratello. *Rel.* fratello, monaco. ≃ **de leite** fratello di latte. ≃ **leigo** *Rel.* converso. ≃ **s siameses** fratelli siamesi. **meio** ≃ fratellastro.

i.ro.ni.a [iron'iɔ] *sf* ironia, frizzo. ≃ **do destino** ironia della sorte.

i.rô.ni.co [ir'oniku] *agg* ironico, satirico, mordace, caustico. *Fig.* salato, pepato.

ir.ra.cio.nal [ĩřasjon'aw] *agg* irragionevole; irrazionale; illogico. *Fig.* pazzo. **animais** ≃ **ais** *Zool.* animali irragionevoli. **números** ≃ **ais** *Mat.* numeri irrazionali.

ir.ra.dia.ção [iřadjas'ãw] *sf* irradiazione.

ir.ra.di.ar [iřadi'ar] *vt* irradiare, irraggiare.

ir.re.al [iře'aw] *agg* irreale; fantastico, chimerico; fittizio, finto.

ir.re.a.li.zá.vel [iřealiz'avew] *agg* irrealizzabile. *Fig.* ambizioso (progetto, desiderio).

ir.re.con.ci.li.á.vel [iřekõsili'avew] *agg* irreconciliabile.

ir.re.co.nhe.cí.vel [iřekoñes'ivew] *agg* irriconoscibile.

ir.re.cu.pe.rá.vel [iřekuper'avew] *agg* irrecuperabile.

ir.re.cu.sá.vel [iřekuz'avew] *agg* irrecusabile.

ir.re.fle.ti.do [iřeflet'idu] *agg* impulsivo, spensierato.

ir.re.fle.xão [iřefleks'ãw] *sf* inavvertenza.

ir.re.fu.tá.vel [iřefut'avew] *agg* irrefutabile.

ir.re.gu.lar [iřegul'ar] *agg* irregolare; anomalo; disuguale; aspro (superficie).

ir.re.gu.la.ri.da.de [iřegularid'adi] *sf* irregolarità; disordine.

ir.re.le.van.te [iřelev'ãti] *agg* irrilevante.

ir.re.me.di.á.vel [iřemedi'avew] *agg* irrimediabile; inguaribile, incurabile.

ir.re.mo.ví.vel [iřemov'ivew] *agg* irremovibile.

ir.re.pa.rá.vel [iřepar'avew] *agg* irreparabile, irrimediabile.

ir.re.pre.en.sí.vel [iřepreẽs'ivew] *agg* irreprensibile. *Fig.* corretto. **moral** ≃ *Fig.* morale cristallina.

ir.re.qui.e.to [iřeki'etu] *agg* irrequieto; turbolento. **menino** ≃ frugolo, discolo.

ir.re.sis.tí.vel [iřezist'ivew] *agg* irresistibile; prepotente. **olhar** ≃ *Fig.* sguardo assassino.

ir.re.so.lu.to [iřezol'utu] *agg* irresoluto, incerto, indeterminato.

ir.res.pon.sá.vel [iřespõs'avew] *agg* irresponsabile.

ir.re.ve.ren.te [iřever'ẽti] *agg* irriverente.

ir.re.ver.sí.vel [iřevers'ivew] *agg* irreversibile.

ir.re.vo.gá.vel [iřevog'avew] *agg* irrevocabile.

ir.ri.ga.ção [iřigas'ãw] *sf* irrigazione.

ir.ri.gar [iřig'ar] *vt* irrigare.

ir.ri.só.rio [iřiz'ɔrju] *agg* irrisorio. *Fig.* minuscolo, magro.

ir.ri.ta.ção [iřitas'ãw] *sf* irritazione, mattana. *Med.* irritazione.

ir.ri.ta.di.ço [iřitad'isu] *agg* nervoso, stizzoso, permaloso. *Fig.* nevrastenico.

ir.ri.ta.do [iřit'adu] *part+agg* arrabbiato. **ficar** ≃ saltare la mosca al naso.

ir.ri.tan.te [iřit'ãti] *agg* irritante; pruriginoso.

ir.ri.tar [iřit'ar] *vt* irritare; esasperare, impazientare, spazientire; accanire; disgustare; provocare. *Med.* irritare. *Fig.* inasprire; stuzzicare, pungere. *vpr* irritarsi; adirarsi, accanirsi; arrabbiarsi, incollerirsi; disgustarsi. *Fig.* alterarsi, montare sulle furie.

ir.ri.tá.vel [iřit'avew] *agg* irritabile.

ir.rom.per [iřõp'er] *vi* irrompere, entrare a forza; prorompere, erompere.

ir.rup.ção [iřups'ãw] *sf* irruzione.

is.ca ['iska] *sf* esca, richiamo. *Fig.* amo, zuccherino. **morder a** ≃ *Fig.* mordere all'amo.

i.sen.ção [izēs'ãw] *sf* esenzione; immunità; dispensa; franchigia.

i.sen.tar [izēt'ar] *vt* esentare; dispensare, esimere. *vpr* esentarsi, esimersi, sottrarsi.

i.sen.to [iz'ētu] *agg* esente; immune, libero; franco; assolto.

is.lâ.mi.co [izl'Amiku] *agg* islamico, islamitico, dell'Islamismo.

Is.la.mis.mo [izlam'izmu] *sm* Islamismo.

is.lan.dês [izlãd'es] *sm+agg* islandese.

i.so.la.do [izol'adu] *part+agg* isolato.

i.so.la.men.to [izolam'ētu] *sm* isolamento. *Fig.* bozzolo.

i.so.lan.te [izol'ãti] *sm+agg* isolante.

i.so.lar [izol'ar] *vt* isolare; segregare; assediare; allontanare, appartare; astrarre; localizzare. *Elett.* isolare. *Fig.* bloccare. *vpr* isolarsi; segregarsi; allontanarsi, appartarsi.

i.sós.ce.les [iz'ɔselis] *agg Geom.* isoscele.

is.quei.ro [isk'ejru] *sm* accendisigari.

ís.quio ['iskju] *sm Anat.* ischio.

is.ra.e.li.ta [isřael'itə] *s+agg* israelita, giudeo, ebreo.

is.so ['isu] *pron* codesto, cotesto. **é** ≃ **mesmo** per l'appunto. **por** ≃ così, dunque, pertanto. ≃**!** *int* appunto! già! ≃ **mesmo!** *int* così è! **o que é** ≃**?** che affare è questo?

ist.mo ['istmu] *sm Geogr.* istmo.

is.to ['istu] *pron* questo; ciò. ≃ **e aquilo** questo e quello. ≃ **é** cioè, ovvero. *Pop.* ovveramente. **por** ≃ per questo; perciò; quindi, allora. ≃ **me agrada** questo mi piace.

i.ta.li.a.no [itali'ʌnu] *sm+agg* italiano, dell'Italia. **à** ≃ all'italiana.

i.tá.li.co [it'aliku] *sm* italico. *agg Poet.* italico, dell'Italia prima dei romani.

i.ta.li.o.ta [itali'ɔtə] *sm St.* italiota.

í.ta.lo ['italu] *agg Lett.* e *Poet.* italo, dell'Italia.

i.tem ['itēj] *sm* voce, capo.

i.ti.ne.rá.rio [itiner'arju] *sm* itinerario; rotta. *Fig.* cammino.

iu.gos.la.vo [jugozl'avu] *sm+agg* jugoslavo.

J

j [ʒ'ɔtə] *sm* la decima lettera dell'alfabeto portoghese.

já [ʒ'a] *avv* già; ora, adesso; ormai, oramai. *Lett. e Poet.* oggimai. **desde** ≃ ormai. ≃ **que** *cong* giacché, poiché, dacché. ≃**!** *Sp.* via!

ja.bo.ran.di [ʒaborãd'i] *sf Bot.* iaborandi.

ja.ca.ré [ʒakar'ɛ] *sm* coccodrillo.

ja.cen.te [ʒas'ẽti] *agg* giacente, che giace.

ja.cin.to [ʒas'ĩtu] *sm Bot.* e *Min.* giacinto.

ja.co.bi.no [ʒakob'inu] *sm St.* giacobino.

jac.tân.cia [ʒakt'ãsjə] *sf Lett.* iattanza.

ja.de [ʒ'adi] *sm Min.* giada, giado.

ja.guar [ʒag'war] *sm Zool.* giaguaro.

ja.gun.ço [ʒag'ũsu] *sm Bras.* bravo, cagnotto. *Fig.* giannizzero.

ja.mai.ca.no [ʒamajk'ʌnu] *sm+agg* giamaicano.

ja.mais [ʒam'ajs] *avv* giammai, mai.

ja.nei.ro [ʒan'ejru] *sm* gennaio.

ja.ne.la [ʒan'ɛlə] *sf an Inform.* finestra. ≃ **de trem ou automóvel** finestrino. ≃ **traseira** *Autom.* lunotto.

jan.ga.da [ʒãg'adə] *sf* zattera.

ja.ní.za.ro [ʒan'izaru] *sm St.* giannizzero.

ja.no.ta [ʒan'ɔtə] *sm* zerbino, zerbinotto, bellimbusto.

jan.tar [ʒãt'ar] *sm* pranzo, cena, desinare. *vt+vi* pranzare, cenare, desinare. ≃ **de gala** pranzo di gala.

ja.po.nês [ʒapon'es] *sm* giapponese. *agg* giapponese, nipponico.

ja.que.ta [ʒak'etə] *sf* giacca, giacchetta, giacchetto, giacchettino, giubba. ≃ **acolchoada** piumino.

ja.que.tão [ʒaket'ãw] *sm* casacca, giacchettone.

jar.da [ʒ'ardə] *sf* iarda, yard.

jar.dim [ʒard'ĩ] *sm* giardino. ≃ **botânico** giardino (o orto) botanico, zoo. ≃**-de-infância** giardino (o asilo) d'infanzia. ≃ **zoológico** giardino zoologico.

jar.di.na.gem [ʒardin'aʒẽj] *sf* giardinaggio.

jar.di.nei.ra [ʒardin'ejrə] *sf* giardiniera; mobile per piante; insalata di verdure.

jar.di.nei.ro [ʒardin'ejru] *sm* giardiniere, fioraio.

jar.gão [ʒarg'ãw] *sm* gergo. *Min.* giacinto.

jar.ra [ʒ'afə] *sf* giara, giarra, cantaro.

jar.re.te [ʒaf'eti] *sm Anat.* garetto, garretto.

jar.re.tei.ra [ʒafet'ejrə] *sf* giarrettiera, elastico.

jar.ro [ʒ'afu] *sm* giara, giarra, brocca, caraffa, orcio. ≃ **de argila** boccale. **o** ≃ **tanto vai à fonte, que um dia se quebra** tanto va la gatta al lardo, che ci lascia lo zampino.

jas.mim [ʒazm'ĩ] *sm Bot.* gelsomino.

jas.mi.nei.ro [ʒazmin'ejru] *sm Bot.* gelsomino.

jas.pe [ʒ'aspi] *sm Min.* diaspro.

ja.to [ʒ'atu] *sm* zampillo, sgorgo. *Aer.* aviogetto.

jau.la [ʒ'awlə] *sf* gabbia.

ja.va.li [ʒaval'i] *sm* cinghiale, porco selvatico.

ja.va.nês [ʒavan'es] *sm+agg* giavanese.

ja.zer [ʒaz'er] *vi* giacere. *Fig.* riposare, riposarsi.

ja.zi.da [ʒaz'idə] *sf Min.* giacimento.

jazz [ʒ'as] *sm* jazz.

jei.ti.nho [ʒejt'iɲu] *sm dim Pop.* nell'espressione **dar um** ≃ barcamenarsi.

jei.to [ʒ'ejtu] *sm* modo, forma, guisa, fatta. **de** ≃ **nenhum** per nulla, per nulla al mondo, per nessun conto, nemmeno per ombra. **de** ≃ **nenhum!** niente affatto! nemmeno per sogno! no, altrimenti! **desse** ≃ di questo andare. ≃ **de andar** camminata. ≃ **de vestir** foggia. **ter** ≃ **para** *Fig.* essere portato per.

je.ju.ar [ʒeʒu'ar] *vi* digiunare, far penitenza. *Rel.* far Quaresima.

je.jum [ʒeʒ'ũ] *sm* digiuno. *Rel.* vigilia, divieto. *an Fig.* astinenza. **em** ≃ digiuno. **fazer** ≃ digiunare.

je.ju.no [ʒeʒ'unu] *sm Anat.* digiuno, tratto dell'intestino. *agg* digiuno.

jér.sei [ʒ'ersej] *sm* jersey; maglia di lana. ≃ **de seda** maglia di seta.

je.su.í.ta [ʒezu'itə] *sm* gesuita.

Je.sus [ʒez'us] *np Rel.* Gesù. ≃ **Cristo** Gesù Cristo. **Companhia de** ≃ Compagnia di Gesù, i gesuiti.

je.tão [ʒet'ãw] **o je.tom** [ʒet'õw] *sm Pol.* gettone di presenza.

jet set [ʒets'et] *sm* jet set.

ji.bói.a [ʒib'ɔjə] *sf Zool.* boa.

ji.pe [ʒ'ipi] *sm* camionetta, jeep.

jiu-jí.tsu [ʒuʒ'itsu] *sm Sp.* jiu-jitsu, lotta giapponese.

jo.a.lhei.ro [ʒoaʎ'ejru] *sm* gioielliere.

jo.a.lhe.ri.a [ʒoaʎer'iə] *sf* gioielleria.

jo.a.ni.nha [ʒoan'iñə] *sf Zool.* coccinella.

jo.ão-de-bar.ro [ʒoãwdib'aʀu] *sm Zool.* fornaio.

jo.ão-nin.guém [ʒoãwnĩg'ẽj] *sm Fig.* re di picche, zero, zoccolo, uomo da niente.

jo.co.so [ʒok'ozu] *agg* giocoso.

jo.e.lhei.ra [ʒoeʎ'ejrə] *sf Sp.* ginocchiello.

jo.e.lho [ʒo'eʎu] *sm Anat.* ginocchio. **de** ≃ **s** *agg* genuflesso.

jo.ga.dor [ʒogad'or] *sm* giocatore; biscaiuolo. ≃ **que inicia a partida** battitore.

jo.gar [ʒog'ar] *vt* gettare, buttare, lanciare, proiettare, scagliare, slanciare, avventare. *Sp.* giocare a, *Fig.* sputare. *vi* giocare. *vpr* buttarsi, gettarsi, lanciarsi, scagliarsi, slanciarsi, avventarsi. ≃ **a culpa nos outros** riversare una colpa su altri. ≃ **fora** buttar via; sperperare. ≃ **na cara** *Pop.* buttare. ≃ **para longe** sbalzare. ≃ **tênis** giocare a tennis. ≃**-se debaixo de** buttarsi giù.

jo.go [ʒ'ogu] *sm* gioco. *Sp.* partita, combattimento. *Poet.* ludo. **abrir o** ≃ *Pop.* giocare a carte scoperte, mettere le carte in tavola. **fazer o** ≃ **de** fare il giuoco di. ≃ **amistoso** incontro amichevole. ≃ **de azar** gioco a premio (o di azzardo). ≃ **de jantar** servizio (da tavola). ≃ **de palavras** gioco di parole, bisticcio. ≃**s públicos (na Roma antiga)** *pl St.* ludi.

jói.a [ʒ'ɔjə] *sf* gioia, gioiello, monile. *Fig.* gioia, persona o cosa cara. ≃**s** *pl Pop.* preziosi.

joi.o [ʒ'oju] *sm Bot.* loglio, zizzania. **separar o** ≃ **do trigo** *Fig.* distinguere il grano dal loglio.

jô.ni.co [ʒ'oniku] *agg* ionico.

jó.quei [ʒ'ɔkej] *sm Sp.* fantino.

jor.na.da [ʒorn'adə] *sf* giornata; giorno. *Mil.* giornata.

jor.nal [ʒorn'aw] *sm* giornale, diario, gazzetta, bollettino. *Fig.* foglio, organo. ≃ **diário** quotidiano. **sede do** ≃ giornale.

jor.na.lei.ro [ʒornal'ejru] *sm* giornalaio.

jor.na.lis.mo [ʒornal'izmu] *sm* giornalismo.

jor.na.lis.ta [ʒornal'istə] *s* giornalista, articolista.

jor.rar [ʒoʀ'ar] *vt* schizzare, gettare. *Fig.* vomitare. *vi* schizzare, sgorgare, sfogare, spicciare. *Fig.* vomitare.

jor.ro [ʒ'oʀu] *sm* getto, sgorgo.

jo.ta [ʒ'ɔtə] *sm* i lunga, il nome della lettera J.

jo.vem [ʒ'ɔvẽj] *sm* giovanotto. *Fam.* figliolo. *Poet.* garzone. **um** ≃, **uma** ≃ un giovane, una giovane. *agg* giovane; novello; piccolo. *Fig.* verde.

jo.vi.al [ʒovi'aw] *agg* gioviale, piacevole, gaio, alacre.

jo.vi.a.li.da.de [ʒovjalid'adi] *sf* giovialità, piacevolezza.

ju.ba [ʒ'ubə] *sf Zool.* giubba, criniera.

ju.bi.lar [ʒubil'ar] *vt* giubilare.

ju.bi.leu [ʒubil'ew] *sm* giubileo.

jú.bi.lo [ʒ'ubilu] *sm* giubilo, allegria, allegrezza. *Lett.* letizia. *an Fig.* e *Rel.* estasi.

ju.dai.co [ʒud'ajku] *agg* giudaico. *Fig.* semitico.

ju.das [ʒ'udəs] *sm Fig.* giuda, traditore.

ju.deu [ʒud'ew] *sm* giudeo, della Giudea, d'Israele. *Fig.* semita. *agg* giudeo. *Fig.* semitico.

ju.di.ar [ʒudi'ar] *vt Pop.* bistrattare.

ju.di.ci.al [ʒudisi'aw] o **ju.di.ci.á.rio** [ʒudisi'arju] *agg* giudiziale, giudiziario.

ju.dô [ʒud'o] *sm Sp.* judò.

ju.go [ʒ'ugu] *sm* giogo. *Fig.* dominazione, schiavitù.

ju.gu.lar [ʒugul'ar] *agg Anat.* giugolare, giugulare.

ju.iz [ʒu'is] *sm* giudice, arbitro, magistrato. *Sp.* arbitro, terzo.

ju.í.zo [ʒu'izu] *sm* giudizio, discernimento, criterio, sensatezza, senno. **chamar a** ≃ *Giur.* citare. **Dia do J** ≃ **Final** *Rel.* Giorno del Giudizio. **o J** ≃ **Final** *Rel.* il Giudizio Finale (o Universale). **recuperar o** ≃ rinsavire.

ju.ju.ba [ʒuʒ'ubə] *sf Bot.* giuggiola.

jul.ga.men.to [ʒuwgam'ẽtu] *sm* arbitrio, opinione, vedere, avviso. ≃ **sumário** giustizia sommaria.

jul.gar [ʒuwg'ar] *vt* giudicare; credere, congetturare; ritenere, reputare, stimare; arbitrare, decidere. *Fig.* valutare, librare. *vi Giur.* sentenziare. *Fig.* parere. *vpr* ritenersi, stimarsi, tenersi. ≃ **bem alguém** vedere bene una persona. ≃ **mal alguém** vedere male, sbagliare i conti.

ju.lho [ʒ'uʎu] *sm* luglio.

ju.men.to [ʒum'ẽtu] *sm* giumento.

jun.ção [ʒũs'ãw] *sf* connessione, annestamento, congiuntura. *Fig.* fusione.

jun.co [ʒũku] *sm Bot.* giunco, biodo. **embarcação de** ≃ giunca.

ju.nho [ʒ'uñu] *sm* giugno.

jú.nior [ʒ'unjor] *sm*+*agg* iuniore, junior.

jun.ta [ʒˈũtə] *sf* congiuntura, commessura. *Med.* giunta, arto. *Pol.* giunta. *Mecc.* giunto. ≈ **de animais** muta, giogo.

jun.ta.men.te [ʒũtamˈẽti] *avv* insieme.

jun.tar [ʒũtˈar] *vt* giungere; giuntare; riunire; aggruppare, raggruppare, congregare, radunare; ammassare; aggiungere; connettere. *Fig.* maritare, sposare. *vpr* accozzarsi, radunarsi, adunarsi; ammassarsi, conglobarsi; confluire (fiumi, strade). *Fig.* maritarsi.

jun.to [ʒˈũtu] *part+agg* giunto, congiunto. *avv* insieme, assieme, accanto, accosto. ≈ **de** *prep* accanto a, accosto a, allato di. ≈ **com** *prep* assieme.

jun.tu.ra [ʒũtˈurə] *sf* attacco.

Jú.pi.ter [ʒˈupiter] *sm Mit.* e *Astron.* Giove.

ju.ra [ʒˈurə] *sf Poet.* giuro.

ju.ra.do [ʒurˈadu] *sm Giur.* giurato. *part+agg* giurato.

ju.ra.men.ta.do [ʒuramẽtˈadu] *part+agg Giur.* giurato. **tradutor** ≈ traduttore giurato.

ju.ra.men.to [ʒuramˈẽtu] *sm* giuramento. *Lett.* sacramento. *Poet.* giuro. *Rel.* voto. **prestar** ≈ *Giur.* giurare.

ju.rar [ʒurˈar] *vt+vi* giurare. ≈ **fidelidade à bandeira** asseverare la bandiera.

jú.ri [ʒˈuri] *sm Giur.* giuria.

ju.rí.di.co [ʒurˈidiku] *agg* giuridico, della legge.

ju.ris.di.ção [ʒurizdisˈãw] *sf Giur.* giurisdizione; foro, dizione. *Fig.* competenza.

ju.ris.pru.dên.cia [ʒurisprudˈẽsjə] *sf Giur.* giurisprudenza, diritto.

ju.ris.ta [ʒurˈistə] *s Giur.* o **ju.ris.con.sul.to** [ʒuriskõsˈuwtu] *sm Giur.* giurista, giureconsulto, legista, legale, dottore nella legge.

ju.ro [ʒˈuru] *sm Comm.* tasso d'interesse. ≈ s *pl Comm.* interessi, frutto.

jus [ʒˈus] *sm Lett.* gius. **fazer** ≈ fare onore.

jus.ta [ʒˈustə] *sf* armeggiamento. *St.* giostra.

jus.ta.men.te [ʒustamˈẽti] *avv* giustamente, giusto.

jus.ta.por [ʒustapˈor] *vt* giustapporre.

jus.ti.ça [ʒustˈisə] *sf* giustizia; giusto; equità. *Fig.* diritto. **fazer** ≈ render ragione. **ministrar** ≈ rendere giustizia.

jus.ti.fi.ca.ção [ʒustifikasˈãw] o **jus.ti.fi.ca.ti.va** [ʒustifikatˈivə] *sf* giustificazione; discolpa, difesa. *Fig.* argomento, sgravio, scarico, discarico.

jus.ti.fi.car [ʒustifikˈar] *vt* giustificare, difendere, discolpare, motivare. *vpr* giustificarsi, difendersi, discolparsi, scolparsi.

jus.to [ʒˈustu] *agg* giusto; imparziale, equo; onesto; debito. *Fig.* diretto, retto.

ju.ta [ʒˈutə] *sf* iuta, juta.

ju.ve.nil [ʒuvenˈiw] *agg* giovanile.

ju.ven.tu.de [ʒuvẽtˈudi] *sf* gioventù, giovinezza, giovanezza. **a** ≈ *Pop.* la gioventù, i giovani.

K

k [k′a] *sm* lettera che non fa parte dell'alfabeto portoghese, usata soltanto in parole straniere e abbreviature. Sostituita da *c* o *qu*.

L

l ['eli] *sm* l'undicesima lettera dell'alfabeto portoghese.

la [lə] *pron fsg* la; lei.

lá [l'a] I *sm* la, sesta nota musicale.

lá [l'a] II *avv* là, lì, ci, vi, ivi, colà. ≃ **embaixo** laggiù. *Lett.* colassù. ≃ **em cima** lassù. *Lett.* colassù. ≃ **longe** laggiù. ≃ **está ele!** eccolo là! **de** ≃ di là. **para** ≃ lì. **ir para** ≃ andare per lì. **vir de** ≃ venire di (o da) lì. **estar mais para** ≃ **que para cá** *Pop.* essere più di là che di qua. **chegarei a Roma amanhã, e partirei de** ≃ **logo** arriverò a Roma domani e ne partirò presto.

lã [l'ã] *sf* lana.

la.ba.re.da [labar'edə] *sf* vampa, vampata, fiamma. *Fig.* lingua.

lá.bia [l'abjə] *sf Fig.* politica.

la.bi.al [labi'aw] *sf Gramm.* labiale. *agg* labiale.

lá.bio [l'abju] *sm Anat.* labbro.

la.bi.rin.to [labir'ĩtu] *sm* labirinto. *Anat.* labirinto, orecchio interno. *Fig.* dedalo, meandro.

la.bo.ra.tó.rio [laborat'ɔrju] *sm* laboratorio, gabinetto.

la.bu.ta [lab'utə] *sf* travaglio. *Fig.* combustione.

la.ca [l'akə] *sf* lacca, gomma lacca.

la.ça.da [las'adə] *sf* cappio.

la.ça.dor [lasad'or] *sm* ≃ **de cachorro** acchiappacani, accalappiacani.

la.cai.o [lak'aju] *sm* lacché.

la.çar [las'ar] *vt* acalappiare, incappiare.

la.ce.ar [lase'ar] *vt Pop.* domare.

la.ce.ra.ção [laseras'ãw] *sf* lacerazione, squarcio.

la.ce.ra.do [laser'adu] *agg* lacero.

la.ce.rar [laser'ar] *vt* lacerare. *Fig.* macerare.

la.ço [l'asu] *sm* laccio, calappio; fiocco.

la.cô.ni.co [lak'oniku] *agg* laconico.

la.crar [lakr'ar] *vt* sigillare.

la.cre [l'akri] *sm* ceralacca.

la.cri.mal [lakrim'aw] *agg* lacrimale.

la.cri.me.jar [lakrimeʒ'ar] *vi* lacrimare.

lac.tan.te [lakt'ãti] *s+agg* lattante.

lác.teo [l'aktju] *agg* latteo, di latte. **Via L** ≃ **a** *Astron.* Via Lattea.

lac.to.se [lakt'ɔzi] *sm Chim.* lattosio.

la.cu.na [lak'unə] *sf* lacuna.

la.cus.tre [lak'ustri] *agg* lacustre.

la.da.i.nha [ladaʼiɲə] *sf Rel.* litania. *Iron.* musica, macina. *Fig.* cantilena, nenia, litania.

la.di.no [lad'inu] *sm+agg Geogr.* ladino, italiano delle Alpi. *agg* astuto.

la.do [l'adu] *sm* lato, banda; fianco; canto, cantone. ≃ **s** *pl* parti (di litigio, ecc.). **ao** ≃ accanto, daccanto, allato. **ao** ≃ **de** accanto a, lato di, allato. **de** ≃ di fianco, da banda, di scorcio. **do outro** ≃ dall'altra parte. **de** ≃ **a** ≃ attraverso. **do** ≃ **mais alto** a monte. **do** ≃ **paterno** dal lato paterno. **por outro** ≃ d'altra parte. **de um** ≃ **para outro** da un lato all'altro. **colocar de** ≃ mettere a dormire. **deixar de** ≃ tralasciare.

la.dra.do [ladr'adu] *sm* abbaio.

la.drão [ladr'ãw] *sm* ladro, rapinatore, borsaiuolo, tagliaborse. *Fig.* gatto. ≃ **de casaca** ladro in guanti gialli. *Iron.* cavaliere d'industria. ≃ **de corações** *Fig.* ladro di cuori. ≃ **de galinhas** gallinaio.

la.drar [ladr'ar] *vi* latrare, abbaiare.

la.dri.lhar [ladriʎ'ar] *vt* ammattonare, acciottolare.

la.dri.lho [ladr'iʎu] *sm dim* piastrella, mattonella. *Archit.* formella.

la.dro.ei.ra [ladro'ejrə] *sf* ladroneria. *Pop.* ruberia. *Fig.* rapina.

la.gar [lag'ar] *sm* ≃ **de azeite** mulino di olio.

la.gar.ta [lag'artə] *sm Zool.* baco, bacherozzo; bruco.

la.gar.ti.xa [lagart'iʃə] *sf Zool.* geco, lucertola.

la.gar.to [lag'artu] *sm Zool.* lucertola, iguana.

la.go [l'agu] *sm Geogr.* e *Fig.* lago.

la.gos.ta [lag'ostə] *sf Zool.* aragosta, gambero di mare.

la.gos.tim [lagost'ĩ] *sm Zool.* gambero.

lá.gri.ma [l'agrimə] *sf* lacrima. ≃ **s de crocodilo** *Fig.* lacrime di coccodrillo.

la.gu.na [lag'unə] *sf Geogr.* laguna, valle.

lai.a [l'ajə] *sf Fig.* stoffa.

lai.co [l'ajku] *agg* laico, secolare.

la.je [l'aჳi] *sf* lastra. **calçar com** ≃ s lastricare.

la.je.a.do [laჳe'adu] *sm* lastricato, lastrico.

la.je.ar [laჳe'ar] *vt* lastricare.

la.jo.ta [laჳ'ɔtə] *sf* lastra, piastrella.

la.ma [l'∧mə] *sf* fango, brago, fanga, mota. *Lett.* loto, limo. *sm Rel.* lama.

la.ma.çal [lamas'aw] *sm* brago, acquitrino, pozzanghera, fanga.

la.ma.cen.to [lamas'ẽtu] *agg* limaccioso. *Lett.* lotoso.

lam.ber [l'aber] *vt* leccare, lambire. *Pop.* adulare, lisciare. *vpr* leccarsi.

lam.bi.da [lãb'idə] *sf* leccata.

lam.bre.ta [lãbr'etə] *sf* motoretta.

la.men.ta.ção [lamẽtas'ãw] *sf* doglianza, piagnisteo. *Lett.* querimonia. *Fig.* mormorio.

la.men.tar [lamẽt'ar] *vt* lamentare; deplorare; rimpiangere. *vi* deplorare. *Fig.* dolere. *vpr* lamentarsi, lagnarsi; rammaricarsi; querelarsi, strillare; brontolare. *Fig.* sospirare.

la.men.tá.vel [lamẽt'avew] *agg* lamentevole.

la.men.to [lam'ẽtu] *sm* lamento, lagnanza. *Poet.* duolo. *Fig.* pianto, sospiro.

lâ.mi.na [l'∧minə] *sf* lama, lamina; piastra, sfoglia. ≃ **de metal** latta, foglia di metallo. ≃ **de barbear** lama da barba, lametta. ≃ **da guilhotina** mannaia.

la.mi.nar [lamin'ar] *vt* laminare. ≃ **com ouro** placcare in oro. *agg* laminare.

lâm.pa.da [l'ãpadə] *sf* lampada, lume. ≃ **fluorescente** lampada fluorescente. ≃ **de neon** lampada al neon.

lam.pa.di.nha [lãpad'iñə] *sf dim* lampadina.

lam.pa.ri.na [lãpar'inə] *sf* lucerna.

lam.pe.jar [lãpeჳ'ar] *vi* balenare.

lam.pe.jo [lãp'eჳu] *sm* sprazzo.

lam.pi.ão [lãpi'ãw] *sm* lampione, lanterna, lucerna, fanale.

lam.prei.a [lãpr'ejə] *sf Zool.* lampreda.

la.mú.ria [lam'urjə] *sf* doglianza, piagnisteo.

la.mu.ri.en.to [lamuri'ẽtu] *agg* doglioso.

lan.ça [l'ãsə] *sf* lancia, asta, zagaglia. *St.* picca.

lan.ça-cha.mas [lãsaʃ'∧məs] *sm Mil.* lanciafiamme.

lan.ça.dei.ra [lãsad'ejrə] *sf* navetta.

lan.ça.men.to [lãsam'ẽtu] *sf* lancio, getto, tiro, proiezione, slancio. ≃ **publicitário** lancio pubblicitario. ≃ **contábil** partita, posta.

lan.çar [lãs'ar] *vt* lanciare, gettare, tirare, buttare. *Fig.* sputare. *vpr* lanciarsi, slanciarsi, avventarsi. ≃ **um produto** *Comm.* lanciare un prodotto. ≃ **lava** eruttare lava.

lan.ce [l'ãsi] *sm* lancio, getto; avvenimento, caso, occorrenza. *Comm.* offerta (in asta). ≃ **de escadas** scalinata, rampa, branca.

lan.cei.ro [lãs'ejru] *sm Mil.* lanciere.

lan.ce.ta [lãs'etə] *sf Med.* e *Bot.* lancetta.

lan.cha [l'ãʃə] *sf Naut.* lancia, scialuppa, motoscafo, idroplano.

lan.char [lãʃ'ar] *vt* merendare.

lan.che [l'ãʃi] *sm* merenda.

lan.ci.nan.te [lãsin'ãti] *agg* lancinante. **dor** ≃ dolore acuto. **grito** ≃ grido belluino.

lan.dau [lãd'aw] o **lan.dô** [lãd'o] *sm* landò, tipo di carrozza.

lan.gues.cer [lãges'er] *vi* languire.

lan.gui.dez [lãgid'es] *sf* languidezza.

lân.gui.do [lãgidu] *agg* languido, flaccido.

la.ni.fí.cio [lanif'isju] *sm* lanificio; laneria, tessuti o prodotti di lana.

la.no.li.na [lanol'inə] *sf* lanolina.

lan.te.jou.la [lãteჳ'owlə] *sf* lustrino.

lan.ter.na [lãt'ernə] *sf* lanterna, lampione, fanale. *Autom.* fanalino. ≃ **mágica** lanterna magica. ≃ **traseira** fanale d'arresto. ≃ **para pesca noturna** frugnolo.

lan.ter.ni.nha [lãtern'iñə] *sm dim Cin.* maschera.

la.pa [l'apə] *sf* grotta, spelonca. *Zool.* patella.

la.pe.la [lap'elə] *sf* risvolto.

la.pi.dar [lapid'ar] *vt* sfaccettare.

lá.pi.de [l'apidi] *sf* lapide.

lá.pis [l'apis] *sm* matita, lapis. ≃ **de cor** matita colorata. ≃ **preto** matita nera. ≃ **para os olhos** matita per gli occhi. ≃ **indelével** matita copiativa.

la.pi.sei.ra [lapiz'ejrə] *sm* matitatoio, portalapis.

lá.pis-la.zú.li [lapislaz'uli] *sm Min.* lapislazzuli.

lap.so [l'apsu] *sm* lasso. ≃ **temporário** amnesia.

la.que.a.du.ra [lakead'urə] *sf Med.* legatura.

lar [l'ar] *sm* focolare; casa. *Fig.* nido, tetto.

la.ran.ja [lar'ãჳə] *sf* arancia. *sm* arancione (colore). *agg* rancio; arancione. **cor de** ≃ arancione.

la.ran.ja.da [larãჳ'adə] *sf* aranciata.

la.ran.jal [larãჳ'aw] *sm* aranceto.

la.ran.jei.ra [lar'ãჳejrə] *sf* arancio.

la.rá.pio [lar'apju] *sm* barattiere.

la.rei.ra [lar'ejrə] *sm* camino, focolare.

la.res [l'aris] *sm pl Mit.* lari, dei domestici.

lar.ga.da [larg'adə] *sf Sp.* partenza. **foi dada a** ≃! via!

lar.gar [larg'ar] *vt* lasciare, abbandonare.

lar.go [l'argu] *sm* largo. *Mus.* largo. *agg* largo; ampio; alto (tessuto). *Lett.* latto. **ombros** ≃ s *pl* spalle quadrate. **ser muito** ≃ **(calçado, roupa)** ballare.

lar.gu.ra [larg′urə] *sf* larghezza, largo; altezza (di tessuto).
la.ri.ço [lar′isu] *sm Bot.* larice.
la.rin.ge [lar′ĩʒi] *sf Anat.* laringe.
la.rin.gi.te [larĩʒ′iti] *sf Med.* laringite.
lar.va [l′arvə] *sf* larva, baco.
la.sa.nha [laz′ʌ̃ñə] *sf* lasagne *pl.*
las.ca [l′askə] *sf* scheggia. *Min.* scaglia. ≃ de **madeira** bruciolo.
las.car [lask′ar] *vt* scheggiare.
las.cí.via [las′ivjə] *sf* lascivia, libidine. *Fig.* sensualità, brama, bramosia.
las.ci.vo [las′ivu] *agg* lascivo, libidinoso, carnale. *Lett.* salace. *Fig.* lubrico.
las.ti.mar [lastim′ar] *vt* compiangere, rimpiangere, deplorare.
las.tro [l′astru] *sm* zavorra.
la.ta [l′atə] *sf* latta; scatola, stagna, bidone; bandone. ≃ de **lixo** pattumiera.
la.tão [lat′ãw] *sm* ottone, bandone.
la.ten.te [lat′ẽti] *agg* latente.
la.te.ral [later′aw] *sm Calc.* laterale. *sf* fianco, parte laterale. *agg* laterale, del alto.
la.te.ral.men.te [laterawm′ẽti] *avv* di traverso.
lá.tex [l′ateks] *sm Bot.* lattice.
la.ti.cí.nio [latis′inju] *sm* latticinio.
la.ti.do [lat′idu] *sm* abbaio.
la.ti.fun.di.á.rio [latifũdi′arju] *sm* latifondista.
la.ti.fún.dio [latif′ũdju] *sm* latifondo.
la.tim [lat′ĩ] *sm* latino. ≃ **arcaico** latino arcaico. ≃ **vulgar** latino volgare. **traduzir para o** ≃ latinizzare.
la.ti.nha [lat′iñə] *sf dim* barattolo, scatola.
la.ti.ni.zar [latiniz′ar] *vt+vi* latinizzare.
la.ti.no [lat′inu] *agg* latino.
la.tir [lat′ir] *vi* latrare, abbaiare. ≃ **para a lua** abbaiare alla luna.
la.ti.tu.de [latit′udi] *sf Geogr.* latitudine.
la.to [l′atu] *agg Lett.* lato, ampio.
la.tri.na [latr′inə] *sf* latrina, ritirata, vaso da gabinetto. *Fam.* gabinetto. *Ger.* cesso.
la.tro.cí.nio [latros′inju] *sm* ladrocinio, latrocinio, rapina, ruberia.
lau.do [l′awdu] *sm Giur.* lodo.
la.va [l′avə] *sf Geol.* lava.
la.va.bo [lav′abu] *sm* lavabo.
la.va.da [lav′adə] *sf Fam.* predica, strigliata. *Ger.* cicchetto. *Pop.* paternale.
la.va.dei.ra [lavad′ejrə] *sf* lavandaia.
la.va.dor [lavad′or] *sm* ≃ **de pratos** lavapiatti.
la.va.du.ra [lavad′urə] *sf* lavatura, lavanda.
la.va.gem [lav′aʒẽj] *sf* lavaggio, lavanda, lavatura, abluzione; imbratto (per i porci). ≃ **cerebral** lavaggio del cervello. ≃ **a seco** lava-

tura a secco. ≃ **do estômago** *Med.* lavatura gastrica. **L**≃ **dos Pés** *Rel.* lavanda dei Piedi.
la.van.da [lav′ãdə] *sf* lavanda; essenza di lavanda.
la.van.de.ria [lavãder′iə] *sf* lavanderia. *Bras.* tintoria. ≃ **automática** lavanderia automatica.
la.var [lav′ar] *vt* lavare; astergere (ferite). *vpr* lavarsi. ≃ **as mãos** lavarsi le mani.
la.va.tó.rio [lavat′ɔrju] *sm* lavabo.
la.vra [l′avrə] *sf* lavorazione.
la.vra.dor [lavrad′or] *sm* colono, aratore.
la.vrar [lavr′ar] *vt Giur.* rogare.
la.xan.te [laʃ′ãti] *sm+agg Med.* lassativo.
la.zer [laz′er] *sm* ozio.
le.al [le′aw] *agg* leale, fedele, fido. *Fig.* netto.
le.al.da.de [leawd′adi] *sf* lealtà, fede.
le.al.men.te [leawm′ẽti] *avv* diritto.
le.an.dro [le′ãdro] *sm Bot.* oleandro.
le.ão [le′ãw] *sm* leone. **L**≃ *Astron.* e *Astrol.* Leone. **ficar com a parte do** ≃ *Pop.* farsi la parte del leone.
le.ão-de-chá.ca.ra [leãwdiʃ′akarə] *sm Ger.* gorilla, giannizzero.
le.bra.cho [lebr′aʃu] *sm dim Zool.* lepracchiotto, lepratto.
le.brão [lebr′ãw] *sm* o **le.bre** [l′ebri] *sf* lepre.
le.bréu [lebr′ew] *sm* levriere, cane levriero.
le.cio.nar [lesjon′ar] *vt+vi* leggere.
le.ga.ção [legas′ãw] *sf Pol.* legazione.
le.ga.do [leg′adu] *sm Giur.* legato, lascito. *Pol.* legato.
le.gal [leg′aw] *agg* legale; lecito, legittimo; onesto.
le.ga.li.zar [legaliz′ar] *vt* autenticare, certificare. *Giur.* legalizzare un documento.
le.gar [leg′ar] *vt* lasciare. *Giur.* legare, lasciare per testamento.
le.gen.da [leʒ′ẽdə] *sf* leggenda. *Cin.* didascalia. ≃ **em brasão** motto.
le.gen.dá.rio [leʒẽd′arju] *agg* leggendario.
le.gi.ão [legi′ãw] *sf Mil.* legione. ≃ **estrangeira** legione straniera.
le.gis.la.ção [leʒizlas′ãw] *sf* legislazione; codice, normativa.
le.gis.la.dor [leʒizlad′or] *sm* legislatore, datore di leggi.
le.gis.la.ti.vo [leʒizlat′ivu] *agg* legislativo.
le.gis.la.tu.ra [leʒizlat′urə] *sf* legislatura.
le.gis.ta [leʒ′istə] *sm* legista, legale.
le.gi.ti.mar [leʒitim′ar] *vt* legittimare.
le.gí.ti.mo [leʒ′itimu] *agg* legittimo, vero.
le.gí.vel [leʒ′ivew] *agg* leggibile, intelligibile.
lé.gua [l′εgwə] *sf* lega.

le.gu.me [leg'umi] *sm* legume, baccello, civaia. *Bras.* verdura, ortaggio. ≃s *pl* legumi.

le.gu.mi.no.so [legumin'ozo] *agg Bot.* leguminoso.

lei [l'ej] *sf* legge; codice; editto. *Fis.* legge, principio. **conforme a** ≃ *Giur.* di rito.

lei.go [l'ejgu] *agg* laico.

lei.lão [lejl'ãw] *sm Comm.* asta, incanto.

lei.te [l'ejti] *sm* latte. *Fig.* poppa. ≃ **batido** frullato. ≃ **coagulado** grumo. ≃ **condensado** latte condensato. ≃ **de coco** latte di cocco. ≃ **pasteurizado** latte pastorizzato.

lei.tei.ra [lejt'ejrə] *sf* lattiera.

lei.tei.ro [lejt'ejru] *sm* lattivendolo, lattaio. *agg* lattaio. **vaca** ≃**a** vacca lattaia.

lei.te.ri.a [lejter'iə] *sf* latteria.

lei.to [l'ejtu] *sm* letto; alcova. *Iron.* covaccio, *Geogr.* letto, alveo (di fiume). ≃ **de alojamento, navio ou trem** cuccetta.

lei.tor [lejt'or] *sm* lettore.

lei.tu.ra [lejt'urə] *sf* lettura. ≃ **superficial** letta.

le.ma [l'emə] *sm Fil.* e *Mat.* lemma. *Fig.* bandiera, divisa.

lem.bran.ça [lẽbr'ãsə] *sf* ricordo; reminiscenza; immagine. **minhas** ≃**s!** tanti saluti!

lem.brar [lẽbr'ar] *vt* ricordare, rammentare; richiamare, evocare; assomigliare. *Fig.* avvicinarsi. *vpr* ricordarsi, rammentarsi.

lem.bre.te [lẽbr'eti] *sm* appunto, memoria. *Fig.* asterisco.

le.me [l'emi] *sm Naut.* e *Aer.* timone.

lê.mu.re [l'emuri] *sm Zool.* lemure.

len.ço [l'ẽsu] *sf* fazzoletto, pezzuola.

len.çol [lẽs'ow] *sm* lenzuolo. **os** ≃**óis (em geral)** i lenzuoli. **os** ≃**óis (o par)** le lenzuola. **estar em maus** ≃**óis** avere l'acqua alla gola.

len.da [l'ẽdə] *sf* leggenda; favola, fiaba. *Fig.* credenza, tradizione.

len.dá.rio [lẽd'arju] *agg* leggendario.

lên.dea [l'ẽdjə] *sf Zool.* lendine.

len.ga.len.ga [lẽgal'ẽgə] *sf* tiritera. *Iron.* musica, macina. *Fig.* litania, nenia.

le.nha [l'eɲə] *sf* legname. ≃ **para fogueira** ciocco. **empilhar** ≃ attorrare.

le.nha.dor [leɲad'or] *sm* boscaiuolo, tagliaboschi.

le.nho [l'eɲu] *sm Bot.* legno.

le.nir [len'ir] *vt Med.* lenire.

le.ni.ti.vo [lenit'ivu] *sm+agg Med.* lenitivo.

le.no.cí.nio [lenos'inju] *sm Giur.* lenocinio.

len.ta.men.te [lẽtam'ẽti] *avv* adagio, piano, lento, tardi, a modino, a rilento.

len.te [l'ẽti] *sf* lente; vetro. ≃ **de aumento** lente da ingrandimento.

len.ti.dão [lẽtid'ãw] *sf* lentezza, lungaggine, lungheria. *Fig.* flemma.

len.ti.lha [lẽt'iλə] *sf* lenticchia, lente.

len.to [l'ẽtu] *agg* lento, tardo, lungo; pesante (movimento). *Fig.* grave, piano. **cozinhar em fogo** ≃ cuocere a fuoco lento.

le.o.a [le'oə] *sf* leonessa.

le.o.par.do [leop'ardu] *sm Zool.* gattopardo, leopardo. **um** ≃ **nunca perde as suas manchas** il lupo perde il pelo ma non il vizio.

le.pra [l'eprə] *sf Med.* lebbra, lepra.

le.que [l'eki] *sm* ventaglio.

ler [l'er] *vt+vi* leggere. ≃ **rapidamente** percorrere, scorrere.

le.são [lez'ãw] *sf* lesione; ferita. *Med.* trauma.

le.sar [lez'ar] *vt* pregiudicare. *Lett.* ledere.

lés.bi.ca [l'ezbikə] *sf* lesbica.

les.ma [l'ezmə] *sf Zool.* lumaca. *Fig.* lumaca, polenta, persona lenta.

les.te [l'esti] *sm* est.

le.tal [let'aw] *agg* letale. *Poet.* ferale.

le.tar.gi.a [letarʒ'iə] *sf Med.* letargia, letargo.

le.tão [let'ãw] *sm+agg* lettone, della Lettonia.

le.tra [l'etrə] *sf* lettera, carattere. *Comm.* lettera, effetto. ≃s *pl* lettere. ≃ **de câmbio** *Comm.* cambiale, lettera di cambio ≃ **de fôrma** stampatello. ≃ **de mão** corsivo. ≃ **de médico** *Pop.* scritto arabico. ≃ **morta** lettera morta, scritto invalido. ≃ **ruim** brutta scrittura. *Fam.* zampe di gallina. ≃ **pagável à vista** *Comm.* cambiale pagabile a vista. ≃ **pagável no vencimento** *Comm.* cambiale pagabile a scadenza. **emitir uma** ≃ **de câmbio** trarre una cambiale. **ao pé da** ≃ *agg* letterale. *avv* alla lettera.

le.tra.do [letr'adu] *sm+agg* letterato.

le.trei.ro [letr'ejru] *sm Cin.* didascalia.

leu.ce.mi.a [lewsem'iə] *sf Med.* leucemia.

leu.có.ci.to [lewk'ɔsitu] *sm Med.* leucocito, globulo bianco.

le.va-e-traz [levajtr'as] *sm* mettimale.

le.va.di.ço [levad'isu] *agg* levatoio.

le.va.do [lev'adu] *part+agg* portato, tratto, mosso; indotto. *Fig.* birichino.

le.van.ta.men.to [levãtam'ẽtu] *sm* alzata, levata, innalzamento, elevazione.

le.van.tar [levãt'ar] *vt* alzare, innalzare, elevare, levare; erigere. *vpr* alzarsi, innalzarsi, levarsi; erigersi, drizzarsi; balzare dal letto.

le.var [lev'ar] *vt* portare, recare; condurre, menare; trasportare; apportare, arrecare. ≃ **a** recare, comportare; indurre, istigare. *Fig.*

costare. ≃ **a (rua, estrada)** uscire in, condurre a. ≃ **adiante** continuare. ≃ **a cabo** recare ad effetto. ≃ **a mal** *Fig.* prendere a rovescio. ≃ **a pior** rompersi le corna. ≃ **a sério** prendere sul serio. ≃ **embora** portare via. *Ger.* imboscare. *Fig.* ghermire. ≃ **às costas** indossare. **deixar-se** ≃ cullarsi. **não** ≃ **a sério** prendere a gabbo.

le.ve [l'evi] *agg* leggero; grazioso; debole, blando; passante (alimento). *Fig.* fine; superficiale; fresco (tessuto). **pecado** ≃ *Lett.* peccato veniale.

lê.ve.do [l'evedu] o **le.ve.do** [lev'edu] *sm* lievito. ≃ **de cerveja** fermento della birra.

le.ve.du.ra [leved'urǝ] *sf* lievito, fermento.

le.ve.za [lev'ezǝ] *sf* leggerezza; grazia.

le.vi.an.da.de [leviãd'adi] *sf* frivolezza, futilità. *Fig.* leggerezza.

le.vi.a.no [levi'ʌnu] *agg* frivolo, futile, inetto. *Fig.* leggero.

le.vi.gar [levig'ar] *vt Chim.* levigare.

le.vi.ta [lev'itǝ] *s St.* levita, di una tribù israelita.

le.vi.ta.ção [levitas'ãw] *sf* levitazione.

le.ví.ti.co [lev'itiku] *agg* levitico, dei leviti. **L** ≃ *sm Rel.* Levitico, libro della Bibbia.

lé.xi.co [l'ɛksiku] *sm Gramm.* lessico, glossario.

le.xi.co.gra.fi.a [leksikograf'iǝ] *sf Gramm.* lessicografia.

lha.ma [ʎ'ʌmǝ] *sm Zool.* lama.

lhe [ʎi] *pron msg* gli. *pron fsg* le. *pron sg* ti; te.

lhes [ʎis] *pron pl* loro.

li.ba.nês [liban'es] *sm+agg* libanese.

li.be.lo [lib'elu] *sm Giur.* e *Lett.* libello.

li.bé.lu.la [lib'elulǝ] *sf Zool.* libellula, cavalocchio.

li.be.ra.ção [liberas'ãw] *sf* liberazione; rilascio; dispensa (d'incarico). *Comm.* svincolo.

li.be.ral [liber'aw] *s* liberale. *agg* liberale. *Fig.* largo. **ser** ≃ *Fig.* largheggiare. **profissão** ≃ professione liberale (o libera).

li.be.ra.lis.mo [liberal'izmu] *sm Pol.* liberalismo.

li.be.rar [liber'ar] *vt* liberare; rilasciare; esimere; dispensare. *Lett.* francare. *Fig.* sollevare.

li.ber.da.de [liberd'adi] *sf* libertà; franchezza. **dar total** ≃ *Fig.* dare carta bianca.

li.ber.ta.ção [libertas'ãw] *sf* liberazione; scampo.

li.ber.tar [libert'ar] *vt* liberare; affrancare; scarcerare; scatenare. *Fig.* riscattare, slacciare. *vpr* liberarsi; svincolarsi, affrancarsi; scatenarsi, sciogliersi. *Fig.* riscattarsi, slacciarsi.

li.ber.tá.rio [libert'arju] *agg* libertario.

li.ber.ti.na.gem [libertin'aʒẽj] *sf* libertinaggio.

dissolutezza, sregolatezza, sfrenatezza. *Fig.* melma, lordura.

li.ber.ti.no [libert'inu] *sm* libertino, crapulone. *agg* libertino, dissoluto, sregolato, scostumato, sfrenato.

li.bi.di.na.gem [libidin'aʒẽj] *sf* libidine, lascivia.

li.bi.di.no.so [libidin'ozu] *sm* libidinoso. *agg* libidinoso, lascivo. *Fig.* sensuale.

li.bi.do [lib'idu] *sf* libidine. *Lett.* foia.

lí.bio [l'ibju] *sm+agg* libico, della Libia.

li.bra [l'ibrǝ] *sf* libbra. **L** ≃ o **Balança** *Astron.* e *Astrol.* Libra, Bilancia. ≃ **esterlina** sterlina, lira sterlina.

li.bre.to [libr'etu] *sm Mus.* libretto.

li.ça [l'isa] *sf St.* lizza.

li.can.tro.pi.a [licãtrop'iǝ] *sf Med.* licantropia.

li.ção [lis'ãw] *sf* lezione, didascalia. ≃ **de casa** compito, dovere.

li.cen.ça [lis'ẽsǝ] *sf* licenza; permesso, concessione; nullaosta; patente; congedo. *Mil.* licenza. *Comm.* porto. ≃ **de caça** permesso di caccia. ≃ **do veículo** libretto di circolazione. ≃ **poética** licenza poetica. **com** ≃? permesso? con permesso? permettete?

li.cen.ci.ar [lisẽsi'ar] *vt* congedare, accomiatare. *Mil.* disarmare.

li.cen.cio.si.da.de [lisẽsjozid'adi] *sf* licenza, sfrenatezza. *Fig.* sensualità.

li.cen.ci.o.so [lisẽsi'ozu] *agg* licenzioso, sfrenato. *Fig.* boccaccesco.

li.ceu [lis'ew] *sm* liceo.

li.ci.tar [lisit'ar] *vi Comm.* licitare.

li.ci.to [l'isitu] *agg* lecito, onesto.

li.cor [lik'or] *sm* liquore. *Poet.* licore. ≃ **de anis** anisetta. ≃ **digestivo** amaro.

li.dar [lid'ar] *vi* brigare. ≃ **com** *Fig.* trafficare.

lí.der [l'ider] *sm* capo, condottiere. *Fig.* guida.

li.de.ran.ça [lider'ãsǝ] *sf* direzione, comando. *Sp.* vantaggio.

li.de.rar [lider'ar] *vt* guidare.

li.do [l'idu] *part+agg* letto.

li.ga [l'igǝ] *sf* lega, associazione; collegamento; confederamento; giarrettiera da donna.

li.ga.ção [ligas'ãw] *sf* legamento, legame; nesso, vincolo; congiugimento. *Elett.* e *Mecc.* accensione, avviamento, messa a punto. *Chim.* allegamento. *Lett.* parentado. *Fig.* laccio; contatto. ≃ **de peças** inserimento.

li.ga.do [lig'adu] *part+agg* congiunto. *Fig.* acceso (motore).

li.ga.du.ra [ligad'urǝ] *sf Mus.* legatura.

li.ga.men.to [ligam'ẽtu] *sm Anat.* legamento, ligamento.

li.gar [lig′ar] *vt* legare; associare, combinare; collegare, connettere; copulare, accoppiare. *Elett.* e *Mecc.* azionare, accendere (motori). *Chim.* allegare. *Fig.* incatenare. *vpr* legarsi; collegarsi, unirsi; comunicare. **não** ≃ beffarsi. *Volg.* fregarsi. ≃ **peças** inserire.

li.gei.re.za [liʒejr′eza] *sf* prestezza.

li.gei.ro [liʒ′ejru] *agg* presto, pronto, snello, spedito, svelto.

lí.gu.re [l′iguri] *s+agg* ligure.

li.lás [lil′as] *sf* lilla, lillà.

li.li.á.ceo [lili′asju] *agg Bot.* liliaceo.

li.ma [l′ima] *sf* lima, raspa. *Bot.* limetta. ≃ **de unhas** limettina.

li.ma.lha [lim′aλa] *sf* limaglia.

li.mão [lim′ãw] *sm* limone.

li.mar [lim′ar] *vt* limare.

lim.bo [l′ibu] *sm Rel.* limbo.

li.mi.ar [limi′ar] *sm Fig.* limitare.

li.mi.ta.ção [limitas′ãw] *sf* restrizione, ristrettezza, strettezza. *Fig.* blocco, cecità.

li.mi.ta.do [limit′adu] *part+agg* limitato, ristretto, stretto, moderato. *Fig.* corto.

li.mi.tar [limit′ar] *vt* limitare; restringere, reprimere, contenere; delimitare. *Fig.* inibire. *vpr* limitarsi, restringersi. ≃**-se a** limitarsi a.

li.mi.te [lim′iti] *sm* limite; frontiera, bordo, confine. *Fig.* misura; spartiacque. ≃ **de velocidade** limite di velocità. ≃ **de tempo** termine. **sem** ≃ **s** illimitato. **marcar os** ≃ **s** delimitare. **passar dos** ≃ **s** eccedere, trascendere. *Fig.* passare il segno; uscire di squadra.

li.mí.tro.fe [lim′itrofi] *agg* limitrofo, contiguo, circostante.

li.mo.ei.ro [limo′ejru] *sm* limone.

li.mo.na.da [limon′ada] *sf* limonata.

lim.pa.dor [lĩpad′or] *sm* ≃ **de pára-brisa** *Autom.* tergicristallo.

lim.par [lĩp′ar] *vt* pulire, nettare, purgare, depurare. *Lett.* polire, forbire. *Fig.* pelare (il denaro altrui). *vi* serenare (cielo); schiarire (tempo). ≃ **a garganta** raschiare.

lim.pe.za [lĩp′eza] *sf* pulizia, nettezza, pulimento; spurgo. ≃ **urbana** nettezza urbana.

lim.pi.dez [lĩpid′es] *sf* limpidezza, limpidità, nitidezza.

lím.pi.do [l′ĩpidu] *agg* limpido, nitido. *Fig.* cristallino. **céu** ≃ *Fig.* cielo chiaro.

lim.po [l′ĩpu] *agg* pulito, netto; puro, limpido; chiaro, sereno (cielo). *Fig.* cristallino.

li.mu.si.ne [limuz′ini] *sf* limousine.

lin.ce [l′ĩsi] *sm Zool.* lince, lupo cerviero.

lin.cha.men.to [lĩʃam′ẽtu] *sm* linciaggio.

lin.char [lĩʃ′ar] *vt* linciare.

lin.do [l′ĩdu] *agg* bello. *Poet.* formoso.

li.ne.ar [line′ar] *agg* lineare.

lin.fa [l′ĩfa] *sf Bot.* e *Anat.* linfa.

lin.fá.ti.co [lĩf′atiku] *agg* linfatico. **sistema** ≃ sistema linfatico.

lin.go.te [lĩg′ɔti] *sm dim* lingotto, barra (di metallo).

lín.gua [l′ĩgwa] *sf* lingua, idioma. *Anat.* lingua, glossa. *Poet.* favella. ≃ **ferina** lingua affilata. ≃ **italiana** lingua italiana. ≃ **morta** lingua morta. ≃ **vernácula** volgare, linguaggio pretto. ≃ **viva** lingua viva. ≃ **s clássicas** lingue classiche. ≃ **antigas** lingue dotte (o antiche). ≃ **do sapato** linguetta. **arranhar uma** ≃ *Fam.* masticare una lingua.

lin.gua.do [lĩgw′adu] *sf Zool.* linguata.

lin.gua.gem [lĩgw′aʒẽj] *sf* linguaggio, parlare, favella.

lin.gua.ru.do [lĩgwar′udu] *agg* linguacciuto.

lin.güe.ta [lĩgw′eta] *sf dim* linguetta.

lin.güi.ça [lĩgw′isa] *sm* cotichino, coteghino.

lin.güis.ta [lĩgw′ista] *s* linguista.

lin.güís.ti.ca [lĩgw′istika] *sf* linguistica, glottologia.

li.nha [l′iɲa] *sf* linea, riga; tratto, rigo, frego. ≃ **aérea** linea aerea, aerolinea. ≃ **reta** linea retta. ≃ **telefônica** linea telefonica. ≃ **de bonde** linea tranviaria. ≃ **de chegada** meta. ≃ **de costura** filo. ≃ **de ônibus** linea d'autobus. ≃ **de pesca** lenza, filaccione. ≃ **de trem** linea ferroviaria. **sair da** ≃ tralignare. *Fig.* deragliare. **andar na** ≃ *Pop. Fig.* filare dritto.

li.nha-d'á.gua [liɲad′agwa] *sf Naut.* linea d'imersione.

li.nha.gem [liɲ′aʒẽj] *sf* lignaggio, stirpe, famiglia. *Fig.* ramo, razza, tronco.

li.nhi.ta [liɲ′ita] *sf Min.* lignite.

li.nho [l′iɲu] *sm* lino.

li.ni.men.to [linim′ẽtu] *sm Med.* linimento.

li.que.fa.zer [likefaz′er] *vt* liquefare, fondere, sciogliere. *vpr* liquefarsi, fondersi.

li.que.fei.to [likef′ejtu] *part+agg* liquefatto, liquido.

lí.quen [l′ikẽj] *sm Bot.* lichene.

li.qui.da.ção [likidas′ãw] o **li.qüi.da.ção** [likwidas′ãw] *sf* liquidazione; vendita di liquidazione, svendita.

li.qui.dar [likid′ar] o **li.qüi.dar** [likwid′ar] *vt* liquidare; svendere, smaltire; regolare. *Fig.* finire, sopprimere.

lí.qui.do [l′ikidu] o **lí.qüi.do** [l′ikwidu] *sm* liquido, fluido. *Comm.* liquido. *agg* liquido. *Comm.* netto (peso); liquido (valore).

li.ra [l′ira] *sf* lira (moneta). *Mus.* lira.

lí.ri.co [l′iriku] *agg* lirico. *Fig.* alato.

lí.rio [l'irju] *sm Bot.* giglio.
lí.rio-bran.co [lirjubr'ãku] *sm Bot.* fiordaliso.
li.so [l'izu] *agg* liscio; glabro; scivoloso.
li.son.ja [liz'õʒə] *sf* lusinga, adulazione. *Fig.* incenso. ≃ s *pl* blandizie.
li.son.je.ar [lizõʒe'ar] *vt* lusingare, vezzeggiare, blandire. *Fam.* lustrare. *Fig.* corteggiare.
li.son.jei.ro [lizõʒ'ejru] *agg* lusinghiero.
lis.ta [l'istə] *sf* lista, elenco, ruolo, albo. ≃ **telefônica** elenco telefonico. ≃ **de preços** *Comm.* catalogo, listino di prezzi.
lista II → **listra**.
lis.tar [list'ar] I *vt* elencare. *Fig.* sciorinare.
listar II → **listrar**.
lis.tra [l'istrə] o **lis.ta** [l'istə] *sf* lista, riga, stria.
lis.tra.do [listr'adu] o **lis.ta.do** [list'adu] *part+agg* fatto a liste. **tecido** ≃ tessuto striato.
lis.trar [listr'ar] o **lis.tar** [list'ar] *vt* rigare, striare.
li.su.ra [liz'urə] *sf* liscezza.
li.ta.ni.a [litan'iə] *sf Rel.* litanie *pl.*
li.tei.ra [lit'ejrə] *sf* lettiga, portantina.
li.te.ral [liter'aw] *agg* letterale; testuale.
li.te.ral.men.te [literawm'ẽti] *avv* alla lettera.
li.te.ra.to [liter'atu] *sm* letterato, erudito.
li.te.ra.tu.ra [literat'urə] *sf* letteratura, lettere.
li.ti.gar [litig'ar] *vi Giur.* litigare.
li.tí.gio [lit'iʒju] *sm* controversia, discussione, alterco. *Giur.* litigio, lite, processo.
li.ti.gi.o.so [litiʒi'ozu] *agg Giur.* contenzioso, riottoso.
lí.tio [l'itju] *sm Chim.* litio.
li.to.gra.fi.a [litograf'iə] *sf* litografia.
li.to.ral [litor'aw] *sm* litorale, costa, costiera.
li.to.râ.neo [litor'ʌnju] *agg* litoraneo, litorale.
li.tro [l'itru] *sm* litro. **meio** ≃ mezzo litro.
li.tu.a.no [litu'ʌnu] *sm+agg* lituano.
li.tur.gi.a [liturʒ'iə] *sf Rel.* liturgia. *Fig.* culto.
li.túr.gi.co [lit'urʒiku] *agg* liturgico.
lí.vi.do [l'ividu] *agg* livido, cadaverico, cinereo.
li.vor.nês [livorn'es] *sm+agg* livornese, di Livorno.
li.vrar [livr'ar] *vt* liberare; disobbligare, esentare. *vpr* liberarsi; sciogliersi, esimersi, disfarsi; riscuotersi. *Fig.* scaricarsi di, buttare.
li.vra.ri.a [livrar'iə] *sf* libreria.
li.vre [l'ivri] *agg* libero; indipendente; esente, franco; sciolto; vuoto (posto). *Fig.* disponibile. **tradução** ≃ traduzione libera, non letterale. ≃ **de despesas** franco di spese. ≃ **de** spoglio di.
li.vre-ar.bí.trio [livriarb'itrju] *sm* libero arbitrio.
li.vre.co [livr'ɛku] *sm Fig.* sgorbio.

li.vre-do.cen.te [livridos'ẽti] *s* libero docente.
li.vrei.ro [livr'ejru] *sm* libraio.
li.vre.to [livr'etu] *sm* opuscolo.
li.vri.nho [livr'iɲu] *sm dim* libretto. ≃ **de notas** taccuino.
li.vro [l'ivru] *sm* libro; album. *Fig.* scritto. ≃ **caixa** *Comm.* libro cassa, quaderno di cassa. ≃ **diário**, ≃ **razão**, ≃ **mestre** *Comm.* libro mastro. ≃ **de bolso** tascabile. **folhear um** ≃ trascorrere un libro.
li.xa [l'iʃə] *sf* cartavetrata.
li.xei.ra [liʃ'ejrə] *sf* cestino.
li.xí.via [liʃ'ivjə] *sf* lisciva, liscivia.
li.xo [l'iʃu] *sm* sudiciume, immondezza, rifiuti *pl. Pop.* immondizia.
lo [lu] *pron msg* lo; lui. **queria vê-** ≃ vorrei vederlo.
lo.ba [l'obə] *sf Zool.* lupa.
lo.bi.nho [lob'iɲu] *sm dim* lupacchiotto.
lo.bi.so.mem [lobiz'omẽj] *sm Mit.* lupo mannaro.
lo.bo [l'obu] I *sm Zool.* lupo.
lo.bo [l'ɔbu] II *sm Anat.* lobo.
lo.bo-cer.val [lobuserv'aw] *sm Zool.* cerviero.
lo.bo-do-mar [lobudum'ar] *sm Fig.* lupo di mare, marinaio vecchio ed esperto.
lo.bo-ma.ri.nho [lobumar'iɲu] *sm Zool.* lupo di mare.
ló.bu.lo [l'ɔbulu] *sm dim Anat.* piccolo lobo. ≃ **da orelha** lobo dell'orecchio, lobulo.
lo.ca.ção [lokas'ãw] *sm* appigionamento. **contrato de** ≃ fittuario.
lo.ca.dor [lokad'or] *sm* locatore.
lo.cal [lok'aw] *sm* luogo; recinto. *Lett.* sito. *agg* locale; nostrano, nostrale.
lo.ca.li.da.de [lokalid'adi] *sf* località.
lo.ca.li.za.ção [lokalizas'ãw] *sf* ubicazione.
lo.ca.li.za.do [lokaliz'adu] *agg* sito.
lo.ca.li.zar [lokaliz'ar] *vt* localizzare. *vpr* trovarsi, stare, giacere. *Fig.* sedersi.
lo.ção [los'ãw] *sf* lozione. ≃ **dental** acqua dentifricia.
lo.ca.tá.rio [lokat'arju] *sm* locatario, affittuario, inquilino, fittaiuolo.
lock.out [lok'awti] *sm Econ.* serrata.
lo.co.mo.ção [lokomos'ãw] *sf Fisiol.* locomozione.
lo.co.mo.ti.va [lokomot'ivə] *sf* locomotiva, motrice.
lo.cu.ção [lokus'ãw] *sf* locuzione; dizione; modo di dire. *Gramm.* frase.
lo.da.çal [lodas'aw] *sm* fanga.
lo.do [l'odu] *sm* fango, braco, brago. *Lett.* loto, limo. ≃ **de fundo de rio** melma.

lo.do.so [lod′ozo] *agg Lett.* lotoso.

lo.ga.rit.mo [logar′itmu] *sm Mat.* logaritmo.

ló.gi.ca [l′ɔȝikə] *sf* logica; ragione; continuità; dialettica.

ló.gi.co [l′ɔȝiku] *sm* logico. *agg* logico; razionale, ragionevole; coerente.

lo.gís.ti.ca [loȝ′istikə] *sf* logistica.

lo.go [l′ɔgu] *avv* presto, subito, tosto; di lancio; fra poco. *cong* dunque. ≃ **depois** appena. **até** ≃! arrivederci!

lo.go.ti.po [logot′ipu] *sm* logotipo.

lo.grar [logr′ar] *vt* corbellare. *Fig.* accalappiare.

lo.gro [l′ogru] *sf* inganno, frode, corbellatura.

loi.ro [l′ojru] o **lou.ro** [l′owru] *sm+agg* biondo.

lo.ja [l′ɔȝə] *sf* magazzino, bottega, negozio. *Ger.* baracca. *Fig.* barca. ≃ **maçônica** loggia. ≃ **de cristais** cristalleria.

lo.jis.ta [loȝ′istə] *s* bottegaio, commerciante.

lom.bar [lõb′ar] *agg* lombare, lombale.

lom.bar.do [lõb′ardu] *sm+agg* lombardo.

lom.bo [lõbu] *sm Anat.* lombo. ≃ **de boi** falda. ≃ **de porco** arista.

lom.bri.ga [lõbr′igə] *sf Zool.* lombrico, ascaride lombricoide.

lo.na [l′onə] *sf* filondente.

lon.dri.no [lõdr′inu] *sm+agg* londinese.

lon.ga.men.te [lõgam′ẽti] *avv* lungo.

lon.ge [l′õȝi] *agg* lontano. *avv* lontano, distante, discosto, in là. ≃ **de** lontano da. **muito** ≃ mille miglia.

lon.ge.vi.da.de [lõȝevid′adi] *sf* longevità.

lon.ge.vo [lõȝ′evu] *agg Lett.* longevo. *Fig.* centenario.

lon.gín.quo [lõȝ′ĩkwu] *agg* longinquo, assente, distante, discosto.

lon.gi.tu.de [lõȝit′udi] *sf* longitudine.

lon.gi.tu.di.nal [lõȝitudin′aw] *agg* longitudinale.

lon.go [l′õgu] *sm* abito lungo. *agg* lungo. **ao** ≃ *avv* a dilungo. **ao** ≃ **de** *prep* lungo.

lon.tra [l′õtrə] *sf Zool.* lontra.

lo.quaz [lokw′as] *agg* ciarliero.

lor.de [l′ɔrdi] *sm St.* e *Pol.* pari, lord.

lo.ro.ta [lor′ɔtə] *sf* fola, buscherata. *Pop.* fandonia. *Ger.* bubbola. *Fig.* storia, favola.

los [lus] *pron mpl* li.

lo.san.go [loz′ãgu] *sm Geom.* losanga.

lo.ta.do [lot′adu] *part+agg* pieno zeppo.

lo.tar [lot′ar] *vt Fig.* infarcire.

lo.te [l′ɔti] *sm* lotto; terreno, appezzamento.

lo.te.ri.a [loter′iə] *sf* lotteria. ≃ **esportiva** totocalcio.

lo.to [l′ɔtu] *sf* lotto, tombola.

ló.tus [l′ɔtus] *sm Bot.* loto.

lou.ça [l′owsə] *sf* terraglia, stoviglie *pl. Pop.* vasellame.

lou.co [l′owku] *sm+agg* matto, demente, folle. *Med.* pazzo. **estar** ≃ **por** andare pazzo per. **ficar** ≃ impazzare, impazzire.

lou.cu.ra [lowk′urə] *sf* mattezza; mattia, follia. *Med.* pazzia, alienazione mentale. *Fig.* squilibrio, delirio. **fazer** ≃**s** *Fam.* fare il matto. **que** ≃! *Iron.* bel giudizio! che giudizio!

lou.rei.ro [lowr′ejru] *sm Bot.* alloro, lauro.

lou.ro [l′owru] I *sm Bot.* alloro, lauro. **os** ≃**s** *pl Fig.* i lauri, gli allori, la gloria.

louro II → loiro.

lou.sa [l′owzə] *sf* lavagna.

lou.va-a-deus [lowvad′ews] *sm Zool.* mantide, mantide religiosa.

lou.var [lowv′ar] *vt* lodare, esaltare, decantare. *Fig.* applaudire.

lou.vá.vel [lowv′avew] *agg* lodabile, apprezzabile.

lou.vor [lowv′or] *sf* lode, elogio.

LP [elip′e] *sm Pop.* disco.

lu.a [l′uə] *sf* luna. *Poet.* diana. ≃ **cheia** luna piena, plenilunio. ≃ **nova** luna nuova. ≃ **virada** *Pop.* broncio.

lu.a-de-mel [luadim′ew] *sf* luna di miele.

lu.ar [lu′ar] *sm* chiaro di luna.

lu.bri.fi.ca.ção [lubrifikas′ãw] *sf Autom.* lubrificazione, grassaggio.

lu.bri.fi.can.te [lubrifik′ãti] *sm Mecc.* e *Autom.* grasso.

lu.bri.fi.car [lubrifik′ar] *vt* lubrificare, lubricare, ungere.

lu.ci.dez [lusid′es] *sf Fig.* lucidezza, lucidità.

lú.ci.do [l′usidu] *agg Fig.* lucido, sobrio. *Fig.* giovanile.

lú.cio [l′usju] *sm Zool.* luccio.

lu.crar [lukr′ar] *vt* lucrare, guadagnare. *vi* lucrare. ≃ **ilegalmente** *Fig.* pappare.

lu.cro [l′ukru] *sm* lucro; guadagno, provento, ricavo; interesse, tornaconto. *Comm.* utile, frutto. *Fig.* bottino, profitto. ≃ **bruto** utile lordo. ≃ **líquido** utile netto.

lu.di.bri.ar [ludibri′ar] *vt* turlupinare, ciurmare. *Ger.* infinocchiare. *Fig.* intrappolare, fregare.

lu.es [l′ues] *sf Med.* lue.

lu.gar [lug′ar] *sm* luogo, posto; terra; veci. *Cin.* e *Teat.* posto. *Lett.* sito. *Poet.* lido. ≃ **de honra** posto d'onore. ≃ **em pé (em ônibus)** posto in piedi. ≃ **fechado** chiostra. ≃ **mal freqüentado** luogo infame. ≃ **pequeno** cubicolo. ≃ **remoto** luogo lontano. ≃ **reservado** posto riservato. ≃ **seguro** salvo. *Fig.* roccaforte. ≃ **sentado (em ônibus)** posto a sedere. **naquele** ≃ là, lì, colà, laddove. **deste** ≃ quindi. **em qualquer** ≃ *avv* dove che sia. *Lett.* ovunque. **em** ≃ **de** invece di; anziché. **em primeiro** ≃ anzitutto; per primo. **em todo** ≃ o **em todos os** ≃ **es** dappertutto, per ogni dove, dove che sia. **fora do** ≃ fuori posto. **dar** ≃ allogare. **ter** ≃ aver luogo, avvenire, compiersi. **mandar para aquele** ≃ *Fam.* mandare a quel paese.

lu.gar-co.mum [lugarkom'ũ] *sm Fig.* luogo comune, cliché.

lu.ga.re.jo [lugar'eʒu] *sm dim* loghicciolo.

lu.gar-te.nen.te [lugarten'ẽti] *sm* luogotenente.

lú.gu.bre [l'ugubri] *agg* lugubre, funesto, cupo. *Fig.* tenebroso, funebre.

lu.la [l'ulə] *sm Zool.* calamaro, calamaretto.

lum.ba.go [lũb'agu] *sm Med.* lombaggine.

lu.mi.no.si.da.de [luminozid'adi] *sf* lume.

lu.mi.no.so [lumin'ozu] *agg* luminoso; chiaro.

lu.nar [lun'ar] *agg* lunare.

lu.ná.rio [lun'arju] *sm* lunario.

lu.ná.ti.co [lun'atiku] *agg* lunatico. *Fig.* bisbetico.

lu.pa.nar [lupan'ar] *sm* lupanare.

lu.pi.no [lup'inu] *agg* lupino, di lupo.

lu.po [l'upu] o **lú.pus** [l'upus] *Med.* lupo.

lú.pu.lo [l'upulu] *sm Bot.* luppolo.

lus.co-fus.co [luskuf'usku] *sm* usato nell'espressione **no** ≃ tra il lusco ed il brusco.

lus.trar [lustr'ar] *vt* lustrare, lucidare.

lus.tre [l'ustri] *sm* lampadario, candelabro.

lus.tro [l'ustru] *sm* lustro, lucido; lustro, spazio di cinque anni.

lus.tro.so [lustr'ozu] *agg* lucido, lustro.

lu.ta [l'utə] *sf* lotta; battaglia, combattimento; gara, certame; contesa, conflitto. *Fig.* guerra; confronto; maratona. ≃ **corporal** zuffa. ≃ **de classes** lotta di classe. ≃ **greco-romana** lotta greco-romana. ≃ **livre** lotta libera.

lu.tar [lut'ar] *vi* lottare, gareggiare, battersi. *Fig.* giostrare.

lu.te.ra.no [luter'Λnu] *sm+agg Rel.* luterano.

lu.to [l'utu] *sm* lutto, gramaglie *pl.* ≃ **profundo** lutto chiuso (o stretto). **vestir** ≃ portare il lutto. **usar** ≃ vestire le gramaglie.

lu.va [l'uvə] *sf* guanto. ≃ **da armadura** *St.* guanto di ferro. **tratar com** ≃ **s de pelica** trattare coi guanti, con molto riguardo.

lu.xa.ção [luʃas'ãw] *sf Med.* lussazione, slogatura, storta, distorsione.

lu.xa.do [luʃ'adu] *agg* sconcio (piede).

lu.xar [luʃ'ar] *vt Med.* lussare, slogare, storcere.

lu.xo [l'uʃu] *sm* lusso, pompa, fasto. *Fam.* gala. *Fig.* splendore, ricchezza.

lu.xu.o.so [luʃu'ozu] *agg* lussuoso, pomposo, sontuoso, lauto. *Fig.* ricco.

lu.xú.ria [luʃ'urjə] *sf* lussuria, libidine. *Fig.* brama, bramosia.

lu.xu.ri.an.te [luʃuri'ãti] *agg* lussureggiante.

lu.xu.ri.o.so [luʃuri'ozu] *agg* lussurioso, carnale.

luz [l'us] *sf* luce, lume. ≃ **es da ribalta** luci della ribalta. **em plena** ≃ **do dia** in pieno giorno. **dar à** ≃ dare alla luce, concepire, partorire. **acender a** ≃ accendere la luce. **apagar a** ≃ spegnere la luce. **trazer à** ≃ *Fig.* disseppellire.

lu.zir [luz'ir] *vi* lustrare. *Fig.* radiare.

M

m ['emi] *sm* la dodicesima lettera dell'alfabeto portoghese.

ma.ca [m'akə] *sf* barella, lettiga. *Naut.* amaca, branda, letto dei marinai.

ma.ça [m'asə] *sf* mazza, clava.

ma.çã [mas'ã] *sf* mela. ≃ **do rosto** guancia, pomello.

ma.ca.bro [mak'abru] *agg* macabro. *Fig.* funebre. **dança** ≃ **a** danza macabra.

ma.ca.cão [makak'ãw] *sm* tuta.

ma.ca.co [mak'aku] *sm Zool.* scimmia, scimia, macaco. *Autom.* martinetto. **estar com a** ≃ **a** avere il diavolo addosso. **cada** ≃ **no seu galho** ognuno stia al suo posto.

ma.ca.ne.ta [masan'etə] *sf* maniglia, gruccia.

ma.çan.te [mas'ãti] *agg* seccante, importuno, stucchevole. *Fig.* lungo come la Quaresima. **maçapão** → **marzipã**.

ma.ça.ri.co [masar'iku] *sm* cannello ossidrico. *Zool.* alcione.

ma.car.rão [makaʀ'ãw] *sm* maccherone, pasta. ≃ **miúdo para sopa** pastina.

ma.car.ro.na.da [makaʀon'adə] *sf* maccheronata, pasta asciutta.

ma.ce.ra.ção [maseras'ãw] *sf Med.* infusione.

ma.ce.rar [maser'ar] *vt* macerare.

ma.cha.di.nha [maʃad'iñə] *sf dim* mannaia.

ma.cha.do [maʃ'adu] *sf* ascia, accetta, scure.

ma.cho [m'aʃu] *sm* + *agg* maschio. **o** ≃ **de um instrumento** *Mecc.* il maschio di uno strumento.

ma.chu.car [maʃuk'ar] *vt* ferire; contundere, lesionare. *Fig.* offendere. *vpr* ferirsi.

ma.ci.ço [mas'isu] *sm Geogr.* massiccio. *agg* massiccio, compatto, sodo, solido, duro.

ma.ci.ei.ra [masi'ejrə] *sf* melo, pomo.

ma.ci.ez [masi'es] *sf* morbidezza, tenerezza.

ma.ci.len.to [masil'ẽtu] *agg* macilento, smunto, asciutto.

ma.ci.o [mas'iu] *agg* morbido, soffice, tenero, frollo. *Fig.* dolce.

ma.ço [m'asu] *sm* mazzo; plico, fascicolo, fascio. *Fig.* ciuffo. ≃ **de cigarros** pacchetto di sigarette. ≃ **de cartas** mazzo, risma.

ma.çom [mas'õ] *sm* massone, franco muratore, libero muratore.

ma.ço.na.ria [masonar'iə] *sf* massoneria.

ma.çô.ni.co [mas'oniku] *agg* massonico.

ma.cro.cos.mo [makrok'ɔzmu] *sm Fil.* macrocosmo.

ma.cro.me.ga.li.a [makromegal'iə] *sf Med.* macromelia.

má.cu.la [m'akulə] *sf* chiazza. *Lett.* ignominia. *Fig.* macchia.

ma.cu.la.do [makul'adu] *part* + *agg* chiazzato.

ma.cu.lar [makul'ar] *vt* macolare, maculare. *Fig.* macchiare.

ma.da.le.na [madal'enə] *sf* usato nell'espressione ≃ **arrependida** *Fig.* maddalena.

ma.da.me [mad'ʌmi] *sf* madama.

ma.dei.ra [mad'ejrə] *sm* legno, legname. ≃ **compensada** legno compensato.

ma.dei.xa [mad'ejʃə] *sf* ciocca.

ma.dras.ta [madr'astə] *sf* matrigna.

ma.dre [m'adri] *sf Rel.* madre. ≃ **superiora** madre superiora, generalessa.

ma.dre.pé.ro.la [madrep'erolə] *sf* madreperla.

ma.dres.sil.va [madres'iwvə] *sf Bot.* madreselva, abbracciaboschi, caprifoglio.

ma.dri.gal [madrig'aw] *sm Lett.* madrigale.

ma.dri.nha [madr'iñə] *sf* madrina, comare.

ma.dru.ga.da [madrug'adə] *sf* alba. **de** ≃ di buon'ora.

ma.du.ro [mad'uru] *agg* maturo; grande.

mãe [m'ãj] *sf* madre. ≃ **desnaturada** *Fig.* matrigna.

ma.es.tri.a [maestr'iə] *sf* maestria. *Fig.* arte.

ma.es.tri.na [maestr'inə] *sf Mus.* maestra.

ma.es.tro [ma'estru] *sm Mus.* maestro.

mãe.zi.nha [mãjz'iñə] **o ma.mãe.zi.nha** [mamãjz'iñə] *sf dim Fam.* mammina.

má-fé [maf'e] *sf* malafede. *Giur.* dolo.

má.fia [m'afjə] *sf an Fig.* mafia, camorra.

ma.ga [m'agə] *sf* maga, fata. *Fig.* pitonessa.

ma.ga.zi.ne [magaz'ini] *sm* magazzino.

ma.gér.ri.mo [maʒ'eʀimu] *agg Fig.* scheletrico.

ma.gi.a [maʒ'iə] *sf* magia, incantesimo, incanto, affascinazione, affascinamento. *Fig.* suggestione. ≃ **branca** magia bianca. ≃ **negra** magia nera.

ma.gi.ar [maʃi'ar] *sm* magiaro, ungherese. *agg* magiaro, ungherese, ungaro, ungarico.

má.gi.co [m'aʒiku] *sm* illusionista. *agg* magico.

ma.gis.té.rio [maʒist'ɛrju] *sm* magistero.

ma.gis.tra.do [maʒistr'adu] *sm* magistrato.

ma.gis.tral [maʒistr'aw] *agg* magistrale, maestro, di maestro.

ma.gis.tra.tu.ra [maʒistrat'urə] *sf* magistratura, gente di toga.

mag.ma [m'agmə] *sm Geol.* magma.

mag.na.ni.mi.da.de [magnanimid'adi] *sf Fig.* nobiltà.

mag.nâ.ni.mo [magn'ʌnimu] *agg* magnanimo; magnifico. *Fig.* nobile.

mag.na.ta [magn'atə] *sm* magnate.

mag.né.sia [magn'ɛzjə] *sf Chim.* magnesia.

mag.né.sio [magn'ɛzju] *sm Chim.* magnesio.

mag.né.ti.co [magn'ɛtiku] *agg* magnetico. **campo ≃** campo magnetico.

mag.ne.tis.mo [magnet'izmu] *sf* magnetismo. *Fig.* attrazione.

mag.ne.ti.ta [magnet'itə] *sf* magnete naturale.

mag.ne.ti.zar [magnetiz'ar] *vt* magnetizzare.

mag.ne.to [magn'ɛtu] *sm Mecc.* magnete.

mag.ni.fi.car [magnifik'ar] *vt* magnificare.

mag.ni.fi.cên.cia [magnifis'ẽsjə] *sf* magnificenza.

mag.ni.fi.co [magn'ifiku] *agg* magnifico, grandioso, superbo, eccelso. *Fig.* sublime.

mag.no [m'agnu] *agg Lett.* magno.

mag.nó.lia [magn'ɔljə] *sf Bot.* magnolia.

ma.go [m'agu] *sm* mago.

má.goa [m'agwə] *sf* crepacuore.

ma.go.a.do [mago'adu] *part + agg* dolente.

ma.go.ar [mago'ar] *vt* rammaricare, addolorare. *Fig.* ferire. *vpr* risentirsi, addolorarsi, piccarsi.

ma.gre.la [magr'ɛlə] *s Fig* acciuga.

ma.gre.za [magr'ezə] *sf* magrezza. *Fig.* secchezza.

ma.gro [m'agru] *agg* magro, snello, esile, scarno. *Fig.* afato.

mai.o [m'aju] *sm* maggio. **Primeiro de M ≃** Primo Maggio.

mai.ô [maj'o] *sm* costume da bagno. **≃ de duas peças** due pezzi, bikini.

mai.o.ne.se [majon'ɛzi] *sf* maionese.

mai.or [maj'ɔr] *agg compar* (di **grande**) maggiore. **≃ de idade** maggiorenne. **os ≃ es** i più grandi.

mai.o.ri.a [major'iə] *sf* maggioranza, maggiorità, il più. **≃ absoluta** maggioranza assoluta.

mai.o.ri.da.de [majorid'adi] *sf* maggiorità, età maggiore.

mais [m'ajs] *agg + avv* più. **a ≃** in soprannumero. **≃ do que tudo** più che altro. **não agüento ≃** non ne posso più. **não falarei ≃ disso** non ne parlerò altrimenti. **não jogo ≃** non gioco di più. **nem ≃ nem menos** né più né meno. **nunca ≃** mai più. **≃ ou menos** più o meno, su per giù, suppergiù; all'ingrosso; incirca, circa, forse. *disp* così così.

mais-que-per.fei.to [majskiperf'ejtu] *sm Gramm.* trapassato, più che perfetto.

ma.iús.cu.la [ma'juskulə] o **letra maiúscula** *sf* lettera maiúscola.

ma.iús.cu.lo [ma'juskulu] *agg* maiuscolo. **letra ≃ a ≃ maiúscula.**

ma.jes.ta.de [maʒest'adi] *sf* maestà. *Fig.* corona. **Sua M ≃** Sua Maestà. **Vossa M ≃** Vostra Maestà.

ma.jes.to.so [maʒest'ozu] *agg* maestoso, altiero, regale, solenne. *Fig.* monumentale, sublime.

ma.jor [maʒ'ɔr] *sm Mil.* maggiore.

ma.jo.rar [maʒor'ar] *vt + vi* aumentare (intensità).

mal [m'aw] *sm* male. **≃ súbito** mancamento, malore. **fazer ≃** nuocere. *Fam.* fare malprò. **não faz ≃** non fa niente; non c'è male. *avv* male. **≃ interpretado** malinteso.

ma.la [m'alə] *sf* valigia. *Ger.* rompiscatole, rompitasche. **≃ diplomática** valigia diplomatica. **≃ do carro** *Autom.* bagagliaio. **fazer as ≃ s** fare le valigie.

ma.la.ba.ris.ta [malabar'istə] *s* giocoliere. *Fig.* ginnasta.

mal-a.gra.de.ci.do [mawagrades'idu] *agg* ingrato.

ma.lan.dra.gem [malãdr'aʒẽj] *sf* furfanteria.

ma.lan.dro [mal'adru] *sm* birbante, furfante, birbone, mariolo. *agg* birbante, furfante.

ma.lá.ria [mal'arjə] *sf Med.* malaria.

mal.chei.ro.so [mawʃejr'ozu] *agg* fetente, fetido.

mal.cri.a.ção [mawkrias'ãw] *sf* malacreanza, sgarbo.

mal.cri.a.do [mawkri'adu] *sm Fig.* marrano, bifolco. *agg* malcreato, scostumato, sgarbato. *Pop.* inurbano. *Fig.* selvatico, bifolco.

mal.da.de [mawd'adi] *sf* malvagità, cattiveria, scelleratezza, canagliata; crudeltà. *Fig.* acredine, enormità.

mal.di.ção [mawdis'ãw] *sf* maledizione, imprecazione, anatema. *Fig.* bestemmia; flagello.

mal.di.to [mawd'itu] *part + agg* maledetto.

mal.di.zer [mawdiz´er] *vt* maledire, bestemmiare. *Fig.* flagellare. *vi* inveire.

mal-dos-a.vi.a.do.res [mawduzaviad´oris] *sm* male di montagna, male degli aviatori.

ma.le.a.bi.li.da.de [maleabilid´adi] *sf* malleabilità; cedevolezza, arrendevolezza.

ma.le.á.vel [male´avew] *agg* malleabile; cedevole, arrendevole. *Fig.* dolce (metallo). **ser** ≃ *Fig.* molleggiare.

ma.le.di.cên.cia [maledis´ẽsjə] *sf* maldicenza. *Fig.* critica, flagello.

ma.le.di.cen.te [maledis´ẽti] *agg* maldicente.

mal-e.du.ca.do [maweduk´adu] *sm* bruto, ignorante. *Fig.* contadino. *agg* maleducato, incivile, ignorante, screanzato, sgarbato. *Pop.* inurbano. *Fig.* scorretto.

ma.lé.fi.co [mal´efiku] *agg* malefico. *Fig.* pestilente, bieco.

mal-en.ca.ra.do [mawẽkar´adu] *agg* cipiglinto.

mal-en.ten.di.do [mawẽtẽd´idu] *sm* malinteso, quiproquo, disguido.

ma.lé.o.lo [mal´eolu] *sm Anat.* malleolo.

mal-es.tar [mawest´ar] *sm* malessere, disagio. *Fig.* magagna.

ma.le.vo.len.te [malevol´ẽti] *agg* malevolo.

ma.lé.vo.lo [mal´evolu] *agg* malevolo.

mal.fei.to [mawfej´jtu] *agg* malfatto, guasto.

mal.fei.tor [mawfejt´or] *sm* criminale, bandito, facinoroso. *Fig.* pendaglio da forca.

mal.gra.do [mawgr´adu] *prep* malgrado.

ma.lha [m´aʎa] *sf* maglia; golf. ≃ **de lã** maglia di lana. ≃ **de seda** maglia di seta. ≃ **grossa** maglione.

ma.lha.do [maʎ´adu] *part+agg* chiazzato, moscato.

ma.lhar [maʎ´ar] *vt* martellare.

ma.lha.ri.a [maʎar´iə] *sf* maglieria.

ma.lho [m´aʎu] *sm* maglio, martinetto.

mal-hu.mo.ra.do [mawumor´adu] *agg* stizzoso. **estar** ≃ girare l'anima. **ser** ≃ *Pop.* avere la luna.

ma.lí.cia [mal´isjə] *sf* malizia; astuzia.

ma.li.ci.o.so [malisi´ozu] *agg* malizioso; astuto, furbo, arguto. *Fig.* piccante.

ma.lig.no [mal´ignu] *agg* maligno, malefico. *Fig.* sinistro, velenoso.

mal-in.ten.cio.na.do [mawĩtẽsjon´adu] *agg* malintenzionato.

mal.nu.tri.do [mawnutr´idu] *agg Fig.* afato.

mal.quis.to [mawk´istu] *agg* malaccetto, malvisto.

mal.ta [m´awtə] *sf* malta.

mal.te [m´awti] *sm* malto.

mal.tês [mawt´es] *sm+agg* maltese, di Malta.

mal.tra.pi.lho [mawtrap´iʎu] *sm* straccione. *agg* stracciato, cencioso, malvestito.

mal.tra.ta.do [mawtrat´adu] *part+agg* malconcio.

mal.tra.tar [mawtrat´ar] *vt* maltrattare, angariare, bistrattare, strapazzare.

ma.lu.co [mal´uku] *sm Fam.* matto. *agg* matto, bislacco.

ma.lu.qui.ce [maluk´isi] *sf* mattezza, mattia.

mal.va [m´awvə] *sf Bot.* malva.

mal.va.de.za [mawvad´ezə] *sf* malvagità, scelleraggine, luridezza. *Fig.* enormità.

mal.va.do [mawv´adu] *agg* malvagio, cattivo, tristo, scellerato, sciagurato. *Lett.* pravo.

mal.ver.sa.do [mawvers´adu] *agg* malversato, male amministrato.

mal.vis.to [mawv´istu] *part+agg* malvisto, malaccetto, sgradito.

ma.ma [m´Λmə] *sf Anat.* mammella. *Zool.* poppa. *Ger.* tetta. *Lett.* e *Poet.* mamma.

ma.ma.da [mam´adə] *sf* poppata.

ma.ma.dei.ra [mamad´ejrə] *sf* poppatoio, biberon.

ma.mãe [mam´ãj] *sf Fam.* mamma.

mamãezinha → mãezinha.

ma.mão [mam´ãw] *sm* papaia.

ma.mar [mam´ar] *vt* poppare. *vi* lattare.

ma.me.lu.co [mamel´uku] *sm Mil.* mammalucco, mamelucco, soldato egiziano. *Bras.* meticcio da indigeno e bianco.

ma.mí.fe.ro [mam´iferu] *sm+agg* mammifero.

ma.mi.lo [mam´ilu] *sm* capezzolo.

ma.mo.na [mam´onə] *sm Bot.* ricino.

ma.mu.te [mam´uti] *sm Zool.* mammut.

ma.ná [man´a] *sf Rel.* manna.

ma.na.da [man´adə] *sf* mandra, branco.

ma.nan.ci.al [manãsi´aw] *sf* sorgente.

ma.nar [man´ar] *vi* scaturire.

man.car [mãk´ar] *vi* zoppicare, arrancare.

man.cha [m´ãʃə] *sf* macchia, chiazza, schizzo. *Med.* placca. ≃ **de óleo** frittella. ≃ **de gordura** grasso.

man.cha.do [mãʃ´adu] *part+agg* chiazzato. *Lett.* polluto.

man.char [mãʃ´ar] *vt* macchiare, macolare, schizzare. *Fig.* insudiciare, macchiare, intaccare (la reputazione). *vi* schizzare. *vpr* macchiarsi.

mancheia → mão-cheia.

man.co [m´ãku] *sm* zoppo. *agg* zoppo, ranco.

man.co.mu.na.do [mãkomun´adu] *agg* connivente.

man.da.do [mãd´adu] *sm Giur.* mandato. ≃ **de prisão** *Giur.* mandato di cattura.

man.da.men.to [mãdam'ẽtu] *sm* comandamento.

man.dan.te [mãd'ãti] *s Giur.* mandante. *agg* mandante, che manda.

man.dão [mãd'ãw] *sm Pop* despota.

man.dar [mãd'ar] *vt* mandare; imporre, dirigere, volere; inviare, indirizzare. *Fig.* imperare. ≃ **embora** mandar via, cacciar via; mettere all'uscio. ≃ **para o inferno** mandare al diavolo. ≃ **e desmandar** farla da padrone, padroneggiare. ≃ **passear** mandare a spasso, mandare via.

man.da.rim [mãdar'ĩ] *sm St.* mandarino.

man.da.tá.rio [mãdat'arju] *sm* emissario.

man.da.to [mãd'atu] *sm* mandato.

man.dí.bu.la [mãd'ibulə] *sf Anat.* mandibola.

man.drá.go.ra [mãdr'agorə] *sf Bot.* mandragola, mandragora.

man.dril [mãdr'iw] *sm Zool.* mandrillo, mammone. *Mecc.* mandrino.

ma.nei.ra [man'ejrə] *sf* maniera; metodo, mezzo, modo; stile, forma, fatta, foggia. *Fig.* tocco. ≃ *s pl* comportamento. **à** ≃ **de Giotto** alla maniera di Giotto. **boas** ≃ **as** *pl* civiltà. **de** ≃ **que** *cong* di modo che, di guisa che, talché, sicché. **dessa** ≃ *avv* così, come. *Lett.* sì. **desta** ≃ in questo modo. **de qualquer** ≃ ad ogni modo, in ogni modo; a torto o a ragione. **de tal** ≃ *avv* tanto. **de** ≃ **nenhuma** a niun patto. **de todas as** ≃ **s** di ogni fatta.

ma.ne.jar [manez'ar] *vt* maneggiare, rimenare. *vi* armeggiare.

ma.ne.jo [man'eʒu] *sm* maneggio.

ma.ne.quim [manek'ĩ] *sm* manichino, fantoccio; indossatore. *sf* modella, indossatrice.

ma.ne.ta [man'etə] *agg* monco.

man.ga [m'ãgə] *sf* manica. *Bot.* mango. **arregaçar as** ≃ **s** sbracciarsi.

man.ga.nês [mãgan'es] *sm Min.* manganese.

man.guei.ra [mãg'ejrə] *sf Bot.* mango.

ma.nha [m'ʌɲə] *sf* bizza; capriccio. **fazer** ≃ **(criança)** far le bizze.

ma.nhã [mãɲ'ã] *sf* mattina, mattino. *Lett.* mane. **de** ≃ mattina. **de** ≃ **à noite** da mane a sera. **esta** ≃ stamattina, stamani.

ma.nho.so [mãɲ'ozu] *sm* grugnone. *agg* bizzarro.

ma.ni.a [man'iə] *sf* mania, ubbia. *Med.* mania, ossessione, complesso. *Fig.* mania, pallino. ≃ **de grandeza** mania di grandezza, megalomania.

ma.ní.a.co [man'iaku] *sm* + *agg* maniaco.

ma.ni.cô.mio [manik'omju] *sm* manicomio.

ma.ni.cu.ra [manik'urə] *sf* o **ma.ni.cu.ro** [manik'uru] *sm* manicure.

ma.ni.fes.ta.ção [manifestas'ãw] *sf* manifestazione. *Fig.* corteo.

ma.ni.fes.tar [manifest'ar] *vt* manifestare, esprimere, palesare. *Fig.* mostrare, svelare. *vpr* manifestarsi; pronunciarsi; apparire. *Fig.* trasparire, affacciarsi.

ma.ni.fes.to [manif'estu] *sm* manifesto. *agg* evidente, espresso. *Fig.* flagrante.

ma.ni.pu.lar [manipul'ar] *vt* manipolare, contraffare, trattare. *Fig.* dominare.

ma.ni.ve.la [maniv'elə] *sf* manovella.

man.jar [mãʒ'ar] *sm* cibreo. *Fig.* manna.

man.je.dou.ra [mãʒed'owrə] *sf* greppia.

man.je.ri.cão [mãʒerik'ãw] *sm Bot.* basilico.

man.je.ro.na [mãʒer'onə] *sf Bot.* maggiorana.

ma.no.bra [man'ɔbrə] *sf* manovra. *Mil.* manovra, mossa, maneggio; esercizio. *Pol.* maneggio. *Naut.* maneggio. *Fig.* tattica.

ma.no.brar [manobr'ar] *vt* manovrare. *vi* destreggiare; brigare; barcamenarsi. *Mil.* manovrare.

ma.no.pla [man'ɔplə] *sf* guanto di ferro.

man.si.nho [mãs'iɲu] *avv* nell'espressione **de** ≃ alla chetichella.

man.so [m'ãsu] *agg* mansueto, docile.

man.tei.ga [mãt'ejgə] *sf* burro, butirro.

man.ter [mãt'er] *vt* mantenere; conservare, ritenere; tenere, reggere, sostenere; sostentare; attendere (promessa). *Fig.* alimentare; serbare. *vpr* mantenersi; conservarsi; tenersi, reggersi, sostenersi, sostentarsi.

man.ti.lha [mãt'iʎə] *sf* mantiglia.

man.ti.men.to [mãtim'ẽtu] *sm* mantenimento, provvista, alimenti *pl*.

man.to [m'ãtu] *sm* manto, cappa.

man.tô [mãt'o] *sm* mantello, mantò.

man.tu.a.no [mãtu'ʌnu] *sm* + *agg* mantovano, di Mantova.

ma.nu.al [manu'aw] *sm* manuale, guida. *agg* manuale; artigianale.

ma.nu.fa.tu.ra [manufat'urə] *sf* manifattura, fabbrica, fattura.

ma.nu.fa.tu.ra.do [manufatur'adu] *agg* manufatto, fatto a mano.

ma.nus.cri.to [manuskr'itu] *sm* manoscritto. *Cin.* e *Teat.* copione. *agg* manoscritto, scritto a mano.

ma.nu.se.ar [manuze'ar] *vt* trattare, rimestare. *vi* trattare.

ma.nu.ten.ção [manutẽs'ãw] *sf* mantenimento; sostentamento.

mão [m´ãw] *sf Anat.* mano. *Iron.* zampa. *Fig.* branca. ≃ **de ferro** *Fig.* guanto di ferro. ≃ **de papel** quinterno. ≃ **de pintura** mano. ≃ **direita** destra, diritta, mandritta. ≃ **esquerda** sinistra, mancino. ≃ **única** *Autom.* senso unico. **à** ≃ **armada** a mano armata. **apertar a** ≃ **de** dare la mano a, stringere la mano a. **caminho fora de** ≃ cammino fuori di mano. **colocar as** ≃ **s em** mettere mano a, porre mano a. **dar uma** ≃ *Pop.* dare una mano. **estender a** ≃ porgere la mano, aiutare. **feito à** ≃ fatto a mano. **ficar de** ≃ **s abanando** restare a mani vuote, restare a bocca asciutta. *Fig.* restare con un pugno di mosche. **ladrão de** ≃ **leve** ladro lesto di mano. **lavar as** ≃ **s de** lavarsi le mani di. **pedir a** ≃ chiedere la mano. **ter alguém nas** ≃ **s** tenere alcuno in pugno, dominare. **ter à** ≃ tenere a mano. **voltar de** ≃ **s abanando** *Fig.* tornare con le pive nel sacco.

mão-a.ber.ta [mãwab´ɛrtə] *sm Fam. disp* spendaccione.

mão-chei.a [mãwʃ´ejə] o **man.chei.a** [mãʃ´ejə] *sf* manciata, brancata.

mão-de-o.bra [mãwdi´ɔbrə] *sf* mano d'opera.

mão-de-va.ca [mãwdiv´akə] *s Pop.* granfia, guitto, spilorcio. *agg Pop.* guitto, spilorcio.

ma.o.me.ta.no [maomet´ʌnu] *sm+agg* maomettano.

ma.pa [m´apə] *sf* mappa, carta, carta geografica. *Fig.* tavola.

ma.pa-mún.di [mapam´ũdi] *sm* mappamondo.

ma.que.te [mak´ɛti] *sf* modello, plastico.

ma.qui.a.gem [maki´aʒẽj] o **ma.qui.la.gem** [makil´aʒẽj] *sf* trucco, belletto.

ma.qui.ar-se [maki´arsi] o **ma.qui.lar-se** [makil´arsi] *vpr* truccarsi.

ma.quia.vé.li.co [makjav´eliku] *agg* machiavellico, machiavellesco, furbo.

má.qui.na [m´akinə] *sf* macchina, congegno. ≃ **a vapor** macchina a vapore. ≃ **de calcular** calcolatrice. ≃ **de costura** macchina da cucire. ≃ **de escrever** macchina da scrivere. ≃ **de fiar** filatoio. ≃ **de lavar** lavatrice. ≃ **de lavar pratos** lavapiatti. ≃ **fotográfica** macchina fotografica. ≃ **magnetelétrica** *Mecc.* magnete. ≃ **operatriz** macchina operatrice. **feito à** ≃ fatto a macchina.

ma.qui.na.ção [makinas´ãw] *sf* macchinazione. *Fig.* macchina.

ma.qui.nar [makin´ar] *vt* macchinare. *Fig.* tramare, tessere.

ma.qui.ná.rio [makin´arju] *sm* o **ma.qui.na.ri.a** [makinar´iə] *sf* macchinario.

mar [m´ar] *sm* mare. *Fig.* gran quantità.

≃ **alto** → **alto-mar.** ≃ **de rosas** *Fig.* letto di rose. **por** ≃ per mare. **água do** ≃ acqua marina.

ma.ra.cu.já [marakuʒ´a] *sm Bot.* granadiglia.

ma.ra.já [maraʒ´a] *sm* maragia, maragià.

ma.ras.mo [mar´azmu] *sm Med.* e *Fig.* marasma, tabe.

ma.ras.qui.no [marask´inu] *sm* maraschino.

ma.ra.to.na [marat´onə] *sf Sp.* e *Fig.* maratona.

ma.ra.vi.lha [marav´iʎə] *sf* meraviglia; fenomeno, prodigio; incanto. *Fig.* miracolo, specie; gioiello. **as sete** ≃ **s do mundo** le sette meraviglie del mondo. **a oitava** ≃ **do mundo** l'ottava meraviglia del mondo. **que** ≃! è un incanto!

ma.ra.vi.lha.do [maraviʎ´adu] *part+agg* attonito, stordito.

ma.ra.vi.lhar [maraviʎ´ar] *vt* meravigliare, sbalordire, incantare, fare specie a. *Fig.* pietrificare. *vpr* meravigliarsi, incantarsi.

ma.ra.vi.lho.so [maraviʎ´ozu] *agg* meraviglioso, prodigioso. *Fig.* squisito.

mar.ca [m´arkə] *sf* marca, marchio; segno, contrassegno; botta, livido; impronta; nota. *Med.* stigma. *Fig.* orma, traccia; punzone. ≃ **comercial** marca di fabbrica, marchio, marco.

mar.ca.ção [markas´ãw] *sf* segnatura.

mar.ca-d'á.gua [markad´agwə] *sf Comm.* filigrana.

mar.ca.do [mark´adu] *part+agg* riservato (orario).

mar.ca.dor [markad´or] *sm* ≃ **de livro** segnalibro, nastrino.

mar.car [mark´ar] *vt* marcare; segnare; appuntare, notare; prenotare, fissare, riservare; bollare, improntare. *Fig.* imprimere (nella memoria).

mar.cas.si.ta [markas´itə] *sf Min.* marcassite.

mar.cha [m´arʃə] *sf* marcia, giornata. *Mus., Autom.* e *Mil.* marcia. ≃ **fúnebre** marcia funebre. ≃ **a ré** *Autom.* marcia indietro. **dar** ≃ **a ré** fare marcia indietro.

mar.char [marʃ´ar] *vi* marciare. *Mil.* sfilare.

mar.ci.al [marsi´aw] *agg Lett.* marziale, di Marte. *Fig.* marziale. **corte** ≃ corte marziale. **lei** ≃ legge marziale.

mar.co [m´arku] *sm* limite; segno; marco (moneta). *Archit.* colonnino.

mar.ço [m´arsu] *sm* marzo.

ma.ré [mar´ɛ] *sf* marea, fiotto. ≃ **-cheia**, ≃ **alta** alta marea. ≃ **baixa** bassa marea.

ma.re.chal [mareʃ´aw] *sm Mil.* maresciallo.

ma.re.ma [mar´emə] *sf Geogr.* maremma.

ma.re.mo.to [marem´ɔtu] *sm* maremoto.

mar.fim [marf´ĩ] *sm* avorio.

mar.ga.ri.da [margar´idə] *sf Bot.* margherita.

mar.ga.ri.na [margar'inə] *sf* margarina.

mar.gem [m'arʒẽj] *sf* margine, orlo, riva, bordo, ciglio.

mar.gi.nal [marʒin'aw] *s* malvivente, manigoldo. *agg* marginale, delle margini.

mar.gi.na.li.da.de [marʒinalid'adʒi] *sf* malavita.

ma.ri.cas [mar'ikas] *sm disp* femmina.

ma.ri.do [mar'idu] *sm* marito, sposo, coniuge, compagno.

ma.ri.nha [mar'iñə] *sf Mil.* marina, armata di mare. ≃ de guerra marina da guerra. ≃ mercantil marina mercantile.

ma.ri.nhei.ro [mariñ'ejru] *sm* marino, marittimo, marinaio. *Pop.* marinaro.

ma.ri.nho [mar'iñu] *agg* marino, marittimo.

ma.rio.ne.te [marjon'eti] *sm* marionetta, burattino, pupo, pupazzo. *Fig.* uomo di stoppa.

ma.ri.po.sa [marip'ozə] *sf Zool.* falena.

ma.ris.co [mar'isku] *sm Zool.* cozza, arsella.

ma.ri.tal [marit'aw] *agg* coniugale.

ma.rí.ti.mo [mar'itimu] *sm* marittimo. *agg* marittimo, navale.

mar.me.lei.ro [marmel'ejru] *sm Bot.* cotogno, melo cotogno.

mar.me.lo [marm'elu] *sm Bot.* cotogna, mela cotogna.

mar.mi.ta [marm'itə] *sf* marmitta.

már.mo.re [m'armori] *sm* marmo.

mar.mo.ri.zar [marmoriz'ar] *vt* marmorizzare.

mar.mo.ta [marm'ɔtə] *sf Zool.* marmotta.

ma.ro.ni.ta [maron'itə] *s* + *agg Rel.* maronita.

ma.ro.to [mar'otu] *sm* + *agg* birbante.

mar.que.sa [mark'ezə] *sf* marchesa.

mar.quês [mark'es] *sm* marchese.

mar.ra.no [mař'ʌnu] *sm* marrano.

mar.re.ta [mař'etə] *sf* mazza.

mar.rom [mař'õ] *sm* + *agg* marrone.

mar.ro.qui.no [mařok'inu] *sm* + *agg* marocchino.

mar.su.pi.ais [marzupi'ajs] *sm pl Zool.* marsupiali.

mar.ta [m'artə] *sf Zool.* martora.

Mar.te [m'arti] *sm Astron.* e *Mit.* Marte.

mar.te.lar [martel'ar] *vt* martellare, ribadire.

mar.te.lo [mart'elu] *sm* martello. ≃ do piano *Mus.* martello del pianoforte. ≃ do ouvido *Anat.* martello dell'orecchio.

már.tir [m'artir] *sm an Fig.* martire.

mar.tí.rio [mart'irju] *sm* martirio. *Fig.* tormento, sofferenza.

mar.ti.ri.zar [martiriz'ar] *vt* martirizzare.

ma.ru.jo [mar'uʒu] *sm* marino.

mar.xis.mo [marks'izmu] *sm Pol.* marxismo.

mar.zi.pã [marzip'ã] o ma.ça.pão [masap'ãw] *sm* marzapane.

mas [m'as] *cong* ma, però, tuttavia; pure, bensì. ≃ como? ma come?

mas.car [mask'ar] *vt* biascicare, biasciare.

más.ca.ra [m'askarə] *sf* maschera; trucco. *Teat.* maschera. *Fig.* copertura, cortina. ≃ antigases maschera antigas. baile de ≃ s ballo in maschera.

mas.ca.ra.do [maskar'adu] *part* + *agg* travestito.

mas.ca.rar [maskar'ar] *vt* mascherare, truccare, travestire. *Fig.* adombrare, ombreggiare. *vpr* mascherarsi, truccarsi, travestirsi.

mas.ca.vo [mask'avu] *agg* greggio, grezzo (zucchero).

mas.cu.li.ni.da.de [maskulinid'adʒi] *sf* mascolinità, maschiezza.

mas.cu.li.no [maskul'inu] *agg* maschile, mascolino.

más.cu.lo [m'askulu] *agg* maschio, virile.

mas.mor.ra [mazm'ořə] *sf* segreta, ergastolo.

ma.so.quis.mo [mazok'izmu] *sm Psic.* masochismo.

mas.sa [m'asə] *sf* massa; pasta; impasto; calca, accozzaglia. *Fís.* massa. *Fig.* pecorame, gregge. *disp* piazza. as ≃ s *pl* le masse. ≃ falida *Comm.* massa del fallimento. ≃ folhada pasta sfoglia, sfogliata. em ≃ in massa, tutti insieme. as ≃ s de um movimento la base di un movimento. fazer ≃ impastare.

mas.sa.crar [masakr'ar] *vt* massacrare, sterminare, trucidare. *Fig.* macellare.

mas.sa.cre [mas'akri] *sm* massacro, carneficina, sterminio, strazio. *Fig.* macello.

mas.sa.ge.ar [masaʒe'ar] *vt Med.* massaggiare, manipolare.

mas.sa.gem [mas'aʒẽj] *sf* massaggio.

mas.ti.ga.ção [mastigas'ãw] *sf* masticazione.

mas.ti.gar [mastig'ar] *vt* masticare, biascicare, biasciare.

mas.tim [mast'ĩ] *sm* mastino.

mas.ti.te [mast'iti] *sf Med.* mastite.

mas.to.don.te [mastod'õti] *sm Zool.* mastodonte.

mas.tói.de [mast'ɔjdi] *sm Anat.* mastoide.

mas.tro [m'astru] *sm Naut.* albero, fusto, tronco. ≃ principal *Naut.* albero di maestra.

mas.tur.ba.ção [masturbas'ãw] *sf* masturbazione, onanismo.

mas.tur.bar-se [masturb'arsi] *vpr* masturbarsi.

ma.ta [m'atə] *sf* bosco, macchieto, selva, foresta. ≃ fechada fitto.

ma.ta.dor [matad'or] *sm Pop.* uccisore. ≃ de aluguel bravo, sicario.

ma.ta.dou.ro [matad'owru] *sm* mattatoio, macello, ammazzatoio.

ma.ta.gal [matag'aw] *sf* boscaglia, macchia, frascato.

ma.tan.ça [mat'ãsə] *sf* uccisione, carneficina, macellazione, strage. *Fig.* macello.

ma.tar [mat'ar] *vt* uccidere, ammazzare, assassinare. *Fig.* liquidare, fulminare; mietere, falciare; sbudellare, scannare; spegnere, estinguere. *vpr* ammazzarsi.

ma.te [m'ati] *sm* mate, matè.

ma.te.má.ti.ca [matem'atikə] *sf* matematica.

ma.te.má.ti.co [matem'atiku] *sm* + *agg* matematico.

ma.té.ria [mat'erjə] *sf* materia; disciplina, facoltà. *Fig.* scienza; stoffa.

ma.te.ri.al [materi'aw] *sm* materiale, materia. ≃ **ais de construção** materiali da costruzione. *agg* materiale, fisico, corporeo.

ma.te.ria.lis.mo [materjal'izmu] *sm* materialismo.

ma.te.ria.li.zar [materjaliz'ar] *vt* materializzare, concretizzare, concretare.

ma.té.ria-pri.ma [materjapr'imə] *sf* materia prima, materia grezza.

ma.ter.ni.da.de [maternid'adi] *sf* maternità; casa di maternità.

ma.ter.no [mat'ernu] *agg* materno, della madre.

ma.ti.nal [matin'aw] *agg* mattinale, mattutino.

ma.ti.nê [matin'e] *sf* mattinata.

ma.tiz [mat'is] *sf* sfumatura. *Pitt.* digradazione, tono.

ma.ti.zar [matiz'ar] *vt* *Pitt.* digradare.

ma.to [m'atu] *sf* boscaglia, macchia.

ma.trei.ro [matr'ejru] *agg* astuto.

ma.tri.ar.ca.do [matriark'adu] *sm* matriarcato.

ma.tri.cí.dio [matris'idju] *sm* matricidio.

ma.trí.cu.la [matr'ikulə] *sf* matricolazione, iscrizione; matricola.

ma.tri.cu.lar [matrikul'ar] *vt* matricolare, immatricolare. *vpr* matricolarsi, iscriversi, inscriversi a.

ma.tri.mo.ni.al [matrimoni'aw] *agg* coniugale.

ma.tri.mô.nio [matrim'onju] *sm* matrimonio, connubio, sposalizio. *Fig.* unione.

ma.triz [matr'is] *sf* matrice, madre; sede; cliché. *Scult.* forma. *agg* matricino.

ma.tro.na [matr'onə] *sf* matrona.

ma.tu.ri.da.de [maturid'adi] *sf* maturità.

ma.tu.tar [matut'ar] *vi* *Pop.* almanaccare.

ma.tu.ti.no [matut'inu] *agg* mattutino, mattinale, antimeridiano.

ma.tu.to [mat'utu] *sm* *Bras.* cafone. *Fig.* contadino.

mau [m'aw] *agg* cattivo; malo; tristo, malvagio, perfido. *Fig.* velenoso. **homens** ≃ s uomini di male affare.

mau-o.lha.do [mawoλ'adu] *sf* malocchio, iettatura.

mau.so.léu [mawzol'ɛw] *sm* mausoleo.

maus-tra.tos [mawstr'atus] *sm* *pl* sevizia *sg*, strapazzo *sg*.

ma.xi.la [maks'ilə] *sf* *Anat.* mascella.

ma.xi.lar [maksil'ar] *sm* *Anat.* mascella. *agg* mascellare.

má.xi.ma [m'asimə] *sf* massima, aforisma, assioma.

má.xi.mo [m'asimu] *sm* il massimo, il nonplusultra. *Fig.* culmine, apogeo, vetta. **no** ≃ al più alto. **o** ≃ **da beleza** il nonplusultra della bellezza. *agg* **superl** (di **grande**) massimo.

ma.zur.ca [maz'urkə] *sf* *Mus.* mazurca.

me [mi] *pron* *sg* me; mi.

me.a.ção [meas'ãw] *sf* ammezzamento.

me.a.da [me'adə] *sf* accia.

me.an.dro [me'ãdru] *sm* meandro, sinuosità. *Geogr.* meandro, seno, ansa (di un fiume).

me.ar [me'ar] *vt* ammezzare.

me.câ.ni.ca [mek'ʌnikə] *sf* meccanica.

me.câ.ni.co [mek'ʌniku] *sm* meccanico. ≃ **de avião** *Aer.* motorista. *agg an Fig.* meccanico.

me.ca.nis.mo [mekan'izmu] *sm* meccanismo; congegno, strumento, dispositivo. *Fig.* arnese.

me.ce.nas [mes'enəs] *s* mecenate.

me.cha [m'ɛʃə] *sf* stoppino, cerino.

me.da.lha [med'aλə] *sf* medaglia, decorazione. ≃ **comemorativa** medaglia commemorativa.

me.da.lhão [medaλ'ãw] *sm* *aum* medaglione.

mé.dia [m'edjə] *sf* media. **em** ≃ in media.

me.dia.ção [medjas'ãw] *sf* mediazione; intromissione, intromessa. *Fig.* tramite.

me.dia.dor [medjad'or] *sm* mediatore, intermediario. *Fig.* agente.

me.di.a.no [medi'ʌnu] *agg* mediano; medio, mezzo.

me.di.an.te [medi'ãti] *prep* mediante.

me.di.ar [medi'ar] *vt* interporsi in. *Lett.* intercedere.

mé.di.ca [m'edikə] *sf* medichessa, medica.

me.di.ca.ção [medikas'ãw] *sf* medicazione, medicamento.

me.di.ca.men.to [medikam'ẽtu] *sm* *Med.* medicina, medicamento, rimedio, farmaco. *Fig.* linimento.

me.di.ção [medis'ãw] *sf* misura, misurazione.

me.di.car [medik'ar] *vt* medicare, rimediare. *vpr* medicarsi, prendere medicina.

me.di.ci.na [medis'inə] *sf* medicina. ≃ **alopá-tica** medicina allopatica. ≃ **homeopática** medicina omeopatica. ≃ **legal** medicina legale.

me.di.ci.nal [medisin'aw] *agg* medicinale.

mé.di.co [m'ediku] *sm* medico, dottore, sanitario. ≃ **chefe** medico primario. ≃ **obstetra** ostetrico. *agg* medico.

me.di.da [med'idə] *sf* misura; provvidenza, provvedimento. *Fis.* e *Mat.* grandezza. *Fig.* misura, dose. **roupa sob** ≃ abito su misura.

me.di.dor [medid'or] *sm* misura.

me.die.val [med'jevaw] *agg* medioevale.

mé.dio [m'edju] *sm* medio, dito medio. *Calc.* mediano. *agg* medio; mediano, mezzano; mezzo. **ouvido** ≃ orecchio medio.

me.dí.o.cre [med'iokri] *agg* mediocre; modesto, ordinario; dozzinale.

me.dir [med'ir] *vt* misurare, commensurare. *Fig.* calcolare, calibrare. *vpr* misurarsi con. ≃ **as palavras** misurare le parole, parlare con prudenza. ≃ **os atos** misurare i gesti, agire con prudenza.

me.di.ta.ção [meditas'ãw] *sf* meditazione, riflessione.

me.di.tar [medit'ar] *vi* meditare, riflettere, almanaccare. *Fig.* rimuginare, masticare, stillarsi il cervello.

me.di.ta.ti.vo [meditat'ivu] *agg* meditativo, cogitabondo, cogitativo.

Me.di.ter.râ.neo [mediteř'ʌnju] *np* Mediterraneo. **m** ≃ *agg* mediterraneo.

mé.dium [m'edjũ] *sm* medium. *Fig.* sensitivo.

me.di.ú.ni.co [medi'uniku] *agg* medianico. **fenômeno** ≃ fenomeno medianico.

me.diu.ni.da.de [medjunid'adi] *sf* medianità.

me.do [m'edu] *sm* paura, timore, fobia, fifa, codardia. *Fam.* tremarella. *Pop.* spaghetto. *Fig.* tremore, dubbio. **dar** ≃ metter paura. *Fig.* gelare. **morrer de** ≃ *Pop.* farsela nei calzoni. **ter** ≃ tremare, spaurirsi.

me.do.nho [med'oñu] *agg Fig.* atro.

me.dro.so [medr'ozu] *sm* codardo. *Fig.* coniglio. *agg* pauroso, timoroso, codardo. *Lett.* pavido. *Fig.* servile.

me.du.la [med'ulə] *sf Anat.* midollo. ≃ **espinhal** midollo spinale (o vertebrale).

me.du.lar [medul'ar] *agg Anat.* midollare.

me.du.sa [med'uzə] *sf Zool.* medusa.

me.ga.fo.ne [megaf'oni] *sm* portavoce.

me.ga.lo.ma.ni.a [megaloman'iə] *sf* megalomania.

me.ge.ra [meʒ'ɛrə] *sf* megera, furia, donna cattiva. *Fig.* befana. *Ger.* carampana.

mei.a [m'ejə] *sf* calza. ≃ **comprida para criança** calzettone. ≃ **grossa de lã** calzerotto. ≃ **masculina** calzino.

mei.a-di.rei.ta [mejadir'ejtə] *sm Calc.* ala destra.

mei.a-es.quer.da [mejaesk'erdə] *sm Calc.* ala sinistra.

mei.a-es.ta.ção [mejaestas'ãw] *sf* mezze stazione.

mei.a-i.da.de [mejaid'adi] *sf* utilizzato nell'espressione **de** ≃ *agg* di mezza età, ammezzato.

mei.a-lu.a [mejal'uə] *sf* mezzaluna.

mei.a-noi.te [mejan'ojti] *sf* mezzanotte.

mei.go [m'ejgu] *agg* amorevole. *Fig.* tenero.

mei.gui.ce [mejg'isi] *sf Fig.* tenerezza.

mei.o [m'eju] *sm* mezzo; modo; risorsa, ricorso. ≃ **de transporte** mezzo di trasporto. ≃ **s** *pl* mezzi; espediente. **chegar ao** ≃ ammezzare. **colocar no** ≃, **dividir pelo** ≃ ammezzare. **meter-se no** ≃ inframmettersi. **no** ≃ **de** *prep* tra, fra, frammezzo. *Poet.* infra. **por** ≃ **de** *prep* per mezzo di, attraverso, mediante. *agg* mezzo. ≃ **a hora (depois do meio-dia ou meia-noite)** mezza: **meio-dia e** ≃ **a** mezzogiorno e mezza. **meia-noite e** ≃ **a** mezzanotte e mezza. ≃ **a hora (com as outras horas)** mezzo: **três e** ≃ **a** tre e mezzo. *avv* mezzo: ≃ **quente** mezzo caldo.

mei.o-di.a [mejud'iə] *sm* mezzodì, mezzogiorno. *Poet.* meriggie. **ao** ≃ a mezzodì.

mei.o-so.pra.no [mejusopr'ʌnu] *sm Mus.* mezzosoprano, mezzo soprano.

mei.ri.nho [mejr'iñu] *sm* usciere.

mel [m'ɛw] *sm* miele. *Poet.* mele.

mel-ro.sa.do [mewřoz'adu] *sm Med.* miele rosato.

me.la.ço [mel'asu] *sm* melassa.

me.lan.ci.a [melãs'iə] *sf* cocomero, anguria.

me.lan.co.li.a [melãkol'iə] *sf* malinconia, tristezza. *Fig.* tedio, depressione.

me.lan.có.li.co [melãk'oliku] *agg* malinconico, triste. *Fig.* grigio, mesto. **ficar** ≃ immalinconire.

me.lão [mel'ãw] *sm* melone, popone.

me.lhor [meʎ'or] *sm* il migliore, il meglio. **mas o** ≃ **veio depois** *Iron.* ma il bello è venuto dopo. *sf* la meglio. **levar a** ≃ avere la meglio. *agg compar* (di **bom**) migliore; meglio; superiore. *avv* piuttosto. *avv compar* (di **bem**) meglio. **de bem para** ≃ di bene in meglio.

me.lho.ra [meʎ'orə] *sf* miglioramento. *Med.* declinazione (di una malattia). *Fig.* riforma. ≃ **de saúde** miglioria.

me.lho.ra.men.to [meʎoram'ẽtu] *sm* miglioramento, ammendamento. ≃ **agrícola** miglioria.

me.lho.rar [meʎor'ar] *vt* migliorare; correggere. *Fig.* riformare; arricchire. *vi* migliorare;

perfeizonarsi; emendarsi; ristabilirsi. *Med.* risolversi. *vpr* migliorarsi. ≃ **o inglês** rinfrescare il suo inglese.

me.lho.ri.a [meλori'ə] *sf* miglioramento.

me.lin.dro.so [melĩdr'ozu] *agg Fig.* suscettibile.

me.lis.sa [mel'isə] *sf Bot.* melissa, cedronella.

me.lo.di.a [melod'iə] *sf* melodia. *Poet.* melode.

me.ló.di.co [mel'ɔdiku] *agg* melodico.

me.lo.dra.ma [melodr'Λmə] *sm* melodramma.

me.lo.dra.má.ti.co [melodram'atiku] *agg* melodrammatico.

me.lo.ei.ro [melo'ejru] *sm Bot.* melone, popone.

mel.ro [m'ewr̃u] *sm Zool.* merlo.

mem.bra.na [mẽbr'Λnə] *sf Anat.* membrana, tonaca. ≃ **da cebola** foglia. ≃ **interna da romã** cica.

mem.bro [m'ẽbru] *sm* membro, socio, adepto. *Anat.* membro, estremità. *Gramm.* membro. *Fig.* membro, pene, organo sessuale maschile. ≃ **articulado** arto.

mem.bru.do [mẽbr'udu] *agg* membruto.

me.mo.ran.do [memor'ãdu] *sm* memorandum.

me.mó.ria [mem'ɔrjə] *sf* memoria, mente. *Inform.* memoria. ≃ **s** *pl* memorie.

me.mo.ri.al [memori'aw] *sm* memoriale.

me.mo.ri.zar [memoriz'ar] *vt* fissare.

men.ção [mẽs'ãw] *sf* menzione, citazione. ≃ **honrosa** menzione d'onore. **fazer** ≃ **a** far menzione di, menzionare, mentovare.

men.cio.na.do [mẽsjon'adu] *part+agg* detto. **acima** ≃ *agg* suddetto, sopraddetto.

men.cio.nar [mẽsjon'ar] *vt* menzionare, citare, nominare; sfiorare un argomento.

men.di.can.te [mẽdik'ãti] *agg* mendicante, mendico.

men.di.cân.cia [mẽdik'ãsjə] *sf* accatto, questua.

men.di.gar [mẽdig'ar] *vt* mendicare, accattare. *vi* pitoccare.

men.di.go [mẽd'igu] *sm* mendicante, accattone, pitocco. *Ger.* barbone.

me.ne.ar [mene'ar] *vt* dimenare. *vpr* dimenarsi, ancheggiare.

me.nes.trel [menestr'εw] *sm* menestrello, cantastorie, giullare.

me.ni.na [men'inə] *sf* bambina, fanciulla, ragazza. *Fam.* bimba. ≃ **dos olhos** *Fam.* pupilla. *Fig.* fiore all'occhiello, perla coltivata, vanto. ≃ **linda** pupa.

me.nin.ge [men'ĩ3i] *sf Anat.* meninge.

me.nin.gi.te [menĩ3'iti] *sf Med.* meningite.

me.ni.ni.ce [menin'isi] *sf* infanzia.

me.ni.no [men'inu] *sm* bambino, fanciullo, ragazzo, puttino. *Fam.* bimbo, fantoccio. *Lett.*

garzoncello. *Fig.* pupo. ≃ **de rua** ragazzo di strada. **M** ≃ **Jesus** Gesù Bambino. ≃ **travesso** monello. *Ger.* scugnizzo.

me.no.pau.sa [menop'awzə] *sf Med.* menopausa, climaterio.

me.nor [men'ɔr] *sm Giur.* pupillo. ≃ **de idade** minore. *agg compar* (di **pequeno**) minore. **ordens** ≃ **es** *Rel.* ordini minori.

me.no.ri.da.de [menorid'adi] *sf* minorità, età minore.

me.nos [m'enus] *avv* manco. *avv compar* (di **pouco**) meno. **ao** ≃, **pelo** ≃ almeno; se non altro. ≃ **mal** meno male. *prep* eccetto.

me.nos.pre.za.do [menosprez'adu] *part+agg Fig.* posposto.

me.nos.pre.zar [menosprez'ar] *vt Fig.* posporre, posponere. *vpr* sminuirsi.

men.sa.gei.ro [mẽsa3'ejru] *sm* messaggero, emissario, messo; corriere, fattorino. *Fig.* ambasciatore. *agg* messaggero.

men.sa.gem [mẽs'a3ẽj] *sf* messaggio, ambasciata, rigo, comunicazione; biglietto.

men.sal [mẽs'aw] *agg* mensile. *Pop.* mensuale.

men.sa.li.da.de [mẽsalid'adi] *sf Comm.* retta.

mens.tru.a.ção [mẽstruas'ãw] *sf* mestruazione.

mens.tru.ar [mẽstru'ar] *vi* mestruare.

men.ta [m'ẽtə] *sf Bot.* menta.

men.tal [mẽt'aw] *agg* mentale.

men.te [m'ẽti] *sf* mente. *Fig.* cervello; interiore.

men.te.cap.to [mẽtek'aptu] *sm+agg* mentecatto.

men.tir [mẽt'ir] *vi* mentire; infingere, infingersi; dir menzogne.

men.ti.ra [mẽt'irə] *sf* bugia, menzogna, finzione, fola, frottola. *Ger.* bubbola. *Lett.* mendacio. *Fig.* invenzione, carota, pera, cosa da gazzetta. **a** ≃ **tem perna curta** le bugie hanno gambe corte.

men.ti.ro.so [mẽtir'ozu] *sm* bugiardo, menzognero. *Ger.* ballista. *Lett.* mendace. *Fig. disp* gesuita. *agg* bugiardo, menzognero. *Ger.* ballista.

men.tor [mẽt'or] *sm Lett.* mentore.

me.nu [men'u] *sm* lista. *an Inform.* menù.

me.ra.men.te [meram'ẽti] *avv* meramente.

mer.ca.do [merk'adu] *sm* mercato, fiera, emporio, bazar. *Comm.* mercato, piazza. ≃ **de peixe** pescheria. *Pop.* baccano. ≃ **negro** mercato nero.

mer.ca.dor [merkad'or] *sm* commerciante.

mer.ca.do.ri.a [merkador'iə] *sf* merce, mercanzia, genere. ≃ **não vendida** merce giacente. **liberar uma** ≃ *Comm.* svincolare.

mer.can.til [merkãt'iw] *agg* mercantile.

mer.cê [mers'e] *sf Lett.* mercé.

mer.ce.a.ri.a [mersear'iə] *sf* drogheria.

mer.ce.ei.ro [merse'ejru] *sm* droghiere.

mer.ce.ná.rio [mersen'arju] *sm* mercenario. **agg** mercenario. *Fig. disp* venale. **soldado** ≃ soldato mercenario.

mer.cú.rio [merk'urju] *sm Chim.* mercurio, idrargiro, argento vivo. **M** ≃ *Astron.* e *Mit.* Mercurio.

mer.da [m'ɛrdə] *sf Volg.* merda, cacca.

me.re.ce.dor [meresed'or] *agg* meritevole, degno, benemerito.

me.re.cer [meres'er] *vt* meritare.

me.re.ci.do [meres'idu] *agg* condegno.

me.re.ci.men.to [meresim'ẽtu] *sm* merito.

me.ren.da [mer'ẽdə] *sf* merenda.

me.ren.dar [merẽd'ar] *vt* merendare.

me.re.trí.cio [meretr'isju] *sm* meretricio.

me.re.triz [meretr'is] *sf* meretrice, bagascia, sgualdrina.

mer.gu.lha.dor [merguʎad'or] *sm Naut.* palombaro, marangone.

mer.gu.lhão [merguʎ'ãw] *sm Zool.* beccapesci, marangone, garganello.

mer.gu.lhar [merguʎ'ar] *vt* tuffare, immergere, sommergere. *vi* tuffarsi, tonfare, sommergersi, buttarsi. ≃ **de nariz** *Aer.* picchiare. ≃ **em débitos, vícios, etc.** ingolfarsi.

mer.gu.lho [merg'uʎu] *sm* tuffo, tonfo, bagnata. **dar um** ≃ fare un tuffo.

me.ri.di.a.no [meridi'anu] *sm Geogr.* meridiano. *agg* meridiano.

me.ri.dio.nal [meridjon'aw] *agg* meridionale. *Fig.* antartico.

mé.ri.to [m'eritu] *sm* merito, pregio, valore. *Fig.* lode. **entrar no** ≃ **de** entrare nel merito di. ≃ **da causa** merito della causa.

me.ro [m'eru] *agg* mero.

mês [m'es] *sf* mese; mesata.

me.sa [m'ezə] *sf* tavola. ≃ **de deputados ou juízes** banco. ≃ **de jantar** desco. ≃ **de jogo** tavola da giuoco. ≃ **de operação** *Med.* tavolo operatorio. ≃ **farta** tavola allegra. ≃ **girante** *Spirit.* tavolino parlante. ≃ **para refeições** mensa. **pôr a** ≃ apparecchiare. **pôr a refeição à** ≃ servire la refezione.

me.sa-de-ca.be.cei.ra [mezadikabes'ejrə] *sf* comodino, tavolino da notte.

mes.cla [m'esklə] *sf* mescolanza, mistura, impasto.

mes.cla.do [meskl'adu] *part + agg* commisto, brizzolato.

mes.clar [meskl'ar] *vt* mescolare, misturare, mischiare, immischiare, impastare.

me.si.nha [mez'iñə] *sf dim* tavolino.

mes.mo [m'ezmu] *sm* il medesimo. *pron* medesimo, stesso. **eu** ≃ io stesso. *avv* appunto, infatti, addirittura. ≃ **que** contuttoché. **nem** ≃ manco. **estar na** ≃ **a** *Fam.* essere alle stesse.

mes.qui.nha.ri.a [meskiñar'iə] *sf* grettezza; avarizia.

mes.qui.nhez [meskiñ'es] *sf* grettezza, miseria; meschinità, cattiveria.

mes.qui.nho [mesk'iñu] *agg* gretto, cattivo, tristo; meschino, avaro.

mes.qui.ta [mesk'itə] *sf Rel.* moschea.

mes.se [m'esi] *sf Lett.* messe.

mes.si.â.ni.co [mesi'Aniku] *agg* messianico.

Mes.si.as [Mes'iəs] *sm Rel.* Messia.

mes.tra [m'estrə] *sf* maestra. **a dor é uma grande** ≃ il dolore è un gran maestro.

mes.tra.do [mestr'adu] *sm* maestrato.

mes.tre [m'estri] *sm* maestro; caposcuola; docente; artefice. *Fig.* artista. **agg** maestro, mastro, artefice.

mes.tre-de.ca.pe.la [mestridikap'ɛlə] *sm Mus.* maestro di cappella.

mes.tre-de-ce.ri.mô.nias [mestridiserim'onjəs] *sm* maestro di cerimonie, cerimoniere.

mes.tre-de-o.bras [mestridi'ɔbrəs] *sm* capomaestro, capomastro.

me.su.ra [mez'urə] *sf* riverenza, chino, inchino.

me.ta [m'etə] *sf* meta; ideale, mente; fine, finalità. *Fig.* bersaglio, mira, sogno.

me.ta.car.po [metak'arpu] *sm Anat.* metacarpo, metacarpio.

me.ta.de [met'adi] *sf* metà.

me.ta.fí.si.ca [metaf'izikə] *sf* metafisica.

me.ta.fí.si.co [metaf'iziku] *sm + agg* metafisico.

me.tá.fo.ra [met'aforə] *sf Gramm.* metafora, allegoria. **usar** ≃ **s** metaforeggiare.

me.ta.fó.ri.co [metaf'ɔriku] *agg* metaforico, allegorico.

me.ta.fo.ri.zar [metaforiz'ar] *vi* metaforeggiare, metaforizzare.

me.tal [met'aw] *sm Chim.* metallo. ≃ **leve** metallo leggiero. **o vil** ≃ *disp* il vil metallo, l'oro. ≃ **ais** *pl Mus.* ottoni. ≃ **ais preciosos** *pl* preziosi.

me.tá.li.co [met'aliku] *agg* metallico. *Fig.* cristallino (suono).

me.ta.li.zar [metaliz'ar] *vt* metallizzare.

me.ta.lur.gi.a [metalurʒ'iə] *sf* metallurgia.

me.ta.lúr.gi.co [metal'urʒiku] *agg* metallurgico.

me.ta.mor.fo.se [metamorf'ɔzi] *sf* metamorfosi, mutazione.

me.ta.mor.fo.se.ar [metamorfoze'ar] *vt* metamorfosare.

me.ta.no [met'∧nu] *sm Chim.* metano, metane, formene.

me.ta.psí.qui.ca [metaps'ikikə] *sf* metapsichica.

me.tás.ta.se [met'astazi] *sf Gramm.* e *Med.* metastasi.

me.ta.tar.so [metat'arsu] *sm Anat.* metatarso.

me.te.ó.ri.co [mete'ɔriku] *agg* meteorico.

me.te.o.ri.to [meteor'itu] *sm Astron.* meteorite, aerolito.

me.te.o.ro [mete'ɔru] *sm Astron.* bolide.

me.te.o.ro.lo.gi.a [meteoroloʒ'iə] *sf* meteorologia.

me.ter [met'er] *vt* porre, mettere. *vpr* curiosare; avvolgersi, entrare. *Fam.* imbucarsi. *Fig.* ficcarsi, bracare.

me.ti.cu.lo.si.da.de [metikulozid'adʒi] *sf* meticolosità, pignoleria. *Fig.* scrupolo, gelosia.

me.ti.cu.lo.so [metikul'ozu] *agg* meticoloso, minuzioso, accurato. *Fig.* scrupoloso, geloso.

me.ti.do [met'idu] *sm* ficcanaso, fiutafatti, frugolone. *Fig.* fante di picche, vescica gonfia. *agg* inframmettente. *Pop.* borioso.

me.tó.di.co [met'ɔdiku] *agg* metodico, sistematico, diligente.

mé.to.do [m'etodu] *sm* metodo; processo, sistema, via; criterio, regola. *Fig.* binario, chiave. ≃ **dedutivo** metodo deduttivo. ≃ **indutivo** metodo induttivo. ≃ **experimental** metodo sperimentale.

me.tra.lha.do.ra [metraʎad'orə] *sf* mitragliatrice, mitra. ≃ **de cano curto** lupara.

me.tra.lhar [metraʎ'ar] *vt* mitragliare.

mé.tri.ca [m'etrikə] *sf Gramm.* metrica.

mé.tri.co [m'etriku] *agg* metrico. **sistema** ≃ **decimal** sistema metrico decimale.

me.tro [m'etru] *sm* metro. ≃ **do verso** *Lett.* e *Poet.* metro, misura.

me.trô [metr'o] *sm Bras.* sotterranea, metropolitana.

me.trô.no.mo [metr'onomu] *sm Mus.* metronomo.

me.tró.po.le [metr'ɔpoli] *sf* metropoli.

me.tro.po.li.ta.no [metropolit'∧nu] *sm Rel.* metropolitano. *agg* metropolitano.

meu [m'ew] *pron msg* mio. **mi.nha** [m'iñə] *fsg* mia. **meus** [m'ews] *mpl* miei. **mi.nhas** [m'iñəs] *fpl* mie. **os meus bens** *Fig.* il mio. **os meus (parentes); a minha família** *Fig.* i miei.

me.xer [meʃ'er] *vt* mestare, rimestare; muovere; toccare.

me.xe.ri.ca [meʃer'ikə] *sf Bot.* bergamotta, mandarino. **pé de** ≃ bergamotto.

me.xe.ri.car [meʃerik'ar] *vi* pettegoleggiare, bracare.

me.xe.ri.co [meʃer'iku] *sm* pettegolezzo, ciarla, chiacchiera.

me.xe.ri.quei.ra [meʃerik'ejrə] *sf* pettegola. *Ger.* comare.

me.xe.ri.quei.ro [meʃerik'ejru] *sm* pettegolo, mettimale. *Pop.* chiacchierone.

me.xi.ca.no [meʃik'∧nu] *sm* + *agg* messicano.

me.xi.lhão [meʃiʎ'ãw] *sm Zool.* cozza, arsella.

me.za.ni.no [mezan'inu] *sm* mezzanino, ammezzato.

mi [m'i] *sm Mus.* mi, terza nota musicale.

mi.a.do [mi'adu] *sm* miagolio.

mi.ar [mi'ar] *vi* miagolare, gnaulare.

mi.as.ma [mi'azmə] *sm* miasma.

mi.au [mi'aw] *sm* gnao, gnau, gnau.

mi.ca [m'ikə] *sf Min.* mica.

mi.co [m'iku] *sm* micco.

mi.co.se [mik'ɔzi] *sf Med.* micosi.

mi.cró.bio [mikr'ɔbju] *sm Med.* microbio, batterio, germe patogeno. *Pop.* microbo.

mi.cro.cos.mo [mikrok'ɔzmu] *sm Fil.* microcosmo, l'uomo.

mi.cro.fo.ne [mikrof'oni] *sm* microfono.

mi.cro.pro.ces.sa.dor [mikroprosesad'or] *sm Inform.* microprocessore.

mi.cror.ga.nis.mo [mikrorgan'izmu] *sm* microrganismo.

mi.cros.có.pio [mikrosk'ɔpju] *sm* microscopio.

mi.ga.lha [mig'aʎə] *sf* briciola, briciolo. *Fig.* filo.

mi.gra.ção [migras'ãw] *sf* migrazione.

mi.grar [migr'ar] *vi* migrare.

mi.guel [mig'ew] *sm* nell'espressione **fazer-se de** ≃ *Fam.* fare lo gnorri.

mi.jar [miʒ'ar] *vi Volg.* pisciare, mingere, orinare.

mi.jo [m'iʒu] *sm Volg.* piscio, piscia.

mil [m'iw] *sm* + *num* mille. **uns** ≃, **umas** ≃ un migliaio.

mi.la.gre [mil'agri] *sm* miracolo, prodigio; meraviglia. **escapar por** ≃ essersela cavata per miracolo.

mi.la.gro.so [milagr'ozu] *agg* miracoloso, prodigioso, soprannaturale.

mi.la.nês [milan'es] *sm* + *agg* milanese, ambrosiano.

mi.le.nar [milen'ar] *agg* millenario. *Fig.* secolare.

mi.lê.nio [mil'enju] *sm* millennio, millesimo, mille anni.

mi.lé.si.mo [mil'ezimu] *sm* + *num* millesimo.

mi.lha [m'iʎə] *sf* miglio. ≃ **inglesa** miglio inglese. ≃ **marítima** miglio marino.

mi.lha.fre [miʎ'afri] *sm Zool.* nibbio.

mi.lhão [miλ'ãw] *sm+num* milione.

mi.lhar [miλ'ar] *sm* migliaio. ≃es de pessoas un migliaio di persone.

mi.lho [m'íλu] *sm* granturco, grano turco, frumentone, mais.

mi.lí.cia [mil'isjə] *sf* milizia.

mi.li.gra.ma [miligr'ʌmə] *sm* milligrammo.

mi.li.li.tro [milil'itru] *sm* millilitro.

mi.lí.me.tro [mil'imetru] *sm* millimetro.

mi.lio.ná.rio [miljon'arju] *sm* milionario, quattrinaio. *Fig.* magnate. *agg* milionario.

mi.lio.né.si.mo [miljon'ezimu] *sm+num* milionesimo.

mi.li.tan.te [milit'ãti] *s Pol.* militante, attivista.

mi.li.tar [milit'ar] *sm* militare, milite, uomo d'arme. *Fig.* carabiniere. *vi* militare. ≃ em *Fig.* militare in, partecipare a. *agg* militare, bellico. *Fig.* marziale.

mi.li.ta.ri.zar [militariz'ar] *vt* armare.

mim [m'ĩ] a ≃ a me. de ≃ di me. quanto a ≃ per me. para ≃ secondo me. sem ≃ senza di me.

mi.mar [mim'ar] *vt* coccolare, vezzeggiare, ammoinare.

mi.me.tis.mo [mimet'izmu] *sm* mimetismo.

mí.mi.ca [m'imikə] *sf* mimica; mima.

mí.mi.co [m'imiku] *sm* mimo. *agg* mimico.

mi.mo [m'imu] *sm* carezza.

mi.mo.sa [mim'ɔzə] *sf Bot.* mimosa.

mi.mo.so [mim'ozu] *agg* vezzoso.

mi.na [m'inə] *sf* mina (esplosivo). *Min.* miniera, cava; giacimento. ≃ de enxofre solfatara, zolfatara. ≃ de ouro miniera di oro. *Fig.* America. ≃ de prata argentiera.

mi.nar [min'ar] *vt an Fig.* minare.

mi.na.re.te [minar'eti] *sm* minareto.

min.di.nho [mĩd'iñu] *sm dim Pop.* mignolo.

mi.ne.ral [miner'aw] *sm+agg* minerale. água ≃ acqua minerale. reino ≃ regno minerale.

mi.ne.ra.lo.gi.a [mineraloʒ'iə] *sf* mineralogia.

mi.nes.tro.ne [minestr'oni] *sm* minestrone.

min.gua.do [mĩg'wadu] *agg* esiguo, scemo.

mi.nho.ca [miñ'ɔkə] *sf* lombrico.

mi.nia.tu.ra [minjat'urə] *sf* miniatura. em ≃ in miniatura.

mí.ni.ma [m'inimə] *sf Mus.* minima.

mi.ni.mi.zar [minimiz'ar] *vt* ridurre, appicciolire. *Fig.* smussare.

mí.ni.mo [m'inimu] *sm* minimo, la minima parte. *agg superl* (di pequeno) minimo. no ≃ almeno; se non altro; quantomeno. não dar a ≃ a *Pop.* beffarsi.

mi.nis.te.ri.al [ministeri'aw] *agg* ministeriale.

mi.nis.té.rio [minist'ɛrju] *sm* ministero, gabinetto. ≃ público *Giur.* pubblico ministero.

mi.nis.tra [min'istrə] *sf* ministressa.

mi.nis.trar [ministr'ar] *vt Lett.* ministrare. ≃ os sacramentos amministrare i sacramenti.

mi.nis.tro [min'istru] *sm* ministro. ≃ da Igreja ministro di Dio. ≃ das Relações Exteriores ministro degli Esteri.

mi.no.rar [minor'ar] *vt* minorare. *Comm.* sgravare.

mi.no.ri.a [minor'iə] *sf* minoranza, minorità.

mi.nú.cia [min'usjə] *sf* minuzia, minutezza.

mi.nu.ci.o.so [minusi'ozu] *agg* minuzioso, rigoroso, minuto. *Fig.* analitico, capillare.

mi.nu.e.to [minu'etu] *sm Mus.* minuetto.

mi.nús.cu.la [min'uskulə] o letra minúscula *sf* lettera minuscola.

mi.nús.cu.lo [min'uskulu] *agg* minuscolo; minuto; esiguo. letra ≃a → minúscula.

mi.nu.ta [min'utə] *sf* minuta. ≃ de reunião verbale.

mi.nu.ti.nho [minut'iñu] *sm dim Fig.* secondo.

mi.nu.to [min'utu] *sm* minuto.

mio.cár.dio [miok'ardiw] *sm Anat.* miocardio.

mio.lo [mi'olu] *sm Bot.* garzuolo. ≃ de pão mollica, midolla. ≃s de animais *pl* cervella.

mío.pe [mi'ɔpi] *s+agg* miope.

mio.pi.a [miop'iə] *sf* miopia.

mio.só.tis [mioz'ɔtis] *sm Bot.* miosotide, nontiscordardimè.

mi.ra [m'irə] *sf* mira; mirino; scopo. fazer ≃ prendere la mira.

mi.ra.gem [mir'aʒẽj] *sf* fata morgana, visione. *Fis.* miraggio. *Fig.* chimera.

mi.ran.te [mir'ãti] *sf* belvedere, altana.

mi.rar [mir'ar] *vt* mirare, bersagliare, puntare, prendere la mira.

mi.ri.á.po.des [miri'apodis] *sm pl Zool.* miriapodi.

mir.ra [m'iřə] *sf Bot.* mirra.

mir.ra.do [miř'adu] *part+agg* sparuto.

mir.rar [miř'ar] *vi* sfiorire.

mi.san.tro.po [mizãtr'opu] *sm* misantropo.

mis.ce.lâ.nea [misel'ʌnjə] *sf* miscellanea.

mi.se.rá.vel [mizer'avew] *s* miserabile; meschino, misero; nullatenente. *Fig.* paria, straccione. *agg* miserabile, miserando; misero, bisognoso; sciagurato. *Fig.* squallido.

mi.sé.ria [miz'ɛrjə] *sf* miseria, meschinità, scarsezza. *Fig.* estremità, squallore. ficar na ≃ *Fig.* ridursi sul lastricato.

mi.se.ri.cór.dia [mizerik'ɔrdjə] *sf* misericordia, clemenza, compassione. *Giur.* grazia. golpe

de ≃ colpo di grazia. **sem** ≃ senza misericordia.

mi.se.ri.cor.di.o.so [mizerikordi'ozu] *agg* misericordioso, clemente; caritatevole.

mí.se.ro [m'izeru] *agg* misero, meschino, piccolo.

mi.só.gi.no [miz'ɔʒinu] *sm* misogino.

mis.sa [m'isə] *sf Rel.* messa, servizio divino. **M ≃ do Galo** Messa di Mezzanotte.

mis.são [mis'ãw] *sf* missione, incarico, incombenza. *Rel.* missione.

mís.sil [m'isiw] *sm Mil.* missile. *Aer.* siluro.

mis.sio.ná.rio [misjon'arju] *sm Rel.* missionario, apostolo.

mis.si.va [mis'ivə] *sf* missiva.

mis.ter [mist'er] *sm* mestiere, professione; incombenza. **ser** ≃ esser d'uopo.

mis.te.ri.o.so [misteri'ozu] *agg* misterioso; segreto, incognito; enigmatico, arcano; recondito. *Fig.* cabalistico, ermetico, geroglifico.

mis.té.rio [mist'erju] *sm* mistero, segreto, enigma, arcano. *Rel.* mistero. *Fig.* rompicapo.

mis.ti.cis.mo [mistis'izmu] *sm* misticismo.

mís.ti.co [m'istiku] *sm* mistico. *agg* mistico, trascendente. *Fig.* spirituale.

mis.ti.fi.car [mistifik'ar] *vt* mistificare.

mis.to [m'istu] *sm* + *agg* misto.

mis.tu.ra [mist'urə] *sf* mistura, mescolanza, miscellanea, misto; amalgama; miscuglio, guazzabuglio; dedalo. *Fig.* zuppa, fricassea.

mis.tu.ra.do [mistur'adu] *agg* misto, promiscuo, eterogeneo, commisto. *Fig.* ibrido.

mis.tu.rar [mistur'ar] *vt* misturare, mescolare, mischiare, intrugliare; fondere, amalgamare, impastare; aggiungere. *vpr* mescolarsi, immischiarsi, accomunarsi.

mí.ti.co [m'itiku] *agg* mitico. *Fig.* eroico.

mi.ti.gar [mitig'ar] *vt Lett.* mitigare.

mi.to [m'itu] *sm* mito; favola, fiaba. *Fig.* tradizione.

mi.to.lo.gi.a [mitoloʒ'iə] *sf* mitologia.

mi.tra [m'itrə] *sf* mitra, tiara.

mi.u.de.za [miud'ezə] *sf* minutezza. *Fig.* finezza. ≃s *pl* chincaglie, chincaglieria; mercerie. *Pop.* minutaglia, minuteria.

mi.ú.do [mi'udu] *sm* (utilizzato nel *pl* **miúdos**) frattaglie *pl*, visceri *pl*, trippa. *agg* minuto. *Fig.* fine, fino.

mi.xa.ri.a [miʃar'iə] *sf* bagatella, quisquilia, nonnulla. *Fig.* neo.

mó [m'ɔ] *sf* macina, mola.

mo.a.gem [mo'aʒɐ̃j] *sf* molitura.

mo.bí.lia [mob'iljə] *sf* mobilia, suppellettile, corredo, masserizia. *Pop.* arredamento.

mo.bi.li.ar [mobil'iar] *vt* mobiliare, ammobiliare, addobbare, corredare.

mo.bi.li.da.de [mobilid'adi] *sf* mobilità.

mo.bi.li.zar [mobiliz'ar] *vt Mil.* mobilitare.

mo.ça [m'osə] *sf* ragazza, signorina, giovane. ≃ **nobre** *St.* donzella. ≃ **bonita** *Fig.* bambola.

mo.ção [mos'ãw] *sf* mozione.

mo.cas.sim [mokas'ĩ] *sm* mocassino.

mo.chi.la [moʃ'ilə] *sf* zaino; sacco da montagna.

mo.cho [m'oʃu] *sm Zool.* gufo, allocco, barbagianni.

mo.ci.nha [mos'iɲə] *sf dim* giovane. *Fig.* damigella, ninfa.

mo.ço [m'osu] *sm* ragazzo, giovane. *Poet.* garzone.

mo.da [m'ɔdə] *sf* moda; voga, uso. *Fig.* attualità. **a última** ≃ l'ultima moda. **à** ≃ **antiga** all'antica. **estar em** ≃ essere di moda, usare, essere in voga. **fora de** ≃ fuori moda, vecchio. *Pop.* anacronistico. **na** ≃ di moda, invalso. *Pop.* giovane.

mo.da.li.da.de [modalid'adi] *sf Lett.* modalità, maniera di essere.

mo.de.lar [model'ar] *vt* modellare, plasmare, formare. *vpr* modellarsi, seguire un modello. *agg* esemplare.

mo.de.lo [mod'elu] *sm* modello; sagoma, plastico; calco, schema; esempio, tipo, archetipo; creazione; indossatore, manichino. *Fig.* stampa; cliché. ≃ **fotográfico** modello fotografico. *vt* indossatrice, modella.

mo.de.nen.se [moden'ẽsi] *sm* + *agg* modenese.

mo.de.ra.ção [moderas'ãw] *sf* moderazione, moderatezza, sobrietà, temperanza, discrezione. *Fig.* parsimonia, misura.

mo.de.ra.do [moder'adu] *sm Pol.* moderato. *part* + *agg* moderato; contenuto; sobrio, discreto; blando. *Lett.* mite.

mo.de.ra.dor [moderad'or] *sm Pol.* moderatore.

mo.de.rar [moder'ar] *vt* moderare; governare. *Fig.* frenare, raffrenare; temperare.

mo.der.ni.da.de [modernid'adi] *sf* modernità.

mo.der.nis.mo [modern'izmu] *sm* modernismo.

mo.der.ni.zar [moderniz'ar] *vt* rendere moderno, aggiornare.

mo.der.no [mod'ernu] *agg* moderno; contemporaneo, giornaliero; nuovo; civile. *Fig.* attuale.

mo.des.to [mod'estu] *agg* modesto; umile. *Fig.* semplice.

mo.dés.tia [mod'estjə] *sf* modestia; umiltà. *Fig.* semplicità. ≃ **à parte** modestia a parte.

mó.di.co [mɔ'diku] *agg* modico, modesto. *Lett.* mite.

mo.di.fi.ca.ção [modifikas'ãw] *sf* modificazione; riforma; variante.

mo.di.fi.car [modifik'ar] *vt* modificare, alterare, cambiare, riformare; rivoluzionare; correggere, emendare. *Fig.* capovolgere.

mo.dis.ta [mod'ista] *s* modista, stilista.

mo.do [m'ɔdu] *sm* modo; maniera, via; forma, stile, sorta. *Gramm.* e *Mus.* modo. *Fig.* chiave. ≃s *pl* modi, tratti, garbo *sg.* ≃ **de andar** portamento. ≃ **de dizer** dire. ≃ **de ver** opinione. **maus** ≃s malagrazia. **de** ≃ **que** cong di guisa che, cosicché, sicché, talché. **de qualquer** ≃ *avv* comunque. **desse** ≃ *avv* così. **grosso** ≃ *avv* grossomodo.

mo.du.lar [modul'ar] *vt* modulare.

mó.du.lo [m'ɔdulu] *sm* modulo, capsula (di astronave).

mo.e.da [mo'ɛdə] *sf* moneta; denaro. *Comm.* divisa, valuta. *Fig.* soldo. ≃ **antiga** moneta antica. ≃ **de ouro** oro. ≃ **de prata** argento. **pagar na mesma** ≃ ricambiare della stessa moneta.

mo.e.dei.ro [moed'ejru] *sm* monetario, chi fabbrica monete.

mo.e.dor [moed'or] *sm* macinino. ≃ **de café** macinacaffè. ≃ **de carne** tritacarne. ≃ **de pimenta** macinapepe. *agg* molare.

mo.e.du.ra [moed'urə] *sf* molitura.

mo.er [mo'er] *vt* macinare, tritare, triturare, pestare.

mo.fa.do [mof'adu] *part+agg* rancido.

mo.far [mof'ar] *vi* muffire, ammuffire, infunghire.

mo.fo [m'ofu] *sm* muffa.

mog.no [m'ɔgnu] *sm Bot.* mogano, acagiù.

mo.í.do [mo'idu] *part+agg* trito, pesto.

mo.i.nho [mo'iɲu] *sm* mulino. ≃ **de água** mulino ad acqua. ≃ **de vento** mulino a vento.

moi.ta [m'ojtə] *sf* cespuglio, cespo. *Fig.* ciuffo.

mo.la [m'ɔlə] *sf* molla.

mo.lar [mol'ar] *sm* molare, dente molare. *agg* molare.

mol.dar [mowd'ar] *vt* informare.

mol.de [m'ɔwdi] *sm* modello, sagoma; matrice, madre; calco. ≃ **oco** cavo. ≃ **vazado** stampo. **tirar o** ≃ prendere l'impronta.

mol.du.ra [mowd'urə] *sf* cornice.

mo.le [m'ɔli] *agg* molle, boffice, frollo, floscio. *Fig.* dolce, bolso.

mo.le.ca.gem [molek'aʒẽj] *sf* birbanteria.

mo.le.co.te [molek'ɔti] *sm+agg* birbante.

mo.lé.cu.la [mol'ɛkulə] *sf Chim.* molecola.

mo.le.cu.lar [molekul'ar] *agg* molecolare.

mo.lei.ra [mol'ejrə] *sf Anat. Pop.* fontanella.

mo.lei.rão [molejr'ãw] *sm* floscione, piaccicone. *Fig.* pecora.

mo.lei.ro [mol'ejru] *sm* mugnaio.

mo.le.jo [mol'eʒu] *sm Mecc.* giuoco.

mo.len.ga [mol'ẽgə] *s Pop.* fiaccone.

mo.le.que [mol'ɛki] *sm* monello. *Ger.* scugnizzo. *Fig.* pupo. ≃ **travesso** birichino, peste, diavolo scatenato.

mo.les.tar [molest'ar] *vt* molestare, incomodare. *Fig.* cuocere, asfissiare.

mo.lés.tia [mol'estjə] *sf* malattia, infermità; incomodo, fastidio.

mo.le.za [mol'ezə] *sf* mollezza, cedevolezza.

mo.lha.do [moʎ'adu] *part+agg* bagnato, molle, umido, zuppo.

mo.lhar [moʎ'ar] *vt* bagnare, infradiciare, immollare. *vpr* bagnarsi, infradiciarsi, immollarsi.

mo.lho [m'oʎu] *sm* salsa, sugo; molle; mazzo, fascio di chiavi. ≃ **branco** salsa bianca. ≃ **de tomate** salsa di pomodoro.

mo.li.ni.lho [molin'iʎu] *sm* frullino.

mo.lus.co [mol'usku] *sm* mollusco.

mo.men.ta.ne.a.men.te [momẽtaneam'ẽti] *avv* a momento.

mo.men.tâ.neo [momẽt'ʌnju] *agg* momentaneo, fugace, avventizio.

mo.men.to [mom'ẽtu] *sm* momento; attimo, istante, ora; circostanza, congiuntura. *Fis.* momento. *Fig.* minuto; punto. ≃ **de decisão** svolta. ≃ **histórico** momento storico. **até o** ≃ **em que** fintantoché. **em** ≃ **inoportuno** fuori di stagione. **em** ≃**s difíceis** come state a questi lumi di luna. **naquele** ≃ in quel mentre. **nesse mesmo** ≃ intanto. **neste** ≃ adesso, ora. **no** ≃ intanto. **no** ≃ **oportuno** a tempo e luogo. **num primeiro** ≃ alla prima giunta, di primo lancio. **por um** ≃ a momento.

mo.nar.ca [mon'arkə] *sm* monarca.

mo.nar.qui.a [monark'iə] *sf* monarchia.

mo.nár.qui.co [mon'arkiku] *agg* monarchico.

mo.nar.quis.ta [monark'istə] *s* monarchico.

mo.nás.ti.co [mon'astiku] *agg* monastico.

mon.ções [mõs'õjs] *sf pl Geogr.* monsoni.

mo.ne.tá.rio [monet'arju] *agg* monetario.

mon.ge [m'ɔʒi] *sm* monaco.

mon.gó.li.co [mõg'ɔliku] *agg* mongolico.

mo.ni.tor [monit'or] *sm Inform.* video.

mon.ja [m'ɔʒə] *sf* monaca.

mo.no.cór.dio [monok'ɔrdju] *sm Mus.* monocordo.

mo.no.co.ti.le.dô.nea [monokotiled'onjə] s Bot. monocotiledone.

mo.no.co.ti.le.dô.neo [monokotiled'onjo] agg monocotiledone.

mo.no.cu.lo [mon'ɔkulo] sm monocolo, caramella.

mo.no.cul.tu.ra [monokult'urə] sf monocoltura.

mo.no.ga.mi.a [monogam'iə] sf monogamia.

mo.nó.ga.mo [mon'ɔgamo] sm+agg monogamo.

mo.no.gra.fi.a [monograf'iə] sf studio.

mo.no.gra.ma [monogr'Λmə] sm sigla.

mo.no.li.to [monol'itu] sm monolito.

mo.nó.lo.go [mon'ɔlogu] sm monologo.

mo.no.pla.no [monopl'Λnu] sm Aer. monoplano.

mo.no.pó.lio [monop'ɔlju] sm Comm. monopolio.

mo.no.po.li.zar [monopoliz'ar] vt Comm. monopolizzare. Ger. imboscare.

mo.nos.si.lá.bi.co [monosil'abiku] agg monosillabo.

mo.nos.sí.la.bo [monos'ilabu] sm Gramm. monosillabo.

mo.no.te.ís.mo [monote'izmu] sm Rel. monoteismo.

mo.no.to.ni.a [monoton'iə] sf monotonia, uggia.

mo.nó.to.no [mon'ɔtono] agg monotono, uggioso. Fig. uguale, grigio; soporifero; atono (parlare, voce).

mon.se.nhor [mõseñ'or] sm Rel. monsignore.

mons.tren.go [mõstr'ẽgu] sm Fig. disp scarabocchio, sgorbio, rospo.

mons.tro [m'õstru] sm mostro. Fig. mostro, orco, persona cattiva. ≃ sagrado Teat. big.

mons.tru.o.si.da.de [mõstrwozid'adi] sf orrore, deformità.

mons.tru.o.so [mõstru'ozo] agg mostruoso; deforme, disforme; immane; turpe.

mon.ta.gem [mõt'aʒẽj] sf montaggio, montatura.

mon.ta.nha [mõt'Λñə] sf Geogr. montagna, monte. Fig. roccia.

mon.ta.nhês [mõtañ'es] sm+agg montanaro, montagnolo.

mon.ta.nho.so [mõtañ'ozu] agg montagnoso.

mon.tan.te [mõt'ãti] sm ammonto, ammontare. Comm. somma.

mon.tão [mõt'ãw] sm cumulo, buscherio. Fam. pila. Pop. carrettata, caterva. Fig. monte. aos ≃ões avv a torrente, affollatamente.

mon.tar [mõt'ar] vt montare; cavalcare; inforcare, accavalcare; comporre, mettere insieme (pezzi). ≃ um cavalo montare un cavallo.

mon.te [m'õti] sm mucchio, cumulo. Geogr. monte. Fam. pila. Pop. carrettata, caterva. Fig. monte, sacco, montagna, subisso. ≃ de cartas monte di carte ≃ de sujeira colluvie. um ≃ Ger. una barca. um ≃ de problemas un mare di guai.

mo.nu.men.tal [monumẽt'aw] agg monumentale.

mo.nu.men.to [monum'ẽtu] sm monumento.

mo.ra [m'ɔrə] sf Giur. mora, remora.

mo.ra.di.a [morad'iə] sf residenza, abitazione.

mo.ra.dor [morad'or] sm+agg residente.

mo.ral [mor'aw] sm il morale. sf la morale. a ≃ da história la morale della favola. agg morale.

mo.ra.lis.ta [moral'istə] s+agg Fig. disp puritano.

mo.ra.li.zar [moraliz'ar] vt+vi moralizzare.

mo.ran.go [mor'ãgu] sm fragola.

mo.ran.guei.ro [morãg'ejru] sm fragola.

mo.rar [mor'ar] vi risiedere, vivere, abitare, dimorare. ≃ em risiedere a.

mo.ra.tó.ri.a [morat'ɔrjə] sf Giur. e Comm. moratoria.

mor.ce.go [mors'egu] sm Zool. pipistrello, nottola.

mor.da.ça [mord'asə] sf mordacchia, bavaglio, museruola. Fig. mordacchia, censura, freno alla libertà di espressione.

mor.daz [mord'as] agg mordace, satirico. Fig. caustico, salato, pepato, acido.

mor.der [mord'er] vt mordere, morsicare; addentare, azzannare. vpr mordersi. Fig. macerarsi da. ≃ a língua (para não falar) mordersi la lingua (o le labbra). ≃-se de inveja macerarsi dall'invidia.

mor.di.da [mord'idə] sf morso, dentata.

mor.di.do [mord'idu] part+agg morso.

mor.dis.car [mordisk'ar] vt rosicare, rosicchiare. Fig. beccare.

mor.do.mo [mord'omu] sm maggiordomo.

mo.re.na [mor'enə] sf Geol. morena.

mo.re.no [mor'enu] agg bruno, moro.

mor.féi.a [mor'ɛjə] sf Zool. murena.

mor.fi.na [morf'inə] sf Chim. morfina.

mor.fo.lo.gi.a [morfoloʒ'iə] sf Gramm. morfologia.

mo.ri.bun.do [morib'ũdu] sm+agg moribondo.

mo.rin.ga [mor'īgə] sf caraffa.

mor.ma.ço [morm'asu] *sm* afa.

mor.men.te [mɔrm'ẽti] *avv* maggiormente.

mor.mo [m'ɔrmo] *sm Zool.* cimurro, malattia dei cavalli.

mór.mon [m'ɔrmõ] *s Rel.* mormone.

mor.no [m'orno] *agg* tiepido, tepido.

mor.rer [moʀ'er] *vi* morire, decedere, perire, spirare. *Fam.* far fagotto. *Fig.* scomparire, soccombere, spegnersi, chiudere gli occhi. ≃ **de fome** *Fig.* morire di fame. ≃ **de raiva** *Fig.* morire di rabbia. ≃ **de rir** *Fig.* sganasciarsi, crepare dalle risa, ridere a crepapelle. ≃ **de vontade** *Fig.* crepare di voglia.

mor.ro [m'oʀu] *sf* colle, collina, poggio.

mor.sa [m'ɔrsə] *sf Mecc.* morsa.

mor.so [m'ɔrsu] *sm* morso.

mor.ta.de.la [mortad'ɛlə] *sf* mortadella.

mor.tal [mort'aw] *sm* mortale. **os** ≃ **is** *pl* i mortali, il genere umano. *agg* mortale; letale, fatale. *Poet.* ferale.

mor.ta.lha [mort'aʎə] *sf* sindone, strato funebre.

mor.tan.da.de [mortãd'adi] *sf* moria.

mor.te [m'ɔrti] *sf* morte, decesso. *Fig.* fine, scomparsa, sparizione. **condenar à** ≃ mandare a morte.

mor.tei.ro [mort'ejru] *sm Mil.* mortaio.

mor.ti.ço [mort'isu] *agg* morticcio.

mor.tí.fe.ro [mort'iferu] *agg* mortifero, letale, mortale.

mor.ti.fi.car [mortifik'ar] *vt* mortificare.

mor.to [m'ortu] *sm* morto, defunto, trapassato, estinto. *part+agg* morto; defunto; inerte; estinto. *Lett.* spento. ≃ **de cansaço** *Fig.* stanco morto. **cair** ≃ ammortire.

mor.tu.á.rio [mortu'arju] *agg* mortuario, funebre. **câmara** ≃ **a** stanza mortuaria.

mo.sai.co [moz'aiku] *sm* mosaico. *agg* mosaico, di Mosè. **lei** ≃ **a** legge mosaica.

mos.ca [m'oskə] *sf Zool.* mosca. *Fig.* mosca (tipo di barba, centro del bersaglio). ≃ **tsétsé** mosca tsetse.

mos.car.do [mosk'ardu] *sm Zool.* assillo.

mos.ca.tel [moskat'ew] *sm* moscato (vino); moscatello (uva).

mos.que.a.do [moske'adu] *part+agg* moscato.

mos.que.ar [moske'ar] *vt* picchiettare.

mos.que.te [mosk'eti] *sm* moschetto.

mos.que.tei.ro [mosket'ejru] *sm* moschettiere.

mos.qui.tei.ro [moskit'ejru] *sm* zanzariera.

mos.qui.to [mosk'itu] *sm Zool.* zanzara, moscerino; culice, culex.

mos.tar.da [most'ardə] *sf Bot.* mostarda, senape.

mos.tei.ro [most'ejru] *sm* monastero, convento. *Fig.* chiostro.

mos.to [m'ostu] *sm* mosto.

mos.tra [m'ɔstrə] *sf* mostra, esposizione.

mos.tra.do [mostr'adu] *part+agg* manifesto, esposto.

mos.tra.dor [mostrad'or] *sm* quaddrante, indicatore, indice. ≃ **do relógio** mostra, quadrante dell'orologio. ≃ **da bússola** quadrante della bussola.

mos.trar [mostr'ar] *vt* mostrare; esporre, esibire; indicare, segnalare; manifestare, rivelare. *Fig.* riflettere. *vpr* mostrarsi; manifestarsi, rivelarsi; apparire; vantarsi, pavoneggiarsi. *Fig.* prodursi; smascherarsi. ≃ **os dentes** mostrare i denti, minacciare.

mos.tru.á.rio [mostru'arju] *sm* campionario.

mo.te [m'ɔti] *sm* motto. *Fig.* divisa.

mo.tim [mot'ĩ] *sm* ammutinamento, trambusto, rivolta.

mo.ti.var [motiv'ar] *vt* motivare, determinare, causare, dar motivo a.

mo.ti.vo [mot'ivu] *sf* motivo, ragione, causa, cagione. *Mus.* motivo. **por este** ≃ *Lett.* laonde. **por todos os** ≃ **s** per ogni verso. **sem** ≃ *agg* gratuito. *avv Fig.* a freddo.

mo.to [m'ɔtu] I *sm* movimento.

mo.to.ci.cle.ta [motosikl'etə] o **mo.to** [m'ɔto] II *sf* motocicletta, motociclo, moto.

mo.to.náu.ti.ca [moton'autikə] *sf* motonautica.

mo.tor [mot'or] *sm+agg* motore. ≃ **a explosão** motore a scoppio. ≃ **a reação** motore a reazione. ≃ **a vapor** motore a vapore.

mo.to.ris.ta [motor'istə] *s* autista, vetturino. *Fig.* conducente. ≃ **de táxi** autista di piazza.

mo.triz [motr'is] *agg* motrice. **força** ≃ forza motrice.

mou.ris.co [mowr'isku] *agg* moresco.

mou.ro [m'owru] *sm St.* moro, marrano. *agg* moresco.

mou.se [m'awzi] *sm Inform.* mouse.

mó.vel [m'ɔvew] *sm* mobile, arredo. ≃ **eis** *pl* masserizia, *Pop.* arredamento. ≃ **velho** ciscranna. *agg* mobile. **bens** ≃ **is** beni mobili. **feriados** ≃ **is** feste mobili.

mo.ver [mov'er] *vt* muovere. *vpr* muoversi, mobilitarsi; andare; agitarsi.

mo.vi.do [mov'idu] *part+agg* mosso. ≃ **pela piedade** mosso dalla pietà.

mo.vi.men.ta.ção [movimẽtas'ãw] *sf* andirivieni, mossa, flusso di persone.

mo.vi.men.ta.do [movimẽt'adu] *part+agg* mosso; avventuroso. *Fig.* burrascoso.

mo.vi.men.tar [movimẽt'ar] *vt* movimentare. *vpr* muoversi, mobilitarsi.

mo.vi.men.to [movim'ẽtu] *sm* movimento, moto; azione, mossa, atteggiamento; corrente. *Comm.* movimento. *Pol.* moto, movimento politico. ≃ **uniforme** moto uniforme.

mu.ça.re.la [musar'ɛlə] o **mo.za.re.la** [mozar'ɛlə] *sf* mozzarella.

mu.co [m'uku] *sm Fisiol.* muco, moccio.

mu.co.sa [muk'ɔzə] *sf Anat.* mucosa.

mu.çul.ma.no [musuwm'∧nu] *agg* mussulmano, musulmano.

mu.da [m'udə] *sf* muta. ≃ **de roupa** muta.

mu.dan.ça [mud'ãsə] *sf* modificazione, mutazione, cambiamento; innovazione; dislocamento; traslocco.

mu.dar [mud'ar] *vt* mutare; modificare, alterare, trasformare; riformare, riorganizzare; rivoluzionare, innovare. *vi* mutare, trasformarsi; volgere (tempo). *vpr* mutarsi, spostarsi, traslocarsi; sgomberare, mutare casa. ≃ **de direção** cambiar direzione. *Naut.* e *Aer.* virare. ≃ **de penas** (o **pele**) mudare.

mu.dez [mud'es] *sf* mutezza.

mu.do [m'udu] *sm* muto. *agg* muto, tacente. *Lett.* mutolo. **cinema** ≃ cinema muto. **consoante** ≃ a *Gramm.* consonante muta. **filme** ≃ film muto.

mu.gi.do [muʒ'idu] *sm* muggito, boato.

mu.gir [muʒ'ir] *vi* muggire, mugghiare.

mui.to [m'ũjtu] *pron* molto, assai, tanto. ≃ s *pl* vari; molti, assai. ≃ as *pl f* molte, assai. ≃ **respeito** molto rispetto. ≃ **as mulheres** molte donne. *avv* molto, assai, un bel po'; bene; altamente; parecchio. ≃ **pequeno** molto piccolo. **não** ≃ **bem** piuttosto male. **quando** ≃ a fare assai.

mu.la.to [mul'atu] *sm+agg* mulatto, meticcio.

mu.le.ta [mul'etə] *sf* gruccia, stampella.

mu.lher [muʎ'er] *sf* donna, femmina; moglie, sposa, coniuge. *Fig.* sottana. ≃ *Pop. Fig.* ciscranna. ≃ **bonita** bella, beltà. ≃ **da vida** donna allegra. ≃ **do povo** *Fig.* pedina. ≃ **fatal** *Fig.* maliarda. ≃ **feia** *Fig.* strega. ≃ **forte** *Fig.* amazzone. ≃ **má** *Fig.* befana. ≃ **magra** *Fig.* acciuga. ≃ **mandona** *Fig.* gendarme.

mu.lhe.ren.go [muʎer'ẽgu] *sm* sottaniere.

mu.lo [m'ulu] *sm* mulo. ≃ a *sf* mula.

mul.ta [m'uwtə] *sf* multa, contravvenzione, penale, ammenda. **levar uma** ≃ prendere una multa. **pagar a** ≃ pagare la multa.

mul.tar [muwt'ar] *vt* multare.

mul.ti.co.lo.ri.do [muwtikolor'idu] *agg* multicolore.

mul.ti.cor [muwtik'or] *agg* policromo, policromatico.

mul.ti.dão [muwtid'ãw] *sf* moltitudine, folla, turba, calca, pressa. *Lett.* torma. *Fig.* orda, esercito, formicaio. *disp* branco, piazza.

mul.ti.for.me [muwtif'ɔrmi] *agg* multiforme.

mul.ti.na.cio.nal [muwtinasjon'aw] *sf Comm.* holding.

mul.ti.pli.car [muwtiplik'ar] *vt+vi* moltiplicare. *vpr* moltiplicarsi, proliferare.

mul.ti.pli.ci.da.de [muwtiplisid'adi] *sf* moltiplicità, varietà. *Lett.* pluralità.

múl.ti.plo [m'uwtiplu] *sm Mat.* multiplo. *agg* multiplo, svariato. **mínimo** ≃ **comum** minimo comune multiplo.

mú.mia [m'umjə] *sf* mummia.

mu.mi.fi.car [mumifik'ar] *vt* mummificare.

mun.da.no [mũd'∧nu] *agg* mondano, profano, secolare. *Fig.* terreno.

mun.di.al [mũdi'aw] *agg* mondiale.

mun.do [m'ũdu] *sm* mondo; universo. *Astron.* orbe. *Fig.* globo; mondo, gran quantità di cose. ≃ **católico** orbe cattolico. **Novo M** ≃ Nuovo Mondo (o Mondo Nuovo). **Velho M** ≃ Mondo Antico. **coisas do outro** ≃ cose dell'altro mondo. **o outro** ≃ il mondo di là. **por nada neste** ≃ per nulla al mondo. **ficar no fim do** ≃ essere in capo al mondo, essere troppo lontano. **todo o** ≃ o o ≃ **inteiro** gli uomini.

mu.ni.ção [munis'ãw] *sf Mil.* munizione, piombo.

mu.ni.ci.pal [munisip'aw] *agg* municipale; cittadino, civico.

mu.ni.cí.pio [munis'ipju] *sm* municipio, comune.

mu.nir [mun'ir] *vt* munire, fornire, guarnire. *vpr* guarnirsi, munirsi di.

mu.ra.lha [mur'aλə] *sf* muraglia, cinta, muro.

mu.rar [mur'ar] *vt* murare, chiudere con muro.

mur.char [murʃ'ar] *vi* avvizzire, appassire, ammosciare.

mur.cho [m'urʃu] *part+agg* vizzo, appassito.

mur.mu.rar [murmur'ar] *vt* sussurrare, bisbigliare. *vi* mormorare, rumoreggiare; mormoreggiare; stormire. *Lett.* pispigliare.

mur.mú.rio [murm'urju] *sm* mormorio, sussurro, bisbiglio, brusio. ≃ **de vozes** rumore.

mu.ro [m'uru] *sm* muro; muretto, murettino. ≃ **externo de cidade** muro, cinta. ≃ **de tijolos** muro di cotto. ≃ **fechado** muro cieco.

mur.ro [m'uɾu] *sm* pugno, cazzotto. **dar** ≃ **em ponta de faca** raddrizzare le gambe ai cani.

mur.ta [m'urtə] *sf Bot.* mirto.

mur.ti.nho [murt'iñu] *sm Bot.* mirtillo.

mu.sa [m'uzə] *sf* musa, ispiratrice. *Mit.* musa.

mu.sa.ra.nho [muzar'ʌñu] *sm Zool.* musaragno.

mus.cu.lar [muskul'ar] *agg* muscolare.

mus.cu.la.tu.ra [muskulat'urə] *sf* muscolatura.

mús.cu.lo [m'uskulu] *sm Anat.* muscolo.

mus.cu.lo.so [muskul'ozu] *agg* muscoloso, muscoluto. *Fig.* carnoso.

mu.seu [muz'ew] *sm* museo. **peça de** ≃ *Iron.* roba da museo, cosa antica.

mus.go [m'uzgu] *sm* musco.

mus.go.so [muzg'ozu] *agg* muscoso.

mú.si.ca [m'uzikə] *sf* musica. ≃ **para dançar** musica da ballo.

mu.si.cal [muzik'aw] *agg* musicale, musico.

mu.si.car [muzik'ar] *vt* musicare.

mu.si.cis.ta [muzis'istə] *s* musicista.

mú.si.co [m'uziku] *sm* musico, suonatore. ≃ **de orquestra** *Mus.* orchestrale. *agg* musico.

mus.se.li.na [musel'inə] *sf* mussola, mussolina.

mu.ta.ção [mutas'ãw] *sf* mutazione.

mu.tá.vel [mut'avew] *agg Fig.* versatile.

mu.ti.la.do [mutil'adu] *part*+*agg* mutilato, tronco, incompleto. *Fig.* monco.

mu.ti.lar [mutil'ar] *vt* mutilare, troncare, amputare.

mú.tua [m'utwə] *sf* mutua.

mu.tu.ar [mutu'ar] *vt Giur.* mutuare, prendere a mutuo.

mu.tu.á.rio [mutu'arju] *sm Giur.* mutuatario.

mú.tuo [m'utwu] *sm Giur.* mutuo. *agg* mutuo, reciproco, vicendevole.

N

n ['eni] *sm* la tredicesima lettera dell'alfabeto portoghese.

na.bo [n'abu] *sm* rapa.

na.ção [nas'ãw] *sf* nazione, popolo, gente. *Fig.* nazionalità.

na.cio.nal [nasjon'aw] *agg* nazionale.

na.cio.na.li.da.de [nasjonalid'adi] *sf* nazionalità.

na.cio.na.lis.mo [nasjonal'izmu] *sm Pol.* nazionalismo.

na.cio.na.li.zar [nasjonaliz'ar] *vt* nazionalizzare. *Econ.* statizzare, statalizzare.

na.co [n'aku] *sm* fettone, pezzo.

na.da [n'adɐ] *sm* il niente. *Fam.* cica. *Fig.* zero, acca. *pron* niente, nulla. ≃ **de niente.** ≃ **de açúcar, por favor** niente zucchero, per favore. ≃ **mais** nient'altro. ≃ **menos** nientemeno, niente di meno. **coisinha de** ≃ affarino **de** ≃ prego, non c'è di che, di niente. **não é** ≃ **disso!** *Volg.* un corno! **não presta para** ≃ non è da cosa alcuna. **não sabe de** ≃ non sa biracchio. **não valer** ≃ non valere uno zero (un corno, un'acca o un fico secco). **quase** ≃ *Fig.* un pelo. *avv* (usado como reforço) punto. *Fam.* mica. **não está** ≃ **bem** non è punto bene. ≃ **mal!** mica male!

na.da.dei.ra [nadad'ejrɐ] *sf Zool.* pinna, natatoia. *Sp.* pinna.

na.da.dor [nadad'or] *sm* nuotatore. *agg* natante.

na.dar [nad'ar] *vi* nuotare. *Fig.* nuotare, sguazzare in, avere molto di. ≃ **em dinheiro** *Fig.* nuotare nell'oro.

ná.de.ga [n'adegɐ] *sf Anat.* (più usato nel *pl*) natica, sedere. ≃**s** *pl Pop.* chiappe.

na.dir [nad'ir] *sm Astron.* nadir.

naf.ta [n'aftɐ] *sf Chim.* nafta.

naf.ta.li.na [naftal'inɐ] *sf Chim.* naftalina.

nái.a.de [n'ajadi] *sf Mit.* naiade.

nái.lon [n'ajlõw] *sm* nailon.

na.ja [n'aʒɐ] *sf Zool.* naia.

na.mo.ra.dei.ra [namorad'ejrɐ] *sf* civettuola. *Pop.* civetta, frascheta.

na.mo.ra.do [namor'adu] *sm* innamorato, filarino. *Fig.* ragazzo. ≃**a** *sf* innamorata. *Fig.* ragazza, bella.

na.mo.ra.dor [namorad'or] *sm* civettone.

na.mo.rar [namor'ar] *vt* corteggiare, vagheggiare. *vi* amoreggiare.

na.mo.ri.car [namorik'ar] *vi* amoreggiare, flirtare. *Fam.* filare. *Fig.* civettare.

na.mo.ri.co [namor'iku] *sm* amoretto. **ficar de** ≃**s** *Fig.* tubare.

na.mo.ro [nam'oru] *sm* corteggiamento, amore, filarino. *Pop.* filo. *Fig.* cotta.

na.na [n'Anɐ] *sf* o **na.ni.nha** [nan'iñɐ] *sf dim Fam.* nanna, ninna. **fazer** ≃ fare la nanna. **ir fazer** ≃ andare a nanna.

não [n'ãw] *sm* no, negazione. **responder com um** ≃ rispondere con un no. **um** ≃ **sei quê** non so che. *avv* no; non. ≃ **falamos italiano** non parliamo italiano. ≃ **está aqui** non è qui. **você leu este livro?** ≃! hai letto questo libro? no! **é este?** ≃! è questo? no! **absolutamente** ≃! no, altrimenti! ≃ **só ... mas também** non solo ... ma anche.

não-in.ter.ven.ção [nãwĩterṽẽs'ãw] *sf Pol.* non intervento.

não-te.es.que.ças-de-mim [nãwtieskesazdim'ĩ] *sm Bot.* nontiscordardimè.

na.po.le.ô.ni.co [napole'oniku] *agg* napoleonico.

na.po.li.ta.no [napolit'Anu] *sm*+*agg* napoletano, di Napoli.

nar.ce.ja [nars'eʒɐ] *sf Zool.* beccaccia.

nar.ci.sis.mo [narsiz'ismu] *sm* narcisismo.

nar.ci.so [nars'izu] *sm Bot.* e *Fig.* narciso.

nar.co.se [nark'ɔzi] *sf Med.* narcosi.

nar.có.ti.co [nark'ɔtiku] *sm*+*agg* narcotico; anestetico, sonnifero; stupefacente.

nar.co.ti.zar [narkotiz'ar] *vt* narcotizzare, anestetizzare.

nar.gui.lé [nargil'ɛ] *sm* narghilè.

na.ri.gão [narig'ãw] *sm aum Iron.* nappa.

na.ri.na [nar'inɐ] *sf Anat.* narice.

na.riz [nar'is] *sm Anat.* naso. ≃ **afilado** naso affilato. ≃ **aquilino** naso aquilino (o adunco). **assoar o** ≃ soffiarsi il naso. **torcer o** ≃ storcere il naso. *Pop.* torcere il grifo.

nar.ra.ção [naʃas'ãw] *sf* narrazione; cronaca; fatto, episodio.

nar.ra.dor [naʃad'or] *sm* narratore.

nar.rar [naʃ'ar] *vt* narrare, raccontare, favellare.

nar.ra.ti.va [naɾat'ivə] *sf* narrativa, narrazione.

nar.ra.ti.vo [naɾat'ivu] *agg* narrativo.

nar.val [narv'aw] *sm Zool.* narvalo.

na.sal [naz'aw] *agg* nasale, del naso. **consoante** ≃ *Gramm.* consonante nasale.

nas.cen.ça [nas'ẽsə] *sf* nascita.

nas.cen.te [nas'ẽti] *sf* sorgente, fonte, presa dell'acqua.

nas.cer [nas'er] *sm* levata (del sole). *vi* nascere. *Fig.* sorgere; germinare; levarsi (sole); nascere, sgorgare, scaturire (acqua); mettere (peli, penne). ≃ **de** procedere da, emanare da. ≃ **com boa estrela** *Fig.* nascere sotto buona stella.

nas.ci.do [nas'idu] *part+agg* nato.

nas.ci.men.to [nasim'ẽtu] *sm* nascimento, nascita; origine; apparizione. *Lett.* genesi.

na.ta [n'atə] *sf* panna, crema, fiore di latte. *Fig.* scelta, eletta.

na.ta.ção [natas'ãw] *sf* nuoto.

Na.tal [nat'aw] *sm Rel.* Natale, Pasqua di Ceppo. **n** ≃ *agg* natale. **terra** ≃ terra natale.

na.ta.lí.cio [natal'isju] *sm+agg* natalizio, natale.

na.ti.vi.da.de [nativid'adi] *sf Rel.* natività.

na.ti.vo [nat'ivu] *sm+agg* nativo, natio, indigeno, autoctono.

na.to [n'atu] *part+agg an Fig.* nato.

na.tu.ral [natur'aw] *agg* naturale; congenito, innato; logico, ovvio, andante; greggio, grezzo. *Fig.* fresco. **vegetação** ≃ vegetazione spontanea. **é** ≃ **que** va da sé che.

na.tu.ra.li.da.de [naturalid'adi] *sf* naturalità; naturalezza.

na.tu.ra.lis.mo [natural'izmu] *sm Arte e Fil.* naturalismo.

na.tu.ra.li.za.ção [naturalizas'ãw] *sf* naturalizzazione.

na.tu.ra.li.zar-se [naturaliz'arsi] *vpr* naturalizzarsi.

na.tu.re.za [natur'ezə] *sf* natura; stile, indole; contenuto. *Fig.* stampo, tipo; anatomia, forma. **coisas desta** ≃ cose di questa natura.

na.tu.re.za-mor.ta [naturezam'ɔrtə] *sf Pitt.* natura morta.

na.tu.ris.mo [natur'izmu] *sm Med.* naturismo.

nau [n'aw] *sf Naut.* nave, vascello.

nau.fra.gar [nawfrag'ar] *vi Naut.* naufragare, andare a picco. *Fig.* fallire, rovinarsi.

nau.frá.gio [nawfr'aʒju] *sm Naut.* naufragio, infortunio.

náu.fra.go [n'awfragu] *sm+agg Naut.* naufrago.

náu.sea [n'awzjə] *sf* ribrezzo, schifo, fastidio. *Med.* nausea. **dar** ≃ **s** nauseare, far nausea.

nau.se.an.te [nawze'ãti] o **nau.se.a.bun.do** [nawzeab'ũdu] *agg* nauseante, nauseabondo.

nau.se.ar [nawze'ar] *vt* nauseare, schifare, far nausea. *Fig.* saziare.

náu.ti.ca [n'awtikə] *sf* nautica.

náu.ti.co [n'awtiku] *agg* nautico.

na.val [nav'aw] *agg* navale.

na.va.lha [nav'aʎə] *sf* rasoio. **caminhar no fio de uma** ≃ *Fig.* camminare sul filo di un rasoio.

na.va.lha.da [navaʎ'adə] *sf* colpo di rasoio. *Fig.* braciola.

na.ve [n'avi] *sf Naut.* e *Aer.* nave. *Archit.* navata. ≃ **central da igreja** navata centrale della chiesa. ≃ **espacial** nave spaziale, astronave.

na.ve.ga.ção [navegas'ãw] *sf* navigazione. ≃ **aérea** navigazione aerea. ≃ **fluvial** navigazione fluviale. ≃ **marítima** navigazione marittima.

na.ve.ga.dor [navegad'or] *sm* navigatore.

na.ve.gan.te [naveg'ãti] *s+agg* navigante.

na.ve.gar [naveg'ar] *vt+vi Naut.* navigare. ≃ **com vento favorável** avere il vento in poppa, navigare secondo vento. ≃ **contra a corrente** risalire. *Fig.* andare contro corrente. ≃ **contra o vento** navigare contro vento, esser sotto vento. ≃ **pelos mares** navigare i mari.

na.ve.gá.vel [naveg'avew] *agg* navigabile.

na.vi.o [nav'iu] *sm Naut.* nave, bastimento. ≃ **à vela** nave a vela. ≃ **a vapor** vapore, piroscafo. ≃ **de carga** nave da carico. ≃ **de guerra** nave da guerra. ≃ **de passageiros** nave passeggeri. ≃ **mercante** nave mercantile.

na.vi.o-pe.tro.lei.ro [naviupetrol'ejru] *sm Naut.* petroliera.

na.za.re.no [nazar'enu] *agg* nazzareno, di Nazzaret. **o N** ≃ *Rel.* il Nazzareno.

na.zis.mo [naz'izmu] *sm* nazismo.

ne.bli.na [nebl'inə] *sf* nebbia, bruma, foschia.

ne.bu.lo.sa [nebul'ɔzə] *sf Astron.* nebulosa.

ne.bu.lo.so [nebul'ozu] *agg* nebbioso, nebuloso, nuvoloso, fosco.

ne.ces.sa.ria.men.te [nesesarjam'ẽti] *avv* necessariamente, di legge.

ne.ces.sá.rio [neses'arju] *sm* il necessario, l'occorrente. *agg* necessario; essenziale, occorrente; forzoso, doveroso. **ser** ≃ necessitare, occorrere, bisognare, volere, esser mestiere.

ne.ces.si.da.de [nesesid'adi] *sf* necessità; bisogno, occorrenza; penuria, disagio, carestia.

ne.ces.si.ta.do [ncsesit'adu] *sm* bisognoso. *agg* bisognoso, carente, indigente.

ne.ces.si.tar [nesesit'ar] *vt* necessitare di; bisognare, occorrere. *Fig.* richiedere.

ne.cro.ló.gio [nekrol'ɔʒju] *sm* necrologio, obituario.

ne.cro.man.ci.a [nekromãs'iə] *sf* negromanzia.

ne.cro.man.te [nekrom'ãti] *s* negromante.

ne.cró.po.le [nekr'ɔpoli] *sf* necropoli.

ne.crop.sia [nekrops'iə] *sf Med.* necropsia, autopsia, necroscopia.

ne.cro.sar [nekroz'ar] *vt Med.* mortificare.

ne.cros.co.pi.a [nekroskop'iə] *sf Med.* necroscopia.

ne.cro.se [nekr'ɔzi] *sf Med.* necrosi, cancro.

néc.tar [n'ɛktar] *sm Bot.* nettare. *Fig.* ambrosia. ≃ **dos deuses** *Mit.* nettare degli dei.

ne.fan.do [nef'ãdu] *agg* nefando.

ne.fas.to [nef'astu] *agg* nefasto.

ne.fral.gi.a [nefrawʒ'iə] *sf Med.* nefralgia. *Pop.* dolore alle reni.

ne.fri.te [nefr'iti] *sf Med.* nefrite.

ne.ga.ção [negas'ãw] *sf* negazione; negativa; smentita, rifiuto.

ne.gar [neg'ar] *vt* negare; ricusare, rifiutare; contendere; smentire, sconfessare; rinnegare. *vpr* rifiutarsi; ricusarsi a.

ne.ga.ti.va [negat'ivə] *sf* negativa.

ne.ga.ti.vo [negat'ivu] *sm Fot.* negativo. *agg* negativo; dannoso. **pólo** ≃ polo negativo.

ne.gli.gên.cia [negliʒ'ẽsjə] *sf* negligenza, indolenza, incuria, noncuranza, trascuranza.

ne.gli.gen.ci.ar [negliʒẽsi'ar] *vt* trascurare. *Lett.* negligere.

ne.gli.gen.te [negliʒ'ẽti] *s* negligente, indolente. *agg* negligente, indolente, negletto.

ne.go.cia.ção [negosjas'ãw] *sf* trattative *pl*, contrattazione. *Mil.* parlamento, capitolato. *Fig.* commercio. ≃ **ões** *pl Pol.* negoziati.

ne.go.ci.an.te [negosi'ãti] *s* negoziante, mercante, trafficante, venditore. *Fig.* commerciante.

ne.go.ci.ar [negosi'ar] *vt* negoziare, mercanteggiare. *Fig.* trattare. *vi* negoziare, mercanteggiare; commerciare, contrattare. *Mil.* parlamentare. *Fig.* trattare. ≃ **a paz entre duas nações** negoziare la pace fra due nazioni.

ne.go.ci.á.vel [negosi'avew] *agg* negoziabile.

ne.gó.cio [neg'ɔsju] *sm* negozio; azienda, bottega; commercio, vendita; affare, faccenda; coso. *Ger.* baracca. *Fig.* barca. ≃ **da China** affarone. ≃ **de Estado** affare di Stato. ≃ *s pl* affari, interessi. **não é bom** ≃ non è affare. **homem de** ≃ s uomo d'affari.

ne.grei.ro [negr'ejru] *sm* negriere. *agg* negriero. **navio** ≃ nave negriera.

ne.gre.jar [negreʒ'ar] *vi* nereggiare.

ne.gri.nho [negr'iñu] *agg dim* neretto.

ne.gri.to [negr'itu] *sm* neretto.

ne.gro [n'egru] *sm* + *agg* nero. *Lett.* negro. *Fig.* scuro (futuro). **humor** ≃ umor nero. **meio** ≃ neretto.

ne.gru.ra [negr'urə] o **ne.gri.dão** [negrid'ãw] *sf* nerezza.

nem [n'ẽj] *cong* né, neanche, neppure, nemmeno. ≃ **mesmo** neanche, neppure, nemmeno. ≃ **sonhando!** neanche per sogno!

ne.nê [nen'e] *s* bebè; bambino, bambina.

ne.nhum [neñ'ũ] *pron* nessuno, niuno; niente. **sem** ≃ **mistério** senza alcun mistero. **não teve** ≃ **a resposta** non ebbe nessuna risposta.

nê.nia [n'enjə] *sf St.* nenia, canto funebre.

ne.nú.far [nen'ufar] *sm* o **nin.féi.a** [nĩf'ejə] *sf Bot.* nenufaro, ninfea.

ne.o.clás.si.co [neokl'asiku] *agg* neoclassico.

ne.ó.fi.to [ne'ɔfitu] *sm Rel.* e *Fig.* neofita.

ne.o.la.ti.no [neolat'inu] *agg* neolatino.

ne.o.lí.ti.co [neol'itiku] *sm* + *agg Archeol.* neolitico.

ne.o.lo.gis.mo [neoloʒ'izmu] *sm Gramm.* neologismo.

ne.on [ne'õw] *sm Chim.* neon, neo.

ne.o.ze.lan.dês [neozelãd'es] *sm* + *agg* neozelandese.

ne.po.tis.mo [nepot'izmu] *sm* nepotismo.

ne.rei.da [ner'ejdə] *sf Mit.* nereide.

ner.vo [n'ervu] *sm Anat.* nervo. *Pop.* nerbo. ≃ **óptico** nervo ottico. **dar nos** ≃ s **de alguém** dare ai nervi a qualcuno. **o conjunto dos** ≃ s **nervatura. ter os** ≃ s **à flor da pele** avere i nervi scoperti.

ner.vo.sis.mo [nervoz'izmu] *sm* nervosismo.

ner.vo.so [nerv'ozu] *sm Fig.* schizofrenico. *agg* nervoso; dei nervi; teso, cruccioso. *Fig.* nevrastenico, schizofrenico. **sistema** ≃ *Anat.* sistema nervoso. **tecido** ≃ tessuto nervoso. **deixar** ≃ arrabbiare. **estar** ≃ avere i nervi. **ficar** ≃ crucciarsi. *Fig.* bollire, riscaldarsi.

ner.vu.ra [nerv'urə] *sf* nervatura. **a** ≃ **de uma folha ou de um livro** la nervatura di una foglia o di un libro.

nés.cio [n'ɛsju] *sm* + *agg* nesci.

nês.pe.ra [n'esperə] *sf Bot.* nespola.

nes.pe.rei.ra [nesper'ejrə] *sm Bot.* nespolo.

ne.to [n'etu] *sm* nipote. ≃ a *sf* nipote.

Ne.tu.no [net'unu] *sm Astron.* e *Mit.* Nettuno.

neuralgia, neurálgico → nevralgia, nevrálgico.

neu.ras.te.ni.a [newrasten'iə] sf Med. nevrastenia, neurastenia.

neu.ras.tê.ni.co [newrast'eniku] agg nevrastenico, neurastenico.

neu.ri.te [newr'iti] sf Med. nevrite.

neu.ro.lo.gi.a [newroloʒ'iə] sf Med. neurologia.

neu.ro.pa.ti.a [newropat'iə] sf Med. neuropatia, nevropatia.

neu.ro.se [newr'ɔzi] o ne.vro.se [nevr'ɔzi] sf
Med. nevrosi, neurosi.

neu.ró.ti.co [newr'ɔtiku] o ne.vró.ti.co
[nevr'ɔtiku] agg nevrotico, neurotico.

neu.tra.li.da.de [newtralid'adi] sf an Chim. neu-
tralità.

neu.tra.li.zar [newtraliz'ar] vt neutralizzare. vpr
neutralizzarsi.

neu.tro [n'ewtru] agg an Chim. neutro, neutra-
le. Fis. e Gramm. neutro. ficar ≃ stare di
mezzo.

nêu.tron [n'ewtrõw] sm Chim. neutrone.

ne.va.da [nev'adɐ] sf nevicata, nevaio.

ne.va.do [nev'adu] agg nevoso.

ne.var [nev'ar] vi nevicare, fioccare.

ne.vas.ca [nev'askɐ] sf tormenta, bufera di neve.

ne.ve [n'ɛvi] sf neve. cheio de ≃ nevoso.

né.voa [n'ɛvwɐ] sf nebbia, bruma, caligine. Fig.
velo. ≃ densa nebbione.

ne.vo.ei.ro [nevo'ejru] sm nebbione.

ne.vo.en.to [nevo'ẽtu] agg nebbioso, fosco.

ne.vral.gi.a [nevrawʒ'iə] o neu.ral.gi.a
[newrawʒ'iə] sf Med. nevralgia.

ne.vrál.gi.co [nevr'awʒiku] o neu.rál.gi.co
[newr'awʒiku] agg Med. nevralgico.

ne.vri.te [nevr'iti] sf Med. nevrite.

nevrose, nevrótico → neurose, neurótico.

ne.xo [n'ɛksu] sm nesso. falar ou escrever coisas sem ≃ Fig. sconnettere.

nhan.du [ɲãd'u] sm Zool. nandù.

nho.que [n'ɔki] sm gnocco.

ni.cho [n'iʃu] sm Archit. nicchia, zana. ≃ ecológico ambiente. ≃ para imagem Rel.
edicola.

ni.co.ti.na [nikot'inɐ] sf nicotina.

ni.di.fi.car [nidifik'ar] vi nidificare.

ni.i.lis.mo [niil'izmu] sm nichilismo.

nim.bo [n'ĩbu] sm Met. nembo.

ni.nar [nin'ar] vt Fam. ninnare, cullare. vi Fam.
fare la ninna nanna.

nin.fa [n'ĩfɐ] sf Zool. e Mit. ninfa.

ninféia → nenúfar.

nin.fe.ta [nĩf'etɐ] sf Ger. ninfetta.

nin.fo.ma.ni.a [nĩfoman'iə] sf Psic. ninfomania.

nin.guém [nĩg'ẽj] pron nessuno, niuno. não há
≃ non c'è nessuno, non c'è alcuno. não vejo
≃ non vedo nessuno.

ni.nha.da [niɲ'adɐ] sf nidiata, covata, figlia-
ta, chiocciata.

ni.nha.ri.a [niɲar'iə] sf bagatella, quisquilia,
nonnulla, inezia, bazzecola; gingillo, ninno-
lo. Fig. acca, giuggiola.

ni.nho [n'iɲu] sm nido, covacciolo, cova, covo. Fig. nido, focolare. ≃ de vespas bugno.

ni.ó.bio [ni'ɔbju] sm Chim. niobio.

ni.pô.ni.co [nip'oniku] agg nipponico.

ní.quel [n'ikew] sm Chim. nichelio, nichel.

ni.que.lar [nikel'ar] vt nichelare.

nir.va.na [nirv'ʌnɐ] sf Rel. nirvana.

ni.ti.dez [nitid'es] sf nitidezza, limpidezza, limpidità.

ní.ti.do [n'itidu] agg nitido; chiaro, limpido;
distinto (suono).

ni.tra.to [nitr'atu] sm Chim. nitrato.

ní.tri.co [n'itriku] agg Chim. nitrico.

ni.tro.gê.nio [nitroʒ'enju] sm Chim. azoto.

ni.tro.gli.ce.ri.na [nitrogliser'inɐ] sf Chim. nitroglicerina.

ní.vel [n'ivew] sm livello, tenore, rango; livel-
la. ≃ de vida livello (o tenore) di vita. ≃ social livello sociale. passagem de ≃ passaggio a livello.

ni.ve.lar [nivel'ar] vt livellare; appianare, appiattire; pareggiare, uguagliare. vpr nivellarsi.

ní.veo [n'ivju] agg niveo, bianco come la neve.

nó [n'ɔ] sm nodo; groviglio. Anat. nocca.
Naut. nodo. ≃ corrediço nodo scorsoio. ≃
da garganta Anat. noce del collo. ≃ da madeira Bot. nodosità. fazer ≃ s aggroppare.

no.bi.li.á.rio [nobili'arju] agg nobiliare.

no.bre [n'ɔbri] s nobile; nobiluomo; nobildonna. Fig. signore; signora. agg nobile; aristocratico; illustre, augusto; generoso.

no.bre.za [nobr'ezɐ] sf nobiltà; dignità, distinzione; aristocrazia. Fig. altezza.

no.ção [nos'ãw] sf nozione. ≃ superficial Fig.
tinta, tintura. ≃ões pl nozioni.

no.ci.vo [nos'ivu] agg nocivo, dannoso, infesto; malefico, maligno. Fig. velenoso.

nó.doa [n'ɔdwɐ] sf chiazza, chiazzatura.

no.do.si.da.de [nodozid'adi] sf nodosità.

no.do.so [nod'ozu] agg nodoso.

no.guei.ra [nog'ejrɐ] sf Bot. noce.

noi.ta.da [nojt'adɐ] sf nottata.

noi.te [n'ojti] sf notte; nottata. Fig. ombra. ≃
em branco notte bianca, senza dormire. ≃
escura notte fitta. a ≃ dos tempos Fig. la notte dei tempi. à ≃, durante a ≃ di notte. esta

≃ *avv* stasera, stanotte. **boa** ≃! buona notte! **a** ≃ é **boa conselheira** la notte porta consiglio.

noi.var [nojv′ar] *vi* fidanzarsi.

noi.vo [n′ojvu] *sm* fidanzato, promesso sposo. ≃**a** *sf* fidanzata, promessa sposa. *Fig.* bella. **os** ≃**s** **(ao se casarem)** i contraenti.

no.jei.ra [noʒ′ejrɐ] *sf* bruttura.

no.jen.to [noʒ′ẽtu] *sm Fig.* verme. *agg* schifoso, nauseante; ripugnante, repulsivo, sordido. *Fig.* fetente.

no.jo [n′oʒu] *sm* ribrezzo, schifo, ripugnanza. *Fig.* nausea, rigetto. **ter** ≃ **de** avere a schifo.

nô.ma.de [n′omadi] *s*+*agg* nomade; vagabondo, ramingo, girovago. *s Fig.* zingaro, zigano.

no.me [n′omi] *sm* nome; titolo; appellativo, nominativo. *Fig.* credito. ≃ **de batismo** nome di battesimo. ≃ **de família** nome di famiglia. ≃ **próprio** nome proprio. **com** ≃ **falso** sotto falso nome. **conhecer de** ≃ conoscere di nome. **em meu** ≃ a nome mio.

no.me.a.ção [nomeas′ãw] *sf* nomina, elezione, scelta. *Fig.* investitura.

no.me.ar [nome′ar] *vt* nominare, eleggere.

no.men.cla.tu.ra [nomẽklat′urɐ] *sf* nomenclatura, terminologia, glossario.

no.mi.nal [nomin′aw] *agg* nominale, nominativo. **valor** ≃ *Comm.* valore nominale.

no.mi.na.ti.vo [nominat′ivu] *sm Gramm.* nominativo. *agg* nominativo.

no.na.ge.ná.rio [nonaʒen′arju] *sm*+*agg* nonagenario, novantenne.

no.na.gé.si.mo [nonaʒ′ɛzimu] *sm*+*num* novantesimo, nonagesimo.

non.gen.té.si.mo [nõʒẽt′ɛzimu] o **no.nin.gen.té.si.mo** [nonĩʒẽt′ɛzimu] *sm*+*num* novecentesimo.

no.no [n′onu] *sm*+*num* nono.

nô.nu.plo [n′onuplu] *sm*+*num* nonuplo.

no.ra [n′orɐ] *sf* nuora. ≃ **de poço** mazzacavallo.

nór.di.co [n′ordiku] *sm*+*agg* nordico.

nor.ma [n′ormɐ] *sf* norma; regola, precetto; criterio, metodo, formula; costume, usanza; codice. ≃ **de vida** massima. ≃*s pl* norme; guide, convenzioni. **obedecer às** ≃**s rigorosamente** *Fig.* stare a virgola.

nor.mal [norm′aw] *agg* normale, comune, convenzionale, consueto.

nor.ma.li.da.de [normalid′adi] *sf* normalità.

nor.ma.li.zar [normaliz′ar] *vt* normalizzare; regolamentare.

nor.man.do [norm′ãdu] *sm*+*agg* normanno.

nor.te [n′orti] *sm Geogr.* nord, tramontana.

nor.te-a.me.ri.ca.no [nortiamerik′ʌnu] *sm*+*agg* statunitense, yankee.

no.ru.e.guês [norueg′es] *sm*+*agg* norvegese.

nos [nus] *pron pl* ci, ce; noi.

nós [n′os] *pron pl* noi. **a** ≃ ci, ce, a noi.

nos.so [n′osu] *pron msg* nostro. **nos.sa** [n′osɐ] *fsg* nostra. **nos.sos** [n′osus] *mpl* nostri. **nos.sas** [n′osɐs] *fpl* nostre.

nos.tal.gi.a [nostawʒ′iɐ] *sf* nostalgia.

nos.tál.gi.co [nost′awʒiku] *agg* nostalgico. *Fig.* retrogrado.

no.ta [n′otɐ] *sf* nota; annotazione, appunto; commento, critica; postilla, chiosa; parcella; richiamo, rimando; rigo. *Comm.* banconota, biglietto di banca. ≃ **de valor alto** banconota di taglio grosso. ≃ **diplomática** nota diplomatica, memorandum. ≃ **escolar** voto, computo, punto. ≃ **musical** nota musicale. **tirar uma boa** ≃ prendere un buon voto. **tomar** ≃ annotare.

no.ta.ção [notas′ãw] *sf Mus.* notazione.

no.tar [not′ar] *vt* notare, avvedersi di. *Fig.* vedere. **fazer-se** ≃ farsi notare.

no.ta.ri.al [notari′aw] *agg* notarile, notariale. **direitos** ≃**ais** diritti notarili.

no.tá.rio [not′arju] *sm* ≃ **público** notaio.

no.tá.vel [not′avew] *sm* notabile. *agg* notabile; notevole; rimarchevole, apprezzabile; cospicuo, considerevole; insigne. *Fig.* rispettabile.

no.tí.cia [not′isjɐ] *sf* notizia, nuova, novella.

no.ti.ci.ar [notisi′ar] *vt* annunciare.

no.ti.ci.á.rio [notisi′arju] *sm* notiziario, giornale, bollettino, cronaca. *Fig.* foglio.

no.ti.fi.ca.ção [notifikas′ãw] *sf an Giur.* notificazione, notifica.

no.ti.fi.ca.do [notifik′adu] *part*+*agg Giur.* significato.

no.ti.fi.car [notifik′ar] *vt* notificare, dichiarare. *Giur.* notificare, significare.

no.tí.va.go [not′ivagu] *sm*+*agg Lett.* nottivago.

no.to.ri.e.da.de [notorjed′adi] *sf* notorietà, fama.

no.tó.rio [not′orju] *agg* notorio, noto, conosciuto, manifesto. *Fig.* storico.

no.tur.no [not′urnu] *sm Mus.* notturno. *agg* notturno, della notte.

no.va [n′ovɐ] *sf* nuova, novità, novella.

no.va.men.te [novam′ẽti] *avv* di nuovo, ancora, da capo.

no.va.to [nov′atu] *agg* novizio, principiante, neofita.

no.ve [n′ovi] *sm*+*num* nove. ≃ **mil** novemila. **de** ≃ **anos (de idade)** novenne.

no.ve.cen.tos [noves′ẽtus] *sm*+*num* novecento.

no.ve.la [nov'ɛlə] *sf* teleromanzo. *Lett.* novella.

no.ve.lis.ta [novel'istə] *s* novelliere.

no.ve.lo [nov'elu] *sm* gomitolo, matassa.

no.vem.bro [nov'ẽbru] *sm* novembre.

no.ve.na [nov'enə] *sf* novena.

no.ven.ta [nov'ẽtə] *sm + num* novanta. ≃ **avos** novantesimo, nonagesimo. **uns** ≃, **umas** ≃ una novantina.

no.vi.ci.a.do [novisi'adu] *sm* noviziato.

no.vi.da.de [novid'adi] *sf* novità; innovazione.

no.vi.lho [nov'iʎu] *sm* vitello, manzo, giovenco.

no.vo [n'ovu] *agg* nuovo; novello; giovane; recente; piccolo, piccino; altro. *Fig.* fresco. **de** ≃ di nuovo, ancora, daccapo. **de** ≃! bis! bis! **sensação** ≃ **a** *Fig.* sensazione giovanile.

no.vo.ca.í.na [novoka'inə] *sf Med.* novocaina.

noz [n'ɔs] *sf Bot.* noce.

noz-mos.ca.da [nɔzmosk'adə] *sf Bot.* noce moscata.

noz-vô.mi.ca [nɔzv'omikə] *sf Bot.* noce vomica, fungo di Levante.

nu [n'u] *sm Pitt.* nudo. *agg* nudo, ignudo; brullo, senza vegetazione. *Fig.* spoglio.

nu.an.ça [nu'ãsə] *sf* sfumatura.

nu.bla.do [nubl'adu] *agg* nuvoloso, brutto. **ficar** ≃ rannuvolarsi.

nu.blar [nubl'ar] *vt* annuvolare, annebbiare.

nu.ca [n'ukə] *sf Anat.* nuca, cervice, occipite.

nu.cle.ar [nukle'ar] *agg* nucleare, del nucleo. *Fís.* nucleare, atomico. **física** ≃ fisica nucleare o atomica.

nú.cleo [n'ukliu] *sm an Fis., Chim.* e *Biol.* nucleo. *Fig.* centro, anima.

nu.dez [nud'es] *sf* nudezza, nudità.

nu.dis.mo [nud'izmu] *sm* nudismo.

nu.li.da.de [nulid'adi] *sf* nullità. *Fig.* uomo da niente.

nu.lo [n'ulu] *agg* nullo.

nu.me.ra.ção [numeras'ãw] *sf* numerazione, annoveramento.

nu.me.ral [numer'aw] *sm* numero. *Gramm.* aggettivi numerali. *agg* numerale, di numero.

nu.me.rar [numer'ar] *vt* numerare, enumerare; contare.

nu.mé.ri.co [num'eriku] *agg* numerico.

nú.me.ro [n'umeru] *sm* numero, cifra. *Lett.* novero. *Teat.* numero, attrazione. ≃ **de uma roupa** taglia di un abito. ≃ **perfeito** *Mat.* numero perfetto. ≃ **singular** e **plural** *Gramm.* numero singolare e plurale. ≃ **um** *Fam.* numero uno. **grande** ≃ moltiplicità. **em grande** ≃ in quantità. **sem** ≃ senza numero. **sortear um** ≃ pescare.

nu.me.ro.so [numer'ozu] *agg* numeroso, molteplice, parecchio, svariato. **exército** ≃ esercito gagliardo.

nun.ca [n'ũkə] *avv* mai, giammai. ≃! *int* che! **mais do que** ≃ più che mai. **pior do que** ≃! peggio che mai! ≃ **veio aqui** non è mai venuto qui.

nún.cio [n'ũsju] *sm Rel.* legato. ≃ **apostólico** nunzio, nunzio apostolico o pontificio.

nup.ci.al [nupsi'aw] *agg Lett.* nuziale.

núp.cias [n'upsjəs] *sf pl* nozze.

nu.tri.ção [nutris'ãw] *sf* nutrizione. *Pop.* cibo.

nu.trir [nutr'ir] *vt* nutrire, alimentare, cibare, allevare. *Fig.* albergare.

nu.tri.ti.vo [nutrit'ivu] o **nu.tri.en.te** [nutri'ẽti] *agg* nutritivo, nutriente, sostanzioso. *Fig.* ricco.

nu.vem [n'uvẽj] *sf Met.* nuvola. *Lett.* nube. ≃ **de chuva** nembo. ≃ **de preocupação** *Fig.* nube. **cair das** ≃ **ns** *Fig.* cadere dalle nuvole, sorprendersi. **ter a cabeça nas** ≃ **ns** *Fig.* avere la testa nelle nuvole.

O

o ['o] I *sm* la quattordicesima lettera dell'alfabeto portoghese.

o [u] II *art det msg* il (lo, l'). *pron msg* lo; lui.

ô ['o] *sm* o, il nome della lettera O.

ó ['ɔ] *int* o! oh! deh! ehi! ≃ **menino!** o ragazzo!

o.á.sis [o'azis] *sm Geogr.* oasi. **um** ≃ **de felicidade** un'oasi di felicità.

o.be.de.cer [obedes'er] *vt* ubbidire, obbedire, rispettare, attenersi a. *vi* ubbidire, obbedire. ≃ **aos pais** ubbidire i genitori (o ai genitori).

o.be.di.ên.cia [obedi'ẽsjə] *sf* ubbidienza, obbedienza; concordanza, osservanza; devozione. **em** ≃ **a** in ossequio a.

o.be.di.en.te [obedi'ẽti] *agg* ubbidiente, obbediente; docile. *Fig.* curvo.

o.be.lis.co [obel'isku] *sm* obelisco, guglia.

o.be.si.da.de [obezid'adʒi] *sf* obesità, grassezza.

o.be.so [ob'ezu] *agg* obeso.

ó.bi.to ['ɔbitu] *sm* obito.

o.bi.tu.á.rio [obitu'arju] *sm* obituario, necrologio.

ob.je.ção [obʒes'ãw] *sf* obiezione, opposizione, contro.

ob.je.tar [obʒet'ar] *vt* opporre, confutare, opporsi a. *Lett.* obiettare.

ob.je.ti.vo [obʒet'ivu] *sm* obiettivo, obietto; ideale; intento, intenzione; fine, finalità. *Fig.* bersaglio, meta. **ter o mesmo** ≃ collimare. *agg* obiettivo. *Lett.* oggettivo.

ob.je.to [obʒ'ɛtu] *sm* oggetto, cosa, ente. *Gramm.* oggetto. *Fil.* e *Lett.* obietto. ≃ **de riso** zimbello. ≃ **direto** *Gramm.* complemento oggetto. ≃**s de valor** valori.

o.bli.qua.men.te [oblikwam'ẽti] *avv* obliquamente, di sbieco, a flauto.

o.blí.quo [obl'ikwu] *agg* obliquo; sbieco; diagonale; indiretto. *Gramm.* obliquo.

o.bli.te.rar [obliter'ar] *vt Lett.* obliterare.

o.blon.go [obl'õgu] *agg* oblungo, bislungo.

o.bo.é [obo'ɛ] *sm Mus.* oboe.

ó.bo.lo ['ɔbolu] *sf* oblazione.

o.bra ['ɔbrə] *sf* opera; composizione; impresa; mano. *Arte* opera, lavoro, fattura. *Fig.* creazione, parto. ≃ **de arte** *Fig.* gioiello. ≃ **malfeita** abborracciamento. ≃ **incompleta** *Fig.*

aborto. ≃ **sem valor** *Fig.* scarabocchio. **terminar a** ≃ compire l'opera.

o.bra-pri.ma [ɔbrapr'imə] *sf* capolavoro.

o.brar [obr'ar] *vi* operare.

o.bri.ga.ção [obrigas'ãw] *sf* obbligazione, obbligo; incarico; dovere; responsabilità, impegno. *Comm.* obbligazione, debito.

o.bri.ga.do [obrig'adu] *part+agg* obbligato, coatto, costretto. ≃! *int* grazie! ≃ **por tudo!** grazie di tutto! **muito** ≃! tante grazie!

o.bri.gar [obrig'ar] *vt* obbligare, costringere, forzare. *vpr* impegnarsi; vincolarsi.

o.bri.ga.tó.rio [obrigat'ɔrju] *agg* obbligatorio, compulsorio, forzoso, doveroso, di rigore.

obs.ce.ni.da.de [obsenid'adʒi] *sf* oscenità, sconcezza, sozzura. *Fig.* immondezza, porcheria.

obs.ce.no [obs'enu] *agg* osceno; indecente, turpe, licenzioso; volgare, sudicio (linguaggio). *Fig.* immondo, immorale, boccaccesco.

obs.cu.ran.tis.mo [obskurãt'izmu] *sm* oscurantismo. *Fig.* ignoranza.

obs.cu.re.cer [obskures'er] *vt* oscurare, abbuiare; offuscare. *Fig.* appannare. *vpr* oscurarsi; offuscarsi.

obs.cu.ri.da.de [obskurid'adʒi] *sf* oscurità. *Fig.* anonimato.

obs.cu.ro [obsk'uru] *agg* oscuro, scuro, tenebroso. *Lett.* scurrile. *Fig.* anonimo, sconosciuto; incomprensibile, geroglifico; buio (periodo storico).

ob.sé.quio [obz'ɛkju] *sm* favore, cortesia.

ob.ser.va.ção [observas'ãw] *sf* osservazione; commento, considerazione; controllo, esame; postilla, corsivo; richiamo, asterisco.

ob.ser.vân.cia [observ'ãsjə] *sf* osservanza.

ob.ser.var [observ'ar] *vt* osservare; riguardare; attendere; contemplare; controllare, esaminare. ≃ **alguém** accompagnare uno con l'occhio.

ob.ser.va.tó.rio [observat'ɔrju] *sm* osservatorio. ≃ **astronômico** osservatorio astronomico.

ob.ses.são [obses'ãw] *sf an Psic.* ossessione. *Fig.* mania, smania, assillo.

ob.so.le.to [obsol'etu] *agg* obsoleto; arcaico, antiquato. *Fig.* antico, antidiluviano.

obs.tá.cu.lo [obst'akulu] *sm* ostacolo; impedimento, imbarazzo; problema, difficoltà. *Sp.* handicap. *Fig.* blocco, muraglia. **corrida de** ≈ s corsa ad ostacoli. **criar** ≈ s o **pôr** ≈ s *Fig.* mettere i bastoni fra le ruote. **encontrar** ≈ s *Fig.* incagliare.

obs.tan.te [obstetr'isjə] *agg* utilizzato nell'espressione **não** ≈ *prep* nonostante, malgrado. *cong* nondimeno, nondimanco, peraltro.

obs.te.trí.cia [obstetr'isjə] o **obs.té.tri.ca** [obst'etrikə] *sf Med.* ostetricia.

obs.té.tri.co [obst'etriku] *agg* ostetrico.

obs.ti.na.ção [obstinas'ãw] *sf* testardaggine, pertinacia, caparbieria; fissazione. *Fig.* tenacia.

obs.ti.na.do [obstin'adu] *sm* testone, capone. *agg* ostinato, testardo. *Fig.* tenace.

obs.ti.nar-se [obstin'arsi] *vpr* ostinarsi, fissarsi.

obs.tru.ção [obstrus'ãw] *sf* ostruzione, otturazione, impaccio.

obs.tru.ir [obstru'ir] *vt* ostruire, otturare, ingombrare, impacciare. *Med.* oppilare.

ob.ter [obt'er] *vt* ottenere; buscare, procurare; trarre; attingere, conseguire, acquistare. *Giur.* acquisire. *Fig.* raggiungere.

ob.tu.ra.ção [obturas'ãw] *sf* otturazione.

ob.tu.ra.dor [obturad'or] *sm Fot.* e *Mecc.* otturatore.

ob.tu.rar [obtur'ar] *vt* otturare; piombare, impiombare (denti).

ob.tu.so [obt'uzu] *agg Geom.* ottuso. *Fig.* stupido.

ób.vio [ɔbvju] *agg* ovvio, chiaro. **é** ≈ ! è ovvio!

o.ca.ri.na [okar'inə] *sf Mus.* ocarina.

o.ca.si.ão [okazi'ãw] *sf* occasione; occorrenza, vece. *Fig.* momento. **na** ≈ **mais oportuna** a miglior tempo. **naquela** ≈ in quell'ora. **a** ≈ **faz o ladrão** l'occasione fa l'uomo ladro.

o.ca.sio.nal [okazjon'aw] *agg* occasionale, casuale, fortuito.

o.ca.sio.nar [okazjon'ar] *vt* cagionare, determinare. *Fig.* generare.

o.ca.so [ok'azu] *sm* tramonto. *Lett.* e *Poet.* occaso.

oc.ci.pi.tal [oksipit'aw] *agg* occipitale.

oc.ci.tâ.ni.co [oksit'ʌniku] *agg Lett.* occitanico.

o.ce.a.no [ose'ʌnu] *sm Geogr.* oceano. *Fig.* gran quantità. ≈ **Atlântico** *np* Atlantico.

o.ci.den.tal [osidēt'aw] *s*+*agg* occidentale.

o.ci.den.te [osid'ēti] *sm Geogr.* occidente, ovest.

ó.cio [ɔsju] *sm* ozio, dolce far niente.

o.cio.si.da.de [osjozid'adi] *sf* oziosità.

o.ci.o.so [osi'ozu] *agg* ozioso, inoperoso. **ficar** ≈ oziare, poltrire. *Fig.* grattarsi la pancia.

o.co ['oku] *sm* vano, incavatura. *agg* cavo, incavato, vuoto. **cabeça** ≈ **a** testa vuota.

o.cor.rên.cia [okoř'ēsjə] *sf* occorrenza, avvenimento.

o.cor.rer [okoř'er] *vi* avvenire, succedere, capitare, occorrere.

o.cor.ri.do [okoř'idu] *sm* successo, fatto. *part*+*agg* successo, avvenuto, accaduto.

o.cre ['ɔkri] *sm* o **o.cra** ['ɔkrə] *sf* ocra.

oc.ta.e.dro [okta'edru] *sm Geom.* ottaedro.

oc.tin.gen.té.si.mo [oktīʒēt'ezimu] *sm*+*num* ottocentesimo.

oc.to.ge.ná.rio [oktoʒen'arju] *sm*+*agg* ottuagenario, ottantenne.

oc.to.gé.si.mo [oktoʒ'ezimu] *sm*+*num* ottantesimo.

oc.tó.go.no [okt'ɔgonu] *sm Geom.* ottagono.

óc.tu.plo ['ɔktuplu] *sm*+*num* ottuplo.

o.cu.lar [okul'ar] *agg* oculare, dell'occhio. **testemunho** ≈ testimonio oculare.

o.cu.lis.ta [okul'istə] *s* oculista.

ó.cu.los ['ɔkulus] *sm pl* occhiali, lenti. ≈ **co-muns (com pernas)** occhiali a stanghetta. ≈ **de sol** occhiali da sole. ≈ **de soldador** occhiali di metallo. **colocar os** ≈ mettersi gli occhiali.

o.cul.ta.ção [okuwtas'ãw] *sf* celamento.

o.cul.tar [okuwt'ar] *vt* occultare, nascondere, celare. *Ger.* imboscare. *Fig.* mascherare, coprire, velare. *vpr* occultarsi, nascondersi.

o.cul.tis.mo [okuwt'izmu] *sm* occultismo.

o.cul.to [ok'uwtu] *agg* occulto, nascosto; segreto, incognito, arcano. *Fig.* seppellito, sepolto; ermetico.

o.cu.pa.ção [okupas'ãw] *sf* occupazione, attività.

o.cu.pa.do [okup'adu] *part*+*agg* affaccendato. **estar sempre** ≈ affaccendarsi.

o.cu.par [okup'ar] *vt* occupare; assalire, prendere. *vpr* occuparsi, dedicarsi, curarsi. *Fig.* volgersi, volgere l'animo ad una cosa.

o.da.lis.ca [odal'iskə] *sf* odalisca.

o.de ['ɔdi] *sf Lett.* ode.

o.di.a.do [odi'adu] *part*+*agg* odiato, inviso. *Fig.* maledetto.

o.di.ar [odi'ar] *vt* odiare, detestare, avversare, maledire. *Fig.* rifuggire da. *vpr* odiarsi.

ó.dio ['ɔdju] *sm* odio; abominazione, abominio, aborrimento; livore, astio. *Fig.* fiele, bile, ruggine. **ter** ≈ **de** averla con.

o.di.o.so [odi'ozu] *agg* esoso, ripugnante, repellente.

o.dis.séi.a [odis'ɛjə] *sf Fig.* odissea.

o.dor [od'or] *sm* odore, fiuto.

o.do.rí.fe.ro [odor'iferu] *agg* odorifero, odorante.

o.dre ['odri] *sm* otre.

o.es.te [o'ɛsti] *sm Geogr.* ovest, ponente.

o.fe.gan.te [ofeg'ãti] *agg* ansimante, trafelato. *Fig.* asmatico.

o.fe.gar [ofeg'ar] *vi* ansimare, anelare, ansare, boccheggiare.

o.fe.go [of'egu] *sm* anelito, ansamento.

o.fen.der [ofẽd'er] *vt* offendere, ingiuriare, insultare. *Lett.* ledere. *Fig.* aggredire, ferire; scottare, punzecchiare; frecciare uno. *vpr* offendersi. *Fig.* scottarsi. ≃ **levemente** graffiare.

o.fen.di.do [ofẽd'idu] *part+agg* offeso, Fig. punto.

o.fen.sa [of'ẽsə] *sf* offesa; ingiuria, affronto; insulto, improperio, titolo, cattiva parola. *Fig.* ferita. ≃ **grave** oltraggio, infamia.

o.fen.si.va [ofẽs'ivə] *sf* offensiva, attacco. **tomar a** ≃ prendere l'offensiva.

o.fen.si.vo [ofẽs'ivu] *agg* offensivo.

o.fe.re.cer [oferes'er] *vt* offrire; esibire, presentare; proporre; regalare. *Fig.* porgere, fornire. *vpr* offrirsi; esibirsi; proporsi a.

o.fer.ta [of'ɛrtə] *sf* offerta; proposta, approccio. *Comm.* occasione.

o.fi.ci.al [ofisi'aw] *sm Mil.* ufficiale. ≃ **de justiça** usciere. ≃ **judiciário** ufficiale giudiziario. *agg* ufficiale, d'ufficio, formale.

o.fi.cial.men.te [ofisjawm'ẽti] *avv* ufficialmente, d'ufficio.

o.fi.ci.ar [ofisi'ar] *vt* officiare, celebrare.

o.fi.ci.na [ofis'inə] *sf* officina, bottega. ≃ **de artesão** fucina; laboratorio. ≃ **mecânica** officina riparazioni, garage.

o.fí.cio [of'isju] *sm* ufficio; industria; professione, mestiere, funzione.

o.fi.ci.o.so [ofisi'ozu] *agg* ufficioso, confidenziale, non ufficiale.

o.fí.dio [of'idju] *sm Zool.* ofidio.

of.tal.mo.lo.gi.a [oftawmoloʒ'iə] *sf Med.* oftalmologia.

of.tal.mo.lo.gis.ta [oftawmoloʒ'istə] *s Med.* oftalmologo.

o.fus.ca.ção [ofuskas'ãw] *sf* offuscamento, abbagliamento.

o.fus.car [ofusk'ar] *vt* offuscare; folgorare; annebbiare, ottenebrare, abbuiare. *Fig.* confondere; ammantare. *vpr* offuscarsi.

o.gi.va [oʒ'ivə] *sf* ogiva.

o.gro ['ɔgru] *sm Mit.* orco.

oh ['ɔ] *int* o! oh! deh! eh! oh! (dolore, spavento, sorpresa, ecc.). ohibò! (meraviglia). uh,

uhi! (orrore, meraviglia). ≃, **meu filho!** ma, figlio mio!

oi ['oj] *int* ciao! (all'arrivo). olà! ohe! (per chiamare).

oi.ta.va [ojt'avə] *sf Mus.* ottava.

oi.ta.vo [ojt'avu] *sm+num* ottavo.

oi.ten.ta [ojt'ẽtə] *sm+num* ottanta. ≃ **avos** ottantesimo. **uns** ≃, **umas** ≃ un'ottantina.

oi.to ['ojtu] *sm+num* otto. ≃ **mil** ottomila. **de** ≃ **anos (de idade)** ottenne.

oi.to.cen.tos [ojtos'ẽtus] *sm+num* ottocento.

o.lá [ol'a] *int* olà!

o.la.ri.a [olar'iə] *sf* mattonaia.

o.le.a.gi.no.so [oleaʒin'ozu] *agg Lett.* oleaginoso.

o.le.an.dro [ole'ãdru] *sm Bot.* oleandro.

o.lei.ro [ol'ejru] *sm* vasaio, vasaro.

ó.leo ['ɔlju] *sm an Chim.* olio. ≃ **de fígado de bacalhau** olio di fegato di merluzzo. ≃ **de ricino** olio di ricino. ≃**s leves** oli leggeri. ≃**s minerais** oli minerali. ≃**s pesados** oli pesanti.

o.le.o.so [ole'ozu] *agg* oleoso. *Lett.* oleaginoso.

ol.fa.to [owf'atu] *sm* olfatto, odorato, naso.

o.lha.da [oʎ'adə] *sf* sguardo, occhiata, guardata; letta, scorsa. **dar uma** ≃ gettare uno sguardo.

o.lha.de.la [oʎad'ɛlə] *sf* guardata.

o.lhar [oʎ'ar] *sm* sguardo, veduta. *Fig.* occhio. ≃ **distante** sguardo errante. ≃ **fixo** affissamento. *vt+vi* guardare. ≃ **atentamente** riguardare. ≃ **atravessado** guardare di traverso. ≃ **com desdém** *Fig.* guardare dall'alto in basso. ≃ **de soslaio** adocchiare. ≃ **fixamente** piantare occhi addosso ad una cosa. **olha!** *int* guai! ehm! (indica minaccia). **olha só quem fala!** da che pulpito viene la predica!

o.lhei.ra [oʎ'ejrə] *sf* occhiaia, calamaio.

o.lho ['oʎu] *sm Anat.* occhio. *Mecc.* occhio di uno strumento. ≃ **da cauda do pavão** *Zool.* occhio. ≃ **mágico** spia. ≃ **por** ≃, **dente por dente** occhio per occhio, dente per dente. ≃ **roxo** occhio pesto. ≃**s de lince** *Fig.* occhio di lince (o d'aquila), visione acutissima. **a** ≃ **nu** ad occhio nudo. **arregalar os** ≃**s** sbarrare gli occhi. **de** ≃**s fechados** ad occhi chiusi. **estar com os** ≃**s cheios d'água** aver gli occhi umidi. **ficar de** ≃**s abertos** stare a occhi aperti, vigilare. **não ver com bons** ≃**s** vedere in malocchio, non simpatizzare con. **num piscar de** ≃**s** in un batter d'occhio. **piscar os** ≃**s** ammiccare. **tirar os** ≃**s de** rivolgere la vista da. **bons** ≃**s o vejam!** beato chi ti vede!

o.lho-de-ga.to [oʎudig'atu] *sm Min.* occhio di gatto.

o.lho-de-pei.xe [oʎudip'ejʃi] *sm* occhio di pernice.

o.li.gar.qui.a [oligark'iə] *sf Pol.* oligarchia.

O.lim.pí.a.das [olĩp'iadəs] *sf pl* Olimpiade.

o.lím.pi.co [ol'ĩpiku] *agg* olimpico. **os deuses** ≈s i dei olimpici.

o.li.va [ol'ivə] *sf* oliva, uliva.

o.li.vei.ra [oliv'ejrə] *sm* olivo, ulivo.

ol.mo ['owmu] *sm Bot.* olmo.

om.bro [õbru] *sm Anat.* spalla. *Lett.* omero. **encolher os** ≈ **(em sinal de indiferença)** alzare le spalle, stringersi alle spalle. **nos** ≈s, **nos** ≈s **de** addosso.

ô.me.ga ['omegə] *sm* omega.

o.me.le.ta [omel'etə] o **o.me.le.te** [omel'eti] *sf* frittata.

o.mis.são [omis'ãw] *sf* omissione.

o.mi.tir [omit'ir] *vt* omettere, preterire, saltare. *Fig.* postergare, sorvolare.

o.mo.pla.ta [omopl'atə] *sf Anat.* omoplata, scapola. *Pop.* paletta.

o.na.gro [on'agru] *sm Zool.* onagro, asino selvatico.

o.na.nis.mo [onan'izmu] *sm Med.* onanismo.

on.ça ['õsə] *sf* oncia (misura). *Zool.* giaguaro, leopardo americano.

on.da ['õdə] *sf* onda, voga, fiotto. ≈s **acústicas ou sonoras** onde acustiche o sonore. ≈s **curtas e médias** onde corte e medie. ≈s **elétricas** onde elettriche. ≈s **luminosas** onde luminose.

on.de ['õdi] *pron* dove. *avv* dove, ove. **de** ≈ di dove, donde, onde. ≈ **quer que** dovunque. ≈ **quer que seja** *Lett.* ovunque. **para** ≈ dove.

on.de.ar [õde'ar] *vi Naut.* ondeggiare, beccheggiare.

on.du.la.ção [õdulas'ãw] *sf* ondulazione, beccheggio, ondeggiamento.

on.du.la.do [õdul'adu] *agg* ondulato, sinuoso.

on.du.lar [õdul'ar] *vt* ondulare; arricciare. *vi* ondulare, barcollare, fluttuare.

o.ne.rar [oner'ar] *vt* gravare, dissestare. *Giur.* onerare.

o.ne.ro.so [oner'ozu] *agg* oneroso, gravoso.

ô.ni.bus ['onibus] *sm* autobus. ≈ **de excursão** torpedone, corriera. ≈ **elétrico** filobus. ≈ **leito** pullman.

o.ni.po.ten.te [onipot'eti] *s+agg* onnipotente, onnipossente.

o.ní.ri.co [on'iriku] *agg* onirico, di sogno. *Fig.* chimerico.

o.nis.ci.en.te [onisi'eti] *agg* onnisciente.

o.ni.vi.den.te [onivid'eti] *agg* onniveggente.

o.ní.vo.ro [on'ivoru] *agg Biol.* onnivoro.

ô.nix ['oniks] *sm Min.* onice.

o.no.más.ti.co [onom'astiku] *agg* onomastico.

o.no.ma.to.péi.a [onomatop'ejə] *sf* onomatopeia, onomatopea.

on.tem ['õtẽj] *avv* ieri. **antes de** ≈ altrieri, avantieri.

ô.nus ['onus] *sm Comm.* onere, gravame, peso. *Fig.* carico.

on.ze ['õzi] *sm+num* undici. ≈ **avos** undicesimo, undecimo. **de** ≈ **anos (de idade)** undicenne.

o.pa.co [op'aku] *agg* opaco. *Fig.* plumbeo.

o.pa.la [op'alə] *sf Min.* opale.

op.ção [ops'ãw] *sf Comm. e Giur.* opzione.

ó.pe.ra ['operə] *sf Mus.* opera.

ó.pe.ra-bu.fa [ɔperab'ufə] *sf Mus.* opera buffa.

o.pe.ra.ção [operas'ãw] *sf* operazione, maneggio. *Med.* chirurgia, operazione, intervento. ≈ **cesariana** taglio cesareo. ≈ **plástica** plastica, operazione plastica.

ó.pe.ra-cô.mi.ca [ɔperak'omikə] *sf Mus.* opera comica.

o.pe.ra.dor [operad'or] *sm* operatore. ≈ **de caldeira** calderaio.

o.pe.rar [oper'ar] *vt* maneggiare. *an Med.* operare. *vi* operare, lavorare.

o.pe.rá.rio [oper'arju] *sm* operaio, fabbro, artiere. ≈ **especializado** operaio qualificato.

o.pe.ra.tó.rio [operat'ɔrju] *agg* operatorio.

o.pe.re.ta [oper'etə] *sf Mus.* operetta.

o.pe.ro.si.da.de [operozid'adi] *sf* operosità.

o.pe.ro.so [oper'ozu] *agg* operoso.

o.pi.lar [opil'ar] *vt Med.* oppilare.

o.pi.nar [opin'ar] *vt+vi Lett.* opinare, pensare, ritenere.

o.pi.ni.ão [opini'ãw] *sf* opinione; idea; giudizio, avviso. *Fig.* concetto; apprezzamento. **dar uma** ≈ esprimere un'opinione. **em minha** ≈ secondo me. *Fig.* a casa mia. **mudar de** ≈ tornare indietro, stornarsi. *Fig.* dar di volta al cervello. ≈ **política** *Fig.* colore.

ó.pio ['ɔpju] *sm* oppio, alloppio.

o.por [op'or] *vt* opporre, contrapporre. *vpr* opporsi, contrastare; reagire, rifiutarsi.

o.por.tu.na.men.te [oportunam'eti] *avv* opportunamente, a proposito, alla stagione.

o.por.tu.ni.da.de [oportunid'adi] *sf* opportunità; occasione; pretesto. *Fig.* momento, tempo; fortuna. **aproveitar a** ≈ *Fig.* afferrare l'occasione, prendere la palla al balzo.

o.por.tu.nis.ta [oportun'istə] *s* opportunista, carrierista. *Pol.* funambolo. *Ger.* banderuola, camaleonte. *agg* carrierista.

o.por.tu.no [oport'unu] *agg* oportuno; conveniente, convenevole, confacente, comodo; tempestivo. **ser** ≃ venire in acconcio.

o.po.si.ção [opozis'ãw] *sf* opposizione; obiezione; contrasto, discrepanza; contrarietà. *Giur.* resistenza. ≃ o **partido de** ≃ *Pol.* opposizione politica.

o.po.si.tor [opozit'or] *sm+agg* avversario.

o.pos.to [op'ostu] *sm* opposto; contrario; inverso. *agg* opposto; contrario, rovescio; contraddittorio.

o.pres.são [opres'ãw] *sf* oppressione; coercizione; sopraffazione, angheria, sopruso; repressione. *Fig.* tirannia, giogo.

o.pres.sor [opres'or] *sm* oppressore. *agg* opprimente.

o.pri.mi.do [oprim'idu] *sm, part+agg* oppresso, distretto.

o.pri.mir [oprim'ir] *vt* opprimere; sopraffare, angariare; caricare, gravare. *Fig.* reprimere.

op.tar [opt'ar] *vt* ottare per. *Giur.* optare per.

op.ta.ti.vo [optat'ivu] *agg* ottativo.

óp.ti.ca ['ɔptikə] o **ó.ti.ca** ['ɔtikə] *sf Fis.* ottica. *Fig.* profilo, punto di vista.

óp.ti.co ['ɔptiku] o **ó.ti.co** ['ɔtiku] *sm+agg* ottico, dell'occhio. **nervo** ≃ nervo ottico.

o.pu.lên.cia [opul'ẽsjə] *sf* opulenza, abbondanza. *Fig.* grassezza.

o.pu.len.to [opul'ẽtu] *agg* opulento, agiato. *Fig.* grasso.

o.ra ['ɔrə] *cong* ora; orbene.

o.ra.ção [oras'ãw] *sf Gramm.* orazione. *Rel.* preghiera, orazione. ≃ **subordinada** *Gramm.* proposizione subordinata.

o.rá.cu.lo [or'akulu] *sm Mit.* oracolo.

o.ral [or'aw] *agg* orale; verbale. **exame** ≃ esame orale.

o.ran.go.tan.go [orãgot'ãgu] *sm Zool.* orango, orangutan, urango.

o.rar [or'ar] *vi* pregare.

o.ra.tó.ria [orat'ɔrjə] *sf* oratoria, retorica.

o.ra.tó.rio [orat'ɔrju] *sm Rel.* e *Mus.* oratorio. *agg* oratorio, dell'oratoria.

or.be ['ɔrbi] *sm Astron.* orbe.

ór.bi.ta ['ɔrbitə] *sf Astron.* orbita. *Anat.* orbita, occhiaia.

or.ca ['ɔrkə] *sf Zool.* orca.

or.co ['ɔrku] *sm Mit.* orco, inferno.

or.dem ['ɔrdẽj] *sf* ordine; comando, ordinamento; disciplina; disposizione; mandato. *Zool.* ordine. *Mil.* consegna. **à** ≃ **de** all'ordine di. **colocar em** ≃ ordinare, assettare. **em** ≃ in ordine. **entrar para** ≃ **religiosa** *Fig.* ves-

tir la tonaca. ≃ **cavaleiresca** ordine equestre. ≃ **de batalha** ordine di battaglia. ≃ **de pagamento** *Comm.* vaglia, mandato di pagamento. ≃ **do dia** ordine del giorno. ≃ **dórica, coríntia** e **ática** *Archit.* ordine dorico, corinzio e attico. ≃ **dos advogados** ordine degli avvocati. ≃ **religiosa** ordine religioso. ≃ **universal** *Fig.* legge. ≃ns **arquitetônicas** ordini architettonici. ≃ns **sacras** ordini sacri. **por** ≃ **de** da parte di.

or.de.na.ção [ordenas'ãw] *sf* ordinamento.

or.de.na.do [orden'adu] *sm* stipendio, paga. *part+agg* ordinato, organizzato, sistematico.

or.de.nan.ça [orden'ãsə] *sf Mil.* ordinanza, ufficiale d'ordinanza.

or.de.nar [orden'ar] *vt* ordinare; comandare, ingiungere, prescrivere, imporre; coordinare; comporre; scalare. *Rel.* ordinare. *vpr an Rel.* ordinarsi. ≃ **as idéias** raccogliere le idee.

or.de.nha [ord'eñə] *sf* mungitura.

or.de.nhar [ordeñ'ar] *vt* mungere.

or.di.nal [ordin'aw] *agg* ordinale.

or.di.ná.rio [ordin'arju] *sm* ordinario, abituale. *Rel.* ordinario, superiore ecclesiastico. *agg* ordinario; triviale; grossolano, dozzinale. *Pop.* di dozzina. *Fig.* plebeo.

o.ré.ga.no [or'eganu] *sm Bot.* origano.

o.re.lha [or'eʎə] *sf* orecchio, orecchia. **ficar de** ≃ **ligada** tendere gli orecchi, stare a orecchi tesi.

o.re.lhão [oreʎ'ãw] *sm Bras.* telefono pubblico. *Med.* orecchioni *pl*, gattoni *pl*.

or.fa.na.to [orfan'atu] *sm* orfanotrofio, ospizio.

ór.fão ['ɔrfãw] *sm+agg* orfano.

or.ga.nis.mo [organ'izmu] *sm* organismo.

or.ga.ni.za.ção [organizas'ãw] *sf* organizzazione; società; coordinazione, coordinamento; disciplina. *Fig.* organismo.

or.ga.ni.za.do [organiz'adu] *part+agg* organizzato; disposto, sistematico; diligente.

or.ga.ni.zar [organiz'ar] *vt* organizzare; coordinare, sistemare; disporre, combinare. *Fig.* costruire. *vpr* organizzarsi.

or.gas.mo [org'azmu] *sm Fisiol.* orgasmo.

ór.gão ['ɔrgãw] *sm Mus.* e *Fisiol.* organo. ≃ **de imprensa** *Fig.* organo. ≃ **sexual** sesso. ≃s **genitais** *pl* genitali.

or.gi.a [orʒ'iə] *sf* orgia, baccanale, crapula. *Fig.* baldoria. **participar de** ≃ baccheggiare.

or.gu.lhar [orguʎ'ar] *vt* inorgoglire, insuperbire, infatuare. *vpr* inorgoglirsi, insuperbirsi, infatuarsi, pregiarsi.

or.gu.lho [orgˈuʎu] *sm* orgoglio; boria, sussiego; gioiello. *Fig.* sufficienza, cresta.

or.gu.lho.so [orguʎˈozu] *sm Lett.* otre gonfio di vento, persona molto superba. *agg* orgoglioso, altiero, altezzoso, borioso. *Fig.* gonfio, tumido. **ficar** ≃ montarsi, alzare le corna.

o.ri.en.ta.dor [oriẽtaдˈor] *sm Fig.* pilota, guida.

o.ri.en.tar [oriẽtˈar] *vt+vi* orientare. *vpr* orientarsi, regolarsi.

o.ri.en.te [oriˈẽti] *sm Geogr.* oriente, est. **Extremo O**≃ Estremo Oriente.

o.ri.fí.cio [orifˈisju] *sm* orifizio, buco, meato.

o.ri.gem [orˈiʒẽj] *sf* origine; causa, cagione; stirpe, ceppo. *Giur.* causale. *Fig.* madre, fonte; germe, seme, radice; alba, aurora. ≃ **ns** *pl* origini, primordi. **dar** ≃ **a** *Lett.* originare. **ter** ≃ **em** muovere da.

o.ri.gi.nal [oriʒinˈaw] *sm* originale, prototipo, tipo. *agg* originale; autentico; curioso, geniale, singolare. *Fig.* pittoresco.

o.ri.gi.nar [oriʒinˈar] *vt* causare, determinare. *Lett.* originare. *Fig.* procurare. *vpr* originarsi, derivare, emanare. *Fig.* germogliare da.

o.ri.gi.ná.rio [oriʒinˈarju] *agg* originario.

o.ri.un.do [oriˈũdu] *agg* oriundo.

ó.rix [ˈɔriks] *sm Zool.* orige, orice.

or.la [ˈɔrlɐ] *sf* orlo, bordo, margine, sponda; bordatura (di tessuto).

or.lar [orlˈar] *vt* orlare.

or.na.do [ornˈadu] *part+agg* ornato, adornato.

or.na.men.tal [ornamẽtˈaw] *agg* ornamentale.

or.na.men.tar [ornamẽtˈar] *vt* ornare, decorare, adornare, aggraziare.

or.na.men.to [ornamˈẽtu] *sm* ornamento, adornamento; ornato, fregio, applicazione.

or.nar [ornˈar] *vt* ornare, abbigliare. *vpr* ornarsi.

or.ni.to.lo.gi.a [ornitoloʒˈiɐ] *sf* ornitologia.

or.ni.tor.rin.co [ornitoʀˈĩku] *sm Zool.* ornitorinco.

or.ques.tra [orkˈɛstrɐ] *sf* orchestra.

or.ques.tral [orkestrˈaw] *agg* orchestrale.

or.quí.dea [orkˈidjɐ] *sf Bot.* orchidea.

or.to.do.xo [ortodˈɔksu] *sm Rel.* ortodosso. *Fig.* clericale.

or.to.e.pi.a [ortoepˈiɐ] *sf Gramm.* ortoepia.

or.to.gra.fi.a [ortografˈiɐ] *sf Gramm.* ortografia.

or.to.pe.di.a [ortopedˈiɐ] *sf Med.* ortopedia.

or.to.pé.di.co [ortopˈɛdiku] *agg Med.* ortopedico.

or.to.pe.dis.ta [ortopedˈistɐ] *s Med.* ortopedico.

or.va.lho [orvˈaʎu] *sm* rugiada, guazza.

os [us] I *art det mpl* i (gli, gl'). *pron mpl* li; loro.

os.ci.la.ção [osilasˈãw] *sf* oscillazione, tentennamento, dondolo.

os.ci.la.dor [osiladˈor] *sm Elett.* oscillatore.

os.ci.lar [osilˈar] *vi* oscillare, tentennare, barcollare. *Naut.* rollare. *Fig.* dondolare.

os.co [ˈosku] *sm+agg St.* osco.

ós.mio [ˈɔzmju] *sm Chim.* osmio.

os.mo.se [ozmˈɔzi] *sf Fis.* osmosi.

os.mó.ti.co [ozmˈɔtiku] *agg* osmotico.

os.sa.da [osˈadɐ] *sf* carogna, carcame.

os.sa.tu.ra [osatˈurɐ] *sf* ossatura.

ós.seo [ˈɔsju] *agg* osseo.

os.so [ˈosu] *sm Anat.* osso. ≃ **do pulso** nocella della mano. ≃ **duro de roer** *Fig.* osso duro. ≃ **sacro** *Anat.* osso sacro.

os.so.bu.co [osobˈuku] *sm* ossobuco.

os.ten.si.vo [ostẽsˈivu] *agg* ostensivo, ostensibile.

os.ten.ta.ção [ostẽtasˈãw] *sf* ostentazione, mostra; pompa, lusso, fasto; vanagloria, vanto. *Fam.* gala.

os.ten.tar [ostẽtˈar] *vt* ostentare, sfoggiare, affettare.

os.te.o.ma.la.ci.a [osteomalasˈiɐ] *sf Med.* osteomalacia.

os.tra [ˈostrɐ] *sf* ostrica. ≃ **perlífera** ostrica perlifera.

os.tra.cis.mo [ostrasˈizmu] *sm St.* ostracismo.

os.tro.go.do [ostrogˈodu] *sm+agg St.* ostrogoto.

o.tá.rio [otˈarju] *sm Ger.* bamboccio. *Fig.* pesce.

ótica, ótico → óptica, óptico.

o.ti.mis.mo [otimˈizmu] *sm* ottimismo.

o.ti.mis.ta [otimˈistɐ] *s* ottimista. **ser** ≃ *Fig.* vedere rosa.

ó.ti.mo [ˈɔtimu] *agg superl* (di **bom**) ottimo, eccellente. *Fig.* esimio; unico.

o.ti.te [otˈiti] *sf Med.* otite.

o.to.ma.no [otomˈʌnu] *sm+agg St.* ottomano.

o.tor.ri.no.la.rin.go.lo.gis.ta [otoʀinolariŋgoloʒˈistɐ] *s Med.* otorinolaringoiatra.

ou [ˈow] *cong* o (od); oppure. ≃ ... ≃ o ... o.

ou.ri.ço [owrˈisu] *sm Zool.* riccio.

ou.ri.ço-do-mar [owrisudumˈar] *sm Zool.* riccio di mare.

ou.ri.ves [owrˈivis] *sm* orefice. *Lett.* orafo.

ou.ri.ve.sa.ri.a [owrivezarˈiɐ] *sf* oreficeria, gioielleria.

ou.ro [ˈowru] *sm* oro. ≃ **branco** oro bianco. ≃ **s** *pl* denari, mattoni, quadri (seme delle carte). **por todo o** ≃ **do mundo** per tutto l'oro del mondo. **nem tudo o que reluz é** ≃ non è tutt'oro quel che riluce.

ou.ro.pel [owrop'ɛw] *sm an Fig.* orpello, similoro, lustrino.

ou.sa.di.a [owzad'iɐ] *sf* ardire, audacia, temerità, coraggio; franchezza.

ou.sa.do [owz'adu] *agg* ardito, audace, temerario, coraggioso; franco; rischioso.

ou.sar [owz'ar] *vt + vi* osare, arrischiare, ardire; avventurarsi.

ou.tei.ro [owt'ejru] *sm* colle.

ou.to.no [owt'onu] *sm* autunno. **no** ≃ in autunno.

ou.tor.ga [owt'ɔrgɐ] *sf* approvazione, assenso; assegnamento, concessione.

ou.tor.gar [owtorg'ar] *vt* approvare; acconsentire, assentire a; assegnare, conferire.

ou.trem ['owtrẽj] *pron* altri. **de** ≃ *agg + pron* altrui.

ou.tro ['owtru] *pron* altro. **a casa de** ≃ a pessoa la casa altrui. **de** ≃ *lugar avv* altronde. **dos** ≃ s *agg + pron* altrui. **em** ≃ **lugar** altrove. **entre** ≃ s **coisas** tra le altre. **os** ≃ s gli altri. ≃ **dia** l'altro giorno. **por** ≃ **lado** *avv* altronde. **um e** ≃ ambidue. **uma e** ≃ ambedue. **virei** ≃ **a vez** verrò un'altra volta. **o** ≃ *sm Pop.* il ganzo. **a** ≃ **a** *sf Pop.* la ganza.

ou.tro.ra [owtr'ɔrɐ] *avv* già, anticamente.

ou.tu.bro [owt'ubru] *sm* ottobre.

ou.vi.do [owv'idu] *sm* orecchio, orecchia. **aguçar os** ≃ s tendere gli orecchi. **chegar aos** ≃ s **de** venire agli orecchi di. **dizer alguma coisa no** ≃ dire una parolina in un orecchio. **fazer** ≃ s **de mercador** fare orecchi di mercante. **ser todo** ≃ s esser tutt'orecchi, fare attenzione.

ter ≃ **para a música** avere orecchio per la musica. *part + agg* udito.

ou.vin.te [owv'ĩti] *sm* ascoltatore, uditore, auditore, chi ode.

ou.vir [owv'ir] *vt* sentire, udire, ascoltare. *vi* ascoltare.

o.va.ção [ovas'ãw] *sf* ovazione, applauso. *Fig.* trionfo.

o.va.cio.nar [ovasjon'ar] *vt an Fig.* applaudire.

o.val [ov'aw] *sf* ovale, forma ovale. *agg* ovale, oblungo.

o.vá.rio [ov'arju] *sm Anat.* ovario, ovaia. *Bot.* ovario.

o.ve.lha [ov'eʎɐ] *sf* pecora.

o.vil [ov'iw] *sm* pecorile, stalla delle pecore.

o.vi.no [ov'inu] *agg* ovino, pecorino, pecorile.

o.ví.pa.ro [ov'iparu] *sm + agg Zool.* oviparo.

o.vo ['ovu] *sm* uovo. ≃ **duro** uovo sodo. ≃ **estrelado** uovo al tegame. ≃ **frito** uovo fritto. ≃ **mexido** uovo strapazzato. ≃ **quente** uovo da bere.

o.vói.de [ov'ɔjdi] *agg* ovoide.

ó.vu.lo ['ɔvulu] *sm Fisiol.* e *Bot.* ovulo.

o.xi.dar [oksid'ar] *vt* ossidare, irrugginire, arrugginire. *vpr* ossidarsi, irrugginire, irrugginirsi.

ó.xi.do ['ɔksidu] *sm Chim.* ossido.

o.xi.ge.nar [oksiʒen'ar] *vt* ossigenare. ≃ **os cabelos** ossigenare i capelli.

o.xi.gê.nio [oksiʒ'enju] *sm Chim.* ossigeno.

o.xí.to.no [oks'itonu] *agg Gramm.* ossitono, tronco.

o.zo.ni.zar [ozoniz'ar] *vt* ozonizzare, purificare con ozono.

o.zô.nio [oz'onju] *sm Chim.* ozono.

P

p [p′e] *sm* la quindicesima lettera dell'alfabeto portoghese.
pá [p′a] *sf* pala, vanga. ≃ **para lareira** paletta.
Pã [p′ã] *np Mit.* Pane.
pa.ca [p′akə] *sf Zool.* paca.
pa.ca.to [pak′atu] *agg* pacato, bonaccione.
pa.chor.ra [paʃ′oɾə] *sf* flemma.
pa.ci.ên.cia [pasi′ẽsjə] *sf* pazienza; sofferenza. *Fig.* flemma. **encher a** ≃ *Fam.* rompere le scatole. **jogo de** ≃ gioco di pazienza. **perder a** ≃ perdere la pazienza, spazientirsi. *Fam.* fumare. **ter** ≃ dar tempo al tempo.
pa.ci.en.te [pasi′ẽti] *s Med.* paziente. *agg* paziente; flemmatico. *Gramm.* paziente.
pa.ci.fi.car [pasifik′aɾ] *vt* pacificare, calmare, rabbonire, rappacificare.
pa.cí.fi.co [pas′ifiku] *agg* pacifico; pacato, calmo, mansueto; incontestabile.
pa.ci.fis.mo [pasif′izmu] *sm Pol.* pacifismo.
pa.ço [p′asu] *sm* reggia.
pa.co.te [pak′ɔti] *sm* pacco, imballaggio, cartoccio, involto, collo.
pa.co.ti.nho [pakot′iɲu] *sm dim* pacchetto.
pac.to [p′aktu] *sm* patto, accordo, arrangiamento.
pac.tu.ar [paktu′aɾ] *vt* patteggiare, combinare, negoziare. *vi* patteggiare, accordarsi.
pa.da.ri.a [padaɾ′iə] *sf* panetteria, panificio, forno.
pa.de.cer [pades′eɾ] *vt* patire, subire, soffrire. *vi* provare.
pa.de.ci.men.to [padesim′ẽtu] *sm* patimento, sofferenza, passione. *Fig.* inferno, tormento.
pa.dei.ro [pad′ejru] *sm* panettiere, fornaio.
pa.di.o.la [padi′ɔlə] *sf* barella.
pa.dras.to [padɾ′astu] *sm* patrigno, padrigno.
pa.dre [p′adɾi] *sm Rel.* prete, padre, reverendo. **Santo P** ≃ Santo Padre, il Papa.
pa.dri.nho [padɾ′iɲu] *sm* padrino, compare. ≃ **num duelo** secondo.
pa.dro.ei.ro [padɾo′ejru] *sm Rel.* patrono. ≃ **a** *sf Rel.* patrona, patronessa.
pa.dro.ni.zar [padɾoniz′aɾ] *vt* unificare, uniformare.

pa.ga.men.to [pagam′ẽtu] *sm* mercede, contributo; ricompensa; soddisfazione, disimpegno; emolumento. *Comm.* pagamento, versamento. *Fig.* soldo, pagnotta. ≃ **anual** annata. ≃ **à vista** pagamento in contanti. ≃ **em cheque** pagamento in assegno. ≃ **pela missa** elemosina. ≃ **semanal** settimanale. **suspender o** ≃ *Comm.* fare il punto.
pa.ga.nis.mo [pagan′izmu] *sm* paganesimo.
pa.gão [pag′ãw] *sm Rel.* pagano, infedele. *St.* etnico, gentile. *agg Rel.* pagano, etnico.
pa.gar [pag′aɾ] *vt* pagare; ricompensare; assoldare; espiare (i peccati). *Comm.* saldare; versare. *Fig.* spegnere. ≃ **uma promessa** disimpegnarsi da una promessa.
pá.gi.na [p′aʒinə] *sf* pagina; facciata. **as** ≃ **s sagradas** le sacre pagine, la Bibbia.
pa.gi.na.ção [paʒinas′ãw] *sf* paginatura.
pa.gi.nar [paʒin′aɾ] *vt* impaginare.
pa.go.de [pag′ɔdi] *sm Archit.* pagoda.
pai [p′aj] *sm* padre. *Lett.* genitore. *Fig.* capostipite, autore. **os** ≃ **s** i genitori. ≃ **adotivo** padre adottivo. ≃ **de família** padre famiglia. **P** ≃ **Eterno** Eterno Padre.
pa.in.ço [pa′ĩsu] *sm Bot.* panico.
pai.nel [pajn′ɛw] *sm Elett.* quadro.
pai.o [p′aju] *sm* cotichino, coteghino.
pai.rar [pajɾ′aɾ] *vi* librarsi, svolazzare; minacciare, pendere, essere imminente.
pa.ís [pa′is] *sm* paese.
pai.sa.gem [pajz′aʒẽj] *sf* paesaggio, vista.
pai.sa.no [pajz′ʌnu] *sm* civile; paesano, compaesano.
pai.xão [pajʃ′ãw] *sf* passione, amore. *Fig.* fuoco, febbre, vampa; violenza. ≃ **ardente** *Fig.* incendio. **a P** ≃ **de Jesus Cristo** *Rel.* la Passione di Gesù Cristo.
pai.zi.nho [pajz′iɲu] o **pa.pai.zi.nho** [papajz′iɲu] *sm dim Fam.* babbino.
pa.jé [paʒ′ɛ] *sm Bras.* stregone.
pa.jem [p′aʒẽj] *sm St.* paggio, valletto.
pa.la [p′alə] *sf* visiera, tesa del cappello; forca, sprone della camicia. *St.* palla, veste greca.

pa.la.ci.a.no [palasi'ʌnu] *sm* cortigiano. *agg* cortigiano, aulico.

pa.lá.cio [pal'asju] *sm* palazzo, castello. ≃ **real** palazzo reale, corte, reggia.

pa.la.dar [palad'ar] *sm* gusto, palato.

pa.la.di.no [palad'inu] *sm St.* paladino.

pa.la.fi.ta [palaf'itə] *sf* palafitta. ≃**s** *pl Archeol.* stazioni lacustri.

pa.lan.quim [palãk'ĩ] *sm* palanchino.

pa.la.to [pal'atu] *sm Anat.* palato, volta palatina. ≃ **mole** velo palatino.

pa.la.vra [pal'avrə] *sf* parola, verbo. *Gramm.* voce. **a** ≃ **é de prata, o silêncio é de ouro** la parola è d'argento, il silenzio è d'oro. **a** ≃ **final** l'ultima parola. **conseguir a** ≃ **(em reunião)** avere la parola. **dar a** ≃ **(em reunião)** dare la parola. **em outras** ≃**s** in altri termini. **não dizer uma só** = *Fam.* non dire sillaba. ≃ **de ordem** parola d'ordine, motto. ≃ **s cruzadas** parole incrociate. **para bom entendedor, meia** ≃ **basta** a buon intenditore mezza parola basta. **pedir a** ≃ **(em reunião)** chiedere la parola. **tirar as** ≃**s da boca de alguém** *Pop.* levare la parola di bocca altrui.

pa.la.vrão [palavr'ãw] *sm* parolaccia, titolo, contumelia.

pa.la.vre.a.do [palavre'adu] *sm* fiaba. *Fig.* preambolo.

pa.la.vró.rio [palavr'ɔrju] *sm* fola. *Fig.* cantilena.

pal.co [p'awku] *sm* palco. *Teat.* palcoscenico, proscenio, scena.

pa.le.o.gra.fi.a [paleograf'iə] *sf* paleografia.

pa.le.on.to.lo.gi.a [paleõtoloʒ'iə] *sf* paleontologia.

pa.le.tó [palet'ɔ] *sm* giacca, giubba.

pa.lha [p'aʎa] *sf* paglia. **fogo de** ≃ fuoco di paglia. **forrar ou cobrir de** ≃ impagliare.

pa.lha.ça.da [paʎas'adə] *sf* arlecchinata, carnevalata.

pa.lha.ço [paʎ'asu] *sm* pagliaccio, buffone, istrione. *Fig.* pagliaccio, persona buffa.

pa.lhe.ta [paʎ'etə] *sf Mus.* plettro, penna. *Pitt.* tavolozza.

pa.lhi.nha [paʎ'iɲa] *sf dim* ≃ **de aço** paglia di ferro, lana d'acciaio.

pa.li.ar [pali'ar] *vt Lett.* palliare.

pa.li.a.ti.vo [paliat'ivu] *sm+agg* palliativo. *Fig.* lenitivo.

pa.li.ça.da [palis'adə] *sf* palizzata, barriera.

pa.li.dez [palid'es] *sf* pallidezza, pallidità, squallore.

pá.li.do [p'alidu] *agg* pallido, livido, squallido. *Fig.* spento, stinto.

pa.li.to [pal'itu] *sm* stuzzicadenti, stecco. *Fig.* stecco, stoccafisso, persona troppo magra. ≃ **de fósforo** fiammifero.

pal.ma [p'awmə] *sf Anat.* palma. ≃**s** *pl* applauso, battimano.

pal.ma.da [pawm'adə] *sf* palmata.

pal.ma-de-san.ta-ri.ta [pawmadisãtaŕ'itə] *sf Bot.* gladiolo.

pal.ma.tó.ria [pawmat'ɔrjə] *sf* ferula.

pal.mei.ra [pawm'ejra] *sf Bot.* palma.

pal.mi.lha [pawm'iʎa] *sf* sottopiede, soletta; pedule.

pal.mi.to [pawm'itu] *sm Bot.* palmito, midollo commestibile della palma.

pal.mo [p'awmu] *sm* palmo.

pal.pá.vel [pawp'avew] *agg* tangibile, concreto.

pál.pe.bra [p'awpebrə] *sf Anat.* palpebra, nepitello.

pal.pi.ta.ção [pawpitas'ãw] *sf Med.* palpitazione, palpito, batticuore, battito.

pal.pi.tar [pawpit'ar] *vi* pulsare. *Med.* palpitare.

pam.pa [p'ãpə] *sm* pampa.

pa.na.ca [pan'akə] *s* sempliciotto, sciocco, allocco.

pa.na.céi.a [panas'ɛjə] *sf* panacea.

pa.na.má [panam'a] *sm* panama.

pan-a.me.ri.ca.no [pʌnamerik'ʌnu] *agg* panamericano.

pan.ça [p'ãsə] *sf Pop.* pancia. *Iron.* trippa. *Fig. disp* otre.

pan.ca.da [pãk'adə] *sf* colpo, picchio, bastonata, legnata.

pân.creas [p'ãkrjəs] *sm Anat.* pancreas.

pan.de.mô.nio [pãdem'onju] *sm Poet.* pandemonio.

pa.ne [p'ʌni] *sf Naut.* e *Aer.* panna.

pa.ne.la [pan'ela] *sf* pentola, pignatta, tegame. ≃ **de pressão** pentola a pressione.

pan-es.la.vis.mo [pãeslav'izmu] *sm* panslavismo.

pa.ne.to.ne [panet'oni] *sm* panettone.

pan.fle.to [pãfl'etu] *sm Giur.* e *Lett.* libello.

pan.go.lim [pãgol'ĩ] *sm Zool.* pangolino.

pâ.ni.co [p'ʌniku] *sm* panico.

pa.ni.fi.ca.do.ra [panifikad'orə] *sf* panificio, forno.

pa.no [p'ʌnu] *sm* panno, drappo, tessuto; sfregacciolo. **cobrir com** ≃**s** appannare. **esfregar com** ≃ strofinare. **fazer por debaixo dos** ≃**s** *Fig.* fare alla macchia. ≃ **de boca** *Teat.* sipario, tela, tenda. ≃ **de prato** canovaccio, canovaccio. ≃ **para limpeza** strofinaccio. ≃ **verde (da mesa de jogo)** tappeto verde.

pa.no.ra.ma [panor'ʌmə] *sm* panorama.

pa.no.râ.mi.ca [panor'ʌmikə] *sf* panorama.

pân.ta.no [p'ãtanu] *sm* pantano, palude, acquitrino, stagno.

pan.ta.no.so [pãtan'ozu] *agg* pantanoso.

pan.te.ís.mo [pãte'izmu] *sm* panteismo.

pan.te.ra [pãt'erə] *sf Zool.* pantera. ≃ **negra** pantera nera.

pan.to.mi.ma [pãtom'imə] *sf* pantomima.

pan.tu.fa [pãt'ufə] *sf* babbuccia, ciabatta.

pan.tur.ri.lha [pãtuř'iλə] *sf Anat.* polpaccio.

pão [p'ãw] *sm* pane. ≃ **branco** pane bianco. ≃ **de cada dia** *Fig.* pagnotta. ≃ **de fubá** pane giallo. ≃ **duro** pane raffermo. ≃ **fresco** pane fresco. ≃ **sovado** pagnotta.

pão-du.ro [pãwd'uru] *sm Pop.* spilorcio, lesina, guitto.

pão.zi.nho [pãwz'iñu] *sm dim* panino.

pa.pa [p'apə] *sm Rel.* papa, Supremo Gerarca. *sf* pappa. ≃ **para cavalos** beverone.

pa.pa.da [pap'adə] *sf* pappagorgia.

pa.pa.do [pap'adu] *sm Rel.* papato.

pa.pa.gai.o [papag'aju] *sm* pappagallo; cervo volante, aquilone. *Fig.* gazza, persona che parla troppo. ≃ **velho não aprende a falar** cane vecchio non si avvezza al collare.

pa.pai [pap'aj] *sm Fam.* papà, babbo. **P** ≃ **Noel** Babbo Natale.

papaizinho → **paizinho**.

pa.pal [pap'aw] *agg Rel.* papale.

pa.par [pap'ar] *vt Fam.* pappare.

pa.pe.ar [pape'ar] *vi* ciarlare.

pa.pel [pap'ew] *sm* carta. *Cin.* e *Teat.* ruolo, parte. *Fig.* foglio. **enrolar com** ≃ incartare. **fabricante ou vendedor de** ≃ cartaio. **fazer** ≃ **de** atteggiarsi a. ≃ **de carta** carta da lettere. ≃ **de parede** carta da parato, tappezzeria. ≃ **higiênico** carta igienica. ≃ **machê** cartapesta. ≃ **mata-borrão** carta assorbente. ≃ **ofício** carta protocollo (o di formato protocollo). ≃ **pega-moscas** carta moschicida. ≃ **timbrado** carta intestata.

pa.pe.la.da [papel'adə] *sf* incartamento, incarto, pratica.

pa.pe.lão [papel'ãw] *sm* cartone.

pa.pe.la.ri.a [papelar'iə] *sf* cartoleria.

pa.pel-car.bo.no [papewkarb'onu] *sm* cartacarbone.

pa.pe.lei.ro [papel'ejru] *sm* cartolaio.

pa.pel-mo.e.da [papewmo'edə] *sf* carta moneta, banconota, biglietti di banca *pl.*

pa.pi.la [pap'ilə] *sf Anat.* papilla.

pa.pi.lo.ma [papil'omə] *sm Med.* papilioma.

pa.pi.nha [pap'iñə] *sf dim Fam.* pappa.

pa.pi.nho [pap'iñu] *sm dim Pop.* chiacchierata.

pa.pi.ro [pap'iru] *sm an Bot.* papiro.

pa.pi.sa [pap'izə] *sf* papessa.

pa.po [p'apu] *sm Anat.* gozzo. *Pop.* chiacchierata. *Med.* gozzo. **bater** ≃ *Pop.* conversare. **ficar de** ≃ **para o ar** *Pop.* poltrire. ≃ **das aves** *Zool.* gozzo. ≃ **furado** *Pop.* chiacchiera.

pa.pou.la [pap'owlə] *sf Bot.* papavero.

pa.que.ra [pak'erə] *sf Pop.* civetteria.

pa.que.ra.dor [pakerad'or] *sm Pop.* civettone.

pa.que.rar [paker'ar] *vt Fam.* filare. *vi Pop.* civettare. *Iron.* far la ruota.

pa.que.te [pak'eti] *sm Naut.* piroscafo.

pa.qui.der.me [pakid'ermi] *sm Zool.* pachiderma.

par [p'ar] *sm* pari; paio; coppia. *St.* e *Pol.* pari. **tirar no** ≃ **ou ímpar** fare a pari e caffo. **um** ≃ **de sapatos** un paio di scarpe. *agg* pari.

pa.ra [p'arə] *prep* in, a; per; verso; da. ≃ **que** *cong* perché, affinché, affine di, acciocché.

pa.ra.béns [parab'ẽs] *sm pl* complimenti, congratulazioni, rallegramenti. ≃ **!** *int* tanti auguri!

pa.rá.bo.la [par'abolə] *sf Geom.* e *Lett.* parabola.

pa.ra.bó.li.co [parab'ɔliku] *agg* parabolico.

pá.ra-bri.sa [parabr'izə] *sm Autom.* e *Aer.* parabrezza.

pá.ra-cho.que [paraʃ'ɔki] *sm Autom.* paraurti.

pa.ra.da [par'adə] *sf* fermata, parata, posa; stazione, tappa, soggiorno. *Mil.* parata.

pa.ra.dig.ma [parad'igmə] *sm Gramm.* paradigma.

pa.ra.di.sí.a.co [paradiz'iaku] *agg* paradisiaco, celestiale.

pa.ra.do [par'adu] *agg* immobile, immobilizzato, quieto. *Lett.* queto.

pa.ra.do.xo [parad'ɔksu] *sm* paradosso.

pa.ra.fi.na [paraf'inə] *sf Chim.* paraffina.

pa.rá.fra.se [par'afrazi] *sf Lett.* parafrasi.

pa.ra.fra.se.ar [parafraze'ar] *vt* parafrasare.

pa.ra.fu.so [paraf'uzu] *sm* vite, bullone. **ele tem um** ≃ **a menos** *Fig.* gli manca un venerdì, poco sale in zucca. **mergulhar em** ≃ *Aer.* scendere ou cadere in vite. ≃ **sem fim** vite perpetua (o senza fine).

pa.rá.gra.fo [par'agrafu] *sm* paragrafo; clausola; capoverso. ≃ **de lei** comma. **começar um outro** ≃ andare a capo.

pa.ra.í.so [para'izu] *sm* paradiso, cuccagna. *Fig.* paradiso, eden, nirvana.

pá.ra-la.ma [paral'ʌmə] *sm Autom.* parafango.

pa.ra.le.la [paral'elə] *sf Geom.* parallela.

pa.ra.le.le.pí.pe.do [paralelep'ipedu] *sm Geom.* parallelepipedo.

pa.ra.le.lo [paral'elu] *sm* confronto. *agg* parallelo, collaterale. **circuitos** ≃ s *Elett.* circuiti in parallelo.

pa.ra.li.sar [paraliz'ar] *vt* paralizzare. *Fig.* congelare, ammortire.

pa.ra.li.si.a [paraliz'iə] *sf Med.* paralisi. ≃ **infantil** paralisi infantile.

pa.ra.lí.ti.co [paral'itiku] *agg* paralitico.

pa.ra.men.tar [paramẽt'ar] *vt* parare.

pa.ra.men.to [param'ẽtu] *sm* addorno. ≃s *pl Rel.* paramento sg. parato sg.

pa.râ.me.tro [par'ʌmetru] *sm* parametro.

pa.ra.nin.fo [paran'ifu] *sm* paraninfo.

pa.ra.nói.a [paran'ɔjə] *sf Psic.* paranoia.

pa.ra.nói.co [paran'ɔjku] *agg* paranoico.

pa.ra.pei.to [parap'ejtu] *sm Archit.* parapetto, ringhiera, antimuro.

pa.ra.ple.gi.a [paraplez'iə] *sf Med.* paraplegia.

pa.ra.psi.co.lo.gi.a [parapsikoloz'iə] *sf* metapsichica.

pá.ra-que.das [parak'ɛdəs] *sm Aer.* paracadute.

pa.rar [par'ar] *vt* fermare; immobilizzare, immobilitare; ritenere. *Fig.* bloccare, sospendere. *vi* cessare; fermarsi, stazionare, sostare; finire. *Comm.* incagliare (commercio). *Fig.* stagnare. ≃ **de falar** interrompersi. ≃ **de** smettere di. ≃ **em** soggiornare in. ≃ **um pouco** *vt* soffermare. *vi* soffermarsi. **pare!** *int* alt! **pare com isso!** smettila! va' via, non ti credo!

pá.ra-rai.os [parař'ajus] *sm* parafulmine.

pa.ra.si.ta [paraz'itə] *sm Zool.* e *Bot.* parassita. *Fig.* sanguisuga, strozzino, predone.

pá.ra-ven.to [parav'ẽtu] *sm* paravento.

par.cei.ro [pars'ejru] *sm* amante.

par.ci.al [parsi'aw] *agg* parziale; partigiano; arbitrario. *Fig.* unilaterale.

par.ci.mô.nia [parsim'onjə] *sf* parsimonia, sobrietà, economia.

par.co [p'arku] *agg* parco, sobrio.

par.dal [pard'aw] *sm Zool.* passero.

par.do [p'ardu] *agg* bigio, soriano. **gato** ≃ gatto soriano.

pa.re.cer [pares'er] *sm* parere, opinione, giudizio di esperto. *Fig.* concetto. *vr* parere, sembrare; somigliare a. *Fig.* avvicinarsi a. **parece que sim** pare di sì, sembra di sì.

pa.re.ci.do [pares'idu] *part+agg* somigliante, consimile, altrettale.

pa.re.dão [pared'ãw] *sm aum* muro alto. **condenar ao** ≃ *Fig.* mandare al muro.

pa.re.de [par'edi] *sf* parete, muro. *Anat.* parete. **colocar contra a** ≃ *Fig.* mettere con le spalle al muro, forzare uno a decidersi. **falar com as** ≃ s *Fig.* parlare al muro.

pa.re.lha [par'eʎə] *sf* pariglia, muta, tiro.

pa.ren.te [par'ẽti] *sm* parente, famigliare. **os** ≃ s la parentela, la gente. ≃ **distante** parente lontano. ≃ **próximo** parente congiunto.

pa.ren.tes.co [parẽt'esku] *sm* parentela.

pa.rên.te.se [par'ẽtezi] o **pa.rên.te.sis** [par'ẽtezis] *sm (pl parênteses)* parentesi, inciso, spiegazione. *Gramm.* parentesi tonda, graffa.

pá.reo [p'arju] *sm Sp.* palio, gara.

pá.ria [p'arjə] *s* paria.

pa.ri.da.de [parid'adi] *sf* parità.

pa.rir [par'ir] *vt* partorire, sgravarsi.

pa.ri.si.en.se [parizi'ẽsi] *s+agg* parigino.

par.la.men.tar [parlamẽt'ar] *s+agg* parlamentare, congressista. **ser um** ≃ sedere in Parlamento. *vi* parlamentare.

par.la.men.ta.ris.mo [parlamẽtar'izmu] *sm Pol.* parlamentarismo.

par.la.men.to [parlam'ẽtu] *sm* parlamento, congresso, camera.

par.me.são [parmez'ãw] *sm+agg* parmigiano.

pá.ro.co [p'aroku] *sm Rel.* parroco, curato, prete, pievano. *Fig.* pastore.

pa.ró.dia [par'ɔdjə] *sf Lett.* parodia.

pa.ro.di.ar [parodi'ar] *vt* parodiare.

pa.ró.quia [par'ɔkjə] *sf Rel.* parrocchia, cura, pieve.

pa.ro.qui.al [paroki'aw] *agg Rel.* parrocchiale.

pa.ro.qui.a.no [paroki'ʌnu] *sm+agg Rel.* parrocchiano.

pa.ró.ti.da [par'ɔtidə] *sf Anat.* parotide.

pa.ro.xí.to.no [paroks'itonu] *sm+agg Gramm.* parossitono.

par.que [p'arki] *sm* parco. ≃ **nacional** parco nazionale.

par.ri.ci.da [pařis'idə] *s* parricida.

par.te [p'arti] *sf* parte; porzione, quota; ala; lato. *Comm.* rata, riparto; stregua. **a maior** ≃ la maggior parte, il più, il grosso. **a maior** ≃ **já foi feita** il più è già fatto. **a melhor** ≃ il meglio, il migliore. **a menor** ≃ il meno. **a pior** ≃ il peggio, il peggiore. **a** ≃ **da frente (o frontal)** il dirimpetto. **a** ≃ **de baixo (o inferior)** il disotto. **a** ≃ **de cima (o superior)** il disopra, il capo. **a** ≃ **de trás (o traseira)** il di dietro, il retro, il tergo. **à** ≃ in disparte, da banda. **as** ≃ s **(de um contrato)** i contraenti. **da** ≃ **de** da parte di, da canto di. **de minha** ≃ per parte mia, dal mio lato. **deixar à** ≃ mettere a dormire. **em toda** ≃ *avv* dappertutto, in ogni angolo. *Lett.* ovunque. ≃ **em dinheiro** contributo. **por** ≃ **de mãe** per parte di madre, dal lato materno. **tomar** ≃ competere.

par.tei.ra [part'ejrə] *sf* levatrice.

par.ti.ção [partis'ãw] *sf* partizione.

par.ti.ci.pa.ção [partisipas'ãw] *sf* partecipazione; adesione; contributo.

par.ti.ci.par [partisip'ar] *vt* partecipare; parteggiare; aderire.

par.ti.ci.pio [partis'ipju] *sm Gramm.* participio.

par.ti.cu.la [part'ikulə] *sf dim* particola, particella; corpuscolo. ≃ **gramatical** *Gramm.* comma. ≃ **negativa** *Gramm.* negativa.

par.ti.cu.lar [partikul'ar] *sm* particolare. *agg* particolare; peculiare; privato; segreto. **em** ≃ in particolare.

par.ti.cu.la.ri.da.de [partikularid'adi] *sf* particolarità, dettaglio. *Fig.* prerogativa.

par.ti.cu.la.ri.zar [partikulariz'ar] *vt* individuare, individualizzare.

par.ti.da [part'idə] *sf* partenza, partita, commiato. *Sp.* partita, gioco. **dar o sinal de** ≃ dare il via. ≃ **de automóvel** messa a punto (o in moto). ≃ **de mercadorias** *Comm.* partita. ≃ **de simples** *Sp.* singolo. **uma** ≃ **de café** una partita di caffè.

par.ti.dá.rio [partid'arju] *sm* adepto, gregario. *Pol.* partigiano. *Lett.* seguace. *agg* adepto.

par.ti.do [part'idu] *sm an Pol.* partito. *Fig.* setta, colore. ≃ **s de esquerda** *Pol.* partiti estremi. *part*+*agg* spezzato.

par.ti.lha [part'iʎə] *sf* ripartimento, scompartimento.

par.ti.lhar [partiʎ'ar] *vt* compartire, scompartire, condividere.

par.tir [part'ir] *vt* partire, spartire. *vi* partire, andarsene; uscire; allontanarsi; accomiatarsi. *vpr* fendersi, spezzarsi. **a** ≃ **de** a partire da, più innanzi. **a** ≃ **dai** *Lett.* indi. **estar prestes a** ≃ essere sulle mosse.

par.ti.ti.vo [partit'ivu] *agg Gramm.* partitivo.

par.ti.tu.ra [partit'urə] *sf Mus.* partitura.

par.to [p'artu] *sm* parto. *Poet.* portato. ≃ **de trigêmeos** parto trigemino.

par.tu.ri.en.te [parturi'ẽti] *sf*+*agg* partoriente.

Pás.coa [p'askwə] *sf* Pasqua.

pas.mar [pazm'ar] *vt* stupire. *vpr* stupirsi, formalizzarsi.

pas.mo [p'azmu] *sm* stupore, sorpresa. *agg* stordito.

pas.quim [pask'ĩ] *sm* pasquinata.

pas.sa [p'asə] *sf* uva passa.

pas.sa.da [pas'adə] *sf* passo. **com** ≃ **s rápidas** a passo svelto.

pas.sa.di.ço [pasad'isu] *sm* ballatoio. *agg* passeggero, transitorio.

pas.sa.di.nha [pasad'iɲə] *sf dim Pop.* corsa.

pas.sa.dis.ta [pasad'istə] *agg* passatista.

pas.sa.do [pas'adu] *sm* passato. **no** ≃ nel passato, per l'addietro, già. *part*+*agg* trascorso; stantio (alimento); passo, vizzo, mezzo (frutta). **o ano** ≃ l'altr'anno.

pas.sa.dor [pasad'or] *sm* passante (della cinghia).

pas.sa.gei.ro [pasaʒ'ejru] *sm* passeggero. *agg* passeggero; transitorio; breve, sfuggevole. *Giur.* e *Lett.* transeunte. *Fig.* caduco; fragile.

pas.sa.gem [pas'aʒẽj] *sf* passaggio; biglietto; passo, varco; transito, circolazione; corsia. *Fig.* via, uscita. **ave de** ≃ uccello di passo. **dar** ≃ fare ala. **estar de** ≃ **por** essere di passaggio a. **meia** ≃ mezzo biglietto. ≃ **de ida e volta** biglietto d'andata e ritorno. ≃ **de nível** passaggio a livello. ≃ **de um texto** brano, passata. ≃ **do tempo** decorso. ≃ **estreita** *Geogr.* passo. ≃ **só de ida** biglietto d'andata. ≃ **subterrânea** sottopassaggio. ≃ **subterrânea (em mina)** cunicolo.

pas.sa.ma.na.ri.a [pasamanar'iə] *sf* passamaneria.

pas.sa.ma.nes [pasam'ʌnis] *sm pl* passamano *sg.*

pas.san.te [pas'ãti] *s* passante, viandante. *agg* passante, che passa.

pas.sa.por.te [pasap'ɔrti] *sm* passaporto.

pas.sar [pas'ar] *vt* passare; trascorrere, spendere; valicare, varcare. *vi* passare; correre, scorrere. *vpr* succedere, accadere. **com o** ≃ **do tempo** progresso di tempo. ≃ **a noite em branco** passare la notte in bianco. ≃ **de ano (na escola)** passare la classe. ≃ **de** oltrepassare. ≃ **desta para melhor** passare a miglior vita (o di vita), morire. ≃ **maus bocados** passare un brutto momento. ≃ **na casa de alguém** passare da qualcuno. ≃ **para o lado inimigo** passare al nemico. ≃ **por inocente** passare da (o spacciarsi per) innocente. ≃ **rente a** *Fig.* sfiorare. ≃ **roupa** stirare.

pas.sa.re.la [pasar'elə] *sf* passerella.

pas.sa.ri.nho [pasar'iɲu] *sm dim* uccelletto. *Volg.* uccello, membro virile.

pás.sa.ro [p'asaru] *sm* uccello, volatile. **é melhor um** ≃ **na mão do que dois voando** meglio un uovo oggi che una gallina domani.

pás.sa.ro-li.ra [pasarul'irə] *sm Zool.* uccello lira.

pas.sa.tem.po [pasat'ẽpu] *sm* passatempo, svago, divertimento, ricreazione, trastullo.

pas.sá.vel [pas'avew] *agg* discreto.

pas.se [p'asi] *sm* lasciapassare.

pas.se.ar [pase'ar] *vi* passeggiare, deambulare. *Fig.* circolare. **ir** ≃ andare a passeggio.

pas.se.a.ta [pase'atə] *sf* manifestazione, dimostrazione, corteo.

pas.sei.o [pas'eju] *sm* passeggiata, passeggio, giro, gita. **dar um** ≃ fare una passeggiata. ≃ **no campo** scampagnata. ≃ **rápido** scorsa. ≃ **turístico** escursione.

pas.sio.nal [pasjon'aw] *agg* passionale.

pas.sí.vel [pas'ivew] *agg* passibile.

pas.si.vi.da.de [pasivid'adi] *sf* passività; conformismo; umiltà.

pas.si.vo [pas'ivu] *sm Comm.* passivo, disavanzo. *agg* passivo, apatico. *Gramm.* e *Comm.* passivo. *Fig.* supino.

pas.so [p'asu] *sm* passo. *Geogr.* passo, valico, varco. **acelerar o** ≃ allungare il passo. **ao** ≃ **que** *cong* mentre. ≃ **do cavalo** *Equit.* passata. ≃ **em falso** *Fig.* cappella.

pas.ta [p'astə] *sf* pasta (mistura sciolta in acqua). ≃ **de dentes** dentifricio, pasta dentifricia. ≃ **para papéis** portafogli, cartella.

pas.ta.gem [past'aʒẽj] *sf* pastura.

pas.tar [past'ar] *vt+vi* pascere, pascolare, mangiare (bestie). *Fig.* soffrire.

pas.tel [past'ew] *sm* pasticcio. *Pitt.* pastello.

pas.te.la.ri.a [pastelar'iə] *sf* dolci *sg.*

pas.teu.ri.zar [pastewriz'ar] *vt* pastorizzare.

pas.ti.cho [past'iʃu] *sm Arte* pasticcio. *Fig.* polpettone.

pas.ti.lha [past'iλə] *sf an Med.* pastiglia, pasticca.

pas.to [p'astu] *sm* pascolo, pastura.

pas.tor [past'or] *sm* pastore. *Rel.* pastore, reverendo, sacerdote protestante.

pas.to.ral [pastor'aw] *sf Rel.* e *Lett.* pastorale. *agg* pastorale. *Fig.* agreste.

pas.to.re.ar [pastore'ar] *vt* pascere, pascolare.

pas.to.ril [pastor'iw] *agg* pastorale, bucolico.

pas.to.so [past'ozu] *agg* pastoso, morbido.

pa.ta [p'atə] *sf* zampa, gamba.

pa.ta.da [pat'adə] *sf* zampata.

pa.ta.mar [patam'ar] *sm* pianerottolo, caposcala.

pa.ta.vi.na [patav'inə] *sf Pop.* niente, un'acca. **não sabe** ≃ non sa biracchio.

pat.chu.li [patʃul'i] *sm Bot.* pacciulì.

pa.tê [pat'e] *sm* patè.

pa.ten.te [pat'ẽti] *sf* brevetto, patente d'invenzione. *agg* patente, palese, chiaro. *Fig.* scoperto.

pa.ten.te.ar [patẽte'ar] *vt* brevettare.

pa.ter.nal [patern'aw] *agg* paterno.

pa.ter.ni.da.de [paternid'adi] *sf* paternità.

pa.ter.no [pat'ɛrnu] *agg* paterno; patrio.

pa.te.ta [pat'etə] *s* capocchio. *Fig.* papero.

pa.té.ti.co [pat'etiku] *sm Anat.* patetico. *agg* patetico, struggente, sentimentale.

pa.tí.bu.lo [pat'ibulu] *sm* patibolo, forca. *Fig.* pena capitale.

pa.ti.fa.ri.a [patifar'iə] *sf* furfanteria, vigliaccheria, canagliata.

pa.ti.fe [pat'ifi] *sm* furfante, vigliacco, mascalzone. *agg* furfante, vigliacco, fetente.

pa.tim [pat'ĩ] *sm* pattino. ≃ **com rodas** pattino a rotelle.

pá.ti.na [p'atinə] *sf* patina.

pa.ti.na.ção [patinas'ãw] *sf* pattinaggio.

pa.ti.nar [patin'ar] *vi* pattinare.

pa.ti.nha [pat'iñə] *sf dim* zampino.

pá.tio [p'atju] *sm* atrio, corte. ≃ **interno de edifício** cortile.

pa.to [p'atu] *sm* anatra. *Fig.* pesce, vittima.

pa.to.lo.gi.a [patoloʒ'iə] *sf Med.* patologia.

pa.to.ló.gi.co [patol'ɔʒiku] *agg Med.* patologico. **estado** ≃ stato patologico.

pa.trão [patr'ãw] *sm* padrone, principale. *Fig.* signore.

pá.tria [p'atrjə] *sf* patria, terra natale. *Fig.* casa. **voltar à** ≃ rimpatriare.

pa.tri.ar.ca [patri'arkə] *sm St.* patriarca. *Fig.* patriarca, capo di una famiglia.

pa.tri.ar.cal [patriark'aw] *agg* patriarcale.

pa.trí.cio [patr'isju] *sm* patrizio. *agg* patrizio, paesano.

pa.tri.mo.ni.al [patrimoni'aw] *agg* patrimoniale.

pa.tri.mô.nio [patrim'onju] *sm* patrimonio, capitale, censo, averi *pl.* *Fig.* ricchezza. ≃ **cultural** patrimonio culturale.

pá.trio [p'atrju] *agg* patrio. ≃ **poder** patria potestà.

pa.tri.o.ta [patri'ɔtə] *s* patriota.

pa.tri.o.ta.da [patri'ɔtadə] *sf* quarantottata.

pa.tri.ó.ti.co [patri'ɔtiku] *agg* patriotico.

pa.tri.o.tis.mo [patriot'izmu] *sm* patriotismo.

pa.tro.a [patr'oə] *sf* padrona. *Fig.* signora.

pa.tro.ci.nar [patrosin'ar] *vt Comm.* e *Giur.* patrocinare.

pa.tro.cí.nio [patros'inju] *sm Comm.* e *Giur.* patrocinio.

pa.tro.nal [patron'aw] *agg* padronale.

pa.tro.ní.mi.co [patron'imiku] *sm+agg Lett.* patronimico.

pa.tro.no [patr'onu] *sm* patrono. ≃ **a** *sf* patrona, patronessa.

pa.tru.lha [patr'uʎə] *sf Mil.* pattuglia.

pa.tru.lha.men.to [patruʎam'ẽtu] *sm* pattugliamento, battuta.

pa.tru.lhar [patruʎ'ar] *vt* perlustrare.

pau [p'aw] *sm* bastone, bacchio. *Volg.* pisello, verga, organo genitale maschile. ≃**s** *pl* bastoni, fiori (seme delle carte). **levar** ≃ *Pop.* bocciare. ≃ **que nasce torto morre torto** la volpe perde il pelo, non il vizio.

pau-bra.sil [pawbraz'iw] *sm Bot.* brasile, verzino.

pau-ca.ne.la [pawkan'ɛlə] *sf Bot.* cannella.

pau-de-se.bo [pawdis'ebu] *sm* l'albero di cuccagna.

pa.ul [pa'uw] *sm* padule.

pau.la.da [pawl'adə] *sf* legnata, bastonata.

pau.sa [p'awzə] *sf* pausa, sosta, fermata, respiro. *Mus.* pausa. *Fig.* attesa, parentesi.

pau.ta [p'awtə] *sf* riga.

pau.tar [pawt'ar] *vt* rigare.

pa.va.na [pav'ʌnə] *sf Mus.* pavana.

pa.vão [pav'ãw] *sm Zool.* pavone.

pa.vês [pav'es] *sm + agg* pavese.

pa.vi.lhão [paviʎ'ãw] *sm* padiglione; stendardo, bandiera; braccio di un edificio. ≃ **auditivo** *Anat.* padiglione dell'orecchio.

pa.vi.men.ta.ção [pavimẽtas'ãw] *sf* ciottolato, selciato.

pa.vi.men.tar [pavimẽt'ar] *vt* pavimentare, acciottolare.

pa.vi.men.to [pavim'ẽtu] *sm* pavimento; piano; suolo.

pa.vi.o [pav'iu] *sm* lucignolo, cerino; miccia, stoppino.

pa.vo.a [pav'oə] *sf Zool.* pavona, pavonessa.

pa.vo.ne.ar-se [pavone'arsi] *vpr* aggrandirsi.

pa.vor [pav'or] *sm* panico, spavento, terrore.

pa.vo.ro.so [pavor'ozu] *agg* spaventevole, belluino. *Fig.* tenebroso.

pa.xá [paʃ'a] *sm* pascià.

paz [p'as] *sf* pace; concordia; calma. *Fig.* bonaccia; riposo. ≃ **eterna** pace eterna. **deixar em** ≃ lasciare in pace. **fazer as** ≃ **es** pacificarsi, rappacificarsi.

pê [p'e] *sm* pi, il nome della lettera P.

pé [p'ɛ] *sm* base, basamento di un oggetto. *Anat.* e *Bot.* piede. *Poet.* piè; piede di un verso. *Mecc.* supporto. *Geogr.* piede di un monte. *Mat.* piede (misura). **ir a** ≃ andare a piedi. **ao** ≃ *avv* dappiè, dappiede. **ao** ≃ **da letra** a rigor di termine. **ao** ≃ **da página** a piè di pagina, in calce. **ao** ≃ **de** *prep* appiè, ap-

piede. **apoio ou encosto para os** ≃**s** pedana. **beijar os** ≃**s de alguém** lustrare gli stivali ad uno. **colocar os** ≃**s num lugar** mettere piede in un luogo. **dar no** ≃ *Fam.* battersela, svignarsela. *Pop.* prendere il volo, sgattaiolare. *Fig.* alzare (o battere) il tacco. **de** ≃**s juntos** a piè pari. **em** ≃ *avv* in piedi, ritto. **em** ≃ **de guerra** *Mil.* in piede di guerra. **estar com o** ≃ **na cova** *Pop.* avere un piede nella sepoltura. **ficar a** ≃ restare a piedi. **ficar de** ≃ rizzarsi. **levar ao** ≃ **da letra** pigliar le parole per il loro verso. **não se agüentar de** ≃ non reggersi in piedi. **no mesmo** ≃ **de** alla stregua di. **tomar** ≃ pigliare piedi. **torcer um** ≃ sconciarsi un piede.

pe.ão [pe'ãw] *sm* pedina, pedone degli scacchi. *Bras.* lavoratore.

pe.ça [p'ɛsə] *sf Mecc.* pezzo. *Arte* fattura. *Fig.* canzonatura, colpo, tiro. ≃ **de carne** garretto. ≃ **de museu** *Fig. Ger.* caffettiera, apparecchio vecchio che funziona male. ≃ **de reposição** pezzo di ricambio. ≃ **de tecido** pezza. ≃ **do jogo de damas** pedina. ≃ **moldada** getto. ≃ **musical** *Mus.* pezzo. ≃**s do jogo de xadrez** gli scacchi. **pregar uma** ≃ burlare.

pe.ca.do [pek'adu] *sm Rel.* peccato. ≃ **capital** peccato capitale. ≃ **mortal** peccato mortale. ≃ **original** peccato originale (o di Adamo). **cometer um** ≃ *Fig.* offendere Dio. **remissão dos** ≃**s** *Lett.* venia.

pe.ca.mi.no.so [pekamin'ozu] *agg Rel.* peccaminoso, immondo.

pe.car [pek'ar] *vi* peccare.

pe.chin.cha [peʃ'iʃə] *sf* affarone, occasione. *Pop.* vigna.

pe.cí.o.lo [pes'iolu] *sm Bot.* picciolo.

pe.cu.la.to [pekul'atu] *sm Giur.* peculato, concussione.

pe.cu.li.ar [pekuli'ar] *agg* peculiare, specifico.

pe.cu.li.a.ri.da.de [pekuliarid'adi] *sf* peculiarità.

pe.cú.lio [pek'ulju] *sm* peculio.

pe.cu.ni.á.rio [pekuni'arju] *agg Comm.* e *Giur.* pecuniario.

pe.da.ci.nho [pedas'iɲu] *sm dim* pezzetto, pezzettino; morseto, bocconcino; brandello, brincello. **cortar em** ≃**s** tagliuzzare.

pe.da.ço [ped'asu] *sm* pezzo; parte, porzione; boccone, morso; brano; fetta; frammento. **cortar em** ≃**s** smozzicare. **fazer em** ≃**s com raiva** fare a pezzi. ≃ **de asno** *Iron.* pezzo di asino, persona stupida. ≃ **de pano** brandello. ≃ **de pão** tozzo. ≃ **grande** fettone.

pe.dá.gio [ped'aʒju] *sm* pedaggio, balzello.

pe.da.go.gi.a [pedagoʒ'iə] *sf* pedagogia.

pe.da.go.go [pedag´ogu] *sm* pedagogo.

pé-d'á.gua [ped´agwə] *sm Pop.* acquazzone.

pe.dal [ped´aw] *sm* pedale.

pe.da.lar [pedal´ar] *vi* pedalare.

pe.da.lei.ra [pedal´jerə] *sf Mus.* pedaliera.

pe.dan.te [ped´ãti] *s disp* pedante, sputasentenze. *Fig.* pinocchio. *agg* pedante, cruschevole.

pe.dan.tis.mo [pedãt´izmu] *sm* pedanteria, pedantaggine.

pé-de-ca.bra [pedik´abrə] *sm* zampa di porco.

pé-de-chi.ne.lo [pediʃin´elu] *sm Pop.* povero diavolo.

pé-de-pa.to [pedip´atu] *sm Sp.* pinna.

pe.de.ras.ta [peder´astə] *sm* pederasta.

pe.des.tal [pedest´aw] *sm* piedistallo, rialto; dado. *Mecc.* supporto. **colocar num** ≃ mettere sul piedistallo, esaltare.

pe.des.tre [ped´estri] *sm* pedone. *agg* pedestre.

pe.di.a.tra [pedi´atrə] *s Med.* pediatra.

pe.dia.tri.a [pedjatr´iə] *sf Med.* pediatria.

pe.di.cu.ra [pedik´urə] *sf* o **pe.di.cu.ro** [pedik´uru] *sm* callista, pedicure.

pe.di.do [ped´idu] *sm* richiesta, chiesta, domanda. *Comm.* ordine. ≃ **de dinheiro** *Fig.* stoccata. *part* chiesto.

pe.din.te [ped´ĩti] *s* accattone, accattapane, paltoniere. *Ger. Fig.* barbone. pezzente.

pe.dir [ped´ir] *vt* chiedere, pregare, domandare, sollecitare.

pe.dra [p´edrə] *sf Min.* pietra; sasso; ciottolo. *Med.* calcolo, pietra. ≃ **angular** *Archit.* pietra angolare. ≃ **de amolar** cote, mola. ≃ **de moinho** macina, mola. ≃ **do jogo de damas** pedina. ≃ **miliar** pietra miliare. ≃ **preciosa** *Min.* pietra preziosa, gemma, gioia. *Lett.* margherita. **colocar uma** ≃ **em cima de** *Fig.* metterci una pietra sopra, non pensarci più. **coração de** ≃ cuore di sasso. **dormir como uma** ≃ dormire come un tasso. **Idade da P** ≃ Età della Pietra.

pe.dra.da [pedr´adə] *sf* pietrata.

pe.dra-po.mes [pedrap´omis] *sf Min.* pomice.

pe.dre.go.so [pedreg´ozu] *agg* pietroso, sassoso.

pe.dre.gu.lho [pedreg´uλu] *sm* ciottolo, sasso, ghiaia.

pe.drei.ra [pedr´ejrə] *sf* petraia.

pe.drei.ro [pedr´ejru] *sm* muratore.

pe.dún.cu.lo [ped´ũkulu] *sm Bot.* stelo.

pe.ga [p´egə] *sf Zool.* pica, gazza.

pe.ga.da [peg´adə] *sf* orma, pesta, traccia, pedata, vestigio.

pe.ga.jo.so [pegaʒ´ozu] *agg* piaccicoso, appiccicoso, colloso, vischioso.

pe.gar [peg´ar] *vt* prendere; tenere; afferrare, agguantare; pigliare; buscarsi. *vpr* accapigliarsi, abbaruffarsi, acchiapparsi, scannarsi, venire alle mani. **ir** ≃ **algo** andare per una cosa. ≃ **do chão** raccattare. ≃ **o touro à unha** prendere il toro per le corna. ≃ **para** si appropriarsi di. ≃ **pelos cabelos** acciuffare. **pega! pega ladrão!** acchiappalo!

pe.go [p´egu] *part+agg* preso, giunto.

pei.do [p´ejdu] *sm Volg.* peto, scoreggia.

pei.ti.lho [pejt´iλu] *sm* sparato, petto della camicia.

pei.to [p´ejtu] *sm Anat.* petto; seno. *Ger.* tetta. ≃ **de pombo** petto carenato.

pei.to.ral [pejtor´aw] *sm* pettorale della bardatura. *agg* pettorale.

pei.to.ril [pejtor´iw] *sm* parapetto, davanzale della finestra.

pei.xe [p´ejʃi] *sm* pesce. **P** ≃ s *pl Astron.* e *Astrol.* Pesci. **ser um** ≃ **fora d'água** essere un pesce fuori dell'acqua.

pei.xe-es.pa.da [pejʃiesp´adə] *sm Zool.* pesce spada.

pei.xe-por.co [pejʃip´orku] *sm Zool.* centrina.

pei.xe-ser.ra [pejʃis´eřə] *sm Zool.* pesce sega.

pei.xe-vo.a.dor [pejʃivoad´or] *sm Zool.* pesce volante, pesce rondine.

pe.jo.ra.ti.vo [peʒorat´ivu] *agg* peggiorativo.

pe.la.do [pel´adu] *part+agg Pop.* nudo.

pe.la.gem [pel´aʒẽj] *sf Zool.* pelame, mantello, colore dei peli. ≃ **de cavalo** pelo.

pe.la.gra [pel´agrə] *sf Med.* pellagra.

pe.lar [pel´ar] *vt* pelare, spelare, levare i peli.

pe.la.ri.a [pelar´iə] *sf* pellicceria; pelame.

pe.le [p´eli] *sf* pelle, pelliccia. *Anat.* pelle. ≃ **de animal** *Lett.* spoglia. ≃ **de cobra** scorza. ≃ **de porco** cotenna. **casaco de** ≃ **s** pelliccia. **estar na** ≃ **de alguém** *Fig.* essere o trovarsi nei panni di uno. **loja de** ≃ **s** pellicceria. **salvar a** ≃ salvare la pelle. **ser** ≃ **e osso** *Fig.* essere pelle ed ossa, molto magro. **tirar a** ≃ **de** spellare, scorticare.

pe.le-ver.me.lha [peliverm´eλə] *s* pellirossa.

pe.le.ja [pel´eʒə] *sf* mischia. *Poet.* pugna.

pe.le.jar [pel´eʒar] *vi Poet.* pugnare.

pe.li.ça [pel´isə] *sf* pelliccia.

pe.li.ca.no [pelik´∧nu] *sm Zool.* pellicano.

pe.li.cu.la [pel´ikulə] *sf* pellicola, velo; film. *Bot.* cuticola, involucro; foglia della cipolla.

pê.lo [p´elu] *sm* pelo, capello. *Bot.* pelo. **forrado de** ≃ **s** foderato di pelo. **montar em** ≃ cavalcare a bardosso (o a bisdosso). **procurar** ≃ **em ovo** cercare il pelo nell'uovo.

pe.lo.tão [pelot´ãw] *sm Mil.* plotone.

pe.lu.do [pel'udu] *agg* peloso.

pél.vis [p'ɛwvis] *sf Anat.* pelvi.

pe.na [p'enə] *sf* compassione, commiserazione; pena, castigo. *Giur.* sanzione. *Fig.* croce, purgatorio; disciplina. **a duras** ≃ s a malapena. **dar** ≃ far pietà. ≃ **capital** o ≃ **de morte** pena capitale, supplizio estremo. *Fig.* capestro. ≃ **de ave** penna. ≃ **para escrever** penna, stilo, stiletto. ≃ **pecuniária** pena pecuniaria, ammenda. **ser uma** ≃ essere un peccato. **sujeito à** ≃ **de morte** pena la vita (o la testa). **ter** ≃ **de** commiserare. **valer a** ≃ mettere (o tornare) conto. **que** ≃! peccato! che peccato!

pe.na.cho [pen'aʃu] *sm* pennacchio, cimiero.

pe.nal [pen'aw] *agg* penale.

pe.na.li.da.de [penalid'adi] *sf* penalità. ≃ **máxima → pênalti.**

pe.na.li.zar [penaliz'ar] *vt* attristare.

pê.nal.ti [p'enawti] *sm Calc.* o **penalidade máxima** *sf Calc.* calcio di rigore.

pe.nar [pen'ar] *vi* penare, stentare.

pen.dên.cia [pẽd'ẽsjə] *sf* pendenza; dislivello.

pen.den.te [pẽd'ẽti] *agg* pendente, pendolo, controverso.

pen.der [pẽd'er] *vi* pendere, penzolare, ciondolare.

pen.dor [pẽd'or] *sm* pendenza.

pên.du.lo [p'ẽdulu] *sm* pendolo. *Pop.* dondolo.

pen.du.ra.do [pẽdur'adu] *part + agg* appeso, pendente. *avv* penzoloni, ciondoloni.

pen.du.rar [pẽdur'ar] *vt* appendere, sospendere, appiccare. *vpr* sospendersi.

pen.du.ri.ca.lho [pẽdurik'aʎu] *sm* ciondolo, gingillo.

pe.ne.do [pen'edu] *sm* macigno.

pe.nei.ra [pen'ejrə] *sf* buratto, crivello, setaccio. ≃ **grossa** cola. ≃ **para farinha** garba.

pe.nei.ra.gem [penejr'aʒẽj] *sf* abburattamento.

pe.nei.rar [penejr'ar] *vt* abburattare, crivellare, stacciare.

pe.ne.tra.ção [penetras'ãw] *sf* penetrazione.

pe.ne.trar [penetr'ar] *vt* penetrare; trapassare; forare. *Fig.* permeare. *vi* penetrare; entrare; intrudersi. *Fig.* introdursi, infiltrarsi.

pe.nhas.co [peñ'asku] *sm Geogr.* dirupo, rupe.

pe.nhor [peñ'or] *sm Comm.* pegno, caparra, arra. **tirar do** ≃ disimpegnare.

pe.nho.ra [peñ'ɔrə] *sf Giur.* pignorazione.

pe.nho.rar [peñor'ar] *vt Giur.* pignorare.

pe.ni.ci.li.na [penisil'inə] *sf Med.* penicillina.

pe.ni.co [pen'iku] *sm Pop.* orinale.

pe.nín.su.la [pen'ĩsulə] *sf Geogr.* penisola.

pe.nin.su.lar [penĩsul'ar] *agg Geogr.* peninsulare.

pê.nis [p'enis] *sm Anat.* pene.

pe.ni.tên.cia [penit'ẽsjə] *sf an Rel.* penitenza.

pe.ni.ten.ci.á.ria [penitẽsi'arjə] *sf* penitenziario, carcere, casa di pena.

pe.ni.ten.ci.á.rio [penitẽsi'arju] *agg* penitenziario.

pe.ni.ten.ci.ar-se [penitẽsi'arsi] *vpr* far penitenza. ≃ **com açoite** macerarsi.

pe.ni.ten.te [penit'ẽti] *s* penitente, asceta.

pe.no.so [pen'ozu] *agg* penoso, difficile, straziante, doloroso. *Fig.* amaro.

pen.sa.dor [pẽsad'or] *sm* studioso, uomo di pensiero. *Fig.* capostipite.

pen.sa.men.to [pẽsam'ẽtu] *sm* pensiero, pensamento, concezione. **perdido em** ≃ s soprappensiero.

pen.são [pẽs'ãw] *sf* pensione; dozzina, retta. **dar** ≃ tenere a dozzina. **pagar** ≃ stare a dozzina. ≃ **vitalícia** *Giur.* vitalizio.

pen.sar [pẽs'ar] *vt* pensare a; giudicare; figurarsi, credere. *Fig.* calcolare, masticare. *vi* pensare, riflettere. *Fig.* parere. **dar o que** ≃ impensierire. ≃ **antes de falar** studiare la parola. **sem** ≃ andantemente.

pen.sa.ti.vo [pẽsat'ivu] *agg* pensieroso, cogitabondo, cupo.

pên.sil [p'ẽsiw] *agg Lett.* pensile.

pen.sio.nar [pẽsjon'ar] *vt* tenere a dozzina.

pen.sio.nis.ta [pẽsjon'istə] *s* pensionante; dozzinante.

pen.ta.cor.do [pẽtak'ɔrdu] o **pen.ta.cór.dio** [pẽtak'ɔrdju] *sm Mus.* pentacordo.

pen.tá.go.no [pẽt'agonu] *sm Geom.* pentagono.

pen.ta.gra.ma [pẽtagr'ʌmə] *sm Geom.* pentagramma. *Mus.* pentagramma, rigo.

pen.tas.si.la.bo [pẽtas'ilabu] *sm + agg Gramm.* pentasillabo. *Lett.* e *Poet.* pentasillabo, quinario, verso di cinque sillabe.

Pen.ta.teu.co [pẽtat'ewku] *sm Rel.* Pentateuco.

pen.ta.tlo [pẽt'atlu] *sm Sp.* pentatlo.

pen.te [p'ẽti] *sm* pettine.

pen.te.a.dei.ra [pẽtead'ejrə] *sf* toletta, toilette.

pen.te.a.do [pẽte'adu] *sm* pettinatura, acconciatura, messa in piega.

pen.te.a.dor [pẽtead'or] *sm* accappatoio.

pen.te.ar [pẽte'ar] *vt* pettinare, ravviare. *vpr* pettinarsi, acconciarsi, ravviarsi.

Pen.te.cos.tes [pẽtek'ɔstis] *sm Rel.* Pentecoste.

pen.te.lho [pẽt'eʎu] *sm Ger.* rompiscatole, rompitasche, impiastro.

pe.nu.gem [pen'uʒẽj] *sf* lanugine; piumino; bordone.

pe.núl.ti.mo [pen'uwtimu] *agg* penultimo.
pe.num.bra [pen'übrə] *sf* penombra. *Pitt.* mezzombra.
pe.nú.ria [pen'urjə] *sf* penuria, bisogno, scarsezza, disagio. *Fig.* carestia, malessere.
pe.pi.no [pep'inu] *sm Bot.* cetriolo.
pe.pi.ta [pep'itə] *sf Min.* pepita.
pe.que.nez [peken'es] *sf* piccolezza, pochezza.
pe.que.ni.no [peken'inu] *agg vezz* piccolino. *Fig.* minuscolo.
pe.que.no [pek'enu] *agg* piccolo, piccino; basso; breve.
pe.quer.ru.cho [pekeř'uʃu] *agg vezz* piccolino.
pê.ra [p'erə] *sf* pera.
pe.ram.bu.lar [perãbul'ar] *vi* vagare. *Fig.* svolazzare.
per.ce.ber [perseb'er] *vt* percepire; notare, capire, accorgersi di, rendersi conto di; intuire; dedurre. *Fig.* annusare, vedere.
percentagem → **porcentagem**.
per.cen.tu.al [persẽtu'aw] *sf* percentuale. *Fig.* aliquota. *agg* percentuale.
per.cep.ção [perseps'ãw] *sf* percezione; comprensione.
per.cep.tí.vel [persept'ivew] *agg Lett.* percettibile.
per.cep.ti.vo [persept'ivu] *agg* percettivo.
per.ce.ve.jo [persev'eʒu] *sm Zool.* cimice.
per.cor.rer [perkoř'er] *vt* percorrere, scorrere. *Fig.* solcare.
per.cor.ri.do [perkoř'idu] *part* + *agg* percorso.
per.cur.so [perk'ursu] *sm* percorso, corso, tragitto, corsa, tracciato. *Fig.* cammino, via.
per.cus.são [perkus'ãw] *sf Mus.* percussione, batteria.
per.da [p'erdə] *sf* perdita, smarrimento; danno, disavanzo, disutile. ≃ **de gás** fuga.
per.dão [perd'ãw] *sm* perdono, remissione; misericordia. *Giur.* perdono, grazia. *Rel.* perdono. *Lett.* venia. *Fig.* amnistia.
per.der [perd'er] *vt* perdere, smarrire. *vi* perdere, essere sconfitto. *vpr* perdersi; andare a perdimento; smarrirsi; errare; dissipare. *Rel.* dannarsi. *Lett.* vagare, ire. *Fig.* spegnersi. **a** ≃ **de vista** a perdita d'occhio. ≃ **o ônibus, trem,** etc. restare a piedi. ≃ **quase tudo** *Fig.* dissanguare.
per.di.ção [perdis'ãw] *sf* perdizione, malora.
per.di.do [perd'idu] *part* + *agg* perduto; smarrito.
per.di.gão [perdig'ãw] *sm* pernice.
per.di.guei.ro [perdig'ejru] *sm* bracco, cane da punta.
per.diz [perd'is] *sf* pernice.

per.do.ar [perdo'ar] *vt* perdonare; scusare, discolpare; assolvere, graziare; dimettere. *Lett.* indulgere. *Fig.* scordare. *vi* perdonare. **não** ≃ **ninguém** *Fig.* non perdonare ad alcuno.
per.du.lá.rio [perdul'arju] *sm* dissipatore.
per.du.rar [perdur'ar] *vi* persistere; trascinarsi; deperire. *Lett.* perdurare.
per.re.cer [peres'er] *vi* perire, crepare; morire. *Fig.* soccombere.
pe.re.gri.nar [peregrin'ar] *vi* pellegrinare.
pe.re.gri.no [peregr'inu] *sm* pellegrino, romeo.
pe.rei.ra [per'ejrə] *sf* pero.
pe.remp.tó.rio [perẽpt'ɔrju] *agg Giur.* perentorio, tassativo.
pe.re.ne [per'eni] *agg* perenne. **planta** ≃ pianta perenne.
pe.re.re.ca [perer'ekə] *sf Zool.* raganella.
per.fe.cio.nis.mo [perfesjon'izmu] *sf* pignoleria.
per.fe.cio.nis.ta [perfesjon'istə] *s* pignolo, pinocchio.
per.fei.ção [perfejs'ãw] *sf* perfezione, eccellenza, squisitezza.
per.fei.ta.men.te [perfejtam'ẽti] *avv* perfettamente, a menadito, a pennello.
per.fei.to [perf'ejtu] *sm Gramm.* perfetto. *agg* perfetto, impeccabile. *Fig.* sublime, divino.
per.fil [perf'iw] *sm* profilo, dintorno. ≃ **literário** profilo letterario.
per.fi.lar [perfil'ar] *vt* profilare. *Mil.* distendere. *vpr* profilarsi; fare ala.
per.fu.ma.do [perfum'adu] *agg* aromatico. *Poet.* olente. *Fig.* resinoso.
per.fu.mar [perfum'ar] *vt* profumare, aromatizzare. *vpr* profumarsi.
per.fu.ma.ri.a [perfumar'iə] *sf* profumeria.
per.fu.me [perf'umi] *sm* profumo; fragranza, essenza; aroma. *Lett.* olezzo.
per.fu.mis.ta [perfum'istə] *s* profumiere; profumiera.
per.fu.ra.ção [perfuras'ãw] *sf* perforazione, traforo.
per.fu.rar [perfur'ar] *vt* perforare, traforare, bucare, forare.
per.fu.ra.triz [perfuratr'is] *sf Min.* perforatrice, trivella. ≃ **a ar comprimido** perforatrice ad aria compressa.
per.ga.mi.nho [pergam'iñu] *sm* pergamena, cartapecora.
pér.gu.la [p'ergulə] *sf* pergola, supporto per le viti.
per.gun.ta [perg'ütə] *sf* chiesta, domanda, interrogazione, quesito.

per.gun.tar [pergŭt'ar] *vt* chiedere, domandare, indagare, interrogare. ≃ **a si mesmo** interrogare se stesso.

pe.ri.cár.dio [perik'ardju] *sm Anat.* pericardio.

pe.rí.cia [per'isjə] *sf* perizia; destrezza; maestria; competenza, pratica. *Comm.* estimo. *Giur.* perizia. ≃ **médica** reperto medico.

pe.ri.fe.ri.a [perifer'iə] *sf* periferia, sobborgo. *Lett.* suburbio.

pe.ri.fé.ri.co [perif'eriku] *agg* periferico.

pe.rí.fra.se [per'ifrazi] *sf* perifrasi.

pe.ri.frás.ti.co [perifr'astiku] *agg* perifrastico.

pe.ri.geu [periʒ'ew] *sm Astron.* perigeo.

pe.ri.go [per'igu] *sm* pericolo, rischio, azzardo. *Fig.* dubbio, spettro. **colocar em** ≃ porre allo sbaraglio. **correr** ≃ correre pericolo, pericolare. **estar em** ≃ *Fig.* avere l'acqua alla gola.

pe.ri.go.so [perig'ozu] *agg* pericoloso, arrischiato, rischioso, azzardoso.

pe.rí.me.tro [per'imetru] *sm* perimetro.

pe.ri.ó.di.co [peri'ɔdiku] *sm* periodico, giornale non diario. *agg* periodico, ciclico, ricorrente.

pe.rí.o.do [per'iodu] *sm* periodo, ciclo, tratto. *Gramm., Astron.* e *Fis.* periodo. *Fig.* fase.

pe.ri.pé.cia [perip'esjə] *sf* peripezia. ≃ s *pl* peripezie, sventure.

pé.ri.plo [p'eriplu] *sm Naut.* periplo, circumnavigazione.

pe.ri.qui.to [perik'itu] *sm Zool.* pappagallino verde. ≃ **australiano** parrocchetto.

pe.ris.có.pio [perisk'ɔpju] *sm* periscopio.

pe.ris.ti.lo [perist'ilu] *sm Archit.* loggia.

pe.ri.to [per'itu] *sm* specialista, pratico. *Giur.* perito. *agg* perizio; valente, competente.

pe.ri.tô.nio [perit'onju] *sm Anat.* peritoneo.

per.ju.rar [perʒur'ar] *vt Giur.* e *Rel.* spergiurare.

per.jú.rio [perʒ'urju] *sm Giur.* e *Rel.* spergiuro.

per.ma.ne.cer [permanes'er] *vi* rimanere, restare, permanere, fare stanza.

per.ma.nên.cia [perman'ẽsjə] *sf* permanenza, dimora.

per.ma.nen.te [perman'ẽti] *sf* permanente, ondulazione dei capelli. *agg* permanente; cronico. *Lett.* immanente. **exército** ≃ esercito permanente.

per.me.ar [perme'ar] *vt* compenetrare.

per.mis.são [permis'ãw] *sf* permissione, permesso, licenza, consentimento, annuenza. ≃ **para entrar** permesso d'ingresso. ≃ **para sair** permesso d'uscita.

per.mis.si.vi.da.de [permisivid'adi] *sf Fig.* rilassatezza.

per.mi.ti.do [permit'idu] *part*+*agg* permesso, ammesso, lecito.

per.mi.tir [permit'ir] *vt* permettere, autorizzare, consentire, annuire, accordare. *Fig.* sbloccare. *vi* accordare, assentire.

per.mu.ta [perm'utə] *sf* barattamento, baratto. *Giur.* permuta.

per.mu.tar [permut'ar] *vt* permutare, barattare, commutare.

per.na [p'ernə] *sf Anat.* gamba. **de** ≃ s **para o ar** *avv* sottosopra. **estar bem das** ≃ s essere in gamba. ≃ **comprida** *Iron.* sesta. ≃ **de um objeto** basamento, base.

per.ni.ci.o.so [pernisi'ozu] *agg* pernicioso. **febre** ≃ a febbre perniciosa.

per.ni.lon.go [pernil'õgu] *sm Zool.* zanzara, culice, culex.

per.no [p'ernu] *sm Mecc.* perno, pernio.

per.noi.tar [pernojt'ar] *vi* pernottare.

per.noi.te [pern'ojti] *sm* pernottamento; fermata, bivacco.

per.nós.ti.co [pern'ɔstiku] *sm*+*agg* pedante.

pé.ro.la [p'erolə] *sf* perla. *Lett.* margherita. ≃ **artificial** perla orientale. ≃ **barroca** perla barocca. ≃ **cultivada** perla coltivata. **jogar** ≃ s **aos porcos** lavare il capo all'asino.

pe.rô.nio [per'onju] *sm Anat.* peroneo, fibula.

per.pen.di.cu.lar [perpẽdikul'ar] *sf Geom.* perpendicolare, linea perpendicolare. *agg* perpendicolare.

per.pen.di.cu.lar.men.te [perpẽdikularm'ẽti] *avv* perpendicolarmente, appiombo.

per.pe.trar [perpetr'ar] *vt* perpetrare, compiere (reati).

per.pe.tu.ar [perpetu'ar] *vt* perpetuare. *vpr* perpetuarsi.

per.pé.tuo [perp'ɛtwu] *agg* perpetuo, perenne, immortale, eterno. *Fig.* duraturo.

per.ple.xo [perpl'ɛksu] *agg* perplesso, riluttante, dubbioso. *Fig.* confuso.

per.sa [p'ersə] *sm*+*agg* persiano.

pers.cru.tar [perskrut'ar] *vt* perscrutare.

per.se.gui.ção [persegis'ãw] *sf* persecuzione, incalzo, incalzamento, inseguimento.

per.se.guir [perseg'ir] *vt* perseguitare, inseguire, incalzare, tracciare. *Lett.* perseguire. *Fig.* cacciare, braccare.

per.se.ve.ran.ça [persever'ãsə] *sf* perseveranza. *Fig.* tenacia.

per.se.ve.ran.te [persever'ãti] *agg* perseverante, cocciuto. *Fig.* tenace.

per.se.ve.rar [persever'ar] *vi* perseverare, insistere, persistere. *Fig.* durare.

per.si.a.na [persi'ʌnə] *sf* persiana.

pér.si.co [p'ɛrsiku] *agg* persico.

per.sis.tên.cia [persist'ẽsjə] *sf* persistenza, perseveranza.

per.sis.ten.te [persist'ẽti] *agg* persistente, insistente, caparbio.

per.sis.tir [persist'ir] *vi* persistere, perseverare, seguire, continuare. *Fig.* pigiare.

per.so.na.gem [person'aʒẽj] *s* personaggio. ≃ **ilustre** *Fig.* personaggio, pezzo grosso. ≃ **principal** *Fig.* eroe, eroina.

per.so.na.li.da.de [personalid'adi] *sf* personalità, temperamento. *Fig.* statura.

per.so.ni.fi.car [personifik'ar] *vt* personificare. *Fig.* immedesimarsi.

pers.pec.ti.va [perspekt'ivə] *sf Arte* prospettiva, vista, veduta. *Fig.* punto di vista.

pers.pi.cá.cia [perspik'asjə] *sf* perspicacia, sagacità, accortezza. *Fig.* acutezza, acume.

pers.pi.caz [perspik'as] *agg* perspicace, accorto, sagace, sottile. *Fig.* acuto, fine.

pers.pi.rar [perspir'ar] *vi* traspirare.

per.sua.dir [perswad'ir] *vt* persuadere, convincere, dare a vedere. *Fig.* condurre, trascinare. *vpr* persuadersi, convincersi.

per.sua.são [perswaz'ãw] *sf* persuasione, convincimento, convinzione.

per.ten.cen.te [pertẽs'ẽti] *agg* appartenente, inerente.

per.ten.cer [pertẽs'er] *vt* appartenere; riguardare.

per.ti.nên.cia [pertin'ẽsjə] *sf* pertinenza.

per.ti.nen.te [pertin'ẽti] *agg* pertinente.

per.to [p'ertu] *avv* presso, vicino, accanto, accosto, allato, dintorno. **ali** ≃ *avv* giù di lì. **muito** ≃ *avv* rasente. **muito** ≃ **de** *prep* rasente. ≃ **de** *prep* presso, vicino a, accanto a, accosto a, attorno a, allato.

per.tur.ba.ção [perturbas'ãw] *sf* perturbazione, turbazione, imbarazzo, scompiglio.

per.tur.ba.do [perturb'adu] *part+agg* perturbato, turbato, commosso.

per.tur.bar [perturb'ar] *vt* perturbare, turbare, disturbare; importunare; sconcertare; imbarazzare. *Fig.* alterare; attanagliare, martellare, rompere i timpani. *vi* rincrescere. *Fig.* gravare. *vpr* perturbarsi, turbarsi, disturbarsi; incomodarsi; alterarsi, inquietarsi.

pe.ru [per'u] *sm Zool.* tacchino.

pe.ru.a [per'uə] *sf Zool.* tacchina, femmina del tacchino. *Autom.* giardinetta; furgone. *Fig.* civetta, pavona, pavonessa, donna vanitosa.

pe.ru.a.no [peru'ʌnu] *sm+agg* peruviano.

pe.ru.ca [per'ukə] *sf* parrucca.

per.ver.são [pervers'ãw] *sf* perversione, pervertimento, perfidia. *Fig.* corruzione.

per.ver.si.da.de [perversid'adi] *sf* perversità, perversione. *Fig.* barbarie.

per.ver.so [perv'ersu] *agg* perverso, malvagio, perfido, scellerato, sciagurato. *Lett.* pravo. *Fig.* diabolico.

per.ver.ter [pervert'er] *vt* pervertire; corrompere, depravare; deturpare. *Fig.* traviare. *vpr* pervertirsi, depravarsi. *Fig.* traviarsi.

per.ver.ti.do [pervert'idu] *sm* depravato, libidinoso. *Fig.* satiro.

pe.sa.de.lo [pezad'elu] *sm* incubo.

pe.sa.do [pez'adu] *agg* pesante; grave; carico; faticoso, gravoso, rude; sgraziato; cattivo, stantio (aria). *Fig.* barocco; indigesto. **deixar mais** ≃ gravare. **ficar** ≃ gravitare.

pe.sa.gem [pez'aʒẽj] *sf* pesaggio.

pê.sa.mes [p'ezamis] *sm pl* condoglianze.

pe.sar [pez'ar] *sm* dolore, dispiacere, agro. **com** ≃ *avv* a malincuore. *vt* pesare; soppesare, gravare. *Lett.* librare. *Fig.* calcolare, calibrare; significare, essere importante. *vi* pesare; gravare, gravitare. *Fig.* importare.

pe.sa.ro.so [pezar'ozu] *agg* dolente; rammaricato.

pes.ca [p'eskə] *sf* pesca. ≃ **submarina** caccia subacquea.

pes.ca.do [pesk'adu] *sm* pesca.

pes.ca.dor [peskad'or] *sm* pescatore. ≃ **de baleias** baleniere.

pes.car [pesk'ar] *vt* pescare. ≃ **corais** pescar coralli. ≃ **pérolas** pescar perle.

pes.co.ço [pesk'osu] *sm Anat.* collo.

pés-de-ga.li.nha [pezdigal'iñə] *sm pl Fam.* zampe di gallina.

pe.se.ta [pez'etə] *sf* peseta, moneta spagnola.

pe.so [p'ezu] *sm* peso, soma, pesantezza; gravame; fardello. *Fig.* peso, pesantezza, significato. **a** ≃ **de ouro** a peso d'oro. **livrar-se de um** ≃ sgravarsi. ≃ **atômico** *Chim.* peso atomico. ≃ **bruto** peso lordo. ≃ **da balança** peso della bilancia. ≃ **líquido** peso netto. ≃ **morto** *Fig.* peso morto. ≃ **para ginástica** manubrio. ≃ **para papéis** calcafogli, calcalettere. ≃ **pesado, médio, leve, galo, pluma** *Sp.* peso massimo, medio, leggero, gallo, piuma (del pugilato). **ter** ≃ contare, pesare. **tirar um** ≃ **de** sgravare.

pes.qui.sa [pesk'izə] *sf* ricerca, inchiesta, indagine.

pes.qui.sa.do [peskiz'adu] *part+agg* ricercato.

pes.qui.sar [peskiz'ar] *vt* ricercare; cercare, esplorare.

pês.se.go [p'esegu] *sm* pesca.

pes.se.guei.ro [peseg'ejru] *sm* pesco.

pes.si.mis.mo [pesim'izmu] *sm* pessimismo. *Fig.* disfattismo.

pes.si.mis.ta [pesim'istə] *s* pessimista. **ser** ≃ vedere nero.

pés.si.mo [p'esimu] *agg superl* (di **ruim**) pessimo; infame.

pes.so.a [pes'oə] *sf* persona, soggetto, singolo. *Gramm.* persona. **certa** ≃ *pron* tale. **de** ≃ **a** ≃ di bocca in bocca. **outra** ≃ *pron* altro, altri. ≃ **alegre** *Fig.* capo ameno. ≃ **de confiança** *Fig.* violino di spalla. ≃ **pouco sociável** *Fig.* gufo. *disp* gufaccio. ≃ **sem juízo** testa matta. ≃ **s** *Fig.* bocche. ≃ **s influentes** *pl Fig.* amicizie. **precisa sustentar quatro** ≃ **s** ha quattro persone sulle braccia.

pes.so.al [peso'aw] *sm Pop.* ruolo, personale, impiegati. *agg* personale, individuale. *Fig.* profondo. ≃ **diplomático** diplomazia.

pes.so.al.men.te [pesoawm'ẽti] *avv* personalmente, di persona, sul viso.

pes.ta.na [pest'Ʌnə] *sf Anat.* ciglio. *Mus.* fibbia.

pes.te [p'esti] *sf* peste, malattia contagiosa. *Med.* lue. *Fig.* peste, persona cattiva. ≃ **bubônica** peste bubbonica. ≃ **suína** peste suina.

pes.ti.ci.da [pestis'idə] *sm* + *agg* pesticida, antiparassitario.

pes.ti.lên.cia [pestil'ẽsjə] *sf* pestilenza, peste.

pes.ti.len.to [pestil'ẽtu] *agg* pestilente.

pes.ti.nha [pest'iɲə] *sf dim Fig.* peste, bambino irrequieto.

pé.ta.la [p'etalə] *sf Bot.* petalo, foglia.

pe.tar.do [pet'ardu] *sm Mil.* petardo.

pe.te.ca [pet'ɛkə] *sf Sp.* volano.

pe.ti.ção [petis'ãw] *sf Giur.* petizione, istanza, supplica.

pe.tis.co [pet'isku] *sm* pietanza, manicaretto.

pe.tri.fi.ca.do [petrifik'adu] *part* + *agg* pietrificato. **ficar** ≃ rimanere di sasso.

pe.tri.fi.car [petrifik'ar] *vt* pietrificare, impietrire. *vpr* pietrificarsi, impietrirsi. *Lett.* impetrare.

pe.tro.lei.ro [petrol'ejru] *sm Naut.* petroliera.

pe.tró.leo [petr'ɔlju] *sm* petrolio.

pe.tu.lan.te [petul'ãti] *agg* petulante, audace, impronto.

pe.tú.nia [pet'unjə] *sf Bot.* petunia.

pez → **piche**.

pi.a [p'iə] *sf* lavabo. ≃ **de água benta** acquasantiera, pila.

pi.a.da [pi'adə] *sf* barzelletta, aneddoto. *Fig.* battuta. **contar** ≃ **s** scherzare.

pi.a.do [pi'adu] *sm* pigolio, pio.

pia.nis.ta [pjan'istə] *s Mus.* pianista.

pi.a.no [pi'Ʌnu] *sm Mus.* piano, pianoforte. ≃ **de cauda** pianoforte a coda.

pia.no.la [pjan'ɔlə] *sf Mus.* pianola.

pi.ão [pi'ãw] *sm* girella, trottola.

pi.ar [pi'ar] *vi* pigolare. *Poet.* piare.

pi.as.tra [pi'astrə] *sf* piastra, moneta turca.

pi.ca [p'ikə] *sf Volg.* verga, organo genitale maschile.

pi.ca.da [pik'adə] *sf* puntura, pizzico; beccatura. *Bras.* sentiero. ≃ **de inseto** appinzatura.

pi.ca.do [pik'adu] *part* + *agg* punto.

pi.can.te [pik'ãti] *agg* piccante, acre. *Fig.* salato, saporito. **história** ≃ storia piccante.

pi.ca-pau [pikap'aw] *sm Zool.* picchio.

pi.car [pik'ar] *vt* pungere, punzecchiare; pizzicare; beccare; azzeccare; far pizzicore.

pi.ca.re.ta [pikar'etə] *sf* piccone. ≃ **de alpinismo** piccozza.

pi.che [p'iʃi] o **pez** [p'es] *sm* pece.

pick-up [pik'ap] *sf Autom.* furgoncino. *sm* = **de aparelho de som** pick up.

pi.cles [p'iklis] *sm pl* sottaceti.

pi.co [p'iku] *sm Geogr.* picco, cresta, crine, culmine, penna. ≃ **nevado** *Geogr.* nevaio.

pi.co.tar [pikot'ar] *vt* tagliuzzare.

pi.co.te [pik'ɔti] *sm* ≃ **de formulários, papel higiênico, etc.** perforazione.

pic.tó.ri.co [pikt'ɔriku] *agg* pittorico.

pi.e.da.de [pied'adi] *sf* pietà; clemenza; compassione, commiserazione; carità. *Lett.* mercé. *Fig.* cuore. ≃ **!** *int* ohimè!

pi.e.do.so [pied'ozu] *agg* pietoso, clemente, caritatevole. *Fig.* umano.

pi.e.mon.tês [piemõt'es] *sm* + *agg* piemontese.

pí.fa.ro [p'ifaru] *sm Mus.* piffero, zufolo, piva.

pig.men.to [pigm'ẽtu] *sm Fisiol.* pigmento.

pig.meu [pigm'ew] *sm* pigmeo, pimmeo.

pi.ja.ma [piʒ'Ʌmə] *sf* pigiama.

pi.lão [pil'ãw] *sm* mortaio; pila.

pi.lar [pil'ar] *sm Archit.* pila, colonnino.

pi.las.tra [pil'astrə] *sf Archit.* pilastro, pila.

pi.lha [p'iʎə] *sf* ammasso, cumulo. *Elett.* batteria, pila.

pi.lha.gem [piʎ'aʒẽj] *sf* saccheggio.

pi.lhar [piʎ'ar] *vt* saccheggiare, rapinare.

pi.lo.ta.gem [pilot'aʒẽj] *sf* pilotaggio, guida.

pi.lo.tar [pilot'ar] *vt* pilotare, guidare.

pi.lo.to [pil'otu] *sm* pilota; aviatore. *Fig.* conducente. ≃ **de corrida** corridore.

pí.lu.la [p'ilulə] *sf Med.* pillola, compressa.

pi.men.ta [pim'ẽtə] *sf* pepe, pimento. ≃ **vermelha** paprica.

pi.men.tão [pimẽt'ãw] *sm* peperone. **vermelho como um** ≃ rosso come un peperone.

pi.men.tei.ra [pimẽt'ejrə] *sf* pepe.

pi.na.co.te.ca [pinakot'ekə] *sf* pinacoteca.

pin.ça [p'ĩsə] *sf* pinzetta, pinzette *pl. Mecc.* branca. ≃ **s (de caranguejo, escorpião)** *pl Zool.* pinze, chele, tanaglie.

pin.cel [pĩs'ew] *sm* pennello. ≃ **de barba** pennello per barba.

pin.ce.la.da [pĩsel'adə] *sf* pennellata, colpo.

pin.ce.lar [pĩsel'ar] *vt+vi* pennellare, pennelleggiare.

pin.gar [pĩg'ar] *vt* stillare. *vi* gocciare, gocciolare, stillare. *Fig.* lacrimare.

pin.gen.te [pĩʒ'ẽti] *sm* pendaglio, pendente, ciondolo, goccia. ≃ **de cortina** nappa.

pin.go [p'ĩgu] *sm* goccia. *Fig.* lacrima, piccola quantità di liquido.

pin.gue-pon.gue [pĩgip'õgi] *sm Sp.* ping-pong.

pin.güim [pĩg'wĩ] *sm* pinguino.

pi.nha [p'iñɐ] *sf Bot.* pina, pigna.

pi.nhão [piñ'ãw] *sm Bot.* pinocchio, pignolo.

pi.nhei.ral [piñejr'aw] *sm Bot.* pineta, pineto.

pi.nhei.ro [piñ'ejru] *sm Bot.* pino.

pi.no [p'inu] *sm* zenit. *Mecc.* perno. *Fig.* apice, culmine, apogeo. ≃ **de tomada** *Elett.* spina.

pi.nói.a [pin'ɔjə] *sf Pop.* nonnulla, inezia. **uma** ≃ **!** *Volg.* un corno!

pi.no.te [pin'ɔti] *sm* corvetta.

pin.ta [p'ĩtə] *sf* macchia. ≃ **na pele** neo. ≃ **falsa** neo finto.

pin.ta.do [pĩt'adu] *part+agg* colorato.

pin.tar [pĩt'ar] *vt* colorare, tingere; dipingere, figurare. *vpr* tingersi. ≃ **a fresco** affrescare.

pin.tar.ro.xo [pĩtaʀ'oʃu] *sm Zool.* pettirosso, montanello, fanello.

pin.tas.sil.go [pĩtas'iwgu] *sm Zool.* cardellino, lucherino.

pin.ti.nho [pĩt'iñu] *sm dim Zool.* pulcino.

pin.to [p'ĩtu] *sm Zool.* pulcino. *Volg.* cazzo, uccello, organo sessuale maschile.

pin.tor [pĩt'or] *sm* pittore.

pin.tu.ra [pĩt'urə] *sf* pittura; tela, quadro. ≃ **a aquarela** pittura ad acquarello. ≃ **a guache** pittura a guazzo. ≃ **a óleo** pittura a olio.

pi.o [p'iu] *sm* pio. *agg* pio, religioso.

pi.o.lhen.to [pioʎ'ẽtu] *agg* pidocchioso.

pi.o.lho [pi'oʎu] *sm* pidocchio.

pi.or [pi'ɔr] *sm* il peggio, il peggiore. *sf* la peggio. **levar a** ≃ avere la peggio. *agg compar* (di **ruim**) peggio, peggiore. *avv compar* (di **mal**) peggio. **cada vez** ≃ *Iron.* di bene in meglio. **de mau a** ≃ di male in peggio.

pi.o.ra [pi'ɔrə] *sf* peggioramento; aggravamento.

pi.o.rar [pior'ar] *vt* peggiorare, aggravare, inforzare. *vi* peggiorare; degenerare; retrocedere; aggravarsi (la salute). *Fig.* deperire.

pi.pa [p'ipə] *sf* botte, barile, bidone; aquilone, cervo volante (giocattolo).

pi.que [p'iki] *sm* apice, culmine; agitazione, entusiasmo, frenesia. **a** ≃ *avv* a picco, a piombo. **ir a** ≃ *Naut.* andare a picco, affondare.

pi.quê [pik'e] *sm* picché.

pi.que.ni.que [pikin'iki] *sm* picnic.

pi.que.te [pik'eti] *sm Mil.* picchetto. ≃ **de grevistas** picchetto. **fazer** ≃ picchettare.

pi.ra [p'irə] *sf* pira, rogo.

pi.ra.do [pir'adu] *sm+agg Pop.* matto, pazzo.

pi.ra.mi.dal [piramid'aw] *agg* piramidale. *Fig.* enorme, colossale; notabile.

pi.râ.mi.de [pir'ʌmidi] *sf Geom.* e *Archit.* piramide.

pi.ra.nha [pir'ʌñə] *sf Zool.* piranha, pesce carnivoro. *Ger. Fig.* sgualdrina, baldracca.

pi.rar [pir'ar] *vi Pop.* ammattire, impazzire; battere il tacco, scappare.

pi.ra.ta [pir'atə] *sm* pirata, corsaro, bucaniere.

pi.ra.te.ar [pirate'ar] *vt+vi* pirateggiare. *Fig. Comm.* pirateggiare, plagiare, contraffare.

pi.res [p'iris] *sm* piattino, sottocoppa.

pi.ri.lam.po [piril'ãpu] *sm Zool.* lucciola.

pi.ro.ga [pir'ɔgə] *sf* piroga, barchetto degl'indiani.

pi.ro.téc.ni.co [pirot'ekniku] *agg* pirotecnico.

pi.ru.e.ta [piru'etə] *sf* piroetta, ciurlo. *Sp.* volteggio. **dar** ≃ **s** *Sp.* volteggiare.

pi.sa.da [piz'adə] *sf* pestata, pedata, orma.

pi.sa.de.la [pizad'ɛlə] *sf* calpestio.

pi.sa.do [piz'adu] *part+agg* pesto.

pi.sa.du.ra [pizad'urə] *sf Med.* contusione.

pi.sa.no [piz'ʌnu] *sm+agg* pisano, di Pisa.

pi.são [piz'ãw] *sm* calpestio, pedata.

pi.sar [piz'ar] *vt* pestare, calpestare, conculcare. ≃ **as uvas** pigiare le uve. ≃ **no calo de alguém** pestare i calli ad uno, incomodarlo.

pis.ca-pis.ca [piskap'iskə] *sm Autom.* lampeggiatore.

pis.car [pisk'ar] *sm* ≃ **de olhos** ammicco. *Pop.* baleno. **num** ≃ **de olhos** in un batter d'occhio. *vt* ammicare; lampeggiare. ≃ **os olhos (como sinal)** strizzare gli occhi. ≃ **para o parceiro de jogo** ammiccare le carte.

pis.ci.cul.tu.ra [pisikuwt'urə] *sf* piscicoltura.

pis.ci.na [pis'inə] *sf* piscina, vasca.

pis.co.so [pisk'ozu] *agg* pescoso.

pi.so [p'izu] *sm* pavimento. ≃ **de ladrilhos** pavimento a piastrelle.

pi.so.te.ar [pizote'ar] *vt* ammaccare.

pis.ta [p'istə] *sf* pista; impronta, orma, traccia; autodromo. ≃ **de aterragem** pista di atterraggio. ≃ **de dança** pista da ballo. ≃ **de decolagem** pista di decollo.

pis.ta.che [pist'aʃi] *sm* pistacchio.

pis.tão [pist'ãw] *sm Mus.* pistone. *Mecc.* pistone, stantuffo.

pis.ti.lo [pist'ilu] *sm Bot.* pistillo.

pis.to.la [pist'ɔlə] *sf* pistola, rivoltella.

pis.to.lão [pistol'ãw] *sm Pop.* amicizie *pl.*

pi.ta.da [pit'adə] *sf* pizzico, presa, zinzino.

pi.tei.ra [pit'ejrə] *sf* fumasigari, bocchino.

pi.to [p'itu] *sm* paternale. *Fam.* predica.

pi.to.ni.sa [piton'izə] *sf St.* pitonessa, pizia.

pi.to.res.co [pitor'esku] *agg* pittoresco.

pi.tu [pit'u] *sm Zool. Bras.* gambero.

piz.za [p'itsə] *sf* pizza.

piz.zai.o.lo [pitsaj'olu] *sm* pizzaiolo.

piz.za.ri.a [pitsar'iə] *sf* pizzeria.

pla.ca [pl'akə] *sf Autom.* targa, placca. *Med.* placca.

pla.cen.ta [plas'ẽtə] *sf Anat.* placenta, seconda.

pla.ci.dez [placid'es] *sf* placidezza, placidità.

plá.ci.do [pl'asidu] *agg* placido, sereno, calmo.

pla.ga [pl'agə] *sf Lett.* plaga.

pla.gi.ar [plaʒi'ar] *vt* plagiare, contraffare. *Fig.* saccheggiare un autore.

plá.gio [pl'aʒju] *sm* plagio, furto.

plai.na [pl'ajnə] *sf* pialla.

pla.na.dor [planad'or] *sm Aer.* aliante.

pla.nal.to [plan'awtu] *sm Geogr.* altipiano, ripiano, scaglione.

pla.nar [plan'ar] *vi* planare.

plânc.ton [pl'ãktõw] *sm Biol.* plancton.

pla.ne.ja.men.to [planeʒam'ẽtu] *sm* progetto, coordinazione, coordinamento.

pla.ne.jar [planeʒ'ar] *vt* proiettare, ideare. *Fig.* disegnare, delineare.

pla.ne.ta [plan'etə] *sm Astron.* pianeta. **o** ≃ **Terra** globo terrestre.

pla.ne.tá.rio [planet'arju] *sm* + *agg* planetario.

plan.gen.te [plãʒ'ẽti] *agg Lett.* querulo.

pla.ní.cie [plan'isji] *sf Geogr.* pianura, piana.

pla.ni.lha [plan'iʎə] *sf* ≃ **eletrônica** *Inform.* foglio elettronico.

pla.nis.fé.rio [planisf'ɛrju] *sm Geogr.* planisfero.

pla.no [pl'ʌnu] *sm* piano; superficie piana; progetto, prospetto, programma, schema. *Geom.* plano. *Fig.* embrione. *agg* piano.

plan.ta [pl'ãtə] *sf Bot.* pianta, verde. *Archit.* pianta, carta. ≃ **do pé** *Anat.* pianta.

plan.ta.ção [plãtas'ãw] *sf* piantagione, coltivazione.

plan.ta.do [plãt'adu] *part* + *agg* colto. *Fig.* fermo, statico, immobile.

plan.tar [plãt'ar] *vt* piantare, coltivare. *vpr* piantarsi a. *agg Anat.* plantare.

plas.ma [pl'azmə] *sm* plasma.

plas.mar [plazm'ar] *vt* plasmare.

plás.ti.ca [pl'astikə] *sf Med.* plastica.

plás.ti.co [pl'astiku] *sm* plastica. *agg* plastico.

pla.ta.for.ma [plataf'ɔrmə] *sf* piattaforma. ≃ **continental** platea continentale. ≃ **do altar ou para a mesa do professor** predella.

plá.ta.no [pl'atanu] *sm Bot.* platano.

pla.téi.a [plat'ejə] *sf* platea, pubblico.

pla.ti.na [plat'inə] *sf Chim.* e *Min.* platino.

pla.ti.nar [platin'ar] *vt* platinare.

pla.tô.ni.co [plat'oniku] *agg* platonico.

plau.sí.vel [plawz'ivew] *agg* plausibile.

ple.be [pl'ɛbi] *sf disp* plebe, gentaglia, gente bassa, volgo. *Poet.* vulgo. *St.* plebe.

ple.beu [pleb'ew] *sm St.* e *Fig. disp* plebeo. *agg* plebeo, della plebe; umile.

ple.bis.ci.to [plebis'itu] *sm Pol.* plebiscito.

plec.tro [pl'ɛktru] *sm Mus.* ditale.

Plêi.a.des [pl'ejadis] *sf pl Astron.* Pleiadi.

plei.te.ar [plejte'ar] *vt* + *vi* pretendere, esigere, reclamare.

ple.na.men.te [plenam'ẽti] *avv* pienamente, a pieno.

ple.ni.tu.de [plenit'udi] *sf* pienezza, interezza.

ple.no [pl'enu] *agg* pieno, assoluto, totale, illimitato.

ple.o.nas.mo [pleon'azmu] *sm Gramm.* pleonasmo.

pleu.ra [pl'ewrə] *sf Anat.* pleura.

ple.xo [pl'ɛksu] *sm Anat.* plesso.

plu.ma [pl'umə] *sf* piuma.

plu.ma.gem [plum'aʒẽj] *sf* piumaggio.

plúm.beo [pl'ũbju] *agg* plumbeo.

plu.ral [plur'aw] *sm* + *agg Gramm.* plurale.

plu.ra.li.da.de [pluralid'adi] *sf Lett.* pluralità.

Plu.tão [plut'ãw] *sm Mit.* e *Astron.* Pluto.

plu.vi.al [pluvi'aw] *agg* piovano, della pioggia. *Lett.* pluviale.

plu.vi.ô.me.tro [pluvi'ometru] *sm Met.* pluviometro.

pneu [pn'ew] *sm Autom.* pneumatico, gomma. ≃ **sobressalente** ruota di ricambio.

pneu.má.ti.co [pnewm'atiku] *agg* pneumatico.

pneu.mo.co.co [pnewmok'ɔku] *sm Med.* pneumococco.

pneu.mo.ni.a [pnewmon'iə] *sf Med.* polmonite, pneumonia, pneumonite.

pó [p'ɔ] *sm* polvere. **tirar o** ≃ spolverare.

po.bre [p'ɔbri] *s* povero, nullatenente. *agg* povero, bisognoso, spiantato. *Fig.* nudo; semplice. ≃ **de mim! (lamentação)** povero me! ≃ **de você! (ameaça)** guai a te!

po.bre-di.a.bo [pɔbridi'abu] *sm Pop.* povero cristo.

po.bre.tão [pobret'ãw] *sm aum* misero, mescino.

po.bre.za [pobr'ezə] *sf* povertà, disagio, ristrettezze, strettezze. *Fig.* aridità; carestia.

po.ça [p'osə] *sf* pozza, pozzanghera, gora. **mergulhar em** ≃ appozzare.

po.ção [pos'ãw] *sf* pozione, beverone, beveraggio.

po.cil.ga [pos'iwgə] *sf an Fig.* porcile, porcaio, porcaro.

po.ço [p'osu] *sm* pozzo, cisterna. *Min.* sorgente. ≃ **artesiano** pozzo artesiano. ≃ **de conhecimento** *Fig.* pozzo (o arca) di scienza, persona molto colta. ≃ **de petróleo** pozzo petrolifero. ≃ **de sabedoria** *Fig.* pozzo di sapere.

po.da.dei.ra [podad'ejrə] *sf* forcone.

po.dão [pod'ãw] *sm* ronca, roncola.

po.dar [pod'ar] *vt* potare, cimare alberi.

pó-de-ar.roz [pɔdiaʀ'os] *sm* cipria, polvere di riso.

po.der [pod'er] *sm* potere; dominio; balia, autorità. *Lett.* possa. *Poet.* possanza. *Fig.* magistero, signoria. **os** ≃ **es do Estado** *Pol.* i poteri dello Stato. **plenos** ≃ **es** pieni poteri. ≃ **calórico dos alimentos** potere calorifico. ≃ **de compra** *Econ.* potere d'acquisto. ≃ **legislativo, executivo e judiciário** potere legislativo, esecutivo e giudiziario. **quarto** ≃ quarto potere, la stampa. *vi* potere. **pode ser (que)** *avv* può darsi (che), magari.

po.de.ro.so [poder'ozu] *agg* gigantesco. *Lett.* poderoso.

po.dre [p'odri] *agg* marcio, putrefatto, fracido. *Fig.* purulento. **ovo** ≃ uovo barlaccio. ≃ **de rico** ricco sfondato.

po.dri.dão [podrid'ãw] *sf* fracidezza, marcio. *Fig.* torbido.

po.ei.ra [po'ejrə] *sf* polvere. ≃ **do ar** polverio.

po.ei.ren.to [poejr'ẽtu] *agg* polveroso.

po.e.ma [po'emə] *sm* poema, puesia, canto. *Fig.* rima. ≃ **sinfônico** poema sinfonico.

po.en.te [po'ẽti] *sm Geogr.* ponente, tramonto.

po.e.si.a [poez'iə] *sf* poesia, canto. *Fig.* musa. ≃ **dialetal** poesia vernacola. ≃ **épica** epopea, epica. **fazer** ≃ poetare.

po.e.ta [po'etə] *sm* poeta, bardo. *Lett.* e *Poet.* vate. ≃ **épico** epico.

po.é.ti.co [po'etiku] *agg* poetico. **licença** ≃ a *Lett.* licenza poetica. **veia** ≃ a *Fig.* vena poetica, ispirazione.

po.e.ti.sa [poet'izə] *sf* poetessa.

pois [p'ojs] *cong* dunque; così. ≃ **é!** *int* già! ≃ **não! (dando permissão)** pure. ≃ **não, diga!** dica pure!

po.la.co [pol'aku] *sm+agg* polacco.

po.lai.na [pol'ajnə] *sf* ghetta.

po.lar [pol'ar] *agg* polare.

po.la.ri.da.de [polarid'adi] *sf Fis.* polarità.

pol.ca [p'owkə] *sf Mus.* polca.

po.le.ga.da [poleg'adə] *sf* pollice.

po.le.gar [poleg'ar] *sm* pollice, dito grosso.

po.lei.ro [pol'ejru] *sm Teat.* balconata. ≃ **s das gaiolas** ballatoi. ≃ **de galinheiro** bastone da pollaio.

po.lê.mi.ca [pol'emikə] *sf* polemica. *Fig.* combattimento.

po.lê.mi.co [pol'emiku] *agg* polemico.

po.le.mi.zar [polemiz'ar] *vi* polemizzare, far polemica.

pó.len [p'ɔlẽj] *sm Bot.* polline.

po.len.ta [pol'ẽtə] *sf* polenta.

po.li.a [pol'iə] *sf Mecc.* puleggia, carrucola.

po.li.chi.ne.lo [polifin'elu] *sm* pulcinella.

po.lí.cia [pol'isjə] *sf* polizia. ≃ **científica** polizia scientifica. ≃ **marítima** *Naut.* guardacoste. ≃ **sanitária** polizia sanitaria.

po.li.ci.al [polisi'aw] *sm* poliziotto, carabiniere, agente di polizia, gendarme. *Ger.* piedipiatti, sbirro. *Pop.* questurino.

po.li.cro.má.ti.co [polikrom'atiku] *agg* policromo, policromatico.

po.li.do [pol'idu] *part+agg* pulito; cortese, gentile.

po.li.e.dro [poli'edru] *sm Geom.* poliedro.

po.li.fo.ni.a [polifon'iə] *sf Mus.* polifonia.

po.li.ga.mi.a [poligam'iə] *sf* poligamia.

po.lí.ga.mo [pol'igamu] *sm+agg* poligamo.

po.lí.go.no [pol'igonu] *sm Geom.* poligono.

po.li.men.to [polim'ẽtu] *sm* pulimento, lustro, lustramento.

po.li.o.mi.e.li.te [poliomiel'iti] o **pó.lio** [p'ɔlju] *sf Med.* poliomielite.

pó.li.po [p'ɔlipu] *sm Med.* e *Zool.* polipo.

po.lir [pol'ir] *vt* pulire, lucidare, lustrare, brunire. *Lett.* polire, forbire. *Fig.* cesellare.

po.lis.sí.la.bo [polis'ilabu] *sm+agg Gramm.* polisillabo.

po.li.te.ís.mo [polite'izmu] *sm Rel.* politeismo.

po.li.téc.ni.co [polit'ekniku] *agg* politecnico.

po.lí.ti.ca [pol'itikə] *sf* politica.

po.lí.ti.co [pol'itiku] *sm*+*agg* politico.

pó.lo [p'ɔlu] *sm Geogr., Fis.* e *Sp.* polo. ≃ **aquático** pallanuoto, water-polo. ≃ **magnético (da Terra)** polo magnetico. ≃**s magnéticos (do ímã)** poli magnetici, poli della calamita. ≃ **positivo e negativo** polo positivo e negativo.

po.lo.nês [polon'es] *sm*+*agg* polacco.

po.lô.nio [pol'onju] *sm Chim.* polonio.

pol.pa [p'owpə] *sf* polpa; midolla, midollo. ≃ **dos dentes** polpa dentaria.

pol.pu.do [powp'udu] *agg* polposo, polputo.

pol.tro.na [powtr'onə] *sf* poltrona; seggio. ≃ **em auditório, etc.** posto.

po.lu.ção [polus'ãw] *sf Med.* polluzione.

po.lu.i.ção [poluis'ãw] *sf* inquinamento.

po.lu.ir [polu'ir] *vt* inquinare.

po.lu.to [pol'utu] *agg Lett.* polluto; corrotto; macchiato.

pol.vi.lhar [powviʎ'ar] *vt* spolverare.

pol.vo [p'owvu] *sm Zool.* polpo, piovra.

po.ma.da [pom'adə] *sf* pomata.

po.mar [pom'ar] *sm* pometo, frutteto.

pom.bal [põb'aw] *sm* colombaia.

pom.bo [p'õbu] *sm Zool.* colombo, piccione. ≃ **doméstico** piccione torraiolo.

pom.bo-cor.rei.o [põbukoɾ'eju] *sm Zool.* piccione viaggiatore.

po.mo [p'omu] *sm* pomo. ≃ **da discórdia** *Mit.* e *Fig.* pomo della discordia.

po.mo-de-a.dão [pomudiad'ãw] *sm Anat.* pomo d'Adamo, noce del collo.

pom.pa [p'õpə] *sf* pompa, lusso, sontuosità, fasto, sfarzo. *Fam.* gala. *Fig.* splendore.

pom.po.so [põp'ozu] *agg* pomposo; lussuoso, sontuoso, fastoso; solenne, ampolloso; grandioso, magnifico. *Fig.* ricco; retorico.

pô.mu.lo [p'omulu] *sm dim Anat.* pomello.

pon.che [p'õʃi] *sm* ponce.

pon.cho [p'õʃu] *sm* poncio.

pon.de.ra.ção [põderas'ãw] *sf* ponderazione, contenezza.

pon.de.rar [põder'ar] *vt* ponderare. *Fig.* calcolare, pesare. *vi* riflettere.

pon.ta [p'õtə] *sf* punta; cima, cuspide; estremità. *Geogr.* capo. **de** ≃ **(tecnologia)** *agg* avanzato. ≃ **da bigorna** cornetto. ≃ **de cigarro** mozzicone. *Fam.* cicca. ≃ **de espora** aculeo. ≃ **de perfuratriz** fioretto. **sair na** ≃ **dos pés** uscire in punta di piedi.

pon.ta.da [põt'adə] *sf* puntata; fitta, trafittura.

pon.ta.pé [põtap'ε] *sm* calcio.

pon.ta.ri.a [põtar'iə] *sf* mira, punteria.

pon.te [p'õti] *sf* ponte. *Naut.* coperta, ballatoio. ≃ **de comando** *Naut.* ponte di comando. ≃ **levadiça** ponte levatoio. ≃ **pênsil** ponte pensile.

pon.tei.ro [põt'ejru] *sm* lancetta, indice, ago.

pon.tí.fi.ce [põt'ifisi] *sm Rel.* pontefice. **Sumo P** ≃ Sommo Pontefice.

pon.ti.lhar [põtiʎ'ar] *vt* punteggiare, picchettare, picchiettare.

pon.ti.nho [põt'iñu] *sm dim* puntino.

pon.to [p'õtu] *sm* punto; lezione. *Geom.* punto. *Sp.* punto (in gioco). *Teat.* suggeritore. *Fig.* punto nel tempo, nello spazio. **dois** ≃**s** *Gramm.* due punti. **em** ≃ in punto. **estar a** ≃ **de** essere in punto di, rasentare. **o** ≃ **forte** il forte. **o** ≃ **fraco** il debole. *Fig.* breccia. ≃ **cardeal** *Geogr.* punto cardinale. ≃ **central** *Fig.* polpa. ≃ **culminante** auge. ≃ **de encontro** ritrovo. ≃ **de exclamação** *Gramm.* punto esclamativo. ≃ **de fusão** *Fis.* punto di fusione. ≃ **de interrogação** *Gramm.* punto interrogativo. ≃ **de ônibus** fermata. ≃ **de partida** punto di partenza. *Fig.* spunto. ≃ **de referência** punto di riferimento. *Fig.* pietra miliare. ≃ **de táxi** posto di tassì. ≃ **de vista** punto di vista, profilo. *Fig.* concetto, prospettiva. ≃ **e vírgula** *Gramm.* punto e virgola. ≃ **final** *Gramm.* punto, punto fermo. ≃ **final (de linha de ônibus)** capolinea. ≃ **morto** *Autom.* marcia in folle. **esse é o** ≃! qui sta l'affare!

pon.tu.a.ção [põtuas'ãw] *sf* punteggiatura. *Sp.* punteggio.

pon.tu.al [põtu'aw] *agg* puntuale. **ser bastante** ≃ spaccare il minuto. **ser** ≃ essere un orologio.

pon.tu.ar [põtu'ar] *vt* punteggiare.

pon.tu.do [põt'udu] *agg* appuntato, acuto, aguzzo. *Fig.* fine, fino.

po.pa [p'opə] *sf Naut.* poppa.

po.pe [p'ɔpi] *sm Rel.* pope, sacerdote ortodosso.

po.pe.li.na [popel'inə] *sf* popeline.

po.pu.la.ção [populas'ãw] *sf* popolazione.

po.pu.la.cho [popul'aʃu] *sm* popolaccio, bruzzaglia. *Fig.* feccia.

po.pu.lar [popul'ar] *agg* popolare; rinomato, conosciuto.

po.pu.la.ri.da.de [popularid'adi] *sf* popolarità. *Fig.* aura.

po.pu.la.ri.zar [populariz'ar] *vt* volgarizzare.

po.pu.lo.so [popul'ozu] *agg* popoloso.

pô.quer [p'oker] *sm* poker.

por [p'or] *prep* per; da. ≃ **quê?** *cong* perché?

pôr [p'or] *vt* porre, mettere, apporre. *vpr* porsi, mettersi. *Astron.* tramontare, declinare, calare, volgersi al tramonto. ≃ **no chão** deporre. ≃**-se a** mettersi a.

por.ção [pors'ãw] *sf* porzione, parte, fetta, partita. **meia** ≃ mezza. ≃ **de batatas** porzione di patate.

por.ca [p'ɔrkə] *sf* porca, scrofa, troia. *Mecc.* madrevite, chiocciola. *Volg.* maiala.

por.ca.lhão [porkaλ'ãw] *sm* porcaccione, lezzone. *Pop.* sporcaccione. *Fig.* porco, maiale.

por.ca.ri.a [porkar'iə] *sf* porcheria, immondezza, sudiciume. *Pop.* immondizia. *Fig.* porcheria, lavoro mal fatto.

por.ce.la.na [porsel'∧nə] *sf* porcellana.

por.cen.ta.gem [porsẽt'aʒẽj] o **per.cen.ta.gem** [persẽt'aʒẽj] *sf* percento; tenore; provvigione.

por.ci.no [pors'inu] *agg* porcino.

por.co [p'orku] *sm Zool.* porco, suino. *Fig.* lezzone. *Pop.* sporcaccione. ≃ **castrado** maiale. *agg* sporco. *Fam.* immondo.

por.co-do-ma.to [porkudum'atu] *sm Zool.* cinghiale.

por.co-es.pi.nho [porkuesp'iñu] *sm Zool.* istrice, riccio.

pôr-do-sol [pordus'ow] *sm* tramonto. *Lett.* e *Poet.* occaso.

pór.fi.ro [p'ɔrfiru] *sm Min.* porfido.

po.rém [por'ẽj] *cong* però; ma tuttavia; bensì; pure.

por.me.nor [pormen'ɔr] *sm* dettaglio.

por.me.no.ri.zar [pormenoriz'ar] *vt* dettagliare.

por.no.gra.fi.a [pornograf'iə] *sf* pornografia.

po.ro [p'ɔru] *sm* poro.

po.ro.so [por'ozu] *agg* poroso.

por.que [pork'e] *cong* perché, ché.

por.quê [pork'e] *sm* il perché.

por.quei.ro [pork'ejru] *sm* porcaio, porcaro.

por.re [p'ɔ̃ʀi] *sm Pop.* sbornia. **tomar um** ≃ prendere una sbornia. *Fam.* inzuccarsi.

por.re.te [poʀ'eti] *sm* clava, randello.

por.ta [p'ɔrtə] *sf* porta, uscio. **a** ≃ **s fechadas** *Giur.* a porte chiuse (sentenza). **esmolar de** ≃ **em** ≃ andare di porta in porta. ≃ **de carro** portiera. ≃ **de ferro (de loja)** saracinesca.

por.ta-a.vi.ões [portaavi'õjs] *sm Naut.* portaerei.

por.ta-ban.dei.ra [portabãd'ejrə] *sm Mil.* portabandiera.

por.ta-cha.péus [portaʃap'ews] *sm* portacappelli.

por.ta.dor [portad'or] *sm Comm.* ≃ **de cheque** portatore. ≃ **de encomendas** vettore.

por.ta-es.tan.dar.te [portaestãd'arti] *sm Mil.* gonfaloniere, alfiere.

por.ta-jói.as [portaʒ'ɔjəs] *sm* portagioielli.

por.tal [port'aw] *sm Archit.* portale.

por.ta.ló [portal'ɔ] *sm Naut.* anta.

por.ta-lu.vas [portal'uvəs] *sm Autom.* cassetto del cruscotto.

por.ta-ma.las [portam'aləs] *sm Autom.* bagagliaio, portabagagli.

por.ta-mo.e.das [portamo'edəs] *sm* portamonete.

por.ta-ní.queis [portan'ikejs] *sm* borsellino.

por.tan.to [port'ãtu] *cong* pertanto, dunque, quindi, perciò, così; allora, ora.

por.tão [port'ãw] *sm* porta, porta d'ingresso.

por.tar [port'ar] *vt* portare. *vpr* portarsi, comportarsi, agire.

por.ta-re.tra.tos [portaʀetr'atus] *sm* portaritratti.

por.ta.ri.a [portar'iə] *sf* portineria, porteria.

por.tá.til [port'atiw] *agg* portabile.

por.ta-voz [portav'ɔs] *sm* portavoce. *Fig.* araldo.

por.te [p'ɔrti] *sm* portamento, andatura, atteggiamento. *Comm.* porto. ≃ **de arma** porto d'armi. ≃ **pago** porto pagato.

por.tei.ra [port'ejrə] *sf* portiera, cancello.

por.tei.ro [port'ejru] *sm* portiere, portinaio, usciere, custode.

por.ten.to [port'ẽtu] *sm* portento, prodigio; fenomeno; genio.

pór.ti.co [p'ɔrtiku] *sm Archit.* portico, loggiato.

por.ti.nho.la [portiñ'ɔlə] *sf* sportello, ribalta.

por.to [p'ortu] *sm Naut.* porto, scalo, approdo. *Geogr.* rada. *Fig.* sbarco.

por.tu.á.rio [portu'arju] *agg* portuario.

por.tu.guês [portug'es] *agg* + *sm* portoghese.

por.ven.tu.ra [porvẽt'urə] *avv* forse.

por.vir [porv'ir] *sm* futuro.

po.sar [poz'ar] *vi Arte* posare. ≃ **de** affettare.

po.se [p'ɔzi] *sf Arte* posa. *Fig.* sfoggio.

pós-es.cri.to [pɔzeskr'itu] *sm* poscritto.

po.si.ção [pozis'ãw] *sf* posizione; veci *pl.* ≃ **social** *Fig.* stato, condizione.

po.si.cio.nar-se [pozisjon'arsi] *vpr* collocarsi.

po.si.ti.vo [pozit'ivu] *sm Fot.* positiva. *agg* positivo, benefico, costruttivo.

pos.por [posp'or] *vt* posporre, posponere.

pos.pos.to [posp'ostu] *part* + *agg* posposto.

pos.san.te [pos'ãti] *agg* forte, gigantesco. *Poet.* possente.

pos.se [p'ɔsi] *sf* possesso; possedimento, padronanza, dominio; godimento; insediamento, ingresso (in una carica). *Fig.* signoria. ≃**s** *pl* possessioni, beni, averi. **ter** ≃ **s** aver possessioni. **tomar** ≃ **de** appropriarsi di, impadronirsi di. **dar** ≃ **de (um cargo)** insediare. **tomar** ≃ **(de um cargo)** insediarsi.

pos.ses.são [poses'ãw] *sf* possessione; possesso; ossessione. *Pol.* possedimento.

pos.ses.si.vi.da.de [posesivid'adi] *sf* possessività, gelosia.

pos.ses.si.vo [poses'ivu] *agg Gramm.* possessivo. *Fig.* possessivo, geloso.

pos.ses.so [pos'esu] *sm* ossessionato. *agg* ossessionato, forsennato.

pos.si.bi.li.da.de [posibilid'adi] *sf* possibilità; probabilità; alternativa.

pos.sí.vel [pos'ivew] *sm* possibile. **fazer o** ≃ **e o impossível** fare il possibile e l'impossibile. *agg* possibile, probabile, plausibile, fattibile. **é** ≃ magari.

pos.su.í.do [posu'idu] *sm, part+agg* ossesso, ossessionato, energumeno.

pos.su.i.dor [posuid'or] o **pos.ses.sor** [poses'or] *sm* possessore.

pos.su.ir [posu'ir] *vt* possedere; avere; tenere. ≃ **uma alma** invasare un'anima.

pos.tal [post'aw] *agg* postale, della posta.

pos.tar [post'ar] *vt an Mil.* impostare, smistare. *vpr* postarsi. ≃ **uma carta** imbuccare una lettera.

pos.ta-res.tan.te [pɔstaɾest'ãti] *sf* fermo posta.

pos.te [p'ɔsti] *sm* palo.

pos.ter.gar [posterg'ar] *vt* postergare; posporre; trascurare.

pos.te.ri.or [posteri'or] *agg* posteriore, successivo, seguente, ulteriore.

pos.te.ri.or.men.te [posteriorm'ẽti] *avv* posteriormente, dopo.

pos.ti.ço [post'isu] *agg* posticcio, appositivo, appositizio, finto.

pos.to [p'ostu] *sm* posto, carica, funzione. *Mil.* posto, grado. *Fig.* seggio. *part+agg* posto, messo. **colocar-se a** ≃ **s** impostarsi. **isso** ≃ posto ciò. ≃ **avançado** *Mil.* posto avanzato, avamposto, presidio. ≃ **de coronel** *Mil.* posto di colonnello. ≃ **de fronteira** *Mil.* barriera. ≃ **de gasolina** stazione di rifornimento. ≃ **de guarda** posto di guardia. ≃ **de pronto-socorro** posto di pronto soccorso. ≃ **de saúde** ufficio sanitario. ≃ **que** *cong* posto che, contuttoché. **a** ≃ **s!** *int* a posto!

pos.tu.lan.te [postul'ãti] *s Giur.* postulante, ricorrente.

pos.tu.lar [postul'ar] *vt Giur.* postulare, ricorrere.

pós.tu.mo [p'ɔstumu] *agg* postumo.

pos.tu.ra [post'urə] *sf* gesto, atteggiamento.

po.tás.sio [pot'asju] *sm Chim.* potassio.

po.tá.vel [pot'avew] *agg* potabile.

po.tên.cia [pot'ẽsjə] *sf* potenza; efficacia. *Mil.* forza.

po.ten.cia.ção [potensjas'ãw] *sf Mat.* elevazione a potenza.

po.ten.ci.al [potẽsi'aw] *sm+agg* potenziale.

po.ten.te [pot'ẽti] *agg* potente; baldo; efficace. *Poet.* possente. *Fig.* forte.

po.tes.ta.de [potest'adi] *sf Lett.* potestà, potere, autorità.

po.tro [p'otru] *sm* puledro, cavallino.

pou.co [p'owku] *sm* poco, pizzico. **um** ≃ **de** un po'di. *agg* poco. ≃ **tempo** poco tempo. ≃ **as mulheres** poche donne. ≃ **s homens** pochi uomini. *avv* poco. **aos** ≃ **s o** ≃ **a** ≃ a poco a poco, pianino, a goccia a goccia. **daqui a** ≃ fra poco. **há** ≃ poco fa, poc'anzi. **nem um** ≃ *avv* punto. **ele não é nem um** ≃ **educado** non è punto gentile. **por** ≃ per poco. **só um** ≃ appena. **um** ≃ *agg+avv* alquanto. **um** ≃ **baixo** alquanto basso.

pou.pa [p'owpə] *sf Zool.* bubbola.

pou.pan.ça [powp'ãsə] *sf* risparmio, economia.

pou.par [powp'ar] *vt* risparmiare; economizzare, capitalizzare. *vpr* risparmiarsi.

pou.qui.nho [powk'iɲu] *sm dim* pizzico, manetta, assaggio. *Fig.* un grano di qualcosa.

pou.sa.da [powz'adə] *sf* locanda, albergo. *Mil.* posata.

pou.sar [powz'ar] *vt* posare, deporre. *vi Aer.* atterrare.

pou.so [p'owzu] *sm Aer.* atterraggio.

po.vão [pov'ãw] *sm Pop.* plebe.

po.vo [p'ovu] *sm* popolo; gente; pubblico. *disp* i plebei. *Fig.* razza, stirpe. **homem do** ≃ uomo del popolo. **vir do** ≃ venire dal popolo.

po.vo.a.do [povo'adu] *sm* borgo, borgata.

po.vo.ar [povo'ar] *vt* popolare, colonizzare.

pra.ça [pr'asə] *sf* piazza, largo. *Comm.* piazza. ≃ **pública** foro.

pra.da.ri.a [pradar'iə] *sf* prateria.

pra.do [pr'adu] *sm* prato.

pra.ga [pr'agə] *sf* imprecazione; peste. *Fig.* bubbone, morbo.

prag.má.ti.ca [pragm'atikə] *sf* prammatica.

pra.gue.jar [prageʒ'ar] *vi* imprecare, inveire. bestemmiare. *Ger.* sacramentare.

prai.a [pr'ajə] *sf* spiaggia, piaggia, riva, sponda, lido, arenile.

pran.cha [pr'ãʃə] *sf* asse. ≃ **de madeira** tavola.

pran.to [pr'ãtu] *sm* pianto. *Lett.* gemito.

pra.ta [pra'atə] *sf Min.* argento. **folhear com** ≃ argentare. **guarnição ou baixela de** ≃ argenteria.

pra.te.a.do [prate'adu] *agg* argentino.

pra.te.ar [prate'ar] *vt* argentare.

pra.te.lei.ra [pratel'ejrə] *sf* ripiano, scaffale, rastrelliera.

prá.ti.ca [pr'atikə] *sf* pratica; prassi, esercizio; conoscenza. **pôr** (o **colocar**) **em** ≃ porre in atto. **ter** ≃ **em** essere pratico di.

pra.ti.can.te [pratik'ãti] *s+agg* praticante.

pra.ti.car [pratik'ar] *vt* praticare, mettere in pratica, esercitare, commettere. *vi* esercitare.

prá.ti.co [pr'atiku] *sm* pratico, esperto. *agg* pratico; realistico; funzionale, comodo.

pra.to [pr'atu] *sm* piatto; alimento, vivanda, pietanza. *Pop.* cibo. **como segundo** ≃ di secondo. **o primeiro** ≃ il primo piatto. **o** ≃ **do toca-discos** il piatto del giradischi. **os** ≃ **s da balança** i piatti della bilancia. ≃ **da balança** piatto (o guscio) della bilancia. ≃ **fundo** *Pop.* fondina. ≃ **s** *pl Mus.* piatti, cimbali.

pra.xe [pr'aʃi] *sf* prassi, cerimonia, forma. **de** ≃ *agg* di ritto, convenzionale.

pra.zer [praz'er] *sm* piacere, diletto, delizia, gusto, godimento, grado. **com** ≃ *avv* volentieri, di tutto cuore. **ter** ≃ godere. **com** ≃ **!** si figuri! **muito** ≃ **!** molto lieto! **tenho muito** ≃ **em conhecê-lo(a)!** sono lieto di fare la vostra conoscenza!

pra.ze.ro.so [prazer'ozu] *agg* dilettoso, piacevole.

pra.zo [pr'azu] *sm* termine, scadenza. **a curto** ≃ a breve scadenza. **a longo** ≃ a lunga scadenza. **vender e pagar a** ≃ vendere e pagare a rate.

pre.a.mar [pream'ar] *sf Naut.* flusso.

pre.âm.bu.lo [pre'ãbulu] *sm* preambolo.

pre.a.nun.ci.ar [preanũsi'ar] *vt* preannunciare, anticipare, preannunziare.

pre.cá.rio [prek'arju] *agg* precario.

pre.cau.ção [prekaws'ãw] *sf* precauzione, previdenza, cautela, riguardo. *Lett.* preveggenza.

pre.ca.ver [prekav'er] *vt* prevenire, premunire. *vpr* assicurarsi, premunirsi.

pre.ca.vi.do [prekav'idu] *agg* guardingo, lungimirante.

pre.ce [pr'εsi] *sf* preghiera, orazione. *Lett.* e *Poet.* prece.

pre.ce.dên.cia [presed'ẽsjə] *sf* precedenza, antecedenza.

pre.ce.den.te [presed'ẽti] *sm* precedente. *agg* precedente, previo.

pre.ce.der [presed'er] *vt* precedere, prevenire, anticipare. *Fig.* precorrere. *vi* precedere.

pre.cei.to [pres'ejtu] *sm* precetto; prescrizione, norma, dettame; massima. *Rel.* canone.

pre.cep.tor [presept'or] *sm* aio.

pre.ci.o.so [presi'ozu] *agg* prezioso, inestimabile.

pre.ci.pí.cio [presip'isju] *sm* precipizio, dirupo, balza, baratro.

pre.ci.pi.ta.ção [presipitas'ãw] *sf* precipitazione, premura, fretta, impazienza.

pre.ci.pi.ta.do [presipit'adu] *agg* frettoloso, impaziente.

pre.ci.pi.tar [presipit'ar] *vt* precipitare. *vpr* precipitarsi.

pre.cí.puo [pres'ipwu] *agg* precipuo.

pre.ci.sa.men.te [presizam'ẽti] *avv* precisamente, appunto, appuntino.

pre.ci.são [presiz'ãw] *sf* precisione; accuratezza, esattezza; chiarezza, nitidezza. **fazer com muita** ≃ compassare. **instrumentos de** ≃ strumenti di precisione.

pre.ci.sar [presiz'ar] *vt* precisare, spiegare, definire; occorrere, bisognare, necessitare.

pre.ci.so [pres'izu] *agg* preciso; nitido; accurato, esatto; testuale; giusto. *Fig.* matematico. **instrumento** ≃ strumento sensibile. **ser muito** ≃ **(relógio)** spaccare il minuto. **ser** ≃ (o **necessário**) volere, bisognare, esser mestiere. **é** ≃ **ter paciência** bisogna aver pazienza.

pre.cla.ro [prekl'aru] *agg Lett.* preclaro.

pre.ço [pr'esu] *sm* prezzo, costo. ≃ **de custo** prezzo di costo. ≃ **de venda** prezzo di vendita. ≃ **unitário** prezzo unitario.

pre.co.ce [prek'ɔsi] *agg* precoce, prematuro. *Fig.* immaturo.

pre.con.ce.bi.do [prekõseb'idu] *agg* preconcetto.

pre.con.cei.to [prekõs'ejtu] *sm* pregiudizio, preconcetto.

pre.co.ni.zar [prekoniz'ar] *vt Lett.* preconizzare.

pre.cur.sor [prekurs'or] *sm* precursore, antecessore. *Fig.* alfiere. *agg* precursore, foriero.

pre.da.dor [predad'or] *sm* predatore.

pre.de.ces.sor [predeses'or] *agg* predecessore.

pre.des.ti.nar [predestin'ar] *vt* predestinare, predire, annunciare.

pre.de.ter.mi.nar [predetermin'ar] *vt* predeterminare, prefiggere.

pre.di.ca.do [predik'adu] *sm Gramm.* predicato. *Fig.* dote, pregio, virtù.

pre.di.ção [predis'ãw] *sf* predizione, profezia.

pre.di.le.ção [prediles'ãw] *sf* predilezione.

pre.di.le.to [predil'ɛtu] *sm+agg* prediletto, diletto.

pré.dio [pr'ɛdju] *sm* palazzo.

pre.dis.por [predisp'or] *vt* predisporre, approntare. *vpr* predisporsi.

pre.dis.po.si.ção [predispozis'ãw] *sf* predisposizione; vocazione. *Med.* disposizione.

pre.di.to [pred'itu] *agg* anzidetto.

pre.di.zer [prediz'er] *vt* predire, prenunziare, profetizzare, augurare.

pre.do.mi.nân.cia [predomin'ãsjə] *sf* predominanza.

pre.do.mi.nan.te [predomin'ãti] *agg* predominante.

pre.do.mi.nar [predomin'ar] *vi* predominare. *Fig.* regnare.

pre.do.mí.nio [predom'inju] *sm* predominio, supremazia, impero. *Fig.* sopravvento.

pre.e.mi.nen.te [preemin'ẽti] *agg* preminente.

pre.en.cher [preẽʃ'er] *vt* riempire (un modulo); eseguire, compiere; soddisfare (un'esigenza).

pre.es.ta.be.le.cer [preestabeles'er] *vt* prestabilire.

pre.fá.cio [pref'asju] *sm* prefazione, presentazione, preambolo.

pre.fei.to [pref'ejtu] *sm* sindaco, prefetto.

pre.fei.tu.ra [prefejt'urə] *sf* prefettura.

pre.fe.rên.cia [prefer'ẽsjə] *sf* preferenza, predilezione.

pre.fe.ri.do [prefer'idu] *sm* prediletto, favorito. *Fam.* cucco. *Ger.* cocco. *part+agg* prediletto, favorito.

pre.fe.rir [prefer'ir] *vt* preferire, prediligere, scegliere. *Fig.* anteporre, preporre.

pre.fi.gu.rar [prefigur'ar] *vt* prefigurare.

pre.fi.xa.do [prefiks'adu] *part+agg* prefisso.

pre.fi.xar [prefiks'ar] *vt* prefiggere, predeterminare.

pre.fi.xo [pref'iksu] *sm Gramm.* prefisso.

pre.ga [pr'ɛgə] *sf* piega, rivolta; grinza.

pre.ga.ção [pregas'ãw] *sf Rel.* predica, sermone.

pre.ga.dor [pregad'or] *sm Rel.* predicatore.

pre.gar [preg'ar] *vt* affissare, affiggere, applicare, attaccare; inchiodare. *Rel.* predicare. ≃ **no deserto** *Fig.* predicare al deserto ≃ **uma peça em** *Fig.* accoccarla a.

pre.go [pr'ɛgu] *sm* chiodo. **bater um** ≃ ribadire.

pre.gue.ar [prege'ar] *vt* aggrinzare, aggrinzire, pieghettare.

pre.gui.ça [preg'isə] *sf* pigrizia, indolenza, inerzia. *Zool.* bradipo. *Fig.* letargo, torpore.

pre.gui.ço.so [pregis'ozu] *sm* bighellone, fannullone, scansafatiche, fuggifatica. *Fig.* marmotta. *agg* pigro, indolente, infingardo, neghittoso. *Lett.* ignavo. *Fig.* svogliato, addormentato. **ficar** ≃ anneghittire.

pré-his.tó.ria [preist'ɔrjə] *sf* preistoria. *Fig.* la notte dei tempi.

pré-his.tó.ri.co [preist'ɔriku] *agg* preistorico.

pre.ju.di.car [preʒudik'ar] *vt* pregiudicare, danneggiare, nuocere. *Fig.* dare il gambetto ad uno. *vpr* pregiudicarsi. ≃ **a si mesmo** *Pop.* darsi la zappa sui piedi. ≃ **mais ainda** *Fig.* compire l'opera.

pre.ju.di.ci.al [preʒudisi'aw] *agg* pregiudiziale, dannoso, infesto. *Fig.* mortifero.

pre.ju.í.zo [preʒu'izu] *sm* pregiudizio; danno, disavanzo, guasto, svantaggio; detrimento. **com o** ≃ **de** a scapito di.

pre.la.do [prel'adu] *sm Rel.* prelato.

pre.li.mi.nar [prelimin'ar] *sf+agg* preliminare.

pre.lo [pr'ɛlu] *sm* torchio.

pre.lú.dio [prel'udju] *sm* preludio. *Mus.* preludio, apertura, entrata.

pre.ma.tu.ro [premat'uru] *agg* prematuro, precoce. *Fig.* immaturo.

pre.me.di.ta.do [premedit'adu] *part+agg Giur.* premeditato, doloso, intenzionale.

pre.me.di.tar [premedit'ar] *vt Giur.* premeditare.

pre.mer [prem'er] *vt* premere, pigiare.

pre.mi.ar [premi'ar] *vt* premiare, ricompensare, rimunerare, gratificare.

prê.mio [pr'emju] *sm* premio; ricompensa, taglia. *Sp.* premio, competizione, gara. *Comm.* premio, buono. *Fig.* zuccherino. ≃ **de consolação** premio di consolazione. ≃ **de seguro** premio di assicurazione.

pre.mis.sa [prem'isə] *sf* premessa, precedente. *Fil.* e *Mat.* premessa, lemma.

pré-mo.lar [premol'ar] *sm+agg* premolare.

pre.mo.ni.ção [premonis'ãw] *sf* premonizione, visione.

pren.de.dor [prẽded'or] *sm* ≃ **de gravata** fermacravatte.

pren.der [prẽd'er] *vt* prendere; afferrare, agganciare; attaccare, legare; catturare, arrestare, incarcerare. *Fig.* ammanettare.

pre.nhe [pr'eñi] *agg f Zool.* pregna, gravida.

pre.no.me [pren'omi] *sm* prenome, nome di battesimo.

pren.sa [pr'ẽsə] *sf Mecc.* pressa, calandra, torchio. ≃ **hidráulica** pressa idraulica.

pren.sar [prẽs'ar] *vt* pressare, calcare.

pre.nun.ci.ar [prənüsi'ar] *vt* prenunziare, preannunciare, preannunziare.

pre.nún.cio [pren'üsju] *sm Lett.* prenunzio. *Fig.* anticipazione.

pre.o.cu.pa.ção [preokupas'ãw] *sf* preoccupazione, apprensione, inquietudine. *Fam.* grattacapo. *Fig.* angoscia, assillo.

pre.o.cu.pa.do [preokup'adu] *part+agg* preoccupato, apprensivo, pensieroso, inquieto.

pre.o.cu.pan.te [preokup'ãti] *agg* preoccupante, angoscioso. *Fam.* problematico.

pre.o.cu.par [preokup'ar] *vt* preoccupare, turbare. *Fig.* opprimere. *vpr* preoccuparsi, turbarsi, affliggersi. **≃-se com coisas imaginárias** *Fig.* dare corpo alle ombre.

pre.pa.ra.ção [preparas'ãw] *sf* preparazione, allenamento. *Fig.* gestazione. **em ≃** in gestazione.

pre.pa.ra.do [prepar'adu] *sm* preparazione, prodotto chimico. *part+agg* preparato, pronto, disposto.

pre.pa.ra.dor [preparad'or] *sm* elaboratore.

pre.pa.rar [prepar'ar] *vt* preparare; approntare, apprestare; elaborare, confezionare; disporre; apparecchiare. *Fig.* iniziare, instradare. *vpr* prepararsi; predisporsi; apparecchiarsi, armarsi; apprestarsi. **≃ conserva de alimentos** acconciare alimenti.

pre.pa.ra.ti.vos [preparat'ivus] *sm pl* preparativi, corredi.

pre.pa.ra.tó.rio [preparat'ɔrju] *agg* preparatorio.

pre.pa.ro [prep'aru] *sm* preparazione, confezione.

pre.pon.de.rar [prepõder'ar] *vi* prevalere.

pre.pon.de.rân.cia [prepõder'ãsjə] *sf* preponderanza, preponderazione.

pre.pon.de.ran.te [prepõder'ãti] *agg* preponderante.

pre.por [prep'or] *vt* preporre.

pre.po.si.ção [prepozis'ãw] *sf Lett.* e *Gramm.* preposizione.

pre.po.tên.cia [prepot'ẽsjə] *sf* prepotenza, coercizione, angheria. *Fig.* tirannia.

pre.po.ten.te [prepot'ẽti] *sm* prepotente. *Fig.* tiranno. *agg* prepotente; autoritario.

pre.pú.cio [prep'usju] *sm Anat.* prepuzio.

prer.ro.ga.ti.va [preʀogat'ivə] *sf* prerogativa, regalia, privilegio. *Fig.* appannaggio.

pre.sa [pr'ezə] *sf* preda di caccia; zanna, dente di animale. **≃ de guerra** *Mil.* preda.

pres.bio.pi.a [prezbjop'iə] *sf* o **pres.bi.tis.mo** [prezbit'izmu] *sm Med.* presbiopia, presbitismo.

prés.bi.ta [pr'ɛzbitə] o **pres.bi.ta** [prezb'itə] *agg* presbite.

pres.bi.te.ri.a.no [prezbiteri'ʌnu] *sm+agg Rel.* presbiteriano.

pres.ci.ên.cia [presi'ẽsjə] *sf* prescienza.

pres.cin.dir [presĩd'ir] *vt* prescindere da, astrarre da.

pres.cre.ver [preskrev'er] *vt* prescrivere, imporre, disporre.

pres.cri.ção [preskris'ãw] *sf* prescrizione, comando, disposizione, disposto. **≃ do crime** *Giur.* prescrizione del delitto. **≃ médica** *Med.* prescrizione, ricetta.

pre.sen.ça [prez'ẽsə] *sf* presenza, cospetto, intervento. **na ≃ de** in presenza di, davanti a, innanzi a. **≃ de espírito** presenza di spirito.

pre.sen.ci.ar [prezẽsi'ar] *vt* presenziare a, assistere a.

pre.sen.te [prez'ẽti] *sm* il presente; regalo, dono, presente. *Gramm.* presente dei verbi. *Fig.* benedizione. **dar um ≃** fare un regalo. **no ≃** *avv* al presente. **≃ de Natal ou Ano-Novo** strenna. **os ≃** s i presenti, gli astanti. *agg* presente, attuale, corrente. **estar ≃** a ritrovarsi a. **≃ !** *int* presente!

pre.sen.te.ar [prezẽte'ar] *vt* regalare, donare, presentare, offrire.

pre.sé.pio [prez'ɛpju] *sm Rel.* presepio, presepe.

pre.ser.va.ção [prezervas'ãw] *sf* preservazione.

pre.ser.var [prezerv'ar] *vt* preservare, conservare. *vpr* preservarsi.

pre.ser.va.ti.vo [prezervat'ivu] *sm+agg* preservativo.

pre.si.dên.cia [prezid'ẽsjə] *sf* presidenza.

pre.si.den.te [prezid'ẽti] *sm+agg* presidente.

pre.si.dir [prezid'ir] *vt* presiedere.

pre.so [pr'ezu] *sm* prigioniero, carcerato. *part+agg* preso.

pres.sa [pr'esə] *sf* fretta, premura; precipitazione; impazienza. *Fig.* corsa. **a ≃ é inimiga da perfeição** presto e bene non si conviene.

pres.sa.gi.ar [presaʒi'ar] *vt* presagire.

pres.sá.gio [pres'aʒju] *sm* presagio, augurio, auspicio, avvisaglia. *Fig.* avvertimento.

pres.são [pres'ãw] *sf* pressione. **≃ sangüínea ou arterial** pressione sanguigna o arteriosa.

pres.sen.ti.men.to [presẽtim'ẽtu] *sm* premonizione, divinazione, presagio. *Fig.* fiuto.

pres.sen.tir [presẽt'ir] *vt* presentire, presagire, divinare. *Fig.* sentire, fiutare.

pres.sio.nar [presjon'ar] *vt* far pressione.

pres.su.por [presup'or] *vt* presupporre, presumere, supporre.

pres.su.pos.to [presup'ostu] *sm* presunzione.

pres.ta.ção [prestas'ãw] *sf Comm.* rata, quota. ≃ **de contas** *Comm.* resoconto, rendiconto, bilancio, bolletino. **comprar alguma coisa a** ≃ pigliare una cosa a credito.

pres.tar [prest'ar] *vt* prestare. *vi* servire. *vpr* prestarsi a. ≃ **ajuda** prestare aiuto. ≃ **as honras** rendere onore. ≃ **homenagem** prestare omaggio.

pres.ta.ti.vo [prestat'ivu] *agg* sollecito, premuroso.

pres.tes [pr'estis] *agg* nell'espressione **estar** ≃ **a** essere in punto di, stare per.

pres.te.za [prest'eza] *sf* prestezza, prontezza, sollecitudine, lestezza.

pres.ti.di.gi.ta.ção [prestidiʒitas'ãw] *sf* prestigio.

pres.ti.di.gi.ta.dor [prestidiʒitad'or] *sm* prestigiatore, giocoliere.

pres.tí.gio [prest'iʒju] *sm* prestigio, pregio, vaglia. *Fig.* influenza.

pre.su.mir [prezum'ir] *vt* supporre, congetturare. *Lett.* presumere. *vpr* piccarsi.

pre.sun.ção [prezũs'ãw] *sf* presunzione; pretensione, superbia; pedanteria. *Fig.* pretesa; fumo.

pre.sun.ço.so [prezũs'ozu] *sm disp* sputasentenze, pedante. *Fig.* fante di picche, vescica gonfia. *agg* presuntuoso; pretenzioso, altezzoso; pedante, ammanierato. *Fig.* spavaldo.

pre.sun.to [prez'ũtu] *sm* prosciutto.

pre.ten.den.te [pretẽd'ẽti] *s+agg* pretendente, concorrente.

pre.ten.der [pretẽd'er] *vt* pretendere; reclamare, esigere; intendere, contare.

pre.ten.são [pretẽs'ãw] *sf* pretensione; pretesa; esigenza; affettazione, boria. *Fig.* vista.

pre.ten.si.o.so [pretẽsi'ozu] *agg* pretenzioso, affettato, borioso, appariscente.

pre.te.rir [preter'ir] *vt* preterire.

pre.té.ri.to [pret'eritu] *sm Gramm.* preterito.

pre.tex.to [pret'estu] *sm* pretesto, scusa; scappatoia, sotterfugio; occasione. *Fig.* argomento; velo, coperta; uncino, rampino.

pre.to [pr'etu] *agg* nero. **pôr o** ≃ **no branco** mettere il nero sul bianco.

pre.tor [pret'or] *sm St.* pretore.

pre.va.le.cer [prevales'er] *vi* prevalere, predominare, dominare. *Fig.* regnare.

pre.va.ri.car [prevarik'ar] *vi* prevaricare; abusare; tradire (il coniuge).

pre.ve.ni.do [preven'idu] *agg* guardingo, cauto, prudente.

pre.ve.nir [preven'ir] *vt* prevenire, avvisare, premunire. *vpr* premunirsi.

pre.ven.ti.vo [prevẽt'ivu] *agg* preventivo. **prisão** ≃ **a** carcere preventivo.

pre.ver [prev'er] *vt* prevedere, anticipare, prenunziare. *Lett.* preconizzare. *Fig.* intravvedere.

pre.vi.dên.cia [previd'ẽsjə] *sf* previdenza, provvidenza. *Lett.* preveggenza. ≃ **social** previdenza sociale.

pré.vio [pr'evju] *agg* previo. **aviso** ≃ previo avviso.

pre.vi.são [previz'ãw] *sf* previsione; profezia; pronostico, prospettiva. *Comm.* valutazione. *Fig.* oracolo.

pre.vi.sí.vel [previz'ivew] *agg* prevedibile.

pre.vis.to [prev'istu] *part+agg* previsto. *Fig.* atteso.

pre.zar [prez'ar] *vt* pregiare, stimare, gradire.

pri.mar [prim'ar] *vi* primeggiare.

pri.má.rio [prim'arju] *agg* primario. *Fig.* primo.

pri.ma.tas [prim'atəs] *sm pl Zool.* primati.

pri.ma.ve.ra [primav'erə] *sf* primavera. *Bot.* primavera, primula. **na** ≃ in primavera. ≃ **da vida** *Fig.* primavera.

pri.ma.ve.ril [primaver'iw] *agg* primaverile.

pri.maz [prim'as] *sm Rel.* primate.

pri.mei.ra [prim'ejrə] *sf Autom.* marcia prima.

pri.mei.ra.nis.ta [primejran'istə] *s* matricola, matricolino.

pri.mei.ro [prim'ejru] *num* primo. **P** ≃ **do Ano** Capodanno. *agg* primo. *Cin.* e *Teat.* primo, principale. ≃ **ator** *Teat.* e *Cin.* primo attore. *avv* dapprima. ≃ **que** avanti che.

pri.mei.ro-mi.nis.tro [primejrumin'istru] *sm Pol.* primo ministro.

pri.mi.ti.vo [primit'ivu] *agg* primitivo; arcaico; primario, rudimentale; primordiale. *Fig.* ancestrale.

pri.mo [pr'imu] *sm* cugino. ≃ **a** *sf* cugina. ≃ **em primeiro grau** cugino di primo grado. ≃ **em segundo grau** cugino di secondo grado, biscugino. *agg Mat.* primo. **número** ≃ numero primo.

pri.mo.gê.ni.to [primoʒ'enitu] *sm+agg* primogenito, primonato.

pri.mor.di.al [primord'jaw] *agg* primordiale.

pri.mór.dio [prim'ordju] *sm* primordio. **os** ≃ **s** *pl* i primordi. *Fig.* l'alba, l'infanzia.

prí.mu.la [pr'imulə] *sf Bot.* primula, primavera.

prin.ce.sa [prĩs'ezə] *sf* principessa.

prin.ci.pa.do [prĩsip'adu] *sm* principato.

prin.ci.pal [prĩsip'aw] *agg* principale; primario, basilare, cardinale; maestro. *Cin.* e *Teat.* principale, primo, centrale. **cantor** ≃ primo cantante.

prin.ci.pal.men.te [prīsipawm'ēti] *avv* principalmente, soprattutto, anzitutto.

prín.ci.pe [pr'īsipi] *sm* principe. ≃ **consorte** principe consorte. ≃ **hereditário** principe ereditario.

prin.ci.pi.an.te [prīsipi'āti] *s* principiante. *Fig.* recluta. *agg* principiante, novizio, incipiente.

prin.ci.pi.ar [prīsipi'ar] *vt* principiare, cominciare. *Pop.* incominciare. *vi* principiare.

prin.cí.pio [prīs'ipju] *sm* principio; inizio, primordio, capo; origine; educazione, morale. *Fís.* principio. *Fig.* elemento, fondamento, rudimento; germe, seme, fonte. ≃**s** *pl* principi. **desde o** ≃ dall'inizio, da capo. **do** ≃ **ao fim** dal principio alla fine. **no** ≃ all'inizio, di primo tratto.

pri.or [pri'or] *sm Rel.* priore.

pri.o.ri.da.de [priorid'adi] *sf* priorità.

pri.são [priz'āw] *sf* prigione; penitenziario; cattura, arresto. *Giur.* reclusione. *Fig.* gabbia. ≃ **celular** segregazione cellulare. ≃ **de delegacia** guardina. ≃ **de ventre** *Med.* stitichezza. ≃ **domiciliar** domicilio coatto. ≃ **perpétua** carcere a vita, ergastolo.

pri.sio.nei.ro [prizjon'ejru] *sm* prigioniero, carcerato, galeotto, recluso. *sm+agg Fig.* schiavo.

pris.ma [pr'izmə] *sm* prisma. ≃ **óptico** prisma ottico.

pri.va.ção [privas'āw] *sf* privazione, astinenza. *Fig.* sacrificio, digiuno.

pri.va.da [priv'adə] *sf* latrina, vaso da gabinetto. *Fam.* gabinetto. *Ger.* cesso.

pri.va.do [priv'adu] *part+agg* privato; privo. *Lett.* orbo. *Fig.* riservato, chiuso.

pri.var [priv'ar] *vt* privare. *vpr* privarsi, sfornirsi. *Fig.* spogliarsi. ≃ **de um direito** *Giur.* escludere. ≃**-se de algo por amor a alguém** *Fig.* levarsi il pane di bocca.

pri.va.ti.vo [privat'ivu] *agg* privativo, particolare, esclusivo.

pri.vi.le.gi.a.do [privileʒi'adu] *part+agg* privilegiato. *Fig.* geniale, ingegnoso.

pri.vi.le.gi.ar [privileʒi'ar] *vt* privilegiare. *Fig.* anteporre.

pri.vi.lé.gio [privil'ɛʒju] *sm* privilegio, prerogativa, diritto, regalia. *Pol.* franchigia. *Fig.* appannaggio, monopolio.

pró [pr'ɔ] *sm* pro. **avaliar os** ≃**s e os contras** valutare il pro ed il contro.

pro.a [pr'oa] *sf Naut.* prora, prua.

pro.ba.bi.li.da.de [probabilid'adi] *sf* probabilità, alea.

pro.ble.ma [probl'emə] *sm* problema, guaio, contrattempo, busilli. *Fig.* rompicapo, strettoia. **aqui está o** ≃ qui sta il busilli.

pro.ble.má.ti.co [problem'atiku] *agg* problematico. **situação** ≃**a** situazione tesa.

pro.bo [pr'obu] *agg* probo, retto, onesto.

pro.ce.dên.cia [prosed'ēsjə] *sf* procedenza, origine.

pro.ce.der [prosed'er] *vt* procedere da, provenire da.

pro.ce.di.men.to [prosedim'ētu] *sm* procedimento, processo, mezzo, andamento, passo.

pro.ces.sa.dor [prosesad'or] *sm* ≃ **de textos** *Inform.* elaboratore di testi.

pro.ces.sar [proses'ar] *vt* processare.

pro.ces.so [pros'esu] *sm* processo; metodo, tecnica. *Giur.* processo, causa, lite; atti *pl*, documenti *pl*.

pro.cis.são [prosis'āw] *sf Rel.* processione.

pro.cla.ma [prokl'ʌmə] *sf* o **pro.cla.mas** [prokl'ʌməs] *sf pl* pubblicazione (di matrimonio).

pro.cla.ma.ção [proklamas'āw] *sf* proclama, dichiarazione.

pro.cla.mar [proklam'ar] *vt* proclamare, proferire, dichiarare.

pro.clí.ti.co [prokl'itiku] *agg Gramm.* proclitico.

pro.côn.sul [prok'ōsuw] *sm* proconsole.

pro.cras.ti.nar [prokrastin'ar] *vt* procrastinare, aggiornare.

pro.cri.ar [prokri'ar] *vt* procreare, generare.

pro.cu.ra [prok'urə] *sf* cerca, busca, ricerca. *Comm.* domanda, richiesta. *Fig.* caccia.

pro.cu.ra.ção [prokuras'āw] *sf Giur.* procura, lettera credenziale. **por** ≃ per procura.

pro.cu.ra.do [prokur'adu] *part+agg* ricercato. *agg Giur.* quesito.

pro.cu.ra.dor [prokurad'or] *sm Giur.* procuratore, fattore. **P** ≃ **da República** Procuratore della Repubblica.

pro.cu.ra.do.ri.a [prokurador'iə] *sf Giur.* procura.

pro.cu.rar [prokur'ar] *vt* cercare, buscare, ricercare. *Fig.* pescare. **ir** ≃ **alguém** andare per. ≃ **desesperadamente** *Fig.* frugare. ≃ **em vão** *Fig.* mendicare. ≃ **nos bolsos** frugarsi. ≃ **para si** procacciarsi. ≃ **por todos os lados** *Fig.* cercare per mare e per terra.

pro.dí.gio [prod'iʒju] *sm* prodigio, portento. *Fig.* miracolo.

pro.di.gi.o.so [prodiʒi'ozu] *agg* prodigioso; meraviglioso; straordinario.

pró.di.go [pr'ɔdigu] *agg* prodigo.

pro.du.ção [produs'ãw] *sf* produzione, industria, fruttato. *Teat.* produzione.

pro.du.ti.vi.da.de [produtivid'adi] *sf Mecc.* produttività, rendimento.

pro.du.ti.vo [produt'ivu] *agg* produttivo, proficuo; costruttivo; fertile. *Fig.* fruttuoso.

pro.du.to [prod'utu] *sm* prodotto; merce; ricavo. *Mat.* prodotto. *Fig.* bottino. ≃ **agrícola** fruttato. ≃ **s farmacêuticos** *Med.* spezie.

pro.du.zi.do [produz'idu] *part+agg* prodotto, creato.

pro.du.zir [produz'ir] *vt* produrre; ingenerare; rendere, fruttare; fabbricare, fare; indurre. *Fig.* creare. *vi* fruttare. ≃ **obra literária** comporre.

pro.e.mi.nên.cia [proemin'ẽsjə] *sf* prominenza, sporgenza.

pro.e.mi.nen.te [proemin'ẽti] *agg* prominente.

pro.fa.na.ção [profanas'ãw] *sf Rel.* profanazione, sacrilegio. *Fig.* violazione.

pro.fa.nar [profan'ar] *vt* profanare, offendere. *Fig.* violare.

pro.fa.no [prof'ʌnu] *sm* profano. *agg* profano; empio; mondano, terreno.

pro.fe.ci.a [profes'iə] *sf* profezia, predizione. *Lett.* vaticinio. *Fig.* oracolo.

pro.fe.rir [profer'ir] *vt* preferire. ≃ **uma sentença** proferire una sentenza.

pro.fes.sar [profes'ar] *vt* professare, esercitare. *vi Rel.* professare, far voti.

pro.fes.sor [profes'or] *sm* professore, insegnante, docente. ≃ **de bailado** ballerino. ≃ **de música** musicista. ≃ **particular** ripetitore. ≃ **primário** maestro. ≃ **a** *sf* professoressa.

pro.fes.so.ri.nha [profesor'iñə] *sf dim* maestrina.

pro.fe.ta [prof'etə] *sm* profeta. *Lett.* e *Poet.* vate, veggente.

pro.fé.ti.co [prof'etiku] *agg* profetico.

pro.fe.ti.sa [profet'izə] *sf* profetessa.

pro.fe.ti.zar [profetiz'ar] *vt* profetizzare, augurare, presagire. *Lett.* vaticinare. *vi* profetizzare.

pro.fí.cuo [prof'ikwu] *agg* proficuo, produttivo, fruttuoso.

pro.fi.la.xi.a [profilaks'iə] *sf Med.* profilassi.

pro.fis.são [profis'ãw] *sf* professione; mestiere; carriera. *Fig.* arte. ≃ **de fé** *Rel.* e *Pol.* professione di fede.

pro.fis.sio.nal [profisjon'aw] *s* professionista. **mau** ≃ ciabattone.

pro.fun.da.men.te [profũdam'ẽti] *avv* profondamente, altamente.

pro.fun.de.za [profũd'ezə] *sf* profondità.

pro.fun.di.da.de [profũdid'adi] *sf* profondità, profondo, fondo.

pro.fun.do [prof'ũdu] *agg* profondo; fondo; cavernoso; grave. *Fig.* intenso; alto (lago, silenzio, sonno); aperto (mare); basso (suono).

pro.ge.ni.tor [proʒenit'or] *sm* progenitore. **os** ≃ **es** i progenitori, l'ascendenza.

prog.nos.ti.car [prognostik'ar] *vt* pronosticare, preannunciare.

prog.nós.ti.co [progn'ɔstiku] *sm* pronostico; congettura; previsione.

pro.gra.ma [progr'ʌmə] *sm an Teat.* e *Inform.* programma. *Fig.* calendario.

pro.gre.dir [progred'ir] *vi* progredire; prosperare; avanzare; svilupparsi, maturare. **não** ≃ *Fam.* andare come i gamberi.

pro.gres.são [progres'ãw] *sf* progressione. ≃ **aritmética** progressione aritmetica. ≃ **geométrica** progressione geometrica.

pro.gres.si.vo [progres'ivu] *agg* progressivo.

pro.gres.so [progr'esu] *sm* progresso; svolgimento, avanzamento. *Fig.* carriera, profitto. **fazer** ≃ **em** fare progresso in.

pro.i.bi.ção [proibis'ãw] *sf* proibizione; divieto, veto; interdizione.

pro.i.bi.do [proib'idu] *part+agg* proibito, vietato. *Fig.* chiuso. **entrada** ≃ **a** divieto di ingresso. ≃ **colar cartazes** divieto di affissione. ≃ **dar gorjetas** vietate le mance. ≃ **falar com o motorista** vietato parlare al manovratore. ≃ **fumar** vietato fumare. ≃ **jogar lixo** vietato gettare rifiuti. ≃ **pisar na grama** vietato camminare sull'erba.

pro.i.bir [proib'ir] *vt* proibire; vietare; censurare; interdire, inibire.

pro.i.bi.ti.vo [proibit'ivu] *agg* proibitivo.

pro.je.ção [proʒes'ãw] *sf* proiezione. ≃ **cartográfica** *Geogr.* proiezione cartografica. ≃ **cinematográfica** visione cinematografica.

pro.je.tar [proʒet'ar] *vt* progettare; proiettare; tracciare. *Fig.* concepire, disegnare, delineare. ≃ **um filme** proiettare un film.

pro.jé.til [proʒ'etiw] *sm* proiettile.

pro.je.to [proʒ'etu] *sm* progetto; piano, disegno; prospetto, programma; schema, bozza.

pro.je.tor [proʒet'or] *sm* proiettore.

pro.le [pr'ɔli] *sf Lett.* prole. *Fig.* seme.

pro.le.ta.ri.a.do [proletari'adu] *sm* proletariato. *Fig.* plebe.

pro.le.tá.rio [prolet'arju] *sm* proletario.

pro.li.fe.rar [prolifer'ar] *vi* proliferare. *Fig.* diffondersi, allignare.

pro.li.xi.da.de [proliksid'adi] *sf* prolissità.

pro.li.xo [prol'iksu] *agg* prolisso. *Fig.* retorico, barocco.

pró.lo.go [pr'ɔlogu] *sm Lett.* prologo.

pro.lon.ga.do [prolõg'adu] *part+agg* prolungato, continuo, duraturo.

pro.lon.ga.men.to [prolõgam'ẽtu] *sm* prolungamento, allungamento.

pro.lon.gar [prolõg'ar] *vt* prolungare; allargare, allungare; differire. *vpr* stendersi; continuare, trascinarsi; dilungarsi (discorso).

pro.mes.sa [prom'ɛsə] *sf* promessa. *Fig.* parola. ≃ **vã** *Fig.* promessa di marinaio.

pro.me.ter [promet'er] *vt* promettere; impegnare. *Fig.* promettere, essere promettente. ≃ **a si mesmo** promettersi. ≃ **mundos e fundos** promettere mari e monti. *Fam.* promettere Roma e toma.

pro.mis.sor [promis'or] *agg* promettente. **futuro** ≃ futuro promettente, brillante.

pro.mo.ção [promos'ãw] *sf* promozione. ≃ **de cargo** graduazione.

pro.mon.tó.rio [promõt'ɔrju] *sm Geogr.* promontorio.

pro.mo.tor [promot'or] *sm* promotore.

pro.mo.ver [promov'er] *vt* promuovere, fomentare. *Comm.* patrocinare. *Fig.* coltivare.

pro.mul.gar [promuwg'ar] *vt Giur.* promulgare, emanare.

pro.no.me [pron'omi] *sm Gramm.* pronome.

pron.ti.dão [prõtid'ãw] *sf* prontezza, prestezza, lestezza.

pron.to [pr'õtu] *agg* pronto; atto. ≃ **para o que der e vier** pronto a ogni sbaraglio.

pron.tu.á.rio [prõtu'arju] *sm* prontuario.

pro.nún.cia [pron'ũsjə] *sf* pronuncia; parlata.

pro.nun.ci.ar [pronũsi'ar] *vt* pronunciare, articolare, parlare. *vpr* pronunciarsi. ≃ **bem as palavras** *Lett.* scandire. ≃ **mal** *Fig.* masticar le parole.

pro.pa.ga.ção [propagas'ãw] *sf* diffusione, conduzione, circolazione.

pro.pa.gan.da [propag'ãdə] *sf* propaganda, annuncio, pubblicità, richiamo. **fazer** ≃ fare pubblicità.

pro.pa.gar [propag'ar] *vt* propagare, diffondere, allargare. *vpr* propagarsi, allargarsi.

pro.pa.lar [propal'ar] *vt* propalare.

pro.pen.são [propẽs'ãw] *sf* tendenza; istinto; debolezza. *Fig.* inclinazione.

pro.pi.ci.ar [propisi'ar] *vt* propiziare.

pro.pí.cio [prop'isju] *agg* propizio, favorevole, prospero.

pro.pi.na [prop'inə] *sf* propina, benandata.

pró.po.lis [pr'ɔpolis] *sf* propoli.

pro.por [prop'or] *vt* proporre, consigliare, designare. *Fig.* mettere sul tappeto. *vpr* proporsi, offrirsi. ≃**-se a** proporsi a, prefiggersi a.

pro.por.ção [propors'ãw] *sf Mat.* proporzione, rapporto.

pro.por.cio.nal [proporsjon'aw] *agg* proporzionale; rispondente; contenuto.

pro.por.cio.nal.men.te [proporsjonawm'ẽti] *avv* proporzionalmente, in proporzione.

pro.por.cio.nar [proporsjon'ar] *vt* proporzionare, render proporzionale.

pro.po.si.tal [propozit'aw] *agg* fatto apposta, intenzionale.

pro.po.si.tal.men.te [propozitawm'ẽti] *avv* appositamente.

pro.pó.si.to [prop'ɔzitu] *sm* proposito, scopo, finalità. *Fig.* oggetto. **a** ≃ a proposito. **a** ≃ **de** *prep* circa. **de** ≃ appositamente, apposta.

pro.pos.ta [prop'ɔstə] *sf* proposta, approccio. *Fig.* mozione.

pro.pri.a.men.te [prɔprjam'ẽti] *avv* proprio.

pro.pri.e.da.de [propried'adi] *sf* proprietà; congruenza; tenuta, terreno; possesso, dominio. ≃**s beni.** ≃ **rural** *Fig.* campagna.

pro.pri.e.tá.rio [propriet'arju] *sm* proprietario; padrone di casa; locatore, albergatore. *agg* proprietario.

pró.prio [pr'ɔprju] *agg* proprio. *pron* (seguito dall'*art det*) proprio.

pro.pul.são [propuws'ãw] *sf Fís.* propulsione. ≃ **a jato** propulsione a razzo.

pro ra.ta [proʔ'atə] *avv Comm.* per rata, pro rata.

pror.ro.ga.ção [prorogas'ãw] *sf* prorogazione, proroga, differimento, rimando, rinvio.

pror.ro.gar [proʔog'ar] *vt* prorogare, differire, rimandare, protrarre. *Fig.* prolungare.

pro.sa [pr'ɔzə] *sf Lett.* prosa.

pro.sai.co [proz'ajku] *agg* prosaico. *Fig.* banale, triviale.

pros.cê.nio [pros'enju] *sm Teat.* proscenio.

pros.cre.ver [proskrev'er] *vt* proscrivere.

pros.cri.to [proskr'itu] *sm, part+agg* proscritto, fuoruscito.

pro.se.ar [proze'ar] *vi* confabulare.

pro.só.dia [proz'ɔdjə] *sf Gramm.* prosodia.

pros.pec.to [prosp'ektu] *sm* prospetto; piano, progetto.

pros.pe.rar [prosper'ar] *vi* prosperare, venire su. *Fig.* risorgere.

prós.pe.ro [pr'ɔsperu] *agg* prospero, benestante, fausto, felice. *Fig.* florido.

pros.se.gui.men.to [prosegim'ẽtu] *sm* proseguimento.

pros.se.guir [proseg'ir] *vt* proseguire, continuare, seguire. *vi* proseguire, procedere.

prós.ta.ta [pr'ɔstatə] *sf Anat.* prostata.

pros.tí.bu.lo [prost'ibulu] *sm* postribolo, lupanare, casa di piacere.

pros.ti.tu.ir [prostitu'ir] *vt* prostituire. *vpr* prostituirsi.

pros.ti.tu.ta [prostit'uta] *sf* prostituta, baldracca, bagascia, sgualdrina. *Volg.* puttana, troia.

pros.tra.ção [prostras'ãw] *sf Med.* prostrazione, abbattimento, gravezza.

pros.trar [prostr'ar] *vt* prostrare, sfiancare. *vpr* prostrarsi.

pro.ta.go.nis.ta [protagon'ista] *s* protagonista. *Fig.* eroe, eroina.

pro.te.ção [protes'ãw] *sf* protezione; riparo, difesa; favore. *Fam.* sponda. *Fig.* scudo, egida; tutela. **com a** ≃ **de** *Fig.* sotto le ali di.

pro.te.ger [prote ʒ'er] *vt* proteggere; difendere; riparare; tutelare; favorire; custodire, guardare. *Fig.* portare in palmo di mano. *vpr* difendersi; ripararsi; tutelarsi.

pro.te.gi.do [prote ʒ'idu] *sm, part+agg* favorito. *Fig.* pupillo.

pro.te.í.na [prote'ina] *sf* proteina.

pro.te.la.ção [protelas'ãw] *sf* indugio, differimento.

pro.te.lar [protel'ar] *vt* indugiare, differire.

pró.te.se [pr'ɔtezi] *sf Med.* protesi. ≃ **dentária** protesi dentaria.

pro.tes.tan.te [protest'ãti] *s+agg Rel.* protestante.

pro.tes.tan.tis.mo [protestãt'izmu] *sm Rel.* protestantesimo.

pro.tes.tar [protest'ar] *vt* protestare. *vi* reclamare, brontolare, strillare; ribellarsi. ≃ **uma nota** *Comm.* protestare una cambiale.

pro.tes.to [prot'estu] *sm* protesta, reclamo, strillo. *Giur.* protesto.

pro.te.tor [protet'or] *sm* protettore; tutore. *Fig.* avvocato. *agg* tutelare.

pro.te.to.ra.do [protetor'adu] *sm* protettorato.

pro.to.co.lo [protok'ɔlu] *sm* protocollo. *Fig.* etichetta, prammatica.

pro.tó.ti.po [prot'ɔtipu] *sm* prototipo.

pro.to.zo.á.rios [protozo'arjus] *sm pl Zool.* protozoi.

pro.tu.be.rân.cia [protuber'ãsjə] *sf* protuberanza, sporgenza, gobba.

pro.va [pr'ɔvə] *sf* prova; compito, esame; esperimento; concorso. *Giur.* prova, reperto. *Mat.* prova, riprova. *Fig.* cimento; testimonianza. **a** ≃ **dos nove** *Mat.* la prova del nove. **à** ≃ **d'água** *agg* stagno. **a toda** ≃ a tutta prova. **fazer** ≃ dare l'esame; prendere l'esame. **pôr à** ≃ mettere alla prova, cimentare. ≃ **de roupa** indossata. ≃ **final** bella copia. ≃ **tipográfica** bozza.

pro.va.ção [provas'ãw] *sf* sofferenza, patimento. *Fig.* calvario.

pro.va.dor [provad'or] *sm* spogliatoio.

pro.var [prov'ar] *vt* provare; certificare; assaggiare, degustare, tastare un alimento; dare un'indossata. *Fig.* mostrare.

pro.vá.vel [prov'avew] *agg* probabile, provabile, plausibile. **é bem** ≃ **que** forse forse.

pro.vei.to [prov'ejtu] *sm* profitto, guadagno, tornaconto, sfruttamento. giovamento.

pro.vei.to.so [provejt'ozu] *agg* profittevole, vantaggioso, giovevole. *Fig.* fruttuoso.

pro.ven.çal [provẽs'aw] *s+agg* provenzale. **literatura** ≃ letteratura occitanica.

pro.ve.ni.ên.cia [proveni'ẽsjə] *sf* provenienza.

pro.ven.to [prov'ẽtu] *sm Comm.* provento, cespite, introito.

pro.ver [prov'er] *vt* provvedere, fornire, sopperire, approvvigionare. *vpr* munirsi di.

pro.vér.bio [prov'erbju] *sm* proverbio, adagio. *Fig.* sentenza.

pro.vi.dên.cia [provid'ẽsjə] *sf* provvidenza; provvedimento, misura. **a Divina P** ≃ *Rel.* la Divina Provvidenza.

pro.vi.den.ci.al [providẽsi'aw] *agg* provvidenziale. *Fig.* benedetto.

pro.vi.den.ci.ar [providẽsi'ar] *vt* provvedere.

pro.vín.cia [prov'ĩsjə] *sf* provincia.

pro.vin.ci.al [provĩsi'aw] *agg* provinciale.

pro.vin.ci.a.no [provĩsi'ʌnu] *sm+agg* cafone. *Fig.* provinciale.

pro.vir [prov'ir] *vt* provenire da, derivare da, emanare da.

pro.vi.são [proviz'ãw] *sf* (utilizzato anche nel *pl*) provvista; provvigione, approvvigionamento; riserva; cibarie *pl*, vettovaglie *pl*. *Mil.* provvisione, munizione. *Fig.* alimenti *pl*.

pro.vi.só.rio [proviz'ɔrju] *agg* provvisorio, avventizio.

pro.vo.ca.ção [provokas'ãw] *sf* provocazione, cimento. *Fig.* impulso.

pro.vo.can.te [provok'ãti] *agg* provocante.

pro.vo.car [provok'ar] *vt* provocare; promuovere, suscitare; fomentare; tentare, attizzare; aggredire. *Lett.* impellere. *Fig.* arrecare, generare; eccitare, stuzzicare; spingere.

pro.vo.lo.ne [provol'oni] *sm* provolone.

pro.xi.mi.da.de [prosimid'adi] *sf* prossimità, vicinanza. **as** ≃ **s** i pressi, le vicinanze.

pró.xi.mo [pr'ɔsimu] *sm* il prossimo. *agg* prossimo; vicino, contiguo; futuro. *avv* vicino, presso, addosso, accosto. ≃ **a** *prep* vicino a, presso, addosso a, accosto a.

pru.dên.cia [prud'ẽsjə] sf prudenza; cautela, cauzione, sensatezza, accortezza; circospezione; saggezza.

pru.den.te [prud'ẽti] agg prudente; cauto, sensato, avveduto, assennato; circospetto, guardingo; saggio.

pru.mo [pr'umu] sm Archit. piombo, piombino, archipenzolo. a ≃ avv a piombo.

pru.ri.do [prur'idu] sm prurito, prudore, pizzicore, formicolio.

pru.ri.gi.no.so [pruriʒin'ozu] agg pruriginoso.

pseu.dô.ni.mo [psewd'onimu] sm pseudonimo, nome d'arte.

psi.ca.ná.li.se [psikan'alizi] sf psicanalisi, analisi.

psi.co.lo.gi.a [psikoloʒ'iə] sf psicologia.

psi.có.lo.go [psik'ologu] sm psicologo.

psi.co.se [psik'ɔzi] sf psicosi.

psi.co.te.ra.pi.a [psikoterap'iə] sf psicoterapia.

psi.que [ps'iki] sf Lett. psiche, anima.

psi.qui.a.tra [psiki'atrə] sm Med. psichiatra.

psí.qui.co [ps'ikiku] agg psichico.

pte.ro.dác.ti.lo [pterod'aktilu] sm Zool. pterodattilo.

pu.a [p'uə] sf menaruola, trapano.

pu.ber.da.de [puberd'adi] sf pubertà.

pú.bi.co [p'ubiku] agg pubico.

pú.bis [p'ubis] sm Anat. pube.

pu.bli.ca.ção [publikas'ãw] sf pubblicazione; gazzetta; inserimento. ≃ anual annuario.

pu.bli.car [publik'ar] vt pubblicare; emanare (leggi); inserire. Fig. imprimere.

pu.bli.ci.da.de [publisid'adi] sf pubblicità; annuncio. ≃ exagerada Fig. soffietto.

pú.bli.co [p'ubliku] sm pubblico. agg pubblico; notorio, palese; formale.

pu.di.co [pud'iku] agg pudico, modesto.

pu.dim [pud'ĩ] sm budino, bodino.

pu.dor [pud'or] sm pudore, modestia.

pu.e.ril [puer'iw] agg puerile, infantile, bambinesco.

pu.gi.lis.ta [puʒil'istə] sm Sp. pugile, pugilatore.

pu.í.do [pu'idu] part+agg ragnato.

pu.jan.ça [puʒ'ãsə] sf Lett. possa. Poet. possanza.

pu.lar [pul'ar] vt saltare. Fig. sorvolare. vi saltare, balzare. Ger. zompare. ≃ da cama balzare dal letto. ≃ por cima scavalcare.

pul.ga [p'uwgə] sf pulce. deixar com a ≃ atrás da orelha mettere una pulce nell'orecchio.

pu.li.nho [pul'iɲu] sm Pop. corsa.

pul.mão [puwm'ãw] sm Anat. polmone. ≃ artificial polmone d'acciaio. a plenos ≃ ões a piena voce.

pul.mo.nar [puwmon'ar] agg polmonale, polmonare.

pu.lo [p'ulu] sm salto, balzo, sbalzo, scatto. andar aos ≃ s camminare a balzelloni. aos ≃ s avv saltelloni, di sobbalzo.

pu.ló.ver [pul'over] sm maglione, golf.

púl.pi.to [p'uwpitu] sm Rel. pulpito, podio.

pul.sar [puws'ar] vi pulsare, battere. Fig. fervere.

pul.so [p'uwsu] sm an Fisiol. polso. com ≃ firme con polso fermo, con rigore. homem de ≃ uomo di polso, energico, rigoroso.

pu.lu.lar [pulul'ar] vi pullulare; germogliare; abbondare.

pul.ve.ri.zar [puwveriz'ar] vt polverizzare, sbriciolare.

pu.ma [p'umə] sm Zool. puma, leone d'America.

pun.ção [pũs'ãw] sm punzone.

pun.gen.te [pũʒ'ẽti] agg pungente, agro.

pun.gir [pũʒ'ir] vt pungere, frizzare. Med. incidere. Fig. offendere; stimolare.

pun.guis.ta [pũg'istə] sm tagliaborse.

pu.nha.do [puɲ'adu] sm pugno, manciata, brancata.

pu.nhal [puɲ'aw] sm pugnale, daga, stilo, stiletto.

pu.nho [p'uɲu] sm Anat. pugno; polso. ≃ da espada pomo. ≃ de manga polsino, risvolto. carta de próprio ≃ lettera di proprio pugno.

pu.ni.ção [punis'ãw] sf punizione, castigo, pena. Fig. croce; flagello; taglione.

pu.nir [pun'ir] vt punire, castigare, condannare. Fig. sistemare, sferzare.

pu.pa [p'upə] sf Biol. pupa.

pu.pi.la [pup'ilə] sf Anat. pupilla, luce. Giur. pupilla, minorenne tutelata.

pu.pi.lo [pup'ilu] sm Giur. pupillo. Ger. cocco.

pu.rê [pur'e] sm purea.

pu.re.za [pur'ezə] sf purezza; semplicità; verginità, genuinità. Fig. candore, mondezza.

pur.ga.ção [purg'asãw] sf Med. purga, catarsi.

pur.gan.te [purg'ãti] o pur.ga.ti.vo [purgat'ivu] sm Med. purgante, purga. agg purgante, purgatorio. tomar ≃ purgarsi.

pur.gar [purg'ar] vt purgare, spurgare, depurare. Med. purgare. Fig. mondare.

Pur.ga.tó.rio [purgat'ɔrju] sm Rel. Purgatorio. Fig. tormento. p≃ agg purgatorio, purgante.

pu.ri.fi.car [purifik'ar] vt purificare, astergere, spurgare, depurare. Fig. mondare, lavare. vpr purificarsi, depurare.

pu.ri.ta.no [purit'∧nu] *sm+agg Rel.* puritano. *Fig. disp* puritano.

pu.ro [p'uru] *agg* puro; genuino; casto, vergine; mero, solo; pretto, schietto; semplice. *Fig.* candido.

pu.ro-san.gue [purus'āgi] *sm+agg* puro sangue.

púr.pu.ra [p'urpurə] *sf* porpora.

pur.pú.reo [purp'urju] o **pur.pu.ri.no** [purpur'inu] *agg* purpureo.

pu.ru.len.to [purul'ẽtu] *agg Med.* purulento.

pus [p'us] *sm Med.* pus, tabe, icore.

pu.si.lâ.ni.me [puzil'∧nimi] *agg* pusillanime, codardo.

pús.tu.la [p'ustulə] *sf Med.* pustola, bubbone.

pu.ta [p'utə] *sf Volg.* puttana, troia, bagascia.

pu.ta.ti.vo [putat'ivu] *agg Lett.* putativo.

pu.tre.fa.ção [putrefas'āw] *sf* putrefazione, fracidezza.

pu.tre.fa.to [putref'atu] *part+agg* putrefatto.

pu.tre.fa.zer-se [putrefaz'ersi] *vpr* putrefarsi.

pú.tri.do [p'utridu] *agg Lett.* marcido.

pu.xa [p'uʃə] *int* caspita! (indica meraviglia, sorpresa).

pu.xão [puʃ'āw] *sm* strappo.

pu.xão-de-o.re.lhas [puʃāwdior'eλəs] *sm Fam.* tirata d'orecchi, lavata di testa, strigliata. **dar um** ≃ tirare gli orecchi.

pu.xar [puʃ'ar] *vt* tirare, trarre, trascinare.

pu.xa-sa.co [puʃas'aku] *sm Pop. disp* leccapiedi, leccazampe, tirapiedi.

Q

q [k′e] *sm* la sedicesima lettera dell'alfabeto portoghese.

qua.cre [k′wakri] *sm Rel.* quacquero.

qua.dra [k′wadrə] *sf Lett.* quartina.

qua.dra.do [kwadr′adu] *sm+agg* quadro, quadrato. *Mat.* quadrato di un numero.

qua.dra.ge.ná.rio [kwadraʒen′arju] *sm+agg* quadragenario, quarantenne.

qua.dra.gé.si.mo [kwadraʒ′ezimu] *sm+num* quarantesimo, quadragesimo.

qua.dran.gu.lar [kwadrãgul′ar] *agg* quadrangolare, quadrangolo.

qua.drân.gu.lo [kwadr′ãgulu] *sm Geom.* quadrangolo, quadrilatero.

qua.dran.te [kwadr′ãti] *sm* quadrante.

qua.dra.tu.ra [kwadrat′urə] *sf* quadratura.

qua.dre.lo [kwadr′ɛlu] *sm Poet.* quadrello, freccia.

qua.dri.cu.la.do [kwadrikul′adu] *sm* casella. *agg* a quadretti.

qua.dri.ê.nio [kwadri′enju] o **qua.tri.ê.nio** [kwatri′enju] *sm* quadriennio.

qua.dri.gê.meo [kwadriʒ′emju] *agg* quadrigemino.

qua.dril [kwadr′iw] *sm Anat.* anca, fianco.

qua.dri.lá.te.ro [kwadril′ateru] *sm Geom.* quadrilatero, quadrangolo. *agg* quadrilatero.

qua.dri.lha [kwadr′iʎə] *sf* masnada, banda, combriccola. *Mus.* quadriglia.

qua.dri.mes.tral [kwadrimestr′aw] *agg* quadrimestre.

qua.dri.mes.tre [kwadrim′ɛstri] *sm* quadrimestre.

qua.dri.mo.tor [kwadrimot′or] *sm Aer.* quadrimotore.

qua.drin.gen.té.si.mo [kwadrĩʒent′ɛzimu] *sm+num* quattrocentesimo.

qua.dri.nô.mio [kwadrin′omju] *sm Mat.* quadrinomio.

qua.dri.par.ti.do [kwadripart′idu] o **qua.dri.par.ti.to** [kwadripart′itu] *agg* quadripartito.

qua.drir.re.me [kwadriř′emi] *sf Naut.* quadrireme.

qua.dris.si.lá.bi.co [kwadrisil′abiku] *agg* quadrisillabo.

qua.dris.sí.la.bo [kwadris′ilabu] *sm+agg Gramm.* quadrisillabo.

qua.drí.vio [kwadr′ivju] *sm St.* quadrivio.

qua.dro [k′wadru] *sm* quadro; tabella, tavola; sintesi; veduta. *Pitt.* quadro, tela. *Teat.* numero, scena, tempo. *Fig.* paradigma; spettacolo. ≃ **de avisos** albo.

qua.dru.pe.de [kwadr′upedi] *sm+agg* quadrupede.

qua.dru.pli.car [kwadruplik′ar] *vt* quadruplicare.

quá.dru.plo [k′wadruplu] *sm+num* quadruplo, quadruplice.

qual [k′waw] *pron* quale; cotale. **o** ≃, **a** ≃ il quale, la quale; cui, che. **os quais, as quais** i quali, le quali; cui, che. **ao** ≃, **do** ≃, etc. cui. ≃ **era o seu livro?** qual era il tuo libro?

qua.li.da.de [kwalid′adi] *sf* qualità; condizione.

qua.li.fi.ca.ção [kwalifikas′ãw] *sf* qualificazione, qualifica; attributo.

qua.li.fi.ca.do [kwalifik′adu] *part+agg* qualificato.

qua.li.fi.car [kwalifik′ar] *vt* qualificare, caratterizzare.

qua.li.ta.ti.vo [kwalitat′ivu] *agg* qualitativo.

qual.quer [kwawk′er] *agg+pron* (*pl* **quaisqer**) qualsiasi, qualsisia, qualunque, qualsivoglia. ≃ **coisa** checchessia. ≃ **um**, ≃ **pessoa** *pron* chicchessia, chiunque. **um trabalho** ≃ un lavoro purchessia.

quan.do [k′wãdu] *avv* quando, qualora. *cong* quando, allorché, allorquando, dove. **de** ≃ **em** ≃ o **de vez em** ≃ di quando in quando, di tanto in tanto, ogni tanto. ≃ **muito** al più alto.

quan.ti.a [kwãt′iə] *sf Comm.* somma. **uma pequena** ≃ *Fig.* un grano.

quân.ti.co [k′wãtiku] *agg Fis.* dei quanti. **teoria** ≃**a** teoria dei quanti.

quan.ti.da.de [kwãtid′adi] *sf* quantità, quanto; volume. **em grande** ≃ *avv* in quantità, a bizzeffe, a torrente. **em pequena** ≃ *avv* poco.

grande ≃ molto. *Fig.* mare; montagna; sacco; subisso. **pequena** ≃ poco. *Fig.* pelo. **uma** ≃ **indeterminada** un tanto.

quan.ti.ta.ti.vo [kwãtitat'ivu] *agg* quantitativo.

quan.to [k'wãtu] *sm* quanto. *agg+avv* quanto. ≃**os**, ≃**a**, ≃**as** quanti, quanta, quante. **o** ≃ **antes** quanto prima. ≃ **a mim** per parte mia. ≃ **mais ...**, **tanto mais quanto più ...**, tanto più. **tanto** ≃ tanto quanto. ≃ **custa?** quanto costa?

quan.tum [k'wãtũ] *sm Fis.* quanto.

qua.ren.ta [kwar'ẽta] *sm+num* quaranta. ≃ **avos** quarantesimo, quadragesimo. **uns** ≃, **umas** ≃ una quarantina.

qua.ren.te.na [kwarẽt'enə] *sf* quarantena.

quar.ta [k'wartə] *sf Mus.* quarta. *Pop.* mercoledì. *Autom.* quarta, quarta velocità.

quar.ta-fei.ra [kwartaf'ejrə] *sf* mercoledì. ≃ **de cinzas** le Ceneri, Mercoledì delle Ceneri. **às** ≃**s** di mercoledì.

quar.tei.rão [kwartejr'ãw] *sm* isolato.

quar.tel [kwart'ɛw] *sm Mil.* quartiere.

quar.tel-ge.ne.ral [kwartewʒener'aw] *sm Mil.* (*pl* **quartéis-generais**) quartiere generale.

quar.te.to [kwart'etu] *sm an Mus.* quartetto. *Lett.* quartina.

quar.to [k'wartu] *sm* camera, stanza, camera da letto; ambiente, locale. ≃ **de casal** camera a due letti. ≃ **de solteiro** camera a un letto. *sm+num* quarto. ≃**a dimensão** quarta dimensione. ≃ **crescente** luna crescente o primo quarto. ≃ **minguante** luna calante o ultimo quarto.

quart.zo [k'wartzu] *sm Min.* quarzo.

qua.se [k'wazi] *avv* quasi; circa, incirca; per poco. **estar** ≃ *Pop.* essere in via di.

qua.ter.ná.rio [kwatern'arju] *agg* quaternario, quaderniano.

qua.tor.ze [kwat'orzi] o **ca.tor.ze** [kat'orzi] *sm+num* quattordici. **de** ≃ **anos (de idade)** quattordicenne. ≃ **avos** quattordicesimo, decimoquarto.

qua.tri.lhão [kwatriʎ'ãw] *sm+num* quadrilione.

qua.tro [k'watru] *sm+num* quattro. ≃ **mil** quattromila. **de** ≃ **anos (de idade)** quattrenne.

qua.tro.cen.tis.ta [kwatrosẽt'istə] *s* quattrocentista.

qua.tro.cen.tos [kwatros'ẽtus] *sm+num* quattrocento.

qua.tro-o.lhos [kwatru'ɔʎus] *sm Pop.* quattrocchi.

que [k'i] *pron* che, quale. **o** ≃, **tudo o** ≃ ciò. **o** ≃ **quer** ≃ checchessia. **o** ≃ **você quer?** cosa vuole? **o** ≃? che cosa? ≃ **casa você comprou?** qual casa hai comprato? *cong* che.

quê [k'e] I *sm* cu, il nome della lettera Q; qualcosa, qualche cosa. *Fig.* difficoltà, ostacolo.

quê [k'e] II *int* che! **o** ≃! che! ≃! **não é possível!** che! non è possibile!

que.bra [k'ɛbrə] *sf* rompimento, rottura, fracassamento, rotto, rotta.

que.bra-ca.be.ça [kɛbrakab'esə] *sm* rompicapo.

que.bra.do [kebr'adu] *part+agg* rotto, dirotto, cionco.

que.bra-ge.los [kɛbraʒ'elus] *sm* rompighiaccio. **navio** ≃ nave rompighiaccio.

que.bra-luz [kɛbral'us] *sm* paralume.

que.bra-mar [kɛbram'ar] *sm Naut.* molo, frangionda.

que.bra-no.zes [kɛbran'ɔzis] *sm* schiaccianoci.

que.bran.to [kebr'ãtu] *sm* iettatura.

que.bra-pau [kɛbrap'aw] *sm Pop.* baruffa.

que.brar [kebr'ar] *vt* rompere, infrangere, spezzare; fratturare. *vi Comm.* fallire. *vpr* rompersi, infrangersi, spezzarsi; cedere, recidersi. ≃ **a cara** battersi la fronte.

que.da [k'ɛdə] *sf* caduta; capitombolo, ruzzolone, tombola, tonfo. *Fig.* capitombolo, tracollo, rovina. ≃ **dos preços** crollo dei prezzi.

que.da-d'á.gua [kɛdad'agwə] *sf* cateratta.

quei.jo [k'ejʒu] *sm* formaggio, cacio. ≃ **de ovelha** pecorino.

quei.ma [k'ejmə] *sf* combustione.

quei.ma.ção [kejmas'ãw] *sf* bruciore, cociore.

quei.ma.da [kejm'adə] *sf* debbio. **fazer** ≃ debbiare.

quei.ma.do [kejm'adu] *part+agg* bruciato, adusto, arso. ≃ **de sol** cotto dal sole.

quei.ma.du.ra [kejmad'urə] *sf* bruciatura, scottatura, cociore. *Med.* ustione. **marca de** ≃ cottura. ≃ **de primeiro grau** scottatura di primo grado.

quei.mar [kejm'ar] *vt* bruciare, scottare, adustare; abbronzare; cremare, carbonizzare, incenerire. *Med.* ustionare. *Fig.* bere, consumare (combustibile). *vi* ardere, scottare; mordicare. *vpr* bruciare, scottarsi; abbronzarsi.

quei.ma-rou.pa [kejmaȓ'owpə] *sf* solo nell'espressione **à** ≃ a bruciapelo.

quei.xa [k'ejʃə] *sf* lagnanza, lagno, dogliaranza; querela, reclamo, denuncia. *Fig.* mormorio. **dar** ≃ fare una denuncia. **prestar** ≃ *Giur.* querelare.

quei.xa.da [kejʃ'adə] *sf* ganascia.
quei.xar-se [kejʃ'arsi] *vpr* querelarsi; lagnarsi, lamentarsi, dolersi. *Fig.* gagnolare.
quei.xo [k'ejʃu] *sm Anat.* mento. ≃ **duplo** pappagorgia.
quei.xo.so [kejʃ'ozu] *sm+agg Giur.* querelante. *agg Lett.* doglioso, querulo.
quem [k'ẽj] *pron* chi. =? chi? ≃ **dera que não viesse hoje!** così non venisse oggi! ≃ **quer que,** ≃ **quer que seja** *pron* chicchessia.
quen.te [k'ẽti] *agg* caldo. *Fig.* roco, sensuale.
que.pe [k'ɛpi] *sm Mil.* chepì.
quer [k'er] *cong* sia.
que.re.la [ker'elə] *sf Giur.* querela.
que.re.la.do [kerel'adu] *part+agg Giur.* querelato.
que.re.lan.te [kerel'ãti] *s+agg Giur.* querelante.
que.re.lar [kerel'ar] *vt Giur.* querelare. *vi Giur.* querelarsi.
que.re.na [ker'enə] *sf Naut.* carena.
que.rer [ker'er] *sm* volere, voglia. *vt* volere, desiderare; esigere. *vi* volere; intendere. ≃ **bem a** voler bene. *an Fig.* amare. ≃ **dizer** voler dire. *Fig.* suonare. ≃ **mal** voler male, malvolere. **como eu quero** a mio volere. **quer queira quer não** a torto o a ragione. **quem quer, faz** chi fa da sé, fa per tre. **quem tudo quer, tudo perde** chi troppo vuole, niente ha.
que.ri.da [ker'idə] *sf* cara. *Fam.* bella.
que.ri.di.nha [kerid'iɲə] *sf dim Fig.* pupilla.
que.ri.di.nho [kerid'iɲu] *sm dim Fam.* cucco. *Ger.* cocco. *Fig.* pupillo.
que.ri.do [ker'idu] *sm* diletto. *Fam.* bello, gioia. *Fig.* tesoro, gemma. **meu** ≃ *Fam.* nina. *agg* caro, diletto, benamato, benaccetto.
quer.mes [k'ermis] *sm* chermes.
que.ru.bim [kerub'ĩ] *sm Rel.* cherubino.
que.si.to [kez'itu] *sm* quesito.
ques.tão [kest'ãw] *sf* questione, problema, quesito.
ques.tio.nar [kestjon'ar] *vt* contendere. *vi* questionare, altercare.
ques.tio.ná.rio [kestjon'arju] *sm* questionario.
ques.tor [kest'or] *sm St.* questore.
ques.tu.ra [kest'urə] *sf St.* questura.
qui.çá [kis'a] *avv* forse.
qui.es.cen.te [kies'ẽti] *agg Lett.* quiescente.
qui.e.ti.nho [kiet'iɲu] *avv Pop.* quatto quatto.
qui.e.to [ki'etu] *agg* quieto, cheto, tranquillo; zitto. *Lett.* queto.
qui.la.te [kil'ati] *sm* carato.
qui.lha [k'iʎə] *sf Naut.* chiglia, carena.
qui.lo [k'ilu] o qui.lo.gra.ma [kilogr'ʌmə] *sm* chilogramma, chilo.

qui.lo.li.tro [kilol'itru] *sm* chilolitro.
qui.lô.me.tro [kil'ometru] *sm* chilometro.
qui.me.ra [kim'erə] *sf* chimera, illusione.
qui.mé.ri.co [kim'eriku] *agg* chimerico, fantastico.
quí.mi.ca [k'imikə] *sf* chimica.
quí.mi.co [k'imiku] *sm+agg* chimico.
qui.mo.no [kim'onu] *sm* chimono, kimono.
qui.na [k'inə] *sf* angolo, cantone della tavola; cinquina.
qüin.dê.nio [kwĩd'enju] *sm* quindicennio.
qüin.gen.té.si.mo [kwĩʒẽt'ezimu] *sm+num* cinquecentesimo.
qui.nhen.tos [kiɲ'ẽtus] *sm+num* cinquecento. **são outros** ≃ è un altro paio di maniche.
qui.ni.no [kin'inu] *sm* chinino.
qüin.qua.ge.ná.rio [kwĩkwaʒen'arju] *sm+agg* quinquagenario, cinquantenne.
quin.qua.gé.si.mo [kwĩkwaʒ'ezimu] *sm+num* cinquantesimo, quinquagesimo.
qüin.qüe.nal [kwĩkwen'aw] *agg Lett.* quinquennale.
qüin.qüê.nio [kwĩk'wenju] *sm* quinquennio.
quin.qui.lha.ri.a [kĩkiʎar'iə] *sf* chincaglieria, bazzecola, chincaglie *pl. Pop.* minutaglia, minuteria, banalità.
quin.ta [k'ĩtə] *sf Mus.* quinta. *Pop.* giovedì. *Port.* villa.
quin.ta-fei.ra [kĩtaf'ejrə] *sf (pl* quintas-feiras) giovedì.
quin.tal [kĩt'aw] *sm* cortile; quintale, cento chilogrammi.
quin.tes.sên.cia [kĩtes'ẽsjə] *sf Chim.* quintessenza.
quin.te.to [kĩt'etu] *sm an Mus.* quintetto.
quin.to [k'ĩtu] *sm+num* quinto.
quin.tu.pli.car [kĩtuplik'ar] *vt* quintuplicare.
quín.tu.plo [k'ĩtuplu] *sm+num* quintuplo, quintuplice.
quin.ze [k'ĩzi] *sm+num* quindici. **de** ≃ **anos (de idade)** quindicenne. ≃ **avos** quindicesimo, decimoquinto.
quin.ze.na [kĩz'enə] *sf* quindicina.
quin.ze.nal [kĩzen'aw] *agg* quindicinale.
qui.os.que [ki'ɔski] *sm* chiosco, casotto, padiglione.
qui.ro.man.ci.a [kiromãs'iə] *sf* chiromanzia.
qui.ro.man.te [kirom'ãti] *s* chiromante.
quis.to [k'istu] *sm Med.* ciste, cisti.
qui.ta.ção [kitas'ãw] *sf Comm.* quietanza, quitanza, ricevuta.
qui.tar [kit'ar] *vt Comm.* quietanzare, quitanzare.

qui.te [k′iti] *agg* pari, pari e patta. **estar** ≃ **com** essere pari con, non aver debiti o crediti con.

qui.tu.te [kit′uti] *sm* manicaretto, pietanza. *Fig.* intingolo.

qui.vi [kiv′i] *sm Zool.* chivì, kiwi, uccello australiano.

quo.ci.en.te [kwosi′ẽti] *sm Mat.* quoziente, quoto. ≃ **eleitoral** quoziente elettorale.

quo.rum [k′wɔrũ] *sm Pol.* quoziente, quoto.

quo.ta [kw′ɔtə] o **co.ta** [k′ɔtə] *sf* quota, contributo. *Comm.* aliquota, rata, riparto. ≃ **de amortização** quota di ammortamento.

quo.ti.di.a.na.men.te [kwotidianam′ẽti] o **co.ti.di.a.na.men.te** [kotidianam′ẽti] *avv* quotidianamente, tutti i giorni.

quo.ti.di.a.no [kwotidi′ʌnu] o **co.ti.di.a.no** [kotidi′ʌnu] *agg* quotidiano.

R

r [ˈɛ̃ɾi] *sm* la diciassettesima lettera dell'alfabeto portoghese.

rã [ˈɾ̃ã] *sf Zool.* rana, ranocchia, ranocchio.

ra.ba.ne.te [ɾ̃abanˈeti] *sm* ravanello.

rá.ba.no [ˈɾ̃abanu] *sm Bot.* rafano, ramolaccio.

ra.be.ca [ɾ̃abˈɛka] *sf Mus.* violino.

ra.be.cão [ɾ̃abekˈãw] *sm Mus.* violone.

ra.bi [ɾ̃abˈi] *sm Rel.* rabbi.

ra.bi.cho [ɾ̃abˈiʃu] o **ra.bi.nho** [ɾ̃abˈiɲu] *sm dim* codino.

ra.bi.no [ɾ̃abˈinu] *sm Rel.* rabbino.

ra.bis.car [ɾ̃abiskˈar] *vt* scarabocchiare, sgorbiare. *Fam.* imbrattare.

ra.bis.co [ɾ̃abˈisku] *sm* scarabocchio, sgorbio, ghirigoro. *Fig. disp* arabesco, rabesco.

ra.bo [ɾ̃abu] *sm* coda. *Fig. Volg.* culo. ≃ **do cavalo** crine.

ra.bu.gen.to [ɾ̃abuʒˈẽtu] *agg* stizzoso.

ra.ça [ɾ̃asə] *sf* razza; generazione, stirpe. *Fig.* stipite. **de** ≃ **(animal)** *agg* reale.

ra.ção [ɾ̃asˈãw] *sf* razione.

ra.cha.do [ɾ̃aʃˈadu] *part + agg* spaccato, crepato, fesso.

ra.cha.du.ra [ɾ̃aʃadˈurə] *sf* spaccatura; fenditura, fessura; crepa, spiraglio.

ra.char [ɾ̃aʃˈar] *vt* spaccare, fendere; crepare, incrinare. *vi + vpr* fendersi; incrinarsi. ≃ **de rir** *Fig.* sbellicarsi dalle risa.

ra.ci.al [ɾ̃asiˈaw] *agg* razziale.

ra.cio.ci.nar [ɾ̃asjosinˈar] *vi* raziocinare, ragionare.

ra.cio.cí.nio [ɾ̃asjosˈinju] *sm* raziocinio, ragionamento, logica, ragione.

ra.cio.nal [ɾ̃asjonˈaw] *agg* razionale; ragionevole; logico; funzionale.

ra.cio.na.li.da.de [ɾ̃asjonalidˈadʒi] *sf* razionalità.

ra.cis.mo [ɾ̃asˈizmu] *sm* razzismo.

ra.dar [ɾ̃adˈar] *sm Mil.* radar.

ra.di.a.ção [ɾ̃adiasˈãw] *sf Fis.* radiazione, irradiazione. ≃ **cósmica** *Fis.* radiazione cosmica.

ra.di.a.dor [ɾ̃adiadˈor] *sm* radiatore.

ra.di.an.te [ɾ̃adiˈãti] *agg* radiante; giulivo; brillante.

ra.di.ar [ɾ̃adiˈar] *vi* radiare, raggiare.

ra.di.cal [ɾ̃adikˈaw] *sm Chim., Mat., Gramm.* e *Pol.* radicale. *agg* radicale.

ra.di.car-se [ɾ̃adikˈarsi] *vpr* radicarsi.

rá.dio [ɾ̃adju] *sm* radio, apparecchio radio. *Anat.* e *Chim.* radio. ≃ **receptor** radio ricevente. ≃ **transmissor** radio trasmittente. ≃ **transmissor e receptor portátil** ricetrasmittente, walkie-talkie.

ra.dio.a.ma.dor [ɾ̃adjoamadˈor] *sm* radioamatore.

ra.dio.a.ti.vi.da.de [ɾ̃adjoativdˈadʒi] *sf Fis.* radioattività, radiazione.

ra.dio.a.ti.vo [ɾ̃adjoatˈivu] *agg Fis.* radioattivo.

ra.dio.gra.fi.a [ɾ̃adjografˈiə] *sf Med.* radiografia.

ra.dio.gra.ma [ɾ̃adjogrˈʌmə] *sm* radiogramma.

ra.dios.co.pi.a [ɾ̃adjoskopˈiə] *sf Med.* radioscopia.

ra.dio.te.ra.pi.a [ɾ̃adjoterapˈiə] *sf Med.* radioterapia.

rá.fia [ɾ̃afjə] *sf Bot.* rafia.

rai.a [ɾ̃ajə] *sf Zool.* raia, razza.

ra.i.nha [ɾ̃aˈiɲə] *sf* regina; donna (negli scacchi).

rai.o [ɾ̃aju] *sm* fulmine, lampo. *Geom.* e *Fis.* raggio. *Poet.* folgore. *Lett.* saetta. *Fig.* folgore, azione improvvisa; fulmine, cosa o persona velocissima. **o** ≃ **que te parta!** che tu assaetti! ≃ **de ação** campo. ≃ **X** raggio X. **ser fulminado por um** ≃ assaettare.

rai.va [ɾ̃ajvə] *sf* rabbia; collera, ira; stizza, dispetto, sdegno. *Med.* rabbia, idrofobia. *Fig.* bile, muffa, fuoco.

rai.vo.so [ɾ̃ajvˈozu] *agg* infuriato. *Med.* rabbioso, arrabbiato (animale). *Fig.* bilioso.

ra.iz [ɾ̃aˈis] *sf Anat., Bot.* e *Gramm.* radice. ≃ **quadrada** radice quadrata. **criar** ≃ **s** attecchire. *an Fig.* radicarsi, abbarbicarsi.

ra.já [ɾ̃aʒˈa] *sm* raiá.

ra.ja.da [ɾ̃aʒˈadə] *sf* raffica. ≃ **de vento** sbuffo, buffa.

ra.lar [ɾ̃alˈar] *vt* grattare.

ra.lé [ɾ̃alˈɛ] *sf disp* gentaglia, popolaccio, plebaglia. *Ger.* teppa. *Pop.* masnada, minutaglia. *Fig. disp* feccia, schiuma, progenie.

ra.lhar [řaʎ´ar] *vt + vi* sgridare, inveire contro.
ra.lo [ř´alu] *agg* rado, poco spesso.
ra.ma.dã [řamad´ã] *sm Rel.* ramadan.
ra.mal [řam´aw] *sm* ≈ **(de estrada)** tronco, ramo. ≈ **(telefônico)** numero interno.
ra.ma.lhe.te [řamaʎ´eti] *sm* mazzo, ciuffo, ciocca.
ra.mei.ra [řam´ejrə] *sf Ger.* sgualdrina.
ra.me.la [řam´elə] *sf* cispa.
ra.mi.fi.ca.ção [řamifikas´ãw] *sf* ramificazione. *Fig.* tentacolo, ramo.
ra.mi.fi.car-se [řamifik´arsi] *vpr* ramificare, ramificarsi.
ra.mi.nho [řam´iɲu] *sm dim Bot.* ramoscello.
ra.mo [ř´ʌmu] *sm Bot.* ramo, frasca, mazzo. *Fig.* giro. ≈ **de atividade** branca. ≈ **familiar** *Fig.* ramo. ≈ **fino** verga. ≈ **grosso** bronco. ≈ **seco** stecco. **ser do** ≈ *Fam.* essere del mestiere, essere esperto.
ram.pa [ř´ãpə] *sf* rampa, salita.
ran.cho [ř´ãʃu] *sm Mil.* rancio.
ran.ço [ř´ãsu] *sm* rancido.
ran.cor [řãk´or] *sm* rancore, risentimento, odio, animosità, livore. *Fig.* bile.
ran.co.ro.so [řãkor´ozu] *agg* rancoroso, dispettoso. *Fig.* acido, acre.
ran.ço.so [řãs´ozu] *agg* rancido, stantio. **ficar** ≈ irrancidire.
ran.ger [řãʒ´er] *vt* arrotare (i denti). *vi* scricchiolare, cigolare; scrosciare (scarpe).
ran.gi.do [řãʒ´idu] *sm* scricchiolio, cigolio.
ra.nho [ř´ʌɲu] *sm Volg.* moccio.
ra.pa.ce [řap´asi] *agg Zool.* rapace, grifagno.
ra.par [řap´ar] *vt* rapare, radere.
ra.paz [řap´as] *sm* ragazzo, giovanotto, giovane. *Poet.* garzone. *Fam.* figliolo. ≈ **nobre** *St.* donzello.
ra.pa.zi.nho [řapaz´iɲu] *sm dim* giovane. *Lett.* garzoncello.
ra.pé [řap´ɛ] *sm* rapè, tabacco da fiuto.
ra.pi.da.men.te [řapidam´ẽti] *avv* rapidamente, presto, tosto.
ra.pi.dez [řapid´es] *sf* rapidità, velocità, prontezza, prestezza. *Fig.* corsa.
ra.pi.di.nho [řapid´iɲu] *avv Fam.* in quattro e quattro otto.
rá.pi.do [ř´apidu] *sm Geogr.* rapida, corrente. *agg* rapido; veloce, celere, svelto; sbrigativo, spedito, spiccio; pronto; fugace. *Lett.* ratto. *avv* presto. **o mais** ≈ **possível** quanto prima.
ra.pi.na [řap´inə] *sf* furto. **de** ≈ *agg Zool.* rapace, grifagno (uccello).
ra.po.sa [řap´ozə] *sf Zool.* volpe. ≈ **velha** *Fig.* volpe, politico.

rap.só.dia [řaps´ɔdjə] *sf Mus.* rapsodia.
rap.tar [řapt´ar] *vt Giur.* rapire, sequestrare.
rap.to [ř´aptu] *sm Giur.* ratto, sequestro.
ra.que.te [řak´eti] o **ra.que.ta** [řak´etə] *sf Sp.* racchetta.
ra.quí.ti.co [řak´itiku] *agg* rachitico. *Fig.* afato.
ra.qui.tis.mo [řakit´izmu] *sm Med.* rachitismo, rachitide.
ra.ra.men.te [řaram´ẽti] *avv* raramente, di rado.
ra.re.ar [řare´ar] *vt* diradare. *vi* diradarsi, scarseggiare.
ra.re.fa.zer [řarefaz´er] *vt Fis.* rarefare. *vpr* rarefare, rarefarsi.
ra.ri.da.de [řarid´adi] *sf* rarità; scarsezza, scarsità. *Fig.* gemma, fenice; cosa rara.
ra.ro [ř´aru] *agg* raro; rado; scarso, deficiente; singolare; prezioso; sporadico.
ras.cu.nhar [řaskuɲ´ar] *vt* abbozzare, sbozzare.
ras.cu.nho [řask´uɲu] *sm* abbozzo; bozza, schizzo; minuta; brutta copia, stesura.
ras.ga.do [řazg´adu] *part + agg* stracciato; lacero; cencioso.
ras.gar [řazg´ar] *vt* stracciare, strappare; squarciare; sbrandellare. *vpr* squarciarsi.
ras.go [ř´azgu] o **ras.gão** [řazg´ãw] *sm* squarcio, strappo.
ra.so [ř´azu] *sm* guado (del fiume). *Mil.* gregario. *agg* raso. **uma colher** ≈ **a** un cucchiaio raso.
ras.pa.dei.ra [řaspad´ejrə] *sf* raschino.
ras.pa.di.nha [řaspad´iɲə] *sf Pop.* ghiacciata, bibita con ghiaccio tritato.
ras.pa.do [řasp´adu] *part + agg* raso.
ras.pa.gem [řasp´aʒẽj] o **ras.pa.du.ra** [řaspad´urə] *sf* raschiatura.
ras.par [řasp´ar] *vt* raschiare, raspare, grattare, radere.
ras.tei.ra [řast´ejrə] *sf* gambetto. **dar uma** ≈ **em** dare il gambetto. *Fig.* cercar di nuocere.
ras.te.jar [řaste ʒ´ar] *vi* trascinarsi.
ras.tre.ar [řastre´ar] o **ras.te.ar** [řaste´ar] *vt* ormare, ormeggiare, rintracciare.
ras.tro [ř´astru] o **ras.to** [ř´astu] *sm* orma, impronta, pesta, pista; traccia; vestigio, segno.
ra.su.ra [řaz´urə] *sf* cancellatura, rasura.
ra.su.rar [řazur´ar] *vt* cancellare, cassare.
ra.ta [ř´atə] *sf Zool.* topa, sorcia. *Fig.* granchio, errore; fiasco, insucesso.
ra.te.ar [řate´ar] *vt Comm.* ratizzare, rateare.
ra.ti.fi.ca.ção [řatifikas´ãw] *sf* ratificazione, ratifica, conferma, confermazione, convalida.
ra.ti.fi.car [řatifik´ar] *vt* ratificare, confermare. *Giur.* sanzionare, sancire.
ra.ti.nho [řat´iɲu] *sm dim* topolino, topino.

ra.to [r̃'atu] *sm* topo, sorcio, ratto. ≃ **de biblioteca** *Fig.* topo di biblioteca, studioso. **muito sabe o** ≃**, mas mais o gato** molto sa il topo ma di più ne sa il gatto.

ra.to.ei.ra [r̃ato'ejrə] *sf* trappola (per topi).

ra.vi.ó.li [r̃avi'ɔli] *sm* ravioli *pl.*

ra.zão [r̃az'ãw] *sf* ragione; intelligenza, cervello; giudizio; cagione, movente; spiegazione; prova. *Mat.* ragione, rapporto. **apresentar** ≃**ões** portare ragioni. **não ter** ≃ aver torto. **por esta** ≃ *cong* perciò, quindi. ≃ **aritmética e geométrica** *Mat.* ragione aritmetica e geometrica. ≃ **social** *Comm.* ragione sociale. **ter** ≃ aver ragione.

ra.zo.á.vel [r̃azo'avew] *agg* ragionevole; discreto; giusto.

ra.zo.a.vel.men.te [r̃azoavewm'ẽti] *avv* piuttosto bene.

ré [r̃'ɛ] *sf Giur.* rea, accusata. *Mus.* re, seconda nota musicale. *Autom.* → **marcha**.

re.a.ção [r̃eas'ãw] *sf* reazione. *Fig.* contraccolpo.

re.a.bi.li.tar [r̃eabilit'ar] *vt Giur.* riabilitare.

re.a.brir [r̃eabr'ir] *vt* riaprire.

re.a.cen.der [r̃easẽd'er] *vt* riaccendere.

re.a.cio.ná.rio [r̃easjon'arju] *sm* reazionario, conservatore. *Pol. disp* forcaiolo. *Fig.* malva, filisteo. *agg* reazionario, conservatore.

re.ad.qui.rir [r̃eadkir'ir] *vt* riscattare.

re.a.fir.mar [r̃eafirm'ar] *vt* raffermare, confermare.

re.a.gir [r̃eaʒ'ir] *vt* reagire contro; contrattaccare. *vi an Chim.* e *Med.* reagire.

re.a.jus.tar [r̃eaʒust'ar] *vt* raggiustare.

re.al [r̃e'aw] *sm* reale, moneta antica. *agg* reale; regale, di re; vero, autentico; concreto, materiale, tangibile; effettivo.

re.al.çar [r̃eaws'ar] *vt* mettere in evidenza.

re.al.ce [r̃e'awsi] *sm* evidenza. *Fig.* risalto.

re.a.le.jo [r̃eal'eʒu] *sm Mus.* organetto, organino.

re.a.li.da.de [r̃ealid'adʒi] *sf* realtà, reale. **na** ≃ *avv* in realtà, infatti.

re.a.lis.mo [r̃eal'izmu] *sm* realismo.

re.a.lis.ta [r̃eal'istə] *s* realista. *agg* realista, realistico.

re.a.lís.ti.co [r̃eal'istiku] *agg* realistico, crudo (linguaggio, ecc.).

re.a.li.za.ção [r̃ealizas'ãw] *sf* realizzazione, attuazione.

re.a.li.zar [r̃ealiz'ar] *vt* realizzare; attuare, effettuare, operare, compiere; concretizzare, costituire. *vpr* realizzarsi; accadere, verificarsi. ≃ **um patrimônio** *Comm.* realizzare un patrimonio, convertire in danaro.

re.al.men.te [r̃eawm'ẽti] *avv* realmente, in realtà, infatti, veramente, addirittura.

re.a.nl.ma.ção [r̃eanimas'ãw] *sf* rinvenimento.

re.a.ni.mar [r̃eanim'ar] *vt* rianimare; riaccendere. *vpr* rianimarsi, rinvenire, tornare a sé.

re.a.pa.re.cer [r̃eapares'er] *vi* riapparire, risorgere, ricomparire. *Fig.* rinascere.

re.a.pa.re.ci.men.to [r̃eaparesim'ẽtu] *sm* risorgimento, ritorno.

re.as.su.mir [r̃easum'ir] *vt* riassumere.

re.a.tar [r̃eat'ar] *vt* riattaccare.

re.a.ti.var [r̃eativ'ar] *vt* riattivare.

re.a.tor [r̃eat'or] *sm Fis.* e *Chim.* reattore. ≃ **nuclear** reattore nucleare, pila atomica.

re.a.ver [r̃eav'er] *vt* riavere, recuperare, riscattare.

re.bai.xa.men.to [r̃ebajʃam'ẽtu] *sm* abbassamento. *Mil.* retrocessione.

re.bai.xar [r̃ebajʃ'ar] *vt* abbassare; invilire. *Mil.* retrocedere. *vpr* abbassarsi, invilirsi, umiliarsi; prostituirsi.

re.ba.nho [r̃eb'Añu] *sm* gregge, branco, mandra. *Rel.* popolo. *Fig.* pecorame, branco, massa. ≃ **de ovelhas** pecorame.

re.ba.te [r̃eb'ati] *sm* allarme.

re.ba.ter [r̃ebat'er] *vt* ribattere; replicare; contrapporre. ≃ **uma carta** ribattere una lettera.

re.be.lar-se [r̃ebel'arsi] *vpr* ribellarsi, insorgere, sollevarsi, rivoltarsi.

re.bel.de [r̃eb'ewdʒi] *s* ribelle. *sm* rivoltoso. *agg* ribelle; rivoltoso; discolo. *Fig.* riottoso.

re.be.li.ão [r̃ebeli'ãw] *sf* ribellione, insurrezione, sollevazione, sommossa, rivolta.

re.ben.to [r̃eb'ẽtu] *sm Bot.* germoglio, pollone, getto, rampollo, gemma.

re.bo.ca.dor [r̃ebokad'or] *sm* stuccatore. *Naut.* rimorchiatore.

re.bo.car [r̃ebok'ar] *vt* intonacare, stuccare; rimorchiare, trainare.

re.bo.lar [r̃ebol'ar] *vi Pop.* ancheggiare.

re.bo.que [r̃eb'ɔki] *sm* intonaco; rimorchio.

re.bus.ca.do [r̃ebusk'adu] *agg* sofisticato, complicato. *Fig.* bizantino.

re.ca.do [r̃ek'adu] *sm Fam.* messaggio. **deixar um** ≃ lasciare un messaggio.

re.ca.í.da [r̃eka'idə] *sf Med.* ricaduta. **ter uma** ≃ ricadere.

re.ca.ir [r̃eka'ir] *vt* ricadere, incidere su.

re.cam.bi.ar [r̃ekãbi'ar] *vt Comm.* ricambiare.

re.câm.bio [r̃ek'ãbju] *sm Comm.* ricambio.

re.can.to [r̃ek'ãtu] *sm Lett.* recesso.

re.ca.pi.tu.la.ção [r̃ekapitulas'ãw] *sf* ricapitolazione, riepilogo, riassunto, ripetizione.

re.ca.pi.tu.lar [r̃ekapitul'ar] *vt* ricapitolare, riepilogare, riassumere.

re.car.ga [r̃ek'argə] *sf* ricarica, ricambio.

re.car.re.gar [r̃ekañeg'ar] *vt* ricaricare.

re.ca.to [r̃ek'atu] *sm* cautela, prudenza, riserva; pudore.

re.ce.ar [r̃ese'ar] *vt* temere, aver paura di.

re.ce.ber [r̃eseb'er] *vt* ricevere; prendere; accettare; avere; accogliere, ammettere. *Comm.*

percepire, ricevere denaro. ≃ **as ondas eletromagnéticas** captare le onde elettromagnetiche.

re.ce.bi.men.to [řesebim´ẽtu] *sm* ricevimento. *Fig.* saluto.

re.ce.io [ře´seju] *sm* timore, paura; apprensione.

re.cei.ta [ře´sejtə] *sf* ricetta (di vivande, ecc.). *Med.* ricetta, prescrizione. *Comm.* incasso, rendita. ≃ **e despesa** *Contab.* entrata e uscita. ≃ **pública** rendita pubblica.

re.cei.tar [řesejt´ar] *vt Med.* ricettare.

re.cei.tu.á.rio [řesejtu´arju] *sm Med.* ricettario, formulario.

re.cém [ře´sẽj] *avv* di recente, appena.

re.cém-for.ma.do [řesẽjform´adu] *sm* fresco di studi.

re.cém-nas.ci.do [řesẽjnas´idu] *sm* neonato, creatura.

re.cen.der [řesẽd´er] *vi Lett.* olezzare.

re.cen.se.a.dor [řesẽsead´or] *sm* censore.

re.cen.se.ar [řesẽse´ar] *vt* censire.

re.cen.te [ře´sẽti] *agg* recente, nuovo, giornaliero. *Fig.* giovane, fresco.

re.cen.te.men.te [řesẽtem´ẽti] *avv* recentemente, di recente, testé.

re.ce.o.so [řese´ozu] *agg* timoroso, pauroso; apprensivo. *Fig.* geloso.

re.cep.ção [řeseps´ãw] *sf* ricevimento, festa, serata. *Fis.* ricezione. ≃ **oficial** gala.

re.cep.cio.nar [řesepsjon´ar] *vt* ricevere, aprire la casa a.

re.cep.tar [řesept´ar] *vt Giur.* ricettare, detenere (cose illecite).

re.cep.ti.vo [řesept´ivu] *agg* ricettivo.

re.cep.tor [řesept´or] *sm* ricevitore (persona, apparecchio); cornetta del telefono.

re.ces.são [řeses´ãw] *sf Econ.* recessione, ribasso. *Fig.* ristagno.

re.ces.so [ře´sesu] *sm* recesso.

re.cha.çar [řefas´ar] *vt* respingere.

re.che.a.do [řefe´adu] *part+agg* imbottito, ripieno. *Fig.* pieno (di errori, ecc.).

re.che.ar [řefe´ar] *vt* imbottire, infarcire.

re.chei.o [řef´eju] *sm* ripieno.

re.ci.bo [řes´ibu] *sm Comm.* scontrino, biglietto, ricevuta, talloncino, bolletta. ≃ **de quitação** quietanza, quitanza.

re.ci.clar [řesikl´ar] *vt* riciclare, recuperare.

re.ci.di.vo [řesid´ivu] *agg* recidivo.

re.ci.fe [řes´ifi] *sm Geogr.* e *Naut.* scoglio, frangente, roccia.

re.cin.to [řes´ĩtu] *sm* recinto, luogo chiuso.

re.ci.pi.en.te [řesipi´ẽti] *sm* recipiente, contenitore; fusto.

re.ci.pro.ca.men.te [řesiprokam´ẽti] *avv* reciprocamente, viceversa.

re.ci.pro.ci.da.de [řesiprosid´adi] *sf* reciprocità.

re.cí.pro.co [řes´iproku] *agg* reciproco, mutuo, vicendevole, scambievole. *Fig.* bilaterale.

ré.ci.ta [ř´εsitə] *sf Cin.* e *Teat.* recita.

re.ci.tar [řesit´ar] *vt* recitare.

re.cla.ma.ção [řeklamas´ãw] *sf* reclamo, reclamazione. *Giur.* ricorso, rivendicazione. *Fig.* mugolio.

re.cla.mar [řeklam´ar] *vt* reclamare, esigere, richiedere. *Giur.* rivendicare. *vi* reclamare, brontolare, borbottare. *Fig.* mugolare.

re.cla.me [řekl´ʌmi] o **re.cla.mo** [řekl´ʌmu] *sm* richiamo, réclame.

re.cli.na.do [řeklin´adu] *part+agg* chino. *Lett.* reclinato.

re.cli.nar [řeklin´ar] *vt* chinare, inchinare. *Lett.* reclinare.

re.clu.são [řekluz´ãw] *sf Giur.* reclusione, carcerazione.

re.clu.so [řekl´uzu] *sm* recluso, carcerato. *agg* recluso.

re.co.brir [řekobr´ir] *vt* ricoprire, coprire.

re.co.lher [řekoλ´er] *vt* raccogliere; cogliere; ammainare (vela, bandiera).

re.co.lhi.men.to [řekoλim´ẽtu] *sm* raccoglimento, colletta.

re.co.lo.car [řekolok´ar] *vt* riporre, rimettere. *vpr* riporsi.

re.co.me.çar [řekomes´ar] *vt* ricominciare, ripigliare. *Fig.* riattaccare (un discorso). *vi* ricominciare, rimettersi. ≃ **a** tornare a.

re.co.me.ço [řekom´esu] *sm* ripresa.

re.co.men.da.ção [řekomẽdas´ãw] *sf* raccomandazione; avvertimento.

re.co.men.dar [řekomẽd´ar] *vt* raccomandare; caldeggiare; commettere; avvertire.

re.co.men.dá.vel [řekomẽd´awev] *agg* raccomandabile.

re.com.pen.sa [řekõp´ẽsa] *sf* ricompensa; premio, taglia; compenso, retribuzione; rimunerazione, mercede; ricognizione, rimerito. *Poet.* mercé. *Lett.* guiderdone. *Fig.* zuccherino; moneta.

re.com.pen.sar [řekõpẽs´ar] *vt* ricompensare; compensare, retribuire; rimunerare; rimeritare; gratificare. *Fig.* pagare.

re.com.por [řekõp´or] *vt* ricomporre, ricostituire, rimaneggiare.

re.com.po.si.ção [řekõpozis´ãw] *sf* ricomposizione, rimaneggiamento.

re.con.ci.li.a.ção [řekõsilias´ãw] *sf* riconciliazione.

re.con.ci.li.ar [r̃ekõsili'ar] *vt* riconciliare, rappacificare. *Fig.* raggiustare. *vpr* riconciliarsi, rappacificarsi. *Fig.* raggiustarsi.

re.côn.di.to [r̃ek'õditu] *agg* recondito; nascosto, occulto; intimo, profondo.

re.con.du.zir [r̃ekõduz'ir] *vt* ricondurre, rimenare.

re.con.for.tar [r̃ekõfort'ar] *vt* confortare.

re.co.nhe.cer [r̃ekoñes'er] *vt* riconoscere; ammettere, confessare; identificare, ravvisare; discernere. *Mil.* riconoscere. *Fig.* adottare.

re.co.nhe.ci.men.to [r̃ekoñesim'ẽtu] *sm* riconoscimento, ricognizione; riconoscenza, gratitudine, grazia; fama. *Mil.* ricognizione.

re.con.quis.ta [r̃ekõk'istə] *sf* riconquista. *Mil.* riscossa.

re.con.quis.tar [r̃ekõkist'ar] *vt* riconquistare, ricuperare, riavere, riprendere.

re.cons.ti.tu.i.ção [r̃ekõstituis'ãw] *sf* ricostituzione; ricreazione.

re.cons.ti.tu.ir [r̃ekõstitu'ir] *vt* ricostituire; ricreare; ripristinare.

re.cons.tru.ir [r̃ekõstru'ir] *vt* ricostruire, rifare, ripristinare.

re.cor.da.ção [r̃ekordas'ãw] *sf* ricordo; reminiscenza, memoria. *Fig.* orma, segno.

re.cor.dar [r̃ekord'ar] *vt* ricordare; rammentare, avere a memoria; richiamare, assomigliare a; evocare. *Fig.* celebrare. *vpr* ricordarsi, rammentarsi.

re.cor.de [r̃ek'ordi] *sm* Sp. primato, record.

re.cor.dis.ta [r̃ekord'istə] *s* primatista. *Fig.* asso.

re.cor.ren.te [r̃ekor̃'ẽti] *sm* *Giur.* ricorrente. *agg* ricorrente.

re.cor.rer [r̃ekor̃'er] *vt an Giur.* ricorrere a, appellarsi a. **não saber a quem** ≃ *Fig.* non sapere dove battere il capo.

re.cor.tar [r̃ekort'ar] *vt* ritagliare; frastagliare.

re.cre.a.ção [r̃ekreas'ãw] *sf* ricreazione, svago, divertimento.

re.cre.ar [r̃ekre'ar] *vt* ricreare, divertire, sollazzare, distrarre.

re.crei.o [r̃ekr'eju] *sm* ricreazione, intervallo (scolare); sollazzo, spasso.

re.cri.a.ção [r̃ekrias'ãw] *sf* ricreazione.

re.cri.ar [r̃ekri'ar] *vt* ricreare, ricostruire; simulare (una scena).

re.cri.mi.nar [r̃ekrimin'ar] *vt* recriminare; biasimare, criticare.

re.cru.ta [r̃ekr'utə] *sm Mil.* recluta, coscritto.

re.cru.ta.men.to [r̃ekrutam'ẽtu] *sm Mil.* e *Comm.* reclutamento.

re.cru.tar [r̃ekrut'ar] *vt Mil.* reclutare, arruolare, assoldare. *Comm.* reclutare.

re.cu.ar [r̃eku'ar] *vi* rinculare, arretrare, retrocedere, dare addietro. *Mil.* ripiegare, ritirarsi. **fazer** ≃ **(veículo, animal de carga)** acculare.

re.cu.o [r̃ek'uu] *sm* rinculo, retrocesso.

re.cu.pe.ra.ção [r̃ekuperas'ãw] *sf* ricuperazione; convalescenza.

re.cu.pe.rar [r̃ekuper'ar] *vt* ricuperare, riavere, riprendere, rinconquistare. *Fig.* risanare. *vpr* rimettersi, rinsanire, ripigliarsi, riaversi.

re.cur.so [r̃ek'ursu] *sm* ricorso, risorsa. *Giur.* ricorso. ≃ *s pl* risorse. ≃ **s financeiros** mezzi *sg.* **não ter** ≃ **s** essere al secco.

re.cur.va.do [r̃ekurv'adu] *part+agg* ricurvo, storto.

re.cu.sa [r̃ek'uzə] *sf* ricusa; declinazione; rifiuto, rigetto; scartamento.

re.cu.sar [r̃ekuz'ar] *vt* ricusare; negare, respingere, rifiutare; declinare (invito, onore); rigettare; scartare. *vpr* ricusarsi a, rifiutarsi a.

re.da.ção [r̃edas'ãw] *sf* redazione; stesura; giornale.

re.da.tor [r̃edat'or] *sm* redattore.

re.de [r̃'edi] *sf* rete. ≃ **de arrastão** giacchio. ≃ **para caçar passarinhos** aiuolo. ≃ **para dormir** amaca. ≃ **telefônica** rete telefonica.

ré.dea [r̃'edjə] *sf* briglia, redine.

re.de.mo.i.nho [r̃edemo'iñu] *sm* mulinello, vortice, remolo, remolino; risucchio.

re.den.ção [r̃edẽs'ãw] *sf* redenzione, salvezza. *Rel.* redenzione, riscatto.

re.den.tor [r̃edẽt'or] *sm* redentore.

re.di.gir [r̃ediʒ'ir] *vt* redigere, scrivere.

re.dil [r̃ed'iw] *sm* mandra.

re.di.mir [r̃edim'ir] *vt* redimere, salvare, riscattare. *vpr* redimersi, riscattarsi, correggersi.

re.do.brar [r̃edobr'ar] *vt* raddoppiare. *vi* raddoppiare, raddoppiarsi.

re.do.bro [r̃ed'obru] *sm* raddoppio.

re.don.de.zas [r̃edõd'ezəs] *sf pl* i dintorni, le vicinanze.

re.don.do [r̃ed'õdu] *agg* rotondo, tondo. **quase** ≃ tondeggiante.

re.dor [r̃ed'or] *sm* in espressioni: **ao** ≃ o **em** ≃ *avv* intorno, attorno, presso; in giro. **ao** ≃ **de** *prep* intorno a, attorno a, presso.

re.du.ção [r̃edus'ãw] *sf* riduzione; diminuzione; crollo; calo. ≃ **de preços** abbassamento di prezzi, scalo.

re.dun.dân.cia [r̃edũd'ãsjə] *sf* ridondanza. *Fig.* zeppa.

re.dun.dan.te [r̃edũd'ãti] *agg* ridondante, ampolloso. *Fig.* retorico.

re.dun.dar [r̃edũd'ar] *vt Lett.* ridondare.

re.du.zi.do [r̃eduz'idu] *part* + *agg* ridotto; ristretto; sparuto.

re.du.zir [r̃eduz'ir] *vt* ridurre; diminuire, minorare; appicciolire; abbassare. *vpr* ridursi; diminuirsi. ≃ **-se a pó** ridursi a polvere.

re.e.di.ção [r̃eedis'ãw] *sf* ristampa.

re.e.di.tar [r̃eedit'ar] *vt* ristampare.

re.e.le.ger [r̃eeleʒ'er] *vt* rieleggere.

re.em.bol.sar [r̃eẽbows'ar] *vt* rimborsare, ripagare.

re.em.bol.so [r̃eẽb'owsu] *sm* rimborso, compenso.

re.en.con.trar [r̃eẽkõtr'ar] *vt* ritrovare, rivedere, rinvenire. *vpr* ritrovarsi.

re.en.con.tro [r̃eẽk'õtru] *sm* ritrovamento.

re.en.tra.da [r̃eẽtr'adə] *sf* rientrata. ≃ **de nave espacial** rientro.

re.en.trân.cia [r̃eẽtr'ãsjə] *sf* rientranza, depressione.

re.en.vi.o [r̃eẽv'iu] *sm* rinvio.

re.es.cre.ver [r̃eeskrev'er] *vt* riscrivere, rifondere un lavoro, un libro.

re.es.tru.tu.ra.ção [r̃eestruturas'ãw] *sf* riforma.

re.es.tru.tu.rar [r̃eestrutur'ar] *vt* riformare, riorganizzare. *Fig.* ricostruire.

re.es.tu.dar [r̃eestud'ar] *vt* ristudiare, rivedere.

re.fa.zer [r̃efaz'er] *vt* rifare, rinnovare, ricomporre. *vpr* rifarsi; ripigliarsi.

re.fei.ção [r̃efejs'ãw] *sf* refezione, pasto. *Mil.* rancio. *Fig.* mensa. ≃ **a bordo** pasto a bordo. ≃ **diária** vitto. ≃ **rápida** spuntino.

re.fei.tó.rio [r̃efejt'ɔrju] *sm* refettorio. ≃ **estudantil** mensa studentesca.

re.fém [r̃ef'ẽj] *sm* ostaggio.

re.fe.rên.cia [r̃efer'ẽsjə] *sf* riferimento, allusione; rimando. ≃ *s pl Comm.* referenze, informazione *sg*.

re.fe.ren.te [r̃efer'ẽti] *agg* relativo, concernente a.

re.fe.ri.do [r̃efer'idu] *agg* anzidetto.

re.fe.rir [r̃efer'ir] *vt* riferire, citare. *vpr* riferirsi a, alludere a, concernere, riguardare.

re.fi.na.do [r̃efin'adu] *part* + *agg* raffinato; squisito, sopraffino, fino, signorile. *disp* signoresco.

re.fi.na.men.to [r̃efinam'ẽtu] *sm* raffinamento; raffinatezza.

re.fi.nar [r̃efin'ar] *vt* raffinare. *Fig.* polire; affinare. *vpr* raffinarsi.

re.fle.ti.do [r̃eflet'idu] *part* + *agg* riflesso.

re.fle.tir [r̃eflet'ir] *vt* riflettere; rispecchiare; riverberare. *vi* riflettere, meditare. *vpr* riflettersi; specchiarsi, riverberarsi; ripercuotersi.

re.fle.xão [r̃efleks'ãw] *sf* riflessione.

re.fle.xi.vo [r̃efleks'ivu] *agg Gramm.* riflessivo.

re.fle.xo [r̃efl'eksu] *sm* riflesso, riverbero. *agg* riflesso.

re.flo.res.cer [r̃eflores'er] *vi* rifiorire. *Fig.* rinascere.

re.flo.res.ta.men.to [r̃eflorestam'ẽtu] *sm* rimboscamento.

re.flo.res.tar [r̃eflorest'ar] *vt* rimboscare.

re.flu.ir [r̃eflu'ir] *vi* rifluire.

re.flu.xo [r̃efl'uksu] *sm* riflusso.

re.for.çar [r̃efors'ar] *vt* rinforzare, rafforzare; fortificare; consolidare. *Fig.* cementare.

re.for.ço [r̃ef'orsu] *sm* rinforzo, rafforzamento, rinfranco.

re.for.ma [r̃ef'ɔrmə] *sf* riforma; rinnovamento; innovazione. *Mil.* quiescenza, riforma. *Pol.* rimpasto. ≃ **de roupa** rinnovo.

re.for.ma.do [r̃eform'adu] *part* + *agg* riformato. *Mil.* pensionato, a riposo.

re.for.mar [r̃eform'ar] *vt* riformare; rinnovare; innovare. *Pol.* rimpastare. *Mil.* riformare. *Giur.* emendare. *Fig.* ricostruire.

re.for.ma.tó.rio [r̃eformat'ɔrju] *sm* riformatorio, casa di rieducazione.

re.fra.ção [r̃efras'ãw] *sf Fis.* rifrazione.

re.frão [r̃efr'ãw] *sm Mus.* e *Poet.* ritornello, ripresa.

re.fra.tar [r̃efrat'ar] *vt Fis.* rifrangere. *vpr Fis.* rifrangersi.

re.fra.tá.rio [r̃efrat'arju] *sm* + *agg* refrattario.

re.fre.ar [r̃efre'ar] *vt* raffrenare. *Fig.* frenare. *vpr* raffrenarsi.

re.fres.can.te [r̃efresk'ãti] *agg* rinfrescante.

re.fres.car [r̃efresk'ar] *vt* rinfrescare. *vpr* rinfrescarsi. ≃ **a memória** rinfrescare la memoria.

re.fres.co [r̃efr'esku] *sm* rinfresco.

re.fri.ge.ra.ção [r̃efriʒeras'ãw] *sf* raffreddamento. ≃ **a água** ou ≃ **a ar** *Autom.* raffreddamento ad acqua o ad aria.

re.fri.ge.ra.dor [r̃efriʒerad'or] *sm* frigorifero.

re.fri.ge.ran.te [r̃efriʒer'ãti] *sm* analcolico.

re.fri.ge.rar [r̃efriʒer'ar] *vt* refrigerare, raffreddare, rinfrescare.

re.fri.gé.rio [r̃efriʒ'erju] *sm* refrigerio.

re.fu.gi.a.do [r̃efuʒi'adu] *sm, part* + *agg* rifugiato, esiliato.

re.fu.gi.ar [r̃efuʒi'ar] *vt* rifugiare, ricoverare, annidare. *vpr* rifugiarsi, ricoverarsi, ripararsi. *Fig.* ritirarsi.

re.fú.gio [r̃ef'uʒju] *sm* rifugio, ricovero, riparo. *Fig.* asilo, tetto, baita; porto; bozzolo.

re.fu.go [r̃ef'ugu] *sm* rifiuto, marame. *Fig.* coccio.

re.ful.gir [ʀefuwʒ'ir] *vi Lett.* rifulgere. *Fig.* raggiare, lampeggiare.

re.fu.tar [ʀefut'ar] *vt* confutare, negare, respingere. *Fig.* ribattere, impugnare.

re.ga [ʀ'ɛgə] o **re.ga.du.ra** [ʀegad'urə] *sf* annaffiatura, annaffiamento, adacquamento.

re.ga.ço [ʀeg'asu] *sm* grembo. *Pop.* grembio. *Fig.* ventre.

re.ga.dor [ʀegad'or] *sm* annaffiatoio.

re.ga.li.a [ʀegal'iə] *sf* regalia.

re.gar [ʀeg'ar] *vt* annaffiare, adacquare. *Fig.* aspergere.

re.ga.ta [ʀeg'atə] *sf Sp.* regata.

re.ga.to [ʀeg'atu] *sm Geogr.* ruscello, rigagnolo.

re.ge.lo [ʀeʒ'elu] *sm* assideramento.

re.gên.cia [ʀeʒ'ẽsjə] *sf* reggenza. *Gramm.* reggimento.

re.ge.ne.ra.ção [ʀeʒeneras'ãw] *sf* rigenerazione, ravvedimento.

re.ge.ne.rar [ʀeʒener'ar] *vt* rigenerare; cicatrizzare. *vpr* rigenerarsi; cicatrizzarsi.

re.gen.te [ʀeʒ'ẽti] *s* regente. *Mus.* maestro. *agg* reggente.

re.ger [ʀeʒ'er] *vt* reggere, capeggiare. *Gramm.* reggere.

re.gi.ão [ʀeʒi'ãw] *sf* regione, zona, terra. *Lett.* plaga. *Fig.* area, ambito, habitat. ≃ **costeira** costiera. ≃ **mais rica (de cidade, país, etc.)** *Fig.* grasso.

re.gi.me [ʀeʒ'imi] *sm Med.* regime, dieta. *Pol.* regime, reggimento.

re.gi.men.to [ʀeʒim'ẽtu] *sm Mil.* reggimento, truppa, unità.

ré.gio [ʀ'ɛʒju] *agg* reale, regale, del re.

re.gio.na.lis.mo [ʀeʒjonal'izmu] *sm* regionalismo.

re.gis.trar [ʀeʒistr'ar] *vt* registrare; iscrivere; catalogare; segnare. *Contab.* intestare, allibrare, impostare. ≃ **uma carta** raccomandare una lettera.

re.gis.tro [ʀeʒ'istru] *sm* registro; registrazione; iscrizione. *Mus.* registro. *Contab.* registro, scrittura; partita, conto, intestazione, posta. ≃ **civil** anagrafe. ≃ **eleitoral** lista elettorale.

re.go [ʀ'egu] *sm* fosso; borro, botro.

re.go.zi.jar-se [ʀegoziʒ'arsi] *vpr* giubilare, esultare, compiacersi, gongolare.

re.go.zi.jo [ʀegoz'iʒu] *sm* giubilo, allegria, allegrezza. *Lett.* letizia.

re.gra [ʀ'egrə] *sf* regola; norma; dettame; ordine, ordinamento; usanza; forma, formula. ≃ *s pl* regolamento *sg*, regolamentazione *sg*. *Fig.* convenzioni. ≃ **de juros** *Comm.* regola

d'interesse. ≃ **de três** *Mat.* regola del tre. **ser** ≃ **geral** *Fig.* essere l'ago della bilancia.

re.gre.dir [ʀegred'ir] *vi* regredire; retrocedere; dare balta (malattia).

re.gres.sar [ʀegres'ar] *vi* regressare, ritornare, tornare.

re.gres.são [ʀegres'ãw] *sf* regressione, regresso. *Fig.* riflusso.

re.gres.si.vo [ʀegres'ivu] *agg* regressivo.

re.gres.so [ʀegr'esu] *sm* regresso, ritorno.

ré.gua [ʀ'ɛgwə] *sf* riga, regolo. ≃ **de cálculo** *Mat.* regolo calcolatore.

ré.gua-tê [ʀegwat'e] *sf* riga a T.

re.gu.la.dor [ʀegulad'or] *sm* moderatore (di una macchina).

re.gu.la.gem [ʀegul'aʒẽj] *sf* assesto.

re.gu.la.men.ta.ção [ʀegulamẽtas'ãw] *sf* regolamentazione, metodo.

re.gu.la.men.tar [ʀegulamẽt'ar] *vt* regolamentare, regolare, codificare. *agg* regolamentare.

re.gu.la.men.to [ʀegulam'ẽtu] *sm* regolamento, normativa, statuto, regolamentazione, regola, ordinamento.

re.gu.lar [ʀegul'ar] *vt* regolare; regolamentare; moderare, temperare; aggiustare. *vpr* regolarsi; governarsi. *agg* regolare; normale; continuo; modesto; costante, uguale.

re.gu.la.ri.zar [ʀegulariz'ar] *vt* regolarizzare, normalizzare.

re.gur.gi.tar [ʀegurʒit'ar] *vt* rigurgitare.

rei [ʀ'ej] *sm* re, sovrano. *Fig.* re, principe (di un'arte, scienza, ecc.). **os R** ≃ s *pl* i Reali, la Famiglia Reale.

re.im.pres.são [ʀeĩpres'ãw] *sf* ristampa.

re.im.pri.mir [ʀeĩprim'ir] *vt* ristampare, ritirare.

rei.na.do [ʀejn'adu] *sm* regno.

rei.nar [ʀejn'ar] *vi* regnare.

re.in.ci.den.te [ʀeĩsid'ẽti] *agg* recidivo.

re.in.ci.dir [ʀeĩsid'ir] *vi* ricadere (in errore).

re.i.ni.ci.ar [ʀeinisi'ar] *vt* ricominciare, riprendere. *Fig.* riattaccare (discorso).

re.i.ní.cio [ʀein'isju] *sm* ripresa.

rei.no [ʀ'ejnu] *sm* regno. *Fig.* corona, scettro.

re.ins.ti.tu.ir [ʀeĩstitu'ir] *vt* ristabilire.

re.in.te.grar [ʀeĩtegr'ar] *vt* reintegrare.

rei.te.rar [ʀejter'ar] *vt* reiterare, rifare, replicare.

rei.tor [ʀejt'or] *sm* rettore.

rei.to.ri.a [ʀejtor'iə] *sf* rettoria.

rei.vin.di.ca.ção [ʀejvĩdikas'ãw] *sf Giur.* rivendicazione.

rei.vin.di.car [ʀejvĩdik'ar] *vt Giur.* rivendicare, arrogarsi, reclamare.

re.jei.ção [ʀeʒejs'ãw] *sf* rigetto, ripudio, scartamento.

re.jei.tar [r̃eʒejt'ar] *vt* rigettare; ripudiare, scartare; respingere, ricusare, rifiutare. ≃ **um candidato** *Fig.* bocciare un candidato.

re.ju.ve.nes.cer [r̃eʒuvenes'er] *vt + vi* ringiovanire. *vpr* ringiovanirsi.

re.la.ção [r̃elas'ãw] *sf* relazione; rapporto, correlazione, connessione; elenco, lista, repertorio, canone. ≃ **ões hostis** rapporti tesi. ≃ **ões sociais** aderenze. ≃ **sexual** rapporto sessuale, coito. **com** ≃ **a** *prep* rispetto a, quanto a, verso, circa. **estabelecer** ≃ **ões com** stringere relazioni con. **estar de** ≃ **ões cortadas com** essere in rotta con. **romper (o cortar)** ≃ **ões com** rompere relazioni con, guastarsi con. **ter boas** ≃ **ões com** essere in buone relazioni con. **ter** ≃ **ões íntimas com** intendersi con.

re.la.cio.na.men.to [r̃elasjonam'ẽtu] *sm* relazione, rapporto, amore. *Fig.* contatto.

re.la.cio.nar [r̃elasjon'ar] *vt* elencare, enumerare; concatenare.

re.lâm.pa.go [r̃el'ãpagu] *sm* lampo, baleno. *Poet.* folgore.

re.lam.pe.jar [r̃elãpeʒ'ar] *vi* lampeggiare, balenare, saettare, baluginare, folgorare.

re.lan.ce [r̃el'ãsi] *sm* utilizzato nell'espressione **de** ≃ *avv* a volo d'uccello.

re.la.tar [r̃elat'ar] *vt* riportare, rapportare, riferire.

re.la.ti.vi.da.de [r̃elativid'adi] *sf* relatività.

re.la.ti.vo [r̃elat'ivu] *agg* relativo; pertinente. **pronome** ≃ *Gramm.* pronome relativo. ≃ **a** relativo a.

re.la.tor [r̃elat'or] *sm* relatore.

re.la.tó.rio [r̃elat'ɔrju] *sm* rapporto; relazione; bollettino.

re.la.xa.do [r̃elaʃ'adu] *part + agg* trasandato; incomposto; dinoccolato.

re.la.xa.men.to [r̃elaʃam'ẽtu] *sm* rilassatezza. *Med.* rilassamento.

re.la.xar [r̃elaʃ'ar] *vt* rilassare. *Fig.* allentare. *vpr* rilassarsi. ≃ **os músculos** sciogliere i muscoli.

re.le.gar [r̃eleg'ar] *vt* relegare.

re.ler [r̃el'er] *vt* rileggere. *Fig.* ripassare.

re.les [r̃'elis] *agg* ordinario, vile; insignificante.

re.le.vân.cia [r̃elev'ãsjə] *sf* rilevanza, importanza. *Fig.* entità.

re.le.van.te [r̃elev'ãti] *agg* rilevante; importante; cospicuo.

re.le.var [r̃elev'ar] *vt* scusare, giustificare. *vi* rilevare, essere importante.

re.le.vo [r̃el'evu] *sm* rilievo; aggetto; risalto, spicco.

re.li.gi.ão [r̃eliʒi'ãw] *sf* religione, credo. *Fig.* chiesa.

re.li.gi.o.so [r̃eliʒi'ozu] *sm* religioso, chierico. *agg* religioso, pio. *Fig.* spirituale.

re.lin.char [r̃eliʃ'ar] *vi* nitrire, annitrire.

re.lin.cho [r̃el'iʃu] *sm* nitrito.

re.lí.quia [r̃el'ikjə] *sf* Rel. reliquia. ≃**s** *pl* antichità.

re.ló.gio [r̃el'ɔʒju] *sm* orologio. ≃ **de água** orologio ad acqua. ≃ **de areia** orologio a sabbia. ≃ **de bolso** orologio da tasca. ≃ **de parede** orologio da muro. ≃ **de pulso** orologio da polso. ≃ **solar** orologio solare. **funcionar como um** ≃ essere un'orologio. **o** ≃ **adianta uma hora por dia** l'orologio corre di un'ora al giorno. **o** ≃ **atrasa** l'orologio ritarda. **o** ≃ **parou** l'orologio è fermo.

re.lo.jo.ei.ro [r̃eloʒo'ejru] *sm* orologiaio.

re.lu.tân.cia [r̃elut'ãsjə] *sf* riluttanza, dubbio.

re.lu.tan.te [r̃elut'ãti] *agg* riluttante, dubbioso.

re.lu.zen.te [r̃eluz'ẽti] *agg* lucente, brillante, lampante.

re.lu.zir [r̃eluz'ir] *vi* splendere, luccicare, sfavillare. *Lett.* rilucere.

re.ma.dor [r̃emad'or] *sm* canottiere.

re.ma.ne.ja.men.to [r̃emaneʒam'ẽtu] *sm* rimaneggiamento.

re.ma.ne.jar [r̃emaneʒ'ar] *vt* rimaneggiare.

re.mar [r̃em'ar] *vi* remare, vogare. ≃ **contra a maré** *Fig.* essere sotto vento.

re.me.di.ar [r̃emedi'ar] *vt* rimediare, riparare. *Fig.* sanare, tamponare, rettificare.

re.mé.dio [r̃em'ɛdju] *sm Med.* medicina, farmaco, medicinale, rimedio. *Fig.* riparo, antidoto. **tomar um** ≃ prendere una medicina. **que** ≃**!** *int* per forza!

re.me.la [r̃em'ɛlə] *sf* cispa.

re.me.mo.rar [r̃ememor'ar] *vt* ricordare, volgersi addietro.

re.men.dar [r̃emẽd'ar] *vt* rammendare, rappezzare, rattoppare. *Fig.* cucire.

re.men.do [r̃em'ẽdu] *sm* rammendo, rappezzo, rattoppo, toppa, pezza.

re.mes.sa [r̃em'esə] *sf* rimessa, spedizione, indirizzo.

re.me.ten.te [r̃emet'ẽti] *s* mittente.

re.me.ter [r̃emet'er] *vt* rimettere, spedire, indirizzare. *vpr* rimettersi, riferirsi.

re.me.xer [r̃emeʃ'er] *vt* rimescolare, rimestare; sconvolgere; rovistare. *Fig.* scavare (cose del passato).

re.mi.nis.cên.cia [r̃eminis'ẽsjə] *sf* reminiscenza, memoria.

re.mir [r̃em'ir] *vt Giur.* redimere.

re.mis.são [r̃emis'ãw] *sf* remissione. *Rel.* perdono.

re.mo [r̃'emu] *sm* remo.

re.mo.ção [r̃emos'ãw] *sf* rimozione, levata.

re.mo.çar [r̃emos'ar] *vt* ringiovanire.

re.mo.i.nho [r̃emo'iɲu] *sm dim* remolino, remolo, mulinello.

re.mon.tar [r̃emõt'ar] *vt* rimontare, montar di nuovo; rimontare a, risalire a.

rê.mo.ra [r̃'emora] *sf Zool.* remora.

re.mor.so [r̃em'ɔrsu] *sm* rimorso, pentimento.

re.mo.to [r̃em'ɔtu] *agg* remoto; longinquo; antico; lontano. **passado** ≃ *Gramm.* passato remoto.

re.mo.ver [r̃emov'er] *vt* rimuovere, ritirare, levare, sgomberare, scostare, togliere.

re.mu.ne.ra.ção [r̃emuneras'ãw] *sf* rimunerazione, ricompensa.

re.mu.ne.rar [r̃emuner'ar] *vt* rimunerare, ricompensare.

re.na [r̃'ena] *sf Zool.* renna.

Re.nas.cen.ça [r̃enas'ẽsa] *sf St.* la Rinascenza.

re.nas.cer [r̃enas'er] *vi* rinascere, rivivere. *Bot.* rimettere, rifiorire. *Fig.* risorgere.

re.nas.ci.men.to [r̃enasim'ẽtu] *sm* rinascimento, rinascita, rinascenza. *Fig.* risorgimento, risveglio. **o R** ≃ *St.* il Rinascimento.

ren.da [r̃'ẽda] *sf* pizzo, merletto. *Comm.* rendita, rendimento, reddito; profitto, interesse, utile; entrata, introito. ≃ **per capita** reddito per abitante.

ren.der [r̃ẽd'er] *vt* rendere, valere, fruttare. *vpr* rendersi, arrendersi, alzare le mani. *Mil.* cadere, capitolare. *Fig.* piegarsi.

ren.di.ção [r̃ẽdis'ãw] *sf* resa

ren.di.men.to [r̃ẽdim'ẽtu] *sm Comm.* rendimento; provento, utile; fruttato. *Mecc.* rendimento, ritmo di una macchina. *Fig.* bottino. ≃ **bruto** ricavo lordo, rendita lorda.

ren.do.so [r̃ẽd'ozu] *agg* lucrativo. *Fig.* pingue.

re.ne.ga.do [r̃eneg'adu] *sm + agg* rinnegato.

re.ne.gar [r̃eneg'ar] *vt* rinnegare, denegare.

re.ni.ten.te [r̃enit'ẽti] *agg* renitente, ostinato.

re.no.ma.do [r̃enom'adu] *agg* rinomato, celebre, conosciuto, grande.

re.no.me [r̃en'omi] *sm* rinomanza, fama, celebrità, nome. *Fig.* marchio.

re.no.va.ção [r̃enovas'ãw] *sf* rinnovazione, rinnovamento, rinnovo, riforma. *Fig.* risveglio.

re.no.var [r̃enov'ar] *vt* rinnovare; riformare; reiterare. *Fig.* rinfrescare. *vpr* rinnovarsi.

ren.te [r̃'ẽti] *agg* raso. *avv* rasente. ≃ **a** *prep* rasente, raso. ≃ **à terra** raso terra. **passar** ≃ **a** *Fig.* radere.

re.nún.cia [r̃en'ũsjə] *sf* rinuncia; cedimento; astinenza; dimissione. *Fig.* sacrificio.

re.nun.ci.ar [r̃enũsi'ar] *vt + vi* rinunciare a; astenersi da, privarsi di; desistere di; abdicare.

re.or.de.nar [r̃eorden'ar] *vt* riordinare.

re.or.ga.ni.za.ção [r̃eorganizas'ãw] *sf* reorganizzazione. *Pol.* rimpasto.

re.or.ga.ni.zar [r̃eorganiz'ar] *vt* riorganizzare.

re.pa.gar [r̃epag'ar] *vt* ripagare, pagar di nuovo.

re.pa.gi.nar [r̃epaʒin'ar] *vt* rimpaginare.

re.pa.ra.ção [r̃eparas'ãw] *sf* compenso, ammenda; aggiustamento. *Giur.* riparazione, risarcimento. ≃ **de guerra** *Mil.* riparazioni di guerra.

re.pa.rar [r̃epar'ar] *vt* riparare, raggiustare, rappezzare; notare, accorgersi di, avvedersi di; indennizzare. *Fig.* sanare.

re.pa.ro [r̃ep'aru] *sm* riparazione, rappezzo, ammendamento, racconciatura.

re.par.ti.ção [r̃epartis'ãw] *sf* ripartizione; divisione; partizione, distribuzione; reparto, sezione, dipartimento. ≃ **aduaneira** ufficio di dogana. ≃ **pública** ufficio.

re.par.ti.men.to [r̃epartim'ẽtu] *sm* ripartimento.

re.par.tir [r̃epart'ir] *vt* ripartire, spartire, dividere, distribuire. *vpr* dividersi.

re.pas.sar [r̃epas'ar] *vt* ripassare. ≃ **um texto** ripassare un testo.

re.pas.se [r̃ep'asi] *sm* ripetizione (di lezioni).

re.pa.tri.a.ção [r̃epatrias'ãw] *sf* rimpatriamento, rimpatrio.

re.pa.tri.ar [r̃epatri'ar] *vt* rimpatriare.

re.pe.len.te [r̃epel'ẽti] *agg* repellente, repulsivo, ripugnante.

re.pe.lir [r̃epel'ir] *vt* respingere; allontanare; ricusare.

re.pen.te [r̃ep'ẽti] *sm* impulso; improvviso. **de** ≃ → **repentinamente**.

re.pen.ti.na.men.te [r̃epẽtinam'ẽti] o **de re.pen.te** [der̃ep'ẽti] *avv* d'un tratto, all'improvviso, subito, di soprassalto.

re.pen.ti.no [r̃epẽt'inu] *agg* repentino, subitaneo, subito.

re.per.cus.são [r̃eperkus'ãw] *sf* ripercussione. *Fig.* risonanza.

re.per.cu.tir [r̃eperkut'ir] *vt* ripercuotere, riverberare. *Fig.* percuotere. *vi + vpr* ripercuotere, riverberare, echeggiare, riflettersi.

re.per.tó.rio [r̃epert'ɔrju] *sm* repertorio.

re.pe.ti.ção [r̃epetis'ãw] *sf* ripetizione; replica; bis; frequenza.

re.pe.ti.do [r̃epet'idu] *part + agg* ripetuto; frequente. *Fig.* frusto.

re.pe.tir [r̄epet'ir] *vt* ripetere; reiterare, rifare, rinnovare; replicare; ridire. *Teat.* bissare. *Fig.* ribadire. *vpr* ripetersi; rinnovarsi. ≃ **na escola** *Fig.* bocciare.

re.pi.car [r̄epik'ar] *vi* scampanare, squillare.

re.pi.que [r̄ep'iki] *sm* scampanata, squillo.

re.ple.to [r̄epl'etu] *agg* repleto, ripieno; esuberante.

ré.pli.ca [r̄'ɛplikə] *sf* replica, risposta.

re.pli.car [r̄eplik'ar] *vt* replicare. *Fig.* ritorcere.

re.po.lho [r̄ep'oʎu] *sm* cavolo.

re.por [r̄ep'or] *vt* riporre, rimettere.

re.por.tar-se [r̄eport'arsi] *vpr* rapportarsi a, riportarsi a.

re.pór.ter [r̄ep'ortɛr] *sm* reporter.

re.po.si.ção [r̄epozis'ãw] *sf* riposizione.

re.pou.sar [r̄epowz'ar] *vi* riposare, riposarsi, rilassarsi, posarsi.

re.pou.so [r̄ep'owzu] *sm* riposo; respiro; fermata, tappa; quiete. *Fig.* tregua.

re.pre.en.der [r̄epreẽd'er] *vt* rimproverare; riprendere, avvertire, ammonire; sgridare, redarguire, rabbuffare; biasimare, censurare.

re.pre.en.são [r̄epreẽs'ãw] *sf* rimprovero; ammonizione, avviso, monito; sgridata, paternale, rabbuffo; censura; appuntatura. *Pop.* lavata di capo. *Fig.* lezione, sermone.

re.pre.sá.lia [r̄eprez'aljə] *sf* rappresaglia, ritorsione, ripicca. *Fig.* taglione.

re.pre.sen.ta.ção [r̄eprezẽtas'ãw] *sf* rappresentazione; simbolo, concetto; simulazione; diagramma; ambasciata, comitato, rappresentanza diplomatica. *Comm.* rappresentanza. *Teat.* recita, rappresentazione.

re.pre.sen.tan.te [r̄eprezẽt'ãti] *s* rappresentante; agente; parlamentare. *Fig.* esponente. *agg* rappresentante.

re.pre.sen.tar [r̄eprezẽt'ar] *vt* rappresentare; fungere da; raffigurare, ritrarre; esprimere; descrivere. *Cin.* e *Teat.* rappresentare, recitare, allestire. *Fig.* dipingere; incarnare. ≃ **um papel** interpretare una parte.

re.pres.são [r̄epres'ãw] *sf* repressione; soprafazione. *Fig.* museruola.

re.pres.si.vo [r̄epres'ivu] *agg* repressivo.

re.pres.sor [r̄epres'or] *agg* repressore, coercitivo.

re.pri.mir [r̄eprim'ir] *vt* reprimere; contenere, limitare; impedire, vietare; dominare. *Fig.* soffocare, annegare; stroncare, fiaccare.

re.pri.se [r̄epr'izi] *sf* *Cin.* seconda visione.

re.pro.du.ção [r̄eprodus'ãw] *sf* riproduzione; copia.

re.pro.du.tor [r̄eprodut'or] *sm* riproduttore. *agg* riproduttore, matricino. **ovelha** ≃ **a** pecora matricina.

re.pro.du.zir [r̄eproduz'ir] *vt* riprodurre; rappresentare; ricostruire. *vpr* riprodursi.

re.pro.va.ção [r̄eprovas'ãw] *sf* riprovazione; biasimo, critica; paternale; rimando. *Fig.* condanna, attacco.

re.pro.va.do [r̄eprov'adu] *part+agg* riprovato. **ser** ≃ *Fig.* bocciare.

re.pro.var [r̄eprov'ar] *vt* riprovare; disapprovare; criticare, censurare; rimbrottare, ridire. *Fig.* condannare. ≃ **num exame** rimandare. *Fig.* bocciare.

re.pro.vá.vel [r̄eprov'avew] *agg* riprovevole, condannabile.

rép.til [r̄'ɛptiw] *sm* *Zool.* rettile.

re.pú.bli.ca [r̄ep'ublikə] *sf* repubblica.

re.pu.di.ar [r̄epudi'ar] *vt* ripudiare, sconfessare.

re.pú.dio [r̄ep'udju] *sm* ripudio, rigetto.

re.pug.nân.cia [r̄epugn'ãsjə] *sf* ripugnanza; disgusto, ripulsa; ribrezzo, schifo, sconcezza.

re.pug.nan.te [r̄epugn'ãti] *agg* ripugnante, schifoso, turpe. *Lett.* ostico. *Fig.* fetente.

re.pug.nar [r̄epugn'ar] *vi* ripugnare.

re.pul.sa [r̄ep'uwsə] *sf* ripulsa, ripugnanza, schifo, ribrezzo; antipatia, fastidio, disgusto.

re.pul.são [r̄epuws'ãw] *sf* *Fís.* ripulsa.

re.pul.si.vo [r̄epuws'ivu] *agg* repulsivo, schifoso, disgustoso, laido, ributtante.

re.pu.ta.ção [r̄eputas'ãw] *sf* reputazione; fama; credito. *Fig.* grido. **má** ≃ discredito.

re.pu.tar [r̄eput'ar] *vt* reputare, considerare, credere.

re.que.brar [r̄ekebr'ar] *vi* *Pop.* ancheggiare.

re.que.ren.te [r̄eker'ẽti] *s* *Giur.* richiedente, petente, istante.

re.que.rer [r̄eker'er] *vt* *Giur.* richiedere, postulare. *Fig.* richiedere, occorrere, esigere.

re.que.ri.men.to [r̄ekerim'ẽtu] *sm* *Giur.* supplica, istanza.

ré.quiem [r̄'ɛkjẽj] *sm* *Lett.* requiem.

re.quin.te [r̄ek'ĩti] *sm* raffinatezza, squisitezza.

re.qui.si.tar [r̄ekizit'ar] *vt* richiedere, postulare.

re.qui.si.to [r̄ekiz'itu] *sm* requisito, condizione.

res.cin.dir [r̄esĩd'ir] *vt* *Giur.* rescindere, disdire un contratto.

res.ci.são [r̄esiz'ãw] *sf* *Giur.* rescissione, risoluzione, disdetta. *Med.* recisione.

re.se.nha [r̄ez'eñə] *sf* recensione, rassegna, critica.

re.se.nhar [r̄ezeñ'ar] *vt* recensire, rassegnare, criticare.

re.ser.va [r̃ez'ervə] *sf* riserva; scorta; riservatez-za, riserbo, pudore. *sm Sp.* riserva (giocato-re). ≃ **de caça** riserva di caccia, bandita. ≃s **monetárias** *pl Comm.* e *Econ.* risparmi.

re.ser.va.do [r̃ezerv'adu] *part + agg* riservato; chiuso, reticente; pudico, contegnoso.

re.ser.var [r̃ezerv'ar] *vt* riservare; conservare, ri-serbare, riporre; prenotare (posto in teatro). *Comm.* stanziare (denaro).

re.ser.va.tó.rio [r̃ezervat'ɔrju] *sm* serbatoio; vas-ca, conserva di acqua.

res.fo.le.gar [r̃esfoleg'ar] *vi* sbuffare.

res.fri.a.do [r̃esfri'adu] *sm Med.* raffreddore, infreddatura.

res.fri.a.men.to [r̃esfriam'ẽtu] *sm* raffredda-mento.

res.fri.ar [r̃esfri'ar] *vt* freddare, refrigerare, ge-lare, congelare; raffreddare, costipare. *vi + vpr* freddare, freddarsi; raffreddarsi, infreddarsi.

res.ga.tar [r̃ezgat'ar] *vt* riscattare; affrancare; redimere. *Comm.* incassare, percepire (de-naro).

res.ga.te [r̃ezg'ati] *sm* riscatto; taglia.

res.guar.dar-se [r̃ezgward'arsi] *vpr* riguardarsi.

re.si.dên.cia [r̃ezid'ẽsjə] *sf* residenza, dimora, domicilio, sede. **comprovante de** ≃ certifica-to di residenza. **mudar de** ≃ traslocarsi. ≃ **presidencial** presidenza.

re.si.den.te [r̃ezid'ẽti] *s + agg* residente.

re.si.dir [r̃ezid'ir] *vt* risiedere, abitare, dimora-re, vivere a.

re.si.du.al [r̃ezidu'aw] *agg* residuo, avanzato.

re.sí.duo [r̃ez'idwu] *sm* residuo; avanzo, reper-to, relitto; detrito, sedimento. *Fig.* traccia.

re.sig.na.ção [r̃ezignas'ãw] *sf* rassegnazione, conformità, passività.

re.sig.nar-se [r̃ezign'arsi] *vpr* rassegnarsi, in-chinarsi.

re.si.na [r̃ez'inə] *sf Bot.* resina.

re.si.no.so [r̃ezin'ozu] *agg* resinoso.

re.sis.tên.cia [r̃ezist'ẽsjə] *sf* resistenza, durezza, consistenza; riluttanza. *Fig.* tenacia. **membro da** ≃ *Mil.* resistente. ≃ **elétrica** *Fis.* resistenza elettrica.

re.sis.ten.te [r̃ezist'ẽti] *agg* resistente, duro. *Fig.* forte, tenace; incrollabile.

re.sis.tir [r̃ezist'ir] *vt* resistere a, respingere. *vi* resistere, reggere.

res.ma [r̃'ezmə] *sf* risma.

res.mun.gão [r̃ezmũg'ãw] *agg Pop.* querulo.

res.mun.gar [r̃ezmũg'ar] *vt* brontolare, borbot-tare. *Fig.* masticare, biascicare. *vi* borbotta-re, mormorare. *Fig.* ringhiare. *disp* grugnire.

re.so.lu.ção [r̃ezolus'ãw] *sf* risoluzione; soluzio-ne, conclusione; decisione, proposito.

re.so.lu.to [r̃ezol'utu] *agg* risoluto; fermo; ca-tegorico, fisso; rapido; ostinato.

re.sol.ver [r̃ezowv'er] *vt* risolvere; concludere, liquidare; decidere, deliberare, giudicare; de-finire, stabilire; disbrigare (negozi). *vpr* risol-versi, decidersi; disporsi a.

res.pei.tar [r̃espejt'ar] *vt* rispettare, osservare. *vpr* rispettarsi. **não** ≃ **ninguém** *Fig.* non per-donare ad alcuno.

res.pei.tá.vel [r̃espejt'avew] *agg* rispettabile, egregio; considerevole, apprezzabile.

res.pei.to [r̃esp'ejtu] *sm* rispetto; considerazio-ne; reverenza, riguardo, deferenza; cortesia; accordo, concordanza (a leggi, regole). **a** ≃ **de** *prep* rispetto a, su, intorno a, quanto a. **dizer** ≃ **a** competere a; concernere; interes-sare a. **faltar com o** ≃ mancare di riguardo. **impor** ≃ farsi rispettare, farsi valere. **no que diz** ≃ **a** da canto di. **no que me diz** ≃ per mio conto.

res.pei.to.so [r̃espejt'ozu] *agg* rispettoso.

res.pi.ra.ção [r̃espiras'ãw] *sf* respirazione; re-spiro; fiato, soffio, lena. *Fig.* alito. **prender a** ≃ trattenere il respiro.

res.pi.rar [r̃espir'ar] *vt* respirare. *vi* respirare, spirare, fiatare; alitare.

res.pi.ra.tó.rio [r̃espirat'ɔrju] *agg* respiratorio.

res.plan.de.cên.cia [r̃esplãdes'ẽsjə] *sf* chiarore.

res.plan.de.cen.te [r̃esplãdes'ẽti] *agg* fulgente, fulgido, lucente.

res.plan.de.cer [r̃esplãdes'er] *vi* risplendere, splendere, fiammeggiare, brillare. *Lett.* riful-gere. *Fig.* lampeggiare, radiare.

res.plen.dor [r̃esplẽd'or] *sm* splendore, barlu-me, sfavillio.

res.pon.der [r̃espõd'er] *vt + vi* rispondere, repli-care. ≃ **mal** rispondere a traverso, risponde-re con sale e pepe. ≃ **para** rispondere a. ≃ **por** rispondere di, badare a, essere respon-sabile di.

res.pon.sa.bi.li.da.de [r̃espõsabilid'adi] *sf* responsabilità. **assumir uma** ≃ prendere una cosa sopra di sé.

res.pon.sa.bi.li.zar [r̃espõsabiliz'ar] *vt* incolpa-re, imputare. *Fig.* addebitare a.

res.pon.sá.vel [r̃espõs'avew] *s + agg* respon-sabile.

res.pos.ta [r̃esp'ɔstə] *sf* risposta, replica. ≃ **de-finitiva** *Fig.* risposta secca.

res.sa.ca [r̃es'akə] *sf Naut.* risacca. *Pop.* ma-lessere (dopo una sbornia).

res.sal.tar [r̃esawt´ar] *vt* mettere in evidenza, marcare. *vi* risaltare, staccare, rilevare.

res.sal.to [r̃es´awtu] *sm* risalto, aggetto.

res.sal.va [r̃es´awvɔ] *sf Giur.* riserva.

res.sar.ci.men.to [r̃esarsim´ẽtu] *sm* risarcimento, rimborso, indennizzo, compenso.

res.sar.cir [r̃esars´ir] *vt* risarcire, rimborsare, indennizzare, compensare. *Fig.* rifondere.

res.se.ca.do [r̃esek´adu] *part + agg* secco, adusto.

res.se.ca.men.to [r̃esekam´ẽtu] *sm* adustione.

res.se.car [r̃esek´ar] *vt* essiccare, adustare. *vi* risecchire, stecchire.

res.sen.ti.do [r̃esẽt´idu] *part + agg* risentito.

res.sen.ti.men.to [r̃esẽtim´ẽtu] *sm* risentimento, rancore, odio.

res.sen.tir-se [r̃esẽt´irsi] *vpr* risentirsi, piccarsi.

res.so.ar [r̃eso´ar] *vi* risuonare, rimbombare, squillare.

res.so.nân.cia [r̃eson´ãsjɔ] *sf Fís.* risonanza.

res.so.nan.te [r̃eson´ãti] *agg* risonante, sonoro.

res.so.nar [r̃eson´ar] *vi* russare; squillare, echeggiare.

res.sur.gi.men.to [r̃esurʒim´ẽtu] *sm* risorgimento.

res.sur.gir [r̃esurʒ´ir] *vi* risorgere, riapparire, ricomparire. *Fig.* rinascere, rifiorire.

res.sur.rei.ção [r̃esur̃ejs´ãw] *sf* risurrezione.

res.sus.ci.tar [r̃esusit´ar] *vt* risuscitare; ravvivare, riaccendere. *vi* risuscitare. *Fig.* risorgere.

res.ta.be.le.cer [r̃estabeles´er] *vt* ristabilire; restaurare; ricostituire. *Fig.* rimenare. *vpr* ristabilirsi; ristorarsi, guarire.

res.ta.be.le.ci.men.to [r̃estabelesim´ẽtu] *sm* restaurazione; guarigione.

res.tan.te [r̃est´ãti] *sm* rimanente, resto. *agg* rimanente; residuo; altro. *Fig.* giacente (corrispondenza).

res.tar [r̃est´ar] *vi* restare, rimanere, avanzare.

res.tau.ra.ção [r̃estawras´ãw] *sf* restaurazione; rinnovazione.

res.tau.ran.te [r̃estawr´ãti] *sm* ristorante, trattoria. ≃ **de estação** buffè.

res.tau.rar [r̃estawr´ar] *vt* restaurare, ripristinare; riattare; rifocillare. *vpr* rifocillarsi.

res.ti.nho [r̃est´iñu] *sm dim Pop.* rimasuglio.

res.ti.tu.i.ção [r̃estituis´ãw] *sf* restituzione, resa, rimando.

res.ti.tu.ir [r̃estitu´ir] *vt* restituire, rendere, rimandare, rimettere.

res.to [r̃´estu] *sm* resto; avanzo, rimasuglio, reperto; rifiuto, straccio; rottame; ritaglio. *Mat.* resto, differenza. *Fig.* carcassa. ≃ **s** *pl* vestigi, vestigia; scorie, detrito *sg.* ≃ **s mortais**

avanzi mortali, spoglie. ≃ **s de mercadoria** *Comm.* spurgo, marame.

res.tri.ção [r̃estris´ãw] *sf* restrizione, condizione; ristrettezza, strettezza.

res.trin.gir [r̃estrĩʒ´ir] *vt* restringere, limitare, circoscrivere. *vpr* restringersi, limitarsi.

res.tri.ti.vo [r̃estrit´ivu] *agg* restrittivo, limitativo.

res.tri.to [r̃estr´itu] *part + agg* ristretto, stretto, limitato.

re.sul.ta.do [r̃ezuwt´adu] *sm* risultato; conclusione, esito, conseguenza, effetto, successo. *Mat.* risultato. *Fig.* frutto, prodotto; caccia, bottino. **dar como** ≃ *Mat.* risultare.

re.sul.tan.te [r̃ezuwt´ãti] *agg* risultante.

re.sul.tar [r̃ezuwt´ar] *vi* risultare; conseguire, esser conseguenza di. *Lett.* ridondare.

re.su.mi.do [r̃ezum´idu] *part + agg* riassunto, conciso, sintetico, succinto; ridotto (testo).

re.su.mir [r̃ezum´ir] *vt* riassumere, compendiare, sintetizzare, ricapitolare, riepilogare; ridurre (un testo). *Fig.* condensare.

re.su.mo [r̃ez´umu] *sm* riassunto, sunto, compendio, sintesi, ricapitolazione, riepilogo, sinossi, sommario. *Fig.* specchietto; somma.

re.ta [r̃´etɔ] *sf Geom.* retta. ≃ **em estrada** rettilineo.

re.ta.lhar [r̃etaʎ´ar] *vt* ritagliare; frastagliare.

re.ta.lho [r̃et´aʎu] *sm* ritaglio, scampolo, brandello, cencio, straccio.

re.tân.gu.lo [r̃et´ãgulu] *sm + agg Geom.* rettangolo.

re.tar.da.do [r̃etard´adu] *part + agg* ritardato; tardivo.

re.tar.da.men.to [r̃etardam´ẽtu] *sm* ritardo.

re.tar.dar [r̃etard´ar] *vt* ritardare, tardare.

re.tar.da.tá.rio [r̃etardat´arju] *sm* ritardatario. *agg* tardivo, tardo.

re.tar.do [r̃et´ardu] *sm* ritardo, dimora.

re.ten.ção [r̃etẽs´ãw] *sf* ritegno, ritenimento, trattenimento. *Med.* ritenzione.

re.ter [r̃et´er] *vt* ritenere, trattenere, rattenere.

re.te.sar [r̃etez´ar] *vt* rattrappire (le membra, i muscoli). *vpr* rattrappirsi, incordarsi.

re.ti.cên.cias [r̃etis´ẽsjɔs] *sf pl* puntini sospensivi.

re.ti.cen.te [r̃etis´ẽti] *agg* reticente, guardingo, zitto.

ré.ti.co [r̃´etiku] *sm Ling.* romancio.

re.tí.cu.la [r̃et´ikulɔ] *sf* graticola (per disegni).

re.ti.dão [r̃etid´ãw] *sf* rettitudine, equità, coscienza. *Fig.* chiarezza.

re.ti.fi.ca.ção [r̃etifikas´ãw] *sf* rettifica, rettificazione, smentita.

re.ti.fi.car [ɾetifik'aɾ] *vt* rettificare, correggere, aggiustare.

re.ti.lí.neo [ɾetil'inju] *agg Geom.* rettilineo.

re.ti.na [ɾet'ina] *sf Anat.* retina.

re.ti.ra.da [ɾetir'ada] *sf* ritiro, levata. *Comm.* levata. *Mil.* ritirata. **bater em** ≃ *Mil.* ritirarsi. ≃ **estratégica** ritirata strategica.

re.ti.rar [ɾetir'aɾ] *vt* ritirare; levare, togliere; eliminare; estrarre. *vpr* ritirarsi; rintanarsi; accomiatarsi; scostarsi. *Mil.* ritirarsi.

re.ti.ro [ɾet'iɾu] *sm* ritiro.

re.to [ɾ'ɛtu] *sm Anat.* retto. *agg* retto; diritto, diretto, ritto; imparziale. **ângulo** ≃ *Geom.* angolo retto. **caso** ≃ *Gramm.* caso retto.

re.to.car [ɾetok'aɾ] *vt* ritoccare, rifinire, finire. *Fig.* ripulire, tornire, limare.

re.to.ma.da [ɾetom'ada] *sf* ripresa.

re.to.mar [ɾetom'aɾ] *vt* riprendere, ripigliare, tornare a, rimettersi a.

re.to.que [ɾet'ɔki] *sm* ritocco, rifinitura. *Fig.* ripulitura. **dar o último** ≃ *Fam.* fare il becco all'oca. **último** ≃ ultima mano, fine di un'opera.

re.tor.cer [ɾetoɾs'eɾ] *vt* torcere, storcere, attorcigliare, ritorcere. *vpr* torcersi.

re.tor.ci.do [ɾetoɾs'idu] *part* + *agg* torto, storto, attorto.

re.tó.ri.ca [ɾet'ɔɾika] *sf* retorica.

re.tó.ri.co [ɾet'ɔɾiku] *sm* + *agg* retorico.

re.tor.nar [ɾetoɾn'aɾ] *vi* ritornare, tornare, regredire, ricondursi.

re.tor.no [ɾet'oɾnu] *sm* ritorno, regressione, regresso, venuta, rientro. *Fig.* risveglio.

re.tor.são [ɾetoɾs'ãw] *sf* ritorsione.

re.tra.ção [ɾetɾas'ãw] *sf* retrazione, ritrazione; contrazione. ≃ **do mercado** *Econ.* crollo del mercato.

re.tra.i.men.to [ɾetɾaim'ẽtu] *sm* contrazione. *Fig.* riserva, timidezza.

re.tra.ir-se [ɾetɾa'iɾsi] *vpr* ritrarsi, rientrare.

re.tra.ta.ção [ɾetɾatas'ãw] *sf* ritrattazione.

re.tra.tar [ɾetɾat'aɾ] *vt* ritrattare; ritrarre; descrivere, figurare; rappresentare. *vpr* ritrattarsi; disdirsi.

re.trá.til [ɾetɾ'atiw] *agg* retrattile.

re.tra.to [ɾetɾ'atu] *sm* ritratto.

re.tri.bu.i.ção [ɾetɾibuis'ãw] *sf* retribuzione; ricompensa, compenso.

re.tri.bu.ir [ɾetɾibu'iɾ] *vt* retribuire; ricompensare, compensare; ricambiare.

re.tro.a.ti.vo [ɾetɾoat'ivu] *agg* retroattivo.

re.tro.ce.der [ɾetɾosed'eɾ] *vi* retrocedere, rinculare, arretrare, recedere; regredire. *Fig.* calare.

re.tro.ces.são [ɾetɾoses'ãw] *sf Giur.* retrocessione.

re.tro.ces.so [ɾetɾos'ɛsu] *sm* retrocessione; regressione, regresso; recessione. *Fig.* riflusso.

re.tró.gra.do [ɾetɾ'ɔgɾadu] *sm Fig.* ritardatario. *agg* retrogrado.

re.tros.pec.ti.vo [ɾetɾospekt'ivu] *agg* retrospettivo.

re.tru.car [ɾetɾuk'aɾ] *vt* rintuzzare, ritorcere. *vi* ribattere.

re.tum.ban.te [ɾetũb'ãti] *agg* rimbombante, altisonante.

re.tum.bar [ɾetũb'aɾ] *vi* rimbombare, rintronare. *Fig.* ruggire.

réu [ɾ'ew] *sm* + *agg* reo, accusato, colpevole.

reu.má.ti.co [ɾewm'atiku] *sm* + *agg* reumatico.

reu.ma.tis.mo [ɾewmat'izmu] *sm Med.* reumatismo, reuma.

re.u.ni.ão [ɾewni'ãw] *sf* riunione; adunanza, assemblea, congresso; appuntamento; collezione; festa. ≃ **de família** brigata.

re.u.nir [ɾeun'iɾ] *vt* riunire; radunare, raccogliere, raggruppare; adunare, congregare; compilare; agglomerare, assembrare. *vpr* riunirsi; radunarsi, ritrovarsi, raccogliersi; affollarsi, ammassarsi. ≃ **fundos (capital)** fondarsi.

re.u.ti.li.zar [ɾeutiliz'aɾ] *vt* riutilizzare, ricuperare, riciclare, ripristinare.

re.van.che [ɾev'ãʃi] *sf Sp.* rivincita.

re.vel [ɾev'ɛw] *s Giur.* contumace.

re.ve.la.ção [ɾevelas'ãw] *sf* rivelazione. *Fot.* sviluppo.

re.ve.la.dor [ɾevelad'oɾ] *sm Fot.* rivelatore.

re.ve.lar [ɾevel'aɾ] *vt* rivelare; palesare; confidare; tradire. *Fot.* sviluppare. *Ger.* cantare. *Fig.* svelare, denudare; denunciare. *vpr* rivelarsi, palesarsi. *Fig.* smascherarsi.

re.ve.li.a [ɾevel'ia] *sf Giur.* contumacia. **à** ≃ in contumacia.

re.ven.da [ɾev'ẽda] *sf Comm.* rivendita.

re.ven.de.dor [ɾevẽded'oɾ] *sm Comm.* rivenditore.

re.ven.der [ɾevẽd'eɾ] *vt Comm.* rivendere.

re.ver [ɾev'eɾ] *vt* rivedere.

re.ver.be.ra.ção [ɾeveɾberas'ãw] *sf* riverbero, ripercussione.

re.ver.be.rar [ɾeveɾber'aɾ] *vt* riverberare. *vi* riverberarsi, riverberarsi.

re.ve.rên.cia [ɾeveɾ'ẽsja] *sf* riverenza; rispetto, considerazione; venerazione; ossequio; inchino. **fazer** ≃ inchinarsi.

re.ve.ren.ci.ar [ɾeveɾẽsi'aɾ] *vt* riverire; rispettare; venerare, adorare.

re.ve.ren.do [r̃ever′ẽdu] *sm Rel.* reverendo. *agg* reverendo.

re.ve.ren.te [r̃ever′ẽti] *agg* riverente, rispettoso.

re.ver.são [r̃evers′ãw] *sf* reversione. *Fis.* e *Psic.* inversione.

re.ver.sí.vel [r̃evers′ivew] *agg* riversibile.

re.ver.so [r̃ev′ersu] *sm* rovescio. **o** ≃ **da meda-lha** *Fig.* il rovescio della medaglia.

re.ver.ter [r̃evert′er] *vt* invertire.

re.vés [r̃ev′ɛs] *sm* rovescio. *Lett.* vicissitudine.

re.ves.ti.men.to [r̃evestim′ẽtu] *sm* rivestimento, involucro. *Lett.* spoglia. *Fig.* armatura.

re.ves.tir [r̃evest′ir] *vt* rivestire, coprire. *Fig.* vestire.

re.ve.za.men.to [r̃evezam′ẽtu] *sm* avvicenda-mento, alternanza.

re.ve.zar [r̃evez′ar] *vt* avvicendare, rilevare. *vpr* avvicendarsi, alternarsi.

re.vi.dar [r̃evid′ar] *vt an Mil.* contrattaccare.

re.vi.de [r̃ev′idi] *sm an Mil.* contrattacco.

re.vi.go.rar [r̃evigor′ar] *vt* rinvigorire, corrobo-rare, rinforzare. *Fig.* rianimare. *vpr* rinvigo-rirsi, rafforzarsi, riaversi.

re.vi.rar [r̃evir′ar] *vt* rivolgere, rivoltare. *vpr* ro-vesciarsi.

re.vi.ra.vol.ta [r̃evirav′owtə] *sf* svolta. *Fig.* giostra.

re.vi.são [r̃eviz′ãw] *sf* revisione; recensione, ri-vista; ripetizione.

re.vi.sar [r̃eviz′ar] *vt* rivedere; recensire.

re.vi.sor [r̃eviz′or] *sm* revisore; recensore.

re.vis.ta [r̃ev′istə] *sf* rivista. *Mil.* rassegna, ri-vista. *Fam.* frugamento. *Teat.* rivista, varietà.

re.vis.tar [r̃evist′ar] *vt* rovistare. *Fam.* frugare.

re.vi.ver [r̃eviv′er] *vt* ravvivare; riaccendere; re-suscitare. *vi* ravvivarsi; resuscitare.

re.vo.a.da [r̃evo′adə] *sf* stormo.

re.vo.ga.ção [r̃evogas′ãw] *sf Giur.* revoca.

re.vo.gar [r̃evog′ar] *vt Giur.* revocare, abroga-re, rivocare.

re.vol.ta [r̃ev′owtə] *sf* rivolta, ribellione, som-mossa; indignazione; ripugnanza, ripulsa.

re.vol.ta.do [r̃evowt′adu] *sm+agg* rivoltoso, ri-belle; indignato, sdegnato.

re.vol.tar [r̃evowt′ar] *vt* rivoltare, indignare. *vpr* rivoltarsi, insorgere; indignarsi. ≃**-se contra** voltarsi contro.

re.vol.to.so [r̃evowt′ozu] *sm+agg* rivoltoso.

re.vo.lu.ção [r̃evolus′ãw] *sf* rivoluzione. *Pol.* moto.

re.vo.lu.cio.nar [r̃evolusjon′ar] *vt* rivoluzionare.

re.vo.lu.cio.ná.rio [r̃evolusjon′arju] *sm+agg* ri-voluzionario; sovversivo.

re.vol.ver [r̃evowv′er] *vt* rimescolare, rimesta-re. ≃ **a terra** rimboccare la terra.

re.vól.ver [r̃ev′ɔwver] *sm* rivoltella, revolver.

re.zar [r̃ez′ar] *vt+vi* pregare.

ri.a.cho [r̃i′aʃu] *sm Lett.* rivo.

ri.bal.ta [r̃ib′awtə] *sf Teat.* ribalta.

ri.bom.bar [r̃ibõb′ar] *vi* rimbombare, tuona-re, rintronare, mugghiare.

ri.bom.bo [r̃ib′õbu] *sm* boato, tuono.

rí.ci.no [r̃′isinu] *sm Bot.* ricino.

ri.co [r̃′iku] *sm* ricco, benestante, quattrinaio. *Fig.* capitalista. *agg* ricco; benestante, agia-to; opulento. *Fig.* grasso, nutriente (cibo); fer-tile, fecondo (terreno).

ri.co.che.te [r̃ikoʃ′eti] *sm* rimbalzo.

ri.co.che.te.ar [r̃ikoʃete′ar] *vi* rimbalzare.

ri.co.ta [r̃ik′ɔtə] *sf* ricotta.

ri.dí.cu.lo [r̃id′ikulu] *sm* ridicolo. *agg* ridico-lo; buffo, risibile; irrisorio. *Fig.* stupido.

ri.fa [r̃′ifə] *sf* riffa.

ri.gi.dez [r̃iʒid′es] *sf* rigidità; rigore; durezza. *Fig.* asperità. ≃ **cadavérica** rigidità cada-verica.

rí.gi.do [r̃′iʒidu] *agg* rigido; duro; severo, rigo-roso, austero; contratto. *Fig.* ferreo; fiscale.

ri.gor [r̃ig′or] *sm* rigore. *Fig.* durezza, rigidi-tà. **a** ≃ **a** rigore.

ri.go.ro.si.da.de [r̃igorozid′adi] *sf* rigorosità; se-verità, durezza.

ri.go.ro.so [r̃igor′ozu] *agg* rigoroso; severo, du-ro, rigido; stretto (senso); inclemente (tem-po). *Fig.* spartano; selettivo (esame).

ri.jo [r̃′iʒu] *agg* rigido, duro; robusto, vigoro-so; energico.

rim [r̃′ĩ] *sm Anat.* rene. ≃ **de animal** rogno-ne, arnione.

ri.ma [r̃′imə] *sf Poet.* rima.

ri.mar [r̃im′ar] *vi Poet.* rimare.

rin.gue [r̃′ĩgi] *sm Sp.* ring.

ri.no.ce.ron.te [r̃inoser′õti] *sm Zool.* rinoce-ronte.

ri.o [r̃′iu] *sm* fiume. *Fig.* mare, gran quantità. **subir o curso de um** ≃ rimontare un fiume. **um** ≃ **de lágrimas** *Fig.* un rio di pianto.

ri.pa [r̃′ipə] *sf* asserella.

ri.que.za [r̃ik′ezə] *sf* ricchezza; abbondanza, dovizia; fasto; benessere, agiatezza; denaro. *Fig.* oro. ≃**s** *pl* ricchezze. *Fig.* fortuna.

rir [r̃′ir] *vi* ridere. *vpr* ridersi di, canzonare. ≃ **consigo mesmo** ridere sotto i baffi. ≃ **com gosto** fare grosse risate. **ri melhor quem ri por último** ride bene chi ride ultimo.

ri.sa.da [r̃iz′adə] *sf* risata, riso. **dar boas** ≃**s** fare grasse risate. **dar uma** ≃ fare una risata.

ris.ca [řˈiskə] *sf* lista, stria. ≃ **dos cabelos** scriminatura, divisa.

ris.ca.do [řiskˈadu] *part*+*agg* striato (tessuto).

ris.car [řiskˈar] *vt* striare; strisciare, grattare, sfregare. ≃ **de uma lista** cassare, radiare.

ris.co [řˈisku] *sm* rischio, alea, azzardo; linea, frego; grattaticcio; cancellatura; sfregacciolo. **correr o** ≃ correre il rischio (o l'alea). **pôr em** ≃ mettere a rischio, arrischiare.

ri.sí.vel [řizˈivew] *agg* risibile.

ri.so [řˈizu] *sm* riso.

ri.so.nho [řizˈoɲu] *agg* ridente, allegro, ilare.

ri.so.to [řizˈotu] *sm* risotto.

rit.mar [řitmˈar] *vt* ritmare.

rít.mi.co [řˈitmiku] *agg Lett.* ritmico. **ginástica** ≃**a** *Sp.* ginnastica ritmica.

rit.mo [řˈitmu] *sm Mus.* e *Poet.* ritmo, cadenza. *Fig.* battuta, andatura.

ri.to [řˈitu] *sm Rel.* rito.

ri.tu.al [řituˈaw] *sm* rituale, cerimonia. *Rel.* rito. *an Fig.* culto. ≃ **agg** rituale.

ri.val [řivˈaw] *s*+*agg* rivale; concorrente; avversario.

ri.va.li.da.de [řivalidˈadi] *sf* rivalità; antagonismo; conflitto, gara. *Fig.* attrito.

ri.va.li.zar [řivalizˈar] *vt* rivaleggiare con, gareggiare con, emulare.

ri.xa [řˈiʃə] *sf* rissa, zuffa, tafferuglio, baruffa, bisticcio, conflitto. *Fig.* scaramuccia.

ro.ble [řˈɔbli] *sm Bot.* ischio.

ro.bô [řobˈo] *sm* automa, robot.

ro.bus.te.cer [řobustesˈer] *vt* irrobustire, ingagliardire. *vpr* irrobustirsi, afforzarsi.

ro.bus.tez [řobustˈes] *sf* robustezza, forza, durezza. *Fig.* virilità.

ro.bus.to [řobˈustu] *agg* robusto; forte, resistente; duro, saldo; corpulento, tarchiato, quartato; forzuto, aitante. *Fig.* ferreo; muscoloso, taurino. **ser** ≃ *Fig.* avere buoni lombi.

ro.ca [řˈɔkə] *sf* rocca, conocchia, pezzo del telaio.

ro.ça.gem [řosˈaʒẽj] *sf* debbio.

ro.çar [řosˈar] *vt* rasentare; debbiare, diboscare. *Fig.* radere, lambire.

ro.cha [řˈɔʃə] *sf* roccia, sasso, masso.

ro.che.do [řoʃˈedu] *sm Geogr.* rupe, macigno.

ro.cho.so [řoʃˈozu] *agg* roccioso, sassoso.

ro.da [řˈɔdə] *sf* ruota. *Poet.* rosa. ≃ **da fortuna** ruota della fortuna. ≃ **de amigos** capannello. ≃ **de máquina** *Mecc.* volano. ≃ **dentada** *Mecc.* ruota dentata, stella.

ro.da.pé [řodapˈɛ] *sm* piè di pagina. *Archit.* zoccolo. **no** ≃ in calce, a piè di pagina.

ro.dar [řodˈar] *vt*+*vi* ruotare, roteare, girare.

ro.de.ar [řodeˈar] *vt* contornare, cingere, attorniare; aggirare; volteggiare.

ro.dei.o [řodˈeju] *sm* aggiramento; arzigogolo. *Pop.* storie *pl*.

ro.di.nha [řodˈiɲə] *sf dim* rotella.

ro.dí.zio [řodˈizju] *sm* avvicendamento, turno; rotella (di un mobile).

ro.do.den.dro [řododˈẽdru] *sm Bot.* rododendro.

ro.do.va.lho [řodovˈaʎu] *sm Zool.* rombo.

ro.do.vi.a [řodovˈiə] *sf* autostrada, strada.

ro.e.dor [řoedˈor] *sm*+*agg Zool.* rosicante, roditore.

ro.er [řoˈer] *vt* rodere, rosicchiare; brucare; corrodere, consumare.

ro.gar [řogˈar] *vt* supplicare, implorare. ≃ **uma praga em alguém** maledire uno.

rol [řˈɔw] *sm* ruolo, elenco.

ro.la [řˈɔlə] *sf Zool.* tortora.

ro.lar [řolˈar] *vt* rotolare. *vi* rotolare, ruzzolare. ≃**ndo** *avv* a ruzzoloni.

rol.da.na [řowdˈʌnə] *sf Mecc.* girella, carrucola, puleggia.

ro.lha [řˈoʎə] *sf* tappo, turacciolo, zaffo.

ro.lo [řˈolu] *sm* rullo; rotolo; cilindro. *Fig. Pop.* casino. ≃ **compressor** rullo compressore. ≃ **de fita** pezza. ≃ **de macarrão** matterello.

Ro.ma [řˈomə] *np Geogr.* Roma.

ro.mã [řomˈã] *sf Bot.* melagrana, granato.

ro.man.ce [řomˈãsi] *sm Lett.* romanzo. *Iron.* epistola, lettera troppo lunga. ≃ **de suspense** romanzo giallo.

ro.man.ce.ar [řomãseˈar] *vt* romanzare.

ro.man.che [řomˈãʃi] *sm Ling.* romancio.

ro.man.cis.ta [řomãsˈistə] *s* romanziere.

ro.ma.nes.co [řomanˈesku] *sm Ling.* romanesco, dialetto di Roma. *agg* romanzesco.

ro.ma.nho.lo [řomaɲˈɔlu] *sm Ling.* romagnolo, dialetto della Romagna. *sm*+*agg* romagnolo, della Romagna.

ro.mâ.ni.co [řomˈʌniku] *agg Ling.* romanzo.

ro.ma.no [řomˈʌnu] *sm* romano, romanesco. **algarismos** ≃**s** *Mat.* numeri romani. **caráter** ≃ carattere romano.

ro.man.tis.mo [řomãtˈizmu] *sm* romanticismo.

ro.mân.ti.co [řomˈãtiku] *agg* romantico.

ro.mã.zei.ra [řomãzˈejrə] *sf Bot.* melagrano, granato.

rom.bo [řˈõbu] *sm Geom.* rombo.

ro.mei.ro [řomˈejru] *sm* romeo.

ro.me.no [řomˈenu] *sm*+*agg* romeno.

rom.per [řõpˈer] *vt* rompere; infrangere, dirompere, fracassare; schiacciare. *Giur.* rescindere. *vpr* rompersi, dirompersi, fracassarsi.

rom.pi.men.to [r̄õpim'ẽtu] *sm* rompimento, fracassamento, cedimento. *Fig.* rottura.

ron.car [r̄õk'ar] *vi* russare.

ron.da [r̄'õdə] *sf Mil.* ronda.

ron.ro.nar [r̄õr̄on'ar] *vi* far le fusa.

ro.sa [r̄'ɔzə] *sf Bot.* rosa. *sm* + *agg* rosa (colore). **toda** ≃ **tem espinhos** non c'è rosa senza spine.

ro.sa.do [r̄oz'adu] *agg* roseo, rosa.

ro.sa-dos-ven.tos [r̄ɔzadusv'ẽtus] *sf* rosa dei venti.

ro.sá.rio [r̄oz'arju] *sm Rel.* rosario, corona.

ros.bi.fe [r̄ozb'ifi] *sm* rosbiffe.

ros.ca [r̄'oskə] *sf* ciambella. *Mecc.* filetto, pane (di vite).

ro.sei.ra [r̄oz'ejrə] *sm Bot.* rosa, rosaio.

ro.sei.ra-bra.va [r̄ozejrabr'avə] *sf Bot.* cino.

ró.seo [r̄'ɔzju] *agg* roseo.

ro.se.ta [r̄oz'etə] *sf* rosetta. ≃ **da espora** stella.

ros.ma.ni.nho [r̄ozman'iñu] *sm Bot.* rosmarino.

ros.na.do [r̄ozn'adu] *sm* ringhio.

ros.nar [r̄ozn'ar] *vi* ringhiare.

ros.to [r̄'ostu] *sm* viso, faccia, fronte. *Iron.* ceffo. *Poet.* volto. *Fig. disp* grugno.

ro.ta [r̄'ɔtə] *sf an Aer.* e *Naut.* rotta. *Fig.* cammino. **marcar a** ≃ dare la rotta.

ro.ta.ção [r̄otas'ãw] *sf* rotazione; giro; turno. ≃ **de culturas** rotazione agraria. ≃ **de uma máquina** numero dei giri. ≃ **por minuto (nos discos)** giro.

ro.ti.na [r̄ot'inə] *sf* consuetudine, uso, abitudine.

ro.ti.nei.ro [r̄otin'ejru] *agg* consueto, usuale, abituale.

ro.to [r̄'otu] *part* + *agg* rotto; dirotto; cencioso.

ró.tu.la [r̄'ɔtulə] *sf Anat.* rotula, rotella, patella. *Pop.* paletta.

ró.tu.lo [r̄'ɔtulu] *sm* etichetta.

ro.tun.da [r̄ot'ũdə] *sf Archit.* rotonda.

rou.ba.lhei.ra [r̄owbaʎ'ejrə] *sf Pop.* ruberia.

rou.bar [r̄owb'ar] *vt* rubare; rapinare; predare; saccheggiare, spogliare; asportare; copiare. *Fam.* mangiare. *Fig.* graffiare, raspare. ≃ **os corações** rubare i cuori.

rou.bo [r̄'owbu] *sm* ruberia, furto, rapina, ladroneria; sottrazione. *Ger.* scippo. *Fig.* rapina, salasso, abuso.

rou.co [r̄'owku] *agg* rauco, roco.

rou.pa [r̄'owpə] *sf* abito; tenuta; costume. ≃ *s pl* confezioni, panni. ≃ **de cama** biancheria da letto. ≃ **de mesa** biancheria da tavola. **trocar de** ≃ cambiarsi d'abito, rivestirsi.

rou.pa-bran.ca [r̄owpabr'ãkə] *sf* biancheria.

rou.pão [r̄owp'ãw] *sm* vestaglia, accappatoio. ≃ **dos doentes no hospital** gabbanella.

rou.qui.dão [r̄owkid'ãw] *sf* raucedine, rochezza, fiocaggine.

rou.xi.nol [r̄owfin'ɔw] *sm Zool.* usignolo.

ro.xo [r̄'ofu] *sm* viola, paonazzo.

ru.a [r̄'uə] *sf* strada; via; corso. *Fig.* arteria. **colocar no olho da** ≃ *Pop.* mettere uno alla porta (o sulla strada). ≃ **de mão única** strada a senso unico. ≃ **de vilarejo** contrada. ≃ **preferencial** strada maestra. ≃ **principal** strada maestra. ≃ **sem saída** strada senza uscita. ≃ **transversal** traversa.

ru.béo.la [r̄ub'ɛwlə] *sf Med.* rosolia.

ru.bi [r̄ub'i] *sm Min.* rubino.

ru.blo [r̄'ublu] *sm* rublo, moneta russa.

ru.bor [r̄ub'or] *sm* rossore, fiamma. *Fig.* vampa, vampata.

ru.bri.ca [r̄ubr'ikə] *sf* firma (abbreviata); rubrica, titolo scritto in inchiostro rosso.

ru.bro [r̄'ubru] *agg* rosso vivo. *Fig.* acceso.

ru.de [r̄'udi] *agg* rozzo; incivile, zotico; brusco, ruvido; grossolano, rustico. *Lett.* rude. *Fig.* selvaggio; selvatico.

ru.de.za [r̄ud'ezə] o **ru.dez** [r̄ud'es] *sf* rozzezza; zoticaggine, zotichezza; ruvidezza, ruvidità; grossezza. *Fig.* selvatichezza.

ru.di.men.tar [r̄udimẽt'ar] *agg* rudimentale, elementare. *Fig.* primitivo.

ru.di.men.tos [r̄udim'ẽtus] *sm pl* rudimenti. *Fig.* alfabeto *sg*, tinta *sg*. **estudar os** ≃ *s Fig.* infarinarsi.

ru.far [r̄uf'ar] *vi* rullare (i tamburi).

ru.fi.ão [r̄ufi'ãw] *sm* ruffiano; mezzano.

ru.fo [r̄'ufu] *sm* rullo (del tamburo).

ru.ga [r̄'ugə] *sf* ruga; grinza. *Fig.* solco (sulla pelle).

ru.ge [r̄'uʒi] *sm* rosso per guance.

ru gi.do [r̄uʒ'idu] *sm* ruggito; muggito.

ru.gir [r̄uʒ'ir] *vi* ruggire, rugghiare; muggire.

ru.go.so [r̄ug'ozu] *agg* rugoso.

rui.bar.bo [r̄ujb'arbu] *sm Bot.* rabarbaro.

ru.í.do [r̄u'idu] *sm* chiasso; strepito, clamore; fracasso; rumore; brusio. *Poet.* fragore. **não fazer** ≃ tacere. **sem** ≃ *avv* piano.

ru.i.do.so [r̄uid'ozu] *agg* chiassoso, rumoroso; strepitoso, clamoroso, fragoroso.

ru.im [r̄u'ĩ] *agg* cattivo; malvagio, velenoso, bieco; malfatto, imperfetto.

ru.í.na [r̄u'inə] *sf* rovina; strage, strazio, sfascio; crollo, bancarotta, tracollo; desolazione; finimondo. *Fig.* flagello; sconfitta, caduta. ≃ *s pl Archeol.* rovine, avanzi, vestigia.

ru.in.da.de [r̄uĩd'adi] *sf* cattiveria.

ru.ir [r̄u'ir] *vi* franare, smottare, dirupare.

rui.vo [r̄'ujvu] *sm* rosso, persona di capelli rossi. *agg* rosso, fulvo.

rum [r̄'ũ] *sm* rum.

ru.mi.nan.te [r̄umin'ãti] *sm+agg* ruminante.

ru.mi.nar [r̄umin'ar] *vt* ruminare. *Pop.* rimuginare, pensare. *vi* ruminare, pascolare.

ru.mo [r̄'umu] *sm* direzione. *Fig.* sentiero. **perder o** ≃ *Fig.* perdere la tramontana.

ru.mor [r̄um'or] *sm* rumore; chiasso.

ru.mo.re.jar [r̄umoreʒ'ar] *vi* rumoreggiare, scrosciare, mormorare, mormoreggiare.

ru.mo.re.jo [r̄umor'eʒu] *sm* scroscio.

ru.mo.ro.so [r̄umor'ozu] *agg* rumoroso; sonoro.

rup.tu.ra [r̄upt'urə] *sf* rottura, frattura, rotto.

ru.ral [r̄ur'aw] *agg* rurale, agreste, campestre.

rus.so [r̄'usu] *sm+agg* russo.

rus.ti.ci.da.de [r̄ustisid'adi] *sf* rusticità; scortesia.

rús.ti.co [r̄ustiku] *sm* rustico, bifolco. *agg* rustico; agreste; scortese, impulito. *Fig.* primitivo, selvatico.

S

s ['ɛsi] *sm* la diciottesima lettera dell'alfabeto portoghese.

sá.ba.do [s'abadu] *sm* sabato. **aos** ≃ **s** *avv* di sabato. **S** ≃ **de Aleluia** *Rel.* Sabato di Alleluia.

sa.bão [sab'ãw] *sm* sapone, sapone da bucato. *Pop.* sgridata. **bola de** ≃ bolla di sapone.

sa.be.dor [sabed'or] *agg* sciente, sapiente.

sa.be.do.ri.a [sabedor'iə] *sf* sapienza, saggezza; esperienza. *Fig.* profondità.

sa.ber [sab'er] *sm* sapere, dottrina. *vt* sapere; conoscere. **a** ≃ cioè. **fazer** ≃ avvertire. **não** ≃ **o que fazer** *Fig.* non sapere che pesci pigliare. ≃ **o que fazer** sapere il conto suo. **sem que eu saiba, sem eu** ≃ a mia insaputa. **tentar** ≃ stare sull'intesa. *Fig.* sondare. **vir a** ≃ risapere, apprendere. ≃ **fazer** sapere.

sa.be-tu.do [sabit'udu] *sm Iron.* oracolo.

sa.bi.chão [sabiʃ'ãw] *sm disp* sputasentenze, saccente.

sa.bi.do [sab'idu] *sm* + *agg* astuto; furbo. *part* saputo.

sá.bio [s'abju] *sm* saggio, sapiente, dotto. *Fig.* patriarca. *agg* saggio, saputo. *Fig.* maturo.

sa.bo.ne.te [sabon'eti] *sm* saponetta, sapone da toilette.

sa.bo.ne.tei.ra [sabonet'ejrə] *sf* saponiera.

sa.bor [sab'or] *sm* sapore, gusto. ≃ **agradável** gustosità. **dar** ≃ assaporire.

sa.bo.re.ar [sabore'ar] *vt* assaporare, centellinare, godersi, gustare.

sa.bo.ro.so [sabor'ozu] *agg* saporoso, saporito, gustevole, gustoso.

sa.bo.ta.gem [sabot'aʒẽj] *sf* sabotaggio.

sa.bo.tar [sabot'ar] *vt* sabotare.

sa.bre [s'abri] *sm Mil.* sciabola.

sa.bu.jo [sab'uʒu] *sm* segugio.

sa.ca.da [sak'adə] *sf* balcone, bovindo.

sa.ca.dor [sakad'or] *sm Comm.* traente.

sa.ca.na.gem [sakan'aʒẽj] *sf Ger.* fregatura.

sa.ca.ne.ar [sakane'ar] *vt Volg.* fottere.

sa.car [sak'ar] *vt Comm.* trarre, emettere una cambiale, un assegno. *Ger.* fiutare, capire.

sa.ca.ri.na [sakar'inə] *sf Chim.* saccarina.

sa.ca-ro.lhas [sakaʀ'oʎəs] *sm* cavatappi.

sa.cer.dó.cio [saserd'ɔsju] *sm Rel.* sacerdozio. *Fig.* missione importante. **abraçar o** ≃ vestir la tonaca.

sa.cer.do.tal [saserdot'aw] *agg* sacerdotale.

sa.cer.do.te [saserd'ɔti] *sm Rel.* sacerdote; religioso. **sumo** ≃ sommo sacerdote.

sa.cer.do.ti.sa [saserdot'izə] *sf Rel.* sacerdotessa.

sa.cho [s'aʃu] *sm* zappa, marra.

sa.ci.ar [sasi'ar] *vt* saziare, satollare, rifocillare. *Fig.* stuccare, annoiare. *vpr* saziarsi, satollarsi, rifocillarsi. *Fig.* stuccarsi, annoiarsi.

sa.co [s'aku] *sm* sacco. *Volg.* coglione. ≃ **de gatos** *Pop.* gabbia di matti, riunione confusa. **encher o** ≃ *Volg.* romper le tasche (o gli stivali), tampinare. **puxar o** ≃ *Volg.* strusciare, adulare. **puxação de** ≃ *Volg.* adulazione.

sa.co.la [sak'ɔlə] *sf* sacca, bolgia.

sa.cra.men.tar [sakramẽt'ar] *vt Rel.* sacramentare.

sa.cra.men.to [sakram'ẽtu] *sm Rel.* sacramento.

sa.cri.fi.car [sakrifik'ar] *vt* sacrificare, immolare. *vpr* sacrificarsi, immolarsi. ≃-**se por uma causa nobre** *Fig.* offrirsi in olocausto.

sa.cri.fí.cio [sakrif'isju] *sm* sacrificio.

sa.cri.lé.gio [sakril'ɛʒju] *sm Rel.* sacrilegio.

sa.crí.le.go [sakr'ilegu] *sm* + *agg Rel.* sacrilego, profano.

sa.cris.tão [sakrist'ãw] *sm Rel.* sagrestano.

sa.cris.ti.a [sakrist'iə] *sf Rel.* sagrestia.

sa.cro [s'akru] *agg* sacro, santo, benedetto. *Anat.* sacro.

sa.cros.san.to [sakros'ãtu] *agg* sacrosanto.

sa.cu.di.da [sakud'idə] o **sa.cu.di.de.la** [sakudid'ɛlə] *sf* scossa, scrollata.

sa.cu.di.do [sakud'idu] *part* + *agg* scosso.

sa.cu.dir [sakud'ir] *vt* scuotere, scrollare, agitare, sbattere. *vi* tremare. *vpr* scrollarsi, riscuotersi, tentennare.

sá.di.co [s'adiku] *sm* + *agg* sadico. *Fig.* sanguinario.

sa.di.o [sad'iu] *agg* sano, salubre.

sa.dis.mo [sad'izmu] *sm Psic.* sadismo.

sa.fá.ri [saf'ari] *sm* safari.

sa.far-se [saf'arsi] *vpr* fuggire, scappare.

sa.fe.na [saf'enə] *sf Anat.* safena.

sa.fi.ra [saf'irə] *sf Min.* zaffiro.

sa.ga [s'agə] *sf Poet.* saga.

sa.ga.ci.da.de [sagasid'adi] *sf* sagacità, accortezza. *Fig.* dirittura.

sa.gaz [sag'as] *agg* sagace, perspicace, avveduto, accorto. *Fig.* acuto.

Sa.gi.tá.rio [saʒit'arju] *sm Astron.* e *Astrol.* Sagittario.

sa.gra.do [sagr'adu] *agg* sacro, santo, ieratico.

sa.grar [sagr'ar] *vt* sacrare.

sa.gu [sag'u] *sm* sagù, sago.

sa.guão [sag'wãw] *sm Teat.* ridotto.

sai.a [s'ajə] *sf* gonna, sottana, gonnella. ≃ **curta** gonnellina. ≃ **e casaco (tailleur)** abito a giacca. **debaixo da** ≃ **de** *Fam.* sotto le ali di.

sai.bro [s'ajbru] *sm* breccia, ghiaia.

sa.í.da [sa'idə] *sf* uscita; esodo; sfogo. *Comm.* uscita, sbocco. ≃ **de dinheiro ou mercadorias** *Comm.* scarico. ≃ **de emergência (o de incêndio)** uscita di sicurezza. **não há** ≃ non c'è mezzo. **sem** ≃ **(caminho, rua)** *agg* cieco.

sai.o.te [saj'ɔti] *sm* gonnellina.

sa.ir [sa'ir] *vi* uscire, levarsi. *Fig.* prendere l'uscio. **deixar** ≃ sfogare. ≃ **do sério** *Fam.* uscire dei gangheri. *Fig.* scatenarsi. ≃ **em (rua, estrada)** uscire in, sboccare in. ≃**-se bem** disimpegnarsi. ≃**-se mal** *Fig.* rompersi le corna. **saia daqui! fuori!**

sal [s'aw] *sm* sale.

sa.la [s'alə] *sf* sala. ≃ **de espera** sala di aspetto. *Teat.* ridotto. ≃ **de estar (o de visitas)** soggiorno, sala da soggiorno, salotto. ≃ **de jantar** sala da pranzo. ≃ **de operação** *Med.* sala operatoria. ≃ **do tribunal** *Giur.* sala di udienza. ≃ **reservada para fumantes** scompartimento per fumatori.

sa.la.da [sal'adə] *sf* insalata. *Pop.* verdura. ≃ **de legumes** giardiniera. ≃ **russa** insalata russa.

sa.la.dei.ra [salad'ejrə] *sf* insalatiera.

sa.la.ma.le.que [salamal'eki] *sm* salamelecco. *Iron.* convenevoli *pl*, saluto esagerato.

sa.la.man.dra [salam'ãdrə] *sf Zool.* salamandra.

sa.la.me [sal'ʌmi] *sm* salame. ≃ **em forma de bola** bondiola.

sa.lão [sal'ãw] *sm* aula. ≃ **de baile** sala da ballo. ≃ **de barbeiro** barbieria. ≃ **de beleza** istituto di bellezza. ≃ **de bilhar** biliardo, bigliardo. ≃ **real** aula.

sa.lá.rio [sal'arju] *sm* salario, stipendio, paga, emolumento, soldo. *Fig.* pagnotta. ≃ **de um dia** giornata. ≃ **mensal** mensile, mesata. **ganhar um** ≃ prendere uno stipendio.

sal.dar [sawd'ar] *vt Comm.* saldare, quietanzare.

sal.do [s'awdu] *sm Comm.* saldo, resto.

sa.lei.ro [sal'ejru] *sm* saliera.

sal.ga.do [sawg'adu] *part+agg* salato, salso.

sal.gar [sawg'ar] *vt* salare.

sal.ge.ma [sawʒ'emə] *sf Min.* salgemma.

sal.guei.ro [sawg'ejru] *sm Bot.* salcio.

sa.li.ên.cia [sali'ẽsjə] *sf* sporgenza, risalto, protuberanza, rilievo. *Fig.* impertinenza.

sa.li.en.tar [saliẽt'ar] *vt* sottolineare, mettere in evidenza.

sa.li.en.te [sali'ẽti] *agg* saliente, sporgente. *Fig.* impertinente.

sa.li.na [sal'inə] *sf* salina.

sa.li.no [sal'inu] *agg* salino, salso.

sa.li.tre [sal'itri] *sm Chim.* salnitro.

sa.li.va [sal'ivə] *sf Fisiol.* saliva.

sa.li.var [saliv'ar] *vi* salivare, produrre saliva. *agg Anat.* salivare, salivale, di saliva.

sal.mão [sawm'ãw] *sm Zool.* salmone.

sal.mo [sawm'ãw] *sm Rel.* salmo.

sal.mou.ra [sawm'owrə] *sf* salamoia.

sa.lo.bre [sal'obri] *agg* salmastro.

sal.sa [s'awsə] *sf Bot.* prezzemolo.

sal.sa.par.ri.lha [sawsapaɾ'iʎə] *sf Bot.* salsapariglia.

sal.si.cha [saws'iʃə] *sf* salsiccia.

sal.tar [sawt'ar] *vt* saltare. *vi* saltare, balzare, scattare, sbalzare. *Ger.* zompare. *Fig.* ballare. ≃ **aos olhos** saltare agli occhi, essere evidente. ≃ **de (um veículo)** smontare.

sal.te.a.dor [sawtead'or] *sm* malandrino, masnadiere.

sal.tim.ban.co [sawtĩb'ãku] *sm Teat.* saltimbanco.

sal.ti.tar [sawtit'ar] *vi* saltellare, balzellare. *Fam.* trotterellare.

sal.to [s'awtu] *sm* salto, sbalzo; scatto; slancio; capriola. *Geogr.* salto. ≃ **de sapato** tacco. ≃ **com vara** *Sp.* salto con l'asta. **aos** ≃ **s** saltelloni, a scatti, di sobbalzo. **de um** ≃ in un salto.

sal.to-mor.tal [sawtumort'aw] *sm* salto mortale.

sa.lu.bre [sal'ubri] *agg* salubre.

sa.lu.tar [salut'ar] *agg* salutare. *Fig.* fruttifero.

sal.va [s'awvə] *sf Mil.* salva. **uma** ≃ **de aplausos** una salva di applausi.

sal.va.guar.dar [sawvagward'ar] *vt* salvaguardare.

sal.va.men.to [sawvam'ẽtu] *sm* salvezza.

sal.var [sawv'ar] *vt* salvare, scampare; redimere; conservare. *vpr* salvarsi, scampare. *Fig.* sopravvivere.

sal.va-vi.das [sawvav'idəs] *sm* salvagente.
sal.ve [s'awvi] *int* salve! ave! evviva, viva! (indica applauso o augurio, ma anche ironia).
sál.via [s'awvjə] *sf Bot.* salvia.
sal.vo [s'awvu] *part+agg* salvo. **colocar-se a** ≈ mettersi in salvo (o al sicuro). *prep* salvo, eccetto, tranne, fuorché.
sal.vo-con.du.to [sawvokõd'utu] *sm* salvacondotto, lasciapassare.
sa.mam.bai.a [samãb'ajə] *sf Bot.* felce.
sa.nar [san'ar] *vt* sanare, risanare, guarire.
sa.na.tó.rio [sanat'ɔrju] *sm Med.* sanatorio.
san.ção [sãs'ãw] *sf Giur.* sanzione.
san.cio.nar [sãsjon'ar] *vt Giur.* sanzionare, sancire, firmare.
san.dá.lia [sãd'aljə] *sf* sandalo.
sân.da.lo [s'ãdalu] *sm Bot.* sandalo.
san.du.í.che [sãdu'iʃi] *sm* panino imbottito, tramezzino, tartina.
san.fo.na [sãf'onə] *sf Mus.* fisarmonica.
san.grar [sãgr'ar] *vt* dissanguare. *Med.* salassare. *vi* sanguinare. ≈ **ao fazer a barba** sgranarsi.
san.gren.to [sãgr'ẽtu] *agg* sanguigno; cruento, accanito.
san.gri.a [sãgr'iə] *sf Med.* salasso.
san.gue [s'ãgi] *sm* sangue. ≈ **azul** sangue blu. **esvair-se em** ≈ dissanguarsi.
san.gue-fri.o [sãgifr'iu] *sm* sangue freddo.
san.gues.su.ga [sãgis'ugə] *sf Zool.* sanguisuga, mignatta. *s Fig.* parassita, vampiro.
san.gui.ná.rio [sãgin'arju] o **san.güi.na.rio** [sãgwin'arju] *agg* sanguinario, belluino, truce.
san.güi.neo [sãg'winju] o **san.guí.neo** [sãg'inju] *agg* sanguigno.
sa.ni.da.de [sanid'adi] *sf* sanità, salute.
sa.ni.tá.rio [sanit'arju] *sm* toletta, toilette. *agg* sanitario.
sâns.cri.to [s'ãskritu] *sm Lett.* sanscrito.
san.ta [s'ãtə] *sf+agg Rel.* santa.
san.ti.da.de [sãtid'adi] *sf* santità.
san.ti.fi.car [sãtifik'ar] *vt* santificare.
San.tís.si.mo [sãt'isimu] *sm Rel.* il Santissimo, Dio.
san.to [s'ãtu] *sm Rel.* santo. *agg* santo (san), benedetto. **o S** ≈ **Padre** il Santo Padre, il Papa. ≈ **do pau oco** gattamorta.
san.tu.á.rio [sãtu'arju] *sm* santuario; chiesa.
são [s'ãw] *agg* sano. *Fig.* saldo. ≈ **e salvo** illeso. *Lett.* incolume.
sa.pa.ta.da [sapat'adə] *sf* scarpata.
sa.pa.ta.ri.a [sapatar'iə] *sf* calzoleria.

sa.pa.tei.ro [sapat'ejru] *sm* calzolaio, ciabattino.
sa.pa.to [sap'atu] *sm* scarpa, calzatura. ≈ **alto** scarpa alta. **tirar os** ≈ **s** scalzarsi.
sa.pi.ên.cia [sapi'ẽsjə] *sf* sapienza.
sa.pi.en.te [sapi'ẽti] *agg* sapiente.
sa.po [s'apu] *sm Zool.* rospo, botta. **engolir um** ≈ *Fig.* ingoiare un rospo.
sa.po.ná.ceo [sapon'asju] *agg* saponaceo.
sa.po.ti [sapot'i] *sf Bot.* sapotiglia.
sa.que [s'aki] *sm* saccheggio. *Comm.* levata (di denaro). *Mil.* razzia; trofeo, spoglie *pl.*
sa.que.ar [sake'ar] *vt* saccheggiare, mettere a sacco, rapinare, predare. *Mil.* razziare.
sa.ra.co.te.ar [sarakote'ar] *vi* ancheggiare.
sa.rai.va [sar'ajvə] o **sa.rai.va.da** [sarajv'adə] *sf* grandine, gragnuola.
sa.rai.var [sarajv'ar] *vt+vi* grandinare.
sa.ram.po [sar'ãpu] *sm Med.* morbillo. ≈ **alemão** rosolia.
sa.rar [sar'ar] *vi* guarire; cicatrizzarsi.
sa.rau [sar'aw] *sm* veglia. *St.* serata.
sar.cas.mo [sark'azmu] *sm* sarcasmo, frizzo.
sar.cás.ti.co [sark'astiku] *agg* sarcastico, beffardo. *Fig.* mordace, caustico.
sar.có.fa.go [sark'ɔfagu] *sm St.* sarcofago.
sar.co.ma [sark'omə] *sm Med.* sarcoma.
sar.da [s'ardə] *sf* lentiggine, crusca, semola.
sar.di.nha [sard'iɲə] *sf Zool.* sardina, sardella. **apertados como** ≈ **s em lata** stretti come acciughe.
sar.ga.ço [sarg'asu] *sm Bot.* sargasso, uva di mare.
sar.gen.to [sarʒ'ẽtu] *sm Mil.* sergente.
sa.ri.lho [sar'iʎu] *sm* verricello.
sar.je.ta [sarʒ'etə] *sf* cunetta, fognolo.
sar.na [s'arnə] *sf Med.* scabbia, rogna.
sar.nen.to [sarn'ẽtu] *agg* scabbioso.
sar.ra.ce.no [saɾas'enu] *sm+agg* saraceno.
sar.ra.fo [saɾ'afu] *sm* asserella.
sas.sa.frás [sasafr'as] *sm Bot.* sassafrasso.
sas.sa.ri.car [sasarik'ar] *vi Pop.* civettare.
sa.ta.nás [satan'as] o **sa.tã** [sat'ã] *sm Rel.* satana, demonio, diavolo.
sa.tâ.ni.co [sat'ʌniku] *agg* satanico.
sa.té.li.te [sat'eliti] *sm Astron.* satellite.
sá.ti.ra [s'atirə] *sf Lett.* satira. *Fig.* satira, pasquinata.
sa.tí.ri.co [sat'iriku] I *sm* o **sa.ti.ris.ta** [satir'istə] *s* satirico.
sa.tí.ri.co [sat'iriku] II *agg* satirico.
sa.ti.ri.zar [satiriz'ar] *vt+vi* satireggiare.
sá.ti.ro [s'atiru] *sm Mit.* satiro.

sa.tis.fa.ção [satisfas'ãw] *sf* soddisfazione; gusto, grado, coccolo; allegria, contentezza.

sa.tis.fa.tó.rio [satisfat'ɔrju] *agg* soddisfacente, soddisfattorio.

sa.tis.fa.zer [satisfaz'er] *vt* soddisfare, saziare, contentare. *Fig.* quietare. *vpr* soddisfarsi, contentarsi, sbizzarrirsi. **nada lhe satisfaz** nulla gli s'affà.

sa.tis.fei.to [satisf'ejtu] *part* + *agg* soddisfatto; sazio; contento, felice; pieno.

sa.tu.rar [satur'ar] *vt* saturare.

Sa.tur.no [sat'urnu] *sm Astron.* e *Mit.* Saturno.

sau.da.ção [sawdas'ãw] *sf* saluto, baciamano, ossequio. *Fig.* benvenuto. ≃ **ões** *pl* saluti, convenevoli, doveri.

sau.da.de [sawd'adi] *sf* rimpianto. ≃ **da terra natal** (o **da pátria**) nostalgia, male di paese.

sau.dar [sawd'ar] *vt* salutare.

sau.dá.vel [sawd'avew] *agg* salutare, sano; ben disposto. *Fig.* fruttifero.

sa.ú.de [sa'udi] *sf* salute, sanità, benessere, salvezza. *Fig.* vita. ≃ **de ferro** salute ferrea. **estar com** ≃ *Fig.* essere in gamba. ≃ ! *int* salute! **à** ≃ ! *int* alla salute!

sau.do.so [sawd'ozu] *agg* nostalgico.

sau.na [s'awnə] *sf* sauna.

sa.va.na [sav'ʌnə] *sf Geogr.* savana.

sa.vei.ro [sav'ejru] *sm Naut.* alleggio.

sa.xo.fo.ne [saksof'oni] *sm Mus.* sassofono.

se [si] I *pron sg* e *pl* si. Forma i verbi riflessivi: **ver-** ≃ vedersi. **encontrar-** ≃ trovarsi.

se [s'i] II *cong* se; ove; se mai, caso mai; quando, qualora.

sé [s'ε] *sf Rel.* sede. **Santa S** ≃ *Rel.* Santa Sede.

se.a.ra [se'arə] *sf Lett.* messe.

se.bá.ceo [seb'asju] *agg* sebaceo.

se.be [s'ebi] *sf* siepe.

se.bo [s'ebu] *sm* sego.

se.bor.réi.a [sebor'ɛjə] *sf Med.* seborrea.

se.bo.so [seb'ozu] *agg* segoso.

se.ca [s'ekə] *sf* siccità, asciuttore.

se.ção [ses'ãw] o **sec.ção** [seks'ãw] *sf* sezione; divisione; settore, ripartizione, reparto. ≃ **eleitoral** seggio elettorale.

se.car [sek'ar] *vt* seccare, asseschire; asciugare; prosciugare; inaridire. *vi* + *vpr* seccarsi; asciugarsi; prosciugarsi; stecchire, sfiorire; inaridirsi.

se.ces.são [seses'ãw] *sf Pol.* secessione.

se.cio.nar [sesjon'ar] o **sec.cio.nar** [seksjon'ar] *vt* sezionare.

se.co [s'eku] *agg* secco; asciutto; adusto; arido; passo. *Fig.* scheletrico.

se.cre.ção [sekres'ãw] *sf Fisiol.* secrezione, umore.

se.cre.ta.ri.a [sekretar'iə] *sf* segreteria.

se.cre.tá.rio [sekret'arju] *sm* segretario. *Zool.* segretario, serpentario. ≃ **de Estado** segretario di Stato.

se.cre.to [sekr'etu] *agg* segreto; recondito; cheto; esoterico, cabalistico.

sec.tá.rio [sekt'arju] *sm* + *agg* settario.

se.cu.lar [sekul'ar] *agg* secolare, laico. *Fig.* centenario.

sé.cu.lo [s'ekulu] *sm* secolo; età. **o** ≃ **XIII** il Duecento. **o** ≃ **XIV** il Trecento. **o** ≃ **XV** il Quattrocento. **o** ≃ **XVI** il Cinquecento. **o** ≃ **XVII** il Seicento. **o** ≃ **XVIII** il Settecento. **o** ≃ **XIX** l'Ottocento. **o** ≃ **XX** il Novecento.

se.cun.dá.rio [sekũd'arju] *agg* secondario, superfluo, accessorio. *Fig.* marginale.

se.cu.ra [sek'urə] *sf* secchezza, aridezza, aridità, arsura.

se.da [s'edə] *sf* seta. ≃ **artificial** seta artificiale.

se.dar [sed'ar] *vt Lett.* e *Med.* sedare, calmare.

se.da.ti.vo [sedat'ivu] *sm* + *agg Med.* sedativo, antispasmodico.

se.de [s'edi] I *sf* sete. *Fig.* ansia, avidità, brama, bramosia, ambizione. **matar a** ≃ **de alguém** dissetare uno. **matar a (própria)** ≃ dissetarsi. *Fig.* bagnarsi le labbra. **ter** ≃ assetare.

se.de [s'edi] II *sf* sede.

se.den.tá.rio [sedẽt'arju] *agg* sedentario.

se.den.to [sed'ẽtu] *agg* assetato.

se.di.men.tar [sedimẽt'ar] *vi* posare.

se.di.men.to [sedim'ẽtu] *sm* sedimento; gromma, feccia; deposito, fondo, fondaccio.

se.du.ção [sedus'ãw] *sf* seduzione, attrazione, incantesimo, allettativa. *Fig.* incanto.

se.du.tor [sedut'or] *sm* seduttore, rubacuori. *agg* attraente, provocante, maliardo.

se.du.to.ra [sedut'orə] *sf* seduttrice. *Fig.* maga, maliarda.

se.du.zir [seduz'ir] *vt* sedurre, incantare, ammaliare, allettare. *Fig.* attrarre, comprare.

se.ga [s'egə] *sf* sega, parte dell'aratro.

se.ga.dei.ra [segad'ejrə] *sf* falce fienaia.

se.ga.du.ra [segad'urə] *sf* segatura.

se.gão [seg'ãw] *sm* coltro, pezzo dell'aratro.

se.gar [seg'ar] *vt* segare, mietere.

seg.men.to [segm'ẽtu] *sm* sezione. *Geom.* segmento.

se.gre.do [segr'edu] *sm* segreto; sigillo; mistero, arcano. ≃ **da confissão** *Rel.* segreto (o sigillo) della confessione. ≃ **profissional** segreto professionale. **guardar** (o **manter**) ≃ abbottonarsi, tacere.

se.gre.ga.ção [segregas'ãw] *sf* segregazione.

se.gre.gar [segreg'ar] *vt* segregare, isolare, appartare; sequestrare. *vpr* segregarsi.

se.gui.da [seg'idǝ] *sf* utilizzato nell'espressione **em** ≃ *avv* al seguito, appresso, poi.

se.gui.do [seg'idu] *agg* consecutivo. **três vezes** ≃ **as** tre volte consecutive.

se.gui.dor [segid'or] *sm* discepolo, compagno. *Rel.* fedele. *Lett.* seguace. *Fig.* apostolo. ≃ **fanático** settario.

se.gui.men.to [segim'ẽtu] *sm* seguito.

se.guin.te [seg'ĩti] *agg* seguente; successivo, susseguente; prossimo, altro.

se.guir [seg'ir] *vt* seguire; perseguitare, incalzare, tirare via; professare; continuare. *Lett.* perseguire. *Fig.* abbracciare; specchiarsi in. *vpr* seguire, succedersi, susseguire. ≃ **carreira militar** militare.

se.gun.da [seg'ũdǝ] *sf Mus.* seconda. *Pop.* lunedì. *Autom.* seconda, seconda velocità. **de** ≃ *agg Pop.* di dozzina, da dozzina.

se.gun.da-fei.ra [segũdaf'ejrǝ] *sf* lunedì.

se.gun.do [seg'ũdu] *sm* secondo. **o** ≃ **em comando** *Naut.* il secondo. *num* secondo. **em** ≃ **lugar** di secondo. ≃ **a via de uma letra** *Comm.* seconda. *prep + cong* secondo, conforme.

se.gu.ra.dor [segurad'or] *sm + agg* assicuratore.

se.gu.ra.men.te [seguram'ẽti] *avv* sicuramente, di sicuro.

se.gu.ran.ça [segur'ãsǝ] *sf* sicurezza; certezza; cauzione, assicurazione. **S** ≃ **Pública** Pubblica Sicurezza.

se.gu.rar [segur'ar] *vt* tenere, afferrare, sostenere, reggere, stringere. *vpr* tenersi, avvinghiarsi.

se.gu.ro [seg'uru] *sm Comm.* assicurazione. ≃ **contra roubo** assicurazione contro furti. ≃ **de vida** assicurazione sulla vita. ≃ **social** assicurazioni sociali. ≃ **morreu de velho** fidare è bene, ma non fidare è meglio. *agg* sicuro, certo; fermo.

sei.o [s'eju] *sm Anat.* seno, petto. ≃ **materno** *Fig.* utero. **no** ≃ **da sociedade, da família, etc.** *Fig.* nel seno della società, in grembo della famiglia, ecc.

seis [s'ejs] *sm + num* sei. ≃ **mil** seimila. **de** ≃ **anos de idade** seenne.

seis.cen.tos [sejs'ẽtus] *sm + num* seicento.

sei.ta [s'ejtǝ] *sf* setta.

sei.va [s'ejvǝ] *sf Bot.* sugo.

sei.xo [s'ejʃu] *sm* sasso, ghiaia, ghiara.

se.ja [s'eʒǝ] *cong* sia. **ou** ≃ ossia, ovvero. *Pop.* ovveramente.

se.la [s'ɛlǝ] *sf* sella.

se.la.gem [sel'aʒẽj] *sf* francatura, francazione.

se.lar [sel'ar] *vt* sigillare; chiudere; bollare, timbrare, francare; sellare; bardare (cavallo).

se.le.ção [seles'ãw] *sf* selezione; scelta, cernita; antologia, florilegio.

se.le.cio.na.do [selesjon'adu] *part + agg* selezionato, scelto.

se.le.cio.nar [selesjon'ar] *vt* selezionare, scegliere.

se.le.ti.vo [selet'ivu] *agg* selettivo.

se.le.to [sel'etu] *part + agg* seletto. *Fig.* eccellente.

se.lim [sel'ĩ] *sm* sellino.

se.lo [s'elu] *sm* sigillo; francobollo, bollo; timbro; marca da bollo. *Lett.* stigma.

sel.va [s'ɛwvǝ] *sf* selva, foresta, giungla.

sel.va.gem [sewv'aʒẽj] *s* selvaggio; barbaro. *Fig.* belva, troglodita. *agg* selvaggio; feroce; barbaro; selvatico. *Fig.* crudele; inospite.

sel.va.ge.ri.a [sewvaʒer'iǝ] *sf* selvatichezza. *Fig.* crudeltà.

sel.vá.ti.co [sewv'atiku] *agg* selvatico, salvatico. *Lett.* silvestre. *Poet.* silvano.

sem [s'ẽj] *prep* senza. ≃ **mim** senza di me. ≃ **ti**, ≃ **você** senza di te.

se.má.fo.ro [sem'aforu] *sm* semaforo.

se.ma.na [sem'ʌnǝ] *sf* settimana. **S** ≃ **Santa** Settimana Santa. **na** ≃ **que vem** l'altra settimana.

se.ma.nal [seman'aw] *agg* settimanale.

se.ma.ná.rio [seman'arju] *sm* settimanale, periodico pubblicato ogni settimana.

se.mân.ti.ca [sem'ãtikǝ] *sf Gramm.* semantica.

sem.blan.te [sẽbl'ãti] *sm* sembianza. *Poet.* sembiante. *Fig.* fisionomia; apparenza.

semeada → **sementeira**.

se.me.a.do [seme'adu] *part + agg* seminato.

se.me.a.du.ra [semead'urǝ] *sf* semente, sementa.

se.me.ar [seme'ar] *vt* seminare, disseminare, piantare semi. *Fig.* diffondere.

se.me.lhan.ça [semeʎ'ãsǝ] *sf* somiglianza, similitudine, sembianza; affinità; conformità. *Fig.* ritratto.

se.me.lhan.te [semeʎ'ãti] *sm* somigliante, pari, affine. *agg* somigliante, simile, similare; affine, analogo; conforme.

sê.men [s'emẽj] *sm Fisiol.* seme, sperma.

se.men.te [sem'ẽti] *sf Bot.* seme, semente; granello. ≃ **da discórdia** *Fig.* pietra dello scandalo. ≃ **de aveia** grano.

se.men.tei.ra [semẽt'ejrǝ] o **se.me.a.da** [seme'adǝ] *sf* seminato.

se.mes.tral [semestr′aw] *agg* semestrale.

se.mes.tre [sem′estri] *sm* semestre.

se.mi.cír.cu.lo [semis′irkulu] *sm Geom.* semicircolo. *Archit.* coro.

se.mi.deus [semid′ews] *sm Mit.* semidio; eroe.

se.mi.ná.rio [semin′arju] *sm* seminario, simposio, congresso. *Rel.* seminario.

se.mi.nu [semin′u] *agg* seminudo.

se.mi.ta [sem′ita] *s* semita. *agg* semitico.

se.mí.ti.co [sem′itiku] *agg* semitico.

se.mi.tom [semit′õw] *sm Mus.* semitono.

se.mi.vo.gal [semivog′aw] *sf Gramm.* semivocale.

sem.pre [s′ɛpri] *avv* sempre; ognora. ≃ **que** ogniqualvolta, ogni qualvolta.

sem.pre-vi.va [sɛpriv′iva] *sf Bot.* sempreviva.

sem-ver.go.nha [sɛverg′oñɐ] *s* ribaldo. *Pop.* furfante. *agg* impudente, ribaldo. *Pop.* furfante, svergognato, spudorato.

sem-ver.go.nhi.ce [sɛvergoñ′isi] *sf Pop.* furfanteria.

se.na.do [sen′adu] *sm Pol.* senato.

se.na.dor [senad′or] *sm Pol.* senatore. ≃ **a** *sf* senatoressa.

se.não [sen′ãw] *sm* ma. *cong* se no, altrimenti; anzi.

se.nha [s′eñɐ] *sf* contrassegno.

se.nhor [señ′or] *sm* signore; gentiluomo, nobiluomo. **Nosso S** ≃ *Rel.* Nostro Signore. ≃ **de si** *agg Fig.* sovrano. ≃ **idoso** *Fam.* zio. ≃ **medieval** messere. **tornar-se** ≃ **de algo** insignorirsi di una cosa. **o** ≃ *pron* Lei; lei; La, la. **ao** ≃ *pron* Le, le. **os** ≃ **es** *pron* Loro, loro; Le, le. **aos** ≃ **s, dos** ≃ **s** *pron* Loro, loro.

se.nho.ra [señ′ɔra] *sf* signora; dama, gentildonna, nobildonna. **Nossa S** ≃ Nostra Signora, La Madonna. **Nossa S** ≃ **das Dores** *Rel.* Addolorata. ≃ **idosa** *Fam.* zia. **festa de Nossa S** ≃ **da Assunção** *Rel.* Assunta. **a** ≃ *pron* Lei; lei; La, la. **à** ≃ *pron* Le, le. **os** ≃ *pron* Loro, loro; Le, le. **às** ≃ **s, das** ≃ **s** *pron* Loro, loro. **minha Nossa S** ≃ ! *int* Madonna mia!

se.nho.re.ar [señore′ar] *vt + vi* signoreggiare.

se.nho.ri.a [señor′iɐ] *sf* padrona di casa. *St.* signoria, dominio di un principe. **vossa** ≃ ella.

se.nho.ril [señor′iw] *agg* signorile, cavalleresco. *disp* signoresco.

se.nho.ri.o [señor′iu] *sm* padrone di casa.

se.nho.ri.ta [señor′itɐ] *sf* signorina. *Poet.* donzella.

se.nil [sen′iw] *agg* senile.

se.ni.li.da.de [senilid′adi] *sf* senilità.

sê.nior [s′enjor] *sm* seniore, maggiore, membro più antico. *agg* seniore.

se.no [s′enu] *sm Mat.* seno.

sen.sa.ção [sêsas′ãw] *sf* sensazione. *Fig.* clamore, chiasso.

sen.sa.cio.nal [sêsasjon′aw] *agg* sensazionale, clamoroso, chiassoso.

sen.sa.tez [sêsat′es] *sf* sensatezza, buonsenso, assennatezza, riflessione, giudizio.

sen.sa.to [sês′atu] *agg* sensato, assennato, accorto, logico.

sen.si.bi.li.da.de [sêsibilid′adi] *sf* sensibilità, sentimento. *Fig.* cuore, fibra.

sen.si.bi.li.zar [sêsibiliz′ar] *vt* commuovere. *Fig.* rammorbidire, smuovere. *vpr* commuoversi. *Fig.* rammorbidirsi.

sen.si.ti.vi.da.de [sêsitivid′adi] *sf* sensitività.

sen.si.ti.vo [sêsit′ivu] *sm + agg* sensitivo, chiaroveggente.

sen.sí.vel [sês′ivew] *agg* sensibile; permaloso. *Fig.* tenero.

sen.so [s′êsu] *sm* senso, costrutto. **bom** ≃ buon senso, senno, tatto, giudizio. ≃ **comum** senso comune.

sen.su.al [sêsu′aw] *agg* sensuale; lussurioso, erotico; caldo, carnale. *Fig.* roco (voce).

sen.su.a.li.da.de [sêsualid′adi] *sf* sensualità; lussuria, voluttà. *Fig.* concupiscenza.

sen.ta.do [sêt′adu] *part + agg* seduto. ≃ **sobre os calcanhares** *avv* coccoloni.

sen.tar [sêt′ar] *vt* sedere. *vpr* sedersi; accomodarsi, assettarsi. ≃ **à mesa** sedere a tavola (per mangiare). **sentem-se!** accomodatevi!

sen.ten.ça [sêt′ẽsɐ] *sf* detto, massima, assioma. *Giur.* sentenza, giudizio.

sen.ten.ci.ar [sêtẽsi′ar] *vt + vi Giur.* sentenziare. *Fig.* pronunciare.

sen.ten.ci.o.so [sêtẽsi′ozu] *agg* sentenzioso. *Fig.* dogmatico.

sen.ti.do [sêt′idu] *sm* senso; significato, costrutto; direzione, verso. **distorcer o** ≃ **de** *Fig.* stravolgere. **duplo** ≃ doppio senso. **em todos os** ≃ s in tutto e per tutto. **fazer** ≃ avere senso. **os cinco** ≃ s i cinque sensi. **perder os** ≃ s uscire di sé. **recobrar os** ≃ s tornare a sé, rinvenire. **sexto** ≃ sesto senso. *Fig.* naso. **ter** ≃ avere buon naso.

sen.ti.men.tal [sêtimẽt′aw] *agg* sentimentale.

sen.ti.men.to [sêtim′ẽtu] *sm* sentimento.

sen.ti.ne.la [sêtin′elɐ] *s Mil.* sentinella, guardia, vedetta. *Fig.* palo.

sen.tir [sêt′ir] *vt* sentire. *Fig.* odorare, fiutare. *vi* sentire; condolersi. *vpr* sentirsi, stare, trovarsi. **sinto muito!** mi dispiace!

se.pa.ra.ção [separas′ãw] *sf* separazione; scissione; divisione, disgregazione; assenza.

Chim. dialisi. *Giur.* separazione dei coniugi. *Fig.* lontananza.

se.pa.ra.do [separˈadu] *part+agg* separato; scisso; distinto. *Fig.* avulso.

se.pa.rar [separˈar] *vt* separare; disunire; isolare, segregare; allontanare, appartare; assortire; astrarre, staccare; distinguere. *vpr* separarsi; dividersi, disunirsi; isolarsi, esiliarsi; staccarsi; distinguersi.

sé.pia [sˈɛpjə] *sf* seppia.

sép.ti.co [sˈɛptiku] *agg Med.* settico.

sep.to [sˈɛptu] *sm Anat.* setto. ≃ **nasal** setto nasale.

se.pul.cro [sepˈuwkru] *sm* sepolcro, tumulo, avello.

se.pul.ta.do [sepuwtˈadu] *part+agg* seppellito, sepolto.

se.pul.ta.men.to [sepuwtamˈẽtu] *sm* seppellimento, sepoltura.

se.pul.tar [sepuwtˈar] *vt* seppellire, inumare; sotterrare.

se.pul.tu.ra [sepuwtˈurə] *sf* sepoltura, sepolcro, tomba.

se.qüe.la [sekwˈɛlə] *sf* (più utilizzato nel *pl*) *Med.* postumo.

se.qüên.cia [sekˈwẽsjə] *sf* sequenza, seguenza; serie, successione, sfilza, filata. *Fig.* filo, catena. ≃ **cinematográfica** sequenza.

se.qües.trar [sekwestrˈar] *vt Giur.* sequestrare; rapire; confiscare, requisire.

se.qües.tro [sekˈwestru] *sm Giur.* sequestro; ratto, rapimento; embargo, pignorazione.

sé.qui.to [sˈɛkitu] *sm* seguito, corteggio, corte.

se.quói.a [sekˈwɔjə] *sf Bot.* albero del mammut.

ser [sˈer] *sm* essere, ente, entità. ≃ **vivo** essere vivente. *Fig.* anima. *va* essere.

se.rão [serˈãw] *sm* veglia; lavoro notturno. **fazer** ≃ vegliare.

se.ra.pi.lhei.ra [serapiʎˈejrə] *sf* filondente.

se.rei.a [serˈejə] *sf Mit.* sirena.

se.re.nar [serenˈar] *vt* serenare, rasserenare. *vi+vpr* serenarsi, rasserenare, rasserenarsi.

se.re.na.ta [serenˈatə] *sf* serenata.

se.re.ni.da.de [serenidˈadi] *sf* serenità, calma.

se.re.no [serˈenu] *sm* rugiada. *agg* sereno, calmo; ameno (luogo). *Fig.* campestre.

se.ria.men.te [serjamˈẽti] *avv* seriamente, di proposito.

sé.rie [sˈɛrji] *sf* serie; sequenza, successione; fila, sfilza; filata; gruppo, assortimento. *Lett.* sequela. *Fig.* catena.

se.ri.e.da.de [seriedˈadi] *sf* serietà; severità; coscienza.

se.rin.ga [serˈĩgə] *sf Med.* siringa.

sé.rio [sˈɛrju] *agg* serio; austero, severo; coscienzioso.

ser.mão [sermˈãw] *sm* sermone, canata. *Rel.* sermone, predica. *Fam.* parrucca. **fazer** ≃ *Fig.* sentenziare.

se.ro.so [serˈozu] *agg* sieroso.

ser.pen.tá.rio [serpẽtˈarju] *sm Zool.* serpentario, segretario.

ser.pen.te [serpˈẽti] *sf* serpe, serpente, biscia, aspide.

ser.pen.ti.na [serpẽtˈinə] *sf* stelle filanti *pl*, serpentina.

ser.ra [sˈɛrə] *sf* sega. *Geogr.* serra. ≃ **circular** sega circolare.

ser.ra.gem [seˈʀaʒẽj] *sf* segatura, polvere del legno.

ser.ra.lhei.ro [seʀaʎˈejru] *sm* magnano, ferraio.

ser.rar [seˈʀar] *vt* segare.

ser.ra.ri.a [seʀarˈiə] *sf* segheria.

ser.ro.te [seˈʀɔti] *sm* saracco, guidetto.

ser.ven.te [servˈẽti] *s* servente, inserviente. ≃ **de pedreiro** manovale.

ser.ven.ti.a [servẽtˈiə] *sf* utilità.

ser.vi.çal [servisˈaw] *s* servitore.

ser.vi.ço [servˈisu] *sm* servizio; affare, opera; ufficio; favore. ≃ **de mesa** finimento (o fornimento) da tavola. ≃ **divino** servizio divino. ≃ **fúnebre** servizio funebre. ≃ **militar** fazione. ≃**s domésticos** lavori di casa. **prestar** ≃ **militar** stare sotto le armi.

ser.vi.dão [servidˈãw] *sf* servitù; cattività. *Fig.* giogo, vassallaggio.

ser.vi.dor [servidˈor] *sm* servitore.

ser.vil [servˈiw] *agg* servile, sottomesso. *Fig.* curvo, supino.

sér.vio [sˈɛrvju] *sm+agg* serbo, della Serbia.

ser.vir [servˈir] *vt* servire; portare in tavola; giovare; prestarsi a; militare in (esercito). *Fig.* fruttare a. *vpr* servirsi di; adoperare; aiutarsi, avvantaggiarsi. **não serve para mim** non è pane per i miei denti.

ser.vo [sˈervu] *sm* servo. *Fig.* vassallo.

ses.são [sesˈãw] *sf* sessione; udienza.

ses.sen.ta [sesˈẽtə] *sm+num* sessanta. ≃ **avos** sessantesimo, sessagesimo. **uns** ≃, **umas** ≃ una sessantina.

se.ta [sˈɛtə] *sf* freccia. *Lett.* saetta. *Poet.* quadrello. ≃ **luminosa** *Autom.* indicatore a freccia.

se.te [sˈɛti] *sm+num* sette. ≃ **mil** settemila. **de** ≃ **anos (de idade)** settenne.

se.te.cen.tos [setesˈẽtus] *sm+num* settecento.

se.tei.ra [setˈejrə] *sf* feritoia, balestriera.

se.tem.bro [set′ẽbru] *sm* settembre.

se.ten.ta [set′ẽtə] *sm+num* settanta. ≃ avos settantesimo, settuagesimo. **uns** ≃, **umas** ≃ una settantina.

se.ten.tri.ão [setẽtri′ãw] *sm Geogr.* settentrione.

se.ten.tri.o.nal [setẽtrion′aw] *agg* settentrionale, del nord; boreale, artico.

sé.ti.mo [s′etimu] *sm+num* settimo.

se.tin.gen.té.si.mo [setĩʒẽt′ezimu] *sm+num* settecentesimo.

se.tor [set′or] *sm* settore; ambito, campo; reparto. *Fig.* competenza.

se.tua.ge.ná.rio [setwaʒen′arju] *sm+agg* settuagenario, settantenne.

se.tua.gé.si.mo [setwaʒ′ezimu] *sm+num* settantesimo, settuagesimo.

sé.tu.plo [s′etuplu] *sm+num* settuplo.

seu [s′ew] *pron msg* tuo; suo; vostro; loro. **su.a** [s′uə] *fsg* tua; sua; vostra; loro. **seus** [s′ews] *mpl* tuoi; suoi; vostri; loro. **su.as** [s′uəs] *fpl* tue; sue; vostre; loro.

se.ve.ri.da.de [severid′adi] *sf* severità, rigore. *Fig.* durezza, crudezza, rigidità.

se.ve.ro [sev′eru] *agg* severo; serio; austero; rigoroso, inclemente; agro. *Iron.* feroce. *Lett.* torvo. *Fig.* rigido; secco, acerbo; gravoso.

se.ví.cia [sev′isjə] *sf* sevizia.

se.vi.ci.ar [sevisi′ar] *vt* seviziare.

se.xa.ge.ná.rio [seksaʒen′arju] *sm+agg* sessagenario, sessantenne.

se.xa.gé.si.mo [seksaʒ′ezimu] *sm+num* sessantesimo, sessagesimo.

se.xa.gen.té.si.mo [seksẽt′ezimu] *sm+num* seicentesimo, secentesimo.

se.xo [s′eksu] *sm* sesso.

sex.ta [s′estə] *sf Pop.* venerdì.

sex.ta-fei.ra [sestəf′ejrə] *sf* venerdì. **S** ≃ **Santa** o **S** ≃ **da Paixão** Venerdì Santo. **às** ≃s *avv* di venerdì.

sex.te.to [sest′etu] *sm an Mus.* sestetto.

sex.to [s′estu] *sm+num* sesto.

sêx.tu.plo [s′estuplu] *sm+num* sestuplo. *agg+num* sestuplice.

se.xu.al [seksu′aw] *agg* sessuale.

se.xu.a.li.da.de [seksualid′adi] *sf* sessualità. *Fig.* concupiscenza.

si [s′i] I *sm Mus.* sì.

si [s′i] II *pron sg e pl* sé (se). **estar cheio de** ≃ essere pieno di sé. **por** ≃ **só** da sé. ≃ **mesmo** se stesso.

si.a.mês [siam′es] *sm+agg* siamese, del Siam. **gato** ≃ gatto siamese.

si.ba [s′ibə] *sf Zool.* seppia.

si.bi.la [sib′ilə] *sf St.* sibilla.

si.bi.lar [sibil′ar] *vi* sibilare.

si.bi.lo [sib′ilu] *sm* sibilo. ≃ **do vento** zezzio.

si.ci.li.a.no [sisili′ʌnu] *sm+agg* siciliano.

si.de.ral [sider′aw] *agg* astrale, spaziale. *Lett.* siderale.

si.de.rur.gi.a [siderurʒ′iə] *sf* siderurgia.

si.de.rúr.gi.co [sider′urʒiku] *agg* siderurgico.

si.dra [s′idrə] *sf* sidro, vino di mele.

si.fão [sif′ãw] *sm* sifone, fistola.

sí.fi.lis [s′ifilis] *sf Med.* sifilide, lue, morbo venereo.

si.fi.lí.ti.co [sifil′itiku] *agg* sifilitico.

si.gi.lo [siʒ′ilu] *sm* sigillo. ≃ **da correspondência** segreto epistolare.

si.gla [s′iglə] *sf* sigla; segnatura. *Fig.* cifra.

sig.na.tá.rio [signat′arju] *sm Comm.* firmatario.

sig.ni.fi.ca.ção [signifikas′ãw] *sf* significazione, significato.

sig.ni.fi.ca.do [signifik′adu] *sm* significato, significazione; nozione, senso; forza. *Fig.* tenore.

sig.ni.fi.can.te [signifik′ãti] *sm Ling.* significante. *agg* significante, significativo, importante.

sig.ni.fi.car [signifik′ar] *vt* significare; voler dire, valere; rappresentare, denotare. *Lett.* importare.

sig.ni.fi.ca.ti.vo [signifikat′ivu] *agg* significativo; considerevole; preminente, rispettabile. *Fig.* grasso (guadagno).

sig.no [s′ignu] *sm Astrol.* segno.

si.la.ba [s′ilabə] *sf Gramm.* sillaba.

si.la.bá.rio [silab′arju] *sm Gramm.* sillabario.

si.lá.bi.co [sil′abiku] *agg Gramm.* sillabico.

si.len.ci.ar [silẽsi′ar] *vt* far tacere. *vi* tacere, zittirsi.

si.lên.cio [sil′ẽsju] *sm* silenzio. **em absoluto** ≃ *avv* quatto quatto. **em** ≃ *avv* in silenzio, quattoni, piano. **pedir** ≃ zittire. ≃ **de morte** *an Fig.* silenzio di tomba. ≃! *int* zitto! acqua in bocca!.

si.len.ci.o.so [silẽsi′ozu] *agg* silenzioso, silente, zitto, cheto; muto, tacito.

sí.lex [s′ileks] *sf Min.* silice, selce.

si.lhu.e.ta [siλu′etə] *sf* siluetta, contorno.

si.lí.cio [sil′isju] *sm Chim.* silicio.

si.lo [s′ilu] *sm* silo.

sil.var [siwv′ar] *vi* sibilare.

sil.ves.tre [siwv′estri] *agg* selvatico. *Lett.* silvestre. *Poet.* silvano.

sil.vi.cul.tor [siwvikuwt′or] *sm* silvicultore.

sil.vi.cul.tu.ra [siwvikuwt′urə] *sf* silvicultura.

sil.vo [s′iwvu] *sm* sibilo.

sim [s′i] *avv* sì. **mas** ≃ ma sì.

sim.bi.o.se [sĭbi'ɔzi] *sf Biol.* simbiosi.

sim.bó.li.co [sĭb'ɔliku] *agg* simbolico, allegorico.

sim.bo.lis.mo [sĭbol'izmu] *sm Lett.* e *Fil.* simbolismo.

sim.bo.li.zar [sĭboliz'ar] *vt* simbolizzare, raffigurare, rappresentare, designare. *Lett.* simboleggiare.

sím.bo.lo [s'ĭbolu] *sm* simbolo; segnatura; emblema; figura. *Chim.* simbolo, notazione. *Fig.* bandiera, stendardo.

sim.bo.lo.gi.a [sĭboloȝ'iɐ] *sf* simbologia.

si.me.tri.a [simetr'iɐ] *sf* simmetria. *Fig.* armonia.

si.mé.tri.co [sim'etriku] *agg* simmetrico.

si.mi.lar [simil'ar] *sm* simile. *agg* similare, simile, somigliante, consimile.

si.mi.la.ri.da.de [similarid'adi] *sf* similarità, somiglianza.

sí.mi.le [s'imili] *sm* analogia. *agg* simile, consimile.

si.mi.li.tu.de [similit'udi] *sf* similitudine, assomigliamento, assomiglianza.

sim.pa.ti.a [sĭpat'iɐ] *sf* simpatia; benevolenza; piacevolezza. *Fig.* amicizia.

sim.pá.ti.co [sĭp'atiku] *agg* simpatico, amabile, piacevole, grazioso.

sim.pa.ti.zar [sĭpatiz'ar] *vt* simpatizzare con, avere uno in simpatia.

sim.ples [s'ĭplis] *agg* semplice; facile, agevole; mero, solo; puro, scempio; sobrio, frugale. *Fig.* primitivo.

sim.ples.men.te [sĭplezm'ẽti] *avv* semplicemente, meramente.

sim.pli.ci.da.de [sĭplisid'adi] *sf* semplicità; facilità; chiarezza; scempiaggine; sobrietà; naturalezza.

sim.pli.fi.car [sĭplifik'ar] *vt* semplificare. *Fig.* alleggerire, alleviare.

sim.pló.rio [sĭpl'ɔrju] *sm* sempliciotto, beota, babbeo. *Ger.* bamboccio. *agg* sempliciotto, babbeo, sciocco. *Fig.* scempio.

sim.pó.sio [sĭp'ɔzju] *sm* simposio, seminario, conferenza.

si.mu.la.ção [simulas'ãw] *sf* simulazione, finzione, infingimento.

si.mu.la.cro [simul'akru] *sm Lett.* simulacro.

si.mu.la.do [simul'adu] *part+agg* simulato, finto, fittizio.

si.mu.lar [simul'ar] *vt* simulare, fingere, atteggiarsi a, affettare.

si.mul.ta.nei.da.de [simuwtanejd'adi] *sf* simultaneità, coincidenza.

si.mul.tâ.neo [simuwt'ʌnju] *agg* simultaneo, coincidente, concomitante.

si.na.go.ga [sinaȝ'ɔgɐ] *sf Rel.* sinagoga.

si.nal [sin'aw] *sm* segnale; segno; cenno; indizio, accenno; avviso; cartello; avvertimento. *Comm.* caparra, anticipo, pegno. *Fig.* sintomo, traccia, vestigio. ≃ **de subtração** *Mat.* meno. ≃ **na pele** macchia. **avançar o** ≃ *Fig.* passare il segno. **dar um** ≃ ammiccare. **deixar** ≃ improntare.

si.nal-da-cruz [sinawdakr'us] *sm Rel.* segno della croce. **fazer o** ≃ *Rel.* segnarsi.

si.na.li.za.ção [sinalizas'ãw] *sf* segnale. ≃ **das estradas** segnale stradale.

sin.ce.ra.men.te [sĭseram'ẽti] *avv* sinceramente, di cuore.

sin.ce.ri.da.de [sĭserid'adi] *sf* sincerità, franchezza. *Fig.* nettezza, schiettezza.

sin.ce.ro [sĭs'eru] *agg* sincero, franco. *Fig.* netto, schietto.

sín.co.pe [s'ĭkopi] *sf Med., Gramm.* e *Mus.* sincope.

sin.cre.tis.mo [sĭkret'izmu] *sm* sincretismo.

sin.crô.ni.co [sĭkr'oniku] *agg* sincrono, sincronico.

sin.di.ca.lis.ta [sĭdikal'istɐ] *s* sindacalista.

sin.di.cân.cia [sĭdik'ãsjɐ] *sf Pol.* indagine. **fazer** ≃ indagare.

sin.di.ca.to [sĭdik'atu] *sm* sindacato.

sín.di.co [s'ĭdiku] *sm* sindaco (di associazione, edificio).

sín.dro.me [s'ĭdromi] *sf Med.* sindrome.

si.ne.ta [sin'etɐ] *sf dim.* campanella, campana, squilla.

si.ne.te [sin'eti] *sm* sigillo, bollo.

sin.fo.ni.a [sĭfon'iɐ] *sf Mus.* sinfonia.

sin.fô.ni.co [sĭf'oniku] *agg Mus.* sinfonico.

sin.ge.le.za [sĭȝel'ezɐ] *sf* scempiaggine. *Fig.* genuinità.

sin.ge.lo [sĭȝ'elu] *agg* scempio. *Fig.* genuino.

sin.gu.lar [sĭgul'ar] *sm Gramm.* singolare. *agg* singolare; anomalo, particolare; unico; originale.

sin.gu.la.ri.da.de [sĭgularid'adi] *sf* singolarità; particolarità.

si.ni.nho [sin'iɲu] *sm dim.* bubbolo.

si.nis.tro [sin'istru] *sm* sinistro, incidente. *agg* sinistro; tetro, funesto; tragico. *Lett.* torvo. *Fig.* grifagno (sguardo).

si.no [s'inu] *sm* campana.

si.nô.ni.mo [sin'onimu] *sm+agg Gramm.* sinonimo.

si.nop.se [sin'ɔpsi] *sf* sinossi, sintesi, sommario, sunto.

si.nóp.ti.co [sin'ɔptiku] *agg* sinottico, sintetico.

sin.tá.ti.co [sĩt′atiku] *agg Gramm.* sintattico.

sin.ta.xe [sĩt′asi] *sf Gramm.* sintassi.

sín.te.se [s′ĩtezi] *sf* sintesi, sinossi, compendio. *Fil.* e *Chim.* sintesi.

sin.té.ti.co [sĩt′etiku] *agg* sintetico; artificiale, di laboratorio; breve (discorso).

sin.te.ti.za.do [sĩtetiz′adu] *part* + *agg* sintetizzato, schematico.

sin.te.ti.zar [sĩtetiz′ar] *vt* sintetizzare; riepilogare, compendiare.

sin.to.ma [sĩt′omə] *sm Med.* sintomo, segnale, indizio.

sin.to.má.ti.co [sĩtom′atiku] *agg Med.* sintomatico.

si.nu.ca [sin′ukə] *sf* biliardo, bigliardo (giuoco e tavola).

si.nuo.si.da.de [sinwozid′adi] *sf* sinuosità; zigzag; meandro. *Geogr.* scno (di un fiume).

si.nu.o.so [sinu′ozu] *agg* sinuoso, tortuoso, anfrattuoso.

si.nu.si.te [sinuz′iti] *sf Med.* sinusite.

sio.nis.mo [sjon′izmu] *sm Pol.* sionismo.

si.re.ne [sir′eni] o **si.re.na** [sir′enə] *sf* sirena.

si.rin.ge [sir′ĩʒi] *sf Mus.* siringa, flauto di Pane.

sí.rio [s′irju] *sm* + *agg* sirio, siriaco, soriano.

si.ro.co [sir′oku] *sm Geogr.* scirocco.

si.sal [siz′aw] *sm Bot.* sisal.

sís.mi.co [s′izmiku] *agg* sismico.

sis.mó.gra.fo [sizm′ɔgrafu] *sm* sismografo.

sis.te.ma [sist′emə] *sm* sistema; meccanismo; filosofia. *Inform.* sistema. *Fig.* organismo. ≃ **de equações** *Mat.* sistema di equazioni.

sis.te.má.ti.co [sistem′atiku] *agg* sistematico.

sis.te.ma.ti.zar [sistematiz′ar] *vt* sistemare. *Fig.* cucinare.

sís.to.le [s′istoli] *sf Fisiol.* sistole.

si.su.dez [sizud′es] *sf* serietà.

si.su.do [siz′udu] *agg* serio.

si.ti.ar [siti′ar] *vt* assediare.

sí.tio [s′itju] *sm* fattoria; assedio. *Lett.* sito. ≃ **arqueológico** scavo archeologico.

si.tua.ção [sitwas′ãw] *sf* situazione; stato, posizione, livello; contesto, circostanza; occasione. *Fig.* momento, quadro. **na mesma** ≃ **de** alla stregua di. ≃ **grave** grave. ≃ **delicada** posizione delicata.

si.tu.a.do [situ′adu] *part* + *agg* o **si.to** [s′itu] *agg* sito, posto, giacente.

si.tu.ar [situ′ar] *vt* situare, localizzare; ambientare (una storia). *vpr* trovarsi, giacere.

smok.ing [izm′okĩ] *sm* giacca da sera, smoking.

só [s′ɔ] *agg* solo, singolo. *avv* solo. ≃ **ela** altri che lei.

so.a.lho [so′aʎu] *sm* solaio.

so.ar [so′ar] *vt* battere. *vi* suonare. *Fig.* scoccare. **soaram dez horas** suonarono le dieci.

sob [s′ob] *prep* sotto.

so.be.ra.ni.a [soberan′iə] *sf* sovranità.

so.be.ra.no [sober′∧nu] *sm* sovrano, principe. *agg* sovrano.

so.ber.ba [sob′erbə] o **so.ber.bi.a** [soberb′iə] *sf* superbia, orgoglio, burbanza.

so.ber.bo [sob′erbu] *agg* superbo, imperioso.

so.bra [s′ɔbrə] *sf* avanzo; eccedente, sopravanzo. *Fig.* scampolo. ≃ **s** *pl* scorie. **de** ≃ d′avanzo. **ter razões de** ≃ *Fig.* aver ragioni da rivendere.

so.bran.ce.lha [sobrãs′eʎə] *sf Anat.* sopracciglio.

so.brar [sobr′ar] *vi* avanzare, restare, rimanere; sopravanzare. ≃ **ando** *avv* in sprannumero.

so.bre [s′obri] *prep* su; sopra, addosso; circa, intorno a. *Poet.* sovra. **falar** ≃ **o amor** parlare sull′amore. **estar** ≃ **as pedras** essere sulle pietre.

so.bre.ca.pa [sobrek′apə] *sf* sopraccoperta di libro.

so.bre.car.ga [sobrek′argə] *sf* sovraccarico, sovrappeso, aggravio.

so.bre.car.re.ga.do [sobrekařeg′adu] *agg* sovraccarico, stracarico.

so.bre.car.re.gar [sobrekařeg′ar] *vt* aggravare, oberare. *Fig.* appesantire. *vpr* gravarsi.

so.bre.céu [sobres′ew] *sm* dossale.

so.bre-hu.ma.no [sobrium′∧nu] *agg* soprannaturale. **força** ≃ **a** forza bestiale.

so.brei.ro [sobr′ejru] *sm Bot.* sughero.

so.bre.ma.nei.ra [sobreman′ejrə] o **so.bre.mo.do** [sobrem′ɔdu] *avv* soprammisura, soprammodo.

so.bre.na.tu.ral [sobrenatur′aw] *sm* soprannaturale. *agg* soprannaturale, trascendente. *Fig.* miracoloso.

so.bre.no.me [sobren′omi] *sm* cognome, nome di famiglia, casato.

so.bre.por [sobrep′or] *vt* sovrapporre, giustapporre, incavalcare, accavallare. *vpr* sovrapporsi, accavallarsi.

so.bre.pu.jar [sobrepuʒ′ar] *vt* sorpassare, superare. *Fig.* eclissare, sopraffare.

so.bre.qui.lha [sobrek′iʎə] *sf Naut.* carlinga.

so.bres.cri.to [sobreskr′itu] *sm* soprascritta.

so.bres.sa.ir [sobresa′ir] *vi* grandeggiare, risaltare. *vpr* primeggiare, sopravanzare, eccellere. *Fig.* campeggiare.

so.bres.sal.tar-se [sobresawt'arsi] *vpr* allarmarsi. *Fig.* sussultare.

so.bres.sal.to [sobres'awtu] *sm* soprassalto. *Fig.* scossa, tuffo. **de** ≃ *avv* di soprassalto.

so.bre.ta.xa [sobret'aʃə] *sf Comm.* soprattassa.

so.bre.tu.do [sobret'udu] *sm* soprabito, cappotto, pastrano. *avv* soprattutto.

so.bre.vir [sobrev'ir] *vi* sopraggiungere, sopravvenire, presentarsi.

so.bre.vi.vên.cia [sobreviv'ẽsjə] *sf* sopravvivenza; sussistenza, sostentamento.

so.bre.vi.ven.te [sobreviv'ẽti] *s* + *agg* sopravvivente, sopravvissuto, superstite.

so.bre.vi.ver [sobreviv'er] *vi* sopravvivere; rimanere; campare, galleggiare.

so.bre.vo.ar [sobrevo'ar] *vt Lett.* sorvolare.

so.bri.e.da.de [sobried'adi] *sf* sobrietà.

so.bri.nho [sobr'iɲu] *sm* nipote. ≃ **a** *sf* nipote.

so.bri.nho-ne.to [sobriɲun'etu] *sm* (*f* **sobrinha-neta**) pronipote.

só.brio [s'ɔbrju] *agg* sobrio; contenuto; astemio.

so.ci.al [sosi'aw] *agg* sociale. *Fig.* civico.

so.cia.lis.mo [sosjal'izmu] *sm Pol.* socialismo.

so.cia.li.zar [sosjaliz'ar] *o* **so.cia.bi.li.zar** [sosjabiliz'ar] *vt* socializzare.

so.ci.á.vel [sosi'avew] *agg* sociabile, socievole.

so.cie.da.de [sosjed'adi] *sf* società; associazione, circolo, consorzio; compagnia, commandita; fondazione; comunità; confraternita. **al.ta** ≃ gran mondo, bel mondo, jet set. ≃ **anônima** società anonima. ≃ **de auxílio mútuo** mutua. ≃ **por responsabilidade limitada** società a responsabilità limitata.

só.cio [s'ɔsju] *sm* socio, consocio; accomandatario.

so.cio.lo.gi.a [sosjoloʒ'iə] *sf* sociologia.

so.ci.ó.lo.go [sosi'ɔlogu] *sm* sociologo.

so.co [s'oku] *sm* pugno, cazzotto.

so.ço.brar [sosobr'ar] *vi Naut.* ribaltare.

so.cor.rer [sokoř'er] *vt* soccorrere, assistere.

so.cor.ro [sok'ořu] *sm* soccorso. **primeiros** ≃ **s** pronto soccorso. ≃**!** *int* aiuto!

so.da [s'ɔdə] *sf Chim.* soda. ≃ **cáustica** soda caustica.

só.dio [s'ɔdju] *sm Chim.* sodio.

so.do.mi.a [sodom'iə] *sf* sodomia.

so.er [so'er] *vi Lett.* solere.

so.fá [sof'a] *sm* sofà, divano.

so.fis.ti.ca.ção [sofistikas'ãw] *sf* ricercatezza, finezza.

so.fis.ti.ca.do [sofistik'adu] *agg* sofisticato; ricercato, fine; cervellotico. *Fig.* bizantino, cerebrale.

so.fis.ti.car [sofistik'ar] *vt* sofisticare.

so.frer [sofr'er] *vt* soffrire; patire, subire; espiare; guadagnarsi (malanno, accidente). *vi* soffrire; patire, penare, stentare; affliggersi, consumarsi, tribolarsi. **fazer** ≃ amareggiare. ≃ **calado** soffrire in silenzio. *Fig.* digerire.

so.fri.men.to [sofrim'ẽtu] *sm* sofferenza, patimento; afflizione, dolore, passione. *Fig.* purgatorio, calvario, croce.

soft.ware [s'ɔftwer] *sm Inform.* software.

so.gra [s'ɔgrə] *sf* suocera.

so.gro [s'ogru] *sm* suocero.

so.ja [s'ɔʒə] *sf Bot.* soia.

sol [s'ɔw] *sm Astron.* sole. *Mus.* sol. *Fig.* elio. **expor ao** ≃ assolare. **secar ao** ≃ soleggiare. **tomar** ≃ prendere sole. **ver o** ≃ **nascer quadrado** vedere il sole a scacchi.

so.la [s'ɔlə] *sf* ≃ **de sapato** suola.

so.lar [sol'ar] *agg* solare, del Sole.

so.la.van.co [solav'ãku] *sm* scossa.

sol.da [s'owdə] *o* **sol.da.du.ra** [sowdad'urə] *sf* saldatura, piombatura.

sol.da.do [sowd'adu] *sm Mil.* soldato, milite. ≃ **da guarda costeira** *Naut.* guardacoste. ≃ **de cavalaria** cavalleggiere. ≃ **de infantaria** fante, fuciliere. ≃ **desconhecido** milite ignoto. ≃**s do fogo** vigili del fuoco, pompieri.

sol.dar [sowd'ar] *vt* saldare.

sol.do [s'owdu] *sm Mil.* soldo, paga dei soldati.

so.lei.ra [sol'ejrə] *sf* soglia. *Lett.* limitare.

so.le.ne [sol'eni] *agg* solenne; austero; aulico, ampolloso; famoso. *Mus.* maestoso.

so.le.ni.da.de [solenid'adi] *sf* solennità. *Rel.* funzione.

so.le.ta [sol'etə] *sf* soletta, sottopiede.

sol.fa.ta.ra [sowfat'arə] *o* **sul.fu.rei.ra** [suwfur'ejrə] *sf* solfatara, zolfatara.

so.lha [s'ɔʎə] *sf Zool.* sogliola.

so.li.ci.ta.ção [solisitas'ãw] *sf* sollecitazione.

so.li.ci.tar [solisit'ar] *vt* sollecitare. *Fig.* incalzare.

so.lí.ci.to [sol'isitu] *agg* sollecito; premuroso; presto.

so.li.ci.tu.de [solisit'udi] *sf* sollecitudine; premura.

so.li.dão [solid'ãw] *sf* solitudine; desolazione.

so.li.dá.rio [solid'arju] *agg Giur.* solidale, solidario.

so.li.dez [solid'es] *sf* solidezza, solidità; compattezza; consistenza; forza, durezza.

so.li.di.fi.car [solidifik'ar] *vt* assodare. *vpr* assodarsi.

só.li.do [s'ɔlidu] *sm Fis.* e *Geom.* solido. *agg* solido, sodo; compatto, massiccio; resistente; duro, forte. *Fig.* ferreo.

so.lis.ta [sol'istə] *s Mus.* solista.

so.li.tá.ria [solit'arjə] *sf Med.* tenia, verme solitario. *Giur.* prigione di rigore.

so.li.tá.rio [solit'arju] *sm* solitario. *Fig.* gufo. *disp* gufaccio. *agg* solitario, solo; deserto. *Poet.* ermo.

so.lo [s'ɔlu] *sm* suolo, terra, terreno. *Mus.* solo, assolo.

sols.tí.cio [sowst'isju] *sm Astron.* solstizio. ≃ **de inverno** solstizio invernale (o meridionale). ≃ **de verão** solstizio estivo (o boreale).

sol.tar [sowt'ar] *vt* sciogliere, svincolare; slegare, scatenare; scarcerare. *vpr* sciogliersi, svincolarsi; slegarsi, scatenarsi.

sol.tei.rão [sowtejr'ãw] *sm + agg Pop.* celibatario, vecchio scapolo.

sol.tei.ro [sowt'ejru] *sm + agg* celibe, scapolo.

sol.tei.ro.na [sowtejr'onə] *sf Iron.* zittellona.

sol.to [s'owtu] *agg* sciolto, lasco, lento; agile (stile); folle (puleggia, ruota di macchina).

sol.tu.ra [sowt'urə] *sf* rilascio.

so.lu.ção [solus'ãw] *sf* soluzione; risoluzione; esito; ripiego. *Fig.* rimedio, riparo.

so.lu.çar [solus'ar] *vi* singhiozzare, singultare.

so.lu.ço [sol'usu] *sm* singhiozzo, singulto.

so.lú.vel [sol'uvew] *agg* solubile.

sol.ven.te [sowv'ẽti] *sm Chim.* solvente, dissolvente, risolutivo. *agg* solvente, dissolvente.

som [s'õw] *sm* suono; squillo; voce (di strumento musicale). **emitir um** ≃ mandare un suono.

so.ma [s'omə] *sf* tanto, ammontare. *Mat.* somma, addizione. *Comm.* somma, importo.

so.mar [som'ar] *vt Mat.* sommare, addizionare, totalizzare; montare a, importare a.

so.má.ti.co [som'atiku] *agg Med.* somatico.

som.bra [s'õbrə] *sf* ombra. *Fig.* velo. **à** ≃ all'ombra. **fazer** ≃ aduggiare. **nem** ≃ nemmeno per ombra. **ser uma** ≃ essere un'ombra. ≃**s chinesas** ombre cinesi.

som.bre.a.do [sõbre'adu] *sm* ombreggio.

som.bre.ar [sõbre'ar] *vt* ombreggiare, adombrare.

som.bri.o [sõbr'iu] *agg* buio. *Fig.* triste.

so.men.te [sɔm'ẽti] *avv* soltanto; solo; pure.

so.nâm.bu.lo [son'ãbulu] *sm Med.* sonnambulo, nottambulo.

so.na.ta [son'atə] *sf Mus.* sonata.

son.da [s'õdə] *sf Med.* e *Mecc.* sonda. *Min.* trivella.

son.dar [sõd'ar] *vt* tentare. *Med.* e *Mecc.* sondare. ≃ **uma pessoa** tastare.

so.ne.ca [son'ɛkə] *sf dim Pop.* pisolino. **tirar uma** ≃ pisolare, fare un pisolino, dormicchiare.

so.ne.to [son'etu] *sm Lett.* sonetto.

so.nha.dor [soɲad'or] *sm + agg* sognatore, visionario.

so.nhar [soɲ'ar] *vt* sognare; aspirare a, appetire. *vi* sognare; fantasticare, fantasiare. **nem** ≃**ando!** manco per sogno! nemmeno per idea!

so.nho [s'oɲu] *sm* sogno; visione. *Fig.* chimera, miraggio, utopia; aspirazione, ideale.

so.ní.fe.ro [son'iferu] *sm Med.* sonnifero. *agg* sonnifero, soporifero.

so.no [s'onu] *sm* sonno. **o** ≃ **eterno** *Fig.* il sonno eterno, la morte. **pegar no** ≃ assopirsi. **perder o** ≃ **(de preocupação)** perdere il sonno.

so.no.lên.cia [sonol'ẽsjə] *sf* sonnolenza, torpore, cascaggine.

so.no.len.to [sonol'ẽtu] *agg* sonnolento, torpido, insonnolito.

so.no.ro [son'ɔru] *agg* sonoro, altisonante.

so.pa [s'opə] *sf* minestra, brodo. ≃ **com fatias de pão** zuppa. ≃ **italiana de arroz (ou macarrão) e legumes** minestrone.

so.pa.po [sop'apu] *sm* traverso.

so.pé [sop'ɛ] *sm Geogr.* piede, falda.

so.pei.ra [sop'ejrə] *sf* zuppiera, terrina.

so.po.rí.fe.ro [sopor'iferu] *agg* soporifero.

so.pra.no [sopr'ʌnu] *sm Mus.* soprano.

so.prar [sopr'ar] *vt* soffiare. *Pop.* indettare. *Ger.* cantare (risposta). *vi* soffiare, spirare; ventare, tirare (vento).

so.pro [s'opru] *sm* soffio, fiato, alito. *Med.* soffio. ≃ **vital** *Fig.* anima.

so.que.te [sok'eti] *sm Elett.* portalampada.

sór.di.do [s'ɔrdidu] *agg* sordido; immondo, sporco.

sor.go [s'orgu] *sm Bot.* sorgo.

so.ro [s'oru] *sm Fisiol.* e *Med.* siero.

só.ror [s'ɔror] *sf Rel.* suora.

sor.ra.tei.ra.men.te [soʀatejram'ẽti] *avv* alla chetichella, di soppiatto.

sor.rir [soʀ'ir] *vi* sorridere, arridere.

sor.ri.so [soʀ'izu] *sm* sorriso.

sor.te [s'ɔrti] *sf* fortuna; sorte, destino, fato; ventura, bazza. *Fig.* culo, stella. **confiar na** ≃ brancolare. **má** ≃ sfortuna, malaventura. *Pop.* scalogna. **tentar a** ≃ estrarre a sorte, trarre il dado, azzardare. **ter** ≃ **inesperada** *Fig.* vincere un terno al lotto. **boa** ≃! tanti auguri! in bocca al lupo! ≃ **tua!** beato te!

sor.te.ar [sorte'ar] *vt* sorteggiare, sortire, estrarre (o tirare) a sorte.

sor.tei.o [sort'eju] *sm* sorteggio.

sor.ti.do [sort′idu] *agg* assortito. *Comm.* in sorta.

sor.ti.lé.gio [sortil′εʒju] *sm* sortilegio, incantamento, incantesimo.

sor.ti.men.to [sortim′ẽtu] *sm* assortimento.

sor.tir [sort′ir] *vt* assortire.

sor.ve.dou.ro [sorved′owru] *sm* voragine, risucchio. *Lett.* gorgo.

sor.ver [sorv′er] *vt* sorbire.

sor.ve.te [sorv′eti] *sm* gelato; sorbetto.

sor.ve.tei.ra [sorvet′ejrə] *sf* gelatiera, sorbettiera.

sor.ve.tei.ro [sorvet′ejru] *sm* gelatiere, sorbettiere.

sor.vo [s′orvu] *sm* bevuta.

só.sia [s′ɔʒjə] *s* sosia. *Fig.* simile.

sos.lai.o [sozl′aju] *sm* utilizzato nell'espressione **de** ≃ di sbieco.

sos.se.ga.do [soseg′adu] *agg* calmo, tranquillo, cheto.

sos.se.gar [soseg′ar] *vt* calmare, chetare, acchetare. *vi* acchetarsi, abbonacciarsi.

sos.se.go [sos′egu] *sm* calma, quiete, pace. **não dar** ≃ **a** *Fig.* perseguitare.

só.tão [s′ɔtãw] *sm* soffitta.

so.ter.rar [soteʀ′ar] *vt* sotterrare.

so.tur.no [sot′urnu] *sm*+*agg* sornione.

so.va [s′ɔvə] *sf* picchiamento. *Fam.* pestata.

so.va.co [sov′aku] *sm* *Pop.* ascella.

so.var [sov′ar] *vt* impastare.

so.ve.la [sov′elə] *sf* lesina.

so.vi.na [sov′inə] *sm* avaro, spilorcio. *Fig.* tigna. *agg* avaro, spilorcio, taccagno, gretto. *Fig.* meschino.

so.zi.nho [sɔz′iñu] *agg* solo, solitario, singolo, da sé.

strip-tease [stript′izi] *sm* spogliarello.

su.a.do [su′adu] *part*+*agg* sudato.

su.ar [su′ar] *vt* sudare. *vi* sudare, traspirare. *Fig.* liquefarsi, bollire. ≃ **frio** sudare freddo.

su.ás.ti.ca [su′astikə] *sf* svastica, croce uncinata (o gammata).

su.a.ve [su′avi] *agg* soave; delicato; morbido; discreto. *Lett.* mite. *Fig.* dolce, angelico, celeste.

sua.vi.da.de [swavid′adi] *sf* soavità, mitezza; morbidezza; discrezione. *Fig.* dolcezza.

sua.vi.zar [swaviz′ar] *vt* attenuare. *Med.* lenire. *Lett.* mitigare. *Fig.* addolcire. *vpr Fig.* addolcirsi.

su.bal.ter.no [subawt′ernu] *sm*+*agg* subalterno, subordinato.

sub.a.quá.ti.co [subak′watiku] *agg* subacqueo, sottomarino.

sub.cons.ci.en.te [subkõsi′ẽti] *sm Psic.* subcosciente.

sub.cu.tâ.neo [subkut′ʌnju] *agg* sottocutaneo, soccutaneo, ipodermico.

sub.di.vi.dir [subdivid′ir] *vt* suddividere; articolare.

sub.di.vi.são [subdiviz′ãw] *sf* suddivisione, ripartizione, riparto.

sub.en.ten.der [subẽtẽd′er] *vt* sottintendere, alludere, accennare.

sub.en.ten.di.do [subẽtẽd′idu] *part*+*agg* sottinteso, implicito. *Fig.* tacito.

sub.es.pé.cie [subesp′esji] *sf Biol.* sottospecie.

sub.es.ti.mar [subestim′ar] *vt Fig.* svalutare.

sub.ex.po.si.ção [subespoziz′ãw] *sf Fot.* sottoesposta.

su.bi.da [sub′idə] *sf* salita; ascensione, ascesa; erta, montata.

su.bir [sub′ir] *vt* salire, montare, scalare; aumentare (temperatura). *vi* salire, montare; arrampicarsi; elevarsi; aumentare (temperatura). *Fig.* appollaiarsi. ≃ **de novo** risalire.

su.bi.ta.men.te [subitam′ẽti] *avv* subitamente, subito.

sú.bi.to [s′ubitu] *agg* subito, subitaneo.

sub.je.ti.vo [subʒet′ivu] *agg* soggettivo. *Fig.* unilaterale.

sub.ju.gar [subʒug′ar] *vt* soggiogare, sopraffare, assoggettare. *Fig.* dominare, conquistare.

sub.le.va.ção [sublevas′ãw] *sf* sollevazione, ammutinamento.

sub.le.var [sublev′ar] *vt* sollevare, ammutinare. *vpr* sollevarsi, ammutinarsi.

su.bli.me [subl′imi] *agg* sublime. *Fig.* divino, eccelso; eminente.

su.bli.nha.do [subliñ′adu] *sm* sottolineatura. *part*+*agg* sottolineato.

su.bli.nhar [subliñ′ar] *vt* sottolineare.

sub.ma.ri.no [submar′inu] *sm Naut.* sottomarino, sommergibile. *agg* sottomarino, subacqueo.

sub.mer.gir [submerʒ′ir] *vt* sommergere, affondare. *Fig.* subissare. *vi* sommergersi, affondare.

sub.mer.são [submers′ãw] *sf* sommersione, sommergimento, affondamento.

sub.me.ter [submet′er] *vt* sottomettere, sottoporre. *Fig.* domare, dominare. *vpr* sottomettersi, sottoporsi, soggiacere a.

sub.mis.são [submis′ãw] *sf* sottomissione, sommissione, soggezione, ubbidienza; dipendenza. *Fig.* schiavitù, vassallaggio.

sub.mis.so [subm′isu] *agg* sottomesso, suddito, ubbidiente, docile, remissivo. *Fig.* schiavo.
sub.mun.do [subm′ũdu] *sm* malavita.
su.bor.di.na.do [subordin′adu] *sm+agg* subordinato, subalterno.
su.bor.di.nar [subordin′ar] *vt* subordinare; condizionare. *vpr* dipendere da.
su.bor.nar [subor′nar] *vt* subornare, pagare, dare l'offa a. *Fig.* corrompere, ungere.
su.bor.no [sub′ornu] *sm* corruzione, corrompimento. **aceitar** ≃ prendere l'offa.
sub.pre.fei.to [subpref′ejtu] *sm* sottoprefetto.
sub.pre.fei.tu.ra [subprefejt′urə] *sf* sottoprefettura.
subs.cre.ver [subskrev′er] *vt* sottoscrivere, firmare.
subs.cri.ção [subskris′ãw] *sf* sottoscrizione, abbonamento.
subs.cri.to [subskr′itu] *part+agg* sottoscritto.
sub.se.guir [subseg′ir] *vi* susseguire a.
sub.se.qüen.te [subsek′wēti] *agg* susseguente, conseguente.
sub.si.di.ar [subsidi′ar] *vt* sussidiare. *Fig.* alimentare.
sub.si.di.á.rio [subsidi′arju] *agg* sussidiario.
sub.sí.dio [subs′idju] *sm Econ.* sussidio, sovvenzione.
sub.sis.tên.cia [subsist′ẽsjə] *sf* sussistenza.
sub.sis.tir [subsist′ir] *vi* sussistere, esistere.
sub.so.lo [subs′ɔlu] *sm* sotterraneo. *Geogr.* sottosuolo.
subs.tân.cia [subst′ãsjə] *sf* sostanza; senso; essenza. *Fig.* parte essenziale.
subs.tan.ci.al [substãsi′aw] *agg* sostanziale; cospicuo.
subs.tan.ci.o.so [substãsi′ozu] *agg* sostanzioso; succulento. *Fig.* ricco.
subs.tan.ti.vo [substãt′ivu] *sm Gramm.* sostantivo, nome.
subs.ti.tu.i.ção [substituis′ãw] *sf* sostituzione, cambio. **em** ≃ **a** in sostituzione di.
subs.ti.tu.ir [substitu′ir] *vt* sostituire; cambiare, avvicendare; fare le veci di uno.
subs.ti.tu.ti.vo [substitut′ivu] *sm Econ.* surrogato.
subs.ti.tu.to [substit′utu] *sm* sostituto; successore, supplente; riserva.
subs.tra.to [substr′atu] *sm* sustrato, sostrato.
sub.ter.fú.gio [subterf′uʒju] *sm* sotterfugio, arzigogolo.
sub.ter.râ.neo [subteř′ʌnju] *sm+agg* sotterraneo.
sub.tra.ção [subtras′ãw] *sf* sottrazione.

sub.tra.ir [subtra′ir] *vt* sottrarre; ritenere (valori).
su.bur.ba.no [suburb′ʌnu] *agg* suburbano.
su.búr.bio [sub′urbju] *sm* sobborgo, periferia. *Lett.* suburbio.
sub.ven.ção [subvẽs′ãw] *sf Econ.* sovvenzione, sussidio. *Teat.* dote.
sub.ven.cio.nar [subvẽsjon′ar] *vt Comm.* sovvenzionare, sussidiare.
sub.ver.são [subvers′ãw] *sf* sovversione.
sub.ver.si.vo [subvers′ivu] *sm* sovversivo, agitatore. *agg* sovversivo.
sub.ver.ter [subvert′er] *vt* sovvertire, sconvolgere.
su.ce.der [sused′er] *vi* succedere; capitare, accadere; subentrare. *vpr* succedersi, avvicendarsi.
su.ces.são [suses′ãw] *sf* successione; sequenza, continuo, continuità. *Fig.* catena.
su.ces.si.vo [suses′ivu] *agg* successivo.
su.ces.so [sus′esu] *sm* successo, esito, riuscita. *Fig.* vittoria. **fazer** ≃ furoreggiare, spiccarsi. **não ter** ≃ *Fig.* fare un buco nell'acqua. **ter** ≃ riuscir bene.
su.ces.sor [suses′or] *sm* successore.
su.cin.to [sus′ĩtu] *agg* succinto, conciso, sintetico.
su.co [s′uku] *sm* sugo. ≃ **de frutas** succo, succo di frutta. ≃ **gástrico** succo gastrico. ≃ **intestinal** succo intestinale.
sú.cu.bo [s′ukubu] *sm Mit.* succubo.
su.cu.len.to [sukul′ẽtu] *agg* succulento, succoso.
su.cum.bir [sukũb′ir] *vi* capitolare. *Lett.* soccombere. *Fig.* perire.
su.cur.sal [sukurs′aw] *sf Comm.* succursale, filiale, dipendenza.
su.dá.rio [sud′arju] *sm* sindone. **o Santo S** ≃ *Rel.* la Santa Sindone.
su.des.te [sud′esti] *sm* sud-est.
sú.di.to [s′uditu] *sm* suddito. *Fig.* vassallo.
su.do.es.te [sudo′esti] *sm* sud-ovest.
su.e.co [su′eku] *sm+agg* svedese.
su.fi.ci.ên.cia [sufisi′ẽsjə] *sf* sufficienza.
su.fi.ci.en.te [sufisi′ẽti] *sm* il sufficiente. *agg* sufficiente. **ser** ≃ esser da tanto, bastare.
su.fi.ci.en.te.men.te [sufisiẽtim′ẽti] *avv* sufficientemente, a sufficienza, abbastanza, assai.
su.fi.xo [suf′iksu] *sm Gramm.* suffisso. ≃ **afetivo** sufisso vezzeggiativo.
su.flê [sufl′e] *sm* sformato.
su.fo.ca.ção [sufokas′ãw] *sf* affogamento. *Fig.* repressione.

su.fo.can.te [sufok'ãti] *agg* soffocante. *Fig.* pesante, plumbeo.

su.fo.car [sufok'ar] *vt* soffocare, affogare, asfissiare, ambasciare. *Fig.* opprimere; strangolare. *vi* soffocare, affogare, respirare a stento.

su.fo.co [suf'oku] *sm* oppressione, ansia, affanno, apprensione.

su.frá.gio [sufr'aʒju] *sm* suffragio. ≃ **universal** suffragio universale.

su.gar [sug'ar] *vt* succhiare. ≃ **o sangue de** *Fig.* succhiare il sangue a.

su.ge.rir [suʒer'ir] *vt* suggerire; consigliare, raccomandare, avvertire; proporre; ispirare. *Fig.* dettare, istillare.

su.ges.tão [suʒest'ãw] *sf* suggerimento, consiglio, avvertimento. *Psic.* suggestione (ipnotismo).

su.ges.tio.nar [suʒestjon'ar] *vt* suggestionare. *Fig.* ipnotizzare.

su.ges.tio.ná.vel [suʒestjon'avew] *agg* suggestionabile.

su.ges.ti.vo [suʒest'ivu] *agg* suggestivo.

su.í.ças [su'isəs] *sf pl* fedine.

su.i.ci.da [suis'idə] *s* suicida.

su.i.ci.dar-se [suisid'arsi] *vpr* suicidarsi, ammazzarsi. ≃ **com um tiro** tirarsi.

su.i.cí.dio [suis'idju] *sm* suicidio.

su.í.ço [su'isu] *sm+agg* svizzero.

su.í.no [su'inu] *sm* suino. *agg* suino, porcino.

su.jar [suʒ'ar] *vt* insudiciare, sporcare, insozzare, imbrattare. *Fig.* macolare (reputazione). *vpr* insudiciarsi, sporcarsi, insozzarsi, imbrattarsi.

su.jei.ção [suʒejs'ãw] *sf* soggezione, soggiacimento. *Fig.* freno.

su.jei.ra [suʒ'ejrə] *sf* sozzura, sporcizia, immondezza; porcheria, sudiciume; rifiuti *pl*. *Pop.* immondizia. *Fig.* cacca.

su.jei.tar [suʒejt'ar] *vt* assoggettare. *Fig.* conculcare. *vpr* assoggettarsi, sottoporsi. *Fig.* esporsi a.

su.jei.ti.nho [suʒejt'iɲu] *sm Fig. disp* omuncolo.

su.jei.to [suʒ'ejtu] *sm* soggetto, tale, tipo. *Fam.* coso. *Iron.* arnese. *Gramm.* soggetto. *Fig. disp* individuo. *agg* soggetto a, passibile di, suscettibile di. **bom** ≃ *Pop.* buon diavolo. **um mau** ≃ *Iron. Fig.* buona lana.

su.jo [s'uʒu] *agg* sudicio; sporco, sozzo, lordo; immondo; impuro. *Fam.* roccioso. ≃ **de sangue** intriso di sangue.

sul [s'uw] *sm Geogr.* sud. **o S** ≃ *Fig.* Mezzogiorno.

sul.car [suwk'ar] *vt* solcare. *Fig.* arare.

sul.co [s'uwku] *sm* solco, stria, scanalatura.

sul.fa.to [suwf'atu] *sm Chim.* solfato.

sulfureira → **solfatara**.

sul.fú.ri.co [suwf'uriku] *agg Chim.* solforico.

su.lis.ta [sul'istə] *s* meridionale.

sul.ta.na [suwt'ʌnə] *sf Bot.* sultanina.

sul.tão [suwt'ãw] *sm* sultano.

su.ma [s'umə] *sf* utilizzato nell'espressione **em** ≃ *avv* in somma, in sostanza, a farla corta.

su.ma.ren.to [sumar'ẽtu] *agg* succoso.

su.má.rio [sum'arju] *sm* sommario; compendio, riassunto; indice. *agg* sommario; succinto.

su.mi.ço [sum'isu] *sm* sparizione.

su.mi.da.de [sumid'adi] *sf* sommità.

su.mir [sum'ir] *vi* sparire, disparire, svanire. *Fig.* sfumare, evaporare, andare in fumo.

su.mo [s'umu] *sm* sugo. *Fig.* essenza, centro. ≃ **de frutas cítricas** *agro. agg superl* (di **alto**) sommo, supremo.

sun.tuo.si.da.de [sũtwozid'adi] *sf* sontuosità.

sun.tu.o.so [sũtu'ozu] *agg* sontuoso, lauto.

su.or [su'or] *sm* sudore, traspirazione.

su.pe.ra.do [super'adu] *part+agg* superato; anacronistico.

su.pe.rar [super'ar] *vt* superare; oltrepassare, sorpassare; eccedere, sopravanzare, antipassare. *Fig.* sopraffare, valicare. ≃ **a si mesmo** superare se stesso.

su.per.ex.po.si.ção [superespozis'ãw] *sf Fot.* sopraesposta.

su.per.fi.ci.al [superfisi'aw] *agg* superficiale, apparente.

su.per.fi.cial.men.te [superfisjawm'ẽti] *avv* superficialmente, a volo d'uccello.

su.per.fí.cie [superf'isji] *sf* superficie; area; faccia (di oggetti).

su.pér.fluo [sup'ɛrflwu] *sm* superfluo. *agg* superfluo; ridondante, accessorio; avanzaticcio. *Fig.* marginale, accidentale.

su.per-ho.mem [super'omẽj] *sm Fil.* superuomo.

su.pe.rin.ten.dên.cia [superĩtẽd'ẽsjə] *sf* sovrintendenza, soprintendenza.

su.pe.rin.ten.den.te [superĩtẽd'ẽti] *s+agg* sovrintendente, soprintendente.

su.pe.rin.ten.der [superĩtẽd'er] *vt* sovrintendere, soprintendere.

su.pe.ri.or [superi'or] *sm* superiore. ≃ **franciscano** *Rel.* guardiano. *agg compar* (di **alto**) superiore; alto, eminente, eccelso.

su.pe.ri.o.ra [superi'orə] *sf Rel.* superiora.

su.pe.ri.o.ri.da.de [superiorid′adi] *sf* superiorità; supremazia; sussiego; grandezza; maggioranza. *Fig.* sopravvento.

su.per.la.ti.vo [superlat′ivu] *sm*+*agg Gramm.* superlativo.

su.per.mer.ca.do [supermerk′adu] *sm* magazzino, supermercato.

su.per.sô.ni.co [supers′oniku] *agg* supersonico. **avião** ≃ aereo supersonico.

su.pers.ti.ção [superstis′ãw] *sf* superstizione, ubbia.

su.pers.ti.ci.o.so [superstisi′ozu] *agg* superstizioso.

su.per.vi.são [superviz′ãw] *sf* sovrintendenza, soprintendenza, controllo.

su.per.vi.sio.nar [supervizjon′ar] o **su.per.vi.sar** [superviz′ar] *vt* sovrintendere, soprintendere, controllare.

su.per.vi.sor [superviz′or] *sm*+*agg* sovrintendente, soprintendente.

su.pi.no [sup′inu] *sm Gramm.* supino.

su.plan.tar [suplãt′ar] *vt* soppiantare.

su.ple.men.tar [suplemẽt′ar] *agg* supplementare, sussidiario.

su.ple.men.to [suplem′ẽtu] *sm* supplemento, aggiunta. *Fig.* appendice.

su.plen.te [supl′ẽti] *s* supplente, coadiutore. *agg* supplente.

sú.pli.ca [s′uplikə] *sf* supplica, preghiera, scongiuro.

su.pli.car [suplik′ar] *vt* supplicare, implorare, pregare, scongiurare.

su.plí.cio [supl′isju] *sm* supplizio.

su.por [sup′or] *vt* supporre; fare conto che; mettere, porre; sospettare; congetturare, postulare. *Lett.* presumere. *Fig.* ammettere. *vpr* immaginarsi. **suponhamos que** poniamo che. ≃**ondo que** ammesso che, qualora.

su.por.tar [suport′ar] *vt* sopportare; tollerare, sostenere; subire, soffrire. *vi* soffrire; resistere.

su.por.te [sup′orti] *sm* supporto, sopporto, sostegno, base. *Fig.* appoggio, perno. ≃ **para máquinas** fondazione. ≃ **para trepadeiras** pergola, frasche *pl*.

su.po.si.ção [supoziz′ãw] *sf* supposizione, congettura, assunto, presunzione. *Fig.* teoria. ≃**ões** *pl* parole.

su.po.si.tó.rio [supozit′ɔrju] *sm Med.* suppositorio, supposta.

su.pos.to [sup′ostu] *part*+*agg* posto, aprioristico. *Lett.* putativo.

su.pre.ma.ci.a [supremas′iə] *sf* supremazia, preponderanza. *Fig.* egemonia, sopravvento.

su.pre.mo [supr′emu] *agg superl* (di **alto**) sopremo, sommo; assoluto.

su.pres.são [supres′ãw] *sf* soppressione.

su.pri.men.to [suprim′ẽtu] *sm* rifornimento, provvista.

su.pri.mir [suprim′ir] *vt* sopprimere; cancellare; abolire; annullare.

su.prir [supr′ir] *vt* supplire, sopperire.

su.pu.ra.ção [supuras′ãw] *sf Med.* suppurazione, maturazione.

su.pu.rar [supur′ar] *vi Med.* suppurare, maturare.

sur.dez [surd′es] *sf* sordità.

sur.di.na [surd′inə] *sf Mus.* sordina. **na** ≃ alla sordina.

sur.do [s′urdu] *sm* sordo. *agg an Fig.* sordo. **fazer-se** (o **fingir-se**) **de** ≃ *Fig.* far orecchi di mercante, fare l'indiano.

sur.do-mu.do [surdum′udu] *sm*+*agg* sordomuto.

sur.gi.men.to [surʒim′ẽtu] *sm* apparizione, comparsa, venuta.

sur.gir [surʒ′ir] *vi* sorgere, insorgere; nascere; venire; sgorgare. *Fig.* fiorire; emergere; scaturire. ≃ **repentinamente** balzare fuori.

sur.pre.en.den.te [surpreẽd′ẽti] *agg* sorprendente, straordinario, strabiliante.

sur.pre.en.der [surpreẽd′er] *vt* sorprendere; giungere, cogliere; allarmare; fare specie a. *Fig.* confondere.

sur.pre.sa [surpr′ezə] *sf* sorpresa. **de** ≃ *avv* di sorpresa. **fazer uma** ≃ fare una sorpresa.

sur.pre.so [surpr′ezu] *part*+*agg* sorpreso. **ficar** ≃ rimanere di stucco, restare di sale.

sur.ra [s′uɾə] *sf* picchiamento, busse. *Iron.* carezza. *Fam.* pestata. **dar uma** ≃ **em** *Fam.* dare addosso a. *Fig.* acconciare.

sur.rão [suɾ′ãw] *sm* zaino.

sur.rar [suɾ′ar] *vt* picchiare. *Fig.* acconciare.

sur.re.al [suɾe′aw] *agg* surreale.

sur.ru.pi.ar [suɾupi′ar] *vt* carpire, agguantare. *Lett.* involare. *Pop.* sgraffignare.

sur.ti.da [surt′idə] *sf Mil.* uscita.

sur.tir [surt′ir] *vi* sortire. ≃ **efeito** sortire effetto.

sus.ce.tí.vel [suset′ivew] *agg* suscettibile.

sus.ci.tar [susit′ar] *vt* suscitare, cagionare.

sus.pei.ta [susp′ejtə] *sf* sospetto; dubbio, sfiducia; insinuazione. *Fig.* gelosia; sensazione, fiuto.

sus.pei.tar [suspejt′ar] *vt*+*vi* sospettare, temere.

sus.pei.to [susp'ejtu] *sm* persona sospetta. *agg* sospetto; ambiguo, losco.

sus.pei.to.so [suspejt'ozu] *agg* sospettoso. *Fig.* geloso.

sus.pen.der [suspĕd'er] *vt* sospendere; appendere, appiccare; interrompere. *Lett.* intermettere. *Fig.* troncare. *vpr* sospendersi, appiccarsi.

sus.pen.são [suspĕs'ãw] *sf* sospensione. *Fig.* attesa.

sus.pen.so [susp'ẽsu] *part+agg* sospeso, appeso. *Fig.* tronco.

sus.pen.só.rio [suspĕs'ɔrju] *sm* bretella, reggicalze.

sus.pi.rar [suspir'ar] *vi* sospirare.

sus.pi.ro [susp'iru] *sm* sospiro. *Lett.* gemito.

sus.sur.rar [susuʀ'ar] *vt* sussurrare, bisbigliare. *Fig.* zufolare. *vi* sussurrare, mormorare, bisbigliare. *Lett.* pispigliare.

sus.sur.ro [sus'uʀu] *sm* sussurro, fruscio, bisbiglio.

sus.tar [sust'ar] *vt* interrompere. *vi* sostare, fermarsi.

sus.te.ni.do [susten'idu] *agg Mus.* sostenuto.

sus.ten.ta.ção [sustĕtas'ãw] *sf* supporto; appoggio. *Fig.* stelo.

sus.ten.tar [sustĕt'ar] *vt* sostenere, sopportare, reggere; sostentare, mantenere. *Fig.* appoggiare; alimentare. *vpr* sostenersi, reggersi; sostentarsi, mantenersi, campare.

sus.ten.to [sust'ẽtu] *sm* sostegno; fulcro; nutrimento. *Fig.* sussistenza, pane, pagnotta.

sus.ter [sust'er] *vt* sorreggere.

sus.to [s'ustu] *sm* spavento, soprassalto. *Fig.* scossa.

su.ti.ã [suti'ã] *sm* reggipetto, reggiseno.

su.til [sut'iw] *agg* sottile; fine, tenue; acuto, aguzzo; astuto, perspicace.

su.ti.le.za [sutil'eza] *sf* sottigliezza; arguzia, argutezza; sfumatura.

su.tu.ra [sut'ura] *sf Med.* sutura, saldatura.

su.tu.rar [sutur'ar] *vt Med.* suturare.

T

t [t′e] *sm* la diciannovesima lettera dell'alfabeto portoghese.

ta.ba.ca.ri.a [tabakar′iə] *sf* tabaccheria.

ta.ba.co [tab′aku] *sm* tabacco. ≃ **para mascar** tabacco da masticare.

ta.be [t′abi] *sf Med.* tabe.

ta.be.la [tab′elə] *sf* tabella, tavola. *Fig.* paradigma.

ta.be.li.ão [tabeli′ãw] *sm* notaio, notaro. T ≃ Ufficio di Stato Civile.

ta.ber.na [tab′ernə] o **ta.ver.na** [tav′ernə] *sf* taverna, osteria, trattoria; cantina; bottiglieria.

ta.ber.ná.cu.lo [tabern′akulu] *sm Rel.* tabernacolo.

ta.ber.nei.ro [tabern′ejru] o **ta.ver.nei.ro** [tavern′ejru] *sm* tavernaio, oste, bettoliere.

ta.bi.que [tab′iki] *sm* assito.

ta.bla.do [tabl′adu] *sm* tavolato, assito; palco.

ta.ble.te [tabl′eti] *sm* tavoletta di medicamento.

ta.bu [tab′u] *sm* + *agg* tabù.

tá.bua [t′abwə] *sf* tavola, asse. **as T** ≃ **s da Lei** *Rel.* le Tavole della Legge. ≃ **de passar** tavola da stirare. ≃ **de salvação** *Fig.* tavola di salvamento.

ta.bu.lei.ro [tabul′ejru] *sm an Geogr.* tavoliere. ≃ **de xadrez** scacchiera.

ta.bu.le.ta [tabul′etə] *sf dim* tavoletta.

ta.ça [t′asə] *sf* tazza, coppa, ciotola, gotto.

ta.ca.nho [tak′ʌɲu] *agg* taccagno, avaro, spilorcio; minuscolo, ridotto.

ta.cha [t′aʃə] *sf* taccia, puntina, bolletta.

ta.char [taʃ′ar] *vt* tacciare, incolpare, accusare.

tá.ci.to [t′asitu] *agg* tacito; implicito; occulto.

ta.ci.tur.no [tasit′urnu] *agg* taciturno; cupo, triste.

ta.co [t′aku] *sm* ≃ **de bilhar** stecca.

ta.fe.tá [tafet′a] *sm* taffetà.

ta.ga.re.la [tagar′elə] *s* ciarliero, ciarlone. *Pop.* chiacchierone. *Fig.* pappagallo, cornacchia.

ta.ga.re.lar [tagarel′ar] *vi* ciarlare, ciangolare. *Pop.* chiacchierare. *Fig.* cornacchiare.

ta.ga.re.li.ce [tagarel′isi] *sf Pop.* chiacchierio.

tail.leur [taj′er] *sm* abito a giacca.

tai.pais [tajp′ajs] *sm pl* saracinesca, porta di acciaio per chiudere boteghe.

tal [t′aw] *agg* + *pron* tale. **a** ≃ **ponto** a tale. **um** ≃ *pron* certuno, cotale.

ta.la [t′alə] *sf Med.* stecca, ferule *pl.* **colocar** ≃ steccare.

ta.lão [tal′ãw] *sm Anat.* tallone. *Comm.* matrice, talloncino, cartellino. ≃ **de cheques** libretto d'assegni.

tal.co [t′awku] *sm* talco.

ta.len.to [tal′ẽtu] *sm* talento, ingegno; valentia. *Fig.* dote, bernoccolo.

ta.len.to.so [talẽt′ozu] *agg* ingegnoso, valente.

ta.lhar [taʎ′ar] *vt* tagliare, incidere.

ta.lha.rim [taʎar′ĩ] *sm* taglierini *pl*, tagliatelle *pl*.

ta.lher [taʎ′er] *sm* posata.

ta.lho [t′aʎu] *sm* taglio, tacca.

ta.li.ão [tali′ãw] *sm* taglione.

ta.lis.mã [talizm′ã] *sm* talismano, amuleto, portafortuna.

tal.mu.de [tawm′udi] *sm Rel.* talmud.

ta.lo [t′alu] *sm Bot.* tallo; nervo; costola.

tal.vez [tawv′es] *avv* magari, forse; può darsi che, forse che.

ta.man.co [tam′ãku] *sm* zoccolo.

ta.ma.nho [tam′ʌɲu] *sm* grandezza; dimensione.

tâ.ma.ra [t′ʌmarə] *sf Bot.* dattero.

ta.ma.rei.ra [tamar′ejrə] *sf Bot.* dattero.

ta.ma.rin.do [tamar′ĩdu] *sm Bot.* tamarindo.

tam.bém [tãb′ẽj] *avv* anche; altresì; pure; fino, finanche. **mas** ≃ ma anche.

tam.bor [tãb′or] *sm Mus.* tamburo; grancassa. ≃ **africano** tam tam.

tam.bo.rim [tãbor′ĩ] *sm Mus.* tamburino.

tam.pa [t′ãpə] *sf* coperchio; tappo, turacciolo.

tam.pão [tãp′ãw] *sm* cocchiume. *Med.* tampone.

tam.par [tãp′ar] *vt* tappare, turare, chiudere.

tam.pi.nha [tãp′iɲə] *sf dim Fig.* tappo, persona di bassa statura.

tam.po.nar [tãpon′ar] *vt Med.* tamponare.

tan.gen.te [tãʒ′ẽti] *sf Geom.* tangente.

tan.ge.ri.na [tãʒer′inə] *sf Bot.* bergamotta. **pé de** ≃ bergamotto.

tan.gí.vel [tãʒ′ivew] *agg* tangibile, concreto.

tan.go [t′ãgu] *sm Mus.* tango.

tan.que [t'ăki] *sf* vasca. ≃ **de gasolina** *Autom.* serbatoio. **encher o** ≃ *Autom.* fare il pieno.

tan.tã [tăt'ã] *sm Mus.* tam tam, tan tan.

tan.to [t'ătu] *sm* tanto, quantità indeterminata. *pron+avv* tanto. ≃ **... como** tanto ... come. ≃ **... quanto** tanto ... quanto. **um** ≃ *avv* alquanto. **um** ≃ **velho** alquanto vecchio.

tão [t'ăw] *pron+avv* tanto, così. ≃ **grande** tale. ≃ **... quanto** tanto ... quanto. ≃ **... como** tanto ... come. ≃ **... que** così ... che. **era** ≃ **bonita que todos a olhavam** era così bella che tutti la guardavano.

ta.pa [t'apə] *sm* ceffone, schiaffo, manrovescio.

ta.par [tap'ar] *vt* turare, accecare.

ta.pe.a.ção [tapeas'ăw] *sf* inganno.

ta.pe.ar [tape'ar] *vt* ingannare, abbindolare.

ta.pe.ça.ri.a [tapesar'iə] *sf* tappezzeria; arazzeria; arazzo.

ta.pe.cei.ro [tapes'ejru] *sm* tapezziere, arazziere.

ta.pe.ra [tap'εrə] *sf* tugurio. *Fig.* capanna.

ta.pe.te [tap'eti] *sm* tappeto; arazzo. ≃ **de beira de cama** scendiletto.

ta.pi.o.ca [tapi'ɔkə] *sf* tapioca.

ta.pir [tap'ir] *sm Zool.* tapiro.

ta.pu.me [tap'umi] *sm* chiudenda.

ta.qui.car.di.a [takikard'iə] *sf Med.* tachicardia, palpitazione, batticuore.

ta.qui.gra.far [takigraf'ar] *vt* tachigrafare.

ta.qui.gra.fi.a [takigraf'iə] *sf* tachigrafia.

ta.ra [t'arə] *sf Med.* tara, pecca. *Comm.* tara.

ta.ra.do [tar'adu] *sm Pop.* satiro.

ta.ran.te.la [tarãt'elə] *sf Mus.* tarantella.

ta.rân.tu.la [tar'ãtulə] *sf Zool.* tarantola. ≃ **italiana** tarantella.

tar.dar [tard'ar] *vi* tardare.

tar.de [t'ardi] *sf* sera, pomeriggio, vespro; serata. *avv* tardi. **à** ≃ *avv* di sera, dopo pranzo. **até mais** ≃ **!** a più tardi! **antes** ≃ **do que nunca** meglio tardi che mai.

ta.re.fa [tar'εfə] *sf* compito, impresa, incarico, commissione.

ta.ri.fa [tar'ifə] *sf* tariffa.

ta.ri.far [tarif'ar] *vt* tariffare.

ta.rô [tar'o] *sm* tarocco.

tar.so [t'arsu] *sm Anat.* tarso.

tar.ta.mu.do [tartam'udu] *sm+agg* balbuziente.

tár.ta.ro [t'artaru] *sm* tartaro; greppola, gromma. *sm+agg* tartaro, della Tartaria.

tar.ta.ru.ga [tartar'ugə] *sf Zool.* tartaruga, testuggine. *Fig.* tartaruga, persona lenta.

tar.tu.fo [tart'ufu] *sm Fig. disp* tartufo, bacchettone, baciapile.

ta.ta.ra.vó [tatarav'ɔ] o **te.tra.vó** [tetrav'ɔ] *sf* bisarcavola, quartavola.

ta.ta.ra.vô [tatarav'o] o **te.tra.vô** [tetrav'o] *sm* bisarcavolo, quartavolo.

ta.te.ar [tate'ar] *vt* tastare, brancolare. **ir** ≃ **ando** andar tastoni (o brancoloni).

tá.ti.ca [t'atikə] *sf an Fig.* tattica, strategia.

ta.to [t'atu] *sm* tatto, tasto, tocco. *Fig.* diplomazia.

ta.tu [tat'u] *sm Zool.* tatù, armadillo.

ta.tu.a.gem [tatu'aʒẽj] *sf* tatuaggio.

ta.tu.ar [tatu'ar] *vt* tatuare. *vpr* tatuarsi.

ta.tu.zi.nho [tatuz'iɲu] *sm dim Zool.* glomeride.

tau.ri.no [tawr'inu] *agg* taurino, di toro.

taverna, taverneiro → taberna, taberneiro.

ta.xa [t'aʃə] *sf* tassa, tributo, diritto, aggravio. ≃ **alfandegária** tassa di dogana, gabella. **cobrar ou pagar a** ≃ **alfandegária** gabellare.

ta.xar [taʃ'ar] *vt* tassare, gravare.

ta.xa.ti.vo [taʃat'ivu] *agg Giur.* tassativo.

tá.xi [t'aksi] *sm* tassì, autopubblica, vettura di piazza. **tomar um** ≃ prendere un tassì.

ta.xí.me.tro [taks'imetru] *sm* tassametro.

tchau [tʃ'aw] *int* ciao! (alla partenza).

te [ti] *pron sg* te; ti.

tê [t'e] *sm* te, il nome della lettera T.

te.ar [te'ar] *sm* telaio.

te.a.tral [teatr'aw] *agg* teatrale; drammatico.

te.a.tro [te'atru] *sm* teatro. *Fig.* commedia. ≃ **de vanguarda** teatro d'avanguardia. ≃ **de variedades** teatro di varietà. ≃ **lírico** teatro lirico.

te.ce.lão [tesel'ăw] *sm* tessitore.

te.cer [tes'er] *vt* tessere, filare, tramare.

te.ci.do [tes'idu] *sm* tessuto, stoffa, drappo, panno. *Anat.* e *Bot.* tessuto. ≃ **de algodão** bambagino. **fabricante de** ≃ **s, vendedor de** ≃ **s** drappiere.

te.cla [t'eklə] *sf Mus., Mecc.* e *Inform.* tasto.

te.cla.do [tekl'adu] *sm an Inform.* tastiera.

téc.ni.ca [t'εknikə] *sf* tecnica, processo. *Fig.* arte. ≃ **de laboratório** tecnica di laboratorio.

téc.ni.co [t'εkniku] *sm* tecnico, specialista. *agg* tecnico. ≃ **contábil** perito contabile. ≃ **de TV** tecnico della TV.

tec.no.lo.gi.a [teknoloʒ'iə] *sf* tecnologia.

té.dio [t'εdju] *sm* tedio, fastidio, noia. *Fam.* imbarazzo. *Fig.* afa, penitenza, fatica.

te.di.o.so [tedi'ozu] *agg* noioso, stucchevole, uggioso. *Fig.* soporifero, pesante.

tei.a [t'ejə] *sf Zool.* e *Fig.* tela. ≃ **de aranha** ragna, ragnatela.

tei.ma [t'ejmə] *sf* caparbieria, fissazione, cornaggine.

tei.mar [tejm'ar] *vt*+*vi* mettersi in capo, fissarsi, incaponirsi. *Fam.* inzuccarsi.

tei.mo.si.a [tejmoz'iə] *sf* testardaggine, caparbieria, caponaggine, cornaggine.

tei.mo.so [tejm'ozu] *sm* capone, testone. *agg* testardo, ostinato, caparbio.

tei.xo [t'ejʃu] *sm Bot.* tasso.

te.la [t'εlə] *sf* tela. *Cin.* e *TV* schermo. *Pitt.* tela. ≃ **de televisão** schermo televisivo.

te.le.fé.ri.co [telef'εriku] *sm* teleferica, funivia, seggiovia.

te.le.fo.nar [telefon'ar] *vt* telefonare.

te.le.fo.ne [telef'oni] *sm* telefono. ≃ **público** telefono pubblico.

te.le.fo.ne.ma [telefon'emə] *sm* telefonata.

te.le.fô.ni.co [telef'oniku] *agg* telefonico. **central** ≃ a centrale telefonica.

te.le.fo.nis.ta [telefon'istə] *s* telefonista.

te.le.gra.far [telegraf'ar] *vt* telegrafare.

te.lé.gra.fo [tel'εgrafu] *sm* telegrafo.

te.le.gra.ma [telegr'ʌmə] *sm* telegramma, cablogramma. ≃ **comum** telegramma ordinario. ≃ **urgente** telegramma urgente.

te.le.jor.nal [teleʒorn'aw] *sm* telegiornale.

te.le.no.ve.la [telenov'εlə] *sf* teleromanzo.

te.le.ob.je.ti.va [teleobʒet'ivə] *sf Fot.* teleobiettivo.

te.le.pa.ti.a [telepat'iə] *sf* telepatia.

te.les.có.pio [telesk'ɔpju] *sm* telescopio, cannocchiale.

te.les.pec.ta.dor [telespektad'or] *sm* telespettatore.

te.le.vi.são [televiz'ãw] *sf* televisione.

te.le.vi.sor [televiz'or] *sm* televisore, apparecchio televisivo. ≃ **em cores** televisore a colori.

te.lha [t'eʎə] *sf Archit.* tegola, gronda. ≃ **do beiral** gocciolatoio.

te.lha.do [teʎ'adu] *sm* tegolato, tetto. **quem tem** ≃ **de vidro não joga pedras no do vizinho** chi ha il tetto di vetro non lancia pietre.

te.lú.ri.co [tel'uriku] *agg* tellurico.

te.ma [t'emə] *sm* tema, soggetto, argomento. *Mus.* e *Gramm.* tema. *Fig.* punto.

te.mer [tem'er] *vt* temere. *vi* temere; dubitare.

te.me.rá.rio [temer'arju] *agg* temerario, ardimentoso.

te.me.ri.da.de [temerid'adi] *sf* temerità.

te.me.ro.so [temer'ozu] *agg* timoroso, timido. *Fig.* servile; geloso.

te.mí.vel [tem'ivew] *agg* temibile.

te.mor [tem'or] *sm* timore, paura, fobia. *Fig.* tremore; dubbio; gelosia.

têm.pe.ra [t'ẽperə] *sf Tec.* e *Pitt.* tempera. *Fig.* temperamento.

tem.pe.ra.do [tẽper'adu] *part*+*agg* condito. *Geogr.* temperato, dolce (clima).

tem.pe.ra.men.to [tẽperam'ẽtu] *sm* temperamento; complessione, costituzione. *Fig.* tessuto.

tem.pe.ran.ça [tẽper'ãsə] *sf* temperanza. *Fig.* parsimonia.

tem.pe.rar [tẽper'ar] *vt* condire. ≃ **metais** temperar metalli.

tem.pe.ra.tu.ra [tẽperat'urə] *sf* temperatura. ≃ **de ebulição** temperatura di ebollizione. ≃ **de fusão** temperatura di fusione. ≃ **mínima** minima.

tem.pe.ro [tẽp'eru] *sm* condimento.

tem.pes.ta.de [tẽpest'adi] *sf* tempesta, tormenta, temporale, burrasca. *Poet.* nembo. ≃ **de neve** tormenta. **fazer** ≃ **num copo de água** far tempesta in un bichier d'acqua.

tem.pes.ti.vo [tẽpest'ivu] *agg* tempestivo.

tem.pes.tu.o.so [tẽpestu'ozu] *agg* tempestoso, burrascoso. *Fig.* forte.

tem.plo [t'ẽplu] *sm* templo; chiesa.

tem.po [t'ẽpu] *sm* tempo; epoca, età. *Gramm.* e *Mus.* tempo. *Fig.* giorno, era. **a seu** ≃ a suo tempo. **ao mesmo** ≃ nel contempo, insieme. **com o passar do** ≃ a lungo andare. **dar** ≃ **ao** ≃ dar tempo al tempo. **em três** ≃ **s** in due battute. **em** ≃ **útil** in tempo utile. **ganhar** ≃ acquistare tempo. **há pouco** ≃ **o pouco** ≃ **atrás** *avv* tempo fa, or ora, appena, poc'anzi. **matar o** ≃ *Fig.* ammazzare il tempo, grattarsi la pancia. **mau** ≃ *Met.* tempo brutto, maltempo. **naquele** ≃ in quel tempo, allora. **nesse meio** ≃ intanto, frattanto, nel frattempo. **no meu** ≃ ai miei giorni. **passar o** ≃ giocherellare. **perder** ≃ perdere tempo, indugiare. *Fig.* pestare l'acqua nel mortaio. **por muito** ≃ alla lunga, a dilungo. ≃ **bom** *Met.* bel tempo. ≃ **de um jogo** *Sp.* tempo, ripresa. ≃ **disponível** agio. ≃ **livre** tempo avanzato. **é preciso dar** ≃ **ao** ≃ col tempo e con la paglia maturano le nespole. **o** ≃ **voa** il tempo vola. ≃ **é dinheiro** il tempo è denaro.

têm.po.ra [t'ẽporə] *sf Anat.* tempia.

tem.po.ra.da [tẽpor'adə] *sf* stagione teatrale.

tem.po.ral [tẽpor'aw] *sm* temporale, tempesta, rovescio d'acqua. *Poet.* nembo. ≃ **passageiro** passata. **cair um** ≃ scoppiare un temporale. *agg* temporale, secolare. *Anat.* temporale, delle tempie. **osso** ≃ *Anat.* temporale.

tem.po.rão [tẽpor'ãw] *agg* precoce.

tem.po.rá.rio [tẽpor'arju] *sm* avventizio, impiegato provvisorio. *agg* temporale, temporaneo, transitorio, avventizio.

te.na.ci.da.de [tenasid'adi] *sf* tenacia, accanimento.

te.naz [ten'as] *sf* tanaglia, tenaglia, arzinga, branca. *agg* tenace; ostinato; perseverante.

ten.cio.nar [tẽsjon'ar] *vi* intendere a.

ten.da [t'ẽda] *sf* tenda, padiglione.

ten.dão [tẽd'ãw] *sm Anat.* tendine, nerbo.

ten.dên.cia [tẽd'ẽsjə] *sf* tendenza; attitudine, indole; talento; disposizione, predisposizione.

ten.den.ci.o.so [tẽdẽsi'ozu] *agg* tendenzioso, capzioso.

ten.der [tẽd'er] *vt* tendere a, propendere a.

te.ne.bro.so [tenebr'ozu] *agg* tenebroso, tetro, buio. *Lett.* torvo.

te.nen.te [ten'ẽti] *sm Mil.* tenente.

te.nen.te-co.ro.nel [tenẽtikoron'ew] *sm Mil.* tenente colonnello.

tê.nia [t'enjə] *sf Med.* tenia, verme solitario.

tê.nis [t'enis] *sm Sp.* tennis.

te.nor [ten'or] *sm Mus.* tenore.

ten.ro [t'ẽru] *agg* tenero, cedevole; delicato; recente.

ten.são [tẽs'ãw] *sf* tensione. ≃ **arterial** *Med.* tensione arteriosa. ≃ **das cordas do instrumento** *Mus.* incordatura. ≃ **elétrica** tensione elettrica. ≃ **nervosa** tensione nervosa.

ten.so [t'ẽsu] *agg* teso. *Fig.* nervoso, ansioso; difficile, problematico.

ten.ta.ção [tẽtas'ãw] *sf* tentazione, allettamento, allettativa.

ten.tá.cu.lo [tẽt'akulu] *sm Zool.* tentacolo.

ten.tar [tẽt'ar] *vt* tentare; cercare di, procurare; allettare, invogliare, attrarre. ≃ **a sorte** tentare la sorte. ≃ **novamente** riprovare.

ten.ta.ti.va [tẽtat'iva] *sf* tentativo, conato. *Fig.* sforzo, tiro. **fazer uma última** ≃ *Fig.* giocare l'ultima carta.

ten.ti.lhão [tẽtiλ'ãw] *sm Zool.* calenzuolo, fringuello.

tê.nue [t'enwi] *agg* tenue; debole, esile; sfumato.

te.o.lo.gi.a [teoloʒ'iə] *sf Rel.* teologia.

te.o.ló.gi.co [teol'ɔʒiku] *agg Rel.* teologico.

te.ó.lo.go [te'ɔlogu] *sm Rel.* teologo.

te.or [te'or] *sm* tenore. ≃ **alcoólico** tenore alcolico, gradazione alcolica.

te.o.re.ma [teor'emə] *sm* teorema.

te.o.ri.a [teor'iə] *sf* teoria; sistema. ≃ **evolucionista** teoria dell'evoluzione. **T** ≃ **da Relatividade** *Fís.* Teoria della Relatività.

te.ó.ri.co [te'ɔriku] *sm* teorico. *Fig.* capostipite, creatore. *agg* teorico.

té.pi.do [t'epidu] *agg* tiepido. *Fig.* debole, fiacco, floscio.

ter [t'er] *vaus* avere. *vt* possedere, tenere, godere di. ≃ **(algo) para dar e vender** averne da vendere. ≃ **o que fazer** avere da fare. **(ele) tem de tudo** *Fig.* ha sempre ago e fili.

te.ra.peu.ta [terap'ewtə] *s* terapeuta.

te.ra.pi.a [terap'iə] o **te.ra.pêu.ti.ca** [terap'ewtikə] *sf Med.* terapeutica, terapia.

te.ra.pêu.ti.co [terap'ewtiku] *agg Med.* terapeutico.

ter.ça [t'ersə] *sf Mus.* terza. *Pop.* martedì. *Autom.* terza, terza velocità.

ter.ça-fei.ra [tersaf'ejrə] *sf* martedì. ≃ **gorda** martedì grasso.

ter.cei.ro [ters'ejru] *sm + num* terzo. **um** ≃ una terza persona.

ter.ce.to [ters'etu] *sm Mus.* e *Poet.* terzetto.

ter.ci.á.rio [tersi'arju] *agg* terziario. **era** ≃ **a** *Geol.* periodo ternario.

ter.ço [t'ersu] *sm + num* terzo. *sm Rel.* terza parte del rosario.

ter.çol [ters'ɔw] *sm Med.* orzaiolo.

te.re.bin.ti.na [terebĩt'inə] *sf Chim.* trementina.

ter.mal [term'aw] *agg* termale.

ter.mas [t'erməs] *sf pl* terme.

tér.mi.co [t'ermiku] *agg* termico.

ter.mi.na.ção [terminas'ãw] *sf Gramm.* terminazione, desinenza, finale.

ter.mi.na.do [termin'adu] *part + agg* concluso, consumato, completo.

ter.mi.nal [termin'aw] *agg* terminale.

ter.mi.nar [termin'ar] *vt* terminare; completare, concludere; finire, trarre a fine; compiere. *Fig.* maturare. *vi* terminare, finire, cessare. *Fig.* morire. ≃ **em (palavra)** *Gramm.* finire in, uscire in. ≃ **em (rua)** *Fig.* sfociare a.

tér.mi.no [t'erminu] *sm* termine, terminazione, conclusione. *Fig.* morte, omega.

ter.mi.no.lo.gi.a [terminoloʒ'iə] *sf* terminologia, frasario.

ter.mo [t'ermu] *sm* termine. *Comm.* termine, scadenza. *Gramm.* e *Mat.* termine. *Fig.* limite. **em outros** ≃ **s** in altri termini.

ter.mô.me.tro [term'ometru] *sm* termometro. **um** ≃ **da situação política** *Fig.* un termometro della situazione politica.

ter.mos.ta.to [termost'atu] *sm* termostato.

ter.ná.rio [tern'arju] *agg* ternario.

ter.no [t'ernu] *sm* vestito (da uomo), abito completo; terno (in giuoco). *agg* tenero, amorevole. *Fig.* dolce, carezzevole.

ter.nu.ra [tern'urə] *sf* tenerezza, amore.

ter.ra [t'ɛɾə] *sf* terra. *Elett.* massa. *Poet.* lido. *Fig.* casa; globo. **T** ≃ *Astron.* Terra, il Mondo. ≃ **cultivável** terreno. ≃ **firme** terra ferma. ≃ **prometida** *Fig.* cuccagna. **voltar à** ≃ **natal** rimpatriare.

ter.ra.ço [teɾ'asu] *sm Archit.* terrazzo, veranda, balcone, verone. *Geogr.* ripiano.

ter.ra.co.ta [tɛɾak'ɔtə] *sf* terracotta, creta.

ter.ra.ple.nar [tɛɾaplen'aɾ] *vt* terrapienare, rinterrare.

ter.ra.ple.no [tɛɾapl'enu] *sm* terrapieno, colmata.

ter.rá.queo [teɾ'akju] *agg* terracqueo.

ter.rei.ro [teɾ'ejru] *sm* aia.

ter.re.mo.to [tɛɾem'ɔtu] *sm* terremoto.

ter.re.no [teɾ'enu] *sm* terreno; tenuta, giacenza; suolo. **ganhar** ≃ acquistare terreno, progredire. **perder** ≃ perdere terreno, regredire. **preparar o** ≃ *Fig.* preparare il terreno.

tér.reo [t'ɛɾju] *sm* pianterreno. *agg* terreo.

ter.res.tre [teɾ'estri] *agg* terrestre, terreno.

ter.ri.fi.car [teɾifik'aɾ] *vt* terrificare.

ter.ri.na [teɾ'inə] *sf* terrina, zuppiera, scodella.

ter.ri.to.ri.al [teɾitoɾi'aw] *agg* territoriale.

ter.ri.tó.rio [teɾit'ɔrju] *sm* territorio, zona. *Fig.* ambiente. ≃ **neutro** territorio neutro.

ter.rí.vel [teɾ'ivew] *agg* terribile, tremendo; atroce. *Fig.* dantesco; feroce.

ter.ror [teɾ'oɾ] *sm* terrore, orrore, panico, sgomento. *Fig.* brivido.

ter.ro.ris.ta [teɾoɾ'istə] *s* terrorista.

ter.ro.so [teɾ'ozu] *agg* terreo.

te.são [tez'ãw] *sm Ger. Volg.* fregola.

te.se [t'ɛzi] *sf* tesi, assunto, disputa. ≃ **de graduação** tesi di laurea.

te.so [t'ezu] *agg* teso, contratto.

te.sou.ra [tez'owrə] *sf* cesoie, forbici. ≃ **de podar** forcone.

te.sou.ra.ri.a [tezowrar'iə] *sf* tesoreria.

te.sou.rei.ro [tezowr'ejru] *sm* tesoriere, cassiere.

te.sou.ro [tez'owru] *sm an Fig.* tesoro. ≃ **público** tesoro pubblico, erario.

tes.ta [t'ɛstə] *sf Anat.* fronte.

tes.ta-de-fer.ro [tɛstadif'eɾu] *sm Fig.* marionetta.

tes.ta.men.to [tɛstam'ẽtu] *sm* testamento. **o Velho T** ≃ il Vecchio Testamento. **o Novo T** ≃ il Nuovo Testamento.

tes.tar [test'aɾ] *vt* provare, sperimentare. ≃ **máquinas** collaudare.

tes.te [t'ɛsti] *sm* esame, concorso; collaudo. *Fig.* vaglio.

tes.te.mu.nha [testem'uɲə] *sf* testimonio, testimone, teste. *Fig.* spettatore.

tes.te.mu.nhar [testemuɲ'aɾ] *vt* testimoniare, testificare, attestare, certificare. *Fig.* deporre.

tes.te.mu.nho [testem'uɲu] *sm* testimonianza, asserzione. *Giur.* deposizione. *Fig.* pegno.

tes.tí.cu.lo [test'ikulu] *sm Anat.* testicolo.

te.ta [t'etə] *sf Zool.* poppa. *Ger.* tetta. **as** ≃ **s do governo** *Fig. Iron.* la greppia dello Stato.

té.ta.no [t'ɛtanu] *sm Med.* tetano.

te.to [t'etu] *sm* tetto, soffitto, copertura. *Fig.* casa.

te.tra.e.dro [tetra'edru] *sm Geom.* tetraedro.

te.trá.go.no [tetr'agonu] *sm+agg Geom.* tetragono.

tetravó, tetravô → **tataravó, tataravô**.

té.tri.co [t'ɛtriku] *agg* tetro, lugubre; orribile.

teu [t'ew] *pron msg* tuo. **tu.a** [t'uə] *fsg* tua. **teus** [t'ews] *mpl* tuoi. **tu.as** [t'uəs] *fpl* tue. **os teus bens** *Fig.* il tuo. **os teus (parentes); a tua família** *Fig.* i tuoi.

têx.til [t'estiw] *agg* tessile. **fibra** ≃ fibra tessile.

tex.to [t'estu] *sm* testo, componimento. *Fig.* scritto. **os T** ≃ **s Sagrados** i Testi Sacri. ≃ **original** fonte.

tex.tu.al [testu'aw] *agg* testuale.

tex.tu.ra [test'urə] *sf* tessitura, testura.

te.xu.go [teʃ'ugu] *sm Zool.* tasso.

ti [t'i] *pron sg* utilizzato con *prep* **a** ≃ te, a te. **de** ≃ di te. **para** ≃ te, a te; secondo te.

ti.a [t'iə] *sf* zia. *Fam.* zia, donna anziana.

ti.a.ra [ti'arə] *sf* tiara.

ti.be.ta.no [tibet'Λnu] *sm+agg* tibetano.

tí.bia [t'ibjə] *sf Anat.* tibia, fusolo, stinco.

ti.ção [tis'ãw] *sm* tizzone, brace.

ti.fo [t'ifu] *sm Med.* tifo.

ti.fói.de [tif'ɔjdi] *agg Med.* tifoideo.

ti.fo.so [tif'ɔzu] *agg Med.* tifoso.

ti.ge.la [tiʒ'elə] *sf* scodella.

ti.gre [t'igri] *sm* tigre.

ti.jo.lo [tiʒ'olu] *sm* mattone, quadrello. ≃ **s** *pl* laterizi. ≃ **colorido** *Archit.* formella.

til [t'iw] *sm* tilde.

tí.lia [t'iljə] *sf Bot.* tiglio.

ti.mão [tim'ãw] *sm Naut.* e *Aer.* timone, governale. **dirigir o** ≃ *Naut.* governare.

tim.ba.le [tib'ali] *sm Mus.* timballo.

tim.brar [tibr'aɾ] *vt* timbrare.

tim.bre [t'ibri] *sm* timbro, bollo, sigillo. *Lett.* stigma. *Mus.* timbro.

ti.me [t'imi] *sm Sp.* squadra.

ti.mi.dez [timid'es] *sf* timidezza. *Fig.* pudore.

tí.mi.do [t'imidu] *agg* timido; schivo, ritroso; timoroso. *Fig.* pudico, cauto.

ti.mo.nei.ro [timon'ejru] *sm Naut.* timoniere, nostromo, nocchiere. *Poet.* nocchiero.

tím.pa.no [t'ĩpanu] *sm Anat.* e *Mus.* timpano.

ti.na [t'inə] *sf* tinozza, tino.

tin.gi.men.to [tĩʒim'ẽtu] *sm* tintura.

tin.gir [tĩʒ'ir] *vt* tingere, colorire. *vpr* tingersi.

ti.nha [t'iɲə] *sf Med.* tigna.

ti.nir [tin'ir] *vi* tintinnare, tintinnire.

tin.ta [t'ĩtə] *sf* tinta, inchiostro, vernice, colore. ≃ **a óleo** colore a olio. ≃ **aquarela** colore ad acquarello. ≃ **fresca** vernice fresca. ≃ **nanquim** inchiostro di China.

tin.tei.ro [tĩt'ejru] *sm* calamaio.

tin.tu.ra [tĩt'urə] *sf* tintura, tinta. ≃ (o **tinta**) **para cabelos** tintura per capelli, cachet.

tin.tu.ra.ri.a [tĩturar'iə] *sf* tintoria.

tin.tu.rei.ro [tĩtur'ejru] *sm* tintore.

ti.o [t'iu] *sm* zio. *Fam.* zio, uomo anziano.

tí.pi.co [t'ipiku] *agg* tipico, caratteristico, proprio.

ti.po [t'ipu] *sm* tipo, genere, specie, sorta; tipo da stampa. *Fam.* tipo, persona originale. *Iron.* arnese. **de todos os** ≃ **s** di ogni fatta.

ti.po.gra.fi.a [tipograf'iə] *sf* tipografia.

ti.pó.gra.fo [tip'ɔgrafu] *sm* tipografo, stampatore.

ti.pói.a [tip'ɔjə] *sf Med.* ciarpa.

ti.que [t'iki] *sm Med.* ticchio, tic.

ti.que-ta.que [tikit'aki] *sm* ṭic-tac, ticchettio.

ti.ra [t'irə] *sf* fascia, benda, striscia, lista. *sm Ger.* piedipiatti, sbirro. ≃ **de couro para levar navalhas** coramella. ≃ **de madeira para cestas** stecca.

ti.ra.co.lo [tirak'ɔlu] *sm* bandoliera. **a** ≃ *avv* a tracollo, a bandoliera, ad armacollo.

ti.ra.ni.a [tiran'iə] *sf* tirannia, oppressione. *Fig.* autorità, giogo.

ti.râ.ni.co [tir'ʌniku] *agg* tirannico, dispotico.

ti.ra.ni.zar [tираniz'ar] *vt* tiranneggiare, opprimere.

ti.ra.no [tir'ʌnu] *sm* tiranno, despota, prepotente. *Fig.* autocrate.

ti.rar [tir'ar] *vt* togliere, levare, cavare; estrarre, rimuovere; escludere. *Ger.* imboscare. *Fig.* squarciare. ≃ **a roupa** mutare, togliersi.

ti.ri.tar [tirit'ar] *vi* tremare. ≃ **de frio** infreddolirsi, battere le gazzette.

ti.re.ói.de [tire'ɔjdi] *sf Anat.* tiroide.

ti.ro [t'iru] *sm* tiro, rivoltellata, sparo. ≃ **ao alvo** tiro a segno. ≃ **ao pombo** tiro al piccione. ≃ **às cegas** tiro cieco. ≃ **no escuro** *Fam.* salto nel buio.

ti.ro.tei.o [tirot'eju] *sm* sparatoria.

tí.si.ca [t'izikə] *sf Med.* tisi, etisia.

tí.si.co [t'iziku] *sm* + *agg* tisico, etico.

ti.tã [tit'ã] *sm Mit.* gigante.

ti.tâ.ni.co [tit'ʌniku] *agg* titanico.

ti.tâ.nio [tit'ʌnju] *sm Chim.* titanio.

tí.te.re [t'iteri] *sf* marionetta.

ti.ti.a [tit'iə] *sf Iron.* zittellona.

ti.tu.be.ar [titube'ar] *vi* titubare, dubitare.

ti.tu.lar [titul'ar] *s* + *agg* titolare.

tí.tu.lo [t'itulu] *sm* titolo; rubrica, testata; cognome. *Comm.* titolo, valore. ≃ **acadêmico** titolo accademico. ≃ **nobiliárquico** titolo nobiliare. ≃ **profissional** abilitazione.

to.a [t'oə] *sf* nell'espressione **à** ≃ *avv* a vanvera.

to.a.le.te [tual'eti] *sf* toletta, toilette. ≃ **feminino** toletta donne. ≃ **masculino** toletta uomini.

to.bo.gã [tobog'ã] *sf* toboga.

to.ca [t'ɔkə] *sf* covaccio, tana, buca, covacciolo. ≃ **de cachorro** canile.

to.ca-dis.cos [tɔkad'iskus] *sm* giradischi, grammofono. *Ger.* stereo.

to.ca.dor [tɔkad'or] *sm* suonatore. ≃ **de** suonatore di.

to.ca-fi.tas [tɔkaf'itəs] *sm* registratore.

to.cai.a [tok'ajə] *sf* imboscata, agguato. **ficar de** ≃ **an** *Fig.* aspettare al varco.

to.can.te [tok'ãti] *agg* commovente, struggente.

to.car [tok'ar] *vt* toccare; tastare; commuovere, attingere; bussare. *Mus.* toccare, suonare. *vi* battere; rintoccare; squillare; competere a, appartenere a. ≃ **de leve** *Fig.* radere. ≃ **em assuntos passados** *Fig.* scavare. ≃ **instrumentos de corda com arco** archeggiare. ≃ **mal (piano, órgão)** *Iron.* pestare. ≃ **o coração** toccare il cuore. **não** ≃ **num fio de cabelo** *Fig.* non torcere un capello.

to.ca.ta [tok'atə] *sf Mus.* toccata.

to.cha [t'ɔʃə] *sf* torcia, fiaccola.

to.co [t'ɔku] *sm* toppo, mozzicone.

to.da.vi.a [todav'iə] *cong* tuttavia, però.

to.do [t'odu] *sm* tutto, intero. *agg* tutto. ≃ **s** *pron mpl* tutti; ogni. ≃ **as** *pron fpl* tutte; ogni. ≃ **s os dois** entrambi. ≃ **as as duas** entrambe. ≃ **o dia** tutto il giorno. ≃ **o mundo** tutti. **a** ≃ **a prova** a tutta prova. **a** ≃ **a velocidade** a tutta velocità.

To.do-Po.de.ro.so [todupoder'ozu] *sm Rel.* l'Onnipotente, l'Onnipossente, Dio.

to.ga [t'ɔgə] *sf* toga, lucco.

tol.do [t'owdu] *sm* tenda. *Naut.* coperta.

to.le.rân.cia [toler'ãsjə] *sf* tolleranza; condiscendenza, remissione; sofferenza.

to.le.ran.te [toler'ãti] *agg* tollerante; indulgente.

to.le.rar [toler'ar] *vt* tollerare; sopportare; soffrire, subire, patire.

to.lher [toʎ'er] *vt* togliere, impedire.

to.li.ce [tol'isi] *sf* sciocchezza, idiotismo, asineria, grullaggine; gingillo, banalità.

to.lo [t'olu] *sm* sciocco, balordo, grullo. *Fam.* maccherone. *Fig.* baccalà, gnocco. *agg* sciocco, balordo, grullo, gonzo. *Fig.* pecorino.

tom [t'õw] *sm Mus.* e *Pitt.* tono, tonalità, sfomatura. *Gramm.* cadenza. ≃ **de voz** tono, accento. **dar o ≃ de uma discussão** *Fig.* dare il la.

to.ma.da [tom'adə] *sf Elett.* presa di corrente. *Cin.* ripresa.

to.mar [tom'ar] *vt* prendere, togliere, pigliare; rapire; usurpare; estorcere. *Fig.* abboccare. ≃ **o tempo de alguém** rubare il tempo a qualcuno. ≃ **uma coisa por outra** prendere una cosa per un'altra.

to.ma.te [tom'ati] *sm* pomodoro. *Pop.* pomidoro.

to.ma.tei.ro [tomat'ejru] *sm* pomodoro. *Pop.* pomidoro.

tom.bar [tõb'ar] *vt* far crollare. *vi* crollare, cadere, stramazzare.

tom.bo [t'õbu] *sm* tombolo, crollo, caduta, ruzzolone, sdrucciolone. *Fig.* capitombolo. **levar um ≃** cadere, tonfare.

tôm.bo.la [t'õbolə] *sf* tombola.

to.mo [t'omu] *sm* tomo, volume.

to.na [t'onə] *sf* superficie. **vir à ≃** tornare a galla. *Fig.* traspirare.

to.na.li.da.de [tonalid'adi] *sf* tonalità.

to.nel [ton'ɛw] *sm* botte, barile, vaso di cantina.

to.ne.la.da [tonel'adə] *sf* tonnellata.

to.ne.la.gem [tonel'aʒẽj] *sf Naut.* tonnellaggio.

tô.ni.co [t'oniku] *sm Med.* tonico, ricostituente. *agg* tonico.

to.ni.fi.car [tonifik'ar] *vt* tonificare.

ton.si.la [tõs'ilə] *sf Anat.* tonsilla.

ton.si.li.te [tõsil'iti] *sf Med.* tonsillite.

ton.to [t'õtu] *sm* giucco. *Fam.* tonto *Fig.* salame, oca. *agg* giucco, cucco. *Fam.* tonto.

ton.tu.ra [tõt'urə] *sf Med.* capogiro, giracapo, vertigine.

to.pa.da [top'adə] *sf* intoppo.

to.par [top'ar] *vt* inciampare in; incontrare, incappare.

to.pá.zio [top'azju] *sm Min.* topazio.

to.pe.te [top'eti] *sm* ciuffo.

tó.pi.co [t'ɔpiku] *sm* lezione, capo.

to.po [t'opu] *sm* culmine, alto, sommità.

to.po.gra.fi.a [topograf'iə] *sf* topografia.

to.pó.gra.fo [top'ɔgrafu] *sm* topografo.

to.que [t'ɔki] *sm* tocco, tasto; squillo; esecuzione. **dar ≃ de recolher** *Mil.* sonar a raccolta. **o ≃ da campainha** il tocco del campanello. **≃ de levantar** *Mil.* sveglia. **≃ de sinos** doppio, scampanata.

to.ra [t'ɔrə] *sf* ceppo. **cercar com ≃s** inceppare.

to.ran.ja [tor'ãʒə] *sf Bot.* pompelmo.

tó.rax [t'ɔraks] *sm Anat.* torace.

tor.ção [tors'ãw] *sf* storta, divincolamento; torsione, contorsione.

tor.ce.dor [torsed'or] *sm Sp.* tifoso.

tor.ce.du.ra [torsed'urə] *sf* storta.

tor.cer [tors'er] *vt* torcere, divincolare. *Calc.* sostenere. *vpr* torcersi, divincolarsi. ≃ **o pescoço de** *Fig.* torcere il collo a.

tor.ci.co.lo [torsik'ɔlu] *sm Med.* torcicollo.

tor.ci.do [tors'idu] *part* + *agg* torto.

tor.di.lho [tord'iʎu] *sm Zool.* storno. *agg* tordino.

tor.do [t'ordu] *sm Zool.* tordo.

tor.men.ta [torm'ẽtə] *sf* tormenta, burrasca.

tor.men.to [torm'ẽtu] *sm* tormento; ansietà. *Fig.* martirio, tortura, travaglio, croce.

tor.na.do [torn'adu] *sm* tornado.

tor.nar-se [torn'arsi] *vpr* divenire, diventare, farsi, rendersi. ≃ **um só** immedesimarsi.

tor.ne.ar [torne'ar] *vt Comm.* tornire.

tor.nei.o [torn'eju] *sm* torneo, armeggiamento. *St.* giostra.

tor.nei.ra [torn'ejrə] *sf* rubinetto.

tor.no [t'ornu] *sm Comm.* tornio. **em ≃** *avv* intorno, attorno. **em ≃ de** *prep* intorno a.

tor.no.ze.lo [tornoz'elu] *sm Anat.* caviglia, nocella, noce del piede. *Pop.* malleolo.

to.ró [tor'ɔ] *sm Pop.* acquazzone.

tor.pe [t'ɔrpi] *agg* turpe, immondo. *Fig.* bieco.

tor.pe.de.ar [torpede'ar] *vt Naut.* torpedinare, silurare.

tor.pe.dei.ro [torped'ejru] *sm Naut.* torpediniera.

tor.pe.do [torp'edu] *sm Naut.* torpedine, siluro, arma subacquea.

tor.por [torp'or] *sm* torpore. *Fig.* letargo.

tor.quês [tork'es] *sm* tanaglia, tenaglia.

tor.ra.da [toʀ'adə] *sf* crostino.

tor.ra.do [toʀ'adu] *part* + *agg* torrefatto, tosto.

tor.rão [toʀ'ãw] *sm* zolla; torrone. **um ≃ de açúcar** un zuccherino, una zolla di zucchero.

tor.rar [toʀ'ar] *vt* torrefare, tostare, abbrustolire.

tor.re [t'oři] *sf* torre. ≃ **de castelo** rocca. ≃ **de comando** *Naut.* torre di comando. ≃ **de controle de tráfego** *Aer.* torre di controllo del traffico. ≃ **de vigia** vedetta.

tor.ren.ci.al [tořẽsi'aw] *agg* torrenziale.

tor.ren.te [toř'ẽti] *sf* torrente, borro.

tor.res.mo [toř'ezmu] *sm* cicciolo.

tór.ri.do [t'ořidu] *agg* torrido.

tor.ri.nha [toř'iɲa] *sf Teat.* balconata.

tor.so [t'orsu] *sm Anat.* torso, fusto.

tor.ta [t'ortə] *sf* torta, timballo. ≃ **salgada** sformato.

tor.to [t'ortu] *agg* sbieco, sghembo, storto; strambo (piede, gamba). **ficar** ≃ uscire di squadra.

tor.tu.o.so [tortu'ozu] *agg* tortuoso; sinuoso; complesso.

tor.tu.ra [tort'urə] *sf* tortura; tormento. *Fig.* agonia.

tor.tu.ra.dor [torturad'or] *sm* boia.

tor.tu.rar [tortur'ar] *vt* torturare; tormentare, affliggere; seviziare. *Fig.* flagellare. *vpr Fig.* torturarsi, tormentarsi, rodersi, struggersi.

to.sar [toz'ar] o **tos.qui.ar** [toski'ar] *vt* tosare, rapare.

tos.ca.no [tosk'ʌnu] *sm+agg* toscano.

tos.co [t'osku] *agg* grossolano, rustico, rozzo.

tos.se [t'osi] *sf Med.* tosse. ≃ **comprida** *Med.* pertosse. ≃ **seca** tosse secca.

tos.sir [tos'ir] *vi* tossire.

tos.ta.do [tost'adu] *part+agg* tostato, tosto.

tos.tão [tost'ãw] *sm* antica moneta brasiliana. *Fam.* un'acca. **não ter um** ≃ *Pop.* essere a corto.

tos.tar [tost'ar] *vt* tostare, arrostire, abbrustolire.

to.tal [tot'aw] *sm* totale, ammontare. *Mat.* somma. *agg* totale; assoluto. *Fig.* globale.

to.ta.li.da.de [totalid'adi] *sf* totalità, interezza.

to.ta.li.tá.rio [totalit'arju] *agg* totalitario. **estado** ≃ *Pol.* stato totalitario. **regime** ≃ *Pol.* regime totalitario.

to.ta.li.ta.ris.mo [totalitar'izmu] *sm* assolutismo.

to.ta.li.zar [totaliz'ar] *vt* totalizzare, ammontare a.

to.tal.men.te [totawm'ẽti] *avv* totalmente, del tutto, affatto, appieno.

to.tem [t'otẽj] *sm* totem.

tou.ca [t'owkɐ] *sf* cuffia.

tou.ca.dor [towkad'or] *sm* toletta, toilette.

tou.ci.nho [tows'iɲu] *sm* lardo.

tou.pei.ra [towp'ejrə] *sf Zool.* talpa.

tou.ro [t'owru] *sm* toro. *Poet.* tauro. **T**≃ *Astron.* e *Astrol.* Toro, Tauro. **forte como um** ≃ *Fig.* forte come una quercia.

tou.ti.ne.gra [towtin'egrə] *sf Zool.* capinera.

tó.xi.co [t'ɔksiku] *sm+agg* tossico.

to.xi.na [toks'inə] *sf* tossina, tossico.

tra.ba.lha.dor [trabaʎad'or] *sm* lavoratore. *agg* laborioso, operoso. ≃ **braçal** bracciante. ≃ **esforçado** sgobbone.

tra.ba.lhar [trabaʎ'ar] *vt* lavorare. *vi* lavorare; faticare; funzionare. **fazer** ≃ affannare. ≃ **com afinco** affaccendarsi. ≃ **de agire da.** ≃ **de graça** lavorare a vuoto. ≃ **muito** sgobbare. *Fam.* sfaccendare. ≃ **pesado** *Fig.* sudare. ≃ **sem descanso** lavorare senza posa.

tra.ba.lhi.nho [trabaʎ'iɲu] *sm dim* operetta.

tra.ba.lhis.ta [trabaʎ'istə] *s Pol.* laburista.

tra.ba.lho [trab'aʎu] *sm* lavoro; servizio, negozio, attività; occupazione; opera, componimento; fatica, gravezza. *Ger.* baracca. *Fig.* barca; sudore. **dar-se o** ≃ incomodarsi. **doenças do** ≃ malattie del lavoro. **ter tanto** ≃ **para nada** *Pop.* far bollire e mal cuocere. **ter** ≃ **para** stentare a. ≃ **com o arado** aramento. ≃ **de argila, de terracota** lavoro di cotto. ≃ **de parto** travaglio del parto. ≃ **de passar** stiro. ≃ **de um dia** giornata. ≃ **escolar** dovere. ≃ **pesado** lavoro pesante, travaglio. ≃ **s forçados** lavori forzati.

tra.ba.lho.so [trabaʎ'ozu] *agg* laborioso, difficile, faticoso, malagevole, disagevole.

tra.bu.co [trab'uku] *sm Mil.* trabocco.

tra.ça [tr'asə] *sf Zool.* tarma.

tra.ça.do [tras'adu] *sm* tracciato. *Archit.* pianta. *part+agg* tracciato.

tra.ção [tras'ãw] *sf* trazione, tiro.

tra.çar [tras'ar] *vt* tracciare; disegnare. *Geom.* descrivere.

tra.ci.nho [tras'iɲu] *sm dim* trattino.

tra.cio.na.men.to [trasjonam'ẽtu] *sm Mecc.* tiro.

tra.ço [tr'asu] *sm* tratto, linea, rigo; cancellatura. ≃**s** *pl* fattezze, connotati; rovine, resti.

tra.co.ma [trak'omə] *sm Med.* tracoma.

tra.di.ção [tradis'ãw] *sf* tradizione, costume, usanza, consuetudine. *Fig.* credenza.

tra.di.cio.nal [tradisjon'aw] *agg* tradizionale.

tra.di.cio.na.lis.ta [tradisjonal'istə] *s+agg* tradizionalista, conservatore. *Fig.* borghese.

tra.do [tr'adu] *sm* trivello.

tra.du.ção [tradus'ãw] *sf* traduzione. *Lett.* trasporto.

tra.du.tor [tradut'or] *sm* traduttore.

tra.du.zir [traduz'ir] *vt* tradurre, rendere, volgere, trasporre. *Lett.* trasportare.

trá.fe.go [tra'afegu] *sm* traffico; transito, circolazione; circolazione stradale.

tra.fi.can.te [trafik'ãti] *sm* trafficante. ≃ **de escravos** negriere.

tra.fi.car [trafik'ar] *vt* trafficare, mercanteggiare.

trá.fi.co [tr'afiku] *sm* traffico. *Comm.* tratta. ≃ **de escravos** *St.* tratta dei negri.

tra.ga.da [trag'adə] *sf* boccata.

tra.gar [trag'ar] *vt* inghiottire, ingoiare, cioncare.

tra.gé.dia [tra‍ʒ'edjə] *sf* tragedia. *Fig.* dramma.

trá.gi.co [tr'aʒiku] *sm Lett.* tragico. *agg* tragico.

tra.go [tr'agu] *sm* sorso, bevuta, boccata.

tra.i.ção [trais'ãw] *sf* tradimento, diserzione, denuncia. *Fig.* imboscata, agguato. **alta** ≃ alto tradimento.

tra.i.ço.ei.ro [traiso'ejru] *agg* insidioso, fellonesco.

tra.i.dor [traid'or] *sm* traditore, delatore; rinnegato. *Fig.* giuda, caino. *agg* infedele, sleale; rinnegato. *Lett.* infido.

tra.ir [tra'ir] *vt* tradire; denunciare; rinnegare. *Ger.* cantare. *Fig.* pugnalare, vendere. *vpr* smentirsi. *Fig.* smascherarsi.

tra.je [tr'aʒi] *sm* abito, costume. ≃ **espacial** *Astron.* scafandro. ≃ **de luto** abito da corruccio. *Lett.* gramaglie.

tra.je.to [traʒ'etu] *sm* tragitto, itinerario, corsa. *Fig.* cammino, via.

tra.je.tó.ria [traʒet'ɔrjə] *sf* traiettoria. ≃ **de projétil** linea, volata.

tra.ma [tr'∧mə] *sf* trama, ordito; cospirazione, intrigo. *Lett.* tela. *Fig.* pantano.

tra.mar [tram'ar] *vt* tramare, ordire, tessere. *Fig.* macchinare, manovrare. *vi Fig.* cospirare, congiurare, intrigare. *Pol.* fornicare.

trâ.mi.te [tr'∧miti] *sm Giur.* tramite, via.

tra.mói.a [tram'ɔjə] *sf* trama, retroscena, trabocchetto.

tra.mon.ta.na [tramõt'∧nə] *sf Geogr.* tramontana.

tra.mon.tar [tramõt'ar] *vi* tramontare.

tram.po.lim [trãpol'ĩ] *sm Sp.* trampolino. *Fig.* pedana. **servir de** ≃ **para alguém** *Fig.* far da trampolino a uno, aiutare qualcuno.

tran.ça [tr'ãsə] *sf* treccia. ≃ **postiça** finta.

tran.ca [tr'ãkə] *sf* stanga, spranga, barra, chiavistello.

tran.car [trãk'ar] *vt* stangare.

tran.que.ta [trãk'etə] *sf* chiavistello. ≃ **de janela** saliscendi.

tran.qüi.li.da.de [trãkwilid'adi] *sf* tranquillità, calma, quiete, serenità; pace. *Fig.* flemma, bonaccia; silenzio.

tran.qüi.li.zan.te [trãkwiliz'ãti] *sm + agg Med.* tranquillante, sonnifero.

tran.qüi.li.zar [trãkwiliz'ar] *vt* tranquillare, tranquillizzare, calmare, *vpr* tranquillarsi, tranquillizzarsi, serenarsi; raccertarsi.

tran.qüi.lo [trãk'wilu] *agg* tranquillo, calmo, sereno; pacato, pacifico; flemmatico, imperturbabile. *Lett.* queto. *Fig.* bucolico. **estar** ≃ *Fig.* dormire tra due guanciali.

tran.sa.ção [trãzas'ãw] *sf Giur.* e *Comm.* transazione.

tran.sar [trãz'ar] *vi Pop.* accoppiarsi. ≃ **com alguém** *Fig.* scopare uno.

tran.sa.tlân.ti.co [trãzatl'ãtiku] *sm + agg Naut.* transatlantico, piroscafo di linea.

trans.bor.da.men.to [trãzbordam'ẽtu] *sm* trabocco.

trans.bor.dar [trãzbord'ar] *vi* traboccare, sboccare, versare, irrompere.

trans.cen.den.te [trãsẽd'ẽti] *sm + agg* trascendente.

trans.cen.der [trãsẽd'er] *vt + vi Lett.* trascendere.

trans.cor.rer [trãskoř'er] *vi* trascorrere, passare, decorrere.

trans.cre.ver [trãskrev'er] *vt* trascrivere, copiare.

trans.cri.ção [trãskris'ãw] *sf* trascrizione.

tran.se.un.te [trãze'ũti] *s* passante, viandante. *agg Giur.* e *Lett.* transeunte.

trans.fe.rên.cia [trãsfer'ẽsjə] *sf* trasferimento, cessione, traslazione, trasloco. ≃ **de empregados** movimento.

trans.fe.rir [trãsfer'ir] *vt* trasferire, trasmettere, traslocare; alienare. *Giur.* devolvere. *vpr* trasferirsi; spostarsi.

trans.fi.gu.ra.ção [trãsfiguras'ãw] *sf an Fig.* trasfigurazione.

trans.fi.gu.rar [trãsfigur'ar] *vt* trasfigurare.

trans.for.ma.ção [trãsformas'ãw] *sf* trasformazione, mutazione. *Fig.* rivoluzione.

trans.for.ma.dor [trãsform'ador] *sm Elett.* trasformatore.

trans.for.mar [trãsform'ar] *vt* trasformare, trasmutare, trasfigurare, metamorfosare. *vpr* trasformarsi, mutare, divenire, diventare.

trans.fu.são [trãsfuz'ãw] *sf Med.* trasfusione. ≃ **de sangue** trasfusione di sangue.

trans.gre.dir [trãzgred'ir] *vt* trasgredire, violare, infrangere, disobbedire. *Fig.* rompere.

trans.gres.são [trãzgres'ãw] *sf* trasgressione, violazione, infrazione, contravvenzione.

tran.si.gir [trãziʒ'ir] *vt Giur.* transigere.

tran.si.tar [trãzit'ar] *vt* passare. *Fig.* circolare.

tran.si.ti.vo [trăzit'ivu] *sm* + *agg Gramm.* transitivo.

trân.si.to [tr'ăzitu] *sm* transito, traffico passaggio, circolazione stradale. **sinal (o placa) de** ≃ cartello indicatore.

tran.si.tó.rio [trăzit'ɔrju] *agg* transitorio, passeggero, provvisorio, fugace, sfuggevole. *Giur.* e *Lett.* transeunte. *Fig.* fuggitivo.

trans.la.ção [trăzlas'ăw] *sf Astron.* traslazione.

trans.lú.ci.do [trăzl'usidu] *agg* traslucido, diafano.

trans.mis.são [trăzmis'ăw] *sf an Autom.* e *Med.* trasmissione. ≃ **ao vivo** trasmissione dal vivo. ≃ **de pensamento** trasmissione del pensiero. ≃ **de rádio (o radiofônica)** trasmissione radiofonica, diffusione. ≃ **de TV** trasmissione radiovisiva.

trans.mis.sor [trăzmis'or] *sm an Elett.* trasmettitore.

trans.mi.tir [trăzmit'ir] *vt* trasmettere; portare; contagiare. *Comm.* inoltrare.

trans.mu.tar [trăzmut'ar] *vt* trasmutare.

trans.pa.re.cer [trăspares'er] *vi* trasparire.

trans.pa.rên.cia [trăspar'ẽsjə] *sf* trasparenza, limpidezza. *Min.* acqua.

trans.pa.ren.te [trăspar'ẽti] *agg* trasparente, diafano; limpido, chiaro. *Lett.* pellucido. *Fig.* vaporoso (abito).

trans.pas.sa.do [trăspas'adu] *part* + *agg* trapassato.

trans.pas.sar [trăspas'ar] *vt* trapassare, attraversare, trafiggere, passare fuor fuori.

trans.pi.ra.ção [trăspiras'ăw] *sf* traspirazione.

trans.pi.rar [trăspir'ar] *vi* traspirare.

trans.por [trăsp'or] *vt* trasporre. *Mus.* trasporre, trasportare, alterare il tono.

trans.por.ta.do.ra [trăsportad'orə] *sf* corriere.

trans.por.tar [trăsport'ar] *vt* trasportare; trasporre; portare, caricare, condurre. *Mus.* trasportare, trasporre. *vpr* trasportarsi.

trans.por.te [trăsp'ɔrti] *sm* trasporto, traslazione, trasloco. *Mus.* trasporto, cambiamento di tono. **de** ≃ *agg* onerario. **navio de** ≃ nave oneraria. **meios de** ≃ mezzi di locomozione. ≃ **de valor** *Contab.* riporto.

trans.tor.na.do [trăstorn'adu] *agg* frastornato. *Fig.* cieco.

trans.tor.nar [trăstorn'ar] *vt* frastornare, turbare, incomodare. *Fig.* assordare. *vpr Fig.* assordire.

trans.tor.no [trăst'ornu] *sm* incomodo, disagio, turbazione.

trans.ver.sal [trăsvers'aw] *sf Geom.* trasversale. *agg* trasversale, traverso, storto.

tra.pa.ça [trap'asə] *sf* frode, garbuglio, finzione. *Ger.* fregatura. *Fig.* cabala, trama, rigiro.

tra.pa.ce.ar [trapase'ar] *vt* truffare. *vi* frodare, barare.

tra.pa.cei.ro [trapas'ejru] *sm* imbroglione, garbuglione, birbone, barattiere, briccone.

tra.pa.lhão [trapaʎ'ăw] *sm* + *agg* annaspone.

tra.pé.zio [trap'ɛzju] *sm an Geom.* e *Anat.* trapezio.

tra.po [tr'apu] *sm* straccio, strofinaccio, cencio, sfregacciolo.

tra.quéi.a [trak'ɛjə] *sf Anat.* trachea, asperarteria.

trás [tr'as] *prep* dietro; dopo. **para** ≃ *avv* + *int* indietro, addietro.

tra.sei.ra [traz'ejra] *sf* culatta. *Fam.* il di dietro.

tra.sei.ro [traz'ejru] *sm* deretano, culatta. *Anat.* sedere. *Fam.* preterito, il di dietro. *Volg. Fig.* culo. *agg* deretano.

tras.la.dar [trazlad'ar] *vt* tradurre, trasportare, trasferire.

tras.la.do [trazl'adu] *sm* traduzione, trasporto, trasferenza.

tra.ta.do [trat'adu] *sm* trattato, contratto; alleanza. ≃ **de biologia** trattato di biologia. ≃ **de paz** trattato di pace. *part* + *agg* curato.

tra.ta.men.to [tratam'ẽtu] *sm* trattamento, cura.

tra.tan.te [trat'ăti] *sm* furfante. *Fig.* cialtrone.

tra.tar [trat'ar] *vt* trattare; curare, medicare; custodire; adulterare; fatturare; trattare di, contrattare; abbordare (un argomento); conciare (tabacco, olive). *vpr* trattarsi, curarsi. ≃ **por você** dare del tu. ≃ **-se de** trattarsi di.

tra.ta.ti.va [tratat'ivə] *sf* trattativa, contrattazione.

tra.tá.vel [trat'avew] *agg* trattabile; di facile abbordo (persona).

tra.to [tr'atu] *sm* accordo, patto, stipula, convenzione.

trau.ma [tr'awmə] *sm Med.* trauma, choc, shock. ≃ **psicológico** trauma psichico.

trau.má.ti.co [trawm'atiku] *agg Med.* traumatico.

trau.ma.ti.zan.te [trawmatiz'ăti] *agg* traumatico, che stravolge.

trau.ma.ti.zar [trawmatiz'ar] *vt* stravolgere.

tra.va.lín.gua [traval'ĩgwə] *sm* scioglilingua.

tra.var [trav'ar] *vt* bloccare; frenare; razzare (ruota).

tra.ve [tr'avi] *sf* trave, spranga, traversa, sbarra.

tra.ves.sa [trav'esə] *sf* traversa, trasversale; piatto da portata.

tra.ves.são [traves'ãw] *sm* barra. *Gramm.* trattino, lineetta.

tra.ves.sei.ro [traves'ejru] *sm* guanciale, cuscino, origliere. ≃ **longo e estreito** capezzale.

tra.ves.si.a [traves'iə] *sf Naut.* traversia, traversata.

tra.ves.so [trav'esu] *sm* birbante, frugolo. *Pop.* discolo. *agg* birichino, brigante, vivace. *Pop.* discolo. **ser muito** ≃ *Fig.* avere addosso l'argento vivo.

tra.ves.su.ra [traves'urə] *sf* birbanteria, marachella.

tra.ves.ti [travest'i] *sm* travestito.

tra.zer [traz'er] *vt* trarre, portare, apportare. ≃ **consigo** avere con sé.

tra.zi.do [traz'idu] *part+agg* tratto, portato.

tre.cen.té.si.mo [tresẽt'ezimu] *sm+num* trecentesimo.

tre.cho [tr'eʃu] *sm* tratto; brano, passo, frammento di un testo. *Fig.* squarcio. ≃ **de estrada** *Fig.* tronco. ≃ **s escolhidos** *pl Lett.* fioretti.

tré.gua [tr'egwə] *sf* tregua, sollievo. *an Fig.* armistizio.

trei.na.men.to [trejnam'ẽtu] *sm* addestramento, allenamento; esercizio. *Fig.* preparazione.

trei.nar [trejn'ar] *vt* addestrare, allenare; esercitare; istruire.

tre.jei.to [treʒ'ejtu] *sm* smorfia.

tre.la [tr'elə] *sf* guinzaglio.

trem [tr'ẽj] *sm* treno. ≃ **a vapor** treno a vapore. ≃ **de carga** treno merci. ≃ **direto** treno diretto. ≃ **elétrico** treno elettrico, elettrotreno. ≃ **expresso** treno espresso (o direttissimo). ≃ **local** treno locale. ≃ **metropolitano** metropolitana. ≃ **rápido** treno rapido. **viagem de** ≃ viaggio in treno. **viajar de** ≃ viaggiare per ferrovia.

tre.me.dei.ra [tremed'ejrə] *sf* fremito. *Fam.* tremarella.

tre.me.lu.zir [tremeluz'ir] *vi* tremolare.

tre.mer [trem'er] *vi* tremare, fremere; trepidare, sussultare; rabbrividire.

tre.mo.ço [trem'osu] *sm Bot.* lupino.

tre.mo.cei.ro [tremos'ejru] *sm Bot.* lupino.

tre.mor [trem'or] *sm* tremore, fremito; sussulto; vibrazione.

tre.mu.lar [tremul'ar] *vi* tremolare, spiegare.

trê.mu.lo [tr'emulu] *agg* tremulo, tremolo.

tre.nó [tren'ɔ] *sm* slitta. **andar de** ≃ slittare.

tre.pa.dei.ra [trepad'ejrə] *sf Bot.* rampicante.

tre.pa.nar [trepan'ar] *vt Med.* trapanare.

tré.pa.no [tr'epanu] *sm Med.* trapano.

tre.par [trep'ar] *vt* arrampicarsi su. *Fig.* appollaiarsi su. ≃ **com** *Volg.* fottere.

tre.pi.dar [trepid'ar] *vi* trepidare, vibrare.

três [tr'es] *sm+num* tre. ≃ **mil** tremila. **de** ≃ **anos (de idade)** trienne, treenne.

tres.pas.sar [trespas'ar] *vt* trafiggere, infilare.

tre.vas [tr'ɛvəs] *sf pl* tenebre, caligine *sg*, buio *sg*. *Fig.* notte *sg*.

tre.vo [tr'evu] *sm Bot.* trifoglio. ≃ **de quatro folhas** quadrifoglio.

tre.ze [tr'ezi] *sm+num* tredici. **de** ≃ **anos (de idade)** tredicenne. ≃ **avos** tredicesimo, decimoterzo.

tre.zen.tos [trez'ẽtus] *sm+num* trecento.

trí.a.de [tr'iadi] *sf* triade.

tri.an.gu.lar [triãgul'ar] *vt* triangolare. *agg* triangolare, a triangolo.

tri.ân.gu.lo [tri'ãgulu] *sm Geom.* e *Mus.* triangolo.

tri.bo [tr'ibu] *sf* tribù.

tri.bu.la.ção [tribulas'ãw] *sf* tribolazione; contrarietà.

tri.bu.na [trib'unə] *sf* tribuna, podio.

tri.bu.nal [tribun'aw] *sm* tribunale, foro. *Fig.* giustizia. **recorrer ao** ≃ adire il tribunale.

tri.bu.tar [tribut'ar] *vt* tributare, daziare.

tri.bu.tá.rio [tribut'arju] *sm Geogr.* fiume tributario. *agg* tributario.

tri.bu.to [trib'utu] *sm* tributo, imposta, tassa, aggravio, balzello.

tri.ci.clo [tris'iklu] *sm* triciclo.

tri.cô [trik'o] *sm* lavoro ai ferri.

tri.co.lor [trikol'or] *agg* tricolore.

tri.co.tar [trikot'ar] *vt+vi* lavorare a maglia.

tri.den.te [trid'ẽti] *sm* tridente.

tri.ê.nio [tri'enju] *sm* triennio.

tri.fó.lio [trif'ɔlju] *sm Bot.* trifoglio.

tri.gê.meo [triʒ'emju] *sm+agg* trigemino.

tri.gé.si.mo [triʒ'ezimu] *sm+num* trentesimo, trigesimo.

tri.go [tr'igu] *sm* frumento, grano. ≃ **sarraceno** grano saraceno.

tri.go.no.me.tri.a [trigonometr'iə] *sf* trigonometria.

tri.guei.ro [trig'ejru] *agg* moro. *Fig.* abbronzato.

tri.lha [tr'iλə] *sf* orma, pesta; sentiero, viottolo. ≃ **sonora** *Cin.* colonna sonora.

tri.lhão [triλ'ãw] *sm* trilione.

tri.lho [tr'iλu] *sm* binario, rotaia. ≃ **de janela**, etc. guida.

tri.lín.güe [tril'ĩgwi] *s+agg* trilingue.

tri.lo [tr'ilu] *sm an Mus.* trillo.

tri.lo.gi.a [triloʒ'iə] *sf* trilogia.

tri.mes.tral [trimestr'aw] *agg* trimestrale.

tri.mes.tre [trim'estri] *sm* trimestre.

tri.mo.tor [trimot′or] *sm Aer.* trimotore.
tri.na.do [trin′adu] *sm* trillo.
tri.nar [trin′ar] o **tri.lar** [tril′ar] *vi* trillare.
trin.car [trĩk′ar] *vt* incrinare. *vi* incrinarsi.
trin.char [trĩʃ′ar] *vt* trinciare, cincischiare.
trin.chei.ra [trĩʃ′ejrə] *sf* trincea. *Lett.* trincera.
trin.da.de [trĩd′adi] *sf* trinità. **a Santíssima T** ≃ *Rel.* la Trinità.
trin.ta [trĩ′īta] *sm + num* trenta. ≃ **avos** trentesimo, trigesimo. **uns** ≃, **umas** ≃ una trentina.
trin.te.ná.rio [trĩten′arju] *sm + agg* trentenne.
tri.o [tr′iu] *sm* terno, terzetto. *an Mus.* trio.
tri.pa.nos.so.mo [tripanos′omu] *sm Zool.* tripanosomo.
tri.pas [tr′ipəs] *sf pl* busecchia *sg.*
tri.pli.car [triplik′ar] *vt* triplicare.
trí.pli.ce [tr′iplisi] *num* triplice. *agg* triplice, terno.
tri.plo [tr′iplu] *sm + num* triplo.
tri.pu.la.ção [tripulas′ãw] *sf Mil., Aer. e Naut.* equipaggio. *Pop.* ciurma.
tri.sa.vó [trizav′ɔ] *sf* terzava, arcavola.
tri.sa.vô [trizav′o] *sm* terzavo, arcavolo.
tris.si.lá.bi.co [trisil′abiku] *agg Gramm.* trisillabo.
tris.sí.la.bo [tris′ilabu] *sm + agg Gramm.* trisillabo.
tris.te [tr′isti] *agg* triste; mesto; cupo, uggioso; tragico; arido (paesaggio). *Fig.* grigio.
tris.te.za [trist′ezə] *sf* tristezza; mestizia; desolazione. *Fig.* cupezza, amarezza.
tri.ton.go [trit′õgu] *sm Gramm.* trittongo.
tri.tu.rar [tritur′ar] *vt* triturare, tritare, macinare, pestare, sbriciolare.
tri.un.fal [triũf′aw] *agg* trionfale.
tri.un.far [triũf′ar] *vt* trionfare su. *vi* trionfare, furoreggiare.
tri.un.fo [tri′ũfu] *sm* trionfo. *Fig.* apoteosi. ≃**s** *pl Fig.* allori. **carregar alguém em** ≃ portare uno in trionfo.
tri.vi.al [trivi′aw] *agg* triviale, banale, prosaico.
triz [tr′is] *sm* nell'espressione **por um** ≃ per un pelo.
tro.ca [tr′ɔkə] *sf* cambio, cambiamento, scambio, muta, mutamento. ≃ **da guarda** muta della guardia.
tro.ca.di.lho [trokad′iʎu] *sm* gioco di parole, bisticcio, frasca.
tro.car [trok′ar] *vt* cambiare, scambiare, mutare, permutare, commutare; spezzare (denaro). *vpr* rivestirsi, cambiarsi d'abito. ≃ **de penas ou pele** mudare.
tro.co [tr′oku] *sm* resto; spiccioli, rotti.
tro.féu [trof′ew] *sm Sp.* trofeo.

tro.glo.di.ta [troglod′itə] *s* troglodita.
trom.ba [tr′õbə] *sf Zool.* tromba, proboscide.
trom.ba-d'á.gua [trõbad′agwə] *sf Naut.* tromba.
trom.be.ta [trõb′etə] *sf Mus.* trombetta, cornetta.
trom.bo.ne [trõb′oni] *sm Mus.* trombone.
trom.pa [tr′õpə] *sf Anat.* tromba. *Mus.* tromba, tuba.
tron.co [tr′õku] *sm Anat.* tronco. *Bot.* tronco, fusto, bronco, piede.
tro.no [tr′onu] *sm* trono.
tro.pa [tr′ɔpə] *sf Mil.* truppa. *Fig.* falange.
tro.pe.çar [tropes′ar] *vt + vi* inciampare in, intoppare in.
tro.pel [trop′ew] *sm* calca, ammasso, assembramento. **de** ≃ affollatamente.
tro.pi.cal [tropik′aw] *agg* tropicale, del Tropico.
Tró.pi.co [tr′ɔpiku] *sm Geogr.* **Tropico.** ≃ **de Câncer** Tropico del Cancro. ≃ **de Capricórnio** Tropico del Capricorno.
tro.tar [trot′ar] *vi* trottare.
trou.xa [tr′owʃə] *sf* fardello, balla. *s Ger.* pesce, balordo.
tro.va [tr′ɔvə] *sf* canzone, cantica.
tro.va.dor [trovad′or] *sm St.* trovatore, cantastorie, giullare.
tro.vão [trov′ãw] *sm* tuono.
tro.ve.jar [troveʒ′ar] *vi* tuonare, tonare.
tru.ci.dar [trusid′ar] *vt* trucidare, massacrare, ammazzare, assassinare. *Fig.* sgozzare.
tru.cu.len.to [trukul′ẽtu] *agg Lett.* truculento.
tru.fa [tr′ufə] *sf Bot.* tartufo.
trun.ca.do [trũk′adu] *part + agg* tronco.
trun.car [trũk′ar] *vt* troncare, stroncare.
tru.que [tr′uki] *sm* trucco, artificio, sotterfugio. *Ger.* bidone. *Fig.* arte, tattica.
trus.te [tr′usti] *sm Comm.* holding.
tru.ta [tr′utə] *sf Zool.* trota.
tu [t′u] *pron* sg tu.
tu.ba [t′ubə] *sf Mus.* tuba.
tu.ba.rão [tubar′ãw] *sm Zool.* squalo, pescecane.
tu.ba.rão-mar.te.lo [tubarãwmart′elu] *sm* pesce martello.
tu.bér.cu.lo [tub′erkulu] *sm Bot.* tubero. *Anat. e Med.* tubercolo.
tu.ber.cu.lo.se [tuberkul′ɔzi] *sf Med.* tubercolosi, tisi. mal sottile.
tu.ber.cu.lo.so [tuberkul′ozu] *sm + agg Med.* tubercoloso, tisico, etico.
tu.be.ro.si.da.de [tuberozid′adi] *sf Anat. e Med.* tubercolo.
tu.bi.nho [tub′iɲu] *sm dim* tubetto.

tu.bo [t′ubu] *sm* tubo; condotto, gola; cilindro. ≃ **da televisão** tubo elettronico. ≃ **de caneta** bocciolo. ≃ **de ensaio** *Chim.* tubo di saggio. ≃ **de lançamento de torpedos** *Naut.* tubo di lancio. ≃ **digestivo** *Anat.* tubo digerente.

tu.bu.la.ção [tubulas′ãw] *sf* tubazione, condotto.

tu.bu.lar [tubul′ar] *agg* tubolare.

tu.do [t′udu] *pron* tutto, ogni cosa. ≃ **menos** tutt'altro che. **é ≃ a mesma coisa** *Fig.* se non è zuppa è pan bagnato.

tu.fão [tuf′ãw] *sm* tifone, ciclone.

tu.fo [t′ufu] *sm* ciocca.

tu.le [t′uli] *sm* tulle.

tu.li.pa [tul′ipə] *sf Bot.* tulipano.

tum.ba [t′ũbə] *sf* tomba, arca. *Poet.* avello.

tu.me.fa.ção [tumefas′ãw] *sf Med.* bubbone.

tú.mi.do [t′umidu] *agg Lett.* tumido, enfiato.

tu.mor [tum′or] *sm* tumore, edema. ≃ **benigno** tumore benigno. ≃ **maligno** tumor maligno. ≃ **subcutâneo** *Med.* nodulo.

tú.mu.lo [t′umulu] *sm* tumulo, sepoltura.

tu.mul.to [tum′uwtu] *sm* tumulto, confusione, trambusto, tafferuglio. *Poet.* pandemonio. *Fig.* movimento. ≃**s** *pl* torbidi.

tu.mul.tu.a.do [tumuwtu′adu] *part* + *agg* chiassoso. *Fig.* burrascoso.

tu.mul.tu.ar [tumuwtu′ar] *vi* tumultuare.

tú.nel [t′unew] *sm* traforo, sottopassaggio.

tungs.tê.nio [tũgst′enju] *sm Chim.* tungsteno.

tú.ni.ca [t′unikə] *sf* tonaca.

tur.ba [t′urbə] *sf* turba. *Fig. disp* orda, branco.

tur.ban.te [turb′ãti] *sm* turbante.

tur.bi.lhão [turbiλ′ãw] *sm* vortice; turbine, aeremoto, nodo di vento. *Fig.* turbine.

tur.bi.na [turb′inə] *sf* turbina.

tur.bu.len.to [turbul′ẽtu] *agg* turbolento.

tur.co [t′urku] *sm* + *agg* turco; ottomano.

tur.fa [t′urfə] *sf Min.* torba.

tur.fe [t′urfi] *sm* ippica.

túr.gi.do [t′urʒidu] *agg Lett.* turgido, gonfio.

tu.ri.bu.lo [tur′ibulu] *sm Rel.* turibolo.

tu.ris.ta [tur′istə] *s* turista, giramondo.

tu.rís.ti.co [tur′istiku] *agg* turistico.

tur.ma [t′urmə] *sf* gruppo; turno, squadra (di operai); brigata (di amici). *Lett.* torma. *Fig.* schiera.

tur.ma.li.na [turmal′inə] *sf Min.* tormalina.

tur.no [t′urnu] *sm* turno, guardia. ≃ **da noite** turno di notte. **segundo** ≃ **de eleição** *Pol.* ballottaggio.

tur.que.sa [turk′ezə] *sf Min.* turchese, turchina.

tur.rão [tuř′ãw] *sm* + *agg* caparbio, testardo.

tur.var [turv′ar] *vt* torbidare, intorbidare, intorbidire. *vpr* intorbidarsi, intorbidirsi.

tur.vo [t′urvu] *agg* torbido, opaco.

tu.ta.no [tut′∧nu] *sm* midollo.

tu.te.la [tut′elə] *sf* custodia. *Giur.* tutela.

tu.te.lar [tutel′ar] *vt* tutelare; custodire; proteggere. *agg* tutelare.

tu.tor [tut′or] *sm* tutore, curatore, custode. ≃**a** *sf* tutrice, tutora.

U

u [´u] *sm* la ventesima lettera dell'alfabeto portoghese; u, il nome della lettera U.

u.fo [´ufu] *sm* ufo, disco volante.

uh [´u] *int* ehm! (indica derisione).

ui [´uj] *int* ahi! uh! uhi! ohi! (indica dolore). puh! (indica schifo, disprezzo).

u.ís.que [u´iski] *sm* whisky.

ui.var [ujv´ar] *vi* urlare, uggiolare. *Lett.* ululare.

ui.vo [´ujvu] *sm* urlo. *Lett.* ululo.

úl.ce.ra [´uwserə] *sf Med.* ulcera; fistola. ≃ **duodenal** ulcera duodenale. ≃ **gástrica** ulcera gastrica.

ul.ce.rar [uwser´ar] *vt* ulcerare.

ul.na [´uwnə] *sf Anat.* ulna.

ul.te.ri.or [uwteri´or] *agg* ulteriore.

ul.ti.ma.to [uwtim´atu] *sm Pol.* ultimato.

úl.ti.mo [´uwtimu] *sm* l'ultimo. *agg* ultimo, finale, estremo. *Fig.* supremo. **as** ≃ **as** l'ultima ora. **estar nas** ≃ **as** *Pop.* essere agli estremi.

ul.tra.jan.te [uwtraʒ´ãti] *agg* oltraggioso.

ul.tra.jar [uwtraʒ´ar] *vt* oltraggiare.

ul.tra.je [uwtr´aʒi] *sm* oltraggio, ingiuria.

ul.tra.ma.ri.no [uwtramar´inu] *agg* oltremarino.

ul.tra.pas.sa.do [uwtrapas´adu] *agg* antiquato, obsoleto. *Fig.* antidiluviano.

ul.tra.pas.sar [uwtrapas´ar] *vt* oltrepassare; sorpassare, passare oltre; eccedere. *Lett.* trascendere. *Fig.* varcare; eclissare.

ul.tra.som [uwtras´õw] *sm Fis.* ultrasuono.

ul.tra.sô.ni.co [uwtras´oniku] *agg* ultrasonico.

ul.tra.vi.o.le.ta [uwtraviol´etə] *agg Fis.* e *Med.* ultravioletto.

um [´ũ] *sm+num* uno. ≃ **a** ≃ a uno a uno. ≃ **depois do outro** in giro. ≃ **e outro** questo e quello, entrambi. ≃ **por vez** uno alla volta. *agg* alcuno. *art indet msg* un (uno).

u.ma [´umə] *num (f di* **um**) una. ≃ **e outra** entrambe. *art indet fsg* una (un').

u.mas [´uməs] *art indet fpl* alcune.

um.bi.go [ũb´igu] *sm Anat.* umbilico, ombelico, bellico.

um.bi.li.cal [ũbilik´aw] *agg* umbilicale, ombelicale. **cordão** ≃ cordone umbilicale.

um.bral [ũbr´aw] *sm Archit.* stipite.

u.mec.tar [umekt´ar] *vt* inumidire. *Lett.* umettare.

u.me.de.cer [umedes´er] *vt* inumidire, ammollire. *Lett.* umettare. *vi* inumidirsi.

ú.me.ro [´umeru] *sm Anat.* omero.

u.mi.da.de [umid´adi] *sf* umidità, umidezza.

ú.mi.do [´umidu] *agg* umido.

u.nâ.ni.me [un´ʌnimi] *agg* unanime.

u.na.ni.mi.da.de [unanimid´adi] *sf* unanimità. **com** ≃ come un sol uomo.

un.ção [ũs´ãw] *sf* ungitura.

un.dé.ci.mo [ũd´esimu] *sm+num* undicesimo, undecimo.

un.gi.do [ũʒ´idu] *part+agg* unto.

un.gir [ũʒ´ir] *vt* ungere, impiastrare. *vpr* ungersi, impiastrarsi.

un.güen.to [ũg´wẽtu] *sm* unguento, unto. *Med.* ansaplasto.

u.nha [´uñə] *sf* unghia, artiglio. *Zool.* branca, graffa. *Poet.* ugna. ≃ **do martelo** granchio. ≃ **encravada** unghia incarnata. **roer as** ≃ **s** mordersi le unghie.

u.nha.da [uñ´adə] *sf* unghiata, granfiata. *Poet.* ugnata.

u.nhar [uñ´ar] *vt* graffiare.

u.ni.ão [uni´ãw] *sf* unione; riunione; società; lega; collegamento, congiungimento; accoppiamento; congregamento; federazione; coalizione. *Lett. Fig.* blocco; confederazione; unità.

ú.ni.co [´uniku] *agg* unico; singolo; incomparabile; raro.

u.ni.cór.nio [unik´ɔrnju] *sm Zool.* e *Mit.* unicorno.

u.ni.da.de [unid´adi] *sf* unità. *Mil.* divisione, unità. *Fig.* copia. **as** ≃ **s de medida** *Fis.* e *Chim.* le unità di misura. ≃ **de tiro** *Mil.* batteria.

u.ni.fi.ca.ção [unifikas´ãw] *sf* unificazione, unità. **a U** ≃ **da Itália** *St.* il Risorgimento.

u.ni.fi.car [unifik´ar] *vt* unificare.

u.ni.for.me [unif´ɔrmi] *sm* uniforme; montura, divisa; livrea. *Mil.* tenuta. *agg* uniforme; uguale; monotono, regolare; coerente.

u.ni.for.mi.da.de [uniformid'adi] *sf* uniformità, uguaglianza, eguaglianza.

u.ni.for.mi.zar [uniformiz'ar] *vt* uniformare, conformare; unificare.

u.ni.la.te.ral [unilater'aw] *agg* unilaterale.

u.nir [un'ir] *vt* unire; legare, collegare, congiungere; connettere, accoppiare; giungere. *Fig.* impastare; maritare. *vpr* unirsi; legarsi, collegarsi; convergere. *Fig.* fondersi; maritarsi. = **pedaços** *Fig.* innestare pezzi. ≈-se em matrimônio unirsi in matrimonio.

u.nís.so.no [un'isonu] *sm*+*agg* unisono. **em** ≈ all'unisono.

u.ni.tá.rio [unit'arju] *agg* unitario.

u.ni.ver.sal [univers'aw] *sm* l'universale. *agg* universale; generale. *Rel.* ecumenico. *Fig.* globale. **Dilúvio U** ≈ *Rel.* Diluvio Universale. **herdeiro** ≈ *Giur.* erede universale.

u.ni.ver.si.da.de [universid'adi] *sf* università.

u.ni.ver.si.tá.rio [universit'arju] *sm*+*agg* universitario.

u.ni.ver.so [univ'ersu] *sm* universo; mondo, creato. *Fil.* macrocosmo.

u.ní.vo.co [un'ivoku] *agg* univoco.

uns ['ũs] *art indet mpl* alcuni.

un.tar [ũt'ar] *vt* ungere. *Pop.* untare.

un.to ['ũtu] *sm* unto.

un.tu.ra [ũt'urə] *sf* ungitura.

u.râ.nio [ur'Ʌnju] *sm Chim.* uranio.

U.ra.no [ur'Ʌnu] *sm Astron.* e *Mit.* Urano.

ur.ba.nis.mo [urban'izmu] *sm* urbanesimo.

ur.ba.no [urb'Ʌnu] *agg* urbano; della città; cittadino, civico; cortese, gentile.

ur.di.du.ra [urdid'urə] *sf* ordito.

ur.dir [urd'ir] *vt* ordire, tessere. *Fig.* tramare.

u.réi.a [ur'ɛjə] *sf Fisiol.* urea.

u.re.ter [uret'ɛr] *sm Anat.* uretere.

u.re.tra [ur'ɛtrə] *sf Anat.* uretra.

ur.gên.cia [urʒ'ẽsjə] *sf* urgenza.

ur.gen.te [urʒ'ẽti] *agg* urgente; imprescindibile; imminente.

ur.gir [urʒ'ir] *vt*+*vi* urgere.

u.ri.na [ur'inə] *sf Fisiol.* orina, urina.

u.ri.nar [urin'ar] *vi* orinare.

u.ri.ná.rio [urin'arju] *agg Fisiol.* orinario, urinario.

u.ri.nol [urin'ɔw] *sm* orinale, padella, vaso da notte.

ur.na ['urnə] *sf* urna. *St.* urna, vaso.

ur.rar [uʀ'ar] *vi* ruggire, rugghiare, berciare. ≈ **de raiva ou dor** *Fig.* mugghiare.

ur.ro ['uʀu] *sm* ruggito.

ur.sa ['ursə] *sf Zool.* orsa. **U** ≈ **Menor** e **U** ≈ **Maior** *Astron.* Orsa Minore e Orsa Maggiore.

ur.so ['ursu] *sm Zool.* orso.

ur.so-bran.co [ursubr'ãku] *sm Zool.* orso bianco.

ur.ti.cá.ria [urtik'arjə] *sf Med.* orticaria, urticaria.

ur.ti.ga [urt'igə] *sf Bot.* ortica, urtica.

u.ru.ca [ur'ukə] *sf Ger.* iella. *Fig. Pop.* scalogna.

ur.ze ['urzi] *sf Bot.* erica.

u.sa.do [uz'adu] *part*+*agg* usato, consumato.

u.sar [uz'ar] *vt* usare, utilizzare, impiegare, adoperare; sfruttare; vestire, portare, mettere.

u.so ['uzu] *sm* uso; costume, usanza; impiego, utilizzazione; maniera; consumo, logoro; godimento. ≈ s *pl* folclore *sg*.

u.su.al [uzu'aw] *agg* usuale, comune, consueto.

u.su.ca.pi.ão [uzukapi'ãw] *sm Giur.* usucapione.

u.su.fru.ir [uzufru'ir] *vt* usufruire, gioire di, avantaggiarsi di, fare uso di.

u.su.fru.to [uzufr'utu] *sm* usufrutto, godimento.

u.su.ra [uz'urə] *sf* usura. *Fig.* strozzatura.

u.su.rar [uzur'ar] *vt* strozzare.

u.su.rá.rio [uzur'arju] *sm* usuraio, strozzino. *Fig.* mignatta. *agg* usuraio.

u.sur.pa.dor [uzurpad'or] *sm* usurpatore.

u.sur.par [uzurp'ar] *vt* usurpare, occupare, arrogarsi.

u.ten.síl.io [utẽs'ilju] *sm* arnese, utensile, attrezzo, strumento. ≈ s *pl* masserizia. ≈ s **de cozinha** rami, batteria di cucina *sg*.

u.te.ri.no [uter'inu] *agg Anat.* uterino.

ú.te.ro ['uteru] *sm Anat.* utero, matrice.

ú.til ['utiw] *agg* utile; valido, efficiente, costruttivo, valevole; fruttuoso, proficuo, giovevole. **dia** ≈ giorno feriale, non festivo. **o** ≈ **e o agradável** l'utile ed il dilettevole.

u.ti.li.da.de [utilid'adi] *sf* utilità; convenienza; validità.

u.ti.li.za.ção [utilizas'ãw] *sf* utilizzazione, uso, impiego, adozione; consumo; sfruttamento.

u.ti.li.zar [utiliz'ar] *vt* utilizzare, usare; sfruttare.

u.ti.li.zá.vel [utiliz'avew] *agg* utilizzabile, agibile.

u.to.pi.a [utop'iə] *sf* utopia, fisima, astrazione.

u.tó.pi.co [ut'ɔpiku] *agg* utopistico. *Fig.* astratto.

u.va ['uvə] *sf* uva. ≈ **passa** uva passa. **colher** ≈ s vendemmiare.

ú.vu.la ['uvulə] *sf Anat.* ugola.

V

v [v′e] *sm* la ventunesima lettera dell'alfabeto portoghese.

va.ca [v′akə] *sf* vacca. *Volg.* vacca, troia. *Ger.* sgualdrina. ≃ **leiteira** mucca.

va.cân.cia [vak′ãsjə] *sf* ≃ **de um cargo** vacanza.

va.ci.la.ção [vasilas′ãw] *sf* vacillamento, vacillazione, esitanza, titubanza. *Fig.* ondeggiamento.

va.ci.lar [vasil′ar] *vi* vacillare, dubitare, esitare, titubare, barcollare. *Fig.* tentennare, ondeggiare.

va.ci.na [vas′inə] *sf Med.* vaccino, vaccinazione. ≃ **anti-rábica** vaccinazione antirabbica. ≃ **antitetânica** vaccinazione antitetanica.

va.ci.na.ção [vasinas′ãw] *sf Med.* vaccinazione, innesto.

va.ci.nar [vasin′ar] *vt Med.* vaccinare, immunizzare, innestare.

va.cum [vak′ũ] *agg Zool.* vaccino.

vá.cuo [v′akwu] *sm* vacuo. *Fis.* vuoto. *Aer.* vuoto d'aria. *agg Lett.* vacuo.

va.di.ar [vadi′ar] *vi* vagabondare, bighellonare. *Fig.* dondolarsi.

va.di.o [vad′iu] *sm* vagabondo, fuggifatica, poltrone. *agg* vagabondo, infingardo, poltrone.

va.ga [v′agə] *sf* fiotto, flutto.

va.ga.bun.da [vagab′ũdə] *sf Ger.* bagascia, prostituta.

va.ga.bun.da.gem [vagabũd′aʒēj] *sf* vagabondaggio.

va.ga.bun.de.ar [vagabũde′ar] *vi* vagabondare; girovagare, girellare, aggirarsi; poltrire, bighellonare, oziare.

va.ga.bun.do [vagab′ũdu] *sm* vagabondo; girovago, girellone, ramingo; poltrone, bighellone, scansafatiche. *agg* vagabondo; errante, girovago, randagio; sfaccendato, ozioso.

va.ga.lhão [vagaʎ′ãw] *sm Naut.* cavallone, fiotto, flutto, frangente.

va.ga-lu.me [vagal′umi] *sm Zool.* lucciola.

va.ga.men.te [vagam′ẽti] *avv* vagamente, grossomodo.

va.gão [vag′ãw] *sm* vagone, vettura, carro, carrozza. ≃ **de passageiros** pullman.

va.gar [vag′ar] *vi* vagare, errare, aggirarsi, spaziare; vacare, esser vago. *Fig.* svolazzare, andare a zonzo.

va.ga.ro.si.da.de [vagarozid′adi] *sf* lentezza.

va.ga.ro.so [vagar′ozu] *agg* lento, lasco; pesante (movimento). *Fig.* piano.

va.gem [v′aʒēj] *sf Bot.* fagiolino, cornetto. ≃ **de qualquer leguminosa** baccello, civaia, legume. *Pop.* guscio.

va.gi.na [vaʒ′inə] *sf Anat.* vagina.

va.gi.nal [vaʒin′aw] *agg Anat.* vaginale.

va.go [v′agu] *agg* vago; impreciso, indefinito, indeterminato, dubbio; vuoto (posto); sfitto (bene immobile). *Fig.* sfumato, vaporoso.

va.gue.ar [vage′ar] *vt+vi* girare, deambulare.

va.gue.za [vag′ezə] *sf* vaghezza.

vai.a [v′ajə] *sf* fischiata, fischione, ciuciata.

vai.ar [vaj′ar] *vi* fischiare, ciuciare.

vai.da.de [vajd′adi] *sf* vanità; vanagloria, boria, sussiego. *Lett.* iattanza. *Fig.* vento, fumo.

vai.do.so [vajd′ozu] *sm Fig.* narciso. *agg* vanitoso; vanaglorioso, borioso. *Fig.* vano.

vai.vém [vajv′ēj] *sm* andirivieni, girata. *Fig.* carosello.

va.la [v′alə] *sf* avvallamento, fosso, fossa, borro, botro.

va.le [v′ali] *sm Geogr.* valle, conca; giogo. *Comm.* vaglia, pagherò. ≃ **postal** vaglia postale.

va.len.tão [valẽt′ãw] *sm* accattabrighe, fanfarone, gradasso. *Ger.* bullo. *Fig.* guascone.

va.len.te [val′ẽti] *agg* valente, valoroso, bravo, prode, gagliardo. *Fig.* forte, erculeo.

va.len.ti.a [valẽt′iə] *sf* valentia, bravura. *Fig.* gagliardia, cuore.

va.ler [val′er] *vt* valere; costare. *vi* valere. *vpr* valersi di, approfittare, ricorrere a, adoperare. ≃ **a pena** valere la pena. ≃ **tanto quanto pesa** valere tanto oro quanto pesa.

va.le.ta [val′etə] *sf* cunetta, fognolo.

va.le.te [val′eti] *sm* fante (delle carte da giuoco). *St.* valletto. ≃ **de espadas** fante di picche.

va.li.da.de [valid′adi] *sf* validità.

va.li.dar [valid′ar] *vt* corroborare, munire.

vá.li.do [v′alidu] *agg* valido, valevole, funzionale.

va.li.o.so [vali′ozu] *agg* di valore. *Fig.* ricco.

va.lor [val′or] *sm* valore; prezzo; costo; forza, coraggio, bravura; pregio, vaglia, validità. *Comm.* importanza, importo. *Fig.* statura, peso; virtù. **dar** ≃ a avvalorare. **homem de** ≃ uomo di vaglia. **moeda sem** ≃ moneta fuori corso. **não ter** ≃ **nenhum** *Fig.* essere l'ultima ruota del carro. **perder o** ≃ scadere. ≃ **combinado** *Comm.* valuta intesa. ≃ **real (moralmente)** giusto. ≃ **total** *Comm.* ammonto.

va.lo.ri.zar [valoriz′ar] *vt* valorizzare, mettere in valore.

va.lo.ro.so [valor′ozu] *agg* valoroso, eroico, valido. *Lett.* strenuo. *Fig.* forte.

val.quí.rias [vawk′irjəs] *sf pl Mit.* valchirie.

val.sa [v′awsə] *sf Mus.* valzer.

val.va [v′awvə] *sf Zool.* valva.

vál.vu.la [v′awvulə] *sf Anat., Mecc.* e *Elett.* valvola. ≃ **de segurança** valvola di sicurezza.

va.mos [v′∧mus] *int* su! dai! orsù! via! eia!

vam.pi.ro [vãp′iru] *sm* vampiro. *Fig.* strozzino, sfruttatore.

van.da.lis.mo [vãdal′izmu] *sm* vandalismo.

vân.da.lo [v′ãdalu] *sm* vandalo.

van.gló.ria [vãgl′ɔrjə] *sf* vanagloria, bravata.

van.glo.ri.ar-se [vãglori′arsi] *vt* millantare. *vpr* vanagloriarsi, millantarsi, gloriarsi.

van.guar.da [vãg′wardə] *sf Arte* avanguardia. *Mil.* avanguardia, fronte.

van.ta.gem [vãt′aʒẽj] *sf* vantaggio; tornaconto, convenienza; guadagno, profitto. *Sp.* vantaggio. *Pop.* fandonia. *Fig.* beneficio. **contar** ≃ vantarsi. **levar (o tirar)** ≃ avvantaggiarsi di, approfittare. **obter** ≃**ens** ritrarre vantaggi. ≃ **própria** calcolo.

van.ta.jo.so [vãtaʒ′ozu] *agg* vantaggioso, proficuo, benefico. *Fig.* generoso; grasso (affare).

vão [v′ãw] *sm* vano. *agg* vano, futile, fatuo. *Fig.* vuoto, gonfio. **em** ≃ *avv* a vuoto, invano.

va.por [vap′or] *sm* vapore, fumo. *Naut.* piroscafo, vapore. **a todo o** ≃ a tutto vapore.

va.po.ro.so [vapor′ozu] *agg* vaporoso. **roupa** ≃ a *Fig.* abito vaporoso.

va.quei.ro [vak′ejru] *sm* vaccaro, vaccaio, bovaro.

va.ra [v′arə] *sf* verga, frusta, pertica, bacchetta; gregge di porci. *Giur.* giurisdizione. ≃ **de pescar** canna da pesca. ≃ **para salto em altura** *Sp* pertica per il salto. **tremer como** ≃

verde tremare a verga a verga (o come una verga).

va.ran.da [var′ãdə] *sf Archit.* veranda, balcone, balconata, verone.

va.ra.pau [varap′aw] *sm* pertica.

va.re.jis.ta [vareʒ′istə] *s* rivenditore.

va.re.jo [var′eʒu] *sm Comm.* vendita al minuto. **vender no** ≃ vendere al minuto, rivendere.

va.re.ta [var′etə] *sf* stecca, verga. *Fig.* canna. ≃ **s do guarda-chuva** stecche dell'ombrello.

va.ri.a.ção [varias′ãw] *sf* variazione, variante. *Mus.* variazione. ≃ **de valores ou preços** *Comm.* oscillazione.

va.ri.a.do [vari′adu] *agg* vario, svariato, assortito; disparato, dissimile.

va.ri.an.te [vari′ãti] *sf*+*agg* variante.

va.ri.ar [vari′ar] *vt* variare; diversificare. *vi* fluttuare (popolazione, valori). *Fig.* oscillare (prezzi, valori).

va.ri.á.vel [vari′avew] *agg* variabile, incostante.

va.ri.ce.la [varis′elə] *sf Med.* varicella.

va.ri.e.da.de [varied′adi] *sf* varietà, disparatezza.

va.ri.e.ga.do [varieg′adu] *part*+*agg* variegato, vaiolato.

va.ri.nha [var′iñə] *sf* bacchetta. ≃ **mágica ou de condão** bacchetta magica.

va.rí.o.la [var′iolə] *sm Med.* vaiolo.

vá.rios [v′arjus] *agg pl* vari.

va.riz [var′is] *sf Med.* varice.

var.rer [vař′er] *vt* spazzare, scopare.

vas.cu.lar [vaskul′ar] *agg Anat.* vascolare. **sistema** ≃ sistema vascolare.

va.se.li.na [vazel′inə] *sf* vaselina.

va.si.lha [vaz′iλə] *sf* barattolo, vaso. ≃ **de barro** coccio.

va.si.lha.me [vaziλ′∧mi] *sm* vasellame.

va.so [v′azu] *sm* vaso. *Naut.* vascello. ≃ **de flores** vaso da fiori. ≃ **de guerra** vascello da guerra. ≃ **para água** *St.* urna. ≃**s pl** *Anat.* vasi. ≃**s linfáticos** vasi linfatici. ≃**s sangüíneos** vasi sanguigni.

vas.sa.la.gem [vasal′aʒẽj] *sf St.* vassallaggio.

vas.sa.lo [vas′alu] *sm St.* vassallo.

vas.sou.ra [vas′owrə] *sf* granata, scopa.

vas.ti.dão [vastid′ãw] *sf* vastezza, vastità.

vas.to [v′astu] *agg* vasto, esteso, aperto, grande.

va.te [v′ati] *sm Lett.* e *Poet.* vate.

va.ti.ci.nar [vatisin′ar] *vt Lett.* vaticinare.

va.ti.cí.nio [vatis′inju] *sm Lett.* vaticinio.

vau [v′aw] *sm* guado.

va.za.men.to [vazam′ẽtu] *sm* versamento; gettata, getto.

va.zan.te [vaz′ãti] *sf* riflusso.

va.zar [vaz'ar] *vt* gettare (metalli liquefatti). *vi* versare.

va.zi.o [vaz'iu] *sm* vuoto, vacuo, vano. *Pop.* ammanco. *agg* vuoto, cavo, vano; deserto. *Lett.* vacuo. *Fig.* vuoto, gonfio. **de mãos** ≃ **as** a mani vuote.

vê [v'e] *sm* vu, il nome della lettera V.

ve.a.ção [veas'ãw] *sf* selvaggina.

ve.a.do [ve'adu] *sm* Zool. cervo, daino, capriolo.

ve.de.te [ved'eti] *sf* Cin. e Teat. astro; stella, diva.

ve.e.mên.cia [veem'ẽsjə] *sf* veemenza, fierezza.

ve.e.men.te [veem'ẽti] *agg* veemente, furioso, fiero.

ve.ge.ta.ção [veʒetas'ãw] *sf* vegetazione.

ve.ge.tal [veʒet'aw] *sm+agg* vegetale. **terra** ≃ terra vegetale.

ve.ge.tar [veʒet'ar] *vi an Fig.* vegetare.

ve.ge.ta.ri.a.no [veʒetari'ʌnu] *sm+agg* vegetariano.

ve.ge.ta.ti.vo [veʒetat'ivu] *agg* vegetativo.

vei.a [v'ejə] *sf Anat.* vena. ≃ **poética** Fig. vena poetica.

ve.í.cu.lo [ve'ikulu] *sm an Fig.* veicolo.

vei.o [v'eju] *sm Min.* vena, filone, falda.

ve.la [v'elə] *sf* candela, cera; cero. Naut. vela. Autom. candela. ≃ **mestra** Naut. maestra. **navegar à** ≃ andare a vela.

ve.la.do [vel'adu] *part+agg* velato, sfumato. Fig. opaco.

ve.lar [vel'ar] *vt* velare, annebbiare; vegliare. Fig. ammantare. ≃ **um negativo** Fot. velare una negativa.

ve.lei.ro [vel'ejru] *sm Naut.* veliero.

ve.le.jar [veleʒ'ar] *vi Naut.* veleggiare.

ve.lha.ca.ri.a [veʎakar'iə] *sf* vigliaccheria, furfanteria.

ve.lha.co [veʎ'aku] *sm* vigliacco, canaglia, furfante, farabutto, mascalzone. Fig. cialtrone. *agg* vigliacco, furfante, furbo.

ve.lha.ri.a [veʎar'iə] *sf Iron.* roba da museo, ferravecchio.

ve.lhi.ce [veʎ'isi] *sf* vecchiaia. Fig. sera.

ve.lhi.nho [veʎ'iɲu] o **ve.lho.te** [veʎ'ɔti] *sm+agg* anzianotto.

ve.lho [v'eʎu] *sm* vecchio. Fig. nonno. disp mummia. *agg* vecchio; antico, attempato. Lett. prisco. Fig. rancido, antidiluviano. **pão** ≃ pane raffermo. **mais** ≃ *agg* maggiore.

ve.lo.ci.da.de [velosid'adi] *sf* velocità; correntezza. Fig. corsa, andatura. **em altíssima** ≃ a rotta di collo.

ve.lo.cí.me.tro [velos'imetru] *sm* contachilometri.

ve.ló.dro.mo [vel'ɔdromu] *sm* velodromo.

ve.ló.rio [vel'ɔrju] *sm* vigilia.

ve.loz [vel'ɔs] *agg* veloce; rapido, snello, lesto, leggiero; fugace; pronto; subito. Lett. ratto.

ve.lu.do [vel'udu] *sm* velluto.

ve.nal [ven'aw] *agg* venale.

ven.ce.dor [vẽsed'or] *sm* vincitore, vincente. *agg* vincitore, vittorioso, vincente.

ven.cer [vẽs'er] *vt* vincere; sconfiggere; battere; debellare; soggiogare; superare, sormontare. Fig. dare scacco matto; sterminare; sopraffare. *vi* vincere, trionfare. Comm. scadere. ≃ **por pontos** battere ai punti.

ven.ci.do [vẽs'idu] *part+agg* vinto. **dívidas** ≃ **as** debiti arretrati.

ven.ci.men.to [vẽsim'ẽtu] *sm* stipendio. Comm. scadenza.

ven.da [v'ẽdə] *sf* vendita, smercio; bottega. ≃ **em leilão** vendita all'asta. **à** ≃ da vendere.

ven.de.dor [vẽded'or] *sm* venditore; commesso. Fig. agente. ≃ **ambulante** barattiere. ≃ **de assinaturas** associatore. ≃ **de ferro-velho** rigattiere.

ven.dei.ro [vẽd'ejru] *sm* bettoliere.

ven.der [vẽd'er] *vt* vendere, trafficare, smerciare, spacciare. *vi* mercanteggiare. *vpr* vendersi. ≃ **barato** Fig. abbacchiare. ≃ **por menos** Fig. gettare. ≃ **rapidamente** Comm. andare a ruba. **vende-se** da venda. **está vendendo saúde!** ha salute da vendere!

ve.ne.no [ven'enu] *sm* veleno, tossico.

ve.ne.no.so [venen'ozu] *agg* velenoso, tossico, malefico. Pop. mordace. Fig. acre.

ve.ne.ra.ção [veneras'ãw] *sf* venerazione, devozione, riverenza. Fig. idolatria.

ve.ne.rar [vener'ar] *vt* venerare, adorare, riverire. Fig. porre sugli altari, idolatrare.

ve.ne.rá.vel [vener'avew] o **ve.ne.ran.do** [vener'ãdu] *agg* venerabile, venerando.

ve.né.reo [ven'ɛrju] *agg* Med. venereo.

ve.ne.zi.a.na [venezi'ʌnə] *sf* veneziana, gelosia.

ve.ne.zi.a.no [venezi'ʌnu] *sm+agg* veneziano, di Venezia.

ve.ni.al [veni'aw] *agg* Lett. veniale (peccato).

ven.ta [v'ẽtə] *sf* Anat. pinna.

ven.tar [vẽt'ar] *vi* ventare, tirar vento. ≃ **forte** frullare.

ven.ti.la.ção [ventilas'ãw] *sf* ventilazione, aerazione.

ven.ti.la.do [vẽtil'adu] *agg* ventilato, arioso.

ven.ti.la.dor [vẽtilad'or] *sm* ventilatore.

ven.ti.lar [vētil'ar] *vt* ventilare, arieggiare, aerare, sventolare.

ven.to [v'ētu] *sm* vento. ≃ **forte** *Naut.* traversia. ≃ **marítimo** vento marino. ≃ **norte** borea. ≃ **norte** *Geogr.* tramontana. **com** ≃ **favorável** a gonfie vele. **ir de** ≃ **em popa** avere il vento in poppa. **rajada de** ≃ folata di vento. **quem semeia** ≃ **s, colhe tempestades** chi ha mangiato i baccelli spazzi i gusci.

ven.to.sa [vēt'ɔzə] *sf* ventosa, coppetta. *Zool.* ventosa.

ven.tre [v'ētri] *sm Anat.* ventre. *Fig.* utero.

ven.trí.cu.lo [vētr'ikulu] *sm Anat.* ventricolo (del cuore).

ven.trí.lo.quo [vētr'ilokwu] *sm* ventriloquo.

ven.tu.ra [vēt'urə] *sf* ventura, fortuna.

venturo → **vindouro.**

ven.tu.ro.so [vētur'ozu] *agg* venturoso, avventuroso, fausto, fasto.

Vê.nus [v'ēnus] *sf Astron.* e *Mit.* Venere.

ver [v'er] *sm* vedere. *vt* vedere; osservare; distinguere; visitare. *vi* vedere. *vpr* vedersi. **não** ≃ **a hora de** non vedere l'ora di. **ter a** ≃ **com** aver che vedere con. ≃ **bem** stravedere. ≃ **de longe** scorgere. ≃ **dobrado (bêbado)** vedere doppio. ≃ **estrelas** vedere le stelle, provar un gran dolore. **daqui se vê toda a cidade de Roma** da qui si abbraccia tutta Roma. **mas veja só!** *int* nientemeno! **veja lá!** (chamando a atenção) *int* và là!

ve.ra.ci.da.de [verasid'adi] *sf* verità. *Lett.* veracità.

ve.rão [ver'ãw] *sm* estate. **no** ≃ d'estate.

ve.raz [ver'as] *agg Lett.* verace.

ver.bal [verb'aw] *agg* verbale.

ver.bal.men.te [verbawm'ēti] *avv* verbalmente, a bocca.

ver.bo [v'erbu] *sm Gramm.* verbo. **V**≃ **Divino** *Rel.* Verbo Divino. **V**≃ **Encarnado** *Rel.* Verbo Incarnato, Gesù Cristo. ≃ **regular** *Gramm.* verbo regolare.

ver.da.de [verd'adi] *sf* verità, vero. *Fig.* luce. **na** ≃ in verità, davvero, invero, per vero. **é** ≃ **!** *int Iron.* affé!

ver.da.dei.ro [verdad'ejru] *agg* vero; autentico, genuino; reale, legittimo; esatto, certo; fedele. *Lett.* vero. *Fig.* sincero; storico.

ver.de [v'erdi] *sm* verde. *agg* verde; acerbo, crudo, immaturo (frutta). **estar ainda** ≃ essere in erba. **fruta** ≃ frutto verde. ≃ **s anos** anni verdi, la giovinezza. **um pouco** ≃ *agg* verdetto.

ver.de.jar [verdeʒ'ar] *vi* verdeggiare.

ver.de-o.li.va [verdiol'ivə] *sm* colore oliva.

ver.du.ra [verd'urə] *sf* verdura.

ve.re.da [ver'edə] *sf* sentiero, viottola, calle, mulattiera.

ve.re.di.to [vered'itu] *sm Giur.* verdetto, sentenza, giudizio.

ver.gar [verg'ar] *vi* molleggiare.

ver.go.nha [verg'oɲə] *sf* vergogna; schifo, sconcezza; abominazione, disdoro. *Fig.* pudore, arrossimento; demerito. ≃ **s** *pl* vergogne.

ver.go.nho.so [vergoɲ'ozu] *agg* vergognoso; scandaloso, schifoso, sconcio; umiliante.

ve.rí.di.co [ver'idiku] *agg* veridico; autentico. *Lett.* verace.

ve.ri.fi.ca.ção [verifikas'ãw] *sf* verificazione, verifica, controllo, accertamento, assicurazione.

ve.ri.fi.car [verifik'ar] *vt* verificare, controllare, constatare, appurare, accertare, riscontrare. *vpr* verificarsi.

ver.me [v'ermi] *sm* verme, baco. *Volg.* stronzo, stronzolo. *Fig.* verme, rettile, persona vile.

ver.me.lhi.dão [vermeλid'ãw] *sf* rossore.

ver.me.lho [verm'eλu] *sm* rosso. *agg* rosso; rubicondo; infocato. **ficar** ≃ arrossire. **ficar** ≃ **de vergonha** esser rosso di vergogna. ≃ **de raiva** *Fig.* infocato. ≃ **vivo** purpureo.

ver.me.lho-cla.ro [vermeʎukl'aru] *sm* cinabro.

ver.mí.fu.go [verm'ifugu] *sm* + *agg* o **ver.mi.ci.da** [vermis'idə] *s* + *agg* vermifugo.

ver.mi.no.se [vermin'ɔzi] *sf Med.* verminazione.

ver.mu.te [verm'uti] *sm* vermut.

ver.ná.cu.lo [vern'akulu] *sm* vernacolo, lingua nazionale.

ver.nis.sa.gem [vernis'aʒēj] *sf Pitt.* vernice.

ver.niz [vern'is] *sf* vernice, patina. *Fig.* apparenza superficiale.

ve.ro [v'ero] *agg* vero.

ve.ros.sí.mil [veros'imiw] o **ve.ros.si.mi.lhan.te** [verosimiλ'ãti] *agg* verosimile, verosimigliante.

ve.ros.si.mi.lhan.ça [verosimiλ'ãsə] *sf* verosimile, verisimile.

ver.ru.ga [veʳ'ugə] *sf* verruca, bitorzolo.

ver.ru.go.so [veʳug'ozu] *agg* verrucoso.

ver.ru.ma [veʳ'umə] *sf* succhiello.

ver.ru.mão [veʳum'ãw] *sm* trivello, trivella.

ver.são [vers'ãw] *sf* versione; spiegazione; interpretazione. *Gramm.* versione, traduzione.

ver.sá.til [vers'atiw] *agg* versatile.

ver.sí.cu.lo [vers'ikulu] *sm Rel.* versetto, versicolo.

ver.si.fi.car [versifik'ar] *vt Lett.* versificare.

ver.so [v'ersu] *sm* verso, rovescio, retro; volta di un foglio. *Lett.* e *Poet.* verso; riga. ≃ **livre** *Lett.* verso sciolto. **fazer** (o **escrever**) ≃ **s** poetare, rimare. **vide** ≃ vedi verso.

vér.te.bra [v´ertebrə] *sf Anat.* vertebra.

ver.te.bra.do [vertebr´adu] *sm + agg Zool.* vertebrato.

ver.te.bral [vertebr´aw] *agg Anat.* vertebrale.

ver.ten.te [vert´ẽti] *sf* displuvio; costa.

ver.ter [vert´er] *vt* versare, riversare, effondere.

ver.ti.cal [vertik´aw] *sf + agg* verticale.

vér.ti.ce [v´ertisi] *sm* vertice, cuspide.

ver.ti.gem [vert´iʒẽj] *sf Med.* vertigine, capogiro. **ter** ≃ girarsi la testa.

ver.ti.gi.no.so [vertiʒin´ozu] *agg* vertiginoso. *Fig.* frenetico, caotico.

ves.go [v´ezgu] *sm* guercio, strabico. *agg* guercio, orbo, strabico.

ve.sí.cu.la [vez´ikulə] *sf Anat.* vescica; vescicola, vescichetta. *Zool.* vescica. ≃ **biliar** *Anat.* fiele, vescicola, cistifellea. ≃ **natatória** *Zool.* notatoio.

ves.pa [v´espə] *sf* motoretta. *Zool.* vespa.

ves.pão [vesp´ãw] *sm Zool.* calabrone.

ves.pei.ro [vesp´ejru] *sm* vespaio.

vés.pe.ra [v´esperə] *sf* vigilia. ≃ **de Natal** vigilia di Natale. ≃ **s** *pl Rel.* vespro, parte della messa.

ves.te [v´esti] *sf* cotta. *Lett.* indumento. ≃ **s** *pl Lett.* spoglia.

ves.tí.bu.lo [vest´ibulu] *sm* vestibolo, anticamera, atrio. *Anat.* vestibolo.

ves.ti.do [vest´idu] *sm* vestito (da donna), abito, veste. ≃ **comprido** abito lungo. ≃ **de baile** abito da sera. ≃ **de bebê** gonnellina. ≃ **de uma só peça** abito intero. ≃ **três-quartos** abito da sera tre quarti. *part + agg* vestito. **bem** ≃ *agg* attillato. **mal** ≃ malvestito.

ves.tí.gio [vest´iʒju] *sm* vestigio, indizio. ≃ **s** *pl* vestigi, vestigia. *Archeol.* avanzi. *Fig.* rovine.

ves.ti.men.ta [vestim´ẽtə] *sf* roba, tenuta, drappo. *Lett.* indumento. *Fig.* assetto.

ves.tir [vest´ir] *vt* vestire, portare, indossare. *vpr* vestirsi, indossarsi. ≃**-se com elegância e discrição** attillarsi.

ves.tu.á.rio [vestu´arju] *sm* vestiario.

ve.tar [vet´ar] *vt* vietare, proibire, contendere, censurare.

ve.te.ra.no [veter´Λnu] *sm* veterano, reduce. ≃ **de guerra** veterano di guerra, superstite.

ve.te.ri.ná.rio [veterin´arju] *sm + agg* veterinario.

ve.to [v´etu] *sm* veto.

ve.tor [vet´or] *sm Geom. e Fis.* vettore.

ve.tus.to [vet´ustu] *agg Lett.* vetusto.

véu [v´ew] *sm* velo. *Fig.* velo, manto. **um** ≃ **de poeira** un velo di polvere. ≃ **de chapéu** veletta, balza. ≃ **para o rosto** cuffia.

ve.xa.me [veʃ´Λmi] *sm* brutta figura; vergogna; oltraggio, affronto. **dar** ≃ far una brutta figura.

ve.xar [veʃ´ar] *vt* vessare, umiliare.

ve.xa.tó.rio [veʃat´ɔrju] *agg* vessatorio, vergognoso.

vez [v´es] *sf* vece; volta. **apenas uma** ≃ una volta tanto. **às** ≃ **es** o **de** ≃ **em quando** a volte, alle volte, di quando in quando, talora, talvolta. **certa** ≃ un tempo, prima. **cinco** ≃ **es dois, dez** cinque via due, dieci. **de uma só** ≃ in picchio. **de uma** ≃ **por todas** addirittura. **de uma** ≃ senz'altro, senza più. **em** ≃ **de** in vece di. **era uma** ≃ c'era una volta. **mais uma** ≃ ancora. **muitas** ≃ **es** molte volte. **na maior parte das** ≃ **es** per lo più. **nem uma só** ≃ mai da Dio. **poucas** ≃ **es** rare volte. **toda** ≃ **que** o **todas as** ≃ **es que** ogniqualvolta, ogni qualvolta. **uma** ≃ **que** *cong* giacché, siccome, posto che, poiché, dacché.

vi.a [v´iə] *sf* via, mezzo, modo. *Med.* via. *Giur.* tramite. ≃ **lateral** trasversale. **duas** ≃ **s** duplice copia. ≃ **terrestre, marítima, aérea** per via di terra, di mare, d'aria.

vi.a.du.to [viad´utu] *sm* viadotto, cavalcavia.

vi.a.gem [vi´aʒẽj] *sf* viaggio, giro. *Naut.* traversata. ≃ **de lua-de-mel** viaggio di nozze. ≃ **de turismo** viaggio di piacere. **boa** ≃ **!** buon viaggio!

vi.a.jan.te [viaʒ´ãti] *s* viaggiatore, viandante; passeggero.

vi.a.jar [viaʒ´ar] *vi* viaggiare. ≃ **de avião** viaggiare in aereo.

vi.bo.ra [v´iborə] *sf* vipera, serpe, serpente. *Fig.* rettile, persona vile.

vi.bra.ção [vibras´ãw] *sf* vibrazione, tremore, tremito. *Fig.* palpito.

vi.brar [vibr´ar] *vt* vibrare. *vi* vibrare; fremere. *Fig.* fervere.

vi.bra.tó.rio [vibrat´ɔrju] *agg* vibratorio.

vi.ce [v´isi] *sm* vice, coadiutore.

vi.ce-rei [visir´ej] *sm* vicere.

vi.ce-ver.sa [visiv´ersə] *avv* viceversa.

vi.ci.a.do [visi´adu] *part + agg* inveterato, avvezzo; stantio (aria).

vi.ci.ar [visi´ar] *vt* viziare, avvezzare; contaminare, rovinare. *vpr* viziarsi.

vi.ci.nal [visin´aw] *agg* vicinale. **estrada** ≃ strada vicinale.

ví.cio [v´isju] *sm* vizio; dissolutezza, crapula; pecca, perdizione; difetto. *Fig.* fango, pece.

vi.ci.o.so [visi´ozu] *agg* vizioso; dissoluto.

vi.cis.si.tu.de [visisit´udi] *sf* avventura. *Lett.* vicissitudine.

vi.ço [vi'isu] *sm* rigoglio.

vi.ço.so [vis'ozu] *agg* rigoglioso, lussureggiante. *Fig.* florido.

vi.cu.nha [vik'uñə] *sf Zool.* vigogna.

vi.da [v'idə] *sf* vita; essere. *Fig.* anima; pelle. **a** ≃ **eterna** la vita eterna, l'altra vita. **dar sinal de** ≃ farsi vivo. **levar uma** ≃ **miserável** trascinare una misera vita. **levar** ≃ **desregrada** *Fig.* uscire di squadra. **modo de** ≃ vivere. **sem** ≃ *agg* inanimato, inanime. *Fig.* esangue. **subir na** ≃ fare strada, sfondare. ≃ **vegetativa** vita vegetativa. **puxa** ≃! per Bacco!

vi.dei.ra [vid'ejrə] *sf Bot.* vite. **plantar** ≃ s avvitire.

vi.den.te [vid'ẽti] *s* chiaroveggente. *Poet.* veggente.

vi.do.ei.ro [vido'ejru] *sm Bot.* betulla.

vi.dra.ça [vidr'asə] *sf* vetrata, invetriata, vetro.

vi.dra.ça.ri.a [vidrasar'iə] *sf* vetreria, magazzino di vetri.

vi.dra.cei.ro [vidras'ejru] *sm* vetraio.

vi.dra.do [vidr'adu] *agg Ger.* cotto, innamorato. **olhos** ≃ s occhi vitrei, immobili.

vi.dra.ri.a [vidrar'iə] *sf* vetreria, fabbrica di vetri.

vi.drei.ro [vidr'ejru] *sm* cristallaio.

vi.dro [v'idru] *sm* vetro; cristallo; barattolo, boccetta. ≃ **esmerilhado** vetro smerigliato. ≃ **inquebrável** vetro infrangibile.

vi.e.la [vi'elə] *sf* angiporto.

vi.ga [v'igə] *sf* trave.

vi.gá.rio [vig'arju] *sm Rel.* vicario, curato.

vi.gen.te [viʒ'ẽti] *agg* vigente.

vi.gé.si.mo [viʒ'ezimu] *sm* + *num* ventesimo, vigesimo.

vi.gi.a [viʒ'iə] *sm* sorvegliante. *Mil.* vedetta. *Fig.* cerbero. **ficar de** ≃ vigilare.

vi.gi.ar [viʒi'ar] *vt* vigilare, invigilare; controllare, sorvegliare; custodire, curare; stare dietro a. *vi* vigilare, invigilare, vegliare.

vi.gi.lân.cia [viʒil'ãsjə] *sf* vigilanza; cura; assistenza; controllo.

vi.gi.lan.te [viʒil'ãti] *sm* sorvegliante, guardia. *agg* vigilante, vigile. *Fig.* attento.

vi.gí.lia [viʒ'iljə] *sf* veglia. *Rel.* vigilia.

vi.gor [vig'or] *sm* vigore; energia, potenza; robustezza; vitalità; gagliardezza. *Fig.* nervo, polso. **entrar em** ≃ entrare in vigore.

vi.go.rar [vigor'ar] *vi* essere in vigore. *Lett.* vigere.

vi.go.ro.so [vigor'ozu] *agg* vigoroso; energico, potente; robusto; gagliardo. *Fig.* atletico, taurino; vivo, florido.

vil [v'iw] *agg* vile; senza nome; cattivo, tristo; infame; turpe; sudicio, abbietto. *Fig.* fetente.

vi.la [v'ilə] *sf* villaggio, borgo, luogo; villa, casa di campagna. *Lett.* vico.

vi.la.re.jo [vilar'eʒu] *sm* paese, villaggio. *Lett.* vico.

vi.le.za [vil'ezə] *sf* viltà; abbiezione.

vi.me [v'imi] *sm* vimine.

vi.na.gre [vin'agri] *sm* aceto.

vin.cu.lar [vĩku'lar] *vt* vincolare. *Fig.* incatenare. *vpr* vincolarsi; impegnarsi.

vín.cu.lo [v'ĩkulu] *sm* vincolo. *Fig.* legame, cappio, nodo.

vin.da [v'ĩdə] *sf* venuta; comparsa.

vin.di.ma [vĩd'imə] *sf* vendemmia.

vin.di.mar [vĩdim'ar] *vt* + *vi* vendemmiare.

vin.dou.ro [vĩd'owru] o **ven.tu.ro** [vẽt'uru] *agg* venturo, futuro.

vin.gan.ça [vĩg'ãsə] *sf* vendetta, rivalsa. *Fig.* taglione.

vin.gar [vĩg'ar] *vi* attecchire. *vpr* rivalersi, rifarsi, prendersi una rivincita. *Fig.* rendere pane per focaccia.

vi.nha [v'iñə] *sf* vigna.

vi.nhe.do [viñ'edu] *sm* vigneto.

vi.nhe.ta [viñ'etə] *sf* vignetta.

vi.nho [v'iñu] *sm* vino. ≃ **branco** vino bianco. ≃ **de maçã** vino di mele. ≃ **de mesa** vino da pasto. ≃ **doce** vino dolce. ≃ **espumante** vino spumante, sciampagna. ≃ **fraco** acquerello. ≃ **moscatel** vino moscato. ≃ **quente** vino caldo. ≃ **seco** vino secco. ≃ **tinto** vino rosso. **encher-se de** ≃ avvinazzarsi. **tirar** ≃ **do tonel** spillare.

vin.te [v'ĩti] *sm* + *num* venti. **de** ≃ **anos (de idade)** ventenne. ≃ **avos** ventesimo, vigesimo. **uns** ≃, **umas** ≃ una ventina.

vi.o.la [vi'olə] *sf Mus.* viola; chitarra.

vi.o.la.ção [violas'ãw] *sf* violazione, infrazione.

vi.o.lá.ceo [viol'asju] *agg* violaceo.

vi.o.lão [viol'ãw] *sm Mus.* chitarra.

vi.o.lar [viol'ar] *vt* violare; infrangere, disattendere. *Fig.* profanare; rompere (patti).

vi.o.lên.cia [viol'ẽsjə] *sf* violenza, riffa. *Fig.* ardore; forza.

vi.o.len.tar [violẽt'ar] *vt* violentare; stuprare.

vi.o.len.to [viol'ẽtu] *agg* violento; aggressivo; gagliardo; drastico. *Fig.* torrenziale, tempestoso; forte; bellicoso; virulento.

vi.o.le.ta [viol'etə] *sm* viola, violetto (colore). *sf Bot.* violetta, viola, mammola. *agg* violetto, paonazzo.

vi.o.li.nis.ta [violin'istə] *s Mus.* violinista.

vi.o.li.no [viol'inu] *sm Mus.* violino. **primeiro** ≃ violino di spalla.

vi.o.lon.ce.lis.ta [violõsel'istə] *s Mus.* violoncellista.

vi.o.lon.ce.lo [violõs'εlu] *sm Mus.* violoncello.

VIP [v'ip] *s* vip, big, pezzo grosso.

vir [v'ir] *vi* venire; avvenire. *Fig.* avvicinarsi. ≃ **a calhar** (o **a propósito**) venire a proposito, venire in taglio. ≃ **a saber** venire a sapere. ≃ **abaixo** sdrucciolare. ≃ **antes** antivenire. ≃ **ao mundo** venire al mondo, nascere. ≃ **de** venire da; uscire da; provenire da, conseguire da. ≃ **depois** conseguire. ≃ **embora** venir via.

vi.ra‑ca.sa.ca [virakaz'akə] *s Ger.* banderuola. *Fig.* camaleonte, girella.

vi.ra.da [vir'adə] *sf* voltata.

vi.ra‑la.ta [viral'atə] *sm* cane randagio. *agg* randagio (animali).

vi.rar [vir'ar] *vt* voltare, volgere, rivolgere; torcere. *Naut.* e *Aer.* virare. *vi* voltare, volgere; trasformarsi; curvare, sterzare. *Naut.* e *Aer.* virare. *vpr* voltarsi, volgersi; rovesciarsi. *Pop.* cavarsela, arrangiarsi, barcamenarsi. ≃ **casaca** voltare la casacca (o la giubba). ≃ **do avesso ou de ponta‑cabeça** revesciare.

vir.gem [v'irʒẽj] *sf* vergine. **a V**≃ *Rel.* la Vergine, l'Immacolata. **V**≃ *sf Astron.* e *Astrol.* Vergine. *agg* vergine; greggio, grezzo; inesplorato, sconosciuto. *Fig.* puro, casto. **floresta** ≃ foresta vergine. **terra** ≃ terra vergine.

vir.gi.nal [virʒin'aw] *agg* verginale.

vir.gin.da.de [virʒĩd'adi] *sf* verginità.

vír.gu.la [v'irgulə] *sf* virgola. **não mudar uma** ≃ non levare nemmeno una virgola, non alterare un testo.

vi.ril [vir'iw] *agg* virile; potente. *Fig.* maschio.

vi.ri.lha [vir'iʎə] *sf Anat.* anguinaia, inguine.

vi.ri.li.da.de [viriʎid'adi] *sf* virilità; potenza. *Fig.* maschiezza.

vir.tu.al [virtu'aw] *agg* virtuale.

vir.tu.de [virt'udi] *sf* virtù; valore, forza. **em** ≃ **de** in virtù di.

vir.tu.o.so [virtu'ozu] I o **vir.tu.o.se** [virtu'ozi] *sm Mus.* virtuoso. *Fig.* artista.

vir.tu.o.so [virtu'ozu] II *agg* virtuoso, casto.

vi.ru.len.to [virul'ẽtu] *agg Med.* virulento.

ví.rus [v'irus] *sm Med.* virus.

vi.são [viz'ãw] *sf* visione; vista (il senso); punto di vista. *Fig.* ombra, fantasma.

vís.ce.ra [v'iserə] *sf Anat.* viscere, entragna. ≃ *s* viscere, frattaglie, interiora, interiori. *Fig.* viscere, parte più interna.

vis.ce.ral [viser'aw] *agg Anat.* viscerale, delle viscere. *Fig.* sviscerato, intenso.

vis.co [v'isku] *sm Bot.* vischio.

vis.con.de [visk'õdi] *sm* visconte.

vis.con.des.sa [viskõd'esə] *sf* viscontessa.

vis.co.se [visk'ozi] *sf Chim.* viscosa.

vis.co.so [visk'ozu] *agg* viscoso, vischioso, colloso.

vi.sei.ra [viz'ejrə] *sf* visiera. *St.* buffa (dell'elmo).

vi.sio.ná.rio [vizjon'arju] *sm*+*agg* visionario.

vi.si.ta [viz'itə] *sf* visita; soggiorno; gita. **fazer uma** ≃ fare una visita. ≃ **médica** visita medica.

vi.si.tan.te [vizit'ãti] *s* visita. ≃ **de museu, galeria, etc.** visitatore.

vi.si.tar [vizit'ar] *vt* visitare (luogo, persona). *Fig.* vedere. ≃ **os clientes de uma praça** *Comm.* fare la piazza.

vi.si.ti.nha [vizit'iɲə] *sf dim Pop.* corsa, scappata.

vi.sí.vel [viz'ivew] *agg* visibile.

vis.lum.brar [vizlũbr'ar] *vt* intravvedere.

vis.lum.bre [vizl'ũbri] *sm* barlume, sprazzo.

vi.sor [viz'or] *sm* mirino.

vis.ta [v'istə] *sf* vista, veduta. *Fig.* spettacolo. **à primeira** ≃ a prima vista, a primo abbordo. **à** ≃ *Comm.* a vista, a pronti. **colocar à** ≃ mettere in vista, mostrare a tutti. **dar** ≃ **para** guardare. **em** ≃ **de** in vista di. **fazer** ≃ **grossa** *Fig.* chiudere un occhio, fare l'indiano. **não perder de** ≃ non perder di vista. **pagamento à** ≃ pagamento in contanti. **pagável à** ≃ *Comm.* pagabile a vista. **ter** ≃ **curta** *Fig.* aver corta vista. ≃ **para o mar** vista sul mare. **até a** ≃ ! *int* arrivederci!

vis.to [v'istu] *sm Comm.* visto, convalida. *part*+*agg* visto. **nunca** ≃ *agg* inaudito. ≃ **que** *cong* visto che, giacché, perché.

vis.to.ri.a [visto'riə] *sf* ispezione. *Giur.* perizia.

vis.to.ri.ar [vistori'ar] *vt* visitare, ispezionare.

vis.to.so [vist'ozu] *agg* vistoso, appariscente, sgargiante. *Fig.* chiassoso.

vi.su.al [vizu'aw] *agg* visuale.

vi.tal [vit'aw] *agg* vitale.

vi.ta.lí.cio [vital'isju] *agg* vitalizio.

vi.ta.li.da.de [vitalid'adi] *sf* vitalità. *Fig.* vita.

vi.ta.mi.na [vitam'inə] *sf Med.* vitamina.

vi.te.la [vit'εlə] *sf* vitello (carne).

vi.te.lo [vit'εlu] *sm* vitello (l'animale).

vi.ti.cul.tu.ra [vitikuwt'urə] *sf* viticoltura, viticultura.

vi.ti.li.go [vitil'igu] *sm Med.* vitiligine.

ví.ti.ma [v'itimə] *sf Giur.* e *Iron.* vittima.

vi.tó.ria [vit'ɔrjə] *sf* vittoria, vincita, trionfo, la meglio. *Fig.* palma.

vi.tó.ria-ré.gia [vitɔrjaŕˈeʒjə] *sf Bot.* vittoria regia.

vi.to.ri.o.so [vitoriˈozu] *sm + agg* vincitore, vittorioso.

vi.tral [vitrˈaw] *sm* vetrata, invetriata. ≃ **ais artísticos** vetrate artistiche. ≃ **ais coloridos** vetrate a colori.

ví.treo [vˈitrju] *agg* vitreo, di vetro.

vi.tri.fi.car [vitrifikˈar] *vt* vetrificare.

vi.tri.na [vitrˈinə] *sf* vetrina.

vi.tro.la [vitrˈɔlə] *sf* giradischi, grammofono.

vi.u.vez [viuvˈes] *sf* vedovanza.

vi.ú.vo [viˈuvu] *sm + agg* vedovo.

vi.va [vˈivə] *int* viva! evviva! urrà! (indica applauso o augurio, ma anche ironia). ≃ **a Itália!** evviva l'Italia!

vi.va.ci.da.de [vivasidˈadi] *sf* vivacità; brio; animazione.

vi.vaz [vivˈas] *agg* vivace, brioso, vispo; allegro, gaio, svelto. *Lett.* vivido. *Fig.* fresco, desto.

vi.vei.ro [vivˈejru] *sm* vivaio. ≃ **de aves** aviario.

vi.ver [vivˈer] *vt* vivere. *vi* vivere; campare. *Fig.* respirare. ≃ **ao deus-dará** vivere alla giornata. ≃ **bem** passarsela bene. ≃ **com dificuldade** (o **às duras penas**) tirare avanti, stentare. **quem** ≃, **verá** chi vivrà, vedrà.

ví.ve.res [vˈiveris] *sm pl* viveri, cibarie, commestibili, vettovaglie.

ví.vi.do [vˈividu] *agg Lett.* vivido. *Fig.* fresco.

vi.ví.pa.ro [vivˈiparu] *sm + agg Zool.* viviparo.

vi.vo [vˈivu] *agg* vivo; vivace, vispo, agile, svelto; caldo; pastoso. *Lett.* vivido. *Fig.* parlante; sveglio; chiassoso. **cor** ≃ a colore vivace. **ser muito** ≃ essere tutto pepe.

vi.zi.nhan.ça [viziñˈãsə] *sf* vicinanza; contrada. **as** ≃ s le vicinanze. **na** ≃, **nas** ≃ s *avv* vicino, attorno.

vi.zi.nho [vizˈiñu] *sm* vicino. *agg* vicino; prossimo; contiguo. *avv* in vicinanza, dappresso.

vi.zir [vizˈir] *sm* visir.

vô [vˈo] *sm Fam.* nonno.

vó [vˈɔ] *sf Fam.* nonna.

vo.a.dor [voadˈor] *agg* volante, alato.

vo.ar [voˈar] *vi an Fig.* volare.

vo.ca.bu.lá.rio [vokabulˈarju] *sm* vocabolario, lessico. *Fig.* dizionario.

vo.cá.bu.lo [vokˈabulu] *sm* vocabolo. *Gramm.* voce, termine.

vo.ca.ção [vokasˈãw] *sf* vocazione.

vo.cal [vokˈaw] *agg* vocale.

vo.ca.li.zar [vokalizˈar] *vi Mus.* vocalizzare.

vo.ca.ti.vo [vokatˈivu] *sm + agg Gramm.* vocativo.

vo.cê [vosˈe] *pron sg* tu. **a** ≃ te; a te; ti. **com** ≃ con te. **para** ≃ te; ti; secondo te. **tratar por** ≃ darsi del tu.

vo.cês [vosˈes] *pron pl* voi. **a** ≃ voi. **com** ≃ con voi. **de** ≃ vostro, vostra, vostri, vostre. **por** ≃ per voi. ≃ **mesmos** voi stessi.

vo.ci.fe.rar [vosiferˈar] *vi* vociferare.

vod.ca [vˈɔdkə] *sf* vodca.

vo.ga [vˈɔgə] *sf* voga. **estar em** ≃ essere in voga.

vo.gal [vogˈaw] *sf Gramm.* vocale.

vo.gar [vogˈar] *vi* vogare.

vo.lan.te [volˈãti] *sm Mecc.* volano. *Autom.* volante, guida, sterzo. ≃ **de loteria** schedina.

vo.la.ta [volˈatə] *sf Mus.* volata, progressione di note cantate velocemente.

vo.lá.til [volˈatiw] *agg* volatile.

vol.frâ.mio [vowfrˈʌmju] *sm Chim.* tungsteno.

volt [vˈowti] *sm Elett.* volta, volt.

vol.ta [vˈɔwtə] *sf* volta; venuta, regresso, ritorno; curva, voltata, diversione; voluta, spirale. *Sp.* giro, circuito. *Autom.* conversione. *Fig.* girata. **em** ≃ *avv* dintorno a, presso. **em** ≃ **de** *prep* intorno a, attorno, presso. **por** ≃ **de (quantidade)** suppergiù, circa; **(tempo)** per.

vol.ta.gem [vowtˈaʒẽj] *sf Elett.* voltaggio.

vol.tar [vowtˈar] *vt + vi* tornare, ritornare, retrocedere; ricondursi, sterzare, curvare. *vpr* voltarsi, volgersi, svoltare. **não** ≃ **atrás** non tornare addietro. ≃ **a** tornare a. ≃ **a si** tornare a sé, rinvenire. ≃ **ao assunto** *Fig.* tornare a bomba. ≃ **atrás** tornare indietro, mutare idea, stornarsi.

vol.te.ar [vowteˈar] *vi* volteggiare.

vol.tei.o [vowtˈeju] *sm* circonvoluzione. *Sp.* volteggio.

vol.ti.nha [vɔwtˈiñə] *sf dim Pop.* passeggiata. **dar uma** ≃ fare quattro passi.

vo.lu.bi.li.da.de [volubilidˈadi] *sf* volubilità. *Fig.* mobilità.

vo.lu.me [volˈumi] *sm* volume; tomo, stampa.

vo.lu.mo.so [volumˈozu] *agg* voluminoso, grosso. *Fig.* rotondo.

vo.lun.tá.rio [volũtˈarju] *sm* volontario. ≃ **da Cruz Vermelha** milite. *agg* volontario, spontaneo.

vo.lú.pia [volˈupjə] *sf* voluttà.

vo.lup.tu.o.so [voluptuˈozu] *agg* voluttuoso.

vo.lu.ta [volˈutə] *sf Archit.* voluta.

vo.lú.vel [volˈuvew] *agg* volubile, incostante. *Fig.* leggero, mobile, lunatico. **pessoa** ≃ *Fig.* girandola.

vol.ver [vowvˈer] *vt + vi* volgere.

vo.mi.tar [vomit'ar] *vt* vomitare, rigurgitare, rigettare, rimettere. *vi* vomitare.

vo.mi.ti.vo [vomit'ivu] *agg* vomitivo, vomitativo.

vô.mi.to [v'omitu] *sm Med.* vomito.

vo.mi.tó.rio [vomit'ɔrju] *agg* vomitivo, vomitativo.

von.ta.de [võt'adi] *sf* voglia; volontà; desiderio, bisogno; capriccio, gusto; disposizione. *Fig.* appetito, ambizione; fibra. **à** ≃ a volontà, a piacere. **comer, beber à** ≃ mangiare, bere a discrezione. **contra a minha** ≃ mio malgrado. **de boa** ≃ volentieri, di buona voglia, di buon grado. **de má** ≃ o **contra a** ≃ malvolentieri, di malavoglia, controvoglia. **fazer a** ≃ **de** contentare. **má** ≃ malavoglia, mal talento. **perder a** ≃ svogliarsi. **por minha livre e espontânea** ≃ di mio volere. **por** ≃ **própria** di buon grado. **segundo a minha** ≃ a mio piacere. **ter** ≃ **de** invogliarsi di. **última** ≃ **(no testamento)** *Giur.* ultima volontà. ≃ **férrea** volontà ferrea. **à** ≃ **!** si figuri!

vô.o [v'ou] *sm* volo, volata. **levantar** ≃ alzar volo, prendere il volo, impennarsi. ≃ **rasante** *Mil.* volo radente.

vo.ra.ci.da.de [vorasid'adi] *sf* voracità, ingordigia.

vo.ra.gem [vor'aʒẽj] *sf* voragine. *Lett.* gorgo.

vo.raz [vor'as] *agg* vorace, ingordo. *Fig.* goloso.

vór.ti.ce [v'ɔrtisi] *sm* vortice, turbine.

vos [vus] *pron pl* voi; vi; ve.

vós [v'ɔs] *pron pl* voi. **a** ≃ **, para** ≃ vi, ve. **por** ≃ per voi. ≃ **mesmos** voi stessi.

vos.so [v'ɔsu] *pron msg* vostro. **vos.sa** [v'ɔsə] *fsg* vostra. **vos.sos** [v'ɔsus] *mpl* vostri. **vos.sas** [v'ɔsəs] *fpl* vostre.

vo.tar [vot'ar] *vt* votare.

vo.to [v'ɔtu] *sm* voto; suffragio; augurio. ≃ **s** *pl Rel.* voto. **fazer os** ≃ **s** *Rel.* professare i voti, far voti. **fazer** ≃ **s de castidade** far voto di castità. **fazer** ≃ **s de** augurare. ≃ **de fé** voto di fiducia.

vo.vó [vov'ɔ] *sf Fam.* nonna.

vo.vô [vov'o] *sm Fam.* nonno.

voz [v'ɔs] *sf* voce, suono. *Mus.* voce. **coro a cinco** ≃ **es** coro a cinque voci. **de viva** ≃ a viva voce. **em** ≃ **alta** ad alta voce, forte. **em** ≃ **baixa** sotto voce. **perder a** ≃ *Fig.* affiochire. **ter** ≃ **ativa** *Fig.* aver voce in capitolo. ≃ **da consciência** voce della coscienza. ≃ **de animal** verso. ≃ **de tenor** voce di tenore. **a** ≃ **do povo é a** ≃ **de Deus** voce di popolo, voce di Dio.

vo.ze.ri.o [vozer'iu] *sm* o **vo.ze.a.ri.a** [vozear'iə] *sf* gazzarra, schiamazzo, baccano, buscherio, baldoria.

vul.câ.ni.co [vuwk'ʌniku] *agg* vulcanico.

Vul.ca.no [vuwk'ʌnu] *np Mit.* Vulcano.

vul.cão [vuwk'ãw] *sm Geogr.* vulcano.

vul.gar [vuwg'ar] *sm Lett.* e *Gramm.* volgare. *agg* volgare; licenzioso, sporco; triviale, dozzinale, pacchiano. *Lett.* scurrile. *Fig.* boccaccesco; plebeo.

vul.ga.ri.da.de [vuwgarid'adi] *sf* volgarità, sozzura. *Fig.* porcheria.

vul.ga.ri.zar [vuwgariz'ar] *vt* volgarizzare, render volgare.

vul.go [v'uwgu] *sm* volgo. *Poet.* vulgo. *avv* alias, conosciuto come.

vul.ne.rá.vel [vuwner'avew] *agg* vulnerabile.

vul.pi.no [vuwp'inu] *agg* volpino, volpigno, di volpe.

vul.va [v'uwvə] *sf Anat.* vulva.

W

w [dˈablju] *sm* lettera che non fa parte dell'alfabeto portoghese, usata soltanto in parole straniere e abbreviature. Sostituita da *v* o *u*.

watt [vˈati] *sm Elett.* watt.

X

x [ʃ'is] *sm* la ventiduesima lettera dell'alfabeto portoghese.

xá [ʃ'a] *sm* scià.

xa.drez [ʃadr'es] *sm* scacco. *Pop.* guardina, prigione. *Ger.* gattabuia. **o jogo de** ≃ gli scacchi *pl. agg* a quadretti.

xa.le [ʃ'ali] *sm* scialle.

xa.mã [ʃam'ã] *sm* stregone.

xam.pu [ʃãp'u] *sm* shampoo.

xa.ro.pe [ʃar'ɔpi] *sm Med.* sciroppo. *s+agg Pop.* zanzara, seccante.

xe.no.fi.li.a [ʃenofil'iə] *sf* senofilia.

xe.no.fo.bi.a [ʃenofob'iə] *sf* senofobia.

xe.que [ʃ'ɛki] *sm* scacco (nel gioco degli scacchi); sceicco, capo arabo.

xe.que-ma.te [ʃɛkim'ati] *sm* scacco matto. **dar** ≃ dare scacco matto, mattare.

xe.re.ta [ʃer'etə] *s Pop.* frugolone, frugone.

xe.re.tar [ʃeret'ar] o **xe.re.te.ar** [ʃeretе'ar] *vi Pop.* frugare, curiosare.

xe.rez [ʃer'es] *sm* xeres.

xe.ri.fe [ʃer'ifi] *sm* sceriffo.

xe.ro.có.pia [ʃerok'ɔpjə] o **xe.rox** [ʃer'ɔks] *sf* xerocopia.

xi [ʃ'i] *int* ih! (indica aborrimento, vergogna).

xí.ca.ra [ʃ'ikarə] *sf* tazza, ciotola, chicchera. ≃ **para café** tazza da caffè. ≃ **para chá** tazza da tè.

xi.lo.fo.ne [ʃilof'oni] *sm Mus.* silofono.

xi.lo.gra.fi.a [ʃilograf'iə] *sf* silografia.

xin.ga.men.to [ʃĩgam'ẽtu] *sm* contumelia, titolo.

xin.gar [ʃĩg'ar] *vt* inveire contro. *vi* inveire, ruttare improperi. *Fig.* sputar veleno, gridare.

xis [ʃ'is] *sm* icchese, ics, il nome della lettera X.

xo.dó [ʃod'ɔ] *sm Fam.* cucco, pupilla.

Y

y ['ipsilõw] *sm* lettera che non fa parte dell'alfabeto portoghese, usata soltanto in parole straniere e abbreviature. Sostituita da i.

ye.ti ['jeti] o **abominável homem das neves** *sm* yeti, abominevole uomo delle nevi.

Z

z [z′e] *sm* la ventitreesima e ultima lettera dell'alfabeto portoghese.

za.bai.o.ne [zabaj′oni] *sm* zabaione.

za.bum.ba [zab′ũbə] *sf Mus.* grancassa, tamburone.

za.gai.a [zag′ajə] *sf* zagaglia. *St.* picca.

za.guei.ro [zag′ejru] *sm Calc.* terzino.

zan.ga [z′ãgə] *sf* stizza, rovello, cruccio, ira; irritazione, malumore.

zan.ga.do [zãg′adu] *part*+*agg* stizzoso, cruccioso; irritato. **estar** ≃ **com** averla con.

zan.gão [zãg′ãw] *sm Zool.* calabrone, fuco.

zan.gar [zãg′ar] *vt* stizzire. *vpr* stizzirsi, adirarsi, incollerirsi, crucciarsi.

zan.zar [zãz′ar] *vi Pop.* svolazzare.

za.ra.ba.ta.na [zarabat′ʌnə] *sf* cerbottana.

za.ro.lho [zar′oʎu] *agg* losco, orbo.

zar.par [zarp′ar] *vt*+*vi Naut.* salpare.

zê [z′e] *sm* zeta, il nome della lettera Z.

ze.bra [z′ebrə] *sf Zool.* zebra.

ze.bu [zeb′u] *sm Zool.* zebù.

ze.la.dor [zelad′or] *sm* custode.

ze.lo [z′elu] *sm* zelo, sollecitudine.

ze.lo.so [zel′ozu] *agg* zeloso, zelante, sollecito.

zê.ni.te [z′eniti] *sm Astron.* zenit, vertice.

ze.ro [z′eru] *sm*+*num* zero. **abaixo de** ≃ sotto zero. **acima de** ≃ sopra zero. ≃ **absoluto** *Fis.* zero assoluto.

zi.be.li.na [zibel′inə] *sf Zool.* zibellino.

zi.go.ma [zig′omə] *sm Anat.* zigomo.

zi.gue.za.gue [zigiz′agi] *sm* zigzag.

zi.gue.za.gue.ar [zigizage′ar] *vi* andare a zigzag; snodarsi (strada, fiume).

zin.co [z′ĩku] *sm* zinco.

zí.nia [z′injə] *sf Bot.* zinnia.

zí.per [z′iper] *sm* chiusura lampo, zip.

zir.cô.nio [zirk′onju] *sm Chim.* zirconio.

zo.dia.cal [zodjak′aw] *agg* zodiacale.

zo.dí.a.co [zod′iaku] *sm Astrol.* e *Astron.* zodiaco.

zom.bar [zõb′ar] *vt* schernire, canzonare, ridersi di, gabbarsi di, motteggiare, dileggiare di. *Lett.* irridere. *vi* sghignazzare, giocare.

zom.ba.ri.a [zõbar′iə] *sf* beffa, scherno, canzonatura, burla, baia, dileggio. *Fig.* riso, berlina, stoccata.

zom.be.tei.ro [zõbet′ejru] *sm* burlone. *agg* beffardo, irriverente.

zo.na [z′onə] *sf* zona, campo.

zo.na-zos.ter [zonaz′ɔster] *sf Med.* zona, zostere.

zô.o [z′ou] *sm* zoo.

zo.o.lo.gi.a [zooloʒ′iə] *sf* zoologia.

zo.o.ló.gi.co [zool′ɔʒiku] *sm* giardino zoologico, zoo. *agg* zoologico.

zo.ó.lo.go [zo′ɔlogu] *sm* zoologo, zoologista.

zo.o.tec.ni.a [zootekn′iə] *sf* zootecnia, zootecnica.

zum.bi.do [zũb′idu] o **zu.ni.do** [zun′idu] *sm* ronzio, rombo, vibrazione.

zum.bir [zũb′ir] o **zu.nir** [zun′ir] *vi* ronzare, vibrare.

zur.rar [zuř′ar] *vi* ragliare.

EQUIVALÊNCIA DOS TEMPOS VERBAIS
EQUIVALENZA DEI TEMPI VERBALI

PORTUGUÊS	ITALIANO
Infinitivo	**Infinito**
Gerúndio	**Gerundio**
Particípio	**Participio**
Indicativo	**Indicativo**
Presente	Presente
Pretérito Imperfeito	Imperfetto
Pretérito Perfeito	Passato Remoto
Pretérito Mais-que-perfeito	Trapassato
Futuro do Presente	Futuro Semplice
	Condizionale
Futuro do Pretérito	Presente
Subjuntivo	**Congiuntivo**
Presente	Presente
Pretérito Imperfeito	Imperfetto
Futuro	(não existe)
Imperativo	**Imperativo**
Afirmativo	Affermativo
Negativo	Negativo

CONIUGAZIONE DEI VERBI IN ITALIANO

Verbi Ausiliari

ESSERE (= ser; estar)
Infinito essere
Gerundio essendo
Participio stato

INDICATIVO
Presente
io sono
tu sei
lui è
noi siamo
voi siete
loro sono

Imperfetto
io ero
tu eri
lui era
noi eravamo
voi eravate
loro erano

Passato remoto
io fui
tu fosti
lui fu
noi fummo
voi foste
loro furono

Futuro semplice
io sarò
tu sarai
lui sarà
noi saremo
voi sarete
loro saranno

CONDIZIONALE
Presente
io sarei
tu saresti
lui sarebbe
noi saremmo
voi sareste
loro sarebbero

CONGIUNTIVO
Presente
io sia
tu sia
lui sia
noi siamo
voi siate
loro siano

Imperfetto
io fossi
tu fossi
lui fosse
noi fossimo
voi foste
loro fossero

IMPERATIVO
sii tu
sia lei
siamo noi
siate voi
siano loro

AVERE (= haver; ter)

Infinito avere
Gerundio avendo
Participio avuto

INDICATIVO
Presente
io ho
tu hai
lui ha
noi abbiamo
voi avete
loro hanno

Imperfetto
io avevo
tu avevi
lui aveva
noi avevamo
voi avevate
loro avevano

Passato remoto
io ebbi
tu avesti
lui ebbe
noi avemmo
voi aveste
loro ebbero

Futuro semplice
io avrò
tu avrai
lui avrà
noi avremo
voi avrete
loro avranno

CONDIZIONALE
Presente
io avrei
tu avresti
lui avrebbe

noi avremmo
voi avreste
loro avrebbero

CONGIUNTIVO
Presente
io abbia
tu abbia
lui abbia
noi abbiamo
voi abbiate
loro abbiano

Imperfetto
io avessi
tu avessi
lui avesse
noi avessimo
voi aveste
loro avessero

IMPERATIVO
abbi tu
abbia lei
abbiamo noi
abbiate voi
abbiano loro

Modelli di Verbi
Regolari
Le terminazioni sono
in corsivo.

PRIMA
CONIUGAZIONE

AMARE (= amar)

Infinito amare
Gerundio amando
Participio amato

INDICATIVO
Presente
io amo
tu ami
lui ama
noi amiamo
voi amate
loro amano

Imperfetto
io amavo
tu amavi
lui amava
noi amavamo
voi amavate
loro amavano

Passato remoto
io amai
tu amasti
lui amò
noi amammo
voi amaste
loro amarono

Futuro semplice
io amerò
tu amerai
lui amerà
noi ameremo
voi amerete
loro ameranno

CONDIZIONALE
Presente
io amerei
tu ameresti
lui amerebbe
noi ameremmo
voi amereste
loro amerebbero

CONGIUNTIVO
Presente
io ami
tu ami
lui ami
noi amiamo
voi amiate
loro amino

Imperfetto
io amassi
tu amassi
lui amasse
noi amassimo
voi amaste
loro amassero

IMPERATIVO
ama tu
ami lei
amiamo noi
amate voi
amino loro

SECONDA
CONIUGAZIONE:

TEMERE (= temer)

Infinito temere
Gerundio temendo
Participio temuto

INDICATIVO
Presente
io temo
tu temi
lui teme
noi temiamo
voi temete
loro temono

Imperfetto
io tem**evo**
tu tem**evi**
lui tem**eva**
noi tem**evamo**
voi tem**evate**
loro tem**evano**

Passato remoto
io tem**ei** (tem**etti**)
tu tem**esti**
lui tem**é** (tem**ette**)
noi tem**emmo**
voi tem**este**
loro tem**erono**
(tem**ettero**)

Futuro semplice
io tem**erò**
tu tem**erai**
lui tem**erà**
noi tem**eremo**
voi tem**erete**
loro tem**eranno**

CONDIZIONALE
Presente
io tem**erei**
tu tem**eresti**
lui tem**erebbe**
noi tem**eremmo**
voi tem**ereste**
loro tem**erebbero**

CONGIUNTIVO
Presente
io tem**a**
tu tem**a**
lui tem**a**
noi tem**iamo**
voi tem**iate**
loro tem**ano**

Imperfetto
io tem**essi**
tu tem**essi**
lui tem**esse**
noi tem**essimo**
voi tem**este**
loro tem**essero**

IMPERATIVO
tem**i** tu
tem**a** lei
tem**iamo** noi
tem**ete** voi
tem**ano** loro

**TERZA
CONIUGAZIONE (I):**

SENTIRE (= ouvir;
sentir)

Infinito sent**ire**
Gerundio sent**endo**
Participio sent**ito**

INDICATIVO
Presente
io sent**o**
tu sent**i**
lui sent**e**
noi sent**iamo**
voi sent**ite**
loro sent**ono**

Imperfetto
io sent**ivo**
tu sent**ivi**
lui sent**iva**
noi sent**ivamo**
voi sent**ivate**
loro sent**ivano**

Passato remoto
io sent**ii**
tu sent**isti**
lui sent**ì**
noi sent**immo**
voi sent**iste**
loro sent**irono**

Futuro semplice
io sent**irò**
tu sent**irai**
lui sent**irà**
noi sent**iremo**
voi sent**irete**
loro sent**iranno**

CONDIZIONALE
Presente
io sent**irei**
tu sent**iresti**
lui sent**irebbe**
noi sent**iremmo**
voi sent**ireste**
loro sent**irebbero**

CONGIUNTIVO
Presente
io sent**a**
tu sent**a**
lui sent**a**
noi sent**iamo**
voi sent**iate**
loro sent**ano**

Imperfetto
io sent**issi**
tu sent**issi**
lui sent**isse**
noi sent**issimo**
voi sent**iste**
loro sent**issero**

Imperativo
senti tu
senta lei
sentiamo noi
sentite voi
sentano loro

**TERZA
CONIUGAZIONE
(II):**

FINIRE (= terminar)

Infinito finire
Gerundio finendo
Participio finito

INDICATIVO
Presente
io finisco
tu finisci
lui finisce
noi finiamo
voi finite
loro finiscono

Imperfetto
io finivo
tu finivi
lui finiva
noi finivamo
voi finivate
loro finivano

Passato remoto
io finii
tu finisti
lui finì
noi finimmo
voi finiste
loro finirono

Futuro semplice
io finirò
tu finirai
lui finirà
noi finiremo
voi finirete
loro finiranno

CONDIZIONALE
Presente
io finirei
tu finiresti
lui finirebbe
noi finiremmo
voi finireste
loro finirebbero

CONGIUNTIVO
Presente
io finisca
tu finisca
lui finisca
noi finiamo
voi finiate
loro finiscano

Imperfetto
io finissi
tu finissi
lui finisse
noi finissimo
voi finiste
loro finissero

IMPERATIVO
finisci tu
finisca lei
finiamo noi
finite voi
finiscano loro

Observações sobre a TERCEIRA CONJUGAÇÃO:
a) A maior parte dos verbos regulares desta conjugação acrescenta **ISC** no **presente do indicativo, presente do subjuntivo** e **imperativo**.
b) Alguns verbos possuem duas formas para os tempos acima, como **finire** ou como **sentire.**
c) Uma minoria dos verbos regulares conjuga-se como **sentire.**
   Para os verbos desta conjugação, veja a **RELAÇÃO DOS VERBOS IRREGULARES, DEFECTIVOS OU DIFÍCEIS**.

Observação sobre o IMPERATIVO:

a) As terceiras pessoas do **imperativo** referem-se às formas de cortesia.

b) O **imperativo negativo** é idêntico ao **imperativo afirmativo**, exceto na segunda pessoa singular, em que é igual ao **infinitivo**. Exemplo:

ama tu	non amare
ami lei	non ami lei, etc.

ELENCO DEI VERBI IRREGOLARI, DIFETTIVI O DIFFICILI IN ITALIANO

A

abolire - regular. *Indic. pres.* com **isc**.

aborrire - regular. *Indic. pres.* com ou sem **isc**.

accadere - Como *cadere*.

accedere - Como *cedere*.

accendere - *Part.* acceso. *Pass. rem.* accesi, accendesti, accese, accendemmo, accendeste, accesero.

accingersi - Como *cingere*.

accludere - Como *concludere*.

accogliere - Como *cogliere*.

accorgersi - *Part.* accortosi. *Pass. rem.* mi accorsi, ti accorgesti, si accorse, ci accorgemmo, vi accorgeste, si accorsero.

accorrere - Como *correre*.

accrescere - Como *crescere*.

addirsi - defectivo, só nas 3.ªs pessoas. *Indic. pres.* si addice, si addicono. *Imperf.* si addiceva, si addicevano. *Cong. pres.* si addica, si addicano. *Imperf.* si addicesse, si addicessero.

addurre - *Ger.* adducendo. *Part.* addotto. *Indic. pres.* adduco, adduci, adduce, adduciamo, adducete, adducono. *Imperf.* adducevo, adducevi, adduceva, etc. *Pass. rem.* addussi, adducesti, addusse, adducemmo, adduceste, addussero. *Fut.* addurrò, addurrai, addurrà, etc. *Condiz.* addurrei, addurresti, addurrebbe, ecc. *Cong. pres.* adduca, adduca, adduca, adduciamo, adduciate, adducano. *Imperf.* adducessi, adducessi, adducesse, ecc. *Imperat.* adduci, adduca, adduciamo, adducete, adducano.

adempire - regular. *Indic. pres.* com **isc**.

affiggere - Como *figgere*.

affliggere - *Part.* afflitto. *Pass. rem.* afflissi, affligesti, afflisse, affliggemmo, affliggeste, afflissero.

aggiungere - Como *giungere*.

aggradare - defectivo, só na 3.ª pessoa do singular do *Indic. pres.* aggrada.

aggredire - regular. *Indic. pres.* com **isc**.

agire - regular. *Indic. pres.* com **isc**.

alludere - *Part.* alluso. *Pass. rem.* allusi, alludesti, alluse, alludemmo, alludeste, allusero.

ambire - regular. *Indic. pres.* com **isc**.

ammettere - Como *mettere*.

andare - *Part.* andato. *Indic. pres.* vado, vai, va, andiamo, andate, vanno. *Fut.* andrò, andrai, andrà, andremo, andrete, andranno. *Condiz.* andrei, andreste, andrebbe, andremmo, andreste, andrebbero. *Cong. pres.* vada, vada, vada, andiamo, andiate, vadano. *Imperat.* va' (vai), vada, andiamo, andate, vadano. Demais tempos regulares, com radical **and**.

angere - defectivo, só na 3.ª pessoa do *Indic. pres.* ange e *Imperf.* angeva.

annettere - *Part.* annesso. *Pass. rem.* annettei (annessi), annettesti, annetté (annesse), annettemmo, annetteste, annetterono (annessero).

apparire - *Part.* apparso. *Indic. pres.* appaio (apparisco), appari (apparisci), appare (apparisce), appariamo, apparite, appaiono (appariscono).

Pass. rem. apparii (apparvi, apparsi), apparisti, apparì (apparve, apparse), apparimmo, appariste, apparirono (apparvero, apparsero). *Cong. pres.* appaia (apparisca), appaia (apparisca), appaia (apparisca), appariamo, appariate, appaiano (appariscano). *Imperat.* appari (apparisci), appaia (apparisca), appariamo, apparite, appaiano (appariscano). Demais tempos regulares.

appendere - Como *dipendere*.

applaudire - regular. *Indic. pres.* com ou sem **isc**.

apporre - Como *porre*.

apprendere - Como prendere.

aprire - *Part.* aperto. *Indic. pres.* regular, sem **isc**. *Pass. rem.* aprii (apersi), apristi, aprì (aperse), aprimmo, apriste, aprirono (apersero).

ardere - *Part.* arso. Pass. rem. arsi, ardesti, arse, ardemmo, ardeste, arsero.

ardire - regular. *Indic. pres.* com **isc**.

arrendersi - Como *rendere*.

arricchire - regular. *Indic. pres.* com **isc**.

arridere - Como *ridere*.

arrossire - regular. *Indic. pres.* com **isc**.

ascendere - Como *scendere*.

ascondere - Como *nascondere*.

ascrivere - Como *scrivere*.

aspergere - *Part.* asperso. *Pass. rem.* aspersi, aspergesti, asperse, aspergemmo, aspergeste, aspersero.

assalire - Indic. pres. assalgo (assalisco), assali (assalisci), assale (assalisce), assaliamo, assalite, assalgono (assaliscono). *Cong. pres.* assalga (assalisca), assalga (assalisca), assalga (assalisca), assaliamo, assaliate, assalgano (assaliscano). *Imperat.* assali, assalga, assaliamo, assalite, assalgano. Demais tempos regulares.

asserire - regular. *Indic. pres.* com **isc**.

assistere - *Part.* assistito. Pass. rem. assistei (assistetti), assistesti, assisté (assistette), assistemmo, assisteste, assisterono (assistettero).

assolvere - *Part.* assolto (assoluto). *Pass. rem.* assolsi (assolvei, assolvetti), assolvesti, assolse (assolvé, assolvette), assolvemmo, assolveste, assolsero (assolverono, assolvettero).

assorbire - regular. *Indic. pres.* com ou sem **isc**.

assorgere - Como sorgere.

assumere - *Part.* assunto. *Pass. rem.* assunsi, assumesti, assunse, assumemmo, assumeste, assunsero.

astringere - Como *stringere*.

attendere - Como *tendere*.

attenere - Como *tenere*.

atterrire - regular. *Indic. pres.* com **isc**.

attingere - Como *tingere*.

attrarre - Como trarre.

avvedersi - Como *vedere*.

avvertire - Como *divertire*.

avvolgere - Como *volgere*.

B

bandire - regular. *Indic. pres.* com **isc**.

benedire - *Pass. rem.* benedissi (benedii), benedicesti, benedisse (benedì), benedicemmo, benediceste, benedissero (benedirono). *Imperat.* benedici, benedica, benediciamo, benedite, benedicano. Demais tempos como *dire*.

bere - Part. bevuto. *Indic. pres.* bevo, bevi, beve, beviamo, bevete, bevono. *Pass. rem.* bevvi (bevetti), bevesti, bevve (bevette), bevemmo, beveste, bevvero (bevettero). *Fut.* berrò, berrai, berrà, berremo, berrete, berranno. *Condiz.* berrei, berresti, berrebbe, berremmo, berreste, berrebero. Demais tempos regulares, com radical **bev**.

bollire - regular. *Indic. pres.* com ou sem **isc**.

C

cadere - *Part.* caduto. *Pass. rem.* caddi, cadesti, cadde, cademmo, cadeste, caddero. *Fut.* cadrò, cadrai, cadrà, cadremo, cadrete, cadranno. *Condiz.* cadrei, cadresti, cadrebbe, cadremmo, cadreste, cadrebbero. Demais tempos regulares.

capire - regular. *Indic. pres.* com **isc**.

cedere - *Pass. rem.* cedei (cedetti), cedesti, cedé (cedette), cedemmo, cedeste, cederono (cedettero).

chiedere - *Part.* chiesto. *Pass. rem.* chiesi, chiedesti, chiese, chiedemmo, chiedeste, chiesero.

chiudere - *Part.* chiuso. *Pass. rem.* chiusi, chiudesti, chiuse, chiudemmo, chiudeste, chiusero.

cingere - *Part.* cinto. *Pass. rem.* cinsi, cingesti, cinse, cingemmo, cingeste, cinsero.

circoncidere - Como *decidere*.

cogliere - Part. colto. *Indic. pres.* colgo, cogli, coglie, cogliamo, cogliete, colgono. *Pass. rem.* colsi, cogliesti, colse, cogliemmo, coglieste, colsero. *Cong. pres.* colga, colga, colga, cogliamo, cogliate, colgano. *Imperat.* cogli, colga, cogliamo, cogliete, colgano. Demais tempos regulares.

coincidere - Como *decidere*.

colpire - regular. *Indic. pres.* com **isc**.

commettere - Como *mettere*.

commuovere - Como *muovere*.

compartire - regular. *Indic. pres.* com ou sem **isc**.

compatire - regular. *Indic. pres.* com **isc**.

compiacere - Como *piacere*.

compiangere - Como *piangere*.

compire - regular. *Indic. pres.* com **isc**.

comporre - Como *porre*.

comprendere - Como *prendere*.

comprimere - Part. compresso. *Pass. rem.* compressi, comprimesti, compresse, comprimemmo, comprimeste, compressero.

concedere - *Part.* concesso (conceduto). *Pass. rem.* concessi (concedei, concedetti), concedesti, concesse (concedé, concedette), concedemmo, concedeste, concessero (concederono, concedettero).

concepire - regular. *Indic. pres.* com **isc**.

concludere - *Part.* concluso. *Pass. rem.* conclusi, concludesti, concluse, concludemmo, concludeste, conclusero.

concorrere - Como *correre*.

condire - regular. *Indic. pres.* com **isc**.

condividere - Como *dividere*.

condolersi - Como *dolersi*.

condurre - Como *addurre*.

configgere - Como *figgere*.

confondere - Como *fondere*.

congiungere - Como *giungere*.

connettere - Como *annettere*.

conoscere - *Part.* conosciuto. Pass. rem. conobbi, conoscesti, conobbe, conoscemmo, conosceste, conobbero.

conquidere - *Part.* conquiso. *Pass. rem.* conquisi, conquidesti, conquise, conquidemmo, conquideste, conquisero.

consistere - Como *assistere*.

contendere - Como *tendere*.

contenere - Como *tenere*.
contorcere - Como *torcere*.
contraddire - Como *dire*.
contrarre - Como *trarre*.
contundere - *Part.* contuso. *Pass. rem.* contusi, contundesti, contuse, contundemmo, contundeste, contusero.
convertire - Como *divertire*.
convincere - Como *vincere*.
convivere - Como vivere.
coprire - Como *aprire*.
correggere - Como *reggere*.
correre - *Part.* corso. *Pass. rem.* corsi, corresti, corse, corremmo, correste, corsero.
corrispondere - Como *rispondere*.
corrodere - Como *rodere*.
corrompere - Como *rompere*.
cospargere - Como *spargere*.
cospergere - Como *aspergere*.
costituire - regular. *Indic. pres.* com **isc**.
costringere - Como *stringere*.
costruire - Part. costruito (costrutto). *Indic. pres.* regular, com **isc**. *Pass. rem.* costruii (costrussi), costruisti, costruì (costrusse), costruimmo, costruiste, costruirono (costrussero).
crescere - *Part.* cresciuto. *Pass. rem.* crebbi, crescesti, crebbe, crescemmo, cresceste, crebbero.
crocifiggere - Como figgere.
cucire - *Indic. pres.* cucio, cuci, cuce, cuciamo, cucite, cuciono. *Cong. pres.* cucia, cucia, cucia, cuciamo, cuciate, cuciano. Demais tempos regulares.
cuocere - *Part.* cotto. *Indic. pres.* cuocio, cuoci, cuoce, cociamo, cocete, cuociono. *Imperf.* cocevo, cocevi, coceva, etc. *Pass. rem.* cossi, cocesti, cosse, cocemmo, coceste, cossero.

Fut. cocerò, cocerai, cocerà, etc. *Condiz.* cocerei, coceresti, cocerebbe. *Cong. pres.* cuocia, cuocia, cuocia, cociamo, cociate, cuociano. *Imperf.* cocessi, cocessi, cocesse, etc. *Imperat.* cuoci, cuocia, cociamo, cocete, cuociano.

D

dare - *Part.* dato. *Indic. pres.* do, dai, dà, diamo, date, danno. *Imperf.* regular. *Pass. rem.* diedi (detti), desti, diede (dette), demmo, deste, diedero (dettero). *Fut.* darò, darai, darà, daremo, darete, daranno. *Condiz.* darei, daresti, darebbe, daremmo, dareste, darebbero. *Cong. pres.* dia, dia, dia, diamo, diate, diano. *Imperf.* dessi, dessi, desse, dessimo, deste, dessero. *Imperat.* da' (dai), dia, diamo, diate, diano.
decadere - Como *cadere*.
decidere - *Part.* deciso. *Pass. rem.* decisi, decidesti, decise, decidemmo, decideste, decisero.
decorrere - Como *correre*.
decrescere - Como *crescere*.
dedurre - Como *addurre*.
delinquere - defective, só na 3.ª pessoa do *Indic. pres.* delinque.
deludere - Como *alludere*.
deprimere - Como *comprimere*.
deridere - Como *ridere*.
descrivere - Como *scrivere*.
detrarre - Como *tràrre*.
difendere - *Part.* difeso. *Pass. rem.* difesi, difendesti, difese, difendemmo, difendeste, difesero.
differire - Como *ferire*.
diffondere - Como *fondere*.
digerire - regular. *Indic. pres.* com **isc**.
dimettere - Como *mettere*.

dipendere - *Part.* dipeso. *Pass. rem.* dipesi, dipendesti, dipese, dipendemmo, dipendeste, dipesero.

dipingere - *Part.* dipinto. *Pass. rem.* dipinsi, dipingesti, dipinse, dipingemmo, dipingeste, dipinsero.

dire - *Part.* detto. *Indic. pres.* dico, dici, dice, diciamo, dite, dicono. *Pass. rem.* dissi, dicesti, disse, dicemmo, diceste, dissero. *Fut.* dirò, dirai, dirà, etc. *Condiz.* direi, diresti, direbbe, etc. *Cong. pres.* dica, dica, dica, diciamo, diciate, dicano. *Imperat.* dí, dica, diciamo, dite, dicano. Demais tempos regulares, com radical **dic**.

dirigere - *Part.* diretto. *Pass. rem.* diressi, dirigesti, diresse, dirigemmo, dirigeste, diressero.

dirompere - Como rompere.

discendere - Como *scendere*.

discernere - *Part.* não existe. *Pass. rem.* discersi (discernei), discernesti, discerse (discerné), discernemmo, discerneste, discersero (discernerono).

disciogliere - Como *sciogliere*.

disconoscere - Como *conoscere*.

discutere - *Part.* discusso. *Pass. rem.* discussi, discutesti, discusse, discutemmo, discuteste, discussero.

disdire - Como *dire*.

disgiungere - Como *giungere*.

dispiacere - Como *piacere*.

disporre - Como *porre*.

dissolvere - *Part.* dissolto. *Pass. rem.* dissolsi (dissolvei), dissolvesti, dissolse (dissolvé), dissolvemmo, dissolveste, dissolsero (dissolverono).

dissuadere - Como *persuadere*.

distinguere - *Part.* distinto. *Pass. rem.* distinsi, distinguesti, distinse, distinguemmo, distingueste, distinsero.

distruggere - Como *struggere*.

divertire - regular. *Indic. pres.* sem **isc**.

dividere - *Part.* diviso. *Pass. rem.* divisi, dividesti, divise, dividemmo, divideste, divisero.

dolersi - *Part.* dolutosi. *Indic. pres.* mi dolgo, ti duoli, si duole, ci dogliamo, vi dolete, si dolgono. *Pass. rem.* mi dolsi, ti dolesti, si dolse, ci dolemmo, vi doleste, si dolsero. *Fut.* mi dorrò, ti dorrai, si dorrà, ci dorremo, vi dorrete, si dorranno. *Condiz.* mi dorrei, ti dorresti, si dorrebbe, ci dorremmo, vi dorreste, si dorrebbero. *Cong. pres.* mi dolga, ti dolga, si dolga, ci dogliamo, vi dogliate, si dolgano. *Imperat.* duoliti, si dolga, dogliamoci, doletevi, si dolgano. Demais tempos regulares.

dormire - regular. *Indic. pres.* sem **isc**.

dovere - *Part.* dovuto. *Indic. pres.* devo (debbo), devi, deve, dobbiamo, dovete, devono (debbono). *Fut.* dovrò, dovrai, dovrà, dovremo, dovrete, dovranno. *Condiz.* dovrei, dovresti, dovrebbe, dovremmo, dovreste, dovrebbero. *Cong. pres.* debba, debba, debba, dobbiamo, dobbiate, debbano. Demais tempos regulares, com radical **dov**.

E

eccellere - *Part.* eccelso. *Pass. rem.* eccelsi, eccellesti, eccelse, eccellemmo, eccelleste, eccelsero.

effondere - Como *fondere*.

eleggere - Como *leggere*.

elidere - *Part.* eliso. *Pass. rem.* elisi, elidesti, elise, elidemmo, elideste, elisero.

eludere - Como *alludere*.

emergere - *Part.* emerso. Demais tempos como *ergere*.

empire - regular. *Indic. pres.* sem **isc.**

ergere - *Part.* erto. *Pass. rem.* ersi, ergesti, erse, ergemmo, ergeste, ersero.

erigere - Como *dirigere.*

erompere - Como rompere.

esaurire - regular. *Indic. pres.* com **isc.**

escludere - Como *concludere.*

eseguire - regular. *Indic. pres.* com ou sem **isc.**

esistere - Como *assistere.*

espellere - *Part.* espulso. *Pass. rem.* espulsi, espellesti, espulse, espellemmo, espelleste, espulsero.

esplodere - *Part.* esploso. *Pass. rem.* esplosi, esplodesti, esplose, esplodemmo, esplodeste, esplosero.

esporre - Como *porre.*

esprimere - Como *comprimere.*

estinguere - Como *distinguere.*

estrarre - Como *trarre.*

evadere - *Part.* evaso. *Pass. rem.* evasi, evadesti, evase, evademmo, evadeste, evasero.

F

fare - *Part.* fatto. *Indic. pres.* faccio (fo), fai, fa, facciamo, fate, fanno. *Pass. rem.* feci, facesti, fece, facemmo, faceste, fecero. *Fut.* farò, farai, farà, faremo, farete, faranno. *Condiz.* farei, faresti, farebbe, faremmo, fareste, farebbero. *Cong. pres.* faccia, faccia, facciamo, facciate, facciano. *Imperat.* fai (fa), faccia, facciamo, fate, facciano. Demais tempos regulares, com radical **fac.**

favorire - regular. *Indic. pres.* com **isc.**

ferire - regular. *Indic. pres.* com **isc.**

fervere - defectivo, só nas 3.ªs pessoas. *Part.* não existe. *Indic. pres.* ferve, fervono. *Imperf.* ferveva, fervevano. *Pass. rem.* fervette, fervettero. *Fut.* ferverà, ferveranno. *Condiz.* ferverebbe, ferverebbero. *Cong. pres.* ferva, fervano. *Imperf.* fervesse, fervessero. *Imperat.* ferva, fervano.

figgere - *Part.* fisso. *Pass. rem.* fissi, figgesti, fisse, figgemmo, figgeste, fissero.

fingere - *Part.* finto. *Pass. rem.* finsi, fingesti, finse, fingemmo, fingeste, finsero.

fiorire - regular. *Indic. pres.* com isc.

fondere - *Part.* fuso. *Pass. rem.* fusi, fondesti, fuse, fondemmo, fondeste, fusero.

frangere - *Part.* franto. *Pass. rem.* fransi, frangesti, franse, frangemmo, frangeste, fransero.

friggere - Part. fritto. *Pass. rem.* frissi, friggesti, frisse, friggemmo, friggeste, frissero.

fuggire - regular. *Indic. pres.* sem **isc.**

G

giacere - *Part.* giaciuto. *Indic. pres.* giaccio, giaci, giace, giaciamo (giacciamo), giacete, giacciono. *Pass. rem.* giacqui, giacesti, giacque, giacemmo, giaceste, giacquero. *Cong. pres.* giaccia, giaccia, giaccia, giaciamo (giacciamo), giaciate, giacciano. *Imperat.* giaci, giaccia, giaciamo, giacete, giacciano. Demais tempos regulares.

giungere - *Part.* giunto. *Pass. rem.* giunsi, giungesti, giunse, giungemmo, giungeste, giunsero.

gradire - regular. *Indic. pres.* com **isc.**

guarire - regular. *Indic. pres.* com **isc.**

guarnire - regular. *Indic. pres.* com **isc.**

I

illudere - Como *alludere.*

immergere - *Part.* immerso. Demais tempos como *ergere*.
immettere - Como *mettere*.
impazzire - regular. *Indic. pres.* com **isc**.
impedire - regular. *Indic. pres.* com **isc**.
imporre - Como *porre*.
imprendere - Como *prendere*.
imprimere - Como *comprimere*.
incidere - Como *decidere*.
incidere - *Part.* inciso. *Pass. rem.* incisi, incidesti, incise, incidemmo, incideste, incisero.
includere - Como *concludere*.
incorrere - Como *correre*.
increscere - Como *crescere*.
incutere - *Part.* incusso. *Pass. rem.* incussi, incutesti, incusse, incutemmo, incuteste, incussero.
indurre - Como *addurre*.
inferire - Como *ferire*.
infiggere - Como *figgere*.
infliggere - Como *affliggere*.
influire - regular. *Indic. pres.* com **isc**.
infondere - Como *fondere*.
infrangere - Como *frangere*.
inghiottire - regular. *Indic. pres.* com ou sem **isc**.
ingiungere - Como *giungere*.
inibire - regular. *Indic. pres.* com **isc**.
inscrivere - Como *scrivere*.
inserire - regular. *Indic. pres.* com **isc**.
insistere - Como *assistere*.
insorgere - Como *sorgere*.
intendere - Como *tendere*.
interrompere - Como *rompere*.
intingere - Como *tingere*.
intraprendere - Como *prendere*.
intridere - *Part.* intriso. *Pass. rem.* intrisi, intridesti, intrise, intridemmo, intrideste, intrisero.
introdurre - Como *addurre*.

intrudere - *Part.* intruso. *Pass. rem.* intrusi, intrudesti, intruse, intrudemmo, intrudeste, intrusero.
invadere - Como *evadere*.
invalere - Como *valere*.
involgere - Como *volgere*.
ire - defectivo, só nos tempos e pessoas seguintes. *Part.* ito. *Indic. pres.* ite (2ª plural). *Imperf.* ivo, ivi, iva, (não tem 1ª e 2ª plural), ivano. *Pass. rem.* isti (2ª singular), irono (3ª plural). *Fut.* iremo, irete (1ª e 2ª plural). *Imperat.* ite (2ª singular).
irridere - Como *ridere*.
iscrivere - Como *scrivere*.
istruire - Como *costruire*.

L

languire - regular. *Indic. pres.* com ou sem **isc**.
ledere - *Part.* leso. *Pass. rem.* lesi, ledesti, lese, ledemmo, ledeste, lesero.
leggere - *Part.* letto. *Pass. rem.* lessi, leggesti, lesse, leggemmo, leggeste, lessero.

M

maledire - Como *dire*.
mantenere - Como *tenere*.
mentire - regular. *Indic. pres.* com ou sem **isc**.
mettere - *Part.* messo. *Pass. rem.* misi, mettesti, mise, mettemmo, metteste, misero.
mordere - *Part.* morso. *Pass. rem.* morsi, mordesti, morse, mordemmo, mordeste, morsero.
morire - *Part.* morto. *Indic. pres.* muoio, muori, muore, moriamo, morite, muoiono. *Fut.* regular, ou morrò, morrai, morrà, etc. *Condiz.* regular, ou morrei, morresti, morrebbe,

etc. *Cong. pres.* muoia, muoia, muoia, moriamo, moriate, muoiano. *Imperat.* muori, muoia, moriamo, morite, muoiano. Demais tempos regulares.

muggire - regular. *Indic. pres.* com ou sem **isc**.

mungere - Como *giungere*.

muovere - *Part.* mosso. *Pass. rem.* mossi, movesti, mosse, movemmo, moveste, mossero.

N

nascere - *Part.* nato. *Pass. rem.* nacqui, nascesti, nacque, nascemmo, nasceste, nacquero.

nascondere - *Part.* nascosto. *Pass. rem.* nascosi, nascondesti, nascose, nascondemmo, nascondeste, nascosero.

negligere - *Part.* negletto. *Indic. pres.* não existe. *Pass. rem.* neglessi, negligesti, neglesse, negligemmo, negligeste, neglessero.

nuocere - *Part.* nociuto. *Indic. pres.* noccio, nuoci, nuoce, nociamo, nocete, nocciono. *Pass. rem.* nocqui, nuocesti, nocque, nocemmo, noceste, nocquero. *Cong. pres.* noccia, noccia, noccia, nociamo, nociate, nocciano. *Imperat.* nuoci, noccia, nociamo, nocete, nocciano. Demais tempos regulares, com radical **noc**.

nutrire - regular. *Indic. pres.* com ou sem **isc**.

O

occorrere - Como *correre*.

offendere - Como *difendere*.

offrire - *Part.* offerto. *Indic. pres.* regular, sem **isc**. *Pass. rem.* offrii (offersi), offristi, offrì (offerse), offrimmo, offriste, offrirono (offersero).

omettere - Como *mettere*.

opprimere - Como *comprimere*.

ottenere - Como *tenere*.

P

parere - *Part.* parso. *Indic. pres.* paio, pari, pare, paiamo, parete, paiono. *Pass. rem.* parvi, paresti, parve, paremmo, pareste, parvero. *Fut.* parrò, parrai, parrà, etc. *Condiz.* parrei, parresti, parrebbe, etc. *Cong. pres.* paia, paia, paia, paiamo, paiate, paiano. *Imperat.* pari, paia, pariamo, parete, paiano. Demais tempos regulares.

partire - regular. *Indic. pres.* com **isc** (no sentido de *dividir*) ou sem **isc** (no sentido de *ir embora*).

patire - regular. *Indic. pres.* com **isc**.

pentirsi - regular. *Indic. pres.* sem **isc**.

percorrere - Como *correre*.

percuotere - *Part.* percosso. *Pass. rem.* percossi, percotesti, percosse, percotemmo, percoteste, percossero.

perdere - *Part.* perduto (perso). *Pass. rem.* persi (perdei, perdetti), perdesti, perse (perdé, perdette), perdemmo, perdeste, persero (perderono, perdettero).

perire - regular. *Indic. pres.* com **isc**.

persistere - Como *assistere*.

persuadere - *Part.* persuaso. *Pass. rem.* persuasi, persuadesti, persuase, persuademmo, persuadeste, persuasero.

pervertire - regular. *Indic. pres.* com ou sem **isc**.

piacere - *Part.* piaciuto. *Indic. pres.* piaccio, piaci, piace, piaciamo, piacete, piacciono. *Pass. rem.* piacqui, piacesti, piacque, piacemmo, piaceste, piacquero. *Cong. pres.* piaccia, piaccia, piaccia, piaciamo, piaciate,

piacciano. *Imperat.* piaci, piaccia, piacciamo, piacete, piacciano. Demais tempos regulares.
piangere - *Part.* pianto. *Pass. rem.* piansi, piangesti, pianse, piangemmo, piangeste, piansero.
piovere - *Part.* piovuto. *Pass. rem.* piovve. É impessoal.
porgere - Part. porto. *Pass. rem.* porsi, porgesti, porse, porgemmo, porgeste, porsero.
porre - *Part.* posto. *Indic. pres.* pongo, poni, pone, poniamo, ponete, pongono. *Pass. rem.* posi, ponesti, pose, ponemmo, poneste, posero. *Fut.* porrò, porrai, porrà, etc. *Condiz.* porrei, porresti, porrebbe, etc. *Cong. pres.* ponga, ponga, ponga, poniamo, poniate, pongano. *Imperat.* poni, ponga, poniamo, ponete, pongano. Demais tempos regulares, com radical **pon**.
potere - *Part.* potuto. *Indic. pres.* posso, puoi, può, possiamo, potete, possono. *Fut.* potrò, potrai, potrà, etc. *Condiz.* potrei, potresti, potrebbe, etc. *Cong. pres.* possa, possa, possa, possiamo, possiate, possano. *Imperat.* não existe. Demais tempos regulares.
precedere - Como *cedere*.
precludere - Como *concludere*.
precorrere - Como *correre*.
preferire - Como *ferire*.
prefiggere - Como *figgere*.
premunire - regular. *Indic. pres.* com **isc**.
prendere - Part. preso. *Pass. rem.* presi, prendesti, prese, prendemmo, prendeste, presero.
prescindere - Como *scindere*.
prescrivere - Como *scrivere*.

presiedere - Como *sedere*.
prestabilire - Como *stabilire*.
presumere - Como *assumere*.
presumere - *Part.* presunto. *Pass. rem.* presunsi, presumesti, presunse, presumemmo, presumeste, presunsero.
pretendere - Como *tendere*.
preterire - regular. *Indic. pres.* com isc.
prevalere - Como *valere*.
prevedere - Como *vedere*.
procedere - Como *cedere*.
produrre - Como *addurre*.
proferire - Como *ferire*.
profondere - Como *fondere*.
proibire - regular. *Indic. pres.* com **isc**.
promettere - Como *mettere*.
prorompere - Como *rompere*.
proscrivere - Como *scrivere*.
proseguire - Como *seguire*.
proteggere - *Part.* protetto. *Pass. rem.* protessi, proteggesti, protesse, proteggemmo, proteggeste, protessero.
protendere - Como *tendere*.
protrarre - Como *trarre*.
provvedere - Como *vedere*.
pungere - *Part.* punto. *Pass. rem.* punsi, pungesti, punse, pungemmo, pungeste, punsero.
punire - regular. Indic. pres. com **isc**.

R

raccogliere - Como *cogliere*.
radere - *Part.* raso. *Pass. rem.* rasi, radesti, rase, rademmo, radeste, rasero.
raggiungere - Como *giungere*.
rapire - regular. *Indic. pres.* com isc.
reagire - regular. *Indic. pres.* com isc.
recedere - Como *cedere*.
recidere - Como *decidere*.
recidere - Como *incidere*.
redimere - *Part.* redento. Pass. rem. redensi, redimesti, redense, redimemmo, redimeste, redensero.

672

reggere - *Part.* retto. *Pass. rem.* ressi, reggesti, resse, reggemmo, reggeste, ressero.

rendere - *Part.* reso. *Pass. rem.* resi, rendesti, rese, rendemmo, rendeste, resero.

reprimere - Como *comprimere*.

resistere - Como *assistere*.

restituire - regular. *Indic. pres.* com **isc**.

restringere - Como *stringere*.

retribuire - regular. *Indic. pres.* com **isc**.

retrocedere - Como *concedere*.

riassumere - Como *assumere*.

ricadere - Como *cadere*.

richiedere - Como *chiedere*.

riconoscere - Como *conoscere*.

ridere - *Part.* riso. *Pass. rem.* risi, ridesti, rise, ridemmo, rideste, risero.

ridire - Como *dire*.

ridurre - Como *addurre*.

rileggere - Como *leggere*.

riempire - regular. *Indic. pres.* com **isc**.

riflettere - *Part.* riflesso (riflettuto). *Pass. rem.* riflessi (riflettei), riflettesti, riflesse (rifletté), riflettemmo, rifletteste, riflessero (rifletterono).

rifondere - Como *fondere*.

rifulgere - *Part.* rifulso. *Pass. rem.* rifulsi, rifulgesti, rifulse, rifulgemmo, rifulgeste, rifulsero.

rileggere - Como *leggere*.

rilucere - *Part.* não existe. *Pass. rem.* rilussi, rilucesti, rilusse, rilucemmo, riluceste, rilussero.

rimanere - *Part.* rimasto. *Indic. pres.* rimango, rimani, rimane, rimaniamo, rimanete, rimangono. *Pass. rem.* rimasi, rimanesti, rimase, rimanemmo, rimaneste, rimasero. *Fut.* rimarrò, rimarrai, rimarrà, etc. *Condiz.* rimarrei, rimarresti, rimarrebbe, etc. *Cong.*

pres. rimanga, rimanga, rimanga, rimaniamo, rimaniate, rimangano. *Imperat.* rimani, rimanga, rimaniamo, rimanete, rimangano. Demais tempos regulares.

rimettere - Como *mettere*.

rimpiangere - Como *piangere*.

rimuovere - Como *muovere*.

rinascere - Como *nascere*.

rincorrere - Como *correre*.

rincrescere - Como *crescere*.

rinvestire - Como *vestire*.

rinvigorire - regular. *Indic. pres.* com **isc**.

ripartire - regular. *Indic. pres. com* **isc** (no sentido de *distribuir*) ou sem **isc** (no sentido de *repartir de novo*).

riporre - Como *porre*.

riprendere - Como prendere.

risapere - Como *sapere*.

riscuotere - Como *percuotere*.

risiedere - Como *sedere*.

risolvere - Como assolvere.

risorgere - Como *sorgere*.

rispondere - *Part.* risposto. *Pass. rem.* risposi, rispondesti, rispose, rispondemmo, rispondeste, risposero.

ritenere - Como *tenere*.

ritorcere - Como *torcere*.

ritrarre - Como *trarre*.

riuscire - Como *uscire*.

rivalersi - Como *valere*.

rivedere - Como *vedere*.

riverire - regular. *Indic. pres.* com **isc**.

rivestire - Como *vestire*.

rivivere - Como *vivere*.

rivolgere - Como *volgere*.

rodere - *Part.* roso. *Pass. rem.* rosi, rodesti, rose, rodemmo, rodeste, rosero.

rompere - *Part.* rotto. *Pass. rem.* ruppi, rompesti, ruppe, rompemmo, rompeste, ruppero.

ruggire - regular. *Indic. pres.* com ou sem **isc**.

S

divellere - *Part.* divelto. *Indic. pres.* divello (divelgo), divelli, divelle, divelliamo, divellete, divellono (divelgono). *Pass. rem.* divelsi, divellesti, divelse, divellemmo, divelleste, divelsero. *Cong. pres.* divelga, divelga, divelga, divelliamo, divelliate, divelgano. *Imperat.* divelli, divelga, divelliamo, divellete, divelgano. Demais tempos regulares, com radical **divell**.

salire - *Indic. pres.* salgo, sali, sale, saliamo, salite, salgono. *Cong. pres.* salga, salga, salga, saliamo, saliate, salgano. *Imperat.* sali, salga, saliamo, salite, salgano. Demais tempos regulares.

sapere - *Part.* saputo. *Indic. pres.* so, sai, sa, sappiamo, sapete, sanno. *Pass. rem.* seppi, sapesti, seppe, sapemmo, sapeste, seppero. *Fut.* saprò, saprai, saprà, etc. *Condiz.* saprei, sapresti, saprebbe, etc. *Cong. pres.* sappia, sappia, sappia, sappiamo, sappiate, sappiano. *Imperat.* sappi, sappia, sappiamo, sappiate, sappiano. Demais tempos regulares.

sbalordire - regular. *Indic. pres.* com **isc**.

sbigottire - regular. *Indic. pres.* com **isc**.

sbizzarrirsi - regular. *Indic. pres.* com **isc**.

scadere - Como *cadere*.

scandire - regular. *Indic. pres.* com **isc**.

scegliere - *Part.* scelto. *Indic. pres.* scelgo, scegli, sceglie, scegliamo, scegliete, scelgono. *Pass. rem.* scelsi, scegliesti, scelse, scegliemmo, sceglies-te, scelsero. *Cong. pres.* scelga, scelga, scelga, scegliamo, scegliate, scelgano. *Imperat.* scegli, scelga, scegliamo, scegliete, scelgano. Demais tempos regulares.

scendere - *Part.* sceso. *Pass. rem.* scesi, scendesti, scese, scendemmo, scendeste, scesero.

schermirsi - regular. *Indic. pres.* com **isc**.

schernire - regular. *Indic. pres.* com **isc**.

scindere - *Part.* scisso. *Pass. rem.* scissi, scindesti, scisse, scindemmo, scindeste, scissero.

sciogliere - *Part.* sciolto. *Indic. pres.* sciolgo, sciogli, scioglie, sciogliamo, sciogliete, sciolgono. *Pass. rem.* sciolsi, sciogliesti, sciolse, sciogliemmo, scioglieste, sciolsero. *Cong. pres.* sciolga, sciolga, sciolga, sciogliamo, sciogliate, sciolgano. *Imperat.* sciogli, sciolga, sciogliamo, sciogliete, sciolgano. Demais tempos regulares.

scolpire - regular. *Indic. pres.* com **isc**.

scommettere - Como *mettere*.

scomporre - Como *porre*.

sconfiggere - Como *figgere*.

sconnettere - Como *annettere*.

sconoscere - Como *conoscere*.

scorgere - Como *accorgersi*.

scorrere - Como *correre*.

scrivere - *Part.* scritto. *Pass. rem.* scrissi, scrivesti, scrisse, scrivemmo, scriveste, scrissero.

scuotere - Como *percuotere*.

sedere - *Part.* seduto. *Indic. pres.* siedo (seggo), siedi, siede, sediamo, sedete, siedono (seggono). *Cong. pres.* sieda (segga), sieda (segga), sieda (segga), sediamo, sediate, siedano (seggano). *Imperat.* siedi, sieda (segga), sediamo, sedete, siedano (seggano). Demais tempos regulares.

sedurre - Como *addurre*.

seguire - regular. *Indic. pres.* sem **isc**.

seguire - regular. *Indic. pres.* sem **isc**.

seppellire - *Part.* seppellito, sepolto. *Indic. prês.* regular, com **isc**.

servire - regular. *Indic. pres.* sem **isc**.

sfuggire - Como *fuggire*.

smaltire - regular. *Indic. pres.* com **isc**.

sminuire - regular. *Indic. pres.* com **isc**.

smuovere - Como *muovere*.

soccorrere - Como *correre*.

soddisfare - Como *fare*.

soffrire - Como *offrire*.

soggiacere - Como *giacere*.

soggiungere - Como *giungere*.

solere - defectivo, só nos tempos seguintes. *Indic. pres.* soglio, suoli, suole, sogliamo, solete, sogliono. *Imperf.* solevo, solevi, soleva, etc. *Cong. pres.* soglia, soglia, soglia, sogliamo, sogliate, sogliano. *Imperf.* solessi, lessi, solesse, etc. Para os outros tempos, usa-se *esser solito*.

sommergere - *Part.* sommerso. Demais tempos como *ergere*.

sommettere - Como *mettere*.

sopprimere - Como *comprimere*.

soprassedere - Como *sedere*.

sorbire - regular. *Indic. pres.* com ou sem **isc**.

sorgere - *Part.* sorto. *Pass. rem.* sorsi, sorgesti, sorse, sorgemmo, sorgeste, sorsero.

sorprendere - Como *prendere*.

sorridere - Como *ridere*.

sortire - regular. *Indic. pres.* sem **isc**.

sospendere - Como *dipendere*.

sospingere - Como *dipingere*.

sostenere - Como *tenere*.

sottomettere - Como *mettere*.

sottoscrivere - Como *scrivere*.

sovvertire - Como *divertire*.

spandere - *Part.* spanto. Demais tempos regulares.

spargere - *Part.* sparso. *Pass. rem.* sparsi, spargesti, sparse, spargemmo, spargeste, sparsero.

sparire - regular. *Indic. pres.* com **isc**.

spartire - regular. *Indic. pres.* com **isc**.

spedire - regular. *Indic. pres.* com **isc**.

spegnere - *Part.* spento. *Indic. pres.* spengo, spegni, spegne, spegniamo, spegnete, spengono. *Pass. rem.* spensi, spegnesti, spense, spegnemmo, spegneste, spensero. *Cong. pres.* spenga, spenga, spenga, spegniamo, spegniate, spengano. *Imperat.* spegni, spenga, spegniamo, spegnete, spengano. Demais tempos regulares.

spendere - *Part.* speso. *Pass. rem.* spesi, spendesti, spese, spendemmo, spendeste, spesero.

spingere - Como *dipingere*.

sporgere - Como *porgere*.

stabilire - regular. *Indic. pres.* com **isc**.

stare - *Part.* stato. *Indic. pres.* sto, stai, sta, stiamo, state, stanno. *Imperf.* regular. *Pass. rem.* stetti, stesti, stette, stemmo, steste, stettero. *Fut.* starò, starai, starà, staremo, starete, staranno. Condiz. starei, staresti, starebbe, staremmo, stareste, starebbero. *Cong. pres.* stia, stia, stia, stiamo, stiate, stiano. *Imperf.* stessi, stessi, stesse, stessimo, steste, stessero. *Imperat.* sta' (stai), stia, stiamo, stiate, stiano.

stendere - Como *tendere*.

stingere - Como *tingere*.

storcere - Como *torcere*.

stordire - regular. *Indic. pres.* com **isc**.

stringere - *Part.* stretto. *Pass. rem.* strinsi, stringesti, strinse, stringemmo, stringeste, strinsero.

struggere - *Part.* strutto. *Pass. rem.* strussi, struggesti, strusse, struggemmo, struggeste, strussero.

stupire - regular. *Indic. pres.* com **isc**.

succedere - Como *concedere*.

suddividere - Como *dividere*.

sussistere - Como *assistere*.

svanire - regular. *Indic. pres.* com **isc**.

svenire - *Indic. Fut.* e *Condiz.* regulares. Demais tempos como *venire*.

svolgere - Como *volgere*.

T

tacere - *Part.* taciuto. *Indic. pres.* taccio, taci, tace, taciamo, tacete, tacciono. *Pass. rem.* tacqui, tacesti, tacque, tacemmo, taceste, tacquero. *Cong. pres.* taccia, taccia, taccia, taciamo, taciate, tacciano. *Imperat.* taci, taccia, taciamo, tacete, tacciano. Demais tempos regulares.

tendere - *Part.* teso. *Pass. rem.* tesi, tendesti, tese, tendemmo, tendeste, tesero.

tenere - *Indic. pres.* tengo, tieni, tiene, teniamo, tenete, tengono. *Pass. rem.* tenni, tenesti, tenne, tenemmo, teneste, tennero. *Fut.* terrò, terrai, terrà, etc. *Condiz.* terrei, terresti, terrebbe, etc. *Cong. pres.* tenga, tenga, tenga, teniamo, teniate, tengano. *Imperat.* tieni, tenga, teniamo, tenete, tengano. Demais tempos regulares.

tergere - Como *aspergere*.

tergere - *Part.* terso. *Pass. rem.* tersi, tergesti, terse, tergemmo, tergeste, tersero.

tingere - *Part.* tinto. *Pass. rem.* tinsi, tingesti, tinse, tingemmo, tingeste, tinsero.

togliere - *Part.* tolto. *Indic. pres.* tolgo, togli, toglie, togliamo, togliete, tolgono. *Pass. rem.* tolsi, togliesti, tolse, togliemmo, toglieste, tolsero. *Cong. pres.* tolga, tolga, tolga, togliamo, togliate, tolgano. *Imperat.* togli, tolga, togliamo, togliete, tolgano. Demais tempos regulares.

torcere - *Part.* torto. *Pass. rem.* torsi, torcesti, torse, torcemmo, torceste, torsero.

tossire - regular. *Indic. pres.* com ou sem **isc**.

tradire - regular. *Indic. pres.* com **isc**.

tradurre - Como *addurre*.

trarre - Part. tratto. *Indic. pres.* traggo, trai, trae, traiamo, traete, traggono. *Pass. rem.* trassi, traesti, trasse, traemmo, traeste, trassero. *Fut.* trarrò, trarrai, trarrà, etc. *Condiz.* trarrei, trarresti, trarrebbe, etc. *Cong. pres.* tragga, tragga, tragga, traiamo, traiate, traggano. *Imperat.* trai, tragga, traiamo, traete, traggano. Demais tempos regulares, com radical **tra**.

trascrivere - Como *scrivere*.

trasparire - Como *sparire*.

trattenere - Como *tenere*.

U

ubbidire - regular. *Indic. pres.* com **isc**.

uccidere - Como *decidere*.

udire - *Indic. pres.* odo, odi, ode, udiamo, udite, odono. *Fut.* regular, ou udrò, udrai, udrà, etc. *Condiz.* regular, ou udrei, udresti, udrebbe, etc. *Cong. pres.* oda, oda, oda, udiamo, udiate, odano. *Imperat.* odi, oda, udiamo, udite, odano. Demais tempos regulares, com radical **ud**.

ungere - Como *giungere*.

unire - regular. *Indic. pres.* com **isc**.

urgere - defectivo, só nas 3.ªs pessoas. *Indic. pres.* urge, urgono. *Imperf.*

urgeva, urgevano. *Fut.* urgerà, urgeranno. *Condiz.* urgerebbe, urgerebbero. *Cong. pres.* urga, urgano. *Imperf.* urgesse, urgessero. Não tem *Part.*, *Pass. rem.* e *Imperat.*

uscire - *Indic. pres.* esco, esci, esce, usciamo, uscite, escono. *Cong. pres.* esca, esca, esca, usciamo, usciate, escano. *Imperat.* esci, esca, usciamo, uscite, escano. Demais tempos regulares, com radical **usc**.

V

valere - *Part.* valso (valuto). *Indic. pres.* valgo, vali, vale, valiamo, valete, valgono. *Pass. rem.* valsi, valesti, valse, valemmo, valeste, valsero. *Fut.* varrò, varrai, varrà, etc. *Condiz.* varrei, varresti, varrebbe, etc. *Cong. pres.* valga, valga, valga, valiamo, vagliate, valgano. *Imperat.* vali, valga, valiamo, valete, valgano. Demais tempos regulares, com radical **val**.

vedere - *Part.* visto (veduto). *Indic. pres.* vedo (veggo), vedi, vede, vediamo, vedete, vedono (veggono). *Pass. rem.* vidi, vedesti, vide, vedemmo, vedeste, videro. *Fut.* vedrò, vedrai, vedrà, etc. *Condiz.* vedrei, vedresti, vedrebbe, etc. *Cong. pres.* veda (vegga), veda (vegga), veda (vegga), vediamo, vediate, vedano (veggano). *Imperat.* vedi, veda (vegga), vediamo, vedete, vedano (veggano). Demais tempos regulares, com radical **ved**.

venire - *Part.* venuto. *Indic. pres.* vengo, vieni, viene, veniamo, venite, vengono. *Pass. rem.* venni, venisti, venne, venimmo, veniste, vennero. *Fut.* verrò, verrai, verrà, etc. *Condiz.* verrei, verresti, verrebbe, etc. *Cong. pres.* venga, venga, venga, veniamo, veniate, vengano. *Imperat.* vieni, venga, veniamo, venite, vengano. Demais tempos regulares.

vestire - regular. *Indic. pres.* sem **isc**.

vigere - defectivo, só nas 3.ª s pessoas dos tempos seguintes. *Indic. pres.* vige, vigono. *Imperf.* vigeva, vigevano. *Fut.* vigerà, vigeranno.

vincere - *Part.* vinto. *Pass. rem.* vinsi, vincesti, vinse, vincemmo, vinceste, vinsero.

vivere - Part. vissuto. *Pass. rem.* vissi, vivesti, visse, vivemmo, viveste, vissero. *Fut.* vivrò, vivrai, vivrà, etc. *Condiz.* vivrei, vivresti, vivrebbe, etc. Demais tempos regulares.

volere - *Indic. pres.* voglio, vuoi, vuole, vogliamo, volete, vogliono. *Pass. rem.* volli, volesti, volle, volemmo, voleste, vollero. *Fut.* vorrò, vorrai, vorrà, etc. *Condiz.* vorrei, vorresti, vorrebbe, etc. *Cong. pres.* voglia, voglia, voglia, vogliamo, vogliate, vogliano. *Imperat.* voglia, voglia, vogliamo, vogliate, vogliano. Demais tempos regulares.

volgere - *Part.* volto. *Pass. rem.* volsi, volgesti, volse, volgemmo, volgeste, volsero.

Z

zittire - regular. *Indic. pres.* com **isc**.

CONJUGAÇÃO DOS VERBOS EM PORTUGUÊS

Verbos Auxiliares

SER (= essere)
Infinitivo ser
Gerúndio sendo
Particípio sido

INDICATIVO
Presente
eu sou
tu és
ele é
nós somos
vós sois
eles são

Pretérito imperfeito
eu era
tu eras
ele era
nós éramos
vós éreis
eles eram

Pretérito perfeito
eu fui
tu foste
ele foi
nós fomos
vós fostes
eles foram

Pretérito mais-que-perfeito
eu fora
tu foras
ele fora
nós fôramos
vós fôreis
eles foram

Futuro do presente
eu serei
tu serás
ele será
nós seremos
vós sereis
eles serão

Futuro do pretérito
eu seria
tu serias
ele seria
nós seríamos
vós seríeis
eles seriam

SUBJUNTIVO
Presente
eu seja
tu sejas
ele seja
nós sejamos
vós sejais
eles sejam

Pretérito imperfeito
eu fosse
tu fosses
ele fosse
nós fôssemos
vós fôsseis
eles fossem

Futuro
eu for
tu fores
ele for
nós formos
vós fordes
eles forem

IMPERATIVO
Afirmativo
sê tu
seja você
sejamos nós
sede vós
sejam vocês

Negativo
não sejas tu
não seja você
não sejamos nós
não sejais vós
não sejam vocês

ESTAR (= essere; stare)
Infinitivo estar
Gerúndio estando
Particípio estado

INDICATIVO
Presente
eu estou
tu estás
ele está
nós estamos
vós estais
eles estão

Pretérito imperfeito
eu estava
tu estavas
ele estava
nós estávamos

vós estáveis
eles estavam

Pretérito perfeito
eu estive
tu estiveste
ele esteve
nós estivemos
vós estivestes
eles estiveram

Pretérito mais-que-perfeito
eu estivera
tu estiveras
ele estivera
nós estivéramos
vós estivéreis
eles estiveram

Futuro do presente
eu estarei
tu estarás
ele estará
nós estaremos
vós estareis
eles estarão

Futuro do pretérito
eu estaria
tu estarias
ele estaria
nós estaríamos
vós estaríeis
eles estariam

SUBJUNTIVO
Presente
eu esteja
tu estejas
ele esteja

nós estejamos
vós estejais
eles estejam

Pretérito imperfeito
eu estivesse
tu estivesses
ele estivesse
nós estivéssemos
vós estivésseis
eles estivessem

Futuro
eu estiver
tu estiveres
ele estiver
nós estivermos
vós estiverdes
eles estiverem

IMPERATIVO
Afirmativo
está tu
esteja você
estejamos nós
estai vós
estejam vocês

Negativo
não estejas tu
não esteja você
não estejamos nós
não estejais vós
não estejam vocês

TER (= avere; possedere)
Infinitivo ter
Gerúndio tendo
Particípio tido

INDICATIVO
Presente
eu tenho
tu tens
ele tem
nós temos
vós tendes
eles têm

Pretérito imperfeito
eu tinha
tu tinhas
ele tinha
nós tínhamos
vós tínheis
eles tinham

Pretérito perfeito
eu tive
tu tiveste
ele teve
nós tivemos
vós tivestes
eles tiveram

Pretérito mais-que-perfeito
eu tivera
tu tiveras
ele tivera
nós tivéramos
vós tivéreis
eles tiveram

Futuro do presente
eu terei
tu terás
ele terá
nós teremos
vós tereis
eles terão

Futuro do pretérito
eu teria
tu terias
ele teria
nós teríamos
vós teríeis
eles teriam

SUBJUNTIVO
Presente
eu tenha
tu tenhas
ele tenha
nós tenhamos
vós tenhais
eles tenham

Pretérito imperfeito
eu tivesse
tu tivesses
ele tivesse
nós tivéssemos
vós tivésseis
eles tivessem

Futuro
eu tiver
tu tiveres
ele tiver
nós tivermos
vós tiverdes
eles tiverem

IMPERATIVO
Afirmativo
tem tu
tenha você
tenhamos nós
tende vós
tenham vocês

Negativo
não tenhas tu
não tenha você
não tenhamos nós
não tenhais vós
não tenham vocês

HAVER (= avere;
esserci)
Infinitivo haver
Gerúndio havendo
Particípio havido

INDICATIVO
Presente
eu hei
tu hás
ele há
nós havemos
vós haveis
eles hão

Pretérito imperfeito
eu havia
tu havias
ele havia
nós havíamos
vós havíeis
eles haviam

Pretérito perfeito
eu houve
tu houveste
ele houve
nós houvemos
vós houvestes
eles houveram

Pretérito mais-que-perfeito
eu houvera

tu houveras
ele houvera
nós houvéramos
vós houvéreis
eles houveram

Futuro do presente
eu haverei
tu haverás
ele haverá
nós haveremos
vós havereis
eles haverão

Futuro do pretérito
eu haveria
tu haverias
ele haveria
nós haveríamos
vós haveríeis
eles haveriam

SUBJUNTIVO
Presente
eu haja
tu hajas
ele haja
nós hajamos
vós hajais
eles hajam

Pretérito imperfeito
eu houvesse
tu houvesses
ele houvesse
nós houvéssemos
vós houvésseis
eles houvessem

Futuro
eu houver
tu houveres

ele houver
nós houvermos
vós houverdes
eles houverem

IMPERATIVO
Afirmativo
há tu
haja você
hajamos nós
havei vós
hajam vocês

Negativo
não hajas tu
não haja você
não hajamos nós
não hajais vós
não hajam vocês

**Modelos de Verbos
Regulares**
*As terminações estão
em itálico.*

PRIMEIRA
CONJUGAÇÃO:

CANTAR (= cantare)
Infinitivo cantar
Gerúndio cantando
Particípio cantado

INDICATIVO
Presente
eu canto
tu cantas
ele canta
nós cantamos
vós cantais
eles cantam

Pretérito imperfeito
eu cantava
tu cantavas
ele cantava
nós cantávamos
vós cantáveis
eles cantavam

Pretérito perfeito
eu cantei
tu cantaste
ele cantou
nós cantamos
vós cantastes
eles cantaram

**Pretérito mais-que-
perfeito**
eu cantara
tu cantaras
ele cantara
nós cantáramos
vós cantáreis
eles cantaram

Futuro do presente
eu cantarei
tu cantarás
ele cantará
nós cantaremos
vós cantareis
eles cantarão

Futuro do pretérito
eu cantaria
tu cantarias
ele cantaria
nós cantaríamos
vós cantaríeis
eles cantariam

SUBJUNTIVO
Presente
eu cante
tu cantes
ele cante
nós cantemos
vós canteis
eles cantem

Pretérito imperfeito
eu cantasse
tu cantasses
ele cantasse
nós cantássemos
vós cantásseis
eles cantassem

Futuro
eu cantar
tu cantares
ele cantar
nós cantarmos
vós cantardes
eles cantarem

IMPERATIVO
Afirmativo
canta tu
cante você
cantemos nós
cantai vós
cantem vocês

Negativo
não cantes tu
não cante você
não cantemos nós
não canteis vós
não cantem vocês

SEGUNDA CONJUGAÇÃO:

VENDER (= vendere)
Infinitivo vender
Gerúndio vendendo
Particípio vendido

INDICATIVO
Presente
eu vendo
tu vendes
ele vende
nós vendemos
vós vendeis
eles vendem

Pretérito imperfeito
eu vendia
tu vendias
ele vendia
nós vendíamos
vós vendíeis
eles vendiam

Pretérito perfeito
eu vendi
tu vendeste
ele vendeu
nós vendemos
vós vendestes
eles venderam

Pretérito mais-que-perfeito
eu vendera
tu venderas
ele vendera
nós vendêramos
vós vendêreis
eles venderam

Futuro do presente
eu venderei
tu venderás
ele venderá
nós venderemos
vós vendereis
eles venderão

Futuro do pretérito
eu venderia
tu venderias
ele venderia
nós venderíamos
vós venderíeis
eles venderiam

SUBJUNTIVO
Presente
eu venda
tu vendas
ele venda
nós vendamos
vós vendais
eles vendam

Pretérito imperfeito
eu vendesse
tu vendesses
ele vendesse
nós vendêssemos
vós vendêsseis
eles vendessem

Futuro
eu vender
tu venderes
ele vender
nós vendermos
vós venderdes
eles venderem

IMPERATIVO
Afirmativo
vende tu
venda você
vendamos nós
vendei vós
vendam vocês

Negativo
não vendas tu
não venda você
não vendamos nós
não vendais vós
não vendam vocês

TERCEIRA CONJUGAÇÃO:
PARTIR (= partire)

Infinitivo partir
Gerúndio partindo
Particípio partido

INDICATIVO
Presente
eu parto
tu partes
ele parte
nós partimos
vós partis
eles partem

Pretérito imperfeito
eu partia
tu partias
ele partia
nós partíamos
vós partíeis
eles partiam

Pretérito perfeito	Futuro do pretérito	Futuro
eu parti	eu partiria	eu partir
tu partiste	tu partirias	tu partires
ele partiu	ele partiria	ele partir
nós partimos	nós partiríamos	nós partirmos
vós partistes	vós partiríeis	vós partirdes
eles partiram	eles partiriam	eles partirem

Pretérito mais-que-perfeito	SUBJUNTIVO Presente	IMPERATIVO Afirmativo
eu partira	eu parta	parte tu
tu partiras	tu partas	parta você
ele partira	ele parta	partamos nós
nós partíramos	nós partamos	parti vós
vós partíreis	vós partais	partam vocês
eles partiram	eles partam	

Futuro do presente	Pretérito imperfeito	Negativo
eu partirei	eu partisse	não partas tu
tu partirás	tu partisses	não parta você
ele partirá	ele partisse	não partamos nós
nós partiremos	nós partíssemos	não partais vós
vós partireis	vós partísseis	não partam vocês
eles partirão	eles partissem	

RELAÇÃO DOS VERBOS IRREGULARES, DEFECTIVOS OU DIFÍCEIS EM PORTUGUÊS

A

abastecer - Come *tecer*.

abençoar - Come *soar*.

abolir - *Indic. pres.* (non ha la prima persona del singolare) aboles, abole, abolimos, abolis, abolem. *Imperat.* abole; aboli. *Subj. pres.* non esiste.

aborrecer - Come *tecer*.

abranger - *Indic. pres.* abranjo, abranges, abrange, abrangemos, abrangeis, abrangem. *Imperat.* abrange, abranja, abranjamos, abrangei, abranjam. *Subj. pres.* abranja, abranjas, ecc.

acentuar - Come *suar*.

aconchegar - Come *ligar*.

acrescer - Come *tecer*.

acudir - Come *subir*.

adelgaçar - Come *laçar*.

adequar - *Indic. pres.* adequamos, adequais. *Pret. perf.* adeqüei, adequaste, ecc. *Imperat.* adequai. *Subj. pres.* non esiste.

aderir - Come *ferir*.

adoçar - Come *laçar*.

adoecer - Come *tecer*.

adormecer - Come *tecer*.

aduzir - Come *reduzir*.

advir - Come *vir*.

advogar - Come *ligar*.

afagar - Come *ligar*.

afeiçoar - Come *soar*.

afligir - Come *dirigir*.

afogar - Come *ligar*.

agir - Come *dirigir*.

agradecer - Come *tecer*.

agredir - Come *prevenir*.

alargar - Come *ligar*.

alcançar - Come *laçar*.

alegar - Come *ligar*.

almoçar - Come *laçar*.

alongar - Come *ligar*.

alugar - Come *ligar*.

amaldiçoar - Come *soar*.

amargar - Come *ligar*.

ameaçar - Come *laçar*.

amolecer - Come *tecer*.

amontoar - Come *soar*.

amplificar - Come *ficar*.

ansiar - Come *odiar*.

antepor - Come *pôr*.

antever - Come *ver*.

aparecer - Come *tecer*.

apegar - Come *ligar*.

aperfeiçoar - Come *soar*.

aplicar - Come *ficar*.

apodrecer - Come *tecer*.

aquecer - Come *tecer*.

arcar - Come *ficar*.

arrancar - Come *ficar*.

assoar - Come *soar*.

atacar - Come *ficar*.

atear - Come *recear*.

atenuar - Come *suar*.

atingir - Come *dirigir*.

atordoar - Come *soar*.

atrair - *Indic. pres.* atraio, atrais, atrai, atraímos, atraís, atraem. *Imperf.* atraía, atraías, ecc. *Pret. perf.* atraí, atraíste, atraiu, atraímos, atraístes, atraíram. *Pret. mais-que-perf.* atraíra, atraíras, ecc. *Imperat.* atrai, atraia, atraiamos, atraí, atraiam. *Subj. pres.* atraia, atraias, ecc. *Imperf.* atraísse, atraísses, ecc. *Fut.* atraísse, atraísses, ecc. *Fut.*

atrair, atraíres, atrair, atrairmos, atrairdes, atraírem.
atribuir - Come *possuir*.
atuar - Come *suar*.
autenticar - Come *ficar*.
avançar - Come *laçar*.

B

balançar - Come *laçar*.
balear - Come *recear*.
barbear - Come *recear*.
bendizer - Come *dizer*.
bloquear - Come *recear*.
bobear - Come *recear*.
bombardear - Come *recear*.
brecar - Come *ficar*.
brigar - Come *ligar*.
brincar - Come *ficar*.
bronzear - Come *recear*.
buscar - Come *ficar*.

C

caber - *Indic. pres.* caibo, cabes, cabe, cabemos, cabeis, cabem. *Pret. perf.* coube, coubeste, coube, coubemos, coubestes, couberam. *Pret. mais-que-perf.* coubera, couberas, ecc. *Imperat.* non esiste. *Subj. pres.* caiba, caibas, ecc. *Imperf.* coubesse, coubesses, ecc. *Fut.* couber, couberes, ecc.
caçar - Come *laçar*.
cair - Come *atrair*.
carecer - Come *tecer*.
carregar - Come *ligar*.
castigar - Come *ligar*.
cear - Come *recear*.
certificar - Come *ficar*.
chatear - Come *recear*.
chegar - Come *ligar*.
classificar - Come *ficar*.
coagir - Come *dirigir*.

cobrir - Come *dormir*.
coçar - Come *laçar*.
comparecer - Come *tecer*.
competir - Come *ferir*.
compor - Come *pôr*.
comunicar - Come *ficar*.
condizer - Come *dizer*.
conduzir - Come *reduzir*.
conferir - Come *ferir*.
conhecer - Come *tecer*.
conjugar - Come ligar.
conseguir - Come *seguir*.
constituir - Come *possuir*.
construir - *Indic. pres.* construo, constróis, constrói, construímos, construís, constroem. *Imperf.* construía, construías, ecc. *Pret. perf.* construí, construíste, ecc. *Pret. mais-que-perf.* construíra, construíras, ecc. *Imperat.* constrói, construa, construamos, construí, construam. *Subj. pres.* construa, construas, ecc. *Imperf.* construísse, construísses, ecc. *Fut.* construir, construíres, construir, construirmos, construirdes, construírem.
consumir - Come *subir*.
continuar - Come *suar*.
contradizer - Come *dizer*.
contrapor - Come *pôr*.
contribuir - Come *possuir*.
convir - Come *vir*.
corrigir - Come *dirigir*.
crescer - Come *tecer*.
crer - *Indic. pres.* creio, crês, crê, cremos, credes, crêem. *Imperat.* crê, creia, creiamos, crede, creiam. *Subj. pres.* creia, creias, ecc.

D

dar - Indic. *pres.* dou, dás, dá, damos, dais, dão. *Imperf.* dava, davas, ecc.

Pret. perf. dei, deste, deu, demos, destes, deram. *Fut.* darei, darás, ecc. *Pret. mais-que-perf.* dera, deras, dera. *Imperat.* dá, dê, demos, dai, dêem. *Subj.* pres. dê, dês, dê, demos, deis, dêem. *Imperf.* desse, desses. *Fut.* der, deres, ecc.

decair - Come *atrair.*
decompor - Come *pôr.*
deduzir - Come *reduzir.*
deferir - Come *ferir.*
delinqüir - Come *abolir.*
demolir - Come *abolir.*
depor - Come *pôr.*
descobrir - Come *cobrir.*
desaparecer - Come *tecer.*
desconhecer - Come *tecer.*
descrer - Come *crer.*
desdizer - Come *dizer.*
desembaraçar - Come *laçar.*
desencadear - Come *recear.*
desfalecer - Come *tecer.*
desfazer - Come *fazer.*
desimpedir - Come *pedir.*
desligar - Come *ligar.*
desmentir - Come *ferir.*
despedir - Come *pedir.*
despentear - Come *recear.*
despir - Come *ferir.*
desprevenir - Come *prevenir.*
destacar - Come *ficar.*
diferir - Come *ferir.*
digerir - Come *ferir.*
diluir - Come *possuir.*
dirigir - *Indic.* pres. dirijo, diriges, dirige, dirigimos, dirigis, dirigem. *Imperat.* dirige, dirija, dirijamos, dirigi, dirijam. *Subj.* pres. dirija, dirijas, ecc.
disfarçar - Come *laçar.*
dispor - Come *pôr.*

distinguir - *Indic.* pres. distingo, distingues, ecc. *Imperat.* distingue, distinga, distingamos, distingui, distingam. *Subj.* pres. distinga, distingas, ecc.
distrair - Come *atrair.*
distribuir - Come *possuir.*
divertir - Come *ferir.*
dizer - *Indic.* pres. digo, dizes, diz, dizemos, *dizeis,* dizem. *Pret. perf.* disse, disseste, disse, dissemos, dissestes, disseram. *Fut.* direi, dirás, dirá, diremos, direis, dirão. *Pret. mais-que-perf.* dissera, disseras, ecc. *Fut. do pret.* diria, dirias, ecc. *Imperat.* diz, diga, digamos, dizei, digam. *Subj. pres.* diga, digas, ecc. *Imperf.* dissesse, dissesses, ecc. *Fut.* disser, disseres, ecc.
dormir - *Indic.* pres. durmo, dormes, dorme, dormimos, dormis, dormem. *Imperat.* dorme, durma, durmamos, dormi, durmam. *Subj. pres.* durma, durmas, ecc.

E

efetuar - Come *suar.*
empregar - Come *ligar.*
encadear - Come *recear.*
encobrir - Come *dormir.*
enfraquecer - Come *tecer.*
engolir - Come *dormir.*
enjoar - Come *soar.*
enriquecer - Come *tecer.*
ensaboar - Come *soar.*
entrelaçar - Come *laçar.*
entreouvir - Come *ouvir.*
entrever - Come *ver.*
envelhecer - Come *tecer.*
equivaler - Come *valer.*
erguer - *Indic.* pres. ergo, ergues, ergue, erguemos, ergueis, erguem. *Im-*

perat. ergue, erga, ergamos, erguei, ergam. *Subj. pres.* erga, ergas, ecc.
escassear - Come *recear.*
esclarecer - Come *tecer.*
escorregar - Come *ligar.*
esquecer - Come *tecer.*
estar - Vedi verbi coniugati.
estragar - Come *ligar.*
estremecer - Come *tecer.*
excluir - Come *possuir.*
exercer - Come *tecer.*
exigir - Come *dirigir.*
expedir - Come *pedir.*
explodir - Come *abolir.*
expor - Come *pôr.*
extrair - Come *atrair.*

F

falecer - Come *tecer.*
fatigar - Come *ligar.*
favorecer - Come *tecer.*
fazer - *Indic. pres.* faço, fazes, faz, fazemos, fazeis, fazem. *Pret. perf.* fiz, fizeste, fez, fizemos, fizestes, fizeram. *Fut.* farei, farás, ecc. *Pret. mais-que-perf.* fizera, fizeras, ecc. *Fut. do pret.* faria, farias, ecc. *Imperat.* faz, faça, façamos, fazei, façam. *Subj. pres.* faça, faças, ecc. *Imperf.* fizesse, fizesses, ecc. *Fut.* fizer, fizeres, ecc.
ferir - *Indic. pres.* firo, feres, fere, ferimos, feris, ferem. *Imperat.* fere, fira, firamos, feri, firam. *Subj. pres.* fira, firas, ecc.
ficar - *Indic. pres.* fico, ficas, fica, ficamos, ficais, ficam. *Pret. perf.* fiquei, ficaste, ecc. *Imperat.* fica, fique, fiquemos, ficai, fiquem. *Subj. pres.* fique, fiques, ecc.
fingir - Come *dirigir.*
fluir - Come *possuir.*
flutuar - Come *suar.*

folhear - Come *recear.*
frear - Come *recear.*
fugir - *Indic. pres.* fujo, foges, foge, fugimos, fugis, fogem. *Imperat.* foge, fuja, fujamos, fugi, fujam. *Subj. pres.* fuja, fujas, ecc.

G

golpear - Come *recear.*
graduar - Come *suar.*
grampear - Come *recear.*

H

habituar - Come *suar.*
haver - Vedi verbi coniugati.
hipotecar - Come *ficar.*
homenagear - Come *recear.*

I

impedir - Come *pedir.*
impelir - Come *ferir.*
impor - Come *pôr.*
incendiar - Come *odiar.*
incluir - Come *possuir.*
indispor - Come *pôr.*
induzir - Come *reduzir.*
ingerir - Come *ferir.*
inserir - Come *ferir.*
insinuar - Come *suar.*
instituir - Come *possuir.*
instruir - Come *possuir.*
interferir - Come *ferir.*
interpor - Come *pôr.*
interrogar - Come *ligar.*
intervir - Come *vir.*
introduzir - Come *reduzir.*
investir - Come *ferir.*
ir - *Indic. pres.* vou, vais, vai, vamos, ides, vão. *Imperf.* ia, ias, ia, íamos, íeis, iam. *Pret. perf.* fui, foste, foi, fomos, fostes, foram. *Pret. mais-que-perf.* fora, foras, ecc. *Imperat.* vai,

vá, vamos, ide, vão. *Subj. pres.* vá, vás, ecc. *Imperf.* fosse, fosses, ecc. *Fut.* for, fores, ecc.

J

jejuar - Come *suar*.
julgar - Come *ligar*.
justapor - Come *pôr*.

L

largar - Come *ligar*.
ler - Come *crer*.
ligar - *Pret. perf.* liguei, ligaste, ligou, ligamos, ligastes, ligaram. *Imperat.* liga, ligue, liguemos, ligai, liguem. *Subj. pres.* ligue, ligues, ecc.
lotear - Come *recear*.

M

magoar - Come *soar*.
maldizer - Come *dizer*.
manter - Come *ter*.
medir - Come *pedir*.
mentir - Come *ferir*.
merecer - Come *tecer*.
moer - *Indic. pres.* môo, móis, mói, moemos, moeis, moem. *Imperf.* moía, moías, ecc. *Pret. perf.* moí, moeste, moeu, ecc. *Imperat.* mói, moa, moamos, moei, moam. *Subj. pres.* moa, moas, ecc.

N

nascer - Come *tecer*.
nortear - Come *recear*.

O

obedecer - Come *tecer*.
obrigar - Come *ligar*.
obter - Come *ter*.
odiar - *Indic. pres.* odeio, odeias, odeia, odiamos, odiais, odeiam. *Im-perat.* odeia, odeie, odiemos, odiai, odeiem. *Subj. pres.* odeie, odeies, odeie, odiemos, odieis, odeiem.
oferecer - Come *tecer*.
opor - Come *pôr*.
ouvir - *Indic. pres.* ouço, ouves, ou-ve, ouvimos, ouvis, ouvem. *Imperat.* ouve, ouça, ouçamos, ouvi, ouçam. *Subj. pres.* ouça, ouças, ecc.

P

padecer - Come *tecer*.
parecer - Come *tecer*.
passear - Come *recear*.
pedir - *Indic. pres.* peço, pedes, pede, pedimo, pedis, pedem. *Imperat.* pe-de, peça, peçamos, pedi, peçam. *Subj. pres.* peça, peças, ecc.
pegar - Come *ligar*.
pentear - Come *recear*.
perder - *Indic. pres.* perco, perdes, per-de, perdemos, perdeis, perdem. *Im-perat.* perde, perca, percamos, per-dei, percam. *Subj. pres.* perca, per-cas, ecc.
permanecer - Come *tecer*.
perseguir - Come *seguir*.
pertencer - Come *tecer*.
poder - *Indic. pres.* posso, podes, po-de, podemos, podeis, podem. *Pret. perf.* pude, pudeste, pôde, pudemos, pudestes, puderam. *Pret. mais-que-perf.* pudera, puderas, ecc. *Imperat.* non esiste. *Subj. pres.* possa, possas, ecc. *Imperf.* pudesse, pudesses, ecc. *Fut.* puder, puderes, ecc.
poluir - Come *possuir*.
pôr - *Indic. pres.* ponho, pões, põe, pomos, pondes, põem. *Imperf.* pu-nha, punhas, ecc. *Pret. perf.* pus, pu-seste, pôs, pusemos, pusestes, puse-ram. *Pret. mais-que-perf.* pusera,

puseras, ecc. *Imperat.* põe, ponha, ponhamos, ponde, ponham. *Subj. pres.* ponha, ponhas, ecc. *Imperf.* pusesse, pusesses, ecc. *Fut.* puser, puseres, ecc.

possuir - *Indic. pres.* possuo, possuis, possui, possuímos, possuís, possuem. *Imperf.* possuía, possuías, ecc. *Pret. perf.* possuí, possuíste, possuiu, possuímos, possuístes, possuíram. *Pret. mais-que-perf.* possuíra, possuíras, ecc. *Imperat.* possui, possua, possuamos, possuí, possuam. *Subj. pres.* possua, possuas, ecc. *Imperf.* possuísse, possuísses, ecc. *Fut.* possuir, possuíres, possuir, ecc.

precaver - *Indic. pres.* precavemos, precaveis. *Imperat.* precavei. *Subj. pres.* non esiste.

predispor - Come *pôr.*

predizer - Come *dizer.*

preferir - Come *ferir.*

pressentir - Come *ferir.*

pressupor - Come *pôr.*

prevenir - *Indic. pres.* previno, prevines, previne, prevenimos, prevenis, previnem. *Imperat.* previne, previna, previnamos, preveni, previnam. *Subj. pres.* previna, previnas, ecc.

prever - Come *ver.*

produzir - Come *reduzir.*

progredir - Come *prevenir.*

propor - Come *pôr.*

prosseguir - Come *seguir.*

proteger - Come *abranger.*

provir - Come *vir.*

Q

querer - *Indic. pres.* quero, queres, quer, queremos, quereis, querem. *Pret. perf.* quis, quiseste, ecc. *Pret. mais-que-perf.* quisera, quiseras, ecc.

Imperat. quer, queira, queiramos, querei, queiram. *Subj. pres.* queira, queiras, ecc. *Imperf.* quisesse, quisesses, ecc. *Fut.* quiser, quiseres, ecc.

R

rasgar - Come *ligar.*

reagir - Come *dirigir.*

reaver - *Indic. pres.* (soltanto la prima e seconda persona del plurale) reavemos, reaveis. *Pret. perf.* reouve, reouveste, ecc. *Pret. mais-que-perf.* reouvera, reouveras, ecc. *Imperat.* reavei. *Subj. pres.* non esiste. *Imperf.* reouvesse, reouvesses, ecc. *Fut.* reouver, reouveres, ecc.

recair - Come *atrair.*

recear - *Indic. pres.* receio, receias, receia, receamos, receai, receiam. *Imperat.* receia, receie, receemos, receai, receiem. *Subj. pres.* receie, receies, ecc.

rechear - Come *recear.*

recobrir - Come *dormir.*

recompor - Come *pôr.*

reconhecer - Come *tecer.*

recuar - Come *suar.*

redigir - Come *dirigir.*

reduzir - *Indic. pres.* reduzo, reduzes, reduz, reduzimos, reduzis, reduzem. *Imperat.* reduz *ou* reduze, reduz, ecc.

refletir - Come *ferir.*

reforçar - Come *laçar.*

regredir - Come *prevenir.*

reler - Come *crer.*

repor - Come *pôr.*

reproduzir - Come *reduzir.*

requerer - *Indic. pres.* requeiro, requeres, requer, requeremos, requereis, requerem. *Pret. perf.* requeri, requereste, ecc. *Imperat.* requer, requeira, requeiramos, requerei, requeiram. *Subj. pres.* requeira, requeiras, ecc.

restituir - Come *possuir.*
reter - Come *ter.*
retribuir - Come *possuir.*
rever - Come *ver.*
rir - *Indic. pres.* rio, ris, ri, rimos, rides, riem. *Imperat.* ri, ria, riamos, ride, riam. *Subj. pres.* ria, rias, ecc.
roer - Come *moer.*

S

saber - *Indic. pres.* sei, sabes, sabe, sabemos, sabeis, sabem. *Pret. perf.* soube, soubeste, ecc. *Pret. mais-que-perf.* soubera, souberas, ecc. *Imperat.* sabe, saiba, saibamos, sabei, saibam. *Subj. pres.* saiba, saibas, ecc. *Imperf.* soubesse, soubesses, ecc. *Fut.* souber, souberes, ecc.
sacudir - Come *subir.*
sair - Come *atrair.*
satisfazer - Come *fazer.*
seduzir - Come *reduzir.*
seguir - *Indic. pres.* sigo, segues, segue, seguimos, seguis, seguem. *Imperat.* segue, siga, sigamos, segui, sigam. *Subj. pres.* siga, sigas, ecc.
sentir - Come *ferir.*
ser - Vedi verbi coniugati.
servir - Come *ferir.*
simplificar - Come *ficar.*
situar - Come *suar.*
soar - *Indic. pres.* sôo, soas, soa, soamos, soais, soam. *Imperat.* soa, soe, soemos, soai, soem.
sobrepor - Come *pôr.*
sobressair - Come *atrair.*
sobrevir - Come *vir.*
sorrir - Come *rir.*
suar - *Indic. pres.* suo, suas, sua, suamos, suais, suam. *Pret. perf.* suei, suaste, ecc. *Imperat.* sua, sue, suemos, suai, suem. *Subj. pres.* sue, sues, ecc. *Imperf.* suasse, suasses, ecc. *Fut.* suar, suares, ecc.
subir - *Indic. pres.* subo, sobes, sobe, subimos, subis, sobem. *Imperat.* sobe, suba, subamos, sobi, subam.
substituir - Come *possuir.*
subtrair - Come *atrair.*
sugerir - Come *ferir.*
sumir - Come *subir.*
supor - Come *pôr.*
surgir - Come *dirigir.*

T

tapear - Come *recear.*
tecer - *Indic. pres.* teço, teces, tece, tecemos, teceis, tecem. *Imperat.* tece, teças, teçamos, tecei, teçam. *Subj. pres.* teça, teças, ecc.
ter - Vedi verbi coniugati.
tossir - Come *dormir.*
traçar - Come *laçar.*
trair - Come *atrair.*
transgredir - Come *prevenir.*
transpor - Come *pôr.*
trazer - *Indic. pres.* trago, trazes, traz, trazemos, trazeis, trazem. *Pret. perf.* trouxe, trouxeste, trouxe, trouxemos, trouxestes, trouxeram. *Fut.* trarei, trarás, trará, traremos, trareis, trarão. *Pret. mais-que-perf.* trouxera, trouxeras, trouxera, trouxéramos, trouxéreis, trouxeram. *Fut. do pret.* traria, trarias, traria, traríamos, traríeis, trariam. *Imperat.* traz, traga, tragamos, trazei, tragam. *Subj. pres.* traga, tragas, ecc. *Imperf.* trouxesse, trouxesses, ecc. *Fut.* trouxer, trouxeres, ecc.

U

usufruir - Come *possuir.*

690

V

valer - *Indic. pres.* valho, vales, vale, valemos, valeis, valem. *Imperat.* vale, valha, valhamos, valei, valham. *Subj. pres.* valha, valhas, ecc.

ver - *Indic. pres.* vejo, vês, vê, vemos, vedes, vêem. *Imperf.* via, vias, ecc. *Pret. perf.* vi, viste, viu, vimos, vistes, viram. *Pret. mais-que-perf.* vira, viras, ecc. *Imperat.* vê, veja, vejamos, vede, vejam. *Subj. pres.* veja, vejas, ecc. *Imperf.* visse, visses, ecc. *Fut.* vir, vires, ecc.

vestir - Come *ferir*.

vir - *Indic. pres.* venho, vens, vem, vimos, vindes, vêm. *Imperf.* vinha, vinhas, ecc. *Pret. perf.* vim, vieste, veio, viemos, viestes, vieram. *Pret. mais-que-perf.* viera, vieras, ecc. *Imperat.* vem, venha, venhamos, vinde, venham. *Subj.* pres. venha, venhas, ecc. *Imperf.* viesse, viesses, ecc. *Fut.* vier, vieres, ecc.

voar - Come *soar*.